2024

法律法规全书系列

中华人民共和国
生态环境保护
法律法规全书

（含规章及请示答复）

中国法制出版社
CHINA LEGAL PUBLISHING HOUSE

出版说明

随着中国特色社会主义法律体系的建成，中国的立法进入了"修法时代"。在这一时期，为了使法律体系进一步保持内部的科学、和谐、统一，会频繁出现对法律各层级文件的适时清理。目前，清理工作已经全面展开且取得了阶段性的成果，但这一清理过程在未来几年仍将持续。这对于读者如何了解最新法律修改信息、如何准确适用法律带来了使用上的不便。基于这一考虑，我们精心编辑出版了本书，一方面重在向读者展示我国立法的成果与现状，另一方面旨在帮助读者在法律文件修改频率较高的时代准确适用法律。

本书独具以下四重价值：

1. **文本权威，内容全面**。本书涵盖生态环境领域相关的常用法律、行政法规、国务院文件、部门规章、规范性文件、司法解释，及最高人民法院公布的典型案例、示范文本，独家梳理和收录人大代表建议、政协委员提案的重要答复；书中收录文件均为经过清理修改的现行有效文本，方便读者及时掌握最新法律文件。

2. **查找方便，附录实用**。全书法律文件按照紧密程度排列，方便读者对某一类问题的集中查找；重点法律附加条旨，指引读者快速找到目标条文；附录相关典型案例、文书范本，其中案例具有指引"同案同判"的作用。同时，本书采用可平摊使用的独特开本，避免因书籍太厚难以摊开使用的弊端。

3. **免费增补，动态更新**。为保持本书与新法的同步更新，避免读者因部分法律的修改而反复购买同类图书，我们为读者专门设置了以下服务：（1）扫码添加书后"法规编辑部"公众号→点击菜单栏→进入资料下载栏→选择法律法规全书资料项→点击网址或扫码下载，即可获取本书每次改版修订内容的电子版文件；（2）通过"法规编辑部"公众号，及时了解最新立法信息，并可线上留言，编辑团队会就图书相关疑问动态解答。

4. **目录赠送，配套使用**。赠送本书目录的电子版，与纸书配套，立体化、电子化使用，便于检索、快速定位；同时实现将本书装进电脑，随时随地查。

修 订 说 明

本书自出版以来，深受广大读者的欢迎和好评。本书在上一版的基础上，根据国家法律、行政法规、部门规章、司法解释等相关文件的制定和修改情况，进行了相应的增删和修订。修订情况如下：

更新、增加法律法规及典型案例：中华人民共和国海洋环境保护法；中华人民共和国青藏高原生态保护法；温室气体自愿减排交易管理办法（试行）；生态环境统计管理办法；生态环境行政处罚办法；最高人民法院关于贯彻实施《中华人民共和国黄河保护法》的意见；最高人民法院关于审理破坏森林资源刑事案件适用法律若干问题的解释；最高人民法院、最高人民检察院关于办理环境污染刑事案件适用法律若干问题的解释；最高人民法院关于生态环境侵权民事诉讼证据的若干规定；最高人民法院关于审理生态环境侵权责任纠纷案件适用法律若干问题的解释；人民法院环境资源审判典型案例等。

总目录

- 一、综合 ································· （1）
- 二、环境污染防治 ······················· （77）
  - 1. 水污染防治 ························ （77）
  - 2. 大气污染防治 ····················· （149）
  - 3. 海洋环境保护 ····················· （184）
  - 4. 固体废物管理 ····················· （226）
  - 5. 噪声污染防治 ····················· （305）
  - 6. 化学品、农药、辐射污染防治 ···· （312）
  - 7. 土壤污染防治 ····················· （381）
- 三、环境影响评价与建设项目管理 ····· （406）
- 四、自然资源与生态保护 ··············· （468）
  - 1. 自然资源保护 ····················· （468）
  - 2. 特殊区域保护 ····················· （515）
  - 3. 生物多样性保护 ·················· （539）
- 五、环境标准与监测 ···················· （577）
  - 1. 排污许可 ·························· （577）
  - 2. 清洁生产 ·························· （607）
  - 3. 生态环境标准管理 ··············· （610）
  - 4. 生态环境监测 ····················· （617）
- 六、环境执法与司法 ···················· （625）
- 七、农村与城市环境保护 ··············· （759）
  - 1. 综合 ······························· （759）
  - 2. 农村环境保护 ····················· （766）
  - 3. 城市环境保护 ····················· （777）
- 八、人大代表建议、政协委员提案答复 ··· （789）

目 录

一、综 合

中华人民共和国宪法（节录） …………… (1)
　　（2018年3月11日）
中华人民共和国环境保护法 ……………… (1)
　　（2014年4月24日）
中华人民共和国环境保护税法 …………… (6)
　　（2018年10月26日）
中华人民共和国民法典（节录） ………… (14)
　　（2020年5月28日）
畜禽规模养殖污染防治条例 ……………… (17)
　　（2013年11月11日）
中华人民共和国环境保护税法实施条例 … (20)
　　（2017年12月25日）
国务院关于环境保护税收入归属问题的通知 …… (22)
　　（2017年12月22日）
关于落实从事污染防治的第三方企业所得税
　　政策有关问题的公告 ………………… (22)
　　（2021年4月29日）
国务院办公厅关于印发新污染物治理行动方
　　案的通知 ……………………………… (24)
　　（2022年5月4日）
中央生态环境保护督察工作规定 ………… (27)
　　（2019年6月6日）
企业环境信息依法披露管理办法 ………… (31)
　　（2021年12月11日）
企业事业单位突发环境事件应急预案备案管
　　理办法（试行） ……………………… (33)
　　（2015年1月8日）
突发环境事件应急管理办法 ……………… (36)
　　（2015年4月16日）
突发生态环境事件应急处置阶段直接经济损
　　失评估工作程序规定 ………………… (38)
　　（2020年6月3日）
突发生态环境事件应急处置阶段直接经济损
　　失核定细则 …………………………… (39)
　　（2020年6月3日）
环境保护公众参与办法 …………………… (45)
　　（2015年7月13日）
环境保护档案管理办法 …………………… (46)
　　（2021年12月13日）
生态环境统计管理办法 …………………… (49)
　　（2023年1月18日）
环境监管重点单位名录管理办法 ………… (52)
　　（2022年11月28日）
生态环境部、发展改革委、工业和信息化部
　　等关于印发《减污降碳协同增效实施方
　　案》的通知 …………………………… (54)
　　（2022年6月10日）

· 典型案例 ·

1. 人民法院环境保护行政案件十大案例 …… (59)
2. 人民法院环境保护行政案件十大案例
　　（第二批） …………………………… (66)
3. 江苏省人民政府诉安徽海德化工科技
　　有限公司生态环境损害赔偿案 ……… (71)
4. 李劲诉华润置地（重庆）有限公司环
　　境污染责任纠纷案 …………………… (72)

---

* 编者按：本目录中的时间为法律文件的公布时间或最后一次修正、修订公布时间。

5. 广东省广州市人民检察院诉卫某垃圾厂、李某污染环境民事公益诉讼案 …………(74)

6. 秦家学滥伐林木刑事附带民事公益诉讼案 ……………………………………(75)

二、环境污染防治

1. 水污染防治

中华人民共和国水污染防治法 …………(77)
　　（2017 年 6 月 27 日）
中华人民共和国长江保护法 ……………(86)
　　（2020 年 12 月 26 日）
最高人民法院关于贯彻《中华人民共和国长江保护法》的实施意见 …………(94)
　　（2021 年 2 月 24 日）
中华人民共和国黄河保护法 ……………(96)
　　（2022 年 10 月 30 日）
最高人民法院关于贯彻实施《中华人民共和国黄河保护法》的意见 …………(108)
　　（2023 年 6 月 27 日）
淮河流域水污染防治暂行条例 …………(110)
　　（2011 年 1 月 8 日）
太湖流域管理条例 ………………………(112)
　　（2011 年 9 月 7 日）
城镇排水与污水处理条例 ………………(119)
　　（2013 年 10 月 2 日）
地下水管理条例 …………………………(124)
　　（2021 年 10 月 21 日）
渔业水域污染事故调查处理程序规定 …(130)
　　（1997 年 3 月 26 日）
饮用水水源保护区污染防治管理规定 …(132)
　　（2010 年 12 月 22 日）
城镇污水排入排水管网许可管理办法 …(134)
　　（2022 年 12 月 1 日）
水污染防治资金管理办法 ………………(137)
　　（2021 年 6 月 2 日）
关于印发地下水污染防治实施方案的通知 …(138)
　　（2019 年 3 月 28 日）
关于进一步规范城镇（园区）污水处理环境管理的通知 …………………………(142)
　　（2020 年 12 月 13 日）

・请示答复・
环境保护部办公厅关于废水纳管经城市污水处理厂排放行为行政处罚法律适用问题的复函 ……(144)
　　（2018 年 1 月 22 日）
生态环境部办公厅关于明确《中华人民共和国水污染防治法》中"运营单位"的复函 …………(144)
　　（2019 年 7 月 11 日）
・典型案例・
1. 盛开水务公司污染环境刑事附带民事公益诉讼案 ……………………………(144)
2. 重庆市绿色志愿者联合会诉恩施自治州建始磺厂坪矿业有限责任公司水污染责任民事公益诉讼案 …………(146)
3. 陈德龙诉成都市成华区环境保护局环境行政处罚案 …………………………(148)

2. 大气污染防治

中华人民共和国大气污染防治法 ………(149)
　　（2018 年 10 月 26 日）
气象设施和气象探测环境保护条例 ……(159)
　　（2016 年 2 月 6 日）
消耗臭氧层物质管理条例 ………………(162)
　　（2018 年 3 月 19 日）
消耗臭氧层物质进出口管理办法 ………(165)
　　（2019 年 8 月 22 日）
生活垃圾焚烧发电厂自动监测数据应用管理规定 ……………………………(168)
　　（2019 年 11 月 21 日）
碳排放权交易管理办法（试行） ………(169)
　　（2020 年 12 月 31 日）
温室气体自愿减排交易管理办法（试行） …(172)
　　（2023 年 10 月 19 日）
・请示答复・
关于《消耗臭氧层物质管理条例》中"生产"概念的法律适用意见 …………(177)
　　（2019 年 8 月 30 日）

关于《消耗臭氧层物质管理条例》中"使用"概念及"无生产配额许可证生产"的法律适用意见 …………… (178)
　　(2019年9月20日)
关于《消耗臭氧层物质管理条例》第三十二条有关法律适用问题的意见 ………… (178)
　　(2019年11月26日)
关于恶臭气体超标排放法律适用有关问题的复函 ……………………………………… (179)
　　(2020年3月20日)
·典型案例·
1. 上海鑫晶山建材开发有限公司诉上海市金山区环境保护局环境行政处罚案 …… (180)
2. 中国生物多样性保护与绿色发展基金会诉秦皇岛方圆包装玻璃有限公司大气污染责任民事公益诉讼案 ……… (181)
3. 中华环保联合会诉德州晶华集团振华有限公司大气污染责任民事公益诉讼案 …………………………………… (182)

3. 海洋环境保护
中华人民共和国海洋环境保护法 …… (184)
　　(2023年10月24日)
中华人民共和国防治陆源污染物污染损害海洋环境管理条例 ……………………… (195)
　　(1990年6月22日)
中华人民共和国海洋倾废管理条例 …… (198)
　　(2017年3月1日)
防止拆船污染环境管理条例 …………… (200)
　　(2017年3月1日)
防治船舶污染海洋环境管理条例 ……… (202)
　　(2018年3月19日)
中华人民共和国防治海岸工程建设项目污染损害海洋环境管理条例 ……………… (208)
　　(2018年3月19日)
近岸海域环境功能区管理办法 ………… (210)
　　(2010年12月22日)
中华人民共和国船舶及其有关作业活动污染海洋环境防治管理规定 ……………… (212)
　　(2017年5月23日)
中华人民共和国海洋倾废管理条例实施办法 … (217)
　　(2017年12月29日)

最高人民法院关于审理海洋自然资源与生态环境损害赔偿纠纷案件若干问题的规定 …… (220)
　　(2017年12月29日)
最高人民法院、最高人民检察院关于办理海洋自然资源与生态环境公益诉讼案件若干问题的规定 ………………… (221)
　　(2022年5月10日)
·典型案例·
1. 吕金奎等79人诉山海关船舶重工有限责任公司海上污染损害责任纠纷案 ……… (222)
2. 海南省海口市人民检察院诉海南A公司等三被告非法向海洋倾倒建筑垃圾民事公益诉讼案 ……………………… (224)

4. 固体废物管理
中华人民共和国固体废物污染环境防治法 …… (226)
　　(2020年4月29日)
医疗废物管理条例 ……………………… (237)
　　(2011年1月8日)
废弃电器电子产品回收处理管理条例 … (241)
　　(2019年3月2日)
电子废物污染环境防治管理办法 ……… (243)
　　(2007年9月27日)
废弃电器电子产品处理资格许可管理办法 … (247)
　　(2010年12月15日)
尾矿污染环境防治管理办法 …………… (249)
　　(2022年4月6日)
电器电子产品有害物质限制使用管理办法 … (252)
　　(2016年1月6日)
危险废物经营许可证管理办法 ………… (254)
　　(2016年2月6日)
报废机动车回收管理办法 ……………… (257)
　　(2019年4月22日)
机动车排放召回管理规定 ……………… (259)
　　(2021年4月27日)
危险废物转移管理办法 ………………… (261)
　　(2021年11月30日)
国家危险废物名录（2021年版）……… (264)
　　(2020年11月25日)
重点危险废物集中处置设施、场所退役费用预提和管理办法 …………………… (291)
　　(2021年9月3日)

国务院办公厅关于印发强化危险废物监管和
利用处置能力改革实施方案的通知 …………（292）
　　（2021年5月11日）
·请示答复·
国家环境保护总局关于转发全国人大常委会
法制工作委员会《关于申请解释固体废物
污染环境防治法第七十七条有关规定的答
复意见》的通知 ……………………………（295）
　　（2005年12月30日）
生态环境部办公厅关于感染性废物和损伤性
废物豁免认定有关事项的复函 ……………（296）
　　（2019年1月29日）
·典型案例·
　1. 人民法院依法审理固体废物污染环境
　　典型案例 ………………………………（296）
　2. 江苏省徐州市人民检察院诉苏州其安
　　工艺品有限公司等环境民事公益诉讼案 …（301）
　3. 江苏省睢宁县人民检察院督促处置危
　　险废物行政公益诉讼案 ………………（303）

5. 噪声污染防治

中华人民共和国噪声污染防治法 ……………（305）
　　（2021年12月24日）
·请示答复·
环境保护部办公厅关于违反《中华人民共和
国环境噪声污染防治法》行为如何确定罚
款额度问题的复函 …………………………（312）
　　（2017年11月15日）

6. 化学品、农药、辐射污染防治

中华人民共和国放射性污染防治法 …………（312）
　　（2003年6月28日）
放射性废物安全管理条例 ……………………（317）
　　（2011年12月20日）
危险化学品安全管理条例 ……………………（321）
　　（2013年12月7日）
农药管理条例 …………………………………（333）
　　（2022年3月29日）
放射性同位素与射线装置安全和防护条例 …（340）
　　（2019年3月2日）
化学品首次进口及有毒化学品进出口环境管
理规定 ………………………………………（346）
　　（2007年10月8日）

新化学物质环境管理登记办法 ………………（348）
　　（2020年4月29日）
进出口环保用微生物菌剂环境安全管理办法 …（355）
　　（2010年4月2日）
放射性物品运输安全监督管理办法 …………（357）
　　（2016年3月14日）
放射性药品管理办法 …………………………（362）
　　（2022年3月29日）
易制爆危险化学品治安管理办法 ……………（364）
　　（2019年7月6日）
放射性固体废物贮存和处置许可管理办法 …（367）
　　（2019年8月22日）
放射性同位素与射线装置安全许可管理办法 …（369）
　　（2021年1月4日）
放射性物品运输安全许可管理办法 …………（374）
　　（2021年1月4日）
·请示答复·
生态环境部办公厅关于放射性同位素示踪测
井有关问题的复函 …………………………（381）
　　（2018年11月5日）
国务院办公厅关于同意将α-苯乙酰乙酸甲
酯等6种物质列入易制毒化学品品种目录
的函 …………………………………………（381）
　　（2021年5月28日）

7. 土壤污染防治

中华人民共和国土壤污染防治法 ……………（381）
　　（2018年8月31日）
污染地块土壤环境管理办法（试行）…………（389）
　　（2016年12月31日）
农用地土壤环境管理办法（试行）……………（392）
　　（2017年9月25日）
工矿用地土壤环境管理办法（试行）…………（395）
　　（2018年5月3日）
农用地土壤污染责任人认定暂行办法 ………（397）
　　（2021年1月28日）
建设用地土壤污染责任人认定暂行办法 ……（399）
　　（2021年1月28日）
·典型案例·
环境污染刑事案件典型案例 …………………（402）

三、环境影响评价与建设项目管理

中华人民共和国环境影响评价法 ………… （406）
　　（2018年12月29日）
规划环境影响评价条例 ………………… （409）
　　（2009年8月17日）
建设项目环境保护管理条例 …………… （412）
　　（2017年7月16日）
环境影响评价审查专家库管理办法 …… （414）
　　（2021年12月13日）
建设项目环境保护事中事后监督管理办法
　　（试行） ……………………………… （415）
　　（2015年12月10日）
建设项目环境影响后评价管理办法（试行） … （417）
　　（2015年12月10日）
建设项目环境影响登记表备案管理办法 ……… （418）
　　（2016年11月16日）
环境影响评价公众参与办法 …………… （420）
　　（2018年7月16日）
建设项目环境影响报告书（表）编制监督
　　管理办法 ……………………………… （423）
　　（2019年9月20日）
生态环境部建设项目环境影响报告书（表）
　　审批程序规定 ………………………… （429）
　　（2020年11月23日）

建设项目环境影响评价分类管理名录（2021
　　年版） ………………………………… （431）
　　（2020年11月30日）
·请示答复·
全国人大常委会法制工作委员会关于建设项
　　目环境管理有关法律适用问题的答复意见 … （463）
　　（2007年3月21日）
环境保护部关于建设项目"未批先建"违
　　法行为法律适用问题的意见 ………… （463）
　　（2018年2月22日）
环境保护部办公厅关于加强"未批先建"
　　建设项目环境影响评价管理工作的通知 …… （465）
　　（2018年2月24日）
生态环境部、国家发展和改革委员会关于生
　　态环境执法中建设项目"总投资额"认
　　定问题的指导意见（试行） ………… （465）
　　（2018年8月27日）
生态环境部办公厅关于建设项目总投资额认
　　定有关意见的复函 …………………… （466）
　　（2019年4月1日）
关于"未验先投"违法行为行政处罚新旧
　　法律规范衔接适用问题的意见 ……… （466）
　　（2019年10月17日）

四、自然资源与生态保护

1. 自然资源保护

中华人民共和国水土保持法（节录） …… （468）
　　（2010年12月25日）
中华人民共和国草原法（节录） ………… （470）
　　（2021年4月29日）
中华人民共和国黑土地保护法 …………… （471）
　　（2022年6月24日）
中华人民共和国青藏高原生态保护法 …… （474）
　　（2023年4月26日）

中华人民共和国渔业法（节录） ………… （479）
　　（2013年12月28日）
中华人民共和国水法（节录） …………… （480）
　　（2016年7月2日）
中华人民共和国防沙治沙法（节录） …… （482）
　　（2018年10月26日）
中华人民共和国土地管理法（节录） …… （484）
　　（2019年8月26日）

中华人民共和国土地管理法实施条例（节录） … （488）
　　（2021年7月2日）
中华人民共和国森林法（节录） … （489）
　　（2019年12月28日）
关于加强农田防护林建设管理工作的通知 … （491）
　　（2022年5月10日）
国务院办公厅关于坚决制止耕地"非农化"行为的通知 … （491）
　　（2020年9月10日）
国务院办公厅关于加强草原保护修复的若干意见 … （493）
　　（2021年3月12日）
最高人民法院关于审理森林资源民事纠纷案件适用法律若干问题的解释 … （495）
　　（2022年6月13日）
最高人民法院关于审理破坏森林资源刑事案件适用法律若干问题的解释 … （497）
　　（2023年8月13日）
·典型案例·
　1. 云南省剑川县人民检察院诉剑川县森林公安局怠于履行法定职责环境行政公益诉讼案 … （500）
　2. 长江流域生态环境司法保护典型案例 … （501）
　3. 黄河流域生态环境司法保护典型案例（2020年发布） … （506）
　4. 黄河流域生态环境司法保护典型案例（2021年发布） … （510）

2. 特殊区域保护

中华人民共和国湿地保护法 … （515）
　　（2021年12月24日）
风景名胜区条例 … （520）
　　（2016年2月6日）
中华人民共和国自然保护区条例 … （524）
　　（2017年10月7日）
湿地保护修复制度方案 … （527）
　　（2016年11月30日）
国家级自然保护区监督检查办法 … （530）
　　（2021年12月13日）
自然保护地生态环境监管工作暂行办法 … （532）
　　（2020年12月20日）

国家林业和草原局关于印发《国家公园管理暂行办法》的通知 … （534）
　　（2022年6月1日）
·典型案例·
　江西省上饶市人民检察院诉张某某等三人故意损毁三清山巨蟒峰民事公益诉讼案 … （537）

3. 生物多样性保护

中华人民共和国生物安全法 … （539）
　　（2020年10月17日）
外来入侵物种管理办法 … （546）
　　（2022年5月31日）
中华人民共和国进出境动植物检疫法（节录） … （548）
　　（2009年8月27日）
中华人民共和国野生动物保护法 … （550）
　　（2022年12月30日）
中华人民共和国进出境动植物检疫法实施条例（节录） … （557）
　　（1996年12月2日）
中华人民共和国水生野生动物保护实施条例 … （561）
　　（2013年12月7日）
中华人民共和国陆生野生动物保护实施条例 … （563）
　　（2016年2月6日）
中华人民共和国野生植物保护条例 … （567）
　　（2017年10月7日）
中华人民共和国濒危野生动植物进出口管理条例 … （569）
　　（2019年3月2日）
病原微生物实验室生物安全环境管理办法 … （571）
　　（2006年3月8日）
最高人民法院、最高人民检察院关于办理破坏野生动物资源刑事案件适用法律若干问题的解释 … （573）
　　（2022年4月6日）
·请示答复·
林业部关于《中华人民共和国陆生野生动物保护实施条例》第三十七条授权性质的复函 … （576）
　　（1993年8月4日）
对《陕西省人民政府法制办公室关于〈中华人民共和国陆生野生动物保护实施条例〉适用中有关问题的请示》的答复 … （576）
　　（2002年9月10日）

五、环境标准与监测

1. 排污许可

排污许可管理条例 ……………………（577）
（2021 年 1 月 24 日）
全国污染源普查条例 …………………（582）
（2019 年 3 月 2 日）
固定污染源排污许可分类管理名录（2019
　年版）…………………………………（584）
（2019 年 12 月 20 日）
关于印发《关于加强排污许可执法监管的指
　导意见》的通知 ………………………（600）
（2022 年 3 月 28 日）
·请示答复·
关于排污申报有关问题的复函 ………（603）
（2018 年 8 月 22 日）
·典型案例·
重庆市人民政府、重庆两江志愿服务发展
　中心诉重庆藏金阁物业管理有限公司、
　重庆首旭环保科技有限公司生态环境损
　害赔偿、环境民事公益诉讼案 ………（604）

2. 清洁生产

中华人民共和国清洁生产促进法 ……（607）
（2012 年 2 月 29 日）

3. 生态环境标准管理

中华人民共和国标准化法 ……………（610）
（2017 年 11 月 4 日）
生态环境标准管理办法 ………………（613）
（2020 年 12 月 15 日）

4. 生态环境监测

污染源自动监控管理办法 ……………（617）
（2005 年 9 月 19 日）
环境监测质量管理规定 ………………（618）
（2006 年 7 月 28 日）
环境监测管理办法 ……………………（620）
（2007 年 7 月 25 日）
污染源自动监控设施运行管理办法 …（622）
（2008 年 3 月 18 日）
关于环保部门现场检查中排污监测方法问题
　的解释 …………………………………（624）
（2007 年 2 月 27 日）
·请示答复·
环境保护部关于污染源在线监测数据与现场
　监测数据不一致时证据适用问题的复函 ……（624）
（2016 年 5 月 13 日）

六、环境执法与司法

中华人民共和国行政处罚法 …………（625）
（2021 年 1 月 22 日）
中华人民共和国刑法（节录）…………（631）
（2020 年 12 月 26 日）
全国人民代表大会常务委员会关于全面禁
　止非法野生动物交易、革除滥食野生动
　物陋习、切实保障人民群众生命健康安
　全的决定 ………………………………（634）
（2020 年 2 月 24 日）

环境保护行政许可听证暂行办法 ……（634）
（2004 年 6 月 23 日）
生态环境行政处罚办法 ………………（640）
（2023 年 5 月 8 日）
医疗废物管理行政处罚办法 …………（648）
（2010 年 12 月 22 日）
环境行政处罚听证程序规定 …………（650）
（2010 年 12 月 27 日）
环境监察办法 …………………………（654）
（2012 年 7 月 25 日）

突发环境事件调查处理办法 …………… (656)
　　(2014年12月19日)
环境保护主管部门实施限制生产、停产整治
　　办法 ………………………………………… (658)
　　(2014年12月19日)
环境保护主管部门实施按日连续处罚办法 …… (660)
　　(2014年12月19日)
环境保护行政执法与刑事司法衔接工作办法 … (661)
　　(2017年1月25日)
关于进一步规范适用环境行政处罚自由裁量
　　权的指导意见 ……………………………… (664)
　　(2019年5月21日)
最高人民法院、民政部、环境保护部关于贯
　　彻实施环境民事公益诉讼制度的通知 …… (674)
　　(2014年12月26日)
关于推进生态环境损害赔偿制度改革若干具
　　体问题的意见 ……………………………… (675)
　　(2020年8月31日)
最高人民法院、最高人民检察院关于办理环
　　境污染刑事案件适用法律若干问题的解释 … (682)
　　(2023年8月8日)
最高人民法院、最高人民检察院关于适用
　　《中华人民共和国刑法》第三百四十四条
　　有关问题的批复 …………………………… (685)
　　(2020年3月19日)
最高人民法院关于审理生态环境损害赔偿案
　　件的若干规定（试行） …………………… (685)
　　(2020年12月29日)
最高人民法院关于审理环境民事公益诉讼案
　　件适用法律若干问题的解释 ……………… (687)
　　(2020年12月29日)
最高人民法院关于审理环境侵权责任纠纷案
　　件适用法律若干问题的解释 ……………… (690)
　　(2020年12月29日)
最高人民法院关于审理生态环境侵权纠纷案
　　件适用惩罚性赔偿的解释 ………………… (691)
　　(2022年1月12日)
最高人民法院关于生态环境侵权民事诉讼证
　　据的若干规定 ……………………………… (693)
　　(2023年8月14日)
最高人民法院关于审理生态环境侵权责任纠
　　纷案件适用法律若干问题的解释 ………… (695)
　　(2023年8月14日)
生态环境损害赔偿管理规定 …………………… (697)
　　(2022年4月26日)
最高人民检察院、水利部关于印发《关于建
　　立健全水行政执法与检察公益诉讼协作机
　　制的意见》的通知 ………………………… (701)
　　(2022年5月17日)
最高人民法院关于充分发挥环境资源审判职
　　能作用依法惩处盗采矿产资源犯罪的意见 … (703)
　　(2022年7月1日)
·请示答复·
关于环境行政处罚主体资格有关问题的复函 … (705)
　　(2001年6月14日)
关于拒绝缴纳大气污染排污费法律适用问题
　　的复函 ……………………………………… (705)
　　(2001年12月26日)
关于《环境保护行政处罚办法》有关指定
　　管辖问题的复函 …………………………… (706)
　　(2001年12月28日)
关于对同一行为违反不同法规实施行政处罚
　　时适用法规问题的复函 …………………… (706)
　　(2002年6月14日)
关于环保部门在调查取证过程中先行登记保
　　存适用问题的复函 ………………………… (706)
　　(2002年12月11日)
生态环境部办公厅关于环境行政处罚过程中
　　有关问题的复函 …………………………… (706)
　　(2018年7月20日)
关于涉及苯并芘的案件应当移送司法机关的
　　复函 ………………………………………… (707)
　　(2020年5月13日)
·典型案例·
1. 陕西省宝鸡市环境保护局凤翔分局不
　　全面履职案 ………………………………… (707)
2. 湖南省长沙县城乡规划建设局等不依
　　法履职案 …………………………………… (709)
3. 最高人民法院发布十起环境公益诉讼
　　典型案例 …………………………………… (711)
4. 最高人民法院发布10起环境资源刑事、
　　民事、行政典型案例 ……………………… (721)

5. 2022年度人民法院环境资源审判典型案例 …………………………………………… (731)
6. 人民法院环境资源审判保障长江经济带高质量发展典型案例 ………………… (736)
7. 生态环境保护典型案例 ……………… (742)
8. 人民法院保障生态环境损害赔偿制度改革典型案例 ……………………………… (748)
9. 李森、何利民、张锋勃等人破坏计算机信息系统案 ……………………………… (753)
10. 吉林省白山市人民检察院诉白山市江源区卫生和计划生育局、白山市江源区中医院环境公益诉讼案 …………… (754)
11. 江苏省泰州市人民检察院诉王小朋等59人生态破坏民事公益诉讼案 ………… (755)
12. 北海市乃志海洋科技有限公司诉北海市海洋与渔业局行政处罚案 …………… (757)

七、农村与城市环境保护

1. 综合

中华人民共和国城乡规划法 …………… (759)
　（2019年4月23日）
公共场所卫生管理条例 ………………… (764)
　（2019年4月23日）

2. 农村环境保护

中华人民共和国农业法（节录） ………… (766)
　（2012年12月28日）
村庄和集镇规划建设管理条例 ………… (767)
　（1993年6月29日）
秸秆禁烧和综合利用管理办法 ………… (770)
　（2003年3月11日）
国务院关于全国高标准农田建设规划（2021—2030年）的批复 ……………… (770)
　（2021年8月27日）
住房和城乡建设部等6部门关于进一步加强农村生活垃圾收运处置体系建设管理的通知 ……………………………………… (771)
　（2022年5月20日）

·请示答复·

关于农村地区生活污水排放执行国家污染物排放标准等问题的复函 …………… (772)
　（2010年8月10日）

·典型案例·

1. 湖北省天门市人民检察院诉拖市镇政府不依法履行职责行政公益诉讼案 …… (773)
2. 贵州省榕江县人民检察院督促保护传统村落行政公益诉讼案 ………………… (775)

3. 城市环境保护

城市市容和环境卫生管理条例 ………… (777)
　（2017年3月1日）
城市绿化条例 …………………………… (779)
　（2017年3月1日）
城市建筑垃圾管理规定 ………………… (781)
　（2005年3月23日）
城市生活垃圾管理办法 ………………… (783)
　（2015年5月4日）
住房和城乡建设部、环境保护部关于规范城市生活垃圾跨界清运处理的通知 …… (787)
　（2017年5月8日）

八、人大代表建议、政协委员提案答复

对十四届全国人大一次会议第 3745 号建议
的答复 …………………………………（789）
  （2023 年 8 月 31 日）
对十四届全国人大一次会议第 3511 号建议
的答复 …………………………………（790）
  （2023 年 8 月 30 日）
对十四届全国人大一次会议第 2044 号建议
的答复 …………………………………（792）
  （2023 年 8 月 23 日）
对十三届全国人大四次会议第 6708 号建议
的答复 …………………………………（793）
  ——关于加强城市噪声污染控制及监管
  的建议
  （2021 年 9 月 26 日）
对十三届全国人大四次会议第 1368 号建议
的答复 …………………………………（794）
  ——关于大力推进农村生活污水治理的建议
  （2021 年 9 月 26 日）
对十三届全国人大四次会议第 5327 号建议
的答复 …………………………………（795）
  ——关于进一步加快我国生态环境损害
  赔偿立法工作的建议
  （2021 年 9 月 18 日）
对十三届全国人大四次会议第 4124 号建议
的答复 …………………………………（797）
  ——关于加强生态环境执法能力的建议
  （2021 年 9 月 18 日）
关于政协十三届全国委员会第四次会议第
2491 号提案答复的函 …………………（798）
  ——关于修订国家突发环境事件应急预
  案的提案
  （2021 年 7 月 21 日）
对十三届全国人大四次会议第 6300 号建议
的答复 …………………………………（799）
  ——关于加强医疗废物处置设施建设的
  建议
  （2021 年 8 月 30 日）

对十三届全国人大三次会议第 8484 号建议
的答复 …………………………………（800）
  ——关于统筹规划工业废水处理的建议
  （2020 年 11 月 5 日）
对十三届全国人大三次会议第 9877 号建议
的答复 …………………………………（801）
  ——关于修改《中华人民共和国大气污
  染防治法》第七十七条的建议
  （2020 年 11 月 2 日）
对十三届全国人大三次会议第 1644 号建议
的答复 …………………………………（802）
  ——关于加快推进我国电子废弃物资源
  化综合利用无害化处理的建议
  （2020 年 11 月 1 日）
对十三届全国人大三次会议第 4363 号建议
的答复 …………………………………（803）
  ——关于加大对民营企业环保升级支持
  力度的建议
  （2020 年 10 月 29 日）
对十三届全国人大三次会议第 5392 号建议
的答复 …………………………………（805）
  ——关于加快高排放老旧机动车淘汰更
  新的建议
  （2020 年 10 月 29 日）
对十三届全国人大三次会议第 9537 号建议
的答复 …………………………………（806）
  ——关于涉嫌环境污染类案件行刑衔接
  工作的建议
  （2020 年 10 月 28 日）
对十三届全国人大三次会议第 4108 号建议
的答复 …………………………………（807）
  ——关于贯彻实施中华人民共和国土壤
  污染防治法的几点建议
  （2020 年 10 月 25 日）
对十三届全国人大三次会议第 8299 号建议
的答复 …………………………………（809）
  ——关于进一步简化环评审批，加快推
  进企业环境信用管理的建议
  （2020 年 10 月 2 日）

关于政协十三届全国委员会第三次会议第
    4789号提案答复的函 ………………（810）
    ——关于加快环境污染责任保险制度建
        设，促进生态文明发展的提案
    （2020年9月19日）
关于政协十三届全国委员会第三次会议第
    0341号提案答复的函 ………………（811）
    ——关于完善环境监测标准体系建设的
        提案
    （2020年9月10日）
关于政协十三届全国委员会第三次会议第1862
    号提案答复的函 ……………………（812）
    ——关于以绿色发展理念为导向，倒逼
        产业转型升级和落后产能退出的提案
    （2020年9月9日）

对十三届全国人大三次会议第2537号建议
    的答复 …………………………………（813）
    ——关于扎实推进核安全文化建设，不
        断提升核安全管理水平的建议
    （2020年9月9日）
关于政协十三届全国委员会第三次会议第
    0967号提案答复的函 ………………（813）
    ——关于完善环境保护法制建设，填补
        光污染监管空白的提案
    （2020年9月9日）
对十三届全国人大三次会议第8405号建议
    的答复 …………………………………（814）
    ——关于新时代支持烟花爆竹产业科学
        可持续发展的建议
    （2020年9月2日）

一、综 合

中华人民共和国宪法(节录)

- 1982年12月4日第五届全国人民代表大会第五次会议通过
- 1982年12月4日全国人民代表大会公告公布施行
- 根据1988年4月12日第七届全国人民代表大会第一次会议通过的《中华人民共和国宪法修正案》、1993年3月29日第八届全国人民代表大会第一次会议通过的《中华人民共和国宪法修正案》、1999年3月15日第九届全国人民代表大会第二次会议通过的《中华人民共和国宪法修正案》、2004年3月14日第十届全国人民代表大会第二次会议通过的《中华人民共和国宪法修正案》和2018年3月11日第十三届全国人民代表大会第一次会议通过的《中华人民共和国宪法修正案》修正

……

第九条 【自然资源】* 矿藏、水流、森林、山岭、草原、荒地、滩涂等自然资源,都属于国家所有,即全民所有;由法律规定属于集体所有的森林和山岭、草原、荒地、滩涂除外。

国家保障自然资源的合理利用,保护珍贵的动物和植物。禁止任何组织或者个人用任何手段侵占或者破坏自然资源。

第十条 【土地制度】 城市的土地属于国家所有。

农村和城市郊区的土地,除由法律规定属于国家所有的以外,属于集体所有;宅基地和自留地、自留山,也属于集体所有。

国家为了公共利益的需要,可以依照法律规定对土地实行征收或者征用并给予补偿。

任何组织或者个人不得侵占、买卖或者以其他形式非法转让土地。土地的使用权可以依照法律的规定转让。

一切使用土地的组织和个人必须合理地利用土地。

……

第二十二条 【文化事业】 国家发展为人民服务、为社会主义服务的文学艺术事业、新闻广播电视事业、出版发行事业、图书馆博物馆文化馆和其他文化事业,开展群众性的文化活动。

国家保护名胜古迹、珍贵文物和其他重要历史文化遗产。

……

第二十六条 【生活、生态环境】 国家保护和改善生活环境和生态环境,防治污染和其他公害。

国家组织和鼓励植树造林,保护林木。

……

中华人民共和国环境保护法

- 1989年12月26日第七届全国人民代表大会常务委员会第十一次会议通过
- 2014年4月24日第十二届全国人民代表大会常务委员会第八次会议修订
- 2014年4月24日中华人民共和国主席令第9号公布
- 自2015年1月1日起施行

第一章 总 则

第一条 为保护和改善环境,防治污染和其他公害,保障公众健康,推进生态文明建设,促进经济社会可持续发展,制定本法。

第二条 本法所称环境,是指影响人类生存和发展的各种天然的和经过人工改造的自然因素的总体,包括大气、水、海洋、土地、矿藏、森林、草原、湿地、野生生物、自然遗迹、人文遗迹、自然保护区、风景名胜区、城市和乡村等。

第三条 本法适用于中华人民共和国领域和中华人民共和国管辖的其他海域。

第四条 保护环境是国家的基本国策。

国家采取有利于节约和循环利用资源、保护和改善环境、促进人与自然和谐的经济、技术政策和措施,使经济社会发展与环境保护相协调。

第五条 环境保护坚持保护优先、预防为主、综合治

---

* 条文主旨为编者所加,下同。

理、公众参与、损害担责的原则。

第六条 一切单位和个人都有保护环境的义务。

地方各级人民政府应当对本行政区域的环境质量负责。

企业事业单位和其他生产经营者应当防止、减少环境污染和生态破坏，对所造成的损害依法承担责任。

公民应当增强环境保护意识，采取低碳、节俭的生活方式，自觉履行环境保护义务。

第七条 国家支持环境保护科学技术研究、开发和应用，鼓励环境保护产业发展，促进环境保护信息化建设，提高环境保护科学技术水平。

第八条 各级人民政府应当加大保护和改善环境、防治污染和其他公害的财政投入，提高财政资金的使用效益。

第九条 各级人民政府应当加强环境保护宣传和普及工作，鼓励基层群众性自治组织、社会组织、环境保护志愿者开展环境保护法律法规和环境保护知识的宣传，营造保护环境的良好风气。

教育行政部门、学校应当将环境保护知识纳入学校教育内容，培养学生的环境保护意识。

新闻媒体应当开展环境保护法律法规和环境保护知识的宣传，对环境违法行为进行舆论监督。

第十条 国务院环境保护主管部门，对全国环境保护工作实施统一监督管理；县级以上地方人民政府环境保护主管部门，对本行政区域环境保护工作实施统一监督管理。

县级以上人民政府有关部门和军队环境保护部门，依照有关法律的规定对资源保护和污染防治等环境保护工作实施监督管理。

第十一条 对保护和改善环境有显著成绩的单位和个人，由人民政府给予奖励。

第十二条 每年6月5日为环境日。

第二章 监督管理

第十三条 县级以上人民政府应当将环境保护工作纳入国民经济和社会发展规划。

国务院环境保护主管部门会同有关部门，根据国民经济和社会发展规划编制国家环境保护规划，报国务院批准并公布实施。

县级以上地方人民政府环境保护主管部门会同有关部门，根据国家环境保护规划的要求，编制本行政区域的环境保护规划，报同级人民政府批准并公布实施。

环境保护规划的内容应当包括生态保护和污染防治的目标、任务、保障措施等，并与主体功能区规划、土地利用总体规划和城乡规划等相衔接。

第十四条 国务院有关部门和省、自治区、直辖市人民政府组织制定经济、技术政策，应当充分考虑对环境的影响，听取有关方面和专家的意见。

第十五条 国务院环境保护主管部门制定国家环境质量标准。

省、自治区、直辖市人民政府对国家环境质量标准中未作规定的项目，可以制定地方环境质量标准；对国家环境质量标准中已作规定的项目，可以制定严于国家环境质量标准的地方环境质量标准。地方环境质量标准应当报国务院环境保护主管部门备案。

国家鼓励开展环境基准研究。

第十六条 国务院环境保护主管部门根据国家环境质量标准和国家经济、技术条件，制定国家污染物排放标准。

省、自治区、直辖市人民政府对国家污染物排放标准中未作规定的项目，可以制定地方污染物排放标准；对国家污染物排放标准中已作规定的项目，可以制定严于国家污染物排放标准的地方污染物排放标准。地方污染物排放标准应当报国务院环境保护主管部门备案。

第十七条 国家建立、健全环境监测制度。国务院环境保护主管部门制定监测规范，会同有关部门组织监测网络，统一规划国家环境质量监测站（点）的设置，建立监测数据共享机制，加强对环境监测的管理。

有关行业、专业等各类环境质量监测站（点）的设置应当符合法律法规规定和监测规范的要求。

监测机构应当使用符合国家标准的监测设备，遵守监测规范。监测机构及其负责人对监测数据的真实性和准确性负责。

第十八条 省级以上人民政府应当组织有关部门或者委托专业机构，对环境状况进行调查、评价，建立环境资源承载能力监测预警机制。

第十九条 编制有关开发利用规划，建设对环境有影响的项目，应当依法进行环境影响评价。

未依法进行环境影响评价的开发利用规划，不得组织实施；未依法进行环境影响评价的建设项目，不得开工建设。

第二十条 国家建立跨行政区域的重点区域、流域环境污染和生态破坏联合防治协调机制，实行统一规划、统一标准、统一监测、统一的防治措施。

前款规定以外的跨行政区域的环境污染和生态破坏

的防治，由上级人民政府协调解决，或者由有关地方人民政府协商解决。

第二十一条　国家采取财政、税收、价格、政府采购等方面的政策和措施，鼓励和支持环境保护技术装备、资源综合利用和环境服务等环境保护产业的发展。

第二十二条　企业事业单位和其他生产经营者，在污染物排放符合法定要求的基础上，进一步减少污染物排放的，人民政府应当依法采取财政、税收、价格、政府采购等方面的政策和措施予以鼓励和支持。

第二十三条　企业事业单位和其他生产经营者，为改善环境，依照有关规定转产、搬迁、关闭的，人民政府应当予以支持。

第二十四条　县级以上人民政府环境保护主管部门及其委托的环境监察机构和其他负有环境保护监督管理职责的部门，有权对排放污染物的企业事业单位和其他生产经营者进行现场检查。被检查者应当如实反映情况，提供必要的资料。实施现场检查的部门、机构及其工作人员应当为被检查者保守商业秘密。

第二十五条　企业事业单位和其他生产经营者违反法律法规规定排放污染物，造成或者可能造成严重污染的，县级以上人民政府环境保护主管部门和其他负有环境保护监督管理职责的部门，可以查封、扣押造成污染物排放的设施、设备。

第二十六条　国家实行环境保护目标责任制和考核评价制度。县级以上人民政府应当将环境保护目标完成情况纳入对本级人民政府负有环境保护监督管理职责的部门及其负责人和下级人民政府及其负责人的考核内容，作为对其考核评价的重要依据。考核结果应当向社会公开。

第二十七条　县级以上人民政府应当每年向本级人民代表大会或者人民代表大会常务委员会报告环境状况和环境保护目标完成情况，对发生的重大环境事件应当及时向本级人民代表大会常务委员会报告，依法接受监督。

第三章　保护和改善环境

第二十八条　地方各级人民政府应当根据环境保护目标和治理任务，采取有效措施，改善环境质量。

未达到国家环境质量标准的重点区域、流域的有关地方人民政府，应当制定限期达标规划，并采取措施按期达标。

第二十九条　国家在重点生态功能区、生态环境敏感区和脆弱区等区域划定生态保护红线，实行严格保护。

各级人民政府对具有代表性的各种类型的自然生态系统区域，珍稀、濒危的野生动植物自然分布区域，重要的水源涵养区域，具有重大科学文化价值的地质构造、著名溶洞和化石分布区、冰川、火山、温泉等自然遗迹，以及人文遗迹、古树名木，应当采取措施予以保护，严禁破坏。

第三十条　开发利用自然资源，应当合理开发，保护生物多样性，保障生态安全，依法制定有关生态保护和恢复治理方案并予以实施。

引进外来物种以及研究、开发和利用生物技术，应当采取措施，防止对生物多样性的破坏。

第三十一条　国家建立、健全生态保护补偿制度。

国家加大对生态保护地区的财政转移支付力度。有关地方人民政府应当落实生态保护补偿资金，确保其用于生态保护补偿。

国家指导受益地区和生态保护地区人民政府通过协商或者按照市场规则进行生态保护补偿。

第三十二条　国家加强对大气、水、土壤等的保护，建立和完善相应的调查、监测、评估和修复制度。

第三十三条　各级人民政府应当加强对农业环境的保护，促进农业环境保护新技术的使用，加强对农业污染源的监测预警，统筹有关部门采取措施，防治土壤污染和土地沙化、盐渍化、贫瘠化、石漠化、地面沉降以及防治植被破坏、水土流失、水体富营养化、水源枯竭、种源灭绝等生态失调现象，推广植物病虫害的综合防治。

县级、乡级人民政府应当提高农村环境保护公共服务水平，推动农村环境综合整治。

第三十四条　国务院和沿海地方各级人民政府应当加强对海洋环境的保护。向海洋排放污染物、倾倒废弃物，进行海岸工程和海洋工程建设，应当符合法律法规规定和有关标准，防止和减少对海洋环境的污染损害。

第三十五条　城乡建设应当结合当地自然环境的特点，保护植被、水域和自然景观，加强城市园林、绿地和风景名胜区的建设与管理。

第三十六条　国家鼓励和引导公民、法人和其他组织使用有利于保护环境的产品和再生产品，减少废弃物的产生。

国家机关和使用财政资金的其他组织应当优先采购和使用节能、节水、节材等有利于保护环境的产品、设备和设施。

第三十七条　地方各级人民政府应当采取措施，组织对生活废弃物的分类处置、回收利用。

第三十八条　公民应当遵守环境保护法律法规，配合实施环境保护措施,按照规定对生活废弃物进行分类放置,减少日常生活对环境造成的损害。

第三十九条　国家建立、健全环境与健康监测、调查和风险评估制度;鼓励和组织开展环境质量对公众健康影响的研究,采取措施预防和控制与环境污染有关的疾病。

第四章　防治污染和其他公害

第四十条　国家促进清洁生产和资源循环利用。

国务院有关部门和地方各级人民政府应当采取措施,推广清洁能源的生产和使用。

企业应当优先使用清洁能源,采用资源利用率高、污染物排放量少的工艺、设备以及废弃物综合利用技术和污染物无害化处理技术,减少污染物的产生。

第四十一条　建设项目中防治污染的设施,应当与主体工程同时设计、同时施工、同时投入使用。防治污染的设施应当符合经批准的环境影响评价文件的要求,不得擅自拆除或者闲置。

第四十二条　排放污染物的企业事业单位和其他生产经营者,应当采取措施,防治在生产建设或者其他活动中产生的废气、废水、废渣、医疗废物、粉尘、恶臭气体、放射性物质以及噪声、振动、光辐射、电磁辐射等对环境的污染和危害。

排放污染物的企业事业单位,应当建立环境保护责任制度,明确单位负责人和相关人员的责任。

重点排污单位应当按照国家有关规定和监测规范安装使用监测设备,保证监测设备正常运行,保存原始监测记录。

严禁通过暗管、渗井、渗坑、灌注或者篡改、伪造监测数据,或者不正常运行防治污染设施等逃避监管的方式违法排放污染物。

第四十三条　排放污染物的企业事业单位和其他生产经营者,应当按照国家有关规定缴纳排污费。排污费应当全部专项用于环境污染防治,任何单位和个人不得截留、挤占或者挪作他用。

依照法律规定征收环境保护税的,不再征收排污费。

第四十四条　国家实行重点污染物排放总量控制制度。重点污染物排放总量控制指标由国务院下达,省、自治区、直辖市人民政府分解落实。企业事业单位在执行国家和地方污染物排放标准的同时,应当遵守分解落实到本单位的重点污染物排放总量控制指标。

对超过国家重点污染物排放总量控制指标或者未完成国家确定的环境质量目标的地区,省级以上人民政府环境保护主管部门应当暂停审批其新增重点污染物排放总量的建设项目环境影响评价文件。

第四十五条　国家依照法律规定实行排污许可管理制度。

实行排污许可管理的企业事业单位和其他生产经营者应当按照排污许可证的要求排放污染物;未取得排污许可证的,不得排放污染物。

第四十六条　国家对严重污染环境的工艺、设备和产品实行淘汰制度。任何单位和个人不得生产、销售或者转移、使用严重污染环境的工艺、设备和产品。

禁止引进不符合我国环境保护规定的技术、设备、材料和产品。

第四十七条　各级人民政府及其有关部门和企业事业单位,应当依照《中华人民共和国突发事件应对法》的规定,做好突发环境事件的风险控制、应急准备、应急处置和事后恢复等工作。

县级以上人民政府应当建立环境污染公共监测预警机制,组织制定预警方案;环境受到污染,可能影响公众健康和环境安全时,依法及时公布预警信息,启动应急措施。

企业事业单位应当按照国家有关规定制定突发环境事件应急预案,报环境保护主管部门和有关部门备案。在发生或者可能发生突发环境事件时,企业事业单位应当立即采取措施处理,及时通报可能受到危害的单位和居民,并向环境保护主管部门和有关部门报告。

突发环境事件应急处置工作结束后,有关人民政府应当立即组织评估事件造成的环境影响和损失,并及时将评估结果向社会公布。

第四十八条　生产、储存、运输、销售、使用、处置化学物品和含有放射性物质的物品,应当遵守国家有关规定,防止污染环境。

第四十九条　各级人民政府及其农业等有关部门和机构应当指导农业生产经营者科学种植和养殖,科学合理施用农药、化肥等农业投入品,科学处置农用薄膜、农作物秸秆等农业废弃物,防止农业面源污染。

禁止将不符合农用标准和环境保护标准的固体废物、废水施入农田。施用农药、化肥等农业投入品及进行灌溉,应当采取措施,防止重金属和其他有毒有害物质污染环境。

畜禽养殖场、养殖小区、定点屠宰企业等的选址、建设和管理应当符合有关法律法规规定。从事畜禽养殖和屠宰的单位和个人应当采取措施,对畜禽粪便、尸体和污水等废弃物进行科学处置，防止污染环境。

县级人民政府负责组织农村生活废弃物的处置工作。

第五十条　各级人民政府应当在财政预算中安排资金，支持农村饮用水水源地保护、生活污水和其他废弃物处理、畜禽养殖和屠宰污染防治、土壤污染防治和农村工矿污染治理等环境保护工作。

第五十一条　各级人民政府应当统筹城乡建设污水处理设施及配套管网，固体废物的收集、运输和处置等环境卫生设施，危险废物集中处置设施、场所以及其他环境保护公共设施，并保障其正常运行。

第五十二条　国家鼓励投保环境污染责任保险。

第五章　信息公开和公众参与

第五十三条　公民、法人和其他组织依法享有获取环境信息、参与和监督环境保护的权利。

各级人民政府环境保护主管部门和其他负有环境保护监督管理职责的部门，应当依法公开环境信息、完善公众参与程序，为公民、法人和其他组织参与和监督环境保护提供便利。

第五十四条　国务院环境保护主管部门统一发布国家环境质量、重点污染源监测信息及其他重大环境信息。省级以上人民政府环境保护主管部门定期发布环境状况公报。

县级以上人民政府环境保护主管部门和其他负有环境保护监督管理职责的部门，应当依法公开环境质量、环境监测、突发环境事件以及环境行政许可、行政处罚、排污费的征收和使用情况等信息。

县级以上地方人民政府环境保护主管部门和其他负有环境保护监督管理职责的部门，应当将企业事业单位和其他生产经营者的环境违法信息记入社会诚信档案，及时向社会公布违法者名单。

第五十五条　重点排污单位应当如实向社会公开其主要污染物的名称、排放方式、排放浓度和总量、超标排放情况，以及防治污染设施的建设和运行情况，接受社会监督。

第五十六条　对依法应当编制环境影响报告书的建设项目，建设单位应当在编制时向可能受影响的公众说明情况，充分征求意见。

负责审批建设项目环境影响评价文件的部门在收到建设项目环境影响报告书后，除涉及国家秘密和商业秘密的事项外，应当全文公开；发现建设项目未充分征求公众意见的，应当责成建设单位征求公众意见。

第五十七条　公民、法人和其他组织发现任何单位和个人有污染环境和破坏生态行为的，有权向环境保护主管部门或者其他负有环境保护监督管理职责的部门举报。

公民、法人和其他组织发现地方各级人民政府、县级以上人民政府环境保护主管部门和其他负有环境保护监督管理职责的部门不依法履行职责的，有权向其上级机关或者监察机关举报。

接受举报的机关应当对举报人的相关信息予以保密，保护举报人的合法权益。

第五十八条　对污染环境、破坏生态，损害社会公共利益的行为，符合下列条件的社会组织可以向人民法院提起诉讼：

（一）依法在设区的市级以上人民政府民政部门登记；

（二）专门从事环境保护公益活动连续五年以上且无违法记录。

符合前款规定的社会组织向人民法院提起诉讼，人民法院应当依法受理。

提起诉讼的社会组织不得通过诉讼牟取经济利益。

第六章　法律责任

第五十九条　企业事业单位和其他生产经营者违法排放污染物，受到罚款处罚，被责令改正，拒不改正的，依法作出处罚决定的行政机关可以自责令改正之日的次日起，按照原处罚数额按日连续处罚。

前款规定的罚款处罚，依照有关法律法规按照防治污染设施的运行成本、违法行为造成的直接损失或者违法所得等因素确定的规定执行。

地方性法规可以根据环境保护的实际需要，增加第一款规定的按日连续处罚的违法行为的种类。

第六十条　企业事业单位和其他生产经营者超过污染物排放标准或者超过重点污染物排放总量控制指标排放污染物的，县级以上人民政府环境保护主管部门可以责令其采取限制生产、停产整治等措施；情节严重的，报经有批准权的人民政府批准，责令停业、关闭。

第六十一条　建设单位未依法提交建设项目环境影响评价文件或者环境影响评价文件未经批准，擅自开工建设的，由负有环境保护监督管理职责的部门责令停止建设，处以罚款，并可以责令恢复原状。

第六十二条　违反本法规定，重点排污单位不公开或者不如实公开环境信息的，由县级以上地方人民政府环境保护主管部门责令公开，处以罚款，并予以公告。

第六十三条　企业事业单位和其他生产经营者有下

列行为之一，尚不构成犯罪的，除依照有关法律法规规定予以处罚外，由县级以上人民政府环境保护主管部门或者其他有关部门将案件移送公安机关，对其直接负责的主管人员和其他直接责任人员，处十日以上十五日以下拘留；情节较轻的，处五日以上十日以下拘留：

（一）建设项目未依法进行环境影响评价，被责令停止建设，拒不执行的；

（二）违反法律规定，未取得排污许可证排放污染物，被责令停止排污，拒不执行的；

（三）通过暗管、渗井、渗坑、灌注或者篡改、伪造监测数据，或者不正常运行防治污染设施等逃避监管的方式违法排放污染物的；

（四）生产、使用国家明令禁止生产、使用的农药，被责令改正，拒不改正的。

第六十四条 因污染环境和破坏生态造成损害的，应当依照《中华人民共和国侵权责任法》的有关规定承担侵权责任。

第六十五条 环境影响评价机构、环境监测机构以及从事环境监测设备和防治污染设施维护、运营的机构，在有关环境服务活动中弄虚作假，对造成的环境污染和生态破坏负有责任的，除依照有关法律法规规定予以处罚外，还应当与造成环境污染和生态破坏的其他责任者承担连带责任。

第六十六条 提起环境损害赔偿诉讼的时效期间为三年，从当事人知道或者应当知道其受到损害时起计算。

第六十七条 上级人民政府及其环境保护主管部门应当加强对下级人民政府及其有关部门环境保护工作的监督。发现有关工作人员有违法行为，依法应当给予处分的，应当向其任免机关或者监察机关提出处分建议。

依法应当给予行政处罚，而有关环境保护主管部门不给予行政处罚的，上级人民政府环境保护主管部门可以直接作出行政处罚的决定。

第六十八条 地方各级人民政府、县级以上人民政府环境保护主管部门和其他负有环境保护监督管理职责的部门有下列行为之一的，对直接负责的主管人员和其他直接责任人员给予记过、记大过或者降级处分；造成严重后果的，给予撤职或者开除处分，其主要负责人应当引咎辞职：

（一）不符合行政许可条件准予行政许可的；

（二）对环境违法行为进行包庇的；

（三）依法应当作出责令停业、关闭的决定而未作出的；

（四）对超标排放污染物、采用逃避监管的方式排放污染物、造成环境事故以及不落实生态保护措施造成生态破坏等行为，发现或者接到举报未及时查处的；

（五）违反本法规定，查封、扣押企业事业单位和其他生产经营者的设施、设备的；

（六）篡改、伪造或者指使篡改、伪造监测数据的；

（七）应当依法公开环境信息而未公开的；

（八）将征收的排污费截留、挤占或者挪作他用的；

（九）法律法规规定的其他违法行为。

第六十九条 违反本法规定，构成犯罪的，依法追究刑事责任。

第七章 附 则

第七十条 本法自 2015 年 1 月 1 日起施行。

中华人民共和国环境保护税法

· 2016 年 12 月 25 日第十二届全国人民代表大会常务委员会第二十五次会议通过
· 根据 2018 年 10 月 26 日第十三届全国人民代表大会常务委员会第六次会议《关于修改〈中华人民共和国野生动物保护法〉等十五部法律的决定》修正

第一章 总 则

第一条 为了保护和改善环境，减少污染物排放，推进生态文明建设，制定本法。

第二条 在中华人民共和国领域和中华人民共和国管辖的其他海域，直接向环境排放应税污染物的企业事业单位和其他生产经营者为环境保护税的纳税人，应当依照本法规定缴纳环境保护税。

第三条 本法所称应税污染物，是指本法所附《环境保护税税目税额表》《应税污染物和当量值表》规定的大气污染物、水污染物、固体废物和噪声。

第四条 有下列情形之一的，不属于直接向环境排放污染物，不缴纳相应污染物的环境保护税：

（一）企业事业单位和其他生产经营者向依法设立的污水集中处理、生活垃圾集中处理场所排放应税污染物的；

（二）企业事业单位和其他生产经营者在符合国家和地方环境保护标准的设施、场所贮存或者处置固体废物的。

第五条 依法设立的城乡污水集中处理、生活垃圾集中处理场所超过国家和地方规定的排放标准向环境排放应税污染物的，应当缴纳环境保护税。

企业事业单位和其他生产经营者贮存或者处置固体废物不符合国家和地方环境保护标准的,应当缴纳环境保护税。

第六条 环境保护税的税目、税额,依照本法所附《环境保护税税目税额表》执行。

应税大气污染物和水污染物的具体适用税额的确定和调整,由省、自治区、直辖市人民政府统筹考虑本地区环境承载能力、污染物排放现状和经济社会生态发展目标要求,在本法所附《环境保护税税目税额表》规定的税额幅度内提出,报同级人民代表大会常务委员会决定,并报全国人民代表大会常务委员会和国务院备案。

第二章 计税依据和应纳税额

第七条 应税污染物的计税依据,按照下列方法确定:

(一)应税大气污染物按照污染物排放量折合的污染当量数确定;

(二)应税水污染物按照污染物排放量折合的污染当量数确定;

(三)应税固体废物按照固体废物的排放量确定;

(四)应税噪声按照超过国家规定标准的分贝数确定。

第八条 应税大气污染物、水污染物的污染当量数,以该污染物的排放量除以该污染物的污染当量值计算。每种应税大气污染物、水污染物的具体污染当量值,依照本法所附《应税污染物和当量值表》执行。

第九条 每一排放口或者没有排放口的应税大气污染物,按照污染当量数从大到小排序,对前三项污染物征收环境保护税。

每一排放口的应税水污染物,按照本法所附《应税污染物和当量值表》,区分第一类水污染物和其他类水污染物,按照污染当量数从大到小排序,对第一类水污染物按照前五项征收环境保护税,对其他类水污染物按照前三项征收环境保护税。

省、自治区、直辖市人民政府根据本地区污染物减排的特殊需要,可以增加同一排放口征收环境保护税的应税污染物项目数,报同级人民代表大会常务委员会决定,并报全国人民代表大会常务委员会和国务院备案。

第十条 应税大气污染物、水污染物、固体废物的排放量和噪声的分贝数,按照下列方法和顺序计算:

(一)纳税人安装使用符合国家规定和监测规范的污染物自动监测设备的,按照污染物自动监测数据计算;

(二)纳税人未安装使用污染物自动监测设备的,按照监测机构出具的符合国家有关规定和监测规范的监测数据计算;

(三)因排放污染物种类多等原因不具备监测条件的,按照国务院生态环境主管部门规定的排污系数、物料衡算方法计算;

(四)不能按照本条第一项至第三项规定的方法计算的,按照省、自治区、直辖市人民政府生态环境主管部门规定的抽样测算的方法核定计算。

第十一条 环境保护税应纳税额按照下列方法计算:

(一)应税大气污染物的应纳税额为污染当量数乘以具体适用税额;

(二)应税水污染物的应纳税额为污染当量数乘以具体适用税额;

(三)应税固体废物的应纳税额为固体废物排放量乘以具体适用税额;

(四)应税噪声的应纳税额为超过国家规定标准的分贝数对应的具体适用税额。

第三章 税收减免

第十二条 下列情形,暂予免征环境保护税:

(一)农业生产(不包括规模化养殖)排放应税污染物的;

(二)机动车、铁路机车、非道路移动机械、船舶和航空器等流动污染源排放应税污染物的;

(三)依法设立的城乡污水集中处理、生活垃圾集中处理场所排放相应应税污染物,不超过国家和地方规定的排放标准的;

(四)纳税人综合利用的固体废物,符合国家和地方环境保护标准的;

(五)国务院批准免税的其他情形。

前款第五项免税规定,由国务院报全国人民代表大会常务委员会备案。

第十三条 纳税人排放应税大气污染物或者水污染物的浓度值低于国家和地方规定的污染物排放标准百分之三十的,减按百分之七十五征收环境保护税。纳税人排放应税大气污染物或者水污染物的浓度值低于国家和地方规定的污染物排放标准百分之五十的,减按百分之五十征收环境保护税。

第四章 征收管理

第十四条 环境保护税由税务机关依照《中华人民共和国税收征收管理法》和本法的有关规定征收管理。

生态环境主管部门依照本法和有关环境保护法律法规的规定负责对污染物的监测管理。

县级以上地方人民政府应当建立税务机关、生态环境主管部门和其他相关单位分工协作工作机制，加强环境保护税征收管理，保障税款及时足额入库。

第十五条 生态环境主管部门和税务机关应当建立涉税信息共享平台和工作配合机制。

生态环境主管部门应当将排污单位的排污许可、污染物排放数据、环境违法和受行政处罚情况等环境保护相关信息，定期交送税务机关。

税务机关应当将纳税人的纳税申报、税款入库、减免税额、欠缴税款以及风险疑点等环境保护税涉税信息，定期交送生态环境主管部门。

第十六条 纳税义务发生时间为纳税人排放应税污染物的当日。

第十七条 纳税人应当向应税污染物排放地的税务机关申报缴纳环境保护税。

第十八条 环境保护税按月计算，按季申报缴纳。不能按固定期限计算缴纳的，可以按次申报缴纳。

纳税人申报缴纳时，应当向税务机关报送所排放应税污染物的种类、数量，大气污染物、水污染物的浓度值，以及税务机关根据实际需要要求纳税人报送的其他纳税资料。

第十九条 纳税人按季申报缴纳的，应当自季度终了之日起十五日内，向税务机关办理纳税申报并缴纳税款。纳税人按次申报缴纳的，应当自纳税义务发生之日起十五日内，向税务机关办理纳税申报并缴纳税款。

纳税人应当依法如实办理纳税申报，对申报的真实性和完整性承担责任。

第二十条 税务机关应当将纳税人的纳税申报数据资料与生态环境主管部门交送的相关数据资料进行比对。

税务机关发现纳税人的纳税申报数据资料异常或者纳税人未按照规定期限办理纳税申报的，可以提请生态环境主管部门进行复核，生态环境主管部门应当自收到税务机关的数据资料之日起十五日内向税务机关出具复核意见。税务机关应当按照生态环境主管部门复核的数据资料调整纳税人的应纳税额。

第二十一条 依照本法第十条第四项的规定核定计算污染物排放量的，由税务机关会同生态环境主管部门核定污染物排放种类、数量和应纳税额。

第二十二条 纳税人从事海洋工程向中华人民共和国管辖海域排放应税大气污染物、水污染物或者固体废物，申报缴纳环境保护税的具体办法，由国务院税务主管部门会同国务院生态环境主管部门规定。

第二十三条 纳税人和税务机关、生态环境主管部门及其工作人员违反本法规定的，依照《中华人民共和国税收征收管理法》、《中华人民共和国环境保护法》和有关法律法规的规定追究法律责任。

第二十四条 各级人民政府应当鼓励纳税人加大环境保护建设投入，对纳税人用于污染物自动监测设备的投资予以资金和政策支持。

第五章 附 则

第二十五条 本法下列用语的含义：

（一）污染当量，是指根据污染物或者污染排放活动对环境的有害程度以及处理的技术经济性，衡量不同污染物对环境污染的综合性指标或者计量单位。同一介质相同污染当量的不同污染物，其污染程度基本相当。

（二）排污系数，是指在正常技术经济和管理条件下，生产单位产品所应排放的污染物量的统计平均值。

（三）物料衡算，是指根据物质质量守恒原理对生产过程中使用的原料、生产的产品和产生的废物等进行测算的一种方法。

第二十六条 直接向环境排放应税污染物的企业事业单位和其他生产经营者，除依照本法规定缴纳环境保护税外，应当对所造成的损害依法承担责任。

第二十七条 自本法施行之日起，依照本法规定征收环境保护税，不再征收排污费。

第二十八条 本法自2018年1月1日起施行。

附表一：

环境保护税税目税额表

税 目		计税单位	税 额	备 注
大气污染物		每污染当量	1.2元至12元	
水污染物		每污染当量	1.4元至14元	
固体废物	煤矸石	每吨	5元	
	尾矿	每吨	15元	
	危险废物	每吨	1000元	
	冶炼渣、粉煤灰、炉渣、其他固体废物(含半固态、液态废物)	每吨	25元	
噪声	工业噪声	超标1—3分贝	每月350元	1. 一个单位边界上有多处噪声超标，根据最高一处超标声级计算应纳税额；当沿边界长度超过100米有两处以上噪声超标，按照两个单位计算应纳税额。 2. 一个单位有不同地点作业场所的，应当分别计算应纳税额，合并计征。 3. 昼、夜均超标的环境噪声，昼、夜分别计算应纳税额，累计计征。 4. 声源一个月内超标不足15天的，减半计算应纳税额。 5. 夜间频繁突发和夜间偶然突发厂界超标噪声，按等效声级和峰值噪声两种指标中超标分贝值高的一项计算应纳税额。
		超标4—6分贝	每月700元	
		超标7—9分贝	每月1400元	
		超标10—12分贝	每月2800元	
		超标13—15分贝	每月5600元	
		超标16分贝以上	每月11200元	

附表二：

应税污染物和当量值表

一、第一类水污染物污染当量值

污染物	污染当量值(千克)
1. 总汞	0.0005
2. 总镉	0.005
3. 总铬	0.04
4. 六价铬	0.02
5. 总砷	0.02
6. 总铅	0.025
7. 总镍	0.025
8. 苯并(a)芘	0.0000003
9. 总铍	0.01
10. 总银	0.02

二、第二类水污染物污染当量值

污染物	污染当量值(千克)	备注
11. 悬浮物(SS)	4	
12. 生化需氧量(BOD_5)	0.5	
13. 化学需氧量(COD_{cr})	1	同一排放口中的化学需氧量、生化需氧量和总有机碳，只征收一项。
14. 总有机碳(TOC)	0.49	
15. 石油类	0.1	
16. 动植物油	0.16	
17. 挥发酚	0.08	
18. 总氰化物	0.05	
19. 硫化物	0.125	
20. 氨氮	0.8	
21. 氟化物	0.5	
22. 甲醛	0.125	
23. 苯胺类	0.2	
24. 硝基苯类	0.2	
25. 阴离子表面活性剂(LAS)	0.2	

续表

污染物	污染当量值(千克)	备注
26. 总铜	0.1	
27. 总锌	0.2	
28. 总锰	0.2	
29. 彩色显影剂(CD-2)	0.2	
30. 总磷	0.25	
31. 单质磷(以P计)	0.05	
32. 有机磷农药(以P计)	0.05	
33. 乐果	0.05	
34. 甲基对硫磷	0.05	
35. 马拉硫磷	0.05	
36. 对硫磷	0.05	
37. 五氯酚及五氯酚钠(以五氯酚计)	0.25	
38. 三氯甲烷	0.04	
39. 可吸附有机卤化物(AOX)(以Cl计)	0.25	
40. 四氯化碳	0.04	
41. 三氯乙烯	0.04	
42. 四氯乙烯	0.04	
43. 苯	0.02	
44. 甲苯	0.02	
45. 乙苯	0.02	
46. 邻-二甲苯	0.02	
47. 对-二甲苯	0.02	
48. 间-二甲苯	0.02	
49. 氯苯	0.02	
50. 邻二氯苯	0.02	
51. 对二氯苯	0.02	
52. 对硝基氯苯	0.02	
53. 2,4-二硝基氯苯	0.02	
54. 苯酚	0.0255. 间-甲酚	0.02
56. 2,4-二氯酚	0.02	
57. 2,4,6-三氯酚	0.02	

续表

污染物	污染当量值(千克)	备注
58. 邻苯二甲酸二丁酯	0.02	
59. 邻苯二甲酸二辛酯	0.02	
60. 丙烯腈	0.125	
61. 总硒	0.02	

三、pH 值、色度、大肠菌群数、余氯量水污染物污染当量值

污染物		污染当量值	备注
1. pH 值	1. 0-1,13-14	0.06 吨污水	pH 值 5-6 指大于等于 5,小于 6；pH 值 9-10 指大于 9,小于等于 10,其余类推。
	2. 1-2,12-13	0.125 吨污水	
	3. 2-3,11-12	0.25 吨污水	
	4. 3-4,10-11	0.5 吨污水	
	5. 4-5,9-10	1 吨污水	
	6. 5-6	5 吨污水	
2. 色度		5 吨水·倍	
3. 大肠菌群数(超标)		3.3 吨污水	
4. 余氯量(用氯消毒的医院废水)		3.3 吨污水	大肠菌群数和余氯量只征收一项。

四、禽畜养殖业、小型企业和第三产业水污染物污染当量值

（本表仅适用于计算无法进行实际监测或者物料衡算的禽畜养殖业、小型企业和第三产业等小型排污者的水污染物污染当量数）

类型		污染当量值	备注
禽畜养殖场	1. 牛	0.1 头	仅对存栏规模大于 50 头牛、500 头猪、5000 羽鸡鸭等的禽畜养殖场征收。
	2. 猪	1 头	
	3. 鸡、鸭等家禽	30 羽	
4. 小型企业		1.8 吨污水	
5. 饮食娱乐服务业		0.5 吨污水	
6. 医院	消毒	0.14 床	医院病床数大于 20 张的按照本表计算污染当量数。
		2.8 吨污水	
	不消毒	0.07 床	
		1.4 吨污水	

五、大气污染物污染当量值

污染物	污染当量值(千克)
1. 二氧化硫	0.95
2. 氮氧化物	0.95
3. 一氧化碳	16.7
4. 氯气	0.34
5. 氯化氢	10.75
6. 氟化物	0.87
7. 氰化氢	0.005
8. 硫酸雾	0.6
9. 铬酸雾	0.0007
10. 汞及其化合物	0.0001
11. 一般性粉尘	4
12. 石棉尘	0.53
13. 玻璃棉尘	2.13
14. 碳黑尘	0.59
15. 铅及其化合物	0.02
16. 镉及其化合物	0.03
17. 铍及其化合物	0.0004
18. 镍及其化合物	0.13
19. 锡及其化合物	0.27
20. 烟尘	2.18
21. 苯	0.05
22. 甲苯	0.18
23. 二甲苯	0.27
24. 苯并(a)芘	0.000002
25. 甲醛	0.09
26. 乙醛	0.45
27. 丙烯醛	0.06
28. 甲醇	0.67
29. 酚类	0.35

续表

污染物	污染当量值(千克)
30. 沥青烟	0.19
31. 苯胺类	0.21
32. 氯苯类	0.72
33. 硝基苯	0.17
34. 丙烯腈	0.22
35. 氯乙烯	0.55
36. 光气	0.04
37. 硫化氢	0.29
38. 氨	9.09
39. 三甲胺	0.32
40. 甲硫醇	0.04
41. 甲硫醚	0.28
42. 二甲二硫	0.28
43. 苯乙烯	25
44. 二硫化碳	20

中华人民共和国民法典(节录)

- 2020年5月28日第十三届全国人民代表大会第三次会议通过
- 2020年5月28日中华人民共和国主席令第45号公布
- 自2021年1月1日起施行

……

第二百三十六条 【排除妨害、消除危险请求权】妨害物权或者可能妨害物权的,权利人可以请求排除妨害或者消除危险。

第二百三十七条 【修理、重作、更换或者恢复原状请求权】造成不动产或者动产毁损的,权利人可以依法请求修理、重作、更换或者恢复原状。

第二百三十八条 【物权损害赔偿请求权】侵害物权,造成权利人损害的,权利人可以依法请求损害赔偿,也可以依法请求承担其他民事责任。

第二百三十九条 【物权保护方式的单用和并用】本章规定的物权保护方式,可以单独适用,也可以根据权利被侵害的情形合并适用。

第二分编 所有权
第四章 一般规定

第二百四十条 【所有权的定义】所有权人对自己的不动产或者动产,依法享有占有、使用、收益和处分的权利。

第二百四十一条 【所有权人设立他物权】所有权人有权在自己的不动产或者动产上设立用益物权和担保物权。用益物权人、担保物权人行使权利,不得损害所有权人的权益。

第二百四十二条 【国家专有】法律规定专属于国家所有的不动产和动产,任何组织或者个人不能取得所有权。

第二百四十三条 【征收】为了公共利益的需要,依照法律规定的权限和程序可以征收集体所有的土地和组织、个人的房屋以及其他不动产。

征收集体所有的土地,应当依法及时足额支付土地补偿费、安置补助费以及农村村民住宅、其他地上附着物和青苗等的补偿费用,并安排被征地农民的社会保障费用,保障被征地农民的生活,维护被征地农民的合法权益。

征收组织、个人的房屋以及其他不动产,应当依法给予征收补偿,维护被征收人的合法权益;征收个人住宅的,还应当保障被征收人的居住条件。

任何组织或者个人不得贪污、挪用、私分、截留、拖欠征收补偿费等费用。

第二百四十四条 【保护耕地与禁止违法征地】国家对耕地实行特殊保护,严格限制农用地转为建设用地,控制建设用地总量。不得违反法律规定的权限和程序征收集体所有的土地。

第二百四十五条 【征用】因抢险救灾、疫情防控等紧急需要,依照法律规定的权限和程序可以征用组织、个人的不动产或者动产。被征用的不动产或者动产使用后,应当返还被征用人。组织、个人的不动产或者动产被征用或者征用后毁损、灭失的,应当给予补偿。

第五章 国家所有权和集体所有权、私人所有权

第二百四十六条 【国家所有权】法律规定属于国家所有的财产,属于国家所有即全民所有。

国有财产由国务院代表国家行使所有权。法律另有规定的,依照其规定。

第二百四十七条 【矿藏、水流和海域的国家所有权】矿藏、水流、海域属于国家所有。

第二百四十八条 【无居民海岛的国家所有权】无居民海岛属于国家所有,国务院代表国家行使无居民海岛所有权。

第二百四十九条 【国家所有土地的范围】城市的土地,属于国家所有。法律规定属于国家所有的农村和城市郊区的土地,属于国家所有。

第二百五十条 【国家所有的自然资源】森林、山岭、草原、荒地、滩涂等自然资源,属于国家所有,但是法律规定属于集体所有的除外。

第二百五十一条 【国家所有的野生动植物资源】法律规定属于国家所有的野生动植物资源,属于国家所有。

第二百五十二条 【无线电频谱资源的国家所有权】无线电频谱资源属于国家所有。

第二百五十三条 【国家所有的文物的范围】法律规定属于国家所有的文物,属于国家所有。

第二百五十四条 【国防资产、基础设施的国家所有权】国防资产属于国家所有。

铁路、公路、电力设施、电信设施和油气管道等基础设施,依照法律规定为国家所有的,属于国家所有。

……

第二百八十八条 【处理相邻关系的原则】不动产的相邻权利人应当按照有利生产、方便生活、团结互助、公平合理的原则,正确处理相邻关系。

第二百八十九条 【处理相邻关系的依据】法律、法规对处理相邻关系有规定的,依照其规定;法律、法规没有规定的,可以按照当地习惯。

第二百九十条 【相邻用水、排水、流水关系】不动产权利人应当为相邻权利人用水、排水提供必要的便利。

对自然流水的利用,应当在不动产的相邻权利人之间合理分配。对自然流水的排放,应当尊重自然流向。

第二百九十一条 【相邻关系中的通行权】不动产权利人对相邻权利人因通行等必须利用其土地的,应当提供必要的便利。

第二百九十二条 【相邻土地的利用】不动产权利人因建造、修缮建筑物以及铺设电线、电缆、水管、暖气和燃气管线等必须利用相邻土地、建筑物的,该土地、建筑物的权利人应当提供必要的便利。

第二百九十三条 【相邻建筑物通风、采光、日照】建造建筑物,不得违反国家有关工程建设标准,不得妨碍相邻建筑物的通风、采光和日照。

第二百九十四条 【相邻不动产之间不得排放、施放污染物】不动产权利人不得违反国家规定弃置固体废物,排放大气污染物、水污染物、土壤污染物、噪声、光辐射、电磁辐射等有害物质。

第二百九十五条 【维护相邻不动产安全】不动产权利人挖掘土地、建造建筑物、铺设管线以及安装设备等,不得危及相邻不动产的安全。

第二百九十六条 【相邻权的限度】不动产权利人因用水、排水、通行、铺设管线等利用相邻不动产的,应当尽量避免对相邻的不动产权利人造成损害。

……

第一千一百六十四条 【侵权责任编的调整范围】本编调整因侵害民事权益产生的民事关系。

第一千一百六十五条 【过错责任原则与过错推定责任】行为人因过错侵害他人民事权益造成损害的,应当承担侵权责任。

依照法律规定推定行为人有过错,其不能证明自己没有过错的,应当承担侵权责任。

第一千一百六十六条 【无过错责任】行为人造成他人民事权益损害,不论行为人有无过错,法律规定应当

承担侵权责任的,依照其规定。

第一千一百六十七条 【危及他人人身、财产安全的责任承担方式】侵权行为危及他人人身、财产安全的,被侵权人有权请求侵权人承担停止侵害、排除妨碍、消除危险等侵权责任。

第一千一百六十八条 【共同侵权】二人以上共同实施侵权行为,造成他人损害的,应当承担连带责任。

第一千一百六十九条 【教唆侵权、帮助侵权】教唆、帮助他人实施侵权行为的,应当与行为人承担连带责任。

教唆、帮助无民事行为能力人、限制民事行为能力人实施侵权行为的,应当承担侵权责任;该无民事行为能力人、限制民事行为能力人的监护人未尽到监护职责的,应当承担相应的责任。

第一千一百七十条 【共同危险行为】二人以上实施危及他人人身、财产安全的行为,其中一人或者数人的行为造成他人损害,能够确定具体侵权人的,由侵权人承担责任;不能确定具体侵权人的,行为人承担连带责任。

第一千一百七十一条 【分别侵权的连带责任】二人以上分别实施侵权行为造成同一损害,每个人的侵权行为都足以造成全部损害的,行为人承担连带责任。

第一千一百七十二条 【分别侵权的按份责任】二人以上分别实施侵权行为造成同一损害,能够确定责任大小的,各自承担相应的责任;难以确定责任大小的,平均承担责任。

第一千一百七十三条 【与有过错】被侵权人对同一损害的发生或者扩大有过错的,可以减轻侵权人的责任。

第一千一百七十四条 【受害人故意】损害是因受害人故意造成的,行为人不承担责任。

第一千一百七十五条 【第三人过错】损害是因第三人造成的,第三人应当承担侵权责任。

第一千一百七十六条 【自甘风险】自愿参加具有一定风险的文体活动,因其他参加者的行为受到损害的,受害人不得请求其他参加者承担侵权责任;但是,其他参加者对损害的发生有故意或者重大过失的除外。

活动组织者的责任适用本法第一千一百九十八条至第一千二百零一条的规定。

第一千一百七十七条 【自力救济】合法权益受到侵害,情况紧迫且不能及时获得国家机关保护,不立即采取措施将使其合法权益受到难以弥补的损害的,受害人可以在保护自己合法权益的必要范围内采取扣留侵权人的财物等合理措施;但是,应当立即请求有关国家机关处理。

受害人采取的措施不当造成他人损害的,应当承担侵权责任。

第一千一百七十八条 【特别规定优先适用】本法和其他法律对不承担责任或者减轻责任的情形另有规定的,依照其规定。

第二章 损害赔偿

第一千一百七十九条 【人身损害赔偿范围】侵害他人造成人身损害的,应当赔偿医疗费、护理费、交通费、营养费、住院伙食补助费等为治疗和康复支出的合理费用,以及因误工减少的收入。造成残疾的,还应当赔偿辅助器具费和残疾赔偿金;造成死亡的,还应当赔偿丧葬费和死亡赔偿金。

第一千一百八十条 【以相同数额确定死亡赔偿金】因同一侵权行为造成多人死亡的,可以以相同数额确定死亡赔偿金。

第一千一百八十一条 【被侵权人死亡时请求权主体的确定】被侵权人死亡的,其近亲属有权请求侵权人承担侵权责任。被侵权人为组织,该组织分立、合并的,承继权利的组织有权请求侵权人承担侵权责任。

被侵权人死亡的,支付被侵权人医疗费、丧葬费等合理费用的人有权请求侵权人赔偿费用,但是侵权人已经支付该费用的除外。

第一千一百八十二条 【侵害他人人身权益造成财产损失的赔偿计算方式】侵害他人人身权益造成财产损失的,按照被侵权人因此受到的损失或者侵权人因此获得的利益赔偿;被侵权人因此受到的损失以及侵权人因此获得的利益难以确定,被侵权人和侵权人就赔偿数额协商不一致,向人民法院提起诉讼的,由人民法院根据实际情况确定赔偿数额。

第一千一百八十三条 【精神损害赔偿】侵害自然人人身权益造成严重精神损害的,被侵权人有权请求精神损害赔偿。

因故意或者重大过失侵害自然人具有人身意义的特定物造成严重精神损害的,被侵权人有权请求精神损害赔偿。

第一千一百八十四条 【财产损失的计算】侵害他人财产的,财产损失按照损失发生时的市场价格或者其他合理方式计算。

第一千一百八十五条 【故意侵害知识产权的惩罚性赔偿责任】故意侵害他人知识产权,情节严重的,被侵权人有权请求相应的惩罚性赔偿。

第一千一百八十六条　【公平分担损失】受害人和行为人对损害的发生都没有过错的，依照法律的规定由双方分担损失。

第一千一百八十七条　【赔偿费用的支付方式】损害发生后，当事人可以协商赔偿费用的支付方式。协商不一致的，赔偿费用应当一次性支付；一次性支付确有困难的，可以分期支付，但是被侵权人有权请求提供相应的担保。

……

第一千二百二十九条　【环境污染和生态破坏侵权责任】因污染环境、破坏生态造成他人损害的，侵权人应当承担侵权责任。

第一千二百三十条　【环境污染、生态破坏侵权举证责任】因污染环境、破坏生态发生纠纷，行为人应当就法律规定的不承担责任或者减轻责任的情形及其行为与损害之间不存在因果关系承担举证责任。

第一千二百三十一条　【两个以上侵权人造成损害的责任分担】两个以上侵权人污染环境、破坏生态的，承担责任的大小，根据污染物的种类、浓度、排放量，破坏生态的方式、范围、程度，以及行为对损害后果所起的作用等因素确定。

第一千二百三十二条　【侵权人的惩罚性赔偿】侵权人违反法律规定故意污染环境、破坏生态造成严重后果的，被侵权人有权请求相应的惩罚性赔偿。

第一千二百三十三条　【因第三人过错污染环境、破坏生态的责任】因第三人的过错污染环境、破坏生态的，被侵权人可以向侵权人请求赔偿，也可以向第三人请求赔偿。侵权人赔偿后，有权向第三人追偿。

第一千二百三十四条　【生态环境损害修复责任】违反国家规定造成生态环境损害，生态环境能够修复的，国家规定的机关或者法律规定的组织有权请求侵权人在合理期限内承担修复责任。侵权人在期限内未修复的，国家规定的机关或者法律规定的组织可以自行或者委托他人进行修复，所需费用由侵权人负担。

第一千二百三十五条　【生态环境损害赔偿的范围】违反国家规定造成生态环境损害，国家规定的机关或者法律规定的组织有权请求侵权人赔偿下列损失和费用：

（一）生态环境受到损害至修复完成期间服务功能丧失导致的损失；

（二）生态环境功能永久性损害造成的损失；

（三）生态环境损害调查、鉴定评估等费用；

（四）清除污染、修复生态环境费用；

（五）防止损害的发生和扩大所支出的合理费用。

……

畜禽规模养殖污染防治条例

- 2013年10月8日国务院第26次常务会议通过
- 2013年11月11日中华人民共和国国务院令第643号公布
- 自2014年1月1日起施行

第一章　总　则

第一条　为了防治畜禽养殖污染，推进畜禽养殖废弃物的综合利用和无害化处理，保护和改善环境，保障公众身体健康，促进畜牧业持续健康发展，制定本条例。

第二条　本条例适用于畜禽养殖场、养殖小区的养殖污染防治。

畜禽养殖场、养殖小区的规模标准根据畜牧业发展状况和畜禽养殖污染防治要求确定。

牧区放牧养殖污染防治，不适用本条例。

第三条　畜禽养殖污染防治，应当统筹考虑保护环境与促进畜牧业发展的需要，坚持预防为主、防治结合的原则，实行统筹规划、合理布局、综合利用、激励引导。

第四条　各级人民政府应当加强对畜禽养殖污染防治工作的组织领导，采取有效措施，加大资金投入，扶持畜禽养殖污染防治以及畜禽养殖废弃物综合利用。

第五条　县级以上人民政府环境保护主管部门负责畜禽养殖污染防治的统一监督管理。

县级以上人民政府农牧主管部门负责畜禽养殖废弃物综合利用的指导和服务。

县级以上人民政府循环经济发展综合管理部门负责畜禽养殖循环经济工作的组织协调。

县级以上人民政府其他有关部门依照本条例规定和各自职责，负责畜禽养殖污染防治相关工作。

乡镇人民政府应当协助有关部门做好本行政区域的畜禽养殖污染防治工作。

第六条　从事畜禽养殖以及畜禽养殖废弃物综合利用和无害化处理活动，应当符合国家有关畜禽养殖污染防治的要求，并依法接受有关主管部门的监督检查。

第七条　国家鼓励和支持畜禽养殖污染防治以及畜禽养殖废弃物综合利用和无害化处理的科学技术研究和装备研发。各级人民政府应当支持先进适用技术的推广，促进畜禽养殖污染防治水平的提高。

第八条　任何单位和个人对违反本条例规定的行为,有权向县级以上人民政府环境保护等有关部门举报。接到举报的部门应当及时调查处理。

对在畜禽养殖污染防治中作出突出贡献的单位和个人,按照国家有关规定给予表彰和奖励。

第二章　预　防

第九条　县级以上人民政府农牧主管部门编制畜牧业发展规划,报本级人民政府或者其授权的部门批准实施。畜牧业发展规划应当统筹考虑环境承载能力以及畜禽养殖污染防治要求,合理布局,科学确定畜禽养殖的品种、规模、总量。

第十条　县级以上人民政府环境保护主管部门会同农牧主管部门编制畜禽养殖污染防治规划,报本级人民政府或者其授权的部门批准实施。畜禽养殖污染防治规划应当与畜牧业发展规划相衔接,统筹考虑畜禽养殖生产布局,明确畜禽养殖污染防治目标、任务、重点区域,明确污染治理重点设施建设,以及废弃物综合利用等污染防治措施。

第十一条　禁止在下列区域内建设畜禽养殖场、养殖小区:

(一)饮用水水源保护区,风景名胜区;

(二)自然保护区的核心区和缓冲区;

(三)城镇居民区、文化教育科学研究区等人口集中区域;

(四)法律、法规规定的其他禁止养殖区域。

第十二条　新建、改建、扩建畜禽养殖场、养殖小区,应当符合畜牧业发展规划、畜禽养殖污染防治规划,满足动物防疫条件,并进行环境影响评价。对环境可能造成重大影响的大型畜禽养殖场、养殖小区,应当编制环境影响报告书;其他畜禽养殖场、养殖小区应当填报环境影响登记表。大型畜禽养殖场、养殖小区的管理目录,由国务院环境保护主管部门商国务院农牧主管部门确定。

环境影响评价的重点应当包括:畜禽养殖产生的废弃物种类和数量,废弃物综合利用和无害化处理方案和措施,废弃物的消纳和处理情况以及向环境直接排放的情况,最终可能对水体、土壤等环境和人体健康产生的影响以及控制和减少影响的方案和措施等。

第十三条　畜禽养殖场、养殖小区应当根据养殖规模和污染防治需要,建设相应的畜禽粪便、污水与雨水分流设施,畜禽粪便、污水的贮存设施,粪污厌氧消化和堆沤、有机肥加工、制取沼气、沼渣沼液分离和输送、污水处理、畜禽尸体处理等综合利用和无害化处理设施。已经委托他人对畜禽养殖废弃物代为综合利用和无害化处理的,可以不自行建设综合利用和无害化处理设施。

未建设污染防治配套设施、自行建设的配套设施不合格,或者未委托他人对畜禽养殖废弃物进行综合利用和无害化处理的,畜禽养殖场、养殖小区不得投入生产或者使用。

畜禽养殖场、养殖小区自行建设污染防治配套设施的,应当确保其正常运行。

第十四条　从事畜禽养殖活动,应当采取科学的饲养方式和废弃物处理工艺等有效措施,减少畜禽养殖废弃物的产生量和向环境的排放量。

第三章　综合利用与治理

第十五条　国家鼓励和支持采取粪肥还田、制造沼气、制造有机肥等方法,对畜禽养殖废弃物进行综合利用。

第十六条　国家鼓励和支持采取种植和养殖相结合的方式消纳利用畜禽养殖废弃物,促进畜禽粪便、污水等废弃物就地就近利用。

第十七条　国家鼓励和支持沼气制取、有机肥生产等废弃物综合利用以及沼渣沼液输送和施用、沼气发电等相关配套设施建设。

第十八条　将畜禽粪便、污水、沼渣、沼液等用作肥料的,应当与土地的消纳能力相适应,并采取有效措施,消除可能引起传染病的微生物,防止污染环境和传播疫病。

第十九条　从事畜禽养殖活动和畜禽养殖废弃物处理活动,应当及时对畜禽粪便、畜禽尸体、污水等进行收集、贮存、清运,防止恶臭和畜禽养殖废弃物渗出、泄漏。

第二十条　向环境排放经过处理的畜禽养殖废弃物,应当符合国家和地方规定的污染物排放标准和总量控制指标。畜禽养殖废弃物未经处理,不得直接向环境排放。

第二十一条　染疫畜禽以及染疫畜禽排泄物、染疫畜禽产品、病死或者死因不明的畜禽尸体等病害畜禽养殖废弃物,应当按照有关法律、法规和国务院农牧主管部门的规定,进行深埋、化制、焚烧等无害化处理,不得随意处置。

第二十二条　畜禽养殖场、养殖小区应当定期将畜禽养殖品种、规模以及畜禽养殖废弃物的产生、排放和综合利用等情况,报县级人民政府环境保护主管部门备案。环境保护主管部门应当定期将备案情况抄送同级农牧主管部门。

第二十三条　县级以上人民政府环境保护主管部门应当依据职责对畜禽养殖污染防治情况进行监督检查，并加强对畜禽养殖环境污染的监测。

乡镇人民政府、基层群众自治组织发现畜禽养殖环境污染行为的，应当及时制止和报告。

第二十四条　对污染严重的畜禽养殖密集区域，市、县人民政府应当制定综合整治方案，采取组织建设畜禽养殖废弃物综合利用和无害化处理设施、有计划搬迁或者关闭畜禽养殖场所等措施，对畜禽养殖污染进行治理。

第二十五条　因畜牧业发展规划、土地利用总体规划、城乡规划调整以及划定禁止养殖区域，或者因对污染严重的畜禽养殖密集区域进行综合整治，确需关闭或者搬迁现有畜禽养殖场所，致使畜禽养殖者遭受经济损失的，由县级以上地方人民政府依法予以补偿。

第四章　激励措施

第二十六条　县级以上人民政府应当采取示范奖励等措施，扶持规模化、标准化畜禽养殖，支持畜禽养殖场、养殖小区进行标准化改造和污染防治设施建设与改造，鼓励分散饲养向集约饲养方式转变。

第二十七条　县级以上地方人民政府在组织编制土地利用总体规划过程中，应当统筹安排，将规模化畜禽养殖用地纳入规划，落实养殖用地。

国家鼓励利用废弃地和荒山、荒沟、荒丘、荒滩等未利用地开展规模化、标准化畜禽养殖。

畜禽养殖用地按农用地管理，并按照国家有关规定确定生产设施用地和必要的污染防治等附属设施用地。

第二十八条　建设和改造畜禽养殖污染防治设施，可以按照国家规定申请包括污染治理贷款贴息补助在内的环境保护等相关资金支持。

第二十九条　进行畜禽养殖污染防治，从事利用畜禽养殖废弃物进行有机肥产品生产经营等畜禽养殖废弃物综合利用活动的，享受国家规定的相关税收优惠政策。

第三十条　利用畜禽养殖废弃物生产有机肥产品的，享受国家关于化肥运力安排等支持政策；购买使用有机肥产品的，享受不低于国家关于化肥的使用补贴等优惠政策。

畜禽养殖场、养殖小区的畜禽养殖污染防治设施运行用电执行农业用电价格。

第三十一条　国家鼓励和支持利用畜禽养殖废弃物进行沼气发电，自发自用、多余电量接入电网。电网企业应当依照法律和国家有关规定为沼气发电提供无歧视的电网接入服务，并全额收购其电网覆盖范围内符合并网技术标准的多余电量。

利用畜禽养殖废弃物进行沼气发电的，依法享受国家规定的上网电价优惠政策。利用畜禽养殖废弃物制取沼气或进而制取天然气的，依法享受新能源优惠政策。

第三十二条　地方各级人民政府可以根据本地区实际，对畜禽养殖场、养殖小区支出的建设项目环境影响咨询费用给予补助。

第三十三条　国家鼓励和支持对染疫畜禽、病死或者死因不明畜禽尸体进行集中无害化处理，并按照国家有关规定对处理费用、养殖损失给予适当补助。

第三十四条　畜禽养殖场、养殖小区排放污染物符合国家和地方规定的污染物排放标准和总量控制指标，自愿与环境保护主管部门签订进一步削减污染物排放量协议的，由县级人民政府按照国家有关规定给予奖励，并优先列入县级以上人民政府安排的环境保护和畜禽养殖发展相关财政资金扶持范围。

第三十五条　畜禽养殖户自愿建设综合利用和无害化处理设施，采取措施减少污染物排放的，可以依照本条例规定享受相关激励和扶持政策。

第五章　法律责任

第三十六条　各级人民政府环境保护主管部门、农牧主管部门以及其他有关部门未依照本条例规定履行职责的，对直接负责的主管人员和其他直接责任人员依法给予处分；直接负责的主管人员和其他直接责任人员构成犯罪的，依法追究刑事责任。

第三十七条　违反本条例规定，在禁止养殖区域内建设畜禽养殖场、养殖小区的，由县级以上地方人民政府环境保护主管部门责令停止违法行为；拒不停止违法行为的，处3万元以上10万元以下的罚款，并报县级以上人民政府责令拆除或者关闭。在饮用水水源保护区建设畜禽养殖场、养殖小区的，由县级以上地方人民政府环境保护主管部门责令停止违法行为，处10万元以上50万元以下的罚款，并报经有批准权的人民政府批准，责令拆除或者关闭。

第三十八条　违反本条例规定，畜禽养殖场、养殖小区依法应当进行环境影响评价而未进行的，由有权审批该项目环境影响评价文件的环境保护主管部门责令停止建设，限期补办手续；逾期不补办手续的，处5万元以上20万元以下的罚款。

第三十九条　违反本条例规定，未建设污染防治配套设施或者自行建设的配套设施不合格，也未委托他人对畜禽养殖废弃物进行综合利用和无害化处理，畜禽养殖场、养殖小区即投入生产、使用，或者建设的污染防治配套设施未正常运行的，由县级以上人民政府环境保护主管部门责令停止生产或者使用，可以处10万元以下的罚款。

第四十条 违反本条例规定，有下列行为之一的，由县级以上地方人民政府环境保护主管部门责令停止违法行为，限期采取治理措施消除污染，依照《中华人民共和国水污染防治法》《中华人民共和国固体废物污染环境防治法》的有关规定予以处罚：

（一）将畜禽养殖废弃物用作肥料，超出土地消纳能力，造成环境污染的；

（二）从事畜禽养殖活动或者畜禽养殖废弃物处理活动，未采取有效措施，导致畜禽养殖废弃物渗出、泄漏的。

第四十一条 排放畜禽养殖废弃物不符合国家或者地方规定的污染物排放标准或者总量控制指标，或者未经无害化处理直接向环境排放畜禽养殖废弃物的，由县级以上地方人民政府环境保护主管部门责令限期治理，可以处5万元以下的罚款。县级以上地方人民政府环境保护主管部门作出限期治理决定后，应当会同同级人民政府农牧等有关部门对整改措施的落实情况及时进行核查，并向社会公布核查结果。

第四十二条 未按照规定对染疫畜禽和病害畜禽养殖废弃物进行无害化处理的，由动物卫生监督机构责令无害化处理，所需处理费用由违法行为人承担，可以处3000元以下的罚款。

第六章 附 则

第四十三条 畜禽养殖场、养殖小区的具体规模标准由省级人民政府确定，并报国务院环境保护主管部门和国务院农牧主管部门备案。

第四十四条 本条例自2014年1月1日起施行。

中华人民共和国环境保护税法实施条例

- 2017年12月25日中华人民共和国国务院令第693号公布
- 自2018年1月1日起施行

第一章 总 则

第一条 根据《中华人民共和国环境保护税法》（以下简称环境保护税法），制定本条例。

第二条 环境保护税法所附《环境保护税税目税额表》所称其他固体废物的具体范围，依照环境保护税法第六条第二款规定的程序确定。

第三条 环境保护税法第五条第一款、第十二条第一款第三项规定的城乡污水集中处理场所，是指为社会公众提供生活污水处理服务的场所，不包括为工业园区、开发区等工业聚集区域内的企业事业单位和其他生产经营者提供污水处理服务的场所，以及企业事业单位和其他生产经营者自建自用的污水处理场所。

第四条 达到省级人民政府确定的规模标准并且有污染物排放口的畜禽养殖场，应当依法缴纳环境保护税；依法对畜禽养殖废弃物进行综合利用和无害化处理的，不属于直接向环境排放污染物，不缴纳环境保护税。

第二章 计税依据

第五条 应税固体废物的计税依据，按照固体废物的排放量确定。固体废物的排放量为当期应税固体废物的产生量减去当期应税固体废物的贮存量、处置量、综合利用量的余额。

前款规定的固体废物的贮存量、处置量，是指在符合国家和地方环境保护标准的设施、场所贮存或者处置的固体废物数量；固体废物的综合利用量，是指按照国务院发展改革、工业和信息化主管部门关于资源综合利用要求以及国家和地方环境保护标准进行综合利用的固体废物数量。

第六条 纳税人有下列情形之一的，以其当期应税固体废物的产生量作为固体废物的排放量：

（一）非法倾倒应税固体废物；

（二）进行虚假纳税申报。

第七条 应税大气污染物、水污染物的计税依据，按照污染物排放量折合的污染当量数确定。

纳税人有下列情形之一的，以其当期应税大气污染物、水污染物的产生量作为污染物的排放量：

（一）未依法安装使用污染物自动监测设备或者未将污染物自动监测设备与环境保护主管部门的监控设备联网；

（二）损毁或者擅自移动、改变污染物自动监测设备；

（三）篡改、伪造污染物监测数据；

（四）通过暗管、渗井、渗坑、灌注或者稀释排放以及不正常运行防治污染设施等方式违法排放应税污染物；

（五）进行虚假纳税申报。

第八条 从两个以上排放口排放应税污染物的，对每一排放口排放的应税污染物分别计算征收环境保护税；纳税人持有排污许可证的，其污染物排放口按照排污许可证载明的污染物排放口确定。

第九条 属于环境保护税法第十条第二项规定情形

的纳税人,自行对污染物进行监测所获取的监测数据,符合国家有关规定和监测规范的,视同环境保护税法第十条第二项规定的监测机构出具的监测数据。

第三章 税收减免

第十条 环境保护税法第十三条所称应税大气污染物或者水污染物的浓度值,是指纳税人安装使用的污染物自动监测设备当月自动监测的应税大气污染物浓度值的小时平均值再平均所得数值或者应税水污染物浓度值的日平均值再平均所得数值,或者监测机构当月监测的应税大气污染物、水污染物浓度值的平均值。

依照环境保护税法第十三条的规定减征环境保护税的,前款规定的应税大气污染物浓度值的小时平均值或者应税水污染物浓度值的日平均值,以及监测机构当月每次监测的应税大气污染物、水污染物的浓度值,均不得超过国家和地方规定的污染物排放标准。

第十一条 依照环境保护税法第十三条的规定减征环境保护税的,应当对每一排放口排放的不同应税污染物分别计算。

第四章 征收管理

第十二条 税务机关依法履行环境保护税纳税申报受理、涉税信息比对、组织税款入库等职责。

环境保护主管部门依法负责应税污染物监测管理,制定和完善污染物监测规范。

第十三条 县级以上地方人民政府应当加强对环境保护税征收管理工作的领导,及时协调、解决环境保护税征收管理工作中的重大问题。

第十四条 国务院税务、环境保护主管部门制定涉税信息共享平台技术标准以及数据采集、存储、传输、查询和使用规范。

第十五条 环境保护主管部门应当通过涉税信息共享平台向税务机关交送在环境保护监督管理中获取的下列信息:

(一)排污单位的名称、统一社会信用代码以及污染物排放口、排放污染物种类等基本信息;

(二)排污单位的污染物排放数据(包括污染物排放量以及大气污染物、水污染物的浓度值等数据);

(三)排污单位环境违法和受行政处罚情况;

(四)对税务机关提请复核的纳税人的纳税申报数据资料异常或者纳税人未按照规定期限办理纳税申报的复核意见;

(五)与税务机关商定交送的其他信息。

第十六条 税务机关应当通过涉税信息共享平台向环境保护主管部门交送下列环境保护税涉税信息:

(一)纳税人基本信息;

(二)纳税申报信息;

(三)税款入库、减免税额、欠缴税款以及风险疑点等信息;

(四)纳税人涉税违法和受行政处罚情况;

(五)纳税人的纳税申报数据资料异常或者纳税人未按照规定期限办理纳税申报的信息;

(六)与环境保护主管部门商定交送的其他信息。

第十七条 环境保护税法第十七条所称应税污染物排放地是指:

(一)应税大气污染物、水污染物排放口所在地;

(二)应税固体废物产生地;

(三)应税噪声产生地。

第十八条 纳税人跨区域排放应税污染物,税务机关对税收征收管辖有争议的,由争议各方按照有利于征收管理的原则协商解决;不能协商一致的,报请共同的上级税务机关决定。

第十九条 税务机关应当依据环境保护主管部门交送的排污单位信息进行纳税人识别。

在环境保护主管部门交送的排污单位信息中没有对应信息的纳税人,由税务机关在纳税人首次办理环境保护税纳税申报时进行纳税人识别,并将相关信息交送环境保护主管部门。

第二十条 环境保护主管部门发现纳税人申报的应税污染物排放信息或者适用的排污系数、物料衡算方法有误的,应当通知税务机关处理。

第二十一条 纳税人申报的污染物排放数据与环境保护主管部门交送的相关数据不一致的,按照环境保护主管部门交送的数据确定应税污染物的计税依据。

第二十二条 环境保护税法第二十条第二款所称纳税人的纳税申报数据资料异常,包括但不限于下列情形:

(一)纳税人当期申报的应税污染物排放量与上一年同期相比明显偏低,且无正当理由;

(二)纳税人单位产品污染物排放量与同类型纳税人相比明显偏低,且无正当理由。

第二十三条 税务机关、环境保护主管部门应当无偿为纳税人提供与缴纳环境保护税有关的辅导、培训和咨询服务。

第二十四条 税务机关依法实施环境保护税的税务检查,环境保护主管部门予以配合。

第二十五条 纳税人应当按照税收征收管理的有关规定，妥善保管应税污染物监测和管理的有关资料。

第五章 附 则

第二十六条 本条例自2018年1月1日起施行。2003年1月2日国务院公布的《排污费征收使用管理条例》同时废止。

国务院关于环境保护税收入归属问题的通知

- 2017年12月22日
- 国发[2017]56号

《中华人民共和国环境保护税法》已由第十二届全国人民代表大会常务委员会第二十五次会议于2016年12月25日通过，自2018年1月1日起施行。《中华人民共和国环境保护税法》第二条规定，在中华人民共和国领域和中华人民共和国管辖的其他海域，直接向环境排放应税污染物的企业事业单位和其他生产经营者为环境保护税的纳税人，应当依法缴纳环境保护税。为促进各地保护和改善环境、增加环境保护投入，国务院决定，环境保护税全部作为地方收入。

关于落实从事污染防治的第三方企业所得税政策有关问题的公告

- 2021年4月29日国家税务总局、国家发展改革委、生态环境部公告2021年第11号

根据《中华人民共和国企业所得税法》及其实施条例、《财政部 税务总局 国家发展改革委 生态环境部关于从事污染防治的第三方企业所得税政策问题的公告》（2019年第60号，以下简称60号公告）的规定，为落实好从事污染防治的第三方企业（以下简称第三方防治企业）所得税优惠政策，现将有关问题公告如下：

一、优惠事项办理方式

第三方防治企业依照60号公告规定享受优惠政策时，按照《国家税务总局关于发布修订后的〈企业所得税优惠政策事项办理办法〉的公告》（2018年第23号）的规定，采取"自行判别、申报享受、相关资料留存备查"的方式办理。

二、主要留存备查资料

第三方防治企业依照60号公告规定享受优惠政策的，主要留存备查资料为：

（一）连续从事环境污染治理设施运营实践一年以上的情况说明，与环境污染治理设施运营有关的合同、收入凭证。

（二）当年有效的技术人员的职称证书或执（职）业资格证书、劳动合同及工资发放记录等材料。

（三）从事环境保护设施运营服务的年度营业收入、总收入及其占比等情况说明。

（四）可说明当年企业具备检验能力，拥有自有实验室，仪器配置可满足运行服务范围内常规污染物指标的检测需求的有关材料：

1. 污染物检测仪器清单，其中列入《实施强制管理计量器具目录》的检测仪器需同时留存备查相关检定证书；

2. 当年常规理化指标的化验检测全部原始记录，其中污染治理类别为危险废物的利用与处置的，还需留存备查危险废物转移联单。

（五）可说明当年企业能保证其运营的环境保护设施正常运行，使污染物排放指标能够连续稳定达到国家或者地方规定的排放标准要求的有关材料：

1. 环境污染治理运营项目清单、项目简介。

2. 反映污染治理设施运营期间主要污染物排放连续稳定达标的所有自动监测日均值等记录，由具备资质的生态环境监测机构出具的全部检测报告。从事机动车船、非道路移动机械、餐饮油烟治理的，如未进行在线数据监测，也可不留存备查在线监测数据记录。

3. 运营期内能够反映环境污染治理设施日常运行情况的全部记录、能够说明自动监测仪器设备符合生态环境保护相关标准规范要求的材料。

（六）仅从事自动连续监测运营服务的第三方企业，提供反映运营服务期间自动监测故障后及时修复、监测数据"真、准、全"等相关证明材料，无须提供反映污染物排放连续稳定达标相关材料。

三、相关后续管理

（一）第三方防治企业享受60号公告优惠政策后，税务部门将按照规定开展后续管理。

（二）税务部门在后续管理过程中，对享受优惠的企业是否符合60号公告第二条第五项、第六项规定条件有疑义的，可转请《环境污染治理范围》（见附件）所列的同级生态环境或发展改革部门核查。

（三）生态环境或发展改革部门收到同级税务部门转来的核查资料后，应组织专家或者委托第三方机构进行核查。核查可以采取案头审核或实地核查等方式。需要实地核查的，相关部门应协同进行，涉及异地核查的，

企业运营项目所在地相关部门应予以配合。生态环境或发展改革部门应在收到核查要求后两个月内，将核查结果反馈同级税务部门。

本公告自2021年6月1日起施行。

特此公告。

附件：环境污染治理范围

附件

环境污染治理范围

序号	领域	污染治理类别	污染治理类别说明	核查部门
1	水污染治理	生活污水处理	主要包括城镇集中式、农村生活污水和生活垃圾填埋场渗滤液等的处理及利用。	生态环境部门
		工业废水治理	主要包括工业园区、工业企业等的工业废水处理(含管网运维)及生活垃圾填埋场或焚烧厂渗滤液等的处理及利用。	生态环境部门
		水体治理与修复	主要指流域、湖库、黑臭水体的治理与修复。	生态环境部门
		地下水污染风险管控和修复	主要包括地下水污染风险管控和修复。	生态环境部门
2	大气污染治理	固定源大气污染治理	工业企业、工业园区、锅炉和集中式污染治理设施的废气治理。	生态环境部门
		移动源大气污染治理	机动车船、非道路移动机械以及加油站、储油库等的废气治理。	生态环境部门
		其他	餐饮油烟、汽修废气等污染治理。	生态环境部门
3	噪声污染治理	噪声污染治理	工业企业等噪声源治理。	生态环境部门
4	土壤污染风险管控和修复	土壤污染风险管控和修复	主要包括土壤污染状况调查和土壤污染风险评估、风险管控、修复、风险管控效果评估、修复效果评估、后期管理等活动。	生态环境部门
5	固体废物处理与处置	生活垃圾处理	主要包括城镇和农村生活垃圾的资源化利用与处置。	发展改革部门
		工业固体废物处理	主要包括生产过程中产生的一般工业固体废物的资源化利用与处置。	生态环境部门
		电子废物的拆解处理与处置	电子废物的拆解处理与处置。	生态环境部门
		危险废物的利用与处置	危险废物的利用与处置。	生态环境部门
		其他	主要包括畜禽废物、污泥处置、餐厨垃圾、食品加工过程中产生的废渣等废物的资源化利用与处置。	发展改革部门

续表

序号	领域	污染治理类别	污染治理类别说明	核查部门
6	自动连续监测	水污染物自动连续监测	主要包括水环境质量自动连续监测或污染源自动连续监测。	生态环境部门
		大气污染物自动连续监测	主要包括大气环境质量自动连续监测或污染源自动连续监测。	生态环境部门
7	清洁生产	清洁生产改造	主要包括为工业企业和服务型企业提供清洁企业改造服务,减少能源资源消耗的污染物排放。	发展改革部门
8	区域环境托管服务	区域环境托管服务	主要包括为企业、园区政府和城市政府提供系统的环境污染第三方治理服务或托管服务。	发展改革部门

国务院办公厅关于印发新污染物治理行动方案的通知

· 2022年5月4日
· 国办发〔2022〕15号

各省、自治区、直辖市人民政府,国务院各部委、各直属机构:

《新污染物治理行动方案》已经国务院同意,现印发给你们,请认真贯彻执行。

新污染物治理行动方案

有毒有害化学物质的生产和使用是新污染物的主要来源。目前,国内外广泛关注的新污染物主要包括国际公约管控的持久性有机污染物、内分泌干扰素、抗生素等。为深入贯彻落实党中央、国务院决策部署,加强新污染物治理,切实保障生态环境安全和人民健康,制定本行动方案。

一、总体要求

(一)指导思想。以习近平新时代中国特色社会主义思想为指导,全面贯彻党的十九大和十九届历次全会精神,深入贯彻习近平生态文明思想,立足新发展阶段,完整、准确、全面贯彻新发展理念,构建新发展格局,推动高质量发展,以有效防范新污染物环境与健康风险为核心,以精准治污、科学治污、依法治污为工作方针,遵循全生命周期环境风险管理理念,统筹推进新污染物环境风险管理,实施调查评估、分类治理、全过程环境风险管控,加强制度和科技支撑保障,健全新污染物治理体系,促进以更高标准打好蓝天、碧水、净土保卫战,提升美丽中国、健康中国建设水平。

(二)工作原则。

——科学评估,精准施策。开展化学物质调查监测,科学评估环境风险,精准识别环境风险较大的新污染物,针对其产生环境风险的主要环节,采取源头禁限、过程减排、末端治理的全过程环境风险管控措施。

——标本兼治,系统推进。"十四五"期间,对一批重点管控新污染物开展专项治理。同时,系统构建新污染物治理长效机制,形成贯穿全过程、涵盖各类别、采取多举措的治理体系,统筹推动大气、水、土壤多环境介质协同治理。

——健全体系,提升能力。建立健全管理制度和技术体系,强化法治保障。建立跨部门协调机制,落实属地责任。强化科技支撑与基础能力建设,加强宣传引导,促进社会共治。

(三)主要目标。到2025年,完成高关注、高产(用)量的化学物质环境风险筛查,完成一批化学物质环境风险评估;动态发布重点管控新污染物清单;对重点管控新污染物实施禁止、限制、限排等环境风险管控措施。有毒有害化学物质环境风险管理法规制度体系和管理机制逐步建立健全,新污染物治理能力明显增强。

二、行动举措

(一)完善法规制度,建立健全新污染物治理体系。

1. 加强法律法规制度建设。研究制定有毒有害化学物质环境风险管理条例。建立健全化学物质环境信息调查、环境调查监测、环境风险评估、环境风险管控和新化学物质环境管理登记、有毒化学品进出口环境管理等制度。加强农药、兽药、药品、化妆品管理等相关制度与有毒有害化学物质环境风险管理相关制度的衔接。（生态环境部、农业农村部、市场监管总局、国家药监局等按职责分工负责）

2. 建立完善技术标准体系。建立化学物质环境风险评估与管控技术标准体系，制定修订化学物质环境风险评估、经济社会影响分析、危害特性测试方法等标准。完善新污染物环境监测技术体系。（生态环境部牵头，工业和信息化部、国家卫生健康委、市场监管总局等按职责分工负责）

3. 建立健全新污染物治理管理机制。建立生态环境部门牵头，发展改革、科技、工业和信息化、财政、住房城乡建设、农业农村、商务、卫生健康、海关、市场监管、药监等部门参加的新污染物治理跨部门协调机制，统筹推进新污染物治理工作。加强部门联合调查、联合执法、信息共享，加强法律、法规、制度、标准的协调衔接。按照国家统筹、省负总责、市县落实的原则，完善新污染物治理的管理机制，全面落实新污染物治理属地责任。成立新污染物治理专家委员会，强化新污染物治理技术支撑。（生态环境部牵头，国家发展改革委、科技部、工业和信息化部、财政部、住房城乡建设部、农业农村部、商务部、国家卫生健康委、海关总署、市场监管总局、国家药监局等按职责分工负责，地方各级人民政府负责落实。以下均需地方各级人民政府落实，不再列出）

（二）开展调查监测，评估新污染物环境风险状况。

4. 建立化学物质环境信息调查制度。开展化学物质基本信息调查，包括重点行业中重点化学物质生产使用的品种、数量、用途等信息。针对列入环境风险优先评估计划的化学物质，进一步开展有关生产、加工使用、环境排放数量及途径、危害特性等详细信息调查。2023年年底前，完成首轮化学物质基本信息调查和首批环境风险优先评估化学物质详细信息调查。（生态环境部负责）

5. 建立新污染物环境调查监测制度。制定实施新污染物专项环境调查监测工作方案。依托现有生态环境监测网络，在重点地区、重点行业、典型工业园区开展新污染物环境调查监测试点。探索建立地下水新污染物环境调查、监测及健康风险评估技术方法。2025年年底前，初步建立新污染物环境调查监测体系。（生态环境部负责）

6. 建立化学物质环境风险评估制度。研究制定化学物质环境风险筛查和评估方案，完善评估数据库，以高关注、高产（用）量、高环境检出率、分散式用途的化学物质为重点，开展环境与健康危害测试和风险筛查。动态制定化学物质环境风险优先评估计划和优先控制化学品名录。2022年年底前，印发第一批化学物质环境风险优先评估计划。（生态环境部、国家卫生健康委等按职责分工负责）

7. 动态发布重点管控新污染物清单。针对列入优先控制化学品名录的化学物质以及抗生素、微塑料等其他重点新污染物，制定"一品一策"管控措施，开展管控措施的技术可行性和经济社会影响评估，识别优先控制化学品的主要环境排放源，适时制定修订相关行业排放标准，动态更新有毒有害大气污染物名录、有毒有害水污染物名录、重点控制的土壤有毒有害物质名录。动态发布重点管控新污染物清单及其禁止、限制、限排等环境风险管控措施。2022年发布首批重点管控新污染物清单。鼓励有条件的地区在落实国家任务要求的基础上，参照国家标准和指南，先行开展化学物质环境信息调查、环境调查监测和环境风险评估，因地制宜制定本地区重点管控新污染物补充清单和管控方案，建立健全有关地方政策标准等。（生态环境部牵头，工业和信息化部、农业农村部、商务部、国家卫生健康委、海关总署、市场监管总局、国家药监局等按职责分工负责）

（三）严格源头管控，防范新污染物产生。

8. 全面落实新化学物质环境管理登记制度。严格执行《新化学物质环境管理登记办法》，落实企业新化学物质环境风险防控主体责任。加强新化学物质环境管理登记监督，建立健全新化学物质登记测试数据质量监管机制，对新化学物质登记测试数据质量进行现场核查并公开核查结果。建立国家和地方联动的监督执法机制，按照"双随机、一公开"原则，将新化学物质环境管理事项纳入环境执法年度工作计划，加大对违法企业的处罚力度。做好新化学物质和现有化学物质环境管理衔接，完善《中国现有化学物质名录》。（生态环境部负责）

9. 严格实施淘汰或限用措施。按照重点管控新污染物清单要求，禁止、限制重点管控新污染物的生产、加工使用和进出口。研究修订《产业结构调整指导目录》，对纳入《产业结构调整指导目录》淘汰类的工业化学品、农药、兽药、药品、化妆品等，未按期淘汰的，依法停止其产品登记或生产许可证核发。强化环境影响评价管理，严格涉新污染物建设项目准入管理。将禁止进出口的化学品纳入禁止进（出）口货物目录，加强进出口管控；将严格限制用途的化学品纳入《中国严格限制的有毒化学品名录》，强化进出口环境管理。依法严厉打击已淘汰持久性有机污染物的非法生产和加工使用。（国家发展改革委、工业和信息化部、生态环境部、农业农村部、商务部、海关总署、市场监管总局、国家药监局等按职责分工负责）

10. 加强产品中重点管控新污染物含量控制。对采取含量控制的重点管控新污染物，将含量控制要求纳入玩具、学生用品等相关产品的强制性国家标准并严格监督落实，减少产品消费过程中造成的新污染物环境排放。将重点管控新污染物限值和禁用要求纳入环境标志产品和绿色产品标准、认证、标识体系。在重要消费品环境标志认证中，对重点管控新污染物进行标识或提示。（工业和信息化部、生态环境部、农业农村部、市场监管总局等按职责分工负责）

（四）强化过程控制，减少新污染物排放。

11. 加强清洁生产和绿色制造。对使用有毒有害化学物质进行生产或者在生产过程中排放有毒有害化学物质的企业依法实施强制性清洁生产审核，全面推进清洁生产改造；企业应采取便于公众知晓的方式公布使用有毒有害原料的情况以及排放有毒有害化学物质的名称、浓度和数量等相关信息。推动将有毒有害化学物质的替代和排放控制要求纳入绿色产品、绿色园区、绿色工厂和绿色供应链等绿色制造标准体系。（国家发展改革委、工业和信息化部、生态环境部、住房城乡建设部、市场监管总局等按职责分工负责）

12. 规范抗生素类药品使用管理。研究抗菌药物环境危害性评估制度，在兽用抗菌药注册登记环节对新品种开展抗菌药物环境危害性评估。加强抗菌药物临床应用管理，严格落实零售药店凭处方销售处方药类抗菌药物。加强兽用抗菌药监督管理，实施兽用抗菌药使用减量化行动，推行凭兽医处方销售使用兽用抗菌药。（生态环境部、农业农村部、国家卫生健康委、国家药监局等按职责分工负责）

13. 强化农药使用管理。加强农药登记管理，健全农药登记后环境风险监测和再评价机制。严格管控具有环境持久性、生物累积性等特性的高毒高风险农药及助剂。2025年年底前，完成一批高毒高风险农药品种再评价。持续开展农药减量增效行动，鼓励发展高效低风险农药，稳步推进高毒高风险农药淘汰和替代。鼓励使用便于回收的大容量包装物，加强农药包装废弃物回收处置。（生态环境部、农业农村部等按职责分工负责）

（五）深化末端治理，降低新污染物环境风险。

14. 加强新污染物多环境介质协同治理。加强有毒有害大气污染物、水污染物环境治理，制定相关污染控制技术规范。排放重点管控新污染物的企事业单位应采取污染控制措施，达到相关污染物排放标准及环境质量目标要求；按照排污许可管理有关要求，依法申领排污许可证或填写排污登记表，并在其中载明执行的污染控制标准要求及采取的污染控制措施。排放重点管控新污染物的企事业单位和其他生产经营者应按照相关法律法规要求，对排放（污）口及其周边环境定期开展环境监测，评估环境风险，排查整治环境安全隐患，依法公开新污染物信息，采取措施防范环境风险。土壤污染重点监管单位应严格控制有毒有害物质排放，建立土壤污染隐患排查制度，防止有毒有害物质渗漏、流失、扬散。生产、加工使用或排放重点管控新污染物清单中所列化学物质的企事业单位应纳入重点排污单位。（生态环境部负责）

15. 强化含特定新污染物废物的收集利用处置。严格落实废药品、废农药以及抗生素生产过程中产生的废母液、废反应基和废培养基等废物的收集利用处置要求。研究制定含特定新污染物废物的检测方法、鉴定技术标准和利用处置污染控制技术规范。（生态环境部、农业农村部等按职责分工负责）

16. 开展新污染物治理试点工程。在长江、黄河等流域和重点饮用水水源地周边，重点河口、重点海湾、重点海水养殖区，京津冀、长三角、珠三角等区域，聚焦石化、涂料、纺织印染、橡胶、农药、医药等行业，选取一批重点企业和工业园区开展新污染物治理试点工程，形成一批有毒有害化学物质绿色替代、新污染物减排以及污水污泥、废液废渣中新污染物治理示范技术。鼓励有条件的地方制定激励政策，推动企业先行先试，减少新污染物的产生和排放。（工业和信息化部、生态环境部等按职责分工负责）

（六）加强能力建设，夯实新污染物治理基础。

17. 加大科技支撑力度。在国家科技计划中加强新污染物治理科技攻关，开展有毒有害化学物质环境风险评估与管控关键技术研究；加强新污染物相关新理论和新技术等研究，提升创新能力；加强抗生素、微塑料等生态环境危害机理研究。整合现有资源，重组环境领域全国重点实验室，开展新污染物相关研究。（科技部、生态环境部、国家卫生健康委等按职责分工负责）

18. 加强基础能力建设。加强国家和地方新污染物治理的监督、执法和监测能力建设。加强国家和区域（流域、海域)化学物质环境风险评估和新污染物环境监测技术支撑保障能力。建设国家化学物质环境风险管理信息系统,构建化学物质计算毒理与暴露预测平台。培育一批符合良好实验室规范的化学物质危害测试实验室。加强相关专业人才队伍建设和专项培训。(生态环境部、国家卫生健康委等部门按职责分工负责)

三、保障措施

(一)加强组织领导。坚持党对新污染物治理工作的全面领导。地方各级人民政府要加强对新污染物治理的组织领导,各省级人民政府是组织实施本行动方案的主体,于2022年年底前组织制定本地区新污染物治理工作方案,细化分解目标任务,明确部门分工,抓好工作落实。国务院各有关部门要加强分工协作,共同做好新污染物治理工作,2025年对本行动方案实施情况进行评估。将新污染物治理中存在的突出生态环境问题纳入中央生态环境保护督察。(生态环境部牵头,有关部门按职责分工负责)

(二)强化监管执法。督促企业落实主体责任,严格落实国家和地方新污染物治理要求。加强重点管控新污染物排放执法监测和重点区域环境监测。对涉重点管控新污染物企事业单位依法开展现场检查,加大对未按规定落实环境风险管控措施企业的监督执法力度。加强对禁止或限制类有毒有害化学物质及其相关产品生产、加工使用、进出口的监督执法。(生态环境部、农业农村部、海关总署、市场监管总局等按职责分工负责)

(三)拓宽资金投入渠道。鼓励社会资本进入新污染物治理领域,引导金融机构加大对新污染物治理的信贷支持力度。新污染物治理按规定享受税收优惠政策。(财政部、生态环境部、税务总局、银保监会等按职责分工负责)

(四)加强宣传引导。加强法律法规政策宣传解读。开展新污染物治理科普宣传教育,引导公众科学认识新污染物环境风险,树立绿色消费理念。鼓励公众通过多种渠道举报涉新污染物环境违法犯罪行为,充分发挥社会舆论监督作用。积极参与化学品国际环境公约和国际化学品环境管理行动,在全球环境治理中发挥积极作用。(生态环境部牵头,有关部门按职责分工负责)

中央生态环境保护督察工作规定

- 2019年4月18日中共中央政治局常委会会议审议批准
- 2019年6月6日中共中央办公厅、国务院办公厅发布

第一章 总则

第一条 为了规范生态环境保护督察工作,压实生态环境保护责任,推进生态文明建设,建设美丽中国,根据《中共中央、国务院关于全面加强生态环境保护坚决打好污染防治攻坚战的意见》《中华人民共和国环境保护法》等要求,制定本规定。

第二条 中央实行生态环境保护督察制度,设立专职督察机构,对省、自治区、直辖市党委和政府、国务院有关部门以及有关中央企业等组织开展生态环境保护督察。

第三条 中央生态环境保护督察工作以习近平新时代中国特色社会主义思想为指导,深入贯彻落实习近平生态文明思想,增强"四个意识"、坚定"四个自信"、做到"两个维护",认真贯彻落实党中央、国务院决策部署,坚持以人民为中心,以解决突出生态环境问题、改善生态环境质量、推动高质量发展为重点,夯实生态文明建设和生态环境保护政治责任,强化督察问责,形成警示震慑,推进工作落实、实现标本兼治,不断满足人民日益增长的美好生活需要。

第四条 中央生态环境保护督察坚持和加强党的全面领导,提高政治站位;坚持问题导向,动真碰硬,倒逼责任落实;坚持依规依法,严谨规范,做到客观公正;坚持群众路线,信息公开,注重综合效能;坚持求真务实,真抓实干,反对形式主义、官僚主义。

第五条 中央生态环境保护督察包括例行督察、专项督察和"回头看"等。

原则上在每届党的中央委员会任期内,应当对各省、自治区、直辖市党委和政府,国务院有关部门以及有关中央企业开展例行督察,并根据需要对督察整改情况实施"回头看";针对突出生态环境问题,视情组织开展专项督察。

第六条 中央生态环境保护督察实施规划计划管理。五年工作规划经党中央、国务院批准后实施。年度工作计划应当明确当年督察工作具体安排,以保障五年规划任务落实到位。

第二章 组织机构和人员

第七条 成立中央生态环境保护督察工作领导小组,负责组织协调推动中央生态环境保护督察工作。领导小组组长、副组长由党中央、国务院研究确定,组成部门包括中央办公厅、中央组织部、中央宣传部、国务院办公厅、司法部、生态环境部、审计署和最高人民检察院等。

中央生态环境保护督察办公室设在生态环境部,负责中央生态环境保护督察工作领导小组的日常工作,承担中央生态环境保护督察的具体组织实施工作。

第八条 中央生态环境保护督察工作领导小组的职

责是：

（一）学习贯彻落实习近平生态文明思想，研究在实施中央生态环境保护督察工作中的具体贯彻落实措施；

（二）贯彻落实党中央、国务院关于生态环境保护督察的决策部署；

（三）向党中央、国务院报告中央生态环境保护督察工作有关情况；

（四）审议中央生态环境保护督察制度规范、督察报告；

（五）听取中央生态环境保护督察办公室有关工作情况的汇报；

（六）审议中央生态环境保护督察其他重要事项。

第九条　中央生态环境保护督察办公室的职责是：

（一）向中央生态环境保护督察工作领导小组报告工作情况，组织落实领导小组确定的工作任务；

（二）负责拟订中央生态环境保护督察法规制度、规划计划、实施方案，并组织实施；

（三）承担中央生态环境保护督察组的组织协调工作；

（四）承担督察报告审核、汇总、上报，以及督察反馈、移交移送的组织协调和督察整改的调度督促等工作；

（五）指导省、自治区、直辖市开展省级生态环境保护督察工作；

（六）承担领导小组交办的其他事项。

第十条　根据中央生态环境保护督察工作安排，经党中央、国务院批准，组建中央生态环境保护督察组，承担具体生态环境保护督察任务。

中央生态环境保护督察组设组长、副组长。督察组实行组长负责制，副组长协助组长开展工作。组长由现职或者近期退出领导岗位的省部级领导同志担任，副组长由生态环境部现职部领导担任。

建立组长人选库，由中央组织部商生态环境部管理。组长、副组长人选由中央组织部履行审核程序。

组长、副组长根据每次中央生态环境保护督察任务确定并授权。

第十一条　中央生态环境保护督察组成员以生态环境部各督察局人员为主体，并根据任务需要抽调有关专家和其他人员参加。中央生态环境保护督察组成员应当具备下列条件：

（一）理想信念坚定，对党忠诚，在思想上政治上行动上同以习近平同志为核心的党中央保持高度一致；

（二）坚持原则，敢于担当，依法办事，公道正派，清正廉洁；

（三）遵守纪律，严守秘密；

（四）熟悉中央生态环境保护督察工作或者相关政策法规，具有较强的业务能力；

（五）身体健康，能够胜任工作要求。

第十二条　加强中央生态环境保护督察队伍建设，选配中央生态环境保护督察组成员应当严格标准条件，对不适合从事督察工作的人员应当及时予以调整。

第十三条　中央生态环境保护督察组成员实行任职回避、地域回避、公务回避，并根据任务需要进行轮岗交流。

第三章　督察对象和内容

第十四条　中央生态环境保护例行督察的督察对象包括：

（一）省、自治区、直辖市党委和政府及其有关部门，并可以下沉至有关地市级党委和政府及其有关部门；

（二）承担重要生态环境保护职责的国务院有关部门；

（三）从事的生产经营活动对生态环境影响较大的有关中央企业；

（四）其他中央要求督察的单位。

第十五条　中央生态环境保护例行督察的内容包括：

（一）学习贯彻落实习近平生态文明思想以及贯彻落实新发展理念、推动高质量发展情况；

（二）贯彻落实党中央、国务院生态文明建设和生态环境保护决策部署情况；

（三）国家生态环境保护法律法规、政策制度、标准规范、规划计划的贯彻落实情况；

（四）生态环境保护党政同责、一岗双责推进落实情况和长效机制建设情况；

（五）突出生态环境问题以及处理情况；

（六）生态环境质量呈现恶化趋势的区域流域以及整治情况；

（七）对人民群众反映的生态环境问题立行立改情况；

（八）生态环境问题立案、查处、移交、审判、执行等环节非法干预，以及不予配合等情况；

（九）其他需要督察的生态环境保护事项。

第十六条　中央生态环境保护督察"回头看"主要对例行督察整改工作开展情况、重点整改任务完成情况和生态环境保护长效机制建设情况等，特别是整改过程中的形式主义、官僚主义问题进行督察。

第十七条 中央生态环境保护专项督察直奔问题、强化震慑、严肃问责，督察事项主要包括：

（一）党中央、国务院明确要求督察的事项；

（二）重点区域、重点领域、重点行业突出生态环境问题；

（三）中央生态环境保护督察整改不力的典型案件；

（四）其他需要开展专项督察的事项。

第十八条 中央生态环境保护例行督察、"回头看"的有关工作安排应当报党中央、国务院批准。

中央生态环境保护专项督察的组织形式、督察对象和督察内容应当根据具体督察事项和要求确定。重要专项督察的有关工作安排应当报党中央、国务院批准。

第四章 督察程序和权限

第十九条 中央生态环境保护督察一般包括督察准备、督察进驻、督察报告、督察反馈、移交移送、整改落实和立卷归档等程序环节。

第二十条 督察准备工作主要包括以下事项：

（一）向党中央、国务院有关部门和单位了解被督察对象有关情况以及问题线索；

（二）组织开展必要的摸底排查；

（三）确定组长、副组长人选，组成中央生态环境保护督察组，开展动员培训；

（四）制定督察工作方案；

（五）印发督察进驻通知，落实督察进驻各项准备工作。

第二十一条 中央生态环境保护督察进驻时间应当根据具体督察对象和督察任务确定。督察进驻主要采取以下方式开展工作：

（一）听取被督察对象工作汇报和有关专题汇报；

（二）与被督察对象党政主要负责人和其他有关负责人进行个别谈话；

（三）受理人民群众生态环境保护方面的信访举报；

（四）调阅、复制有关文件、档案、会议记录等资料；

（五）对有关地方、部门、单位以及个人开展走访询问；

（六）针对问题线索开展调查取证，并可以责成有关地方、部门、单位以及个人就有关问题做出书面说明；

（七）召开座谈会，列席被督察对象有关会议；

（八）到被督察对象下属地方、部门或者单位开展下沉督察；

（九）针对督察发现的突出问题，可以视情对有关党政领导干部实施约见或者约谈；

（十）提请有关地方、部门、单位以及个人予以协助；

（十一）其他必要的督察工作方式。

第二十二条 督察进驻结束后，中央生态环境保护督察组应当在规定时限内形成督察报告，如实报告督察发现的重要情况和问题，并提出意见和建议。

督察报告应当以适当方式与被督察对象交换意见，经中央生态环境保护督察工作领导小组审议后，报党中央、国务院。

第二十三条 督察报告经党中央、国务院批准后，由中央生态环境保护督察组向被督察对象反馈，指出督察发现的问题，明确督察整改工作要求。

第二十四条 督察结果作为对被督察对象领导班子和领导干部综合考核评价、奖惩任免的重要依据，按照干部管理权限送有关组织（人事）部门。

对督察发现的重要生态环境问题及其失职失责情况，督察组应当形成生态环境损害责任追究问题清单和案卷，按照有关权限、程序和要求移交中央纪委国家监委、中央组织部、国务院国资委党委或者被督察对象。

对督察发现需要开展生态环境损害赔偿工作的，移送省、自治区、直辖市政府依照有关规定索赔追偿；需要提起公益诉讼的，移送检察机关等有权机关依法处理。

对督察发现涉嫌犯罪的，按照有关规定移送监察机关或者司法机关依法处理。

第二十五条 被督察对象应当按照督察报告制定督察整改方案，在规定时限内报党中央、国务院。

被督察对象应当按照督察整改方案要求抓好整改落实工作，并在规定时限内向党中央、国务院报送督察整改落实情况。

中央生态环境保护督察办公室应当对督察整改落实情况开展调度督办，并组织抽查核实。对整改不力的，视情采取函告、通报、约谈、专项督察等措施，压实责任，推动整改。

第二十六条 中央生态环境保护督察过程中产生的有关文件、资料应当按照要求整理保存，需要归档的，按照有关规定办理。

第二十七条 加强边督边改工作。对督察进驻过程中人民群众举报的生态环境问题，以及督察组交办的其他问题，被督察对象应当立行立改，坚决整改，确保有关问题查处到位、整改到位。

第二十八条 加强督察问责工作。对不履行或者不正确履行职责而造成生态环境损害的地方和单位党政领导干部，应当依纪依法严肃、精准、有效问责；对该问责而不问责的，应当追究相关人员责任。

第二十九条 加强信息公开工作。中央生态环境保护督察的具体工作安排、边督边改情况、有关突出问题和案例、督察报告主要内容、督察整改方案、督察整改落实情况，以及督察问责有关情况等，应当按照有关要求对外公开，回应社会关切，接受群众监督。

第五章 督察纪律和责任

第三十条 中央生态环境保护督察应当严明政治纪律和政治规矩，严格执行中央八项规定及其实施细则精神，严格落实各项廉政规定。

中央生态环境保护督察组督察进驻期间应当按照有关规定建立临时党支部，落实全面从严治党要求，加强督察组成员教育、监督和管理。

第三十一条 中央生态环境保护督察组应当严格执行请示报告制度。督察中发现的重要情况和重大问题，应当向中央生态环境保护督察工作领导小组或者中央生态环境保护督察办公室请示报告，督察组成员不得擅自表态和处置。

第三十二条 中央生态环境保护督察组应当严格落实各项保密规定。督察组成员应当严格保守中央生态环境保护督察工作秘密，未经批准不得对外发布或者泄露中央生态环境保护督察有关情况。

第三十三条 中央生态环境保护督察组不得干预被督察对象正常工作，不处理被督察对象的具体问题。

第三十四条 中央生态环境保护督察组应当严格遵守中央生态环境保护督察纪律、程序和规范，正确履行职责。督察组成员有下列情形之一，视情节轻重，依纪依法给予批评教育、组织处理或者党纪处分、政务处分；涉嫌犯罪的，按照有关规定移送监察机关或者司法机关依法处理：

（一）不按照工作要求开展督察，导致应当发现的重要生态环境问题没有发现的；

（二）不如实报告督察情况，隐瞒、歪曲、捏造事实的；

（三）工作中超越权限，或者不按照规定程序开展督察工作，造成不良后果的；

（四）利用督察工作的便利谋取私利或者为他人谋取不正当利益的；

（五）泄露督察工作秘密的；

（六）有违反督察工作纪律的其他行为的。

第三十五条 生态环境部以及中央生态环境保护督察办公室应当加强对生态环境保护督察工作的组织协调。对生态环境保护督察工作组织协调不力，造成不良后果的，依照有关规定追究相关人员责任。

第三十六条 有关部门和单位应当支持协助中央生态环境保护督察。对违反规定推诿、拖延、拒绝支持协助中央生态环境保护督察，造成不良后果的，依照有关规定追究相关人员责任。

第三十七条 被督察对象应当自觉接受中央生态环境保护督察，积极配合中央生态环境保护督察组开展工作，如实向督察组反映情况和问题。被督察对象及其工作人员有下列情形之一，视情节轻重，对其党政领导班子主要负责人或者其他有关责任人，依纪依法给予批评教育、组织处理或者党纪处分、政务处分；涉嫌犯罪的，按照有关规定移送监察机关或者司法机关依法处理：

（一）故意提供虚假情况，隐瞒、歪曲、捏造事实的；

（二）拒绝、故意拖延或者不按照要求提供相关资料的；

（三）指使、强令有关单位或者人员干扰、阻挠督察工作的；

（四）拒不配合现场检查或者调查取证的；

（五）无正当理由拒不纠正存在的问题，或者不按照要求推进整改落实的；

（六）对反映情况的干部群众进行打击、报复、陷害的；

（七）采取集中停工停产停业等"一刀切"方式应对督察的；

（八）其他干扰、抵制中央生态环境保护督察工作的情形。

第三十八条 被督察对象地方、部门和单位的干部群众发现中央生态环境保护督察组成员有本规定第三十四条所列行为的，应当向有关机关反映。

第六章 附 则

第三十九条 生态环境保护督察实行中央和省、自治区、直辖市两级督察体制。各省、自治区、直辖市生态环境保护督察，作为中央生态环境保护督察的延伸和补充，形成督察合力。省、自治区、直辖市生态环境保护督察可以采取例行督察、专项督察、派驻监察等方式开展工作，严格程序，明确权限，严肃纪律，规范行为。

地市级及以下地方党委和政府应当依规依法加强对下级党委和政府及其有关部门生态环境保护工作的监督。

第四十条 省、自治区、直辖市生态环境保护督察工作参照本规定执行。

第四十一条 本规定由生态环境部负责解释。

第四十二条 本规定自 2019 年 6 月 6 日起施行。

企业环境信息依法披露管理办法

- 2021 年 11 月 26 日生态环境部 2021 年第四次部务会议审议通过
- 2021 年 12 月 11 日生态环境部令第 24 号公布
- 自 2022 年 2 月 8 日起施行

第一章 总　则

第一条 为了规范企业环境信息依法披露活动,加强社会监督,根据《中华人民共和国环境保护法》《中华人民共和国清洁生产促进法》《公共企事业单位信息公开规定制定办法》《环境信息依法披露制度改革方案》等相关法律法规和文件,制定本办法。

第二条 本办法适用于企业依法披露环境信息及其监督管理活动。

第三条 生态环境部负责全国环境信息依法披露的组织、指导、监督和管理。

设区的市级以上地方生态环境主管部门负责本行政区域环境信息依法披露的组织实施和监督管理。

第四条 企业是环境信息依法披露的责任主体。

企业应当建立健全环境信息依法披露管理制度,规范工作规程,明确工作职责,建立准确的环境信息管理台账,妥善保存相关原始记录,科学统计归集相关环境信息。

企业披露环境信息所使用的相关数据及表述应当符合环境监测、环境统计等方面的标准和技术规范要求,优先使用符合国家监测规范的污染物监测数据、排污许可证执行报告数据等。

第五条 企业应当依法、及时、真实、准确、完整地披露环境信息,披露的环境信息应当简明清晰、通俗易懂,不得有虚假记载、误导性陈述或者重大遗漏。

第六条 企业披露涉及国家秘密、战略高新技术和重要领域核心关键技术、商业秘密的环境信息,依照有关法律法规的规定执行;涉及重大环境信息披露的,应当按照国家有关规定请示报告。

任何公民、法人或者其他组织不得非法获取企业环境信息,不得非法修改披露的环境信息。

第二章　披露主体

第七条 下列企业应当按照本办法的规定披露环境信息:

(一)重点排污单位;

(二)实施强制性清洁生产审核的企业;

(三)符合本办法第八条规定的上市公司及合并报表范围内的各级子公司(以下简称上市公司);

(四)符合本办法第八条规定的发行企业债券、公司债券、非金融企业债务融资工具的企业(以下简称发债企业);

(五)法律法规规定的其他应当披露环境信息的企业。

第八条 上一年度有下列情形之一的上市公司和发债企业,应当按照本办法的规定披露环境信息:

(一)因生态环境违法行为被追究刑事责任的;

(二)因生态环境违法行为被依法处以十万元以上罚款的;

(三)因生态环境违法行为被依法实施按日连续处罚的;

(四)因生态环境违法行为被依法实施限制生产、停产整治的;

(五)因生态环境违法行为被依法吊销生态环境相关许可证件的;

(六)因生态环境违法行为,其法定代表人、主要负责人、直接负责的主管人员或者其他直接责任人员被依法处以行政拘留的。

第九条 设区的市级生态环境主管部门组织制定本行政区域内的环境信息依法披露企业名单(以下简称企业名单)。

设区的市级生态环境主管部门应当于每年 3 月底前确定本年度企业名单,并向社会公布。企业名单公布前应当在政府网站上进行公示,征求公众意见;公示期限不得少于十个工作日。

对企业名单公布后新增的符合纳入企业名单要求的企业,设区的市级生态环境主管部门应当将其纳入下一年度企业名单。

设区的市级生态环境主管部门应当在企业名单公布后十个工作日内报送省级生态环境主管部门。省级生态环境主管部门应当于每年 4 月底前,将本行政区域的企业名单报送生态环境部。

第十条 重点排污单位应当自列入重点排污单位名录之日起,纳入企业名单。

实施强制性清洁生产审核的企业应当自列入强制性清洁生产审核名单后,纳入企业名单,并延续至该企业完成强制性清洁生产审核验收后的第三年。

上市公司、发债企业应当连续三年纳入企业名单；期间再次发生本办法第八条规定情形的，应当自三年期限届满后，再连续三年纳入企业名单。

对同时符合本条规定的两种以上情形的企业，应当按照最长期限纳入企业名单。

第三章　披露内容和时限

第十一条　生态环境部负责制定企业环境信息依法披露格式准则（以下简称准则），并根据生态环境管理需要适时进行调整。

企业应当按照准则编制年度环境信息依法披露报告和临时环境信息依法披露报告，并上传至企业环境信息依法披露系统。

第十二条　企业年度环境信息依法披露报告应当包括以下内容：

（一）企业基本信息，包括企业生产和生态环境保护等方面的基础信息；

（二）企业环境管理信息，包括生态环境行政许可、环境保护税、环境污染责任保险、环保信用评价等方面的信息；

（三）污染物产生、治理与排放信息，包括污染防治设施、污染物排放、有毒有害物质排放、工业固体废物和危险废物产生、贮存、流向、利用、处置、自行监测等方面的信息；

（四）碳排放信息，包括排放量、排放设施等方面的信息；

（五）生态环境应急信息，包括突发环境事件应急预案、重污染天气应急响应等方面的信息；

（六）生态环境违法信息；

（七）本年度临时环境信息依法披露情况；

（八）法律法规规定的其他环境信息。

第十三条　重点排污单位披露年度环境信息时，应当披露本办法第十二条规定的环境信息。

第十四条　实施强制性清洁生产审核的企业披露年度环境信息时，除了披露本办法第十二条规定的环境信息外，还应当披露以下信息：

（一）实施强制性清洁生产审核的原因；

（二）强制性清洁生产审核的实施情况、评估与验收结果。

第十五条　上市公司和发债企业披露年度环境信息时，除了披露本办法第十二条规定的环境信息外，还应按照以下规定披露相关信息：

（一）上市公司通过发行股票、债券、存托凭证、中期票据、短期融资券、超短期融资券、资产证券化、银行贷款等形式进行融资的，应当披露年度融资形式、金额、投向等信息，以及融资所投项目的应对气候变化、生态环境保护等相关信息；

（二）发债企业通过发行股票、债券、存托凭证、可交换债、中期票据、短期融资券、超短期融资券、资产证券化、银行贷款等形式融资的，应当披露年度融资形式、金额、投向等信息，以及融资所投项目的应对气候变化、生态环境保护等相关信息。

上市公司和发债企业属于强制性清洁生产审核企业的，还应当按照本办法第十四条的规定披露相关环境信息。

第十六条　企业未产生本办法规定的环境信息的，可以不予披露。

第十七条　企业应当自收到相关法律文书之日起五个工作日内，以临时环境信息依法披露报告的形式，披露以下环境信息：

（一）生态环境行政许可准予、变更、延续、撤销等信息；

（二）因生态环境违法行为受到行政处罚的信息；

（三）因生态环境违法行为，其法定代表人、主要负责人、直接负责的主管人员和其他直接责任人员被依法处以行政拘留的信息；

（四）因生态环境违法行为，企业或者其法定代表人、主要负责人、直接负责的主管人员和其他直接责任人员被追究刑事责任的信息；

（五）生态环境损害赔偿及协议信息。

企业发生突发环境事件的，应当依照有关法律法规规定披露相关信息。

第十八条　企业可以根据实际情况对已披露的环境信息进行变更；进行变更的，应当以临时环境信息依法披露报告的形式变更，并说明变更事项和理由。

第十九条　企业应当于每年3月15日前披露上一年度1月1日至12月31日的环境信息。

第二十条　企业在企业名单公布前存在本办法第十七条规定的环境信息的，应当于企业名单公布后十个工作日内以临时环境信息依法披露报告的形式披露本年度企业名单公布前的相关信息。

第四章　监督管理

第二十一条　生态环境部、设区的市级以上地方生态环境主管部门应当依托政府网站等设立企业环境信息依法披露系统，集中公布企业环境信息依法披露内容，供社会公众免费查询，不得向企业收取任何费用。

第二十二条　生态环境主管部门应当加强企业环境信息依法披露系统与全国排污许可证管理信息平台等生态环境相关信息系统的互联互通,充分利用信息化手段避免企业重复填报。

生态环境主管部门应当加强企业环境信息依法披露系统与信用信息共享平台、金融信用信息基础数据库对接,推动环境信息跨部门、跨领域、跨地区互联互通、共享共用,及时将相关环境信息提供给有关部门。

第二十三条　设区的市级生态环境主管部门应当于每年3月底前,将上一年度本行政区域环境信息依法披露情况报送省级生态环境主管部门。省级生态环境主管部门应当于每年4月底前将相关情况报送生态环境部。

报送的环境信息依法披露情况应当包括以下内容：
（一）企业开展环境信息依法披露的总体情况；
（二）对企业环境信息依法披露的监督检查情况；
（三）其他应当报送的信息。

第二十四条　生态环境主管部门应当会同有关部门加强对企业环境信息依法披露活动的监督检查,及时受理社会公众举报,依法查处企业未按规定披露环境信息的行为。鼓励生态环境主管部门运用大数据分析、人工智能等技术手段开展监督检查。

第二十五条　公民、法人或者其他组织发现企业有违反本办法规定行为的,有权向生态环境主管部门举报。接受举报的生态环境主管部门应当依法进行核实处理,并对举报人的相关信息予以保密,保护举报人的合法权益。

生态环境主管部门应当畅通投诉举报渠道,引导社会公众、新闻媒体等对企业环境信息依法披露进行监督。

第二十六条　设区的市级以上生态环境主管部门应当按照国家有关规定,将环境信息依法披露纳入企业信用管理,作为评价企业信用的重要指标,并将企业违反环境信息依法披露要求的行政处罚信息记入信用记录。

第五章　罚　则

第二十七条　法律法规对企业环境信息公开或者披露规定了法律责任的,依照其规定执行。

第二十八条　企业违反本办法规定,不披露环境信息,或者披露的环境信息不真实、不准确的,由设区的市级以上生态环境主管部门责令改正,通报批评,并可以处一万元以上十万元以下的罚款。

第二十九条　企业违反本办法规定,有下列行为之一的,由设区的市级以上生态环境主管部门责令改正,通报批评,并可以处五万元以下的罚款：

（一）披露环境信息不符合准则要求的；
（二）披露环境信息超过规定时限的；
（三）未将环境信息上传至企业环境信息依法披露系统的。

第三十条　设区的市级以上地方生态环境主管部门在企业环境信息依法披露监督管理中有玩忽职守、滥用职权、徇私舞弊行为的,依法依纪对直接负责的主管人员或者其他直接责任人员给予处分。

第六章　附　则

第三十一条　事业单位依法披露环境信息的,参照本办法执行。

第三十二条　本办法由生态环境部负责解释。

第三十三条　本办法自2022年2月8日起施行。《企业事业单位环境信息公开办法》（环境保护部令第31号）同时废止。

企业事业单位突发环境事件应急预案备案管理办法（试行）

·2015年1月8日
·环发〔2015〕4号

第一章　总　则

第一条　为加强对企业事业单位（以下简称企业）突发环境事件应急预案（以下简称环境应急预案）的备案管理,夯实政府和部门环境应急预案编制基础,根据《环境保护法》《突发事件应对法》等法律法规以及国务院办公厅印发的《突发事件应急预案管理办法》等文件,制定本办法。

第二条　本办法所称环境应急预案,是指企业为了在应对各类事故、自然灾害时,采取紧急措施,避免或最大程度减少污染物或其他有毒有害物质进入厂界外大气、水体、土壤等环境介质,而预先制定的工作方案。

第三条　环境保护主管部门对以下企业环境应急预案备案的指导和管理,适用本办法：

（一）可能发生突发环境事件的污染物排放企业,包括污水、生活垃圾集中处理设施的运营企业；
（二）生产、储存、运输、使用危险化学品的企业；
（三）产生、收集、贮存、运输、利用、处置危险废物的企业；
（四）尾矿库企业,包括湿式堆存工业废渣库、电厂灰渣库企业；
（五）其他应当纳入适用范围的企业。

核与辐射环境应急预案的备案不适用本办法。

省级环境保护主管部门可以根据实际情况，发布应当依法进行环境应急预案备案的企业名录。

第四条 鼓励其他企业制定单独的环境应急预案，或在突发事件应急预案中制定环境应急预案专章，并备案。

鼓励可能造成突发环境事件的工程建设、影视拍摄和文化体育等群众性集会活动主办企业，制定单独的环境应急预案，或在突发事件应急预案中制定环境应急预案专章，并备案。

第五条 环境应急预案备案管理，应当遵循规范准备、属地为主、统一备案、分级管理的原则。

第六条 县级以上地方环境保护主管部门可以参照有关突发环境事件风险评估标准或指导性技术文件，结合实际指导企业确定其突发环境事件风险等级。

第七条 受理备案的环境保护主管部门（以下简称受理部门）应当及时将备案的企业名单向社会公布。

企业应当主动公开与周边可能受影响的居民、单位、区域环境等密切相关的环境应急预案信息。

国家规定需要保密的情形除外。

第二章 备案的准备

第八条 企业是制定环境应急预案的责任主体，根据应对突发环境事件的需要，开展环境应急预案制定工作，对环境应急预案内容的真实性和可操作性负责。

企业可以自行编制环境应急预案，也可以委托相关专业技术服务机构编制环境应急预案。委托相关专业技术服务机构编制的，企业指定有关人员全程参与。

第九条 环境应急预案体现自救互救、信息报告和先期处置特点，侧重明确现场组织指挥机制、应急队伍分工、信息报告、监测预警、不同情景下的应对流程和措施、应急资源保障等内容。

经过评估确定为较大以上环境风险的企业，可以结合经营性质、规模、组织体系和环境风险状况、应急资源状况，按照环境应急综合预案、专项预案和现场处置预案的模式建立环境应急预案体系。环境应急综合预案体现战略性，环境应急专项预案体现战术性，环境应急现场处置预案体现操作性。

跨县级以上行政区域的企业，编制分县域或者分管理单元的环境应急预案。

第十条 企业按照以下步骤制定环境应急预案：

（一）成立环境应急预案编制组，明确编制组组长和成员组成、工作任务、编制计划和经费预算。

（二）开展环境风险评估和应急资源调查。环境风险评估包括但不限于：分析各类事故衍化规律、自然灾害影响程度、识别环境危害因素，分析与周边可能受影响的居民、单位、区域环境的关系，构建突发环境事件及其后果情景，确定环境风险等级。应急资源调查包括但不限于：调查企业第一时间可调用的环境应急队伍、装备、物资、场所等应急资源状况和可请求援助或协议援助的应急资源状况。

（三）编制环境应急预案。按照本办法第九条要求，合理选择类别，确定内容，重点说明可能的突发环境事件情景下需要采取的处置措施、向可能受影响的居民和单位通报的内容与方式、向环境保护主管部门和有关部门报告的内容与方式，以及与政府预案的衔接方式，形成环境应急预案。编制过程中，应征求员工和可能受影响的居民和单位代表的意见。

（四）评审和演练环境应急预案。企业组织专家和可能受影响的居民、单位代表对环境应急预案进行评审，开展演练进行检验。

评审专家一般应包括环境应急预案涉及的相关政府管理部门人员、相关行业协会代表、具有相关领域经验的人员等。

（五）签署发布环境应急预案。环境应急预案经企业有关会议审议，由企业主要负责人签署发布。

第十一条 企业根据有关要求，结合实际情况，开展环境应急预案的培训、宣传和必要的应急演练，发生或者可能发生突发环境事件时及时启动环境应急预案。

第十二条 企业结合环境应急预案实施情况，至少每三年对环境应急预案进行一次回顾性评估。有下列情形之一的，及时修订：

（一）面临的环境风险发生重大变化，需要重新进行环境风险评估的；

（二）应急管理组织指挥体系与职责发生重大变化的；

（三）环境应急监测预警及报告机制、应对流程和措施、应急保障措施发生重大变化的；

（四）重要应急资源发生重大变化的；

（五）在突发事件实际应对和应急演练中发现问题，需要对环境应急预案作出重大调整的；

（六）其他需要修订的情况。

对环境应急预案进行重大修订的，修订工作参照环境应急预案制定步骤进行。对环境应急预案个别内容进行调整的，修订工作可适当简化。

第三章 备案的实施

第十三条 受理部门应当将环境应急预案备案的依据、程序、期限以及需要提供的文件目录、备案文件范例等在其办公场所或网站公示。

第十四条 企业环境应急预案应当在环境应急预案签署发布之日起20个工作日内，向企业所在地县级环境保护主管部门备案。县级环境保护主管部门应当在备案之日起5个工作日内将较大和重大环境风险企业的环境应急预案备案文件，报送市级环境保护主管部门，重大的同时报送省级环境保护主管部门。

跨县级以上行政区域的企业环境应急预案，应当向沿线或跨域涉及的县级环境保护主管部门备案。县级环境保护主管部门应当将备案的跨县级以上行政区域企业的环境应急预案备案文件，报送市级环境保护主管部门，跨市级以上行政区域的同时报送省级环境保护主管部门。

省级环境保护主管部门可以根据实际情况，将受理部门统一调整到市级环境保护主管部门。受理部门应及时将企业环境应急预案备案文件报送有关环境保护主管部门。

第十五条 企业环境应急预案首次备案，现场办理时应当提交下列文件：

（一）突发环境事件应急预案备案表；

（二）环境应急预案及编制说明的纸质文件和电子文件，环境应急预案包括：环境应急预案的签署发布文件、环境应急预案文本；编制说明包括：编制过程概述、重点内容说明、征求意见及采纳情况说明、评审情况说明；

（三）环境风险评估报告的纸质文件和电子文件；

（四）环境应急资源调查报告的纸质文件和电子文件；

（五）环境应急预案评审意见的纸质文件和电子文件。

提交备案文件也可以通过信函、电子数据交换等方式进行。通过电子数据交换方式提交的，可以只提交电子文件。

第十六条 受理部门收到企业提交的环境应急预案备案文件后，应当在5个工作日内进行核对。文件齐全的，出具加盖行政机关印章的突发环境事件应急预案备案表。

提交的环境应急预案备案文件不齐全的，受理部门应当责令企业补齐相关文件，并按期再次备案。再次备案的期限，由受理部门根据实际情况确定。

受理部门应当一次性告知需要补齐的文件。

第十七条 建设单位制定的环境应急预案或者修订的企业环境应急预案，应当在建设项目投入生产或者使用前，按照本办法第十五条的要求，向建设项目所在地受理部门备案。

受理部门应当在建设项目投入生产或者使用前，将建设项目环境应急预案或者修订的企业环境应急预案备案文件，报送有关环境保护主管部门。

建设单位试生产期间的环境应急预案，应当参照本办法第二章的规定制定和备案。

第十八条 企业环境应急预案有重大修订的，应当在发布之日起20个工作日内向原受理部门变更备案。变更备案按照本办法第十五条要求办理。

环境应急预案个别内容进行调整、需要告知环境保护主管部门的，应当在发布之日起20个工作日内以文件形式告知原受理部门。

第十九条 环境保护主管部门受理环境应急预案备案，不得收取任何费用，不得加重或者变相加重企业负担。

第四章 备案的监督

第二十条 县级以上地方环境保护主管部门应当及时将备案的环境应急预案汇总、整理、归档，建立环境应急预案数据库，并将其作为制定政府和部门环境应急预案的重要基础。

第二十一条 县级以上环境保护主管部门应当对备案的环境应急预案进行抽查，指导企业持续改进环境应急预案。

县级以上环境保护主管部门抽查企业环境应急预案，可以采取档案检查、实地核查等方式。抽查可以委托专业技术服务机构开展相关工作。

县级以上环境保护主管部门应当及时汇总分析抽查结果，提出环境应急预案问题清单，推荐环境应急预案范例，制定环境应急预案指导性要求，加强备案指导。

第二十二条 企业未按照有关规定制定、备案环境应急预案，或者提供虚假文件备案的，由县级以上环境保护主管部门责令限期改正，并依据国家有关法律法规给予处罚。

第二十三条 县级以上环境保护主管部门在对突发环境事件进行调查处理时，应当把企业环境应急预案的制定、备案、日常管理及实施情况纳入调查处理范围。

第二十四条 受理部门及其工作人员违反本办法，有下列情形之一的，由环境保护主管部门或其上级环境保护主管部门责令改正；情节严重的，依法给予行政处分：

（一）对备案文件齐全的不予备案或者拖延处理的；
（二）对备案文件不齐全的予以接受的；
（三）不按规定一次性告知企业须补齐的全部备案文件的。

第五章 附 则

第二十五条 环境应急预案需要报其他有关部门备案的，按有关部门规定执行。

第二十六条 本办法自印发之日起施行。《突发环境事件应急预案管理暂行办法》（环发〔2010〕113号）关于企业预案管理的相关内容同时废止。

突发环境事件应急管理办法

· 2015年4月16日环境保护部令第34号公布
· 自2015年6月5日起施行

第一章 总 则

第一条 为预防和减少突发环境事件的发生，控制、减轻和消除突发环境事件引起的危害，规范突发环境事件应急管理工作，保障公众生命安全、环境安全和财产安全，根据《中华人民共和国环境保护法》《中华人民共和国突发事件应对法》《国家突发环境事件应急预案》及相关法律法规，制定本办法。

第二条 各级环境保护主管部门和企业事业单位组织开展的突发环境事件风险控制、应急准备、应急处置、事后恢复等工作，适用本办法。

本办法所称突发环境事件，是指由于污染物排放或者自然灾害、生产安全事故等因素，导致污染物或者放射性物质等有毒有害物质进入大气、水体、土壤等环境介质，突然造成或者可能造成环境质量下降，危及公众身体健康和财产安全，或者造成生态环境破坏，或者造成重大社会影响，需要采取紧急措施予以应对的事件。

突发环境事件按照事件严重程度，分为特别重大、重大、较大和一般四级。

核设施及有关核活动发生的核与辐射事故造成的辐射污染事件按照核与辐射相关规定执行。重污染天气应对工作按照《大气污染防治行动计划》等有关规定执行。

造成国际环境影响的突发环境事件的涉外应急通报和处置工作，按照国家有关国际合作的相关规定执行。

第三条 突发事件应急管理工作坚持预防为主、预防与应急相结合的原则。

第四条 突发环境事件应对，应当在县级以上地方人民政府的统一领导下，建立分类管理、分级负责、属地管理为主的应急管理体制。

县级以上环境保护主管部门应当在本级人民政府的统一领导下，对突发环境事件应急管理日常工作实施监督管理，指导、协助、督促下级人民政府及其有关部门做好突发环境事件应对工作。

第五条 县级以上地方环境保护主管部门应当按照本级人民政府的要求，会同有关部门建立健全突发环境事件应急联动机制，加强突发环境事件应急管理。

相邻区域地方环境保护主管部门应当开展跨行政区域的突发环境事件应急合作，共同防范、互通信息，协力应对突发环境事件。

第六条 企业事业单位应当按照相关法律法规和标准规范的要求，履行下列义务：
（一）开展突发环境事件风险评估；
（二）完善突发环境事件风险防控措施；
（三）排查治理环境安全隐患；
（四）制定突发环境事件应急预案并备案、演练；
（五）加强环境应急能力保障建设。

发生或者可能发生突发环境事件时，企业事业单位应当依法进行处理，并对所造成的损害承担责任。

第七条 环境保护主管部门和企业事业单位应当加强突发环境事件应急管理的宣传和教育，鼓励公众参与，增强防范和应对突发环境事件的知识和意识。

第二章 风险控制

第八条 企业事业单位应当按照国务院环境保护主管部门的有关规定开展突发环境事件风险评估，确定环境风险防范和环境安全隐患排查治理措施。

第九条 企业事业单位应当按照环境保护主管部门的有关要求和技术规范，完善突发环境事件风险防控措施。

前款所指的突发环境事件风险防控措施，应当包括有效防止泄漏物质、消防水、污染雨水等扩散至外环境的收集、导流、拦截、降污等措施。

第十条 企业事业单位应当按照有关规定建立健全环境安全隐患排查治理制度，建立隐患排查治理档案，及时发现并消除环境安全隐患。

对于发现后能够立即治理的环境安全隐患，企业事业单位应当立即采取措施，消除环境安全隐患。对于情况复杂、短期内难以完成治理，可能产生较大环境危害的环境安全隐患，应当制定隐患治理方案，落实整改措施、责任、资金、时限和现场应急预案，及时消除隐患。

第十一条 县级以上地方环境保护主管部门应当按

照本级人民政府的统一要求,开展本行政区域突发环境事件风险评估工作,分析可能发生的突发环境事件,提高区域环境风险防范能力。

第十二条　县级以上地方环境保护主管部门应当对企业事业单位环境风险防范和环境安全隐患排查治理工作进行抽查或者突击检查,将存在重大环境安全隐患且整治不力的企业信息纳入社会诚信档案,并可以通报行业主管部门、投资主管部门、证券监督管理机构以及有关金融机构。

第三章　应急准备

第十三条　企业事业单位应当按照国务院环境保护主管部门的规定,在开展突发环境事件风险评估和应急资源调查的基础上制定突发环境事件应急预案,并按照分类分级管理的原则,报县级以上环境保护主管部门备案。

第十四条　县级以上地方环境保护主管部门应当根据本级人民政府突发环境事件专项应急预案,制定本部门的应急预案,报本级人民政府和上级环境保护主管部门备案。

第十五条　突发环境事件应急预案制定单位应当定期开展应急演练,撰写演练评估报告,分析存在问题,并根据演练情况及时修改完善应急预案。

第十六条　环境污染可能影响公众健康和环境安全时,县级以上地方环境保护主管部门可以建议本级人民政府依法及时公布环境污染公共监测预警信息,启动应急措施。

第十七条　县级以上地方环境保护主管部门应当建立本行政区域突发环境事件信息收集系统,通过"12369"环保举报热线、新闻媒体等多种途径收集突发环境事件信息,并加强跨区域、跨部门突发环境事件信息交流与合作。

第十八条　县级以上地方环境保护主管部门应当建立健全环境应急值守制度,确定应急值守负责人和应急联络员并报上级环境保护主管部门。

第十九条　企业事业单位应当将突发环境事件应急培训纳入单位工作计划,对从业人员定期进行突发环境事件应急知识和技能培训,并建立培训档案,如实记录培训的时间、内容、参加人员等信息。

第二十条　县级以上环境保护主管部门应当定期对从事突发环境事件应急管理工作的人员进行培训。

省级环境保护主管部门以及具备条件的市、县级环境保护主管部门应当设立环境应急专家库。

县级以上地方环境保护主管部门和企业事业单位应当加强环境应急处置救援能力建设。

第二十一条　县级以上地方环境保护主管部门应当加强环境应急能力标准化建设,配备应急监测仪器设备和装备,提高重点流域区域水、大气突发环境事件预警能力。

第二十二条　县级以上地方环境保护主管部门可以根据本行政区域的实际情况,建立环境应急物资储备信息库,有条件的地区可以设立环境应急物资储备库。

企业事业单位应当储备必要的环境应急装备和物资,并建立完善相关管理制度。

第四章　应急处置

第二十三条　企业事业单位造成或者可能造成突发环境事件时,应当立即启动突发环境事件应急预案,采取切断或者控制污染源以及其他防止危害扩大的必要措施,及时通报可能受到危害的单位和居民,并向事发地县级以上环境保护主管部门报告,接受调查处理。

应急处置期间,企业事业单位应当服从统一指挥,全面、准确地提供本单位与应急处置相关的技术资料,协助维护应急现场秩序,保护与突发环境事件相关的各项证据。

第二十四条　获知突发环境事件信息后,事件发生地县级以上地方环境保护主管部门应当按照《突发环境事件信息报告办法》规定的时限、程序和要求,向同级人民政府和上级环境保护主管部门报告。

第二十五条　突发环境事件已经或者可能涉及相邻行政区域的,事件发生地环境保护主管部门应当及时通报相邻区域同级环境保护主管部门,并向本级人民政府提出向相邻区域人民政府通报的建议。

第二十六条　获知突发环境事件信息后,县级以上地方环境保护主管部门应当立即组织排查污染源,初步查明事件发生的时间、地点、原因、污染物质及数量、周边环境敏感区等情况。

第二十七条　获知突发环境事件信息后,县级以上地方环境保护主管部门应当按照《突发环境事件应急监测技术规范》开展应急监测,及时向本级人民政府和上级环境保护主管部门报告监测结果。

第二十八条　应急处置期间,事发地县级以上地方环境保护主管部门应当组织开展事件信息的分析、评估,提出应急处置方案和建议报本级人民政府。

第二十九条　突发环境事件的威胁和危害得到控制或者消除后,事发地县级以上地方环境保护主管部门应当根据本级人民政府的统一部署，停止应急处置措施。

第五章 事后恢复

第三十条 应急处置工作结束后，县级以上地方环境保护主管部门应当及时总结、评估应急处置工作情况，提出改进措施，并向上级环境保护主管部门报告。

第三十一条 县级以上地方环境保护主管部门应当在本级人民政府的统一部署下，组织开展突发环境事件环境影响和损失等评估工作，并依法向有关人民政府报告。

第三十二条 县级以上环境保护主管部门应当按照有关规定开展事件调查，查清突发环境事件原因，确认事件性质，认定事件责任，提出整改措施和处理意见。

第三十三条 县级以上地方环境保护主管部门应当在本级人民政府的统一领导下，参与制定环境恢复工作方案，推动环境恢复工作。

第六章 信息公开

第三十四条 企业事业单位应当按照有关规定，采取便于公众知晓和查询的方式公开本单位环境风险防范工作开展情况、突发环境事件应急预案及演练情况、突发环境事件发生及处置情况，以及落实整改要求情况等环境信息。

第三十五条 突发环境事件发生后，县级以上地方环境保护主管部门应当认真研判事件影响和等级，及时向本级人民政府提出信息发布建议。履行统一领导职责或者组织处置突发事件的人民政府，应当按照有关规定统一、准确、及时发布有关突发事件事态发展和应急处置工作的信息。

第三十六条 县级以上环境保护主管部门应当在职责范围内向社会公开有关突发环境事件应急管理的规定和要求，以及突发环境事件应急预案及演练情况等环境信息。

县级以上地方环境保护主管部门应当对本行政区域内突发环境事件进行汇总分析，定期向社会公开突发环境事件的数量、级别，以及事件发生的时间、地点、应急处置概况等信息。

第七章 罚则

第三十七条 企业事业单位违反本办法规定，导致发生突发环境事件，《中华人民共和国突发事件应对法》《中华人民共和国水污染防治法》《中华人民共和国大气污染防治法》《中华人民共和国固体废物污染环境防治法》等法律法规已有相关处罚规定的，依照有关法律法规执行。

较大、重大和特别重大突发环境事件发生后，企业事业单位未按要求执行停产、停排措施，继续违反法律法规规定排放污染物的，环境保护主管部门应当依法对造成污染物排放的设施、设备实施查封、扣押。

第三十八条 企业事业单位有下列情形之一的，由县级以上环境保护主管部门责令改正，可以处一万元以上三万元以下罚款：

（一）未按规定开展突发环境事件风险评估工作，确定风险等级的；

（二）未按规定开展环境安全隐患排查治理工作，建立隐患排查治理档案的；

（三）未按规定将突发环境事件应急预案备案的；

（四）未按规定开展突发环境事件应急培训，如实记录培训情况的；

（五）未按规定储备必要的环境应急装备和物资的；

（六）未按规定公开突发环境事件相关信息的。

第八章 附则

第三十九条 本办法由国务院环境保护主管部门负责解释。

第四十条 本办法自 2015 年 6 月 5 日起施行。

突发生态环境事件应急处置阶段直接经济损失评估工作程序规定

- 2020 年 6 月 3 日
- 环应急〔2020〕28 号

第一条 为规范突发生态环境事件应急处置阶段直接经济损失评估工作，提升突发生态环境事件应急管理水平，维护人民群众权益，保障生态环境安全，依据《中华人民共和国突发事件应对法》《中华人民共和国环境保护法》《中华人民共和国海洋环境保护法》《国家突发环境事件应急预案》《生态环境损害赔偿制度改革方案》《突发环境事件应急管理办法》等法律法规和有关文件，制定本规定。

第二条 各级生态环境部门组织开展的突发生态环境事件应急处置阶段直接经济损失评估工作适用本规定。

核设施及有关核活动发生的核与辐射事故造成的辐射污染事件不适用于本规定。

第三条 本规定所称突发生态环境事件应急处置阶段直接经济损失评估，是指事件发生后至应急处置结束期间，对应急处置过程进行梳理，以及对事件造成的人身损害和财产损害、生态环境损害数额、应急处置费用以及其他可以确定的直接经济损失进行评估的活动。

第四条 突发生态环境事件应急处置阶段直接经济损失评估工作应当遵循科学严谨、公开公正、及时高效的原则。

第五条 各级生态环境部门应当在本级人民政府的统一部署下，组织开展突发生态环境事件应急处置阶段直接经济损失评估工作。

跨行政区域的突发生态环境事件应急处置阶段直接经济损失评估工作，由共同上级人民政府生态环境部门组织开展，或者协商由一个区域牵头组织开展。

生态环境部门可以组织突发生态环境事件的责任方、受影响方等相关单位开展应急处置阶段直接经济损失评估工作，并做好相关协调和监督工作。

第六条 组织开展评估的单位可以委托有技术能力的第三方机构开展评估工作。开展评估的机构对直接经济损失评估结论负责。

第七条 突发生态环境事件应急处置阶段直接经济损失评估所依据的环境监测报告、视听资料、当事人陈述、鉴定意见、图件、调查表、调查笔录、研究报告、引用文献等材料应当符合相关法律和技术标准要求。

第八条 突发生态环境事件应急处置阶段直接经济损失评估结论可以作为确定突发生态环境事件等级、行政处罚、生态环境损害赔偿、提起诉讼等工作的依据。

第九条 各级生态环境部门可以在突发生态环境事件应急处置期间组织开展与评估相关的资料数据收集等前期准备工作。

应急处置工作结束后，应当立即组织开展评估工作，并于30个工作日内完成。情况特别复杂的，可以延长30个工作日。

第十条 评估机构应当对突发生态环境事件的发生发展过程、控制和清理污染的应急处置措施等进行梳理，说明污染物排放量、污染物迁移扩散和在生态环境中的留存、事件发生前后生态环境质量变化情况，分析应急处置措施的成本、效果和潜在生态环境风险等内容。

第十一条 评估机构应当按照相关标准规范对突发生态环境事件造成的人身损害、财产损害和生态环境损害的数额、应急处置费用以及应急处置阶段可以确定的其他直接经济损失进行核定。

第十二条 组织开展评估的生态环境部门在报请本级人民政府批准后，应当依法向社会公开评估工作的评估机构、主要评估内容和方法、评估结论和直接经济损失核定结果等内容。评估结果涉及国家秘密、商业秘密、个人隐私的信息，依据相关法律规定予以处理。

公开方式主要包括政府公报、政府网站、新闻发布会以及报刊、电视和官方两微等。

第十三条 突发生态环境事件对生态环境的损害评估按照有关规定开展。

第十四条 地方各级人民政府或者其他有关部门组织开展的损害评估，已经包含突发生态环境事件直接经济损失评估有关内容的，生态环境部门或者评估机构可以直接采用有关结果。

第十五条 本规定由生态环境部解释。

第十六条 本规定自公布之日起施行，原《突发环境事件应急处置阶段污染损害评估工作程序规定》(环发〔2013〕85号)同时废止。

突发生态环境事件应急处置阶段直接经济损失核定细则

- 2020年6月3日
- 环应急〔2020〕28号

一、适用范围

本细则适用于突发生态环境事件应急处置阶段直接经济损失核定工作。不适用于核设施及有关核活动发生的核与辐射事故造成的辐射污染事件的直接经济损失核定。

二、核算范围

突发生态环境事件应急处置阶段直接经济损失包括人身损害、财产损害和应急处置阶段可以确定的生态环境损害数额，应急处置费用以及应急处置阶段可以确定的其他直接经济损失。其中应急处置费用包括污染处置费、保障工程费用、应急监测费用、人员转移安置费用以及组织指挥和后勤保障费用等。

突发生态环境事件责任方为保护公众健康、公私财产和生态环境，减轻或者消除危害主动支出的应急处置费用，不计入直接经济损失。

三、核定程序

直接经济损失核定工作程序包括基础数据资料收集、数据审核、确定核定结果三个主要阶段。基础数据资料收集是对各项费用产生情况、费用数额、合同票据等资料进行统一收集的过程；数据审核是对收集的数据资料进行初审、确认、复审等一系列审查，确定有效数据，并进行整理分析的过程；确定核定结果是将审定的数据整理分析后，给出明确的核定结论的过程。

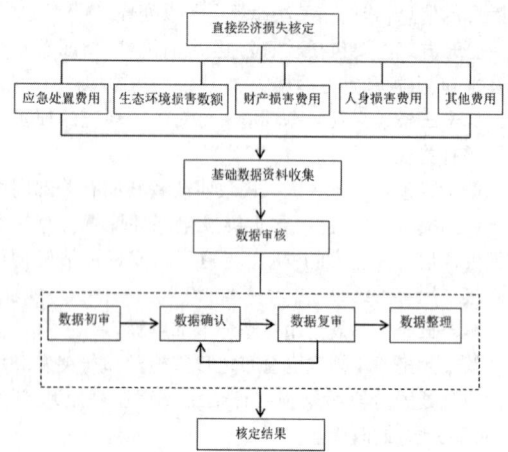

图1 直接经济损失核定工作流程图

四、直接经济损失核定

4.1 核定原则

（1）规范性原则

直接经济损失核定要收集完整的损失或费用数据的证明材料，数据与证明材料要真实可靠且一一对应，缺失证明材料的损失和费用不能计入。对同一突发生态环境事件的直接经济损失核定要采用统一的数据调查统计方法、计算方法和核定标准，保证核定结果规范公正。产生应急处置费用的工作措施应当与应急处置方案的要求或者应急指挥部的部署一致，应当与减轻对生态环境损害的措施直接相关。

（2）时效性原则

应急处置费用必须是在应急处置和预警期间、以及在受突发生态环境事件影响的区域范围内发生的费用。应急处置和预警期以应急处置方案界定的或者以应急指挥部研判确定的时间为准。事件发生前已列入财政支出预算或工作计划，因事件发生而提前执行的设备购置费、租赁费、工程施工费等支出，不计入直接经济损失。各应急工作参与单位的正式工作人员和长期聘用人员在应急处置期间的劳务费和工资性收入不计入直接经济损失。但由于事件引发计划变动产生的额外费用，可计入直接经济损失。

（3）合理性原则

对于同一突发生态环境事件，不同单位、不同地区填报的损失和费用数据要符合逻辑，同类型损失和费用单价的差异要控制在合理范围内，根据实际调查或者历史相关数据，以上下浮动在一倍以内视为合理。因突发生态环境事件发生造成的材料、交通、人工等价格上涨，以不高于市场价一倍视为合理。由其他突发事件次生突发生态环境事件的情况，应当明确原生事件的核定时限和地域范围，避免重复或遗漏核定。

4.2 核定方法

4.2.1 应急处置费用

（1）污染处置费用

污染处置费用是指从源头控制或者减少污染物的排放、以及为防止污染物继续扩散，而采取的清除、转移、存储、处理和处置被污染的环境介质、污染物和回收应急物资等措施所产生的费用，主要包括投加药剂、筑坝拆坝、开挖导流、放水稀释、废弃物处置、污水或者污染土壤处置、设备洗消等产生的费用。污染处置费用的计算方法有两种：

方法一：污染处置费用＝材料和药剂费＋设备或房屋、场地租赁费＋应急设备维修或重置费＋人员费＋后勤保障费＋其他。

方法二：对于工作量能够用指标进行统一量化的污染处置措施，可以采用工作量核算法，根据事件发生地物价部门制定的收费标准和相关规定或调查获得的费用计算。

污染处置费用＝总工作量×单位工作量单价，例如：

筑坝费用＝坝体体积（立方米）×单位体积构筑单价（元/立方米）；

开挖导流费用＝土方量（立方米）×单位土方量工程单价（元/立方米）；

污水处理费用＝污水总量（吨）×每吨污水处理单价（元/吨）。

专栏 1　污染处置费用核算说明

a) 责任方内部污染源控制、污染拦截、污染清理等产生的费用，不计入直接经济损失。比如某企业烧碱储罐泄漏事件中，企业为防止污染物流出厂界在企业内部采取拦截、吸附等措施产生的费用。

b) 非必须的污染处置费用，不计入直接经济损失。比如饮用水水源地污染事件中启用备用水源，在备用水源水质符合地表水 III 类水质标准的情况下，采取上游截污、治污等改善水质措施产生的费用不计入直接经济损失。

c) 非突发生态环境事件产生废弃物的处置费用，不计入直接经济损失。比如火灾爆炸事故次生的突发生态环境事件，火灾或爆炸产生的废弃物处置费用不计入突发生态环境事件直接经济损失，但是危险化学品泄漏次生的突发生态环境事件中，危险化学品污染清理费用和被危险化学品污染产生的危险废物处置费用计入突发生态环境事件的直接经济损失。

d) 超出应急处置实际所需的药剂或材料费用，不计入直接经济损失。当购置的药剂或材料数量远高于实际消耗时，可以按照实际消耗的 1.2 倍计入直接经济损失。例如，因投加药剂购入了 20 吨药剂，但应急处置实际仅消耗了 10 吨，在核定药剂费用时，可以计入 12 吨药剂的购置费用。

e) 非合理时间内发生的设备或场地租赁费用，不计入直接经济损失。当租赁时间远超过应急处置时间，按照实际应急处置时间的 1.5 倍产生的费用计入直接经济损失。例如，为应急处置工作租用了 3 个月的民房作为现场办公场所，而实际应急工作仅持续了 1 个月，在核定房屋租赁费时计入 1.5 个月的租赁费用。

f) 已列入生产安全事故直接经济损失或自然灾害直接经济损失的非污染处置费用，不计入突发生态环境事件直接经济损失。例如，火灾爆炸事故中的消防灭火费用。

（2）保障工程费用

保障工程费用是指应急处置期间为了保障受污染影响区域公众正常生产生活、以及为了保障污染处置措施能够顺利实施而采取的必要的应急工程措施所产生的费用，主要包括道路整修、场地平整、管线引水、车辆送水、自来水厂改造等措施产生的费用。

保障工程费用＝材料和药剂费+设备或房屋租赁费+应急设备维修或购置费用+人员费+后勤保障费+其他。

专栏 2　保障工程费用核算说明

a) 应急处置期间发生的属于日常工作职责的维护费、工程费等相关费用，不计入直接经济损失。例如，应急处置期间进行日常道路维护或修整产生的费用不计入直接经济损失，但是为保障应急处置措施顺利实施，因没有可通行道路而重新铺设道路产生的费用计入直接经济损失。

b) 个人或单位采取的非必要的保障措施产生的费用，不计入直接经济损失。例如，饮用水水源虽然受污染影响，但通过实施应急引水措施已经能够保证饮用水正常达标供应的情况下，个人或单位另行购置其他饮用水或者净水设备产生的费用，不计入直接经济损失。

（3）应急监测费用

应急监测费用是指应急处置期间，为发现和查明环境污染情况和污染范围而进行的采样、监测与检测分析活动所产生的费用。应急监测费用的计算方法有两种：

方法一：应急监测费用＝材料和药剂费+设备或房屋租赁费+应急设备维修或购置费用+人员费+后勤保障费+其他；

方法二：样品数量（单样/项）×样品检测单价+样品数量（点/个/项）×样品采样单价+运输费+其他。

专栏 3　应急监测费用核算说明

a) 应急监测费用应发生在应急处置阶段以及合理的预警期内。预警期以应急处置方案的规定或者应急指挥部的部署为准，应急处置方案和应急指挥部决策没有相关具体要求的，根据污染团实际到达预警监测点位的时间判断，突发水环境事件以该时间点前 24 小时视为合理，突发大气环境事件以该时间点前 2 小时视为合理。

b) 监测频次和采样布点密度应按照应急监测方案执行，并符合相关采样监测技术文件要求。

c) 应急处置结束后 48 小时以外的、观察被污染区域环境质量是否持续、平稳达标产生的监测费用，不计入直接经济损失。

d) 明显与事件无关的采样或监测项目产生的费用，比如在事件特征污染物已确定后，仍监测其他不相关污染物产生的监测费用，不计入直接经济损失。

（4）人员转移安置费用

人员转移安置费用是指应急处置期间，疏散、转移和安置受影响和受威胁人员所产生的费用。

人员转移安置费用 = 材料费 + 设备或房屋租赁费 + 人员费 + 后勤保障费 + 其他。

专栏 4　人员转移安置费用核算说明

a) 因原生事件威胁人员生命健康组织人员转移安置产生的费用，不计入直接经济损失。例如，地震、山体滑坡等事件中的人员转移安置费用。

b) 应急处置结束后环境质量达标且不影响人员正常生活时，仍滞留在安置场所产生的费用，不计入直接经济损失。应急指挥部宣布的应急处置结束日期之后 5 天内可视为合理的缓冲时间，之后产生的费用不计入直接经济损失。

c) 在事件造成的环境污染不影响人员正常生活及人身健康的情况下，因个人原因居住别处产生的相关费用，不计入直接经济损失。

（5）组织指挥及后勤保障费用

组织指挥及后勤保障费用是指应急处置期间应急指挥和组织管理部门以及其他相关单位针对应急处置工作，开展的办公和公务接待活动等产生的相关费用。

保障费用 = 办公用品费 + 餐费 + 住宿费 + 会议费 + 专家技术咨询费 + 印刷费 + 交通费 + 水电费 + 取暖费 + 其他。

专栏 5　组织指挥及后勤保障费用核算说明

a) 公务员和参照公务员管理人员的加班费或加班补贴，不计入直接经济损失。

b) 上级指导人员、专家及其他人员产生的未由当地政府承担的差旅费，不计入直接经济损失，但由当地政府承担的计入。

c) 高于公务接待标准的餐饮费和住宿费，不计入直接经济损失。

d) 车辆保养费用，不计入直接经济损失。因执行应急处置任务产生的维修费用可计入。

e) 明显与应急处置无关的事务性费用，不计入直接经济损失。例如，烟、酒、茶叶等物品的购置费用。

f) 政府及生态环境主管部门委托第三方组织开展突发生态环境事件生态环境损害评估工作发生的技术咨询费用，不计入直接经济损失。

4.2.2　人身损害费用

人身损害费用指在应急处置阶段可以确定的、因突发生态环境事件污染造成的人员就医治疗、误工、致残或者致死产生的相关费用。人身损害需要有专业医疗或鉴定机构出具的鉴定意见，或者相关政府部门出具的正式文件。

就医治疗的：人身损害费用＝医疗费＋误工费＋护理费＋交通费＋住宿费＋住院伙食补助费＋营养费＋其他。

致残的：人身损害费用＝医疗费＋误工费＋护理费＋交通费＋住宿费＋住院伙食补助费＋营养费＋残疾赔偿金＋残疾辅助器具费＋被扶养人生活费＋后续康复费＋后续护理费＋后续治疗费＋其他。

致死的：人身损害费用＝医疗费＋误工费＋护理费＋交通费＋住宿费＋住院伙食补助费＋营养费＋丧葬费＋被扶养人生活费＋死亡赔偿金＋亲属办理丧葬事宜支出的交通费/住宿费/误工费＋其他。

以上医疗费、误工费、护理费、交通费、住宿费、住院伙食补助费、营养费、残疾赔偿金、残疾辅助器具费、被抚养人生活费、丧葬费、死亡赔偿金等费用的计算参考《最高人民法院关于审理人身损害赔偿案件适用法律若干问题的解释》，计费标准应符合国家或地方相关规范标准要求。

专栏6　人身损害费用核算说明
非突发生态环境事件所致的人员伤亡产生的救治、丧葬、抚恤费用不计入人身损害费用。比如生产安全事故中爆炸、灼烧等导致的人员伤亡，交通事故造成的人员伤亡等，其产生的救治、丧葬、抚恤等费用，不计入直接经济损失。

4.2.3　财产损害费用

财产损害费用指因环境污染或者采取污染处置措施导致的财产损毁、数量或价值减少的费用，包括固定资产、流动资产、农产品和林产品等损害的直接经济价值。

财产损害费用＝固定资产损害费用＋流动资产损害费用＋农产品损害费用＋林产品损害费用＋其他。

固定资产损害费用＝固定资产维修费＋固定资产重置费。

流动资产损害费用＝流动资产数量×购置时价格－残值，其中残值应由专业技术人员或专业资产评估机构进行定价评估。

农林产品损害费用＝农林产品损害总量×(正常产品市场单价－工业原材料市场单价)。

当农林产品质量受损、但不影响其作为工业原材料等其他用途时，计算其用途变更后造成的直接经济损失。

专栏7　财产损害费用核算说明
a)财产损害具体数量应通过现场调查、测量等方式方法进行核定。 　　b)农产品、林产品、渔产品和畜牧产品等因突发生态环境事件影响产生的当期数量损失和质量损失以外的预期收益，不计入直接经济损失。 　　c)生产企业或施工工程因突发生态环境事件停产或减产造成的损失，不计入直接经济损失。 　　d)已列入生产安全事故或交通运输事故等造成的直接损失的，不再计入其次生的突发生态环境事件直接经济损失。例如，危险化学品交通运输泄漏事故中的车辆、车载货品和道路设施损毁等造成的损失，不计入直接经济损失。 　　e)当地政府在突发生态环境事件发生后制定了财产损失赔偿标准的，应根据赔偿标准进行经济损失计算。

4.2.4　生态环境损害数额

突发生态环境事件对生态环境造成损害、不能在应急处置阶段恢复至基线水平需对生态环境进行修复或恢复，且修复或恢复方案及其实施费用在环境损害评估规定期限内可以明确的，生态环境损害数额计入直接经济损失，费用根据修复或恢复方案的实际实施费用计算。

> **专栏8　生态环境损害数额核算说明**
>
> 　　a) 环境介质中的污染物浓度恢复至基线水平、在没有产生期间损害情况下的生态环境损害量化费用以及后期预估的修复费用,不计入直接经济损失。
> 　　b) 需要对生态环境进行修复或恢复,但修复或恢复方案不能在应急处置阶段生态环境损害评估规定期限内完成的修复或恢复费用,不计入直接经济损失。

附录A

引用文件

《中华人民共和国突发事件应对法》
《中华人民共和国环境保护法》
《生态环境损害赔偿制度改革方案》
《党政机关国内公务接待管理规定》
《最高人民法院关于审理人身损害赔偿案件适用法律若干问题的解释》(法释〔2003〕20号)
《突发环境事件应急管理办法》(环境保护部令第34号)
《突发环境事件应急处置阶段环境损害评估推荐方法》(环办〔2014〕118号)
《环境损害鉴定评估推荐方法(第Ⅱ版)》(环办〔2014〕90号)
《企业职工伤亡事故经济损失统计标准》(GB 6721-1986)
《农业环境污染事故损失评价技术准则》(NY/T 1263-2007)
《农业环境污染事故司法鉴定经济损失估算实施规范》(SF/Z JD0601001-2014)
《渔业污染事故经济损失计算方法》(GB/T 21678-2008)
《海洋生态损害评估技术导则第1部分:总则》(GB/T34546.1-2017)
《海洋生态损害评估技术导则第2部分:海洋溢油》(GB/T34546.2-2017)

附录B

相关费用解释

　　后勤保障费:指应急处置措施实施过程中产生的餐费、运输费、通讯费、水电费、燃油费、维修费等保障费用。

　　应急设备维修费:指应急处置过程中设备损坏后发生的维修成本,按实际产生的维修费用计算。

　　应急设备重置费:指应急处置过程中缺失应急设备发生的购置成本或者应急设备损坏后发生的重置成本。购置成本按照实际产生的费用计算,但是当购置的设备不只服务于当次应急工作,并且可以服务于日常工作,或者设备购置行为可视为应急能力建设时,按照重置成本计算。

　　重置成本的计算公式为:重置成本=重置价值(元)×(1-年均折旧率%×已使用年限)×损坏率,其中,年均折旧率=(1-预计净残值率)×100%/总使用年限,重置价值为重新购买设备的费用。

　　人员费:指为完成应急处置工作临时聘用劳务人员产生的劳务费或者企业人员因超时超量工作产生的加班费。

附录C

各项费用计算依据

　　材料和药剂费:根据材料和药剂的购置清单、合同或者发票金额计算。

　　设备或房屋租赁费:根据租赁合同或者发票金额计算。

　　设备维修或重置费:根据维修服务项目清单、设备购置清单、购置合同或者发票金额计算。

　　人员费:核定参与该项工作的人员数量,根据当地的用工标准计算,或者根据相应的费用发放凭证(有费用领取人员签字或手印的清单、银行转账凭证等)计算。

　　办公用品费:根据办公用品购置清单、发票或者合同金额计算。

　　餐费:核定用餐人数及用餐次数,在公务接待标准内的,根据发票金额计算,高于公务接待标准的,扣除超出部分,按照标准计算。

　　住宿费:核定住宿人数及住宿时间,在公务接待标准内的,根据发票金额计算,高于公务接待标准的,扣除超出部分,按照标准计算。

会议费:根据发票金额计算。

专家技术咨询费:根据发放咨询费的凭证(专家签字、银行转账证明等)计算。

印刷费:根据发票或者合同金额计算。

交通费:符合公务差旅费管理标准的,根据车船飞机票等票据金额计算,超出部分按标准核定;其他按财务报销金额计算。

水电费:比日常工作平均消耗量多出的水电用量视为应急处置阶段的消耗量,根据当地水电单价标准计算。

燃料动力费:按照燃料、取暖设备的购置清单、发票或者合同计算。电取暖产生的电费计入水电费中。

附录 D　直接经济损失基础数据调查表(略)

环境保护公众参与办法

- 2015年7月13日环境保护部令第35号公布
- 自2015年9月1日起施行

第一条　为保障公民、法人和其他组织获取环境信息、参与和监督环境保护的权利,畅通参与渠道,促进环境保护公众参与依法有序发展,根据《环境保护法》及有关法律法规,制定本办法。

第二条　本办法适用于公民、法人和其他组织参与制定政策法规、实施行政许可或者行政处罚、监督违法行为、开展宣传教育等环境保护公共事务的活动。

第三条　环境保护公众参与应当遵循依法、有序、自愿、便利的原则。

第四条　环境保护主管部门可以通过征求意见、问卷调查,组织召开座谈会、专家论证会、听证会等方式征求公民、法人和其他组织对环境保护相关事项或者活动的意见和建议。

公民、法人和其他组织可以通过电话、信函、传真、网络等方式向环境保护主管部门提出意见和建议。

第五条　环境保护主管部门向公民、法人和其他组织征求意见时,应当公布以下信息:

(一)相关事项或者活动的背景资料;

(二)征求意见的起止时间;

(三)公众提交意见和建议的方式;

(四)联系部门和联系方式。

公民、法人和其他组织应当在征求意见的时限内提交书面意见和建议。

第六条　环境保护主管部门拟组织问卷调查征求意见的,应当对相关事项的基本情况进行说明。调查问卷所设问题应当简单明确、通俗易懂。调查的人数及其范围应当综合考虑相关事项或者活动的环境影响范围和程度、社会关注程度、组织公众参与所需要的人力和物力资源等因素。

第七条　环境保护主管部门拟组织召开座谈会、专家论证会征求意见的,应当提前将会议的时间、地点、议题、议程等事项通知参会人员,必要时可以通过政府网站、主要媒体等途径予以公告。

参加专家论证会的参会人员应当以相关专业领域专家、环保社会组织中的专业人士为主,同时应当邀请可能受相关事项或者活动直接影响的公民、法人和其他组织的代表参加。

第八条　法律、法规规定应当听证的事项,环境保护主管部门应当向社会公告,并举行听证。

环境保护主管部门组织听证应当遵循公开、公平、公正和便民的原则,充分听取公民、法人和其他组织的意见,并保证其陈述意见、质证和申辩的权利。

除涉及国家秘密、商业秘密或者个人隐私外,听证应当公开举行。

第九条　环境保护主管部门应当对公民、法人和其他组织提出的意见和建议进行归类整理、分析研究,在作出环境决策时予以充分考虑,并以适当的方式反馈公民、法人和其他组织。

第十条　环境保护主管部门支持和鼓励公民、法人和其他组织对环境保护公共事务进行舆论监督和社会监督。

第十一条　公民、法人和其他组织发现任何单位和个人有污染环境和破坏生态行为的,可以通过信函、传真、电子邮件、"12369"环保举报热线、政府网站等途径,向环境保护主管部门举报。

第十二条　公民、法人和其他组织发现地方各级人民政府、县级以上环境保护主管部门不依法履行职责的,有权向其上级机关或者监察机关举报。

第十三条　接受举报的环境保护主管部门应当依照有关法律、法规规定调查核实举报的事项,并将调查情况和处理结果告知举报人。

第十四条　接受举报的环境保护主管部门应当对举报人的相关信息予以保密,保护举报人的合法权益。

第十五条　对保护和改善环境有显著成绩的单位和个人,依法给予奖励。

国家鼓励县级以上环境保护主管部门推动有关部门设立环境保护有奖举报专项资金。

第十六条 环境保护主管部门可以通过提供法律咨询、提交书面意见、协助调查取证等方式，支持符合法定条件的环保社会组织依法提起环境公益诉讼。

第十七条 环境保护主管部门应当在其职责范围内加强宣传教育工作，普及环境科学知识，增强公众的环保意识、节约意识；鼓励公众自觉践行绿色生活、绿色消费，形成低碳节约、保护环境的社会风尚。

第十八条 环境保护主管部门可以通过项目资助、购买服务等方式，支持、引导社会组织参与环境保护活动。

第十九条 法律、法规和环境保护部制定的其他部门规章对环境保护公众参与另有规定的，从其规定。

第二十条 本办法自2015年9月1日起施行。

环境保护档案管理办法

- 2016年12月27日环境保护部、国家档案局令第43号公布
- 根据2021年12月13日《生态环境部关于修改部分部门规章的决定》修订

第一章 总 则

第一条 为了加强环境保护档案的形成、管理和保护工作，开发利用环境保护档案信息资源，根据《中华人民共和国档案法》及其实施办法、《中华人民共和国环境保护法》等相关法律法规，结合环境保护工作实际，制定本办法。

第二条 本办法所称环境保护档案，是指各级环境保护主管部门及其派出机构、直属单位（以下简称环境保护部门），在环境保护各项工作和活动中形成的，对国家、社会和单位具有利用价值、应当归档保存的各种形式和载体的历史记录，主要包括文书档案、音像（照片、录音、录像）档案、科技档案、会计档案、人事档案、基建档案及电子档案等。

第三条 环境保护档案工作是环境保护部门的重要职责，实行统一领导、分级管理。

第四条 国务院环境保护主管部门对环境保护档案管理工作实行监督和指导，在业务上接受国家档案行政管理部门的监督和指导。

地方各级环境保护主管部门对本行政区域内环境保护档案管理工作实行监督和指导，在业务上接受同级档案行政管理部门和上级环境保护主管部门的监督和指导。

第二章 环境保护部门档案工作职责

第五条 环境保护部门应当加强对档案工作的领导，完善档案工作管理体制，确定档案机构或者档案工作人员负责管理本单位的档案，并对所属单位的档案工作实行监督和指导。

第六条 环境保护部门应当将档案工作纳入本部门发展规划和年度工作计划，列入工作考核检查内容，及时研究并协调解决档案工作中的重大问题，确保档案工作与本部门整体工作同步协调发展。

第七条 环境保护部门应当按照部门预算编制和管理的有关规定，科学合理核定档案工作经费，并列入同级财政预算，加强对档案工作经费的审计和绩效考核，确保科学使用、专款专用。

第八条 环境保护部门应当按照国家有关档案管理的规定，确定文件材料的具体接收范围，包括本部门在各项工作和活动中形成的具有利用价值、应当归档保存的各种形式和载体的历史记录，以及与本部门有关的撤销或者合并部门的全部档案。

第九条 环境保护部门应当将档案信息化建设纳入本部门信息化建设同步实施，推进文档一体化管理，实现资源数字化、利用网络化、管理智能化。

第十条 环境保护部门应当为开展档案管理工作提供必要条件。档案管理人员办公室、档案库房、阅档室和档案整理间应当分开。

第十一条 环境保护部门应当加强档案基础设施建设，改善档案安全管理条件，提供符合设计规范的专用库房，配备防盗、防火、防潮、防水、防尘、防光、防鼠、防虫等安全设施，以及计算机、复印机、打印机、扫描仪、照相机、摄像机、防磁柜等工作设备。

第十二条 环境保护部门应当将档案管理人员培训、交流、使用列入干部培养和选拔任用统一规划，统筹安排，为档案管理人员学习培训、挂职锻炼、交流任职等创造条件。档案管理人员的职务晋升或者职称评定、业务能力考核，按照国家有关规定执行，并享有专业人员的同等待遇。

第十三条 环境保护部门应当按照《中华人民共和国保守国家秘密法》等有关法律法规，确保环境保护档案安全保密和有效利用。

第三章 档案管理机构、文件（项目）承办单位职责

第十四条 环境保护部门的档案管理机构应当履行下列职责：

（一）贯彻执行国家档案法律法规和工作方针、政策。经国家档案行政管理部门同意，国务院环境保护主管部门的档案管理机构负责研究制定环境保护档案管理规章制度、行业标准和技术规范并组织实施。地方各级环境保护主管部门的档案管理机构依据上级环境保护主管部门和档案行政管理部门的相关制度要求，制定本行政区域内环境保护档案管理工作制度并组织实施。

（二）负责本部门档案的统一管理，地方各级环境保护主管部门的档案管理机构对本行政区域内环境保护档案管理工作进行监督和指导。

（三）负责编制本部门档案管理经费年度预算，将档案资料收集整理、保管保护、开发利用，设备购置和运行维护，信息化建设，以及档案宣传培训等项目经费列入预算。

（四）负责本部门档案信息化工作，参与本部门电子文件全过程管理工作，组织实施本部门档案数字化加工、电子文件归档和电子档案管理以及重要档案异地、异质备份工作。

（五）负责对本部门重点工作、重大会议和活动、重大建设项目、重大科研项目、重大生态保护项目等归档工作进行监督和指导，参与重大科研项目成果验收、重大建设项目工程竣工和重要设备仪器开箱的文件材料验收工作。

（六）负责制定本部门文件（项目）材料的归档范围和保管期限，指导本部门的文件收集、整理、归档工作，组织档案信息资源的编研，科学合理开发利用，安全保管档案并按照有关规定向档案馆移交档案。

（七）国务院环境保护主管部门的档案管理机构，负责汇总统计地方环境保护主管部门，本部门及其派出机构、直属单位档案工作基本情况的数据，并报送国家档案行政管理部门。地方各级环境保护主管部门的档案管理机构，负责汇总统计本行政区域内环境保护档案工作基本情况数据，并报送同级档案行政管理部门和上级环境保护主管部门。

（八）负责开展环境保护部门档案工作业务交流，组织档案管理人员专业培训。

（九）各级环境保护主管部门的档案管理机构负责组织实施同级档案行政管理部门布置的相关工作，并协调环境保护部门的档案管理机构与其他部门档案管理机构之间的档案工作。

第十五条　环境保护部门的文件（项目）承办单位在本部门档案管理机构的指导下，履行下列职责：

（一）负责本单位文件（项目）材料的收集、整理和归档。

（二）负责督促指导文件（项目）承办人分类整理文件材料，做到齐全完整、分类清楚、排列有序，并按照规定向本部门档案管理机构移交。

（三）重大建设项目、重大科研项目、重大生态保护项目承办单位负责制定专项档案管理规定、归档范围和保管期限，报环境保护部门的档案管理机构同意后，由项目承办单位组织实施。

第四章　文件材料的归档

第十六条　环境保护文件材料归档范围应当全面、系统地反映综合管理和政策法规、科学技术、环境影响评价、环境监测、污染防治、生态保护、核与辐射安全监管、环境监察执法等业务活动。

第十七条　环境保护部门在部署污染源普查、环境质量调查等专项工作时，应当明确文件材料的归档要求；在检查专项工作进度时，应当检查文件材料的收集、整理情况；重大建设项目、重大科研项目和重大生态保护项目文件材料不符合归档要求的，不得进行项目鉴定、验收和申报奖项。

第十八条　环境保护文件材料归档工作一般应于次年3月底前完成。文件（项目）承办单位根据下列情形，按要求将应归档文件及电子文件同步移交本部门档案管理机构进行归档，任何人不得据为己有或者拒绝归档：

（一）文书材料应当在文件办理完毕后及时归档；

（二）重大会议和活动等文件材料，应当在会议和活动结束后一个月内归档；

（三）科研项目、建设项目文件材料应当在成果鉴定和项目验收后两个月内归档，周期较长的科研项目、建设项目可以按完成阶段分期归档；

（四）一般仪器设备随机文件材料，应当在开箱验收或者安装调试后七日内归档，重要仪器设备开箱验收应当由档案管理人员现场监督随机文件材料归档。

第五章　档案的管理

第十九条　环境保护部门应当加强对不同门类、各种形式和载体档案的管理，确保环境保护档案真实、齐全、完整。

第二十条　环境保护档案的分类、著录、标引，依照《中国档案分类法 环境保护档案分类表》《环境保护档案著录细则》《环境保护档案管理规范》等文件的有关规定执行，其相应的电子文件材料应当按照有关要求同步归档。

文书材料的整理归档,依照《归档文件整理规则》(DA/T 22-2015)的有关规定执行。

照片资料的整理归档,依照《照片档案管理规范》(GB/T 11821-2002)的有关规定执行。

录音、录像资料的整理归档,依照录音、录像管理的有关规定执行。

科技文件的整理归档,依照《科学技术档案案卷构成的一般要求》(GB/T 11822-2008)的有关规定执行。

会计资料的整理归档,依照《会计档案管理办法》(财政部、国家档案局令第79号)的有关规定执行。

人事文件材料的整理归档,依照《干部档案工作条例》(组通字〔1991〕13号)、《干部档案整理工作细则》(组通字〔1991〕11号)、《干部人事档案材料收集归档规定》(中组发〔2009〕12号)等文件的有关规定执行。

电子文件的整理归档,依照《电子文件归档与电子档案管理规范》(GB/T 18894-2016)、《CAD 电子文件光盘存储、归档与档案管理要求》(GB/T 17678.1-1999)等文件的有关规定执行。重要电子文件应当与纸质文件材料一并归档。

第二十一条 环境保护部门的档案管理机构应当定期检查档案保管状态,调试库房温度、湿度,及时对破损或者变质的档案进行修复。

第二十二条 环境保护档案的鉴定应当定期进行。

环境保护部门成立环境保护档案鉴定小组进行鉴定工作,鉴定小组由环境保护部门分管档案工作的负责人、办公厅(室)负责人,以及档案管理机构、保密部门和文件(项目)承办单位有关人员组成。

对保管期限变动、密级调整和需要销毁的档案,应当提请本部门环境保护档案鉴定小组鉴定。鉴定工作结束后,环境保护档案鉴定小组应当形成鉴定报告,提出鉴定意见。

第二十三条 环境保护档案的销毁应当按照相关规定办理,并履行销毁批准手续。未经鉴定、未履行批准销毁手续的档案,严禁销毁。

对经过环境保护档案鉴定小组鉴定确认无保存价值需要销毁的档案,应当进行登记造册,报本部门分管档案工作负责人批准后销毁。档案销毁清册永久保存。

环境保护档案的销毁由档案管理机构组织实施。销毁档案时,档案管理机构与保密部门应当分别指派人员共同进行现场监督,并在销毁清册上签字确认。档案销毁后,应当及时调整档案柜(架),并在目录及检索工具中注明。

第二十四条 环境保护部门撤销或者变动时,应当妥善保管环境保护档案,向相关接收部门或者同级档案管理部门移交,并向上级环境保护主管部门报告。

第二十五条 文件(项目)承办单位的工作人员退休或者工作岗位变动时,应当及时对属于归档范围的文件材料进行整理、归档,并办理移交手续,不得带走或者毁弃。

第六章 档案的利用

第二十六条 环境保护部门的档案管理机构应当积极开发环境保护档案信息资源,并根据环境保护工作实际需要,对现有档案信息资源进行综合加工和深度开发,为环境保护工作提供服务。

第二十七条 环境保护部门应当积极开展环境保护档案的利用工作,建立健全档案利用制度,明确相应的利用范围和审批程序,确保档案合理利用。

第二十八条 环境保护档案一般以数字副本代替档案原件提供利用。档案原件原则上不得带出档案室。

利用环境保护档案的单位或者个人应当负责所利用档案的安全和保密,不得擅自转借,不得对档案原件进行折叠、剪贴、抽取、拆散,严禁在档案原件上勾画、涂抹、填注、加字、改字,或者以其他方式损毁档案。

第七章 奖励与处罚

第二十九条 有下列事迹之一的,依照国家有关规定给予表扬、表彰或者奖励:

(一)在环境保护档案的收集、整理或者开发利用等方面做出显著成绩的;

(二)对环境保护档案的保护和现代化管理做出显著成绩的;

(三)将个人所有的具有重要或者珍贵价值的环境保护档案捐赠给国家的;

(四)执行档案法律法规表现突出的。

第三十条 在环境保护档案工作中有违法违纪行为的,依法依规给予处分;情节严重,涉嫌构成犯罪的,依法移送司法机关追究刑事责任。

第八章 附则

第三十一条 地方各级环境保护主管部门可以根据本办法,结合本地实际情况,联合同级档案行政管理部门制定实施细则,并报上级档案行政管理部门和环境保护主管部门备案。

第三十二条 本办法自2017年3月1日起施行。1994年10月6日公布的《环境保护档案管理办法》(原

国家环境保护局 国家档案局令第 13 号)同时废止。

生态环境统计管理办法

· 2023 年 1 月 18 日生态环境部令第 29 号公布
· 自公布之日起施行

第一章 总 则

第一条 为加强和规范生态环境统计管理,保障生态环境统计资料真实性、准确性、完整性和及时性,发挥统计支撑生态环境工作重要作用,根据《中华人民共和国环境保护法》《中华人民共和国统计法》《中华人民共和国统计法实施条例》等有关法律法规,制定本办法。

第二条 生态环境统计基本任务是对生态环境状况和生态环境保护工作情况进行统计调查、统计分析,提供统计资料和统计咨询意见,实行统计监督。

生态环境统计内容包括生态环境质量、环境污染及其防治、生态保护、应对气候变化、核与辐射安全、生态环境管理及其他有关生态环境保护事项。

第三条 生态环境统计工作实行统一管理、分级负责的管理体制。

生态环境部在国家统计局业务指导下,对全国生态环境统计工作进行统一管理,制定生态环境统计规章制度、标准规范、工作计划,组织实施全国生态环境统计工作,汇总、管理和公布全国生态环境统计资料。

地方各级生态环境主管部门在上级生态环境主管部门和本级人民政府统计机构指导下,组织实施本行政区域生态环境统计工作。

第四条 各级生态环境主管部门应当根据生态环境统计任务和本地区、本部门生态环境管理需要,在下列方面加强对生态环境统计工作的领导和监督:

(一)将生态环境统计事业发展纳入生态环境工作计划,并组织实施;

(二)明确生态环境统计机构;

(三)安排并保障生态环境统计业务经费和人员;

(四)按时完成上级生态环境主管部门依法布置的统计任务,采取措施保障统计资料的真实性、准确性、完整性和及时性;

(五)开展生态环境统计科学研究,改进和完善生态环境统计调查制度和方法;

(六)防范和惩治生态环境统计造假、弄虚作假;

(七)落实生态环境统计改革任务;

(八)建立生态环境统计工作奖惩制度。

第五条 国家机关、企业事业单位、其他生产经营者和个人等生态环境统计调查对象,应当依照有关法律、法规和本办法的规定,真实、准确、完整、及时地提供生态环境统计调查所需的资料,不得提供不真实或者不完整的统计资料,不得迟报、拒报统计资料。

第二章 机构和职责

第六条 各级生态环境主管部门应当根据统计任务需要,明确承担统一组织协调生态环境统计工作职责的综合机构(以下简称生态环境统计综合机构)及其人员。

第七条 各级生态环境统计综合机构的职责是:

(一)制定生态环境统计工作规章制度和工作计划,并组织实施;

(二)建立健全生态环境统计指标体系,归口管理、按照规定申报生态环境统计调查项目;

(三)开展生态环境统计分析和预测;

(四)实行生态环境统计质量控制和监督,采取措施保障统计资料的真实性、准确性、完整性和及时性;

(五)收集、汇总和审核生态环境统计资料,建立和管理生态环境统计数据库,支撑相关生态环境管理工作,按照规定提供对外公布所需的生态环境统计资料,审核对外共享的生态环境统计调查项目范围内的资料;

(六)按照规定向上级生态环境主管部门和本级人民政府统计机构报送生态环境统计资料;

(七)指导下级生态环境主管部门和统计调查对象的生态环境统计工作,组织业务培训;

(八)开展生态环境统计科研和生态环境统计业务的交流与合作;

(九)承担生态环境统计的保密工作。

第八条 各级生态环境主管部门承担相关生态环境统计调查任务的职能机构负责其业务范围内的统计工作,其职责是:

(一)编制业务范围内的生态环境统计调查制度,提交同级生态环境统计综合机构审核并按照规定配合完成生态环境统计调查项目申报工作,经批准或者备案后组织实施;

(二)收集、汇总、审核其业务范围内的生态环境统计资料,并按照统计调查制度要求,报送上级生态环境主管部门和同级生态环境统计综合机构;

(三)落实生态环境统计数据质量控制要求,保障统计数据质量;

(四)开展生态环境统计分析,对相关业务工作提出建议;

（五）承担相关生态环境统计的保密工作。

第九条 作为生态环境统计调查对象的国家机关、企业事业单位、其他生产经营者应当依法履行下列生态环境统计义务：

（一）按照国家有关规定设置生态环境统计原始记录、统计台账，建立健全统计资料的审核、签署、交接、归档等管理制度；

（二）按照规定报送和提供生态环境统计资料，管理生态环境统计调查表和基本生态环境统计资料。

生态环境统计资料的审核、签署人员应当对其审核、签署的统计资料的真实性、准确性和完整性负责。

第十条 各级生态环境主管部门及其生态环境统计人员在生态环境统计工作中依法行使统计调查、统计报告、统计监督职权。

第十一条 生态环境统计人员应当具备相应的专业知识和业务能力。各级生态环境主管部门应当提高其统计人员专业素质，保障统计队伍稳定性。

各级生态环境主管部门应当加强专业培训和职业道德教育，定期对生态环境统计人员和统计调查对象相关工作人员开展培训。

第三章 统计调查项目

第十二条 生态环境统计调查项目分为综合性调查项目和专项调查项目，调查方法分为全面调查、重点调查、抽样调查等，调查周期包括年度、半年度、季度、月度等。

第十三条 生态环境部执行相关法律、行政法规、国务院的决定和履行本部门职责，需要开展统计活动的，应当制定相应的部门统计调查项目。

生态环境部制定的统计调查项目，统计调查对象属于生态环境部管辖系统或者利用行政记录加工获取统计资料的，报国家统计局备案；统计调查对象超出生态环境部管辖系统的，报国家统计局审批。

第十四条 地方各级生态环境主管部门制定的统计调查项目，报本级人民政府统计机构审批，其主要内容不得与生态环境部制定的统计调查项目内容重复、矛盾。

第十五条 制定生态环境统计调查项目应当遵循以下原则：

（一）制定新的生态环境统计调查项目，应当就项目必要性、可行性、科学性进行论证，征求有关地方、部门、统计调查对象和专家的意见，并按照会议制度集体讨论决定，重要统计调查项目应当进行试点；

（二）可以通过行政记录和大数据加工整理获得统计资料的，不再重复开展统计调查；可以通过已经批准实施的各种统计调查整理获得统计资料的，不再重复开展统计调查；

（三）统计调查应当尽量减少调查频率，缩小调查规模，降低调查成本，减轻基层统计人员和统计调查对象负担。抽样调查、重点调查可以满足需要的，不得开展全面调查；一次性调查可以满足需要的，不得进行经常性调查；

（四）生态环境统计调查项目不得与国家统计调查项目的内容重复、矛盾。

第十六条 制定生态环境统计调查项目，应当同时制定该项目的统计调查制度。

生态环境统计调查制度应当对调查目的、内容、方法、对象、组织方式、调查表式、统计资料的报送和公布等作出规定。

变更统计调查制度的内容，应当报经原审批机关批准或者原备案机关备案。

第十七条 生态环境统计调查项目经批准或者备案后，应当在统计调查表的右上角标明表号、制定机关、批准文号或者备案文号、有效期限等标志。

对未标明前款规定的标志或者超过有效期限的统计调查表，生态环境统计调查对象有权拒绝填报。

第十八条 生态环境统计调查表中的指标必须有确定的涵义、数据采集来源和计算方法。

生态环境部制定全国性生态环境统计调查表，并对其指标的涵义、数据采集来源、计算方法等作出统一说明。

第十九条 在生态环境统计调查中，排放源排放量按照监测数据法、产排污系数/排放因子法、物料衡算法等方法进行核算。

排污许可证执行报告中报告的污染物排放量可以作为生态环境统计的依据。

生态环境部组织制定统一的排放源产排污系数，按照规定程序发布，并适时评估修订。

第四章 统计调查的组织实施

第二十条 各级生态环境主管部门应当严格按照批准或者备案的生态环境统计调查制度组织实施生态环境统计调查。

第二十一条 各级生态环境主管部门应当建立健全生态环境统计工作流程规范和数据质量控制制度，严格实施数据采集、核算、汇总、审核、分析等环节的全流程质量控制。

第二十二条 各级生态环境主管部门应当建立生态环境统计调查对象名录库，并实施动态管理。

第二十三条 各级生态环境主管部门组织实施生态

环境统计调查,应当就生态环境统计调查对象的法定填报义务、主要指标涵义和有关填报要求等,向统计调查对象作出说明。

第二十四条　国家机关、企业事业单位、其他生产经营者作为生态环境统计调查对象提供统计资料,应当由填报人员和单位负责人签字,并加盖公章。个人作为生态环境统计调查对象提供统计资料,应当由本人签字。统计调查制度规定不需要签字、加盖公章的除外。

统计调查对象使用网络提供统计资料的,按照国家有关规定执行。

第二十五条　各级生态环境主管部门应当严格落实统计数据审核要求,采取资料核查、现场核查以及其他有效方式,对统计调查对象提供的统计资料进行审核。统计资料不完整或者存在明显错误的,由统计调查对象依法予以补充或者改正。

第二十六条　各级生态环境主管部门及其统计人员应当对其负责搜集、审核、录入的统计资料与统计调查对象报送的统计资料的一致性负责,不得伪造、篡改统计资料,不得要求统计调查对象或者其他机构、人员提供不真实的统计资料。

第二十七条　各级生态环境主管部门应当加强统计信息化建设,将生态环境统计信息化建设列入发展计划,积极推动现代信息技术的应用,完善生态环境统计信息系统,推进统计信息搜集、处理、传输、共享、存储技术和统计数据库现代化。

第二十八条　各级生态环境主管部门应当推动使用行政记录、大数据等手段搜集整理统计资料,充分运用先进技术方法,提高生态环境统计信息挖掘、处理和分析能力,提供多样化统计产品,提升统计分析应用水平。

第二十九条　各级生态环境主管部门可以根据需要通过向社会购买服务等方式组织实施统计调查和资料开发。

第五章　统计资料的管理和公布

第三十条　生态环境统计资料是制定生态环境政策、规划、计划,开展生态环境考核、履约等工作的基本依据。

第三十一条　各级生态环境主管部门应当按照国家有关规定建立统计资料的保存、管理制度,建立健全信息共享机制,推进生态环境统计资料共享和应用。

第三十二条　各级生态环境主管部门应当按照国家有关规定和已批准或者备案的生态环境统计调查制度,公布生态环境统计资料,并按照要求提供给本级人民政府统计机构。

第三十三条　各级生态环境主管部门的相关职能机构应当在规定期限内,将其组织实施统计调查所获得的生态环境统计资料,报送同级生态环境统计综合机构。

第三十四条　生态环境统计资料应当纳入生态环境统计年报或者以其他形式统一公布。

任何单位和个人不得违反规定公布生态环境统计资料,公布前不得违反规定对外提供。

第三十五条　各级生态环境主管部门制定生态环境政策、中长期规划和年度计划,开展考核、履约等工作,需要使用生态环境统计资料的,应当以生态环境统计综合机构提供的资料为准。

第三十六条　各级生态环境主管部门应当执行国家有关统计资料保密管理的规定,加强对生态环境统计资料的保密管理。

第三十七条　各级生态环境主管部门应当严格执行国家有关网络安全法律法规要求,建立健全网络安全保护制度,加强生态环境统计信息系统及数据库的安全建设和运维管理。

第三十八条　各级生态环境主管部门和国家机关、企业事业单位、其他生产经营者等生态环境统计调查对象应当建立生态环境统计资料档案。

生态环境统计资料档案的保管、调用和移交,应当遵守国家有关统计资料管理和档案管理的规定。

第三十九条　生态环境统计调查中获得的能够识别或者推断单个统计调查对象身份的资料应当依法严格管理,除作为统计执法依据外,不得直接作为对统计调查对象实施行政许可、行政处罚等具体行政行为的依据,不得用于完成统计任务以外的目的。

第六章　监督检查

第四十条　各级生态环境主管部门应当建立健全防范和惩治生态环境统计造假、弄虚作假责任体系,明确领导班子、相关负责人以及生态环境统计人员的责任。

第四十一条　各级生态环境主管部门应当建立监督检查工作机制和相关制度,组织开展生态环境统计监督检查工作。

监督检查事项包括:

(一)生态环境主管部门遵守、执行生态环境统计法律法规规章情况;

(二)生态环境主管部门建立防范和惩治生态环境统计造假、弄虚作假责任制情况;

(三)生态环境统计调查对象遵守生态环境统计法律法规规章、统计调查制度情况;

（四）法律法规规章规定的其他事项。

第四十二条 生态环境统计调查对象应当配合生态环境主管部门的监督检查工作。

任何单位和个人不得拒绝、阻碍对生态环境统计工作的监督检查。

第四十三条 各级生态环境主管部门应当积极协助本级人民政府统计机构查处生态环境统计违法行为，及时移送有关统计违法案件材料。

第七章 奖励与惩罚

第四十四条 各级生态环境主管部门应当对在改革和完善生态环境统计调查制度、统计调查方法，组织实施统计调查任务，进行生态环境统计分析、预测和监督，开展生态环境统计科学研究等方面做出重要贡献的机构或者个人，给予表扬或者奖励。

第四十五条 生态环境部定期对全国生态环境统计工作进行评估，按照规定对成绩突出的单位和个人进行表彰或者表扬。

第四十六条 生态环境主管部门有下列行为之一的，依照《中华人民共和国统计法》《中华人民共和国统计法实施条例》予以处罚；对直接负责的主管人员和其他直接责任人员，依法予以处分：

（一）未经批准擅自组织实施生态环境统计调查的；

（二）未经批准擅自变更生态环境统计调查制度内容的；

（三）未执行批准或者备案的生态环境统计调查制度的；

（四）拒报、迟报或者伪造、篡改生态环境统计资料的；

（五）要求生态环境统计调查对象或者其他机构、人员提供不真实的生态环境统计资料的；

（六）违法公布生态环境统计资料的；

（七）泄露生态环境统计调查对象的商业秘密、个人信息或者提供、泄露在生态环境统计调查中获得的能够识别或者推断单个生态环境统计调查对象身份的资料的；

（八）其他违反法律法规规定的行为。

第四十七条 生态环境统计调查对象有下列行为之一的，依照《中华人民共和国统计法》《中华人民共和国统计法实施条例》予以处罚；国家机关、企业事业单位或者其他生产经营者作为生态环境统计调查对象，其直接负责的主管人员和其他直接责任人员属于国家工作人员的，依法予以处分：

（一）拒绝提供生态环境统计资料或者经催报后仍未按时提供生态环境统计资料的；

（二）提供不真实或者不完整的生态环境统计资料的；

（三）拒绝、阻碍生态环境统计调查、监督检查的；

（四）转移、隐匿、篡改、毁弃或者拒绝提供原始记录和凭证、统计台账、统计调查表及其他相关证明和资料的；

（五）其他违反法律法规规定的行为。

第八章 附 则

第四十八条 全国污染源普查依照《全国污染源普查条例》规定组织实施。

第四十九条 本办法自公布之日起施行。《环境统计管理办法》（国家环保总局令第37号）同时废止。

环境监管重点单位名录管理办法

· 2022年8月15日生态环境部2022年第四次部务会议审议通过
· 2022年11月28日生态环境部令第27号公布
· 自2023年1月1日起施行

第一条 为了加强对环境监管重点单位的监督管理，强化精准治污，根据《中华人民共和国环境保护法》和水、大气、噪声、土壤等污染防治法律，以及地下水管理、排污许可管理等行政法规，制定本办法。

第二条 本办法所称环境监管重点单位，包括依法确定的水环境重点排污单位、地下水污染防治重点排污单位、大气环境重点排污单位、噪声重点排污单位、土壤污染重点监管单位，以及环境风险重点管控单位。

同一企业事业单位可以同时属于不同类别的环境监管重点单位。

第三条 国务院生态环境主管部门负责指导、协调和监督环境监管重点单位名录的确定和管理，建立、运行环境监管重点单位名录信息平台。

省级生态环境主管部门负责协调和监督本行政区域环境监管重点单位名录的确定和发布。

设区的市级生态环境主管部门负责本行政区域环境监管重点单位名录的确定、管理和发布。

第四条 环境监管重点单位应当依法履行自行监测、信息公开等生态环境法律义务，采取措施防治环境污染，防范环境风险。

各级生态环境主管部门应当加强对环境监管重点单位的监督管理。

第五条 水环境重点排污单位应当根据本行政区域

的水环境容量、重点水污染物排放总量控制指标的要求以及排污单位排放水污染物的种类、数量和浓度等因素确定。

具备下列条件之一的，应当列为水环境重点排污单位：

（一）化学需氧量、氨氮、总氮、总磷中任一种水污染物近三年内任一年度排放量大于设区的市级生态环境主管部门设定的筛选排放量限值的工业企业；

（二）设有污水排放口的规模化畜禽养殖场；

（三）工业废水集中处理厂，以及日处理能力10万吨以上或者日处理工业废水量2万吨以上的城镇生活污水处理厂。

设区的市级生态环境主管部门设定筛选排放量限值，应当确保所筛选的水环境重点排污单位工业水污染物排放量之和，不低于该行政区域排放源统计调查的工业水污染物排放总量的65%。

第六条　地下水污染防治重点排污单位应当根据本行政区域地下水污染防治需要、排污单位排放有毒有害物质情况等因素确定。

具备下列条件之一的，应当列为地下水污染防治重点排污单位：

（一）位于地下水污染防治重点区内且设有水污染物排放口的企业事业单位；

（二）一级和二级环境监督管理尾矿库的运营、管理单位；

（三）涉及填埋处置的危险废物处置场的运营、管理单位；

（四）日处理能力500吨以上的生活垃圾填埋场的运营、管理单位。

第七条　大气环境重点排污单位应当根据本行政区域的大气环境承载力、重点大气污染物排放总量控制指标的要求以及排污单位排放大气污染物的种类、数量和浓度等因素确定。

具备下列条件之一的，应当列为大气环境重点排污单位：

（一）二氧化硫、氮氧化物、颗粒物、挥发性有机物中任一种大气污染物近三年内任一年度排放量大于设区的市级生态环境主管部门设定的筛选排放量限值的工业企业；

（二）太阳能光伏玻璃行业企业，其他玻璃制造、玻璃制品、玻璃纤维行业中以天然气为燃料的规模以上企业；

（三）陶瓷、耐火材料行业中以煤、石油焦、油、发生炉煤气为燃料的企业；

（四）陶瓷、耐火材料行业中以天然气为燃料的规模以上企业；

（五）工业涂装行业规模以上企业，全部使用符合国家规定的水性、无溶剂、辐射固化、粉末等四类低挥发性有机物含量涂料的除外；

（六）包装印刷行业规模以上企业，全部使用符合国家规定的低挥发性有机物含量油墨的除外。

设区的市级生态环境主管部门设定筛选排放量限值，应当确保所筛选的大气环境重点排污单位工业大气污染物排放量之和，不低于该行政区域排放源统计调查的工业大气污染物排放总量的65%。

第八条　生产、加工使用或者排放重点管控新污染物清单中所列化学物质的企业事业单位，应当纳入重点排污单位。

第九条　噪声重点排污单位应当根据本行政区域噪声排放状况、声环境质量改善要求等因素确定。

具备下列条件之一的工业企业，应当列为噪声重点排污单位：

（一）位于噪声敏感建筑物集中区域或者厂界外200米范围内存在噪声敏感建筑物集中区域，且造成噪声污染的；

（二）影响所在行政区域完成声环境质量改善规划设定目标的；

（三）噪声污染问题突出、群众反映强烈的。

第十条　土壤污染重点监管单位应当根据本行政区域土壤污染防治需要、有毒有害物质排放情况等因素确定。

具备下列条件之一的，应当列为土壤污染重点监管单位：

（一）有色金属矿采选、有色金属冶炼、石油开采、石油加工、化工、焦化、电镀、制革行业规模以上企业；

（二）位于土壤污染潜在风险高的地块，且生产、使用、贮存、处置或者排放有毒有害物质的企业；

（三）位于耕地土壤重金属污染突出地区的涉镉排放企业。

第十一条　具备下列条件之一的，可以列为环境风险重点管控单位：

（一）年产生危险废物100吨以上的企业；

（二）具有危险废物自行利用处置设施的企业；

（三）持有危险废物经营许可证的企业；

（四）生活垃圾填埋场(含已封场的)或者生活垃圾

焚烧厂的运营维护单位；

（五）矿产资源（除铀、钍矿外）开发利用活动中原矿、中间产品、尾矿（渣）或者其他残留物中铀（钍）系单个核素含量超过1Bq/g的企业。

第十二条 排污许可分类管理名录规定的实施排污许可重点管理的企业事业单位，应当列为重点排污单位。

《固定污染源排污许可分类管理名录（2019年版）》规定的实施排污许可重点管理的条件为"纳入重点排污单位名录"的企业事业单位，根据本办法第五条、第七条的规定不再符合重点排污单位筛选条件的，设区的市级生态环境主管部门应当及时予以调整。

第十三条 设区的市级生态环境主管部门可以根据本行政区域环境质量状况、环境质量改善要求、污染物排放情况、有毒有害物质以及环境风险管控要求等，将确有必要实施重点监管的企业事业单位列入环境监管重点单位名录。

第十四条 设区的市级生态环境主管部门应当在每年1月底前提出本年度环境监管重点单位初步名录，上传至环境监管重点单位名录信息平台。

省级以上生态环境主管部门可以于每年2月底前，通过环境监管重点单位名录信息平台，提出对环境监管重点单位初步名录的调整建议。

设区的市级生态环境主管部门可以根据省级以上生态环境主管部门提出的调整建议，对本年度环境监管重点单位初步名录进行调整，并于3月底前确定本年度环境监管重点单位名录，依法向社会公布。

第十五条 列入环境监管重点单位名录的企业事业单位，在名录存续期间出现不符合本办法规定的筛选条件情形的，应当在确定下一年度环境监管重点单位名录时予以调整。

第十六条 本办法由国务院生态环境主管部门负责解释。

第十七条 本办法自2023年1月1日起施行。《关于印发〈重点排污单位名录管理规定（试行）〉的通知》（环办监测〔2017〕86号）同时废止。

生态环境部、发展改革委、工业和信息化部等关于印发《减污降碳协同增效实施方案》的通知

· 2022年6月10日
· 环综合〔2022〕42号

各省、自治区、直辖市和新疆生产建设兵团生态环境厅（局）、发展改革委、工业和信息化主管部门、住房和城乡建设厅（局）、交通运输厅（局、委）、农业农村（农牧）厅（局、委）、能源局：

《减污降碳协同增效实施方案》已经碳达峰碳中和工作领导小组同意，现印发给你们，请结合实际认真贯彻落实。

减污降碳协同增效实施方案

为深入贯彻落实党中央、国务院关于碳达峰碳中和决策部署，落实新发展阶段生态文明建设有关要求，协同推进减污降碳，实现一体谋划、一体部署、一体推进、一体考核，制定本实施方案。

一、面临形势

党的十八大以来，我国生态文明建设和生态环境保护取得历史性成就，生态环境质量持续改善，碳排放强度显著降低。但也要看到，我国发展不平衡、不充分问题依然突出，生态环境保护形势依然严峻，结构性、根源性、趋势性压力总体上尚未根本缓解，实现美丽中国建设和碳达峰碳中和目标愿景任重道远。与发达国家基本解决环境污染问题后转入强化碳排放控制阶段不同，当前我国生态文明建设同时面临实现生态环境根本好转和碳达峰碳中和两大战略任务，生态环境多目标治理要求进一步凸显，协同推进减污降碳已成为我国新发展阶段经济社会发展全面绿色转型的必然选择。

面对生态文明建设新形势新任务新要求，基于环境污染物和碳排放高度同根同源的特征，必须立足实际，遵循减污降碳内在规律，强化源头治理、系统治理、综合治理，切实发挥好降碳行动对生态环境质量改善的源头牵引作用，充分利用现有生态环境制度体系协同促进低碳发展，创新政策措施，优化治理路线，推动减污降碳协同增效。

二、总体要求

（一）指导思想。

以习近平新时代中国特色社会主义思想为指导，全面贯彻党的十九大和十九届历次全会精神，按照党中央、国务院决策部署，深入贯彻习近平生态文明思想，坚持稳中求进工作总基调，立足新发展阶段，完整、准确、全面贯彻新发展理念，构建新发展格局，推动高质量发展，把实现减污降碳协同增效作为促进经济社会发展全面绿色转型的总抓手，锚定美丽中国建设和碳达峰碳中和目标，科学把握污染防治和气候治理的整体性，以结构调整、布局优化为关键，以优化治理路径为重点，以政策协同、机制创新

为手段,完善法规标准,强化科技支撑,全面提高环境治理综合效能,实现环境效益、气候效益、经济效益多赢。

(二)工作原则。

突出协同增效。坚持系统观念,统筹碳达峰碳中和与生态环境保护相关工作,强化目标协同、区域协同、领域协同、任务协同、政策协同、监管协同,增强生态环境政策与能源产业政策协同性,以碳达峰行动进一步深化环境治理,以环境治理助推高质量达峰。

强化源头防控。紧盯环境污染物和碳排放主要源头,突出主要领域、重点行业和关键环节,强化资源能源节约和高效利用,加快形成有利于减污降碳的产业结构、生产方式和生活方式。

优化技术路径。统筹水、气、土、固废、温室气体等领域减排要求,优化治理目标、治理工艺和技术路线,优先采用基于自然的解决方案,加强技术研发应用,强化多污染物与温室气体协同控制,增强污染防治与碳排放治理的协调性。

注重机制创新。充分利用现有法律、法规、标准、政策体系和统计、监测、监管能力,完善管理制度、基础能力和市场机制,一体推进减污降碳,形成有效激励约束,有力支撑减污降碳目标任务落地实施。

鼓励先行先试。发挥基层积极性和创造力,创新管理方式,形成各具特色的典型做法和有效模式,加强推广应用,实现多层面、多领域减污降碳协同增效。

(三)主要目标。

到2025年,减污降碳协同推进的工作格局基本形成;重点区域、重点领域结构优化调整和绿色低碳发展取得明显成效;形成一批可复制、可推广的典型经验;减污降碳协同度有效提升。

到2030年,减污降碳协同能力显著提升,助力实现碳达峰目标;大气污染防治重点区域碳达峰与空气质量改善协同推进取得显著成效;水、土壤、固体废物等污染防治领域协同治理水平显著提高。

三、加强源头防控

(四)强化生态环境分区管控。构建城市化地区、农产品主产区、重点生态功能区分类指导的减污降碳政策体系。衔接国土空间规划分区和用途管制要求,将碳达峰碳中和要求纳入"三线一单"(生态保护红线、环境质量底线、资源利用上线和生态环境准入清单)分区管控体系。增强区域环境质量改善目标对能源和产业布局的引导作用,研究建立以区域环境质量改善和碳达峰目标为导向的产业准入与退出清单制度。加大污染严重地区结构调整和布局优化力度,加快推动重点区域、重点流域落后和过剩产能退出。依法加快城市建成区重污染企业搬迁改造或关闭退出。(生态环境部、国家发展改革委、工业和信息化部、自然资源部、水利部按职责分工负责)

(五)加强生态环境准入管理。坚决遏制高耗能、高排放、低水平项目盲目发展,高耗能、高排放项目审批要严格落实国家产业规划、产业政策、"三线一单"、环评审批、取水许可审批、节能审查以及污染物区域削减替代等要求,采取先进适用的工艺技术和装备,提升高耗能项目能耗准入标准,能耗、物耗、水耗要达到清洁生产先进水平。持续加强产业集群环境治理,明确产业布局和发展方向,高起点设定项目准入类别,引导产业向"专精特新"转型。在产业结构调整指导目录中考虑减污降碳协同增效要求,优化鼓励类、限制类、淘汰类相关项目类别。优化生态环境影响相关评价方法和准入要求,推动在沙漠、戈壁、荒漠地区加快规划建设大型风电光伏基地项目。大气污染防治重点区域严禁新增钢铁、焦化、炼油、电解铝、水泥、平板玻璃(不含光伏玻璃)等产能。(生态环境部、国家发展改革委、工业和信息化部、水利部、市场监管总局、国家能源局按职责分工负责)

(六)推动能源绿色低碳转型。统筹能源安全和绿色低碳发展,推动能源供给体系清洁化低碳化和终端能源消费电气化。实施可再生能源替代行动,大力发展风能、太阳能、生物质能、海洋能、地热能等,因地制宜开发水电,开展小水电绿色改造,在严监管、确保绝对安全前提下有序发展核电,不断提高非化石能源消费比重。严控煤电项目,"十四五"时期严格合理控制煤炭消费增长,"十五五"时期逐步减少。重点削减散煤等非电用煤,严禁在国家政策允许的领域以外新(扩)建燃煤自备电厂。持续推进北方地区冬季清洁取暖。新改扩建工业炉窑采用清洁低碳能源,优化天然气使用方式,优先保障居民用气,有序推进工业燃煤和农业用煤天然气替代。(国家发展改革委、国家能源局、工业和信息化部、自然资源部、生态环境部、住房城乡建设部、农业农村部、水利部、市场监管总局按职责分工负责)

(七)加快形成绿色生活方式。倡导简约适度、绿色低碳、文明健康的生活方式,从源头上减少污染物和碳排放。扩大绿色低碳产品供给和消费,加快推进构建统一的绿色产品认证与标识体系,完善绿色产品推广机制。开展绿色社区等建设,深入开展全社会反对浪费行动。推广绿色包装,推动包装印刷减量化,减少印刷面积和颜色种类。引导公众优先选择公共交通、自行车和步行等绿色低碳出行方式。发挥公共机构特别是党政机关节能减排引领示范作用。探索建立"碳普惠"等公众参与机制。（国家发展改革委、生态环境部、工业和信息化部、财政部、住房城乡建设部、交通运输部、商务部、市场监管总局、国管局按职责分工负责）

四、突出重点领域

（八）推进工业领域协同增效。实施绿色制造工程，推广绿色设计，探索产品设计、生产工艺、产品分销以及回收处置利用全产业链绿色化，加快工业领域源头减排、过程控制、末端治理、综合利用全流程绿色发展。推进工业节能和能效水平提升。依法实施"双超双有高耗能"企业强制性清洁生产审核，开展重点行业清洁生产改造，推动一批重点企业达到国际领先水平。研究建立大气环境容量约束下的钢铁、焦化等行业去产能长效机制，逐步减少独立烧结、热轧企业数量。大力支持电炉短流程工艺发展，水泥行业加快原燃料替代，石化行业加快推动减油增化，铝行业提高再生铝比例，推广高效低碳技术，加快再生有色金属产业发展。2025年和2030年，全国短流程炼钢占比分别提升至15%、20%以上。2025年再生铝产量达到1150万吨，2030年电解铝使用可再生能源比例提高至30%以上。推动冶炼副产能源资源与建材、石化、化工行业深度耦合发展。鼓励重点行业企业探索采用多污染物和温室气体协同控制技术工艺，开展协同创新。推动碳捕集、利用与封存技术在工业领域应用。（工业和信息化部、国家发展改革委、生态环境部、国家能源局按职责分工负责）

（九）推进交通运输协同增效。加快推进"公转铁"、"公转水"，提高铁路、水运在综合运输中的承运比例。发展城市绿色配送体系，加强城市慢行交通系统建设。加快新能源车发展，逐步推动公共领域用车电动化，有序推动老旧车辆替换为新能源车辆和非道路移动机械使用新能源清洁能源动力，探索开展中重型电动、燃料电池货车示范应用和商业化运营。到2030年，大气污染防治重点区域新能源汽车新车销售量达到汽车新车销售量的50%左右。加快淘汰老旧船舶，推动新能源、清洁能源动力船舶应用，加快港口供电设施建设，推动船舶靠港使用岸电。（交通运输部、国家发展改革委、工业和信息化部、生态环境部、住房城乡建设部、中国国家铁路集团有限公司按职责分工负责）

（十）推进城乡建设协同增效。优化城镇布局，合理控制城镇建筑总规模，加强建筑拆建管理，多措并举提高绿色建筑比例，推动超低能耗建筑、近零碳建筑规模化发展。稳步发展装配式建筑，推广使用绿色建材。推动北方地区建筑节能绿色改造与清洁取暖同步实施，优先支持大气污染防治重点区域利用太阳能、地热、生物质能等可再生能源满足建筑供热、制冷及生活热水等用能需求。鼓励在城镇老旧小区改造、农村危房改造、农房抗震改造等过程中同步实施建筑绿色化改造。鼓励小规模、渐进式更新和微改造，推进建筑废弃物再生利用。合理控制城市照明能耗。大力发展光伏建筑一体化应用，开展光储直柔一体化试点。在农村人居环境整治提升中统筹考虑减污降碳要求。（住房城乡建设部、自然资源部、生态环境部、农业农村部、国家能源局、国家乡村振兴局等按职责分工负责）

（十一）推进农业领域协同增效。推行农业绿色生产方式，协同推进种植业、畜牧业、渔业节能减排与污染治理。深入实施化肥农药减量增效行动，加强种植业面源污染防治，优化稻田水分灌溉管理，推广优良品种和绿色高效栽培技术，提高氮肥利用效率，到2025年，三大粮食作物化肥、农药利用率均提高到43%。提升秸秆综合利用水平，强化秸秆焚烧管控。提高畜禽粪污资源化利用水平，适度发展稻渔综合种养、渔光一体、鱼菜共生等多层次综合水产养殖模式，推进渔船渔机节能减排。加快老旧农机报废更新力度，推广先进适用的低碳节能农机装备。在农业领域大力推广生物质能、太阳能等绿色用能模式，加快农村取暖炊事、农业及农产品加工设施等可再生能源替代。（农业农村部、生态环境部、国家能源局按职责分工负责）

（十二）推进生态建设协同增效。坚持因地制宜，宜林则林，宜草则草，科学开展大规模国土绿化行动，持续增加森林面积和蓄积量。强化生态保护监管，完善自然保护地、生态保护红线监管制度，落实不同生态功能区分级分区保护、修复、监管要求，强化河湖生态流量管理。加强土地利用变化管理和森林可持续经营。全面加强天然林保护修复。实施生物多样性保护重大工程。科学推进荒漠化、石漠化、水土流失综合治理，科学实施重点区域生态保护和修复综合治理项目，建设生态清洁小流域。坚持以自然恢复为主，推行森林、草原、河流、湖泊、湿地休养生息，加强海洋生态系统保护，改善水生态环境，提升生态系统质量和稳定性。加强城市生态建设，完善城市绿色生态网络，科学规划、合理布局城市生态廊道和生态缓冲带。优化城市绿化树种，降低花粉污染和自然源挥发性有机物排放，优先选择乡土树种。提升城市水体自然岸线保有率。开展生态改善、环境扩容、碳汇提升等方面效果综合评估,不断提升生态系统碳汇与净化功能。(国家林草局、国家发展改革委、自然资源部、生态环境部、住房城乡建设部、水利部按职责分工负责)

五、优化环境治理

(十三)推进大气污染防治协同控制。优化治理技术路线,加大氮氧化物、挥发性有机物(VOCs)以及温室气体协同减排力度。一体推进重点行业大气污染深度治理与节能降碳行动,推动钢铁、水泥、焦化行业及锅炉超低排放改造,探索开展大气污染物与温室气体排放协同控制改造提升工程试点。VOCs等大气污染物治理优先采用源头替代措施。推进大气污染治理设备节能降耗,提高设备自动化智能化运行水平。加强消耗臭氧层物质和氢氟碳化物管理,加快使用含氢氯氟烃生产线改造,逐步淘汰氢氯氟烃使用。推进移动源大气污染物排放和碳排放协同治理。(生态环境部、国家发展改革委、工业和信息化部、交通运输部、国家能源局按职责分工负责)

(十四)推进水环境治理协同控制。大力推进污水资源化利用。提高工业用水效率,推进产业园区用水系统集成优化,实现串联用水、分质用水、一水多用、梯级利用和再生利用。构建区域再生水循环利用体系,因地制宜建设人工湿地水质净化工程及再生水调蓄设施。探索推广污水社区化分类处理和就地回用。建设资源能源标杆再生水厂。推进污水处理厂节能降耗,优化工艺流程,提高处理效率;鼓励污水处理厂采用高效水力输送、混合搅拌和鼓风曝气装置等高效低能耗设备;推广污水处理厂污泥沼气热电联产及水源热泵等热能利用技术;提高污泥处置和综合利用水平;在污水处理厂推广建设太阳能发电设施。开展城镇污水处理和资源化利用碳排放测算,优化污水处理设施能耗和碳排放管理。以资源化、生态化和可持续化为导向,因地制宜推进农村生活污水集中或分散式治理及就近回用。(生态环境部、国家发展改革委、工业和信息化部、住房城乡建设部、农业农村部按职责分工负责)

(十五)推进土壤污染治理协同控制。合理规划污染地块土地用途,鼓励农药、化工等行业中重度污染地块优先规划用于拓展生态空间,降低修复能耗。鼓励绿色低碳修复,优化土壤污染风险管控和修复技术路线,注重节能降耗。推动严格管控类受污染耕地植树造林增汇,研究利用废弃矿山、采煤沉陷区受损土地、已封场垃圾填埋场、污染地块等因地制宜规划建设光伏发电、风力发电等新能源项目。(生态环境部、国家发展改革委、自然资源部、住房城乡建设部、国家能源局、国家林草局按职责分工负责)

(十六)推进固体废物污染防治协同控制。强化资源回收和综合利用,加强"无废城市"建设。推动煤矸石、粉煤灰、尾矿、冶炼渣等工业固废资源利用或替代建材生产原料,到2025年,新增大宗固废综合利用率达到60%,存量大宗固废有序减少。推进退役动力电池、光伏组件、风电机组叶片等新型废弃物回收利用。加强生活垃圾减量化、资源化和无害化处理,大力推进垃圾分类,优化生活垃圾处理处置方式,加强可回收物和厨余垃圾资源化利用,持续推进生活垃圾焚烧处理能力建设。减少有机垃圾填埋,加强生活垃圾填埋场垃圾渗滤液、恶臭和温室气体协同控制,推动垃圾填埋场填埋气收集和利用设施建设。因地制宜稳步推进生物质能多元化开发利用。禁止持久性有机污染物和添汞产品的非法生产,从源头减少含有毒有害化学物质的固体废物产生。(生态环境部、国家发展改革委、工业和信息化部、住房城乡建设部、商务部、市场监管总局、国家能源局按职责分工负责)

六、开展模式创新

(十七)开展区域减污降碳协同创新。基于深入打好污染防治攻坚战和碳达峰目标要求,在国家重大战略区域、大气污染防治重点区域、重点海湾、重点城市群,加快探索减污降碳协同增效的有效模式,优化区域产业结构、能源结构、交通运输结构,培育绿色低碳生活方式,加强技术创新和体制机制创新,助力实现区域绿色低碳发展目标。(生态环境部、国家发展改革委等按职责分工负责)

(十八)开展城市减污降碳协同创新。统筹污染治理、生态保护以及温室气体减排要求,在国家环境保护模范城市、"无废城市"建设中强化减污降碳协同增效要求,探索不同类型城市减污降碳推进机制,在城市建设、生产生活各领域加强减污降碳协同增效,加快实现城市绿色低碳发展。(生态环境部、国家发展改革委、住房城乡建设部等按职责分工负责)

(十九)开展产业园区减污降碳协同创新。鼓励各类产业园区根据自身主导产业和污染物、碳排放水平,积极探索推进减污降碳协同增效,优化园区空间布局,大力推广使用新能源,促进园区能源系统优化和梯级利用、水资源集约节约高效循环利用、废物综合利用,升级改造污水处理设施和垃圾焚烧设施,提升基础设施绿色低碳发展水平。(生态环境部、国家发展改革委、科技部、工业和信息化部、住房城乡建设部、水利部、商务部等按职责分工负责)

(二十)开展企业减污降碳协同创新。通过政策激励、提升标准、鼓励先进等手段,推动重点行业企业开展减污降碳试点工作。鼓励企业采取工艺改进、能源替代、节能提效、综合治理等措施,实现生产过程中大气、水和固体废物等多种污染物以及温室气体大幅减排,显著提升环境治理绩效,实现污染物和碳排放均达到行业先进水平,"十四五"期间力争推动一批企业开展减污降碳协同创新行动;支持企业进一步探索深度减污降碳路径,打造"双近零"排放标杆企业。(生态环境部负责)

七、强化支撑保障

(二十一)加强协同技术研发应用。加强减污降碳协同增效基础科学和机理研究,在大气污染防治、碳达峰碳中和等国家重点研发项目中设置研究任务,建设一批相关重点实验室,部署实施一批重点创新项目。加强氢能冶金、二氧化碳合成化学品、新型电力系统关键技术等研发,推动炼化系统能量优化、低温室效应制冷剂替代、碳捕集与利用等技术试点应用,推广光储直柔、可再生能源与建筑一体化、智慧交通、交通能源融合技术。开展烟气超低排放与碳减排协同技术创新,研发多污染物系统治理、VOCs源头替代、低温脱硝等技术和装备。充分利用国家生态环境科技成果转化综合服务平台,实施百城千县万名专家生态环境科技帮扶行动,提升减污降碳科技成果转化力度和效率。加快重点领域绿色低碳共性技术示范、制造、系统集成和产业化。开展水土保持措施碳汇效应研究。加强科技创新能力建设,推动重点方向学科交叉研究,形成减污降碳领域国家战略科技力量。(科技部、国家发展改革委、生态环境部、住房城乡建设部、交通运输部、水利部、国家能源局按职责分工负责)

(二十二)完善减污降碳法规标准。制定实施《碳排放权交易管理暂行条例》。推动将协同控制温室气体排放纳入生态环境相关法律法规。完善生态环境标准体系,制修订相关排放标准,强化非二氧化碳温室气体管控,研究制订重点行业温室气体排放标准,制定污染物与温室气体排放协同控制可行技术指南、监测技术指南。完善汽车等移动源排放标准,推动污染物与温室气体排放协同控制。(生态环境部、司法部、工业和信息化部、交通运输部、市场监管总局按职责分工负责)

(二十三)加强减污降碳协同管理。研究探索统筹排污许可和碳排放管理,衔接减污降碳管理要求。加快全国碳排放权交易市场建设,严厉打击碳排放数据造假行为,强化日常监管,建立长效机制,严格落实履约制度,优化配额分配方法。开展相关计量技术研究,建立健全计量测试服务体系。开展重点城市、产业园区、重点企业减污降碳协同度评价研究,引导各地区优化协同管理机制。推动污染物和碳排放量大的企业开展环境信息依法披露。(生态环境部、国家发展改革委、工业和信息化部、市场监管总局、国家能源局按职责分工负责)

(二十四)强化减污降碳经济政策。加大对绿色低碳投资项目和协同技术应用的财政政策支持,财政部门要做好减污降碳相关经费保障。大力发展绿色金融,用好碳减排货币政策工具,引导金融机构和社会资本加大对减污降碳的支持力度。扎实推进气候投融资,建设国家气候投融资项目库,开展气候投融资试点。建立有助于企业绿色低碳发展的绿色电价政策。将清洁取暖财政政策支持范围扩大到整个北方地区,有序推进散煤替代和既有建筑节能改造工作。加强清洁生产审核和评价认证结果应用,将其作为阶梯电价、用水定额、重污染天气绩效分级管控等差异化政策制定和实施的重要依据。推动绿色电力交易试点。(财政部、国家发展改革委、生态环境部、住房城乡建设部、交通运输部、人民银行、银保监会、证监会按职责分工负责)

(二十五)提升减污降碳基础能力。拓展完善天地一体监测网络,提升减污降碳协同监测能力。健全排放源统计调查、核算核查、监管制度,按履约要求编制国家温室气体排放清单,建立温室气体排放因子库。研究建立固定源污染物与碳排放核查协同管理制度,实行一体化监管执法。依托移动源环保信息公开、达标监管、检测与维修等制度,探索实施移动源碳排放核查、核算与报告制度。(生态环境部、国家发展改革委、国家统计局按职责分工负责)

八、加强组织实施

(二十六)加强组织领导。各地区各有关部门要认真贯彻落实党中央、国务院决策部署,充分认识减污降碳协同增效工作的重要性、紧迫性,坚决扛起责任,抓好贯彻落实。各有关部门要加强协调配合,各司其职,各负其责,形成合力,系统推进相关工作。各地区生态环境部门要结合实际,制定实施方案,明确时间目标,细化工作任务,确保各项重点举措落地见效。(各相关部门、地方按职责分工负责)

(二十七)加强宣传教育。将绿色低碳发展纳入国民教育体系。加强干部队伍能力建设,组织开展减污降碳协同增效业务培训,提升相关部门、地方政府、企业管理人员能力水平。加强宣传引导,选树减污降碳先进典型,发挥榜样示范和价值引领作用,利用六五环境日、全国低碳日、全国节能宣传周等广泛开展宣传教育活动。

开展生态环境保护和应对气候变化科普活动。加大信息公开力度，完善公众监督和举报反馈机制，提高环境决策公众参与水平。(生态环境部、国家发展改革委、教育部、科技部按职责分工负责)

(二十八)加强国际合作。积极参与全球气候和环境治理，广泛开展应对气候变化、保护生物多样性、海洋环境治理等生态环保国际合作，与共建"一带一路"国家开展绿色发展政策沟通，加强减污降碳政策、标准联通，在绿色低碳技术研发应用、绿色基础设施建设、绿色金融、气候投融资等领域开展务实合作。加强减污降碳国际经验交流，为实现2030年全球可持续发展目标贡献中国智慧、中国方案。(生态环境部、国家发展改革委、科技部、财政部、住房城乡建设部、人民银行、市场监管总局、中国气象局、证监会、国家林草局等按职责分工负责)

(二十九)加强考核督察。统筹减污降碳工作要求，将温室气体排放控制目标完成情况纳入生态环境相关考核，逐步形成体现减污降碳协同增效要求的生态环境考核体系。(生态环境部牵头负责)

典型案例

1. 人民法院环境保护行政案件十大案例
(2014年12月19日)

一、佛山市三英精细材料有限公司诉佛山市顺德区人民政府环保行政处罚案

(一)基本案情

2011年12月2日，广东省佛山市顺德区环境运输和城市管理局(以下简称区环运局)以佛山市三英精细材料有限公司(以下简称三英公司)在生产过程中排放废气的臭气浓度超标为由，对该公司作出《限期治理决定书》，要求2012年1月31日前完成排放臭气浓度治理达到《恶臭污染物排放标准》的要求，并经环运局验收合格；逾期未申请验收或未完成限期治理任务，将按规定责令停业、关闭；要求该公司分析臭气浓度超标排放原因，制定限期治理达标计划以及落实各项污染防治措施，确保污染物达标排放。

2012年2月9日，三英公司向区环运局申请治理验收。顺德区环境保护监测站受区环运局委托，于同年4月26日、6月28日对该公司进行臭气排放监测，两次监测报告均显示臭气浓度未达标。区环运局遂于2012年8月29日组织验收现场检查并对法定代表人进行调查询问，告知该公司验收结果：即存在未提交限期治理方案、废气处理技术不能确保无组织废气达标排放、排放废气的臭气浓度超标、使用的燃油不符合环保要求等四个方面的问题，未通过限期治理验收。

2013年1月11日，顺德区人民政府作出《行政处罚告知书》，同年3月18日经听证后作出《行政处罚决定书》，决定三英公司自收到行政处罚决定书之日起停业、关闭。该公司不服提起行政诉讼，请求法院撤销上述《行政处罚决定书》。

(二)裁判结果

佛山市中级人民法院一审认为，三英公司对顺德区人民政府作出处罚决定的职权依据及行政程序并无异议。原告认为上述两次臭气排放监测的采样点与频次不符合法定要求，未能排除其他干扰因素，故监测报告的结论不能作为定案依据。经查，顺德区环境保护监测站具有废气污染物检测的法定资质，该监测站两次臭气采样点即监测位置为三英公司厂界敏感点，符合《恶臭污染物排放标准》及国家环境保护总局《关于恶臭物无组织排放检测问题的复函》规定。原告认为臭气监测采样点的设置不合法的主张于法无据，其亦未提供充分证据证明上述臭气监测采样点存在其他干扰因素。至于采样频次问题，该监测站两次臭气监测均采用了4次*3点的监测频次并取其中最大测定值，但频次间隔不足2小时，存在一定瑕疵。但该瑕疵不足以推翻监测报告结论的正确性。由于原告在限期治理期限届满后，经两次监测臭气排放浓度仍未达到《恶臭污染物排放标准》的要求，且存在其他相关环保问题，经区环运局报请顺德区人民政府依照《广东省珠江三角洲大气污染防治办法》有关规定对原告作出停业、关闭的行政处罚决定，认定事实清楚，证据充分，适用法律正确，遂判决驳回原告诉讼请求。原告上诉后，广东省高级人民法院二审判决驳回上诉，维持原判。

(三)典型意义

本案典型意义在于：当前，环境污染成为群众严重关切的社会问题。治理污染要从源头抓起，本案中行政机关对排污不达标企业提出限期治理要求，仍未达标的，依法作出责令停产、关闭的处罚，于法有据。人民法院在审理此类行政案件中，一方面要依法审查行政机关的执法职权、执法依据和执法程序，另一方面对于废气污染物监测报告等专业性判断和专家证据，也要从证据审查角度给予充分尊重，对合法形成的证据予以采信。人民法院对环境保护管理机关严格处罚污染物排放不达标企业的合法行政行为,依法予以坚决支持。

二、动感酒吧诉武威市凉州区环境保护局环保行政命令案

(一)基本案情

甘肃省武威市凉州区环境保护局(以下简称区环保局)接到其辖区陆羽茶楼对动感酒吧环境噪声污染的投诉后,组织环境检查执法人员和环境检测人员先后于2012年11月23日、12月20日和12月22日22时零5分至23时零5分,对动感酒吧环境噪声及环境噪声污染防治情况实施了现场检查(勘查)和采样检测,其夜间场界4个检测点环境噪声排放值分别达到58.9dB(A);55.4dB(A);52.9dB(A);56.9dB(A);均超过国家《社会生活环境噪声排放标准》(GB22337-2008)规定的环境噪声排放标准。区环保局于2012年12月22日制作了检测报告,认定动感酒吧夜间噪声达58.9分贝,超过国家规定的排放标准,其行为违反了《中华人民共和国环境噪声污染防治法》第四十三条第二款规定,并依据该法第五十九条规定,于2013年1月18日对动感酒吧作出责令改正违法行为决定书:责令其立即停止超标排放环境噪声的违法行为,限于2013年2月28日前,采取隔音降噪措施进行整改,并于2013年2月28日前将改正情况书面报告。动感酒吧于2013年2月27日向区环保局提交了防噪音处理报告及申请,证明其已整改,同时申请对整改后的噪声再次测试,区环保局未予答复,也未再组织测试;同年4月17日,动感酒吧就区环保局于1月18日作出的上述责令改正违法行为决定书向武威市环保局申请复议,复议机关以逾期为由不予受理。遂以区环保局为被告,诉请法院撤销上述责令改正违法行为决定书。

(二)裁判结果

武威市凉州区人民法院一审认为,被告区环保局执法主体资格、执法程序合法。被告的检测报告所适用的检测标准(《社会生活环境噪声排放标准》)与原告所述的检测标准(《标准声环境质量标准》)是法律规定的二个不同的标准,前者是适用于对营业性文化娱乐场所、商业经营活动中使用的向环境排放噪声的设备、设施的管理、评价与控制的排放标准,后者是适用于声环境质量评价与管理的环境质量标准,被告检测噪音的方式方法并不违背法律规定,其检测结果合法有效,遂判决维持被告作出的责令改正违法行为决定书。动感酒吧上诉后,武威市中级人民法院二审认为,被上诉人在夜间经营期间环境噪声排放及环境噪声污染噪声已超过《社会生活环境噪声排放标准》规定限度,其行为违反了《中华人民共和国环境噪声污染防治法》第四十三条第二款"经营中的文化娱乐场所,其经营管理者必须采取有效措施,使其边界噪声不超过国家规定的环境噪声排放标准"的规定,原判认定事实清楚,适用法律准确,判决驳回上诉、维持原判。

(三)典型意义

本案典型意义在于:对于社会生活中经常发生的噪声扰民现象,环保机关针对群众投诉作出合法适度处理后引发的行政诉讼,人民法院应当依法给予支持。与民事审判处理特定侵权者、受害者之间民事行为及相关赔偿不同,行政审判通过监督环保机关履行保护环境职责,对合法行政行为给予支持,对违法行政行为监督纠正,有利于保护受污染群体的利益,促进人民群众生活环境的改善。本案重要意义还体现于,人民法院以裁判方式明确了噪声相关标准执法适用范围。由国家环境保护部、国家质量监督检验检疫总局2008年10月1日发布施行的《声环境质量标准》、《社会生活环境噪声排放标准》和《工业企业厂界环境噪声排放标准》,是环境检测、执法人员进行噪声监管的重要依据。前一项是环境质量标准,后两项是排放标准,它们的适用范围、检测方法及限值等均有不同,应根据检测对象及目的等因素作出正确选择。本案判决对《声环境质量标准》、《社会生活环境噪声排放标准》的适用范围作了正确区分,对环保机关正确执法和人民法院审理类似行政案件具有示范作用。

三、海丽国际高尔夫球场有限公司诉国家海洋局环保行政处罚案

(一)基本案情

广东省海丰县海丽国际高尔夫球场有限公司(以下简称海丽公司)与海丰县人民政府(以下简称县政府)签订合同约定"征地范围南边的临海沙滩及向外延伸一公里海面给予乙方作为该项目建设旅游的配套设施"。海丽公司在海丰县后门镇红源管区海丽国际高尔夫球场五星级酒店以南海域进行涉案弧形护堤的建设。2009年3月9日,涉案弧形护堤部分形成。2010年3月19日,海监部门在执法检查中发现该公司未取得海域使用权证擅自建设涉案弧形护堤,涉嫌违反《中华人民共和国海域使用管理法》(以下简称《海域法》)第三条的规定。经逐级上报,国家海洋局立案审查。2011年3月,南海勘察中心受海监部门委托作出《汕尾市海丰县海丽国际高尔夫球场海岸线弧形护堤工程海域使用填海面积测量技术报告》,指出涉案弧形护堤填海形成非透水构筑物(堤坝),面积为0.1228公顷。

2011年6月2日,国家海洋局作出《行政处罚听证告

知书》,告知海丽公司拟对其作出的处罚及事实和法律依据,经组织召开听证会,同年12月14日作出第12号行政处罚决定:认定海丽公司在未经有权机关批准的情况下,自2010年3月中旬进行涉案弧形护堤工程建设,以在海中直接堆筑碎石的方式进行填海活动,至2010年11月17日技术单位测量之日,填成弧形护堤面积为0.1228公顷。据此,依据《海域法》有关规定和《财政部、国家海洋局关于加强海域使用金征收管理的通知》,责令该公司退还非法占用的海域,恢复海域原状,并处非法占用海域期间内该海域面积应缴纳的海域使用金15倍的罚款人民币82.89万元。该公司不服,申请行政复议。国家海洋局于2012年5月30日作出行政复议决定认为:第12号处罚决定关于海丽公司自2010年3月中旬进行涉案弧形护堤建设的认定与海监部门航空照片显示涉案弧形护堤2009年已存在的情况不一致,系认定事实不清,决定撤销第12号处罚决定。其后,国家海洋局经履行听证告知、举行听证会等程序,于2012年7月25日作出海监七处罚(2012)003号行政处罚决定书,指出证据显示2009年3月9日涉案弧形护堤已部分形成,至2010年11月17日海监机构委托技术单位进行现场测量之日,该弧形护堤非法占用海域的面积为0.1228公顷;处罚依据与具体内容与上述12号处罚决定相同。海丽公司不服,提起行政诉讼,请求法院撤销海监七处罚(2012)003号行政处罚决定书。

(二)裁判结果

北京市第一中级人民法院一审认为,《国家海域使用管理暂行规定》《广东省海域使用管理规定》等有关规定明确了任何单位或个人实施填海等占用海域的行为均必须依法取得海域使用权,海洋行政主管部门颁发的海域使用权证书是当事人合法使用海域的凭证。本案中,海丽公司未经批准合法取得海域使用权,填海建设弧形护堤的行为,属于《海域法》第四十二条所指未经批准非法占用海域进行填海活动的情形,被诉处罚决定中的该部分认定证据充分,定性准确。海丽公司关于涉案弧形护堤并非建设于海域范围,故国家海洋局无管辖权的诉讼理由,缺乏事实依据,其关于海丰县政府与其签订的合同可以作为其取得海域使用权证明的诉讼理由,缺乏法律依据,遂判决驳回该公司的诉讼请求。海丽公司上诉后,北京市高级人民法院判决驳回上诉,维持原判。

(三)典型意义

本案典型意义在于:人民法院通过发挥行政审判职能作用,有力地支持了海洋行政主管部门依法实施监督管理,切实保护海洋生态环境。党的十八届三中全会明确提出了完善自然资源监管体制,对海洋资源超载区域等实行限制性措施。海域属于国家所有,任何单位和个人在未依法取得有权机关颁发的海域使用权证书的情况下,不得侵占、买卖或者以其他形式非法转让海域,否则要受到相应的处罚。本案中,虽然海丰县政府与海丽公司签订了合同,允许其使用涉案海域,但依照海域法等有关规定,该公司仍需依法向项目所在地县以上海洋行政主管部门提出申请,并按照《广东省海域使用管理规定》第十一条规定的批准权限逐级上报,由批准机关的同级海洋行政主管部门发给海域使用证。本案的处理对于厘清地方政府与海洋行政主管部门的法定职权,对于相关行政执法和司法实践有着积极示范意义。

四、卢红等204人诉杭州市萧山区环境保护局环保行政许可案

(一)基本案情

杭州萧山城市建设投资集团有限公司(以下简称城投公司,原审第三人)因涉案风情大道改造及南伸项目建设需要,委托浙江省工业环保设计研究院有限公司(以下简称"省环保设计院")对该项目进行环境影响评价。在涉案环评报告书编制过程中,城投公司分别在建设项目所涉区域对案涉项目的基本情况及其对周边环境可能造成的影响、预防或减轻不良环境影响的对策和措施、环境影响评价结论要点等内容进行了两次公示。省环保设计院通过发放个人调查表和团体调查表的方式进行了公众调查。2012年4月20日,杭州市萧山区环境保护局(以下简称区环保局)与城投公司、省环保设计院和邀请的专家召开了涉案项目环境影响报告书技术评审会并形成评审意见。同年4月23日,区环保局在区办事服务中心大厅的公示栏内张贴案涉项目的《环评审批公示》。公示期间为2012年4月23日至同年5月7日,共10个工作日。公示内容主要为:涉案项目基本情况;涉案项目对环境可能造成的影响;预防或减轻不良环境影响的对策和措施;环境影响评价结论要点;建设单位、环评单位及审批单位的联系方式,并注明征求意见的方式是电话和信件。2012年5月29日,区环保局与城投公司、省环保设计院和邀请的专家召开案涉环评报告书(复报稿)技术复审评审会并形成复审意见。2012年6月,省环保设计院形成环评报告书的送审稿。同年6月28日,城投公司向区环保局报送该环评报告书及相关的申请材料,申请对该环评报告书予以批准。区环保局于同日作出《关于风情大道改造及南伸(金城路-湘湖路)工程环境影响报告书审查意见的函》(以下简称《审查意见函》),同意该项目在萧山规划许可的区域内实施。

卢红等204人称，其均为萧山区风情大道湘湖段"苏黎世小镇"和"奥兰多小镇"两小区的居民。因不服萧山区发展和改革局审批的"风情大道改造及南伸（金城路-湘湖路）工程"可行性研究报告，向杭州市发展和改革委员会提起行政复议。在复议期间，萧山区发展和改革局提供了区环保局的《审查意见函》作为其审批依据。该204人认为涉案项目的建设将对两个小区造成不利影响，区环保局的行政许可行为侵害其合法权益，遂以该局为被告提起行政诉讼，请求法院撤销上述《审查意见函》。

（二）裁判结果

杭州市萧山区人民法院一审认为，根据《浙江省建设项目环境保护管理办法》（以下简称《办法》）第二十二条的规定，环保行政机关受理环境影响报告书审批申请后，除依法需要保密的建设项目，仍需通过便于公众知晓的方式公开受理信息和环境影响报告书的查询方式以及公众享有的权利等事项，并征求公众意见，征求公众意见的期限不得少于7日。本案中，被告区环保局称其2012年4月23日受理第三人城建公司就案涉环评报告书提出的审批申请，而第三人委托评价单位省环保设计院编制的、用于申请被告批准的涉案环评报告书（报批稿）形成于2013年6月。因此，即使被告确实是2012年4月23日受理了第三人的申请，由于需要审批的环评报告书（报批稿）此时尚未编制完成，被告主张的受理行为亦不合法。被告在《承诺件受理通知书》中明确表示第三人向其申请环评审批的时间是2012年6月28日，而被告于同日即作出被诉《审查意见函》，对案涉环评报告书予以批准，其行为明显违反《办法》第二十二条关于环评审批行政机关在审批环节应进行公示和公众调查的相关规定，严重违反法定程序。据此，判决撤销被告作出《审查意见函》的具体行政行为。一审宣判后，各方当事人均未上诉。

（三）典型意义

本案典型意义在于：环保机关受理环境影响报告书审批申请的基本前提是该报告书已正式形成，且环保机关受理后应依法履行公开该报告书并征求公众意见的程序后，才可予以审批。人民法院要严格审查行政行为是否履行了法定程序和正当程序，是否充分尊重了当事人的知情权、表达权，如果认为行政行为存在程序违法或明显不当的，有权确认违法或予以撤销。近年来，有的地方政府和行政机关，为了加快城市化建设进程，不惜违反行政程序超常规审批某些建设项目，有的甚至以牺牲人民群众的环境权益为代价，造成不良的社会影响。只有严格依法依规，按程序办事，才能真正有利于促进城市环境改善和社会和谐安宁。本案中，区环保局存在明显的程序违法情形，其所主张的受理城投公司提出的环评报告书审批申请的时间，尚未形成正式报批稿；其在环评报告编制过程中所公示的《环评审批公示》，不能替代《办法》所要求环保机关在申请人正式报送环评报告及相关申请材料后对环境影响报告书进行公示和公众调查的程序和义务。法院基于其程序的严重违法，判决撤销了被诉行政行为，对于彰显程序公正和促进行政机关依法行政，具有很好的示范效应。

五、君宁机械厂诉六安市金安区环境保护局环保行政处罚案

（一）基本案情

安徽省六安市金安区君宁机械厂（以下简称君宁机械厂）于2012年4月11日租用六安光华厂家属区房屋，安装机械设备从事铸铁金属件制造和金属制品加工制造，但未依法报批建设项目环境影响评价文件。该厂在生产过程中使用乳化液对工件进行润滑和降温，有废水、固体废物和噪声产生，但该厂除对固体废物进行简单的堆放收集外，对其他污染不做任何处理，也未建设相关的环境保护设施。该厂所在居民区居民多次上访反映其产生的噪声等污染严重影响群众正常生活。六安市金安区环境保护局（以下简称区环保局）经现场检查、调查取证、集体讨论等程序于2012年8月5日对该厂作出了行政处罚决定书以及限期补办决定书，责令君宁机械厂停止生产、限期补办环评手续，同时罚款五万元。该厂对此不服申请行政复议，经区人民政府复议后决定维持上述两个决定。该厂仍不服，以区环保局为被告提起行政诉讼，请求法院撤销上述两个决定。

（二）裁判结果

六安市金安区人民法院一审认为，本案原告君宁机械厂在居民区从事机械加工生产，由此产生废水、固体废物及噪声等污染物，对周边环境及居民生活造成了一定影响，应当依法办理环评手续，并配套建设环境保护设施后，才能正式投入生产。但原告在未办理环评手续，也未建设配套环保设施情况下，从事机械加工生产，显已违反了上述法律规定。被告区环保局依法对其作出行政处罚决定和限期补办决定，符合法律规定，依法应予支持，遂判决驳回原告诉讼请求。

君宁机械厂上诉后，六安市中级人民法院二审认为，上诉人君宁机械厂作为个体工商户，经营范围经工商部门核准登记为"机械加工"。国家环境保护部2008年颁布的《建设项目环境影响评价分类管理目录》，明确将机械加工类纳入环境影响评价管理范围内。因此上诉人在投产前，理应先办理环境影响评价手续。区环保局基于举报在立案查处上诉人污染环境过程中,发现该厂未办理环境影响评价手续,根据相关法律法规的规定,在履行了法定程序后,依法作出责令其限期补办环评手续的决定,并无不妥。上诉人在加工生产过程中,确实存在排放污染的现象,且并未配套建设环保设施,对周边环境已造成一定影响,故被上诉人依照《建设项目环境保护管理条例》的规定,责令其停止生产并处以罚款五万元,于法有据。二审判决驳回上诉,维持原判。

（三）典型意义

本案典型意义在于:人民法院通过司法审查,支持环保机关针对废水、固体废物和噪声排放企业作出的合法处理决定,有力地维护人民群众环境权益。本案中,涉案企业从事属于需要办理环境影响评价手续的行业,但在未取得任何环评手续的情况下,擅自在居民区内从事金属加工制造。而其生产过程中产生的噪声、排放的污染物又对周边居民的生活、学习造成一定影响。因此,环境保护部门依法对其进行行政处罚,并要求其限期整改,以合法正当的行政执法维护公民良好的居住生活环境,人民法院应当依法予以支持。

六、苏耀华诉广东省博罗县人民政府划定禁养区范围通告案

（一）基本案情

2006年底,苏耀华与广东省博罗县农业科技示范场签订了《承包土地合同书》,在涉案土地上经营养殖场,养殖猪苗,并先后领取了《税务登记证》、《排放污染物许可证》和《个体工商户营业执照》。2012年3月22日,博罗县人民政府发布《关于将罗浮山国家级现代农业科技示范园划入禁养区范围的通告》（以下简称《通告》）,要求此前禁养区内已有的畜禽养殖场(点)于当年6月30日前自行搬迁或清理,违者将依据有关法律、法规进行处理,直至关闭。

此后,博罗县环境保护局、畜牧局均以《通告》为由不予通过养殖场的排污许可证、动物防疫合格证的年审;县国土资源局以养殖场未按规定申请办理用地手续,未取得县人民政府批准同意擅自兴建畜禽养殖房为由,要求养殖场自行关闭并拆除畜禽养殖房,恢复土地原状;县住房和城乡建设局对养殖场发出了《行政处罚告知书》,以养殖场的建筑未取得建设工程规划许可证为由,拟给予限期拆除的处罚。苏耀华对县人民政府作出的上述《通告》不服,提起行政诉讼,请求法院判决撤销该《通告》。

（二）裁判结果

惠州市中级人民法院一审认为,根据《广东省环境保护条例》、《中华人民共和国畜牧法》有关规定,被告博罗县人民政府有权将其管辖的罗浮山国家级现代农业科技示范园划定为畜禽禁养区,县政府已将《通告》告知并送达有关畜牧养殖户,《通告》明确告知当事人应履行的义务。被告划定畜禽禁养区完全合乎法律规定,遂判决维持《通告》。

苏耀华上诉后,广东省高级人民法院二审认为,罗浮山国家级现代农业科技示范园承担着农业科技推广的任务,需要严格的环境保护条件。科技示范园附近的河道连接着当地饮用水源地,在科技示范园内进行畜禽养殖有可能造成空气和水质污染。博罗县人民政府有权依据畜牧法、《畜禽养殖污染防治管理办法》和《广东省环境保护条例》相关规定,根据环境保护的需要,将其管辖的罗浮山国家级现代农业科技示范园划定为畜禽禁养区。据此,二审判决维持原判,驳回上诉。

但二审法院同时认为,苏耀华经营养殖场的行为发生在《通告》作出之前,已经依法领取了《税务登记证》、《排放污染物许可证》和《个体工商户营业执照》,其合法经营行为应当受到法律保护。根据行政许可法第八条的规定,虽然博罗县人民政府有权根据环境保护这一公共利益的需要划定畜禽禁养区,但亦应当对因此遭受损失的苏耀华依法给予补偿。县人民政府发布《通告》要求养殖场自行搬迁或清理,未涉及对苏耀华的任何补偿事宜显然不妥。环保、国土、住建等部门对苏耀华及其养殖场作出行政处罚、不予年审等行为的依据均是《通告》,县人民政府不能以此为由否定苏耀华的合法经营行为。苏耀华可依照《最高人民法院关于审理行政许可案件若干问题的规定》第十四条的规定,另行提出有关行政补偿的申请。

（三）典型意义

本案典型意义在于:人民法院在维护行政机关环境保护监管行为的同时,也注重利益的平衡,较好地诠释了环境行政管理活动中的信赖保护原则。虽然县级以上人民政府有权根据环境保护的需要,划定畜禽禁养区,严禁在畜禽禁养区内从事畜禽养殖业,也可要求已有的畜禽养殖场(点)自行搬迁或清理,即变更或撤回养殖户的生产经营许可。但与此同时,也应当考虑到在此之前合法经营的畜禽养殖户的利益保护问题,应根据《行政许可法》第八条所体现的信赖保护原则精神,对行政许可因环境公共利益需要被变更或撤回而遭受损失的合法养殖户依法给予补偿。在环境行政管理活动中,政府及环保部门需注重公共利益与私人利益的平衡,不能只考虑环境保护的需要,忽视合法经营者的信赖利益。尤其要防止为了逃避补偿责任,有意找各种理由将合法的生产经营活动认定为"违法"的现象。本案由于原告并未提出行政补偿的诉讼请求,二审法院在维持被告《通告》的同时,明确指出被告未就补偿事宜作出处理,甚至以

"事后"提出的原告行为不合法为由不予补偿,明显不当,并告知原告可另行提出补偿申请的法律救济途径,处理适当。

七、泉州弘盛石业有限公司诉晋江市环境保护局环保行政管理案

(一)基本案情

福建省晋江市环境保护局(以下简称市环保局)于2012年7月5日现场检查发泉州弘盛石业有限公司(以下简称弘盛公司)在从事石材加工生产过程中,存在需要配套建设的水污染防治设施和未经环境保护主管部门验收(合格)而投入生产情形,遂于同年7月20日作出行政处罚决定,责令该公司停止生产并罚款人民币6万元。弘盛公司认为市环保局向其核发过《排放污染物临时许可证》,明确其建设项目的污水排放已达到零排放标准,符合项目环境保护的要求,应视同验收合格,遂申请行政复议。泉州市环境保护局复议后,决定维持上述行政处罚决定。弘盛公司仍不服,以市环保局为被告提起行政诉讼,请求法院撤销该行政处罚决定。

(二)裁判结果

晋江市人民法院一审认为,原告弘盛公司作为石材加工企业,在生产过程中必然产生污水等污染物,必须建设水污染防治设施并经验收合格才能投产。被告市环保局对其核发《排放污染物临时许可证》,准许其临时排放污染物,并不能视同原告的水污染防治设施验收合格,不能免除水污染防治设施应当经过环境保护主管部门验收合格方可投产的义务。原告在《排放污染物临时许可证》已过期的情形下继续生产,且水污染防治设施仍未经环保部门验收合格,其行为不属于行政处罚法第二十九条规定的不予处罚情形,且违法行为呈持续状态,行政处罚的追诉时效应从违法行为终了之日起计算。被告在作出行政处罚前,已依法作出《行政处罚告知书》并送达原告,告知原告所享有的权利,遂判决维持被告作出的行政处罚决定书。弘盛公司上诉后,泉州市中级人民法院二审以相同理由判决驳回上诉、维持原判。

(三)典型意义

本案典型意义在于:人民法院通过判决的方式进一步明晰了环保机关核发《排放污染物临时许可证》,不能视同水污染防治设施已经验收合格。产生污水等污染物的排污企业,必须依法建设水污染防治设施并经环保机关验收合格后才能投入生产,否则环保机关有权依据水污染防治法以及地方性法规等规范性文件对违法排污企业予以处罚。本案中,弘盛公司主张所领取的《排放污染物临时许可证》应视同水污染防治设施验收合格的理由不能成立,同时还存在《排放污染物临时许可证》已过期继续生产的情形,且该许可证允许其对外排放的污染物种类中不包括废水等。法院支持对其作出停止生产和罚款的行政处罚是正确的。此外,本案在法律适用上,结合污染物种类明确了对于废水的排放应适用水污染防治法,而对于"液态废物"的排放则适用固体废物污染环境防治法,具有直接指导环保机关行政执法和人民法院审理相关案件的实践意义。

八、梦达驰汽车系统(苏州工业园区)有限公司诉苏州工业园区环境保护局环保行政处罚案

(一)基本案情

江苏省苏州市工业园区环境保护局(以下简称园区环保局)连续接到汀兰家园小区居民关于周围企业产生异味影响正常生活和健康的投诉,于2013年9月起对该小区周边企业废气排放情况集中排查整治,划定包括梦达驰汽车系统(苏州工业园区)有限公司(以下简称梦达驰公司)在内的58家企业作为检查对象。同年9月30日,园区环保局执法人员会同苏州市环境监察支队执法人员至梦达驰公司进行执法检查时,该公司保安以未办理来访预约为由拒绝执法人员进入现场检查。执法人员随即拨打110报警求助,在民警和执法人员的要求下,保安电话联系公司环保负责人后仍以未预约为由拒绝执法人员进入现场检查。园区环保局执法人员因受阻挠而认为丧失最佳检查时机,故未强行进入现场进行检查。2013年12月6日,园区环保局向该公司邮寄送达了《行政处罚事先告知书》。在规定的期限内,该公司未向园区环保局提出陈述申辩意见。同年12月20日,园区环保局作出行政处罚决定,认定2013年9月30日园区环保局依法对梦达驰公司开展废气排放企业专项现场检查时,该公司拒绝其入内开展检查,违反大气污染防治法关于"环境保护行政主管部门和其他监督管理部门有权对管辖范围内的排污单位进行现场检查,被检查单位必须如实反映情况,提供必要的资料"的规定,根据行政处罚法、大气污染防治法有关规定,对该公司处以罚款人民币4万元的行政处罚。梦达驰公司不服,提起行政诉讼,请求法院撤销该行政处罚决定。

(二)裁判结果

苏州市姑苏区人民法院一审认为,国家环境保护行政机关依法实施环境保护执法检查,是法律赋予执法机关的权力和职责,原告梦达驰公司的内部管理规定不能对抗国家强制性法律规定。原告以公司管理规定为由阻碍、拒绝依法进行的行政执法行为,在公安民警到场介入的情况下,仍拒绝检查,其行为已构成拒绝执法检查。根据大气污染防治法相关规定,拒绝环境保护行政主管部门或者其他监督管理部门现场检查,环境保护行政主管部门或者法律规定的监督管理部门可以根据不同情节,责令停止违法行为,限期改正,给予警告或者处以五万元以下罚款,原告无正当理由拒绝被告的执法检查,事后也未及时采取补救、改正措施,其主观过错较大。被告对原告所作出的罚款在法定处罚幅度内,并无不当。故判决驳回原告的诉讼请求。一审宣判后,双方当事人均未上诉。

(三)典型意义

本案典型意义在于:人民法院通过行政审判切实维护了环保机关的法定检查权和行政执法权威,裁判结果无论对被处罚企业还是其他相关排污企业,都是一次有意义的警示教育。现场检查是环境保护行政部门收集证据、制止环境污染违法行为的重要程序和手段,被检查单位拒绝环境保护行政部门现场检查的行为,依法应予处罚。

九、夏春官等4人诉东台市环境保护局环评行政许可案

(一)基本案情

夏春官等4人系江苏省东台市东台镇景范新村19幢的住户,其住宅与四季辉煌沐浴广场(原审第三人)上下相邻。四季辉煌沐浴广场为新建洗浴服务项目,在涉案地段承租了营业用房作为经营场地,项目投资250万元,其中环保投资25万元,先后于2013年2月25日就涉案建设项目报东台市东台镇人民政府审批,于2013年3月12日向东台市环境保护局(以下简称市环保局)提交了《建设项目环境影响申报(登记)表》,并根据该局有关须委托有资质的环评单位编制环境影响报告表的意见,委托东台市环境科学研究所编制相关报告表,其后送至该局进行审批。2013年4月1日,市环保局作出《关于对东台市东台镇四季辉煌沐浴广场洗浴服务项目环境影响报告表的审批意见》(以下简称《审批意见》),同意四季辉煌沐浴广场在景范新村17号楼及19号楼之间新建洗浴服务项目,并对该项目在运营过程中产生的废、污水的处理、场界噪声对邻近声环境质量的影响及各类固体废物处置等提出了具体要求。夏春官等4人认为市环保局在没有召开座谈会、论证会以及征询公众意见的情况下,即作出《审批意见》,侵犯了其合法权益,故提起行政诉讼,请求法院撤销该《审批意见》。

(二)裁判结果

江苏省东台市人民法院一审认为,被告市环保局具有对本辖区建设项目的环境影响报告表进行审批的职权。行政许可法第四十七条规定"行政许可直接涉及申请人与他人之间重大利益关系的,行政机关在作出行政许可决定前,应当告知申请人、利害关系人享有要求听证的权利……"对何谓"重大利益关系",我国现行法律、法规、规章以及司法解释虽无具体规定,但涉及民生利益的问题,不应排除在"重大利益关系"之外。本案原告夏春官等4人的住宅与第三人四季辉煌沐浴广场相邻。第三人新建的洗浴项目投入运营后所产生的潮湿及热、噪声污染等,不能排除对原告的生活造成重大影响的可能,被告在作出《审批意见》前应当告知4名原告享有听证的权利,其未告知即径行作出《审批意见》违反法定程序,遂判决撤销该《审批意见》。

四季辉煌沐浴广场上诉后,盐城市中级人民法院二审认为,环境影响评价法第二十二条对建设项目环境影响评价文件的审批部门、审批权限和审批决定时限等问题作了明确规定,对审批部门行政许可的具体程序没有作出规定。但是,行政许可法对行政许可的设定和实施程序提出明确要求。本案被诉行政行为属于涉及建设项目环境影响评价的行政许可行为,应当按照行政许可法规定的程序进行审批。夏春官等4个家庭作为与本案审批项目直接相邻的利害关系人,应当认定与审批项目存在重大利益关系。环保机关在审查和作出这类事关民生权益的行政许可时,应当告知夏春官等人享有陈述、申辩和听证的权利,并听取其意见。原审法院认定市环保局未履行告知听证义务,违反法定程序并无不当,故判决驳回上诉,维持原判。

(三)典型意义

本案典型意义在于:人民法院通过严格审慎的审查,分析了行政许可法第四十七条有关是否存在"重大利益关系"以及听证程序的适用条件,最终撤销环保机关作出的被诉行政行为,保障了公民在环境管理领域的知情权、陈述权、申辩权和听证等权利,很大程度上彰显了程序正义和司法公正。本案作为一起典型的体现公众参与原则的环保行政许可案件,同时也是一起与群众利益息息相关的民生案件,两审法院以环保机关所审批的洗浴项目与相邻群众存在重大利益关系,未告知陈述、申辩和听证的权利违反法定程序为由,撤销环保机关作出的审批意见,既有力地维护了相邻群众的合法权益,又强化了司法对行政权力的监督,对引导和规范环保机关的同类审批行为,促进公众参与环境行政许可的决策与监督,提高行政审批的程序意识,具有重要意义。

十、正文花园业委会、乾阳佳园业委会诉上海市环保局不服环评报告审批决定案

(一)基本案情

2012年5月14日,上海市规划和国土资源管理局向

国网上海市电力公司(以下简称电力公司)核发了500kV虹杨输变电工程《建设项目选址意见书》,明确了项目用地位置。一审原告正文花园(二期)小区、乾阳佳园小区毗邻虹杨变电站站址。同年6月25日,上海市环境保护管理局(以下简称市环保局)受理电力公司提出的《500kV虹杨输变电工程环境影响报告书》(以下简称《环评报告》)审批申请,并网上公示了受理信息。同日,市环保局委托上海市环境科学研究院开展该工程环评文件的技术评估。同年7月5日,上海市环境科学研究院向被告出具了技术评估报告,认为《环评报告》符合相关环保技术标准,评价结论总体可信。同年7月17日,市环保局组织召开专家咨询会,与会专家认为市环保局对公众反映问题的说明和处理符合有关规定;虹杨输变电项目对周边环境影响符合相关环保标准,项目不会影响周边居民的重大环境利益。同年8月6日,市环保局经审查认为,电力公司提交的《环评报告》符合相关要求,拟作出批准决定,遂在"上海环境网"就该工程拟批准情况进行公示。同年10月22日,市环保局作出《关于500kV虹杨输变电工程环境影响报告书的审批意见》,同意项目建设。上海市杨浦区正文花园(二期)业主委员会、乾阳佳园业主委员会认为居民小区附近不应建高压变电站项目,被告不考虑建设项目对居民的实际影响而作出审批系违法,向环境保护部申请行政复议,复议机关维持审批决定后,向上海市黄浦区人民法院提起行政诉讼。

(二)裁判结果

一审法院认为,被告受理电力公司申请后,就相关情况进行了公示,委托有关单位对《环评报告》进行了技术评估,并组织召开专家咨询会,在审查《环评报告》、技术评估报告等文件后,作出环评审批决定,履行了法定程序,但做出审批时间超过了法规规定时间,属程序瑕疵。《环评报告》的编制单位具有相应资质,《环评报告》依据相关编制标准对涉案建设项目的各项环保指标进行了评价,并据此得出环评结论,符合环评技术规范和法律规定的要求。

原告在诉讼中主张,被告审批过程中不应以专家咨询会替代听证会、论证会、座谈会等公众参与,电力公司在编制环评报告过程中,公众参与不符合法定要求。法院认为,被告在环评文件审批过程中的公众参与活动有专家咨询会意见、网上公示信息等证据证明,根据《环境影响评价公众参与暂行办法》规定,环评审批过程中环保部门可以通过咨询专家意见的方式开展公众参与,故被告的公众参与活动与法不悖。对于环评过程中的公众参与问题,《环评报告》中对180份调查问卷的发放和分布、公众参与信息公示等均有明确记载,并附录了公众意见采纳或不采纳的说明。因此,环评文件编制过程中公众参与活动的开展符合法律、法规的要求。据此,一审判决驳回原告诉讼请求。原告上诉后,上海市第二中级人民法院二审判决驳回上诉,维持原判。

(三)典型意义

本案典型意义在于,在环境保护行政案件中对公众参与程序的司法审查是重要环节。公众参与是实现人民权利的基本途径,是落实人民重要地位的重要体现,是民主决策和科学决策的重要保障。特别是环境保护问题与群众生活休戚相关,更应该加强对公众参与的监督。为推进和规范环境影响评价活动中的公众参与,国家环境保护总局发布了《环境影响评价公众参与暂行办法》,对公众参与的形式、内容等做了明确规定。人民法院审查环评报告审批行为,应严格依据相关规定进行审查。本案一、二审法院均将公众参与作为审查重点,审理思路清晰,指导思想明确,所作出的判断和处理符合法律规定。

2. 人民法院环境保护行政案件十大案例(第二批)
(2016年3月30日)

案例1:吴轶诉江苏省环境保护厅不履行法定职责案
(一)基本案情

2015年1月20日,吴轶通过"江苏省环境违法行为举报网上受理平台"向江苏省环境保护厅(以下简称省环保厅)投诉,反映其住宅距离沿江高速公路18米,噪声白天达70分贝、夜晚达60分贝以上,其身体健康受到很大损害,要求履行对噪声的管理和监督义务。省环保厅收到投诉后,网上转交无锡市环保局办理,该局网上签收又转交江阴市环保局办理。2015年1月,江阴市环保局通过邮局给其寄出《信访事项不予受理告知书》称:"你反映的噪音扰民问题已向江阴市法院提起诉讼,目前针对你的部分诉讼请求江阴市法院已作出予以支持的判决。按照《信访条例》规定,属于不予受理的第二类情况。"吴轶不服诉至法院,请求判令省环保厅履行监督管理法定职责。

(二)裁判结果

南京市中级人民法院一审认为,沿江高速公路涉案地段环保验收工作系被告省环保厅直接验收并公示的。被告在验收涉案工程时已经检测到该工程在夜间都有不同程度的超标,并称正在实施安装隔声窗等降噪措施,计划2006年6月完成,故对于该工程所产生的噪音扰民问题负有不可推卸的监督管理职责。被告对于原告吴轶提出的履责要求,未采取切实措施,仅作为信访事项转交下级环保部门处理。原告诉请成立,法院予以支持。遂判决确认被告不履行环保行政管理职责行为违法;责令被告于判决生效之日起30日内针对原告的投诉履行相应法定职责。一审判决后,双方当事人均未上诉。

(三)典型意义

本案属于规范环保机关履行噪声污染监督管理职责的典型案例。近年来,不少地方因高速公路车流量增长迅猛,加之过去规划不当等原因,噪声污染问题日趋严重,群众不堪其扰、身心受损,需要有关部门以人为本,解民之忧,切实采取措施加强监督管理,确保居民生活环境符合相关降噪标准。特别是当不同部门职能交叉、界限不清时,相互间宜主动沟通,共同协调解决,不宜简单将群众关切与投诉问题归于信访,一推了之。本案中,人民法院通过调查,认定涉案高速公路环保验收工作系省环保厅所为,其对群众投诉的噪声污染问题负有不可推卸的监管职责,法院裁判有利于避免行政机关之间相互推诿,有利于督促责任主体尽快履责,有利于减少公众投诉无门或乱投诉现象,彰显了司法保障民生的正当性。

案例2:浦铁(青岛)钢材加工有限公司诉青岛市环境保护局环保行政处罚案

(一)基本案情

2014年10月15日,山东省青岛市环境保护局(以下简称市环保局)执法人员至浦铁(青岛)钢材加工有限公司(以下简称浦铁公司)现场检查,被该公司保安以未经公司负责人同意为由拒之门外。执法人员当场制作了现场检查笔录并向浦铁公司送达了《环境违法行为协助调查告知书》,要求其协助调查。其后,市环保局作出《责令改正违法行为决定书》,并在收到浦铁公司提交的《关于积极配合环保部门监督检查的整改措施》后,作出行政处罚决定,认定该公司违反了《中华人民共和国水污染防治法》(以下简称《水污染防治法》)第二十七条的规定,决定罚款1万元。浦铁公司不服诉至法院,请求撤销上述处罚决定。

(二)裁判结果

青岛市市南区人民法院一审认为,根据《水污染防治法》第七十条规定,拒绝环保主管部门的监督检查,或者在接受监督检查时弄虚作假的,环保主管部门有权责令其改正,处1万元以上10万元以下罚款。原告浦铁公司保安以必须经过公司负责人同意为由,阻碍被告市环保局执法人员第一时间进厂检查,构成拒绝执法人员检查,违反了上述规定,应受到处罚。但鉴于原告事后积极整改,并提交整改措施,符合轻微标准,被告对其处以1万元罚款并无不当,遂判决驳回原告诉讼请求。一审宣判后,双方当事人均未上诉。

(三)典型意义

本案是有关维护环保机关依法履职的典型案例。调查权是行政机关实施管理的一项基础性权力。对环保机关而言,只有切实履行法定调查职能,才可能及时发现和处理环境污染问题。许多环保类法律法规规定了环保机关此项职权,同时明确了被调查对象的协助义务。如《水污染防治法》第二十七条规定环保部门有权对管辖范围内的排污单位进行现场检查,被检查单位应当如实反映情况,提供必要的资料;第七十条规定了具体罚则。本案中,市环保局依法履行法定的执法检查职责,具有强制性。浦铁公司作为钢材加工企业应当诚恳接受、配合环保部门的监督检查,不能拒绝或以公司内部管理规定为由对抗。市环保局结合浦铁公司随后递交报告、积极整改等情形,对该公司从轻处理,过罚相当,效果良好。

案例3:威海阿科帝斯电子有限公司诉威海市环境保护局环保行政处罚案

(一)基本案情

2012年12月,威海阿科帝斯电子有限公司(以下简称阿科帝斯公司)迁至山东省威海火炬高技术产业开发区(以下简称开发区)某厂房,该厂房原系某公司为汽车线束生产项目所建,该项目的环境影响评价文件已获威海市环境保护局(以下简称市环保局)批准。阿科帝斯公司迁入后开始生产打印机硒鼓等产品。2014年,市环保局工作人员对该公司的生产现场进行检查,发现该企业未依法取得环保部门批准的环境影响评价文件而擅自投产。经依法履行相关程序后,市环保局作出责令立即停产停业、罚款人民币12万元的行政处罚决定。阿科帝斯公司不服,申请行政复议后复议机关维持该处罚决定。该公司诉至法院,请求撤销市环保局的上述处罚决定。

(二)裁判结果

威海市环翠区人民法院一审认为,根据《中华人民共和国环境影响评价法》(以下简称《环境影响评价法》)第十六条、二十四条、二十五条之规定,建设项目环境影响评价文件经批准后,该项目性质、规模、地点、采用的生产工艺或者防治污染、防止生态破坏措施等发生重大变动的,建设单位应当重新报批环境影响评价文件;未经审查或者审查后未予批准的,不得开工建设。阿科帝斯公司搬迁后,其建设项目地点发生了变化,且其利用涉案厂房生产硒鼓等产品致使原建设项目的性质、采用的生产工艺等均发生重大变化,应重新报批环境影响评价文件,而该公司擅自投产违法事实清楚,遂判决维持被诉处罚决定。阿科帝斯公司上诉后,威海市中级人民法院判决驳回上诉、维持原判。

(三)典型意义

本案是涉及如何看待迁址企业是否需要重新进行环境影响评价的典型案例。环境影响评价制度关乎周边群众生活环境安全和生产企业自身的可持续发展。当某一建设项目的性质、规模、地点等要素发生重大变动时，对周围环境影响也相应变化，建设单位依法应当重新报批环境影响评价文件。本案中，虽然阿科帝斯公司在搬迁之前的原所在地进行过环评且符合相关标准，其搬迁后所租赁厂房此前也取得过汽车线束生产项目的环评批准文件，但由于前后厂址环境不同，项目性质、生产工艺以及对周边环境的影响都已变化，故该公司应依法重新报批环境影响评价文件。本案对引导企业依法履行环评义务，切实维护公众环境权益具有指导意义。一审所作的维持判决形成于行政诉讼法修改前，现此类判决已变为驳回原告诉讼请求。

案例 4：张小燕等人诉江苏省环境保护厅环评行政许可案

(一)基本案情

江苏省电力公司镇江供电公司(以下简称镇江供电公司)为建设 110 千伏双井变电站等一批工程，委托环评机构以工频电场、工频磁场、噪声及无线电干扰为评价因子编制了《环境影响报告表》。该报告表预测工程建成运行后对周边环境的影响程度符合国家标准。2009 年 11 月，江苏省环境保护厅(以下简称省环保厅)在经过镇江市规划局出具《选址意见》、江苏省电力公司同意环评结论、镇江市环保局对《环境影响报告表》预审之后作出批复，同意镇江供电公司建设该批工程。张小燕、陈晓湘、蔡富生三人不服诉至法院，主张所涉区域不宜建设变电站、环评方法不科学，建设项目不符合环评许可条件、环评许可违法，请求撤销省环保厅的上述批复。

(二)裁判结果

南京市中级人民法院一审认为，被告省环保厅在其他部门出具意见基础上作出的涉案批复，符合《中华人民共和国环境影响评价法》第二十二条以及国家有关技术规范与政策规定，程序合法，遂判决驳回原告张小燕等三人的诉讼请求。张小燕等三人上诉后，江苏省高级人民法院二审认为，双井变电站系城市公用配套基础设施，根据《城市电力规划规范》规定，在符合条件的情况下可以在风景名胜区、自然保护区和人口稠密区等敏感区域建设此类项目。涉案工程污染物预测排放量和投入运行后的实际排放量均小于或明显小于排放限值，环评符合法定审批条件。110 千伏变电站所产生的是极低频场，按世界卫生组织相关准则，极低频场对环境可能造成轻度环境影响，但影响有限且可控。故二审判决驳回上诉、维持原判。二审法院同时认为，虽然被诉环评行政许可行为合法适当，但环保部门应采取措施加强信息公开，督促镇江供电公司将相关电磁场监测显示屏置于更加醒目的位置，方便公众及时了解实时数据，保障其环境信息知情权。

(三)典型意义

本案是涉及环保知情权、参与权保障的典型案例。变电站是现代城市不可或缺的基础设施，虽然世界卫生组织在有关准则中指出此类设施对环境造成的影响有限并且可控，但由于信息掌握不充分，公众很难准确判断电磁辐射对健康的影响，一些疑虑很容易引发对建设项目的抵触，从而产生"邻避效应"，形成纠纷。环保部门有必要在行政许可的同时完善信息公开沟通机制，便利公众充分了解建设项目的环境影响，有效参与环境保护，最大程度缓解"邻避效应"。本案中，法院没有止于就案办案，而是同时对行政机关提出保障公众知情权的明确要求。据悉，二审判决后，镇江供电公司已拆除电磁场监测显示屏外墙，此举有助于督促供电公司提高环境保护意识和电磁辐射污染防护水平。案件办理取得良好的社会效果。

案例 5：临湘市壁山新农村养猪专业合作社诉临湘市环境保护局环保行政处罚案

(一)基本案情

湖南省临湘市壁山新农村养猪专业合作社(以下简称新农村合作社)自 2004 年正式投入生猪养殖起，常年存栏量 500 头以上。在一直未办理环保审批手续、配套环保设施未经环保部门验收、未取得排污许可证的情况下，新农村合作社将部分生猪养殖产生的废渣、废水直接排放至团湾水库。2014 年 12 月，临湘市环境保护局(以下简称市环保局)经现场调查、送达违法排放限期改正通知书、行政处罚听证告知书后，作出责令该合作社立即停止生产并处罚款 5 万元的行政处罚决定。但该合作社始终未停止违法排污。2015 年 1 月，市环保局又作出责令停止排污决定。新农村合作社不服诉至法院，请求撤销上述行政处罚决定和责令停止排污决定。

(二)裁判结果

临湘市人民法院一审认为，原告新农村合作社作为常年生猪存栏量 500 头以上的养殖场，在未进行环境影响评价，自建的污染防治配套设施未经环保部门验收合格的情况下直接进行养殖生产，导致废渣、废水直接排放，且未取得排污许可证，违反了《畜禽养殖污染防治管理办法》相关规定。被告市环保局依据《中华人民共和国环境保护法》

《建设项目环境保护管理条例》等法律、法规授予的职权,就上述违法事实作出行政处罚决定书和责令停止排污决定书,在处罚程序、处罚幅度方面并无不当。遂判决驳回原告诉讼请求。新农村合作社上诉后,岳阳市中级人民法院判决驳回上诉,维持原判。

(三)典型意义

本案是涉及农业养殖造成环境污染的典型案例。农业养殖在带动农村经济发展同时,也可能导致群众居住环境恶化。近年来因养殖污染引发的水源、土壤、空气污染等问题不容忽视。2016年中央一号文件明确要求加快农业环境突出问题治理,加大污染防治力度。原国家环境保护总局《畜禽养殖污染防治管理办法》明确对畜禽养殖场排放的废渣、清洗畜禽体和饲养场地、器具产生的污水及恶臭等要实行污染防治,新建、改建和扩建畜禽养殖场必须依法进行环境影响评价,办理相关审批手续。本案中,新农村合作社明显违反上述规定,造成环境污染,市环保局作出的处罚决定和责令停止排污决定于法有据,人民法院应予大力支持。该案对保护农村群众生活环境具有一定示范意义。

案例6:晋海家居用品(上海)有限公司诉上海市奉贤区城市管理行政执法局行政处罚案

(一)基本案情

2013年12月,上海市奉贤区城市管理行政执法局(以下简称区城管局)在该区某镇河岸边发现一堆垃圾,其中有晋海家居用品(上海)有限公司(以下简称晋海公司)成品标示卡、塑料外包装袋等废弃物,遂当场制作《现场检查笔录》,拍照取证,并向该公司开具了责令改正通知书和谈话通知书,后再次核查现场发现有焚烧痕迹。经调查,晋海公司承认该处垃圾为其产生的生产垃圾,但并非自行倾倒;后案外人岳某于2014年1月向区城管局承认曾向晋海公司收购废弃物,其丈夫此后将无价值的废弃物倾倒的事实。该局随后以留置送达方式向晋海公司送达行政处罚听证告知书,该公司未在法定期限内提出听证申请。同年2月,区城管局对晋海公司作出罚款4.5万元的行政处罚决定。晋海公司不服诉至法院,请求撤销上述处罚决定。

(二)裁判结果

上海市奉贤区人民法院一审认为,依照《上海市市容环境卫生管理条例》第三十八条规定,单位产生的废弃物,由单位负责收集、运输或者委托市容环卫作业服务单位收集、运输。废弃物的处置,由市容环卫管理部门统一组织实施。原告晋海公司将废弃物(垃圾)擅自处置给没有相应资质的人员处理,致使废弃物未得到有效处置,其行为违反了该条例的上述规定,被告区城管局据以处罚并无不当,遂判决驳回晋海公司的诉讼请求。该公司上诉后,上海市第一中级人民法院判决驳回上诉,维持原判。

(三)典型意义

本案是有关查处生产企业未依法履行收集、运输废弃物义务的典型案例。城市生产、生活垃圾,是困扰城市管理、污染人居环境、给居民生活带来较大影响的重要污染源,产生废弃物的企业应当严格履行收集、运输废弃物的法定义务,不可贪图省事而交由无资质的单位或者个人任意处置。有关部门须加强治理,及时处理各类违法行为。本案中,依照《上海市市容环境卫生管理条例》有关规定,应由市容环卫管理部门统一组织实施废弃物的处置,任何单位和个人不得自行处置;对于单位产生的废弃物的收集、运输,仅有自行负责收集、运输和委托市容环卫作业服务单位收集、运输两种方式。晋海公司未自行收集、运输涉案废弃物,亦未委托市容环卫作业服务单位收集、运输,而是将废弃物出售给案外人岳某,属于违反规定应受处罚行为。人民法院依法裁判支持正当的行政执法行为,对于保护城市环境具有导向意义。

案例7:上海勤辉混凝土有限公司诉上海市奉贤区人民政府责令关闭行政决定案

(一)基本案情

上海勤辉混凝土有限公司(以下简称勤辉公司)成立于2006年2月,位于黄浦江上游沿岸,经营范围包括混凝土生产、加工、销售。2010年3月,该公司住所地和实际生产经营地被划入上海市黄浦区上游饮用水水源二级保护区。2015年2月,上海市奉贤区人民政府(以下简称区政府)以勤辉公司在饮用水水源二级保护区内从事混凝土制品制造,生产过程中排放粉尘、噪声等污染物为由,根据《中华人民共和国水污染防治法》(以下简称《水污染防治法》)第五十九条第一款之规定,作出责令该公司关闭的决定。勤辉公司不服诉至法院,要求撤销上述决定。

(二)裁判结果

上海市第一中级人民法院一审认为,原告勤辉公司从事的利用混凝土搅拌站生产、加工、销售混凝土的建设项目具有排放废气等污染物的特征,属于《水污染防治法》第五十九条第一款规定的在二级饮用水水源保护区已建成排放污染物建设项目,被告区政府责令其关闭,事实认定清楚,适用法律正确,遂判决驳回原告诉讼请求。勤辉公司上诉后,上海市高级人民法院二审认为,勤辉公司从事的混凝土生产客观上存在粉尘排放,按照常理具有对水体产生影响的可能性,现有证据不能证明该粉尘排放确实没有对水体产生影响，区政府责令其关闭，于法有据，故判决驳回上诉、维持原判。

（三）典型意义

本案是涉及饮用水水源保护的典型案例。饮用水安全与人民群众健康息息相关。近年来，饮用水水源安全问题倍受社会关注，2008年修订的《水污染防治法》明确了国家建立饮用水水源保护区制度，规定禁止在饮用水水源二级保护区内新建、改建、扩建排放污染物的建设项目，已建成的排放污染物的建设项目，由县级以上人民政府责令拆除或者关闭。"十三五"规划中明确要求推进多污染综合防治和环境治理，实行联防联控和流域共治，深入实施大气、水、土壤污染防治行动计划。本案中，虽然涉案区域被划为二级水源保护区系在勤辉公司成立之后4年，但是该公司继续生产排放粉尘等污染物可能会对水体产生影响，故人民法院依法支持了区政府作出的责令关闭行政决定，有利于保护人民群众饮水安全。当然，政府其后对因环保搬迁的企业应当依法给予合理补偿。

案例8：周锟、张文波诉中华人民共和国环境保护部环评批复案

（一）基本案情

2012年11月，中华人民共和国环境保护部（以下简称环保部）受理了京沈铁路客运专线（京冀）公司筹备组等单位提交的京沈高铁项目环境影响评价申请，并委托环保部环境工程评估中心（以下简称评估中心）进行技术评估。其后，环保部在其网站上公示了该项目环评文件，同时提供了环评报告书简本的链接。后评估中心经提出修改建议、现场踏勘、专家审查、复核等程序后作出技术评估报告并提交环保部。该部在其网站公示了相关文件并根据利害关系人申请组织了听证会。2013年12月，环保部作出环评批复并在其网站上公示。周锟、张文波的房屋位于该项目星火站至五环路段，其因噪声影响等理由不服上述批复，申请行政复议后复议机关维持该批复。周锟、张文波诉至法院，请求撤销环保部的上述批复。

（二）裁判结果

北京市第一中级人民法院一审认为，建设单位与评价单位采用张贴环评公告、在报纸及网站公示、发放公众参与调查表等方式征求了公众意见。被告环保部在受理环评申请后，亦在网站上公示相关信息并举行了听证会，被诉环评批复符合法定程序。评价单位根据《环境影响评价技术导则》要求，综合考虑评价范围内环境噪声现状等因素，认为涉案项目噪声防治未违反上述导则要求。被告根据《城市环境振动标准》并参考《环境影响评价技术导则》的规定，认为涉案项目环境振动评价意见并无不当。遂判决驳回原告周锟、张文波的诉讼请求。一审宣判后，双方当事人均未上诉。

（三）典型意义

本案是涉及高铁项目环境影响评价许可的典型行政案件。京沈高铁是全国铁路"十二五"规划的重大建设项目，从一开始就备受社会关注。该项目环评内容大多涉及技术问题。本案中，人民法院着重对评价单位编制环评报告和行政许可的程序进行审查，充分保障了公众的参与权与知情权；对于环评内容则着重对环评采用的标准是否符合国家强制性规定，是否存在明显不合理等情形进行审查。对于环评涉及的专业性、技术性问题，则尊重行政机关基于专业性的裁量所作的判断与选择，既有力监督了行政机关依法行使职权，也准确把握了司法审查的范围和界限。

案例9：刘德生诉胶州市环境保护局环保行政处罚案

（一）基本案情

2014年4月，山东省胶州市环境保护局（以下简称市环保局）根据群众反映某村水塘出现死鱼现象，对刘德生建设经营的冷藏项目进行调查，发现其所建冷库生产面积200平方米，该项目未经环保部门批准，需要配套建设的环境保护设施未建成，主体工程未经验收已正式投入生产或使用，违反了《建设项目环境保护管理条例》第十六条之规定；同时，经执法人员现场核实，该冷库正在更换制冷剂，处于停产状态，属减轻处罚情节。市环保局遂依据上述条例第二十八条，并参照《青岛市环境行政处罚裁量权细化量化标准》的相关规定，作出对刘德生罚款3万元的行政处罚决定。刘德生不服，申请行政复议后复议机关维持该处罚决定。刘德生诉至法院，请求撤销市环保局的上述处罚决定。

（二）裁判结果

胶州市人民法院一审认为，根据《建设项目环境保护管理条例》第十六条、第二十八条之规定，建设项目需要配套建设的环保设施未建成，主体工程正式投入生产或使用，可由环保主管部门责令停止生产或者使用，处10万元以下罚款。同时，参照《青岛市环境行政处罚裁量权细化量化标准》对违法行为"一般"与"较重"阶次的划分标准，因冷库生产面积200平方米，系《建设项目环境保护分类管理名目》中应报批报告表类别，且因配套环保设施未建成，属于"较重"阶次，应处6万元罚款；但考虑到冷库正处于停产状态，符合"一般"阶次，故被告市环保局决定对原告刘德生罚款3万元并无不当，遂判决驳回原告诉讼请求。刘德生上诉后，青岛市中级人民法院判决驳回上诉、维持原判。

（三）典型意义

本案是涉及判断行政裁量权行使的合理性的典型案例。行政裁量事关行政机关在法定幅度、范围内如何正确行使职权，是依法行政的内在要求。随着法治政府建设步伐的加快，对行政裁量权的规制显得日益重要。行政裁量权行使得好，有助于行政执法人员更好地服务群众、优化管理，否则，裁量的随意与任性可能导致职权滥用、引发纠纷和矛盾。近年来，不少行政机关制定了详细的行政裁量标准，执法日趋规范，但徒法不足以自行，规定再严密也不可能囊括实践中的所有情形，也离不开执法人员结合具体情节的科学理解与准确适用。本案中，根据《建设项目环境保护管理条例》有关规定，涉案冷库属于仓储类需报批环境影响报告表的项目，市环保局依据行政法规以及当地有关环保处罚裁量权量化标准，结合本案违法情节，特别在可酌处 6 万元罚款的幅度下，考虑到该冷库用于仓储土豆，有季节性因素且调查当时正处于停产状态，故本着从轻处罚原则罚款 3 万元，体现了对行政裁量权宽严相济的适度把握，有一定示范意义。

案例 10：锦屏县人民检察院诉锦屏县环境保护局不履行法定职责案

（一）基本案情

2014 年 8 月，贵州省锦屏县人民检察院（以下简称县检察院）向锦屏县环境保护局（以下简称县环保局）发出检察建议书，就其所发现的雄军公司、鸿发公司等石材加工企业在该局下达环境违法行为限期改正通知书后，仍未建设完成环保设施并擅自开工，建议该局及时加强督促与检查，确保上述企业按期完成整改。其后于 2015 年 4 月再次向该局发出两份检察建议书，该局未在要求期限内答复。在 2015 年 7 月和 10 月的走访中，县检察院发现有关企业仍存在环境违法行为。县环保局于 12 月 1 日对雄军、鸿发两公司分别作出罚款 1 万元的行政处罚决定。同年 12 月 18 日，县检察院以县环保局为被告提起行政公益诉讼，请求法院确认该局怠于履行监管职责行为违法，并判令该局对雄军、鸿发两公司进行处罚。后鸿发、雄军两公司在当地政府集中整治专项行动中被关停，县检察院申请撤回第二项诉讼请求。

（二）裁判结果

福泉市人民法院一审认为，被告县环保局作为锦屏县境内石材加工企业环评登记的审批机关，应当对企业生产建设过程中是否存在环境违法行为进行管理和监督。对企业环境违法行为应当依法立案查处。被告虽先后对鸿发、雄军等公司作出限期改正通知书和行政处罚，但由于之后未及时履行监管责任，致使有关企业违法生产至 2015 年 12 月 31 日。考虑到涉案企业已被关停和处罚，准许公益诉讼人撤回第二项诉讼请求。遂判决被告在 2014 年 8 月 5 日至 2015 年 12 月 31 日对有关企业违法生产的行为怠于履行监管职责的行为违法。一审宣判后，双方当事人均未上诉。

（三）典型意义

2015 年 7 月全国人大常委会《关于授权最高人民检察院在部分地区开展公益诉讼试点工作的决定》施行以来，人民法院共受理 12 件检察机关提起的公益诉讼案件，审结 3 件。本案即是人民法院首例审结的检察机关提起的公益诉讼案件。本案中，县环保局虽然对违法企业作出过多次处理，县检察院亦多次以检察建议方式督促该局履行监管职责，但环境违法行为仍持续了近一年半。人民法院受理后，依法进行释明、建议和督促工作，当地政府开展了集中整治专项行动，关停了涉案企业，充分展示了环境行政公益诉讼在督促行政机关履行法定职责、保护环境公共利益等方面的积极作用。

3. 江苏省人民政府诉安徽海德化工科技有限公司生态环境损害赔偿案[①]

【关键词】

民事　生态环境损害赔偿诉讼　分期支付

【裁判要点】

企业事业单位和其他生产经营者将生产经营过程中产生的危险废物交由不具备危险废物处置资质的企业或者个人进行处置，造成环境污染的，应当承担生态环境损害责任。人民法院可以综合考虑企业事业单位和其他生产经营者的主观过错、经营状况等因素，在责任人提供有效担保后判决其分期支付赔偿费用。

【相关法条】

1.《中华人民共和国侵权责任法》[②]第 65 条
2.《中华人民共和国环境保护法》第 64 条

【基本案情】

2014 年 4 月 28 日，安徽海德化工科技有限公司（以下

---

① 案例来源：2019 年 12 月 26 日最高人民法院指导案例 129 号。
② 提请读者注意，该法律依据已被民法典替代。后同。

简称海德公司)营销部经理杨峰将该公司在生产过程中产生的29.1吨废碱液,交给无危险废物处置资质的李宏生等人处置。李宏生等人将上述废碱液交给无危险废物处置资质的孙志才处置。2014年4月30日,孙志才等人将废碱液倾倒进长江,造成了严重环境污染。2014年5月7日,杨峰将海德公司的20吨废碱液交给李宏生等人处置,李宏生等人将上述废碱液交给孙志才处置。孙志才等人于2014年5月7日及同年6月17日,分两次将废碱液倾倒进长江,造成江苏省靖江市城区5月9日至11日集中式饮用水源中断取水40多个小时。2014年5月8日至9日,杨峰将53.34吨废碱液交给李宏生等人处置,李宏生等人将上述废碱液交给丁卫东处置。丁卫东等人于2014年5月14日将该废碱液倾倒进新通扬运河,导致江苏省兴化市城区集中式饮用水源中断取水超过14小时。上述污染事件发生后,靖江市环境保护局和靖江市人民检察院联合委托江苏省环境科学学会对污染损害进行评估。江苏省环境科学学会经调查、评估,于2015年6月作出了《评估报告》。江苏省人民政府向江苏省泰州市中级人民法院提起诉讼,请求判令海德公司赔偿生态环境修复费用3637.90万元,生态环境服务功能损失费用1818.95万元,承担评估费用26万元及诉讼费等。

【裁判结果】

江苏省泰州市中级人民法院于2018年8月16日作出(2017)苏12民初51号民事判决:一、被告安徽海德化工科技有限公司赔偿环境修复费用3637.90万元;二、被告安徽海德化工科技有限公司赔偿生态环境服务功能损失费用1818.95万元;三、被告安徽海德化工科技有限公司赔偿评估费用26万元。宣判后,安徽海德化工科技有限公司提出上诉,江苏省高级人民法院于2018年12月4日作出(2018)苏民终1316号民事判决:一、维持江苏省泰州市中级人民法院(2017)苏12民初51号民事判决。安徽海德化工科技有限公司应于本判决生效之日起六十日内将赔偿款项5482.85万元支付至泰州市环境公益诉讼资金账户。二、安徽海德化工科技有限公司在向江苏省泰州市中级人民法院提供有效担保后,可于本判决生效之日起六十日内支付上述款项的20%(1096.57万元),并于2019年12月4日、2020年12月4日、2021年12月4日、2022年12月4日前各支付上述款项的20%(每期1096.57万元)。如有一期未按时履行,江苏省人民政府可以就全部未赔偿款项申请法院强制执行。如安徽海德化工科技有限公司未按本判决指定的期限履行给付义务,应当依照《中华人民共和国民事诉讼法》第二百五十三条之规定,加倍支付迟延履行期间的债务利息。

【裁判理由】

法院生效裁判认为,海德公司作为化工企业,对其在生产经营过程中产生的危险废物废碱液,负有防止污染环境的义务。海德公司放任该公司营销部负责人杨峰将废碱液交给不具备危险废物处置资质的个人进行处置,导致废碱液被倾倒进长江和新通扬运河,严重污染环境。《中华人民共和国环境保护法》第六十四条规定,因污染环境和破坏生态造成损害的,应当依照《中华人民共和国侵权责任法》的有关规定承担侵权责任。《中华人民共和国侵权责任法》第六十五条规定,因污染环境造成损害的,污染者应当承担侵权责任。《中华人民共和国侵权责任法》第十五条将恢复原状、赔偿损失确定为承担责任的方式。环境修复费用、生态环境服务功能损失、评估费等均为恢复原状、赔偿损失等法律责任的具体表现形式。依照《中华人民共和国侵权责任法》第十五条第一款第六项、第六十五条,《最高人民法院关于审理环境侵权责任纠纷案件适用法律若干问题的解释》第一条第一款、第十三条之规定,判决海德公司承担侵权赔偿责任并无不当。

海德公司以企业负担过重、资金紧张,如短期内全部支付赔偿将导致企业破产为由,申请分期支付赔偿费用。为保障保护生态环境与经济发展的有效衔接,江苏省人民政府在庭后表示,在海德公司能够提供证据证明其符合国家经济结构调整方向、能够实现绿色生产转型,在有效提供担保的情况下,同意海德公司依照《中华人民共和国民事诉讼法》第二百三十一条之规定,分五期支付赔偿款。

(生效裁判审判人员:陈迎、赵黎、吴晓玲)

4. 李劲诉华润置地(重庆)有限公司环境污染责任纠纷案①

【关键词】

民事 环境污染责任 光污染 损害认定 可容忍度

【裁判要点】

由于光污染对人身的伤害具有潜在性、隐蔽性和个体差异性等特点,人民法院认定光污染损害,应当依据国家标准、地方标准、行业标准,是否干扰他人正常生活、工作和学习,以及是否超出公众可容忍度等进行综合认定。对于公众可容忍度,可以根据周边居民的反应情况、现场的实际感受及专家意见等判断。

---

① 案例来源:2019年12月26日最高人民法院指导案例128号。

【相关法条】
1.《中华人民共和国侵权责任法》第 65 条、第 66 条
2.《中华人民共和国环境保护法》第 42 条第 1 款

【基本案情】
原告李劲购买位于重庆市九龙坡区谢家湾正街×小区×幢×-×-×的住宅一套,并从 2005 年入住至今。被告华润置地(重庆)有限公司开发建设的万象城购物中心与原告住宅相隔一条双向六车道的公路,双向六车道中间为轻轨线路。万象城购物中心与原告住宅之间无其他遮挡物。在正对原告住宅的万象城购物中心外墙上安装有一块 LED 显示屏用于播放广告等,该 LED 显示屏广告位从 2014 年建成后开始投入运营,每天播放宣传资料及视频广告等,其产生强光直射入原告住宅房间,给原告的正常生活造成影响。

2014 年 5 月,原告小区的业主向市政府公开信箱投诉反映:从 5 月 3 日开始,谢家湾华润二十四城的万象城的巨型 LED 屏幕开始工作,LED 巨屏的强光直射进其房间,造成严重的光污染,并且宣传片的音量巨大,影响了其日常生活,希望有关部门让万象城减小音量并且调低 LED 屏幕亮度。2014 年 9 月,黄杨路×小区居民向市政府公开信箱投诉反映:万象城有块巨型 LED 屏幕通宵播放资料广告,产生太强光线,导致夜间无法睡眠,无法正常休息。万象城大屏夜间光污染严重影响周边小区高层住户,请相关部门解决,禁止夜间播放,或者禁止通宵播放,只能在晚上八点前播放,并调低亮度。2018 年 2 月,原告小区的住户向市政府公开信箱投诉反映:万象城户外广告大屏就是住户的噩梦,该广告屏每天播放视频广告,光线极强还频繁闪动,住在对面的业主家里夜间如同白昼,严重影响老人和小孩的休息,希望相关部门尽快对其进行整改。

本案审理过程中,人民法院组织原、被告双方于 2018 年 8 月 11 日晚到现场进行了查看,正对原告住宅的一块 LED 显示屏正在播放广告视频,产生的光线较强,可直射入原告住宅居室,当晚该 LED 显示屏播放广告视频至 20 时 58 分关闭。被告公司员工称该 LED 显示屏面积为 160m²。

就案涉光污染问题是否能进行环境监测的问题,人民法院向重庆市九龙坡区生态环境监测站进行了咨询,该站负责人表示,国家与重庆市均无光污染环境监测方面的规范及技术指标,所以监测站无法对光污染问题开展环境监测。重庆法院参与环境资源审判专家库专家、重庆市永川区生态环境监测站副站长也表示从环保方面光污染没有具体的标准,但从民事法律关系的角度,可以综合其余证据判断是否造成光污染。从本案原告提交的证据看,万象城电子显示屏对原告的损害客观存在,主要体现为影响原告的正常休息。就 LED 显示屏产生的光辐射相关问题,法院向重庆大学建筑城规学院教授、中国照明学会副理事长以及重庆大学建筑城规学院高级工程师、中国照明学会理事等专家作了咨询,专家表示,LED 的光辐射一是对人有视觉影响,其中失能眩光和不舒适眩光对人的眼睛有影响;另一方面是生物影响:人到晚上随着光照强度下降,渐渐入睡,是褪黑素和皮质醇两种激素发生作用的结果——褪黑素晚上上升、白天下降,皮质醇相反。如果光辐射太强,使人生物钟紊乱,长期就会有影响。另外 LED 的白光中有蓝光成分,蓝光对人的视网膜有损害,而且不可修复。但户外蓝光危害很难检测,时间、强度的标准是多少,有待标准出台确定。关于光照亮度对人的影响,有研究结论认为一般在 400cd/m² 以下对人的影响会小一点,但动态广告屏很难适用。对于亮度的规范,不同部门编制的规范对亮度的限值不同,但 LED 显示屏与直射的照明灯光还是有区别,以 LED 显示屏的相关国家标准来认定比较合适。

【裁判结果】
重庆市江津区人民法院于 2018 年 12 月 28 日作出(2018)渝 0116 民初 6093 号判决:一、被告华润置地(重庆)有限公司从本判决生效之日起,立即停止其在运行重庆市九龙坡区谢家湾正街万象城购物中心正对原告李劲位于重庆市九龙坡区谢家湾正街×小区×幢住宅外墙上的一块 LED 显示屏时对原告李劲的光污染侵害:1. 前述 LED 显示屏在 5 月 1 日至 9 月 30 日期间开启时间应在 8:30 之后,关闭时间应在 22:00 之前;在 10 月 1 日至 4 月 30 日期间开启时间应在 8:30 之后,关闭时间应在 21:50 之前。2. 前述 LED 显示屏在每日 19:00 后的亮度值不得高于 600cd/m²。二、驳回原告李劲的其余诉讼请求。一审宣判后,双方当事人均未提出上诉,判决已发生法律效力。

【裁判理由】
法院生效裁判认为:保护环境是我国的基本国策,一切单位和个人都有保护环境的义务。《中华人民共和国民法总则》第九条规定:"民事主体从事民事活动,应当有利于节约资源、保护生态环境。"《中华人民共和国物权法》第九十条规定:"不动产权利人不得违反国家规定弃置固体废物,排放大气污染物、水污染物、噪声、光、电磁波辐射等有害物质。"《中华人民共和国环境保护法》第四十二条第一款规定:"排放污染物的企业事业单位和其他生产经营者,应当采取措施,防治在生产建设或者其他活动中产生的废气、废水、废渣、医疗废物、粉尘、恶臭气体、放射性物质以及噪声、振动、光辐射、电磁辐射等对环境的污染和危害。"本案系环境污染责任纠纷,根据《中华人民共和国侵权责任法》第六十五条规定:"因污染环境造成损害的,污染者应当承担侵权责任。"环境污染侵权责任属特殊侵

权责任，其构成要件包括以下三个方面：一是污染者有污染环境的行为；二是被侵权人有损害事实；三是污染者污染环境的行为与被侵权人的损害之间有因果关系。

一、关于被告是否有污染环境的行为

被告华润置地（重庆）有限公司作为万象城购物中心的建设方和经营管理方，其在正对原告住宅的购物中心外墙上设置 LED 显示屏播放广告、宣传资料等，产生的强光直射进入原告的住宅居室。根据原告提供的照片、视频资料等证据，以及组织双方当事人到现场查看的情况，可以认定被告使用 LED 显示屏播放广告、宣传资料等所产生的强光已超出了一般公众普遍可容忍的范围，就大众的认知规律和切身感受而言，该强光会严重影响相邻人群的正常工作和学习，干扰周围居民正常生活和休息，已构成由强光引起的光污染。被告使用 LED 显示屏播放广告、宣传资料等造成光污染的行为已构成污染环境的行为。

二、关于被侵权人的损害事实

环境污染的损害事实主要包含了污染环境的行为致使当事人的财产、人身受到损害以及环境受到损害的事实。环境污染侵权的损害后果不同于一般侵权的损害后果，不仅包括症状明显并可计量的损害结果，还包括那些症状不明显或者暂时无症状且暂时无法用计量方法反映的损害结果。本案系光污染纠纷，光污染对人身的伤害具有潜在性和隐蔽性等特点，被侵权人往往在开始受害时显露不出明显的受损害症状，其所遭受的损害往往暂时无法用精确的计量方法来反映。但随着时间的推移，损害会逐渐显露。参考本案专家意见，光污染对人的影响除了能够感知的对视觉的影响外，太强的光辐射会造成人生物钟紊乱，短时间看不出影响，但长期会带来影响。本案中，被告使用 LED 显示屏播放广告、宣传资料等所产生的强光，已超出了一般人可容忍的程度，影响了相邻居住的原告等居民的正常生活和休息。根据日常生活经验法则，被告运行 LED 显示屏产生的光污染势必会给原告等人的身心健康造成损害，这也为公众普遍认可。综上，被告运行 LED 显示屏产生的光污染已致使原告居住的环境权益受损，并导致原告的身心健康受到损害。

三、被告是否应承担污染环境的侵权责任

《中华人民共和国侵权责任法》第六十六条规定："因污染环境发生纠纷，污染者应当就法律规定的不承担责任或者减轻责任的情形及其行为与损害之间不存在因果关系承担举证责任。"本案中，原告已举证证明被告有污染环境的行为及原告的损害事实。被告需对其在本案中存在法律规定的不承担责任或者减轻责任的情形，或被告污染行为与损害之间不存在因果关系承担举证责任。但被告并未提交证据对前述情形予以证实，对此被告应承担举证不能的不利后果，应承担污染环境的侵权责任。根据《最高人民法院关于审理环境侵权责任纠纷案件适用法律若干问题的解释》第十三条规定："人民法院应当根据被侵权人的诉讼请求以及具体案情，合理判定污染者承担停止侵害、排除妨碍、消除危险、恢复原状、赔礼道歉、赔偿损失等民事责任。"环境侵权的损害不同于一般的人身损害和财产损害，对侵权行为人承担的侵权责任有其独特的要求。由于环境侵权是通过环境这一媒介侵害到一定地区不特定的多数人的人身、财产权益，而且一旦出现可用计量方法反映的损害，其后果往往已无法弥补和消除。因此在环境侵权中，侵权行为人实施了污染环境的行为，即使还未出现可计量的损害后果，即应承担相应的侵权责任。本案中，从市民的投诉反映看，被告作为万象城购物中心的经营管理者，其在生产经营过程中，理应认识到使用 LED 显示屏播放广告、宣传资料等发出的强光会对居住在对面以及周围住宅小区的原告等人造成影响，并负有采取必要措施以减少对原告等人影响的义务。但被告仍然一直使用 LED 显示屏播放广告、宣传资料等，其产生的强光明显超出了一般人可容忍的程度，构成光污染，严重干扰了周边人群的正常生活，对原告等人的环境权益造成损害，进而损害了原告等人的身心健康。因此即使原告尚未出现明显症状，其生活受到光污染侵扰、环境权益受到损害也是客观存在的事实，故被告应承担停止侵害、排除妨碍等民事责任。

（生效裁判审判人员：姜玲、罗静、张志贵）

5. 广东省广州市人民检察院诉卫某垃圾厂、李某污染环境民事公益诉讼案①

【关键词】

民事公益诉讼　固体废物污染　财产保全　先予执行

【要旨】

检察机关加强公益诉讼检察职能与刑事检察职能衔接，提高案件调查取证效率和质量。探索运用诉前财产保全和诉中先予执行程序，保障受损环境得到有效修复。

【基本案情】

个人独资企业广州市花都区卫某垃圾综合处理厂（以

---

① 案例来源：2021 年 9 月 15 日最高人民检察院典型案例。

下简称卫某垃圾处理厂)设立于2005年10月,2007年1月起,李某强担任该厂实际投资人、管理者。在经营过程中,李某组织工人将未经处理的原生垃圾及筛下物非法倾倒、填埋于厂区山体。垃圾倾倒、堆砌到一定高度之后,再在上面堆一层浮土,用机器压平,然后再堆上垃圾,近十年时间,形成一座"垃圾山",直至2016年8月被花都区环保局责令停止,倾倒区域植被严重破坏,土壤、地下水污染短期内难以自然恢复。

【调查和诉讼】

2017年2月,广州市花都区人民检察院(下称花都区院)在审查刑事案件中发现本案线索,因案卷显示案情复杂、涉案环境损失较大,遂向广州市人民检察院(下称广州市院)报告。2017年9月,广州市院成立两级院办案组,启动民事公益诉讼案件办理程序,于2017年9月29日发出诉前公告。在调阅刑事证据材料的基础上,办案组采取现场走访、专家咨询、实地丈量和无人机航测等措施开展调查,初步判断垃圾数量、污染程度、造成损失远超违法行为人供述。经充分研讨后,花都区院委托广东省地质测绘院对涉案场地垃圾数量进行测算,委托广东省地质物探工程勘察院对垃圾方量的内容、数量、比例等指标作进一步区分和细化,委托生态环境部华南环境科学研究所对涉案生态环境损害进行鉴定。经测算勘察和鉴定评估,受污染场地面积约3.88万平方米,垃圾倾倒量约39.3万立方米,重量24.78万吨,将涉案场地恢复至基线状态需生态环境修复费用8425.5万元,服务功能损失费用1714.35万元。

为防止被告转移财产,确保生态环境修复,2018年7月16日,广州市院依法建议对卫某垃圾厂、李某强采取诉前财产保全措施,查封李某强名下全部财产超过一千万元。2018年7月27日,向广州市中级人民法院提起民事公益诉讼。2017年9月12日,花都区院向当地环境保护主管部门等五个单位分别制发诉前检察建议,督促其在各自职责范围内查处涉案违法行为。各行政机关全部采纳建议内容,及时启动垃圾清理和环境整治工作。历时3年,共清运固废及固废污染土壤170多万吨,清理渗滤液26000多立方米。基于当地政府已委托第三方开展环境修复,法院采纳广州市院《先予执行意见书》,于2020年8月21日作出裁定,裁定先予执行两被告名下财产,用于支付修复费用。

基于生态环境实际修复费用已由政府采购合同所确认,广州市院于2020年7月7日变更诉讼请求为卫某垃圾处理厂承担生态环境修复费、服务功能损失费、鉴定评估费及其他合理费用共计1.31亿余元,李某强在企业对上述费用不能清偿时承担赔偿责任,并赔礼道歉。庭审中,李某强提交书面忏悔书,表示愿意采取一切补救措施,配合做好环境修复工作。2020年9月11日,广州市中级人民法院一审宣判,支持检察机关全部诉讼请求。判决生效后,查封财产已全部扣划、拍卖用于支付修复费用,两被告在广州日报刊登道歉声明,向社会公开道歉。目前,涉案场地垃圾已清除完毕,基本实现复绿。

【典型意义】

检察机关在诉前采取措施冻结被告千万资产,确保判决"不打白条";通过督促当地政府先行委托专业机构对涉案场地进行整治,探索在民事公益诉讼中适用先予执行程序,保障环境修复执行落实到位。依托两级检察院一体办案,民事公益诉讼与刑事案件同步审查、证据互通转化,刑事侦查搜集的证据为民事公益诉讼提供了坚实基础,民事公益诉讼中的生态环境损失证据对准确认定犯罪行为也起到支撑作用,推进受损环境及时修复、警示震慑潜在污染者。

6. 秦家学滥伐林木刑事附带民事公益诉讼案①

【关键词】

刑事/滥伐林木罪/生态修复/补植复绿/专家意见/保证金

【裁判要点】

1. 人民法院确定被告人森林生态环境修复义务时,可以参考专家意见及林业规划设计单位、自然保护区主管部门等出具的专业意见,明确履行修复义务的树种、树龄、地点、数量、存活率及完成时间等具体要求。

2. 被告人自愿交纳保证金作为履行生态环境修复义务担保的,人民法院可以将该情形作为从轻量刑情节。

【相关法条】

《中华人民共和国民法典》第179条(本案适用的是自2010年7月1日起实施的《中华人民共和国侵权责任法》第15条)

《中华人民共和国森林法》第56条、第57条、第76条(本案适用的是2009年8月27日修正的《中华人民共和国森林法》第32条、第39条)

---

① 案例来源:2021年12月1日最高人民法院指导案例172号。

【基本案情】

湖南省保靖县人民检察院指控被告人秦家学犯滥伐林木罪向保靖县人民法院提起公诉，在诉讼过程中，保靖县人民检察院以社会公共利益受到损害为由，又向保靖县人民法院提起附带民事公益诉讼。

保靖县人民检察院认为，应当以滥伐林木罪追究被告人秦家学刑事责任。同时，被告人行为严重破坏了生态环境，致使社会公共利益遭受到损害，根据侵权责任法的相关规定，应当补植复绿，向公众赔礼道歉。被告人秦家学对公诉机关的指控无异议。但辩称，其是林木的实际经营者和所有权人，且积极交纳补植复绿的保证金，请求从轻判处。

保靖县人民法院经审理查明，湖南省保靖县以1958年成立的保靖县国营白云山林场为核心，于1998年成立白云山县级自然保护区。后该保护区于2005年评定为白云山省级自然保护区，并完成了公益林区划界定；又于2013年评定为湖南白云山国家级自然保护区。其间，被告人秦家学于1998年承包了位于该县毛沟镇卧当村白云山自然保护区核心区内"土地坳"（地名）的山林，次年起开始有计划地植造杉木林，该林地位于公益林范围内，属于公益林地。2016年9月至2017年1月，秦家学在没有办理《林木采伐许可证》情况下，违反森林法，擅自采伐其承包该林地上的杉木林并销售，所采伐区域位于该保护区核心区域内面积为117.5亩，核心区外面积为15.46亩。经鉴定，秦家学共砍伐林木1010株，林木蓄积为153.3675立方米。后保靖县林业勘测规划设计队出具补植补造作业设计说明证明，该受损公益林补植复绿的人工苗等费用为人民币66025元。

人民法院审理期间，保靖县林业勘测规划设计队及保靖县林业局、白云山国家级自然保护区又对该受损公益林补植复绿提出了具体建议和专业要求。秦家学预交补植复绿保证金66025元，保证履行补植复绿义务。

【裁判结果】

湖南省保靖县人民法院于2018年8月3日作出（2018）湘3125刑初5号刑事附带民事判决，认定被告人秦家学犯滥伐林木罪，判处有期徒刑三年，缓刑四年，并处罚金人民币1万元，并于判决生效后两年内在湖南白云山国家级自然保护区内"土地坳"栽植一年生杉树苗5050株，存活率达到90%以上。宣判后，没有上诉、抗诉，一审判决已发生法律效力。被告人依照判决，在原砍伐林地等处栽植一年生杉树苗5050株，且存活率达到100%。

【裁判理由】

法院生效裁判认为：被告人秦家学违反森林法规定，未经林业主管部门许可，无证滥伐白云山国家级自然保护区核心区内的公益林，数量巨大，构成滥伐林木罪。辩护人提出的被告人系初犯、认罪，积极交纳补植补绿的保证金66025元到法院的执行账户，有悔罪表现，应当从轻判处的辩护意见，予以采信。白云山国家级自然保护区位于中国十七个生物多样性关键地区之一的武陵山区及酉水流域，是云贵高原、四川盆地至雪峰山区、湘中丘陵之间动植物资源自然流动通道的重要节点，是长江流域洞庭湖支流沅江的重要水源涵养区，其森林资源具有保持水土、维护生物多样性等多方面重要作用。被告人所承包、栽植并管理的树木，已经成为白云山国家级自然保护区森林资源的不可分割的有机组成部分。被告人无证滥伐该树木且数量巨大，其行为严重破坏了白云山国家级自然保护区生态环境，危及生物多样性保护，使社会公共利益遭受到严重损害，性质上属于一种侵权行为。附带民事公益诉讼不是传统意义上的民事诉讼，公益诉讼起诉人也不是一般意义上的受害人。公益诉讼起诉人要求被告人承担恢复原状法律责任的诉讼请求，于法有据，予以支持。根据保靖县林业勘测规划设计队出具的"土地坳"补植补造作业设计说明以及白云山自然保护区管理局、保靖县林业局等部门专家提供的专业资料和建议，参照森林法第三十九条第二款规定，对公益诉讼起诉人提出的被告人应补种树木的诉讼请求，应认为有科学、合理的根据和法律依据，予以支持。辩护人提出被告人作为林地承包者的经营权利也应当依法保护的意见，有其合理之处，在具体确定被告人法律责任时予以考虑。遂作出上述判决。

（生效裁判审判人员：龙鸥玲、徐岩松、向福生、彭菲、彭举忠、彭大江、贾长金）

二、环境污染防治

1. 水污染防治

中华人民共和国水污染防治法

- 1984年5月11日第六届全国人民代表大会常务委员会第五次会议通过
- 根据1996年5月15日第八届全国人民代表大会常务委员会第十九次会议《关于修改〈中华人民共和国水污染防治法〉的决定》第一次修正
- 根据2008年2月28日第十届全国人民代表大会常务委员会第三十二次会议修订
- 根据2017年6月27日第十二届全国人民代表大会常务委员会第二十八次会议《关于修改〈中华人民共和国水污染防治法〉的决定》第二次修正

第一章 总 则

第一条 为了保护和改善环境,防治水污染,保护水生态,保障饮用水安全,维护公众健康,推进生态文明建设,促进经济社会可持续发展,制定本法。

第二条 本法适用于中华人民共和国领域内的江河、湖泊、运河、渠道、水库等地表水体以及地下水体的污染防治。

海洋污染防治适用《中华人民共和国海洋环境保护法》。

第三条 水污染防治应当坚持预防为主、防治结合、综合治理的原则,优先保护饮用水水源,严格控制工业污染、城镇生活污染,防治农业面源污染,积极推进生态治理工程建设,预防、控制和减少水环境污染和生态破坏。

第四条 县级以上人民政府应当将水环境保护工作纳入国民经济和社会发展规划。

地方各级人民政府对本行政区域的水环境质量负责,应当及时采取措施防治水污染。

第五条 省、市、县、乡建立河长制,分级分段组织领导本行政区域内江河、湖泊的水资源保护、水域岸线管理、水污染防治、水环境治理等工作。

第六条 国家实行水环境保护目标责任制和考核评价制度,将水环境保护目标完成情况作为对地方人民政府及其负责人考核评价的内容。

第七条 国家鼓励、支持水污染防治的科学技术研究和先进适用技术的推广应用,加强水环境保护的宣传教育。

第八条 国家通过财政转移支付等方式,建立健全对位于饮用水水源保护区区域和江河、湖泊、水库上游地区的水环境生态保护补偿机制。

第九条 县级以上人民政府环境保护主管部门对水污染防治实施统一监督管理。

交通主管部门的海事管理机构对船舶污染水域的防治实施监督管理。

县级以上人民政府水行政、国土资源、卫生、建设、农业、渔业等部门以及重要江河、湖泊的流域水资源保护机构,在各自的职责范围内,对有关水污染防治实施监督管理。

第十条 排放水污染物,不得超过国家或者地方规定的水污染物排放标准和重点水污染物排放总量控制指标。

第十一条 任何单位和个人都有义务保护水环境,并有权对污染损害水环境的行为进行检举。

县级以上人民政府及其有关主管部门对在水污染防治工作中做出显著成绩的单位和个人给予表彰和奖励。

第二章 水污染防治的标准和规划

第十二条 国务院环境保护主管部门制定国家水环境质量标准。

省、自治区、直辖市人民政府可以对国家水环境质量标准中未作规定的项目,制定地方标准,并报国务院环境保护主管部门备案。

第十三条 国务院环境保护主管部门会同国务院水行政主管部门和有关省、自治区、直辖市人民政府,可以根据国家确定的重要江河、湖泊流域水体的使用功能以及有关地区的经济、技术条件,确定该重要江河、湖泊流域的省界水体适用的水环境质量标准,报国务院批准后施行。

第十四条 国务院环境保护主管部门根据国家水环境质量标准和国家经济、技术条件,制定国家水污染物排放标准。

省、自治区、直辖市人民政府对国家水污染物排放标准中未作规定的项目，可以制定地方水污染物排放标准；对国家水污染物排放标准中已作规定的项目，可以制定严于国家水污染物排放标准的地方水污染物排放标准。地方水污染物排放标准须报国务院环境保护主管部门备案。

向已有地方水污染物排放标准的水体排放污染物的，应当执行地方水污染物排放标准。

第十五条 国务院环境保护主管部门和省、自治区、直辖市人民政府，应当根据水污染防治的要求和国家或者地方的经济、技术条件，适时修订水环境质量标准和水污染物排放标准。

第十六条 防治水污染应当按流域或者按区域进行统一规划。国家确定的重要江河、湖泊的流域水污染防治规划，由国务院环境保护主管部门会同国务院经济综合宏观调控、水行政等部门和有关省、自治区、直辖市人民政府编制，报国务院批准。

前款规定外的其他跨省、自治区、直辖市江河、湖泊的流域水污染防治规划，根据国家确定的重要江河、湖泊的流域水污染防治规划和本地实际情况，由有关省、自治区、直辖市人民政府环境保护主管部门会同同级水行政等部门和有关市、县人民政府编制，经有关省、自治区、直辖市人民政府审核，报国务院批准。

省、自治区、直辖市内跨县江河、湖泊的流域水污染防治规划，根据国家确定的重要江河、湖泊的流域水污染防治规划和本地实际情况，由省、自治区、直辖市人民政府环境保护主管部门会同同级水行政等部门编制，报省、自治区、直辖市人民政府批准，并报国务院备案。

经批准的水污染防治规划是防治水污染的基本依据，规划的修订须经原批准机关批准。

县级以上地方人民政府应当根据依法批准的江河、湖泊的流域水污染防治规划，组织制定本行政区域的水污染防治规划。

第十七条 有关市、县级人民政府应当按照水污染防治规划确定的水环境质量改善目标的要求，制定限期达标规划，采取措施按期达标。

有关市、县级人民政府应当将限期达标规划报上一级人民政府备案，并向社会公开。

第十八条 市、县级人民政府每年在向本级人民代表大会或者其常务委员会报告环境状况和环境保护目标完成情况时，应当报告水环境质量限期达标规划执行情况，并向社会公开。

第三章 水污染防治的监督管理

第十九条 新建、改建、扩建直接或者间接向水体排放污染物的建设项目和其他水上设施，应当依法进行环境影响评价。

建设单位在江河、湖泊新建、改建、扩建排污口的，应当取得水行政主管部门或者流域管理机构同意；涉及通航、渔业水域的，环境保护主管部门在审批环境影响评价文件时，应当征求交通、渔业主管部门的意见。

建设项目的水污染防治设施，应当与主体工程同时设计、同时施工、同时投入使用。水污染防治设施应当符合经批准或者备案的环境影响评价文件的要求。

第二十条 国家对重点水污染物排放实施总量控制制度。

重点水污染物排放总量控制指标，由国务院环境保护主管部门在征求国务院有关部门和各省、自治区、直辖市人民政府意见后，会同国务院经济综合宏观调控部门报国务院批准并下达实施。

省、自治区、直辖市人民政府应当按照国务院的规定削减和控制本行政区域的重点水污染物排放总量。具体办法由国务院环境保护主管部门会同国务院有关部门规定。

省、自治区、直辖市人民政府可以根据本行政区域水环境质量状况和水污染防治工作的需要，对国家重点水污染物之外的其他水污染物排放实行总量控制。

对超过重点水污染物排放总量控制指标或者未完成水环境质量改善目标的地区，省级以上人民政府环境保护主管部门应当会同有关部门约谈该地区人民政府的主要负责人，并暂停审批新增重点水污染物排放总量的建设项目的环境影响评价文件。约谈情况应当向社会公开。

第二十一条 直接或者间接向水体排放工业废水和医疗污水以及其他按照规定应当取得排污许可证方可排放的废水、污水的企业事业单位和其他生产经营者，应当取得排污许可证；城镇污水集中处理设施的运营单位，也应当取得排污许可证。排污许可证应当明确排放水污染物的种类、浓度、总量和排放去向等要求。排污许可的具体办法由国务院规定。

禁止企业事业单位和其他生产经营者无排污许可证或者违反排污许可证的规定向水体排放前款规定的废水、污水。

第二十二条 向水体排放污染物的企业事业单位和其他生产经营者，应当按照法律、行政法规和国务院环境保护主管部门的规定设置排污口；在江河、湖泊设置排污口的，还应当遵守国务院水行政主管部门的规定。

第二十三条 实行排污许可管理的企业事业单位和其他生产经营者应当按照国家有关规定和监测规范，对所排放的水污染物自行监测，并保存原始监测记录。重点排污单位还应当安装水污染物排放自动监测设备，与环境保护主管部门的监控设备联网，并保证监测设备正常运行。具体办法由国务院环境保护主管部门规定。

应当安装水污染物排放自动监测设备的重点排污单位名录，由设区的市级以上地方人民政府环境保护主管部门根据本行政区域的环境容量、重点水污染物排放总量控制指标的要求以及排污单位排放水污染物的种类、数量和浓度等因素，商同级有关部门确定。

第二十四条 实行排污许可管理的企业事业单位和其他生产经营者应当对监测数据的真实性和准确性负责。

环境保护主管部门发现重点排污单位的水污染物排放自动监测设备传输数据异常，应当及时进行调查。

第二十五条 国家建立水环境质量监测和水污染物排放监测制度。国务院环境保护主管部门负责制定水环境监测规范，统一发布国家水环境状况信息，会同国务院水行政等部门组织监测网络，统一规划国家水环境质量监测站（点）的设置，建立监测数据共享机制，加强对水环境监测的管理。

第二十六条 国家确定的重要江河、湖泊流域的水资源保护工作机构负责监测其所在流域的省界水体的水环境质量状况，并将监测结果及时报国务院环境保护主管部门和国务院水行政主管部门；有经国务院批准成立的流域水资源保护领导机构的，应当将监测结果及时报告流域水资源保护领导机构。

第二十七条 国务院有关部门和县级以上地方人民政府开发、利用和调节、调度水资源时，应当统筹兼顾，维持江河的合理流量和湖泊、水库以及地下水体的合理水位，保障基本生态用水，维护水体的生态功能。

第二十八条 国务院环境保护主管部门应当会同国务院水行政等部门和有关省、自治区、直辖市人民政府，建立重要江河、湖泊的流域水环境保护联合协调机制，实行统一规划、统一标准、统一监测、统一的防治措施。

第二十九条 国务院环境保护主管部门和省、自治区、直辖市人民政府环境保护主管部门应当会同同级有关部门根据流域生态环境功能需要，明确流域生态环境保护要求，组织开展流域环境资源承载能力监测、评价，实施流域环境资源承载能力预警。

县级以上地方人民政府应当根据流域生态环境功能需要，组织开展江河、湖泊、湿地保护与修复，因地制宜建设人工湿地、水源涵养林、沿河沿湖植被缓冲带和隔离带等生态环境治理与保护工程，整治黑臭水体，提高流域环境资源承载能力。

从事开发建设活动，应当采取有效措施，维护流域生态环境功能，严守生态保护红线。

第三十条 环境保护主管部门和其他依照本法规定行使监督管理权的部门，有权对管辖范围内的排污单位进行现场检查，被检查的单位应当如实反映情况，提供必要的资料。检查机关有义务为被检查的单位保守在检查中获取的商业秘密。

第三十一条 跨行政区域的水污染纠纷，由有关地方人民政府协商解决，或者由其共同的上级人民政府协调解决。

第四章 水污染防治措施
第一节 一般规定

第三十二条 国务院环境保护主管部门应当会同国务院卫生主管部门，根据对公众健康和生态环境的危害和影响程度，公布有毒有害水污染物名录，实行风险管理。

排放前款规定名录中所列有毒有害水污染物的企业事业单位和其他生产经营者，应当对排污口和周边环境进行监测，评估环境风险，排查环境安全隐患，并公开有毒有害水污染物信息，采取有效措施防范环境风险。

第三十三条 禁止向水体排放油类、酸液、碱液或者剧毒废液。

禁止在水体清洗装贮过油类或者有毒污染物的车辆和容器。

第三十四条 禁止向水体排放、倾倒放射性固体废物或者含有高放射性和中放射性物质的废水。

向水体排放含低放射性物质的废水，应当符合国家有关放射性污染防治的规定和标准。

第三十五条 向水体排放含热废水，应当采取措施，保证水体的水温符合水环境质量标准。

第三十六条 含病原体的污水应当经过消毒处理；符合国家有关标准后，方可排放。

第三十七条 禁止向水体排放、倾倒工业废渣、城镇垃圾和其他废弃物。

禁止将含有汞、镉、砷、铬、铅、氰化物、黄磷等的可溶性剧毒废渣向水体排放、倾倒或者直接埋入地下。

存放可溶性剧毒废渣的场所,应当采取防水、防渗漏、防流失的措施。

第三十八条 禁止在江河、湖泊、运河、渠道、水库最高水位线以下的滩地和岸坡堆放、存贮固体废弃物和其他污染物。

第三十九条 禁止利用渗井、渗坑、裂隙、溶洞,私设暗管,篡改、伪造监测数据,或者不正常运行水污染防治设施等逃避监管的方式排放水污染物。

第四十条 化学品生产企业以及工业集聚区、矿山开采区、尾矿库、危险废物处置场、垃圾填埋场等的运营、管理单位,应当采取防渗漏等措施,并建设地下水水质监测井进行监测,防止地下水污染。

加油站等的地下油罐应当使用双层罐或者采取建造防渗池等其他有效措施,并进行防渗漏监测,防止地下水污染。

禁止利用无防渗漏措施的沟渠、坑塘等输送或者存贮含有毒污染物的废水、含病原体的污水和其他废弃物。

第四十一条 多层地下水的含水层水质差异大的,应当分层开采;对已受污染的潜水和承压水,不得混合开采。

第四十二条 兴建地下工程设施或者进行地下勘探、采矿等活动,应当采取防护性措施,防止地下水污染。

报废矿井、钻井或者取水井等,应当实施封井或者回填。

第四十三条 人工回灌补给地下水,不得恶化地下水质。

第二节 工业水污染防治

第四十四条 国务院有关部门和县级以上地方人民政府应当合理规划工业布局,要求造成水污染的企业进行技术改造,采取综合防治措施,提高水的重复利用率,减少废水和污染物排放量。

第四十五条 排放工业废水的企业应当采取有效措施,收集和处理产生的全部废水,防止污染环境。含有毒有害水污染物的工业废水应当分类收集和处理,不得稀释排放。

工业集聚区应当配套建设相应的污水集中处理设施,安装自动监测设备,与环境保护主管部门的监控设备联网,并保证监测设备正常运行。

向污水集中处理设施排放工业废水的,应当按照国家有关规定进行预处理,达到集中处理设施处理工艺要求后方可排放。

第四十六条 国家对严重污染水环境的落后工艺和设备实行淘汰制度。

国务院经济综合宏观调控部门会同国务院有关部门,公布限期禁止采用的严重污染水环境的工艺名录和限期禁止生产、销售、进口、使用的严重污染水环境的设备名录。

生产者、销售者、进口者或者使用者应当在规定的期限内停止生产、销售、进口或者使用列入前款规定的设备名录中的设备。工艺的采用者应当在规定的期限内停止采用列入前款规定的工艺名录中的工艺。

依照本条第二款、第三款规定被淘汰的设备,不得转让给他人使用。

第四十七条 国家禁止新建不符合国家产业政策的小型造纸、制革、印染、染料、炼焦、炼硫、炼砷、炼汞、炼油、电镀、农药、石棉、水泥、玻璃、钢铁、火电以及其他严重污染水环境的生产项目。

第四十八条 企业应当采用原材料利用效率高、污染物排放量少的清洁工艺,并加强管理,减少水污染物的产生。

第三节 城镇水污染防治

第四十九条 城镇污水应当集中处理。

县级以上地方人民政府应当通过财政预算和其他渠道筹集资金,统筹安排建设城镇污水集中处理设施及配套管网,提高本行政区域城镇污水的收集率和处理率。

国务院建设主管部门应当会同国务院经济综合宏观调控、环境保护主管部门,根据城乡规划和水污染防治规划,组织编制全国城镇污水处理设施建设规划。县级以上地方人民政府组织建设、经济综合宏观调控、环境保护、水行政等部门编制本行政区域的城镇污水处理设施建设规划。县级以上地方人民政府建设主管部门应当按照城镇污水处理设施建设规划,组织建设城镇污水集中处理设施及配套管网,并加强对城镇污水集中处理设施运营的监督管理。

城镇污水集中处理设施的运营单位按照国家规定向排污者提供污水处理的有偿服务,收取污水处理费用,保证污水集中处理设施的正常运行。收取的污水处理费用应当用于城镇污水集中处理设施的建设运行和污泥处理处置,不得挪作他用。

城镇污水集中处理设施的污水处理收费、管理以及使用的具体办法,由国务院规定。

第五十条 向城镇污水集中处理设施排放水污染物,应当符合国家或者地方规定的水污染物排放标准。

城镇污水集中处理设施的运营单位,应当对城镇污水集中处理设施的出水水质负责。

环境保护主管部门应当对城镇污水集中处理设施的出水水质和水量进行监督检查。

第五十一条 城镇污水集中处理设施的运营单位或者污泥处理处置单位应当安全处理处置污泥,保证处理处置后的污泥符合国家标准,并对污泥的去向等进行记录。

第四节 农业和农村水污染防治

第五十二条 国家支持农村污水、垃圾处理设施的建设,推进农村污水、垃圾集中处理。

地方各级人民政府应当统筹规划建设农村污水、垃圾处理设施,并保障其正常运行。

第五十三条 制定化肥、农药等产品的质量标准和使用标准,应当适应水环境保护要求。

第五十四条 使用农药,应当符合国家有关农药安全使用的规定和标准。

运输、存贮农药和处置过期失效农药,应当加强管理,防止造成水污染。

第五十五条 县级以上地方人民政府农业主管部门和其他有关部门,应当采取措施,指导农业生产者科学、合理地施用化肥和农药,推广测土配方施肥技术和高效低毒低残留农药,控制化肥和农药的过量使用,防止造成水污染。

第五十六条 国家支持畜禽养殖场、养殖小区建设畜禽粪便、废水的综合利用或者无害化处理设施。

畜禽养殖场、养殖小区应当保证其畜禽粪便、废水的综合利用或者无害化处理设施正常运转,保证污水达标排放,防止污染水环境。

畜禽散养密集区所在地县、乡级人民政府应当组织对畜禽粪便污水进行分户收集、集中处理利用。

第五十七条 从事水产养殖应当保护水域生态环境,科学确定养殖密度,合理投饵和使用药物,防止污染水环境。

第五十八条 农田灌溉用水应当符合相应的水质标准,防止污染土壤、地下水和农产品。

禁止向农田灌溉渠道排放工业废水或者医疗污水。向农田灌溉渠道排放城镇污水以及未综合利用的畜禽养殖废水、农产品加工废水的,应当保证其下游最近的灌溉取水点的水质符合农田灌溉水质标准。

第五节 船舶水污染防治

第五十九条 船舶排放含油污水、生活污水,应当符合船舶污染物排放标准。从事海洋航运的船舶进入内河和港口的,应当遵守内河的船舶污染物排放标准。

船舶的残油、废油应当回收,禁止排入水体。

禁止向水体倾倒船舶垃圾。

船舶装载运输油类或者有毒货物,应当采取防止溢流和渗漏的措施,防止货物落水造成水污染。

进入中华人民共和国内河的国际航线船舶排放压载水的,应当采用压载水处理装置或者采取其他等效措施,对压载水进行灭活等处理。禁止排放不符合规定的船舶压载水。

第六十条 船舶应当按照国家有关规定配置相应的防污设备和器材,并持有合法有效的防止水域环境污染的证书与文书。

船舶进行涉及污染物排放的作业,应当严格遵守操作规程,并在相应的记录簿上如实记载。

第六十一条 港口、码头、装卸站和船舶修造厂所在地市、县级人民政府应当统筹规划建设船舶污染物、废弃物的接收、转运及处理处置设施。

港口、码头、装卸站和船舶修造厂应当备有足够的船舶污染物、废弃物的接收设施。从事船舶污染物、废弃物接收作业,或者从事装载油类、污染危害性货物船舱清洗作业的单位,应当具备与其运营规模相适应的接收处理能力。

第六十二条 船舶及有关作业单位从事有污染风险的作业活动,应当按照有关法律法规和标准,采取有效措施,防止造成水污染。海事管理机构、渔业主管部门应当加强对船舶及有关作业活动的监督管理。

船舶进行散装液体污染危害性货物的过驳作业,应当编制作业方案,采取有效的安全和污染防治措施,并报作业地海事管理机构批准。

禁止采取冲滩方式进行船舶拆解作业。

第五章 饮用水水源和其他特殊水体保护

第六十三条 国家建立饮用水水源保护区制度。饮用水水源保护区分为一级保护区和二级保护区;必要时,可以在饮用水水源保护区外围划定一定的区域作为准保护区。

饮用水水源保护区的划定,由有关市、县人民政府提出划定方案,报省、自治区、直辖市人民政府批准;跨市、县饮用水水源保护区的划定,由有关市、县人民政府协商提出划定方案,报省、自治区、直辖市人民政府批准;协商不成的,由省、自治区、直辖市人民政府环境保护主管部门会同同级水行政、国土资源、卫生、建设等部门提出划定方案,征求同级有关部门的意见后,报省、自治区、直辖市人民政府批准。

跨省、自治区、直辖市的饮用水水源保护区,由有关省、自治区、直辖市人民政府商有关流域管理机构划定;协商不成的,由国务院环境保护主管部门会同同级水行政、国土资源、卫生、建设等部门提出划定方案,征求国务院有关部门的意见后,报国务院批准。

国务院和省、自治区、直辖市人民政府可以根据保护饮用水水源的实际需要,调整饮用水水源保护区的范围,确保饮用水安全。有关地方人民政府应当在饮用水水源保护区的边界设立明确的地理界标和明显的警示标志。

第六十四条 在饮用水水源保护区内,禁止设置排污口。

第六十五条 禁止在饮用水水源一级保护区内新建、改建、扩建与供水设施和保护水源无关的建设项目;已建成的与供水设施和保护水源无关的建设项目,由县级以上人民政府责令拆除或者关闭。

禁止在饮用水水源一级保护区内从事网箱养殖、旅游、游泳、垂钓或者其他可能污染饮用水水体的活动。

第六十六条 禁止在饮用水水源二级保护区内新建、改建、扩建排放污染物的建设项目;已建成的排放污染物的建设项目,由县级以上人民政府责令拆除或者关闭。

在饮用水水源二级保护区内从事网箱养殖、旅游等活动的,应当按照规定采取措施,防止污染饮用水水体。

第六十七条 禁止在饮用水水源准保护区内新建、扩建对水体污染严重的建设项目;改建建设项目,不得增加排污量。

第六十八条 县级以上地方人民政府应当根据保护饮用水水源的实际需要,在准保护区内采取工程措施或者建造湿地、水源涵养林等生态保护措施,防止水污染物直接排入饮用水水体,确保饮用水安全。

第六十九条 县级以上地方人民政府应当组织环境保护等部门,对饮用水水源保护区、地下水型饮用水水源的补给区及供水单位周边区域的环境状况和污染风险进行调查评估,筛查可能存在的污染风险因素,并采取相应的风险防范措施。

饮用水水源受到污染可能威胁供水安全的,环境保护主管部门应当责令有关企业事业单位和其他生产经营者采取停止排放水污染物等措施,并通报饮用水供水单位和供水、卫生、水行政等部门;跨行政区域的,还应当通报相关地方人民政府。

第七十条 单一水源供水城市的人民政府应当建设应急水源或者备用水源,有条件的地区可以开展区域联网供水。

县级以上地方人民政府应当合理安排、布局农村饮用水水源,有条件的地区可以采取城镇供水管网延伸或者建设跨村、跨乡镇联片集中供水工程等方式,发展规模集中供水。

第七十一条 饮用水供水单位应当做好取水口和出水口的水质检测工作。发现取水口水质不符合饮用水水源水质标准或者出水口水质不符合饮用水卫生标准的,应当及时采取相应措施,并向所在地市、县级人民政府供水主管部门报告。供水主管部门接到报告后,应当通报环境保护、卫生、水行政等部门。

饮用水供水单位应当对供水水质负责,确保供水设施安全可靠运行,保证供水水质符合国家有关标准。

第七十二条 县级以上地方人民政府应当组织有关部门监测、评估本行政区域内饮用水水源、供水单位供水和用户水龙头出水的水质等饮用水安全状况。

县级以上地方人民政府有关部门应当至少每季度向社会公开一次饮用水安全状况信息。

第七十三条 国务院和省、自治区、直辖市人民政府根据水环境保护的需要,可以规定在饮用水水源保护区内,采取禁止或者限制使用含磷洗涤剂、化肥、农药以及限制种植养殖等措施。

第七十四条 县级以上人民政府可以对风景名胜区水体、重要渔业水体和其他具有特殊经济文化价值的水体划定保护区,并采取措施,保证保护区的水质符合规定用途的水环境质量标准。

第七十五条 在风景名胜区水体、重要渔业水体和其他具有特殊经济文化价值的水体的保护区内,不得新建排污口。在保护区附近新建排污口,应当保证保护区水体不受污染。

第六章 水污染事故处置

第七十六条 各级人民政府及其有关部门,可能发生水污染事故的企业事业单位,应当依照《中华人民共和国突发事件应对法》的规定,做好突发水污染事故的应急准备、应急处置和事后恢复等工作。

第七十七条 可能发生水污染事故的企业事业单位,应当制定有关水污染事故的应急方案,做好应急准备,并定期进行演练。

生产、储存危险化学品的企业事业单位,应当采取措施,防止在处理安全生产事故过程中产生的可能严重污染水体的消防废水、废液直接排入水体。

第七十八条 企业事业单位发生事故或者其他突发性事件,造成或者可能造成水污染事故的,应当立即启动本单位的应急方案,采取隔离等应急措施,防止水污染物进入水体,并向事故发生地的县级以上地方人民政府或者环境保护主管部门报告。环境保护主管部门接到报告后,应当及时向本级人民政府报告,并抄送有关部门。

造成渔业污染事故或者渔业船舶造成水污染事故的,应当向事故发生地的渔业主管部门报告,接受调查处理。其他船舶造成水污染事故的,应当向事故发生地的海事管理机构报告,接受调查处理;给渔业造成损害的,海事管理机构应当通知渔业主管部门参与调查处理。

第七十九条 市、县级人民政府应当组织编制饮用水安全突发事件应急预案。

饮用水供水单位应当根据所在地饮用水安全突发事件应急预案,制定相应的突发事件应急方案,报所在地市、县级人民政府备案,并定期进行演练。

饮用水水源发生水污染事故,或者发生其他可能影响饮用水安全的突发性事件,饮用水供水单位应当采取应急处理措施,向所在地市、县级人民政府报告,并向社会公开。有关人民政府应当根据情况及时启动应急预案,采取有效措施,保障供水安全。

第七章　法律责任

第八十条 环境保护主管部门或者其他依照本法规定行使监督管理权的部门,不依法作出行政许可或者办理批准文件的,发现违法行为或者接到对违法行为的举报后不予查处的,或者有其他未依照本法规定履行职责的行为的,对直接负责的主管人员和其他直接责任人员依法给予处分。

第八十一条 以拖延、围堵、滞留执法人员等方式拒绝、阻挠环境保护主管部门或者其他依照本法规定行使监督管理权的部门的监督检查,或者在接受监督检查时弄虚作假的,由县级以上人民政府环境保护主管部门或者其他依照本法规定行使监督管理权的部门责令改正,处二万元以上二十万元以下的罚款。

第八十二条 违反本法规定,有下列行为之一的,由县级以上人民政府环境保护主管部门责令限期改正,处二万元以上二十万元以下的罚款;逾期不改正的,责令停产整治:

(一)未按照规定对所排放的水污染物自行监测,或者未保存原始监测记录的;

(二)未按照规定安装水污染物排放自动监测设备,未按照规定与环境保护主管部门的监控设备联网,或者未保证监测设备正常运行的;

(三)未按照规定对有毒有害水污染物的排污口和周边环境进行监测,或者未公开有毒有害水污染物信息的。

第八十三条 违反本法规定,有下列行为之一的,由县级以上人民政府环境保护主管部门责令改正或者责令限制生产、停产整治,并处十万元以上一百万元以下的罚款;情节严重的,报经有批准权的人民政府批准,责令停业、关闭:

(一)未依法取得排污许可证排放水污染物的;

(二)超过水污染物排放标准或者超过重点水污染物排放总量控制指标排放水污染物的;

(三)利用渗井、渗坑、裂隙、溶洞,私设暗管,篡改、伪造监测数据,或者不正常运行水污染防治设施等逃避监管的方式排放水污染物的;

(四)未按照规定进行预处理,向污水集中处理设施排放不符合处理工艺要求的工业废水的。

第八十四条 在饮用水水源保护区内设置排污口的,由县级以上地方人民政府责令限期拆除,处十万元以上五十万元以下的罚款;逾期不拆除的,强制拆除,所需费用由违法者承担,处五十万元以上一百万元以下的罚款,并可以责令停产整治。

除前款规定外,违反法律、行政法规和国务院环境保护主管部门的规定设置排污口的,由县级以上地方人民政府环境保护主管部门责令限期拆除,处二万元以上十万元以下的罚款;逾期不拆除的,强制拆除,所需费用由违法者承担,处十万元以上五十万元以下的罚款;情节严重的,可以责令停产整治。

未经水行政主管部门或者流域管理机构同意,在江河、湖泊新建、改建、扩建排污口的,由县级以上人民政府水行政主管部门或者流域管理机构依据职权,依照前款规定采取措施,给予处罚。

第八十五条 有下列行为之一的,由县级以上地方人民政府环境保护主管部门责令停止违法行为,限期采取治理措施,消除污染,处以罚款;逾期不采取治理措施的,环境保护主管部门可以指定有治理能力的单位代为治理,所需费用由违法者承担:

(一)向水体排放油类、酸液、碱液的;

(二)向水体排放剧毒废液,或者将含有汞、镉、砷、铬、铅、氰化物、黄磷等的可溶性剧毒废渣向水体排放、倾倒或者直接埋入地下的;

（三）在水体清洗装贮过油类、有毒污染物的车辆或者容器的；

（四）向水体排放、倾倒工业废渣、城镇垃圾或者其他废弃物，或者在江河、湖泊、运河、渠道、水库最高水位线以下的滩地、岸坡堆放、存贮固体废弃物或者其他污染物的；

（五）向水体排放、倾倒放射性固体废物或者含有高放射性、中放射性物质的废水的；

（六）违反国家有关规定或者标准，向水体排放含低放射性物质的废水、热废水或者含病原体的污水的；

（七）未采取防渗漏等措施，或者未建设地下水水质监测井进行监测的；

（八）加油站等的地下油罐未使用双层罐或者采取建造防渗池等其他有效措施，或者未进行防渗漏监测的；

（九）未按照规定采取防护性措施，或者利用无防渗漏措施的沟渠、坑塘等输送或者存贮含有毒污染物的废水、含病原体的污水或者其他废弃物的。

有前款第三项、第四项、第六项、第七项、第八项行为之一的，处二万元以上二十万元以下的罚款。有前款第一项、第二项、第五项、第九项行为之一的，处十万元以上一百万元以下的罚款；情节严重的，报经有批准权的人民政府批准，责令停业、关闭。

第八十六条 违反本法规定，生产、销售、进口或者使用列入禁止生产、销售、进口、使用的严重污染水环境的设备名录中的设备，或者采用列入禁止采用的严重污染水环境的工艺名录中的工艺的，由县级以上人民政府经济综合宏观调控部门责令改正，处五万元以上二十万元以下的罚款；情节严重的，由县级以上人民政府经济综合宏观调控部门提出意见，报请本级人民政府责令停业、关闭。

第八十七条 违反本法规定，建设不符合国家产业政策的小型造纸、制革、印染、染料、炼焦、炼硫、炼砷、炼汞、炼油、电镀、农药、石棉、水泥、玻璃、钢铁、火电以及其他严重污染水环境的生产项目的，由所在地的市、县人民政府责令关闭。

第八十八条 城镇污水集中处理设施的运营单位或者污泥处理处置单位，处理处置后的污泥不符合国家标准，或者对污泥去向等未进行记录的，由城镇排水主管部门责令限期采取治理措施，给予警告；造成严重后果的，处十万元以上二十万元以下的罚款；逾期不采取治理措施的，城镇排水主管部门可以指定有治理能力的单位代为治理，所需费用由违法者承担。

第八十九条 船舶未配置相应的防污染设备和器材，或者未持有合法有效的防止水域环境污染的证书与文书的，由海事管理机构、渔业主管部门按照职责分工责令限期改正，处二千元以上二万元以下的罚款；逾期不改正的，责令船舶临时停航。

船舶进行涉及污染物排放的作业，未遵守操作规程或者未在相应的记录簿上如实记载的，由海事管理机构、渔业主管部门按照职责分工责令改正，处二千元以上二万元以下的罚款。

第九十条 违反本法规定，有下列行为之一的，由海事管理机构、渔业主管部门按照职责分工责令停止违法行为，处一万元以上十万元以下的罚款；造成水污染的，责令限期采取治理措施，消除污染，处二万元以上二十万元以下的罚款；逾期不采取治理措施的，海事管理机构、渔业主管部门按照职责分工可以指定有治理能力的单位代为治理，所需费用由船舶承担：

（一）向水体倾倒船舶垃圾或者排放船舶的残油、废油的；

（二）未经作业地海事管理机构批准，船舶进行散装液体污染危害性货物的过驳作业的；

（三）船舶及有关作业单位从事有污染风险的作业活动，未按照规定采取污染防治措施的；

（四）以冲滩方式进行船舶拆解的；

（五）进入中华人民共和国内河的国际航线船舶，排放不符合规定的船舶压载水的。

第九十一条 有下列行为之一的，由县级以上地方人民政府环境保护主管部门责令停止违法行为，处十万元以上五十万元以下的罚款；并报经有批准权的人民政府批准，责令拆除或者关闭：

（一）在饮用水水源一级保护区内新建、改建、扩建与供水设施和保护水源无关的建设项目的；

（二）在饮用水水源二级保护区内新建、改建、扩建排放污染物的建设项目的；

（三）在饮用水水源准保护区内新建、扩建对水体污染严重的建设项目，或者改建建设项目增加排污量的。

在饮用水水源一级保护区内从事网箱养殖或者组织进行旅游、垂钓或者其他可能污染饮用水水体的活动的，由县级以上地方人民政府环境保护主管部门责令停止违法行为，处二万元以上十万元以下的罚款。个人在饮用水水源一级保护区内游泳、垂钓或者从事其他可能污染饮用水水体的活动的，由县级以上地方人民政府环境保护主管部门责令停止违法行为，可以处五百元以下的罚款。

第九十二条 饮用水供水单位供水水质不符合国家规定标准的,由所在地市、县级人民政府供水主管部门责令改正,处二万元以上二十万元以下的罚款;情节严重的,报经有批准权的人民政府批准,可以责令停业整顿;对直接负责的主管人员和其他直接责任人员依法给予处分。

第九十三条 企业事业单位有下列行为之一的,由县级以上人民政府环境保护主管部门责令改正;情节严重的,处二万元以上十万元以下的罚款:

(一)不按照规定制定水污染事故的应急方案的;

(二)水污染事故发生后,未及时启动水污染事故的应急方案,采取有关应急措施的。

第九十四条 企业事业单位违反本法规定,造成水污染事故的,除依法承担赔偿责任外,由县级以上人民政府环境保护主管部门依照本条第二款的规定处以罚款,责令限期采取治理措施,消除污染;未按照要求采取治理措施或者不具备治理能力的,由环境保护主管部门指定有治理能力的单位代为治理,所需费用由违法者承担;对造成重大或者特大水污染事故的,还可以报经有批准权的人民政府批准,责令关闭;对直接负责的主管人员和其他直接责任人员可以处上一年度从本单位取得的收入百分之五十以下的罚款;有《中华人民共和国环境保护法》第六十三条规定的违法排放水污染物等行为之一,尚不构成犯罪的,由公安机关对直接负责的主管人员和其他直接责任人员处十日以上十五日以下的拘留;情节较轻的,处五日以上十日以下的拘留。

对造成一般或者较大水污染事故的,按照水污染事故造成的直接损失的百分之二十计算罚款;对造成重大或者特大水污染事故的,按照水污染事故造成的直接损失的百分之三十计算罚款。

造成渔业污染事故或者渔业船舶造成水污染事故的,由渔业主管部门进行处罚;其他船舶造成水污染事故的,由海事管理机构进行处罚。

第九十五条 企业事业单位和其他生产经营者违法排放水污染物,受到罚款处罚,被责令改正的,依法作出处罚决定的行政机关应当组织复查,发现其继续违法排放水污染物或者拒绝、阻挠复查的,依照《中华人民共和国环境保护法》的规定按日连续处罚。

第九十六条 因水污染受到损害的当事人,有权要求排污方排除危害和赔偿损失。

由于不可抗力造成水污染损害的,排污方不承担赔偿责任;法律另有规定的除外。

水污染损害是由受害人故意造成的,排污方不承担赔偿责任。水污染损害是由受害人重大过失造成的,可以减轻排污方的赔偿责任。

水污染损害是由第三人造成的,排污方承担赔偿责任后,有权向第三人追偿。

第九十七条 因水污染引起的损害赔偿责任和赔偿金额的纠纷,可以根据当事人的请求,由环境保护主管部门或者海事管理机构、渔业主管部门按照职责分工调解处理;调解不成的,当事人可以向人民法院提起诉讼。当事人也可以直接向人民法院提起诉讼。

第九十八条 因水污染引起的损害赔偿诉讼,由排污方就法律规定的免责事由及其行为与损害结果之间不存在因果关系承担举证责任。

第九十九条 因水污染受到损害的当事人人数众多的,可以依法由当事人推选代表人进行共同诉讼。

环境保护主管部门和有关社会团体可以依法支持因水污染受到损害的当事人向人民法院提起诉讼。

国家鼓励法律服务机构和律师为水污染损害诉讼中的受害人提供法律援助。

第一百条 因水污染引起的损害赔偿责任和赔偿金额的纠纷,当事人可以委托环境监测机构提供监测数据。环境监测机构应当接受委托,如实提供有关监测数据。

第一百零一条 违反本法规定,构成犯罪的,依法追究刑事责任。

第八章 附则

第一百零二条 本法中下列用语的含义:

(一)水污染,是指水体因某种物质的介入,而导致其化学、物理、生物或者放射性等方面特性的改变,从而影响水的有效利用,危害人体健康或者破坏生态环境,造成水质恶化的现象。

(二)水污染物,是指直接或者间接向水体排放的,能导致水体污染的物质。

(三)有毒污染物,是指那些直接或者间接被生物摄入体内后,可能导致该生物或者其后代发病、行为反常、遗传异变、生理机能失常、机体变形或者死亡的污染物。

(四)污泥,是指污水处理过程中产生的半固态或者固态物质。

(五)渔业水体,是指划定的鱼虾类的产卵场、索饵场、越冬场、洄游通道和鱼虾贝藻类的养殖场的水体。

第一百零三条 本法自2008年6月1日起施行。

中华人民共和国长江保护法

- 2020 年 12 月 26 日第十三届全国人民代表大会常务委员会第二十四次会议通过
- 2020 年 12 月 26 日中华人民共和国主席令第 65 号公布
- 自 2021 年 3 月 1 日起施行

第一章 总 则

第一条 为了加强长江流域生态环境保护和修复，促进资源合理高效利用，保障生态安全，实现人与自然和谐共生、中华民族永续发展，制定本法。

第二条 在长江流域开展生态环境保护和修复以及长江流域各类生产生活、开发建设活动，应当遵守本法。

本法所称长江流域，是指由长江干流、支流和湖泊形成的集水区域所涉及的青海省、四川省、西藏自治区、云南省、重庆市、湖北省、湖南省、江西省、安徽省、江苏省、上海市，以及甘肃省、陕西省、河南省、贵州省、广西壮族自治区、广东省、浙江省、福建省的相关县级行政区域。

第三条 长江流域经济社会发展，应当坚持生态优先、绿色发展，共抓大保护，不搞大开发；长江保护应当坚持统筹协调、科学规划、创新驱动、系统治理。

第四条 国家建立长江流域协调机制，统一指导、统筹协调长江保护工作，审议长江保护重大政策、重大规划，协调跨地区跨部门重大事项，督促检查长江保护重要工作的落实情况。

第五条 国务院有关部门和长江流域省级人民政府负责落实国家长江流域协调机制的决策，按照职责分工负责长江保护相关工作。

长江流域地方各级人民政府应当落实本行政区域的生态环境保护和修复、促进资源合理高效利用、优化产业结构和布局、维护长江流域生态安全的责任。

长江流域各级河湖长负责长江保护相关工作。

第六条 长江流域相关地方根据需要在地方性法规和政府规章制定、规划编制、监督执法等方面建立协作机制，协同推进长江流域生态环境保护和修复。

第七条 国务院生态环境、自然资源、水行政、农业农村和标准化等有关主管部门按照职责分工，建立健全长江流域水环境质量和污染物排放、生态环境修复、水资源节约集约利用、生态流量、生物多样性保护、水产养殖、防灾减灾等标准体系。

第八条 国务院自然资源主管部门会同国务院有关部门定期组织长江流域土地、矿产、水流、森林、草原、湿地等自然资源状况调查，建立资源基础数据库，开展资源环境承载能力评价，并向社会公布长江流域自然资源状况。

国务院野生动物保护主管部门应当每十年组织一次野生动物及其栖息地状况普查，或者根据需要组织开展专项调查，建立野生动物资源档案，并向社会公布长江流域野生动物资源状况。

长江流域县级以上地方人民政府农业农村主管部门会同本级人民政府有关部门对水生生物产卵场、索饵场、越冬场和洄游通道等重要栖息地开展生物多样性调查。

第九条 国家长江流域协调机制应当统筹协调国务院有关部门在已经建立的台站和监测项目基础上，健全长江流域生态环境、资源、水文、气象、航运、自然灾害等监测网络体系和监测信息共享机制。

国务院有关部门和长江流域县级以上地方人民政府及其有关部门按照职责分工，组织完善生态环境风险报告和预警机制。

第十条 国务院生态环境主管部门会同国务院有关部门和长江流域省级人民政府建立健全长江流域突发生态环境事件应急联动工作机制，与国家突发事件应急体系相衔接，加强对长江流域船舶、港口、矿山、化工厂、尾矿库等发生的突发生态环境事件的应急管理。

第十一条 国家加强长江流域洪涝干旱、森林草原火灾、地质灾害、地震等灾害的监测预报预警、防御、应急处置与恢复重建体系建设，提高防灾、减灾、抗灾、救灾能力。

第十二条 国家长江流域协调机制设立专家咨询委员会，组织专业机构和人员对长江流域重大发展战略、政策、规划等开展科学技术等专业咨询。

国务院有关部门和长江流域省级人民政府及其有关部门按照职责分工，组织开展长江流域建设项目、重要基础设施和产业布局相关规划等对长江流域生态系统影响的第三方评估、分析、论证等工作。

第十三条 国家长江流域协调机制统筹协调国务院有关部门和长江流域省级人民政府建立健全长江流域信息共享系统。国务院有关部门和长江流域省级人民政府及其有关部门应当按照规定，共享长江流域生态环境、自然资源以及管理执法等信息。

第十四条 国务院有关部门和长江流域县级以上地方人民政府及其有关部门应当加强长江流域生态环境保护和绿色发展的宣传教育。

新闻媒体应当采取多种形式开展长江流域生态环境保护和绿色发展的宣传教育，并依法对违法行为进行舆论监督。

第十五条　国务院有关部门和长江流域县级以上地方人民政府及其有关部门应当采取措施，保护长江流域历史文化名城名镇名村，加强长江流域文化遗产保护工作，继承和弘扬长江流域优秀特色文化。

第十六条　国家鼓励、支持单位和个人参与长江流域生态环境保护和修复、资源合理利用、促进绿色发展的活动。

对在长江保护工作中做出突出贡献的单位和个人，县级以上人民政府及其有关部门应当按照国家有关规定予以表彰和奖励。

第二章　规划与管控

第十七条　国家建立以国家发展规划为统领，以空间规划为基础，以专项规划、区域规划为支撑的长江流域规划体系，充分发挥规划对推进长江流域生态环境保护和绿色发展的引领、指导和约束作用。

第十八条　国务院和长江流域县级以上地方人民政府应当将长江保护工作纳入国民经济和社会发展规划。

国务院发展改革部门会同国务院有关部门编制长江流域发展规划，科学统筹长江流域上下游、左右岸、干支流生态环境保护和绿色发展，报国务院批准后实施。

长江流域水资源规划、生态环境保护规划等依照有关法律、行政法规的规定编制。

第十九条　国务院自然资源主管部门会同国务院有关部门组织编制长江流域国土空间规划，科学有序统筹安排长江流域生态、农业、城镇等功能空间，划定生态保护红线、永久基本农田、城镇开发边界，优化国土空间结构和布局，统领长江流域国土空间利用任务，报国务院批准后实施。涉及长江流域国土空间利用的专项规划应当与长江流域国土空间规划相衔接。

长江流域县级以上地方人民政府组织编制本行政区域的国土空间规划，按照规定的程序报经批准后实施。

第二十条　国家对长江流域国土空间实施用途管制。长江流域县级以上地方人民政府自然资源主管部门依照国土空间规划，对所辖长江流域国土空间实施分区、分类用途管制。

长江流域国土空间开发利用活动应当符合国土空间用途管制要求，并依法取得规划许可。对不符合国土空间用途管制要求的，县级以上人民政府自然资源主管部门不得办理规划许可。

第二十一条　国务院水行政主管部门统筹长江流域水资源合理配置、统一调度和高效利用，组织实施取用水总量控制和消耗强度控制管理制度。

国务院生态环境主管部门根据水环境质量改善目标和水污染防治要求，确定长江流域各省级行政区域重点污染物排放总量控制指标。长江流域水质超标的水功能区，应当实施更严格的污染物排放总量削减要求。企业事业单位应当按照要求，采取污染物排放总量控制措施。

国务院自然资源主管部门负责统筹长江流域新增建设用地总量控制和计划安排。

第二十二条　长江流域省级人民政府根据本行政区域的生态环境和资源利用状况，制定生态环境分区管控方案和生态环境准入清单，报国务院生态环境主管部门备案后实施。生态环境分区管控方案和生态环境准入清单应当与国土空间规划相衔接。

长江流域产业结构和布局应当与长江流域生态系统和资源环境承载能力相适应。禁止在长江流域重点生态功能区布局对生态系统有严重影响的产业。禁止重污染企业和项目向长江中上游转移。

第二十三条　国家加强对长江流域水能资源开发利用的管理。因国家发展战略和国计民生需要，在长江流域新建大中型水电工程，应当经科学论证，并报国务院或者国务院授权的部门批准。

对长江流域已建小水电工程，不符合生态保护要求的，县级以上地方人民政府应当组织分类整改或者采取措施逐步退出。

第二十四条　国家对长江干流和重要支流源头实行严格保护，设立国家公园等自然保护地，保护国家生态安全屏障。

第二十五条　国务院水行政主管部门加强长江流域河道、湖泊保护工作。长江流域县级以上地方人民政府负责划定河道、湖泊管理范围，并向社会公告，实行严格的河湖保护，禁止非法侵占河湖水域。

第二十六条　国家对长江流域河湖岸线实施特殊管制。国家长江流域协调机制统筹协调国务院自然资源、水行政、生态环境、住房和城乡建设、农业农村、交通运输、林业和草原等部门和长江流域省级人民政府划定河湖岸线保护范围，制定河湖岸线保护规划，严格控制岸线开发建设，促进岸线合理高效利用。

禁止在长江干支流岸线一公里范围内新建、扩建化工园区和化工项目。

禁止在长江干流岸线三公里范围内和重要支流岸线一公里范围内新建、改建、扩建尾矿库；但是以提升安全、生态环境保护水平为目的的改建除外。

第二十七条　国务院交通运输主管部门会同国务院

自然资源、水行政、生态环境、农业农村、林业和草原主管部门在长江流域水生生物重要栖息地科学划定禁止航行区域和限制航行区域。

禁止船舶在划定的禁止航行区域内航行。因国家发展战略和国计民生需要，在水生生物重要栖息地禁止航行区域内航行的，应当由国务院交通运输主管部门商国务院农业农村主管部门同意，并应当采取必要措施，减少对重要水生生物的干扰。

严格限制在长江流域生态保护红线、自然保护地、水生生物重要栖息地水域实施航道整治工程；确需整治的，应当经科学论证，并依法办理相关手续。

第二十八条 国家建立长江流域河道采砂规划和许可制度。长江流域河道采砂应当依法取得国务院水行政主管部门有关流域管理机构或者县级以上地方人民政府水行政主管部门的许可。

国务院水行政主管部门有关流域管理机构和长江流域县级以上地方人民政府依法划定禁止采砂区和禁止采砂期，严格控制采砂区域、采砂总量和采砂区域内的采砂船舶数量。禁止在长江流域禁止采砂区和禁止采砂期从事采砂活动。

国务院水行政主管部门会同国务院有关部门组织长江流域有关地方人民政府及其有关部门开展长江流域河道非法采砂联合执法工作。

第三章 资源保护

第二十九条 长江流域水资源保护与利用，应当根据流域综合规划，优先满足城乡居民生活用水，保障基本生态用水，并统筹农业、工业用水以及航运等需要。

第三十条 国务院水行政主管部门有关流域管理机构商长江流域省级人民政府依法制定跨省河流水量分配方案，报国务院或者国务院授权的部门批准后实施。制定长江流域跨省河流水量分配方案应当征求国务院有关部门的意见。长江流域省级人民政府水行政主管部门制定本行政区域的长江流域水量分配方案，报本级人民政府批准后实施。

国务院水行政主管部门有关流域管理机构或者长江流域县级以上地方人民政府水行政主管部门依据批准的水量分配方案，编制年度水量分配方案和调度计划，明确相关河段和控制断面流量水量、水位管控要求。

第三十一条 国家加强长江流域生态用水保障。国务院水行政主管部门会同国务院有关部门提出长江干流、重要支流和重要湖泊控制断面的生态流量管控指标。其他河湖生态流量管控指标由长江流域县级以上人民政府水行政主管部门会同本级人民政府有关部门确定。

国务院水行政主管部门有关流域管理机构应当将生态水量纳入年度水量调度计划，保证河湖基本生态用水需求，保障枯水期和鱼类产卵期生态流量、重要湖泊的水量和水位，保障长江河口咸淡水平衡。

长江干流、重要支流和重要湖泊上游的水利水电、航运枢纽等工程应当将生态用水调度纳入日常运行调度规程，建立常规生态调度机制，保证河湖生态流量；其下泄流量不符合生态流量泄放要求的，由县级以上人民政府水行政主管部门提出整改措施并监督实施。

第三十二条 国务院有关部门和长江流域地方各级人民政府应当采取措施，加快病险水库除险加固，推进堤防和蓄滞洪区建设，提升洪涝灾害防御工程标准，加强水工程联合调度，开展河道泥沙观测和河势调查，建立与经济社会发展相适应的防洪减灾工程和非工程体系，提高防御水旱灾害的整体能力。

第三十三条 国家对跨长江流域调水实行科学论证，加强控制和管理。实施跨长江流域调水应当优先保障调出区域及其下游区域的用水安全和生态安全，统筹调出区域和调入区域用水需求。

第三十四条 国家加强长江流域饮用水水源地保护。国务院水行政主管部门会同国务院有关部门制定长江流域饮用水水源地名录。长江流域省级人民政府水行政主管部门会同本级人民政府有关部门制定本行政区域的其他饮用水水源地名录。

长江流域省级人民政府组织划定饮用水水源保护区，加强饮用水水源保护，保障饮用水安全。

第三十五条 长江流域县级以上地方人民政府及其有关部门应当合理布局饮用水水源取水口，制定饮用水安全突发事件应急预案，加强饮用水备用应急水源建设，对饮用水水源的水环境质量进行实时监测。

第三十六条 丹江口库区及其上游所在地县级以上地方人民政府应当按照饮用水水源地安全保障区、水质影响控制区、水源涵养生态建设区管理要求，加强山水林田湖草整体保护，增强水源涵养能力，保障水质稳定达标。

第三十七条 国家加强长江流域地下水资源保护。长江流域县级以上地方人民政府及其有关部门应当定期调查评估地下水资源状况，监测地下水水量、水位、水环境质量，并采取相应风险防范措施，保障地下水资源安全。

第三十八条 国务院水行政主管部门会同国务院有

关部门确定长江流域农业、工业用水效率目标,加强用水计量和监测设施建设;完善规划和建设项目水资源论证制度;加强对高耗水行业、重点用水单位的用水定额管理,严格控制高耗水项目建设。

第三十九条 国家统筹长江流域自然保护地体系建设。国务院和长江流域省级人民政府在长江流域重要典型生态系统的完整分布区、生态环境敏感区以及珍贵野生动植物天然集中分布区和重要栖息地、重要自然遗迹分布区等区域,依法设立国家公园、自然保护区、自然公园等自然保护地。

第四十条 国务院和长江流域省级人民政府应当依法在长江流域重要生态区、生态状况脆弱区划定公益林,实施严格管理。国家对长江流域天然林实施严格保护,科学划定天然林保护重点区域。

长江流域县级以上地方人民政府应当加强对长江流域草原资源的保护,对具有调节气候、涵养水源、保持水土、防风固沙等特殊作用的基本草原实施严格管理。

国务院林业和草原主管部门和长江流域省级人民政府林业和草原主管部门会同本级人民政府有关部门,根据不同生态区位、生态系统功能和生物多样性保护的需要,发布长江流域国家重要湿地、地方重要湿地名录及保护范围,加强对长江流域湿地的保护和管理,维护湿地生态功能和生物多样性。

第四十一条 国务院农业农村主管部门会同国务院有关部门和长江流域省级人民政府建立长江流域水生生物完整性指数评价体系,组织开展长江流域水生生物完整性评价,并将结果作为评估长江流域生态系统总体状况的重要依据。长江流域水生生物完整性指数应当与长江流域水环境质量标准相衔接。

第四十二条 国务院农业农村主管部门和长江流域县级以上地方人民政府应当制定长江流域珍贵、濒危水生野生动植物保护计划,对长江流域珍贵、濒危水生野生动植物实行重点保护。

国家鼓励有条件的单位开展对长江流域江豚、白鱀豚、白鲟、中华鲟、长江鲟、鯮、鳤、四川白甲鱼、川陕哲罗鲑、胭脂鱼、岩原鲤、圆口铜鱼、多鳞白甲鱼、华鲮、鲈鲤和葛仙米、弧形藻、眼子菜、水菜花等水生野生动植物生境特征和种群动态的研究,建设人工繁育和科普教育基地,组织开展水生生物救护。

禁止在长江流域开放水域养殖、投放外来物种或者其他非本地物种种质资源。

第四章　水污染防治

第四十三条 国务院生态环境主管部门和长江流域地方各级人民政府应当采取有效措施,加大对长江流域的水污染防治、监管力度,预防、控制和减少水环境污染。

第四十四条 国务院生态环境主管部门负责制定长江流域水环境质量标准,对国家水环境质量标准中未作规定的项目可以补充规定;对国家水环境质量标准中已经规定的项目,可以作出更加严格的规定。制定长江流域水环境质量标准应当征求国务院有关部门和有关省级人民政府的意见。长江流域省级人民政府可以制定严于长江流域水环境质量标准的地方水环境质量标准,报国务院生态环境主管部门备案。

第四十五条 长江流域省级人民政府应当对没有国家水污染物排放标准的特色产业、特有污染物,或者国家有明确要求的特定水污染源或者水污染物,补充制定地方水污染物排放标准,报国务院生态环境主管部门备案。

有下列情形之一的,长江流域省级人民政府应当制定严于国家水污染物排放标准的地方水污染物排放标准,报国务院生态环境主管部门备案:

(一)产业密集、水环境问题突出的;

(二)现有水污染物排放标准不能满足所辖长江流域水环境质量要求的;

(三)流域或者区域水环境形势复杂,无法适用统一的水污染物排放标准的。

第四十六条 长江流域省级人民政府制定本行政区域的总磷污染控制方案,并组织实施。对磷矿、磷肥生产集中的长江干支流,有关省级人民政府应当制定更加严格的总磷排放管控要求,有效控制总磷排放总量。

磷矿开采加工、磷肥和含磷农药制造等企业,应当按照排污许可要求,采取有效措施控制总磷排放浓度和排放总量;对排污口和周边环境进行总磷监测,依法公开监测信息。

第四十七条 长江流域县级以上地方人民政府应当统筹长江流域城乡污水集中处理设施及配套管网建设,并保障其正常运行,提高城乡污水收集处理能力。

长江流域县级以上地方人民政府应当组织对本行政区域的江河、湖泊排污口开展排查整治,明确责任主体,实施分类管理。

在长江流域江河、湖泊新设、改设或者扩大排污口,应当按照国家有关规定报经有管辖权的生态环境主管部门或者长江流域生态环境监督管理机构同意。对未达到水质目标的水功能区,除污水集中处理设施排污口外,应当严格控制新设、改设或者扩大排污口。

第四十八条 国家加强长江流域农业面源污染防治。长江流域农业生产应当科学使用农业投入品，减少化肥、农药施用，推广有机肥使用，科学处置农用薄膜、农作物秸秆等农业废弃物。

第四十九条 禁止在长江流域河湖管理范围内倾倒、填埋、堆放、弃置、处理固体废物。长江流域县级以上地方人民政府应当加强对固体废物非法转移和倾倒的联防联控。

第五十条 长江流域县级以上地方人民政府应当组织对沿河湖垃圾填埋场、加油站、矿山、尾矿库、危险废物处置场、化工园区和化工项目等地下水重点污染源及周边地下水环境风险隐患开展调查评估，并采取相应风险防范和整治措施。

第五十一条 国家建立长江流域危险货物运输船舶污染责任保险与财务担保相结合机制。具体办法由国务院交通运输主管部门会同国务院有关部门制定。

禁止在长江流域水上运输剧毒化学品和国家规定禁止通过内河运输的其他危险化学品。长江流域县级以上地方人民政府交通运输主管部门会同本级人民政府有关部门加强对长江流域危险化学品运输的管控。

第五章 生态环境修复

第五十二条 国家对长江流域生态系统实行自然恢复为主、自然恢复与人工修复相结合的系统治理。国务院自然资源主管部门会同国务院有关部门编制长江流域生态环境修复规划，组织实施重大生态环境修复工程，统筹推进长江流域各项生态环境修复工作。

第五十三条 国家对长江流域重点水域实行严格捕捞管理。在长江流域水生生物保护区全面禁止生产性捕捞；在国家规定的期限内，长江干流和重要支流、大型通江湖泊、长江河口规定区域等重点水域全面禁止天然渔业资源的生产性捕捞。具体办法由国务院农业农村主管部门会同国务院有关部门制定。

国务院农业农村主管部门会同国务院有关部门和长江流域省级人民政府加强长江流域禁捕执法工作，严厉查处电鱼、毒鱼、炸鱼等破坏渔业资源和生态环境的捕捞行为。

长江流域县级以上地方人民政府应当按照国家有关规定做好长江流域重点水域退捕渔民的补偿、转产和社会保障工作。

长江流域其他水域禁捕、限捕管理办法由县级以上地方人民政府制定。

第五十四条 国务院水行政主管部门会同国务院有关部门制定并组织实施长江干流和重要支流的河湖水系连通修复方案，长江流域省级人民政府制定并组织实施本行政区域的长江流域河湖水系连通修复方案，逐步改善长江流域河湖连通状况，恢复河湖生态流量，维护河湖水系生态功能。

第五十五条 国家长江流域协调机制统筹协调国务院自然资源、水行政、生态环境、住房和城乡建设、农业农村、交通运输、林业和草原等部门和长江流域省级人民政府制定长江流域河湖岸线修复规范，确定岸线修复指标。

长江流域县级以上地方人民政府按照长江流域河湖岸线保护规划、修复规范和指标要求，制定并组织实施河湖岸线修复计划，保障自然岸线比例，恢复河湖岸线生态功能。

禁止违法利用、占用长江流域河湖岸线。

第五十六条 国务院有关部门会同长江流域有关省级人民政府加强对三峡库区、丹江口库区等重点库区消落区的生态环境保护和修复，因地制宜实施退耕还林还草还湿，禁止施用化肥、农药，科学调控水库水位，加强库区水土保持和地质灾害防治工作，保障消落区良好生态功能。

第五十七条 长江流域县级以上地方人民政府林业和草原主管部门负责组织实施长江流域森林、草原、湿地修复计划，科学推进森林、草原、湿地修复工作，加大退化天然林、草原和受损湿地修复力度。

第五十八条 国家加大对太湖、鄱阳湖、洞庭湖、巢湖、滇池等重点湖泊实施生态环境修复的支持力度。

长江流域县级以上地方人民政府应当组织开展富营养化湖泊的生态环境修复，采取调整产业布局规模、实施控制性水工程统一调度、生态补水、河湖连通等综合措施，改善和恢复湖泊生态系统的质量和功能；对氮磷浓度严重超标的湖泊，应当在影响湖泊水质的汇水区，采取措施削减化肥用量，禁止使用含磷洗涤剂，全面清理投饵、投肥养殖。

第五十九条 国务院林业和草原、农业农村主管部门应当对长江流域数量急剧下降或者极度濒危的野生动植物和受到严重破坏的栖息地、天然集中分布区、破碎化的典型生态系统制定修复方案和行动计划，修建迁地保护设施，建立野生动植物遗传资源基因库，进行抢救性修复。

在长江流域水生生物产卵场、索饵场、越冬场和洄游通道等重要栖息地应当实施生态环境修复和其他保护措施。对鱼类等水生生物洄游产生阻隔的涉水工程应当结合实际采取建设过鱼设施、河湖连通、生态调度、灌江纳苗、基因保存、增殖放流、人工繁育等多种措施，充分满足水生生物的生态需求。

第六十条　国务院水行政主管部门会同国务院有关部门和长江河口所在地人民政府按照陆海统筹、河海联动的要求，制定实施长江河口生态环境修复和其他保护措施方案，加强对水、沙、盐、潮滩、生物种群的综合监测，采取有效措施防止海水入侵和倒灌，维护长江河口良好生态功能。

第六十一条　长江流域水土流失重点预防区和重点治理区的县级以上地方人民政府应当采取措施，防治水土流失。生态保护红线范围内的水土流失地块，以自然恢复为主，按照规定有计划地实施退耕还林还草还湿；划入自然保护地核心保护区的永久基本农田，依法有序退出并予以补划。

禁止在长江流域水土流失严重、生态脆弱的区域开展可能造成水土流失的生产建设活动。确因国家发展战略和国计民生需要建设的，应当经科学论证，并依法办理审批手续。

长江流域县级以上地方人民政府应当对石漠化的土地因地制宜采取综合治理措施，修复生态系统，防止土地石漠化蔓延。

第六十二条　长江流域县级以上地方人民政府应当因地制宜采取消除地质灾害隐患、土地复垦、恢复植被、防治污染等措施，加快历史遗留矿山生态环境修复工作，并加强对在建和运行中矿山的监督管理，督促采矿权人切实履行矿山污染防治和生态环境修复责任。

第六十三条　长江流域中下游地区县级以上地方人民政府应当因地制宜在项目、资金、人才、管理等方面，对长江流域江河源头和上游地区实施生态环境修复和其他保护措施给予支持，提升长江流域生态脆弱区实施生态环境修复和其他保护措施的能力。

国家按照政策支持、企业和社会参与、市场化运作的原则，鼓励社会资本投入长江流域生态环境修复。

第六章　绿色发展

第六十四条　国务院有关部门和长江流域地方各级人民政府应当按照长江流域发展规划、国土空间规划的要求，调整产业结构，优化产业布局，推进长江流域绿色发展。

第六十五条　国务院和长江流域地方各级人民政府及其有关部门应当协同推进乡村振兴战略和新型城镇化战略的实施，统筹城乡基础设施建设和产业发展，建立健全全民覆盖、普惠共享、城乡一体的基本公共服务体系，促进长江流域城乡融合发展。

第六十六条　长江流域县级以上地方人民政府应当推动钢铁、石油、化工、有色金属、建材、船舶等产业升级改造，提升技术装备水平；推动造纸、制革、电镀、印染、有色金属、农药、氮肥、焦化、原料药制造等企业实施清洁化改造。企业应当通过技术创新减少资源消耗和污染物排放。

长江流域县级以上地方人民政府应当采取措施加快重点地区危险化学品生产企业搬迁改造。

第六十七条　国务院有关部门会同长江流域省级人民政府建立开发区绿色发展评估机制，并组织对各类开发区的资源能源节约集约利用、生态环境保护等情况开展定期评估。

长江流域县级以上地方人民政府应当根据评估结果对开发区产业产品、节能减排措施等进行优化调整。

第六十八条　国家鼓励和支持在长江流域实施重点行业和重点用水单位节水技术改造，提高水资源利用效率。

长江流域县级以上地方人民政府应当加强节水型城市和节水型园区建设，促进节水型行业产业和企业发展，并加快建设雨水自然积存、自然渗透、自然净化的海绵城市。

第六十九条　长江流域县级以上地方人民政府应当按照绿色发展的要求，统筹规划、建设与管理，提升城乡人居环境质量，建设美丽城镇和美丽乡村。

长江流域县级以上地方人民政府应当按照生态、环保、经济、实用的原则因地制宜组织实施厕所改造。

国务院有关部门和长江流域县级以上地方人民政府及其有关部门应当加强对城市新区、各类开发区等使用建筑材料的管理，鼓励使用节能环保、性能高的建筑材料，建设地下综合管廊和管网。

长江流域县级以上地方人民政府应当建设废弃土石渣综合利用信息平台，加强对生产建设活动废弃土石渣收集、清运、集中堆放的管理，鼓励开展综合利用。

第七十条　长江流域县级以上地方人民政府应当编制并组织实施养殖水域滩涂规划，合理划定禁养区、限养区、养殖区，科学确定养殖规模和养殖密度；强化水产养殖投入品管理，指导和规范水产养殖、增殖活动。

第七十一条　国家加强长江流域综合立体交通体系建设，完善港口、航道等水运基础设施，推动交通设施互联互通，实现水陆有机衔接、江海直达联运，提升长江黄金水道功能。

第七十二条　长江流域县级以上地方人民政府应当统筹建设船舶污染物接收转运处置设施、船舶液化天然气加注站，制定港口岸电设施、船舶受电设施建设和改造计划，并组织实施。具备岸电使用条件的船舶靠港应当按照国家有关规定使用岸电，但使用清洁能源的除外。

第七十三条　国务院和长江流域县级以上地方人民政府对长江流域港口、航道和船舶升级改造，液化天然气动力船舶等清洁能源或者新能源动力船舶建造、港口绿色设计等按照规定给予资金支持或者政策扶持。

国务院和长江流域县级以上地方人民政府对长江流域港口岸电设施、船舶受电设施的改造和使用按照规定给予资金补贴、电价优惠等政策扶持。

第七十四条　长江流域地方各级人民政府加强对城乡居民绿色消费的宣传教育，并采取有效措施，支持、引导居民绿色消费。

长江流域地方各级人民政府按照系统推进、广泛参与、突出重点、分类施策的原则，采取回收押金、限制使用易污染不易降解塑料用品、绿色设计、发展公共交通等措施，提倡简约适度、绿色低碳的生活方式。

第七章　保障与监督

第七十五条　国务院和长江流域县级以上地方人民政府应当加大长江流域生态环境保护和修复的财政投入。

国务院和长江流域省级人民政府按照中央与地方财政事权和支出责任划分原则，专项安排长江流域生态环境保护资金，用于长江流域生态环境保护和修复。国务院自然资源主管部门会同国务院财政、生态环境等有关部门制定合理利用社会资金促进长江流域生态环境修复的政策措施。

国家鼓励和支持长江流域生态环境保护和修复等方面的科学技术研究开发和推广应用。

国家鼓励金融机构发展绿色信贷、绿色债券、绿色保险等金融产品，为长江流域生态环境保护和绿色发展提供金融支持。

第七十六条　国家建立长江流域生态保护补偿制度。

国家加大财政转移支付力度，对长江干流及重要支流源头和上游的水源涵养地等生态功能重要区域予以补偿。具体办法由国务院财政部门会同国务院有关部门制定。

国家鼓励长江流域上下游、左右岸、干支流地方人民政府之间开展横向生态保护补偿。

国家鼓励社会资金建立市场化运作的长江流域生态保护补偿基金；鼓励相关主体之间采取自愿协商等方式开展生态保护补偿。

第七十七条　国家加强长江流域司法保障建设，鼓励有关单位为长江流域生态环境保护提供法律服务。

长江流域各级行政执法机关、人民法院、人民检察院在依法查处长江保护违法行为或者办理相关案件过程中，发现存在涉嫌犯罪行为的，应当将犯罪线索移送具有侦查、调查职权的机关。

第七十八条　国家实行长江流域生态环境保护责任制和考核评价制度。上级人民政府应当对下级人民政府生态环境保护和修复目标完成情况等进行考核。

第七十九条　国务院有关部门和长江流域县级以上地方人民政府有关部门应当依照本法规定和职责分工，对长江流域各类保护、开发、建设活动进行监督检查，依法查处破坏长江流域自然资源、污染长江流域环境、损害长江流域生态系统等违法行为。

公民、法人和非法人组织有权依法获取长江流域生态环境保护相关信息，举报和控告破坏长江流域自然资源、污染长江流域环境、损害长江流域生态系统等违法行为。

国务院有关部门和长江流域地方各级人民政府及其有关部门应当依法公开长江流域生态环境保护相关信息，完善公众参与程序，为公民、法人和非法人组织参与和监督长江流域生态环境保护提供便利。

第八十条　国务院有关部门和长江流域地方各级人民政府及其有关部门对长江流域跨行政区域、生态敏感区域和生态环境违法案件高发区域以及重大违法案件，依法开展联合执法。

第八十一条　国务院有关部门和长江流域省级人民政府对长江保护工作不力、问题突出、群众反映集中的地区，可以约谈所在地区县级以上地方人民政府及其有关部门主要负责人，要求其采取措施及时整改。

第八十二条　国务院应当定期向全国人民代表大会常务委员会报告长江流域生态环境状况及保护和修复工作等情况。

长江流域县级以上地方人民政府应当定期向本级人民代表大会或者其常务委员会报告本级人民政府长江流域生态环境保护和修复工作等情况。

第八章　法律责任

第八十三条　国务院有关部门和长江流域地方各级

人民政府及其有关部门违反本法规定,有下列行为之一的,对直接负责的主管人员和其他直接责任人员依法给予警告、记过、记大过或者降级处分;造成严重后果的,给予撤职或者开除处分,其主要负责人应当引咎辞职:

(一)不符合行政许可条件准予行政许可的;

(二)依法应当作出责令停业、关闭等决定而未作出的;

(三)发现违法行为或者接到举报不依法查处的;

(四)有其他玩忽职守、滥用职权、徇私舞弊行为的。

第八十四条　违反本法规定,有下列行为之一的,由有关主管部门按照职责分工,责令停止违法行为,给予警告,并处一万元以上十万元以下罚款;情节严重的,并处十万元以上五十万元以下罚款:

(一)船舶在禁止航行区域内航行的;

(二)经同意在水生生物重要栖息地禁止航行区域内航行,未采取必要措施减少对重要水生生物干扰的;

(三)水利水电、航运枢纽等工程未将生态用水调度纳入日常运行调度规程的;

(四)具备岸电使用条件的船舶未按照国家有关规定使用岸电的。

第八十五条　违反本法规定,在长江流域开放水域养殖、投放外来物种或者其他非本地物种种质资源的,由县级以上人民政府农业农村主管部门责令限期捕回,处十万元以下罚款;造成严重后果的,处十万元以上一百万元以下罚款;逾期不捕回的,由有关人民政府农业农村主管部门代为捕回或者采取降低负面影响的措施,所需费用由违法者承担。

第八十六条　违反本法规定,在长江流域水生生物保护区内从事生产性捕捞,或者在长江干流和重要支流、大型通江湖泊、长江河口规定区域等重点水域禁捕期间从事天然渔业资源的生产性捕捞的,由县级以上人民政府农业农村主管部门没收渔获物、违法所得以及用于违法活动的渔船、渔具和其他工具,并处一万元以上五万元以下罚款;采取电鱼、毒鱼、炸鱼等方式捕捞或者有其他严重情节的,并处五万元以上五十万元以下罚款。

收购、加工、销售前款规定的渔获物的,由县级以上人民政府农业农村、市场监督管理等部门按照职责分工,没收渔获物及其制品和违法所得,并处货值金额十倍以上二十倍以下罚款;情节严重的,吊销相关生产经营许可证或者责令关闭。

第八十七条　违反本法规定,非法侵占长江流域河湖水域,或者违法利用、占用河湖岸线的,由县级以上人民政府水行政、自然资源等主管部门按照职责分工,责令停止违法行为,限期拆除并恢复原状,所需费用由违法者承担,没收违法所得,并处五万元以上五十万元以下罚款。

第八十八条　违反本法规定,有下列行为之一的,由县级以上人民政府生态环境、自然资源等主管部门按照职责分工,责令停止违法行为,限期拆除并恢复原状,所需费用由违法者承担,没收违法所得,并处五十万元以上五百万元以下罚款,对直接负责的主管人员和其他直接责任人员处五万元以上十万元以下罚款;情节严重的,报经有批准权的人民政府批准,责令关闭:

(一)在长江干支流岸线一公里范围内新建、扩建化工园区和化工项目的;

(二)在长江干流岸线三公里范围内和重要支流岸线一公里范围内新建、改建、扩建尾矿库的;

(三)违反生态环境准入清单的规定进行生产建设活动的。

第八十九条　长江流域磷矿开采加工、磷肥和含磷农药制造等企业违反本法规定,超过排放标准或者总量控制指标排放含磷水污染物的,由县级以上人民政府生态环境主管部门责令停止违法行为,并处二十万元以上二百万元以下罚款,对直接负责的主管人员和其他直接责任人员处五万元以上十万元以下罚款;情节严重的,责令停产整顿,或者报经有批准权的人民政府批准,责令关闭。

第九十条　违反本法规定,在长江流域水上运输剧毒化学品和国家规定禁止通过内河运输的其他危险化学品的,由县级以上人民政府交通运输主管部门或者海事管理机构责令改正,没收违法所得,并处二十万元以上二百万元以下罚款,对直接负责的主管人员和其他直接责任人员处五万元以上十万元以下罚款;情节严重的,责令停业整顿,或者吊销相关许可证。

第九十一条　违反本法规定,在长江流域未依法取得许可从事采砂活动,或者在禁止采砂区和禁止采砂期从事采砂活动的,由国务院水行政主管部门有关流域管理机构或者县级以上地方人民政府水行政主管部门责令停止违法行为,没收违法所得以及用于违法活动的船舶、设备、工具,并处货值金额二倍以上二十倍以下罚款;货值金额不足十万元的,并处二十万元以上二百万元以下罚款;已经取得河道采砂许可证的,吊销河道采砂许可证。

第九十二条　对破坏长江流域自然资源、污染长江流域环境、损害长江流域生态系统等违法行为,本法未作行政处罚规定的,适用有关法律、行政法规的规定。

第九十三条 因污染长江流域环境、破坏长江流域生态造成他人损害的,侵权人应当承担侵权责任。

违反国家规定造成长江流域生态环境损害的,国家规定的机关或者法律规定的组织有权请求侵权人承担修复责任、赔偿损失和有关费用。

第九十四条 违反本法规定,构成犯罪的,依法追究刑事责任。

第九章 附 则

第九十五条 本法下列用语的含义:

(一)本法所称长江干流,是指长江源头至长江河口,流经青海省、四川省、西藏自治区、云南省、重庆市、湖北省、湖南省、江西省、安徽省、江苏省、上海市的长江主河段;

(二)本法所称长江支流,是指直接或者间接流入长江干流的河流,支流可以分为一级支流、二级支流等;

(三)本法所称长江重要支流,是指流域面积一万平方公里以上的支流,其中流域面积八万平方公里以上的一级支流包括雅砻江、岷江、嘉陵江、乌江、湘江、沅江、汉江和赣江。

第九十六条 本法自2021年3月1日起施行。

最高人民法院关于贯彻《中华人民共和国长江保护法》的实施意见

· 2021年2月24日
· 法发〔2021〕8号

为深入学习贯彻习近平新时代中国特色社会主义思想,全面贯彻党的十九大及十九届二中、三中、四中、五中全会精神,正确适用《中华人民共和国长江保护法》,充分发挥人民法院审判职能作用,依法加强长江流域生态环境保护和修复,促进资源合理高效利用,推动长江流域绿色发展,结合人民法院工作实际,制定如下实施意见。

一、深刻认识实施长江保护法重大意义,增强司法服务保障长江流域生态环境保护和绿色发展的责任感和使命感

1. 长江保护法的贯彻实施是落实习近平总书记关于长江保护重要指示精神的重大举措。长江保护法是习近平总书记亲自确定的重大立法任务,是一部关系到党和国家工作大局、中华民族伟大复兴战略全局的重要法律。各级人民法院要切实提高政治站位,深入贯彻落实习近平总书记重要指示精神,增强"四个意识"、坚定"四个自信"、做到"两个维护",切实做好长江保护法实施工作,把保护和修复生态环境摆在压倒性位置,为实现人与自然和谐共生、中华民族永续发展提供坚实司法保障。

2. 长江保护法的贯彻实施是推进长江流域绿色发展的有力支撑。长江保护法既是生态环境的保护法,也是绿色发展的促进法,不仅突出强调长江流域生态环境保护和修复,同时在促进长江经济带产业结构绿色改造、提升流域人居环境质量、保障长江黄金水道功能等方面均作出重要规定。各级人民法院要将贯彻落实长江保护法作为保障长江流域绿色发展的发力点,助力长江经济带成为我国生态优先绿色发展主战场、畅通国内国际双循环主动脉、引领经济高质量发展主力军。

3. 长江保护法的贯彻实施是人民法院依法履职尽责的使命担当。长江保护法是我国首部流域专门法律,对于推动长江流域生态环境治理具有重大基础性、保障性作用。各级人民法院要坚持以习近平生态文明思想、习近平法治思想武装头脑、指导实践、推动工作,自觉主动担负起保护长江母亲河的使命责任。要充分发挥审判职能作用,妥善审理各类环境资源案件,保护长江流域生态系统、维护长江流域生物多样性,筑牢国家生态安全屏障,为长江流域生态环境保护和高质量发展提供有力司法服务和保障。

二、正确树立长江司法保护理念,准确把握长江流域生态环境保护和绿色发展的深刻内涵

4. 坚持生态优先、绿色发展。准确理解生态环境保护与经济社会发展的辩证关系,牢固树立和践行绿水青山就是金山银山的发展理念,坚持共抓大保护、不搞大开发,把长江流域生态环境保护和修复摆在压倒性位置。立足审判职能,保护长江流域生态环境,保障资源合理开发利用,推进长江流域绿色发展。

5. 坚持统筹协调、系统治理。保障国家长江流域协调机制关于长江保护的重大政策、重大规划有效落实。坚持在国家长江流域协调机制统一指导、统筹协调下,开展长江保护工作。坚持自然恢复为主、自然恢复与人工修复相结合的系统治理。妥善协调长江流域江河湖泊、上中下游、干支流、左右岸、水中岸上的关系,推进山水林田湖草一体化保护和修复。

6. 坚持依法严惩、全面担责。准确理解长江保护法适用的地域范围,严格把握特别法优于一般法等法律适用基本原则,确保长江保护法准确实施。坚持最严法治观,加大对流域生态环境破坏违法犯罪行为惩治力度,将"严"的基调贯彻到法律实施全过程、各方面,切实增强法律的刚性和权威性。在审理长江保护相关案件中,依法准确适用刑事、民事、行政法律,加大责任追究力度,全面保护各类民事主体合法权益,维护国家利益和社会公共利益。

三、充分发挥人民法院审判职能作用,为长江流域生态环境保护和绿色发展提供有力司法服务和保障

7. 依法加强水污染防治类案件审理。支持、监督有关部门对流域水污染防治、监管采取的行政执法措施。加大对超标排放含磷水污染物等有害物质造成的水污染、农业面源污染、固体废物污染、流域跨界水污染以及危险货物运输船舶污染等行为惩治力度。坚持最严格的水污染损害赔偿和生态补偿、修复标准,使受污染水体得到有效治理。

8. 依法加强生态保护类案件审理。重点审理长江十年禁渔相关案件,严厉惩处在水生生物保护区内从事生产性捕捞以及实施电鱼、毒鱼、炸鱼等生态环境违法犯罪行为,促进流域水生生物恢复。严厉打击危害珍贵、濒危野生动物犯罪,加强对其栖息地生态系统保护,维护流域生态功能和生物多样性。探索生态保护补偿制度的司法运用,依法保障国家对生态功能重要区域的生态保护补偿,支持流域地方政府之间开展的横向生态保护补偿和市场化补偿基金、相关主体自愿协商等生态保护补偿方式。

9. 依法加强资源开发利用类案件审理。按照有关部门依法划定的禁止采砂区和禁止采砂期有关规定,支持行政机关依法打击长江流域非法采砂行为,严厉惩处相关刑事犯罪,保障长江水域生态系统和航运安全。妥善审理流域内河流、湖泊、矿产、渔业等自然资源开发利用相关的资源权属争议和合同纠纷案件,将保护生态环境和自然资源合理利用作为裁判的重要因素予以综合考量,结合主体功能区制度分类施策,处理好保护环境与发展经济的关系,促进健全自然资源资产产权制度。

10. 依法加强气候变化应对类案件审理。依法适用国家节能减排相关法律法规、行政规章及有关环境标准,妥善运用破产重整、破产和解等司法手段,推动钢铁、石化、造纸、农药等重点行业技术设备升级、实施清洁化改造,减少资源消耗和污染物排放。妥善审理涉及气候变化的建设项目和规划环境影响评价等案件,确保长江流域规划体系对生态环境保护和绿色发展的引领、指导和约束作用有效发挥。

11. 依法加强生态环境治理与服务类案件审理。依法审理流域港口、航道等水运基础设施纠纷案件,保障长江黄金水道功能有效发挥。妥善审理因长江防护林体系建设、水土流失及土地石漠化治理、河湖湿地生态保护修复等引发的案件,保障长江流域重大生态修复工程顺利实施。依法审理环境容量利用权、流域生态用水分配纠纷,保障流域水资源合理分配,确保流域用水安全。妥善审理因绿色信贷、绿色债券、绿色保险等金融服务引发的绿色金融案件,依法保障节能环保、清洁能源、绿色交通等绿色产业领域的投融资需求。

12. 充分发挥环境公益诉讼和生态环境损害赔偿诉讼作用。依法审理国家规定的机关或者法律规定的组织提起的环境公益诉讼,维护流域生态环境社会公共利益。充分发挥生态环境损害赔偿诉讼功能,完善司法确认规则,维护生态环境国家利益。做好环境公益诉讼与生态环境损害赔偿诉讼的衔接,加强诉讼请求、事实认定、责任承担、判决执行等方面协调对接,促进生态环境及时有效修复。

四、切实加强长江司法保护体制机制建设,提升服务保障生态环境民生福祉的能力水平

13. 健全环境资源审判组织体系,强化全流域系统保护。加大对环境资源审判工作支持力度,优化中级、基层人民法院环境资源审判组织体系,拓宽生态环境司法保护覆盖面。加强对雅砻江、岷江等长江重要支流以及太湖、鄱阳湖等长江流域重点湖泊的司法保护,更好满足保护和修复流域重要生态系统、服务和保障国家重大区域发展战略的需要。

14. 加大流域审判机制建设,提供优质高效司法服务。完善环境资源刑事、民事、行政案件"三合一"归口审理,统筹适用多种责任承担方式,全面保障人民群众环境权益。深化流域法院集中管辖、司法协作等机制建设,充分利用信息化手段,加强流域法院之间在立案、审判、执行等诉讼流程的衔接,提升跨域环境诉讼服务能力。加强环境资源巡回审判,就地开庭、调解和宣判,增强环境司法便民利民成效。

15. 锻造过硬审判队伍,提升环境司法能力和国际影响力。将党的政治建设摆在首位,善于从政治上认识问题、推动司法工作,不断提高审判队伍政治判断力、政治领悟力、政治执行力。锻造高素质专业化审判队伍,践行习近平生态文明思想,牢固树立现代环境司法理念,增强服务保障人民群众优美生态环境需求的司法能力。深化环境司法国际交流合作,拓宽流域治理国际视野,为全球环境治理提供中国经验。

16. 深化司法公众参与，提升人民群众长江保护法治意识。充分发挥专家辅助人、人民陪审员在环境资源案件事实查明、评估鉴定等诉讼活动中的作用，实现专业审判与公众参与深度融合。通过公开审判重大环境资源案件、发布环境司法白皮书和典型案例、设立司法保护基地和生态环境修复基地等形式，发挥司法示范引领作用，让生态文明观念深入人心，增强人民群众保护长江流域生态环境法治意识和行动自觉。

中华人民共和国黄河保护法

- 2022 年 10 月 30 日第十三届全国人民代表大会常务委员会第三十七次会议通过
- 2022 年 10 月 30 日中华人民共和国主席令第 123 号公布
- 自 2023 年 4 月 1 日起施行

第一章 总 则

第一条 为了加强黄河流域生态环境保护，保障黄河安澜，推进水资源节约集约利用，推动高质量发展，保护传承弘扬黄河文化，实现人与自然和谐共生、中华民族永续发展，制定本法。

第二条 黄河流域生态保护和高质量发展各类活动，适用本法；本法未作规定的，适用其他有关法律的规定。

本法所称黄河流域，是指黄河干流、支流和湖泊的集水区域所涉及的青海省、四川省、甘肃省、宁夏回族自治区、内蒙古自治区、山西省、陕西省、河南省、山东省的相关县级行政区域。

第三条 黄河流域生态保护和高质量发展，坚持中国共产党的领导，落实重在保护、要在治理的要求，加强污染防治，贯彻生态优先、绿色发展，量水而行、节水为重，因地制宜、分类施策，统筹谋划、协同推进的原则。

第四条 国家建立黄河流域生态保护和高质量发展统筹协调机制（以下简称黄河流域统筹协调机制），全面指导、统筹协调黄河流域生态保护和高质量发展工作，审议黄河流域重大政策、重大规划、重大项目等，协调跨地区跨部门重大事项，督促检查相关重要工作的落实情况。

黄河流域省、自治区可以根据需要，建立省级协调机制，组织、协调推进本行政区域黄河流域生态保护和高质量发展工作。

第五条 国务院有关部门按照职责分工，负责黄河流域生态保护和高质量发展相关工作。

国务院水行政主管部门黄河水利委员会（以下简称黄河流域管理机构）及其所属管理机构，依法行使流域水行政监督管理职责，为黄河流域统筹协调机制相关工作提供支撑保障。

国务院生态环境主管部门黄河流域生态环境监督管理机构（以下简称黄河流域生态环境监督管理机构）依法开展流域生态环境监督管理相关工作。

第六条 黄河流域县级以上地方人民政府负责本行政区域黄河流域生态保护和高质量发展工作。

黄河流域县级以上地方人民政府有关部门按照职责分工，负责本行政区域黄河流域生态保护和高质量发展相关工作。

黄河流域相关地方根据需要在地方性法规和地方政府规章制定、规划编制、监督执法等方面加强协作，协同推进黄河流域生态保护和高质量发展。

黄河流域建立省际河湖长联席会议制度。各级河湖长负责河道、湖泊管理和保护相关工作。

第七条 国务院水行政、生态环境、自然资源、住房和城乡建设、农业农村、发展改革、应急管理、林业和草原、文化和旅游、标准化等主管部门按照职责分工，建立健全黄河流域水资源节约集约利用、水沙调控、防汛抗旱、水土保持、水文、水环境质量和污染物排放、生态保护与修复、自然资源调查监测评价、生物多样性保护、文化遗产保护等标准体系。

第八条 国家在黄河流域实行水资源刚性约束制度，坚持以水定城、以水定地、以水定人、以水定产，优化国土空间开发保护格局，促进人口和城市科学合理布局，构建与水资源承载能力相适应的现代产业体系。

黄河流域县级以上地方人民政府按照国家有关规定，在本行政区域组织实施水资源刚性约束制度。

第九条 国家在黄河流域强化农业节水增效、工业节水减排和城镇节水降损措施，鼓励、推广使用先进节水技术，加快形成节水型生产、生活方式，有效实现水资源节约集约利用，推进节水型社会建设。

第十条 国家统筹黄河干支流防洪体系建设，加强流域及流域间防洪体系协同，推进黄河上中下游防汛抗旱、防凌联动，构建科学高效的综合性防洪减灾体系，并适时组织评估，有效提升黄河流域防治洪涝等灾害的能力。

第十一条 国务院自然资源主管部门应当会同国务院有关部门定期组织开展黄河流域土地、矿产、水流、森林、草原、湿地等自然资源状况调查，建立资源基础数据库，开展资源环境承载能力评价，并向社会公布黄河流域自然资源状况。

国务院野生动物保护主管部门应当定期组织开展黄河流域野生动物及其栖息地状况普查，或者根据需要组织开展专项调查，建立野生动物资源档案，并向社会公布黄河流域野生动物资源状况。

国务院生态环境主管部门应当定期组织开展黄河流域生态状况评估，并向社会公布黄河流域生态状况。

国务院林业和草原主管部门应当会同国务院有关部门组织开展黄河流域土地荒漠化、沙化调查监测，并定期向社会公布调查监测结果。

国务院水行政主管部门应当组织开展黄河流域水土流失调查监测，并定期向社会公布调查监测结果。

第十二条 黄河流域统筹协调机制统筹协调国务院有关部门和黄河流域省级人民政府，在已经建立的台站和监测项目基础上，健全黄河流域生态环境、自然资源、水文、泥沙、荒漠化和沙化、水土保持、自然灾害、气象等监测网络体系。

国务院有关部门和黄河流域县级以上地方人民政府及其有关部门按照职责分工，健全完善生态环境风险报告和预警机制。

第十三条 国家加强黄河流域自然灾害的预防与应急准备、监测与预警、应急处置与救援、事后恢复与重建体系建设，维护相关工程和设施安全，控制、减轻和消除自然灾害引起的危害。

国务院生态环境主管部门应当会同国务院有关部门和黄河流域省级人民政府，建立健全黄河流域突发生态环境事件应急联动工作机制，与国家突发事件应急体系相衔接，加强对黄河流域突发生态环境事件的应对管理。

出现严重干旱、省际或者重要控制断面流量降至预警流量、水库运行故障、重大水污染事故等情形，可能造成供水危机、黄河断流时，黄河流域管理机构应当组织实施应急调度。

第十四条 黄河流域统筹协调机制设立黄河流域生态保护和高质量发展专家咨询委员会，对黄河流域重大政策、重大规划、重大项目和重大科技问题等提供专业咨询。

国务院有关部门和黄河流域省级人民政府及其有关部门按照职责分工，组织开展黄河流域建设项目、重要基础设施和产业布局相关规划等对黄河流域生态系统影响的第三方评估、分析、论证等工作。

第十五条 黄河流域统筹协调机制统筹协调国务院有关部门和黄河流域省级人民政府，建立健全黄河流域信息共享系统，组织建立智慧黄河信息共享平台，提高科学化水平。国务院有关部门和黄河流域省级人民政府及其有关部门应当按照国家有关规定，共享黄河流域生态环境、自然资源、水土保持、防洪安全以及管理执法等信息。

第十六条 国家鼓励、支持开展黄河流域生态保护与修复、水资源节约集约利用、水沙运动与调控、防沙治沙、泥沙综合利用、河流动力与河床演变、水土保持、水文、气候、污染防治等方面的重大科技问题研究，加强协同创新，推动关键性技术研究，推广应用先进适用技术，提升科技创新支撑能力。

第十七条 国家加强黄河文化保护传承弘扬，系统保护黄河文化遗产，研究黄河文化发展脉络，阐发黄河文化精神内涵和时代价值，铸牢中华民族共同体意识。

第十八条 国务院有关部门和黄河流域县级以上地方人民政府及其有关部门应当加强黄河流域生态保护和高质量发展的宣传教育。

新闻媒体应当采取多种形式开展黄河流域生态保护和高质量发展的宣传报道，并依法对违法行为进行舆论监督。

第十九条 国家鼓励、支持单位和个人参与黄河流域生态保护和高质量发展相关活动。

对在黄河流域生态保护和高质量发展工作中做出突出贡献的单位和个人，按照国家有关规定予以表彰和奖励。

第二章 规划与管控

第二十条 国家建立以国家发展规划为统领，以空间规划为基础，以专项规划、区域规划为支撑的黄河流域规划体系，发挥规划对推进黄河流域生态保护和高质量发展的引领、指导和约束作用。

第二十一条 国务院和黄河流域县级以上地方人民政府应当将黄河流域生态保护和高质量发展工作纳入国民经济和社会发展规划。

国务院发展改革部门应当会同国务院有关部门编制黄河流域生态保护和高质量发展规划，报国务院批准后实施。

第二十二条 国务院自然资源主管部门应当会同国务院有关部门组织编制黄河流域国土空间规划，科学有序统筹安排黄河流域农业、生态、城镇等功能空间，划定永久基本农田、生态保护红线、城镇开发边界，优化国土空间结构和布局，统领黄河流域国土空间利用任务，报国务院批准后实施。涉及黄河流域国土空间利用的专项规划应当与黄河流域国土空间规划相衔接。

黄河流域县级以上地方人民政府组织编制本行政区域的国土空间规划，按照规定的程序报经批准后实施。

第二十三条　国务院水行政主管部门应当会同国务院有关部门和黄河流域省级人民政府，按照统一规划、统一管理、统一调度的原则，依法编制黄河流域综合规划、水资源规划、防洪规划等，对节约、保护、开发、利用水资源和防治水害作出部署。

黄河流域生态环境保护等规划依照有关法律、行政法规的规定编制。

第二十四条　国民经济和社会发展规划、国土空间总体规划的编制以及重大产业政策的制定，应当与黄河流域水资源条件和防洪要求相适应，并进行科学论证。

黄河流域工业、农业、畜牧业、林草业、能源、交通运输、旅游、自然资源开发等专项规划和开发区、新区规划等，涉及水资源开发利用的，应当进行规划水资源论证。未经论证或者经论证不符合水资源强制性约束控制指标的，规划审批机关不得批准该规划。

第二十五条　国家对黄河流域国土空间严格实行用途管制。黄河流域县级以上地方人民政府自然资源主管部门依据国土空间规划，对本行政区域黄河流域国土空间实行分区、分类用途管制。

黄河流域国土空间开发利用活动应当符合国土空间用途管制要求，并依法取得规划许可。

禁止违反国家有关规定、未经国务院批准，占用永久基本农田。禁止擅自占用耕地进行非农业建设，严格控制耕地转为林地、草地、园地等其他农用地。

黄河流域县级以上地方人民政府应当严格控制黄河流域以人工湖、人工湿地等形式新建人造水景观，黄河流域统筹协调机制应当组织有关部门加强监督管理。

第二十六条　黄河流域省级人民政府根据本行政区域的生态环境和资源利用状况，按照生态保护红线、环境质量底线、资源利用上线的要求，制定生态环境分区管控方案和生态环境准入清单，报国务院生态环境主管部门备案后实施。生态环境分区管控方案和生态环境准入清单应当与国土空间规划相衔接。

禁止在黄河干支流岸线管控范围内新建、扩建化工园区和化工项目。禁止在黄河干流岸线和重要支流岸线的管控范围内新建、改建、扩建尾矿库；但是以提升安全水平、生态环境保护水平为目的的改建除外。

干支流目录、岸线管控范围由国务院水行政、自然资源、生态环境主管部门按照职责分工，会同黄河流域省级人民政府确定并公布。

第二十七条　黄河流域水电开发，应当进行科学论证，符合国家发展规划、流域综合规划和生态保护要求。对黄河流域已建小水电工程，不符合生态保护要求的，县级以上地方人民政府应当组织分类整改或者采取措施逐步退出。

第二十八条　黄河流域管理机构统筹防洪减淤、城乡供水、生态保护、灌溉用水、水力发电等目标，建立水资源、水沙、防洪防凌综合调度体系，实施黄河干支流控制性水工程统一调度，保障流域水安全，发挥水资源综合效益。

第三章　生态保护与修复

第二十九条　国家加强黄河流域生态保护与修复，坚持山水林田湖草沙一体化保护与修复，实行自然恢复为主、自然恢复与人工修复相结合的系统治理。

国务院自然资源主管部门应当会同国务院有关部门编制黄河流域国土空间生态修复规划，组织实施重大生态修复工程，统筹推进黄河流域生态保护与修复工作。

第三十条　国家加强对黄河水源涵养区的保护，加大对黄河干流和支流源头、水源涵养区的雪山冰川、高原冻土、高寒草甸、草原、湿地、荒漠、泉域等的保护力度。

禁止在黄河上游约古宗列曲、扎陵湖、鄂陵湖、玛多河湖群等河道、湖泊管理范围内从事采矿、采砂、渔猎等活动，维持河道、湖泊天然状态。

第三十一条　国务院和黄河流域省级人民政府应当依法在重要生态功能区域、生态脆弱区域划定公益林，实施严格管护；需要补充灌溉的，在水资源承载能力范围内合理安排灌溉用水。

国务院林业和草原主管部门应当会同国务院有关部门、黄河流域省级人民政府，加强对黄河流域重要生态功能区域天然林、湿地、草原保护与修复和荒漠化、沙化土地治理工作的指导。

黄河流域县级以上地方人民政府应当采取防护林建设、禁牧封育、锁边防风固沙工程、沙化土地封禁保护、鼠害防治等措施，加强黄河流域重要生态功能区域天然林、湿地、草原保护与修复，开展规模化防沙治沙，科学治理荒漠化、沙化土地，在河套平原区、内蒙古高原湖泊萎缩退化区、黄土高原土地沙化区、汾渭平原区等重点区域实施生态修复工程。

第三十二条　国家加强对黄河流域子午岭—六盘山、秦岭北麓、贺兰山、白于山、陇中等水土流失重点预防区、治理区和渭河、洮河、汾河、伊洛河等重要支流源头区的水土流失防治。水土流失防治应当根据实际情况，科学采取生物措施和工程措施。

禁止在二十五度以上陡坡地开垦种植农作物。黄河流域省级人民政府根据本行政区域的实际情况，可以规定小于二十五度的禁止开垦坡度。禁止开垦的陡坡地范围由所在地县级人民政府划定并公布。

第三十三条　国务院水行政主管部门应当会同国务院有关部门加强黄河流域砒砂岩区、多沙粗沙区、水蚀风蚀交错区和沙漠入河区等生态脆弱区域保护和治理，开展土壤侵蚀和水土流失状况评估，实施重点防治工程。

黄河流域县级以上地方人民政府应当组织推进小流域综合治理、坡耕地综合整治、黄土高原塬面治理保护、适地植被建设等水土保持重点工程，采取塬面、沟头、沟坡、沟道防护等措施，加强多沙粗沙区治理，开展生态清洁流域建设。

国家支持在黄河流域上中游开展整沟治理。整沟治理应当坚持规划先行、系统修复、整体保护、因地制宜、综合治理、一体推进。

第三十四条　国务院水行政主管部门应当会同国务院有关部门制定淤地坝建设、养护标准或者技术规范，健全淤地坝建设、管理、安全运行制度。

黄河流域县级以上地方人民政府应当因地制宜组织开展淤地坝建设，加快病险淤地坝除险加固和老旧淤地坝提升改造，建设安全监测和预警设施，将淤地坝工程防汛纳入地方防汛责任体系，落实管护责任，提高养护水平，减少下游河道淤积。

禁止损坏、擅自占用淤地坝。

第三十五条　禁止在黄河流域水土流失严重、生态脆弱区域开展可能造成水土流失的生产建设活动。确因国家发展战略和国计民生需要建设的，应当进行科学论证，并依法办理审批手续。

生产建设单位应当依法编制并严格执行经批准的水土保持方案。

从事生产建设活动造成水土流失的，应当按照国家规定的水土流失防治相关标准进行治理。

第三十六条　国务院水行政主管部门应当会同国务院有关部门和山东省人民政府，编制并实施黄河入海河口整治规划，合理布局黄河入海流路，加强河口治理，保障入海河道畅通和河口防洪防凌安全，实施清水沟、刁口河生态补水，维护河口生态功能。

国务院自然资源、林业和草原主管部门应当会同国务院有关部门和山东省人民政府，组织开展黄河三角洲湿地生态保护与修复，有序推进退塘还河、退耕还湿、退田还滩，加强外来入侵物种防治，减少油气开采、围垦养殖、港口航运等活动对河口生态系统的影响。

禁止侵占刁口河等黄河备用入海流路。

第三十七条　国务院水行政主管部门确定黄河干流、重要支流控制断面生态流量和重要湖泊生态水位的管控指标，应当征求并研究国务院生态环境、自然资源等主管部门的意见。黄河流域省级人民政府水行政主管部门确定其他河流生态流量和其他湖泊生态水位的管控指标，应当征求并研究同级人民政府生态环境、自然资源等主管部门的意见，报黄河流域管理机构、黄河流域生态环境监督管理机构备案。确定生态流量和生态水位的管控指标，应当进行科学论证，综合考虑水资源条件、气候状况、生态环境保护要求、生活生产用水状况等因素。

黄河流域管理机构和黄河流域省级人民政府水行政主管部门按照职责分工，组织编制和实施生态流量和生态水位保障实施方案。

黄河干流、重要支流水工程应当将生态用水调度纳入日常运行调度规程。

第三十八条　国家统筹黄河流域自然保护地体系建设。国务院和黄河流域省级人民政府在黄河流域重要典型生态系统的完整分布区、生态环境敏感区以及珍贵濒危野生动植物天然集中分布区和重要栖息地、重要自然遗迹分布区等区域，依法设立国家公园、自然保护区、自然公园等自然保护地。

自然保护地建设、管理涉及河道、湖泊管理范围的，应当统筹考虑河道、湖泊保护需要，满足防洪要求，并保障防洪工程建设和管理活动的开展。

第三十九条　国务院林业和草原、农业农村主管部门应当会同国务院有关部门和黄河流域省级人民政府按照职责分工，对黄河流域数量急剧下降或者极度濒危的野生动植物和受到严重破坏的栖息地、天然集中分布区、破碎化的典型生态系统开展保护与修复，修建迁地保护设施，建立野生动植物遗传资源基因库，进行抢救性修复。

国务院生态环境主管部门和黄河流域县级以上地方人民政府组织开展黄河流域生物多样性保护管理，定期评估生物受威胁状况以及生物多样性恢复成效。

第四十条　国务院农业农村主管部门应当会同国务院有关部门和黄河流域省级人民政府，建立黄河流域水生生物完整性指数评价体系，组织开展黄河流域水生生物完整性评价，并将评价结果作为评估黄河流域生态系统总体状况的重要依据。黄河流域水生生物完整性指数应当与黄河流域水环境质量标准相衔接。

第四十一条 国家保护黄河流域水产种质资源和珍贵濒危物种，支持开展水产种质资源保护区、国家重点保护野生动物人工繁育基地建设。

禁止在黄河流域开放水域养殖、投放外来物种和其他非本地物种种质资源。

第四十二条 国家加强黄河流域水生生物产卵场、索饵场、越冬场、洄游通道等重要栖息地的生态保护与修复。对鱼类等水生生物洄游产生阻隔的涉水工程应当结合实际采取建设过鱼设施、河湖连通、增殖放流、人工繁育等多种措施，满足水生生物的生态需求。

国家实行黄河流域重点水域禁渔期制度，禁渔期内禁止在黄河流域重点水域从事天然渔业资源生产性捕捞，具体办法由国务院农业农村主管部门制定。黄河流域县级以上地方人民政府应当按照国家有关规定做好禁渔期渔民的生活保障工作。

禁止电鱼、毒鱼、炸鱼等破坏渔业资源和水域生态的捕捞行为。

第四十三条 国务院水行政主管部门应当会同国务院自然资源主管部门组织划定并公布黄河流域地下水超采区。

黄河流域省级人民政府水行政主管部门应当会同本级人民政府有关部门编制本行政区域地下水超采综合治理方案，经省级人民政府批准后，报国务院水行政主管部门备案。

第四十四条 黄河流域县级以上地方人民政府应当组织开展退化农用地生态修复，实施农田综合整治。

黄河流域生产建设活动损毁的土地，由生产建设者负责复垦。因历史原因无法确定土地复垦义务人以及因自然灾害损毁的土地，由黄河流域县级以上地方人民政府负责组织复垦。

黄河流域县级以上地方人民政府应当加强对矿山的监督管理，督促采矿权人履行矿山污染防治和生态修复责任，并因地制宜采取消除地质灾害隐患、土地复垦、恢复植被、防治污染等措施，组织开展历史遗留矿山生态修复工作。

第四章　水资源节约集约利用

第四十五条 黄河流域水资源利用，应当坚持节水优先、统筹兼顾、集约使用、精打细算，优先满足城乡居民生活用水，保障基本生态用水，统筹生产用水。

第四十六条 国家对黄河水量实行统一配置。制定和调整黄河水量分配方案，应当充分考虑黄河流域水资源条件、生态环境状况、区域用水状况、节水水平、洪水资源化利用等，统筹当地水和外调水、常规水和非常规水，科学确定水资源可利用总量和河道输沙入海水量，分配区域地表水取用水总量。

黄河流域管理机构商黄河流域省级人民政府制定和调整黄河水量分配方案和跨省支流水量分配方案。黄河水量分配方案经国务院发展改革部门、水行政主管部门审查后，报国务院批准。跨省支流水量分配方案报国务院授权的部门批准。

黄河流域省级人民政府水行政主管部门根据黄河水量分配方案和跨省支流水量分配方案，制定和调整本行政区域水量分配方案，经省级人民政府批准后，报黄河流域管理机构备案。

第四十七条 国家对黄河流域水资源实行统一调度，遵循总量控制、断面流量控制、分级管理、分级负责的原则，根据水情变化进行动态调整。

国务院水行政主管部门依法组织黄河流域水资源统一调度的实施和监督管理。

第四十八条 国务院水行政主管部门应当会同国务院自然资源主管部门制定黄河流域省级行政区域地下水取水总量控制指标。

黄河流域省级人民政府水行政主管部门应当会同本级人民政府有关部门，根据本行政区域地下水取水总量控制指标，制定设区的市、县级行政区域地下水取水总量控制指标和地下水水位控制指标，经省级人民政府批准后，报国务院水行政主管部门或者黄河流域管理机构备案。

第四十九条 黄河流域县级以上行政区域的地表水取用水总量不得超过水量分配方案确定的控制指标，并符合生态流量和生态水位的管控指标要求；地下水取水总量不得超过本行政区域地下水取水总量控制指标，并符合地下水水位控制指标要求。

黄河流域县级以上地方人民政府应当根据本行政区域取用水总量控制指标，统筹考虑经济社会发展用水需求、节水标准和产业政策，制定本行政区域农业、工业、生活及河道外生态等用水量控制指标。

第五十条 在黄河流域取用水资源，应当依法取得取水许可。

黄河干流取水，以及跨省重要支流指定河段限额以上取水，由黄河流域管理机构负责审批取水申请，审批时应当研究取水口所在地的省级人民政府水行政主管部门的意见；其他取水由黄河流域县级以上地方人民政府水行政主管部门负责审批取水申请。指定河段和限额标准由国务院水行政主管部门确定公布、适时调整。

第五十一条 国家在黄河流域实行水资源差别化管理。国务院水行政主管部门应当会同国务院自然资源主管部门定期组织开展黄河流域水资源评价和承载能力调查评估。评估结果作为划定水资源超载地区、临界超载地区、不超载地区的依据。

水资源超载地区县级以上地方人民政府应当制定水资源超载治理方案，采取产业结构调整、强化节水等措施，实施综合治理。水资源临界超载地区县级以上地方人民政府应当采取限制性措施，防止水资源超载。

除生活用水等民生保障用水外，黄河流域水资源超载地区不得新增取水许可；水资源临界超载地区应当严格限制新增取水许可。

第五十二条 国家在黄河流域实行强制性用水定额管理制度。国务院水行政、标准化主管部门应当会同国务院发展改革部门组织制定黄河流域高耗水工业和服务业强制性用水定额。制定强制性用水定额应当征求国务院有关部门、黄河流域省级人民政府、企业事业单位和社会公众等方面的意见，并依照《中华人民共和国标准化法》的有关规定执行。

黄河流域省级人民政府按照深度节水控水要求，可以制定严于国家用水定额的地方用水定额；国家用水定额未作规定的，可以补充制定地方用水定额。

黄河流域以及黄河流经省、自治区其他黄河供水区相关县级行政区域的用水单位，应当严格执行强制性用水定额；超过强制性用水定额的，应当限期实施节水技术改造。

第五十三条 黄河流域以及黄河流经省、自治区其他黄河供水区相关县级行政区域的县级以上地方人民政府水行政主管部门和黄河流域管理机构核定取水单位的取水量，应当符合用水定额的要求。

黄河流域以及黄河流经省、自治区其他黄河供水区相关县级行政区域取水量达到取水规模以上的单位，应当安装合格的在线计量设施，保证设施正常运行，并将计量数据传输至有管理权限的水行政主管部门或者黄河流域管理机构。取水规模标准由国务院水行政主管部门制定。

第五十四条 国家在黄河流域实行高耗水产业准入负面清单和淘汰类高耗水产业目录制度。列入高耗水产业准入负面清单和淘汰类高耗水产业目录的建设项目，取水申请不予批准。高耗水产业准入负面清单和淘汰类高耗水产业目录由国务院发展改革部门会同国务院水行政主管部门制定并发布。

严格限制从黄河流域向外流域扩大供水量，严格限制新增引黄灌溉用水量。因实施国家重大战略确需新增用水量的，应当严格进行水资源论证，并取得黄河流域管理机构批准的取水许可。

第五十五条 黄河流域县级以上地方人民政府应当组织发展高效节水农业，加强农业节水设施和农业用水计量设施建设，选育推广低耗水、高耐旱农作物，降低农业耗水量。禁止取用深层地下水用于农业灌溉。

黄河流域工业企业应当优先使用国家鼓励的节水工艺、技术和装备。国家鼓励的工业节水工艺、技术和装备目录由国务院工业和信息化主管部门会同国务院有关部门制定并发布。

黄河流域县级以上地方人民政府应当组织推广应用先进适用的节水工艺、技术、装备、产品和材料，推进工业废水资源化利用，支持企业用水计量和节水技术改造，支持工业园区企业发展串联用水系统和循环用水系统，促进能源、化工、建材等高耗水产业节水。高耗水工业企业应当实施用水计量和节水技术改造。

黄河流域县级以上地方人民政府应当组织实施城乡老旧供水设施和管网改造，推广普及节水型器具，开展公共机构节水技术改造，控制高耗水服务业用水，完善农村集中供水和节水配套设施。

黄河流域县级以上地方人民政府及其有关部门应当加强节水宣传教育和科学普及，提高公众节水意识，营造良好节水氛围。

第五十六条 国家在黄河流域建立促进节约用水的水价体系。城镇居民生活用水和具备条件的农村居民生活用水实行阶梯水价，高耗水工业和服务业水价实行高额累进加价，非居民用水水价实行超定额累进加价，推进农业水价综合改革。

国家在黄河流域对节水潜力大、使用面广的用水产品实行水效标识管理，限期淘汰水效等级较低的用水产品，培育合同节水等节水市场。

第五十七条 国务院水行政主管部门应当会同国务院有关部门制定黄河流域重要饮用水水源地名录。黄河流域省级人民政府水行政主管部门应当会同本级人民政府有关部门制定本行政区域的其他饮用水水源地名录。

黄河流域省级人民政府组织划定饮用水水源保护区，加强饮用水水源保护，保障饮用水安全。黄河流域县级以上地方人民政府及其有关部门应当合理布局饮用水水源取水口，加强饮用水应急水源、备用水源建设。

第五十八条 国家综合考虑黄河流域水资源条件、经济社会发展需要和生态环境保护要求，统筹调出区和调入区供水安全和生态安全，科学论证、规划和建设跨流域调水和重大水源工程，加快构建国家水网，优化水资源配置，提高水资源承载能力。

黄河流域县级以上地方人民政府应当组织实施区域水资源配置工程建设，提高城乡供水保障程度。

第五十九条 黄河流域县级以上地方人民政府应当推进污水资源化利用，国家对相关设施建设予以支持。

黄河流域县级以上地方人民政府应当将再生水、雨水、苦咸水、矿井水等非常规水纳入水资源统一配置，提高非常规水利用比例。景观绿化、工业生产、建筑施工等用水，应当优先使用符合要求的再生水。

第五章 水沙调控与防洪安全

第六十条 国家依据黄河流域综合规划、防洪规划，在黄河流域组织建设水沙调控和防洪减灾工程体系，完善水沙调控和防洪防凌调度机制，加强水文和气象监测预报预警、水沙观测和水势调查，实施重点水库和河段清淤疏浚、滩区放淤，提高河道行洪输沙能力，塑造河道主槽，维持河势稳定，保障防洪安全。

第六十一条 国家完善以骨干水库等重大水工程为主的水沙调控体系，采取联合调水调沙、泥沙综合处理利用等措施，提高拦沙输沙能力。纳入水沙调控体系的工程名录由国务院水行政主管部门制定。

国务院有关部门和黄河流域省级人民政府应当加强黄河干支流控制性水工程、标准化堤防、控制引导河水流向工程等防洪工程体系建设和管理，实施病险水库除险加固和山洪、泥石流灾害防治。

黄河流域管理机构及其所属管理机构和黄河流域县级以上地方人民政府应当加强防洪工程的运行管护，保障工程安全稳定运行。

第六十二条 国家实行黄河流域水沙统一调度制度。黄河流域管理机构应当组织实施黄河干支流水库群统一调度，编制水沙调控方案，确定重点水库水沙调控运用指标、运用方式、调度起止时间，下达调度指令。水沙调控应当采取措施尽量减少对水生生物及其栖息地的影响。

黄河流域县级以上地方人民政府、水库主管部门和管理单位应当执行黄河流域管理机构的调度指令。

第六十三条 国务院水行政主管部门组织编制黄河防御洪水方案，经国家防汛抗旱指挥机构审核后，报国务院批准。

黄河流域管理机构应当会同黄河流域省级人民政府根据批准的黄河防御洪水方案，编制黄河干流和重要支流、重要水工程的洪水调度方案，报国务院水行政主管部门批准并抄送国家防汛抗旱指挥机构和国务院应急管理部门，按照职责组织实施。

黄河流域县级以上地方人民政府组织编制和实施黄河其他支流、水工程的洪水调度方案，并报上一级人民政府防汛抗旱指挥机构和有关主管部门备案。

第六十四条 黄河流域管理机构制定年度防凌调度方案，报国务院水行政主管部门备案，按照职责组织实施。

黄河流域有防凌任务的县级以上地方人民政府应当把防御凌汛纳入本行政区域的防洪规划。

第六十五条 黄河防汛抗旱指挥机构负责指挥黄河流域防汛抗旱工作，其办事机构设在黄河流域管理机构，承担黄河防汛抗旱指挥机构的日常工作。

第六十六条 黄河流域管理机构应当会同黄河流域省级人民政府依据黄河流域防洪规划，制定黄河滩区名录，报国务院水行政主管部门批准。黄河流域省级人民政府应当有序安排滩区居民迁建，严格控制向滩区迁入常住人口，实施滩区综合提升治理工程。

黄河滩区土地利用、基础设施建设和生态保护与修复应当满足河道行洪需要，发挥滩区滞洪、沉沙功能。

在黄河滩区内，不得新规划城镇建设用地、设立新的村镇，已经规划和设立的，不得扩大范围；不得新划定永久基本农田，已经划定为永久基本农田、影响防洪安全的，应当逐步退出；不得新开垦荒地、新建生产堤，已建生产堤影响防洪安全的应当及时拆除，其他生产堤应当逐步拆除。

因黄河滩区自然行洪、蓄滞洪水等导致受淹造成损失的，按照国家有关规定予以补偿。

第六十七条 国家加强黄河流域河道、湖泊管理和保护。禁止在河道、湖泊管理范围内建设妨碍行洪的建筑物、构筑物以及从事影响河势稳定、危害河岸堤防安全和其他妨碍河道行洪的活动。禁止违法利用、占用河道、湖泊水域和岸线。河道、湖泊管理范围由黄河流域管理机构和有关县级以上地方人民政府依法科学划定并公布。

建设跨河、穿河、穿堤、临河的工程设施，应当符合防洪标准等要求，不得威胁堤防安全、影响河势稳定、擅自改变水域和滩地用途、降低行洪和调蓄能力、缩小水域面积；确实无法避免降低行洪和调蓄能力、缩小水域面积的，应当同时建设等效替代工程或者采取其他功能补救措施。

第六十八条 黄河流域河道治理，应当因地制宜采取河道清障、清淤疏浚、岸坡整治、堤防加固、水源涵养与水土保持、河湖管护等治理措施，加强悬河和游荡性河道整治，增强河道、湖泊、水库防御洪水能力。

国家支持黄河流域有关地方人民政府以稳定河势、规范流路、保障行洪能力为前提，统筹河道岸线保护修复、退耕还湿，建设集防洪、生态保护等功能于一体的绿色生态走廊。

第六十九条 国家实行黄河流域河道采砂规划和许可制度。黄河流域河道采砂应当依法取得采砂许可。

黄河流域管理机构和黄河流域县级以上地方人民政府依法划定禁采区，规定禁采期，并向社会公布。禁止在黄河流域禁采区和禁采期从事河道采砂活动。

第七十条 国务院有关部门应当会同黄河流域省级人民政府加强对龙羊峡、刘家峡、三门峡、小浪底、故县、陆浑、河口村等干支流骨干水库库区的管理，科学调控水库水位，加强库区水土保持、生态保护和地质灾害防治工作。

在三门峡、小浪底、故县、陆浑、河口村水库库区养殖，应当满足水沙调控和防洪要求，禁止采用网箱、围网和拦河拉网方式养殖。

第七十一条 黄河流域城市人民政府应当统筹城市防洪和排涝工作，加强城市防洪排涝设施建设和管理，完善城市洪涝灾害监测预警机制，健全城市防灾减灾体系，提升城市洪涝灾害防御和应对能力。

黄河流域城市人民政府及其有关部门应当加强洪涝灾害防御宣传教育和社会动员，定期组织开展应急演练，增强社会防范意识。

第六章 污染防治

第七十二条 国家加强黄河流域农业面源污染、工业污染、城乡生活污染等的综合治理、系统治理、源头治理，推进重点河湖环境综合整治。

第七十三条 国务院生态环境主管部门制定黄河流域水环境质量标准，对国家水环境质量标准中未作规定的项目，可以作出补充规定；对国家水环境质量标准中已经规定的项目，可以作出更加严格的规定。制定黄河流域水环境质量标准应当征求国务院有关部门和有关省级人民政府的意见。

黄河流域省级人民政府可以制定严于黄河流域水环境质量标准的地方水环境质量标准，报国务院生态环境主管部门备案。

第七十四条 对没有国家水污染物排放标准的特色产业、特有污染物，以及国家有明确要求的特定水污染源或者水污染物，黄河流域省级人民政府应当补充制定地方水污染物排放标准，报国务院生态环境主管部门备案。

有下列情形之一的，黄河流域省级人民政府应当制定严于国家水污染物排放标准的地方水污染物排放标准，报国务院生态环境主管部门备案：

（一）产业密集、水环境问题突出；

（二）现有水污染物排放标准不能满足黄河流域水环境质量要求；

（三）流域或者区域水环境形势复杂，无法适用统一的水污染物排放标准。

第七十五条 国务院生态环境主管部门根据水环境质量改善目标和水污染防治要求，确定黄河流域各省级行政区域重点水污染物排放总量控制指标。黄河流域水环境质量不达标的水功能区，省级人民政府生态环境主管部门应当实施更加严格的水污染物排放总量削减措施，限期实现水环境质量达标。排放水污染物的企业事业单位应当按照要求，采取水污染物排放总量控制措施。

黄河流域县级以上地方人民政府应当加强和统筹污水、固体废物收集处理处置等环境基础设施建设，保障设施正常运行，因地制宜推进农村厕所改造、生活垃圾处理和污水治理，消除黑臭水体。

第七十六条 在黄河流域河道、湖泊新设、改设或者扩大排污口，应当报经有管辖权的生态环境主管部门或者黄河流域生态环境监督管理机构批准。新设、改设或者扩大可能影响防洪、供水、堤防安全、河势稳定的排污口，审批时应当征求县级以上地方人民政府水行政主管部门或者黄河流域管理机构的意见。

黄河流域水环境质量不达标的水功能区，除城乡污水集中处理设施等重要民生工程的排污口外，应当严格控制新设、改设或者扩大排污口。

黄河流域县级以上地方人民政府应当对本行政区域河道、湖泊的排污口组织开展排查整治，明确责任主体，实施分类管理。

第七十七条 黄河流域县级以上地方人民政府应当对沿河道、湖泊的垃圾填埋场、加油站、储油库、矿山、尾矿库、危险废物处置场、化工园区和化工项目等地下水重点污染源及周边地下水环境风险隐患组织开展调查评估,采取风险防范和整治措施。

黄河流域设区的市级以上地方人民政府生态环境主管部门商本级人民政府有关部门,制定并发布地下水污染防治重点排污单位名录。地下水污染防治重点排污单位应当依法安装水污染物排放自动监测设备,与生态环境主管部门的监控设备联网,并保证监测设备正常运行。

第七十八条 黄河流域省级人民政府生态环境主管部门应当会同本级人民政府水行政、自然资源等主管部门,根据本行政区域地下水污染防治需要,划定地下水污染防治重点区,明确环境准入、隐患排查、风险管控等管理要求。

黄河流域县级以上地方人民政府应当加强油气开采区等地下水污染防治监督管理。在黄河流域开发煤层气、致密气等非常规天然气的,应当对其产生的压裂液、采出水进行处理处置,不得污染土壤和地下水。

第七十九条 黄河流域县级以上地方人民政府应当加强黄河流域土壤生态环境保护,防止新增土壤污染,因地制宜分类推进土壤污染风险管控与修复。

黄河流域县级以上地方人民政府应当加强黄河流域固体废物污染环境防治,组织开展固体废物非法转移和倾倒的联防联控。

第八十条 国务院生态环境主管部门应当在黄河流域定期组织开展大气、水体、土壤、生物中有毒有害化学物质调查监测,并会同国务院卫生健康等主管部门开展黄河流域有毒有害化学物质环境风险评估与管控。

国务院生态环境等主管部门和黄河流域县级以上地方人民政府及其有关部门应当加强对持久性有机污染物等新污染物的管控、治理。

第八十一条 黄河流域县级以上地方人民政府及其有关部门应当加强农药、化肥等农业投入品使用总量控制、使用指导和技术服务,推广病虫害绿色防控等先进适用技术,实施灌区农田退水循环利用,加强对农业污染源的监测预警。

黄河流域农业生产经营者应当科学合理使用农药、化肥、兽药等农业投入品,科学处理、处置农业投入品包装废弃物、农用薄膜等农业废弃物,综合利用农作物秸秆,加强畜禽、水产养殖污染防治。

第七章 促进高质量发展

第八十二条 促进黄河流域高质量发展应当坚持新发展理念,加快发展方式绿色转型,以生态保护为前提优化调整区域经济和生产力布局。

第八十三条 国务院有关部门和黄河流域县级以上地方人民政府及其有关部门应当协同推进黄河流域生态保护和高质量发展战略与乡村振兴战略、新型城镇化战略和中部崛起、西部大开发等区域协调发展战略的实施,统筹城乡基础设施建设和产业发展,改善城乡人居环境,健全基本公共服务体系,促进城乡融合发展。

第八十四条 国务院有关部门和黄河流域县级以上地方人民政府应当强化生态环境、水资源等约束和城镇开发边界管控,严格控制黄河流域上中游地区新建各类开发区,推进节水型城市、海绵城市建设,提升城市综合承载能力和公共服务能力。

第八十五条 国务院有关部门和黄河流域县级以上地方人民政府应当科学规划乡村布局,统筹生态保护与乡村发展,加强农村基础设施建设,推进农村产业融合发展,鼓励使用绿色低碳能源,加快推进农房和村庄建设现代化,塑造乡村风貌,建设生态宜居美丽乡村。

第八十六条 黄河流域产业结构和布局应当与黄河流域生态系统和资源环境承载能力相适应。严格限制在黄河流域布局高耗水、高污染或者高耗能项目。

黄河流域煤炭、火电、钢铁、焦化、化工、有色金属等行业应当开展清洁生产,依法实施强制性清洁生产审核。

黄河流域县级以上地方人民政府应当采取措施,推动企业实施清洁化改造,组织推广应用工业节能、资源综合利用等先进适用的技术装备,完善绿色制造体系。

第八十七条 国家鼓励黄河流域开展新型基础设施建设,完善交通运输、水利、能源、防灾减灾等基础设施网络。

黄河流域县级以上地方人民政府应当推动制造业高质量发展和资源型产业转型,因地制宜发展特色优势现代产业和清洁低碳能源,推动产业结构、能源结构、交通运输结构等优化调整,推进碳达峰碳中和工作。

第八十八条 国家鼓励、支持黄河流域建设高标准农田、现代畜牧业生产基地以及种质资源和制种基地,因地制宜开展盐碱地农业技术研究、开发和应用,支持地方品种申请地理标志产品保护,发展现代农业服务业。

国务院有关部门和黄河流域县级以上地方人民政府应当组织调整农业产业结构,优化农业产业布局,发展区域优势农业产业,服务国家粮食安全战略。

第八十九条 国务院有关部门和黄河流域县级以上地方人民政府应当鼓励、支持黄河流域科技创新,引导社会资金参与科技成果开发和推广应用,提升黄河流域科技创新能力。

国家支持社会资金设立黄河流域科技成果转化基

金,完善科技投融资体系,综合运用政府采购、技术标准、激励机制等促进科技成果转化。

第九十条 黄河流域县级以上地方人民政府及其有关部门应当采取有效措施,提高城乡居民对本行政区域生态环境、资源禀赋的认识,支持、引导居民形成绿色低碳的生活方式。

第八章 黄河文化保护传承弘扬

第九十一条 国务院文化和旅游主管部门应当会同国务院有关部门编制并实施黄河文化保护传承弘扬规划,加强统筹协调,推动黄河文化体系建设。

黄河流域县级以上地方人民政府及其文化和旅游等主管部门应当加强黄河文化保护传承弘扬,提供优质公共文化服务,丰富城乡居民精神文化生活。

第九十二条 国务院文化和旅游主管部门应当会同国务院有关部门和黄河流域省级人民政府,组织开展黄河文化和治河历史研究,推动黄河文化创造性转化和创新性发展。

第九十三条 国务院文化和旅游主管部门应当会同国务院有关部门组织指导黄河文化资源调查和认定,对文物古迹、非物质文化遗产、古籍文献等重要文化遗产进行记录、建档,建立黄河文化资源基础数据库,推动黄河文化资源整合利用和公共数据开放共享。

第九十四条 国家加强黄河流域历史文化名城名镇名村、历史文化街区、文物、历史建筑、传统村落、少数民族特色村寨和古驿道、古堤防、古灌溉工程等水文化遗产以及农耕文化遗产、地名文化遗产等的保护。国务院住房和城乡建设、文化和旅游、文物等主管部门和黄河流域县级以上地方人民政府有关部门按照职责分工和分级保护、分类实施的原则,加强监督管理。

国家加强黄河流域非物质文化遗产保护。国务院文化和旅游等主管部门和黄河流域县级以上地方人民政府有关部门应当完善黄河流域非物质文化遗产代表性项目名录体系,推进传承体验设施建设,加强代表性项目保护传承。

第九十五条 国家加强黄河流域具有革命纪念意义的文物和遗迹保护,建设革命传统教育、爱国主义教育基地,传承弘扬黄河红色文化。

第九十六条 国家建设黄河国家文化公园,统筹利用文化遗产地以及博物馆、纪念馆、展览馆、教育基地、水工程等资源,综合运用信息化手段,系统展示黄河文化。

国务院发展改革部门、文化和旅游主管部门组织开展黄河国家文化公园建设。

第九十七条 国家采取政府购买服务等措施,支持单位和个人参与提供反映黄河流域特色、体现黄河文化精神、适宜普及推广的公共文化服务。

黄河流域县级以上地方人民政府及其有关部门应当组织将黄河文化融入城乡建设和水利工程等基础设施建设。

第九十八条 黄河流域县级以上地方人民政府应当以保护传承弘扬黄河文化为重点,推动文化产业发展,促进文化产业与农业、水利、制造业、交通运输业、服务业等深度融合。

国务院文化和旅游主管部门应当会同国务院有关部门统筹黄河文化、流域水景观和水工程等资源,建设黄河文化旅游带。黄河流域县级以上地方人民政府文化和旅游主管部门应当结合当地实际,推动本行政区域旅游业发展,展示和弘扬黄河文化。

黄河流域旅游活动应当符合黄河防洪和河道、湖泊管理要求,避免破坏生态环境和文化遗产。

第九十九条 国家鼓励开展黄河题材文艺作品创作。黄河流域县级以上地方人民政府应当加强对黄河题材文艺作品创作的支持和保护。

国家加强黄河文化宣传,促进黄河文化国际传播,鼓励、支持举办黄河文化交流、合作等活动,提高黄河文化影响力。

第九章 保障与监督

第一百条 国务院和黄河流域县级以上地方人民政府应当加大对黄河流域生态保护和高质量发展的财政投入。

国务院和黄河流域省级人民政府按照中央与地方财政事权和支出责任划分原则,安排资金用于黄河流域生态保护和高质量发展。

国家支持设立黄河流域生态保护和高质量发展基金,专项用于黄河流域生态保护与修复、资源能源节约集约利用、战略性新兴产业培育、黄河文化保护传承弘扬等。

第一百零一条 国家实行有利于节水、节能、生态环境保护和资源综合利用的税收政策,鼓励发展绿色信贷、绿色债券、绿色保险等金融产品,为黄河流域生态保护和高质量发展提供支持。

国家在黄河流域建立有利于水、电、气等资源性产品节约集约利用的价格机制,对资源高消耗行业中的限制类项目,实行限制性价格政策。

第一百零二条 国家建立健全黄河流域生态保护补

偿制度。

国家加大财政转移支付力度,对黄河流域生态功能重要区域予以补偿。具体办法由国务院财政部门会同国务院有关部门制定。

国家加强对黄河流域行政区域间生态保护补偿的统筹指导、协调,引导和支持黄河流域上下游、左右岸、干支流地方人民政府之间通过协商或者按照市场规则,采用资金补偿、产业扶持等多种形式开展横向生态保护补偿。

国家鼓励社会资金设立市场化运作的黄河流域生态保护补偿基金。国家支持在黄河流域开展用水权市场化交易。

第一百零三条 国家实行黄河流域生态保护和高质量发展责任制和考核评价制度。上级人民政府应当对下级人民政府水资源、水土保持强制性约束控制指标落实情况等生态保护和高质量发展目标完成情况进行考核。

第一百零四条 国务院有关部门、黄河流域县级以上地方人民政府有关部门、黄河流域管理机构及其所属管理机构、黄河流域生态环境监督管理机构按照职责分工,对黄河流域各类生产生活、开发建设等活动进行监督检查,依法查处违法行为,公开黄河保护工作相关信息,完善公众参与程序,为单位和个人参与和监督黄河保护工作提供便利。

单位和个人有权依法获取黄河保护工作相关信息,举报和控告违法行为。

第一百零五条 国务院有关部门、黄河流域县级以上地方人民政府及其有关部门、黄河流域管理机构及其所属管理机构、黄河流域生态环境监督管理机构应当加强黄河保护监督管理能力建设,提高科技化、信息化水平,建立执法协调机制,对跨行政区域、生态敏感区域以及重大违法案件,依法开展联合执法。

国家加强黄河流域司法保障建设,组织开展黄河流域司法协作,推进行政执法机关与司法机关协同配合,鼓励有关单位为黄河流域生态环境保护提供法律服务。

第一百零六条 国务院有关部门和黄河流域省级人民政府对黄河保护不力、问题突出、群众反映集中的地区,可以约谈该地区县级以上地方人民政府及其有关部门主要负责人,要求其采取措施及时整改。约谈和整改情况应当向社会公布。

第一百零七条 国务院应当定期向全国人民代表大会常务委员会报告黄河流域生态保护和高质量发展工作情况。

黄河流域县级以上地方人民政府应当定期向本级人民代表大会或者其常务委员会报告本级人民政府黄河流域生态保护和高质量发展工作情况。

第十章 法律责任

第一百零八条 国务院有关部门、黄河流域县级以上地方人民政府及其有关部门、黄河流域管理机构及其所属管理机构、黄河流域生态环境监督管理机构违反本法规定,有下列行为之一的,对直接负责的主管人员和其他直接责任人员依法给予警告、记过、记大过或者降级处分;造成严重后果的,给予撤职或者开除处分,其主要负责人应当引咎辞职:

(一)不符合行政许可条件准予行政许可;

(二)依法应当作出责令停业、关闭等决定而未作出;

(三)发现违法行为或者接到举报不依法查处;

(四)有其他玩忽职守、滥用职权、徇私舞弊行为。

第一百零九条 违反本法规定,有下列行为之一的,由地方人民政府生态环境、自然资源等主管部门按照职责分工,责令停止违法行为,限期拆除或者恢复原状,处五十万元以上五百万元以下罚款,对直接负责的主管人员和其他直接责任人员处五万元以上十万元以下罚款;逾期不拆除或者不恢复原状的,强制拆除或者代为恢复原状,所需费用由违法者承担;情节严重的,报经有批准权的人民政府批准,责令关闭:

(一)在黄河干支流岸线管控范围内新建、扩建化工园区或者化工项目;

(二)在黄河干流岸线或者重要支流岸线的管控范围内新建、改建、扩建尾矿库;

(三)违反生态环境准入清单规定进行生产建设活动。

第一百一十条 违反本法规定,在黄河流域禁止开垦坡度以上陡坡地开垦种植农作物的,由县级以上地方人民政府水行政主管部门或者黄河流域管理机构及其所属管理机构责令停止违法行为,采取退耕、恢复植被等补救措施;按照开垦面积,可以对单位处每平方米一百元以下罚款、对个人处每平方米二十元以下罚款。

违反本法规定,在黄河流域损坏、擅自占用淤地坝的,由县级以上地方人民政府水行政主管部门或者黄河流域管理机构及其所属管理机构责令停止违法行为,限期治理或者采取补救措施,处十万元以上一百万元以下罚款;逾期不治理或者不采取补救措施的,代为治理或者采取补救措施,所需费用由违法者承担。

违反本法规定,在黄河流域从事生产建设活动造成水土流失未进行治理，或者治理不符合国家规定的相关标准的，由县级以上地方人民政府水行政主管部门或者黄河流域管理机构及其所属管理机构责令限期治理，对单位处二万元以上二十万元以下罚款，对个人可以处二万元以下罚款；逾期不治理的，代为治理，所需费用由违法者承担。

第一百一十一条 违反本法规定，黄河干流、重要支流水工程未将生态用水调度纳入日常运行调度规程的，由有关主管部门按照职责分工，责令改正，给予警告，并处一万元以上十万元以下罚款；情节严重的，并处十万元以上五十万元以下罚款。

第一百一十二条 违反本法规定，禁渔期内在黄河流域重点水域从事天然渔业资源生产性捕捞的，由县级以上地方人民政府农业农村主管部门没收渔获物、违法所得以及用于违法活动的渔船、渔具和其他工具，并处一万元以上五万元以下罚款；采用电鱼、毒鱼、炸鱼等方式捕捞，或者有其他严重情节的，并处五万元以上五十万元以下罚款。

违反本法规定，在黄河流域开放水域养殖、投放外来物种或者其他非本地物种种质资源的，由县级以上地方人民政府农业农村主管部门责令限期捕回，处十万元以下罚款；造成严重后果的，处十万元以上一百万元以下罚款；逾期不捕回的，代为捕回或者采取降低负面影响的措施，所需费用由违法者承担。

违反本法规定，在三门峡、小浪底、故县、陆浑、河口村水库库区采用网箱、围网或者拦河拉网方式养殖，妨碍水沙调控和防洪的，由县级以上地方人民政府农业农村主管部门责令停止违法行为，拆除网箱、围网或者拦河拉网，处十万元以下罚款；造成严重后果的，处十万元以上一百万元以下罚款。

第一百一十三条 违反本法规定，未经批准擅自取水，或者未依照批准的取水许可规定条件取水的，由县级以上地方人民政府水行政主管部门或者黄河流域管理机构及其所属管理机构责令停止违法行为，限期采取补救措施，处五万元以上五十万元以下罚款；情节严重的，吊销取水许可证。

第一百一十四条 违反本法规定，黄河流域以及黄河流经省、自治区其他黄河供水区相关县级行政区域的用水单位用水超过强制性用水定额，未按照规定期限实施节水技术改造的，由县级以上地方人民政府水行政主管部门或者黄河流域管理机构及其所属管理机构责令限期整改，可以处十万元以下罚款；情节严重的，处十万元以上五十万元以下罚款，吊销取水许可证。

第一百一十五条 违反本法规定，黄河流域以及黄河流经省、自治区其他黄河供水区相关县级行政区域取水量达到取水规模以上的单位未安装在线计量设施的，由县级以上地方人民政府水行政主管部门或者黄河流域管理机构及其所属管理机构责令限期安装，并按照日最大取水能力计算的取水量计征相关费用，处二万元以上十万元以下罚款；情节严重的，处十万元以上五十万元以下罚款，吊销取水许可证。

违反本法规定，在线计量设施不合格或者运行不正常的，由县级以上地方人民政府水行政主管部门或者黄河流域管理机构及其所属管理机构责令限期更换或者修复；逾期不更换或者不修复的，按照日最大取水能力计算的取水量计征相关费用，处五万元以下罚款；情节严重的，吊销取水许可证。

第一百一十六条 违反本法规定，黄河流域农业灌溉取用深层地下水的，由县级以上地方人民政府水行政主管部门或者黄河流域管理机构及其所属管理机构责令限期整改，可以处十万元以下罚款；情节严重的，处十万元以上五十万元以下罚款，吊销取水许可证。

第一百一十七条 违反本法规定，黄河流域水库管理单位不执行黄河流域管理机构的水沙调度指令的，由黄河流域管理机构及其所属管理机构责令改正，给予警告，并处二万元以上十万元以下罚款；情节严重的，并处十万元以上五十万元以下罚款；对直接负责的主管人员和其他直接责任人员依法给予处分。

第一百一十八条 违反本法规定，有下列行为之一的，由县级以上地方人民政府水行政主管部门或者黄河流域管理机构及其所属管理机构责令停止违法行为，限期拆除违法建筑物、构筑物或者恢复原状，处五万元以上五十万元以下罚款；逾期不拆除或者不恢复原状的，强制拆除或者代为恢复原状，所需费用由违法者承担：

（一）在河道、湖泊管理范围内建设妨碍行洪的建筑物、构筑物或者从事影响河势稳定、危害河岸堤防安全和其他妨碍河道行洪的活动；

（二）违法利用、占用黄河流域河道、湖泊水域和岸线；

（三）建设跨河、穿河、穿堤、临河的工程设施，降低行洪和调蓄能力或者缩小水域面积，未建设等效替代工程或者采取其他功能补救措施；

（四）侵占黄河备用入海流路。

第一百一十九条 违反本法规定，在黄河流域破坏自然资源和生态、污染环境、妨碍防洪安全、破坏文化遗产等造成他人损害的，侵权人应当依法承担侵权责任。

违反本法规定，造成黄河流域生态环境损害的，国家规定的机关或者法律规定的组织有权请求侵权人承担修复责任、赔偿损失和相关费用。

第一百二十条 违反本法规定，构成犯罪的，依法追究刑事责任。

第十一章 附 则

第一百二十一条 本法下列用语的含义：

（一）黄河干流，是指黄河源头至黄河河口，流经青海省、四川省、甘肃省、宁夏回族自治区、内蒙古自治区、山西省、陕西省、河南省、山东省的黄河主河段（含入海流路）；

（二）黄河支流，是指直接或者间接流入黄河干流的河流，支流可以分为一级支流、二级支流等；

（三）黄河重要支流，是指湟水、洮河、祖厉河、清水河、大黑河、皇甫川、窟野河、无定河、汾河、渭河、伊洛河、沁河、大汶河等一级支流；

（四）黄河滩区，是指黄河流域河道管理范围内具有行洪、滞洪、沉沙功能，由于历史原因形成的有群众居住、耕种的滩地。

第一百二十二条 本法自2023年4月1日起施行。

最高人民法院关于贯彻实施《中华人民共和国黄河保护法》的意见

· 2023年6月27日
· 法发〔2023〕8号

为深入贯彻习近平新时代中国特色社会主义思想，深学笃行习近平法治思想和习近平生态文明思想，全面落实党的二十大精神，准确实施《中华人民共和国黄河保护法》，充分发挥人民法院审判职能作用，以高质量司法服务黄河流域生态保护和高质量发展，结合人民法院工作实际，制定如下实施意见。

一、切实提高政治站位，不断增强司法服务黄河流域生态保护和高质量发展的责任感使命感

1. 贯彻实施黄河保护法是落实习近平总书记重要指示批示精神和党中央决策部署的重要举措。黄河流域生态保护和高质量发展是习近平总书记亲自谋划、亲自部署、亲自推动的重大国家战略。黄河保护法的出台，为人民法院在法治轨道上扎实服务推进黄河流域生态保护和高质量发展提供了制度支撑。各级人民法院要进一步提高政治站位，把贯彻实施黄河保护法作为落实"两个维护"的具体行动，贯穿到黄河流域司法保护工作的全过程各方面，为实现人与自然和谐共生、中华民族永续发展提供坚实司法保障。

2. 贯彻实施黄河保护法是回应人民群众对黄河长久安澜美好向往的重要实践。黄河保护法坚持以人民为中心，始终为人民谋福祉，积极回应人民群众对黄河优美生态环境和高质量发展的新追求新期盼。各级人民法院要始终牢记初心使命，充分认识生态环境保护是重要的民生问题，立足审判职能，依法公正高效审理各类环境资源案件，着力解决好人民群众急难愁盼问题，服务好黄河流域生态保护和高质量发展，守护好黄河流域的青山碧水蓝天净土，努力让黄河成为造福人民的幸福河。

3. 贯彻实施黄河保护法是推进黄河流域生态保护和高质量发展的重要保障。黄河保护法坚持问题导向，旨在系统治理黄河流域生态环境突出问题。各级人民法院要落实最严格制度最严密法治，全面学习领会黄河保护法立法精神，准确把握立法特殊性和侧重点，结合山水相济大保护的流域司法特色，持续加强黄河流域生态保护与修复，推进水资源节约集约利用，保障水沙调控与防洪安全，深入打好污染防治攻坚战，服务绿色高质量发展，保护传承弘扬黄河文化，真正把黄河保护法的立法目的、基本原则和各项制度落到实处。

二、准确把握立法原则，紧紧围绕推动黄河流域生态保护和高质量发展持续用力

4. 坚持生态优先、绿色发展。牢固树立和践行绿水青山就是金山银山的理念，正确处理保护和发展、发展和安全、全局和局部、当前和长远等重大关系问题，找准统筹生态环境司法保护、经济社会发展和民生保障的平衡点。准确把握重在保护、要在治理的战略要求，助推环境问题整治，促进生态保护修复，服务绿色低碳发展，协同推进黄河流域生态环境高水平保护和经济社会高质量发展。

5. 坚持量水而行、节水为重。根据以水定城、以水定地、以水定人、以水定产的治水思路，全面落实水资源刚性约束制度，依法保障城乡居民生活用水、基本生态用水、生产用水，服务构建与水资源承载能力相适应的现代产业体系。聚焦保水、固土、治沙、防洪等黄河流域审判工作重点，促进水资源合理分配，提高水资源利用效率，抑制不合理用水需求，加强违法取用水规制，推动用水方式由粗放向节约集约转变。

6. 坚持因地制宜、分类施策。对标《黄河流域生态保护和高质量发展规划纲要》要求，瞄准各地在黄河流域生态保护和高质量发展战略布局中的不同定位，结合区域特点和地方实际，找准人民法院环境资源审判工作的结合点着力点。充分考虑黄河上下游、干支流、左右岸差异，加强生态环境分区管控，抓好江河源头和饮用水水源地、重要湖泊水库、河道堤坝岸线的保护治理，坚守生态保护红线、环境质量底线、资源利用上线。

7. 坚持统筹谋划、协同推进。深化对流域司法保护的规律性认识，坚持山水林田湖草沙一体化保护和系统治理，从生态系统的完整性、地理单元的连续性和经济社会发展的可持续性角度出发，强化黄河流域系统治理、整体治理、协同治理。全领域全过程贯彻生态环境保护理念，统筹适用刑事、民事、行政法律责任，打造畅通高效的内外协调联动机制，健全完善源头严防、过程严管、损害严惩和充分修复的现代环境司法保障体系。

三、充分发挥审判职能，着力提高贯彻实施黄河保护法各项工作的针对性靶向性实效性

8. 丰富修复举措，持续加强生态保护与修复。加大对黄河源头和水源涵养区、重要生态功能区、生态敏感脆弱区的司法保护力度，依法惩治非法采矿、采砂、渔猎、养殖、采伐、开垦、建设等违法犯罪活动，加强外来入侵物种治理。着力提升流域生态系统质量和稳定性，系统保护修复雪山冰川、高原冻土、高寒草甸、草原、湿地、森林、荒漠、泉域及其他流域特有生态环境要素，助力国家公园等自然保护地体系建设。探索创新预防性、惩罚性、恢复性司法措施，科学合理运用补植复绿、增殖放流、劳务代偿、技改抵扣、碳汇认购等多元化生态修复方式，健全完善生态环境修复资金管理使用及修复效果评估机制，努力实现"预防-保护-惩罚-修复"的完整闭环。

9. 促进绿色用水，推动水资源节约集约利用。依法审理取水许可、权属确认等行政争议案件和水资源使用权民事纠纷案件，推动高耗水项目技术改造或有序退出，规范用水权交易市场，促进水资源配置优化。配合行政执法机关整治挖湖造景、地下水超采、盲目上马"公园热"等不合理用水行为，确保流域用水安全。妥善审理涉节水产业、节水技术、节水设施案件，鼓励能源、化工、建材等高耗水产业节水增效，支持城乡老旧供水设施和管网改造，服务推进节水型社会建设。

10. 注重综合防治，保障水沙调控与防洪安全。依法惩治违法利用占用河道、湖泊水域岸线、水库库区的行为，保障黄河行洪安全，促进黄河流域各类生产建设活动

规范有序。依法审理涉水沙调控和防洪防凌调度、水功能区管理、山洪泥石流灾害防治案件，服务重点区域水土流失治理，筑牢黄河流域生态屏障。妥善审理黄河滩区居民迁建、退耕还湿、违章建筑拆除、小水电整改退出相关案件，监督支持行政机关依法行使职权，保护行政相对人合法权益。

11. 严格落实责任，深入打好污染防治攻坚战。加强黄河流域水、土壤、大气污染惩治力度，注重农业面源污染、工业污染、城乡生活污染综合治理，坚持精准科学依法治污，扎实推进城乡人居环境整治。依法审理水污染防治、水环境治理、水资源监管、环境影响评价和排污许可管理相关案件，从严惩处污染黄河干流、重要支流、重要湖库等重点水域及环境监管失职、环境监测数据造假等违法犯罪行为。准确适用生态环境侵权责任和禁止令、惩罚性赔偿，及时制止侵害行为，充分救济受损权益，严厉制裁恶意侵权人，切实提高环境违法成本。

12. 支持创新驱动，服务流域绿色高质量发展。完整准确全面贯彻新发展理念，准确适用《中华人民共和国民法典》绿色原则和绿色条款，依法审理涉产业结构、能源结构、交通运输结构等优化调整案件及碳排放权、排污权、用能权、用水权等新型权益案件，探索碳汇等生态产品价值实现司法方案，依法保护产权，支持科技创新，服务乡村振兴。妥善审理涉高耗水、高污染、高耗能项目案件及相关企业破产重整、清算案件，监督支持行政机关依法查处未批先建、批建不符违法行为，促进企业合规绿色转型。

13. 加强文化保护，助力传承和弘扬黄河文化。严厉惩处破坏文物、名胜古迹违法犯罪行为，依法追究盗掘（盗窃）、销赃、倒卖等全链条各环节参与人的法律责任。妥善审理涉历史文化名城名镇名村、水文化遗产、农耕文化遗产、文化旅游等案件，依法保护传统技艺、医药、曲艺、民俗等非物质文化遗产，助力黄河国家文化公园建设，促进黄河文化创造性发展。加强革命文物遗迹保护力度，妥善审理违法占用、毁损具有革命纪念意义的文物和遗迹案件，传承弘扬黄河红色文化，筑牢中华民族的根和魂。

四、持续深化改革创新，为保障黄河安澜服务民族复兴再立新功

14. 着力推进环境资源审判专门化。坚持守正创新，增强系统观念，不断完善环境资源审判体制机制。各级人民法院要以黄河保护法施行为契机，立足流域保护特点和治理需要，因地制宜推进以生态系统或生态功能

区为单位的跨行政区划环境资源审判集中管辖机制，扎实推进环境资源刑事、民事、行政案件统一由专门审判机构审理，完善环境公益诉讼、生态环境损害赔偿诉讼制度，丰富流域区域生态环境保护裁判规则，实现对生态环境的整体系统保护。

15. 着力推进审判机构运行实质化。按照司法体制改革、四级法院审级职能定位改革以及诉讼制度改革要求，找准涉及各类生态环境要素的刑事、民事、行政案件中的小切口，细化环境资源审判庭归口审理案件的范围和职责，促进审判职能、人员、理念的实质融合，确保聚焦主业主责。完善环境资源案件提级管辖机制，对新类型、具有普遍法律适用指导意义、存在重大法律适用分歧的案件依法提级管辖，强化指导性案例和典型案例培树机制。用足用好环境资源审判信息平台，丰富环境资源审判分案识别要素，以信息化助推专业化建设。

16. 着力推进审判能力水平现代化。始终把党的政治建设摆在首位，坚持为大局服务、为人民司法，全面提高流域司法保护能力水平。狠抓审判质效，健全完善契合环境资源审判实际的绩效考核和培训交流机制，打造纪律作风过硬、适应审判职能"三合一"需要、具有国际视野的专业队伍。突出问题导向，大兴调查研究，针对流域司法保护的特点、重点、难点问题，积极探索创新，统一法律适用，以高质量司法服务高质量发展。

17. 着力推进环境司法功能多元化。坚持能动司法，做实"抓前端、治未病"，通过诉源治理、多元解纷、司法建议等方式主动融入社会综合治理。加强以案释法普法，充分发挥典型案例的教育引导作用，多途径开展法治宣传，推动美丽中国建设全民行动。深化环境司法国际合作，推进经验交流互鉴、成果惠益分享，讲好中国环境法治故事，传播中国软实力。

18. 着力推进流域司法协作常效化。加强流域区域尤其是跨省级行政区划人民法院之间在立案、审判、执行方面的工作协调对接，健全远程立案、在线庭审、电子送达、修复资金移送等配套机制，促进各类协作机制落实落地。积极开展行政与司法协同合作，优化与检察机关、公安机关、行政执法机关之间在信息通报、形势会商、证据调取、线索移交、纠纷化解、生态修复等方面的衔接配合，不断完善生态环境保护多元共治格局。

淮河流域水污染防治暂行条例

· 1995年8月8日中华人民共和国国务院令第183号发布
· 根据2011年1月8日《国务院关于废止和修改部分行政法规的决定》修订

第一条 为了加强淮河流域水污染防治，保护和改善水质，保障人体健康和人民生活、生产用水，制定本条例。

第二条 本条例适用于淮河流域的河流、湖泊、水库、渠道等地表水体的污染防治。

第三条 淮河流域水污染防治的目标：1997年实现全流域工业污染源达标排放；2000年淮河流域各主要河段、湖泊、水库的水质达到淮河流域水污染防治规划的要求，实现淮河水体变清。

第四条 淮河流域水资源保护领导小组（以下简称领导小组），负责协调、解决有关淮河流域水资源保护和水污染防治的重大问题，监督、检查淮河流域水污染防治工作，并行使国务院授予的其他职权。

领导小组办公室设在淮河流域水资源保护局。

第五条 河南、安徽、江苏、山东四省（以下简称四省）人民政府各对本省淮河流域水环境质量负责，必须采取措施确保本省淮河流域水污染防治目标的实现。

四省人民政府应当将淮河流域水污染治理任务分解到有关市（地）、县，签订目标责任书，限期完成，并将该项工作作为考核有关干部政绩的重要内容。

第六条 淮河流域县级以上地方人民政府，应当定期向本级人民代表大会常务委员会报告本行政区域内淮河流域水污染防治工作进展情况。

第七条 国家对淮河流域水污染防治实行优惠、扶持政策。

第八条 四省人民政府应当妥善做好淮河流域关、停企业的职工安置工作。

第九条 国家对淮河流域实行水污染物排放总量（以下简称排污总量）控制制度。

第十条 国务院环境保护行政主管部门会同国务院计划部门、水行政主管部门商四省人民政府，根据淮河流域水污染防治目标，拟订淮河流域水污染防治规划和排污总量控制计划，经由领导小组报国务院批准后执行。

第十一条 淮河流域县级以上地方人民政府，根据上级人民政府制定的淮河流域水污染防治规划和排污总量控制计划，组织制定本行政区域内淮河流域水污染防治规划和排污总量控制计划,并纳入本行政区域的国民经济和社会发展中长期规划和年度计划。

第十二条 淮河流域排污总量控制计划,应当包括确定的排污总量控制区域、排污总量、排污削减量和削减时限要求,以及应当实行重点排污控制的区域和重点排污控制区域外的重点排污单位名单等内容。

第十三条 向淮河流域水体排污的企业事业单位和个体工商户(以下简称排污单位),凡纳入排污总量控制的,由环境保护行政主管部门商同级有关行业主管部门,根据排污总量控制计划、建设项目环境影响报告书和排污申报量,确定其排污总量控制指标。

排污单位的排污总量控制指标的削减量以及削减时限要求,由下达指标的环境保护行政主管部门根据本级人民政府的规定,商同级有关行业主管部门核定。

超过排污总量控制指标排污的,由有关县级以上地方人民政府责令限期治理。

第十四条 在淮河流域排污总量控制计划确定的重点排污控制区域内的排污单位和重点排污控制区域外的重点排污单位,必须按照国家有关规定申请领取排污许可证,并在排污口安装污水排放计量器具。

第十五条 国务院环境保护行政主管部门商国务院水行政主管部门,根据淮河流域排污总量控制计划以及四省的经济技术条件,制定淮河流域省界水质标准,报国务院批准后施行。

第十六条 淮河流域水资源保护局负责监测四省省界水质,并将监测结果及时报领导小组。

第十七条 淮河流域重点排污单位超标排放水污染物的,责令限期治理。

市、县或者市、县以下人民政府管辖的企业事业单位的限期治理,由有关市、县人民政府决定。中央或者省级人民政府管辖的企业事业单位的限期治理,由省级人民政府决定。

限期治理的重点排污单位名单,由国务院环境保护行政主管部门商四省人民政府拟订,经领导小组审核同意后公布。

第十八条 自1998年1月1日起,禁止一切工业企业向淮河流域水体超标排放水污染物。

第十九条 淮河流域排污单位必须采取措施按期完成污染治理任务,保证水污染物的排放符合国家制定的和地方制定的排放标准;持有排污许可证的单位应当保证其排污总量不超过排污许可证规定的排污总量控制指标。

未按期完成污染治理任务的排污单位,应当集中资金尽快完成治理任务;完成治理任务前,不得建设扩大生产规模的项目。

第二十条 淮河流域县级以上地方人民政府环境保护行政主管部门征收的排污费,必须按照国家有关规定,全部用于污染治理,不得挪作他用。

审计部门应当对排污费的使用情况依法进行审计,并由四省人民政府审计部门将审计结果报领导小组。

第二十一条 在淮河流域河流、湖泊、水库、渠道等管理范围内设置或者扩大排污口的,必须依法报经水行政主管部门同意。

第二十二条 禁止在淮河流域新建化学制浆造纸企业。

禁止在淮河流域新建制革、化工、印染、电镀、酿造等污染严重的小型企业。

严格限制在淮河流域新建前款所列大中型项目或者其他污染严重的项目;建设该类项目的,必须事先征得有关人民政府环境保护行政主管部门的同意,并报国务院环境保护行政主管部门备案。

禁止和严格限制的产业、产品名录,由国务院环境保护行政主管部门商国务院有关行业主管部门拟订,经领导小组审核同意,报国务院批准后公布施行。

第二十三条 淮河流域县级以上地方人民政府环境保护行政主管部门审批向水体排放污染物的建设项目的环境影响报告书时,不得突破本行政区域排污总量控制指标。

第二十四条 淮河流域县级以上地方人民政府应当按照淮河流域水污染防治规划的要求,建设城镇污水集中处理设施。

第二十五条 淮河流域水闸应当在保证防汛、抗旱的前提下,兼顾上游下游水质,制定防污调控方案,避免闸控河道蓄积的污水集中下泄。

领导小组确定的重要水闸,由淮河水利委员会会同有关省人民政府水行政主管部门制定防污调控方案,报领导小组批准后施行。

第二十六条 领导小组办公室应当组织四省人民政府环境保护行政主管部门、水行政主管部门等采取下列措施,开展枯水期水污染联合防治工作:

(一)加强对主要河道、湖泊、水库的水质、水情的动态监测,并及时通报监测资料;

(二)根据枯水期的水环境最大容量,商四省人民政府环境保护行政主管部门规定各省枯水期污染源限排总量,由四省人民政府环境保护行政主管部门逐级分解到

排污单位,使其按照枯水期污染源限排方案限量排污;

(三)根据水闸防污调控方案,调度水闸。

第二十七条 淮河流域发生水污染事故时,必须及时向环境保护行政主管部门报告。环境保护行政主管部门应当在接到事故报告时起24小时内,向本级人民政府、上级环境保护行政主管部门和领导小组办公室报告,并向相邻上游和下游的环境保护行政主管部门、水行政主管部门通报。当地人民政府应当采取应急措施,消除或者减轻污染危害。

第二十八条 淮河流域省际水污染纠纷,由领导小组办公室进行调查、监测,提出解决方案,报领导小组协调处理。

第二十九条 领导小组办公室根据领导小组的授权,可以组织四省人民政府环境保护行政主管部门、水行政主管部门等检查淮河流域水污染防治工作。被检查单位必须如实反映情况,提供必要的资料。

第三十条 排污单位有下列情形之一的,由有关县级以上人民政府责令关闭或者停业:

(一)造成严重污染,又没有治理价值的;

(二)自1998年1月1日起,工业企业仍然超标排污的。

第三十一条 在限期治理期限内,未完成治理任务的,由县级以上地方人民政府环境保护行政主管部门责令限量排污,可以处10万元以下的罚款;情节严重的,由有关县级以上人民政府责令关闭或者停业。

第三十二条 擅自在河流、湖泊、水库、渠道管理范围内设置或者扩大排污口的,由有关县级以上地方人民政府环境保护行政主管部门或者水行政主管部门责令纠正,可以处5万元以下的罚款。

第三十三条 自本条例施行之日起,新建化学制浆造纸企业和制革、化工、印染、电镀、酿造等污染严重的小型企业或者未经批准建设属于严格限制的项目的,由有关县级人民政府责令停止建设或者关闭,环境保护行政主管部门可以处20万元以下的罚款。

第三十四条 环境保护行政主管部门超过本行政区域的排污总量控制指标,批准建设项目环境影响报告书的,对负有直接责任的主管人员和其他直接责任人员依法给予行政处分;构成犯罪的,依法追究刑事责任。

第三十五条 违反枯水期污染源限排方案超量排污的,由有关县级以上地方人民政府环境保护行政主管部门责令纠正,可以处10万元以下的罚款;情节严重的,由有关县级人民政府责令关闭或者停业;对负有直接责任的主管人员和其他直接责任人员,依法给予行政处分。

第三十六条 本条例规定的责令企业事业单位停止建设或者停业、关闭,由作出限期治理决定的人民政府决定;责令中央管辖的企业事业单位停止建设或者停业、关闭,须报国务院批准。

第三十七条 县级人民政府环境保护行政主管部门或者水行政主管部门决定的罚款额,以不超过1万元为限;超过1万元的,应当报上一级环境保护行政主管部门或者水行政主管部门批准。

设区的市人民政府环境保护行政主管部门决定的罚款额,以不超过5万元为限;超过5万元的,应当报上一级环境保护行政主管部门批准。

第三十八条 违反水闸防污调控方案调度水闸的,由县级以上人民政府水行政主管部门责令纠正;对负有直接责任的主管人员和其他直接责任人员,依法给予行政处分。

第三十九条 因发生水污染事故,造成重大经济损失或者人员伤亡,负有直接责任的主管人员和其他直接责任人员构成犯罪的,依法追究刑事责任。

第四十条 拒绝、阻碍承担本条例规定职责的国家工作人员依法执行职务,违反治安管理的,依照《中华人民共和国治安管理处罚法》的规定处罚;构成犯罪的,依法追究刑事责任。

第四十一条 承担本条例规定职责的国家工作人员滥用职权、徇私舞弊、玩忽职守,或者拒不履行义务,构成犯罪的,依法追究刑事责任;尚不构成犯罪的,依法给予行政处分。

第四十二条 四省人民政府可以根据本条例分别制定实施办法。

第四十三条 本条例自1995年8月8日起施行。

太湖流域管理条例

·2011年8月24日国务院第169次常务会议通过
·2011年9月7日中华人民共和国国务院令第604号公布 自2011年11月1日起施行

第一章 总 则

第一条 为了加强太湖流域水资源保护和水污染防治,保障防汛抗旱以及生活、生产和生态用水安全,改善太湖流域生态环境,制定本条例。

第二条 本条例所称太湖流域,包括江苏省、浙江省、上海市(以下称两省一市)长江以南,钱塘江以北,天目山、茅山流域分水岭以东的区域。

第三条 太湖流域管理应当遵循全面规划、统筹兼顾、保护优先、兴利除害、综合治理、科学发展的原则。

第四条 太湖流域实行流域管理与行政区域管理相结合的管理体制。

国家建立健全太湖流域管理协调机制,统筹协调太湖流域管理中的重大事项。

第五条 国务院水行政、环境保护等部门依照法律、行政法规规定和国务院确定的职责分工,负责太湖流域管理的有关工作。

国务院水行政主管部门设立的太湖流域管理机构(以下简称太湖流域管理机构)在管辖范围内,行使法律、行政法规规定的和国务院水行政主管部门授予的监督管理职责。

太湖流域县级以上地方人民政府有关部门依照法律、法规规定,负责本行政区域内有关的太湖流域管理工作。

第六条 国家对太湖流域水资源保护和水污染防治实行地方人民政府目标责任制与考核评价制度。

太湖流域县级以上地方人民政府应当将水资源保护、水污染防治、防汛抗旱、水域和岸线保护以及生活、生产和生态用水安全等纳入国民经济和社会发展规划,调整经济结构,优化产业布局,严格限制高耗水和高污染的建设项目。

第二章 饮用水安全

第七条 太湖流域县级以上地方人民政府应当合理确定饮用水水源地,并依照《中华人民共和国水法》、《中华人民共和国水污染防治法》的规定划定饮用水水源保护区,保障饮用水供应和水质安全。

第八条 禁止在太湖流域饮用水水源保护区内设置排污口、有毒有害物品仓库以及垃圾场;已经设置的,当地县级人民政府应当责令拆除或者关闭。

第九条 太湖流域县级人民政府应当建立饮用水水源保护区日常巡查制度,并在饮用水水源一级保护区设置水质、水量自动监测设施。

第十条 太湖流域县级以上地方人民政府应当按照水源互补、科学调度的原则,合理规划、建设应急备用水源和跨行政区域的联合供水项目。按照规划供水范围的正常用水量计算,应急备用水源应当具备不少于7天的供水能力。

太湖流域县级以上地方人民政府供水主管部门应当根据生活饮用水国家标准的要求,编制供水设施技术改造规划,报本级人民政府批准后组织实施。

第十一条 太湖流域县级以上地方人民政府应当组织水行政、环境保护、住房和城乡建设等部门制定本行政区域的供水安全应急预案。有关部门应当根据本行政区域的供水安全应急预案制定实施方案。

太湖流域供水单位应当根据本行政区域的供水安全应急预案,制定相应的应急工作方案,并报供水主管部门备案。

第十二条 供水安全应急预案应当包括下列主要内容:

(一)应急备用水源和应急供水设施;

(二)监测、预警、信息报告和处理;

(三)组织指挥体系和应急响应机制;

(四)应急备用水源启用方案或者应急调水方案;

(五)资金、物资、技术等保障措施。

第十三条 太湖流域市、县人民政府应当组织对饮用水水源、供水设施以及居民用水点的水质进行实时监测;在蓝藻暴发等特殊时段,应当增加监测次数和监测点,及时掌握水质状况。

太湖流域市、县人民政府发现饮用水水源、供水设施以及居民用水点的水质异常,可能影响供水安全的,应当立即采取预防、控制措施,并及时向社会发布预警信息。

第十四条 发生供水安全事故,太湖流域县级以上地方人民政府应当立即按照规定程序上报,并根据供水安全事故的严重程度和影响范围,按照职责权限启动相应的供水安全应急预案,优先保障居民生活饮用水。

发生供水安全事故,需要实施跨流域或者跨省、直辖市行政区域水资源应急调度的,由太湖流域管理机构对太湖、太浦河、新孟河、望虞河的水工程下达调度指令。

防汛抗旱期间发生供水安全事故,需要实施水资源应急调度的,由太湖流域防汛抗旱指挥机构、太湖流域县级以上地方人民政府防汛抗旱指挥机构下达调度指令。

第三章 水资源保护

第十五条 太湖流域水资源配置与调度,应当首先满足居民生活用水,兼顾生产、生态用水以及航运等需要,维持太湖合理水位,促进水体循环,提高太湖流域水环境容量。

太湖流域水资源配置与调度,应当遵循统一实施、分级负责的原则,协调总量控制与水位控制的关系。

第十六条 太湖流域管理机构应当商两省一市人民政府水行政主管部门,根据太湖流域综合规划制订水资源调度方案，报国务院水行政主管部门批准后组织两省一市人民政府水行政主管部门统一实施。

水资源调度方案批准前，太湖流域水资源调度按照国务院水行政主管部门批准的引江济太调度方案以及有关年度调度计划执行。

地方人民政府、太湖流域管理机构和水工程管理单位主要负责人应当对水资源调度方案和调度指令的执行负责。

第十七条　太浦河太浦闸、泵站，新孟河江边枢纽、运河立交枢纽，望虞河望亭、常熟水利枢纽，由太湖流域管理机构下达调度指令。

国务院水行政主管部门规定的对流域水资源配置影响较大的水工程，由太湖流域管理机构商当地省、直辖市人民政府水行政主管部门下达调度指令。

太湖流域其他水工程，由县级以上地方人民政府水行政主管部门按照职责权限下达调度指令。

下达调度指令应当以水资源调度方案为基本依据，并综合考虑实时水情、雨情等情况。

第十八条　太湖、太浦河、新孟河、望虞河实行取水总量控制制度。两省一市人民政府水行政主管部门应当于每年2月1日前将上一年度取水总量控制情况和本年度取水计划建议报太湖流域管理机构。太湖流域管理机构应当根据取水总量控制指标，结合年度预测来水量，于每年2月25日前向两省一市人民政府水行政主管部门下达年度取水计划。

太湖流域管理机构应当对太湖、太浦河、新孟河、望虞河取水总量控制情况进行实时监控。对取水总量已经达到或者超过取水总量控制指标的，不得批准建设项目新增取水。

第十九条　国务院水行政主管部门应当会同国务院环境保护等部门和两省一市人民政府，按照流域综合规划、水资源保护规划和经济社会发展要求，拟定太湖流域水功能区划，报国务院批准。

太湖流域水功能区划未涉及的太湖流域其他水域的水功能区划，由两省一市人民政府水行政主管部门会同同级环境保护等部门拟定，征求太湖流域管理机构意见后，由本级人民政府批准并报国务院水行政、环境保护主管部门备案。

调整经批准的水功能区划，应当经原批准机关或者其授权的机关批准。

第二十条　太湖流域的养殖、航运、旅游等涉及水资源开发利用的规划，应当遵守经批准的水功能区划。

在太湖流域湖泊、河道从事生产建设和其他开发利用活动的，应当符合水功能区保护要求；其中在太湖从事生产建设和其他开发利用活动的，有关主管部门在办理批准手续前，应当就其是否符合水功能区保护要求征求太湖流域管理机构的意见。

第二十一条　太湖流域县级以上地方人民政府水行政主管部门和太湖流域管理机构应当加强对水功能区保护情况的监督检查，定期公布水资源状况；发现水功能区未达到水质目标的，应当及时报告有关人民政府采取治理措施，并向环境保护主管部门通报。

主要入太湖河道控制断面未达到水质目标的，在不影响防洪安全的前提下，太湖流域管理机构应当通报有关地方人民政府关闭其入湖口门并组织治理。

第二十二条　太湖流域县级以上地方人民政府应当按照太湖流域综合规划和太湖流域水环境综合治理总体方案等要求，组织采取环保型清淤措施，对太湖流域湖泊、河道进行生态疏浚，并对清理的淤泥进行无害化处理。

第二十三条　太湖流域县级以上地方人民政府应当加强用水定额管理，采取有效措施，降低用水消耗，提高用水效率，并鼓励回用再生水和综合利用雨水、海水、微咸水。

需要取水的新建、改建、扩建建设项目，应当在水资源论证报告书中按照行业用水定额要求明确节约用水措施，并配套建设节约用水设施。节约用水设施应当与主体工程同时设计、同时施工、同时投产。

第二十四条　国家将太湖流域承压地下水作为应急和战略储备水源，禁止任何单位和个人开采，但是供水安全事故应急用水除外。

第四章　水污染防治

第二十五条　太湖流域实行重点水污染物排放总量控制制度。

太湖流域管理机构应当组织两省一市人民政府水行政主管部门，根据水功能区对水质的要求和水体的自然净化能力，核定太湖流域湖泊、河道纳污能力，向两省一市人民政府环境保护主管部门提出限制排污总量意见。

两省一市人民政府环境保护主管部门应当按照太湖流域水环境综合治理总体方案、太湖流域水污染防治规划等确定的水质目标和有关要求，充分考虑限制排污总量意见，制订重点水污染物排放总量削减和控制计划，经国务院环境保护主管部门审核同意，报两省一市人民政府批准并公告。

两省一市人民政府应当将重点水污染物排放总量削减和控制计划确定的控制指标分解下达到太湖流域各市、县。市、县人民政府应当将控制指标分解落实到排污单位。

第二十六条 两省一市人民政府环境保护主管部门应当根据水污染防治工作需要，制订本行政区域其他水污染物排放总量控制指标，经国务院环境保护主管部门审核，报本级人民政府批准，并由两省一市人民政府抄送国务院环境保护、水行政主管部门。

第二十七条 国务院环境保护主管部门可以根据太湖流域水污染防治和优化产业结构、调整产业布局的需要，制定水污染物特别排放限值，并商两省一市人民政府确定和公布在太湖流域执行水污染物特别排放限值的具体地域范围和时限。

第二十八条 排污单位排放水污染物，不得超过经核定的水污染物排放总量，并应当按照规定设置便于检查、采样的规范化排污口，悬挂标志牌；不得私设暗管或者采取其他规避监管的方式排放水污染物。

禁止在太湖流域设置不符合国家产业政策和水环境综合治理要求的造纸、制革、酒精、淀粉、冶金、酿造、印染、电镀等排放水污染物的生产项目，现有的生产项目不能实现达标排放的，应当依法关闭。

在太湖流域新设企业应当符合国家规定的清洁生产要求，现有的企业尚未达到清洁生产要求的，应当按照清洁生产规划要求进行技术改造，两省一市人民政府应当加强监督检查。

第二十九条 新孟河、望虞河以外的其他主要入太湖河道，自河口1万米上溯至5万米河道岸线内及其岸线两侧各1000米范围内，禁止下列行为：

（一）新建、扩建化工、医药生产项目；

（二）新建、扩建污水集中处理设施排污口以外的排污口；

（三）扩大水产养殖规模。

第三十条 太湖岸线内和岸线周边5000米范围内，淀山湖岸线内和岸线周边2000米范围内，太浦河、新孟河、望虞河岸线内和岸线两侧各1000米范围内，其他主要入太湖河道自河口上溯至1万米河道岸线内及其岸线两侧各1000米范围内，禁止下列行为：

（一）设置剧毒物质、危险化学品的贮存、输送设施和废物回收场、垃圾场；

（二）设置水上餐饮经营设施；

（三）新建、扩建高尔夫球场；

（四）新建、扩建畜禽养殖场；

（五）新建、扩建向水体排放污染物的建设项目；

（六）本条例第二十九条规定的行为。

已经设置前款第一项、第二项规定设施的，当地县级人民政府应当责令拆除或者关闭。

第三十一条 太湖流域县级以上地方人民政府应当推广测土配方施肥、精准施肥、生物防治病虫害等先进适用的农业生产技术，实施农药、化肥减施工程，减少化肥、农药使用量，发展绿色生态农业，开展清洁小流域建设，有效控制农业面源污染。

第三十二条 两省一市人民政府应当加强对太湖流域水产养殖的管理，合理确定水产养殖规模和布局，推广循环水养殖、不投饵料养殖等生态养殖技术，减少水产养殖污染。

国家逐步淘汰太湖围网养殖。江苏省、浙江省人民政府渔业行政主管部门应当按照统一规划、分步实施、合理补偿的原则，组织清理在太湖设置的围网养殖设施。

第三十三条 太湖流域的畜禽养殖场、养殖专业合作社、养殖小区应当对畜禽粪便、废水进行无害化处理，实现污水达标排放；达到两省一市人民政府规定规模的，应当配套建设沼气池、发酵池等畜禽粪便、废水综合利用或者无害化处理设施，并保证其正常运转。

第三十四条 太湖流域县级以上地方人民政府应当合理规划建设公共污水管网和污水集中处理设施，实现雨水、污水分流。自本条例施行之日起5年内，太湖流域县级以上地方人民政府所在城镇和重点建制镇的生活污水应当全部纳入公共污水管网并经污水集中处理设施处理。

太湖流域县级人民政府应当为本行政区域内的农村居民点配备污水、垃圾收集设施，并对收集的污水、垃圾进行集中处理。

第三十五条 太湖流域新建污水集中处理设施，应当符合脱氮除磷深度处理要求；现有的污水集中处理设施不符合脱氮除磷深度处理要求的，当地市、县人民政府应当自本条例施行之日起1年内组织进行技术改造。

太湖流域市、县人民政府应当统筹规划建设污泥处理设施，并指导污水集中处理单位对处理污水产生的污泥等废弃物进行无害化处理，避免二次污染。

国家鼓励污水集中处理单位配套建设再生水利用设施。

第三十六条 在太湖流域航行的船舶应当按照要求配备污水、废油、垃圾、粪便等污染物、废弃物收集设施。

未持有合法有效的防止水域环境污染证书、文书的船舶,不得在太湖流域航行。运输剧毒物质、危险化学品的船舶,不得进入太湖。

太湖流域各港口、码头、装卸站和船舶修造厂应当配备船舶污染物、废弃物接收设施和必要的水污染应急设施,并接受当地港口管理部门和环境保护主管部门的监督。

太湖流域县级以上地方人民政府和有关海事管理机构应当建立健全船舶水污染事故应急制度,在船舶水污染事故发生后立即采取应急处置措施。

第三十七条 太湖流域县级人民政府应当组建专业打捞队伍,负责当地重点水域蓝藻等有害藻类的打捞。打捞的蓝藻等有害藻类应当运送至指定的场所进行无害化处理。

国家鼓励运用技术成熟、安全可靠的方法对蓝藻等有害藻类进行生态防治。

第五章 防汛抗旱与水域、岸线保护

第三十八条 太湖流域防汛抗旱指挥机构在国家防汛抗旱指挥机构的领导下,统一组织、指挥、指导、协调和监督太湖流域防汛抗旱工作,其具体工作由太湖流域管理机构承担。

第三十九条 太湖流域管理机构应当会同两省一市人民政府,制订太湖流域洪水调度方案,报国家防汛抗旱指挥机构批准。太湖流域洪水调度方案是太湖流域防汛调度的基本依据。

太湖流域发生超标准洪水或者特大干旱灾害,由太湖流域防汛抗旱指挥机构组织两省一市人民政府防汛抗旱指挥机构提出处理意见,报国家防汛抗旱指挥机构批准后执行。

第四十条 太浦河太浦闸、泵站,新孟河江边枢纽、运河立交枢纽,望虞河望亭、常熟水利枢纽以及国家防汛抗旱指挥机构规定的对流域防汛抗旱影响较大的水工程的防汛抗旱调度指令,由太湖流域防汛抗旱指挥机构下达。

太湖流域其他水工程的防汛抗旱调度指令,由太湖流域县级以上地方人民政府防汛抗旱指挥机构按照职责权限下达。

第四十一条 太湖水位以及与调度有关的其他水文测验数据,以国家基本水文测站的测验数据为准;未设立国家基本水文测站的,以太湖流域管理机构确认的水文测验数据为准。

第四十二条 太湖流域管理机构应当组织两省一市人民政府水行政主管部门会同同级交通运输主管部门,根据防汛抗旱和水域保护需要制订岸线利用管理规划,经征求两省一市人民政府国土资源、环境保护、城乡规划等部门意见,报国务院水行政主管部门审核并由其报国务院批准。岸线利用管理规划应当明确太湖、太浦河、新孟河、望虞河岸线划定、利用和管理等要求。

太湖流域县级人民政府应当按照岸线利用管理规划,组织划定太湖、太浦河、新孟河、望虞河岸线,设置界标,并报太湖流域管理机构备案。

第四十三条 在太湖、太浦河、新孟河、望虞河岸线内兴建建设项目,应当符合太湖流域综合规划和岸线利用管理规划,不得缩小水域面积,不得降低行洪和调蓄能力,不得擅自改变水域、滩地使用性质;无法避免缩小水域面积、降低行洪和调蓄能力的,应当同时兴建等效替代工程或者采取其他功能补救措施。

第四十四条 需要临时占用太湖、太浦河、新孟河、望虞河岸线内水域、滩地的,应当经太湖流域管理机构同意,并依法办理有关手续。临时占用水域、滩地的期限不得超过2年。

临时占用期限届满,临时占用人应当及时恢复水域、滩地原状;临时占用水域、滩地给当地居民生产等造成损失的,应当依法予以补偿。

第四十五条 太湖流域圩区建设、治理应当符合流域防洪要求,合理控制圩区标准,统筹安排圩区外排水河道规模,严格控制联圩并圩,禁止将湖荡等大面积水域圈入圩内,禁止缩小圩外水域面积。

两省一市人民政府水行政主管部门应当编制圩区建设、治理方案,报本级人民政府批准后组织实施。太湖、太浦河、新孟河、望虞河以及两省一市行政区域边界河道的圩区建设、治理方案在批准前,应当征得太湖流域管理机构同意。

第四十六条 禁止在太湖岸线内圈圩或者围湖造地;已经建成的圈圩不得加高、加宽圩堤,已经围湖所造的土地不得垫高土地地面。

两省一市人民政府水行政主管部门应当会同同级国土资源等部门,自本条例施行之日起2年内编制太湖岸线内已经建成的圈圩和已经围湖所造土地清理工作方案,报国务院水行政主管部门和两省一市人民政府批准后组织实施。

第六章 保障措施

第四十七条 太湖流域县级以上地方人民政府及其有关部门应当采取措施保护和改善太湖生态环境,在太湖岸线周边500米范围内，饮用水水源保护区周边1500米范围内和主要入太湖河道岸线两侧各200米范围内，合理建设生态防护林。

第四十八条　太湖流域县级以上地方人民政府林业、水行政、环境保护、农业等部门应当开展综合治理，保护湿地，促进生态恢复。

两省一市人民政府渔业行政主管部门应当根据太湖流域水生生物资源状况、重要渔业资源繁殖规律和水产种质资源保护需要，开展水生生物资源增殖放流，实行禁渔区和禁渔期制度，并划定水产种质资源保护区。

第四十九条　上游地区未完成重点水污染物排放总量削减和控制计划、行政区域边界断面水质未达到阶段水质目标的，应当对下游地区予以补偿；上游地区完成重点水污染物排放总量削减和控制计划、行政区域边界断面水质达到阶段水质目标的，下游地区应当对上游地区予以补偿。补偿通过财政转移支付方式或者有关地方人民政府协商确定的其他方式支付。具体办法由国务院财政、环境保护主管部门会同两省一市人民政府制定。

第五十条　排放污水的单位和个人，应当按照规定缴纳污水处理费。通过公共供水设施供水的，污水处理费和水费一并收取；使用自备水源的，污水处理费和水资源费一并收取。污水处理费应当纳入地方财政预算管理，专项用于污水集中处理设施的建设和运行。污水处理费不能补偿污水集中处理单位正常运营成本的，当地县级人民政府应当给予适当补贴。

第五十一条　对为减少水污染物排放自愿关闭、搬迁、转产以及进行技术改造的企业，两省一市人民政府应当通过财政、信贷、政府采购等措施予以鼓励和扶持。

国家鼓励太湖流域排放水污染物的企业投保环境污染责任保险，具体办法由国务院环境保护主管部门会同国务院保险监督管理机构制定。

第五十二条　对因清理水产养殖、畜禽养殖，实施退田还湖、退渔还湖等导致转产转业的农民，当地县级人民政府应当给予补贴和扶持，并通过劳动技能培训、纳入社会保障体系等方式，保障其基本生活。

对因实施农药、化肥减施工程等导致收入减少或者支出增加的农民，当地县级人民政府应当给予补贴。

第七章　监测与监督

第五十三条　国务院发展改革、环境保护、水行政、住房和城乡建设等部门应当按照国务院有关规定，对两省一市人民政府水资源保护和水污染防治目标责任执行情况进行年度考核，并将考核结果报国务院。

太湖流域县级以上地方人民政府应当对下一级人民政府水资源保护和水污染防治目标责任执行情况进行年度考核。

第五十四条　国家按照统一规划布局、统一标准方法、统一信息发布的要求，建立太湖流域监测体系和信息共享机制。

太湖流域管理机构应当商两省一市人民政府环境保护、水行政主管部门和气象主管机构等，建立统一的太湖流域监测信息共享平台。

两省一市人民政府环境保护主管部门负责本行政区域的水环境质量监测和污染源监督性监测。太湖流域管理机构和两省一市人民政府水行政主管部门负责水文水资源监测；太湖流域管理机构负责两省一市行政区域边界水域和主要入太湖河道控制断面的水环境质量监测，以及太湖流域重点水功能区和引江济太调水的水质监测。

太湖流域水环境质量信息由两省一市人民政府环境保护主管部门按照职责权限发布。太湖流域水文水资源信息由太湖流域管理机构会同两省一市人民政府水行政主管部门统一发布；发布水文水资源信息涉及水环境质量的内容，应当与环境保护主管部门协商一致。太湖流域年度监测报告由国务院环境保护、水行政主管部门共同发布，必要时也可以授权太湖流域管理机构发布。

第五十五条　有下列情形之一的，有关部门应当暂停办理两省一市相关行政区域或者主要入太湖河道沿线区域可能产生污染的建设项目的审批、核准以及环境影响评价，取水许可和排污口设置审查等手续，并通报有关地方人民政府采取治理措施：

（一）未完成重点水污染物排放总量削减和控制计划，行政区域边界断面、主要入太湖河道控制断面未达到阶段水质目标的；

（二）未完成本条例规定的违法设施拆除、关闭任务的；

（三）因违法批准新建、扩建污染水环境的生产项目造成供水安全事故等严重后果的。

第五十六条　太湖流域管理机构和太湖流域县级以上地方人民政府水行政主管部门应当对设置在太湖流域湖泊、河道的排污口进行核查登记，建立监督管理档案，对污染严重和违法设置的排污口，依照《中华人民共和国水法》、《中华人民共和国水污染防治法》的规定处理。

第五十七条　太湖流域县级以上地方人民政府环境保护主管部门应当会同有关部门，加强对重点水污染物排放总量削减和控制计划落实情况的监督检查，并按照职责权限定期向社会公布。

国务院环境保护主管部门应当定期开展太湖流域水污染调查和评估。

第五十八条 太湖流域县级以上地方人民政府水行政、环境保护、渔业、交通运输、住房和城乡建设等部门和太湖流域管理机构，应当依照本条例和相关法律、法规的规定，加强对太湖开发、利用、保护、治理的监督检查，发现违法行为，应当通报有关部门进行查处，必要时可以直接通报有关地方人民政府进行查处。

第八章 法律责任

第五十九条 太湖流域县级以上地方人民政府及其工作人员违反本条例规定，有下列行为之一的，对直接负责的主管人员和其他直接责任人员依法给予处分；构成犯罪的，依法追究刑事责任：

（一）不履行供水安全监测、报告、预警职责，或者发生供水安全事故后不及时采取应急措施的；

（二）不履行水污染物排放总量削减、控制职责，或者不依法责令拆除、关闭违法设施的；

（三）不履行本条例规定的其他职责的。

第六十条 县级以上人民政府水行政、环境保护、住房和城乡建设等部门及其工作人员违反本条例规定，有下列行为之一的，由本级人民政府责令改正，通报批评，对直接负责的主管人员和其他直接责任人员依法给予处分；构成犯罪的，依法追究刑事责任：

（一）不组织实施供水设施技术改造的；

（二）不执行取水总量控制制度的；

（三）不履行监测职责或者发布虚假监测信息的；

（四）不组织清理太湖岸线内的圩圩、围湖造地和太湖围网养殖设施的；

（五）不履行本条例规定的其他职责的。

第六十一条 太湖流域管理机构及其工作人员违反本条例规定，有下列行为之一的，由国务院水行政主管部门责令改正，通报批评，对直接负责的主管人员和其他直接责任人员依法给予处分；构成犯罪的，依法追究刑事责任：

（一）不履行水资源调度职责的；

（二）不履行水功能区、排污口管理职责的；

（三）不组织制订水资源调度方案、岸线利用管理规划的；

（四）不履行监测职责的；

（五）不履行本条例规定的其他职责的。

第六十二条 太湖流域水工程管理单位违反本条例规定，拒不服从调度的，由太湖流域管理机构或者水行政主管部门按照职责权限责令改正，通报批评，对直接负责的主管人员和其他直接责任人员依法给予处分；构成犯罪的，依法追究刑事责任。

第六十三条 排污单位违反本条例规定，排放水污染物超过核定的水污染物排放总量，或者在已经确定执行太湖流域水污染物特别排放限值的地域范围、时限内排放水污染物超过水污染物特别排放限值的，依照《中华人民共和国水污染防治法》第七十四条的规定处罚。

第六十四条 违反本条例规定，在太湖、淀山湖、太浦河、新孟河、望虞河和其他主要入太湖河道岸线内以及岸线周边、两侧保护范围内新建、扩建化工、医药生产项目，或者设置剧毒物质、危险化学品的贮存、输送设施，或者设置废物回收场、垃圾场、水上餐饮经营设施的，由太湖流域县级以上地方人民政府环境保护主管部门责令改正，处 20 万元以上 50 万元以下罚款；拒不改正的，由太湖流域县级以上地方人民政府环境保护主管部门依法强制执行，所需费用由违法行为人承担；构成犯罪的，依法追究刑事责任。

违反本条例规定，在太湖、淀山湖、太浦河、新孟河、望虞河和其他主要入太湖河道岸线内以及岸线周边、两侧保护范围内新建、扩建高尔夫球场的，由太湖流域县级以上地方人民政府责令停止建设或者关闭。

第六十五条 违反本条例规定，运输剧毒物质、危险化学品的船舶进入太湖的，由交通运输主管部门责令改正，处 10 万元以上 20 万元以下罚款，有违法所得的，没收违法所得；拒不改正的，责令停产停业整顿；构成犯罪的，依法追究刑事责任。

第六十六条 违反本条例规定，在太湖、太浦河、新孟河、望虞河岸线内兴建不符合岸线利用管理规划的建设项目，或者不依法兴建等效替代工程、采取其他功能补救措施的，由太湖流域管理机构或者县级以上地方人民政府水行政主管部门按照职责权限责令改正，处 10 万元以上 30 万元以下罚款；拒不改正的，由太湖流域管理机构或者县级以上地方人民政府水行政主管部门按照职责权限依法强制执行，所需费用由违法行为人承担。

第六十七条 违反本条例规定，有下列行为之一的，由太湖流域管理机构或者县级以上地方人民政府水行政主管部门按照职责权限责令改正，对单位处 5 万元以上 10 万元以下罚款，对个人处 1 万元以上 3 万元以下罚款；拒不改正的，由太湖流域管理机构或者县级以上地方人

民政府水行政主管部门按照职责权限依法强制执行,所需费用由违法行为人承担:

(一)擅自占用太湖、太浦河、新孟河、望虞河岸线内水域、滩地或者临时占用期满不及时恢复原状的;

(二)在太湖岸线内圈圩,加高、加宽已经建成圈圩的圩堤,或者垫高已围湖所造土地地面的;

(三)在太湖从事不符合水功能区保护要求的开发利用活动的。

违反本条例规定,在太湖岸线内围湖造地的,依照《中华人民共和国水法》第六十六条的规定处罚。

第九章 附 则

第六十八条 本条例所称主要入太湖河道控制断面,包括望虞河、大溪港、梁溪河、直湖港、武进港、太滆运河、漕桥河、殷村港、社渎港、官渎港、洪巷港、陈东港、大浦港、乌溪港、大港河、夹浦港、合溪新港、长兴港、杨家浦港、庞儿港、苕溪、大钱港的入太湖控制断面。

第六十九条 两省一市可以根据水环境综合治理需要,制定严于国家规定的产业准入条件和水污染防治标准。

第七十条 本条例自2011年11月1日起施行。

城镇排水与污水处理条例

· 2013年9月18日国务院第24次常务会议通过
· 2013年10月2日中华人民共和国国务院令第641号公布
· 自2014年1月1日起施行

第一章 总 则

第一条 为了加强对城镇排水与污水处理的管理,保障城镇排水与污水处理设施安全运行,防治城镇水污染和内涝灾害,保障公民生命、财产安全和公共安全,保护环境,制定本条例。

第二条 城镇排水与污水处理的规划,城镇排水与污水处理设施的建设、维护与保护,向城镇排水设施排水与污水处理,以及城镇内涝防治,适用本条例。

第三条 县级以上人民政府应当加强对城镇排水与污水处理工作的领导,并将城镇排水与污水处理工作纳入国民经济和社会发展规划。

第四条 城镇排水与污水处理应当遵循尊重自然、统筹规划、配套建设、保障安全、综合利用的原则。

第五条 国务院住房城乡建设主管部门指导监督全国城镇排水与污水处理工作。

县级以上地方人民政府城镇排水与污水处理主管部门(以下称城镇排水主管部门)负责本行政区域内城镇排水与污水处理的监督管理工作。

县级以上人民政府其他有关部门依照本条例和其他有关法律、法规的规定,在各自的职责范围内负责城镇排水与污水处理监督管理的相关工作。

第六条 国家鼓励采取特许经营、政府购买服务等多种形式,吸引社会资金参与投资、建设和运营城镇排水与污水处理设施。

县级以上人民政府鼓励、支持城镇排水与污水处理科学技术研究,推广应用先进适用的技术、工艺、设备和材料,促进污水的再生利用和污泥、雨水的资源化利用,提高城镇排水与污水处理能力。

第二章 规划与建设

第七条 国务院住房城乡建设主管部门会同国务院有关部门,编制全国的城镇排水与污水处理规划,明确全国城镇排水与污水处理的中长期发展目标、发展战略、布局、任务以及保障措施等。

城镇排水主管部门会同有关部门,根据当地经济社会发展水平以及地理、气候特征,编制本行政区域的城镇排水与污水处理规划,明确排水与污水处理目标与标准,排水量与排水模式,污水处理与再生利用、污泥处理处置要求,排涝措施,城镇排水与污水处理设施的规模、布局、建设时序和建设用地以及保障措施等;易发生内涝的城市、镇,还应当编制城镇内涝防治专项规划,并纳入本行政区域的城镇排水与污水处理规划。

第八条 城镇排水与污水处理规划的编制,应当依据国民经济和社会发展规划、城乡规划、土地利用总体规划、水污染防治规划和防洪规划,并与城镇开发建设、道路、绿地、水系等专项规划相衔接。

城镇内涝防治专项规划的编制,应当根据城镇人口与规模、降雨规律、暴雨内涝风险等因素,合理确定内涝防治目标和要求,充分利用自然生态系统,提高雨水滞渗、调蓄和排放能力。

第九条 城镇排水主管部门应当将编制的城镇排水与污水处理规划报本级人民政府批准后组织实施,并报上一级人民政府城镇排水主管部门备案。

城镇排水与污水处理规划一经批准公布,应当严格执行;因经济社会发展确需修改的,应当按照原审批程序报送审批。

第十条 县级以上地方人民政府应当根据城镇排水与污水处理规划的要求,加大对城镇排水与污水处理设施建设和维护的投入。

第十一条　城乡规划和城镇排水与污水处理规划确定的城镇排水与污水处理设施建设用地,不得擅自改变用途。

第十二条　县级以上地方人民政府应当按照先规划后建设的原则,依据城镇排水与污水处理规划,合理确定城镇排水与污水处理设施建设标准,统筹安排管网、泵站、污水处理厂以及污泥处理处置、再生水利用、雨水调蓄和排放等排水与污水处理设施建设和改造。

城镇新区的开发和建设,应当按照城镇排水与污水处理规划确定的建设时序,优先安排排水与污水处理设施建设;未建或者已建但未达到国家有关标准的,应当按照年度改造计划进行改造,提高城镇排水与污水处理能力。

第十三条　县级以上地方人民政府应当按照城镇排涝要求,结合城镇用地性质和条件,加强雨水管网、泵站以及雨水调蓄、超标雨水径流排放等设施建设和改造。

新建、改建、扩建市政基础设施工程应当配套建设雨水收集利用设施,增加绿地、砂石地面、可渗透路面和自然地面对雨水的滞渗能力,利用建筑物、停车场、广场、道路等建设雨水收集利用设施,削减雨水径流,提高城镇内涝防治能力。

新区建设与旧城区改建,应当按城镇排水与污水处理规划确定的雨水径流控制要求建设相关设施。

第十四条　城镇排水与污水处理规划范围内的城镇排水与污水处理设施建设项目以及需要与城镇排水与污水处理设施相连接的新建、改建、扩建建设工程,城乡规划主管部门在依法核发建设用地规划许可证时,应当征求城镇排水主管部门的意见。城镇排水主管部门应当就排水设计方案是否符合城镇排水与污水处理规划和相关标准提出意见。

建设单位应当按照排水设计方案建设连接管网等设施;未建设连接管网等设施的,不得投入使用。城镇排水主管部门或者其委托的专门机构应当加强指导和监督。

第十五条　城镇排水与污水处理设施建设工程竣工后,建设单位应当依法组织竣工验收。竣工验收合格的,方可交付使用,并自竣工验收合格之日起15日内,将竣工验收报告及相关资料报城镇排水主管部门备案。

第十六条　城镇排水与污水处理设施竣工验收合格后,由城镇排水主管部门通过招标投标、委托等方式确定符合条件的设施维护运营单位负责管理。特许经营合同、委托运营合同涉及污染物削减和污水处理运营服务费的,城镇排水主管部门应当征求环境保护主管部门、价格主管部门的意见。国家鼓励实施城镇污水处理特许经营制度。具体办法由国务院住房城乡建设主管部门会同国务院有关部门制定。

城镇排水与污水处理设施维护运营单位应当具备下列条件:

(一)有法人资格;

(二)有与从事城镇排水与污水处理设施维护运营活动相适应的资金和设备;

(三)有完善的运行管理和安全管理制度;

(四)技术负责人和关键岗位人员经专业培训并考核合格;

(五)有相应的良好业绩和维护运营经验;

(六)法律、法规规定的其他条件。

第三章　排　水

第十七条　县级以上地方人民政府应当根据当地降雨规律和暴雨内涝风险情况,结合气象、水文资料,建立排水设施地理信息系统,加强雨水排放管理,提高城镇内涝防治水平。

县级以上地方人民政府应当组织有关部门、单位采取相应的预防治理措施,建立城镇内涝防治预警、会商、联动机制,发挥河道行洪能力和水库、洼淀、湖泊调蓄洪水的功能,加强对城镇排水设施的管理和河道防护、整治,因地制宜地采取定期清淤疏浚等措施,确保雨水排放畅通,共同做好城镇内涝防治工作。

第十八条　城镇排水主管部门应当按照城镇内涝防治专项规划的要求,确定雨水收集利用设施建设标准,明确雨水的排水分区和排水出路,合理控制雨水径流。

第十九条　除干旱地区外,新区建设应当实行雨水、污水分流;对实行雨水、污水合流的地区,应当按照城镇排水与污水处理规划要求,进行雨水、污水分流改造。雨水、污水分流改造可以结合旧城区改建和道路建设同时进行。

在雨水、污水分流地区,新区建设和旧城区改建不得将雨水管网、污水管网相互混接。

在有条件的地区,应当逐步推进初期雨水收集与处理,合理确定截流倍数,通过设置初期雨水贮存池、建设截流干管等方式,加强对初期雨水的排放调控和污染防治。

第二十条　城镇排水设施覆盖范围内的排水单位和个人,应当按照国家有关规定将污水排入城镇排水设施。

在雨水、污水分流地区,不得将污水排入雨水管网。

第二十一条　从事工业、建筑、餐饮、医疗等活动的企业事业单位、个体工商户（以下称排水户）向城镇排水设施排放污水的，应当向城镇排水主管部门申请领取污水排入排水管网许可证。城镇排水主管部门应当按照国家有关标准，重点对影响城镇排水与污水处理设施安全运行的事项进行审查。

排水户应当按照污水排入排水管网许可证的要求排放污水。

第二十二条　排水户申请领取污水排入排水管网许可证应当具备下列条件：

（一）排放口的设置符合城镇排水与污水处理规划的要求；

（二）按照国家有关规定建设相应的预处理设施和水质、水量检测设施；

（三）排放的污水符合国家或者地方规定的有关排放标准；

（四）法律、法规规定的其他条件。

符合前款规定条件的，由城镇排水主管部门核发污水排入排水管网许可证；具体办法由国务院住房城乡建设主管部门制定。

第二十三条　城镇排水主管部门应当加强对排放口设置以及预处理设施和水质、水量检测设施建设的指导和监督；对不符合规划要求或者国家有关规定的，应当要求排水户采取措施，限期整改。

第二十四条　城镇排水主管部门委托的排水监测机构，应当对排水户排放污水的水质和水量进行监测，并建立排水监测档案。排水户应当接受监测，如实提供有关资料。

列入重点排污单位名录的排水户安装的水污染物排放自动监测设备，应当与环境保护主管部门的监控设备联网。环境保护主管部门应当将监测数据与城镇排水主管部门共享。

第二十五条　因城镇排水设施维护或者检修可能对排水造成影响的，城镇排水设施维护运营单位应当提前24小时通知相关排水户；可能对排水造成严重影响的，应当事先向城镇排水主管部门报告，采取应急处理措施，并向社会公告。

第二十六条　设置于机动车道路上的窨井，应当按照国家有关规定进行建设，保证其承载力和稳定性等符合相关要求。

排水管网窨井盖应当具备防坠落和防盗窃功能，满足结构强度要求。

第二十七条　城镇排水主管部门应当按照国家有关规定建立城镇排涝风险评估制度和灾害后评估制度，在汛前对城镇排水设施进行全面检查，对发现的问题，责成有关单位限期处理，并加强城镇广场、立交桥下、地下构筑物、棚户区等易涝点的治理，强化排涝措施，增加必要的强制排水设施和装备。

城镇排水设施维护运营单位应当按照防汛要求，对城镇排水设施进行全面检查、维护、清疏，确保设施安全运行。

在汛期，有管辖权的人民政府防汛指挥机构应当加强对易涝点的巡查，发现险情，立即采取措施。有关单位和个人在汛期应当服从有管辖权的人民政府防汛指挥机构的统一调度指挥或者监督。

第四章　污水处理

第二十八条　城镇排水主管部门应当与城镇污水处理设施维护运营单位签订维护运营合同，明确双方权利义务。

城镇污水处理设施维护运营单位应当依照法律、法规和有关规定以及维护运营合同进行维护运营，定期向社会公开有关维护运营信息，并接受相关部门和社会公众的监督。

第二十九条　城镇污水处理设施维护运营单位应当保证出水水质符合国家和地方规定的排放标准，不得排放不达标污水。

城镇污水处理设施维护运营单位应当按照国家有关规定检测进出水水质，向城镇排水主管部门、环境保护主管部门报送污水处理水质和水量、主要污染物削减量等信息，并按照有关规定和维护运营合同，向城镇排水主管部门报送生产运营成本等信息。

城镇污水处理设施维护运营单位应当按照国家有关规定向价格主管部门提交相关成本信息。

城镇排水主管部门核定城镇污水处理运营成本，应当考虑主要污染物削减情况。

第三十条　城镇污水处理设施维护运营单位或者污泥处理处置单位应当安全处理处置污泥，保证处理处置后的污泥符合国家有关标准，对产生的污泥以及处理处置后的污泥去向、用途、用量等进行跟踪、记录，并向城镇排水主管部门、环境保护主管部门报告。任何单位和个人不得擅自倾倒、堆放、丢弃、遗撒污泥。

第三十一条　城镇污水处理设施维护运营单位不得擅自停运城镇污水处理设施，因检修等原因需要停运或者部分停运城镇污水处理设施的，应当在90个工作日前向城镇排水主管部门、环境保护主管部门报告。

城镇污水处理设施维护运营单位在出现进水水质和水量发生重大变化可能导致出水水质超标，或者发生影响城镇污水处理设施安全运行的突发情况时，应当立即采取应急处理措施，并向城镇排水主管部门、环境保护主管部门报告。

城镇排水主管部门或者环境保护主管部门接到报告后，应当及时核查处理。

第三十二条 排水单位和个人应当按照国家有关规定缴纳污水处理费。

向城镇污水处理设施排放污水、缴纳污水处理费的，不再缴纳排污费。

排水监测机构接受城镇排水主管部门委托从事有关监测活动，不得向城镇污水处理设施维护运营单位和排水户收取任何费用。

第三十三条 污水处理费应当纳入地方财政预算管理，专项用于城镇污水处理设施的建设、运行和污泥处理处置，不得挪作他用。污水处理费的收费标准不应低于城镇污水处理设施正常运营的成本。因特殊原因，收取的污水处理费不足以支付城镇污水处理设施正常运营的成本的，地方人民政府给予补贴。

污水处理费的收取、使用情况应当向社会公开。

第三十四条 县级以上地方人民政府环境保护主管部门应当依法对城镇污水处理设施的出水水质和水量进行监督检查。

城镇排水主管部门应当对城镇污水处理设施运营情况进行监督和考核，并将监督考核情况向社会公布。有关单位和个人应当予以配合。

城镇污水处理设施维护运营单位应当为进出水在线监测系统的安全运行提供保障条件。

第三十五条 城镇排水主管部门应当根据城镇污水处理设施维护运营单位履行维护运营合同的情况以及环境保护主管部门对城镇污水处理设施出水水质和水量的监督检查结果，核定城镇污水处理设施运营服务费。地方人民政府有关部门应当及时、足额拨付城镇污水处理设施运营服务费。

第三十六条 城镇排水主管部门在监督考核中，发现城镇污水处理设施维护运营单位存在未依照法律、法规和有关规定以及维护运营合同进行维护运营，擅自停运或者部分停运城镇污水处理设施，或者其他无法安全运行等情形的，应要求城镇污水处理设施维护运营单位采取措施，限期整改；逾期不整改的，或者整改后仍无法安全运行的，城镇排水主管部门可以终止维护运营合同。

城镇排水主管部门终止与城镇污水处理设施维护运营单位签订的维护运营合同的，应当采取有效措施保障城镇污水处理设施的安全运行。

第三十七条 国家鼓励城镇污水处理再生利用，工业生产、城市绿化、道路清扫、车辆冲洗、建筑施工以及生态景观等，应当优先使用再生水。

县级以上地方人民政府应当根据当地水资源和水环境状况，合理确定再生水利用的规模，制定促进再生水利用的保障措施。

再生水纳入水资源统一配置，县级以上地方人民政府水行政主管部门应当依法加强指导。

第五章 设施维护与保护

第三十八条 城镇排水与污水处理设施维护运营单位应当建立健全安全生产管理制度，加强对窨井盖等城镇排水与污水处理设施的日常巡查、维修和养护，保障设施安全运行。

从事管网维护、应急排水、井下及有限空间作业的，设施维护运营单位应当安排专门人员进行现场安全管理，设置醒目警示标志，采取有效措施避免人员坠落、车辆陷落，并及时复原窨井盖，确保操作规程的遵守和安全措施的落实。相关特种作业人员，应当按照国家有关规定取得相应的资格证书。

第三十九条 县级以上地方人民政府应当根据实际情况，依法组织编制城镇排水与污水处理应急预案，统筹安排应对突发事件以及城镇排涝所必需的物资。

城镇排水与污水处理设施维护运营单位应当制定本单位的应急预案，配备必要的抢险装备、器材，并定期组织演练。

第四十条 排水户因发生事故或者其他突发事件，排放的污水可能危及城镇排水与污水处理设施安全运行的，应当立即采取措施消除危害，并及时向城镇排水主管部门和环境保护主管部门等有关部门报告。

城镇排水与污水处理安全事故或者突发事件发生后，设施维护运营单位应当立即启动本单位应急预案，采取防护措施、组织抢修，并及时向城镇排水主管部门和有关部门报告。

第四十一条 城镇排水主管部门应当会同有关部门，按照国家有关规定划定城镇排水与污水处理设施保护范围，并向社会公布。

在保护范围内，有关单位从事爆破、钻探、打桩、顶进、挖掘、取土等可能影响城镇排水与污水处理设施安全的活动的，应当与设施维护运营单位等共同制定设施保护方案,并采取相应的安全防护措施。

第四十二条 禁止从事下列危及城镇排水与污水处理设施安全的活动:

(一)损毁、盗窃城镇排水与污水处理设施;

(二)穿凿、堵塞城镇排水与污水处理设施;

(三)向城镇排水与污水处理设施排放、倾倒剧毒、易燃易爆、腐蚀性废液和废渣;

(四)向城镇排水与污水处理设施倾倒垃圾、渣土、施工泥浆等废弃物;

(五)建设占压城镇排水与污水处理设施的建筑物、构筑物或者其他设施;

(六)其他危及城镇排水与污水处理设施安全的活动。

第四十三条 新建、改建、扩建建设工程,不得影响城镇排水与污水处理设施安全。

建设工程开工前,建设单位应当查明工程建设范围内地下城镇排水与污水处理设施的相关情况。城镇排水主管部门及其他相关部门和单位应当及时提供相关资料。

建设工程施工范围内有排水管网等城镇排水与污水处理设施的,建设单位应当与施工单位、设施维护运营单位共同制定设施保护方案,并采取相应的安全保护措施。

因工程建设需要拆除、改动城镇排水与污水处理设施的,建设单位应当制定拆除、改动方案,报城镇排水主管部门审核,并承担重建、改建和采取临时措施的费用。

第四十四条 县级以上人民政府城镇排水主管部门应当会同有关部门,加强对城镇排水与污水处理设施运行维护和保护情况的监督检查,并将检查情况及结果向社会公开。实施监督检查时,有权采取下列措施:

(一)进入现场进行检查、监测;

(二)查阅、复制有关文件和资料;

(三)要求被监督检查的单位和个人就有关问题作出说明。

被监督检查的单位和个人应当予以配合,不得妨碍和阻挠依法进行的监督检查活动。

第四十五条 审计机关应当加强对城镇排水与污水处理设施建设、运营、维护和保护等资金筹集、管理和使用情况的监督,并公布审计结果。

第六章 法律责任

第四十六条 违反本条例规定,县级以上地方人民政府及其城镇排水主管部门和其他有关部门,不依法作出行政许可或者办理批准文件,发现违法行为或者接到对违法行为的举报不予查处的,或者有其他未依照本条例履行职责的行为的,对直接负责的主管人员和其他直接责任人员依法给予处分;直接负责的主管人员和其他直接责任人员的行为构成犯罪的,依法追究刑事责任。

违反本条例规定,核发污水排入排水管网许可证、排污许可证后不实施监督检查的,对核发许可证的部门及其工作人员依照前款规定处理。

第四十七条 违反本条例规定,城镇排水主管部门对不符合法定条件的排水户核发污水排入排水管网许可证的,或者对符合法定条件的排水户不予核发污水排入排水管网许可证的,对直接负责的主管人员和其他直接责任人员依法给予处分;直接负责的主管人员和其他直接责任人员的行为构成犯罪的,依法追究刑事责任。

第四十八条 违反本条例规定,在雨水、污水分流地区,建设单位、施工单位将雨水管网、污水管网相互混接的,由城镇排水主管部门责令改正,处5万元以上10万元以下的罚款;造成损失的,依法承担赔偿责任。

第四十九条 违反本条例规定,城镇排水与污水处理设施覆盖范围内的排水单位和个人,未按照国家有关规定将污水排入城镇排水设施,或者在雨水、污水分流地区将污水排入雨水管网的,由城镇排水主管部门责令改正,给予警告;逾期不改正或者造成严重后果的,对单位处10万元以上20万元以下罚款,对个人处2万元以上10万元以下罚款;造成损失的,依法承担赔偿责任。

第五十条 违反本条例规定,排水户未取得污水排入排水管网许可证向城镇排水设施排放污水的,由城镇排水主管部门责令停止违法行为,限期采取治理措施,补办污水排入排水管网许可证,可以处50万元以下罚款;造成损失的,依法承担赔偿责任;构成犯罪的,依法追究刑事责任。

违反本条例规定,排水户不按照污水排入排水管网许可证的要求排放污水的,由城镇排水主管部门责令停止违法行为,限期改正,可以处5万元以下罚款;造成严重后果的,吊销污水排入排水管网许可证,并处5万元以上50万元以下罚款,可以向社会予以通报;造成损失的,依法承担赔偿责任;构成犯罪的,依法追究刑事责任。

第五十一条 违反本条例规定,因城镇排水设施维护或者检修可能对排水造成影响或者严重影响,城镇排水设施维护运营单位未提前通知相关排水户的,或者未事先向城镇排水主管部门报告,采取应急处理措施的,或者未按照防汛要求对城镇排水设施进行全面检查、维护、清疏,影响汛期排水畅通的,由城镇排水主管部门责令改正,给予警告;逾期不改正或者造成严重后果的,处10万元以上20万元以下罚款;造成损失的,依法承担赔偿责任。

第五十二条 违反本条例规定,城镇污水处理设施维护运营单位未按照国家有关规定检测进出水水质的,或者未报送污水处理水质和水量、主要污染物削减量等信息和生产运营成本等信息的,由城镇排水主管部门责令改正,可以处5万元以下罚款;造成损失的,依法承担赔偿责任。

违反本条例规定,城镇污水处理设施维护运营单位擅自停运城镇污水处理设施,未按照规定事先报告或者采取应急处理措施的,由城镇排水主管部门责令改正,给予警告;逾期不改正或者造成严重后果的,处10万元以上50万元以下罚款;造成损失的,依法承担赔偿责任。

第五十三条 违反本条例规定,城镇污水处理设施维护运营单位或者污泥处理处置单位对产生的污泥以及处理处置后的污泥的去向、用途、用量等未进行跟踪、记录的,或者处理处置后的污泥不符合国家有关标准的,由城镇排水主管部门责令限期采取治理措施,给予警告;造成严重后果的,处10万元以上20万元以下罚款;逾期不采取治理措施的,城镇排水主管部门可以指定有治理能力的单位代为治理,所需费用由当事人承担;造成损失的,依法承担赔偿责任。

违反本条例规定,擅自倾倒、堆放、丢弃、遗撒污泥的,由城镇排水主管部门责令停止违法行为,限期采取治理措施,给予警告;造成严重后果的,对单位处10万元以上50万元以下罚款,对个人处2万元以上10万元以下罚款;逾期不采取治理措施的,城镇排水主管部门可以指定有治理能力的单位代为治理,所需费用由当事人承担;造成损失的,依法承担赔偿责任。

第五十四条 违反本条例规定,排水单位或者个人不缴纳污水处理费的,由城镇排水主管部门责令限期缴纳,逾期拒不缴纳的,处应缴纳污水处理费数额1倍以上3倍以下罚款。

第五十五条 违反本条例规定,城镇排水与污水处理设施维护运营单位有下列情形之一的,由城镇排水主管部门责令改正,给予警告;逾期不改正或者造成严重后果的,处10万元以上50万元以下罚款;造成损失的,依法承担赔偿责任;构成犯罪的,依法追究刑事责任:

(一)未按照国家有关规定履行日常巡查、维修和养护责任,保障设施安全运行的;

(二)未及时采取防护措施、组织事故抢修的;

(三)因巡查、维护不到位,导致窨井盖丢失、损毁,造成人员伤亡和财产损失的。

第五十六条 违反本条例规定,从事危及城镇排水与污水处理设施安全的活动的,由城镇排水主管部门责令停止违法行为,限期恢复原状或者采取其他补救措施,给予警告;逾期不采取补救措施或者造成严重后果的,对单位处10万元以上30万元以下罚款,对个人处2万元以上10万元以下罚款;造成损失的,依法承担赔偿责任;构成犯罪的,依法追究刑事责任。

第五十七条 违反本条例规定,有关单位未与施工单位、设施维护运营单位等共同制定设施保护方案,并采取相应的安全防护措施的,由城镇排水主管部门责令改正,处2万元以上5万元以下罚款;造成严重后果的,处5万元以上10万元以下罚款;造成损失的,依法承担赔偿责任;构成犯罪的,依法追究刑事责任。

违反本条例规定,擅自拆除、改动城镇排水与污水处理设施的,由城镇排水主管部门责令改正,恢复原状或者采取其他补救措施,处5万元以上10万元以下罚款;造成严重后果的,处10万元以上30万元以下罚款;造成损失的,依法承担赔偿责任;构成犯罪的,依法追究刑事责任。

第七章 附 则

第五十八条 依照《中华人民共和国水污染防治法》的规定,排水户需要取得排污许可证的,由环境保护主管部门核发;违反《中华人民共和国水污染防治法》的规定排放污水的,由环境保护主管部门处罚。

第五十九条 本条例自2014年1月1日起施行。

地下水管理条例

· 2021年9月15日国务院第149次常务会议通过
· 2021年10月21日中华人民共和国国务院令第748号公布
· 自2021年12月1日起施行

第一章 总 则

第一条 为了加强地下水管理,防治地下水超采和污染,保障地下水质量和可持续利用,推进生态文明建设,根据《中华人民共和国水法》和《中华人民共和国水污染防治法》等法律,制定本条例。

第二条 地下水调查与规划、节约与保护、超采治理、污染防治、监督管理等活动,适用本条例。

本条例所称地下水,是指赋存于地表以下的水。

第三条 地下水管理坚持统筹规划、节水优先、高效利用、系统治理的原则。

第四条 国务院水行政主管部门负责全国地下水统一监督管理工作。国务院生态环境主管部门负责全国地下水污染防治监督管理工作。国务院自然资源等主管部门按照职责分工做好地下水调查、监测等相关工作。

第五条 县级以上地方人民政府对本行政区域内的地下水管理负责，应当将地下水管理纳入本级国民经济和社会发展规划，并采取控制开采量、防治污染等措施，维持地下水合理水位，保护地下水水质。

县级以上地方人民政府水行政主管部门按照管理权限，负责本行政区域内地下水统一监督管理工作。地方人民政府生态环境主管部门负责本行政区域内地下水污染防治监督管理工作。县级以上地方人民政府自然资源等主管部门按照职责分工做好本行政区域内地下水调查、监测等相关工作。

第六条 利用地下水的单位和个人应当加强地下水取水工程管理，节约、保护地下水，防止地下水污染。

第七条 国务院对省、自治区、直辖市地下水管理和保护情况实行目标责任制和考核评价制度。国务院有关部门按照职责分工负责考核评价工作的具体组织实施。

第八条 任何单位和个人都有权对损害地下水的行为进行监督、检举。

对在节约、保护和管理地下水工作中作出突出贡献的单位和个人，按照国家有关规定给予表彰和奖励。

第九条 国家加强对地下水节约和保护的宣传教育，鼓励、支持地下水先进科学技术的研究、推广和应用。

第二章 调查与规划

第十条 国家定期组织开展地下水状况调查评价工作。地下水状况调查评价包括地下水资源调查评价、地下水污染调查评价和水文地质勘查评价等内容。

第十一条 县级以上人民政府应当组织水行政、自然资源、生态环境等主管部门开展地下水状况调查评价工作。调查评价成果是编制地下水保护利用和污染防治等规划以及管理地下水的重要依据。调查评价成果应当依法向社会公布。

第十二条 县级以上人民政府水行政、自然资源、生态环境等主管部门根据地下水状况调查评价成果，统筹考虑经济社会发展需要、地下水资源状况、污染防治等因素，编制本级地下水保护利用和污染防治等规划，依法履行征求意见、论证评估等程序后向社会公布。

地下水保护利用和污染防治等规划是节约、保护、利用、修复治理地下水的基本依据。地下水保护利用和污染防治等规划应当服从水资源综合规划和环境保护规划。

第十三条 国民经济和社会发展规划以及国土空间规划等相关规划的编制、重大建设项目的布局，应当与地下水资源条件和地下水保护要求相适应，并进行科学论证。

第十四条 编制工业、农业、市政、能源、矿产资源开发等专项规划，涉及地下水的内容，应当与地下水保护利用和污染防治等规划相衔接。

第十五条 国家建立地下水储备制度。国务院水行政主管部门应当会同国务院自然资源、发展改革等主管部门，对地下水储备工作进行指导、协调和监督检查。

县级以上地方人民政府水行政主管部门应当会同本级人民政府自然资源、发展改革等主管部门，根据本行政区域内地下水条件、气候状况和水资源储备需要，制定动用地下水储备预案并报本级人民政府批准。

除特殊干旱年份以及发生重大突发事件外，不得动用地下水储备。

第三章 节约与保护

第十六条 国家实行地下水取水总量控制制度。国务院水行政主管部门会同国务院自然资源主管部门，根据各省、自治区、直辖市地下水可开采量和地表水水资源状况，制定并下达各省、自治区、直辖市地下水取水总量控制指标。

第十七条 省、自治区、直辖市人民政府水行政主管部门应当会同本级人民政府有关部门，根据国家下达的地下水取水总量控制指标，制定本行政区域内县级以上行政区域的地下水取水总量控制指标和地下水水位控制指标，经省、自治区、直辖市人民政府批准后下达实施，并报国务院水行政主管部门或者其授权的流域管理机构备案。

第十八条 省、自治区、直辖市人民政府水行政主管部门制定本行政区域内地下水取水总量控制指标和地下水水位控制指标时，涉及省际边界区域且属于同一水文地质单元的，应当与相邻省、自治区、直辖市人民政府水行政主管部门协商确定。协商不成的，由国务院水行政主管部门会同国务院有关部门确定。

第十九条 县级以上地方人民政府应当根据地下水取水总量控制指标、地下水水位控制指标和国家相关技术标准，合理确定本行政区域内地下水取水工程布局。

第二十条 县级以上地方人民政府水行政主管部门应当根据本行政区域内地下水取水总量控制指标、地下水水位控制指标以及科学分析测算的地下水需求量和用水结构,制定地下水年度取水计划,对本行政区域内的年度取用地下水实行总量控制,并报上一级人民政府水行政主管部门备案。

第二十一条　取用地下水的单位和个人应当遵守取水总量控制和定额管理要求,使用先进节约用水技术、工艺和设备,采取循环用水、综合利用及废水处理回用等措施,实施技术改造,降低用水消耗。

对下列工艺、设备和产品,应当在规定的期限内停止生产、销售、进口或者使用:

(一)列入淘汰落后的、耗水量高的工艺、设备和产品名录的;

(二)列入限期禁止采用的严重污染水环境的工艺名录和限期禁止生产、销售、进口、使用的严重污染水环境的设备名录的。

第二十二条　新建、改建、扩建地下水取水工程,应当同时安装计量设施。已有地下水取水工程未安装计量设施的,应当按照县级以上地方人民政府水行政主管部门规定的期限安装。

单位和个人取用地下水量达到取水规模以上的,应当安装地下水取水在线计量设施,并将计量数据实时传输到有管理权限的水行政主管部门。取水规模由省、自治区、直辖市人民政府水行政主管部门制定、公布,并报国务院水行政主管部门备案。

第二十三条　以地下水为灌溉水源的地区,县级以上地方人民政府应当采取保障建设投入、加大对企业信贷支持力度、建立健全基层水利服务体系等措施,鼓励发展节水农业,推广应用喷灌、微灌、管道输水灌溉、渠道防渗输水灌溉等节水灌溉技术,以及先进的农机、农艺和生物技术等,提高农业用水效率,节约农业用水。

第二十四条　国务院根据国民经济和社会发展需要,对取用地下水的单位和个人试点征收水资源税。地下水水资源税根据当地地下水资源状况、取用水类型和经济发展等情况实行差别税率,合理提高征收标准。征收水资源税的,停止征收水资源费。

尚未试点征收水资源税的省、自治区、直辖市,对同一类型取用水,地下水的水资源费征收标准应当高于地表水的标准,地下水超采区的水资源费征收标准应当高于非超采区的标准,地下水严重超采区的水资源费征收标准应当大幅高于非超采区的标准。

第二十五条　有下列情形之一的,对取用地下水的取水许可申请不予批准:

(一)不符合地下水取水总量控制、地下水水位控制要求;

(二)不符合限制开采区取用水规定;

(三)不符合行业用水定额和节水规定;

(四)不符合强制性国家标准;

(五)水资源紧缺或者生态脆弱地区新建、改建、扩建高耗水项目;

(六)违反法律、法规的规定开垦种植而取用地下水。

第二十六条　建设单位和个人应当采取措施防止地下工程建设对地下水补给、径流、排泄等造成重大不利影响。对开挖达到一定深度或者达到一定排水规模的地下工程,建设单位和个人应当于工程开工前,将工程建设方案和防止对地下水产生不利影响的措施方案报有管理权限的水行政主管部门备案。开挖深度和排水规模由省、自治区、直辖市人民政府制定、公布。

第二十七条　除下列情形外,禁止开采难以更新的地下水:

(一)应急供水取水;

(二)无替代水源地区的居民生活用水;

(三)为开展地下水监测、勘探、试验少量取水。

已经开采的,除前款规定的情形外,有关县级以上地方人民政府应当采取禁止开采、限制开采措施,逐步实现全面禁止开采;前款规定的情形消除后,应当立即停止取用地下水。

第二十八条　县级以上地方人民政府应当加强地下水水源补给保护,充分利用自然条件补充地下水,有效涵养地下水水源。

城乡建设应当统筹地下水水源涵养和回补需要,按照海绵城市建设的要求,推广海绵型建筑、道路、广场、公园、绿地等,逐步完善滞渗蓄排等相结合的雨洪水收集利用系统。河流、湖泊整治应当兼顾地下水水源涵养,加强水体自然形态保护和修复。

城市人民政府应当因地制宜采取有效措施,推广节水型生活用水器具,鼓励使用再生水,提高用水效率。

第二十九条　县级以上地方人民政府应当根据地下水水源条件和需要,建设应急备用饮用水水源,制定应急预案,确保需要时正常使用。

应急备用地下水水源结束应急使用后,应当立即停止取水。

第三十条　有关县级以上地方人民政府水行政主管部门会同本级人民政府有关部门编制重要泉域保护方

案，明确保护范围、保护措施，报本级人民政府批准后实施。

对已经干涸但具有重要历史文化和生态价值的泉域，具备条件的，应当采取措施予以恢复。

第四章 超采治理

第三十一条 国务院水行政主管部门应当会同国务院自然资源主管部门根据地下水状况调查评价成果，组织划定全国地下水超采区，并依法向社会公布。

第三十二条 省、自治区、直辖市人民政府水行政主管部门应当会同本级人民政府自然资源等主管部门，统筹考虑地下水超采区划定、地下水利用情况以及地质环境条件等因素，组织划定本行政区域内地下水禁止开采区、限制开采区，经省、自治区、直辖市人民政府批准后公布，并报国务院水行政主管部门备案。

地下水禁止开采区、限制开采区划定后，确需调整的，应当按照原划定程序进行调整。

第三十三条 有下列情形之一的，应当划为地下水禁止开采区：

（一）已发生严重的地面沉降、地裂缝、海（咸）水入侵、植被退化等地质灾害或者生态损害的区域；

（二）地下水超采区内公共供水管网覆盖或者通过替代水源已经解决供水需求的区域；

（三）法律、法规规定禁止开采地下水的其他区域。

第三十四条 有下列情形之一的，应当划为地下水限制开采区：

（一）地下水开采量接近可开采量的区域；

（二）开采地下水可能引发地质灾害或者生态损害的区域；

（三）法律、法规规定限制开采地下水的其他区域。

第三十五条 除下列情形外，在地下水禁止开采区内禁止取用地下水：

（一）为保障地下工程施工安全和生产安全必须进行临时应急取（排）水；

（二）为消除对公共安全或者公共利益的危害临时应急取水；

（三）为开展地下水监测、勘探、试验少量取水。

除前款规定的情形外，在地下水限制开采区内禁止新增取用地下水，并逐步消减地下水取水量；前款规定的情形消除后，应当立即停止取用地下水。

第三十六条 省、自治区、直辖市人民政府水行政主管部门应当会同本级人民政府有关部门，编制本行政区域地下水超采综合治理方案，经省、自治区、直辖市人民政府批准后，报国务院水行政主管部门备案。

地下水超采综合治理方案应当明确治理目标、治理措施、保障措施等内容。

第三十七条 地下水超采区的县级以上地方人民政府应当加强节水型社会建设，通过加大海绵城市建设力度、调整种植结构、推广节水农业、加强工业节水、实施河湖地下水回补等措施，逐步实现地下水采补平衡。

国家在替代水源供给、公共供水管网建设、产业结构调整等方面，加大对地下水超采区地方人民政府的支持力度。

第三十八条 有关县级以上地方人民政府水行政主管部门应当会同本级人民政府自然资源主管部门加强对海（咸）水入侵的监测和预防。已经出现海（咸）水入侵的地区，应当采取综合治理措施。

第五章 污染防治

第三十九条 国务院生态环境主管部门应当会同国务院水行政、自然资源等主管部门，指导全国地下水污染防治重点区划定工作。省、自治区、直辖市人民政府生态环境主管部门应当会同本级人民政府水行政、自然资源等主管部门，根据本行政区域内地下水污染防治需要，划定地下水污染防治重点区。

第四十条 禁止下列污染或者可能污染地下水的行为：

（一）利用渗井、渗坑、裂隙、溶洞以及私设暗管等逃避监管的方式排放水污染物；

（二）利用岩层孔隙、裂隙、溶洞、废弃坑井等贮存石化原料及产品、农药、危险废物、城镇污水处理设施产生的污泥和处理后的污泥或者其他有毒有害物质；

（三）利用无防渗漏措施的沟渠、坑塘等输送或者贮存有毒污染物的废水、含病原体的污水和其他废弃物；

（四）法律、法规禁止的其他污染或者可能污染地下水的行为。

第四十一条 企业事业单位和其他生产经营者应当采取下列措施，防止地下水污染：

（一）兴建地下工程设施或者进行地下勘探、采矿等活动，依法编制的环境影响评价文件中，应当包括地下水污染防治的内容，并采取防护性措施；

（二）化学品生产企业以及工业集聚区、矿山开采区、尾矿库、危险废物处置场、垃圾填埋场等的运营、管理单位，应当采取防渗漏等措施，并建设地下水水质监测井进行监测；

（三）加油站等的地下油罐应当使用双层罐或者采取建造防渗池等其他有效措施，并进行防渗漏监测；

（四）存放可溶性剧毒废渣的场所，应当采取防水、防渗漏、防流失的措施；

（五）法律、法规规定应当采取的其他防止地下水污染的措施。

根据前款第二项规定的企业事业单位和其他生产经营者排放有毒有害物质情况，地方人民政府生态环境主管部门应当按照国务院生态环境主管部门的规定，商有关部门确定并公布地下水污染防治重点排污单位名录。地下水污染防治重点排污单位应当依法安装水污染物排放自动监测设备，与生态环境主管部门的监控设备联网，并保证监测设备正常运行。

第四十二条 在泉域保护范围以及岩溶强发育、存在较多落水洞和岩溶漏斗的区域内，不得新建、改建、扩建可能造成地下水污染的建设项目。

第四十三条 多层含水层开采、回灌地下水应当防止串层污染。

多层地下水的含水层水质差异大的，应当分层开采；对已受污染的潜水和承压水，不得混合开采。

已经造成地下水串层污染的，应当按照封填井技术要求限期回填串层开采井，并对造成的地下水污染进行治理和修复。

人工回灌补给地下水，应当符合相关的水质标准，不得使地下水水质恶化。

第四十四条 农业生产经营者等有关单位和个人应当科学、合理使用农药、肥料等农业投入品，农田灌溉用水应当符合相关水质标准，防止地下水污染。

县级以上地方人民政府及其有关部门应当加强农药、肥料等农业投入品使用指导和技术服务，鼓励和引导农业生产经营者等有关单位和个人合理使用农药、肥料等农业投入品，防止地下水污染。

第四十五条 依照《中华人民共和国土壤污染防治法》的有关规定，安全利用类和严格管控类农用地地块的土壤污染影响或者可能影响地下水安全的，制定防治污染的方案时，应当包括地下水污染防治的内容。

污染物含量超过土壤污染风险管控标准的建设用地地块，编制土壤污染风险评估报告时，应当包括地下水是否受到污染的内容；列入风险管控和修复名录的建设用地地块，采取的风险管控措施中应当包括地下水污染防治的内容。

对需要实施修复的农用地地块，以及列入风险管控和修复名录的建设用地地块，修复方案中应当包括地下水污染防治的内容。

第六章 监督管理

第四十六条 县级以上人民政府水行政、自然资源、生态环境等主管部门应当依照职责加强监督管理，完善协作配合机制。

国务院水行政、自然资源、生态环境等主管部门建立统一的国家地下水监测站网和地下水监测信息共享机制，对地下水进行动态监测。

县级以上地方人民政府水行政、自然资源、生态环境等主管部门根据需要完善地下水监测工作体系，加强地下水监测。

第四十七条 任何单位和个人不得侵占、毁坏或者擅自移动地下水监测设施设备及其标志。

新建、改建、扩建建设工程应当避开地下水监测设施设备；确实无法避开、需要拆除地下水监测设施设备的，应当由县级以上人民政府水行政、自然资源、生态环境等主管部门按照有关技术要求组织迁建，迁建费用由建设单位承担。

任何单位和个人不得篡改、伪造地下水监测数据。

第四十八条 建设地下水取水工程的单位和个人，应当在申请取水许可时附具地下水取水工程建设方案，并按照取水许可批准文件的要求，自行或者委托具有相应专业技术能力的单位进行施工。施工单位不得承揽应当取得但未取得取水许可的地下水取水工程。

以监测、勘探为目的的地下水取水工程，不需要申请取水许可，建设单位应当于施工前报有管辖权的水行政主管部门备案。

地下水取水工程的所有权人负责工程的安全管理。

第四十九条 县级以上地方人民政府水行政主管部门应当对本行政区域内的地下水取水工程登记造册，建立监督管理制度。

报废的矿井、钻井、地下水取水工程，或者未建成、已完成勘探任务、依法应当停止取水的地下水取水工程，应当由工程所有权人或者管理单位实施封井或者回填；所有权人或者管理单位应当将其封井或者回填情况告知县级以上地方人民政府水行政主管部门；无法确定所有权人或者管理单位的，由县级以上地方人民政府或者其授权的部门负责组织实施封井或者回填。

实施封井或者回填，应当符合国家有关技术标准。

第五十条 县级以上地方人民政府应当组织水行政、自然资源、生态环境等主管部门，划定集中式地下水饮用水水源地并公布名录，定期组织开展地下水饮用水水源地安全评估。

第五十一条 县级以上地方人民政府水行政主管部门应当会同本级人民政府自然资源等主管部门，根据水文地质条件和地下水保护要求，划定需要取水的地热能开发利用项目的禁止和限制取水范围。

禁止在集中式地下水饮用水水源地建设需要取水的地热能开发利用项目。禁止抽取难以更新的地下水用于需要取水的地热能开发利用项目。

建设需要取水的地热能开发利用项目，应当对取水和回灌进行计量，实行同一含水层等量取水和回灌，不得对地下水造成污染。达到取水规模以上的，应当安装取水和回灌在线计量设施，并将计量数据实时传输到有管理权限的水行政主管部门。取水规模由省、自治区、直辖市人民政府水行政主管部门制定、公布。

对不符合本条第一款、第二款、第三款规定的已建需要取水的地热能开发利用项目，取水单位和个人应当按照水行政主管部门的规定限期整改，整改不合格的，予以关闭。

第五十二条 矿产资源开采、地下工程建设疏干排水量达到规模的，应当依法申请取水许可，安装排水计量设施，定期向取水许可审批机关报送疏干排水量和地下水水位状况。疏干排水量规模由省、自治区、直辖市人民政府制定、公布。

为保障矿井等地下工程施工安全和生产安全必须进行临时应急取（排）水的，不需要申请取水许可。取（排）水单位和个人应当于临时应急取（排）水结束后5个工作日内，向有管理权限的县级以上地方人民政府水行政主管部门备案。

矿产资源开采、地下工程建设疏干排水应当优先利用，无法利用的应当达标排放。

第五十三条 县级以上人民政府水行政、生态环境等主管部门应当建立从事地下水节约、保护、利用活动的单位和个人的诚信档案，记录日常监督检查结果、违法行为查处等情况，并依法向社会公示。

第七章 法律责任

第五十四条 县级以上地方人民政府、县级以上人民政府水行政、生态环境、自然资源主管部门和其他负有地下水监督管理职责的部门有下列行为之一的，由上级机关责令改正，对负有责任的主管人员和其他直接责任人员依法给予处分：

（一）未采取有效措施导致本行政区域内地下水超采范围扩大，或者地下水污染状况未得到改善甚至恶化的；

（二）未完成本行政区域内地下水取水总量控制指标和地下水水位控制指标；

（三）对地下水水位低于控制水位未采取相关措施；

（四）发现违法行为或者接到对违法行为的检举后未予查处；

（五）有其他滥用职权、玩忽职守、徇私舞弊等违法行为。

第五十五条 违反本条例规定，未经批准擅自取用地下水，或者利用渗井、渗坑、裂隙、溶洞以及私设暗管等逃避监管的方式排放水污染物等违法行为，依照《中华人民共和国水法》、《中华人民共和国水污染防治法》、《中华人民共和国土壤污染防治法》、《取水许可和水资源费征收管理条例》等法律、行政法规的规定处罚。

第五十六条 地下水取水工程未安装计量设施的，由县级以上地方人民政府水行政主管部门责令限期安装，并按照日最大取水能力计算的取水量计征相关费用，处10万元以上50万元以下罚款；情节严重的，吊销取水许可证。

计量设施不合格或者运行不正常的，由县级以上地方人民政府水行政主管部门责令限期更换或者修复；逾期不更换或者不修复的，按照日最大取水能力计算的取水量计征相关费用，处10万元以上50万元以下罚款；情节严重的，吊销取水许可证。

第五十七条 地下工程建设对地下水补给、径流、排泄等造成重大不利影响的，由县级以上地方人民政府水行政主管部门责令限期采取措施消除不利影响，处10万元以上50万元以下罚款；逾期不采取措施消除不利影响的，由县级以上地方人民政府水行政主管部门组织采取措施消除不利影响，所需费用由违法行为人承担。

地下工程建设应当于开工前将工程建设方案和防止对地下水产生不利影响的措施方案备案而未备案的，或者矿产资源开采、地下工程建设疏干排水应当定期报送疏干排水量和地下水水位状况而未报送的，由县级以上地方人民政府水行政主管部门责令限期补报；逾期不补报的，处2万元以上10万元以下罚款。

第五十八条 报废的矿井、钻井、地下水取水工程，或者未建成、已完成勘探任务、依法应当停止取水的地下水取水工程，未按照规定封井或者回填的，由县级以上地方人民政府或者其授权的部门责令封井或者回填，处10万元以上50万元以下罚款；不具备封井或者回填能力的，由县级以上地方人民政府或者其授权的部门组织封井或者回填，所需费用由违法行为人承担。

第五十九条 利用岩层孔隙、裂隙、溶洞、废弃矿坑等贮存石化原料及产品、农药、危险废物或者其他有毒有害物质的,由地方人民政府生态环境主管部门责令限期改正,处10万元以上100万元以下罚款。

利用岩层孔隙、裂隙、溶洞、废弃矿坑等贮存城镇污水处理设施产生的污泥和处理后的污泥的,由县级以上地方人民政府城镇排水主管部门责令限期改正,处20万元以上200万元以下罚款,对直接负责的主管人员和其他直接责任人员处2万元以上10万元以下罚款;造成严重后果的,处200万元以上500万元以下罚款,对直接负责的主管人员和其他直接责任人员处5万元以上50万元以下罚款。

在泉域保护范围以及岩溶强发育、存在较多落水洞和岩溶漏斗的区域内,新建、改建、扩建造成地下水污染的建设项目的,由地方人民政府生态环境主管部门处10万元以上50万元以下罚款,并报经有批准权的人民政府批准,责令拆除或者关闭。

第六十条 侵占、毁坏或者擅自移动地下水监测设施设备及其标志的,由县级以上地方人民政府水行政、自然资源、生态环境主管部门责令停止违法行为,限期采取补救措施,处2万元以上10万元以下罚款;逾期不采取补救措施的,由县级以上地方人民政府水行政、自然资源、生态环境主管部门组织补救,所需费用由违法行为人承担。

第六十一条 以监测、勘探为目的的地下水取水工程在施工前应当备案而未备案的,由县级以上地方人民政府水行政主管部门责令限期补办备案手续;逾期不补办备案手续的,责令限期封井或者回填,处2万元以上10万元以下罚款;逾期不封井或者回填的,由县级以上地方人民政府水行政主管部门组织封井或者回填,所需费用由违法行为人承担。

第六十二条 违反本条例规定,构成违反治安管理行为的,由公安机关依法给予治安管理处罚;构成犯罪的,依法追究刑事责任。

第八章 附 则

第六十三条 本条例下列用语含义是:

地下水取水工程,是指地下水取水井及其配套设施,包括水井、集水廊道、集水池、渗渠、注水井以及需要取水的地热能开发利用项目的取水井和回灌井等。

地下水超采区,是指地下水实际开采量超过可开采量,引起地下水水位持续下降、引发生态损害和地质灾害的区域。

难以更新的地下水,是指与大气降水和地表水体没有密切水力联系,无法补给或者补给非常缓慢的地下水。

第六十四条 本条例自2021年12月1日起施行。

渔业水域污染事故调查处理程序规定

- 1997年3月26日农业部令第13号发布
- 自发布之日起施行

第一章 总 则

第一条 为及时、公正地调查处理渔业水域污染事故,维护国家、集体和公民的合法权益,根据《中华人民共和国环境保护法》、《中华人民共和国水污染防治法》、《中华人民共和国渔业法》等有关法律法规,制定本规定。

第二条 任何公民、法人或其它组织造成渔业水域污染事故的,应当接受渔政监督管理机构(以下简称主管机构)的调查处理。

各级主管机构调查处理渔业水域污染事故运用本规定。

第三条 本规定所称的渔业水域是指鱼虾贝类的产卵场、索饵场、越冬场、洄游通道和鱼虾贝藻类及其他水生动植物的增养殖场。

第四条 本规定所称的渔业水域污染事故是指由于单位和个人将某种物质和能量引入渔业水域,损坏渔业水体使用功能,影响渔业水域内的生物繁殖、生长或造成该生物死亡、数量减少,以及造成该生物有毒有害物质积累、质量下降等,对渔业资源和渔业生产造成损害的事实。

第二章 污染事故处理管辖

第五条 地(市)、县主管机构依法管辖其监督管理范围内的较大及一般性渔业水域污染事故。

省(自治区、直辖市)主管机构依法管辖其监督管理范围内直接经济损失额在百万元以上的重大渔业水域污染事故。

中华人民共和国渔政渔港监督管理局管辖或指定省级主管机构处理直接经济损失额在千万元以上的特大渔业水域污染事故和涉外渔业水域污染事故。

第六条 中华人民共和国渔政渔港监督管理局成立渔业水域污染事故技术审定委员会,负责全国重大渔业水域污染事故的技术审定工作。

第七条 下级主管机构对其处理范围内的渔业水域污染事故,认为需要由上级主管机构处理的,可报请上级主管机构处理。

第八条 上级主管机构管辖的渔业水域污染事故必要时可以指定下级机构处理。

第九条 对管辖权有争议的渔业水域污染事故,由争议双方协商解决,协商不成的,由共同的上一级主管机构指定机关调查处理。

第十条 指定处理的渔业水域污染事故应办理书面手续。主管机构指定的单位,须在指定权限范围内行使权力。

第十一条 跨行政区域的渔业水域污染纠纷,按照《中华人民共和国水污染防治法》第二十六条的规定,由有关地方人民政府协商解决,或者由其共同的上级人民政府协调解决,主管机构应积极配合有关地方人民政府作好事故的处理工作。

第三章 调查与取证

第十二条 主管机构在发现或接到事故报告后,应做好下列工作:

(一)填写事故报告表,内容包括报告人、事故发生时间、地点、污染损害原因及状况等。

(二)尽快组织渔业环境监测站或有关人员赴现场进行调查取证,重大、特大及涉外渔业水域污染事故应立即向同级人民政府及环境保护主管部门和上一级主管机构报告。

(三)对污染情况复杂、损失较重的污染事故,应参照农业部颁布的《污染死鱼调查方法(淡水)》的规定进行调查取证。

第十三条 渔业执法人员调查处理渔业水域污染事故,应当收集与污染事故有关的各种证据,证据包括书证、物证、视听资料、证人证言、当事人陈述、鉴定结论、现场笔录。

证据必须查证属实,才能作为认定事实的依据。

第十四条 调查渔业水域污染事故,必须制作现场笔录,内容包括:发生事故时间、地点、水体类型、气候、水文、污染物、污染源、污染范围、损失程度等。

笔录应当表述清楚,定量准确,如实记录,并有在场调查的两名渔业执法人员的签名和笔录时间。

第十五条 渔业环境监测站出具的监测数据、鉴定结论或其它具备资格的有关单位出具的鉴定证明是主管机构处理污染事故的依据。

监测数据、鉴定结果报告书由监测鉴定人员签名,并加盖单位公章。

第四章 处理程序

第十六条 因渔业水域污染事故发生的赔偿责任和赔偿金额的纠纷,当事人可以向事故发生地的主管机构申请调解处理,当事人也可以直接向人民法院起诉。

第十七条 主管机构受理当事人事故纠纷调解处理申请应符合下列条件:

(一)必须是双方当事人同意调解处理;

(二)申请人必须是与渔业损失事故纠纷有直接利害关系的单位或个人;

(三)有明确的被申请人和具体的事实依据与请求;

(四)不超越主管机构受理范围。

第十八条 如属当事人一方申请调解的,主管机构有责任通知另一方接受调解,如另一方拒绝接受调解,当事人可直接向人民法院起诉。

第十九条 请求主管机构调解处理的纠纷,当事人必须提交申请书,申请书应写明如下事实:

(一)申请人与被申请人的姓名、性别、年龄、职业、住址、邮政编码等(单位的名称、地址、法定代表人的姓名);

(二)申请事项,事实和理由;

(三)与事故纠纷有关的证据和其他资料;

(四)请求解决的问题。

申请书一式三份,申请人自留一份,两份递交受理机构。

第二十条 主管机构受理污染事故赔偿纠纷后,可根据需要邀请有关部门的人员参加调解处理工作。

负责和参加处理纠纷的人员与纠纷当事人有利害关系时,应当自行回避,当事人也可提出回避请求。

第二十一条 主管机构应在收到申请书十日内将申请书副本送达被申请人。被申请人在收到申请书副本之日起十五日内提交答辩书和有关证据。被申请人不按期或不提出答辩书的,视为拒绝调解处理,主管机构应告知申请人向人民法院起诉。

第二十二条 调解处理过程中,应召集双方座谈协商。经协商可达成调解协议。

第二十三条 调解协议书经当事人双方和主管机构三方签字盖章后生效。

当事人拒不履行调解协议的,主管机构应督促履行,同时当事人可向人民法院起诉。

第二十四条 当事人对主管机构调解污染事故赔偿纠纷处理决定不服的,可以向人民法院起诉。

第二十五条 调解处理过程中,当事人一方向法院起诉,调解处理终止。

第二十六条 凡污染造成渔业损害事故的,都应赔偿渔业损失，并由主管机构根据情节依照《渔业行政处罚程序规定》对污染单位和个人给予罚款。

第二十七条 凡污染造成人工增殖和天然渔业资源损失的，按污染对渔业资源的损失及渔业生产的损害程度，由主管机构依照《渔业行政处罚程序规定》责令赔偿渔业资源损失。

第五章 附 则

第二十八条 本规定中渔业损失的计算，按农业部颁布的《水域污染事故渔业损失计算方法规定》执行。

第二十九条 本规定中事故报告登记表、现场记录、渔业水域污染事故调解协议书等文书格式，由农业部统一制定。

第三十条 本规定由农业部负责解释。

附件一：渔业水域污染事故报告表（略）
附件二：现场记录（略）
附件三：渔业污染事故调解协议书（略）

饮用水水源保护区污染防治管理规定

·2010年12月22日

第一章 总 则

第一条 为保障人民身体健康和经济建设发展，必须保护好饮用水水源。根据《中华人民共和国水污染防治法》特制定本规定。

第二条 本规定适用于全国所有集中式供水的饮用水地表水源和地下水源的污染防治管理。

第三条 按照不同的水质标准和防护要求分级划分饮用水水源保护区。饮用水水源保护区一般划分为一级保护区和二级保护区，必要时可增设准保护区。各级保护区应有明确的地理界线。

第四条 饮用水水源各级保护区及准保护区均应规定明确的水质标准并限期达标。

第五条 饮用水水源保护区的设置和污染防治应纳入当地的经济和社会发展规划和水污染防治规划。跨地区的饮用水水源保护区的设置和污染治理应纳入有关流域、区域、城市的经济和社会发展规划和水污染防治规划。

第六条 跨地区的河流、湖泊、水库、输水渠道，其上游地区不得影响下游饮用水水源保护区对水质标准的要求。

第二章 饮用水地表水源保护区的划分和防护

第七条 饮用水地表水源保护区包括一定的水域和陆域，其范围应按照不同水域特点进行水质定量预测并考虑当地具体条件加以确定，保证在规划设计的水文条件和污染负荷下，供应规划水量时，保护区的水质能满足相应的标准。

第八条 在饮用水地表水源取水口附近划定一定的水域和陆域作为饮用水地表水源一级保护区。一级保护区的水质标准不得低于国家规定的《地表水环境质量标准》Ⅱ类标准，并须符合国家规定的《生活饮用水卫生标准》的要求。

第九条 在饮用水地表水源一级保护区外划定一定水域和陆域作为饮用水地表水源二级保护区。二级保护区的水质标准不得低于国家规定的《地表水环境质量标准》Ⅲ类标准，应保证一级保护区的水质能满足规定的标准。

第十条 根据需要可在饮用水地表水源二级保护区外划定一定的水域及陆域作为饮用水地表水源准保护区。准保护区的水质标准应保证二级保护区的水质能满足规定的标准。

第十一条 饮用水地表水源各级保护区及准保护区内均必须遵守下列规定：

一、禁止一切破坏水环境生态平衡的活动以及破坏水源林、护岸林、与水源保护相关植被的活动。

二、禁止向水域倾倒工业废渣、城市垃圾、粪便及其他废弃物。

三、运输有毒有害物质、油类、粪便的船舶和车辆一般不准进入保护区，必须进入者应事先申请并经有关部门批准，登记并设置防渗、防溢、防漏设施。

四、禁止使用剧毒和高残留农药，不得滥用化肥，不得使用炸药、毒品捕杀鱼类。

第十二条 饮用水地表水源各级保护区及准保护区内必须分别遵守下列规定：

一、一级保护区内

禁止新建、扩建与供水设施和保护水源无关的建设项目；

禁止向水域排放污水，已设置的排污口必须拆除；

不得设置与供水需要无关的码头，禁止停靠船舶；

禁止堆置和存放工业废渣、城市垃圾、粪便和其他废弃物；

禁止设置油库；

禁止从事种植、放养畜禽和网箱养殖活动；

禁止可能污染水源的旅游活动和其他活动。

二、二级保护区内

禁止新建、改建、扩建排放污染物的建设项目；
原有排污口依法拆除或者关闭；
禁止设立装卸垃圾、粪便、油类和有毒物品的码头。
三、准保护区内
禁止新建、扩建对水体污染严重的建设项目；改建建设项目，不得增加排污量。

第三章 饮用水地下水源保护区的划分和防护

第十三条 饮用水地下水源保护区应根据饮用水水源地所处的地理位置、水文地质条件、供水的数量、开采方式和污染源的分布划定。

第十四条 饮用水地下水源保护区的水质均应达到国家规定的《生活饮用水卫生标准》的要求。

各级地下水源保护区的范围应根据当地的水文地质条件确定，并保证开采规划水量时能达到所要求的水质标准。

第十五条 饮用水地下水源一级保护区位于开采井的周围，其作用是保证集水有一定滞后时间，以防止一般病原菌的污染。直接影响开采井水质的补给区地段，必要时也可划为一级保护区。

第十六条 饮用水地下水源二级保护区位于饮用水地下水源一级保护区外，其作用是保证集水有足够的滞后时间，以防止病原菌以外的其他污染。

第十七条 饮用水地下水源准保护区位于饮用水地下水源二级保护区外的主要补给区，其作用是保护水源地的补给水源水量和水质。

第十八条 饮用水地下水源各级保护区及准保护区内均必须遵守下列规定：

一、禁止利用渗坑、渗井、裂隙、溶洞等排放污水和其他有害废弃物。

二、禁止利用透水层孔隙、裂隙、溶洞及废弃矿坑储存石油、天然气、放射性物质、有毒有害化工原料、农药等。

三、实行人工回灌地下水时不得污染当地地下水源。

第十九条 饮用水地下水源各级保护区及准保护区内必须遵守下列规定：

一、一级保护区内
禁止建设与取水设施无关的建筑物；
禁止从事农牧业活动；
禁止倾倒、堆放工业废渣及城市垃圾、粪便和其他有害废弃物；
禁止输送污水的渠道、管道及输油管道通过本区；
禁止建设油库；
禁止建立墓地。

二、二级保护区内
（一）对于潜水含水层地下水水源地
禁止建设化工、电镀、皮革、造纸、制浆、冶炼、放射性、印染、染料、炼焦、炼油及其他有严重污染的企业，已建成的要限期治理、转产或搬迁；

禁止设置城市垃圾、粪便和易溶、有毒有害废弃物堆放场和转运站，已有的上述场站要限期搬迁；

禁止利用未经净化的污水灌溉农田，已有的污灌农田要限期改用清水灌溉；

化工原料、矿物油类及有毒有害矿产品的堆放场所必须有防雨、防渗措施。

（二）对于承压含水层地下水水源地
禁止承压水和潜水的混合开采，作好潜水的止水措施。

三、准保护区内
禁止建设城市垃圾、粪便和易溶、有毒有害废弃物的堆放场站，因特殊需要设立转运站的，必须经有关部门批准，并采取防渗漏措施；

当补给源为地表水体时，该地表水体水质不应低于《地表水环境质量标准》Ⅲ类标准；

不得使用不符合《农田灌溉水质标准》的污水进行灌溉，合理使用化肥；

保护水源林，禁止毁林开荒，禁止非更新砍伐水源林。

第四章 饮用水水源保护区污染防治的监督管理

第二十条 各级人民政府的环境保护部门会同有关部门作好饮用水水源保护区的污染防治工作并根据当地人民政府的要求制定和颁布地方饮用水水源保护区污染防治管理规定。

第二十一条 饮用水水源保护区的划定，由有关市、县人民政府提出划定方案，报省、自治区、直辖市人民政府批准；跨市、县饮用水水源保护区的划定，由有关市、县人民政府协商提出划定方案，报省、自治区、直辖市人民政府批准；协商不成的，由省、自治区、直辖市人民政府环境保护主管部门会同同级水行政、国土资源、卫生、建设等部门提出划定方案，征求同级有关部门的意见后，报省、自治区、直辖市人民政府批准。

跨省、自治区、直辖市的饮用水水源保护区，由有关省、自治区、直辖市人民政府商有关流域管理机构划定；协商不成的，由国务院环境保护主管部门会同同级水行政、国土资源、卫生、建设等部门提出划定方案，征求国务院有关部门的意见后，报国务院批准。

国务院和省、自治区、直辖市人民政府可以根据保护饮用水水源的实际需要，调整饮用水水源保护区的范围，确保饮用水安全。

第二十二条 环境保护、水利、地质矿产、卫生、建设等部门应结合各自的职责，对饮用水水源保护区污染防治实施监督管理。

第二十三条 因突发性事故造成或可能造成饮用水水源污染时，事故责任者应立即采取措施消除污染并报告当地城市供水、卫生防疫、环境保护、水利、地质矿产等部门和本单位主管部门。由环境保护部门根据当地人民政府的要求组织有关部门调查处理，必要时经当地人民政府批准后采取强制性措施以减轻损失。

第五章 奖励与惩罚

第二十四条 对执行本规定保护饮用水水源有显著成绩和贡献的单位或个人给予表扬和奖励。奖励办法由市级以上（含市级）环境保护部门制定，报经当地人民政府批准实施。

第二十五条 对违反本规定的单位或个人，应根据《中华人民共和国水污染防治法》及其实施细则的有关规定进行处罚。

第六章 附 则

第二十六条 本规定由国家环境保护部门负责解释。

第二十七条 本规定自公布之日起实施。

城镇污水排入排水管网许可管理办法

· 2015年1月22日住房和城乡建设部令第21号发布
· 根据2022年12月1日住房和城乡建设部令第56号修正

第一章 总 则

第一条 为了加强对污水排入城镇排水管网的管理，保障城镇排水与污水处理设施安全运行，防治城镇水污染，根据《中华人民共和国行政许可法》、《城镇排水与污水处理条例》等法律法规，制定本办法。

第二条 在中华人民共和国境内申请污水排入排水管网许可（以下称排水许可），对从事工业、建筑、餐饮、医疗等活动的企业事业单位、个体工商户（以下称排水户）向城镇排水设施排放污水的活动实施监督管理，适用本办法。

第三条 国务院住房和城乡建设主管部门负责全国排水许可工作的指导监督。

省、自治区人民政府住房和城乡建设主管部门负责本行政区域内排水许可工作的指导监督。

直辖市、市、县人民政府城镇排水与污水处理主管部门（以下简称城镇排水主管部门）负责本行政区域内排水许可证书的颁发和监督管理。城镇排水主管部门可以委托专门机构承担排水许可审核管理的具体工作。

第四条 城镇排水设施覆盖范围内的排水户应当按照国家有关规定，将污水排入城镇排水设施。排水户向城镇排水设施排放污水，应当按照本办法的规定，申请领取排水许可证。未取得排水许可证，排水户不得向城镇排水设施排放污水。城镇居民排放生活污水不需要申请领取排水许可证。

在雨水、污水分流排放的地区，不得将污水排入雨水管网。

工程建设疏干排水应当优先利用和补给水体。

第五条 城镇排水主管部门应当因地制宜，按照排水行为影响城镇排水与污水处理设施安全运行的程度，对排水户进行分级分类管理。

对列入重点排污单位名录的排水户和城镇排水主管部门确定的对城镇排水与污水处理设施安全运行影响较大的排水户，应当作为重点排水户进行管理。

第二章 许可申请与审查

第六条 排水户向排水行为发生地的城镇排水主管部门申请领取排水许可证。城镇排水主管部门应当自受理申请之日起15日内作出决定。

集中管理的建筑或者单位内有多个排水户的，可以由产权单位或者其委托的物业服务人统一申请领取排水许可证，并由领证单位对排水户的排水行为负责。

因施工作业需要向城镇排水设施排入污水的，由建设单位申请领取排水许可证。

第七条 申请领取排水许可证，应当如实提交下列材料：

（一）排水许可申请表；

（二）排水户内部排水管网、专用检测井、雨污水排放口位置和口径的图纸及说明等材料；

（三）按照国家有关规定建设污水预处理设施的有关材料；

（四）排水隐蔽工程竣工报告，或者排水户承诺排水隐蔽工程合格且不存在雨水污水管网混接错接、雨水污水混排的书面承诺书；

（五）排水水质符合相关标准的检测报告或者排水水质符合相关标准的书面承诺书；

（六）列入重点排污单位名录的排水户应当提供已

安装的主要水污染物排放自动监测设备有关材料。

第八条 城镇排水主管部门在作出许可决定前，应当按照排水户分级分类管理要求，对重点排水户进行现场核查，对其他排水户采取抽查方式进行现场核查。

第九条 符合以下条件的，由城镇排水主管部门核发排水许可证：

（一）污水排放口的设置符合城镇排水与污水处理规划的要求；

（二）排放污水的水质符合国家或者地方规定的有关排放标准；

（三）按照国家有关规定建设相应的预处理设施；

（四）按照国家有关规定在排放口设置便于采样和水量计量的专用检测井和计量设备；列入重点排污单位名录的排水户已安装主要水污染物排放自动监测设备；

（五）法律、法规规定的其他条件。

第十条 排水许可证的有效期为5年。

因施工作业需要向城镇排水设施排水的，排水许可证的有效期，由城镇排水主管部门根据排水状况确定，但不得超过施工期限。

第十一条 排水许可证有效期满需要继续排放污水的，排水户应当在有效期届满30日前，向城镇排水主管部门提出申请。城镇排水主管部门应当在有效期届满前作出是否准予延续的决定。准予延续的，有效期延续5年。

排水户在排水许可证有效期内，严格按照许可内容排放污水，且未发生违反本办法规定行为的，有效期届满30日前，排水户可提出延期申请，经原许可机关同意，不再进行审查，排水许可证有效期延期5年。

第十二条 在排水许可证的有效期内，排水口数量和位置、排水量、主要污染物项目或者浓度等排水许可内容变更的，排水户应当按照本办法规定，重新申请领取排水许可证。

排水户名称、法定代表人等其他事项变更的，排水户应当在变更之日起30日内向城镇排水主管部门申请办理变更。

第三章　管理和监督

第十三条 排水户应当按照排水许可证确定的排水类别、总量、时限、排放口位置和数量、排放的主要污染物项目和浓度等要求排放污水。

第十四条 排水户不得有下列危及城镇排水设施安全的活动：

（一）向城镇排水设施排放、倾倒剧毒、易燃易爆、腐蚀性废液和废渣；

（二）向城镇排水设施排放有害气体和烹饪油烟；

（三）堵塞城镇排水设施或者向城镇排水设施内排放、倾倒垃圾、渣土、施工泥浆、油脂、污泥等易堵塞物；

（四）擅自拆卸、移动、穿凿和接入城镇排水设施；

（五）擅自向城镇排水设施加压排放污水；

（六）其他危及城镇排水与污水处理设施安全的活动。

第十五条 排水户因发生事故或者其他突发事件，排放的污水可能危及城镇排水与污水处理设施安全运行的，应当立即暂停排放，采取措施消除危害，并按规定及时向城镇排水主管部门等有关部门报告。

第十六条 城镇排水主管部门应当加强对排水户的排放口设置、连接管网、预处理设施和水质、水量监测设施建设和运行的指导和监督。

第十七条 重点排水户应当建立档案管理制度，对污水预处理设施、内部排水管网、与市政管网的连接管、专用检测井运行维护情况、发生异常的原因和采取的措施等进行记录，记录保存期限不少于5年。

鼓励排水户推进传统载体档案数字化。电子档案与传统载体档案具有同等效力。

第十八条 城镇排水主管部门应当结合排水户分级分类情况，通过"双随机、一公开"方式，对排水户排放污水的情况实施监督检查。实施监督检查时，有权采取下列措施：

（一）进入现场开展检查、监测；

（二）要求被监督检查的排水户出示排水许可证；

（三）查阅、复制有关文件和材料；

（四）要求被监督检查的单位和个人就有关问题作出说明；

（五）依法采取禁止排水户向城镇排水设施排放污水等措施，纠正违反有关法律、法规和本办法规定的行为。

被监督检查的单位和个人应当予以配合，不得妨碍和阻挠依法进行的监督检查活动。

城镇排水主管部门可以通过政府购买服务等方式，组织或者委托排水监测机构等技术服务单位为排水许可监督检查工作提供技术服务。受委托的具有计量认证资质的排水监测机构应当对排水户排放污水的水质、水量进行监测，建立排水监测档案。

第十九条 城镇排水主管部门委托的专门机构，可以开展排水许可审查、档案管理、监督指导排水户排水行为等工作，并协助城镇排水主管部门对排水许可实施监督管理。

第二十条 城镇排水主管部门应当将排水户的基本

信息、排水许可内容等信息载入城市排水信息系统。涉及排水户的排水许可内容、行政处罚、不良信用记录等信息，应当依法向社会公示。

城镇排水主管部门可以根据排水户的信用情况，依法采取守信激励、失信惩戒措施。

第二十一条 有下列情形之一的，许可机关或者其上级行政机关，根据利害关系人的请求或者依据职权，可以撤销排水许可：

（一）城镇排水主管部门工作人员滥用职权、玩忽职守作出准予排水许可决定的；

（二）超越法定职权作出准予排水许可决定的；

（三）违反法定程序作出准予排水许可决定的；

（四）对不符合许可条件的申请人作出准予排水许可决定的；

（五）依法可以撤销排水许可的其他情形。

排水户以欺骗、贿赂等不正当手段取得排水许可的，应当予以撤销。

第二十二条 有下列情形之一的，城镇排水主管部门应当依法办理排水许可的注销手续：

（一）排水户依法终止的；

（二）排水许可依法被撤销、撤回，或者排水许可证被吊销的；

（三）排水许可证有效期满且未延续许可的；

（四）法律、法规规定的应当注销排水许可的其他情形。

第二十三条 城镇排水主管部门应当按照国家有关规定将监督检查的情况向社会公开。

城镇排水主管部门及其委托的专门机构、排水监测机构的工作人员对知悉的被监督检查单位和个人的技术和商业秘密负有保密义务。

第二十四条 城镇排水主管部门实施排水许可不得收费。

城镇排水主管部门实施排水许可所需经费，应当列入城镇排水主管部门的预算，由本级财政予以保障，按照批准的预算予以核拨。

第四章 法律责任

第二十五条 城镇排水主管部门有下列情形之一的，由其上级行政机关或者监察机关责令改正，对直接负责的主管人员和其他直接责任人员依法给予处分；构成犯罪的，依法追究刑事责任：

（一）对不符合本规定条件的申请人准予排水许可的；

（二）对符合本规定条件的申请人不予核发排水许可证或者不在法定期限内作出准予许可决定的；

（三）利用职务上的便利，收受他人财物或者谋取其他利益的；

（四）泄露被监督检查单位和个人的技术或者商业秘密的；

（五）不依法履行监督管理职责或者监督不力，造成严重后果的。

第二十六条 违反本办法规定，在城镇排水与污水处理设施覆盖范围内，未按照国家有关规定将污水排入城镇排水设施，或者在雨水、污水分流地区将污水排入雨水管网的，由城镇排水主管部门责令改正，给予警告；逾期不改正或者造成严重后果的，对单位处10万元以上20万元以下罚款；对个人处2万元以上10万元以下罚款，造成损失的，依法承担赔偿责任。

第二十七条 违反本办法规定，排水户未取得排水许可，向城镇排水设施排放污水的，由城镇排水主管部门责令停止违法行为，限期采取治理措施，补办排水许可证，可以处50万元以下罚款；对列入重点排污单位名录的排水户，可以处30万元以上50万元以下罚款；造成损失的，依法承担赔偿责任；构成犯罪的，依法追究刑事责任。

第二十八条 排水户未按照排水许可证的要求，向城镇排水设施排放污水的，由城镇排水主管部门责令停止违法行为，限期改正，可以处5万元以下罚款；造成严重后果的，吊销排水许可证，并处5万元以上50万元以下罚款，对列入重点排污单位名录的排水户，处30万元以上50万元以下罚款，并将有关情况通知同级环境保护主管部门，可以向社会予以通报；造成损失的，依法承担赔偿责任；构成犯罪的，依法追究刑事责任。

第二十九条 排水户名称、法定代表人等其他事项变更，未按本办法规定及时向城镇排水主管部门申请办理变更的，由城镇排水主管部门责令改正，可以处1万元以下罚款。

第三十条 排水户以欺骗、贿赂等不正当手段取得排水许可的，可以处3万元以下罚款；造成损失的，依法承担赔偿责任；构成犯罪的，依法追究刑事责任。

第三十一条 违反本办法规定，排水户因发生事故或者其他突发事件，排放的污水可能危及城镇排水与污水处理设施安全运行，没有立即暂停排放，未采取措施消除危害，或者并未按规定及时向城镇排水主管部门等有关部门报告的，城镇排水主管部门可以处3万元以下罚款。

第三十二条 违反本办法规定，从事危及城镇排水设施安全的活动的，由城镇排水主管部门责令停止违法行为，限期恢复原状或者采取其他补救措施，并给予警告;逾期不采取补救措施或者造成严重后果的,对单位处10万元以上30万元以下罚款,对个人处2万元以上10万元以下罚款;造成损失的,依法承担赔偿责任;构成犯罪的,依法追究刑事责任。

第三十三条 重点排水户未按照本办法规定建立档案管理制度,或者档案记录保存期限少于5年的,由城镇排水主管部门责令改正,可以处3万元以下罚款。

第三十四条 排水户违反本办法规定,拒不接受水质、水量监测或者妨碍、阻挠城镇排水主管部门依法监督检查的,由城镇排水主管部门给予警告;情节严重的,处3万元以下罚款。

第五章 附则

第三十五条 排水许可证由国务院住房和城乡建设主管部门制定格式,由省、自治区人民政府住房和城乡建设主管部门以及直辖市人民政府城镇排水主管部门组织印制。鼓励城镇排水主管部门实行电子许可证,电子许可证与纸质许可证具有同等效力。

排水许可申请表、排水户书面承诺书由国务院住房和城乡建设主管部门制定推荐格式,城镇排水主管部门可以参考制定。

第三十六条 本办法自2015年3月1日起施行。《城市排水许可管理办法》(建设部令第152号)同时废止。

水污染防治资金管理办法

- 2021年6月2日
- 财资环〔2021〕36号

第一条 为规范和加强水污染防治资金管理,提高财政资金使用效益,根据《中华人民共和国预算法》《中华人民共和国水污染防治法》《国务院办公厅关于印发生态环境领域中央与地方财政事权和支出责任划分改革方案的通知》(国办发〔2020〕13号)、《中央对地方专项转移支付管理办法》(财预〔2015〕230号)等规定,制定本办法。

第二条 本办法所称水污染防治资金(以下简称防治资金),是指通过中央一般公共预算安排的,专门用于支持水污染防治和水生态环境保护方面的资金。

第三条 防治资金的分配、管理和使用应当遵循以下原则:

(一)贯彻党中央、国务院决策部署,突出支持重点。

(二)符合国家宏观政策和生态环境保护相关规划。

(三)按照中期财政规划的要求,统筹考虑有关工作总体预算安排。

(四)坚持公开、公平、公正,主动接受社会监督。

(五)实施全过程预算绩效管理,强化资金监管,充分发挥资金效益。

(六)坚持结果导向,防治资金安排时统筹考虑相关地区重点领域重点任务完成情况及水环境质量改善情况,突出对资金使用绩效较好和水环境质量改善较好地区的奖励。

第四条 防治资金实施期限至2025年。期满后根据法律、行政法规和国务院有关规定及水污染防治工作形势的需要评估确定是否继续实施和延续期限。

第五条 防治资金重点支持范围包括:

(一)流域水污染治理;

(二)流域水生态保护修复;

(三)集中式饮用水水源地保护;

(四)地下水生态环境保护;

(五)水污染防治监管能力建设;

(六)其他需要支持的事项。

各省(自治区、直辖市,以下统称省)安排用于支持能力建设的资金数不得超过防治资金下达数的5%。

第六条 防治资金由财政部会同生态环境部负责管理。

财政部负责编制防治资金年度预算草案,审核防治资金分配建议方案并下达预算,组织实施全过程预算绩效管理,指导地方加强防治资金使用管理等。

生态环境部负责指导地方开展水污染防治工作,研究提出工作任务和资金分配建议方案,开展日常监管、评估和绩效管理,督促和指导地方做好项目管理和资金使用管理等。

第七条 防治资金采取项目法与因素法相结合的方式分配,支出方向为重点流域、重点区域、重点项目水污染防治,以及长江、黄河、其他重点流域横向生态保护补偿机制建设。

第八条 采取项目法分配的防治资金包括:

(一)落实党中央、国务院决策部署的重点任务;

(二)国务院办公厅公布的生态环境领域真抓实干成效明显的市(地、州、盟),按照有关规定予以定额奖励;

(三)跨省流域上下游横向生态补偿机制建设奖励。

第九条 本办法第八条规定外的防治资金应当采取因素法分配,具体包括:

(一)长江全流域横向生态保护补偿机制引导资金分配以水质优良情况、水生态修复任务、水资源贡献情况为分配因素，具体权重分别为：40%、30%、30%。

（二）黄河全流域横向生态补偿机制建设引导资金的分配因素和权重，按照《关于印发支持引导黄河全流域建立横向生态补偿机制试点实施方案的通知》（财资环〔2020〕20号）有关文件规定执行。

（三）除本条第（一）项、第（二）项规定外，采用因素法分配的其他防治资金以流域水污染治理、流域水生态保护修复、集中式饮用水水源地保护、地下水生态环境保护等任务量为因素分配，分配权重分别为30%、25%、30%、15%。

初步测算结果可结合资金使用和管理、生态环境改善成效等情况进行调整，体现结果导向，调整资金数不超过资金总数的20%。

分配因素和权重确需调整的，应当按照程序报批后实施。

第十条 生态环境部根据水污染防治工作需要以及相关因素、权重以及绩效情况等，于每年4月30日前向财政部报送年度防治资金安排建议，对安排建议中提供的有关数据和信息进行核实，确保相关数据和信息真实、准确。

财政部根据生态环境部提出的建议，审核确定各省年度防治资金安排数额，并于每年全国人民代表大会批准中央预算后90日内下达当年资金预算，同步下达区域或项目绩效目标表，同时抄送生态环境部、财政部当地监管局。

第十一条 省级财政部门接到防治资金预算后，应会同生态环境主管部门在30日内分解下达，同时将资金分配结果报财政部、生态环境部备案，抄送财政部当地监管局。

第十二条 财政部、生态环境部负责组织实施防治资金全过程预算绩效管理，包括做好绩效目标审核、督促和指导地方开展绩效运行监控和绩效自评，同时做好重点绩效评价，并加强绩效评价结果应用，作为完善政策、改进管理以及以后年度预算安排的重要依据。可以按照相关规定，引入第三方机构参与绩效评价工作。

第十三条 地方财政部门负责本地区防治资金的预算分解下达、组织预算执行、资金使用管理和监督以及预算绩效管理工作等。

地方生态环境部门根据职能参与本地区防治资金分配，负责资金的具体使用管理和监督、项目组织实施及预算绩效管理具体工作等。

第十四条 地方财政部门应当会同同级生态环境部门加强资金分配、项目申报及使用管理。不符合法律、行政法规有关规定，政策到期，相关目标已经实现或实施成效差、绩效低的事项，以及已从中央基建投资等其他渠道获得中央财政资金支持的项目，不得申请防治资金支持。

第十五条 防治资金的支付执行国库集中支付制度有关规定。属于政府采购管理范围的，应当按照政府采购有关规定执行。防治资金的结转结余，按照财政部关于结转结余资金管理的相关规定处理。

第十六条 地方各级财政、生态环境部门以及防治资金具体使用单位，应当对上报的有关数据和信息的真实性、准确性负责。切实加强项目预算绩效管理，强化预算执行，不断提高资金使用绩效。发现违规使用资金、损失浪费严重、低效无效等重大问题的，应当按照程序及时报告财政部、生态环境部等部门。

第十七条 任何单位和个人不得截留、挤占和挪用防治资金。对于违反国家法律、行政法规和有关规定的单位和个人，有关部门应当及时制止和纠正，并严格按照《中华人民共和国预算法》《财政违法行为处罚处分条例》等有关规定追究相应责任。构成犯罪的，依法追究刑事责任。

第十八条 各级财政、生态环境部门及其工作人员存在违反本办法行为的，以及其他滥用职权、玩忽职守、徇私舞弊等违法违纪行为的，按照《中华人民共和国预算法》及其实施条例、《中华人民共和国监察法》、《财政违法行为处罚处分条例》等有关规定追究相应责任。构成犯罪的，依法追究刑事责任。

第十九条 财政部各地监管局按照财政部的要求，开展防治资金申报、使用相关监管工作。

第二十条 本办法未明确的其他事宜，按照《财政部关于印发〈中央对地方专项转移支付管理办法〉的通知》（财预〔2015〕230号）等预算管理有关规定执行。

第二十一条 省级财政和生态环境部门可根据本办法，结合当地实际，制定具体实施办法。

第二十二条 本办法由财政部会同生态环境部负责解释。

第二十三条 本办法自发布之日起施行。《财政部关于印发〈水污染防治资金管理办法〉的通知》（财资环〔2019〕10号）同时废止。

关于印发地下水污染防治实施方案的通知

- 2019年3月28日
- 环土壤〔2019〕25号

各省、自治区、直辖市、新疆生产建设兵团生态环境厅（局）、自然资源主管部门、住房城乡建设厅（建委、城管委、建设局）、水利（务）厅（局）、农业农村（农牧、农业）

厅(局、委):

为贯彻落实习近平总书记对地下水污染防治工作的重要批示精神,全面打好污染防治攻坚战,保障地下水安全,现将《地下水污染防治实施方案》印发给你们,请认真贯彻执行,加快推进地下水污染防治各项工作。

附件:1. 地下水污染防治分区划分技术要求(略)
　　　2. 加油站防渗改造核查要求(略)
　　　3. 地下水污染场地清单公布技术要求(略)

附件4

地下水污染防治实施方案

为贯彻落实习近平总书记对地下水污染防治工作的重要批示精神,落实《中共中央国务院关于全面加强生态环境保护坚决打好污染防治攻坚战的意见》中提出的"深化地下水污染防治"要求,结合《水污染防治行动计划》(以下简称《水十条》)、《土壤污染防治行动计划》(以下简称《土十条》)和《农业农村污染治理攻坚战行动计划》等有关工作部署和相关任务,保障地下水安全,加快推进地下水污染防治,制定本实施方案。

一、总体要求

(一)指导思想

以习近平新时代中国特色社会主义思想为指导,全面贯彻党的十九大和十九届二中、三中全会精神,认真落实党中央、国务院决策部署,牢固树立和践行绿色发展理念,以保护和改善地下水环境质量为核心,坚持源头治理、系统治理、综合治理,强化制度制定、监测评估、监督执法、督察问责,推动完善中央统筹、省负总责、市县抓落实的工作机制,形成"一岗双责"、齐抓共管的工作格局,建立科学管理体系,选择典型区域先行先试,按照"分区管理、分类防控"工作思路,从"强基础、建体系、控风险、保安全"四方面,加快监管基础能力建设,建立健全法规标准体系,加强污染源源头防治和风险管控,保障国家水安全,实现地下水资源可持续利用,推动经济社会可持续发展。

(二)基本原则

1. 预防为主,综合施策。持续开展地下水环境状况调查评估,加强地下水环境监管,制定并实施地下水污染防治政策及技术工程措施,推进地表水、地下水和土壤污染协同控制,综合运用法律、经济、技术和必要的行政手段,开展地下水污染防治和生态保护工作,以预防为主,坚持防治结合,推动全国地下水环境质量持续改善。

2. 突出重点,分类指导。以扭住"双源"(集中式地下水型饮用水源和地下水污染源)为重点,保障地下水型饮用水源环境安全,严控地下水污染源。综合分析水文地质条件和地下水污染特征,分类指导,制定相应的防治对策,切实提升地下水污染防治水平。

3. 问题导向,风险防控。聚焦地下水型饮用水源安全保障薄弱、污染源多且环境风险大、法规标准体系不健全、环境监测体系不完善、保障不足等问题,结合重点区域、重点行业特点,加强地下水污染风险防控体系建设。

4. 明确责任,循序渐进。完善地下水污染防治目标责任制,建立水质变化趋势和污染防治措施双重评估考核制、"谁污染谁修复、谁损害谁赔偿"责任追究制。统筹考虑地下水污染防治工作的轻重缓急,分期分批开展试点示范,有序推进地下水污染防治和生态保护工作。

(三)主要目标

到2020年,初步建立地下水污染防治法规标准体系、全国地下水环境监测体系;全国地下水质量极差比例控制在15%左右;典型地下水污染源得到初步监控,地下水污染加剧趋势得到初步遏制。

到2025年,建立地下水污染防治法规标准体系、全国地下水环境监测体系;地级及以上城市集中式地下水型饮用水源水质达到或优于Ⅲ类比例总体为85%左右;典型地下水污染源得到有效监控,地下水污染加剧趋势得到有效遏制。

到2035年,力争全国地下水环境质量总体改善,生态系统功能基本恢复。

二、主要任务

主要围绕实现近期目标"一保、二建、三协同、四落实":"一保",即确保地下水型饮用水源环境安全;"二建",即建立地下水污染防治法规标准体系、全国地下水环境监测体系;"三协同",即协同地表水与地下水、土壤与地下水、区域与场地污染防治;"四落实",即落实《水十条》确定的四项重点任务,开展调查评估、防渗改造、修复试点、封井回填工作。

(一)保障地下水型饮用水源环境安全

1. 加强城镇地下水型饮用水源规范化建设。2020年年底前,在地下水型饮用水源环境保护状况评估的基础上,逐步推进城镇地下水型饮用水源保护区划定,提高饮用水源规范化建设水平,依法清理水源保护区内违法建筑和排污口;针对人为污染造成水质超标的地下水型饮用水源,各省(区、市)组织制定、实施地下水修复(防控)方案,开展地下水污染修复(防控)工程示范;对难以恢复饮用水源功能且经水厂处理水质无法满足标准要求的水源，应按程序撤销、更换。（生态环境部牵头，自然资源部、住房城乡建设部、水利部等参与，地方相关部门负责落实。以下均需地方相关部门落实，不再列出）

2. 强化农村地下水型饮用水源保护。落实《农业农村污染治理攻坚战行动计划》相关任务，2020年年底前，完成供水人口在10000人或日供水1000吨以上的地下水型饮用水源调查评估和保护区划定工作，农村地下水型饮用水源保护区的边界要设立地理界标、警示标志或宣传牌。督促指导县级以上地方人民政府组织相关部门监测和评估本行政区域内饮用水源、供水单位供水和用户水龙头出水的水质等状况。加强农村饮用水水质监测，各地按照国家相关标准，结合本地水质本底状况，确定监测项目并组织实施。以供水人口在10000人或日供水1000吨以上的地下水型饮用水源保护区为重点，对可能影响农村地下水型饮用水源环境安全的风险源进行排查。对水质不达标的水源，采取水源更换、集中供水、污染治理等措施，确保农村供水安全。（生态环境部牵头，水利部、农业农村部、卫生健康委等参与）

（二）建立健全法规和标准规范体系

1. 完善地下水污染防治规划体系。2020年年底前，制定《全国地下水污染防治规划（2021-2025年）》，细化落实《中华人民共和国水污染防治法》《中华人民共和国土壤污染防治法》的要求，以保护和改善地下水环境质量为核心，坚持"源头治理、系统治理、综合治理"，落实地下水污染防治主体责任，包括地下水污染状况调查、监测、评估、风险防控、修复等，实现地下水污染防治全面监管，京津冀、长江经济带等重点地区地下水水质有所改善。（生态环境部牵头，发展改革委、自然资源部、住房城乡建设部、水利部、农业农村部等参与）

2. 制修订标准规范。按地下水污染防治工作流程，在调查、监测、评估、风险防控、修复等方面，研究制订地下水污染防治相关技术规范、导则、指南等。2019年上半年，研究制定地下水环境状况调查评价、地下水环境监测、地下水污染风险评估、地下水污染防治分区划分、废弃井封井回填等工作相关技术指南；2019年下半年，研究制定污染场地地下水修复、地下水污染模拟预测、地下水污染防渗、地下水污染场地清单等工作相关技术导则、指南；2020年，研究制定地下水污染渗透反应格栅修复、地下水污染地球物理探测、地下水污染源同位素解析、地下水污染抽出-处理等工作相关技术指南、规范。（生态环境部牵头，自然资源部、水利部、农业农村部等参与）

（三）建立地下水环境监测体系

1. 完善地下水环境监测网。2020年年底前，衔接国家地下水监测工程，整合建设项目环评要求设置的地下水污染跟踪监测井、地下水型饮用水源开采井、土壤污染状况详查监测井、地下水基础环境状况调查评估监测井、《中华人民共和国水污染防治法》要求的污染源地下水水质监测井等，加强现有地下水环境监测井的运行维护和管理，完善地下水监测数据报送制度。2025年年底前，构建全国地下水环境监测网，按照国家和行业相关监测、评价技术规范，开展地下水环境监测。京津冀、长江经济带等重点区域提前一年完成。（生态环境部、自然资源部、水利部按职责分工负责）

2. 构建全国地下水环境监测信息平台。按照"大网络、大系统、大数据"的建设思路，积极推进数据共享共用，2020年年底前，构建全国地下水环境监测信息平台框架。2025年年底前，完成地下水环境监测信息平台建设。（生态环境部、自然资源部、水利部按职责分工负责）

（四）加强地下水污染协同防治

1. 重视地表水、地下水污染协同防治。加快城镇污水管网更新改造，完善管网收集系统，减少管网渗漏；地方各级人民政府有关部门应当统筹规划农业灌溉取水水源，使用污水处理厂再生水的，应当严格执行《农田灌溉水质标准》（GB 5084）和《城市污水再生利用农田灌溉用水水质》（GB 20922），且不低于《城镇污水处理厂污染物排放标准》（GB 18918）一级A排放标准要求；避免在土壤渗透性强、地下水位高、地下水露头区进行再生水灌溉。降低农业面源污染对地下水水质影响，在地下水"三氮"超标地区、国家粮食主产区推广测土配方施肥技术，积极发展生态循环农业。（生态环境部、住房城乡建设部、农业农村部按职责分工负责）

2. 强化土壤、地下水污染协同防治。认真贯彻落实《中华人民共和国土壤污染防治法》《土十条》地下水污染防治的相关要求。对安全利用类和严格管控类农用地地块的土壤污染影响或可能影响地下水的，制定污染防治方案时，应纳入地下水的内容；对污染物含量超过土壤污染风险管控标准的建设用地地块，土壤污染状况调查报告应当包括地下水是否受到污染等内容；对列入风险管控和修复名录中的建设用地地块，实施风险管控措施应包括地下水污染防治的内容；实施修复的地块，修复方案应当包括地下水污染修复的内容；制定地下水污染调查、监测、评估、风险防控、修复等标准规范时，做好与土壤污染防治相关标准规范的衔接。在防治项目立项、实施以及绩效评估

等环节上,力求做到统筹安排、同步考虑、同步落实。(生态环境部牵头,自然资源部、农业农村部等参与)

3. 加强区域与场地地下水污染协同防治。2019年年底前,试点省(区、市)完成地下水污染防治分区划分,地下水污染防治分区划分技术要求见附件1。2020年,各省(区、市)全面开展地下水污染分区防治,提出地下水污染分区防治措施,实施地下水污染源分类监管。场地层面,重点开展以地下水污染修复(防控)为主(如利用渗井、渗坑、裂隙、溶洞,或通过其他渗漏等方式非法排放水污染物造成地下水含水层直接污染,或已完成土壤修复尚未开展地下水污染修复防控工作),以及以保护地下水型饮用水源环境安全为目的的场地修复(防控)工作。(生态环境部、自然资源部、农业农村部按职责分工负责)

(五)以落实《水十条》任务及试点示范为抓手推进重点污染源风险防控

1. 落实《水十条》任务。持续开展调查评估。继续推进城镇集中式地下水型饮用水源补给区、化工企业、加油站、垃圾填埋场和危险废物处置场等区域周边地下水基础环境状况调查。针对存在人为污染的地下水,开展详细调查,评估其污染趋势和健康风险,若风险不可接受,应开展地下水污染修复(防控)工作。(生态环境部牵头,自然资源部、住房城乡建设部、水利部、农业农村部、卫生健康委参与)

开展防渗改造。加快推进完成加油站埋地油罐双层罐更新或防渗池设置,加油站防渗改造核查标准见附件2。2020年年底前,各省(区、市)对高风险的化学品生产企业以及工业集聚区、矿山开采区、尾矿库、危险废物处置场、垃圾填埋场等区域开展必要的防渗处理。(生态环境部牵头,自然资源部、住房城乡建设部、商务部等参与)

公布地下水污染场地清单并开展修复试点。2019年6月底前,出台地下水污染场地清单公布办法。2019年年底前,京津冀等区域地方人民政府公布环境风险大、严重影响公众健康的地下水污染场地清单,开展修复试点,地下水污染场地清单公布技术要求见附件3。(生态环境部牵头,自然资源部、住房城乡建设部参与)

实施报废矿井、钻井、取水井封井回填。2019年,开展报废矿井、钻井、取水井排查登记。2020年,推进封井回填工作。矿井、钻井、取水井因报废、未建成或者完成勘探、试验任务的,各地督促工程所有权人按照相关技术标准开展封井回填。对已经造成地下水串层污染的,各地督促工程所有权人对造成的地下水污染进行治理和修复。(生态环境部、自然资源部、水利部按职责分工负责)

2. 开展试点示范。确认试点示范区名单。各省(区、市)在开展地下水基础环境状况调查评估的基础上,择优推荐试点示范区名单,并提交《示范区地下水污染防治实施方案》。生态环境部、财政部会同有关部门组织评审。2019年年底前,各省(区、市)选择报送8-10个防渗改造试点区,20-30个报废矿井、钻井、取水井封井回填试点区。2020年年底前,各省(区、市)选择报送8-10个防渗改造试点区,20-30个报废矿井、钻井、取水井封井回填试点区,5-10个地下水污染修复试点区。2021-2025年,试点示范区根据需要再作安排。(生态环境部牵头、自然资源部、水利部、财政部参与)

组织开展试点示范评估。建立"进展调度、督导检查、综合评估、能进能出"的评估管理机制,按照生态环境部统一计划和要求,适时组织实施评估。评估对象为试点示范区人民政府。评估包括自评估、实地检查、综合评估。综合评估结果分为优秀、良好、合格、不合格四个等次。评估结果作为地下水污染防治相关资金分配安排的参考依据,对评估优秀的示范区给予通报表扬,对评估不合格的示范区要求整改,整改期一年。整改期结束后,仍不合格的,取消示范区资格。(生态环境部牵头,自然资源部、住房城乡建设部、水利部、农业农村部等参与)

三、保障措施

(一)加强组织领导

完善中央统筹、省负总责、市县抓落实的工作推进机制。中央有关部门要根据本方案要求,密切协作配合,形成工作合力。生态环境部对地下水污染防治统一监督,有关部门加强地下水污染防治信息共享、定期会商、评估指导,形成"一岗双责"、齐抓共管的工作格局。(生态环境部牵头,自然资源部、住房城乡建设部、水利部、农业农村部等参与)

(二)加大资金投入

推动建立中央支持鼓励、地方政府支撑、企事业单位承担、社会资本积极参与的多元化环保融资机制。地方各级人民政府根据地下水污染防治需要保障资金投入,建立多元化环保投融资机制,依法合规拓展融资渠道,确保污染防治任务按时完成。(财政部牵头,发展改革委、生态环境部、水利部等参与)

(三)强化科技支撑

加强与其他污染防治项目的协调,整合科技资源,通过相关国家科技计划(专项、基金)等,加快研发地下水污染环境调查、监测与预警技术、污染源治理与重点行业污染修复重大技术。进一步加强地下水科技支撑能力建设、优化和整合污染防治专业支撑队伍，开展污染防治专业技术培训，提高专业人员素质和技能。(科技部牵头，发展改革委、工业和信息化部、自然资源部、生态环境部、住房城乡建设部、水利部、农业农村部等参与)

(四)加大科普宣传

综合利用电视、报纸、互联网、广播、报刊等媒体，结合六五环境日、世界地球日等重要环保宣传活动，有计划、有针对性地普及地下水污染防治知识，宣传地下水污染的危害性和防治的重要性，增强公众地下水保护的危机意识，形成全社会保护地下水环境的良好氛围。依托多元主体，开展形式多样的科普活动，构建地下水污染防治和生态保护全民科学素质体系。(生态环境部牵头，教育部、自然资源部、住房城乡建设部、水利部等参与)

(五)落实地下水生态环境保护和监督管理责任

强化"党政同责""一岗双责"的地方责任。各省(区、市)负责本地区地下水污染防治，要在摸清底数、总结经验的基础上，抓紧编制省级地下水污染防治实施方案。加快治理本地区地下水污染突出问题，明确牵头责任部门、实施主体，提供组织和政策保障，做好监督考核。

落实"谁污染谁修复、谁损害谁赔偿"的企业责任。重点行业企业切实担负起主体责任，按照相关要求落实地下水污染防治设施建设、维护运行、日常监测、信息上报等工作任务。

加强督察问责，落实各项任务。生态环境部将地下水污染防治目标完成及责任落实情况纳入中央生态环境保护督察范畴，对承担地下水污染防治职责的有关地方进行督察，倡优纠劣，强化问责，督促加快工作进度，确保如期完成地下水污染防治各项任务。(生态环境部牵头，自然资源部、住房城乡建设部、水利部、农业农村部等参与)

关于进一步规范城镇(园区)污水处理环境管理的通知

- 2020年12月13日
- 环水体〔2020〕71号

各省、自治区、直辖市生态环境厅(局)，新疆生产建设兵团生态环境局：

近年来，我国城镇(园区)污水处理事业蓬勃发展，为改善水生态环境发挥了重要作用。城镇(园区)污水处理厂既是水污染物减排的重要工程设施，也是水污染物排放的重点单位。为进一步规范污水处理环境管理，依据水污染防治法等法律法规，现就有关事项通知如下。

一、依法明晰各方责任

城镇(园区)污水处理涉及地方人民政府(含园区管理机构)、向污水处理厂排放污水的企事业单位(以下简称纳管企业)、污水处理厂运营单位(以下简称运营单位)等多个方面，依法明晰各方责任是规范污水处理环境管理的前提和基础。

根据现行法律法规规定，地方人民政府对本行政区域的水环境质量负责，应当履行好以下职责：一是组织相关部门编制本行政区域水污染防治规划和城镇污水处理设施建设规划。二是筹集资金，统筹安排建设城镇(园区)污水集中处理设施及配套管网、污泥处理处置设施，吸引社会资本和第三方机构参与投资、建设和运营污水处理设施。三是合理制定和动态调整收费标准，建立和落实污水处理收费机制。四是做好突发水污染事件的应急准备、应急处置和事后恢复等工作。五是进一步明确和细化赋有监管职责的部门责任分工，完善工作机制，形成监管合力。

纳管企业应当防止、减少环境污染和生态破坏，按照国家有关规定申领排污许可证，持证排污、按证排污，对所造成的损害依法承担责任。一是按照国家有关规定对工业污水进行预处理，相关标准规定的第一类污染物及其他有毒有害污染物，应在车间或车间处理设施排放口处理达标；其他污染物达到集中处理设施处理工艺要求后方可排放。二是依法按照相关技术规范开展自行监测并主动公开污染物排放信息，自觉接受监督。属于水环境重点排污单位的，还须依法安装使用自动监测设备，并与当地生态环境部门、运营单位共享数据。三是根据《污水处理费征收使用管理办法》(财税〔2014〕151号)、委托处理合同等，及时足额缴纳污水处理相关费用。四是发生事故致使排放的污水可能危及污水处理厂安全运行时，应当立即采取启用事故调蓄池等应急措施消除危害，通知运营单位并向生态环境部门及相关主管部门报告。

运营单位应当对污水集中处理设施的出水水质负责，不得排放不达标污水。一是在承接污水处理项目前，应当充分调查服务范围内的污水来源、水质水量、排放特征等情况，合理确定设计水质和处理工艺等，明确处理工艺适用范围，对不能承接的工业污水类型要在合同中载明。二是运营单位应配合地方人民政府或园区管理机构认真调查实际接纳的工业污水类型，发现存在现有工艺无法处理的工业污水且无法与来水单位协商解决的，要书面报请当地人民政府依法采取相应措施。三是加强污水处理设施运营维护，开展进出水水质水量等监测，定期向社会公开运营维护及污染物排放等信息，并向生态环境部门及相关主管部门报送污水处理水质和水量、主要污染物削减量等信息。四是合理设置与抗风险能力相匹配的事故调蓄设施和环境应急措施，发现进水异常，可能导致污水处理系统受损和出水超标时，立即启动应急预案，开展污染物溯源，留存水样和泥样、保存监测记录和现场视频等证据，并第一时间向生态环境部门及相关主管部门报告。

二、推动各方履职尽责

各级生态环境部门要加强与住建、水务等相关部门的协调联动，依照相关法律法规和职责分工，加强监督指导，推动各方依法履行主体责任。

（一）督促市、县级地方人民政府组织编制城镇污水处理及再生利用设施建设规划，推动落实管网收集、污水处理、污泥无害化处理和资源化利用、再生水利用等相关工作。推动各地按照《城镇污水处理提质增效三年行动方案（2019—2021年）》的要求，将经评估认定为污染物不能被污水处理厂有效处理，或可能影响污水处理厂出水稳定达标的纳管企业的污水依法限期退出污水管网。

（二）督促市、县级地方人民政府或园区管理机构因地制宜建设园区污水处理设施。对入驻企业较少，主要产生生活污水，工业污水中不含有毒有害物质的园区，园区污水可就近依托城镇污水处理厂进行处理；对工业污水排放量较小的园区，可依托园区的企业治污设施处理后达标排放，或由园区管理机构按照"三同时"原则（污染治理设施与生产设施同步规划、同步建设、同步投运），分期建设、分组运行园区污水处理设施。新建冶金、电镀、有色金属、化工、印染、制革、原料药制造等企业，原则上布局在符合产业定位的园区，其排放的污水由园区污水处理厂集中处理。

（三）督促纳管企业履行治污主体责任。按照"双随机"原则，检查纳管企业预处理设施运行维护、自行监测等情况，监督检查重点排污单位安装使用自动监测设备，及与生态环境部门联网的情况，推动监测结果与运营单位实时共享。指导纳管企业通过在醒目位置设立标识牌、显示屏等方式，公开污染治理和排放情况。指导监督纳管企业编制完善突发环境事件应急预案，做好突发环境事件处理处置，有效防范环境风险。

（四）督促运营单位切实履行对污水处理厂出水水质负责的法定责任。新建、改建、扩建污水处理项目环境影响评价，要将服务范围内污水调查情况作为重要内容。强化对运营单位突发环境事件处理处置的指导和监督。督促运营单位向社会公开有关运营维护和污染物排放信息。

（五）配合相关部门，加强对各方签订运营服务合同和委托处理合同的指导服务，并督促严格履行。通过政府管理部门与运营单位签订运营服务合同的方式，明确项目的运营与维护、污水处理费、双方的一般权利和义务、违约赔偿、解释和争议解决等内容。鼓励运营单位与纳管企业通过签订委托处理合同等方式，约定水质水量、监测监控、信息共享、应急响应、违约赔偿、解释和争议解决等内容。在责任明晰的基础上，运营单位和纳管企业可以对工业污水协商确定纳管浓度，报送生态环境部门并依法载入排污许可证后，作为监督管理依据。

三、规范环境监督管理

（一）明确污染物排放管控要求。各地要根据受纳水体生态环境功能等需要，依法依规明确城镇（园区）污水处理厂污染物排放管控要求，既要避免管控要求一味加严，增加不必要的治污成本，又要防止管控要求过于宽松，无法满足水生态环境保护需求。污水处理厂出水用于绿化、农灌等用途的，可根据用途需要科学合理确定管控要求，并达到相应污水再生利用标准。相关管控要求要在排污许可证中载明并严格执行。水生态环境改善任务较重、生态用水缺乏的地区，可指导各地通过在污水处理厂排污口下游、河流入湖口等关键节点建设人工湿地水质净化工程等生态措施，与污水处理厂共同发挥作用，进一步改善水生态环境质量。

（二）严格监管执法。地方各级生态环境部门应依据相关法律法规，加强对纳管企业、污水处理厂的监管执法，督促落实排污单位按证排污主体责任，对污染排放进行监测和管理，提高自行监测的规范性。严肃查处超标排放、偷排偷放、伪造或篡改监测数据、使用违规药剂或干扰剂、不正常使用污水处理设施等环境违法行为。对水污染事故发生后，未及时启动水污染事故应急方案、采取有关应急措施的，责令其限期采取治理措施消除污染；造成损失的，依法承担赔偿责任；构成犯罪的，依法追究刑事责任。

（三）合理认定处理超标责任。地方各级生态环境部门要建立突发环境事件应急预案备案管理和应急事项信息接收制度，在接到运营单位有关异常情况报告后，按规定启动响应机制。运营单位在已向生态环境部门报告的前提下，出于优化工艺、提升效能等考虑，根据实际情况暂停部分工艺单元运行且污水达标排放的，不认定为不正常使用水污染防治设施。对于污水处理厂出水超标，违法行为轻微并及时纠正，没有造成危害后果的，可以不予行政处罚。对由行业主管部门，或生态环境部门，或行业主管部门会同生态环境部门认定运营单位确因进水超出设计规定或实际处理能力导致出水超标的情形，主动报告且主动消除或者减轻环境违法行为危害后果的,依法从轻或减轻行政处罚。

· 请示答复

环境保护部办公厅关于废水纳管经城市污水处理厂排放行为行政处罚法律适用问题的复函

· 2018年1月22日
· 环办政法函〔2018〕122号

宁波市环境保护局:

你局《关于企业废水超标排放但纳管经城市污水处理厂处理后达标排放行政处罚法律适用问题的请示》(甬环〔2017〕10号)收悉。对企业事业单位和其他生产经营者向城镇排水设施违法排放污水行为的监管,经商住房城乡建设部,函复如下:

一、对违反《中华人民共和国水污染防治法》的规定排放污水的,由环境保护主管部门处罚;对只违反《城镇排水与污水处理条例》规定,未取得污水排入排水管网许可证或者不按照污水排入排水管网许可证要求向城镇排水设施排放污水的,由城镇排水主管部门根据《城镇排水与污水处理条例》有关规定予以处罚。

二、各级环境保护主管部门和城镇排水主管部门应加强工作联系,完善沟通协调和信息共享机制,共同打击违法排污行为。

特此函复。

生态环境部办公厅关于明确《中华人民共和国水污染防治法》中"运营单位"的复函

· 2019年7月11日
· 环办水体函〔2019〕620号

重庆市生态环境局:

你局《关于明确〈中华人民共和国水污染防治法〉中"运营单位"的请示》(渝环〔2019〕90号)收悉。经研究,函复如下。

《城镇排水与污水处理条例》第十六条规定:"城镇排水与污水处理设施竣工验收合格后,由城镇排水主管部门通过招标投标、委托等方式确定符合条件的设施维护运营单位负责管理"。据此,城镇污水集中处理设施的运营单位应为由城镇排水主管部门通过招标投标、委托等方式确定的运营主体。

因此,由城镇排水主管部门通过招标投标、委托等方式确定的城镇污水集中处理设施运营主体是《中华人民共和国水污染防治法》第二十一条、第四十九条和第五十条规定的法律责任主体,该主体应当依法取得排污许可证,保证城镇污水集中处理设施的正常运行,并对城镇污水集中处理设施的出水水质负责。

特此函复。

· 典型案例

1. 盛开水务公司污染环境刑事附带民事公益诉讼案[①]

【关键词】

刑事附带民事公益诉讼　参与调解　连带责任　替代性修复

【要旨】

检察机关办理环境污染民事公益诉讼案件,可以在查清事实明确责任的基础上,遵循自愿、合法和最大限度保护公共利益的原则,积极参与调解。造成环境污染公司的控股股东自愿加入诉讼,愿意承担连带责任并提供担保的,检察机关可以依申请将其列为第三人,让其作为共同赔偿主体,督促其运用现金赔偿、替代性修复等方式,承担生态损害赔偿的连带责任。对办案中发现的带有普遍性的问题,检察机关可以通过提出检察建议、立法建议等方式,促进社会治理创新。

【相关规定】

《中华人民共和国刑事诉讼法》第一百零一条
《中华人民共和国民事诉讼法》第五十一条、第五十五条
《中华人民共和国水污染防治法》第十条、第三十九条
《中华人民共和国环境保护法》第六条、第四十二条、第六十四条
《最高人民法院、最高人民检察院关于检察公益诉讼案件适用法律若干问题的解释》第二十条
《最高人民法院关于审理环境民事公益诉讼案件适用法律若干问题的解释》第四条、第二十五条

---

① 案例来源:2020年12月3日最高人民检察院检例第86号。

《最高人民法院关于适用〈中华人民共和国刑事诉讼法〉的解释》第一百五十九条

《最高人民法院、最高人民检察院关于人民检察院提起刑事附带民事公益诉讼应否履行诉前公告程序问题的批复》

【基本案情】

被告单位南京盛开水务有限公司(化名,以下简称盛开水务公司),住所地南京某工业园区。

被告人郑一庚(化名),男,1965年3月出生,南京盛开水务公司总经理。

盛开水务公司于2003年5月成立,主营污水处理业务。2014年10月至2017年4月,该公司在高浓度废水处理系统未运行、SBR(序批式活性污泥处理技术,主要用于处理水中有机物)反应池无法正常使用的情况下,利用暗管向长江违法排放高浓度废水28.46万立方米和含有危险废物的混合废液54.06吨。该公司还采取在二期废水处理系统中篡改在线监测仪器数据的方式,逃避监管,向长江偷排含有毒有害成分污泥4362.53吨及超标污水906.86万立方米。上述排污行为造成生态环境损害,经鉴定评估,按照虚拟治理成本法的方式,以单位治理成本总数乘以环境敏感系数,认定生态环境修复费用约4.70亿元。

【检察机关履职过程】

(一)提起公诉追究刑事责任

2017年4月10日,南京市公安局水上分局对盛开水务公司等以污染环境罪立案侦查。2017年8月25日,公安机关对该案侦查终结后移送南京市鼓楼区人民检察院审查起诉。2018年1月23日,根据南京市环境资源类案件集中管辖的要求,南京市鼓楼区人民检察院向南京市中级人民法院指定的南京市玄武区人民法院提起公诉。

2018年10月、2019年3月,南京市玄武区人民法院对该案开庭审理。庭审围绕危险废物判定、涉案公司处理工艺、污染标准认定、虚拟治理成本适用方法等问题展开法庭调查和辩论。经审理,法院采纳检察机关刑事指控,认定被告单位及被告人郑一庚等构成污染环境罪。2019年5月17日,玄武区人民法院以污染环境罪判处被告单位盛开水务公司罚金5000万元;判处被告人郑一庚等12人有期徒刑六年至一年不等,并处罚金200万元至5万元不等。一审判决作出后,盛开水务公司及郑一庚等提出上诉,2019年10月15日,南京市中级人民法院作出二审裁定,维持原判。

(二)提起刑事附带民事公益诉讼

南京市鼓楼区人民检察院在介入侦查、引导取证过程中发现公益受损的案件线索,遂决定作为公益诉讼案件立案。2017年9月22日,按照公益诉讼试点工作要求,该院根据实际情况,采取走访环保部门及辖区具有提起环境公益诉讼资格的公益组织的方式履行了诉前程序,环保部门和公益组织明确表示不就该案提起公益诉讼。

公益诉讼案件立案后,检察机关进一步收集完善侵权主体、非法排污数量、因果关系等方面证据,并委托环保部南京生态环境研究所等专业机构,组织20余次专家论证会,出具6份阶段性鉴定意见。2018年9月14日,南京市鼓楼区人民检察院对盛开水务公司提起刑事附带民事公益诉讼,诉请法院判令其在省级以上媒体公开赔礼道歉并承担4.70亿元生态环境损害赔偿责任。2018年10月、2019年3月,人民法院在两次开庭审理中,对民事公益诉讼案件与刑事部分一并进行了审理。2019年5月7日,盛开水务公司对民事公益诉讼部分提出调解申请,但其资产为1亿元左右,无力全额承担4.7亿元的赔偿费用。其控股股东盛开(中国)投资有限公司(化名,以下简称盛开投资公司,持有盛开水务公司95%的股份)具有赔付能力及代为修复环境的意愿,自愿申请加入诉讼,愿意进行环境修复并出具担保函,检察机关和人民法院经审查均予以认可。

调解过程中,检察机关提出"现金赔偿+替代性修复"调解方案,由盛开水务公司承担现金赔偿责任,盛开投资公司承担连带责任。同时,盛开投资公司承担替代性修复义务,并确定承担替代性修复义务的具体措施,包括新建污水处理厂、现有污水处理厂提标改造、设立保护江豚公益项目等内容。

经过多次磋商,被告及盛开投资公司认同检察机关于该案环境损害鉴定方法、赔偿标准与赔偿总额、赔偿方式等问题的主张。2019年12月27日,在南京市玄武区人民法院的主持下,检察机关与盛开水务公司、盛开投资公司共同签署分四期支付2.37亿元的现金赔偿及承担2.33亿元替代性修复义务的调解协议。2019年12月31日,法院对该调解协议在人民法院网进行了为期30日的公告,公告期间未收到异议反馈。2020年2月7日,调解协议签订。目前,盛开投资公司已按期支付1.17亿元赔偿金,剩余1.20亿元分三年支付。替代性修复项目正在有序进行中。

(三)参与社会治理,推动地方立法

办理该案后,检察机关针对办案中发现的环境监管漏洞等问题,积极推动完善社会治理。一是针对办案中发现的污水排放核定标准中氯离子浓度过高等问题,鉴于环保部门未尽到充分注意义务,检察机关发出检察建议,要求将氯离子浓度纳入江苏省《化学工业水污染物排放标准》予以监管,被建议单位予以采纳。二是对包括盛开公司在内的300余名化工企业负责人和环保管理人员开展警示教育,增强公司管理人员环境保护意识和法治意识,促进加强水污染防治监管。三是结合本案,对长江水污染问题开展调研,针对长江生态保护的行政监管部门多、职能交叉、衔接不畅等问题,提出制定"南京市长江生态环境保护实施条例"的立法建议,获得南京市人大常委会采纳,并决定适时研究制定该地方性法规,助力长江生态保护,促进区域治理体系和治理能力现代化建设。

【指导意义】

(一)环境公益诉讼中,检察机关可以在最大限度保护公共利益的前提下参与调解。检察机关办理环境污染类案件,要充分发挥民事公益诉讼职能,注重服务经济社会发展。既要落实"用最严格制度最严密法治保护生态环境"的原则要求,又要注意办案方式方法的创新。在办案中遇到企业因重罚而资不抵债,可能破产关闭等情况时,不能机械办案或者一罚了之。依据相关法律规定,检察机关可以与被告就赔偿问题进行调解。与一般的民事调解不同,检察机关代表国家提起公益诉讼,在调解中应当保障公共利益最大化实现。在被告愿意积极赔偿的情况下,检察机关考虑生态修复需要,综合评估被告财务状况、预期收入情况、赔偿意愿等情节,可以推进运用现金赔偿、替代性修复等方式,既落实责任承担,又确保受损环境得以修复。在实施替代性修复时,对替代性修复项目应当进行评估论证。项目应当既有利于生态环境恢复,又具有公益性,同时,还应当经人民检察院、人民法院和社会公众的认可。

(二)股东自愿申请加入公益诉讼,检察机关经审查认为有利于生态环境公益保护的,可以同意其请求。在环境民事公益诉讼中,被告单位的控股股东自愿共同承担公益损害赔偿责任,检察机关经审查认为其加入确实有利于生态环境修复与公益保护的,可以准许,并经人民法院认可,将其列为第三人。是否准许加入诉讼,检察机关需要重点审查控股股东是否与损害发生确无法律上的义务与责任。如果控股股东对损害的发生具有法律上的义务与责任,则应当由人民法院追加其参加诉讼,不能由其自主选择是否参与诉讼。

(三)在公益诉讼中,检察机关应当注重运用检察建议、立法建议等多种方式,推动社会治理创新。检察机关办理涉环境类公益诉讼案件,针对生态环境执法、监管、社会治理等方面存在的问题,可以运用检察建议等方式,督促相关行政部门履职,促进区域生态环境质量改善。对于涉及地方治理的重点问题,可以采取提出立法建议的方式,促进社会治理创新,推进法制完善。对于法治教育和宣传普及中存在的问题,应当按照"谁执法谁普法"的原则,结合办案以案释法,对相关特殊行业从业人员开展法治宣传教育,提升环境保护法治意识。

2. 重庆市绿色志愿者联合会诉恩施自治州建始磺厂坪矿业有限责任公司水污染责任民事公益诉讼案①

【关键词】

民事　环境民事公益诉讼　停止侵害　恢复生产附条件　环境影响评价

【裁判要点】

环境民事公益诉讼中,人民法院判令污染者停止侵害的,可以责令其重新进行环境影响评价,在环境影响评价文件经审查批准及配套建设的环境保护设施经验收合格之前,污染者不得恢复生产。

【相关法条】

1.《中华人民共和国环境影响评价法》第24条第1款
2.《中华人民共和国水污染防治法》第17条第3款

【基本案情】

原告重庆市绿色志愿者联合会(以下简称重庆绿联会)对被告恩施自治州建始磺厂坪矿业有限责任公司(以下简称建始磺厂坪矿业公司)提起环境民事公益诉讼,诉请判令被告停止侵害,承担生态环境修复责任。重庆市人民检察院第二分院支持起诉。

法院经审理查明,千丈岩水库位于重庆市巫山县、奉节县和湖北省建始县交界地带。水库设计库容405万立方米,2008年开始建设,2013年12月6日被重庆市人民政府确认为集中式饮用水源保护区,供应周边5万余人的生活饮用和生产用水。湖北省建始县毗邻重庆市巫山县,被告建始磺厂坪矿业公司选矿厂位于建始县业州镇郭家淌国有高岩子林场,距离巫山县千丈岩水库直线距离约2.6公里,该地区属喀斯特地貌的山区,地下裂缝纵横,暗河较多。建始磺厂坪矿业公司硫铁矿选矿项目于2009年编制可行性研究报告,2010年4月23日取得恩施土家族苗族自治州发展和改革委员会批复。2010年7月开展环境影响评价工作,2011年5月16日取得恩施土家族苗族自治州环境保护局环境影响评价批复。2012年开工建设,2014年6月基本完成,但水污染防治设施等未建成。建始磺厂坪矿业公司选矿厂硫铁矿生产中因有废水和尾矿排放,属于排放污染物的建设项目。其项目建设可行性报告中明确指出尾矿库库区为自然成库的岩溶洼地,库区岩溶表现为岩溶裂隙和溶洞。同时,尾矿库工程安全预评价报告载

---

① 案例来源:2019年12月26日最高人民法院指导案例134号。

明:"建议评价报告做下列修改和补充:1.对库区渗漏分单元进行评价,提出对策措施;2.对尾矿库运行后可能存在的排洪排水问题进行补充评价"。但建始磺厂坪矿业公司实际并未履行修改和补充措施。

2014年8月10日,建始磺厂坪矿业公司选矿厂使用硫铁矿原矿约500吨、乙基钠黄药、2号油进行违法生产,产生的废水、尾矿未经处理就排入临近有溶洞漏斗发育的自然洼地。2014年8月12日,巫山县红椿乡村民反映千丈岩水库饮用水源取水口水质出现异常,巫山县启动重大突发环境事件应急预案。应急监测结果表明,被污染水体无重金属毒性,但具有有机物毒性,COD(化学需氧量)、Fe(铁)分别超标0.25倍、30.3倍,悬浮物高达260mg/L。重庆市相关部门将污染水体封存在水库内,对受污染水体实施药物净化等应急措施。

千丈岩水库水污染事件发生后,环境保护部明确该起事件已构成重大突发环境事件。环境保护部环境规划院环境风险与损害鉴定评估研究中心作出《重庆市巫山县红椿乡千丈岩水库突发环境事件环境损害评估报告》。该报告对本次环境污染的污染物质、突发环境事件造成的直接经济损失、本次污染对水库生态环境影响的评价等进行评估。并判断该次事件对水库的水生生态环境没有造成长期的不良影响,无需后续的生态环境修复,无需进行进一步的中长期损害评估。湖北省环保厅于2014年9月4日作出行政处罚决定,认定磺厂坪矿业公司硫铁矿选矿项目水污染防治设施未建成,擅自投入生产,非法将生产产生的废水和尾矿排放、倾倒至厂房下方的洼地内,造成废水和废渣经洼地底部裂隙渗漏,导致千丈岩水库水体污染。责令停止生产直至验收合格,限期采取治理措施消除污染,并处罚款1000000元。行政处罚决定作出后,建始磺厂坪矿业公司仅缴纳了罚款1000000元,但并未采取有效消除污染的治理措施。

2015年4月26日,法院依原告申请,委托北京师范大学对千丈岩环境污染事件的生态修复及其费用予以鉴定,北京师范大学鉴定认为:1.建始磺厂坪矿业公司系此次千丈岩水库生态环境损害的唯一污染源,责任主体清楚,环境损害因果关系清晰。2.对《重庆市巫山县红椿乡千丈岩水库突发环境事件环境损害评估报告》评价的对水库生态环境没有造成长期的不良影响,无需后续生态环境修复,无需进行中长期损害评估的结论予以认可。3.本次污染土壤的生态环境损害评估认定:经过9个月后,事发区域土壤中的乙基钠黄药已得到降解,不会对当地生态环境再次带来损害,但洼地土壤中的Fe污染物未发生自然降解,超出当地生态基线,短期内不能自然恢复,将对千丈岩水库及周边生态环境带来潜在污染风险,需采取人工干预方式进行生态修复。根据《突发环境事件应急处置阶段环境损害评估推荐方法》(环办〔2014〕118号),采用虚拟治理成本法计算洼地土壤生态修复费用约需991000元。4.建议后续进一步制定详细的生态修复方案,开展事故区域生态环境损害的修复,并做好后期监管工作,确保千丈岩水库的饮水安全和周边生态环境安全。在案件审理过程中,重庆绿联会申请通知鉴定人出庭,就生态修复接受质询并提出意见。鉴定人王金生教授认为,土壤元素本身不是控制性指标,就饮用水安全而言,洼地土壤中的Fe高于饮用水安全标准;被告建始磺厂坪矿业公司选矿厂所处位置地下暗河众多,地区降水量大,污染饮用水的风险较高。

【裁判结果】

重庆市万州区人民法院于2016年1月14日作出(2014)万法环公初字第00001号民事判决:一、恩施自治州建始磺厂坪矿业有限责任公司立即停止对巫山县千丈岩水库饮用水源的侵害,重新进行环境影响评价,未经批复和环境保护设施未经验收,不得生产;二、恩施自治州建始磺厂坪矿业有限责任公司在判决生效后180日内,对位于恩施自治州建始县业州镇郭家淌国有高岩子林场选矿厂洼地土壤制定修复方案进行生态修复,逾期不履行修复义务或修复不合格,由恩施自治州建始磺厂坪矿业有限责任公司承担修复费用991000元支付至指定的账号;三、恩施自治州建始磺厂坪矿业有限责任公司对其污染生态环境,损害公共利益的行为在国家级媒体上赔礼道歉;四、恩施自治州建始磺厂坪矿业有限责任公司支付重庆市绿色志愿者联合会为本案诉讼而产生的合理费用及律师费共计150000元;五、驳回重庆市绿色志愿者联合会的其他诉讼请求。一审宣判后,恩施自治州建始磺厂坪矿业有限责任公司不服,提起上诉。重庆市第二中级人民法院于2016年9月13日作出(2016)渝02民终77号民事判决:驳回上诉,维持原判。

【裁判理由】

法院生效裁判认为,本案的焦点问题之一为是否需判令停止侵害并重新作出环境影响评价。

环境侵权行为对环境的污染、生态资源的破坏往往具有不可逆性,被污染的环境、被破坏的生态资源很多时候难以恢复,单纯事后的经济赔偿不足以弥补对生态环境所造成的损失,故对于环境侵权行为应注重防患于未然,才能真正实现环境保护的目的。本案建始磺厂坪矿业公司只是暂时停止了生产行为,其"三同时"工作严重滞后、环保设施未建成等违法情形并未实际消除,随时可能恢复违法生产。由于建始磺厂坪矿业公司先前的污染行为,导致相关区域土壤中部分生态指标超过生态基线,因当地降水量大,又地处喀斯特地貌山区,裂隙和溶洞较多,暗河纵横,而其中的暗河水源正是千丈岩水库的聚水来源,污染风险明显存在。考虑到建始磺厂坪矿业公司的违法情形尚未消除、项目所处区域地质地理条件复杂特殊,在不能确保恢复生产不会再次造成环境污染的前提下,应当禁止其恢复生产,才能有效避免当地生态环境再次遭受污染破坏,亦可避免在今后发现建始磺厂坪矿业公司重新恢复违法生产后需另行诉讼的风险,减轻当事人诉累、节约司法资源。故建始磺厂坪矿业公司虽在起诉之前已停止生产,仍应判令其对千丈岩水库饮用水源停止侵害。

此外,千丈岩水库开始建设于2008年,而建始磺厂坪矿业公司项目的环境影响评价工作开展于2010年7月,并于2011年5月16日才取得当地环境行政主管部门的批复。《中华人民共和国环境影响评价法》第二十三条规定:"建设项目可能造成跨行政区域的不良环境影响,有关环境保护行政主管部门对该项目的环境影响评价结论有争议的,其环境影响评价文件由共同的上一级环境保护行政主管部门审批"。考虑到该项目的性质、与水库之间的相对位置及当地特殊的地质地理条件,本应在当时项目的环境影响评价中着重考虑对千丈岩水库的影响,但由于两者分处不同省级行政区域,导致当时的环境影响评价并未涉及千丈岩水库,可见该次环境影响评价是不全面且有着明显不足的。由于新增加了千丈岩水库这一需要重点考量的环境保护目标,导致原有的环境影响评价依据发生变化,在已发生重大突发环境事件的现实情况下,涉案项目在防治污染、防止生态破坏的措施方面显然也需要作出重大变动。根据《中华人民共和国环境影响评价法》第二十四条第一款"建设项目的环境影响评价文件经批准后,建设项目的性质、规模、地点、采用的生产工艺或者防治污染、防止生态破坏的措施发生重大变动的,建设单位应当重新报批建设项目的环境影响评价文件"及《中华人民共和国水污染防治法》第十七条第三款"建设项目的水污染防治设施,应当与主体工程同时设计、同时施工、同时投入使用。水污染防治设施应当经过环境保护主管部门验收,验收不合格的,该建设项目不得投入生产或者使用"的规定,鉴于千丈岩水库的重要性、作为一级饮用水水源保护区的环境敏感性及涉案项目对水库潜在的巨大污染风险,在应当作为重点环境保护目标纳入建设项目环境影响评价中而未能纳入且客观上已经造成重大突发环境事件的情况下,考虑到原有的环境影响评价依据已经发生变化,出于对重点环境保护目标的保护及公共利益的维护,建始磺厂坪矿业公司应在考虑对千丈岩水库环境影响的基础上重新对项目进行环境影响评价并履行法定审批手续,未经批复和环境保护设施未经验收,不得生产。

(生效裁判审判人员:王剑波、杨超、沈平)

3. 陈德龙诉成都市成华区环境保护局环境行政处罚案①

【关键词】

行政　行政处罚　环境保护　私设暗管　逃避监管

【裁判要点】

企业事业单位和其他生产经营者通过私设暗管等逃避监管的方式排放水污染物的,依法应当予以行政处罚;污染者以其排放的水污染物达标、没有对环境造成损害为由,主张不应受到行政处罚的,人民法院不予支持。

【相关法条】

《中华人民共和国水污染防治法》(2017年修正)第39条、第83条(本案适用的是2008年修正的《中华人民共和国水污染防治法》第22条第2款、第75条第2款)

【基本案情】

陈德龙系个体工商户龙泉驿区大面街道办德龙加工厂业主,自2011年3月开始加工生产钢化玻璃。2012年11月2日,成都市成华区环境保护局(以下简称成华区环保局)在德龙加工厂位于成都市成华区保和街道办事处天鹅社区一组B-10号的厂房检查时,发现该厂涉嫌私自设置暗管偷排污水。成华区环保局经立案调查后,依照相关法定程序,于2012年12月11日作出成华环保罚字〔2012〕1130-01号行政处罚决定,认定陈德龙的行为违反《中华人民共和国水污染防治法》(以下简称水污染防治法)第二十二条第二款规定,遂根据水污染防治法第七十五条第二款规定,作出责令立即拆除暗管,并处罚款10万元的处罚决定。陈德龙不服,遂诉至法院,请求撤销该处罚决定。

【裁判结果】

2014年5月21日,成都市成华区人民法院作出(2014)成华行初字第29号行政判决书,判决:驳回原告陈德龙的诉讼请求。陈德龙不服,向成都市中级人民法院提起上诉。2014年8月22日,成都市中级人民法院作出(2014)成行终字第345号行政判决书,判决:驳回原告陈德龙的诉讼请求。2014年10月21日,陈德龙向成都市中

---

① 案例来源:2019年12月26日最高人民法院指导案例138号。

级人民法院申请对本案进行再审,该院作出(2014)成行监字第131号裁定书,裁定不予受理陈德龙的再审申请。

【裁判理由】

法院生效裁判认为,德龙加工厂工商登记注册地虽然在成都市龙泉驿区,但其生产加工形成环境违法事实的具体地点在成都市成华区,根据《中华人民共和国行政处罚法》第二十条、《环境行政处罚办法》第十七条的规定,成华区环保局具有作出被诉处罚决定的行政职权;虽然成都市成华区环境监测站于2012年5月22日出具的《检测报告》,认为德龙加工厂排放的废水符合排放污水的相关标准,但德龙加工厂私设暗管排放的仍旧属于污水,违反了水污染防治法第二十二条第二款的规定;德龙加工厂曾因实施"未办理环评手续、环保设施未验收即投入生产"的违法行为受到过行政处罚,本案违法行为系二次违法行为,成华区环保局在水污染防治法第七十五条第二款所规定的幅度内,综合考虑德龙加工厂系二次违法等事实,对德龙加工厂作出罚款10万元的行政处罚并无不妥。

(生效裁判审判人员:李伟东、喻小岷、邱方丽)

2. 大气污染防治

中华人民共和国大气污染防治法

- 1987年9月5日第六届全国人民代表大会常务委员会第二十二次会议通过
- 根据1995年8月29日第八届全国人民代表大会常务委员会第十五次会议《关于修改〈中华人民共和国大气污染防治法〉的决定》第一次修正
- 2000年4月29日第九届全国人民代表大会常务委员会第十五次会议第一次修订
- 2015年8月29日第十二届全国人民代表大会常务委员会第十六次会议第二次修订
- 根据2018年10月26日第十三届全国人民代表大会常务委员会第六次会议《关于修改〈中华人民共和国野生动物保护法〉等十五部法律的决定》第二次修正

第一章 总 则

第一条 为保护和改善环境,防治大气污染,保障公众健康,推进生态文明建设,促进经济社会可持续发展,制定本法。

第二条 防治大气污染,应当以改善大气环境质量为目标,坚持源头治理,规划先行,转变经济发展方式,优化产业结构和布局,调整能源结构。

防治大气污染,应当加强对燃煤、工业、机动车船、扬尘、农业等大气污染的综合防治,推行区域大气污染联合防治,对颗粒物、二氧化硫、氮氧化物、挥发性有机物、氨等大气污染物和温室气体实施协同控制。

第三条 县级以上人民政府应当将大气污染防治工作纳入国民经济和社会发展规划,加大对大气污染防治的财政投入。

地方各级人民政府应当对本行政区域的大气环境质量负责,制定规划,采取措施,控制或者逐步削减大气污染物的排放量,使大气环境质量达到规定标准并逐步改善。

第四条 国务院生态环境主管部门会同国务院有关部门,按照国务院的规定,对省、自治区、直辖市大气环境质量改善目标、大气污染防治重点任务完成情况进行考核。省、自治区、直辖市人民政府制定考核办法,对本行政区域内地方大气环境质量改善目标、大气污染防治重点任务完成情况实施考核。考核结果应当向社会公开。

第五条 县级以上人民政府生态环境主管部门对大气污染防治实施统一监督管理。

县级以上人民政府其他有关部门在各自职责范围内对大气污染防治实施监督管理。

第六条 国家鼓励和支持大气污染防治科学技术研究,开展对大气污染来源及其变化趋势的分析,推广先进适用的大气污染防治技术和装备,促进科技成果转化,发挥科学技术在大气污染防治中的支撑作用。

第七条 企业事业单位和其他生产经营者应当采取有效措施,防止、减少大气污染,对所造成的损害依法承担责任。

公民应当增强大气环境保护意识,采取低碳、节俭的生活方式,自觉履行大气环境保护义务。

第二章 大气污染防治标准和限期达标规划

第八条 国务院生态环境主管部门或者省、自治区、直辖市人民政府制定大气环境质量标准,应当以保障公众健康和保护生态环境为宗旨,与经济社会发展相适应,做到科学合理。

第九条 国务院生态环境主管部门或者省、自治区、直辖市人民政府制定大气污染物排放标准,应当以大气环境质量标准和国家经济、技术条件为依据。

第十条 制定大气环境质量标准、大气污染物排放标准,应当组织专家进行审查和论证,并征求有关部门、行业协会、企业事业单位和公众等方面的意见。

第十一条 省级以上人民政府生态环境主管部门应当在其网站上公布大气环境质量标准、大气污染物排放标准,供公众免费查阅、下载。

第十二条　大气环境质量标准、大气污染物排放标准的执行情况应当定期进行评估，根据评估结果对标准适时进行修订。

第十三条　制定燃煤、石油焦、生物质燃料、涂料等含挥发性有机物的产品、烟花爆竹以及锅炉等产品的质量标准，应当明确大气环境保护要求。

制定燃油质量标准，应当符合国家大气污染物控制要求，并与国家机动车船、非道路移动机械大气污染物排放标准相互衔接，同步实施。

前款所称非道路移动机械，是指装配有发动机的移动机械和可运输工业设备。

第十四条　未达到国家大气环境质量标准城市的人民政府应当及时编制大气环境质量限期达标规划，采取措施，按照国务院或者省级人民政府规定的期限达到大气环境质量标准。

编制城市大气环境质量限期达标规划，应当征求有关行业协会、企业事业单位、专家和公众等方面的意见。

第十五条　城市大气环境质量限期达标规划应当向社会公开。直辖市和设区的市的大气环境质量限期达标规划应当报国务院生态环境主管部门备案。

第十六条　城市人民政府每年在向本级人民代表大会或者其常务委员会报告环境状况和环境保护目标完成情况时，应当报告大气环境质量限期达标规划执行情况，并向社会公开。

第十七条　城市大气环境质量限期达标规划应当根据大气污染防治的要求和经济、技术条件适时进行评估、修订。

第三章　大气污染防治的监督管理

第十八条　企业事业单位和其他生产经营者建设对大气环境有影响的项目，应当依法进行环境影响评价、公开环境影响评价文件；向大气排放污染物的，应当符合大气污染物排放标准，遵守重点大气污染物排放总量控制要求。

第十九条　排放工业废气或者本法第七十八条规定名录中所列有毒有害大气污染物的企业事业单位、集中供热设施的燃煤热源生产运营单位以及其他依法实行排污许可管理的单位，应当取得排污许可证。排污许可的具体办法和实施步骤由国务院规定。

第二十条　企业事业单位和其他生产经营者向大气排放污染物的，应当依照法律法规和国务院生态环境主管部门的规定设置大气污染物排放口。

禁止通过偷排、篡改或者伪造监测数据、以逃避现场检查为目的的临时停产、非紧急情况下开启应急排放通道、不正常运行大气污染防治设施等逃避监管的方式排放大气污染物。

第二十一条　国家对重点大气污染物排放实行总量控制。

重点大气污染物排放总量控制目标，由国务院生态环境主管部门在征求国务院有关部门和各省、自治区、直辖市人民政府意见后，会同国务院经济综合主管部门报国务院批准并下达实施。

省、自治区、直辖市人民政府应当按照国务院下达的总量控制目标，控制或者削减本行政区域的重点大气污染物排放总量。

确定总量控制目标和分解总量控制指标的具体办法，由国务院生态环境主管部门会同国务院有关部门规定。省、自治区、直辖市人民政府可以根据本行政区域大气污染防治的需要，对国家重点大气污染物之外的其他大气污染物排放实行总量控制。

国家逐步推行重点大气污染物排污权交易。

第二十二条　对超过国家重点大气污染物排放总量控制指标或者未完成国家下达的大气环境质量改善目标的地区，省级以上人民政府生态环境主管部门应当会同有关部门约谈该地区人民政府的主要负责人，并暂停审批该地区新增重点大气污染物排放总量的建设项目环境影响评价文件。约谈情况应当向社会公开。

第二十三条　国务院生态环境主管部门负责制定大气环境质量和大气污染源的监测和评价规范，组织建设与管理全国大气环境质量和大气污染源监测网，组织开展大气环境质量和大气污染源监测，统一发布全国大气环境质量状况信息。

县级以上地方人民政府生态环境主管部门负责组织建设与管理本行政区域大气环境质量和大气污染源监测网，开展大气环境质量和大气污染源监测，统一发布本行政区域大气环境质量状况信息。

第二十四条　企业事业单位和其他生产经营者应当按照国家有关规定和监测规范，对其排放的工业废气和本法第七十八条规定名录中所列有毒有害大气污染物进行监测，并保存原始监测记录。其中，重点排污单位应当安装、使用大气污染物排放自动监测设备，与生态环境主管部门的监控设备联网，保证监测设备正常运行并依法公开排放信息。监测的具体办法和重点排污单位的条件由国务院生态环境主管部门规定。

重点排污单位名录由设区的市级以上地方人民政府

生态环境主管部门按照国务院生态环境主管部门的规定，根据本行政区域的大气环境承载力、重点大气污染物排放总量控制指标的要求以及排污单位排放大气污染物的种类、数量和浓度等因素，商有关部门确定，并向社会公布。

第二十五条　重点排污单位应当对自动监测数据的真实性和准确性负责。生态环境主管部门发现重点排污单位的大气污染物排放自动监测设备传输数据异常，应当及时进行调查。

第二十六条　禁止侵占、损毁或者擅自移动、改变大气环境质量监测设施和大气污染物排放自动监测设备。

第二十七条　国家对严重污染大气环境的工艺、设备和产品实行淘汰制度。

国务院经济综合主管部门会同国务院有关部门确定严重污染大气环境的工艺、设备和产品淘汰期限，并纳入国家综合性产业政策目录。

生产者、进口者、销售者或者使用者应当在规定期限内停止生产、进口、销售或者使用列入前款规定目录中的设备和产品。工艺的采用者应当在规定期限内停止采用列入前款规定目录中的工艺。

被淘汰的设备和产品，不得转让给他人使用。

第二十八条　国务院生态环境主管部门会同有关部门，建立和完善大气污染损害评估制度。

第二十九条　生态环境主管部门及其环境执法机构和其他负有大气环境保护监督管理职责的部门，有权通过现场检查监测、自动监测、遥感监测、远红外摄像等方式，对排放大气污染物的企业事业单位和其他生产经营者进行监督检查。被检查者应当如实反映情况，提供必要的资料。实施检查的部门、机构及其工作人员应当为被检查者保守商业秘密。

第三十条　企业事业单位和其他生产经营者违反法律法规规定排放大气污染物，造成或者可能造成严重大气污染，或者有关证据可能灭失或者被隐匿的，县级以上人民政府生态环境主管部门和其他负有大气环境保护监督管理职责的部门，可以对有关设施、设备、物品采取查封、扣押等行政强制措施。

第三十一条　生态环境主管部门和其他负有大气环境保护监督管理职责的部门应当公布举报电话、电子邮箱等，方便公众举报。

生态环境主管部门和其他负有大气环境保护监督管理职责的部门接到举报的，应当及时处理并对举报人的相关信息予以保密；对实名举报的，应当反馈处理结果等情况，查证属实的，处理结果依法向社会公开，并对举报人给予奖励。

举报人举报所在单位的，该单位不得以解除、变更劳动合同或者其他方式对举报人进行打击报复。

第四章　大气污染防治措施

第一节　燃煤和其他能源污染防治

第三十二条　国务院有关部门和地方各级人民政府应当采取措施，调整能源结构，推广清洁能源的生产和使用；优化煤炭使用方式，推广煤炭清洁高效利用，逐步降低煤炭在一次能源消费中的比重，减少煤炭生产、使用、转化过程中的大气污染物排放。

第三十三条　国家推行煤炭洗选加工，降低煤炭的硫分和灰分，限制高硫分、高灰分煤炭的开采。新建煤矿应当同步建设配套的煤炭洗选设施，使煤炭的硫分、灰分含量达到规定标准；已建成的煤矿除所采煤炭属于低硫分、低灰分或者根据已达标排放的燃煤电厂要求不需要洗选的以外，应当限期建成配套的煤炭洗选设施。

禁止开采含放射性和砷等有毒有害物质超过规定标准的煤炭。

第三十四条　国家采取有利于煤炭清洁高效利用的经济、技术政策和措施，鼓励和支持洁净煤技术的开发和推广。

国家鼓励煤矿企业等采用合理、可行的技术措施，对煤层气进行开采利用，对煤矸石进行综合利用。从事煤层气开采利用的，煤层气排放应当符合有关标准规范。

第三十五条　国家禁止进口、销售和燃用不符合质量标准的煤炭，鼓励燃用优质煤炭。

单位存放煤炭、煤矸石、煤渣、煤灰等物料，应当采取防燃措施，防止大气污染。

第三十六条　地方各级人民政府应当采取措施，加强民用散煤的管理，禁止销售不符合民用散煤质量标准的煤炭，鼓励居民燃用优质煤炭和洁净型煤，推广节能环保型炉灶。

第三十七条　石油炼制企业应当按照燃油质量标准生产燃油。

禁止进口、销售和燃用不符合质量标准的石油焦。

第三十八条　城市人民政府可以划定并公布高污染燃料禁燃区，并根据大气环境质量改善要求，逐步扩大高污染燃料禁燃区范围。高污染燃料的目录由国务院生态环境主管部门确定。

在禁燃区内，禁止销售、燃用高污染燃料；禁止新建、扩建燃用高污染燃料的设施,已建成的,应当在城市人民政府规定的期限内改用天然气、页岩气、液化石油气、电或者其他清洁能源。

第三十九条 城市建设应当统筹规划,在燃煤供热地区,推进热电联产和集中供热。在集中供热管网覆盖地区,禁止新建、扩建分散燃煤供热锅炉;已建成的不能达标排放的燃煤供热锅炉,应当在城市人民政府规定的期限内拆除。

第四十条 县级以上人民政府市场监督管理部门应当会同生态环境主管部门对锅炉生产、进口、销售和使用环节执行环境保护标准或者要求的情况进行监督检查;不符合环境保护标准或者要求的,不得生产、进口、销售和使用。

第四十一条 燃煤电厂和其他燃煤单位应当采用清洁生产工艺,配套建设除尘、脱硫、脱硝等装置,或者采取技术改造等其他控制大气污染物排放的措施。

国家鼓励燃煤单位采用先进的除尘、脱硫、脱硝、脱汞等大气污染物协同控制的技术和装置,减少大气污染物的排放。

第四十二条 电力调度应当优先安排清洁能源发电上网。

第二节 工业污染防治

第四十三条 钢铁、建材、有色金属、石油、化工等企业生产过程中排放粉尘、硫化物和氮氧化物的,应当采用清洁生产工艺,配套建设除尘、脱硫、脱硝等装置,或者采取技术改造等其他控制大气污染物排放的措施。

第四十四条 生产、进口、销售和使用含挥发性有机物的原材料和产品的,其挥发性有机物含量应当符合质量标准或者要求。

国家鼓励生产、进口、销售和使用低毒、低挥发性有机溶剂。

第四十五条 产生含挥发性有机物废气的生产和服务活动,应当在密闭空间或者设备中进行,并按照规定安装、使用污染防治设施;无法密闭的,应当采取措施减少废气排放。

第四十六条 工业涂装企业应当使用低挥发性有机物含量的涂料,并建立台账,记录生产原料、辅料的使用量、废弃量、去向以及挥发性有机物含量。台账保存期限不得少于三年。

第四十七条 石油、化工以及其他生产和使用有机溶剂的企业,应当采取措施对管道、设备进行日常维护、维修,减少物料泄漏,对泄漏的物料应当及时收集处理。

储油储气库、加油加气站、原油成品油码头、原油成品油运输船舶和油罐车、气罐车等,应当按照国家有关规定安装油气回收装置并保持正常使用。

第四十八条 钢铁、建材、有色金属、石油、化工、制药、矿产开采等企业,应当加强精细化管理,采取集中收集处理等措施,严格控制粉尘和气态污染物的排放。

工业生产企业应当采取密闭、围挡、遮盖、清扫、洒水等措施,减少内部物料的堆存、传输、装卸等环节产生的粉尘和气态污染物的排放。

第四十九条 工业生产、垃圾填埋或者其他活动产生的可燃性气体应当回收利用,不具备回收利用条件的,应当进行污染防治处理。

可燃性气体回收利用装置不能正常作业的,应当及时修复或者更新。在回收利用装置不能正常作业期间确需排放可燃性气体的,应当将排放的可燃性气体充分燃烧或者采取其他控制大气污染物排放的措施,并向当地生态环境主管部门报告,按照要求限期修复或者更新。

第三节 机动车船等污染防治

第五十条 国家倡导低碳、环保出行,根据城市规划合理控制燃油机动车保有量,大力发展城市公共交通,提高公共交通出行比例。

国家采取财政、税收、政府采购等措施推广应用节能环保型和新能源机动车船、非道路移动机械,限制高油耗、高排放机动车船、非道路移动机械的发展,减少化石能源的消耗。

省、自治区、直辖市人民政府可以在条件具备的地区,提前执行国家机动车大气污染物排放标准中相应阶段排放限值,并报国务院生态环境主管部门备案。

城市人民政府应当加强并改善城市交通管理,优化道路设置,保障人行道和非机动车道的连续、畅通。

第五十一条 机动车船、非道路移动机械不得超过标准排放大气污染物。

禁止生产、进口或者销售大气污染物排放超过标准的机动车船、非道路移动机械。

第五十二条 机动车、非道路移动机械生产企业应当对新生产的机动车和非道路移动机械进行排放检验。经检验合格的,方可出厂销售。检验信息应当向社会公开。

省级以上人民政府生态环境主管部门可以通过现场检查、抽样检测等方式,加强对新生产、销售机动车和非道路移动机械大气污染物排放状况的监督检查。工业、市场监督管理等有关部门予以配合。

第五十三条 在用机动车应当按照国家或者地方的有关规定,由机动车排放检验机构定期对其进行排放检验。经检验合格的,方可上道路行驶。未经检验合格的,公安机关交通管理部门不得核发安全技术检验合格标志。

县级以上地方人民政府生态环境主管部门可以在机动车集中停放地、维修地对在用机动车的大气污染物排放状况进行监督抽测;在不影响正常通行的情况下,可以通过遥感监测等技术手段对在道路上行驶的机动车的大气污染物排放状况进行监督抽测,公安机关交通管理部门予以配合。

第五十四条 机动车排放检验机构应当依法通过计量认证,使用经依法检定合格的机动车排放检验设备,按照国务院生态环境主管部门制定的规范,对机动车进行排放检验,并与生态环境主管部门联网,实现检验数据实时共享。机动车排放检验机构及其负责人对检验数据的真实性和准确性负责。

生态环境主管部门和认证认可监督管理部门应当对机动车排放检验机构的排放检验情况进行监督检查。

第五十五条 机动车生产、进口企业应当向社会公布其生产、进口机动车车型的排放检验信息、污染控制技术信息和有关维修技术信息。

机动车维修单位应当按照防治大气污染的要求和国家有关技术规范对在用机动车进行维修,使其达到规定的排放标准。交通运输、生态环境主管部门应当依法加强监督管理。

禁止机动车所有人以临时更换机动车污染控制装置等弄虚作假的方式通过机动车排放检验。禁止机动车维修单位提供该类维修服务。禁止破坏机动车车载排放诊断系统。

第五十六条 生态环境主管部门应当会同交通运输、住房城乡建设、农业行政、水行政等有关部门对非道路移动机械的大气污染物排放状况进行监督检查,排放不合格的,不得使用。

第五十七条 国家倡导环保驾驶,鼓励燃油机动车驾驶人在不影响道路通行且需停车三分钟以上的情况下熄灭发动机,减少大气污染物的排放。

第五十八条 国家建立机动车和非道路移动机械环境保护召回制度。

生产、进口企业获知机动车、非道路移动机械排放大气污染物超过标准,属于设计、生产缺陷或者不符合规定的环境保护耐久性要求的,应当召回;未召回的,由国务院市场监督管理部门会同国务院生态环境主管部门责令其召回。

第五十九条 在用重型柴油车、非道路移动机械未安装污染控制装置或者污染控制装置不符合要求,不能达标排放的,应当加装或者更换符合要求的污染控制装置。

第六十条 在用机动车排放大气污染物超过标准的,应当进行维修;经维修或者采用污染控制技术后,大气污染物排放仍不符合国家在用机动车排放标准的,应当强制报废。其所有人应当将机动车交售给报废机动车回收拆解企业,由报废机动车回收拆解企业按照国家有关规定进行登记、拆解、销毁等处理。

国家鼓励和支持高排放机动车船、非道路移动机械提前报废。

第六十一条 城市人民政府可以根据大气环境质量状况,划定并公布禁止使用高排放非道路移动机械的区域。

第六十二条 船舶检验机构对船舶发动机及有关设备进行排放检验。经检验符合国家排放标准的,船舶方可运营。

第六十三条 内河和江海直达船舶应当使用符合标准的普通柴油。远洋船舶靠港后应当使用符合大气污染物控制要求的船舶用燃油。

新建码头应当规划、设计和建设岸基供电设施;已建成的码头应当逐步实施岸基供电设施改造。船舶靠港后应当优先使用岸电。

第六十四条 国务院交通运输主管部门可以在沿海海域划定船舶大气污染物排放控制区,进入排放控制区的船舶应当符合船舶相关排放要求。

第六十五条 禁止生产、进口、销售不符合标准的机动车船、非道路移动机械用燃料;禁止向汽车和摩托车销售普通柴油以及其他非机动车用燃料;禁止向非道路移动机械、内河和江海直达船舶销售渣油和重油。

第六十六条 发动机油、氮氧化物还原剂、燃料和润滑油添加剂以及其他添加剂的有害物质含量和其他大气环境保护指标,应当符合有关标准的要求,不得损害机动车船污染控制装置效果和耐久性,不得增加新的大气污染物排放。

第六十七条 国家积极推进民用航空器的大气污染防治,鼓励在设计、生产、使用过程中采取有效措施减少大气污染物排放。

民用航空器应当符合国家规定的适航标准中的有关发动机排出物要求。

第四节 扬尘污染防治

第六十八条 地方各级人民政府应当加强对建设施工和运输的管理，保持道路清洁，控制料堆和渣土堆放，扩大绿地、水面、湿地和地面铺装面积，防治扬尘污染。

住房城乡建设、市容环境卫生、交通运输、国土资源等有关部门，应当根据本级人民政府确定的职责，做好扬尘污染防治工作。

第六十九条 建设单位应当将防治扬尘污染的费用列入工程造价，并在施工承包合同中明确施工单位扬尘污染防治责任。施工单位应当制定具体的施工扬尘污染防治实施方案。

从事房屋建筑、市政基础设施建设、河道整治以及建筑物拆除等施工单位，应当向负责监督管理扬尘污染防治的主管部门备案。

施工单位应当在施工工地设置硬质围挡，并采取覆盖、分段作业、择时施工、洒水抑尘、冲洗地面和车辆等有效防尘降尘措施。建筑土方、工程渣土、建筑垃圾应当及时清运；在场地内堆存的，应当采用密闭式防尘网遮盖。工程渣土、建筑垃圾应当进行资源化处理。

施工单位应当在施工工地公示扬尘污染防治措施、负责人、扬尘监督管理主管部门等信息。

暂时不能开工的建设用地，建设单位应当对裸露地面进行覆盖；超过三个月的，应当进行绿化、铺装或者遮盖。

第七十条 运输煤炭、垃圾、渣土、砂石、土方、灰浆等散装、流体物料的车辆应当采取密闭或者其他措施防止物料遗撒造成扬尘污染，并按照规定路线行驶。

装卸物料应当采取密闭或者喷淋等方式防治扬尘污染。

城市人民政府应当加强道路、广场、停车场和其他公共场所的清扫保洁管理，推行清洁动力机械化清扫等低尘作业方式，防治扬尘污染。

第七十一条 市政河道以及河道沿线、公共用地的裸露地面以及其他城镇裸露地面，有关部门应当按照规划组织实施绿化或者透水铺装。

第七十二条 贮存煤炭、煤矸石、煤渣、煤灰、水泥、石灰、石膏、砂土等易产生扬尘的物料应当密闭；不能密闭的，应当设置不低于堆放物高度的严密围挡，并采取有效覆盖措施防治扬尘污染。

码头、矿山、填埋场和消纳场应当实施分区作业，并采取有效措施防治扬尘污染。

第五节 农业和其他污染防治

第七十三条 地方各级人民政府应当推动转变农业生产方式，发展农业循环经济，加大对废弃物综合处理的支持力度，加强对农业生产经营活动排放大气污染物的控制。

第七十四条 农业生产经营者应当改进施肥方式，科学合理施用化肥并按照国家有关规定使用农药，减少氨、挥发性有机物等大气污染物的排放。

禁止在人口集中地区对树木、花草喷洒剧毒、高毒农药。

第七十五条 畜禽养殖场、养殖小区应当及时对污水、畜禽粪便和尸体等进行收集、贮存、清运和无害化处理，防止排放恶臭气体。

第七十六条 各级人民政府及其农业行政等有关部门应当鼓励和支持采用先进适用技术，对秸秆、落叶等进行肥料化、饲料化、能源化、工业原料化、食用菌基料化等综合利用，加大对秸秆还田、收集一体化农业机械的财政补贴力度。

县级人民政府应当组织建立秸秆收集、贮存、运输和综合利用服务体系，采用财政补贴等措施支持农村集体经济组织、农民专业合作经济组织、企业等开展秸秆收集、贮存、运输和综合利用服务。

第七十七条 省、自治区、直辖市人民政府应当划定区域，禁止露天焚烧秸秆、落叶等产生烟尘污染的物质。

第七十八条 国务院生态环境主管部门应当会同国务院卫生行政部门，根据大气污染物对公众健康和生态环境的危害和影响程度，公布有毒有害大气污染物名录，实行风险管理。

排放前款规定名录中所列有毒有害大气污染物的企业事业单位，应当按照国家有关规定建设环境风险预警体系，对排放口和周边环境进行定期监测，评估环境风险，排查环境安全隐患，并采取有效措施防范环境风险。

第七十九条 向大气排放持久性有机污染物的企业事业单位和其他生产经营者以及废弃物焚烧设施的运营单位，应当按照国家有关规定，采取有利于减少持久性有机污染物排放的技术方法和工艺，配备有效的净化装置，实现达标排放。

第八十条 企业事业单位和其他生产经营者在生产经营活动中产生恶臭气体的，应当科学选址，设置合理的防护距离，并安装净化装置或者采取其他措施，防止排放恶臭气体。

第八十一条 排放油烟的餐饮服务业经营者应当安

装油烟净化设施并保持正常使用,或者采取其他油烟净化措施,使油烟达标排放,并防止对附近居民的正常生活环境造成污染。

禁止在居民住宅楼、未配套设立专用烟道的商住综合楼以及商住综合楼内与居住层相邻的商业楼层内新建、改建、扩建产生油烟、异味、废气的餐饮服务项目。

任何单位和个人不得在当地人民政府禁止的区域内露天烧烤食品或者为露天烧烤食品提供场地。

第八十二条 禁止在人口集中地区和其他依法需要特殊保护的区域内焚烧沥青、油毡、橡胶、塑料、皮革、垃圾以及其他产生有毒有害烟尘和恶臭气体的物质。

禁止生产、销售和燃放不符合质量标准的烟花爆竹。任何单位和个人不得在城市人民政府禁止的时段和区域内燃放烟花爆竹。

第八十三条 国家鼓励和倡导文明、绿色祭祀。

火葬场应当设置除尘等污染防治设施并保持正常使用,防止影响周边环境。

第八十四条 从事服装干洗和机动车维修等服务活动的经营者,应当按照国家有关标准或者要求设置异味和废气处理装置等污染防治设施并保持正常使用,防止影响周边环境。

第八十五条 国家鼓励、支持消耗臭氧层物质替代品的生产和使用,逐步减少直至停止消耗臭氧层物质的生产和使用。

国家对消耗臭氧层物质的生产、使用、进出口实行总量控制和配额管理。具体办法由国务院规定。

第五章 重点区域大气污染联合防治

第八十六条 国家建立重点区域大气污染联防联控机制,统筹协调重点区域内大气污染防治工作。国务院生态环境主管部门根据主体功能区划、区域大气环境质量状况和大气污染传输扩散规律,划定国家大气污染防治重点区域,报国务院批准。

重点区域内有关省、自治区、直辖市人民政府应当确定牵头的地方人民政府,定期召开联席会议,按照统一规划、统一标准、统一监测、统一的防治措施的要求,开展大气污染联合防治,落实大气污染防治目标责任。国务院生态环境主管部门应当加强指导、督促。

省、自治区、直辖市可以参照第一款规定划定本行政区域的大气污染防治重点区域。

第八十七条 国务院生态环境主管部门会同国务院有关部门、国家大气污染防治重点区域内有关省、自治区、直辖市人民政府,根据重点区域经济社会发展和大气环境承载力,制定重点区域大气污染联合防治行动计划,明确控制目标,优化区域经济布局,统筹交通管理,发展清洁能源,提出重点防治任务和措施,促进重点区域大气环境质量改善。

第八十八条 国务院经济综合主管部门会同国务院生态环境主管部门,结合国家大气污染防治重点区域产业发展实际和大气环境质量状况,进一步提高环境保护、能耗、安全、质量等要求。

重点区域内有关省、自治区、直辖市人民政府应当实施更严格的机动车大气污染物排放标准,统一在用机动车检验方法和排放限值,并配套供应合格的车用燃油。

第八十九条 编制可能对国家大气污染防治重点区域的大气环境造成严重污染的有关工业园区、开发区、区域产业和发展等规划,应当依法进行环境影响评价。规划编制机关应当与重点区域内有关省、自治区、直辖市人民政府或者有关部门会商。

重点区域内有关省、自治区、直辖市建设可能对相邻省、自治区、直辖市大气环境质量产生重大影响的项目,应当及时通报有关信息,进行会商。

会商意见及其采纳情况作为环境影响评价文件审查或者审批的重要依据。

第九十条 国家大气污染防治重点区域内新建、改建、扩建用煤项目的,应当实行煤炭的等量或者减量替代。

第九十一条 国务院生态环境主管部门应当组织建立国家大气污染防治重点区域的大气环境质量监测、大气污染源监测等相关信息共享机制,利用监测、模拟以及卫星、航测、遥感等新技术分析重点区域内大气污染来源及其变化趋势,并向社会公开。

第九十二条 国务院生态环境主管部门和国家大气污染防治重点区域内有关省、自治区、直辖市人民政府可以组织有关部门开展联合执法、跨区域执法、交叉执法。

第六章 重污染天气应对

第九十三条 国家建立重污染天气监测预警体系。

国务院生态环境主管部门会同国务院气象主管机构等有关部门、国家大气污染防治重点区域内有关省、自治区、直辖市人民政府,建立重点区域重污染天气监测预警机制,统一预警分级标准。可能发生区域重污染天气的,应当及时向重点区域内有关省、自治区、直辖市人民政府通报。

省、自治区、直辖市、设区的市人民政府生态环境主管部门会同气象主管机构等有关部门建立本行政区域重污染天气监测预警机制。

第九十四条 县级以上地方人民政府应当将重污染天气应对纳入突发事件应急管理体系。

省、自治区、直辖市、设区的市人民政府以及可能发生重污染天气的县级人民政府，应当制定重污染天气应急预案，向上一级人民政府生态环境主管部门备案，并向社会公布。

第九十五条 省、自治区、直辖市、设区的市人民政府生态环境主管部门应当会同气象主管机构建立会商机制，进行大气环境质量预报。可能发生重污染天气的，应当及时向本级人民政府报告。省、自治区、直辖市、设区的市人民政府依据重污染天气预报信息，进行综合研判，确定预警等级并及时发出预警。预警等级根据情况变化及时调整。任何单位和个人不得擅自向社会发布重污染天气预报预警信息。

预警信息发布后，人民政府及其有关部门应当通过电视、广播、网络、短信等途径告知公众采取健康防护措施，指导公众出行和调整其他相关社会活动。

第九十六条 县级以上地方人民政府应当依据重污染天气的预警等级，及时启动应急预案，根据应急需要可以采取责令有关企业停产或者限产、限制部分机动车行驶、禁止燃放烟花爆竹、停止工地土石方作业和建筑物拆除施工、停止露天烧烤、停止幼儿园和学校组织的户外活动、组织开展人工影响天气作业等应急措施。

应急响应结束后，人民政府应当及时开展应急预案实施情况的评估，适时修改完善应急预案。

第九十七条 发生造成大气污染的突发环境事件，人民政府及其有关部门和相关企业事业单位，应当依照《中华人民共和国突发事件应对法》、《中华人民共和国环境保护法》的规定，做好应急处置工作。生态环境主管部门应当及时对突发环境事件产生的大气污染物进行监测，并向社会公布监测信息。

第七章　法律责任

第九十八条 违反本法规定，以拒绝进入现场等方式拒不接受生态环境主管部门及其环境执法机构或者其他负有大气环境保护监督管理职责的部门的监督检查，或者在接受监督检查时弄虚作假的，由县级以上人民政府生态环境主管部门或者其他负有大气环境保护监督管理职责的部门责令改正，处二万元以上二十万元以下的罚款；构成违反治安管理行为的，由公安机关依法予以处罚。

第九十九条 违反本法规定，有下列行为之一的，由县级以上人民政府生态环境主管部门责令改正或者限制生产、停产整治，并处十万元以上一百万元以下的罚款；情节严重的，报经有批准权的人民政府批准，责令停业、关闭：

（一）未依法取得排污许可证排放大气污染物的；

（二）超过大气污染物排放标准或者超过重点大气污染物排放总量控制指标排放大气污染物的；

（三）通过逃避监管的方式排放大气污染物的。

第一百条 违反本法规定，有下列行为之一的，由县级以上人民政府生态环境主管部门责令改正，处二万元以上二十万元以下的罚款；拒不改正的，责令停产整治：

（一）侵占、损毁或者擅自移动、改变大气环境质量监测设施或者大气污染物排放自动监测设备的；

（二）未按照规定对所排放的工业废气和有毒有害大气污染物进行监测并保存原始监测记录的；

（三）未按照规定安装、使用大气污染物排放自动监测设备或者未按照规定与生态环境主管部门的监控设备联网，并保证监测设备正常运行的；

（四）重点排污单位不公开或者不如实公开自动监测数据的；

（五）未按照规定设置大气污染物排放口的。

第一百零一条 违反本法规定，生产、进口、销售或者使用国家综合性产业政策目录中禁止的设备和产品，采用国家综合性产业政策目录中禁止的工艺，或者将淘汰的设备和产品转让给他人使用的，由县级以上人民政府经济综合主管部门、海关按照职责责令改正，没收违法所得，并处货值金额一倍以上三倍以下的罚款；拒不改正的，报经有批准权的人民政府批准，责令停业、关闭。进口行为构成走私的，由海关依法予以处罚。

第一百零二条 违反本法规定，煤矿未按照规定建设配套煤炭洗选设施的，由县级以上人民政府能源主管部门责令改正，处十万元以上一百万元以下的罚款；拒不改正的，报经有批准权的人民政府批准，责令停业、关闭。

违反本法规定，开采含放射性和砷等有毒有害物质超过规定标准的煤炭的，由县级以上人民政府按照国务院规定的权限责令停业、关闭。

第一百零三条 违反本法规定，有下列行为之一的，由县级以上地方人民政府市场监督管理部门责令改正，没收原材料、产品和违法所得，并处货值金额一倍以上三倍以下的罚款：

（一）销售不符合质量标准的煤炭、石油焦的；

（二）生产、销售挥发性有机物含量不符合质量标准或者要求的原材料和产品的；

（三）生产、销售不符合标准的机动车船和非道路移动机械用燃料、发动机油、氮氧化物还原剂、燃料和润滑油添加剂以及其他添加剂的；

（四）在禁燃区内销售高污染燃料的。

第一百零四条　违反本法规定，有下列行为之一的，由海关责令改正，没收原材料、产品和违法所得，并处货值金额一倍以上三倍以下的罚款；构成走私的，由海关依法予以处罚：

（一）进口不符合质量标准的煤炭、石油焦的；

（二）进口挥发性有机物含量不符合质量标准或者要求的原材料和产品的；

（三）进口不符合标准的机动车船和非道路移动机械用燃料、发动机油、氮氧化物还原剂、燃料和润滑油添加剂以及其他添加剂的。

第一百零五条　违反本法规定，单位燃用不符合质量标准的煤炭、石油焦的，由县级以上人民政府生态环境主管部门责令改正，处货值金额一倍以上三倍以下的罚款。

第一百零六条　违反本法规定，使用不符合标准或者要求的船舶用燃油的，由海事管理机构、渔业主管部门按照职责处一万元以上十万元以下的罚款。

第一百零七条　违反本法规定，在禁燃区内新建、扩建燃用高污染燃料的设施，或者未按照规定停止燃用高污染燃料，或者在城市集中供热管网覆盖地区新建、扩建分散燃煤供热锅炉，或者未按照规定拆除已建成的不能达标排放的燃煤供热锅炉的，由县级以上地方人民政府生态环境主管部门没收燃用高污染燃料的设施，组织拆除燃煤供热锅炉，并处二万元以上二十万元以下的罚款。

违反本法规定，生产、进口、销售或者使用不符合规定标准或者要求的锅炉的，由县级以上人民政府市场监督管理、生态环境主管部门责令改正，没收违法所得，并处二万元以上二十万元以下的罚款。

第一百零八条　违反本法规定，有下列行为之一的，由县级以上人民政府生态环境主管部门责令改正，处二万元以上二十万元以下的罚款；拒不改正的，责令停产整治：

（一）产生含挥发性有机物废气的生产和服务活动，未在密闭空间或者设备中进行，未按照规定安装、使用污染防治设施，或者未采取减少废气排放措施的；

（二）工业涂装企业未使用低挥发性有机物含量涂料或者未建立、保存台账的；

（三）石油、化工以及其他生产和使用有机溶剂的企业，未采取措施对管道、设备进行日常维护、维修，减少物料泄漏或者对泄漏的物料未及时收集处理的；

（四）储油储气库、加油加气站和油罐车、气罐车等，未按照国家有关规定安装并正常使用油气回收装置的；

（五）钢铁、建材、有色金属、石油、化工、制药、矿产开采等企业，未采取集中收集处理、密闭、围挡、遮盖、清扫、洒水等措施，控制、减少粉尘和气态污染物排放的；

（六）工业生产、垃圾填埋或者其他活动中产生的可燃性气体未回收利用，不具备回收利用条件未进行防治污染处理，或者可燃性气体回收利用装置不能正常作业，未及时修复或者更新的。

第一百零九条　违反本法规定，生产超过污染物排放标准的机动车、非道路移动机械的，由省级以上人民政府生态环境主管部门责令改正，没收违法所得，并处货值金额一倍以上三倍以下的罚款，没收销毁无法达到污染物排放标准的机动车、非道路移动机械；拒不改正的，责令停产整治，并由国务院机动车生产主管部门责令停止生产该车型。

违反本法规定，机动车、非道路移动机械生产企业对发动机、污染控制装置弄虚作假、以次充好，冒充排放检验合格产品出厂销售的，由省级以上人民政府生态环境主管部门责令停产整治，没收违法所得，并处货值金额一倍以上三倍以下的罚款，没收销毁无法达到污染物排放标准的机动车、非道路移动机械，并由国务院机动车生产主管部门责令停止生产该车型。

第一百一十条　违反本法规定，进口、销售超过污染物排放标准的机动车、非道路移动机械的，由县级以上人民政府市场监督管理部门、海关按照职责没收违法所得，并处货值金额一倍以上三倍以下的罚款，没收销毁无法达到污染物排放标准的机动车、非道路移动机械；进口行为构成走私的，由海关依法予以处罚。

违反本法规定，销售的机动车、非道路移动机械不符合污染物排放标准的，销售者应当负责修理、更换、退货；给购买者造成损失的，销售者应当赔偿损失。

第一百一十一条　违反本法规定，机动车生产、进口企业未按照规定向社会公布其生产、进口机动车车型的排放检验信息或者污染控制技术信息的，由省级以上人民政府生态环境主管部门责令改正，处五万元以上五十万元以下的罚款。

违反本法规定，机动车生产、进口企业未按照规定向社会公布其生产、进口机动车车型的有关维修技术信息的，由省级以上人民政府交通运输主管部门责令改正，处五万元以上五十万元以下的罚款。

第一百一十二条 违反本法规定,伪造机动车、非道路移动机械排放检验结果或者出具虚假排放检验报告的,由县级以上人民政府生态环境主管部门没收违法所得,并处十万元以上五十万元以下的罚款;情节严重的,由负责资质认定的部门取消其检验资格。

违反本法规定,伪造船舶排放检验结果或者出具虚假排放检验报告的,由海事管理机构依法予以处罚。

违反本法规定,以临时更换机动车污染控制装置等弄虚作假的方式通过机动车排放检验或者破坏机动车车载排放诊断系统的,由县级以上人民政府生态环境主管部门责令改正,对机动车所有人处五千元的罚款;对机动车维修单位处每辆机动车五千元的罚款。

第一百一十三条 违反本法规定,机动车驾驶人驾驶排放检验不合格的机动车上道路行驶的,由公安机关交通管理部门依法予以处罚。

第一百一十四条 违反本法规定,使用排放不合格的非道路移动机械,或者在用重型柴油车、非道路移动机械未按照规定加装、更换污染控制装置的,由县级以上人民政府生态环境等主管部门按照职责责令改正,处五千元的罚款。

违反本法规定,在禁止使用高排放非道路移动机械的区域使用高排放非道路移动机械的,由城市人民政府生态环境等主管部门依法予以处罚。

第一百一十五条 违反本法规定,施工单位有下列行为之一的,由县级以上人民政府住房城乡建设等主管部门按照职责责令改正,处一万元以上十万元以下的罚款;拒不改正的,责令停工整治:

(一)施工工地未设置硬质围挡,或者未采取覆盖、分段作业、择时施工、洒水抑尘、冲洗地面和车辆等有效防尘降尘措施的;

(二)建筑土方、工程渣土、建筑垃圾未及时清运,或者未采用密闭式防尘网遮盖的。

违反本法规定,建设单位未对暂时不能开工的建设用地的裸露地面进行覆盖,或者未对超过三个月不能开工的建设用地的裸露地面进行绿化、铺装或者遮盖的,由县级以上人民政府住房城乡建设等主管部门依照前款规定予以处罚。

第一百一十六条 违反本法规定,运输煤炭、垃圾、渣土、砂石、土方、灰浆等散装、流体物料的车辆未采取密闭或者其他措施防止物料遗撒的,由县级以上地方人民政府确定的监督管理部门责令改正,处二千元以上二万元以下的罚款;拒不改正的,车辆不得上道路行驶。

第一百一十七条 违反本法规定,有下列行为之一的,由县级以上人民政府生态环境等主管部门按照职责责令改正,处一万元以上十万元以下的罚款;拒不改正的,责令停工整治或者停业整治:

(一)未密闭煤炭、煤矸石、煤渣、煤灰、水泥、石灰、石膏、砂土等易产生扬尘的物料的;

(二)对不能密闭的易产生扬尘的物料,未设置不低于堆放物高度的严密围挡,或者未采取有效覆盖措施防治扬尘污染的;

(三)装卸物料未采取密闭或者喷淋等方式控制扬尘排放的;

(四)存放煤炭、煤矸石、煤渣、煤灰等物料,未采取防燃措施的;

(五)码头、矿山、填埋场和消纳场未采取有效措施防治扬尘污染的;

(六)排放有毒有害大气污染物名录中所列有毒有害大气污染物的企业事业单位,未按照规定建设环境风险预警体系或者对排放口和周边环境进行定期监测、排查环境安全隐患并采取有效措施防范环境风险的;

(七)向大气排放持久性有机污染物的企业事业单位和其他生产经营者以及废弃物焚烧设施的运营单位,未按照国家有关规定采取有利于减少持久性有机污染物排放的技术方法和工艺,配备净化装置的;

(八)未采取措施防止排放恶臭气体的。

第一百一十八条 违反本法规定,排放油烟的餐饮服务业经营者未安装油烟净化设施、不正常使用油烟净化设施或者未采取其他油烟净化措施,超过排放标准排放油烟的,由县级以上地方人民政府确定的监督管理部门责令改正,处五千元以上五万元以下的罚款;拒不改正的,责令停业整治。

违反本法规定,在居民住宅楼、未配套设立专用烟道的商住综合楼、商住综合楼内与居住层相邻的商业楼层内新建、改建、扩建产生油烟、异味、废气的餐饮服务项目的,由县级以上地方人民政府确定的监督管理部门责令改正;拒不改正的,予以关闭,并处一万元以上十万元以下的罚款。

违反本法规定,在当地人民政府禁止的时段和区域内露天烧烤食品或者为露天烧烤食品提供场地的,由县级以上地方人民政府确定的监督管理部门责令改正,没收烧烤工具和违法所得,并处五百元以上二万元以下的罚款。

第一百一十九条　违反本法规定,在人口集中地区对树木、花草喷洒剧毒、高毒农药,或者露天焚烧秸秆、落叶等产生烟尘污染的物质的,由县级以上地方人民政府确定的监督管理部门责令改正,并可以处五百元以上二千元以下的罚款。

违反本法规定,在人口集中地区和其他依法需要特殊保护的区域内,焚烧沥青、油毡、橡胶、塑料、皮革、垃圾以及其他产生有毒有害烟尘和恶臭气体的物质的,由县级人民政府确定的监督管理部门责令改正,对单位处一万元以上十万元以下的罚款,对个人处五百元以上二千元以下的罚款。

违反本法规定,在城市人民政府禁止的时段和区域内燃放烟花爆竹的,由县级以上地方人民政府确定的监督管理部门依法予以处罚。

第一百二十条　违反本法规定,从事服装干洗和机动车维修等服务活动,未设置异味和废气处理装置等污染防治设施并保持正常使用,影响周边环境的,由县级以上地方人民政府生态环境主管部门责令改正,处二千元以上二万元以下的罚款;拒不改正的,责令停业整治。

第一百二十一条　违反本法规定,擅自向社会发布重污染天气预报预警信息,构成违反治安管理行为的,由公安机关依法予以处罚。

违反本法规定,拒不执行停止工地土石方作业或者建筑物拆除施工等重污染天气应急措施的,由县级以上地方人民政府确定的监督管理部门处一万元以上十万元以下的罚款。

第一百二十二条　违反本法规定,造成大气污染事故的,由县级以上人民政府生态环境主管部门依照本条第二款的规定处以罚款;对直接负责的主管人员和其他直接责任人员可以处上一年度从本企业事业单位取得收入百分之五十以下的罚款。

对造成一般或者较大大气污染事故的,按照污染事故造成直接损失的一倍以上三倍以下计算罚款;对造成重大或者特大大气污染事故的,按照污染事故造成的直接损失的三倍以上五倍以下计算罚款。

第一百二十三条　违反本法规定,企业事业单位和其他生产经营者有下列行为之一,受到罚款处罚,被责令改正,拒不改正的,依法作出处罚决定的行政机关可以自责令改正之日的次日起,按照原处罚数额按日连续处罚:

(一)未依法取得排污许可证排放大气污染物的;

(二)超过大气污染物排放标准或者超过重点大气污染物排放总量控制指标排放大气污染物的;

(三)通过逃避监管的方式排放大气污染物的;

(四)建筑施工或者贮存易产生扬尘的物料未采取有效措施防治扬尘污染。

第一百二十四条　违反本法规定,对举报人以解除、变更劳动合同或者其他方式打击报复的,应当依照有关法律的规定承担责任。

第一百二十五条　排放大气污染物造成损害的,应当依法承担侵权责任。

第一百二十六条　地方各级人民政府、县级以上人民政府生态环境主管部门和其他负有大气环境保护监督管理职责的部门及其工作人员滥用职权、玩忽职守、徇私舞弊、弄虚作假的,依法给予处分。

第一百二十七条　违反本法规定,构成犯罪的,依法追究刑事责任。

第八章　附　则

第一百二十八条　海洋工程的大气污染防治,依照《中华人民共和国海洋环境保护法》的有关规定执行。

第一百二十九条　本法自2016年1月1日起施行。

气象设施和气象探测环境保护条例

- 2012年8月29日中华人民共和国国务院令第623号公布
- 根据2016年2月6日《国务院关于修改部分行政法规的决定》修正

第一条　为了保护气象设施和气象探测环境,确保气象探测信息的代表性、准确性、连续性和可比较性,根据《中华人民共和国气象法》,制定本条例。

第二条　本条例所称气象设施,是指气象探测设施、气象信息专用传输设施和大型气象专用技术装备等。

本条例所称气象探测环境,是指为避开各种干扰,保证气象探测设施准确获取气象探测信息所必需的最小距离构成的环境空间。

第三条　气象设施和气象探测环境保护实行分类保护、分级管理的原则。

第四条　县级以上地方人民政府应当加强对气象设施和气象探测环境保护工作的组织领导和统筹协调,将气象设施和气象探测环境保护工作所需经费纳入财政预算。

第五条　国务院气象主管机构负责全国气象设施和气象探测环境的保护工作。地方各级气象主管机构在上级气象主管机构和本级人民政府的领导下,负责本行政区域内气象设施和气象探测环境的保护工作。

设有气象台站的国务院其他有关部门和省、自治区、直辖市人民政府其他有关部门应当做好本部门气象设施和气象探测环境的保护工作,并接受同级气象主管机构的指导和监督管理。

发展改革、国土资源、城乡规划、无线电管理、环境保护等有关部门按照职责分工负责气象设施和气象探测环境保护的有关工作。

第六条 任何单位和个人都有义务保护气象设施和气象探测环境,并有权对破坏气象设施和气象探测环境的行为进行举报。

第七条 地方各级气象主管机构应当会同城乡规划、国土资源等部门制定气象设施和气象探测环境保护专项规划,报本级人民政府批准后依法纳入城乡规划。

第八条 气象设施是基础性公共服务设施。县级以上地方人民政府应当按照气象设施建设规划的要求,合理安排气象设施建设用地,保障气象设施建设顺利进行。

第九条 各级气象主管机构应当按照相关质量标准和技术要求配备气象设施,设置必要的保护装置,建立健全安全管理制度。

地方各级气象主管机构应当按照国务院气象主管机构的规定,在气象设施附近显著位置设立保护标志,标明保护要求。

第十条 禁止实施下列危害气象设施的行为:

(一)侵占、损毁、擅自移动气象设施或者侵占气象设施用地;

(二)在气象设施周边进行危及气象设施安全的爆破、钻探、采石、挖砂、取土等活动;

(三)挤占、干扰依法设立的气象无线电台(站)、频率;

(四)设置影响大型气象专用技术装备使用功能的干扰源;

(五)法律、行政法规和国务院气象主管机构规定的其他危害气象设施的行为。

第十一条 大气本底站、国家基准气候站、国家基本气象站、国家一般气象站、高空气象观测站、天气雷达站、气象卫星地面站、区域气象观测站等气象台站和单独设立的气象探测设施的探测环境,应当依法予以保护。

第十二条 禁止实施下列危害大气本底站探测环境的行为:

(一)在观测场周边3万米探测环境保护范围内新建、扩建城镇、工矿区,或者在探测环境保护范围上空设置固定航线;

(二)在观测场周边1万米范围内设置垃圾场、排污口等干扰源;

(三)在观测场周边1000米范围内修建建筑物、构筑物。

第十三条 禁止实施下列危害国家基准气候站、国家基本气象站探测环境的行为:

(一)在国家基准气候站观测场周边2000米探测环境保护范围内或者国家基本气象站观测场周边1000米探测环境保护范围内修建高度超过距观测场距离1/10的建筑物、构筑物;

(二)在观测场周边500米范围内设置垃圾场、排污口等干扰源;

(三)在观测场周边200米范围内修建铁路;

(四)在观测场周边100米范围内挖筑水塘等;

(五)在观测场周边50米范围内修建公路、种植高度超过1米的树木和作物等。

第十四条 禁止实施下列危害国家一般气象站探测环境的行为:

(一)在观测场周边800米探测环境保护范围内修建高度超过距观测场距离1/8的建筑物、构筑物;

(二)在观测场周边200米范围内设置垃圾场、排污口等干扰源;

(三)在观测场周边100米范围内修建铁路;

(四)在观测场周边50米范围内挖筑水塘等;

(五)在观测场周边30米范围内修建公路、种植高度超过1米的树木和作物等。

第十五条 高空气象观测站、天气雷达站、气象卫星地面站、区域气象观测站和单独设立的气象探测设施探测环境的保护,应当严格执行国家规定的保护范围和要求。

前款规定的保护范围和要求由国务院气象主管机构公布,涉及无线电频率管理的,国务院气象主管机构应当征得国务院无线电管理部门的同意。

第十六条 地方各级气象主管机构应当将本行政区域内气象探测环境保护要求报告本级人民政府和上一级气象主管机构,并抄送同级发展改革、国土资源、城乡规划、住房建设、无线电管理、环境保护等部门。

对不符合气象探测环境保护要求的建筑物、构筑物、干扰源等,地方各级气象主管机构应当根据实际情况,商有关部门提出治理方案,报本级人民政府批准并组织实施。

第十七条 在气象台站探测环境保护范围内新建、改建、扩建建设工程，应当避免危害气象探测环境；确实无法避免的，建设单位应当向省、自治区、直辖市气象主管机构报告并提出相应的补救措施，经国务院气象主管机构或者省、自治区、直辖市气象主管机构书面同意。未征得气象主管机构书面同意或者未落实补救措施的，有关部门不得批准其开工建设。

在单独设立的气象探测设施探测环境保护范围内新建、改建、扩建建设工程的，建设单位应当事先报告当地气象主管机构，并按照要求采取必要的工程、技术措施。

第十八条 气象台站站址应当保持长期稳定，任何单位或者个人不得擅自迁移气象台站。

因国家重点工程建设或者城市（镇）总体规划变化，确需迁移气象台站的，建设单位或者当地人民政府应当向省、自治区、直辖市气象主管机构提出申请，由省、自治区、直辖市气象主管机构组织专家对拟迁新址的科学性、合理性进行评估，符合气象设施和气象探测环境保护要求的，在纳入城市（镇）控制性详细规划后，按照先建站后迁移的原则进行迁移。

申请迁移大气本底站、国家基准气候站、国家基本气象站的，由受理申请的省、自治区、直辖市气象主管机构签署意见并报送国务院气象主管机构审批；申请迁移其他气象台站的，由省、自治区、直辖市气象主管机构审批，并报送国务院气象主管机构备案。

气象台站迁移、建设费用由建设单位承担。

第十九条 气象台站探测环境遭到严重破坏，失去治理和恢复可能的，国务院气象主管机构或者省、自治区、直辖市气象主管机构可以按照职责权限和先建站后迁移的原则，决定迁移气象台站；该气象台站所在地地方人民政府应当保证气象台站迁移用地，并承担迁移、建设费用。地方人民政府承担迁移、建设费用后，可以向破坏探测环境的责任人追偿。

第二十条 迁移气象台站的，应当按照国务院气象主管机构的规定，在新址与旧址之间进行至少1年的对比观测。

迁移的气象台站经批准、决定迁移的气象主管机构验收合格，正式投入使用后，方可改变旧址用途。

第二十一条 因工程建设或者气象探测环境治理需要迁移单独设立的气象探测设施的，应当经设立该气象探测设施的单位同意，并按照国务院气象主管机构规定的技术要求进行复建。

第二十二条 各级气象主管机构应当加强对气象设施和气象探测环境保护的日常巡查和监督检查。各级气象主管机构可以采取下列措施：

（一）要求被检查单位或者个人提供有关文件、证照、资料；

（二）要求被检查单位或者个人就有关问题作出说明；

（三）进入现场调查、取证。

各级气象主管机构在监督检查中发现应当由其他部门查处的违法行为，应当通报有关部门进行查处。有关部门未及时查处的，各级气象主管机构可以直接通报、报告有关地方人民政府责成有关部门进行查处。

第二十三条 各级气象主管机构以及发展改革、国土资源、城乡规划、无线电管理、环境保护等有关部门及其工作人员违反本条例规定，有下列行为之一的，由本级人民政府或者上级机关责令改正，通报批评；对直接负责的主管人员和其他直接责任人员依法给予处分；构成犯罪的，依法追究刑事责任：

（一）擅自迁移气象台站的；

（二）擅自批准在气象探测环境保护范围内设置垃圾场、排污口、无线电台（站）等干扰源以及新建、改建、扩建建设工程危害气象探测环境的；

（三）有其他滥用职权、玩忽职守、徇私舞弊等不履行气象设施和气象探测环境保护职责行为的。

第二十四条 违反本条例规定，危害气象设施的，由气象主管机构责令停止违法行为，限期恢复原状或者采取其他补救措施；逾期拒不恢复原状或者采取其他补救措施的，由气象主管机构依法申请人民法院强制执行，并对违法单位处1万元以上5万元以下罚款，对违法个人处100元以上1000元以下罚款；造成损害的，依法承担赔偿责任；构成违反治安管理行为的，由公安机关依法给予治安管理处罚；构成犯罪的，依法追究刑事责任。

挤占、干扰依法设立的气象无线电台（站）、频率的，依照无线电管理相关法律法规的规定处罚。

第二十五条 违反本条例规定，危害气象探测环境的，由气象主管机构责令停止违法行为，限期拆除或者恢复原状，情节严重的，对违法单位处2万元以上5万元以下罚款，对违法个人处200元以上5000元以下罚款；逾期拒不拆除或者恢复原状的，由气象主管机构依法申请人民法院强制执行；造成损害的，依法承担赔偿责任。

在气象探测环境保护范围内，违法批准占用土地的，或者非法占用土地新建建筑物或者其他设施的，依照城乡规划、土地管理等相关法律法规的规定处罚。

第二十六条 本条例自2012年12月1日起施行。

消耗臭氧层物质管理条例

- 2010年4月8日中华人民共和国国务院令第573号公布
- 根据2018年3月19日《国务院关于修改和废止部分行政法规的决定》修订

第一章 总 则

第一条 为了加强对消耗臭氧层物质的管理，履行《保护臭氧层维也纳公约》和《关于消耗臭氧层物质的蒙特利尔议定书》规定的义务，保护臭氧层和生态环境，保障人体健康，根据《中华人民共和国大气污染防治法》，制定本条例。

第二条 本条例所称消耗臭氧层物质，是指对臭氧层有破坏作用并列入《中国受控消耗臭氧层物质清单》的化学品。

《中国受控消耗臭氧层物质清单》由国务院环境保护主管部门会同国务院有关部门制定、调整和公布。

第三条 在中华人民共和国境内从事消耗臭氧层物质的生产、销售、使用和进出口等活动，适用本条例。

前款所称生产，是指制造消耗臭氧层物质的活动。前款所称使用，是指利用消耗臭氧层物质进行的生产经营等活动，不包括使用含消耗臭氧层物质的产品的活动。

第四条 国务院环境保护主管部门统一负责全国消耗臭氧层物质的监督管理工作。

国务院商务主管部门、海关总署等有关部门依照本条例的规定和各自的职责负责消耗臭氧层物质的有关监督管理工作。

县级以上地方人民政府环境保护主管部门和商务等有关部门依照本条例的规定和各自的职责负责本行政区域消耗臭氧层物质的有关监督管理工作。

第五条 国家逐步削减并最终淘汰作为制冷剂、发泡剂、灭火剂、溶剂、清洗剂、加工助剂、杀虫剂、气雾剂、膨胀剂等用途的消耗臭氧层物质。

国务院环境保护主管部门会同国务院有关部门拟订《中国逐步淘汰消耗臭氧层物质国家方案》（以下简称国家方案），报国务院批准后实施。

第六条 国务院环境保护主管部门根据国家方案和消耗臭氧层物质淘汰进展情况，会同国务院有关部门确定并公布限制或者禁止新建、改建、扩建生产、使用消耗臭氧层物质建设项目的类别，制定并公布限制或者禁止生产、使用、进出口消耗臭氧层物质的名录。

因特殊用途确需生产、使用前款规定禁止生产、使用的消耗臭氧层物质的，按照《关于消耗臭氧层物质的蒙特利尔议定书》有关允许用于特殊用途的规定，由国务院环境保护主管部门会同国务院有关部门批准。

第七条 国家对消耗臭氧层物质的生产、使用、进出口实行总量控制和配额管理。国务院环境保护主管部门根据国家方案和消耗臭氧层物质淘汰进展情况，商国务院有关部门确定国家消耗臭氧层物质的年度生产、使用和进出口配额总量，并予以公告。

第八条 国家鼓励、支持消耗臭氧层物质替代品和替代技术的科学研究、技术开发和推广应用。

国务院环境保护主管部门会同国务院有关部门制定、调整和公布《中国消耗臭氧层物质替代品推荐名录》。

开发、生产、使用消耗臭氧层物质替代品，应当符合国家产业政策，并按照国家有关规定享受优惠政策。国家对在消耗臭氧层物质淘汰工作中做出突出成绩的单位和个人给予奖励。

第九条 任何单位和个人对违反本条例规定的行为，有权向县级以上人民政府环境保护主管部门或者其他有关部门举报。接到举报的部门应当及时调查处理，并为举报人保密；经调查情况属实的，对举报人给予奖励。

第二章 生产、销售和使用

第十条 消耗臭氧层物质的生产、使用单位，应当依照本条例的规定申请领取生产或者使用配额许可证。但是，使用单位有下列情形之一的，不需要申请领取使用配额许可证：

（一）维修单位为了维修制冷设备、制冷系统或者灭火系统使用消耗臭氧层物质的；

（二）实验室为了实验分析少量使用消耗臭氧层物质的；

（三）出入境检验检疫机构为了防止有害生物传入传出使用消耗臭氧层物质实施检疫的；

（四）国务院环境保护主管部门规定的不需要申请领取使用配额许可证的其他情形。

第十一条 消耗臭氧层物质的生产、使用单位除具备法律、行政法规规定的条件外，还应当具备下列条件：

（一）有合法生产或者使用相应消耗臭氧层物质的业绩；

（二）有生产或者使用相应消耗臭氧层物质的场所、设施、设备和专业技术人员；

（三）有经验收合格的环境保护设施；

（四）有健全完善的生产经营管理制度。

将消耗臭氧层物质用于本条例第六条规定的特殊用途的单位，不适用前款第（一）项的规定。

第十二条 消耗臭氧层物质的生产、使用单位应当于每年10月31日前向国务院环境保护主管部门书面申请下一年度的生产配额或者使用配额，并提交其符合本条例第十一条规定条件的证明材料。

国务院环境保护主管部门根据国家消耗臭氧层物质的年度生产、使用配额总量和申请单位生产、使用相应消耗臭氧层物质的业绩情况，核定申请单位下一年度的生产配额或者使用配额，并于每年12月20日前完成审查，符合条件的，核发下一年度的生产或者使用配额许可证，予以公告，并抄送国务院有关部门和申请单位所在地省、自治区、直辖市人民政府环境保护主管部门；不符合条件的，书面通知申请单位并说明理由。

第十三条 消耗臭氧层物质的生产或者使用配额许可证应当载明下列内容：

（一）生产或者使用单位的名称、地址、法定代表人或者负责人；

（二）准予生产或者使用的消耗臭氧层物质的品种、用途及其数量；

（三）有效期限；

（四）发证机关、发证日期和证书编号。

第十四条 消耗臭氧层物质的生产、使用单位需要调整其配额的，应当向国务院环境保护主管部门申请办理配额变更手续。

国务院环境保护主管部门应当依照本条例第十一条、第十二条规定的条件和依据进行审查，并在受理申请之日起20个工作日内完成审查，符合条件的，对申请单位的配额进行调整，并予以公告；不符合条件的，书面通知申请单位并说明理由。

第十五条 消耗臭氧层物质的生产单位不得超出生产配额许可证规定的品种、数量、期限生产消耗臭氧层物质，不得超出生产配额许可证规定的用途生产、销售消耗臭氧层物质。

禁止无生产配额许可证生产消耗臭氧层物质。

第十六条 依照本条例规定领取使用配额许可证的单位，不得超出使用配额许可证规定的品种、用途、数量、期限使用消耗臭氧层物质。

除本条例第十条规定的不需要申请领取使用配额许可证的情形外，禁止无使用配额许可证使用消耗臭氧层物质。

第十七条 消耗臭氧层物质的销售单位，应当按照国务院环境保护主管部门的规定办理备案手续。

国务院环境保护主管部门应当将备案的消耗臭氧层物质销售单位的名单进行公告。

第十八条 除依照本条例规定进出口外，消耗臭氧层物质的购买和销售行为只能在符合本条例规定的消耗臭氧层物质的生产、销售和使用单位之间进行。

第十九条 从事含消耗臭氧层物质的制冷设备、制冷系统或者灭火系统的维修、报废处理等经营活动的单位，应当向所在地县级人民政府环境保护主管部门备案。

专门从事消耗臭氧层物质回收、再生利用或者销毁等经营活动的单位，应当向所在地省、自治区、直辖市人民政府环境保护主管部门备案。

第二十条 消耗臭氧层物质的生产、使用单位，应当按照国务院环境保护主管部门的规定采取必要的措施，防止或者减少消耗臭氧层物质的泄漏和排放。

从事含消耗臭氧层物质的制冷设备、制冷系统或者灭火系统的维修、报废处理等经营活动的单位，应当按照国务院环境保护主管部门的规定对消耗臭氧层物质进行回收、循环利用或者交由从事消耗臭氧层物质回收、再生利用、销毁等经营活动的单位进行无害化处置。

从事消耗臭氧层物质回收、再生利用、销毁等经营活动的单位，应当按照国务院环境保护主管部门的规定对消耗臭氧层物质进行无害化处置，不得直接排放。

第二十一条 从事消耗臭氧层物质的生产、销售、使用、回收、再生利用、销毁等经营活动的单位，以及从事含消耗臭氧层物质的制冷设备、制冷系统或者灭火系统的维修、报废处理等经营活动的单位，应当完整保存有关生产经营活动的原始资料至少3年，并按照国务院环境保护主管部门的规定报送相关数据。

第三章 进出口

第二十二条 国家对进出口消耗臭氧层物质予以控制，并实行名录管理。国务院环境保护主管部门会同国务院商务主管部门、海关总署制定、调整和公布《中国进出口受控消耗臭氧层物质名录》。

进出口列入《中国进出口受控消耗臭氧层物质名录》的消耗臭氧层物质的单位，应当依照本条例的规定向国家消耗臭氧层物质进出口管理机构申请进出口配额，领取进出口审批单，并提交拟进出口的消耗臭氧层物质的品种、数量、来源、用途等情况的材料。

第二十三条 国家消耗臭氧层物质进出口管理机构

应当自受理申请之日起20个工作日内完成审查,作出是否批准的决定。予以批准的,向申请单位核发进出口审批单;未予批准的,书面通知申请单位并说明理由。

进出口审批单的有效期最长为90日,不得超期或者跨年度使用。

第二十四条 取得消耗臭氧层物质进出口审批单的单位,应当按照国务院商务主管部门的规定申请领取进出口许可证,持进出口许可证向海关办理通关手续。列入《出入境检验检疫机构实施检验检疫的进出境商品目录》的消耗臭氧层物质,由出入境检验检疫机构依法实施检验。

消耗臭氧层物质在中华人民共和国境内的海关特殊监管区域、保税监管场所与境外之间进出的,进出口单位应当依照本条例的规定申请领取进出口审批单、进出口许可证;消耗臭氧层物质在中华人民共和国境内的海关特殊监管区域、保税监管场所与境内其他区域之间进出的,或者在上述海关特殊监管区域、保税监管场所之间进出的,不需要申请领取进出口审批单、进出口许可证。

第四章　监督检查

第二十五条 县级以上人民政府环境保护主管部门和其他有关部门,依照本条例的规定和各自的职责对消耗臭氧层物质的生产、销售、使用和进出口等活动进行监督检查。

第二十六条 县级以上人民政府环境保护主管部门和其他有关部门进行监督检查,有权采取下列措施:

(一)要求被检查单位提供有关资料;

(二)要求被检查单位就执行本条例规定的有关情况作出说明;

(三)进入被检查单位的生产、经营、储存场所进行调查和取证;

(四)责令被检查单位停止违反本条例规定的行为,履行法定义务;

(五)扣押、查封违法生产、销售、使用、进出口的消耗臭氧层物质及其生产设备、设施、原料及产品。

被检查单位应当予以配合,如实反映情况,提供必要资料,不得拒绝和阻碍。

第二十七条 县级以上人民政府环境保护主管部门和其他有关部门进行监督检查,监督检查人员不得少于2人,并应当出示有效的行政执法证件。

县级以上人民政府环境保护主管部门和其他有关部门的工作人员,对监督检查中知悉的商业秘密负有保密义务。

第二十八条 国务院环境保护主管部门应当建立健全消耗臭氧层物质的数据信息管理系统,收集、汇总和发布消耗臭氧层物质的生产、使用、进出口等数据信息。

县级以上地方人民政府环境保护主管部门应当将监督检查中发现的违反本条例规定的行为及处理情况逐级上报至国务院环境保护主管部门。

县级以上地方人民政府其他有关部门应当将监督检查中发现的违反本条例规定的行为及处理情况逐级上报至国务院有关部门,国务院有关部门应当及时抄送国务院环境保护主管部门。

第二十九条 县级以上地方人民政府环境保护主管部门或者其他有关部门对违反本条例规定的行为不查处的,其上级主管部门有权责令其依法查处或者直接进行查处。

第五章　法律责任

第三十条 负有消耗臭氧层物质监督管理职责的部门及其工作人员有下列行为之一的,对直接负责的主管人员和其他直接责任人员,依法给予处分;直接负责的主管人员和其他直接责任人员构成犯罪的,依法追究刑事责任:

(一)违反本条例规定核发消耗臭氧层物质生产、使用配额许可证的;

(二)违反本条例规定核发消耗臭氧层物质进出口审批单或者进出口许可证的;

(三)对发现的违反本条例的行为不依法查处的;

(四)在办理消耗臭氧层物质生产、使用、进出口等行政许可以及实施监督检查的过程中,索取、收受他人财物或者谋取其他利益的;

(五)有其他徇私舞弊、滥用职权、玩忽职守行为的。

第三十一条 无生产配额许可证生产消耗臭氧层物质的,由所在地县级以上地方人民政府环境保护主管部门责令停止违法行为,没收用于违法生产消耗臭氧层物质的原料、违法生产的消耗臭氧层物质和违法所得,拆除、销毁用于违法生产消耗臭氧层物质的设备、设施,并处100万元的罚款。

第三十二条 依照本条例规定应当申请领取使用配额许可证的单位无使用配额许可证使用消耗臭氧层物质的,由所在地县级以上地方人民政府环境保护主管部门责令停止违法行为,没收违法使用的消耗臭氧层物质、违法使用消耗臭氧层物质生产的产品和违法所得,并处20万元的罚款;情节严重的,并处50万元的罚款,拆除、销毁用于违法使用消耗臭氧层物质的设备、设施。

第三十三条　消耗臭氧层物质的生产、使用单位有下列行为之一的，由所在地省、自治区、直辖市人民政府环境保护主管部门责令停止违法行为，没收违法生产、使用的消耗臭氧层物质、违法使用消耗臭氧层物质生产的产品和违法所得，并处2万元以上10万元以下的罚款，报国务院环境保护主管部门核减其生产、使用配额数量；情节严重的，并处10万元以上20万元以下的罚款，报国务院环境保护主管部门吊销其生产、使用配额许可证：

（一）超出生产配额许可证规定的品种、数量、期限生产消耗臭氧层物质的；

（二）超出生产配额许可证规定的用途生产或者销售消耗臭氧层物质的；

（三）超出使用配额许可证规定的品种、数量、用途、期限使用消耗臭氧层物质的。

第三十四条　消耗臭氧层物质的生产、销售、使用单位向不符合本条例规定的单位销售或者购买消耗臭氧层物质的，由所在地县级以上地方人民政府环境保护主管部门责令改正，没收违法销售或者购买的消耗臭氧层物质和违法所得，处以所销售或者购买的消耗臭氧层物质市场总价3倍的罚款；对取得生产、使用配额许可证的单位，报国务院环境保护主管部门核减其生产、使用配额数量。

第三十五条　消耗臭氧层物质的生产、使用单位，未按照规定采取必要的措施防止或者减少消耗臭氧层物质的泄漏和排放的，由所在地县级以上地方人民政府环境保护主管部门责令限期改正，处5万元的罚款；逾期不改正的，处10万元的罚款，报国务院环境保护主管部门核减其生产、使用配额数量。

第三十六条　从事含消耗臭氧层物质的制冷设备、制冷系统或者灭火系统的维修、报废处理等经营活动的单位，未按照规定对消耗臭氧层物质进行回收、循环利用或者交由从事消耗臭氧层物质回收、再生利用、销毁等经营活动的单位进行无害化处置的，由所在地县级以上地方人民政府环境保护主管部门责令改正，处进行无害化处置所需费用3倍的罚款。

第三十七条　从事消耗臭氧层物质回收、再生利用、销毁等经营活动的单位，未按照规定对消耗臭氧层物质进行无害化处置而直接向大气排放的，由所在地县级以上地方人民政府环境保护主管部门责令改正，处进行无害化处置所需费用3倍的罚款。

第三十八条　从事消耗臭氧层物质生产、销售、使用、进出口、回收、再生利用、销毁等经营活动，以及从事含消耗臭氧层物质的制冷设备、制冷系统或者灭火系统的维修、报废处理等经营活动的单位有下列行为之一的，由所在地县级以上地方人民政府环境保护主管部门责令改正，处5000元以上2万元以下的罚款：

（一）依照本条例规定应当向环境保护主管部门备案而未备案的；

（二）未按照规定完整保存有关生产经营活动的原始资料的；

（三）未按时申报或者谎报、瞒报有关经营活动的数据资料的；

（四）未按照监督检查人员的要求提供必要的资料的。

第三十九条　拒绝、阻碍环境保护主管部门或者其他有关部门的监督检查，或者在接受监督检查时弄虚作假的，由监督检查部门责令改正，处1万元以上2万元以下的罚款；构成违反治安管理行为的，由公安机关依法给予治安管理处罚；构成犯罪的，依法追究刑事责任。

第四十条　进出口单位无进出口许可证或者超出进出口许可证的规定进出口消耗臭氧层物质的，由海关依照有关法律、行政法规的规定予以处罚；构成犯罪的，依法追究刑事责任。

第六章　附　则

第四十一条　本条例自2010年6月1日起施行。

消耗臭氧层物质进出口管理办法

· 2014年1月27日环境保护部、商务部、海关总署令第26号公布

· 根据2019年8月22日《生态环境部关于废止、修改部分规章的决定》修订

第一条　为履行《关于消耗臭氧层物质的蒙特利尔议定书》及其修正案，加强对我国消耗臭氧层物质进出口管理，根据《消耗臭氧层物质管理条例》，制定本办法。

第二条　本办法适用于以任何形式进出口列入《中国进出口受控消耗臭氧层物质名录》的消耗臭氧层物质的活动；通过捐赠、货样、广告物品、退运等方式将列入《中国进出口受控消耗臭氧层物质名录》的消耗臭氧层物质运入、运出中华人民共和国关境，其他法律法规另有规定的，从其规定。

《中国进出口受控消耗臭氧层物质名录》由国务院环境保护主管部门会同国务院商务主管部门、海关总署制定、调整和公布。

第三条　国家对列入《中国进出口受控消耗臭氧层物质名录》的消耗臭氧层物质实行进出口配额许可证管理。

第四条　国务院环境保护主管部门、国务院商务主管部门和海关总署联合设立国家消耗臭氧层物质进出口管理机构，对消耗臭氧层物质的进出口实行统一监督管理。

第五条　国务院环境保护主管部门根据消耗臭氧层物质淘汰进展情况，商国务院商务主管部门确定国家消耗臭氧层物质年度进出口配额总量，并在每年12月20日前公布下一年度进出口配额总量。

第六条　从事消耗臭氧层物质进出口的单位（以下简称"进出口单位"）应当具有法人资格，并依法办理对外贸易经营者备案登记手续。

第七条　进出口单位应当在每年10月31日前向国家消耗臭氧层物质进出口管理机构申请下一年度进出口配额，并提交下一年度消耗臭氧层物质进出口配额申请书和年度进出口计划表。

初次申请进出口配额的进出口单位，还应当提交法人营业执照和对外贸易经营者备案登记表，以及前三年消耗臭氧层物质进出口业绩。

申请进出口属于危险化学品的消耗臭氧层物质的单位，还应当提交安全生产监督管理部门核发的危险化学品生产、使用或者经营许可证。

未按时提交上述材料或者提交材料不齐全的，国家消耗臭氧层物质进出口管理机构不予受理配额申请。

第八条　国家消耗臭氧层物质进出口管理机构在核定进出口单位的年度进出口配额申请时，应当综合考虑下列因素：

（一）遵守法律法规情况；
（二）前三年消耗臭氧层物质进出口业绩；
（三）上一年度消耗臭氧层物质进出口计划及配额完成情况；
（四）管理水平和环境保护措施落实情况；
（五）其他影响消耗臭氧层物质进出口的因素。

第九条　国家消耗臭氧层物质进出口管理机构应当在每年12月20日前对进出口单位的进出口配额做出发放与否的决定，并予以公告。

第十条　在年度进出口配额指标内，进出口单位需要进出口消耗臭氧层物质的，应当向国家消耗臭氧层物质进出口管理机构申请领取进出口受控消耗臭氧层物质审批单，并提交下列材料：

（一）消耗臭氧层物质进出口申请书；
（二）对外贸易合同或者订单等相关材料，非生产企业还应当提交合法生产企业的供货证明；
（三）国家消耗臭氧层物质进出口管理机构认为需要提供的其他材料。

出口回收的消耗臭氧层物质的单位依法申请领取进出口受控消耗臭氧层物质审批单后，方可办理其他手续。

特殊用途的消耗臭氧层物质的出口，进出口单位应当提交进口国政府部门出具的进口许可证或者其他官方批准文件等材料。

第十一条　国家消耗臭氧层物质进出口管理机构应当自受理进出口申请之日起二十个工作日内完成审查，作出是否签发消耗臭氧层物质进出口审批单的决定，并对获准签发消耗臭氧层物质进出口审批单的进出口单位名单进行公示；未予批准的，应当书面通知申请单位并说明理由。

第十二条　消耗臭氧层物质进出口审批单实行一单一批制。审批单有效期为九十日，不得超期或者跨年度使用。

第十三条　进出口单位应当持进出口审批单，向所在地省级商务主管部门所属的发证机构申请领取消耗臭氧层物质进出口许可证。在京中央企业向国务院商务主管部门授权的发证机构申请领取消耗臭氧层物质进出口许可证。

消耗臭氧层物质进出口许可证实行一批一证制。每份进出口许可证只能报关使用一次，当年有效，不得跨年度使用。

进出口许可证的申领和管理按照国务院商务主管部门有关规定执行。

第十四条　进出口单位凭商务主管部门签发的消耗臭氧层物质进出口许可证向海关办理通关手续。

第十五条　进出口单位在领取消耗臭氧层物质进出口许可证后，实际进出口的数量少于批准的数量的，应当在完成通关手续之日起二十个工作日内向国家消耗臭氧层物质进出口管理机构报告实际进出口数量等信息。

进出口单位在领取消耗臭氧层物质进出口许可证后，实际未发生进出口的，应当在进出口许可证有效期届满之日起二十个工作日内向国家消耗臭氧层物质进出口管理机构报告。

第十六条　消耗臭氧层物质在中华人民共和国境内的海关特殊监管区域、保税监管场所与境外之间进出的，进出口单位应当依照本办法的规定申请领取进出口审批单、进出口许可证;消耗臭氧层物质在中华人民共和国境内的海关特殊监管区域、保税监管场所与境内其他区域之间进出的,或者在上述海关特殊监管区域、保税监管场所之间进出的,不需要申请领取进出口审批单、进出口许可证。

第十七条 进出口单位应当按照进出口审批单或者进出口许可证载明的内容从事消耗臭氧层物质的进出口活动。发生与进出口审批单或者进出口许可证载明的内容不符的情形的,进出口单位应当重新申请领取进出口审批单或者进出口许可证。

第十八条 国家消耗臭氧层物质进出口管理机构建立消耗臭氧层物质进出口数据信息管理系统,收集、汇总消耗臭氧层物质的进出口数据信息。

国务院环境保护主管部门、商务主管部门、海关总署以及省级环境保护主管部门应当建立信息共享机制,及时通报消耗臭氧层物质进出口、进出口单位信息和违法情况等信息。

第十九条 县级以上环境保护主管部门、商务主管部门、海关等有关部门有权依法对进出口单位的消耗臭氧层物质进出口活动进行监督检查。被检查单位必须如实反映情况,提供必要资料,不得拒绝和阻碍。检查部门对监督检查中知悉的商业秘密负有保密义务。

第二十条 进出口单位当年不能足额使用的进出口配额,应当于当年10月31日前报告并交还国家消耗臭氧层物质进出口管理机构。国家消耗臭氧层物质进出口管理机构可以根据实际情况对年度配额进行调整分配。

进出口单位未按期交还进出口配额并且在当年年底前未足额使用的,国家消耗臭氧层物质进出口管理机构可以核减或者取消其下一年度的进出口配额。

第二十一条 进出口单位以欺骗、贿赂等不正当手段取得消耗臭氧层物质进出口年度配额、消耗臭氧层物质进出口审批单或者进出口许可证的,依照《中华人民共和国行政许可法》的规定,由国家消耗臭氧层物质进出口管理机构撤销其消耗臭氧层物质进出口审批单,或者由商务主管部门撤销其消耗臭氧层物质进出口许可证,并由国家消耗臭氧层物质进出口管理机构酌情核减或者取消进出口单位本年度或者下一年度的进出口配额;构成犯罪的,依法移送司法机关追究刑事责任。

进出口单位对本办法第七条、第十条要求申请人提交的数据、材料有谎报、瞒报情形的,国家消耗臭氧层物质进出口管理机构除给予前款规定处罚外,还应当将违法事实通报给进出口单位所在地县级以上地方环境保护主管部门,并由进出口单位所在地县级以上地方环境保护主管部门依照《消耗臭氧层物质管理条例》第三十八条的规定予以处罚。

第二十二条 进出口单位倒卖、出租、出借进出口审批单或者进出口许可证的,由国家消耗臭氧层物质进出口管理机构撤销其消耗臭氧层物质进出口审批单,或者由商务主管部门撤销其消耗臭氧层物质进出口许可证,并由国家消耗臭氧层物质进出口管理机构取消其当年配额,禁止其三年内再次申请消耗臭氧层物质进出口配额;构成犯罪的,依法移送司法机关追究刑事责任。

第二十三条 进出口单位使用虚假进出口审批单或者进出口许可证的,由国家消耗臭氧层物质进出口管理机构取消其当年进出口配额,禁止其再次申请消耗臭氧层物质进出口配额;构成犯罪的,依法移送司法机关追究刑事责任。

第二十四条 进出口单位无进出口许可证或者超出进出口许可证的规定进出口消耗臭氧层物质的,或者违反海关有关规定进出口消耗臭氧层物质的,或者走私消耗臭氧层物质的,由海关依法处罚;构成犯罪的,依法移送司法机关追究刑事责任。国家消耗臭氧层物质进出口管理机构可以根据进出口单位违法行为情节轻重,禁止其再次申请消耗臭氧层物质进出口配额。

第二十五条 负有消耗臭氧层物质进出口监督管理职责的部门及其工作人员有下列行为之一的,对直接负责的主管人员和其他直接责任人员,依法给予处分;构成犯罪的,依法移送司法机关追究刑事责任:

(一)违反本办法规定发放消耗臭氧层物质进出口配额的;

(二)违反本办法规定签发消耗臭氧层物质进出口审批单或者进出口许可证的;

(三)对发现的违反本办法的行为不依法查处的;

(四)在办理消耗臭氧层物质进出口以及实施监督检查的过程中,索取、收受他人财物或者谋取其他利益的;

(五)其他徇私舞弊、滥用职权、玩忽职守行为。

第二十六条 本办法规定的消耗臭氧层物质进出口配额申请书、年度进出口计划表、消耗臭氧层物质进出口申请书、进出口受控消耗臭氧层物质审批单、消耗臭氧层物质进出口单位年度环保备案表、回收证明等文件格式由国家消耗臭氧层物质进出口管理机构统一制定并公布。

第二十七条 本办法由国务院环境保护主管部门商

国务院商务主管部门、海关总署解释。

第二十八条 本办法自2014年3月1日起施行。原国家环境保护总局发布的《消耗臭氧层物质进出口管理办法》(环发〔1999〕278号)和原国家环境保护总局、原对外贸易经济合作部、海关总署发布的《关于加强对消耗臭氧层物质进出口管理的规定》(环发〔2000〕85号)同时废止。

生活垃圾焚烧发电厂自动监测数据应用管理规定

· 2019年11月21日生态环境部令第10号公布
· 自2020年1月1日起施行

第一条 为规范生活垃圾焚烧发电厂自动监测数据使用,推动生活垃圾焚烧发电厂达标排放,依法查处环境违法行为,根据《中华人民共和国环境保护法》《中华人民共和国大气污染防治法》等法律法规,制定本规定。

第二条 本规定适用于投入运行的生活垃圾焚烧发电厂(以下简称垃圾焚烧厂)。

第三条 设区的市级以上地方生态环境主管部门应当将垃圾焚烧厂列入重点排污单位名录。

垃圾焚烧厂应当按照有关法律法规和标准规范安装使用自动监测设备,与生态环境主管部门的监控设备联网。

垃圾焚烧厂应当按照《固定污染源烟气(SO_2、NO_X、颗粒物)排放连续监测技术规范》(HJ75)等标准规范要求,对自动监测设备开展质量控制和质量保证工作,保证自动监测设备正常运行,保存原始监测记录,并确保自动监测数据的真实、准确、完整、有效。

第四条 垃圾焚烧厂应当按照生活垃圾焚烧发电厂自动监测数据标记规则(以下简称标记规则),及时在自动监控系统企业端,如实标记每台焚烧炉工况和自动监测异常情况。

自动监测设备发生故障,或者进行检修、校准的,垃圾焚烧厂应当按照标记规则及时标记;未标记的,视为数据有效。

第五条 生态环境主管部门可以利用自动监控系统收集环境违法行为证据。自动监测数据可以作为判定垃圾焚烧厂是否存在环境违法行为的证据。

第六条 一个自然日内,垃圾焚烧厂任一焚烧炉排放烟气中颗粒物、氮氧化物、二氧化硫、氯化氢、一氧化碳等污染物的自动监测日均值数据,有一项或者一项以上超过《生活垃圾焚烧污染控制标准》(GB18485)或者地方污染物排放标准规定的相应污染物24小时均值限值或者日均值限值,可以认定其污染物排放超标。

自动监测日均值数据的计算,按照《污染物在线监控(监测)系统数据传输标准》(HJ212)执行。

对二噁英类等暂不具备自动监测条件的污染物,以生态环境主管部门执法监测获取的监测数据作为超标判定依据。

第七条 垃圾焚烧厂应当按照国家有关规定,确保正常工况下焚烧炉炉膛内热电偶测量温度的5分钟均值不低于850℃。

第八条 生态环境主管部门开展行政执法时,可以按照监测技术规范要求采集一个样品进行执法监测,获取的监测数据可以作为行政执法的证据。

生态环境主管部门执法监测获取的监测数据与自动监测数据不一致的,以生态环境主管部门执法监测获取的监测数据作为行政执法的证据。

第九条 生态环境主管部门执法人员现场调查取证时,应当提取自动监测数据,制作调查询问笔录或者现场检查(勘察)笔录,并对提取过程进行拍照或者摄像,或者采取其他方式记录执法过程。

经现场调查核实垃圾焚烧厂污染物超标排放行为属实的,生态环境主管部门应当当场责令垃圾焚烧厂改正违法行为,并依法下达责令改正违法行为决定书。

生态环境主管部门执法人员现场调查时,可以根据垃圾焚烧厂的违法情形,收集下列证据:

(一)当事人的身份证明;
(二)调查询问笔录或者现场检查(勘察)笔录;
(三)提取的热电偶测量温度的五分钟均值数据、自动监测日均值数据或者数据缺失情况;
(四)自动监测设备运行参数记录、运行维护记录;
(五)相关生产记录、污染防治设施运行管理台账等;
(六)自动监控系统企业端焚烧炉工况、自动监测异常情况数据及标记记录;
(七)其他需要的证据。

生态环境主管部门执法人员现场从自动监测设备提取的数据,应当由垃圾焚烧厂直接负责的主管人员或者其他责任人员签字确认。

第十条 根据本规定第六条认定为污染物排放超标的,依照《中华人民共和国大气污染防治法》第九十九条第二项的规定处罚。对一个自然月内累计超标5天以上的,应当依法责令限制生产或者停产整治。

垃圾焚烧厂存在下列情形之一,按照标记规则及时在自动监控系统企业端如实标记的，不认定为污染物排放超标：

（一）一个自然年内，每台焚烧炉标记为"启炉""停炉""故障""事故"，且颗粒物浓度的小时均值不大于150毫克/立方米的时段，累计不超过60小时的；

（二）一个自然年内，每台焚烧炉标记为"烘炉""停炉降温"的时段，累计不超过700小时的；

（三）标记为"停运"的。

第十一条　垃圾焚烧厂正常工况下焚烧炉炉膛内热电偶测量温度的五分钟均值低于850℃，一个自然日内累计超过5次的，认定为"未按照国家有关规定采取有利于减少持久性有机污染物排放的技术方法和工艺"，依照《中华人民共和国大气污染防治法》第一百一十七条第七项的规定处罚。

下列情形不认定为"未按照国家有关规定采取有利于减少持久性有机污染物排放的技术方法和工艺"：

（一）因不可抗力导致焚烧炉炉膛内热电偶测量温度的五分钟均值低于850℃，提前采取了有效措施控制烟气中二噁英类污染物排放，按照标记规则标记为"炉温异常"的；

（二）标记为"停运"的。

第十二条　垃圾焚烧厂违反本规定第三条第三款，导致自动监测数据缺失或者无效的，认定为"未保证自动监测设备正常运行"，依照《中华人民共和国大气污染防治法》第一百条第三项的规定处罚。

下列情形不认定为"未保证自动监测设备正常运行"：

（一）在一个季度内，每台焚烧炉标记为"烟气排放连续监测系统（CEMS）维护"的时段，累计不超过30小时的；

（二）标记为"停运"的。

第十三条　垃圾焚烧厂通过下列行为排放污染物的，认定为"通过逃避监管的方式排放大气污染物"，依照《中华人民共和国大气污染防治法》第九十九条第三项的规定处罚：

（一）未按照标记规则虚假标记的；

（二）篡改、伪造自动监测数据的。

第十四条　垃圾焚烧厂任一焚烧炉出现污染物排放超标，或者未按照国家有关规定采取有利于减少持久性有机污染物排放的技术方法和工艺的情形，持续数日的，按照其违法的日数依法分别处罚；不同焚烧炉分别出现上述违法情形的，依法分别处罚。

第十五条　垃圾焚烧厂5日内多次出现污染物超标排放，或者未按照国家有关规定采取有利于减少持久性有机污染物排放的技术方法和工艺的情形的，生态环境主管部门执法人员可以合并开展现场调查，分别收集每个违法行为的证据，分别制作行政处罚决定书或者列入同一行政处罚决定书。

第十六条　篡改、伪造自动监测数据或者干扰自动监测设备排放污染物，涉嫌构成犯罪的，生态环境主管部门应当依法移送司法机关，追究刑事责任。

第十七条　垃圾焚烧厂因污染物排放超标等环境违法行为被依法处罚的，应当依照国家有关规定，核减或者暂停拨付其国家可再生能源电价附加补贴资金。

第十八条　生活垃圾焚烧发电厂自动监测数据标记规则由生态环境部另行制定。

第十九条　本规定由生态环境部负责解释。

第二十条　本规定自2020年1月1日起施行。

碳排放权交易管理办法（试行）

· 2020年12月25日生态环境部部务会议审议通过
· 2020年12月31日生态环境部令第19号公布
· 自2021年2月1日起施行

第一章　总　则

第一条　为落实党中央、国务院关于建设全国碳排放权交易市场的决策部署，在应对气候变化和促进绿色低碳发展中充分发挥市场机制作用，推动温室气体减排，规范全国碳排放权交易及相关活动，根据国家有关温室气体排放控制的要求，制定本办法。

第二条　本办法适用于全国碳排放权交易及相关活动，包括碳排放配额分配和清缴，碳排放权登记、交易、结算，温室气体排放报告与核查等活动，以及对前述活动的监督管理。

第三条　全国碳排放权交易及相关活动应当坚持市场导向、循序渐进、公平公开和诚实守信的原则。

第四条　生态环境部按照国家有关规定建设全国碳排放权交易市场。

全国碳排放权交易市场覆盖的温室气体种类和行业范围，由生态环境部拟订，按程序报批后实施，并向社会公开。

第五条　生态环境部按照国家有关规定，组织建立全国碳排放权注册登记机构和全国碳排放权交易机构，组织建设全国碳排放权注册登记系统和全国碳排放权交易系统。

全国碳排放权注册登记机构通过全国碳排放权注册登记系统，记录碳排放配额的持有、变更、清缴、注销等信息，并提供结算服务。全国碳排放权注册登记系统记录的信息是判断碳排放配额归属的最终依据。

全国碳排放权交易机构负责组织开展全国碳排放权集中统一交易。

全国碳排放权注册登记机构和全国碳排放权交易机构应当定期向生态环境部报告全国碳排放权登记、交易、结算等活动和机构运行有关情况，以及应当报告的其他重大事项，并保证全国碳排放权注册登记系统和全国碳排放权交易系统安全稳定可靠运行。

第六条 生态环境部负责制定全国碳排放权交易及相关活动的技术规范，加强对地方碳排放配额分配、温室气体排放报告与核查的监督管理，并会同国务院其他有关部门对全国碳排放权交易及相关活动进行监督管理和指导。

省级生态环境主管部门负责在本行政区域内组织开展碳排放配额分配和清缴、温室气体排放报告的核查等相关活动，并进行监督管理。

设区的市级生态环境主管部门负责配合省级生态环境主管部门落实相关具体工作，并根据本办法有关规定实施监督管理。

第七条 全国碳排放权注册登记机构和全国碳排放权交易机构及其工作人员，应当遵守全国碳排放权交易及相关活动的技术规范，并遵守国家其他有关主管部门关于交易监管的规定。

第二章 温室气体重点排放单位

第八条 温室气体排放单位符合下列条件的，应当列入温室气体重点排放单位（以下简称重点排放单位）名录：

（一）属于全国碳排放权交易市场覆盖行业；

（二）年度温室气体排放量达到2.6万吨二氧化碳当量。

第九条 省级生态环境主管部门应当按照生态环境部的有关规定，确定本行政区域重点排放单位名录，向生态环境部报告，并向社会公开。

第十条 重点排放单位应当控制温室气体排放，报告碳排放数据，清缴碳排放配额，公开交易及相关活动信息，并接受生态环境主管部门的监督管理。

第十一条 存在下列情形之一的，确定名录的省级生态环境主管部门应当将相关温室气体排放单位从重点排放单位名录中移出：

（一）连续二年温室气体排放未达到2.6万吨二氧化碳当量的；

（二）因停业、关闭或者其他原因不再从事生产经营活动，因而不再排放温室气体的。

第十二条 温室气体排放单位申请纳入重点排放单位名录的，确定名录的省级生态环境主管部门应当进行核实；经核实符合本办法第八条规定条件的，应当将其纳入重点排放单位名录。

第十三条 纳入全国碳排放权交易市场的重点排放单位，不再参与地方碳排放权交易试点市场。

第三章 分配与登记

第十四条 生态环境部根据国家温室气体排放控制要求，综合考虑经济增长、产业结构调整、能源结构优化、大气污染物排放协同控制等因素，制定碳排放配额总量确定与分配方案。

省级生态环境主管部门应当根据生态环境部制定的碳排放配额总量确定与分配方案，向本行政区域内的重点排放单位分配规定年度的碳排放配额。

第十五条 碳排放配额分配以免费分配为主，可以根据国家有关要求适时引入有偿分配。

第十六条 省级生态环境主管部门确定碳排放配额后，应当书面通知重点排放单位。

重点排放单位对分配的碳排放配额有异议的，可以自接到通知之日起七个工作日内，向分配配额的省级生态环境主管部门申请复核；省级生态环境主管部门应当自接到复核申请之日起十个工作日内，作出复核决定。

第十七条 重点排放单位应当在全国碳排放权注册登记系统开立账户，进行相关业务操作。

第十八条 重点排放单位发生合并、分立等情形需要变更单位名称、碳排放配额等事项的，应当报经所在地省级生态环境主管部门审核后，向全国碳排放权注册登记机构申请变更登记。全国碳排放权注册登记机构应当通过全国碳排放权注册登记系统进行变更登记，并向社会公开。

第十九条 国家鼓励重点排放单位、机构和个人，出于减少温室气体排放等公益目的自愿注销其所持有的碳排放配额。

自愿注销的碳排放配额，在国家碳排放配额总量中予以等量核减，不再进行分配、登记或者交易。相关注销情况应当向社会公开。

第四章 排放交易

第二十条 全国碳排放权交易市场的交易产品为碳

排放配额,生态环境部可以根据国家有关规定适时增加其他交易产品。

第二十一条 重点排放单位以及符合国家有关交易规则的机构和个人,是全国碳排放权交易市场的交易主体。

第二十二条 碳排放权交易应当通过全国碳排放权交易系统进行,可以采取协议转让、单向竞价或者其他符合规定的方式。

全国碳排放权交易机构应当按照生态环境部有关规定,采取有效措施,发挥全国碳排放权交易市场引导温室气体减排的作用,防止过度投机的交易行为,维护市场健康发展。

第二十三条 全国碳排放权注册登记机构应当根据全国碳排放权交易机构提供的成交结果,通过全国碳排放权注册登记系统为交易主体及时更新相关信息。

第二十四条 全国碳排放权注册登记机构和全国碳排放权交易机构应当按照国家有关规定,实现数据及时、准确、安全交换。

第五章 排放核查与配额清缴

第二十五条 重点排放单位应当根据生态环境部制定的温室气体排放核算与报告技术规范,编制该单位上一年度的温室气体排放报告,载明排放量,并于每年3月31日前报生产经营场所所在地的省级生态环境主管部门。排放报告所涉数据的原始记录和管理台账应当至少保存五年。

重点排放单位对温室气体排放报告的真实性、完整性、准确性负责。

重点排放单位编制的年度温室气体排放报告应当定期公开,接受社会监督,涉及国家秘密和商业秘密的除外。

第二十六条 省级生态环境主管部门应当组织开展对重点排放单位温室气体排放报告的核查,并将核查结果告知重点排放单位。核查结果应当作为重点排放单位碳排放配额清缴依据。

省级生态环境主管部门可以通过政府购买服务的方式委托技术服务机构提供核查服务。技术服务机构应当对提交的核查结果的真实性、完整性和准确性负责。

第二十七条 重点排放单位对核查结果有异议的,可以自被告知核查结果之日起七个工作日内,向组织核查的省级生态环境主管部门申请复核;省级生态环境主管部门应当自接到复核申请之日起十个工作日内,作出复核决定。

第二十八条 重点排放单位应当在生态环境部规定的时限内,向分配配额的省级生态环境主管部门清缴上年度的碳排放配额。清缴量应当大于等于省级生态环境主管部门核查结果确认的该单位上年度温室气体实际排放量。

第二十九条 重点排放单位每年可以使用国家核证自愿减排量抵销碳排放配额的清缴,抵销比例不得超过应清缴碳排放配额的5%。相关规定由生态环境部另行制定。

用于抵销的国家核证自愿减排量,不得来自纳入全国碳排放权交易市场配额管理的减排项目。

第六章 监督管理

第三十条 上级生态环境主管部门应当加强对下级生态环境主管部门的重点排放单位名录确定、全国碳排放权交易及相关活动情况的监督检查和指导。

第三十一条 设区的市级以上地方生态环境主管部门根据对重点排放单位温室气体排放报告的核查结果,确定监督检查重点和频次。

设区的市级以上地方生态环境主管部门应当采取"双随机、一公开"的方式,监督检查重点排放单位温室气体排放和碳排放配额清缴情况,相关情况按程序报生态环境部。

第三十二条 生态环境部和省级生态环境主管部门,应当按照职责分工,定期公开重点排放单位年度碳排放配额清缴情况等信息。

第三十三条 全国碳排放权注册登记机构和全国碳排放权交易机构应当遵守国家交易监管等相关规定,建立风险管理机制和信息披露制度,制定风险管理预案,及时公布碳排放权登记、交易、结算等信息。

全国碳排放权注册登记机构和全国碳排放权交易机构的工作人员不得利用职务便利谋取不正当利益,不得泄露商业秘密。

第三十四条 交易主体违反本办法关于碳排放权注册登记、结算或者交易相关规定的,全国碳排放权注册登记机构和全国碳排放权交易机构可以按照国家有关规定,对其采取限制交易措施。

第三十五条 鼓励公众、新闻媒体等对重点排放单位和其他交易主体的碳排放权交易及相关活动进行监督。

重点排放单位和其他交易主体应当按照生态环境部有关规定,及时公开有关全国碳排放权交易及相关活动信息,自觉接受公众监督。

第三十六条 公民、法人和其他组织发现重点排放单位和其他交易主体有违反本办法规定行为的,有权向设区的市级以上地方生态环境主管部门举报。

接受举报的生态环境主管部门应当依法予以处理，并按照有关规定反馈处理结果，同时为举报人保密。

第七章 罚 则

第三十七条 生态环境部、省级生态环境主管部门、设区的市级生态环境主管部门的有关工作人员，在全国碳排放权交易及相关活动的监督管理中滥用职权、玩忽职守、徇私舞弊的，由其上级行政机关或者监察机关责令改正，并依法给予处分。

第三十八条 全国碳排放权注册登记机构和全国碳排放权交易机构及其工作人员违反本办法规定，有下列行为之一的，由生态环境部依法给予处分，并向社会公开处理结果：

（一）利用职务便利谋取不正当利益的；

（二）有其他滥用职权、玩忽职守、徇私舞弊行为的。

全国碳排放权注册登记机构和全国碳排放权交易机构及其工作人员违反本办法规定，泄露有关商业秘密或者有构成其他违反国家交易监管规定行为的，依照其他有关规定处理。

第三十九条 重点排放单位虚报、瞒报温室气体排放报告，或者拒绝履行温室气体排放报告义务的，由其生产经营场所所在地设区的市级以上地方生态环境主管部门责令限期改正，处一万元以上三万元以下的罚款。逾期未改正的，由重点排放单位生产经营场所所在地的省级生态环境主管部门测算其温室气体实际排放量，并将该排放量作为碳排放配额清缴的依据；对虚报、瞒报部分，等量核减其下一年度碳排放配额。

第四十条 重点排放单位未按时足额清缴碳排放配额的，由其生产经营场所所在地设区的市级以上地方生态环境主管部门责令限期改正，处二万元以上三万元以下的罚款；逾期未改正的，对欠缴部分，由重点排放单位生产经营场所所在地的省级生态环境主管部门等量核减其下一年度碳排放配额。

第四十一条 违反本办法规定，涉嫌构成犯罪的，有关生态环境主管部门应当依法移送司法机关。

第八章 附 则

第四十二条 本办法中下列用语的含义：

（一）温室气体：是指大气中吸收和重新放出红外辐射的自然和人为的气态成分，包括二氧化碳（CO_2）、甲烷（CH_4）、氧化亚氮（N_2O）、氢氟碳化物（HFCs）、全氟化碳（PFCs）、六氟化硫（SF_6）和三氟化氮（NF_3）。

（二）碳排放：是指煤炭、石油、天然气等化石能源燃烧活动和工业生产过程以及土地利用变化与林业等活动产生的温室气体排放，也包括因使用外购的电力和热力等所导致的温室气体排放。

（三）碳排放权：是指分配给重点排放单位的规定时期内的碳排放额度。

（四）国家核证自愿减排量：是指对我国境内可再生能源、林业碳汇、甲烷利用等项目的温室气体减排效果进行量化核证，并在国家温室气体自愿减排交易注册登记系统中登记的温室气体减排量。

第四十三条 本办法自 2021 年 2 月 1 日起施行。

温室气体自愿减排交易管理办法（试行）

· 2023 年 10 月 19 日生态环境部、市场监管总局令第 31 号公布

· 自公布之日起施行

第一章 总 则

第一条 为了推动实现我国碳达峰碳中和目标，控制和减少人为活动产生的温室气体排放，鼓励温室气体自愿减排行为，规范全国温室气体自愿减排交易及相关活动，根据党中央、国务院关于建设全国温室气体自愿减排交易市场的决策部署以及相关法律法规，制定本办法。

第二条 全国温室气体自愿减排交易及相关活动的监督管理，适用本办法。

第三条 全国温室气体自愿减排交易及相关活动应当坚持市场导向，遵循公平、公正、公开、诚信和自愿的原则。

第四条 中华人民共和国境内依法成立的法人和其他组织，可以依照本办法开展温室气体自愿减排活动，申请温室气体自愿减排项目和减排量的登记。

符合国家有关规定的法人、其他组织和自然人，可以依照本办法参与温室气体自愿减排交易。

第五条 生态环境部按照国家有关规定建设全国温室气体自愿减排交易市场，负责制定全国温室气体自愿减排交易及相关活动的管理要求和技术规范，并对全国温室气体自愿减排交易及相关活动进行监督管理和指导。

省级生态环境主管部门负责对本行政区域内温室气体自愿减排交易及相关活动进行监督管理。

设区的市级生态环境主管部门配合省级生态环境主管部门对本行政区域内温室气体自愿减排交易及相关活

动实施监督管理。

市场监管部门、生态环境主管部门根据职责分工,对从事温室气体自愿减排项目审定与减排量核查的机构(以下简称审定与核查机构)及其审定与核查活动进行监督管理。

第六条 生态环境部按照国家有关规定,组织建立统一的全国温室气体自愿减排注册登记机构(以下简称注册登记机构),组织建设全国温室气体自愿减排注册登记系统(以下简称注册登记系统)。

注册登记机构负责注册登记系统的运行和管理,通过该系统受理温室气体自愿减排项目和减排量的登记、注销申请,记录温室气体自愿减排项目相关信息和核证自愿减排量的登记、持有、变更、注销等信息。注册登记系统记录的信息是判断核证自愿减排量归属和状态的最终依据。

注册登记机构可以按照国家有关规定,制定温室气体自愿减排项目和减排量登记的具体业务规则,并报生态环境部备案。

第七条 生态环境部按照国家有关规定,组织建立统一的全国温室气体自愿减排交易机构(以下简称交易机构),组织建设全国温室气体自愿减排交易系统(以下简称交易系统)。

交易机构负责交易系统的运行和管理,提供核证自愿减排量的集中统一交易与结算服务。

交易机构应当按照国家有关规定采取有效措施,维护市场健康发展,防止过度投机,防范金融等方面的风险。

交易机构可以按照国家有关规定,制定核证自愿减排量交易的具体业务规则,并报生态环境部备案。

第八条 生态环境部负责组织制定并发布温室气体自愿减排项目方法学(以下简称项目方法学)等技术规范,作为相关领域自愿减排项目审定、实施与减排量核算、核查的依据。

项目方法学应当规定适用条件、减排量核算方法、监测方法、项目审定与减排量核查要求等内容,并明确可申请项目减排量登记的时间期限。

项目方法学应当根据经济社会发展、产业结构调整、行业发展阶段、应对气候变化政策等因素及时修订,条件成熟时纳入国家标准体系。

第二章 项目审定与登记

第九条 申请登记的温室气体自愿减排项目应当有利于降碳增汇,能够避免、减少温室气体排放,或者实现温室气体的清除。

第十条 申请登记的温室气体自愿减排项目应当具备下列条件:

(一)具备真实性、唯一性和额外性;
(二)属于生态环境部发布的项目方法学支持领域;
(三)于2012年11月8日之后开工建设;
(四)符合生态环境部规定的其他条件。

属于法律法规、国家政策规定有温室气体减排义务的项目,或者纳入全国和地方碳排放权交易市场配额管理的项目,不得申请温室气体自愿减排项目登记。

第十一条 申请温室气体自愿减排项目登记的法人或者其他组织(以下简称项目业主)应当按照项目方法学等相关技术规范要求编制项目设计文件,并委托审定与核查机构对项目进行审定。

项目设计文件所涉数据和信息的原始记录、管理台账应当在该项目最后一期减排量登记后至少保存十年。

第十二条 项目业主申请温室气体自愿减排项目登记前,应当通过注册登记系统公示项目设计文件,并对公示材料的真实性、完整性和有效性负责。

项目业主公示项目设计文件时,应当同步公示其所委托的审定与核查机构的名称。

项目设计文件公示期为二十个工作日。公示期间,公众可以通过注册登记系统提出意见。

第十三条 审定与核查机构应当按照国家有关规定对申请登记的温室气体自愿减排项目的以下事项进行审定,并出具项目审定报告,上传至注册登记系统,同时向社会公开:

(一)是否符合相关法律法规、国家政策;
(二)是否属于生态环境部发布的项目方法学支持领域;
(三)项目方法学的选择和使用是否得当;
(四)是否具备真实性、唯一性和额外性;
(五)是否符合可持续发展要求,是否对可持续发展各方面产生不利影响。

项目审定报告应当包括肯定或者否定的项目审定结论,以及项目业主对公示期间收到的公众意见处理情况的说明。

审定与核查机构应当对项目审定报告的合规性、真实性、准确性负责,并在项目审定报告中作出承诺。

第十四条 审定与核查机构出具项目审定报告后,项目业主可以向注册登记机构申请温室气体自愿减排项目登记。

项目业主申请温室气体自愿减排项目登记时，应当通过注册登记系统提交项目申请表和审定与核查机构上传的项目设计文件、项目审定报告，并附具对项目唯一性以及所提供材料真实性、完整性和有效性负责的承诺书。

第十五条 注册登记机构对项目业主提交材料的完整性、规范性进行审核，在收到申请材料之日起十五个工作日内对审核通过的温室气体自愿减排项目进行登记，并向社会公开项目登记情况以及项目业主提交的全部材料；申请材料不完整、不规范的，不予登记，并告知项目业主。

第十六条 已登记的温室气体自愿减排项目出现项目业主主体灭失、项目不复存续等情形的，注册登记机构调查核实后，对已登记的项目进行注销。

项目业主可以自愿向注册登记机构申请对已登记的温室气体自愿减排项目进行注销。

温室气体自愿减排项目注销情况应当通过注册登记系统向社会公开；注销后的项目不得再次申请登记。

第三章 减排量核查与登记

第十七条 经注册登记机构登记的温室气体自愿减排项目可以申请项目减排量登记。申请登记的项目减排量应当可测量、可追溯、可核查，并具备下列条件：

（一）符合保守性原则；

（二）符合生态环境部发布的项目方法学；

（三）产生于2020年9月22日之后；

（四）在可申请项目减排量登记的时间期限内；

（五）符合生态环境部规定的其他条件。

项目业主可以分期申请项目减排量登记。每期申请登记的项目减排量的产生时间应当在其申请登记之日前五年以内。

第十八条 项目业主申请项目减排量登记的，应当按照项目方法学等相关技术规范要求编制减排量核算报告，并委托审定与核查机构对减排量进行核查。项目业主不得委托负责项目审定的审定与核查机构开展该项目的减排量核查。

减排量核算报告所涉数据和信息的原始记录、管理台账应当在该温室气体自愿减排项目最后一期减排量登记后至少保存十年。

项目业主应当加强对温室气体自愿减排项目实施情况的日常监测。鼓励项目业主采用信息化、智能化措施加强数据管理。

第十九条 项目业主申请项目减排量登记前，应当通过注册登记系统公示减排量核算报告，并对公示材料的真实性、完整性和有效性负责。

项目业主公示减排量核算报告时，应当同步公示其所委托的审定与核查机构的名称。

减排量核算报告公示期为二十个工作日。公示期间，公众可以通过注册登记系统提出意见。

第二十条 审定与核查机构应当按照国家有关规定对减排量核算报告的下列事项进行核查，并出具减排量核查报告，上传至注册登记系统，同时向社会公开：

（一）是否符合项目方法学等相关技术规范要求；

（二）项目是否按照项目设计文件实施；

（三）减排量核算是否符合保守性原则。

减排量核查报告应当确定经核查的减排量，并说明项目业主对公示期间收到的公众意见处理情况。

审定与核查机构应当对减排量核查报告的合规性、真实性、准确性负责，并在减排量核查报告中作出承诺。

第二十一条 审定与核查机构出具减排量核查报告后，项目业主可以向注册登记机构申请项目减排量登记；申请登记的项目减排量应当与减排量核查报告确定的减排量一致。

项目业主申请项目减排量登记时，应当通过注册登记系统提交项目减排量申请表和审定与核查机构上传的减排量核算报告、减排量核查报告，并附具对减排量核算报告真实性、完整性和有效性负责的承诺书。

第二十二条 注册登记机构对项目业主提交材料的完整性、规范性进行审核，在收到申请材料之日起十五个工作日内对审核通过的项目减排量进行登记，并向社会公开减排量登记情况以及项目业主提交的全部材料；申请材料不完整、不规范的，不予登记，并告知项目业主。

经登记的项目减排量称为"核证自愿减排量"，单位以"吨二氧化碳当量（tCO2e）"计。

第四章 减排量交易

第二十三条 全国温室气体自愿减排交易市场的交易产品为核证自愿减排量。生态环境部可以根据国家有关规定适时增加其他交易产品。

第二十四条 从事核证自愿减排量交易的交易主体，应当在注册登记系统和交易系统开设账户。

第二十五条 核证自愿减排量的交易应当通过交易系统进行。

核证自愿减排量交易可以采取挂牌协议、大宗协议、单向竞价及其他符合规定的交易方式。

第二十六条 注册登记机构根据交易机构提供的成交结果，通过注册登记系统为交易主体及时变更核证自愿减排量的持有数量和持有状态等相关信息。

注册登记机构和交易机构应当按照国家有关规定，实现系统间数据及时、准确、安全交换。

第二十七条 交易主体违反关于核证自愿减排量登记、结算或者交易相关规定的，注册登记机构和交易机构可以按照国家有关规定，对其采取限制交易措施。

第二十八条 核证自愿减排量按照国家有关规定用于抵销全国碳排放权交易市场和地方碳排放权交易市场碳排放配额清缴、大型活动碳中和、抵销企业温室气体排放等用途的，应当在注册登记系统中予以注销。

鼓励参与主体为了公益目的，自愿注销其所持有的核证自愿减排量。

第二十九条 核证自愿减排量跨境交易和使用的具体规定，由生态环境部会同有关部门另行制定。

第五章 审定与核查机构管理

第三十条 审定与核查机构纳入认证机构管理，应当按照《中华人民共和国认证认可条例》《认证机构管理办法》等关于认证机构的规定，公正、独立和有效地从事审定与核查活动。

审定与核查机构应当具备与从事审定与核查活动相适应的技术和管理能力，并且符合以下条件：

（一）具备开展审定与核查活动相配套的固定办公场所和必要的设施；

（二）具备十名以上相应领域具有审定与核查能力的专职人员，其中至少有五名人员具有二年及以上温室气体排放审定与核查工作经历；

（三）建立完善的审定与核查活动管理制度；

（四）具备开展审定与核查活动所需的稳定的财务支持，建立与业务风险相适应的风险基金或者保险，有应对风险的能力；

（五）符合审定与核查机构相关标准要求；

（六）近五年无严重失信记录。

开展审定与核查机构审批时，市场监管总局会同生态环境部根据工作需要制定并公布审定与核查机构需求信息，组织相关领域专家组成专家评审委员会，对审批申请进行评审，经审核并征求生态环境部同意后，按照资源合理利用、公平竞争和便利、有效的原则，作出是否批准的决定。

审定与核查机构在获得批准后，方可进行相关审定与核查活动。

第三十一条 审定与核查机构应当遵守法律法规和市场监管总局、生态环境部发布的相关规定，在批准的业务范围内开展相关活动，保证审定与核查活动过程的完整、客观、真实，并做出完整记录，归档留存，确保审定与核查过程和结果具有可追溯性。鼓励审定与核查机构获得认可。

审定与核查机构应当加强行业自律。审定与核查机构及其工作人员应当对其出具的审定报告与核查报告的合规性、真实性、准确性负责，不得弄虚作假，不得泄露项目业主的商业秘密。

第三十二条 审定与核查机构应当每年向市场监管总局和生态环境部提交工作报告，并对报告内容的真实性负责。

审定与核查机构提交的工作报告应当对审定与核查机构遵守项目审定与减排量核查法律法规和技术规范的情况、从事审定与核查活动的情况、从业人员的工作情况等作出说明。

第三十三条 市场监管总局、生态环境部共同组建审定与核查技术委员会，协调解决审定与核查有关技术问题，研究提出相关工作建议，提升审定与核查活动的一致性、科学性和合理性，为审定与核查活动监督管理提供技术支撑。

第六章 监督管理

第三十四条 生态环境部负责指导督促地方对温室气体自愿减排交易及相关活动开展监督检查，查处具有典型意义和重大社会影响的违法行为。

省级生态环境主管部门可以会同有关部门，对已登记的温室气体自愿减排项目与核证自愿减排量的真实性、合规性组织开展监督检查，受理对本行政区域内温室气体自愿减排项目提出的公众举报，查处违法行为。

设区的市级生态环境主管部门按照省级生态环境主管部门的统一部署配合开展现场检查。

省级以上生态环境主管部门可以通过政府购买服务等方式，委托依法成立的技术服务机构提供监督检查方面的技术支撑。

第三十五条 市场监管部门依照法律法规和相关规定，对审定与核查活动实施日常监督检查，查处违法行为。结合随机抽查、行政处罚、投诉举报、严重失信名单以及大数据分析等信息，对审定与核查机构实行分类监管。

生态环境主管部门与市场监管部门建立信息共享与协调工作机制。对于监督检查过程中发现的审定与核查活动问题线索，生态环境主管部门应当及时向市场监管部门移交。

第三十六条 生态环境主管部门对项目业主进行监督检查时,可以采取下列措施:

(一)要求被检查单位提供有关资料,查阅、复制相关信息;

(二)进入被检查单位的生产、经营、储存等场所进行调查;

(三)询问被检查单位负责人或者其他有关人员;

(四)要求被检查单位就执行本办法规定的有关情况作出说明。

被检查单位应当予以配合,如实反映情况,提供必要资料,不得拒绝和阻挠。

第三十七条 生态环境主管部门、市场监管部门、注册登记机构、交易机构、审定与核查机构及其相关工作人员应当忠于职守、依法办事、公正廉洁,不得利用职务便利牟取不正当利益,不得参与核证自愿减排交易以及其他可能影响审定与核查公正性的活动。

审定与核查机构不得接受任何可能对审定与核查活动的客观公正产生影响的资助,不得从事可能对审定与核查活动的客观公正产生影响的开发、营销、咨询等活动,不得与委托的项目业主存在资产、管理方面的利益关系,不得为项目业主编制项目设计文件和减排量核算报告。

交易主体不得通过欺诈、相互串通、散布虚假信息等方式操纵或者扰乱全国温室气体自愿减排交易市场。

第三十八条 注册登记机构和交易机构应当保证注册登记系统和交易系统安全稳定可靠运行,并定期向生态环境部报告全国温室气体自愿减排登记、交易相关活动和机构运行情况,及时报告对温室气体自愿减排交易市场有重大影响的相关事项。相关内容可以抄送省级生态环境主管部门。

第三十九条 注册登记机构和交易机构应当对已登记的温室气体自愿减排项目建立项目档案,记录、留存相关信息。

第四十条 市场监管部门、生态环境主管部门应当依法加强信用监督管理,将相关行政处罚信息纳入国家企业信用信息公示系统。

第四十一条 鼓励公众、新闻媒体等对温室气体自愿减排交易及相关活动进行监督。任何单位和个人都有权举报温室气体自愿减排交易及相关活动中的弄虚作假等违法行为。

第七章 罚 则

第四十二条 违反本办法规定,拒不接受或者阻挠监督检查,或者在接受监督检查时弄虚作假的,由实施监督检查的生态环境主管部门或者市场监管部门责令改正,可以处一万元以上十万元以下的罚款。

第四十三条 项目业主在申请温室气体自愿减排项目或者减排量登记时提供虚假材料的,由省级以上生态环境主管部门责令改正,处一万元以上十万元以下的罚款;存在篡改、伪造数据等故意弄虚作假行为的,省级以上生态环境主管部门还应当通知注册登记机构撤销项目登记,三年内不再受理该项目业主提交的温室气体自愿减排项目和减排量登记申请。

项目业主因实施前款规定的弄虚作假行为取得虚假核证自愿减排量的,由省级以上生态环境主管部门通知注册登记机构和交易机构对该项目业主持有的核证自愿减排量暂停交易,责令项目业主注销与虚假部分同等数量的减排量;逾期未按要求注销的,由省级以上生态环境主管部门通知注册登记机构强制注销,对不足部分责令退回,处五万元以上十万元以下的罚款,不再受理该项目业主提交的温室气体自愿减排项目和减排量申请。

第四十四条 审定与核查机构有下列行为之一的,由实施监督检查的市场监管部门依照《中华人民共和国认证认可条例》责令改正,处五万元以上二十万元以下的罚款,有违法所得的,没收违法所得;情节严重的,责令停业整顿,直至撤销批准文件,并予公布:

(一)超出批准的业务范围开展审定与核查活动的;

(二)增加、减少、遗漏审定与核查基本规范、规则规定的程序的。

审定与核查机构出具虚假报告,或者出具报告的结论严重失实的,由市场监管部门依照《中华人民共和国认证认可条例》撤销批准文件,并予公布;对直接负责的主管人员和负有直接责任的审定与核查人员,撤销其执业资格。

审定与核查机构接受可能对审定与核查活动的客观公正产生影响的资助,或者从事可能对审定与核查活动的客观公正产生影响的产品开发、营销等活动,或者与项目业主存在资产、管理方面的利益关系的,由市场监管部门依照《中华人民共和国认证认可条例》责令停业整顿;情节严重的,撤销批准文件,并予公布;有违法所得的,没收违法所得。

第四十五条 交易主体违反本办法规定,操纵或者扰乱全国温室气体自愿减排交易市场的,由生态环境部给予通报批评,并处一万元以上十万元以下的罚款。

第四十六条 生态环境主管部门、市场监管部门、注册登记机构、交易机构的相关工作人员有滥用职权、玩忽职守、徇私舞弊行为的，由其所属单位或者上级行政机关责令改正并依法予以处分。

前述单位相关工作人员有泄露有关商业秘密或者其他构成违反国家交易监督管理规定行为的，依照其他有关法律法规的规定处理。

第四十七条 违反本办法规定，涉嫌构成犯罪的，依法移送司法机关。

第八章 附 则

第四十八条 本办法中下列用语的含义：

温室气体，是指大气中吸收和重新放出红外辐射的自然和人为的气态成分，包括二氧化碳（CO_2）、甲烷（CH_4）、氧化亚氮（N_2O）、氢氟碳化物（HFCs）、全氟化碳（PFCs）、六氟化硫（SF_6）和三氟化氮（NF_3）

审定与核查机构，是指依法设立，从事温室气体自愿减排项目审定或者温室气体自愿减排项目减排量核查活动的合格评定机构。

唯一性，是指项目未参与其他温室气体减排交易机制，不存在项目重复认定或者减排量重复计算的情形。

额外性，是指作为温室气体自愿减排项目实施时，与能够提供同等产品和服务的其他替代方案相比，在内部收益率财务指标等方面不是最佳选择，存在融资、关键技术等方面的障碍，但是作为自愿减排项目实施有助于克服上述障碍，并且相较于相关项目方法学确定的基准线情景，具有额外的减排效果，即项目的温室气体排放量低于基准线排放量，或者温室气体清除量高于基准线清除量。

保守性，是指在温室气体自愿减排项目减排量核算或者核查过程中，如果缺少有效的技术手段或者技术规范要求，存在一定的不确定性，难以对相关参数、技术路径进行精准判断时，应当采用保守方式进行估计、取值等，确保项目减排量不被过高计算。

第四十九条 2017年3月14日前获得国家应对气候变化主管部门备案的温室气体自愿减排项目应当按照本办法规定，重新申请项目登记；已获得备案的减排量可以按照国家有关规定继续使用。

第五十条 本办法由生态环境部、市场监管总局在各自的职责范围内解释。

第五十一条 本办法自公布之日起施行。

· 请示答复

关于《消耗臭氧层物质管理条例》中"生产"概念的法律适用意见

· 2019年8月30日
· 环法规函〔2019〕101号

各省、自治区、直辖市生态环境厅（局），新疆生产建设兵团生态环境局，计划单列市、省会城市生态环境局：

《消耗臭氧层物质管理条例》（以下简称《条例》）第三条第一款规定："在中华人民共和国境内从事消耗臭氧层物质的生产、销售、使用和进出口等活动，适用本条例。"第二款规定："前款所称生产，是指制造消耗臭氧层物质的活动。"在贯彻执行《条例》过程中，对《条例》规定的"生产"如何理解和适用，存在不同观点。经研究，现提出以下意见。

一、执法发现的问题

近期，我部在相关执法活动中发现，一些企业在从事生产活动时，附带或者联带产生了一定量的消耗臭氧层物质。具体情况是：生产一氯甲烷、二氯甲烷、三氯甲烷的企业，主要采用甲醇法和甲烷法进行生产。由于生产工艺的原因，生产一氯甲烷、二氯甲烷、三氯甲烷的生产线，通常要产生四氯化碳副产品或者联产品。原料中甲醇或者甲烷与氯气的不同比例，影响着四氯化碳的产生比例。总体上，各种生产工艺副产或者联产的四氯化碳比例在4%-8%之间。

四氯化碳属于甲烷氯化物。甲烷氯化物是有机产品中仅次于氯乙烯的大宗氯系产品，是重要的化工原料和有机溶剂。其中，四氯化碳对臭氧层有破坏作用，属于列入《中国受控消耗臭氧层物质清单》的化学物质。

二、法律适用意见

关于生产一氯甲烷、二氯甲烷、三氯甲烷的企业，由于工艺原因副产或者联产出一定量四氯化碳的情形，是否属于《条例》规定的"生产"行为，我部认为，《条例》规定的"生产"，不仅包括以生产特定产品为目的的生产，还包括由于工艺原因必然产生副产品或者联产品的生产行为。由于作为副产品或者联产品生产四氯化碳的问题较普遍，为便于对该类行为进行规范、管理，落实《蒙特利尔议定书》和《中国逐步淘汰消耗臭氧层物质国家方案》有关工作要求，应当将由于工艺原因副产或者联产出一定量四氯化碳的情形纳入《条例》中"生产"概念的适用范围。

关于《消耗臭氧层物质管理条例》中"使用"概念及"无生产配额许可证生产"的法律适用意见

- 2019年9月20日
- 环法规函〔2019〕112号

各省、自治区、直辖市生态环境厅（局），新疆生产建设兵团生态环境局，计划单列市生态环境局：

为落实《蒙特利尔议定书》和《中国逐步淘汰消耗臭氧层物质国家方案》有关工作要求，指导消耗臭氧层物质有关环境违法行为的执法监管，现就《消耗臭氧层物质管理条例》（以下简称《条例》）中"使用"概念及"无生产配额许可证生产"的理解和适用，提出以下意见。

一、关于《条例》第三条中"使用"概念的法律适用

《条例》第三条第一款规定："在中华人民共和国境内从事消耗臭氧层物质的生产、销售、使用和进出口等活动，适用本条例。"第二款规定："前款所称使用，是指利用消耗臭氧层物质进行的生产经营等活动，不包括使用含消耗臭氧层物质的产品的活动。"

我部认为，该条第二款规定："前款所称使用，是指利用消耗臭氧层物质进行的生产经营等活动"，不仅包括直接利用消耗臭氧层物质进行的生产经营等活动，还包括利用含有消耗臭氧层物质的原料进行的生产经营等活动。如，利用含有一定浓度CFC-11的组合聚醚，生产聚氨酯泡沫的情形，可以适用《条例》有关"使用"的规定。

二、关于《条例》第三十一条"无生产配额许可证生产"的法律适用

《条例》第三十一条规定："无生产配额许可证生产消耗臭氧层物质的，由所在地县级以上地方人民政府环境保护主管部门责令停止违法行为，没收用于违法生产消耗臭氧层物质的原料、违法生产的消耗臭氧层物质和违法所得，拆除、销毁用于违法生产消耗臭氧层物质的设备、设施，并处100万元的罚款。"

我部认为，该条规定的"无生产配额许可证生产"，不仅包括依法应当获得生产配额许可证但无生产配额许可证生产的情形，还包括依法不能获得生产配额许可证而无生产配额许可证生产的情形。如，生产已经列入淘汰落后产品的消耗臭氧层物质的情形，可以适用《条例》第三十一条有关"无生产配额许可证生产"的规定。

关于《消耗臭氧层物质管理条例》第三十二条有关法律适用问题的意见

- 2019年11月26日
- 环法规函〔2019〕140号

各省、自治区、直辖市生态环境厅（局），新疆生产建设兵团生态环境局，计划单列市生态环境局：

《消耗臭氧层物质管理条例》（以下简称《条例》）第三十二条规定："依照本条例规定应当申请领取使用配额许可证的单位无使用配额许可证使用消耗臭氧层物质的，由所在地县级以上地方人民政府环境保护主管部门责令停止违法行为，没收违法使用的消耗臭氧层物质、违法使用消耗臭氧层物质生产的产品和违法所得，并处20万元的罚款；情节严重的，并处50万元的罚款，拆除、销毁用于违法使用消耗臭氧层物质的设备、设施。"

为落实《蒙特利尔议定书》和《中国逐步淘汰消耗臭氧层物质国家方案》有关要求，加大对涉及消耗臭氧层物质有关违法行为的执法力度，结合有关行业协会意见，现就《条例》第三十二条有关法律适用问题，提出以下意见。

一、关于组合聚醚中检测出CFC-11的有关认定

实践中，利用CFC-11生产组合聚醚的行为，属于《条例》第三十二条约束的使用行为。

经检测，生产出的组合聚醚中CFC-11含量在0.1%（质量分数，下同）及以上的，可以认为组合聚醚生产单位已经构成利用CFC-11生产组合聚醚的行为。

生产出的组合聚醚中含有CFC-11，但含量在0.1%以下的，对组合聚醚生产单位是否构成利用CFC-11生产组合聚醚的行为，立案调查的生态环境主管部门可以结合其他调查情况作出判断。其他调查情况可以包括：组合聚醚生产单位能否说明及证明组合聚醚中含有CFC-11的合理原因，以及能否提供确未使用CFC-11的有关证据等。同时，生态环境主管部门可以对该组合聚醚生产单位生产的其他批次组合聚醚产品进行检查。

二、关于聚氨酯泡沫制品中检测出CFC-11的有关认定

实践中，直接利用CFC-11生产聚氨酯泡沫，或者利用含有CFC-11的组合聚醚生产聚氨酯泡沫的行为，属于《条例》第三十二条约束的使用行为。

生产出的聚氨酯泡沫制品检测出含有CFC-11的，可以认为聚氨酯泡沫生产单位已经构成直接利用CFC-11生产聚氨酯泡沫，或者利用含有CFC-11的组合聚醚

生产聚氨酯泡沫的行为。聚氨酯泡沫生产单位利用含有CFC-11的组合聚醚进行生产的,可以追查该组合聚醚的来源,另案依法查处。

关于恶臭气体超标排放法律适用有关问题的复函

- 2020年3月20日
- 环办法规函〔2020〕122号

云南省生态环境厅:

你厅《转报昆明市生态环境局关于恶臭气体超标处罚适用法律的请示》(云环函〔2019〕731号)收悉。经研究,函复如下:

一、相关法律规定

(一)关于超标排放大气污染物

大气污染防治法第十八条规定:"企业事业单位和其他生产经营者……向大气排放污染物的,应当符合大气污染物排放标准,遵守重点大气污染物排放总量控制要求。"

第九十九条规定:"违反本法规定,有下列行为之一的,由县级以上人民政府生态环境主管部门责令改正或者限制生产、停产整治,并处十万元以上一百万元以下的罚款;情节严重的,报经有批准权的人民政府批准,责令停业、关闭……(二)超过大气污染物排放标准或者超过重点大气污染物排放总量控制指标排放大气污染物的;……"。

(二)关于未采取措施防止排放恶臭气体

大气污染防治法第八十条规定:"企业事业单位和其他生产经营者在生产经营活动中产生恶臭气体的,应当科学选址,设置合理的防护距离,并安装净化装置或者采取其他措施,防止排放恶臭气体。"

第一百一十七条规定:"违反本法规定,有下列行为之一的,由县级以上人民政府生态环境等主管部门按照职责责令改正,处一万元以上十万元以下的罚款;拒不改正的,责令停工整治或者停业整治:……(八)未采取措施防止排放恶臭气体的。"

(三)关于餐饮服务业经营者超标排放油烟

大气污染防治法第八十一条第一款规定:"排放油烟的餐饮服务业经营者应当安装油烟净化设施并保持正常使用,或者采取其他油烟净化措施,使油烟达标排放,并防止对附近居民的正常生活环境造成污染。"

第一百一十八条第一款规定:"违反本法规定,排放油烟的餐饮服务业经营者未安装油烟净化设施、不正常使用油烟净化设施或者未采取其他油烟净化措施,超过排放标准排放油烟的,由县级以上地方人民政府确定的监督管理部门责令改正,处五千元以上五万元以下的罚款;拒不改正的,责令停业整治。"

二、法律适用意见

环境行政处罚办法第九条规定:"当事人的一个违法行为同时违反两个以上环境法律、法规或者规章条款,应当适用效力等级较高的法律、法规或者规章;效力等级相同的,可以适用处罚较重的条款。"

我部认为,企业事业单位和其他生产经营者未采取措施防止排放恶臭气体,导致恶臭气体超标排放的,同时违反了大气污染防治法第十八条和第八十条的规定,属于当事人一个违法行为同时违反两个以上法律条款的情形。根据环境行政处罚办法第九条的规定,应当适用处罚较重的条款,即适用大气污染防治法第九十九条第二项的规定予以处罚。

需注意的是,对餐饮服务业经营者未安装油烟净化设施、不正常使用油烟净化设施或者未采取其他油烟净化措施,超过排放标准排放油烟的违法行为,大气污染防治法第八十一条第一款和第一百一十八条第一款已作出特别规定。

因此,按照特别条款优于一般条款的原则,餐饮服务业经营者未安装油烟净化设施、不正常使用油烟净化设施或者未采取其他油烟净化措施,超过排放标准排放油烟的,应当适用大气污染防治法第一百一十八条第一款的规定予以处罚。

特此函复。

·典型案例

1. 上海鑫晶山建材开发有限公司诉上海市金山区环境保护局环境行政处罚案①

【关键词】

行政　行政处罚　大气污染防治　固体废物污染环境防治　法律适用　超过排放标准

【裁判要点】

企业事业单位和其他生产经营者堆放、处理固体废物产生的臭气浓度超过大气污染物排放标准，环境保护主管部门适用处罚较重的《中华人民共和国大气污染防治法》对其进行处罚，企业事业单位和其他生产经营者主张应当适用《中华人民共和国固体废物污染环境防治法》对其进行处罚的，人民法院不予支持。

【相关法条】

1.《中华人民共和国环境保护法》第10条
2.《中华人民共和国大气污染防治法》第18条、第99条
3.《中华人民共和国固体废物污染环境防治法》第68条

【基本案情】

原告上海鑫晶山建材开发有限公司(以下简称鑫晶山公司)不服上海市金山区环境保护局(以下简称金山环保局)行政处罚提起行政诉讼，诉称：金山环保局以其厂区堆放污泥的臭气浓度超标适用《中华人民共和国大气污染防治法》(以下简称大气污染防治法)进行处罚不当，应当适用《中华人民共和国固体废物污染环境防治法》(以下简称固体废物污染环境防治法)处罚，请求予以撤销。

法院经审理查明：因群众举报，2016年8月17日，被告金山环保局执法人员前往鑫晶山公司进行检查，并由金山环境监测站工作人员对该公司厂界臭气和废气排放口进行气体采样。同月26日，金山环境监测站出具了编号为XF26-2016的《测试报告》，该报告中的《监测报告》显示，依据《恶臭污染物排放标准》(GB14554-93)规定，臭气浓度厂界标准值二级为20，经对原告厂界四个监测点位各采集三次样品进行检测，3#监测点位臭气浓度一次性最大值为25。2016年9月5日，被告收到前述《测试报告》，遂于当日进行立案。经调查，被告于2016年11月9日制作了金环保改字[2016]第224号《责令改正通知书》及《行政处罚听证告知书》，并向原告进行了送达。应原告要求，被告于2016年11月23日组织了听证。2016年12月2日，被告作出第2020160224号《行政处罚决定书》，认定2016年8月17日，被告执法人员对原告无组织排放恶臭污染物进行检查、监测，在原告厂界采样后，经金山环境监测站检测，3#监测点臭气浓度一次性最大值为25，超出《恶臭污染物排放标准》(GB14554-93)规定的排放限值20，该行为违反了大气污染防治法第十八条的规定，依据大气污染防治法第九十九条第二项的规定，决定对原告罚款25万元。

另查明，2009年11月13日，被告审批通过了原告上报的《多规格环保型淤泥烧结多孔砖技术改造项目环境影响报告表》，2012年12月5日前述技术改造项目通过被告竣工验收。同时，2015年以来，原告被群众投诉数十起，反映该公司排放刺激性臭气等环境问题。2015年9月9日，因原告同年7月20日厂界两采样点臭气浓度最大测定值超标，被告对该公司作出金环保改字[2015]第479号《责令改正通知书》，并于同年9月18日作出第2020150479号《行政处罚决定书》，决定对原告罚款35,000元。

【裁判结果】

上海市金山区人民法院于2017年3月27日作出(2017)沪0116行初3号行政判决：驳回原告上海鑫晶山建材开发有限公司的诉讼请求。宣判后，当事人服判息诉，均未提起上诉，判决已发生法律效力。

【裁判理由】

法院生效裁判认为，本案核心争议焦点在于被告适用大气污染防治法对原告涉案行为进行处罚是否正确。其中涉及固体废物污染环境防治法第六十八条第一款第七项、第二款及大气污染防治法第九十九条第二项之间的选择适用问题。前者规定，未采取相应防范措施，造成工业固体废物扬散、流失、渗漏或者造成其他环境污染的，处一万元以上十万元以下的罚款；后者规定，超过大气污染物排放标准或者超过重点大气污染物排放总量控制指标排放大气污染物的，由县级以上人民政府环境保护主管部门责令改正或者限制生产、停产整治，并处十万元以上一百万元以下的罚款；情节严重的，报经有批准权的人民政府批准，责令停业、关闭。前者规制的是未采取防范措施造成工业固体废物污染环境的行为，后者规制的是超标排放大气污染物的行为；前者有未采取防范措施的行为并具备一定环境污染后果即可构成，后者排污单位排放大气污染

---

① 案例来源：2019年12月26日最高人民法院指导案例139号。

物必须超过排放标准或者重点大气污染物排放总量控制指标才可构成。本案并无证据可证实臭气是否来源于任何工业固体废物,且被告接到群众有关原告排放臭气的投诉后进行执法检查,检查、监测对象是原告排放大气污染物的情况,适用对象方面与大气污染防治法更为匹配;《监测报告》显示臭气浓度超过大气污染物排放标准,行为后果方面适用大气污染防治法第九十九条第二项规定更为准确,故被诉行政处罚决定适用法律并无不当。

(生效裁判审判人员:徐跃、许颖、崔胜东)

2. 中国生物多样性保护与绿色发展基金会诉秦皇岛方圆包装玻璃有限公司大气污染责任民事公益诉讼案①

【关键词】
民事　环境民事公益诉讼　大气污染责任　降低环境风险　减轻赔偿责任

【裁判要点】
在环境民事公益诉讼期间,污染者主动改进环保设施,有效降低环境风险的,人民法院可以综合考虑超标排污行为的违法性、过错程度、治理污染设施的运行成本以及防污采取的有效措施等因素,适当减轻污染者的赔偿责任。

【相关法条】
《中华人民共和国环境保护法》第1条、第4条、第5条

【基本案情】
被告秦皇岛方圆包装玻璃有限公司(以下简称方圆公司)系主要从事各种玻璃包装瓶生产加工的企业,现拥有玻璃窑炉四座。在生产过程中,因超标排污被秦皇岛市海港区环境保护局(以下简称海港区环保局)多次作出行政处罚。2015年2月12日,方圆公司与无锡格润环保科技有限公司签订《玻璃窑炉脱硝脱硫除尘总承包合同》,对方圆公司的四座窑炉进行脱硝脱硫除尘改造,合同总金额3617万元。

2016年中国生物多样性保护与绿色发展基金会(以下简称中国绿发会)对方圆公司提起环境公益诉讼后,方圆公司加快了脱硝脱硫除尘改造提升进程。2016年6月15日,方圆公司通过了海港区环保局的环保验收。2016年7月22日,中国绿发会组织相关专家对方圆公司脱硝脱硫除尘设备运行状况进行了考察,并提出相关建议。2016年6月17日、2017年6月17日,环保部门为方圆公司颁发《河北省排放污染物许可证》。2016年12月2日,方圆公司再次投入1965万元,为四座窑炉增设脱硝脱硫除尘备用设备一套。

方圆公司于2015年3月18日缴纳行政罚款8万元。中国绿发会2016年提起公益诉讼后,方圆公司自2016年4月13日起至2016年11月23日止,分24次缴纳行政罚款共计1281万元。

2017年7月25日,中国绿发会向法院提交《关于诉讼请求及证据说明》,确认方圆公司非法排放大气污染物而对环境造成的损害期间从行政处罚认定发生损害时起至环保部门验收合格为止。法院委托环境保护部环境规划院环境风险与损害鉴定评估研究中心对方圆公司因排放大气污染物对环境造成的损害数额及采取替代修复措施修复被污染的大气环境所需费用进行鉴定,起止日期为2015年10月28日(行政处罚认定损害发生日)至2016年6月15日(环保达标日)。

2017年11月,鉴定机构作出《方圆公司大气污染物超标排放环境损害鉴定意见》,按照虚拟成本法计算方圆公司在鉴定时间段内向大气超标排放颗粒物总量约为2.06t,二氧化硫超标排放总量约为33.45t,氮氧化物超标排放总量约为75.33t,方圆公司所在秦皇岛地区为空气功能区Ⅱ类。按照规定,环境空气Ⅱ类区生态损害数额为虚拟治理成本的3-5倍,鉴定报告中取3倍计算对大气环境造成损害数额分别约为0.74万元、27.10万元和127.12万元,共计154.96万元。

另查明,2015年3月,河北广播网、燕赵都市网的网页显示,因被上诉人方圆公司未安装除尘脱硝脱硫设施超标排放大气污染物被按日连续处罚200多万。对于该网页显示内容的真实性,被上诉人方圆公司予以认可,故对其在2015年10月28日之前存在超标排污的事实予以确认。

【裁判结果】
河北省秦皇岛市中级人民法院于2018年4月10日作出(2016)冀03民初40号民事判决:一、秦皇岛方圆包装玻璃有限公司赔偿因超标排放大气污染物造成的损失154.96万元,上述费用分3期支付至秦皇岛市专项资金账户(每期51.65万元,第一期于判决生效之日起7日内支付,第二、三期分别于判决生效后第二、第三年的12月31日前支付),用于秦皇岛地区的环境修复。二、秦皇岛方圆包装玻璃有限公司于判决生效后30日内在全国性媒体上刊登因污染大气环境行为的致歉声明(内容须经一审法院审核后发布)。如秦皇岛方圆包装玻璃有限公司未履行上

---

① 案例来源:2019年12月26日最高人民法院指导案例132号。

述义务,河北省秦皇岛市中级人民法院将本判决书内容在全国性的媒体公布,相关费用由秦皇岛方圆包装玻璃有限公司承担。三、秦皇岛方圆包装玻璃有限公司于判决生效后 15 日内支付中国生物多样性保护与绿色发展基金会因本案支出的合理费用 3 万元。四、驳回中国生物多样性保护与绿色发展基金会的其他诉讼请求。案件受理费 80 元,由秦皇岛方圆包装玻璃有限公司负担,鉴定费用 15 万元由秦皇岛方圆包装玻璃有限公司负担(已支付)。宣判后,中国生物多样性保护与绿色发展基金会提出上诉。河北省高级人民法院于 2018 年 11 月 5 日作出(2018)冀民终 758 号民事判决:驳回上诉,维持原判。

【裁判理由】

法院生效判决认为,《最高人民法院关于审理环境民事公益诉讼案件适用法律若干问题的解释》第二十三条规定,生态环境修复费用难以确定的,人民法院可以结合污染环境、破坏生态的范围和程度、防止污染设备的运行成本、污染企业因侵权行为所得的利益以及过错程度等因素予以合理确定。本案中,方圆公司于 2015 年 2 月与无锡市格瑞环保科技有限公司签订《玻璃窑炉脱硝脱硫除尘总承包合同》,对其四座窑炉配备的环保设施进行升级改造,合同总金额 3617 万元,体现了企业防污整改的守法意识。方圆公司在环保设施升级改造过程中出现超标排污行为,虽然行为具有违法性,但在超标排污受到行政处罚后,方圆公司积极缴纳行政罚款共计 1280 余万元,其超标排污行为受到了行政制裁。在提起本案公益诉讼后,方圆公司加快了环保设施的升级改造,并在环保设施验收合格后,再次投资 1965 万元建造一套备用排污设备,是秦皇岛地区首家实现大气污染治理环保设备开二备一的企业。

《中华人民共和国环境保护法》第一条、第四条规定了保护环境、防止污染,促进经济可持续发展的立法目的,体现了保护与发展并重原则。环境公益诉讼在强调环境损害救济的同时,亦应兼顾预防原则。本案诉讼过程中,方圆公司加快环保设施的整改进度,积极承担行政责任,并在其安装的环保设施验收合格后,出资近 2000 万元再行配备一套环保设施,以确保生产过程中环保设施的稳定运行,大大降低了再次造成环境污染的风险与可能性。方圆公司自愿投入巨资进行污染防治,是在中国绿发会一审提出"环境损害赔偿与环境修复费用"的诉讼请求之外实施的维护公益行为,实现了《中华人民共和国环境保护法》第五条规定的"保护优先,预防为主"的立法意图,以及环境民事公益诉讼风险预防功能,具有良好的社会导向作用。人民法院综合考虑方圆公司在企业生产过程中超标排污行为的违法性、过错程度、治理污染的运行成本以及防污采取的积极措施等因素,对于方圆公司在一审鉴定环境损害时间段之前的超标排污造成的损害予以折抵,维持一审法院依据鉴定意见判决环境损害赔偿及修复费用的数额。

(生效裁判审判人员:窦淑霞、李学境、邢会丽)

3. 中华环保联合会诉德州晶华集团振华有限公司大气污染责任民事公益诉讼案①

【关键词】

民事　环境民事公益诉讼　大气污染责任　损害社会公共利益　重大风险

【裁判要点】

企业事业单位和其他生产经营者多次超过污染物排放标准或者重点污染物排放总量控制指标排放污染物,环境保护行政管理部门作出行政处罚后仍未改正,原告依据《最高人民法院关于审理环境民事公益诉讼案件适用法律若干问题的解释》第一条规定的"具有损害社会公共利益重大风险的污染环境、破坏生态的行为"对其提起环境民事公益诉讼的,人民法院应予受理。

【相关法条】

1.《中华人民共和国民事诉讼法》第 55 条
2.《中华人民共和国环境保护法》第 58 条

【基本案情】

被告德州晶华集团振华有限公司(以下简称振华公司)成立于 2000 年,经营范围包括电力生产、平板玻璃、玻璃空心砖、玻璃深加工、玻璃制品制造等。2002 年 12 月,该公司 600T/D 优质超厚玻璃项目通过环境影响评价的审批,2003 年 11 月,通过"三同时"验收。2007 年 11 月,该公司高档优质汽车原片项目通过环境影响评价的审批,2009 年 2 月,通过"三同时"验收。

根据德州市环境保护监测中心站的监测,2012 年 3 月、5 月、8 月、12 月,2013 年 1 月、5 月、8 月,振华公司废气排放均能达标。2013 年 11 月、2014 年 1 月、5 月、6 月、11 月,2015 年 2 月排放二氧化硫、氮氧化物及烟粉尘存在超标排放情况。德州市环境保护局分别于 2013 年 12 月、2014 年 9 月、2014 年 11 月、2015 年 2 月对振华公司进行行政处罚,处罚数额均为 10 万元。2014 年 12 月,山东省环境保护厅对其进行行政处罚。处罚数额 10 万元。2015

---

① 案例来源:2019 年 12 月 26 日最高人民法院指导案例 131 号。

年3月23日，德州市环境保护局责令振华公司立即停产整治，2015年4月1日之前全部停产，停止超标排放废气污染物。原告中华环保联合会起诉之后，2015年3月27日，振华公司生产线全部放水停产，并于德城区天衢工业园以北养马村新选厂址，原厂区准备搬迁。

本案审理阶段，为证明被告振华公司超标排放造成的损失，2015年12月，原告中华环保联合会与环境保护部环境规划院订立技术咨询合同，委托其对振华公司排放大气污染物致使公私财产遭受损失的数额，包括污染行为直接造成的财产损坏、减少的实际价值，以及为防止污染扩大、消除污染而采取必要合理措施所产生的费用进行鉴定。2016年5月，环境保护部环境规划院环境风险与损害鉴定评估研究中心根据已经双方质证的人民法院调取的证据作出评估意见，鉴定结果为：振华公司位于德州市德城区市区内，周围多为居民小区，原有浮法玻璃生产线三条，1#浮法玻璃生产线已于2011年10月全面停产，2#生产线600t/d优质超厚玻璃生产线和3#生产线400t/d高档优质汽车玻璃原片生产线仍在生产。1. 污染物性质，主要为烟粉尘、二氧化硫和氮氧化物。根据《德州晶华集团振华有限公司关于落实整改工作的情况汇报》有关资料显示：截止到2015年3月17日，振华公司浮法二线未安装或未运行脱硫和脱硝治理设施；浮法三线除尘、脱硫设施已于2014年9月投入运行；2. 污染物超标排放时段的确认，二氧化硫超标排放时段为2014年6月10日-2014年8月17日，共计68天，氮氧化物超标排放时段为2013年11月5日-2014年6月23日、2014年10月22日-2015年1月27日，共计327天，烟粉尘超标排放时段为2013年11月5日-2014年6月23日，共计230天；3. 污染物排放量，在鉴定时段内，由于企业未安装脱硫设施造成二氧化硫全部直接排放进入大气的超标排放量为255吨，由于企业未安装脱硝设施造成氮氧化物全部直接排放进入大气的排放量为589吨，由于企业未安装除尘设施或除尘设施处理能力不够造成烟粉尘部分直接排放进入大气的排放量为19吨；4. 单位污染物处理成本，根据数据库资料，二氧化硫单位治理成本为0.56万元/吨，氮氧化物单位治理成本为0.68万元/吨，烟粉尘单位治理成本为0.33万元/吨；5. 虚拟治理成本，根据《环境空气质量标准》《环境损害鉴定评估推荐方法（第Ⅱ版）》《突发环境事件应急处置阶段环境损害评估技术规范》，本案项目处环境功能二类区，生态环境损害数额为虚拟治理成本的3-5倍，本报告取参数5，二氧化硫虚拟治理成本共计713万元，氮氧化物虚拟治理成本2002万元，烟粉尘虚拟治理成本31万元。鉴定结论：被告企业在鉴定期间超标向空气排放二氧化硫共计255吨、氮氧化物共计589吨、烟粉尘共计19吨，单位治理成本分别按0.56万元/吨、0.68万元/吨、0.33万元/吨计算，虚拟治理成本分别为713万元、2002万元、31万元，共计2746万元。

【裁判结果】

德州市中级人民法院于2016年7月20日作出(2015)德中环公民初字第1号民事判决：一、被告德州晶华集团振华有限公司于本判决生效之日起30日内赔偿因超标排放污染物造成的损失2198.36万元，支付至德州市专项基金账户，用于德州市大气环境质量修复；二、被告德州晶华集团振华有限公司在省级以上媒体向社会公开赔礼道歉；三、被告德州晶华集团振华有限公司于本判决生效之日起10日内支付原告中华环保联合会所支出的评估费10万元；四、驳回原告中华环保联合会其他诉讼请求。

【裁判理由】

法院生效裁判认为，根据《最高人民法院关于审理环境民事公益诉讼案件适用法律若干问题的解释》第一条规定，法律规定的机关和有关组织依民事诉讼法第五十五条、环境保护法第五十八条等法律的规定，对已经损害社会公共利益或者具有损害社会公共利益重大风险的污染环境、破坏生态的行为提起诉讼，符合民事诉讼法第一百一十九条第二项、第三项、第四项规定的，人民法院应予受理；第十八条规定，对污染环境、破坏生态，已经损害社会公共利益或者具有损害社会公共利益重大风险的行为，原告可以请求被告承担停止侵害、排除妨碍、消除危险、恢复原状、赔偿损失、赔礼道歉等民事责任。法院认为，企业事业单位和其他生产经营者超过污染物排放标准或者重点污染物排放总量控制指标排放污染物的行为可以视为是具有损害社会公共利益重大风险的行为。被告振华公司超量排放的二氧化硫、氮氧化物、烟粉尘会影响大气的服务价值功能。其中，二氧化硫、氮氧化物是酸雨的前导物，超量排放可至酸雨从而造成财产及人身损害，烟粉尘的超量排放将影响大气能见度及清洁度，亦会造成财产及人身损害。被告振华公司自2013年11月起，多次超标向大气排放二氧化硫、氮氧化物、烟粉尘等污染物，经环境保护行政管理部门多次行政处罚仍未改正，其行为属于司法解释规定的"具有损害社会公共利益重大风险的行为"，故被告振华公司是本案的适格被告。

（生效裁判审判人员：刘立兵、张小雪、高晓敏）

3. 海洋环境保护

中华人民共和国海洋环境保护法

- 1982年8月23日第五届全国人民代表大会常务委员会第二十四次会议通过
- 1999年12月25日第九届全国人民代表大会常务委员会第十三次会议第一次修订
- 根据2013年12月28日第十二届全国人民代表大会常务委员会第六次会议《关于修改〈中华人民共和国海洋环境保护法〉等七部法律的决定》第一次修正
- 根据2016年11月7日第十二届全国人民代表大会常务委员会第二十四次会议《关于修改〈中华人民共和国海洋环境保护法〉的决定》第二次修正
- 根据2017年11月4日第十二届全国人民代表大会常务委员会第三十次会议《关于修改〈中华人民共和国会计法〉等十一部法律的决定》第三次修正
- 2023年10月24日第十四届全国人民代表大会常务委员会第六次会议第二次修订
- 2023年10月24日中华人民共和国主席令第12号公布
- 自2024年1月1日起施行

第一章 总 则

第一条 为了保护和改善海洋环境,保护海洋资源,防治污染损害,保障生态安全和公众健康,维护国家海洋权益,建设海洋强国,推进生态文明建设,促进经济社会可持续发展,实现人与自然和谐共生,根据宪法,制定本法。

第二条 本法适用于中华人民共和国管辖海域。

在中华人民共和国管辖海域内从事航行、勘探、开发、生产、旅游、科学研究及其他活动,或者在沿海陆域内从事影响海洋环境活动的任何单位和个人,应当遵守本法。

在中华人民共和国管辖海域以外,造成中华人民共和国管辖海域环境污染、生态破坏的,适用本法相关规定。

第三条 海洋环境保护应当坚持保护优先、预防为主、源头防控、陆海统筹、综合治理、公众参与、损害担责的原则。

第四条 国务院生态环境主管部门负责全国海洋环境的监督管理,负责全国防治陆源污染物、海岸工程和海洋工程建设项目(以下称工程建设项目)、海洋倾倒废弃物对海洋环境污染损害的环境保护工作,指导、协调和监督全国海洋生态保护修复工作。

国务院自然资源主管部门负责海洋保护和开发利用的监督管理,负责全国海洋生态、海域海岸线和海岛的修复工作。

国务院交通运输主管部门负责所辖港区水域内非军事船舶和港区水域外非渔业、非军事船舶污染海洋环境的监督管理,组织、协调、指挥重大海上溢油应急处置。海事管理机构具体负责上述水域内相关船舶污染海洋环境的监督管理,并负责污染事故的调查处理;对在中华人民共和国管辖海域航行、停泊和作业的外国籍船舶造成的污染事故登轮检查处理。船舶污染事故给渔业造成损害的,应当吸收渔业主管部门参与调查处理。

国务院渔业主管部门负责渔港水域内非军事船舶和渔港水域外渔业船舶污染海洋环境的监督管理,负责保护渔业水域生态环境工作,并调查处理前款规定的污染事故以外的渔业污染事故。

国务院发展改革、水行政、住房和城乡建设、林业和草原等部门在各自职责范围内负责有关行业、领域涉及的海洋环境保护工作。

海警机构在职责范围内对海洋工程建设项目、海洋倾倒废弃物对海洋环境污染损害、自然保护地海岸线向海一侧保护利用等活动进行监督检查,查处违法行为,按照规定权限参与海洋环境污染事故的应急处置和调查处理。

军队生态环境保护部门负责军事船舶污染海洋环境的监督管理及污染事故的调查处理。

第五条 沿海县级以上地方人民政府对其管理海域的海洋环境质量负责。

国家实行海洋环境保护目标责任制和考核评价制度,将海洋环境保护目标完成情况纳入考核评价的内容。

第六条 沿海县级以上地方人民政府可以建立海洋环境保护区域协作机制,组织协调其管理海域的环境保护工作。

跨区域的海洋环境保护工作,由有关沿海地方人民政府协商解决,或者由上级人民政府协调解决。

跨部门的重大海洋环境保护工作,由国务院生态环境主管部门协调;协调未能解决的,由国务院作出决定。

第七条 国务院和沿海县级以上地方人民政府应当将海洋环境保护工作纳入国民经济和社会发展规划,按照事权和支出责任划分原则,将海洋环境保护工作所需经费纳入本级政府预算。

第八条 各级人民政府及其有关部门应当加强海洋环境保护的宣传教育和知识普及工作,增强公众海洋环境保护意识,引导公众依法参与海洋环境保护工作;鼓励基层群众性自治组织、社会组织、志愿者等开展海洋环境保护法律法规和知识的宣传活动；按照职责分工依法公开海洋环境相关信息。

新闻媒体应当采取多种形式开展海洋环境保护的宣传报道，并对违法行为进行舆论监督。

第九条 任何单位和个人都有保护海洋环境的义务，并有权对污染海洋环境、破坏海洋生态的单位和个人，以及海洋环境监督管理人员的违法行为进行监督和检举。

从事影响海洋环境活动的任何单位和个人，都应当采取有效措施，防止、减轻海洋环境污染、生态破坏。排污者应当依法公开排污信息。

第十条 国家鼓励、支持海洋环境保护科学技术研究、开发和应用，促进海洋环境保护信息化建设，加强海洋环境保护专业技术人才培养，提高海洋环境保护科学技术水平。

国家鼓励、支持海洋环境保护国际交流与合作。

第十一条 对在海洋环境保护工作中做出显著成绩的单位和个人，按照国家有关规定给予表彰和奖励。

第二章 海洋环境监督管理

第十二条 国家实施陆海统筹、区域联动的海洋环境监督管理制度，加强规划、标准、监测等监督管理制度的衔接协调。

各级人民政府及其有关部门应当加强海洋环境监督管理能力建设，提高海洋环境监督管理科技化、信息化水平。

第十三条 国家优先将生态功能极重要、生态极敏感脆弱的海域划入生态保护红线，实行严格保护。

开发利用海洋资源或者从事影响海洋环境的建设活动，应当根据国土空间规划科学合理布局，严格遵守国土空间用途管制要求，严守生态保护红线，不得造成海洋生态环境的损害。沿海地方各级人民政府应当根据国土空间规划，保护和科学合理地使用海域。沿海省、自治区、直辖市人民政府应当加强对生态保护红线内人为活动的监督管理，定期评估保护成效。

国务院有关部门、沿海设区的市级以上地方人民政府及其有关部门，对其组织编制的国土空间规划和相关规划，应当依法进行包括海洋环境保护内容在内的环境影响评价。

第十四条 国务院生态环境主管部门会同有关部门、机构和沿海省、自治区、直辖市人民政府制定全国海洋生态环境保护规划，报国务院批准后实施。全国海洋生态环境保护规划应当与全国国土空间规划相衔接。

沿海地方各级人民政府应当根据全国海洋生态环境保护规划，组织实施其管理海域的海洋环境保护工作。

第十五条 沿海省、自治区、直辖市人民政府应当根据其管理海域的生态环境和资源利用状况，将其管理海域纳入生态环境分区管控方案和生态环境准入清单，报国务院生态环境主管部门备案后实施。生态环境分区管控方案和生态环境准入清单应当与国土空间规划相衔接。

第十六条 国务院生态环境主管部门根据海洋环境质量状况和国家经济、技术条件，制定国家海洋环境质量标准。

沿海省、自治区、直辖市人民政府对国家海洋环境质量标准中未作规定的项目，可以制定地方海洋环境质量标准；对国家海洋环境质量标准中已作规定的项目，可以制定严于国家海洋环境质量标准的地方海洋环境质量标准。地方海洋环境质量标准应当报国务院生态环境主管部门备案。

国家鼓励开展海洋环境基准研究。

第十七条 制定海洋环境质量标准，应当征求有关部门、行业协会、企业事业单位、专家和公众等的意见，提高海洋环境质量标准的科学性。

海洋环境质量标准应当定期评估，并根据评估结果适时修订。

第十八条 国家和有关地方水污染物排放标准的制定，应当将海洋环境质量标准作为重要依据之一。

对未完成海洋环境保护目标的海域，省级以上人民政府生态环境主管部门暂停审批新增相应种类污染物排放总量的建设项目环境影响报告书（表），会同有关部门约谈该地区人民政府及其有关部门的主要负责人，要求其采取有效措施及时整改，约谈和整改情况应当向社会公开。

第十九条 国家加强海洋环境质量管控，推进海域综合治理，严格海域排污许可管理，提升重点海域海洋环境质量。

需要直接向海洋排放工业废水、医疗污水的海岸工程和海洋工程单位，城镇污水集中处理设施的运营单位及其他企业事业单位和生产经营者，应当依法取得排污许可证。排污许可的管理按照国务院有关规定执行。

实行排污许可管理的企业事业单位和其他生产经营者应当执行排污许可证关于排放污染物的种类、浓度、排放量、排放方式、排放去向和自行监测等要求。

禁止通过私设暗管或者篡改、伪造监测数据，以及不正常运行污染防治设施等逃避监管的方式向海洋排放污染物。

第二十条　国务院生态环境主管部门根据海洋环境状况和质量改善要求，会同国务院发展改革、自然资源、住房和城乡建设、交通运输、水行政、渔业等部门和海警机构，划定国家环境治理重点海域及其控制区域，制定综合治理行动方案，报国务院批准后实施。

沿海设区的市级以上地方人民政府应当根据综合治理行动方案，制定其管理海域的实施方案，因地制宜采取特别管控措施，开展综合治理，协同推进重点海域治理与美丽海湾建设。

第二十一条　直接向海洋排放应税污染物的企业事业单位和其他生产经营者，应当依照法律规定缴纳环境保护税。

向海洋倾倒废弃物，应当按照国家有关规定缴纳倾倒费。具体办法由国务院发展改革部门、国务院财政主管部门会同国务院生态环境主管部门制定。

第二十二条　国家加强防治海洋环境污染损害的科学技术的研究和开发，对严重污染海洋环境的落后生产工艺和落后设备，实行淘汰制度。

企业事业单位和其他生产经营者应当优先使用清洁低碳能源，采用资源利用率高、污染物排放量少的清洁生产工艺，防止对海洋环境的污染。

第二十三条　国务院生态环境主管部门负责海洋生态环境监测工作，制定海洋生态环境监测规范和标准并监督实施，组织实施海洋生态环境质量监测，统一发布国家海洋生态环境状况公报，定期组织对海洋生态环境质量状况进行调查评价。

国务院自然资源主管部门组织开展海洋资源调查和海洋生态预警监测，发布海洋生态预警监测警报和公报。

其他依照本法规定行使海洋环境监督管理权的部门和机构应当按照职责分工开展监测、监视。

第二十四条　国务院有关部门和海警机构应当向国务院生态环境主管部门提供编制国家海洋生态环境状况公报所必需的入海河口和海洋环境监测、调查、监视等方面的资料。

生态环境主管部门应当向有关部门和海警机构提供与海洋环境监督管理有关的资料。

第二十五条　国务院生态环境主管部门会同有关部门和机构通过智能化的综合信息系统，为海洋环境保护监督管理、信息共享提供服务。

国务院有关部门、海警机构和沿海县级以上地方人民政府及其有关部门应当按照规定，推进综合监测、协同监测和常态化监测，加强监测数据、执法信息等海洋环境管理信息共享，提高海洋环境保护综合管理水平。

第二十六条　国家加强海洋辐射环境监测，国务院生态环境主管部门负责制定海洋辐射环境应急监测方案并组织实施。

第二十七条　因发生事故或者其他突发性事件，造成或者可能造成海洋环境污染、生态破坏事件的单位和个人，应当立即采取有效措施解除或者减轻危害，及时向可能受到危害者通报，并依照本法规定行使海洋环境监督管理权的部门和机构报告，接受调查处理。

沿海县级以上地方人民政府在本行政区域近岸海域的生态环境受到严重损害时，应当采取有效措施，解除或者减轻危害。

第二十八条　国家根据防止海洋环境污染的需要，制定国家重大海上污染事件应急预案，建立健全海上溢油污染等应急机制，保障应对工作的必要经费。

国家建立重大海上溢油应急处置部际联席会议制度。国务院交通运输主管部门牵头组织编制国家重大海上溢油应急处置预案并组织实施。

国务院生态环境主管部门负责制定全国海洋石油勘探开发海上溢油污染事件应急预案并组织实施。

国家海事管理机构负责制定全国船舶重大海上溢油污染事件应急预案，报国务院生态环境主管部门、国务院应急管理部门备案。

沿海县级以上地方人民政府及其有关部门应当制定有关应急预案，在发生海洋突发环境事件时，及时启动应急预案，采取有效措施，解除或者减轻危害。

可能发生海洋突发环境事件的单位，应当按照有关规定，制定本单位的应急预案，配备应急设备和器材，定期组织开展应急演练；应急预案应当向依照本法规定行使海洋环境监督管理权的部门和机构备案。

第二十九条　依照本法规定行使海洋环境监督管理权的部门和机构，有权对从事影响海洋环境活动的单位和个人进行现场检查；在巡航监视中发现违反本法规定的行为时，应当予以制止并调查取证，必要时有权采取有效措施，防止事态扩大，并报告有关部门或者机构处理。

被检查者应当如实反映情况，提供必要的资料。检查者应当依法为被检查者保守商业秘密、个人隐私和个人信息。

依照本法规定行使海洋环境监督管理权的部门和机

构可以在海上实行联合执法。

第三十条 造成或者可能造成严重海洋环境污染、生态破坏的，或者有关证据可能灭失或者被隐匿的，依照本法规定行使海洋环境监督管理权的部门和机构可以查封、扣押有关船舶、设施、设备、物品。

第三十一条 在中华人民共和国管辖海域以外，造成或者可能造成中华人民共和国管辖海域环境污染、生态破坏的，有关部门和机构有权采取必要的措施。

第三十二条 国务院生态环境主管部门会同有关部门和机构建立向海洋排放污染物、从事废弃物海洋倾倒、从事海洋生态环境治理和服务的企业事业单位和其他生产经营者信用记录与评价应用制度，将相关信用记录纳入全国公共信用信息共享平台。

第三章 海洋生态保护

第三十三条 国家加强海洋生态保护，提升海洋生态系统质量和多样性、稳定性、持续性。

国务院和沿海地方各级人民政府应当采取有效措施，重点保护红树林、珊瑚礁、海藻场、海草床、滨海湿地、海岛、海湾、入海河口、重要渔业水域等具有典型性、代表性的海洋生态系统，珍稀濒危海洋生物的天然集中分布区，具有重要经济价值的海洋生物生存区域及有重大科学文化价值的海洋自然遗迹和自然景观。

第三十四条 国务院和沿海省、自治区、直辖市人民政府及其有关部门根据保护海洋的需要，依法将重要的海洋生态系统、珍稀濒危海洋生物的天然集中分布区、海洋自然遗迹和自然景观集中分布区等区域纳入国家公园、自然保护区或者自然公园等自然保护地。

第三十五条 国家建立健全海洋生态保护补偿制度。

国务院和沿海省、自治区、直辖市人民政府应当通过转移支付、产业扶持等方式支持开展海洋生态保护补偿。

沿海地方各级人民政府应当落实海洋生态保护补偿资金，确保其用于海洋生态保护补偿。

第三十六条 国家加强海洋生物多样性保护，健全海洋生物多样性调查、监测、评估和保护体系，维护和修复重要海洋生态廊道，防止对海洋生物多样性的破坏。

开发利用海洋和海岸带资源，应当对重要海洋生态系统、生物物种、生物遗传资源实施有效保护，维护海洋生物多样性。

引进海洋动植物物种，应当进行科学论证，避免对海洋生态系统造成危害。

第三十七条 国家鼓励科学开展水生生物增殖放流，支持科学规划，因地制宜采取投放人工鱼礁和种植海藻场、海草床、珊瑚等措施，恢复海洋生物多样性，修复改善海洋生态。

第三十八条 开发海岛及周围海域的资源，应当采取严格的生态保护措施，不得造成海岛地形、岸滩、植被和海岛周围海域生态环境的损害。

第三十九条 国家严格保护自然岸线，建立健全自然岸线控制制度。沿海省、自治区、直辖市人民政府负责划定严格保护岸线的范围并发布。

沿海地方各级人民政府应当加强海岸线分类保护与利用，保护修复自然岸线，促进人工岸线生态化，维护岸线岸滩稳定平衡，因地制宜、科学合理划定海岸建筑退缩线。

禁止违法占用、损害自然岸线。

第四十条 国务院水行政主管部门确定重要入海河流的生态流量管控指标，应当征求并研究国务院生态环境、自然资源等部门的意见。确定生态流量管控指标，应当进行科学论证，综合考虑水资源条件、气候状况、生态环境保护要求、生活生产用水状况等因素。

入海河口所在地县级以上地方人民政府及其有关部门按照河海联动的要求，制定实施河口生态修复和其他保护措施方案，加强对水、沙、盐、潮滩、生物种群、河口形态的综合监测，采取有效措施防止海水入侵和倒灌，维护河口良好生态功能。

第四十一条 沿海地方各级人民政府应当结合当地自然环境的特点，建设海岸防护设施、沿海防护林、沿海城镇园林和绿地，对海岸侵蚀和海水入侵地区进行综合治理。

禁止毁坏海岸防护设施、沿海防护林、沿海城镇园林和绿地。

第四十二条 对遭到破坏的具有重要生态、经济、社会价值的海洋生态系统，应当进行修复。海洋生态修复应当以改善生境、恢复生物多样性和生态系统基本功能为重点，以自然恢复为主、人工修复为辅，并优先修复具有典型性、代表性的海洋生态系统。

国务院自然资源主管部门负责统筹海洋生态修复，牵头组织编制海洋生态修复规划并实施有关海洋生态修复重大工程。编制海洋生态修复规划，应当进行科学论证评估。

国务院自然资源、生态环境等部门应当按照职责分工开展修复成效监督评估。

第四十三条 国务院自然资源主管部门负责开展全

国海洋生态灾害预防、风险评估和隐患排查治理。

沿海县级以上地方人民政府负责其管理海域的海洋生态灾害应对工作，采取必要的灾害预防、处置和灾后恢复措施，防止和减轻灾害影响。

企业事业单位和其他生产经营者应当采取必要应对措施，防止海洋生态灾害扩大。

第四十四条 国家鼓励发展生态渔业，推广多种生态渔业生产方式，改善海洋生态状况，保护海洋环境。

沿海县级以上地方人民政府应当因地制宜编制并组织实施养殖水域滩涂规划，确定可以用于养殖业的水域和滩涂，科学划定海水养殖禁养区、限养区和养殖区，建立禁养区内海水养殖的清理和退出机制。

第四十五条 从事海水养殖活动应当保护海域环境，科学确定养殖规模和养殖密度，合理投饵、投肥，正确使用药物，及时规范收集处理固体废物，防止造成海洋生态环境的损害。

禁止在氮磷浓度严重超标的近岸海域新增或者扩大投饵、投肥海水养殖规模。

向海洋排放养殖尾水污染物等应当符合污染物排放标准。沿海省、自治区、直辖市人民政府应当制定海水养殖污染物排放相关地方标准，加强养殖尾水污染防治的监督管理。

工厂化养殖和设置统一排污口的集中连片养殖的排污单位，应当按照有关规定对养殖尾水自行监测。

第四章 陆源污染物污染防治

第四十六条 向海域排放陆源污染物，应当严格执行国家或者地方规定的标准和有关规定。

第四十七条 入海排污口位置的选择，应当符合国土空间用途管制要求，根据海水动力条件和有关规定，经科学论证后，报设区的市级以上人民政府生态环境主管部门备案。排污口的责任主体应当加强排污口监测，按照规定开展监控和自动监测。

生态环境主管部门应当在完成备案后十五个工作日内将入海排污口设置情况通报自然资源、渔业等部门和海事管理机构、海警机构、军队生态环境保护部门。

沿海县级以上地方人民政府应当根据排污口类别、责任主体，组织有关部门对本行政区域内各类入海排污口进行排查整治和日常监督管理，建立健全近岸水体、入海排污口、排污管线、污染源全链条治理体系。

国务院生态环境主管部门负责制定入海排污口设置和管理的具体办法，制定入海排污口技术规范，组织建设统一的入海排污口信息平台，加强动态更新、信息共享和公开。

第四十八条 禁止在自然保护地、重要渔业水域、海水浴场、生态保护红线区域及其他需要特别保护的区域，新设工业排污口和城镇污水处理厂排污口；法律、行政法规另有规定的除外。

在有条件的地区，应当将排污口深水设置，实行离岸排放。

第四十九条 经开放式沟（渠）向海洋排放污染物的，对开放式沟（渠）按照国家和地方的有关规定、标准实施水环境质量管理。

第五十条 国务院有关部门和县级以上地方人民政府及其有关部门应当依照水污染防治有关法律、行政法规的规定，加强入海河流管理，协同推进入海河流污染防治，使入海河口的水质符合入海河口环境质量相关要求。

入海河流流域省、自治区、直辖市人民政府应当按照国家有关规定，加强入海总氮、总磷排放的管控，制定控制方案并组织实施。

第五十一条 禁止向海域排放油类、酸液、碱液、剧毒废液。

禁止向海域排放污染海洋环境、破坏海洋生态的放射性废水。

严格控制向海域排放含有不易降解的有机物和重金属的废水。

第五十二条 含病原体的医疗污水、生活污水和工业废水应当经过处理，符合国家和地方有关排放标准后，方可排入海域。

第五十三条 含有机物和营养物质的工业废水、生活污水，应当严格控制向海湾、半封闭海及其他自净能力较差的海域排放。

第五十四条 向海域排放含热废水，应当采取有效措施，保证邻近自然保护地、渔业水域的水温符合国家和地方海洋环境质量标准，避免热污染对珍稀濒危海洋生物、海洋水产资源造成危害。

第五十五条 沿海地方各级人民政府应当加强农业面源污染防治。沿海农田、林场施用化学农药，应当执行国家农药安全使用的规定和标准。沿海农田、林场应当合理使用化肥和植物生长调节剂。

第五十六条 在沿海陆域弃置、堆放和处理尾矿、矿渣、煤灰渣、垃圾和其他固体废物的，依照《中华人民共和国固体废物污染环境防治法》的有关规定执行，并采取有效措施防止固体废物进入海洋。

禁止在岸滩弃置、堆放和处理固体废物；法律、行政法规另有规定的除外。

第五十七条 沿海县级以上地方人民政府负责其管理海域的海洋垃圾污染防治,建立海洋垃圾监测、清理制度,统筹规划建设陆域接收、转运、处理海洋垃圾的设施,明确有关部门、乡镇、街道、企业事业单位等的海洋垃圾管控区域,建立海洋垃圾监测、拦截、收集、打捞、运输、处理体系并组织实施,采取有效措施鼓励、支持公众参与上述活动。国务院生态环境、住房和城乡建设、发展改革等部门应当按照职责分工加强海洋垃圾污染防治的监督指导和保障。

第五十八条 禁止经中华人民共和国内水、领海过境转移危险废物。

经中华人民共和国管辖的其他海域转移危险废物的,应当事先取得国务院生态环境主管部门的书面同意。

第五十九条 沿海县级以上地方人民政府应当建设和完善排水管网,根据改善海洋环境质量的需要建设城镇污水处理厂和其他污水处理设施,加强城乡污水处理。

建设污水海洋处置工程,应当符合国家有关规定。

第六十条 国家采取必要措施,防止、减少和控制来自大气层或者通过大气层造成的海洋环境污染损害。

第五章 工程建设项目污染防治

第六十一条 新建、改建、扩建工程建设项目,应当遵守国家有关建设项目环境保护管理的规定,并把污染防治和生态保护所需资金纳入建设项目投资计划。

禁止在依法划定的自然保护地、重要渔业水域及其他需要特别保护的区域,违法建设污染环境、破坏生态的工程建设项目或者从事其他活动。

第六十二条 工程建设项目应当按照国家有关建设项目环境影响评价的规定进行环境影响评价。未依法进行并通过环境影响评价的建设项目,不得开工建设。

环境保护设施应当与主体工程同时设计、同时施工、同时投产使用。环境保护设施应当符合经批准的环境影响评价报告书(表)的要求。建设单位应当依照有关法律法规的规定,对环境保护设施进行验收,编制验收报告,并向社会公开。环境保护设施未经验收或者经验收不合格的,建设项目不得投入生产或者使用。

第六十三条 禁止在沿海陆域新建不符合国家产业政策的化学制浆造纸、化工、印染、制革、电镀、酿造、炼油、岸边冲滩拆船及其他严重污染海洋环境的生产项目。

第六十四条 新建、改建、扩建工程建设项目,应当采取有效措施,保护国家和地方重点保护的野生动植物及其生存环境,保护海洋水产资源,避免或者减轻对海洋生物的影响。

禁止在严格保护岸线范围内开采海砂。依法在其他区域开发利用海砂资源,应当采取严格措施,保护海洋环境。载运海砂资源应当持有合法来源证明;海砂开采者应当为载运海砂的船舶提供合法来源证明。

从岸上打井开采海底矿产资源,应当采取有效措施,防止污染海洋环境。

第六十五条 工程建设项目不得使用含超标准放射性物质或者易溶出有毒有害物质的材料;不得造成领海基点及其周围环境的侵蚀、淤积和损害,不得危及领海基点的稳定。

第六十六条 工程建设项目需要爆破作业时,应当采取有效措施,保护海洋环境。

海洋石油勘探开发及输油过程中,应当采取有效措施,避免溢油事故的发生。

第六十七条 工程建设项目不得违法向海洋排放污染物、废弃物及其他有害物质。

海洋油气钻井平台(船)、生产生活平台、生产储卸装置等海洋油气装备的含油污水和油性混合物,应当经过处理达标后排放;残油、废油应当予以回收,不得排放入海。

钻井时所使用的油基泥浆和其他有毒复合泥浆不得排放入海。水基泥浆和无毒复合泥浆及钻屑的排放,应当符合国家有关规定。

第六十八条 海洋油气钻井平台(船)、生产生活平台、生产储卸装置等海洋油气装备及其有关海上设施,不得向海域处置含油的工业固体废物。处置其他固体废物,不得造成海洋环境污染。

第六十九条 海上试油时,应当确保油气充分燃烧,油和油性混合物不得排放入海。

第七十条 勘探开发海洋油气资源,应当按照有关规定编制油气污染应急预案,报国务院生态环境主管部门海域派出机构备案。

第六章 废弃物倾倒污染防治

第七十一条 任何个人和未经批准的单位,不得向中华人民共和国管辖海域倾倒任何废弃物。

需要倾倒废弃物的,产生废弃物的单位应当向国务院生态环境主管部门海域派出机构提出书面申请,并出具废弃物特性和成分检验报告,取得倾倒许可证后,方可倾倒。

国家鼓励疏浚物等废弃物的综合利用,避免或者减少海洋倾倒。

禁止中华人民共和国境外的废弃物在中华人民共和国管辖海域倾倒。

第七十二条　国务院生态环境主管部门根据废弃物的毒性、有毒物质含量和对海洋环境影响程度，制定海洋倾倒废弃物评价程序和标准。

可以向海洋倾倒的废弃物名录，由国务院生态环境主管部门制定。

第七十三条　国务院生态环境主管部门会同国务院自然资源主管部门编制全国海洋倾倒区规划，并征求国务院交通运输、渔业等部门和海警机构的意见，报国务院批准。

国务院生态环境主管部门根据全国海洋倾倒区规划，按照科学、合理、经济、安全的原则及时选划海洋倾倒区，征求国务院交通运输、渔业等部门和海警机构的意见，并向社会公告。

第七十四条　国务院生态环境主管部门组织开展海洋倾倒区使用状况评估，根据评估结果予以调整、暂停使用或者封闭海洋倾倒区。

海洋倾倒区的调整、暂停使用和封闭情况，应当通报国务院有关部门、海警机构并向社会公布。

第七十五条　获准和实施倾倒废弃物的单位，应当按照许可证注明的期限及条件，到指定的区域进行倾倒。倾倒作业船舶等载运工具应当安装使用符合要求的海洋倾倒在线监控设备，并与国务院生态环境主管部门监管系统联网。

第七十六条　获准和实施倾倒废弃物的单位，应当按照规定向颁发许可证的国务院生态环境主管部门海域派出机构报告倾倒情况。倾倒废弃物的船舶应向驶出港的海事管理机构、海警机构作出报告。

第七十七条　禁止在海上焚烧废弃物。

禁止在海上处置污染海洋环境、破坏海洋生态的放射性废物或者其他放射性物质。

第七十八条　获准倾倒废弃物的单位委托实施废弃物海洋倾倒作业的，应当对受托单位的主体资格、技术能力和信用状况进行核实，依法签订书面合同，在合同中约定污染防治与生态保护要求，并监督实施。

受托单位实施废弃物海洋倾倒作业，应当依照有关法律法规的规定和合同约定，履行污染防治和生态保护要求。

获准倾倒废弃物的单位违反本条第一款规定的，除依照有关法律法规的规定予以处罚外，还应当与造成环境污染、生态破坏的受托单位承担连带责任。

第七章　船舶及有关作业活动污染防治

第七十九条　在中华人民共和国管辖海域，任何船舶及相关作业不得违法向海洋排放船舶垃圾、生活污水、含油污水、含有毒有害物质污水、废气等污染物，废弃物，压载水和沉积物及其他有害物质。

船舶应当按照国家有关规定采取有效措施，对压载水和沉积物进行处理处置，严格防控引入外来有害生物。

从事船舶污染物、废弃物接收和船舶清舱、洗舱作业活动的，应当具备相应的接收处理能力。

第八十条　船舶应当配备相应的防污设备和器材。

船舶的结构、配备的防污设备和器材应当符合国家防治船舶污染海洋环境的有关规定，并经检验合格。

船舶应当取得并持有防治海洋环境污染的证书与文书，在进行涉及船舶污染物、压载水和沉积物排放及操作时，应当按照有关规定监测、监控，如实记录并保存。

第八十一条　船舶应当遵守海上交通安全法律、法规的规定，防止因碰撞、触礁、搁浅、火灾或者爆炸等引起的海难事故，造成海洋环境的污染。

第八十二条　国家完善并实施船舶油污损害民事赔偿责任制度；按照船舶油污损害赔偿责任由船东和货主共同承担风险的原则，完善并实施船舶油污保险、油污损害赔偿基金制度，具体办法由国务院规定。

第八十三条　载运具有污染危害性货物进出港口的船舶，其承运人、货物所有人或者代理人，应当事先向海事管理机构申报。经批准后，方可进出港口或者装卸作业。

第八十四条　交付船舶载运污染危害性货物的，托运人应当将货物的正式名称、污染危害性以及应当采取的防护措施如实告知承运人。污染危害性货物的单证、包装、标志、数量限制等，应当符合对所交付货物的有关规定。

需要船舶载运污染危害性不明的货物，应当按照有关规定事先进行评估。

装卸油类及有毒有害货物的作业，船岸双方应当遵守安全防污操作规程。

第八十五条　港口、码头、装卸站和船舶修造拆解单位所在地县级以上地方人民政府应当统筹规划建设船舶污染物等的接收、转运、处理处置设施，建立相应的接收、转运、处理处置多部门联合监管制度。

沿海县级以上地方人民政府负责对其管理海域的渔港和渔业船舶停泊点及周边区域污染防治的监督管理，规范生产生活污水和渔业垃圾回收处置，推进污染防治设备建设和环境清理整治。

港口、码头、装卸站和船舶修造拆解单位应当按照有关规定配备足够的用于处理船舶污染物、废弃物的接收设施,使该设施处于良好状态并有效运行。

装卸油类等污染危害性货物的港口、码头、装卸站和船舶应当编制污染应急预案,并配备相应的污染应急设备和器材。

第八十六条　国家海事管理机构组织制定中国籍船舶禁止或者限制安装和使用的有害材料名录。

船舶修造单位或者船舶所有人、经营人或者管理人应当在船上备有有害材料清单,在船舶建造、营运和维修过程中持续更新,并在船舶拆解前提供给从事船舶拆解的单位。

第八十七条　从事船舶拆解的单位,应当采取有效的污染防治措施,在船舶拆解前将船舶污染物减至最小量,对拆解产生的船舶污染物、废弃物和其他有害物质进行安全与环境无害化处置。拆解的船舶部件不得进入水体。

禁止采取冲滩方式进行船舶拆解作业。

第八十八条　国家倡导绿色低碳智能航运,鼓励船舶使用新能源或者清洁能源,淘汰高耗能高排放老旧船舶,减少温室气体和大气污染物的排放。沿海县级以上地方人民政府应当制定港口岸电、船舶受电等设施建设和改造计划,并组织实施。港口岸电设施的供电能力应当与靠港船舶的用电需求相适应。

船舶应当按照国家有关规定采取有效措施提高能效水平。具备岸电使用条件的船舶靠港应当按照国家有关规定使用岸电,但是使用清洁能源的除外。具备岸电供应能力的港口经营人、岸电供电企业应当按照国家有关规定为具备岸电使用条件的船舶提供岸电。

国务院和沿海县级以上地方人民政府对港口岸电设施、船舶受电设施的改造和使用,清洁能源或者新能源动力船舶建造等按照规定给予支持。

第八十九条　船舶及有关作业活动应当遵守有关法律法规和标准,采取有效措施,防止造成海洋环境污染。海事管理机构等应当加强对船舶及有关作业活动的监督管理。

船舶进行散装液体污染危害性货物的过驳作业,应当编制作业方案,采取有效的安全和污染防治措施,并事先按照有关规定报经批准。

第九十条　船舶发生海难事故,造成或者可能造成海洋环境重大污染损害的,国家海事管理机构有权强制采取避免或者减少污染损害的措施。

对在公海上因发生海难事故,造成中华人民共和国管辖海域重大污染损害后果或者具有污染威胁的船舶、海上设施,国家海事管理机构有权采取与实际的或者可能发生的损害相称的必要措施。

第九十一条　所有船舶均有监视海上污染的义务,在发现海上污染事件或者违反本法规定的行为时,应当立即向就近的依照本法规定行使海洋环境监督管理权的部门或者机构报告。

民用航空器发现海上排污或者污染事件,应当及时向就近的民用航空空中交通管制单位报告。接到报告的单位,应当立即向依照本法规定行使海洋环境监督管理权的部门或者机构通报。

第九十二条　国务院交通运输主管部门可以划定船舶污染物排放控制区。进入控制区的船舶应当符合船舶污染物排放相关控制要求。

第八章　法律责任

第九十三条　违反本法规定,有下列行为之一,由依照本法规定行使海洋环境监督管理权的部门或者机构责令改正或者责令采取限制生产、停产整治等措施,并处以罚款;情节严重的,报经有批准权的人民政府批准,责令停业、关闭:

(一)向海域排放本法禁止排放的污染物或者其他物质的;

(二)未依法取得排污许可证排放污染物的;

(三)超过标准、总量控制指标排放污染物的;

(四)通过私设暗管或者篡改、伪造监测数据,或者不正常运行污染防治设施等逃避监管的方式违法向海洋排放污染物的;

(五)违反本法有关船舶压载水和沉积物排放和管理规定的;

(六)其他未依照本法规定向海洋排放污染物、废弃物的。

有前款第一项、第二项行为之一的,处二十万元以上一百万元以下的罚款;有前款第三项行为的,处十万元以上一百万元以下的罚款;有前款第四项行为的,处十万元以上一百万元以下的罚款,情节严重的,吊销排污许可证;有前款第五项、第六项行为之一的,处一万元以上二十万元以下的罚款。个人擅自在岸滩弃置、堆放和处理生活垃圾的,按次处一百元以上一千元以下的罚款。

第九十四条　违反本法规定,有下列行为之一,由依照本法规定行使海洋环境监督管理权的部门或者机构责

令改正,处以罚款:

(一)未依法公开排污信息或者弄虚作假的;

(二)因发生事故或者其他突发性事件,造成或者可能造成海洋环境污染、生态破坏事件,未按照规定通报或者报告的;

(三)未按照有关规定制定应急预案并备案,或者未按照有关规定配备应急设备、器材的;

(四)因发生事故或者其他突发性事件,造成或者可能造成海洋环境污染、生态破坏事件,未立即采取有效措施或者逃逸的;

(五)未采取必要应对措施,造成海洋生态灾害危害扩大的。

有前款第一项行为的,处二万元以上二十万元以下的罚款,拒不改正的,责令限制生产、停产整治;有前款第二项行为的,处五万元以上五十万元以下的罚款,对直接负责的主管人员和其他直接责任人员处一万元以上十万元以下的罚款,并可以暂扣或者吊销相关任职资格许可;有前款第三项行为的,处二万元以上二十万元以下的罚款;有前款第四项、第五项行为之一的,处二十万元以上二百万元以下的罚款。

第九十五条 违反本法规定,拒绝、阻挠调查和现场检查,或者在被检查时弄虚作假的,由依照本法规定行使海洋环境监督管理权的部门或者机构责令改正,处五万元以上二十万元以下的罚款;对直接负责的主管人员和其他直接责任人员处二万元以上十万元以下的罚款。

第九十六条 违反本法规定,造成珊瑚礁等海洋生态系统或者自然保护地破坏的,由依照本法规定行使海洋环境监督管理权的部门或者机构责令改正、采取补救措施,处每平方米一千元以上一万元以下的罚款。

第九十七条 违反本法规定,有下列行为之一,由依照本法规定行使海洋环境监督管理权的部门或者机构责令改正,处以罚款:

(一)占用、损害自然岸线的;

(二)在严格保护岸线范围内开采海砂的;

(三)违反本法其他关于海砂、矿产资源规定的。

有前款第一项行为的,处每米五百元以上一万元以下的罚款;有前款第二项行为的,处货值金额二倍以上二十倍以下的罚款,货值金额不足十万元的,处二十万元以上二百万元以下的罚款;有前款第三项行为的,处五万元以上五十万元以下的罚款。

第九十八条 违反本法规定,从事海水养殖活动有下列行为之一,由依照本法规定行使海洋环境监督管理权的部门或者机构责令改正,处二万元以上二十万元以下的罚款;情节严重的,报经有批准权的人民政府批准,责令停业、关闭:

(一)违反禁养区、限养区规定的;

(二)违反养殖规模、养殖密度规定的;

(三)违反投饵、投肥、药物使用规定的;

(四)未按照有关规定对养殖尾水自行监测的。

第九十九条 违反本法规定设置入海排污口的,由生态环境主管部门责令关闭或者拆除,处二万元以上十万元以下的罚款;拒不关闭或者拆除的,强制关闭、拆除,所需费用由违法者承担,处十万元以上五十万元以下的罚款;情节严重的,可以责令停产整治。

违反本法规定,设置入海排污口未备案的,由生态环境主管部门责令改正,处二万元以上十万元以下的罚款。

违反本法规定,入海排污口的责任主体未按照规定开展监控、自动监测的,由生态环境主管部门责令改正,处二万元以上十万元以下的罚款;拒不改正的,可以责令停产整治。

自然资源、渔业等部门和海事管理机构、海警机构、军队生态环境保护部门发现前三款违法行为之一的,应当通报生态环境主管部门。

第一百条 违反本法规定,经中华人民共和国管辖海域,转移危险废物的,由国家海事管理机构责令非法运输该危险废物的船舶退出中华人民共和国管辖海域,处五十万元以上五百万元以下的罚款。

第一百零一条 违反本法规定,建设单位未落实建设项目投资计划有关要求的,由生态环境主管部门责令改正,处五万元以上二十万元以下的罚款;拒不改正的,处二十万元以上一百万元以下的罚款。

违反本法规定,建设单位未依法报批或者报请重新审核环境影响报告书(表),擅自开工建设的,由生态环境主管部门或者海警机构责令其停止建设,根据违法情节和危害后果,处建设项目总投资额百分之一以上百分之五以下的罚款,并可以责令恢复原状;对建设单位直接负责的主管人员和其他直接责任人员,依法给予处分。建设单位未依法备案环境影响登记表的,由生态环境主管部门责令备案,处五万元以下的罚款。

第一百零二条 违反本法规定,在依法划定的自然保护地、重要渔业水域及其他需要特别保护的区域建设污染环境、破坏生态的工程建设项目或者从事其他活动,或者在沿海陆域新建不符合国家产业政策的生产项目的,由县级以上人民政府按照管理权限责令关闭。

违反生态环境准入清单进行生产建设活动的,由依照本法规定行使海洋环境监督管理权的部门或者机构责令停止违法行为,限期拆除并恢复原状,所需费用由违法者承担,处五十万元以上五百万元以下的罚款,对直接负责的主管人员和其他直接责任人员处五万元以上十万元以下的罚款;情节严重的,报经有批准权的人民政府批准,责令关闭。

第一百零三条 违反本法规定,环境保护设施未与主体工程同时设计、同时施工、同时投产使用的,或者环境保护设施未建成、未达到规定要求、未经验收或者经验收不合格即投入生产、使用的,由生态环境主管部门或者海警机构责令改正,处二十万元以上一百万元以下的罚款;拒不改正的,处一百万元以上二百万元以下的罚款;对直接负责的主管人员和其他责任人员处五万元以上二十万元以下的罚款;造成重大环境污染、生态破坏的,责令其停止生产、使用,或者报经有批准权的人民政府批准,责令关闭。

第一百零四条 违反本法规定,工程建设项目有下列行为之一,由依照本法规定行使海洋环境监督管理权的部门或者机构责令其停止违法行为、消除危害,处二十万元以上一百万元以下的罚款;情节严重的,报经有批准权的人民政府批准,责令停业、关闭:

(一)使用含超标准放射性物质或者易溶出有毒有害物质的材料的;

(二)造成领海基点及其周围环境的侵蚀、淤积、损害,或者危及领海基点稳定的。

第一百零五条 违反本法规定进行海洋油气勘探开发活动,造成海洋环境污染的,由海警机构责令改正,给予警告,并处二十万元以上一百万元以下的罚款。

第一百零六条 违反本法规定,有下列行为之一,由国务院生态环境主管部门及其海域派出机构、海事管理机构或者海警机构责令改正,处以罚款,必要时可以扣押船舶;情节严重的,报经有批准权的人民政府批准,责令停业、关闭:

(一)倾倒废弃物的船舶驶出港口未报告的;

(二)未取得倾倒许可证,向海洋倾倒废弃物的;

(三)在海上焚烧废弃物或者处置放射性废物及其他放射性物质的。

有前款第一项行为的,对违法船舶的所有人、经营人或者管理人处三千元以上三万元以下的罚款,对船长、责任船员或者其他责任人员处五百元以上五千元以下的罚款;有前款第二项行为的,处二十万元以上二百万元以下的罚款;有前款第三项行为的,处五十万元以上五百万元以下的罚款。有前款第二项、第三项行为之一,两年内受到行政处罚三次以上的,三年内不得从事废弃物海洋倾倒活动。

第一百零七条 违反本法规定,有下列行为之一,由国务院生态环境主管部门及其海域派出机构、海事管理机构或者海警机构责令改正,处以罚款,暂扣或者吊销倾倒许可证,必要时可以扣押船舶;情节严重的,报经有批准权的人民政府批准,责令停业、关闭:

(一)未按照国家规定报告倾倒情况的;

(二)未按照国家规定安装使用海洋倾废在线监控设备的;

(三)获准倾倒废弃物的单位未依照本法规定委托实施废弃物海洋倾倒作业或者未依照本法规定监督实施的;

(四)未按照倾倒许可证的规定倾倒废弃物的。

有前款第一项行为的,按次处五千元以上二万元以下的罚款;有前款第二项行为的,处二万元以上二十万元以下的罚款;有前款第三项行为的,处三万元以上三十万元以下的罚款;有前款第四项行为的,处二十万元以上一百万元以下的罚款,被吊销倾倒许可证的,三年内不得从事废弃物海洋倾倒活动。

以提供虚假申请材料、欺骗、贿赂等不正当手段申请取得倾倒许可证的,由国务院生态环境主管部门及其海域派出机构依法撤销倾倒许可证,并处二十万元以上五十万元以下的罚款;三年内不得再次申请倾倒许可证。

第一百零八条 违反本法规定,将中华人民共和国境外废弃物运进中华人民共和国管辖海域倾倒的,由海警机构责令改正,根据造成或者可能造成的危害后果,处五十万元以上五百万元以下的罚款。

第一百零九条 违反本法规定,有下列行为之一,由依照本法规定行使海洋环境监督管理权的部门或者机构责令改正,处以罚款:

(一)港口、码头、装卸站、船舶修造拆解单位未按照规定配备或者有效运行船舶污染物、废弃物接收设施,或者船舶的结构、配备的防污设备和器材不符合国家防污规定或者未经检验合格的;

(二)从事船舶污染物、废弃物接收和船舶清舱、洗舱作业活动,不具备相应接收处理能力的;

(三)从事船舶拆解、旧船改装、打捞和其他水上、水下施工作业,造成海洋环境污染损害的;

(四)采取冲滩方式进行船舶拆解作业的。

有前款第一项、第二项行为之一的,处二万元以上三十万元以下的罚款;有前款第三项行为的,处五万元以上二十万元以下的罚款;有前款第四项行为的,处十万元以上一百万元以下的罚款。

第一百一十条 违反本法规定,有下列行为之一,由依照本法规定行使海洋环境监督管理权的部门或者机构责令改正,处以罚款:

(一)未在船上备有有害材料清单,未在船舶建造、营运和维修过程中持续更新有害材料清单,或者未在船舶拆解前将有害材料清单提供给从事船舶拆解单位的;

(二)船舶未持有防污证书、防污文书,或者不按照规定监测、监控,如实记载和保存船舶污染物、压载水和沉积物的排放及操作记录的;

(三)船舶采取措施提高能效水平未达到有关规定的;

(四)进入控制区的船舶不符合船舶污染物排放相关控制要求的;

(五)具备岸电供应能力的港口经营人、岸电供电企业未按照国家规定为具备岸电使用条件的船舶提供岸电的;

(六)具备岸电使用条件的船舶靠港,不按照国家规定使用岸电的。

有前款第一项行为的,处二万元以下的罚款;有前款第二项行为的,处十万元以下的罚款;有前款第三项行为的,处一万元以上十万元以下的罚款;有前款第四项行为的,处三万元以上三十万元以下的罚款;有前款第五项、第六项行为之一的,处一万元以上十万元以下的罚款,情节严重的,处十万元以上五十万元以下的罚款。

第一百一十一条 违反本法规定,有下列行为之一,由依照本法规定行使海洋环境监督管理权的部门或者机构责令改正,处以罚款:

(一)拒报或者谎报船舶载运污染危害性货物申报事项的;

(二)托运人未将托运的污染危害性货物的正式名称、污染危害性以及应当采取的防护措施如实告知承运人的;

(三)托运人交付承运人的污染危害性货物的单证、包装、标志、数量限制不符合对所交付货物的有关规定的;

(四)托运人在托运的普通货物中夹带污染危害性货物或者将污染危害性货物谎报为普通货物的;

(五)需要船舶载运污染危害性不明的货物,未按照有关规定事先进行评估的。

有前款第一项行为的,处五万元以下的罚款;有前款第二项行为的,处五万元以上十万元以下的罚款;有前款第三项、第五项行为之一的,处二万元以上十万元以下的罚款;有前款第四项行为的,处十万元以上二十万元以下的罚款。

第一百一十二条 违反本法规定,有下列行为之一,由依照本法规定行使海洋环境监督管理权的部门或者机构责令改正,处一万元以上五万元以下的罚款:

(一)载运具有污染危害性货物的船舶未经许可进出港口或者装卸作业的;

(二)装卸油类及有毒有害货物的作业,船岸双方未遵守安全防污操作规程的;

(三)船舶进行散装液体污染危害性货物的过驳作业,未编制作业方案或者未按照有关规定经批准的。

第一百一十三条 企业事业单位和其他生产经营者违反本法规定向海域排放、倾倒、处置污染物、废弃物或者其他物质,受到罚款处罚,被责令改正的,依法作出处罚决定的部门或者机构应当组织复查,发现其继续实施该违法行为或者拒绝、阻挠复查的,依照《中华人民共和国环境保护法》的规定按日连续处罚。

第一百一十四条 对污染海洋环境、破坏海洋生态,造成他人损害的,依照《中华人民共和国民法典》等法律的规定承担民事责任。

对污染海洋环境、破坏海洋生态,给国家造成重大损失的,由依照本法规定行使海洋环境监督管理权的部门代表国家对责任者提出损害赔偿要求。

前款规定的部门不提起诉讼的,人民检察院可以向人民法院提起诉讼。前款规定的部门提起诉讼的,人民检察院可以支持起诉。

第一百一十五条 对违反本法规定,造成海洋环境污染、生态破坏事故的单位,除依法承担赔偿责任外,由依照本法规定行使海洋环境监督管理权的部门或者机构处以罚款;对直接负责的主管人员和其他直接责任人员可以处上一年度从本单位取得收入百分之五十以下的罚款;直接负责的主管人员和其他直接责任人员属于公职人员的,依法给予处分。

对造成一般或者较大海洋环境污染、生态破坏事故的,按照直接损失的百分之二十计算罚款;对造成重大或者特大海洋环境污染、生态破坏事故的,按照直接损失的百分之三十计算罚款。

第一百一十六条 完全属于下列情形之一,经过及

时采取合理措施,仍然不能避免对海洋环境造成污染损害的,造成污染损害的有关责任者免于承担责任:

(一)战争;

(二)不可抗拒的自然灾害;

(三)负责灯塔或者其他助航设备的主管部门,在执行职责时的疏忽,或者其他过失行为。

第一百一十七条 未依照本法规定缴纳倾倒费的,由国务院生态环境主管部门及其海域派出机构责令限期缴纳;逾期拒不缴纳的,处应缴纳倾倒费数额一倍以上三倍以下的罚款,并可以报经有批准权的人民政府批准,责令停业、关闭。

第一百一十八条 海洋环境监督管理人员滥用职权、玩忽职守、徇私舞弊,造成海洋环境污染损害、生态破坏的,依法给予处分。

第一百一十九条 违反本法规定,构成违反治安管理行为的,依法给予治安管理处罚;构成犯罪的,依法追究刑事责任。

第九章 附 则

第一百二十条 本法中下列用语的含义是:

(一)海洋环境污染损害,是指直接或者间接地把物质或者能量引入海洋环境,产生损害海洋生物资源、危害人体健康、妨害渔业和海上其他合法活动、损害海水使用素质和减损环境质量等有害影响。

(二)内水,是指我国领海基线向内陆一侧的所有海域。

(三)沿海陆域,是指与海岸相连,或者通过管道、沟渠、设施,直接或者间接向海洋排放污染物及其相关活动的一带区域。

(四)滨海湿地,是指低潮时水深不超过六米的水域及其沿岸浸湿地带,包括水深不超过六米的永久性水域、潮间带(或者洪泛地带)和沿海低地等,但是用于养殖的人工的水域和滩涂除外。

(五)陆地污染源(简称陆源),是指从陆地向海域排放污染物,造成或者可能造成海洋环境污染的场所、设施等。

(六)陆源污染物,是指由陆地污染源排放的污染物。

(七)倾倒,是指通过船舶、航空器、平台或者其他载运工具,向海洋处置废弃物和其他有害物质的行为,包括弃置船舶、航空器、平台及其辅助设施和其他浮动工具的行为。

(八)海岸线,是指多年大潮平均高潮位时海陆分界痕迹线,以国家组织开展的海岸线修测结果为准。

(九)入海河口,是指河流终端与受水体(海)相结合的地段。

(十)海洋生态灾害,是指受自然环境变化或者人为因素影响,导致一种或者多种海洋生物暴发性增殖或者高度聚集,对海洋生态系统结构和功能造成损害。

(十一)渔业水域,是指鱼虾蟹贝类的产卵场、索饵场、越冬场、洄游通道和鱼虾蟹贝藻类及其他水生动植物的养殖场。

(十二)排放,是指把污染物排入海洋的行为,包括泵出、溢出、泄出、喷出和倒出。

(十三)油类,是指任何类型的油及其炼制品。

(十四)入海排污口,是指直接或者通过管道、沟、渠等排污通道向海洋环境水体排放污水的口门,包括工业排污口、城镇污水处理厂排污口、农业排口及其他排口等类型。

(十五)油性混合物,是指任何含有油份的混合物。

(十六)海上焚烧,是指以热摧毁为目的,在海上焚烧设施上,故意焚烧废弃物或者其他物质的行为,但是船舶、平台或者其他人工构造物正常操作中所附带发生的行为除外。

第一百二十一条 涉及海洋环境监督管理的有关部门的具体职权划分,本法未作规定的,由国务院规定。

沿海县级以上地方人民政府行使海洋环境监督管理权的部门的职责,由省、自治区、直辖市人民政府根据本法及国务院有关规定确定。

第一百二十二条 军事船舶和军事用海环境保护管理办法,由国务院、中央军事委员会依照本法制定。

第一百二十三条 中华人民共和国缔结或者参加的与海洋环境保护有关的国际条约与本法有不同规定的,适用国际条约的规定;但是,中华人民共和国声明保留的条款除外。

第一百二十四条 本法自2024年1月1日起施行。

中华人民共和国防治陆源污染物污染损害海洋环境管理条例

- 1990年5月25日国务院第61次常委会议通过
- 1990年6月22日中华人民共和国国务院令第61号发布
- 自1990年8月1日施行

第一条 为加强对陆地污染源的监督管理,防治陆源污染物污染损害海洋环境,根据《中华人民共和国海洋环境保护法》，制定本条例。

第二条 本条例所称陆地污染源（简称陆源），是指从陆地向海域排放污染物，造成或者可能造成海洋环境污染损害的场所、设施等。

本条例所称陆源污染物是指由前款陆源排放的污染物。

第三条 本条例适用于在中华人民共和国境内向海域排放陆源污染物的一切单位和个人。

防止拆船污染损害海洋环境，依照《防止拆船污染环境管理条例》执行。

第四条 国务院环境保护行政主管部门，主管全国防治陆源污染物污染损害海洋环境工作。

沿海县级以上地方人民政府环境保护行政主管部门，主管本行政区域内防治陆源污染物污染损害海洋环境工作。

第五条 任何单位和个人向海域排放陆源污染物，必须执行国家和地方发布的污染物排放标准和有关规定。

第六条 任何单位和个人向海域排放陆源污染物，必须向其所在地环境保护行政主管部门申报登记拥有的污染物排放设施、处理设施和在正常作业条件下排放污染物的种类、数量和浓度，提供防治陆源污染物污染损害海洋环境的资料，并将上述事项和资料抄送海洋行政主管部门。

排放污染物的种类、数量和浓度有重大改变或者拆除、闲置污染物处理设施的，应当征得所在地环境保护行政主管部门同意并经原审批部门批准。

第七条 任何单位和个人向海域排放陆源污染物，超过国家和地方污染物排放标准的，必须缴纳超标准排污费，并负责治理。

第八条 任何单位和个人，不得在海洋特别保护区、海上自然保护区、海滨风景游览区、盐场保护区、海水浴场、重要渔业水域和其他需要特殊保护的区域内兴建排污口。

对在前款区域内已建的排污口，排放污染物超过国家和地方排放标准的，限期治理。

第九条 对向海域排放陆源污染物造成海洋环境严重污染损害的企业事业单位，限期治理。

第十条 国务院各部门或者省、自治区、直辖市人民政府直接管辖的企业事业单位的限期治理，由省、自治区、直辖市人民政府的环境保护行政主管部门提出意见，报同级人民政府决定。市、县或者市、县以下人民政府管辖的企业事业单位的限期治理，由市、县人民政府环境保护行政主管部门提出意见，报同级人民政府决定。被限期治理的企业事业单位必须如期完成治理任务。

第十一条 禁止在岸滩擅自堆放、弃置和处理固体废弃物。确需临时堆放、处理固体废弃物的，必须按照沿海省、自治区、直辖市人民政府环境保护行政主管部门规定的审批程序，提出书面申请。其主要内容包括：

（一）申请单位的名称、地址；

（二）堆放、处理的地点和占地面积；

（三）固体废弃物的种类、成分，年堆放量、处理量，积存堆放、处理的总量和堆放高度；

（四）固体废弃物堆放、处理的期限，最终处置方式；

（五）堆放、处理固体废弃物可能对海洋环境造成的污染损害；

（六）防止堆放、处理固体废弃物污染损害海洋环境的技术和措施；

（七）审批机关认为需要说明的其他事项。

现有的固体废弃物临时堆放、处理场地，未经县级以上地方人民政府环境保护行政主管部门批准的，由县级以上地方人民政府环境保护行政主管部门责令限期补办审批手续。

第十二条 被批准设置废弃物堆放场、处理场的单位和个人，必须建造防护堤和防渗漏、防扬尘等设施，经批准设置废弃物堆放场、处理场的环境保护行政主管部门验收合格后方可使用。

在批准使用的废弃物堆放场、处理场内，不得擅自堆放、弃置未经批准的其他种类的废弃物。不得露天堆放含剧毒、放射性、易溶解和易挥发性物质的废弃物；非露天堆放上述废弃物，不得作为最终处置方式。

第十三条 禁止在岸滩采用不正当的稀释、渗透方式排放有毒、有害废水。

第十四条 禁止向海域排放含高、中放射性物质的废水。

向海域排放含低放射性物质的废水，必须执行国家有关放射防护的规定和标准。

第十五条 禁止向海域排放油类、酸液、碱液和毒液。

向海域排放含油废水、含有害重金属废水和其他工业废水，必须经过处理，符合国家和地方规定的排放标准和有关规定。处理后的残渣不得弃置入海。

第十六条 向海域排放含病原体的废水，必须经过处理，符合国家和地方规定的排放标准和有关规定。

第十七条 向海域排放含热废水的水温应当符合国

家有关规定。

第十八条　向自净能力较差的海域排放含有机物和营养物质的工业废水和生活废水,应当控制排放量;排污口应当设置在海水交换良好处,并采用合理的排放方式,防止海水富营养化。

第十九条　禁止将失效或者禁用的药物及药具弃置岸滩。

第二十条　入海河口处发生陆源污染物污染损害海洋环境事故,确有证据证明是由河流携带污染物造成的,由入海河口处所在地的省、自治区、直辖市人民政府环境保护行政主管部门调查处理;河流跨越省、自治区、直辖市的,由入海河口处所在省、自治区、直辖市人民政府环境保护行政主管部门和水利部门会同有关省、自治区、直辖市人民政府环境保护行政主管部门、水利部门和流域管理机构调查处理。

第二十一条　沿海相邻或者相向地区向同一海域排放陆源污染物的,由有关地方人民政府协商制定共同防治陆源污染物污染损害海洋环境的措施。

第二十二条　一切单位和个人造成陆源污染物污染损害海洋环境事故时,必须立即采取措施处理,并在事故发生后四十八小时内,向当地人民政府环境保护行政主管部门作出事故发生的时间、地点、类型和排放污染物的数量、经济损失、人员受害等情况的初步报告,并抄送有关部门。

事故查清后,应向当地人民政府环境保护行政主管部门作出书面报告,并附有关证明文件。

各级人民政府环境保护行政主管部门接到陆源污染物污染损害海洋环境事故的初步报告后,应当立即会同有关部门采取措施,消除或者减轻污染,并由县级以上人民政府环境保护行政主管部门会同有关部门或者由县级以上人民政府环境保护行政主管部门授权的部门对事故进行调查处理。

第二十三条　县级以上人民政府环境保护行政主管部门,按照项目管理权限,可以会同项目主管部门对排放陆源污染物的单位和个人进行现场检查,被检查者必须如实反映情况、提供资料。检查者有责任为被检查者保守技术秘密和业务秘密。法律法规另有规定的除外。

第二十四条　违反本条例规定,具有下列情形之一的,由县级以上人民政府环境保护行政主管部门责令改正,并可处以三百元以上三千元以下的罚款:

(一)拒报或者谎报排污申报登记事项的;

(二)拒绝、阻挠环境保护行政主管部门现场检查,或者在被检查中弄虚作假的。

第二十五条　废弃物堆放场、处理场的防污染设施未经环境保护行政主管部门验收或者验收不合格而强行使用的,由环境保护行政主管部门责令改正,并可处以五千元以上二万元以下的罚款。

第二十六条　违反本条例规定,具有下列情形之一的,由县级以上人民政府环境保护行政主管部门责令改正,并可处以五千元以上十万元以下的罚款:

(一)未经所在地环境保护行政主管部门同意和原批准部门批准,擅自改变污染物排放的种类、增加污染物排放的数量、浓度或者拆除、闲置污染物处理设施的;

(二)在本条例第八条第一款规定的区域内兴建排污口的。

第二十七条　违反本条例规定,具有下列情形之一的,由县级以上人民政府环境保护行政主管部门责令改正,并可处以一千元以上二万元以下的罚款;情节严重的,可处以二万元以上十万元以下的罚款:

(一)在岸滩采用不正当的稀释、渗透方式排放有毒、有害废水的;

(二)向海域排放含高、中放射性物质的废水的;

(三)向海域排放油类、酸液、碱液和毒液的;

(四)向岸滩弃置失效或者禁用的药物和药具的;

(五)向海域排放含油废水、含病原体废水、含热废水、含低放射性物质废水、含有害重金属废水和其他工业废水超过国家和地方规定的排放标准和有关规定或者将处理后的残渣弃置入海的;

(六)未经县级以上地方人民政府环境保护行政主管部门批准,擅自在岸滩堆放、弃置和处理废弃物或者在废弃物堆放场、处理场内,擅自堆放、处理未经批准的其他种类的废弃物或者露天堆放含剧毒、放射性、易溶解和易挥发性物质的废弃物的。

第二十八条　对逾期未完成限期治理任务的企业事业单位,征收两倍的超标准排污费,并可根据危害和损失后果,处以一万元以上十万元以下的罚款,或者责令停业、关闭。

罚款由环境保护行政主管部门决定。责令停业、关闭,由作出限期治理决定的人民政府决定;责令国务院各部门直接管辖的企业事业单位停业、关闭,须报国务院批准。

第二十九条　不按规定缴纳超标准排污费的,除追缴超标准排污费及滞纳金外,并可由县级以上人民政府环境保护行政主管部门处以一千元以上一万元以下的罚款。

第三十条 对造成陆源污染物污染损害海洋环境事故，导致重大经济损失的，由县级以上人民政府环境保护行政主管部门按照直接损失百分之三十计算罚款，但最高不得超过二十万元。

第三十一条 县级人民政府环境保护行政主管部门可处以一万元以下的罚款，超过一万元的罚款，报上级环境保护行政主管部门批准。

省辖市级人民政府环境保护行政主管部门可处以五万元以下的罚款，超过五万元的罚款，报上级环境保护行政主管部门批准。

省、自治区、直辖市人民政府环境保护行政主管部门可处以二十万元以下的罚款。

罚款全部上交国库，任何单位和个人不得截留、分成。

第三十二条 缴纳超标准排污费或者被处以罚款的单位、个人，并不免除消除污染、排除危害和赔偿损失的责任。

第三十三条 当事人对行政处罚决定不服的，可以在接到处罚通知之日起十五日内，依法申请复议；对复议决定不服的，可以在接到复议决定之日起十五日内，向人民法院起诉。当事人也可以在接到处罚通知之日起十五日内，直接向人民法院起诉。当事人逾期不申请复议、也不向人民法院起诉，又不履行处罚决定的，由作出处罚决定的机关申请人民法院强制执行。

第三十四条 环境保护行政主管部门工作人员滥用职权、玩忽职守、徇私舞弊的，由其所在单位或者上级主管机关给予行政处分；构成犯罪的，依法追究刑事责任。

第三十五条 沿海省、自治区、直辖市人民政府，可以根据本条例制定实施办法。

第三十六条 本条例由国务院环境保护行政主管部门负责解释。

第三十七条 本条例自1990年8月1日起施行。

中华人民共和国海洋倾废管理条例

- 1985年3月6日国务院发布
- 根据2011年1月8日《国务院关于废止和修改部分行政法规的决定》第一次修订
- 根据2017年3月1日《国务院关于修改和废止部分行政法规的决定》第二次修订

第一条 为实施《中华人民共和国海洋环境保护法》，严格控制向海洋倾倒废弃物，防止对海洋环境的污染损害，保持生态平衡，保护海洋资源，促进海洋事业的发展，特制定本条例。

第二条 本条例中的"倾倒"，是指利用船舶、航空器、平台及其他载运工具，向海洋处置废弃物和其他物质；向海洋弃置船舶、航空器、平台和其他海上人工构造物，以及向海洋处置由于海底矿物资源的勘探开发及与勘探开发相关的海上加工所产生的废弃物和其他物质。

"倾倒"不包括船舶、航空器及其他载运工具和设施正常操作产生的废弃物的排放。

第三条 本条例适用于：

一、向中华人民共和国的内海、领海、大陆架和其他管辖海域倾倒废弃物和其他物质；

二、为倾倒的目的，在中华人民共和国陆地或港口装载废弃物和其他物质；

三、为倾倒的目的，经中华人民共和国的内海、领海及其他管辖海域运送废弃物和其他物质；

四、在中华人民共和国管辖海域焚烧处置废弃物和其他物质。

海洋石油勘探开发过程中产生的废弃物，按照《中华人民共和国海洋石油勘探开发环境保护管理条例》的规定处理。

第四条 海洋倾倒废弃物的主管部门是中华人民共和国国家海洋局及其派出机构（简称"主管部门"，下同）。

第五条 海洋倾倒区由主管部门商同有关部门，按科学、合理、安全和经济的原则划出，报国务院批准确定。

第六条 需要向海洋倾倒废弃物的单位，应事先向主管部门提出申请，按规定的格式填报倾倒废弃物申请书，并附报废弃物特性和成分检验单。

主管部门在接到申请书之日起两个月内予以审批。对同意倾倒者应发给废弃物倾倒许可证。

任何单位和船舶、航空器、平台及其他载运工具，未依法经主管部门批准，不得向海洋倾倒废弃物。

第七条 外国的废弃物不得运至中华人民共和国管辖海域进行倾倒，包括弃置船舶、航空器、平台和其他海上人工构造物。违者，主管部门可责令其限期治理，支付清除污染费，赔偿损失，并处以罚款。

在中华人民共和国管辖海域以外倾倒废弃物，造成中华人民共和国管辖海域污染损害的，按本条例第十七条规定处理。

第八条 为倾倒的目的，经过中华人民共和国管辖海域运送废弃物的任何船舶及其他载运工具，应当在进入中华人民共和国管辖海域15天之前，通报主管部门，同时报告进入中华人民共和国管辖海域的时间、航线、以及废弃物的名称、数量及成分。

第九条 外国籍船舶、平台在中华人民共和国管辖海域，由于海底矿物资源的勘探开发及与勘探开发相关的海上加工所产生的废弃物和其他物质需要向海洋倾倒的，应按规定程序报经主管部门批准。

第十条 倾倒许可证应注明倾倒单位、有效期限和废弃物的数量、种类、倾倒方法等事项。

签发许可证应根据本条例的有关规定严格控制。主管部门根据海洋生态环境的变化和科学技术的发展，可以更换或撤销许可证。

第十一条 废弃物根据其毒性、有害物质含量和对海洋环境的影响等因素，分为三类。其分类标准，由主管部门制定。主管部门可根据海洋生态环境的变化，科学技术的发展，以及海洋环境保护的需要，对附件进行修订。

一、禁止倾倒附件一所列的废弃物及其他物质（见附件一）。当出现紧急情况，在陆地上处置会严重危及人民健康时，经国家海洋局批准，获得紧急许可证，可到指定的区域按规定的方法倾倒。

二、倾倒附件二所列的废弃物（见附件二），应当事先获得特别许可证。

三、倾倒未列入附件一和附件二的低毒或无毒的废弃物，应当事先获得普通许可证。

第十二条 获准向海洋倾倒废弃物的单位在废弃物装载时，应通知主管部门予以核实。

核实工作按许可证所载的事项进行。主管部门如发现实际装载与许可证所注明内容不符，应责令停止装运；情节严重的，应中止或吊销许可证。

第十三条 主管部门应对海洋倾倒活动进行监视和监督，必要时可派员随航。倾倒单位应为随航公务人员提供方便。

第十四条 获准向海洋倾倒废弃物的单位，应当按许可证注明的期限和条件，到指定的区域进行倾倒，如实地详细填写倾倒情况记录表，并按许可证注明的要求，将记录表报送主管部门。倾倒废弃物的船舶、航空器、平台和其他载运工具应有明显标志和信号，并在航行日志上详细记录倾倒情况。

第十五条 倾倒废弃物的船舶、航空器、平台和其他载运工具，凡属《中华人民共和国海洋环境保护法》第八十九条、第九十一条规定的情形，可免于承担赔偿责任。

为紧急避险或救助人命，未按许可证规定的条件和区域进行倾倒时，应尽力避免或减轻因倾倒而造成的污染损害，并在事后尽快向主管部门报告。倾倒单位和紧急避险或救助人命的受益者，应对由此所造成的污染损害进行补偿。

由于第三者的过失造成污染损害的，倾倒单位应向主管部门提出确凿证据，经主管部门确认后责令第三者承担赔偿责任。

在海上航行和作业的船舶、航空器、平台和其他载运工具，因不可抗拒的原因而弃置时，其所有人应向主管部门和就近的港务监督报告，并尽快打捞清理。

第十六条 主管部门对海洋倾倒区应定期进行监测，加强管理，避免对渔业资源和其他海上活动造成有害影响。当发现倾倒区不宜继续倾倒时，主管部门可决定予以封闭。

第十七条 对违反本条例，造成海洋环境污染损害的，主管部门可责令其限期治理，支付清除污染费，向受害方赔偿由此所造成的损失，并视情节轻重和污染损害的程度，处以警告或人民币10万元以下的罚款。

第十八条 要求赔偿损失的单位和个人，应尽快向主管部门提出污染损害索赔报告书。报告书应包括：受污染损害的时间、地点、范围、对象、损失清单，技术鉴定和公证证明，并尽可能提供有关原始单据和照片等。

第十九条 受托清除污染的单位在作业结束后，应尽快向主管部门提交索取清除污染费用报告书。报告书应包括：清除污染的时间、地点，投入的人力、机具、船只，清除材料的数量、单价、计算方法，组织清除的管理费、交通费及其他有关费用，清除效果及其情况，其他有关证据和证明材料。

第二十条 对违法行为的处罚标准如下：

一、凡有下列行为之一者，处以警告或人民币2000元以下的罚款：

（一）伪造废弃物检验单的；

（二）不按本条例第十四条规定填报倾倒情况记录表的；

（三）在本条例第十五条规定的情况下，未及时向主管部门和港务监督报告的。

二、凡实际装载与许可证所注明内容不符，情节严重的，除中止或吊销许可证外，还可处以人民币2000元以上5000元以下的罚款。

三、凡未按本条例第十二条规定通知主管部门核实而擅自进行倾倒的，可处以人民币5000元以上2万元以下的罚款。

四、凡有下列行为之一者，可处以人民币2万元以上10万元以下的罚款：

（一）未经批准向海洋倾倒废弃物的；
（二）不按批准的条件和区域进行倾倒的，但本条例第十五条规定的情况不在此限。

第二十一条 对违反本条例，造成或可能造成海洋环境污染损害的直接责任人，主管部门可处以警告或者罚款，也可以并处。

对于违反本条例，污染损害海洋环境造成重大财产损失或致人伤亡的直接责任人，由司法机关依法追究刑事责任。

第二十二条 当事人对主管部门的处罚决定不服的，可以在收到处罚通知书之日起15日内，向人民法院起诉；期满不起诉又不履行处罚决定的，由主管部门申请人民法院强制执行。

第二十三条 对违反本条例，造成海洋环境污染损害的行为，主动检举、揭发，积极提供证据，或采取有效措施减少污染损害有成绩的个人，应给予表扬或奖励。

第二十四条 本条例自1985年4月1日起施行。

附件一

禁止倾倒的物质

一、含有机卤素化合物、汞及汞化合物、镉及镉化合物的废弃物，但微含量的或能在海水中迅速转化为无害物质的除外。

二、强放射性废弃物及其他强放射性物质。

三、原油及其废弃物、石油炼制品、残油，以及含这类物质的混合物。

四、渔网、绳索、塑料制品及其他能在海面漂浮或在水中悬浮，严重妨碍航行、捕鱼及其他活动或危害海洋生物的人工合成物质。

五、含有本附件第一、二项所列物质的阴沟污泥和疏浚物。

附件二

需要获得特别许可证才能倾倒的物质

一、含有下列大量物质的废弃物：
（一）砷及其化合物；
（二）铅及其化合物；
（三）铜及其化合物；
（四）锌及其化合物；
（五）有机硅化合物；
（六）氰化物；
（七）氟化物；
（八）铍、铬、镍、钒及其化合物；
（九）未列入附件一的杀虫剂及其副产品。

但无害的或能在海水中迅速转化为无害物质的除外。

二、含弱放射性物质的废弃物。

三、容易沉入海底，可能严重障碍捕鱼和航行的容器、废金属及其他笨重的废弃物。

四、含有本附件第一、二项所列物质的阴沟污泥和疏浚物。

防止拆船污染环境管理条例

· 1988年5月18日国务院发布
· 根据2016年2月6日《国务院关于修改部分行政法规的决定》第一次修订
· 根据2017年3月1日《国务院关于修改和废止部分行政法规的决定》第二次修订

第一条 为防止拆船污染环境，保护生态平衡，保障人体健康，促进拆船事业的发展，制定本条例。

第二条 本条例适用于在中华人民共和国管辖水域从事岸边和水上拆船活动的单位和个人。

第三条 本条例所称岸边拆船，指废船停靠拆船码头拆解；废船在船坞拆解；废船冲滩（不包括海难事故中的船舶冲滩）拆解。

本条例所称水上拆船，指对完全处于水上的废船进行拆解。

第四条 县级以上人民政府环境保护部门负责组织协调、监督检查拆船业的环境保护工作，并主管港区水域外的岸边拆船环境保护工作。

中华人民共和国港务监督（含港航监督，下同）主管水上拆船和综合港港区水域拆船的环境保护工作，并协助环境保护部门监督港区水域外的岸边拆船防止污染工作。

国家渔政渔港监督管理部门主管渔港水域拆船的环境保护工作，负责监督拆船活动对沿岸渔业水域的影响，发现污染损害事故后，会同环境保护部门调查处理。

军队环境保护部门主管军港水域拆船的环境保护工作。

国家海洋管理部门和重要江河的水资源保护机构，

依据《中华人民共和国海洋环境保护法》和《中华人民共和国水污染防治法》确定的职责，协助以上各款所指主管部门监督拆船的防止污染工作。

县级以上人民政府的环境保护部门、中华人民共和国港务监督、国家渔政渔港监督管理部门和军队环境保护部门，在主管本条第一、第二、第三、第四款所确定水域的拆船环境保护工作时，简称"监督拆船污染的主管部门"。

第五条 地方人民政府应当根据需要和可能，结合本地区的特点、环境状况和技术条件，统筹规划、合理设置拆船厂。

在饮用水源地、海水淡化取水点、盐场、重要的渔业水域、海水浴场、风景名胜区以及其他需要特殊保护的区域，不得设置拆船厂。

第六条 设置拆船厂，必须编制环境影响报告书（表）。其内容包括：拆船厂的地理位置、周围环境状况、拆船规模和条件、拆船工艺、防污措施、预期防治效果等。未依法进行环境影响评价的拆船厂，不得开工建设。

环境保护部门在批准环境影响报告书（表）前，应当征求各有关部门的意见。

第七条 监督拆船污染的主管部门有权对拆船单位的拆船活动进行检查，被检查单位必须如实反映情况，提供必要的资料。

监督拆船污染的主管部门有义务为被检查单位保守技术和业务秘密。

第八条 对严重污染环境的拆船单位，限期治理。

对拆船单位的限期治理，由监督拆船污染的主管部门提出意见，通过批准环境影响报告书（表）的环境保护部门，报同级人民政府决定。

第九条 拆船单位应当健全环境保护规章制度，认真组织实施。

第十条 拆船单位必须配备或者设置防止拆船污染必需的拦油装置、废油接收设备、含油污水接收处理设施或者设备、废弃物回收处置场等，并经批准环境影响报告书（表）的环境保护部门验收合格，发给验收合格证后，方可进船拆解。

第十一条 拆船单位在废船拆解前，必须清除易燃、易爆和有毒物质；关闭海底阀和封闭可能引起油污水外溢的管道。垃圾、残油、废油、油泥、含油污水和易燃易爆物品等废弃物必须送到岸上集中处理，并不得采用渗坑、渗井的处理方式。

废油船在拆解前，必须进行洗舱、排污、清舱、测爆等工作。

第十二条 在水上进行拆船作业的拆船单位和个人，必须事先采取有效措施，严格防止溢出、散落水中的油类和其他漂浮物扩散。

在水上进行拆船作业，一旦出现溢出、散落水中的油类和其他漂浮物，必须及时收集处理。

第十三条 排放洗舱水、压舱水和舱底水，必须符合国家和地方规定的排放标准；排放未经处理的洗舱水、压舱水和舱底水，还必须经过监督拆船污染的主管部门批准。

监督拆船污染的主管部门接到拆船单位申请排放未经处理的洗舱水、压舱水和舱底水的报告后，应当抓紧办理，及时审批。

第十四条 拆下的船舶部件或者废弃物，不得投弃或者存放水中；带有污染物的船舶部件或者废弃物，严禁进入水体。未清洗干净的船底和油柜必须拖到岸上拆解。

拆船作业产生的电石渣及其废水，必须收集处理，不得流入水中。

船舶拆解完毕，拆船单位和个人应当及时清理拆船现场。

第十五条 发生拆船污染损害事故时，拆船单位或者个人必须立即采取消除或者控制污染的措施，并迅速报告监督拆船污染的主管部门。

污染损害事故发生后，拆船单位必须向监督拆船污染的主管部门提交《污染事故报告书》，报告污染发生的原因、经过、排污数量、采取的抢救措施、已造成和可能造成的污染损害后果等，并接受调查处理。

第十六条 拆船单位关闭或者搬迁后，必须及时清理原厂址遗留的污染物，并由监督拆船污染的主管部门检查验收。

第十七条 违反本条例规定，有下列情形之一的，监督拆船污染的主管部门除责令其限期纠正外，还可以根据不同情节，处以1万元以上10万元以下的罚款：

（一）发生污染损害事故，不向监督拆船污染的主管部门报告也不采取消除或者控制污染措施的；

（二）废油船未经洗舱、排污、清舱和测爆即行拆解的；

（三）任意排放或者丢弃污染物造成严重污染的。

违反本条例规定，擅自在第五条第二款所指的区域设置拆船厂并进行拆船的，按照分级管理的原则，由县级以上人民政府责令限期关闭或者搬迁。

拆船厂未依法进行环境影响评价擅自开工建设的，

依照《中华人民共和国环境保护法》的规定处罚。

第十八条 违反本条例规定,有下列情形之一的,监督拆船污染的主管部门除责令其限期纠正外,还可以根据不同情节,给予警告或者处以1万元以下的罚款：

（一）拒绝或者阻挠监督拆船污染的主管部门进行现场检查或者在被检查时弄虚作假的；

（二）未按规定要求配备和使用防污设施、设备和器材,造成环境污染的；

（三）发生污染损害事故,虽采取消除或者控制污染措施,但不向监督拆船污染的主管部门报告的；

（四）拆船单位关闭、搬迁后,原厂址的现场清理不合格的。

第十九条 罚款全部上缴国库。

拆船单位和个人在受到罚款后,并不免除其对本条例规定义务的履行,已造成污染危害的,必须及时排除危害。

第二十条 对经限期治理逾期未完成治理任务的拆船单位,可以根据其造成的危害后果,责令停业整顿或者关闭。

前款所指拆船单位的停业整顿或者关闭,由作出限期治理决定的人民政府决定。责令国务院有关部门直属的拆船单位停业整顿或者关闭,由国务院环境保护部门会同有关部门批准。

第二十一条 对造成污染损害后果负有责任的或者有第十八条第（一）项所指行为的拆船单位负责人和直接责任者,可以根据不同情节,由其所在单位或者上级主管机关给予行政处分。

第二十二条 当事人对行政处罚决定不服的,可以在收到处罚决定通知之日起15日内,向人民法院起诉；期满不起诉又不履行的,由作出处罚决定的主管部门申请人民法院强制执行。

第二十三条 因拆船污染直接遭受损害的单位或者个人,有权要求造成污染损害方赔偿损失。造成污染损害方有责任对直接遭受危害的单位或者个人赔偿损失。

赔偿责任和赔偿金额的纠纷,可以根据当事人的请求,由监督拆船污染的主管部门处理；当事人对处理决定不服的,可以向人民法院起诉。

当事人也可以直接向人民法院起诉。

第二十四条 凡直接遭受拆船污染损害,要求赔偿损失的单位和个人,应当提交《污染索赔报告书》。报告书应当包括以下内容：

（一）受拆船污染损害的时间、地点、范围、对象,以及当时的气象、水文条件；

（二）受拆船污染损害的损失清单,包括品名、数量、单价、计算方法等；

（三）有关监测部门的鉴定。

第二十五条 因不可抗拒的自然灾害,并经及时采取防范和抢救措施,仍然不能避免造成污染损害的,免予承担赔偿责任。

第二十六条 对检举、揭发拆船单位隐瞒不报或者谎报污染损害事故,以及积极采取措施制止或者减轻污染损害的单位和个人,给予表扬和奖励。

第二十七条 监督拆船污染的主管部门的工作人员玩忽职守、滥用职权、徇私舞弊的,由其所在单位或者上级主管机关给予行政处分；对国家和人民利益造成重大损失、构成犯罪的,依法追究刑事责任。

第二十八条 本条例自1988年6月1日起施行。

防治船舶污染海洋环境管理条例

- 2009年9月9日中华人民共和国国务院令第561号公布
- 根据2013年7月18日《国务院关于废止和修改部分行政法规的决定》第一次修订
- 根据2013年12月7日《国务院关于修改部分行政法规的决定》第二次修订
- 根据2014年7月29日《国务院关于修改部分行政法规的决定》第三次修订
- 根据2016年2月6日《国务院关于修改部分行政法规的决定》第四次修订
- 根据2017年3月1日《国务院关于修改和废止部分行政法规的决定》第五次修订
- 根据2018年3月19日《国务院关于修改和废止部分行政法规的决定》第六次修订

第一章 总 则

第一条 为了防治船舶及其有关作业活动污染海洋环境,根据《中华人民共和国海洋环境保护法》,制定本条例。

第二条 防治船舶及其有关作业活动污染中华人民共和国管辖海域适用本条例。

第三条 防治船舶及其有关作业活动污染海洋环境,实行预防为主、防治结合的原则。

第四条 国务院交通运输主管部门主管所辖港区水域内非军事船舶和港区水域外非渔业、非军事船舶污染海洋环境的防治工作。

海事管理机构依照本条例规定具体负责防治船舶及

其有关作业活动污染海洋环境的监督管理。

第五条 国务院交通运输主管部门应当根据防治船舶及其有关作业活动污染海洋环境的需要,组织编制防治船舶及其有关作业活动污染海洋环境应急能力建设规划,报国务院批准后公布实施。

沿海设区的市级以上地方人民政府应当按照国务院批准的防治船舶及其有关作业活动污染海洋环境应急能力建设规划,并根据本地区的实际情况,组织编制相应的防治船舶及其有关作业活动污染海洋环境应急能力建设规划。

第六条 国务院交通运输主管部门、沿海设区的市级以上地方人民政府应当建立健全防治船舶及其有关作业活动污染海洋环境应急反应机制,并制定防治船舶及其有关作业活动污染海洋环境应急预案。

第七条 海事管理机构应当根据防治船舶及其有关作业活动污染海洋环境的需要,会同海洋主管部门建立健全船舶及其有关作业活动污染海洋环境的监测、监视机制,加强对船舶及其有关作业活动污染海洋环境的监测、监视。

第八条 国务院交通运输主管部门、沿海设区的市级以上地方人民政府应当按照防治船舶及其有关作业活动污染海洋环境应急能力建设规划,建立专业应急队伍和应急设备库,配备专用的设施、设备和器材。

第九条 任何单位和个人发现船舶及其有关作业活动造成或者可能造成海洋环境污染的,应当立即就近向海事管理机构报告。

第二章 防治船舶及其有关作业活动污染海洋环境的一般规定

第十条 船舶的结构、设备、器材应当符合国家有关防治船舶污染海洋环境的技术规范以及中华人民共和国缔结或者参加的国际条约的要求。

船舶应当依照法律、行政法规、国务院交通运输主管部门的规定以及中华人民共和国缔结或者参加的国际条约的要求,取得并随船携带相应的防治船舶污染海洋环境的证书、文书。

第十一条 中国籍船舶的所有人、经营人或者管理人应当按照国务院交通运输主管部门的规定,建立健全安全营运和防治船舶污染管理体系。

海事管理机构应当对安全营运和防治船舶污染管理体系进行审核,审核合格的,发给符合证明和相应的船舶安全管理证书。

第十二条 港口、码头、装卸站以及从事船舶修造的单位应当配备与其装卸货物种类和吞吐能力或者修造船舶能力相适应的污染监视设施和污染物接收设施,并使其处于良好状态。

第十三条 港口、码头、装卸站以及从事船舶修造、打捞、拆解等作业活动的单位应当制定有关安全营运和防治污染的管理制度,按照国家有关防治船舶及其有关作业活动污染海洋环境的规范和标准,配备相应的防治污染设备和器材。

港口、码头、装卸站以及从事船舶修造、打捞、拆解等作业活动的单位,应当定期检查、维护配备的防治污染设备和器材,确保防治污染设备和器材符合防治船舶及其有关作业活动污染海洋环境的要求。

第十四条 船舶所有人、经营人或者管理人应当制定防治船舶及其有关作业活动污染海洋环境的应急预案,并报海事管理机构备案。

港口、码头、装卸站的经营人以及有关作业单位应当制定防治船舶及其有关作业活动污染海洋环境的应急预案,并报海事管理机构和环境保护主管部门备案。

船舶、港口、码头、装卸站以及其他有关作业单位应当按照应急预案,定期组织演练,并做好相应记录。

第三章 船舶污染物的排放和接收

第十五条 船舶在中华人民共和国管辖海域向海洋排放的船舶垃圾、生活污水、含油污水、含有毒有害物质污水、废气等污染物以及压载水,应当符合法律、行政法规、中华人民共和国缔结或者参加的国际条约以及相关标准的要求。

船舶应当将不符合前款规定的排放要求的污染物排入港口接收设施或者由船舶污染物接收单位接收。

船舶不得向依法划定的海洋自然保护区、海滨风景名胜区、重要渔业水域以及其他需要特别保护的海域排放船舶污染物。

第十六条 船舶处置污染物,应当在相应的记录簿内如实记录。

船舶应当将使用完毕的船舶垃圾记录簿在船舶上保留2年;将使用完毕的含油污水、含有毒有害物质污水记录簿在船舶上保留3年。

第十七条 船舶污染物接收单位从事船舶垃圾、残油、含油污水、含有毒有害物质污水接收作业,应当编制作业方案,遵守相关操作规程,并采取必要的防污染措施。船舶污染物接收单位应当将船舶污染物接收情况按照规定向海事管理机构报告。

第十八条 船舶污染物接收单位接收船舶污染物,

应当向船舶出具污染物接收单证,经双方签字确认并留存至少2年。污染物接收单证应当注明作业双方名称、作业开始和结束的时间、地点,以及污染物种类、数量等内容。船舶应当将污染物接收单证保存在相应的记录簿中。

第十九条 船舶污染物接收单位应当按照国家有关污染物处理的规定处理接收的船舶污染物,并每月将船舶污染物的接收和处理情况报海事管理机构备案。

第四章 船舶有关作业活动的污染防治

第二十条 从事船舶清舱、洗舱、油料供受、装卸、过驳、修造、打捞、拆解,污染危害性货物装箱、充罐,污染清除作业以及利用船舶进行水上水下施工等作业活动的,应当遵守相关操作规程,并采取必要的安全和防治污染的措施。

从事前款规定的作业活动的人员,应当具备相关安全和防治污染的专业知识和技能。

第二十一条 船舶不符合污染危害性货物适载要求的,不得载运污染危害性货物,码头、装卸站不得为其进行装载作业。

污染危害性货物的名录由国家海事管理机构公布。

第二十二条 载运污染危害性货物进出港口的船舶,其承运人、货物所有人或者代理人,应当向海事管理机构提出申请,经批准方可进出港口或者过境停留。

第二十三条 载运污染危害性货物的船舶,应当在海事管理机构公布的具有相应安全装卸和污染物处理能力的码头、装卸站进行装卸作业。

第二十四条 货物所有人或者代理人交付船舶载运污染危害性货物,应当确保货物的包装与标志等符合有关安全和防治污染的规定,并在运输单证上准确注明货物的技术名称、编号、类别(性质)、数量、注意事项和应急措施等内容。

货物所有人或者代理人交付船舶载运污染危害性不明的货物,应当委托有关技术机构进行危害性评估,明确货物的危害性质以及有关安全和防治污染要求,方可交付船舶载运。

第二十五条 海事管理机构认为交付船舶载运的污染危害性货物应当申报而未申报,或者申报的内容不符合实际情况的,可以按国务院交通运输主管部门的规定采取开箱等方式查验。

海事管理机构查验污染危害性货物,货物所有人或者代理人应当到场,并负责搬移货物,开拆和重封货物的包装。海事管理机构认为必要的,可以径行查验、复验或

者提取货样,有关单位和个人应当配合。

第二十六条 进行散装液体污染危害性货物过驳作业的船舶,其承运人、货物所有人或者代理人应当向海事管理机构提出申请,告知作业地点,并附送过驳作业方案、作业程序、防治污染措施等材料。

海事管理机构应当自受理申请之日起2个工作日内作出许可或者不予许可的决定。2个工作日内无法作出决定的,经海事管理机构负责人批准,可以延长5个工作日。

第二十七条 依法获得船舶油料供受作业资质的单位,应当向海事管理机构备案。海事管理机构应当对船舶油料供受作业进行监督检查,发现不符合安全和防治污染要求的,应当予以制止。

第二十八条 船舶燃油供给单位应当如实填写燃油供受单证,并向船舶提供船舶燃油供受单证和燃油样品。

船舶和船舶燃油供给单位应当将燃油供受单证保存3年,并将燃油样品妥善保存1年。

第二十九条 船舶修造、水上拆解的地点应当符合环境功能区划和海洋功能区划。

第三十条 从事船舶拆解的单位在船舶拆解作业前,应当对船舶上的残余物和废弃物进行处置,将油舱(柜)中的存油驳出,进行船舶清舱、洗舱、测爆等工作。

从事船舶拆解的单位应当及时清理船舶拆解现场,并按照国家有关规定处理船舶拆解产生的污染物。

禁止采取冲滩方式进行船舶拆解作业。

第三十一条 禁止船舶经过中华人民共和国内水、领海转移危险废物。

经过中华人民共和国管辖的其他海域转移危险废物的,应当事先取得国务院环境保护主管部门的书面同意,并按照海事管理机构指定的航线航行,定时报告船舶所处的位置。

第三十二条 船舶向海洋倾倒废弃物,应当如实记录倾倒情况。返港后,应当向驶出港所在地的海事管理机构提交书面报告。

第三十三条 载运散装液体污染危害性货物的船舶和1万总吨以上的其他船舶,其经营人应当在作业前或者进出港口前与符合国家有关技术规范的污染清除作业单位签订污染清除作业协议,明确双方在发生船舶污染事故后污染清除的权利和义务。

与船舶经营人签订污染清除作业协议的污染清除作业单位应当在发生船舶污染事故后,按照污染清除作业协议及时进行污染清除作业。

第五章 船舶污染事故应急处置

第三十四条 本条例所称船舶污染事故，是指船舶及其有关作业活动发生油类、油性混合物和其他有毒有害物质泄漏造成的海洋环境污染事故。

第三十五条 船舶污染事故分为以下等级：

（一）特别重大船舶污染事故，是指船舶溢油1000吨以上，或者造成直接经济损失2亿元以上的船舶污染事故；

（二）重大船舶污染事故，是指船舶溢油500吨以上不足1000吨，或者造成直接经济损失1亿元以上不足2亿元的船舶污染事故；

（三）较大船舶污染事故，是指船舶溢油100吨以上不足500吨，或者造成直接经济损失5000万元以上不足1亿元的船舶污染事故；

（四）一般船舶污染事故，是指船舶溢油不足100吨，或者造成直接经济损失不足5000万元的船舶污染事故。

第三十六条 船舶在中华人民共和国管辖海域发生污染事故，或者在中华人民共和国管辖海域外发生污染事故造成或者可能造成中华人民共和国管辖海域污染的，应当立即启动相应的应急预案，采取措施控制和消除污染，并就近向有关海事管理机构报告。

发现船舶及其有关作业活动可能对海洋环境造成污染的，船舶、码头、装卸站应当立即采取相应的应急处置措施，并就近向有关海事管理机构报告。

接到报告的海事管理机构应当立即核实有关情况，并向上级海事管理机构或者国务院交通运输主管部门报告，同时报告有关沿海设区的市级以上地方人民政府。

第三十七条 船舶污染事故报告应当包括下列内容：

（一）船舶的名称、国籍、呼号或者编号；

（二）船舶所有人、经营人或者管理人的名称、地址；

（三）发生事故的时间、地点以及相关气象和水文情况；

（四）事故原因或者事故原因的初步判断；

（五）船舶上污染物的种类、数量、装载位置等概况；

（六）污染程度；

（七）已经采取或者准备采取的污染控制、清除措施和污染控制情况以及救助要求；

（八）国务院交通运输主管部门规定应当报告的其他事项。

作出船舶污染事故报告后出现新情况的，船舶、有关单位应当及时补报。

第三十八条 发生特别重大船舶污染事故，国务院或者国务院授权国务院交通运输主管部门成立事故应急指挥机构。

发生重大船舶污染事故，有关省、自治区、直辖市人民政府应当会同海事管理机构成立事故应急指挥机构。

发生较大船舶污染事故和一般船舶污染事故，有关设区的市级人民政府应当会同海事管理机构成立事故应急指挥机构。

有关部门、单位应当在事故应急指挥机构统一组织和指挥下，按照应急预案的分工，开展相应的应急处置工作。

第三十九条 船舶发生事故有沉没危险，船员离船前，应当尽可能关闭所有货舱（柜）、油舱（柜）管系的阀门，堵塞货舱（柜）、油舱（柜）通气孔。

船舶沉没的，船舶所有人、经营人或者管理人应当及时向海事管理机构报告船舶燃油、污染危害性货物以及其他污染物的性质、数量、种类、装载位置等情况，并及时采取措施予以清除。

第四十条 发生船舶污染事故或者船舶沉没，可能造成中华人民共和国管辖海域污染的，有关沿海设区的市级以上地方人民政府、海事管理机构根据应急处置的需要，可以征用有关单位或者个人的船舶和防治污染设施、设备、器材以及其他物资，有关单位和个人应当予以配合。

被征用的船舶和防治污染设施、设备、器材以及其他物资使用完毕或者应急处置工作结束，应当及时返还。船舶和防治污染设施、设备、器材以及其他物资被征用或者征用后毁损、灭失的，应当给予补偿。

第四十一条 发生船舶污染事故，海事管理机构可以采取清除、打捞、拖航、引航、过驳等必要措施，减轻污染损害。相关费用由造成海洋环境污染的船舶、有关作业单位承担。

需要承担前款规定费用的船舶，应当在开航前缴清相关费用或者提供相应的财务担保。

第四十二条 处置船舶污染事故使用的消油剂，应当符合国家有关标准。

第六章 船舶污染事故调查处理

第四十三条 船舶污染事故的调查处理依照下列规定进行：

（一）特别重大船舶污染事故由国务院或者国务院授权国务院交通运输主管部门等部门组织事故调查处理；

（二）重大船舶污染事故由国家海事管理机构组织

事故调查处理；

（三）较大船舶污染事故和一般船舶污染事故由事故发生地的海事管理机构组织事故调查处理。

船舶污染事故给渔业造成损害的，应当吸收渔业主管部门参与调查处理；给军事港口水域造成损害的，应当吸收军队有关主管部门参与调查处理。

第四十四条 发生船舶污染事故，组织事故调查处理的机关或者海事管理机构应当及时、客观、公正地开展事故调查，勘验事故现场，检查相关船舶，询问相关人员，收集证据，查明事故原因。

第四十五条 组织事故调查处理的机关或者海事管理机构根据事故调查处理的需要，可以暂扣相应的证书、文书、资料；必要时，可以禁止船舶驶离港口或者责令停航、改航、停止作业直至暂扣船舶。

第四十六条 组织事故调查处理的机关或者海事管理机构开展事故调查时，船舶污染事故的当事人和其他有关人员应当如实反映情况和提供资料，不得伪造、隐匿、毁灭证据或者以其他方式妨碍调查取证。

第四十七条 组织事故调查处理的机关或者海事管理机构应当自事故调查结束之日起20个工作日内制作事故认定书，并送达当事人。

事故认定书应当载明事故基本情况、事故原因和事故责任。

第七章 船舶污染事故损害赔偿

第四十八条 造成海洋环境污染损害的责任者，应当排除危害，并赔偿损失；完全由于第三者的故意或者过失，造成海洋环境污染损害的，由第三者排除危害，并承担赔偿责任。

第四十九条 完全属于下列情形之一，经过及时采取合理措施，仍然不能避免对海洋环境造成污染损害的，免予承担责任：

（一）战争；

（二）不可抗拒的自然灾害；

（三）负责灯塔或者其他助航设备的主管部门，在执行职责时的疏忽，或者其他过失行为。

第五十条 船舶污染事故的赔偿限额依照《中华人民共和国海商法》关于海事赔偿责任限制的规定执行。但是，船舶载运的散装持久性油类物质造成中华人民共和国管辖海域污染的，赔偿限额依照中华人民共和国缔结或者参加的有关国际条约的规定执行。

前款所称持久性油类物质，是指任何持久性烃类矿物油。

第五十一条 在中华人民共和国管辖海域内航行的船舶，其所有人应当按照国务院交通运输主管部门的规定，投保船舶油污损害民事责任保险或者取得相应的财务担保。但是，1000总吨以下载运非油类物质的船舶除外。

船舶所有人投保船舶油污损害民事责任保险或者取得的财务担保的额度应当不低于《中华人民共和国海商法》、中华人民共和国缔结或者参加的有关国际条约规定的油污赔偿限额。

第五十二条 已依照本条例第五十一条的规定投保船舶油污损害民事责任保险或者取得财务担保的中国籍船舶，其所有人应当持船舶国籍证书、船舶油污损害民事责任保险合同或者财务担保证明，向船籍港的海事管理机构申请办理船舶油污损害民事责任保险证书或者财务保证证书。

第五十三条 发生船舶油污事故，国家组织有关单位进行应急处置、清除污染所发生的必要费用，应当在船舶油污损害赔偿中优先受偿。

第五十四条 在中华人民共和国管辖水域接收海上运输的持久性油类物质货物的货物所有人或者代理人应当缴纳船舶油污损害赔偿基金。

船舶油污损害赔偿基金征收、使用和管理的具体办法由国务院财政部门会同国务院交通运输主管部门制定。

国家设立船舶油污损害赔偿基金管理委员会，负责处理船舶油污损害赔偿基金的赔偿等事务。船舶油污损害赔偿基金管理委员会由有关行政机关和缴纳船舶油污损害赔偿基金的主要货主组成。

第五十五条 对船舶污染事故损害赔偿的争议，当事人可以请求海事管理机构调解，也可以向仲裁机构申请仲裁或者向人民法院提起民事诉讼。

第八章 法律责任

第五十六条 船舶、有关作业单位违反本条例规定的，海事管理机构应当责令改正；拒不改正的，海事管理机构可以责令停止作业、强制卸载，禁止船舶进出港口、靠泊、过境停留，或者责令停航、改航、离境、驶向指定地点。

第五十七条 违反本条例的规定，船舶的结构不符合国家有关防治船舶污染海洋环境的技术规范或者有关国际条约要求的，由海事管理机构处10万元以上30万元以下的罚款。

第五十八条 违反本条例的规定，有下列情形之一的，由海事管理机构依照《中华人民共和国海洋环境保护法》有关规定予以处罚：

（一）船舶未取得并随船携带防治船舶污染海洋环境的证书、文书的；

（二）船舶、港口、码头、装卸站未配备防治污染设备、器材的；

（三）船舶向海域排放本条例禁止排放的污染物的；

（四）船舶未如实记录污染物处置情况的；

（五）船舶超过标准向海域排放污染物的；

（六）从事船舶水上拆解作业，造成海洋环境污染损害的。

第五十九条　违反本条例的规定，船舶未按照规定在船舶上留存船舶污染物处置记录，或者船舶污染物处置记录与船舶运行过程中产生的污染物数量不符合的，由海事管理机构处2万元以上10万元以下的罚款。

第六十条　违反本条例的规定，船舶污染物接收单位从事船舶垃圾、残油、含油污水、含有毒有害物质污水接收作业，未编制作业方案、遵守相关操作规程、采取必要的防污染措施的，由海事管理机构处1万元以上5万元以下的罚款；造成海洋环境污染的，处5万元以上25万元以下的罚款。

第六十一条　违反本条例的规定，船舶污染物接收单位未按照规定向海事管理机构报告船舶污染物接收情况，或者未按照规定向船舶出具污染物接收单证，或者未按照规定将船舶污染物的接收和处理情况报海事管理机构备案的，由海事管理机构处2万元以下的罚款。

第六十二条　违反本条例的规定，有下列情形之一的，由海事管理机构处2000元以上1万元以下的罚款：

（一）船舶未按照规定保存污染物接收单证的；

（二）船舶燃油供给单位未如实填写燃油供受单证的；

（三）船舶燃油供给单位未按照规定向船舶提供燃油供受单证和燃油样品的；

（四）船舶和船舶燃油供给单位未按照规定保存燃油供受单证和燃油样品的。

第六十三条　违反本条例的规定，有下列情形之一的，由海事管理机构处2万元以上10万元以下的罚款：

（一）载运污染危害性货物的船舶不符合污染危害性货物适载要求的；

（二）载运污染危害性货物的船舶未在具有相应安全装卸和污染物处理能力的码头、装卸站进行装卸作业的；

（三）货物所有人或者代理人未按照规定对污染危害性不明的货物进行危害性评估的。

第六十四条　违反本条例的规定，未经海事管理机构批准，船舶载运污染危害性货物进出港口、过境停留或者过驳作业的，由海事管理机构处1万元以上5万元以下的罚款。

第六十五条　违反本条例的规定，有下列情形之一的，由海事管理机构处2万元以上10万元以下的罚款：

（一）船舶发生事故沉没，船舶所有人或者经营人未及时向海事管理机构报告船舶燃油、污染危害性货物以及其他污染物的性质、数量、种类、装载位置等情况的；

（二）船舶发生事故沉没，船舶所有人或者经营人未及时采取措施清除船舶燃油、污染危害性货物以及其他污染物的。

第六十六条　违反本条例的规定，有下列情形之一的，由海事管理机构处1万元以上5万元以下的罚款：

（一）载运散装液体污染危害性货物的船舶和1万总吨以上的其他船舶，其经营人未按照规定签订污染清除作业协议的；

（二）污染清除作业单位不符合国家有关技术规范从事污染清除作业的。

第六十七条　违反本条例的规定，发生船舶污染事故，船舶、有关作业单位未立即启动应急预案的，对船舶、有关作业单位，由海事管理机构处2万元以上10万元以下的罚款；对直接负责的主管人员和其他直接责任人员，由海事管理机构处1万元以上2万元以下的罚款。直接负责的主管人员和其他直接责任人员属于船员的，并处给予暂扣适任证书或者其他有关证件1个月至3个月的处罚。

第六十八条　违反本条例的规定，发生船舶污染事故，船舶、有关作业单位迟报、漏报事故的，对船舶、有关作业单位，由海事管理机构处5万元以上25万元以下的罚款；对直接负责的主管人员和其他直接责任人员，由海事管理机构处1万元以上5万元以下的罚款。直接负责的主管人员和其他直接责任人员属于船员的，并处给予暂扣适任证书或者其他有关证件3个月至6个月的处罚。瞒报、谎报事故的，对船舶、有关作业单位，由海事管理机构处25万元以上50万元以下的罚款；对直接负责的主管人员和其他直接责任人员，由海事管理机构处5万元以上10万元以下的罚款。直接负责的主管人员和其他直接责任人员属于船员的，并处给予吊销适任证书或者其他有关证件的处罚。

第六十九条　违反本条例的规定，未按照国家规定的标准使用消油剂的，由海事管理机构对船舶或者使用单位处 1 万元以上 5 万元以下的罚款。

第七十条 违反本条例的规定,船舶污染事故的当事人和其他有关人员,未如实向组织事故调查处理的机关或者海事管理机构反映情况和提供资料,伪造、隐匿、毁灭证据或者以其他方式妨碍调查取证的,由海事管理机构处 1 万元以上 5 万元以下的罚款。

第七十一条 违反本条例的规定,船舶所有人有下列情形之一的,由海事管理机构责令改正,可以处 5 万元以下的罚款;拒不改正的,处 5 万元以上 25 万元以下的罚款:

(一)在中华人民共和国管辖海域内航行的船舶,其所有人未按照规定投保船舶油污损害民事责任保险或者取得相应的财务担保的;

(二)船舶所有人投保船舶油污损害民事责任保险或者取得的财务担保的额度低于《中华人民共和国海商法》、中华人民共和国缔结或者参加的有关国际条约规定的油污赔偿限额的。

第七十二条 违反本条例的规定,在中华人民共和国管辖水域接收海上运输的持久性油类物质货物的货物所有人或者代理人,未按照规定缴纳船舶油污损害赔偿基金的,由海事管理机构责令改正;拒不改正的,可以停止其接收的持久性油类物质货物在中华人民共和国管辖水域进行装卸、过驳作业。

货物所有人或者代理人逾期未缴纳船舶油污损害赔偿基金的,应当自应缴之日起按日加缴未缴额的万分之五的滞纳金。

第九章 附 则

第七十三条 中华人民共和国缔结或者参加的国际条约对防治船舶及其有关作业活动污染海洋环境有规定的,适用国际条约的规定。但是,中华人民共和国声明保留的条款除外。

第七十四条 县级以上人民政府渔业主管部门负责渔港水域内非军事船舶和渔港水域外渔业船舶污染海洋环境的监督管理,负责保护渔业水域生态环境工作,负责调查处理《中华人民共和国海洋环境保护法》第五条第四款规定的渔业污染事故。

第七十五条 军队环境保护部门负责军事船舶污染海洋环境的监督管理及污染事故的调查处理。

第七十六条 本条例自 2010 年 3 月 1 日起施行。1983 年 12 月 29 日国务院发布的《中华人民共和国防止船舶污染海域管理条例》同时废止。

中华人民共和国防治海岸工程建设项目污染损害海洋环境管理条例

· 1990 年 6 月 25 日中华人民共和国国务院令第 62 号公布
· 根据 2007 年 9 月 25 日《国务院关于修改〈中华人民共和国防治海岸工程建设项目污染损害海洋环境管理条例〉的决定》第一次修订
· 根据 2017 年 3 月 1 日《国务院关于修改和废止部分行政法规的决定》第二次修订
· 根据 2018 年 3 月 19 日《国务院关于修改和废止部分行政法规的决定》第三次修订

第一条 为加强海岸工程建设项目的环境保护管理,严格控制新的污染,保护和改善海洋环境,根据《中华人民共和国海洋环境保护法》,制定本条例。

第二条 本条例所称海岸工程建设项目,是指位于海岸或者与海岸连接,工程主体位于海岸线向陆一侧,对海洋环境产生影响的新建、改建、扩建工程项目。具体包括:

(一)港口、码头、航道、滨海机场工程项目;
(二)造船厂、修船厂;
(三)滨海火电站、核电站、风电站;
(四)滨海物资存储设施工程项目;
(五)滨海矿山、化工、轻工、冶金等工业工程项目;
(六)固体废弃物、污水等污染物处理处置排海工程项目;
(七)滨海大型养殖场;
(八)海岸防护工程、砂石场和入海河口处的水利设施;
(九)滨海石油勘探开发工程项目;
(十)国务院环境保护主管部门会同国家海洋主管部门规定的其他海岸工程项目。

第三条 本条例适用于在中华人民共和国境内兴建海岸工程建设项目的一切单位和个人。

拆船厂建设项目的环境保护管理,依照《防止拆船污染环境管理条例》执行。

第四条 建设海岸工程建设项目,应当符合所在经济区的区域环境保护规划的要求。

第五条 国务院环境保护主管部门,主管全国海岸工程建设项目的环境保护工作。

沿海县级以上地方人民政府环境保护主管部门,主管本行政区域内的海岸工程建设项目的环境保护工作。

第六条 新建、改建、扩建海岸工程建设项目,应当遵守国家有关建设项目环境保护管理的规定。

第七条 海岸工程建设项目的建设单位,应当依法编制环境影响报告书(表),报环境保护主管部门审批。

环境保护主管部门在批准海岸工程建设项目的环境影响报告书(表)之前,应当征求海洋、海事、渔业主管部门和军队环境保护部门的意见。

禁止在天然港湾有航运价值的区域、重要苗种基地和养殖场所及水面、滩涂中的鱼、虾、蟹、贝、藻类的自然产卵场、繁殖场、索饵场及重要的洄游通道围海造地。

第八条 海岸工程建设项目环境影响报告书的内容,除按有关规定编制外,还应当包括:

(一)所在地及其附近海域的环境状况;

(二)建设过程中和建成后可能对海洋环境造成的影响;

(三)海洋环境保护措施及其技术、经济可行性论证结论;

(四)建设项目海洋环境影响评价结论。

海岸工程建设项目环境影响报告表,应当参照前款规定填报。

第九条 禁止兴建向中华人民共和国海域及海岸转嫁污染的中外合资经营企业、中外合作经营企业和外资企业;海岸工程建设项目引进技术和设备,应当有相应的防治污染措施,防止转嫁污染。

第十条 在海洋特别保护区、海上自然保护区、海滨风景游览区、盐场保护区、海水浴场、重要渔业水域和其他需要特殊保护的区域内不得建设污染环境、破坏景观的海岸工程建设项目;在其区域外建设海岸工程建设项目的,不得损害上述区域的环境质量。法律法规另有规定的除外。

第十一条 海岸工程建设项目竣工验收时,建设项目的环境保护设施经验收合格后,该建设项目方可正式投入生产或者使用。

第十二条 县级以上人民政府环境保护主管部门,按照项目管理权限,可以会同有关部门对海岸工程建设项目进行现场检查,被检查者应当如实反映情况、提供资料。检查者有责任为被检查者保守技术秘密和业务秘密。法律法规另有规定的除外。

第十三条 设置向海域排放废水设施的,应当合理利用海水自净能力,选择好排污口的位置。采用暗沟或者管道方式排放的,出水管口位置应当在低潮线以下。

第十四条 建设港口、码头,应当设置与其吞吐能力和货物种类相适应的防污设施。

港口、油码头、化学危险品码头,应当配备海上重大污染损害事故应急设备和器材。

现有港口、码头未达到前两款规定要求的,由环境保护主管部门会同港口、码头主管部门责令其限期设置或者配备。

第十五条 建设岸边造船厂、修船厂,应当设置与其性质、规模相适应的残油、废油接收处理设施,含油废水接收处理设施,拦油、收油、消油设施,工业废水接收处理设施,工业和船舶垃圾接收处理设施等。

第十六条 建设滨海核电站和其他核设施,应当严格遵守国家有关核环境保护和放射防护的规定及标准。

第十七条 建设岸边油库,应当设置含油废水接收处理设施,库场地面冲刷废水的集接、处理设施和事故应急设施;输油管线和储油设施应当符合国家关于防渗漏、防腐蚀的规定。

第十八条 建设滨海矿山,在开采、选矿、运输、贮存、冶炼和尾矿处理等过程中,应当按照有关规定采取防止污染损害海洋环境的措施。

第十九条 建设滨海垃圾场或者工业废渣填埋场,应当建造防护堤坝和场底封闭层,设置渗液收集、导出、处理系统和可燃性气体防爆装置。

第二十条 修筑海岸防护工程,在入海河口处兴建水利设施、航道或者综合整治工程,应当采取措施,不得损害生态环境及水产资源。

第二十一条 兴建海岸工程建设项目,不得改变、破坏国家和地方重点保护的野生动植物的生存环境。不得兴建可能导致重点保护的野生动植物生存环境污染和破坏的海岸工程建设项目;确需兴建的,应当征得野生动植物行政主管部门同意,并由建设单位负责组织采取易地繁育等措施,保证物种延续。

在鱼、虾、蟹、贝类的洄游通道建闸、筑坝,对渔业资源有严重影响的,建设单位应当建造过鱼设施或者采取其他补救措施。

第二十二条 集体所有制单位或者个人在全民所有的水域、海涂,建设构不成基本建设项目的养殖工程的,应当在县级以上地方人民政府规划的区域内进行。

集体所有制单位或者个人零星经营性采挖砂石,应当在县级以上地方人民政府指定的区域内采挖。

第二十三条 禁止在红树林和珊瑚礁生长的地区,建设毁坏红树林和珊瑚礁生态系统的海岸工程建设项目。

第二十四条 兴建海岸工程建设项目，应当防止导致海岸非正常侵蚀。

禁止在海岸保护设施管理部门规定的海岸保护设施的保护范围内从事爆破、采挖砂石、取土等危害海岸保护设施安全的活动。非经国务院授权的有关主管部门批准，不得占用或者拆除海岸保护设施。

第二十五条 未持有经审核和批准的环境影响报告书(表)，兴建海岸工程建设项目的，依照《中华人民共和国海洋环境保护法》第七十九条的规定予以处罚。

第二十六条 拒绝、阻挠环境保护主管部门进行现场检查，或者在被检查时弄虚作假的，由县级以上人民政府环境保护主管部门依照《中华人民共和国海洋环境保护法》第七十五条的规定予以处罚。

第二十七条 海岸工程建设项目的环境保护设施未建成或者未达到规定要求，该项目即投入生产、使用的，依照《中华人民共和国海洋环境保护法》第八十条的规定予以处罚。

第二十八条 环境保护主管部门工作人员滥用职权、玩忽职守、徇私舞弊的，由其所在单位或者上级主管机关给予行政处分；构成犯罪的，依法追究刑事责任。

第二十九条 本条例自1990年8月1日起施行。

近岸海域环境功能区管理办法

- 1999年12月10日国家环境保护总局令第8号发布
- 根据2010年12月22日环境保护部令第16号修订

第一章 总 则

第一条 为保护和改善近岸海域生态环境，执行《中华人民共和国海水水质标准》，规范近岸海域环境功能区的划定工作，加强对近岸海域环境功能区的管理，制定本办法。

第二条 近岸海域环境功能区，是指为适应近岸海域环境保护工作的需要，依据近岸海域的自然属性和社会属性以及海洋自然资源开发利用现状，结合本行政区国民经济、社会发展计划与规划，按照本办法规定的程序，对近岸海域按照不同的使用功能和保护目标而划定的海洋区域。

近岸海域环境功能区分为四类：

一类近岸海域环境功能区包括海洋渔业水域、海上自然保护区、珍稀濒危海洋生物保护区等；

二类近岸海域环境功能区包括水产养殖区、海水浴场、人体直接接触海水的海上运动或娱乐区、与人类食用直接有关的工业用水区等；

三类近岸海域环境功能区包括一般工业用水区、海滨风景旅游区等；

四类近岸海域环境功能区包括海洋港口水域、海洋开发作业区等。

各类近岸海域环境功能区执行相应类别的海水水质标准。

本办法所称近岸海域是指与沿海省、自治区、直辖市行政区域内的大陆海岸、岛屿、群岛相毗连，《中华人民共和国领海及毗连区法》规定的领海外部界限向陆一侧的海域。渤海的近岸海域，为自沿岸低潮线向海一侧12海里以内的海域。

第三条 沿海县级以上地方人民政府环境保护行政主管部门对本行政区近岸海域环境区的环境保护工作实施统一监督管理。

第二章 近岸海域环境功能区的划定

第四条 划定近岸海域环境功能区，应当遵循统一规划，合理布局，因地制宜，陆海兼顾，局部利益服从全局利益，近期计划与长远规划相协调，经济效益、社会效益和环境效益相统一，促进经济、社会可持续发展的原则。

第五条 近岸海域环境功能区划方案应当包括以下主要内容：

（一）本行政区近岸海域自然环境现状；

（二）本行政区沿海经济、社会发展现状和发展规划；

（三）本行政区近岸海域海洋资源开发利用现状、开发规划和存在的主要问题；

（四）本行政区近岸海域环境状况变化预测；

（五）近岸海域环境功能区的海水水质现状和保护目标；

（六）近岸海域环境功能区的功能、位置和面积；

（七）近岸海域环境功能区海水水质保护目标可达性分析；

（八）近岸海域环境功能区的管理措施。

第六条 任何单位和个人不得擅自改变近岸海域环境功能区划方案。确因需要必须进行调整的，由本行政区省辖市级环境保护行政主管部门按本办法第四条和第五条的规定提出调整方案，报原审批机关批准。

第三章 近岸海域环境功能区的管理

第七条 各类近岸海域环境功能区应当执行国家《海水水质标准》(GB3097~1997)规定的相应类别的海

水水质标准。

（一）一类近岸海域环境功能区应当执行一类海水水质标准。

（二）二类近岸海域环境功能区应当执行不低于二类的海水水质标准。

（三）三类近岸海域环境功能区应当执行不低于三类的海水水质标准。

（四）四类近岸海域环境功能区应当执行不低于四类的海水水质标准。

第八条 沿海省、自治区、直辖市人民政府环境保护行政主管部门根据本行政区近岸海域环境功能区环境保护的需要，对国家海水水质标准中未作规定的项目，可以组织拟订地方海水水质补充标准，报同级人民政府批准发布。

沿海省、自治区、直辖市人民政府环境保护行政主管部门对国家污染物排放标准中未作规定的项目，可以组织拟订地方污染物排放标准；对国家污染物排放标准中已规定的项目，可以组织拟订严于国家污染物排放标准的地方污染物排放标准，报同级人民政府批准发布。

地方海水水质补充标准和地方污染物排放标准应报国务院环境保护行政主管部门备案。

凡是向已有地方污染物排放标准的近岸海域环境功能区排放污染物的，应当执行地方污染物排放标准。

第九条 对入海河流河口、陆源直排口和污水排海工程排放口附近的近岸海域，可确定为混合区。

确定混合区的范围，应当根据该区域的水动力条件，邻近近岸海域环境功能区的水质要求，接纳污染物的种类、数量等因素，进行科学论证。

混合区不得影响邻近近岸海域环境功能区的水质和鱼类洄游通道。

第十条 在一类、二类近岸海域环境功能区内，禁止兴建污染环境、破坏景观的海岸工程建设项目。

第十一条 禁止破坏红树林和珊瑚礁。

在红树林自然保护区和珊瑚礁自然保护区开展活动，应严格执行《中华人民共和国自然保护区条例》，禁止危害保护区环境的项目建设和其他经济开发活动。

禁止在红树林自然保护区和珊瑚礁自然保护区内设置新的排污口。本办法发布前已经设置的排污口，由县级以上地方人民政府环境保护行政主管部门依照《海洋环境保护法》第七十七条规定责令其关闭，并处二万元以上十万元以下的罚款。

第十二条 向近岸海域环境功能区排放陆源污染物，必须遵守海洋环境保护有关法律、法规的规定和有关污染物排放标准。

对现有排放陆源污染物超过国家或者地方污染物排放标准的，限期治理。

第十三条 在近岸海域环境功能区内可能发生重大海洋环境污染事故的单位和个人，应当依照国家规定制定污染事故应急计划。

第十四条 沿海县级以上地方人民政府环境保护行政主管部门，有权在本行政区近岸海域环境功能区内兴建海岸工程建设项目和排放陆源污染物的单位进行现场检查。被检查者应当如实反映情况，提供必要的资料。环境保护行政主管部门应当为被检查者保守技术秘密和业务秘密。

第十五条 沿海县级以上地方人民政府环境保护行政主管部门，应当按照国务院环境保护行政主管部门的有关规定进行近岸海域环境状况统计，在发布本行政区的环境状况公报中列出近岸海域环境状况。

第十六条 国务院环境保护行政主管部门对近岸海域环境质量状况定期组织检查和考核，并公布检查和考核结果。

第十七条 在近岸海域环境功能区内，防治船舶、海洋石油勘探开发、向海洋倾倒废弃物污染的环境保护工作，由《中华人民共和国海洋环境保护法》规定的有关主管部门实施监督管理。

第十八条 违反本办法规定的，由环境保护行政主管部门依照有关法律、法规的规定进行处罚。

第四章 附 则

第十九条 本办法用语含义。

（一）海洋渔业水域是指鱼虾类的产卵场、索饵场、越冬场、洄游通道。

（二）珍稀濒危海洋生物保护区是指对珍贵、稀少、濒临灭绝的和有益的、有重要经济、科学研究价值的海洋动植物，依法划出一定范围予以特殊保护和管理的区域。

（三）水产养殖区是指鱼虾贝藻类及其他海洋水生动植物的养殖区域。

（四）海水浴场是指在一定的海域区，有专门机构管理，供人进行露天游泳的场所。

（五）人体直接接触海水的海上运动或娱乐区是指在海上开展游泳、冲浪、划水等活动的区域。

（六）与人类食用直接有关的工业用水区是指从事取卤、晒盐、食品加工、海水淡化和从海水中提取供人食用的其他化学元素等的区域。

（七）一般工业用水区是指利用海水做冷却水、冲刷库场等的区域。

（八）滨海风景旅游区是指风景秀丽、气候宜人，供人观赏、旅游的沿岸或海洋区域。

（九）海洋港口水域是指沿海港口以及河流入海处附近，以靠泊海船为主的港口，包括港区水域、通海航道、库场和装卸作业区。

（十）海洋开发作业区是指勘探、开发、管线输送海洋资源的海洋作业区以及海洋倾废区。

第二十条　本办法自公布之日起施行。

中华人民共和国船舶及其有关作业活动污染海洋环境防治管理规定

- 2010 年 11 月 16 日交通运输部令 2010 年第 7 号公布
- 根据 2013 年 8 月 31 日交通运输部《关于修改〈中华人民共和国船舶及其有关作业活动污染海洋环境防治管理规定〉的决定》第一次修正
- 根据 2013 年 12 月 24 日交通运输部《关于修改〈中华人民共和国船舶及其有关作业活动污染海洋环境防治管理规定〉的决定》第二次修正
- 根据 2016 年 12 月 13 日交通运输部《关于修改〈中华人民共和国船舶及其有关作业活动污染海洋环境防治管理规定〉的决定》第三次修正
- 根据 2017 年 5 月 23 日交通运输部《关于修改〈中华人民共和国船舶及其有关作业活动污染海洋环境防治管理规定〉的决定》第四次修正

第一章　总　则

第一条　为了防治船舶及其有关作业活动污染海洋环境，根据《中华人民共和国海洋环境保护法》《中华人民共和国大气污染防治法》《中华人民共和国防治船舶污染海洋环境管理条例》和中华人民共和国缔结或者加入的国际条约，制定本规定。

第二条　防治船舶及其有关作业活动污染中华人民共和国管辖海域适用本规定。

本规定所称有关作业活动，是指船舶装卸、过驳、清舱、洗舱、油料供受、修造、打捞、拆解、污染危害性货物装箱、充罐、污染清除以及其他水上水下船舶施工作业等活动。

第三条　国务院交通运输主管部门主管全国船舶及其有关作业活动污染海洋环境的防治工作。

国家海事管理机构负责监督管理全国船舶及其有关作业活动污染海洋环境的防治工作。

各级海事管理机构根据职责权限，具体负责监督管理本辖区船舶及其有关作业活动污染海洋环境的防治工作。

第二章　一般规定

第四条　船舶的结构、设备、器材应当符合国家有关防治船舶污染海洋环境的船舶检验规范以及中华人民共和国缔结或者加入的国际条约的要求，并按照国家规定取得相应的合格证书。

第五条　船舶应当依照法律、行政法规、国务院交通运输主管部门的规定以及中华人民共和国缔结或者加入的国际条约的要求，取得并随船携带相应的防治船舶污染海洋环境的证书、文书。

海事管理机构应当向社会公布本条第一款规定的证书、文书目录，并及时更新。

第六条　中国籍船舶持有的防治船舶污染海洋环境的证书、文书由国家海事管理机构或者其认可的机构签发；外国籍船舶持有的防治船舶污染海洋环境的证书、文书应当符合中华人民共和国缔结或者加入的国际条约的要求。

第七条　船员应当具有相应的防治船舶污染海洋环境的专业知识和技能，并按照有关法律、行政法规、规章的规定参加相应的培训、考试，持有有效的适任证书或者相应的培训合格证明。

从事有关作业活动的单位应当组织本单位作业人员进行操作技能、设备使用、作业程序、安全防护和应急反应等专业培训，确保作业人员具备相关安全和防治污染的专业知识和技能。

第八条　港口、码头、装卸站和从事船舶修造作业的单位应当按照国家有关标准配备相应的污染监视设施和污染物接收设施。

港口、码头、装卸站以及从事船舶修造、打捞、拆解等有关作业活动的其他单位应当按照国家有关标准配备相应的防治污染设备和器材。

第九条　船舶从事下列作业活动，应当遵守有关法律法规、标准和相关操作规程，落实安全和防治污染措施，并在作业前将作业种类、作业时间、作业地点、作业单位和船舶名称等信息向海事管理机构报告；作业信息变更的，应当及时补报：

（一）在沿海港口进行舷外拷铲、油漆作业或者使用焚烧炉的；

（二）在港区水域内洗舱、清舱、驱气以及排放垃圾、生活污水、残油、含油污水、含有毒有害物质污水等污物和压载水的；

（三）冲洗沾有污染物、有毒有害物质的甲板的；

（四）进行船舶水上拆解、打捞、修造和其他水上、水下船舶施工作业的；

（五）进行船舶油料供受作业的。

第十条 从事3万载重吨以上油轮的货舱清舱、1万吨以上散装液体污染危害性货物过驳以及沉船打捞、油轮拆解等存在较大污染风险的作业活动，作业方应当进行作业方案可行性研究，并在作业活动中接受海事管理机构的检查。

第十一条 任何单位和个人发现船舶及其有关作业活动造成或者可能造成海洋环境污染的，应当立即就近向海事管理机构报告。

第三章 船舶污染物的排放与接收

第十二条 在中华人民共和国管辖海域航行、停泊、作业的船舶排放船舶垃圾、生活污水、含油污水、含有毒有害物质污水、废气等污染物以及压载水，应当符合法律、行政法规、有关标准以及中华人民共和国缔结或者加入的国际条约的规定。

船舶在船舶排放控制区内航行、停泊、作业还应当遵守船舶排放控制区大气污染防治控制要求。船舶应当使用低硫燃油或者采取使用岸电、清洁能源、尾气后处理装置等替代措施满足船舶大气排放控制要求。

第十三条 船舶不得向依法划定的海洋自然保护区、海洋特别保护区、海滨风景名胜区、重要渔业水域以及其他需要特别保护的海域排放污染物。

依法设立本条第一款规定的需要特别保护的海域的，应当在适当的区域配套设置船舶污染物接收设施和应急设备器材。

第十四条 船舶应当将不符合第十二条规定排放要求以及依法禁止向海域排放的污染物，排入具备相应接收能力的港口接收设施或者委托具备相应接收能力的船舶污染物接收单位接收。

船舶委托船舶污染物接收单位进行污染物接收作业的，其船舶经营人应当在作业前明确指定所委托的船舶污染物接收单位。

第十五条 船舶污染物接收单位进行船舶垃圾、残油、含油污水、含有毒有害物质污水等污染物接收作业的，应当在作业前将作业时间、作业地点、作业单位、作业船舶、污染物种类和数量以及拟处置的方式及去向等情况向海事管理机构报告。接收处理情况发生变更的，应当及时补报。

港口建立船舶污染物接收、转运、处置监管联单制度的，船舶与船舶污染物接收单位应当按照联单制度的要求将船舶污染物接收、转运和处置情况报告有关主管部门。

第十六条 船舶污染物接收作业单位应当落实安全与防污染管理制度。进行污染物接收作业的，应当编制作业方案，遵守国家有关标准、规程，并采取有效的防污染措施，防止污染物溢漏。

第十七条 船舶污染物接收单位应当在污染物接收作业完毕后，向船舶出具污染物接收单证，经双方签字确认并留存至少2年。污染物接收单证上应当注明作业单位名称，作业双方船名，作业开始和结束的时间、地点，以及污染物种类、数量等内容。

船舶应当将污染物接收单证保存在相应的记录簿中。

第十八条 船舶进行涉及污染物处置的作业，应当在相应的记录簿内规范填写、如实记录，真实反映船舶运行过程中产生的污染物数量、处置过程和去向。按照法律、行政法规、国务院交通运输主管部门的规定以及中华人民共和国缔结或者加入的国际条约的要求，不需要配备记录簿的，应当将有关情况在作业当日的航海日志或者轮机日志中如实记载。

船舶应当将使用完毕的船舶垃圾记录簿在船舶上保留2年；将使用完毕的含油污水、含有毒有害物质污水记录簿在船舶上保留3年。

第十九条 船舶污染物接收单位应当将接收的污染物交由具有国家规定资质的污染物处理单位进行处理，并每月将船舶污染物的接收和处理情况报海事管理机构备案。

第二十条 接收处理含有有毒有害物质或者其他危险成分的船舶污染物的，应当符合国家有关危险废物的管理规定。来自疫区船舶产生的污染物，应当经有关检疫部门检疫处理后方可进行接收和处理。

第二十一条 船舶应当配备有盖、不渗漏、不外溢的垃圾储存容器，或者对垃圾实行袋装。

船舶应当对垃圾进行分类收集和存放，对含有有毒有害物质或者其他危险成分的垃圾应当单独存放。

船舶将含有有毒有害物质或者其他危险成分的垃圾排入港口接收设施或者委托船舶污染物接收单位接收的，应当向对方说明此类垃圾所含物质的名称、性质和数量等情况。

第二十二条 船舶应当按照国家有关规定以及中华

人民共和国缔结或者加入的国际条约的要求,设置与生活污水产生量相适应的处理装置或者储存容器。

第四章 船舶载运污染危害性货物及其有关作业

第二十三条 本规定所称污染危害性货物,是指直接或者间接进入水体,会损害水体质量和环境质量,从而产生损害生物资源、危害人体健康等有害影响的货物。

国家海事管理机构应当向社会公布污染危害性货物的名录,并根据需要及时更新。

第二十四条 船舶载运污染危害性货物进出港口,承运人或者代理人应当在进出港 24 小时前(航程不足24 小时的,在驶离上一港口时)向海事管理机构办理船舶适载申报手续;货物所有人或者代理人应当在船舶适载申报之前向海事管理机构办理货物适运申报手续。

货物适运申报和船舶适载申报经海事管理机构审核同意后,船舶方可进出港口或者过境停留。

第二十五条 交付运输的污染危害性货物的特性、包装以及针对货物采取的风险防范和应急措施等应当符合国家有关标准、规定以及中华人民共和国缔结或者加入的国际条约的要求;需要经国家有关主管部门依法批准后方可载运的,还需要取得有关主管部门的批准。

船舶适载的条件按照《中华人民共和国海事行政许可条件规定》关于船舶载运危险货物的适载条件执行。

第二十六条 货物所有人或者代理人办理货物适运申报手续的,应当向海事管理机构提交下列材料:

(一)货物适运申报单,包括货物所有人或者代理人有关情况以及货物名称、种类、特性等基本信息;

(二)由代理人办理货物适运申报手续的,应当提供货物所有人出具的有效授权证明;

(三)相应的污染危害性货物安全技术说明书、安全作业注意事项、防范和应急措施等有关材料;

(四)需要经国家有关主管部门依法批准后方可载运的污染危害性货物,应当持有有效的批准文件;

(五)交付运输下列污染危害性货物的,还应当提交下列材料:

1. 载运包装污染危害性货物的,应当提供包装和中型散装容器检验合格证明或者压力容器检验合格证明;

2. 使用可移动罐柜装载污染危害性货物的,应当提供罐柜检验合格证明;

3. 载运放射性污染危害性货物的,应当提交放射性剂量证明;

4. 货物中添加抑止剂或者稳定剂的,应当提交抑止剂或者稳定剂的名称、数量、温度、有效期以及超过有效期时应当采取的措施;

5. 载运限量污染危害性货物的,应当提交限量危险货物证明;

6. 载运污染危害性不明货物的,应当提交符合第三十条规定的污染危害性评估报告。

第二十七条 承运人或者代理人办理船舶适载申报手续的,应当向海事管理机构提交下列材料:

(一)船舶载运污染危害性货物申报单,包括承运人或者代理人有关情况以及货物名称、种类、特性等基本信息;

(二)海事管理机构批准的货物适运证明;

(三)由代理人办理船舶适载申报手续的,应当提供承运人出具的有效授权证明;

(四)防止油污证书、船舶适载证书、船舶油污损害民事责任保险或者其他财务保证证书;

(五)载运污染危害性货物的船舶在运输途中发生过意外情况的,还应当在船舶载运污染危害性货物申报单内扼要说明所发生意外情况的原因、已采取的控制措施和目前状况等有关情况,并于抵港后送交详细报告;

(六)列明实际装载情况的清单、舱单或者积载图;

(七)拟进行装卸作业的港口、码头、装卸站。

定船舶、定航线、定货种的船舶可以办理不超过一个月期限的船舶定期适载申报手续。办理船舶定期适载申报手续的,除应当提交本条第一款规定的材料外,还应当提交能够证明固定船舶在固定航线上运输固定污染危害性货物的有关材料。

第二十八条 海事管理机构收到货物适运申报、船舶适载申报后,应当根据第二十五条规定的条件在 24 小时内作出批准或者不批准的决定;办理船舶定期适载申报的,应当在 7 日内作出批准或者不批准的决定。

第二十九条 货物所有人或者代理人交付船舶载运污染危害性货物,应当采取有效的防治污染措施,确保货物的包装与标志的规格、比例、色度、持久性等符合国家有关安全与防治污染的要求,并在运输单证上如实注明该货物的技术名称、数量、类别、性质、预防和应急措施等内容。

第三十条 货物所有人或者代理人交付船舶载运污染危害性不明的货物,应当委托具备相应资质的技术机构对货物的污染危害性质和船舶载运技术条件进行评估。

第三十一条 曾经载运污染危害性货物的空容器和运输组件,应当彻底清洗并消除危害,取得由具有国家规定资质的检测机构出具的清洁证明后,方可按照普通货物交付船舶运输。在未彻底清洗并消除危害之前,应当按照原所装货物的要求进行运输。

第三十二条 海事管理机构认为交付船舶载运的货物应当按照污染危害性货物申报而未申报的,或者申报的内容不符合实际情况的,经海事管理机构负责人批准,可以采取开箱等方式查验。

海事管理机构在实施开箱查验时,货物所有人或者代理人应当到场,并负责搬移货物,开拆和重封货物的包装。海事管理机构认为必要时,可以径行开验、复验或者提取货样。有关单位和个人应当配合。

第三十三条 船舶不符合污染危害性货物适载要求的,不得载运污染危害性货物,码头、装卸站不得为其进行装卸作业。

发现船舶及其有关作业活动可能对海洋环境造成污染危害的,码头、装卸站、船舶应当立即采取相应的应急措施,并向海事管理机构报告。

第三十四条 从事污染危害性货物装卸作业的码头、装卸站,应当符合安全装卸和污染物处理的相关标准,并向海事管理机构提交安全装卸和污染物处理能力情况的有关材料。海事管理机构应当将具有相应安全装卸和污染物处理能力的码头、装卸站向社会公布。

载运污染危害性货物的船舶应当在海事管理机构公布的具有相应安全装卸和污染物处理能力的码头、装卸站进行装卸作业。

第三十五条 船舶进行散装液体污染危害性货物过驳作业的,应当符合国家海上交通安全和防治船舶污染海洋环境的管理规定和技术规范,选择缓流、避风、水深、底质等条件较好的水域,远离人口密集区、船舶通航密集区、航道、重要的民用目标或者设施、军用水域,制定安全和防治污染的措施和应急计划并保证有效实施。

第三十六条 进行散装液体污染危害性货物过驳作业的船舶,其承运人、货物所有人或者代理人应当向海事管理机构提交下列申请材料:

(一)船舶作业申请书,内容包括作业船舶资料、联系人、联系方式、作业时间、作业地点、过驳种类和数量等基本情况;

(二)船舶作业方案、拟采取的监护和防治污染措施;

(三)船舶作业应急预案;

(四)对船舶作业水域通航安全和污染风险的分析报告;

(五)与具有相应能力的污染清除作业单位签订的污染清除作业协议。

海事管理机构应当自受理申请之日起 2 日内根据第三十五条规定的条件作出批准或者不予批准的决定。2 日内无法作出决定的,经海事管理机构负责人批准,可以延长 5 日。

第三十七条 从事船舶油料供受作业的单位应当向海事管理机构备案,并提交下列备案材料:

(一)工商营业执照;

(二)安全与防治污染制度文件、应急预案、应急设备物资清单、输油软管耐压检测证明以及作业人员参加培训情况;

(三)通过船舶进行油料供受作业的,还应当提交船舶相关证书、船上油污应急计划、作业船舶油污责任保险凭证以及船员适任证书;

(四)燃油质量承诺书;从事成品油供受作业的单位应当同时提交有关部门依法批准的成品油批发或者零售经营的证书。

第三十八条 进行船舶油料供受作业的,作业双方应当采取满足安全和防治污染要求的供受油作业管理措施,同时应当遵守下列规定:

(一)作业前,应当做到:

1. 检查管路、阀门,做好准备工作,堵好甲板排水孔,关好有关通海阀;

2. 检查油类作业的有关设备,使其处于良好状态;

3. 对可能发生溢漏的地方,设置集油容器;

4. 供受油双方以受方为主商定联系信号,双方均应切实执行。

(二)作业中,要有足够人员值班,当班人员要坚守岗位,严格执行操作规程,掌握作业进度,防止跑油、漏油;

(三)停止作业时,必须有效关闭有关阀门;

(四)收解输油软管时,必须事先用盲板将软管有效封闭,或者采取其他有效措施,防止软管存油倒流入海。

海事管理机构应当对船舶油料供受作业进行监督检查,发现不符合安全和防治污染要求的,应当予以制止。

第三十九条 船舶燃油供给单位应当如实填写燃油供受单证,并向船舶提供燃油供受单证和燃油样品。燃油供受单证应当包括受油船船名,船舶识别号或国际海事组织编号,作业时间、地点,燃油供应商的名称、地址和联系方式以及燃油种类、数量、密度和含硫量等内容。船舶和燃油供给单位应当将燃油供受单证保存 3 年,将燃油样品妥善保存 1 年。

燃油供给单位应当确保所供燃油的质量符合相关标

准要求,并将所供燃油送交取得国家规定资质的燃油检测单位检测。燃油质量的检测报告应当留存在作业船舶上备查。

第四十条 船舶应当在出港前将上一航次消耗的燃料种类和数量,主机、辅机和锅炉功率以及运行工况时间等信息按照规定报告海事管理机构。

船舶按照船舶排放控制区要求转换低硫燃油或者采取使用岸电、清洁能源、尾气后处理装置等替代措施满足船舶大气排放控制要求的,应当按照规定如实记录。

第四十一条 船舶进行下列作业,且作业量超过300吨时,应当采取包括布设围油栏在内的防污染措施,其中过驳作业由过驳作业经营人负责:

(一)散装持久性油类的装卸和过驳作业,但船舶燃油供应作业除外;

(二)比重小于1(相对于水)、溶解度小于0.1%的散装有毒液体物质的装卸和过驳作业;

(三)其他可能造成水域严重污染的作业。

因自然条件等原因,不适合布设围油栏的,应当采取有效替代措施。

第四十二条 载运污染危害性货物的船舶进出港口和通过桥区、交通管制区、通航密集区以及航行条件受限制的区域,或者载运剧毒、爆炸、放射性货物的船舶进出港口,应当遵守海事管理机构的特别规定,并采取必要的安全和防治污染保障措施。

第四十三条 船舶载运散装有毒有害气体或者粉尘物质等货物的,应当采取密闭或者其他防护措施。对有封闭作业要求的污染危害性货物,在运输和作业过程中应当采取措施回收有毒有害气体。

第五章 船舶拆解、打捞、修造和其他水上水下船舶施工作业

第四十四条 禁止采取冲滩方式进行船舶拆解作业。

第四十五条 进行船舶拆解、打捞、修造和其他水上水下船舶施工作业的,应当遵守相关操作规程,并采取必要的安全和防治污染措施。

第四十六条 在进行船舶拆解和船舶油舱修理作业前,作业单位应当将船舶上的残余物和废弃物进行有效处置,将燃油舱、货油舱中的存油驳出,进行洗舱、清舱、测爆等工作,并按照规定取得船舶污染物接收单证和有效的测爆证书。

船舶燃油舱、货油舱中的存油需要通过过驳方式交付储存的,应当遵守本规定关于散装液体污染危害性货物过驳作业的要求。

修造船厂应当建立防治船舶污染海洋环境管理制度,采取必要防护措施,防止船舶修造期间造成海洋环境污染。

第四十七条 在船坞内进行船舶修造作业的,修造船厂应当将坞内污染物清理完毕,确认不会造成水域污染后,方可沉起浮船坞或者开启坞门。

第四十八条 船舶拆解、打捞、修造或者其他水上水下船舶施工作业结束后,应当及时清除污染物,并将作业全过程产生的污染物的清除处理情况一并向海事管理机构报告,海事管理机构可以视情况进行现场核实。

第六章 法律责任

第四十九条 海事管理机构发现船舶、有关作业单位存在违反本规定行为的,应当责令改正;拒不改正的,海事管理机构可以责令停止作业、强制卸载、禁止船舶进出港口、靠泊、过境停留,或者责令停航、改航、离境、驶向指定地点。

第五十条 违反本规定,船舶的结构不符合国家有关防治船舶污染海洋环境的船舶检验规范或者有关国际条约要求的,由海事管理机构处10万元以上30万元以下的罚款。

第五十一条 违反本规定,船舶、港口、码头和装卸站未配备防治污染设施、设备、器材,有下列情形之一的,由海事管理机构予以警告,或者处2万元以上10万元以下的罚款:

(一)配备的防治污染设施、设备、器材数量不能满足法律、行政法规、规章、有关标准以及我国缔结或者参加的国际条约要求的;

(二)配备的防治污染设施、设备、器材技术性能不能满足法律、行政法规、规章、有关标准以及我国缔结或者参加的国际条约要求的。

第五十二条 违反本规定第九条、第四十条规定,船舶未按照规定将有关情况向海事管理机构报告的,由海事管理机构予以警告;情节严重的,处2万元以下的罚款。

第五十三条 违反本规定,船舶未持有防治船舶污染海洋环境的证书、文书的,由海事管理机构予以警告,或者处2万元以下的罚款。

第五十四条 违反本规定,船舶向海域排放本规定禁止排放的污染物的,由海事管理机构处3万元以上20万元以下的罚款。

第五十五条 违反本规定,船舶排放或者处置污染物,有下列情形之一的,由海事管理机构处2万元以上10

万元以下的罚款：

（一）超过标准向海域排放污染物的；

（二）未按照规定在船上留存船舶污染物排放或者处置记录的；

（三）船舶污染物处置记录与船舶运行过程中产生的污染物数量不符合的。

第五十六条 违反本规定，船舶污染物接收单位进行船舶垃圾、残油、含油污水、含有毒有害物质污水等污染物接收作业，未编制作业方案、遵守相关操作规程、采取必要的防污染措施的，由海事管理机构处1万元以上5万元以下的罚款；造成海洋环境污染的，处5万元以上25万元以下的罚款。

第五十七条 违反本规定，船舶、船舶污染物接收单位接收处理污染物，有下列第（一）项情形的，由海事管理机构予以警告，或者处2万元以下的罚款；有下列第（二）项、第（三）项情形的，由海事管理机构处2万元以下的罚款：

（一）船舶未如实记录污染物处置情况的；

（二）船舶污染物接收单位未按照规定向海事管理机构报告船舶污染物接收情况，或者未按照规定向船舶出具污染物接收单证的；

（三）船舶污染物接收单位未按照规定将船舶污染物的接收和处理情况报海事管理机构备案的。

第五十八条 违反本规定，未经海事管理机构批准，船舶载运污染危害性货物进出港口、过境停留的，由海事管理机构对其承运人、货物所有人或者代理人处1万元以上5万元以下的罚款；未经海事管理机构批准，船舶进行散装液体污染危害性货物过驳作业的，由海事管理机构对船舶处1万元以上5万元以下的罚款。

第五十九条 违反本规定，有下列第（一）项情形的，由海事管理机构予以警告，或者处2万元以上10万元以下的罚款；有下列第（二）项、第（三）项、第（四）项情形的，由海事管理机构处2万元以上10万元以下的罚款：

（一）船舶载运的污染危害性货物不具备适运条件的；

（二）载运污染危害性货物的船舶不符合污染危害性货物适载要求的；

（三）载运污染危害性货物的船舶未在具有相应安全装卸和污染物处理能力的码头、装卸站进行装卸作业的；

（四）货物所有人或者代理人未按照规定对污染危害性不明的货物进行污染危害性评估的。

第六十条 违反本规定，有下列情形之一的，由海事管理机构处2000元以上1万元以下的罚款：

（一）船舶未按照规定保存污染物接收单证的；

（二）船舶油料供受单位未如实填写燃油供受单证的；

（三）船舶油料供受单位未按照规定向船舶提供燃油供受单证和燃油样品的；

（四）船舶和船舶油料供受单位未按照规定保存燃油供受单证和燃油样品的。

船舶油料供给单位未按照有关安全和防治污染规范要求从事供受油作业，或者所提供的船舶油料超标的，由海事管理机构要求整改，并通报有关主管部门。

第六十一条 违反本规定，进行船舶水上拆解、旧船改装、打捞和其他水上水下船舶施工作业，造成海洋环境污染损害的，由海事管理机构予以警告，或者处5万元以上20万元以下的罚款。

第七章 附 则

第六十二条 军事船舶以及国务院交通运输主管部门所辖港区水域外渔业船舶污染海洋环境的防治工作，不适用本规定。

第六十三条 本规定自2011年2月1日起施行。

中华人民共和国海洋倾废管理条例实施办法

· 1990年9月25日国家海洋局令第2号公布

· 根据2016年1月5日《国土资源部关于修改和废止部分规章的决定》第一次修订

· 根据2017年12月29日《国土资源部关于修改和废止部分规章的决定》第二次修订

第一条 根据《中华人民共和国海洋环境保护法》第四十七条的规定，为实施《中华人民共和国海洋倾废管理条例》（以下简称《条例》），加强海洋倾废管理，制定本办法。

第二条 本办法适用于任何法人、自然人和其他经济实体向中华人民共和国的内海、领海、大陆架和其他一切管辖海域倾倒废弃物和其他物质的活动。

本办法还适用于《条例》第三条二、三、四款所规定的行为和因不可抗拒的原因而弃置船舶、航空器、平台和其他载运工具的行为。

第三条 国家海洋局及其派出机构(以下简称海区主管部门)是实施本办法的主管部门。

第四条　为防止或减轻海洋倾废对海洋环境的污染损害，向海洋倾倒的废弃物及其他物质应视其毒性进行必要的预处理。

第五条　废弃物依据其性质可分为一、二、三类废弃物。

一类废弃物是指列入《条例》附件一的物质，该类废弃物禁止向海洋倾倒。除非在陆地处置会严重危及人类健康，而海洋倾倒是防止威胁的唯一办法时可以例外。

二类废弃物是指列入《条例》附件二的物质和附件一第一、三款属"痕量沾污"或能够"迅速无害化"的物质。

三类废弃物是指未列入《条例》附件一、附件二的低毒、无害的物质和附件二第一款，其含量小于"显著量"的物质。

第六条　未列入《条例》附件一、附件二的物质，在不能肯定其海上倾倒是无害时，须事先进行评价，确定该物质类别。

第七条　海洋倾倒区分为一、二、三类倾倒区，试验倾倒区和临时倾倒区。

一、二、三类倾倒区是为处置一、二、三类废弃物而相应确定的，其中一类倾倒区是为紧急处置一类废弃物而确定的。

试验倾倒区是为倾倒试验而确定的（使用期不超过两年）。

临时倾倒区是因工程需要等特殊原因而划定的一次性专用倾倒区。

第八条　一类、二类倾倒区由国家海洋局组织选划。

三类倾倒区、试验倾倒区、临时倾倒区由海区主管部门组织选划。

第九条　一、二、三类倾倒区经商有关部门后，由国家海洋局报国务院批准，国家海洋局公布。

试验倾倒区由海区主管部门（分局级）商海区有关单位后，报国家海洋局审查确定，并报国务院备案。

试验倾倒区经试验可行，商有关部门后，再报国务院批准为正式倾倒区。

临时倾倒区由海区主管部门（分局级）审查批准，报国家海洋局备案。使用期满，立即封闭。

第十条　海洋倾废实行许可证制度。

倾倒许可证应载明倾倒单位，有效期限和废弃物的数量、种类、倾倒方法等。

倾倒许可证分为紧急许可证、特别许可证、普通许可证。

第十一条　凡向海洋倾倒废弃物的废弃物所有者及疏浚工程单位，应事先向主管部门提出倾倒申请，办理倾倒许可证。

废弃物所有者或疏浚工程单位与实施倾倒作业单位有合同约定，依合同规定实施倾倒作业单位也可向主管部门申请办理倾倒许可证。

第十二条　申请倾倒许可证应填报倾倒废弃物申请书。

第十三条　主管部门在收到申请书后两个月内应予以答复。经审查批准的应签发倾倒许可证。

紧急许可证由国家海洋局签发或者经国家海洋局批准，由海区主管部门签发。

特别许可证、普通许可证由海区主管部门签发。

第十四条　紧急许可证为一次性使用许可证。

特别许可证有效期不超过六个月。

普通许可证有效期不超过一年。

许可证有效期满仍需继续倾倒的，应在有效期满前二个月到发证主管部门办理换证手续。

倾倒许可证不得转让；倾倒许可证使用期满后十五日内交回发证机关。

第十五条　申请倾倒许可证和更换倾倒许可证应缴纳费用。具体收费项目和收费标准由国家物价局、国家海洋局另行规定。

第十六条　检验工作由海区主管部门委托检验机构依照有关评价规范开展。

第十七条　一类废弃物禁止向海上倾倒。但在符合本办法第五条第二款规定的条件下，可以申请获得紧急许可证，到指定的一类倾倒区倾倒。

第十八条　二类废弃物须申请获得特别许可证，到指定的二类倾倒区倾倒。

第十九条　三类废弃物须申请获得普通许可证，到指定的三类倾倒区倾倒。

第二十条　含有《条例》附件一、二所列物质的疏浚物的倾倒，按"疏浚物分类标准和评价程序"实施管理。

第二十一条　向海洋处置船舶、航空器、平台和其他海上人工构造物，须获得海区主管部门签发的特别许可证，按许可证的规定处置。

第二十二条　油污水和垃圾回收船对所回收的油污水、废弃物经处理后，需要向海洋倾倒的，应向海区主管部门提出申请，取得倾倒许可证后，到指定区域倾倒。

第二十三条　向海洋倾倒军事废弃物的，应由军队有关部门按本办法的规定向海区主管部门申请，按许可证的要求倾倒。

第二十四条 为开展科学研究，需向海洋投放物质的单位，应按本办法的规定程序向海区主管部门申请，并附报投放试验计划和海洋环境影响评估报告，海区主管部门核准签发相应类别许可证。

第二十五条 所有进行倾倒作业的船舶、飞机和其他载运工具应持有倾倒许可证（或许可证副本），未取得许可证的船舶、飞机和其他载运工具不得进行倾倒。

第二十六条 进行倾倒作业的船舶、飞机和其他载运工具在装载废弃物时，应通知发证主管部门核实。

利用船舶运载出港的，应在离港前通知就近港务监督核实。

凡在军港装运的，应通知军队有关部门核实。

如发现实际装载与倾倒许可证注明内容不符，则不予放行，并及时通知发证主管部门处理。

第二十七条 进行倾倒作业的船舶、飞机和其他载运工具应将作业情况如实详细填写在倾倒情况记录表和航行日志上，并在返港后十五日内将记录表报发证机关。

第二十八条 "中国海监"船舶、飞机、车辆负责海上倾倒活动的监视检查和监督管理。必要时海洋监察人员也可登船或随倾废船舶或其他载运工具进行监督检查。实施倾倒作业的船舶（或其他载运工具）应为监察人员履行公务提供方便。

第二十九条 主管部门对海洋倾倒区进行监测，如认定倾倒区不宜继续使用时，应予以封闭，并报国务院备案。

主管部门在封闭倾倒区之前两个月向倾倒单位发出通告，倾倒单位须从倾倒区封闭之日起终止在该倾倒区的倾倒。

第三十条 为紧急避险、救助人命而未能按本办法规定的程序申请倾倒的或未能按倾倒许可证要求倾倒的，倾倒单位应在倾倒后十日内向海区主管部门提交书面报告。报告内容应包括：倾倒时间和地点，倾倒物质特性和数量，倾倒时的海况和气象情况，倾倒的详细过程，倾倒后采取的措施及其他事项等。

航空器应在紧急放油后十日内向海区主管部门提交书面报告，报告内容应包括航空器国籍、所有人、机号、放油时间、地点、数量、高度及具体放油原因等。

第三十一条 因不可抗拒的原因而弃置的船舶、航空器、平台和其他载运工具，应尽可能地关闭所有油舱（柜）的阀门和通气孔，防止溢油。弃置后其所有人应在十日内向海区主管部门和就近的港务监督报告，并根据要求进行处置。

第三十二条 向海洋弃置船舶、航空器、平台和其他海上人工构造物前，应排出所有的油类和其他有害物质。

第三十三条 需要设置海上焚烧设施，应事先向海区主管部门申请，申请时附报该设施详细技术资料，经海区主管部门批准后，方可建立。设施建成后，须经海区主管部门检验核准。

实施焚烧作业的单位，应按本办法的规定程序向海区主管部门申请海上焚烧许可证。

第三十四条 违反《条例》和本实施办法，造成或可能造成海洋环境污染损害的，海区主管部门可依照《条例》第十七条、第二十条和第二十一条的规定，予以处罚。

未获得主管部门签发的倾倒许可证，擅自倾倒和未按批准的条件或区域进行倾倒的，按《条例》第二十条有关规定处罚。

第三十五条 对处罚不服者，可在收到行政处罚决定之日起十五日内向作出处罚决定机关的上一级机关申请复议。对复议结果不服的，从收到复议决定之日起十五日内，向人民法院起诉；当事人也可在收到处罚决定之日起十五日内直接向人民法院起诉。

当事人逾期不申请复议，也不向人民法院起诉，又不履行处罚决定的，由作出处罚决定的机关申请人民法院强制执行。

第三十六条 违反《条例》和本实施办法，造成海洋环境污染损害和公私财产损失的，肇事者应承担赔偿责任。

第三十七条 赔偿责任包括：

1. 受害方为清除、治理污染所支付的费用及对污染损害所采取的预防措施所支付的费用。

2. 污染对公私财产造成的经济损失，对海水水质、生物资源等的损害。

3. 为处理海洋倾废引起的污染损害事件所进行的调查费用。

第三十八条 赔偿责任和赔偿金额的纠纷，当事人可依照民事诉讼程序向人民法院提起诉讼；也可请求海区主管部门进行调解处理。对调解不服的，也可以向人民法院起诉；涉外案件还可以按仲裁程序解决。

第三十九条 因环境污染损害赔偿提起诉讼的时效期间为三年，从当事人知道或应当知道受到污染损害时计算。

赔偿纠纷处理结束后，受害方不得就同一污染事件再次提出索赔要求。

第四十条 由于战争行为、不可抗拒的自然灾害或由于第三者的过失，虽经及时采取合理措施，但仍不能避免造成海洋环境污染损害的，可免除倾倒单位的赔偿责任。

由于第三者的责任造成污染损害的，由第三者承担赔偿责任。

因不可抗拒的原因而弃置的船舶、航空器、平台和其他载运工具，不按本办法第三十一条规定要求进行处置而造成污染损害的应承担赔偿责任。

海区主管部门对免除责任的条件调查属实后，可做出免除赔偿责任的决定。

第四十一条 本办法下列用语的含义是：

1."内海"系指领海基线内侧的全部海域（包括海湾、海峡、海港、河口湾）；领海基线与海岸之间的海域；被陆地包围或通过狭窄水道连接海洋的海域。

2."疏浚物倾倒"系指任何通过或利用船舶或其他载运工具，有意地在海上以各种方式抛弃和处置疏浚物。"疏浚物"系指任何疏通、挖深港池、航道工程和建设、挖掘港口、码头、海底与岸边工程所产生的泥土、沙砾和其他物质。

3."海上焚烧"系指以热摧毁方式在海上用焚烧设施有目的地焚烧有害废弃物的行为，但不包括船舶或其他海上人工构造物在正常操作中所附带发生的此类行为。

4."海上焚烧设施"系指为在海上焚烧目的的作业的船舶、平台或人工构造物。

5."废弃物和其他物质"系指为弃置的目的，向海上倾倒或拟向海上倾倒的任何形式和种类的物质与材料。

6."迅速无害化"系指列入《条例》附件一的某些物质能通过海上物理、化学和生物过程转化为无害，并不会使可食用的海洋生物变味或危及人类健康和家畜家禽的正常生长。

7."痕量沾污"即《条例》附件一中的"微含量"，系指列入《条例》附件一的某些物质在海上倾倒不会产生有害影响，特别是不会对海洋生物或人类健康产生急性或慢性效应，不论这类毒性效应是否是由于这类物质在海洋生物尤其是可食用的海洋生物富集而引起的。

8."显著量"即《条例》附件二中的"大量"。系指列入《条例》附件二的某些物质的海上倾倒，经生物测定证明对海洋生物有慢性毒性效应，则认为该物质的含量为显著量。

9."特别管理措施"系指倾倒非"痕量沾污"，又不能"迅速无害化"的疏浚物时，须采取的一些行政或技术管理措施。通过这些措施降低疏浚物中所含附件一或附件二物质对环境的影响，使其不对人类健康和生物资源产生危害。

第四十二条 本办法由国家海洋局负责解释。

第四十三条 本办法自发布之日起开始施行。

最高人民法院关于审理海洋自然资源与生态环境损害赔偿纠纷案件若干问题的规定

- 2017年11月20日最高人民法院审判委员会第1727次会议通过
- 2017年12月29日最高人民法院公告公布
- 自2018年1月15日起施行
- 法释〔2017〕23号

为正确审理海洋自然资源与生态环境损害赔偿纠纷案件，根据《中华人民共和国海洋环境保护法》《中华人民共和国民事诉讼法》《中华人民共和国海事诉讼特别程序法》等法律的规定，结合审判实践，制定本规定。

第一条 人民法院审理为请求赔偿海洋环境保护法第八十九条第二款规定的海洋自然资源与生态环境损害而提起的诉讼，适用本规定。

第二条 在海上或者沿海陆域内从事活动，对中华人民共和国管辖海域内海洋自然资源与生态环境造成损害，由此提起的海洋自然资源与生态环境损害赔偿诉讼，由损害行为发生地、损害结果地或者采取预防措施地海事法院管辖。

第三条 海洋环境保护法第五条规定的行使海洋环境监督管理权的机关，根据其职能分工提起海洋自然资源与生态环境损害赔偿诉讼，人民法院应予受理。

第四条 人民法院受理海洋自然资源与生态环境损害赔偿诉讼，应当在立案之日起五日内公告案件受理情况。

人民法院在审理中发现可能存在下列情形之一的，可以书面告知其他依法行使海洋环境监督管理权的机关：

（一）同一损害涉及不同区域或者不同部门；

（二）不同损害应由其他依法行使海洋环境监督管理权的机关索赔。

本规定所称不同损害，包括海洋自然资源与生态环境损害中不同种类和同种类但可以明确区分属不同机关索赔范围的损害。

第五条 在人民法院依照本规定第四条的规定发布公告之日起三十日内，或者书面告知之日起七日内，对同一损害有权提起诉讼的其他机关申请参加诉讼，经审查符合法定条件的，人民法院应当将其列为共同原告；逾期申请的，人民法院不予准许。裁判生效后另行起诉的，人民法院参照《最高人民法院关于审理环境民事公益诉讼案件适用法律若干问题的解释》第二十八条的规定处理。

对于不同损害，可以由各依法行使海洋环境监督管理权的机关分别提起诉讼；索赔人共同起诉或者在规定期限内申请参加诉讼的，人民法院依照民事诉讼法第五十二条第一款的规定决定是否按共同诉讼进行审理。

第六条 依法行使海洋环境监督管理权的机关请求造成海洋自然资源与生态环境损害的责任者承担停止侵害、排除妨碍、消除危险、恢复原状、赔礼道歉、赔偿损失等民事责任的，人民法院应当根据诉讼请求以及具体案情，合理判定责任者承担民事责任。

第七条 海洋自然资源与生态环境损失赔偿范围包括：

（一）预防措施费用，即为减轻或者防止海洋环境污染、生态恶化、自然资源减少所采取合理应急处置措施而发生的费用；

（二）恢复费用，即采取或者将要采取措施恢复或者部分恢复受损害海洋自然资源与生态环境功能所需费用；

（三）恢复期间损失，即受损害的海洋自然资源与生态环境功能部分或者完全恢复前的海洋自然资源损失、生态环境服务功能损失；

（四）调查评估费用，即调查、勘查、监测污染区域和评估污染等损害风险与实际损害所发生的费用。

第八条 恢复费用，限于现实修复实际发生和未来修复必然发生的合理费用，包括制定和实施修复方案和监测、监管产生的费用。

未来修复必然发生的合理费用和恢复期间损失，可以根据有资格的鉴定评估机构依据法律法规、国家主管部门颁布的鉴定评估技术规范作出的鉴定意见予以确定，但当事人有相反证据足以反驳的除外。

预防措施费用和调查评估费用，以实际发生和未来必然发生的合理费用计算。

责任者已经采取合理预防、恢复措施，其主张相应减少损失赔偿数额的，人民法院应予支持。

第九条 依照本规定第八条的规定难以确定恢复费用和恢复期间损失的，人民法院可以根据责任者因损害行为所获得的收益或者所减少支付的污染防治费用，合理确定损失赔偿数额。

前款规定的收益或者费用无法认定的，可以参照政府部门相关统计资料或者其他证据所证明的同区域同类生产经营者同期平均收入、同期平均污染防治费用，合理酌定。

第十条 人民法院判决责任者赔偿海洋自然资源与生态环境损失的，可以一并写明依法行使海洋环境监督管理权的机关受领赔款后向国库账户交纳。

发生法律效力的裁判需要采取强制执行措施的，应当移送执行。

第十一条 海洋自然资源与生态环境损害赔偿诉讼当事人达成调解协议或者自行达成和解协议的，人民法院依照《最高人民法院关于审理环境民事公益诉讼案件适用法律若干问题的解释》第二十五条的规定处理。

第十二条 人民法院审理海洋自然资源与生态环境损害赔偿纠纷案件，本规定没有规定的，适用《最高人民法院关于审理环境侵权责任纠纷案件适用法律若干问题的解释》《最高人民法院关于审理环境民事公益诉讼案件适用法律若干问题的解释》等相关司法解释的规定。

在海上或者沿海陆域内从事活动，对中华人民共和国管辖海域内海洋自然资源与生态环境形成损害威胁，人民法院审理由此引起的赔偿纠纷案件，参照适用本规定。

人民法院审理因船舶引起的海洋自然资源与生态环境损害赔偿纠纷案件，法律、行政法规、司法解释另有特别规定的，依照其规定。

第十三条 本规定自2018年1月15日起施行，人民法院尚未审结的一审、二审案件适用本规定；本规定施行前已经作出生效裁判的案件，本规定施行后依法再审的，不适用本规定。

本规定施行后，最高人民法院以前颁布的司法解释与本规定不一致的，以本规定为准。

最高人民法院、最高人民检察院关于办理海洋自然资源与生态环境公益诉讼案件若干问题的规定

· 2021年12月27日最高人民法院审判委员会第1858次会议、2022年3月16日最高人民检察院第十三届检察委员会第九十三次会议通过
· 2022年5月10日最高人民法院、最高人民检察院公告公布
· 自2022年5月15日起施行
· 法释〔2022〕15号

为依法办理海洋自然资源与生态环境公益诉讼案件，根据《中华人民共和国海洋环境保护法》《中华人民共和国民事诉讼法》《中华人民共和国刑事诉讼法》《中

华人民共和国行政诉讼法》《中华人民共和国海事诉讼特别程序法》等法律规定,结合审判、检察工作实际,制定本规定。

第一条 本规定适用于损害行为发生地、损害结果地或者采取预防措施地在海洋环境保护法第二条第一款规定的海域内,因破坏海洋生态、海洋水产资源、海洋保护区而提起的民事公益诉讼、刑事附带民事公益诉讼和行政公益诉讼。

第二条 依据海洋环境保护法第八十九条第二款规定,对破坏海洋生态、海洋水产资源、海洋保护区,给国家造成重大损失的,应当由依照海洋环境保护法规定行使海洋环境监督管理权的部门,在有管辖权的海事法院对侵权人提起海洋自然资源与生态环境损害赔偿诉讼。

有关部门根据职能分工提起海洋自然资源与生态环境损害赔偿诉讼的,人民检察院可以支持起诉。

第三条 人民检察院在履行职责中发现破坏海洋生态、海洋水产资源、海洋保护区的行为,可以告知行使海洋环境监督管理权的部门依据本规定第二条提起诉讼。在有关部门仍不提起诉讼的情况下,人民检察院就海洋自然资源与生态环境损害,向有管辖权的海事法院提起民事公益诉讼的,海事法院应予受理。

第四条 破坏海洋生态、海洋水产资源、海洋保护区,涉嫌犯罪的,在行使海洋环境监督管理权的部门没有另行提起海洋自然资源与生态环境损害赔偿诉讼的情况下,人民检察院可以在提起刑事公诉时一并提起附带民事公益诉讼,也可以单独提起民事公益诉讼。

第五条 人民检察院在履行职责中发现对破坏海洋生态、海洋水产资源、海洋保护区的行为负有监督管理职责的部门违法行使职权或者不作为,致使国家利益或者社会公共利益受到侵害的,应当向有关部门提出检察建议,督促其依法履行职责。

有关部门不依法履行职责的,人民检察院依法向被诉行政机关所在地的海事法院提起行政公益诉讼。

第六条 本规定自2022年5月15日起施行。

·典型案例

1. 吕金奎等79人诉山海关船舶重工有限责任公司海上污染损害责任纠纷案①

【关键词】
民事　海上污染损害责任　污染物排放标准
【裁判要点】
根据海洋环境保护法等有关规定,海洋环境污染中的"污染物"不限于国家或者地方环境标准明确列举的物质。污染者向海水水域排放未纳入国家或者地方环境标准的含有铁物质等成分的污水,造成渔业生产者养殖物损害的,污染者应当承担环境侵权责任。
【相关法条】
1.《中华人民共和国侵权责任法》第65条、第66条
2.《中华人民共和国海洋环境保护法》(2017年修正)第94条第1项(本案适用的是2013年修正的《中华人民共和国海洋环境保护法》第95条第1项)
【基本案情】
2010年8月2日上午,秦皇岛山海关老龙头东海域海水出现异常。当日11时30分,秦皇岛市环境保护局接到举报,安排环境监察、监测人员,协同秦皇岛市山海关区渤海乡副书记、纪委书记等相关人员到达现场,对海岸情况进行巡查。根据现场巡查情况,海水呈红褐色、浑浊。秦皇岛市环境保护局的工作人员同时对海水进行取样监测,并于8月3日作出《监测报告》对海水水质进行分析,分析结果显示海水pH值8.28、悬浮物24mg/L、石油类0.082mg/L、化学需氧量2.4mg/L、亚硝酸盐氮0.032mg/L、氨氮0.018mg/L、硝酸盐氮0.223mg/L、无机氮0.273mg/L、活性磷酸盐0.006mg/L、铁13.1mg/L。

大连海事大学海事司法鉴定中心(以下简称司法鉴定中心)接受法院委托,就涉案海域污染状况以及污染造成的养殖损失等问题进行鉴定。《鉴定意见》的主要内容:(一)关于海域污染鉴定。1.鉴定人采取卫星遥感技术,选取NOAA卫星2010年8月2日北京时间5时44分和9时51分两幅图像,其中5时44分图像显示山海关船舶重工有限责任公司(以下简称山船重工公司)附近海域存在一片污染海水异常区,面积约5平方千米;9时51分图像显示距山船重工公司以南约4千米海域存在污染海水异常区,面积约10平方千米。2.对污染源进行分析,通过排除赤潮、大面积的海洋溢油等污染事故,确定卫星图像上污染海水异常区应由大型企业污水排放或泄漏引起。根

---

① 案例来源:2019年12月26日最高人民法院指导案例127号。

据山船重工公司系山海关老龙头附近临海唯一大型企业，修造船舶会产生大量污水，船坞刨锈污水中铁含量很高，一旦泄漏将严重污染附近海域，推测出污染海水源地系山船重工公司，泄漏时间约在2010年8月2日北京时间00时至04时之间。3. 对养殖区受污染海水进行分析，确定了王丽荣等21人的养殖区地理坐标，并将上述当事人的养殖区地理坐标和污染水域的地理坐标一起显示在电子海图上，得出污染水域覆盖了全部养殖区的结论。（二）关于养殖损失分析。鉴定人对水质环境进行评价，得出涉案海域水质中悬浮物、铁及石油类含量较高，已远远超过《渔业水质标准》和《海水水质标准》，污染最严重的因子为铁，对渔业和养殖水域危害程度较大。同时，确定吕金国等人存在养殖损失。

山船重工公司对《鉴定意见》养殖损失部分发表质证意见，主要内容为认定海水存在铁含量超标的污染无任何事实根据和鉴定依据。1. 鉴定人评价养殖区水质环境的唯一依据是秦皇岛市环境保护局出具的《监测报告》，而该报告在格式和内容上均不符合《海洋监测规范》的要求，分析铁含量所采用的标准是针对地面水、地下水及工业废水的规定，《监测报告》对污染事实无任何证明力; 2.《鉴定意见》采用的《渔业水质标准》和《海水水质标准》中，不存在对海水中铁含量的规定和限制，故铁含量不是判断海洋渔业水质标准的指标。即使铁含量是指标之一，其达到多少才能构成污染损害，亦无相关标准。

又查明，《鉴定意见》鉴定人之一在法院审理期间提交《分析报告》，主要内容：（一）介绍分析方法。（二）对涉案海域污水污染事故进行分析。1. 对山海关老龙头海域卫星图像分析和解译。2. 污染海水漂移扩散分析。3. 污染源分析。因卫星图像上污染海水异常区灰度值比周围海水稍低，故排除海洋赤潮可能; 因山海关老龙头海域无油井平台，且8月2日前后未发生大型船舶碰撞、触礁搁浅事故，故排除海洋溢油可能。据此，推测污染海水区应由大型企业污水排放或泄漏引起，山船重工公司为山海关老龙头附近临海唯一大型企业，修造船舶会产生大量污水，船坞刨锈污水中铁含量较高，向外泄漏将造成附近海域严重污染。4. 养殖区受污染海水分析。将养殖区地理坐标和污染水域地理坐标一起显示在电子海图上，得出污染水域覆盖全部养殖区的结论。

吕金奎等79人诉至法院，以山船重工公司排放的大量红色污水造成扇贝大量死亡，使其受到重大经济损失为由，请求判令山船重工公司赔偿。

【裁判结果】

天津海事法院于2013年12月9日作出（2011）津海法事初字第115号民事判决：一、驳回原告吕金奎等50人的诉讼请求; 二、驳回原告吕金国等29人的诉讼请求。宣判后，吕金奎等79人提出上诉。天津市高级人民法院于2014年11月11日作出（2014）津高民四终字第22号民事判决：一、撤销天津海事法院（2011）津海法事初字第115号民事判决; 二、山海关船舶重工有限责任公司于本判决送达之日起十五日内赔偿王丽荣等21人养殖损失共计1377696元; 三、驳回吕金奎等79人的其他诉讼请求。

【裁判理由】

法院生效裁判认为，《中华人民共和国侵权责任法》第六十六条规定，因污染环境发生纠纷，污染者应当就法律规定的不承担责任或者减轻责任的情形及其行为与损害之间不存在因果关系承担举证责任。吕金奎等79人应当就山船重工公司实施了污染行为，该行为使自己受到了损害之事实承担举证责任，并提交污染行为和损害之间可能存在因果关系的初步证据; 山船重工公司应当就法律规定的不承担责任或者减轻责任的情形及行为与损害之间不存在因果关系承担举证责任。

关于山船重工公司是否实施污染行为。吕金奎等79人为证明污染事实发生，提交了《鉴定意见》《分析报告》《监测报告》以及秦皇岛市环境保护局出具的函件等予以证明。关于上述证据对涉案污染事实的证明力，原审法院依据吕金奎等79人的申请委托司法鉴定中心进行鉴定，该司法鉴定中心业务范围包含海事类司法鉴定，三位鉴定人均具有相应的鉴定资质，对鉴定单位和鉴定人的资质予以确认。而且，《分析报告》能够与秦皇岛市山海关区在《询问笔录》中的陈述以及秦皇岛市环境保护局出具的函件相互佐证，上述证据可以证实秦皇岛山海关老龙头海域在2010年8月2日发生污染的事实。《中华人民共和国海洋环境保护法》第九十五条第一项规定："海洋环境污染损害，是指直接或者间接地把物质或者能量引入海洋环境，产生损害海洋生物资源、危害人体健康、妨害渔业和海上其他合法活动、损害海水使用素质和减损环境质量等有害影响。"《鉴定意见》根据污染海水异常区灰度值比周围海水稍低的现象，排除海洋赤潮的可能; 通过山海关老龙头海域无油井平台以及2010年8月2日未发生大型船舶碰撞、触礁搁浅等事实，排除海洋溢油的可能; 进而，根据《监测报告》中海水呈红褐色、浑浊，铁含量为13.1mg/L的监测结果，得出涉案污染事故系严重污水排放或泄漏导致的推论。同时，根据山船重工公司为山海关老龙头附近临海唯一大型企业以及公司的主营业务为船舶修造的事实，得出污染系山船重工公司在修造大型船舶过程中泄漏含铁量较高的刨锈污水导致的结论。山船重工公司虽不认可《鉴定意见》的上述结论，但未能提出足以反驳的相反证据和理由，故对《鉴定意见》中关于污染源分析部分的证明力予以确认，并据此认定山船重工公司实施了向海水中泄漏含铁量较高污水的污染行为。

关于吕金奎等79人是否受到损害。《鉴定意见》中海域污染鉴定部分在确定了王丽荣等21人养殖区域的基础上，进一步通过将养殖区地理坐标与污染海水区地理坐标一起显示在电子海图上的方式，得出污染海水区全部覆盖养殖区的结论。据此，认定王丽荣等21人从事养殖且养殖区域受到了污染。

关于污染行为和损害之间的因果关系。王丽荣等21人在完成上述证明责任的基础上，还应提交证明污染行为和损害之间可能存在因果关系的初步证据。《鉴定意见》对山海关老龙头海域水质进行分析，其依据秦皇岛市环境保护局出具的《监测报告》将该海域水质评价为悬浮物、铁物质及石油含量较高，污染最严重的因子为铁，对渔业和养殖水域危害程度较大。至此，王丽荣等21人已完成海上污染损害赔偿纠纷案件的证明责任。山船重工公司主张其非侵权行为人，应就法律规定的不承担责任或者减轻责任的情形及行为与损害之间不存在因果关系承担举证责任。山船重工公司主张因《鉴定意见》采用的评价标准中不存在对海水中铁含量的规定和限制，故铁不是评价海水水质的标准；且即使铁含量是标准之一，其达到多少才能构成污染损害亦无相关指标。对此，人民法院认为：第一，《中华人民共和国海洋环境保护法》明确规定，只要行为人将物质或者能量引入海洋造成损害，即视为污染；《中华人民共和国侵权责任法》第六十五条亦未将环境污染责任限定为排污超过国家标准或者地方标准。故，无论国家或地方标准中是否规定了某类物质的排放控制要求，或排污是否符合国家或地方规定的标准，只要能够确定污染行为造成环境损害，行为人就须承担赔偿责任。第二，我国现行有效评价海水水质的《渔业水质标准》和《海水水质标准》实施后长期未进行修订，其中列举的项目已不足以涵盖当今可能造成污染的全部物质。据此，《渔业水质标准》和《海水水质标准》并非判断某类物质是否造成污染损害的唯一依据。第三，秦皇岛市环境保护局亦在《秦皇岛市环保局复核意见》中表示，因国家对海水中铁物质含量未明确规定污染物排放标准，故是否影响海水养殖需相关部门专家进一步论证。本案中，出具《鉴定意见》的鉴定人具备海洋污染鉴定的专业知识，其通过对相关背景资料进行分析判断，作出涉案海域水质中铁物质对渔业和养殖

---

① 案例来源：2021年9月2日最高人民检察院指导案例111号。

水域危害程度较大的评价，具有科学性，应当作为认定涉案海域被铁物质污染的依据。

（生效裁判审判人员：耿小宁、唐娜、李善川）

2. 海南省海口市人民检察院诉海南A公司等三被告非法向海洋倾倒建筑垃圾民事公益诉讼案①

【关键词】

民事公益诉讼　海洋倾废　联合调查　检察建议　二审出庭

【要旨】

对于海洋生态环境损害，行政机关的履职行为不能有效维护公益，又未提起生态环境损害赔偿诉讼的，检察机关可以依法提起民事公益诉讼。公益诉讼案件二审开庭，上一级人民检察院应当派员出庭，与下级检察机关共同参加法庭调查、法庭辩论、发表意见等，积极履行出庭职责。

【基本案情】

2018年，海口B公司中标美丽沙项目两地块土石方施工工程后，将土石方外运工程分包给海南A公司。陈某（A公司实际控制人）以A公司的名义申请临时码头，虚假承诺将开挖的土石方用船运到湛江市某荒地进行处置，实际上却组织人员将工程固废倾倒于海口市美丽沙海域。

【发现线索和调查核实】

海口市秀英区人民检察院在"12345"平台发现，群众多次举报有运泥船在美丽沙海域附近倾倒废物，随后通过多次蹲点和无人机巡查，拍摄到船舶向海洋倾倒建筑垃圾的行为。

海口市人民检察院（以下简称海口市院）检察官在前期工作基础上，2018年12月14日与海洋行政执法人员共同出海，联合开展特定海域调查行动，在海上截获一艘已倾倒完建筑垃圾正返回临时码头的开底船。12月17日，针对行政机关对相关海域多次违法倾倒建筑垃圾行为存在未依法履职问题，海口市院作出行政公益诉讼立案决定。2019年1月2日，海口市院向海口市海洋与渔业局送达检察建议，要求查处非法倾废行为，并追究违法行为人生态环境损害赔偿责任。2019年5月16日，海口市海洋与渔业局对A公司及公司实际控制人陈某各处10万元罚款。

检察机关调查发现，A公司无海洋倾废许可，倾倒的海域亦非政府指定的海洋倾废区域。申请美丽沙临时码头时A公司声称将开挖出的建筑垃圾运往湛江市某经济

合作社,但经实地调查,建筑垃圾均未被运往湛江进行处置,相关合同系伪造。陈某系 A 公司实际控制人及船舶所有人,经手办理涉案合同签订、申请码头、联系调度倾废船舶等事宜,并获取大部分违法所得。B 公司虽在招标时书面承诺外运土方绝不倾倒入海,却通过组织车辆同步运输等方式积极配合 A 公司海上倾废活动,B 公司对海洋生态环境侵害构成共同侵权,依法应当承担连带责任。

检察机关还发现,行政处罚认定的非法倾废量为 1.57 万立方米,与当事人接受调查时自报的数量一致,但该数量明显与事实不符。根据工程结算凭证等证据,检察机关查明 A 公司海洋倾废量至少为 6.9 万立方米。

经委托生态环境部华南环境科学研究所(以下简称华南所)鉴定,倾倒入海的建筑垃圾中含有镉、汞、镍、铅、砷、铜等有毒有害物质,这些有毒有害物质会进入海洋生物链,破坏海洋生态环境和资源,生态环境损害量化共计 860.064 万元。

在本案调查过程中,对可能涉嫌污染环境罪的线索,海口市院公益诉讼检察部门于 2019 年 1 月 21 日将其移送刑事检察部门审查。根据调查情况及鉴定意见,依据刑法第 338 条及有关司法解释的相关规定,海口市院刑事检察部门与公安机关刑侦部门经研究,认为现有证据不能认定该倾废行为已构成污染环境罪。

检察机关书面建议海口市自然资源和规划局(承接原海洋与渔业局相关职能)依法启动海洋生态环境损害赔偿程序,该局于 2019 年 8 月 11 日回函称,因正处于机构改革中,缺乏法律专业人才和诉讼经验,请求检察机关提起民事公益诉讼。

【诉讼过程】

2019 年 8 月 23 日,海口市院发布诉前公告,公告期满,没有其他适格主体提起民事公益诉讼。

2019 年 11 月,海口市院以 A 公司、陈某、B 公司为共同被告向海口海事法院提起民事公益诉讼,请求判令:1. 被告 A 公司赔偿生态环境损害费 860.064 万元,被告陈某和 B 公司承担连带赔偿责任。2. 三被告在全国发行的媒体上公开赔礼道歉。3. 三被告承担本案鉴定费 47.5 万元及公告费。检察机关申请了财产保全,法院查封了陈某名下的房产、船舶,冻结了陈某、B 公司的银行账户。

(一)一审情况

2020 年 3 月 26 日,海口海事法院开庭审理此案。三被告辩称,鉴定评估在资质、取样、程序、依据等方面均存在问题,损害赔偿金量化为 860.064 万元与事实不符;实际海洋倾废数量没有 6.9 万立方米。A 公司还辩称,美丽沙项目用地原系填海造地,倾倒的土方原本就来源于海洋,系清洁疏浚物,不是建筑垃圾,且鉴定和监测显示有毒有害物质均未超标,倾倒的土方对海洋无损害。陈某辩称其与 A 公司不存在财产混同,不应承担连带责任;涉案土方均倾倒于政府规定的海域;已被处以 20 万元行政罚款,不应再承担巨额赔偿。B 公司辩称,合同已明确要求 A 公司要合法合规处置建筑垃圾,作为发包人其不再负有任何义务;起诉认为其通过组织车辆同步运输等方式积极配合海洋倾废没有事实根据。

检察机关根据调查收集的档案、书证、询问笔录、视听资料、鉴定意见等 56 份证据,进行了有针对性的举证、质证和辩论。根据无人机拍摄的现场视频等证据,涉案建筑垃圾倾倒入海的地点即美丽沙海域;根据现场开挖情况、车辆运输、工程款支付等结算证据,可以证明倾倒入海的建筑垃圾量至少为 6.9 万立方米;检察机关依法委托的华南所是生态环境部编制的《环境损害鉴定评估推荐机构名录(第一批)》推荐的环境损害鉴定评估机构,具备水环境、土壤环境、固体废弃物处置、环境风险评估、污染损害评估等多方面专业评估资质,其出具的环境损害鉴定评估报告程序规范,量化生态环境损害赔偿金为 860.064 万元的结论具有专业性和科学性;倾倒入海的建筑垃圾虽未达到危险废物标准,但含有毒有害物质,已对海洋生态环境造成损害;民事赔偿与行政处罚系不同法律性质的责任形式,不能相互替代,陈某应承担的环境损害民事赔偿责任不应因受到行政处罚而免除;B 公司作为建筑垃圾的直接生产单位,陈某作为 A 公司的实际控制人和倾废船舶的所有人,与 A 公司三方分工协作,相互配合,共同完成非法倾废行为,实际上是以合同分包为名,行非法倾废之实,构成共同侵权,依法应当承担连带赔偿责任。

2020 年 3 月 26 日,海口海事法院当庭宣判,支持检察机关的全部诉讼请求。

(二)二审情况

三被告对一审判决不服,向海南省高级人民法院提出上诉。主要理由是:定案的关键证据即鉴定意见在资质、程序、检材取样、计算方式、依据的法律法规等方面存在重大错误;倾倒的淤泥、土方并非建筑垃圾;倾倒物未造成海洋生态环境损害;倾倒入海的建筑垃圾仅 1.5 万立方米等。

2020 年 8 月 13 日,二审开庭审理。海南省人民检察院指派 2 名检察官,与海口市院检察官共同参加庭审活动。海口市院出庭检察官围绕诉讼请求及争议焦点进行了举证,以视频、数据、鉴定意见和评估报告等,证明三被告共同实施了污染海洋环境侵权行为,依法应当承担赔偿损失等民事责任。海南省人民检察院出庭检察官参加了整个庭审活动,并阐明:所倾倒对象的性质并非疏浚物,而属于建筑垃圾;案涉倾废数量认定依据准确,符合法律、司法解释的规定;鉴定意见认定倾倒垃圾对海洋生态环境造成的损害数额清楚、取样程序规范。华南所参与鉴定的专家出庭接受质询,对 30 多个问题进行了专业解答。2020年11月23日,海南省高级人民法院作出二审判决,驳回上诉,维持原判。

【指导意义】

(一)检察机关应加强海洋生态环境检察公益诉讼与生态环境损害赔偿制度的衔接,切实维护公共利益。对于海洋生态环境保护,行政机关担负着第一顺位职责,生态损害赔偿制度具有优先适用性,公益诉讼检察则具有补充性和兜底性。海洋监管部门虽然对违法行为人进行了行政处罚,但未能完全实现维护公益的目的,经书面建议和督促后又不提起生态环境损害赔偿诉讼的,检察机关可以不再继续通过行政公益诉讼督促行政机关履职而直接对违法行为人依法提起民事公益诉讼,切实发挥保护海洋生态环境、维护社会公共利益的职能作用。

(二)综合运用各类调查手段,查明公益损害的事实,确定公益损害赔偿数额。检察机关可利用无人机等科技手段充分履行调查职能,全面查明海洋污染情况。鉴于海洋调查取证的特殊性,在前期必要工作基础上,还可以与行政机关联合调查,完成特定现场取证。针对海洋生态损害后果,检察机关应委托有资质的专业鉴定机构出具鉴定评估意见,可通过召开专家论证会等形式进行审查论证,同时协调做好鉴定人出庭作证、应对提问和质询等工作,使鉴定意见经得起庭审考验。

(三)注意发挥上级检察机关派员二审出庭作用,形成维护公共利益的合力。根据最高人民法院、最高人民检察院《关于检察公益诉讼案件适用法律若干问题的解释》,人民法院审理第二审案件,由提起公益诉讼的人民检察院派员出庭,上一级人民检察院也可以派员参加。人民检察院办理公益诉讼案件的任务是充分发挥法律监督职能作用,维护宪法法律权威,维护社会公平正义,维护国家利益和社会公共利益。对于公益诉讼二审案件,原起诉检察院和上级检察院都应立足于法律监督职能和公益诉讼任务,全力以赴,认真履行法定职责,共同做好出庭工作。上级检察院应当指派检察官在全面阅卷审查和熟悉案情的基础上做好各种预案,与下级检察院的检察官共同出席二审庭审全过程。两级出庭检察官应当加强协调配合,上级检察院出庭人员可以在庭审的各个阶段发表意见,与下级检察院出庭人员形成合力,从而取得良好的庭审效果。

【相关规定】

《中华人民共和国民事诉讼法》第五十五条第二款

《中华人民共和国海洋环境保护法》第四条、第八十九条

《中华人民共和国侵权责任法》第八条、第十五条、第六十五条

《最高人民法院、最高人民检察院关于检察公益诉讼案件适用法律若干问题的解释》第十一条、第十三条

《最高人民法院关于审理海洋自然资源与生态环境损害赔偿纠纷案件若干问题的规定》第七条

《最高人民法院关于审理环境民事公益诉讼案件适用法律若干问题的解释》第十八条、第二十二条

《中华人民共和国海洋倾废管理条例》第六条

4. 固体废物管理

中华人民共和国固体废物污染环境防治法

- 1995 年 10 月 30 日第八届全国人民代表大会常务委员会第十六次会议通过
- 2004 年 12 月 29 日第十届全国人民代表大会常务委员会第十三次会议第一次修订
- 根据 2013 年 6 月 29 日第十二届全国人民代表大会常务委员会第三次会议《关于修改〈中华人民共和国文物保护法〉等十二部法律的决定》第一次修正
- 根据 2015 年 4 月 24 日第十二届全国人民代表大会常务委员会第十四次会议《关于修改〈中华人民共和国港口法〉等七部法律的决定》第二次修正
- 根据 2016 年 11 月 7 日第十二届全国人民代表大会常务委员会第二十四次会议《关于修改〈中华人民共和国对外贸易法〉等十二部法律的决定》第三次修正
- 2020 年 4 月 29 日第十三届全国人民代表大会常务委员会第十七次会议第二次修订

第一章 总 则

第一条 为了保护和改善生态环境,防治固体废物污染环境,保障公众健康,维护生态安全,推进生态文明建设,促进经济社会可持续发展,制定本法。

第二条 固体废物污染环境的防治适用本法。

固体废物污染海洋环境的防治和放射性固体废物污染环境的防治不适用本法。

第三条 国家推行绿色发展方式,促进清洁生产和循环经济发展。

国家倡导简约适度、绿色低碳的生活方式,引导公众积极参与固体废物污染环境防治。

第四条 固体废物污染环境防治坚持减量化、资源化和无害化的原则。

任何单位和个人都应当采取措施,减少固体废物的产生量,促进固体废物的综合利用,降低固体废物的危害性。

第五条 固体废物污染环境防治坚持污染担责的原则。

产生、收集、贮存、运输、利用、处置固体废物的单位和个人,应当采取措施,防止或者减少固体废物对环境的污染,对所造成的环境污染依法承担责任。

第六条 国家推行生活垃圾分类制度。

生活垃圾分类坚持政府推动、全民参与、城乡统筹、因地制宜、简便易行的原则。

第七条 地方各级人民政府对本行政区域固体废物污染环境防治负责。

国家实行固体废物污染环境防治目标责任制和考核评价制度,将固体废物污染环境防治目标完成情况纳入考核评价的内容。

第八条 各级人民政府应当加强对固体废物污染环境防治工作的领导,组织、协调、督促有关部门依法履行固体废物污染环境防治监督管理职责。

省、自治区、直辖市之间可以协商建立跨行政区域固体废物污染环境的联防联控机制,统筹规划制定、设施建设、固体废物转移等工作。

第九条 国务院生态环境主管部门对全国固体废物污染环境防治工作实施统一监督管理。国务院发展改革、工业和信息化、自然资源、住房城乡建设、交通运输、农业农村、商务、卫生健康、海关等主管部门在各自职责范围内负责固体废物污染环境防治的监督管理工作。

地方人民政府生态环境主管部门对本行政区域固体废物污染环境防治工作实施统一监督管理。地方人民政府发展改革、工业和信息化、自然资源、住房城乡建设、交通运输、农业农村、商务、卫生健康等主管部门在各自职责范围内负责固体废物污染环境防治的监督管理工作。

第十条 国家鼓励、支持固体废物污染环境防治的科学研究、技术开发、先进技术推广和科学普及,加强固体废物污染环境防治科技支撑。

第十一条 国家机关、社会团体、企业事业单位、基层群众性自治组织和新闻媒体应当加强固体废物污染环境防治宣传教育和科学普及,增强公众固体废物污染环境防治意识。

学校应当开展生活垃圾分类以及其他固体废物污染环境防治知识普及和教育。

第十二条 各级人民政府对在固体废物污染环境防治工作以及相关的综合利用活动中做出显著成绩的单位和个人,按照国家有关规定给予表彰、奖励。

第二章 监督管理

第十三条 县级以上人民政府应当将固体废物污染环境防治工作纳入国民经济和社会发展规划、生态环境保护规划,并采取有效措施减少固体废物的产生量、促进固体废物的综合利用、降低固体废物的危害性,最大限度降低固体废物填埋量。

第十四条 国务院生态环境主管部门应当会同国务院有关部门根据国家环境质量标准和国家经济、技术条件,制定固体废物鉴别标准、鉴别程序和国家固体废物污染环境防治技术标准。

第十五条 国务院标准化主管部门应当会同国务院发展改革、工业和信息化、生态环境、农业农村等主管部门,制定固体废物综合利用标准。

综合利用固体废物应当遵守生态环境法律法规,符合固体废物污染环境防治技术标准。使用固体废物综合利用产物应当符合国家规定的用途、标准。

第十六条 国务院生态环境主管部门应当会同国务院有关部门建立全国危险废物等固体废物污染环境防治信息平台,推进固体废物收集、转移、处置等全过程监控和信息化追溯。

第十七条 建设产生、贮存、利用、处置固体废物的项目,应当依法进行环境影响评价,并遵守国家有关建设项目环境保护管理的规定。

第十八条 建设项目的环境影响评价文件确定需要配套建设的固体废物污染环境防治设施,应当与主体工程同时设计、同时施工、同时投入使用。建设项目的初步设计,应当按照环境保护设计规范的要求,将固体废物污染环境防治内容纳入环境影响评价文件,落实防治固体废物污染环境和破坏生态的措施以及固体废物污染环境防治设施投资概算。

建设单位应当按照有关法律法规的规定,对配套建设的固体废物污染环境防治设施进行验收,编制验收报告,并向社会公开。

第十九条 收集、贮存、运输、利用、处置固体废物的单位和其他生产经营者,应当加强对相关设施、设备和场所的管理和维护,保证其正常运行和使用。

第二十条 产生、收集、贮存、运输、利用、处置固体废物的单位和其他生产经营者,应当采取防扬散、防流失、防渗漏或者其他防止污染环境的措施,不得擅自倾倒、堆放、丢弃、遗撒固体废物。

禁止任何单位或者个人向江河、湖泊、运河、渠道、水库及其最高水位线以下的滩地和岸坡以及法律法规规定的其他地点倾倒、堆放、贮存固体废物。

第二十一条　在生态保护红线区域、永久基本农田集中区域和其他需要特别保护的区域内，禁止建设工业固体废物、危险废物集中贮存、利用、处置的设施、场所和生活垃圾填埋场。

第二十二条　转移固体废物出省、自治区、直辖市行政区域贮存、处置的，应当向固体废物移出地的省、自治区、直辖市人民政府生态环境主管部门提出申请。移出地的省、自治区、直辖市人民政府生态环境主管部门应当及时商经接受地的省、自治区、直辖市人民政府生态环境主管部门同意后，在规定期限内批准转移该固体废物出省、自治区、直辖市行政区域。未经批准的，不得转移。

转移固体废物出省、自治区、直辖市行政区域利用的，应当报固体废物移出地的省、自治区、直辖市人民政府生态环境主管部门备案。移出地的省、自治区、直辖市人民政府生态环境主管部门应当将备案信息通报接受地的省、自治区、直辖市人民政府生态环境主管部门。

第二十三条　禁止中华人民共和国境外的固体废物进境倾倒、堆放、处置。

第二十四条　国家逐步实现固体废物零进口，由国务院生态环境主管部门会同国务院商务、发展改革、海关等主管部门组织实施。

第二十五条　海关发现进口货物疑似固体废物的，可以委托专业机构开展属性鉴别，并根据鉴别结论依法管理。

第二十六条　生态环境主管部门及其环境执法机构和其他负有固体废物污染环境防治监督管理职责的部门，在各自职责范围内有权对从事产生、收集、贮存、运输、利用、处置固体废物等活动的单位和其他生产经营者进行现场检查。被检查者应当如实反映情况，并提供必要的资料。

实施现场检查，可以采取现场监测、采集样品、查阅或者复制与固体废物污染环境防治相关的资料等措施。检查人员进行现场检查，应当出示证件。对现场检查中知悉的商业秘密应当保密。

第二十七条　有下列情形之一，生态环境主管部门和其他负有固体废物污染环境防治监督管理职责的部门，可以对违法收集、贮存、运输、利用、处置的固体废物及设施、设备、场所、工具、物品予以查封、扣押：

（一）可能造成证据灭失、被隐匿或者非法转移的；

（二）造成或者可能造成严重环境污染的。

第二十八条　生态环境主管部门应当会同有关部门建立产生、收集、贮存、运输、利用、处置固体废物的单位和其他生产经营者信用记录制度，将相关信用记录纳入全国信用信息共享平台。

第二十九条　设区的市级人民政府生态环境主管部门应当会同住房城乡建设、农业农村、卫生健康等主管部门，定期向社会发布固体废物的种类、产生量、处置能力、利用处置状况等信息。

产生、收集、贮存、运输、利用、处置固体废物的单位，应当依法及时公开固体废物污染环境防治信息，主动接受社会监督。

利用、处置固体废物的单位，应当依法向公众开放设施、场所，提高公众环境保护意识和参与程度。

第三十条　县级以上人民政府应当将工业固体废物、生活垃圾、危险废物等固体废物污染环境防治情况纳入环境状况和环境保护目标完成情况年度报告，向本级人民代表大会或者人民代表大会常务委员会报告。

第三十一条　任何单位和个人都有权对造成固体废物污染环境的单位和个人进行举报。

生态环境主管部门和其他负有固体废物污染环境防治监督管理职责的部门应当将固体废物污染环境防治举报方式向社会公布，方便公众举报。

接到举报的部门应当及时处理并对举报人的相关信息予以保密；对实名举报并查证属实的，给予奖励。

举报人举报所在单位的，该单位不得以解除、变更劳动合同或者其他方式对举报人进行打击报复。

第三章　工业固体废物

第三十二条　国务院生态环境主管部门应当会同国务院发展改革、工业和信息化等主管部门对工业固体废物对公众健康、生态环境的危害和影响程度等作出界定，制定防治工业固体废物污染环境的技术政策，组织推广先进的防治工业固体废物污染环境的生产工艺和设备。

第三十三条　国务院工业和信息化主管部门应当会同国务院有关部门组织研究开发、推广减少工业固体废物产生量和降低工业固体废物危害性的生产工艺和设备，公布限期淘汰产生严重污染环境的工业固体废物的落后生产工艺、设备的名录。

生产者、销售者、进口者、使用者应当在国务院工业和信息化主管部门会同国务院有关部门规定的期限内分别停止生产、销售、进口或者使用列入前款规定名录中的设备。生产工艺的采用者应当在国务院工业和信息化主管部门会同国务院有关部门规定的期限内停止采用列入前款规定名录中的工艺。

列入限期淘汰名录被淘汰的设备,不得转让给他人使用。

第三十四条 国务院工业和信息化主管部门应当会同国务院发展改革、生态环境等主管部门,定期发布工业固体废物综合利用技术、工艺、设备和产品导向目录,组织开展工业固体废物资源综合利用评价,推动工业固体废物综合利用。

第三十五条 县级以上地方人民政府应当制定工业固体废物污染环境防治工作规划,组织建设工业固体废物集中处置等设施,推动工业固体废物污染环境防治工作。

第三十六条 产生工业固体废物的单位应当建立健全工业固体废物产生、收集、贮存、运输、利用、处置全过程的污染环境防治责任制度,建立工业固体废物管理台账,如实记录产生工业固体废物的种类、数量、流向、贮存、利用、处置等信息,实现工业固体废物可追溯、可查询,并采取防治工业固体废物污染环境的措施。

禁止向生活垃圾收集设施中投放工业固体废物。

第三十七条 产生工业固体废物的单位委托他人运输、利用、处置工业固体废物的,应当对受托方的主体资格和技术能力进行核实,依法签订书面合同,在合同中约定污染防治要求。

受托方运输、利用、处置工业固体废物,应当依照有关法律法规的规定和合同约定履行污染防治要求,并将运输、利用、处置情况告知产生工业固体废物的单位。

产生工业固体废物的单位违反本条第一款规定的,除依照有关法律法规的规定予以处罚外,还应当与造成环境污染和生态破坏的受托方承担连带责任。

第三十八条 产生工业固体废物的单位应当依法实施清洁生产审核,合理选择和利用原材料、能源和其他资源,采用先进的生产工艺和设备,减少工业固体废物的产生量,降低工业固体废物的危害性。

第三十九条 产生工业固体废物的单位应当取得排污许可证。排污许可的具体办法和实施步骤由国务院规定。

产生工业固体废物的单位应当向所在地生态环境主管部门提供工业固体废物的种类、数量、流向、贮存、利用、处置等有关资料,以及减少工业固体废物产生、促进综合利用的具体措施,并执行排污许可管理制度的相关规定。

第四十条 产生工业固体废物的单位应当根据经济、技术条件对工业固体废物加以利用;对暂时不利用或者不能利用的,应当按照国务院生态环境等主管部门规定建设贮存设施、场所,安全分类存放,或者采取无害化处置措施。贮存工业固体废物应当采取符合国家环境保护标准的防护措施。

建设工业固体废物贮存、处置的设施、场所,应当符合国家环境保护标准。

第四十一条 产生工业固体废物的单位终止的,应当在终止前对工业固体废物的贮存、处置的设施、场所采取污染防治措施,并对未处置的工业固体废物作出妥善处置,防止污染环境。

产生工业固体废物的单位发生变更的,变更后的单位应当按照国家有关环境保护的规定对未处置的工业固体废物及其贮存、处置的设施、场所进行安全处置或者采取有效措施保证该设施、场所安全运行。变更前当事人对工业固体废物及其贮存、处置的设施、场所的污染防治责任另有约定的,从其约定;但是,不得免除当事人的污染防治义务。

对2005年4月1日前已经终止的单位未处置的工业固体废物及其贮存、处置的设施、场所进行安全处置的费用,由有关人民政府承担;但是,该单位享有的土地使用权依法转让的,应当由土地使用权受让人承担处置费用。当事人另有约定的,从其约定;但是,不得免除当事人的污染防治义务。

第四十二条 矿山企业应当采取科学的开采方法和选矿工艺,减少尾矿、煤矸石、废石等矿业固体废物的产生量和贮存量。

国家鼓励采取先进工艺对尾矿、煤矸石、废石等矿业固体废物进行综合利用。

尾矿、煤矸石、废石等矿业固体废物贮存设施停止使用后,矿山企业应当按照国家有关环境保护等规定进行封场,防止造成环境污染和生态破坏。

第四章 生活垃圾

第四十三条 县级以上地方人民政府应当加快建立分类投放、分类收集、分类运输、分类处理的生活垃圾管理系统,实现生活垃圾分类制度有效覆盖。

县级以上地方人民政府应当建立生活垃圾分类工作协调机制,加强和统筹生活垃圾分类管理能力建设。

各级人民政府及其有关部门应当组织开展生活垃圾分类宣传,教育引导公众养成生活垃圾分类习惯,督促和指导生活垃圾分类工作。

第四十四条 县级以上地方人民政府应当有计划地改进燃料结构,发展清洁能源,减少燃料废渣等固体废物的产生量。

县级以上地方人民政府有关部门应当加强产品生产和流通过程管理，避免过度包装，组织净菜上市，减少生活垃圾的产生量。

第四十五条 县级以上人民政府应当统筹安排建设城乡生活垃圾收集、运输、处理设施，确定设施厂址，提高生活垃圾的综合利用和无害化处置水平，促进生活垃圾收集、处理的产业化发展，逐步建立和完善生活垃圾污染环境防治的社会服务体系。

县级以上地方人民政府有关部门应当统筹规划，合理安排回收、分拣、打包网点，促进生活垃圾的回收利用工作。

第四十六条 地方各级人民政府应当加强农村生活垃圾污染环境的防治，保护和改善农村人居环境。

国家鼓励农村生活垃圾源头减量。城乡结合部、人口密集的农村地区和其他有条件的地方，应当建立城乡一体的生活垃圾管理系统；其他农村地区应当积极探索生活垃圾管理模式，因地制宜，就近就地利用或者妥善处理生活垃圾。

第四十七条 设区的市级以上人民政府环境卫生主管部门应当制定生活垃圾清扫、收集、贮存、运输和处理设施、场所建设运行规范，发布生活垃圾分类指导目录，加强监督管理。

第四十八条 县级以上地方人民政府环境卫生等主管部门应当组织对城乡生活垃圾进行清扫、收集、运输和处理，可以通过招标等方式选择具备条件的单位从事生活垃圾的清扫、收集、运输和处理。

第四十九条 产生生活垃圾的单位、家庭和个人应当依法履行生活垃圾源头减量和分类投放义务，承担生活垃圾产生者责任。

任何单位和个人都应当依法在指定的地点分类投放生活垃圾。禁止随意倾倒、抛撒、堆放或者焚烧生活垃圾。

机关、事业单位等应当在生活垃圾分类工作中起示范带头作用。

已经分类投放的生活垃圾，应当按照规定分类收集、分类运输、分类处理。

第五十条 清扫、收集、运输、处理城乡生活垃圾，应当遵守国家有关环境保护和环境卫生管理的规定，防止污染环境。

从生活垃圾中分类并集中收集的有害垃圾，属于危险废物的，应当按照危险废物管理。

第五十一条 从事公共交通运输的经营单位，应当及时清扫、收集运输过程中产生的生活垃圾。

第五十二条 农贸市场、农产品批发市场等应当加强环境卫生管理，保持环境卫生清洁，对所产生的垃圾及时清扫、分类收集、妥善处理。

第五十三条 从事城市新区开发、旧区改建和住宅小区开发建设、村镇建设的单位，以及机场、码头、车站、公园、商场、体育场馆等公共设施、场所的经营管理单位，应当按照国家有关环境卫生的规定，配套建设生活垃圾收集设施。

县级以上地方人民政府应当统筹生活垃圾公共转运、处理设施与前款规定的收集设施的有效衔接，并加强生活垃圾分类收运体系和再生资源回收体系在规划、建设、运营等方面的融合。

第五十四条 从生活垃圾中回收的物质应当按照国家规定的用途、标准使用，不得用于生产可能危害人体健康的产品。

第五十五条 建设生活垃圾处理设施、场所，应当符合国务院生态环境主管部门和国务院住房城乡建设主管部门规定的环境保护和环境卫生标准。

鼓励相邻地区统筹生活垃圾处理设施建设，促进生活垃圾处理设施跨行政区域共建共享。

禁止擅自关闭、闲置或者拆除生活垃圾处理设施、场所；确有必要关闭、闲置或者拆除的，应当经所在地的市、县级人民政府环境卫生主管部门商所在地生态环境主管部门同意后核准，并采取防止污染环境的措施。

第五十六条 生活垃圾处理单位应当按照国家有关规定，安装使用监测设备，实时监测污染物的排放情况，将污染排放数据实时公开。监测设备应当与所在地生态环境主管部门的监控设备联网。

第五十七条 县级以上地方人民政府环境卫生主管部门负责组织开展厨余垃圾资源化、无害化处理工作。

产生、收集厨余垃圾的单位和其他生产经营者，应当将厨余垃圾交由具备相应资质条件的单位进行无害化处理。

禁止畜禽养殖场、养殖小区利用未经无害化处理的厨余垃圾饲喂畜禽。

第五十八条 县级以上地方人民政府应当按照产生者付费原则，建立生活垃圾处理收费制度。

县级以上地方人民政府制定生活垃圾处理收费标准，应当根据本地实际，结合生活垃圾分类情况，体现分类计价、计量收费等差别化管理，并充分征求公众意见。生活垃圾处理收费标准应当向社会公布。

生活垃圾处理费应当专项用于生活垃圾的收集、运输和处理等，不得挪作他用。

第五十九条　省、自治区、直辖市和设区的市、自治州可以结合实际，制定本地方生活垃圾具体管理办法。

第五章　建筑垃圾、农业固体废物等

第六十条　县级以上地方人民政府应当加强建筑垃圾污染环境的防治，建立建筑垃圾分类处理制度。

县级以上地方人民政府应当制定包括源头减量、分类处理、消纳设施和场所布局及建设等在内的建筑垃圾污染环境防治工作规划。

第六十一条　国家鼓励采用先进技术、工艺、设备和管理措施，推进建筑垃圾源头减量，建立建筑垃圾回收利用体系。

县级以上地方人民政府应当推动建筑垃圾综合利用产品应用。

第六十二条　县级以上地方人民政府环境卫生主管部门负责建筑垃圾污染环境防治工作，建立建筑垃圾全过程管理制度，规范建筑垃圾产生、收集、贮存、运输、利用、处置行为，推进综合利用，加强建筑垃圾处置设施、场所建设，保障处置安全，防止污染环境。

第六十三条　工程施工单位应当编制建筑垃圾处理方案，采取污染防治措施，并报县级以上地方人民政府环境卫生主管部门备案。

工程施工单位应当及时清运工程施工过程中产生的建筑垃圾等固体废物，并按照环境卫生主管部门的规定进行利用或者处置。

工程施工单位不得擅自倾倒、抛撒或者堆放工程施工过程中产生的建筑垃圾。

第六十四条　县级以上人民政府农业农村主管部门负责指导农业固体废物回收利用体系建设，鼓励和引导有关单位和其他生产经营者依法收集、贮存、运输、利用、处置农业固体废物，加强监督管理，防止污染环境。

第六十五条　产生秸秆、废弃农用薄膜、农药包装废弃物等农业固体废物的单位和其他生产经营者，应当采取回收利用和其他防止污染环境的措施。

从事畜禽规模养殖应当及时收集、贮存、利用或者处置养殖过程中产生的畜禽粪污等固体废物，避免造成环境污染。

禁止在人口集中地区、机场周围、交通干线附近以及当地人民政府划定的其他区域露天焚烧秸秆。

国家鼓励研究开发、生产、销售、使用在环境中可降解且无害的农用薄膜。

第六十六条　国家建立电器电子、铅蓄电池、车用动力电池等产品的生产者责任延伸制度。

电器电子、铅蓄电池、车用动力电池等产品的生产者应当按照规定以自建或者委托等方式建立与产品销售量相匹配的废旧产品回收体系，并向社会公开，实现有效回收和利用。

国家鼓励产品的生产者开展生态设计，促进资源回收利用。

第六十七条　国家对废弃电器电子产品等实行多渠道回收和集中处理制度。

禁止将废弃机动车船等交由不符合规定条件的企业或者个人回收、拆解。

拆解、利用、处置废弃电器电子产品、废弃机动车船等，应当遵守有关法律法规的规定，采取防止污染环境的措施。

第六十八条　产品和包装物的设计、制造，应当遵守国家有关清洁生产的规定。国务院标准化主管部门应当根据国家经济和技术条件、固体废物污染环境防治状况以及产品的技术要求，组织制定有关标准，防止过度包装造成环境污染。

生产经营者应当遵守限制商品过度包装的强制性标准，避免过度包装。县级以上地方人民政府市场监督管理部门和有关部门应当按照各自职责，加强对过度包装的监督管理。

生产、销售、进口依法被列入强制回收目录的产品和包装物的企业，应当按照国家有关规定对该产品和包装物进行回收。

电子商务、快递、外卖等行业应当优先采用可重复使用、易回收利用的包装物，优化物品包装，减少包装物的使用，并积极回收利用包装物。县级以上地方人民政府商务、邮政等主管部门应当加强监督管理。

国家鼓励和引导消费者使用绿色包装和减量包装。

第六十九条　国家依法禁止、限制生产、销售和使用不可降解塑料袋等一次性塑料制品。

商品零售场所开办单位、电子商务平台企业和快递企业、外卖企业应当按照国家有关规定向商务、邮政等主管部门报告塑料袋等一次性塑料制品的使用、回收情况。

国家鼓励和引导减少使用、积极回收塑料袋等一次性塑料制品，推广应用可循环、易回收、可降解的替代产品。

第七十条　旅游、住宿等行业应当按照国家有关规定推行不主动提供一次性用品。

机关、企业事业单位等的办公场所应当使用有利于保护环境的产品、设备和设施，减少使用一次性办公用品。

第七十一条　城镇污水处理设施维护运营单位或者

污泥处理单位应当安全处理污泥,保证处理后的污泥符合国家有关标准,对污泥的流向、用途、用量等进行跟踪、记录,并报告城镇排水主管部门、生态环境主管部门。

县级以上人民政府城镇排水主管部门应当将污泥处理设施纳入城镇排水与污水处理规划,推动同步建设污泥处理设施与污水处理设施,鼓励协同处理,污水处理费征收标准和补偿范围应当覆盖污泥处理成本和污水处理设施正常运营成本。

第七十二条 禁止擅自倾倒、堆放、丢弃、遗撒城镇污水处理设施产生的污泥和处理后的污泥。

禁止重金属或者其他有毒有害物质含量超标的污泥进入农用地。

从事水体清淤疏浚应当按照国家有关规定处理清淤疏浚过程中产生的底泥,防止污染环境。

第七十三条 各级各类实验室及其设立单位应当加强对实验室产生的固体废物的管理,依法收集、贮存、运输、利用、处置实验室固体废物。实验室固体废物属于危险废物的,应当按照危险废物管理。

第六章 危险废物

第七十四条 危险废物污染环境的防治,适用本章规定;本章未作规定的,适用本法其他有关规定。

第七十五条 国务院生态环境主管部门应当会同国务院有关部门制定国家危险废物名录,规定统一的危险废物鉴别标准、鉴别方法、识别标志和鉴别单位管理要求。国家危险废物名录应当动态调整。

国务院生态环境主管部门根据危险废物的危害特性和产生数量,科学评估其环境风险,实施分级分类管理,建立信息化监管体系,并通过信息化手段管理、共享危险废物转移数据和信息。

第七十六条 省、自治区、直辖市人民政府应当组织有关部门编制危险废物集中处置设施、场所的建设规划,科学评估危险废物处置需求,合理布局危险废物集中处置设施、场所,确保本行政区域的危险废物得到妥善处置。

编制危险废物集中处置设施、场所的建设规划,应当征求有关行业协会、企业事业单位、专家和公众等方面的意见。

相邻省、自治区、直辖市之间可以开展区域合作,统筹建设区域性危险废物集中处置设施、场所。

第七十七条 对危险废物的容器和包装物以及收集、贮存、运输、利用、处置危险废物的设施、场所,应当按照规定设置危险废物识别标志。

第七十八条 产生危险废物的单位,应当按照国家有关规定制定危险废物管理计划;建立危险废物管理台账,如实记录有关信息,并通过国家危险废物信息管理系统向所在地生态环境主管部门申报危险废物的种类、产生量、流向、贮存、处置等有关资料。

前款所称危险废物管理计划应当包括减少危险废物产生量和降低危险废物危害性的措施以及危险废物贮存、利用、处置措施。危险废物管理计划应当报产生危险废物的单位所在地生态环境主管部门备案。

产生危险废物的单位已经取得排污许可证的,执行排污许可管理制度的规定。

第七十九条 产生危险废物的单位,应当按照国家有关规定和环境保护标准要求贮存、利用、处置危险废物,不得擅自倾倒、堆放。

第八十条 从事收集、贮存、利用、处置危险废物经营活动的单位,应当按照国家有关规定申请取得许可证。许可证的具体管理办法由国务院制定。

禁止无许可证或者未按照许可证规定从事危险废物收集、贮存、利用、处置的经营活动。

禁止将危险废物提供或者委托给无许可证的单位或其他生产经营者从事收集、贮存、利用、处置活动。

第八十一条 收集、贮存危险废物,应当按照危险废物特性分类进行。禁止混合收集、贮存、运输、处置性质不相容而未经安全性处置的危险废物。

贮存危险废物应当采取符合国家环境保护标准的防护措施。禁止将危险废物混入非危险废物中贮存。

从事收集、贮存、利用、处置危险废物经营活动的单位,贮存危险废物不得超过一年;确需延长期限的,应当报经颁发许可证的生态环境主管部门批准;法律、行政法规另有规定的除外。

第八十二条 转移危险废物的,应当按照国家有关规定填写、运行危险废物电子或者纸质转移联单。

跨省、自治区、直辖市转移危险废物的,应当向危险废物移出地省、自治区、直辖市人民政府生态环境主管部门申请。移出地省、自治区、直辖市人民政府生态环境主管部门应当及时商经接受地省、自治区、直辖市人民政府生态环境主管部门同意后,在规定期限内批准转移该危险废物,并将批准信息通报相关省、自治区、直辖市人民政府生态环境主管部门和交通运输主管部门。未经批准的,不得转移。

危险废物转移管理应当全程管控、提高效率,具体办法由国务院生态环境主管部门会同国务院交通运输主管部门和公安部门制定。

第八十三条 运输危险废物,应当采取防止污染环境的措施,并遵守国家有关危险货物运输管理的规定。

禁止将危险废物与旅客在同一运输工具上载运。

第八十四条 收集、贮存、运输、利用、处置危险废物的场所、设施、设备和容器、包装物及其他物品转作他用时,应当按照国家有关规定经过消除污染处理,方可使用。

第八十五条 产生、收集、贮存、运输、利用、处置危险废物的单位,应当依法制定意外事故的防范措施和应急预案,并向所在地生态环境主管部门和其他负有固体废物污染环境防治监督管理职责的部门备案;生态环境主管部门和其他负有固体废物污染环境防治监督管理职责的部门应当进行检查。

第八十六条 因发生事故或者其他突发性事件,造成危险废物严重污染环境的单位,应当立即采取有效措施消除或者减轻对环境的污染危害,及时通报可能受到污染危害的单位和居民,并向所在地生态环境主管部门和有关部门报告,接受调查处理。

第八十七条 在发生或者有证据证明可能发生危险废物严重污染环境、威胁居民生命财产安全时,生态环境主管部门或者其他负有固体废物污染环境防治监督管理职责的部门应当立即向本级人民政府和上一级人民政府有关部门报告,由人民政府采取防止或者减轻危害的有效措施。有关人民政府可以根据需要责令停止导致或者可能导致环境污染事故的作业。

第八十八条 重点危险废物集中处置设施、场所退役前,运营单位应当按照国家有关规定对设施、场所采取污染防治措施。退役的费用应当预提,列入投资概算或者生产成本,专门用于重点危险废物集中处置设施、场所的退役。具体提取和管理办法,由国务院财政部门、价格主管部门会同国务院生态环境主管部门规定。

第八十九条 禁止经中华人民共和国过境转移危险废物。

第九十条 医疗废物按照国家危险废物名录管理。县级以上地方人民政府应当加强医疗废物集中处置能力建设。

县级以上人民政府卫生健康、生态环境等主管部门应当在各自职责范围内加强对医疗废物收集、贮存、运输、处置的监督管理,防止危害公众健康、污染环境。

医疗卫生机构应当依法分类收集本单位产生的医疗废物,交由医疗废物集中处置单位处置。医疗废物集中处置单位应当及时收集、运输和处置医疗废物。

医疗卫生机构和医疗废物集中处置单位,应当采取有效措施,防止医疗废物流失、泄漏、渗漏、扩散。

第九十一条 重大传染病疫情等突发事件发生时,县级以上人民政府应当统筹协调医疗废物等危险废物收集、贮存、运输、处置等工作,保障所需的车辆、场地、处置设施和防护物资。卫生健康、生态环境、环境卫生、交通运输等主管部门应当协同配合,依法履行应急处置职责。

第七章 保障措施

第九十二条 国务院有关部门、县级以上地方人民政府及其有关部门在编制国土空间规划和相关专项规划时,应当统筹生活垃圾、建筑垃圾、危险废物等固体废物转运、集中处置等设施建设需求,保障转运、集中处置等设施用地。

第九十三条 国家采取有利于固体废物污染环境防治的经济、技术政策和措施,鼓励、支持有关方面采取有利于固体废物污染环境防治的措施,加强对从事固体废物污染环境防治工作人员的培训和指导,促进固体废物污染环境防治产业专业化、规模化发展。

第九十四条 国家鼓励和支持科研单位、固体废物产生单位、固体废物利用单位、固体废物处置单位等联合攻关,研究开发固体废物综合利用、集中处置等的新技术,推动固体废物污染环境防治技术进步。

第九十五条 各级人民政府应当加强固体废物污染环境的防治,按照事权划分的原则安排必要的资金用于下列事项:

(一)固体废物污染环境防治的科学研究、技术开发;

(二)生活垃圾分类;

(三)固体废物集中处置设施建设;

(四)重大传染病疫情等突发事件产生的医疗废物等危险废物应急处置;

(五)涉及固体废物污染环境防治的其他事项。

使用资金应当加强绩效管理和审计监督,确保资金使用效益。

第九十六条 国家鼓励和支持社会力量参与固体废物污染环境防治工作,并按照国家有关规定给予政策扶持。

第九十七条 国家发展绿色金融,鼓励金融机构加大对固体废物污染环境防治项目的信贷投放。

第九十八条 从事固体废物综合利用等固体废物污染环境防治工作的,依照法律、行政法规的规定,享受税收优惠。

国家鼓励并提倡社会各界为防治固体废物污染环境捐赠财产,并依照法律、行政法规的规定,给予税收优惠。

第九十九条 收集、贮存、运输、利用、处置危险废物的单位，应当按照国家有关规定，投保环境污染责任保险。

第一百条 国家鼓励单位和个人购买、使用综合利用产品和可重复使用产品。

县级以上人民政府及其有关部门在政府采购过程中，应当优先采购综合利用产品和可重复使用产品。

第八章 法律责任

第一百零一条 生态环境主管部门或者其他负有固体废物污染环境防治监督管理职责的部门违反本法规定，有下列行为之一，由本级人民政府或者上级人民政府有关部门责令改正，对直接负责的主管人员和其他直接责任人员依法给予处分：

（一）未依法作出行政许可或者办理批准文件的；

（二）对违法行为进行包庇的；

（三）未依法查封、扣押的；

（四）发现违法行为或者接到对违法行为的举报后未予查处的；

（五）有其他滥用职权、玩忽职守、徇私舞弊等违法行为的。

依照本法规定应当作出行政处罚决定而未作出的，上级主管部门可以直接作出行政处罚决定。

第一百零二条 违反本法规定，有下列行为之一，由生态环境主管部门责令改正，处以罚款，没收违法所得；情节严重的，报经有批准权的人民政府批准，可以责令停业或者关闭：

（一）产生、收集、贮存、运输、利用、处置固体废物的单位未依法及时公开固体废物污染环境防治信息的；

（二）生活垃圾处理单位未按照国家有关规定安装使用监测设备、实时监测污染物的排放情况并公开污染排放数据的；

（三）将列入限期淘汰名录被淘汰的设备转让给他人使用的；

（四）在生态保护红线区域、永久基本农田集中区域和其他需要特别保护的区域内，建设工业固体废物、危险废物集中贮存、利用、处置的设施、场所和生活垃圾填埋场的；

（五）转移固体废物出省、自治区、直辖市行政区域贮存、处置未经批准的；

（六）转移固体废物出省、自治区、直辖市行政区域利用未报备案的；

（七）擅自倾倒、堆放、丢弃、遗撒工业固体废物，或者未采取相应防范措施，造成工业固体废物扬散、流失、渗漏或者其他环境污染的；

（八）产生工业固体废物的单位未建立固体废物管理台账并如实记录的；

（九）产生工业固体废物的单位违反本法规定委托他人运输、利用、处置工业固体废物的；

（十）贮存工业固体废物未采取符合国家环境保护标准的防护措施的；

（十一）单位和其他生产经营者违反固体废物管理其他要求，污染环境、破坏生态的。

有前款第一项、第八项行为之一，处五万元以上二十万元以下的罚款；有前款第二项、第三项、第四项、第五项、第六项、第九项、第十项、第十一项行为之一，处十万元以上一百万元以下的罚款；有前款第七项行为，处所需处置费用一倍以上三倍以下的罚款，所需处置费用不足十万元的，按十万元计算。对前款第十一项行为的处罚，有关法律、行政法规另有规定的，适用其规定。

第一百零三条 违反本法规定，以拖延、围堵、滞留执法人员等方式拒绝、阻挠监督检查，或者在接受监督检查时弄虚作假的，由生态环境主管部门或者其他负有固体废物污染环境防治监督管理职责的部门责令改正，处五万元以上二十万元以下的罚款；对直接负责的主管人员和其他直接责任人员，处二万元以上十万元以下的罚款。

第一百零四条 违反本法规定，未依法取得排污许可证产生工业固体废物的，由生态环境主管部门责令改正或者限制生产、停产整治，处十万元以上一百万元以下的罚款；情节严重的，报经有批准权的人民政府批准，责令停业或者关闭。

第一百零五条 违反本法规定，生产经营者未遵守限制商品过度包装的强制性标准的，由县级以上地方人民政府市场监督管理部门或者有关部门责令改正；拒不改正的，处二千元以上二万元以下的罚款；情节严重的，处二万元以上十万元以下的罚款。

第一百零六条 违反本法规定，未遵守国家有关禁止、限制使用不可降解塑料袋等一次性塑料制品的规定，或者未按照国家有关规定报告塑料袋等一次性塑料制品的使用情况的，由县级以上地方人民政府商务、邮政等主管部门责令改正，处一万元以上十万元以下的罚款。

第一百零七条 从事畜禽规模养殖未及时收集、贮存、利用或者处置养殖过程中产生的畜禽粪污等固体废物的，由生态环境主管部门责令改正，可以处十万元以下的罚款；情节严重的，报经有批准权的人民政府批准，责令停业或者关闭。

第一百零八条　违反本法规定,城镇污水处理设施维护运营单位或者污泥处理单位对污泥流向、用途、用量等未进行跟踪、记录,或者处理后的污泥不符合国家有关标准的,由城镇排水主管部门责令改正,给予警告;造成严重后果的,处十万元以上二十万元以下的罚款;拒不改正的,城镇排水主管部门可以指定有治理能力的单位代为治理,所需费用由违法者承担。

违反本法规定,擅自倾倒、堆放、丢弃、遗撒城镇污水处理设施产生的污泥和处理后的污泥的,由城镇排水主管部门责令改正,处二十万元以上二百万元以下的罚款,对直接负责的主管人员和其他直接责任人员处二万元以上十万元以下的罚款;造成严重后果的,处二百万元以上五百万元以下的罚款,对直接负责的主管人员和其他直接责任人员处五万元以上五十万元以下的罚款;拒不改正的,城镇排水主管部门可以指定有治理能力的单位代为治理,所需费用由违法者承担。

第一百零九条　违反本法规定,生产、销售、进口或者使用淘汰的设备,或者采用淘汰的生产工艺的,由县级以上地方人民政府指定的部门责令改正,处十万元以上一百万元以下的罚款,没收违法所得;情节严重的,由县级以上地方人民政府指定的部门提出意见,报经有批准权的人民政府批准,责令停业或者关闭。

第一百一十条　尾矿、煤矸石、废石等矿业固体废物贮存设施停止使用后,未按照国家有关环境保护规定进行封场的,由生态环境主管部门责令改正,处二十万元以上一百万元以下的罚款。

第一百一十一条　违反本法规定,有下列行为之一,由县级以上地方人民政府环境卫生主管部门责令改正,处以罚款,没收违法所得:

(一)随意倾倒、抛撒、堆放或者焚烧生活垃圾的;

(二)擅自关闭、闲置或者拆除生活垃圾处理设施、场所的;

(三)工程施工单位未编制建筑垃圾处理方案报备案,或者未及时清运施工过程中产生的固体废物的;

(四)工程施工单位擅自倾倒、抛撒或者堆放工程施工过程中产生的建筑垃圾,或者未按照规定对施工过程中产生的固体废物进行利用或者处置的;

(五)产生、收集厨余垃圾的单位和其他生产经营者未将厨余垃圾交由具备相应资质条件的单位进行无害化处理的;

(六)畜禽养殖场、养殖小区利用未经无害化处理的厨余垃圾饲喂畜禽的;

(七)在运输过程中沿途丢弃、遗撒生活垃圾的。

单位有前款第一项、第七项行为之一,处五万元以上五十万元以下的罚款;单位有前款第二项、第三项、第四项、第五项、第六项行为之一,处十万元以上一百万元以下的罚款;个人有前款第一项、第五项、第七项行为之一,处一百元以上五百元以下的罚款。

违反本法规定,未在指定的地点分类投放生活垃圾的,由县级以上地方人民政府环境卫生主管部门责令改正;情节严重的,对单位处五万元以上五十万元以下的罚款,对个人依法处以罚款。

第一百一十二条　违反本法规定,有下列行为之一,由生态环境主管部门责令改正,处以罚款,没收违法所得;情节严重的,报经有批准权的人民政府批准,可以责令停业或者关闭:

(一)未按照规定设置危险废物识别标志的;

(二)未按照国家有关规定制定危险废物管理计划或者申报危险废物有关资料的;

(三)擅自倾倒、堆放危险废物的;

(四)将危险废物提供或者委托给无许可证的单位或者其他生产经营者从事经营活动的;

(五)未按照国家有关规定填写、运行危险废物转移联单或者未经批准擅自转移危险废物的;

(六)未按照国家环境保护标准贮存、利用、处置危险废物或者将危险废物混入非危险废物中贮存的;

(七)未经安全性处置,混合收集、贮存、运输、处置具有不相容性质的危险废物的;

(八)将危险废物与旅客在同一运输工具上载运的;

(九)未经消除污染处理,将收集、贮存、运输、处置危险废物的场所、设施、设备和容器、包装物及其他物品转作他用的;

(十)未采取相应防范措施,造成危险废物扬散、流失、渗漏或者其他环境污染的;

(十一)在运输过程中沿途丢弃、遗撒危险废物的;

(十二)未制定危险废物意外事故防范措施和应急预案的;

(十三)未按照国家有关规定建立危险废物管理台账并如实记录的。

有前款第一项、第二项、第五项、第六项、第七项、第八项、第九项、第十二项、第十三项行为之一,处十万元以上一百万元以下的罚款;有前款第三项、第四项、第十项、第十一项行为之一,处所需处置费用三倍以上五倍以下的罚款,所需处置费用不足二十万元的,按二十万元计算。

第一百一十三条 违反本法规定,危险废物产生者未按照规定处置其产生的危险废物被责令改正后拒不改正的,由生态环境主管部门组织代为处置,处置费用由危险废物产生者承担;拒不承担代为处置费用的,处代为处置费用一倍以上三倍以下的罚款。

第一百一十四条 无许可证从事收集、贮存、利用、处置危险废物经营活动的,由生态环境主管部门责令改正,处一百万元以上五百万元以下的罚款,并报经有批准权的人民政府批准,责令停业或者关闭;对法定代表人、主要负责人、直接负责的主管人员和其他责任人员,处十万元以上一百万元以下的罚款。

未按照许可证规定从事收集、贮存、利用、处置危险废物经营活动的,由生态环境主管部门责令改正,限制生产、停产整治,处五十万元以上二百万元以下的罚款;对法定代表人、主要负责人、直接负责的主管人员和其他责任人员,处五万元以上五十万元以下的罚款;情节严重的,报经有批准权的人民政府批准,责令停业或者关闭,还可以由发证机关吊销许可证。

第一百一十五条 违反本法规定,将中华人民共和国境外的固体废物输入境内的,由海关责令退运该固体废物,处五十万元以上五百万元以下的罚款。

承运人对前款规定的固体废物的退运、处置,与进口者承担连带责任。

第一百一十六条 违反本法规定,经中华人民共和国过境转移危险废物的,由海关责令退运该危险废物,处五十万元以上五百万元以下的罚款。

第一百一十七条 对已经非法入境的固体废物,由省级以上人民政府生态环境主管部门依法向海关提出处理意见,海关应当依照本法第一百一十五条的规定作出处罚决定;已经造成环境污染的,由省级以上人民政府生态环境主管部门责令进口者消除污染。

第一百一十八条 违反本法规定,造成固体废物污染环境事故的,除依法承担赔偿责任外,由生态环境主管部门依照本条第二款的规定处以罚款,责令限期采取治理措施;造成重大或者特大固体废物污染环境事故的,还可以报经有批准权的人民政府批准,责令关闭。

造成一般或者较大固体废物污染环境事故的,按照事故造成的直接经济损失的一倍以上三倍以下计算罚款;造成重大或者特大固体废物污染环境事故的,按照事故造成的直接经济损失的三倍以上五倍以下计算罚款,并对法定代表人、主要负责人、直接负责的主管人员和其他责任人员处上一年度从本单位取得的收入百分之五十以下的罚款。

第一百一十九条 单位和其他生产经营者违反本法规定排放固体废物,受到罚款处罚,被责令改正的,依法作出处罚决定的行政机关应当组织复查,发现其继续实施该违法行为的,依照《中华人民共和国环境保护法》的规定按日连续处罚。

第一百二十条 违反本法规定,有下列行为之一,尚不构成犯罪的,由公安机关对法定代表人、主要负责人、直接负责的主管人员和其他责任人员处十日以上十五日以下的拘留;情节较轻的,处五日以上十日以下的拘留:

(一)擅自倾倒、堆放、丢弃、遗撒固体废物,造成严重后果的;

(二)在生态保护红线区域、永久基本农田集中区域和其他需要特别保护的区域内,建设工业固体废物、危险废物集中贮存、利用、处置的设施、场所和生活垃圾填埋场的;

(三)将危险废物提供或者委托给无许可证的单位或者其他生产经营者堆放、利用、处置的;

(四)无许可证或者未按照许可证规定从事收集、贮存、利用、处置危险废物经营活动的;

(五)未经批准擅自转移危险废物的;

(六)未采取防范措施,造成危险废物扬散、流失、渗漏或者其他严重后果的。

第一百二十一条 固体废物污染环境、破坏生态,损害国家利益、社会公共利益的,有关机关和组织可以依照《中华人民共和国环境保护法》、《中华人民共和国民事诉讼法》、《中华人民共和国行政诉讼法》等法律的规定向人民法院提起诉讼。

第一百二十二条 固体废物污染环境、破坏生态给国家造成重大损失的,由设区的市级以上地方人民政府或者其指定的部门、机构组织与造成环境污染和生态破坏的单位和其他生产经营者进行磋商,要求其承担损害赔偿责任;磋商未达成一致的,可以向人民法院提起诉讼。

对于执法过程中查获的无法确定责任人或者无法退运的固体废物,由所在地县级以上地方人民政府组织处理。

第一百二十三条 违反本法规定,构成违反治安管理行为的,由公安机关依法给予治安管理处罚;构成犯罪的,依法追究刑事责任;造成人身、财产损害的,依法承担民事责任。

第九章 附 则

第一百二十四条 本法下列用语的含义:

(一)固体废物,是指在生产、生活和其他活动中产生的丧失原有利用价值或者虽未丧失利用价值但被抛弃或者放弃的固态、半固态和置于容器中的气态的物品、物质以及法律、行政法规规定纳入固体废物管理的物品、物质。经无害化加工处理，并且符合强制性国家产品质量标准，不会危害公众健康和生态安全，或者根据固体废物鉴别标准和鉴别程序认定为不属于固体废物的除外。

（二）工业固体废物，是指在工业生产活动中产生的固体废物。

（三）生活垃圾，是指在日常生活中或者为日常生活提供服务的活动中产生的固体废物，以及法律、行政法规规定视为生活垃圾的固体废物。

（四）建筑垃圾，是指建设单位、施工单位新建、改建、扩建和拆除各类建筑物、构筑物、管网等，以及居民装饰装修房屋过程中产生的弃土、弃料和其他固体废物。

（五）农业固体废物，是指在农业生产活动中产生的固体废物。

（六）危险废物，是指列入国家危险废物名录或者根据国家规定的危险废物鉴别标准和鉴别方法认定的具有危险特性的固体废物。

（七）贮存，是指将固体废物临时置于特定设施或者场所中的活动。

（八）利用，是指从固体废物中提取物质作为原材料或者燃料的活动。

（九）处置，是指将固体废物焚烧和用其他改变固体废物的物理、化学、生物特性的方法，达到减少已产生的固体废物数量、缩小固体废物体积、减少或者消除其危险成分的活动，或者将固体废物最终置于符合环境保护规定要求的填埋场的活动。

第一百二十五条 液态废物的污染防治，适用本法；但是，排入水体的废水的污染防治适用有关法律，不适用本法。

第一百二十六条 本法自2020年9月1日起施行。

医疗废物管理条例

- 2003年6月16日中华人民共和国国务院令第380号公布
- 根据2011年1月8日《国务院关于废止和修改部分行政法规的决定》修订

第一章 总则

第一条 为了加强医疗废物的安全管理，防止疾病传播，保护环境，保障人体健康，根据《中华人民共和国传染病防治法》和《中华人民共和国固体废物污染环境防治法》，制定本条例。

第二条 本条例所称医疗废物，是指医疗卫生机构在医疗、预防、保健以及其他相关活动中产生的具有直接或者间接感染性、毒性以及其他危害性的废物。

医疗废物分类目录，由国务院卫生行政主管部门和环境保护行政主管部门共同制定、公布。

第三条 本条例适用于医疗废物的收集、运送、贮存、处置以及监督管理等活动。

医疗卫生机构收治的传染病病人或者疑似传染病病人产生的生活垃圾，按照医疗废物进行管理和处置。

医疗卫生机构废弃的麻醉、精神、放射性、毒性等药品及其相关的废物的管理，依照有关法律、行政法规和国家有关规定、标准执行。

第四条 国家推行医疗废物集中无害化处置，鼓励有关医疗废物安全处置技术的研究与开发。

县级以上地方人民政府负责组织建设医疗废物集中处置设施。

国家对边远贫困地区建设医疗废物集中处置设施给予适当的支持。

第五条 县级以上各级人民政府卫生行政主管部门，对医疗废物收集、运送、贮存、处置活动中的疾病防治工作实施统一监督管理；环境保护行政主管部门，对医疗废物收集、运送、贮存、处置活动中的环境污染防治工作实施统一监督管理。

县级以上各级人民政府其他有关部门在各自的职责范围内负责与医疗废物处置有关的监督管理工作。

第六条 任何单位和个人有权对医疗卫生机构、医疗废物集中处置单位和监督管理部门及其工作人员的违法行为进行举报、投诉、检举和控告。

第二章 医疗废物管理的一般规定

第七条 医疗卫生机构和医疗废物集中处置单位，应当建立、健全医疗废物管理责任制，其法定代表人为第一责任人，切实履行职责，防止因医疗废物导致传染病传播和环境污染事故。

第八条 医疗卫生机构和医疗废物集中处置单位，应当制定与医疗废物安全处置有关的规章制度和在发生意外事故时的应急方案；设置监控部门或者专（兼）职人员，负责检查、督促、落实本单位医疗废物的管理工作，防止违反本条例的行为发生。

第九条 医疗卫生机构和医疗废物集中处置单位，应当对本单位从事医疗废物收集、运送、贮存、处置等工作的人员和管理人员，进行相关法律和专业技术、安全防护以及紧急处理等知识的培训。

第十条　医疗卫生机构和医疗废物集中处置单位，应当采取有效的职业卫生防护措施，为从事医疗废物收集、运送、贮存、处置等工作的人员和管理人员，配备必要的防护用品，定期进行健康检查；必要时，对有关人员进行免疫接种，防止其受到健康损害。

第十一条　医疗卫生机构和医疗废物集中处置单位，应当依照《中华人民共和国固体废物污染环境防治法》的规定，执行危险废物转移联单管理制度。

第十二条　医疗卫生机构和医疗废物集中处置单位，应当对医疗废物进行登记，登记内容应当包括医疗废物的来源、种类、重量或者数量、交接时间、处置方法、最终去向以及经办人签名等项目。登记资料至少保存3年。

第十三条　医疗卫生机构和医疗废物集中处置单位，应当采取有效措施，防止医疗废物流失、泄漏、扩散。

发生医疗废物流失、泄漏、扩散时，医疗卫生机构和医疗废物集中处置单位应当采取减少危害的紧急处理措施，对致病人员提供医疗救护和现场救援；同时向所在地的县级人民政府卫生行政主管部门、环境保护行政主管部门报告，并向可能受到危害的单位和居民通报。

第十四条　禁止任何单位和个人转让、买卖医疗废物。

禁止在运送过程中丢弃医疗废物；禁止在非贮存地点倾倒、堆放医疗废物或者将医疗废物混入其他废物和生活垃圾。

第十五条　禁止邮寄医疗废物。

禁止通过铁路、航空运输医疗废物。

有陆路通道的，禁止通过水路运输医疗废物；没有陆路通道必需经水路运输医疗废物的，应当经设区的市级以上人民政府环境保护行政主管部门批准，并采取严格的环境保护措施后，方可通过水路运输。

禁止将医疗废物与旅客在同一运输工具上载运。

禁止在饮用水源保护区的水体上运输医疗废物。

第三章　医疗卫生机构对医疗废物的管理

第十六条　医疗卫生机构应当及时收集本单位产生的医疗废物，并按照类别分置于防渗漏、防锐器穿透的专用包装物或者密闭的容器内。

医疗废物专用包装物、容器，应当有明显的警示标识和警示说明。

医疗废物专用包装物、容器的标准和警示标识的规定，由国务院卫生行政主管部门和环境保护行政主管部门共同制定。

第十七条　医疗卫生机构应当建立医疗废物的暂时贮存设施、设备，不得露天存放医疗废物；医疗废物暂时贮存的时间不得超过2天。

医疗废物的暂时贮存设施、设备，应当远离医疗区、食品加工区和人员活动区以及生活垃圾存放场所，并设置明显的警示标识和防渗漏、防鼠、防蚊蝇、防蟑螂、防盗以及预防儿童接触等安全措施。

医疗废物的暂时贮存设施、设备应当定期消毒和清洁。

第十八条　医疗卫生机构应当使用防渗漏、防遗撒的专用运送工具，按照本单位确定的内部医疗废物运送时间、路线，将医疗废物收集、运送至暂时贮存地点。

运送工具使用后应当在医疗卫生机构内指定的地点及时消毒和清洁。

第十九条　医疗卫生机构应当根据就近集中处置的原则，及时将医疗废物交由医疗废物集中处置单位处置。

医疗废物中病原体的培养基、标本和菌种、毒种保存液等高危险废物，在交医疗废物集中处置单位处置前应当就地消毒。

第二十条　医疗卫生机构产生的污水、传染病病人或者疑似传染病病人的排泄物，应当按照国家规定严格消毒；达到国家规定的排放标准后，方可排入污水处理系统。

第二十一条　不具备集中处置医疗废物条件的农村，医疗卫生机构应当按照县级人民政府卫生行政主管部门、环境保护行政主管部门的要求，自行就地处置其产生的医疗废物。自行处置医疗废物的，应当符合下列基本要求：

（一）使用后的一次性医疗器具和容易致人损伤的医疗废物，应当消毒并作毁形处理；

（二）能够焚烧的，应当及时焚烧；

（三）不能焚烧的，消毒后集中填埋。

第四章　医疗废物的集中处置

第二十二条　从事医疗废物集中处置活动的单位，应当向县级以上人民政府环境保护行政主管部门申请领取经营许可证；未取得经营许可证的单位，不得从事有关医疗废物集中处置的活动。

第二十三条　医疗废物集中处置单位，应当符合下列条件：

（一）具有符合环境保护和卫生要求的医疗废物贮存、处置设施或者设备；

（二）具有经过培训的技术人员以及相应的技术工人；

（三）具有负责医疗废物处置效果检测、评价工作的机构和人员；

（四）具有保证医疗废物安全处置的规章制度。

第二十四条　医疗废物集中处置单位的贮存、处置设施,应当远离居(村)民居住区、水源保护区和交通干道,与工厂、企业等工作场所有适当的安全防护距离,并符合国务院环境保护行政主管部门的规定。

第二十五条 医疗废物集中处置单位应当至少每2天到医疗卫生机构收集、运送一次医疗废物,并负责医疗废物的贮存、处置。

第二十六条 医疗废物集中处置单位运送医疗废物,应当遵守国家有关危险货物运输管理的规定,使用有明显医疗废物标识的专用车辆。医疗废物专用车辆应当达到防渗漏、防遗撒以及其他环境保护和卫生要求。

运送医疗废物的专用车辆使用后,应当在医疗废物集中处置场所内及时进行消毒和清洁。

运送医疗废物的专用车辆不得运送其他物品。

第二十七条 医疗废物集中处置单位在运送医疗废物过程中应当确保安全,不得丢弃、遗撒医疗废物。

第二十八条 医疗废物集中处置单位应当安装污染物排放在线监控装置,并确保监控装置经常处于正常运行状态。

第二十九条 医疗废物集中处置单位处置医疗废物,应当符合国家规定的环境保护、卫生标准、规范。

第三十条 医疗废物集中处置单位应当按照环境保护行政主管部门和卫生行政主管部门的规定,定期对医疗废物处置设施的环境污染防治和卫生学效果进行检测、评价。检测、评价结果存入医疗废物集中处置单位档案,每半年向所在地环境保护行政主管部门和卫生行政主管部门报告一次。

第三十一条 医疗废物集中处置单位处置医疗废物,按照国家有关规定向医疗卫生机构收取医疗废物处置费用。

医疗卫生机构按照规定支付的医疗废物处置费用,可以纳入医疗成本。

第三十二条 各地区应当利用和改造现有固体废物处置设施和其他设施,对医疗废物集中处置,并达到基本的环境保护和卫生要求。

第三十三条 尚无集中处置设施或者处置能力不足的城市,自本条例施行之日起,设区的市级以上城市应当在1年内建成医疗废物集中处置设施;县级市应当在2年内建成医疗废物集中处置设施。县(旗)医疗废物集中处置设施的建设,由省、自治区、直辖市人民政府规定。

在尚未建成医疗废物集中处置设施期间,有关地方人民政府应当组织制定符合环境保护和卫生要求的医疗废物过渡性处置方案,确定医疗废物收集、运送方式和处置单位。

第五章 监督管理

第三十四条 县级以上地方人民政府卫生行政主管部门、环境保护行政主管部门,应当依照本条例的规定,按照职责分工,对医疗卫生机构和医疗废物集中处置单位进行监督检查。

第三十五条 县级以上地方人民政府卫生行政主管部门,应当对医疗卫生机构和医疗废物集中处置单位从事医疗废物的收集、运送、贮存、处置中的疾病防治工作,以及工作人员的卫生防护等情况进行定期监督检查或者不定期的抽查。

第三十六条 县级以上地方人民政府环境保护行政主管部门,应当对医疗卫生机构和医疗废物集中处置单位从事医疗废物收集、运送、贮存、处置中的环境污染防治工作进行定期监督检查或者不定期的抽查。

第三十七条 卫生行政主管部门、环境保护行政主管部门应当定期交换监督检查和抽查结果。在监督检查或者抽查中发现医疗卫生机构和医疗废物集中处置单位存在隐患时,应当责令立即消除隐患。

第三十八条 卫生行政主管部门、环境保护行政主管部门接到对医疗卫生机构、医疗废物集中处置单位和监督管理部门及其工作人员违反本条例行为的举报、投诉、检举和控告后,应当及时核实,依法作出处理,并将处理结果予以公布。

第三十九条 卫生行政主管部门、环境保护行政主管部门履行监督检查职责时,有权采取下列措施:

(一)对有关单位进行实地检查,了解情况,现场监测,调查取证;

(二)查阅或者复制医疗废物管理的有关资料,采集样品;

(三)责令违反本条例规定的单位和个人停止违法行为;

(四)查封或者暂扣涉嫌违反本条例规定的场所、设备、运输工具和物品;

(五)对违反本条例规定的行为进行查处。

第四十条 发生因医疗废物管理不当导致传染病传播或者环境污染事故,或者有证据证明传染病传播或者环境污染的事故有可能发生时,卫生行政主管部门、环境保护行政主管部门应当采取临时控制措施,疏散人员,控制现场,并根据需要责令暂停导致或者可能导致传染病传播或者环境污染事故的作业。

第四十一条 医疗卫生机构和医疗废物集中处置单

位，对有关部门的检查、监测、调查取证，应当予以配合，不得拒绝和阻碍，不得提供虚假材料。

第六章 法律责任

第四十二条 县级以上地方人民政府未依照本条例的规定，组织建设医疗废物集中处置设施或者组织制定医疗废物过渡性处置方案的，由上级人民政府通报批评，责令限期建成医疗废物集中处置设施或者组织制定医疗废物过渡性处置方案；并可以对政府主要领导人、负有责任的主管人员，依法给予行政处分。

第四十三条 县级以上各级人民政府卫生行政主管部门、环境保护行政主管部门或者其他有关部门，未按照本条例的规定履行监督检查职责，发现医疗卫生机构和医疗废物集中处置单位的违法行为不及时处理，发生或者可能发生传染病传播或者环境污染事故时未及时采取减少危害措施，以及有其他玩忽职守、失职、渎职行为的，由本级人民政府或者上级人民政府有关部门责令改正，通报批评；造成传染病传播或者环境污染事故的，对主要负责人、负有责任的主管人员和其他直接责任人员依法给予降级、撤职、开除的行政处分；构成犯罪的，依法追究刑事责任。

第四十四条 县级以上人民政府环境保护行政主管部门，违反本条例的规定发给医疗废物集中处置单位经营许可证的，由本级人民政府或者上级人民政府环境保护行政主管部门通报批评，责令收回违法发放的证书；并可以对主要负责人、负有责任的主管人员和其他直接责任人员依法给予行政处分。

第四十五条 医疗卫生机构、医疗废物集中处置单位违反本条例规定，有下列情形之一的，由县级以上地方人民政府卫生行政主管部门或者环境保护行政主管部门按照各自的职责责令限期改正，给予警告；逾期不改正的，处 2000 元以上 5000 元以下的罚款：

（一）未建立、健全医疗废物管理制度，或者未设置监控部门或者专（兼）职人员的；

（二）未对有关人员进行相关法律和专业技术、安全防护以及紧急处理等知识的培训的；

（三）未对从事医疗废物收集、运送、贮存、处置等工作的人员和管理人员采取职业卫生防护措施的；

（四）未对医疗废物进行登记或者未保存登记资料的；

（五）对使用后的医疗废物运送工具或者运送车辆未在指定地点及时进行消毒和清洁的；

（六）未及时收集、运送医疗废物的；

（七）未定期对医疗废物处置设施的环境污染防治和卫生学效果进行检测、评价，或者未将检测、评价效果存档、报告的。

第四十六条 医疗卫生机构、医疗废物集中处置单位违反本条例规定，有下列情形之一的，由县级以上地方人民政府卫生行政主管部门或者环境保护行政主管部门按照各自的职责责令限期改正，给予警告，可以并处 5000 元以下的罚款；逾期不改正的，处 5000 元以上 3 万元以下的罚款：

（一）贮存设施或者设备不符合环境保护、卫生要求的；

（二）未将医疗废物按照类别分置于专用包装物或者容器的；

（三）未使用符合标准的专用车辆运送医疗废物或者使用运送医疗废物的车辆运送其他物品的；

（四）未安装污染物排放在线监控装置或者监控装置未经常处于正常运行状态的。

第四十七条 医疗卫生机构、医疗废物集中处置单位有下列情形之一的，由县级以上地方人民政府卫生行政主管部门或者环境保护行政主管部门按照各自的职责责令限期改正，给予警告，并处 5000 元以上 1 万元以下的罚款；逾期不改正的，处 1 万元以上 3 万元以下的罚款；造成传染病传播或者环境污染事故的，由原发证部门暂扣或者吊销执业许可证件或者经营许可证件；构成犯罪的，依法追究刑事责任：

（一）在运送过程中丢弃医疗废物，在非贮存地点倾倒、堆放医疗废物或者将医疗废物混入其他废物和生活垃圾的；

（二）未执行危险废物转移联单管理制度的；

（三）将医疗废物交给未取得经营许可证的单位或者个人收集、运送、贮存、处置的；

（四）对医疗废物的处置不符合国家规定的环境保护、卫生标准、规范的；

（五）未按照本条例的规定对污水、传染病病人或者疑似传染病病人的排泄物，进行严格消毒，或者未达到国家规定的排放标准，排入污水处理系统的；

（六）对收治的传染病病人或者疑似传染病病人产生的生活垃圾，未按照医疗废物进行管理和处置的。

第四十八条 医疗卫生机构违反本条例规定，将未达到国家规定标准的污水、传染病病人或者疑似传染病病人的排泄物排入城市排水管网的，由县级以上地方人民政府建设行政主管部门责令限期改正，给予警告，并处 5000 元以上 1 万元以下的罚款；逾期不改正的，处 1 万元以上 3 万元以下的罚款;造成传染病传播或者环境污染事故的,由原发证部门暂扣或者吊销执业许可证件;构成犯罪的,依法追究刑事责任。

第四十九条 医疗卫生机构、医疗废物集中处置单位发生医疗废物流失、泄漏、扩散时,未采取紧急处理措施,或者未及时向卫生行政主管部门和环境保护行政主管部门报告的,由县级以上地方人民政府卫生行政主管部门或者环境保护行政主管部门按照各自的职责责令改正,给予警告,并处 1 万元以上 3 万元以下的罚款;造成传染病传播或者环境污染事故的,由原发证部门暂扣或者吊销执业许可证件或者经营许可证件;构成犯罪的,依法追究刑事责任。

第五十条 医疗卫生机构、医疗废物集中处置单位,无正当理由,阻碍卫生行政主管部门或者环境保护行政主管部门执法人员执行职务,拒绝执法人员进入现场,或者不配合执法部门的检查、监测、调查取证的,由县级以上地方人民政府卫生行政主管部门或者环境保护行政主管部门按照各自的职责责令改正,给予警告;拒不改正的,由原发证部门暂扣或者吊销执业许可证件或者经营许可证件;触犯《中华人民共和国治安管理处罚法》的,构成违反治安管理行为的,由公安机关依法予以处罚;构成犯罪的,依法追究刑事责任。

第五十一条 不具备集中处置医疗废物条件的农村,医疗卫生机构未按照本条例的要求处置医疗废物的,由县级人民政府卫生行政主管部门或者环境保护行政主管部门按照各自的职责责令限期改正,给予警告;逾期不改正的,处 1000 元以上 5000 元以下的罚款;造成传染病传播或者环境污染事故的,由原发证部门暂扣或者吊销执业许可证件;构成犯罪的,依法追究刑事责任。

第五十二条 未取得经营许可证从事医疗废物的收集、运送、贮存、处置等活动的,由县级以上地方人民政府环境保护行政主管部门责令立即停止违法行为,没收违法所得,可以并处违法所得 1 倍以下的罚款。

第五十三条 转让、买卖医疗废物,邮寄或者通过铁路、航空运输医疗废物,或者违反本条例规定通过水路运输医疗废物的,由县级以上地方人民政府环境保护行政主管部门责令转让、买卖双方、邮寄人、托运人立即停止违法行为,给予警告,没收违法所得;违法所得 5000 元以上的,并处违法所得 2 倍以上 5 倍以下的罚款;没有违法所得或者违法所得不足 5000 元的,并处 5000 元以上 2 万元以下的罚款。

承运人明知托运人违反本条例的规定运输医疗废物,仍予以运输的,或者承运人将医疗废物与旅客在同一工具上载运的,按照前款的规定予以处罚。

第五十四条 医疗卫生机构、医疗废物集中处置单位违反本条例规定,导致传染病传播或者发生环境污染事故,给他人造成损害的,依法承担民事赔偿责任。

第七章 附 则

第五十五条 计划生育技术服务、医学科研、教学、尸体检查和其他相关活动中产生的具有直接或者间接感染性、毒性以及其他危害性废物的管理,依照本条例执行。

第五十六条 军队医疗卫生机构医疗废物的管理由中国人民解放军卫生主管部门参照本条例制定管理办法。

第五十七条 本条例自公布之日起施行。

废弃电器电子产品回收处理管理条例

· 2009 年 2 月 25 日中华人民共和国国务院令第 551 号公布
· 根据 2019 年 3 月 2 日《国务院关于修改部分行政法规的决定》修订

第一章 总 则

第一条 为了规范废弃电器电子产品的回收处理活动,促进资源综合利用和循环经济发展,保护环境,保障人体健康,根据《中华人民共和国清洁生产促进法》和《中华人民共和国固体废物污染环境防治法》的有关规定,制定本条例。

第二条 本条例所称废弃电器电子产品的处理活动,是指将废弃电器电子产品进行拆解,从中提取物质作为原材料或者燃料,用改变废弃电器电子产品物理、化学特性的方法减少已产生的废弃电器电子产品数量,减少或者消除其危害成分,以及将其最终置于符合环境保护要求的填埋场的活动,不包括产品维修、翻新以及经维修、翻新后作为旧货再使用的活动。

第三条 列入《废弃电器电子产品处理目录》(以下简称《目录》)的废弃电器电子产品的回收处理及相关活动,适用本条例。

国务院资源综合利用主管部门会同国务院生态环境、工业信息产业等主管部门制订和调整《目录》,报国务院批准后实施。

第四条 国务院生态环境主管部门会同国务院资源综合利用、工业信息产业主管部门负责组织拟订废弃电器电子产品回收处理的政策措施并协调实施,负责废弃电器电子产品处理的监督管理工作。国务院商务主管部门负责废弃电器电子产品回收的管理工作。国务院财政、市场监督管理、税务、海关等主管部门在各自职责范围内负责相关管理工作。

第五条 国家对废弃电器电子产品实行多渠道回收和集中处理制度。

第六条 国家对废弃电器电子产品处理实行资格许可制度。设区的市级人民政府生态环境主管部门审批废弃电器电子产品处理企业（以下简称处理企业）资格。

第七条 国家建立废弃电器电子产品处理基金，用于废弃电器电子产品回收处理费用的补贴。电器电子产品生产者、进口电器电子产品的收货人或者其代理人应当按照规定履行废弃电器电子产品处理基金的缴纳义务。

废弃电器电子产品处理基金应当纳入预算管理，其征收、使用、管理的具体办法由国务院财政部门会同国务院生态环境、资源综合利用、工业信息产业主管部门制订，报国务院批准后施行。

制订废弃电器电子产品处理基金的征收标准和补贴标准，应当充分听取电器电子产品生产企业、处理企业、有关行业协会及专家的意见。

第八条 国家鼓励和支持废弃电器电子产品处理的科学研究、技术开发、相关技术标准的研究以及新技术、新工艺、新设备的示范、推广和应用。

第九条 属于国家禁止进口的废弃电器电子产品，不得进口。

第二章 相关方责任

第十条 电器电子产品生产者、进口电器电子产品的收货人或者其代理人生产、进口的电器电子产品应当符合国家有关电器电子产品污染控制的规定，采用有利于资源综合利用和无害化处理的设计方案，使用无毒无害或者低毒低害以及便于回收利用的材料。

电器电子产品上或者产品说明书中应当按照规定提供有关有毒有害物质含量、回收处理提示性说明等信息。

第十一条 国家鼓励电器电子产品生产者自行或者委托销售者、维修机构、售后服务机构、废弃电器电子产品回收经营者回收废弃电器电子产品。电器电子产品销售者、维修机构、售后服务机构应当在其营业场所显著位置标注废弃电器电子产品回收处理提示性信息。

回收的废弃电器电子产品应当由有废弃电器电子产品处理资格的处理企业处理。

第十二条 废弃电器电子产品回收经营者应当采取多种方式为电器电子产品使用者提供方便、快捷的回收服务。

废弃电器电子产品回收经营者对回收的废弃电器电子产品进行处理，应当依照本条例规定取得废弃电器电子产品处理资格；未取得处理资格的，应当将回收的废弃电器电子产品交有废弃电器电子产品处理资格的处理企业处理。

回收的电器电子产品经过修复后销售的，必须符合保障人体健康和人身、财产安全等国家技术规范的强制性要求，并在显著位置标识为旧货。具体管理办法由国务院商务主管部门制定。

第十三条 机关、团体、企事业单位将废弃电器电子产品交有废弃电器电子产品处理资格的处理企业处理的，依照国家有关规定办理资产核销手续。

处理涉及国家秘密的废弃电器电子产品，依照国家保密规定办理。

第十四条 国家鼓励处理企业与相关电器电子产品生产者、销售者以及废弃电器电子产品回收经营者等建立长期合作关系，回收处理废弃电器电子产品。

第十五条 处理废弃电器电子产品，应当符合国家有关资源综合利用、环境保护、劳动安全和保障人体健康的要求。

禁止采用国家明令淘汰的技术和工艺处理废弃电器电子产品。

第十六条 处理企业应当建立废弃电器电子产品处理的日常环境监测制度。

第十七条 处理企业应当建立废弃电器电子产品的数据信息管理系统，向所在地的设区的市级人民政府生态环境主管部门报送废弃电器电子产品处理的基本数据和有关情况。废弃电器电子产品处理的基本数据的保存期限不得少于3年。

第十八条 处理企业处理废弃电器电子产品，依照国家有关规定享受税收优惠。

第十九条 回收、储存、运输、处理废弃电器电子产品的单位和个人，应当遵守国家有关环境保护和环境卫生管理的规定。

第三章 监督管理

第二十条 国务院资源综合利用、市场监督管理、生态环境、工业信息产业等主管部门，依照规定的职责制定废弃电器电子产品处理的相关政策和技术规范。

第二十一条 省级人民政府生态环境主管部门会同同级资源综合利用、商务、工业信息产业主管部门编制本地区废弃电器电子产品处理发展规划，报国务院生态环境主管部门备案。

地方人民政府应当将废弃电器电子产品回收处理基础设施建设纳入城乡规划。

第二十二条 取得废弃电器电子产品处理资格，依照《中华人民共和国公司登记管理条例》等规定办理登记并在其经营范围中注明废弃电器电子产品处理的企业，方可从事废弃电器电子产品处理活动。

除本条例第三十四条规定外，禁止未取得废弃电器电子产品处理资格的单位和个人处理废弃电器电子产品。

第二十三条 申请废弃电器电子产品处理资格，应当具备下列条件：

（一）具备完善的废弃电器电子产品处理设施；

（二）具有对不能完全处理的废弃电器电子产品的妥善利用或者处置方案；

（三）具有与所处理的废弃电器电子产品相适应的分拣、包装以及其他设备；

（四）具有相关安全、质量和环境保护的专业技术人员。

第二十四条 申请废弃电器电子产品处理资格，应当向所在地的设区的市级人民政府生态环境主管部门提交书面申请，并提供相关证明材料。受理申请的生态环境主管部门应当自收到完整的申请材料之日起60日内完成审查，作出准予许可或者不予许可的决定。

第二十五条 县级以上地方人民政府生态环境主管部门应当通过书面核查和实地检查等方式，加强对废弃电器电子产品处理活动的监督检查。

第二十六条 任何单位和个人都有权对违反本条例规定的行为向有关部门检举。有关部门应当为检举人保密，并依法及时处理。

第四章 法律责任

第二十七条 违反本条例规定，电器电子产品生产者、进口电器电子产品的收货人或者其代理人生产、进口的电器电子产品上或者产品说明书中未按照规定提供有关有毒有害物质含量、回收处理提示性说明等信息的，由县级以上地方人民政府市场监督管理部门责令限期改正，处5万元以下的罚款。

第二十八条 违反本条例规定，未取得废弃电器电子产品处理资格擅自从事废弃电器电子产品处理活动的，由县级以上人民政府生态环境主管部门责令停业、关闭，没收违法所得，并处5万元以上50万元以下的罚款。

第二十九条 违反本条例规定，采用国家明令淘汰的技术和工艺处理废弃电器电子产品的，由县级以上人民政府生态环境主管部门责令限期改正；情节严重的，由设区的市级人民政府生态环境主管部门依法暂停直至撤销其废弃电器电子产品处理资格。

第三十条 处理废弃电器电子产品造成环境污染的，由县级以上人民政府生态环境主管部门按照固体废物污染环境防治的有关规定予以处罚。

第三十一条 违反本条例规定，处理企业未建立废弃电器电子产品的数据信息管理系统，未按规定报送基本数据和有关情况或者报送基本数据、有关情况不真实，或者未按规定期限保存基本数据的，由所在地的设区的市级人民政府生态环境主管部门责令限期改正，可以处5万元以下的罚款。

第三十二条 违反本条例规定，处理企业未建立日常环境监测制度或者未开展日常环境监测的，由县级以上人民政府生态环境主管部门责令限期改正，可以处5万元以下的罚款。

第三十三条 违反本条例规定，有关行政主管部门的工作人员滥用职权、玩忽职守、徇私舞弊，构成犯罪的，依法追究刑事责任；尚不构成犯罪的，依法给予处分。

第五章 附则

第三十四条 经省级人民政府批准，可以设立废弃电器电子产品集中处理场。废弃电器电子产品集中处理场应当具有完善的污染物集中处理设施，确保符合国家或者地方制定的污染物排放标准和固体废物污染环境防治技术标准，并应当遵守本条例的有关规定。

废弃电器电子产品集中处理场应当符合国家和当地工业区设置规划，与当地土地利用规划和城乡规划相协调，并应当加快实现产业升级。

第三十五条 本条例自2011年1月1日起施行。

电子废物污染环境防治管理办法

· 2007年9月27日国家环境保护总局令第40号公布
· 自2008年2月1日起施行

第一章 总 则

第一条 为了防治电子废物污染环境，加强对电子废物的环境管理，根据《固体废物污染环境防治法》，制定本办法。

第二条 本办法适用于中华人民共和国境内拆解、利用、处置电子废物污染环境的防治。

产生、贮存电子废物污染环境的防治，也适用本办法；有关法律、行政法规另有规定的，从其规定。

电子类危险废物相关活动污染环境的防治，适用《固体废物污染环境防治法》有关危险废物管理的规定。

第三条 国家环境保护总局对全国电子废物污染环

境防治工作实施监督管理。

县级以上地方人民政府环境保护行政主管部门对本行政区域内电子废物污染环境防治工作实施监督管理。

第四条 任何单位和个人都有保护环境的义务，并有权对造成电子废物污染环境的单位和个人进行控告和检举。

第二章 拆解利用处置的监督管理

第五条 新建、改建、扩建拆解、利用、处置电子废物的项目，建设单位(包括个体工商户)应当依据国家有关规定，向所在地设区的市级以上地方人民政府环境保护行政主管部门报批环境影响报告书或者环境影响报告表(以下统称环境影响评价文件)。

前款规定的环境影响评价文件，应当包括下列内容：

(一)建设项目概况；

(二)建设项目是否纳入地方电子废物拆解利用处置设施建设规划；

(三)选择的技术和工艺路线是否符合国家产业政策和电子废物拆解利用处置环境保护技术规范和管理要求，是否与所拆解利用处置的电子废物类别相适应；

(四)建设项目对环境可能造成影响的分析和预测；

(五)环境保护措施及其经济、技术论证；

(六)对建设项目实施环境监测的方案；

(七)对本项目不能完全拆解、利用或者处置的电子废物以及其他固体废物或者液态废物的妥善利用或者处置方案；

(八)环境影响评价结论。

第六条 建设项目竣工后，建设单位(包括个体工商户)应当向审批该建设项目环境影响评价文件的环境保护行政主管部门申请该建设项目需要采取的环境保护措施验收。

前款规定的环境保护措施验收，应当包括下列内容：

(一)配套建设的环境保护设施是否竣工；

(二)是否配备具有相关专业资质的技术人员，建立管理人员和操作人员培训制度和计划；

(三)是否建立电子废物经营情况记录簿制度；

(四)是否建立日常环境监测制度；

(五)是否落实不能完全拆解、利用或者处置的电子废物以及其他固体废物或者液态废物的妥善利用或者处置方案；

(六)是否具有与所处理的电子废物相适应的分类、包装、车辆以及其他收集设备；

(七)是否建立防范因火灾、爆炸、化学品泄漏等引发的突发环境污染事件的应急机制。

第七条 负责审批环境影响评价文件的县级以上人民政府环境保护行政主管部门应当及时将具备下列条件的单位(包括个体工商户)，列入电子废物拆解利用处置单位(包括个体工商户)临时名录，并予以公布：

(一)已依法办理工商登记手续，取得营业执照；

(二)建设项目的环境保护措施经环境保护行政主管部门验收合格。

负责审批环境影响评价文件的县级以上人民政府环境保护行政主管部门，对近三年内没有两次以上(含两次)违反环境保护法律、法规和没有本办法规定的下列违法行为的列入临时名录的单位(包括个体工商户)，列入电子废物拆解利用处置单位(包括个体工商户)名录，予以公布并定期调整：

(一)超过国家或者地方规定的污染物排放标准排放污染物的；

(二)随意倾倒、堆放所产生的固体废物或液态废物的；

(三)将未完全拆解、利用或者处置的电子废物提供或者委托给列入名录且具有相应经营范围的拆解利用处置单位(包括个体工商户)以外的单位或者个人从事拆解、利用、处置活动的；

(四)环境监测数据、经营情况记录弄虚作假的。

近三年内有两次以上(含两次)违反环境保护法律、法规和本办法规定的本条第二款所列违法行为记录的，其单位法定代表人或者个体工商户经营者新设拆解、利用、处置电子废物的经营企业或者个体工商户的，不得列入名录。

名录(包括临时名录)应当载明单位(包括个体工商户)名称、单位法定代表人或者个体工商户经营者、住所、经营范围。

禁止任何个人和未列入名录(包括临时名录)的单位(包括个体工商户)从事拆解、利用、处置电子废物的活动。

第八条 建设电子废物集中拆解利用处置区的，应当严格规划，符合国家环境保护总局制定的有关技术规范的要求。

第九条 从事拆解、利用、处置电子废物活动的单位(包括个体工商户)应当按照环境保护措施验收的要求对污染物排放进行日常定期监测。

从事拆解、利用、处置电子废物活动的单位(包括个体工商户)应当按照电子废物经营情况记录簿制度的规定，如实记载每批电子废物的来源、类型、重量或者数量、收集(接收)、拆解、利用、贮存、处置的时间；运输者的名称和地址；未完全拆解、利用或者处置的电子废物以及固体废物或液态废物的种类、重量或者数量及去向等。

监测报告及经营情况记录簿应当保存三年。

第十条 从事拆解、利用、处置电子废物活动的单位（包括个体工商户），应当按照经验收合格的培训制度和计划进行培训。

第十一条 拆解、利用和处置电子废物，应当符合国家环境保护总局制定的有关电子废物污染防治的相关标准、技术规范和技术政策的要求。

禁止使用落后的技术、工艺和设备拆解、利用和处置电子废物。

禁止露天焚烧电子废物。

禁止使用冲天炉、简易反射炉等设备和简易酸浸工艺利用、处置电子废物。

禁止以直接填埋的方式处置电子废物。

拆解、利用、处置电子废物应当在专门作业场所进行。作业场所应当采取防雨、防地面渗漏的措施，并有收集泄漏液体的设施。拆解电子废物，应当首先将铅酸电池、镉镍电池、汞开关、阴极射线管、多氯联苯电容器、制冷剂等去除并分类收集、贮存、利用、处置。

贮存电子废物，应当采取防止因破碎或者其他原因导致电子废物中有毒有害物质泄漏的措施。破碎的阴极射线管应当贮存在有盖的容器内。电子废物贮存期限不得超过一年。

第十二条 县级以上人民政府环境保护行政主管部门有权要求拆解、利用、处置电子废物的单位定期报告电子废物经营活动情况。

县级以上人民政府环境保护行政主管部门应当通过书面核查和实地检查等方式进行监督检查，并将监督检查情况和处理结果予以记录，由监督检查人员签字后归档。监督抽查和监测一年不得少于一次。

县级以上人民政府环境保护行政主管部门发现有不符合环境保护措施验收合格时条件、情节轻微的，可以责令限期整改；经及时整改并未造成危害后果的，可以不予处罚。

第十三条 本办法施行前已经从事拆解、利用、处置电子废物活动的单位（包括个体工商户），具备下列条件的，可以自本办法施行之日起120日内，按照本办法的规定，向所在地设区的市级以上地方人民政府环境保护行政主管部门申请核准列入临时名录，并提供下列相关证明文件：

（一）已依法办理工商登记手续，取得营业执照；

（二）环境保护设施已经环境保护行政主管部门竣工验收合格；

（三）已经符合或者经过整改符合本办法规定的环境保护措施验收条件，能够达到电子废物拆解利用处置环境保护技术规范和管理要求；

（四）污染物排放及所产生固体废物或者液态废物的利用或者处置符合环境保护设施竣工验收时的要求。

设区的市级以上地方人民政府环境保护行政主管部门应当自受理申请之日起20个工作日内，对申请单位提交的证明材料进行审查，并对申请单位的经营设施进行现场核查，符合条件的，列入临时名录，并予以公告；不符合条件的，书面通知申请单位并说明理由。

列入临时名录经营期限满三年，并符合本办法第七条第二款所列条件的，列入名录。

第三章 相关方责任

第十四条 电子电器产品、电子电气设备的生产者应当依据国家有关法律、行政法规或者规章的规定，限制或者淘汰有毒有害物质在产品或者设备中的使用。

电子电器产品、电子电气设备的生产者、进口者和销售者，应当依据国家有关规定公开产品或者设备所含铅、汞、镉、六价铬、多溴联苯（PBB）、多溴二苯醚（PBDE）等有毒有害物质，以及不当利用或者处置可能对环境和人类健康影响的信息，产品或者设备废弃后以环境无害化方式利用或者处置的方法提示。

电子电器产品、电子电气设备的生产者、进口者和销售者，应当依据国家有关规定建立回收系统，回收废弃产品或者设备，并负责以环境无害化方式贮存、利用或者处置。

第十五条 有下列情形之一的，应当将电子废物提供或者委托给列入名录（包括临时名录）的具有相应经营范围的拆解利用处置单位（包括个体工商户）进行拆解、利用或者处置：

（一）产生工业电子废物的单位，未自行以环境无害化方式拆解、利用或者处置的；

（二）电子电器产品、电子电气设备生产者、销售者、进口者、使用者、翻新或者维修者、再制造者，废弃电子电器产品、电子电气设备的；

（三）拆解利用处置单位（包括个体工商户），不能完全拆解、利用或者处置电子废物的；

（四）有关行政主管部门在行政管理活动中，依法收缴的非法生产或者进口的电子电器产品、电子电气设备需要拆解、利用或者处置的。

第十六条 产生工业电子废物的单位，应当记录所产生工业电子废物的种类、重量或者数量、自行或者委托第三方贮存、拆解、利用、处置情况等；并依法向所在地县级以上地方人民政府环境保护行政主管部门提供电子废物的种类、产生量、流向、拆解、利用、贮存、处置等有关资料。

记录资料应当保存三年。

第十七条 以整机形式转移含铅酸电池、镉镍电池、汞开关、阴极射线管和多氯联苯电容器的废弃电子电器产品或者电子电气设备等电子类危险废物的，适用《固体废物污染环境防治法》第二十三条的规定。

转移过程中应当采取防止废弃电子电器产品或者电子电气设备破碎的措施。

第四章 罚 则

第十八条 县级以上人民政府环境保护行政主管部门违反本办法规定，不依法履行监督管理职责的，由本级人民政府或者上级环境保护行政主管部门依法责令改正；对负有责任的主管人员和其他直接责任人员，依据国家有关规定给予行政处分；构成犯罪的，依法追究刑事责任。

第十九条 违反本办法规定，拒绝现场检查的，由县级以上人民政府环境保护行政主管部门依据《固体废物污染环境防治法》责令限期改正；拒不改正或者在检查时弄虚作假的，处2000元以上2万元以下的罚款；情节严重，但尚构不成刑事处罚的，并由公安机关依据《治安管理处罚法》处5日以上10日以下拘留；构成犯罪的，依法追究刑事责任。

第二十条 违反本办法规定，任何个人或者未列入名录（包括临时名录）的单位（包括个体工商户）从事拆解、利用、处置电子废物活动的，按照下列规定予以处罚：

（一）未获得环境保护措施验收合格的，由审批该建设项目环境影响评价文件的人民政府环境保护行政主管部门依据《建设项目环境保护管理条例》责令停止拆解、利用、处置电子废物活动，可以处10万元以下罚款；

（二）未取得营业执照的，由工商行政管理部门依据《无照经营查处取缔办法》依法予以取缔，没收专门用于从事无照经营的工具、设备、原材料、产品等财物，并处5万元以上50万元以下的罚款。

第二十一条 违反本办法规定，有下列行为之一的，由所在地县级以上人民政府环境保护行政主管部门责令限期整改，并处3万元以下罚款：

（一）将未完全拆解、利用或者处置的电子废物提供或者委托给列入名录（包括临时名录）且具有相应经营范围的拆解利用处置单位（包括个体工商户）以外的单位或者个人从事拆解、利用、处置活动的；

（二）拆解、利用和处置电子废物不符合有关电子废物污染防治的相关标准、技术规范和技术政策的要求，或者违反本办法规定的禁止性技术、工艺、设备要求的；

（三）贮存、拆解、利用、处置电子废物的作业场所不符合要求的；

（四）未按规定记录经营情况、日常环境监测数据、所产生工业电子废物的有关情况等，或者环境监测数据、经营情况记录弄虚作假的；

（五）未按培训制度和计划进行培训的；

（六）贮存电子废物超过一年的。

第二十二条 列入名录（包括临时名录）的单位（包括个体工商户）违反《固体废物污染环境防治法》等有关法律、行政法规规定，有下列行为之一的，依据有关法律、行政法规予以处罚：

（一）擅自关闭、闲置或者拆除污染防治设施、场所的；

（二）未采取无害化处置措施，随意倾倒、堆放所产生的固体废物或液态废物的；

（三）造成固体废物或液态废物扬散、流失、渗漏或其他环境污染等环境违法行为的；

（四）不正常使用污染防治设施的。

有前款第一项、第二项、第三项行为的，分别依据《固体废物污染环境防治法》第六十八条规定，处以1万元以上10万元以下罚款；有前款第四项行为的，依据《水污染防治法》《大气污染防治法》有关规定予以处罚。

第二十三条 列入名录（包括临时名录）的单位（包括个体工商户）违反《固体废物污染环境防治法》等有关法律、行政法规规定，有造成固体废物或液态废物严重污染环境的下列情形之一的，由所在地县级以上人民政府环境保护行政主管部门依据《固体废物污染环境防治法》和《国务院关于落实科学发展观加强环境保护的决定》的规定，责令限其在三个月内进行治理，限产限排，并不得建设增加污染物排放总量的项目；逾期未完成治理任务的，责令其在三个月内停产整治；逾期仍未完成治理任务的，报经本级人民政府批准关闭：

（一）危害生活饮用水水源的；

（二）造成地下水或者土壤重金属环境污染的；

（三）因危险废物扬散、流失、渗漏造成环境污染的；

（四）造成环境功能丧失无法恢复环境原状的；

（五）其他造成固体废物或者液态废物严重污染环境的情形。

第二十四条 县级以上人民政府环境保护行政主管部门发现有违反本办法的行为，依据有关法律、法规和本办法的规定应当由工商行政管理部门或者公安机关行使行政处罚权的,应当及时移送有关主管部门依法予以处罚。

第五章 附 则

第二十五条 本办法中下列用语的含义:

(一)电子废物,是指废弃的电子电器产品、电子电气设备(以下简称产品或者设备)及其废弃零部件、元器件和国家环境保护总局会同有关部门规定纳入电子废物管理的物品、物质。包括工业生产活动中产生的报废产品或者设备、报废的半成品和下脚料,产品或者设备维修、翻新、再制造过程产生的报废品,日常生活或者为日常生活提供服务的活动中废弃的产品或者设备,以及法律法规禁止生产或者进口的产品或者设备。

(二)工业电子废物,是指在工业生产活动中产生的电子废物,包括维修、翻新和再制造工业单位以及拆解利用处置电子废物的单位(包括个体工商户),在生产活动及相关活动中产生的电子废物。

(三)电子类危险废物,是指列入国家危险废物名录或者根据国家规定的危险废物鉴别标准和鉴别方法认定的具有危险特性的电子废物。包括含铅酸电池、镉镍电池、汞开关、阴极射线管和多氯联苯电容器等的产品或者设备等。

(四)拆解,是指以利用、贮存或者处置为目的,通过人工或者机械的方式将电子废物进行拆卸、解体活动;不包括产品或者设备维修、翻新、再制造过程中的拆卸活动。

(五)利用,是指从电子废物中提取物质作为原材料或者燃料的活动,不包括对产品或者设备的维修、翻新和再制造。

第二十六条 本办法自 2008 年 2 月 1 日起施行。

废弃电器电子产品处理资格许可管理办法

· 2010 年 12 月 15 日环境保护部令第 13 号公布
· 自 2011 年 1 月 1 日起施行

第一章 总 则

第一条 为了规范废弃电器电子产品处理资格许可工作,防止废弃电器电子产品处理污染环境,根据《中华人民共和国行政许可法》、《中华人民共和国固体废物污染环境防治法》、《废弃电器电子产品回收处理管理条例》,制定本办法。

第二条 本办法适用于废弃电器电子产品处理资格的申请、审批及相关监督管理活动。

本办法所称"废弃电器电子产品",是指列入国家发展和改革委员会、环境保护部、工业和信息化部发布的《废弃电器电子产品处理目录》的产品。

第三条 国家对废弃电器电子产品实行集中处理制度,鼓励废弃电器电子产品处理的规模化、产业化、专业化发展。

省级人民政府环境保护主管部门应当会同同级人民政府相关部门编制本地区废弃电器电子产品处理发展规划,报环境保护部备案。

编制废弃电器电子产品处理发展规划应当依照集中处理的要求,合理布局废弃电器电子产品处理企业。

废弃电器电子产品处理发展规划应当根据本地区经济社会发展、产业结构、处理企业变化等有关情况,每五年修订一次。

第四条 处理废弃电器电子产品,应当符合国家有关资源综合利用、环境保护、劳动安全和保障人体健康的要求。

禁止采用国家明令淘汰的技术和工艺处理废弃电器电子产品。

第五条 设区的市级人民政府环境保护主管部门依照本办法的规定,负责废弃电器电子产品处理资格的许可工作。

第六条 县级以上人民政府环境保护主管部门依照《废弃电器电子产品回收处理管理条例》和本办法的有关规定,负责废弃电器电子产品处理的监督管理工作。

第二章 许可条件和程序

第七条 申请废弃电器电子产品处理资格的企业应当依法成立,符合本地区废弃电器电子产品处理发展规划的要求,具有增值税一般纳税人企业法人资格,并具备下列条件:

(一)具备与其申请处理能力相适应的废弃电器电子产品处理车间和场地、贮存场所、拆解处理设备及配套的数据信息管理系统、污染防治设施等;

(二)具有与所处理的废弃电器电子产品相适应的分拣、包装设备以及运输车辆、搬运设备、压缩打包设备、专用容器及中央监控设备、计量设备、事故应急救援和处理设备等;

(三)具有健全的环境管理制度和措施,包括对不能完全处理的废弃电器电子产品的妥善利用或者处置方案,突发环境事件的防范措施和应急预案等;

(四)具有相关安全、质量和环境保护的专业技术人员。

第八条 申请废弃电器电子产品处理资格的企业,应当向废弃电器电子产品处理设施所在地设区的市级人民政府环境保护主管部门提交书面申请,并提供相关证明材料。

第九条 设区的市级人民政府环境保护主管部门应当自受理申请之日起 3 个工作日内对申请的有关信息进行公示，征求公众意见。公示期限不得少于 10 个工作日。

对公众意见，受理申请的环境保护主管部门应当进行核实。

第十条 设区的市级人民政府环境保护主管部门应当自受理申请之日起 60 日内，对企业提交的材料进行审查，并组织进行现场核查。对符合条件的，颁发废弃电器电子产品处理资格证书，并予以公告；不符合条件的，书面通知申请企业并说明理由。

第十一条 废弃电器电子产品处理资格证书包括下列主要内容：

（一）法人名称、法定代表人、住所；
（二）处理设施地址；
（三）处理的废弃电器电子产品类别；
（四）主要处理设施、设备及运行参数；
（五）处理能力；
（六）有效期限；
（七）颁发日期和证书编号。

废弃电器电子产品处理资格证书格式，由环境保护部统一规定。

第十二条 废弃电器电子产品处理企业变更法人名称、法定代表人或者住所的，应当自工商变更登记之日起 15 个工作日内，向原发证机关申请办理废弃电器电子产品处理资格变更手续。

第十三条 有下列情形之一的，废弃电器电子产品处理企业应当按照原申请程序，重新申请废弃电器电子产品处理资格：

（一）增加废弃电器电子产品处理类别的；
（二）新建处理设施的；
（三）改建、扩建原有处理设施的；
（四）处理废弃电器电子产品超过资格证书确定的处理能力 20% 以上的。

第十四条 废弃电器电子产品处理发展规划修订后，原发证机关应当根据本地区经济社会发展、废弃电器电子产品处理市场变化等有关情况，对拟继续从事废弃电器电子产品处理活动的企业进行审查，符合条件的，换发废弃电器电子产品处理资格证书。

第十五条 废弃电器电子产品处理企业拟终止处理活动的，应当对经营设施、场所采取污染防治措施，对未处置的废弃电器电子产品作出妥善处理，并在采取上述措施之日起 20 日内向原发证机关提出注销申请，由原发证机关进行现场核查合格后注销其废弃电器电子产品处理资格。

终止废弃电器电子产品处理活动的企业，应当对其经营设施、场所进行环境调查与风险评估；经评估需要治理修复的，应当依法承担治理修复责任。

第十六条 禁止无废弃电器电子产品处理资格证书或者不按照废弃电器电子产品处理资格证书的规定处理废弃电器电子产品。

禁止将废弃电器电子产品提供或者委托给无废弃电器电子产品处理资格证书的单位和个人从事处理活动。

禁止伪造、变造、转让废弃电器电子产品处理资格证书。

第三章 监督管理

第十七条 设区的市级人民政府环境保护主管部门应当于每年 3 月 31 日前将上一年度废弃电器电子产品处理资格证书颁发情况报省级人民政府环境保护主管部门备案。

省级以上人民政府环境保护主管部门应当加强对设区的市级人民政府环境保护主管部门审批、颁发废弃电器电子产品处理资格证书情况的监督检查，及时纠正违法行为。

第十八条 县级以上地方人民政府环境保护主管部门应当通过书面核查和实地检查等方式，加强对废弃电器电子产品处理活动的监督检查，并将监督检查情况和处理结果予以记录，由监督检查人员签字后归档。

公众可以依法向县级以上地方人民政府环境保护主管部门申请公开监督检查的处理结果。

第十九条 废弃电器电子产品处理企业应当制定年度监测计划，对污染物排放进行日常监测。监测报告应当保存 3 年以上。

县级以上地方人民政府环境保护主管部门应当加强对废弃电器电子产品处理企业污染物排放情况的监督性监测。监督性监测每半年不得少于 1 次。

第二十条 废弃电器电子产品处理企业应当建立数据信息管理系统，定期向发证机关报送废弃电器电子产品处理的基本数据和有关情况，并向社会公布。有关要求由环境保护部另行制定。

第四章 法律责任

第二十一条 废弃电器电子产品处理企业有下列行为之一的，由县级以上地方人民政府环境保护主管部门责令停止违法行为，限期改正，处 3 万元以下罚款；逾期未改正的，由发证机关收回废弃电器电子产品处理资格证书：

(一) 不按照废弃电器电子产品处理资格证书的规定处理废弃电器电子产品的;

(二) 未按规定办理废弃电器电子产品处理资格变更、换证、注销手续的。

第二十二条 废弃电器电子产品处理企业有下列行为之一的,除按照有关法律法规进行处罚外,由发证机关收回废弃电器电子产品处理资格证书:

(一) 擅自关闭、闲置、拆除或者不正常使用污染防治设施、场所的,经县级以上人民政府环境保护主管部门责令限期改正,逾期未改正的;

(二) 造成较大以上级别的突发环境事件的。

第二十三条 废弃电器电子产品处理企业将废弃电器电子产品提供或者委托给无废弃电器电子产品处理资格证书的单位和个人从事处理活动的,由县级以上地方人民政府环境保护主管部门责令停止违法行为,限期改正,处3万元以下罚款;情节严重的,由发证机关收回废弃电器电子产品处理资格证书。

第二十四条 伪造、变造废弃电器电子产品处理资格证书的,由县级以上地方人民政府环境保护主管部门收缴伪造、变造的处理资格证书,处3万元以下罚款;构成违反治安管理行为的,移送公安机关依法予以治安管理处罚;构成犯罪的,移送司法机关依法追究其刑事责任。

倒卖、出租、出借或者以其他形式非法转让废弃电器电子产品处理资格证书的,由县级以上地方人民政府环境保护主管部门责令停止违法行为,限期改正,处3万元以下罚款;情节严重的,由发证机关收回废弃电器电子产品处理资格证书;构成犯罪的,移送司法机关依法追究其刑事责任。

第二十五条 违反本办法的其他规定,按照《中华人民共和国固体废物污染环境防治法》《废弃电器电子产品回收处理管理条例》以及其他相关法律法规的规定进行处罚。

第五章 附 则

第二十六条 本办法施行前已经从事废弃电器电子产品处理活动的企业,应当自本办法施行之日起60日内,向废弃电器电子产品处理设施所在地设区的市级人民政府环境保护主管部门提交废弃电器电子产品处理资格申请;逾期不申请的,不得继续从事废弃电器电子产品处理活动。

第二十七条 本办法自2011年1月1日起施行。

尾矿污染环境防治管理办法

· 2022年4月6日生态环境部令第26号公布
· 自2022年7月1日起施行

第一章 总 则

第一条 为了防治尾矿污染环境,保护和改善生态环境,根据《中华人民共和国环境保护法》《中华人民共和国固体废物污染环境防治法》《中华人民共和国土壤污染防治法》等有关法律法规,制定本办法。

第二条 本办法适用于中华人民共和国境内尾矿的污染环境防治(以下简称污染防治)及其监督管理。

伴生放射性矿开发利用活动中产生的铀(钍)系单个核素活度浓度超过1Bq/g的尾矿,以及铀(钍)矿尾矿的污染防治及其监督管理,适用放射性污染防治有关法律法规的规定,不适用本办法。

第三条 尾矿污染防治坚持预防为主、污染担责的原则。

产生、贮存、运输、综合利用尾矿的单位,以及尾矿库运营、管理单位,应当采取措施,防止或者减少尾矿对环境的污染,对所造成的环境污染依法承担责任。

对产生尾矿的单位和尾矿库运营、管理单位实施控股管理的企业集团,应当加强对其下属企业的监督管理,督促、指导其履行尾矿污染防治主体责任。

第四条 国务院生态环境主管部门对全国尾矿污染防治工作实施监督管理。

地方各级生态环境主管部门负责本行政区域尾矿污染防治工作的监督管理。

国务院生态环境主管部门所属的流域生态环境监督管理机构依据法律法规规定的职责或者国务院生态环境主管部门的委托,对管辖范围内的尾矿污染防治工作进行指导、协调和监督。

第五条 尾矿库污染防治实行分类分级环境监督管理。

国务院生态环境主管部门负责制定尾矿库分类分级环境监督管理技术规程,根据尾矿所属矿种类型、尾矿库周边环境敏感程度、尾矿库环境保护水平等因素,将尾矿库分为一级、二级和三级环境监督管理尾矿库,并明确不同等级的尾矿库环境监督管理要求。

省级生态环境主管部门负责确定本行政区域尾矿库分类分级环境监督管理清单,并加强监督管理。

设区的市级生态环境主管部门根据省级生态环境主管部门确定的尾矿库分类分级环境监督管理清单,对尾矿库进行分类分级管理。

第二章 污染防治

第六条 产生尾矿的单位应当建立健全尾矿产生、贮存、运输、综合利用等全过程的污染防治责任制度，确定承担污染防治工作的部门和专职技术人员，明确单位负责人和相关人员的责任。

第七条 产生尾矿的单位和尾矿库运营、管理单位应当建立尾矿环境管理台账。

产生尾矿的单位应当在尾矿环境管理台账中如实记录生产运营中产生尾矿的种类、数量、流向、贮存、综合利用等信息；尾矿库运营、管理单位应当在尾矿环境管理台账中如实记录尾矿库的污染防治设施建设和运行情况、环境监测情况、污染隐患排查治理情况、突发环境事件应急预案及其落实情况等信息。

尾矿环境管理台账保存期限不得少于五年，其中尾矿库运营、管理单位的环境管理台账信息应当永久保存。

产生尾矿的单位和尾矿库运营、管理单位应当于每年1月31日之前通过全国固体废物污染环境防治信息平台填报上一年度产生的相关信息。

第八条 产生尾矿的单位委托他人贮存、运输、综合利用尾矿，或者尾矿库运营、管理单位委托他人运输、综合利用尾矿的，应当对受托方的主体资格和技术能力进行核实，依法签订书面合同，在合同中约定污染防治要求。

第九条 新建、改建、扩建尾矿库的，应当依法进行环境影响评价，并遵守国家有关建设项目环境保护管理的规定，落实尾矿污染防治的措施。

尾矿库选址，应当符合生态环境保护有关法律法规和强制性标准要求。禁止在生态保护红线区域、永久基本农田集中区域、河道湖泊行洪区和其他需要特别保护的区域内建设尾矿库以及其他贮存尾矿的场所。

第十条 新建、改建、扩建尾矿库的，应当根据国家有关规定和尾矿库实际情况，配套建设防渗、渗滤液收集、废水处理、环境监测、环境应急等污染防治设施。

第十一条 尾矿库防渗设施的设计和建设，应当充分考虑地质、水文等条件，并符合相应尾矿属性类别管理要求。

尾矿库配套的渗滤液收集池、回水池、环境应急事故池等设施的防渗要求应当不低于该尾矿库的防渗要求，并设置防漫流设施。

第十二条 新建尾矿库的排尾管道、回水管道应当避免穿越农田、河流、湖泊；确需穿越的，应当建设管沟、套管等设施，防止渗漏造成环境污染。

第十三条 采用传送带方式输送尾矿的，应当采取封闭等措施，防止尾矿流失和扬散。

通过车辆运输尾矿的，应当采取遮盖等措施，防止尾矿遗撒和扬散。

第十四条 依法实行排污许可管理的产生尾矿的单位，应当申请取得排污许可证或者填报排污登记表，按照排污许可管理的规定排放尾矿及污染物，并落实相关环境管理要求。

第十五条 尾矿库运营、管理单位应当采取防扬散、防流失、防渗漏或者其他防止污染环境的措施，加强对尾矿库污染防治设施的管理和维护，保证其正常运行和使用，防止尾矿污染环境。

第十六条 尾矿库运营、管理单位应当采取库面抑尘、边坡绿化等措施防止扬尘污染，美化环境。

第十七条 尾矿水应当优先返回选矿工艺使用；向环境排放的，应当符合国家和地方污染物排放标准，不得与尾矿库外的雨水混合排放，并按照有关规定设置污染物排放口，设立标志，依法安装流量计和视频监控。

污染物排放口的流量计监测记录保存期限不得少于五年，视频监控记录保存期限不得少于三个月。

第十八条 尾矿库运营、管理单位应当按照国家有关标准和规范，建设地下水水质监测井。

尾矿库上游、下游和可能出现污染扩散的尾矿库周边区域，应当设置地下水水质监测井。

第十九条 尾矿库运营、管理单位应当按照国家有关规定开展地下水环境监测以及土壤污染状况监测和评估。

排放尾矿水的，尾矿库运营、管理单位应当在排放期间，每月至少开展一次水污染物排放监测；排放有毒有害水污染物的，还应当每季度对受纳水体等周边环境至少开展一次监测。

尾矿库运营、管理单位应当依法公开污染物排放监测结果等相关信息。

第二十条 尾矿库运营、管理单位应当建立健全尾矿库污染隐患排查治理制度，组织开展尾矿库污染隐患排查治理；发现污染隐患的，应当制定整改方案，及时采取措施消除隐患。

尾矿库运营、管理单位应当于每年汛期前至少开展一次全面的污染隐患排查。

第二十一条 尾矿库运营、管理单位在环境监测等活动中发现尾矿库周边土壤和地下水存在污染物渗漏或者含量升高等污染迹象的，应当及时查明原因，采取措施及时阻止污染物泄漏，并按照国家有关规定开展环境调查与风险评估，根据调查与风险评估结果采取风险管控或者治理修复等措施。

生态环境主管部门在监督检查中发现尾矿库周边土壤和地下水存在污染物渗漏或者含量升高等污染迹象的，应当及时督促尾矿库运营、管理单位采取相应措施。

第二十二条 尾矿库运营、管理单位应当按照国务院生态环境主管部门有关规定，开展尾矿库突发环境事件风险评估，编制、修订、备案尾矿库突发环境事件应急预案，建设并完善环境风险防控与应急设施，储备环境应急物资，定期组织开展尾矿库突发环境事件应急演练。

第二十三条 发生突发环境事件时，尾矿库运营、管理单位应当立即启动尾矿库突发环境事件应急预案，采取应急措施，消除或者减轻事故影响，及时通报可能受到危害的单位和居民，并向本行政区域县级生态环境主管部门报告。

县级以上生态环境主管部门在发现或者得知尾矿库突发环境事件信息后，应当按照有关规定做好应急处置、环境影响和损失调查、评估等工作。

第二十四条 尾矿库运营、管理单位应当在尾矿库封场期间及封场后，采取措施保证渗滤液收集设施、尾矿水排放监测设施继续正常运行，并定期开展水污染物排放监测，确保污染物排放符合国家和地方排放标准。

尾矿库的渗滤液收集设施、尾矿水排放监测设施应当正常运行至尾矿库封场后连续两年内没有渗滤液产生或者产生的渗滤液不经处理即可稳定达标排放。

尾矿库运营、管理单位应当在尾矿库封场后，采取措施保证地下水水质监测井继续正常运行，并按照国家有关规定持续进行地下水水质监测，直到下游地下水水质连续两年不超出上游地下水水质或者所在区域地下水水质本底水平。

第二十五条 开展尾矿充填、回填以及利用尾矿提取有价组分和生产建筑材料等尾矿综合利用单位，应当按照国家有关规定采取相应措施，防止造成二次环境污染。

第三章 监督管理

第二十六条 国务院生态环境主管部门应当加强尾矿污染防治工作信息化建设，强化环境管理信息系统对接与数据共享。

第二十七条 省级生态环境主管部门应当加强对新建、改建、扩建尾矿库建设项目环境影响评价审批程序、审批结果的监督与评估；发现设区的市、县级生态环境主管部门不具备尾矿库建设项目环境影响评价审批能力，或者在审批过程中存在突出问题的，应当依法调整上收环境影响评价审批权限。

第二十八条 设区的市级生态环境主管部门应当将一级和二级环境监督管理尾矿库的运营、管理单位列入重点排污单位名录，实施重点管控。

第二十九条 鼓励地方各级生态环境主管部门综合利用远程视频监控、无人机、遥感、地理信息系统等手段进行尾矿污染防治监督管理。

第四章 罚则

第三十条 产生尾矿的单位或者尾矿库运营、管理单位违反本办法规定，有下列行为之一的，依照《中华人民共和国固体废物污染环境防治法》《中华人民共和国水污染防治法》《中华人民共和国土壤污染防治法》等法律法规的规定予以处罚：

（一）未建立尾矿环境管理台账并如实记录的；

（二）超过水污染物排放标准排放水污染物的；

（三）未依法报批建设项目环境影响评价文件，擅自开工建设的；

（四）未按规定开展土壤和地下水环境监测的；

（五）未依法开展尾矿库突发环境事件应急处置的；

（六）擅自倾倒、堆放、丢弃、遗撒尾矿，或者未采取相应防范措施，造成尾矿扬散、流失、渗漏或者其他环境污染的；

（七）其他违反法律法规规定的行为。

第三十一条 产生尾矿的单位或者尾矿库运营、管理单位违反本办法规定，未按时通过全国固体废物污染环境防治信息平台填报上一年度产生的相关信息的，由设区的市级以上地方生态环境主管部门责令改正，给予警告；拒不改正的，处三万元以下的罚款。

第三十二条 违反本办法规定，向环境排放尾矿水，未按照国家有关规定设置污染物排放口标志的，由设区的市级以上地方生态环境主管部门责令改正，给予警告；拒不改正的，处五万元以下的罚款。

第三十三条 尾矿库运营、管理单位违反本办法规定，未按要求组织开展污染隐患排查治理的，由设区的市级以上生态环境主管部门责令改正，给予警告；拒不改正的，处十万元以下的罚款。

第五章 附则

第三十四条 本办法中下列用语的含义：

（一）尾矿，是指金属非金属矿山开采出的矿石，经选矿厂选出有价值的精矿后产生的固体废物。

（二）尾矿库，是指用以贮存尾矿的场所。

（三）封场，是指尾矿库停止使用后，对尾矿库采取关闭的措施，也称闭库。

（四）尾矿库运营、管理单位，包括尾矿库所属企业和地方人民政府指定的尾矿库管理维护单位。

第三十五条 本办法自 2022 年 7 月 1 日起施行。《防治尾矿污染环境管理规定》（国家环境保护局令第 11 号）同时废止。

电器电子产品有害物质限制使用管理办法

· 2016 年 1 月 6 日工业和信息化部、国家发展和改革委员会、科学技术部、财政部、环境保护部、商务部、海关总署、国家质量监督检验检疫总局令第 32 号公布
· 自 2016 年 7 月 1 日起施行

第一章 总 则

第一条 为了控制和减少电器电子产品废弃后对环境造成的污染，促进电器电子行业清洁生产和资源综合利用，鼓励绿色消费，保护环境和人体健康，根据《中华人民共和国清洁生产促进法》、《中华人民共和国固体废物污染环境防治法》、《废弃电器电子产品回收处理管理条例》等法律、行政法规，制定本办法。

第二条 在中华人民共和国境内生产、销售和进口电器电子产品，适用本办法。

第三条 本办法下列术语的含义是：

（一）电器电子产品，是指依靠电流或电磁场工作或者以产生、传输和测量电流和电磁场为目的，额定工作电压为直流电不超过 1500 伏特、交流电不超过 1000 伏特的设备及配套产品。其中涉及电能生产、传输和分配的设备除外。

（二）电器电子产品污染，是指电器电子产品中含有的有害物质超过国家标准或行业标准，对环境、资源、人类身体健康以及生命、财产安全造成破坏、损害、浪费或其他不良影响。

（三）电器电子产品有害物质限制使用，是指为减少或消除电器电子产品污染而采取的下列措施：

1. 设计、生产过程中，通过改变设计方案、调整工艺流程、更换使用材料、革新制造方式等限制使用电器电子产品中的有害物质的技术措施；

2. 设计、生产、销售以及进口过程中，标注有害物质名称及其含量，标注电器电子产品环保使用期限等措施；

3. 销售过程中，严格进货渠道，拒绝销售不符合电器电子产品有害物质限制使用国家标准或行业标准的电器电子产品；

4. 禁止进口不符合电器电子产品有害物质限制使用国家标准或行业标准的电器电子产品；

5. 国家规定的其他电器电子产品有害物质限制使用的措施。

（四）电器电子产品有害物质限制使用达标管理目录（以下简称达标管理目录），是为实施电器电子产品有害物质限制使用管理而制定的目录，包括电器电子产品类目、限制使用的有害物质种类、限制使用时间及例外要求等内容。

（五）有害物质，是指电器电子产品中含有的下列物质：

1. 铅及其化合物；
2. 汞及其化合物；
3. 镉及其化合物；
4. 六价铬化合物；
5. 多溴联苯（PBB）；
6. 多溴二苯醚（PBDE）；
7. 国家规定的其他有害物质。

（六）电器电子产品环保使用期限，是指用户按照产品说明正常使用时，电器电子产品中含有的有害物质不会发生外泄或突变，不会对环境造成严重污染或对其人身、财产造成严重损害的期限。

第四条 工业和信息化部、发展改革委、科技部、财政部、环境保护部、商务部、海关总署、质检总局在各自的职责范围内对电器电子产品有害物质限制使用进行管理和监督。

第五条 工业和信息化部会同国务院有关主管部门制定有利于电器电子产品有害物质限制使用的措施，落实电器电子产品有害物质限制使用的有关规定。

第六条 省、自治区、直辖市工业和信息化、发展改革、科技、财政、环境保护、商务、海关、质检等主管部门在各自的职责范围内，对电器电子产品有害物质限制使用实施监督管理。

省、自治区、直辖市工业和信息化主管部门负责牵头建立省级电器电子产品有害物质限制使用工作协调机制，负责协调解决本行政区域内电器电子产品有害物质限制使用工作中的重大事项及问题。

第七条 国家鼓励、支持电器电子产品有害物质限制使用的科学研究、技术开发和国际合作，积极推广电器电子产品有害物质替代与减量化等技术、装备。

第八条 工业和信息化部、国务院有关主管部门对积极开发、研制严于本办法规定的电器电子产品的组织和个人，可以给予表扬或奖励。

省、自治区、直辖市工业和信息化主管部门和其他相

关主管部门对在电器电子产品有害物质限制使用工作以及相关活动中做出显著成绩的组织和个人，可以给予表扬或奖励。

第二章　电器电子产品有害物质限制使用

第九条　电器电子产品设计者在设计电器电子产品时，不得违反强制性标准或法律、行政法规和规章规定必须执行的标准，在满足工艺要求的前提下应当按照电器电子产品有害物质限制使用国家标准或行业标准，采用无害或低害、易于降解、便于回收利用等方案。

第十条　电器电子产品生产者在生产电器电子产品时，不得违反强制性标准或法律、行政法规和规章规定必须执行的标准，应当按照电器电子产品有害物质限制使用国家标准或行业标准，采用资源利用率高、易回收处理、有利于环境保护的材料、技术和工艺，限制或者淘汰有害物质在产品中的使用。

电器电子产品生产者不得将不符合本办法要求的电器电子产品出厂、销售。

第十一条　进口的电器电子产品不得违反强制性标准或法律、行政法规和规章规定必须执行的标准，应当符合电器电子产品有害物质限制使用国家标准或行业标准。

出入境检验检疫机构依法对进口的电器电子产品实施口岸验证和法定检验。海关验核出入境检验检疫机构签发的《入境货物通关单》并按规定办理通关手续。

第十二条　电器电子产品生产者、进口者制作、使用电器电子产品包装物时，不得违反强制性标准或法律、行政法规和规章规定必须执行的标准，应当采用无害、易于降解和便于回收利用的材料，遵守包装物使用的国家标准或行业标准。

第十三条　电器电子产品生产者、进口者应当按照电器电子产品有害物质限制使用标识的国家标准或行业标准，对其投放市场的电器电子产品中含有的有害物质进行标注，标明有害物质的名称、含量、所在部件及其产品可否回收利用，以及不当利用或者处置可能会对环境和人类健康造成影响的信息等；由于产品体积、形状、表面材质或功能的限制不能在产品上标注的，应当在产品说明中注明。

第十四条　电器电子产品生产者、进口者应当按照电器电子产品有害物质限制使用标识的国家标准或行业标准，在其生产或进口的电器电子产品上标注环保使用期限；由于产品体积、形状、表面材质或功能的限制不能在产品上标注的，应当在产品说明中注明。

第十五条　电器电子产品的环保使用期限由电器电子产品的生产者或进口者自行确定。相关行业组织可根据技术发展水平，制定包含产品类目、确定方法、具体期限等内容的相关电器电子产品环保使用期限的指导意见。

工业和信息化部鼓励相关行业组织将制定的电器电子产品环保使用期限的指导意见报送工业和信息化部。

第十六条　电器电子产品销售者不得销售违反电器电子产品有害物质限制使用国家标准或行业标准的电器电子产品。

第十七条　电器电子产品有害物质限制使用采取目录管理的方式。工业和信息化部根据产业发展的实际状况，商发展改革委、科技部、财政部、环境保护部、商务部、海关总署、质检总局编制、调整、发布达标管理目录。

第十八条　国家建立电器电子产品有害物质限制使用合格评定制度。纳入达标管理目录的电器电子产品，应当符合电器电子产品有害物质限制使用限量要求的国家标准或行业标准，按照电器电子产品有害物质限制使用合格评定制度进行管理。

工业和信息化部根据电器电子产品有害物质限制使用工作整体安排，向国家认证认可监督主管部门提出建立电器电子产品有害物质限制使用合格评定制度的建议。国家认证认可监督主管部门依据职能会同工业和信息化部制定、发布并组织实施合格评定制度。工业和信息化部根据实际情况，会同财政部等部门对合格评定结果建立相关采信机制。

第三章　罚　则

第十九条　违反本办法，有下列情形之一的，由商务、海关、质检等部门在各自的职责范围内依法予以处罚：

（一）电器电子产品生产者违反本办法第十条的规定，所采用的材料、技术和工艺违反电器电子产品有害物质限制使用国家标准或行业标准的，以及将不符合本办法要求的电器电子产品出厂、销售的；

（二）电器电子产品进口者违反本办法第十一条的规定，进口的电器电子产品违反电器电子产品有害物质限制使用国家标准或行业标准的；

（三）电器电子产品生产者、进口者违反本办法第十二条的规定，制作或使用的电器电子产品包装物违反包装物使用国家标准或行业标准的；

（四）电器电子产品生产者、进口者违反本办法第十三条的规定，未标注电器电子产品有害物质的名称、含量、所在部件及其产品可否回收利用，以及不当利用或者处置可能会对环境和人类健康造成影响等信息的；

（五）电器电子产品生产者、进口者违反本办法第十

四条的规定,未标注电器电子产品环保使用期限的;

(六)电器电子产品销售者违反本办法第十六条的规定,销售违反电器电子产品有害物质限制使用国家标准或行业标准的电器电子产品的;

(七)电器电子产品生产者、销售者和进口者违反本办法第十七条的规定,自列入达标管理目录的电器电子产品限制使用有害物质的实施之日起,生产、销售或进口有害物质含量超过电器电子产品有害物质限制使用限量的相关国家标准或行业标准的电器电子产品的。

第二十条 有关部门的工作人员滥用职权、徇私舞弊,纵容、包庇违反本办法规定的行为的,或者帮助违反本办法规定的当事人逃避查处的,依法给予行政处分。

第四章 附 则

第二十一条 任何组织和个人有权对违反本办法规定的行为向有关部门投诉、举报。

第二十二条 本办法由工业和信息化部商发展改革委、科技部、财政部、环境保护部、商务部、海关总署、质检总局解释。

第二十三条 本办法自2016年7月1日起施行。2006年2月28日公布的《电子信息产品污染控制管理办法》(原信息产业部、发展改革委、商务部、海关总署、工商总局、质检总局、原环保总局令第39号)同时废止。

危险废物经营许可证管理办法

- 2004年5月30日中华人民共和国国务院令第408号公布
- 根据2013年12月7日《国务院关于修改部分行政法规的决定》第一次修订
- 根据2016年2月6日《国务院关于修改部分行政法规的决定》第二次修订

第一章 总 则

第一条 为了加强对危险废物收集、贮存和处置经营活动的监督管理,防治危险废物污染环境,根据《中华人民共和国固体废物污染环境防治法》,制定本办法。

第二条 在中华人民共和国境内从事危险废物收集、贮存、处置经营活动的单位,应当依照本办法的规定,领取危险废物经营许可证。

第三条 危险废物经营许可证按照经营方式,分为危险废物收集、贮存、处置综合经营许可证和危险废物收集经营许可证。

领取危险废物综合经营许可证的单位,可以从事各类别危险废物的收集、贮存、处置经营活动;领取危险废物收集经营许可证的单位,只能从事机动车维修活动中产生的废矿物油和居民日常生活中产生的废镉镍电池的危险废物收集经营活动。

第四条 县级以上人民政府环境保护主管部门依照本办法的规定,负责危险废物经营许可证的审批颁发与监督管理工作。

第二章 申请领取危险废物经营许可证的条件

第五条 申请领取危险废物收集、贮存、处置综合经营许可证,应当具备下列条件:

(一)有3名以上环境工程专业或者相关专业中级以上职称,并有3年以上固体废物污染治理经历的技术人员;

(二)有符合国务院交通主管部门有关危险货物运输安全要求的运输工具;

(三)有符合国家或者地方环境保护标准和安全要求的包装工具,中转和临时存放设施、设备以及经验收合格的贮存设施、设备;

(四)有符合国家或省、自治区、直辖市危险废物处置设施建设规划,符合国家或者地方环境保护标准和安全要求的处置设施、设备和配套的污染防治设施;其中,医疗废物集中处置设施,还应当符合国家有关医疗废物处置的卫生标准和要求;

(五)有与所经营的危险废物类别相适应的处置技术和工艺;

(六)有保证危险废物经营安全的规章制度、污染防治措施和事故应急救援措施;

(七)以填埋方式处置危险废物的,应当依法取得填埋场所的土地使用权。

第六条 申请领取危险废物收集经营许可证,应当具备下列条件:

(一)有防雨、防渗的运输工具;

(二)有符合国家或者地方环境保护标准和安全要求的包装工具,中转和临时存放设施、设备;

(三)有保证危险废物经营安全的规章制度、污染防治措施和事故应急救援措施。

第三章 申请领取危险废物经营许可证的程序

第七条 国家对危险废物经营许可证实行分级审批颁发。

医疗废物集中处置单位的危险废物经营许可证,由医疗废物集中处置设施所在地设区的市级人民政府环境保护主管部门审批颁发。

危险废物收集经营许可证,由县级人民政府环境保护主管部门审批颁发。

本条第二款、第三款规定之外的危险废物经营许可证，由省、自治区、直辖市人民政府环境保护主管部门审批颁发。

第八条 申请领取危险废物经营许可证的单位，应当在从事危险废物经营活动前向发证机关提出申请，并附具本办法第五条或者第六条规定条件的证明材料。

第九条 发证机关应当自受理申请之日起20个工作日内，对申请单位提交的证明材料进行审查，并对申请单位的经营设施进行现场核查。符合条件的，颁发危险废物经营许可证，并予以公告；不符合条件的，书面通知申请单位并说明理由。

发证机关在颁发危险废物经营许可证前，可以根据实际需要征求卫生、城乡规划等有关主管部门和专家的意见。

第十条 危险废物经营许可证包括下列主要内容：
（一）法人名称、法定代表人、住所；
（二）危险废物经营方式；
（三）危险废物类别；
（四）年经营规模；
（五）有效期限；
（六）发证日期和证书编号。

危险废物综合经营许可证的内容，还应当包括贮存、处置设施的地址。

第十一条 危险废物经营单位变更法人名称、法定代表人和住所的，应当自工商变更登记之日起15个工作日内，向原发证机关申请办理危险废物经营许可证变更手续。

第十二条 有下列情形之一的，危险废物经营单位应当按照原申请程序，重新申请领取危险废物经营许可证：
（一）改变危险废物经营方式的；
（二）增加危险废物类别的；
（三）新建或者改建、扩建原有危险废物经营设施的；
（四）经营危险废物超过原批准年经营规模20%以上的。

第十三条 危险废物综合经营许可证有效期为5年；危险废物收集经营许可证有效期为3年。

危险废物经营许可证有效期届满，危险废物经营单位继续从事危险废物经营活动的，应当于危险废物经营许可证有效期届满30个工作日前向原发证机关提出换证申请。原发证机关应当自受理换证申请之日起20个工作日内进行审查，符合条件的，予以换证；不符合条件的，书面通知申请单位并说明理由。

第十四条 危险废物经营单位终止从事收集、贮存、处置危险废物经营活动的，应当对经营设施、场所采取污染防治措施，并对未处置的危险废物作出妥善处理。

危险废物经营单位应当在采取前款规定措施之日起20个工作日内向原发证机关提出注销申请，由原发证机关进行现场核查合格后注销危险废物经营许可证。

第十五条 禁止无经营许可证或者不按照经营许可证规定从事危险废物收集、贮存、处置经营活动。

禁止从中华人民共和国境外进口或者经中华人民共和国过境转移电子类危险废物。

禁止将危险废物提供或者委托给无经营许可证的单位从事收集、贮存、处置经营活动。

禁止伪造、变造、转让危险废物经营许可证。

第四章 监督管理

第十六条 县级以上地方人民政府环境保护主管部门应当于每年3月31日前将上一年度危险废物经营许可证颁发情况报上一级人民政府环境保护主管部门备案。

上级环境保护主管部门应当加强对下级环境保护主管部门审批颁发危险废物经营许可证情况的监督检查，及时纠正下级环境保护主管部门审批颁发危险废物经营许可证过程中的违法行为。

第十七条 县级以上人民政府环境保护主管部门应当通过书面核查和实地检查等方式，加强对危险废物经营单位的监督检查，并将监督检查情况和处理结果予以记录，由监督检查人员签字后归档。

公众有权查阅县级以上人民政府环境保护主管部门的监督检查记录。

县级以上人民政府环境保护主管部门发现危险废物经营单位在经营活动中有不符合原发证条件的情形的，应当责令其限期整改。

第十八条 县级以上人民政府环境保护主管部门有权要求危险废物经营单位定期报告危险废物经营活动情况。危险废物经营单位应当建立危险废物经营情况记录簿，如实记载收集、贮存、处置危险废物的类别、来源、去向和有无事故等事项。

危险废物经营单位应当将危险废物经营情况记录簿保存10年以上，以填埋方式处置危险废物的经营情况记录簿应当永久保存。终止经营活动的，应当将危险废物经营情况记录簿移交所在地县级以上地方人民政府环境保护主管部门存档管理。

第十九条 县级以上人民政府环境保护主管部门应当建立、健全危险废物经营许可证的档案管理制度，并定期向社会公布审批颁发危险废物经营许可证的情况。

第二十条　领取危险废物收集经营许可证的单位，应当与处置单位签订接收合同，并将收集的废矿物油和废镉镍电池在90个工作日内提供或者委托给处置单位进行处置。

第二十一条　危险废物的经营设施在废弃或者改作其他用途前，应当进行无害化处理。

填埋危险废物的经营设施服役期届满后，危险废物经营单位应当按照有关规定对填埋过危险废物的土地采取封闭措施，并在划定的封闭区域设置永久性标记。

第五章　法律责任

第二十二条　违反本办法第十一条规定的，由县级以上地方人民政府环境保护主管部门责令限期改正，给予警告；逾期不改正的，由原发证机关暂扣危险废物经营许可证。

第二十三条　违反本办法第十二条、第十三条第二款规定的，由县级以上地方人民政府环境保护主管部门责令停止违法行为；有违法所得的，没收违法所得；违法所得超过10万元的，并处违法所得1倍以上2倍以下的罚款；没有违法所得或者违法所得不足10万元的，处5万元以上10万元以下的罚款。

第二十四条　违反本办法第十四条第一款、第二十一条规定的，由县级以上地方人民政府环境保护主管部门责令限期改正；逾期不改正的，处5万元以上10万元以下的罚款；造成污染事故，构成犯罪的，依法追究刑事责任。

第二十五条　违反本办法第十五条第一款、第二款、第三款规定的，依照《中华人民共和国固体废物污染环境防治法》的规定予以处罚。

违反本办法第十五条第四款规定的，由县级以上地方人民政府环境保护主管部门收缴危险废物经营许可证或者由原发证机关吊销危险废物经营许可证，并处5万元以上10万元以下的罚款；构成犯罪的，依法追究刑事责任。

第二十六条　违反本办法第十八条规定的，由县级以上地方人民政府环境保护主管部门责令限期改正，给予警告；逾期不改正的，由原发证机关暂扣或者吊销危险废物经营许可证。

第二十七条　违反本办法第二十条规定的，由县级以上地方人民政府环境保护主管部门责令限期改正，给予警告；逾期不改正的，处1万元以上5万元以下的罚款，并可以由原发证机关暂扣或者吊销危险废物经营许可证。

第二十八条　危险废物经营单位被责令限期整改，逾期不整改或者经整改仍不符合原发证条件的，由原发证机关暂扣或者吊销危险废物经营许可证。

第二十九条　被依法吊销或者收缴危险废物经营许可证的单位，5年内不得再申请领取危险废物经营许可证。

第三十条　县级以上人民政府环境保护主管部门的工作人员，有下列行为之一的，依法给予行政处分；构成犯罪的，依法追究刑事责任：

（一）向不符合本办法规定条件的单位颁发危险废物经营许可证的；

（二）发现未依法取得危险废物经营许可证的单位和个人擅自从事危险废物经营活动不予查处或者接到举报后不依法处理的；

（三）对依法取得危险废物经营许可证的单位不履行监督管理职责或者发现违反本办法规定的行为不予查处的；

（四）在危险废物经营许可证管理工作中有其他渎职行为的。

第六章　附　则

第三十一条　本办法下列用语的含义：

（一）危险废物，是指列入国家危险废物名录或者根据国家规定的危险废物鉴别标准和鉴别方法认定的具有危险性的废物。

（二）收集，是指危险废物经营单位将分散的危险废物进行集中的活动。

（三）贮存，是指危险废物经营单位在危险废物处置前，将其放置在符合环境保护标准的场所或者设施中，以及为了将分散的危险废物进行集中，在自备的临时设施或者场所每批置放重量超过5000千克或者置放时间超过90个工作日的活动。

（四）处置，是指危险废物经营单位将危险废物焚烧、煅烧、熔融、烧结、裂解、中和、消毒、蒸馏、萃取、沉淀、过滤、拆解以及用其他改变危险废物物理、化学、生物特性的方法，达到减少危险废物数量、缩小危险废物体积、减少或者消除其危险成分的活动，或者将危险废物最终置于符合环境保护规定要求的场所或者设施并不再回取的活动。

第三十二条　本办法施行前，依照地方性法规、规章或者其他文件的规定已经取得危险废物经营许可证的单位，应当在原危险废物经营许可证有效期届满30个工作日前，依照本办法的规定重新申请领取危险废物经营许可证。逾期不办理的，不得继续从事危险废物经营活动。

第三十三条　本办法自2004年7月1日起施行。

报废机动车回收管理办法

· 2019 年 4 月 22 日中华人民共和国国务院令第 715 号公布
· 自 2019 年 6 月 1 日起施行

第一条 为了规范报废机动车回收活动,保护环境,促进循环经济发展,保障道路交通安全,制定本办法。

第二条 本办法所称报废机动车,是指根据《中华人民共和国道路交通安全法》的规定应当报废的机动车。

不属于《中华人民共和国道路交通安全法》规定的应当报废的,机动车所有人自愿作报废处理的,依照本办法的规定执行。

第三条 国家鼓励特定领域的老旧机动车提前报废更新,具体办法由国务院有关部门另行制定。

第四条 国务院负责报废机动车回收管理的部门主管全国报废机动车回收(含拆解,下同)监督管理工作,国务院公安、生态环境、工业和信息化、交通运输、市场监督管理等部门在各自的职责范围内负责报废机动车回收有关的监督管理工作。

县级以上地方人民政府负责报废机动车回收管理的部门对本行政区域内报废机动车回收活动实施监督管理。县级以上地方人民政府公安、生态环境、工业和信息化、交通运输、市场监督管理等部门在各自的职责范围内对本行政区域内报废机动车回收活动实施有关的监督管理。

第五条 国家对报废机动车回收企业实行资质认定制度。未经资质认定,任何单位或者个人不得从事报废机动车回收活动。

国家鼓励机动车生产企业从事报废机动车回收活动。机动车生产企业按照国家有关规定承担生产者责任。

第六条 取得报废机动车回收资质认定,应当具备下列条件:

(一)具有企业法人资格;

(二)具有符合环境保护等有关法律、法规和强制性标准要求的存储、拆解场地、拆解设备、设施以及拆解操作规范;

(三)具有与报废机动车拆解活动相适应的专业技术人员。

第七条 拟从事报废机动车回收活动的,应当向省、自治区、直辖市人民政府负责报废机动车回收管理的部门提出申请。省、自治区、直辖市人民政府负责报废机动车回收管理的部门应当依法进行审查,对符合条件的,颁发资质认定书;对不符合条件的,不予资质认定并书面说明理由。

省、自治区、直辖市人民政府负责报废机动车回收管理的部门应当充分利用计算机网络等先进技术手段,推行网上申请、网上受理等方式,为申请人提供便利条件。申请人可以在网上提出申请。

省、自治区、直辖市人民政府负责报废机动车回收管理的部门应当将本行政区域内取得资质认定的报废机动车回收企业名单及时向社会公布。

第八条 任何单位或者个人不得要求机动车所有人将报废机动车交售给指定的报废机动车回收企业。

第九条 报废机动车回收企业对回收的报废机动车,应当向机动车所有人出具《报废机动车回收证明》,收回机动车登记证书、号牌、行驶证,并按照国家有关规定及时向公安机关交通管理部门办理注销登记,将注销证明转交机动车所有人。

《报废机动车回收证明》样式由国务院负责报废机动车回收管理的部门规定。任何单位或者个人不得买卖或者伪造、变造《报废机动车回收证明》。

第十条 报废机动车回收企业对回收的报废机动车,应当逐车登记机动车的型号、号牌号码、发动机号码、车辆识别代号等信息;发现回收的报废机动车疑似赃物或者用于盗窃、抢劫等犯罪活动的犯罪工具的,应当及时向公安机关报告。

报废机动车回收企业不得拆解、改装、拼装、倒卖疑似赃物或者犯罪工具的机动车或者其发动机、方向机、变速器、前后桥、车架(以下统称"五大总成")和其他零部件。

第十一条 回收的报废机动车必须按照有关规定予以拆解;其中,回收的报废大型客车、货车等营运车辆和校车,应当在公安机关的监督下解体。

第十二条 拆解的报废机动车"五大总成"具备再制造条件的,可以按照国家有关规定出售给具有再制造能力的企业经过再制造予以循环利用;不具备再制造条件的,应当作为废金属,交售给钢铁企业作为冶炼原料。

拆解的报废机动车"五大总成"以外的零部件符合保障人身和财产安全等强制性国家标准,能够继续使用的,可以出售,但应当标明"报废机动车回用件"。

第十三条 国务院负责报废机动车回收管理的部门应当建立报废机动车回收信息系统。报废机动车回收企业应当如实记录本企业回收的报废机动车"五大总成"等主要部件的数量、型号、流向等信息,并上传至报废机动车回收信息系统。

负责报废机动车回收管理的部门、公安机关应当通过政务信息系统实现信息共享。

第十四条 拆解报废机动车,应当遵守环境保护法律、法规和强制性标准,采取有效措施保护环境,不得造成环境污染。

第十五条 禁止任何单位或者个人利用报废机动车"五大总成"和其他零部件拼装机动车,禁止拼装的机动车交易。

除机动车所有人将报废机动车依法交售给报废机动车回收企业外,禁止报废机动车整车交易。

第十六条 县级以上地方人民政府负责报废机动车回收管理的部门应当加强对报废机动车回收企业的监督检查,建立和完善以随机抽查为重点的日常监督检查制度,公布抽查事项目录,明确抽查的依据、频次、方式、内容和程序,随机抽取被检查企业,随机选派检查人员。抽查情况和查处结果应当及时向社会公布。

在监督检查中发现报废机动车回收企业不具备本办法规定的资质认定条件的,应当责令限期改正;拒不改正或者逾期未改正的,由原发证部门吊销资质认定书。

第十七条 县级以上地方人民政府负责报废机动车回收管理的部门应当向社会公布本部门的联系方式,方便公众举报违法行为。

县级以上地方人民政府负责报废机动车回收管理的部门接到举报的,应当及时依法调查处理,并为举报人保密;对实名举报的,负责报废机动车回收管理的部门应当将处理结果告知举报人。

第十八条 负责报废机动车回收管理的部门在监督管理工作中发现不属于本部门处理权限的违法行为的,应当及时移交有权处理的部门;有权处理的部门应当及时依法调查处理,并将处理结果告知负责报废机动车回收管理的部门。

第十九条 未取得资质认定,擅自从事报废机动车回收活动的,由负责报废机动车回收管理的部门没收非法回收的报废机动车、报废机动车"五大总成"和其他零部件,没收违法所得;违法所得在5万元以上的,并处违法所得2倍以上5倍以下的罚款;违法所得不足5万元或者没有违法所得的,并处5万元以上10万元以下的罚款。对负责报废机动车回收管理的部门没收非法回收的报废机动车、报废机动车"五大总成"和其他零部件,必要时有关主管部门应当予以配合。

第二十条 有下列情形之一的,由公安机关依法给予治安管理处罚:

(一)买卖或者伪造、变造《报废机动车回收证明》的;

(二)报废机动车回收企业明知或者应当知道回收的机动车为赃物或者用于盗窃、抢劫等犯罪活动的犯罪工具,未向公安机关报告,擅自拆解、改装、拼装、倒卖该机动车。

报废机动车回收企业有前款规定情形,情节严重的,由原发证部门吊销资质认定书。

第二十一条 报废机动车回收企业有下列情形之一的,由负责报废机动车回收管理的部门责令改正,没收报废机动车"五大总成"和其他零部件,没收违法所得;违法所得在5万元以上的,并处违法所得2倍以上5倍以下的罚款;违法所得不足5万元或者没有违法所得的,并处5万元以上10万元以下的罚款;情节严重的,责令停业整顿直至由原发证部门吊销资质认定书:

(一)出售不具备再制造条件的报废机动车"五大总成";

(二)出售不能继续使用的报废机动车"五大总成"以外的零部件;

(三)出售的报废机动车"五大总成"以外的零部件未标明"报废机动车回用件"。

第二十二条 报废机动车回收企业对回收的报废机动车,未按照国家有关规定及时向公安机关交通管理部门办理注销登记并将注销证明转交机动车所有人的,由负责报废机动车回收管理的部门责令改正,可以处1万元以上5万元以下的罚款。

利用报废机动车"五大总成"和其他零部件拼装机动车或者出售报废机动车整车、拼装的机动车的,依照《中华人民共和国道路交通安全法》的规定予以处罚。

第二十三条 报废机动车回收企业未如实记录本企业回收的报废机动车"五大总成"等主要部件的数量、型号、流向等信息并上传至报废机动车回收信息系统的,由负责报废机动车回收管理的部门责令改正,并处1万元以上5万元以下的罚款;情节严重的,责令停业整顿。

第二十四条 报废机动车回收企业违反环境保护法律、法规和强制性标准,污染环境的,由生态环境主管部门责令限期改正,并依法予以处罚;拒不改正或者逾期未改正的,由原发证部门吊销资质认定书。

第二十五条 负责报废机动车回收管理的部门和其他有关部门的工作人员在监督管理工作中滥用职权、玩忽职守、徇私舞弊的,依法给予处分。

第二十六条 违反本办法规定,构成犯罪的,依法追究刑事责任。

第二十七条 报废新能源机动车回收的特殊事项,另行制定管理规定。

军队报废机动车的回收管理,依照国家和军队有关规定执行。

第二十八条 本办法自 2019 年 6 月 1 日起施行。2001 年 6 月 16 日国务院公布的《报废汽车回收管理办法》同时废止。

机动车排放召回管理规定

- 2021 年 4 月 27 日国家市场监督管理总局、生态环境部令第 40 号公布
- 自 2021 年 7 月 1 日起施行

第一条 为了规范机动车排放召回工作，保护和改善环境，保障人体健康，根据《中华人民共和国大气污染防治法》等法律、行政法规，制定本规定。

第二条 在中华人民共和国境内开展机动车排放召回及其监督管理，适用本规定。

第三条 本规定所称排放召回，是指机动车生产者采取措施消除机动车排放危害的活动。

本规定所称排放危害，是指因设计、生产缺陷或者不符合规定的环境保护耐久性要求，致使同一批次、型号或者类别的机动车中普遍存在的不符合大气污染物排放国家标准的情形。

第四条 机动车存在排放危害的，其生产者应当实施召回。

进口机动车的进口商，视为本规定所称的机动车生产者。

第五条 国家市场监督管理总局会同生态环境部负责机动车排放召回监督管理工作。

国家市场监督管理总局和生态环境部可以根据工作需要，委托各自的下一级行政机关承担本行政区域内机动车排放召回监督管理有关工作。

国家市场监督管理总局和生态环境部可以委托相关技术机构承担排放召回的技术工作。

第六条 国家市场监督管理总局负责建立机动车排放召回信息系统和监督管理平台，与生态环境部建立信息共享机制，开展信息会商。

第七条 生态环境部负责收集和分析机动车排放检验检测信息、污染控制技术信息和排放投诉举报信息。

设区的市级以上地方生态环境部门应当收集和分析机动车排放检验检测信息、污染控制技术信息和排放投诉举报信息，并将可能与排放危害相关的信息逐级上报至生态环境部。

第八条 机动车生产者应当记录并保存机动车设计、制造、排放检验检测等信息以及机动车初次销售的机动车所有人信息，保存期限不得少于 10 年。

第九条 机动车生产者应当及时通过机动车排放召回信息系统报告下列信息：

（一）排放零部件的名称和质保期信息；

（二）排放零部件的异常故障维修信息和故障原因分析报告；

（三）与机动车排放有关的维修与远程升级等技术服务通报、公告等信息；

（四）机动车在用符合性检验信息；

（五）与机动车排放有关的诉讼、仲裁等信息；

（六）在中华人民共和国境外实施的机动车排放召回信息；

（七）需要报告的与机动车排放有关的其他信息。

前款规定信息发生变化的，机动车生产者应当自变化之日起 20 个工作日内重新报告。

第十条 从事机动车销售、租赁、维修活动的经营者（以下统称机动车经营者）应当记录并保存机动车型号、规格、车辆识别代号、数量以及具体的销售、租赁、维修等信息，保存期限不得少于 5 年。

第十一条 机动车经营者、排放零部件生产者发现机动车可能存在排放危害的，应当向国家市场监督管理总局报告，并通知机动车生产者。

第十二条 机动车生产者发现机动车可能存在排放危害的，应当立即进行调查分析，并向国家市场监督管理总局报告调查分析结果。机动车生产者认为机动车存在排放危害的，应当立即实施召回。

第十三条 国家市场监督管理总局通过车辆测试等途径发现机动车可能存在排放危害的，应当立即书面通知机动车生产者进行调查分析。

机动车生产者收到调查分析通知的，应当立即进行调查分析，并向国家市场监督管理总局报告调查分析结果。生产者认为机动车存在排放危害的，应当立即实施召回。

第十四条 有下列情形之一的，国家市场监督管理总局会同生态环境部可以对机动车生产者进行调查，必要时还可以对排放零部件生产者进行调查：

（一）机动车生产者未按照通知要求进行调查分析，或者调查分析结果不足以证明机动车不存在排放危害的；

（二）机动车造成严重大气污染的；

（三）生态环境部在大气污染防治监督检查中发现机动车可能存在排放危害的。

第十五条 国家市场监督管理总局会同生态环境部

进行调查,可以采取下列措施:

(一)进入机动车生产者、经营者以及排放零部件生产者的生产经营场所和机动车集中停放地进行现场调查;

(二)查阅、复制相关资料和记录;

(三)向有关单位和个人询问机动车可能存在排放危害的情况;

(四)委托技术机构开展机动车排放检验检测;

(五)法律、行政法规规定的可以采取的其他措施。

机动车生产者、经营者以及排放零部件生产者应当配合调查。

第十六条 经调查认为机动车存在排放危害的,国家市场监督管理总局应当书面通知机动车生产者实施召回。机动车生产者认为机动车存在排放危害的,应当立即实施召回。

第十七条 机动车生产者认为机动车不存在排放危害的,可以自收到通知之日起15个工作日内向国家市场监督管理总局提出书面异议,并提交证明材料。

国家市场监督管理总局应当会同生态环境部对机动车生产者提交的材料进行审查,必要时可以组织与机动车生产者无利害关系的专家采用论证、检验检测或者鉴定等方式进行认定。

第十八条 机动车生产者既不按照国家市场监督管理总局通知要求实施召回又未在规定期限内提出异议,或者经认定确认机动车存在排放危害的,国家市场监督管理总局应当会同生态环境部书面责令机动车生产者实施召回。

第十九条 机动车生产者认为机动车存在排放危害或者收到责令召回通知书的,应当立即停止生产、进口、销售存在排放危害的机动车。

第二十条 机动车生产者应当制定召回计划,并自认为机动车存在排放危害或者收到责令召回通知书之日起5个工作日内向国家市场监督管理总局提交召回计划。

机动车生产者应当按照召回计划实施召回。确需修改召回计划的,机动车生产者应当自修改之日起5个工作日内重新提交,并说明修改理由。

第二十一条 召回计划应当包括下列内容:

(一)召回的机动车范围、存在的排放危害以及应急措施;

(二)具体的召回措施;

(三)召回的负责机构、联系方式、进度安排等;

(四)需要报告的其他事项。

机动车生产者应当对召回计划的真实性、准确性及召回措施的有效性负责。

第二十二条 机动车生产者应当将召回计划及时通知机动车经营者,并自提交召回计划之日起5个工作日内向社会发布召回信息,自提交召回计划之日起30个工作日内通知机动车所有人,并提供咨询服务。

国家市场监督管理总局应当向社会公示机动车生产者的召回计划。

第二十三条 机动车经营者收到召回计划的,应当立即停止销售、租赁存在排放危害的机动车,配合机动车生产者实施召回。

机动车所有人应当配合生产者实施召回。机动车未完成排放召回的,机动车排放检验机构应当在排放检测时提醒机动车所有人。

第二十四条 机动车生产者应当采取修正或者补充标识、修理、更换、退货等措施消除排放危害,并承担机动车消除排放危害的费用。

未消除排放危害的机动车,不得再次销售或者交付使用。

第二十五条 机动车生产者应当自召回实施之日起每3个月通过机动车排放召回信息系统提交召回阶段性报告。国家市场监督管理总局、生态环境部另有要求的,依照其要求。

第二十六条 机动车生产者应当自完成召回计划之日起15个工作日内通过机动车排放召回信息系统提交召回总结报告。

第二十七条 机动车生产者应当保存机动车排放召回记录,保存期限不得少于10年。

第二十八条 国家市场监督管理总局应当会同生态环境部对机动车排放召回实施情况进行监督,必要时可以组织与机动车生产者无利害关系的专家对召回效果进行评估。

发现召回范围不准确、召回措施无法有效消除排放危害的,国家市场监督管理总局应当会同生态环境部通知生产者重新实施召回。

第二十九条 从事机动车排放召回监督管理工作的人员不得将机动车生产者、经营者和排放零部件生产者提供的资料或者专用设备用于其他用途,不得泄露获悉的商业秘密或者个人信息。

第三十条 违反本规定,有下列情形之一的,由市场监督管理部门责令改正,处三万元以下罚款:

(一)机动车生产者、经营者未保存相关信息或者记录的;

（二）机动车生产者、经营者或者排放零部件生产者不配合调查的；

（三）机动车生产者未提交召回计划或者未按照召回计划实施召回的；

（四）机动车生产者未按照要求将召回计划通知机动车经营者或者机动车所有人，或者未向社会发布召回信息的；

（五）机动车经营者收到召回计划后未停止销售、租赁存在排放危害的机动车的；

（六）机动车生产者未提交召回阶段性报告或者召回总结报告的。

第三十一条　机动车生产者依照本规定实施机动车排放召回的，不免除其依法应当承担的其他法律责任。

第三十二条　市场监督管理部门应当将责令召回情况及行政处罚信息记入信用记录，依法向社会公布。

第三十三条　非道路移动机械的排放召回，以及机动车存在除排放危害外其他不合理排放大气污染物情形的，参照本规定执行。

第三十四条　本规定自2021年7月1日起施行。

危险废物转移管理办法

- 2021年9月18日生态环境部部务会议审议通过
- 并经公安部和交通运输部同意
- 2021年11月30日生态环境部、公安部、交通运输部令第23号公布
- 自2022年1月1日起施行

第一章　总则

第一条　为加强对危险废物转移活动的监督管理，防止污染环境，根据《中华人民共和国固体废物污染环境防治法》等有关法律法规，制定本办法。

第二条　本办法适用于在中华人民共和国境内转移危险废物及其监督管理活动。

转移符合豁免要求的危险废物的，按照国家相关规定实行豁免管理。

在海洋转移危险废物的，不适用本办法。

第三条　危险废物转移应当遵循就近原则。

跨省、自治区、直辖市转移（以下简称跨省转移）处置危险废物的，应当以转移至相邻或者开展区域合作的省、自治区、直辖市的危险废物处置设施，以及全国统筹布局的危险废物处置设施为主。

第四条　生态环境主管部门依法对危险废物转移污染环境防治工作以及危险废物转移联单运行实施监督管理，查处危险废物污染环境违法行为。

各级交通运输主管部门依法查处危险废物运输违反危险货物运输管理相关规定的违法行为。

公安机关依法查处危险废物运输车辆的交通违法行为，打击涉危险废物污染环境犯罪行为。

第五条　生态环境主管部门、交通运输主管部门和公安机关应当建立健全协作机制，共享危险废物转移联单信息、运输车辆行驶轨迹动态信息和运输车辆限制通行区域信息，加强联合监管执法。

第六条　转移危险废物的，应当执行危险废物转移联单制度，法律法规另有规定的除外。

危险废物转移联单的格式和内容由生态环境部另行制定。

第七条　转移危险废物的，应当通过国家危险废物信息管理系统（以下简称信息系统）填写、运行危险废物电子转移联单，并依照国家有关规定公开危险废物转移相关污染环境防治信息。

生态环境部负责建设、运行和维护信息系统。

第八条　运输危险废物的，应当遵守国家有关危险货物运输管理的规定。未经公安机关批准，危险废物运输车辆不得进入危险货物运输车辆限制通行的区域。

第二章　相关方责任

第九条　危险废物移出人、危险废物承运人、危险废物接受人（以下分别简称移出人、承运人和接受人）在危险废物转移过程中应当采取防扬散、防流失、防渗漏或者其他防止污染环境的措施，不得擅自倾倒、堆放、丢弃、遗撒危险废物，并对所造成的环境污染及生态破坏依法承担责任。

移出人、承运人、接受人应当依法制定突发环境事件的防范措施和应急预案，并报有关部门备案；发生危险废物突发环境事件时，应当立即采取有效措施消除或者减轻对环境的污染危害，并按相关规定向事故发生地有关部门报告，接受调查处理。

第十条　移出人应当履行以下义务：

（一）对承运人或者接受人的主体资格和技术能力进行核实，依法签订书面合同，并在合同中约定运输、贮存、利用、处置危险废物的污染防治要求及相关责任；

（二）制定危险废物管理计划，明确拟转移危险废物的种类、重量（数量）和流向等信息；

（三）建立危险废物管理台账，对转移的危险废物进行计量称重，如实记录、妥善保管转移危险废物的种类、重量（数量）和接受人等相关信息；

（四）填写、运行危险废物转移联单，在危险废物转移联单中如实填写移出人、承运人、接受人信息，转移危险废物的种类、重量（数量）、危险特性等信息，以及突发环境事件的防范措施等；

（五）及时核实接受人贮存、利用或者处置相关危险废物情况；

（六）法律法规规定的其他义务。

移出人应当按照国家有关要求开展危险废物鉴别。禁止将危险废物以副产品等名义提供或者委托给无危险废物经营许可证的单位或者其他生产经营者从事收集、贮存、利用、处置活动。

第十一条 承运人应当履行以下义务：

（一）核实危险废物转移联单，没有转移联单的，应当拒绝运输；

（二）填写、运行危险废物转移联单，在危险废物转移联单中如实填写承运人名称、运输工具及其营运证件号，以及运输起点和终点等运输相关信息，并与危险货物运单一并随运输工具携带；

（三）按照危险废物污染环境防治和危险货物运输相关规定运输危险废物，记录运输轨迹，防范危险废物丢失、包装破损、泄漏或者发生突发环境事件；

（四）将运输的危险废物运抵接受人地址，交付给危险废物转移联单上指定的接受人，并将运输情况及时告知移出人；

（五）法律法规规定的其他义务。

第十二条 接受人应当履行以下义务：

（一）核实拟接受的危险废物的种类、重量（数量）、包装、识别标志等相关信息；

（二）填写、运行危险废物转移联单，在危险废物转移联单中如实填写是否接受的意见，以及利用、处置方式和接受量等信息；

（三）按照国家和地方有关规定和标准，对接受的危险废物进行贮存、利用或者处置；

（四）将危险废物接受情况、利用或者处置结果及时告知移出人；

（五）法律法规规定的其他义务。

第十三条 危险废物托运人（以下简称托运人）应当按照国家危险货物相关标准确定危险废物对应危险货物的类别、项别、编号等，并委托具备相应危险货物运输资质的单位承运危险废物，依法签订运输合同。

采用包装方式运输危险废物的，应当妥善包装，并按照国家有关标准在外包装上设置相应的识别标志。

装载危险废物时，托运人应当核实承运人、运输工具及收运人员是否具有相应经营范围的有效危险货物运输许可证件，以及待转移的危险废物识别标志中的相关信息与危险废物转移联单是否相符；不相符的，应当不予装载。装载采用包装方式运输的危险废物的，应当确保将包装完好的危险废物交付承运人。

第三章 危险废物转移联单的运行和管理

第十四条 危险废物转移联单应当根据危险废物管理计划中填报的危险废物转移等备案信息填写、运行。

第十五条 危险废物转移联单实行全国统一编号，编号由十四位阿拉伯数字组成。第一至四位数字为年份代码；第五、六位数字为移出地省级行政区划代码；第七、八位数字为移出地设区的市级行政区划代码；其余六位数字以移出地设区的市级行政区域为单位进行流水编号。

第十六条 移出人每转移一车（船或者其他运输工具）次同类危险废物，应当填写、运行一份危险废物转移联单；每车（船或者其他运输工具）次转移多类危险废物的，可以填写、运行一份危险废物转移联单，也可以每一类危险废物填写、运行一份危险废物转移联单。

使用同一车（船或者其他运输工具）一次为多个移出人转移危险废物的，每个移出人应当分别填写、运行危险废物转移联单。

第十七条 采用联运方式转移危险废物的，前一承运人和后一承运人应当明确运输交接的时间和地点。后一承运人应当核实危险废物转移联单确定的移出人信息、前一承运人信息及危险废物相关信息。

第十八条 接受人应当对运抵的危险废物进行核实验收，并在接受之日起五个工作日内通过信息系统确认接受。

运抵的危险废物的名称、数量、特性、形态、包装方式与危险废物转移联单填写内容不符的，接受人应当及时告知移出人，视情况决定是否接受，同时向接受地生态环境主管部门报告。

第十九条 对不通过车（船或者其他运输工具），且无法按次对危险废物计量的其他方式转移危险废物的，移出人和接受人应当分别配备计量记录设备，将每天危险废物转移的种类、重量（数量）、形态和危险特性等信息纳入相关台账记录，并根据所在地设区的市级以上地方生态环境主管部门的要求填写、运行危险废物转移联单。

第二十条 危险废物电子转移联单数据应当在信息系统中至少保存十年。

因特殊原因无法运行危险废物电子转移联单的，可以先使用纸质转移联单,并于转移活动完成后十个工作日内在信息系统中补录电子转移联单。

第四章 危险废物跨省转移管理

第二十一条 跨省转移危险废物的,应当向危险废物移出地省级生态环境主管部门提出申请。移出地省级生态环境主管部门应当商经接受地省级生态环境主管部门同意后,批准转移该危险废物。未经批准的,不得转移。

鼓励开展区域合作的移出地和接受地省级生态环境主管部门按照合作协议简化跨省转移危险废物审批程序。

第二十二条 申请跨省转移危险废物的,移出人应当填写危险废物跨省转移申请表,并提交下列材料:

(一)接受人的危险废物经营许可证复印件;

(二)接受人提供的贮存、利用或者处置危险废物方式的说明;

(三)移出人与接受人签订的委托协议、意向或者合同;

(四)危险废物移出地的地方性法规规定的其他材料。

移出人应当在危险废物跨省转移申请表中提出拟开展危险废物转移活动的时间期限。

省级生态环境主管部门应当向社会公开办理危险废物跨省转移需要的申请材料。

危险废物跨省转移申请表的格式和内容,由生态环境部另行制定。

第二十三条 对于申请材料齐全、符合要求的,受理申请的省级生态环境主管部门应当立即予以受理;申请材料存在可以当场更正的错误的,应当允许申请人当场更正;申请材料不齐全或者不符合要求的,应当当场或者在五个工作日内一次性告知移出人需要补正的全部内容,逾期不告知的,自收到申请材料之日起即为受理。

第二十四条 危险废物移出地省级生态环境主管部门应当自受理申请之日起五个工作日内,根据移出人提交的申请材料和危险废物管理计划等信息,提出初步审核意见。初步审核同意移出的,通过信息系统向危险废物接受地省级生态环境主管部门发出跨省转移商请函;不同意移出的,书面答复移出人,并说明理由。

第二十五条 危险废物接受地省级生态环境主管部门应当自收到移出地省级生态环境主管部门的商请函之日起十个工作日内,出具是否同意接受的意见,并通过信息系统函复移出地省级生态环境主管部门;不同意接受的,应当说明理由。

第二十六条 危险废物移出地省级生态环境主管部门应当自收到接受地省级生态环境主管部门复函之日起五个工作日内作出是否批准转移该危险废物的决定;不同意转移的,应当说明理由。危险废物移出地省级生态环境主管部门应当将批准信息通报移出地省级交通运输主管部门和移入地等相关省级生态环境主管部门和交通运输主管部门。

第二十七条 批准跨省转移危险废物的决定,应当包括批准转移危险废物的名称,类别,废物代码,重量(数量),移出人,接受人,贮存、利用或者处置方式等信息。

批准跨省转移危险废物的决定的有效期为十二个月,但不得超过移出人申请开展危险废物转移活动的时间期限和接受人危险废物经营许可证的剩余有效期限。

跨省转移危险废物的申请经批准后,移出人应当按照批准跨省转移危险废物的决定填写、运行危险废物转移联单,实施危险废物转移活动。移出人可以按照批准跨省转移危险废物的决定在有效期内多次转移危险废物。

第二十八条 发生下列情形之一的,移出人应当重新提出危险废物跨省转移申请:

(一)计划转移的危险废物的种类发生变化或者重量(数量)超过原批准重量(数量)的;

(二)计划转移的危险废物的贮存、利用、处置方式发生变化的;

(三)接受人发生变更或者接受人不再具备拟接受危险废物的贮存、利用或者处置条件的。

第五章 法律责任

第二十九条 违反本办法规定,未填写、运行危险废物转移联单,将危险废物以副产品等名义提供或者委托给无危险废物经营许可证的单位或者其他生产经营者从事收集、贮存、利用、处置活动,或者未经批准擅自跨省转移危险废物的,由生态环境主管部门和公安机关依照《中华人民共和国固体废物污染环境防治法》有关规定进行处罚。

违反危险货物运输管理相关规定运输危险废物的,由交通运输主管部门、公安机关和生态环境主管部门依法进行处罚。

违反本办法规定,未规范填写、运行危险废物转移联单,及时改正,且没有造成危害后果的,依法不予行政处罚;主动消除或者减轻危害后果的,生态环境主管部门可以依法从轻或者减轻行政处罚。

第三十条 违反本办法规定,构成违反治安管理行为的,由公安机关依法进行处罚;构成犯罪的,依法追究刑事责任。

生态环境主管部门、交通运输主管部门在监督检查时,发现涉嫌犯罪的案件,应当按照行政执法和刑事司法相衔接相关规定及时移送公安机关。

第六章 附 则

第三十一条 本办法下列用语的含义：

（一）转移，是指以贮存、利用或者处置危险废物为目的，将危险废物从移出人的场所移出，交付承运人并移入接受人场所的活动。

（二）移出人，是指危险废物转移的起始单位，包括危险废物产生单位、危险废物收集单位等。

（三）承运人，是指承担危险废物运输作业任务的单位。

（四）接受人，是指危险废物转移的目的地单位，即危险货物的收货人。

（五）托运人，是指委托承运人运输危险废物的单位，只能由移出人或者接受人担任。

第三十二条 本办法自 2022 年 1 月 1 日起施行。《危险废物转移联单管理办法》（原国家环境保护总局令第 5 号）同时废止。

国家危险废物名录（2021 年版）

- 2020 年 11 月 5 日经生态环境部部务会议审议通过
- 2020 年 11 月 25 日生态环境部、国家发展和改革委员会、公安部、交通运输部、国家卫生健康委员会令第 15 号公布
- 自 2021 年 1 月 1 日起施行

第一条 根据《中华人民共和国固体废物污染环境防治法》的有关规定，制定本名录。

第二条 具有下列情形之一的固体废物（包括液态废物），列入本名录：

（一）具有毒性、腐蚀性、易燃性、反应性或者感染性一种或者几种危险特性的；

（二）不排除具有危险特性，可能对生态环境或者人体健康造成有害影响，需要按照危险废物进行管理的。

第三条 列入本名录附录《危险废物豁免管理清单》中的危险废物，在所列的豁免环节，且满足相应的豁免条件时，可以按照豁免内容的规定实行豁免管理。

第四条 危险废物与其他物质混合后的固体废物，以及危险废物利用处置后的固体废物的属性判定，按照国家规定的危险废物鉴别标准执行。

第五条 本名录中有关术语的含义如下：

（一）废物类别，是在《控制危险废物越境转移及其处置巴塞尔公约》划定的类别基础上，结合我国实际情况对危险废物进行的分类。

（二）行业来源，是指危险废物的产生行业。

（三）废物代码，是指危险废物的唯一代码，为 8 位数字。其中，第 1-3 位为危险废物产生行业代码（依据《国民经济行业分类（GB/T 4754-2017）》确定），第 4-6 位为危险废物顺序代码，第 7-8 位为危险废物类别代码。

（四）危险特性，是指对生态环境和人体健康具有有害影响的毒性（Toxicity,T）、腐蚀性（Corrosivity,C）、易燃性（Ignitability,I）、反应性（Reactivity,R）和感染性（Infectivity,In）。

第六条 对不明确是否具有危险特性的固体废物，应当按照国家规定的危险废物鉴别标准和鉴别方法予以认定。

经鉴别具有危险特性的，属于危险废物，应当根据其主要有害成分和危险特性确定所属废物类别，并按代码"900-000-××"（××为危险废物类别代码）进行归类管理。

经鉴别不具有危险特性的，不属于危险废物。

第七条 本名录根据实际情况实行动态调整。

第八条 本名录自 2021 年 1 月 1 日起施行。原环境保护部、国家发展和改革委员会、公安部发布的《国家危险废物名录》（环境保护部令第 39 号）同时废止。

附表

国家危险废物名录

废物类别	行业来源	废物代码	危险废物	危险特性[1]
HW01 医疗废物[2]	卫生	841-001-01	感染性废物	In
		841-002-01	损伤性废物	In
		841-003-01	病理性废物	In
		841-004-01	化学性废物	T/C/I/R
		841-005-01	药物性废物	T

续表

废物类别	行业来源	废物代码	危险废物	危险特性[1]
HW02 医药废物	化学药品原料药制造	271-001-02	化学合成原料药生产过程中产生的蒸馏及反应残余物	T
		271-002-02	化学合成原料药生产过程中产生的废母液及反应基废物	T
		271-003-02	化学合成原料药生产过程中产生的废脱色过滤介质	T
		271-004-02	化学合成原料药生产过程中产生的废吸附剂	T
		271-005-02	化学合成原料药生产过程中的废弃产品及中间体	T
	化学药品制剂制造	272-001-02	化学药品制剂生产过程中原料药提纯精制、再加工产生的蒸馏及反应残余物	T
		272-003-02	化学药品制剂生产过程中产生的废脱色过滤介质及吸附剂	T
		272-005-02	化学药品制剂生产过程中产生的废弃产品及原料药	T
	兽用药品制造	275-001-02	使用砷或有机砷化合物生产兽药过程中产生的废水处理污泥	T
		275-002-02	使用砷或有机砷化合物生产兽药过程中产生的蒸馏残余物	T
		275-003-02	使用砷或有机砷化合物生产兽药过程中产生的废脱色过滤介质及吸附剂	T
		275-004-02	其他兽药生产过程中产生的蒸馏及反应残余物	T
		275-005-02	其他兽药生产过程中产生的废脱色过滤介质及吸附剂	T
		275-006-02	兽药生产过程中产生的废母液、反应基和培养基废物	T
		275-008-02	兽药生产过程中产生的废弃产品及原料药	T
	生物药品制品制造	276-001-02	利用生物技术生产生物化学药品、基因工程药物过程中产生的蒸馏及反应残余物	T
		276-002-02	利用生物技术生产生物化学药品、基因工程药物(不包括利用生物技术合成氨基酸、维生素、他汀类降脂药物、降糖类药物)过程中产生的废母液、反应基和培养基废物	T
		276-003-02	利用生物技术生产生物化学药品、基因工程药物(不包括利用生物技术合成氨基酸、维生素、他汀类降脂药物、降糖类药物)过程中产生的废脱色过滤介质	T
		276-004-02	利用生物技术生产生物化学药品、基因工程药物过程中产生的废吸附剂	T
		276-005-02	利用生物技术生产生物化学药品、基因工程药物过程中产生的废弃产品、原料药和中间体	T
HW03 废药物、药品	非特定行业	900-002-03	销售及使用过程中产生的失效、变质、不合格、淘汰、伪劣的化学药品和生物制品(不包括列入《国家基本药物目录》中的维生素、矿物质类药,调节水、电解质及酸碱平衡药),以及《医疗用毒性药品管理办法》中所列的毒性中药	T

续表

废物类别	行业来源	废物代码	危险废物	危险特性[1]
HW04 农药废物	农药制造	263-001-04	氯丹生产过程中六氯环戊二烯过滤产生的残余物,及氯化反应器真空汽提产生的废物	T
		263-002-04	乙拌磷生产过程中甲苯回收工艺产生的蒸馏残渣	T
		263-003-04	甲拌磷生产过程中二乙基二硫代磷酸过滤产生的残余物	T
		263-004-04	2,4,5-三氯苯氧乙酸生产过程中四氯苯蒸馏产生的重馏分及蒸馏残余物	T
		263-005-04	2,4-二氯苯氧乙酸生产过程中苯酚氯化工段产生的含2,6-二氯苯酚精馏残渣	T
		263-006-04	乙烯基双二硫代氨基甲酸及其盐类生产过程中产生的过滤、蒸发和离心分离残余物及废水处理污泥,产品研磨和包装工序集(除)尘装置收集的粉尘和地面清扫废物	T
		263-007-04	溴甲烷生产过程中产生的废吸附剂、反应器产生的蒸馏残液和废水分离器产生的废物	T
		263-008-04	其他农药生产过程中产生的蒸馏及反应残余物(不包括赤霉酸发酵滤渣)	T
		263-009-04	农药生产过程中产生的废母液、反应罐及容器清洗废液	T
		263-010-04	农药生产过程中产生的废滤料及吸附剂	T
		263-011-04	农药生产过程中产生的废水处理污泥	T
		263-012-04	农药生产、配制过程中产生的过期原料和废弃产品	T
	非特定行业	900-003-04	销售及使用过程中产生的失效、变质、不合格、淘汰、伪劣的农药产品,以及废弃的与农药直接接触或含有农药残余物的包装物	T
HW05 木材防腐剂废物	木材加工	201-001-05	使用五氯酚进行木材防腐过程中产生的废水处理污泥,以及木材防腐处理过程中产生的沾染该防腐剂的废弃木材残片	T
		201-002-05	使用杂酚油进行木材防腐过程中产生的废水处理污泥,以及木材防腐处理过程中产生的沾染该防腐剂的废弃木材残片	T
		201-003-05	使用含砷、铬等无机防腐剂进行木材防腐过程中产生的废水处理污泥,以及木材防腐处理过程中产生的沾染该防腐剂的废弃木材残片	T
	专用化学产品制造	266-001-05	木材防腐化学品生产过程中产生的反应残余物、废过滤介质及吸附剂	T
		266-002-05	木材防腐化学品生产过程中产生的废水处理污泥	T
		266-003-05	木材防腐化学品生产、配制过程中产生的过期原料和废弃产品	T
	非特定行业	900-004-05	销售及使用过程中产生的失效、变质、不合格、淘汰、伪劣的木材防腐化学药品	T

续表

废物类别	行业来源	废物代码	危险废物	危险特性[1]
HW06 废有机溶剂与含有机溶剂废物	非特定行业	900-401-06	工业生产中作为清洗剂、萃取剂、溶剂或反应介质使用后废弃的四氯化碳、二氯甲烷、1,1-二氯乙烷、1,2-二氯乙烷、1,1,1-三氯乙烷、1,1,2-三氯乙烷、三氯乙烯、四氯乙烯,以及在使用前混合的含有一种或多种上述卤化溶剂的混合/调和溶剂	T,I
		900-402-06	工业生产中作为清洗剂、萃取剂、溶剂或反应介质使用后废弃的有机溶剂,包括苯、苯乙烯、丁醇、丙酮、正己烷、甲苯、邻二甲苯、间二甲苯、对二甲苯、1,2,4-三甲苯、乙苯、乙醇、异丙醇、乙醚、丙醚、乙酸甲酯、乙酸乙酯、乙酸丁酯、丙酸丁酯、苯酚,以及在使用前混合的含有一种或多种上述溶剂的混合/调和溶剂	T,I,R
		900-404-06	工业生产中作为清洗剂、萃取剂、溶剂或反应介质使用后废弃的其他列入《危险化学品目录》的有机溶剂,以及在使用前混合的含有一种或多种上述溶剂的混合/调和溶剂	T,I,R
		900-405-06	900-401-06、900-402-06、900-404-06 中所列废有机溶剂再生处理过程中产生的废活性炭及其他过滤吸附介质	T,I,R
		900-407-06	900-401-06、900-402-06、900-404-06 中所列废有机溶剂分馏再生过程中产生的高沸物和釜底残渣	T,I,R
		900-409-06	900-401-06、900-402-06、900-404-06 中所列废有机溶剂再生处理过程中产生的废水处理浮渣和污泥(不包括废水生化处理污泥)	T
HW07 热处理含氰废物	金属表面处理及热处理加工	336-001-07	使用氰化物进行金属热处理产生的淬火池残渣	T,R
		336-002-07	使用氰化物进行金属热处理产生的淬火废水处理污泥	T,R
		336-003-07	含氰热处理炉维修过程中产生的废内衬	T,R
		336-004-07	热处理渗碳炉产生的热处理渗碳氰渣	T,R
		336-005-07	金属热处理工艺盐浴槽(釜)清洗产生的含氰残渣和含氰废液	T,R
		336-049-07	氰化物热处理和退火作业过程中产生的残渣	T,R
HW08 废矿物油与含矿物油废物	石油开采	071-001-08	石油井采和联合站贮存产生的油泥和油脚	T,I
		071-002-08	以矿物油为连续相配制钻井泥浆用于石油开采所产生的钻井岩屑和废弃钻井泥浆	T
	天然气开采	072-001-08	以矿物油为连续相配制钻井泥浆用于天然气开采所产生的钻井岩屑和废弃钻井泥浆	T
	精炼石油产品制造	251-001-08	清洗矿物油储存、输送设施过程中产生的油/水和烃/水混合物	T
		251-002-08	石油初炼过程中储存设施、油-水-固态物质分离器、积水槽、沟渠及其他输送管道、污水池、雨水收集管道产生的含油污泥	T,I
		251-003-08	石油炼制过程中含油废水隔油、气浮、沉淀等处理过程中产生的浮油、浮渣和污泥(不包括废水生化处理污泥)	T
		251-004-08	石油炼制过程中溶气浮选工艺产生的浮渣	T,I
		251-005-08	石油炼制过程中产生的溢出废油或乳剂	T,I
		251-006-08	石油炼制换热器管束清洗过程中产生的含油污泥	T
		251-010-08	石油炼制过程中澄清油浆槽底沉积物	T,I
		251-011-08	石油炼制过程中进油管路过滤或分离装置产生的残渣	T,I
		251-012-08	石油炼制过程中产生的废过滤介质	T

续表

废物类别	行业来源	废物代码	危险废物	危险特性[1]
HW08 废矿物油 与含矿物 油废物	电子元件及 专用材料制造	398-001-08	锂电池隔膜生产过程中产生的废白油	T
	橡胶制品业	291-001-08	橡胶生产过程中产生的废溶剂油	T,I
	非特定行业	900-199-08	内燃机、汽车、轮船等集中拆解过程产生的废矿物油及油泥	T,I
		900-200-08	珩磨、研磨、打磨过程产生的废矿物油及油泥	T,I
		900-201-08	清洗金属零部件过程中产生的废弃煤油、柴油、汽油及其他由石油和煤炼制生产的溶剂油	T,I
		900-203-08	使用淬火油进行表面硬化处理产生的废矿物油	T
		900-204-08	使用轧制油、冷却剂及酸进行金属轧制产生的废矿物油	T
		900-205-08	镀锡及焊锡回收工艺产生的废矿物油	T
		900-209-08	金属、塑料的定型和物理机械表面处理过程中产生的废石蜡和润滑油	T,I
		900-210-08	含油废水处理中隔油、气浮、沉淀等处理过程中产生的浮油、浮渣和污泥（不包括废水生化处理污泥）	T,I
		900-213-08	废矿物油再生净化过程中产生的沉淀残渣、过滤残渣、废过滤吸附介质	T,I
		900-214-08	车辆、轮船及其它机械维修过程中产生的废发动机油、制动器油、自动变速器油、齿轮油等废润滑油	T,I
		900-215-08	废矿物油裂解再生过程中产生的裂解残渣	T,I
		900-216-08	使用防锈油进行铸件表面防锈处理过程中产生的废防锈油	T,I
		900-217-08	使用工业齿轮油进行机械设备润滑过程中产生的废润滑油	T,I
		900-218-08	液压设备维护、更换和拆解过程中产生的废液压油	T,I
		900-219-08	冷冻压缩设备维护、更换和拆解过程中产生的废冷冻机油	T,I
		900-220-08	变压器维护、更换和拆解过程中产生的废变压器油	T,I
		900-221-08	废燃料油及燃料油储存过程中产生的油泥	T,I
		900-249-08	其他生产、销售、使用过程中产生的废矿物油及沾染矿物油的废弃包装物	T,I
HW09 油/水、烃/ 水混合物 或乳化液	非特定行业	900-005-09	水压机维护、更换和拆解过程中产生的油/水、烃/水混合物或乳化液	T
		900-006-09	使用切削油或切削液进行机械加工过程中产生的油/水、烃/水混合物或乳化液	T
		900-007-09	其他工艺过程中产生的油/水、烃/水混合物或乳化液	T
HW10 多氯（溴） 联苯类 废物	非特定行业	900-008-10	含有多氯联苯（PCBs）、多氯三联苯（PCTs）和多溴联苯（PBBs）的废弃电容器、变压器	T
		900-009-10	含有 PCBs、PCTs 和 PBBs 的电力设备的清洗液	T
		900-010-10	含有 PCBs、PCTs 和 PBBs 的电力设备中废弃的介质油、绝缘油、冷却油及导热油	T
		900-011-10	含有或沾染 PCBs、PCTs 和 PBBs 的废弃包装物及容器	T

续表

废物类别	行业来源	废物代码	危险废物	危险特性[1]
HW11 精（蒸） 馏残渣	精炼石油产品制造	251-013-11	石油精炼过程中产生的酸焦油和其他焦油	T
	煤炭加工	252-001-11	炼焦过程中蒸氨塔残渣和洗油再生残渣	T
		252-002-11	煤气净化过程氨水分离设施底部的焦油和焦油渣	T
		252-003-11	炼焦副产品回收过程中萘精制产生的残渣	T
		252-004-11	炼焦过程中焦油储存设施中的焦油渣	T
		252-005-11	煤焦油加工过程中焦油储存设施中的焦油渣	T
		252-007-11	炼焦及煤焦油加工过程中的废水池残渣	T
		252-009-11	轻油回收过程中的废水池残渣	T
		252-010-11	炼焦、煤焦油加工和苯精制过程中产生的废水处理污泥（不包括废水生化处理污泥）	T
		252-011-11	焦炭生产过程中硫铵工段煤气除酸净化产生的酸焦油	T
		252-012-11	焦化粗苯酸洗法精制过程产生的酸焦油及其他精制过程产生的蒸馏残渣	T
		252-013-11	焦炭生产过程中产生的脱硫废液	T
		252-016-11	煤沥青改质过程中产生的闪蒸油	T
		252-017-11	固定床气化技术生产化工合成原料气、燃料油合成原料气过程中粗煤气冷凝产生的焦油和焦油渣	T
	燃气生产和供应业	451-001-11	煤气生产行业煤气净化过程中产生的煤焦油渣	T
		451-002-11	煤气生产过程中产生的废水处理污泥(不包括废水生化处理污泥)	T
		451-003-11	煤气生产过程中煤气冷凝产生的煤焦油	T
	基础化学原料制造	261-007-11	乙烯法制乙醛生产过程中产生的蒸馏残渣	T
		261-008-11	乙烯法制乙醛生产过程中产生的蒸馏次要馏分	T
		261-009-11	苄基氯生产过程中苄基氯蒸馏产生的蒸馏残渣	T
		261-010-11	四氯化碳生产过程中产生的蒸馏残渣和重馏分	T
		261-011-11	表氯醇生产过程中精制塔产生的蒸馏残渣	T
		261-012-11	异丙苯生产过程中精馏塔产生的重馏分	T
		261-013-11	萘法生产邻苯二甲酸酐过程中产生的蒸馏残渣和轻馏分	T
		261-014-11	邻二甲苯法生产邻苯二甲酸酐过程中产生的蒸馏残渣和轻馏分	T
		261-015-11	苯硝化法生产硝基苯过程中产生的蒸馏残渣	T
		261-016-11	甲苯二异氰酸酯生产过程中产生的蒸馏残渣和离心分离残渣	T
		261-017-11	1,1,1-三氯乙烷生产过程中产生的蒸馏残渣	T
		261-018-11	三氯乙烯和四氯乙烯联合生产过程中产生的蒸馏残渣	T
		261-019-11	苯胺生产过程中产生的蒸馏残渣	T

续表

废物类别	行业来源	废物代码	危险废物	危险特性[1]
HW11 精(蒸)馏残渣	基础化学原料制造	261-020-11	苯胺生产过程中苯胺萃取工序产生的蒸馏残渣	T
		261-021-11	二硝基甲苯加氢法生产甲苯二胺过程中干燥塔产生的反应残余物	T
		261-022-11	二硝基甲苯加氢法生产甲苯二胺过程中产品精制产生的轻馏分	T
		261-023-11	二硝基甲苯加氢法生产甲苯二胺过程中产品精制产生的废液	T
		261-024-11	二硝基甲苯加氢法生产甲苯二胺过程中产品精制产生的重馏分	T
		261-025-11	甲苯二胺光气化法生产甲苯二异氰酸酯过程中溶剂回收塔产生的有机冷凝物	T
		261-026-11	氯苯、二氯苯生产过程中的蒸馏及分馏残渣	T
		261-027-11	使用羧酸肼生产1,1-二甲基肼过程中产品分离产生的残渣	T
		261-028-11	乙烯溴化法生产二溴乙烯过程中产品精制产生的蒸馏残渣	T
		261-029-11	α-氯甲苯、苯甲酰氯和含此类官能团的化学品生产过程中产生的蒸馏残渣	T
		261-030-11	四氯化碳生产过程中的重馏分	T
		261-031-11	二氯乙烯单体生产过程中蒸馏产生的重馏分	T
		261-032-11	氯乙烯单体生产过程中蒸馏产生的重馏分	T
		261-033-11	1,1,1-三氯乙烷生产过程中蒸汽汽提塔产生的残余物	T
		261-034-11	1,1,1-三氯乙烷生产过程中蒸馏产生的重馏分	T
		261-035-11	三氯乙烯和四氯乙烯联合生产过程中产生的重馏分	T
		261-100-11	苯和丙烯生产苯酚和丙酮过程中产生的重馏分	T
		261-101-11	苯泵式硝化生产硝基苯过程中产生的重馏分	T,R
		261-102-11	铁粉还原硝基苯生产苯胺过程中产生的重馏分	T
		261-103-11	以苯胺、乙酸酐或乙酰苯胺为原料生产对硝基苯胺过程中产生的重馏分	T
		261-104-11	对硝基氯苯胺氨解生产对硝基苯胺过程中产生的重馏分	T,R
		261-105-11	氨化法、还原法生产邻苯二胺过程中产生的重馏分	T
		261-106-11	苯和乙烯直接催化、乙苯和丙烯共氧化、乙苯催化脱氢生产苯乙烯过程中产生的重馏分	T
		261-107-11	二硝基甲苯还原催化生产甲苯二胺过程中产生的重馏分	T
		261-108-11	对苯二酚氧化生产二甲氧基苯胺过程中产生的重馏分	T
		261-109-11	萘磺化生产萘酚过程中产生的重馏分	T
		261-110-11	苯酚、三甲苯水解生产4,4'-二羟基二苯砜过程中产生的重馏分	T
		261-111-11	甲苯硝基化合物羰基化法、甲苯碳酸二甲酯法生产甲苯二异氰酸酯过程中产生的重馏分	T
		261-113-11	乙烯直接氯化生产二氯乙烷过程中产生的重馏分	T

续表

废物类别	行业来源	废物代码	危险废物	危险特性[1]
HW11 精(蒸)馏残渣	基础化学原料制造	261-114-11	甲烷氯化生产甲烷氯化物过程中产生的重馏分	T
		261-115-11	甲醇氯化生产甲烷氯化物过程中产生的釜底残液	T
		261-116-11	乙烯氯醇法、氧化法生产环氧乙烷过程中产生的重馏分	T
		261-117-11	乙炔气相合成、氧氯化生产氯乙烯过程中产生的重馏分	T
		261-118-11	乙烯直接氯化生产三氯乙烯、四氯乙烯过程中产生的重馏分	T
		261-119-11	乙烯氧氯化法生产三氯乙烯、四氯乙烯过程中产生的重馏分	T
		261-120-11	甲苯光气法生产苯甲酰氯产品精制过程中产生的重馏分	T
		261-121-11	甲苯苯甲酸法生产苯甲酰氯产品精制过程中产生的重馏分	T
		261-122-11	甲苯连续光氯化法、无光热氯化法生产氯化苄过程中产生的重馏分	T
		261-123-11	偏二氯乙烯氢氯化法生产1,1,1-三氯乙烷过程中产生的重馏分	T
		261-124-11	醋酸丙烯酯法生产环氧氯丙烷过程中产生的重馏分	T
		261-125-11	异戊烷(异戊烯)脱氢法生产异戊二烯过程中产生的重馏分	T
		261-126-11	化学合成法生产异戊二烯过程中产生的重馏分	T
		261-127-11	碳五馏分分离生产异戊二烯过程中产生的重馏分	T
		261-128-11	合成气加压催化生产甲醇过程中产生的重馏分	T
		261-129-11	水合法、发酵法生产乙醇过程中产生的重馏分	T
		261-130-11	环氧乙烷直接水合生产乙二醇过程中产生的重馏分	T
		261-131-11	乙醛缩合加氢生产丁二醇过程中产生的重馏分	T
		261-132-11	乙醛氧化生产醋酸蒸馏过程中产生的重馏分	T
		261-133-11	丁烷液相氧化生产醋酸过程中产生的重馏分	T
		261-134-11	电石乙炔法生产醋酸乙烯酯过程中产生的重馏分	T
		261-135-11	氢氰酸法生产原甲酸三甲酯过程中产生的重馏分	T
		261-136-11	β-苯胺乙醇法生产靛蓝过程中产生的重馏分	T
	石墨及其他非金属矿物制品制造	309-001-11	电解铝及其他有色金属电解精炼过程中预焙阳极、碳块及其它碳素制品制造过程烟气处理所产生的含焦油废物	T
	环境治理业	772-001-11	废矿物油再生过程中产生的酸焦油	T
	非特定行业	900-013-11	其他化工生产过程(不包括以生物质为主要原料的加工过程)中精馏、蒸馏和热解工艺产生的高沸点釜底残余物	T

续表

废物类别	行业来源	废物代码	危险废物	危险特性[1]
HW12 染料、涂料废物	涂料、油墨、颜料及类似产品制造	264-002-12	铬黄和铬橙颜料生产过程中产生的废水处理污泥	T
		264-003-12	钼酸橙颜料生产过程中产生的废水处理污泥	T
		264-004-12	锌黄颜料生产过程中产生的废水处理污泥	T
		264-005-12	铬绿颜料生产过程中产生的废水处理污泥	T
		264-006-12	氧化铬绿颜料生产过程中产生的废水处理污泥	T
		264-007-12	氧化铬绿颜料生产过程中烘干产生的残渣	T
		264-008-12	铁蓝颜料生产过程中产生的废水处理污泥	T
		264-009-12	使用含铬、铅的稳定剂配制油墨过程中,设备清洗产生的洗涤废液和废水处理污泥	T
		264-010-12	油墨生产、配制过程中产生的废蚀刻液	T
		264-011-12	染料、颜料生产过程中产生的废母液、残渣、废吸附剂和中间体废物	T
		264-012-12	其他油墨、染料、颜料、油漆(不包括水性漆)生产过程中产生的废水处理污泥	T
		264-013-12	油漆、油墨生产、配制和使用过程中产生的含颜料、油墨的废有机溶剂	T
	非特定行业	900-250-12	使用有机溶剂、光漆进行光漆涂布、喷漆工艺过程中产生的废物	T,I
		900-251-12	使用油漆(不包括水性漆)、有机溶剂进行阻挡层涂敷过程中产生的废物	T,I
		900-252-12	使用油漆(不包括水性漆)、有机溶剂进行喷漆、上漆过程中产生的废物	T,I
		900-253-12	使用油墨和有机溶剂进行丝网印刷过程中产生的废物	T,I
		900-254-12	使用遮盖油、有机溶剂进行遮盖油的涂敷过程中产生的废物	T,I
		900-255-12	使用各种颜料进行着色过程中产生的废颜料	T
		900-256-12	使用酸、碱或有机溶剂清洗容器设备过程中剥离下的废油漆、废染料、废涂料	T,I,C
		900-299-12	生产、销售及使用过程中产生的失效、变质、不合格、淘汰、伪劣的油墨、染料、颜料、油漆(不包括水性漆)	T
HW13 有机树脂类废物	合成材料制造	265-101-13	树脂、合成乳胶、增塑剂、胶水/胶合剂合成过程产生的不合格产品(不包括热塑型树脂生产过程中聚合物经脱除单体、低聚物、溶剂及其他助剂后产生的废料,以及热固型树脂固化后的固化体)	T
		265-102-13	树脂、合成乳胶、增塑剂、胶水/胶合剂生产过程中合成、酯化、缩合等工序产生的废母液	T
		265-103-13	树脂(不包括水性聚氨酯乳液、水性丙烯酸乳液、水性聚氨酯丙烯酸复合乳液)、合成乳胶、增塑剂、胶水/胶合剂生产过程中精馏、分离、精制等工序产生的釜底残液、废过滤介质和残渣	T
		265-104-13	树脂(不包括水性聚氨酯乳液、水性丙烯酸乳液、水性聚氨酯丙烯酸复合乳液)、合成乳胶、增塑剂、胶水/胶合剂合成过程中产生的废水处理污泥(不包括废水生化处理污泥)	T

续表

废物类别	行业来源	废物代码	危险废物	危险特性[1]
HW13 有机树脂类废物	非特定行业	900-014-13	废弃的粘合剂和密封剂(不包括水基型和热熔型粘合剂和密封剂)	T
		900-015-13	湿法冶金、表面处理和制药行业重金属、抗生素提取、分离过程产生的废弃离子交换树脂,以及工业废水处理过程产生的废弃离子交换树脂	T
		900-016-13	使用酸、碱或有机溶剂清洗容器设备剥离下的树脂状、粘稠杂物	T
		900-451-13	废覆铜板、印刷线路板、电路板破碎分选回收金属后产生的废树脂粉	T
HW14 新化学物质废物	非特定行业	900-017-14	研究、开发和教学活动中产生的对人类或环境影响不明的化学物质废物	T/C/I/R
HW15 爆炸性废物	炸药、火工及焰火产品制造	267-001-15	炸药生产和加工过程中产生的废水处理污泥	R,T
		267-002-15	含爆炸品废水处理过程中产生的废活性炭	R,T
		267-003-15	生产、配制和装填铅基起爆药剂过程中产生的废水处理污泥	R,T
		267-004-15	三硝基甲苯生产过程中产生的粉红水、红水,以及废水处理污泥	T,R
HW16 感光材料废物	专用化学产品制造	266-009-16	显(定)影剂、正负胶片、像纸、感光材料生产过程中产生的不合格产品和过期产品	T
		266-010-16	显(定)影剂、正负胶片、像纸、感光材料生产过程中产生的残渣和废水处理污泥	T
	印刷	231-001-16	使用显影剂进行胶卷显影,使用定影剂进行胶卷定影,以及使用铁氰化钾、硫代硫酸盐进行影像减薄(漂白)产生的废显(定)影剂、胶片和废像纸	T
		231-002-16	使用显影剂进行印刷显影,抗蚀图形显影,以及凸版印刷产生的废显(定)影剂、胶片和废像纸	T
	电子元件及电子专用材料制造	398-001-16	使用显影剂、氢氧化物、偏亚硫酸氢盐、醋酸进行胶卷显影产生的废显(定)影剂、胶片和废像纸	T
	影视节目制作	873-001-16	电影厂产生的废显(定)影剂、胶片及废像纸	T
	摄影扩印服务	806-001-16	摄影扩印服务行业产生的废显(定)影剂、胶片和废像纸	T
	非特定行业	900-019-16	其他行业产生的废显(定)影剂、胶片和废像纸	T
HW17 表面处理废物	金属表面处理及热处理加工	336-050-17	使用氯化亚锡进行敏化处理产生的废渣和废水处理污泥	T
		336-051-17	使用氯化锌、氯化铵进行敏化处理产生的废渣和废水处理污泥	T
		336-052-17	使用锌和电镀化学品进行镀锌产生的废槽液、槽渣和废水处理污泥	T
		336-053-17	使用镉和电镀化学品进行镀镉产生的废槽液、槽渣和废水处理污泥	T
		336-054-17	使用镍和电镀化学品进行镀镍产生的废槽液、槽渣和废水处理污泥	T
		336-055-17	使用镀镍液进行镀镍产生的废槽液、槽渣和废水处理污泥	T
		336-056-17	使用硝酸银、碱、甲醛进行敷金属法镀银产生的废槽液、槽渣和废水处理污泥	T

续表

废物类别	行业来源	废物代码	危险废物	危险特性[1]
HW17 表面处理 废物	金属表面 处理及热 处理加工	336-057-17	使用金和电镀化学品进行镀金产生的废槽液、槽渣和废水处理污泥	T
		336-058-17	使用镀铜液进行化学镀铜产生的废槽液、槽渣和废水处理污泥	T
		336-059-17	使用钯和锡盐进行活化处理产生的废渣和废水处理污泥	T
		336-060-17	使用铬和电镀化学品进行镀黑铬产生的废槽液、槽渣和废水处理污泥	T
		336-061-17	使用高锰酸钾进行钻孔除胶处理产生的废渣和废水处理污泥	T
		336-062-17	使用铜和电镀化学品进行镀铜产生的废槽液、槽渣和废水处理污泥	T
		336-063-17	其他电镀工艺产生的废槽液、槽渣和废水处理污泥	T
		336-064-17	金属或塑料表面酸(碱)洗、除油、除锈、洗涤、磷化、出光、化抛工艺产生的废腐蚀液、废洗涤液、废槽液、槽渣和废水处理污泥(不包括:铝、镁材(板)表面酸(碱)洗、粗化、硫酸阳极处理、磷酸化学抛光废水处理污泥,铝电解电容器用铝电极箔化学腐蚀、非硼酸系化成液化成废水处理污泥,铝材挤压加工模具碱洗(煲模)废水处理污泥,碳钢酸洗除锈废水处理污泥)	T/C
		336-066-17	镀层剥除过程中产生的废槽液、槽渣和废水处理污泥	T
		336-067-17	使用含重铬酸盐的胶体、有机溶剂、黏合剂进行漩流式抗蚀涂布产生的废渣和废水处理污泥	T
		336-068-17	使用铬化合物进行抗蚀层化学硬化产生的废渣和废水处理污泥	T
		336-069-17	使用铬酸镀铬产生的废槽液、槽渣和废水处理污泥	T
		336-100-17	使用铬酸进行阳极氧化产生的废槽液、槽渣和废水处理污泥	T
		336-101-17	使用铬酸进行塑料表面粗化产生的废槽液、槽渣和废水处理污泥	T
HW18 焚烧处置 残渣	环境治理业	772-002-18	生活垃圾焚烧飞灰	T
		772-003-18	危险废物焚烧、热解等处置过程产生的底渣、飞灰和废水处理污泥	T
		772-004-18	危险废物等离子体、高温熔融等处置过程产生的非玻璃态物质和飞灰	T
		772-005-18	固体废物焚烧处置过程中废气处理产生的废活性炭	T
HW19 含金属羰 基化合物废物	非特定行业	900-020-19	金属羰基化合物生产、使用过程中产生的含有羰基化合物成分的废物	T
HW20 含铍废物	基础化学 原料制造	261-040-20	铍及其化合物生产过程中产生的熔渣、集(除)尘装置收集的粉尘和废水处理污泥	T
HW21 含铬废物	毛皮鞣制 及制品加工	193-001-21	使用铬鞣剂进行铬鞣、复鞣工艺产生的废水处理污泥和残渣	T
		193-002-21	皮革、毛皮鞣制及切削过程产生的含铬废碎料	T
	基础化学 原料制造	261-041-21	铬铁矿生产铬盐过程中产生的铬渣	T
		261-042-21	铬铁矿生产铬盐过程中产生的铝泥	T

续表

废物类别	行业来源	废物代码	危险废物	危险特性[1]
HW21 含铬废物	基础化学 原料制造	261-043-21	铬铁矿生产铬盐过程中产生的芒硝	T
		261-044-21	铬铁矿生产铬盐过程中产生的废水处理污泥	T
		261-137-21	铬铁矿生产铬盐过程中产生的其他废物	T
		261-138-21	以重铬酸钠和浓硫酸为原料生产铬酸酐过程中产生的含铬废液	T
	铁合金冶炼	314-001-21	铬铁硅合金生产过程中集(除)尘装置收集的粉尘	T
		314-002-21	铁铬合金生产过程中集(除)尘装置收集的粉尘	T
		314-003-21	铁铬合金生产过程中金属铬冶炼产生的铬浸出渣	T
	金属表面处理 及热处理加工	336-100-21	使用铬酸进行阳极氧化产生的废槽液、槽渣和废水处理污泥	T
	电子元件及电子 专用材料制造	398-002-21	使用铬酸进行钻孔除胶处理产生的废渣和废水处理污泥	T
HW22 含铜废物	玻璃制造	304-001-22	使用硫酸铜进行敷金属法镀铜产生的废槽液、槽渣和废水处理污泥	T
	电子元件及 电子专用 材料制造	398-004-22	线路板生产过程中产生的废蚀铜液	T
		398-005-22	使用酸进行铜氧化处理产生的废液和废水处理污泥	T
		398-051-22	铜板蚀刻过程中产生的废蚀刻液和废水处理污泥	T
HW23 含锌废物	金属表面处理 及热处理加工	336-103-23	热镀锌过程中产生的废助镀熔(溶)剂和集(除)尘装置收集的粉尘	T
	电池制造	384-001-23	碱性锌锰电池、锌氧化银电池、锌空气电池生产过程中产生的废锌浆	T
	炼钢	312-001-23	废钢电炉炼钢过程中集(除)尘装置收集的粉尘和废水处理污泥	T
	非特定行业	900-021-23	使用氢氧化钠、锌粉进行贵金属沉淀过程中产生的废液和废水处理污泥	T
HW24 含砷废物	基础化学 原料制造	261-139-24	硫铁矿制酸过程中烟气净化产生的酸泥	T
HW25 含硒废物	基础化学 原料制造	261-045-25	硒及其化合物生产过程中产生的熔渣、集(除)尘装置收集的粉尘和废水处理污泥	T
HW26 含镉废物	电池制造	384-002-26	镍镉电池生产过程中产生的废渣和废水处理污泥	T
HW27 含锑废物	基础化学 原料制造	261-046-27	锑金属及粗氧化锑生产过程中产生的熔渣和集(除)尘装置收集的粉尘	T
		261-048-27	氧化锑生产过程中产生的熔渣	T
HW28 含碲废物	基础化学 原料制造	261-050-28	碲及其化合物生产过程中产生的熔渣、集(除)尘装置收集的粉尘和废水处理污泥	T
HW29 含汞废物	天然气开采	072-002-29	天然气除汞净化过程中产生的含汞废物	T
	常用有色 金属矿采选	091-003-29	汞矿采选过程中产生的尾砂和集(除)尘装置收集的粉尘	T
	贵金属冶炼	322-002-29	混汞法提金工艺产生的含汞粉尘、残渣	T
	印刷	231-007-29	使用显影剂、汞化合物进行影像加厚(物理沉淀)以及使用显影剂、氨氯化汞进行影像加厚(氧化)产生的废液和残渣	T

续表

废物类别	行业来源	废物代码	危险废物	危险特性[1]
HW29 含汞废物	基础化学 原料制造	261-051-29	水银电解槽法生产氯气过程中盐水精制产生的盐水提纯污泥	T
		261-052-29	水银电解槽法生产氯气过程中产生的废水处理污泥	T
		261-053-29	水银电解槽法生产氯气过程中产生的废活性炭	T
		261-054-29	卤素和卤素化学品生产过程中产生的含汞硫酸钡污泥	T
	合成材料制造	265-001-29	氯乙烯生产过程中含汞废水处理产生的废活性炭	T,C
		265-002-29	氯乙烯生产过程中吸附汞产生的废活性炭	T,C
		265-003-29	电石乙炔法生产氯乙烯单体过程中产生的废酸	T,C
		265-004-29	电石乙炔法生产氯乙烯单体过程中产生的废水处理污泥	T
	常用有色 金属冶炼	321-030-29	汞再生过程中集(除)尘装置收集的粉尘,汞再生工艺产生的废水处理污泥	T
		321-033-29	铅锌冶炼烟气净化产生的酸泥	T
		321-103-29	铜、锌、铅冶炼过程中烟气氯化汞法脱汞工艺产生的废甘汞	T
	电池制造	384-003-29	含汞电池生产过程中产生的含汞废浆层纸、含汞废锌膏、含汞废活性炭和废水处理污泥	T
	照明器具制造	387-001-29	电光源用固汞及含汞电光源生产过程中产生的废活性炭和废水处理污泥	T
	通用仪器 仪表制造	401-001-29	含汞温度计生产过程中产生的废渣	T
	非特定行业	900-022-29	废弃的含汞催化剂	T
		900-023-29	生产、销售及使用过程中产生的废含汞荧光灯管及其他废含汞电光源,及废弃含汞电光源处理处置过程中产生的废荧光粉、废活性炭和废水处理污泥	T
		900-024-29	生产、销售及使用过程中产生的废含汞温度计、废含汞血压计、废含汞真空表、废含汞压力计、废氧化汞电池和废汞开关	T
		900-452-29	含汞废水处理过程中产生的废树脂、废活性炭和污泥	T
HW30 含铊废物	基础化学 原料制造	261-055-30	铊及其化合物生产过程中产生的熔渣、集(除)尘装置收集的粉尘和废水处理污泥	T
HW31 含铅废物	玻璃制造	304-002-31	使用铅盐和铅氧化物进行显像管玻璃熔炼过程中产生的废渣	T
	电子元件及电子 专用材料制造	398-052-31	线路板制造过程中电镀铅锡合金产生的废液	T
	电池制造	384-004-31	铅蓄电池生产过程中产生的废渣、集(除)尘装置收集的粉尘和废水处理污泥	T
	工艺美术及 礼仪用品制造	243-001-31	使用铅箔进行烤钵试金法工艺产生的废烤钵	T
	非特定行业	900-052-31	废铅蓄电池及废铅蓄电池拆解过程中产生的废铅板、废铅膏和酸液	T,C
		900-025-31	使用硬脂酸铅进行抗黏涂层过程中产生的废物	T

续表

废物类别	行业来源	废物代码	危险废物	危险特性[1]
HW32 无机氟化物废物	非特定行业	900-026-32	使用氢氟酸进行蚀刻产生的废蚀刻液	T,C
HW33 无机氰化物废物	贵金属矿采选	092-003-33	采用氰化物进行黄金选矿过程中产生的氰化尾渣和含氰废水处理污泥	T
	金属表面处理及热处理加工	336-104-33	使用氰化物进行浸洗过程中产生的废液	T,R
	非特定行业	900-027-33	使用氰化物进行表面硬化、碱性除油、电解除油产生的废物	T,R
		900-028-33	使用氰化物剥落金属镀层产生的废物	T,R
		900-029-33	使用氰化物和双氧水进行化学抛光产生的废物	T,R
HW34 废酸	精炼石油产品制造	251-014-34	石油炼制过程产生的废酸及酸泥	C,T
	涂料、油墨、颜料及类似产品制造	264-013-34	硫酸法生产钛白粉（二氧化钛）过程中产生的废酸	C,T
	基础化学原料制造	261-057-34	硫酸和亚硫酸、盐酸、氢氟酸、磷酸和亚磷酸、硝酸和亚硝酸等的生产、配制过程中产生的废酸及酸渣	C,T
		261-058-34	卤素和卤素化学品生产过程中产生的废酸	C,T
	钢压延加工	313-001-34	钢的精加工过程中产生的废酸性洗液	C,T
	金属表面处理及热处理加工	336-105-34	青铜生产过程中浸酸工序产生的废酸液	C,T
	电子元件及电子专用材料制造	398-005-34	使用酸进行电解除油、酸蚀、活化前表面敏化、催化、浸亮产生的废酸液	C,T
		398-006-34	使用硝酸进行钻孔蚀胶处理产生的废酸液	C,T
		398-007-34	液晶显示板或集成电路板的生产过程中使用酸浸蚀剂进行氧化物浸蚀产生的废酸液	C,T
	非特定行业	900-300-34	使用酸进行清洗产生的废酸液	C,T
		900-301-34	使用硫酸进行酸性碳化产生的废酸液	C,T
		900-302-34	使用硫酸进行酸蚀产生的废酸液	C,T
		900-303-34	使用磷酸进行磷化产生的废酸液	C,T
		900-304-34	使用酸进行电解除油、金属表面敏化产生的废酸液	C,T
		900-305-34	使用硝酸剥落不合格镀层及挂架金属镀层产生的废酸液	C,T
		900-306-34	使用硝酸进行钝化产生的废酸液	C,T
		900-307-34	使用酸进行电解抛光处理产生的废酸液	C,T
		900-308-34	使用酸进行催化（化学镀）产生的废酸液	C,T
		900-349-34	生产、销售及使用过程中产生的失效、变质、不合格、淘汰、伪劣的强酸性擦洗粉、清洁剂、污迹去除剂以及其他强酸性废酸液和酸渣	C,T

续表

废物类别	行业来源	废物代码	危险废物	危险特性[1]
HW35 废碱	精炼石油产品制造	251-015-35	石油炼制过程产生的废碱液和碱渣	C,T
	基础化学原料制造	261-059-35	氢氧化钙、氨水、氢氧化钠、氢氧化钾等的生产、配制中产生的废碱液、固态碱和碱渣	C
	毛皮鞣制及制品加工	193-003-35	使用氢氧化钙、硫化钠进行浸灰产生的废碱液	C,R
	纸浆制造	221-002-35	碱法制浆过程中蒸煮制浆产生的废碱液	C,T
	非特定行业	900-350-35	使用氢氧化钠进行煮炼过程中产生的废碱液	C
		900-351-35	使用氢氧化钠进行丝光处理过程中产生的废碱液	C
		900-352-35	使用碱进行清洗产生的废碱液	C,T
		900-353-35	使用碱进行清洗除蜡、碱性除油、电解除油产生的废碱液	C,T
		900-354-35	使用碱进行电镀阻挡层或抗蚀层的脱除产生的废碱液	C,T
		900-355-35	使用碱进行氧化膜浸蚀产生的废碱液	C,T
		900-356-35	使用碱溶液进行碱性清洗、图形显影产生的废碱液	C,T
		900-399-35	生产、销售及使用过程中产生的失效、变质、不合格、淘汰、伪劣的强碱性擦洗粉、清洁剂、污迹去除剂以及其他强碱性废碱液、固态碱和碱渣	C,T
HW36 石棉废物	石棉及其他非金属矿采选	109-001-36	石棉矿选矿过程中产生的废渣	T
	基础化学原料制造	261-060-36	卤素和卤素化学品生产过程中电解装置拆换产生的含石棉废物	T
	石膏、水泥制品及类似制品制造	302-001-36	石棉建材生产过程中产生的石棉尘、废石棉	T
	耐火材料制品制造	308-001-36	石棉制品生产过程中产生的石棉尘、废石棉	T
	汽车零部件及配件制造	367-001-36	车辆制动器衬片生产过程中产生的石棉废物	T
	船舶及相关装置制造	373-002-36	拆船过程中产生的石棉废物	T
	非特定行业	900-030-36	其他生产过程中产生的石棉废物	T
		900-031-36	含有石棉的废绝缘材料、建筑废物	T
		900-032-36	含有隔膜、热绝缘体等石棉材料的设施保养拆换及车辆制动器衬片的更换产生的石棉废物	T

续表

废物类别	行业来源	废物代码	危险废物	危险特性[1]
HW37 有机磷化 合物废物	基础化学 原料制造	261-061-37	除农药以外其他有机磷化合物生产、配制过程中产生的反应残余物	T
		261-062-37	除农药以外其他有机磷化合物生产、配制过程中产生的废过滤吸附介质	T
		261-063-37	除农药以外其他有机磷化合物生产过程中产生的废水处理污泥	T
	非特定行业	900-033-37	生产、销售及使用过程中产生的废弃磷酸酯抗燃油	T
HW38 有机氰化 物废物	基础化学 原料制造	261-064-38	丙烯腈生产过程中废水汽提器塔底的残余物	T,R
		261-065-38	丙烯腈生产过程中乙腈蒸馏塔底的残余物	T,R
		261-066-38	丙烯腈生产过程中乙腈精制塔底的残余物	T
		261-067-38	有机氰化物生产过程中产生的废母液和反应残余物	T
		261-068-38	有机氰化物生产过程中催化、精馏和过滤工序产生的废催化剂、釜底残余物和过滤介质	T
		261-069-38	有机氰化物生产过程中产生的废水处理污泥	T
		261-140-38	废腈纶高温高压水解生产聚丙烯腈-铵盐过程中产生的过滤残渣	T
HW39 含酚废物	基础化学 原料制造	261-070-39	酚及酚类化合物生产过程中产生的废母液和反应残余物	T
		261-071-39	酚及酚类化合物生产过程中产生的废过滤吸附介质、废催化剂、精馏残余物	T
HW40 含醚废物	基础化学 原料制造	261-072-40	醚及醚类化合物生产过程中产生的醚类残液、反应残余物、废水处理污泥(不包括废水生化处理污泥)	T
HW45 含有机卤 化物废物	基础化学 原料制造	261-078-45	乙烯溴化法生产二溴乙烯过程中废气净化产生的废液	T
		261-079-45	乙烯溴化法生产二溴乙烯过程中产品精制产生的废吸附剂	T
		261-080-45	芳烃及其衍生物氯代反应过程中氯气和盐酸回收工艺产生的废液和废吸附剂	T
		261-081-45	芳烃及其衍生物氯代反应过程中产生的废水处理污泥	T
		261-082-45	氯乙烷生产过程中的塔底残余物	T
		261-084-45	其他有机卤化物的生产过程(不包括卤化前的生产工段)中产生的残液、废过滤吸附介质、反应残余物、废水处理污泥、废催化剂(不包括上述HW04、HW06、HW11、HW12、HW13、HW39类别的废物)	T
		261-085-45	其他有机卤化物的生产过程中产生的不合格、淘汰、废弃的产品(不包括上述HW06、HW39类别的废物)	T
		261-086-45	石墨作阳极隔膜法生产氯气和烧碱过程中产生的废水处理污泥	T
HW46 含镍废物	基础化学 原料制造	261-087-46	镍化合物生产过程中产生的反应残余物及不合格、淘汰、废弃的产品	T
	电池制造	384-005-46	镍氢电池生产过程中产生的废渣和废水处理污泥	T
	非特定行业	900-037-46	废弃的镍催化剂	T,I

续表

废物类别	行业来源	废物代码	危险废物	危险特性[1]
HW47 含钡废物	基础化学 原料制造	261-088-47	钡化合物(不包括硫酸钡)生产过程中产生的熔渣、集(除)尘装置收集的粉尘、反应残余物、废水处理污泥	T
	金属表面处理 及热处理加工	336-106-47	热处理工艺中产生的含钡盐浴渣	T
HW48 有色金属 采选 和冶炼 废物	常用有色金属 矿采选	091-001-48	硫化铜矿、氧化铜矿等铜矿物采选过程中集(除)尘装置收集的粉尘	T
		091-002-48	硫砷化合物(雌黄、雄黄及硫砷铁矿)或其他含砷化合物的金属矿石采选过程中集(除)尘装置收集的粉尘	T
	常用有色金属 冶炼	321-002-48	铜火法冶炼过程中烟气处理集(除)尘装置收集的粉尘	T
		321-031-48	铜火法冶炼烟气净化产生的酸泥(铅滤饼)	T
		321-032-48	铜火法冶炼烟气净化产生的污酸处理过程产生的砷渣	T
		321-003-48	粗锌精炼加工过程中湿法除尘产生的废水处理污泥	T
		321-004-48	铅锌冶炼过程中,锌焙烧矿、锌氧化矿常规浸出法产生的浸出渣	T
		321-005-48	铅锌冶炼过程中,锌焙烧矿浸酸浸出黄钾铁矾法产生的铁矾渣	T
		321-006-48	硫化锌矿常压氧浸或加压氧浸产生的硫渣(浸出渣)	T
		321-007-48	铅锌冶炼过程中,锌焙烧矿热酸浸出针铁矿法产生的针铁矿渣	T
		321-008-48	铅锌冶炼过程中,锌浸出液净化产生的净化渣,包括锌粉-黄药法、砷盐法、反向锑盐法、铅锑合金锌粉法等工艺除铜、锑、镉、钴、镍等杂质过程中产生的废渣	T
		321-009-48	铅锌冶炼过程中,阴极锌熔铸产生的熔铸浮渣	T
		321-010-48	铅锌冶炼过程中,氧化锌浸出处理产生的氧化锌浸出渣	T
		321-011-48	铅锌冶炼过程中,鼓风炉炼锌锌蒸气冷凝分离系统产生的鼓风炉浮渣	T
		321-012-48	铅锌冶炼过程中,锌精馏炉产生的锌渣	T
		321-013-48	铅锌冶炼过程中,提取金、银、铋、镉、钴、铟、锗、铊、碲等金属过程中产生的废渣	T
		321-014-48	铅锌冶炼过程中,集(除)尘装置收集的粉尘	T
		321-016-48	粗铅精炼过程中产生的浮渣和底渣	T
		321-017-48	铅锌冶炼过程中,炼铅鼓风炉产生的黄渣	T
		321-018-48	铅锌冶炼过程中,粗铅火法精炼产生的精炼渣	T
		321-019-48	铅锌冶炼过程中,铅电解产生的阳极泥及阳极泥处理后产生的含铅废渣和废水处理污泥	T
		321-020-48	铅锌冶炼过程中,阴极铅精炼产生的氧化铅渣及碱渣	T
		321-021-48	铅锌冶炼过程中,锌焙烧矿热酸浸出黄钾铁矾法、热酸浸出针铁矿法产生的铅银渣	T
		321-022-48	铅锌冶炼烟气净化产生的污酸除砷处理过程产生的砷渣	T

续表

废物类别	行业来源	废物代码	危险废物	危险特性[1]
HW48 有色金属采选和冶炼废物	常用有色金属冶炼	321-023-48	电解铝生产过程电解槽阴极内衬维修、更换产生的废渣(大修渣)	T
		321-024-48	电解铝铝液转移、精炼、合金化、铸造过程熔体表面产生的铝灰渣,以及回收铝过程产生的盐渣和二次铝灰	R,T
		321-025-48	电解铝生产过程产生的炭渣	T
		321-026-48	再生铝和铝材加工过程中,废铝及铝锭重熔、精炼、合金化、铸造熔体表面产生的铝灰渣,及其回收铝过程产生的盐渣和二次铝灰	R
		321-034-48	铝灰热回收铝过程烟气处理集(除)尘装置收集的粉尘,铝冶炼和再生过程烟气(包括:再生铝熔炼烟气、铝液熔体净化、除杂、合金化、铸造烟气)处理集(除)尘装置收集的粉尘	T,R
		321-027-48	铜再生过程中集(除)尘装置收集的粉尘和湿法除尘产生的废水处理污泥	T
		321-028-48	锌再生过程中集(除)尘装置收集的粉尘和湿法除尘产生的废水处理污泥	T
		321-029-48	铅再生过程中集(除)尘装置收集的粉尘和湿法除尘产生的废水处理污泥	T
	稀有稀土金属冶炼	323-001-48	仲钨酸铵生产过程中碱分解产生的碱煮渣(钨渣)、除钼过程中产生的除钼渣和废水处理污泥	T
HW49 其他废物	石墨及其他非金属矿物制品制造	309-001-49	多晶硅生产过程中废弃的三氯化硅及四氯化硅	R,C
	环境治理	772-006-49	采用物理、化学、物理化学或生物方法处理或处置毒性或感染性危险废物过程中产生的废水处理污泥、残渣(液)	T/In
	非特定行业	900-039-49	烟气、VOCs治理过程(不包括餐饮行业油烟治理过程)产生的废活性炭,化学原料和化学制品脱色(不包括有机合成食品添加剂脱色)、除杂、净化过程产生的废活性炭(不包括900-405-06、772-005-18、261-053-29、265-002-29、384-003-29、387-001-29类废物)	T
		900-041-49	含有或沾染毒性、感染性危险废物的废弃包装物、容器、过滤吸附介质	T/In
		900-042-49	环境事件及其处理过程中产生的沾染危险化学品、危险废物的废物	T/C/I/R/In
		900-044-49	废弃的镉镍电池、荧光粉和阴极射线管	T
		900-045-49	废电路板(包括已拆除或未拆除元器件的废弃电路板),及废电路板拆解过程产生的废弃CPU、显卡、声卡、内存、含电解液的电容器、含金等贵金属的连接件	T
		900-046-49	离子交换装置(不包括饮用水、工业纯水和锅炉软化水制备装置)再生过程中产生的废水处理污泥	T

续表

废物类别	行业来源	废物代码	危险废物	危险特性[1]
HW49 其他废物	非特定行业	900-047-49	生产、研究、开发、教学、环境检测(监测)活动中,化学和生物实验室(不包含感染性医学实验室及医疗机构化验室)产生的含氰、氟、重金属无机废液及无机废液处理产生的残渣、残液,含矿物油、有机溶剂、甲醛有机废液,废酸、废碱,具有危险特性的残留样品,以及沾染上述物质的一次性实验用品(不包括按实验室管理要求进行清洗后的废弃的烧杯、量器、漏斗等实验室用品)、包装物(不包括按实验室管理要求进行清洗后的试剂包装物、容器)、过滤吸附介质等	T/C/I/R
		900-053-49	已禁止使用的《关于持久性有机污染物的斯德哥尔摩公约》受控化学物质;已禁止使用的《关于汞的水俣公约》中氯碱设施退役过程中产生的汞;所有者申报废弃的,以及有关部门依法收缴或接收且需要销毁的《关于持久性有机污染物的斯德哥尔摩公约》《关于汞的水俣公约》受控化学物质	T
		900-999-49	被所有者申报废弃的,或未申报废弃但被非法排放、倾倒、利用、处置的,以及有关部门依法收缴或接收且需要销毁的列入《危险化学品目录》的危险化学品(不含该目录中仅具有"加压气体"物理危险性的危险化学品)	T/C/I/R
HW50 废催化剂	精炼石油产品制造	251-016-50	石油产品加氢精制过程中产生的废催化剂	T
		251-017-50	石油炼制中采用钝镍剂进行催化裂化产生的废催化剂	T
		251-018-50	石油产品加氢裂化过程中产生的废催化剂	T
		251-019-50	石油产品催化重整过程中产生的废催化剂	T
	基础化学原料制造	261-151-50	树脂、乳胶、增塑剂、胶水/胶合剂生产过程中合成、酯化、缩合等工序产生的废催化剂	T
		261-152-50	有机溶剂生产过程中产生的废催化剂	T
		261-153-50	丙烯腈合成过程中产生的废催化剂	T
		261-154-50	聚乙烯合成过程中产生的废催化剂	T
		261-155-50	聚丙烯合成过程中产生的废催化剂	T
		261-156-50	烷烃脱氢过程中产生的废催化剂	T
		261-157-50	乙苯脱氢生产苯乙烯过程中产生的废催化剂	T
		261-158-50	采用烷基化反应(歧化)生产苯、二甲苯过程中产生的废催化剂	T
		261-159-50	二甲苯临氢异构化反应过程中产生的废催化剂	T
		261-160-50	乙烯氧化生产环氧乙烷过程中产生的废催化剂	T
		261-161-50	硝基苯催化加氢法制备苯胺过程中产生的废催化剂	T
		261-162-50	以乙烯和丙烯为原料,采用茂金属催化体系生产乙丙橡胶过程中产生的废催化剂	T
		261-163-50	乙炔法生产醋酸乙烯酯过程中产生的废催化剂	T
		261-164-50	甲醇和氨气催化合成、蒸馏制备甲胺过程中产生的废催化剂	T

续表

废物类别	行业来源	废物代码	危险废物	危险特性[1]
HW50 废催化剂	基础化学原料制造	261-165-50	催化重整生产高辛烷值汽油和轻芳烃过程中产生的废催化剂	T
		261-166-50	采用碳酸二甲酯法生产甲苯二异氰酸酯过程中产生的废催化剂	T
		261-167-50	合成气合成、甲烷氧化和液化石油气氧化生产甲醇过程中产生的废催化剂	T
		261-168-50	甲苯氯化水解生产邻甲酚过程中产生的废催化剂	T
		261-169-50	异丙苯催化脱氢生产α-甲基苯乙烯过程中产生的废催化剂	T
		261-170-50	异丁烯和甲醇催化生产甲基叔丁基醚过程中产生的废催化剂	T
		261-171-50	以甲醇为原料采用铁钼法生产甲醛过程中产生的废铁钼催化剂	T
		261-172-50	邻二甲苯氧化法生产邻苯二甲酸酐过程中产生的废催化剂	T
		261-173-50	二氧化硫氧化生产硫酸过程中产生的废催化剂	T
		261-174-50	四氯乙烷催化脱氯化氢生产三氯乙烯过程中产生的废催化剂	T
		261-175-50	苯氧化法生产顺丁烯二酸酐过程中产生的废催化剂	T
		261-176-50	甲苯空气氧化生产苯甲酸过程中产生的废催化剂	T
		261-177-50	羟丙腈氨化、加氢生产3-氨基-1-丙醇过程中产生的废催化剂	T
		261-178-50	β-羟基丙腈催化加氢生产3-氨基-1-丙醇过程中产生的废催化剂	T
		261-179-50	甲乙酮与氨催化加氢生产2-氨基丁烷过程中产生的废催化剂	T
		261-180-50	苯酚和甲醇合成2,6-二甲基苯酚过程中产生的废催化剂	T
		261-181-50	糠醛脱羰制备呋喃过程中产生的废催化剂	T
		261-182-50	过氧化法生产环氧丙烷过程中产生的废催化剂	T
		261-183-50	除农药以外其他有机磷化合物生产过程中产生的废催化剂	T
	农药制造	263-013-50	化学合成农药生产过程中产生的废催化剂	T
	化学药品原料药制造	271-006-50	化学合成原料药生产过程中产生的废催化剂	T
	兽用药品制造	275-009-50	兽药生产过程中产生的废催化剂	T
	生物药品制品制造	276-006-50	生物药品生产过程中产生的废催化剂	T
	环境治理业	772-007-50	烟气脱硝过程中产生的废钒钛系催化剂	T
	非特定行业	900-048-50	废液体催化剂	T
		900-049-50	机动车和非道路移动机械尾气净化废催化剂	T

注：1. 所列危险特性为该种危险废物的主要危险特性，不排除可能具有其他危险特性；","分隔的多个危险特性代码，表示该种废物具有列在第一位代码所代表的危险特性，且可能具有所列其他代码所代表的危险特性；"/"分隔的多个危险特性代码，表示该种危险废物具有所列代码所代表的一种或多种危险特性。
2. 医疗废物分类按照《医疗废物分类目录》执行。

附录

危险废物豁免管理清单

本清单各栏目说明：
1. "序号"指列入本目录危险废物的顺序编号；
2. "废物类别/代码"指列入本目录危险废物的类别或代码；
3. "危险废物"指列入本目录危险废物的名称；
4. "豁免环节"指可不按危险废物管理的环节；
5. "豁免条件"指可不按危险废物管理应具备的条件；
6. "豁免内容"指可不按危险废物管理的内容；
7. 《医疗废物分类目录》对医疗废物有其他豁免管理内容的，按照该目录有关规定执行；
8. 本清单引用文件中，凡是未注明日期的引用文件，其最新版本适用于本清单。

序号	废物类别/代码	危险废物	豁免环节	豁免条件	豁免内容
1	生活垃圾中的危险废物	家庭日常生活或者为日常生活提供服务的活动中产生的废药品、废杀虫剂和消毒剂及其包装物、废油漆和溶剂及其包装物、废矿物油及其包装物、废胶片及废像纸、废荧光灯管、废含汞温度计、废含汞血压计、废铅蓄电池、废镍镉电池和氧化汞电池以及电子类危险废物等	全部环节	未集中收集的家庭日常生活中产生的生活垃圾中的危险废物。	全过程不按危险废物管理。
			收集	按照各市、县生活垃圾分类要求，纳入生活垃圾分类收集体系进行分类收集，且运输工具和暂存场所满足分类收集体系要求。	从分类投放点收集转移到所设定的集中贮存点的收集过程不按危险废物管理。
2	HW01	床位总数在19张以下（含19张）的医疗机构产生的医疗废物（重大传染病疫情期间产生的医疗废物除外）	收集	按《医疗卫生机构医疗废物管理办法》等规定进行消毒和收集。	收集过程不按危险废物管理。
			运输	转运车辆符合《医疗废物转运车技术要求（试行）》（GB19217）要求。	不按危险废物进行运输。
		重大传染病疫情期间产生的医疗废物	运输	按事发地的县级以上人民政府确定的处置方案进行运输。	不按危险废物进行运输。
		重大传染病疫情期间产生的医疗废物	处置	按事发地的县级以上人民政府确定的处置方案进行处置。	处置过程不按危险废物管理。

续表

序号	废物类别/代码	危险废物	豁免环节	豁免条件	豁免内容
3	841-001-01	感染性废物	运输	按照《医疗废物高温蒸汽集中处理工程技术规范（试行）》（HJ/T276）或《医疗废物化学消毒集中处理工程技术规范（试行）》（HJ/T228）或《医疗废物微波消毒集中处理工程技术规范（试行）》（HJ/T229）进行处理后按生活垃圾运输。	不按危险废物进行运输。
			处置	按照《医疗废物高温蒸汽集中处理工程技术规范（试行）》（HJ/T276）或《医疗废物化学消毒集中处理工程技术规范（试行）》（HJ/T228）或《医疗废物微波消毒集中处理工程技术规范（试行）》（HJ/T229）进行处理后进入生活垃圾填埋场填埋或进入生活垃圾焚烧厂焚烧。	处置过程不按危险废物管理。
4	841-002-01	损伤性废物	运输	按照《医疗废物高温蒸汽集中处理工程技术规范（试行）》（HJ/T276）或《医疗废物化学消毒集中处理工程技术规范（试行）》（HJ/T228）或《医疗废物微波消毒集中处理工程技术规范（试行）》（HJ/T229）进行处理后按生活垃圾运输。	不按危险废物进行运输。
			处置	按照《医疗废物高温蒸汽集中处理工程技术规范（试行）》（HJ/T276）或《医疗废物化学消毒集中处理工程技术规范（试行）》（HJ/T228）或《医疗废物微波消毒集中处理工程技术规范（试行）》（HJ/T229）进行处理后进入生活垃圾填埋场填埋或进入生活垃圾焚烧厂焚烧。	处置过程不按危险废物管理。

续表

序号	废物类别/代码	危险废物	豁免环节	豁免条件	豁免内容
5	841-003-01	病理性废物（人体器官除外）	运输	按照《医疗废物化学消毒集中处理工程技术规范（试行）》（HJ/T228）或《医疗废物微波消毒集中处理工程技术规范（试行）》（HJ/T229）进行处理后按生活垃圾运输。	不按危险废物进行运输。
			处置	按照《医疗废物化学消毒集中处理工程技术规范（试行）》（HJ/T228）或《医疗废物微波消毒集中处理工程技术规范（试行）》（HJ/T229）进行处理后进入生活垃圾焚烧厂焚烧。	处置过程不按危险废物管理。
6	900-003-04	农药使用后被废弃的与农药直接接触或含有农药残余物的包装物	收集	依据《农药包装废弃物回收处理管理办法》收集农药包装废弃物并转移到所设定的集中贮存点。	收集过程不按危险废物管理。
			运输	满足《农药包装废弃物回收处理管理办法》中的运输要求。	不按危险废物进行运输。
			利用	进入依据《农药包装废弃物回收处理管理办法》确定的资源化利用单位进行资源化利用。	利用过程不按危险废物管理。
			处置	进入生活垃圾填埋场填埋或进入生活垃圾焚烧厂焚烧。	处置过程不按危险废物管理。
7	900-210-08	船舶含油污水及残油经船上或港口配套设施预处理后产生的需通过船舶转移的废矿物油与含矿物油废物	运输	按照水运污染危害性货物实施管理。	不按危险废物进行运输。
8	900-249-08	废铁质油桶（不包括900-041-49类）	利用	封口处于打开状态、静置无滴漏且经打包压块后用于金属冶炼。	利用过程不按危险废物管理。
9	900-200-08 900-006-09	金属制品机械加工行业珩磨、研磨、打磨过程，以及使用切削油或切削液进行机械加工过程中产生的属于危险废物的含油金属屑	利用	经压榨、压滤、过滤除油达到静置无滴漏后打包压块用于金属冶炼。	利用过程不按危险废物管理。

续表

序号	废物类别/代码	危险废物	豁免环节	豁免条件	豁免内容
10	252-002-11 252-017-11 451-003-11	煤炭焦化、气化及生产燃气过程中产生的满足《煤焦油标准》(YB/T5075)技术要求的高温煤焦油	利用	作为原料深加工制取萘、洗油、蒽油。	利用过程不按危险废物管理。
		煤炭焦化、气化及生产燃气过程中产生的高温煤焦油	利用	作为粘合剂生产煤质活性炭、活性焦、碳块衬层、自焙阴极、预焙阳极、石墨碳块、石墨电极、电极糊、冷捣糊。	利用过程不按危险废物管理。
		煤炭焦化、气化及生产燃气过程中产生的中低温煤焦油	利用	作为煤焦油加氢装置原料生产煤基氢化油,且生产的煤基氢化油符合《煤基氢化油》(HG/T5146)技术要求。	利用过程不按危险废物管理。
		煤炭焦化、气化及生产燃气过程中产生的煤焦油	利用	作为原料生产炭黑。	利用过程不按危险废物管理。
11	900-451-13	采用破碎分选方式回收废覆铜板、线路板、电路板中金属后的废树脂粉	运输	运输工具满足防雨、防渗漏、防遗撒要求。	不按危险废物进行运输。
			处置	满足《生活垃圾填埋场污染控制标准》(GB16889)要求进入生活垃圾填埋场填埋,或满足《一般工业固体废物贮存、处置场污染控制标准》(GB18599)要求进入一般工业固体废物处置场处置。	填埋处置过程不按危险废物管理。
12	772-002-18	生活垃圾焚烧飞灰	运输	经处理后满足《生活垃圾填埋场污染控制标准》(GB16889)要求,且运输工具满足防雨、防渗漏、防遗撒要求。	不按危险废物进行运输。
			处置	满足《生活垃圾填埋场污染控制标准》(GB16889)要求进入生活垃圾填埋场填埋。	填埋处置过程不按危险废物管理。
			处置	满足《水泥窑协同处置固体废物污染控制标准》(GB30485)和《水泥窑协同处置固体废物环境保护技术规范》(HJ662)要求进入水泥窑协同处置。	水泥窑协同处置过程不按危险废物管理。

续表

序号	废物类别/代码	危险废物	豁免环节	豁免条件	豁免内容
13	772-003-18	医疗废物焚烧飞灰	处置	满足《生活垃圾填埋场污染控制标准》(GB16889)要求进入生活垃圾填埋场填埋。	填埋处置过程不按危险废物管理。
		医疗废物焚烧处置产生的底渣	全部环节	满足《生活垃圾填埋场污染控制标准》(GB16889)要求进入生活垃圾填埋场填埋。	全过程不按危险废物管理。
14	772-003-18	危险废物焚烧处置过程产生的废金属	利用	用于金属冶炼。	利用过程不按危险废物管理。
15	772-003-18	生物制药产生的培养基废物经生活垃圾焚烧厂焚烧处置产生的焚烧炉底渣、经水煤浆气化炉协同处置产生的气化炉渣、经燃煤电厂燃煤锅炉和生物质发电厂焚烧炉协同处置以及培养基废物专用焚烧炉焚烧处置产生的炉渣和飞灰	全部环节	生物制药产生的培养基废物焚烧处置或协同处置过程不应混入其他危险废物。	全过程不按危险废物管理。
16	193-002-21	含铬皮革废碎料（不包括鞣制工段修边、削匀过程产生的革屑和边角料）	运输	运输工具满足防雨、防渗漏、防遗撒要求。	不按危险废物进行运输。
			处置	满足《生活垃圾填埋场污染控制标准》(GB16889)要求进入生活垃圾填埋场填埋，或满足《一般工业固体废物贮存、处置场污染控制标准》(GB18599)要求进入一般工业固体废物处置场处置。	填埋处置过程不按危险废物管理。
		含铬皮革废碎料	利用	用于生产皮件、再生革或静电植绒。	利用过程不按危险废物管理。
17	261-041-21	铬渣	利用	满足《铬渣污染治理环境保护技术规范（暂行）》(HJ/T301)要求用于烧结炼铁。	利用过程不按危险废物管理。
18	900-052-31	未破损的废铅蓄电池	运输	运输工具满足防雨、防渗漏、防遗撒要求。	不按危险废物进行运输。
19	092-003-33	采用氰化物进行黄金选矿过程中产生的氰化尾渣	处置	满足《黄金行业氰渣污染控制技术规范》(HJ943)要求进入尾矿库处置或进入水泥窑协同处置。	处置过程不按危险废物管理。

续表

序号	废物类别/代码	危险废物	豁免环节	豁免条件	豁免内容
20	HW34	仅具有腐蚀性危险特性的废酸	利用	作为生产原料综合利用。	利用过程不按危险废物管理。
			利用	作为工业污水处理厂污水处理中和剂利用,且满足以下条件:废酸中第一类污染物含量低于该污水处理厂排放标准,其他《危险废物鉴别标准 浸出毒性》(GB5085.3)所列特征污染物含量低于GB5085.3限值的1/10。	利用过程不按危险废物管理。
21	HW35	仅具有腐蚀性危险特性的废碱	利用	作为生产原料综合利用。	利用过程不按危险废物管理。
			利用	作为工业污水处理厂污水处理中和剂利用,且满足以下条件:液态碱或固态碱按HJ/T299方法制取的浸出液中第一类污染物含量低于该污水处理厂排放标准,其他《危险废物鉴别标准 浸出毒性》(GB5085.3)所列特征污染物低于GB5085.3限值的1/10。	利用过程不按危险废物管理。
22	321-024-48 321-026-48	铝灰渣和二次铝灰	利用	回收金属铝。	利用过程不按危险废物管理。
23	323-001-48	仲钨酸铵生产过程中碱分解产生的碱煮渣(钨渣)和废水处理污泥	处置	满足《水泥窑协同处置固体废物污染控制标准》(GB30485)和《水泥窑协同处置固体废物环境保护技术规范》(HJ662)要求进入水泥窑协同处置。	处置过程不按危险废物管理。
24	900-041-49	废弃的含油抹布、劳保用品	全部环节	未分类收集。	全过程不按危险废物管理。
25	突发环境事件产生的危险废物	突发环境事件及其处理过程中产生的HW900-042-49类危险废物和其他需要按危险废物进行处理处置的固体废物,以及事件现场遗留的其他危险废物和废弃危险化学品	运输	按事发地的县级以上人民政府确定的处置方案进行运输。	不按危险废物进行运输。
			利用、处置	按事发地的县级以上人民政府确定的处置方案进行利用或处置。	利用或处置过程不按危险废物管理。

续表

序号	废物类别/代码	危险废物	豁免环节	豁免条件	豁免内容
26	历史遗留危险废物	历史填埋场地清理，以及水体环境治理过程产生的需要按危险废物进行处理处置的固体废物	运输	按事发地的设区市级以上生态环境部门同意的处置方案进行运输。	不按危险废物进行运输。
			利用、处置	按事发地的设区市级以上生态环境部门同意的处置方案进行利用或处置。	利用或处置过程不按危险废物管理。
		实施土壤污染风险管控、修复活动中，属于危险废物的污染土壤	运输	修复施工单位制定转运计划，依法提前报所在地和接收地的设区市级以上生态环境部门。	不按危险废物进行运输。
			处置	满足《水泥窑协同处置固体废物污染控制标准》（GB30485）和《水泥窑处置固体废物环境保护技术规范》（HJ662）要求进入水泥窑协同处置。	处置过程不按危险废物管理。
27	900-044-49	阴极射线管含铅玻璃	运输	运输工具满足防雨、防渗漏、防遗撒要求。	不按危险废物进行运输。
28	900-045-49	废弃电路板	运输	运输工具满足防雨、防渗漏、防遗撒要求。	不按危险废物进行运输。
29	772-007-50	烟气脱硝过程中产生的废钒钛系催化剂	运输	运输工具满足防雨、防渗漏、防遗撒要求。	不按危险废物进行运输。
30	251-017-50	催化裂化废催化剂	运输	采用密闭罐车运输。	不按危险废物进行运输。
31	900-049-50	机动车和非道路移动机械尾气净化废催化剂	运输	运输工具满足防雨、防渗漏、防遗撒要求。	不按危险废物进行运输。
32	—	未列入本《危险废物豁免管理清单》中的危险废物或利用过程不满足本《危险废物豁免管理清单》所列豁免条件的危险废物	利用	在环境风险可控的前提下，根据省级生态环境部门确定的方案，实行危险废物"点对点"定向利用，即：一家单位产生的一种危险废物，可作为另外一家单位环境治理或工业原料生产的替代原料进行使用。	利用过程不按危险废物管理。

重点危险废物集中处置设施、场所退役费用预提和管理办法

- 2021年9月3日
- 财资环〔2021〕92号

第一章 总 则

第一条 为了规范和加强重点危险废物集中处置设施、场所退役费用预提、使用和管理,有效防控危险废物污染环境风险,保护生态环境,保障人体健康,根据《中华人民共和国固体废物污染环境防治法》、《中华人民共和国会计法》等法律法规,制定本办法。

第二条 重点危险废物集中处置设施、场所退役费用是企业自行提取、自行使用,专门用于履行危险废物集中处置设施、场所退役责任和义务的经费。

第三条 本办法主要适用于中华人民共和国境内危险废物填埋场退役费用的预提、使用和管理工作。其他危险废物集中处置设施、场所可以由各省(自治区、直辖市、计划单列市)财政部门、价格主管部门、生态环境主管部门根据本地区实际情况制定退役费用预提、使用和管理规定。

第四条 预提危险废物填埋场退役费用是责任单位的法定责任和义务。退役费用按照"企业预提、政府监管、确保需求、规范使用"的原则进行管理,列入责任单位投资概算或经营成本。

第五条 责任单位应根据本办法规定建立退役费用预提和管理计划,并根据实际经营情况动态调整管理计划,保证退役费用满足实际需求。

第二章 费用预提

第六条 责任单位应当按照满足危险废物填埋场退役后稳定运行的原则,计算退役费用总额,根据企业会计准则相关规定预计弃置费用,一次性计入相关资产原值,在退役前按照固定资产折旧方式进行分年摊销,并计入经营成本。

第七条 根据《危险废物经营许可证管理办法》、《危险废物填埋污染控制标准》(GB 18598)等规定,退役费用最低预提标准分别为:

(一)柔性填埋场。按照超额累退方法计算,总库容量低于20万立方米(含)的,按照200元/立方米标准预提;超过20万立方米小于50万立方米(含)的,所超部分按照150元/立方米标准预提,超过50万立方米的,所超过部分按照100元/立方米标准预提。

(二)刚性填埋场。按照超额累退方法计算,总库容量低于20万立方米(含)的,按照30元/立方米标准预提;超过20万立方米的,所超过部分按照20元/立方米标准预提。

各省级价格主管部门会同同级财政、生态环境主管部门可根据地方经济发展水平、人工成本、退役工作实际需求等因素,在前述年度退役费用预提最低标准基础上确定本行政区域退役费用预提最低标准,但不得低于国家标准。

责任单位可在上述标准基础上,根据退役工作实际需要,适当提高退役费用提取标准。

第八条 对新建或已建未运行的危险废物填埋场,应从运行当年开始,按照本办法第六条、第七条规定预提、摊销退役费用,直至运行封场。其中,预提退役费总额=填埋场库容×本办法第七条规定的相应标准。

对在本办法实施前已经运行的危险废物填埋场,预提退役费用总额由两部分相加组成,分别是:

(一)已填库容的预提费用=已填库容量×(按照本办法第七条规定的相应费用标准×剩余库容量占总库容量的比例)。计提后应摊销的部分,可在本办法实施之日起至封场前分摊完毕。

(二)未填库容的预提费用=剩余库容量×按照本办法第七条规定的相应费用标准。应从本办法实施当年开始根据剩余库容量预提,根据实际填埋量摊销退役费用,直至运行封场。

第九条 危险废物填埋场提前退役或终止运营的,退役费用由责任单位承担,如仍需履行退役责任,则按本办法相关规定执行。

危险废物经营许可证规定的经营单位主体发生变化或者工业企业自建危险废物填埋场所有权变更的,退役费用及维护责任由变更后的责任单位承担。

第三章 费用管理和使用

第十条 责任单位应当建立退役费用资金专项管理制度,明确退役费用提取、摊销和使用的程序、职责及权限,按规定提取、摊销和使用。

第十一条 退役费用的会计处理,应当符合国家统一的会计制度的规定。

第十二条 退役费用资金使用应专款专用,不得挤占、挪用,只可用于支付封场后履行退役责任所必需的支出,具体包括:

(一)大气、废水、地下水等生态环境监测,渗漏检测层监测和评估,渗滤液水位监测。

(二)地表水、地下水、渗滤液收集处理系统运行。

(三) 危险废物污染防治。

(四) 与退役有关的其他费用。

第十三条 责任单位应采取措施，确保退役费用资金满足履行退役责任实际需求。所预提退役费用不足的，由责任单位补足。结余部分，由责任单位根据国家有关法律法规调整和使用。

第十四条 责任单位应当及时披露退役费用预提、摊销和使用等情况。

第四章 监督管理

第十五条 责任单位应加强退役费管理，每年6月30日前将退役费预提、摊销和使用情况按照管理权限报同级财政部门、价格主管部门和生态环境主管部门备案。

第十六条 责任单位提取的退役费用资金属于企业自提自用资金，其他部门和单位不得采取收取、代管等形式对其集中管理和使用，国家法律法规另有规定的除外。

第十七条 地方财政部门、价格主管部门、生态环境主管部门依法对退役费用的预提、使用和管理工作进行监督管理。责任单位未按照本办法预提和使用退役费用的，由地方生态环境主管部门会同同级价格主管部门、财政部门依据相关规定予以处理。

第十八条 各级财政部门、价格主管部门、生态环境主管部门及其工作人员存在违反本办法的行为，以及其他滥用职权、玩忽职守、徇私舞弊等违法违纪行为的，按照《中华人民共和国公务员法》、《中华人民共和国监察法》、《财政违法行为处罚处分条例》等有关规定追究相应责任。构成犯罪的，依法追究刑事责任。

第五章 附 则

第十九条 本办法所称危险废物是指列入国家危险废物名录或者根据国家规定的危险废物鉴别标准和鉴别方法认定的具有危险特性的固体废物。

责任单位是指持有危险废物经营许可证的危险废物填埋场的法人单位及工业企业自建危险废物填埋场的法人单位。

退役期是指危险废物填埋场封场后，为实现环境无害化的后续维护期。退役费用按填埋场封场后30年计算，国家有关法律法规另有规定的，从其规定。

第二十条 本办法由国务院财政部门、价格主管部门和生态环境主管部门负责解释。

第二十一条 本办法自2022年1月1日起施行。

国务院办公厅关于印发强化危险废物监管和利用处置能力改革实施方案的通知

- 2021年5月11日
- 国办函〔2021〕47号

各省、自治区、直辖市人民政府，国务院各部委、各直属机构：

《强化危险废物监管和利用处置能力改革实施方案》已经国务院同意，现印发给你们，请认真组织实施。

强化危险废物监管和利用处置能力改革实施方案

为深入贯彻党中央、国务院决策部署，落实《中华人民共和国固体废物污染环境防治法》等法律法规规定，提升危险废物监管和利用处置能力，有效防控危险废物环境与安全风险，制定本方案。

一、总体要求

(一) 指导思想。以习近平新时代中国特色社会主义思想为指导，全面贯彻党的十九大和十九届二中、三中、四中、五中全会精神，深入落实习近平生态文明思想，按照党中央、国务院决策部署和全国生态环境保护大会要求，坚持精准治污、科学治污、依法治污，以持续改善生态环境质量为核心，以有效防控危险废物环境与安全风险为目标，深化体制机制改革，着力提升危险废物监管和利用处置能力，切实维护人民群众身体健康和生态环境安全。

(二) 工作原则。

——坚持改革创新，着力激发活力。全面深化改革，创新方式方法，激发市场活力，鼓励有条件的地区先行先试，切实解决危险废物监管和利用处置方面存在的突出问题。

——坚持依法治理，着力强化监管。完善危险废物相关法律法规和标准规范，明确部门职责分工，建立完善部门联动机制，健全危险废物监管体系。

——坚持统筹安排，着力补齐短板。通过科学评估、合理布局、优化结构，分行业领域、分区域地域补齐医疗废物、危险废物收集处理设施方面短板。

——坚持多元共治，着力防控风险。强化政府引导与支持，压实企业主体责任，充分发挥社会组织和公众监督作用，实行联防联控联治，严守危险废物环境与安全风险底线。

(三) 工作目标。到2022年底，危险废物监管体制机制进一步完善，建立安全监管与环境监管联动机制；危险废物非法转移倾倒案件高发态势得到有效遏制。基本补齐医疗废物、危险废物收集处理设施方面短板，县级以上城市建成区医疗废物无害化处置率达到99%以上，各省（自治区、直辖市）危险废物处置能力基本满足本行政区域内的处置需求。

到2025年底，建立健全源头严防、过程严管、后果严惩的危险废物监管体系。危险废物利用处置能力充分保障，技术和运营水平进一步提升。

二、完善危险废物监管体制机制

（四）各地区各部门按分工落实危险废物监管职责。国家统筹制定危险废物治理方针政策，地方各级人民政府对本地区危险废物治理负总责。发展改革、工业和信息化、生态环境、应急管理、公安、交通运输、卫生健康、住房城乡建设、海关等有关部门要落实在危险废物利用处置、污染环境防治、安全生产、运输安全以及卫生防疫等方面的监管职责。强化部门间协调沟通，形成工作合力。（生态环境部、国家发展改革委、工业和信息化部、公安部、住房城乡建设部、交通运输部、国家卫生健康委、应急部、海关总署等部门及地方各级人民政府负责落实。以下均需地方各级人民政府负责落实，不再列出）

（五）建立危险废物环境风险区域联防联控机制。2022年底前，京津冀、长三角、珠三角和成渝地区等区域建立完善合作机制，加强危险废物管理信息共享与联动执法，实现危险废物集中处置设施建设和运营管理优势互补。（生态环境部牵头，公安部、交通运输部等参与）

（六）落实企业主体责任。危险废物产生、收集、贮存、运输、利用、处置企业（以下统称危险废物相关企业）的主要负责人（法定代表人、实际控制人）是危险废物污染环境防治和安全生产第一责任人，严格落实危险废物污染环境防治和安全生产法律法规制度。（生态环境部、公安部、交通运输部、应急部等按职责分工负责）危险废物相关企业依法及时公开危险废物污染环境防治信息，依法依规投保环境污染责任保险。（生态环境部、银保监会等按职责分工负责）

（七）完善危险废物环境管理信息化体系。依托生态环境保护信息化工程，完善国家危险废物环境管理信息系统，实现危险废物产生情况在线申报、管理计划在线备案、转移联单在线运行、利用处置情况在线报告和全过程在线监控。开展危险废物收集、运输、利用、处置网上交易平台建设和第三方支付试点。鼓励有条件的地区推行视频监控、电子标签等集成智能监控手段，实现对危险废物全过程跟踪管理，并与相关行政机关、司法机关实现互通共享。（生态环境部牵头，国家发展改革委、财政部等参与）

三、强化危险废物源头管控

（八）完善危险废物鉴别制度。动态修订《国家危险废物名录》，对环境风险小的危险废物类别实行特定环节豁免管理，建立危险废物排除管理清单。2021年底前制定出台危险废物鉴别管理办法，规范危险废物鉴别程序和鉴别单位管理要求。（生态环境部牵头，国家发展改革委、公安部、交通运输部等参与）

（九）严格环境准入。新改扩建项目要依法开展环境影响评价，严格危险废物污染环境防治设施"三同时"管理。依法依规对已批复的重点行业涉危险废物建设项目环境影响评价文件开展复核。依法落实工业危险废物排污许可制度。推进危险废物规范化环境管理。（生态环境部负责）

（十）推动源头减量化。支持研发、推广减少工业危险废物产生量和降低工业危险废物危害性的生产工艺和设备，促进从源头上减少危险废物产生量、降低危害性。（工业和信息化部牵头，国家发展改革委、生态环境部等参与）

四、强化危险废物收集转运等过程监管

（十一）推动收集转运贮存专业化。深入推进生活垃圾分类，建立有害垃圾收集转运体系。（住房城乡建设部牵头，相关部门参与）支持危险废物专业收集转运和利用处置单位建设区域性收集网点和贮存设施，开展小微企业、科研机构、学校等产生的危险废物有偿收集转运服务。开展工业园区危险废物集中收集贮存试点。鼓励在有条件的高校集中区域开展实验室危险废物分类收集和预处理示范项目建设。（生态环境部、交通运输部、教育部等按职责分工负责）

（十二）推进转移运输便捷化。建立危险废物和医疗废物运输车辆备案制度，完善"点对点"的常备通行路线，实现危险废物和医疗废物运输车辆规范有序、安全便捷通行。（公安部、生态环境部、交通运输部、国家卫生健康委等按职责分工负责）根据企业环境信用记录和环境风险可控程度等，以"白名单"方式简化危险废物跨省转移审批程序。维护危险废物跨区域转移公平竞争市场秩序，各地不得设置不合理行政壁垒。（生态环境部负责）

（十三）严厉打击涉危险废物违法犯罪行为。强化危险废物环境执法，将其作为生态环境保护综合执法重要内容。严厉打击非法排放、倾倒、收集、贮存、转移、利用、处置危险废物等环境违法犯罪行为，实施生态环境损害赔偿制度，强化行政执法与刑事司法、检察公益诉讼的协调联动。（最高人民法院、最高人民检察院、公安部、生态环境部等按职责分工负责）对自查自纠并及时妥善处置历史遗留危险废物的企业，依法从轻处罚。（最高人民法院、最高人民检察院牵头，生态环境部等参与）

五、强化废弃危险化学品监管

（十四）建立监管联动机制。应急管理部门和生态环境部门以及其他相关部门建立监管协作和联合执法工作机制，密切协调配合，实现信息及时、充分、有效共享，形成工作合力。（生态环境部、应急部等按职责分工负责）

六、提升危险废物集中处置基础保障能力

（十五）强化特殊类别危险废物处置能力。由国家统筹，按特殊类别建设一批对环境和人体健康威胁极大危险废物的利用处置基地，按区域分布建设一批大型危险废物集中焚烧处置基地，按地质特点选择合适地区建设一批危险废物填埋处置基地，实现全国或区域共享处置能力。（各省级人民政府负责，国家发展改革委、财政部、自然资源部、生态环境部、住房城乡建设部等按职责分工负责）

（十六）推动省域内危险废物处置能力与产废情况总体匹配。各省级人民政府应开展危险废物产生量与处置能力匹配情况评估及设施运行情况评估，科学制定并实施危险废物集中处置设施建设规划。2022年底前，各省（自治区、直辖市）危险废物处置能力与产废情况总体匹配。（各省级人民政府负责，国家发展改革委、财政部、自然资源部、生态环境部、住房城乡建设部等按职责分工负责）

（十七）提升市域内医疗废物处置能力。各地级以上城市应尽快建成至少一个符合运行要求的医疗废物集中处置设施。2022年6月底前，实现各县（市）都建成医疗废物收集转运处置体系。鼓励发展移动式医疗废物处置设施，为偏远基层提供就地处置服务。加强医疗废物分类管理，做好源头分类，促进规范处置。（各省级人民政府负责，国家发展改革委、生态环境部、国家卫生健康委等按职责分工负责）

七、促进危险废物利用处置产业高质量发展

（十八）促进危险废物利用处置企业规模化发展、专业化运营。设区的市级人民政府生态环境等部门定期发布危险废物相关信息，科学引导危险废物利用处置产业发展。新建危险废物集中焚烧处置设施处置能力原则上应大于3万吨/年，控制可焚烧减量的危险废物直接填埋，适度发展水泥窑协同处置危险废物。落实"放管服"改革要求，鼓励采取多元投资和市场化方式建设规模化危险废物利用设施；鼓励企业通过兼并重组等方式做大做强，开展专业化建设运营服务，努力打造一批国际一流的危险废物利用处置企业。（国家发展改革委、生态环境部等按职责分工负责）

（十九）规范危险废物利用。建立健全固体废物综合利用标准体系，使用固体废物综合利用产物应当符合国家规定的用途和标准。（市场监管总局牵头，国家发展改革委、工业和信息化部、生态环境部、农业农村部等参与）在环境风险可控的前提下，探索危险废物"点对点"定向利用许可证豁免管理。（生态环境部牵头，相关部门参与）

（二十）健全财政金融政策。完善危险废物和医疗废物处置收费制度，制定处置收费标准并适时调整；在确保危险废物全流程监控、违法违规行为可追溯的前提下，处置收费标准可由双方协商确定。建立危险废物集中处置设施、场所退役费用预提制度，预提费用列入投资概算或者经营成本。落实环境保护税政策。鼓励金融机构加大对危险废物污染环境防治项目的信贷投放。探索建立危险废物跨区域转移处置的生态保护补偿机制。（国家发展改革委、财政部、税务总局、生态环境部、国家卫生健康委等按职责分工负责）

（二十一）加快先进适用技术成果推广应用。重点研究和示范推广废酸、废盐、生活垃圾焚烧飞灰等危险废物利用处置和污染环境防治适用技术。建立完善环境保护技术验证评价体系，加强国家生态环境科技成果转化平台建设，推动危险废物利用处置技术成果共享与转化。鼓励推广应用医疗废物集中处置新技术、新设备。（科技部、工业和信息化部、生态环境部、住房城乡建设部、国家卫生健康委等按职责分工负责）

八、建立平战结合的医疗废物应急处置体系

（二十二）完善医疗废物和危险废物应急处置机制。县级以上地方人民政府应将医疗废物收集、贮存、运输、处置等工作纳入重大传染病疫情领导指挥体系，强化统筹协调，保障所需的车辆、场地、处置设施和防护物资。（国家卫生健康委、生态环境部、住房城乡建设部、交通运输部等按职责分工负责）将涉危险废物突发生态环境事件应急处置纳入政府应急响应体系，完善环境应急响应预案，加强危险废物环境应急能力建设，保障危险废物应急处置。（生态环境部牵头，相关部门参与）

（二十三）保障重大疫情医疗废物应急处置能力。

统筹新建、在建和现有危险废物焚烧处置设施、协同处置固体废物的水泥窑、生活垃圾焚烧设施等资源，建立协同应急处置设施清单。2021年底前，各设区的市级人民政府应至少明确一座协同应急处置设施，同时明确该设施应急状态的管理流程和规则。列入协同应急处置设施清单的设施，根据实际设置医疗废物应急处置备用进料装置。（各省级人民政府负责，国家发展改革委、工业和信息化部、生态环境部、国家卫生健康委、住房城乡建设部等按职责分工负责）

九、强化危险废物环境风险防控能力

（二十四）加强专业监管队伍建设。建立与防控环境风险需求相匹配的危险废物监管体系，加强国家危险废物监管能力与应急处置技术支撑能力建设，建立健全国家、省、市三级危险废物环境管理技术支撑体系，强化生态环境保护综合执法队伍和能力建设，加强专业人才队伍建设，配齐配强人员力量，切实提升危险废物环境监管和风险防控能力。（生态环境部牵头，中央编办等参与）

（二十五）完善配套法规制度。落实新修订的《中华人民共和国固体废物污染环境防治法》，完善危险废物经营许可证管理和转移管理制度，修订危险废物贮存、焚烧以及鉴别等方面污染控制标准规范。（生态环境部、交通运输部、公安部、司法部等按职责分工负责）

（二十六）提升基础研究能力。加强危险废物风险防控与利用处置科技研发部署，通过现有渠道积极支持相关科研活动。开展危险废物环境风险识别与控制机理研究，加强区域性危险废物和化学品测试分析与环境风险防控技术能力建设，强化危险废物环境风险预警与管理决策支撑。（科技部、生态环境部等按职责分工负责）

十、保障措施

（二十七）压实地方和部门责任。地方各级人民政府加强对强化危险废物监管和利用处置能力的组织领导。县级以上地方人民政府将危险废物污染环境防治情况纳入环境状况和环境保护目标完成情况年度报告，并向本级人民代表大会或者人民代表大会常务委员会报告。各有关部门按照职责分工严格履行危险废物监管责任，加强工作协同联动。对不履行危险废物监管责任或监管不到位的，依法严肃追究责任。（各有关部门按职责分工负责）建立危险废物污染环境防治目标责任制和考核评价制度，将危险废物污染环境防治目标完成情况作为考核评价党政领导班子和有关领导干部的重要参考。（生态环境部牵头，中央组织部等参与）

（二十八）加大督察力度。在中央和省级生态环境保护督察中加大对危险废物污染环境问题的督察力度。对涉危险废物环境违法案件频发、处置能力严重不足并造成环境污染或恶劣社会影响的地方和单位，视情开展专项督察，推动问题整改。对督察中发现的涉嫌违纪或者职务违法、职务犯罪问题线索，按照有关规定移送纪检监察机关；对其他问题，按照有关规定移送被督察对象或有关单位进行处理。（生态环境部牵头，相关部门参与）

（二十九）加强教育培训。加强高校、科研院所的危险废物治理相关学科专业建设。加强危险废物相关从业人员培训，依托具备条件的危险废物相关企业建设培训实习基地。强化《控制危险废物越境转移及其处置巴塞尔公约》履约工作，积极开展国际合作与技术交流。（教育部、生态环境部、外交部等按职责分工负责）

（三十）营造良好氛围。加强对涉危险废物重大环境案件查处情况的宣传，形成强力震慑。推进危险废物利用处置设施向公众开放，努力化解"邻避效应"。建立有奖举报制度，将举报危险废物非法转移、倾倒等列入重点奖励范围。（中央宣传部、生态环境部牵头，国家发展改革委、公安部、财政部等参与）

· 请示答复

国家环境保护总局关于转发全国人大常委会法制工作委员会《关于申请解释固体废物污染环境防治法第七十七条有关规定的答复意见》的通知

· 2005年12月30日
· 环发〔2005〕166号

各省、自治区、直辖市环境保护局（厅），各直属单位，各派出机构，计划单列市环境保护局，副省级城市环境保护局：

在《固体废物污染环境防治法》执行过程中，有些地方环保部门对该法第七十七条的有关规定存在理解上的差异。为准确理解、正确执行该规定，2005年9月1日我局请全国人大常委会法制工作委员会对《固体废物污染环境防治法》第七十七条的有关规定进行解释。

2005年12月21日，全国人大常委会法制工作委员会函复我局，对《固体废物污染环境防治法》第七十七条和第五十五条中有关"违法所得"的理解和处置危险废物责任主体的认定，提出了明确的答复意见。现将全国人大常委会法制工作委员会《关于申请解释固体废物污染环境防治法第七十七条有关规定的答复意见》(法工委复字〔2005〕34号)转发给你们,请遵照执行。

附件:

全国人大常委会法制工作委员会
《关于申请解释固体废物污染环境防治法第七十七条有关规定的答复意见》

· 2005年12月21日
· 法工委复字〔2005〕34号

国家环境保护总局:

你局2005年9月1日来函收悉。经研究,答复意见如下:

1. 固体废物污染环境防治法第七十七条对无经营许可证或者不按照经营许可证规定从事收集、贮存、利用、处置危险废物经营活动规定的"没收违法所得",是指没收违法行为人违法收集、贮存、利用、处置危险废物所获得的收益。

2. 依照固体废物污染环境防治法第五十条的规定,处置危险废物的责任主体是产生危险废物的单位。如确属对违法收集的危险废物的原产生单位无法认定的,该危险废物的违法收集者应作为该危险废物的产生单位承担处置责任。

生态环境部办公厅关于感染性废物和损伤性废物豁免认定有关事项的复函

· 2019年1月29日
· 环办固体函〔2019〕105号

山东省生态环境厅:

你厅《关于感染性废物和损伤性废物豁免认定有关事项的请示》(鲁环发〔2018〕52号)收悉。经研究,函复如下:

根据《国家危险废物名录》第五条关于"列入本名录附录《危险废物豁免管理清单》中的危险废物,在所列的豁免环节,且满足相应的豁免条件时,可以按照豁免内容的规定实行豁免管理"的规定,以及《危险废物豁免管理清单》相关要求,感染性废物(废物代码为831-001-01)和损伤性废物(废物代码为831-002-01)按照《医疗废物高温蒸汽集中处理工程技术规范(试行)》(HJ/T 276-2006)、《医疗废物化学消毒集中处理工程技术规范(试行)》(HJ/T 228-2006)或《医疗废物微波消毒集中处理工程技术规范(试行)》(HJ/T 229-2006)进行处理后,仍属于危险废物;处理后的废物进入生活垃圾填埋场填埋处置或进入生活垃圾焚烧厂焚烧处置,处置过程不按危险废物管理。

特此函复。

· 典型案例

1. 人民法院依法审理固体废物污染环境典型案例[①]

一、重庆某医用输液瓶回收有限公司、关某岗、陈某林、李某芳等非法处置医疗废物污染环境案

【基本案情】

重庆某医用输液瓶回收有限公司经营范围为医疗机构使用后的未被病人血液、体液、排泄物污染的一次性塑料输液瓶(袋)、玻璃输液瓶的回收、运输、处置(不含医疗废物),法定代表人关某岗。2018年8月,该公司从医疗机构回收玻璃输液瓶后,与北京某环保科技有限公司(另案处理)股东李某芳、陈某林共谋,以320元/吨的价格将约1300吨玻璃输液瓶出售给没有危险废物经营许可证的北京某环保科技有限公司,并由陈某林安排陈某强进行管理生产,在生产过程中,工人对其中混杂的针头、棉签、输液管等废物进行了掩埋处理。案发后,对掩埋的废物进行挖掘并转运,经鉴定,该批废物系危险废物,共计16.27吨。

2018年11月,关某岗明知李某芳没有危险废物经营许可证,仍介绍易某林将其存放在重庆某医用输液瓶回收有限公司的玻璃输液瓶瓶盖出售给李某芳以赚取差价。2019年1月至3月,李某芳雇佣工人分离、筛选、清洗收购的瓶盖,清洗废水未经处理直排外环境,筛选出的针头、棉签等废物堆放在厂房内。案发后,经鉴定,从易某林收购的瓶盖均系危险废物,经应急处置,转移瓶盖等废物共计72.9吨。

【裁判结果】

重庆市渝北区人民法院一审判决,被告单位重庆某医用输液瓶回收有限公司犯污染环境罪,判处罚金二十万

---
① 案例来源:2022年3月1日最高人民法院发布。

元；被告人关某岗、李某芳、陈某林、陈某强、易某林等犯污染环境罪，判处有期徒刑二年二个月至一年三个月不等，并处罚金。

重庆市第一中级人民法院二审改判关某岗有期徒刑二年四个月，并处罚金十万元。

【典型意义】

本案是因非法处置医疗废物污染环境引发的刑事案件。医疗废物往往携带大量病菌、病毒，具有感染性、传染性等危害，尤其是在当今疫情防控常态化、医疗废物处置压力不断增加的情况下，非法处置行为不仅对环境产生污染，也会严重威胁人民群众的身体健康。《中华人民共和国固体废物污染环境防治法》第九十条第一款规定，医疗废物按照国家危险废物名录管理。《医疗废物管理条例》第十四条规定，禁止任何单位和个人转让、买卖医疗废物；第二十二条规定，未取得经营许可证的单位，不得从事有关医疗废物集中处置的活动。本案中相关单位和人员在没有取得医疗废物经营许可证的情况下，非法从事医疗废物的处置，造成环境污染，依法应当承担刑事责任。本案的审理，展现了人民法院对非法处置医疗废物污染环境犯罪行为决不姑息、严厉打击的态度，有助于警示上下游相关的医疗机构、企业及从业人员依法依规处置医疗废物，避免因不当处置引发公共健康风险。

二、司徒某戌、司徒某协、陈某峰、李某贤等非法倾倒毒性工业固体危险废物污染环境案

【基本案情】

2015年9月至2018年3月，广东省江门市某实业有限公司（另案处理）副总经理王某（另案处理）将该公司生产新能源汽车锂电池正极材料过程中产生的毒性工业固体危险废物浸出渣（以下简称浸出渣）23067吨，以每吨318元的费用交给无相关资质的司徒某戌、司徒某协非法处置。司徒某戌、司徒某协又将上述浸出渣转包给无相关资质的陈某峰等多人分别运到广东省恩平市、江门市新会区、鹤山市、阳江市、广西壮族自治区藤县等地非法处置。李某贤受陈某峰指使，负责组织车辆、司机将其中4700多吨浸出渣分别运到恩平市东成镇某砖厂和新会区沙堆镇某砖厂进行非法倾倒。

【裁判结果】

广东省恩平市人民法院一审认为，被告人司徒某戌、司徒某协、陈某峰、李某贤违法处置有毒物质，后果特别严重，均已构成污染环境罪。判决四被告人犯污染环境罪，判处有期徒刑五年至一年八个月不等，并处罚金，追缴、没收违法所得。

广东省江门市中级人民法院二审裁定驳回上诉，维持原判。

【典型意义】

本案是因非法处置新能源汽车锂电池材料生产过程中产生的毒性工业固体危险废物引发的刑事案件。新能源汽车产业是国家政策引导的经济发力点，也是当下热门的环保产业。作为新能源汽车核心部件之一的电池材料，其在生产过程中产生的固体废物，若因违法处置造成污染，将与为了环保目的而推动新能源汽车产业发展的初衷相悖。本案涉案固体废物数量巨大、毒性强、污染地域横跨两省多地、环境污染损害后果严重，人民法院在判断被告人是否具有污染环境的主观故意时，参考被告人的职业经历所体现的正常认知水平，认为作为运输行业经营者，对企业生产过程中产生的固体废物具有危害性及随意倾倒会污染环境，应有一定的认知，并负有核实了解的义务。该案的处理，既有利于防范环保产业发展过程中的污染环境风险，推动环保产业绿色健康发展，也对运输行业经营者非法运输污染物，放任污染环境结果发生的行为起到了警示、震慑作用。

三、山西某生化药业有限公司、田某坡等人非法处置过期药品污染环境案

【基本案情】

山西某生化药业有限公司具有山西省药品监督管理局授予的药品经营许可证，经营范围为中药材、中药饮片、中成药、化学药制剂、抗生素等。2019年7月，该公司经营的诺氟沙星胶囊、银黄颗粒等十余种药品过期，需要及时处理。作为实际控制人的田某坡明知过期药品需做无害化处理，仍决定将该批过期药品私自倾倒、处置，并于2019年7月3日让公司工作人员闫某德和吕某分别驾车将该批过期药品拉运至太原市小店区倾倒处置。经鉴定，涉案药品总净重3217.672千克。另查明，涉案过期药品属于《国家危险废物名录》列明的危险废物。2020年3月20日，当地环保部门出具材料称，倾倒现场的过期药品包装未破损，尚未直接接触土地或者其他资源。

【裁判结果】

山西省太原市小店区人民法院一审认为，被告单位山西某生化药业有限公司违反国家规定，非法倾倒、处置危险废物三吨以上，严重污染环境；被告人田某坡作为被告单位直接负责的主管人员，决定并安排公司人员非法处置危险废物；被告人闫某德、吕某作为被告单位其他直接责任人员具体实施了处置危险废物的行为，均构成污染环境罪。分别判处被告单位罚金五万元；被告人田某坡有期徒刑十个月,并处罚金五千元;被告人闫某德、吕某有期徒刑六个月,并处罚金三千元。

山西省太原市中级人民法院二审裁定驳回上诉,维持原判。

【典型意义】

本案是因非法处置过期药品引发的刑事案件。根据《国家危险废物名录》的规定,"失效、变质、不合格、淘汰、伪劣的化学药品和生物制品(不包括列入《国家基本药物目录》中的维生素、矿物质类药,调节水、电解质及酸碱平衡药),以及《医疗用毒性药品管理办法》中所列的毒性中药"均为危险废物,属于"有毒物质",药物中的成分散落在环境中极易造成污染。日常生活中,较为普遍地存在对于过期失效药品的危害性以及如何处置认识不足等问题,将过期药品视为普通生活垃圾随意丢弃的现象时有发生,造成了土壤、水资源等污染。本案的处理,有助于警示社会公众依法履行生活垃圾源头减量和分类投放法定义务,推动建立畅通的失效药品回收渠道,减少乱扔、乱倒、乱焚过期药品行为,引导全民参与、人人动手开展生活垃圾分类处置。

四、句容市后白镇某村民委员会、袁某政等非法掩埋废酸、废油脂等污染环境案

【基本案情】

2011年6月,胡某富与江苏省句容市后白镇某村民委员会签订协议承租土地,建设厂房从事润滑油生产经营业务。后因债务问题停产,厂房长期无人管理,贮存设施老化,厂房内的废酸、废油脂外流,致使周边环境受污染而被附近村民多次投诉举报。2017年3月,环保部门会同专业机构至现场调查情况,对厂房内的废酸、废油脂等进行了初步估算,合计重约80吨,所需处置费用约100万元。2017年12月11日,该村民委员会主任袁某政提议并主持会议,研究决定将上述厂房内的露天废物进行挖坑深埋处理。2018年1月9日上午,袁某政安排陈某驾驶挖掘机在厂房北侧院外挖坑,并将原水泥地上堆放的废酸、废油脂等全部填埋入土坑内。案发后,从坑内挖出废酸、废油脂、含油土壤700余吨,当地人民政府支出670万余元进行应急处置。

【裁判结果】

江苏省南京市玄武区人民法院一审判决,被告单位江苏省句容市后白镇某村民委员会犯污染环境罪,判处罚金人民币十万元;被告人袁某政犯污染环境罪,判处有期徒刑二年,并处罚金人民币六万元;被告人陈某犯污染环境罪,判处有期徒刑一年三个月,缓刑一年六个月,并处罚金人民币一万元;禁止被告人陈某在缓刑考验期内从事与排污或者处置危险废物有关的经营活动。该判决已生效。

【典型意义】

本案是因非法掩埋废酸、废油脂引发的刑事案件。《中华人民共和国固体废物污染环境防治法》规定,处置危险废物的单位和个人,必须采取防扬散、防流失、防渗漏或者其他防止污染环境的措施;不得擅自倾倒、堆放、丢弃、遗撒危险废物。村民委员会作为基层群众性自治组织,是社会综合治理体系的重要组成部分,也是美丽乡村建设的重要力量,要不断提升自身的环保意识和法治水平,带头遵守并宣传宪法、法律、法规和国家的政策,教育和推动村民履行法律规定的义务、爱护环境。本案中,村民委员会及袁某政等因缺乏相关法律意识,"好心"办了坏事,教训深刻,具有典型的警示教育作用。而法院在判处刑罚的同时又禁止被告人在缓刑考验期内从事与排污或者处置危险废物有关的经营活动,体现了环境司法坚持保护优先、预防为主的理念,具有较好的示范意义。

五、张某伟、张某盟、姜某、康某辉等非法倾倒废料污染环境案

【基本案情】

2020年3月23日至2020年4月1日,张某伟将其在河北省正定县某村西的废旧塑料颗粒加工厂内的废塑料、废油布、废油墨桶、废油漆桶等废料,伙同张某盟联系无任何经营手续的康某伟(另案处理),以800元/车的价格进行处置。后康某伟以200元/车的价格让姜某提供倾倒场所,康某纠集康某辉先后非法向井陉县孙庄乡某村北一渗坑倾倒6车危险废物,在非法倾倒第7车时被查获。后公安机关将危险废物重新捡拾并交由有资质的公司处置,张某伟支付相关处置费用。经鉴定,已倾倒废料和被查获的车上废料均为危险废物,重量共计3.99吨。

【裁判结果】

河北省井陉县人民法院一审认为,被告人张某伟、张某盟、姜某、康某辉违反国家规定,非法处置、倾倒危险废物,鉴于四被告人已倾倒的固体废物不足3吨,在案发后认罪认罚,积极履行修复义务,判决张某伟、张某盟、姜某、康某辉犯污染环境罪,判处有期徒刑十个月至八个月不等,并处罚金,追缴违法所得。除姜某系累犯外,其他三被告人均适用缓刑。该判决已生效。

【典型意义】

本案是因非法倾倒废料引发的刑事案件。废塑料、废油布、废油墨桶、废油漆桶等固体废物在生产生活中较为常见,其对环境的污染容易被忽视。尤其是生产经营过程中产生大量废塑料、废油布、废油墨桶、废油漆桶等固体废物的企业,更须对此有清晰认识,做到合法合规处置,避免

造成环境污染。本案的处理，有助于推动有关企业和群众对日常生活中常见固体废物进行恰当的处置，提高社会公众对固体废物污染环境危害性的认识，推动固体废物的无害化处置。同时，本案审理法院依据《最高人民法院、最高人民检察院关于办理环境污染刑事案件适用法律若干问题的解释》第五条关于"实施刑法第三百三十八条、第三百三十九条规定的行为，刚达到应当追究刑事责任的标准，但行为人及时采取措施，防止损失扩大、消除污染，全部赔偿损失，积极修复生态环境，且系初犯，确有悔罪表现的，可以认定为情节轻微，不起诉或者免于刑事处罚；确有必要判处刑罚的，应当从宽处罚"的规定，将被告人事后积极履行环境修复义务的情形作为从轻量刑情节，依法适用缓刑，体现了恢复性司法的理念，有助于受损生态环境的及时有效修复。

六、陈某勤等焚烧电子垃圾污染环境案

【基本案情】

陈某勤伙同林某燕、蒋某国于 2018 年 11 月至 2019 年 12 月间，在未取得危险废物经营许可的情况下，在江西省德兴市花桥镇某村一山坞内建设无任何污染防治措施的焚烧炉，采取直接投炉的方式焚烧废旧电路板、废旧电线及混合了废旧电路板的"水泥球"等电子废弃物，提炼含铜、金、银等金属的金属锭。经鉴定，该类电子废弃物属于危险废物，采用上述无环保措施的直接焚烧方法，对空气、水及土壤造成了严重污染。陈某琴等人在明知加工点无危险废物经营许可且不具备防治污染措施的情况下，仍然从各地收集大量废旧电路板等电子垃圾送至该非法加工点处置，严重污染环境。

【裁判结果】

江西省德兴市人民法院一审判决，被告人陈某勤等 13 人均构成污染环境罪，判处有期徒刑五年三个月至一年不等，并处罚金，没收、追缴违法所得。

江西省上饶市中级人民法院二审裁定驳回上诉，维持原判。

【典型意义】

本案是因焚烧电子垃圾引发的刑事案件，具有涉案人数多、范围广、影响大等特点。随着经济发展、科技进步，电子垃圾逐渐成为生产、生活垃圾中的重要组成部分。根据《中华人民共和国固体废物污染环境防治法》第六十七条规定，国家对废弃电器电子产品等实行多渠道回收和集中处理制度。拆解、利用、处置废弃电器电子产品、废弃机动车船等，应当遵守有关法律法规的规定，采取防止污染环境的措施。本案中，人民法院对非法收购、处置、冶炼等各犯罪环节实施全链条打击，彻底斩断非法冶炼电子垃圾的利益链条，有力打击了污染环境的犯罪行为。本案的审理，有助于推动电子垃圾依法有序回收利用，促使材料回收再加工行业的健康发展，彰显了司法对破坏生态环境犯罪行为的零容忍态度。

七、朱某违规收纳、倾倒生活垃圾污染环境案

【基本案情】

2020 年 10 月至 11 月间，朱某以营利为目的，在未获得垃圾消纳资质的情况下，在北京市昌平区某村东南侧一院内经营垃圾中转站，违反规定收纳、倾倒未经处理的建筑垃圾、生活垃圾，后被公安机关查获。经测量，朱某违规收纳、倾倒的建筑垃圾、生活垃圾共计 2858.3 立方米，其中生活垃圾 1510.3 立方米，严重污染环境。有关部门对上述垃圾进行处理，产生生活垃圾清运费用共计 39 万余元。

【裁判结果】

北京市昌平区人民法院一审认为，被告人朱某未获得相关资质，违规收纳、倾倒未经处理的生活垃圾，属于《最高人民法院、最高人民检察院关于办理环境污染刑事案件适用法律若干问题的解释》第一条第九项规定的严重污染环境情形，其行为构成污染环境罪，依法应予惩处。判决被告人朱某犯污染环境罪，判处有期徒刑九个月，罚金人民币二万元。该判决已生效。

【典型意义】

本案是因违规收纳、倾倒未经处理的生活垃圾引发的刑事案件。《中华人民共和国固体废物污染环境防治法》明令禁止任何单位和个人随意倾倒、堆放生活垃圾，并对生活垃圾的分类、运输、处理、回收等处置步骤做出了明确规定。实践中，随意排放、倾倒、处置未经处理的生活垃圾的现象时有发生，常因缺乏及时的管理，日积月累造成不同程度的空气、水、土壤等污染。本案的审理，不仅有助于推动相关企业和从业人员提高法律意识，明晰无资质擅自收纳、倾倒未经处理生活垃圾将被追究法律责任，也有助于引导社会公众强化法律意识，落实生活垃圾分类制度，爱护生态环境。

八、上海市人民检察院第三分院诉郎溪某固体废物处置有限公司、宁波高新区某贸易有限公司、黄某庭、薛某走私"洋垃圾"污染环境民事公益诉讼案

【基本案情】

郎溪某固体废物处置有限公司法定代表人钱某东联系黄某庭，欲购买进口含铜固体废物。黄某庭为此联系宁波高新区某贸易有限公司以及薛某。薛某在某国组织了

一批138.66吨的铜污泥,由宁波高新区某贸易有限公司以铜矿砂品名制作了虚假报关单证,并将进口情况以《钱总货物清单222》传真等方式告知郎溪某固体废物处置有限公司。确认后,由黄某庭在上海港报关进口。后该批固体废物被海关查获滞留港区,无法退运。经鉴定,涉案铜污泥中含有大量重金属,需委托有危险废物经营许可证单位进行无害化处置,处置费用为105.37万元。上海市人民检察院第三分院提起本案民事公益诉讼。另,在本案诉讼前,上海市人民检察院第三分院就宁波高新区某贸易有限公司、黄某庭、薛某共同实施走私国家禁止进口固体废物提起刑事公诉,宁波高新区某贸易有限公司、黄某庭、薛某被追究刑事责任,郎溪某固体废物处置有限公司未被追究刑事责任。

【裁判结果】

上海市第三中级人民法院一审认为,四被告在明知铜污泥系国家禁止进口的固体废物的情况下,共同商议、分工合作,实施了非法进口、购买境外固体废物的行为,造成了环境污染风险,损害了社会公共利益,依法应当承担侵权责任。判决四被告连带赔偿非法进口固体废物(铜污泥)的处置费105.37万元。

上海市高级人民法院二审判决驳回上诉,维持原判。

【典型意义】

本案是因非法走私"洋垃圾"引发的环境污染民事公益诉讼案件。《中华人民共和国固体废物污染环境防治法》第一百一十五条规定,违反本法规定,将中华人民共和国境外的固体废物输入境内的,由海关责令退运该固体废物,处五十万元以上五百万元以下的罚款。承运人对前款规定的固体废物的退运、处置,与进口者承担连带责任。近年来,我国不断加大对"洋垃圾"的打击力度,出台了一系列制度全面禁止"洋垃圾"入境,但出于巨大非法利益的诱惑,仍有不少违法行为人铤而走险,从国外进口"洋垃圾",对我国生态环境造成了重大安全隐患。本案中,在进口的固体废物无法退运情况下,法院判决违法行为人承担无害化处置费用,体现了"环境有价、损害担责"原则,有效震慑潜在的违法行为人,同时明确了违法行为人在承担刑事责任的同时,仍需承担相应的民事责任,体现了环境司法对违法行为人全面追责的鲜明态度。

九、丽水市绿色环保协会诉青田县某废油回收再利用加工厂、胡某泉等非法倾倒废渣污染环境民事公益诉讼案

【基本案情】

青田县某废油回收再利用加工厂于2008年成立,并以胡某泉个人名义取得个体工商户营业执照,但该厂实际由胡某泉等十三人合伙经营。该厂在未取得危险废物经营许可证的情况下,以废矿物油为主要原料,通过"土法炼油"方式非法提炼非标柴油,随意排放废气,并将焚烧后的煤渣与废渣混合物倾倒在厂区周边,致使周边土壤受到严重污染。经鉴定,倾倒废渣的行为对1732.5立方米土壤造成污染,其中622.5立方米土壤需要开展工程修复,费用为37.14万元。另,青田县某废油回收再利用加工厂及胡某泉等人于2019年7月缴纳138万元至环境保护局危险废物处置保证金专户,用于涉案污染物的处置。

【裁判结果】

浙江省丽水市中级人民法院经调解,各方当事人达成调解协议,认可已缴纳的138万元用于涉案污染物的处置,并将剩余32.87万元用于偿还本案所涉土壤修复工程费用和土壤生态补偿费用,不足部分由各被告在本协议签订之日起3日内支付等。

【典型意义】

本案是因非法倾倒废渣引发的污染环境民事公益诉讼案件。本案中,法院充分考虑因固体废物污染造成的环境损害修复的急迫性,积极发挥司法职能,多次组织现场勘验、座谈,在充分实现原告全部诉讼请求以及取得各方当事人同意的情况下,调动各类主体的积极性,以调解的方式化解了纠纷,实现政府、法院、检察院、社会团体以及侵权人的共同参与、共同协作、共同治理,使得修复工程费用和生态补偿费用以最快的形式、最短的时间到位,为陆续开展的污染修复工作提供了保障,在定纷止争的同时,实现受损生态环境的及时有效修复。

十、西安铁路运输检察院诉陕西省西咸新区某管理委员会不履行环境监管职责行政公益诉讼案

【基本案情】

战国时期的望夷宫遗址位于陕西省西咸新区,遗址总面积30余万平方米。因望夷宫遗址保护范围内一处东西走向的沟道内存在大量建筑垃圾,沟道南侧填埋的建筑垃圾约为30000余立方米,沟道西北侧填埋的建筑垃圾约6000立方米,不仅污染周边生态环境,还对文物保护单位造成侵害,西安铁路运输检察院以陕西省西咸新区某管理委员会不履行环境监管职责为由提起行政公益诉讼。诉讼过程中,经法院督促,该管理委员会邀请环保专家及文物保护专家对现场进行了实地查看,委托具有相关资质的机构完成涉案地块的土壤分析调查,并根据专家意见制定了《望夷宫遗址专项整治行动工作方案》。依据该工作方案,由管理委员会牵头,组织文物局、生态环境局、城市管理和交通运输局、自然资源和规划局、公安部门及街道办事处等职能部门,按照"清、运、填、覆、绿"的程序,进行清理整治,使局部环境得到改善,扬尘污染得到根本性治理。西安铁路运输检察院认为其诉讼请求已得到实现,遂撤回起诉。

【裁判结果】

西安铁路运输法院一审认为,管理委员会在诉讼过程中清运整治建筑垃圾,消除文物保护潜在危险,有效保护遗址本体,达到预期目标。西安铁路运输检察院撤回起诉,符合《最高人民法院、最高人民检察院关于检察公益诉讼案件适用法律若干问题的解释》第二十四条"在行政公益诉讼案件审理过程中,被告纠正违法行为或者依法履行职责而使人民检察院的诉讼请求全部实现,人民检察院撤回起诉的,人民法院应当裁定准许"的规定,故裁定准许西安铁路运输检察院撤回起诉。

【典型意义】

本案是因行政机关未履行环境监管职责引发的行政公益诉讼案件。行政公益诉讼的目的,在于督促行政机关积极正确履行法定职责,维护国家利益、社会公共利益和人民群众环境权益。本案中,望夷宫遗址保护范围内填埋大量建筑垃圾,不仅污染周边生态环境,还影响遗址文物保护。为妥善保护遗址文物、整治环境,人民法院在案件审理过程中积极延伸审判职能,推动行政机关积极作为,通过现场勘查、征询专家、确定方案、多方联动、集中整治、现场验收等程序,实现了有效治理环境、消除文物潜在危险保护遗址本体的诉讼目的,有效保护了文物遗址生态环境,充分体现了生态环境多元共治的积极作用,取得了良好的法律效果和社会效果。

2. 江苏省徐州市人民检察院诉苏州其安工艺品有限公司等环境民事公益诉讼案①

【关键词】

民事 环境民事公益诉讼 环境信息 不利推定

【裁判要点】

在环境民事公益诉讼中,原告有证据证明被告产生危险废物并实施了污染物处置行为,被告拒不提供其处置污染物情况等环境信息,导致无法查明污染物去向的,人民法院可以推定原告主张的环境污染事实成立。

【相关法条】

《中华人民共和国固体废物污染环境防治法》第55条、第57条、第59条

【基本案情】

2015年5、6月份,苏州其安工艺品有限公司(以下简称其安公司)将其工业生产活动中产生的83桶硫酸废液,以每桶1300-3600元不等的价格,交由黄克峰处置。黄克峰将上述硫酸废液运至苏州市区其租用的场院内,后以每桶2000元的价格委托何传义处置,何传义又以每桶1000元的价格委托王克义处置。王克义到物流园马路边等处随机联系外地牌号货车车主或司机,分多次将上述83桶硫酸废液直接从黄克峰存放处运出,要求他们带出苏州后随意处置,共支出运费43000元。其中,魏以东将15桶硫酸废液从苏州运至沛县经济开发区后,在农地里倾倒3桶,余下12桶被丢弃在某工地上。除以上15桶之外,其余68桶硫酸废液王克义无法说明去向。2015年12月,沛县环保部门巡查时发现12桶硫酸废液。经鉴定,确定该硫酸废液是危险废物。2016年10月,其安公司将12桶硫酸废液合法处置,支付费用116740.08元。

2017年8月2日,江苏省沛县人民检察院对其安公司、江晓鸣、黄克峰、何传义、王克义、魏以东等向徐州铁路运输法院提起公诉,该案经江苏省徐州市中级人民法院二审后,终审判决认定其安公司、江晓鸣、黄克峰、何传义、王克义、魏以东等构成污染环境罪。

江苏省徐州市人民检察院在履行职责中发现以上破坏生态环境的行为后,依法公告了准备提起本案诉讼的相关情况,公告期内未有法律规定的机关和有关组织提起诉讼。2018年5月,江苏省徐州市人民检察院向江苏省徐州市中级人民法院提起本案诉讼,请求判令其安公司、黄克峰、何传义、王克义、魏以东连带赔偿倾倒3桶硫酸废液和非法处置68桶硫酸废液造成的生态环境修复费用,并支付其为本案支付的专家辅助人咨询费、公告费,要求五被告共同在省级媒体上公开赔礼道歉。

【裁判结果】

江苏省徐州市中级人民法院于2018年9月28日作出(2018)苏03民初256号民事判决:一、苏州其安工艺品有限公司、黄克峰、何传义、王克义、魏以东于判决生效后三十日内,连带赔偿因倾倒3桶硫酸废液所产生的生态环境修复费用204415元,支付至徐州市环境保护公益金专项资金账户;二、苏州其安工艺品有限公司、黄克峰、何传义、王克义于判决生效后三十日内,连带赔偿因非法处置68桶硫酸废液所产生的生态环境修复费用4630852元,支付至徐州市环境保护公益金专项资金账户;三、苏州其安工艺品有限公司、黄克峰、何传义、王克义、魏以东于判决生

---

① 案例来源:2019年12月26日最高人民法院指导案例135号。

效后三十日内连带支付江苏省徐州市人民检察院为本案支付的合理费用 3800 元；四、苏州其安工艺品有限公司、黄克峰、何传义、王克义、魏以东于判决生效后三十日内共同在省级媒体上就非法处置硫酸废液行为公开赔礼道歉。一审宣判后，各当事人均未上诉，判决已发生法律效力。

【裁判理由】

法院生效裁判认为：

一、关于在沛县经济开发区倾倒 3 桶硫酸废液造成的生态环境损害，五被告应否承担连带赔偿责任及赔偿数额如何确定问题

《中华人民共和国固体废物污染环境防治法》（以下简称固体废物法）第五十五条规定："产生危险废物的单位，必须按照国家有关规定处置危险废物，不得擅自倾倒、堆放"。第五十七条规定："从事收集、贮存、处置危险废物经营活动的单位，必须向县级以上人民政府环境保护行政主管部门申请领取经营许可证……禁止无经营许可证或者不按照经营许可证规定从事危险废物收集、贮存、利用、处置的经营活动"。本案中，其安公司明知黄克峰无危险废物经营许可证，仍将危险废物硫酸废液交由其处置；黄克峰、何传义、王克义、魏以东明知自己无危险废物经营许可证，仍接收其安公司的硫酸废液并非法处置。其安公司与黄克峰、何传义、王克义、魏以东分别实施违法行为，层层获取非法利益，最终导致危险废物被非法处置，对此造成的生态环境损害，应当承担赔偿责任。五被告的行为均系生态环境遭受损害的必要条件，构成共同侵权，应当在各自参与非法处置危险废物的数量范围内承担连带责任。

本案中，倾倒 3 桶硫酸废液污染土壤的事实客观存在，但污染发生至今长达三年有余，且倾倒地已进行工业建设，目前已无法将受损的土壤完全恢复。根据《环境损害鉴定评估推荐方法（第Ⅱ版）》和原环境保护部《关于虚拟治理成本法适用情形与计算方法的说明》（以下简称《虚拟治理成本法说明》），对倾倒 3 桶硫酸废液所产生的生态环境修复费用，可以适用"虚拟治理成本法"予以确定，其计算公式为：污染物排放量×污染物单位治理成本×受损害环境敏感系数。公益诉讼起诉人委托的技术专家提出的倾倒 3 桶硫酸废液所致生态环境修复费用为 204415 元（4.28×6822.92×7）的意见，理据充分，应予采纳。该项生态环境损害系其安公司、黄克峰、何传义、王克义、魏以东五被告的共同违法行为所致，五被告应连带承担 204415 元的赔偿责任。

二、关于五被告应否就其余 68 桶硫酸废液承担生态环境损害赔偿责任，赔偿数额如何确定问题

根据固体废物法等法律法规，我国实行危险废物转移联单制度，申报登记危险废物的流向、处置情况等，是危险废物产生单位的法定义务；如实记载危险废物的来源、去向、处置情况等，是危险废物经营单位的法定义务；产生、收集、贮存、运输、利用、处置危险废物的单位和个人，均应设置危险废物识别标志，均有采取措施防止危险废物污染环境的法定义务。本案中，其安公司对硫酸废液未履行申报登记义务，未依法申请领取危险废物转移联单，黄克峰、何传义、王克义三被告非法从事危险废物经营活动，没有记录硫酸废液的流向及处置情况等，其安公司、黄克峰、何传义、王克义四被告逃避国家监管，非法转移危险废物，不能说明 68 桶硫酸废液的处置情况，没有采取措施防止硫酸废液污染环境，且 68 桶硫酸废液均没有设置危险废物识别标志，而容器上又留有出水口，即使运出苏州后被整体丢弃，也存在液体流出污染环境甚至危害人身财产安全的极大风险。因此，根据《最高人民法院关于审理环境民事公益诉讼案件适用法律若干问题的解释》第十三条"原告请求被告提供其排放的主要污染物名称、排放方式、排放浓度和总量、超标排放情况以及防治污染设施的建设和运行情况等环境信息，法律、法规、规章规定被告应当持有或者有证据证明被告持有而拒不提供，如果原告主张相关事实不利于被告的，人民法院可以推定该主张成立"之规定，本案应当推定其余 68 桶硫酸废液被非法处置并污染了环境的事实成立。

关于该项损害的赔偿数额。根据《虚拟治理成本法说明》，该项损害的具体情况不明确，其产生的生态环境修复费用，也可以适用"虚拟治理成本法"予以确定。如前所述，68 桶硫酸废液的重量仍应以每桶 1.426 吨计算，共计 96.96 吨；单位治理成本仍应确定为 6822.92 元。关于受损害环境敏感系数。本案非法处置 68 桶硫酸废液实际损害的环境介质及环境功能区类别不明，可能损害的环境介质包括土壤、地表水或地下水中的一种或多种。而不同的环境介质、不同的环境功能区类别，其所对应的环境功能区敏感系数不同，存在 2-11 等多种可能。公益诉讼起诉人主张适用的系数 7，处于环境敏感系数的中位，对应Ⅱ类地表水、Ⅱ类土壤、Ⅲ类地下水，而且本案中已经查明的 3 桶硫酸废液实际污染的环境介质即为Ⅱ类土壤。同时，四被告也未能举证证明 68 桶硫酸废液实际污染了敏感系数更低的环境介质。因此，公益诉讼起诉人的主张具有合理性，同时体现了对逃避国家监管、非法转移处置危险废物违法行为的适度惩罚，应予采纳。综上，公益诉讼起诉人主张非法处置 68 桶硫酸废液产生的生态环境修复费用为 4630852 元（96.96×6822.92×7），应予支持。同时，如果今后查明 68 桶硫酸废液实际污染了敏感系数更高的环境介

质,以上修复费用尚不足以弥补生态环境损害的,法律规定的机关和有关组织仍可以就新发现的事实向被告另行主张。该项生态环境损害系其安公司、黄克峰、何传义、王克义四被告的共同违法行为所致,四被告应连带承担4630852元的赔偿责任。

综上所述,生态文明建设是关系中华民族永续发展的根本大计,生态环境没有替代品,保护生态环境人人有责。产生、收集、贮存、运输、利用、处置危险废物的单位和个人,必须严格履行法律义务,切实采取措施防止危险废物对环境的污染。被告其安公司、黄克峰、何传义、王克义、魏以东没有履行法律义务,逃避国家监管,非法转移处置危险废物,任由危险废物污染环境,对此造成的生态环境损害,应当依法承担侵权责任。

(生效裁判审判人员:马荣、李娟、张演亮、陈虎、费艳、韩正娟、吴德恩)

3. 江苏省睢宁县人民检察院督促处置危险废物行政公益诉讼案①

【关键词】

行政公益诉讼　刑事附带民事公益诉讼　危险废物污染　代处置

【要旨】

对犯罪行为造成的持续污染,检察机关可综合运用刑事检察和公益诉讼检察职能,对损害国家利益和社会公共利益的情形进行全方位监督。公安机关调查取证完成后,犯罪嫌疑人无力处置污染物,行政机关又不履行代处置义务的,检察机关应当督促其依法履职。

【基本案情】

2017年10月,冯某某等将从浙江舟山市嘉达清舱有限公司(以下简称嘉达公司)非法收购的船舶清舱油泥,运输至江苏省睢宁县岚山镇境内,非法倾倒过程中被公安机关现场查获,清理出油泥及污染物共计135吨。徐州市睢宁生态环境局(原睢宁县环境保护局)将油泥转移至一停车场内,其中71吨用塑料桶贮存、64吨临时放置货车上。经江苏省环境科学研究院鉴定,涉案油泥属于《国家危险废物名录》(2016年版)中的"废矿物油与含矿物油废物",其中所含甲苯、四氯乙烯、四氯化碳等成分均超过《危险废物鉴别标准 浸出毒性鉴别》(GB 5085.3—2007)相应标准值,系具有毒性和易燃性的危险废物。

根据当地集中管辖规定,睢宁公安局2018年5月将刑事案件移送徐州铁路运输检察院审查起诉。徐州铁路运输检察院于7月23日就刑事部分向徐州铁路运输法院提起公诉,并于9月18日提起刑事附带民事公益诉讼。2019年8月8日,徐州铁路运输法院作出刑事附带民事公益诉讼判决书,支持检察机关全部诉讼请求,判令冯某某等人赔偿尚未倾倒的64吨油泥需要支出的应急处置费545166元、135吨油泥混合物处置费用931665.8元。同时,冯某某等五人分别被判处有期徒刑六年至一年八个月不等刑罚,嘉达公司被判处罚金五十万元。各被告均未提出上诉,并主动支付相关处置费用。

2019年4月17日,在刑事附带民事公益诉讼案件审理期间,鉴于本案刑事诉讼证据已经固定,涉案油泥在未按规定进行专业技术封存的情况下存放长达18个月,持续造成环境污染,睢宁县人民检察院(以下简称睢宁县院)会同法院、公安、生态环境局等部门召开油泥处置协调会并形成会议纪要,鉴于污染者处于刑事羁押状态,检察机关已经通过刑事附带民事公益诉讼要求判令其承担环境修复费用,为避免污染持续发生,依据《固体废物污染环境防治法》《行政强制法》相关规定,应由环境主管部门组织对污染物代为处置。但会后,生态环境局仍未依法履职。

【调查核实和督促履职】

针对生态环境局怠于履职情形,睢宁县院于2019年5月22日以行政公益诉讼案件立案,并多次到油泥存放现场调查取证,向公安机关核实相关情况,通过拍照、录像、询问证人等方式固定现场证据。经现场勘查,贮存油泥的塑料桶未采取专业技术封存,现场未设置危险废物识别标识,亦未采取防扬散、流失、渗漏或者其他防止污染环境的措施,油泥持续挥发并部分渗漏,对周边空气、土壤造成二次污染。

2019年5月27日,睢宁县院向生态环境局发出诉前检察建议,督促该局依法履行环境监管职责。2019年7月2日,该局书面回复称,其没有处置固体废物的职责,且油泥作为刑事案件证据,不能在办案过程中处置。

对此,睢宁县院再次向公安机关核实涉案污染物最新情况,并到油泥堆放现场跟进调查,证实油泥处置不影响刑事案件办理;检察建议发出后,生态环境局始终未履行代处置职责。因值梅雨季节,油泥渗漏、流淌情形加重,生态环境仍持续受到侵害。

【诉讼过程】

2019年7月16日,睢宁县院以徐州市睢宁生态环境

---

① 案例来源:2021年9月2日最高人民检察院指导案例112号。

局为被告，向徐州铁路运输法院提起行政公益诉讼。2019年8月14日，徐州铁路运输法院公开开庭审理本案。

（一）法庭调查

出庭检察人员宣读起诉书，请求：1.确认被告对涉案危险废物贮存状况不履行监管职责的行为违法；2.判令被告依法履行监管职责，尽快将涉案危险废物移交有处置资质的单位依法处置。

睢宁县生态环境局辩称：油泥作为刑事案件的重要物证，暂不能处置。该局已联系有资质单位落实处置工作，并当庭出示了向公安机关移送涉嫌犯罪线索的卷宗等证据。

在法庭举证、质证阶段，睢宁县院围绕生态环境局在危废处置上的法定职责、权限、法律依据，以及由于该局不依法履行职责致使公共利益受到侵害等情况向法庭出示了相关证据。

（二）法庭辩论

出庭检察人员发表辩论意见认为：一是根据《环境保护法》《固体废物污染环境防治法》等法律规定，被告人因刑事犯罪被羁押而无法处置危险废物，生态环境局应当依法履行代处置职责。二是生态环境局不依法履职，致使部分油泥渗漏、流淌，造成周边空气、土壤严重污染，侵害了社会公共利益。

生态环境局辩称：一是该局已对油泥进行鉴定，并移交公安机关立案侦查；二是该局履行了油泥贮存的监管职责，符合危险废物转移、贮存的规范化标准；三是油泥系刑事案件的重要物证，该局多次征求公安机关意见，公安机关认为案件未结，油泥不能处置。

针对答辩意见，睢宁县院认为，生态环境局虽然在案发之初将犯罪线索移交，但在明知油泥系危险废物的情况下，未及时将油泥委托有危险品保管资质的公司贮存，且未采取有效的防扬散、流失、渗漏等措施，而是任其长期露天放置。公安机关出具的《情况说明》证实生态环境局并未与其联系处置油泥事宜，且在油泥处置协调会明确生态环境局的处置职责后，亦未及时履职。

（三）审理结果

2019年11月15日，徐州铁路运输法院作出行政公益诉讼判决，支持了检察机关的起诉意见。生态环境局未上诉，判决生效。

庭审后，生态环境局在网上发布采购公示、中标公告，确定了危废处置公司。在生态环境局的监督下，该公司对涉案油泥及部分受污染的土壤进行了无害化处置，对涉案现场进行了规范化处置。检察机关对上述过程进行了全程监督。

【指导意义】

（一）检察机关可以在办理环境污染犯罪案件中，综合运用刑事诉讼、民事公益诉讼职能，同时追究环境污染者的刑事责任和环境损害赔偿责任。依据最高人民法院、最高人民检察院《关于检察公益诉讼案件适用法律若干问题的解释》规定，人民检察院对破坏生态环境和资源保护等损害社会公共利益的犯罪行为提起刑事公诉时，可以向人民法院一并提起附带民事公益诉讼，由人民法院同一审判组织审理。检察机关可以依据相关规定，诉请判令违法行为人承担生态环境损害赔偿责任，包括污染物处置费用、生态环境修复费用等。检察机关要注重加强刑事检察与公益诉讼检察职能的衔接和协同，形成惩治不法行为、修复生态环境的合力。

（二）违法行为人对造成的环境污染拒绝履行或者没有能力履行环境修复义务，导致环境污染持续发生，损害国家利益或者社会公共利益的，检察机关可以通过行政公益诉讼督促污染物所在地的环境主管部门履行代处置职责。《环境保护法》规定，县级以上地方人民政府环境保护主管部门对本行政区域环境保护工作实施统一监督管理。违法行为人跨区域倾倒危险废物，危险废物倾倒地的环境主管部门对本行政区域内的环境污染具有监督管理职责。违法行为人拒绝履行或者没有能力履行环境修复义务的，检察机关可以依据《固体废物污染环境防治法》《行政强制法》相关规定，督促危险废物倾倒地的环境主管部门代为处置。

（三）针对行政执法与刑事司法衔接中涉案物品不及时处置可能导致公益受损的情况，检察机关可以通过公益诉讼程序督促行政机关及时进行处置。依据环境保护部、公安部、最高人民检察院《环境保护行政执法与刑事司法衔接工作办法》的规定，对具有危险性或者环境危害性的涉案物品，环境执法机关和刑事司法机关应当加强衔接、及时处置。针对实践中行政执法与刑事司法衔接中涉案物品危害环境的情形，刑事证据固定后，即应开展对受损环境的修复工作，行政机关以处置对象系涉案证物或者刑事案件未结为由拒绝组织对具有环境危害性的涉案物品代为处置，导致国家利益或者社会公共利益受损的，检察机关应当开展公益诉讼监督，及时维护公共利益，充分发挥检察公益诉讼的独特价值。

【相关规定】

《中华人民共和国行政诉讼法》第二十五条第四款

《中华人民共和国环境保护法》第十条

《中华人民共和国固体废物污染环境防治法（2016）》第十条第二款、第十七条第一款、第五十二条、第五十五

条、第六十八条

《中华人民共和国固体废物污染环境防治法(2020)》第九条第二款、第二十条第一款、第七十七条、第八十一条第三款、第一百一十三条

《中华人民共和国行政强制法》第五十条

《最高人民法院、最高人民检察院关于检察公益诉讼案件适用法律若干问题的解释》第二十一条

《危险废物经营许可证管理办法》第四条、第五条、第十七条

《环境保护行政执法与刑事司法衔接工作办法》第十条第二款

5. 噪声污染防治

中华人民共和国噪声污染防治法

- 2021年12月24日第十三届全国人民代表大会常务委员会第三十二次会议通过
- 2021年12月24日中华人民共和国主席令第104号公布
- 自2022年6月5日起施行

第一章 总则

第一条 为了防治噪声污染,保障公众健康,保护和改善生活环境,维护社会和谐,推进生态文明建设,促进经济社会可持续发展,制定本法。

第二条 本法所称噪声,是指在工业生产、建筑施工、交通运输和社会生活中产生的干扰周围生活环境的声音。

本法所称噪声污染,是指超过噪声排放标准或者未依法采取防控措施产生噪声,并干扰他人正常生活、工作和学习的现象。

第三条 噪声污染的防治,适用本法。

因从事本职生产经营工作受到噪声危害的防治,适用劳动保护等其他有关法律的规定。

第四条 噪声污染防治应当坚持统筹规划、源头防控、分类管理、社会共治、损害担责的原则。

第五条 县级以上人民政府应当将噪声污染防治工作纳入国民经济和社会发展规划、生态环境保护规划,将噪声污染防治工作经费纳入本级政府预算。

生态环境保护规划应当明确噪声污染防治目标、任务、保障措施等内容。

第六条 地方各级人民政府对本行政区域声环境质量负责,采取有效措施,改善声环境质量。

国家实行噪声污染防治目标责任制和考核评价制度,将噪声污染防治目标完成情况纳入考核评价内容。

第七条 县级以上地方人民政府应当按照本法和国务院的规定,明确有关部门的噪声污染防治监督管理职责,根据需要建立噪声污染防治工作协调联动机制,加强部门协同配合、信息共享,推进本行政区域噪声污染防治工作。

第八条 国务院生态环境主管部门对全国噪声污染防治实施统一监督管理。

地方人民政府生态环境主管部门对本行政区域噪声污染防治实施统一监督管理。

各级住房和城乡建设、公安、交通运输、铁路监督管理、民用航空、海事等部门,在各自职责范围内,对建筑施工、交通运输和社会生活噪声污染防治实施监督管理。

基层群众性自治组织应当协助地方人民政府及其有关部门做好噪声污染防治工作。

第九条 任何单位和个人都有保护声环境的义务,同时依法享有获取声环境信息、参与和监督噪声污染防治的权利。

排放噪声的单位和个人应当采取有效措施,防止、减轻噪声污染。

第十条 各级人民政府及其有关部门应当加强噪声污染防治法律法规和知识的宣传教育普及工作,增强公众噪声污染防治意识,引导公众依法参与噪声污染防治工作。

新闻媒体应当开展噪声污染防治法律法规和知识的公益宣传,对违反噪声污染防治法律法规的行为进行舆论监督。

国家鼓励基层群众性自治组织、社会组织、公共场所管理者、业主委员会、物业服务人、志愿者等开展噪声污染防治法律法规和知识的宣传。

第十一条 国家鼓励、支持噪声污染防治科学技术研究开发、成果转化和推广应用,加强噪声污染防治专业技术人才培养,促进噪声污染防治科学技术进步和产业发展。

第十二条 对在噪声污染防治工作中做出显著成绩的单位和个人,按照国家规定给予表彰、奖励。

第二章 噪声污染防治标准和规划

第十三条 国家推进噪声污染防治标准体系建设。

国务院生态环境主管部门和国务院其他有关部门,在各自职责范围内,制定和完善噪声污染防治相关标准,加强标准之间的衔接协调。

第十四条 国务院生态环境主管部门制定国家声环

境质量标准。

县级以上地方人民政府根据国家声环境质量标准和国土空间规划以及用地现状，划定本行政区域各类声环境质量标准的适用区域；将以用于居住、科学研究、医疗卫生、文化教育、机关团体办公、社会福利等的建筑物为主的区域，划定为噪声敏感建筑物集中区域，加强噪声污染防治。

声环境质量标准适用区域范围和噪声敏感建筑物集中区域范围应当向社会公布。

第十五条　国务院生态环境主管部门根据国家声环境质量标准和国家经济、技术条件，制定国家噪声排放标准以及相关的环境振动控制标准。

省、自治区、直辖市人民政府对尚未制定国家噪声排放标准的，可以制定地方噪声排放标准；对已经制定国家噪声排放标准的，可以制定严于国家噪声排放标准的地方噪声排放标准。地方噪声排放标准应当报国务院生态环境主管部门备案。

第十六条　国务院标准化主管部门会同国务院发展改革、生态环境、工业和信息化、住房和城乡建设、交通运输、铁路监督管理、民用航空、海事等部门，对可能产生噪声污染的工业设备、施工机械、机动车、铁路机车车辆、城市轨道交通车辆、民用航空器、机动船舶、电气电子产品、建筑附属设备等产品，根据声环境保护的要求和国家经济、技术条件，在其技术规范或者产品质量标准中规定噪声限值。

前款规定的产品使用时产生噪声的限值，应当在有关技术文件中注明。禁止生产、进口或者销售不符合噪声限值的产品。

县级以上人民政府市场监督管理等部门对生产、销售的有噪声限值的产品进行监督抽查，对电梯等特种设备使用时发出的噪声进行监督抽测，生态环境主管部门予以配合。

第十七条　声环境质量标准、噪声排放标准和其他噪声污染防治相关标准应当定期评估，并根据评估结果适时修订。

第十八条　各级人民政府及其有关部门制定、修改国土空间规划和相关规划，应当依法进行环境影响评价，充分考虑城乡区域开发、改造和建设项目产生的噪声对周围生活环境的影响，统筹规划，合理安排土地用途和建设布局，防止、减轻噪声污染。有关环境影响篇章、说明或者报告书中应当包括噪声污染防治内容。

第十九条　确定建设布局，应当根据国家声环境质量标准和民用建筑隔声设计相关标准，合理划定建筑物与交通干线等的防噪声距离，并提出相应的规划设计要求。

第二十条　未达到国家声环境质量标准的区域所在的设区的市、县级人民政府，应当及时编制声环境质量改善规划及其实施方案，采取有效措施，改善声环境质量。

声环境质量改善规划及其实施方案应当向社会公开。

第二十一条　编制声环境质量改善规划及其实施方案，制定、修订噪声污染防治相关标准，应当征求有关行业协会、企业事业单位、专家和公众等的意见。

第三章　噪声污染防治的监督管理

第二十二条　排放噪声、产生振动，应当符合噪声排放标准以及相关的环境振动控制标准和有关法律、法规、规章的要求。

排放噪声的单位和公共场所管理者，应当建立噪声污染防治责任制度，明确负责人和相关人员的责任。

第二十三条　国务院生态环境主管部门负责制定噪声监测和评价规范，会同国务院有关部门组织声环境质量监测网络，规划国家声环境质量监测站（点）的设置，组织开展全国声环境质量监测，推进监测自动化，统一发布全国声环境质量状况信息。

地方人民政府生态环境主管部门会同有关部门按照规定设置本行政区域声环境质量监测站（点），组织开展本行政区域声环境质量监测，定期向社会公布声环境质量状况信息。

地方人民政府生态环境等部门应当加强对噪声敏感建筑物周边等重点区域噪声排放情况的调查、监测。

第二十四条　新建、改建、扩建可能产生噪声污染的建设项目，应当依法进行环境影响评价。

第二十五条　建设项目的噪声污染防治设施应当与主体工程同时设计、同时施工、同时投产使用。

建设项目在投入生产或者使用之前，建设单位应当依照有关法律法规的规定，对配套建设的噪声污染防治设施进行验收，编制验收报告，并向社会公开。未经验收或者验收不合格的，该建设项目不得投入生产或者使用。

第二十六条　建设噪声敏感建筑物，应当符合民用建筑隔声设计相关标准要求，不符合标准要求的，不得通过验收、交付使用；在交通干线两侧、工业企业周边等地方建设噪声敏感建筑物，还应当按照规定间隔一定距离，并采取减少振动、降低噪声的措施。

第二十七条　国家鼓励、支持低噪声工艺和设备的研究开发和推广应用，实行噪声污染严重的落后工艺和设备淘汰制度。

国务院发展改革部门会同国务院有关部门确定噪声污染严重的工艺和设备淘汰期限,并纳入国家综合性产业政策目录。

生产者、进口者、销售者或者使用者应当在规定期限内停止生产、进口、销售或者使用列入前款规定目录的设备。工艺的采用者应当在规定期限内停止采用列入前款规定目录的工艺。

第二十八条 对未完成声环境质量改善规划设定目标的地区以及噪声污染问题突出、群众反映强烈的地区,省级以上人民政府生态环境主管部门会同其他负有噪声污染防治监督管理职责的部门约谈该地区人民政府及其有关部门的主要负责人,要求其采取有效措施及时整改。约谈和整改情况应当向社会公开。

第二十九条 生态环境主管部门和其他负有噪声污染防治监督管理职责的部门,有权对排放噪声的单位或者场所进行现场检查。被检查者应当如实反映情况,提供必要的资料,不得拒绝或者阻挠。实施检查的部门、人员对现场检查中知悉的商业秘密应当保密。

检查人员进行现场检查,不得少于两人,并应当主动出示执法证件。

第三十条 排放噪声造成严重污染,被责令改正拒不改正的,生态环境主管部门或者其他负有噪声污染防治监督管理职责的部门,可以查封、扣押排放噪声的场所、设施、设备、工具和物品。

第三十一条 任何单位和个人都有权向生态环境主管部门或者其他负有噪声污染防治监督管理职责的部门举报造成噪声污染的行为。

生态环境主管部门和其他负有噪声污染防治监督管理职责的部门应当公布举报电话、电子邮箱等,方便公众举报。

接到举报的部门应当及时处理并对举报人的相关信息保密。举报事项属于其他部门职责的,接到举报的部门应当及时移送相关部门并告知举报人。举报人要求答复并提供有效联系方式的,处理举报事项的部门应当反馈处理结果等情况。

第三十二条 国家鼓励开展宁静小区、静音车厢等宁静区域创建活动,共同维护生活环境和谐安宁。

第三十三条 在举行中等学校招生考试、高等学校招生统一考试等特殊活动期间,地方人民政府或者其指定的部门可以对可能产生噪声影响的活动,作出时间和区域的限制性规定,并提前向社会公告。

第四章 工业噪声污染防治

第三十四条 本法所称工业噪声,是指在工业生产活动中产生的干扰周围生活环境的声音。

第三十五条 工业企业选址应当符合国土空间规划以及相关规划要求,县级以上地方人民政府应当按照规划要求优化工业企业布局,防止工业噪声污染。

在噪声敏感建筑物集中区域,禁止新建排放噪声的工业企业,改建、扩建工业企业的,应当采取有效措施防止工业噪声污染。

第三十六条 排放工业噪声的企业事业单位和其他生产经营者,应当采取有效措施,减少振动、降低噪声,依法取得排污许可证或者填报排污登记表。

实行排污许可管理的单位,不得无排污许可证排放工业噪声,并应当按照排污许可证的要求进行噪声污染防治。

第三十七条 设区的市级以上地方人民政府生态环境主管部门应当按照国务院生态环境主管部门的规定,根据噪声排放、声环境质量改善要求等情况,制定本行政区域噪声重点排污单位名录,向社会公开并适时更新。

第三十八条 实行排污许可管理的单位应当按照规定,对工业噪声开展自行监测,保存原始监测记录,向社会公开监测结果,对监测数据的真实性和准确性负责。

噪声重点排污单位应当按照国家规定,安装、使用、维护噪声自动监测设备,与生态环境主管部门的监控设备联网。

第五章 建筑施工噪声污染防治

第三十九条 本法所称建筑施工噪声,是指在建筑施工过程中产生的干扰周围生活环境的声音。

第四十条 建设单位应当按照规定将噪声污染防治费用列入工程造价,在施工合同中明确施工单位的噪声污染防治责任。

施工单位应当按照规定制定噪声污染防治实施方案,采取有效措施,减少振动、降低噪声。建设单位应当监督施工单位落实噪声污染防治实施方案。

第四十一条 在噪声敏感建筑物集中区域施工作业,应当优先使用低噪声施工工艺和设备。

国务院工业和信息化主管部门会同国务院生态环境、住房和城乡建设、市场监督管理等部门,公布低噪声施工设备指导名录并适时更新。

第四十二条 在噪声敏感建筑物集中区域施工作业,建设单位应当按照国家规定,设置噪声自动监测系统，与监督管理部门联网，保存原始监测记录，对监测数据的真实性和准确性负责。

第四十三条 在噪声敏感建筑物集中区域，禁止夜间进行产生噪声的建筑施工作业，但抢修、抢险施工作业，因生产工艺要求或者其他特殊需要必须连续施工作业的除外。

因特殊需要必须连续施工作业的，应当取得地方人民政府住房和城乡建设、生态环境主管部门或者地方人民政府指定的部门的证明，并在施工现场显著位置公示或者以其他方式公告附近居民。

第六章 交通运输噪声污染防治

第四十四条 本法所称交通运输噪声，是指机动车、铁路机车车辆、城市轨道交通车辆、机动船舶、航空器等交通运输工具在运行时产生的干扰周围生活环境的声音。

第四十五条 各级人民政府及其有关部门制定、修改国土空间规划和交通运输等相关规划，应当综合考虑公路、城市道路、铁路、城市轨道交通线路、水路、港口和民用机场及其起降航线对周围声环境的影响。

新建公路、铁路线路选线设计，应当尽量避开噪声敏感建筑物集中区域。

新建民用机场选址与噪声敏感建筑物集中区域的距离应当符合标准要求。

第四十六条 制定交通基础设施工程技术规范，应当明确噪声污染防治要求。

新建、改建、扩建经过噪声敏感建筑物集中区域的高速公路、城市高架、铁路和城市轨道交通线路等的，建设单位应当在可能造成噪声污染的重点路段设置声屏障或者采取其他减少振动、降低噪声的措施，符合有关交通基础设施工程技术规范以及标准要求。

建设单位违反前款规定的，由县级以上人民政府指定的部门责令制定、实施治理方案。

第四十七条 机动车的消声器和喇叭应当符合国家规定。禁止驾驶拆除或者损坏消声器、加装排气管等擅自改装的机动车以轰鸣、疾驶等方式造成噪声污染。

使用机动车音响器材，应当控制音量，防止噪声污染。

机动车应当加强维修和保养，保持性能良好，防止噪声污染。

第四十八条 机动车、铁路机车车辆、城市轨道交通车辆、机动船舶等交通运输工具运行时，应当按照规定使用喇叭等声响装置。

警车、消防救援车、工程救险车、救护车等机动车安装、使用警报器，应当符合国务院公安等部门的规定；非执行紧急任务，不得使用警报器。

第四十九条 地方人民政府生态环境主管部门会同公安机关根据声环境保护的需要，可以划定禁止机动车行驶和使用喇叭等声响装置的路段和时间，向社会公告，并由公安机关交通管理部门依法设置相关标志、标线。

第五十条 在车站、铁路站场、港口等地指挥作业时使用广播喇叭的，应当控制音量，减轻噪声污染。

第五十一条 公路养护管理单位、城市道路养护维修单位应当加强对公路、城市道路的维护和保养，保持减少振动、降低噪声设施正常运行。

城市轨道交通运营单位、铁路运输企业应当加强对城市轨道交通线路和城市轨道交通车辆、铁路线路和铁路机车车辆的维护和保养，保持减少振动、降低噪声设施正常运行，并按照国家规定进行监测，保存原始监测记录，对监测数据的真实性和准确性负责。

第五十二条 民用机场所在地人民政府，应当根据环境影响评价以及监测结果确定的民用航空器噪声对机场周围生活环境产生影响的范围和程度，划定噪声敏感建筑物禁止建设区域和限制建设区域，并实施控制。

在禁止建设区域禁止新建与航空无关的噪声敏感建筑物。

在限制建设区域确需建设噪声敏感建筑物的，建设单位应当对噪声敏感建筑物进行建筑隔声设计，符合民用建筑隔声设计相关标准要求。

第五十三条 民用航空器应当符合国务院民用航空主管部门规定的适航标准中的有关噪声要求。

第五十四条 民用机场管理机构负责机场起降航空器噪声的管理，会同航空运输企业、通用航空企业、空中交通管理部门等单位，采取低噪声飞行程序、起降跑道优化、运行架次和时段控制、高噪声航空器运行限制或者周围噪声敏感建筑物隔声降噪等措施，防止、减轻民用航空器噪声污染。

民用机场管理机构应当按照国家规定，对机场周围民用航空器噪声进行监测，保存原始监测记录，对监测数据的真实性和准确性负责，监测结果定期向民用航空、生态环境主管部门报送。

第五十五条 因公路、城市道路和城市轨道交通运行排放噪声造成严重污染的，设区的市、县级人民政府应当组织有关部门和其他有关单位对噪声污染情况进行调查评估和责任认定，制定噪声污染综合治理方案。

噪声污染责任单位应当按照噪声污染综合治理方案的要求采取管理或者工程措施，减轻噪声污染。

第五十六条 因铁路运行排放噪声造成严重污染的，铁路运输企业和设区的市、县级人民政府应当对噪声污染情况进行调查，制定噪声污染综合治理方案。

铁路运输企业和设区的市、县级人民政府有关部门和其他有关单位应当按照噪声污染综合治理方案的要求采取有效措施，减轻噪声污染。

第五十七条 因民用航空器起降排放噪声造成严重污染的，民用机场所在地人民政府应当组织有关部门和其他有关单位对噪声污染情况进行调查，综合考虑经济、技术和管理措施，制定噪声污染综合治理方案。

民用机场管理机构、地方各级人民政府和其他有关单位应当按照噪声污染综合治理方案的要求采取有效措施，减轻噪声污染。

第五十八条 制定噪声污染综合治理方案，应当征求有关专家和公众等的意见。

第七章 社会生活噪声污染防治

第五十九条 本法所称社会生活噪声，是指人为活动产生的除工业噪声、建筑施工噪声和交通运输噪声之外的干扰周围生活环境的声音。

第六十条 全社会应当增强噪声污染防治意识，自觉减少社会生活噪声排放，积极开展噪声污染防治活动，形成人人有责、人人参与、人人受益的良好噪声污染防治氛围，共同维护生活环境和谐安宁。

第六十一条 文化娱乐、体育、餐饮等场所的经营管理者应当采取有效措施，防止、减轻噪声污染。

第六十二条 使用空调器、冷却塔、水泵、油烟净化器、风机、发电机、变压器、锅炉、装卸设备等可能产生社会生活噪声污染的设备、设施的企业事业单位和其他经营管理者等，应当采取优化布局、集中排放等措施，防止、减轻噪声污染。

第六十三条 禁止在商业经营活动中使用高音广播喇叭或者采用其他持续反复发出高噪声的方法进行广告宣传。

对商业经营活动中产生的其他噪声，经营者应采取有效措施，防止噪声污染。

第六十四条 禁止在噪声敏感建筑物集中区域使用高音广播喇叭，但紧急情况以及地方人民政府规定的特殊情形除外。

在街道、广场、公园等公共场所组织或者开展娱乐、健身等活动，应当遵守公共场所管理者有关活动区域、时段、音量等规定，采取有效措施，防止噪声污染；不得违反规定使用音响器材产生过大音量。

公共场所管理者应当合理规定娱乐、健身等活动的区域、时段、音量，可以采取设置噪声自动监测和显示设施等措施加强管理。

第六十五条 家庭及其成员应当培养形成减少噪声产生的良好习惯，乘坐公共交通工具、饲养宠物和其他日常活动尽量避免产生噪声对周围人员造成干扰，互谅互让解决噪声纠纷，共同维护声环境质量。

使用家用电器、乐器或者进行其他家庭场所活动，应当控制音量或者采取其他有效措施，防止噪声污染。

第六十六条 对已竣工交付使用的住宅楼、商铺、办公楼等建筑物进行室内装修活动，应当按照规定限定作业时间，采取有效措施，防止、减轻噪声污染。

第六十七条 新建居民住房的房地产开发经营者应当在销售场所公示住房可能受到噪声影响的情况以及采取或者拟采取的防治措施，并纳入买卖合同。

新建居民住房的房地产开发经营者应当在买卖合同中明确住房的共用设施设备位置和建筑隔声情况。

第六十八条 居民住宅区安装电梯、水泵、变压器等共用设施设备的，建设单位应当合理设置，采取减少振动、降低噪声的措施，符合民用建筑隔声设计相关标准要求。

已建成使用的居民住宅区电梯、水泵、变压器等共用设施设备由专业运营单位负责维护管理，符合民用建筑隔声设计相关标准要求。

第六十九条 基层群众性自治组织指导业主委员会、物业服务人、业主通过制定管理规约或者其他形式，约定本物业管理区域噪声污染防治要求，由业主共同遵守。

第七十条 对噪声敏感建筑物集中区域的社会生活噪声扰民行为，基层群众性自治组织、业主委员会、物业服务人应当及时劝阻、调解；劝阻、调解无效的，可以向负有社会生活噪声污染防治监督管理职责的部门或者地方人民政府指定的部门报告或者投诉，接到报告或者投诉的部门应当依法处理。

第八章 法律责任

第七十一条 违反本法规定，拒绝、阻挠监督检查，或者在接受监督检查时弄虚作假的，由生态环境主管部门或者其他负有噪声污染防治监督管理职责的部门责令改正，处二万元以上二十万元以下的罚款。

第七十二条 违反本法规定，生产、进口、销售超过噪声限值的产品的，由县级以上人民政府市场监督管理部门、海关按照职责责令改正，没收违法所得，并处货值金额一倍以上三倍以下的罚款；情节严重的，报经有批准权的人民政府批准，责令停业、关闭。

违反本法规定，生产、进口、销售、使用淘汰的设备，或者采用淘汰的工艺的，由县级以上人民政府指定的部门责令改正，没收违法所得，并处货值金额一倍以上三倍以下的罚款；情节严重的，报经有批准权的人民政府批准，责令停业、关闭。

第七十三条 违反本法规定，建设单位建设噪声敏感建筑物不符合民用建筑隔声设计相关标准要求的，由县级以上地方人民政府住房和城乡建设主管部门责令改正，处建设工程合同价款百分之二以上百分之四以下的罚款。

违反本法规定，建设单位在噪声敏感建筑物禁止建设区域新建与航空无关的噪声敏感建筑物的，由地方人民政府指定的部门责令停止违法行为，处建设工程合同价款百分之二以上百分之十以下的罚款，并报经有批准权的人民政府批准，责令拆除。

第七十四条 违反本法规定，在噪声敏感建筑物集中区域新建排放噪声的工业企业的，由生态环境主管部门责令停止违法行为，处十万元以上五十万元以下的罚款，并报经有批准权的人民政府批准，责令关闭。

违反本法规定，在噪声敏感建筑物集中区域改建、扩建工业企业，未采取有效措施防止工业噪声污染的，由生态环境主管部门责令改正，处十万元以上五十万元以下的罚款；拒不改正的，报经有批准权的人民政府批准，责令关闭。

第七十五条 违反本法规定，无排污许可证或者超过噪声排放标准排放工业噪声的，由生态环境主管部门责令改正或者限制生产、停产整治，并处二万元以上二十万元以下的罚款；情节严重的，报经有批准权的人民政府批准，责令停业、关闭。

第七十六条 违反本法规定，有下列行为之一，由生态环境主管部门责令改正，处二万元以上二十万元以下的罚款；拒不改正的，责令限制生产、停产整治：

（一）实行排污许可管理的单位未按照规定对工业噪声开展自行监测，未保存原始监测记录，或者未向社会公开监测结果的；

（二）噪声重点排污单位未按照国家规定安装、使用、维护噪声自动监测设备，或者未与生态环境主管部门的监控设备联网的。

第七十七条 违反本法规定，建设单位、施工单位有下列行为之一，由工程所在地人民政府指定的部门责令改正，处一万元以上十万元以下的罚款；拒不改正的，可以责令暂停施工：

（一）超过噪声排放标准排放建筑施工噪声的；

（二）未按照规定取得证明，在噪声敏感建筑物集中区域夜间进行产生噪声的建筑施工作业的。

第七十八条 违反本法规定，有下列行为之一，由工程所在地人民政府指定的部门责令改正，处五千元以上五万元以下的罚款；拒不改正的，处五万元以上二十万元以下的罚款：

（一）建设单位未按照规定将噪声污染防治费用列入工程造价的；

（二）施工单位未按照规定制定噪声污染防治实施方案，或者未采取有效措施减少振动、降低噪声的；

（三）在噪声敏感建筑物集中区域施工作业的建设单位未按照国家规定设置噪声自动监测系统，未与监督管理部门联网，或者未保存原始监测记录的；

（四）因特殊需要必须连续施工作业，建设单位未按照规定公告附近居民的。

第七十九条 违反本法规定，驾驶拆除或者损坏消声器、加装排气管等擅自改装的机动车轰鸣、疾驶，机动车运行时未按照规定使用声响装置，或者违反禁止机动车行驶和使用声响装置的路段和时间规定的，由县级以上地方人民政府公安机关交通管理部门依照有关道路交通安全的法律法规处罚。

违反本法规定，铁路机车车辆、城市轨道交通车辆、机动船舶等交通运输工具运行时未按照规定使用声响装置的，由交通运输、铁路监督管理、海事等部门或者地方人民政府指定的城市轨道交通有关部门按照职责责令改正，处五千元以上一万元以下的罚款。

第八十条 违反本法规定，有下列行为之一，由交通运输、铁路监督管理、民用航空等部门或者地方人民政府指定的城市道路、城市轨道交通有关部门，按照职责责令改正，处五千元以上五万元以下的罚款；拒不改正的，处五万元以上二十万元以下的罚款：

（一）公路养护管理单位、城市道路养护维修单位、城市轨道交通运营单位、铁路运输企业未履行维护和保养义务，未保持减少振动、降低噪声设施正常运行的；

（二）城市轨道交通运营单位、铁路运输企业未按照国家规定进行监测，或者未保存原始监测记录的；

（三）民用机场管理机构、航空运输企业、通用航空企业未采取措施防止、减轻民用航空器噪声污染的；

（四）民用机场管理机构未按照国家规定对机场周围民用航空器噪声进行监测，未保存原始监测记录，或者监测结果未定期报送的。

第八十一条 违反本法规定，有下列行为之一，由地方人民政府指定的部门责令改正，处五千元以上五万元以下的罚款；拒不改正的，处五万元以上二十万元以下的罚款，并可以报经有批准权的人民政府批准，责令停业：

（一）超过噪声排放标准排放社会生活噪声的；

（二）在商业经营活动中使用高音广播喇叭或者采用其他持续反复发出高噪声的方法进行广告宣传的；

（三）未对商业经营活动中产生的其他噪声采取有效措施造成噪声污染的。

第八十二条 违反本法规定，有下列行为之一，由地方人民政府指定的部门说服教育，责令改正；拒不改正的，给予警告，对个人可以处二百元以上一千元以下的罚款，对单位可以处二千元以上二万元以下的罚款：

（一）在噪声敏感建筑物集中区域使用高音广播喇叭的；

（二）在公共场所组织或者开展娱乐、健身等活动，未遵守公共场所管理者有关活动区域、时段、音量等规定，未采取有效措施造成噪声污染，或者违反规定使用音响器材产生过大音量的；

（三）对已竣工交付使用的建筑物进行室内装修活动，未按照规定在限定的作业时间内进行，或者未采取有效措施造成噪声污染的；

（四）其他违反法律规定造成社会生活噪声污染的。

第八十三条 违反本法规定，有下列行为之一，由县级以上地方人民政府房产管理部门责令改正，处一万元以上五万元以下的罚款；拒不改正的，责令暂停销售：

（一）新建居民住房的房地产开发经营者未在销售场所公示住房可能受到噪声影响的情况以及采取或者拟采取的防治措施，或者未纳入买卖合同的；

（二）新建居民住房的房地产开发经营者未在买卖合同中明确住房的共用设施设备位置或者建筑隔声情况的。

第八十四条 违反本法规定，有下列行为之一，由地方人民政府指定的部门责令改正，处五千元以上五万元以下的罚款；拒不改正的，处五万元以上二十万元以下的罚款：

（一）居民住宅区安装共用设施设备，设置不合理或者未采取减少振动、降低噪声的措施，不符合民用建筑隔声设计相关标准要求的；

（二）对已建成使用的居民住宅区共用设施设备，专业运营单位未进行维护管理，不符合民用建筑隔声设计相关标准要求的。

第八十五条 噪声污染防治监督管理人员滥用职权、玩忽职守、徇私舞弊的，由监察机关或者任免机关、单位依法给予处分。

第八十六条 受到噪声侵害的单位和个人，有权要求侵权人依法承担民事责任。

对赔偿责任和赔偿金额纠纷，可以根据当事人的请求，由相应的负有噪声污染防治监督管理职责的部门、人民调解委员会调解处理。

国家鼓励排放噪声的单位、个人和公共场所管理者与受到噪声侵害的单位和个人友好协商，通过调整生产经营时间、施工作业时间，采取减少振动、降低噪声措施，支付补偿金、异地安置等方式，妥善解决噪声纠纷。

第八十七条 违反本法规定，产生社会生活噪声，经劝阻、调解和处理未能制止，持续干扰他人正常生活、工作和学习，或者有其他扰乱公共秩序、妨害社会管理等违反治安管理行为的，由公安机关依法给予治安管理处罚。

违反本法规定，构成犯罪的，依法追究刑事责任。

第九章 附 则

第八十八条 本法中下列用语的含义：

（一）噪声排放，是指噪声源向周围生活环境辐射噪声；

（二）夜间，是指晚上十点至次日早晨六点之间的期间，设区的市级以上人民政府可以另行规定本行政区域夜间的起止时间，夜间时段长度为八小时；

（三）噪声敏感建筑物，是指用于居住、科学研究、医疗卫生、文化教育、机关团体办公、社会福利等需要保持安静的建筑物；

（四）交通干线，是指铁路、高速公路、一级公路、二级公路、城市快速路、城市主干路、城市次干路、城市轨道交通线路、内河高等级航道。

第八十九条 省、自治区、直辖市或者设区的市、自治州根据实际情况，制定本地方噪声污染防治具体办法。

第九十条 本法自2022年6月5日起施行。《中华人民共和国环境噪声污染防治法》同时废止。

• 请示答复

环境保护部办公厅关于违反《中华人民共和国环境噪声污染防治法》行为如何确定罚款额度问题的复函

- 2017 年 11 月 15 日
- 环办政法函〔2017〕1732 号

浙江省环境保护厅：

你厅《关于对违反〈中华人民共和国环境噪声污染防治法〉行为确定罚款幅度的请示》（浙环〔2017〕17 号）收悉。经研究，函复如下：

一、《中华人民共和国环境噪声污染防治法》对违反"三同时"制度、不按规定缴纳超标准排污费等违法行为规定了相应的行政处罚，但没有明确罚款的幅度范围。原国家环境保护局于 1997 年 10 月 22 日作出的《关于如何确定〈环境噪声污染防治法〉规定的罚款数额问题的复函》（环发〔1997〕639 号），确立了"比照适用"的基本原则。该复函随着《中华人民共和国固体废物污染环境防治法》《中华人民共和国水污染防治法》《中华人民共和国大气污染防治法》的相继修订（《中华人民共和国大气污染防治法实施细则》已废止），已不宜再继续实施。

二、根据《中华人民共和国立法法》和《中华人民共和国行政处罚法》的有关规定，地方性法规和地方政府规章可以在法律规定的给予行政处罚的行为、种类和幅度范围内作出具体规定。具有行政处罚权的行政机关应当根据违法行为的性质、危害后果以及具体情节，在其法定职权范围内确定相应的罚款数额。

三、《关于如何确定〈环境噪声污染防治法〉规定的罚款数额问题的复函》（环发〔1997〕639 号）自本复函印发之日起废止。

特此复函。

6. 化学品、农药、辐射污染防治

中华人民共和国放射性污染防治法

- 2003 年 6 月 28 日第十届全国人民代表大会常务委员会第三次会议通过
- 2003 年 6 月 28 日中华人民共和国主席令第 6 号公布
- 自 2003 年 10 月 1 日起施行

第一章 总 则

第一条 为了防治放射性污染，保护环境，保障人体健康，促进核能、核技术的开发与和平利用，制定本法。

第二条 本法适用于中华人民共和国领域和管辖的其他海域在核设施选址、建造、运行、退役和核技术、铀（钍）矿、伴生放射性矿开发利用过程中发生的放射性污染的防治活动。

第三条 国家对放射性污染的防治，实行预防为主、防治结合、严格管理、安全第一的方针。

第四条 国家鼓励、支持放射性污染防治的科学研究和技术开发利用，推广先进的放射性污染防治技术。

国家支持开展放射性污染防治的国际交流与合作。

第五条 县级以上人民政府应当将放射性污染防治工作纳入环境保护规划。

县级以上人民政府应当组织开展有针对性的放射性污染防治宣传教育，使公众了解放射性污染防治的有关情况和科学知识。

第六条 任何单位和个人有权对造成放射性污染的行为提出检举和控告。

第七条 在放射性污染防治工作中作出显著成绩的单位和个人，由县级以上人民政府给予奖励。

第八条 国务院环境保护行政主管部门对全国放射性污染防治工作依法实施统一监督管理。

国务院卫生行政部门和其他有关部门依据国务院规定的职责，对有关的放射性污染防治工作依法实施监督管理。

第二章 放射性污染防治的监督管理

第九条 国家放射性污染防治标准由国务院环境保护行政主管部门根据环境安全要求、国家经济技术条件制定。国家放射性污染防治标准由国务院环境保护行政主管部门和国务院标准化行政主管部门联合发布。

第十条 国家建立放射性污染监测制度。国务院环境保护行政主管部门会同国务院其他有关部门组织环境监测网络，对放射性污染实施监测管理。

第十一条 国务院环境保护行政主管部门和国务院其他有关部门，按照职责分工，各负其责，互通信息，密切配合，对核设施、铀（钍）矿开发利用中的放射性污染防治进行监督检查。

县级以上地方人民政府环境保护行政主管部门和同级其他有关部门，按照职责分工，各负其责，互通信息，密切配合，对本行政区域内核技术利用、伴生放射性矿开发利用中的放射性污染防治进行监督检查。

监督检查人员进行现场检查时，应当出示证件。被检查的单位必须如实反映情况，提供必要的资料。监督检查人员应当为被检查单位保守技术秘密和业务秘密。对涉及国家秘密的单位和部位进行检查时,应当遵守国家有关保守国家秘密的规定,依法办理有关审批手续。

第十二条 核设施营运单位、核技术利用单位、铀(钍)矿和伴生放射性矿开发利用单位,负责本单位放射性污染的防治,接受环境保护行政主管部门和其他有关部门的监督管理,并依法对其造成的放射性污染承担责任。

第十三条 核设施营运单位、核技术利用单位、铀(钍)矿和伴生放射性矿开发利用单位,必须采取安全与防护措施,预防发生可能导致放射性污染的各类事故,避免放射性污染危害。

核设施营运单位、核技术利用单位、铀(钍)矿和伴生放射性矿开发利用单位,应当对其工作人员进行放射性安全教育、培训,采取有效的防护安全措施。

第十四条 国家对从事放射性污染防治的专业人员实行资格管理制度;对从事放射性污染监测工作的机构实行资质管理制度。

第十五条 运输放射性物质和含放射源的射线装置,应当采取有效措施,防止放射性污染。具体办法由国务院规定。

第十六条 放射性物质和射线装置应当设置明显的放射性标识和中文警示说明。生产、销售、使用、贮存、处置放射性物质和射线装置的场所,以及运输放射性物质和含放射源的射线装置的工具,应当设置明显的放射性标志。

第十七条 含有放射性物质的产品,应当符合国家放射性污染防治标准;不符合国家放射性污染防治标准的,不得出厂和销售。

使用伴生放射性矿渣和含有天然放射性物质的石材做建筑和装修材料,应当符合国家建筑材料放射性核素控制标准。

第三章 核设施的放射性污染防治

第十八条 核设施选址,应当进行科学论证,并按照国家有关规定办理审批手续。在办理核设施选址审批手续前,应当编制环境影响报告书,报国务院环境保护行政主管部门审查批准;未经批准,有关部门不得办理核设施选址批准文件。

第十九条 核设施营运单位在进行核设施建造、装料、运行、退役等活动前,必须按照国务院有关核设施安全监督管理的规定,申请领取核设施建造、运行许可证和办理装料、退役等审批手续。

核设施营运单位领取有关许可证或者批准文件后,方可进行相应的建造、装料、运行、退役等活动。

第二十条 核设施营运单位应当在申请领取核设施建造、运行许可证和办理退役审批手续前编制环境影响报告书,报国务院环境保护行政主管部门审查批准;未经批准,有关部门不得颁发许可证和办理批准文件。

第二十一条 与核设施相配套的放射性污染防治设施,应当与主体工程同时设计、同时施工、同时投入使用。

放射性污染防治设施应当与主体工程同时验收;验收合格的,主体工程方可投入生产或者使用。

第二十二条 进口核设施,应当符合国家放射性污染防治标准;没有相应的国家放射性污染防治标准的,采用国务院环境保护行政主管部门指定的国外有关标准。

第二十三条 核动力厂等重要核设施外围地区应当划定规划限制区。规划限制区的划定和管理办法,由国务院规定。

第二十四条 核设施营运单位应当对核设施周围环境中所含的放射性核素的种类、浓度以及核设施流出物中的放射性核素总量实施监测,并定期向国务院环境保护行政主管部门和所在地省、自治区、直辖市人民政府环境保护行政主管部门报告监测结果。

国务院环境保护行政主管部门负责对核动力厂等重要核设施实施监督性监测,并根据需要对其他核设施的流出物实施监测。监督性监测系统的建设、运行和维护费用由财政预算安排。

第二十五条 核设施营运单位应当建立健全安全保卫制度,加强安全保卫工作,并接受公安部门的监督指导。

核设施营运单位应当按照核设施的规模和性质制定核事故场内应急计划,做好应急准备。

出现核事故应急状态时,核设施营运单位必须立即采取有效的应急措施控制事故,并向核设施主管部门和环境保护行政主管部门、卫生行政部门、公安部门以及其他有关部门报告。

第二十六条 国家建立健全核事故应急制度。

核设施主管部门、环境保护行政主管部门、卫生行政部门、公安部门以及其他有关部门,在本级人民政府的组织领导下,按照各自的职责依法做好核事故应急工作。

中国人民解放军和中国人民武装警察部队按照国务院、中央军事委员会的有关规定在核事故应急中实施有效的支援。

第二十七条 核设施营运单位应当制定核设施退役计划。

核设施的退役费用和放射性废物处置费用应当预提，列入投资概算或者生产成本。核设施的退役费用和放射性废物处置费用的提取和管理办法，由国务院财政部门、价格主管部门会同国务院环境保护行政主管部门、核设施主管部门规定。

第四章　核技术利用的放射性污染防治

第二十八条　生产、销售、使用放射性同位素和射线装置的单位，应当按照国务院有关放射性同位素与射线装置放射防护的规定申请领取许可证，办理登记手续。

转让、进口放射性同位素和射线装置的单位以及装备有放射性同位素的仪表的单位，应当按照国务院有关放射性同位素与射线装置放射防护的规定办理有关手续。

第二十九条　生产、销售、使用放射性同位素和加速器、中子发生器以及含放射源的射线装置的单位，应当在申请领取许可证前编制环境影响评价文件，报省、自治区、直辖市人民政府环境保护行政主管部门审查批准；未经批准，有关部门不得颁发许可证。

国家建立放射性同位素备案制度。具体办法由国务院规定。

第三十条　新建、改建、扩建放射工作场所的放射防护设施，应当与主体工程同时设计、同时施工、同时投入使用。

放射防护设施应当与主体工程同时验收；验收合格的，主体工程方可投入生产或者使用。

第三十一条　放射性同位素应当单独存放，不得与易燃、易爆、腐蚀性物品等一起存放，其贮存场所应当采取有效的防火、防盗、防射线泄漏的安全防护措施，并指定专人负责保管。贮存、领取、使用、归还放射性同位素时，应当进行登记、检查，做到账物相符。

第三十二条　生产、使用放射性同位素和射线装置的单位，应当按照国务院环境保护行政主管部门的规定对其产生的放射性废物进行收集、包装、贮存。

生产放射源的单位，应当按照国务院环境保护行政主管部门的规定回收和利用废旧放射源；使用放射源的单位，应当按照国务院环境保护行政主管部门的规定将废旧放射源交回生产放射源的单位或者送交专门从事放射性固体废物贮存、处置的单位。

第三十三条　生产、销售、使用、贮存放射源的单位，应当建立健全安全保卫制度，指定专人负责，落实安全责任制，制定必要的事故应急措施。发生放射源丢失、被盗和放射性污染事故时，有关单位和个人必须立即采取应急措施，并向公安部门、卫生行政部门和环境保护行政主管部门报告。

公安部门、卫生行政部门和环境保护行政主管部门接到放射源丢失、被盗和放射性污染事故报告后，应当报告本级人民政府，并按照各自的职责立即组织采取有效措施，防止放射性污染蔓延，减少事故损失。当地人民政府应当及时将有关情况告知公众，并做好事故的调查、处理工作。

第五章　铀（钍）矿和伴生放射性矿开发利用的放射性污染防治

第三十四条　开发利用或者关闭铀（钍）矿的单位，应当在申请领取采矿许可证或者办理退役审批手续前编制环境影响报告书，报国务院环境保护行政主管部门审查批准。

开发利用伴生放射性矿的单位，应当在申请领取采矿许可证前编制环境影响报告书，报省级以上人民政府环境保护行政主管部门审查批准。

第三十五条　与铀（钍）矿和伴生放射性矿开发利用建设项目相配套的放射性污染防治设施，应当与主体工程同时设计、同时施工、同时投入使用。

放射性污染防治设施应当与主体工程同时验收；验收合格的，主体工程方可投入生产或者使用。

第三十六条　铀（钍）矿开发利用单位应当对铀（钍）矿的流出物和周围的环境实施监测，并定期向国务院环境保护行政主管部门和所在地省、自治区、直辖市人民政府环境保护行政主管部门报告监测结果。

第三十七条　对铀（钍）矿和伴生放射性矿开发利用过程中产生的尾矿，应当建造尾矿库进行贮存、处置；建造的尾矿库应当符合放射性污染防治的要求。

第三十八条　铀（钍）矿开发利用单位应当制定铀（钍）矿退役计划。铀矿退役费用由国家财政预算安排。

第六章　放射性废物管理

第三十九条　核设施营运单位、核技术利用单位、铀（钍）矿和伴生放射性矿开发利用单位，应当合理选择和利用原材料，采用先进的生产工艺和设备，尽量减少放射性废物的产生量。

第四十条　向环境排放放射性废气、废液，必须符合国家放射性污染防治标准。

第四十一条　产生放射性废气、废液的单位向环境排放符合国家放射性污染防治标准的放射性废气、废液，应当向审批环境影响评价文件的环境保护行政主管部门申请放射性核素排放量,并定期报告排放计量结果。

第四十二条 产生放射性废液的单位,必须按照国家放射性污染防治标准的要求,对不得向环境排放的放射性废液进行处理或者贮存。

产生放射性废液的单位,向环境排放符合国家放射性污染防治标准的放射性废液,必须采用符合国务院环境保护行政主管部门规定的排放方式。

禁止利用渗井、渗坑、天然裂隙、溶洞或者国家禁止的其他方式排放放射性废液。

第四十三条 低、中水平放射性固体废物在符合国家规定的区域实行近地表处置。

高水平放射性固体废物实行集中的深地质处置。

α放射性固体废物依照前款规定处置。

禁止在内河水域和海洋上处置放射性固体废物。

第四十四条 国务院核设施主管部门会同国务院环境保护行政主管部门根据地质条件和放射性固体废物处置的需要,在环境影响评价的基础上编制放射性固体废物处置场所选址规划,报国务院批准后实施。

有关地方人民政府应当根据放射性固体废物处置场所选址规划,提供放射性固体废物处置场所的建设用地,并采取有效措施支持放射性固体废物的处置。

第四十五条 产生放射性固体废物的单位,应当按照国务院环境保护行政主管部门的规定,对其产生的放射性固体废物进行处理后,送交放射性固体废物处置单位处置,并承担处置费用。

放射性固体废物处置费用收取和使用管理办法,由国务院财政部门、价格主管部门会同国务院环境保护行政主管部门规定。

第四十六条 设立专门从事放射性固体废物贮存、处置的单位,必须经国务院环境保护行政主管部门审查批准,取得许可证。具体办法由国务院规定。

禁止未经许可或不按照许可的有关规定从事贮存和处置放射性固体废物的活动。

禁止将放射性固体废物提供或者委托给无许可证的单位贮存和处置。

第四十七条 禁止将放射性废物和被放射性污染的物品输入中华人民共和国境内或者经中华人民共和国境内转移。

第七章 法律责任

第四十八条 放射性污染防治监督管理人员违反法律规定,利用职务上的便利收受他人财物、谋取其他利益,或者玩忽职守,有下列行为之一的,依法给予行政处分;构成犯罪的,依法追究刑事责任:

(一)对不符合法定条件的单位颁发许可证和办理批准文件的;

(二)不依法履行监督管理职责的;

(三)发现违法行为不予查处的。

第四十九条 违反本法规定,有下列行为之一的,由县级以上人民政府环境保护行政主管部门或者其他有关部门依据职权责令限期改正,可以处2万元以下罚款:

(一)不按照规定报告有关环境监测结果的;

(二)拒绝环境保护行政主管部门和其他有关部门进行现场检查,或者被检查时不如实反映情况和提供必要资料的。

第五十条 违反本法规定,未编制环境影响评价文件,或者环境影响评价文件未经环境保护行政主管部门批准,擅自进行建造、运行、生产和使用等活动的,由审批环境影响评价文件的环境保护行政主管部门责令停止违法行为,限期补办手续或者恢复原状,并处1万元以上20万元以下罚款。

第五十一条 违反本法规定,未建造放射性污染防治设施、放射防护设施,或者防治防护设施未经验收合格,主体工程即投入生产或者使用的,由审批环境影响评价文件的环境保护行政主管部门责令停止违法行为,限期改正,并处5万元以上20万元以下罚款。

第五十二条 违反本法规定,未经许可或者批准,核设施营运单位擅自进行核设施的建造、装料、运行、退役等活动的,由国务院环境保护行政主管部门责令停止违法行为,限期改正,并处20万元以上50万元以下罚款;构成犯罪的,依法追究刑事责任。

第五十三条 违反本法规定,生产、销售、使用、转让、进口、贮存放射性同位素和射线装置以及装备有放射性同位素的仪表的,由县级以上人民政府环境保护行政主管部门或者其他有关部门依据职权责令停止违法行为,限期改正;逾期不改正的,责令停产停业或者吊销许可证;有违法所得的,没收违法所得;违法所得10万元以上的,并处违法所得一倍以上五倍以下罚款;没有违法所得或者违法所得不足10万元的,并处1万元以上10万元以下罚款;构成犯罪的,依法追究刑事责任。

第五十四条 违反本法规定,有下列行为之一的,由县级以上人民政府环境保护行政主管部门责令停止违法行为,限期改正,处以罚款;构成犯罪的,依法追究刑事责任:

(一)未建造尾矿库或者不按照放射性污染防治的

要求建造尾矿库,贮存、处置铀(钍)矿和伴生放射性矿的尾矿的;

(二)向环境排放不得排放的放射性废气、废液的;

(三)不按照规定的方式排放放射性废液,利用渗井、渗坑、天然裂隙、溶洞或者国家禁止的其他方式排放放射性废液的;

(四)不按照规定处理或者贮存不得向环境排放的放射性废液的;

(五)将放射性固体废物提供或者委托给无许可证的单位贮存和处置的。

有前款第(一)项、第(二)项、第(三)项、第(五)项行为之一的,处10万元以上20万元以下罚款;有前款第(四)项行为的,处1万元以上10万元以下罚款。

第五十五条 违反本法规定,有下列行为之一的,由县级以上人民政府环境保护行政主管部门或者其他有关部门依据职权责令限期改正;逾期不改正的,责令停产停业,并处2万元以上10万元以下罚款;构成犯罪的,依法追究刑事责任:

(一)不按照规定设置放射性标识、标志、中文警示说明的;

(二)不按照规定建立健全安全保卫制度和制定事故应急计划或者应急措施的;

(三)不按照规定报告放射源丢失、被盗情况或者放射性污染事故的。

第五十六条 产生放射性固体废物的单位,不按照本法第四十五条的规定对其产生的放射性固体废物进行处置的,由审批该单位立项环境影响评价文件的环境保护行政主管部门责令停止违法行为,限期改正;逾期不改正的,指定有处置能力的单位代为处置,所需费用由产生放射性固体废物的单位承担,可以并处20万元以下罚款;构成犯罪的,依法追究刑事责任。

第五十七条 违反本法规定,有下列行为之一的,由省级以上人民政府环境保护行政主管部门责令停产停业或者吊销许可证;有违法所得的,没收违法所得;违法所得10万元以上的,并处违法所得一倍以上五倍以下罚款;没有违法所得或者违法所得不足十万元的,并处5万元以上10万元以下罚款;构成犯罪的,依法追究刑事责任:

(一)未经许可,擅自从事贮存和处置放射性固体废物活动的;

(二)不按照许可的有关规定从事贮存和处置放射性固体废物活动的。

第五十八条 向中华人民共和国境内输入放射性废物和被放射性污染的物品,或者经中华人民共和国境内转移放射性废物和被放射性污染的物品的,由海关责令退运该放射性废物和被放射性污染的物品,并处50万元以上100万元以下罚款;构成犯罪的,依法追究刑事责任。

第五十九条 因放射性污染造成他人损害的,应当依法承担民事责任。

第八章 附 则

第六十条 军用设施、装备的放射性污染防治,由国务院和军队的有关主管部门依照本法规定的原则和国务院、中央军事委员会规定的职责实施监督管理。

第六十一条 劳动者在职业活动中接触放射性物质造成的职业病的防治,依照《中华人民共和国职业病防治法》的规定执行。

第六十二条 本法中下列用语的含义:

(一)放射性污染,是指由于人类活动造成物料、人体、场所、环境介质表面或者内部出现超过国家标准的放射性物质或者射线。

(二)核设施,是指核动力厂(核电厂、核热电厂、核供汽供热厂等)和其他反应堆(研究堆、实验堆、临界装置等);核燃料生产、加工、贮存和后处理设施;放射性废物的处理和处置设施等。

(三)核技术利用,是指密封放射源、非密封放射源和射线装置在医疗、工业、农业、地质调查、科学研究和教学等领域中的使用。

(四)放射性同位素,是指某种发生放射性衰变的元素中具有相同原子序数但质量不同的核素。

(五)放射源,是指除研究堆和动力堆核燃料循环范畴的材料以外,永久密封在容器中或者有严密包层并呈固态的放射性材料。

(六)射线装置,是指X线机、加速器、中子发生器以及含放射源的装置。

(七)伴生放射性矿,是指含有较高水平天然放射性核素浓度的非铀矿(如稀土矿和磷酸盐矿等)。

(八)放射性废物,是指含有放射性核素或者被放射性核素污染,其浓度或者比活度大于国家确定的清洁解控水平,预期不再使用的废弃物。

第六十三条 本法自2003年10月1日起施行。

放射性废物安全管理条例

- 2011年11月30日国务院第183次常务会议通过
- 2011年12月20日中华人民共和国国务院令第612号公布
- 自2012年3月1日起施行

第一章 总 则

第一条 为了加强对放射性废物的安全管理，保护环境，保障人体健康，根据《中华人民共和国放射性污染防治法》，制定本条例。

第二条 本条例所称放射性废物，是指含有放射性核素或者被放射性核素污染，其放射性核素浓度或者比活度大于国家确定的清洁解控水平，预期不再使用的废弃物。

第三条 放射性废物的处理、贮存和处置及其监督管理等活动，适用本条例。

本条例所称处理，是指为了能够安全和经济地运输、贮存、处置放射性废物，通过净化、浓缩、固化、压缩和包装等手段，改变放射性废物的属性、形态和体积的活动。

本条例所称贮存，是指将废旧放射源和其他放射性固体废物临时放置于专门建造的设施内进行保管的活动。

本条例所称处置，是指将废旧放射源和其他放射性固体废物最终放置于专门建造的设施内并不再回取的活动。

第四条 放射性废物的安全管理，应当坚持减量化、无害化和妥善处置、永久安全的原则。

第五条 国务院环境保护主管部门统一负责全国放射性废物的安全监督管理工作。

国务院核工业行业主管部门和其他有关部门，依照本条例的规定和各自的职责负责放射性废物的有关管理工作。

县级以上地方人民政府环境保护主管部门和其他有关部门依照本条例的规定和各自的职责负责本行政区域放射性废物的有关管理工作。

第六条 国家对放射性废物实行分类管理。

根据放射性废物的特性及其对人体健康和环境的潜在危害程度，将放射性废物分为高水平放射性废物、中水平放射性废物和低水平放射性废物。

第七条 放射性废物的处理、贮存和处置活动，应当遵守国家有关放射性污染防治标准和国务院环境保护主管部门的规定。

第八条 国务院环境保护主管部门会同国务院核工业行业主管部门和其他有关部门建立全国放射性废物管理信息系统，实现信息共享。

国家鼓励、支持放射性废物安全管理的科学研究和技术开发利用，推广先进的放射性废物安全管理技术。

第九条 任何单位和个人对违反本条例规定的行为，有权向县级以上人民政府环境保护主管部门或者其他有关部门举报。接到举报的部门应当及时调查处理，并为举报人保密；经调查情况属实的，对举报人给予奖励。

第二章 放射性废物的处理和贮存

第十条 核设施营运单位应当将其产生的不能回收利用并不能返回原生产单位或者出口方的废旧放射源（以下简称废旧放射源），送交取得相应许可证的放射性固体废物贮存单位集中贮存，或者直接送交取得相应许可证的放射性固体废物处置单位处置。

核设施营运单位应当对其产生的除废旧放射源以外的放射性固体废物和不能经净化排放的放射性废液进行处理，使其转变为稳定的、标准化的固体废物后自行贮存，并及时送交取得相应许可证的放射性固体废物处置单位处置。

第十一条 核技术利用单位应当对其产生的不能经净化排放的放射性废液进行处理，转变为放射性固体废物。

核技术利用单位应当及时将其产生的废旧放射源和其他放射性固体废物，送交取得相应许可证的放射性固体废物贮存单位集中贮存，或者直接送交取得相应许可证的放射性固体废物处置单位处置。

第十二条 专门从事放射性固体废物贮存活动的单位，应当符合下列条件，并依照本条例的规定申请领取放射性固体废物贮存许可证：

（一）有法人资格；

（二）有能保证贮存设施安全运行的组织机构和3名以上放射性废物管理、辐射防护、环境监测方面的专业技术人员，其中至少有1名注册核安全工程师；

（三）有符合国家有关放射性污染防治标准和国务院环境保护主管部门规定的放射性固体废物接收、贮存设施和场所，以及放射性检测、辐射防护与环境监测设备；

（四）有健全的管理制度以及符合核安全监督管理要求的质量保证体系，包括质量保证大纲、贮存设施运行监测计划、辐射环境监测计划和应急方案等。

核设施营运单位利用与核设施配套建设的贮存设施，贮存本单位产生的放射性固体废物的，不需要申请领取贮存许可证；贮存其他单位产生的放射性固体废物的，应当依照本条例的规定申请领取贮存许可证。

第十三条　申请领取放射性固体废物贮存许可证的单位,应当向国务院环境保护主管部门提出书面申请,并提交其符合本条例第十二条规定条件的证明材料。

国务院环境保护主管部门应当自受理申请之日起20个工作日内完成审查,对符合条件的颁发许可证,予以公告;对不符合条件的,书面通知申请单位并说明理由。

国务院环境保护主管部门在审查过程中,应当组织专家进行技术评审,并征求国务院其他有关部门的意见。技术评审所需时间应当书面告知申请单位。

第十四条　放射性固体废物贮存许可证应当载明下列内容:

(一)单位的名称、地址和法定代表人;

(二)准予从事的活动种类、范围和规模;

(三)有效期限;

(四)发证机关、发证日期和证书编号。

第十五条　放射性固体废物贮存单位变更单位名称、地址、法定代表人的,应当自变更登记之日起20日内,向国务院环境保护主管部门申请办理许可证变更手续。

放射性固体废物贮存单位需要变更许可证规定的活动种类、范围和规模的,应当按照原申请程序向国务院环境保护主管部门重新申请领取许可证。

第十六条　放射性固体废物贮存许可证的有效期为10年。

许可证有效期届满,放射性固体废物贮存单位需要继续从事贮存活动的,应当于许可证有效期届满90日前,向国务院环境保护主管部门提出延续申请。

国务院环境保护主管部门应当在许可证有效期届满前完成审查,对符合条件的准予延续;对不符合条件的,书面通知申请单位并说明理由。

第十七条　放射性固体废物贮存单位应当按照国家有关放射性污染防治标准和国务院环境保护主管部门的规定,对其接收的废旧放射源和其他放射性固体废物进行分类存放和清理,及时予以清洁解控或者送交取得相应许可证的放射性固体废物处置单位处置。

放射性固体废物贮存单位应当建立放射性固体废物贮存情况记录档案,如实完整地记录贮存的放射性废物的来源、数量、特征、贮存位置、清洁解控、送交处置等与贮存活动有关的事项。

放射性固体废物贮存单位应当根据贮存设施的自然环境和放射性固体废物特性采取必要的防护措施,保证在规定的贮存期限内贮存设施、容器的完好和放射性废物的安全,并确保放射性固体废物能够安全回取。

第十八条　放射性固体废物贮存单位应当根据贮存设施运行监测计划和辐射环境监测计划,对贮存设施进行安全性检查,并对贮存设施周围的地下水、地表水、土壤和空气进行放射性监测。

放射性固体废物贮存单位应当如实记录监测数据,发现安全隐患或者周围环境中放射性核素超过国家规定的标准的,应当立即查找原因,采取相应的防范措施,并向所在地省、自治区、直辖市人民政府环境保护主管部门报告。构成辐射事故的,应当立即启动本单位的应急方案,并依照《中华人民共和国放射性污染防治法》、《放射性同位素与射线装置安全和防护条例》的规定进行报告,开展有关事故应急工作。

第十九条　将废旧放射源和其他放射性固体废物送交放射性固体废物贮存、处置单位贮存、处置时,送交方应当一并提供放射性固体废物的种类、数量、活度等资料和废旧放射源的原始档案,并按照规定承担贮存、处置的费用。

第三章　放射性废物的处置

第二十条　国务院核工业行业主管部门会同国务院环境保护主管部门根据地质、环境、社会经济条件和放射性固体废物处置的需要,在征求国务院有关部门意见并进行环境影响评价的基础上编制放射性固体废物处置场所选址规划,报国务院批准后实施。

有关地方人民政府应当根据放射性固体废物处置场所选址规划,提供放射性固体废物处置场所的建设用地,并采取有效措施支持放射性固体废物的处置。

第二十一条　建造放射性固体废物处置设施,应当按照放射性固体废物处置场所选址技术导则和标准的要求,与居住区、水源保护区、交通干道、工厂和企业等场所保持严格的安全防护距离,并对场址的地质构造、水文地质等自然条件以及社会经济条件进行充分研究论证。

第二十二条　建造放射性固体废物处置设施,应当符合放射性固体废物处置场所选址规划,并依法办理选址批准手续和建造许可证。不符合选址规划或者选址技术导则、标准的,不得批准选址或者建造。

高水平放射性固体废物和α放射性固体废物深地质处置设施的工程和安全技术研究、地下实验、选址和建造,由国务院核工业行业主管部门组织实施。

第二十三条　专门从事放射性固体废物处置活动的

单位,应当符合下列条件,并依照本条例的规定申请领取放射性固体废物处置许可证:

(一)有国有或者国有控股的企业法人资格。

(二)有能保证处置设施安全运行的组织机构和专业技术人员。低、中水平放射性固体废物处置单位应当具有 10 名以上放射性废物管理、辐射防护、环境监测方面的专业技术人员,其中至少有 3 名注册核安全工程师;高水平放射性固体废物和 α 放射性固体废物处置单位应当具有 20 名以上放射性废物管理、辐射防护、环境监测方面的专业技术人员,其中至少有 5 名注册核安全工程师。

(三)有符合国家有关放射性污染防治标准和国务院环境保护主管部门规定的放射性固体废物接收、处置设施和场所,以及放射性检测、辐射防护与环境监测设备。低、中水平放射性固体废物处置设施关闭后应满足 300 年以上的安全隔离要求;高水平放射性固体废物和 α 放射性固体废物深地质处置设施关闭后应满足 1 万年以上的安全隔离要求。

(四)有相应数额的注册资金。低、中水平放射性固体废物处置单位的注册资金应不少于 3000 万元;高水平放射性固体废物和 α 放射性固体废物处置单位的注册资金应不少于 1 亿元。

(五)有能保证其处置活动持续进行直至安全监护期满的财务担保。

(六)有健全的管理制度以及符合核安全监督管理要求的质量保证体系,包括质量保证大纲、处置设施运行监测计划、辐射环境监测计划和应急方案等。

第二十四条 放射性固体废物处置许可证的申请、变更、延续的审批权限和程序,以及许可证的内容、有效期限,依照本条例第十三条至第十六条的规定执行。

第二十五条 放射性固体废物处置单位应当按照国家有关放射性污染防治标准和国务院环境保护主管部门的规定,对其接收的放射性固体废物进行处置。

放射性固体废物处置单位应当建立放射性固体废物处置情况记录档案,如实记录处置的放射性固体废物的来源、数量、特征、存放位置等与处置活动有关的事项。放射性固体废物处置情况记录档案应当永久保存。

第二十六条 放射性固体废物处置单位应当根据处置设施运行监测计划和辐射环境监测计划,对处置设施进行安全性检查,并对处置设施周围的地下水、地表水、土壤和空气进行放射性监测。

放射性固体废物处置单位应当如实记录监测数据,发现安全隐患或者周围环境中放射性核素超过国家规定的标准的,应当立即查找原因,采取相应的防范措施,并向国务院环境保护主管部门和核工业行业主管部门报告。构成辐射事故的,应当立即启动本单位的应急方案,并依照《中华人民共和国放射性污染防治法》、《放射性同位素与射线装置安全和防护条例》的规定进行报告,开展有关事故应急工作。

第二十七条 放射性固体废物处置设施设计服役期届满,或者处置的放射性固体废物已达到该设施的设计容量,或者所在地区的地质构造或者水文地质等条件发生重大变化导致处置设施不适宜继续处置放射性固体废物的,应当依法办理关闭手续,在划定的区域设置永久性标记。

关闭放射性固体废物处置设施的,处置单位应当编制处置设施安全监护计划,报国务院环境保护主管部门批准。

放射性固体废物处置设施依法关闭后,处置单位应当按照经批准的安全监护计划,对关闭后的处置设施进行安全监护。放射性固体废物处置单位因破产、吊销许可证等原因终止的,处置设施关闭和安全监护所需费用由提供财务担保的单位承担。

第四章 监督管理

第二十八条 县级以上人民政府环境保护主管部门和其他有关部门,依照《中华人民共和国放射性污染防治法》和本条例的规定,对放射性废物处理、贮存和处置等活动的安全性进行监督检查。

第二十九条 县级以上人民政府环境保护主管部门和其他有关部门进行监督检查时,有权采取下列措施:

(一)向被检查单位的法定代表人和其他有关人员调查、了解情况;

(二)进入被检查单位进行现场监测、检查或者核查;

(三)查阅、复制相关文件、记录以及其他有关资料;

(四)要求被检查单位提交有关情况说明或者后续处理报告。

被检查单位应当予以配合,如实反映情况,提供必要的资料,不得拒绝和阻碍。

县级以上人民政府环境保护主管部门和其他有关部门的监督检查人员依法进行监督检查时,应当出示证件,并为被检查单位保守技术秘密和业务秘密。

第三十条 核设施营运单位、核技术利用单位和放射性固体废物贮存、处置单位,应当按照放射性废物危害的大小,建立健全相应级别的安全保卫制度,采取相应的技术防范措施和人员防范措施,并适时开展放射性废物污染事故应急演练。

第三十一条 核设施营运单位、核技术利用单位和放射性固体废物贮存、处置单位,应当对其直接从事放射性废物处理、贮存和处置活动的工作人员进行核与辐射安全知识以及专业操作技术的培训,并进行考核;考核合格的,方可从事该项工作。

第三十二条 核设施营运单位、核技术利用单位和放射性固体废物贮存单位应当按照国务院环境保护主管部门的规定定期如实报告放射性废物产生、排放、处理、贮存、清洁解控和送交处置等情况。

放射性固体废物处置单位应当于每年3月31日前,向国务院环境保护主管部门和核工业行业主管部门如实报告上一年度放射性固体废物接收、处置和设施运行等情况。

第三十三条 禁止将废旧放射源和其他放射性固体废物送交无相应许可证的单位贮存、处置或者擅自处置。

禁止无许可证或者不按照许可证规定的活动种类、范围、规模和期限从事放射性固体废物贮存、处置活动。

第三十四条 禁止将放射性废物和被放射性污染的物品输入中华人民共和国境内或者经中华人民共和国境内转移。具体办法由国务院环境保护主管部门会同国务院商务主管部门、海关总署、国家出入境检验检疫主管部门制定。

第五章 法律责任

第三十五条 负有放射性废物安全监督管理职责的部门及其工作人员违反本条例规定,有下列行为之一的,对直接负责的主管人员和其他直接责任人员,依法给予处分;直接负责的主管人员和其他直接责任人员构成犯罪的,依法追究刑事责任:

(一)违反本条例规定核发放射性固体废物贮存、处置许可证的;

(二)违反本条例规定批准不符合选址规划或者选址技术导则、标准的处置设施选址或者建造的;

(三)对发现的违反本条例的行为不依法查处的;

(四)在办理放射性固体废物贮存、处置许可证以及实施监督检查过程中,索取、收受他人财物或者谋取其他利益的;

(五)其他徇私舞弊、滥用职权、玩忽职守行为。

第三十六条 违反本条例规定,核设施营运单位、核技术利用单位有下列行为之一的,由审批该单位立项环境影响评价文件的环境保护主管部门责令停止违法行为,限期改正;逾期不改正的,指定有相应许可证的单位代为贮存或者处置,所需费用由核设施营运单位、核技术利用单位承担,可以处20万元以下的罚款;构成犯罪的,依法追究刑事责任:

(一)核设施营运单位未按照规定,将其产生的废旧放射源送交贮存、处置,或者将其产生的其他放射性固体废物送交处置的;

(二)核技术利用单位未按照规定,将其产生的废旧放射源或者其他放射性固体废物送交贮存、处置的。

第三十七条 违反本条例规定,有下列行为之一的,由县级以上人民政府环境保护主管部门责令停止违法行为,限期改正,处10万元以上20万元以下的罚款;造成环境污染的,责令限期采取治理措施消除污染,逾期不采取治理措施,经催告仍不治理的,可以指定有治理能力的单位代为治理,所需费用由违法者承担;构成犯罪的,依法追究刑事责任:

(一)核设施营运单位将废旧放射源送交无相应许可证的单位贮存、处置,或者将其他放射性固体废物送交无相应许可证的单位处置,或者擅自处置的;

(二)核技术利用单位将废旧放射源或者其他放射性固体废物送交无相应许可证的单位贮存、处置,或者擅自处置的;

(三)放射性固体废物贮存单位将废旧放射源或者其他放射性固体废物送交无相应许可证的单位处置,或者擅自处置的。

第三十八条 违反本条例规定,有下列行为之一的,由省级以上人民政府环境保护主管部门责令停产停业或者吊销许可证;有违法所得的,没收违法所得;违法所得10万元以上的,并处违法所得1倍以上5倍以下的罚款;没有违法所得或者违法所得不足10万元的,并处5万元以上10万元以下的罚款;造成环境污染的,责令限期采取治理措施消除污染,逾期不采取治理措施,经催告仍不治理的,可以指定有治理能力的单位代为治理,所需费用由违法者承担;构成犯罪的,依法追究刑事责任:

(一)未经许可,擅自从事废旧放射源或者其他放射性固体废物的贮存、处置活动的;

(二)放射性固体废物贮存、处置单位未按照许可证规定的活动种类、范围、规模、期限从事废旧放射源或者其他放射性固体废物的贮存、处置活动的;

(三)放射性固体废物贮存、处置单位未按照国家有关放射性污染防治标准和国务院环境保护主管部门的规定贮存、处置废旧放射源或者其他放射性固体废物的。

第三十九条 放射性固体废物贮存、处置单位未按照规定建立情况记录档案，或者未按照规定进行如实记录的，由省级以上人民政府环境保护主管部门责令限期改正，处1万元以上5万元以下的罚款；逾期不改正的，处5万元以上10万元以下的罚款。

第四十条 核设施营运单位、核技术利用单位或者放射性固体废物贮存、处置单位未按照本条例第三十二条的规定如实报告有关情况的，由县级以上人民政府环境保护主管部门责令限期改正，处1万元以上5万元以下的罚款；逾期不改正的，处5万元以上10万元以下的罚款。

第四十一条 违反本条例规定，拒绝、阻碍环境保护主管部门或者其他有关部门的监督检查，或者在接受监督检查时弄虚作假的，由监督检查部门责令改正，处2万元以下的罚款；构成违反治安管理行为的，由公安机关依法给予治安管理处罚；构成犯罪的，依法追究刑事责任。

第四十二条 核设施营运单位、核技术利用单位或者放射性固体废物贮存、处置单位未按照规定对有关工作人员进行技术培训和考核的，由县级以上人民政府环境保护主管部门责令限期改正，处1万元以上5万元以下的罚款；逾期不改正的，处5万元以上10万元以下的罚款。

第四十三条 违反本条例规定，向中华人民共和国境内输入放射性废物或者被放射性污染的物品，或者经中华人民共和国境内转移放射性废物或者被放射性污染的物品的，由海关责令退运该放射性废物或者被放射性污染的物品，并处50万元以上100万元以下的罚款；构成犯罪的，依法追究刑事责任。

第六章 附 则

第四十四条 军用设施、装备所产生的放射性废物的安全管理，依照《中华人民共和国放射性污染防治法》第六十条的规定执行。

第四十五条 放射性废物运输的安全管理、放射性废物造成污染事故的应急处理，以及劳动者在职业活动中接触放射性废物造成的职业病防治，依照有关法律、行政法规的规定执行。

第四十六条 本条例自2012年3月1日起施行。

危险化学品安全管理条例

· 2002年1月26日中华人民共和国国务院令第344号公布
· 2011年2月16日国务院第144次常务会议修订通过
· 根据2013年12月7日《国务院关于修改部分行政法规的决定》修订

第一章 总 则

第一条 为了加强危险化学品的安全管理，预防和减少危险化学品事故，保障人民群众生命财产安全，保护环境，制定本条例。

第二条 危险化学品生产、储存、使用、经营和运输的安全管理，适用本条例。

废弃危险化学品的处置，依照有关环境保护的法律、行政法规和国家有关规定执行。

第三条 本条例所称危险化学品，是指具有毒害、腐蚀、爆炸、燃烧、助燃等性质，对人体、设施、环境具有危害的剧毒化学品和其他化学品。

危险化学品目录，由国务院安全生产监督管理部门会同国务院工业和信息化、公安、环境保护、卫生、质量监督检验检疫、交通运输、铁路、民用航空、农业主管部门，根据化学品危险特性的鉴别和分类标准确定、公布，并适时调整。

第四条 危险化学品安全管理，应当坚持安全第一、预防为主、综合治理的方针，强化和落实企业的主体责任。

生产、储存、使用、经营、运输危险化学品的单位（以下统称危险化学品单位）的主要负责人对本单位的危险化学品安全管理工作全面负责。

危险化学品单位应当具备法律、行政法规规定和国家标准、行业标准要求的安全条件，建立、健全安全管理规章制度和岗位安全责任制度，对从业人员进行安全教育、法制教育和岗位技术培训。从业人员应当接受教育和培训，考核合格后上岗作业；对有资格要求的岗位，应当配备依法取得相应资格的人员。

第五条 任何单位和个人不得生产、经营、使用国家禁止生产、经营、使用的危险化学品。

国家对危险化学品的使用有限制性规定的，任何单位和个人不得违反限制性规定使用危险化学品。

第六条 对危险化学品的生产、储存、使用、经营、运输实施安全监督管理的有关部门（以下统称负有危险化学品安全监督管理职责的部门），依照下列规定履行职责：

（一）安全生产监督管理部门负责危险化学品安全

监督管理综合工作，组织确定、公布、调整危险化学品目录，对新建、改建、扩建生产、储存危险化学品（包括使用长输管道输送危险化学品，下同）的建设项目进行安全条件审查，核发危险化学品安全生产许可证、危险化学品安全使用许可证和危险化学品经营许可证，并负责危险化学品登记工作。

（二）公安机关负责危险化学品的公共安全管理，核发剧毒化学品购买许可证、剧毒化学品道路运输通行证，并负责危险化学品运输车辆的道路交通安全管理。

（三）质量监督检验检疫部门负责核发危险化学品及其包装物、容器（不包括储存危险化学品的固定式大型储罐，下同）生产企业的工业产品生产许可证，并依法对其产品质量实施监督，负责对进出口危险化学品及其包装实施检验。

（四）环境保护主管部门负责废弃危险化学品处置的监督管理，组织危险化学品的环境危害性鉴定和环境风险程度评估，确定实施重点环境管理的危险化学品，负责危险化学品环境管理登记和新化学物质环境管理登记；依照职责分工调查相关危险化学品环境污染事故和生态破坏事件，负责危险化学品事故现场的应急环境监测。

（五）交通运输主管部门负责危险化学品道路运输、水路运输的许可以及运输工具的安全管理，对危险化学品水路运输安全实施监督，负责危险化学品道路运输企业、水路运输企业驾驶人员、船员、装卸管理人员、押运人员、申报人员、集装箱装箱现场检查员的资格认定。铁路监管部门负责危险化学品铁路运输及其运输工具的安全管理。民用航空主管部门负责危险化学品航空运输以及航空运输企业及其运输工具的安全管理。

（六）卫生主管部门负责危险化学品毒性鉴定的管理，负责组织、协调危险化学品事故受伤人员的医疗卫生救援工作。

（七）工商行政管理部门依据有关部门的许可证件，核发危险化学品生产、储存、经营、运输企业营业执照，查处危险化学品经营企业违法采购危险化学品的行为。

（八）邮政管理部门负责依法查处寄递危险化学品的行为。

第七条 负有危险化学品安全监督管理职责的部门依法进行监督检查，可以采取下列措施：

（一）进入危险化学品作业场所实施现场检查，向有关单位和人员了解情况，查阅、复制有关文件、资料；

（二）发现危险化学品事故隐患，责令立即消除或者限期消除；

（三）对不符合法律、行政法规、规章规定或者国家标准、行业标准要求的设施、设备、装置、器材、运输工具，责令立即停止使用；

（四）经本部门主要负责人批准，查封违法生产、储存、使用、经营危险化学品的场所，扣押违法生产、储存、使用、经营、运输的危险化学品以及用于违法生产、使用、运输危险化学品的原材料、设备、运输工具；

（五）发现影响危险化学品安全的违法行为，当场予以纠正或者责令限期改正。

负有危险化学品安全监督管理职责的部门依法进行监督检查，监督检查人员不得少于2人，并应当出示执法证件；有关单位和个人对依法进行的监督检查应当予以配合，不得拒绝、阻碍。

第八条 县级以上人民政府应当建立危险化学品安全监督管理工作协调机制，支持、督促负有危险化学品安全监督管理职责的部门依法履行职责，协调、解决危险化学品安全监督管理工作中的重大问题。

负有危险化学品安全监督管理职责的部门应当相互配合、密切协作，依法加强对危险化学品的安全监督管理。

第九条 任何单位和个人对违反本条例规定的行为，有权向负有危险化学品安全监督管理职责的部门举报。负有危险化学品安全监督管理职责的部门接到举报，应当及时依法处理；对不属于本部门职责的，应当及时移送有关部门处理。

第十条 国家鼓励危险化学品生产企业和使用危险化学品从事生产的企业采用有利于提高安全保障水平的先进技术、工艺、设备以及自动控制系统，鼓励对危险化学品实行专门储存、统一配送、集中销售。

第二章 生产、储存安全

第十一条 国家对危险化学品的生产、储存实行统筹规划、合理布局。

国务院工业和信息化主管部门以及国务院其他有关部门依据各自职责，负责危险化学品生产、储存的行业规划和布局。

地方人民政府组织编制城乡规划，应当根据本地区的实际情况，按照确保安全的原则，规划适当区域专门用于危险化学品的生产、储存。

第十二条 新建、改建、扩建生产、储存危险化学品的建设项目（以下简称建设项目），应当由安全生产监督管理部门进行安全条件审查。

建设单位应当对建设项目进行安全条件论证，委托具备国家规定的资质条件的机构对建设项目进行安全评价，并将安全条件论证和安全评价的情况报告报建设项目所在地设区的市级以上人民政府安全生产监督管理部门；安全生产监督管理部门应当自收到报告之日起45日内作出审查决定，并书面通知建设单位。具体办法由国务院安全生产监督管理部门制定。

新建、改建、扩建储存、装卸危险化学品的港口建设项目，由港口行政管理部门按照国务院交通运输主管部门的规定进行安全条件审查。

第十三条 生产、储存危险化学品的单位，应当对其铺设的危险化学品管道设置明显标志，并对危险化学品管道定期检查、检测。

进行可能危及危险化学品管道安全的施工作业，施工单位应当在开工的7日前书面通知管道所属单位，并与管道所属单位共同制定应急预案，采取相应的安全防护措施。管道所属单位应当指派专门人员到现场进行管道安全保护指导。

第十四条 危险化学品生产企业进行生产前，应当依照《安全生产许可证条例》的规定，取得危险化学品安全生产许可证。

生产列入国家实行生产许可证制度的工业产品目录的危险化学品的企业，应当依照《中华人民共和国工业产品生产许可证管理条例》的规定，取得工业产品生产许可证。

负责颁发危险化学品安全生产许可证、工业产品生产许可证的部门，应当将其颁发许可证的情况及时向同级工业和信息化主管部门、环境保护主管部门和公安机关通报。

第十五条 危险化学品生产企业应当提供与其生产的危险化学品相符的化学品安全技术说明书，并在危险化学品包装（包括外包装件）上粘贴或者拴挂与包装内危险化学品相符的化学品安全标签。化学品安全技术说明书和化学品安全标签所载明的内容应当符合国家标准的要求。

危险化学品生产企业发现其生产的危险化学品有新的危险特性的，应当立即公告，并及时修订其化学品安全技术说明书和化学品安全标签。

第十六条 生产实施重点环境管理的危险化学品的企业，应当按照国务院环境保护主管部门的规定，将该危险化学品向环境中释放等相关信息向环境保护主管部门报告。环境保护主管部门可以根据情况采取相应的环境风险控制措施。

第十七条 危险化学品的包装应当符合法律、行政法规、规章的规定以及国家标准、行业标准的要求。

危险化学品包装物、容器的材质以及危险化学品包装的型式、规格、方法和单件质量（重量），应当与所包装的危险化学品的性质和用途相适应。

第十八条 生产列入国家实行生产许可证制度的工业产品目录的危险化学品包装物、容器的企业，应当依照《中华人民共和国工业产品生产许可证管理条例》的规定，取得工业产品生产许可证；其生产的危险化学品包装物、容器经国务院质量监督检验检疫部门认定的检验机构检验合格，方可出厂销售。

运输危险化学品的船舶及其配载的容器，应当按照国家船舶检验规范进行生产，并经海事管理机构认定的船舶检验机构检验合格，方可投入使用。

对重复使用的危险化学品包装物、容器，使用单位在重复使用前应当进行检查；发现存在安全隐患的，应当维修或者更换。使用单位应当对检查情况作出记录，记录的保存期限不得少于2年。

第十九条 危险化学品生产装置或者储存数量构成重大危险源的危险化学品储存设施（运输工具加油站、加气站除外），与下列场所、设施、区域的距离应当符合国家有关规定：

（一）居住区以及商业中心、公园等人员密集场所；

（二）学校、医院、影剧院、体育场（馆）等公共设施；

（三）饮用水源、水厂以及水源保护区；

（四）车站、码头（依法经许可从事危险化学品装卸作业的除外）、机场以及通信干线、通信枢纽、铁路线路、道路交通干线、水路交通干线、地铁风亭以及地铁站出入口；

（五）基本农田保护区、基本草原、畜禽遗传资源保护区、畜禽规模化养殖场（养殖小区）、渔业水域以及种子、种畜禽、水产苗种生产基地；

（六）河流、湖泊、风景名胜区、自然保护区；

（七）军事禁区、军事管理区；

（八）法律、行政法规规定的其他场所、设施、区域。

已建的危险化学品生产装置或者储存数量构成重大危险源的危险化学品储存设施不符合前款规定的，由所在地设区的市级人民政府安全生产监督管理部门会同有关部门监督其所属单位在规定期限内进行整改；需要转产、停产、搬迁、关闭的，由本级人民政府决定并组织实施。

储存数量构成重大危险源的危险化学品储存设施的选址,应当避开地震活动断层和容易发生洪灾、地质灾害的区域。

本条例所称重大危险源,是指生产、储存、使用或者搬运危险化学品,且危险化学品的数量等于或者超过临界量的单元(包括场所和设施)。

第二十条 生产、储存危险化学品的单位,应当根据其生产、储存的危险化学品的种类和危险特性,在作业场所设置相应的监测、监控、通风、防晒、调温、防火、灭火、防爆、泄压、防毒、中和、防潮、防雷、防静电、防腐、防泄漏以及防护围堤或者隔离操作等安全设施、设备,并按照国家标准、行业标准或者国家有关规定对安全设施、设备进行经常性维护、保养,保证安全设施、设备的正常使用。

生产、储存危险化学品的单位,应当在其作业场所和安全设施、设备上设置明显的安全警示标志。

第二十一条 生产、储存危险化学品的单位,应当在其作业场所设置通信、报警装置,并保证处于适用状态。

第二十二条 生产、储存危险化学品的企业,应当委托具备国家规定的资质条件的机构,对本企业的安全生产条件每3年进行一次安全评价,提出安全评价报告。安全评价报告的内容应当包括对安全生产条件存在的问题进行整改的方案。

生产、储存危险化学品的企业,应当将安全评价报告以及整改方案的落实情况报所在地县级人民政府安全生产监督管理部门备案。在港区内储存危险化学品的企业,应当将安全评价报告以及整改方案的落实情况报港口行政管理部门备案。

第二十三条 生产、储存剧毒化学品或者国务院公安部门规定的可用于制造爆炸物品的危险化学品(以下简称易制爆危险化学品)的单位,应当如实记录其生产、储存的剧毒化学品、易制爆危险化学品的数量、流向,并采取必要的安全防范措施,防止剧毒化学品、易制爆危险化学品丢失或者被盗;发现剧毒化学品、易制爆危险化学品丢失或者被盗的,应当立即向当地公安机关报告。

生产、储存剧毒化学品、易制爆危险化学品的单位,应当设置治安保卫机构,配备专职治安保卫人员。

第二十四条 危险化学品应当储存在专用仓库、专用场地或者专用储存室(以下统称专用仓库)内,并由专人负责管理;剧毒化学品以及储存数量构成重大危险源的其他危险化学品,应当在专用仓库内单独存放,并实行双人收发、双人保管制度。

危险化学品的储存方式、方法以及储存数量应当符合国家标准或者国家有关规定。

第二十五条 储存危险化学品的单位应当建立危险化学品出入库核查、登记制度。

对剧毒化学品以及储存数量构成重大危险源的其他危险化学品,储存单位应当将其储存数量、储存地点以及管理人员的情况,报所在地县级人民政府安全生产监督管理部门(在港区内储存的,报港口行政管理部门)和公安机关备案。

第二十六条 危险化学品专用仓库应当符合国家标准、行业标准的要求,并设置明显的标志。储存剧毒化学品、易制爆危险化学品的专用仓库,应当按照国家有关规定设置相应的技术防范设施。

储存危险化学品的单位应当对其危险化学品专用仓库的安全设施、设备定期进行检测、检验。

第二十七条 生产、储存危险化学品的单位转产、停产、停业或者解散的,应当采取有效措施,及时、妥善处置其危险化学品生产装置、储存设施以及库存的危险化学品,不得丢弃危险化学品;处置方案应当报所在地县级人民政府安全生产监督管理部门、工业和信息化主管部门、环境保护主管部门和公安机关备案。安全生产监督管理部门应当会同环境保护主管部门和公安机关对处置情况进行监督检查,发现未依照规定处置的,应当责令其立即处置。

第三章 使用安全

第二十八条 使用危险化学品的单位,其使用条件(包括工艺)应当符合法律、行政法规的规定和国家标准、行业标准的要求,并根据所使用的危险化学品的种类、危险特性以及使用量和使用方式,建立、健全使用危险化学品的安全管理规章制度和安全操作规程,保证危险化学品的安全使用。

第二十九条 使用危险化学品从事生产并且使用量达到规定数量的化工企业(属于危险化学品生产企业的除外,下同),应当依照本条例的规定取得危险化学品安全使用许可证。

前款规定的危险化学品使用量的数量标准,由国务院安全生产监督管理部门会同国务院公安部门、农业主管部门确定并公布。

第三十条 申请危险化学品安全使用许可证的化工企业,除应当符合本条例第二十八条的规定外,还应当具备下列条件:

(一)有与所使用的危险化学品相适应的专业技术人员;

(二)有安全管理机构和专职安全管理人员；

(三)有符合国家规定的危险化学品事故应急预案和必要的应急救援器材、设备；

(四)依法进行了安全评价。

第三十一条 申请危险化学品安全使用许可证的化工企业，应当向所在地设区的市级人民政府安全生产监督管理部门提出申请，并提交其符合本条例第三十条规定条件的证明材料。设区的市级人民政府安全生产监督管理部门应当依法进行审查，自收到证明材料之日起45日内作出批准或者不予批准的决定。予以批准的，颁发危险化学品安全使用许可证；不予批准的，书面通知申请人并说明理由。

安全生产监督管理部门应当将其颁发危险化学品安全使用许可证的情况及时向同级环境保护主管部门和公安机关通报。

第三十二条 本条例第十六条关于生产实施重点环境管理的危险化学品的企业的规定，适用于使用实施重点环境管理的危险化学品从事生产的企业；第二十条、第二十一条、第二十三条第一款、第二十七条关于生产、储存危险化学品的单位的规定，适用于使用危险化学品的单位；第二十二条关于生产、储存危险化学品的企业的规定，适用于使用危险化学品从事生产的企业。

第四章 经营安全

第三十三条 国家对危险化学品经营(包括仓储经营，下同)实行许可制度。未经许可，任何单位和个人不得经营危险化学品。

依法设立的危险化学品生产企业在其厂区范围内销售本企业生产的危险化学品，不需要取得危险化学品经营许可。

依照《中华人民共和国港口法》的规定取得港口经营许可证的港口经营人，在港区内从事危险化学品仓储经营，不需要取得危险化学品经营许可。

第三十四条 从事危险化学品经营的企业应当具备下列条件：

(一)有符合国家标准、行业标准的经营场所，储存危险化学品的，还应当有符合国家标准、行业标准的储存设施；

(二)从业人员经过专业技术培训并经考核合格；

(三)有健全的安全管理规章制度；

(四)有专职安全管理人员；

(五)有符合国家规定的危险化学品事故应急预案和必要的应急救援器材、设备；

(六)法律、法规规定的其他条件。

第三十五条 从事剧毒化学品、易制爆危险化学品经营的企业，应当向所在地设区的市级人民政府安全生产监督管理部门提出申请，从事其他危险化学品经营的企业，应当向所在地县级人民政府安全生产监督管理部门提出申请(有储存设施的，应当向所在地设区的市级人民政府安全生产监督管理部门提出申请)。申请人应当提交其符合本条例第三十四条规定条件的证明材料。设区的市级人民政府安全生产监督管理部门或者县级人民政府安全生产监督管理部门应当依法进行审查，并对申请人的经营场所、储存设施进行现场核查，自收到证明材料之日起30日内作出批准或者不予批准的决定。予以批准的，颁发危险化学品经营许可证；不予批准的，书面通知申请人并说明理由。

设区的市级人民政府安全生产监督管理部门和县级人民政府安全生产监督管理部门应当将其颁发危险化学品经营许可证的情况及时向同级环境保护主管部门和公安机关通报。

申请人持危险化学品经营许可证向工商行政管理部门办理登记手续后，方可从事危险化学品经营活动。法律、行政法规或者国务院规定经营危险化学品还需要经其他有关部门许可的，申请人向工商行政管理部门办理登记手续时还应当持相应的许可证件。

第三十六条 危险化学品经营企业储存危险化学品的，应当遵守本条例第二章关于储存危险化学品的规定。危险化学品商店内只能存放民用小包装的危险化学品。

第三十七条 危险化学品经营企业不得向未经许可从事危险化学品生产、经营活动的企业采购危险化学品，不得经营没有化学品安全技术说明书或者化学品安全标签的危险化学品。

第三十八条 依法取得危险化学品安全生产许可证、危险化学品安全使用许可证、危险化学品经营许可证的企业，凭相应的许可证件购买剧毒化学品、易制爆危险化学品。民用爆炸物品生产企业凭民用爆炸物品生产许可证购买易制爆危险化学品。

前款规定以外的单位购买剧毒化学品的，应当向所在地县级人民政府公安机关申请取得剧毒化学品购买许可证；购买易制爆危险化学品的，应当持本单位出具的合法用途说明。

个人不得购买剧毒化学品(属于剧毒化学品的农药除外)和易制爆危险化学品。

第三十九条 申请取得剧毒化学品购买许可证，申请人应当向所在地县级人民政府公安机关提交下列材料：

（一）营业执照或者法人证书（登记证书）的复印件；

（二）拟购买的剧毒化学品品种、数量的说明；

（三）购买剧毒化学品用途的说明；

（四）经办人的身份证明。

县级人民政府公安机关应当自收到前款规定的材料之日起3日内，作出批准或者不予批准的决定。予以批准的，颁发剧毒化学品购买许可证；不予批准的，书面通知申请人并说明理由。

剧毒化学品购买许可证管理办法由国务院公安部门制定。

第四十条 危险化学品生产企业、经营企业销售剧毒化学品、易制爆危险化学品，应当查验本条例第三十八条第一款、第二款规定的相关许可证件或者证明文件，不得向不具有相关许可证件或者证明文件的单位销售剧毒化学品、易制爆危险化学品。对持剧毒化学品购买许可证购买剧毒化学品的，应当按照许可证载明的品种、数量销售。

禁止向个人销售剧毒化学品（属于剧毒化学品的农药除外）和易制爆危险化学品。

第四十一条 危险化学品生产企业、经营企业销售剧毒化学品、易制爆危险化学品，应当如实记录购买单位的名称、地址、经办人的姓名、身份证号码以及所购买的剧毒化学品、易制爆危险化学品的品种、数量、用途。销售记录以及经办人的身份证明复印件、相关许可证件复印件或者证明文件的保存期限不得少于1年。

剧毒化学品、易制爆危险化学品的销售企业、购买单位应当在销售、购买后5日内，将所销售、购买的剧毒化学品、易制爆危险化学品的品种、数量以及流向信息报所在地县级人民政府公安机关备案，并输入计算机系统。

第四十二条 使用剧毒化学品、易制爆危险化学品的单位不得出借、转让其购买的剧毒化学品、易制爆危险化学品；因转产、停产、搬迁、关闭等确需转让的，应当向具有本条例第三十八条第一款、第二款规定的相关许可证件或者证明文件的单位转让，并在转让后将有关情况及时向所在地县级人民政府公安机关报告。

第五章 运输安全

第四十三条 从事危险化学品道路运输、水路运输的，应当分别依照有关道路运输、水路运输的法律、行政法规的规定，取得危险货物道路运输许可、危险货物水路运输许可，并向工商行政管理部门办理登记手续。

危险化学品道路运输企业、水路运输企业应当配备专职安全管理人员。

第四十四条 危险化学品道路运输企业、水路运输企业的驾驶人员、船员、装卸管理人员、押运人员、申报人员、集装箱装箱现场检查员应当经交通运输主管部门考核合格，取得从业资格。具体办法由国务院交通运输主管部门制定。

危险化学品的装卸作业应当遵守安全作业标准、规程和制度，并在装卸管理人员的现场指挥或者监控下进行。水路运输危险化学品的集装箱装箱作业应当在集装箱装箱现场检查员的指挥或者监控下进行，并符合积载、隔离的规范和要求；装箱作业完毕后，集装箱装箱现场检查员应当签署装箱证明书。

第四十五条 运输危险化学品，应当根据危险化学品的危险特性采取相应的安全防护措施，并配备必要的防护用品和应急救援器材。

用于运输危险化学品的槽罐以及其他容器应当封口严密，能够防止危险化学品在运输过程中因温度、湿度或者压力的变化发生渗漏、洒漏；槽罐以及其他容器的溢流和泄压装置应当设置准确、起闭灵活。

运输危险化学品的驾驶人员、船员、装卸管理人员、押运人员、申报人员、集装箱装箱现场检查员，应当了解所运输的危险化学品的危险特性及其包装物、容器的使用要求和出现危险情况时的应急处置方法。

第四十六条 通过道路运输危险化学品的，托运人应当委托依法取得危险货物道路运输许可的企业承运。

第四十七条 通过道路运输危险化学品的，应当按照运输车辆的核定载质量装载危险化学品，不得超载。

危险化学品运输车辆应当符合国家标准要求的安全技术条件，并按照国家有关规定定期进行安全技术检验。

危险化学品运输车辆应当悬挂或者喷涂符合国家标准要求的警示标志。

第四十八条 通过道路运输危险化学品的，应当配备押运人员，并保证所运输的危险化学品处于押运人员的监控之下。

运输危险化学品途中因住宿或者发生影响正常运输的情况，需要较长时间停车的，驾驶人员、押运人员应当采取相应的安全防范措施；运输剧毒化学品或者易制爆危险化学品的，还应当向当地公安机关报告。

第四十九条 未经公安机关批准，运输危险化学品的车辆不得进入危险化学品运输车辆限制通行的区域。危险化学品运输车辆限制通行的区域由县级人民政府公安机关划定，并设置明显的标志。

第五十条 通过道路运输剧毒化学品的，托运人应当向运输始发地或者目的地县级人民政府公安机关申请剧毒化学品道路运输通行证。

申请剧毒化学品道路运输通行证，托运人应当向县级人民政府公安机关提交下列材料：

（一）拟运输的剧毒化学品品种、数量的说明；

（二）运输始发地、目的地、运输时间和运输路线的说明；

（三）承运人取得危险货物道路运输许可、运输车辆取得营运证以及驾驶人员、押运人员取得上岗资格的证明文件；

（四）本条例第三十八条第一款、第二款规定的购买剧毒化学品的相关许可证件，或者海关出具的进出口证明文件。

县级人民政府公安机关应当自收到前款规定的材料之日起7日内，作出批准或者不予批准的决定。予以批准的，颁发剧毒化学品道路运输通行证；不予批准的，书面通知申请人并说明理由。

剧毒化学品道路运输通行证管理办法由国务院公安部门制定。

第五十一条 剧毒化学品、易制爆危险化学品在道路运输途中丢失、被盗、被抢或者出现流散、泄漏等情况的，驾驶人员、押运人员应当立即采取相应的警示措施和安全措施，并向当地公安机关报告。公安机关接到报告后，应当根据实际情况立即向安全生产监督管理部门、环境保护主管部门、卫生主管部门通报。有关部门应当采取必要的应急处置措施。

第五十二条 通过水路运输危险化学品的，应当遵守法律、行政法规以及国务院交通运输主管部门关于危险货物水路运输安全的规定。

第五十三条 海事管理机构应当根据危险化学品的种类和危险特性，确定船舶运输危险化学品的相关安全运输条件。

拟交付船舶运输的化学品的相关安全运输条件不明确的，货物所有人或者代理人应当委托相关技术机构进行评估，明确相关安全运输条件并经海事管理机构确认后，方可交付船舶运输。

第五十四条 禁止通过内河封闭水域运输剧毒化学品以及国家规定禁止通过内河运输的其他危险化学品。

前款规定以外的内河水域，禁止运输国家规定禁止通过内河运输的剧毒化学品以及其他危险化学品。

禁止通过内河运输的剧毒化学品以及其他危险化学品的范围，由国务院交通运输主管部门会同国务院环境保护主管部门、工业和信息化主管部门、安全生产监督管理部门，根据危险化学品的危险特性、危险化学品对人体和水环境的危害程度以及消除危害后果的难易程度等因素规定并公布。

第五十五条 国务院交通运输主管部门应当根据危险化学品的危险特性，对通过内河运输本条例第五十四条规定以外的危险化学品（以下简称通过内河运输危险化学品）实行分类管理，对各类危险化学品的运输方式、包装规范和安全防护措施等分别作出规定并监督实施。

第五十六条 通过内河运输危险化学品，应当由依法取得危险货物水路运输许可的水路运输企业承运，其他单位和个人不得承运。托运人应当委托依法取得危险货物水路运输许可的水路运输企业承运，不得委托其他单位和个人承运。

第五十七条 通过内河运输危险化学品，应当使用依法取得危险货物适装证书的运输船舶。水路运输企业应当针对所运输的危险化学品的危险特性，制定运输船舶危险化学品事故应急救援预案，并为运输船舶配备充足、有效的应急救援器材和设备。

通过内河运输危险化学品的船舶，其所有人或者经营人应当取得船舶污染损害责任保险证书或者财务担保证明。船舶污染损害责任保险证书或者财务担保证明的副本应当随船携带。

第五十八条 通过内河运输危险化学品，危险化学品包装物的材质、型式、强度以及包装方法应当符合水路运输危险化学品包装规范的要求。国务院交通运输主管部门对单船运输的危险化学品数量有限制性规定的，承运人应当按照规定安排运输数量。

第五十九条 用于危险化学品运输作业的内河码头、泊位应当符合国家有关安全规范，与饮用水取水口保持国家规定的距离。有关管理单位应当制定码头、泊位危险化学品事故应急预案，并为码头、泊位配备充足、有效的应急救援器材和设备。

用于危险化学品运输作业的内河码头、泊位，经交通运输主管部门按照国家有关规定验收合格后方可投入使用。

第六十条 船舶载运危险化学品进出内河港口，应当将危险化学品的名称、危险特性、包装以及进出港时间等事项，事先报告海事管理机构。海事管理机构接到报告后，应当在国务院交通运输主管部门规定的时间内作出是否同意的决定,通知报告人,同时通报港口行政管理部门。定船舶、定航线、定货种的船舶可以定期报告。

在内河港口内进行危险化学品的装卸、过驳作业,应当将危险化学品的名称、危险特性、包装和作业的时间、地点等事项报告港口行政管理部门。港口行政管理部门接到报告后,应当在国务院交通运输主管部门规定的时间内作出是否同意的决定,通知报告人,同时通报海事管理机构。

载运危险化学品的船舶在内河航行,通过过船建筑物的,应当提前向交通运输主管部门申报,并接受交通运输主管部门的管理。

第六十一条 载运危险化学品的船舶在内河航行、装卸或者停泊,应当悬挂专用的警示标志,按照规定显示专用信号。

载运危险化学品的船舶在内河航行,按照国务院交通运输主管部门的规定需要引航的,应当申请引航。

第六十二条 载运危险化学品的船舶在内河航行,应当遵守法律、行政法规和国家其他有关饮用水水源保护的规定。内河航道发展规划应当与依法经批准的饮用水水源保护区划定方案相协调。

第六十三条 托运危险化学品的,托运人应当向承运人说明所托运的危险化学品的种类、数量、危险特性以及发生危险情况的应急处置措施,并按照国家有关规定对所托运的危险化学品妥善包装,在外包装上设置相应的标志。

运输危险化学品需要添加抑制剂或者稳定剂的,托运人应当添加,并将有关情况告知承运人。

第六十四条 托运人不得在托运的普通货物中夹带危险化学品,不得将危险化学品匿报或者谎报为普通货物托运。

任何单位和个人不得交寄危险化学品或者在邮件、快件内夹带危险化学品,不得将危险化学品匿报或者谎报为普通物品交寄。邮政企业、快递企业不得收寄危险化学品。

对涉嫌违反本条第一款、第二款规定的,交通运输主管部门、邮政管理部门可以依法开拆查验。

第六十五条 通过铁路、航空运输危险化学品的安全管理,依照有关铁路、航空运输的法律、行政法规、规章的规定执行。

第六章 危险化学品登记与事故应急救援

第六十六条 国家实行危险化学品登记制度,为危险化学品安全管理以及危险化学品事故预防和应急救援提供技术、信息支持。

第六十七条 危险化学品生产企业、进口企业,应当向国务院安全生产监督管理部门负责危险化学品登记的机构(以下简称危险化学品登记机构)办理危险化学品登记。

危险化学品登记包括下列内容:
(一)分类和标签信息;
(二)物理、化学性质;
(三)主要用途;
(四)危险特性;
(五)储存、使用、运输的安全要求;
(六)出现危险情况的应急处置措施。

对同一企业生产、进口的同一品种的危险化学品,不进行重复登记。危险化学品生产企业、进口企业发现其生产、进口的危险化学品有新的危险特性的,应当及时向危险化学品登记机构办理登记内容变更手续。

危险化学品登记的具体办法由国务院安全生产监督管理部门制定。

第六十八条 危险化学品登记机构应当定期向工业和信息化、环境保护、公安、卫生、交通运输、铁路、质量监督检验检疫等部门提供危险化学品登记的有关信息和资料。

第六十九条 县级以上地方人民政府安全生产监督管理部门应当会同工业和信息化、环境保护、公安、卫生、交通运输、铁路、质量监督检验检疫等部门,根据本地区实际情况,制定危险化学品事故应急预案,报本级人民政府批准。

第七十条 危险化学品单位应当制定本单位危险化学品事故应急预案,配备应急救援人员和必要的应急救援器材、设备,并定期组织应急救援演练。

危险化学品单位应当将其危险化学品事故应急预案报所在地设区的市级人民政府安全生产监督管理部门备案。

第七十一条 发生危险化学品事故,事故单位主要负责人应当立即按照本单位危险化学品应急预案组织救援,并向当地安全生产监督管理部门和环境保护、公安、卫生主管部门报告;道路运输、水路运输过程中发生危险化学品事故的,驾驶人员、船员或者押运人员还应当向事故发生地交通运输主管部门报告。

第七十二条 发生危险化学品事故,有关地方人民政府应当立即组织安全生产监督管理、环境保护、公安、卫生、交通运输等有关部门,按照本地区危险化学品事故应急预案组织实施救援,不得拖延、推诿。

有关地方人民政府及其有关部门应当按照下列规定,采取必要的应急处置措施,减少事故损失,防止事故蔓延、扩大:

(一)立即组织营救和救治受害人员,疏散、撤离或者采取其他措施保护危害区域内的其他人员;

(二)迅速控制危害源,测定危险化学品的性质、事故的危害区域及危害程度;

(三)针对事故对人体、动植物、土壤、水源、大气造成的现实危害和可能产生的危害,迅速采取封闭、隔离、洗消等措施;

(四)对危险化学品事故造成的环境污染和生态破坏状况进行监测、评估,并采取相应的环境污染治理和生态修复措施。

第七十三条 有关危险化学品单位应当为危险化学品事故应急救援提供技术指导和必要的协助。

第七十四条 危险化学品事故造成环境污染的,由设区的市级以上人民政府环境保护主管部门统一发布有关信息。

第七章 法律责任

第七十五条 生产、经营、使用国家禁止生产、经营、使用的危险化学品的,由安全生产监督管理部门责令停止生产、经营、使用活动,处20万元以上50万元以下的罚款,有违法所得的,没收违法所得;构成犯罪的,依法追究刑事责任。

有前款规定行为的,安全生产监督管理部门还应当责令其对所生产、经营、使用的危险化学品进行无害化处理。

违反国家关于危险化学品使用的限制性规定使用危险化学品的,依照本条第一款的规定处理。

第七十六条 未经安全条件审查,新建、改建、扩建生产、储存危险化学品的建设项目的,由安全生产监督管理部门责令停止建设,限期改正;逾期不改正的,处50万元以上100万元以下的罚款;构成犯罪的,依法追究刑事责任。

未经安全条件审查,新建、改建、扩建储存、装卸危险化学品的港口建设项目的,由港口行政管理部门依照前款规定予以处罚。

第七十七条 未依法取得危险化学品安全生产许可证从事危险化学品生产,或者未依法取得工业产品生产许可证从事危险化学品及其包装物、容器生产的,分别依照《安全生产许可证条例》《中华人民共和国工业产品生产许可证管理条例》的规定处罚。

违反本条例规定,化工企业未取得危险化学品安全使用许可证,使用危险化学品从事生产的,由安全生产监督管理部门责令限期改正,处10万元以上20万元以下的罚款;逾期不改正的,责令停产整顿。

违反本条例规定,未取得危险化学品经营许可证从事危险化学品经营的,由安全生产监督管理部门责令停止经营活动,没收违法经营的危险化学品以及违法所得,并处10万元以上20万元以下的罚款;构成犯罪的,依法追究刑事责任。

第七十八条 有下列情形之一的,由安全生产监督管理部门责令改正,可以处5万元以下的罚款;拒不改正的,处5万元以上10万元以下的罚款;情节严重的,责令停产停业整顿:

(一)生产、储存危险化学品的单位未对其铺设的危险化学品管道设置明显的标志,或者未对危险化学品管道定期检查、检测的;

(二)进行可能危及危险化学品管道安全的施工作业,施工单位未按照规定书面通知管道所属单位,或者未与管道所属单位共同制定应急预案、采取相应的安全防护措施,或者管道所属单位未指派专门人员到现场进行管道安全保护指导的;

(三)危险化学品生产企业未提供化学品安全技术说明书,或者未在包装(包括外包装件)上粘贴、拴挂化学品安全标签的;

(四)危险化学品生产企业提供的化学品安全技术说明书与其生产的危险化学品不相符,或者在包装(包括外包装件)粘贴、拴挂的化学品安全标签与包装内危险化学品不相符,或者化学品安全技术说明书、化学品安全标签所载明的内容不符合国家标准要求的;

(五)危险化学品生产企业发现其生产的危险化学品有新的危险特性不立即公告,或者不及时修订其化学品安全技术说明书和化学品安全标签的;

(六)危险化学品经营企业经营没有化学品安全技术说明书和化学品安全标签的危险化学品的;

(七)危险化学品包装物、容器的材质以及包装的型式、规格、方法和单件质量(重量)与所包装的危险化学品的性质和用途不相适应的;

(八)生产、储存危险化学品的单位未在作业场所和安全设施、设备上设置明显的安全警示标志,或者未在作业场所设置通信、报警装置的;

(九)危险化学品专用仓库未设专人负责管理,或者对储存的剧毒化学品以及储存数量构成重大危险源的其他危险化学品未实行双人收发、双人保管制度的；

（十）储存危险化学品的单位未建立危险化学品出入库核查、登记制度的；

（十一）危险化学品专用仓库未设置明显标志的；

（十二）危险化学品生产企业、进口企业不办理危险化学品登记，或者发现其生产、进口的危险化学品有新的危险特性不办理危险化学品登记内容变更手续的。

从事危险化学品仓储经营的港口经营人有前款规定情形的，由港口行政管理部门依照前款规定予以处罚。储存剧毒化学品、易制爆危险化学品的专用仓库未按照国家有关规定设置相应的技术防范设施的，由公安机关依照前款规定予以处罚。

生产、储存剧毒化学品、易制爆危险化学品的单位未设置治安保卫机构、配备专职治安保卫人员的，依照《企业事业单位内部治安保卫条例》的规定处罚。

第七十九条 危险化学品包装物、容器生产企业销售未经检验或者经检验不合格的危险化学品包装物、容器的，由质量监督检验检疫部门责令改正，处10万元以上20万元以下的罚款，有违法所得的，没收违法所得；拒不改正，责令停产停业整顿；构成犯罪的，依法追究刑事责任。

将未经检验合格的运输危险化学品的船舶及其配载的容器投入使用的，由海事管理机构依照前款规定予以处罚。

第八十条 生产、储存、使用危险化学品的单位有下列情形之一的，由安全生产监督管理部门责令改正，处5万元以上10万元以下的罚款；拒不改正，责令停产停业整顿直至由原发证机关吊销其相关许可证件，并由工商行政管理部门责令其办理经营范围变更登记或者吊销其营业执照；有关责任人员构成犯罪的，依法追究刑事责任：

（一）对重复使用的危险化学品包装物、容器，在重复使用前不进行检查的；

（二）未根据其生产、储存的危险化学品的种类和危险特性，在作业场所设置相关安全设施、设备，或者未按照国家标准、行业标准或者国家有关规定对安全设施、设备进行经常性维护、保养的；

（三）未依照本条例规定对其安全生产条件定期进行安全评价的；

（四）未将危险化学品储存在专用仓库内，或者未将剧毒化学品以及储存数量构成重大危险源的其他危险化学品在专用仓库内单独存放的；

（五）危险化学品的储存方式、方法或者储存数量不符合国家标准或者国家有关规定的；

（六）危险化学品专用仓库不符合国家标准、行业标准的要求的；

（七）未对危险化学品专用仓库的安全设施、设备定期进行检测、检验的。

从事危险化学品仓储经营的港口经营人有前款规定情形的，由港口行政管理部门依照前款规定予以处罚。

第八十一条 有下列情形之一的，由公安机关责令改正，可以处1万元以下的罚款；拒不改正，处1万元以上5万元以下的罚款：

（一）生产、储存、使用剧毒化学品、易制爆危险化学品的单位不如实记录生产、储存、使用的剧毒化学品、易制爆危险化学品的数量、流向的；

（二）生产、储存、使用剧毒化学品、易制爆危险化学品的单位发现剧毒化学品、易制爆危险化学品丢失或者被盗，不立即向公安机关报告的；

（三）储存剧毒化学品的单位未将剧毒化学品的储存数量、储存地点以及管理人员的情况报所在地县级人民政府公安机关备案的；

（四）危险化学品生产企业、经营企业不如实记录剧毒化学品、易制爆危险化学品购买单位的名称、地址、经办人的姓名、身份证号码以及所购买的剧毒化学品、易制爆危险化学品的品种、数量、用途，或者保存销售记录和相关材料的时间少于1年的；

（五）剧毒化学品、易制爆危险化学品的销售企业、购买单位未在规定的时限内将所销售、购买的剧毒化学品、易制爆危险化学品的品种、数量以及流向信息报所在地县级人民政府公安机关备案的；

（六）使用剧毒化学品、易制爆危险化学品的单位依照本条例规定转让其购买的剧毒化学品、易制爆危险化学品，未将有关情况向所在地县级人民政府公安机关报告的。

生产、储存危险化学品的企业或者使用危险化学品从事生产的企业未按照本条例规定将安全评价报告以及整改方案的落实情况报安全生产监督管理部门或者港口行政管理部门备案，或者储存危险化学品的单位未将其剧毒化学品以及储存数量构成重大危险源的其他危险化学品的储存数量、储存地点以及管理人员的情况报安全生产监督管理部门或者港口行政管理部门备案的，分别由安全生产监督管理部门或者港口行政管理部门依照前款规定予以处罚。

生产实施重点环境管理的危险化学品的企业或者使用实施重点环境管理的危险化学品从事生产的企业未按照规定将相关信息向环境保护主管部门报告的,由环境保护主管部门依照本条第一款的规定予以处罚。

第八十二条　生产、储存、使用危险化学品的单位转产、停产、停业或者解散,未采取有效措施及时、妥善处置其危险化学品生产装置、储存设施以及库存的危险化学品,或者丢弃危险化学品的,由安全生产监督管理部门责令改正,处5万元以上10万元以下的罚款;构成犯罪的,依法追究刑事责任。

生产、储存、使用危险化学品的单位转产、停产、停业或者解散,未依照本条例规定将其危险化学品生产装置、储存设施以及库存危险化学品的处置方案报有关部门备案的,分别由有关部门责令改正,可以处1万元以下的罚款;拒不改正的,处1万元以上5万元以下的罚款。

第八十三条　危险化学品经营企业向未经许可违法从事危险化学品生产、经营活动的企业采购危险化学品的,由工商行政管理部门责令改正,处10万元以上20万元以下的罚款;拒不改正的,责令停业整顿直至由原发证机关吊销其危险化学品经营许可证,并由工商行政管理部门责令其办理经营范围变更登记或者吊销其营业执照。

第八十四条　危险化学品生产企业、经营企业有下列情形之一的,由安全生产监督管理部门责令改正,没收违法所得,并处10万元以上20万元以下的罚款;拒不改正的,责令停产停业整顿直至吊销其危险化学品安全生产许可证、危险化学品经营许可证,并由工商行政管理部门责令其办理经营范围变更登记或者吊销其营业执照:

(一)向不具有本条例第三十八条第一款、第二款规定的相关许可证件或者证明文件的单位销售剧毒化学品、易制爆危险化学品的;

(二)不按照剧毒化学品购买许可证载明的品种、数量销售剧毒化学品的;

(三)向个人销售剧毒化学品(属于剧毒化学品的农药除外)、易制爆危险化学品的。

不具有本条例第三十八条第一款、第二款规定的相关许可证件或者证明文件的单位购买剧毒化学品、易制爆危险化学品,或者个人购买剧毒化学品(属于剧毒化学品的农药除外)、易制爆危险化学品的,由公安机关没收所购买的剧毒化学品、易制爆危险化学品,可以并处5000元以下的罚款。

使用剧毒化学品、易制爆危险化学品的单位出借或者向不具有本条例第三十八条第一款、第二款规定的相关许可证件的单位转让其购买的剧毒化学品、易制爆危险化学品,或者向个人转让其购买的剧毒化学品(属于剧毒化学品的农药除外)、易制爆危险化学品的,由公安机关责令改正,处10万元以上20万元以下的罚款;拒不改正,责令停产停业整顿。

第八十五条　未依法取得危险货物道路运输许可、危险货物水路运输许可,从事危险化学品道路运输、水路运输的,分别依照有关道路运输、水路运输的法律、行政法规的规定处罚。

第八十六条　有下列情形之一的,由交通运输主管部门责令改正,处5万元以上10万元以下的罚款;拒不改正的,责令停产停业整顿;构成犯罪的,依法追究刑事责任:

(一)危险化学品道路运输企业、水路运输企业的驾驶人员、船员、装卸管理人员、押运人员、申报人员、集装箱装箱现场检查员未取得从业资格上岗作业的;

(二)运输危险化学品,未根据危险化学品的危险特性采取相应的安全防护措施,或者未配备必要的防护用品和应急救援器材的;

(三)使用未依法取得危险货物适装证书的船舶,通过内河运输危险化学品的;

(四)通过内河运输危险化学品的承运人违反国务院交通运输主管部门对单船运输的危险化学品数量的限制性规定运输危险化学品的;

(五)用于危险化学品运输作业的内河码头、泊位不符合国家有关安全规范,或者未与饮用水取水口保持国家规定的安全距离,或者未经交通运输主管部门验收合格投入使用的;

(六)托运人不向承运人说明所托运的危险化学品的种类、数量、危险特性以及发生危险情况的应急处置措施,或者未按照国家有关规定对所托运的危险化学品妥善包装并在外包装上设置相应标志的;

(七)运输危险化学品需要添加抑制剂或者稳定剂,托运人未添加或者未将有关情况告知承运人的。

第八十七条　有下列情形之一的,由交通运输主管部门责令改正,处10万元以上20万元以下的罚款,有违法所得的,没收违法所得;拒不改正的,责令停产停业整顿;构成犯罪的,依法追究刑事责任:

(一)委托未依法取得危险货物道路运输许可、危险货物水路运输许可的企业承运危险化学品的;

(二)通过内河封闭水域运输剧毒化学品以及国家规定禁止通过内河运输的其他危险化学品的;

(三)通过内河运输国家规定禁止通过内河运输的剧毒化学品以及其他危险化学品的;

(四)在托运的普通货物中夹带危险化学品,或者将危险化学品谎报或者匿报为普通货物托运的。

在邮件、快件内夹带危险化学品,或者将危险化学品谎报为普通物品交寄的,依法给予治安管理处罚;构成犯罪的,依法追究刑事责任。

邮政企业、快递企业收寄危险化学品的,依照《中华人民共和国邮政法》的规定处罚。

第八十八条　有下列情形之一的,由公安机关责令改正,处5万元以上10万元以下的罚款;构成违反治安管理行为的,依法给予治安管理处罚;构成犯罪的,依法追究刑事责任:

(一)超过运输车辆的核定载质量装载危险化学品的;

(二)使用安全技术条件不符合国家标准要求的车辆运输危险化学品的;

(三)运输危险化学品的车辆未经公安机关批准进入危险化学品运输车辆限制通行的区域的;

(四)未取得剧毒化学品道路运输通行证,通过道路运输剧毒化学品的。

第八十九条　有下列情形之一的,由公安机关责令改正,处1万元以上5万元以下的罚款;构成违反治安管理行为的,依法给予治安管理处罚:

(一)危险化学品运输车辆未悬挂或者喷涂警示标志,或者悬挂或者喷涂的警示标志不符合国家标准要求的;

(二)通过道路运输危险化学品,不配备押运人员的;

(三)运输剧毒化学品或者易制爆危险化学品途中需要较长时间停车,驾驶人员、押运人员不向当地公安机关报告的;

(四)剧毒化学品、易制爆危险化学品在道路运输途中丢失、被盗、被抢或者发生流散、泄露等情况,驾驶人员、押运人员不采取必要的警示措施和安全措施,或者不向当地公安机关报告的。

第九十条　对发生交通事故负有全部责任或者主要责任的危险化学品道路运输企业,由公安机关责令消除安全隐患,未消除安全隐患的危险化学品运输车辆,禁止上道路行驶。

第九十一条　有下列情形之一的,由交通运输主管部门责令改正,可以处1万元以下的罚款;拒不改正的,处1万元以上5万元以下的罚款:

(一)危险化学品道路运输企业、水路运输企业未配备专职安全管理人员的;

(二)用于危险化学品运输作业的内河码头、泊位的管理单位未制定码头、泊位危险化学品事故应急救援预案,或者未为码头、泊位配备充足、有效的应急救援器材和设备的。

第九十二条　有下列情形之一的,依照《中华人民共和国内河交通安全管理条例》的规定处罚:

(一)通过内河运输危险化学品的水路运输企业未制定运输船舶危险化学品事故应急救援预案,或者未为运输船舶配备充足、有效的应急救援器材和设备的;

(二)通过内河运输危险化学品的船舶的所有人或者经营人未取得船舶污染损害责任保险证书或者财务担保证明的;

(三)船舶载运危险化学品进出内河港口,未将有关事项事先报告海事管理机构并经其同意的;

(四)载运危险化学品的船舶在内河航行、装卸或者停泊,未悬挂专用的警示标志,或者未按照规定显示专用信号,或者未按照规定申请引航的。

未向港口行政管理部门报告并经其同意,在港口内进行危险化学品的装卸、过驳作业的,依照《中华人民共和国港口法》的规定处罚。

第九十三条　伪造、变造或者出租、出借、转让危险化学品安全生产许可证、工业产品生产许可证,或者使用伪造、变造的危险化学品安全生产许可证、工业产品生产许可证的,分别依照《安全生产许可证条例》、《中华人民共和国工业产品生产许可证管理条例》的规定处罚。

伪造、变造或者出租、出借、转让本条例规定的其他许可证,或者使用伪造、变造的本条例规定的其他许可证的,分别由相关许可证的颁发管理机关处10万元以上20万元以下的罚款,有违法所得的,没收违法所得;构成违反治安管理行为的,依法给予治安管理处罚;构成犯罪的,依法追究刑事责任。

第九十四条　危险化学品单位发生危险化学品事故,其主要负责人不立即组织救援或者不立即向有关部门报告的,依照《生产安全事故报告和调查处理条例》的规定处罚。

危险化学品单位发生危险化学品事故,造成他人人身伤害或者财产损失的,依法承担赔偿责任。

第九十五条　发生危险化学品事故,有关地方人民政府及其有关部门不立即组织实施救援,或者不采取必要的应急处置措施减少事故损失,防止事故蔓延、扩大的,对直接负责的主管人员和其他直接责任人员依法给予处分;构成犯罪的,依法追究刑事责任。

第九十六条 负有危险化学品安全监督管理职责的部门的工作人员,在危险化学品安全监督管理工作中滥用职权、玩忽职守、徇私舞弊,构成犯罪的,依法追究刑事责任;尚不构成犯罪的,依法给予处分。

第八章 附 则

第九十七条 监控化学品、属于危险化学品的药品和农药的安全管理,依照本条例的规定执行;法律、行政法规另有规定的,依照其规定。

民用爆炸物品、烟花爆竹、放射性物品、核能物质以及用于国防科研生产的危险化学品的安全管理,不适用本条例。

法律、行政法规对燃气的安全管理另有规定的,依照其规定。

危险化学品容器属于特种设备的,其安全管理依照有关特种设备安全的法律、行政法规的规定执行。

第九十八条 危险化学品的进出口管理,依照有关对外贸易的法律、行政法规、规章的规定执行;进口的危险化学品的储存、使用、经营、运输的安全管理,依照本条例的规定执行。

危险化学品环境管理登记和新化学物质环境管理登记,依照有关环境保护的法律、行政法规、规章的规定执行。危险化学品环境管理登记,按照国家有关规定收取费用。

第九十九条 公众发现、捡拾的无主危险化学品,由公安机关接收。公安机关接收或者有关部门依法没收的危险化学品,需要进行无害化处理的,交由环境保护主管部门组织其认定的专业单位进行处理,或者交由有关危险化学品生产企业进行处理。处理所需费用由国家财政负担。

第一百条 化学品的危险特性尚未确定的,由国务院安全生产监督管理部门、国务院环境保护主管部门、国务院卫生主管部门分别负责组织对该化学品的物理危险性、环境危害性、毒理特性进行鉴定。根据鉴定结果,需要调整危险化学品目录的,依照本条例第三条第二款的规定办理。

第一百零一条 本条例施行前已经使用危险化学品从事生产的化工企业,依照本条例规定需要取得危险化学品安全使用许可证的,应当在国务院安全生产监督管理部门规定的期限内,申请取得危险化学品安全使用许可证。

第一百零二条 本条例自2011年12月1日起施行。

农药管理条例

· 1997年5月8日中华人民共和国国务院令第216号发布
· 根据2001年11月29日《国务院关于修改〈农药管理条例〉的决定》第一次修订
· 2017年2月8日国务院第164次常务会议修订通过
· 根据2022年3月29日《国务院关于修改和废止部分行政法规的决定》第二次修订

第一章 总 则

第一条 为了加强农药管理,保证农药质量,保障农产品质量安全和人畜安全,保护农业、林业生产和生态环境,制定本条例。

第二条 本条例所称农药,是指用于预防、控制危害农业、林业的病、虫、草、鼠和其他有害生物以及有目的地调节植物、昆虫生长的化学合成或者来源于生物、其他天然物质的一种物质或者几种物质的混合物及其制剂。

前款规定的农药包括用于不同目的、场所的下列各类:

(一)预防、控制危害农业、林业的病、虫(包括昆虫、蜱、螨)、草、鼠、软体动物和其他有害生物;

(二)预防、控制仓储以及加工场所的病、虫、鼠和其他有害生物;

(三)调节植物、昆虫生长;

(四)农业、林业产品防腐或者保鲜;

(五)预防、控制蚊、蝇、蜚蠊、鼠和其他有害生物;

(六)预防、控制危害河流堤坝、铁路、码头、机场、建筑物和其他场所的有害生物。

第三条 国务院农业主管部门负责全国的农药监督管理工作。

县级以上地方人民政府农业主管部门负责本行政区域的农药监督管理工作。

县级以上人民政府其他有关部门在各自职责范围内负责有关的农药监督管理工作。

第四条 县级以上地方人民政府应当加强对农药监督管理工作的组织领导,将农药监督管理经费列入本级政府预算,保障农药监督管理工作的开展。

第五条 农药生产企业、农药经营者应当对其生产、经营的农药的安全性、有效性负责,自觉接受政府监管和社会监督。

农药生产企业、农药经营者应当加强行业自律,规范生产、经营行为。

第六条 国家鼓励和支持研制、生产、使用安全、高效、经济的农药,推进农药专业化使用,促进农药产业升级。

对在农药研制、推广和监督管理等工作中作出突出贡献的单位和个人,按照国家有关规定予以表彰或者奖励。

第二章 农药登记

第七条 国家实行农药登记制度。农药生产企业、向中国出口农药的企业应当依照本条例的规定申请农药登记,新农药研制者可以依照本条例的规定申请农药登记。

国务院农业主管部门所属的负责农药检定工作的机构负责农药登记具体工作。省、自治区、直辖市人民政府农业主管部门所属的负责农药检定工作的机构协助做好本行政区域的农药登记具体工作。

第八条 国务院农业主管部门组织成立农药登记评审委员会,负责农药登记评审。

农药登记评审委员会由下列人员组成:

(一)国务院农业、林业、卫生、环境保护、粮食、工业行业管理、安全生产监督管理等有关部门和供销合作总社等单位推荐的农药产品化学、药效、毒理、残留、环境、质量标准和检测等方面的专家;

(二)国家食品安全风险评估专家委员会的有关专家;

(三)国务院农业、林业、卫生、环境保护、粮食、工业行业管理、安全生产监督管理等有关部门和供销合作总社等单位的代表。

农药登记评审规则由国务院农业主管部门制定。

第九条 申请农药登记的,应当进行登记试验。

农药的登记试验应当报所在地省、自治区、直辖市人民政府农业主管部门备案。

第十条 登记试验应当由国务院农业主管部门认定的登记试验单位按照国务院农业主管部门的规定进行。

与已取得中国农药登记的农药组成成分、使用范围和使用方法相同的农药,免予残留、环境试验,但已取得中国农药登记的农药依照本条例第十五条的规定在登记资料保护期内的,应当经农药登记证持有人授权同意。

登记试验单位应当对登记试验报告的真实性负责。

第十一条 登记试验结束后,申请人应当向所在地省、自治区、直辖市人民政府农业主管部门提出农药登记申请,并提交登记试验报告、标签样张和农药产品质量标准及其检验方法等申请资料;申请新农药登记的,还应当提供农药标准品。

省、自治区、直辖市人民政府农业主管部门应当自受理申请之日起20个工作日内提出初审意见,并报送国务院农业主管部门。

向中国出口农药的企业申请农药登记的,应当持本条第一款规定的资料、农药标准品以及在有关国家(地区)登记、使用的证明材料,向国务院农业主管部门提出申请。

第十二条 国务院农业主管部门受理申请或者收到省、自治区、直辖市人民政府农业主管部门报送的申请资料后,应当组织审查和登记评审,并自收到评审意见之日起20个工作日内作出审批决定,符合条件的,核发农药登记证;不符合条件的,书面通知申请人并说明理由。

第十三条 农药登记证应当载明农药名称、剂型、有效成分及其含量、毒性、使用范围、使用方法和剂量、登记证持有人、登记证号以及有效期等事项。

农药登记证有效期为5年。有效期届满,需要继续生产农药或者向中国出口农药的,农药登记证持有人应当在有效期届满90日前向国务院农业主管部门申请延续。

农药登记证载明事项发生变化的,农药登记证持有人应当按照国务院农业主管部门的规定申请变更农药登记证。

国务院农业主管部门应当及时公告农药登记证核发、延续、变更情况以及有关的农药产品质量标准号、残留限量规定、检验方法、经核准的标签等信息。

第十四条 新农药研制者可以转让其已取得登记的新农药的登记资料;农药生产企业可以向具有相应生产能力的农药生产企业转让其已取得登记的农药的登记资料。

第十五条 国家对取得首次登记的、含有新化合物的农药的申请人提交的其自己所取得且未披露的试验数据和其他数据实施保护。

自登记之日起6年内,对其他申请人未经已取得登记的申请人同意,使用前款规定的数据申请农药登记的,登记机关不予登记;但是,其他申请人提交其自己所取得的数据的除外。

除下列情况外,登记机关不得披露本条第一款规定的数据:

（一）公共利益需要；

（二）已采取措施确保该类信息不会被不正当地进行商业使用。

第三章　农药生产

第十六条　农药生产应当符合国家产业政策。国家鼓励和支持农药生产企业采用先进技术和先进管理规范，提高农药的安全性、有效性。

第十七条　国家实行农药生产许可制度。农药生产企业应当具备下列条件，并按照国务院农业主管部门的规定向省、自治区、直辖市人民政府农业主管部门申请农药生产许可证：

（一）有与所申请生产农药相适应的技术人员；

（二）有与所申请生产农药相适应的厂房、设施；

（三）有对所申请生产农药进行质量管理和质量检验的人员、仪器和设备；

（四）有保证所申请生产农药质量的规章制度。

省、自治区、直辖市人民政府农业主管部门应当自受理申请之日起20个工作日内作出审批决定，必要时应当进行实地核查。符合条件的，核发农药生产许可证；不符合条件的，书面通知申请人并说明理由。

安全生产、环境保护等法律、行政法规对企业生产条件有其他规定的，农药生产企业还应当遵守其规定。

第十八条　农药生产许可证应当载明农药生产企业名称、住所、法定代表人（负责人）、生产范围、生产地址以及有效期等事项。

农药生产许可证有效期为5年。有效期届满，需要继续生产农药的，农药生产企业应当在有效期届满90日前向省、自治区、直辖市人民政府农业主管部门申请延续。

农药生产许可证载明事项发生变化的，农药生产企业应当按照国务院农业主管部门的规定申请变更农药生产许可证。

第十九条　委托加工、分装农药的，委托人应当取得相应的农药登记证，受托人应当取得农药生产许可证。

委托人应当对委托加工、分装的农药质量负责。

第二十条　农药生产企业采购原材料，应当查验产品质量检验合格证和有关许可证明文件，不得采购、使用未依法附具产品质量检验合格证、未依法取得有关许可证明文件的原材料。

农药生产企业应当建立原材料进货记录制度，如实记录原材料的名称、有关许可证明文件编号、规格、数量、供货人名称及其联系方式、进货日期等内容。原材料进货记录应当保存2年以上。

第二十一条　农药生产企业应当严格按照产品质量标准进行生产，确保农药产品与登记农药一致。农药出厂销售，应当经质量检验合格并附具产品质量检验合格证。

农药生产企业应当建立农药出厂销售记录制度，如实记录农药的名称、规格、数量、生产日期和批号、产品质量检验信息、购货人名称及其联系方式、销售日期等内容。农药出厂销售记录应当保存2年以上。

第二十二条　农药包装应当符合国家有关规定，并印制或者贴有标签。国家鼓励农药生产企业使用可回收的农药包装材料。

农药标签应当按照国务院农业主管部门的规定，以中文标注农药的名称、剂型、有效成分及其含量、毒性及其标识、使用范围、使用方法和剂量、使用技术要求和注意事项、生产日期、可追溯电子信息码等内容。

剧毒、高毒农药以及使用技术要求严格的其他农药等限制使用农药的标签还应当标注"限制使用"字样，并注明使用的特别限制和特殊要求。用于食用农产品的农药的标签还应当标注安全间隔期。

第二十三条　农药生产企业不得擅自改变经核准的农药的标签内容，不得在农药的标签中标注虚假、误导使用者的内容。

农药包装过小，标签不能标注全部内容的，应当同时附具说明书，说明书的内容应当与经核准的标签内容一致。

第四章　农药经营

第二十四条　国家实行农药经营许可制度，但经营卫生用农药的除外。农药经营者应当具备下列条件，并按照国务院农业主管部门的规定向县级以上地方人民政府农业主管部门申请农药经营许可证：

（一）有具备农药和病虫害防治专业知识，熟悉农药管理规定，能够指导安全合理使用农药的经营人员；

（二）有与其他商品以及饮用水水源、生活区域等有效隔离的营业场所和仓储场所，并配备与所申请经营农药相适应的防护设施；

（三）有与所申请经营农药相适应的质量管理、台账记录、安全防护、应急处置、仓储管理等制度。

经营限制使用农药的，还应当配备相应的用药指导和病虫害防治专业技术人员，并按照所在地省、自治区、直辖市人民政府农业主管部门的规定实行定点经营。

县级以上地方人民政府农业主管部门应当自受理申请之日起20个工作日内作出审批决定。符合条件的，核发农药经营许可证；不符合条件的，书面通知申请人并说明理由。

第二十五条　农药经营许可证应当载明农药经营者名称、住所、负责人、经营范围以及有效期等事项。

农药经营许可证有效期为5年。有效期届满，需要继续经营农药的，农药经营者应当在有效期届满90日前向发证机关申请延续。

农药经营许可证载明事项发生变化的，农药经营者应当按照国务院农业主管部门的规定申请变更农药经营许可证。

取得农药经营许可证的农药经营者设立分支机构的，应当依法申请变更农药经营许可证，并向分支机构所在地县级以上地方人民政府农业主管部门备案，其分支机构免予办理农药经营许可证。农药经营者应当对其分支机构的经营活动负责。

第二十六条　农药经营者采购农药应当查验产品包装、标签、产品质量检验合格证以及有关许可证明文件，不得向未取得农药生产许可证的农药生产企业或者未取得农药经营许可证的其他农药经营者采购农药。

农药经营者应当建立采购台账，如实记录农药的名称、有关许可证明文件编号、规格、数量、生产企业和供货人名称及其联系方式、进货日期等内容。采购台账应当保存2年以上。

第二十七条　农药经营者应当建立销售台账，如实记录销售农药的名称、规格、数量、生产企业、购买人、销售日期等内容。销售台账应当保存2年以上。

农药经营者应当向购买人询问病虫害发生情况并科学推荐农药，必要时应当实地查看病虫害发生情况，并正确说明农药的使用范围、使用方法和剂量、使用技术要求和注意事项，不得误导购买人。

经营卫生用农药的，不适用本条第一款、第二款的规定。

第二十八条　农药经营者不得加工、分装农药，不得在农药中添加任何物质，不得采购、销售包装和标签不符合规定，未附具产品质量检验合格证，未取得有关许可证明文件的农药。

经营卫生用农药的，应当将卫生用农药与其他商品分柜销售；经营其他农药的，不得在农药经营场所内经营食品、食用农产品、饲料等。

第二十九条　境外企业不得直接在中国销售农药。境外企业在中国销售农药的，应当依法在中国设立销售机构或者委托符合条件的中国代理机构销售。

向中国出口的农药应当附具中文标签、说明书，符合产品质量标准，并经出入境检验检疫部门依法检验合格。禁止进口未取得农药登记证的农药。

办理农药进出口海关申报手续，应当按照海关总署的规定出示相关证明文件。

第五章　农药使用

第三十条　县级以上人民政府农业主管部门应当加强农药使用指导、服务工作，建立健全农药安全、合理使用制度，并按照预防为主、综合防治的要求，组织推广农药科学使用技术，规范农药使用行为。林业、粮食、卫生等部门应当加强对林业、储粮、卫生用农药安全、合理使用的技术指导，环境保护主管部门应当加强对农药使用过程中环境保护和污染防治的技术指导。

第三十一条　县级人民政府农业主管部门应当组织植物保护、农业技术推广等机构向农药使用者提供免费技术培训，提高农药安全、合理使用水平。

国家鼓励农业科研单位、有关学校、农民专业合作社、供销合作社、农业社会化服务组织和专业人员为农药使用者提供技术服务。

第三十二条　国家通过推广生物防治、物理防治、先进施药器械等措施，逐步减少农药使用量。

县级人民政府应当制定并组织实施本行政区域的农药减量计划；对实施农药减量计划、自愿减少农药使用量的农药使用者，给予鼓励和扶持。

县级人民政府农业主管部门应当鼓励和扶持设立专业化病虫害防治服务组织，并对专业化病虫害防治和限制使用农药的配药、用药进行指导、规范和管理，提高病虫害防治水平。

县级人民政府农业主管部门应当指导农药使用者有计划地轮换使用农药，减缓危害农业、林业的病、虫、草、鼠和其他有害生物的抗药性。

乡、镇人民政府应当协助开展农药使用指导、服务工作。

第三十三条　农药使用者应当遵守国家有关农药安全、合理使用制度，妥善保管农药，并在配药、用药过程中采取必要的防护措施，避免发生农药使用事故。

限制使用农药的经营者应当为农药使用者提供用药指导，并逐步提供统一用药服务。

第三十四条　农药使用者应当严格按照农药的标签标注的使用范围、使用方法和剂量、使用技术要求和注意事项使用农药，不得扩大使用范围、加大用药剂量或者改变使用方法。

农药使用者不得使用禁用的农药。

标签标注安全间隔期的农药,在农产品收获前应当按照安全间隔期的要求停止使用。

剧毒、高毒农药不得用于防治卫生害虫,不得用于蔬菜、瓜果、茶叶、菌类、中草药材的生产,不得用于水生植物的病虫害防治。

第三十五条 农药使用者应当保护环境,保护有益生物和珍稀物种,不得在饮用水水源保护区、河道内丢弃农药、农药包装物或者清洗施药器械。

严禁在饮用水水源保护区内使用农药,严禁使用农药毒鱼、虾、鸟、兽等。

第三十六条 农产品生产企业、食品和食用农产品仓储企业、专业化病虫害防治服务组织和从事农产品生产的农民专业合作社等应当建立农药使用记录,如实记录使用农药的时间、地点、对象以及农药名称、用量、生产企业等。农药使用记录应当保存2年以上。

国家鼓励其他农药使用者建立农药使用记录。

第三十七条 国家鼓励农药使用者妥善收集农药包装物等废弃物;农药生产企业、农药经营者应当回收农药废弃物,防止农药污染环境和农药中毒事故的发生。具体办法由国务院环境保护主管部门会同国务院农业主管部门、国务院财政部门等部门制定。

第三十八条 发生农药使用事故,农药使用者、农药生产企业、农药经营者和其他有关人员应当及时报告当地农业主管部门。

接到报告的农业主管部门应当立即采取措施,防止事故扩大,同时通知有关部门采取相应措施。造成农药中毒事故的,由农业主管部门和公安机关依照职责权限组织调查处理,卫生主管部门应当按照国家有关规定立即对受到伤害的人员组织医疗救治;造成环境污染事故的,由环境保护等有关部门依法组织调查处理;造成储粮药剂使用事故和农作物药害事故的,分别由粮食、农业等部门组织技术鉴定和调查处理。

第三十九条 因防治突发重大病虫害等紧急需要,国务院农业主管部门可以决定临时生产、使用规定数量的未取得登记或者禁用、限制使用的农药,必要时应当会同国务院对外贸易主管部门决定临时限制出口或者临时进口规定数量、品种的农药。

前款规定的农药,应当在使用地县级人民政府农业主管部门的监督和指导下使用。

第六章 监督管理

第四十条 县级以上人民政府农业主管部门应当定期调查统计农药生产、销售、使用情况,并及时通报本级人民政府有关部门。

县级以上地方人民政府农业主管部门应当建立农药生产、经营诚信档案并予以公布;发现违法生产、经营农药的行为涉嫌犯罪的,应当依法移送公安机关查处。

第四十一条 县级以上人民政府农业主管部门履行农药监督管理职责,可以依法采取下列措施:

(一)进入农药生产、经营、使用场所实施现场检查;

(二)对生产、经营、使用的农药实施抽查检测;

(三)向有关人员调查了解有关情况;

(四)查阅、复制合同、票据、账簿以及其他有关资料;

(五)查封、扣押违法生产、经营、使用的农药,以及用于违法生产、经营、使用农药的工具、设备、原材料等;

(六)查封违法生产、经营、使用农药的场所。

第四十二条 国家建立农药召回制度。农药生产企业发现其生产的农药对农业、林业、人畜安全、农产品质量安全、生态环境等有严重危害或者较大风险的,应当立即停止生产,通知有关经营者和使用者,向所在地农业主管部门报告,主动召回产品,并记录通知和召回情况。

农药经营者发现其经营的农药有前款规定的情形的,应当立即停止销售,通知有关生产企业、供货人和购买人,向所在地农业主管部门报告,并记录停止销售和通知情况。

农药使用者发现其使用的农药有本条第一款规定的情形的,应当立即停止使用,通知经营者,并向所在地农业主管部门报告。

第四十三条 国务院农业主管部门和省、自治区、直辖市人民政府农业主管部门应当组织负责农药检定工作的机构、植物保护机构对已登记农药的安全性和有效性进行监测。

发现已登记农药对农业、林业、人畜安全、农产品质量安全、生态环境等有严重危害或者较大风险的,国务院农业主管部门应当组织农药登记评审委员会进行评审,根据评审结果撤销、变更相应的农药登记证,必要时应当决定禁用或者限制使用并予以公告。

第四十四条 有下列情形之一的,认定为假农药:

(一)以非农药冒充农药;

(二)以此种农药冒充他种农药;

(三)农药所含有效成分种类与农药的标签、说明书标注的有效成分不符。

禁用的农药,未依法取得农药登记证而生产、进口的农药,以及未附具标签的农药,按照假农药处理。

第四十五条 有下列情形之一的,认定为劣质农药:
(一)不符合农药产品质量标准;
(二)混有导致药害等有害成分。
超过农药质量保证期的农药,按照劣质农药处理。

第四十六条 假农药、劣质农药和回收的农药废弃物等应当交由具有危险废物经营资质的单位集中处置,处置费用由相应的农药生产企业、农药经营者承担;农药生产企业、农药经营者不明确的,处置费用由所在地县级人民政府财政列支。

第四十七条 禁止伪造、变造、转让、出租、出借农药登记证、农药生产许可证、农药经营许可证等许可证明文件。

第四十八条 县级以上人民政府农业主管部门及其工作人员和负责农药检定工作的机构及其工作人员,不得参与农药生产、经营活动。

第七章 法律责任

第四十九条 县级以上人民政府农业主管部门及其工作人员有下列行为之一的,由本级人民政府责令改正;对负有责任的领导人员和直接责任人员,依法给予处分;负有责任的领导人员和直接责任人员构成犯罪的,依法追究刑事责任:
(一)不履行监督管理职责,所辖行政区域的违法农药生产、经营活动造成重大损失或者恶劣社会影响;
(二)对不符合条件的申请人准予许可或者对符合条件的申请人拒不准予许可;
(三)参与农药生产、经营活动;
(四)有其他徇私舞弊、滥用职权、玩忽职守行为。

第五十条 农药登记评审委员会组成人员在农药登记评审中谋取不正当利益的,由国务院农业主管部门从农药登记评审委员会除名;属于国家工作人员的,依法给予处分;构成犯罪的,依法追究刑事责任。

第五十一条 登记试验单位出具虚假登记试验报告的,由省、自治区、直辖市人民政府农业主管部门没收违法所得,并处5万元以上10万元以下罚款;由国务院农业主管部门从登记试验单位中除名,5年内不再受理其登记试验单位认定申请;构成犯罪的,依法追究刑事责任。

第五十二条 未取得农药生产许可证生产农药或者生产假农药的,由县级以上地方人民政府农业主管部门责令停止生产,没收违法所得、违法生产的产品和用于违法生产的工具、设备、原材料等,违法生产的产品货值金额不足1万元的,并处5万元以上10万元以下罚款,货值金额1万元以上的,并处货值金额10倍以上20倍以下罚款,由发证机关吊销农药生产许可证和相应的农药登记证;构成犯罪的,依法追究刑事责任。

取得农药生产许可证的农药生产企业不再符合规定条件继续生产农药的,由县级以上地方人民政府农业主管部门责令限期整改;逾期拒不整改或者整改后仍不符合规定条件的,由发证机关吊销农药生产许可证。

农药生产企业生产劣质农药的,由县级以上地方人民政府农业主管部门责令停止生产,没收违法所得、违法生产的产品和用于违法生产的工具、设备、原材料等,违法生产的产品货值金额不足1万元的,并处1万元以上5万元以下罚款,货值金额1万元以上的,并处货值金额5倍以上10倍以下罚款;情节严重的,由发证机关吊销农药生产许可证和相应的农药登记证;构成犯罪的,依法追究刑事责任。

委托未取得农药生产许可证的受托人加工、分装农药,或者委托加工、分装假农药、劣质农药的,对委托人和受托人均依照本条第一款、第三款的规定处罚。

第五十三条 农药生产企业有下列行为之一的,由县级以上地方人民政府农业主管部门责令改正,没收违法所得、违法生产的产品和用于违法生产的原材料等,违法生产的产品货值金额不足1万元的,并处1万元以上2万元以下罚款,货值金额1万元以上的,并处货值金额2倍以上5倍以下罚款;拒不改正或者情节严重的,由发证机关吊销农药生产许可证和相应的农药登记证:
(一)采购、使用未依法附具产品质量检验合格证、未依法取得有关许可证明文件的原材料;
(二)出厂销售未经质量检验合格并附具产品质量检验合格证的农药;
(三)生产的农药包装、标签、说明书不符合规定;
(四)不召回依法应当召回的农药。

第五十四条 农药生产企业不执行原材料进货、农药出厂销售记录制度,或者不履行农药废弃物回收义务的,由县级以上地方人民政府农业主管部门责令改正,处1万元以上5万元以下罚款;拒不改正或者情节严重的,由发证机关吊销农药生产许可证和相应的农药登记证。

第五十五条 农药经营者有下列行为之一的,由县级以上地方人民政府农业主管部门责令停止经营,没收违法所得、违法经营的农药和用于违法经营的工具、设备等,违法经营的农药货值金额不足1万元的,并处5000元以上5万元以下罚款,货值金额1万元以上的,并处货值金额5倍以上10倍以下罚款;构成犯罪的,依法追究刑事责任：

（一）违反本条例规定，未取得农药经营许可证经营农药；

（二）经营假农药；

（三）在农药中添加物质。

有前款第二项、第三项规定的行为，情节严重的，还应当由发证机关吊销农药经营许可证。

取得农药经营许可证的农药经营者不再符合规定条件继续经营农药的，由县级以上地方人民政府农业主管部门责令限期整改；逾期拒不整改或者整改后仍不符合规定条件的，由发证机关吊销农药经营许可证。

第五十六条　农药经营者经营劣质农药的，由县级以上地方人民政府农业主管部门责令停止经营，没收违法所得、违法经营的农药和用于违法经营的工具、设备等，违法经营的农药货值金额不足1万元的，并处2000元以上2万元以下罚款，货值金额1万元以上的，并处货值金额2倍以上5倍以下罚款；情节严重的，由发证机关吊销农药经营许可证；构成犯罪的，依法追究刑事责任。

第五十七条　农药经营者有下列行为之一的，由县级以上地方人民政府农业主管部门责令改正，没收违法所得和违法经营的农药，并处5000元以上5万元以下罚款；拒不改正或者情节严重的，由发证机关吊销农药经营许可证：

（一）设立分支机构未依法变更农药经营许可证，或者未向分支机构所在地县级以上地方人民政府农业主管部门备案；

（二）向未取得农药生产许可证的农药生产企业或者未取得农药经营许可证的其他农药经营者采购农药；

（三）采购、销售未附具产品质量检验合格证或者包装、标签不符合规定的农药；

（四）不停止销售依法应当召回的农药。

第五十八条　农药经营者有下列行为之一的，由县级以上地方人民政府农业主管部门责令改正；拒不改正或者情节严重的，处2000元以上2万元以下罚款，并由发证机关吊销农药经营许可证：

（一）不执行农药采购台账、销售台账制度；

（二）在卫生用农药以外的农药经营场所内经营食品、食用农产品、饲料等；

（三）未将卫生用农药与其他商品分柜销售；

（四）不履行农药废弃物回收义务。

第五十九条　境外企业直接在中国销售农药的，由县级以上地方人民政府农业主管部门责令停止销售，没收违法所得、违法经营的农药和用于违法经营的工具、设备等，违法经营的农药货值金额不足5万元的，并处5万元以上50万元以下罚款，货值金额5万元以上的，并处货值金额10倍以上20倍以下罚款，由发证机关吊销农药登记证。

取得农药登记证的境外企业向中国出口劣质农药情节严重或者出口假农药的，由国务院农业主管部门吊销相应的农药登记证。

第六十条　农药使用者有下列行为之一的，由县级人民政府农业主管部门责令改正，农药使用者为农产品生产企业、食品和食用农产品仓储企业、专业化病虫害防治服务组织和从事农产品生产的农民专业合作社等单位的，处5万元以上10万元以下罚款，农药使用者为个人的，处1万元以下罚款；构成犯罪的，依法追究刑事责任：

（一）不按照农药的标签标注的使用范围、使用方法和剂量、使用技术要求和注意事项、安全间隔期使用农药；

（二）使用禁用的农药；

（三）将剧毒、高毒农药用于防治卫生害虫，用于蔬菜、瓜果、茶叶、菌类、中草药材生产或者用于水生植物的病虫害防治；

（四）在饮用水水源保护区内使用农药；

（五）使用农药毒鱼、虾、鸟、兽等；

（六）在饮用水水源保护区、河道内丢弃农药、农药包装物或者清洗施药器械。

有前款第二项规定的行为的，县级人民政府农业主管部门还应当没收禁用的农药。

第六十一条　农产品生产企业、食品和食用农产品仓储企业、专业化病虫害防治服务组织和从事农产品生产的农民专业合作社等不执行农药使用记录制度的，由县级人民政府农业主管部门责令改正；拒不改正或者情节严重的，处2000元以上2万元以下罚款。

第六十二条　伪造、变造、转让、出租、出借农药登记证、农药生产许可证、农药经营许可证等许可证明文件的，由发证机关收缴或者予以吊销，没收违法所得，并处1万元以上5万元以下罚款；构成犯罪的，依法追究刑事责任。

第六十三条　未取得农药生产许可证生产农药，未取得农药经营许可证经营农药，或者被吊销农药登记证、农药生产许可证、农药经营许可证的，其直接负责的主管人员10年内不得从事农药生产、经营活动。

农药生产企业、农药经营者招用前款规定的人员从事农药生产、经营活动的,由发证机关吊销农药生产许可证、农药经营许可证。

被吊销农药登记证的,国务院农业主管部门5年内不再受理其农药登记申请。

第六十四条 生产、经营的农药造成农药使用者人身、财产损害的,农药使用者可以向农药生产企业要求赔偿,也可以向农药经营者要求赔偿。属于农药生产企业责任的,农药经营者赔偿后有权向农药生产企业追偿;属于农药经营者责任的,农药生产企业赔偿后有权向农药经营者追偿。

第八章 附 则

第六十五条 申请农药登记的,申请人应当按照自愿有偿的原则,与登记试验单位协商确定登记试验费用。

第六十六条 本条例自2017年6月1日起施行。

放射性同位素与射线装置安全和防护条例

· 2005年9月14日中华人民共和国国务院令第449号公布
· 根据2014年7月29日《国务院关于修改部分行政法规的决定》第一次修订
· 根据2019年3月2日《国务院关于修改部分行政法规的决定》第二次修订

第一章 总 则

第一条 为了加强对放射性同位素、射线装置安全和防护的监督管理,促进放射性同位素、射线装置的安全应用,保障人体健康,保护环境,制定本条例。

第二条 在中华人民共和国境内生产、销售、使用放射性同位素和射线装置,以及转让、进出口放射性同位素的,应当遵守本条例。

本条例所称放射性同位素包括放射源和非密封放射性物质。

第三条 国务院生态环境主管部门对全国放射性同位素、射线装置的安全和防护工作实施统一监督管理。

国务院公安、卫生等部门按照职责分工和本条例的规定,对有关放射性同位素、射线装置的安全和防护工作实施监督管理。

县级以上地方人民政府生态环境主管部门和其他有关部门,按照职责分工和本条例的规定,对本行政区域内放射性同位素、射线装置的安全和防护工作实施监督管理。

第四条 国家对放射源和射线装置实行分类管理。根据放射源、射线装置对人体健康和环境的潜在危害程度,从高到低将放射源分为Ⅰ类、Ⅱ类、Ⅲ类、Ⅳ类、Ⅴ类,具体分类办法由国务院生态环境主管部门制定;将射线装置分为Ⅰ类、Ⅱ类、Ⅲ类,具体分类办法由国务院生态环境主管部门商国务院卫生主管部门制定。

第二章 许可和备案

第五条 生产、销售、使用放射性同位素和射线装置的单位,应当依照本章规定取得许可证。

第六条 除医疗使用Ⅰ类放射源、制备正电子发射计算机断层扫描用放射性药物自用的单位外,生产放射性同位素、销售和使用Ⅰ类放射源、销售和使用Ⅰ类射线装置的单位的许可证,由国务院生态环境主管部门审批颁发。

除国务院生态环境主管部门审批颁发的许可证外,其他单位的许可证,由省、自治区、直辖市人民政府生态环境主管部门审批颁发。

国务院生态环境主管部门向生产放射性同位素的单位颁发许可证前,应当将申请材料印送其行业主管部门征求意见。

生态环境主管部门应当将审批颁发许可证的情况通报同级公安部门、卫生主管部门。

第七条 生产、销售、使用放射性同位素和射线装置的单位申请领取许可证,应当具备下列条件:

(一)有与所从事的生产、销售、使用活动规模相适应的,具备相应专业知识和防护知识及健康条件的专业技术人员;

(二)有符合国家环境保护标准、职业卫生标准和安全防护要求的场所、设施和设备;

(三)有专门的安全和防护管理机构或者专职、兼职安全和防护管理人员,并配备必要的防护用品和监测仪器;

(四)有健全的安全和防护管理规章制度、辐射事故应急措施;

(五)产生放射性废气、废液、固体废物的,具有确保放射性废气、废液、固体废物达标排放的处理能力或者可行的处理方案。

第八条 生产、销售、使用放射性同位素和射线装置的单位,应当事先向有审批权的生态环境主管部门提出许可申请,并提交符合本条例第七条规定条件的证明材料。

使用放射性同位素和射线装置进行放射诊疗的医疗卫生机构,还应当获得放射源诊疗技术和医用辐射机构许可。

第九条 生态环境主管部门应当自受理申请之日起

20个工作日内完成审查,符合条件的,颁发许可证,并予以公告;不符合条件的,书面通知申请单位并说明理由。

第十条 许可证包括下列主要内容:

(一)单位的名称、地址、法定代表人;

(二)所从事活动的种类和范围;

(三)有效期限;

(四)发证日期和证书编号。

第十一条 持证单位变更单位名称、地址、法定代表人的,应当自变更登记之日起 20 日内,向原发证机关申请办理许可证变更手续。

第十二条 有下列情形之一的,持证单位应当按照原申请程序,重新申请领取许可证:

(一)改变所从事活动的种类或者范围的;

(二)新建或者改建、扩建生产、销售、使用设施或者场所的。

第十三条 许可证有效期为 5 年。有效期届满,需要延续的,持证单位应当于许可证有效期届满 30 日前,向原发证机关提出延续申请。原发证机关应当自受理延续申请之日起,在许可证有效期届满前完成审查,符合条件的,予以延续;不符合条件的,书面通知申请单位并说明理由。

第十四条 持证单位部分终止或者全部终止生产、销售、使用放射性同位素和射线装置活动的,应当向原发证机关提出部分变更或者注销许可证申请,由原发证机关核查合格后,予以变更或者注销许可证。

第十五条 禁止无许可证或者不按照许可证规定的种类和范围从事放射性同位素和射线装置的生产、销售、使用活动。

禁止伪造、变造、转让许可证。

第十六条 国务院对外贸易主管部门会同国务院生态环境主管部门、海关总署和生产放射性同位素的单位的行业主管部门制定并公布限制进出口放射性同位素目录和禁止进出口放射性同位素目录。

进口列入限制进出口目录的放射性同位素,应当在国务院生态环境主管部门审查批准后,由国务院对外贸易主管部门依据国家对外贸易的有关规定签发进口许可证。进口限制进出口目录和禁止进出口目录之外的放射性同位素,依据国家对外贸易的有关规定办理进口手续。

第十七条 申请进口列入限制进出口目录的放射性同位素,应当符合下列要求:

(一)进口单位已经取得与所从事活动相符的许可证;

(二)进口单位具有进口放射性同位素使用期满后的处理方案,其中,进口Ⅰ类、Ⅱ类、Ⅲ类放射源的,应当具有原出口方负责回收的承诺文件;

(三)进口的放射源应当有明确标号和必要说明文件,其中,Ⅰ类、Ⅱ类、Ⅲ类放射源的标号应当刻制在放射源本体或者密封包壳体上,Ⅳ类、Ⅴ类放射源的标号应当记录在相应说明文件中;

(四)将进口的放射性同位素销售给其他单位使用的,还应当具有与使用单位签订的书面协议以及使用单位取得的许可证复印件。

第十八条 进口列入限制进出口目录的放射性同位素的单位,应当向国务院生态环境主管部门提出进口申请,并提交符合本条例第十七条规定要求的证明材料。

国务院生态环境主管部门应当自受理申请之日起 10 个工作日内完成审查,符合条件的,予以批准;不符合条件的,书面通知申请单位并说明理由。

海关验凭放射性同位素进口许可证办理有关进口手续。进口放射性同位素的包装材料依法需要实施检疫的,依照国家有关检疫法律、法规的规定执行。

对进口的放射源,国务院生态环境主管部门还应当同时确定与其标号相对应的放射源编码。

第十九条 申请转让放射性同位素,应当符合下列要求:

(一)转出、转入单位持有与所从事活动相符的许可证;

(二)转入单位具有放射性同位素使用期满后的处理方案;

(三)转让双方已经签订书面转让协议。

第二十条 转让放射性同位素,由转入单位向其所在地省、自治区、直辖市人民政府生态环境主管部门提出申请,并提交符合本条例第十九条规定要求的证明材料。

省、自治区、直辖市人民政府生态环境主管部门应当自受理申请之日起 15 个工作日内完成审查,符合条件的,予以批准;不符合条件的,书面通知申请单位并说明理由。

第二十一条 放射性同位素的转出、转入单位应当在转让活动完成之日起 20 日内,分别向其所在地省、自治区、直辖市人民政府生态环境主管部门备案。

第二十二条 生产放射性同位素的单位,应当建立放射性同位素产品台账,并按照国务院生态环境主管部门制定的编码规则,对生产的放射源统一编码。放射性同位素产品台账和放射源编码清单应当报国务院生态环境主管部门备案。

生产的放射源应当有明确标号和必要说明文件。其中，Ⅰ类、Ⅱ类、Ⅲ类放射源的标号应当刻制在放射源本体或者密封包壳体上，Ⅳ类、Ⅴ类放射源的标号应当记录在相应说明文件中。

国务院生态环境主管部门负责建立放射性同位素备案信息管理系统，与有关部门实行信息共享。

未列入产品台账的放射性同位素和未编码的放射源，不得出厂和销售。

第二十三条 持有放射源的单位将废旧放射源交回生产单位、返回原出口方或者送交放射性废物集中贮存单位贮存的，应当在该活动完成之日起20日内向其所在地省、自治区、直辖市人民政府生态环境主管部门备案。

第二十四条 本条例施行前生产和进口的放射性同位素，由放射性同位素持有单位在本条例施行之日起6个月内，到其所在地省、自治区、直辖市人民政府生态环境主管部门办理备案手续，省、自治区、直辖市人民政府生态环境主管部门应当对放射源进行统一编码。

第二十五条 使用放射性同位素的单位需要将放射性同位素转移到外省、自治区、直辖市使用的，应当持许可证复印件向使用地省、自治区、直辖市人民政府生态环境主管部门备案，并接受当地生态环境主管部门的监督管理。

第二十六条 出口列入限制进出口目录的放射性同位素，应当提供进口方可以合法持有放射性同位素的证明材料，并由国务院生态环境主管部门依照有关法律和我国缔结或者参加的国际条约、协定的规定，办理有关手续。

出口放射性同位素应当遵守国家对外贸易的有关规定。

第三章 安全和防护

第二十七条 生产、销售、使用放射性同位素和射线装置的单位，应当对本单位的放射性同位素、射线装置的安全和防护工作负责，并依法对其造成的放射性危害承担责任。

生产放射性同位素的单位的行业主管部门，应当加强对生产单位安全和防护工作的管理，并定期对其执行法律、法规和国家标准的情况进行监督检查。

第二十八条 生产、销售、使用放射性同位素和射线装置的单位，应当对直接从事生产、销售、使用活动的工作人员进行安全和防护知识教育培训，并进行考核；考核不合格的，不得上岗。

辐射安全关键岗位应当由注册核安全工程师担任。辐射安全关键岗位名录由国务院生态环境主管部门商国务院有关部门制定并公布。

第二十九条 生产、销售、使用放射性同位素和射线装置的单位，应当严格按照国家关于个人剂量监测和健康管理的规定，对直接从事生产、销售、使用活动的工作人员进行个人剂量监测和职业健康检查，建立个人剂量档案和职业健康监护档案。

第三十条 生产、销售、使用放射性同位素和射线装置的单位，应当对本单位的放射性同位素、射线装置的安全和防护状况进行年度评估。发现安全隐患的，应当立即进行整改。

第三十一条 生产、销售、使用放射性同位素和射线装置的单位需要终止的，应当事先对本单位的放射性同位素和放射性废物进行清理登记，作出妥善处理，不得留有安全隐患。生产、销售、使用放射性同位素和射线装置的单位发生变更的，由变更后的单位承担处理责任。变更前当事人对此另有约定的，从其约定；但是，约定中不得免除当事人的处理义务。

在本条例施行前已经终止的生产、销售、使用放射性同位素和射线装置的单位，其未安全处理的废旧放射源和放射性废物，由所在地省、自治区、直辖市人民政府生态环境主管部门提出处理方案，及时进行处理。所需经费由省级以上人民政府承担。

第三十二条 生产、进口放射源的单位销售Ⅰ类、Ⅱ类、Ⅲ类放射源给其他单位使用的，应当与使用放射源的单位签订废旧放射源返回协议；使用放射源的单位应当按照废旧放射源返回协议规定将废旧放射源交回生产单位或者返回原出口方。确实无法交回生产单位或者返回原出口方的，送交有相应资质的放射性废物集中贮存单位贮存。

使用放射源的单位应当按照国务院生态环境主管部门的规定，将Ⅳ类、Ⅴ类废旧放射源进行包装整备后送交有相应资质的放射性废物集中贮存单位贮存。

第三十三条 使用Ⅰ类、Ⅱ类、Ⅲ类放射源的场所和生产放射性同位素的场所，以及终结运行后产生放射性污染的射线装置，应当依法实施退役。

第三十四条 生产、销售、使用、贮存放射性同位素和射线装置的场所，应当按照国家有关规定设置明显的放射性标志，其入口处应当按照国家有关安全和防护标准的要求，设置安全和防护设施以及必要的防护安全联锁、报警装置或者工作信号。射线装置的生产调试和使用场所,应当具有防止误操作、防止工作人员和公众受到意外照射的安全措施。

放射性同位素的包装容器、含放射性同位素的设备和射线装置,应当设置明显的放射性标识和中文警示说明;放射源上能够设置放射性标识的,应当一并设置。运输放射性同位素和含放射源的射线装置的工具,应当按照国家有关规定设置明显的放射性标志或者显示危险信号。

第三十五条 放射性同位素应当单独存放,不得与易燃、易爆、腐蚀性物品等一起存放,并指定专人负责保管。贮存、领取、使用、归还放射性同位素时,应当进行登记、检查,做到账物相符。对放射性同位素贮存场所应当采取防火、防水、防盗、防丢失、防破坏、防射线泄漏的安全措施。

对放射源还应当根据其潜在危害的大小,建立相应的多层防护和安全措施,并对可移动的放射源定期进行盘存,确保其处于指定位置,具有可靠的安全保障。

第三十六条 在室外、野外使用放射性同位素和射线装置的,应当按照国家安全和防护标准的要求划出安全防护区域,设置明显的放射性标志,必要时设专人警戒。

在野外进行放射性同位素示踪试验的,应当经省级以上人民政府生态环境主管部门商同级有关部门批准方可进行。

第三十七条 辐射防护器材、含放射性同位素的设备和射线装置,以及含有放射性物质的产品和伴有产生X射线的电器产品,应当符合辐射防护要求。不合格的产品不得出厂和销售。

第三十八条 使用放射性同位素和射线装置进行放射诊疗的医疗卫生机构,应当依据国务院卫生主管部门有关规定和国家标准,制定与本单位从事的诊疗项目相适应的质量保证方案,遵守质量保证监测规范,按照医疗照射正当化和辐射防护最优化的原则,避免一切不必要的照射,并事先告知患者和受检者辐射对健康的潜在影响。

第三十九条 金属冶炼厂回收冶炼废旧金属时,应当采取必要的监测措施,防止放射性物质熔入产品中。监测中发现问题的,应当及时通知所在地设区的市级以上人民政府生态环境主管部门。

第四章 辐射事故应急处理

第四十条 根据辐射事故的性质、严重程度、可控性和影响范围等因素,从重到轻将辐射事故分为特别重大辐射事故、重大辐射事故、较大辐射事故和一般辐射事故四个等级。

特别重大辐射事故,是指Ⅰ类、Ⅱ类放射源丢失、被盗、失控造成大范围严重辐射污染后果,或者放射性同位素和射线装置失控导致3人以上(含3人)急性死亡。

重大辐射事故,是指Ⅰ类、Ⅱ类放射源丢失、被盗、失控,或者放射性同位素和射线装置失控导致2人以下(含2人)急性死亡或者10人以上(含10人)急性重度放射病、局部器官残疾。

较大辐射事故,是指Ⅲ类放射源丢失、被盗、失控,或者放射性同位素和射线装置失控导致9人以下(含9人)急性重度放射病、局部器官残疾。

一般辐射事故,是指Ⅳ类、Ⅴ类放射源丢失、被盗、失控,或者放射性同位素和射线装置失控导致人员受到超过年剂量限值的照射。

第四十一条 县级以上人民政府生态环境主管部门应当会同同级公安、卫生、财政等部门编制辐射事故应急预案,报本级人民政府批准。辐射事故应急预案应当包括下列内容:

(一)应急机构和职责分工;

(二)应急人员的组织、培训以及应急和救助的装备、资金、物资准备;

(三)辐射事故分级与应急响应措施;

(四)辐射事故调查、报告和处理程序。

生产、销售、使用放射性同位素和射线装置的单位,应当根据可能发生的辐射事故的风险,制定本单位的应急方案,做好应急准备。

第四十二条 发生辐射事故时,生产、销售、使用放射性同位素和射线装置的单位应当立即启动本单位的应急方案,采取应急措施,并立即向当地生态环境主管部门、公安部门、卫生主管部门报告。

生态环境主管部门、公安部门、卫生主管部门接到辐射事故报告后,应当立即派人赶赴现场,进行现场调查,采取有效措施,控制并消除事故影响,同时将辐射事故信息报告本级人民政府和上级人民政府生态环境主管部门、公安部门、卫生主管部门。

县级以上地方人民政府及其有关部门接到辐射事故报告后,应当按照事故分级报告的规定及时将辐射事故信息报告上级人民政府及其有关部门。发生特别重大辐射事故和重大辐射事故后,事故发生地省、自治区、直辖市人民政府和国务院有关部门应当在4小时内报告国务院;特殊情况下,事故发生地人民政府及其有关部门可以直接向国务院报告，并同时报告上级人民政府及其有关部门。

禁止缓报、瞒报、谎报或者漏报辐射事故。

第四十三条 在发生辐射事故或者有证据证明辐射事故可能发生时，县级以上人民政府生态环境主管部门有权采取下列临时控制措施：

（一）责令停止导致或者可能导致辐射事故的作业；

（二）组织控制事故现场。

第四十四条 辐射事故发生后，有关县级以上人民政府应当按照辐射事故的等级，启动并组织实施相应的应急预案。

县级以上人民政府生态环境主管部门、公安部门、卫生主管部门，按照职责分工做好相应的辐射事故应急工作：

（一）生态环境主管部门负责辐射事故的应急响应、调查处理和定性定级工作，协助公安部门监控追缴丢失、被盗的放射源；

（二）公安部门负责丢失、被盗放射源的立案侦查和追缴；

（三）卫生主管部门负责辐射事故的医疗应急。

生态环境主管部门、公安部门、卫生主管部门应当及时相互通报辐射事故应急响应、调查处理、定性定级、立案侦查和医疗应急情况。国务院指定的部门根据生态环境主管部门确定的辐射事故的性质和级别，负责有关国际信息通报工作。

第四十五条 发生辐射事故的单位应当立即将可能受到辐射伤害的人员送至当地卫生主管部门指定的医院或者有条件救治辐射损伤病人的医院，进行检查和治疗，或者请求医院立即派人赶赴事故现场，采取救治措施。

第五章 监督检查

第四十六条 县级以上人民政府生态环境主管部门和其他有关部门应当按照各自职责对生产、销售、使用放射性同位素和射线装置的单位进行监督检查。

被检查单位应当予以配合，如实反映情况，提供必要的资料，不得拒绝和阻碍。

第四十七条 县级以上人民政府生态环境主管部门应当配备辐射防护安全监督员。辐射防护安全监督员由从事辐射防护工作、具有辐射防护安全知识并经省级以上人民政府生态环境主管部门认可的专业人员担任。辐射防护安全监督员应当定期接受专业知识培训和考核。

第四十八条 县级以上人民政府生态环境主管部门在监督检查中发现生产、销售、使用放射性同位素和射线装置的单位有不符合原发证条件的情形的，应当责令其限期整改。

监督检查人员依法进行监督检查时，应当出示证件，并为被检查单位保守技术秘密和业务秘密。

第四十九条 任何单位和个人对违反本条例的行为，有权向生态环境主管部门和其他有关部门检举；对生态环境主管部门和其他有关部门未依法履行监督管理职责的行为，有权向本级人民政府、上级人民政府有关部门检举。接到举报的有关人民政府、生态环境主管部门和其他有关部门对有关举报应当及时核实、处理。

第六章 法律责任

第五十条 违反本条例规定，县级以上人民政府生态环境主管部门有下列行为之一的，对直接负责的主管人员和其他直接责任人员，依法给予行政处分；构成犯罪的，依法追究刑事责任：

（一）向不符合本条例规定条件的单位颁发许可证或者批准不符合本条例规定条件的单位进口、转让放射性同位素的；

（二）发现未依法取得许可证的单位擅自生产、销售、使用放射性同位素和射线装置，不予查处或者接到举报后不依法处理的；

（三）发现未经依法批准擅自进口、转让放射性同位素，不予查处或者接到举报后不依法处理的；

（四）对依法取得许可证的单位不履行监督管理职责或者发现违反本条例规定的行为不予查处的；

（五）在放射性同位素、射线装置安全和防护监督管理工作中有其他渎职行为的。

第五十一条 违反本条例规定，县级以上人民政府生态环境主管部门和其他有关部门有下列行为之一的，对直接负责的主管人员和其他直接责任人员，依法给予行政处分；构成犯罪的，依法追究刑事责任：

（一）缓报、瞒报、谎报或者漏报辐射事故的；

（二）未按照规定编制辐射事故应急预案或者不依法履行辐射事故应急职责的。

第五十二条 违反本条例规定，生产、销售、使用放射性同位素和射线装置的单位有下列行为之一的，由县级以上人民政府生态环境主管部门责令停止违法行为，限期改正；逾期不改正的，责令停产停业或者由原发证机关吊销许可证；有违法所得的，没收违法所得；违法所得10万元以上的，并处违法所得1倍以上5倍以下的罚款；没有违法所得或者违法所得不足10万元的，并处1万元以上10万元以下的罚款：

（一）无许可证从事放射性同位素和射线装置生产、销售、使用活动的；

（二）未按照许可证的规定从事放射性同位素和射线装置生产、销售、使用活动的；

（三）改变所从事活动的种类或者范围以及新建、改建或者扩建生产、销售、使用设施或者场所，未按照规定重新申请领取许可证的；

（四）许可证有效期届满，需要延续而未按照规定办理延续手续的；

（五）未经批准，擅自进口或者转让放射性同位素的。

第五十三条 违反本条例规定，生产、销售、使用放射性同位素和射线装置的单位变更单位名称、地址、法定代表人，未依法办理许可证变更手续的，由县级以上人民政府生态环境主管部门责令限期改正，给予警告；逾期不改正的，由原发证机关暂扣或者吊销许可证。

第五十四条 违反本条例规定，生产、销售、使用放射性同位素和射线装置的单位部分终止或者全部终止生产、销售、使用活动，未按照规定办理许可证变更或者注销手续的，由县级以上人民政府生态环境主管部门责令停止违法行为，限期改正；逾期不改正的，处1万元以上10万元以下的罚款；造成辐射事故，构成犯罪的，依法追究刑事责任。

第五十五条 违反本条例规定，伪造、变造、转让许可证的，由县级以上人民政府生态环境主管部门收缴伪造、变造的许可证或者由原发证机关吊销许可证，并处5万元以上10万元以下的罚款；构成犯罪的，依法追究刑事责任。

违反本条例规定，伪造、变造、转让放射性同位素进口和转让批准文件的，由县级以上人民政府生态环境主管部门收缴伪造、变造的批准文件或者由原批准机关撤销批准文件，并处5万元以上10万元以下的罚款；情节严重的，可以由原发证机关吊销许可证；构成犯罪的，依法追究刑事责任。

第五十六条 违反本条例规定，生产、销售、使用放射性同位素的单位有下列行为之一的，由县级以上人民政府生态环境主管部门责令限期改正，给予警告；逾期不改正的，由原发证机关暂扣或者吊销许可证：

（一）转入、转出放射性同位素未按照规定备案的；

（二）将放射性同位素转移到外省、自治区、直辖市使用，未按照规定备案的；

（三）将废旧放射源交回生产单位、返回原出口方或者送交放射性废物集中贮存单位贮存，未按照规定备案的。

第五十七条 违反本条例规定，生产、销售、使用放射性同位素和射线装置的单位有下列行为之一的，由县级以上人民政府生态环境主管部门责令停止违法行为，限期改正；逾期不改正的，处1万元以上10万元以下的罚款：

（一）在室外、野外使用放射性同位素和射线装置，未按照国家有关安全和防护标准的要求划出安全防护区域和设置明显的放射性标志的；

（二）未经批准擅自在野外进行放射性同位素示踪试验的。

第五十八条 违反本条例规定，生产放射性同位素的单位有下列行为之一的，由县级以上人民政府生态环境主管部门责令限期改正，给予警告；逾期不改正的，依法收缴其未备案的放射性同位素和未编码的放射源，处5万元以上10万元以下的罚款，并可以由原发证机关暂扣或者吊销许可证：

（一）未建立放射性同位素产品台账的；

（二）未按照国务院生态环境主管部门制定的编码规则，对生产的放射源进行统一编码的；

（三）未将放射性同位素产品台账和放射源编码清单报国务院生态环境主管部门备案的；

（四）出厂或者销售未列入产品台账的放射性同位素和未编码的放射源的。

第五十九条 违反本条例规定，生产、销售、使用放射性同位素和射线装置的单位有下列行为之一的，由县级以上人民政府生态环境主管部门责令停止违法行为，限期改正；逾期不改正的，由原发证机关指定有处理能力的单位代为处理或者实施退役，费用由生产、销售、使用放射性同位素和射线装置的单位承担，并处1万元以上10万元以下的罚款：

（一）未按照规定对废旧放射源进行处理的；

（二）未按照规定对使用Ⅰ类、Ⅱ类、Ⅲ类放射源的场所和生产放射性同位素的场所，以及终结运行后产生放射性污染的射线装置实施退役的。

第六十条 违反本条例规定，生产、销售、使用放射性同位素和射线装置的单位有下列行为之一的，由县级以上人民政府生态环境主管部门责令停止违法行为，限期改正；逾期不改正的，责令停产停业，并处2万元以上20万元以下的罚款；构成犯罪的，依法追究刑事责任：

（一）未按照规定对本单位的放射性同位素、射线装

置安全和防护状况进行评估或者发现安全隐患不及时整改的;

(二)生产、销售、使用、贮存放射性同位素和射线装置的场所未按照规定设置安全和防护设施以及放射性标志的。

第六十一条 违反本条例规定,造成辐射事故的,由原发证机关责令限期改正,并处 5 万元以上 20 万元以下的罚款;情节严重的,由原发证机关吊销许可证;构成违反治安管理行为的,由公安机关依法予以治安处罚;构成犯罪,依法追究刑事责任。

因辐射事故造成他人损害的,依法承担民事责任。

第六十二条 生产、销售、使用放射性同位素和射线装置的单位被责令限期整改,逾期不整改或者经整改仍不符合原发证条件的,由原发证机关暂扣或者吊销许可证。

第六十三条 违反本条例规定,被依法吊销许可证的单位或者伪造、变造许可证的单位,5 年内不得申请领取许可证。

第六十四条 县级以上地方人民政府生态环境主管部门的行政处罚权限的划分,由省、自治区、直辖市人民政府确定。

第七章 附 则

第六十五条 军用放射性同位素、射线装置安全和防护的监督管理,依照《中华人民共和国放射性污染防治法》第六十条的规定执行。

第六十六条 劳动者在职业活动中接触放射性同位素和射线装置造成的职业病的防治,依照《中华人民共和国职业病防治法》和国务院有关规定执行。

第六十七条 放射性同位素的运输,放射性同位素和射线装置生产、销售、使用过程中产生的放射性废物的处置,依照国务院有关规定执行。

第六十八条 本条例中下列用语的含义:

放射性同位素,是指某种发生放射性衰变的元素中具有相同原子序数但质量不同的核素。

放射源,是指除研究堆和动力堆核燃料循环范畴的材料以外,永久密封在容器中或者有严密包层并呈固态的放射性材料。

射线装置,是指 X 线机、加速器、中子发生器以及含放射源的装置。

非密封放射性物质,是指非永久密封在包壳里或者紧密地固结在覆盖层里的放射性物质。

转让,是指除进出口、回收活动之外,放射性同位素所有权或者使用权在不同持有者之间的转移。

伴有产生 X 射线的电器产品,是指不以产生 X 射线为目的,但在生产或者使用过程中产生 X 射线的电器产品。

辐射事故,是指放射源丢失、被盗、失控,或者放射性同位素和射线装置失控导致人员受到意外的异常照射。

第六十九条 本条例自 2005 年 12 月 1 日起施行。1989 年 10 月 24 日国务院发布的《放射性同位素与射线装置放射防护条例》同时废止。

化学品首次进口及有毒化学品进出口环境管理规定

· 1994 年 3 月 16 日国家环境保护局、海关总署、外经贸部发布
· 2007 年 10 月 8 日国家环境保护总局令第 41 号修订

第一章 总 则

第一条 为了保护人体健康和生态环境,加强化学品首次进口和有毒化学品进出口的环境管理,执行《关于化学品国际贸易资料交流的伦敦准则(1989 年修正本)》(以下简称《伦敦准则》),制定本规定。

第二条 在中华人民共和国管辖领域内从事化学品进出口活动必须遵守本规定。

第三条 本规定适用于化学品的首次进口和列入《中国禁止或严格限制的有毒化学品名录》(以下简称《名录》)的化学品进出口的环境管理。

食品添加剂、医药、兽药、化妆品和放射性物质不适用本规定。

第四条 本规定中下列用语的含义是:

(一)"化学品"是指人工制造的或者是从自然界取得的化学物质,包括化学物质本身、化学混合物或者化学配制物中的一部分,以及作为工业化学品和农药使用的物质。

(二)"禁止的化学品"是指因损害健康和环境而被完全禁止使用的化学品。

(三)"严格限制的化学品"是指因损害健康和环境而被禁止使用,但经授权在一些特殊情况下仍可使用的化学品。

(四)"有毒化学品"是指进入环境后通过环境蓄积、生物累积、生物转化或化学反应等方式损害健康和环境,或者通过接触对人体具有严重危害和具有潜在危险的化学品。

(五)"化学品首次进口"是指外商或其代理人向中国出口其未曾在中国登记过的化学品,即使同种化学品

已有其他外商或其代理人在中国进行了登记,仍被视为化学品首次进口。

(六)"事先知情同意"是指为保护人类健康和环境目的而被禁止或严格限制的化学品的国际运输,必须在进口国指定的国家主管部门同意的情况下进行。

(七)"出口"和"进口"是指通过中华人民共和国海关办理化学品进出境手续的活动,但不包括过境运输。

第二章 监督管理

第五条 国家环境保护局对化学品首次进口和有毒化学品进出口实施统一的环境监督管理,负责全面执行《伦敦准则》的事先知情同意程序,发布中国禁止或严格限制的有毒化学品名录,实施化学品首次进口和列入《名录》内的有毒化学品进出口的环境管理登记和审批,签发《化学品进(出)口环境管理登记证》和《有毒化学品进(出)口环境管理放行通知单》,发布首次进口化学品登记公告。

第六条 中华人民共和国海关对列入《名录》的有毒化学品的进出口凭国家环境保护局签发的《有毒化学品进(出)口环境管理放行通知单》(见附件)验放。

对外贸易经济合作部根据其职责协同国家环境保护局对化学品首次进口和有毒化学品进出口环境管理登记申请资料的有关内容进行审查和对外公布《中国禁止或严格限制的有毒化学品名录》。

第七条 国家环境保护局设立国家有毒化学品评审委员会,负责对申请进出口环境管理登记的化学品的综合评审工作,对实施本规定所涉及的技术事务向国家环境保护局提供咨询意见。国家有毒化学品评审委员会由环境、卫生、农业、化工、外贸、商检、海关及其他有关方面的管理人员和技术专家组成,每届任期三年。

第八条 地方各级环境保护行政主管部门依据本规定对本辖区的化学品首次进口及有毒化学品进出口进行环境监督管理。

第三章 登记管理

第九条 每次外商及其代理人向中国出口和国内从国外进口列入《名录》中的工业化学品或农药之前,均需向国家环境保护局提出有毒化学品进口环境管理登记申请。对准予进口的发给《化学品进(出)口环境管理登记证》和《有毒化学品进(出)口环境管理放行通知单》(以下简称《通知单》)。《通知单》实行一批一证制,每份《通知单》在有效时间内只能报关使用一次(见附件)。(2007年10月8日删除)

第十条 申请出口列入《名录》的化学品,必须向国家环境保护局提出有毒化学品出口环境管理登记申请。

国家环境保护局受理申请后,应通知进口国主管部门,在收到进口国主管部门同意进口的通知后,发给申请人准许有毒化学品出口的《化学品进(出)口环境管理登记证》。对进口国主管部门不同意进口的化学品,不予登记,不准出口,并通知申请人。(2007年10月8日删除)

第十一条 国家环境保护局签发的《化学品进(出)口环境管理登记证》须加盖中华人民共和国国家环境保护局化学品进出口环境管理登记审批章。国内外为进口或出口列入《名录》的有毒化学品而申请的《化学品进(出)口环境管理登记证》为绿色证,外商或其代理人为首次向中国出口化学品而申请的《化学品进(出)口环境管理登记证》为粉色证,临时登记证为白色证。(2007年10月8日删除)

第十二条 《有毒化学品进(出)口环境管理放行通知单》第一联由国家环境保护局留存,第二联(正本)交申请人用以报关,第三联发送中华人民共和国国家进出口商品检验局。

第十三条 申请化学品进出口环境管理登记的审查期限从收到符合登记资料要求的申请之日起计算,对化学品首次进口登记申请的审查期不超过一百八十天,对列入《名录》的有毒化学品进出口登记申请的审查期不超过三十天。

第十四条 国家环境保护局审批化学品进出口环境管理登记申请时,有权向申请人提出质询和要求补充有关资料。国家环境保护局应当为申请提交的资料和样品保守技术秘密。

第十五条 化学品首次进口环境管理登记申请表和有毒化学品进出口环境管理登记申请表、化学品进出口环境管理登记证和临时登记证、有毒化学品进出口环境管理放行通知单,由国家环境保护局统一监制。

第四章 防止污染口岸环境

第十六条 进出口化学品的分类、包装、标签和运输,按照国际或国内有关危险货物运输规则的规定执行。

第十七条 在装卸、贮存和运输化学品的过程中,必须采取有效的预防和应急措施,防止污染环境。

第十八条 因包装损坏或者不符合要求而造成或者可能造成口岸污染的,口岸主管部门应立即采取措施,防止和消除污染,并及时通知当地环境保护行政主管部门,进行调查处理。防止和消除其污染的费用由有关责任人承担。

第五章 罚 则

第十九条 违反本规定，未进行化学品进出口环境管理登记而进出口化学品的，由海关根据海关行政处罚实施细则有关规定处以罚款，并责令当事人补办登记手续；对经补办登记申请但未获准登记的，责令退回货物。

第二十条 进出口化学品造成中国口岸污染的，由当地环境保护行政主管部门予以处罚。

第二十一条 违反国家外贸管制规定而进出口化学品的，由外贸行政主管部门依照有关规定予以处罚。

第六章 附 则

第二十二条 因实验需要，首次进口且年进口量不足50公斤的化学品免于登记（《中国禁止或严格限制的有毒化学品名录》中的化学品除外）。

第二十三条 化学品进出口环境管理登记收费办法另行制定。

第二十四条 本规定由国家环境保护局负责解释。

第二十五条 本规定自1994年5月1日起施行。

附件一：中国禁止或严格限制的有毒化学品名录第一批（略）

附件二：有毒化学品进（出）口环境管理放行通知单（略）

新化学物质环境管理登记办法

- 2020年4月29日生态环境部令第12号公布
- 自2021年1月1日起施行

第一章 总 则

第一条 为规范新化学物质环境管理登记行为，科学、有效评估和管控新化学物质环境风险，聚焦对环境和健康可能造成较大风险的新化学物质，保护生态环境，保障公众健康，根据有关法律法规以及《国务院对确需保留的行政审批项目设定行政许可的决定》，制定本办法。

第二条 本办法适用于在中华人民共和国境内从事新化学物质研究、生产、进口和加工使用活动的环境管理登记，但进口后在海关特殊监管区内存放且未经任何加工即全部出口的新化学物质除外。

下列产品或者物质不适用本办法：

（一）医药、农药、兽药、化妆品、食品、食品添加剂、饲料、饲料添加剂、肥料等产品，但改变为其他工业用途的，以及作为上述产品的原料和中间体的新化学物质除外；

（二）放射性物质。

设计为常规使用时有意释放出所含新化学物质的物品，所含的新化学物质适用本办法。

第三条 本办法所称新化学物质，是指未列入《中国现有化学物质名录》的化学物质。

已列入《中国现有化学物质名录》的化学物质，按照现有化学物质进行环境管理；但在《中国现有化学物质名录》中规定实施新用途环境管理的化学物质，用于允许用途以外的其他工业用途的，按照新化学物质进行环境管理。

《中国现有化学物质名录》由国务院生态环境主管部门组织制定、调整并公布，包括2003年10月15日前已在中华人民共和国境内生产、销售、加工使用或者进口的化学物质，以及2003年10月15日以后根据新化学物质环境管理有关规定列入的化学物质。

第四条 国家对新化学物质实行环境管理登记制度。

新化学物质环境管理登记分为常规登记、简易登记和备案。新化学物质的生产者或者进口者，应当在生产前或者进口前取得新化学物质环境管理常规登记证或者简易登记证（以下统称登记证）或者办理新化学物质环境管理备案。

第五条 新化学物质环境管理登记，遵循科学、高效、公开、公平、公正和便民的原则，坚持源头准入、风险防范、分类管理，重点管控具有持久性、生物累积性、对环境或者健康危害性大，或者在环境中可能长期存在并可能对环境和健康造成较大风险的新化学物质。

第六条 国务院生态环境主管部门负责组织开展全国新化学物质环境管理登记工作，制定新化学物质环境管理登记相关政策、技术规范和指南等配套文件以及登记评审规则，加强新化学物质环境管理登记信息化建设。

国务院生态环境主管部门组织成立化学物质环境风险评估专家委员会（以下简称专家委员会）。专家委员会由化学、化工、健康、环境、经济等方面的专家组成，为新化学物质环境管理登记评审提供技术支持。

设区的市级以上地方生态环境主管部门负责对本行政区域内研究、生产、进口和加工使用新化学物质的相关企业事业单位落实本办法的情况进行环境监督管理。

国务院生态环境主管部门所属的化学物质环境管理技术机构参与新化学物质环境管理登记评审，承担新化学物质环境管理登记具体工作。

第七条 从事新化学物质研究、生产、进口和加工使用的企业事业单位，应当遵守本办法的规定，采取有效措施，防范和控制新化学物质的环境风险，并对所造成的损害依法承担责任。

第八条 国家鼓励和支持新化学物质环境风险评估及控制技术的科学研究与推广应用,鼓励环境友好型化学物质及相关技术的研究与应用。

第九条 一切单位和个人对违反本办法规定的行为,有权向生态环境主管部门举报。

第二章 基本要求

第十条 新化学物质年生产量或者进口量10吨以上的,应当办理新化学物质环境管理常规登记(以下简称常规登记)。

新化学物质年生产量或者进口量1吨以上不足10吨的,应当办理新化学物质环境管理简易登记(以下简称简易登记)。

符合下列条件之一的,应当办理新化学物质环境管理备案(以下简称备案):

(一)新化学物质年生产量或者进口量不足1吨的;

(二)新化学物质单体或者反应体含量不超过2%的聚合物或者属于低关注聚合物的。

第十一条 办理新化学物质环境管理登记的申请人,应当为中华人民共和国境内依法登记能够独立承担法律责任的、从事新化学物质生产或者进口的企业事业单位。

拟向中华人民共和国境内出口新化学物质的生产或者贸易企业,也可以作为申请人,但应当指定在中华人民共和国境内依法登记能够独立承担法律责任的企业事业单位作为代理人,共同履行新化学物质环境管理登记及登记后环境管理义务,并依法承担责任。

本办法第二条规定的医药、农药、兽药、化妆品、食品、食品添加剂、饲料、饲料添加剂、肥料等产品属于新化学物质,且拟改变为其他工业用途的,相关产品的生产者、进口者或者加工使用者均可以作为申请人。

已列入《中国现有化学物质名录》且实施新用途环境管理的化学物质,拟用于允许用途以外的其他工业用途的,相关化学物质的生产者、进口者或者加工使用者均可以作为申请人。

第十二条 申请办理新化学物质环境管理登记的,申请人应当向国务院生态环境主管部门提交登记申请或者备案材料,并对登记申请或者备案材料的真实性、完整性、准确性和合法性负责。

国家鼓励申请人共享新化学物质环境管理登记数据。

第十三条 申请人认为其提交的登记申请或者备案材料涉及商业秘密且要求信息保护的,应当在申请登记或者办理备案时提出,并提交申请商业秘密保护的必要性说明材料。对可能对环境、健康公共利益造成重大影响的信息,国务院生态环境主管部门可以依法不予商业秘密保护。对已提出的信息保护要求,申请人可以以书面方式撤回。

新化学物质名称等标识信息的保护期限自首次登记或者备案之日起不超过五年。

从事新化学物质环境管理登记的工作人员和相关专家,不得披露依法应当予以保护的商业秘密。

第十四条 为新化学物质环境管理登记提供测试数据的中华人民共和国境内测试机构,应当依法取得检验检测机构资质认定,严格按照化学物质测试相关标准开展测试工作;健康毒理学、生态毒理学测试机构还应当符合良好实验室管理规范。测试机构应当对其出具的测试结果的真实性和可靠性负责,并依法承担责任。

国务院生态环境主管部门组织对化学物质生态毒理学测试机构的测试情况及条件进行监督抽查。

出具健康毒理学或者生态毒理学测试数据的中华人民共和国境外测试机构应当符合国际通行的良好实验室管理要求。

第三章 常规登记、简易登记和备案

第一节 常规登记和简易登记申请与受理

第十五条 申请办理常规登记的,申请人应当提交以下材料:

(一)常规登记申请表;

(二)新化学物质物理化学性质、健康毒理学和生态毒理学特性测试报告或者资料;

(三)新化学物质环境风险评估报告,包括对拟申请登记的新化学物质可能造成的环境风险的评估,拟采取的环境风险控制措施及其适当性分析,以及是否存在不合理环境风险的评估结论;

(四)落实或者传递环境风险控制措施和环境管理要求的承诺书,承诺书应当由企业事业单位的法定代表人或者其授权人签字,并加盖公章。

前款第二项规定的相关测试报告和资料,应当满足新化学物质环境风险评估的需要;生态毒理学测试报告应当包括使用中华人民共和国的供试生物按照相关标准的规定完成的测试数据。

对属于高危害化学物质的,申请人还应当提交新化学物质活动的社会经济效益分析材料,包括新化学物质在性能、环境友好性等方面是否较相同用途的在用化学物质具有相当或者明显优势的说明，充分论证申请活动的必要性。

除本条前三款规定的申请材料外，申请人还应当一并提交其已经掌握的新化学物质环境与健康危害特性和环境风险的其他信息。

第十六条 申请办理简易登记的，申请人应当提交以下材料：

（一）简易登记申请表；

（二）新化学物质物理化学性质，以及持久性、生物累积性和水生环境毒性等生态毒理学测试报告或者资料；

（三）落实或者传递环境风险控制措施的承诺书，承诺书应当由企业事业单位的法定代表人或者其授权人签字，并加盖公章。

前款第二项规定的生态毒理学测试报告应当包括使用中华人民共和国的供试生物按照相关标准的规定完成的测试数据。

除前款规定的申请材料外，申请人还应当一并提交其已经掌握的新化学物质环境与健康危害特性和环境风险的其他信息。

第十七条 同一申请人对分子结构相似、用途相同或者相近、测试数据相近的多个新化学物质，可以一并申请新化学物质环境管理登记。申请登记量根据每种物质申请登记量的总和确定。

两个以上申请人同时申请相同新化学物质环境管理登记的，可以共同提交申请材料，办理新化学物质环境管理联合登记。申请登记量根据每个申请人申请登记量的总和确定。

第十八条 国务院生态环境主管部门收到新化学物质环境管理登记申请材料后，根据下列情况分别作出处理：

（一）申请材料齐全、符合法定形式，或者申请人按照要求提交全部补正申请材料的，予以受理；

（二）申请材料存在可以当场更正的错误的，允许申请人当场更正；

（三）所申请物质不需要开展新化学物质环境管理登记的，或者申请材料存在法律法规规定不予受理的其他情形的，应当当场或者在五个工作日内作出不予受理的决定；

（四）存在申请人及其代理人不符合本办法规定、申请材料不齐全以及其他不符合法定形式情形的，应当当场或者在五个工作日内一次性告知申请人需要补正的全部内容。逾期不告知的，自收到申请材料之日起即为受理。

第二节 常规登记和简易登记技术评审与决定

第十九条 国务院生态环境主管部门受理常规登记申请后，应当组织专家委员会和所属的化学物质环境管理技术机构进行技术评审。技术评审应当主要围绕以下内容进行：

（一）新化学物质名称和标识；

（二）新化学物质测试报告或者资料的质量；

（三）新化学物质环境和健康危害特性；

（四）新化学物质环境暴露情况和环境风险；

（五）列入《中国现有化学物质名录》时是否实施新用途环境管理；

（六）环境风险控制措施是否适当；

（七）高危害化学物质申请活动的必要性；

（八）商业秘密保护的必要性。

技术评审意见应当包括对前款规定内容的评审结论，以及是否准予登记的建议和有关环境管理要求的建议。

经技术评审认为申请人提交的申请材料不符合要求的，或者不足以对新化学物质的环境风险作出全面评估的，国务院生态环境主管部门可以要求申请人补充提供相关测试报告或者资料。

第二十条 国务院生态环境主管部门受理简易登记申请后，应当组织其所属的化学物质环境管理技术机构进行技术评审。技术评审应当主要围绕以下内容进行：

（一）新化学物质名称和标识；

（二）新化学物质测试报告或者资料的质量；

（三）新化学物质的持久性、生物累积性和毒性；

（四）新化学物质的累积环境风险；

（五）商业秘密保护的必要性。

技术评审意见应当包括对前款规定内容的评审结论，以及是否准予登记的建议。

经技术评审认为申请人提交的申请材料不符合要求的，国务院生态环境主管部门可以要求申请人补充提供相关测试报告或者资料。

第二十一条 国务院生态环境主管部门对常规登记技术评审意见进行审查，根据下列情况分别作出决定：

（一）未发现不合理环境风险的，予以登记，向申请人核发新化学物质环境管理常规登记证(以下简称常规登记证)。对高危害化学物质核发常规登记证，还应当符合申请活动必要性的要求；

（二）发现有不合理环境风险的，或者不符合高危害化学物质申请活动必要性要求的，不予登记，书面通知申请人并说明理由。

第二十二条　国务院生态环境主管部门对简易登记技术评审意见进行审查，根据下列情况分别作出决定：

（一）对未发现同时具有持久性、生物累积性和毒性，且未发现累积环境风险的，予以登记，向申请人核发新化学物质环境管理简易登记证（以下简称简易登记证）；

（二）不符合前项规定登记条件的，不予登记，书面通知申请人并说明理由。

第二十三条　有下列情形之一的，国务院生态环境主管部门不予登记，书面通知申请人并说明理由：

（一）在登记申请过程中使用隐瞒情况或者提供虚假材料等欺骗手段的；

（二）未按照本办法第十九条第三款或者第二十条第三款的要求，拒绝或者未在六个月内补充提供相关测试报告或者资料的；

（三）法律法规规定不予登记的其他情形。

第二十四条　国务院生态环境主管部门作出登记决定前，应当对拟登记的新化学物质名称或者类名、申请人及其代理人、活动类型、新用途环境管理要求等信息进行公示。公示期限不得少于三个工作日。

第二十五条　国务院生态环境主管部门受理新化学物质环境管理登记申请后，应当及时启动技术评审工作。常规登记的技术评审时间不得超过六十日，简易登记的技术评审时间不得超过三十日。国务院生态环境主管部门通知补充提供相关测试报告或者资料的，申请人补充相关材料所需时间不计入技术评审时限。

国务院生态环境主管部门应当自受理申请之日起二十个工作日内，作出是否予以登记的决定。二十个工作日内不能作出决定的，经国务院生态环境主管部门负责人批准，可以延长十个工作日，并将延长期限的理由告知申请人。

技术评审时间不计入本条第二款规定的审批时限。

第二十六条　登记证应当载明下列事项：

（一）登记证类型；

（二）申请人及其代理人名称；

（三）新化学物质中英文名称或者类名等标识信息；

（四）申请用途；

（五）申请登记量；

（六）活动类型；

（七）环境风险控制措施。

对于高危害化学物质以及具有持久性和生物累积性，或者具有持久性和毒性，或者具有生物累积性和毒性的新化学物质，常规登记证还应当载明下列一项或者多项环境管理要求：

（一）限定新化学物质排放量或者排放浓度；

（二）列入《中国现有化学物质名录》时实施新用途环境管理的要求；

（三）提交年度报告；

（四）其他环境管理要求。

第二十七条　新化学物质环境管理登记申请受理后，国务院生态环境主管部门作出决定前，申请人可以依法撤回登记申请。

第二十八条　国务院生态环境主管部门作出新化学物质环境管理登记决定后，应当在二十个工作日内公开新化学物质环境管理登记情况，包括登记的新化学物质名称或者类名、申请人及其代理人、活动类型、新用途环境管理要求等信息。

第三节　常规登记和简易登记变更、撤回与撤销

第二十九条　对已取得常规登记证的新化学物质，在根据本办法第四十四条规定列入《中国现有化学物质名录》前，有下列情形之一的，登记证持有人应当重新申请办理登记：

（一）生产或者进口数量拟超过申请登记量的；

（二）活动类型拟由进口转为生产的；

（三）拟变更新化学物质申请用途的；

（四）拟变更环境风险控制措施的；

（五）导致环境风险增大的其他情形。

重新申请办理登记的，申请人应当提交重新登记申请材料，说明相关事项变更的理由，重新编制并提交环境风险评估报告，重点说明变更后拟采取的环境风险控制措施及其适当性，以及是否存在不合理环境风险。

第三十条　对已取得常规登记证的新化学物质，在根据本办法第四十四条规定列入《中国现有化学物质名录》前，除本办法第二十九条规定的情形外，登记证载明的其他信息发生变化的，登记证持有人应当申请办理登记证变更。

对已取得简易登记证的新化学物质，登记证载明的信息发生变化的，登记证持有人应当申请办理登记证变更。

申请办理登记证变更的，申请人应当提交变更理由

及相关证明材料。其中，拟变更新化学物质中英文名称或者化学文摘社编号（CAS）等标识信息的，证明材料中应当充分论证变更前后的化学物质属于同一种化学物质。

国务院生态环境主管部门参照简易登记程序和时限受理并组织技术评审，作出登记证变更决定。其中，对于拟变更新化学物质中英文名称或者化学文摘社编号（CAS）等标识信息的，国务院生态环境主管部门可以组织专家委员会进行技术评审；对于无法判断变更前后化学物质属于同一种化学物质的，不予批准变更。

第三十一条 对根据本办法第四十四条规定列入《中国现有化学物质名录》的下列化学物质，应当实施新用途环境管理：

（一）高危害化学物质；

（二）具有持久性和生物累积性，或者具有持久性和毒性，或者具有生物累积性和毒性的化学物质。

对高危害化学物质，登记证持有人变更用途的，或者登记证持有人之外的其他人将其用于工业用途的，应当在生产、进口或者加工使用前，向国务院生态环境主管部门申请办理新用途环境管理登记。

对本条第一款第二项所列化学物质，拟用于本办法第四十四条规定的允许用途外其他工业用途的，应当在生产、进口或者加工使用前，向国务院生态环境主管部门申请办理新用途环境管理登记。

第三十二条 申请办理新用途环境管理登记的，申请人应当提交新用途环境管理登记申请表以及该化学物质用于新用途的环境暴露评估报告和环境风险控制措施等材料。对高危害化学物质，还应当提交社会经济效益分析材料，充分论证该物质用于所申请登记用途的必要性。

国务院生态环境主管部门收到申请材料后，按照常规登记程序受理和组织技术评审，根据下列情况分别作出处理，并书面通知申请人：

（一）未发现不合理环境风险的，予以登记。对高危害化学物质，还应当符合申请用途必要性的要求；

（二）发现有不合理环境风险，或者不符合高危害化学物质申请用途必要性要求的，不予登记。

国务院生态环境主管部门作出新用途环境管理登记决定后，应当在二十个工作日内公开予以登记的申请人及其代理人名称、涉及的化学物质名称或者类名、登记的新用途，以及相应的环境风险控制措施和环境管理要求。其中，不属于高危害化学物质的，在《中国现有化学物质名录》中增列该化学物质已登记的允许新用途；属于高危害化学物质的，该化学物质在《中国现有化学物质名录》中的新用途环境管理范围不变。

第三十三条 申请人取得登记证后，可以向国务院生态环境主管部门申请撤销登记证。

第三十四条 有下列情形之一的，为了公共利益的需要，国务院生态环境主管部门可以依照《中华人民共和国行政许可法》的有关规定，变更或者撤回登记证：

（一）根据本办法第四十二条的规定需要变更或者撤回的；

（二）新化学物质环境管理登记内容不符合国家产业政策的；

（三）相关法律、行政法规或者强制性标准发生变动的；

（四）新化学物质环境管理登记内容与中华人民共和国缔结或者参加的国际条约要求相抵触的；

（五）法律法规规定的应当变更或者撤回的其他情形。

第三十五条 有下列情形之一的，国务院生态环境主管部门可以依照《中华人民共和国行政许可法》的有关规定，撤销登记证：

（一）申请人或者其代理人以欺骗、贿赂等不正当手段取得登记证的；

（二）国务院生态环境主管部门工作人员滥用职权、玩忽职守或者违反法定程序核发登记证的；

（三）法律法规规定的应当撤销的其他情形。

第四节 备 案

第三十六条 办理新化学物质环境管理备案的，应当提交备案表和符合本办法第十条第三款规定的相应情形的证明材料，并一并提交其已经掌握的新化学物质环境与健康危害特性和环境风险的其他信息。

第三十七条 国务院生态环境主管部门收到新化学物质环境管理备案材料后，对完整齐全的备案材料存档备查，并发送备案回执。申请人提交备案材料后，即可按照备案内容开展新化学物质相关活动。

新化学物质环境管理备案事项或者相关信息发生变化时，申请人应当及时对备案信息进行变更。

国务院生态环境主管部门应当定期公布新化学物质环境管理备案情况。

第四章 跟踪管理

第三十八条 新化学物质的生产者、进口者、加工使用者应当向下游用户传递下列信息：

（一）登记证号或者备案回执号；

（二）新化学物质申请用途；

（三）新化学物质环境和健康危害特性及环境风险控制措施；

（四）新化学物质环境管理要求。

新化学物质的加工使用者可以要求供应商提供前款规定的新化学物质的相关信息。

第三十九条 新化学物质的研究者、生产者、进口者和加工使用者应当建立新化学物质活动情况记录制度，如实记录新化学物质活动时间、数量、用途，以及落实环境风险控制措施和环境管理要求等情况。

常规登记和简易登记材料以及新化学物质活动情况记录等相关资料应当至少保存十年。备案材料以及新化学物质活动情况记录等相关资料应当至少保存三年。

第四十条 常规登记新化学物质的生产者和加工使用者，应当落实环境风险控制措施和环境管理要求，并通过其官方网站或者其他便于公众知晓的方式公开环境风险控制措施和环境管理要求落实情况。

第四十一条 登记证持有人应当在首次生产之日起六十日内，或者在首次进口并向加工使用者转移之日起六十日内，向国务院生态环境主管部门报告新化学物质首次活动情况。

常规登记证上载明的环境管理要求规定了提交年度报告要求的，登记证持有人应当自登记的次年起，每年4月30日前向国务院生态环境主管部门报告上一年度获准登记新化学物质的实际生产或者进口情况、向环境排放情况，以及环境风险控制措施和环境管理要求的落实情况。

第四十二条 新化学物质的研究者、生产者、进口者和加工使用者发现新化学物质有新的环境或者健康危害特性或者环境风险的，应当及时向国务院生态环境主管部门报告；可能导致环境风险增加的，应当及时采取措施消除或者降低环境风险。

国务院生态环境主管部门根据全国新化学物质环境管理登记情况、实际生产或者进口情况、向环境排放情况，以及新发现的环境或者健康危害特性等，对环境风险可能持续增加的新化学物质，可以要求相关研究者、生产者、进口者和加工使用者，进一步提交相关环境或者健康危害、环境暴露数据信息。

国务院生态环境主管部门收到相关信息后，应当组织所属的化学物质环境管理技术机构和专家委员会进行技术评审；必要时，可以根据评审结果依法变更或者撤回相应的登记证。

第四十三条 国务院生态环境主管部门应当将新化学物质环境管理登记情况、环境风险控制措施和环境管理要求、首次活动情况、年度报告等信息通报省级生态环境主管部门；省级生态环境主管部门应当将上述信息通报设区的市级生态环境主管部门。

设区的市级以上生态环境主管部门，应当对新化学物质生产者、进口者和加工使用者是否按要求办理新化学物质环境管理登记、登记事项的真实性、登记证载明事项以及本办法其他相关规定的落实情况进行监督抽查。

新化学物质的研究者、生产者、进口者和加工使用者应当如实提供相关资料，接受生态环境主管部门的监督抽查。

第四十四条 取得常规登记证的新化学物质，自首次登记之日起满五年的，国务院生态环境主管部门应当将其列入《中国现有化学物质名录》，并予以公告。

对具有持久性和生物累积性，或者持久性和毒性，或者生物累积性和毒性的新化学物质，列入《中国现有化学物质名录》时应当注明其允许用途。

对高危害化学物质以及具有持久性和生物累积性，或者持久性和毒性，或者生物累积性和毒性的新化学物质，列入《中国现有化学物质名录》时，应当规定除年度报告之外的环境管理要求。

本条前三款规定适用于依照本办法第三十三条规定申请撤销的常规登记新化学物质。

简易登记和备案的新化学物质，以及依照本办法第三十四条、第三十五条规定被撤回或者撤销的常规登记新化学物质，不列入《中国现有化学物质名录》。

第四十五条 根据《新化学物质环境管理办法》（环境保护部令第7号）的规定取得常规申报登记证的新化学物质，尚未列入《中国现有化学物质名录》的，应当自首次生产或者进口活动之日起满五年或者本办法施行之日起满五年，列入《中国现有化学物质名录》。

根据《新化学物质环境管理办法》（国家环境保护总局令第17号）的规定，取得正常申报环境管理登记的新化学物质，尚未列入《中国现有化学物质名录》的，应当自本办法施行之日起六个月内，列入《中国现有化学物质名录》。

本办法生效前已列入《中国现有化学物质名录》并实施物质名称等标识信息保护的，标识信息的保护期限最长至2025年12月31日止。

第五章 法律责任

第四十六条 违反本办法规定,以欺骗、贿赂等不正当手段取得新化学物质环境管理登记的,由国务院生态环境主管部门责令改正,处一万元以上三万元以下的罚款,并依法依规开展失信联合惩戒,三年内不再受理其新化学物质环境管理登记申请。

第四十七条 违反本办法规定,有下列行为之一的,由国务院生态环境主管部门责令改正,处一万元以下的罚款;情节严重的,依法依规开展失信联合惩戒,一年内不再受理其新化学物质环境管理登记申请:

(一)未按要求报送新化学物质首次活动情况或者上一年度获准登记新化学物质的实际生产或者进口情况,以及环境风险控制措施和环境管理要求的落实情况的;

(二)未按要求报告新化学物质新的环境或者健康危害特性或者环境风险信息,或者未采取措施消除或者降低环境风险的,或者未提交环境或者健康危害、环境暴露数据信息的。

第四十八条 违反本办法规定,有下列行为之一的,由设区的市级以上地方生态环境主管部门责令改正,处一万元以上三万元以下的罚款;情节严重的,依法依规开展失信联合惩戒,一年内不再受理其新化学物质环境管理登记申请:

(一)未取得登记证生产或者进口新化学物质,或者加工使用未取得登记证的新化学物质的;

(二)未按规定办理重新登记生产或者进口新化学物质的;

(三)将未经国务院生态环境主管部门新用途环境管理登记审查或者审查后未予批准的化学物质,用于允许用途以外的其他工业用途的。

第四十九条 违反本办法规定,有下列行为之一的,由设区的市级以上地方生态环境主管部门责令限期改正,处一万元以上三万元以下的罚款;情节严重的,依法依规开展失信联合惩戒,一年内不再受理其新化学物质环境管理登记申请:

(一)未办理备案,或者未按照备案信息生产或者进口新化学物质,或者加工使用未办理备案的新化学物质的;

(二)未按照登记证的规定生产、进口或者加工使用新化学物质的;

(三)未办理变更登记,或者不按照变更内容生产或者进口新化学物质的;

(四)未落实相关环境风险控制措施或者环境管理要求的,或者未按照规定公开相关信息的;

(五)未向下游用户传递规定信息的,或者拒绝提供新化学物质的相关信息的;

(六)未建立新化学物质活动等情况记录制度的,或者未记录新化学物质活动等情况或者保存相关资料的;

(七)未落实《中国现有化学物质名录》列明的环境管理要求的。

第五十条 专家委员会成员在新化学物质环境管理登记评审中弄虚作假,或者有其他失职行为,造成评审结果严重失实的,由国务院生态环境主管部门取消其专家委员会成员资格,并向社会公开。

第五十一条 为新化学物质申请提供测试数据的测试机构出具虚假报告的,由国务院生态环境主管部门对测试机构处一万元以上三万元以下的罚款,对测试机构直接负责的主管人员和其他直接责任人员处一万元以上三万元以下的罚款,并依法依规开展失信联合惩戒,三年内不接受该测试机构出具的测试报告或者相关责任人员参与出具的测试报告。

第六章 附 则

第五十二条 本办法中下列用语的含义:

(一)环境风险,是指具有环境或者健康危害属性的化学物质在生产、加工使用、废弃及废弃处置过程中进入或者可能进入环境后,对环境和健康造成危害效应的程度和概率,不包括因生产安全事故、交通运输事故等突发事件造成的风险。

(二)高危害化学物质,是指同时具有持久性、生物累积性和毒性的化学物质,同时具有高持久性和高生物累积性的化学物质,或者其他具有同等环境或者健康危害性的化学物质。

(三)新化学物质加工使用,是指利用新化学物质进行分装、配制或者制造等生产经营活动,不包括贸易、仓储、运输等经营活动和使用含有新化学物质的物品的活动。

第五十三条 根据《新化学物质环境管理办法》(环境保护部令第7号)和《新化学物质环境管理办法》(国家环境保护总局令第17号)的规定已办理新化学物质环境管理登记的,相关登记在本办法施行后继续有效。

第五十四条 本办法由国务院生态环境主管部门负责解释。

第五十五条 本办法自2021年1月1日起施行,原环境保护部发布的《新化学物质环境管理办法》(环境保护部令第7号)同时废止。

进出口环保用微生物菌剂环境安全管理办法

- 2010年4月2日环境保护部、国家质量监督检验检疫总局令第10号公布
- 自2010年5月1日起施行

第一章 总 则

第一条 为加强进出口环保用微生物菌剂环境安全管理,维护环境安全,根据《中华人民共和国国境卫生检疫法》及其实施细则、《中华人民共和国环境保护法》等有关规定,制定本办法。

第二条 本办法适用于进出口环保用微生物菌剂环境安全管理。

本办法所称环保用微生物菌剂,是指从自然界分离纯化或者经人工选育等现代生物技术手段获得的,主要用于水、大气、土壤、固体废物污染检测、治理和修复的一种或者多种微生物菌种。

第三条 国家对进出口环保用微生物菌剂的环境安全管理,实行检测和环境安全评价制度。

第四条 环保用微生物菌剂进出口经营者,应当是依法成立的从事生产或者使用微生物菌剂的企业事业法人,并具备微生物菌剂安全生产、使用、储藏、运输和应急处置的能力。

进口环保用微生物菌剂,应当按照本办法的规定申请获得《微生物菌剂样品环境安全证明》,并凭该样品环境安全证明依法办理卫生检疫审批和现场查验。

第五条 环境保护部对进出口环保用微生物菌剂环境安全实施监督管理。省、自治区、直辖市环境保护行政主管部门依照本办法对辖区内进出口环保用微生物菌剂环境安全实施监督管理。

国家质量监督检验检疫总局统一管理全国进出口环保用微生物菌剂的卫生检疫监督管理工作;国家质量监督检验检疫总局设在各地的出入境检验检疫机构对辖区内进出口环保用微生物菌剂实施卫生检疫监督管理。

第六条 环境保护部会同国家质量监督检验检疫总局设立环保用微生物环境安全评价专家委员会,负责对微生物菌剂样品的环境安全性进行评审。

第二章 样品入境

第七条 进口经营者应当向微生物菌剂使用活动所在地省、自治区、直辖市环境保护行政主管部门提交下列材料,先行申请办理环保用微生物菌剂样品入境手续:

(一)进口经营者与境外经营者签订的微生物菌剂进口合同或者合同意向书的复印件;

(二)进口经营者主管人员和专业技术人员具备的微生物生产、应用和安全操作的专业学历或者资格证书复印件;

(三)微生物菌剂生产、使用、储藏、运输、处理的环境安全控制措施和突发环境事件应急预案;

(四)出口国政府主管部门出具的微生物菌剂环境安全证明;

(五)微生物菌剂在出口国的生产和应用情况;

(六)拟进口用于检测和环境安全评价样品的最低数量和规格;

(七)微生物菌剂环境安全性的其他证明资料。

前款所列材料,应当用中文或者中、英文对照文本,一式三份。

第八条 省、自治区、直辖市环境保护行政主管部门应当自受理进口样品申请之日起30日内,对申请材料进行审查,材料齐备、内容属实的,核发《环保用微生物菌剂样品入境通知单》。

必要时,省、自治区、直辖市环境保护行政主管部门可以组织专家进行技术审查,审查合格的,核发《环保用微生物菌剂样品入境通知单》。

《环保用微生物菌剂样品入境通知单》必须注明进口样品的数量和规格。《环保用微生物菌剂样品入境通知单》一式两份,一份用于样品检疫审批,一份用于样品环境安全评价数量核销。

第九条 直属检验检疫局凭《环保用微生物菌剂样品入境通知单》,签发样品卫生检疫审批单。

样品入境口岸检验检疫机构凭样品卫生检疫审批单,对样品的数量、规格、外包装情况进行现场查验。对样品查验合格的,准予入境。

第三章 样品环境安全评价

第十条 进口经营者,应当委托微生物检测和环境安全评价机构对样品进行检测和环境安全评价。

接受委托的检测和环境安全评价机构,应当是从事微生物研究的合格实验室(GLP),或者中国合格评定国家认可委员会认可的国家级专业机构。

第十一条 样品检测和环境安全评价机构应当按照环境保护部制定的《环保用微生物菌剂检测规程》和《环保用微生物菌剂使用环境安全评价导则》,对进口微生物菌剂进行检测和环境安全评价,出具样品检测和环境安全评价报告,并对检测数据和评价结论的真实性、准确性负责。

检测和环境安全评价报告,应当包括下列内容:

（一）微生物菌剂的微生物学检测鉴定；
（二）微生物菌剂的安全性试验；
（三）微生物菌剂的评价；
（四）微生物菌剂的卫生学安全评价；
（五）微生物菌剂及各类终产物的生态安全评价；
（六）微生物菌剂的生产或者使用环境评价。

检测和环境安全评价报告，还应当附具下列内容：
（一）微生物菌剂出口国已有的环境安全评价资料；
（二）检测和环境安全评价机构及其代理机构资质信息。

样品检测和环境安全评价报告，一式三份。

第十二条 样品检测和环境安全评价结束后，检测和环境安全评价机构应当将微生物菌剂样品全部安全销毁，不得保留或者移作他用。

第十三条 进口经营者应当将样品全数交验。检测和环境安全评价机构应当根据《环保用微生物菌剂样品入境通知单》，核对样品数量和规格；对数量和规格与《环保用微生物菌剂样品入境通知单》中不一致的，不得出具样品检测和环境安全评价报告。

第四章 样品环境安全证明

第十四条 进口经营者，应当向环保用微生物菌剂使用活动所在地省、自治区、直辖市环境保护行政主管部门提交样品检测和环境安全评价报告。

第十五条 省、自治区、直辖市环境保护行政主管部门应当自收到进口经营者提交的样品检测和环境安全评价报告之日起30日内进行审核，签署审核意见，连同申报材料、检测和环境安全评价报告一式三份报环境保护部。

环境保护部自收到申报材料之日起5个工作日内，将申报材料提交环保用微生物环境安全评价专家委员会。

第十六条 环保用微生物环境安全评价专家委员会应当自收到申报材料之日起15个工作日内完成评审，提出《环保用微生物菌剂样品环境安全性评审意见》，报环境保护部。

第十七条 《环保用微生物菌剂样品环境安全性评审意见》，应当包括下列内容：
（一）进口经营者申报的微生物菌剂主要成分与检测机构的检测结果是否一致；
（二）微生物菌剂中是否含有对人体健康和生态环境构成危险或者较大风险的微生物菌种（群）；
（三）微生物菌剂是否已经在出口国进行安全生产和使用；
（四）项目负责人和工作人员是否具备微生物生产、应用和安全操作专业学历或者资格；
（五）微生物菌剂生产、使用、储藏、运输和处理的环境安全控制措施和事故处置应急预案是否可行。

第十八条 环境保护部依据《环保用微生物菌剂样品环境安全性评审意见》，对检测和环境安全评价合格的微生物菌剂，出具《环保用微生物菌剂样品环境安全证明》。

第十九条 同一进口经营者的同一商品（项目）名称微生物菌剂，应当申请一个《环保用微生物菌剂样品环境安全证明》。

已获得《环保用微生物菌剂样品环境安全证明》的同一微生物菌剂，有两个以上商品（项目）名称的，应当报环境保护部备案。

第二十条 《环保用微生物菌剂样品环境安全证明》有效期为三年。

有效期届满后仍然需要进口该微生物菌剂的，进口经营者需要重新办理《环保用微生物菌剂样品环境安全证明》。

第二十一条 任何单位和个人不得转让、伪造、涂改或者变造《环保用微生物菌剂样品环境安全证明》。

第五章 出入境卫生检疫审批与报检查验

第二十二条 进出口经营者按照《出入境特殊物品卫生检疫管理规定》的规定，向直属检验检疫局提出卫生检疫审批申请。进口经营者还应当提供环境保护部出具的《环保用微生物菌剂样品环境安全证明》。

直属检验检疫局对准予进出口的，出具《出入境特殊物品卫生检疫审批单》。

第二十三条 口岸检验检疫机构凭《出入境特殊物品卫生检疫审批单》受理环保用微生物菌剂报检，实施现场检疫查验，并按照有关规定抽样送专业的环保微生物菌剂符合检测实验室进行检验，经符合性检验及卫生学检验合格的，方可放行。

第二十四条 口岸检验检疫机构对首次送检的环保用微生物菌剂，应当在20个工作日内完成检验；对首次检验已经合格的，应当在10个工作日内完成检验。

第六章 后续监管

第二十五条 进出口经营者应当采取环保用微生物菌剂生产、使用、储藏、运输和处理的环境安全控制措施，制定事故处置应急预案。

进出口经营者应当保留环保用微生物菌剂生产、使用、储藏、运输和处理记录。

第二十六条 进出口经营者应当于每年 1 月 31 日前，将上一年度环保用微生物菌剂生产或者使用环境安全管理情况和本年度环保用微生物菌剂进出口计划，报省、自治区、直辖市环境保护行政主管部门备案。

第二十七条 环保用微生物菌剂在进出口、生产或者使用过程中，出现异常情况，或者有新的科学依据证明对人体健康和生态环境构成危害的，环境保护部应当撤销其《环保用微生物菌剂样品环境安全证明》，监督进口单位销毁该微生物菌剂，并向国家质量监督检验检疫总局通报有关情况。

第二十八条 进出口经营者应当向环保用微生物菌剂生产或者使用活动所在地省、自治区、直辖市环境保护行政主管部门备案。变更环保用微生物菌剂生产或者使用活动所在地的，应当分别向变更前和变更后生产或者使用活动所在地省、自治区、直辖市环境保护行政主管部门办理备案变更。

第七章 罚 则

第二十九条 违反本办法规定，样品检测和环境安全评价结束后，未将微生物菌剂样品全部安全销毁的，由检测和环境安全评价机构所在地省、自治区、直辖市环境行政主管部门责令改正；拒不改正的，可以处一万元以上三万元以下的罚款，并由环境保护主管部门指定有能力的单位代为销毁，所需费用由违法者承担。

检测和环境安全评价机构出具虚假样品检测和环境安全评价结论的，环境保护部不再受理该评价机构做出的样品检测和环境安全评价报告。

第三十条 伪造或者涂改检疫单、证的，检验检疫机构可以给予警告或者处以 5000 元以下的罚款。

违反本办法规定，转让、伪造、涂改或者变造《环保用微生物菌剂样品环境安全证明》的，或者隐瞒有关情况、提供虚假材料的，由环境保护部撤销《环保用微生物菌剂样品环境安全证明》，直属检验检疫局吊销《出入境特殊物品卫生检疫审批单》；构成犯罪的，依法追究刑事责任。

第三十一条 违反本办法规定，未妥善保存微生物菌剂生产、使用、储藏、运输和处理记录，或者未执行微生物菌剂生产、使用、储藏、运输和处理的环境安全控制措施和事故处置应急预案的，由省、自治区、直辖市环境保护行政主管部门责令改正；拒不改正的，处一万元以上三万元以下罚款。

第八章 附 则

第三十二条 有关国际公约、双边或者多边协议、进口国法律的规定以及合同约定，需要对出口环保用微生物菌剂样品进行环境安全评价和环境安全证明的，参照本办法第三、四章执行。

第三十三条 进出口环保用微生物菌剂涉及动植物安全的，应当符合《中华人民共和国进出境动植物检疫法》等法律法规规定，并办理进境动植物检疫特许审批。

第三十四条 进口经营者委托代理进口申请的，其代理人除提交第七条规定的申请材料外，还应当提供与进口经营者签订的协议以及营业执照原件。

第三十五条 《环保用微生物菌剂样品入境通知单》和《环保用微生物菌剂样品环境安全证明》的格式与内容，由环境保护部统一制定。

第三十六条 本办法自 2010 年 5 月 1 日起施行。

放射性物品运输安全监督管理办法

· 2016 年 3 月 14 日环境保护部令第 38 号公布
· 自 2016 年 5 月 1 日起施行

第一章 总 则

第一条 为加强对放射性物品运输安全的监督管理，依据《放射性物品运输安全管理条例》，制定本办法。

第二条 本办法适用于对放射性物品运输和放射性物品运输容器的设计、制造和使用过程的监督管理。

第三条 国务院核安全监管部门负责对全国放射性物品运输的核与辐射安全实施监督管理，具体职责为：

（一）负责对放射性物品运输容器的设计、制造和使用等进行监督检查；

（二）负责对放射性物品运输过程中的核与辐射事故应急给予支持和指导；

（三）负责对放射性物品运输安全监督管理人员进行辐射防护与安全防护知识培训。

第四条 省、自治区、直辖市环境保护主管部门负责对本行政区域内放射性物品运输的核与辐射安全实施监督管理，具体职责为：

（一）负责对本行政区域内放射性物品运输活动的监督检查；

（二）负责在本行政区域内放射性物品运输过程中的核与辐射事故的应急准备和应急响应工作；

（三）负责对本行政区域内放射性物品运输安全监督管理人员进行辐射防护与安全防护知识培训。

第五条 放射性物品运输单位和放射性物品运输容器的设计、制造和使用单位,应当对其活动负责,并配合国务院核安全监管部门和省、自治区、直辖市环境保护主管部门进行监督检查,如实反映情况,提供必要的资料。

第六条 监督检查人员应当依法实施监督检查,并为被检查者保守商业秘密。

第二章 放射性物品运输容器设计活动的监督管理

第七条 放射性物品运输容器设计单位应当具备与设计工作相适应的设计人员、工作场所和设计手段,按照放射性物品运输容器设计的相关规范和标准从事设计活动,并为其设计的放射性物品运输容器的制造和使用单位提供必要的技术支持。从事一类放射性物品运输容器设计的单位应当依法取得设计批准书。

放射性物品运输容器设计单位应当在设计阶段明确首次使用前对运输容器的结构、包容、屏蔽、传热和核临界安全功能进行检查的方法和要求。

第八条 放射性物品运输容器设计单位应当加强质量管理,建立健全质量保证体系,编制质量保证大纲并有效实施。

放射性物品运输容器设计单位对其所从事的放射性物品运输容器设计活动负责。

第九条 放射性物品运输容器设计单位应当通过试验验证或者分析论证等方式,对其设计的放射性物品运输容器的安全性能进行评价。

安全性能评价应当贯穿整个设计过程,保证放射性物品运输容器的设计满足所有的安全要求。

第十条 放射性物品运输容器设计单位应当按照国务院核安全监管部门规定的格式和内容编制设计安全评价文件。

设计安全评价文件应当包括结构评价、热评价、包容评价、屏蔽评价、临界评价、货包(放射性物品运输容器与其放射性内容物)操作规程、验收试验和维修大纲,以及运输容器的工程图纸等内容。

第十一条 放射性物品运输容器设计单位对其设计的放射性物品运输容器进行试验验证的,应当在验证开始前至少二十个工作日提请国务院核安全监管部门进行试验见证,并提交下列文件:

(一)初步设计说明书和计算报告;

(二)试验验证方式和试验大纲;

(三)试验验证计划。

国务院核安全监管部门应当及时组织对设计单位的试验验证过程进行见证,并做好相应的记录。

开展特殊形式和低弥散放射性物品设计试验验证的单位,应当依照本条第一款的规定提请试验见证。

第十二条 国务院核安全监管部门应当对放射性物品运输容器设计活动进行监督检查。

申请批准一类放射性物品运输容器的设计,国务院核安全监管部门原则上应当对该设计活动进行一次现场检查;对于二类、三类放射性物品运输容器的设计,国务院核安全监管部门应当结合试验见证情况进行现场抽查。

国务院核安全监管部门可以结合放射性物品运输容器的制造和使用情况,对放射性物品运输容器设计单位进行监督检查。

第十三条 国务院核安全监管部门对放射性物品运输容器设计单位进行监督检查时,应当检查质量保证大纲和试验验证的实施情况、人员配备、设计装备、设计文件、安全性能评价过程记录、以往监督检查发现问题的整改落实情况等。

第十四条 一类放射性物品运输容器设计批准书颁发前的监督检查中,发现放射性物品运输容器设计单位的设计活动不符合法律法规要求的,国务院核安全监管部门应当暂缓或者不予颁发设计批准书。

监督检查中发现经批准的一类放射性物品运输容器设计确有重大设计安全缺陷的,国务院核安全监管部门应当责令停止该型号运输容器的制造或者使用,撤销一类放射性物品运输容器设计批准书。

第三章 放射性物品运输容器制造活动的监督管理

第十五条 放射性物品运输容器制造单位应当具备与制造活动相适应的专业技术人员、生产条件和检测手段,采用经设计单位确认的设计图纸和文件。一类放射性物品运输容器制造单位应当依法取得一类放射性物品运输容器制造许可证后,方可开展制造活动。

放射性物品运输容器制造单位应当在制造活动开始前,依据设计提出的技术要求编制制造过程工艺文件,并严格执行;采用特种工艺的,应当进行必要的工艺试验或者工艺评定。

第十六条 放射性物品运输容器制造单位应当加强质量管理,建立健全质量保证体系,编制质量保证大纲并有效实施。

放射性物品运输容器制造单位对其所从事的放射性物品运输容器制造质量负责。

第十七条 放射性物品运输容器制造单位应当按照设计要求和有关标准,对放射性物品运输容器的零部件和整体容器进行质量检验,编制质量检验报告。未经质量检验或者经检验不合格的放射性物品运输容器,不得交付使用。

第十八条 一类、二类放射性物品运输容器制造单位,应当按照本办法规定的编码规则,对其制造的一类、二类放射性物品运输容器进行统一编码。

一类、二类放射性物品运输容器制造单位,应当于每年1月31日前将上一年度制造的运输容器的编码清单报国务院核安全监管部门备案。

三类放射性物品运输容器制造单位,应当于每年1月31日前将上一年度制造的运输容器的型号及其数量、设计总图报国务院核安全监管部门备案。

第十九条 一类放射性物品运输容器制造单位应当在每次制造活动开始前至少三十日,向国务院核安全监管部门提交制造质量计划。国务院核安全监管部门应当根据制造活动的特点选取检查点并通知制造单位。

一类放射性物品运输容器制造单位应当根据制造活动的实际进度,在国务院核安全监管部门选取的检查点制造活动开始前,至少提前十个工作日书面报告国务院核安全监管部门。

第二十条 国务院核安全监管部门应当对放射性物品运输容器的制造过程进行监督检查。

对一类放射性物品运输容器的制造活动应当至少组织一次现场检查;对二类放射性物品运输容器的制造,应当对制造过程进行不定期抽查;对三类放射性物品运输容器的制造,应当根据每年的备案情况进行不定期抽查。

第二十一条 国务院核安全监管部门对放射性物品运输容器制造单位进行现场监督检查时,应当检查以下内容:

(一)一类放射性物品运输容器制造单位遵守制造许可证的情况;

(二)质量保证体系的运行情况;

(三)人员资格情况;

(四)生产条件和检测手段与所从事制造活动的适应情况;

(五)编制的工艺文件与采用的技术标准以及有关技术文件的符合情况;

(六)工艺过程的实施情况以及零部件采购过程中的质量保证情况;

(七)制造过程记录;

(八)重大质量问题的调查和处理,以及整改要求的落实情况等。

第二十二条 国务院核安全监管部门在监督检查中,发现一类放射性物品运输容器制造单位有不符合制造许可证规定情形的,由国务院核安全监管部门责令限期整改。

监督检查中发现放射性物品运输容器制造确有重大质量问题或者违背设计要求的,由国务院核安全监管部门责令停止该型号运输容器的制造或者使用。

第二十三条 一类放射性物品运输容器的使用单位在采购境外单位制造的运输容器时,应当在对外贸易合同中明确运输容器的设计、制造符合我国放射性物品运输安全法律法规要求,以及境外单位配合国务院核安全监管部门监督检查的义务。

采购境外单位制造的一类放射性物品运输容器的使用单位,应当在相应制造活动开始前至少三个月通知国务院核安全监管部门,并配合国务院核安全监管部门对境外单位一类放射性物品运输容器制造活动实施监督检查。

采购境外单位制造的一类放射性物品运输容器成品的使用单位,应当在使用批准书申请时提交相应的文件,证明该容器质量满足设计要求。

第四章 放射性物品运输活动的监督管理

第二十四条 托运人对放射性物品运输的核与辐射安全和应急工作负责,对拟托运物品的合法性负责,并依法履行各项行政审批手续。托运一类放射性物品的托运人应当依法取得核与辐射安全分析报告批复后方可从事运输活动。托运人应当对直接从事放射性物品运输的工作人员进行运输安全和应急响应知识的培训和考核,并建立职业健康档案。

承运人应当对直接从事放射性物品运输的工作人员进行运输安全和应急响应知识的培训和考核,并建立职业健康档案。对托运人提交的有关资料,承运人应当进行查验、收存,并配合托运人做好运输过程中的安全保卫和核与辐射事故应急工作。

放射性物品运输应当有明确并且具备核与辐射安全法律法规规定条件的接收人。接收人应当对所接收的放射性物品进行核对验收,发现异常应当及时通报托运人和承运人。

第二十五条 托运人应当根据拟托运放射性物品的潜在危害建立健全应急响应体系,针对具体运输活动编制应急响应指南,并在托运前提交承运人。

托运人应当会同承运人定期开展相应的应急演习。

第二十六条 托运人应当对每个放射性物品运输容

器在制造完成后、首次使用前进行详细检查,确保放射性物品运输容器的包容、屏蔽、传热、核临界安全功能符合设计要求。

第二十七条 托运人应当按照运输容器的特点,制定每次启运前检查或者试验程序,并按照程序进行检查。检查时应当核实内容物符合性,并对运输容器的吊装设备、密封性能、温度、压力等进行检测和检查,确保货包的热和压力已达到平衡、稳定状态,密闭性能完好。

对装有易裂变材料的放射性物品运输容器,还应当检查中子毒物和其他临界控制措施是否符合要求。

每次检查或者试验应当由获得托运人授权的操作人员进行,并制作书面记录。

检查不符合要求的,不得启运。

第二十八条 托运一类放射性物品的,托运人应当委托有资质的辐射监测机构在启运前对其表面污染和辐射水平实施监测,辐射监测机构应当出具辐射监测报告。

托运二类、三类放射性物品的,托运人应当对其表面污染和辐射水平实施监测,并编制辐射监测报告,存档备查。

监测结果不符合国家放射性物品运输安全标准的,不得托运。

第二十九条 托运人应当根据放射性物品运输安全标准,限制单个运输工具上放射性物品货包的数量。

承运人应当按照托运人的要求运输货包。放射性物品运输和中途贮存期间,承运人应当妥善堆放,采取必要的隔离措施,并严格执行辐射防护和监测要求。

第三十条 托运人和承运人应当采取措施,确保货包和运输工具外表面的非固定污染不超过放射性物品运输安全标准的要求。

在运输途中货包受损、发生泄漏或者有泄漏可能的,托运人和承运人应当立即采取措施保护现场,限制非专业人员接近,并由具备辐射防护与安全防护知识的专业技术人员按放射性物品运输安全标准要求评定货包的污染程度和辐射水平,消除或者减轻货包泄漏、损坏造成的后果。

经评定,货包泄漏量超过放射性物品运输安全标准要求的,托运人和承运人应当立即报告事故发生地的县级以上环境保护主管部门,并在环境保护主管部门监督下将货包移至临时场所。货包完成修理和去污之后,方可向外发送。

第三十一条 放射性物品运输中发生核与辐射安全事故时,托运人和承运人应当根据核与辐射事故应急应指南的要求,做好事故应急工作,并立即报告事故发生地的县级以上环境保护主管部门。相关部门应当按照应急预案做好事故应急响应工作。

第三十二条 一类放射性物品启运前,托运人应当将放射性物品运输的核与辐射安全分析报告批准书、辐射监测报告,报启运地的省、自治区、直辖市环境保护主管部门备案。

启运地的省、自治区、直辖市环境保护主管部门收到托运人的备案材料后,应当将一类放射性物品运输辐射监测备案表及时通报途经地和抵达地的省、自治区、直辖市环境保护主管部门。

第三十三条 对一类放射性物品的运输,启运地的省、自治区、直辖市环境保护主管部门应当在启运前对放射性物品运输托运人的运输准备情况进行监督检查。

对运输频次比较高、运输活动比较集中的地区,可以根据实际情况制定监督检查计划,原则上检查频次每月不少于一次;对二类放射性物品的运输,可以根据实际情况开展抽查,原则上检查频次每季度不少于一次;对三类放射性物品的运输,可以根据实际情况实施抽查,原则上检查频次每年不少于一次。

途经地和抵达地的省、自治区、直辖市环境保护主管部门不得中途拦截检查;发生特殊情况的除外。

第三十四条 省、自治区、直辖市环境保护主管部门应当根据运输货包的类别和数量,按照放射性物品运输安全标准对本行政区域内放射性物品运输货包的表面污染和辐射水平开展启运前的监督性监测。监督性监测不得收取费用。

辐射监测机构和托运人应当妥善保存原始记录和监测报告,并配合省、自治区、直辖市环境保护主管部门进行监督性监测。

第三十五条 放射性物品从境外运抵中华人民共和国境内,或者途经中华人民共和国境内运输的,应当根据放射性物品的分类,分别按照法律法规规定的一类、二类、三类放射性物品运输的核与辐射安全监督管理要求进行运输。

第三十六条 放射性物品运输容器使用单位应当按照放射性物品运输安全标准和设计要求制定容器的维修和维护程序,严格按照程序进行维修和维护,并建立维修、维护和保养档案。放射性物品运输容器达到设计使用年限,或者发现放射性物品运输容器存在安全隐患的,应当停止使用,进行处理。

第三十七条 一类放射性物品运输容器使用单位应

当对其使用的一类放射性物品运输容器每两年进行一次安全性能评价。安全性能评价应当在两年使用期届满前至少三个月进行,并在使用期届满前至少两个月编制定期安全性能评价报告。

定期安全性能评价报告,应当包括运输容器的运行历史和现状、检查和检修及发现问题的处理情况、定期检查和试验等内容。使用单位应当做好接受监督检查的准备。必要时,国务院核安全监管部门可以根据运输容器使用特点和使用情况,选取检查点并组织现场检查。

一类放射性物品运输容器使用单位应当于两年使用期届满前至少三十日,将安全性能评价结果报国务院核安全监管部门备案。

第三十八条 放射性物品启运前的监督检查包括以下内容:

（一）运输容器及放射性内容物:检查运输容器的日常维修和维护记录、定期安全性能评价记录（限一类放射性物品运输容器）、编码（限一类、二类放射性物品运输容器）等,确保运输容器及内容物均符合设计的要求；

（二）托运人启运前辐射监测情况,以及随车辐射监测设备的配备；

（三）表面污染和辐射水平；

（四）标记、标志和标牌是否符合要求；

（五）运输说明书,包括特殊的装卸作业要求、安全防护指南、放射性物品的品名、数量、物理化学形态、危害风险以及必要的运输路线的指示等；

（六）核与辐射事故应急响应指南；

（七）核与辐射安全分析报告批准书、运输容器设计批准书等相关证书的持有情况；

（八）直接从事放射性物品运输的工作人员的运输安全、辐射防护和应急响应知识的培训和考核情况；

（九）直接从事放射性物品运输的工作人员的辐射防护管理情况。

对一类、二类放射性物品运输的监督检查,还应当包括卫星定位系统的配备情况。

对重要敏感的放射性物品运输活动,国务院核安全监管部门应当根据核与辐射安全分析报告及其批复的要求加强监督检查。

第三十九条 国务院核安全监管部门和省、自治区、直辖市环境保护主管部门在监督检查中发现放射性物品运输活动有不符合国家放射性物品运输安全标准情形的,应责令限期整改；发现放射性物品运输活动可能对人体健康和环境造成核与辐射危害的,应当责令停止运输。

第五章 附 则

第四十条 本办法自2016年5月1日起施行。

附

放射性物品运输容器统一编码规则

1.1 一类、二类放射性物品运输容器编码规则

CN/XXX/X-XX-(NNSA)

其中：

第1-2位：国家或地区代码,CN代表中国。

第3位："/",隔离符。

第4-6位：主管部门为该设计指定的设计批准编号或备案编号。

第7位："/",隔离符。

第8位：批准书类型或容器类型：

一类放射性物品运输容器设计批准书类型：

AF:易裂变A型运输容器设计批准书

B(U):B(U)型运输容器设计批准书

B(U)F:易裂变材料B(U)型运输容器设计批准书

B(M):B(M)型运输容器设计批准书

B(M)F:易裂变材料B(M)型运输容器设计批准书

C:C型运输容器设计批准书

CF:易裂变材料C型运输容器设计批准书

IF:易裂变材料工业运输容器设计批准书

H:非易裂变物质或除六氟化铀以外的易裂变物质运输容器的设计批准书。

二类放射性物品运输容器类型有A,IP3等。

第9位："-"。

第10-11位：依据IAEA标准的版本,用年份后2位数字表示。如1996年版本,则填写96。

第12位："-"。

第13位：(NNSA)作为一位,代表国务院核安全监管部门批准的一类放射性物品运输容器和备案的二类放射性物品运输容器。

一类、二类运输容器编码规则,应当在国务院核安全监管部门设计批准或备案编号的基础上增加制造单位名称（用代码表示,按照申请的顺序从001开始,以此类推,100代表境外单位制造）和流水号（No.01、No.02、No.03…依次类推）。

1.2 一类、二类放射性物品运输容器编码卡格式

1. 字体均为宋体，应当为刻印，不得手写。
2. 编码卡材料要适合存档和长期保存。
3. 编码卡尺寸可根据容器大小按比例调整尺寸，但应当以便于识别为准。

一类、二类放射性物品运输容器制造编码卡应当至少包括下列内容：

容器名称	
容器编码	
容器外形尺寸	
制造单位	
出厂日期	

填写说明：
1. 容器编码为按一类、二类放射性物品运输容器编码规则进行的编码。
2. 容器外形尺寸填写容器的最大形状尺寸。如：圆柱体，Φ4m×10m，长方体，2m×3m×5m。
3. 本卡不能留空，不清楚的项目填"未知"。

放射性药品管理办法

- 1989年1月13日中华人民共和国国务院令第25号发布
- 根据2011年1月8日《国务院关于废止和修改部分行政法规的决定》第一次修订
- 根据2017年3月1日《国务院关于修改和废止部分行政法规的决定》第二次修订
- 根据2022年3月29日《国务院关于修改和废止部分行政法规的决定》第三次修订

第一章　总　则

第一条　为了加强放射性药品的管理，根据《中华人民共和国药品管理法》(以下称《药品管理法》)的规定，制定本办法。

第二条　放射性药品是指用于临床诊断或者治疗的放射性核素制剂或者其标记药物。

第三条　凡在中华人民共和国领域内进行放射性药品的研究、生产、经营、运输、使用、检验、监督管理的单位和个人都必须遵守本办法。

第四条　国务院药品监督管理部门负责全国放射性药品监督管理工作。国务院国防科技工业主管部门依据职责负责与放射性药品有关的管理工作。国务院环境保护主管部门负责与放射性药品有关的辐射安全与防护的监督管理工作。

第二章　放射性新药的研制、临床研究和审批

第五条　放射性新药的研制内容，包括工艺路线、质量标准、临床前药理及临床研究。研制单位在制订新药工艺路线的同时，必须研究该药的理化性能、纯度（包括核素纯度）及检验方法、药理、毒理、动物药代动力学、放射性比活度、剂量、剂型、稳定性等。

研制单位对放射免疫分析药盒必须进行可测限度、范围、特异性、准确度、精密度、稳定性等方法学的研究。

放射性新药的分类，按国务院药品监督管理部门有关药品注册的规定办理。

第六条　研制单位研制的放射性新药，在进行临床试验或者验证前，应当向国务院药品监督管理部门提出申请，按规定报送资料及样品，经国务院药品监督管理部门审批同意后，在国务院药品监督管理部门指定的药物临床试验机构进行临床研究。

第七条　研制单位在放射性新药临床研究结束后，向国务院药品监督管理部门提出申请，经国务院药品监督管理部门审核批准，发给新药证书。国务院药品监督管理部门在审核批准时，应当征求国务院国防科技工业主管部门的意见。

第八条　放射性新药投入生产，需由生产单位或者取得放射性药品生产许可证的研制单位，凭新药证书（副本）向国务院药品监督管理部门提出生产该药的申请，并提供样品，由国务院药品监督管理部门审核发给批准文号。

第三章　放射性药品的生产、经营和进出口

第九条　国家根据需要，对放射性药品的生产企业实行合理布局。

第十条　开办放射性药品生产、经营企业，必须具备《药品管理法》规定的条件，符合国家有关放射性同位素安全和防护的规定与标准，并履行环境影响评价文件的审批手续；开办放射性药品生产企业，经所在省、自治区、直辖市国防科技工业主管部门审查同意，所在省、自治区、直辖市药品监督管理部门审核批准后，由所在省、自治区、直辖市药品监督管理部门发给《放射性药品生产企业许可证》；开办放射性药品经营企业，经所在省、自治区、直辖市药品监督管理部门审核并征求所在省、自治区、直辖市国防科技工业主管部门意见后批准的，由所在省、自治区、直辖市药品监督管理部门发给《放射性药品

经营企业许可证》。无许可证的生产、经营企业，一律不准生产、销售放射性药品。

第十一条 《放射性药品生产企业许可证》、《放射性药品经营企业许可证》的有效期为5年，期满前6个月，放射性药品生产、经营企业应当分别向原发证的药品监督管理部门重新提出申请，按第十条审批程序批准后，换发新证。

第十二条 放射性药品生产企业生产已有国家标准的放射性药品，必须经国务院药品监督管理部门征求国务院国防科技工业主管部门意见后审核批准，并发给批准文号。凡是改变国务院药品监督管理部门已批准的生产工艺路线和药品标准的，生产单位必须按原报批程序提出补充申请，经国务院药品监督管理部门批准后方能生产。

第十三条 放射性药品生产、经营企业，必须配备与生产、经营放射性药品相适应的专业技术人员，具有安全、防护和废气、废物、废水处理等设施，并建立严格的质量管理制度。

第十四条 放射性药品生产、经营企业，必须建立质量检验机构，严格实行生产全过程的质量控制和检验。产品出厂前，须经质量检验。符合国家药品标准的产品方可出厂，不符合标准的产品一律不准出厂。

经国务院药品监督管理部门审核批准的含有短半衰期放射性核素的药品，可以边检验边出厂，但发现质量不符合国家药品标准时，该药品的生产企业应当立即停止生产、销售，并立即通知使用单位停止使用，同时报告国务院药品监督管理、卫生行政、国防科技工业主管部门。

第十五条 放射性药品的生产、经营单位和医疗单位凭省、自治区、直辖市药品监督管理部门发给的《放射性药品生产企业许可证》、《放射性药品经营企业许可证》、医疗单位凭省、自治区、直辖市药品监督管理部门发给的《放射性药品使用许可证》，开展放射性药品的购销活动。

第十六条 进口的放射性药品品种，必须符合我国的药品标准或者其他药用要求，并依照《药品管理法》的规定取得进口药品注册证书。

进出口放射性药品，应当按照国家有关对外贸易、放射性同位素安全和防护的规定，办理进出口手续。

第十七条 进口放射性药品，必须经国务院药品监督管理部门指定的药品检验机构抽样检验；检验合格的，方准进口。

对于经国务院药品监督管理部门审核批准的含有短半衰期放射性核素的药品，在保证安全使用的情况下，可以采取边进口检验、边投入使用的办法。进口检验单位发现药品质量不符合要求时，应当立即通知使用单位停止使用，并报告国务院药品监督管理、卫生行政、国防科技工业主管部门。

第四章 放射性药品的包装和运输

第十八条 放射性药品的包装必须安全实用，符合放射性药品质量要求，具有与放射性剂量相适应的防护装置。包装必须分内包装和外包装两部分，外包装必须贴有商标、标签、说明书和放射性药品标志，内包装必须贴有标签。

标签必须注明药品品名、放射性比活度、装量。

说明书除注明前款内容外，还须注明生产单位、批准文号、批号、主要成份、出厂日期、放射性核素半衰期、适应症、用法、用量、禁忌症、有效期和注意事项等。

第十九条 放射性药品的运输，按国家运输、邮政等部门制订的有关规定执行。

严禁任何单位和个人随身携带放射性药品乘坐公共交通运输工具。

第五章 放射性药品的使用

第二十条 医疗单位设置核医学科、室（同位素室），必须配备与其医疗任务相适应的并经核医学技术培训的技术人员。非核医学专业技术人员未经培训，不得从事放射性药品使用工作。

第二十一条 医疗单位使用放射性药品，必须符合国家有关放射性同位素安全和防护的规定。所在地的省、自治区、直辖市药品监督管理部门，应当根据医疗单位核医疗技术人员的水平、设备条件，核发相应等级的《放射性药品使用许可证》，无许可证的医疗单位不得临床使用放射性药品。

《放射性药品使用许可证》有效期为5年，期满前6个月，医疗单位应当向原发证的行政部门重新提出申请，经审核批准后，换发新证。

第二十二条 医疗单位配制、使用放射性制剂，应当符合《药品管理法》及其实施条例的相关规定。

第二十三条 持有《放射性药品使用许可证》的医疗单位，必须负责对使用的放射性药品进行临床质量检验，收集药品不良反应等项工作，并定期向所在地药品监督管理、卫生行政部门报告。由省、自治区、直辖市药品监督管理、卫生行政部门汇总后分别报国务院药品监督管理、卫生行政部门。

第二十四条 放射性药品使用后的废物（包括患者排出物），必须按国家有关规定妥善处置。

第六章 放射性药品标准和检验

第二十五条 放射性药品的国家标准，由国务院药品监督管理部门药典委员会负责制定和修订，报国务院药品监督管理部门审批颁发。

第二十六条 放射性药品的检验由国务院药品监督管理部门公布的药品检验机构承担。

第七章 附 则

第二十七条 对违反本办法规定的单位或者个人，由县以上药品监督管理、卫生行政部门，按照《药品管理法》和有关法规的规定处罚。

第二十八条 本办法自发布之日起施行。

易制爆危险化学品治安管理办法

- 2019年7月6日公安部令第154号发布
- 自2019年8月10日起施行

第一章 总 则

第一条 为加强易制爆危险化学品的治安管理，有效防范易制爆危险化学品治安风险，保障人民群众生命财产安全和公共安全，根据《中华人民共和国反恐怖主义法》《危险化学品安全管理条例》《企业事业单位内部治安保卫条例》等有关法律法规的规定，制定本办法。

第二条 易制爆危险化学品生产、经营、储存、使用、运输和处置的治安管理，适用本办法。

第三条 本办法所称易制爆危险化学品，是指列入公安部确定、公布的易制爆危险化学品名录，可用于制造爆炸物品的化学品。

第四条 本办法所称易制爆危险化学品从业单位，是指生产、经营、储存、使用、运输及处置易制爆危险化学品的单位。

第五条 易制爆危险化学品治安管理，应当坚持安全第一、预防为主、依法治理、系统治理的原则，强化和落实从业单位的主体责任。

易制爆危险化学品从业单位的主要负责人是治安管理第一责任人，对本单位易制爆危险化学品治安管理工作全面负责。

第六条 易制爆危险化学品从业单位应当建立易制爆危险化学品信息系统，并实现与公安机关的信息系统互联互通。

公安机关和易制爆危险化学品从业单位应当对易制爆危险化学品实行电子追踪标识管理，监控记录易制爆危险化学品流向、流量。

第七条 任何单位和个人都有权举报违反易制爆危险化学品治安管理规定的行为；接到举报的公安机关应当依法及时查处，并为举报人员保密，对举报有功人员给予奖励。

第八条 易制爆危险化学品从业单位应当加强对治安管理工作的检查、考核和奖惩，及时发现、整改治安隐患，并保存检查、整改记录。

第二章 销售、购买和流向登记

第九条 公安机关接收同级应急管理部门通报的颁发危险化学品安全生产许可证、危险化学品安全使用许可证、危险化学品经营许可证、烟花爆竹安全生产许可证情况后，对属于易制爆危险化学品从业单位的，应当督促其建立信息系统。

第十条 依法取得危险化学品安全生产许可证、危险化学品安全使用许可证、危险化学品经营许可证的企业，凭相应的许可证件购买易制爆危险化学品。民用爆炸物品生产企业凭民用爆炸物品生产许可证购买易制爆危险化学品。

第十一条 本办法第十条以外的其他单位购买易制爆危险化学品的，应当向销售单位出具以下材料：

（一）本单位《工商营业执照》《事业单位法人证书》等合法证明复印件、经办人身份证明复印件；

（二）易制爆危险化学品合法用途说明，说明应当包含具体用途、品种、数量等内容。

严禁个人购买易制爆危险化学品。

第十二条 危险化学品生产企业、经营企业销售易制爆危险化学品，应当查验本办法第十条或者第十一条规定的相关许可证件或者证明文件，不得向不具有相关许可证件或者证明文件的单位及任何个人销售易制爆危险化学品。

第十三条 销售、购买、转让易制爆危险化学品应当通过本企业银行账户或者电子账户进行交易，不得使用现金或者实物进行交易。

第十四条 危险化学品生产企业、经营企业销售易制爆危险化学品，应当如实记录购买单位的名称、地址、经办人姓名、身份证号码以及所购买的易制爆危险化学品的品种、数量、用途。销售记录以及相关许可证件复印件或者证明文件、经办人的身份证明复印件的保存期限不得少于一年。

易制爆危险化学品销售、购买单位应当在销售、购买后五日内，通过易制爆危险化学品信息系统，将所销售、购买的易制爆危险化学品的品种、数量以及流向信息报所在地县级公安机关备案。

第十五条 易制爆危险化学品生产、进口和分装单位应当按照国家有关标准和规范要求，对易制爆危险化学品作出电子追踪标识，识读电子追踪标识可显示相应易制爆危险化学品品种、数量以及流向信息。

第十六条 易制爆危险化学品从业单位应当如实登记易制爆危险化学品销售、购买、出入库、领取、使用、归还、处置等信息，并录入易制爆危险化学品信息系统。

第三章 处置、使用、运输和信息发布

第十七条 易制爆危险化学品从业单位转产、停产、停业或者解散的，应当将生产装置、储存设施以及库存易制爆危险化学品的处置方案报主管部门和所在地县级公安机关备案。

第十八条 易制爆危险化学品使用单位不得出借、转让其购买的易制爆危险化学品；因转产、停产、搬迁、关闭等确需转让的，应当向具有本办法第十条或者第十一条规定的相关许可证件或者证明文件的单位转让。

双方应当在转让后五日内，将有关情况报告所在地县级公安机关。

第十九条 运输易制爆危险化学品途中因住宿或者发生影响正常运输的情况，需要较长时间停车的，驾驶人员、押运人员应当采取相应的安全防范措施，并向公安机关报告。

第二十条 易制爆危险化学品在道路运输途中丢失、被盗、被抢或者出现流散、泄漏等情况的，驾驶人员、押运人员应当立即采取相应的警示措施和安全措施，并向公安机关报告。公安机关接到报告后，应当根据实际情况立即向同级应急管理、生态环境、卫生健康等部门通报，采取必要的应急处置措施。

第二十一条 任何单位和个人不得交寄易制爆危险化学品或者在邮件、快递中夹带易制爆危险化学品，不得将易制爆危险化学品匿报或者谎报为普通物品交寄，不得将易制爆危险化学品交给不具有相应危险货物运输资质的企业托运。邮政企业、快递企业不得收寄易制爆危险化学品。运输企业、物流企业不得违反危险货物运输管理规定承运易制爆危险化学品。邮政企业、快递企业、运输企业、物流企业发现违反规定交寄或者托运易制爆危险化学品的，应当立即将有关情况报告公安机关和主管部门。

第二十二条 易制爆危险化学品从业单位依法办理非经营性互联网信息服务备案手续后，可以在本单位网站发布易制爆危险化学品信息。

易制爆危险化学品从业单位应当在本单位网站主页显著位置标明可供查询的互联网信息服务备案编号。

第二十三条 易制爆危险化学品从业单位不得在本单位网站以外的互联网应用服务中发布易制爆危险化学品信息及建立相关链接。

禁止易制爆危险化学品从业单位以外的其他单位在互联网发布易制爆危险化学品信息及建立相关链接。

第二十四条 禁止个人在互联网上发布易制爆危险化学品生产、买卖、储存、使用信息。

禁止任何单位和个人在互联网上发布利用易制爆危险化学品制造爆炸物品方法的信息。

第四章 治安防范

第二十五条 易制爆危险化学品从业单位应当设置治安保卫机构，建立健全治安保卫制度，配备专职治安保卫人员负责易制爆危险化学品治安保卫工作，并将治安保卫机构的设置和人员的配备情况报所在地县级公安机关备案。治安保卫人员应当符合国家有关标准和规范要求，经培训后上岗。

第二十六条 易制爆危险化学品应当按照国家有关标准和规范要求，储存在封闭式、半封闭式或者露天式危险化学品专用储存场所内，并根据危险品性能分区、分类、分库储存。

教学、科研、医疗、测试等易制爆危险化学品使用单位，可使用储存室或者储存柜储存易制爆危险化学品，单个储存室或者储存柜储存量应当在50公斤以下。

第二十七条 易制爆危险化学品储存场所应当按照国家有关标准和规范要求，设置相应的人力防范、实体防范、技术防范等治安防范设施，防止易制爆危险化学品丢失、被盗、被抢。

第二十八条 易制爆危险化学品从业单位应当建立易制爆危险化学品出入库检查、登记制度，定期核对易制爆危险化学品存放情况。

易制爆危险化学品丢失、被盗、被抢的，应当立即报告公安机关。

第二十九条 易制爆危险化学品储存场所（储存室、储存柜除外）治安防范状况应当纳入单位安全评价的内容，经安全评价合格后方可使用。

第三十条 构成重大危险源的易制爆危险化学品，应当在专用仓库内单独存放，并实行双人收发、双人保管制度。

第五章 监督检查

第三十一条 公安机关根据本地区工作实际,定期组织易制爆危险化学品从业单位监督检查;在重大节日、重大活动前或者期间组织监督抽查。

公安机关人民警察进行监督检查时应当出示人民警察证,表明执法身份,不得从事与职务无关的活动。

第三十二条 监督检查内容包括:

(一)易制爆危险化学品从业单位持有相关许可证件情况;

(二)销售、购买、处置、使用、运输易制爆危险化学品是否符合有关规定;

(三)易制爆危险化学品信息发布是否符合有关规定;

(四)易制爆危险化学品流向登记是否符合有关规定;

(五)易制爆危险化学品从业单位治安保卫机构、制度建设是否符合有关规定;

(六)易制爆危险化学品从业单位及其储存场所治安防范设施是否符合有关规定;

(七)法律、法规、规范和标准规定的其他内容。

第三十三条 监督检查应当记录在案,归档管理。监督检查记录包括:

(一)执行监督检查任务的人员姓名、单位、职务、警号;

(二)监督检查的时间、地点、单位名称、检查事项;

(三)发现的隐患问题及处理结果。

第三十四条 监督检查记录一式两份,由监督检查人员、被检查单位管理人员签字确认;被检查单位管理人员对检查记录有异议或者拒绝签名的,检查人员应当在检查记录中注明。

第三十五条 公安机关应当建立易制爆危险化学品从业单位风险评估、分级预警机制和与有关部门信息共享通报机制。

第六章 法律责任

第三十六条 违反本办法第六条第一款规定的,由公安机关责令限期改正,可以处一万元以下罚款;逾期不改正的,处违法所得三倍以下且不超过三万元罚款,没有违法所得的,处一万元以下罚款。

第三十七条 违反本办法第十条、第十一条、第十八条第一款规定的,由公安机关依照《危险化学品安全管理条例》第八十四条第二款、第三款的规定处罚。

第三十八条 违反本办法第十三条、第十五条规定的,由公安机关依照《中华人民共和国反恐怖主义法》第八十七条的规定处罚。

第三十九条 违反本办法第十四条、第十六条、第十八条第二款、第二十八条第二款规定的,由公安机关依照《危险化学品安全管理条例》第八十一条的规定处罚。

第四十条 违反本办法第十七条规定的,由公安机关依照《危险化学品安全管理条例》第八十二条第二款的规定处罚。

第四十一条 违反本办法第十九条、第二十条规定的,由公安机关依照《危险化学品安全管理条例》第八十九条第三项、第四项的规定处罚。

第四十二条 违反本办法第二十三条、第二十四条规定的,由公安机关责令改正,给予警告,对非经营活动处一千元以下罚款,对经营活动处违法所得三倍以下且不超过三万元罚款,没有违法所得的,处一万元以下罚款。

第四十三条 违反本办法第二十五条、第二十七条关于人力防范、实体防范规定,存在治安隐患的,由公安机关依照《企业事业单位内部治安保卫条例》第十九条的规定处罚。

第四十四条 违反本办法第二十七条关于技术防范设施设置要求规定的,由公安机关依照《危险化学品安全管理条例》第七十八条第二款的规定处罚。

第四十五条 任何单位和个人违反本办法规定,构成违反治安管理行为的,依照《中华人民共和国治安管理处罚法》的规定予以处罚;构成犯罪的,依法追究刑事责任。

第四十六条 公安机关发现涉及其他主管部门的易制爆危险化学品违法违规行为,应当书面通报其他主管部门依法查处。

第四十七条 公安机关人民警察在易制爆危险化学品治安管理中滥用职权、玩忽职守或者徇私舞弊,构成犯罪的,依法追究刑事责任;尚不构成犯罪的,依法给予行政处分。

第七章 附 则

第四十八条 含有易制爆危险化学品的食品添加剂、药品、兽药、消毒剂等生活用品,其生产单位按照易制爆危险化学品使用单位管理,其成品的生产、销售、购买(含个人购买)、储存、使用、运输和处置等不适用本办法,分别执行《中华人民共和国食品安全法》《中华人民共和国药品管理法》《兽药管理条例》《消毒管理办法》等有关规定。

第四十九条 易制爆危险化学品从业单位和相关场所、活动、设施等确定为防范恐怖袭击重点目标的，应当执行《中华人民共和国反恐怖主义法》的有关规定。

第五十条 易制爆危险化学品的进出口管理，依照有关对外贸易的法律、行政法规、规章的规定执行；进口的易制爆危险化学品的储存、使用、经营、运输、处置的安全管理，依照本办法的规定执行。

第五十一条 本办法所称"以下"均包括本数。

第五十二条 本办法自2019年8月10日起施行。

放射性固体废物贮存和处置许可管理办法

- 2013年12月30日环境保护部令第25号公布
- 根据2019年8月22日《生态环境部关于废止、修改部分规章的决定》修订

第一章 总 则

第一条 为加强放射性固体废物贮存和处置活动的监督管理，规范放射性固体废物贮存和处置许可，根据《中华人民共和国放射性污染防治法》和《放射性废物安全管理条例》，制定本办法。

第二条 本办法适用于放射性固体废物贮存和处置许可证的申请和审批管理。

第三条 在中华人民共和国境内专门从事放射性固体废物贮存、处置活动的单位，应当依照本办法规定取得放射性固体废物贮存许可证（以下简称"贮存许可证"）或者放射性固体废物处置许可证（以下简称"处置许可证"），并按照许可证规定的种类、范围和规模从事放射性固体废物贮存或者处置活动。

同时从事放射性固体废物贮存和处置活动的单位，应当分别取得贮存许可证和处置许可证。

核设施营运单位利用与核设施配套建设的贮存设施，贮存本单位产生的放射性固体废物的，不需要申请领取贮存许可证；贮存其他单位产生的放射性固体废物的，应当依照本办法的规定申请领取贮存许可证。

第四条 贮存许可证和处置许可证，由国务院环境保护主管部门审批、颁发。

第五条 持有贮存许可证或者处置许可证的单位（以下简称"持证单位"）应当依法承担其所贮存或者处置的放射性固体废物的安全责任。

第六条 从事放射性固体废物贮存或者处置活动的人员，应当通过有关放射性废物管理、辐射防护或者环境监测专业知识的培训和考核。

第二章 许可证申请

第七条 申请从事放射性固体废物贮存活动的单位，应当具备下列条件：

（一）有法人资格；

（二）有能保证贮存设施安全运行的组织机构，包括负责贮存设施运行、安全防护（含辐射监测）和质量保证等部门；

（三）有三名以上放射性废物管理、辐射防护、环境监测方面的专业技术人员，其中至少有一名注册核安全工程师；

（四）有符合国家有关放射性污染防治标准和国务院环境保护主管部门规定的放射性固体废物接收、贮存设施和场所。同时从事放射性废物处理活动的，还应当具有符合国家有关放射性污染防治标准和国务院环境保护主管部门规定的处理设施；

（五）有符合国家有关放射性污染防治标准和国务院环境保护主管部门规定的放射性检测、辐射防护和环境监测设备；

（六）建立记录档案制度，记录所贮存的放射性固体废物的来源、数量、特征、贮存位置、清洁解控或者送交处置等相关信息；

（七）有健全的管理制度以及符合核安全监督管理要求的质量保证体系，包括贮存操作规程、质量保证大纲、贮存设施运行监测计划、辐射监测计划、应急预案等。

第八条 申请领取贮存许可证的单位，应当向国务院环境保护主管部门提出书面申请，填写放射性固体废物贮存许可证申请表，并提交下列材料：

（一）企业法人营业执照正、副本的复印件，或者事业单位法人证书正、副本的复印件，以及法定代表人身份证的复印件；

（二）放射性检测、辐射防护和环境监测设备清单；

（三）放射性固体废物贮存管理制度证明文件，包括贮存操作规程、质量保证大纲及程序文件清单、辐射监测计划、贮存设施运行监测计划、应急预案、记录档案管理文件等；

（四）满足本办法第七条规定的其他证明材料。

第九条 申请从事低、中水平放射性固体废物处置活动的单位，应当具备下列条件：

（一）有国有或者国有控股的企业法人资格，有不少于三千万元的注册资金；

（二）有能保证处置设施安全运行的组织机构，包括负责处置设施运行、安全防护（含辐射监测）和质量保证

等部门；

（三）有十名以上放射性废物管理、辐射防护、环境监测方面的专业技术人员，其中注册核安全工程师不少于三名；

（四）有符合国家有关放射性污染防治标准和国务院环境保护主管部门规定的放射性固体废物接收、处置设施和场所；

（五）有符合国家有关放射性污染防治标准和国务院环境保护主管部门规定的放射性检测、辐射防护和环境监测设备，以及必要的辐射防护器材；

（六）有能保证其处置活动持续进行直至安全监护期满的财务担保；

（七）建立记录档案制度和相应的信息管理系统，能记录和管理所处置的放射性固体废物的来源、数量、特征、处置位置等与处置活动有关的信息；

（八）有健全的管理制度以及符合核安全监督管理要求的质量保证体系，包括处置操作规程、质量保证大纲、处置设施运行监测计划、辐射监测计划和应急预案等。

第十条 申请从事高水平放射性固体废物处置和α放射性固体废物处置活动的单位，除满足本办法第九条第(二)项、第(四)项、第(五)项、第(六)项、第(七)项和第(八)项规定的条件外，还应当具备下列条件：

（一）有国有或者国有控股的企业法人资格，有不低于一亿元的注册资金；

（二）有二十名以上放射性废物管理、辐射防护、环境监测方面的专业技术人员，其中注册核安全工程师不少于五名。

第十一条 申请领取处置许可证的单位，应当向国务院环境保护主管部门提出书面申请，填写放射性固体废物处置许可证申请表，并提交下列材料：

（一）企业法人营业执照正、副本复印件，法定代表人身份证复印件；

（二）从事放射性固体废物处置管理和操作人员的培训和考核证明，注册核安全工程师证书复印件；

（三）放射性检测、辐射防护和环境监测设备清单；

（四）财务担保证明；

（五）放射性固体废物处置管理制度证明文件，包括处置操作规程、质量保证大纲及程序文件清单、处置设施运行监测计划、辐射监测计划、应急预案、记录档案管理文件、信息管理系统证明文件等；

（六）满足本办法第九条、第十条规定的其他证明材料。

第三章 许可证审批

第十二条 国务院环境保护主管部门应当自受理许可证申请之日起二十个工作日内完成审查，对符合条件的颁发许可证，予以公告；对不符合条件的，书面通知申请单位并说明理由。

国务院环境保护主管部门在审查过程中，应当组织专家进行技术评审，并征求国务院其他有关部门意见。技术评审所需时间不包括在审批期限内，并应当书面告知申请单位。

第十三条 贮存许可证和处置许可证应当载明下列内容：

（一）单位名称、地址和法定代表人；

（二）准予从事的活动种类、范围和规模；

（三）有效期限；

（四）发证机关、发证日期和证书编号。

前款所指准予从事活动的种类和范围，是指贮存或者处置废放射源，低、中、高水平放射性固体废物或者α放射性固体废物；规模是指贮存、处置放射性固体废物空间的容积。

第十四条 贮存许可证和处置许可证的有效期为十年。

许可证有效期届满，从事放射性固体废物贮存或者处置活动的单位需要继续从事贮存或者处置活动的，应当于许可证有效期届满九十日前，向国务院环境保护主管部门提出延续申请，并提交下列材料：

（一）许可证延续申请文件；

（二）许可证有效期内的贮存或者处置活动总结报告；

（三）辐射监测报告；

（四）国务院环境保护主管部门要求的其他材料。

国务院环境保护主管部门应当在许可证有效期届满前完成审查，对符合条件的准予延续；对不符合条件的，书面通知申请单位并说明理由。

第十五条 持证单位名称、地址、法定代表人发生变更的，应当自变更登记之日起二十日内，向国务院环境保护主管部门申请办理许可证变更手续，并提交下列材料：

（一）许可证变更申请文件；

（二）变更后的企业法人营业执照正、副本复印件，或者事业单位法人证书正、副本的复印件，以及法定代表人身份证复印件；

（三）国务院环境保护主管部门要求的其他材料。

国务院环境保护主管部门核实后，换发许可证。

第十六条　许可证载明的活动种类、范围、规模发生变更，或者许可证有效期满未获延续的，应当按照本办法第七条、第九条、第十条的规定，重新申请领取许可证。

第十七条　持证单位因故遗失许可证的，应当及时在所在地省级报刊上刊登遗失公告，公告期为三十日。持证单位应当于公告期满后的一个月内持公告到国务院环境保护主管部门申请补发许可证。

第十八条　持证单位应当按照国家有关放射性污染防治标准和国务院环境保护主管部门的规定，在许可证规定的种类、范围和规模内从事放射性固体废物贮存或者处置活动。

禁止伪造、变造、转让许可证。禁止无许可证从事放射性固体废物贮存或者处置活动。

第十九条　贮存许可证持证单位应当如实完整地记录所收贮放射性固体废物来源、数量、特征、贮存位置、清洁解控或者送交处置等相关信息。

贮存许可证持证单位应当于每年3月31日前，向国务院环境保护主管部门提交上一年度贮存活动总结报告，包括废物贮存、清洁解控、送交处置、辐射监测等内容。

第二十条　处置许可证持证单位应当如实完整地记录所处置放射性固体废物的来源、数量、特征、处置位置等与处置活动有关的信息。放射性固体废物处置档案记录应当永久保存。

处置许可证持证单位应当于每年3月31日前，向国务院环境保护主管部门提交上一年度处置活动总结报告，包括废物接收、处置设施运行、辐射监测等内容。

第四章　法律责任

第二十一条　放射性固体废物贮存、处置许可审批部门及其工作人员违反本办法的规定，有下列行为之一的，对直接负责的主管人员和其他直接责任人员，依法给予处分；构成犯罪的，依法移送司法机关追究刑事责任：

（一）违反本办法规定核发贮存许可证或者处置许可证的；

（二）在许可证审批及监督管理过程中，索取、收受他人财物或者谋取其他利益的；

（三）发现有违反本办法的行为而不依法予以查处的；

（四）有其他徇私舞弊、滥用职权、玩忽职守行为的。

第二十二条　未取得相应许可证擅自从事放射性固体废物贮存、处置活动，或者未按照许可证规定的活动种类、范围、规模、期限从事放射性固体废物贮存、处置活动的，依照《放射性废物安全管理条例》第三十八条的规定处罚。

第二十三条　有下列行为之一的，由国务院环境保护部门责令限期改正，处三万元以下罚款，涉嫌构成犯罪的，依法移送司法机关追究刑事责任：

（一）伪造、变造、转让许可证的；

（二）未按本办法的规定及时申请变更许可证的。

第二十四条　对违反本办法其他规定的，按照《中华人民共和国放射性污染防治法》、《放射性废物安全管理条例》及其他相关法律法规的规定进行处罚。

第五章　附　则

第二十五条　本办法规定的贮存许可证申请表、处置许可证申请表、贮存许可证和处置许可证样式等文件格式由国务院环境保护主管部门统一制定并公布。

第二十六条　本办法由国务院环境保护主管部门负责解释。

第二十七条　本办法自2014年3月1日起施行。

放射性同位素与射线装置安全许可管理办法

- 2006年1月18日国家环境保护总局令第31号公布
- 根据2008年11月21日环境保护部2008年第二次部务会议通过的《关于修改〈放射性同位素与射线装置安全许可管理办法〉的决定》修订
- 根据2017年12月12日环境保护部第五次部务会议通过的《环境保护部关于修改部分规章的决定》第二次修订
- 根据2019年8月22日《生态环境部关于废止、修改部分规章的决定》第三次修订
- 根据2021年1月4日《关于废止、修改部分生态环境规章和规范性文件的决定》第四次修订

第一章　总　则

第一条　为实施《放射性同位素与射线装置安全和防护条例》规定的辐射安全许可制度，制定本办法。

第二条　在中华人民共和国境内生产、销售、使用放射性同位素与射线装置的单位（以下简称"辐射工作单位"），应当依照本办法的规定，取得辐射安全许可证（以下简称"许可证"）。

进口、转让放射性同位素，进行放射性同位素野外示踪试验，应当依照本办法的规定报批。

出口放射性同位素，应当依照本办法的规定办理有关手续。

使用放射性同位素的单位将放射性同位素转移到外

省、自治区、直辖市使用的,应当依照本办法的规定备案。

本办法所称放射性同位素包括放射源和非密封放射性物质。

第三条 根据放射源与射线装置对人体健康和环境的潜在危害程度,从高到低,将放射源分为Ⅰ类、Ⅱ类、Ⅲ类、Ⅳ类、Ⅴ类,将射线装置分为Ⅰ类、Ⅱ类、Ⅲ类。

第四条 除医疗使用Ⅰ类放射源、制备正电子发射计算机断层扫描用放射性药物自用的单位外,生产放射性同位素、销售和使用Ⅰ类放射源、销售和使用Ⅰ类射线装置的辐射工作单位的许可证,由国务院生态环境主管部门审批颁发。

除国务院生态环境主管部门审批颁发的许可证外,其他辐射工作单位的许可证,由省、自治区、直辖市人民政府生态环境主管部门审批颁发。

一个辐射工作单位生产、销售、使用多类放射源、射线装置或者非密封放射性物质的,只需要申请一个许可证。

辐射工作单位需要同时分别向国务院生态环境主管部门和省级生态环境主管部门申请许可证的,其许可证由国务院生态环境主管部门审批颁发。

生态环境主管部门应当将审批颁发许可证的情况通报同级公安部门、卫生主管部门。

第五条 省级以上人民政府生态环境主管部门可以委托下一级人民政府生态环境主管部门审批颁发许可证。

第六条 国务院生态环境主管部门负责对列入限制进出口目录的放射性同位素的进口进行审批。

国务院生态环境主管部门依照我国有关法律和缔结或者参加的国际条约、协定的规定,办理列入限制进出口目录的放射性同位素出口的有关手续。

省级生态环境主管部门负责以下活动的审批或备案:

(一)转让放射性同位素;

(二)转移放射性同位素到外省、自治区、直辖市使用;

(三)放射性同位素野外示踪试验;但有可能造成跨省界环境影响的放射性同位素野外示踪试验,由国务院生态环境主管部门审批。

第二章 许可证的申请与颁发

第七条 辐射工作单位在申请领取许可证前,应当组织编制或者填报环境影响评价文件,并依照国家规定程序报生态环境主管部门审批。

第八条 根据放射性同位素与射线装置的安全和防护要求及其对环境的影响程度,对环境影响评价文件实行分类管理。

转让放射性同位素和射线装置的活动不需要编制环境影响评价文件。

第九条 申请领取许可证的辐射工作单位从事下列活动的,应当组织编制环境影响报告书:

(一)生产放射性同位素的(制备PET用放射性药物的除外);

(二)使用Ⅰ类放射源的(医疗使用的除外);

(三)销售(含建造)、使用Ⅰ类射线装置的。

第十条 申请领取许可证的辐射工作单位从事下列活动的,应当组织编制环境影响报告表:

(一)制备PET用放射性药物的;

(二)销售Ⅰ类、Ⅱ类、Ⅲ类放射源的;

(三)医疗使用Ⅰ类放射源的;

(四)使用Ⅱ类、Ⅲ类放射源的;

(五)生产、销售、使用Ⅱ类射线装置的。

第十一条 申请领取许可证的辐射工作单位从事下列活动的,应当填报环境影响登记表:

(一)销售、使用Ⅳ类、Ⅴ类放射源的;

(二)生产、销售、使用Ⅲ类射线装置的。

第十二条 辐射工作单位组织编制或者填报环境影响评价文件时,应当按照其规划设计的放射性同位素与射线装置的生产、销售、使用规模进行评价。

前款所称的环境影响评价文件,除按照国家有关环境影响评价的要求编制或者填报外,还应当包括对辐射工作单位从事相应辐射活动的技术能力、辐射安全和防护措施进行评价的内容。

第十三条 生产放射性同位素的单位申请领取许可证,应当具备下列条件:

(一)设有专门的辐射安全与环境保护管理机构;

(二)有不少于5名核物理、放射化学、核医学和辐射防护等相关专业的技术人员,其中具有高级职称的不少于1名。

生产半衰期大于60天的放射性同位素的单位,前项所指的专业技术人员应当不少于30名,其中具有高级职称的不少于6名。

(三)从事辐射工作的人员必须通过辐射安全和防护专业知识及相关法律法规的培训和考核,其中辐射安全关键岗位应当由注册核安全工程师担任;

(四)有与设计生产规模相适应,满足辐射安全和防护、实体保卫要求的放射性同位素生产场所、生产设施、暂存库或暂存设备，并拥有生产场所和生产设施的所有权。

（五）具有符合国家相关规定要求的运输、贮存放射性同位素的包装容器。

（六）具有符合国家放射性同位素运输要求的运输工具，并配备有5年以上驾龄的专职司机。

（七）配备与辐射类型和辐射水平相适应的防护用品和监测仪器，包括个人剂量测量报警、固定式和便携式辐射监测、表面污染监测、流出物监测等设备。

（八）建立健全的操作规程、岗位职责、辐射防护制度、安全保卫制度、设备检修维护制度、人员培训制度、台账管理制度和监测方案。

（九）建立事故应急响应机构，制定应急响应预案和应急人员的培训演习制度，有必要的应急装备和物资准备，有与设计生产规模相适应的事故应急处理能力。

（十）具有确保放射性废气、废液、固体废物达标排放的处理能力或者可行的处理方案。

第十四条 销售放射性同位素的单位申请领取许可证，应当具备下列条件：

（一）设有专门的辐射安全与环境保护管理机构，或者至少有1名具有本科以上学历的技术人员专职负责辐射安全与环境保护管理工作。

（二）从事辐射工作的人员必须通过辐射安全和防护专业知识及相关法律法规的培训和考核。

（三）需要暂存放射性同位素的，有满足辐射安全和防护、实体保卫要求的暂存库或设备。

（四）需要安装调试放射性同位素的，有满足防止误操作、防止工作人员和公众受到意外照射要求的安装调试场所。

（五）具有符合国家相关规定要求的贮存、运输放射性同位素的包装容器。

（六）运输放射性同位素能使用符合国家放射性同位素运输要求的运输工具。

（七）配备与辐射类型和辐射水平相适应的防护用品和监测仪器，包括个人剂量测量报警、便携式辐射监测、表面污染监测等仪器。

（八）有健全的操作规程、岗位职责、安全保卫制度、辐射防护制度、台账管理制度、人员培训计划和监测方案。

（九）有完善的辐射事故应急措施。

第十五条 生产、销售射线装置的单位申请领取许可证，应当具备下列条件：

（一）设有专门的辐射安全与环境保护管理机构，或至少有1名具有本科以上学历的技术人员专职负责辐射安全与环境保护管理工作。

（二）从事辐射工作的人员必须通过辐射安全和防护专业知识及相关法律法规的培训和考核。

（三）射线装置生产、调试场所满足防止误操作、防止工作人员和公众受到意外照射的安全要求。

（四）配备必要的防护用品和监测仪器。

（五）有健全的操作规程、岗位职责、辐射防护措施、台账管理制度、培训计划和监测方案。

（六）有辐射事故应急措施。

第十六条 使用放射性同位素、射线装置的单位申请领取许可证，应当具备下列条件：

（一）使用Ⅰ类、Ⅱ类、Ⅲ类放射源，使用Ⅰ类、Ⅱ类射线装置的，应当设有专门的辐射安全与环境保护管理机构，或者至少有1名具有本科以上学历的技术人员专职负责辐射安全与环境保护管理工作；其他辐射工作单位应当有1名具有大专以上学历的技术人员专职或者兼职负责辐射安全与环境保护管理工作；依据辐射安全关键岗位名录，应当设立辐射安全关键岗位的，该岗位应当由注册核安全工程师担任。

（二）从事辐射工作的人员必须通过辐射安全和防护专业知识及相关法律法规的培训和考核。

（三）使用放射性同位素的单位应当有满足辐射防护和实体保卫要求的放射源暂存库或设备。

（四）放射性同位素与射线装置使用场所有防止误操作、防止工作人员和公众受到意外照射的安全措施。

（五）配备与辐射类型和辐射水平相适应的防护用品和监测仪器，包括个人剂量测量报警、辐射监测等仪器。使用非密封放射性物质的单位还应当有表面污染监测仪。

（六）有健全的操作规程、岗位职责、辐射防护和安全保卫制度、设备检修维护制度、放射性同位素使用登记制度、人员培训计划、监测方案等。

（七）有完善的辐射事故应急措施。

（八）产生放射性废气、废液、固体废物的，还应具有确保放射性废气、废液、固体废物达标排放的处理能力或者可行的处理方案。

使用放射性同位素和射线装置开展诊断和治疗的单位，还应当配备质量控制检测设备，制定相应的质量保证大纲和质量控制检测计划，至少有一名医用物理人员负责质量保证与质量控制检测工作。

第十七条 将购买的放射源装配在设备中销售的辐射工作单位,按照销售和使用放射性同位素申请领取许可证。

第十八条 申请领取许可证的辐射工作单位应当向有审批权的生态环境主管部门提交下列材料:

(一)辐射安全许可证申请表(见附件一);

(二)满足本办法第十三条至第十六条相应规定的证明材料;

(三)单位现存的和拟新增加的放射源和射线装置明细表。

第十九条 生态环境主管部门在受理申请时,应当告知申请单位按照环境影响评价文件中描述的放射性同位素与射线装置的生产、销售、使用的规划设计规模申请许可证。

生态环境主管部门应当自受理申请之日起20个工作日内完成审查,符合条件的,颁发许可证,并予以公告;不符合条件的,书面通知申请单位并说明理由。

第二十条 许可证包括下列主要内容:

(一)单位的名称、地址、法定代表人;

(二)所从事活动的种类和范围;

(三)有效期限;

(四)发证日期和证书编号。

许可证中活动的种类分为生产、销售和使用三类;活动的范围是指辐射工作单位生产、销售、使用的所有放射性同位素的类别、总活度和射线装置的类别、数量。

许可证分为正本和副本(具体格式和内容见附件二),具有同等效力。

第二十一条 取得生产、销售、使用高类别放射性同位素与射线装置的许可证的辐射工作单位,从事低类别的放射性同位素与射线装置的生产、销售、使用活动,不需要另行申请低类别的放射性同位素与射线装置的许可证。

第二十二条 辐射工作单位变更单位名称、地址和法定代表人的,应当自变更登记之日起20日内,向原发证机关申请办理许可证变更手续,并提供许可证变更申请报告。

原发证机关审查同意后,换发许可证。

第二十三条 有下列情形之一的,持证单位应当按照本办法规定的许可证申请程序,重新申请领取许可证:

(一)改变许可证规定的活动的种类或者范围的;

(二)新建或者改建、扩建生产、销售、使用设施或者场所的。

第二十四条 许可证有效期为5年。有效期届满,需要延续的,应当于许可证有效期届满30日前向原发证机关提出延续申请,并提供下列材料:

(一)许可证延续申请报告;

(二)监测报告;

(三)许可证有效期内的辐射安全防护工作总结。

原发证机关应当自受理延续申请之日起,在许可证有效期届满前完成审查,符合条件的,予以延续,换发许可证,并使用原许可证的编号;不符合条件的,书面通知申请单位并说明理由。

第二十五条 辐射工作单位部分终止或者全部终止生产、销售、使用放射性同位素与射线装置活动的,应当向原发证机关提出部分变更或者注销许可证申请,由原发证机关核查合格后,予以变更或者注销许可证。

第二十六条 辐射工作单位因故遗失许可证的,应当及时到所在地省级报刊上刊登遗失公告,并于公告30日后的一个月内持公告到原发证机关申请补发。

第三章 进出口、转让、转移活动的审批与备案

第二十七条 进口列入限制进出口目录的放射性同位素的单位,应当在进口前报国务院生态环境主管部门审批;获得批准后,由国务院对外贸易主管部门依据对外贸易的有关规定签发进口许可证。国务院生态环境主管部门在批准放射源进口申请时,给定放射源编码。

分批次进口非密封放射性物质的单位,应当每6个月报国务院生态环境主管部门审批一次。

第二十八条 申请进口列入限制进出口目录的放射性同位素的单位,应当向国务院生态环境主管部门提交放射性同位素进口审批表,并提交下列材料:

(一)放射性同位素使用期满后的处理方案,其中,进口Ⅰ类、Ⅱ类、Ⅲ类放射源的,应当提供原出口方负责从最终用户回收放射源的承诺文件复印件;

(二)进口放射源的明确标号和必要的说明文件的影印件或者复印件,其中,Ⅰ类、Ⅱ类、Ⅲ类放射源的标号应当刻制在放射源本体或者密封包壳体上,Ⅳ类、Ⅴ类放射源的标号应当记录在相应说明文件中;

(三)进口单位与原出口方之间签订的有效协议复印件;

(四)将进口的放射性同位素销售给其他单位使用的,还应当提供与使用单位签订的有效协议复印件。

放射性同位素进口审批表的具体格式和内容见附件三。

第二十九条　国务院生态环境主管部门应当自受理放射性同位素进口申请之日起10个工作日内完成审查，符合条件的，予以批准；不符合条件的，书面通知申请单位并说明理由。

进口单位和使用单位应当在进口活动完成之日起20日内，分别将批准的放射性同位素进口审批表报送各自所在地的省级生态环境主管部门。

第三十条　出口列入限制进出口目录的放射性同位素的单位，应当向国务院生态环境主管部门提交放射性同位素出口表，并提交下列材料：

（一）国外进口方可以合法持有放射性同位素的中文或英文证明材料；

（二）出口单位与国外进口方签订的有效协议复印件。

放射性同位素出口表的具体格式和内容见附件四。

出口单位应当在出口活动完成之日起20日内，将放射性同位素出口表报送所在地的省级生态环境主管部门。

出口放射性同位素的单位应当遵守国家对外贸易的有关规定。

第三十一条　转让放射性同位素的，转入单位应当在每次转让前报所在地省级生态环境主管部门审查批准。

分批次转让非密封放射性物质的，转入单位可以每6个月报所在地省级生态环境主管部门审查批准。

放射性同位素只能在持有许可证的单位之间转让。禁止向无许可证或者超出许可证规定的种类和范围的单位转让放射性同位素。

未经批准不得转让放射性同位素。

第三十二条　转入放射性同位素的单位应当于转让前向所在地省级生态环境主管部门提交放射性同位素转让审批表，并提交下列材料：

（一）放射性同位素使用期满后的处理方案；

（二）转让双方签订的转让协议。

放射性同位素转让审批表的具体格式和内容见附件五。

生态环境主管部门应当自受理申请之日起15个工作日内完成审查，符合条件的，予以批准；不符合条件的，书面通知申请单位并说明理由。

第三十三条　转入、转出放射性同位素的单位应当在转让活动完成之日起20日内，分别将一份放射性同位素转让审批表报送各自所在地省级生态环境主管部门。

第三十四条　在野外进行放射性同位素示踪试验的单位，应当在每次试验前编制环境影响报告表，并经试验所在地省级生态环境主管部门商同级有关部门审查批准后方可进行。

放射性同位素野外示踪试验有可能造成跨省界环境影响的，其环境影响报告表应当报国务院生态环境主管部门商同级有关部门审查批准。

第三十五条　使用放射性同位素的单位需要将放射性同位素转移到外省、自治区、直辖市使用的，应当于活动实施前10日内向使用地省级生态环境主管部门备案，书面报告移出地省级生态环境主管部门，并接受使用地生态环境主管部门的监督管理。

书面报告的内容应当包括该放射性同位素的核素、活度、转移时间和地点、辐射安全负责人和联系电话等内容；转移放射源的还应提供放射源标号和编码。

使用单位应当在活动结束后20日内到使用地省级生态环境主管部门办理备案注销手续，并书面告知移出地省级生态环境主管部门。

第四章　监督管理

第三十六条　辐射工作单位应当按照许可证的规定从事放射性同位素和射线装置的生产、销售、使用活动。

禁止无许可证或者不按照许可证规定的种类和范围从事放射性同位素和射线装置的生产、销售、使用活动。

第三十七条　生产放射性同位素与射线装置的单位，应当在放射性同位素的包装容器、含放射性同位素的设备和射线装置上设置明显的放射性标识和中文警示说明；放射源上能够设置放射性标识的，应当一并设置。

含放射源设备的说明书应当告知用户该设备含有放射源及其相关技术参数和结构特性，并告知放射源的潜在辐射危害及相应的安全防护措施。

第三十八条　生产、进口放射源的单位在销售Ⅰ类、Ⅱ类、Ⅲ类放射源时，应当与使用放射源的单位签订废旧放射源返回合同。

使用Ⅰ类、Ⅱ类、Ⅲ类放射源的单位应当按照废旧放射源返回合同规定，在放射源闲置或者废弃后3个月内将废旧放射源交回生产单位或者返回原出口方。确实无法交回生产单位或者返回原出口方的，送交有相应资质的放射性废物集中贮存单位贮存。

使用Ⅳ类、Ⅴ类放射源的单位应当按照国务院生态环境主管部门的规定，在放射源闲置或者废弃后3个月内将废旧放射源进行包装整备后送交有相应资质的放射性废物集中贮存单位贮存。

使用放射源的单位应当在废旧放射源交回、返回或者送交活动完成之日起20日内,向其所在地省级生态环境主管部门备案。

第三十九条 销售、使用放射源的单位在本办法实施前已经贮存的废旧放射源,应当自本办法实施之日起1年内交回放射源生产单位或者返回原出口方,或送交有相应资质的放射性废物集中贮存单位。

第四十条 生产放射性同位素的场所、产生放射性污染的放射性同位素销售和使用场所、产生放射性污染的射线装置及其场所,终结运行后应当依法实施退役。退役完成后,有关辐射工作单位方可申请办理许可证变更或注销手续。

第四十一条 辐射工作单位应当建立放射性同位素与射线装置台账,记载放射性同位素的核素名称、出厂时间和活度、标号、编码、来源和去向,及射线装置的名称、型号、射线种类、类别、用途、来源和去向等事项。

放射性同位素与射线装置台账、个人剂量档案和职业健康监护档案应当长期保存。

第四十二条 辐射工作单位应当编写放射性同位素与射线装置安全和防护状况年度评估报告,于每年1月31日前报原发证机关。

年度评估报告应当包括放射性同位素与射线装置台账、辐射安全和防护设施的运行与维护、辐射安全和防护制度及措施的建立和落实、事故和应急以及档案管理等方面的内容。

第四十三条 县级以上人民政府生态环境主管部门应当对辐射工作单位进行监督检查,对存在的问题,应当提出书面的现场检查意见和整改要求,由检查人员签字或检查单位盖章后交被检查单位,并由被检查单位存档备案。

第四十四条 省级生态环境主管部门应当编写辐射工作单位监督管理年度总结报告,于每年3月1日前报国务院生态环境主管部门。

报告内容应当包括辐射工作单位数量、放射源数量和类别、射线装置数量和类别、许可证颁发与注销情况、事故及其处理情况、监督检查与处罚情况等内容。

第五章 罚 则

第四十五条 辐射工作单位违反本办法的有关规定,有下列行为之一的,由县级以上人民政府生态环境主管部门责令停止违法行为,限期改正;逾期不改正的,处1万元以上3万元以下的罚款:

(一)未在含放射源设备的说明书中告知用户该设备含有放射源的;

(二)销售、使用放射源的单位未在本办法实施之日起1年内将其贮存的废旧放射源交回、返回或送交有关单位的。

辐射工作单位违反本办法的其他规定,按照《中华人民共和国放射性污染防治法》、《放射性同位素与射线装置安全和防护条例》及其他相关法律法规的规定进行处罚。

第六章 附 则

第四十六条 省级以上人民政府生态环境主管部门依据《电离辐射防护与辐射源安全基本标准》(GB18871-2002)及国家有关规定负责对放射性同位素与射线装置管理的豁免出具证明文件。

第四十七条 本办法自2006年3月1日起施行。

附件:1. 辐射安全许可证申请表(略)
2. 辐射安全许可证副本(略)
3. 放射性同位素进口审批表(略)
4. 放射性同位素出口表(略)
5. 放射性同位素转让审批表(略)

放射性物品运输安全许可管理办法

· 2010年9月25日环境保护部令第11号公布
· 根据2019年8月22日《生态环境部关于废止、修改部分规章的决定》第一次修订
· 根据2021年1月4日《关于废止、修改部分生态环境规章和规范性文件的决定》第二次修订

第一章 总 则

第一条 【立法目的】为了加强对放射性物品运输的安全管理,实施《放射性物品运输安全管理条例》规定的运输安全许可制度,制定本办法。

第二条 【适用范围】从事放射性物品运输和放射性物品运输容器设计、制造等活动,应当按照本办法的规定,办理有关许可和备案手续。

第三条 【分类管理】国家对放射性物品运输实施分类管理,根据放射性物品的特性及其对人体健康和环境的潜在危害程度,将放射性物品分为一类、二类和三类。

放射性物品的具体分类和名录,由国务院核安全监管部门按照《放射性物品运输安全管理条例》的规定,会同国务院公安、卫生、海关、交通运输、铁路、民航、核工业行业主管部门制定。

第二章 运输容器设计的批准与备案

第四条 【设计基本要求】 一类放射性物品运输容器的设计，应当在首次用于制造前报国务院核安全监管部门审查批准。

二类放射性物品运输容器的设计，应当在首次用于制造前报国务院核安全监管部门备案。

第五条 【设计记录】 放射性物品运输容器设计单位应当建立健全质量保证体系并有效实施，加强档案管理，如实记录放射性物品运输容器的设计和安全性能评价过程。

第六条 【安全性能评价】 放射性物品运输容器的设计应当满足国家放射性物品运输安全标准。

设计单位应当通过试验验证、采用可靠、保守的分析论证，或者采取两者相结合的方式，对设计的放射性物品运输容器的安全性能进行评价。

第七条 【设计单位条件】 申请领取一类放射性物品运输容器设计批准书的单位，应当符合下列条件：

（一）具有法人资格；

（二）具有与所从事设计活动相关或者相近的工作业绩；

（三）具有与所从事设计活动相适应并经考核合格的专业技术人员；

（四）具有健全的管理制度和完善的质量保证体系，以及符合国家有关核安全监督管理规定的质量保证大纲。

第八条 【设计申请】 申请批准一类放射性物品运输容器的设计，设计单位应当向国务院核安全监管部门提出书面申请，并提交下列材料：

（一）设计总图及其设计说明书；

（二）设计安全评价报告书；

（三）符合国家有关核安全监督管理规定的质量保证大纲。

放射性物品运输容器设计安全评价报告书的标准格式和内容，由国务院核安全监管部门另行规定。

第九条 【设计审查】 国务院核安全监管部门应当自受理一类放射性物品运输容器的设计批准申请之日起45个工作日内完成审查。对符合国家放射性物品运输安全标准的，颁发一类放射性物品运输容器设计批准书，并公告设计批准编号；对不符合国家放射性物品运输安全标准的，书面通知申请单位并说明理由。

国务院核安全监管部门在审查过程中，应当组织专家进行技术评审。技术评审方式包括文件审查、审评对话、现场见证等。

技术评审所需时间，不计算在本条第一款规定的期限内。

第十条 【设计批准书】 一类放射性物品运输容器设计批准书应当包括下列主要内容：

（一）设计单位名称、住所和法定代表人；

（二）运输容器类型和设计批准编号；

（三）放射性内容物特性；

（四）运输容器设计说明及适用的相关技术标准等；

（五）操作要求、运输方式、使用环境温度；

（六）有效期限；

（七）批准日期和批准书编号。

第十一条 【设计批准延续】 一类放射性物品运输容器设计批准书有效期为5年。

设计批准书有效期届满，需要延续的，持证单位应当于设计批准书有效期届满6个月前，向国务院核安全监管部门提出书面延续申请，并提交下列材料：

（一）质量保证大纲实施效果的说明；

（二）设计依据标准如有变化，是否符合新标准的说明。

对于设计单位提出的批准书延续申请，国务院核安全监管部门应当在设计批准书有效期届满前作出是否准予延续的决定。

第十二条 【设计变更】 设计单位修改已批准的一类放射性物品运输容器设计中有关安全内容的，应当按照原申请程序向国务院核安全监管部门重新申请领取设计批准书。

一类放射性物品运输容器设计单位变更单位名称、住所或者法定代表人的，应当自工商变更登记之日起20日内，向国务院核安全监管部门办理设计批准书变更手续，并提交变更申请、工商注册登记文件以及其他证明材料。

第十三条 【特殊形式批准】 为了控制放射性物品在运输过程中可能产生的弥散，放射性物品设计成特殊形式或者低弥散形式的，其防弥散的形式可视为放射性物品运输容器包容系统的组成部分。

特殊形式放射性物品和低弥散放射性物品的设计方案，应当符合国家放射性物品运输安全标准的有关要求，并报国务院核安全监管部门审查批准。

特殊形式放射性物品和低弥散放射性物品的设计单位，应当向国务院核安全监管部门提交其设计方案符合国家放射性物品运输安全标准有关要求的证明材料。

国务院核安全监管部门对符合国家放射性物品运输安全标准有关要求的，颁发相应的设计批准书，并公告设计批准编号；对不符合国家放射性物品运输安全标准有关要求的，书面通知申请单位并说明理由。

对于特殊形式放射性物品和低弥散放射性物品设计的延续、变更依据本办法第十一条和第十二条规定进行。

第十四条 【设计备案要求】二类放射性物品运输容器的设计单位应当按照国家放射性物品运输安全标准进行设计，并在首次用于制造 30 日前，将下列文件报国务院核安全监管部门备案：

（一）设计总图及其设计说明书；

（二）设计安全评价报告表。

国务院核安全监管部门应当定期公布已备案的二类放射性物品运输容器的设计备案编号。

第三章 运输容器制造的许可与备案

第十五条 【制造基本要求】从事一类放射性物品运输容器制造活动的单位，应当向国务院核安全监管部门申请领取制造许可证。

从事二类放射性物品运输容器制造活动的单位，应当报国务院核安全监管部门备案。

第十六条 【制造单位条件】申请领取制造许可证的单位，应当具备下列条件：

（一）具有法人资格；

（二）有与所从事制造活动相关或者相近的工作业绩；

（三）有与所从事制造活动相适应的机械、焊接、材料和热处理、铸造和锻造等相关专业技术人员，以及取得焊工、焊接操作工或者无损检验资格证书的专业技术人员；

（四）有与所从事的制造活动相适应的生产条件和检测手段；

（五）有健全的管理制度、完善的质量保证体系和符合国家有关核安全监督管理规定的质量保证大纲。

第十七条 【制造申请】申请领取放射性物品运输容器制造许可证的单位，应当向国务院核安全监管部门提交申请书，并提交符合规定条件的证明文件。

第十八条 【制造审查】国务院核安全监管部门应当自受理申请之日起 45 个工作日内完成审查，对符合条件的，颁发制造许可证，并予以公告；对不符合条件的，书面通知申请单位并说明理由。

国务院核安全监管部门在审查过程中，应当组织专家进行技术评审。技术评审可以采取文件审查、审评对话和现场检查等方式。技术评审所需时间，不计算在本条第一款规定的期限内。

第十九条 【制造许可证】一类放射性物品运输容器制造许可证应当载明下列内容：

（一）制造单位名称、住所和法定代表人；

（二）许可制造的运输容器设计批准编号；

（三）有效期限；

（四）发证机关、发证日期和证书编号。

第二十条 【制造许可延续】一类放射性物品运输容器制造许可证有效期为 5 年。

制造许可证有效期届满，需要延续的，制造单位应当于制造许可证有效期届满 6 个月前，向国务院核安全监管部门提出书面延续申请，并提交下列材料：

（一）原制造许可证有效期内的制造活动情况；

（二）原制造许可证有效期内所制造运输容器的质量情况；

（三）原制造许可证有效期内变更情况的说明。

国务院核安全监管部门应当在制造许可证有效期届满前作出是否准予延续的决定。

第二十一条 【制造许可变更】一类放射性物品运输容器制造单位制造与原许可制造的设计批准编号不同的运输容器的，应当按照原申请程序向国务院核安全监管部门重新申请领取制造许可证。

一类放射性物品运输容器制造单位变更单位名称、住所或者法定代表人的，应当自工商变更登记之日起 20 日内，向国务院核安全监管部门办理制造许可证变更手续，并提交变更申请、工商注册登记文件以及其他证明材料。

第二十二条 【制造禁止事项】禁止无制造许可证或者超出制造许可证规定范围从事一类放射性物品运输容器制造活动。

禁止委托未取得相应制造许可证的单位进行一类放射性物品运输容器制造活动。

禁止伪造、变造、转让制造许可证。

第二十三条 【制造单位备案】从事二类放射性物品运输容器制造活动的单位，应当在首次制造活动开始 30 日前，将下列材料报国务院核安全监管部门备案：

（一）所制造运输容器的设计备案编号；

（二）具备与从事制造活动相适应的专业技术人员、生产条件、检测手段的证明材料；

（三）具有健全管理制度的证明材料；

（四）质量保证大纲。

国务院核安全监管部门应当定期公布已备案的二类放射性物品运输容器制造单位。

第二十四条 【使用基本要求】使用境外单位制造的一类放射性物品运输容器的，应当在首次使用前报国务院核安全监管部门审查批准。

使用境外单位制造的二类放射性物品运输容器的，应当在首次使用前报国务院核安全监管部门备案。

第二十五条 【使用申请】申请使用境外单位制造的一类放射性物品运输容器的单位，应当向国务院核安全监管部门提出书面申请，并提交下列材料：

（一）设计单位所在国核安全监管部门颁发的设计批准文件的复印件；

（二）设计单位出具的设计安全评价报告书；

（三）制造单位相关业绩的证明材料；

（四）制造单位出具的质量合格证明；

（五）符合中华人民共和国法律、行政法规规定，以及国家放射性物品运输安全标准或者经国务院核安全监管部门认可的标准的说明材料。

第二十六条 【使用审查】国务院核安全监管部门应当自受理申请之日起45个工作日内完成审查，对符合国家放射性物品运输安全标准的，颁发使用批准书；对不符合国家放射性物品运输安全标准的，书面通知申请单位并说明理由。

在审查过程中，国务院核安全监管部门可以组织专家进行技术评审。技术评审所需时间不计算在前款规定的期限内。

第二十七条 【使用批准书】境外单位制造的一类放射性物品运输容器使用批准书应当载明下列内容：

（一）使用单位名称、住所和法定代表人；

（二）设计单位名称、制造单位名称；

（三）原设计批准编号；

（四）操作要求、运输方式、使用环境温度；

（五）运输容器编码；

（六）有效期限；

（七）批准日期和批准书编号。

第二十八条 【使用批准延续】境外单位制造的一类放射性物品运输容器使用批准书有效期为5年。

使用批准书有效期届满，需要延续的，使用单位应当于使用批准书有效期届满6个月前，向国务院核安全监管部门提出书面延续申请，并提交下列材料：

（一）原使用批准书有效期内运输容器使用情况报告；

（二）原使用批准书有效期内质量保证大纲实施效果的说明；

（三）原使用批准书有效期内运输容器维护、维修和安全性能评价情况说明。

对于使用单位提出的批准书延续申请，国务院核安全监管部门应当在使用批准书有效期届满前作出是否准予延续的决定。

第二十九条 【使用批准变更】持有境外单位制造的一类放射性物品运输容器使用批准书的使用单位，变更单位名称、住所或者法定代表人的，应当自工商登记之日起20日内，向国务院核安全监管部门办理使用批准书变更手续，并提交变更申请、工商注册登记文件以及其他证明材料。

第三十条 【使用备案】使用境外单位制造的二类放射性物品运输容器的，应当在首次使用前将下列文件报国务院核安全监管部门备案：

（一）制造单位出具的质量合格证明；

（二）设计单位出具的设计安全评价报告表；

（三）符合中华人民共和国法律、行政法规规定，以及国家放射性物品运输安全标准或者经国务院核安全监管部门认可的标准的说明材料。

国务院核安全监管部门办理使用境外单位制造的二类放射性物品运输容器备案手续，应当同时为运输容器确定编码。

第四章 放射性物品运输批准与备案

第三十一条 【运输基本要求】托运一类放射性物品的，托运人应当编制放射性物品运输的核与辐射安全分析报告书，报国务院核安全监管部门审查批准。

一类放射性物品从境外运抵中华人民共和国境内，或者途经中华人民共和国境内运输的，托运人应当编制放射性物品运输的核与辐射安全分析报告书，报国务院核安全监管部门审查批准。

二类、三类放射性物品从境外运抵中华人民共和国境内，或者途经中华人民共和国境内运输的，托运人应当编制放射性物品运输的辐射监测报告，报国务院核安全监管部门备案。

第三十二条 【报告书编制】托运人可以自行或者委托技术单位编制放射性物品运输的核与辐射安全分析报告书。

放射性物品运输的核与辐射安全分析报告书的格式和内容，由国务院核安全监管部门规定。

第三十三条 【运输审查】国务院核安全监管部门

应当自受理放射性物品运输的核与辐射安全分析报告书之日起 45 个工作日内完成审查，对符合国家放射性物品运输安全标准的，颁发核与辐射安全分析报告批准书；对不符合国家放射性物品运输安全标准的，书面通知申请单位并说明理由。

在审查过程中，国务院核安全监管部门可以组织专家进行技术评审。技术评审所需时间不计算在前款规定的期限内。

第三十四条　【运输批准书】 放射性物品运输的核与辐射安全分析报告批准书应当载明下列主要内容：

（一）托运人的名称、地址、法定代表人；

（二）运输放射性物品的品名、数量；

（三）运输容器设计批准编号、运输方式和运输方案；

（四）操作管理附加措施和规定；

（五）有效期限；

（六）批准日期和批准书编号。

第三十五条　【运输批准延续】 一类放射性物品运输的核与辐射安全分析报告批准书有效期为 5 年。

核与辐射安全分析报告批准书有效期届满，需要延续的，托运人应当于核与辐射安全分析报告批准书有效期届满 6 个月前，向国务院核安全监管部门提出书面延续申请，并提交下列材料：

（一）原核与辐射安全分析报告批准书有效期内运输容器使用情况报告，包括维护、维修和安全性能评价情况说明；

（二）运输活动情况报告，包括运输方案、辐射防护措施和应急措施执行情况说明。

对于托运人提出的批准书延续申请，国务院核安全监管部门应当在核与辐射安全分析报告批准书有效期届满前作出是否准予延续的决定。

第三十六条　【运输批准变更】 持有核与辐射安全分析报告批准书的单位，变更单位名称、地址或者法定代表人的，应当自工商变更登记之日起 20 日内，向国务院核安全监管部门办理核与辐射安全分析报告批准书变更手续，并提交变更申请、工商注册登记文件以及其他证明材料。

第三十七条　【启运备案】 一类放射性物品启运前，托运人应当将下列材料报启运地的省、自治区、直辖市人民政府生态环境主管部门备案：

（一）一类放射性物品运输辐射监测备案表；

（二）辐射监测报告。

前款规定的辐射监测报告，在托运人委托有资质的辐射监测机构对拟托运一类放射性物品的表面污染和辐射水平实施监测后，由辐射监测机构出具。

收到备案材料的省、自治区、直辖市人民政府生态环境主管部门，应当在启运前将备案表通报放射性物品运输的途经地和抵达地的省、自治区、直辖市人民政府生态环境主管部门。

第三十八条　【特殊安排】 有下列情形之一，放射性物品运输容器无法完全符合国家放射性物品运输安全标准，需要通过特殊安排来提高运输安全水平的，托运人应当编制放射性物品运输的核与辐射安全分析报告书，在运输前报经国务院核安全监管部门审查同意：

（一）因形状特异不适宜专门设计和制造运输容器的；

（二）只是一次性运输，专门设计和制造符合国家放射性物品运输安全标准的运输容器经济上明显不合理的。

第三十九条　【过境运输审批】 一类放射性物品从境外运抵中华人民共和国境内，或者途经中华人民共和国境内运输的，托运人或者其委托代理人应当编制放射性物品运输的核与辐射安全分析报告书，报国务院核安全监管部门审查批准。审查批准程序依照本办法第三十三条的规定执行。

托运人获得国务院核安全监管部门颁发的核与辐射安全分析报告批准书后，方可将一类放射性物品运抵中华人民共和国境内或者途经中华人民共和国境内运输。

第四十条　【过境运输备案】 二类、三类放射性物品从境外运抵中华人民共和国境内，或者途经中华人民共和国境内运输的，托运人应当委托有资质的单位监测，编制放射性物品运输的辐射监测报告，报国务院核安全监管部门备案。国务院核安全监管部门应当出具相应的放射性物品运输的辐射监测报告备案证明。

对于运输容器相同，放射性内容物相同，且半衰期小于 60 天的放射性物品，进口单位可以每半年办理一次辐射监测报告备案手续。

第四十一条　【过境海关手续】 放射性物品从境外运抵中华人民共和国境内，或者途经中华人民共和国境内运输的，托运人、承运人或者其代理人向海关办理有关手续时，应当提交相关许可证件和国务院核安全监管部门颁发的放射性物品运输的核与辐射安全分析报告批准书或者放射性物品运输的辐射监测报告备案证明。

第四十二条　【运输资质】 托运人应当委托具有放

射性物品运输资质的承运人承运放射性物品。

自行运输本单位放射性物品的单位和在放射性废物收贮过程中的从事放射性物品运输的省、自治区、直辖市城市放射性废物库运营单位，应当取得非营业性道路危险货物运输资质。

第五章 附 则

第四十三条 【术语】本办法下列用语的含义：

（一）特殊形式放射性物品：不弥散的固体放射性物品或者装有放射性物品的密封件。

（二）低弥散放射性物品：固体放射性物品，或者装在密封件里的固体放射性物品，其弥散性已受到限制且不呈粉末状。

（三）托运人：将托运货物提交运输的单位或者个人。

（四）承运人：使用任何运输手段承担放射性物质运输的单位或者个人。

第四十四条 【生效日期】本办法自 2010 年 11 月 1 日起施行。

附一：

一类放射性物品运输容器设计和核与辐射安全分析报告批准编号规则

CN／XXX／X-XX-（NNSA—Ⅰ）

其中：

第 1-2 位：国家或地区代码，CN 代表中国。

第 3 位："/"，隔离符。

第 4-6 位：主管部门为该设计指定的设计批准编号或核与辐射安全分析报告批准编号，一类放射性物品运输容器设计批准编号范围为 001-500。

第 7 位："/"，隔离符。

第 8 位：批准书类型：

AF：易裂变 A 型运输容器设计批准书

B(U)：B(U)型运输容器设计批准书

B(U)F：易裂变材料 B(U)型运输容器设计批准书

B(M)：B(M)型运输容器设计批准书

B(M)F：易裂变材料 B(M)型运输容器设计批准书

C：C 型运输容器设计批准书

CF：易裂变材料 C 型运输容器设计批准书

IF：易裂变材料工业运输容器设计批准书

S：特殊形式放射性物品设计批准书

LD：低弥散放射性物品设计批准书

T：核与辐射安全分析报告批准书

X：特殊安排批准书

H：非易裂变物质或除六氟化铀以外的易裂变物质运输容器的设计批准书。

第 9 位："-"。

第 10-11 位：依据 IAEA 标准的版本，用年份后 2 位数字表示。如 1996 年版本，则填写 96。

第 12 位："-"。

第 13 位：（NNSA—Ⅰ）代表国务院核安全监管部门批准的一类放射性物品运输容器。

附二：

二类放射性物品运输容器设计备案编号规则

CN／XXX／X-XX-（NNSA—Ⅱ）

其中：

第 1-2 位：国家或地区代码，CN 代表中国。

第 3 位："/"，隔离符。

第 4-6 位：主管部门为该设计指定的备案编号，备案编号>500。

第 7 位："/"，隔离符。

第 8 位：运输容器类型，二类放射性物品运输容器类型有 A，IP3 等。

第 9 位："-"。

第 10-11 位：依据 IAEA 标准的版本，用年份后 2 位数字表示。如 1996 年版本，则填写 96。

第 12 位："-"。

第 13 位：（NNSA—Ⅱ）代表国务院核安全监管部门备案的二类放射性物品运输容器。

附三：

一类放射性物品运输辐射监测备案表

申请文号： 备案号：

托运人名称	（盖章）		
法定代表人	（签字）		
单位详细地址		邮编	
托运人联系人		联系电话/传真	
承运人名称			
承运人联系人		联系电话/传真	
运输车队联系人		联系电话	
放射性物品品名、数量		运输容器编码	
运输线路			
运输方案	至少应包括：车队编组、运输车辆的说明		
辐射监测结果	说明是否满足标准要求		
核与辐射安全分析报告批准书编号			
附件：□1. 放射性物品运输的核与辐射安全分析报告批准书复印件； □2. 辐射监测报告。			
省、自治区、直辖市人民政府环境保护主管部门：			
经办人：			（盖章）
处领导：			日期：
厅/局领导：			

说明：1. 一类放射性物品启运前，托运人报启运地的省、自治区、直辖市人民政府环境保护主管部门备案。

2. 除备案号由省、自治区、直辖市人民政府环境保护主管部门填写外，其余由申请单位填写。

3. 本表一式两份，备案后返回申请单位一份。

· 请示答复

生态环境部办公厅关于放射性同位素示踪测井有关问题的复函

- 2018 年 11 月 5 日
- 环办法规函〔2018〕1253 号

新疆维吾尔自治区环境保护厅：

你厅《关于放射性同位素示踪测井适用法律有关问题的请示》（新环字〔2018〕121 号）收悉。经研究，函复如下：

《放射性同位素与射线装置安全和防护条例》第三十六条规定："在室外、野外使用放射性同位素和射线装置的，应当按照国家安全和防护标准的要求划出安全防护区域，设置明显的放射性标志，必要时设专人警戒。"《放射性同位素与射线装置安全许可管理办法》（原国家环境保护总局令第 31 号）第三十四条规定："在野外进行放射性同位素示踪试验的单位，应当在每次试验前编制环境影响报告表，并经试验所在地省级环境保护主管部门商同级有关部门审查批准后方可进行。"

放射性同位素示踪测井属于"在野外进行放射性同位素示踪试验"的一种形式。开展放射性同位素示踪测井活动前，应依法履行环境影响评价审批手续。需开展多次有计划的野外示踪试验的，其环境影响评价报告表可在试验前，对同一地质条件环境作一次总体评价，并报送审批。

特此函复。

国务院办公厅关于同意将 α-苯乙酰乙酸甲酯等 6 种物质列入易制毒化学品品种目录的函

- 2021 年 5 月 28 日
- 国办函〔2021〕58 号

公安部、商务部、卫生健康委、应急部、海关总署、药监局：

根据《易制毒化学品管理条例》第二条的规定，国务院同意在《易制毒化学品管理条例》附表《易制毒化学品的分类和品种目录》中增列 α-苯乙酰乙酸甲酯、α-乙酰乙酰苯胺、3,4-亚甲基二氧苯基-2-丙酮缩水甘油酸和 3,4-亚甲基二氧苯基-2-丙酮缩水甘油酯为第二类易制毒化学品，增列苯乙腈、γ-丁内酯为第三类易制毒化学品。

7. 土壤污染防治

中华人民共和国土壤污染防治法

- 2018 年 8 月 31 日第十三届全国人民代表大会常务委员会第五次会议通过
- 2018 年 8 月 31 日中华人民共和国主席令第 8 号公布
- 自 2019 年 1 月 1 日起施行

第一章 总 则

第一条 为了保护和改善生态环境，防治土壤污染，保障公众健康，推动土壤资源永续利用，推进生态文明建设，促进经济社会可持续发展，制定本法。

第二条 在中华人民共和国领域及管辖的其他海域从事土壤污染防治及相关活动，适用本法。

本法所称土壤污染，是指因人为因素导致某种物质进入陆地表层土壤，引起土壤化学、物理、生物等方面特性的改变，影响土壤功能和有效利用，危害公众健康或者破坏生态环境的现象。

第三条 土壤污染防治应当坚持预防为主、保护优先、分类管理、风险管控、污染担责、公众参与的原则。

第四条 任何组织和个人都有保护土壤、防止土壤污染的义务。

土地使用权人从事土地开发利用活动，企业事业单位和其他生产经营者从事生产经营活动，应当采取有效措施，防止、减少土壤污染，对所造成的土壤污染依法承担责任。

第五条 地方各级人民政府应当对本行政区域土壤污染防治和安全利用负责。

国家实行土壤污染防治目标责任制和考核评价制度，将土壤污染防治目标完成情况作为考核评价地方各级人民政府及其负责人、县级以上人民政府负有土壤污染防治监督管理职责的部门及其负责人的内容。

第六条 各级人民政府应当加强对土壤污染防治工作的领导，组织、协调、督促有关部门依法履行土壤污染防治监督管理职责。

第七条 国务院生态环境主管部门对全国土壤污染防治工作实施统一监督管理；国务院农业农村、自然资源、住房城乡建设、林业草原等主管部门在各自职责范围内对土壤污染防治工作实施监督管理。

地方人民政府生态环境主管部门对本行政区域土壤污染防治工作实施统一监督管理；地方人民政府农业农村、自然资源、住房城乡建设、林业草原等主管部门在各自职责范围内对土壤污染防治工作实施监督管理。

第八条　国家建立土壤环境信息共享机制。

国务院生态环境主管部门应当会同国务院农业农村、自然资源、住房城乡建设、水利、卫生健康、林业草原等主管部门建立土壤环境基础数据库，构建全国土壤环境信息平台，实行数据动态更新和信息共享。

第九条　国家支持土壤污染风险管控和修复、监测等污染防治科学技术研究开发、成果转化和推广应用，鼓励土壤污染防治产业发展，加强土壤污染防治专业技术人才培养，促进土壤污染防治科学技术进步。

国家支持土壤污染防治国际交流与合作。

第十条　各级人民政府及其有关部门、基层群众性自治组织和新闻媒体应当加强土壤污染防治宣传教育和科学普及，增强公众土壤污染防治意识，引导公众依法参与土壤污染防治工作。

第二章　规划、标准、普查和监测

第十一条　县级以上人民政府应当将土壤污染防治工作纳入国民经济和社会发展规划、环境保护规划。

设区的市级以上地方人民政府生态环境主管部门应当会同发展改革、农业农村、自然资源、住房城乡建设、林业草原等主管部门，根据环境保护规划要求、土地用途、土壤污染状况普查和监测结果等，编制土壤污染防治规划，报本级人民政府批准后公布实施。

第十二条　国务院生态环境主管部门根据土壤污染状况、公众健康风险、生态风险和科学技术水平，并按照土地用途，制定国家土壤污染风险管控标准，加强土壤污染防治标准体系建设。

省级人民政府对国家土壤污染风险管控标准中未作规定的项目，可以制定地方土壤污染风险管控标准；对国家土壤污染风险管控标准中已作规定的项目，可以制定严于国家土壤污染风险管控标准的地方土壤污染风险管控标准。地方土壤污染风险管控标准应当报国务院生态环境主管部门备案。

土壤污染风险管控标准是强制性标准。

国家支持对土壤环境背景值和环境基准的研究。

第十三条　制定土壤污染风险管控标准，应当组织专家进行审查和论证，并征求有关部门、行业协会、企业事业单位和公众等方面的意见。

土壤污染风险管控标准的执行情况应当定期评估，并根据评估结果对标准适时修订。

省级以上人民政府生态环境主管部门应当在其网站上公布土壤污染风险管控标准，供公众免费查阅、下载。

第十四条　国务院统一领导全国土壤污染状况普查。国务院生态环境主管部门会同国务院农业农村、自然资源、住房城乡建设、林业草原等主管部门，每十年至少组织开展一次全国土壤污染状况普查。

国务院有关部门、设区的市级以上地方人民政府可以根据本行业、本行政区域实际情况组织开展土壤污染状况详查。

第十五条　国家实行土壤环境监测制度。

国务院生态环境主管部门制定土壤环境监测规范，会同国务院农业农村、自然资源、住房城乡建设、水利、卫生健康、林业草原等主管部门组织监测网络，统一规划国家土壤环境监测站（点）的设置。

第十六条　地方人民政府农业农村、林业草原主管部门应当会同生态环境、自然资源主管部门对下列农用地地块进行重点监测：

（一）产出的农产品污染物含量超标的；

（二）作为或者曾作为污水灌溉区的；

（三）用于或者曾用于规模化养殖、固体废物堆放、填埋的；

（四）曾作为工矿用地或者发生过重大、特大污染事故的；

（五）有毒有害物质生产、贮存、利用、处置设施周边的；

（六）国务院农业农村、林业草原、生态环境、自然资源主管部门规定的其他情形。

第十七条　地方人民政府生态环境主管部门应当会同自然资源主管部门对下列建设用地地块进行重点监测：

（一）曾用于生产、使用、贮存、回收、处置有毒有害物质的；

（二）曾用于固体废物堆放、填埋的；

（三）曾发生过重大、特大污染事故的；

（四）国务院生态环境、自然资源主管部门规定的其他情形。

第三章　预防和保护

第十八条　各类涉及土地利用的规划和可能造成土壤污染的建设项目，应当依法进行环境影响评价。环境影响评价文件应当包括对土壤可能造成的不良影响及应当采取的相应预防措施等内容。

第十九条　生产、使用、贮存、运输、回收、处置、排放有毒有害物质的单位和个人，应当采取有效措施，防止有毒有害物质渗漏、流失、扬散，避免土壤受到污染。

第二十条　国务院生态环境主管部门应当会同国务

院卫生健康等主管部门,根据对公众健康、生态环境的危害和影响程度,对土壤中有毒有害物质进行筛查评估,公布重点控制的土壤有毒有害物质名录,并适时更新。

第二十一条 设区的市级以上地方人民政府生态环境主管部门应当按照国务院生态环境主管部门的规定,根据有毒有害物质排放等情况,制定本行政区域土壤污染重点监管单位名录,向社会公开并适时更新。

土壤污染重点监管单位应当履行下列义务:

(一)严格控制有毒有害物质排放,并按年度向生态环境主管部门报告排放情况;

(二)建立土壤污染隐患排查制度,保证持续有效防止有毒有害物质渗漏、流失、扬散;

(三)制定、实施自行监测方案,并将监测数据报生态环境主管部门。

前款规定的义务应当在排污许可证中载明。

土壤污染重点监管单位应当对监测数据的真实性和准确性负责。生态环境主管部门发现土壤污染重点监管单位监测数据异常,应当及时进行调查。

设区的市级以上地方人民政府生态环境主管部门应当定期对土壤污染重点监管单位周边土壤进行监测。

第二十二条 企业事业单位拆除设施、设备或者建筑物、构筑物的,应当采取相应的土壤污染防治措施。

土壤污染重点监管单位拆除设施、设备或者建筑物、构筑物的,应当制定包括应急措施在内的土壤污染防治工作方案,报地方人民政府生态环境、工业和信息化主管部门备案并实施。

第二十三条 各级人民政府生态环境、自然资源主管部门应当依法加强对矿产资源开发区域土壤污染防治的监督管理,按照相关标准和总量控制的要求,严格控制可能造成土壤污染的重点污染物排放。

尾矿库运营、管理单位应当按照规定,加强尾矿库的安全管理,采取措施防止土壤污染。危库、险库、病库以及其他需要重点监管的尾矿库的运营、管理单位应按照规定,进行土壤污染状况监测和定期评估。

第二十四条 国家鼓励在建筑、通信、电力、交通、水利等领域的信息、网络、防雷、接地等建设工程中采用新技术、新材料,防止土壤污染。

禁止在土壤中使用重金属含量超标的降阻产品。

第二十五条 建设和运行污水集中处理设施、固体废物处置设施,应当依照法律法规和相关标准的要求,采取措施防止土壤污染。

地方人民政府生态环境主管部门应当定期对污水集中处理设施、固体废物处置设施周边土壤进行监测;对不符合法律法规和相关标准要求的,应当根据监测结果,要求污水集中处理设施、固体废物处置设施运营单位采取相应改进措施。

地方各级人民政府应当统筹规划、建设城乡生活污水和生活垃圾处理、处置设施,并保障其正常运行,防止土壤污染。

第二十六条 国务院农业农村、林业草原主管部门应当制定规划,完善相关标准和措施,加强农用地农药、化肥使用指导和使用总量控制,加强农用薄膜使用控制。

国务院农业农村主管部门应当加强农药、肥料登记,组织开展农药、肥料对土壤环境影响的安全性评价。

制定农药、兽药、肥料、饲料、农用薄膜等农业投入品及其包装物标准和农田灌溉用水水质标准,应当适应土壤污染防治的要求。

第二十七条 地方人民政府农业农村、林业草原主管部门应当开展农用地土壤污染防治宣传和技术培训活动,扶持农业生产专业化服务,指导农业生产者合理使用农药、兽药、肥料、饲料、农用薄膜等农业投入品,控制农药、兽药、化肥等的使用量。

地方人民政府农业农村主管部门应当鼓励农业生产者采取有利于防止土壤污染的种养结合、轮作休耕等农业耕作措施;支持采取土壤改良、土壤肥力提升等有利于土壤养护和培育的措施;支持畜禽粪便处理、利用设施的建设。

第二十八条 禁止向农用地排放重金属或者其他有毒有害物质含量超标的污水、污泥,以及可能造成土壤污染的清淤底泥、尾矿、矿渣等。

县级以上人民政府有关部门应当加强对畜禽粪便、沼渣、沼液等收集、贮存、利用、处置的监督管理,防止土壤污染。

农田灌溉用水应当符合相应的水质标准,防止土壤、地下水和农产品污染。地方人民政府生态环境主管部门应当会同农业农村、水利主管部门加强对农田灌溉用水水质的管理,对农田灌溉用水水质进行监测和监督检查。

第二十九条 国家鼓励和支持农业生产者采取下列措施:

(一)使用低毒、低残留农药以及先进喷施技术;

(二)使用符合标准的有机肥、高效肥;

(三)采用测土配方施肥技术、生物防治等病虫害绿色防控技术;

(四)使用生物可降解农用薄膜;

（五）综合利用秸秆、移出高富集污染物秸秆；

（六）按照规定对酸性土壤等进行改良。

第三十条 禁止生产、销售、使用国家明令禁止的农业投入品。

农业投入品生产者、销售者和使用者应当及时回收农药、肥料等农业投入品的包装废弃物和农用薄膜，并将农药包装废弃物交由专门的机构或者组织进行无害化处理。具体办法由国务院农业农村主管部门会同国务院生态环境等主管部门制定。

国家采取措施，鼓励、支持单位和个人回收农业投入品包装废弃物和农用薄膜。

第三十一条 国家加强对未污染土壤的保护。

地方各级人民政府应当重点保护未污染的耕地、林地、草地和饮用水水源地。

各级人民政府应当加强对国家公园等自然保护地的保护，维护其生态功能。

对未利用地应当予以保护，不得污染和破坏。

第三十二条 县级以上地方人民政府及其有关部门应当按照土地利用总体规划和城乡规划，严格执行相关行业企业布局选址要求，禁止在居民区和学校、医院、疗养院、养老院等单位周边新建、改建、扩建可能造成土壤污染的建设项目。

第三十三条 国家加强对土壤资源的保护和合理利用。对开发建设过程中剥离的表土，应当单独收集和存放，符合条件的应当优先用于土地复垦、土壤改良、造地和绿化等。

禁止将重金属或者其他有毒有害物质含量超标的工业固体废物、生活垃圾或者污染土壤用于土地复垦。

第三十四条 因科学研究等特殊原因，需要进口土壤的，应当遵守国家出入境检验检疫的有关规定。

第四章 风险管控和修复

第一节 一般规定

第三十五条 土壤污染风险管控和修复，包括土壤污染状况调查和土壤污染风险评估、风险管控、修复、风险管控效果评估、修复效果评估、后期管理等活动。

第三十六条 实施土壤污染状况调查活动，应当编制土壤污染状况调查报告。

土壤污染状况调查报告应当主要包括地块基本信息、污染物含量是否超过土壤污染风险管控标准等内容。

污染物含量超过土壤污染风险管控标准的，土壤污染状况调查报告还应当包括污染类型、污染来源以及地下水是否受到污染等内容。

第三十七条 实施土壤污染风险评估活动，应当编制土壤污染风险评估报告。

土壤污染风险评估报告应当主要包括下列内容：

（一）主要污染物状况；

（二）土壤及地下水污染范围；

（三）农产品质量安全风险、公众健康风险或者生态风险；

（四）风险管控、修复的目标和基本要求等。

第三十八条 实施风险管控、修复活动，应当因地制宜、科学合理，提高针对性和有效性。

实施风险管控、修复活动，不得对土壤和周边环境造成新的污染。

第三十九条 实施风险管控、修复活动前，地方人民政府有关部门有权根据实际情况，要求土壤污染责任人、土地使用权人采取移除污染源、防止污染扩散等措施。

第四十条 实施风险管控、修复活动中产生的废水、废气和固体废物，应当按照规定进行处理、处置，并达到相关环境保护标准。

实施风险管控、修复活动中产生的固体废物以及拆除的设施、设备或者建筑物、构筑物属于危险废物的，应当依照法律法规和相关标准的要求进行处置。

修复施工期间，应当设立公告牌，公开相关情况和环境保护措施。

第四十一条 修复施工单位转运污染土壤的，应当制定转运计划，将运输时间、方式、线路和污染土壤数量、去向、最终处置措施等，提前报所在地和接收地生态环境主管部门。

转运的污染土壤属于危险废物的，修复施工单位应当依照法律法规和相关标准的要求进行处置。

第四十二条 实施风险管控效果评估、修复效果评估活动，应当编制效果评估报告。

效果评估报告应当主要包括是否达到土壤污染风险评估报告确定的风险管控、修复目标等内容。

风险管控、修复活动完成后，需要实施后期管理的，土壤污染责任人应当按照要求实施后期管理。

第四十三条 从事土壤污染状况调查和土壤污染风险评估、风险管控、修复、风险管控效果评估、修复效果评估、后期管理等活动的单位，应当具备相应的专业能力。

受委托从事前款活动的单位对其出具的调查报告、风险评估报告、风险管控效果评估报告、修复效果评估报告的真实性、准确性、完整性负责，并按照约定对风险管控、修复、后期管理等活动结果负责。

第四十四条 发生突发事件可能造成土壤污染的，地方人民政府及其有关部门和相关企业事业单位以及其他生产经营者应当立即采取应急措施，防止土壤污染，并依照本法规定做好土壤污染状况监测、调查和土壤污染风险评估、风险管控、修复等工作。

第四十五条 土壤污染责任人负有实施土壤污染风险管控和修复的义务。土壤污染责任人无法认定的，土地使用权人应当实施土壤污染风险管控和修复。

地方人民政府及其有关部门可以根据实际情况组织实施土壤污染风险管控和修复。

国家鼓励和支持有关当事人自愿实施土壤污染风险管控和修复。

第四十六条 因实施或者组织实施土壤污染状况调查和土壤污染风险评估、风险管控、修复、风险管控效果评估、修复效果评估、后期管理等活动所支出的费用，由土壤污染责任人承担。

第四十七条 土壤污染责任人变更的，由变更后承继其债权、债务的单位或者个人履行相关土壤污染风险管控和修复义务并承担相关费用。

第四十八条 土壤污染责任人不明确或者存在争议的，农用地由地方人民政府农业农村、林业草原主管部门会同生态环境、自然资源主管部门认定，建设用地由地方人民政府生态环境主管部门会同自然资源主管部门认定。认定办法由国务院生态环境主管部门会同有关部门制定。

第二节 农用地

第四十九条 国家建立农用地分类管理制度。按照土壤污染程度和相关标准，将农用地划分为优先保护类、安全利用类和严格管控类。

第五十条 县级以上地方人民政府应当依法将符合条件的优先保护类耕地划为永久基本农田，实行严格保护。

在永久基本农田集中区域，不得新建可能造成土壤污染的建设项目；已经建成的，应当限期关闭拆除。

第五十一条 未利用地、复垦土地等拟开垦为耕地的，地方人民政府农业农村主管部门应当会同生态环境、自然资源主管部门进行土壤污染状况调查，依法进行分类管理。

第五十二条 对土壤污染状况普查、详查和监测、现场检查表明有土壤污染风险的农用地地块，地方人民政府农业农村、林业草原主管部门应当会同生态环境、自然资源主管部门进行土壤污染状况调查。

对土壤污染状况调查表明污染物含量超过土壤污染风险管控标准的农用地地块，地方人民政府农业农村、林业草原主管部门应当会同生态环境、自然资源主管部门组织进行土壤污染风险评估，并按照农用地分类管理制度管理。

第五十三条 对安全利用类农用地地块，地方人民政府农业农村、林业草原主管部门，应当结合主要作物品种和种植习惯等情况，制定并实施安全利用方案。

安全利用方案应当包括下列内容：

（一）农艺调控、替代种植；

（二）定期开展土壤和农产品协同监测与评价；

（三）对农民、农民专业合作社及其他农业生产经营主体进行技术指导和培训；

（四）其他风险管控措施。

第五十四条 对严格管控类农用地地块，地方人民政府农业农村、林业草原主管部门应当采取下列风险管控措施：

（一）提出划定特定农产品禁止生产区域的建议，报本级人民政府批准后实施；

（二）按照规定开展土壤和农产品协同监测与评价；

（三）对农民、农民专业合作社及其他农业生产经营主体进行技术指导和培训；

（四）其他风险管控措施。

各级人民政府及其有关部门应当鼓励对严格管控类农用地采取调整种植结构、退耕还林还草、退耕还湿、轮作休耕、轮牧休牧等风险管控措施，并给予相应的政策支持。

第五十五条 安全利用类和严格管控类农用地地块的土壤污染影响或者可能影响地下水、饮用水水源安全的，地方人民政府生态环境主管部门应当会同农业农村、林业草原等主管部门制定防治污染的方案，并采取相应的措施。

第五十六条 对安全利用类和严格管控类农用地地块，土壤污染责任人应当按照国家有关规定以及土壤污染风险评估报告的要求，采取相应的风险管控措施，并定期向地方人民政府农业农村、林业草原主管部门报告。

第五十七条 对产出的农产品污染物含量超标，需实施修复的农用地地块，土壤污染责任人应当编制修复方案，报地方人民政府农业农村、林业草原主管部门备案并实施。修复方案应当包括地下水污染防治的内容。

修复活动应当优先采取不影响农业生产、不降低土壤生产功能的生物修复措施，阻断或者减少污染物进入农作物食用部分，确保农产品质量安全。

风险管控、修复活动完成后，土壤污染责任人应当另行委托有关单位对风险管控效果、修复效果进行评估，并将效果评估报告报地方人民政府农业农村、林业草原主管部门备案。

农村集体经济组织及其成员、农民专业合作社及其他农业生产经营主体等负有协助实施土壤污染风险管控和修复的义务。

第三节 建设用地

第五十八条 国家实行建设用地土壤污染风险管控和修复名录制度。

建设用地土壤污染风险管控和修复名录由省级人民政府生态环境主管部门会同自然资源等主管部门制定，按照规定向社会公开，并根据风险管控、修复情况适时更新。

第五十九条 对土壤污染状况普查、详查和监测、现场检查表明有土壤污染风险的建设用地地块，地方人民政府生态环境主管部门应当要求土地使用权人按照规定进行土壤污染状况调查。

用途变更为住宅、公共管理与公共服务用地的，变更前应当按照规定进行土壤污染状况调查。

前两款规定的土壤污染状况调查报告应当报地方人民政府生态环境主管部门，由地方人民政府生态环境主管部门会同自然资源主管部门组织评审。

第六十条 对土壤污染状况调查报告评审表明污染物含量超过土壤污染风险管控标准的建设用地地块，土壤污染责任人、土地使用权人应当按照国务院生态环境主管部门的规定进行土壤污染风险评估，并将土壤污染风险评估报告报省级人民政府生态环境主管部门。

第六十一条 省级人民政府生态环境主管部门应当会同自然资源等主管部门按照国务院生态环境主管部门的规定，对土壤污染风险评估报告组织评审，及时将需要实施风险管控、修复的地块纳入建设用地土壤污染风险管控和修复名录，并定期向国务院生态环境主管部门报告。

列入建设用地土壤污染风险管控和修复名录的地块，不得作为住宅、公共管理与公共服务用地。

第六十二条 对建设用地土壤污染风险管控和修复名录中的地块，土壤污染责任人应当按照国家有关规定以及土壤污染风险评估报告的要求，采取相应的风险管控措施，并定期向地方人民政府生态环境主管部门报告。

风险管控措施应当包括地下水污染防治的内容。

第六十三条 对建设用地土壤污染风险管控和修复名录中的地块，地方人民政府生态环境主管部门可以根据实际情况采取下列风险管控措施：

（一）提出划定隔离区域的建议，报本级人民政府批准后实施；

（二）进行土壤及地下水污染状况监测；

（三）其他风险管控措施。

第六十四条 对建设用地土壤污染风险管控和修复名录中需要实施修复的地块，土壤污染责任人应当结合土地利用总体规划和城乡规划编制修复方案，报地方人民政府生态环境主管部门备案并实施。修复方案应当包括地下水污染防治的内容。

第六十五条 风险管控、修复活动完成后，土壤污染责任人应当另行委托有关单位对风险管控效果、修复效果进行评估，并将效果评估报告报地方人民政府生态环境主管部门备案。

第六十六条 对达到土壤污染风险评估报告确定的风险管控、修复目标的建设用地地块，土壤污染责任人、土地使用权人可以申请省级人民政府生态环境主管部门移出建设用地土壤污染风险管控和修复名录。

省级人民政府生态环境主管部门应当会同自然资源等主管部门对风险管控效果评估报告、修复效果评估报告组织评审，及时将达到土壤污染风险评估报告确定的风险管控、修复目标且可以安全利用的地块移出建设用地土壤污染风险管控和修复名录，按照规定向社会公开，并定期向国务院生态环境主管部门报告。

未达到土壤污染风险评估报告确定的风险管控、修复目标的建设用地地块，禁止开工建设任何与风险管控、修复无关的项目。

第六十七条 土壤污染重点监管单位生产经营用地的用途变更或者在其土地使用权收回、转让前，应当由土地使用权人按照规定进行土壤污染状况调查。土壤污染状况调查报告应当作为不动产登记资料送交地方人民政府不动产登记机构，并报地方人民政府生态环境主管部门备案。

第六十八条 土地使用权已经被地方人民政府收回，土壤污染责任人为原土地使用权人的，由地方人民政府组织实施土壤污染风险管控和修复。

第五章 保障和监督

第六十九条 国家采取有利于土壤污染防治的财政、税收、价格、金融等经济政策和措施。

第七十条 各级人民政府应当加强对土壤污染的防治，安排必要的资金用于下列事项：

（一）土壤污染防治的科学技术研究开发、示范工程和项目；

（二）各级人民政府及其有关部门组织实施的土壤污染状况普查、监测、调查和土壤污染责任人认定、风险评估、风险管控、修复等活动；

（三）各级人民政府及其有关部门对涉及土壤污染的突发事件的应急处置；

（四）各级人民政府规定的涉及土壤污染防治的其他事项。

使用资金应当加强绩效管理和审计监督，确保资金使用效益。

第七十一条 国家加大土壤污染防治资金投入力度，建立土壤污染防治基金制度。设立中央土壤污染防治专项资金和省级土壤污染防治基金，主要用于农用地土壤污染防治和土壤污染责任人或者土地使用权人无法认定的土壤污染风险管控和修复以及政府规定的其他事项。

对本法实施之前产生的，并且土壤污染责任人无法认定的污染地块，土地使用权人实际承担土壤污染风险管控和修复的，可以申请土壤污染防治基金，集中用于土壤污染风险管控和修复。

土壤污染防治基金的具体管理办法，由国务院财政主管部门会同国务院生态环境、农业农村、自然资源、住房城乡建设、林业草原等主管部门制定。

第七十二条 国家鼓励金融机构加大对土壤污染风险管控和修复项目的信贷投放。

国家鼓励金融机构在办理土地权利抵押业务时开展土壤污染状况调查。

第七十三条 从事土壤污染风险管控和修复的单位依照法律、行政法规的规定，享受税收优惠。

第七十四条 国家鼓励并提倡社会各界为防治土壤污染捐赠财产，并依照法律、行政法规的规定，给予税收优惠。

第七十五条 县级以上人民政府应当将土壤污染防治情况纳入环境状况和环境保护目标完成情况年度报告，向本级人民代表大会或者人民代表大会常务委员会报告。

第七十六条 省级以上人民政府生态环境主管部门应当会同有关部门对土壤污染问题突出、防治工作不力、群众反映强烈的地区，约谈设区的市级以上地方人民政府及其有关部门主要负责人，要求其采取措施及时整改。约谈整改情况应当向社会公开。

第七十七条 生态环境主管部门及其环境执法机构和其他负有土壤污染防治监督管理职责的部门，有权对从事可能造成土壤污染活动的企业事业单位和其他生产经营者进行现场检查、取样，要求被检查者提供有关资料、就有关问题作出说明。

被检查者应当配合检查工作，如实反映情况，提供必要的资料。

实施现场检查的部门、机构及其工作人员应当为被检查者保守商业秘密。

第七十八条 企业事业单位和其他生产经营者违反法律法规规定排放有毒有害物质，造成或者可能造成严重土壤污染的，或者有关证据可能灭失或者被隐匿的，生态环境主管部门和其他负有土壤污染防治监督管理职责的部门，可以查封、扣押有关设施、设备、物品。

第七十九条 地方人民政府安全生产监督管理部门应当监督尾矿库运营、管理单位履行防治土壤污染的法定义务，防止其发生可能污染土壤的事故；地方人民政府生态环境主管部门应当加强对尾矿库土壤污染防治情况的监督检查和定期评估，发现风险隐患的，及时督促尾矿库运营、管理单位采取相应措施。

地方人民政府及其有关部门应当依法加强对向沙漠、滩涂、盐碱地、沼泽地等未利用地非法排放有毒有害物质等行为的监督检查。

第八十条 省级以上人民政府生态环境主管部门和其他负有土壤污染防治监督管理职责的部门应当将从事土壤污染状况调查和土壤污染风险评估、风险管控、修复、风险管控效果评估、修复效果评估、后期管理等活动的单位和个人的执业情况，纳入信用系统建立信用记录，将违法信息记入社会诚信档案，并纳入全国信用信息共享平台和国家企业信用信息公示系统向社会公布。

第八十一条 生态环境主管部门和其他负有土壤污染防治监督管理职责的部门应当依法公开土壤污染状况和防治信息。

国务院生态环境主管部门负责统一发布全国土壤环境信息；省级人民政府生态环境主管部门负责统一发布本行政区域土壤环境信息。生态环境主管部门应当将涉及主要食用农产品生产区域的重大土壤环境信息，及时通报同级农业农村、卫生健康和食品安全主管部门。

公民、法人和其他组织享有依法获取土壤污染状况和防治信息、参与和监督土壤污染防治的权利。

第八十二条　土壤污染状况普查报告、监测数据、调查报告和土壤污染风险评估报告、风险管控效果评估报告、修复效果评估报告等，应当及时上传全国土壤环境信息平台。

第八十三条　新闻媒体对违反土壤污染防治法律法规的行为享有舆论监督的权利，受监督的单位和个人不得打击报复。

第八十四条　任何组织和个人对污染土壤的行为，均有向生态环境主管部门和其他负有土壤污染防治监督管理职责的部门报告或者举报的权利。

生态环境主管部门和其他负有土壤污染防治监督管理职责的部门应当将土壤污染防治举报方式向社会公布，方便公众举报。

接到举报的部门应当及时处理并对举报人的相关信息予以保密；对实名举报并查证属实的，给予奖励。

举报人举报所在单位的，该单位不得以解除、变更劳动合同或者其他方式对举报人进行打击报复。

第六章　法律责任

第八十五条　地方各级人民政府、生态环境主管部门或者其他负有土壤污染防治监督管理职责的部门未依照本法规定履行职责的，对直接负责的主管人员和其他直接责任人员依法给予处分。

依照本法规定应当作出行政处罚决定而未作出的，上级主管部门可以直接作出行政处罚决定。

第八十六条　违反本法规定，有下列行为之一的，由地方人民政府生态环境主管部门或者其他负有土壤污染防治监督管理职责的部门责令改正，处以罚款；拒不改正的，责令停产整治：

（一）土壤污染重点监管单位未制定、实施自行监测方案，或者未将监测数据报生态环境主管部门的；

（二）土壤污染重点监管单位篡改、伪造监测数据的；

（三）土壤污染重点监管单位未按年度报告有毒有害物质排放情况，或者未建立土壤污染隐患排查制度的；

（四）拆除设施、设备或者建筑物、构筑物，企业事业单位未采取相应的土壤污染防治措施或者土壤污染重点监管单位未制定、实施土壤污染防治工作方案的；

（五）尾矿库运营、管理单位未按照规定采取措施防止土壤污染的；

（六）尾矿库运营、管理单位未按照规定进行土壤污染状况监测的；

（七）建设和运行污水集中处理设施、固体废物处置设施，未依照法律法规和相关标准的要求采取措施防止土壤污染的。

有前款规定行为之一的，处二万元以上二十万元以下的罚款；有前款第二项、第四项、第五项、第七项规定行为之一，造成严重后果的，处二十万元以上二百万元以下的罚款。

第八十七条　违反本法规定，向农用地排放重金属或者其他有毒有害物质含量超标的污水、污泥，以及可能造成土壤污染的清淤底泥、尾矿、矿渣等的，由地方人民政府生态环境主管部门责令改正，处十万元以上五十万元以下的罚款；情节严重的，处五十万元以上二百万元以下的罚款，并可以将案件移送公安机关，对直接负责的主管人员和其他直接责任人员处五日以上十五日以下的拘留；有违法所得的，没收违法所得。

第八十八条　违反本法规定，农业投入品生产者、销售者、使用者未按照规定及时回收肥料等农业投入品的包装废弃物或者农用薄膜，或者未按照规定及时回收农药包装废弃物交由专门的机构或者组织进行无害化处理的，由地方人民政府农业农村主管部门责令改正，处一万元以上十万元以下的罚款；农业投入品使用者为个人的，可以处二百元以上二千元以下的罚款。

第八十九条　违反本法规定，将重金属或者其他有毒有害物质含量超标的工业固体废物、生活垃圾或者污染土壤用于土地复垦的，由地方人民政府生态环境主管部门责令改正，处十万元以上一百万元以下的罚款；有违法所得的，没收违法所得。

第九十条　违反本法规定，受委托从事土壤污染状况调查和土壤污染风险评估、风险管控效果评估、修复效果评估活动的单位，出具虚假调查报告、风险评估报告、风险管控效果评估报告、修复效果评估报告的，由地方人民政府生态环境主管部门处十万元以上五十万元以下的罚款；情节严重的，禁止从事上述业务，并处五十万元以上一百万元以下的罚款；有违法所得的，没收违法所得。

前款规定的单位出具虚假报告的，由地方人民政府生态环境主管部门对直接负责的主管人员和其他直接责任人员处一万元以上五万元以下的罚款；情节严重的，十年内禁止从事前款规定的业务；构成犯罪的，终身禁止从事前款规定的业务。

本条第一款规定的单位和委托人恶意串通，出具虚假报告，造成他人人身或者财产损害的，还应当与委托人承担连带责任。

第九十一条　违反本法规定，有下列行为之一的，由地方人民政府生态环境主管部门责令改正，处十万元以上五十万元以下的罚款；情节严重的，处五十万元以上一百万元以下的罚款；有违法所得的，没收违法所得；对直接负责的主管人员和其他直接责任人员处五千元以上二万元以下的罚款：

（一）未单独收集、存放开发建设过程中剥离的表土的；

（二）实施风险管控、修复活动对土壤、周边环境造成新的污染的；

（三）转运污染土壤，未将运输时间、方式、线路和污染土壤数量、去向、最终处置措施等提前报所在地和接收地生态环境主管部门的；

（四）未达到土壤污染风险评估报告确定的风险管控、修复目标的建设用地地块，开工建设与风险管控、修复无关的项目的。

第九十二条 违反本法规定，土壤污染责任人或者土地使用权人未按照规定实施后期管理的，由地方人民政府生态环境主管部门或者其他负有土壤污染防治监督管理职责的部门责令改正，处一万元以上五万元以下的罚款；情节严重的，处五万元以上五十万元以下的罚款。

第九十三条 违反本法规定，被检查者拒不配合检查，或者在接受检查时弄虚作假的，由地方人民政府生态环境主管部门或者其他负有土壤污染防治监督管理职责的部门责令改正，处二万元以上二十万元以下的罚款；对直接负责的主管人员和其他直接责任人员处五千元以上二万元以下的罚款。

第九十四条 违反本法规定，土壤污染责任人或者土地使用权人有下列行为之一的，由地方人民政府生态环境主管部门或者其他负有土壤污染防治监督管理职责的部门责令改正，处二万元以上二十万元以下的罚款；拒不改正的，处二十万元以上一百万元以下的罚款，并委托他人代为履行，所需费用由土壤污染责任人或者土地使用权人承担；对直接负责的主管人员和其他直接责任人员处五千元以上二万元以下的罚款：

（一）未按照规定进行土壤污染状况调查的；

（二）未按照规定进行土壤污染风险评估的；

（三）未按照规定采取风险管控措施的；

（四）未按照规定实施修复的；

（五）风险管控、修复活动完成后，未另行委托有关单位对风险管控效果、修复效果进行评估的。

土壤污染责任人或者土地使用权人有前款第三项、第四项规定行为之一，情节严重的，地方人民政府生态环境主管部门或者其他负有土壤污染防治监督管理职责的部门可以将案件移送公安机关，对直接负责的主管人员和其他直接责任人员处五日以上十五日以下的拘留。

第九十五条 违反本法规定，有下列行为之一的，由地方人民政府有关部门责令改正；拒不改正的，处一万元以上五万元以下的罚款：

（一）土壤污染重点监管单位未按照规定将土壤污染防治工作方案报地方人民政府生态环境、工业和信息化主管部门备案的；

（二）土壤污染责任人或者土地使用权人未按照规定将修复方案、效果评估报告报地方人民政府生态环境、农业农村、林业草原主管部门备案的；

（三）土地使用权人未按照规定将土壤污染状况调查报告报地方人民政府生态环境主管部门备案的。

第九十六条 污染土壤造成他人人身或者财产损害的，应当依法承担侵权责任。

土壤污染责任人无法认定，土地使用权人未依照本法规定履行土壤污染风险管控和修复义务，造成他人人身或者财产损害的，应当依法承担侵权责任。

土壤污染引起的民事纠纷，当事人可以向地方人民政府生态环境等主管部门申请调解处理，也可以向人民法院提起诉讼。

第九十七条 污染土壤损害国家利益、社会公共利益的，有关机关和组织可以依照《中华人民共和国环境保护法》《中华人民共和国民事诉讼法》《中华人民共和国行政诉讼法》等法律的规定向人民法院提起诉讼。

第九十八条 违反本法规定，构成违反治安管理行为的，由公安机关依法给予治安管理处罚；构成犯罪的，依法追究刑事责任。

第七章 附 则

第九十九条 本法自2019年1月1日起施行。

污染地块土壤环境管理办法(试行)

· 2016年12月31日环境保护部令第42号公布
· 自2017年7月1日起施行

第一章 总 则

第一条 为了加强污染地块环境保护监督管理，防控污染地块环境风险，根据《中华人民共和国环境保护法》等法律法规和国务院发布的《土壤污染防治行动计划》，制定本办法。

第二条 本办法所称疑似污染地块，是指从事过有色金属冶炼、石油加工、化工、焦化、电镀、制革等行业生产经营活动，以及从事过危险废物贮存、利用、处置活动的用地。

按照国家技术规范确认超过有关土壤环境标准的疑似污染地块，称为污染地块。

本办法所称疑似污染地块和污染地块相关活动，是指对疑似污染地块开展的土壤环境初步调查活动，以及对污染地块开展的土壤环境详细调查、风险评估、风险管控、治理与修复及其效果评估等活动。

第三条 拟收回土地使用权的、已收回土地使用权的，以及用途拟变更为居住用地和商业、学校、医疗、养老机构等公共设施用地的疑似污染地块和污染地块相关活动及其环境保护监督管理，适用本办法。

不具备本条第一款情形的疑似污染地块和污染地块土壤环境管理办法另行制定。

放射性污染地块环境保护监督管理，不适用本办法。

第四条 环境保护部对全国土壤环境保护工作实施统一监督管理。

地方各级环境保护主管部门负责本行政区域内的疑似污染地块和污染地块相关活动的监督管理。

按照国家有关规定，县级环境保护主管部门被调整为设区的市级环境保护主管部门派出分局的，由设区的市级环境保护主管部门组织所属派出分局开展疑似污染地块和污染地块相关活动的监督管理。

第五条 环境保护部制定疑似污染地块和污染地块相关活动方面的环境标准和技术规范。

第六条 环境保护部组织建立全国污染地块土壤环境管理信息系统（以下简称污染地块信息系统）。

县级以上地方环境保护主管部门按照环境保护部的规定，在本行政区域内组织建设和应用污染地块信息系统。

疑似污染地块和污染地块的土地使用权人应当按照环境保护部的规定，通过污染地块信息系统，在线填报并提交疑似污染地块和污染地块相关活动信息。

县级以上环境保护主管部门应当通过污染地块信息系统，与同级城乡规划、国土资源等部门实现信息共享。

第七条 任何单位或者个人有权向环境保护主管部门举报未按照本办法规定开展疑似污染地块和污染地块相关活动的行为。

第八条 环境保护主管部门鼓励和支持社会组织，对造成土壤污染、损害社会公共利益的行为，依法提起环境公益诉讼。

第二章 各方责任

第九条 土地使用权人应当按照本办法的规定，负责开展疑似污染地块和污染地块相关活动，并对上述活动的结果负责。

第十条 按照"谁污染，谁治理"原则，造成土壤污染的单位或者个人应当承担治理与修复的主体责任。

责任主体发生变更的，由变更后继承其债权、债务的单位或者个人承担相关责任。

责任主体灭失或者责任主体不明确的，由所在地县级人民政府依法承担相关责任。

土地使用权依法转让的，由土地使用权受让人或者双方约定的责任人承担相关责任。

土地使用权终止的，由原土地使用权人对其使用该地块期间所造成的土壤污染承担相关责任。

土壤污染治理与修复实行终身责任制。

第十一条 受委托从事疑似污染地块和污染地块相关活动的专业机构，或者受委托从事治理与修复效果评估的第三方机构，应当遵守有关环境标准和技术规范，并对相关活动的调查报告、评估报告的真实性、准确性、完整性负责。

受委托从事风险管控、治理与修复的专业机构，应当遵守国家有关环境标准和技术规范，按照委托合同的约定，对风险管控、治理与修复的效果承担相应责任。

受委托从事风险管控、治理与修复的专业机构，在风险管控、治理与修复等活动中弄虚作假，造成环境污染和生态破坏，除依照有关法律法规接受处罚外，还应当依法与造成环境污染和生态破坏的其他责任者承担连带责任。

第三章 环境调查与风险评估

第十二条 县级环境保护主管部门应当根据国家有关保障工业企业场地再开发利用环境安全的规定，会同工业和信息化、城乡规划、国土资源等部门，建立本行政区域疑似污染地块名单，并及时上传污染地块信息系统。

疑似污染地块名单实行动态更新。

第十三条 对列入疑似污染地块名单的地块，所在地县级环境保护主管部门应当书面通知土地使用权人。

土地使用权人应当自接到书面通知之日起六个月内完成土壤环境初步调查，编制调查报告，及时上传污染地块信息系统，并将调查报告主要内容通过其网站等便于公众知晓的方式向社会公开。

土壤环境初步调查应当按照国家有关环境标准和技

术规范开展,调查报告应当包括地块基本信息、疑似污染地块是否为污染地块的明确结论等主要内容,并附具采样信息和检测报告。

第十四条 设区的市级环境保护主管部门根据土地使用权人提交的土壤环境初步调查报告建立污染地块名录,及时上传污染地块信息系统,同时向社会公开,并通报各污染地块所在地县级人民政府。

对列入名录的污染地块,设区的市级环境保护主管部门应当按照国家有关环境标准和技术规范,确定该污染地块的风险等级。

污染地块名录实行动态更新。

第十五条 县级以上地方环境保护主管部门应当对本行政区域具有高风险的污染地块,优先开展环境保护监督管理。

第十六条 对列入污染地块名录的地块,设区的市级环境保护主管部门应当书面通知土地使用权人。

土地使用权人应当在接到书面通知后,按照国家有关环境标准和技术规范,开展土壤环境详细调查,编制调查报告,及时上传污染地块信息系统,并将调查报告主要内容通过其网站等便于公众知晓的方式向社会公开。

土壤环境详细调查报告应当包括地块基本信息、土壤污染物的分布状况及其范围,以及对土壤、地表水、地下水、空气污染的影响情况等主要内容,并附具采样信息和检测报告。

第十七条 土地使用权人应当按照国家有关环境标准和技术规范,在污染地块土壤环境详细调查的基础上开展风险评估,编制风险评估报告,及时上传污染地块信息系统,并将评估报告主要内容通过其网站等便于公众知晓的方式向社会公开。

风险评估报告应当包括地块基本信息、应当关注的污染物、主要暴露途径、风险水平、风险管控以及治理与修复建议等主要内容。

第四章 风险管控

第十八条 污染地块土地使用权人应当根据风险评估结果,并结合污染地块相关开发利用计划,有针对性地实施风险管控。

对暂不开发利用的污染地块,实施以防止污染扩散为目的的风险管控。

对拟开发利用为居住用地和商业、学校、医疗、养老机构等公共设施用地的污染地块,实施以安全利用为目的的风险管控。

第十九条 污染地块土地使用权人应当按照国家有关环境标准和技术规范,编制风险管控方案,及时上传污染地块信息系统,同时抄送所在地县级人民政府,并将方案主要内容通过其网站等便于公众知晓的方式向社会公开。

风险管控方案应当包括管控区域、目标、主要措施、环境监测计划以及应急措施等内容。

第二十条 土地使用权人应当按照风险管控方案要求,采取以下主要措施:

(一)及时移除或者清理污染源;
(二)采取污染隔离、阻断等措施,防止污染扩散;
(三)开展土壤、地表水、地下水、空气环境监测;
(四)发现污染扩散的,及时采取有效补救措施。

第二十一条 因采取风险管控措施不当等原因,造成污染地块周边的土壤、地表水、地下水或者空气污染等突发环境事件的,土地使用权人应当及时采取环境应急措施,并向所在地县级以上环境保护主管部门和其他有关部门报告。

第二十二条 对暂不开发利用的污染地块,由所在地县级环境保护主管部门配合有关部门提出划定管控区域的建议,报同级人民政府批准后设立标识、发布公告,并组织开展土壤、地表水、地下水、空气环境监测。

第五章 治理与修复

第二十三条 对拟开发利用为居住用地和商业、学校、医疗、养老机构等公共设施用地的污染地块,经风险评估确认需要治理与修复的,土地使用权人应当开展治理与修复。

第二十四条 对需要开展治理与修复的污染地块,土地使用权人应当根据土壤环境详细调查报告、风险评估报告等,按照国家有关环境标准和技术规范,编制污染地块治理与修复工程方案,并及时上传污染地块信息系统。

土地使用权人应当在工程实施期间,将治理与修复工程方案的主要内容通过其网站等便于公众知晓的方式向社会公开。

工程方案应当包括治理与修复范围和目标、技术路线和工艺参数、二次污染防范措施等内容。

第二十五条 污染地块治理与修复期间,土地使用权人或者其委托的专业机构应当采取措施,防止对地块及其周边环境造成二次污染;治理与修复过程中产生的废水、废气和固体废物,应当按照国家有关规定进行处理或者处置,并达到国家或者地方规定的环境标准和要求。

治理与修复工程原则上应当在原址进行;确需转运

污染土壤的，土地使用权人或者其委托的专业机构应当将运输时间、方式、线路和污染土壤数量、去向、最终处置措施等，提前五个工作日向所在地和接收地设区的市级环境保护主管部门报告。

修复后的土壤再利用应当符合国家或者地方有关规定和标准要求。

治理与修复期间，土地使用权人或者其委托的专业机构应当设立公告牌和警示标识，公开工程基本情况、环境影响及其防范措施等。

第二十六条 治理与修复工程完工后，土地使用权人应当委托第三方机构按照国家有关环境标准和技术规范，开展治理与修复效果评估，编制治理与修复效果评估报告，及时上传污染地块信息系统，并通过其网站等便于公众知晓的方式公开，公开时间不得少于两个月。

治理与修复效果评估报告应当包括治理与修复工程概况、环境保护措施落实情况、治理与修复效果监测结果、评估结论及后续监测建议等内容。

第二十七条 污染地块未经治理与修复，或者经治理与修复但未达到相关规划用地土壤环境质量要求的，有关环境保护主管部门不予批准选址涉及该污染地块的建设项目环境影响报告书或者报告表。

第二十八条 县级以上环境保护主管部门应当会同城乡规划、国土资源等部门，建立和完善污染地块信息沟通机制，对污染地块的开发利用实行联动监管。

污染地块经治理与修复，并符合相应规划用地土壤环境质量要求后，可以进入用地程序。

第六章 监督管理

第二十九条 县级以上环境保护主管部门及其委托的环境监察机构，有权对本行政区域内的疑似污染地块和污染地块相关活动进行现场检查。被检查单位应当予以配合，如实反映情况，提供必要的资料。实施现场检查的部门、机构及其工作人员应当为被检查单位保守商业秘密。

第三十条 县级以上环境保护主管部门对疑似污染地块和污染地块相关活动进行监督检查时，有权采取下列措施：

（一）向被检查单位调查、了解疑似污染地块和污染地块的有关情况；

（二）进入被检查单位进行现场核查或者监测；

（三）查阅、复制相关文件、记录以及其他有关资料；

（四）要求被检查单位提交有关情况说明。

第三十一条 设区的市级环境保护主管部门应当于每年的12月31日前，将本年度本行政区域的污染地块环境管理工作情况报省级环境保护主管部门。

省级环境保护主管部门应当于每年的1月31日前，将上一年度本行政区域的污染地块环境管理工作情况报环境保护部。

第三十二条 违反本办法规定，受委托的专业机构在编制土壤环境初步调查报告、土壤环境详细调查报告、风险评估报告、风险管控方案、治理与修复方案过程中，或者受委托的第三方机构在编制治理与修复效果评估报告过程中，不负责任或者弄虚作假致使报告失实的，由县级以上环境保护主管部门将该机构失信情况记入其环境信用记录，并通过企业信用信息公示系统向社会公开。

第七章 附 则

第三十三条 本办法自2017年7月1日起施行。

农用地土壤环境管理办法（试行）

- 2017年9月25日环境保护部、农业部令第46号公布
- 自2017年11月1日起施行

第一章 总 则

第一条 为了加强农用地土壤环境保护监督管理，保护农用地土壤环境，管控农用地土壤环境风险，保障农产品质量安全，根据《中华人民共和国环境保护法》《中华人民共和国农产品质量安全法》等法律法规和《土壤污染防治行动计划》，制定本办法。

第二条 农用地土壤污染防治相关活动及其监督管理适用本办法。

前款所指的农用地土壤污染防治相关活动，是指对农用地开展的土壤污染预防、土壤污染状况调查、环境监测、环境质量类别划分、分类管理等活动。

本办法所称的农用地土壤环境质量类别划分和分类管理，主要适用于耕地。园地、草地、林地可参照本办法。

第三条 环境保护部对全国农用地土壤环境保护工作实施统一监督管理；县级以上地方环境保护主管部门对本行政区域内农用地土壤污染防治相关活动实施统一监督管理。

农业部对全国农用地土壤安全利用、严格管控、治理与修复等工作实施监督管理；县级以上地方农业主管部门负责本行政区域内农用地土壤安全利用、严格管控、治理与修复等工作的组织实施。

农用地土壤污染预防、土壤污染状况调查、环境监测、环境质量类别划分、农用地土壤优先保护、监督管理

等工作，由县级以上环境保护和农业主管部门按照本办法有关规定组织实施。

第四条 环境保护部会同农业部制定农用地土壤污染状况调查、环境监测、环境质量类别划分等技术规范。

农业部会同环境保护部制定农用地土壤安全利用、严格管控、治理与修复、治理与修复效果评估等技术规范。

第五条 县级以上地方环境保护和农业主管部门在编制本行政区域的环境保护规划和农业发展规划时，应当包含农用地土壤污染防治工作的内容。

第六条 环境保护部会同农业部等部门组织建立全国农用地土壤环境管理信息系统（以下简称农用地环境信息系统），实行信息共享。

县级以上地方环境保护主管部门、农业主管部门应当按照国家有关规定，在本行政区域内组织建设和应用农用地环境信息系统，并加强农用地土壤环境信息统计工作，健全农用地土壤环境信息档案，定期上传农用地环境信息系统，实行信息共享。

第七条 受委托从事农用地土壤污染防治相关活动的专业机构，以及受委托从事治理与修复效果评估的第三方机构，应当遵守有关环境保护标准和技术规范，并对其出具的技术文件的真实性、准确性、完整性负责。

受委托从事治理与修复的专业机构，应当遵守国家有关环境保护标准和技术规范，在合同约定范围内开展工作，对治理与修复活动及其效果负责。

受委托从事治理与修复的专业机构在治理与修复活动中弄虚作假，对造成的环境污染和生态破坏负有责任的，除依照有关法律法规接受处罚外，还应当依法与造成环境污染和生态破坏的其他责任者承担连带责任。

第二章 土壤污染预防

第八条 排放污染物的企业事业单位和其他生产经营者应当采取有效措施，确保废水、废气排放和固体废物处理、处置符合国家有关规定要求，防止对周边农用地土壤造成污染。

从事固体废物和化学品储存、运输、处置的企业，应当采取措施防止固体废物和化学品的泄露、渗漏、遗撒、扬散污染农用地。

第九条 县级以上地方环境保护主管部门应当加强对企业事业单位和其他生产经营者排污行为的监管，将土壤污染防治作为环境执法的重要内容。

设区的市级以上地方环境保护主管部门应当根据本行政区域内工矿企业分布和污染排放情况，确定土壤环境重点监管企业名单，上传农用地环境信息系统，实行动态更新，并向社会公布。

第十条 从事规模化畜禽养殖和农产品加工的单位和个人，应当按照相关规范要求，确定废物无害化处理方式和消纳场地。

县级以上地方环境保护主管部门、农业主管部门应当依据法定职责加强畜禽养殖污染防治工作，指导畜禽养殖废弃物综合利用，防止畜禽养殖活动对农用地土壤环境造成污染。

第十一条 县级以上地方农业主管部门应当加强农用地土壤污染防治知识宣传，提高农业生产者的农用地土壤环境保护意识，引导农业生产者合理使用肥料、农药、兽药、农用薄膜等农业投入品，根据科学的测土配方进行合理施肥，鼓励采取种养结合、轮作等良好农业生产措施。

第十二条 禁止在农用地排放、倾倒、使用污泥、清淤底泥、尾矿（渣）等可能对土壤造成污染的固体废物。

农田灌溉用水应当符合相应的水质标准，防止污染土壤、地下水和农产品。禁止向农田灌溉渠道排放工业废水或者医疗污水。向农田灌溉渠道排放城镇污水以及未综合利用的畜禽养殖废水、农产品加工废水的，应当保证其下游最近的灌溉取水点的水质符合农田灌溉水质标准。

第三章 调查与监测

第十三条 环境保护部会同农业部等部门建立农用地土壤污染状况定期调查制度，制定调查工作方案，每十年开展一次。

第十四条 环境保护部会同农业部等部门建立全国土壤环境质量监测网络，统一规划农用地土壤环境质量国控监测点位，规定监测要求，并组织实施全国农用地土壤环境监测工作。

农用地土壤环境质量国控监测点位应当重点布设在粮食生产功能区、重要农产品生产保护区、特色农产品优势区以及污染风险较大的区域等。

县级以上地方环境保护主管部门会同农业等有关部门，可以根据工作需要，布设地方农用地土壤环境质量监测点位，增加特征污染物监测项目，提高监测频次，有关监测结果应当及时上传农用地环境信息系统。

第十五条 县级以上农业主管部门应当根据不同区域的农产品质量安全情况，组织实施耕地土壤与农产品协同监测，开展风险评估，根据监测评估结果，优化调整安全利用措施，并将监测结果及时上传农用地环境信息系统。

第四章 分类管理

第十六条 省级农业主管部门会同环境保护主管部门，按照国家有关技术规范，根据土壤污染程度、农产品质量情况，组织开展耕地土壤环境质量类别划分工作，将耕地划分为优先保护类、安全利用类和严格管控类，划分结果报省级人民政府审定，并根据土地利用变更和土壤环境质量变化情况，定期对各类别农用地面积、分布等信息进行更新，数据上传至农用地环境信息系统。

第十七条 县级以上地方农业主管部门应当根据永久基本农田划定工作要求，积极配合相关部门将符合条件的优先保护类耕地划为永久基本农田，纳入粮食生产功能区和重要农产品生产保护区建设，实行严格保护，确保其面积不减少，耕地污染程度不上升。在优先保护类耕地集中的地区，优先开展高标准农田建设。

第十八条 严格控制在优先保护类耕地集中区域新建有色金属冶炼、石油加工、化工、焦化、电镀、制革等行业企业，有关环境保护主管部门依法不予审批可能造成耕地土壤污染的建设项目环境影响报告书或者报告表。优先保护类耕地集中区域现有可能造成土壤污染的相关行业企业应当按照有关规定采取措施，防止对耕地造成污染。

第十九条 对安全利用类耕地，应当优先采取农艺调控、替代种植、轮作、间作等措施，阻断或者减少污染物和其他有毒有害物质进入农作物可食部分，降低农产品超标风险。

对严格管控类耕地，主要采取种植结构调整或者按照国家计划经批准后进行退耕还林还草等风险管控措施。

对需要采取治理与修复工程措施的安全利用类或者严格管控类耕地，应当优先采取不影响农业生产、不降低土壤生产功能的生物修复措施，或辅助采取物理、化学治理与修复措施。

第二十条 县级以上地方农业主管部门应当根据农用地土壤安全利用相关技术规范要求，结合当地实际情况，组织制定农用地安全利用方案，报所在地人民政府批准后实施，并上传农用地环境信息系统。

农用地安全利用方案应当包括以下风险管控措施：

（一）针对主要农作物种类、品种和农作制度等具体情况，推广低积累品种替代、水肥调控、土壤调理等农艺调控措施，降低农产品有害物质超标风险；

（二）定期开展农产品质量安全监测和调查评估，实施跟踪监测，根据监测和评估结果及时优化调整农艺调控措施。

第二十一条 对需要采取治理与修复工程措施的受污染耕地，县级以上地方农业主管部门应当组织制定土壤污染治理与修复方案，报所在地人民政府批准后实施，并上传农用地环境信息系统。

第二十二条 从事农用地土壤污染治理与修复活动的单位和个人应当采取必要措施防止产生二次污染，并防止对被修复土壤和周边环境造成新的污染。治理与修复过程中产生的废水、废气和固体废物，应当按照国家有关规定进行处理或者处置，并达到国家或者地方规定的环境保护标准和要求。

第二十三条 县级以上地方环境保护主管部门应当对农用地土壤污染治理与修复的环境保护措施落实情况进行监督检查。

治理与修复活动结束后，县级以上地方农业主管部门应当委托第三方机构对治理与修复效果进行评估，评估结果上传农用地环境信息系统。

第二十四条 县级以上地方农业主管部门应当对严格管控类耕地采取以下风险管控措施：

（一）依法提出划定特定农产品禁止生产区域的建议；

（二）会同有关部门按照国家退耕还林还草计划，组织制定种植结构调整或者退耕还林还草计划，报所在地人民政府批准后组织实施，并上传农用地环境信息系统。

第二十五条 对威胁地下水、饮用水水源安全的严格管控类耕地，县级环境保护主管部门应当会同农业等主管部门制定环境风险管控方案，报同级人民政府批准后组织实施，并上传农用地环境信息系统。

第五章 监督管理

第二十六条 设区的市级以上地方环境保护主管部门应当定期对土壤环境重点监管企业周边农用地开展监测，监测结果作为环境执法和风险预警的重要依据，并上传农用地环境信息系统。

设区的市级以上地方环境保护主管部门应当督促土壤环境重点监管企业自行或者委托专业机构开展土壤环境监测，监测结果向社会公开，并上传农用地环境信息系统。

第二十七条 县级以上环境保护主管部门和县级以上农业主管部门，有权对本行政区域内的农用地土壤污染防治相关活动进行现场检查。被检查单位应当予以配合，如实反映情况，提供必要的资料。实施现场检查的部门、机构及其工作人员应当为被检查单位保守商业秘密。

第二十八条 突发环境事件可能造成农用地土壤污染的，县级以上地方环境保护主管部门应当及时会同农业主管部门对可能受到污染的农用地土壤进行监测，并根据监测结果及时向当地人民政府提出应急处置建议。

第二十九条 违反本办法规定，受委托的专业机构在从事农用地土壤污染防治相关活动中，不负责任或者弄虚作假的，由县级以上地方环境保护主管部门、农业主管部门将该机构失信情况记入其环境信用记录，并通过企业信用信息系统向社会公开。

第六章 附 则

第三十条 本办法自 2017 年 11 月 1 日起施行。

工矿用地土壤环境管理办法（试行）

- 2018 年 5 月 3 日生态环境部令第 3 号公布
- 自 2018 年 8 月 1 日起施行

第一章 总 则

第一条 为了加强工矿用地土壤和地下水环境保护监督管理，防治工矿用地土壤和地下水污染，根据《中华人民共和国环境保护法》《中华人民共和国水污染防治法》等法律法规和国务院印发的《土壤污染防治行动计划》，制定本办法。

第二条 本办法适用于从事工业、矿业生产经营活动的土壤环境污染重点监管单位用地土壤和地下水的环境现状调查、环境影响评价、污染防治设施的建设和运行管理、污染隐患排查、环境监测和风险评估、污染应急、风险管控和治理与修复等活动，以及相关环境保护监督管理。

矿产开采作业区域用地，固体废物集中贮存、填埋场所用地，不适用本办法。

第三条 土壤环境污染重点监管单位（以下简称重点单位）包括：

（一）有色金属冶炼、石油加工、化工、焦化、电镀、制革等行业中应当纳入排污许可重点管理的企业；

（二）有色金属矿采选、石油开采行业规模以上企业；

（三）其他根据有关规定纳入土壤环境污染重点监管单位名录的企事业单位。

重点单位以外的企事业单位和其他生产经营者生产经营活动涉及有毒有害物质的，其用地土壤和地下水环境保护相关活动及相关环境保护监督管理，可以参照本办法执行。

第四条 生态环境部对全国工矿用地土壤和地下水环境保护工作实施统一监督管理。

县级以上地方生态环境主管部门负责本行政区域内的工矿用地土壤和地下水环境保护相关活动的监督管理。

第五条 设区的市级以上地方生态环境主管部门应当制定公布本行政区域的土壤环境污染重点监管单位名单，并动态更新。

第六条 工矿企业是工矿用地土壤和地下水环境保护的责任主体，应当按照本办法的规定开展相关活动。

造成工矿用地土壤和地下水污染的企业应当承担治理与修复的主体责任。

第二章 污染防控

第七条 重点单位新、改、扩建项目，应当在开展建设项目环境影响评价时，按照国家有关技术规范开展工矿用地土壤和地下水环境现状调查，编制调查报告，并按规定上报环境影响评价基础数据库。

重点单位应当将前款规定的调查报告主要内容通过其网站等便于公众知晓的方式向社会公开。

第八条 重点单位新、改、扩建项目用地应当符合国家或者地方有关建设用地土壤污染风险管控标准。

重点单位通过新、改、扩建项目的土壤和地下水环境现状调查，发现项目用地污染物含量超过国家或者地方有关建设用地土壤污染风险管控标准的，土地使用权人或者污染责任人应当参照污染地块土壤环境管理有关规定开展详细调查、风险评估、风险管控、治理与修复等活动。

第九条 重点单位建设涉及有毒有害物质的生产装置、储罐和管道，或者建设污水处理池、应急池等存在土壤污染风险的设施，应当按照国家有关标准和规范的要求，设计、建设和安装有关防腐蚀、防泄漏设施和泄漏监测装置，防止有毒有害物质污染土壤和地下水。

第十条 重点单位现有地下储罐储存有毒有害物质的，应当在本办法公布后一年之内，将地下储罐的信息报所在地设区的市级生态环境主管部门备案。

重点单位新、改、扩建项目地下储罐储存有毒有害物质的，应当在项目投入生产或者使用之前，将地下储罐的信息报所在地设区的市级生态环境主管部门备案。

地下储罐的信息包括地下储罐的使用年限、类型、规格、位置和使用情况等。

第十一条 重点单位应当建立土壤和地下水污染隐患排查治理制度，定期对重点区域、重点设施开展隐患排查。发现污染隐患的，应当制定整改方案，及时采取技术、管理措施消除隐患。隐患排查、治理情况应当如实记录并建立档案。

重点区域包括涉及有毒有害物质的生产区，原材料及固体废物的堆存区、储放区和转运区等；重点设施包括涉及有毒有害物质的地下储罐、地下管线，以及污染治理设施等。

第十二条　重点单位应当按照相关技术规范要求，自行或者委托第三方定期开展土壤和地下水监测，重点监测存在污染隐患的区域和设施周边的土壤、地下水，并按照规定公开相关信息。

第十三条　重点单位在隐患排查、监测等活动中发现工矿用地土壤和地下水存在污染迹象的，应当排查污染源，查明污染原因，采取措施防止新增污染，并参照污染地块土壤环境管理有关规定及时开展土壤和地下水环境调查与风险评估，根据调查与风险评估结果采取风险管控或者治理与修复等措施。

第十四条　重点单位拆除涉及有毒有害物质的生产设施设备、构筑物和污染治理设施的，应当按照有关规定，事先制定企业拆除活动污染防治方案，并在拆除活动前十五个工作日报所在地县级生态环境、工业和信息化主管部门备案。

企业拆除活动污染防治方案应当包括被拆除生产设施设备、构筑物和污染治理设施的基本情况、拆除活动全过程土壤污染防治的技术要求、针对周边环境的污染防治要求等内容。

重点单位拆除活动应当严格按照有关规定实施残留物料和污染物、污染设备和设施的安全处理处置，并做好拆除活动相关记录，防范拆除活动污染土壤和地下水。拆除活动相关记录应当长期保存。

第十五条　重点单位突发环境事件应急预案应当包括防止土壤和地下水污染相关内容。

重点单位突发环境事件造成或者可能造成土壤和地下水污染的，应当采取应急措施避免或者减少土壤和地下水污染；应急处置结束后，应当立即组织开展环境影响和损害评估工作，评估认为需要开展治理与修复的，应当制定并落实污染土壤和地下水治理与修复方案。

第十六条　重点单位终止生产经营活动前，应当参照污染地块土壤环境管理有关规定，开展土壤和地下水环境初步调查，编制调查报告，及时上传全国污染地块土壤环境管理信息系统。

重点单位应当将前款规定的调查报告主要内容通过其网站等便于公众知晓的方式向社会公开。

土壤和地下水环境初步调查发现该重点单位用地污染物含量超过国家或者地方有关建设用地土壤污染风险管控标准的，应当参照污染地块土壤环境管理有关规定开展详细调查、风险评估、风险管控、治理与修复等活动。

第三章　监督管理

第十七条　县级以上生态环境主管部门有权对本行政区域内的重点单位进行现场检查。被检查单位应当予以配合，如实反映情况，提供必要的资料。实施现场检查的部门、机构及其工作人员应当为被检查单位保守商业秘密。

第十八条　县级以上生态环境主管部门对重点单位进行监督检查时，有权采取下列措施：

（一）进入被检查单位进行现场核查或者监测；

（二）查阅、复制相关文件、记录以及其他有关资料；

（三）要求被检查单位提交有关情况说明。

第十九条　重点单位未按本办法开展工矿用地土壤和地下水环境保护相关活动或者弄虚作假的，由县级以上生态环境主管部门将该企业失信情况记入其环境信用记录，并通过全国信用信息共享平台、国家企业信用信息公示系统向社会公开。

第四章　附　则

第二十条　本办法所称的下列用语的含义：

（一）矿产开采作业区域用地，指露天采矿区用地、排土场等与矿业开采作业直接相关的用地。

（二）有毒有害物质，是指下列物质：

1. 列入《中华人民共和国水污染防治法》规定的有毒有害水污染物名录的污染物；

2. 列入《中华人民共和国大气污染防治法》规定的有毒有害大气污染物名录的污染物；

3.《中华人民共和国固体废物污染环境防治法》规定的危险废物；

4. 国家和地方建设用地土壤污染风险管控标准管控的污染物；

5. 列入优先控制化学品名录内的物质；

6. 其他根据国家法律法规有关规定应当纳入有毒有害物质管理的物质。

（三）土壤和地下水环境现状调查，指对重点单位新、改、扩建项目用地的土壤和地下水环境质量进行的调查评估，其主要调查内容包括土壤和地下水中主要污染物的含量等。

（四）土壤和地下水污染隐患，指相关设施设备因设计、建设、运行管理等不完善，而导致相关有毒有害物质泄漏、渗漏、溢出等污染土壤和地下水的隐患。

（五）土壤和地下水污染迹象，指通过现场检查和隐患排查发现有毒有害物质泄漏或者疑似泄漏，或者通过土壤和地下水环境监测发现土壤或者地下水中污染物含量升高的现象。

第二十一条 本办法自 2018 年 8 月 1 日起施行。

农用地土壤污染责任人认定暂行办法

- 2021 年 1 月 28 日
- 环土壤〔2021〕13 号

第一章 总 则

第一条 为规范农用地土壤污染责任人的认定，依据《中华人民共和国环境保护法》《中华人民共和国土壤污染防治法》《中华人民共和国土地管理法》《中华人民共和国森林法》等相关法律，制定本办法。

第二条 本办法适用于农业农村、林草主管部门会同生态环境、自然资源主管部门依法行使监督管理职责中农用地土壤污染责任人不明确或者存在争议时的土壤污染责任人认定活动。涉及农用地土壤污染责任的单位和个人之间，因农用地土壤污染民事纠纷引发的土壤污染责任人认定活动，不适用本办法。

前款所称农用地，主要包括耕地、林地、草地和其他农用地。

本办法所称土壤污染责任人不明确或者存在争议，包括以下情形：

（一）农用地或者其周边曾存在多个从事生产经营活动的单位和个人的；

（二）农用地土壤污染存在多种来源的；

（三）法律法规章规定的其他情形。

第三条 本办法所称农用地土壤污染责任人（以下简称土壤污染责任人），是指因排放、倾倒、堆存、填埋、泄漏、遗撒、渗漏、流失、扬散污染物或者其他有毒有害物质等，造成农用地土壤污染，需要依法承担土壤污染风险管控和修复责任的单位和个人。

本办法所称涉及土壤污染责任的单位和个人，是指实施前款所列行为，可能造成农用地土壤污染的单位和个人。

第四条 土壤污染责任人认定由农用地所在地县级以上地方农业农村、林草主管部门会同同级生态环境、自然资源主管部门负责。

跨行政区域的农用地土壤污染责任人认定由其上一级地方农业农村、林草主管部门会同同级生态环境、自然资源主管部门负责。

第五条 耕地由农业农村主管部门会同生态环境、自然资源主管部门认定土壤污染责任人；林地、草地由林草主管部门会同生态环境、自然资源主管部门认定土壤污染责任人；其他农用地由农业农村、林草主管部门按照职责分工会同生态环境、自然资源主管部门认定土壤污染责任人。

第六条 土壤污染责任人负有实施土壤污染风险管控和修复的义务。

土壤污染风险管控和修复，包括土壤污染状况调查和土壤污染风险评估、风险管控、修复、风险管控效果评估、修复效果评估、后期管理等活动。

第七条 农用地及其周边曾存在的涉及土壤污染责任的单位和个人，应当协助开展土壤污染状况调查。

第八条 国家鼓励涉及土壤污染责任的多个单位和个人之间就土壤污染责任承担及责任份额进行协商，达成协议。无法协商一致的，由农用地土壤污染责任人认定委员会综合考虑各自对土壤的污染程度、责任人的陈述申辩情况等因素确定责任份额。

第九条 国家鼓励任何组织和个人提供土壤污染责任人认定的有关线索。

国家鼓励和支持涉及土壤污染责任的单位和个人自愿实施土壤污染风险管控和修复。

第二章 启动与调查

第十条 土壤污染责任人不明确或者存在争议，依法需要采取风险管控措施或者实施修复的农用地，符合下列情形之一的，由县级以上地方农业农村、林草主管部门会同生态环境、自然资源主管部门制定年度工作计划，启动农用地土壤污染责任人认定：

（一）周边曾存在相关污染源或者有明显污染物排放；

（二）倾倒、堆存、填埋、泄漏、遗撒、渗漏、流失、扬散污染物或者其他有毒有害物质。

在制定年度工作计划时，应当综合考虑本行政区域农用地污染状况、相关举报情况等因素。对农民群众反映强烈的突出问题，应当有重点地纳入年度工作计划。

第十一条 农业农村、林草主管部门会同生态环境、自然资源主管部门可以成立调查组启动土壤污染责任人调查，也可以指定或者委托调查机构启动调查工作。

前款规定的调查机构，应当具备土壤污染责任人认定所需要的专业技术能力。调查机构、调查人员不得与所调查的农用地、涉及土壤污染责任的单位和个人存在利益关系。

第十二条 调查组或者调查机构应当按照客观公正、实事求是的原则,做好土壤污染责任人调查工作,并提交调查报告。

调查组或者调查机构应重点针对涉及土壤污染责任的单位和个人的污染行为,以及该污染行为与农用地土壤污染之间的因果关系等开展调查。

第十三条 调查组或者调查机构开展土壤污染责任人调查时,可以向农业农村主管部门调取受污染农用地区域及其周边有关行政执法情况等材料;向林草主管部门调取林地、草地利用过程中有关行政执法情况等材料;向生态环境主管部门调取农用地及其周边涉及的突发环境事件处理情况、相关单位和个人环境行政执法情况等材料;向自然资源主管部门调取农用地及周边土地、矿产等自然资源开发利用情况及有关行政执法情况、地球化学背景调查信息、水文地质信息等材料。

调查组或者调查机构开展土壤污染责任人调查时,可以向农用地及其周边有关单位和个人调查其生产经营活动中污染物排放、污染防治设施运行、污染事故、相关生产工艺等情况。有关单位和个人应当如实提供相关材料。

调查人员可以向其他有关单位和个人了解与土壤污染有关的情况。

第十四条 调查组开展土壤污染责任人调查,需要进行鉴定评估的,农业农村、林草主管部门可以会同生态环境、自然资源主管部门指定或者委托相关技术机构开展鉴定评估。

调查机构开展土壤污染责任人调查,需要进行鉴定评估的,可以委托相关技术机构开展鉴定评估。

第十五条 同时符合下列条件的,可以认定污染行为与土壤污染之间存在因果关系:

(一)在农用地土壤中检测出特征污染物,且含量超出国家、地方、行业标准中最严限值,或者超出对照区含量;

(二)疑似土壤污染责任人存在向农用地土壤排放或者增加特征污染物的可能;

(三)无其他相似污染源,或者相似污染源对受污染农用地土壤的影响可以排除或者忽略;

(四)受污染农用地土壤可以排除仅受气候变化、自然灾害、高背景值等非人为因素的影响。

不能同时符合上述条件的,应当得出不存在或者无法认定因果关系的结论。

第十六条 有下列情形之一的,属于土壤污染责任人无法认定:

(一)不存在或者无法认定因果关系;

(二)无法确定土壤污染责任人的具体身份信息;

(三)土壤污染责任人灭失的。

第十七条 调查组或者调查机构应当自启动调查之日起六十个工作日内完成调查工作,并提交调查报告;情况复杂,不能在规定期限内完成调查的,经农业农村、林草主管部门会同生态环境、自然资源主管部门批准,可以适当延长。

鉴定评估时间不计入前款规定的调查期限。

第十八条 调查组或者调查机构提交的调查报告应当包括以下内容:

(一)农用地地块及其污染状况概述;

(二)法律法规规章和技术依据;

(三)调查过程;

(四)土壤污染责任人认定理由;

(五)土壤污染责任人认定意见及责任份额;

(六)其他需要说明的事项。

调查报告应当附具有关证据材料。

第三章 审查与认定

第十九条 县级以上地方农业农村、林草主管部门会同生态环境、自然资源主管部门成立土壤污染责任人认定委员会(以下简称认定委员会)。认定委员会成员由县级以上地方农业农村、林草、生态环境、自然资源主管部门专职工作人员和有关专家组成。认定委员会成员不得与要审查的土壤污染责任人调查工作存在利益关系。

调查工作结束后,原则上三个工作日内,调查组或者调查机构应当将调查报告提交认定委员会进行审查。

认定委员会应当自收到调查报告之日起十五个工作日内进行审查,出具审查意见。审查意见应当包括以下内容:

(一)调查报告提出的事实是否清楚、证据是否确实充分、适用法律是否正确;

(二)调查程序是否合法合规;

(三)是否通过审查的结论。

第二十条 调查报告通过审查的,认定委员会应当在三个工作日内将调查报告及审查意见报送农业农村、林草、生态环境、自然资源主管部门。

调查报告未通过审查的，认定委员会应当将调查报告退回调查组或者调查机构补充调查或者重新调查。调查组或者调查机构应当自调查报告退回之日起三十日内重新提交调查报告。

第二十一条 农业农村、林草主管部门会同生态环境、自然资源主管部门应当自收到认定委员会报送的调查报告及审查意见之日起十五个工作日内作出决定，并于十个工作日内连同认定委员会审查意见告知土壤污染责任人。

第四章　其他规定

第二十二条 在土壤污染责任人调查、审查过程中以及作出决定前，应当充分听取农村集体经济组织及其成员、农民专业合作社及其他农业生产经营主体、涉及土壤污染责任的单位和个人的陈述、申辩。农村集体经济组织及其成员、农民专业合作社及其他农业生产经营主体、涉及土壤污染责任的单位和个人提出的事实、理由或者证据成立的，应当予以采纳。

第二十三条 土壤污染责任人对土壤污染责任人认定决定不服的，可以依法申请行政复议或者提起行政诉讼。

第二十四条 土壤污染责任人认定工作结束后，农业农村、林草主管部门会同生态环境、自然资源主管部门应当及时归档。档案材料应当至少保存三十年。

第二十五条 土壤污染责任人认定过程中，发生下列情形之一，可以终止土壤污染责任人认定：

（一）涉及土壤污染责任的单位和个人之间就土壤污染责任承担及责任份额协商达成一致，相关协议书报启动认定调查的农业农村、林草主管部门会同生态环境、自然资源主管部门备案；

（二）经诉讼等确认土壤污染责任。

第二十六条 从事土壤污染责任人认定的调查、审查与决定的有关单位和人员应当恪尽职守、诚信公正。未经有权机关批准，不得擅自发布有关信息。不得利用土壤污染责任人认定工作牟取私利。

第二十七条 开展土壤污染责任人认定所需资金，农业农村、林草、生态环境和自然资源主管部门应当依照《中华人民共和国土壤污染防治法》第七十条规定，向同级人民政府申请。

第五章　附　则

第二十八条 省级农业农村、林草主管部门可以根据本办法，会同同级生态环境、自然资源主管部门，结合当地实际，制定具体实施细则，并报农业农村部、国家林草局、生态环境部、自然资源部备案。

第二十九条 本办法自2021年5月1日起施行。

建设用地土壤污染责任人认定暂行办法

- 2021年1月28日
- 环土壤〔2021〕12号

第一章　总　则

第一条 为规范建设用地土壤污染责任人的认定，依据《中华人民共和国环境保护法》《中华人民共和国土壤污染防治法》等相关法律，制定本办法。

第二条 本办法适用于生态环境主管部门会同自然资源主管部门依法行使监督管理职责中建设用地土壤污染责任人不明确或者存在争议时的土壤污染责任人认定活动。

涉及建设用地土壤污染责任的单位和个人之间，因建设用地土壤污染民事纠纷引发的土壤污染责任人认定活动，不适用本办法。

本办法所称土壤污染责任人不明确或者存在争议，包括以下情形：

（一）建设用地上曾存在多个从事生产经营活动的单位和个人的；

（二）建设用地土壤污染存在多种来源的；

（三）法律法规规章规定的其他情形。

第三条 本办法所称建设用地土壤污染责任人（以下简称土壤污染责任人），是指因排放、倾倒、堆存、填埋、泄漏、遗撒、渗漏、流失、扬散污染物或者有毒有害物质等，造成建设用地土壤污染，需要依法承担土壤污染风险管控和修复责任的单位和个人。

本办法所称涉及土壤污染责任的单位和个人，是指实施前款所列行为，可能造成建设用地土壤污染的单位和个人。

第四条 土壤污染责任人认定由建设用地所在地设区的市级生态环境主管部门会同同级自然资源主管部门负责。

跨设区的市的建设用地土壤污染责任人认定由省级生态环境主管部门会同同级自然资源主管部门负责。

第五条 土壤污染责任人负有实施土壤污染风险管控和修复的义务。土壤污染责任人无法认定的，建设用地使用权人应当实施土壤污染风险管控和修复。

土壤污染风险管控和修复，包括土壤污染状况调查和土壤污染风险评估、风险管控、修复、风险管控效果评估、修复效果评估、后期管理等活动。

第六条 建设用地及其周边曾存在的涉及土壤污染责任的单位和个人，应当协助建设用地使用权人开展土壤污染状况调查。

第七条 国家鼓励建设用地使用权人与涉及土壤污染责任的单位和个人之间，或者涉及土壤污染责任的多个单位和个人之间就土壤污染责任承担及责任份额进行协商，达成协议。协商过程中，土壤污染责任份额可以按照各自对土壤的污染程度确定；各自对土壤的污染程度无法确定的，可以平均分担责任份额。

第八条 国家鼓励任何组织和个人提供土壤污染责任人认定的有关线索。

国家鼓励和支持涉及土壤污染责任的单位和个人自愿实施土壤污染风险管控和修复。

第二章 申请与调查

第九条 对经土壤污染风险评估，依法需要采取风险管控措施或者实施修复的建设用地，土壤污染责任人不明确或者存在争议的，建设用地使用权人、土壤污染状况调查报告或者土壤污染风险评估报告中提出的涉及土壤污染责任的单位和个人，可以向有管辖权的生态环境主管部门提出土壤污染责任人认定申请。

生态环境主管部门可以会同自然资源主管部门根据实际情况依职权主动开展土壤污染责任人认定。

第十条 申请土壤污染责任人认定的，应当提交以下材料：

（一）申请书；

（二）申请人及其法定代表人身份信息；

（三）已经依法评审通过的土壤污染状况调查报告、土壤污染风险评估报告等信息；

（四）涉及土壤污染及责任人认定的相关信息和线索；

（五）生态环境主管部门会同自然资源主管部门要求提供的其他相关材料。

第十一条 接到土壤污染责任人认定申请后，生态环境主管部门根据下列情况分别作出处理：

（一）不符合本办法规定的，应当当场或者在五个工作日内作出不予受理的决定，并告知申请人；

（二）不属于本行政机关受理的，应当当场作出不予受理的决定，并告知申请人向有关行政机关提出；

（三）申请材料不齐全的，应当当场或者五个工作日内一次性告知申请人需要补正的全部材料，可以当场更正的，应当允许申请人当场更正；

（四）符合本办法规定，申请材料齐全或者申请人按照要求提交全部补正材料的，应当受理。

第十二条 生态环境主管部门会同自然资源主管部门可以在受理申请之日起十个工作日内，成立调查组启动土壤污染责任人调查，也可以指定或者委托调查机构启动调查工作。

前款规定的调查机构，应当具备土壤污染责任人认定所需要的专业技术能力。鼓励生态环境损害鉴定评估推荐机构作为调查机构。调查机构、调查人员不得与所调查的建设用地、涉及土壤污染责任的单位和个人存在利益关系。

第十三条 调查组或者调查机构应当按照客观公正、实事求是的原则，做好土壤污染责任人调查工作，并提交调查报告。

调查组或者调查机构应当重点针对涉及土壤污染责任的单位和个人的污染行为，以及该污染行为与建设用地土壤污染之间的因果关系等开展调查。

第十四条 调查组或者调查机构开展土壤污染责任人调查时，可以向生态环境主管部门调取建设用地涉及的突发环境事件处理情况、相关单位和个人有关环境行政执法情况等材料，向自然资源主管部门调取土地使用权人历史信息，土地、矿产等自然资源开发利用情况及有关行政执法情况，水文地质信息等材料。

调查组或者调查机构开展土壤污染责任人调查时，可以向建设用地及其周边有关单位和个人调查其生产经营活动中污染物排放、污染防治设施运行、污染事故、相关生产工艺等情况。有关单位和个人应当如实提供相关材料。

调查人员可以向其他有关单位和个人了解与土壤污染有关的情况。

第十五条 调查组开展土壤污染责任人调查，需要进行鉴定评估的，生态环境主管部门可以会同自然资源主管部门指定或者委托相关技术机构开展鉴定评估。

调查机构开展土壤污染责任人调查，需要进行鉴定评估的，可以委托相关技术机构开展鉴定评估。

第十六条 符合下列情形之一的，可以认定污染行为与土壤污染之间存在因果关系：

（一）涉及土壤污染责任的单位和个人曾在建设用地地块上实施过本办法第三条所列行为，且污染物或者有毒有害物质与该建设用地土壤特征污染物具有相关性；

（二）涉及土壤污染责任的单位和个人曾在建设用地地块周边实施过本办法第三条所列行为，污染物或者有毒有害物质与该建设用地土壤特征污染物具有相关性,且存在污染物或者有毒有害物质能够到达该地块的合理迁移路径。

第十七条 有下列情形之一的,属于土壤污染责任人无法认定:

(一)不存在或者无法认定因果关系;

(二)无法确定土壤污染责任人的具体身份信息;

(三)土壤污染责任人灭失的。

第十八条 调查组或者调查机构应当自启动调查之日起六十个工作日内完成调查工作,并提交调查报告;情况复杂,不能在规定期限内完成调查的,经生态环境主管部门会同自然资源主管部门批准,可以适当延长。延长调查期限的,应当告知申请人。

鉴定评估时间不计入前款规定的调查期限。

第十九条 调查组或者调查机构提交的调查报告应当包括以下内容:

(一)建设用地地块及其污染状况概述;

(二)法律法规规章和技术依据;

(三)调查过程;

(四)土壤污染责任人认定理由;

(五)土壤污染责任人认定意见;

(六)其他需要说明的事项。

调查报告应当附具有关证据材料。

第三章 审查与认定

第二十条 设区的市级或者省级生态环境主管部门会同同级自然资源主管部门成立土壤污染责任人认定委员会(以下简称认定委员会)。认定委员会成员由设区的市级或者省级生态环境主管部门、自然资源主管部门专职工作人员和有关专家组成。认定委员会成员不得与要审查的土壤污染责任人调查工作存在利益关系。

调查工作结束后,原则上三个工作日内,调查组或者调查机构应当将调查报告提交认定委员会进行审查。

认定委员会应当自收到调查报告之日起十五个工作日内进行审查,出具审查意见。审查意见应当包括以下内容:

(一)调查报告提出的事实是否清楚、证据是否确实充分、适用法律是否正确;

(二)调查程序是否合法合规;

(三)是否通过审查的结论。

第二十一条 调查报告通过审查的,土壤污染责任人认定委员会应当在三个工作日内将调查报告及审查意见报送生态环境主管部门和自然资源主管部门。

调查报告未通过审查的,认定委员会应当将调查报告退回调查组或者调查机构补充调查或者重新调查。调查组或者调查机构应当自调查报告退回之日起三十日内重新提交调查报告。

第二十二条 生态环境主管部门会同自然资源主管部门应当自收到土壤污染责任人认定委员会报送的调查报告及审查意见之日起十五个工作日内作出决定,并于十个工作日内连同认定委员会审查意见告知申请人、建设用地使用权人和土壤污染责任人;无法确定责任人的,告知申请人和建设用地使用权人。

第四章 其他规定

第二十三条 在土壤污染责任人调查、审查过程中以及作出决定前,应当充分听取建设用地使用权人、涉及土壤污染责任的单位和个人的陈述、申辩。建设用地使用权人、涉及土壤污染责任的单位和个人提出的事实、理由或者证据成立的,应当予以采纳。

第二十四条 土壤污染责任人、建设用地使用权人对土壤污染责任人认定决定不服的,可以依法申请行政复议或者提起行政诉讼。

第二十五条 土壤污染责任人认定工作结束后,生态环境主管部门应当及时归档。档案材料应当至少保存三十年。

第二十六条 土壤污染责任人认定过程中,发生下列情形之一的,可以终止土壤污染责任人认定:

(一)涉及土壤污染责任的单位和个人之间就土壤污染责任承担及责任份额协商达成一致,相关协议书报受理认定申请的生态环境主管部门备案;

(二)经诉讼等确认土壤污染责任;

(三)申请人申请终止认定。

第二十七条 从事土壤污染责任人认定的调查、审查与决定的有关单位和人员应当恪尽职守、诚信公正。未经有权机关批准,不得擅自发布有关信息。不得利用土壤污染责任人认定工作牟取私利。

第二十八条 开展土壤污染责任人认定所需资金,生态环境主管部门和自然资源主管部门应当依照《中华人民共和国土壤污染防治法》第七十条规定,向同级人民政府申请。不得向申请土壤污染责任人认定的单位和个人收取任何费用。

第五章 附 则

第二十九条 本办法自2021年5月1日起施行。

• 典型案例

环境污染刑事案件典型案例①
（2019年2月21日）

案例一：宝勋精密螺丝（浙江）有限公司及被告人黄冠群等12人污染环境案

（一）基本案情

2002年7月，被告单位宝勋精密螺丝（浙江）有限公司（以下简称宝勋公司）成立，经营范围包括生产销售建筑五金件、汽车高强度精密紧固件、精冲模具等，该公司生产中产生的废酸液及污泥为危险废物，必须分类收集后委托具有危险废物处置资质的单位处置。被告人黄冠群自2008年起担任宝勋公司副总经理，负责公司日常经营管理，被告人姜家清自2016年4月起直接负责宝勋公司酸洗污泥的处置工作。

2016年7月至2017年5月，被告单位宝勋公司及被告人黄冠群、姜家清违反国家关于危险废物管理的规定，在未开具危险废物转移联单的情况下，将酸洗污泥交给无危险废物处置资质的被告人李长红、涂伟东、刘宏桂进行非法处置。被告人李长红、涂伟东、刘宏桂通过伪造有关国家机关、公司印章、制作虚假公文、证件等方式，非法处置酸洗污泥。上述被告人通过汽车、船舶跨省运输危险废物，最终在江苏省淮安市、扬州市、苏州市，安徽省铜陵市非法倾倒、处置酸洗污泥共计1071吨。其中，2017年5月22日，被告人姜家清、李长红、涂伟东伙同被告人汪和平、汪文革、吴祖祥、朱凤华、查龙你等人在安徽省铜陵市经开区将62.88吨酸洗污泥倾倒在长江堤坝内，造成环境严重污染。案发后，经鉴定评估，上述被告人非法倾倒、处置酸洗污泥造成环境损害数额为511万余元，产生应急处置、生态环境修复、鉴定评估等费用共计139万余元。

此外，2017年6月至11月，被告人李长红、涂伟东、刘宏桂、吴祖祥、朱凤华、查龙你等人在无危险废物处置资质的情况下，非法收集10余家江苏、浙江企业的工业污泥、废胶木等有毒、有害物质，通过船舶跨省运输至安徽省铜陵市江滨村江滩边倾倒。其中，倾倒废胶木313吨、工业污泥2525余吨，另有2400余吨工业污泥倾倒未遂。

（二）诉讼过程

本案由安徽省芜湖市镜湖区人民检察院于2018年7月16日以被告单位宝勋公司以及被告人黄冠群、姜家清、李长红、涂伟东等12人犯污染环境罪向安徽省芜湖市镜湖区人民法院提起公诉。2018年9月28日，镜湖区法院依法作出一审判决，认定被告单位宝勋公司犯污染环境罪，判处罚金1000万元；被告人黄冠群犯污染环境罪，判处有期徒刑六年，并处罚金20万元；被告人姜家清犯污染环境罪，判处有期徒刑五年九个月，并处罚金20万元；判处被告人李长红等10人犯污染环境罪，判处有期徒刑六年至拘役四个月不等，并处罚金。一审宣判后，被告单位宝勋公司和被告人黄冠群等人提出上诉。2018年12月5日，安徽省芜湖市中级人民法院二审裁定驳回上诉，维持原判。判决已生效。

（三）典型意义

长江是中华民族的母亲河，也是中华民族发展的重要支撑。推动长江经济带发展是党中央作出的重大决策，是关系国家发展全局的重大战略。服务长江生态高水平保护和经济社会高质量发展，为长江经济带共抓大保护、不搞大开发提供有力保障，是公安司法机关肩负的重大政治责任、社会责任和法律责任。司法实践中，对发生在长江经济带十一省（直辖市）的跨省（直辖市）排放、倾倒、处置有放射性的废物、含传染病病原体的废物、有毒物质或者其他有害物质的环境污染犯罪行为，应当依法从重处罚。

本案中，被告单位宝勋公司及被告人黄冠群等12人在江苏、浙江、安徽等地跨省运输、转移危险废物，并在长江流域甚至是长江堤坝内倾倒、处置，危险废物数量大，持续时间长，给长江流域生态环境造成严重危害。涉案地办案机关加强协作配合，查清犯罪事实，对被告单位宝勋公司及被告人黄冠群等12人依法追究刑事责任，在办理长江经济带跨省（直辖市）环境污染案件，守护好长江母亲河方面具有典型意义。

---

① 案例来源：案例1~5为2019年2月20日最高人民检察院、最高人民法院、公安部、司法部、生态环境部发布的5起环境污染刑事案件典型案例。

案例二：上海印达金属制品有限公司及被告人应伟达等5人污染环境案

（一）基本案情

被告单位上海印达金属制品有限公司（以下简称印达公司），被告人应伟达系印达公司实际经营人，被告人王守波系印达公司生产部门负责人。

印达公司主要生产加工金属制品、小五金、不锈钢制品等，生产过程中产生的废液被收集在厂区储存桶内。2017年12月，被告人应伟达决定将储存桶内的废液交予被告人何海瑞处理，并约定向其支付7000元，由王守波负责具体事宜。后何海瑞联系了被告人徐鹏鹏，12月22日夜，被告人徐鹏鹏、徐平平驾驶槽罐车至公司门口与何海瑞会合，经何海瑞与王守波联系后进入公司抽取废液，三人再驾车至上海市青浦区白鹤镇外青松公路、鹤吉路西100米处，先后将约6吨废液倾倒至该处市政窨井内。经青浦区环保局认定，倾倒物质属于有腐蚀性的危险废物。

（二）诉讼过程

本案由上海铁路运输检察院于2018年5月9日以被告人应伟达、王守波等5人犯污染环境罪向上海铁路运输法院提起公诉。在案件审理过程中，上海铁路运输检察院对被告单位印达公司补充起诉。2018年8月24日，上海铁路运输法院依法作出判决，认定被告单位印达公司犯污染环境罪，判处罚金10万元；被告人应伟达、王守波等5人犯污染环境罪，判处有期徒刑一年至九个月不等，并处罚金。判决已生效。

（三）典型意义

准确认定单位犯罪并追究刑事责任是办理环境污染刑事案件中的重点问题，一些地方存在追究自然人犯罪多，追究单位犯罪少，单位犯罪认定难的情况和问题。司法实践中，经单位实际控制人、主要负责人或者授权的分管负责人决定、同意，实施环境污染行为的，应当认定为单位犯罪，对单位及其直接负责的主管人员和其他直接责任人员均应追究刑事责任。

本案中，被告人应伟达系印达公司实际经营人，决定非法处置废液，被告人王守波系印达公司生产部门负责人，直接负责废液非法处置事宜。本案中对被告单位印达公司及其直接负责的主管人员和其他直接责任人员被告人应伟达、王守波同时追究刑事责任，在准确认定单位犯罪并追究刑事责任方面具有典型意义。

案例三：上海云瀛复合材料有限公司及被告人贡卫国等3人污染环境案

（一）基本案情

被告单位上海云瀛复合材料有限公司（以下简称云瀛公司）在生产过程中产生的钢板清洗废液，属于危险废物，需要委托有资质的专门机构予以处置。被告人乔宗敏系云瀛公司总经理，全面负责日常生产及管理工作，被告人陶薇系云瀛公司工作人员，负责涉案钢板清洗液的采购和钢板清洗废液的处置。

2016年3月至2017年12月，被告人乔宗敏、陶薇在明知被告人贡卫国无危险废物经营许可资质的情况下，未填写危险废物转移联单并经相关部门批准，多次要求被告人贡卫国将云瀛公司产生的钢板清洗废液拉回常州市并处置。2017年2月至2017年12月，被告人贡卫国多次驾驶卡车将云瀛公司的钢板清洗废液非法倾倒于常州市新北区春江路与辽河路交叉口附近污水井、常州市新北区罗溪镇黄河西路等处；2017年12月30日，被告人贡卫国驾驶卡车从云瀛公司运载钢板清洗废液至常州市新北区黄河西路685号附近，利用塑料管引流将钢板清洗废液非法倾倒至下水道，造成兰陵河水体被严重污染。经抽样检测，兰陵河增光桥断面河水超过IV类地表水环境质量标准。被告人贡卫国非法倾倒涉案钢板清洗废液共计67.33吨。

（二）诉讼过程

本案由江苏省常州市武进区人民检察院于2018年8月9日以被告单位云瀛公司以及被告人贡卫国等3人犯污染环境罪向江苏省常州市武进区人民法院提起公诉。2018年12月17日，武进区法院作出判决，认定被告单位云瀛公司犯污染环境罪，判处罚金30万元；被告人贡卫国犯污染环境罪，判处有期徒刑一年三个月，并处罚金5万元；被告人乔宗敏犯污染环境罪，判处有期徒刑一年，缓刑二年，并处罚金5万元；被告人陶薇犯污染环境罪，判处有期徒刑一年，缓刑二年，并处罚金5万元；禁止被告人乔宗敏、陶薇在缓刑考验期内从事与排污工作有关的活动。判决已生效。

（三）典型意义

准确认定犯罪嫌疑人、被告人的主观过错是办理环境污染刑事案件中的重点问题。司法实践中，判断犯罪嫌疑人、被告人是否具有环境污染犯罪的故意，应当依据犯罪嫌疑人、被告人的任职情况、职业经历、专业背景、培训经历、本人因同类行为受到行政处罚或刑事追究情况以及污染物种类、污染方式、资金流向等证据，结合其供述，进行综合分析判断。

本案中，被告人乔宗敏、陶薇明知本单位产生的危险废物需要有资质的单位来处理，且跨省、市区域转移需填写危险废物转移联单并经相关部门批准,仍通过与有资质的单位签订合同但不实际处理,多次要求被告人贡卫国将云瀛公司产生的钢板清洗废液拉回常州市并处置,放任对环境造成危害。被告人贡卫国在无危险废物经营许可资质的情况下,跨省、市区域运输危险废物并非法倾倒于常州市内污水井、下水道中,严重污染环境。上述3名被告人均具有环境污染犯罪的故意。本案在准确认定犯罪嫌疑人、被告人的主观过错方面具有典型意义。

案例四:贵州宏泰化工有限责任公司及被告人张正文、赵强污染环境案

（一）基本案情

被告单位贵州宏泰化工有限责任公司(以下简称宏泰公司),经营范围为重晶石开采和硫酸钡、碳酸钡、硝酸钡生产销售等。被告人张正文自2014年起任宏泰公司副总经理兼办公室主任,协助总经理处理全厂日常工作。被告人赵强自2014年起任宏泰公司环保专员,主管环保、消防等工作。

宏泰公司主要业务之一为生产化工原料碳酸钡,生产产生的废渣有氮渣和钡渣。氮渣属一般废弃物,钡渣属危险废物。宏泰公司在贵州省紫云自治县猫营镇大河村租赁土地堆放一般废弃物氮渣,将危险废物钡渣销往有危险废物经营许可证资质的企业进行处置。2014年底,因有资质企业经营不景气,加之新的环境保护法即将实施,对危险废物管理更加严格,各企业不再向宏泰公司购买钡渣,导致该公司厂区内大量钡渣留存,无法处置。被告人张正文、赵强在明知钡渣不能随意处置的情况下,通过在车箱底部垫钡渣等方式在氮渣内掺入钡渣倾倒在氮渣堆场,并且借安顺市某环保砖厂名义签署工业废渣综合利用协议,填写虚假的危险废物转移联单,应付环保行政主管部门检查。2015年10月19日至23日,环保部西南督查中心联合贵州省环保厅开展危险废物污染防治专项督查过程中,查获宏泰公司的违法行为。经测绘,宏泰公司废渣堆场堆渣量为72194立方米,废渣平均密度为1250千克/立方米,堆渣量达90242.5吨。经对堆场废渣随机抽取的50个样本进行检测,均检出钡离子,其中两个样本检测值超过100mg/L。

（二）诉讼过程

本案由贵州省安顺市平坝区人民检察院以被告单位宏泰公司及被告人赵强犯污染环境罪向贵州省安顺市平坝区人民法院提起公诉,后又以被告人张正文犯污染环境罪向平坝区法院追加起诉。2017年11月23日,平坝区法院依法作出判决,认定被告单位宏泰公司犯污染环境罪,判处罚金100万元;被告人张正文犯污染环境罪,判处有期徒刑三年,缓刑三年,并处罚金2000元;被告人赵强犯污染环境罪,判处有期徒刑三年,缓刑三年,并处罚金2000元。判决已生效。

（三）典型意义

准确认定非法排放、倾倒、处置行为是办理环境污染刑事案件中的重点问题。司法实践中认定非法排放、倾倒、处置行为时,应当根据法律和司法解释的有关规定精神,从其行为方式是否违反国家规定或者行业操作规范、污染物是否与外环境接触、是否造成环境污染的危险或者危害等方面进行综合分析判断。对名为运输、贮存、利用,实为排放、倾倒、处置的行为应当认定为非法排放、倾倒、处置行为,依法追究刑事责任。

本案中,被告单位宏泰公司及被告人张正文、赵强在明知危险废物钡渣不能随意处置的情况下,仍在氮渣内掺入钡渣倾倒在氮渣堆场,名为运输、贮存、利用,实为排放、倾倒、处置,放任危险废物流失、泄漏,严重污染环境。本案在准确认定非法排放、倾倒、处置行为方面具有典型意义。

案例五:刘土义、黄阿添、韦世榜等17人污染环境系列案

（一）基本案情

被告人刘土尾系广东省博罗县加得力油料有限公司的实际投资人和控制人,被告人黄阿添系该公司法定代表人。自2016年起,两被告人明知被告人刘土义没有处置废油的资质,仍将3192吨废油交给刘土义处理。

被告人黄应顺系广东省佛山市泽田石油科技有限公司的法定代表人。自2016年11月起,黄应顺为获取600元/车的装车费,擅自决定将存放在公司厂区近100吨废油交给刘土义处理。

被告人关伟平、冯耀明系广东省东莞市道滘镇鸿海润滑油经营部的合伙人。2017年2月,两被告人将加工过程中产生的酸性废弃物29.63吨交给刘土义处置。

除上述企业提供的废油外,被告人刘土义还联系广东其他企业提供废油,然后由被告人柯金水、韦苏文联系车辆将废油运送至广西壮族自治区来宾市兴宾区、武宣县、象州县等地,被告人韦世榜负责找场地堆放、倾倒、填埋。被告人梁全邦、韦武模应被告人韦世榜的要求,负责在武宣县境内寻找场地堆放废油并组织人员卸车,从中获取卸车费。被告人韦文林、张东来等5人应被告人韦世榜的要求,负责在象州县境内寻找场地倾倒废油并收取酬劳。

此外,被告人柯金水、韦世榜在武宣县境内建造炼油厂,从广东省运来30吨废油提炼沥青,提炼失败后,两被告人将13吨废油就地丢弃,其余废油转移至位于来宾市兴宾区的韦世榜炼油厂堆放,之后被告人柯金水又联系被告人刘土义将废油运至韦世榜的炼油厂堆放。在该堆放点被查处后,被告人柯金水、韦世榜决定将废油就地填埋。

经现场勘验及称量,本案中被告人在兴宾区、武宣县、象州县倾倒、填埋、处置的废油共计 6651.48 吨,需要处置的污染废物共计 10702.95 吨,造成直接经济损失 3217.05 万元,后续修复费用 45 万元。

(二) 诉讼过程

刘土义、黄阿添、韦世榜等 17 人污染环境系列案由广西壮族自治区武宣县人民检察院向广西壮族自治区武宣县人民法院提起公诉。武宣法院依法作出一审判决,认定被告人刘土义犯污染环境罪,判处有期徒刑五年,并处罚金 100 万元;被告人黄阿添犯污染环境罪,判处有期徒刑四年,并处罚金 80 万元;被告人韦世榜犯污染环境罪,判处有期徒刑四年,并处罚金 20 万元;其余被告人犯污染环境罪,判处有期徒刑四年至拘役三个月缓刑六个月不等,并处罚金。一审宣判后,被告人刘尾、黄阿添、柯金水、梁全邦提出上诉。2018 年 7 月 18 日,广西壮族自治区来宾市中级人民法院作出二审判决,驳回黄阿添、柯金水、梁全邦的上诉。鉴于刘尾主动交纳 400 万元给当地政府用于处置危险废物,二审期间又主动缴纳罚金 80 万元,交纳危险废物处置费 20 万元,认罪态度好,确有悔罪表现,认定刘尾犯污染环境罪,判处有期徒刑三年,缓刑四年,罚金 80 万元。判决已生效。

(三) 典型意义

当前,有的地方已经形成分工负责、利益均沾、相对固定的危险废物非法经营产业链,具有很大的社会危害性。司法实践中,公安司法机关要高度重视此类型案件的办理,坚持全链条、全环节、全流程对非法排放、倾倒、处置、经营危险废物的产业链进行刑事打击,查清犯罪网络,深挖犯罪源头,斩断利益链条,不断挤压和铲除其滋生蔓延的空间。

本案中,被告人刘土义等 17 人形成了跨广东、广西两省区的非法排放、倾倒、处置、经营危险废物产业链,有的被告人负责提供废油,有的被告人负责收集运输废油,有的被告人负责寻找场所堆放、倾倒、填埋废油,废油数量大,持续时间长,涉及地区广,严重污染当地环境。本案在深挖、查实并依法惩处危险废物非法经营产业链方面具有典型意义。

三、环境影响评价与建设项目管理

中华人民共和国环境影响评价法

- 2002年10月28日第九届全国人民代表大会常务委员会第三十次会议通过
- 根据2016年7月2日第十二届全国人民代表大会常务委员会第二十一次会议《关于修改〈中华人民共和国节约能源法〉等六部法律的决定》第一次修正
- 根据2018年12月29日第十三届全国人民代表大会常务委员会第七次会议《关于修改〈中华人民共和国劳动法〉等七部法律的决定》第二次修正

第一章 总则

第一条 为了实施可持续发展战略,预防因规划和建设项目实施后对环境造成不良影响,促进经济、社会和环境的协调发展,制定本法。

第二条 本法所称环境影响评价,是指对规划和建设项目实施后可能造成的环境影响进行分析、预测和评估,提出预防或者减轻不良环境影响的对策和措施,进行跟踪监测的方法与制度。

第三条 编制本法第九条所规定的范围内的规划,在中华人民共和国领域和中华人民共和国管辖的其他海域内建设对环境有影响的项目,应当依照本法进行环境影响评价。

第四条 环境影响评价必须客观、公开、公正,综合考虑规划或者建设项目实施后对各种环境因素及其所构成的生态系统可能造成的影响,为决策提供科学依据。

第五条 国家鼓励有关单位、专家和公众以适当方式参与环境影响评价。

第六条 国家加强环境影响评价的基础数据库和评价指标体系建设,鼓励和支持对环境影响评价的方法、技术规范进行科学研究,建立必要的环境影响评价信息共享制度,提高环境影响评价的科学性。

国务院生态环境主管部门应当会同国务院有关部门,组织建立和完善环境影响评价的基础数据库和评价指标体系。

第二章 规划的环境影响评价

第七条 国务院有关部门、设区的市级以上地方人民政府及其有关部门,对其组织编制的土地利用的有关规划,区域、流域、海域的建设、开发利用规划,应当在规划编制过程中组织进行环境影响评价,编写该规划有关环境影响的篇章或者说明。

规划有关环境影响的篇章或者说明,应当对规划实施后可能造成的环境影响作出分析、预测和评估,提出预防或者减轻不良环境影响的对策和措施,作为规划草案的组成部分一并报送规划审批机关。

未编写有关环境影响的篇章或者说明的规划草案,审批机关不予审批。

第八条 国务院有关部门、设区的市级以上地方人民政府及其有关部门,对其组织编制的工业、农业、畜牧业、林业、能源、水利、交通、城市建设、旅游、自然资源开发的有关专项规划(以下简称专项规划),应当在该专项规划草案上报审批前,组织进行环境影响评价,并向审批该专项规划的机关提出环境影响报告书。

前款所列专项规划中的指导性规划,按照本法第七条的规定进行环境影响评价。

第九条 依照本法第七条、第八条的规定进行环境影响评价的规划的具体范围,由国务院生态环境主管部门会同国务院有关部门规定,报国务院批准。

第十条 专项规划的环境影响报告书应当包括下列内容:

(一)实施该规划对环境可能造成影响的分析、预测和评估;

(二)预防或者减轻不良环境影响的对策和措施;

(三)环境影响评价的结论。

第十一条 专项规划的编制机关对可能造成不良环境影响并直接涉及公众环境权益的规划,应当在该规划草案报送审批前,举行论证会、听证会,或者采取其他形式,征求有关单位、专家和公众对环境影响报告书草案的意见。但是,国家规定需要保密的情形除外。

编制机关应当认真考虑有关单位、专家和公众对环境影响报告书草案的意见,并应当在报送审查的环境影响报告书中附具对意见采纳或者不采纳的说明。

第十二条 专项规划的编制机关在报批规划草案

时，应当将环境影响报告书一并附送审批机关审查；未附送环境影响报告书的，审批机关不予审批。

第十三条 设区的市级以上人民政府在审批专项规划草案，作出决策前，应当先由人民政府指定的生态环境主管部门或者其他部门召集有关部门代表和专家组成审查小组，对环境影响报告书进行审查。审查小组应当提出书面审查意见。

参加前款规定的审查小组的专家，应当从按照国务院生态环境主管部门的规定设立的专家库内的相关专业的专家名单中，以随机抽取的方式确定。

由省级以上人民政府有关部门负责审批的专项规划，其环境影响报告书的审查办法，由国务院生态环境主管部门会同国务院有关部门制定。

第十四条 审查小组提出修改意见的，专项规划的编制机关应当根据环境影响报告书结论和审查意见对规划草案进行修改完善，并对环境影响报告书结论和审查意见的采纳情况作出说明；不采纳的，应当说明理由。

设区的市级以上人民政府或者省级以上人民政府有关部门在审批专项规划草案时，应当将环境影响报告书结论以及审查意见作为决策的重要依据。

在审批中未采纳环境影响报告书结论以及审查意见的，应当作出说明，并存档备查。

第十五条 对环境有重大影响的规划实施后，编制机关应当及时组织环境影响的跟踪评价，并将评价结果报告审批机关；发现有明显不良环境影响的，应当及时提出改进措施。

第三章 建设项目的环境影响评价

第十六条 国家根据建设项目对环境的影响程度，对建设项目的环境影响评价实行分类管理。

建设单位应当按照下列规定组织编制环境影响报告书、环境影响报告表或者填报环境影响登记表（以下统称环境影响评价文件）：

（一）可能造成重大环境影响的，应当编制环境影响报告书，对产生的环境影响进行全面评价；

（二）可能造成轻度环境影响的，应当编制环境影响报告表，对产生的环境影响进行分析或者专项评价；

（三）对环境影响很小、不需要进行环境影响评价的，应当填报环境影响登记表。

建设项目的环境影响评价分类管理名录，由国务院生态环境主管部门制定并公布。

第十七条 建设项目的环境影响报告书应当包括下列内容：

（一）建设项目概况；
（二）建设项目周围环境现状；
（三）建设项目对环境可能造成影响的分析、预测和评估；
（四）建设项目环境保护措施及其技术、经济论证；
（五）建设项目对环境影响的经济损益分析；
（六）对建设项目实施环境监测的建议；
（七）环境影响评价的结论。

环境影响报告表和环境影响登记表的内容和格式，由国务院生态环境主管部门制定。

第十八条 建设项目的环境影响评价，应当避免与规划的环境影响评价相重复。

作为一项整体建设项目的规划，按照建设项目进行环境影响评价，不进行规划的环境影响评价。

已经进行了环境影响评价的规划包含具体建设项目的，规划的环境影响评价结论应当作为建设项目环境影响评价的重要依据，建设项目环境影响评价的内容应当根据规划的环境影响评价审查意见予以简化。

第十九条 建设单位可以委托技术单位对其建设项目开展环境影响评价，编制建设项目环境影响报告书、环境影响报告表；建设单位具备环境影响评价技术能力的，可以自行对其建设项目开展环境影响评价，编制建设项目环境影响报告书、环境影响报告表。

编制建设项目环境影响报告书、环境影响报告表应当遵守国家有关环境影响评价标准、技术规范等规定。

国务院生态环境主管部门应当制定建设项目环境影响报告书、环境影响报告表编制的能力建设指南和监管办法。

接受委托为建设单位编制建设项目环境影响报告书、环境影响报告表的技术单位，不得与负责审批建设项目环境影响报告书、环境影响报告表的生态环境主管部门或者其他有关审批部门存在任何利益关系。

第二十条 建设单位应当对建设项目环境影响报告书、环境影响报告表的内容和结论负责，接受委托编制建设项目环境影响报告书、环境影响报告表的技术单位对其编制的建设项目环境影响报告书、环境影响报告表承担相应责任。

设区的市级以上人民政府生态环境主管部门应当加强对建设项目环境影响报告书、环境影响报告表编制单位的监督管理和质量考核。

负责审批建设项目环境影响报告书、环境影响报告表的生态环境主管部门应当将编制单位、编制主持人和主要编制人员的相关违法信息记入社会诚信档案，并纳入全国信用信息共享平台和国家企业信用信息公示系统向社会公布。

任何单位和个人不得为建设单位指定编制建设项目环境影响报告书、环境影响报告表的技术单位。

第二十一条 除国家规定需要保密的情形外，对环境可能造成重大影响、应当编制环境影响报告书的建设项目，建设单位应当在报批建设项目环境影响报告书前，举行论证会、听证会，或者采取其他形式，征求有关单位、专家和公众的意见。

建设单位报批的环境影响报告书应当附具对有关单位、专家和公众的意见采纳或者不采纳的说明。

第二十二条 建设项目的环境影响报告书、报告表，由建设单位按照国务院的规定报有审批权的生态环境主管部门审批。

海洋工程建设项目的海洋环境影响报告书的审批，依照《中华人民共和国海洋环境保护法》的规定办理。

审批部门应当自收到环境影响报告书之日起六十日内、收到环境影响报告表之日起三十日内，分别作出审批决定并书面通知建设单位。

国家对环境影响登记表实行备案管理。

审核、审批建设项目环境影响报告书、报告表以及备案环境影响登记表，不得收取任何费用。

第二十三条 国务院生态环境主管部门负责审批下列建设项目的环境影响评价文件：

（一）核设施、绝密工程等特殊性质的建设项目；

（二）跨省、自治区、直辖市行政区域的建设项目；

（三）由国务院审批的或者由国务院授权有关部门审批的建设项目。

前款规定以外的建设项目的环境影响评价文件的审批权限，由省、自治区、直辖市人民政府规定。

建设项目可能造成跨行政区域的不良环境影响，有关生态环境主管部门对该项目的环境影响评价结论有争议的，其环境影响评价文件由共同的上一级生态环境主管部门审批。

第二十四条 建设项目的环境影响评价文件经批准后，建设项目的性质、规模、地点、采用的生产工艺或者防治污染、防止生态破坏的措施发生重大变动的，建设单位应当重新报批建设项目的环境影响评价文件。

建设项目的环境影响评价文件自批准之日起超过五年，方决定该项目开工建设的，其环境影响评价文件应当报原审批部门重新审核；原审批部门应当自收到该项目环境影响评价文件之日起十日内，将审核意见书面通知建设单位。

第二十五条 建设项目的环境影响评价文件未依法经审批部门审查或者审查后未予批准的，建设单位不得开工建设。

第二十六条 建设项目建设过程中，建设单位应当同时实施环境影响报告书、环境影响报告表以及环境影响评价文件审批部门审批意见中提出的环境保护对策措施。

第二十七条 在项目建设、运行过程中产生不符合经审批的环境影响评价文件的情形的，建设单位应当组织环境影响的后评价，采取改进措施，并报原环境影响评价文件审批部门和建设项目审批部门备案；原环境影响评价文件审批部门也可以责成建设单位进行环境影响的后评价，采取改进措施。

第二十八条 生态环境主管部门应当对建设项目投入生产或者使用后所产生的环境影响进行跟踪检查，对造成严重环境污染或者生态破坏的，应当查清原因、查明责任。对属于建设项目环境影响报告书、环境影响报告表存在基础资料明显不实，内容存在重大缺陷、遗漏或者虚假，环境影响评价结论不正确或者不合理等严重质量问题的，依照本法第三十二条的规定追究建设单位及其相关责任人员和接受委托编制建设项目环境影响报告书、环境影响报告表的技术单位及其相关人员的法律责任；属于审批部门工作人员失职、渎职，对依法不应批准的建设项目环境影响报告书、环境影响报告表予以批准的，依照本法第三十四条的规定追究其法律责任。

第四章 法律责任

第二十九条 规划编制机关违反本法规定，未组织环境影响评价，或者组织环境影响评价时弄虚作假或者有失职行为，造成环境影响评价严重失实的，对直接负责的主管人员和其他直接责任人员，由上级机关或者监察机关依法给予行政处分。

第三十条 规划审批机关对依法应当编写有关环境影响的篇章或者说明而未编写的规划草案，依法应当附送环境影响报告书而未附送的专项规划草案，违法予以批准的，对直接负责的主管人员和其他直接责任人员，由上级机关或者监察机关依法给予行政处分。

第三十一条 建设单位未依法报批建设项目环境影响报告书、报告表，或者未依照本法第二十四条的规定重新报批或者报请重新审核环境影响报告书、报告表，擅自开工建设的，由县级以上生态环境主管部门责令停止建设，根据违法情节和危害后果，处建设项目总投资额百分之一以上百分之五以下的罚款,并可以责令恢复原状;对建设单位直接负责的主管人员和其他直接责任人员,依法给予行政处分。

建设项目环境影响报告书、报告表未经批准或者未经原审批部门重新审核同意,建设单位擅自开工建设的,依照前款的规定处罚、处分。

建设单位未依法备案建设项目环境影响登记表的,由县级以上生态环境主管部门责令备案,处五万元以下的罚款。

海洋工程建设项目的建设单位有本条所列违法行为的,依照《中华人民共和国海洋环境保护法》的规定处罚。

第三十二条 建设项目环境影响报告书、环境影响报告表存在基础资料明显不实,内容存在重大缺陷、遗漏或者虚假,环境影响评价结论不正确或者不合理等严重质量问题的,由设区的市级以上人民政府生态环境主管部门对建设单位处五十万元以上二百万元以下的罚款,并对建设单位的法定代表人、主要负责人、直接负责的主管人员和其他直接责任人员,处五万元以上二十万元以下的罚款。

接受委托编制建设项目环境影响报告书、环境影响报告表的技术单位违反国家有关环境影响评价标准和技术规范等规定,致使其编制的建设项目环境影响报告书、环境影响报告表存在基础资料明显不实,内容存在重大缺陷、遗漏或者虚假,环境影响评价结论不正确或者不合理等严重质量问题的,由设区的市级以上人民政府生态环境主管部门对技术单位处所收费用三倍以上五倍以下的罚款;情节严重的,禁止从事环境影响报告书、环境影响报告表编制工作;有违法所得的,没收违法所得。

编制单位有本条第一款、第二款规定的违法行为的,编制主持人和主要编制人员五年内禁止从事环境影响报告书、环境影响报告表编制工作;构成犯罪的,依法追究刑事责任,并终身禁止从事环境影响报告书、环境影响报告表编制工作。

第三十三条 负责审核、审批、备案建设项目环境影响评价文件的部门在审批、备案中收取费用的,由其上级机关或者监察机关责令退还;情节严重的,对直接负责的主管人员和其他直接责任人员依法给予行政处分。

第三十四条 生态环境主管部门或者其他部门的工作人员徇私舞弊、滥用职权、玩忽职守、违法批准建设项目环境影响评价文件的,依法给予行政处分;构成犯罪的,依法追究刑事责任。

第五章 附 则

第三十五条 省、自治区、直辖市人民政府可以根据本地的实际情况,要求对本辖区的县级人民政府编制的规划进行环境影响评价。具体办法由省、自治区、直辖市参照本法第二章的规定制定。

第三十六条 军事设施建设项目的环境影响评价办法,由中央军事委员会依照本法的原则制定。

第三十七条 本法自2003年9月1日起施行。

规划环境影响评价条例

· 2009年8月12日国务院第76次常务会议通过
· 2009年8月17日中华人民共和国国务院令第559号公布
· 自2009年10月1日起施行

第一章 总 则

第一条 为了加强对规划的环境影响评价工作,提高规划的科学性,从源头预防环境污染和生态破坏,促进经济、社会和环境的全面协调可持续发展,根据《中华人民共和国环境影响评价法》,制定本条例。

第二条 国务院有关部门、设区的市级以上地方人民政府及其有关部门,对其组织编制的土地利用的有关规划和区域、流域、海域的建设、开发利用规划(以下称综合性规划),以及工业、农业、畜牧业、林业、能源、水利、交通、城市建设、旅游、自然资源开发的有关专项规划(以下称专项规划),应当进行环境影响评价。

依照本条第一款规定应当进行环境影响评价的规划的具体范围,由国务院环境保护主管部门会同国务院有关部门拟订,报国务院批准后执行。

第三条 对规划进行环境影响评价,应当遵循客观、公开、公正的原则。

第四条 国家建立规划环境影响评价信息共享制度。

县级以上人民政府及其有关部门应当对规划环境影响评价所需资料实行信息共享。

第五条 规划环境影响评价所需的费用应当按照预算管理的规定纳入财政预算,严格支出管理,接受审计监督。

第六条 任何单位和个人对违反本条例规定的行为或者对规划实施过程中产生的重大不良环境影响,有权向规划审批机关、规划编制机关或者环境保护主管部门举报。有关部门接到举报后,应当依法调查处理。

第二章 评 价

第七条 规划编制机关应当在规划编制过程中对规划组织进行环境影响评价。

第八条 对规划进行环境影响评价,应当分析、预测和评估以下内容:

(一)规划实施可能对相关区域、流域、海域生态系统产生的整体影响;

(二)规划实施可能对环境和人群健康产生的长远影响;

(三)规划实施的经济效益、社会效益与环境效益之间以及当前利益与长远利益之间的关系。

第九条 对规划进行环境影响评价,应当遵守有关环境保护标准以及环境影响评价技术导则和技术规范。

规划环境影响评价技术导则由国务院环境保护主管部门会同国务院有关部门制定;规划环境影响评价技术规范由国务院有关部门根据规划环境影响评价技术导则制定,并抄送国务院环境保护主管部门备案。

第十条 编制综合性规划,应当根据规划实施后可能对环境造成的影响,编写环境影响篇章或者说明。

编制专项规划,应当在规划草案报送审批前编制环境影响报告书。编制专项规划中的指导性规划,应当依照本条第一款规定编写环境影响篇章或者说明。

本条第二款所称指导性规划是指以发展战略为主要内容的专项规划。

第十一条 环境影响篇章或者说明应当包括下列内容:

(一)规划实施对环境可能造成影响的分析、预测和评估。主要包括资源环境承载能力分析、不良环境影响的分析和预测以及与相关规划的环境协调性分析。

(二)预防或者减轻不良环境影响的对策和措施。主要包括预防或者减轻不良环境影响的政策、管理或者技术等措施。

环境影响报告书除包括上述内容外,还应当包括环境影响评价结论。主要包括规划草案的环境合理性和可行性,预防或者减轻不良环境影响的对策和措施的合理性和有效性,以及规划草案的调整建议。

第十二条 环境影响篇章或者说明、环境影响报告书(以下称环境影响评价文件),由规划编制机关编制或者组织规划环境影响评价技术机构编制。规划编制机关应当对环境影响评价文件的质量负责。

第十三条 规划编制机关对可能造成不良环境影响并直接涉及公众环境权益的专项规划,应当在规划草案报送审批前,采取调查问卷、座谈会、论证会、听证会等形式,公开征求有关单位、专家和公众对环境影响报告书的意见。但是,依法需要保密的除外。

有关单位、专家和公众的意见与环境影响评价结论有重大分歧的,规划编制机关应当采取论证会、听证会等形式进一步论证。

规划编制机关应当在报送审查的环境影响报告书中附具对公众意见采纳与不采纳情况及其理由的说明。

第十四条 对已经批准的规划在实施范围、适用期限、规模、结构和布局等方面进行重大调整或者修订的,规划编制机关应当依照本条例的规定重新或者补充进行环境影响评价。

第三章 审 查

第十五条 规划编制机关在报送审批综合性规划草案和专项规划中的指导性规划草案时,应当将环境影响篇章或者说明作为规划草案的组成部分一并报送规划审批机关。未编写环境影响篇章或者说明的,规划审批机关应当要求其补充;未补充的,规划审批机关不予审批。

第十六条 规划编制机关在报送审批专项规划草案时,应当将环境影响报告书一并附送规划审批机关审查;未附送环境影响报告书的,规划审批机关应当要求其补充;未补充的,规划审批机关不予审批。

第十七条 设区的市级以上人民政府审批的专项规划,在审批前由其环境保护主管部门召集有关部门代表和专家组成审查小组,对环境影响报告书进行审查。审查小组应当提交书面审查意见。

省级以上人民政府有关部门审批的专项规划,其环境影响报告书的审查办法,由国务院环境保护主管部门会同国务院有关部门制定。

第十八条 审查小组的专家应当从依法设立的专家库内相关专业的专家名单中随机抽取。但是,参与环境影响报告书编制的专家,不得作为该环境影响报告书审查小组的成员。

审查小组中专家人数不得少于审查小组总人数的二分之一;少于二分之一的,审查小组的审查意见无效。

第十九条 审查小组的成员应当客观、公正、独立地对环境影响报告书提出书面审查意见,规划审批机关、规划编制机关、审查小组的召集部门不得干预。

审查意见应当包括下列内容:

(一)基础资料、数据的真实性;

(二)评价方法的适当性;

(三)环境影响分析、预测和评估的可靠性;

（四）预防或者减轻不良环境影响的对策和措施的合理性和有效性；

（五）公众意见采纳与不采纳情况及其理由的说明的合理性；

（六）环境影响评价结论的科学性。

审查意见应当经审查小组四分之三以上成员签字同意。审查小组成员有不同意见的，应当如实记录和反映。

第二十条 有下列情形之一的，审查小组应当提出对环境影响报告书进行修改并重新审查的意见：

（一）基础资料、数据失实的；

（二）评价方法选择不当的；

（三）对不良环境影响的分析、预测和评估不准确、不深入，需要进一步论证的；

（四）预防或者减轻不良环境影响的对策和措施存在严重缺陷的；

（五）环境影响评价结论不明确、不合理或者错误的；

（六）未附具对公众意见采纳与不采纳情况及其理由的说明，或者不采纳公众意见的理由明显不合理的；

（七）内容存在其他重大缺陷或者遗漏的。

第二十一条 有下列情形之一的，审查小组应当提出不予通过环境影响报告书的意见：

（一）依据现有知识水平和技术条件，对规划实施可能产生的不良环境影响的程度或者范围不能作出科学判断的；

（二）规划实施可能造成重大不良环境影响，并且无法提出切实可行的预防或者减轻对策和措施的。

第二十二条 规划审批机关在审批专项规划草案时，应当将环境影响报告书结论以及审查意见作为决策的重要依据。

规划审批机关对环境影响报告书结论以及审查意见不予采纳的，应当逐项就不予采纳的理由作出书面说明，并存档备查。有关单位、专家和公众可以申请查阅；但是，依法需要保密的除外。

第二十三条 已经进行环境影响评价的规划包含具体建设项目的，规划的环境影响评价结论应当作为建设项目环境影响评价的重要依据，建设项目环境影响评价的内容可以根据规划环境影响评价的分析论证情况予以简化。

第四章 跟踪评价

第二十四条 对环境有重大影响的规划实施后，规划编制机关应当及时组织规划环境影响的跟踪评价，将评价结果报告规划审批机关，并通报环境保护等有关部门。

第二十五条 规划环境影响的跟踪评价应当包括下列内容：

（一）规划实施后实际产生的环境影响与环境影响评价文件预测可能产生的环境影响之间的比较分析和评估；

（二）规划实施中所采取的预防或者减轻不良环境影响的对策和措施有效性的分析和评估；

（三）公众对规划实施所产生的环境影响的意见；

（四）跟踪评价的结论。

第二十六条 规划编制机关对规划环境影响进行跟踪评价，应当采取调查问卷、现场走访、座谈会等形式征求有关单位、专家和公众的意见。

第二十七条 规划实施过程中产生重大不良环境影响的，规划编制机关应当及时提出改进措施，向规划审批机关报告，并通报环境保护等有关部门。

第二十八条 环境保护主管部门发现规划实施过程中产生重大不良环境影响的，应当及时进行核查。经核查属实的，向规划审批机关提出采取改进措施或者修订规划的建议。

第二十九条 规划审批机关在接到规划编制机关的报告或者环境保护主管部门的建议后，应当及时组织论证，并根据论证结果采取改进措施或者对规划进行修订。

第三十条 规划实施区域的重点污染物排放总量超过国家或者地方规定的总量控制指标的，应当暂停审批该规划实施区域内新增该重点污染物排放总量的建设项目的环境影响评价文件。

第五章 法律责任

第三十一条 规划编制机关在组织环境影响评价时弄虚作假或者有失职行为，造成环境影响评价严重失实的，对直接负责的主管人员和其他直接责任人员，依法给予处分。

第三十二条 规划审批机关有下列行为之一的，对直接负责的主管人员和其他直接责任人员，依法给予处分：

（一）对依法应当编写而未编写环境影响篇章或者说明的综合性规划草案和专项规划中的指导性规划草案，予以批准的；

（二）对依法应当附送而未附送环境影响报告书的专项规划草案，或者对环境影响报告书未经审查小组审查的专项规划草案，予以批准的。

第三十三条　审查小组的召集部门在组织环境影响报告书审查时弄虚作假或者滥用职权，造成环境影响评价严重失实的，对直接负责的主管人员和其他直接责任人员，依法给予处分。

审查小组的专家在环境影响报告书审查中弄虚作假或者有失职行为，造成环境影响评价严重失实的，由设立专家库的环境保护主管部门取消其入选专家库的资格并予以公告；审查小组的部门代表有上述行为的，依法给予处分。

第三十四条　规划环境影响评价技术机构弄虚作假或者有失职行为，造成环境影响评价文件严重失实的，由国务院环境保护主管部门予以通报，处所收费用 1 倍以上 3 倍以下的罚款；构成犯罪的，依法追究刑事责任。

第六章　附　则

第三十五条　省、自治区、直辖市人民政府可以根据本地的实际情况，要求本行政区域内的县级人民政府对其组织编制的规划进行环境影响评价。具体办法由省、自治区、直辖市参照《中华人民共和国环境影响评价法》和本条例的规定制定。

第三十六条　本条例自 2009 年 10 月 1 日起施行。

建设项目环境保护管理条例

- 1998 年 11 月 29 日中华人民共和国国务院令第 253 号发布
- 根据 2017 年 7 月 16 日《国务院关于修改〈建设项目环境保护管理条例〉的决定》修订

第一章　总　则

第一条　为了防止建设项目产生新的污染、破坏生态环境，制定本条例。

第二条　在中华人民共和国领域和中华人民共和国管辖的其他海域内建设对环境有影响的建设项目，适用本条例。

第三条　建设产生污染的建设项目，必须遵守污染物排放的国家标准和地方标准；在实施重点污染物排放总量控制的区域内，还必须符合重点污染物排放总量控制的要求。

第四条　工业建设项目应当采用能耗物耗小、污染物产生量少的清洁生产工艺，合理利用自然资源，防止环境污染和生态破坏。

第五条　改建、扩建项目和技术改造项目必须采取措施，治理与该项目有关的原有环境污染和生态破坏。

第二章　环境影响评价

第六条　国家实行建设项目环境影响评价制度。

第七条　国家根据建设项目对环境的影响程度，按照下列规定对建设项目的环境保护实行分类管理：

（一）建设项目对环境可能造成重大影响的，应当编制环境影响报告书，对建设项目产生的污染和对环境的影响进行全面、详细的评价；

（二）建设项目对环境可能造成轻度影响的，应当编制环境影响报告表，对建设项目产生的污染和对环境的影响进行分析或者专项评价；

（三）建设项目对环境影响很小、不需要进行环境影响评价的，应当填报环境影响登记表。

建设项目环境影响评价分类管理名录，由国务院环境保护行政主管部门在组织专家进行论证和征求有关部门、行业协会、企事业单位、公众等意见的基础上制定并公布。

第八条　建设项目环境影响报告书，应当包括下列内容：

（一）建设项目概况；

（二）建设项目周围环境现状；

（三）建设项目对环境可能造成影响的分析和预测；

（四）环境保护措施及其经济、技术论证；

（五）环境影响经济损益分析；

（六）对建设项目实施环境监测的建议；

（七）环境影响评价结论。

建设项目环境影响报告表、环境影响登记表的内容和格式，由国务院环境保护行政主管部门规定。

第九条　依法应当编制环境影响报告书、环境影响报告表的建设项目，建设单位应当在开工建设前将环境影响报告书、环境影响报告表报有审批权的环境保护行政主管部门审批；建设项目的环境影响评价文件未依法经审批部门审查或者审查后未予批准的，建设单位不得开工建设。

环境保护行政主管部门审批环境影响报告书、环境影响报告表，应当重点审查建设项目的环境可行性、环境影响分析预测评估的可靠性、环境保护措施的有效性、环境影响评价结论的科学性等，并分别自收到环境影响报告书之日起 60 日内、收到环境影响报告表之日起 30 日内，作出审批决定并书面通知建设单位。

环境保护行政主管部门可以组织技术机构对建设项目环境影响报告书、环境影响报告表进行技术评估，并承担相应费用；技术机构应当对其提出的技术评估意见负责，不得向建设单位、从事环境影响评价工作的单位收取任何费用。

依法应当填报环境影响登记表的建设项目，建设单位应当按照国务院环境保护行政主管部门的规定将环境影响登记表报建设项目所在地县级环境保护行政主管部门备案。

环境保护行政主管部门应当开展环境影响评价文件网上审批、备案和信息公开。

第十条 国务院环境保护行政主管部门负责审批下列建设项目环境影响报告书、环境影响报告表：

（一）核设施、绝密工程等特殊性质的建设项目；

（二）跨省、自治区、直辖市行政区域的建设项目；

（三）国务院审批的或者国务院授权有关部门审批的建设项目。

前款规定以外的建设项目环境影响报告书、环境影响报告表的审批权限，由省、自治区、直辖市人民政府规定。

建设项目造成跨行政区域环境影响，有关环境保护行政主管部门对环境影响评价结论有争议的，其环境影响报告书或者环境影响报告表由共同上一级环境保护行政主管部门审批。

第十一条 建设项目有下列情形之一的，环境保护行政主管部门应当对环境影响报告书、环境影响报告表作出不予批准的决定：

（一）建设项目类型及其选址、布局、规模等不符合环境保护法律法规和相关法定规划的；

（二）所在区域环境质量未达到国家或者地方环境质量标准，且建设项目拟采取的措施不能满足区域环境质量改善目标管理要求的；

（三）建设项目采取的污染防治措施无法确保污染物排放达到国家和地方排放标准，或者未采取必要措施预防和控制生态破坏的；

（四）改建、扩建和技术改造项目，未针对项目原有环境污染和生态破坏提出有效防治措施的；

（五）建设项目的环境影响报告书、环境影响报告表的基础资料数据明显不实，内容存在重大缺陷、遗漏，或者环境影响评价结论不明确、不合理的。

第十二条 建设项目环境影响报告书、环境影响报告表经批准后，建设项目的性质、规模、地点、采用的生产工艺或者防治污染、防止生态破坏的措施发生重大变动的，建设单位应当重新报批建设项目环境影响报告书、环境影响报告表。

建设项目环境影响报告书、环境影响报告表自批准之日起满5年，建设项目方开工建设的，其环境影响报告书、环境影响报告表应当报原审批部门重新审核。原审批部门应当自收到建设项目环境影响报告书、环境影响报告表之日起10日内，将审核意见书面通知建设单位；逾期未通知的，视为审核同意。

审核、审批建设项目环境影响报告书、环境影响报告表及备案环境影响登记表，不得收取任何费用。

第十三条 建设单位可以采取公开招标的方式，选择从事环境影响评价工作的单位，对建设项目进行环境影响评价。

任何行政机关不得为建设单位指定从事环境影响评价工作的单位，进行环境影响评价。

第十四条 建设单位编制环境影响报告书，应当依照有关法律规定，征求建设项目所在地有关单位和居民的意见。

第三章 环境保护设施建设

第十五条 建设项目需要配套建设的环境保护设施，必须与主体工程同时设计、同时施工、同时投产使用。

第十六条 建设项目的初步设计，应当按照环境保护设计规范的要求，编制环境保护篇章，落实防治环境污染和生态破坏的措施以及环境保护设施投资概算。

建设单位应当将环境保护设施建设纳入施工合同，保证环境保护设施建设进度和资金，并在项目建设过程中同时组织实施环境影响报告书、环境影响报告表及其审批部门审批决定中提出的环境保护对策措施。

第十七条 编制环境影响报告书、环境影响报告表的建设项目竣工后，建设单位应当按照国务院环境保护行政主管部门规定的标准和程序，对配套建设的环境保护设施进行验收，编制验收报告。

建设单位在环境保护设施验收过程中，应当如实查验、监测、记载建设项目环境保护设施的建设和调试情况，不得弄虚作假。

除按照国家规定需要保密的情形外，建设单位应当依法向社会公开验收报告。

第十八条 分期建设、分期投入生产或者使用的建设项目，其相应的环境保护设施应当分期验收。

第十九条 编制环境影响报告书、环境影响报告表的建设项目，其配套建设的环境保护设施经验收合格，方可投入生产或者使用；未经验收或者验收不合格的，不得投入生产或者使用。

前款规定的建设项目投入生产或者使用后，应当按照国务院环境保护行政主管部门的规定开展环境影响后评价。

第二十条　环境保护行政主管部门应当对建设项目环境保护设施设计、施工、验收、投入生产或者使用情况，以及有关环境影响评价文件确定的其他环境保护措施的落实情况，进行监督检查。

环境保护行政主管部门应当将建设项目有关环境违法信息记入社会诚信档案，及时向社会公开违法者名单。

第四章　法律责任

第二十一条　建设单位有下列行为之一的，依照《中华人民共和国环境影响评价法》的规定处罚：

（一）建设项目环境影响报告书、环境影响报告表未依法报批或者报请重新审核，擅自开工建设；

（二）建设项目环境影响报告书、环境影响报告表未经批准或者重新审核同意，擅自开工建设；

（三）建设项目环境影响登记表未依法备案。

第二十二条　违反本条例规定，建设单位编制建设项目初步设计未落实防治环境污染和生态破坏的措施以及环境保护设施投资概算，未将环境保护设施建设纳入施工合同，或者未依法开展环境影响后评价的，由建设项目所在地县级以上环境保护行政主管部门责令限期改正，处5万元以上20万元以下的罚款；逾期不改正的，处20万元以上100万元以下的罚款。

违反本条例规定，建设单位在项目建设过程中未同时组织实施环境影响报告书、环境影响报告表及其审批部门审批决定中提出的环境保护对策措施的，由建设项目所在地县级以上环境保护行政主管部门责令限期改正，处20万元以上100万元以下的罚款；逾期不改正的，责令停止建设。

第二十三条　违反本条例规定，需要配套建设的环境保护设施未建成、未经验收或者验收不合格，建设项目即投入生产或者使用，或者在环境保护设施验收中弄虚作假的，由县级以上环境保护行政主管部门责令限期改正，处20万元以上100万元以下的罚款；逾期不改正的，处100万元以上200万元以下的罚款；对直接负责的主管人员和其他责任人员，处5万元以上20万元以下的罚款；造成重大环境污染或者生态破坏的，责令停止生产或者使用，或者报经有批准权的人民政府批准，责令关闭。

违反本条例规定，建设单位未依法向社会公开环境保护设施验收报告的，由县级以上环境保护行政主管部门责令公开，处5万元以上20万元以下的罚款，并予以公告。

第二十四条　违反本条例规定，技术机构向建设单位、从事环境影响评价工作的单位收取费用的，由县级以上环境保护行政主管部门责令退还所收费用，处所收费用1倍以上3倍以下的罚款。

第二十五条　从事建设项目环境影响评价工作的单位，在环境影响评价工作中弄虚作假的，由县级以上环境保护行政主管部门处所收费用1倍以上3倍以下的罚款。

第二十六条　环境保护行政主管部门的工作人员徇私舞弊、滥用职权、玩忽职守，构成犯罪的，依法追究刑事责任；尚不构成犯罪的，依法给予行政处分。

第五章　附　则

第二十七条　流域开发、开发区建设、城市新区建设和旧区改建等区域性开发，编制建设规划时，应当进行环境影响评价。具体办法由国务院环境保护行政主管部门会同国务院有关部门另行规定。

第二十八条　海洋工程建设项目的环境保护管理，按照国务院关于海洋工程环境保护管理的规定执行。

第二十九条　军事设施建设项目的环境保护管理，按照中央军事委员会的有关规定执行。

第三十条　本条例自发布之日起施行。

环境影响评价审查专家库管理办法

· 2003年8月20日国家环境保护总局令第16号公布
· 根据2021年12月13日《生态环境部关于修改部分部门规章的决定》修订

第一条　为了加强对环境影响评价审查专家库的管理，保证审查活动的公平、公正，根据《中华人民共和国环境影响评价法》，制定本办法。

第二条　本办法适用于环境影响评价审查专家库（以下简称专家库）的设立和管理。

第三条　专家库分为国家库和地方库。

国家库由生态环境部设立和管理。地方库由设区的市级以上地方人民政府环境保护行政主管部门设立和管理。

第四条　专家库应当具备下列条件：

（一）满足环境影响评价审查的专家专业、行业分类；

（二）具备随机抽取专家的必要设施和管理系统软件；

（三）设有负责日常管理和设施维护的机构和人员。

第五条 入选专家库的专家,应当具备下列条件:

(一)在本专业或者本行业有较深造诣,熟悉本专业或者本行业的国内外情况和动态;

(二)坚持原则,作风正派,能够认真、客观公正、廉洁地履行职责;

(三)熟悉国家有关法律、法规和政策,掌握环境影响评价审查技术规范和要求;

(四)具有高级专业技术职称,从事相关专业领域工作五年以上;

(五)身体健康,能够承担审查工作。

第六条 专家入选专家库,采取个人申请或者单位推荐方式向设立专家库的环境保护行政主管部门(以下简称设立部门)提出申请。采取推荐方式的,单位应当事先征得被推荐人同意。

个人申请书和单位推荐书应当附有符合本办法规定条件的证明材料。

第七条 设立部门应当公布专家库入选需求信息与条件;对申请人或者被推荐人进行遴选,根据需要征求有关行业主管部门及其他有关部门或者专家的意见;对符合条件的申请人或者被推荐人,决定入选专家库,并予以公布。

对特殊需要的专家,经设立部门认可,可直接入选专家库。

第八条 确定参加专项规划环境影响报告书审查小组的专家,应当根据所涉及的专业、行业,从专家库内的专家名单中随机抽取。

第九条 参加审查小组的专家应当本着科学求实和负责的态度认真履行职责,在规定的期限内客观、公正地提出审查意见,并对审查结论负责。

参加审查小组的专家与环境影响评价技术服务机构存在利益关系,可能影响审查公正情况时,应当主动提出回避。

第十条 参加审查小组的专家有权根据审查小组的分工和要求,独立发表意见,不受任何单位或者个人的干预。

第十一条 设立部门应当为入选专家库的专家建立档案。

设立部门应对专家库实行动态管理,每2年进行一次调整,并公布调整结果。

第十二条 入选专家库的专家有下列情形之一的,由设立部门予以警告;情节严重的,取消其入选专家库资格,并予以公告:

(一)不负责任,弄虚作假,或者其他不客观、公正履行审查职责的;

(二)无正当理由,不按要求参加审查工作两次以上的;

(三)与环境影响评价技术服务机构存在利益关系,可能影响审查公正、未主动提出回避的;

(四)泄露审查过程中知悉的技术秘密、商业秘密以及其他不宜公开情况的;

(五)收受他人财物或者其他好处的,影响客观、公正履行审查职责的。

有前款规定情形,违反国家有关法律、行政法规的,依法追究法律责任。

第十三条 本办法自2003年9月1日起施行。

建设项目环境保护事中事后监督管理办法(试行)

- 2015年12月10日
- 环发〔2015〕163号

第一条 为推进环境保护行政审批制度改革,做好建设项目环境保护事前审批与事中事后监督管理的有效衔接,规范建设项目环境保护事中事后监督管理,提高各级环境保护部门的监督管理能力,充分发挥环境影响评价制度的管理效能,根据《环境保护法》《环境影响评价法》《建设项目环境保护管理条例》和《国务院办公厅关于加强环境监管执法的通知》等法律法规和规章及规范性文件,制定本办法。

第二条 建设项目环境保护事中监督管理是指环境保护部门对本行政区域内的建设项目自办理环境影响评价手续后到正式投入生产或使用期间,落实经批准的环境影响评价文件及批复要求的监督管理。

建设项目环境保护事后监督管理是指环境保护部门对本行政区域内的建设项目正式投入生产或使用后,遵守环境保护法律法规情况,以及按照相关要求开展环境影响后评价情况的监督管理。

第三条 事中监督管理的主要依据是经批准的环境影响评价文件及批复文件、环境保护有关法律法规的要求和技术标准规范。

事后监督管理的主要依据是依法取得的排污许可证、经批准的环境影响评价文件及批复文件、环境影响后评价提出的改进措施、环境保护有关法律法规的要求和技术标准规范。

第四条 环境保护部和省级环境保护部门负责对下

级环境保护部门的事中事后监督管理工作进行监督和指导。对环境保护部和省级环境保护部门审批的跨流域、跨区域等重大建设项目可直接进行监督检查。

市、县级环境保护部门按照属地管理的原则负责本行政区域内所有建设项目的事中事后监督管理。实行省以下环境保护机构监测监察执法垂直管理试点的地区，按照试点方案调整后的职责实施监督管理。

第五条 建设单位是落实建设项目环境保护责任的主体。建设单位在建设项目开工前和发生重大变动前，必须依法取得环境影响评价审批文件。建设项目实施过程中应严格落实经批准的环境影响评价文件及其批复文件提出的各项环境保护要求，确保环境保护设施正常运行。

实施排污许可管理的建设项目，应当依法申领排污许可证，严格按照排污许可证规定的污染物排放种类、浓度、总量等排污。

实行辐射安全许可管理的建设项目，应当依法申领辐射安全许可证，严格按照辐射安全许可证规定的源项、种类、活度、操作量等开展工作。

第六条 事中监督管理的内容主要是，经批准的环境影响评价文件及批复中提出的环境保护措施落实情况和公开情况；施工期环境监理和环境监测开展情况；竣工环境保护验收和排污许可证的实施情况；环境保护法律法规的遵守情况和环境保护部门做出的行政处罚决定落实情况。

事后监督管理的内容主要是，生产经营单位遵守环境保护法律、法规的情况进行监督管理；产生长期性、累积性和不确定性环境影响的水利、水电、采掘、港口、铁路、冶金、石化、化工以及核设施、核技术利用和铀矿冶等编制环境影响报告书的建设项目，生产经营单位开展环境影响后评价及落实相应改进措施的情况。

第七条 各级环境保护部门采用随机抽取检查对象和随机选派执法检查人员的"双随机"抽查、挂牌督办、约谈建设项目所在地人民政府、对建设项目所在地进行区域限批或上收环境影响评价文件审批权限等综合手段，开展建设项目环境保护事中事后监督管理工作。

各级环境保护部门依托投资项目在线审批监督管理平台和全国企业信用信息公示系统，公开环境保护监督管理信息和处罚信息，建立建设单位以及环境影响评价机构诚信档案、违规违法惩戒和黑名单制度。

第八条 市、县级环境保护部门将建设项目环境保护事中事后监督管理工作列入年度工作计划，并组织实施，严格依法查处和纠正建设项目违法违规行为，定期向上一级环境保护部门报告年度工作情况。

环境保护部和省级环境保护部门与市、县级环境保护部门上下联动，加强对所审批建设项目的监督检查，督促市、县级环境保护部门切实履行对本行政区域内建设项目的监督管理职责。

环境保护部地区核与辐射安全监督站和省级环境保护部门将环境保护部审批的核设施、核技术利用和铀矿冶建设项目的事中事后监督管理工作列入年度工作计划，并组织实施。

第九条 环境保护部和省级环境保护部门根据中央办公厅、国务院办公厅印发的《环境保护督察方案（试行）》的要求，组织开展对地方党委、政府环境保护督察。地方各级党委加强对环境保护工作的领导，地方政府切实履行改善环境质量的责任，研究制定加强建设项目环境保护事中事后监督管理的制度和措施，督促政府有关部门加强对建设单位落实环境保护主体责任的监督检查，依法查处环境违法行为，并主动接受上级环境保护部门督察。严禁地方党政领导干部违法干预环境执法。

第十条 建设单位应当主动向社会公开建设项目环境影响评价文件、污染防治设施建设运行情况、污染物排放情况、突发环境事件应急预案及应对情况等环境信息。

各级环境保护部门应当公开建设项目的监督管理信息和环境违法处罚信息，加强与有关部门的信息交流共享，实现建设项目环境保护监督管理信息互联互通。

信息公开应当采取新闻发布会以及报刊、广播、网站、电视等方式，便于公众、专家、新闻媒体、社会组织获取。

第十一条 各级环境保护部门应当积极鼓励和正确引导社会公众参与建设项目事中事后监督管理，充分发挥专家的专业特长。公众、新闻媒体等可以通过"12369"环保举报热线和"12369"环保微信举报平台反映情况，环境保护部门对反映的问题和环境违法行为，及时作出安排，组织查处，并依法反馈和公开处理结果。

第十二条 建设项目审批和事中监督管理过程中发现环境影响评价文件存在重要环境保护目标遗漏、主要环境保护措施缺失、环境影响评价结论错误、因环境影响评价文件所提污染防治和生态保护措施不合理而造成重大环境污染事故或存在重大环境风险隐患的，对环境影响评价机构和相关人员，除依照《环境影响评价法》的规定降低资质等级或者吊销资质证书，并处罚款外，还应当依法追究连带责任。

第十三条 建设单位未依法提交建设项目环境影响

评价文件、环境影响评价文件未经批准,或者建设项目的性质、规模、地点、采用的生产工艺或者环境保护措施发生重大变化,未重新报批建设项目环境影响评价文件,擅自开工建设的,由环境保护部门依法责令停止建设,处以罚款,并可以责令恢复原状;拒不执行的,依法移送公安机关,对其直接负责的主管人员和其他直接责任人员,处行政拘留。

第十四条 建设项目需要配套建设的环境保护设施未按环境影响评价文件及批复要求建设,主体工程正式投入生产或者使用的,由环境保护部门依法责令停止生产或者使用,处以罚款。

第十五条 建设单位在项目建设过程中,未落实经批准的环境影响评价文件及批复文件要求,造成生态破坏的,依照有关法律法规追究责任。

第十六条 建设单位不公开或者不如实公开建设项目环境信息的,由环境保护部门责令公开,处以罚款,并予以公告。

第十七条 下级环境保护部门有不符合审批条件批准建设项目环境影响评价文件情形的,上级环境保护部门应当责令原审批部门重新审批。

下级环境保护部门未按照环境影响评价文件审批权限作出审批决定的,上级环境保护部门应当责令原审批部门撤销审批决定,建设单位重新报有审批权的环境保护部门审批。

第十八条 对多次发生违规审批建设项目环境影响评价文件且情节严重的地区,除由有关机关依法给予处分外,省级以上环境保护部门可以上收该地区环境保护部门的环境影响评价文件审批权限。

环境保护部门违法违规作出行政许可的,对直接负责的主管人员和其他直接责任人员给予记过、记大过或者降级处分,造成严重后果的,给予撤职或者开除处分,部门主要负责人应当引咎辞职。

第十九条 对利用职务影响限制、干扰、阻碍建设项目环境保护执法和监督管理的党政领导干部,环境保护部门应当依据《党政领导干部生态环境损害责任追究办法(试行)》,对相关党政领导干部应负责任和处理提出建议,按照干部管理权限将有关材料及时移送纪检监察机关和组织(人事)部门,由纪检监察机关和组织(人事)部门追究其生态环境损害责任。

第二十条 对于在建设项目事中事后监督管理工作中滥用职权、玩忽职守、徇私舞弊的,应当依照《公务员法》《行政机关公务员处分条例》等对环境保护部门有关人员给予行政处分或者辞退处理。涉嫌犯罪的,移交司法机关处理。

建设单位或环境影响评价机构隐瞒事实、弄虚作假而产生违法违规行为或者被责令改正但不执行的,环境保护部门及其工作人员按照规定程序履行职责的,予以免责。

第二十一条 各级环境保护部门应当加强环境监督管理能力建设,强化培训,提高环境监督管理队伍政治素质、业务能力和执法水平,健全依法履职、尽职免责的保障机制。

第二十二条 本办法自印发之日起施行。

建设项目环境影响后评价管理办法(试行)

·2015年12月10日环境保护部令第37号公布
·自2016年1月1日起施行

第一条 为规范建设项目环境影响后评价工作,根据《中华人民共和国环境影响评价法》,制定本办法。

第二条 本办法所称环境影响后评价,是指编制环境影响报告书的建设项目在通过环境保护设施竣工验收且稳定运行一定时期后,对其实际产生的环境影响以及污染防治、生态保护和风险防范措施的有效性进行跟踪监测和验证评价,并提出补救方案或者改进措施,提高环境影响评价有效性的方法与制度。

第三条 下列建设项目运行过程中产生不符合经审批的环境影响报告书情形的,应当开展环境影响后评价:

(一)水利、水电、采掘、港口、铁路行业中实际环境影响程度和范围较大,且主要环境影响在项目建成运行一定时期后逐步显现的建设项目,以及其他行业中穿越重要生态环境敏感区的建设项目;

(二)冶金、石化和化工行业中有重大环境风险,建设地点敏感,且持续排放重金属或者持久性有机污染物的建设项目;

(三)审批环境影响报告书的环境保护主管部门认为应当开展环境影响后评价的其他建设项目。

第四条 环境影响后评价应当遵循科学、客观、公正的原则,全面反映建设项目的实际环境影响,客观评估各项环境保护措施的实施效果。

第五条 建设项目环境影响后评价的管理,由审批该建设项目环境影响报告书的环境保护主管部门负责。

环境保护部组织制定环境影响后评价技术规范,指导跨行政区域、跨流域和重大敏感项目的环境影响后评价工作。

第六条 建设单位或者生产经营单位负责组织开展环境影响后评价工作，编制环境影响后评价文件，并对环境影响后评价结论负责。

建设单位或者生产经营单位可以委托环境影响评价机构、工程设计单位、大专院校和相关评估机构等编制环境影响后评价文件。编制建设项目环境影响报告书的环境影响评价机构，原则上不得承担该建设项目环境影响后评价文件的编制工作。

建设单位或者生产经营单位应当将环境影响后评价文件报原审批环境影响报告书的环境保护主管部门备案，并接受环境保护主管部门的监督检查。

第七条 建设项目环境影响后评价文件应当包括以下内容：

（一）建设项目过程回顾。包括环境影响评价、环境保护措施落实、环境保护设施竣工验收、环境监测情况，以及公众意见收集调查情况等；

（二）建设项目工程评价。包括项目地点、规模、生产工艺或者运行调度方式，环境污染或者生态影响的来源、影响方式、程度和范围等；

（三）区域环境变化评价。包括建设项目周围区域环境敏感目标变化、污染源或者其他影响源变化、环境质量现状和变化趋势分析等；

（四）环境保护措施有效性评估。包括环境影响报告书规定的污染防治、生态保护和风险防范措施是否适用、有效，能否达到国家或者地方相关法律、法规、标准的要求等；

（五）环境影响预测验证。包括主要环境要素的预测影响与实际影响差别，原环境影响报告书内容和结论有无重大漏项或者明显错误，持久性、累积性和不确定性环境影响的表现等；

（六）环境保护补救方案和改进措施；

（七）环境影响后评价结论。

第八条 建设项目环境影响后评价应当在建设项目正式投入生产或者运营后三至五年内开展。原审批环境影响报告书的环境保护主管部门也可以根据建设项目的环境影响和环境要素变化特征，确定开展环境影响后评价的时限。

第九条 建设单位或者生产经营单位可以对单个建设项目进行环境影响后评价，也可以对在同一行政区域、流域内存在叠加、累积环境影响的多个建设项目开展环境影响后评价。

第十条 建设单位或者生产经营单位完成环境影响后评价后，应当依法公开环境影响评价文件，接受社会监督。

第十一条 对未按规定要求开展环境影响后评价，或者不落实补救方案、改进措施的建设单位或者生产经营单位，审批该建设项目环境影响报告书的环境保护主管部门应当责令其限期改正，并向社会公开。

第十二条 环境保护主管部门可以依据环境影响后评价文件，对建设项目环境保护提出改进要求，并将其作为后续建设项目环境影响评价管理的依据。

第十三条 建设项目环境影响报告书经批准后，其性质、规模、地点、工艺或者环境保护措施发生重大变动的，依照《中华人民共和国环境影响评价法》第二十四条的规定执行，不适用本办法。

第十四条 本办法由环境保护部负责解释。

第十五条 本办法自 2016 年 1 月 1 日起施行。

建设项目环境影响登记表备案管理办法

- 2016 年 11 月 16 日环境保护部令第 41 号公布
- 自 2017 年 1 月 1 日起施行

第一条 为规范建设项目环境影响登记表备案，依据《环境影响评价法》和《建设项目环境保护管理条例》，制定本办法。

第二条 本办法适用于按照《建设项目环境影响评价分类管理名录》规定应当填报环境影响登记表的建设项目。

第三条 填报环境影响登记表的建设项目，建设单位应当依照本办法规定，办理环境影响登记表备案手续。

第四条 填报环境影响登记表的建设项目应当符合法律法规、政策、标准等要求。

建设单位对其填报的建设项目环境影响登记表内容的真实性、准确性和完整性负责。

第五条 县级环境保护主管部门负责本行政区域内的建设项目环境影响登记表备案管理。

按照国家有关规定，县级环境保护主管部门被调整为市级环境保护主管部门派出分局的，由市级环境保护主管部门组织所属派出分局开展备案管理。

第六条 建设项目的建设地点涉及多个县级行政区域的，建设单位应当分别向各建设地点所在地的县级环境保护主管部门备案。

第七条 建设项目环境影响登记表备案采用网上备

案方式。

对国家规定需要保密的建设项目，建设项目环境影响登记表备案采用纸质备案方式。

第八条 环境保护部统一布设建设项目环境影响登记表网上备案系统(以下简称网上备案系统)。

省级环境保护主管部门在本行政区域内组织应用网上备案系统，通过提供地址链接方式，向县级环境保护主管部门分配网上备案系统使用权限。

县级环境保护主管部门应当向社会公告网上备案系统地址链接信息。

各级环境保护主管部门应当将环境保护法律、法规、规章以及规范性文件中与建设项目环境影响登记表备案相关的管理要求，及时在其网站的网上备案系统中公开，为建设单位办理备案手续提供便利。

第九条 建设单位应当在建设项目建成并投入生产运营前，登录网上备案系统，在网上备案系统注册真实信息，在线填报并提交建设项目环境影响登记表。

第十条 建设单位在办理建设项目环境影响登记表备案手续时，应当认真查阅、核对《建设项目环境影响评价分类管理名录》，确认其备案的建设项目属于按照《建设项目环境影响评价分类管理名录》规定应当填报环境影响登记表的建设项目。

对按照《建设项目环境影响评价分类管理名录》规定应当编制环境影响报告书或者报告表的建设项目，建设单位不得擅自降低环境影响评价等级，填报环境影响登记表并办理备案手续。

第十一条 建设单位填报建设项目环境影响登记表时，应当同时就其填报的环境影响登记表内容的真实、准确、完整作出承诺，并在登记表中的相应栏目由该建设单位的法定代表人或者主要负责人签署姓名。

第十二条 建设单位在线提交环境影响登记表后，网上备案系统自动生成备案编号和回执，该建设项目环境影响登记表备案即为完成。

建设单位可以自行打印留存其填报的建设项目环境影响登记表及建设项目环境影响登记表备案回执。

建设项目环境影响登记表备案回执是环境保护主管部门确认收到建设单位环境影响登记表的证明。

第十三条 建设项目环境影响登记表备案完成后，建设单位或者其法定代表人或者主要负责人在建设项目建成并投入生产运营前发生变更的，建设单位应当依照本办法规定再次办理备案手续。

第十四条 建设项目环境影响登记表备案完成后，建设单位应当严格执行相应污染物排放标准及相关环境管理规定，落实建设项目环境影响登记表中填报的环境保护措施，有效防治环境污染和生态破坏。

第十五条 建设项目环境影响登记表备案完成后，县级环境保护主管部门通过其网站的网上备案系统同步向社会公开备案信息，接受公众监督。对国家规定需要保密的建设项目，县级环境保护主管部门严格执行国家有关保密规定，备案信息不公开。

县级环境保护主管部门应当根据国务院关于加强环境监管执法的有关规定，将其完成备案的建设项目纳入有关环境监管网格管理范围。

第十六条 公民、法人和其他组织发现建设单位有以下行为的，有权向环境保护主管部门或者其他负有环境保护监督管理职责的部门举报：

（一）环境影响登记表存在弄虚作假的；

（二）有污染环境和破坏生态行为的；

（三）对按照《建设项目环境影响评价分类管理名录》规定应当编制环境影响报告书或者报告表的建设项目，建设单位擅自降低环境影响评价等级，填报环境影响登记表并办理备案手续的。

举报应当采取书面形式，有明确的被举报人，并提供相关事实和证据。

第十七条 环境保护主管部门或者其他负有环境保护监督管理职责的部门可以采取抽查、根据举报进行检查等方式，对建设单位遵守本办法规定的情况开展监督检查，并根据监督检查认定的事实，按照以下情形处理：

（一）构成行政违法的，依照有关环境保护法律法规和规定，予以行政处罚；

（二）构成环境侵权的，依法承担环境侵权责任；

（三）涉嫌构成犯罪的，依法移送司法机关。

第十八条 建设单位未依法备案建设项目环境影响登记表的，由县级环境保护主管部门根据《环境影响评价法》第三十一条第三款的规定，责令备案，处五万元以下的罚款。

第十九条 违反本办法规定，建设单位违反承诺，在填报建设项目环境影响登记表时弄虚作假，致使备案内容失实的，由县级环境保护主管部门将该建设单位违反承诺情况记入其环境信用记录，向社会公布。

第二十条 违反本办法规定，对按照《建设项目环境影响评价分类管理名录》应当编制环境影响报告书或者报告表的建设项目，建设单位擅自降低环境影响评价等级，填报环境影响登记表并办理备案手续，经查证属实的，县级环境保护主管部门认定建设单位已经取得的备案无效，向社会公布，并按以下规定处理：

（一）未依法报批环境影响报告书或者报告表，擅自开工建设的，依照《环境保护法》第六十一条和《环境影响评价法》第三十一条第一款的规定予以处罚、处分。

（二）未依法报批环境影响报告书或者报告表，擅自投入生产或者经营的，分别依照《环境影响评价法》第三十一条第一款和《建设项目环境保护管理条例》的有关规定作出相应处罚。

第二十一条 对依照本办法第十八条、第二十条规定处理的建设单位，由县级环境保护主管部门将该建设单位违法失信信息记入其环境信用记录，向社会公布。

第二十二条 本办法自2017年1月1日起施行。

附：建设项目环境影响登记表（略）

环境影响评价公众参与办法

· 2018年7月16日生态环境部令第4号公布
· 自2019年1月1日起施行

第一条 为规范环境影响评价公众参与，保障公众环境保护知情权、参与权、表达权和监督权，依据《中华人民共和国环境保护法》《中华人民共和国环境影响评价法》《规划环境影响评价条例》《建设项目环境保护管理条例》等法律法规，制定本办法。

第二条 本办法适用于可能造成不良环境影响并直接涉及公众环境权益的工业、农业、畜牧业、林业、能源、水利、交通、城市建设、旅游、自然资源开发的有关专项规划的环境影响评价公众参与，和依法应当编制环境影响报告书的建设项目的环境影响评价公众参与。

国家规定需要保密的情形除外。

第三条 国家鼓励公众参与环境影响评价。

环境影响评价公众参与遵循依法、有序、公开、便利的原则。

第四条 专项规划编制机关应当在规划草案报送审批前，举行论证会、听证会，或者采取其他形式，征求有关单位、专家和公众对环境影响报告书草案的意见。

第五条 建设单位应当依法听取环境影响评价范围内的公民、法人和其他组织的意见，鼓励建设单位听取环境影响评价范围之外的公民、法人和其他组织的意见。

第六条 专项规划编制机关和建设单位负责组织环境影响报告书编制过程的公众参与，对公众参与的真实性和结果负责。

专项规划编制机关和建设单位可以委托环境影响报告书编制单位或者其他单位承担环境影响评价公众参与的具体工作。

第七条 专项规划环境影响评价的公众参与，本办法未作规定的，依照《中华人民共和国环境影响评价法》《规划环境影响评价条例》的相关规定执行。

第八条 建设项目环境影响评价公众参与相关信息应当依法公开，涉及国家秘密、商业秘密、个人隐私的，依法不得公开。法律法规另有规定的，从其规定。

生态环境主管部门公开建设项目环境影响评价公众参与相关信息，不得危及国家安全、公共安全、经济安全和社会稳定。

第九条 建设单位应当在确定环境影响报告书编制单位后7个工作日内，通过其网站、建设项目所在地公共媒体网站或者建设项目所在地相关政府网站（以下统称网络平台），公开下列信息：

（一）建设项目名称、选址选线、建设内容等基本情况，改建、扩建、迁建项目应当说明现有工程及其环境保护情况；

（二）建设单位名称和联系方式；

（三）环境影响报告书编制单位的名称；

（四）公众意见表的网络链接；

（五）提交公众意见表的方式和途径。

在环境影响报告书征求意见稿编制过程中，公众均可向建设单位提出与环境影响评价相关的意见。

公众意见表的内容和格式，由生态环境部制定。

第十条 建设项目环境影响报告书征求意见稿形成后，建设单位应当公开下列信息，征求与该建设项目环境影响有关的意见：

（一）环境影响报告书征求意见稿全文的网络链接及查阅纸质报告书的方式和途径；

（二）征求意见的公众范围；

（三）公众意见表的网络链接；

（四）公众提出意见的方式和途径；

（五）公众提出意见的起止时间。

建设单位征求公众意见的期限不得少于10个工作日。

第十一条 依照本办法第十条规定应当公开的信息，建设单位应当通过下列三种方式同步公开：

（一）通过网络平台公开，且持续公开期限不得少于10个工作日；

（二）通过建设项目所在地公众易于接触的报纸公

开,且在征求意见的10个工作日内公开信息不得少于2次;

(三)通过在建设项目所在地公众易于知悉的场所张贴公告的方式公开,且持续公开期限不得少于10个工作日。

鼓励建设单位通过广播、电视、微信、微博及其他新媒体等多种形式发布本办法第十条规定的信息。

第十二条 建设单位可以通过发放科普资料、张贴科普海报、举办科普讲座或者通过学校、社区、大众传播媒介等途径,向公众宣传与建设项目环境影响有关的科学知识,加强与公众互动。

第十三条 公众可以通过信函、传真、电子邮件或者建设单位提供的其他方式,在规定时间内将填写的公众意见表等提交建设单位,反映与建设项目环境影响有关的意见和建议。

公众提交意见时,应当提供有效的联系方式。鼓励公众采用实名方式提交意见并提供常住地址。

对公众提交的相关个人信息,建设单位不得用于环境影响评价公众参与之外的用途,未经个人信息相关权利人允许不得公开。法律法规另有规定的除外。

第十四条 对环境影响方面公众质疑性意见多的建设项目,建设单位应当按照下列方式组织开展深度公众参与:

(一)公众质疑性意见主要集中在环境影响预测结论、环境保护措施或者环境风险防范措施等方面的,建设单位应当组织召开公众座谈会或者听证会。座谈会或者听证会应当邀请在环境方面可能受建设项目影响的公众代表参加。

(二)公众质疑性意见主要集中在环境影响评价相关专业技术方法、导则、理论等方面的,建设单位应当组织召开专家论证会。专家论证会应当邀请相关领域专家参加,并邀请在环境方面可能受建设项目影响的公众代表列席。

建设单位可以根据实际需要,向建设项目所在地县级以上地方人民政府报告,并请求县级以上地方人民政府加强对公众参与的协调指导。县级以上生态环境主管部门应当在同级人民政府指导下配合做好相关工作。

第十五条 建设单位决定组织召开公众座谈会、专家论证会的,应当在会议召开的10个工作日前,将会议的时间、地点、主题和可以报名的公众范围、报名办法,通过网络平台和在建设项目所在地公众易于知悉的场所张贴公告等方式向社会公告。

建设单位应当综合考虑地域、职业、受教育水平、受建设项目环境影响程度等因素,从报名的公众中选择参加会议或者列席会议的公众代表,并在会议召开的5个工作日前通知拟邀请的相关专家,并书面通知被选定的代表。

第十六条 建设单位应当在公众座谈会、专家论证会结束后5个工作日内,根据现场记录,整理座谈会纪要或者专家论证结论,并通过网络平台向社会公开座谈会纪要或者专家论证结论。座谈会纪要和专家论证结论应当如实记载各种意见。

第十七条 建设单位组织召开听证会的,可以参考环境保护行政许可听证的有关规定执行。

第十八条 建设单位应当对收到的公众意见进行整理,组织环境影响报告书编制单位或者其他有能力的单位进行专业分析后提出采纳或者不采纳的建议。

建设单位应当综合考虑建设项目情况、环境影响报告书编制单位或者其他有能力的单位的建议、技术经济可行性等因素,采纳与建设项目环境影响有关的合理意见,并组织环境影响报告书编制单位根据采纳的意见修改完善环境影响报告书。

对未采纳的意见,建设单位应当说明理由。未采纳的意见由提供有效联系方式的公众提出的,建设单位应当通过该联系方式,向其说明未采纳的理由。

第十九条 建设单位向生态环境主管部门报批环境影响报告书前,应当组织编写建设项目环境影响评价公众参与说明。公众参与说明应当包括下列主要内容:

(一)公众参与的过程、范围和内容;

(二)公众意见收集整理和归纳分析情况;

(三)公众意见采纳情况,或者未采纳情况、理由及向公众反馈的情况等。

公众参与说明的内容和格式,由生态环境部制定。

第二十条 建设单位向生态环境主管部门报批环境影响报告书前,应当通过网络平台,公开拟报批的环境影响报告书全文和公众参与说明。

第二十一条 建设单位向生态环境主管部门报批环境影响报告书时,应当附具公众参与说明。

第二十二条 生态环境主管部门受理建设项目环境影响报告书后,应当通过其网站或者其他方式向社会公开下列信息:

(一)环境影响报告书全文;

(二)公众参与说明;

(三)公众提出意见的方式和途径。

公开期限不得少于10个工作日。

第二十三条 生态环境主管部门对环境影响报告书作出审批决定前，应当通过其网站或者其他方式向社会公开下列信息：

（一）建设项目名称、建设地点；

（二）建设单位名称；

（三）环境影响报告书编制单位名称；

（四）建设项目概况、主要环境影响和环境保护对策与措施；

（五）建设单位开展的公众参与情况；

（六）公众提出意见的方式和途径。

公开期限不得少于5个工作日。

生态环境主管部门依照第一款规定公开信息时，应当通过其网站或者其他方式同步告知建设单位和利害关系人享有要求听证的权利。

生态环境主管部门召开听证会的，依照环境保护行政许可听证的有关规定执行。

第二十四条 在生态环境主管部门受理环境影响报告书后和作出审批决定前的信息公开期间，公民、法人和其他组织可以依照规定的方式、途径和期限，提出对建设项目环境影响报告书审批的意见和建议，举报相关违法行为。

生态环境主管部门对收到的举报，应当依照国家有关规定处理。必要时，生态环境主管部门可以通过适当方式向公众反馈意见采纳情况。

第二十五条 生态环境主管部门应当对公众参与说明内容和格式是否符合要求、公众参与程序是否符合本办法的规定进行审查。

经综合考虑收到的公众意见、相关举报及处理情况、公众参与审查结论等，生态环境主管部门发现建设项目未充分征求公众意见的，应当责成建设单位重新征求公众意见，退回环境影响报告书。

第二十六条 生态环境主管部门参考收到的公众意见，依照相关法律法规、标准和技术规范等审批建设项目环境影响报告书。

第二十七条 生态环境主管部门应当自作出建设项目环境影响报告书审批决定之日起7个工作日内，通过其网站或者其他方式向社会公告审批决定全文，并依法告知提起行政复议和行政诉讼的权利及期限。

第二十八条 建设单位应当将环境影响报告书编制过程中公众参与的相关原始资料，存档备查。

第二十九条 建设单位违反本办法规定，在组织环境影响报告书编制过程的公众参与时弄虚作假，致使公众参与说明内容严重失实的，由负责审批环境影响报告书的生态环境主管部门将该建设单位及其法定代表人或主要负责人失信信息记入环境信用记录，向社会公开。

第三十条 公众提出的涉及征地拆迁、财产、就业等与建设项目环境影响评价无关的意见或者诉求，不属于建设项目环境影响评价公众参与的内容。公众可以依法另行向其他有关主管部门反映。

第三十一条 对依法批准设立的产业园区内的建设项目，若该产业园区已依法开展了规划环境影响评价公众参与且该建设项目性质、规模等符合经生态环境主管部门组织审查通过的规划环境影响报告书和审查意见，建设单位开展建设项目环境影响评价公众参与时，可以按照以下方式予以简化：

（一）免予开展本办法第九条规定的公开程序，相关应当公开的内容纳入本办法第十条规定的公开内容一并公开；

（二）本办法第十条第二款和第十一条第一款规定的10个工作日的期限减为5个工作日；

（三）免予采用本办法第十一条第一款第三项规定的张贴公告的方式。

第三十二条 核设施建设项目建造前的环境影响评价公众参与依照本办法有关规定执行。

堆芯热功率300兆瓦以上的反应堆设施和商用乏燃料后处理厂的建设单位应当听取该设施或者后处理厂半径15公里范围内公民、法人和其他组织的意见；其他核设施和铀矿冶设施的建设单位应当根据环境影响评价的具体情况，在一定范围内听取公民、法人和其他组织的意见。

大型核动力厂建设项目的建设单位应当协调相关省级人民政府制定项目建设公众沟通方案，以指导与公众的沟通工作。

第三十三条 土地利用的有关规划和区域、流域、海域的建设、开发利用规划的编制机关，在组织进行规划环境影响评价的过程中，可以参照本办法的有关规定征求公众意见。

第三十四条 本办法自2019年1月1日起施行。《环境影响评价公众参与暂行办法》自本办法施行之日起废止。其他文件中有关环境影响评价公众参与的规定与本办法规定不一致的，适用本办法。

建设项目环境影响报告书(表)编制监督管理办法

- 2019年9月20日生态环境部令第9号公布
- 自2019年11月1日起施行

第一章 总 则

第一条 为规范建设项目环境影响报告书和环境影响报告表(以下简称环境影响报告书(表))编制行为,加强监督管理,保障环境影响评价工作质量,维护环境影响评价技术服务市场秩序,根据《中华人民共和国环境影响评价法》《建设项目环境保护管理条例》等有关法律法规,制定本办法。

第二条 建设单位可以委托技术单位对其建设项目开展环境影响评价,编制环境影响报告书(表);建设单位具备环境影响评价技术能力的,可以自行对其建设项目开展环境影响评价,编制环境影响报告书(表)。

技术单位不得与负责审批环境影响报告书(表)的生态环境主管部门或者其他有关审批部门存在任何利益关系。任何单位和个人不得为建设单位指定编制环境影响报告书(表)的技术单位。

本办法所称技术单位,是指具备环境影响评价技术能力、接受委托为建设单位编制环境影响报告书(表)的单位。

第三条 建设单位应当对环境影响报告书(表)的内容和结论负责;技术单位对其编制的环境影响报告书(表)承担相应责任。

第四条 编制单位应当加强环境影响评价技术能力建设,提高专业技术水平。环境影响报告书(表)编制能力建设指南由生态环境部另行制定。

鼓励建设单位优先选择信用良好和符合能力建设指南要求的技术单位为其编制环境影响报告书(表)。

本办法所称编制单位,是指主持编制环境影响报告书(表)的单位,包括主持编制环境影响报告书(表)的技术单位和自行主持编制环境影响报告书(表)的建设单位。

第五条 编制人员应当具备专业技术知识,不断提高业务能力。

本办法所称编制人员,是指环境影响报告书(表)的编制主持人和主要编制人员。编制主持人是环境影响报告书(表)的编制负责人。主要编制人员包括环境影响报告书各章节的编写人员和环境影响报告表主要内容的编写人员。

第六条 设区的市级以上生态环境主管部门(以下简称市级以上生态环境主管部门)应当加强对编制单位的监督管理和质量考核,开展环境影响报告书(表)编制行为监督检查和编制质量问题查处,并对编制单位和编制人员实施信用管理。

第七条 生态环境部负责建设全国统一的环境影响评价信用平台(以下简称信用平台),组织建立编制单位和编制人员诚信档案管理体系。信用平台纳入全国生态环境领域信用信息平台统一管理。

编制单位和编制人员的基础信息等相关信息应当通过信用平台公开。具体办法由生态环境部另行制定。

第二章 编制要求

第八条 编制单位和编制人员应当坚持公正、科学、诚信的原则,遵守有关环境影响评价法律法规、标准和技术规范等规定,确保环境影响报告书(表)内容真实、客观、全面和规范。

第九条 编制单位应当是能够依法独立承担法律责任的单位。

前款规定的单位中,下列单位不得作为技术单位编制环境影响报告书(表):

(一)生态环境主管部门或者其他负责审批环境影响报告书(表)的审批部门设立的事业单位;

(二)由生态环境主管部门作为业务主管单位或者挂靠单位的社会组织,或者由其他负责审批环境影响报告书(表)的审批部门作为业务主管单位或者挂靠单位的社会组织;

(三)由本款前两项中的事业单位、社会组织出资的单位及其再出资的单位;

(四)受生态环境主管部门或者其他负责审批环境影响报告书(表)的审批部门委托,开展环境影响报告书(表)技术评估的单位;

(五)本款第四项中的技术评估单位出资的单位及其再出资的单位;

(六)本款第四项中的技术评估单位的出资单位,或者由本款第四项中的技术评估单位出资人出资的其他单位,或者由本款第四项中的技术评估单位法定代表人出资的单位。

个体工商户、农村承包经营户以及本条第一款规定单位的内设机构、分支机构或者临时机构,不得主持编制环境影响报告书(表)。

第十条 编制单位应当具备环境影响评价技术能力。环境影响报告书(表)的编制主持人和主要编制人员应当为编制单位中的全职人员,环境影响报告书(表)

的编制主持人还应当为取得环境影响评价工程师职业资格证书的人员。

第十一条 编制单位和编制人员应当通过信用平台提交本单位和本人的基本情况信息。

生态环境部在信用平台建立编制单位和编制人员的诚信档案，并生成编制人员信用编号，公开编制单位名称、统一社会信用代码等基础信息以及编制人员姓名、从业单位等基础信息。

编制单位和编制人员应当对提交信息的真实性、准确性和完整性负责。相关信息发生变化的，应当自发生变化之日起二十个工作日内在信用平台变更。

第十二条 环境影响报告书(表)应当由一个单位主持编制，并由该单位中的一名编制人员作为编制主持人。

建设单位委托技术单位编制环境影响报告书(表)的，应当与主持编制的技术单位签订委托合同，约定双方的权利、义务和费用。

第十三条 编制单位应当建立和实施覆盖环境影响评价全过程的质量控制制度，落实环境影响评价工作程序，并在现场踏勘、现状监测、数据资料收集、环境影响预测等环节以及环境影响报告书(表)编制审核阶段形成可追溯的质量管理机制。有其他单位参与编制或者协作的，编制单位应当对参与编制单位或者协作单位提供的技术报告、数据资料等进行审核。

编制主持人应当全过程组织参与环境影响报告书(表)编制工作，并加强统筹协调。

委托技术单位编制环境影响报告书(表)的建设单位，应当如实提供相关基础资料，落实环境保护投入和资金来源，加强环境影响评价过程管理，并对环境影响报告书(表)的内容和结论进行审核。

第十四条 除涉及国家秘密的建设项目外，编制单位和编制人员应当在建设单位报批环境影响报告书(表)前，通过信用平台提交编制完成的环境影响报告书(表)基本情况信息，并对提交信息的真实性、准确性和完整性负责。信用平台生成项目编号，并公开环境影响报告书(表)相关建设项目名称、类别以及建设单位、编制单位和编制人员等基础信息。

报批的环境影响报告书(表)应当附具编制单位和编制人员情况表(格式附后)。建设单位、编制单位和相关人员应当在情况表相应位置盖章或者签字。除涉及国家秘密的建设项目外，编制单位和编制人员情况表应当由信用平台导出。

第十五条 建设单位应当将环境影响报告书(表)及其审批文件存档。

编制单位应当建立环境影响报告书(表)编制工作完整档案。档案中应当包括项目基础资料、现场踏勘记录和影像资料、质量控制记录、环境影响报告书(表)以及其他相关资料。开展环境质量现状监测和调查、环境影响预测或者科学试验的，还应当将相关监测报告和数据资料、预测过程文件或者试验报告等一并存档。

建设单位委托技术单位主持编制环境影响报告书(表)的，建设单位和受委托的技术单位应当分别将委托合同存档。

存档材料应当为原件。

第三章 监督检查

第十六条 环境影响报告书(表)编制行为监督检查包括编制规范性检查、编制质量检查以及编制单位和编制人员情况检查。

第十七条 环境影响报告书(表)编制规范性检查包括下列内容：

(一)编制单位和编制人员是否符合本办法第九条和第十条的规定，以及是否列入本办法规定的限期整改名单或者本办法规定的环境影响评价失信"黑名单"(以下简称"黑名单")；

(二)编制单位和编制人员是否按照本办法第十一条和第十四条第一款的规定在信用平台提交相关信息；

(三)环境影响报告书(表)是否符合本办法第十二条第一款和第十四条第二款的规定。

第十八条 环境影响报告书(表)编制质量检查的内容包括环境影响报告书(表)是否符合有关环境影响评价法律法规、标准和技术规范等规定，以及环境影响报告书(表)的基础资料是否明显不实，内容是否存在重大缺陷、遗漏或者虚假，环境影响评价结论是否正确、合理。

第十九条 编制单位和编制人员情况检查包括下列内容：

(一)编制单位和编制人员在信用平台提交的相关情况信息是否真实、准确、完整；

(二)编制单位建立和实施环境影响评价质量控制制度情况；

(三)编制单位环境影响报告书(表)相关档案管理情况；

(四)其他应当检查的内容。

第二十条 各级生态环境主管部门在环境影响报告书(表)受理过程中，应当对报批的环境影响报告书(表)进行编制规范性检查。

受理环境影响报告书(表)的生态环境主管部门发现环境影响报告书(表)不符合本办法第十二条第一款、第十四条第二款的规定，或者由不符合本办法第九条、第十条规定的编制单位、编制人员编制，或者编制单位、编制人员未按照本办法第十一条、第十四条第一款规定在信用平台提交相关信息的，应当在五个工作日内一次性告知建设单位需补正的全部内容；发现环境影响报告书(表)由列入本办法规定的限期整改名单或者本办法规定的"黑名单"的编制单位、编制人员编制的，不予受理。

第二十一条 各级生态环境主管部门在环境影响报告书(表)审批过程中，应当对报批的环境影响报告书(表)进行编制质量检查；发现环境影响报告书(表)基础资料明显不实，内容存在重大缺陷、遗漏或者虚假，或者环境影响评价结论不正确、不合理的，不予批准。

第二十二条 生态环境部定期或者根据实际工作需要不定期抽取一定比例地方生态环境主管部门或者其他有关审批部门审批的环境影响报告书(表)开展复核，对抽取的环境影响报告书(表)进行编制规范性检查和编制质量检查。

省级生态环境主管部门可以对本行政区域内下级生态环境主管部门或者其他有关审批部门审批的环境影响报告书(表)开展复核。

鼓励利用大数据手段开展复核工作。

第二十三条 生态环境部定期或者根据实际工作需要不定期通过抽查的方式，开展编制单位和编制人员情况检查。省级和市级生态环境主管部门可以对住所在本行政区域内或者在本行政区域内开展环境影响评价的编制单位及其编制人员相关情况进行抽查。

第二十四条 单位或者个人向生态环境主管部门举报环境影响报告书(表)编制规范性问题、编制质量问题，或者编制单位和编制人员违反本办法规定的，生态环境主管部门应当及时组织开展调查核实。

第二十五条 生态环境主管部门进行监督检查时，被监督检查的单位和人员应当如实说明情况，提供相关材料。

第二十六条 在监督检查过程中发现环境影响报告书(表)不符合有关环境影响评价法律法规、标准和技术规范等规定，存在下列质量问题之一的，由市级以上生态环境主管部门对建设单位、技术单位和编制人员给予通报批评：

（一）评价因子中遗漏建设项目相关行业污染源强核算或者污染物排放标准规定的相关污染物的；

（二）降低环境影响评价工作等级，降低环境影响评价标准，或者缩小环境影响评价范围的；

（三）建设项目概况描述不全或者错误的；

（四）环境影响因素分析不全或者错误的；

（五）污染源源强核算内容不全，核算方法或者结果错误的；

（六）环境质量现状数据来源、监测因子、监测频次或者布点等不符合相关规定，或者所引用数据无效的；

（七）遗漏环境保护目标，或者环境保护目标与建设项目位置关系描述不明确或者错误的；

（八）环境影响评价范围内的相关环境要素现状调查与评价、区域污染源调查内容不全或者结果错误的；

（九）环境影响预测与评价方法或者结果错误，或者相关环境要素、环境风险预测与评价内容不全的；

（十）未按相关规定提出环境保护措施，所提环境保护措施或者其可行性论证不符合相关规定的。

有前款规定的情形，致使环境影响评价结论不正确、不合理或者同时有本办法第二十七条规定情形的，依照本办法第二十七条的规定予以处罚。

第二十七条 在监督检查过程中发现环境影响报告书(表)存在下列严重质量问题之一的，由市级以上生态环境主管部门依照《中华人民共和国环境影响评价法》第三十二条的规定，对建设单位及其相关人员、技术单位、编制人员予以处罚：

（一）建设项目概况中的建设地点、主体工程及其生产工艺，或者改扩建和技术改造项目的现有工程基本情况、污染物排放及达标情况等描述不全或者错误的；

（二）遗漏自然保护区、饮用水水源保护区或者以居住、医疗卫生、文化教育为主要功能的区域等环境保护目标的；

（三）未开展环境影响评价范围内的相关环境要素现状调查与评价，或者编造相关内容、结果的；

（四）未开展相关环境要素或者环境风险预测与评价，或者编造相关内容、结果的；

（五）所提环境保护措施无法确保污染物排放达到国家和地方排放标准或者有效预防和控制生态破坏，未针对建设项目可能产生的或者原有环境污染和生态破坏提出有效防治措施的；

（六）建设项目所在区域环境质量未达到国家或者地方环境质量标准，所提环境保护措施不能满足区域环境质量改善目标管理相关要求的；

（七）建设项目类型及其选址、布局、规模等不符合

环境保护法律法规和相关法定规划,但给出环境影响可行结论的;

(八)其他基础资料明显不实,内容有重大缺陷、遗漏、虚假,或者环境影响评价结论不正确、不合理的。

第二十八条 生态环境主管部门在作出通报批评和处罚决定前,应当向建设单位、技术单位和相关人员告知查明的事实和作出决定的理由及依据,并告知其享有的权利。相关单位和人员可在规定时间内作出书面陈述和申辩。

生态环境主管部门应当对相关单位和人员在陈述和申辩中提出的事实、理由或者证据进行核实。

第二十九条 生态环境主管部门应当将作出的通报批评和处罚决定向社会公开。处理和处罚决定应当包括相关单位及其人员基础信息、事实、理由及依据、处理处罚结果等内容。

第三十条 在监督检查过程中发现经批准的环境影响报告书(表)有下列情形之一的,实施监督检查的生态环境主管部门应当重新对其进行编制质量检查:

(一)不符合本办法第十二条第一款、第十四条第二款规定的;

(二)编制单位和编制人员未按照本办法第十一条、第十四条第一款规定在信用平台提交相关信息的;

(三)由不符合本办法第十条规定的编制人员编制的。

在监督检查过程中发现经批准的环境影响报告书(表)存在本办法第二十六条第二款、第二十七条所列问题的,或者由不符合本办法第九条规定以及由受理时已列入本办法规定的限期整改名单或者本办法规定的"黑名单"的编制单位或者编制人员编制的,生态环境主管部门或者其他负责审批环境影响报告书(表)的审批部门应当依法撤销相应批准文件。

在监督检查过程中发现经批准的环境影响报告书(表)存在本办法第二十六条、第二十七条所列问题的,原审批部门应当督促建设单位采取措施避免建设项目产生不良环境影响。

在监督检查过程中发现经批准的环境影响报告书(表)有本条前三款涉及情形之一的,实施监督检查的生态环境主管部门应当对原审批部门及有关情况予以通报。其中,经批准的环境影响报告书(表)存在本办法第二十六条、第二十七条所列问题的,实施监督检查的生态环境主管部门还应当一并对开展环境影响报告书(表)技术评估的单位予以通报。

第四章 信用管理

第三十一条 市级以上生态环境主管部门应当将编制单位和编制人员作为环境影响评价信用管理对象(以下简称信用管理对象)纳入信用管理;在环境影响报告书(表)编制行为监督检查过程中,发现信用管理对象存在失信行为的,应当实施失信记分。

生态环境部另行制定信用管理对象失信行为记分办法,对信用管理对象失信行为的记分规则、记分周期、警示分数和限制分数等作出规定。

第三十二条 信用管理对象的失信行为包括下列情形:

(一)编制单位不符合本办法第九条规定或者编制人员不符合本办法第十条规定的;

(二)未按照本办法及生态环境部相关规定在信用平台提交相关情况信息或者及时变更相关情况信息,或者提交的相关情况信息不真实、不准确、不完整的;

(三)违反本办法规定,由两家以上单位主持编制环境影响报告书(表)或者由两名以上编制人员作为环境影响报告书(表)编制主持人的;

(四)技术单位未按照本办法规定与建设单位签订主持编制环境影响报告书(表)委托合同的;

(五)未按照本办法规定进行环境影响评价质量控制的;

(六)未按照本办法规定在环境影响报告书(表)中附具编制单位和编制人员情况表并盖章或者签字的;

(七)未按照本办法规定将相关资料存档的;

(八)未按照本办法规定接受生态环境主管部门监督检查或者在接受监督检查时弄虚作假的;

(九)因环境影响报告书(表)存在本办法第二十六条第一款所列问题受到通报批评的;

(十)因环境影响报告书(表)存在本办法第二十六条第二款、第二十七条所列问题受到处罚的。

第三十三条 实施失信记分应当履行告知、决定和记录等程序。

市级以上生态环境主管部门在监督检查过程中发现信用管理对象存在失信行为的,应当向其告知查明的事实、记分情况以及相关依据。信用管理对象可以在规定时间内作出书面陈述和申辩。

市级以上生态环境主管部门应当对信用管理对象在陈述和申辩中提出的事实、理由或者证据进行核实。

市级以上生态环境主管部门应当对经核实无误的失信行为记分作出书面决定,并向社会公开。失信行为记分决定应当包括信用管理对象基础信息、失信行为事实、失信记分及依据、涉及的建设项目和建设单位名称等内容。

市级以上生态环境主管部门应当在作出失信行为记分决定后五个工作日内，将书面决定及有关情况上传至信用平台并记入信用管理对象诚信档案。

因环境影响报告书(表)存在本办法第二十六条、第二十七条所列问题，生态环境主管部门对信用管理对象作出处理处罚决定的，实施失信记分的告知、决定程序应当与处理处罚相关程序同步进行，并可合并作出处理处罚决定和失信行为记分决定。

同一失信行为已由其他生态环境主管部门实施失信记分的，不得重复记分。

第三十四条　失信行为和失信记分相关情况在信用平台的公开期限为五年。禁止从事环境影响报告书(表)编制工作的技术单位和终身禁止从事环境影响报告书(表)编制工作的编制人员，其失信行为和失信记分永久公开。

失信行为和失信记分公开的起始时间为生态环境主管部门作出失信记分决定的时间。

第三十五条　信用平台对信用管理对象在一个记分周期内各级生态环境主管部门实施的失信记分予以动态累计，并将记分周期内累计失信记分情况作为对其实行守信激励和失信惩戒的依据。

第三十六条　信用管理对象连续两个记分周期的每个记分周期内编制过十项以上经批准的环境影响报告书(表)且无失信记分的，信用平台在后续两个记分周期内将其列入守信名单，并将相关情况记入其诚信档案。生态环境主管部门应当减少对列入守信名单的信用管理对象编制的环境影响报告书(表)复核抽取比例和抽取频次。

信用管理对象在列入守信名单期间有失信记分的，信用平台将其从守信名单中移出，并将移出情况记入其诚信档案。

第三十七条　信用管理对象在一个记分周期内累计失信记分达到警示分数的，信用平台在后续两个记分周期内将其列入重点监督检查名单，并将相关情况记入其诚信档案。生态环境主管部门应当提高对列入重点监督检查名单的信用管理对象编制的环境影响报告书(表)复核抽取比例和抽取频次。

第三十八条　信用管理对象在一个记分周期内的失信记分实时累计达到限制分数的，信用平台将其列入限期整改名单，并将相关情况记入其诚信档案。限期整改期限为六个月，自达到限制分数之日起计算。

信用管理对象在限期整改期间的失信记分再次累计达到限制分数的，应当自再次达到限制分数之日起限期整改六个月。

第三十九条　信用管理对象因环境影响报告书(表)存在本办法第二十六条第二款、第二十七条所列问题，受到禁止从事环境影响报告书(表)编制工作处罚的，失信记分直接记为限制分数。信用平台将其列入"黑名单"，并将相关情况记入其诚信档案。列入"黑名单"的期限与处罚决定中禁止从事环境影响报告书(表)编制工作的期限一致。

对信用管理对象中列入"黑名单"单位的出资人，由列入"黑名单"单位或者其法定代表人出资的单位，以及由列入"黑名单"单位出资人出资的其他单位，信用平台将其列入重点监督检查名单，并将相关情况记入其诚信档案。列入重点监督检查名单的期限为二年，自列入"黑名单"单位达到限制分数之日起计算。生态环境主管部门应当提高对上述信用管理对象编制的环境影响报告书(表)的复核抽取比例和抽取频次。

第四十条　信用管理对象列入本办法规定的守信名单、重点监督检查名单、限期整改名单和"黑名单"的相关情况在信用平台的公开期限为五年。

生态环境部每半年对列入本办法规定的限期整改名单和本办法规定的"黑名单"的信用管理对象以及相关情况予以通报，并向社会公开。

第四十一条　因环境影响报告书(表)存在本办法第二十六条第二款、第二十七条所列问题，信用管理对象受到处罚的，作出处罚决定的生态环境主管部门应当及时将其相关违法信息推送至国家企业信用信息公示系统和全国信用信息共享平台。

第四十二条　上级生态环境主管部门发现下级生态环境主管部门未按照本办法规定对发现的失信行为实施失信记分的，应当责令其限期改正。

第五章　附　则

第四十三条　鼓励环境影响评价行业组织加强行业自律，开展技术单位和编制人员水平评价。

第四十四条　本办法所称全职，是指与编制单位订立劳动合同(非全日制用工合同除外)并由该单位缴纳社会保险或者在事业单位类型的编制单位中在编等用工形式。

本办法所称从业单位，是指编制人员全职工作的编制单位。

第四十五条 负责审批环境影响报告书(表)的其他有关审批部门可以参照本办法对环境影响报告书(表)编制实施监督管理。

第四十六条 本办法由生态环境部负责解释。

第四十七条 本办法自 2019 年 11 月 1 日起施行。《建设项目环境影响评价资质管理办法》(环境保护部令第 36 号)同时废止。

编制单位和编制人员情况表

项目编号	
建设项目名称	
建设项目类别	
环境影响评价文件类型	

一、建设单位情况	
单位名称(盖章)	
统一社会信用代码	
法定代表人(签章)	
主要负责人(签字)	
直接负责的主管人员(签字)	

二、编制单位情况	
单位名称(盖章)	
统一社会信用代码	

三、编制人员情况

1. 编制主持人

姓名	职业资格证书管理号	信用编号	签字

2. 主要编制人员

姓名	主要编写内容	信用编号	签字

生态环境部建设项目环境影响报告书(表)审批程序规定

- 2020年11月23日生态环境部令第14号公布
- 自2021年1月1日起施行

第一章 总 则

第一条 为了规范生态环境部建设项目环境影响报告书、环境影响报告表(以下简称环境影响报告书(表))审批程序,提高审批效率和服务水平,落实深化"放管服"改革、优化营商环境要求,保障公民、法人和其他组织的合法权益,根据《中华人民共和国行政许可法》《中华人民共和国环境影响评价法》《建设项目环境保护管理条例》,以及海洋环境保护、放射性污染防治、大气污染防治、水污染防治等生态环境法律法规,制定本规定。

第二条 本规定适用于生态环境部负责审批的建设项目环境影响报告书(表)的审批。

第三条 生态环境部审批建设项目环境影响报告书(表),坚持依法依规、科学决策、公开公正、便民高效的原则。

第四条 依法应当编制环境影响报告书(表)的建设项目,建设单位应当在开工建设前将环境影响报告书(表)报生态环境部审批。

建设项目的环境影响报告书(表)经批准后,建设项目的性质、规模、地点、采用的生产工艺或者防治污染、防止生态破坏的措施发生重大变动的,建设单位应当在发生重大变动的建设内容开工建设前重新将环境影响报告书(表)报生态环境部审批。

第五条 对国家确定的重大基础设施、民生工程和国防科研生产项目,生态环境部可以根据建设单位、环境影响报告书(表)编制单位或者有关部门提供的信息,提前指导,主动服务,加快审批。

第二章 申请与受理

第六条 建设单位向生态环境部申请报批环境影响报告书(表)的,除国家规定需要保密的情形外,应当在全国一体化在线政务服务平台生态环境部政务服务大厅(网址:http://zwfw.mee.gov.cn,以下简称政务服务大厅)提交下列材料,并对材料的真实性负责:

(一)建设项目环境影响报告书(表)报批申请书;

(二)建设项目环境影响报告书(表)。环境影响报告书(表)涉及国家秘密、商业秘密和个人隐私的,建设单位应当自行作出删除、遮盖等区分处理;

(三)编制环境影响报告书的建设项目的公众参与说明。

除前款规定材料外,建设单位还应当通过邮寄或者现场递交等方式,向生态环境部提交下列材料纸质版,以及光盘等移动电子存储设备一份:

(一)建设项目环境影响报告书(表)全本,一式三份;

(二)编制环境影响报告书的建设项目的公众参与说明,一式三份;

(三)通过政务服务大厅线上提交的建设项目环境影响报告书(表)对全本中不宜公开内容作了删除、遮盖等区分处理的,还应当提交有关说明材料一份。

国家规定需要保密的建设项目应当通过现场递交方式提交申请材料。

第七条 生态环境部对建设单位提交的申请材料,根据下列情况分别作出处理:

(一)依法不需要编制环境影响报告书(表)的,应当即时告知建设单位不予受理;

(二)对不属于生态环境部审批的环境影响报告书(表),不予受理,并告知建设单位向有关机关申请;

(三)环境影响报告书(表)由列入《建设项目环境影响报告书(表)编制监督管理办法》规定的限期整改名单或者"黑名单"的编制单位、编制人员编制的,应当告知建设单位不予受理;

(四)申请材料不齐全或者不符合法定形式的,应当当场或者在五个工作日内一次性告知建设单位需要补正的内容,逾期不告知的,自收到申请材料之日起即视为受理。可以当场补正的,应当允许建设单位当场补正;

(五)申请材料齐全、符合法定形式,或者建设单位按要求提交全部补正申请材料的,予以受理,并出具电子受理通知单;国家规定需要保密的或者其他不适宜网上受理的,出具纸质受理通知单。

第八条 生态环境部受理报批的建设项目环境影响报告书(表)后,应当按照《环境影响评价公众参与办法》的规定,公开环境影响报告书(表)、公众参与说明、公众提出意见的方式和途径。环境影响报告书的公开期限不得少于十个工作日,环境影响报告表的公开期限不得少于五个工作日。

第三章 技术评估与审查

第九条 生态环境部负责审批的建设项目环境影响报告书(表)需要进行技术评估的,生态环境部应当在受理申请后一个工作日内出具委托函,委托技术评估机构开展技术评估。对符合本规定第五条规定情形的,技术评估机构应当根据生态环境部的要求做好提前指导。

第十条 受委托的技术评估机构应当在委托函确定的期限内提交技术评估报告,并对技术评估结论负责。

技术评估报告应当包括下列内容:

(一)明确的技术评估结论;

(二)环境影响报告书(表)存在的质量问题及处理建议;

(三)审批时需重点关注的问题。

环境影响报告书(表)的技术评估期限不超过三十个工作日;情况特别复杂的,生态环境部可以根据实际情况适当延长技术评估期限。

第十一条 生态环境部主要从下列方面对建设项目环境影响报告书(表)进行审查:

(一)建设项目类型及其选址、布局、规模等是否符合生态环境保护法律法规和相关法定规划、区划,是否符合规划环境影响报告书及审查意见,是否符合区域生态保护红线、环境质量底线、资源利用上线和生态环境准入清单管控要求;

(二)建设项目所在区域生态环境质量是否满足相应环境功能区划要求、区域环境质量改善目标管理要求、区域重点污染物排放总量控制要求;

(三)拟采取的污染防治措施能否确保污染物排放达到国家和地方排放标准;拟采取的生态保护措施能否有效预防和控制生态破坏;可能产生放射性污染的,拟采取的防治措施能否有效预防和控制放射性污染;

(四)改建、扩建和技术改造项目,是否针对项目原有环境污染和生态破坏提出有效防治措施;

(五)环境影响报告书(表)编制内容、编制质量是否符合有关要求。

对区域生态环境质量现状符合环境功能区划要求的,生态环境部应当重点审查拟采取的污染防治措施能否确保建设项目投入运行后,该区域的生态环境质量仍然符合相应环境功能区划要求;对区域生态环境质量现状不符合环境功能区划要求的,生态环境部应当重点审查拟采取的措施能否确保建设项目投入运行后,该区域的生态环境质量符合区域环境质量改善目标管理要求。

第十二条 生态环境部对环境影响报告书(表)作出审批决定前,应当按照《环境影响评价公众参与办法》规定,向社会公开建设项目和环境影响报告书(表)基本情况等信息,并同步告知建设单位和利害关系人享有要求听证的权利。

生态环境部召开听证会的,依照环境保护行政许可听证有关规定执行。

第十三条 建设项目环境影响报告书(表)审查过程中,建设单位申请撤回环境影响报告书(表)审批申请的,生态环境部可以终止该建设项目环境影响评价审批程序,并退回建设单位提交的所有申请材料。

第十四条 生态环境部审批建设项目环境影响报告书(表),技术评估机构对建设项目环境影响报告书(表)进行技术评估,不得向建设单位、环境影响报告书(表)编制单位收取或者转嫁任何费用。

第十五条 建设项目环境影响报告书(表)审查过程中,发现建设单位存在擅自开工建设、环境影响报告书(表)存在质量问题等违反环境影响评价有关法律法规行为的,应当依法依规予以处理;建设单位有关责任人员属于公职人员的,应当按照国家有关规定将案件移送有管辖权的监察机关,依纪依规依法给予处分。

第四章 批准与公告

第十六条 对经审查通过的建设项目环境影响报告书(表),生态环境部依法作出予以批准的决定,并书面通知建设单位。

对属于《建设项目环境保护管理条例》规定不予批准情形的建设项目环境影响报告书(表),生态环境部依法作出不予批准的决定,通知建设单位,并说明理由。

第十七条 生态环境部应当自作出环境影响报告书(表)审批决定之日起七个工作日内,在生态环境部网站向社会公告审批决定全文,并依法告知建设单位提起行政复议和行政诉讼的权利和期限。国家规定需要保密的除外。

第十八条 生态环境部审批环境影响报告书的期限,依法不超过六十日;审批环境影响报告表的期限,依法不超过三十日。依法需要进行听证、专家评审、技术评估的,所需时间不计算在审批期限内。

第五章 附 则

第十九条 依法应当由生态环境部负责审批环境影响报告书(表)的建设项目,生态环境部可以委托建设项目所在的流域(海域)生态环境监督机构或者省级生态环境主管部门审批该建设项目的环境影响报告书(表),并将受委托的行政机关和受委托实施审批的内容向社会公告。

受委托行政机关在委托范围内以生态环境部的名义实施审批,不得再次委托其他机构审批建设项目环境影响报告书(表)。生态环境部对所委托事项的批准决定负责。

第二十条 实行告知承诺审批制审批建设项目环境影响报告书(表)的有关办法,由生态环境部另行制定。

第二十一条 本规定自2021年1月1日起实施。《国家环境保护总局建设项目环境影响评价文件审批程序规定》(国家环境保护总局令第29号)同时废止。

建设项目环境影响评价分类管理名录(2021年版)

- 2020年11月5日生态环境部部务会议审议通过
- 2020年11月30日中华人民共和国生态环境部令第16号公布
- 自2021年1月1日起施行

第一条 为了实施建设项目环境影响评价分类管理,根据《中华人民共和国环境影响评价法》的有关规定,制定本名录。

第二条 根据建设项目特征和所在区域的环境敏感程度,综合考虑建设项目可能对环境产生的影响,对建设项目的环境影响评价实行分类管理。

建设单位应当按照本名录的规定,分别组织编制建设项目环境影响报告书、环境影响报告表或者填报环境影响登记表。

第三条 本名录所称环境敏感区是指依法设立的各级各类保护区域和对建设项目产生的环境影响特别敏感的区域,主要包括下列区域:

(一)国家公园、自然保护区、风景名胜区、世界文化和自然遗产地、海洋特别保护区、饮用水水源保护区;

(二)除(一)外的生态保护红线管控范围,永久基本农田、基本草原、自然公园(森林公园、地质公园、海洋公园等)、重要湿地、天然林,重点保护野生动物栖息地,重点保护野生植物生长繁殖地,重要水生生物的自然产卵场、索饵场、越冬场和洄游通道,天然渔场,水土流失重点预防区和重点治理区、沙化土地封禁保护区、封闭及半封闭海域;

(三)以居住、医疗卫生、文化教育、科研、行政办公为主要功能的区域,以及文物保护单位。

环境影响报告书、环境影响报告表应当就建设项目对环境敏感区的影响做重点分析。

第四条 建设单位应当严格按照本名录确定建设项目环境影响评价类别,不得擅自改变环境影响评价类别。

建设内容涉及本名录中两个及以上项目类别的建设项目,其环境影响评价类别按照其中单项等级最高的确定。

建设内容不涉及主体工程的改建、扩建项目,其环境影响评价类别按照改建、扩建的工程内容确定。

第五条 本名录未作规定的建设项目,不纳入建设项目环境影响评价管理;省级生态环境主管部门对本名录未作规定的建设项目,认为确有必要纳入建设项目环境影响评价管理的,可以根据建设项目的污染因子、生态影响因子特征及其所处环境的敏感性质和敏感程度等,提出环境影响评价分类管理的建议,报生态环境部认定后实施。

第六条 本名录由生态环境部负责解释,并适时修订公布。

第七条 本名录自2021年1月1日起施行。《建设项目环境影响评价分类管理名录》(环境保护部令第44号)及《关于修改〈建设项目环境影响评价分类管理名录〉部分内容的决定》(生态环境部令第1号)同时废止。

项目类别	环评类别	报告书	报告表	登记表	本栏目环境敏感区含义
一、农业 01、林业 02					
1	农产品基地项目（含药材基地）	/	涉及环境敏感区的	其他	第三条（一）中的全部区域，第三条（二）中的除生态保护红线（一）外的管控范围，基本草原，重要湿地，水土流失重点预防区和重点治理区
2	经济林基地项目	/	原料林基地	其他	
二、畜牧业 03					
3	牲畜饲养 031；家禽饲养 032；其他畜牧业 039	年出栏生猪 5000 头（其他畜禽种类折合猪的养殖量）及以上的规模化畜禽养殖；存栏生猪 2500 头（其他畜禽种类折合存栏规模）及以上无出栏量的规模化畜禽养殖；涉及环境敏感区的规模化畜禽养殖	/	其他（规模化以下的除外）（具体规模化的标准按《畜禽规模化养殖污染防治条例》执行）	第三条（一）第三条（三）中的全部区域
三、渔业 04					
4	海水养殖 0411	用海面积 1000 亩及以上的海水养殖；围海养殖（不含底播、藻类养殖）	用海面积 1000 亩及以下 300 亩及以上的网箱海水养殖，海洋牧场（不含海洋人工鱼礁），苫岛养殖等；用海面积 1000 亩以下 100 亩及以上水产养殖基地，工厂化养殖、高位池（提水）养殖；用海面积 1500 亩及以上的底播养殖，藻类养殖；涉及环境敏感区的养殖	其他	第三条（一）中的自然保护区、海洋特别保护区、海洋公园，海洋生态保护红线，第三条（二）中的除生态保护红线（一）外的管控范围，重点保护野生动植物栖息地、重要水生生物繁殖地、重要水生生物产卵场、索饵场、越冬场，天然渔场，封闭及半封闭海域

续表

	项目类别	环评类别	报告书	报告表	登记表	本栏目环境敏感区含义
5	内陆养殖 0412	/	网箱、围网投饵养殖；涉及环境敏感区的	其他	第三条（一）中的全部区域；第三条（二）中的除（一）外的生态保护红线，重要湿地，重要水生生物的自然产卵场、索饵场、越冬场和洄游通道
四、煤炭开采和洗选业 06						
6	烟煤和无烟煤开采洗选 061；褐煤开采洗选 062；其他煤炭采选 069	煤炭开采	煤炭洗选、配煤、集运；风井场地；煤炭储存、瓦斯抽放站；矿区修复治理工程（含煤矿火烧区治理工程）	/		
五、石油和天然气采业 07						
7	陆地石油开采 0711	石油开采新区块开发；页岩油开采；涉及环境敏感区的（含内部集输管线建设）		其他	/	第三条（一）中的全部区域；第三条（二）中的除（一）外的生态保护红线，永久基本农田，森林公园，地质公园，重要湿地，天然林，重点保护野生动物栖息地，重点保护野生植物生长繁殖地，重要水生生物的自然产卵场、索饵场、越冬场和洄游通道，天然渔场，水土流失重点预防区和重点治理区、沙化土地封禁保护区；第三条（三）中的全部区域

续表

	项目类别	环评类别	报告书	报告表	登记表	本栏目环境敏感区含义
8		陆地天然气开采 0721	新区块开发；年生产能力 1 亿立方米及以上的煤层气开采；涉及环境敏感区的（含内部集输管线建设）	其他	/	第三条（一）中的全部区域；第三条（二）中的除（一）外的生态保护红线管控范围，永久基本农田，基本草原，森林公园，地质公园，重要湿地，天然林，重点保护野生动物栖息地，重点保护野生植物生长繁殖地，重要水生生物的自然产卵场、索饵场、越冬场和洄游通道，水土流失重点预防区和重点治理区，沙化土地封禁保护区；第三条（三）中的全部区域
六、黑色金属矿采选业 08						
9		铁矿采选 081；锰矿、铬矿采选 082；其他黑色金属矿采选 089	全部（含新建或扩建的独立尾矿库；不含单独的矿石破碎、集运；不含矿区修复治理工程）	单独的矿石破碎、集运；矿区修复治理工程	/	
七、有色金属矿采选业 09						
10		常用有色金属矿采选 091；贵金属矿采选 092；稀有稀土金属矿采选 093	全部（含新建或扩建的独立尾矿库；不含单独的矿石破碎、集运；不含矿区修复治理工程）	单独的矿石破碎、集运；矿区修复治理工程	/	
八、非金属矿采选业 10						
11		土砂石开采 101（不含河道采砂项目）	涉及环境敏感区的（不含单独的矿石破碎、集运；不含矿区修复治理工程）	其他	/	第三条（一）中的全部区域；第三条（二）中的除（一）外的生态保护红线，重要草原，基本草原，重要水生生物的自然产卵场、索饵场，越冬场和洄游通道，沙化土地封禁保护区

续表

项目类别	环评类别	报告书	报告表	登记表	本栏目环境敏感区含义
12	化学矿开采 102；石棉及其他非金属矿采选 109	全部（不含单独的矿石破碎、集运；不含矿区修复治理工程）	单独的矿石破碎、集运；矿区修复治理工程	/	
13	采盐 103	井盐	湖盐、海盐	/	第三条（一）中的全部区域
九、其他采矿业 12
14	其他采矿业 120	/	涉及环境敏感区的	其他	
十、农副食品加工业 13
15	谷物磨制 131*；饲料加工 132*	/	含发酵工艺的；年加工 1 万吨及以上的	/	
16	植物油加工 133*	/	除单纯分装、调和外的	/	
17	制糖业 134*	日加工糖料能力 1000 吨及以上的原糖生产	其他（单纯分装的除外）	/	
18	屠宰及肉类加工 135*	屠宰生猪 10 万头，肉牛 1 万头、肉羊 15 万只，禽类 1000 万只及以上的	其他屠宰、年加工 2 万吨及以上的肉类加工	其他肉类加工	
19	水产品加工 136	/	鱼油提取及制品制造；年加工 10 万吨及以上的；涉及环境敏感区的	/	第三条（一）中的全部区域；第三条（二）中的全部区域
20	其他农副食品加工 139*	含发酵工艺的淀粉、淀粉糖制造	不含发酵工艺的淀粉、淀粉糖制造；淀粉制品制造 以上均不含单纯分装的	/	
十一、食品制造业 14
21	糖果、巧克力及蜜饯制造 142*；方便食品制造 143*；罐头食品制造 145*	/	除单纯分装外的	/	

续表

	项目类别	环评类别 报告书	报告表	登记表	本栏目环境敏感区含义
22	乳制品制造 144*	/	除单纯混合、分装外的	/	
23	调味品、发酵制品制造 146*	有发酵工艺的味精、柠檬酸、赖氨酸、酵母制造；年产 2 万吨及以上且有发酵工艺的酱油、食醋制造	其他（单纯混合、分装外的）/		
24	其他食品制造 149*	有发酵工艺的食品添加剂制造；有发酵工艺的饲料添加剂制造	盐加工；营养食品制造、保健食品制造、冷冻饮品及食用冰制造、无发酵工艺的食品及饲料添加剂制造、其他未列明食品制造 以上均不含单纯混合、分装的	/	
十二、酒、饮料制造业 15					
25	酒的制造 151*	有发酵工艺的（年生产能力100 0千升以下的除外）	其他（单纯勾兑的除外）	/	
26	饮料制造 152*	/	有发酵工艺、原汁生产的	/	
十三、烟草制品业 16					
27	卷烟制造 162	/	全部	/	
十四、纺织业 17					
28	棉纺织及印染精加工 171*；毛纺织及染整精加工 172*；麻纺织及染整精加工 173*；丝绢纺织及印染精加工 174*；化纤织造及印染精加工 175*；针织或钩针编织物及其制品制造 176*；家用纺织制成品制造 177*；产业用纺织制成品制造 178*.	有洗毛、脱胶、缫丝工艺；染整工艺及有前处理、印花和数码印花的除外）工序的（喷墨印花或数码印花工艺的；后整理工序涉及有机溶剂的；有水刺无纺布织造工艺的	有喷墨印花或数码印花工艺的；后整理工序涉及有机溶剂的；有水刺无纺布织造工艺的	/	

续表

项目类别	环评类别	报告书	报告表	登记表	本栏目环境敏感区含义
十五、纺织服装、服饰业 18					
29	机织服装制造 181*；针织或钩针编织服装制造 182*；服饰制造 183*	有染色、印花（喷墨印花和数码印花的除外）工序的	有喷墨印花或数码印花工艺的；有洗水、砂洗工艺的	/	
十六、皮革、毛皮、羽毛及其制品和制鞋业 19					
30	皮革鞣制加工 191；皮革制品制造 192；毛皮鞣制及制品加工 193	有鞣制、染色工艺的	其他（无鞣制、染色工艺的毛皮加工除外）；无鞣制、染色工艺的皮革制品制造除外）	/	
31	羽毛（绒）加工及制品制造 194*	/	全部（无水洗工艺的羽毛（绒）加工除外；羽毛（绒）制品制造除外）	/	
32	制鞋业 195*	/	有橡胶硫化工艺、塑料注塑工艺的；年用溶剂型胶粘剂10吨及以上的，或年用溶剂型处理剂3吨及以上的	/	
十七、木材加工和木、竹、藤、棕、草制品业 20					
33	木材加工 201；木质制品制造 203	有电镀工艺的；年用溶剂（含稀释剂）10吨及以上的	年用溶剂型涂料10吨以下的，或年用非溶剂型低含量VOCs涂料10吨以上的；含片烘干、水煮、染色等工艺的	/	
34	人造板制造 202	年产20万立方米及以上的	其他	/	
35	竹、藤、棕、草等制品制造 204*	有电镀工艺的；年用溶剂型涂料（含稀释剂）10吨及以上的	采用胶合工艺（含稀释剂）型涂料10吨以下的，或年用非溶剂型低VOCs涂料，含量涂料10吨及以上的	/	

续表

项目类别	环评类别	报告书	报告表	登记表	本栏目环境敏感区含义
十八、家具制造业 21					
36	木质家具制造 211*；竹、藤家具制造 212*；金属家具制造 213*；塑料家具制造 214*；其他家具制造 219*	有电镀工艺的；年用溶剂型涂料（含稀释剂）10 吨及以上的	其他（仅分割、组装的除外；年用非溶剂型低 VOCs 含量涂料 10 吨以下的除外）	/	
十九、造纸和纸制品业 22					
37	纸浆制造 221*；造纸 222*（含废纸造纸）	全部（手工纸、加工纸制造除外）	手工纸制造；有涂布、浸渍、印刷、粘胶工艺的加工纸制造	/	
38	纸制品制造 223*	/	有涂布、浸渍、印刷、粘胶工艺的	/	
二十、印刷和记录媒介复制业 23					
39	印刷 231*	年用溶剂油墨 10 吨及以上的	其他（激光印刷除外；年用 VOCs 含量油墨 10 吨以下的印刷除外）	/	
二十一、文教、工美、体育和娱乐用品制造业 24					
40	文教办公用品制造 241*；体育用品制造 242*；玩具制造 244*；游艺器材及娱乐用品制造 245*；乐器制造 246*	有电镀工艺的（含稀释剂）10 吨及以上的	有橡胶硫化工艺、塑料注塑工艺的（含稀释剂）；年用溶剂型涂料 10 吨以下的，或年用非溶剂型低 VOCs 含量涂料 10 吨及以上的；年用溶剂型胶粘剂 10 吨及以上的，或年用溶剂型处理剂 3 吨及以上的	/	
41	工艺美术及礼仪用品制造 243*	有电镀工艺的（含稀释剂）10 吨及以上的	年用溶剂型涂料 10 吨以下的，或年用非溶剂型低 VOCs 含量涂料 10 吨及以上的	/	

续表

项目类别	环评类别	报告书	报告表	登记表	本栏目环境敏感区含义
二十二、石油、煤炭及其他燃料加工业 25					
42	精炼石油产品制造 251;煤炭加工 252	全部（单纯物理分离、物理提纯、混合、分装的除外；煤炭加工除外）	单纯物理分离、物理提纯、混合、分装的（不产生废水或挥发性有机物的除外）；煤制品制造；其他煤炭加工	/	
43	生物质燃料加工 254	生物质燃料生产	生物质致密成型燃料加工	/	
二十三、化学原料和化学制品制造业 26					
44	基础化学原料制造 261;农药制造 263;涂料、油墨、颜料及类似产品制造 264;合成材料制造 265;专用化学产品制造 266;炸药、火工及焰火产品制造 267	全部（含研发中试；不含单纯物理分离、物理提纯、混合、分装的）	单纯物理分离、物理提纯、混合、分装的（不产生废水或挥发性有机物的除外）	/	
45	肥料制造 262	化学方法生产氮肥、磷肥、复混肥的	其他	/	
46	日用化学产品制造 268	以油脂为原料的肥皂或皂粒制造工艺（采用连续皂化工艺、油脂水解工艺的除外）；香料制造或单纯混合或分装的	采用连续皂化工艺、油脂水解工艺的肥皂或皂粒制造；采用高塔喷粉工艺的洗衣粉制造；采用热反应工艺的香精制造；烫发剂、染发剂制造	/	
二十四、医药制造业 27					
47	化学药品原料药制造 271;化学药品制剂制造 272;兽用药品制造 275;生物药品制品制造 276	全部（含研发中试；不含单纯药品复配、分装的）	单纯药品复配目产生废水或挥发性有机物的；仅化学药品制剂制造	/	

续表

项目类别	环评类别			本栏目环境敏感区含义
		报告书	报告表	登记表
48	中药饮片加工 273*；中成药生产 274*	有提炼工艺的（仅醇提、水提的除外）	其他（单纯切片、制干、打包装的除外）	/	
49	卫生材料及医药用品制造 277；药用辅料及包装材料制造 278	/	卫生材料及医药用品制造（仅组装、分装反应的药用辅料制造；含有机合成反应的包装材料制造	/	
二十五、化学纤维制造业 28					
50	纤维素纤维原料及纤维制造 281；合成纤维制造 282	全部（单纯纺丝、单纯丙纶纤维制造的除外）	单纯纺丝制造；单纯丙纶纤维制造	/	
51	生物基材料制造 283	生物基化学纤维制造（单纯纺丝的除外）单纯纺丝制造	/	/	
二十六、橡胶和塑料制品业 29					
52	橡胶制品业 291	轮胎制造；再生橡胶制造（常压连续脱硫工艺除外）	其他	/	
53	塑料制品业 292	以再生塑料为原料生产的；有电镀工艺的；年用溶剂型胶粘剂 10 吨及以上的；年用溶剂型涂料 10 吨及以上的（含稀释剂）	其他（年用非溶剂型低 VOCs 含量涂料 10 吨以下的除外）	/	
二十七、非金属矿物制品业 30					
54	水泥、石灰和石膏制造 301	水泥制造（水泥粉磨站除外）	水泥粉磨站；石灰和石膏制造	/	
55	石膏、水泥制品及类似制品制造 302	/	商品混凝土；砼结构构件制造；水泥制品制造	/	

续表

项目类别	环评类别	报告书	报告表	登记表	本栏目环境敏感区含义
56	砖瓦、石材等建筑材料制造 303	/	粘土砖瓦及建筑砌块制造；建筑用石加工；防水建筑材料制造；隔热、隔音材料制造；其他建筑材料制造（含干粉砂浆搅拌站）以上均不含利用石材板材切割、打磨、成型的		
57	玻璃制造 304；玻璃制品制造 305	平板玻璃制造	特种玻璃制造；其他玻璃制造；玻璃制品制造（电加热的除外；仅切割、打磨、成型的除外）	/	
58	玻璃纤维和玻璃纤维增强塑料制品制造 306	/	全部	/	
59	陶瓷制品制造 307*	使用高污染燃料的（高污染燃料指国环规大气〔2017〕2号《高污染燃料目录》中规定的燃料）	不使用高污染燃料的建筑陶瓷制品制造年产 150 万件及以上的；不使用高污染燃料的年产 250 万件及以上的日用陶瓷制品制造	/	
60	耐火材料制品制造 308；石墨及其他非金属矿物制品制造 309	石棉制品；含焙烧的石墨、碳素制品	其他	/	
二十八、黑色金属冶炼和压延加工业 31					
61	炼铁 311	全部	/	/	
62	炼钢 312；铁合金冶炼 314	全部	/	/	
63	钢压延加工 313	年产 50 万吨及以上的冷轧	其他	/	

续表

项目类别	环评类别	报告书	报告表	登记表	本栏目环境敏感区含义
二十九、有色金属冶炼和压延加工业 32					
64	常用有色金属冶炼 321；贵金属冶炼 322；稀有稀土金属冶炼 323；有色金属合金制造 324	全部（利用单质金属混配重熔生产合金的除外）	其他	/	
65	有色金属压延加工 325	/	全部	/	
三十、金属制品业 33					
66	结构性金属制品制造 331；金属工具制造 332；集装箱及金属包装容器制造 333；金属丝绳及其制品制造 334；建筑、安全用金属制品制造 335；搪瓷制品制造 337；金属日用品制造 338	有电镀工艺的；年用溶剂型涂料（含稀释剂）10 吨及以上的	其他（仅分割、焊接、组装的除外；年用非溶剂型低 VOCs 含量涂料 10 吨以下的除外）	/	
67	金属表面处理及热处理加工	有电镀工艺的；有纯化工艺的热镀锌；使用有机涂层的（喷粉、喷塑、浸塑和电泳涂料（含稀释剂）10 吨以下和用非溶剂型低 VOC s 含量涂料的除外）	其他（年用非溶剂型低 VOCs 含量涂料 10 吨以下的除外）	/	
68	铸造及其他金属制品制造 339	黑色金属铸造年产 10 万吨及以上的；有色金属铸造年产 10 万吨及以上的	其他（仅分割、焊接、组装的除外）	/	

续表

	项目类别	环评类别	报告书	报告表	登记表	本栏目环境敏感区含义
	二十一、通用设备制造业 34					
69	锅炉及原动设备制造 341；金属加工机械制造 342；物料搬运设备制造 343；泵、阀门、压缩机及类似机械制造 344；轴承、齿轮和传动部件制造 345；烘炉、风机、包装等设备制造 346；文化、办公用机械制造 347；通用零部件制造 348；其他通用设备制造业 349		有电镀工艺的；年用溶剂型涂料（含稀释剂）10 吨及以上的	其他（仅分割、焊接、组装的除外；年用非溶剂型涂料 VOCs 含量 10 吨以下的除外）	/	
	三十二、专用设备制造业 35					
70	采矿、冶金、建筑专用设备制造 351；化工、木材、非金属加工专用设备制造 352；食品、饮料、烟草及饲料生产专用设备制造 353；印刷、制药、日化及日用品生产专用设备制造 354；纺织、服装和皮革加工专用设备制造 355；电子和电工机械专用设备制造 356；农、林、牧、渔专用机械制造 357；医疗仪器设备及器械制造 358；环保、邮政、社会公共服务及其他专用设备制造 359		有电镀工艺的；年用溶剂型涂料（含稀释剂）10 吨及以上的	其他（仅分割、焊接、组装的除外；年用非溶剂型涂料 VOCs 含量 10 吨以下的除外）	/	

续表

项目类别	环评类别	报告书	报告表	登记表	本栏目环境敏感区含义
三十三、汽车制造业 36					
71	汽车整车制造 361；汽车用发动机制造 362；改装汽车制造 363；低速汽车制造 364；电车制造 365；汽车车身、挂车制造 366；汽车零部件及配件制造 367	汽车整车制造（仅组装的除外）；汽车用发动机制造（仅组装的除外）；有电镀工艺的；年用溶剂型涂料（含稀释剂）10 吨及以上的	其他（年用非溶剂型低 VOCs 含量涂料 10 吨以下的除外）	/	
三十四、铁路、船舶、航空航天和其他运输设备制造业 37					
72	铁路运输设备制造 371；城市轨道交通设备制造 372	机车、车辆、高铁车组、城市轨道交通设备制造；发动机生产；有电镀工艺的；年用溶剂型涂料（含稀释剂）10 吨及以上的	其他（年用非溶剂型低 VOCs 含量涂料 10 吨以下的除外）	/	
73	船舶及相关装置制造 373	造船、拆船、修船厂；有电镀工艺的；年用溶剂型涂料（含稀释剂）10 吨及以上的	其他（仅组装的除外；木船建造和维修除外；年用非溶剂型低 VOCs 含量涂料 10 吨以下的除外）	/	
74	航空、航天器及设备制造 374	有电镀工艺的；年用溶剂型涂料（含稀释剂）10 吨及以上的	其他（年用非溶剂型低 VOCs 含量涂料 10 吨以下的除外）	/	
75	摩托车制造 375	摩托车整车制造（仅组装的除外）；发动机制造（仅组装的除外）；有电镀工艺的；年用溶剂型涂料（含稀释剂）10 吨及以上的	其他（年用非溶剂型低 VOCs 含量涂料 10 吨以下的除外）	/	
76	自行车和残疾人座车制造 376；助动车制造 377；非公路休闲车及零配件制造 378；潜水救捞及其他未列明运输设备制造 379	有电镀工艺的；年用溶剂型涂料（含稀释剂）10 吨及以上的	其他（仅分割、焊接、组装的除外；年用非溶剂型低 VOCs 含量涂料 10 吨以下的除外）	/	

续表

项目类别	环评类别	报告书	报告表	登记表	本栏目环境敏感区含义
三十五、电气机械和器材制造业 38					
77	电机制造 381；输配电及控制设备制造 382；电线、电缆、光缆及电工器材制造 383；电池制造 384；电力电气用器具制造 385；非电力家用器具制造 386；照明器具制造 387；其他电气机械及器材制造 389	铅蓄电池制造；太阳能电池片生产；有电镀工艺的；年用溶剂型涂料（含稀释剂）10 吨及以上的	其他（仅分割、焊接、组装的除外；年用非溶剂型低VOCs含量涂料10吨以下的除外）	/	
三十六、计算机、通信和其他电子设备制造业 39					
78	计算机制造 391	/	显示器件制造；集成电路制造；使用有机溶剂的；有酸洗以上均不含（仅分割、焊接、组装的除外）	/	
79	智能消费设备制造 396	/	全部（仅分割、焊接、组装的除外）	/	
80	电子器件制造 397	/	显示器件制造；集成电路制造；使用有机溶剂的；有酸洗以上均不含（仅分割、焊接、组装的除外）	/	
81	电子元件及电子专用材料制造 398	半导体材料制造	印刷电路板制造；电子化工材料制造；电子专用材料制造除外；使用有机的有酸洗以上均不含的；焊接、组装的	/	
82	通信设备制造 392；广播电视设备制造 393；雷达及配套设备制造 394；非专业视听设备制造 395；其他电子设备制造 399	/	全部（仅分割、焊接、组装的除外）	/	

续表

	项目类别	环评类别	报告书	报告表	登记表	本栏目环境敏感区含义
三十七、仪器仪表制造业 40						
83	通用仪器仪表制造 401；专用仪器仪表制造 402；钟表与计时仪器制造 403*；光学仪器制造 404；衡器制造 405；其他仪器仪表制造 409		有电镀工艺的；年用溶剂型涂料（含稀释剂）10 吨及以上的	其他（仅分割、焊接、组装的除外；年用非溶剂型低 VOCs 含量涂料 10 吨以下的除外）	/	
三十八、其他制造业 41						
84	日用杂品制造 411*；其他未列明制造业 419*		有电镀工艺的；年用溶剂型涂料（含稀释剂）10 吨及以上的	年用溶剂型涂料（含稀释剂）10 吨以下的，或年用非溶剂型低 VOCs 含量涂料 10 吨及以下的	/	
三十九、废弃资源综合利用业 42						
85	金属废料和碎屑加工处理 421；非金属废料和碎屑加工处理 422（4 21 和 4 22 均不含原料为危险废物的，均不含仅分拣、破碎的）		废电池、废油加工处理	废弃电器电子产品、废机动车、废电机、废电线电缆、废钢、废铁、废船、废塑料、有色金属合物矿灰及残渣、废轮胎、废船、含水洗工艺的其他废料和碎屑加工处理（衣业生产产生的废旧秧盘、薄膜破碎和清洗工艺的除外）	/	
四十、金属制品、机械和设备修理业 43						
86	金属制品修理 431；通用设备修理 432；专用设备修理 433；铁路、船舶、航空航天等运输设备修理 434；电气设备修理 435；仪器仪表修理 436；其他机械和设备修理业 439		有电镀工艺的；年用溶剂型涂料（含稀释剂）10 吨及以上的	年用溶剂型涂料（含稀释剂）10 吨以下的，或年用非溶剂型低 VOCs 含量涂料 10 吨及以下的	/	

续表

	项目类别	环评类别	报告书	报告表	登记表	本栏目环境敏感区含义
	四十一、电力、热力生产和供应业					
87	火力发电 4411；热电联产 4412（4411 和 4412 均含掺烧生活垃圾发电、掺烧污泥发电）	火力发电和热电联产（发电机组节能改造的除外；燃气发电除外、单纯利用余压、余热、余气（含煤矿瓦斯）发电的除外）	燃气发电；单纯利用余气（含煤矿瓦斯）发电	/	
88	水力发电 4413	总装机1000千瓦及以上的常规水电（仅更换发电设备的增效扩容项目除外）；抽水蓄能电站；涉及环境敏感区的	其他	/	第三条（一）中的全部区域；第三条（三）中的除（一）外的生态保护红线管控范围、重要水生生物的自然产卵场、索饵场、越冬场和洄游通道
89	生物质能发电 4417	生活垃圾发电（掺烧生活垃圾发电的除外）；污泥发电（掺烧污泥发电的除外）	利用农林生物质、沼气、垃圾填埋气发电的	/	
90	陆上风力发电 4415；太阳能发电 4416（不含居民家用光伏发电）；其他电力生产 4419（不含海上的潮汐能、波浪能、温差能等发电）	涉及环境敏感区的总装机容量5万千瓦及以上的陆上风力发电	陆地利用地热、太阳能热等发电；地面集中光伏电站（总容量大于6000千瓦，且接入电压等级不小于10千伏）；其他风力发电	其他光伏发电	第三条（一）中的全部区域；第三条（三）中的全部区域
91	热力生产和供应工程（包括建设单位自建自用的供热工程）	燃煤、燃油锅炉总容量65吨/小时（45.5兆瓦）以上的	燃煤、燃油锅炉总容量65吨/小时（45.5兆瓦）以下的；天然气锅炉总容量1吨/小时（0.7兆瓦）以上的；使用其他高污染燃料的（高污染燃料指国环规大气〔2017〕2号《高污染燃料目录》中规定的燃料）	/	

续表

	环评类别 项目类别	报告书	报告表	登记表	本栏目环境敏感区含义
四十二、燃气生产和供应业 45					第三条（一）中的全部区域；第三条（二）中的除生态保护红线范围、永久基本农田、基本草原外的其他生态保护区域，自然公园，天然林，重点保护野生动物栖息地、重点保护野生植物生长繁殖地；第三条（三）中的文物保护单位；第三条（三）中的以居住、医疗卫生、文化教育、科研、行政办公等为主要功能的区域
92	燃气生产和供应业 451（不含供应工程）	煤气生产	/	/	
93	生物质燃气生产和供应业 452（不含供应工程）	/	/	/	
四十三、水的生产和供应业					
94	自来水生产和供应 461（不含供应工程；不含村庄集中供应工程）	/	全部	/	
95	污水处理及其再生利用	新建、扩建日处理 10 万吨以上城乡污水集中处理的；新建、扩建工业废水集中处理的	新建、扩建日处理 10 万吨以下 500 吨以上城乡污水处理的；新建、扩建其他工业废水处理的（不含建设单位自建自用仅处理生活污水的；不含出水间接排入地表水体且不排放重金属的）	其他（不含提标改造项目；不含化粪池及化粪池处理后中水处理回用；不含仅建设沉淀池处理的）	
96	海水淡化处理 463；其他水的处理、利用与分配 469	/	全部	/	
四十四、房地产业					
97	房地产开发、商业综合体、宾馆、酒店、办公用房、标准厂房等	/	涉及环境敏感区的	/	

续表

项目类别	环评类别	报告书	报告表	登记表	本栏目环境敏感区含义
四十五、研究和试验发展					
98	专业实验室、研发（试验）基地	P3、P4生物安全实验室；转基因实验室	其他（不产生实验废气、废水、危险废物的除外）	/	
四十六、专业技术服务业					
99	陆地矿产资源地质勘查（含油气资源勘探）；二氧化碳地质封存	/	全部	/	
四十七、生态保护和环境治理业					
100	脱硫、脱硝、除尘、VOCs治理等大气污染治理工程	/	/	全部	
101	危险废物（不含医疗废物）利用及处置	危险废物利用及处置（产生单位内部回收再利用的除外；单纯收集、贮存的除外）	其他	/	
102	医疗废物处置、病死及病害动物无害化处理	医疗废物集中处置（单纯收集、贮存的除外）	其他	/	
103	一般工业固体废物（含污水处理污泥）采取填埋、焚烧、建筑施工废弃物处置及综合利用	一般工业固体废物（含污水处理污泥）采取填埋、焚烧（水泥窑协同处置的改造项目除外）方式的	其他	/	
104	泥石流等地质灾害治理工程（应急治理、应急排险工程除外）	涉及环境敏感区的特大型泥石流治理工程	涉及环境敏感区的特大型泥石流治理工程	其他（不涉及环境敏感区的小型地质灾害治理工程除外）	第三条（一）中的全部区域
四十八、公共设施管理业					
105	生活垃圾（含餐厨废弃物）转运站	/	日转运能力150吨及以上的	/	

续表

项目类别	环评类别	报告书	报告表	登记表	本栏目环境敏感区含义
106	生活垃圾（含餐厨废弃物）集中处置（生活垃圾发电除外）	采取填埋方式的；其他处置方式日处置能力50吨及以上的	其他处置方式日处置能力10吨及以下1吨及以上的		
107	粪便处置工程	日处理50吨及以上	/	/	
四十九、卫生 84
108	医院841；专科疾病防治院（所、站）8432；妇幼保健院（所、站）8433；急救中心（站）服务8434；采供血机构服务8435；基层医疗卫生服务842	新建、扩建住院床位500张及以上的	新建、扩建住院床位20张以下的除外	住院床位20张以下的（不含20张住院床位的）	
109	疾病预防控制中心8431	新建	其他		
五十、社会事业与服务业
110	学校、福利院、养老院（建筑面积5000平方米及以上的）	/	新建涉及环境敏感区的；有化学、生物实验室的学校	/	第三条（一）中的全部区域；第三条（二）中的生态保护红线、管控范围，永久基本农田、基本草原、森林公园、地质公园、重要湿地、天然林，重点保护野生动物栖息地，重点保护野生植物生长繁殖地
111	批发、零售市场（建筑面积5000平方米及以上的）	/	涉及环境敏感区的	/	第三条（一）中的全部区域；第三条（二）中的生态保护红线、管控范围，永久基本农田、基本草原、森林公园、地质公园、重要湿地、天然林，重点保护野生动物栖息地，重点保护野生植物生长繁殖地

续表

项目类别	环评类别	报告书	报告表	登记表	本栏目环境敏感区含义
112	高尔夫球场、滑雪场、狩猎场、赛车场、跑马场、射击场、水上运动中心等	高尔夫球场	涉及环境敏感区的	其他	第三条（一）中的全部区域；第三条（二）中的全部区域
113	展览馆、博物馆、美术馆、影剧院、音乐厅、文化馆、图书馆、档案馆、纪念馆、体育场、体育馆等（不含村庄文化体育场所）	/	涉及环境敏感区的		第三条（一）中的全部区域；第三条（二）中的除（一）外的生态保护红线管控范围，永久基本农田，基本草原，森林公园，地质公园、重要湿地，天然林，重点保护野生动物栖息地，重点保护野生植物生长繁殖地
114	公园（含动物园、主题公园；不含城市公园、植物园、村庄公园）；人工湖、人工湿地	特大型、大型公园；容积500万立方米及以上的人工湖、人工湿地；涉及环境敏感区以上500万立方米以下的人工湖、人工湿地；年补水量占引水河流年断面天然年径流量1/4及以上的人工湖、人工湿地	其他公园；容积5万立方米及以上500万立方米以下的人工湖、人工湿地；涉及环境敏感区的容积5万立方米以下的人工湖、人工湿地	不涉及环境敏感区的容积5万立方米以下的人工湖、人工湿地	第三条（一）中的全部区域
115	旅游开发	/	缆车、索道建设	其他	第三条（一）中的全部区域；第三条（二）中的除（一）外的生态保护红线管控范围、基本草原、森林公园、地质公园、重要湿地、天然林、重点保护野生动物栖息地、重点保护野生植物生长繁殖地；第三条（三）中的全部区域
116	影视基地建设	涉及环境敏感的	其他	/	

续表

项目类别	环评类别	报告书	报告表	登记表	本栏目环境敏感区含义
117	胶片洗印厂	/	全部	/	
118	驾驶员训练基地、公交板纽、长途客运站、大型停车场、机动车检测场	/	涉及环境敏感区的	/	第三条（一）中的全部区域；第三条（二）中的除（一）外的生态保护红线管控范围，永久基本农田，基本草原，森林公园，地质公园，重要湿地，天然林，重点保护野生动植物栖息地、重点繁殖地，重点生长繁殖地；第三条（三）中的文物保护单位
119	加油、加气站	/	城市建成区新建、扩建加油站；涉及环境敏感区的	/	第三条（一）中的全部区域
120	洗车场	/	危险化学品运输车辆清洗场	/	
121	汽车、摩托车维修场所	/	营业面积5000平方米及以上且使用溶剂型涂料的；营业面积5000平方米及以上且年用非溶剂型低VOCs含量涂料10吨及以上的	/	
122	殡仪馆、陵园、公墓	/	殡仪馆；涉及环境敏感区的	/	第三条（一）中的全部区域；第三条（二）中的除（一）外的生态保护红线管控范围，基本农田保护区
123	动物医院	/	设有动物尸腔、胸腔或腹腔手术设施的	/	

续表

项目类别	环评类别	报告书	报告表	登记表	本栏目环境敏感区含义
五十一、水利					
124	水库	库容1000万立方米及以上；涉及环境敏感区的	其他	/	第三条（一）中的全部区域；第三条（二）中的除生态保护红线管控范围、（一）外的重要水生生物的自然产卵场、索饵场、越冬场和洄游通道
125	灌区工程（不含水源工程的）	涉及环境敏感区的	其他（不含高标准农田、滴灌等节水改造工程）	/	第三条（一）中的全部区域；第三条（二）中的除生态保护红线管控范围、（一）外的重要水生生物的自然产卵场、索饵场、越冬场和洄游通道
126	引水工程	跨流域调水；大中型河流引水；小型河流年总引水量占引水断面天然年径流量1/4及以上；涉及环境敏感区的（不含涉及饮用水水源保护区的水库配套引水工程）	其他	/	第三条（一）中的全部区域；第三条（二）中的除生态保护红线管控范围、（一）外的重要水生生物的自然产卵场、索饵场、越冬场和洄游通道
127	防洪除涝工程	新建大中型	其他（小型沟渠的护坡除外；城镇排涝排涝河流水闸、排涝泵站除外）	城镇排涝河流水闸、排涝泵站	第三条（一）中的全部区域；第三条（二）中的除生态保护红线管控范围、（一）外的重要水生生物的自然产卵场、索饵场、越冬场和洄游通道
128	河湖整治（不含农村塘堰、水渠）	涉及环境敏感区的	其他	/	第三条（一）中的全部区域；第三条（二）中的除生态保护红线重点保护野生动物栖息地、重点保护野生植物生长繁殖地、重要湿地，重要水生生物的自然产卵场、索饵场、越冬场和洄游通道

续表

项目类别	环评类别	报告书	报告表	登记表	本栏目环境敏感区含义
129	地下水开采（农村分散式家庭生活自用水井除外）	日取水量1万立方米及以上的；涉及环境敏感区的（不新增供水规模、不改变供水对象的改建工程除外）	其他	/	第三条（一）中的全部区域；第三条（二）中的除（一）外的生态保护红线管控范围、重要湿地
五十二、交通运输业、管道运输业					
130	等级公路（不含维护，不含生命救援、应急保通工程以及国防交通保障项目；不含改扩建四级公路）	新建30公里（不含）以上及以上等级公路；新建涉及环境敏感区的二级及以上等级公路	其他（配套设施除外；不涉及环境敏感区的三级、四级公路除外）	配套设施；不涉及环境敏感区的三级、四级公路	第三条（一）中的全部区域；第三条（二）中的除（三）外的生态保护红线；第三条（三）中部的全部区域
131	城市道路（不含维护，不含支路、人行天桥、人行地道）	/	新建快速路、主干路；城市桥梁、隧道	其他	
132	新建、增建铁路	新建、增建铁路（30公里及以下铁路联络线和30公里及以下铁路专用线涉及环境敏感区的除外）	30公里及以下铁路联络线和30公里及以下铁路专用线	其他	第三条（一）中的全部区域；第三条（二）中的除（三）外的生态保护红线；第三条（三）中部的全部区域
133	改建铁路	200公里及以上的电气化改造（线路和站场不发生调整的除外）	其他	/	
134	铁路枢纽	涉及环境敏感区的新建枢纽	其他（不新增占地的既有枢纽中部分线路改建除外）	/	第三条（一）中的全部区域；第三条（二）中的除（三）外的生态保护红线；第三条（三）中部的全部区域
135	城市轨道交通（不新增占地的停车场场改建除外）	全部	/	/	
136	机场	新建；迁建；增加航空业务量的飞行区扩建	其他	/	第三条（一）中的全部区域；第三条（二）中的除（三）外的生态保护红线；第三条（三）中部的全部区域

建设项目环境影响评价分类管理名录(2021年版) 455

续表

	项目类别	环评类别	报告书	报告表	登记表	本栏目环境敏感区含义
137	导航台站、供油工程、维修保障等配套工程		/	供油工程;涉及环境敏感区的	其他	第三条(三)中的以居住、医疗卫生、文化教育、科研、行政办公等为主要功能的区域
138	油气、液体化工码头		新建;岸线、水工构筑物、吞吐量、储运量增加的扩建;装卸货种变化的扩建	其他	/	
139	干散货(含煤炭、矿石)、件杂、多用途、通用码头		单个泊位1000吨级及以上的内河港口;单个泊位1万吨级及以上的沿海港口;涉及环境敏感区的	其他	/	第三条(一)第三条(二)中的全部区域;第三条(一)中的生态保护红线管控范围、重要水生生物的自然产卵场、索饵场、越冬场和洄游通道,天然渔场
140	集装箱专用码头		单个泊位3000吨级及以上的内河港口;单个泊位3万吨级及以上的沿海港口;涉及危险品、化学品的;涉及环境敏感区的	其他	/	第三条(一)第三条(二)中的全部区域;第三条(一)中的生态保护红线管控范围、重要水生生物的自然产卵场、索饵场、越冬场和洄游通道,天然渔场
141	滚装、客运、工作船、游艇码头		涉及环境敏感区的	其他	/	第三条(一)第三条(二)中的全部区域;第三条(一)中的生态保护红线管控范围、重要水生生物的自然产卵场、索饵场、越冬场和洄游通道,天然渔场

续表

项目类别	环评类别	报告书	报告表	登记表	本栏目环境敏感区含义
142	铁路轮渡码头	涉及环境敏感区的	其他	/	第三条（一）中的全部区域；第三条（二）中的除（一）外的生态保护红线管控范围，重要水生生物的自然产卵场、索饵场、越冬场和洄游通道，天然渔场
143	航道工程、水运辅助工程	新建、扩建航道工程；涉及环境敏感区的防波堤、船闸、通航建筑物	其他	/	第三条（一）中的全部区域；第三条（二）中的除（一）外的生态保护红线管控范围，重要水生生物的自然产卵场、索饵场、越冬场和洄游通道，天然渔场
144	航电枢纽工程	全部	/	/	第三条（一）中的全部区域；第三条（二）中的除（一）外的生态保护红线管控范围，重要水生生物的自然产卵场、索饵场、越冬场和洄游通道，天然渔场
145	中心渔港码头	涉及环境敏感区的	其他	/	第三条（一）中的全部区域；第三条（二）中的除（一）外的生态保护红线管控范围，重要水生生物的自然产卵场、索饵场、越冬场和洄游通道，天然渔场
146	城市（镇）管网及管廊建设（不含给水管道；不含光纤；不含1.6兆帕及以下的天然气管道）	/	新建涉及环境敏感区的	其他	第三条（一）中的全部区域；第三条（二）中的生态保护红线管控范围，永久基本农田，地质公园，重要湿地，天然林

续表

项目类别	环评类别	报告书	报告表	登记表	本栏目环境敏感区含义
147	原油、成品油、天然气管线（不含城市天然气管线；不含城镇燃气管线；不含企业厂区内管道）	涉及环境敏感区的	其他	/	第三条（一）中的全部区域；第三条（二）中的除管控范围、永久基本农田、森林公园、地质公园、重要湿地，天然林；第三条（三）中的全部区域
148	危险化学品输送管线（不含企业厂区内管线）	涉及环境敏感区的	其他	/	第三条（一）中的全部区域；第三条（二）中的除管控范围、永久基本农田、森林公园、地质公园、重要湿地，天然林；第三条（三）中的全部区域
五十三、装卸搬运和仓储业 59					
149	危险品仓储 594（不含加油站的油库；不含加气站的气库）	总容量20万立方米及以上的油库（含油品码头后方配套油库）；地下油库；地下气库	其他（含有毒、有害、危险品的仓储；含液化天然气库）	/	
五十四、海洋工程					
150	海洋矿产资源勘探开发及其附属工程	新区块油气开发及污水日排放量1000立方米及以上或年产油量20万吨及以上的海洋油气开发及其附属工程；挖沟埋设或革条管道长度20公里及以上或涉及环境敏感区的油气集输管道、电（光）缆工程；海洋（海底）矿产资源开发（包括天然气水合物开发；海砂开采；矿盐卤泉开发；海床底温泉开发；海底地下水开发等工程）	其他（不含海洋油气勘探工程；不含在环境敏感区内且排污量未超出原环评批复排放总量的海洋油气调整井工程；不含为油气开采工程配套的海底输水及输送无毒无害物质的管道、电（光）缆原地弃置工程）	海洋油气勘探工程；不在环境敏感区内且排污量未超出原环评批复排放总量的海洋油气调整井工程；为油气开采工程配套的海底输水及输送无毒无害物质的管道、电（光）缆原地弃置工程	第三条（一）中的自然保护区、海洋特别保护区；第三条（二）中的除管控范围、生态保护红线外的生态保护红线外的重点保护野生动物栖息地、重点保护野生植物生长繁殖地，封闭及半封闭海域

续表

项目类别	环评类别	报告书	报告表	登记表	本栏目环境敏感区含义
151	海洋能源开发利用类工程	装机容量在20兆瓦及以上的潮汐发电、波浪发电、温差发电、海洋生物质能等海洋能源开发利用、输送设施及网络工程;总装机容量5万千瓦及以上的海上风电工程及其输送设施及网络工程及环境敏感区的	其他潮汐发电、波浪发电、温差发电、海洋生物质能利用、地热发电、海洋能源开发利用、输送设施及网络工程;太阳能发电工程及其输送设施及网络工程;其他海上风电工程及其输送设施及网络工程	/	第三条（一）中的自然保护区、海洋特别保护区;第三条（二）中的（一）外的生态保护红线范围、海洋公园，重点保护野生动植物栖息地、重点保护野生动植物生长繁殖地，封闭及半封闭海域
152	海底隧道、管道、电（光）缆工程	海底隧道工程;挖沟埋设单条管道长度20公里及以上和海底电（光）缆工程、天然气及海底输水管道工程，海上和海底无害物质输送管道及管原地弃置工程;长度1公里及以上的海上输送管道工程、电及危险品输送管道等工程、涉及环境敏感区的海底管道、电（光）缆工程	其他（海底管道及质原地弃置工程除外）	海底输送无毒无害物质的管道及电（光）缆原地弃置工程	第三条（一）中的自然保护区、海洋特别保护区;第三条（二）中的（一）外的生态保护红线范围、海洋公园，重点保护野生动植物栖息地、重点保护野生动植物生长繁殖地，封闭及半封闭海域
153	跨海桥梁工程	非单跨、长度0.1公里及以上的公铁桥梁工程;涉及环境敏感区的	其他	/	第三条（一）中的自然保护区、海洋特别保护区;第三条（二）中的（一）外的生态保护红线范围、海洋公园，重点保护野生动植物栖息地、重点保护野生动植物生长繁殖地，封闭及半封闭海域
154	围填海工程及海上堤坝工程	围填海工程;长度0.5公里及以上的海上堤坝工程	其他	/	
155	海上娱乐及运动、海上景观开发	污水日排放量200立方米及以上的海上娱乐及运动、海上景观开发	污水日排放量200立方米以下的海上娱乐及运动、海上景观开发	/	

续表

项目类别	环评类别	报告书	报告表	登记表	本栏目环境敏感区含义
156	海洋人工鱼礁工程	固体物质（虚方）投放量5万立方米及以上的	固体物质（虚方）投放量5万立方米以下5000立方米及以上的；涉及环境敏感区的	其他	第三条（一）中的自然保护区、海洋特别保护区；第三条（二）中的除（一）外的生态保护红线管控范围、海洋公园、重点保护野生动植物栖息地、重要水生生物生长繁殖产卵场、索饵场，封闭和半封闭海域
157	海上和海底物资储藏设施工程	海上和海底物资储藏设施等工程及其废弃和拆除等；原油、成品油、天然气（含LNG、LPG）、化学品及其他危险品、其他物质的仓储，储运工程及其废弃和拆除等；吞吐（储）50万吨（万立方米）及以上的粉煤灰和废弃物储藏工程、海洋空间资源利用等工程	其他	/	
158	海洋生态修复工程	工程量在10万立方米及以上的清淤、滩涂垫高等工程；涉及环境敏感区的堤坝拆除、临时围堰及改变水动力的工程	工程量在10万立方米以下的清淤、滩涂垫高等工程；涉及环境敏感区及修复工程	不涉及环境敏感区的退围、退养等构筑物拆除海岸近岸种植红树林、海草床、碱蓬等植被；修复移植珊瑚礁、牡蛎礁等	第三条（一）中的自然保护区、海洋特别保护区；第三条（二）中的除（一）外的生态保护红线管控范围、海洋公园、重点保护野生动植物栖息地、重要水生生物生长繁殖产卵场、索饵场，封闭及半封闭海域
159	排海工程	低放射性废液排海；污水日排放量10万立方米及以上的城镇生活污水排污管道工程，日排放量0.5万立方米及以上的工业废水排放工程	其他	/	

续表

序号	项目类别	环评类别	报告书	报告表	登记表	本栏目环境敏感区含义
160	其他海洋工程		工程量在10万立方米及以上的疏浚（不含航道工程）、取土（沙）等水下开挖工程；爆破挤淤、炸礁（岩）量在0.2万立方米及以上的水下炸礁（岩）及爆破工程	其他	/	
五十五、核与辐射
161	输变电工程		500千伏及以上的；涉及环境敏感区的330千伏及以上的	其他（100千伏以下除外）	/	第三条（一）中的全部区域；第三条（三）中的以居住、医疗卫生、文化教育、科研、行政办公等为主要功能的区域
162	广播电台、差转台		中波50千瓦及以上的；短波100千瓦及以上的；涉及环境敏感区的	其他	/	第三条（三）中的以居住、医疗卫生、文化教育、科研、行政办公等为主要功能的区域
163	电视塔台		涉及环境敏感区100千瓦及以上的	其他	/	第三条（三）中的以居住、医疗卫生、文化教育、科研、行政办公等为主要功能的区域
164	卫星地球上行站		涉及环境敏感区的	其他	/	第三条（三）中的以居住、医疗卫生、文化教育、科研、行政办公等为主要功能的区域
165	雷达		涉及环境敏感区的	其他	/	第三条（三）中的以居住、医疗卫生、文化教育、科研、行政办公等为主要功能的区域

续表

项目类别	环评类别	报告书	报告表	登记表	本栏目环境敏感区含义
166	无线通讯	/	/	全部	
167	核动力厂（核电厂、核热电厂、核供汽供热厂等）；反应堆（研究堆、实验堆、临界装置等）；核燃料生产、加工、贮存、后处理设施；放射性污染治理项目	新建、扩建、退役	主生产工艺或安全重要构筑物的重大变更，但源项不显著增加；次临界装置的新建、扩建、退役	核设施控制区范围内新增的不带放射性的实验室、试验装置、维修车间、仓库、办公设施	
168	放射性废物贮存、处理、处置设施	新建、扩建、退役；放射性废物处置设施的关闭	独立的放射性废物贮存设施	/	
169	铀矿开采、冶炼；其他方式提铀	新建、扩建、退役	其他（含工业试验）	/	
170	铀矿地质勘查、退役治理	/	全部	/	
171	伴生放射性矿	采选、冶炼	其他（含放射性污染治理）	/	
172	核技术利用建设项目	生产放射性同位素的（制备PET用放射性药物的除外）；使用Ⅰ类放射源的（医疗使用的除外）；销售（含建造）、使用Ⅰ类射线装置的；甲级非密封放射性物质工作场所；以上项目的改、扩建（不含在已许可范围等级不超过原环评规模的50%）	制备PET用放射性药物的；医疗使用Ⅰ类、Ⅱ类、Ⅲ类放射源的；使用Ⅱ类、Ⅲ类放射源的；生产、销售、使用Ⅱ类、丙级非密封放射性物质工作场所（医疗机构放射性粒子源除外）；医疗机构进行放射性同位素示踪试验的；在野外进行放射性同位素示踪试验的；扩建（不含在已许可场所新增加不高于已许可活动种类和水平的核素或射线装置的）	销售Ⅰ类、Ⅱ类、Ⅲ类、Ⅳ类、Ⅴ类放射源的；使用Ⅳ类、Ⅴ类放射源的；医疗机构使用放射性粒子源的；销售非密封放射性物质的；销售Ⅱ类射线装置的；生产、销售、使用Ⅲ类射线装置的	

续表

项目类别	环评类别	报告书	报告表	登记表	本栏目环境敏感区含义
173	核技术利用项目退役	生产放射性同位素的（制备PET用放射性药物的除外）；甲级非密封放射性物质工作场所	制备PET用放射性药物的；乙级非密封放射性物质工作场所；使用Ⅰ类、Ⅱ类放射源的；Ⅲ类射线装置的；使用Ⅰ类、Ⅱ类射线装置和粒子能量大于10兆电子伏的电子加速器除外）存在污染的	丙级非密封放射性物质工作场所；使用Ⅰ类、Ⅱ类、Ⅲ类放射源场所不存在污染的	

说明：
1. 名录中项目类别后的数字为《国民经济行业分类》（GB/T 4754—2017）及第1号修改单行业代码。
2. 名录中涉及规模的，均指新增规模。
3. 单纯混合指不发生化学反应的物理混合过程；分装指由大包装变为小包装。
4. 名录中所标"*"号，指在工业建筑中生产中使用的建设项目。工业建筑的定义参见《工程结构设计基本术语标准》（GB/T 50083—2014），指提供生产用的各种建筑物，如车间、厂前区建筑、生活间、动力站、库房和运输设施等。
5. 参照《中华人民共和国环境保护法实施条例》，建设城乡污水集中处理工程，是指为社会公众提供生活污水处理服务的工程，不包括为工业园区、开发区等工业聚集区内的企业事业单位和其他生产经营者提供污水处理服务的工程，以及建设单位自建自用的污水处理工程。
6. 化学镀、阳极氧化生产工艺按照本名录中电镀工艺相关规定执行。

· 请示答复

全国人大常委会法制工作委员会关于建设项目环境管理有关法律适用问题的答复意见

· 2007年3月21日
· 法工委复〔2007〕2号

国家环境保护总局：

你局2007年1月10日来函收悉。经研究，交换意见如下：

一、根据环境影响评价法第二十三条第一款第一项的规定，你局可以就"氰化物等环境影响非常重大的项目"是否属于"核设施、绝密工程等特殊性质的建设项目"中的"特殊性质的建设项目"作出解释。

二、环境影响评价法第二十三条第一款第三项规定的"国务院审批的或者由国务院授权有关部门审批的建设项目"中"审批"的建设项目，可以包括《国务院关于投资体制改革的决定》中规定的由国务院或者国务院投资主管部门"核准"的建设项目。"备案"的建设项目中对环境可能造成重大影响，依照国务院及国务院有关部门的规定属于本条第一款第一项规定的"特殊性质"的建设项目的，其环境影响评价文件的审批按照本条的规定办理。

三、关于建设单位未依法报批建设项目环境影响评价文件却已建成建设项目，同时该建设项目需要配套建设的环境保护设施未建成、未经验收或者经验收不合格，主体工程正式投入生产或者使用的，应当分别依照环境影响评价法第三十一条、建设项目环境保护管理条例第二十八条的规定作出相应处罚。

环境保护部关于建设项目"未批先建"违法行为法律适用问题的意见

· 2018年2月22日
· 环政法函〔2018〕31号

各省、自治区、直辖市环境保护厅（局），新疆生产建设兵团环境保护局，计划单列市、省会城市环境保护局：

新环境保护法和新环境影响评价法施行以来，关于建设单位未依法报批建设项目环境影响报告书、报告表，或者未依照环境影响评价法第二十四条的规定重新报批或者报请重新审核环境影响报告书、报告表，擅自开工建设（以下简称"未批先建"）违法行为的行政处罚，在法律适用、追溯期限以及后续办理环境影响评价手续等方面，实践中存在不同争议。经研究，现就有关法律法规的适用问题提出以下意见。

一、关于"未批先建"违法行为行政处罚的法律适用

（一）相关法律规定

2002年公布的原环境影响评价法（自2003年9月1日起施行）第三十一条第一款、第二款分别规定：

"建设单位未依法报批建设项目环境影响评价文件，或者未依照本法第二十四条的规定重新报批或者报请重新审核环境影响评价文件，擅自开工建设的，由有权审批该项目环境影响评价文件的环境保护行政主管部门责令停止建设，限期补办手续；逾期不补办手续的，可以处五万元以上二十万元以下的罚款，对建设单位直接负责的主管人员和其他直接责任人员，依法给予行政处分。"

"建设项目环境影响评价文件未经批准或者未经原审批部门重新审核同意，建设单位擅自开工建设的，由有权审批该项目环境影响评价文件的环境保护行政主管部门责令停止建设，可以处五万元以上二十万元以下的罚款，对建设单位直接负责的主管人员和其他直接责任人员，依法给予行政处分。"

2014年修订的新环境保护法（自2015年1月1日起施行）第六十一条规定："建设单位未依法提交建设项目环境影响评价文件或者环境影响评价文件未经批准，擅自开工建设的，由负有环境保护监督管理职责的部门责令停止建设，处以罚款，并可以责令恢复原状。"

2016年修正的新环境影响评价法（自2016年9月1日起施行）第三十一条规定："建设单位未依法报批建设项目环境影响报告书、报告表，或者未依照本法第二十四条的规定重新报批或者报请重新审核环境影响报告书、报告表，擅自开工建设的，由县级以上环境保护行政主管部门责令停止建设，根据违法情节和危害后果，处建设项目总投资额百分之一以上百分之五以下的罚款，并可以责令恢复原状；对建设单位直接负责的主管人员和其他直接责任人员，依法给予行政处分。"

通过以上法律修订，新环境保护法和新环境影响评价法取消了"限期补办手续"的要求。

（二）法律适用

关于"未批先建"违法行为的行政处罚，我部2016年1月8日作出的《关于〈环境保护法〉（2014修订）第六十一条适用有关问题的复函》（环政法函〔2016〕6号）已对"新法实施前已经擅自开工建设的项目的法律适用"作出相关解释，现针对实践中遇到的问题，进一步提出补充意见如下：

1. 建设项目于 2015 年 1 月 1 日后开工建设，或者 2015 年 1 月 1 日之前已经开工建设且之后仍然进行建设的，立案查处的环保部门应当适用新环境保护法第六十一条的规定进行处罚，不再依据修正前的环境影响评价法作出"限期补办手续"的行政命令。

2. 建设项目于 2016 年 9 月 1 日后开工建设，或者 2016 年 9 月 1 日之前已经开工建设且之后仍然进行建设的，立案查处的环保部门应当适用新环境影响评价法第三十一条的规定进行处罚，不再依据修正前的环境影响评价法作出"限期补办手续"的行政命令。

二、关于"未批先建"违法行为的行政处罚追溯期限

（一）相关法律规定

行政处罚法第二十九条规定："违法行为在二年内未被发现的，不再给予行政处罚。法律另有规定的除外。前款规定的期限，从违法行为发生之日起计算；违法行为有连续或者继续状态的，从行为终了之日起计算。"

（二）追溯期限的起算时间

根据上述法律规定，"未批先建"违法行为的行政处罚追溯期限应当自建设行为终了之日起计算。因此，"未批先建"违法行为自建设行为终了之日起二年内未被发现的，环保部门应当遵守行政处罚法第二十九条的规定，不予行政处罚。

（三）违反环保设施"三同时"验收制度的行政处罚

1. 建设单位同时构成"未批先建"和违反环保设施"三同时"验收制度两个违法行为的，应当分别依法作出相应处罚

对建设项目"未批先建"并已建成投入生产或者使用，同时违反环保设施"三同时"验收制度的违法行为应当如何处罚，全国人大常委会法制工作委员会 2007 年 3 月 21 日作出的《关于建设项目环境管理有关法律适用问题的答复意见》（法工委复〔2007〕2 号）规定："关于建设单位未依法报批建设项目环境影响评价文件却已建成建设项目，同时该建设项目需要配套建设的环境保护设施未建成、未经验收或者经验收不合格，主体工程正式投入生产或者使用的，应当分别依照《环境影响评价法》第三十一条、《建设项目环境保护管理条例》第二十八条的规定作出相应处罚。"

据此，建设单位同时构成"未批先建"和违反环保设施"三同时"验收制度两个违法行为的，应当分别依法作出相应处罚。

2. 对违反环保设施"三同时"验收制度的处罚，不受"未批先建"行政处罚追溯期限的影响

建设项目违反环保设施"三同时"验收制度投入生产或者使用期间，由于违反环保设施"三同时"验收制度的违法行为一直处于连续或者继续状态，因此，即使"未批先建"违法行为已超过二年行政处罚追溯期限，环保部门仍可以对违反环保设施"三同时"验收制度的违法行为依法作出处罚，不受"未批先建"违法行为行政处罚追溯期限的影响。

（四）其他违法行为的行政处罚

建设项目"未批先建"并投入生产或者使用后，有关单位或者个人具有超过污染物排放标准排污，通过暗管、渗井、渗坑、灌注或者篡改、伪造监测数据，或者不正常运行污染防治设施等逃避监管的方式排污等情形之一，分别构成独立违法行为的，环保部门应当对相关违法行为依法予以处罚。

三、关于建设单位可否主动补交环境影响报告书、报告表报送审批

（一）新环境保护法和新环境影响评价法并未禁止建设单位主动补交环境影响报告书、报告表报送审批

对"未批先建"违法行为，2014 年修订的新环境保护法第六十一条增加了处罚条款，该条款与原环境影响评价法（2002 年）第三十一条相比，未规定"责令限期补办手续"的内容；2016 年修正的新环境影响评价法第三十一条，亦删除了原环境影响评价法"限期补办手续"的规定。不再将"限期补办手续"作为行政处罚的前置条件，但并未禁止建设单位主动补交环境影响报告书、报告表报送审批。

（二）建设单位主动补交环境影响报告书、报告表并报送环保部门审查的，有权审批的环保部门应当受理

因"未批先建"违法行为受到环保部门依据新环境保护法和新环境影响评价法作出的处罚，或者"未批先建"违法行为自建设行为终了之日起二年内未被发现而未予行政处罚的，建设单位主动补交环境影响报告书、报告表并报送环保部门审查的，有权审批的环保部门应当受理，并根据不同情形分别作出相应处理：

1. 对符合环境影响评价审批要求的，依法作出批准决定。

2. 对不符合环境影响评价审批要求的，依法不予批准，并可以依法责令恢复原状。

建设单位同时存在违反"三同时"验收制度、超过污染物排放标准排污等违法行为的，应当依法予以处罚。

我部之前印发的相关解释与本意见不一致的，以本

意见为准。原国家环境保护总局《关于如何认定建设单位违法行为连续性问题的复函》(环发〔1999〕23 号)和《关于〈环境影响评价法〉第三十一条法律适用问题的复函》(环函〔2004〕470 号)同时废止。

环境保护部办公厅关于加强"未批先建"建设项目环境影响评价管理工作的通知

·2018 年 2 月 24 日
·环办环评〔2018〕18 号

各省、自治区、直辖市环境保护厅(局),新疆生产建设兵团环境保护局:

为加强"未批先建"建设项目环境影响评价管理工作,根据《关于建设项目"未批先建"违法行为法律适用问题的意见》(环政法函〔2018〕31 号),现就有关事项通知如下:

一、"未批先建"违法行为是指,建设单位未依法报批建设项目环境影响报告书(表),或者未按照环境影响评价法第二十四条的规定重新报批或者重新审核环境影响报告书(表),擅自开工建设的违法行为,以及建设项目环境影响报告书(表)未经批准或者未经原审批部门重新审核同意,建设单位擅自开工建设的违法行为。

除火电、水电和电网项目外,建设项目开工建设是指,建设项目的永久性工程正式破土开槽开始施工,在此以前的准备工作,如地质勘探、平整场地、拆除旧有建筑物、临时建筑、施工用临时道路、通水、通电等不属于开工建设。

火电项目开工建设是指,主厂房基础垫层浇筑第一方混凝土。电网项目中变电工程和线路工程开工建设是指,主体工程基础开挖和线路基础开挖。水电项目筹建及准备期相关工程按照《关于进一步加强水电建设环境保护工作的通知》(环办〔2012〕4 号)执行。

二、各级环境保护部门要按照"属地管理"原则,对"未批先建"建设项目进行拉网式排查并依法予以处罚。

(一)建设项目于 2015 年 1 月 1 日新《中华人民共和国环境保护法》(以下简称《环境保护法》)施行后开工建设,或者 2015 年 1 月 1 日之前已经开工建设且之后仍然进行建设的,应当适用新《环境保护法》第六十一条规定进行处罚。

(二)建设项目于 2016 年 9 月 1 日新《中华人民共和国环境影响评价法》(以下简称《环境影响评价法》)施行后开工建设,或者 2016 年 9 月 1 日之前已经开工建设且之后仍然进行建设的,应当适用新《环境影响评价法》第三十一条的规定进行处罚。

(三)建设单位同时存在违反环境保护设施"三同时"和竣工环保验收制度等违法行为的,应当依法分别予以处罚。

(四)"未批先建"违法行为自建设行为终了之日起二年内未被发现的,依法不予行政处罚。

三、环保部门应当按照本通知第一条、第二条规定对"未批先建"等违法行为作出处罚,建设单位主动报批环境影响报告书(表)的,有审批权的环保部门应当受理,并根据技术评估和审查结论分别作出相应处理:

(一)对符合环境影响评价审批要求的,依法作出批准决定,并出具审批文件。

(二)对存在《建设项目环境保护管理条例》第十一条所列情形之一的,环保部门依法不予批准该项目环境影响报告书(表),并可以依法责令恢复原状。

四、各级环保部门要按照《关于以改善环境质量为核心加强环境影响评价管理的通知》(环评〔2016〕150 号)要求,在建设项目环境影响报告书(表)审批工作中严格落实项目环评审批与规划环评、现有项目环境管理、区域环境质量联动机制,更好地发挥环评制度从源头防范环境污染和生态破坏的作用,加快改善环境质量,推动高质量发展。

五、各级环保部门要督促"未批先建"建设项目依法履行环境影响评价手续。依法需申请排污许可证的"未批先建"建设项目,应当依照国家有关环保法律法规和《排污许可管理办法(试行)》的规定,在规定时限内完成环评报批手续。通过依法查处"未批先建"违法行为,依法受理和审查"未批先建"建设项目环评手续,将所有建设项目依法纳入环境管理,为实现排污许可证"核发一个行业,清理一个行业,规范一个行业"提供保障。

各地在执行中如遇到问题,请及时向我部反馈。

联系方式:环境保护部环境影响评价司,(010)66556419

生态环境部、国家发展和改革委员会关于生态环境执法中建设项目"总投资额"认定问题的指导意见(试行)

·2018 年 8 月 27 日
·环政法〔2018〕85 号

各省、自治区、直辖市环境保护厅(局)、发展和改革委员会,新疆生产建设兵团环境保护局、发展和改革委员会:

为落实《中华人民共和国环境影响评价法》第三十一条、《中华人民共和国海洋环境保护法》第八十二条，以及《企业投资项目核准和备案管理条例》等有关规定，现就生态环境执法中作为处罚基准的建设项目总投资额认定问题，提出以下意见：

一、对实行审批制管理的政府投资项目，已经取得建设项目审批文件的，可以根据与该建设项目所处进度对应的有关审批文件中的投资匡算、投资估算或者投资概算认定总投资额。

二、对实行核准制管理的企业投资项目，已经取得建设项目核准文件的，可以根据该建设项目核准文件确定的投资规模认定总投资额。

三、对实行备案制管理的企业投资项目，可以根据备案的项目总投资额认定。

四、有下列情形之一的建设项目，有关行使行政处罚权的主管部门可以委托工程咨询单位、资产评估机构、会计师事务所等专业机构进行评估确定其总投资额：

（一）备案的项目总投资额与实际情况存在明显差异的；

（二）未经审批、核准、备案的；

（三）产业政策禁止投资建设的。

地方有关行使行政处罚权的主管部门可以根据实际情况，探索采取要求建设单位有关责任人出具证明文件、第三方询价等方式对建设项目总投资额进行认定。

五、对正在建设过程中的建设项目，不能根据建设项目在建设过程中实际发生的投资额认定该建设项目总投资额。

六、对已经全部建成并投入生产或者使用的建设项目，项目单位能够证明项目实际投资额与审批、核准文件或者备案信息不一致的，根据该建设项目实际全部投资额认定总投资额。

地方在执行本意见过程中，如遇到问题或者有相关意见建议，请及时向生态环境部和国家发展和改革委员会反映。

生态环境部办公厅关于建设项目总投资额认定有关意见的复函

- 2019年4月1日
- 环办法规函〔2019〕338号

河南省生态环境厅：

你厅《关于建设项目总投资额认定若干问题的请示》（豫环〔2019〕2号）收悉。经研究，并征求国家发展改革委意见，函复如下。

一、关于分期建设的建设项目总投资额认定

建设项目在发展改革部门按一个建设项目进行核准、备案，但实际中分期建设的，对项目开工前已取得核准、备案文件，且核准、备案文件中明确说明该项目是分期建设的，可以依据《关于生态环境执法中建设项目"总投资额"认定问题的指导意见（试行）》（环政法〔2018〕85号），以当期工程总投资额作为处罚依据；对项目核准、备案文件中未明确该项目是分期建设的，应当以发展改革部门核准、备案的建设项目总投资额作为处罚依据。

二、关于已经基本建成尚未投入生产或者使用的建设项目总投资额认定

建设项目基本建成但未全部建成，尚未投入生产或者使用的，属于仍处于建设过程中，应当依据《关于生态环境执法中建设项目"总投资额"认定问题的指导意见（试行）》（环政法〔2018〕85号）第五条、第六条，认定其总投资额。

特此函复。

关于"未验先投"违法行为行政处罚新旧法律规范衔接适用问题的意见

- 2019年10月17日
- 环法规函〔2019〕121号

各省、自治区、直辖市生态环境厅（局），新疆生产建设兵团生态环境局，计划单列市生态环境局：

2017年修订的《建设项目环境保护管理条例》（自2017年10月1日起施行，以下简称新条例）施行以来，关于需要配套建设的环境保护设施未建成、未经验收或者验收不合格，建设项目即投入生产或者使用（以下简称"未验先投"）违法行为的处罚，在新旧条例过渡期间如何适用法律，实践中存在较大争议。

根据最高人民法院于2004年5月18日印发的《关于审理行政案件适用法律规范问题的座谈会纪要》（法〔2004〕96号，以下简称《纪要》）有关新旧法律规范衔接适用基本规则的规定，结合生态环境执法实践，并经征求最高人民法院和司法部意见，现就新旧条例过渡期间"未验先投"违法行为行政处罚有关法律适用问题，提出以下意见。

一、有关法规规定和新旧法律规范衔接适用基本规则

（一）有关法规规定

新条例第二十三条第一款规定："违反本条例规定，

需要配套建设的环境保护设施未建成、未经验收或者验收不合格,建设项目即投入生产或者使用,或者在环境保护设施验收中弄虚作假的,由县级以上环境保护行政主管部门责令限期改正,处 20 万元以上 100 万元以下的罚款;逾期不改正的,处 100 万元以上 200 万元以下的罚款;对直接负责的主管人员和其他责任人员,处 5 万元以上 20 万元以下的罚款;造成重大环境污染或者生态破坏的,责令停止生产或者使用,或者报经有批准权的人民政府批准,责令关闭。"

修订前的《建设项目环境保护管理条例》(自 1998 年 11 月 29 日起施行,2017 年 10 月 1 日废止,以下简称旧条例)第二十八条规定:"违反本条例规定,建设项目需要配套建设的环境保护设施未建成、未经验收或者经验收不合格,主体工程正式投入生产或者使用的,由审批该建设项目环境影响报告书、环境影响报告表或者环境影响登记表的环境保护行政主管部门责令停止生产或者使用,可以处 10 万元以下的罚款。"

(二)新旧法律规范衔接适用基本规则

《纪要》明确提出:"根据行政审判中的普遍认识和做法,行政相对人的行为发生在新法施行以前,具体行政行为作出在新法施行以后,人民法院审查具体行政行为的合法性时,实体问题适用旧法规定,程序问题适用新法规定,但下列情形除外:(一)法律、法规或规章另有规定的;(二)适用新法对保护行政相对人的合法权益更为有利的;(三)按照具体行政行为的性质应当适用新法的实体规定的。"

二、"未验先投"违法行为发生在旧条例施行期间,一直连续或继续到新条例施行之后的,适用新条例进行处罚

经征求最高人民法院意见,《纪要》中提到的"行政相对人的行为发生在新法施行之前",是指行政相对人的行为终了之日发生在新法施行之前。如果行政相对人的违法行为一直持续到新法施行之后,则不属于"行政相对人的行为发生在新法施行之前"。

因此,"未验先投"违法行为发生在旧条例施行期间,一直连续或继续到新条例施行之后的,不属于《纪要》规定的"行政相对人的行为发生在新法施行以前"的情形,不存在新旧条例的选择适用问题,应当适用新条例作出行政处罚。

我部此前印发的相关解释或者文件,与本意见不一致的,以本意见为准。

四、自然资源与生态保护

1. 自然资源保护

中华人民共和国水土保持法（节录）

- 1991年6月29日第七届全国人民代表大会常务委员会第二十次会议通过
- 根据2009年8月27日第十一届全国人民代表大会常务委员会第十次会议《关于修改部分法律的决定》修正
- 2010年12月25日第十一届全国人民代表大会常务委员会第十八次会议修订通过
- 2010年12月25日中华人民共和国主席令第39号公布
- 自2011年3月1日起施行

……

第三章 预 防

第十六条 地方各级人民政府应当按照水土保持规划，采取封育保护、自然修复等措施，组织单位和个人植树种草，扩大林草覆盖面积，涵养水源，预防和减轻水土流失。

第十七条 地方各级人民政府应当加强对取土、挖砂、采石等活动的管理，预防和减轻水土流失。

禁止在崩塌、滑坡危险区和泥石流易发区从事取土、挖砂、采石等可能造成水土流失的活动。崩塌、滑坡危险区和泥石流易发区的范围，由县级以上地方人民政府划定并公告。崩塌、滑坡危险区和泥石流易发区的划定，应当与地质灾害防治规划确定的地质灾害易发区、重点防治区相衔接。

第十八条 水土流失严重、生态脆弱的地区，应当限制或者禁止可能造成水土流失的生产建设活动，严格保护植物、沙壳、结皮、地衣等。

在侵蚀沟的沟坡和沟岸、河流的两岸以及湖泊和水库的周边，土地所有权人、使用权人或者有关管理单位应当营造植物保护带。禁止开垦、开发植物保护带。

第十九条 水土保持设施的所有权人或者使用权人应当加强对水土保持设施的管理与维护，落实管护责任，保障其功能正常发挥。

第二十条 禁止在二十五度以上陡坡地开垦种植农作物。在二十五度以上陡坡地种植经济林的，应当科学选择树种，合理确定规模，采取水土保持措施，防止造成水土流失。

省、自治区、直辖市根据本行政区域的实际情况，可以规定小于二十五度的禁止开垦坡度。禁止开垦的陡坡地的范围由当地县级人民政府划定并公告。

第二十一条 禁止毁林、毁草开垦和采集发菜。禁止在水土流失重点预防区和重点治理区铲草皮、挖树兜或者滥挖虫草、甘草、麻黄等。

第二十二条 林木采伐应当采用合理方式，严格控制皆伐；对水源涵养林、水土保持林、防风固沙林等防护林只能进行抚育和更新性质的采伐；对采伐区和集材道应当采取防止水土流失的措施，并在采伐后及时更新造林。

在林区采伐林木的，采伐方案中应当有水土保持措施。采伐方案经林业主管部门批准后，由林业主管部门和水行政主管部门监督实施。

第二十三条 在五度以上坡地植树造林、抚育幼林、种植中药材等，应当采取水土保持措施。

在禁止开垦坡度以下、五度以上的荒坡地开垦种植农作物，应当采取水土保持措施。具体办法由省、自治区、直辖市根据本行政区域的实际情况规定。

第二十四条 生产建设项目选址、选线应当避让水土流失重点预防区和重点治理区；无法避让的，应当提高防治标准，优化施工工艺，减少地表扰动和植被损坏范围，有效控制可能造成的水土流失。

第二十五条 在山区、丘陵区、风沙区以及水土保持规划确定的容易发生水土流失的其他区域开办可能造成水土流失的生产建设项目，生产建设单位应当编制水土保持方案，报县级以上人民政府水行政主管部门审批，并按照经批准的水土保持方案，采取水土流失预防和治理措施。没有能力编制水土保持方案的，应当委托具备相应技术条件的机构编制。

水土保持方案应当包括水土流失预防和治理的范围、目标、措施和投资等内容。

水土保持方案经批准后，生产建设项目的地点、规模发生重大变化的，应当补充或者修改水土保持方案并报原审批机关批准。水土保持方案实施过程中,水土保持措施需要作出重大变更的,应当经原审批机关批准。

生产建设项目水土保持方案的编制和审批办法,由国务院水行政主管部门制定。

第二十六条 依法应当编制水土保持方案的生产建设项目,生产建设单位未编制水土保持方案或者水土保持方案未经水行政主管部门批准的,生产建设项目不得开工建设。

第二十七条 依法应当编制水土保持方案的生产建设项目中的水土保持设施,应当与主体工程同时设计、同时施工、同时投产使用;生产建设项目竣工验收,应当验收水土保持设施;水土保持设施未经验收或者验收不合格的,生产建设项目不得投产使用。

第二十八条 依法应当编制水土保持方案的生产建设项目,其生产建设活动中排弃的砂、石、土、矸石、尾矿、废渣等应当综合利用;不能综合利用,确需废弃的,应当堆放在水土保持方案确定的专门存放地,并采取措施保证不产生新的危害。

第二十九条 县级以上人民政府水行政主管部门、流域管理机构,应当对生产建设项目水土保持方案的实施情况进行跟踪检查,发现问题及时处理。

第四章 治 理

第三十条 国家加强水土流失重点预防区和重点治理区的坡耕地改梯田、淤地坝等水土保持重点工程建设,加大生态修复力度。

县级以上人民政府水行政主管部门应当加强对水土保持重点工程的建设管理,建立和完善运行管护制度。

第三十一条 国家加强江河源头区、饮用水水源保护区和水源涵养区水土流失的预防和治理工作,多渠道筹集资金,将水土保持生态效益补偿纳入国家建立的生态效益补偿制度。

第三十二条 开办生产建设项目或者从事其他生产建设活动造成水土流失的,应当进行治理。

在山区、丘陵区、风沙区以及水土保持规划确定的容易发生水土流失的其他区域开办生产建设项目或者从事其他生产建设活动,损坏水土保持设施、地貌植被,不能恢复原有水土保持功能的,应当缴纳水土保持补偿费,专项用于水土流失预防和治理。专项水土流失预防和治理由水行政主管部门负责组织实施。水土保持补偿费的收取使用管理办法由国务院财政部门、国务院价格主管部门会同国务院水行政主管部门制定。

生产建设项目在建设过程中和生产过程中发生的水土保持费用,按照国家统一的财务会计制度处理。

第三十三条 国家鼓励单位和个人按照水土保持规划参与水土流失治理,并在资金、技术、税收等方面予以扶持。

第三十四条 国家鼓励和支持承包治理荒山、荒沟、荒丘、荒滩,防治水土流失,保护和改善生态环境,促进土地资源的合理开发和可持续利用,并依法保护土地承包合同当事人的合法权益。

承包治理荒山、荒沟、荒丘、荒滩和承包水土流失严重地区农村土地的,在依法签订的土地承包合同中应当包括预防和治理水土流失责任的内容。

第三十五条 在水力侵蚀地区,地方各级人民政府及其有关部门应当组织单位和个人,以天然沟壑及其两侧山坡地形成的小流域为单元,因地制宜地采取工程措施、植物措施和保护性耕作等措施,进行坡耕地和沟道水土流失综合治理。

在风力侵蚀地区,地方各级人民政府及其有关部门应当组织单位和个人,因地制宜地采取轮封轮牧、植树种草、设置人工沙障和网格林带等措施,建立防风固沙防护体系。

在重力侵蚀地区,地方各级人民政府及其有关部门应当组织单位和个人,采取监测、径流排导、削坡减载、支挡固坡、修建拦挡工程等措施,建立监测、预报、预警体系。

第三十六条 在饮用水水源保护区,地方各级人民政府及其有关部门应当组织单位和个人,采取预防保护、自然修复和综合治理措施,配套建设植物过滤带,积极推广沼气,开展清洁小流域建设,严格控制化肥和农药的使用,减少水土流失引起的面源污染,保护饮用水水源。

第三十七条 已在禁止开垦的陡坡地上开垦种植农作物的,应当按照国家有关规定退耕,植树种草;耕地短缺、退耕确有困难的,应当修建梯田或者采取其他水土保持措施。

在禁止开垦坡度以下的坡耕地上开垦种植农作物的,应当根据不同情况,采取修建梯田、坡面水系整治、蓄水保土耕作或者退耕等措施。

第三十八条 对生产建设活动所占用土地的地表土应当进行分层剥离、保存和利用,做到土石方挖填平衡,减少地表扰动范围;对废弃的砂、石、土、矸石、尾矿、废渣等存放地,应当采取拦挡、坡面防护、防洪排导等措施。生产建设活动结束后,应当及时在取土场、开挖面和存放地的裸露土地上植树种草、恢复植被,对闭库的尾矿库进行复垦。

在干旱缺水地区从事生产建设活动,应当采取防止风力侵蚀措施,设置降水蓄渗设施,充分利用降水资源。

第三十九条 国家鼓励和支持在山区、丘陵区、风沙区以及容易发生水土流失的其他区域,采取下列有利于水土保持的措施:

(一)免耕、等高耕作、轮耕轮作、草田轮作、间作套种等;

(二)封禁抚育、轮封轮牧、舍饲圈养;

(三)发展沼气、节柴灶,利用太阳能、风能和水能,以煤、电、气代替薪柴等;

(四)从生态脆弱地区向外移民;

(五)其他有利于水土保持的措施。

……

中华人民共和国草原法(节录)

- 1985年6月18日第六届全国人民代表大会常务委员会第十一次会议通过
- 2002年12月28日第九届全国人民代表大会常务委员会第三十一次会议修订
- 根据2009年8月27日第十一届全国人民代表大会常务委员会第十次会议《关于修改部分法律的决定》第一次修正
- 根据2013年6月29日第十二届全国人民代表大会常务委员会第三次会议《关于修改〈中华人民共和国文物保护法〉等十二部法律的决定》第二次修正
- 根据2021年4月29日第十三届全国人民代表大会常务委员会第二十八次会议《关于修改〈中华人民共和国道路交通安全法〉等八部法律的决定》第三次修正

……

第六章 保 护

第四十二条 国家实行基本草原保护制度。下列草原应当划为基本草原,实施严格管理:

(一)重要放牧场;

(二)割草地;

(三)用于畜牧业生产的人工草地、退耕还草地以及改良草地、草种基地;

(四)对调节气候、涵养水源、保持水土、防风固沙具有特殊作用的草原;

(五)作为国家重点保护野生动植物生存环境的草原;

(六)草原科研、教学试验基地;

(七)国务院规定应当划为基本草原的其他草原。

基本草原的保护管理办法,由国务院制定。

第四十三条 国务院草原行政主管部门或者省、自治区、直辖市人民政府可以按照自然保护区管理的有关规定在下列地区建立草原自然保护区:

(一)具有代表性的草原类型;

(二)珍稀濒危野生动植物分布区;

(三)具有重要生态功能和经济科研价值的草原。

第四十四条 县级以上人民政府应当依法加强对草原珍稀濒危野生植物和种质资源的保护、管理。

第四十五条 国家对草原实行以草定畜、草畜平衡制度。县级以上地方人民政府草原行政主管部门应当按照国务院草原行政主管部门制定的草原载畜量标准,结合当地实际情况,定期核定草原载畜量。各级人民政府应当采取有效措施,防止超载过牧。

第四十六条 禁止开垦草原。对水土流失严重、有沙化趋势、需要改善生态环境的已垦草原,应当有计划、有步骤地退耕还草;已造成沙化、盐碱化、石漠化的,应当限期治理。

第四十七条 对严重退化、沙化、盐碱化、石漠化的草原和生态脆弱区的草原,实行禁牧、休牧制度。

第四十八条 国家支持依法实行退耕还草和禁牧、休牧。具体办法由国务院或省、自治区、直辖市人民政府制定。

对在国务院批准规划范围内实施退耕还草的农牧民,按照国家规定给予粮食、现金、草种费补助。退耕还草完成后,由县级以上人民政府草原行政主管部门核实登记,依法履行土地用途变更手续,发放草原权属证书。

第四十九条 禁止在荒漠、半荒漠和严重退化、沙化、盐碱化、石漠化、水土流失的草原以及生态脆弱区的草原上采挖植物和从事破坏草原植被的其他活动。

第五十条 在草原上从事采土、采砂、采石等作业活动,应当报县级人民政府草原行政主管部门批准;开采矿产资源的,并应当依法办理有关手续。

经批准在草原上从事本条第一款所列活动的,应当在规定的时间、区域内,按照准许的采挖方式作业,并采取保护草原植被的措施。

在他人使用的草原上从事本条第一款所列活动的,还应当事先征得草原使用者的同意。

第五十一条 在草原上种植牧草或者饲料作物,应当符合草原保护、建设、利用规划;县级以上地方人民政府草原行政主管部门应当加强监督管理,防止草原沙化和水土流失。

第五十二条 在草原上开展经营性旅游活动,应当符合有关草原保护、建设、利用规划,并不得侵犯草原所有者、使用者和承包经营者的合法权益,不得破坏草原植被。

第五十三条 草原防火工作贯彻预防为主、防消结合的方针。

各级人民政府应当建立草原防火责任制,规定草原防火期,制定草原防火扑火预案,切实做好草原火灾的预防和扑救工作。

第五十四条 县级以上地方人民政府应当做好草原鼠害、病虫害和毒害草防治的组织管理工作。县级以上地方人民政府草原行政主管部门应当采取措施,加强草原鼠害、病虫害和毒害草监测预警、调查以及防治工作,组织研究和推广综合防治的办法。

禁止在草原上使用剧毒、高残留以及可能导致二次中毒的农药。

第五十五条 除抢险救灾和牧民搬迁的机动车辆外,禁止机动车辆离开道路在草原上行驶,破坏草原植被;因从事地质勘探、科学考察等活动确需离开道路在草原上行驶的,应当事先向所在地县级人民政府草原行政主管部门报告行驶区域和行驶路线,并按照报告的行驶区域和行驶路线在草原上行驶。

……

中华人民共和国黑土地保护法

- 2022年6月24日第十三届全国人民代表大会常务委员会第三十五次会议通过
- 2022年6月24日中华人民共和国主席令第115号公布
- 自2022年8月1日起施行

第一条 为了保护黑土地资源,稳步恢复提升黑土地基础地力,促进资源可持续利用,维护生态平衡,保障国家粮食安全,制定本法。

第二条 从事黑土地保护、利用和相关治理、修复等活动,适用本法。本法没有规定的,适用土地管理等有关法律的规定。

本法所称黑土地,是指黑龙江省、吉林省、辽宁省、内蒙古自治区(以下简称四省区)的相关区域范围内具有黑色或者暗黑色腐殖质表土层,性状好、肥力高的耕地。

第三条 国家实行科学、有效的黑土地保护政策,保障黑土地保护财政投入,综合采取工程、农艺、农机、生物等措施,保护黑土地的优良生产能力,确保黑土地总量不减少、功能不退化、质量有提升、产能可持续。

第四条 黑土地保护应当坚持统筹规划、因地制宜、用养结合、近期目标与远期目标结合、突出重点、综合施策的原则,建立健全政府主导、农业生产经营者实施、社会参与的保护机制。

国务院农业农村主管部门会同自然资源、水行政等有关部门,综合考虑黑土地开垦历史和利用现状,以及黑土层厚度、土壤性状、土壤类型等,按照最有利于全面保护、综合治理和系统修复的原则,科学合理确定黑土地保护范围并适时调整,有计划、分步骤、分类别地推进黑土地保护工作。历史上属黑土地的,除确无法修复的外,原则上都应列入黑土地保护范围进行修恢复。

第五条 黑土地应当用于粮食和油料作物、糖料作物、蔬菜等农产品生产。

黑土层深厚、土壤性状良好的黑土地应当按照规定的标准划入永久基本农田,重点用于粮食生产,实行严格保护,确保数量和质量长期稳定。

第六条 国务院和四省区人民政府加强对黑土地保护工作的领导、组织、协调、监督管理,统筹制定黑土地保护政策。四省区人民政府对本行政区域内的黑土地数量、质量、生态环境负责。

县级以上地方人民政府应当建立农业农村、自然资源、水行政、发展改革、财政、生态环境等有关部门组成的黑土地保护协调机制,加强协调指导,明确工作责任,推动黑土地保护工作落实。

乡镇人民政府应当协助组织实施黑土地保护工作,向农业生产经营者推广适宜其所经营耕地的保护、治理、修复和利用措施,督促农业生产经营者履行黑土地保护义务。

第七条 各级人民政府应当加强黑土地保护宣传教育,提高全社会的黑土地保护意识。

对在黑土地保护工作中做出突出贡献的单位和个人,按照国家有关规定给予表彰和奖励。

第八条 国务院标准化主管部门和农业农村、自然资源、水行政等主管部门按照职责分工,制定和完善黑土地质量和其他保护标准。

第九条 国家建立健全黑土地调查和监测制度。

县级以上人民政府自然资源主管部门会同有关部门开展土地调查时,同步开展黑土地类型、分布、数量、质量、保护和利用状况等情况的调查,建立黑土地档案。

国务院农业农村、水行政等主管部门会同四省区人民政府建立健全黑土地质量监测网络,加强对黑土地土壤性状、黑土层厚度、水蚀、风蚀等情况的常态化监测,建立黑土地质量动态变化数据库,并做好信息共享工作。

第十条 县级以上人民政府应当将黑土地保护工作纳入国民经济和社会发展规划。

国土空间规划应当充分考虑保护黑土地及其周边生态环境，合理布局各类用途土地，以利于黑土地水蚀、风蚀等的预防和治理。

县级以上人民政府农业农村主管部门会同有关部门以调查和监测为基础、体现整体集中连片治理，编制黑土地保护规划，明确保护范围、目标任务、技术模式、保障措施等，遏制黑土地退化趋势，提升黑土地质量，改善黑土地生态环境。县级黑土地保护规划应当与国土空间规划相衔接，落实到黑土地具体地块，并向社会公布。

第十一条 国家采取措施加强黑土地保护的科技支撑能力建设，将黑土地保护、治理、修复和利用的科技创新作为重点支持领域；鼓励高等学校、科研机构和农业技术推广机构等协同开展科技攻关。县级以上人民政府应当鼓励和支持水土保持、防风固沙、土壤改良、地力培肥、生态保护等科学研究和科研成果推广应用。

有关耕地质量监测保护和农业技术推广机构应当对农业生产经营者保护黑土地进行技术培训、提供指导服务。

国家鼓励企业、高等学校、职业学校、科研机构、科学技术社会团体、农民专业合作社、农业社会化服务组织、农业科技人员等开展黑土地保护相关技术服务。

国家支持开展黑土地保护国际合作与交流。

第十二条 县级以上人民政府应当采取以下措施加强黑土地农田基础设施建设：

（一）加强农田水利工程建设，完善水田、旱地灌排体系；

（二）加强田块整治，修复沟毁耕地，合理划分适宜耕作田块；

（三）加强坡耕地、侵蚀沟水土保持工程建设；

（四）合理规划修建机耕路、生产路；

（五）建设农田防护林网；

（六）其他黑土地保护措施。

第十三条 县级以上人民政府应当推广科学的耕作制度，采取以下措施提高黑土地质量：

（一）因地制宜实行轮作等用地养地相结合的种植制度，按照国家有关规定推行适度休耕；

（二）因地制宜推广免（少）耕、深松等保护性耕作技术，推广适宜的农业机械；

（三）因地制宜推广秸秆覆盖、粉碎深（翻）埋、过腹转化等还田方式；

（四）组织实施测土配方施肥，科学减少化肥使用量，鼓励增施有机肥料，推广土壤生物改良等技术；

（五）推广生物技术或者生物制剂防治病虫害等绿色防控技术，科学减少化学农药、除草剂使用量，合理使用农用薄膜等农业生产资料；

（六）其他黑土地质量提升措施。

第十四条 国家鼓励采取综合性措施，预防和治理水土流失，防止黑土地土壤侵蚀、土地沙化和盐渍化，改善和修复农田生态环境。

县级以上人民政府应当开展侵蚀沟治理，实施沟头沟坡沟底加固防护，因地制宜组织在侵蚀沟的沟坡和沟岸、黑土地周边河流两岸、湖泊和水库周边等区域营造植物保护带或者采取其他措施，防止侵蚀沟变宽变深变长。

县级以上人民政府应当按照因害设防、合理管护、科学布局的原则，制定农田防护林建设计划，组织沿农田道路、沟渠等种植农田防护林，防止违背自然规律造林绿化。农田防护林只能进行抚育、更新性质的采伐，确保防护林功能不减退。

县级以上人民政府应当组织开展防沙治沙，加强黑土地周边的沙漠和沙化土地治理，防止黑土地沙化。

第十五条 县级以上人民政府应当加强黑土地生态保护和黑土地周边林地、草原、湿地的保护修复，推动荒山荒坡治理，提升自然生态系统涵养水源、保持水土、防风固沙、维护生物多样性等生态功能，维持有利于黑土地保护的自然生态环境。

第十六条 县级人民政府应当依据黑土地调查和监测数据，并结合土壤类型和质量等级、气候特点、环境状况等实际情况，对本行政区域内的黑土地进行科学分区，制定并组织实施黑土地质量提升计划，因地制宜合理采取保护、治理、修复和利用的精细化措施。

第十七条 国有农场应当对其经营管理范围内的黑土地加强保护，充分发挥示范作用，并依法接受监督检查。

农村集体经济组织、村民委员会和村民小组应当依法发包农村土地，监督承包方依照承包合同约定的用途合理利用和保护黑土地，制止承包方损害黑土地等行为。

农村集体经济组织、农业企业、农民专业合作社、农户等应当十分珍惜和合理利用黑土地，加强农田基础设施建设，因地制宜应用保护性耕作等技术，积极采取提升黑土地质量和改善农田生态环境的养护措施，依法保护黑土地。

第十八条 农业投入品生产者、经营者和使用者应当依法对农药、肥料、农用薄膜等农业投入品的包装物、废弃物进行回收以及资源化利用或者无害化处理，不得随意丢弃,防止黑土地污染。

县级人民政府应当采取措施,支持农药、肥料、农用薄膜等农业投入品包装物、废弃物的回收以及资源化利用或者无害化处理。

第十九条 从事畜禽养殖的单位和个人,应当科学开展畜禽粪污无害化处理和资源化利用,以畜禽粪污就地就近还田利用为重点,促进黑土地绿色种养循环农业发展。

县级以上人民政府应当支持开展畜禽粪污无害化处理和资源化利用。

第二十条 任何组织和个人不得破坏黑土地资源和生态环境。禁止盗挖、滥挖和非法买卖黑土。国务院自然资源主管部门会同农业农村、水行政、公安、交通运输、市场监督管理等部门应当建立健全保护黑土地资源监督管理制度,提高对盗挖、滥挖、非法买卖黑土和其他破坏黑土地资源、生态环境行为的综合治理能力。

第二十一条 建设项目不得占用黑土地;确需占用的,应当依法严格审批,并补充数量和质量相当的耕地。

建设项目占用黑土地的,应当按照规定的标准对耕作层的土壤进行剥离。剥离的黑土应当就近用于新开垦耕地和劣质耕地改良、被污染耕地的治理、高标准农田建设、土地复垦等。建设项目主体应当制定剥离黑土的再利用方案,报自然资源主管部门备案。具体办法由四省区人民政府分别制定。

第二十二条 国家建立健全黑土地保护财政投入保障制度。县级以上人民政府应当将黑土地保护资金纳入本级预算。

国家加大对黑土地保护措施奖补资金的倾斜力度,建立长期稳定的奖励补助机制。

县级以上地方人民政府应当将黑土地保护作为土地使用权出让收入用于农业农村投入的重点领域,并加大投入力度。

国家组织开展高标准农田、农田水利、水土保持、防沙治沙、农田防护林、土地复垦等建设活动,在项目资金安排上积极支持黑土地保护需要。县级人民政府可以按照国家有关规定统筹使用涉农资金用于黑土地保护,提高财政资金使用效益。

第二十三条 国家实行用养结合、保护效果导向的激励政策,对采取黑土地保护和治理修复措施的农业生产经营者按照国家有关规定给予奖励补助。

第二十四条 国家鼓励粮食主销区通过资金支持、与四省区建立稳定粮食购销关系等经济合作方式参与黑土地保护,建立健全黑土地跨区域投入保护机制。

第二十五条 国家按照政策支持、社会参与、市场化运作的原则,鼓励社会资本投入黑土地保护活动,并保护投资者的合法权益。

国家鼓励保险机构开展黑土地保护相关保险业务。

国家支持农民专业合作社、企业等以多种方式与农户建立利益联结机制和社会化服务机制,发展适度规模经营,推动农产品品质提升、品牌打造和标准化生产,提高黑土地产出效益。

第二十六条 国务院对四省区人民政府黑土地保护责任落实情况进行考核,将黑土地保护情况纳入耕地保护责任目标。

第二十七条 县级以上人民政府自然资源、农业农村、水行政等有关部门按照职责,依法对黑土地保护和质量建设情况联合开展监督检查。

第二十八条 县级以上人民政府应当向本级人民代表大会或者其常务委员会报告黑土地保护情况,依法接受监督。

第二十九条 违反本法规定,国务院农业农村、自然资源等有关部门、县级以上地方人民政府及其有关部门有下列行为之一的,对直接负责的主管人员和其他直接责任人员给予警告、记过或者记大过处分;情节较重的,给予降级或者撤职处分;情节严重的,给予开除处分:

(一)截留、挪用或者未按照规定使用黑土地保护资金;

(二)对破坏黑土地的行为,发现或者接到举报未及时查处;

(三)其他不依法履行黑土地保护职责导致黑土地资源和生态环境遭受破坏的行为。

第三十条 非法占用或者损毁黑土地农田基础设施的,由县级以上地方人民政府农业农村、水行政等部门责令停止违法行为,限期恢复原状,处恢复费用一倍以上三倍以下罚款。

第三十一条 违法将黑土地用于非农建设的,依照土地管理等有关法律法规的规定从重处罚。

违反法律法规规定,造成黑土地面积减少、质量下降、功能退化或者生态环境损害的,应当依法治理修复、赔偿损失。

农业生产经营者未尽到黑土地保护义务,经批评教育仍不改正的,可以不予发放耕地保护相关补贴。

第三十二条 违反本法第二十条规定,盗挖、滥挖黑土的,依照土地管理等有关法律法规的规定从重处罚。

非法出售黑土的，由县级以上地方人民政府市场监督管理、农业农村、自然资源等部门按照职责分工没收非法出售的黑土和违法所得，并处每立方米五百元以上五千元以下罚款；明知是非法出售的黑土而购买的，没收非法购买的黑土，并处货值金额一倍以上三倍以下罚款。

第三十三条 违反本法第二十一条规定，建设项目占用黑土地未对耕作层的土壤实施剥离的，由县级以上地方人民政府自然资源主管部门处每平方米一百元以上二百元以下罚款；未按照规定的标准对耕作层的土壤实施剥离的，处每平方米五十元以上一百元以下罚款。

第三十四条 拒绝、阻碍对黑土地保护情况依法进行监督检查的，由县级以上地方人民政府有关部门责令改正；拒不改正的，处二千元以上二万元以下罚款。

第三十五条 造成黑土地污染、水土流失的，分别依照污染防治、水土保持等有关法律法规的规定从重处罚。

第三十六条 违反本法规定，构成犯罪的，依法追究刑事责任。

第三十七条 林地、草原、湿地、河湖等范围内黑土的保护，适用《中华人民共和国森林法》《中华人民共和国草原法》《中华人民共和国湿地保护法》《中华人民共和国水法》等有关法律；有关法律对盗挖、滥挖、非法买卖黑土未作规定的，参照本法第三十二条的规定处罚。

第三十八条 本法自2022年8月1日起施行。

中华人民共和国青藏高原生态保护法

- 2023年4月26日第十四届全国人民代表大会常务委员会第二次会议通过
- 2023年4月26日中华人民共和国主席令第5号公布
- 自2023年9月1日起施行

第一章 总 则

第一条 为了加强青藏高原生态保护，防控生态风险，保障生态安全，建设国家生态文明高地，促进经济社会可持续发展，实现人与自然和谐共生，制定本法。

第二条 从事或者涉及青藏高原生态保护相关活动，适用本法；本法未作规定的，适用其他有关法律的规定。

本法所称青藏高原，是指西藏自治区、青海省的全部行政区域和新疆维吾尔自治区、四川省、甘肃省、云南省的相关县级行政区域。

第三条 青藏高原生态保护应当尊重自然、顺应自然、保护自然；坚持生态保护第一，自然恢复为主，守住自然生态安全边界；坚持统筹协调、分类施策、科学防控、系统治理。

第四条 国家建立青藏高原生态保护协调机制，统筹指导、综合协调青藏高原生态保护工作，审议青藏高原生态保护重大政策、重大规划、重大项目，协调跨地区跨部门重大问题，督促检查相关重要工作的落实情况。

国务院有关部门按照职责分工，负责青藏高原生态保护相关工作。

第五条 青藏高原地方各级人民政府应当落实本行政区域的生态保护修复、生态风险防控、优化产业结构和布局、维护青藏高原生态安全等责任。

青藏高原相关地方根据需要在地方性法规和地方政府规章制定、规划编制、监督执法等方面加强协作，协同推进青藏高原生态保护。

第六条 国务院和青藏高原县级以上地方人民政府应当将青藏高原生态保护工作纳入国民经济和社会发展规划。

国务院有关部门按照职责分工，组织编制青藏高原生态保护修复等相关专项规划，组织实施重大生态修复等工程，统筹推进青藏高原生态保护修复等工作。青藏高原县级以上地方人民政府按照国家有关规定，在本行政区域组织实施青藏高原生态保护修复等相关专项规划。编制青藏高原生态保护修复等相关专项规划，应当进行科学论证评估。

第七条 国家加强青藏高原土地、森林、草原、河流、湖泊、湿地、冰川、荒漠、野生动植物等自然资源状况和生态环境状况调查，开展区域资源环境承载能力和国土空间开发适宜性评价，健全青藏高原生态环境、自然资源、生物多样性、水文、气象、地质、水土保持、自然灾害等监测网络体系，推进综合监测、协同监测和常态化监测。调查、评价和监测信息应当按照国家有关规定共享。

第八条 国家鼓励和支持开展青藏高原科学考察与研究，加强青藏高原气候变化、生物多样性、生态保护修复、水文水资源、雪山冰川冻土、水土保持、荒漠化防治、河湖演变、地质环境、自然灾害监测预警与防治、能源和气候资源开发利用与保护、生态系统碳汇等领域的重大科技问题研究和重大科技基础设施建设，推动长期研究工作，掌握青藏高原生态本底及其变化。

国家统筹布局青藏高原生态保护科技创新平台，加大科技专业人才培养力度，充分运用青藏高原科学考察与研究成果，推广应用先进适用技术，促进科技成果转化，发挥科技在青藏高原生态保护中的支撑作用。

第九条 国务院有关部门和地方各级人民政府应当

采取有效措施,保护青藏高原传统生态文化遗产,弘扬青藏高原优秀生态文化。

国务院有关部门和地方各级人民政府应当加强青藏高原生态保护宣传教育和科学普及,传播生态文明理念,倡导绿色低碳生活方式,提高全民生态文明素养,鼓励和支持单位和个人参与青藏高原生态保护相关活动。

新闻媒体应当采取多种形式开展青藏高原生态保护宣传报道,并依法对违法行为进行舆论监督。

第十条 对在青藏高原生态保护工作中做出突出贡献的单位和个人,按照国家有关规定予以表彰和奖励。

第二章 生态安全布局

第十一条 国家统筹青藏高原生态安全布局,推进山水林田湖草沙冰综合治理、系统治理、源头治理,实施重要生态系统保护修复重大工程,优化以水源涵养、生物多样性保护、水土保持、防风固沙、生态系统碳汇等为主要生态功能的青藏高原生态安全屏障体系,提升生态系统质量和多样性、稳定性、持续性,增强生态产品供给能力和生态系统服务功能,建设国家生态安全屏障战略地。

第十二条 青藏高原县级以上地方人民政府组织编制本行政区域的国土空间规划,应当落实国家对青藏高原国土空间开发保护的有关要求,细化安排农业、生态、城镇等功能空间,统筹划定耕地和永久基本农田、生态保护红线、城镇开发边界。涉及青藏高原国土空间利用的专项规划应当与国土空间规划相衔接。

第十三条 青藏高原国土空间开发利用活动应当符合国土空间用途管制要求。青藏高原生态空间内的用途转换,应当有利于增强森林、草原、河流、湖泊、湿地、冰川、荒漠等生态系统的生态功能。

青藏高原省级人民政府应当加强对生态保护红线内人类活动的监督管理,定期评估生态保护成效。

第十四条 青藏高原省级人民政府根据本行政区域的生态环境和资源利用状况,按照生态保护红线、环境质量底线、资源利用上线的要求,从严制定生态环境分区管控方案和生态环境准入清单,报国务院生态环境主管部门备案后实施。生态环境分区管控方案和生态环境准入清单应当与国土空间规划相衔接。

第十五条 国家加强对青藏高原森林、高寒草甸、草原、河流、湖泊、湿地、雪山冰川、高原冻土、荒漠、泉域等生态系统的保护,巩固提升三江源(长江、黄河、澜沧江发源地)草原草甸湿地生态功能区、若尔盖草原湿地生态功能区、甘南黄河重要水源补给生态功能区、祁连山冰川与水源涵养生态功能区、阿尔金草原荒漠化防治生态功能区、川滇森林及生物多样性生态功能区、藏东南高原边缘森林生态功能区、藏西北羌塘高原荒漠生态功能区、珠穆朗玛峰生物多样性保护与水源涵养生态功能区等国家重点生态功能区的水源涵养、生物多样性保护、水土保持、防风固沙等生态功能。

第十六条 国家支持青藏高原自然保护地体系建设。国务院和青藏高原省级人民政府在青藏高原重要典型生态系统的完整分布区、生态环境敏感区以及珍贵濒危或者特有野生动植物天然集中分布区和重要栖息地、重要自然遗迹、重要自然景观分布区等区域,依法设立国家公园、自然保护区、自然公园等自然保护地,推进三江源、祁连山、羌塘、珠穆朗玛峰、高黎贡山、贡嘎山等自然保护地建设,保持重要自然生态系统原真性和完整性。

第十七条 青藏高原产业结构和布局应当与青藏高原生态系统和资源环境承载能力相适应。国务院有关部门和青藏高原县级以上地方人民政府应当按照国土空间规划要求,调整产业结构,优化生产力布局,优先发展资源节约型、环境友好型产业,适度发展生态旅游、特色文化、特色农牧业、民族特色手工业等区域特色生态产业,建立健全绿色、低碳、循环经济体系。

在青藏高原新建、扩建产业项目应当符合区域主体功能定位和国家产业政策要求,严格执行自然资源开发、产业准入及退出规定。

第三章 生态保护修复

第十八条 国家加强青藏高原生态保护修复,坚持山水林田湖草沙冰一体化保护修复,实行自然恢复为主、自然恢复与人工修复相结合的系统治理。

第十九条 国务院有关部门和有关地方人民政府加强三江源地区的生态保护修复工作,对依法设立的国家公园进行系统保护和分区分类管理,科学采取禁牧封育等措施,加大退化草原、退化湿地、沙化土地治理和水土流失防治的力度,综合整治重度退化土地;严格禁止破坏生态功能或者不符合差别化管控要求的各类资源开发利用活动。

第二十条 国务院有关部门和青藏高原县级以上地方人民政府应当建立健全青藏高原雪山冰川冻土保护制度,加强对雪山冰川冻土的监测预警和系统保护。

青藏高原省级人民政府应当将大型冰帽冰川、小规模冰川群等划入生态保护红线,对重要雪山冰川实施封禁保护,采取有效措施,严格控制人为扰动。

青藏高原省级人民政府应当划定冻土区保护范围,加强对多年冻土和中深季节冻土区的保护,严格控制多年冻土区资源开发,严格审批多年冻土区城镇规划和交通、管线、输变电等重大工程项目。

青藏高原省级人民政府应当开展雪山冰川冻土与周边生态系统的协同保护,维持有利于雪山冰川冻土保护的自然生态环境。

第二十一条 国务院有关部门和青藏高原地方各级人民政府建立健全青藏高原江河、湖泊管理和保护制度,完善河湖长制,加大对长江、黄河、澜沧江、雅鲁藏布江、怒江等重点河流和青海湖、扎陵湖、鄂陵湖、色林错、纳木错、羊卓雍错、玛旁雍错等重点湖泊的保护力度。

青藏高原河道、湖泊管理范围由有关县级以上地方人民政府依法科学划定并公布。禁止违法利用、占用青藏高原河道、湖泊水域和岸线。

第二十二条 青藏高原水资源开发利用,应当符合流域综合规划,坚持科学开发、合理利用,统筹各类用水需求,兼顾上下游、干支流、左右岸利益,充分发挥水资源的综合效益,保障用水安全和生态安全。

第二十三条 国家严格保护青藏高原大江大河源头等重要生态区位的天然草原,依法将维护国家生态安全、保障草原畜牧业健康发展发挥最基本、最重要作用的草原划为基本草原。青藏高原县级以上地方人民政府应当加强青藏高原草原保护,对基本草原实施更加严格的保护和管理,确保面积不减少、质量不下降、用途不改变。

国家加强青藏高原高寒草甸、草原生态保护修复。青藏高原县级以上地方人民政府应当优化草原围栏建设,采取有效措施保护草原原生植被,科学推进退化草原生态修复工作,实施黑土滩等退化草原综合治理。

第二十四条 青藏高原县级以上地方人民政府及其有关部门应当统筹协调草原生态保护和畜牧业发展,结合当地实际情况,定期核定草原载畜量,落实草畜平衡,科学划定禁牧区,防止超载过牧。对严重退化、沙化、盐碱化、石漠化的草原和生态脆弱区的草原,实行禁牧、休牧制度。

草原承包经营者应当合理利用草原,不得超过核定的草原载畜量;采取种植和储备饲草饲料、增加饲草饲料供应量、调剂处理牲畜、优化畜群结构等措施,保持草畜平衡。

第二十五条 国家全面加强青藏高原天然林保护,严格限制采伐天然林,加强原生地带性植被保护,优化森林生态系统结构,健全重要流域防护林体系。国务院和青藏高原省级人民政府应当依法在青藏高原重要生态区、生态状况脆弱区划定公益林,实施严格管理。

青藏高原县级以上地方人民政府及其有关部门应当科学实施国土绿化,因地制宜,合理配置乔灌草植被,优先使用乡土树种草种,提升绿化质量,加强有害生物防治和森林草原火灾防范。

第二十六条 国家加强青藏高原湿地保护修复,增强湿地水源涵养、气候调节、生物多样性保护等生态功能,提升湿地固碳能力。

青藏高原县级以上地方人民政府应当加强湿地保护协调工作,采取有效措施,落实湿地面积总量管控目标的要求,优化湿地保护空间布局,强化江河源头、上中游和泥炭沼泽湿地整体保护,对生态功能严重退化的湿地进行综合整治和修复。

禁止在星宿海、扎陵湖、鄂陵湖、若尔盖等泥炭沼泽湿地开采泥炭。禁止开(围)垦、排干自然湿地等破坏湿地及其生态功能的行为。

第二十七条 青藏高原地方各级人民政府及其有关部门应当落实最严格耕地保护制度,采取有效措施提升耕地基础地力,增强耕地生态功能,保护和改善耕地生态环境;鼓励和支持农业生产经营者采取养用结合、盐碱地改良、生态循环、废弃物综合利用等方式,科学利用耕地,推广使用绿色、高效农业生产技术,严格控制化肥、农药施用,科学处置农用薄膜、农作物秸秆等农业废弃物。

第二十八条 国务院林业草原、农业农村主管部门会同国务院有关部门和青藏高原省级人民政府按照职责分工,开展野生动植物物种调查,根据调查情况提出实施保护措施的意见,完善相关名录制度,加强野生动物重要栖息地、迁徙洄游通道和野生植物原生境保护,对野牦牛、藏羚、普氏原羚、雪豹、大熊猫、高黎贡白眉长臂猿、黑颈鹤、川陕哲罗鲑、骨唇黄河鱼、黑斑原鮡、扁吻鱼、尖裸鲤和大花红景天、西藏杓兰、雪兔子等青藏高原珍贵濒危或者特有野生动植物物种实行重点保护。

国家支持开展野生动物救护繁育野化基地以及植物园、高原生物种质资源库建设,加强对青藏高原珍贵濒危或者特有野生动植物物种的救护和迁地保护。

青藏高原县级以上地方人民政府应当组织有关单位和个人积极开展野生动物致害综合防控。对野生动物造成人员伤亡,牲畜、农作物或者其他财产损失的,依法给予补偿。

第二十九条 国家加强青藏高原生物多样性保护,实施生物多样性保护重大工程,防止对生物多样性的破坏。

国务院有关部门和青藏高原地方各级人民政府应当

采取有效措施，建立完善生态廊道，提升生态系统完整性和连通性。

第三十条 青藏高原县级以上地方人民政府及其林业草原主管部门，应当采取荒漠化土地封禁保护、植被保护与恢复等措施，加强荒漠生态保护与荒漠化土地综合治理。

第三十一条 青藏高原省级人民政府应当采取封禁抚育、轮封轮牧、移民搬迁等措施，实施高原山地以及农田风沙地带、河岸地带、生态防护带等重点治理工程，提升水土保持功能。

第三十二条 国务院水行政主管部门和青藏高原省级人民政府应当采取有效措施，加强对三江源、祁连山黑河流域、金沙江和岷江上游、雅鲁藏布江以及金沙江、澜沧江、怒江三江并流地区等重要江河源头区和水土流失重点预防区、治理区，人口相对密集高原河谷区的水土流失防治。

禁止在青藏高原水土流失严重、生态脆弱的区域开展可能造成水土流失的生产建设活动。确因国家发展战略和国计民生需要建设的，应当经科学论证，并依法办理审批手续，严格控制扰动范围。

第三十三条 在青藏高原设立探矿权、采矿权应当符合国土空间规划和矿产资源规划要求。依法禁止在长江、黄河、澜沧江、雅鲁藏布江、怒江等江河源头自然保护地内从事不符合生态保护管控要求的采砂、采矿活动。

在青藏高原从事矿产资源勘查、开采活动，探矿权人、采矿权人应当采用先进适用的工艺、设备和产品，选择环保、安全的勘探、开采技术和方法，避免或者减少对矿产资源和生态环境的破坏；禁止使用国家明令淘汰的工艺、设备和产品。在生态环境敏感区从事矿产资源勘查、开采活动，应当符合相关管控要求，采取避让、减缓和及时修复重建等保护措施，防止造成环境污染和生态破坏。

第三十四条 青藏高原县级以上地方人民政府应当因地制宜采取消除地质灾害隐患、土地复垦、恢复植被、防治污染等措施，加快历史遗留矿山生态修复工作，加强对在建和运行中矿山的监督管理，督促采矿权人依法履行矿山污染防治和生态修复责任。

在青藏高原开采矿产资源应当科学编制矿产资源开采方案和矿区生态修复方案。新建矿山应当严格按照绿色矿山建设标准规划设计、建设和运营管理。生产矿山应当实施绿色化升级改造，加强尾矿库运行管理，防范和化解环境和安全风险。

第四章 生态风险防控

第三十五条 国家建立健全青藏高原生态风险防控体系，采取有效措施提高自然灾害防治、气候变化应对等生态风险防控能力和水平，保障青藏高原生态安全。

第三十六条 国家加强青藏高原自然灾害调查评价和监测预警。

国务院有关部门和青藏高原县级以上地方人民政府及其有关部门应当加强对地震、雪崩、冰崩、山洪、山体崩塌、滑坡、泥石流、冰湖溃决、冻土消融、森林草原火灾、暴雨(雪)、干旱等自然灾害的调查评价和监测预警。

在地质灾害易发区进行工程建设时，应当按照有关规定进行地质灾害危险性评估，及时采取工程治理或者搬迁避让等措施。

第三十七条 国务院有关部门和青藏高原县级以上地方人民政府应当加强自然灾害综合治理，提高地震、山洪、冰湖溃决、地质灾害等自然灾害防御工程标准，建立与青藏高原生态保护相适应的自然灾害防治工程和非工程体系。

交通、水利、电力、市政、边境口岸等基础设施工程建设、运营单位应当依法承担自然灾害防治义务，采取综合治理措施，加强工程建设、运营期间的自然灾害防治，保障人民群众生命财产安全。

第三十八条 重大工程建设可能造成生态和地质环境影响的，建设单位应当根据工程沿线生态和地质环境敏感脆弱区域状况，制定沿线生态和地质环境监测方案，开展生态和地质环境影响的全生命周期监测，包括工程开工前的本底监测、工程建设中的生态和地质环境影响监测、工程运营期的生态和地质环境变化与保护修复跟踪监测。

重大工程建设应当避让野生动物重要栖息地、迁徙洄游通道和国家重点保护野生植物的天然集中分布区；无法避让的，应当采取修建野生动物通道、迁地保护等措施，避免或者减少对自然生态系统与野生动植物的影响。

第三十九条 青藏高原县级以上地方人民政府应当加强对青藏高原种质资源的保护和管理，组织开展种质资源调查与收集，完善相关资源保护设施和数据库。

禁止在青藏高原采集或者采伐国家重点保护的天然种质资源。因科研、有害生物防治、自然灾害防治等需要采集或者采伐的，应当依法取得批准。

第四十条 国务院有关部门和青藏高原省级人民政府按照职责分工，统筹推进区域外来入侵物种防控，实行外来物种引入审批管理，强化入侵物种口岸防控，加强外来入侵物种调查、监测、预警、控制、评估、清除、生态修复等工作。

任何单位和个人未经批准,不得擅自引进、释放或者丢弃外来物种。

第四十一条　国家加强对气候变化及其综合影响的监测,建立气候变化对青藏高原生态系统、气候系统、水资源、珍贵濒危或者特有野生动植物、雪山冰川冻土和自然灾害影响的预测体系,完善生态风险报告和预警机制,强化气候变化对青藏高原影响和高原生态系统演变的评估。

青藏高原省级人民政府应当开展雪山冰川冻土消融退化对区域生态系统影响的监测与风险评估。

第五章　保障与监督

第四十二条　国家加大对青藏高原生态保护修复的财政投入,中央财政安排专项资金用于青藏高原生态保护修复、生态风险防控等。中央预算内投资对青藏高原基础设施和基本公共服务设施建设予以倾斜。

青藏高原县级以上地方人民政府应当加大资金投入力度,重点支持青藏高原生态保护修复工程建设。

第四十三条　国家加大财政转移支付力度,通过提高转移支付系数、加计生态环保支出等方式,对青藏高原生态功能重要区域予以补偿。青藏高原省级人民政府应当将生态功能重要区域全面纳入省级对下生态保护补偿转移支付范围,促进生态保护同民生改善相结合。

国家通过开展自然资源统一确权登记,探索确定青藏高原生态产品权责归属,健全生态产品经营开发机制,鼓励青藏高原特色生态产品区域公用品牌创建,形成多元化的生态产品价值实现路径。

第四十四条　国家为青藏高原生态保护提供支持,实行有利于节水、节能、水土保持、环境保护和资源综合利用的金融、税收政策,鼓励发展绿色信贷、绿色债券、绿色保险等金融产品。

国家鼓励和支持公益组织、社会资本参与青藏高原生态保护修复工作,开展生态产品开发、产业发展、科技创新、技术服务等活动。

第四十五条　国家支持在青藏高原因地制宜建设以风电、光伏发电、水电、水风光互补发电、光热、地热等清洁能源为主体的能源体系,加强清洁能源输送通道建设,推进能源绿色低碳转型。

除保障居民用电和巩固边防需要外,禁止在青藏高原新建小水电项目。

第四十六条　在青藏高原发展生态旅游应当符合资源和生态保护要求,尊重和维护当地传统文化和习俗,保护和合理利用旅游资源。

地方各级人民政府及其有关部门应当按照国家有关规定,科学开发青藏高原生态旅游产品、设计旅游路线,合理控制游客数量和相关基础设施建设规模。

组织或者参加青藏高原旅游、山地户外运动等活动,应当遵守安全规定和文明行为规范,符合区域生态旅游、山地户外运动等管控和规范要求;禁止破坏自然景观和草原植被、猎捕和采集野生动植物。

组织或者参加青藏高原旅游、山地户外运动等活动,应当自行带走产生的垃圾或者在指定地点投放;禁止随意倾倒、抛撒生活垃圾。

第四十七条　青藏高原县级以上地方人民政府应当根据区域资源环境承载能力,统筹推进交通、水利、能源等重大基础设施建设和生活污水、垃圾收集处理等环境基础设施建设,加强城市内部以及周边毗邻地带生态保护修复,统筹规划城乡社区综合服务设施建设,加快推进基本公共服务均等化。

青藏高原地方各级人民政府应当采取有效措施,推进农村生活污水和垃圾治理,推进农村卫生厕所改造和乡村绿化,持续改善农村人居环境,塑造乡村风貌,建设生态宜居美丽乡村。

第四十八条　国务院有关部门和青藏高原县级以上地方人民政府有关部门按照职责分工,对青藏高原生态保护各类活动进行监督检查,查处违法行为,依法公开青藏高原生态保护工作相关信息,完善公众参与程序。

单位和个人有权依法举报和控告污染青藏高原环境、破坏青藏高原生态的违法行为。

第四十九条　国务院有关部门和青藏高原县级以上地方人民政府及其有关部门应当加强青藏高原生态保护监督管理能力建设,提高科技化、信息化水平,建立执法协调机制,对重大违法案件和跨行政区域、生态敏感区域的违法案件,依法开展联合执法。

第五十条　国家实行青藏高原生态保护绩效评价考核制度,将环境质量提升、生态保护成效、生态产品供给能力等纳入指标体系。

第五十一条　国家加强青藏高原生态保护司法保障建设,鼓励有关单位为青藏高原生态保护提供法律服务。

青藏高原各级行政执法机关、人民法院、人民检察院在依法查处青藏高原生态保护违法行为或者办理自然资源与生态环境损害赔偿诉讼、公益诉讼等过程中,发现存在涉嫌犯罪行为的,应当将犯罪线索移送具有侦查、调查职权的机关。

第五十二条 青藏高原县级以上地方人民政府应当定期向本级人民代表大会或者其常务委员会报告本级人民政府青藏高原生态保护工作情况。

第六章 法律责任

第五十三条 国务院有关部门和地方各级人民政府及其有关部门违反本法规定，在履行相关职责中有玩忽职守、滥用职权、徇私舞弊行为的，对直接负责的主管人员和其他直接责任人员依法给予警告、记过、记大过或者降级处分；造成严重后果的，给予撤职或者开除处分，其主要负责人应当引咎辞职。

第五十四条 违反本法规定，在青藏高原有下列行为之一的，依照有关法律法规的规定从重处罚：

（一）在国家公园内从事资源开发利用活动造成生态破坏；

（二）在星宿海、扎陵湖、鄂陵湖、若尔盖等泥炭沼泽湿地开采泥炭或者开（围）垦、排干自然湿地；

（三）在水土流失严重、生态脆弱的区域开展可能造成水土流失的生产建设活动；

（四）采集或者采伐国家重点保护的天然种质资源；

（五）擅自引进、释放或者丢弃外来物种；

（六）破坏自然景观或者草原植被；

（七）猎捕、采集国家或者地方重点保护野生动植物。

第五十五条 违反本法规定，利用、占用青藏高原河道、湖泊水域和岸线的，由县级以上人民政府水行政主管部门责令停止违法行为，限期拆除并恢复原状，处五万元以上五十万元以下罚款；逾期不拆除或不恢复原状的，强制拆除或者代为恢复原状，所需费用由违法者承担。

第五十六条 违反本法规定，在长江、黄河、澜沧江、雅鲁藏布江、怒江等江河源头自然保护地内从事不符合生态保护管控要求的采矿活动的，由自然资源、生态环境主管部门按照职责分工，责令改正，没收违法所得和直接用于违法开采的设备、工具；违法所得十万元以上的，并处违法所得十倍以上二十倍以下罚款；违法所得不足十万元的，并处十万元以上一百万元以下罚款。

第五十七条 违反本法规定，建设单位新建小水电项目的，由县级以上地方人民政府责令停止建设，根据违法情节和危害后果，责令恢复原状，处建设项目总投资额百分之一以上百分之五以下罚款。

第五十八条 违反本法规定，在旅游、山地户外运动中随意倾倒、抛撒生活垃圾的，由环境卫生主管部门或者县级以上地方人民政府指定的部门责令改正，对个人处一百元以上五百元以下罚款，情节严重的，处五百元以上一万元以下罚款；对单位处五万元以上五十万元以下罚款。

第五十九条 污染青藏高原环境、破坏青藏高原生态造成他人损害的，侵权人应当承担侵权责任。

违反国家规定造成青藏高原生态环境损害的，国家规定的机关或者法律规定的组织有权请求侵权人承担修复责任、赔偿损失和相关费用。

第六十条 违反本法规定，构成违反治安管理行为的，依法给予治安管理处罚；构成犯罪的，依法追究刑事责任。

第七章 附 则

第六十一条 本法第二条第二款规定的相关县级行政区域，由国务院授权的部门确定。

第六十二条 青藏高原省、自治区和设区的市、自治州可以结合本地实际，制定青藏高原生态保护具体办法。

第六十三条 本法自2023年9月1日起施行。

中华人民共和国渔业法（节录）

- 1986年1月20日第六届全国人民代表大会常务委员会第十四次会议通过
- 根据2000年10月31日第九届全国人民代表大会常务委员会第十八次会议《关于修改〈中华人民共和国渔业法〉的决定》第一次修正
- 根据2004年8月28日第十届全国人民代表大会常务委员会第十一次会议《关于修改〈中华人民共和国渔业法〉的决定》第二次修正
- 根据2009年8月27日第十一届全国人民代表大会常务委员会第十次会议《关于修改部分法律的决定》第三次修正
- 根据2013年12月28日第十二届全国人民代表大会常务委员会第六次会议《关于修改〈中华人民共和国海洋环境保护法〉等七部法律的决定》第四次修正

……

第四章 渔业资源的增殖和保护

第二十八条 县级以上人民政府渔业行政主管部门应当对其管理的渔业水域统一规划，采取措施，增殖渔业资源。县级以上人民政府渔业行政主管部门可以向受益的单位和个人征收渔业资源增殖保护费，专门用于增殖和保护渔业资源。渔业资源增殖保护费的征收办法由国务院渔业行政主管部门会同财政部门制定，报国务院批准后施行。

　　第二十九条　国家保护水产种质资源及其生存环境,并在具有较高经济价值和遗传育种价值的水产种质资源的主要生长繁育区域建立水产种质资源保护区。未经国务院渔业行政主管部门批准,任何单位或者个人不得在水产种质资源保护区内从事捕捞活动。

　　第三十条　禁止使用炸鱼、毒鱼、电鱼等破坏渔业资源的方法进行捕捞。禁止制造、销售、使用禁用的渔具。禁止在禁渔区、禁渔期进行捕捞。禁止使用小于最小网目尺寸的网具进行捕捞。捕捞的渔获物中幼鱼不得超过规定的比例。在禁渔区或者禁渔期内禁止销售非法捕捞的渔获物。

　　重点保护的渔业资源品种及其可捕捞标准、禁渔区和禁渔期,禁止使用或者限制使用的渔具和捕捞方法,最小网目尺寸以及其他保护渔业资源的措施,由国务院渔业行政主管部门或者省、自治区、直辖市人民政府渔业行政主管部门规定。

　　第三十一条　禁止捕捞有重要经济价值的水生动物苗种。因养殖或者其他特殊需要,捕捞有重要经济价值的苗种或者禁捕的怀卵亲体的,必须经国务院渔业行政主管部门或者省、自治区、直辖市人民政府渔业行政主管部门批准,在指定的区域和时间内,按照限额捕捞。

　　在水生动物苗种重点产区引水用水时,应当采取措施,保护苗种。

　　第三十二条　在鱼、虾、蟹洄游通道建闸、筑坝,对渔业资源有严重影响的,建设单位应当建造过鱼设施或者采取其他补救措施。

　　第三十三条　用于渔业并兼有调蓄、灌溉等功能的水体,有关主管部门应当确定渔业生产所需的最低水位线。

　　第三十四条　禁止围湖造田。沿海滩涂未经县级以上人民政府批准,不得围垦;重要的苗种基地和养殖场所不得围垦。

　　第三十五条　进行水下爆破、勘探、施工作业,对渔业资源有严重影响的,作业单位应当事先同有关县级以上人民政府渔业行政主管部门协商,采取措施,防止或者减少对渔业资源的损害;造成渔业资源损失的,由有关县级以上人民政府责令赔偿。

　　第三十六条　各级人民政府应当采取措施,保护和改善渔业水域的生态环境,防治污染。

　　渔业水域生态环境的监督管理和渔业污染事故的调查处理,依照《中华人民共和国海洋环境保护法》和《中华人民共和国水污染防治法》的有关规定执行。

　　第三十七条　国家对白鳍豚等珍贵、濒危水生野生动物实行重点保护,防止其灭绝。禁止捕杀、伤害国家重点保护的水生野生动物。因科学研究、驯养繁殖、展览或者其他特殊情况,需要捕捞国家重点保护的水生野生动物的,依照《中华人民共和国野生动物保护法》的规定执行。

……

中华人民共和国水法(节录)

- 1988 年 1 月 21 日第六届全国人民代表大会常务委员会第二十四次会议通过
- 2002 年 8 月 29 日第九届全国人民代表大会常务委员会第二十九次会议修订
- 根据 2009 年 8 月 27 日第十一届全国人民代表大会常务委员会第十次会议《关于修改部分法律的决定》第一次修正
- 根据 2016 年 7 月 2 日第十二届全国人民代表大会常务委员会第二十一次会议《关于修改〈中华人民共和国节约能源法〉等六部法律的决定》第二次修正

……

　　第四章　水资源、水域和水工程的保护

　　第三十条　县级以上人民政府水行政主管部门、流域管理机构以及其他有关部门在制定水资源开发、利用规划和调度水资源时,应当注意维持江河的合理流量和湖泊、水库以及地下水的合理水位,维护水体的自然净化能力。

　　第三十一条　从事水资源开发、利用、节约、保护和防治水害等水事活动,应当遵守经批准的规划;因违反规划造成江河和湖泊水域使用功能降低、地下水超采、地面沉降、水体污染的,应当承担治理责任。

　　开采矿藏或者建设地下工程,因疏干排水导致地下水水位下降、水源枯竭或者地面塌陷的,采矿单位或者建设单位应当采取补救措施;对他人生活和生产造成损失的,依法给予补偿。

　　第三十二条　国务院水行政主管部门会同国务院环境保护行政主管部门、有关部门和有关省、自治区、直辖市人民政府,按照流域综合规划、水资源保护规划和经济社会发展要求,拟定国家确定的重要江河、湖泊的水功能区划,报国务院批准。跨省、自治区、直辖市的其他江河、湖泊的水功能区划,由有关流域管理机构会同江河、湖泊所在地的省、自治区、直辖市人民政府水行政主管部门、环境保护行政主管部门和其他有关部门拟定,分别经有关省、自治区、直辖市人民政府审查提出意见后,由国务院水行政主管部门会同国务院环境保护行政主管部门审核,报国务院或者其授权的部门批准。

前款规定以外的其他江河、湖泊的水功能区划,由县级以上地方人民政府水行政主管部门会同同级人民政府环境保护行政主管部门和有关部门拟定,报同级人民政府或者其授权的部门批准,并报上一级水行政主管部门和环境保护行政主管部门备案。

县级以上人民政府水行政主管部门或者流域管理机构应当按照水功能区对水质的要求和水体的自然净化能力,核定该水域的纳污能力,向环境保护行政主管部门提出该水域的限制排污总量意见。

县级以上地方人民政府水行政主管部门和流域管理机构应当对水功能区的水质状况进行监测,发现重点污染物排放总量超过控制指标的,或者水功能区的水质未达到水域使用功能对水质的要求的,应当及时报告有关人民政府采取治理措施,并向环境保护行政主管部门通报。

第三十三条 国家建立饮用水水源保护区制度。省、自治区、直辖市人民政府应当划定饮用水水源保护区,并采取措施,防止水源枯竭和水体污染,保证城乡居民饮用水安全。

第三十四条 禁止在饮用水水源保护区内设置排污口。

在江河、湖泊新建、改建或者扩大排污口,应当经过有管辖权的水行政主管部门或者流域管理机构同意,由环境保护行政主管部门负责对该建设项目的环境影响报告书进行审批。

第三十五条 从事工程建设,占用农业灌溉水源、灌排工程设施,或者对原有灌溉用水、供水水源有不利影响的,建设单位应当采取相应的补救措施;造成损失的,依法给予补偿。

第三十六条 在地下水超采地区,县级以上地方人民政府应当采取措施,严格控制开采地下水。在地下水严重超采地区,经省、自治区、直辖市人民政府批准,可以划定地下水禁止开采或者限制开采区。在沿海地区开采地下水,应当经过科学论证,并采取措施,防止地面沉降和海水入侵。

第三十七条 禁止在江河、湖泊、水库、运河、渠道内弃置、堆放阻碍行洪的物体和种植阻碍行洪的林木及高秆作物。

禁止在河道管理范围内建设妨碍行洪的建筑物、构筑物以及从事影响河势稳定、危害河岸堤防安全和其他妨碍河道行洪的活动。

第三十八条 在河道管理范围内建设桥梁、码头和其他拦河、跨河、临河建筑物、构筑物,铺设跨河管道、电缆,应当符合国家规定的防洪标准和其他有关的技术要求,工程建设方案应当依照防洪法的有关规定报经有关水行政主管部门审查同意。

因建设前款工程设施,需要扩建、改建、拆除或者损坏原有水工程设施的,建设单位应当负担扩建、改建的费用和损失补偿。但是,原有工程设施属于违法工程的除外。

第三十九条 国家实行河道采砂许可制度。河道采砂许可制度实施办法,由国务院规定。

在河道管理范围内采砂,影响河势稳定或者危及堤防安全的,有关县级以上人民政府水行政主管部门应当划定禁采区和规定禁采期,并予以公告。

第四十条 禁止围湖造地。已经围垦的,应当按照国家规定的防洪标准有计划地退地还湖。

禁止围垦河道。确需围垦的,应当经过科学论证,经省、自治区、直辖市人民政府水行政主管部门或者国务院水行政主管部门同意后,报本级人民政府批准。

第四十一条 单位和个人有保护水工程的义务,不得侵占、毁坏堤防、护岸、防汛、水文监测、水文地质监测等工程设施。

第四十二条 县级以上地方人民政府应当采取措施,保障本行政区域内水工程,特别是水坝和堤防的安全,限期消除险情。水行政主管部门应当加强对水工程安全的监督管理。

第四十三条 国家对水工程实施保护。国家所有的水工程应当按照国务院的规定划定工程管理和保护范围。

国务院水行政主管部门或者流域管理机构管理的水工程,由主管部门或者流域管理机构商有关省、自治区、直辖市人民政府划定工程管理和保护范围。

前款规定以外的其他水工程,应当按照省、自治区、直辖市人民政府的规定,划定工程保护范围和保护职责。

在水工程保护范围内,禁止从事影响水工程运行和危害水工程安全的爆破、打井、采石、取土等活动。

……

中华人民共和国防沙治沙法（节录）

- 2001年8月31日第九届全国人民代表大会常务委员会第二十三次会议通过
- 根据2018年10月26日第十三届全国人民代表大会常务委员会第六次会议《关于修改〈中华人民共和国野生动物保护法〉等十五部法律的决定》修正

……

第二章　防沙治沙规划

第十条　防沙治沙实行统一规划。从事防沙治沙活动，以及在沙化土地范围内从事开发利用活动，必须遵循防沙治沙规划。

防沙治沙规划应当对遏制土地沙化扩展趋势，逐步减少沙化土地的时限、步骤、措施等作出明确规定，并将具体实施方案纳入国民经济和社会发展五年计划和年度计划。

第十一条　国务院林业草原行政主管部门会同国务院农业、水利、土地、生态环境等有关部门编制全国防沙治沙规划，报国务院批准后实施。

省、自治区、直辖市人民政府依据全国防沙治沙规划，编制本行政区域的防沙治沙规划，报国务院或者国务院指定的有关部门批准后实施。

沙化土地所在地区的市、县人民政府，应当依据上一级人民政府的防沙治沙规划，组织编制本行政区域的防沙治沙规划，报上一级人民政府批准后实施。

防沙治沙规划的修改，须经原批准机关批准；未经批准，任何单位和个人不得改变防沙治沙规划。

第十二条　编制防沙治沙规划，应当根据沙化土地所处的地理位置、土地类型、植被状况、气候和水资源状况、土地沙化程度等自然条件及其所发挥的生态、经济功能，对沙化土地实行分类保护、综合治理和合理利用。

在规划期内不具备治理条件的以及因保护生态的需要不宜开发利用的连片沙化土地，应当规划为沙化土地封禁保护区，实行封禁保护。沙化土地封禁保护区的范围，由全国防沙治沙规划以及省、自治区、直辖市防沙治沙规划确定。

第十三条　防沙治沙规划应当与土地利用总体规划相衔接；防沙治沙规划中确定的沙化土地用途，应当符合本级人民政府的土地利用总体规划。

第三章　土地沙化的预防

第十四条　国务院林业草原行政主管部门组织其他有关行政主管部门对全国土地沙化情况进行监测、统计和分析，并定期公布监测结果。

县级以上地方人民政府林业草原或者其他有关行政主管部门，应当按照土地沙化监测技术规程，对沙化土地进行监测，并将监测结果向本级人民政府及上一级林业草原或者其他有关行政主管部门报告。

第十五条　县级以上地方人民政府林业草原或者其他有关行政主管部门，在土地沙化监测过程中，发现土地发生沙化或者沙化程度加重的，应当及时报告本级人民政府。收到报告的人民政府应当责成有关行政主管部门制止导致土地沙化的行为，并采取有效措施进行治理。

各级气象主管机构应当组织对气象干旱和沙尘暴天气进行监测、预报，发现气象干旱或者沙尘暴天气征兆时，应当及时报告当地人民政府。收到报告的人民政府应当采取预防措施，必要时公布灾情预报，并组织林业草原、农(牧)业等有关部门采取应急措施，避免或者减轻风沙危害。

第十六条　沙化土地所在地区的县级以上地方人民政府应当按照防沙治沙规划，划出一定比例的土地，因地制宜地营造防风固沙林网、林带，种植多年生灌木和草本植物。由林业草原行政主管部门负责确定植树造林的成活率、保存率的标准和具体任务，并逐片组织实施，明确责任，确保完成。

除了抚育更新性质的采伐外，不得批准对防风固沙林网、林带进行采伐。在对防风固沙林网、林带进行抚育更新性质的采伐之前，必须在其附近预先形成接替林网和林带。

对林木更新困难地区已有的防风固沙林网、林带，不得批准采伐。

第十七条　禁止在沙化土地上砍挖灌木、药材及其他固沙植物。

沙化土地所在地区的县级人民政府，应当制定植被管护制度，严格保护植被，并根据需要在乡(镇)、村建立植被管护组织，确定管护人员。

在沙化土地范围内，各类土地承包合同应当包括植被保护责任的内容。

第十八条　草原地区的地方各级人民政府，应当加强草原的管理和建设，由林业草原行政主管部门会同畜牧业行政主管部门负责指导、组织农牧民建设人工草场，控制载畜量，调整牲畜结构，改良牲畜品种，推行牲畜圈养和草场轮牧，消灭草原鼠害、虫害，保护草原植被，防止草原退化和沙化。

草原实行以产草量确定载畜量的制度。由林业草原行政主管部门会同畜牧业行政主管部门负责制定载畜量的标准和有关规定,并逐级组织实施,明确责任,确保完成。

第十九条　沙化土地所在地区的县级以上地方人民政府水行政主管部门,应当加强流域和区域水资源的统一调配和管理,在编制流域和区域水资源开发利用规划和供水计划时,必须考虑整个流域和区域植被保护的用水需求,防止因地下水和上游水资源的过度开发利用,导致植被破坏和土地沙化。该规划和计划经批准后,必须严格实施。

沙化土地所在地区的地方各级人民政府应当节约用水,发展节水型农牧业和其他产业。

第二十条　沙化土地所在地区的县级以上地方人民政府,不得批准在沙漠边缘地带和林地、草原开垦耕地;已经开垦并对生态产生不良影响的,应当有计划地组织退耕还林还草。

第二十一条　在沙化土地范围内从事开发建设活动的,必须事先就该项目可能对当地及相关地区生态产生的影响进行环境影响评价,依法提交环境影响报告;环境影响报告应当包括有关防沙治沙的内容。

第二十二条　在沙化土地封禁保护区范围内,禁止一切破坏植被的活动。

禁止在沙化土地封禁保护区范围内安置移民。对沙化土地封禁保护区范围内的农牧民,县级以上地方人民政府应当有计划地组织迁出,并妥善安置。沙化土地封禁保护区范围内尚未迁出的农牧民的生产生活,由沙化土地封禁保护区主管部门妥善安排。

未经国务院或者国务院指定的部门同意,不得在沙化土地封禁保护区范围内进行修建铁路、公路等建设活动。

第四章　沙化土地的治理

第二十三条　沙化土地所在地区的地方各级人民政府,应当按照防沙治沙规划,组织有关部门、单位和个人,因地制宜地采取人工造林种草、飞机播种造林种草、封沙育林育草和合理调配生态用水等措施,恢复和增加植被,治理已经沙化的土地。

第二十四条　国家鼓励单位和个人在自愿的前提下,捐资或者以其他形式开展公益性的治沙活动。

县级以上地方人民政府林业草原或者其他有关行政主管部门,应当为公益性治沙活动提供治理地点和无偿技术指导。

从事公益性治沙的单位和个人,应当按照县级以上地方人民政府林业草原或者其他有关行政主管部门的技术要求进行治理,并可以将所种植的林、草委托他人管护或者交由当地人民政府有关行政主管部门管护。

第二十五条　使用已经沙化的国有土地的使用权人和农民集体所有土地的承包经营权人,必须采取治理措施,改善土地质量;确实无能力完成治理任务的,可以委托他人治理或者与他人合作治理。委托或者合作治理的,应当签订协议,明确各方的权利和义务。

沙化土地所在地区的地方各级人民政府及其有关行政主管部门、技术推广单位,应当为土地使用权人和承包经营权人的治沙活动提供技术指导。

采取退耕还林还草、植树种草或者封育措施治沙的土地使用权人和承包经营权人,按照国家有关规定,享受人民政府提供的政策优惠。

第二十六条　不具有土地所有权或者使用权的单位和个人从事营利性治沙活动的,应当先与土地所有权人或者使用权人签订协议,依法取得土地使用权。

在治理活动开始之前,从事营利性治沙活动的单位和个人应当向治理项目所在地的县级以上地方人民政府林业草原行政主管部门或者县级以上地方人民政府指定的其他行政主管部门提出治理申请,并附具下列文件:

(一)被治理土地权属的合法证明文件和治理协议;

(二)符合防沙治沙规划的治理方案;

(三)治理所需的资金证明。

第二十七条　本法第二十六条第二款第二项所称治理方案,应当包括以下内容:

(一)治理范围界限;

(二)分阶段治理目标和治理期限;

(三)主要治理措施;

(四)经当地水行政主管部门同意的用水来源和用水量指标;

(五)治理后的土地用途和植被管护措施;

(六)其他需要载明的事项。

第二十八条　从事营利性治沙活动的单位和个人,必须按照治理方案进行治理。

国家保护沙化土地治理者的合法权益。在治理者取得合法土地权属的治理范围内,未经治理者同意,其他任何单位和个人不得从事治理或者开发利用活动。

第二十九条　治理者完成治理任务后,应当向县级以上地方人民政府受理治理申请的行政主管部门提出验收申请。经验收合格的,受理治理申请的行政主管部门应当发给治理合格证明文件;经验收不合格的,治理者应当继续治理。

第三十条 已经沙化的土地范围内的铁路、公路、河流和水渠两侧,城镇、村庄、厂矿和水库周围,实行单位治理责任制,由县级以上地方人民政府下达治理责任书,由责任单位负责组织造林种草或者采取其他治理措施。

第三十一条 沙化土地所在地区的地方各级人民政府,可以组织当地农村集体经济组织及其成员在自愿的前提下,对已经沙化的土地进行集中治理。农村集体经济组织及其成员投入的资金和劳力,可以折算为治理项目的股份、资本金,也可以采取其他形式给予补偿。

第五章　保障措施

第三十二条 国务院和沙化土地所在地区的地方各级人民政府应当在本级财政预算中按照防沙治沙规划通过项目预算安排资金,用于本级人民政府确定的防沙治沙工程。在安排扶贫、农业、水利、道路、矿产、能源、农业综合开发等项目时,应当根据具体情况,设立若干防沙治沙子项目。

第三十三条 国务院和省、自治区、直辖市人民政府应当制定优惠政策,鼓励和支持单位和个人防沙治沙。

县级以上地方人民政府应当按照国家有关规定,根据防沙治沙的面积和难易程度,给予从事防沙治沙活动的单位和个人资金补助、财政贴息以及税费减免等政策优惠。

单位和个人投资进行防沙治沙的,在投资阶段免征各种税费;取得一定收益后,可以免征或者减征有关税收。

第三十四条 使用已经沙化的国有土地从事治沙活动的,经县级以上人民政府依法批准,可以享有不超过70年的土地使用权。具体年限和管理办法,由国务院规定。

使用已经沙化的集体所有土地从事治沙活动的,治理者应当与土地所有人签订土地承包合同。具体承包期限和当事人的其他权利、义务由承包合同双方依法在土地承包合同中约定。县级人民政府依法根据土地承包合同向治理者颁发土地使用权证书,保护集体所有沙化土地治理者的土地使用权。

第三十五条 因保护生态的特殊要求,将治理后的土地批准划为自然保护区或者沙化土地封禁保护区的,批准机关应当给予治理者合理的经济补偿。

第三十六条 国家根据防沙治沙的需要,组织设立防沙治沙重点科研项目和示范、推广项目,并对防沙治沙、沙区能源、沙生经济作物、节水灌溉、防止草原退化、沙地旱作农业等方面的科学研究与技术推广给予资金补助、税费减免等政策优惠。

第三十七条 任何单位和个人不得截留、挪用防沙治沙资金。

县级以上人民政府审计机关,应当依法对防沙治沙资金使用情况实施审计监督。

……

中华人民共和国土地管理法(节录)

- 1986年6月25日第六届全国人民代表大会常务委员会第十六次会议通过
- 根据1988年12月29日第七届全国人民代表大会常务委员会第五次会议《关于修改〈中华人民共和国土地管理法〉的决定》第一次修正
- 1998年8月29日第九届全国人民代表大会常务委员会第四次会议修订
- 根据2004年8月28日第十届全国人民代表大会常务委员会第十一次会议《关于修改〈中华人民共和国土地管理法〉的决定》第二次修正
- 根据2019年8月26日第十三届全国人民代表大会常务委员会第十二次会议《关于修改〈中华人民共和国土地管理法〉、〈中华人民共和国城市房地产管理法〉的决定》第三次修正

……

第三章　土地利用总体规划

第十五条 各级人民政府应当依据国民经济和社会发展规划、国土整治和资源环境保护的要求、土地供给能力以及各项建设对土地的需求,组织编制土地利用总体规划。

土地利用总体规划的规划期限由国务院规定。

第十六条 下级土地利用总体规划应当依据上一级土地利用总体规划编制。

地方各级人民政府编制的土地利用总体规划中的建设用地总量不得超过上一级土地利用总体规划确定的控制指标,耕地保有量不得低于上一级土地利用总体规划确定的控制指标。

省、自治区、直辖市人民政府编制的土地利用总体规划,应当确保本行政区域内耕地总量不减少。

第十七条 土地利用总体规划按照下列原则编制:

(一)落实国土空间开发保护要求,严格土地用途管

制；

（二）严格保护永久基本农田，严格控制非农业建设占用农用地；

（三）提高土地节约集约利用水平；

（四）统筹安排城乡生产、生活、生态用地，满足乡村产业和基础设施用地合理需求，促进城乡融合发展；

（五）保护和改善生态环境，保障土地的可持续利用；

（六）占用耕地与开发复垦耕地数量平衡、质量相当。

第十八条 国家建立国土空间规划体系。编制国土空间规划应当坚持生态优先，绿色、可持续发展，科学有序统筹安排生态、农业、城镇等功能空间，优化国土空间结构和布局，提升国土空间开发、保护的质量和效率。

经依法批准的国土空间规划是各类开发、保护、建设活动的基本依据。已经编制国土空间规划的，不再编制土地利用总体规划和城乡规划。

第十九条 县级土地利用总体规划应当划分土地利用区，明确土地用途。

乡（镇）土地利用总体规划应当划分土地利用区，根据土地使用条件，确定每一块土地的用途，并予以公告。

第二十条 土地利用总体规划实行分级审批。

省、自治区、直辖市的土地利用总体规划，报国务院批准。

省、自治区人民政府所在地的市、人口在一百万以上的城市以及国务院指定的城市的土地利用总体规划，经省、自治区人民政府审查同意后，报国务院批准。

本条第二款、第三款规定以外的土地利用总体规划，逐级上报省、自治区、直辖市人民政府批准；其中，乡（镇）土地利用总体规划可以由省级人民政府授权的设区的市、自治州人民政府批准。

土地利用总体规划一经批准，必须严格执行。

第二十一条 城市建设用地规模应当符合国家规定的标准，充分利用现有建设用地，不占或者尽量少占农用地。

城市总体规划、村庄和集镇规划，应当与土地利用总体规划相衔接，城市总体规划、村庄和集镇规划中建设用地规模不得超过土地利用总体规划确定的城市和村庄、集镇建设用地规模。

在城市规划区内、村庄和集镇规划区内，城市和村庄、集镇建设用地应当符合城市规划、村庄和集镇规划。

第二十二条 江河、湖泊综合治理和开发利用规划，应当与土地利用总体规划相衔接。在江河、湖泊、水库的管理和保护范围以及蓄洪滞洪区内，土地利用应当符合江河、湖泊综合治理和开发利用规划，符合河道、湖泊行洪、蓄洪和输水的要求。

第二十三条 各级人民政府应当加强土地利用计划管理，实行建设用地总量控制。

土地利用年度计划，根据国民经济和社会发展计划、国家产业政策、土地利用总体规划以及建设用地和土地利用的实际状况编制。土地利用年度计划应当对本法第六十三条规定的集体经营性建设用地作出合理安排。土地利用年度计划的编制审批程序与土地利用总体规划的编制审批程序相同，一经审批下达，必须严格执行。

第二十四条 省、自治区、直辖市人民政府应当将土地利用年度计划的执行情况列为国民经济和社会发展计划执行情况的内容，向同级人民代表大会报告。

第二十五条 经批准的土地利用总体规划的修改，须经原批准机关批准；未经批准，不得改变土地利用总体规划确定的土地用途。

经国务院批准的大型能源、交通、水利等基础设施建设用地，需要改变土地利用总体规划的，根据国务院的批准文件修改土地利用总体规划。

经省、自治区、直辖市人民政府批准的能源、交通、水利等基础设施建设用地，需要改变土地利用总体规划的，属于省级人民政府土地利用总体规划批准权限内的，根据省级人民政府的批准文件修改土地利用总体规划。

第二十六条 国家建立土地调查制度。

县级以上人民政府自然资源主管部门会同同级有关部门进行土地调查。土地所有者或者使用者应当配合调查，并提供有关资料。

第二十七条 县级以上人民政府自然资源主管部门会同同级有关部门根据土地调查成果、规划土地用途和国家制定的统一标准，评定土地等级。

第二十八条 国家建立土地统计制度。

县级以上人民政府统计机构和自然资源主管部门依法进行土地统计调查，定期发布土地统计资料。土地所有者或者使用者应当提供有关资料，不得拒报、迟报，不得提供不真实、不完整的资料。

统计机构和自然资源主管部门共同发布的土地面积统计资料是各级人民政府编制土地利用总体规划的依据。

第二十九条 国家建立全国土地管理信息系统，对土地利用状况进行动态监测。

第四章 耕地保护

第三十条 国家保护耕地,严格控制耕地转为非耕地。

国家实行占用耕地补偿制度。非农业建设经批准占用耕地的,按照"占多少,垦多少"的原则,由占用耕地的单位负责开垦与所占用耕地的数量和质量相当的耕地;没有条件开垦或者开垦的耕地不符合要求的,应当按照省、自治区、直辖市的规定缴纳耕地开垦费,专款用于开垦新的耕地。

省、自治区、直辖市人民政府应当制定开垦耕地计划,监督占用耕地的单位按照计划开垦耕地或者按照计划组织开垦耕地,并进行验收。

第三十一条 县级以上地方人民政府可以要求占用耕地的单位将所占用耕地耕作层的土壤用于新开垦耕地、劣质地或者其他耕地的土壤改良。

第三十二条 省、自治区、直辖市人民政府应当严格执行土地利用总体规划和土地利用年度计划,采取措施,确保本行政区域内耕地总量不减少、质量不降低。耕地总量减少的,由国务院责令在规定期限内组织开垦与所减少耕地的数量与质量相当的耕地;耕地质量降低的,由国务院责令在规定期限内组织整治。新开垦和整治的耕地由国务院自然资源主管部门会同农业农村主管部门验收。

个别省、直辖市确因土地后备资源匮乏,新增建设用地后,新开垦耕地的数量不足以补偿所占用耕地的数量的,必须报经国务院批准减免本行政区域内开垦耕地的数量,易地开垦数量和质量相当的耕地。

第三十三条 国家实行永久基本农田保护制度。下列耕地应当根据土地利用总体规划划为永久基本农田,实行严格保护:

(一)经国务院农业农村主管部门或者县级以上地方人民政府批准确定的粮、棉、油、糖等重要农产品生产基地内的耕地;

(二)有良好的水利与水土保持设施的耕地,正在实施改造计划以及可以改造的中、低产田和已建成的高标准农田;

(三)蔬菜生产基地;

(四)农业科研、教学试验田;

(五)国务院规定应当划为永久基本农田的其他耕地。

各省、自治区、直辖市划定的永久基本农田一般应占本行政区域内耕地的百分之八十以上,具体比例由国务院根据各省、自治区、直辖市耕地实际情况规定。

第三十四条 永久基本农田划定以乡(镇)为单位进行,由县级人民政府自然资源主管部门会同同级农业农村主管部门组织实施。永久基本农田应当落实到地块,纳入国家永久基本农田数据库严格管理。

乡(镇)人民政府应当将永久基本农田的位置、范围向社会公告,并设立保护标志。

第三十五条 永久基本农田经依法划定后,任何单位和个人不得擅自占用或者改变其用途。国家能源、交通、水利、军事设施等重点建设项目选址确实难以避让永久基本农田,涉及农用地转用或者土地征收的,必须经国务院批准。

禁止通过擅自调整县级土地利用总体规划、乡(镇)土地利用总体规划等方式规避永久基本农田农用地转用或者土地征收的审批。

第三十六条 各级人民政府应当采取措施,引导因地制宜轮作休耕,改良土壤,提高地力,维修排灌工程设施,防止土地荒漠化、盐渍化、水土流失和土壤污染。

第三十七条 非农业建设必须节约使用土地,可以利用荒地的,不得占用耕地;可以利用劣地的,不得占用好地。

禁止占用耕地建窑、建坟或者擅自在耕地上建房、挖砂、采石、采矿、取土等。

禁止占用永久基本农田发展林果业和挖塘养鱼。

第三十八条 禁止任何单位和个人闲置、荒芜耕地。已经办理审批手续的非农业建设占用耕地,一年内不用而又可以耕种并收获的,应当由原耕种该幅耕地的集体或者个人恢复耕种,也可以由用地单位组织耕种;一年以上未动工建设的,应当按照省、自治区、直辖市的规定缴纳闲费;连续二年未使用的,经原批准机关批准,由县级以上人民政府无偿收回用地单位的土地使用权;该幅土地原为农民集体所有的,应当交由原农村集体经济组织恢复耕种。

在城市规划区范围内,以出让方式取得土地使用权进行房地产开发的闲置土地,依照《中华人民共和国城市房地产管理法》的有关规定办理。

第三十九条 国家鼓励单位和个人按照土地利用总体规划,在保护和改善生态环境、防止水土流失和土地荒漠化的前提下,开发未利用的土地;适宜开发为农用地的,应当优先开发成农用地。

国家依法保护开发者的合法权益。

第四十条 开垦未利用的土地,必须经过科学论证和评估,在土地利用总体规划划定的可开垦的区域内,经依法批准后进行。禁止毁坏森林、草原开垦耕地,禁止围湖造田和侵占江河滩地。

根据土地利用总体规划,对破坏生态环境开垦、围垦的土地,有计划有步骤地退耕还林、还牧、还湖。

第四十一条 开发未确定使用权的国有荒山、荒地、荒滩从事种植业、林业、畜牧业、渔业生产的,经县级以上人民政府依法批准,可以确定给开发单位或者个人长期使用。

第四十二条 国家鼓励土地整理。县、乡(镇)人民政府应当组织农村集体经济组织,按照土地利用总体规划,对田、水、路、林、村综合整治,提高耕地质量,增加有效耕地面积,改善农业生产条件和生态环境。

地方各级人民政府应当采取措施,改造中、低产田,整治闲散地和废弃地。

第四十三条 因挖损、塌陷、压占等造成土地破坏,用地单位和个人应当按照国家有关规定负责复垦;没有条件复垦或者复垦不符合要求的,应当缴纳土地复垦费,专项用于土地复垦。复垦的土地应当优先用于农业。

……

第七章 法律责任

第七十四条 买卖或者以其他形式非法转让土地的,由县级以上人民政府自然资源主管部门没收违法所得;对违反土地利用总体规划擅自将农用地改为建设用地的,限期拆除在非法转让的土地上新建的建筑物和其他设施,恢复土地原状,对符合土地利用总体规划的,没收在非法转让的土地上新建的建筑物和其他设施;可以并处罚款;对直接负责的主管人员和其他直接责任人员,依法给予处分;构成犯罪的,依法追究刑事责任。

第七十五条 违反本法规定,占用耕地建窑、建坟或者擅自在耕地上建房、挖砂、采石、采矿、取土等,破坏种植条件的,或者因开发土地造成土地荒漠化、盐渍化的,由县级以上人民政府自然资源主管部门、农业农村主管部门等按照职责责令限期改正或者治理,可以并处罚款;构成犯罪的,依法追究刑事责任。

第七十六条 违反本法规定,拒不履行土地复垦义务的,由县级以上人民政府自然资源主管部门责令限期改正;逾期不改正的,责令缴纳复垦费,专项用于土地复垦,可以处以罚款。

第七十七条 未经批准或者采取欺骗手段骗取批准,非法占用土地的,由县级以上人民政府自然资源主管部门责令退还非法占用的土地,对违反土地利用总体规划擅自将农用地改为建设用地的,限期拆除在非法占用的土地上新建的建筑物和其他设施,恢复土地原状,对符合土地利用总体规划的,没收在非法占用的土地上新建的建筑物和其他设施,可以并处罚款;对非法占用土地单位的直接负责的主管人员和其他直接责任人员,依法给予处分;构成犯罪的,依法追究刑事责任。

超过批准的数量占用土地,多占的土地以非法占用土地论处。

第七十八条 农村村民未经批准或者采取欺骗手段骗取批准,非法占用土地建住宅的,由县级以上人民政府农业农村主管部门责令退还非法占用的土地,限期拆除在非法占用的土地上新建的房屋。

超过省、自治区、直辖市规定的标准,多占的土地以非法占用土地论处。

第七十九条 无权批准征收、使用土地的单位或者个人非法批准占用土地的,超越批准权限非法批准占用土地的,不按照土地利用总体规划确定的用途批准用地的,或者违反法律规定的程序批准占用、征收土地的,其批准文件无效,对非法批准征收、使用土地的直接负责的主管人员和其他直接责任人员,依法给予处分;构成犯罪的,依法追究刑事责任。非法批准、使用的土地应当收回,有关当事人拒不归还的,以非法占用土地论处。

非法批准征收、使用土地,对当事人造成损失的,依法应当承担赔偿责任。

第八十条 侵占、挪用被征收土地单位的征地补偿费用和其他有关费用,构成犯罪的,依法追究刑事责任;尚不构成犯罪的,依法给予处分。

第八十一条 依法收回国有土地使用权当事人拒不交出土地的,临时使用土地期满拒不归还的,或者不按照批准的用途使用国有土地的,由县级以上人民政府自然资源主管部门责令交还土地,处以罚款。

第八十二条 擅自将农民集体所有的土地通过出让、转让使用权或者出租等方式用于非农业建设,或者违反本法规定,将集体经营性建设用地通过出让、出租等方式交由单位或者个人使用的,由县级以上人民政府自然资源主管部门责令限期改正,没收违法所得,并处罚款。

第八十三条 依照本法规定,责令限期拆除在非法占用的土地上新建的建筑物和其他设施的,建设单位或者个人必须立即停止施工,自行拆除;对继续施工的,作出处罚决定的机关有权制止。建设单位或者个人对责令限期拆除的行政处罚决定不服的,可以在接到责令限期拆除决定之日起十五日内,向人民法院起诉;期满不起诉又不自行拆除的，由作出处罚决定的机关依法申请人民法院强制执行，费用由违法者承担。

第八十四条 自然资源主管部门、农业农村主管部门的工作人员玩忽职守、滥用职权、徇私舞弊，构成犯罪的，依法追究刑事责任；尚不构成犯罪的，依法给予处分。

……

中华人民共和国土地管理法实施条例（节录）

- 1998年12月27日中华人民共和国国务院令第256号发布
- 根据2011年1月8日《国务院关于废止和修改部分行政法规的决定》第一次修订
- 根据2014年7月29日《国务院关于修改部分行政法规的决定》第二次修订
- 2021年7月2日中华人民共和国国务院令第743号第三次修订

……

第二章 国土空间规划

第二条 国家建立国土空间规划体系。

土地开发、保护、建设活动应当坚持规划先行。经依法批准的国土空间规划是各类开发、保护、建设活动的基本依据。

已经编制国土空间规划的，不再编制土地利用总体规划和城乡规划。在编制国土空间规划前，经依法批准的土地利用总体规划和城乡规划继续执行。

第三条 国土空间规划应当细化落实国家发展规划提出的国土空间开发保护要求，统筹布局农业、生态、城镇等功能空间，划定落实永久基本农田、生态保护红线和城镇开发边界。

国土空间规划应当包括国土空间开发保护格局和规划用地布局、结构、用途管制要求等内容，明确耕地保有量、建设用地规模、禁止开垦的范围等要求，统筹基础设施和公共设施用地布局，综合利用地上地下空间，合理确定并严格控制新增建设用地规模，提高土地节约集约利用水平，保障土地的可持续利用。

第四条 土地调查应当包括下列内容：

（一）土地权属以及变化情况；

（二）土地利用现状以及变化情况；

（三）土地条件。

全国土地调查成果，报国务院批准后向社会公布。地方土地调查成果，经本级人民政府审核，报上一级人民政府批准后向社会公布。全国土地调查成果公布后，县级以上地方人民政府方可自上而下逐级依次公布本行政区域的土地调查成果。

土地调查成果是编制国土空间规划以及自然资源管理、保护和利用的重要依据。

土地调查技术规程由国务院自然资源主管部门会同有关部门制定。

第五条 国务院自然资源主管部门会同有关部门制定土地等级评定标准。

县级以上人民政府自然资源主管部门应当会同有关部门根据土地等级评定标准，对土地等级进行评定。地方土地等级评定结果经本级人民政府审核，报上一级人民政府自然资源主管部门批准后向社会公布。

根据国民经济和社会发展状况，土地等级每五年重新评定一次。

第六条 县级以上人民政府自然资源主管部门应当加强信息化建设，建立统一的国土空间基础信息平台，实行土地管理全流程信息化管理，对土地利用状况进行动态监测，与发展改革、住房和城乡建设等有关部门建立土地管理信息共享机制，依法公开土地管理信息。

第七条 县级以上人民政府自然资源主管部门应当加强地籍管理，建立健全地籍数据库。

第三章 耕地保护

第八条 国家实行占用耕地补偿制度。在国土空间规划确定的城市和村庄、集镇建设用地范围内经依法批准占用耕地，以及在国土空间规划确定的城市和村庄、集镇建设用地范围外的能源、交通、水利、矿山、军事设施等建设项目经依法批准占用耕地的，分别由县级人民政府、农村集体经济组织和建设单位负责开垦与所占用耕地的数量和质量相当的耕地；没有条件开垦或者开垦的耕地不符合要求的，应当按照省、自治区、直辖市的规定缴纳耕地开垦费，专款用于开垦新的耕地。

省、自治区、直辖市人民政府应当组织自然资源主管部门、农业农村主管部门对开垦的耕地进行验收，确保开垦的耕地落实到地块。划入永久基本农田的还应当纳入国家永久基本农田数据库严格管理。占用耕地补充情况应当按照国家有关规定向社会公布。

个别省、直辖市需要易地开垦耕地的，依照《土地管理法》第三十二条的规定执行。

第九条 禁止任何单位和个人在国土空间规划确定的禁止开垦的范围内从事土地开发活动。

按照国土空间规划，开发未确定土地使用权的国有荒山、荒地、荒滩从事种植业、林业、畜牧业、渔业生产的，应当向土地所在地的县级以上地方人民政府自然资源主管部门提出申请，按照省、自治区、直辖市规定的权限，由县级以上地方人民政府批准。

第十条 县级人民政府应当按照国土空间规划关于统筹布局农业、生态、城镇等功能空间的要求，制定土地整理方案，促进耕地保护和土地节约集约利用。

县、乡（镇）人民政府应当组织农村集体经济组织，实施土地整理方案，对闲散地和废弃地有计划地整治、改造。土地整理新增耕地，可以用作建设所占用耕地的补充。

鼓励社会主体依法参与土地整理。

第十一条 县级以上地方人民政府应当采取措施，预防和治理耕地土壤流失、污染，有计划地改造中低产田，建设高标准农田，提高耕地质量，保护黑土地等优质耕地，并依法对建设所占用耕地耕作层的土壤利用作出合理安排。

非农业建设依法占用永久基本农田的，建设单位应当按照省、自治区、直辖市的规定，将所占用耕地耕作层的土壤用于新开垦耕地、劣质地或者其他耕地的土壤改良。

县级以上地方人民政府应当加强对农业结构调整的引导和管理，防止破坏耕地耕作层；设施农业用地不再使用的，应当及时组织恢复种植条件。

第十二条 国家对耕地实行特殊保护，严守耕地保护红线，严格控制耕地转为林地、草地、园地等其他农用地，并建立耕地保护补偿制度，具体办法和耕地保护补偿实施步骤由国务院自然资源主管部门会同有关部门规定。

非农业建设必须节约使用土地，可以利用荒地的，不得占用耕地；可以利用劣地的，不得占用好地。禁止占用耕地建窑、建坟或者擅自在耕地上建房、挖砂、采石、采矿、取土等。禁止占用永久基本农田发展林果业和挖塘养鱼。

耕地应当优先用于粮食和棉、油、糖、蔬菜等农产品生产。按照国家有关规定需要将耕地转为林地、草地、园地等其他农用地的，应当优先使用难以长期稳定利用的耕地。

第十三条 省、自治区、直辖市人民政府对本行政区域耕地保护负总责，其主要负责人是本行政区域耕地保护的第一责任人。

省、自治区、直辖市人民政府应当将国务院确定的耕地保有量和永久基本农田保护任务分解下达，落实到具体地块。

国务院对省、自治区、直辖市人民政府耕地保护责任目标落实情况进行考核。

……

中华人民共和国森林法（节录）

- 1984年9月20日第六届全国人民代表大会常务委员会第七次会议通过
- 根据1998年4月29日第九届全国人民代表大会常务委员会第二次会议《关于修改〈中华人民共和国森林法〉的决定》第一次修正
- 根据2009年8月27日第十一届全国人民代表大会常务委员会第十次会议《关于修改部分法律的决定》第二次修正
- 2019年12月28日第十三届全国人民代表大会常务委员会第十五次会议修订
- 2019年12月28日中华人民共和国主席令第39号公布
- 自2020年7月1日起施行

……

第四章 森林保护

第二十八条 国家加强森林资源保护，发挥森林蓄水保土、调节气候、改善环境、维护生物多样性和提供林产品等多种功能。

第二十九条 中央和地方财政分别安排资金，用于公益林的营造、抚育、保护、管理和非国有公益林权利人的经济补偿等，实行专款专用。具体办法由国务院财政部门会同林业主管部门制定。

第三十条 国家支持重点林区的转型发展和森林资源保护修复，改善生产生活条件，促进所在地区经济社会发展。重点林区按照规定享受国家重点生态功能区转移支付等政策。

第三十一条 国家在不同自然地带的典型森林生态地区、珍贵动物和植物生长繁殖的林区、天然热带雨林区和具有特殊保护价值的其他天然林区，建立以国家公园为主体的自然保护地体系，加强保护管理。

国家支持生态脆弱地区森林资源的保护修复。

县级以上人民政府应当采取措施对具有特殊价值的野生植物资源予以保护。

第三十二条 国家实行天然林全面保护制度，严格限制天然林采伐，加强天然林管护能力建设，保护和修复天然林资源，逐步提高天然林生态功能。具体办法由国务院规定。

第三十三条 地方各级人民政府应当组织有关部门建立护林组织，负责护林工作；根据实际需要建设护林设施，加强森林资源保护；督促相关组织订立护林公约、组织群众护林、划定护林责任区、配备专职或者兼职护林员。

县级或者乡镇人民政府可以聘用护林员，其主要职责是巡护森林，发现火情、林业有害生物以及破坏森林资源的行为，应当及时处理并向当地林业等有关部门报告。

第三十四条 地方各级人民政府负责本行政区域的森林防火工作，发挥群防作用；县级以上人民政府组织领导应急管理、林业、公安等部门按照职责分工密切配合做好森林火灾的科学预防、扑救和处置工作：

（一）组织开展森林防火宣传活动，普及森林防火知识；

（二）划定森林防火区，规定森林防火期；

（三）设置防火设施，配备防灭火装备和物资；

（四）建立森林火灾监测预警体系，及时消除隐患；

（五）制定森林火灾应急预案，发生森林火灾，立即组织扑救；

（六）保障预防和扑救森林火灾所需费用。

国家综合性消防救援队伍承担国家规定的森林火灾扑救任务和预防相关工作。

第三十五条 县级以上人民政府林业主管部门负责本行政区域的林业有害生物的监测、检疫和防治。

省级以上人民政府林业主管部门负责确定林业植物及其产品的检疫性有害生物，划定疫区和保护区。

重大林业有害生物灾害防治实行地方人民政府负责制。发生暴发性、危险性等重大林业有害生物灾害时，当地人民政府应当及时组织除治。

林业经营者在政府支持引导下，对其经营管理范围内的林业有害生物进行防治。

第三十六条 国家保护林地，严格控制林地转为非林地，实行占用林地总量控制，确保林地保有量不减少。各类建设项目占用林地不得超过本行政区域的占用林地总量控制指标。

第三十七条 矿藏勘查、开采以及其他各类工程建设，应当不占或者少占林地；确需占用林地的，应当经县级以上人民政府林业主管部门审核同意，依法办理建设用地审批手续。

占用林地的单位应当缴纳森林植被恢复费。森林植被恢复费征收使用管理办法由国务院财政部门会同林业主管部门制定。

县级以上人民政府林业主管部门应当按照规定安排植树造林，恢复森林植被，植树造林面积不得少于因占用林地而减少的森林植被面积。上级林业主管部门应当定期督促下级林业主管部门组织植树造林、恢复森林植被，并进行检查。

第三十八条 需要临时使用林地的，应当经县级以上人民政府林业主管部门批准；临时使用林地的期限一般不超过二年，并不得在临时使用的林地上修建永久性建筑物。

临时使用林地期满后一年内，用地单位或者个人应当恢复植被和林业生产条件。

第三十九条 禁止毁林开垦、采石、采砂、采土以及其他毁坏林木和林地的行为。

禁止向林地排放重金属或者其他有毒有害物质含量超标的污水、污泥，以及可能造成林地污染的清淤底泥、尾矿、矿渣等。

禁止在幼林地砍柴、毁苗、放牧。

禁止擅自移动或者损坏森林保护标志。

第四十条 国家保护古树名木和珍贵树木。禁止破坏古树名木和珍贵树木及其生存的自然环境。

第四十一条 各级人民政府应当加强林业基础设施建设，应用先进适用的科技手段，提高森林防火、林业有害生物防治等森林管护能力。

各有关单位应当加强森林管护。国有林业企业事业单位应当加大投入，加强森林防火、林业有害生物防治，预防和制止破坏森林资源的行为。

第五章 造林绿化

第四十二条 国家统筹城乡造林绿化，开展大规模国土绿化行动，绿化美化城乡，推动森林城市建设，促进乡村振兴，建设美丽家园。

第四十三条 各级人民政府应当组织各行各业和城乡居民造林绿化。

宜林荒山荒地荒滩，属于国家所有的，由县级以上人民政府林业主管部门和其他有关主管部门组织开展造林绿化；属于集体所有的，由集体经济组织组织开展造林绿化。

城市规划区内、铁路公路两侧、江河两侧、湖泊水库周围，由各有关主管部门按照有关规定因地制宜组织开展造林绿化；工矿区、工业园区、机关、学校用地，部队营区以及农场、牧场、渔场经营地区，由各该单位负责造林绿化。组织开展城市造林绿化的具体办法由国务院制定。

国家所有和集体所有的宜林荒山荒地荒滩可以由单位或者个人承包造林绿化。

第四十四条 国家鼓励公民通过植树造林、抚育管护、认建认养等方式参与造林绿化。

第四十五条 各级人民政府组织造林绿化，应当科学规划、因地制宜，优化林种、树种结构，鼓励使用乡土树种和林木良种，营造混交林，提高造林绿化质量。

国家投资或者以国家投资为主的造林绿化项目，应当按照国家规定使用林木良种。

第四十六条　各级人民政府应当采取以自然恢复为主、自然恢复和人工修复相结合的措施，科学保护修复森林生态系统。新造幼林地和其他应当封山育林的地方，由当地人民政府组织封山育林。

各级人民政府应当对国务院确定的坡耕地、严重沙化耕地、严重石漠化耕地、严重污染耕地等需要生态修复的耕地，有计划地组织实施退耕还林还草。

各级人民政府应当对自然因素等导致的荒废和受损山体、退化林地以及宜林荒山荒地荒滩，因地制宜实施森林生态修复工程，恢复植被。

……

关于加强农田防护林建设管理工作的通知

- 2022年5月10日
- 林生发〔2022〕65号

各省、自治区、直辖市及新疆生产建设兵团林业和草原主管部门、自然资源主管部门、农业农村主管部门：

农田防护林是农田基础设施建设的重要组成部分，对防风固沙、保持水土、改善农田小气候、保障粮食高产稳产等具有重要作用。为贯彻落实党中央、国务院决策部署，坚决遏制耕地"非农化"，防止耕地"非粮化"，切实落实《自然资源部 农业农村部 国家林业和草原局关于严格耕地用途管制有关问题的通知》（自然资发〔2021〕166号）有关要求，科学规范推进农田防护林建设，现就有关事项通知如下：

一、农田防护林建设应坚持为农业生产服务，遵循因害设防、因地制宜、节约用地的原则，充分利用农村道路、沟渠、田坎等现有空间新建和完善农田林网。在风沙等灾害严重的三北地区、黑土地区、黄河故道区等重点区域，为了防灾减灾需要，当现有空间不足时，在符合国土空间规划等有关规划和用途管制的前提下，可通过适当调整土地利用类型和优化用地布局，合理规划建设农田防护林，且应当符合农田防护林建设相关标准，尽量少占耕地、避让永久基本农田，防止或避免挤占耕地空间、影响农作物播种面积。

农田防护林建设要严格落实耕地年度"进出平衡"，其中涉及将耕地变为林地的，应当从耕地面积中扣除，补足同等数量、质量的可以长期稳定利用的耕地，不能补足的不得进行建设。确实难以避让少量永久基本农田的，应当通过土地整理复垦开发，在项目区内予以补足；难以补足的，县级自然资源主管部门要在县域范围内同步落实补划任务。涉及农户承包地空间位置、面积和权属有变化的，建设单位应及时协助发包方和承包农户依法重新签订或变更土地承包合同，以及变更权属证书等。农田防护林建成验收后，要严格按照国土变更调查的要求，及时开展地类变更。

二、支持各地结合林业草原生态保护修复、全域土地综合整治、高标准农田建设等项目统筹开展农田防护林建设，积极构建适应现代农业发展需要的农田防护林体系。新建或改造农田防护林，依法依规享受中央财政造林、森林抚育补助；涉及使用农户承包地的，应给予承包农户适当经济补偿。

三、农田防护林建设要考虑地区差异，科学选择适合当地条件的主要树种和配置模式，优先选用表现良好的乡土树种，合理布局林带的走向、间距和宽度，避免因树冠过高或与排灌系统距离过近，影响无人机飞防等低空作业和排灌系统发挥功能。

四、对于林地上的农田防护林，由县级林业和草原主管部门负责建后管护；对于非林地上的农田防护林，由县级人民政府依照法律法规有关规定，明确管护主体和措施，落实管护责任和经费。支持各地尊重自然规律，科学有序开展农田防护林采伐更新，林业和草原主管部门应加强技术指导和服务。

五、县级人民政府是农田防护林建设的责任主体，负责统筹协调推进县域内农田防护林建设各项工作。要加强对农田防护林建设情况的跟踪监督，在西北地区、东北地区和黄淮海平原地区，应明确将农田林网化率等有关指标纳入当地林长制工作内容。

特此通知。

国务院办公厅关于坚决制止耕地"非农化"行为的通知

- 2020年9月10日
- 国办发明电〔2020〕24号

各省、自治区、直辖市人民政府，国务院各部委、各直属机构：

耕地是粮食生产的重要基础，解决好14亿人口的吃饭问题，必须守住耕地这个根基。党中央、国务院高度重视耕地保护，习近平总书记作出重要指示批示，李克强总理提出明确要求。近年来，党中央、国务院出台了一系列严格耕地保护的政策措施,但一些地方仍然存在违规占用耕地开展非农建设的行为,有的违规占用永久基本农田绿化造林,有的在高速铁路、国道省道(含高速公路)、河渠两侧违规占用耕地超标准建设绿化带,有的大规模挖湖造景,对国家粮食安全构成威胁。地方各级人民政府要增强"四个意识"、坚定"四个自信"、做到"两个维护",按照党中央、国务院决策部署,采取有力措施,强化监督管理,落实好最严格的耕地保护制度,坚决制止各类耕地"非农化"行为,坚决守住耕地红线。经国务院同意,现将有关要求通知如下。

一、严禁违规占用耕地绿化造林。要严格执行土地管理法、基本农田保护条例等法律法规,禁止占用永久基本农田种植苗木、草皮等用于绿化装饰以及其他破坏耕作层的植物。违规占用耕地及永久基本农田造林的,不予核实造林面积,不享受财政资金补助政策。平原地区要根据资源禀赋,合理制定绿化造林等生态建设目标。退耕还林还草要严格控制在国家批准的规模和范围内,涉及地块全部实现上图入库管理。正在违规占用耕地绿化造林的要立即停止。

二、严禁超标准建设绿色通道。要严格控制铁路、公路两侧用地范围以外绿化带用地审批,道路沿线是耕地的,两侧用地范围以外绿化带宽度不得超过5米,其中县乡道路不得超过3米。铁路、国道省道(含高速公路)、县乡道路两侧用地范围以外违规占用耕地超标准建设绿化带的要立即停止。不得违规在河渠两侧、水库周边占用耕地及永久基本农田超标准建设绿色通道。今后新增的绿色通道,要依法依规建设,确需占用永久基本农田的,应履行永久基本农田占用报批手续。交通、水利工程建设用地范围内的绿化用地要严格按照有关规定办理建设用地审批手续,其中涉及占用耕地的必须做到占补平衡。禁止以城乡绿化建设等名义违法违规占用耕地。

三、严禁违规占用耕地挖湖造景。禁止以河流、湿地、湖泊治理为名,擅自占用耕地及永久基本农田挖田造湖、挖湖造景。不准在城市建设中违规占用耕地建设人造湿地公园、人造水利景观。确需占用的,应符合国土空间规划,依法办理建设用地审批和规划许可手续。未履行审批手续的在建项目,应立即停止并纠正;占用永久基本农田的,要限期恢复,确实无法恢复的按有关规定进行补划。

四、严禁占用永久基本农田扩大自然保护地。新建的自然保护地应当边界清楚,不准占用永久基本农田。目前已划入自然保护地核心保护区内的永久基本农田要纳入生态退耕、有序退出。自然保护地一般控制区内的永久基本农田要根据对生态功能造成的影响确定是否退出,造成明显影响的纳入生态退耕、有序退出,不造成明显影响的可采取依法依规相应调整一般控制区范围等措施妥善处理。自然保护地以外的永久基本农田和集中连片耕地,不得划入生态保护红线,允许生态保护红线内零星的原住民在不扩大现有耕地规模前提下,保留生活必需的少量种植。

五、严禁违规占用耕地从事非农建设。加强农村地区建设用地审批和乡村建设规划许可管理,坚持农地农用。不得违反规划搞非农建设、乱占耕地建房等。巩固"大棚房"问题清理整治成果,强化农业设施用地监管。加强耕地利用情况监测,对乱占耕地从事非农建设及时预警,构建早发现、早制止、严查处的常态化监管机制。

六、严禁违法违规批地用地。批地用地必须符合国土空间规划,凡不符合国土空间规划以及不符合土地管理法律法规和国家产业政策的建设项目,不予批准用地。各地区不得通过擅自调整县乡国土空间规划规避占用永久基本农田审批。各项建设用地必须按照法定权限和程序报批,按照批准的用途、位置、标准使用,严禁未批先用、批少占多、批甲占乙。严格临时用地管理,不得超过规定时限长期使用。对各类未经批准或不符合规定的建设项目、临时用地等占用耕地及永久基本农田的,依法依规严肃处理,责令限期恢复原种植条件。

七、全面开展耕地保护检查。各省、自治区、直辖市人民政府要组织有关部门,结合2016—2020年省级政府耕地保护责任目标考核,对本地区耕地及永久基本农田保护情况进行全面检查,严肃查处违法占用和破坏耕地及永久基本农田的行为,对发现的问题限期整改。自然资源部要会同农业农村部、国家统计局按照《省级政府耕地保护责任目标考核办法》进行全面检查,并将违规占用永久基本农田开展绿化造林、挖湖造景、非农建设等耕地"非农化"行为纳入考核内容,加强对违法违规行为的查处,对有令不行、有禁不止的严肃追究责任。

八、严格落实耕地保护责任。各地区各部门要充分认识实行最严格耕地保护制度的极端重要性。地方各级人民政府要承担起耕地保护责任,对本行政区域内耕地保有量和永久基本农田保护面积及年度计划执行情况负总责。要健全党委领导、政府负责、部门协同、公众参与、上下联动的共同责任机制,对履职不力、监管不严、失职渎职的领导干部,依纪依规追究责任。各地区要根据本通知精神,抓紧制定和调整完善相关政策措施,对违反本通知规定的行为立即纠正，坚决遏制新增问题发生。各省、自治区、直辖市人民政府要在2020年底前将本通知执行情况报国务院，并抄送自然资源部、农业农村部。各有关部门要按照职责分工，履行耕地保护责任。自然资源部、农业农村部要会同有关部门做好对本通知执行情况的监督检查。

国务院办公厅关于加强草原保护修复的若干意见

· 2021年3月12日
· 国办发〔2021〕7号

各省、自治区、直辖市人民政府，国务院各部委、各直属机构：

草原是我国重要的生态系统和自然资源，在维护国家生态安全、边疆稳定、民族团结和促进经济社会可持续发展、农牧民增收等方面具有基础性、战略性作用。党的十八大以来，草原保护修复工作取得显著成效，草原生态持续恶化的状况得到初步遏制，部分地区草原生态明显恢复。但当前我国草原生态系统整体仍较脆弱，保护修复力度不够、利用管理水平不高、科技支撑能力不足、草原资源底数不清等问题依然突出，草原生态形势依然严峻。为进一步加强草原保护修复，加快推进生态文明建设，经国务院同意，现提出以下意见。

一、总体要求

（一）指导思想。以习近平新时代中国特色社会主义思想为指导，全面贯彻党的十九大和十九届二中、三中、四中、五中全会精神，深入贯彻习近平生态文明思想，坚持绿水青山就是金山银山、山水林田湖草是一个生命共同体，按照节约优先、保护优先、自然恢复为主的方针，以完善草原保护修复制度、推进草原治理体系和治理能力现代化为主线，加强草原保护管理，推进草原生态修复，促进草原合理利用，改善草原生态状况，推动草原地区绿色发展，为建设生态文明和美丽中国奠定重要基础。

（二）工作原则。

坚持尊重自然，保护优先。遵循顺应生态系统演替规律和内在机理，促进草原休养生息，维护自然生态系统安全稳定。宜林则林、宜草则草，林草有机结合。把保护草原生态放在更加突出的位置，全面维护和提升草原生态功能。

坚持系统治理，分区施策。采取综合措施全面保护、系统修复草原生态系统，同时注重因地制宜、突出重点，增强草原保护修复的系统性、针对性、长效性。

坚持科学利用，绿色发展。正确处理保护与利用的关系，在保护好草原生态的基础上，科学利用草原资源，促进草原地区绿色发展和农牧民增收。

坚持政府主导，全民参与。明确地方各级人民政府保护修复草原的主导地位，落实林（草）长制，充分发挥农牧民的主体作用，积极引导全社会参与草原保护修复。

（三）主要目标。到2025年，草原保护修复制度体系基本建立，草畜矛盾明显缓解，草原退化趋势得到根本遏制，草原综合植被盖度稳定在57%左右，草原生态状况持续改善。到2035年，草原保护修复制度体系更加完善，基本实现草畜平衡，退化草原得到有效治理和修复，草原综合植被盖度稳定在60%左右，草原生态功能和生产功能显著提升，在美丽中国建设中的作用彰显。到本世纪中叶，退化草原得到全面治理和修复，草原生态系统实现良性循环，形成人与自然和谐共生的新格局。

二、工作措施

（四）建立草原调查体系。完善草原调查制度，整合优化草原调查队伍，健全草原调查技术标准体系。在第三次全国国土调查基础上，适时组织开展草原资源专项调查，全面查清草原类型、权属、面积、分布、质量以及利用状况等底数，建立草原管理基本档案。（自然资源部、国家林草局负责）

（五）健全草原监测评价体系。建立完善草原监测评价队伍、技术和标准体系。加强草原监测网络建设，充分利用遥感卫星等数据资源，构建空天地一体化草原监测网络，强化草原动态监测。健全草原监测评价数据汇交、定期发布和信息共享机制。加强草原统计，完善草原统计指标和方法。（国家林草局、自然资源部、生态环境部、国家统计局等按职责分工负责）

（六）编制草原保护修复利用规划。按照因地制宜、分区施策的原则，依据国土空间规划，编制全国草原保护修复利用规划，明确草原功能分区、保护目标和管理措施。合理规划牧民定居点，防止出现定居点周边草原退化问题。地方各级人民政府要依据上一级规划，编制本行政区域草原保护修复利用规划并组织实施。（国家林草局、自然资源部、生态环境部等按职责分工负责）

（七）加大草原保护力度。落实基本草原保护制度，把维护国家生态安全、保障草原畜牧业健康发展所需最基本、最重要的草原划定为基本草原，实施更加严格的保护和管理，确保基本草原面积不减少、质量不下降、用途不改变。严格落实生态保护红线制度和国土空间用途管制制度。加大执法监督力度，建立健全草原联合执法机制,严厉打击、坚决遏制各类非法挤占草原生态空间、乱开滥垦草原等行为。建立健全草原执法责任追究制度,严格落实草原生态环境损害赔偿制度。加强矿藏开采、工程建设等征占用草原审核审批管理,强化源头管控和事中事后监管。依法规范规模化养殖场等设施建设占用草原行为。完善落实禁牧休牧和草畜平衡制度,依法查处超载过牧和禁牧休牧期违规放牧行为。组织开展草畜平衡示范县建设,总结推广实现草畜平衡的经验和模式。(国家林草局、自然资源部、生态环境部、农业农村部等按职责分工负责)

(八)完善草原自然保护地体系。整合优化建立草原类型自然保护地,实行整体保护、差别化管理。开展自然保护地自然资源确权登记,在自然保护地核心保护区,原则上禁止人为活动;在自然保护地一般控制区和草原自然公园,实行负面清单管理,规范生产生活和旅游等活动,增强草原生态系统的完整性和连通性,为野生动植物生存繁衍留下空间,有效保护生物多样性。(国家林草局、自然资源部、生态环境部等按职责分工负责)

(九)加快推进草原生态修复。实施草原生态修复治理,加快退化草原植被和土壤恢复,提升草原生态功能和生产功能。在严重超载过牧地区,采取禁牧封育、免耕补播、松土施肥、鼠虫害防治等措施,促进草原植被恢复。对已垦草原,按照国务院批准的范围和规模,有计划地退耕还草。在水土条件适宜地区,实施退化草原生态修复,鼓励和支持人工草地建设,恢复提升草原生产能力,支持优质储备饲草基地建设,促进草原生态修复与草原畜牧业高质量发展有机融合。强化草原生物灾害监测预警,加强草原有害生物及外来入侵物种防治,不断提高绿色防治水平。完善草原火灾突发事件应急预案,加强草原火情监测预警和火灾防控。健全草原生态保护修复监管制度。(国家林草局、自然资源部、应急部、生态环境部、农业农村部等按职责分工负责)

(十)统筹推进林草生态治理。按照山水林田湖草整体保护、系统修复、综合治理的要求和宜林则林、宜草则草、宜荒则荒的原则,统筹推进森林、草原保护修复和荒漠化治理。在干旱半干旱地区,坚持以水定绿,采取以草灌为主、林草结合方式恢复植被,增强生态系统稳定性。在林草交错地带,营造林草复合植被,避免过分强调集中连片和高密度造林。在森林区,适当保留林间和林缘草地,形成林地、草地镶嵌分布的复合生态系统。在草原区,对生态系统脆弱、生态区位重要的退化草原,加强生态修复和保护管理,巩固生态治理成果。研究设置林

草覆盖率指标,用于考核评价各地生态建设成效。(国家林草局负责)

(十一)大力发展草种业。建立健全国家草种质资源保护利用体系,鼓励地方开展草种质资源普查,建立草种质资源库、资源圃及原生境保护为一体的保存体系,完善草种质资源收集保存、评价鉴定、创新利用和信息共享的技术体系。加强优良草种特别是优质乡土种选育、扩繁、储备和推广利用,不断提高草种自给率,满足草原生态修复用种需要。完善草品种审定制度,加强草种质量监管。(国家林草局负责)

(十二)合理利用草原资源。牧区要以实现草畜平衡为目标,优化畜群结构,控制放牧牲畜数量,提高科学饲养和放牧管理水平,减轻天然草原放牧压力。半农半牧区要因地制宜建设多年生人工草地,发展适度规模经营。农区要结合退耕还草、草田轮作等工作,大力发展人工草地,提高饲草供给能力,发展规模化、标准化养殖。加快转变传统草原畜牧业生产方式,优化牧区、半农半牧区和农区资源配置,推行"牧区繁育、农区育肥"等生产模式,提高资源利用效率。发展现代草业,支持草产品加工业发展,建立完善草产品质量标准体系。强化农牧民培训,提升科学保护、合理利用草原的能力水平。(农业农村部、国家林草局等按职责分工负责)

(十三)完善草原承包经营制度。加快推进草原确权登记颁证。牧区半牧区要着重解决草原承包地块四至不清、证地不符、交叉重叠等问题。草原面积较小、零星分布地区,要因地制宜采取灵活多样方式落实完善草原承包经营制度,明确责任主体。加强草原承包经营管理,明确所有权、使用权,稳定承包权,放活经营权。规范草原经营权流转,引导鼓励按照放牧系统单元实行合作经营,提高草原合理经营利用水平。在落实草原承包经营制度和规范经营权流转时,要充分考虑草原生态系统的完整性,防止草原碎片化。(国家林草局、自然资源部等按职责分工负责)

(十四)稳妥推进国有草原资源有偿使用制度改革。合理确定国有草原有偿使用范围。由农村集体经济组织成员实行家庭或者联户承包经营使用的国有草原,不纳入有偿使用范围,但需要明确使用者保护草原的义务。应签订协议明确国有草原所有权代理行使主体和使用权人并落实双方权利义务。探索创新国有草原所有者权益的有效实现形式,国有草原所有权代理行使主体以租金、特许经营费、经营收益分红等方式收取有偿使用费,并建立收益分配机制。将有偿使用情况纳入年度国有资产报

告。(国家林草局、自然资源部、国家发展改革委、财政部等按职责分工负责)

(十五)推动草原地区绿色发展。科学推进草原资源多功能利用,加快发展绿色低碳产业,努力拓宽农牧民增收渠道。充分发挥草原生态和文化功能,打造一批草原旅游景区、度假地和精品旅游线路,推动草原旅游和生态康养产业发展。引导支持草原地区低收入人口通过参与草原保护修复增加收入。(国家林草局、文化和旅游部、国家乡村振兴局等按职责分工负责)

三、保障措施

(十六)提升科技支撑能力。通过国家科技计划,支持草原科技创新,开展草原保护修复重大问题研究,尽快在退化草原修复治理、生态系统重建、生态服务价值评估、智慧草原建设等方面取得突破,着力解决草原保护修复科技支撑能力不足问题。加强草品种选育、草种生产、退化草原植被恢复、人工草地建设、草原有害生物防治等关键技术和装备研发推广。建立健全草原保护修复技术标准体系。加强草原学科建设和高素质专业人才培养。加强草原重点实验室、长期科研基地、定位观测站、创新联盟等平台建设,构建产学研推用协调机制,提高草原科技成果转化效率。加强草原保护修复国际合作与交流,积极参与全球生态治理。(科技部、教育部、国家林草局等按职责分工负责)

(十七)完善法律法规体系。加快推动草原法修改,研究制定基本草原保护相关规定,推动地方性法规制修订,健全草原保护修复制度体系。加大草原法律法规贯彻实施力度,建立健全违法举报、案件督办等机制,依法打击各类破坏草原的违法行为。完善草原行政执法与刑事司法衔接机制,依法惩治破坏草原的犯罪行为。(国家林草局、自然资源部、生态环境部、司法部、公安部等按职责分工负责)

(十八)加大政策支持力度。建立健全草原保护修复财政投入保障机制,加大中央财政对重点生态功能区转移支付力度。健全草原生态保护补偿机制。地方各级人民政府要把草原保护修复及相关基础设施建设纳入基本建设规划,加大投入力度,完善补助政策。探索开展草原生态价值评估和资产核算。鼓励金融机构创设适合草原特点的金融产品,强化金融支持。鼓励地方探索开展草原政策性保险试点。鼓励社会资本设立草原保护基金,参与草原保护修复。(国家林草局、国家发展改革委、财政部、自然资源部、生态环境部、农业农村部、水利部、人民银行、银保监会等按职责分工负责)

(十九)加强管理队伍建设。进一步整合加强、稳定壮大基层草原管理和技术推广队伍,提升监督管理和公共服务能力。重点草原地区要强化草原监管执法,加强执法人员培训,提升执法监督能力。加强草原管护员队伍建设管理,充分发挥作用。支持社会化服务组织发展,充分发挥草原专业学会、协会等社会组织在政策咨询、信息服务、科技推广、行业自律等方面作用。(国家林草局、自然资源部、人力资源社会保障部、民政部等按职责分工负责)

四、组织领导

(二十)加强对草原保护修复工作的领导。地方各级人民政府要进一步提高认识,切实把草原保护修复工作摆在重要位置,加强组织领导,周密安排部署,确保取得实效。省级人民政府对本行政区域草原保护修复工作负总责,实行市(地、州、盟)、县(市、区、旗)人民政府目标责任制。要把草原承包经营、基本草原保护、草畜平衡、禁牧休牧等制度落实情况纳入地方各级人民政府年度目标考核,细化考核指标,压实地方责任。

(二十一)落实部门责任。各有关部门要根据职责分工,认真做好草原保护修复相关工作。各级林业和草原主管部门要适应生态文明体制改革新形势,进一步转变职能,切实加强对草原保护修复工作的管理、服务和监督,及时研究解决重大问题。

(二十二)引导全社会关心支持草原事业发展。深入开展草原普法宣传和科普活动,广泛宣传草原的重要生态、经济、社会和文化功能,不断增强全社会关心关爱草原和依法保护草原的意识,夯实加强草原保护修复的群众基础。充分发挥种草护草在国土绿化中的重要作用,积极动员社会组织和群众参与草原保护修复。

最高人民法院关于审理森林资源民事纠纷案件适用法律若干问题的解释

· 2022年4月25日最高人民法院审判委员会第1869次会议通过
· 2022年6月13日最高人民法院公告公布
· 自2022年6月15日起施行
· 法释〔2022〕16号

为妥善审理森林资源民事纠纷案件,依法保护生态环境和当事人合法权益,根据《中华人民共和国民法典》《中华人民共和国环境保护法》《中华人民共和国森林法》《中华人民共和国农村土地承包法》《中华人民共和国民事诉讼法》等法律规定,结合审判实践,制定本解释。

第一条 人民法院审理涉及森林、林木、林地等森林资源的民事纠纷案件,应当贯彻民法典绿色原则,尊重自然、尊重历史、尊重习惯,依法推动森林资源保护和利用的生态效益、经济效益、社会效益相统一,促进人与自然和谐共生。

第二条 当事人因下列行为,对林地、林木的物权归属、内容产生争议,依据民法典第二百三十四条的规定提起民事诉讼,请求确认权利的,人民法院应当依法受理:

(一)林地承包;

(二)林地承包经营权互换、转让;

(三)林地经营权流转;

(四)林木流转;

(五)林地、林木担保;

(六)林地、林木继承;

(七)其他引起林地、林木物权变动的行为。

当事人因对行政机关作出的林地、林木确权、登记行为产生争议,提起民事诉讼的,人民法院告知其依法通过行政复议、行政诉讼程序解决。

第三条 当事人以未办理批准、登记、备案、审查、审核等手续为由,主张林地承包、林地承包经营权互换或者转让、林地经营权流转、林木流转、森林资源担保等合同无效的,人民法院不予支持。

因前款原因,不能取得相关权利的当事人请求解除合同、由违约方承担违约责任的,人民法院依法予以支持。

第四条 当事人一方未依法经林权证等权利证书载明的共有人同意,擅自处分林地、林木,另一方主张取得相关权利的,人民法院不予支持。但符合民法典第三百一十一条关于善意取得规定的除外。

第五条 当事人以违反法律规定的民主议定程序为由,主张集体林地承包合同无效的,人民法院应予支持。但下列情形除外:

(一)合同订立时,法律、行政法规没有关于民主议定程序的强制性规定的;

(二)合同订立未经民主议定程序讨论决定,或者民主议定程序存在瑕疵,一审法庭辩论终结前已经依法补正的;

(三)承包方对村民会议或者村民代表会议决议进行了合理审查,不知道且不应当知道决议系伪造、变造,并已经对林地大量投入的。

第六条 家庭承包林地的承包方转让林地承包经营权未经发包方同意,或者受让方不是本集体经济组织成员,受让方主张取得林地承包经营权的,人民法院不予支持。但发包方无法定理由不同意或者拖延表态的除外。

第七条 当事人就同一集体林地订立多个经营权流转合同,在合同有效的情况下,受让方均主张取得林地经营权的,由具有下列情形的受让方取得:

(一)林地经营权已经依法登记的;

(二)林地经营权均未依法登记,争议发生前已经合法占有使用林地并大量投入的;

(三)无前两项规定情形,合同生效在先的。

未取得林地经营权的一方请求解除合同、由违约方承担违约责任的,人民法院依法予以支持。

第八条 家庭承包林地的承包方以林地经营权人擅自再流转林地经营权为由,请求解除林地经营权流转合同、收回林地的,人民法院应予支持。但林地经营权人能够证明林地经营权再流转已经承包方书面同意的除外。

第九条 本集体经济组织成员以其在同等条件下享有的优先权受到侵害为由,主张家庭承包林地经营权流转合同无效的,人民法院不予支持;其请求赔偿损失的,依法予以支持。

第十条 林地承包期内,因林地承包经营权互换、转让、继承等原因,承包方发生变动,林地经营权人请求新的承包方继续履行原林地经营权流转合同的,人民法院应予支持。但当事人另有约定的除外。

第十一条 林地经营权流转合同约定的流转期限超过承包期的剩余期限,或者林地经营权再流转合同约定的流转期限超过原林地经营权流转合同的剩余期限,林地经营权流转、再流转合同当事人主张超过部分无效的,人民法院不予支持。

第十二条 林地经营权流转合同约定的流转期限超过承包期的剩余期限,发包方主张超过部分的约定对其不具有法律约束力的,人民法院应予支持。但发包方对此知道或者应当知道的除外。

林地经营权再流转合同约定的流转期限超过原林地经营权流转合同的剩余期限,承包方主张超过部分的约定对其不具有法律约束力的,人民法院应予支持。但承包方对此知道或者应当知道的除外。

因前两款原因,致使林地经营权流转合同、再流转合同不能履行,当事人请求解除合同、由违约方承担违约责任的,人民法院依法予以支持。

第十三条 林地经营权流转合同终止时,对于林地经营权人种植的地上林木,按照下列情形处理:

(一)合同有约定的,按照约定处理,但该约定依据民法典第一百五十三条的规定应当认定无效的除外；

（二）合同没有约定或者约定不明，当事人协商一致延长合同期限至轮伐期或者其他合理期限届满，承包方请求由林地经营权人承担林地使用费的，对其合理部分予以支持；

（三）合同没有约定或者约定不明，当事人未能就延长合同期限协商一致，林地经营权人请求对林木价值进行补偿的，对其合理部分予以支持。

林地承包合同终止时，承包方种植的地上林木的处理，参照适用前款规定。

第十四条 人民法院对于当事人为利用公益林林地资源和森林景观资源开展林下经济、森林旅游、森林康养等经营活动订立的合同，应当综合考虑公益林生态区位保护要求、公益林生态功能及是否经科学论证的合理利用等因素，依法认定合同效力。

当事人仅以涉公益林为由主张经营合同无效的，人民法院不予支持。

第十五条 以林地经营权、林木所有权等法律、行政法规未禁止抵押的森林资源资产设定抵押，债务人不履行到期债务或者发生当事人约定的实现抵押权的情形，抵押权人与抵押人协议以抵押的森林资源资产折价，并据此请求接管经营抵押财产的，人民法院依法予以支持。

抵押权人与抵押人未就森林资源资产抵押权的实现方式达成协议，抵押权人依据民事诉讼法第二百零三条、第二百零四条的规定申请实现抵押权的，人民法院依法裁定拍卖、变卖抵押财产。

第十六条 以森林生态效益补偿收益、林业碳汇等提供担保，债务人不履行到期债务或者发生当事人约定的实现担保物权的情形，担保物权人请求就担保财产优先受偿的，人民法院依法予以支持。

第十七条 违反国家规定造成森林生态环境损害，生态环境能够修复的，国家规定的机关或者法律规定的组织依据民法典第一千二百三十四条的规定，请求侵权人在合理期限内以补种树木、恢复植被、恢复林地土壤性状、投放相应生物种群等方式承担修复责任的，人民法院依法予以支持。

人民法院判决侵权人承担修复责任的，可以同时确定其在期限内不履行修复义务时应承担的森林生态环境修复费用。

第十八条 人民法院判决侵权人承担森林生态环境修复责任的，可以根据鉴定意见，或者参考林业主管部门、林业调查规划设计单位、相关科研机构和人员出具的专业意见，合理确定森林生态环境修复方案，明确侵权人履行修复义务的具体要求。

第十九条 人民法院依据民法典第一千二百三十五条的规定确定侵权人承担的森林生态环境损害赔偿金额，应当综合考虑受损森林资源在调节气候、固碳增汇、保护生物多样性、涵养水源、保持水土、防风固沙等方面的生态环境服务功能，予以合理认定。

第二十条 当事人请求以认购经核证的林业碳汇方式替代履行森林生态环境损害赔偿责任的，人民法院可以综合考虑各方当事人意见、不同责任方式的合理性等因素，依法予以准许。

第二十一条 当事人请求以森林管护、野生动植物保护、社区服务等劳务方式替代履行森林生态环境损害赔偿责任的，人民法院可以综合考虑侵权人的代偿意愿、经济能力、劳动能力、赔偿金额、当地相应工资标准等因素，决定是否予以准许，并合理确定劳务代偿方案。

第二十二条 侵权人自愿交纳保证金作为履行森林生态环境修复义务担保的，在其不履行修复义务时，人民法院可以将保证金用于支付森林生态环境修复费用。

第二十三条 本解释自2022年6月15日起施行。施行前本院公布的司法解释与本解释不一致的，以本解释为准。

最高人民法院关于审理破坏森林资源刑事案件适用法律若干问题的解释

· 2023年6月19日最高人民法院审判委员会第1891次会议通过
· 自2023年8月15日起施行
· 法释〔2023〕8号

为依法惩治破坏森林资源犯罪，保护生态环境，根据《中华人民共和国刑法》、《中华人民共和国刑事诉讼法》、《中华人民共和国森林法》等法律的有关规定，现就审理此类刑事案件适用法律的若干问题解释如下：

第一条 违反土地管理法规，非法占用林地，改变被占用林地用途，具有下列情形之一的，应当认定为刑法第三百四十二条规定的造成林地"毁坏"：

（一）在林地上实施建窑、建坟、建房、修路、硬化等工程建设的；

（二）在林地上实施采石、采砂、采土、采矿等活动的；

（三）在林地上排放污染物、堆放废弃物或者进行非林业生产、建设,造成林地被严重污染或者原有植被、林业生产条件被严重破坏的。

实施前款规定的行为,具有下列情形之一的,应当认定为刑法第三百四十二条规定的"数量较大,造成耕地、林地等农用地大量毁坏":

(一)非法占用并毁坏公益林地五亩以上的;

(二)非法占用并毁坏商品林地十亩以上的;

(三)非法占用并毁坏的公益林地、商品林地数量虽未分别达到第一项、第二项规定标准,但按相应比例折算合计达到有关标准的;

(四)二年内曾因非法占用农用地受过二次以上行政处罚,又非法占用林地,数量达到第一项至第三项规定标准一半以上的。

第二条 违反国家规定,非法采伐、毁坏列入《国家重点保护野生植物名录》的野生植物,或者非法收购、运输、加工、出售明知是非法采伐、毁坏的上述植物及其制品,具有下列情形之一的,应当依照刑法第三百四十四条的规定,以危害国家重点保护植物罪定罪处罚:

(一)危害国家一级保护野生植物一株以上或者立木蓄积一立方米以上的;

(二)危害国家二级保护野生植物二株以上或者立木蓄积二立方米以上的;

(三)危害国家重点保护野生植物,数量虽未分别达到第一项、第二项规定标准,但按相应比例折算合计达到有关标准的;

(四)涉案国家重点保护野生植物及其制品价值二万元以上的。

实施前款规定的行为,具有下列情形之一的,应当认定为刑法第三百四十四条规定的"情节严重":

(一)危害国家一级保护野生植物五株以上或者立木蓄积五立方米以上的;

(二)危害国家二级保护野生植物十株以上或者立木蓄积十立方米以上的;

(三)危害国家重点保护野生植物,数量虽未分别达到第一项、第二项规定标准,但按相应比例折算合计达到有关标准的;

(四)涉案国家重点保护野生植物及其制品价值二十万元以上的;

(五)其他情节严重的情形。

违反国家规定,非法采伐、毁坏古树名木,或者非法收购、运输、加工、出售明知是非法采伐、毁坏的古树名木及其制品,涉案树木未列入《国家重点保护野生植物名录》的,根据涉案树木的树种、树龄以及历史、文化价值等因素,综合评估社会危害性,依法定罪处罚。

第三条 以非法占有为目的,具有下列情形之一的,应当认定为刑法第三百四十五条第一款规定的"盗伐森林或者其他林木":

(一)未取得采伐许可证,擅自采伐国家、集体或者他人所有的林木的;

(二)违反森林法第五十六条第三款的规定,擅自采伐国家、集体或者他人所有的林木的;

(三)在采伐许可证规定的地点以外采伐国家、集体或者他人所有的林木的。

不以非法占有为目的,违反森林法的规定,进行开垦、采石、采砂、采土或者其他活动,造成国家、集体或者他人所有的林木毁坏,符合刑法第二百七十五条规定的,以故意毁坏财物罪定罪处罚。

第四条 盗伐森林或者其他林木,涉案林木具有下列情形之一的,应当认定为刑法第三百四十五条第一款规定的"数量较大":

(一)立木蓄积五立方米以上的;

(二)幼树二百株以上的;

(三)数量虽未分别达到第一项、第二项规定标准,但按相应比例折算合计达到有关标准的;

(四)价值二万元以上的。

实施前款规定的行为,达到第一项至第四项规定标准十倍、五十倍以上的,应当分别认定为刑法第三百四十五条第一款规定的"数量巨大"、"数量特别巨大"。

实施盗伐林木的行为,所涉林木系风倒、火烧、水毁或者林业有害生物等自然原因死亡或者严重毁损的,在决定应否追究刑事责任和裁量刑罚时,应当从严把握;情节显著轻微危害不大的,不作为犯罪处理。

第五条 具有下列情形之一的,应当认定为刑法第三百四十五条第二款规定的"滥伐森林或者其他林木":

(一)未取得采伐许可证,或者违反采伐许可证规定的时间、地点、数量、树种、方式,任意采伐本单位或者本人所有的林木的;

(二)违反森林法第五十六条第三款的规定,任意采伐本单位或者本人所有的林木的;

(三)在采伐许可证规定的地点,超过规定的数量采伐国家、集体或者他人所有的林木的。

林木权属存在争议,一方未取得采伐许可证擅自砍伐的,以滥伐林木论处。

第六条 滥伐森林或者其他林木,涉案林木具有下

列情形之一的,应当认定为刑法第三百四十五条第二款规定的"数量较大":

(一)立木蓄积二十立方米以上的;

(二)幼树一千株以上的;

(三)数量虽未分别达到第一项、第二项规定标准,但按相应比例折算合计达到有关标准的;

(四)价值五万元以上的。

实施前款规定的行为,达到第一项至第四项规定标准五倍以上的,应当认定为刑法第三百四十五条第二款规定的"数量巨大"。

实施滥伐林木的行为,所涉林木系风倒、火烧、水毁或者林业有害生物等自然原因死亡或者严重毁损的,一般不以犯罪论处;确有必要追究刑事责任的,应当从宽处理。

第七条 认定刑法第三百四十五条第三款规定的"明知是盗伐、滥伐的林木",应当根据涉案林木的销售价格、来源以及收购、运输行为违反有关规定等情节,结合行为人的职业要求、经历经验、前科情况等作出综合判断。

具有下列情形之一的,可以认定行为人明知是盗伐、滥伐的林木,但有相反证据或者能够作出合理解释的除外:

(一)收购明显低于市场价格出售的林木的;

(二)木材经营加工企业伪造、涂改产品或者原料出入库台账的;

(三)交易方式明显不符合正常习惯的;

(四)逃避、抗拒执法检查的;

(五)其他足以认定行为人明知的情形。

第八条 非法收购、运输明知是盗伐、滥伐的林木,具有下列情形之一的,应当认定为刑法第三百四十五条第三款规定的"情节严重":

(一)涉案林木立木蓄积二十立方米以上的;

(二)涉案幼树一千株以上的;

(三)涉案林木数量虽未分别达到第一项、第二项规定标准,但按相应比例折算合计达到有关标准的;

(四)涉案林木价值五万元以上的;

(五)其他情节严重的情形。

实施前款规定的行为,达到第一项至第四项规定标准五倍以上或者具有其他特别严重情节的,应当认定为刑法第三百四十五条第三款规定的"情节特别严重"。

第九条 多次实施本解释规定的行为,未经处理,且依法应当追诉的,数量、数额累计计算。

第十条 伪造、变造、买卖采伐许可证,森林、林地、林木权属证书以及占用或者征用林地审核同意书等国家机关批准的林业证件、文件构成犯罪的,依照刑法第二百八十条第一款的规定,以伪造、变造、买卖国家机关公文、证件罪定罪处罚。

买卖允许进出口证明书等经营许可证明,同时构成刑法第二百二十五条、第二百八十条规定之罪的,依照处罚较重的规定定罪处罚。

第十一条 下列行为,符合刑法第二百六十四条规定的,以盗窃罪定罪处罚:

(一)盗窃国家、集体或者他人所有并已经伐倒的树木的;

(二)偷砍他人在自留地或者房前屋后种植的零星树木的。

非法实施采种、采脂、掘根、剥树皮等行为,符合刑法第二百六十四条规定的,以盗窃罪论处。在决定应否追究刑事责任和裁量刑罚时,应当综合考虑涉案林木资源的损害程度以及行为人获利数额、行为动机、前科情况等情节;认为情节显著轻微危害不大的,不作为犯罪处理。

第十二条 实施破坏森林资源犯罪,具有下列情形之一的,从重处罚:

(一)造成林地或者其他农用地基本功能丧失或者遭受永久性破坏的;

(二)非法占用自然保护地核心保护区内的林地或者其他农用地的;

(三)非法采伐国家公园、国家级自然保护区内的林木的;

(四)暴力抗拒、阻碍国家机关工作人员依法执行职务,尚不构成妨害公务罪、袭警罪的;

(五)经行政主管部门责令停止违法行为后,继续实施相关行为的。

实施本解释规定的破坏森林资源行为,行为人系初犯,认罪认罚,积极通过补种树木、恢复植被和林业生产条件等方式修复生态环境,综合考虑涉案林地的类型、数量、生态区位或者涉案植物的种类、数量、价值,以及行为人获利数额、行为手段等因素,认为犯罪情节轻微的,可以免予刑事处罚;认为情节显著轻微危害不大的,不作为犯罪处理。

第十三条 单位犯刑法第三百四十二条、第三百四十四条、第三百四十五条规定之罪的,依照本解释规定的相应自然人犯罪的定罪量刑标准,对直接负责的主管人员和其他直接责任人员定罪处罚,并对单位判处罚金。

第十四条 针对国家、集体或者他人所有的国家重点保护植物和其他林木实施犯罪的违法所得及其收益,应当依法追缴或者责令退赔。

第十五条 组织他人实施本解释规定的破坏森林资源犯罪的,应当按照其组织实施的全部罪行处罚。

对于受雇佣为破坏森林资源犯罪提供劳务的人员,除参与利润分成或者领取高额固定工资的以外,一般不以犯罪论处,但曾因破坏森林资源受过处罚的除外。

第十六条 对于实施本解释规定的相关行为未被追究刑事责任的行为人,依法应当给予行政处罚、政务处分或者其他处分的,移送有关主管机关处理。

第十七条 涉案国家重点保护植物或者其他林木的价值,可以根据销赃数额认定;无销赃数额,销赃数额难以查证,或者根据销赃数额认定明显不合理的,根据市场价格认定。

第十八条 对于涉案农用地类型、面积,国家重点保护植物或者其他林木的种类、立木蓄积、株数、价值,以及涉案行为对森林资源的损害程度等问题,可以由林业主管部门、侦查机关依据现场勘验、检查笔录等出具认定意见;难以确定的,依据鉴定机构出具的鉴定意见或者下列机构出具的报告,结合其他证据作出认定:

(一)价格认证机构出具的报告;
(二)国务院林业主管部门指定的机构出具的报告;
(三)地、市级以上人民政府林业主管部门出具的报告。

第十九条 本解释所称"立木蓄积"的计算方法为:原木材积除以该树种的出材率。

本解释所称"幼树",是指胸径五厘米以下的树木。

滥伐林木的数量,应当在伐区调查设计允许的误差额以上计算。

第二十条 本解释自 2023 年 8 月 15 日起施行。本解释施行后,《最高人民法院关于滥伐自己所有权的林木其林木应如何处理的问题的批复》(法复〔1993〕5 号)、《最高人民法院关于审理破坏森林资源刑事案件具体应用法律若干问题的解释》(法释〔2000〕36 号)、《最高人民法院关于在林木采伐许可证规定的地点以外采伐本单位或者本人所有的森林或者其他林木的行为如何适用法律问题的批复》(法释〔2004〕3 号)、《最高人民法院关于审理破坏林地资源刑事案件具体应用法律若干问题的解释》(法释〔2005〕15 号)同时废止;之前发布的司法解释与本解释不一致的,以本解释为准。

·典型案例

1. 云南省剑川县人民检察院诉剑川县森林公安局怠于履行法定职责环境行政公益诉讼案[①]

【关键词】

行政 环境行政公益诉讼 怠于履行法定职责 审查标准

【裁判要点】

环境行政公益诉讼中,人民法院应当以相对人的违法行为是否得到有效制止,行政机关是否充分、及时、有效采取法定监管措施,以及国家利益或者社会公共利益是否得到有效保护,作为审查行政机关是否履行法定职责的标准。

【相关法条】

1.《中华人民共和国森林法》第 13 条、第 20 条
2.《中华人民共和国森林法实施条例》第 43 条
3.《中华人民共和国行政诉讼法》第 70 条、第 74 条

【基本案情】

2013 年 1 月,剑川县居民王寿全受玉鑫公司的委托在国有林区开挖公路,被剑川县红旗林业局护林人员发现并制止,剑川县林业局接报后交剑川县森林公安局进行查处。剑川县森林公安局于 2013 年 2 月 20 日向王寿全送达了林业行政处罚听证权利告知书,并于同年 2 月 27 日向王寿全送达了剑川县林业局剑林罚书字(2013)第(288)号林业行政处罚决定书。行政处罚决定书载明:玉鑫公司在未取得合法的林地征占用手续的情况下,委托王寿全于 2013 年 1 月 13 日至 19 日期间,在 13 林班 21、22 小班之间用挖掘机开挖公路长度为 494.8 米、平均宽度为 4.5 米、面积为 2226.6 平方米,共计 3.34 亩。根据《中华人民共和国森林法实施条例》第四十三条第一款规定,决定对王寿全及玉鑫公司给予如下行政处罚:1. 责令限期恢复原状;2. 处非法改变用途林地每平方米 10 元的罚款,即 22266.00 元。2013 年 3 月 29 日玉鑫公司交纳了罚款后,

---

[①] 案例来源:2019 年 12 月 26 日最高人民法院指导案例 137 号。

剑川县森林公安局即对该案予以结案。其后直到2016年11月9日,剑川县森林公安局没有督促玉鑫公司和王寿全履行"限期恢复原状"的行政义务,所破坏的森林植被至今没有得到恢复。

2016年11月9日,剑川县人民检察院向剑川县森林公安局发出检察建议,建议依法履行职责,认真落实行政处罚决定,采取有效措施,恢复森林植被。2016年12月8日,剑川县森林公安局回复称自接到《检察建议书》后,即刻进行认真研究,采取了积极的措施,并派民警到王寿全家对剑林罚书字(2013)第(288)号处罚决定第一项责令限期恢复原状进行催告,鉴于王寿全死亡,执行终止。对玉鑫公司,剑川县森林公安局没有向其发出催告书。

另查明,剑川县森林公安局为剑川县林业局所属的正科级机构,2013年年初,剑川县林业局向其授权委托办理本县境内的所有涉及林业、林地处罚的林政处罚案件。2013年9月27日,云南省人民政府《关于云南省林业部门相对集中林业行政处罚权工作方案的批复》,授权各级森林公安机关在全省范围内开展相对集中林业行政处罚权工作,同年11月20日,经云南省人民政府授权,云南省人民政府法制办公室对森林公安机关行政执法主体资格单位及执法权限进行了公告,剑川县森林公安局也是具有行政执法主体资格和执法权限的单位之一,同年12月11日,云南省林业厅发出通知,决定自2014年1月1日起,各级森林公安机关依法行使省政府批准的62项林业行政处罚权和11项行政强制权。

【裁判结果】

云南省剑川县人民法院于2017年6月19日作出(2017)云2931行初1号行政判决:一、确认被告剑川县森林公安局怠于履行剑林罚书字(2013)第(288)号处罚决定第一项内容的行为违法;二、责令被告剑川县森林公安局继续履行法定职责。宣判后,当事人服判息诉,均未提起上诉,判决已发生法律效力,剑川县森林公安局也积极履行了判决。

【裁判理由】

法院生效裁判认为,公益诉讼人提起本案诉讼符合最高人民法院《人民法院审理人民检察院提起公益诉讼试点工作实施办法》及最高人民检察院《人民检察院提起公益诉讼试点工作实施办法》规定的行政公益诉讼受案范围,符合起诉条件。《中华人民共和国行诉讼法》第二十六条第六款规定:"行政机关被撤销或者职权变更的,继续行使其职权的行政机关是被告",2013年9月27日,云南省人民政府《关于云南省林业部门相对集中林业行政处罚权工作方案的批复》授权各级森林公安机关相对集中行使林业行政部门的部分行政处罚权,因此,根据规定剑川县森林公安局行使原来由剑川县林业局行使的林业行政处罚权,是适格的被告主体。本案中,剑川县森林公安局在查明玉鑫公司及王寿全擅自改变林地的事实后,以剑川县林业局名义作出对玉鑫公司和王寿全责令限期恢复原状和罚款22266.00元的行政处罚决定符合法律规定,但在玉鑫公司缴纳罚款后三年多时间里没有督促玉鑫公司和王寿全对破坏的林地恢复原状,也没有代为履行,致使玉鑫公司和王寿全擅自改变的林地至今没有恢复原状,且未提供证据证明有相关合法、合理的事由,其行为显然不当,是怠于履行法定职责的行为。行政处罚决定没有执行完毕,剑川县森林公安局依法应该继续履行法定职责,采取有效措施,督促行政相对人限期恢复被改变林地的原状。

(生效裁判审判人员:赵新科、白灿山、张吉元)

2. 长江流域生态环境司法保护典型案例

(2021年2月25日)

一、被告人李绪根非法捕捞水产品刑事附带民事公益诉讼案

【基本案情】

2018年1月至2019年4月期间,被告人李绪根在明知扬州市江都区长江夹江流域属于禁渔期、电鱼为禁止使用的捕捞方法情况下,驾驶快艇,利用电磁波高频逆变器、带导线的抄网等工具组成电捕工具采用电鱼方法在夹江水域非法捕捞水产品60余次,捕获鲢鱼、鳙鱼等野生鱼类900余斤并出售,获利9000元。经扬州市江都区渔政监督大队认定,李绪根使用的电捕工具属于《中华人民共和国渔业法》规定禁止使用的捕捞方法。原中华人民共和国农业部通告[2017]6号《关于公布率先全面禁捕长江流域水生生物保护区名录的通告》及《国家级水产种质资源保护区资料汇编》,明确长江扬州段四大家鱼国家级水产种质资源保护区施行全面禁捕,扬州市江都区长江夹江流域属于上述禁渔区。江苏省扬州市江都区人民检察院依法提起刑事附带民事公益诉讼。

【裁判结果】

审理中,江苏省扬州市江都区人民检察院与李绪根就生态环境修复达成和解协议:一、李绪根自签订协议之日起十日内在省级媒体上公开赔礼道歉;二、李绪根自签订本协议之日起十日内增殖放流价值25000元的鱼苗(已履行);三、李绪根自签订本协议之日起二年内再行增殖放流价值22500元的鱼苗。江苏省如皋市人民法院一审认为,

李绪根违反保护水产资源法规,在禁渔区内使用禁用的方法捕捞水产品,情节严重,已构成非法捕捞水产品罪。鉴于李绪根案发后自动投案,如实供述自己的罪行,构成自首;已退缴违法所得,且采取增殖放流修复生态环境,可从轻处罚。一审法院判决李绪根犯非法捕捞水产品罪,判处有期徒刑一年,没收违法所得9000元。

【典型意义】

本案系非法捕捞水产品引发的刑事附带民事公益诉讼案件。长江十年禁捕是贯彻习近平总书记关于"共抓大保护、不搞大开发"的重要指示精神,保护长江母亲河和加强生态文明建设的重要举措,是为全局计、为子孙谋,功在当代、利在千秋的重要决策。本案中,案发地位于四大家鱼种质资源区的长江流域扬州段,是鱼类的重要洄游通道,也是鱼类育肥产卵和越冬的最佳场所。李绪根电鱼的行为对自然水域的水生生物产生极大杀伤力,严重威胁生态资源和水环境,故人民法院依法以非法捕捞罪判处其有期徒刑并没收违法所得。同时,李绪根仍需承担增殖放流的生态修复责任,确保长江流域生态环境得到及时有效修复。2020年12月,最高人民法院、最高人民检察院、公安部、农业农村部联合制定了《依法惩治长江流域非法捕捞等违法犯罪的意见》,明确对长江流域非法捕捞等危害水生生物资源的各类违法犯罪进行严厉打击,确保长江流域禁捕工作顺利实施。

二、被告人赵成春等6人非法采矿案

【基本案情】

2013年春节后,被告人赵成春与被告人赵来喜共谋,由赵成春负责在长江镇江段采砂,赵来喜以小船每船1500元、大船每船2400元的价格予以收购。2013年3月至2014年1月间,赵成春在未办理河道采砂许可证的情况下,雇佣被告人李兆海、李永祥在长江镇江段119号黑浮下游锚地附近水域使用吸砂船将江砂直接吸到赵来喜货船。赵来喜雇佣被告人赵加龙、徐培金等将江砂运输至其事先联系好的砂库予以销售。经鉴定,赵成春、赵来喜、李兆海、李永祥非法采砂38万余吨,造成国家矿产资源破坏价值152万余元。赵加龙参与非法采砂22万余吨,价值90万余元;徐培金参与非法采砂15万余吨,价值62万余元。

【裁判结果】

江苏省镇江市京口区人民法院一审认为,被告人赵成春、赵来喜等6人违反矿产资源法的规定,未取得采矿许可证非法采矿,情节特别严重,均已构成非法采矿罪,分别判处赵成春、赵来喜有期徒刑三年六个月,并处罚金20万元;李兆海、李永祥有期徒刑六个月,缓刑一年,罚金2万元;赵加龙罚金1.8万元、徐培金罚金1.6万元;追缴被告人违法所得,并没收吸砂船。江苏省镇江市中级人民法院二审维持一审判决。

【典型意义】

本案系在长江河道非法采砂引发的刑事案件。长江河道砂石资源具有维持河道潜流、稳定河道形态、提供生物栖息地、过滤河流水质等重要功能,非法采砂行为不仅导致国家矿产资源的流失,还严重影响长江航道和防洪堤坝安全,危害社会公共利益。本案中,人民法院加大对非法采砂犯罪行为的惩处力度,对六名被告人依法予以严惩,斩断"盗采、运输、销售"一条龙犯罪产业链条,有力震慑了非法采砂行为,彰显了人民法院用最严格制度最严密法治保护长江流域生态环境、维护沿岸人民群众的生命财产安全的坚强决心。

三、被告人秦家学滥伐林木刑事附带民事公益诉讼案

【基本案情】

2016年9月至2017年1月,被告人秦家学在没有办理林木采伐许可证的情况下,擅自将位于保靖县毛沟镇卧当村白云山国家级自然保护区核心区自己承包山上的杉木进行砍伐,其中核心区内面积117.5亩,核心区外面积15.46亩,并雇佣他人将砍伐的杉木运出并销售。经鉴定,秦家学共砍伐林木1010株,林木蓄积为153.36立方米。湖南省保靖县人民检察院依法提起刑事附带民事公益诉讼。

【裁判结果】

湖南省保靖县人民法院一审认为,秦家学滥伐白云山国家级自然保护区核心区内的公益林,林木蓄积153.36立方米,数量巨大,构成滥伐林木罪。鉴于秦家学系初犯、认罪,积极交纳补植复绿的保证金66025元,有悔罪表现,应从轻判处。保靖县人民检察院要求秦家学恢复原状的诉讼请求,于法有据,予以支持。一审法院判决秦家学犯滥伐林木罪,判处有期徒刑三年、缓刑四年,并处罚金1万元;秦家学在判决生效后两年内在白云山国家级自然保护区内栽植一年生杉树苗5050株,存活率达到90%以上。

【典型意义】

本案系滥伐林木引发的刑事附带民事公益诉讼案件。白云山国家级自然保护区位于武陵山区,是长江流域洞庭湖支流沅江的重要水源涵养区。该地区的森林资源具有保持水土、维护生物多样性等重要作用。本案中,秦家学未取得林木采伐许可证,擅自砍伐、销售自然保护区内公益林,损害社会公共利益。人民法院统筹运用刑事、民事责任方式,有效确立"伐树要许可、毁树须担责",并支持检察机关恢复原状的诉讼请求,对于推动形成人与自然和谐共生的绿色生活方式,具有积极的促进作用。

四、欧祖明诉重庆市铜梁区人民政府撤销行政行为案

【基本案情】

经重庆市人民政府批复同意,重庆市铜梁区人民政府(以下简称区政府)于2015年10月作出《关于涪江饮用水源保护区环境整治的通告》(以下简称被诉通告)。被诉通告按照经批复的方案划定了饮用水水源保护区范围,规定在二级保护区内禁止从事泊船、采砂、放养家禽、网箱养殖等活动;在一级保护区内,还须禁止从事水产养殖等行为;对违反本通告的单位或个人,由环保、农业、水务等相关职能部门根据有关规定予以处理。欧祖明长期从事渔业养殖的水域被划入饮用水水源保护区,被禁止继续从事渔业养殖活动。欧祖明认为被诉通告侵犯其合法权利,故诉至法院请求撤销该通告。

【裁判结果】

重庆市第一中级人民法院一审认为,区政府作出被诉通告的行政目的是为了防止饮用水水源污染,确保广大人民群众生产、生活用水安全,且程序并无违法之处,故被诉通告合法。欧祖明虽曾依法获得从事渔业养殖的行政许可,但行政许可所依据的客观情况发生重大变化,为了公共利益需要,行政机关可依法变更或者撤回已经生效的行政许可,遂判决驳回欧祖明的诉讼请求。重庆市高级人民法院二审维持一审判决。

【典型意义】

本案系饮用水水源地保护引发的行政诉讼。饮用水安全事关人民群众健康,国家为此建立饮用水水源保护区制度。长江保护法亦规定,长江流域省级人民政府组织划定饮用水水源保护区,加强饮用水水源保护,保障饮用水安全。本案中,虽然欧祖明曾获得从事渔业养殖的行政许可,但区政府基于饮用水水源地保护的实际需要作出被诉通告,进行饮用水水源保护区环境整治,符合环境公共利益。准予行政许可所依据的客观情况发生了重大变化,本案不属于行政权力擅自专断的违法情形。人民法院依法支持行政机关的整治举措,有力保障了饮用水水源地保护制度的功效实现。

五、宣城市恒泰金属铸件有限公司诉安徽省宣城市宣州区人民政府未依法履行行政补偿职责案

【基本案情】

宣城市恒泰金属铸件有限公司(以下简称恒泰公司)位于安徽省宣城市宣州区黄渡乡杨林村,属扬子鳄国家级自然保护区范围内。安徽省宣城市宣州区人民政府(以下简称区政府)基于中央环保督察及"绿盾2018"专项督察反馈问题整改的工作要求,向恒泰公司发出限期拆除违法建筑公告,责令恒泰公司于2018年10月10日前将其在扬子鳄国家级自然保护区内的建筑物自行拆除并恢复土地原状;并向恒泰公司出具《承诺书》,就拆迁原则、存疑评估处理以及付款方式进行了承诺。恒泰公司自行拆除了建筑物后,黄渡乡政府向其支付补偿款400万元。因双方对剩余补偿数额有异议,区政府一直未支付剩余补偿款,恒泰公司提起行政诉讼。

【裁判结果】

安徽省宣城市中级人民法院一审认为,恒泰公司虽已取得经营、用地、建设等各项行政许可,但因公司位于扬子鳄国家级自然保护区范围内,区政府基于环保整改工作要求责令其停止生产经营活动、拆除不动产,并无不当。但对于恒泰公司的损失应依法予以补偿,区政府在向恒泰公司支付400万元补偿款后,以双方就剩余补偿数额不能达成一致为由一直未作补偿决定,系部分行政不作为。故判决责令区政府对恒泰公司作出补偿决定。

【典型意义】

本案系企业有序退出自然保护区引发的行政案件。长江流域生态系统类型多样,自然保护区众多。自然保护区是各种生态系统及生物物种的天然贮存库,对保护自然资源和生物多样性、维持生态平衡、促进国民经济可持续发展具有重要意义。本案中,人民法院依法支持区政府责令恒泰公司退出扬子鳄国家级自然保护区的行政行为,有利于保持完好的天然生态系统,切实维护长江流域的生态环境平衡。同时,人民法院判令区政府在依法作出正式评估报告后对恒泰公司实际损失予以合理补偿,有利于促进行政机关依法行政,实现生态环境保护与企业合法权益保护的平衡。

六、中华环境保护基金会诉中化重庆涪陵化工有限公司环境污染民事公益诉讼案

【基本案情】

中化重庆涪陵化工有限公司(以下简称涪陵化工公司)将生产过程中产生的磷石膏直接堆放在长江边长达18年,覆盖面积达700多亩,最深处达125米,造成当地生态环境损害严重,并对长江生态安全产生重大威胁。经媒体曝光后,涪陵化工公司立即制定环境问题整改处置方案,并报重庆市环保监管部门批准。2017年1月,中华环境保护基金会以涪陵化工公司超标排放污染物等行为违法,

给当地环境带来极大破坏为由提起环境民事公益诉讼,请求判令涪陵化工公司立即停止环境侵害行为,赔偿相应的修复费用以及生态环境服务功能损失费或采取替代性修复方式。重庆市人民检察院第三分院依法支持起诉。

【裁判结果】

重庆市第三中级人民法院一审审理中,中华环境保护基金会与涪陵化工公司达成如下调解协议:一是涪陵化工公司承诺严格贯彻落实重庆市及当地环保主管部门批复同意的环境问题整改处置方案,在2019年12月31日前完成封场、覆土、复绿等环境整治工作;二是涪陵化工公司支付803700.80元,用于本案或者本地区大气环境、水环境修复或替代性修复等公益用途。一审法院经审查认为,上述协议内容符合法律规定,不违反社会公共利益,予以确认。在一审法院监督下,涪陵化工公司已完成调解书确定的各项义务。

【典型意义】

本案系长江边磷石膏尾矿库引发的环境污染民事公益诉讼。总磷是长江首要超标污染因子,磷石膏尾矿库通过渗滤液渗漏等方式污染土壤、地下水等,对长江构成巨大威胁。本案中,人民法院探索建立以法院为主导的案件执行机制,充分延伸环境资源审判职能,及时向有关单位发出司法建议,形成监督合力,确保涪陵化工公司按时按约履行调解书。同时,积极构建生态环境修复协调联动机制,邀请检察机关、环境资源行政主管部门共同制定生态环境修复评估标准,对修复工作进行联合巡检;邀请人大代表、政协委员对案件执行工作进行监督。本案的审判和执行过程创新完善环境民事公益诉讼案件执行机制,充分体现出人民法院在服务和保障长江流域生态文明建设中的主动担当作为。

七、北京市朝阳区自然之友环境研究所诉中国水电顾问集团新平开发有限公司等环境污染责任民事公益诉讼案

【基本案情】

中国水电顾问集团新平开发有限公司(以下简称新平公司)开发建设云南红河戛洒江一级水电站。根据《云南省生态保护红线》附件1《云南省生态保护红线分布图》所示,案涉水电站淹没区大部分被划入红河(元江)干热河谷及山原水土保持生态保护红线范围,在该区域内,绿孔雀为重点保护物种。2017年7月,生态环境部责令新平公司就该项目建设开展环境影响后评价,后评价工作完成前,不得蓄水发电。之后,新平公司即停止对案涉水电站建设项目的施工。北京市朝阳区自然之友环境研究所(以下简称自然之友)以案涉水电站一旦蓄水将导致绿孔雀栖息地被淹没、绿孔雀存在灭绝可能,并危害生长在该区域陈氏苏铁、破坏当地珍贵的干热河谷季雨林生态系统为由,提起环境民事公益诉讼。

【裁判结果】

云南省昆明市中级人民法院一审认为,本案系预防性环境公益诉讼,根据《最高人民法院关于审理环境民事公益诉讼案件适用法律若干问题的解释》第八条的规定,自然之友已举证证明案涉水电站的淹没区是绿孔雀频繁活动区域,构成其生物学上的栖息地,一旦淹没很可能会对绿孔雀的生存造成严重损害。同时,案涉水电站原环境影响报告书未涉及陈氏苏铁的保护,若继续建设将使该区域珍稀动植物的生存面临重大风险。故判决新平公司立即停止案涉水电站项目建设,待其按生态环境部要求完成环境影响后评价及备案工作后,再由相关行政主管部门视具体情况依法作出决定。云南省高级人民法院二审维持一审判决。

【典型意义】

本案系珍稀野生动植物保护预防性环境民事公益诉讼案件。预防性公益诉讼是环境资源审判落实预防为主原则的重要体现,突破了有损害才有救济的传统理念,将生态环境保护的阶段提升至事中甚至事前,有助于加大生态环境保护力度,避免生态环境遭受损害或者防止损害的进一步扩大。本案中,自然之友已举证证明案涉水电站如果继续建设,势必导致国家Ⅰ级重点保护动物绿孔雀和国家Ⅰ级重点保护植物陈氏苏铁的生境被淹没,导致该区域的生物多样性和遗传资源遭受直观预测且不可逆转的损害。人民法院贯彻落实习近平总书记"共抓大保护、不搞大开发"重要指示精神,依法判定新平公司停止基于现有环境影响评价下的水电站建设项目,责令完善相关手续,为长江流域生物多样性保护提供有力司法保障。

八、中国生物多样性保护与绿色发展基金会诉雅砻江流域水电开发有限公司环境民事公益诉讼案

【基本案情】

雅砻江上的牙根梯级电站由雅砻江流域水电开发有限公司(以下简称雅砻江公司)负责建设和管理,现处于项目预可研阶段,水电站及其辅助工程(公路等)尚未开工建设。中国生物多样性保护与绿色发展基金会(以下简称绿发会)认为,雅江县麻郎措乡沃洛希村(音译)附近的五小叶槭种群是当今世界上残存最大的五小叶槭种群,是唯一还有自然繁衍能力的种群。牙根梯级电站即将修建,根据五小叶槭雅江种群的分布区海拔高度和水电站水位高度

对比数值,牙根梯级水电站以及配套的公路建设将直接威胁到五小叶槭的生存,对社会公共利益构成直接威胁。绿发会遂提起本案诉讼。

【裁判结果】

四川省甘孜藏族自治州中级人民法院一审认为,鉴于五小叶槭在生物多样性红色名录中的等级及牙根梯级电站建成后可能存在对案涉地五小叶槭原生存环境造成破坏、影响其生存的潜在风险,可能损害社会公共利益。考虑到牙根梯级电站现处在项目预可研阶段,故判决雅砻江公司应当将五小叶槭的生存环境作为牙根梯级电站项目可研阶段环境评价工作的重要内容,环境影响报告书经环境保护行政主管部门审批通过后,才能继续开展下一步的工作。

【典型意义】

本案系全国首例针对珍稀野生植物的预防性公益诉讼。长江上游是我国水能资源蕴藏丰富的地区,也是自然环境良好、生物物种丰富、地质条件脆弱的生态功能区。本案中,人民法院依法处理好生态环境保护与经济发展的关系,将生态优先的原则贯穿到水电规划开发的全过程,在进行项目可行性研究时充分尊重五小叶槭的生存环境,成功避免了环境安全与效益价值的冲突。同时,五小叶槭虽未列入我国《国家重点保护野生植物名录》,但世界自然保护联盟已将其评估为"极度濒危"、列入红色名录,人民法院判令雅砻江公司采取预防性措施保护五小叶槭生存环境,充分体现了我国作为《生物多样性公约》缔约国的责任和担当。

九、湖北省人民检察院武汉铁路运输分院诉阳新网湖生态种养殖有限公司通海水域污染损害责任环境民事公益诉讼案

【基本案情】

网湖大湖为网湖湿地自然保护区内的主要湖泊,并被湖北省人民政府列入第一批湖泊保护名录。阳新网湖生态种养殖有限公司(以下简称养殖公司)与黄石市网湖湿地自然保护区管理局签订合同,约定由其承包网湖大湖进行生态渔业养殖。2014年至2016年,养殖公司先后向网湖大湖违法投放磷肥约1000吨、氮肥约2000吨、有机肥约1000吨,豆渣、啤酒糟等约46000吨。网湖整体水质类别由2013年的Ⅲ类逐渐降至2016年的Ⅴ类,水质恶化,主要超标项目为总磷,水质呈中富营养状态级别。湖北省人民检察院指定武汉铁路运输分院提起民事公益诉讼。

【裁判结果】

武汉海事法院一审认为,网湖大湖水质总磷超标的损害后果,与养殖公司进行渔业养殖过程中违法过度投放肥料和饲料的行为具有直接的因果关系,养殖公司作为污染者,应承担侵权责任。故依据湖北省环境科学研究院生态环境损害司法鉴定中心出具的鉴定意见,判决养殖公司赔偿网湖大湖水体环境损害费1946776元,支付至阳新县财政局非税财政专户,用于网湖大湖水体的整体治理与恢复工作;并在市级以上新闻媒体向社会公开赔礼道歉。

【典型意义】

本案系渔业养殖引发的水污染纠纷案件。长江流域湿地、湖泊分布广泛,类型多样齐全,在维护淡水资源安全、生态安全等方面起着十分重要的作用。网湖湿地位于长江一级支流富水河下游,是东方白鹳、小天鹅等珍稀濒危动植物的栖息地,被专家誉为"湿地水禽遗传基因保存库"。本案中,养殖公司虽然依据合同享有在案涉区域进行生态渔业养殖的权利,但同时也负有不得投放(粪)养殖、采取措施避免水体污染的义务。人民法院判决养殖公司承担的环境损害赔偿款用于网湖大湖水体的整体治理与恢复工作,为改善和恢复湖泊、湿地生态系统的质量和功能提供有力司法保障。

十、江西省新余市渝水区人民检察院诉江西省新余市水务局怠于履行河道监管职责行政公益诉讼案

【基本案情】

江西省新余市水务局(以下简称市水务局)执法人员在巡查中发现赖鹏杰在河下镇袁河划江段非法采砂,遂先后两次向其送达责令停止违法通知书。经立案调查后,作出罚款20000元的行政处罚决定。2017年9月,江西省新余市渝水区人民检察院(以下简称区检察院)发现涉案线索,向市水务局发出检察建议书。市水务局对赖鹏杰进行约谈,赖鹏杰缴纳了罚款20000元。后市水务局将检察建议落实情况书面回复区检察院。区检察院进行回访调查,发现赖鹏杰堆放的砂石及废弃采砂设备并未清除,河道管理范围内的环境未得到改善、修复。区检察院依法提起行政公益诉讼。

【裁判结果】

江西省新余市渝水区人民法院一审认为,市水务局作为市级河道主管部门,具有履行河道监管的法定职责,对未经批准在河道管理范围内采砂具有行政强制权和行政处罚权。对于赖鹏杰多次非法采砂的行为,市水务局虽然履行了一定职责,在两次责令赖鹏杰停止违法行为后对其作出罚款20000元的行政处罚,但现场堆放的砂石及废弃采砂设备并未清除,河道未得到修复。市水务局在执法过程中没有严格全面履职,致使违法行为持续时间较长,严重损害社会公共利益。故判决确认市水务局怠于履行河道监管职责的行为违法;责令市水务局继续履行监管职责,确保河道管理安全。

【典型意义】

本案系因对非法采砂行为监管不力危害河道管理安全引发的行政公益诉讼案件。非法采砂人在河道管理范围内建设构筑物、堆放砂石及废弃设备,影响河道管理和行洪安全,致使国家利益和社会公共利益受到侵害。市水务局作为具有河道监管职责的机关,应当积极履行行政职责,对非法采砂行为进行处罚,对非法建筑进行拆除、恢复河道原状。人民法院依法确认市水务局怠于履职行为违法,同时责令其继续履行法定职责,对于合理界定行政机关依法履职认定标准,促进行政机关依法、及时、全面地履行行政职责,具有示范性意义。

3. 黄河流域生态环境司法保护典型案例
（2020 年发布）[①]

（2020 年 6 月 5 日）

一、被告人甲波周盗伐林木刑事附带民事公益诉讼案

【基本案情】

被告人甲波周为自建房屋申请砍伐木材 50 立方米。2018 年 7 月底,在尚未取得林木采伐许可证情况下,甲波周谎称已取得砍树指标,请人在崇尔乡列更山上砍伐云杉树木 39 棵、蓄积为 44.87 立方米。同年 9 月 10 日,甲波周主动到若尔盖县森林公安局投案,如实供述犯罪事实,后签署认罪认罚具结书。四川省若尔盖县人民检察院依法提起刑事附带民事公益诉讼。

【裁判结果】

四川省若尔盖县人民法院一审认为,甲波周在未取得林木采伐许可证的情况下,以非法占有为目的,擅自砍伐国家所有林木云杉,蓄积 44.87 立方米,数量巨大,已构成盗伐林木罪。鉴于甲波周构成自首,其盗伐林木目的是用于自建房且能认罪认罚,故对其减轻处罚。若尔盖县人民检察院依法提起附带民事公益诉讼,主体适格,程序合法,对其公益诉讼请求予以支持。一审法院判决甲波周犯盗伐林木罪,判处有期徒刑二年,缓刑三年,并处罚金 2000 元;甲波周在判决生效后六个月内,补种云杉树 390 株。

【典型意义】

本案系盗伐林木引发的刑事附带民事公益诉讼案件。若尔盖县地处黄河上游,是重要的水源涵养区。该区域的森林资源具有保持水土、维护生物多样性等重要作用。通过案件审理,人民法院统筹运用刑事、民事责任方式,落实恢复性司法理念,在判决甲波周负刑事责任的同时承担补植复绿的生态环境修复责任,构建惩处和复绿并举的责任追究机制,对于有效树立"伐树要许可、毁树须担责"的生态保护意识,推动形成人与自然和谐共生的绿色生活方式,具有积极的促进作用。

二、被告人户燕军、李富强等 6 人盗掘古文化遗址、古墓葬案

【基本案情】

2016 年 9 月至 2017 年 7 月间,被告人户燕军、李富强等 6 人在安阳市殷都区梅园庄北街等多处地方实施盗掘行为。其中,在殷都区梅园庄北街盗挖出两个青铜戈,后被李富强以 3000 元的价格出售。经国家文物出境鉴定河南站鉴定,该系列盗掘行为破坏了殷墟遗址的商代文化层,盗掘位置分别位于全国重点文物保护单位殷墟遗址保护区的重点保护区、一般保护区、建设控制地带。

【裁判结果】

河南省安阳市中级人民法院一审认为,户燕军、李富强等 6 人盗掘全国重点文物保护单位保护区范围内的古文化遗址、古墓葬,其行为构成盗掘古文化遗址、古墓葬罪。一审法院判决户燕军、李富强等 6 人犯盗掘古文化遗址、古墓葬罪,判处有期徒刑十五年至十二年不等,均剥夺政治权利二年,并处罚金二十万元至十五万元不等。

【典型意义】

黄河文化是中华文明的重要组成部分,黄河流域分布着大量的古文化遗址和古墓葬群。其中,殷墟遗址被列入世界文化遗产名录,具有重要的保护价值。包括古文化遗址在内的人文遗迹在文化、科学、历史、美学、教育、环境等方面都具有极高价值,是环境保护不可分割的组成部分。本案判决体现了人民法院严厉打击破坏古文化遗址和古墓葬行为,保护、传承、弘扬黄河文化的政策导向,对提高公众文物保护意识具有教育指引作用。

[①] 案例来源:案例 1~10 为 2020 年 6 月 5 日最高人民法院发布的黄河流域生态环境司法保护典型案例。

三、被告人贡嘎平措等 3 人非法猎捕、杀害珍贵、濒危野生动物刑事附带民事公益诉讼案

【基本案情】

2017 年 12 月间,被告人贡嘎平措等 3 人在玉树市仲达乡邦琼寺附近一山沟处用铁丝陷阱非法捕杀三只母马麝,并将尸体埋于现场附近。玉树市森林公安局民警接群众报案后将三人当场抓获。经鉴定,案涉野生动物马麝为国家一级重点保护动物,三只马麝整体价值为 90000 元。青海省玉树市人民检察院依法提起刑事附带民事公益诉讼。

【裁判结果】

青海省玉树市人民法院一审认为,贡嘎平措等 3 人的行为,构成非法猎捕、杀害珍贵、濒危野生动物罪。三被告人的行为损害了社会公共利益,应承担因犯罪行为给国家野生动物资源造成的损失。一审法院判决贡嘎平措等 3 人犯非法猎捕、杀害珍贵、濒危野生动物罪,判处有期徒刑五年至三年六个月不等,并处罚金;判决三被告共同赔偿野生动物资源损失 90000 元,并公开向社会公众道歉。

【典型意义】

本案系非法猎捕、杀害珍贵、濒危野生动物引发的刑事附带民事公益诉讼案件。保护珍贵、濒危野生动物对于保护生物多样性、维护生态系统平衡具有重要意义。三江源地区是黄河的发源地,生物多样性丰富,但同时也属于生态脆弱区。本案在严惩破坏野生动物资源犯罪的同时,依法判决赔偿国家经济损失并赔礼道歉,体现了司法保护生态环境公共利益的功能,对于全面禁止和惩治非法野生动物交易,引导社会公众树立自觉保护野生动物及其栖息地意识,维护国家生物安全和生态安全具有重要意义。

四、义马市朝阳志峰养殖厂诉河南省义马市联创化工有限责任公司水污染责任纠纷案

【基本案情】

义马市朝阳志峰养殖厂(以下简称志峰养殖厂)是 2017 年 6 月经工商登记注册的个体工商户,经营范围为鸡饲养、养殖淡水鱼。该养殖厂毗邻黄河支流涧河,鱼塘用水系涧河渗入。2018 年 2 月,河南省义马市联创化工有限责任公司(以下简称联创化工公司)向涧河上游水域倾倒工业废水,导致位于涧河下游的志峰养殖厂中养鱼塘、钓鱼塘水质均被污染,所饲养鱼苗全部死亡。志峰养殖厂诉至法院,请求判令联创化工公司赔偿其鱼塘死鱼损失、钓鱼经营损失、养鸡损失并承担修复鱼塘、养鸡环境修复责任及环境修复费用等。

【裁判结果】

河南省义马市人民法院一审认为,联创化工公司向涧河水体排放污染物的行为以及志峰养殖厂所养殖鱼死亡的事实均可认定,且志峰养殖厂养殖鱼水体位于联创化工公司向涧河排污的下游段,具有一定关联性,应由联创化工公司就其排污行为与志峰养殖厂养殖鱼死亡之间不存在因果关系承担举证责任。联创化工公司未能举证证明其排污行为与志峰养殖厂养殖鱼死亡之间不存在因果关系,故联创化工公司作为环境污染者,依法应对志峰养殖厂承担侵权责任。一审法院依据鉴定意见,判决联创化工公司赔偿志峰养殖厂养鱼塘及钓鱼塘损失 89600 元及律师费,承担环境修复费用 24400 元。

【典型意义】

本案系上游排污引发下游损害的典型水污染纠纷案件。环境侵权纠纷的原告需就污染行为和损害后果之间存在关联性承担初步举证责任。本案中,人民法院基于原被告在地理位置上具有上下游关系,认定关联性成立并将因果关系不存在的举证责任转移给被告承担,系对环境侵权因果关系举证责任分配规则的正确适用。同时,本案裁判明确了受害人在私益诉讼中亦可就与其人身、财产合法权益保护密切相关的生态环境修复提出主张,该修复费用必须用于修复生态环境。本案的正确审理,落实了损害担责原则,对于在私益诉讼中如何处理好与维护生态环境公共利益的衔接关系亦具有示范作用。

五、甘肃兴国水电开发有限责任公司诉甘肃省夏河县人民政府单方解除行政协议案

【基本案情】

2007 年,甘肃省夏河县人民政府(以下简称夏河县政府)与甘肃兴国水电开发有限责任公司(以下简称兴国公司)签订《夏河县王格尔塘水电站开发建设项目合同书》(以下简称水电站项目合同),约定由兴国公司在黄河一级支流大夏河开发建设王格尔塘水电站,总装机容量 13500 千瓦。兴国公司做了前期准备工作,但项目一直未进入开工建设阶段。2013 年 10 月颁布的《甘肃省甘南藏族自治州生态环境保护条例》(以下简称州条例)规定,自治州辖区内禁止开发建设五万千瓦及以下水电建设项目。2016 年 4 月,夏河县水务水电局通知兴国公司,决定禁止开发案涉水电站。同年 12 月,夏河县发展和改革局、水务水电局、原环境保护局、原国土资源局下发《关于禁止开发王格尔塘水电站的情况说明》,取消案涉水电站开发建设项目计划。2017 年 2 月,夏河县政府向兴国公司发函,收回与其签订的案涉水电站项目建设开发权,取消相关开发建设项目计划。兴国公司诉至甘肃矿区人民法院,请求确认夏河县政府解除案涉水电站项目合同的行为违法。

【裁判结果】

甘肃矿区人民法院一审认为，案涉水电站项目合同于2007年6月签订后，至2013年10月州条例颁布施行，兴国公司所做工作为项目建设的前期准备，项目并未进入开工建设阶段，故该项目建设开发应当受州条例约束。由于州条例的颁布施行使得水电站项目合同履行的法律基础丧失，夏河县政府依照州条例的规定，收回尚未实际开工建设的水电站项目建设开发权，取消相关项目计划，于法有据。一审法院判决驳回兴国公司确认夏河县政府解除水电站项目合同行为违法的诉讼请求。甘肃省高级人民法院二审维持一审判决。

【典型意义】

本案系行政协议履行过程中引发的行政案件。行政协议履行过程中，如因实现公共利益或者行政管理目标需要，或遇法律政策有重大调整时，行政机关依法享有单方变更、解除行政协议的权利，但因此造成相对人合法权益受损的，应当依法予以补偿。本案中，夏河县政府根据州条例的规定，结合水电站项目并未进入开工建设阶段的实际情况，单方解除水电站项目合同，是履行大夏河流域生态环境保护职能，维护公共利益的合法行为。人民法院依法支持夏河县政府决定，有利于规范黄河上游水电资源开发利用，有效保护黄河流域生态环境。

六、河南省环保联合会诉聊城东染化工有限公司环境污染公益诉讼纠纷案

【基本案情】

2015年3月至5月，聊城东染化工有限公司（以下简称东染化工公司）擅自将其生产过程中产生的废硫酸15车共计1000余吨，交给没有危险废物运输处置资质的陈文玲等8人进行非法处置，分别倾倒在南乐县近德固乡潴龙河（流入黄河支流马颊河），以及千口镇柴庄村北、清丰县韩村乡等7处沟内。该废酸属于《国家危险废物名录》中"HW34废酸类"危险废物，对地表水和土壤环境造成严重损害，并直接造成周边群众的麦苗和林木枯死。河南省环保联合会提起民事公益诉讼，请求判令东染化工公司恢复原状或承担治理费用及已经发生的鉴定评估费、应急处置费等，并公开赔礼道歉。濮阳市人民检察院依法支持起诉。

【裁判结果】

经河南省濮阳市中级人民法院（以下简称濮阳中院）主持调解，双方达成如下调解协议：一、东染化工公司赔付环境修复治理费用600万元，第一期300万元已缴纳，第二期300万元于2019年1月1日前缴纳至濮阳中院指定账户。二、东染化工公司法定代表人薛春林自愿承诺：薛春林面向社会开放其拥有的CN201720746317.9号"一种回收氟化氢的装置"实用新型专利，任何单位或个人均可以善意地实施该专利，该项承诺一经作出不可撤销。三、东染化工公司在濮阳市级媒体上公开赔礼道歉。四、东染化工公司支付河南省环保联合会律师费15万元。濮阳中院将调解协议内容依法进行了公告，公告期间内未有任何个人或单位提出异议。濮阳中院经审查认为，上述协议内容符合法律规定，不违反社会公共利益，予以确认。

【典型意义】

本案系社会组织起诉、由检察机关支持起诉的涉水和土壤污染环境民事公益诉讼案件。本案中，企业将生产出的废酸交给没有危险废物运输处置资质的个人非法倾倒至黄河流域多处沟内，对地表水和土壤环境造成严重损害，应承担环境侵权责任。人民法院组织双方达成和解协议，内容不仅包括企业承担环境修复治理费用、赔礼道歉等法律责任，企业的法定代表人还主动向社会开放了其拥有的环境保护方面实用新型专利。人民法院在依法支持社会组织环境公益诉权，确保污染者及时履行环境修复责任的同时，着眼环境利益最大化，积极创新审判执行方式，取得了良好的法律效果和社会效果。

七、山东省东营市东营区人民检察院诉东营市水利局未全面履行河道监管法定职责行政公益诉讼案

【基本案情】

山东省东营市东营区人民检察院（以下简称东营区检察院）在履行职责中发现，东营区六户镇武家大沟大许村西至邱家村东段两岸的堤坝被非法取土，破坏严重、未予修复，危及河道行洪及周边群众生命和财产安全，于2018年6月发出检察建议，建议东营市水利局依法全面履行职责，恢复堤坝原状或采取其他补救措施。按照检察建议，东营市水利局对相关河段进行了修复，共修复岸线长度2757米。但东营区检察院跟进监督发现，堤坝无法满足设计标准和汛情要求，且部分修复堤段已出现溃坝、漫堤现象，致使河道两岸农田全部受灾，生态环境破坏状态未得到治理，国家利益和社会公共利益持续受到侵害的现象并未得到有效改善。东营区检察院提起行政公益诉讼，请求确认东营市水利局未全面履行河道监管法定职责的行为违法；判令其继续履行职责，采取补救措施对案涉被毁堤坝予以修复。

【裁判结果】

山东省东营市东营区人民法院一审认为，东营市水利局作为行政主管机关，负有对案涉河道进行监督管理的职责。虽然东营市水利局已组织执法人员对案涉堤坝及其护堤非法取土予以制止，但未采取修复补救措施。在收到

检察建议后,东营市水利局虽然修复了案涉河道北岸线堤坝,履行了一定的修复职责,但并未全面履行河道监管法定职责。一审法院判决确认东营市水利局未全面履行河道监管法定职责的行为违法;东营市水利局于判决生效之日起六个月内采取补救措施。

【典型意义】

本案系黄河流域河道堤坝保护引发的行政公益诉讼案件。洪水风险依然是黄河流域的最大威胁,做好防洪工程设施保护是确保黄河长久安澜的重要环节。本案中,行政主管机关在收到检察建议后虽履行了一定修复职责,但案涉堤坝仍存在无法满足设计标准和汛情要求,且部分修复堤段存在溃坝、漫堤现象。人民法院针对检察机关提起的公益诉讼请求,判决认定行政机关未完全履行法定职责,并判令其继续履约采取修复措施,有利于监督行政机关依法及时全面履行职责,共同维护防洪工程设施,切实保障国家利益、社会公共利益和黄河沿岸人民群众生命财产安全。

八、陕西省三原县人民检察院诉陕西省三原县大程镇人民政府未履行环境保护和污染防治法定职责行政公益诉讼案

【基本案情】

陕西省三原县大程镇人民政府(以下简称大程镇政府)所辖区域位于渭河支流清河的北岸沿岸。2012年,为优化镇区环境、解决污水直排问题,大程镇政府申报获批关于"建设大程镇污水处理厂及污水管网工程"项目,并完成污水处理厂的征地及围墙圈建工作,但污水处理厂及污水管网工程一直未予建设,排污状态依然持续。陕西省三原县人民检察院(以下简称三原县检察院)向大程镇政府发出检察建议。大程镇政府未在规定时间内予以回复,亦未启动污水处理厂及污水管网工程建设。三原县检察院遂提起行政公益诉讼,请求确认大程镇政府未依法履行环境保护和污染防治职责的行为违法;判令其继续依法履行法定职责,建设污水处理设施及配套管网,保证排出的污水符合相关标准。

【裁判结果】

陕西省三原县人民法院一审认为,大程镇政府具有建设农村污水集中处理设施及公共污水管网的法定职责,其在案涉工程批准后长达四年多时间未予建设,致使大程镇四个行政村和七个企业的污水长期超标准直接排入清河。三原县检察院发出检察建议后,大程镇政府仍未有效解决上述问题,社会公共利益一直处于受损害状态,已构成怠于履行法定职责的行政不作为。鉴于该工程涉及范围广、工程量大,建设工期可参照项目可行性研究报告确定为25个月。一审法院判决确认大程镇政府未完全履行法定环境保护和污染防治职责的行为违法,并限其于判决生效后25个月内建设完成三原县大程镇污水集中处理设施和公共污水管网,保证排入清河的污水符合排放标准。

【典型意义】

本案系黄河流域农村污水集中处理设施及污水管网建设引发的行政公益诉讼案件。农村污水处理设施及管网建设是打好水污染防治攻坚战的重要方面,也是推进农村人居环境整治、建设美丽乡村的应有之责。本案中,大程镇政府怠于履行法定职责,案涉工程在批准后一直未动工建设,导致污水长期超标准直接排入清河。受案法院依法判决支持检察机关的诉请,并在判决生效后和检察机关共同派员前往项目施工现场持续进行监督,促使案涉工程按期建成并投入使用,展现了人民法院和人民检察院以维护社会公共利益为目标导向,充分发挥司法职能,监督支持依法行政,有效解决农村环境突出问题,保障实施乡村振兴战略。

九、山西省岚县人民检察院诉岚县水利局未履行环境保护和污染防治法定职责行政公益诉讼案

【基本案情】

山西岚县昌恒煤焦有限公司(以下简称昌恒公司)项目井田位于汾河水库饮用水源准保护区。2017年9月,山西省岚县人民检察院(以下简称岚县检察院)向岚县水利局发出检察建议书,建议其制止昌恒公司在岚河(汾河一级支流)内私设排水口、排放污水的行为。同年10月14日,岚县水利局对昌恒公司作出行政处罚决定,责令该公司于2017年10月20日前拆除排污口,并处罚款10万元。2018年3月,岚县水利局向人民法院申请强制执行。山西省岚县人民法院认为,岚县水利局作为水行政主管部门依法具有行政强制执行权,故裁定对其申请不予受理。岚县检察院提起行政公益诉讼,请求确认岚县水利局不依法履行拆除昌恒公司私设排水口的法定职责违法;判决岚县水利局采取补救措施依法全面履行法定职责。

【裁判结果】

山西省临县人民法院一审认为,岚县水利局系岚县人民政府水行政主管部门,昌恒公司未经批准设置排污口,应由岚县水利局责令限期拆除;岚县检察院发出检察建议后,尽管岚县水利局履行了相应的职责,但至今污水仍在排放,应当认定为岚县水利局履职不到位。一审法院判决确认岚县水利局不依法履行拆除昌恒公司私设排水口的法定职责违法;责令岚县水利局采取补救措施,依法全面履行法定职责。岚县水利局不服一审判决,向山西省吕梁市中级人民

法院提起上诉,后经二审法院裁定准许其撤回上诉。

【典型意义】

本案系为制止在饮用水水源地准保护区非法排污引发的行政公益诉讼案件。饮用水安全关系人民群众身体健康,国家为此建立饮用水水源保护区制度。饮用水水源地准保护区虽然属于饮用水水源保护区外围,但按照水污染防治法及相关规章的规定,在准保护区内直接或间接向水域排放废水必须符合国家及地方规定的排放标准。汾河是黄河的主要支流,汾河水库是下游和周边居民重要饮用水源。昌恒公司项目井田位于汾河水库饮用水源准保护区,其私设排水口、排放污水的行为,不仅污染环境,还严重威胁到人民群众的饮水安全。人民检察院提起公益诉讼,人民法院依法作出行政判决,监督具有强制执行权的行政机关全面履责,保障了饮用水水源保护区法律制度的严格落实。

十、郑州市生态环境局与河南鑫洲建筑工程有限公司生态环境损害赔偿司法确认案

【基本案情】

2017年11月,河南鑫洲建筑工程有限公司(以下简称鑫洲公司)在新郑市龙湖镇非法倾倒有毒土壤。经鉴定,土壤中含有六六六与滴滴涕等农药因子,受污染土壤共计14.89万立方米。在有关部门采取紧急控制措施、查清污染事实、鉴定损害后果后,根据河南省郑州市人民政府授权,郑州市生态环境局与鑫洲公司进行磋商,达成了《新郑市龙湖镇李木咀村与刘口村土壤污染案件生态环境损害赔偿协议》。主要内容为,(一)由鑫洲公司赔偿应急处理及调查评估,土壤修复效果评估,监理与验收,恢复性补偿等费用共929.82万元。(二)由鑫洲公司承担土壤修复责任,委托第三方进行受污染土壤无害化处置,直至评估达标,否则须按司法鉴定土壤修复估算费用的130%计算违约金,计1.9亿元,同时还应就损害扩大部分承担全部法律责任。(三)若鑫洲公司不履行或不完全履行协议,郑州市生态环境局有向河南省郑州市中级人民法院申请强制执行的权利。协议达成后,双方共同向人民法院申请要求确认协议有效。

【裁判结果】

河南省郑州市中级人民法院受理司法确认申请后,依法对《新郑市龙湖镇李木咀村与刘口村土壤污染案件生态环境损害赔偿协议》内容进行了公告。公告期内,未收到异议或意见。河南省郑州市中级人民法院对协议内容的真实性、合法性审查后认为,申请人达成的协议符合司法确认的条件,遂裁定确认协议有效;拒绝履行或者未全部履行协议时,可以向人民法院申请强制执行。

【典型意义】

本案系土壤污染引发的生态环境损害赔偿司法确认案件。涉案磋商协议对赔偿权利人和赔偿义务人的身份,生态环境损害的事实、程度和有关证据,双方对生态损害鉴定报告的意见,生态环境损害修复模式及费用支付方式,修复工程持续期间,修复效果评估以及不履行或不完全履行协议的责任等内容做了全面约定,不仅确保生态环境损害修复工作落到实处,也便于接受公众监督,充分保障公众的知情权和参与权。受案法院对生态环境损害磋商协议司法确认的程序、规则等进行了积极探索,提供了有益的经验。人民法院通过司法确认,赋予磋商协议强制执行效力,促进磋商在生态环境损害赔偿工作中的积极作用,引导企业积极履行生态环境保护主体责任,强化土壤污染管控和修复,促进流域生态环境保护修复。

4. 黄河流域生态环境司法保护典型案例(2021年发布)[①]

(2021年11月25日)

一、刘玄龙、张建君等十五人盗伐林木案

【基本案情】

2016年5月至2017年9月,被告人刘玄龙、张建君等十五人在位于子午岭腹地的连家砭林区内实施盗伐柏树、盗挖柏树根牟利等犯罪行为。被告人刘玄龙、王文喜先后盗伐66棵柏树,合立木材积为9.7709立方米;被告人张建君等八人先后盗挖柏树根40次,价值共计116.36万元;被告人袁建平帮助转移他人盗窃的柏树根11次,价值共计32.04万元;被告人丁慎保、齐登云先后购买他人盗挖的柏树根7次,价值共计20.04万元。

【裁判结果】

甘肃省子午岭林区法院一审认为,被告人刘玄龙、张建君等十五人的行为分别构成盗伐林木罪、盗窃罪、掩饰、隐瞒犯罪所得罪等,分别被判处有期徒刑六个月到八年及缓刑一年到三年六个月不等,并处罚金2000元到30000元不等。一审判决后,各被告人没有提起上诉。

【典型意义】

本案系盗伐林木引发的一起严重破坏生物资源和水土

[①] 案例来源:案例1~10为2021年11月25日最高人民法院发布的黄河流域生态环境司法保护典型案例。

资源的刑事案件。子午岭被誉为黄土高原上的天然物种"基因库",子午岭林区是黄土高原中部最大的天然次生林区,是黄河流域重要水源涵养和水土保持林区,该区域的森林资源对于稳定黄河水质和水量,保持水土稳定和维护生物多样性具有重要意义。盗伐林木是严重破坏林区生态资源的犯罪行为,本案的公开审理,有力地打击了破坏林区资源的犯罪行为,严厉惩治犯罪分子,亦增强了公众对林区生态环境重要性的认识,激发公众保护林区生态环境资源的责任感。

二、马尕文非法收购、运输、出售珍贵、濒危野生动物制品案

【基本案情】

2018年7月,被告人马尕文报案称自己的出租屋被盗,因所述被盗物品疑似珍贵、濒危野生动物及其制品,公安机关在马尕文住所搜出众多野生动物制品,在盗窃马尕文住处的嫌疑犯手中亦缴获众多野生动物制品。经鉴定,涉案野生动物制品中除有证据证明系被告人马尕文合法购买的马鹿鹿鞭7根、马鹿鹿茸5支外,另有其非法购买所得的熊掌16个、鹿鞭6根、鹿筋52个、鹿尾巴7个、麝香7个、雪豹皮1张、鹿角1个、盘羊头1个、鹿肉1小袋、狼头2个等野生动物制品,涉案野生动物制品价值总计665090元。

【裁判结果】

青海省玉树市人民法院一审认为,被告人马尕文违反国家关于野生动物资源保护的规定,明知雪豹、白唇鹿、林麝、马鹿、盘羊、棕熊为国家重点保护野生动物,而进行收购、运输、出售的行为构成非法收购、运输、出售珍贵、濒危野生动物制品罪,判处被告人马尕文有期徒刑十年,并处罚金人民币20000元。涉案野生动物制品除被告人合法购买的部分依法予以返还外,其余野生动物制品依法予以没收。一审判决后,被告人没有提起上诉。

【典型意义】

本案系非法收购、运输、出售珍贵、濒危野生动物制品引发的刑事案件。没有买卖就没有杀戮。三江源地区作为青藏高原腹地,野生动物资源丰富多样,违法经营野生动物资源的行为时有发生,也因为非法交易利益的驱使,进一步导致了猎捕杀害珍贵、濒危野生动物的行为频繁发生,危及了野生动物资源的生物多样性和生态系统的平衡稳定。本案所涉野生动物种类多、价值大,案件的审理对三江源地区违法经营野生动物资源的行为形成震慑,彰显了法院严惩非法野生动物及其制品交易的决心,为维护生物多样性和生态平衡,推进生态文明建设提供了有力的司法保障。

三、陈卫强、董伟师等盗掘古墓葬案

【基本案情】

2017年8月到2018年4月,被告人陈卫强、董伟师等人在芮城县实施盗掘古墓葬行为,被盗墓葬位于全国重点文物保护单位"古魏城遗址"保护范围内。被告人陈卫强、董伟师等盗挖出青铜鼎、青铜甗、青铜禾、青铜盘、青铜器及青铜器配件20余件,其中一件青铜禾以40万元的价格出售,一件青铜盘以22万元的价格出售。经山西省文物交流中心鉴定,被盗墓葬均系两周时期墓葬,墓葬被盗造成原墓葬结构的毁坏和遗存物的缺失,对两周历史文化的研究造成不可弥补的损失。涉案青铜器已被追缴,经山西省文物鉴定站鉴定为一级文物。被告人陈卫强和董伟师因涉嫌盗掘古墓葬罪被网上追逃期间,被告人陈国卫等人明知陈卫强、董伟师涉嫌犯罪,还将俩人送至四川,以期逃避司法机关追究。

【裁判结果】

山西省芮城县人民法院一审认为,被告人陈卫强、董伟师未经文物主管部门批准,多次伙同他人私自挖掘全国重点文物保护单位"古魏城遗址"保护范围内的古墓葬,造成原墓葬结构的毁坏和遗存文物的缺失,二被告人行为构成盗掘古墓葬罪。一审法院判决被告人陈卫强、董伟师犯盗掘古墓葬罪,分别处有期徒刑十二年九个月和十三年,并处罚金人民币二十万元,对二被告人违法所得十四万元予以追缴。被告人陈国卫等人的行为均构成窝藏罪,分别被判处有期徒刑六个月到拘役缓刑不等。山西省运城市中级人民法院二审维持原判。

【典型意义】

本案系盗掘古墓葬刑事案件。案涉被盗墓葬位于山西芮城的古魏城遗址保护范围内,属于黄河流域文化遗址群。遗址内分布着大量的西周晚期到春秋早期的古文化遗址和古墓葬群,是黄河流域古魏国地域文化历史的见证,具有重要保护价值。本案判决结合案涉盗掘墓葬的保护等级、盗掘的次数、盗掘文物的等级,以及盗掘行为对原墓葬结构的毁坏和遗存文物缺失的危害后果,依法从重严处罚,体现了人民法院严厉打击破坏古文化遗址和古墓行为的决心,以及推进黄河文化遗产系统保护、传承的司法导向。同时,本案严厉惩处帮助盗墓者逃避法律责任的人员,对提高社会公众的文物保护意识,具有教育指引作用。

四、买自强等6人污染环境案

【基本案情】

2019年1月4日,被告人买自强安排被告人尚小锋、贾建立、王梦光、高金明在被告人杨玉利位于孟州市南庄镇染

色作坊内对羊皮染色加工中加入铬粉，将产生的废水未经处理直接排入桑坡村内公共排水沟。被告人杨玉利明知其羊皮染色作坊不具备处置铬液条件，仍将其作坊租给买自强用于羊皮染色加工，并收取费用。经鉴定，杨玉利染色作坊车间外排口所排废水中铬含量 23.1mg/L，超过国家标准三倍以上，属于严重污染环境。

【裁判结果】

河南省孟州市人民法院一审认为，被告人买自强等 6 人违反国家规定，对外排放废水总含铬量超过国家标准三倍以上，严重污染环境，构成污染环境罪。因被告人买自强、尚小锋、杨玉利从事的活动对环境具有直接的危害，对被告人宣告禁止令，禁止其在缓刑考验期内从事与排污有关的经营活动。一审法院以污染环境罪分别判处被告人买自强等人有期徒刑十个月、缓刑一年至有期徒刑七个月、缓刑一年不等，并处罚金；禁止被告人买自强、尚小锋、杨玉利在缓刑考验期内从事排污有关的经营活动。一审判决后，各被告人没有提起上诉。

【典型意义】

本案系污染环境刑事案件。孟州市是黄河千里长堤"左岸 0 公里"的起点，也是黄河流出山区进入平原的第一市。孟州市南庄镇是亚洲最大的羊皮加工生产基地，由于生产工艺的特殊性要求，当地存在较大水污染风险，对黄河流域孟州段的水体保护构成严重威胁。本案对污染环境犯罪被告人依法适用了环境保护禁止令，禁止三被告人在缓刑考验期内从事排污有关的经营活动，将生态环境保护的阶段提至事前，体现了环境资源审判落实预防为主的原则，避免了生态环境损害的再次发生。

五、濮阳市人民检察院诉山东巨野锦晨精细化工有限公司等环境民事公益诉讼案

【基本案情】

2015 年 10 月至 2016 年 2 月，山东省巨野锦晨精细化工有限公司（以下简称巨野公司）与河南精众生物科技有限公司（以下简称精众公司）将生产过程中产生的工业含酸废水，交给没有处置资质的寇忠汉、寇自伟等人，后寇忠汉、寇自伟联系靳学建等人，将上述工业含酸废水通过靳学建所在的范县污水处理厂的暗管非法倾倒进入河南省范县城市污水管网。经鉴定，工业含酸废水属于《国家危险废物名录》中"HW34 废酸类"危险废物。范县污水处理厂不具备处理上述工业含酸废水的能力，废水中的危险物质被排入黄河支流金堤河内，对金堤河造成严重污染。经河南生态环境损害司法鉴定中心评估，巨野公司非法倾倒的危险废物造成的地表水环境损害数额为 358 万余元、环境污染财产损害数额为 11 万余元、应急处置费为 89 万余元；精众公司非法倾倒的危险废物造成地表水环境损害数额为 175 万余元、环境污染财产损害数额为 5 万余元、应急处置费 43 万余元。

【裁判结果】

本案部分涉案主体因构成刑事犯罪，已经另案追究刑事责任。在本案审理过程中，经河南省濮阳市中级人民法院主持调解，各方当事人自愿达成了调解协议：（一）巨野公司分二期先后支付治理费用 459 万余元和 358 万余元，精众公司分二期先后支付治理费用 224 万余元和 175 万余元；（二）自调解书生效之日起两年内，如二被告能够通过技术改造对生产过程中产生的污水进行处理，明显降低环境风险，并经过第三方评估，两年内产生的污水均符合排放标准，且两年内没有因环境违法行为受到处罚的，其在协议生效后已支付的技术改造费用可以向濮阳市人民检察院、濮阳市中级人民法院申请抵扣第二期应支付款项，二被告所支付的技改费用等于或大于第二期应支付款项时，二被告不再支付第二期应支付费用；（三）二被告购买环境污染责任保险的保费可向濮阳市人民检察院、濮阳市中级人民法院申请抵扣第二期应支付款项的相应数额；（四）二被告在调解书生效之日起 30 日内分别在国家级媒体上为其污染环境的行为向社会公众公开赔礼道歉。

【典型意义】

本案系检察机关针对跨省非法倾倒工业废水污染黄河主要支流，严重危害黄河流域水体安全的违法行为在刑事案件后，另行提起的环境民事公益诉讼案件。本案考虑到企业的实际困难，由被告分期支付赔偿款，先期支付一部分环境治理修复费用、财产损失及应急处置费用，并积极进行企业技术改造，提高企业防范环境污染事故的技术能力，用技改资金折抵第二期环境治理修复费用，不仅最大限度地修复生态环境，而且积极助力企业绿色转型。本案还探索了由涉事化工企业购买环境责任险折抵环境修复治理费用的责任承担方式。环境责任险目前并非化工企业强制购买的保险，通过购买此种保险，一旦发生环境污染事故，将大大增强高风险化工企业修复生态环境的能力，最大限度维护生态环境安全。濮阳地处豫、鲁、冀三省交界，是全国重要的化工基地，被告的非法倾倒工业废水的行为污染了黄河的重要支流金堤河，有关人员被依法追究刑事责任后，检察机关又提起民事公益诉讼，实现了刑事打击与民事赔偿的有效衔接，确保被破坏的生态环境得到及时修复。

六、新乡市生态环境局与封丘县龙润精细化工有限公司生态环境损害赔偿司法确认案

【基本案情】

2018年1月4日至2019年5月23日，封丘县龙润精细化工有限公司(以下简称龙润公司)违反法律规定，将该公司2000余吨化工废液(经鉴定为危险废物)交由无危险废物处理资质人员倾倒至黄河封丘段主河道内，对黄河生态系统和公众健康造成了极大危害，经郑州铁路运输中级法院审理，于2020年9月25日以污染环境罪被追究刑事责任。在郑州铁路运输中级法院的积极推动下，新乡市生态环境局与龙润公司就生态环境损害赔偿问题多次磋商，达成了《生态环境损害赔偿协议》：(一)龙润公司承担生态环境损害金、评估鉴定费、专家等费用10291717元；(二)采取以金钱为主，其他方式为辅方式承担赔偿责任，分三期(年)支付生态损害赔偿金；(三)龙润公司为降低环境污染进行技术升级改造的资金投入，可以向生态环境部门申请资金奖补用于抵扣部分生态环境损害赔偿费用；(四)龙润公司拒绝履行或未全部履行，新乡市生态环境局有权向法院申请强制执行。协议达成后，双方向郑州铁路运输中级法院申请司法确认。

【裁判结果】

郑州铁路运输中级法院受理司法确认申请后，经依法公告后审查认为，申请人达成的协议符合司法确认的条件，裁定确认协议有效；龙润公司拒绝履行或者未全部履行协议的，新乡市生态环境局可以向法院申请强制执行。该赔偿协议经司法确认后，第一批赔偿款1587515元已支付到位。

【典型意义】

本案系向黄河封丘段主河道内倾倒工业废液引发的生态环境损害赔偿司法确认案件。本案审理过程中，人民法院积极践行绿色发展理念，延伸环境资源审判职能，发挥磋商在生态环境损害赔偿工作中的积极作用，促成企业积极履行生态环境主体责任。同时，人民法院充分考虑企业经营现状，对于协议中采取灵活承担赔偿责任的方式予以确认。在人民法院的推动下，双方达成了三年分期支付赔偿款的协议，通过鼓励企业用技改资金折抵环境修复费用，促进了企业转型升级，提高了企业防范环境污染事故的技术能力，进而实现对黄河流域生态环境的保护。

七、济南新时代家庭农场有限公司与济南市天桥区泺口街道办事处鹊山东社区居民委员会等确认合同无效纠纷案

【基本案情】

2018年2月，济南市天桥区泺口街道办事处鹊山东社区居民委员会(以下简称居委会)、济南市天桥区鹊华烟雨生态农业观光专业合作社(以下简称合作社)与济南新时代家庭农场有限公司(以下简称农场公司)签订土地承包经营合同，将合作社享有承包经营权的位于济南市天桥区鹊山东社区约176亩土地发包给农场公司，期限30年，承包费每亩每年1000元整，农场公司修建267个生态农业大棚及配套用房，出租后向专业合作社按一个大棚缴纳2000元费用作为合作利益所得。合同签订后，合作社将涉案土地交付农场公司，农场公司遂在涉案土地上建设了混浆混水砖墙及钢架结构式大棚、砖混结构管理房。2018年5月24日，济南黄河河务局执法部门向农场公司作出行政处罚决定，以农场公司在黄河河道管理范围内建设砖混结构管理房、对河道行洪造成影响为由，作出行政处罚。2019年1月9日，农场公司诉至济南市天桥区人民法院，请求确认涉案土地承包经营合同无效，居委会、合作社返还其此前交纳的租金90万元并赔偿其经济损失80万元。

【裁判结果】

山东省济南市天桥区人民法院一审判决：解除双方土地承包经营合同；农场公司于判决生效后30日内将承包土地恢复原状并返还合作社；居委会、合作社共同返还农场公司租金45万元，并赔偿农场公司损失8.78万元。济南市中级人民法院二审维持原判。山东省高级人民法院指令再审后，济南市中级人民法院再审判决：确认案涉土地承包经营合同无效，农场公司对土地恢复原状并予以返还，合作社以及居委会返还租金80万元，赔偿农场公司经济损失8.78万元。

【典型意义】

本案系因在黄河河道内土地上建设构筑物、建筑物导致土地承包经营合同无效的案件。为了保障黄河汛期河流的通畅，避免发生洪水泛滥，我国相关法律将黄河两岸的一定区域划为行洪区。《中华人民共和国防洪法》第二十二条第二款规定，禁止在河道、湖泊管理范围内建设妨害行洪的建筑物、构筑物，倾倒垃圾、渣土，从事影响河势稳定、危害河岸堤防安全和其他妨碍河道行洪的活动。案涉土地承包经营合同中的土地位于黄河河道管理范围内，当事人在合同中约定建设生态农业大棚及配套管理用房，并实际采用了混浆混水砖墙及钢架结构，违反了防洪法上述禁止性规定。再审法院根据当时的《中华人民共和国合同法》第五十二条规定，对合同效力作出正确认定，并合理分担双方责任，对此类案件的处理具有良好的示范作用。

八、碌曲县人民检察院诉碌曲县水务水电局行政公益诉讼案

【基本案情】

2005年8月28日,洮河上游明珠水电有限责任公司(以下简称明珠公司)投资修建的阿拉山水电站开始发电投入生产。根据国家资源有偿使用原则和相关规定,作为用水单位的明珠公司应无条件缴纳水资源费,但该公司未予缴纳。2011年4月18日,碌曲县人民政府责令职能部门追缴,但碌曲县水务水电局并未采取有效执法行为。在碌曲县人民检察院发出督促其履行法定职责的诉前检察建议后,碌曲县水务水电局仅发出相应的执法文书,并未依法采取相应执法措施,造成国有资产的持续流失,碌曲县人民检察院督促整改无效,国家利益仍处于被侵害状态,碌曲县人民检察院提起本案行政公益诉讼。

【裁判结果】

甘肃省合作市人民法院经审理认为,至本案起诉时,明珠公司仍未缴纳水资源费,碌曲县水务水电局作为水资源费征收部门,虽在一定程度上履行了征收职责,但未采取相应有效的执法措施,未充分全面履行处罚和征收职责,导致国家利益仍处于被侵害状态,碌曲县水务水电局仍然有必要继续履行职责。判决碌曲县水务水电局在判决生效后六十日内继续履行法定职责,向明珠公司依法征收水资源费。一审判决后,双方均未提起上诉。

【典型意义】

本案系检察机关诉水务水电局未全面履行处罚征收职责行政公益诉讼案件。水资源属于国家所有。黄河流域水资源短缺,人民法院应当树立严格贯彻最严格水资源管理制度的理念,落实水资源有偿使用原则,促进水资源的可持续利用,保障经济社会可持续发展。本案中,碌曲县水务水电局未充分全面履行处罚和征收职责,导致国家水资源权益处于长期被侵害状态。人民法院依法判令行政机关对长期不缴纳水资源费的水电站全面履行水资源利用监管和征缴法定职责,督促行政机关严格执行水资源开发利用控制红线,切实落实水资源有偿使用制度,对水资源节约、保护与合理开发利用起到监督和引导作用。

九、灵宝豫翔水产养殖有限公司诉三门峡市城乡一体化示范区管理委员会、灵宝市大王镇人民政府强制拆除案

【基本案情】

灵宝豫翔水产养殖有限公司(以下简称豫翔公司)在其水域滩涂养殖证核准的面积外自行扩建100余亩建设鱼塘,其所建鱼塘及附属设施位于河南省黄河湿地国家级自然保护区核心区或缓冲区内。养殖证到期后,灵宝市大王镇人民政府(以下简称大王镇政府)向豫翔公司发出整改通知,后又向豫翔公司送达拆除通知。三门峡市城乡一体化示范区农业农村工作办公室(系三门峡市城乡一体化示范区管理委员会的内设机构,以下简称农业农村工作办公室)亦两次向豫翔公司下发责令停止黄河湿地违法行为通知,并限期自行拆除其位于黄河湿地、河道范围内的违法建筑物、构筑物和其他设施。豫翔公司对该通知未提起行政复议或者行政诉讼。2019年5月26日,三门峡市陕州区人民检察院向农业农村办公室发出检察建议,建议对豫翔公司的违法行为予以查处,保护黄河湿地安全。2019年5月29日,在农业农村办公室工作人员在场、豫翔公司同意的情况下,大王镇政府委托有关人员对鱼塘进行贯通,清理建筑垃圾,恢复湿地。此后,豫翔公司提起行政诉讼,请求确认三门峡市城乡一体化示范区管理委员会及大王镇政府于2019年5月强制拆除豫翔公司养殖设施等财产的行为违法。

【裁判结果】

河南省三门峡市中级人民法院判决驳回豫翔公司诉讼请求后,豫翔公司不服提起上诉。河南省高级人民法院二审认为,豫翔公司在河南黄河湿地国家级自然保护区核心区、缓冲区内建设鱼塘及其附属设施,违反《中华人民共和国自然保护区条例》第三十二条、《河南省湿地保护条例》第二十五条的规定,其鱼塘及附属设施应予拆除。在责令整改、实施拆除行为的过程中,农业农村办公室、大王镇政府履行相关告知义务,保护其程序权利,并充分考虑豫翔公司的实际情况,最大限度地减少豫翔公司损失,所实施的拆除行为合法。遂判决驳回上诉,维持原判。

【典型意义】

本案系人民法院支持地方政府加强黄河湿地保护的典型案例。河南黄河湿地国家级自然保护区跨三门峡、洛阳、焦作三市和济源产城融合示范区,面积680平方公里,是黄河八个重要湿地之一,对该区域沿黄生态环境具有重要支撑作用。但长期以来,黄河湿地内仍存在违规进行乱占、乱建等违法行为,对黄河湿地的生态环境造成了严重破坏,亟需依法进行整治。本案的执法和诉讼过程,反映出行政机关、检察机关、审判机关发挥职能作用,协同配合,对黄河湿地内乱占、乱采、乱堆、乱建现象打出有力组合拳,取得了良好的法律效果和社会效果,为黄河流域生态环境持续提升提供了有力的司法保障。

十、石嘴山市惠农区人民检察院诉石嘴山市惠农区农业农村和水务局行政公益诉讼案

【基本案情】

2006年以来,王晓红等在黄河河道上建设养殖场。石嘴山市惠农区人民检察院(以下简称惠农区检察院)调查发现,上述养殖场的建筑未经相关行政部门审批,属于在河道管理范围内修建阻碍行洪建筑物、构筑物的乱建行为,违反了国家河道管理规定,严重影响黄河行洪、防洪安全;石嘴山市惠农区农业农村和水务局(以下简称惠农区农水局)对上述情况存在未履行监管职责的问题。惠农区检察院遂于2019年7月向惠农区农水局发出检察建议。2019年11月惠农区检察院提起环境行政公益诉讼,请求确认惠农区农水局未依法履行河道监管职责的行为违法,判令惠农区农水局依法履行监管职责,及时恢复土地原状。2019年11月26日,惠农区检察院收到惠农区农水局回复并经实地查看后,认为惠农区农水局已经履行了对涉案养殖场的违法建筑设施拆除的法定监管职责,遂撤回了该项诉讼请求,保留确认违法的诉讼请求。

【裁判结果】

宁夏回族自治区石嘴山市大武口区人民法院作出判决:确认被告惠农区农水局未依法履行责令王晓红等拆除在惠农区黄河河道管理范围内的养殖场违法建筑的河道监管职责的行为违法。一审判决后,双方均未提起上诉。

【典型意义】

本案系违法占用黄河河道建设生产场所及居住房屋引发的行政公益诉讼案件。在河道管理范围内修建阻碍行洪建筑物、构筑物的乱建行为,违反了国家河道管理规定,也严重影响行洪、防洪安全,对黄河两岸居民生活和生产安全造成潜在危害。本案通过行政公益诉讼,人民法院依法确认行政主管机关行为违法,有效促使行政主管机关积极履行法定监管职责,为黄河流域生态保护提供了有力司法支撑。

2. 特殊区域保护

中华人民共和国湿地保护法

- 2021年12月24日第十三届全国人民代表大会常务委员会第三十二次会议通过
- 2021年12月24日中华人民共和国主席令第102号公布
- 自2022年6月1日起施行

第一章 总 则

第一条 为了加强湿地保护,维护湿地生态功能及生物多样性,保障生态安全,促进生态文明建设,实现人与自然和谐共生,制定本法。

第二条 在中华人民共和国领域及管辖的其他海域内从事湿地保护、利用、修复及相关管理活动,适用本法。

本法所称湿地,是指具有显著生态功能的自然或者人工的、常年或者季节性积水地带、水域,包括低潮时水深不超过六米的海域,但是水田以及用于养殖的人工的水域和滩涂除外。国家对湿地实行分级管理及名录制度。

江河、湖泊、海域等的湿地保护、利用及相关管理活动还应当适用《中华人民共和国水法》、《中华人民共和国防洪法》、《中华人民共和国水污染防治法》、《中华人民共和国海洋环境保护法》、《中华人民共和国长江保护法》、《中华人民共和国渔业法》、《中华人民共和国海域使用管理法》等有关法律的规定。

第三条 湿地保护应当坚持保护优先、严格管理、系统治理、科学修复、合理利用的原则,发挥湿地涵养水源、调节气候、改善环境、维护生物多样性等多种生态功能。

第四条 县级以上人民政府应当将湿地保护纳入国民经济和社会发展规划,并将开展湿地保护工作所需经费按照事权划分原则列入预算。

县级以上地方人民政府对本行政区域内的湿地保护负责,采取措施保持湿地面积稳定,提升湿地生态功能。

乡镇人民政府组织群众做好湿地保护相关工作,村民委员会予以协助。

第五条 国务院林业草原主管部门负责湿地资源的监督管理,负责湿地保护规划和相关国家标准拟定、湿地开发利用的监督管理、湿地生态保护修复工作。国务院自然资源、水行政、住房城乡建设、生态环境、农业农村等其他有关部门,按照职责分工承担湿地保护、修复、管理有关工作。

国务院林业草原主管部门会同国务院自然资源、水行政、住房城乡建设、生态环境、农业农村等主管部门建立湿地保护协作和信息通报机制。

第六条 县级以上地方人民政府应当加强湿地保护协调工作。县级以上地方人民政府有关部门按照职责分工负责湿地保护、修复、管理有关工作。

第七条 各级人民政府应当加强湿地保护宣传教育和科学知识普及工作,通过湿地保护日、湿地保护宣传周等开展宣传教育活动,增强全社会湿地保护意识;鼓励基层群众性自治组织、社会组织、志愿者开展湿地保护法律法规和湿地保护知识宣传活动,营造保护湿地的良好氛围。

教育主管部门、学校应当在教育教学活动中注重培养学生的湿地保护意识。

新闻媒体应当开展湿地保护法律法规和湿地保护知识的公益宣传,对破坏湿地的行为进行舆论监督。

第八条 国家鼓励单位和个人依法通过捐赠、资助、志愿服务等方式参与湿地保护活动。

对在湿地保护方面成绩显著的单位和个人,按照国家有关规定给予表彰、奖励。

第九条 国家支持开展湿地保护科学技术研究开发和应用推广,加强湿地保护专业技术人才培养,提高湿地保护科学技术水平。

第十条 国家支持开展湿地保护科学技术、生物多样性、候鸟迁徙等方面的国际合作与交流。

第十一条 任何单位和个人都有保护湿地的义务,对破坏湿地的行为有权举报或者控告,接到举报或者控告的机关应当及时处理,并依法保护举报人、控告人的合法权益。

第二章 湿地资源管理

第十二条 国家建立湿地资源调查评价制度。

国务院自然资源主管部门应当会同国务院林业草原等有关部门定期开展全国湿地资源调查评价工作,对湿地类型、分布、面积、生物多样性、保护与利用情况等进行调查,建立统一的信息发布和共享机制。

第十三条 国家实行湿地面积总量管控制度,将湿地面积总量管控目标纳入湿地保护目标责任制。

国务院林业草原、自然资源主管部门会同国务院有关部门根据全国湿地资源状况、自然变化情况和湿地面积总量管控要求,确定全国和各省、自治区、直辖市湿地面积总量管控目标,报国务院批准。地方各级人民政府应当采取有效措施,落实湿地面积总量管控目标的要求。

第十四条 国家对湿地实行分级管理,按照生态区位、面积以及维护生态功能、生物多样性的重要程度,将湿地分为重要湿地和一般湿地。重要湿地包括国家重要湿地和省级重要湿地,重要湿地以外的湿地为一般湿地。重要湿地依法划入生态保护红线。

国务院林业草原主管部门会同国务院自然资源、水行政、住房城乡建设、生态环境、农业农村等有关部门发布国家重要湿地名录及范围,并设立保护标志。国际重要湿地应当列入国家重要湿地名录。

省、自治区、直辖市人民政府或者其授权的部门负责发布省级重要湿地名录及范围,并向国务院林业草原主管部门备案。

一般湿地的名录及范围由县级以上地方人民政府或者其授权的部门发布。

第十五条 国务院林业草原主管部门应当会同国务院有关部门,依据国民经济和社会发展规划、国土空间规划和生态环境保护规划编制全国湿地保护规划,报国务院或者其授权的部门批准后组织实施。

县级以上地方人民政府林业草原主管部门应当会同有关部门,依据本级国土空间规划和上一级湿地保护规划编制本行政区域内的湿地保护规划,报同级人民政府批准后组织实施。

湿地保护规划应当明确湿地保护的目标任务、总体布局、保护修复重点和保障措施等内容。经批准的湿地保护规划需要调整的,按照原批准程序办理。

编制湿地保护规划应当与流域综合规划、防洪规划等规划相衔接。

第十六条 国务院林业草原、标准化主管部门会同国务院自然资源、水行政、住房城乡建设、生态环境、农业农村主管部门组织制定湿地分级分类、监测预警、生态修复等国家标准;国家标准未作规定的,可以依法制定地方标准并备案。

第十七条 县级以上人民政府林业草原主管部门建立湿地保护专家咨询机制,为编制湿地保护规划、制定湿地名录、制定相关标准等提供评估论证等服务。

第十八条 办理自然资源权属登记涉及湿地的,应当按照规定记载湿地的地理坐标、空间范围、类型、面积等信息。

第十九条 国家严格控制占用湿地。

禁止占用国家重要湿地,国家重大项目、防灾减灾项目、重要水利及保护设施项目、湿地保护项目等除外。

建设项目选址、选线应当避让湿地,无法避让的应当尽量减少占用,并采取必要措施减轻对湿地生态功能的不利影响。

建设项目规划选址、选线审批或者核准时,涉及国家重要湿地的,应当征求国务院林业草原主管部门的意见;涉及省级重要湿地或者一般湿地的,应当按照管理权限,征求县级以上地方人民政府授权的部门的意见。

第二十条 建设项目确需临时占用湿地的,应当依照《中华人民共和国土地管理法》、《中华人民共和国水法》、《中华人民共和国森林法》、《中华人民共和国草原法》、《中华人民共和国海域使用管理法》等有关法律法规的规定办理。临时占用湿地的期限一般不得超过二年,并不得在临时占用的湿地上修建永久性建筑物。

临时占用湿地期满后一年内，用地单位或者个人应当恢复湿地面积和生态条件。

第二十一条 除因防洪、航道、港口或者其他水工程占用河道管理范围及蓄滞洪区内的湿地外，经依法批准占用重要湿地的单位应当根据当地自然条件恢复或者重建与所占用湿地面积和质量相当的湿地；没有条件恢复、重建的，应当缴纳湿地恢复费。缴纳湿地恢复费的，不再缴纳其他相同性质的恢复费用。

湿地恢复费缴纳和使用管理办法由国务院财政部门会同国务院林业草原等有关部门制定。

第二十二条 国务院林业草原主管部门应当按照监测技术规范开展国家重要湿地动态监测，及时掌握湿地分布、面积、水量、生物多样性、受威胁状况等变化信息。

国务院林业草原主管部门应当依据监测数据，对国家重要湿地生态状况进行评估，并按照规定发布预警信息。

省、自治区、直辖市人民政府林业草原主管部门应当按照监测技术规范开展省级重要湿地动态监测、评估和预警工作。

县级以上地方人民政府林业草原主管部门应当加强对一般湿地的动态监测。

第三章 湿地保护与利用

第二十三条 国家坚持生态优先、绿色发展，完善湿地保护制度，健全湿地保护政策支持和科技支撑机制，保障湿地生态功能和永续利用，实现生态效益、社会效益、经济效益相统一。

第二十四条 省级以上人民政府及其有关部门根据湿地保护规划和湿地保护需要，依法将湿地纳入国家公园、自然保护区或者自然公园。

第二十五条 地方各级人民政府及其有关部门应当采取措施，预防和控制人为活动对湿地及其生物多样性的不利影响，加强湿地污染防治，减缓人为因素和自然因素导致的湿地退化，维护湿地生态功能稳定。

在湿地范围内从事旅游、种植、畜牧、水产养殖、航运等利用活动，应当避免改变湿地的自然状况，并采取措施减轻对湿地生态功能的不利影响。

县级以上人民政府有关部门在办理环境影响评价、国土空间规划、海域使用、养殖、防洪等相关行政许可时，应当加强对有关湿地利用活动的必要性、合理性以及湿地保护措施等内容的审查。

第二十六条 地方各级人民政府对省级重要湿地和一般湿地利用活动进行分类指导，鼓励单位和个人开展符合湿地保护要求的生态旅游、生态农业、生态教育、自然体验等活动，适度控制种植养殖等湿地利用规模。

地方各级人民政府应当鼓励有关单位优先安排当地居民参与湿地管护。

第二十七条 县级以上地方人民政府应当充分考虑保障重要湿地生态功能的需要，优化重要湿地周边产业布局。

县级以上地方人民政府可以采取定向扶持、产业转移、吸引社会资金、社区共建等方式，推动湿地周边地区绿色发展，促进经济发展与湿地保护相协调。

第二十八条 禁止下列破坏湿地及其生态功能的行为：

（一）开（围）垦、排干自然湿地，永久性截断自然湿地水源；

（二）擅自填埋自然湿地，擅自采砂、采矿、取土；

（三）排放不符合水污染物排放标准的工业废水、生活污水及其他污染湿地的废水、污水，倾倒、堆放、丢弃、遗撒固体废物；

（四）过度放牧或者滥采野生植物，过度捕捞或者灭绝式捕捞，过度施肥、投药、投放饵料等污染湿地的种植养殖行为；

（五）其他破坏湿地及其生态功能的行为。

第二十九条 县级以上人民政府有关部门应当按照职责分工，开展湿地有害生物监测工作，及时采取有效措施预防、控制、消除有害生物对湿地生态系统的危害。

第三十条 县级以上人民政府应当加强对国家重点保护野生动植物集中分布湿地的保护。任何单位和个人不得破坏鸟类和水生生物的生存环境。

禁止在以水鸟为保护对象的自然保护地及其他重要栖息地从事捕鱼、挖捕底栖生物、捡拾鸟蛋、破坏鸟巢等危及水鸟生存、繁衍的活动。开展观鸟、科学研究以及科普活动等应当保持安全距离，避免影响鸟类正常觅食和繁殖。

在重要水生生物产卵场、索饵场、越冬场和洄游通道等重要栖息地应当实施保护措施。经依法批准在洄游通道建闸、筑坝，可能对水生生物洄游产生影响的，建设单位应当建造过鱼设施或者采取其他补救措施。

禁止向湿地引进和放生外来物种，确需引进的应当进行科学评估，并依法取得批准。

第三十一条 国务院水行政主管部门和地方各级人民政府应当加强对河流、湖泊范围内湿地的管理和保护，因地制宜采取水系连通、清淤疏浚、水源涵养与水土保持等治理修复措施,严格控制河流源头和蓄滞洪区、水土流失严重区等区域的湿地开发利用活动,减轻对湿地及其生物多样性的不利影响。

第三十二条 国务院自然资源主管部门和沿海地方各级人民政府应当加强对滨海湿地的管理和保护,严格管控围填滨海湿地。经依法批准的项目,应当同步实施生态保护修复,减轻对滨海湿地生态功能的不利影响。

第三十三条 国务院住房城乡建设主管部门和地方各级人民政府应当加强对城市湿地的管理和保护,采取城市水系治理和生态修复等措施,提升城市湿地生态质量,发挥城市湿地雨洪调蓄、净化水质、休闲游憩、科普教育等功能。

第三十四条 红树林湿地所在地县级以上地方人民政府应当组织编制红树林湿地保护专项规划,采取有效措施保护红树林湿地。

红树林湿地应当列入重要湿地名录;符合国家重要湿地标准的,应当优先列入国家重要湿地名录。

禁止占用红树林湿地。经省级以上人民政府有关部门评估,确因国家重大项目、防灾减灾等需要占用的,应当依照有关法律规定办理,并做好保护和修复工作。相关建设项目改变红树林所在河口水文情势、对红树林生长产生较大影响的,应当采取有效措施减轻不利影响。

禁止在红树林湿地挖塘,禁止采伐、采挖、移植红树林或者过度采摘红树林种子,禁止投放、种植危害红树林生长的物种。因科研、医药或者红树林湿地保护等需要采伐、采挖、移植、采摘的,应当依照有关法律法规办理。

第三十五条 泥炭沼泽湿地所在地县级以上地方人民政府应当制定泥炭沼泽湿地保护专项规划,采取有效措施保护泥炭沼泽湿地。

符合重要湿地标准的泥炭沼泽湿地,应当列入重要湿地名录。

禁止在泥炭沼泽湿地开采泥炭或者擅自开采地下水;禁止将泥炭沼泽湿地蓄水向外排放,因防灾减灾需要的除外。

第三十六条 国家建立湿地生态保护补偿制度。

国务院和省级人民政府应当按照事权划分原则加大对重要湿地保护的财政投入,加大对重要湿地所在地区的财政转移支付力度。

国家鼓励湿地生态保护地区与湿地生态受益地区人民政府通过协商或者市场机制进行地区间生态保护补偿。

因生态保护等公共利益需要,造成湿地所有者或者使用者合法权益受到损害的,县级以上人民政府应当给予补偿。

第四章 湿地修复

第三十七条 县级以上人民政府应当坚持自然恢复为主、自然恢复和人工修复相结合的原则,加强湿地修复工作,恢复湿地面积,提高湿地生态系统质量。

县级以上人民政府对破碎化严重或者功能退化的自然湿地进行综合整治和修复,优先修复生态功能严重退化的重要湿地。

第三十八条 县级以上人民政府组织开展湿地保护与修复,应当充分考虑水资源禀赋条件和承载能力,合理配置水资源,保障湿地基本生态用水需求,维护湿地生态功能。

第三十九条 县级以上地方人民政府应当科学论证,对具备恢复条件的原有湿地、退化湿地、盐碱化湿地等,因地制宜采取措施,恢复湿地生态功能。

县级以上地方人民政府应当按照湿地保护规划,因地制宜采取水体治理、土地整治、植被恢复、动物保护等措施,增强湿地生态功能和碳汇功能。

禁止违法占用耕地等建设人工湿地。

第四十条 红树林湿地所在地县级以上地方人民政府应当对生态功能重要区域、海洋灾害风险等级较高地区、濒危物种保护区域或者造林条件较好地区的红树林湿地优先实施修复,对严重退化的红树林湿地进行抢救性修复,修复应当尽量采用本地树种。

第四十一条 泥炭沼泽湿地所在地县级以上地方人民政府应当因地制宜,组织对退化泥炭沼泽湿地进行修复,并根据泥炭沼泽湿地的类型、发育状况和退化程度等,采取相应的修复措施。

第四十二条 修复重要湿地应当编制湿地修复方案。

重要湿地的修复方案应当报省级以上人民政府林业草原主管部门批准。林业草原主管部门在批准修复方案前,应当征求同级人民政府自然资源、水行政、住房城乡建设、生态环境、农业农村等有关部门的意见。

第四十三条 修复重要湿地应当按照经批准的湿地修复方案进行修复。

重要湿地修复完成后,应当经省级以上人民政府林业草原主管部门验收合格,依法公开修复情况。省级以上人民政府林业草原主管部门应当加强修复湿地后期管理和动态监测,并根据需要开展修复效果后期评估。

第四十四条 因违法占用、开采、开垦、填埋、排污等活动,导致湿地破坏的,违法行为人应当负责修复。违法行为人变更的,由承继其债权、债务的主体负责修复。

因重大自然灾害造成湿地破坏,以及湿地修复责任主体灭失或者无法确定的,由县级以上人民政府组织实施修复。

第五章 监督检查

第四十五条 县级以上人民政府林业草原、自然资源、水行政、住房城乡建设、生态环境、农业农村主管部门应当依照本法规定,按照职责分工对湿地的保护、修复、利用等活动进行监督检查,依法查处破坏湿地的违法行为。

第四十六条 县级以上人民政府林业草原、自然资源、水行政、住房城乡建设、生态环境、农业农村主管部门进行监督检查,有权采取下列措施:

(一)询问被检查单位或者个人,要求其对与监督检查事项有关的情况作出说明;

(二)进行现场检查;

(三)查阅、复制有关文件、资料,对可能被转移、销毁、隐匿或者篡改的文件、资料予以封存;

(四)查封、扣押涉嫌违法活动的场所、设施或者财物。

第四十七条 县级以上人民政府林业草原、自然资源、水行政、住房城乡建设、生态环境、农业农村主管部门依法履行监督检查职责,有关单位和个人应当予以配合,不得拒绝、阻碍。

第四十八条 国务院林业草原主管部门应当加强对国家重要湿地保护情况的监督检查。省、自治区、直辖市人民政府林业草原主管部门应当加强对省级重要湿地保护情况的监督检查。

县级人民政府林业草原主管部门和有关部门应当充分利用信息化手段,对湿地保护情况进行监督检查。

各级人民政府及其有关部门应当依法公开湿地保护相关信息,接受社会监督。

第四十九条 国家实行湿地保护目标责任制,将湿地保护纳入地方人民政府综合绩效评价内容。

对破坏湿地问题突出、保护工作不力、群众反映强烈的地区,省级以上人民政府林业草原主管部门应当会同有关部门约谈该地区人民政府的主要负责人。

第五十条 湿地的保护、修复和管理情况,应当纳入领导干部自然资源资产离任审计。

第六章 法律责任

第五十一条 县级以上人民政府有关部门发现破坏湿地的违法行为或者接到对违法行为的举报,不予查处或者不依法查处,或者有其他玩忽职守、滥用职权、徇私舞弊行为的,对直接负责的主管人员和其他直接责任人员依法给予处分。

第五十二条 违反本法规定,建设项目擅自占用国家重要湿地的,由县级以上人民政府林业草原等有关主管部门按照职责分工责令停止违法行为,限期拆除在非法占用的湿地上新建的建筑物、构筑物和其他设施,修复湿地或者采取其他补救措施,按照违法占用湿地的面积,处每平方米一千元以上一万元以下罚款;违法行为人不停止建设或者逾期不拆除的,由作出行政处罚决定的部门依法申请人民法院强制执行。

第五十三条 建设项目占用重要湿地,未依照本法规定恢复、重建湿地的,由县级以上人民政府林业草原主管部门责令限期恢复、重建湿地;逾期未改正的,由县级以上人民政府林业草原主管部门委托他人代为履行,所需费用由违法行为人承担,按照占用湿地的面积,处每平方米五百元以上二千元以下罚款。

第五十四条 违反本法规定,开(围)垦、填埋自然湿地的,由县级以上人民政府林业草原等有关主管部门按照职责分工责令停止违法行为,限期修复湿地或者采取其他补救措施,没收违法所得,并按照破坏湿地面积,处每平方米五百元以上五千元以下罚款;破坏国家重要湿地的,并按照破坏湿地面积,处每平方米一千元以上一万元以下罚款。

违反本法规定,排干自然湿地或者永久性截断自然湿地水源的,由县级以上人民政府林业草原主管部门责令停止违法行为,限期修复湿地或者采取其他补救措施,没收违法所得,并处五万元以上五十万元以下罚款;造成严重后果的,并处五十万元以上一百万元以下罚款。

第五十五条 违反本法规定,向湿地引进或者放生外来物种的,依照《中华人民共和国生物安全法》等有关法律法规的规定处理、处罚。

第五十六条 违反本法规定,在红树林湿地内挖塘的,由县级以上人民政府林业草原等有关主管部门按照职责分工责令停止违法行为,限期修复湿地或者采取其他补救措施,按照破坏湿地面积,处每平方米一千元以上一万元以下罚款;对树木造成破坏的,责令限期补种成活毁坏株数一倍以上三倍以下的树木,无法确定毁坏株数的,按照相同区域同类树种生长密度计算株数。

违反本法规定,在红树林湿地内投放、种植妨碍红树林生长物种的,由县级以上人民政府林业草原主管部门责令停止违法行为,限期清理,处二万元以上十万元以下罚款;造成严重后果的,处十万元以上一百万元以下罚款。

第五十七条 违反本法规定开采泥炭的,由县级以上人民政府林业草原等有关主管部门按照职责分工责令停止违法行为,限期修复湿地或者采取其他补救措施,没收违法所得,并按照采挖泥炭体积,处每立方米二千元以上一万元以下罚款。

违反本法规定,从泥炭沼泽湿地向外排水的,由县级以上人民政府林业草原主管部门责令停止违法行为,限期修复湿地或者采取其他补救措施,没收违法所得,并处一万元以上十万元以下罚款;情节严重的,并处十万元以上一百万元以下罚款。

第五十八条 违反本法规定,未编制修复方案修复湿地或者未按照修复方案修复湿地,造成湿地破坏的,由省级以上人民政府林业草原主管部门责令改正,处十万元以上一百万元以下罚款。

第五十九条 破坏湿地的违法行为人未按照规定期限或者未按照修复方案修复湿地的,由县级以上人民政府林业草原主管部门委托他人代为履行,所需费用由违法行为人承担;违法行为人因被宣告破产等原因丧失修复能力的,由县级以上人民政府组织实施修复。

第六十条 违反本法规定,拒绝、阻碍县级以上人民政府有关部门依法进行的监督检查的,处二万元以上二十万元以下罚款;情节严重的,可以责令停产停业整顿。

第六十一条 违反本法规定,造成生态环境损害的,国家规定的机关或者法律规定的组织有权依法请求违法行为人承担修复责任、赔偿损失和有关费用。

第六十二条 违反本法规定,构成违反治安管理行为的,由公安机关依法给予治安管理处罚;构成犯罪的,依法追究刑事责任。

第七章 附 则

第六十三条 本法下列用语的含义:

(一)红树林湿地,是指由红树植物为主组成的近海和海岸潮间湿地;

(二)泥炭沼泽湿地,是指有泥炭发育的沼泽湿地。

第六十四条 省、自治区、直辖市和设区的市、自治州可以根据本地实际,制定湿地保护具体办法。

第六十五条 本法自 2022 年 6 月 1 日起施行。

风景名胜区条例

· 2006 年 9 月 19 日中华人民共和国国务院令第 474 号公布
· 根据 2016 年 2 月 6 日《国务院关于修改部分行政法规的决定》修正

第一章 总 则

第一条 为了加强对风景名胜区的管理,有效保护和合理利用风景名胜资源,制定本条例。

第二条 风景名胜区的设立、规划、保护、利用和管理,适用本条例。

本条例所称风景名胜区,是指具有观赏、文化或者科学价值,自然景观、人文景观比较集中,环境优美,可供人们游览或者进行科学、文化活动的区域。

第三条 国家对风景名胜区实行科学规划、统一管理、严格保护、永续利用的原则。

第四条 风景名胜区所在地县级以上地方人民政府设置的风景名胜区管理机构,负责风景名胜区的保护、利用和统一管理工作。

第五条 国务院建设主管部门负责全国风景名胜区的监督管理工作。国务院其他有关部门按照国务院规定的职责分工,负责风景名胜区的有关监督管理工作。

省、自治区人民政府建设主管部门和直辖市人民政府风景名胜区主管部门,负责本行政区域内风景名胜区的监督管理工作。省、自治区、直辖市人民政府其他有关部门按照规定的职责分工,负责风景名胜区的有关监督管理工作。

第六条 任何单位和个人都有保护风景名胜资源的义务,并有权制止、检举破坏风景名胜资源的行为。

第二章 设 立

第七条 设立风景名胜区,应当有利于保护和合理利用风景名胜资源。

新设立的风景名胜区与自然保护区不得重合或者交叉;已设立的风景名胜区与自然保护区重合或者交叉的,风景名胜区规划与自然保护区规划应当相协调。

第八条 风景名胜区划分为国家级风景名胜区和省级风景名胜区。

自然景观和人文景观能够反映重要自然变化过程和重大历史文化发展过程,基本处于自然状态或者保持历史原貌,具有国家代表性的,可以申请设立国家级风景名胜区;具有区域代表性的,可以申请设立省级风景名胜区。

第九条 申请设立风景名胜区应当提交包含下列内容的有关材料:

（一）风景名胜资源的基本状况；
（二）拟设立风景名胜区的范围以及核心景区的范围；
（三）拟设立风景名胜区的性质和保护目标；
（四）拟设立风景名胜区的游览条件；
（五）与拟设立风景名胜区内的土地、森林等自然资源和房屋等财产的所有权人、使用权人协商的内容和结果。

第十条 设立国家级风景名胜区，由省、自治区、直辖市人民政府提出申请，国务院建设主管部门会同国务院环境保护主管部门、林业主管部门、文物主管部门等有关部门组织论证，提出审查意见，报国务院批准公布。

设立省级风景名胜区，由县级人民政府提出申请，省、自治区人民政府建设主管部门或者直辖市人民政府风景名胜区主管部门，会同其他有关部门组织论证，提出审查意见，报省、自治区、直辖市人民政府批准公布。

第十一条 风景名胜区内的土地、森林等自然资源和房屋等财产的所有权人、使用权人的合法权益受法律保护。

申请设立风景名胜区的人民政府应当在报请审批前，与风景名胜区内的土地、森林等自然资源和房屋等财产的所有权人、使用权人充分协商。

因设立风景名胜区对风景名胜区内的土地、森林等自然资源和房屋等财产的所有权人、使用权人造成损失的，应当依法给予补偿。

第三章 规　划

第十二条 风景名胜区规划分为总体规划和详细规划。

第十三条 风景名胜区总体规划的编制，应当体现人与自然和谐相处、区域协调发展和经济社会全面进步的要求，坚持保护优先、开发服从保护的原则，突出风景名胜资源的自然特性、文化内涵和地方特色。

风景名胜区总体规划应当包括下列内容：
（一）风景资源评价；
（二）生态资源保护措施、重大建设项目布局、开发利用强度；
（三）风景名胜区的功能结构和空间布局；
（四）禁止开发和限制开发的范围；
（五）风景名胜区的游客容量；
（六）有关专项规划。

第十四条 风景名胜区应当自设立之日起2年内编制完成总体规划。总体规划的规划期一般为20年。

第十五条 风景名胜区详细规划应当根据核心景区和其他景区的不同要求编制，确定基础设施、旅游设施、文化设施等建设项目的选址、布局与规模，并明确建设用地范围和规划设计条件。

风景名胜区详细规划，应当符合风景名胜区总体规划。

第十六条 国家级风景名胜区规划由省、自治区人民政府建设主管部门或者直辖市人民政府风景名胜区主管部门组织编制。

省级风景名胜区规划由县级人民政府组织编制。

第十七条 编制风景名胜区规划，应当采用招标等公平竞争的方式选择具有相应资质等级的单位承担。

风景名胜区规划应当按照经审定的风景名胜区范围、性质和保护目标，依照国家有关法律、法规和技术规范编制。

第十八条 编制风景名胜区规划，应当广泛征求有关部门、公众和专家的意见；必要时，应当进行听证。

风景名胜区规划报送审批的材料应当包括社会各界的意见以及意见采纳的情况和未予采纳的理由。

第十九条 国家级风景名胜区的总体规划，由省、自治区、直辖市人民政府审查后，报国务院审批。

国家级风景名胜区的详细规划，由省、自治区人民政府建设主管部门或者直辖市人民政府风景名胜区主管部门报国务院建设主管部门审批。

第二十条 省级风景名胜区的总体规划，由省、自治区、直辖市人民政府审批，报国务院建设主管部门备案。

省级风景名胜区的详细规划，由省、自治区人民政府建设主管部门或者直辖市人民政府风景名胜区主管部门审批。

第二十一条 风景名胜区规划经批准后，应当向社会公布，任何组织和个人有权查阅。

风景名胜区内的单位和个人应当遵守经批准的风景名胜区规划，服从规划管理。

风景名胜区规划未经批准的，不得在风景名胜区内进行各类建设活动。

第二十二条 经批准的风景名胜区规划不得擅自修改。确需对风景名胜区总体规划中的风景名胜区范围、性质、保护目标、生态资源保护措施、重大建设项目布局、开发利用强度以及风景名胜区的功能结构、空间布局、游客容量进行修改的，应当报原审批机关批准；对其他内容进行修改的，应当报原审批机关备案。

风景名胜区详细规划确需修改的，应当报原审批机关批准。

政府或者政府部门修改风景名胜区规划对公民、法人或者其他组织造成财产损失的，应当依法给予补偿。

第二十三条　风景名胜区总体规划的规划期届满前2年，规划的组织编制机关应当组织专家对规划进行评估，作出是否重新编制规划的决定。在新规划批准前，原规划继续有效。

第四章　保 护

第二十四条　风景名胜区内的景观和自然环境，应当根据可持续发展的原则，严格保护，不得破坏或者随意改变。

风景名胜区管理机构应当建立健全风景名胜资源保护的各项管理制度。

风景名胜区内的居民和游览者应当保护风景名胜区的景物、水体、林草植被、野生动物和各项设施。

第二十五条　风景名胜区管理机构应当对风景名胜区内的重要景观进行调查、鉴定，并制定相应的保护措施。

第二十六条　在风景名胜区内禁止进行下列活动：

（一）开山、采石、开矿、开荒、修坟立碑等破坏景观、植被和地形地貌的活动；

（二）修建储存爆炸性、易燃性、放射性、毒害性、腐蚀性物品的设施；

（三）在景物或者设施上刻划、涂污；

（四）乱扔垃圾。

第二十七条　禁止违反风景名胜区规划，在风景名胜区内设立各类开发区和在核心景区内建设宾馆、招待所、培训中心、疗养院以及与风景名胜资源保护无关的其他建筑物；已经建设的，应当按照风景名胜区规划，逐步迁出。

第二十八条　在风景名胜区内从事本条例第二十六条、第二十七条禁止范围以外的建设活动，应当经风景名胜区管理机构审核后，依照有关法律、法规的规定办理审批手续。

在国家级风景名胜区内修建缆车、索道等重大建设工程，项目的选址方案应当报省、自治区人民政府建设主管部门和直辖市人民政府风景名胜区主管部门核准。

第二十九条　在风景名胜区内进行下列活动，应当经风景名胜区管理机构审核后，依照有关法律、法规的规定报有关主管部门批准：

（一）设置、张贴商业广告；

（二）举办大型游乐等活动；

（三）改变水资源、水环境自然状态的活动；

（四）其他影响生态和景观的活动。

第三十条　风景名胜区内的建设项目应当符合风景名胜区规划，并与景观相协调，不得破坏景观、污染环境、妨碍游览。

在风景名胜区内进行建设活动的，建设单位、施工单位应当制定污染防治和水土保持方案，并采取有效措施，保护好周围景物、水体、林草植被、野生动物资源和地形地貌。

第三十一条　国家建立风景名胜区管理信息系统，对风景名胜区规划实施和资源保护情况进行动态监测。

国家级风景名胜区所在地的风景名胜区管理机构应当每年向国务院建设主管部门报送风景名胜区规划实施和土地、森林等自然资源保护的情况；国务院建设主管部门应当将土地、森林等自然资源保护的情况，及时抄送国务院有关部门。

第五章　利用和管理

第三十二条　风景名胜区管理机构应当根据风景名胜区的特点，保护民族民间传统文化，开展健康有益的游览观光和文化娱乐活动，普及历史文化和科学知识。

第三十三条　风景名胜区管理机构应当根据风景名胜区规划，合理利用风景名胜资源，改善交通、服务设施和游览条件。

风景名胜区管理机构应当在风景名胜区内设置风景名胜区标志和路标、安全警示等标牌。

第三十四条　风景名胜区内宗教活动场所的管理，依照国家有关宗教活动场所管理的规定执行。

风景名胜区内涉及自然资源保护、利用、管理和文物保护以及自然保护区管理的，还应当执行国家有关法律、法规的规定。

第三十五条　国务院建设主管部门应当对国家级风景名胜区的规划实施情况、资源保护状况进行监督检查和评估。对发现的问题，应当及时纠正、处理。

第三十六条　风景名胜区管理机构应当建立健全安全保障制度，加强安全管理，保障游览安全，并督促风景名胜区内的经营单位接受有关部门依据法律、法规进行的监督检查。

禁止超过允许容量接纳游客和在没有安全保障的区域开展游览活动。

第三十七条　进入风景名胜区的门票，由风景名胜区管理机构负责出售。门票价格依照有关价格的法律、法规的规定执行。

风景名胜区内的交通、服务等项目，应当由风景名胜区管理机构依照有关法律、法规和风景名胜区规划，采用招标等公平竞争的方式确定经营者。

风景名胜区管理机构应当与经营者签订合同，依法确定各自的权利义务。经营者应当缴纳风景名胜资源有偿使用费。

第三十八条 风景名胜区的门票收入和风景名胜资源有偿使用费，实行收支两条线管理。

风景名胜区的门票收入和风景名胜资源有偿使用费应当专门用于风景名胜资源的保护和管理以及风景名胜区内财产的所有权人、使用权人损失的补偿。具体管理办法，由国务院财政部门、价格主管部门会同国务院建设主管部门等有关部门制定。

第三十九条 风景名胜区管理机构不得从事以营利为目的的经营活动，不得将规划、管理和监督等行政管理职能委托给企业或者个人行使。

风景名胜区管理机构的工作人员，不得在风景名胜区内的企业兼职。

第六章 法律责任

第四十条 违反本条例的规定，有下列行为之一的，由风景名胜区管理机构责令停止违法行为、恢复原状或者限期拆除，没收违法所得，并处50万元以上100万元以下的罚款：

（一）在风景名胜区内进行开山、采石、开矿等破坏景观、植被、地形地貌的活动的；

（二）在风景名胜区内修建储存爆炸性、易燃性、放射性、毒害性、腐蚀性物品的设施的；

（三）在核心景区内建设宾馆、招待所、培训中心、疗养院以及与风景名胜资源保护无关的其他建筑物的。

县级以上地方人民政府及其有关主管部门批准实施本条第一款规定的行为的，对直接负责的主管人员和其他直接责任人员依法给予降级或者撤职的处分；构成犯罪的，依法追究刑事责任。

第四十一条 违反本条例的规定，在风景名胜区内从事禁止范围以外的建设活动，未经风景名胜区管理机构审核，由风景名胜区管理机构责令停止建设、限期拆除，对个人处2万元以上5万元以下的罚款，对单位处20万元以上50万元以下的罚款。

第四十二条 违反本条例的规定，在国家级风景名胜区内修建缆车、索道等重大建设工程，项目的选址方案未经省、自治区人民政府建设主管部门和直辖市人民政府风景名胜区主管部门核准，县级以上地方人民政府有关部门核发选址意见书的，对直接负责的主管人员和其他直接责任人员依法给予处分；构成犯罪的，依法追究刑事责任。

第四十三条 违反本条例的规定，个人在风景名胜区内进行开荒、修坟立碑等破坏景观、植被、地形地貌的活动的，由风景名胜区管理机构责令停止违法行为、限期恢复原状或者采取其他补救措施，没收违法所得，并处1000元以上1万元以下的罚款。

第四十四条 违反本条例的规定，在景物、设施上刻划、涂污或者在风景名胜区内乱扔垃圾的，由风景名胜区管理机构责令恢复原状或者采取其他补救措施，处50元的罚款；刻划、涂污或者以其他方式故意损坏国家保护的文物、名胜古迹的，按治安管理处罚法的有关规定予以处罚；构成犯罪的，依法追究刑事责任。

第四十五条 违反本条例的规定，未经风景名胜区管理机构审核，在风景名胜区内进行下列活动的，由风景名胜区管理机构责令停止违法行为、限期恢复原状或者采取其他补救措施，没收违法所得，并处5万元以上10万元以下的罚款；情节严重的，并处10万元以上20万元以下的罚款：

（一）设置、张贴商业广告的；

（二）举办大型游乐等活动的；

（三）改变水资源、水环境自然状态的活动的；

（四）其他影响生态和景观的活动。

第四十六条 违反本条例的规定，施工单位在施工过程中，对周围景物、水体、林草植被、野生动物资源和地形地貌造成破坏的，由风景名胜区管理机构责令停止违法行为、限期恢复原状或者采取其他补救措施，并处2万元以上10万元以下的罚款；逾期未恢复原状或者采取有效措施的，由风景名胜区管理机构责令停止施工。

第四十七条 违反本条例的规定，国务院建设主管部门、县级以上地方人民政府及其有关主管部门有下列行为之一的，对直接负责的主管人员和其他直接责任人员依法给予处分；构成犯罪的，依法追究刑事责任：

（一）违反风景名胜区规划在风景名胜区内设立各类开发区的；

（二）风景名胜区自设立之日起未在2年内编制完成风景名胜区总体规划的；

（三）选择不具有相应资质等级的单位编制风景名胜区规划的；

（四）风景名胜区规划批准前批准在风景名胜区内进行建设活动的；

（五）擅自修改风景名胜区规划的；

（六）不依法履行监督管理职责的其他行为。

第四十八条 违反本条例的规定，风景名胜区管理机构有下列行为之一的,由设立该风景名胜区管理机构的县级以上地方人民政府责令改正;情节严重的,对直接负责的主管人员和其他直接责任人员给予降级或者撤职的处分;构成犯罪的,依法追究刑事责任:

(一)超过允许容量接纳游客或者在没有安全保障的区域开展游览活动的;

(二)未设置风景名胜区标志和路标、安全警示等标牌的;

(三)从事以营利为目的的经营活动的;

(四)将规划、管理和监督等行政管理职能委托给企业或者个人行使的;

(五)允许风景名胜区管理机构的工作人员在风景名胜区内的企业兼职的;

(六)审核同意在风景名胜区内进行不符合风景名胜区规划的建设活动的;

(七)发现违法行为不予查处的。

第四十九条 本条例第四十条第一款、第四十一条、第四十三条、第四十四条、第四十五条、第四十六条规定的违法行为,依照有关法律、行政法规的规定,有关部门已经予以处罚的,风景名胜区管理机构不再处罚。

第五十条 本条例第四十条第一款、第四十一条、第四十三条、第四十四条、第四十五条、第四十六条规定的违法行为,侵害国家、集体或者个人的财产的,有关单位或者个人应当依法承担民事责任。

第五十一条 依照本条例的规定,责令限期拆除在风景名胜区内违法建设的建筑物、构筑物或者其他设施的,有关单位或者个人必须立即停止建设活动,自行拆除;对继续进行建设的,作出责令限期拆除决定的机关有权制止。有关单位或者个人对责令限期拆除决定不服的,可以在接到责令限期拆除决定之日起15日内,向人民法院起诉;期满不起诉又不自行拆除的,由作出责令限期拆除决定的机关依法申请人民法院强制执行,费用由违法者承担。

第七章 附 则

第五十二条 本条例自2006年12月1日起施行。1985年6月7日国务院发布的《风景名胜区管理暂行条例》同时废止。

中华人民共和国自然保护区条例

- 1994年10月9日中华人民共和国国务院令第167号发布
- 根据2011年1月8日《国务院关于废止和修改部分行政法规的决定》第一次修订
- 根据2017年10月7日《国务院关于修改部分行政法规的决定》第二次修订

第一章 总 则

第一条 为了加强自然保护区的建设和管理,保护自然环境和自然资源,制定本条例。

第二条 本条例所称自然保护区,是指对有代表性的自然生态系统、珍稀濒危野生动植物物种的天然集中分布区、有特殊意义的自然遗迹等保护对象所在的陆地、陆地水体或者海域,依法划出一定面积予以特殊保护和管理的区域。

第三条 凡在中华人民共和国领域和中华人民共和国管辖的其他海域内建设和管理自然保护区,必须遵守本条例。

第四条 国家采取有利于发展自然保护区的经济、技术政策和措施,将自然保护区的发展规划纳入国民经济和社会发展计划。

第五条 建设和管理自然保护区,应当妥善处理与当地经济建设和居民生产、生活的关系。

第六条 自然保护区管理机构或者其行政主管部门可以接受国内外组织和个人的捐赠,用于自然保护区的建设和管理。

第七条 县级以上人民政府应当加强对自然保护区工作的领导。

一切单位和个人都有保护自然保护区内自然环境和自然资源的义务,并有权对破坏、侵占自然保护区的单位和个人进行检举、控告。

第八条 国家对自然保护区实行综合管理与分部门管理相结合的管理体制。

国务院环境保护行政主管部门负责全国自然保护区的综合管理。

国务院林业、农业、地质矿产、水利、海洋等有关行政主管部门在各自的职责范围内,主管有关的自然保护区。

县级以上地方人民政府负责自然保护区管理的部门的设置和职责,由省、自治区、直辖市人民政府根据当地具体情况确定。

第九条 对建设、管理自然保护区以及在有关的科学研究中做出显著成绩的单位和个人,由人民政府给予奖励。

第二章 自然保护区的建设

第十条 凡具有下列条件之一的,应当建立自然保护区:

(一)典型的自然地理区域、有代表性的自然生态系统区域以及已经遭受破坏但经保护能够恢复的同类自然生态系统区域;

(二)珍稀、濒危野生动植物物种的天然集中分布区域;

(三)具有特殊保护价值的海域、海岸、岛屿、湿地、内陆水域、森林、草原和荒漠;

(四)具有重大科学文化价值的地质构造、著名溶洞、化石分布区、冰川、火山、温泉等自然遗迹;

(五)经国务院或者省、自治区、直辖市人民政府批准,需要予以特殊保护的其他自然区域。

第十一条 自然保护区分为国家级自然保护区和地方级自然保护区。

在国内外有典型意义、在科学上有重大国际影响或者有特殊科学研究价值的自然保护区,列为国家级自然保护区。

除列为国家级自然保护区的外,其他具有典型意义或者重要科学研究价值的自然保护区列为地方级自然保护区。地方级自然保护区可以分级管理,具体办法由国务院有关自然保护区行政主管部门或者省、自治区、直辖市人民政府根据实际情况规定,报国务院环境保护行政主管部门备案。

第十二条 国家级自然保护区的建立,由自然保护区所在的省、自治区、直辖市人民政府或者国务院有关自然保护区行政主管部门提出申请,经国家级自然保护区评审委员会评审后,由国务院环境保护行政主管部门进行协调并提出审批建议,报国务院批准。

地方级自然保护区的建立,由自然保护区所在的县、自治县、市、自治州人民政府或者省、自治区、直辖市人民政府有关自然保护区行政主管部门提出申请,经地方级自然保护区评审委员会评审后,由省、自治区、直辖市人民政府环境保护行政主管部门进行协调并提出审批建议,报省、自治区、直辖市人民政府批准,并报国务院环境保护行政主管部门和国务院有关自然保护区行政主管部门备案。

跨两个以上行政区域的自然保护区的建立,由有关行政区域的人民政府协商一致后提出申请,并按照前两款规定的程序审批。

建立海上自然保护区,须经国务院批准。

第十三条 申请建立自然保护区,应当按照国家有关规定填报建立自然保护区申报书。

第十四条 自然保护区的范围和界线由批准建立自然保护区的人民政府确定,并标明区界,予以公告。

确定自然保护区的范围和界线,应当兼顾保护对象的完整性和适度性,以及当地经济建设和居民生产、生活的需要。

第十五条 自然保护区的撤销及其性质、范围、界线的调整或者改变,应当经原批准建立自然保护区的人民政府批准。

任何单位和个人,不得擅自移动自然保护区的界标。

第十六条 自然保护区按照下列方法命名:

国家级自然保护区:自然保护区所在地地名加"国家级自然保护区"。

地方级自然保护区:自然保护区所在地地名加"地方级自然保护区"。

有特殊保护对象的自然保护区,可以在自然保护区所在地地名后加特殊保护对象的名称。

第十七条 国务院环境保护行政主管部门应当会同国务院有关自然保护区行政主管部门,在对全国自然环境和自然资源状况进行调查和评价的基础上,拟订国家自然保护区发展规划,经国务院计划部门综合平衡后,报国务院批准实施。

自然保护区管理机构或者该自然保护区行政主管部门应当组织编制自然保护区的建设规划,按照规定的程序纳入国家的、地方的或者部门的投资计划,并组织实施。

第十八条 自然保护区可以分为核心区、缓冲区和实验区。

自然保护区内保存完好的天然状态的生态系统以及珍稀、濒危动植物的集中分布地,应当划为核心区,禁止任何单位和个人进入;除依照本条例第二十七条的规定经批准外,也不允许进入从事科学研究活动。

核心区外围可以划定一定面积的缓冲区,只准进入从事科学研究观测活动。

缓冲区外围划为实验区,可以进入从事科学试验、教学实习、参观考察、旅游以及驯化、繁殖珍稀、濒危野生动植物等活动。

原批准建立自然保护区的人民政府认为必要时,可以在自然保护区的外围划定一定面积的外围保护地带。

第三章 自然保护区的管理

第十九条 全国自然保护区管理的技术规范和标准,由国务院环境保护行政主管部门组织国务院有关自然保护区行政主管部门制定。

国务院有关自然保护区行政主管部门可以按照职责分工,制定有关类型自然保护区管理的技术规范,报国务院环境保护行政主管部门备案。

第二十条 县级以上人民政府环境保护行政主管部门有权对本行政区域内各类自然保护区的管理进行监督检查;县级以上人民政府有关自然保护区行政主管部门有权对其主管的自然保护区的管理进行监督检查。被检查的单位应当如实反映情况,提供必要的资料。检查者应当为被检查的单位保守技术秘密和业务秘密。

第二十一条 国家级自然保护区,由其所在地的省、自治区、直辖市人民政府有关自然保护区行政主管部门或者国务院有关自然保护区行政主管部门管理。地方级自然保护区,由其所在地的县级以上地方人民政府有关自然保护区行政主管部门管理。

有关自然保护区行政主管部门应当在自然保护区内设立专门的管理机构,配备专业技术人员,负责自然保护区的具体管理工作。

第二十二条 自然保护区管理机构的主要职责是:

(一)贯彻执行国家有关自然保护的法律、法规和方针、政策;

(二)制定自然保护区的各项管理制度,统一管理自然保护区;

(三)调查自然资源并建立档案,组织环境监测,保护自然保护区内的自然环境和自然资源;

(四)组织或者协助有关部门开展自然保护区的科学研究工作;

(五)进行自然保护的宣传教育;

(六)在不影响保护自然保护区的自然环境和自然资源的前提下,组织开展参观、旅游等活动。

第二十三条 管理自然保护区所需经费,由自然保护区所在地的县级以上地方人民政府安排。国家对国家级自然保护区的管理,给予适当的资金补助。

第二十四条 自然保护区所在地的公安机关,可以根据需要在自然保护区设置公安派出机构,维护自然保护区内的治安秩序。

第二十五条 在自然保护区内的单位、居民和经批准进入自然保护区的人员,必须遵守自然保护区的各项管理制度,接受自然保护区管理机构的管理。

第二十六条 禁止在自然保护区内进行砍伐、放牧、狩猎、捕捞、采药、开垦、烧荒、开矿、采石、挖沙等活动;但是,法律、行政法规另有规定的除外。

第二十七条 禁止任何人进入自然保护区的核心区。因科学研究的需要,必须进入核心区从事科学研究观测、调查活动的,应当事先向自然保护区管理机构提交申请和活动计划,并经自然保护区管理机构批准;其中,进入国家级自然保护区核心区的,应当经省、自治区、直辖市人民政府有关自然保护区行政主管部门批准。

自然保护区核心区内原有居民确有必要迁出的,由自然保护区所在地的地方人民政府予以妥善安置。

第二十八条 禁止在自然保护区的缓冲区开展旅游和生产经营活动。因教学科研的目的,需要进入自然保护区的缓冲区从事非破坏性的科学研究、教学实习和标本采集活动的,应当事先向自然保护区管理机构提交申请和活动计划,经自然保护区管理机构批准。

从事前款活动的单位和个人,应当将其活动成果的副本提交自然保护区管理机构。

第二十九条 在自然保护区的实验区内开展参观、旅游活动的,由自然保护区管理机构编制方案,方案应当符合自然保护区管理目标。

在自然保护区组织参观、旅游活动的,应当严格按照前款规定的方案进行,并加强管理;进入自然保护区参观、旅游的单位和个人,应当服从自然保护区管理机构的管理。

严禁开设与自然保护区保护方向不一致的参观、旅游项目。

第三十条 自然保护区的内部未分区的,依照本条例有关核心区和缓冲区的规定管理。

第三十一条 外国人进入自然保护区,应当事先向自然保护区管理机构提交活动计划,并经自然保护区管理机构批准;其中,进入国家级自然保护区的,应当经省、自治区、直辖市环境保护、海洋、渔业等有关自然保护区行政主管部门按照各自职责批准。

进入自然保护区的外国人,应当遵守有关自然保护区的法律、法规和规定,未经批准,不得在自然保护区内从事采集标本等活动。

第三十二条 在自然保护区的核心区和缓冲区内,不得建设任何生产设施。在自然保护区的实验区内,不得建设污染环境、破坏资源或者景观的生产设施;建设其他项目,其污染物排放不得超过国家和地方规定的污染物排放标准。在自然保护区的实验区内已经建成的设施,其污染物排放超过国家和地方规定的排放标准的,应当限期治理;造成损害的,必须采取补救措施。

在自然保护区的外围保护地带建设的项目,不得损害自然保护区内的环境质量;已造成损害的,应当限期治理。

限期治理决定由法律、法规规定的机关作出,被限期治理的企业事业单位必须按期完成治理任务。

第三十三条 因发生事故或者其他突然性事件,造成或者可能造成自然保护区污染或者破坏的单位和个人,必须立即采取措施处理,及时通报可能受到危害的单位和居民,并向自然保护区管理机构、当地环境保护行政主管部门和自然保护区行政主管部门报告,接受调查处理。

第四章 法律责任

第三十四条 违反本条例规定,有下列行为之一的单位和个人,由自然保护区管理机构责令其改正,并可以根据不同情节处以100元以上5000元以下的罚款:

(一)擅自移动或者破坏自然保护区界标的;

(二)未经批准进入自然保护区或者在自然保护区内不服从管理机构管理的;

(三)经批准在自然保护区的缓冲区内从事科学研究、教学实习和标本采集的单位和个人,不向自然保护区管理机构提交活动成果副本的。

第三十五条 违反本条例规定,在自然保护区进行砍伐、放牧、狩猎、捕捞、采药、开垦、烧荒、开矿、采石、挖沙等活动的单位和个人,除可以依照有关法律、行政法规规定给予处罚的以外,由县级以上人民政府有关自然保护区行政主管部门或者其授权的自然保护区管理机构没收违法所得,责令停止违法行为,限期恢复原状或者采取其他补救措施;对自然保护区造成破坏的,可以处以300元以上1万元以下的罚款。

第三十六条 自然保护区管理机构违反本条例规定,拒绝环境保护行政主管部门或者有关自然保护区行政主管部门监督检查,或者在被检查时弄虚作假的,由县级以上人民政府环境保护行政主管部门或者有关自然保护区行政主管部门给予300元以上3000元以下的罚款。

第三十七条 自然保护区管理机构违反本条例规定,有下列行为之一的,由县级以上人民政府有关自然保护区行政主管部门责令限期改正;对直接责任人员,由其所在单位或者上级机关给予行政处分:

(一)开展参观、旅游活动未编制方案或者编制的方案不符合自然保护区管理目标的;

(二)开设与自然保护区保护方向不一致的参观、旅游项目的;

(三)不按照编制的方案开展参观、旅游活动的;

(四)违法批准人员进入自然保护区的核心区,或者违法批准外国人进入自然保护区的;

(五)有其他滥用职权、玩忽职守、徇私舞弊行为的。

第三十八条 违反本条例规定,给自然保护区造成损失的,由县级以上人民政府有关自然保护区行政主管部门责令赔偿损失。

第三十九条 妨碍自然保护区管理人员执行公务的,由公安机关依照《中华人民共和国治安管理处罚法》的规定给予处罚;情节严重,构成犯罪的,依法追究刑事责任。

第四十条 违反本条例规定,造成自然保护区重大污染或者破坏事故,导致公私财产重大损失或者人身伤亡的严重后果,构成犯罪的,对直接负责的主管人员和其他直接责任人员依法追究刑事责任。

第四十一条 自然保护区管理人员滥用职权、玩忽职守、徇私舞弊,构成犯罪的,依法追究刑事责任;情节轻微,尚不构成犯罪的,由其所在单位或者上级机关给予行政处分。

第五章 附 则

第四十二条 国务院有关自然保护区行政主管部门可以根据本条例,制定有关类型自然保护区的管理办法。

第四十三条 各省、自治区、直辖市人民政府可以根据本条例,制定实施办法。

第四十四条 本条例自1994年12月1日起施行。

湿地保护修复制度方案

·2016年11月30日
·国办发〔2016〕89号

湿地在涵养水源、净化水质、蓄洪抗旱、调节气候和维护生物多样性等方面发挥着重要功能,是重要的自然生态系统,也是自然生态空间的重要组成部分。湿地保护是生态文明建设的重要内容,事关国家生态安全,事关经济社会可持续发展,事关中华民族子孙后代的生存福祉。为加快建立系统完整的湿地保护修复制度,根据中共中央、国务院印发的《关于加快推进生态文明建设的意见》和《生态文明体制改革总体方案》要求,制定本方案。

一、总体要求

(一)指导思想。全面贯彻落实党的十八大和十八届三中、四中、五中、六中全会精神,深入学习贯彻习近平总书记系列重要讲话精神,紧紧围绕统筹推进"五位一体"总体布局和协调推进"四个全面"战略布局,牢固树立创新、协调、绿色、开放、共享的发展理念,认真落实党中央、国务院决策部署,深化生态文明体制改革,大力推进生态文明建设。建立湿地保护修复制度,全面保护湿地,强化湿地利用监管,推进退化湿地修复,提升全社会湿地保护意识,为建设生态文明和美丽中国提供重要保障。

(二)基本原则。坚持生态优先、保护优先的原则,维护湿地生态功能和作用的可持续性;坚持全面保护、分级管理的原则,将全国所有湿地纳入保护范围,重点加强自然湿地、国家和地方重要湿地的保护与修复;坚持政府主导、社会参与的原则,地方各级人民政府对本行政区域内湿地保护负总责,鼓励社会各界参与湿地保护与修复;坚持综合协调、分工负责的原则,充分发挥林业、国土资源、环境保护、水利、农业、海洋等湿地保护管理相关部门的职能作用,协同推进湿地保护与修复;坚持注重成效、严格考核的原则,将湿地保护修复成效纳入对地方各级人民政府领导干部的考评体系,严明奖惩制度。

(三)目标任务。实行湿地面积总量管控,到2020年,全国湿地面积不低于8亿亩,其中,自然湿地面积不低于7亿亩,新增湿地面积300万亩,湿地保护率提高到50%以上。严格湿地用途监管,确保湿地面积不减少,增强湿地生态功能,维护湿地生物多样性,全面提升湿地保护与修复水平。

二、完善湿地分级管理体系

(四)建立湿地分级体系。根据生态区位、生态系统功能和生物多样性,将全国湿地划分为国家重要湿地(含国际重要湿地)、地方重要湿地和一般湿地,列入不同级别湿地名录,定期更新。国务院林业主管部门会同有关部门制定国家重要湿地认定标准和管理办法,明确相关管理规则和程序,发布国家重要湿地名录。省级林业主管部门会同有关部门制定地方重要湿地和一般湿地认定标准和管理办法,发布地方重要湿地和一般湿地名录。(国家林业局牵头,国土资源部、环境保护部、水利部、农业部、国家海洋局等参与,地方各级人民政府负责落实。以下均需地方各级人民政府落实,不再列出)

(五)探索开展湿地管理事权划分改革。坚持权、责、利相统一的原则,探索开展湿地管理方面的中央与地方财政事权和支出责任划分改革,明晰国家重要湿地、地方重要湿地和一般湿地的事权划分。(财政部、国家林业局会同有关部门负责)

(六)完善保护管理体系。国务院湿地保护管理相关部门指导全国湿地保护修复工作。地方各级人民政府湿地保护管理相关部门指导本辖区湿地保护修复工作。对国家和地方重要湿地,要通过设立国家公园、湿地自然保护区、湿地公园、水产种质资源保护区、海洋特别保护区等方式加强保护,在生态敏感和脆弱地区加快保护管理体系建设。加强各级湿地保护管理机构的能力建设,夯实保护基础。在国家和地方重要湿地探索设立湿地管护公益岗位,建立完善县、乡、村三级管护联动网络,创新湿地保护管理形式。(国家林业局、财政部、国土资源部、环境保护部、水利部、农业部、国家海洋局等按职责分工负责)

三、实行湿地保护目标责任制

(七)落实湿地面积总量管控。确定全国和各省(区、市)湿地面积管控目标,逐级分解落实。合理划定纳入生态保护红线的湿地范围,明确湿地名录,并落实到具体湿地地块。经批准征收、占用湿地并转为其他用途的,用地单位要按照"先补后占、占补平衡"的原则,负责恢复或重建与所占湿地面积和质量相当的湿地,确保湿地面积不减少。(国家林业局、国土资源部、国家发展改革委、环境保护部、水利部、农业部、国家海洋局等按职责分工负责)

(八)提升湿地生态功能。制定湿地生态状况评定标准,从影响湿地生态系统健康的水量、水质、土壤、野生动植物等方面完善评价指标体系。到2020年,重要江河湖泊水功能区水质达标率提高到80%以上,自然岸线保有率不低于35%,水鸟种类不低于231种,全国湿地野生动植物种群数量不减少。(国家林业局、环境保护部、水利部、农业部、国土资源部、国家海洋局等按职责分工负责)

(九)建立湿地保护成效奖惩机制。地方各级人民政府对本行政区域内湿地保护负总责,政府主要领导成员承担主要责任,其他有关领导成员在职责范围内承担相应责任,要将湿地面积、湿地保护率、湿地生态状况等保护成效指标纳入本地区生态文明建设目标评价考核等制度体系,建立健全奖励机制和终身追责机制。(国家林业局牵头,国家发展改革委、国土资源部、环境保护部、水利部、农业部、国家海洋局等参与)

四、健全湿地用途监管机制

(十)建立湿地用途管控机制。按照主体功能定位确定各类湿地功能,实施负面清单管理。禁止擅自征收、占用国家和地方重要湿地,在保护的前提下合理利用一般湿地,禁止侵占自然湿地等水源涵养空间,已侵占的要限期予以恢复,禁止开(围)垦、填埋、排干湿地,禁止永久性截断湿地水源,禁止向湿地超标排放污染物,禁止对湿地野生动物栖息地和鱼类洄游通道造成破坏,禁止破坏湿地及其生态功能的其他活动。(国家林业局、国土资源部、环境保护部、水利部、农业部、国家海洋局等按职责分工负责)

(十一)规范湿地用途管理。完善涉及湿地相关资源的用途管理制度,合理设立湿地相关资源利用的强度和时限,避免对湿地生态要素、生态过程、生态服务功能等方面造成破坏。进一步加强对取水、污染物排放、野生动植物资源利用、挖砂、取土、开矿、引进外来物种和涉外科学考察等活动的管理。(国土资源部、环境保护部、水利部、农业部、国家林业局、国家海洋局等按职责分工负责)

(十二)严肃惩处破坏湿地行为。湿地保护管理相关部门根据职责分工依法对湿地利用进行监督,对湿地破坏严重的地区或有关部门进行约谈,探索建立湿地利用预警机制,遏制各种破坏湿地生态的行为。严厉查处违法利用湿地的行为,造成湿地生态系统破坏的,由湿地保护管理相关部门责令限期恢复原状,情节严重或逾期未恢复原状的,依法给予相应处罚,涉嫌犯罪的,移送司法机关严肃处理。探索建立相对集中行政处罚权的执法机制。地方各级人民政府湿地保护管理相关部门或湿地保护管理机构要加强对湿地资源利用者的监督。(国家林业局、国土资源部、环境保护部、水利部、农业部、国家海洋局等按职责分工负责)

五、建立退化湿地修复制度

(十三)明确湿地修复责任主体。对未经批准将湿地转为其他用途的,按照"谁破坏、谁修复"的原则实施恢复和重建。能够确认责任主体的,由其自行开展湿地修复或委托具备修复能力的第三方机构进行修复。对因历史原因或公共利益造成生态破坏的、因重大自然灾害受损的湿地,经科学论证确需恢复的,由地方各级人民政府承担修复责任,所需资金列入财政预算。(国家林业局、国土资源部、环境保护部、水利部、农业部、国家海洋局等按职责分工负责)

(十四)多措并举增加湿地面积。地方各级人民政府要对近年来湿地被侵占情况进行认真排查,并通过退耕还湿、退养还滩、排水退化湿地恢复和盐碱化土地复湿等措施,恢复原有湿地。各地要在水源、用地、管护、移民安置等方面,为增加湿地面积提供条件。(国家林业局、国土资源部、环境保护部、水利部、农业部、国家海洋局等按职责分工负责)

(十五)实施湿地保护修复工程。国务院林业主管部门和省级林业主管部门分别会同同级相关部门编制湿地保护修复工程规划。坚持自然恢复为主、与人工修复相结合的方式,对集中连片、破碎化严重、功能退化的自然湿地进行修复和综合整治,优先修复生态功能严重退化的国家和地方重要湿地。通过污染清理、土地整治、地形地貌修复、自然湿地岸线维护、河湖水系连通、植被恢复、野生动物栖息地恢复、拆除围网、生态移民和湿地有害生物防治等手段,逐步恢复湿地生态功能,增强湿地碳汇功能,维持湿地生态系统健康。(国家林业局牵头,国家发展改革委、财政部、国土资源部、环境保护部、水利部、农业部、国家海洋局等参与)

(十六)完善生态用水机制。水资源利用要与湿地保护紧密结合,统筹协调区域或流域内的水资源平衡,维护湿地的生态用水需求。从生态安全、水文联系的角度,利用流域综合治理方法,建立湿地生态补水机制,明确技术路线、资金投入以及相关部门的责任和义务。水库蓄水和泄洪要充分考虑相关野生动植物保护需求。(水利部牵头,国家发展改革委、财政部、国家林业局、环境保护部、农业部、国家海洋局等参与)

(十七)强化湿地修复成效监督。国务院湿地保护管理相关部门制定湿地修复绩效评价标准,组织开展湿地修复工程的绩效评价。由第三方机构开展湿地修复工程竣工评估和后评估。建立湿地修复公示制度,依法公开湿地修复方案、修复成效,接受公众监督。(国家林业局、国土资源部、环境保护部、水利部、农业部、国家海洋局等按职责分工负责)

六、健全湿地监测评价体系

(十八)明确湿地监测评价主体。国务院林业主管部门会同有关部门组织实施国家重要湿地的监测评价,制定全国湿地资源调查和监测、重要湿地评价、退化湿地评估等规程或标准,组织实施全国湿地资源调查,调查周期为10年。省级及以下林业主管部门会同有关部门组织实施地方重要湿地和一般湿地的监测评价。加强部门间湿地监测评价协调工作,统筹解决重大问题。(国家林业局牵头,国土资源部、环境保护部、水利部、农业部、国家海洋局等参与)

(十九)完善湿地监测网络。统筹规划国家重要湿地监测站点设置,建立国家重要湿地监测评价网络,提高监测数据质量和信息化水平。健全湿地监测数据共享制度,林业、国土资源、环境保护、水利、农业、海洋等部门获取的湿地资源相关数据要实现有效集成、互联共享。加强生态风险预警,防止湿地生态系统特征发生不良变化。

（国家林业局牵头，国土资源部、环境保护部、水利部、农业部、国家海洋局等参与）

（二十）监测信息发布和应用。建立统一的湿地监测评价信息发布制度，规范发布内容、流程、权限和渠道等。国务院林业主管部门会同有关部门发布全国范围、跨区域、跨流域以及国家重要湿地监测评价信息。运用监测评价信息，为考核地方各级人民政府落实湿地保护责任情况提供科学依据和数据支撑。建立监测评价与监管执法联动机制。（国家林业局牵头，国土资源部、环境保护部、水利部、农业部、国家海洋局等参与）

七、完善湿地保护修复保障机制

（二十一）加强组织领导。地方各级人民政府要把湿地保护纳入重要议事日程，实施湿地保护科学决策，及时解决重大问题。各地区各有关部门要认真履行各自职责，进一步完善综合协调、分部门实施的湿地保护管理体制，形成湿地保护合力，确保实现湿地保护修复的目标任务。强化军地协调配合，共同加强湿地保护管理。（国家林业局牵头，国土资源部、环境保护部、水利部、农业部、国家海洋局等参与）

（二十二）加快法制建设。抓紧研究制订系统的湿地保护管理法律法规，切实保护好水、土地、野生动植物等资源，督促指导有关省份结合实际制定完善湿地保护与修复的地方法规。（国家林业局、国土资源部、环境保护部、水利部、农业部、国务院法制办、国家海洋局等按职责分工负责）

（二十三）加大资金投入力度。发挥政府投资的主导作用，形成政府投资、社会融资、个人投入等多渠道投入机制。通过财政贴息等方式引导金融资本加大支持力度，有条件的地方可研究给予风险补偿。探索建立湿地生态效益补偿制度，率先在国家级湿地自然保护区和国家重要湿地开展补偿试点。（国家林业局、国家发展改革委、财政部牵头，国土资源部、环境保护部、水利部、农业部、人民银行、银监会、国家海洋局等参与）

（二十四）完善科技支撑体系。加强湿地基础和应用科学研究，突出湿地与气候变化、生物多样性、水资源安全等关系研究。开展湿地保护与修复技术示范，在湿地修复关键技术上取得突破。建立湿地保护管理决策的科技支撑机制，提高科学决策水平。（国家林业局、环境保护部、水利部、农业部、国家海洋局等按职责分工负责）

（二十五）加强宣传教育。面向公众开展湿地科普宣传教育，利用互联网、移动媒体等手段，普及湿地科学知识，努力形成全社会保护湿地的良好氛围。抓好广大中小学生湿地保护知识教育，树立湿地保护意识。研究建立湿地保护志愿者制度，动员公众参与湿地保护和相关知识传播。（国家林业局、教育部、国土资源部、环境保护部、水利部、农业部、国家海洋局等按职责分工负责）

国家级自然保护区监督检查办法

· 2006年10月18日国家环境保护总局令第36号公布
· 根据2017年12月12日环境保护部第五次部务会议通过的《环境保护部关于修改部分规章的决定》第一次修订
· 根据2019年8月22日《生态环境部关于废止、修改部分规章的决定》第二次修订
· 根据2021年12月13日《生态环境部关于修改部分部门规章的决定》第三次修订

第一条 为加强对国家级自然保护区的监督管理，提高国家级自然保护区的建设和管理水平，根据《中华人民共和国环境保护法》、《中华人民共和国自然保护区条例》以及其他有关规定，制定本办法。

第二条 本办法适用于国务院环境保护行政主管部门组织的对全国各类国家级自然保护区的监督检查。

第三条 国务院环境保护行政主管部门在依照法律法规和本办法的规定履行监督检查职责时，有权采取下列措施：

（一）进入国家级自然保护区进行实地检查；
（二）要求国家级自然保护区管理机构汇报建设和管理情况；
（三）查阅或者复制有关资料、凭证；
（四）向有关单位和人员调查了解相关情况；
（五）法律、法规规定有权采取的其他措施。

监督检查人员在履行监督检查职责时，应当严格遵守国家有关法律法规规定的程序，出示证件，并为被检查单位保守技术和业务秘密。

第四条 有关单位或者人员对依法进行的监督检查应当给予支持与配合，如实反映情况，提供有关资料，不得拒绝或者妨碍监督检查工作。

第五条 任何单位和个人都有权对污染或者破坏国家级自然保护区的单位、个人以及不履行或者不依法履行国家级自然保护区监督管理职责的机构进行检举或者控告。

第六条 国务院环境保护行政主管部门应当向社会公开国家级自然保护区监督检查的有关情况，接受社会监督。

第七条　国务院环境保护行政主管部门组织对国家级自然保护区的建设和管理状况进行定期评估。

国务院环境保护行政主管部门组织成立国家级自然保护区评估委员会，对国家级自然保护区的建设和管理状况进行定期评估，并根据评估结果提出整改建议。

对每个国家级自然保护区的建设和管理状况的定期评估，每五年不少于一次。

第八条　国家级自然保护区定期评估的内容应当包括：

（一）管护设施状况；

（二）面积和功能分区适宜性、范围、界线和土地权属；

（三）管理规章、规划的制定及其实施情况；

（四）资源本底、保护及利用情况；

（五）科研、监测、档案和标本情况；

（六）自然保护区内建设项目管理情况；

（七）旅游和其他人类活动情况；

（八）与周边社区的关系状况；

（九）宣传教育、培训、交流与合作情况；

（十）管理经费情况；

（十一）其他应当评估的内容。

国家级自然保护区定期评估标准由国务院环境保护行政主管部门另行制定。

第九条　国务院环境保护行政主管部门组织国家级自然保护区定期评估时，应当在评估开始20个工作日前通知拟被评估的国家级自然保护区管理机构及其行政主管部门。

第十条　国家级自然保护区评估结果分为优、良、中和差四个等级。

国务院环境保护行政主管部门应当及时将评估结果和整改建议向被评估的国家级自然保护区管理机构反馈，并抄送该自然保护区行政主管部门及所在地省级人民政府。

被评估的国家级自然保护区管理机构对评估结果有异议的，可以向国务院环境保护行政主管部门申请复核；国务院环境保护行政主管部门应当及时进行审查核实。

第十一条　国家级自然保护区定期评估结果由国务院环境保护行政主管部门统一发布。

第十二条　国务院环境保护行政主管部门对国家级自然保护区进行执法检查。

执法检查分为定期检查、专项检查、抽查和专案调查等。

第十三条　国家级自然保护区执法检查的内容应当包括：

（一）国家级自然保护区的设立、范围和功能区的调整以及名称的更改是否符合有关规定；

（二）国家级自然保护区内是否存在违法砍伐、放牧、狩猎、捕捞、采药、开垦、烧荒、开矿、采石、挖沙、影视拍摄以及其他法律法规禁止的活动；

（三）国家级自然保护区内是否存在违法的建设项目，排污单位的污染物排放是否符合环境保护法律、法规及自然保护区管理的有关规定，超标排污单位限期治理的情况；

（四）国家级自然保护区内是否存在破坏、侵占、非法转让自然保护区的土地或者其他自然资源的行为；

（五）在国家级自然保护区的实验区开展参观、旅游活动的，自然保护区管理机构是否编制方案，编制的方案是否符合自然保护区管理目标；国家级自然保护区的参观、旅游活动是否按照编制的方案进行；

（六）国家级自然保护区建设是否符合建设规划（总体规划）要求，相关基础设施、设备是否符合国家有关标准和技术规范；

（七）国家级自然保护区管理机构是否依法履行职责；

（八）国家级自然保护区的建设和管理经费的使用是否符合国家有关规定；

（九）法律法规规定的应当实施监督检查的其他内容。

第十四条　对在定期评估或者执法检查中发现的违反国家级自然保护区建设和管理规定的国家级自然保护区管理机构，除依照本办法第十九条的规定处理外，国务院环境保护行政主管部门应当责令限期整改，并可酌情予以通报。

对于整改不合格且保护对象受到严重破坏，不再符合国家级自然保护区条件的国家级自然保护区，国务院环境保护行政主管部门应当向国家级自然保护区评审委员会提出对该国家级自然保护区予以降级的建议，经评审通过并报国务院批准后，给予降级处理。

第十五条　因有关行政机关或者国家级自然保护区管理机构滥用职权、玩忽职守、徇私舞弊，导致该国家级自然保护区被降级的，对其直接负责的主管人员和其他直接责任人员，国务院环境保护行政主管部门可以向其上级机关或者有关监察机关提出行政处分建议。

第十六条　被降级的国家级自然保护区，五年之内不得再次申报设立国家级自然保护区。

第十七条 国务院环境保护行政主管部门应当及时向社会公布对国家级自然保护区执法检查的结果、被责令整改的国家级自然保护区名单及其整改情况和被降级的国家级自然保护区名单。

第十八条 县级以上地方人民政府及其有关行政主管部门，违反有关规定，有下列行为之一的，对直接负责的主管人员和其他直接责任人员，国务院环境保护行政主管部门可以向其上级机关或者有关监察机关提出行政处分建议：

（一）未经批准，擅自撤销国家级自然保护区或者擅自调整、改变国家级自然保护区的范围、界限、功能区划的；

（二）违法批准在国家级自然保护区内建设污染或者破坏生态环境的项目的；

（三）违法批准在国家级自然保护区内开展旅游或者开采矿产资源的；

（四）对本辖区内发生的违反环境保护法律法规中有关国家级自然保护区管理规定的行为，不予制止或者不予查处的；

（五）制定或者采取与环境保护法律法规中有关国家级自然保护区管理规定相抵触的规定或者措施，经指出仍不改正的；

（六）干预或者限制环境保护行政主管部门依法对国家级自然保护区实施监督检查的；

（七）其他违反国家级自然保护区管理规定的行为。

第十九条 国家级自然保护区管理机构违反有关规定，有下列行为之一的，国务院环境保护行政主管部门应当责令限期改正；对直接负责的主管人员和其他直接责任人员，可以向设立该管理机构的自然保护区行政主管部门或者有关监察机关提出行政处分建议：

（一）擅自调整、改变自然保护区的范围、界限和功能区划的；

（二）开展参观、旅游活动未编制方案或者编制的方案不符合自然保护区管理目标的；

（三）开设与自然保护区保护方向不一致的参观、旅游项目的；

（四）不按照编制的方案开展参观、旅游活动的；

（五）对国家级自然保护区内发生的违反环境保护法律法规中有关国家级自然保护区管理规定的行为，不予制止或者不予查处的；

（六）阻挠或者妨碍监督检查人员依法履行职责的；

（七）挪用、滥用国家级自然保护区建设和管理经费的；

（八）对监督检查人员、检举和控告人员进行打击报复的；

（九）其他不依法履行自然保护区建设和管理职责的行为。

第二十条 国家级自然保护区管理机构拒绝国务院环境保护行政主管部门对国家级自然保护区的监督检查，或者在监督检查中弄虚作假的，由国务院环境保护行政主管部门依照《自然保护区条例》的有关规定给予处罚。

第二十一条 省级人民政府环境保护行政主管部门对本行政区域内地方级自然保护区的监督检查，可以参照本办法执行。

县级以上地方人民政府环境保护行政主管部门对本行政区域内的国家级自然保护区的执法检查内容，可以参照本办法执行；在执法检查中发现国家级自然保护区管理机构有违反国家级自然保护区建设和管理规定行为的，可以将有关情况逐级上报国务院环境保护行政主管部门，由国务院环境保护行政主管部门经核实后依照本办法的有关规定处理。

第二十二条 本办法自 2006 年 12 月 1 日起施行。

自然保护地生态环境监管工作暂行办法

· 2020 年 12 月 20 日
· 环生态〔2020〕72 号

第一条 为落实各级生态环境部门的自然保护地生态环境监管职责，规范开展自然保护地生态环境监管工作，根据《中华人民共和国环境保护法》《中华人民共和国海洋环境保护法》《中华人民共和国自然保护区条例》《深化党和国家机构改革方案》《关于建立以国家公园为主体的自然保护地体系的指导意见》《生态环境部职能配置、内设机构和人员编制规定》《关于深化生态环境保护综合行政执法改革的指导意见》《国务院办公厅关于生态环境保护综合行政执法有关事项的通知》等，制定本办法。

第二条 本办法适用于生态环境部门组织的全国各级各类自然保护地生态环境监管工作。

本办法所称的各级自然保护地包括国家级自然保护地和地方级自然保护地。

本办法所称的各类自然保护地包括国家公园、自然保护区和自然公园。

第三条 生态环境部负责指导、组织和协调全国自然保护地生态环境监管工作，并对国家级自然保护地生态环境实施重点监管。

省级生态环境部门负责指导、组织和协调本行政区域各级各类自然保护地生态环境监管工作。

市级及市级以下生态环境部门负责组织和协调开展本行政区域内各级各类自然保护地生态环境日常监管。

对于跨行政区域的自然保护地，相关地方的生态环境部门应当建立协同监管机制。

第四条 生态环境部门依法依规向社会公开自然保护地生态环境监管工作情况，接受社会监督。

鼓励公民、法人和其他组织依据《环境保护公众参与办法》参与自然保护地生态环境保护监督。

第五条 生态环境部对全国自然保护地相关规划中生态环境保护内容的实施情况进行监督。

省级生态环境部门对本行政区域自然保护地相关规划中生态环境保护内容的实施情况进行监督。

第六条 生态环境部对国家级自然保护地的设立、晋（降）级、调整、整合和退出实施监督。

省级生态环境部门对地方级自然保护地的设立、晋（降）级、调整、整合和退出实施监督。

第七条 生态环境部组织建立自然保护地生态环境监测制度，

组织制定相关标准和技术规范，组织建设国家自然保护地"天空地一体化"生态环境监测网络体系，重点开展国家级自然保护地生态环境监测。

省级生态环境部门组织建设本行政区域的自然保护地"天空地一体化"生态环境监测网络体系，开展本行政区域各级各类自然保护地生态环境监测。

国家自然保护地生态环境监测网络和各省（自治区、直辖市）自然保护地生态环境监测网络实行联网和数据共享。

生态环境部和省级生态环境部门定期发布自然保护地生态环境状况报告。

第八条 生态环境部定期组织开展国家级自然保护地人类活动遥感监测，向省级生态环境部门推送遥感监测发现的问题线索，并将问题线索抄送国务院自然保护地主管部门。省级生态环境部门组织对问题线索进行实地核实，问题属实的应当组织进行处理，并将处理结果上报生态环境部。

生态环境部建立国家级自然保护地人类活动遥感监测问题线索、实地核实和处理整改台账系统。

省级生态环境部门建立本行政区域各级各类自然保护地人类活动遥感监测问题线索、实地核实和处理整改台账系统。

第九条 生态环境部组织开展国家级自然保护地生态环境保护成效评估，统一发布国家级自然保护地生态环境保护成效评估结果。

国家级自然保护地生态环境保护成效评估，原则上每五年开展一次。对存在生态环境变化敏感、人类活动干扰强度大、生态破坏问题突出等情况的国家级自然保护地，可适当增加评估频次。

生态环境部将国家级自然保护地生态环境保护成效评估结果反馈给被评估的自然保护地管理机构，抄送国务院自然保护地主管部门及自然保护地所在地省级人民政府。

自然保护地生态环境保护成效评估的实施规程和相关标准由生态环境部组织制定。

省级生态环境部门参照生态环境部组织制定的自然保护地生态环境保护成效评估实施规程和相关标准，建立本行政区域地方级自然保护地生态环境保护成效评估制度，组织开展地方级自然保护地生态环境保护成效评估工作。

第十条 生态环境部定期组织开展自然保护地生态环境强化监督，包括如下工作：

（一）生态环境部组织对中央领导同志关于自然保护地生态环境保护的指示批示以及党中央、国务院关于自然保护地生态环境保护重大决策部署的落实情况实施监督；

（二）生态环境部建立国家级自然保护地生态环境重点问题台账，将人类活动遥感监测和其他途径发现的重点问题线索推送地方生态环境部门，并抄送国务院自然保护地行政主管部门；

（三）省级生态环境部门结合本行政区域情况，完善本行政区域国家级自然保护地生态环境重点问题台账，组织开展实地核实，并向生态环境部上报实地核实和处理整改结果；

（四）生态环境部组织对国家级自然保护地生态环境重点问题的处理、整改和生态修复等工作情况进行监督，督促整改，并视情予以公开通报。

第十一条 省级及省级以下生态环境部门组织开展本行政区域各级各类自然保护地生态环境日常监督。监督内容包括：

（一）中央领导同志关于自然保护地生态环境保护

的指示批示以及党中央、国务院关于自然保护地生态环境保护重大决策部署的落实情况；

（二）自然保护地生态环境法律法规和政策制度的执行情况；

（三）自然保护地相关规划中生态环境保护措施的落实情况；

（四）自然保护地内的生态环境保护状况，涉及自然保护地生态环境违法违规行为的处理整改情况；

（五）法律法规规定应当由省级及省级以下生态环境部门实施监督的其他内容。

第十二条 对媒体曝光、群众举报和日常监督发现的自然保护地突出生态环境问题线索，各级生态环境部门应当及时组织开展核实。问题属实的应当依法依规予以处理，并视情予以公开通报。

第十三条 对于自然保护地存在突出生态环境问题的，由生态环境部门采取函告、通报、约谈等方式，督促问题整改。

第十四条 对自然保护地内非法开矿、修路、筑坝、建设等造成生态破坏和违法排放污染物的执法工作，依照相关法律法规和生态环境保护综合行政执法相关文件和规定开展。

污染或者破坏自然保护地，造成生态环境损害的，生态环境部门依据有关规定及时组织开展或者移送其他有关部门组织开展生态环境损害赔偿工作。

第十五条 自然保护地内存在重大生态环境破坏等突出问题，且列入中央生态环境保护督察的，按照《中央生态环境保护督察工作规定》等规定处理。

第十六条 对自然保护地生态环境监管工作中发现有公职人员涉嫌违纪违法的，有关生态环境部门应当按照干部管理权限，将问题线索等有关材料及时移送任免机关、纪检监察机关或者组织（人事）部门依法依规依纪处理。

涉嫌犯罪的，应当及时移送有关机关依法处理。

第十七条 生态环境部门在履行自然保护地生态环境监管职责时，应当依据法律法规规定，采取监督检查措施，进行现场检查，查阅或者复制有关资料、凭证，向有关单位和人员调查了解相关情况。

生态环境部门工作人员在履行自然保护地生态环境监管职责时，应当严格遵守有关法律法规规定的程序，并为被检查单位保守技术秘密和业务秘密。

在自然保护地生态环境监管工作中，涉及单位及其工作人员如违反相关法律法规的规定，或者故意提供虚假情况，隐瞒、歪曲、捏造事实，干扰阻挠检查工作，或者存在其他妨碍自然保护地生态环境监管工作行为的，视情节轻重，由生态环境部门按照职权依法依规进行处理或者移送相关机关、部门处理。

第十八条 自然保护地生态环境保护成效评估、生态环境强化监督、日常监督和生态环境保护综合行政执法的结果，作为有关单位干部综合评价、责任追究、离任审计和对有关地区开展生态补偿的参考。

第十九条 违反本办法规定的行为，其他法律法规有规定的，从其规定。

第二十条 省级生态环境部门可结合本行政区域具体情况制定本省（自治区、直辖市）自然保护地生态环境监管工作暂行办法。

第二十一条 本办法由生态环境部负责解释。

第二十二条 本办法自印发之日起施行。

国家林业和草原局关于印发《国家公园管理暂行办法》的通知

· 2022 年 6 月 1 日
· 林保发〔2022〕64 号

各省、自治区、直辖市、新疆生产建设兵团林业和草原主管部门，国家林业和草原局各司局、各派出机构、各直属单位、大兴安岭集团：

为加强国家公园建设管理，保障国家公园工作平稳有序开展，我局研究制定了《国家公园管理暂行办法》（见附件），现印发给你们，请遵照执行。

特此通知。

国家公园管理暂行办法

第一章 总 则

第一条 为加强国家公园建设管理，保持重要自然生态系统的原真性和完整性，维护生物多样性和生态安全，促进人与自然和谐共生，实现全民共享、世代传承，依据相关法律法规和党中央、国务院有关文件精神，制定本办法。

第二条 在中华人民共和国领域及管辖的其他海域开展国家公园规划建设、保护管理、公众服务、监督执法及相关活动，适用本办法。

第三条 本办法所称国家公园，是指由国家批准设立并主导管理，以保护具有国家代表性的自然生态系统为主要目的,实现自然资源科学保护和合理利用的特定陆域或者海域。

第四条 国家公园的建设管理应当坚持保护第一、科学管理、合理利用、多方参与的原则。

第五条 国家林业和草原局(国家公园管理局)负责全国国家公园的监督管理工作。

各国家公园管理机构负责国家公园自然资源资产管理、生态保护修复、社会参与管理、科普宣教等工作。

第六条 国家林业和草原局(国家公园管理局)会同国家公园所在地省级人民政府建立省联席会议机制,统筹协调国家公园保护管理工作。

省级林业和草原主管部门和国家公园管理机构可以商国家公园所在地市、县级人民政府,建立国家公园日常工作协作机制。

国家林业和草原局(国家公园管理局)和各国家公园管理机构可以建立咨询机制,广泛听取专家学者、企事业单位、社会组织、社会公众等的意见。

第七条 国家公园管理机构依职能负责国家公园建设管理资金预算编制、执行。严格依法依规使用各类资金,加强各类资金统筹使用,落实预算绩效管理,提升资金使用效益。

第二章 规划建设

第八条 国家林业和草原局(国家公园管理局)依据国土空间规划和国家公园设立标准,编制国家公园空间布局方案,按程序报批。

国家林业和草原局(国家公园管理局)根据经批准的国家公园空间布局方案,组织开展国家公园设立前期工作,编制设立方案,按程序报国务院审批。

第九条 国家公园范围划定应当坚持实事求是,开展充分调查和科学论证,从源头减少和解决空间矛盾冲突。

经批准设立的国家公园范围内不再保留或新设立其他类型的自然保护地。

国家林业和草原局(国家公园管理局)依据国务院批复的设立方案和国家有关规定,向社会公开国家公园范围边界、面积和管控分区。

第十条 国家公园管理机构应当配合国家公园所在地省级人民政府,自国家公园批准设立之日起一年内,根据国务院批复的国家公园范围边界,完成国家公园勘界立标。

国家公园管理机构应当配合不动产登记机构将国家公园作为独立自然资源登记单元,依法依规对国家公园内的自然资源进行统一确权登记。

第十一条 国家公园总体规划应当自批准设立之日起一年内编制完成。

国家公园管理机构可以根据国家公园总体规划,编制生态保护修复、生态旅游、自然教育等专项规划或实施方案,并按程序报批后组织实施。

国家林业和草原局(国家公园管理局)定期组织对国家公园总体规划和专项规划的实施情况开展评估。确需调整总体规划和专项规划的,应当报原审批机关批准。

第十二条 国家公园管理机构应按照国家公园总体规划组织实施相关建设活动,摸清保护、宣教及民生基础设施等本底情况,充分利用原有设施,建设和完善必要的保护、管理、服务和应急等设施。

第十三条 国家公园范围内的保护、宣教及民生基础设施等建设项目应当遵循绿色营建理念,与自然景观和文化特色相协调,其选址、规模、风格、施工等应当符合国家公园总体规划和管控要求,采取必要措施消减对自然、人文资源和生态系统的不利影响,并依法依规办理相关手续。

第十四条 国家公园管理机构应当会同国家公园所在地县级以上地方人民政府加强对国家公园周边建设项目的监督管理,相关项目建设不得损害国家公园内的生态系统和环境质量;造成损害的,应当限期整改。

第十五条 国家公园管理机构应当充分运用现代化技术手段,提高管理和服务效能,推动国家公园实现智慧管理和服务。

第三章 保护管理

第十六条 国家公园应当根据功能定位进行合理分区,划为核心保护区和一般控制区,实行分区管控。

国家公园范围内自然生态系统保存完整、代表性强,核心资源集中分布,或者生态脆弱需要休养生息的区域应当划为核心保护区。国家公园核心保护区以外的区域划为一般控制区。

第十七条 国家公园核心保护区原则上禁止人为活动。国家公园管理机构在确保主要保护对象和生态环境不受损害的情况下,可以按照有关法律法规政策,开展或者允许开展下列活动:

(一)管护巡护、调查监测、防灾减灾、应急救援等活动及必要的设施修筑,以及因有害生物防治、外来物种入侵等开展的生态修复、病虫害动植物清理等活动;

(二)暂时不能搬迁的原住居民,可以在不扩大现有规模的前提下,开展生活必要的种植、放牧、采集、捕捞、养殖等生产活动,修缮生产生活设施;

(三)国家特殊战略、国防和军队建设、军事行动等需要修筑设施、开展调查和勘查等相关活动;

(四)国务院批准的其他活动。

第十八条 国家公园一般控制区禁止开发性、生产性建设活动,国家公园管理机构在确保生态功能不造成破坏的情况下,可以按照有关法律法规政策,开展或者允许开展下列有限人为活动:

(一)核心保护区允许开展的活动;

(二)因国家重大能源资源安全需要开展的战略性能源资源勘查,公益性自然资源调查和地质勘查;

(三)自然资源、生态环境监测和执法,包括水文水资源监测及涉水违法事件的查处等,灾害防治和应急抢险活动;

(四)经依法批准进行的非破坏性科学研究观测、标本采集;

(五)经依法批准的考古调查发掘和文物保护活动;

(六)不破坏生态功能的生态旅游和相关的必要公共设施建设;

(七)必须且无法避让、符合县级以上国土空间规划的线性基础设施建设、防洪和供水设施建设与运行维护;

(八)重要生态修复工程,在严格落实草畜平衡制度要求的前提下开展适度放牧,以及在集体和个人所有的人工商品林内开展必要的经营;

(九)法律、行政法规规定的其他活动。

第十九条 国家公园管理机构应当按照依法、自愿、有偿的原则,探索通过租赁、合作、设立保护地役权等方式对国家公园内集体所有土地及其附属资源实施管理,在确保维护产权人权益前提下,探索通过赎买、置换等方式将集体所有商品林或其他集体资产转为全民所有自然资源资产,实现统一保护。

第二十条 国家公园管理机构应当组织对国家公园内自然资源、人文资源和经济社会状况等开展调查监测和统计分析,形成本底资源数据库。

第二十一条 国家林业和草原局(国家公园管理局)会同国务院有关部门建立自然资源统一调查监测评价体系,掌握国家公园内自然资源、生态状况、人类活动等现状及动态变化情况,定期将变化点位推送国家公园管理机构进行核实。

第二十二条 国家公园内退化自然生态系统修复、生态廊道连通、重要栖息地恢复等生态修复活动应当坚持自然恢复为主,确有必要开展人工修复活动的,应当经科学论证。

第二十三条 国家公园管理机构应当建立巡护巡查制度,组织专业巡护队伍,开展日常巡查工作,及时掌握人类活动和资源动态变化情况。

第二十四条 国家公园管理机构应当加强国家公园科研能力建设,组织开展生态保护和修复、文化传承、生态旅游、风险管控和生态监测等科学技术的研究、推广和应用。

第二十五条 国家公园管理机构应当配合所在地县级以上地方人民政府清理规范国家公园区域内不符合管控要求的矿业权、水电开发等项目,落实矛盾冲突处置方案,通过分类处置方式有序退出。

第二十六条 国家公园管理机构应当依法履行森林草原防火、防灾减灾、安全生产责任,建立防灾减灾和应急保障机制,组建专业队伍,制定突发事件应急预案,预防和应对各类自然灾害。

第二十七条 国家公园管理机构应当会同国家公园所在地县级以上地方人民政府防控国家公园内野生动物致害,依法对受法律法规保护的野生动物造成的人员伤亡、农作物或其他财产损失开展野生动物致害补偿。

第四章 公众服务

第二十八条 国家公园管理机构根据国家公园总体规划和专项规划,立足全民公益性的国家公园理念,为全社会提供优质生态产品,以及科研、教育、文化、生态旅游等公众服务。

第二十九条 国家公园管理机构应当开展国家公园国际合作交流、科普宣教等工作,引导群众性自治组织、社会组织、企事业单位、志愿者等开展宣传教育活动。

第三十条 国家公园管理机构应当建立科研、教育培训平台,在确保严格保护的前提下,为高等院校、科研单位和社会组织开展科学研究、教学实习、人才培养提供便利。

第三十一条 国家公园管理机构应当划定适当区域,设置宣教场所,建设多元化的标识、展示和解说系统,培养自然教育人才队伍,组织开展科普和宣传教育活动。

第三十二条 国家公园管理机构应当按照总体规划确定的区域、访客容量和路线,建设必要的公共服务设施,完善生态旅游服务体系,探索建立预约制度,严格控制开发利用强度,最大限度减少对生态环境的干扰。

国家公园管理机构应当为访客提供必要的救助服务,建设无障碍服务设施,并制定访客安全保障制度,配合所在地人民政府开展突发事件应对工作。

第三十三条 国家公园管理机构应当建立国家公园

综合信息平台,依法向社会公众提供自然资源、保护管理、科研监测、自然教育、生态旅游等信息服务。

第三十四条 国家公园管理机构应当引导和规范原住居民从事环境友好型经营活动,践行公民生态环境行为规范,支持和传承传统文化及人地和谐的生态产业模式。完善生态管护岗位选聘机制,优先安排国家公园内及其周边社区原住居民参与生态管护、生态监测等工作。

国家公园周边社区建设应当与国家公园保护目标相协调。国家公园毗邻地区县级以上地方人民政府可以与国家公园管理机构签订合作协议,合理规划建设入口社区。

第三十五条 国家公园管理机构应当建立志愿服务机制,制定志愿者招募、培训、管理和激励的具体办法,鼓励和支持志愿者、志愿服务组织参与国家公园的保护、服务、宣传等工作。

第三十六条 国家林业和草原局(国家公园管理局)负责组织设计和发布中国国家公园标志,国家公园管理机构可以确定其管理的国家公园专用标志。

未经国家林业和草原局(国家公园管理局)同意,任何单位、组织和个人不得为商业目的使用中国国家公园标志。

第五章 监督执法

第三十七条 国家公园管理机构可以按照所在地省级人民政府授权履行自然资源、林业草原等领域相关执法职责。

支持公安机关、海警机构、生态环境综合执法机构等单位在国家公园设置派出机构,依法查处违法行为。

第三十八条 国家公园管理机构应当对破坏国家公园生态环境、自然资源和人文资源的违法违规行为予以制止。涉及重大违法违规活动的由国家林业和草原局(国家公园管理局)有关森林资源监督派出机构进行督办,涉及其他部门职责的,应当将问题线索及时移交相关部门。

第三十九条 国家公园管理机构应当建立健全社会监督机制,接受社会监督,保障社会公众的知情权、参与权、监督权。

公民、法人和其他组织有权依法对国家公园内的违法违规行为进行举报。

第六章 附 则

第四十条 本办法由国家林业和草原局(国家公园管理局)负责解释。

第四十一条 本办法自发布之日起施行。

• 典型案例

江西省上饶市人民检察院诉张某某等三人故意损毁三清山巨蟒峰民事公益诉讼案①

【关键词】

民事公益诉讼 自然遗迹 风景名胜 生态服务价值损失 专家意见

【要旨】

破坏自然遗迹和风景名胜的行为,属于"破坏生态环境和资源保护"的公益诉讼案件范围,检察机关依法可以提起民事公益诉讼。对独特景观的生态服务价值损失,可以采用"条件价值法"进行评估,确定损害赔偿数额。

【基本案情】

江西省上饶市境内的三清山景区属于世界自然遗产地、世界地质公园、国家重点风景名胜区、国家5A级景区。巨蟒峰位于其核心景区,是经长期自然风化和重力崩解作用形成的巨型花岗岩石柱,是具有世界级地质地貌意义的地质遗迹,2017年被认证为"世界最高的天然蟒峰",是不可再生的珍稀自然资源性资产、可持续利用的自然遗产,具有重大科学价值、美学价值和经济价值。

2017年4月15日,张某某、毛某某、张某前往三清山风景名胜区攀爬巨蟒峰,并采用电钻钻孔、打岩钉、布绳索的方式先后攀爬至巨蟒峰顶部。经现场勘查,张某某等在巨蟒峰自下而上打入岩钉26枚。公安机关委托专家组论证认为,钉入巨蟒峰的26枚岩钉属于钢铁物质,会直接诱发和加重巨蟒峰物理、化学、生物风化过程,巨蟒峰的最细处(直径约7米)已至少被打入4个岩钉,形成了新裂隙,会加快花岗岩柱体的侵蚀进程,甚至造成其崩解。张某某等三人的打岩钉攀爬行为对巨蟒峰造成了永久性的损害,

---

① 案例来源:2021年9月2日最高人民检察院指导案例114号。

破坏了自然遗产的自然性、原始性完整性。

【发现线索和调查核实】

2017年10月张某某等三人因涉嫌故意损毁名胜古迹罪被公安机关移送起诉(2019年12月26日,上饶市中级人民法院作出刑事判决,认定张某某、毛某某、张某犯故意损毁名胜古迹罪,分别判处张某某、毛某某有期徒刑一年、六个月,处罚金人民币十万元、五万元,张某免于刑事处罚)。上饶市信州区人民检察院在审查起诉过程中发现该三人故意损毁三清山巨蟒峰的行为可能损害社会公共利益,于2018年3月29日将线索移送上饶市人民检察院。

上饶市人民检察院认为,自然遗迹、风景名胜是环境的组成部分,三清山巨蟒峰的世界级地质地貌意义承载着特殊的遗迹价值和广泛的公共利益。张某某等三人的损害行为侵害了生态环境和不特定社会公众的环境权益,本案属于生态环境民事公益诉讼的案件范围。三人在明知法律禁止破坏景物设施的情况下,故意实施破坏性攀爬行为,造成不可修复的严重损毁和极大的负面影响,存在加速山体崩塌的重大风险。三人具备事前共同谋划、事中相互配合等行为,符合共同侵权的构成要件,依法应当承担连带责任。

2018年5月,上饶市人民检察院委托江西财经大学三名专家成立专家组对三清山巨蟒峰的受损价值进行评估,并形成《评估报告》。专家组采用国际通用的条件价值法对三清山巨蟒峰受损后果进行价值评估〔按:条件价值法是原环境保护部下发的《环境损害鉴定评估推荐方法》(第Ⅱ版)确定的方法之一,是在假想市场情况下,直接调查和询问人们对某一环境效益改善或资源保护的措施的支付意愿,或者对环境或资源质量损失的接受赔偿意愿,以人们的支付意愿或受偿意愿来估计环境效益改善或环境质量损失的经济价值。该评估方法的科学性在世界范围内得到认可〕,分析得出该事件对巨蟒峰生态服务价值造成损失的最低阈值为0.119-2.37亿元。

【诉讼过程】

(一)诉前公告

2018年4月18日,上饶市人民检察院发出公告,告知法律规定的机关和有关组织可以提起民事公益诉讼。公告期满后,没有法定的机关和组织提起诉讼。

(二)一审程序

上饶市人民检察院于2018年8月29日向上饶市中级人民法院提起民事公益诉讼,诉请判令三被告依法对巨蟒峰非使用价值造成的损失0.119亿元和专家评估费15万元承担连带赔偿责任,并在全国性新闻媒体上公开赔礼道歉。

庭审过程中,三被告辩称:1.上饶市人民检察院不符合法定的起诉条件。2.三被告的行为不符合侵权责任的构成要件,且本案发生前存在他人在巨蟒峰上打岩钉的情况,三清山管委会在巨蟒峰上建设的监控系统也有损害作用,三被告造成的损害属于多因一果的损害,应由各方分担责任。3.江西财经大学专家组所采用的评估方法不科学、数据不可靠,评估报告不能采信。公益诉讼起诉人答辩如下:第一,根据环境保护法第二条的规定,自然遗迹、风景名胜是环境的组成部分,本案属于环境民事公益诉讼的案件范围。本案系检察机关在履行职责中发现,且已经履行诉前公告程序,上饶市人民检察院对本案提起民事公益诉讼符合法定程序和条件。第二,三被告在明知法律禁止在景物上刻划、涂污以及以其他方式破坏景物设施的情况下,故意实施破坏性攀爬行为,且事前共同谋划,事中相互配合,符合共同侵权的构成要件,依法应当承担连带侵权责任。专家组出具的《评估报告》系针对三被告在巨蟒峰打入26个岩钉造成的损害进行的评估,不涉及他人造成的损害;三清山风景名胜区管理委员会案发后出于维护公共利益考量,依法经许可和设计后在巨蟒峰周围安装监测设施(共计6个摄像头),该监测设施均不在巨蟒峰独柱体岩石上,避免了对巨蟒峰独柱体岩石的损害,其行为与三被告的行为不具有同一性。第三,此次评估所采用的条件价值法是经国家行政主管部门认可、国际通用的价值评估法,科学有据,评估过程严谨规范。评估专家依法出庭接受了质证,该专家意见可以作为认定损害赔偿数额的依据。

2019年12月27日,上饶市中级人民法院作出一审判决,在参照江西财经大学专家组的评估报告,并兼顾三被告的经济条件和赔偿能力等基础上,判令三被告连带赔偿环境资源损失600万元,连带承担专家评估费15万元,并在全国性媒体上刊登公告向社会公众赔礼道歉。

(三)二审程序

张某某、张某对一审判决不服,提出上诉。江西省高级人民法院于2020年5月8日公开开庭进行了审理,江西省人民检察院与上饶市人民检察院共同派员出席法庭,就案件事实、证据、程序和一审判决情况发表了意见。江西省高级人民法院于2020年5月18日作出二审判决,驳回上诉,维持原判。

【指导意义】

(一)对景观生态服务价值的破坏行为,检察机关依法可以提起公益诉讼。自然遗迹和风景名胜是环境的组成部分,属于不可再生资源,具有代表性的自然遗迹和风景名胜的生态服务价值表现在社会公众对其享有的游憩权益和对独特景观的观赏权益。任何对其进行破坏的行为都是损害人类共同享有的环境资源、损害社会公共利益,检察机关应当及时依法开展公益诉讼检察。

（二）对独特景观的生态服务价值损失，可以采用条件价值法进行评估。因独特的环境资源、自然景观缺乏真实的交易市场，其环境资源和生态服务的价值难以用常规的市场方法评估，损害赔偿数额无法通过司法鉴定予以确定。在此情况下，检察机关可以委托专家，采用原环境保护部《环境损害鉴定评估推荐方法》(第Ⅱ版)和《生态环境损害鉴定评估技术指南总纲》中推荐使用的条件价值法进行评估，该方法被认为特别适用于独特景观、文物古迹等生态服务价值评估。评估后的结果可以专家意见书的方式进行举证，作为法院审理案件的参考依据。

（三）检察机关要综合运用刑事、公益诉讼司法手段打击破坏自然遗迹和风景名胜的行为，提高此类破坏行为的违法犯罪成本。损害赔偿数额可根据专家意见和案件综合因素合理确定。对于严重破坏或损害自然遗迹、风景名胜的行为，行为人应当依法承担刑事责任。其造成的公共利益损害，在无法恢复原状的情况下，可根据《侵权责任法》诉请侵权人赔偿损失。由行为人承担高额环境资源损失赔偿的民事侵权责任，充分体现了公益诉讼保护公共利益的独特制度价值，既有助于修复受损的公共利益，又能警示潜在的违法者，唤醒广大公众保护环境、珍惜自然资源的意识。环境损害赔偿数额的确定，可依据《最高人民法院关于审理环境民事公益诉讼案件适用法律若干问题的解释》相关规定，结合破坏行为的范围和程度、环境资源的稀缺性、恢复难易程度、涉案人的赔偿能力等综合考量。

【相关规定】

《中华人民共和国民事诉讼法》第五十五条第二款

《中华人民共和国环境保护法》第二条、第二十九条、六十四条

《中华人民共和国侵权责任法》第六条、第八条、第十五条

《最高人民法院关于审理环境民事公益诉讼案件适用法律若干问题的解释》第十五条、第十八条、第二十二条、第二十三条

《最高人民法院、最高人民检察院关于检察公益诉讼案件适用法律若干问题的解释》第八条、第九条、第十一条

《风景名胜区条例》第二十四条第一款、第三款、第二十六条第三项

3. 生物多样性保护

中华人民共和国生物安全法

- 2020年10月17日第十三届全国人民代表大会常务委员会第二十二次会议通过
- 2020年10月17日中华人民共和国主席令第56号公布
- 自2021年4月15日起施行

第一章 总 则

第一条 为了维护国家安全，防范和应对生物安全风险，保障人民生命健康，保护生物资源和生态环境，促进生物技术健康发展，推动构建人类命运共同体，实现人与自然和谐共生，制定本法。

第二条 本法所称生物安全，是指国家有效防范和应对危险生物因子及相关因素威胁，生物技术能够稳定健康发展，人民生命健康和生态系统相对处于没有危险和不受威胁的状态，生物领域具备维护国家安全和持续发展的能力。

从事下列活动，适用本法：

（一）防控重大新发突发传染病、动植物疫情；

（二）生物技术研究、开发与应用；

（三）病原微生物实验室生物安全管理；

（四）人类遗传资源与生物资源安全管理；

（五）防范外来物种入侵与保护生物多样性；

（六）应对微生物耐药；

（七）防范生物恐怖袭击与防御生物武器威胁；

（八）其他与生物安全相关的活动。

第三条 生物安全是国家安全的重要组成部分。维护生物安全应当贯彻总体国家安全观，统筹发展和安全，坚持以人为本、风险预防、分类管理、协同配合的原则。

第四条 坚持中国共产党对国家生物安全工作的领导，建立健全国家生物安全领导体制，加强国家生物安全风险防控和治理体系建设，提高国家生物安全治理能力。

第五条 国家鼓励生物科技创新，加强生物安全基础设施和生物科技人才队伍建设，支持生物产业发展，以创新驱动提升生物科技水平，增强生物安全保障能力。

第六条 国家加强生物安全领域的国际合作，履行中华人民共和国缔结或者参加的国际条约规定的义务，支持参与生物科技交流合作与生物安全事件国际救援，积极参与生物安全国际规则的研究与制定，推动完善全球生物安全治理。

第七条 各级人民政府及其有关部门应当加强生物安全法律法规和生物安全知识宣传普及工作，引导基层

群众性自治组织、社会组织开展生物安全法律法规和生物安全知识宣传，促进全社会生物安全意识的提升。

相关科研院校、医疗机构以及其他企业事业单位应当将生物安全法律法规和生物安全知识纳入教育培训内容，加强学生、从业人员生物安全意识和伦理意识的培养。

新闻媒体应当开展生物安全法律法规和生物安全知识公益宣传，对生物安全违法行为进行舆论监督，增强公众维护生物安全的社会责任意识。

第八条 任何单位和个人不得危害生物安全。

任何单位和个人有权举报危害生物安全的行为；接到举报的部门应当及时依法处理。

第九条 对在生物安全工作中做出突出贡献的单位和个人，县级以上人民政府及其有关部门按照国家规定予以表彰和奖励。

第二章 生物安全风险防控体制

第十条 中央国家安全领导机构负责国家生物安全工作的决策和议事协调，研究制定、指导实施国家生物安全战略和有关重大方针政策，统筹协调国家生物安全的重大事项和重要工作，建立国家生物安全工作协调机制。

省、自治区、直辖市建立生物安全工作协调机制，组织协调、督促推进本行政区域内生物安全相关工作。

第十一条 国家生物安全工作协调机制由国务院卫生健康、农业农村、科学技术、外交等主管部门和有关军事机关组成，分析研判国家生物安全形势，组织协调、督促推进国家生物安全相关工作。国家生物安全工作协调机制设立办公室，负责协调机制的日常工作。

国家生物安全工作协调机制成员单位和国务院其他有关部门根据职责分工，负责生物安全相关工作。

第十二条 国家生物安全工作协调机制设立专家委员会，为国家生物安全战略研究、政策制定及实施提供决策咨询。

国务院有关部门组织建立相关领域、行业的生物安全技术咨询专家委员会，为生物安全工作提供咨询、评估、论证等技术支撑。

第十三条 地方各级人民政府对本行政区域内生物安全工作负责。

县级以上地方人民政府有关部门根据职责分工，负责生物安全相关工作。

基层群众性自治组织应当协助地方人民政府以及有关部门做好生物安全风险防控、应急处置和宣传教育等工作。

有关单位和个人应当配合做好生物安全风险防控和应急处置等工作。

第十四条 国家建立生物安全风险监测预警制度。国家生物安全工作协调机制组织建立国家生物安全风险监测预警体系，提高生物安全风险识别和分析能力。

第十五条 国家建立生物安全风险调查评估制度。国家生物安全工作协调机制应当根据风险监测的数据、资料等信息，定期组织开展生物安全风险调查评估。

有下列情形之一的，有关部门应当及时开展生物安全风险调查评估，依法采取必要的风险防控措施：

（一）通过风险监测或者接到举报发现可能存在生物安全风险；

（二）为确定监督管理的重点领域、重点项目，制定、调整生物安全相关名录或者清单；

（三）发生重大新发突发传染病、动植物疫情等危害生物安全的事件；

（四）需要调查评估的其他情形。

第十六条 国家建立生物安全信息共享制度。国家生物安全工作协调机制组织建立统一的国家生物安全信息平台，有关部门应当将生物安全数据、资料等信息汇交国家生物安全信息平台，实现信息共享。

第十七条 国家建立生物安全信息发布制度。国家生物安全总体情况、重大生物安全风险警示信息、重大生物安全事件及其调查处理信息等重大生物安全信息，由国家生物安全工作协调机制成员单位根据职责分工发布；其他生物安全信息由国务院有关部门和县级以上地方人民政府及其有关部门根据职责权限发布。

任何单位和个人不得编造、散布虚假的生物安全信息。

第十八条 国家建立生物安全名录和清单制度。国务院及其有关部门根据生物安全工作需要，对涉及生物安全的材料、设备、技术、活动、重要生物资源数据、传染病、动植物疫病、外来入侵物种等制定、公布名录或者清单，并动态调整。

第十九条 国家建立生物安全标准制度。国务院标准化主管部门和国务院其他有关部门根据职责分工，制定和完善生物安全领域相关标准。

国家生物安全工作协调机制组织有关部门加强不同领域生物安全标准的协调和衔接，建立和完善生物安全标准体系。

第二十条 国家建立生物安全审查制度。对影响或者可能影响国家安全的生物领域重大事项和活动，由国务院有关部门进行生物安全审查，有效防范和化解生物安全风险。

第二十一条 国家建立统一领导、协同联动、有序高效的生物安全应急制度。

国务院有关部门应当组织制定相关领域、行业生物安全事件应急预案，根据应急预案和统一部署开展应急演练、应急处置、应急救援和事后恢复等工作。

县级以上地方人民政府及其有关部门应当制定并组织、指导和督促相关企业事业单位制定生物安全事件应急预案，加强应急准备、人员培训和应急演练，开展生物安全事件应急处置、应急救援和事后恢复等工作。

中国人民解放军、中国人民武装警察部队按照中央军事委员会的命令，依法参加生物安全事件应急处置和应急救援工作。

第二十二条 国家建立生物安全事件调查溯源制度。发生重大新发突发传染病、动植物疫情和不明原因的生物安全事件，国家生物安全工作协调机制应当组织开展调查溯源，确定事件性质，全面评估事件影响，提出意见建议。

第二十三条 国家建立首次进境或者暂停后恢复进境的动植物、动植物产品、高风险生物因子国家准入制度。

进出境的人员、运输工具、集装箱、货物、物品、包装物和国际航行船舶压舱水排放等应当符合我国生物安全管理要求。

海关对发现的进出境和过境生物安全风险，应当依法处置。经评估为生物安全高风险的人员、运输工具、货物、物品等，应当从指定的国境口岸进境，并采取严格的风险防控措施。

第二十四条 国家建立境外重大生物安全事件应对制度。境外发生重大生物安全事件的，海关依法采取生物安全紧急防控措施，加强证件核验，提高查验比例，暂停相关人员、运输工具、货物、物品等进境。必要时经国务院同意，可以采取暂时关闭有关口岸、封锁有关国境等措施。

第二十五条 县级以上人民政府有关部门应当依法开展生物安全监督检查工作，被检查单位和个人应当配合，如实说明情况，提供资料，不得拒绝、阻挠。

涉及专业技术要求较高、执法业务难度较大的监督检查工作，应当有生物安全专业技术人员参加。

第二十六条 县级以上人民政府有关部门实施生物安全监督检查，可以依法采取下列措施：

（一）进入被检查单位、地点或者涉嫌实施生物安全违法行为的场所进行现场监测、勘查、检查或者核查；

（二）向有关单位和个人了解情况；

（三）查阅、复制有关文件、资料、档案、记录、凭证等；

（四）查封涉嫌实施生物安全违法行为的场所、设施；

（五）扣押涉嫌实施生物安全违法行为的工具、设备以及相关物品；

（六）法律法规规定的其他措施。

有关单位和个人的生物安全违法信息应当依法纳入全国信用信息共享平台。

第三章 防控重大新发突发传染病、动植物疫情

第二十七条 国务院卫生健康、农业农村、林业草原、海关、生态环境主管部门应当建立新发突发传染病、动植物疫情、进出境检疫、生物技术环境安全监测网络，组织监测站点布局、建设，完善监测信息报告系统，开展主动监测和病原检测，并纳入国家生物安全风险监测预警体系。

第二十八条 疾病预防控制机构、动物疫病预防控制机构、植物病虫害预防控制机构（以下统称专业机构）应当对传染病、动植物疫病和列入监测范围的不明原因疾病开展主动监测，收集、分析、报告监测信息，预测新发突发传染病、动植物疫病的发生、流行趋势。

国务院有关部门、县级以上地方人民政府及其有关部门应当根据预测和职责权限及时发布预警，并采取相应的防控措施。

第二十九条 任何单位和个人发现传染病、动植物疫病的，应当及时向医疗机构、有关专业机构或者部门报告。

医疗机构、专业机构及其工作人员发现传染病、动植物疫病或者不明原因的聚集性疾病的，应当及时报告，并采取保护性措施。

依法应当报告的，任何单位和个人不得瞒报、谎报、缓报、漏报，不得授意他人瞒报、谎报、缓报，不得阻碍他人报告。

第三十条 国家建立重大新发突发传染病、动植物疫情联防联控机制。

发生重大新发突发传染病、动植物疫情，应当依照有关法律法规和应急预案的规定及时采取控制措施；国务院卫生健康、农业农村、林业草原主管部门应当立即组织疫情会商研判，将会商研判结论向中央国家安全领导机

构和国务院报告，并通报国家生物安全工作协调机制其他成员单位和国务院其他有关部门。

发生重大新发突发传染病、动植物疫情，地方各级人民政府统一履行本行政区域内疫情防控职责，加强组织领导，开展群防群控、医疗救治，动员和鼓励社会力量依法有序参与疫情防控工作。

第三十一条　国家加强国境、口岸传染病和动植物疫情联合防控能力建设，建立传染病、动植物疫情防控国际合作网络，尽早发现、控制重大新发突发传染病、动植物疫情。

第三十二条　国家保护野生动物，加强动物防疫，防止动物源性传染病传播。

第三十三条　国家加强对抗生素药物等抗微生物药物使用和残留的管理，支持应对微生物耐药的基础研究和科技攻关。

县级以上人民政府卫生健康主管部门应当加强对医疗机构合理用药的指导和监督，采取措施防止抗微生物药物的不合理使用。县级以上人民政府农业农村、林业草原主管部门应当加强对农业生产中合理用药的指导和监督，采取措施防止抗微生物药物的不合理使用，降低在农业生产环境中的残留。

国务院卫生健康、农业农村、林业草原、生态环境等主管部门和药品监督管理部门应当根据职责分工，评估抗微生物药物残留对人体健康、环境的危害，建立抗微生物药物污染物指标评价体系。

第四章　生物技术研究、开发与应用安全

第三十四条　国家加强对生物技术研究、开发与应用活动的安全管理，禁止从事危及公众健康、损害生物资源、破坏生态系统和生物多样性等危害生物安全的生物技术研究、开发与应用活动。

从事生物技术研究、开发与应用活动，应当符合伦理原则。

第三十五条　从事生物技术研究、开发与应用活动的单位应当对本单位生物技术研究、开发与应用的安全负责，采取生物安全风险防控措施，制定生物安全培训、跟踪检查、定期报告等工作制度，强化过程管理。

第三十六条　国家对生物技术研究、开发活动实行分类管理。根据对公众健康、工业农业、生态环境等造成危害的风险程度，将生物技术研究、开发活动分为高风险、中风险、低风险三类。

生物技术研究、开发活动风险分类标准及名录由国务院科学技术、卫生健康、农业农村等主管部门根据职责分工，会同国务院其他有关部门制定、调整并公布。

第三十七条　从事生物技术研究、开发活动，应当遵守国家生物技术研究开发安全管理规范。

从事生物技术研究、开发活动，应当进行风险类别判断，密切关注风险变化，及时采取应对措施。

第三十八条　从事高风险、中风险生物技术研究、开发活动，应当由在我国境内依法成立的法人组织进行，并依法取得批准或者进行备案。

从事高风险、中风险生物技术研究、开发活动，应当进行风险评估，制定风险防控计划和生物安全事件应急预案，降低研究、开发活动实施的风险。

第三十九条　国家对涉及生物安全的重要设备和特殊生物因子实行追溯管理。购买或者引进列入管控清单的重要设备和特殊生物因子，应当进行登记，确保可追溯，并报国务院有关部门备案。

个人不得购买或者持有列入管控清单的重要设备和特殊生物因子。

第四十条　从事生物医学新技术临床研究，应当通过伦理审查，并在具备相应条件的医疗机构内进行；进行人体临床研究操作的，应当由符合相应条件的卫生专业技术人员执行。

第四十一条　国务院有关部门依法对生物技术应用活动进行跟踪评估，发现存在生物安全风险的，应当及时采取有效补救和管控措施。

第五章　病原微生物实验室生物安全

第四十二条　国家加强对病原微生物实验室生物安全的管理，制定统一的实验室生物安全标准。病原微生物实验室应当符合生物安全国家标准和要求。

从事病原微生物实验活动，应当严格遵守有关国家标准和实验室技术规范、操作规程，采取安全防范措施。

第四十三条　国家根据病原微生物的传染性、感染后对人和动物的个体或者群体的危害程度，对病原微生物实行分类管理。

从事高致病性或者疑似高致病性病原微生物样本采集、保藏、运输活动，应当具备相应条件，符合生物安全管理规范。具体办法由国务院卫生健康、农业农村主管部门制定。

第四十四条　设立病原微生物实验室，应当依法取得批准或者进行备案。

个人不得设立病原微生物实验室或者从事病原微生物实验活动。

第四十五条　国家根据对病原微生物的生物安全防

护水平,对病原微生物实验室实行分等级管理。

从事病原微生物实验活动应当在相应等级的实验室进行。低等级病原微生物实验室不得从事国家病原微生物目录规定应当在高等级病原微生物实验室进行的病原微生物实验活动。

第四十六条　高等级病原微生物实验室从事高致病性或者疑似高致病性病原微生物实验活动,应当经省级以上人民政府卫生健康或者农业农村主管部门批准,并将实验活动情况向批准部门报告。

对我国尚未发现或者已经宣布消灭的病原微生物,未经批准不得从事相关实验活动。

第四十七条　病原微生物实验室应当采取措施,加强对实验动物的管理,防止实验动物逃逸,对使用后的实验动物按照国家规定进行无害化处理,实现实验动物可追溯。禁止将使用后的实验动物流入市场。

病原微生物实验室应当加强对实验活动废弃物的管理,依法对废水、废气以及其他废弃物进行处置,采取措施防止污染。

第四十八条　病原微生物实验室的设立单位负责实验室的生物安全管理,制定科学、严格的管理制度,定期对有关生物安全规定的落实情况进行检查,对实验室设施、设备、材料等进行检查、维护和更新,确保其符合国家标准。

病原微生物实验室设立单位的法定代表人和实验室负责人对实验室的生物安全负责。

第四十九条　病原微生物实验室的设立单位应当建立和完善安全保卫制度,采取安全保卫措施,保障实验室及其病原微生物的安全。

国家加强对高等级病原微生物实验室的安全保卫。高等级病原微生物实验室应当接受公安机关等部门有关实验室安全保卫工作的监督指导,严防高致病性病原微生物泄漏、丢失和被盗、被抢。

国家建立高等级病原微生物实验室人员进入审核制度。进入高等级病原微生物实验室的人员应当经实验室负责人批准。对可能影响实验室生物安全的,不予批准;对批准进入的,应当采取安全保障措施。

第五十条　病原微生物实验室的设立单位应当制定生物安全事件应急预案,定期组织开展人员培训和应急演练。发生高致病性病原微生物泄漏、丢失和被盗、被抢或者其他生物安全风险的,应当按照应急预案的规定及时采取控制措施,并按照国家规定报告。

第五十一条　病原微生物实验室所在地省级人民政府及其卫生健康主管部门应当加强实验室所在地感染性疾病医疗资源配置,提高感染性疾病医疗救治能力。

第五十二条　企业对涉及病原微生物操作的生产车间的生物安全管理,依照有关病原微生物实验室的规定和其他生物安全管理规范进行。

涉及生物毒素、植物有害生物及其他生物因子操作的生物安全实验室的建设和管理,参照有关病原微生物实验室的规定执行。

第六章　人类遗传资源与生物资源安全

第五十三条　国家加强对我国人类遗传资源和生物资源采集、保藏、利用、对外提供等活动的管理和监督,保障人类遗传资源和生物资源安全。

国家对我国人类遗传资源和生物资源享有主权。

第五十四条　国家开展人类遗传资源和生物资源调查。

国务院科学技术主管部门组织开展我国人类遗传资源调查,制定重要遗传家系和特定地区人类遗传资源申报登记办法。

国务院科学技术、自然资源、生态环境、卫生健康、农业农村、林业草原、中医药主管部门根据职责分工,组织开展生物资源调查,制定重要生物资源申报登记办法。

第五十五条　采集、保藏、利用、对外提供我国人类遗传资源,应当符合伦理原则,不得危害公众健康、国家安全和社会公共利益。

第五十六条　从事下列活动,应当经国务院科学技术主管部门批准:

(一)采集我国重要遗传家系、特定地区人类遗传资源或者采集国务院科学技术主管部门规定的种类、数量的人类遗传资源;

(二)保藏我国人类遗传资源;

(三)利用我国人类遗传资源开展国际科学研究合作;

(四)将我国人类遗传资源材料运送、邮寄、携带出境。

前款规定不包括以临床诊疗、采供血服务、查处违法犯罪、兴奋剂检测和殡葬等为目的采集、保藏人类遗传资源及开展的相关活动。

为了取得相关药品和医疗器械在我国上市许可,在临床试验机构利用我国人类遗传资源开展国际合作临床试验、不涉及人类遗传资源出境的,不需要批准;但是,在开展临床试验前应当将拟使用的人类遗传资源种类、数量及用途向国务院科学技术主管部门备案。

境外组织、个人及其设立或者实际控制的机构不得在我国境内采集、保藏我国人类遗传资源，不得向境外提供我国人类遗传资源。

第五十七条 将我国人类遗传资源信息向境外组织、个人及其设立或者实际控制的机构提供或者开放使用的，应当向国务院科学技术主管部门事先报告并提交信息备份。

第五十八条 采集、保藏、利用、运输出我国珍贵、濒危、特有物种及其可用于再生或者繁殖传代的个体、器官、组织、细胞、基因等遗传资源，应当遵守有关法律法规。

境外组织、个人及其设立或者实际控制的机构获取和利用我国生物资源，应当依法取得批准。

第五十九条 利用我国生物资源开展国际科学研究合作，应当依法取得批准。

利用我国人类遗传资源和生物资源开展国际科学研究合作，应当保证中方单位及其研究人员全过程、实质性地参与研究，依法分享相关权益。

第六十条 国家加强对外来物种入侵的防范和应对，保护生物多样性。国务院农业农村主管部门会同国务院其他有关部门制定外来入侵物种名录和管理办法。

国务院有关部门根据职责分工，加强对外来入侵物种的调查、监测、预警、控制、评估、清除以及生态修复等工作。

任何单位和个人未经批准，不得擅自引进、释放或者丢弃外来物种。

第七章 防范生物恐怖与生物武器威胁

第六十一条 国家采取一切必要措施防范生物恐怖与生物武器威胁。

禁止开发、制造或者以其他方式获取、储存、持有和使用生物武器。

禁止以任何方式唆使、资助、协助他人开发、制造或者以其他方式获取生物武器。

第六十二条 国务院有关部门制定、修改、公布可被用于生物恐怖活动、制造生物武器的生物体、生物毒素、设备或者技术清单，加强监管，防止其被用于制造生物武器或者恐怖目的。

第六十三条 国务院有关部门和有关军事机关根据职责分工，加强对可被用于生物恐怖活动、制造生物武器的生物体、生物毒素、设备或者技术进出境、进出口、获取、制造、转移和投放等活动的监测、调查，采取必要的防范和处置措施。

第六十四条 国务院有关部门、省级人民政府及其有关部门负责组织遭受生物恐怖袭击、生物武器攻击后的人员救治与安置、环境消毒、生态修复、安全监测和社会秩序恢复等工作。

国务院有关部门、省级人民政府及其有关部门应当有效引导社会舆论科学、准确报道生物恐怖袭击和生物武器攻击事件，及时发布疏散、转移和紧急避难等信息，对应急处置与恢复过程中遭受污染的区域和人员进行长期环境监测和健康监测。

第六十五条 国家组织开展对我国境内战争遗留生物武器及其危害结果、潜在影响的调查。

国家组织建设存放和处理战争遗留生物武器设施，保障对战争遗留生物武器的安全处置。

第八章 生物安全能力建设

第六十六条 国家制定生物安全事业发展规划，加强生物安全能力建设，提高应对生物安全事件的能力和水平。

县级以上人民政府应当支持生物安全事业发展，按照事权划分，将支持下列生物安全事业发展的相关支出列入政府预算：

（一）监测网络的构建和运行；
（二）应急处置和防控物资的储备；
（三）关键基础设施的建设和运行；
（四）关键技术和产品的研究、开发；
（五）人类遗传资源和生物资源的调查、保藏；
（六）法律法规规定的其他重要生物安全事业。

第六十七条 国家采取措施支持生物安全科技研究，加强生物安全风险防御与管控技术研究，整合优势力量和资源，建立多学科、多部门协同创新的联合攻关机制，推动生物安全核心关键技术和重大防御产品的成果产出与转化应用，提高生物安全的科技保障能力。

第六十八条 国家统筹布局全国生物安全基础设施建设。国务院有关部门根据职责分工，加快建设生物信息、人类遗传资源保藏、菌（毒）种保藏、动植物遗传资源保藏、高等级病原微生物实验室等方面的生物安全国家战略资源平台，建立共享利用机制，为生物安全科技创新提供战略保障和支撑。

第六十九条 国务院有关部门根据职责分工，加强生物基础科学研究人才和生物领域专业技术人才培养，推动生物基础科学学科建设和科学研究。

国家生物安全基础设施重要岗位的从业人员应当具备符合要求的资格，相关信息应当向国务院有关部门备案,并接受岗位培训。

第七十条 国家加强重大新发突发传染病、动植物疫情等生物安全风险防控的物资储备。

国家加强生物安全应急药品、装备等物资的研究、开发和技术储备。国务院有关部门根据职责分工,落实生物安全应急药品、装备等物资研究、开发和技术储备的相关措施。

国务院有关部门和县级以上地方人民政府及其有关部门应当保障生物安全事件应急处置所需的医疗救护设备、救治药品、医疗器械等物资的生产、供应和调配;交通运输主管部门应当及时组织协调运输经营单位优先运送。

第七十一条 国家对从事高致病性病原微生物实验活动、生物安全事件现场处置等高风险生物安全工作的人员,提供有效的防护措施和医疗保障。

第九章 法律责任

第七十二条 违反本法规定,履行生物安全管理职责的工作人员在生物安全工作中滥用职权、玩忽职守、徇私舞弊或者有其他违法行为的,依法给予处分。

第七十三条 违反本法规定,医疗机构、专业机构或者其工作人员瞒报、谎报、缓报、漏报,授意他人瞒报、谎报、缓报,或者阻碍他人报告传染病、动植物疫病或者不明原因的聚集性疾病的,由县级以上人民政府有关部门责令改正,给予警告;对法定代表人、主要负责人、直接负责的主管人员和其他直接责任人员,依法给予处分,并可以依法暂停一定期限的执业活动直至吊销相关执业证书。

违反本法规定,编造、散布虚假的生物安全信息,构成违反治安管理行为的,由公安机关依法给予治安管理处罚。

第七十四条 违反本法规定,从事国家禁止的生物技术研究、开发与应用活动的,由县级以上人民政府卫生健康、科学技术、农业农村主管部门根据职责分工,责令停止违法行为,没收违法所得、技术资料和用于违法行为的工具、设备、原材料等物品,处一百万元以上一千万元以下的罚款,违法所得在一百万元以上的,处违法所得十倍以上二十倍以下的罚款,并可以依法禁止一定期限内从事相应的生物技术研究、开发与应用活动,吊销相关许可证件;对法定代表人、主要负责人、直接负责的主管人员和其他直接责任人员,依法给予处分,处十万元以上二十万元以下的罚款,十年直至终身禁止从事相应的生物技术研究、开发与应用活动,依法吊销相关执业证书。

第七十五条 违反本法规定,从事生物技术研究、开发活动未遵守国家生物技术研究开发安全管理规范的,由县级以上人民政府有关部门根据职责分工,责令改正,给予警告,可以并处二万元以上二十万元以下的罚款;拒不改正或者造成严重后果的,责令停止研究、开发活动,并处二十万元以上二百万元以下的罚款。

第七十六条 违反本法规定,从事病原微生物实验活动未在相应等级的实验室进行,或者高等级病原微生物实验室未经批准从事高致病性、疑似高致病性病原微生物实验活动的,由县级以上地方人民政府卫生健康、农业农村主管部门根据职责分工,责令停止违法行为,监督其将用于实验活动的病原微生物销毁或者送交保藏机构,给予警告;造成传染病传播、流行或者其他严重后果的,对法定代表人、主要负责人、直接负责的主管人员和其他直接责任人员依法给予撤职、开除处分。

第七十七条 违反本法规定,将使用后的实验动物流入市场的,由县级以上人民政府科学技术主管部门责令改正,没收违法所得,并处二十万元以上一百万元以下的罚款,违法所得在二十万元以上的,并处违法所得五倍以上十倍以下的罚款;情节严重的,由发证部门吊销相关许可证件。

第七十八条 违反本法规定,有下列行为之一的,由县级以上人民政府有关部门根据职责分工,责令改正,没收违法所得,给予警告,可以并处十万元以上一百万元以下的罚款:

(一)购买或者引进列入管控清单的重要设备、特殊生物因子未进行登记,或者未报国务院有关部门备案;

(二)个人购买或者持有列入管控清单的重要设备或者特殊生物因子;

(三)个人设立病原微生物实验室或者从事病原微生物实验活动;

(四)未经实验室负责人批准进入高等级病原微生物实验室。

第七十九条 违反本法规定,未经批准,采集、保藏我国人类遗传资源或者利用我国人类遗传资源开展国际科学研究合作的,由国务院科学技术主管部门责令停止违法行为,没收违法所得和违法采集、保藏的人类遗传资源,并处五十万元以上五百万元以下的罚款,违法所得在一百万元以上的,并处违法所得五倍以上十倍以下的罚款;情节严重的,对法定代表人、主要负责人、直接负责的主管人员和其他直接责任人员,依法给予处分,五年内禁止从事相应活动。

第八十条 违反本法规定,境外组织、个人及其设立或者实际控制的机构在我国境内采集、保藏我国人类遗传资源,或者向境外提供我国人类遗传资源的,由国务院科学技术主管部门责令停止违法行为,没收违法所得和违法采集、保藏的人类遗传资源,并处一百万元以上一千万元以下的罚款;违法所得在一百万元以上的,并处违法所得十倍以上二十倍以下的罚款。

第八十一条 违反本法规定,未经批准,擅自引进外来物种的,由县级以上人民政府有关部门根据职责分工,没收引进的外来物种,并处五万元以上二十五万元以下的罚款。

违反本法规定,未经批准,擅自释放或者丢弃外来物种的,由县级以上人民政府有关部门根据职责分工,责令限期捕回、找回释放或者丢弃的外来物种,处一万元以上五万元以下的罚款。

第八十二条 违反本法规定,构成犯罪的,依法追究刑事责任;造成人身、财产或者其他损害的,依法承担民事责任。

第八十三条 违反本法规定的生物安全违法行为,本法未规定法律责任,其他有关法律、行政法规有规定的,依照其规定。

第八十四条 境外组织或者个人通过运输、邮寄、携带危险生物因子入境或者以其他方式危害我国生物安全的,依法追究法律责任,并可以采取其他必要措施。

第十章 附 则

第八十五条 本法下列术语的含义:

(一)生物因子,是指动物、植物、微生物、生物毒素及其他生物活性物质。

(二)重大新突发发传染病,是指我国境内首次出现或者已经宣布消灭再次发生,或者突然发生,造成或者可能造成公众健康和生命安全严重损害,引起社会恐慌,影响社会稳定的传染病。

(三)重大新突发发动物疫情,是指我国境内首次发生或者已经宣布消灭的动物疫病再次发生,或者发病率、死亡率较高的潜伏动物疫病突然发生并迅速传播,给养殖业生产安全造成严重威胁、危害,以及可能对公众健康和生命安全造成危害的情形。

(四)重大新突发发植物疫情,是指我国境内首次发生或者已经宣布消灭的严重危害植物的真菌、细菌、病毒、昆虫、线虫、杂草、害鼠、软体动物等再次引发病虫害,或者本地有害生物突然大范围发生并迅速传播,对农作物、林木等植物造成严重危害的情形。

(五)生物技术研究、开发与应用,是指通过科学和工程原理认识、改造、合成、利用生物而从事的科学研究、技术开发与应用等活动。

(六)病原微生物,是指可以侵犯人、动物引起感染甚至传染病的微生物,包括病毒、细菌、真菌、立克次体、寄生虫等。

(七)植物有害生物,是指能够对农作物、林木等植物造成危害的真菌、细菌、病毒、昆虫、线虫、杂草、害鼠、软体动物等生物。

(八)人类遗传资源,包括人类遗传资源材料和人类遗传资源信息。人类遗传资源材料是指含有人体基因组、基因等遗传物质的器官、组织、细胞等遗传材料。人类遗传资源信息是指利用人类遗传资源材料产生的数据等信息资料。

(九)微生物耐药,是指微生物对抗微生物药物产生抗性,导致抗微生物药物不能有效控制微生物的感染。

(十)生物武器,是指类型和数量不属于预防、保护或者其他和平用途所正当需要的、任何来源或者任何方法产生的微生物剂、其他生物剂以及生物毒素;也包括为将上述生物剂、生物毒素使用于敌对目的或者武装冲突而设计的武器、设备或者运载工具。

(十一)生物恐怖,是指故意使用致病性微生物、生物毒素等实施袭击,损害人类或者动植物健康,引起社会恐慌,企图达到特定政治目的的行为。

第八十六条 生物安全信息属于国家秘密的,应当依照《中华人民共和国保守国家秘密法》和国家其他有关保密规定实施保密管理。

第八十七条 中国人民解放军、中国人民武装警察部队的生物安全活动,由中央军事委员会依照本法规定的原则另行规定。

第八十八条 本法自 2021 年 4 月 15 日起施行。

外来入侵物种管理办法

· 2022 年 5 月 31 日农业农村部令〔2022〕第 4 号
· 自 2022 年 8 月 1 日起施行

第一章 总 则

第一条 为了防范和应对外来入侵物种危害,保障农林牧渔业可持续发展,保护生物多样性,根据《中华人民共和国生物安全法》,制定本办法。

第二条 本办法所称外来物种,是指在中华人民共和国境内无天然分布,经自然或人为途径传入的物种,包括该物种所有可能存活和繁殖的部分。

本办法所称外来入侵物种,是指传入定殖并对生态系统、生境、物种带来威胁或者危害,影响我国生态环境,损害农林牧渔业可持续发展和生物多样性的外来物种。

第三条 外来入侵物种管理是维护国家生物安全的重要举措,应当坚持风险预防、源头管控、综合治理、协同配合、公众参与的原则。

第四条 农业农村部会同国务院有关部门建立外来入侵物种防控部际协调机制,研究部署全国外来入侵物种防控工作,统筹协调解决重大问题。

省人民政府农业农村主管部门会同有关部门建立外来入侵物种防控协调机制,组织开展本行政区域外来入侵物种防控工作。

海关完善境外风险预警和应急处理机制,强化入境货物、运输工具、寄递物、旅客行李、跨境电商、边民互市等渠道外来入侵物种的口岸检疫监管。

第五条 县级以上地方人民政府依法对本行政区域外来入侵物种防控工作负责,组织、协调、督促有关部门依法履行外来入侵物种防控管理职责。

县级以上地方人民政府农业农村主管部门负责农田生态系统、渔业水域等区域外来入侵物种的监督管理。

县级以上地方人民政府林业草原主管部门负责森林、草原、湿地生态系统和自然保护地等区域外来入侵物种的监督管理。

沿海县级以上地方人民政府自然资源(海洋)主管部门负责近岸海域、海岛等区域外来入侵物种的监督管理。

县级以上地方人民政府生态环境主管部门负责外来入侵物种对生物多样性影响的监督管理。

高速公路沿线、城镇绿化带、花卉苗木交易市场等区域的外来入侵物种监督管理,由县级以上地方人民政府其他相关主管部门负责。

第六条 农业农村部会同有关部门制定外来入侵物种名录,实行动态调整和分类管理,建立外来入侵物种数据库,制修订外来入侵物种风险评估、监测预警、防控治理等技术规范。

第七条 农业农村部会同有关部门成立外来入侵物种防控专家委员会,为外来入侵物种管理提供咨询、评估、论证等技术支撑。

第八条 农业农村部、自然资源部、生态环境部、海关总署、国家林业和草原局等主管部门建立健全应急处置机制,组织制订相关领域外来入侵物种突发事件应急预案。

县级以上地方人民政府有关部门应当组织制订本行政区域相关领域外来入侵物种突发事件应急预案。

第九条 县级以上人民政府农业农村、自然资源(海洋)、生态环境、林业草原等主管部门加强外来入侵物种防控宣传教育与科学普及,增强公众外来入侵物种防控意识,引导公众依法参与外来入侵物种防控工作。

任何单位和个人未经批准,不得擅自引进、释放或者丢弃外来物种。

第二章 源头预防

第十条 因品种培育等特殊需要从境外引进农作物和林草种子苗木、水产苗种等外来物种的,应当依审批权限向省级以上人民政府农业农村、林业草原主管部门和海关办理进口审批与检疫审批。

属于首次引进的,引进单位应当就引进物种对生态环境的潜在影响进行风险分析,并向审批部门提交风险评估报告。审批部门应当及时组织开展审查评估。经评估有入侵风险的,不予许可入境。

第十一条 引进单位应当采取安全可靠的防范措施,加强引进物种研究、保存、种植、繁殖、运输、销毁等环节管理,防止其逃逸、扩散至野外环境。

对于发生逃逸、扩散的,引进单位应当及时采取清除、捕回或其他补救措施,并及时向审批部门及所在地县级人民政府农业农村或林业草原主管部门报告。

第十二条 海关应当加强外来入侵物种口岸防控,对非法引进、携带、寄递、走私外来物种等违法行为进行打击。对发现的外来入侵物种以及经评估具有入侵风险的外来物种,依法进行处置。

第十三条 县级以上地方人民政府农业农村、林业草原主管部门应当依法加强境内跨区域调运农作物和林草种子苗木、植物产品、水产苗种等检疫监管,防止外来入侵物种扩散传播。

第十四条 农业农村部、自然资源部、生态环境部、海关总署、国家林业和草原局等主管部门依据职责分工,对可能通过气流、水流等自然途径传入我国的外来物种加强动态跟踪和风险评估。

有关部门应当对经外来入侵物种防控专家委员会评估具有较高入侵风险的物种采取必要措施,加大防范力度。

第三章 监测与预警

第十五条 农业农村部会同有关部门建立外来入侵

物种普查制度，每十年组织开展一次全国普查，掌握我国外来入侵物种的种类数量、分布范围、危害程度等情况，并将普查成果纳入国土空间基础信息平台和自然资源"一张图"。

第十六条　农业农村部会同有关部门建立外来入侵物种监测制度，构建全国外来入侵物种监测网络，按照职责分工布设监测站点，组织开展常态化监测。

县级以上地方人民政府农业农村主管部门会同有关部门按照职责分工开展本行政区域外来入侵物种的监测工作。

第十七条　县级以上地方人民政府农业农村、自然资源（海洋）、生态环境、林业草原等主管部门和海关应当按照职责分工及时收集汇总外来入侵物种监测信息，并报告上级主管部门。

任何单位和个人不得瞒报、谎报监测信息，不得擅自发布监测信息。

第十八条　省级以上人民政府农业农村、自然资源（海洋）、生态环境、林业草原等主管部门和海关应当加强外来入侵物种监测信息共享，分析研判外来入侵物种发生、扩散趋势，评估危害风险，及时发布预警预报，提出应对措施，指导开展防控。

第十九条　农业农村部会同有关部门建立外来入侵物种信息发布制度。全国外来入侵物种总体情况由农业农村部商有关部门统一发布。自然资源部、生态环境部、海关总署、国家林业和草原局等主管部门依据职责权限发布本领域外来入侵物种发生情况。

省级人民政府农业农村主管部门商有关部门统一发布本行政区域外来入侵物种情况。

第四章　治理与修复

第二十条　农业农村部、自然资源部、生态环境部、国家林业和草原局按照职责分工，研究制订本领域外来入侵物种防控策略措施，指导地方开展防控。

县级以上地方人民政府农业农村、自然资源（海洋）、林业草原等主管部门应当按照职责分工，在综合考虑外来入侵物种种类、危害对象、危害程度、扩散趋势等因素的基础上，制订本行政区域外来入侵物种防控治理方案，并组织实施，及时控制或消除危害。

第二十一条　外来入侵植物的治理，可根据实际情况在其苗期、开花期或结实期等生长关键时期，采取人工拔除、机械铲除、喷施绿色药剂、释放生物天敌等措施。

第二十二条　外来入侵虫害的治理，应当采取选用抗病虫品种、种苗预处理、物理清除、化学灭除、生物防治等措施，有效阻止病虫害扩散蔓延。

第二十三条　外来入侵水生动物的治理，应当采取针对性捕捞等措施，防止其进一步扩散危害。

第二十四条　外来入侵物种发生区域的生态系统恢复，应当因地制宜采取种植乡土植物、放流本地种等措施。

第五章　附　则

第二十五条　违反本办法规定，未经批准，擅自引进、释放或者丢弃外来物种的，依照《中华人民共和国生物安全法》第八十一条处罚。涉嫌犯罪的，依法移送司法机关追究刑事责任。

第二十六条　本办法自2022年8月1日起施行。

中华人民共和国进出境动植物检疫法（节录）

· 1991年10月30日第七届全国人民代表大会常务委员会第二十二次会议通过
· 根据2009年8月27日第十一届全国人民代表大会常务委员会第十次会议《关于修改部分法律的决定》修正

……

第二章　进境检疫

第十条　输入动物、动物产品、植物种子、种苗及其他繁殖材料的，必须事先提出申请，办理检疫审批手续。

第十一条　通过贸易、科技合作、交换、赠送、援助等方式输入动植物、动植物产品和其他检疫物的，应当在合同或者协议中订明中国法定的检疫要求，并订明必须附有输出国家或者地区政府动植物检疫机关出具的检疫证书。

第十二条　货主或者其代理人应当在动植物、动植物产品和其他检疫物进境前或者进境时持输出国家或者地区的检疫证书、贸易合同等单证，向进境口岸动植物检疫机关报检。

第十三条　装载动物的运输工具抵达口岸时，口岸动植物检疫机关应当采取现场预防措施，对上下运输工具或者接近动物的人员、装载动物的运输工具和被污染的场地作防疫消毒处理。

第十四条　输入动植物、动植物产品和其他检疫物，应当在进境口岸实施检疫。未经口岸动植物检疫机关同意，不得卸离运输工具。

输入动植物，需隔离检疫的，在口岸动植物检疫机关指定的隔离场所检疫。

因口岸条件限制等原因，可以由国家动植物检疫机关决定将动植物、动植物产品和其他检疫物运往指定地点检疫。在运输、装卸过程中，货主或者其代理人应当采取防疫措施。指定的存放、加工和隔离饲养或者隔离种植的场所，应当符合动植物检疫和防疫的规定。

第十五条 输入动植物、动植物产品和其他检疫物，经检疫合格的，准予进境；海关凭口岸动植物检疫机关签发的检疫单证或者在报关单上加盖的印章验放。

输入动植物、动植物产品和其他检疫物，需调离海关监管区检疫的，海关凭口岸动植物检疫机关签发的《检疫调离通知单》验放。

第十六条 输入动物，经检疫不合格的，由口岸动植物检疫机关签发《检疫处理通知单》，通知货主或者其代理人作如下处理：

（一）检出一类传染病、寄生虫病的动物，连同其同群动物全群退回或者全群扑杀并销毁尸体；

（二）检出二类传染病、寄生虫病的动物，退回或者扑杀，同群其他动物在隔离场或者其他指定地点隔离观察。

输入动物产品和其他检疫物经检疫不合格的，由口岸动植物检疫机关签发《检疫处理通知单》，通知货主或者其代理人作除害、退回或者销毁处理。经除害处理合格的，准予进境。

第十七条 输入植物、植物产品和其他检疫物，经检疫发现有植物危险性病、虫、杂草的，由口岸动植物检疫机关签发《检疫处理通知单》，通知货主或者其代理人作除害、退回或者销毁处理。经除害处理合格的，准予进境。

第十八条 本法第十六条第一款第一项、第二项所称一类、二类动物传染病、寄生虫病的名录和本法第十七条所称植物危险性病、虫、杂草的名录，由国务院农业行政主管部门制定并公布。

第十九条 输入动植物、动植物产品和其他检疫物，经检疫发现有本法第十八条规定的名录之外，对农、林、牧、渔业有严重危害的其他病虫害的，由口岸动植物检疫机关依照国务院农业行政主管部门的规定，通知货主或者其代理人作除害、退回或者销毁处理。经除害处理合格的，准予进境。

第三章 出境检疫

第二十条 货主或者其代理人在动植物、动植物产品和其他检疫物出境前，向口岸动植物检疫机关报检。

出境前需经隔离检疫的动物，在口岸动植物检疫机关指定的隔离场所检疫。

第二十一条 输出动植物、动植物产品和其他检疫物，由口岸动植物检疫机关实施检疫，经检疫合格或者经除害处理合格的，准予出境；海关凭口岸动植物检疫机关签发的检疫证书或者在报关单上加盖的印章验放。检疫不合格又无有效方法作除害处理的，不准出境。

第二十二条 经检疫合格的动植物、动植物产品和其他检疫物，有下列情形之一的，货主或者其代理人应当重新报检：

（一）更改输入国家或者地区，更改后的输入国家或者地区又有不同检疫要求的；

（二）改换包装或者原未拼装后来拼装的；

（三）超过检疫规定有效期限的。

第四章 过境检疫

第二十三条 要求运输动物过境的，必须事先商得中国国家动植物检疫机关同意，并按照指定的口岸和路线过境。

装载过境动物的运输工具、装载容器、饲料和铺垫材料，必须符合中国动植物检疫的规定。

第二十四条 运输动植物、动植物产品和其他检疫物过境的，由承运人或者押运人持货运单和输出国家或者地区政府动植物检疫机关出具的检疫证书，在进境时向口岸动植物检疫机关报检，出境口岸不再检疫。

第二十五条 过境的动物经检疫合格的，准予过境；发现有本法第十八条规定的名录所列的动物传染病、寄生虫病的，全群动物不准过境。

过境动物的饲料受病虫害污染的，作除害、不准过境或者销毁处理。

过境的动物的尸体、排泄物、铺垫材料及其他废弃物，必须按照动植物检疫机关的规定处理，不得擅自抛弃。

第二十六条 对过境植物、动植物产品和其他检疫物，口岸动植物检疫机关检查运输工具或者包装，经检疫合格的，准予过境；发现有本法第十八条规定的名录所列的病虫害的，作除害处理或者不准过境。

第二十七条 动植物、动植物产品和其他检疫物过境期间，未经动植物检疫机关批准，不得开拆包装或者卸离运输工具。

第五章 携带、邮寄物检疫

第二十八条 携带、邮寄植物种子、种苗及其他繁殖材料进境的，必须事先提出申请，办理检疫审批手续。

第二十九条 禁止携带、邮寄进境的动植物、动植物产品和其他检疫物的名录，由国务院农业行政主管部门制定并公布。

携带、邮寄前款规定的名录所列的动植物、动植物产品和其他检疫物进境的,作退回或者销毁处理。

第三十条 携带本法第二十九条规定的名录以外的动植物、动植物产品和其他检疫物进境的,在进境时向海关申报并接受口岸动植物检疫机关检疫。

携带动物进境的,必须持有输出国家或者地区的检疫证书等证件。

第三十一条 邮寄本法第二十九条规定的名录以外的动植物、动植物产品和其他检疫物进境的,由口岸动植物检疫机关在国际邮件互换局实施检疫,必要时可以取回口岸动植物检疫机关检疫;未经检疫不得运递。

第三十二条 邮寄进境的动植物、动植物产品和其他检疫物,经检疫或者除害处理合格后放行;经检疫不合格又无有效方法作除害处理的,作退回或者销毁处理,并签发《检疫处理通知单》。

第三十三条 携带、邮寄出境的动植物、动植物产品和其他检疫物,物主有检疫要求的,由口岸动植物检疫机关实施检疫。

第六章 运输工具检疫

第三十四条 来自动植物疫区的船舶、飞机、火车抵达口岸时,由口岸动植物检疫机关实施检疫。发现有本法第十八条规定的名录所列的病虫害的,作不准带离运输工具、除害、封存或者销毁处理。

第三十五条 进境的车辆,由口岸动植物检疫机关作防疫消毒处理。

第三十六条 进出境运输工具上的泔水、动植物性废弃物,依照口岸动植物检疫机关的规定处理,不得擅自抛弃。

第三十七条 装载出境的动植物、动植物产品和其他检疫物的运输工具,应当符合动植物检疫和防疫的规定。

第三十八条 进境供拆船用的废旧船舶,由口岸动植物检疫机关实施检疫,发现有本法第十八条规定的名录所列的病虫害的,作除害处理。

……

中华人民共和国野生动物保护法

· 1988 年 11 月 8 日第七届全国人民代表大会常务委员会第四次会议通过
· 根据 2004 年 8 月 28 日第十届全国人民代表大会常务委员会第十一次会议《关于修改〈中华人民共和国野生动物保护法〉的决定》第一次修正
· 根据 2009 年 8 月 27 日第十一届全国人民代表大会常务委员会第十次会议《关于修改部分法律的决定》第二次修正
· 2016 年 7 月 2 日第十二届全国人民代表大会常务委员会第二十一次会议第一次修订
· 根据 2018 年 10 月 26 日第十三届全国人民代表大会常务委员会第六次会议《关于修改〈中华人民共和国野生动物保护法〉等十五部法律的决定》第三次修正
· 2022 年 12 月 30 日第十三届全国人民代表大会常务委员会第三十八次会议第二次修订

第一章 总 则

第一条 为了保护野生动物,拯救珍贵、濒危野生动物,维护生物多样性和生态平衡,推进生态文明建设,促进人与自然和谐共生,制定本法。

第二条 在中华人民共和国领域及管辖的其他海域,从事野生动物保护及相关活动,适用本法。

本法规定保护的野生动物,是指珍贵、濒危的陆生、水生野生动物和有重要生态、科学、社会价值的陆生野生动物。

本法规定的野生动物及其制品,是指野生动物的整体(含卵、蛋)、部分及衍生物。

珍贵、濒危的水生野生动物以外的其他水生野生动物的保护,适用《中华人民共和国渔业法》等有关法律的规定。

第三条 野生动物资源属于国家所有。

国家保障依法从事野生动物科学研究、人工繁育等保护及相关活动的组织和个人的合法权益。

第四条 国家加强重要生态系统保护和修复,对野生动物实行保护优先、规范利用、严格监管的原则,鼓励和支持开展野生动物科学研究与应用,秉持生态文明理念,推动绿色发展。

第五条 国家保护野生动物及其栖息地。县级以上人民政府应当制定野生动物及其栖息地相关保护规划和措施,并将野生动物保护经费纳入预算。

国家鼓励公民、法人和其他组织依法通过捐赠、资助、志愿服务等方式参与野生动物保护活动,支持野生动物保护公益事业。

本法规定的野生动物栖息地，是指野生动物野外种群生息繁衍的重要区域。

第六条 任何组织和个人有保护野生动物及其栖息地的义务。禁止违法猎捕、运输、交易野生动物，禁止破坏野生动物栖息地。

社会公众应当增强保护野生动物和维护公共卫生安全的意识，防止野生动物源性传染病传播，抵制违法食用野生动物，养成文明健康的生活方式。

任何组织和个人有权举报违反本法的行为，接到举报的县级以上人民政府野生动物保护主管部门和其他有关部门应当及时依法处理。

第七条 国务院林业草原、渔业主管部门分别主管全国陆生、水生野生动物保护工作。

县级以上地方人民政府对本行政区域内野生动物保护工作负责，其林业草原、渔业主管部门分别主管本行政区域内陆生、水生野生动物保护工作。

县级以上人民政府有关部门按照职责分工，负责野生动物保护相关工作。

第八条 各级人民政府应当加强野生动物保护的宣传教育和科学知识普及工作，鼓励和支持基层群众性自治组织、社会组织、企业事业单位、志愿者开展野生动物保护法律法规、生态保护等知识的宣传活动；组织开展对相关从业人员法律法规和专业知识培训；依法公开野生动物保护和管理信息。

教育行政部门、学校应当对学生进行野生动物保护知识教育。

新闻媒体应当开展野生动物保护法律法规和保护知识的宣传，并依法对违法行为进行舆论监督。

第九条 在野生动物保护和科学研究方面成绩显著的组织和个人，由县级以上人民政府按照国家有关规定给予表彰和奖励。

第二章 野生动物及其栖息地保护

第十条 国家对野生动物实行分类分级保护。

国家对珍贵、濒危的野生动物实行重点保护。国家重点保护的野生动物分为一级保护野生动物和二级保护野生动物。国家重点保护野生动物名录，由国务院野生动物保护主管部门组织科学论证评估后，报国务院批准公布。

有重要生态、科学、社会价值的陆生野生动物名录，由国务院野生动物保护主管部门征求国务院农业农村、自然资源、科学技术、生态环境、卫生健康等部门意见，组织科学论证评估后制定并公布。

地方重点保护野生动物，是指国家重点保护野生动物以外，由省、自治区、直辖市重点保护的野生动物。地方重点保护野生动物名录，由省、自治区、直辖市人民政府组织科学论证评估，征求国务院野生动物保护主管部门意见后制定、公布。

对本条规定的名录，应当每五年组织科学论证评估，根据论证评估情况进行调整，也可以根据野生动物保护的实际需要及时进行调整。

第十一条 县级以上人民政府野生动物保护主管部门应当加强信息技术应用，定期组织或者委托有关科学研究机构对野生动物及其栖息地状况进行调查、监测和评估，建立健全野生动物及其栖息地档案。

对野生动物及其栖息地状况的调查、监测和评估应当包括下列内容：

（一）野生动物野外分布区域、种群数量及结构；

（二）野生动物栖息地的面积、生态状况；

（三）野生动物及其栖息地的主要威胁因素；

（四）野生动物人工繁育情况等其他需要调查、监测和评估的内容。

第十二条 国务院野生动物保护主管部门应当会同国务院有关部门，根据野生动物及其栖息地状况的调查、监测和评估结果，确定并发布野生动物重要栖息地名录。

省级以上人民政府依法将野生动物重要栖息地划入国家公园、自然保护区等自然保护地，保护、恢复和改善野生动物生存环境。对不具备划定自然保护地条件的，县级以上人民政府可以采取划定禁猎（渔）区、规定禁猎（渔）期等措施予以保护。

禁止或者限制在自然保护地内引入外来物种、营造单一纯林、过量施洒农药等人为干扰、威胁野生动物生息繁衍的行为。

自然保护地依照有关法律法规的规定划定和管理，野生动物保护主管部门依法加强对野生动物及其栖息地的保护。

第十三条 县级以上人民政府及其有关部门在编制有关开发利用规划时，应当充分考虑野生动物及其栖息地保护的需要，分析、预测和评估规划实施可能对野生动物及其栖息地保护产生的整体影响，避免或者减少规划实施可能造成的不利后果。

禁止在自然保护地建设法律法规规定不得建设的项目。机场、铁路、公路、航道、水利水电、风电、光伏发电、围堰、围填海等建设项目的选址选线，应当避让自然保护地以及其他野生动物重要栖息地、迁徙洄游通道；确实无法避让的,应当采取修建野生动物通道、过鱼设施等措施,消除或者减少对野生动物的不利影响。

建设项目可能对自然保护地以及其他野生动物重要栖息地、迁徙洄游通道产生影响的,环境影响评价文件的审批部门在审批环境影响评价文件时,涉及国家重点保护野生动物的,应当征求国务院野生动物保护主管部门意见;涉及地方重点保护野生动物的,应当征求省、自治区、直辖市人民政府野生动物保护主管部门意见。

第十四条 各级野生动物保护主管部门应当监测环境对野生动物的影响,发现环境影响对野生动物造成危害时,应当会同有关部门及时进行调查处理。

第十五条 国家重点保护野生动物和有重要生态、科学、社会价值的陆生野生动物或者地方重点保护野生动物受到自然灾害、重大环境污染事故等突发事件威胁时,当地人民政府应当及时采取应急救助措施。

国家加强野生动物收容救护能力建设。县级以上人民政府野生动物保护主管部门应当按照国家有关规定组织开展野生动物收容救护工作,加强对社会组织开展野生动物收容救护工作的规范和指导。

收容救护机构应当根据野生动物收容救护的实际需要,建立收容救护场所,配备相应的专业技术人员、救护工具、设备和药品等。

禁止以野生动物收容救护为名买卖野生动物及其制品。

第十六条 野生动物疫源疫病监测、检疫和与人畜共患传染病有关的动物传染病的防治管理,适用《中华人民共和国动物防疫法》等有关法律法规的规定。

第十七条 国家加强对野生动物遗传资源的保护,对濒危野生动物实施抢救性保护。

国务院野生动物保护主管部门应当会同国务院有关部门制定有关野生动物遗传资源保护和利用规划,建立国家野生动物遗传资源基因库,对原产我国的珍贵、濒危野生动物遗传资源实行重点保护。

第十八条 有关地方人民政府应当根据实际情况和需要建设隔离防护设施、设置安全警示标志等,预防野生动物可能造成的危害。

县级以上人民政府野生动物保护主管部门根据野生动物及其栖息地调查、监测和评估情况,对种群数量明显超过环境容量的物种,可以采取迁地保护、猎捕等种群调控措施,保障人身财产安全、生态安全和农业生产。对种群调控猎捕的野生动物按照国家有关规定进行处理和综合利用。种群调控的具体办法由国务院野生动物保护主管部门会同国务院有关部门制定。

第十九条 因保护本法规定保护的野生动物,造成人员伤亡、农作物或者其他财产损失的,由当地人民政府给予补偿。具体办法由省、自治区、直辖市人民政府制定。有关地方人民政府可以推动保险机构开展野生动物致害赔偿保险业务。

有关地方人民政府采取预防、控制国家重点保护野生动物和其他致害严重的陆生野生动物造成危害的措施以及实行补偿所需经费,由中央财政予以补助。具体办法由国务院财政部门会同国务院野生动物保护主管部门制定。

在野生动物危及人身安全的紧急情况下,采取措施造成野生动物损害的,依法不承担法律责任。

第三章 野生动物管理

第二十条 在自然保护地和禁猎(渔)区、禁猎(渔)期内,禁止猎捕以及其他妨碍野生动物生息繁衍的活动,但法律法规另有规定的除外。

野生动物迁徙洄游期间,在前款规定区域外的迁徙洄游通道内,禁止猎捕并严格限制其他妨碍野生动物生息繁衍的活动。县级以上人民政府或者其野生动物保护主管部门应当规定并公布迁徙洄游通道的范围以及妨碍野生动物生息繁衍活动的内容。

第二十一条 禁止猎捕、杀害国家重点保护野生动物。

因科学研究、种群调控、疫源疫病监测或者其他特殊情况,需要猎捕国家一级保护野生动物的,应当向国务院野生动物保护主管部门申请特许猎捕证;需要猎捕国家二级保护野生动物的,应当向省、自治区、直辖市人民政府野生动物保护主管部门申请特许猎捕证。

第二十二条 猎捕有重要生态、科学、社会价值的陆生野生动物和地方重点保护野生动物的,应当依法取得县级以上地方人民政府野生动物保护主管部门核发的狩猎证,并服从猎捕量限额管理。

第二十三条 猎捕者应当严格按照特许猎捕证、狩猎证规定的种类、数量或者限额、地点、工具、方法和期限进行猎捕。猎捕作业完成后,应当将猎捕情况向核发特许猎捕证、狩猎证的野生动物保护主管部门备案。具体办法由国务院野生动物保护主管部门制定。猎捕国家重点保护野生动物应由专业机构和人员承担;猎捕有重要生态、科学、社会价值的陆生野生动物,有条件的地方可以由专业机构有组织开展。

持枪猎捕的,应当依法取得公安机关核发的持枪证。

第二十四条　禁止使用毒药、爆炸物、电击或者电子诱捕装置以及猎套、猎夹、捕鸟网、地枪、排铳等工具进行猎捕，禁止使用夜间照明行猎、歼灭性围猎、捣毁巢穴、火攻、烟熏、网捕等方法进行猎捕，但因物种保护、科学研究确需网捕、电子诱捕以及植保作业等除外。

前款规定以外的禁止使用的猎捕工具和方法，由县级以上地方人民政府规定并公布。

第二十五条　人工繁育野生动物实行分类分级管理，严格保护和科学利用野生动物资源。国家支持有关科学研究机构因物种保护目的人工繁育国家重点保护野生动物。

人工繁育国家重点保护野生动物实行许可制度。人工繁育国家重点保护野生动物的，应当经省、自治区、直辖市人民政府野生动物保护主管部门批准，取得人工繁育许可证，但国务院对批准机关另有规定的除外。

人工繁育有重要生态、科学、社会价值的陆生野生动物的，应当向县级人民政府野生动物保护主管部门备案。

人工繁育野生动物应当使用人工繁育子代种源，建立物种系谱、繁育档案和个体数据。因物种保护目的确需采用野外种源，应当遵守本法有关猎捕野生动物的规定。

本法所称人工繁育子代，是指人工控制条件下繁殖出生的子代个体且其亲本也在人工控制条件下出生。

人工繁育野生动物的具体管理办法由国务院野生动物保护主管部门制定。

第二十六条　人工繁育野生动物应当有利于物种保护及其科学研究，不得违法猎捕野生动物，破坏野外种群资源，并根据野生动物习性确保其具有必要的活动空间和生息繁衍、卫生健康条件，具备与其繁育目的、种类、发展规模相适应的场所、设施、技术，符合有关技术标准和防疫要求，不得虐待野生动物。

省级以上人民政府野生动物保护主管部门可以根据保护国家重点保护野生动物的需要，组织开展国家重点保护野生动物放归野外环境工作。

前款规定以外的人工繁育的野生动物放归野外环境的，适用本法有关放生野生动物管理的规定。

第二十七条　人工繁育野生动物应当采取安全措施，防止野生动物伤人和逃逸。人工繁育的野生动物造成他人损害、危害公共安全或者破坏生态的，饲养人、管理人等应当依法承担法律责任。

第二十八条　禁止出售、购买、利用国家重点保护野生动物及其制品。

因科学研究、人工繁育、公众展示展演、文物保护或者其他特殊情况，需要出售、购买、利用国家重点保护野生动物及其制品的，应当经省、自治区、直辖市人民政府野生动物保护主管部门批准，并按照规定取得和使用专用标识，保证可追溯，但国务院对批准机关另有规定的除外。

出售、利用有重要生态、科学、社会价值的陆生野生动物和地方重点保护野生动物及其制品的，应当提供狩猎、人工繁育、进出口等合法来源证明。

实行国家重点保护野生动物和有重要生态、科学、社会价值的陆生野生动物及其制品专用标识的范围和管理办法，由国务院野生动物保护主管部门规定。

出售本条第二款、第三款规定的野生动物的，还应当依法附有检疫证明。

利用野生动物进行公众展示展演应当采取安全管理措施，并保障野生动物健康状态，具体管理办法由国务院野生动物保护主管部门会同国务院有关部门制定。

第二十九条　对人工繁育技术成熟稳定的国家重点保护野生动物或者有重要生态、科学、社会价值的陆生野生动物，经科学论证评估，纳入国务院野生动物保护主管部门制定的人工繁育国家重点保护野生动物名录或者有重要生态、科学、社会价值的陆生野生动物名录，并适时调整。对列入名录的野生动物及其制品，可以凭人工繁育许可证或者备案，按照省、自治区、直辖市人民政府野生动物保护主管部门或者其授权的部门核验的年度生产数量直接取得专用标识，凭专用标识出售和利用，保证可追溯。

对本法第十条规定的国家重点保护野生动物名录和有重要生态、科学、社会价值的陆生野生动物名录进行调整时，根据有关野外种群保护情况，可以对前款规定的有关人工繁育技术成熟稳定野生动物的人工种群，不再列入国家重点保护野生动物名录和有重要生态、科学、社会价值的陆生野生动物名录，实行与野外种群不同的管理措施，但应当依照本法第二十五条第二款、第三款和本条第一款的规定取得人工繁育许可证或者备案和专用标识。

对符合《中华人民共和国畜牧法》第十二条第二款规定的陆生野生动物人工繁育种群，经科学论证评估，可以列入畜禽遗传资源目录。

第三十条　利用野生动物及其制品的，应当以人工繁育种群为主，有利于野外种群养护，符合生态文明建设的要求，尊重社会公德，遵守法律法规和国家有关规定。

野生动物及其制品作为药品等经营和利用的，还应当遵守《中华人民共和国药品管理法》等有关法律法规的规定。

第三十一条 禁止食用国家重点保护野生动物和国家保护的有重要生态、科学、社会价值的陆生野生动物以及其他陆生野生动物。

禁止以食用为目的猎捕、交易、运输在野外环境自然生长繁殖的前款规定的野生动物。

禁止生产、经营使用本条第一款规定的野生动物及其制品制作的食品。

禁止为食用非法购买本条第一款规定的野生动物及其制品。

第三十二条 禁止为出售、购买、利用野生动物或者禁止使用的猎捕工具发布广告。禁止为违法出售、购买、利用野生动物制品发布广告。

第三十三条 禁止网络平台、商品交易市场、餐饮场所等，为违法出售、购买、食用及利用野生动物及其制品或者禁止使用的猎捕工具提供展示、交易、消费服务。

第三十四条 运输、携带、寄递国家重点保护野生动物及其制品，或者依照本法第二十九条第二款规定调出国家重点保护野生动物名录的野生动物及其制品出县境的，应当持有或者附有本法第二十一条、第二十五条、第二十八条或者第二十九条规定的许可证、批准文件的副本或者专用标识。

运输、携带、寄递有重要生态、科学、社会价值的陆生野生动物和地方重点保护野生动物，或者依照本法第二十九条第二款规定调出有重要生态、科学、社会价值的陆生野生动物名录的野生动物出县境的，应当持有狩猎、人工繁殖、进出口等合法来源证明或者专用标识。

运输、携带、寄递前两款规定的野生动物出县境的，还应当依照《中华人民共和国动物防疫法》的规定附有检疫证明。

铁路、道路、水运、民航、邮政、快递等企业对托运、携带、交寄野生动物及其制品的，应当查验其相关证件、文件副本或者专用标识，对不符合规定的，不得承运、寄递。

第三十五条 县级以上人民政府野生动物保护主管部门应当对科学研究、人工繁殖、公众展示展演等利用野生动物及其制品的活动进行规范和监督管理。

市场监督管理、海关、铁路、道路、水运、民航、邮政等部门应当按照职责分工对野生动物及其制品交易、利用、运输、携带、寄递等活动进行监督检查。

国家建立由国务院林业草原、渔业主管部门牵头，各相关部门配合的野生动物联合执法工作协调机制。地方人民政府建立相应联合执法工作协调机制。

县级以上人民政府野生动物保护主管部门和其他负有野生动物保护职责的部门发现违法事实涉嫌犯罪的，应当将犯罪线索移送具有侦查、调查职权的机关。

公安机关、人民检察院、人民法院在办理野生动物保护犯罪案件过程中认为没有犯罪事实，或者犯罪事实显著轻微，不需要追究刑事责任，但应当予以行政处罚的，应当及时将案件移送县级以上人民政府野生动物保护主管部门和其他负有野生动物保护职责的部门，有关部门应当依法处理。

第三十六条 县级以上人民政府野生动物保护主管部门和其他负有野生动物保护职责的部门，在履行本法规定的职责时，可以采取下列措施：

（一）进入与违反野生动物保护管理行为有关的场所进行现场检查、调查；

（二）对野生动物进行检验、检测、抽样取证；

（三）查封、复制有关文件、资料，对可能被转移、销毁、隐匿或者篡改的文件、资料予以封存；

（四）查封、扣押无合法来源证明的野生动物及其制品，查封、扣押涉嫌非法猎捕野生动物或者非法收购、出售、加工、运输猎捕野生动物及其制品的工具、设备或者财物。

第三十七条 中华人民共和国缔结或者参加的国际公约禁止或者限制贸易的野生动物或者其制品名录，由国家濒危物种进出口管理机构制定、调整并公布。

进出口列入前款名录的野生动物或者其制品，或者出口国家重点保护野生动物或者其制品的，应当经国务院野生动物保护主管部门或者国务院批准，并取得国家濒危物种进出口管理机构核发的允许进出口证明书。海关凭允许进出口证明书办理进出境检疫，并依法办理其他海关手续。

涉及科学技术保密的野生动物物种的出口，按照国务院有关规定办理。

列入本条第一款名录的野生动物，经国务院野生动物保护主管部门核准，按照本法有关规定进行管理。

第三十八条 禁止向境外机构或者人员提供我国特有的野生动物遗传资源。开展国际科学研究合作的，应当依法取得批准，有我国科研机构、高等学校、企业及其研究人员实质性参与研究，按照规定提出国家共享惠益的方案，并遵守我国法律、行政法规的规定。

第三十九条 国家组织开展野生动物保护及相关执法活动的国际合作与交流，加强与毗邻国家的协作，保护野生动物迁徙通道；建立防范、打击野生动物及其制品的走私和非法贸易的部门协调机制,开展防范、打击走私和非法贸易行动。

第四十条 从境外引进野生动物物种的,应当经国务院野生动物保护主管部门批准。从境外引进列入本法第三十七条第一款名录的野生动物,还应当依法取得允许进出口证明书。海关凭进口批准文件或者允许进出口证明书办理进境检疫,并依法办理其他海关手续。

从境外引进野生动物物种的,应当采取安全可靠的防范措施,防止其进入野外环境,避免对生态系统造成危害;不得违法放生、丢弃,确需将其放生至野外环境的,应当遵守有关法律法规的规定。

发现来自境外的野生动物对生态系统造成危害的,县级以上人民政府野生动物保护等有关部门应当采取相应的安全控制措施。

第四十一条 国务院野生动物保护主管部门应当会同国务院有关部门加强对放生野生动物活动的规范、引导。任何组织和个人将野生动物放生至野外环境,应当选择适合放生地野外生存的当地物种,不得干扰当地居民的正常生活、生产,避免对生态系统造成危害。具体办法由国务院野生动物保护主管部门制定。随意放生野生动物,造成他人人身、财产损害或者危害生态系统的,依法承担法律责任。

第四十二条 禁止伪造、变造、买卖、转让、租借特许猎捕证、狩猎证、人工繁育许可证及专用标识,出售、购买、利用国家重点保护野生动物及其制品的批准文件,或者允许进出口证明书、进出口等批准文件。

前款规定的有关许可证书、专用标识、批准文件的发放有关情况,应当依法公开。

第四十三条 外国人在我国对国家重点保护野生动物进行野外考察或者在野外拍摄电影、录像,应当经省、自治区、直辖市人民政府野生动物保护主管部门或者其授权的单位批准,并遵守有关法律法规的规定。

第四十四条 省、自治区、直辖市人民代表大会或者其常务委员会可以根据地方实际情况制定对地方重点保护野生动物等的管理办法。

第四章 法律责任

第四十五条 野生动物保护主管部门或者其他有关部门不依法作出行政许可决定,发现违法行为或者接到对违法行为的举报不依法处理,或者有其他滥用职权、玩忽职守、徇私舞弊等不依法履行职责的行为,对直接负责的主管人员和其他直接责任人员依法给予处分;构成犯罪的,依法追究刑事责任。

第四十六条 违反本法第十二条第三款、第十三条第二款规定的,依照有关法律法规的规定处罚。

第四十七条 违反本法第十五条第四款规定,以收容救护为名买卖野生动物及其制品的,由县级以上人民政府野生动物保护主管部门没收野生动物及其制品、违法所得,并处野生动物及其制品价值二倍以上二十倍以下罚款,将有关违法信息记入社会信用记录,并向社会公布;构成犯罪的,依法追究刑事责任。

第四十八条 违反本法第二十条、第二十一条、第二十三条第一款、第二十四条第一款规定,有下列行为之一的,由县级以上人民政府野生动物保护主管部门、海警机构和有关自然保护地管理机构按照职责分工没收猎获物、猎捕工具和违法所得,吊销特许猎捕证,并处猎获物价值二倍以上二十倍以下罚款;没有猎获物或者猎获物价值不足五千元的,并处一万元以上十万元以下罚款;构成犯罪的,依法追究刑事责任:

(一)在自然保护地、禁猎(渔)区、禁猎(渔)期猎捕国家重点保护野生动物;

(二)未取得特许猎捕证、未按照特许猎捕证规定猎捕、杀害国家重点保护野生动物;

(三)使用禁用的工具、方法猎捕国家重点保护野生动物。

违反本法第二十三条第一款规定,未将猎捕情况向野生动物保护主管部门备案的,由核发特许猎捕证、狩猎证的野生动物保护主管部门责令限期改正;逾期不改正的,处一万元以上十万元以下罚款;情节严重的,吊销特许猎捕证、狩猎证。

第四十九条 违反本法第二十条、第二十二条、第二十三条第一款、第二十四条第一款规定,有下列行为之一的,由县级以上地方人民政府野生动物保护主管部门和有关自然保护地管理机构按照职责分工没收猎获物、猎捕工具和违法所得,吊销狩猎证,并处猎获物价值一倍以上十倍以下罚款;没有猎获物或者猎获物价值不足二千元的,并处二千元以上二万元以下罚款;构成犯罪的,依法追究刑事责任:

(一)在自然保护地、禁猎(渔)区、禁猎(渔)期猎捕有重要生态、科学、社会价值的陆生野生动物或者地方重点保护野生动物;

(二)未取得狩猎证、未按照狩猎证规定猎捕有重要生态、科学、社会价值的陆生野生动物或者地方重点保护野生动物;

(三)使用禁用的工具、方法猎捕有重要生态、科学、社会价值的陆生野生动物或者地方重点保护野生动物。

违反本法第二十条、第二十四条第一款规定，在自然保护地、禁猎区、禁猎期或者使用禁用的工具、方法猎捕其他陆生野生动物，破坏生态的，由县级以上地方人民政府野生动物保护主管部门和有关自然保护地管理机构按照职责分工没收猎获物、猎捕工具和违法所得，并处猎获物价值一倍以上三倍以下罚款；没有猎获物或者猎获物价值不足一千元的，并处一千元以上三千元以下罚款；构成犯罪的，依法追究刑事责任。

违反本法第二十三条第二款规定，未取得持枪证持枪猎捕野生动物，构成违反治安管理行为的，还应当由公安机关依法给予治安管理处罚；构成犯罪的，依法追究刑事责任。

第五十条 违反本法第三十一条第二款规定，以食用为目的猎捕、交易、运输在野外环境自然生长繁殖的国家重点保护野生动物或者有重要生态、科学、社会价值的陆生野生动物的，依照本法第四十八条、第四十九条、第五十二条的规定从重处罚。

违反本法第三十一条第二款规定，以食用为目的猎捕在野外环境自然生长繁殖的其他陆生野生动物的，由县级以上地方人民政府野生动物保护主管部门和有关自然保护地管理机构按照职责分工没收猎获物、猎捕工具和违法所得；情节严重的，并处猎获物价值一倍以上五倍以下罚款，没有猎获物或者猎获物价值不足二千元的，并处二千元以上一万元以下罚款；构成犯罪的，依法追究刑事责任。

违反本法第三十一条第二款规定，以食用为目的交易、运输在野外环境自然生长繁殖的其他陆生野生动物的，由县级以上地方人民政府野生动物保护主管部门和市场监督管理部门按照职责分工没收野生动物；情节严重的，并处野生动物价值一倍以上五倍以下罚款；构成犯罪的，依法追究刑事责任。

第五十一条 违反本法第二十五条第二款规定，未取得人工繁育许可证，繁育国家重点保护野生动物或者依照本法第二十九条第二款规定调出国家重点保护野生动物名录的野生动物的，由县级以上人民政府野生动物保护主管部门没收野生动物及其制品，并处野生动物及其制品价值一倍以上十倍以下罚款。

违反本法第二十五条第三款规定，人工繁育有重要生态、科学、社会价值的陆生野生动物或者依照本法第二十九条第二款规定调出有重要生态、科学、社会价值的陆生野生动物名录的野生动物未备案的，由县级人民政府野生动物保护主管部门责令限期改正；逾期不改正的，处五百元以上二千元以下罚款。

第五十二条 违反本法第二十八条第一款和第二款、第二十九条第一款、第三十四条第一款规定，未经批准、未取得或者未按照规定使用专用标识，或者未持有、未附有人工繁育许可证、批准文件的副本或者专用标识出售、购买、利用、运输、携带、寄递国家重点保护野生动物及其制品或者依照本法第二十九条第二款规定调出国家重点保护野生动物名录的野生动物及其制品的，由县级以上人民政府野生动物保护主管部门和市场监督管理部门按照职责分工没收野生动物及其制品和违法所得，责令关闭违法经营场所，并处野生动物及其制品价值二倍以上二十倍以下罚款；情节严重的，吊销人工繁育许可证、撤销批准文件、收回专用标识；构成犯罪的，依法追究刑事责任。

违反本法第二十八条第三款、第二十九条第一款、第三十四条第二款规定，未持有合法来源证明或者专用标识出售、利用、运输、携带、寄递有重要生态、科学、社会价值的陆生野生动物、地方重点保护野生动物或者依照本法第二十九条第二款规定调出有重要生态、科学、社会价值的陆生野生动物名录的野生动物及其制品的，由县级以上地方人民政府野生动物保护主管部门和市场监督管理部门按照职责分工没收野生动物，并处野生动物价值一倍以上十倍以下罚款；构成犯罪的，依法追究刑事责任。

违反本法第三十四条第四款规定，铁路、道路、水运、民航、邮政、快递等企业未按照规定查验或者承运、寄递野生动物及其制品的，由交通运输、铁路监督管理、民用航空、邮政管理等相关主管部门按照职责分工没收违法所得，并处违法所得一倍以上五倍以下罚款；情节严重的，吊销经营许可证。

第五十三条 违反本法第三十一条第一款、第四款规定，食用或者为食用非法购买本法规定保护的野生动物及其制品的，由县级以上人民政府野生动物保护主管部门和市场监督管理部门按照职责分工责令停止违法行为，没收野生动物及其制品，并处野生动物及其制品价值二倍以上二十倍以下罚款；食用或者为食用非法购买其他陆生野生动物及其制品的，责令停止违法行为，给予批评教育，没收野生动物及其制品，情节严重的，并处野生动物及其制品价值一倍以上五倍以下罚款；构成犯罪的，依法追究刑事责任。

违反本法第三十一条第三款规定，生产、经营使用本法规定保护的野生动物及其制品制作的食品的，由县级以上人民政府野生动物保护主管部门和市场监督管理部门按照职责分工责令停止违法行为，没收野生动物及其制品和违法所得，责令关闭违法经营场所，并处违法所得十五倍以上三十倍以下罚款；生产、经营使用其他陆生野生动物及其制品制作的食品的，给予批评教育，没收野生动物及其制品和违法所得，情节严重的，并处违法所得一倍以上十倍以下罚款；构成犯罪的，依法追究刑事责任。

第五十四条　违反本法第三十二条规定，为出售、购买、利用野生动物及其制品或者禁止使用的猎捕工具发布广告的，依照《中华人民共和国广告法》的规定处罚。

第五十五条　违反本法第三十三条规定，为违法出售、购买、食用及利用野生动物及其制品或者禁止使用的猎捕工具提供展示、交易、消费服务的，由县级以上人民政府市场监督管理部门责令停止违法行为，限期改正，没收违法所得，并处违法所得二倍以上十倍以下罚款；没有违法所得或者违法所得不足五千元的，处一万元以上十万元以下罚款；构成犯罪的，依法追究刑事责任。

第五十六条　违反本法第三十七条规定，进出口野生动物及其制品的，由海关、公安机关、海警机构依照法律、行政法规和国家有关规定处罚；构成犯罪的，依法追究刑事责任。

第五十七条　违反本法第三十八条规定，向境外机构或者人员提供我国特有的野生动物遗传资源的，由县级以上人民政府野生动物保护主管部门没收野生动物及其制品和违法所得，并处野生动物及其制品价值或者违法所得一倍以上五倍以下罚款；构成犯罪的，依法追究刑事责任。

第五十八条　违反本法第四十条第一款规定，从境外引进野生动物物种的，由县级以上人民政府野生动物保护主管部门没收所引进的野生动物，并处五万元以上五十万元以下罚款；未依法实施进境检疫的，依照《中华人民共和国进出境动植物检疫法》的规定处罚；构成犯罪的，依法追究刑事责任。

第五十九条　违反本法第四十条第二款规定，将从境外引进的野生动物放生、丢弃的，由县级以上人民政府野生动物保护主管部门责令限期捕回，处一万元以上十万元以下罚款；逾期不捕回的，由有关野生动物保护主管部门代为捕回或者采取降低影响的措施，所需费用由被责令限期捕回者承担；构成犯罪的，依法追究刑事责任。

第六十条　违反本法第四十二条第一款规定，伪造、变造、买卖、转让、租借有关证件、专用标识或者有关批准文件的，由县级以上人民政府野生动物保护主管部门没收违法证件、专用标识、有关批准文件和违法所得，并处五万元以上五十万元以下罚款；构成违反治安管理行为的，由公安机关依法给予治安管理处罚；构成犯罪的，依法追究刑事责任。

第六十一条　县级以上人民政府野生动物保护主管部门和其他负有野生动物保护职责的部门、机构应当按照有关规定处理罚没的野生动物及其制品，具体办法由国务院野生动物保护主管部门会同国务院有关部门制定。

第六十二条　县级以上人民政府野生动物保护主管部门应当加强对野生动物及其制品鉴定、价值评估工作的规范、指导。本法规定的猎获物价值、野生动物及其制品价值的评估标准和方法，由国务院野生动物保护主管部门制定。

第六十三条　对违反本法规定破坏野生动物资源、生态环境，损害社会公共利益的行为，可以依照《中华人民共和国环境保护法》、《中华人民共和国民事诉讼法》、《中华人民共和国行政诉讼法》等法律的规定向人民法院提起诉讼。

第五章　附　则

第六十四条　本法自 2023 年 5 月 1 日起施行。

中华人民共和国进出境动植物检疫法实施条例（节录）

· 1996 年 12 月 2 日中华人民共和国国务院令第 206 号发布
· 自 1997 年 1 月 1 日起施行

……

第三章　进境检疫

第十六条　进出境动植物检疫法第十一条所称中国法定的检疫要求，是指中国的法律、行政法规和国务院农业行政主管部门规定的动植物检疫要求。

第十七条　国家对向中国输出动植物产品的国外生产、加工、存放单位，实行注册登记制度。具体办法由国务院农业行政主管部门制定。

第十八条　输入动植物、动植物产品和其他检疫物的，货主或者其代理人应当在进境前或者进境时向进境口岸动植物检疫机关报检。属于调离海关监管区检疫的，运达指定地点时，货主或者其代理人应当通知有关口岸动植物检疫机关。属于转关货物的，货主或者其代理人应当在进境时向进境口岸动植物检疫机关申报;到达指运地时,应当向指运地口岸动植物检疫机关报检。

输入种畜禽及其精液、胚胎的,应当在进境前30日报检;输入其他动物的,应当在进境前15日报检;输入植物种子、种苗及其他繁殖材料的,应当在进境前7日报检。

动植物性包装物、铺垫材料进境时,货主或者其代理人应当及时向口岸动植物检疫机关申报;动植物检疫机关可以根据具体情况对申报物实施检疫。

前款所称动植物性包装物、铺垫材料,是指直接用作包装物、铺垫材料的动物产品和植物、植物产品。

第十九条 向口岸动植物检疫机关报检时,应当填写报检单,并提交输出国家或者地区政府动植物检疫机关出具的检疫证书、产地证书和贸易合同、信用证、发票等单证;依法应当办理检疫审批手续的,还应当提交检疫审批单。无输出国家或者地区政府动植物检疫机关出具的有效检疫证书,或者未依法办理检疫审批手续的,口岸动植物检疫机关可以根据具体情况,作退回或者销毁处理。

第二十条 输入的动植物、动植物产品和其他检疫物运达口岸时,检疫人员可以到运输工具上和货物现场实施检疫,核对货、证是否相符,并可以按照规定采取样品。承运人、货主或者其代理人应当向检疫人员提供装载清单和有关资料。

第二十一条 装载动物的运输工具抵达口岸时,上下运输工具或者接近动物的人员,应当接受口岸动植物检疫机关实施的防疫消毒,并执行其采取的其他现场预防措施。

第二十二条 检疫人员应当按照下列规定实施现场检疫:

(一)动物:检查有无疫病的临床症状。发现疑似感染传染病或者已死亡的动物时,在货主或者押运人的配合下查明情况,立即处理。动物的铺垫材料、剩余饲料和排泄物等,由货主或者其代理人在检疫人员的监督下,作除害处理。

(二)动物产品:检查有无腐败变质现象,容器、包装是否完好。符合要求的,允许卸离运输工具。发现散包、容器破裂的,由货主或者其代理人负责整理完好,方可卸离运输工具。根据情况,对运输工具的有关部位及装载动物产品的容器、外表包装、铺垫材料、被污染场地等进行消毒处理。需要实施实验室检疫的,按照规定采取样品。对易滋生植物害虫或者混藏杂草种子的动物产品,同时实施植物检疫。

(三)植物、植物产品:检查货物和包装物有无病虫害,并按照规定采取样品。发现病虫害并有扩散可能时,及时对该批货物、运输工具和装卸现场采取必要的防疫措施。对来自动物传染病疫区或者易带动物传染病和寄生虫病病原体并用作动物饲料的植物产品,同时实施动物检疫。

(四)动植物性包装物、铺垫材料:检查是否携带病虫害、混藏杂草种子、沾带土壤,并按照规定采取样品。

(五)其他检疫物:检查包装是否完好及是否被病虫害污染。发现破损或者被病虫害污染时,作除害处理。

第二十三条 对船舶、火车装运的大宗动植物产品,应当就地分层检查;限于港口、车站的存放条件,不能就地检查的,经口岸动植物检疫机关同意,也可以边卸载边疏运,将动植物产品运往指定的地点存放。在卸货过程中经检疫发现疫情时,应当立即停止卸货,由货主或者其代理人按照口岸动植物检疫机关的要求,对已卸和未卸货物作除害处理,并采取防止疫情扩散的措施;对被病虫害污染的装卸工具和场地,也应当作除害处理。

第二十四条 输入种用大中家畜的,应当在国家动植物检疫局设立的动物隔离检疫场所隔离检疫45日;输入其他动物的,应当在口岸动植物检疫机关指定的动物隔离检疫场所隔离检疫30日。动物隔离检疫场所管理办法,由国务院农业行政主管部门制定。

第二十五条 进境的同一批动植物产品分港卸货时,口岸动植物检疫机关只对本港卸下的货物进行检疫,先期卸货港的口岸动植物检疫机关应当将检疫及处理情况及时通知其他分卸港的口岸动植物检疫机关;需要对外出证的,由卸毕港的口岸动植物检疫机关汇总后统一出具检疫证书。

在分卸港实施检疫中发现疫情并必须进行船上熏蒸、消毒时,由该分卸港的口岸动植物检疫机关统一出具检疫证书,并及时通知其他分卸港的口岸动植物检疫机关。

第二十六条 对输入的动植物、动植物产品和其他检疫物,按照中国的国家标准、行业标准以及国家动植物检疫局的有关规定实施检疫。

第二十七条 输入动植物、动植物产品和其他检疫物,经检疫合格的,由口岸动植物检疫机关在报关单上加盖印章或者签发《检疫放行通知单》;需要调离进境口岸海关监管区检疫的,由进境口岸动植物检疫机关签发《检疫调离通知单》。货主或者其代理人凭口岸动植物检疫机关在报关单上加盖的印章或者签发的《检疫放行通知单》、《检疫调离通知单》办理报关、运递手续。海关对输入的动植物、动植物产品和其他检疫物，凭口岸动植物检疫机关在报关单上加盖的印章或者签发的《检疫放行通知单》、《检疫调离通知单》验放。运输、邮电部门凭单运递，运递期间国内其他检疫机关不再检疫。

第二十八条 输入动植物、动植物产品和其他检疫物，经检疫不合格的，由口岸动植物检疫机关签发《检疫处理通知单》，通知货主或者其代理人在口岸动植物检疫机关的监督和技术指导下，作除害处理；需要对外索赔的，由口岸动植物检疫机关出具检疫证书。

第二十九条 国家动植物检疫局根据检疫需要，并商输出动植物、动植物产品国家或者地区政府有关机关同意，可以派检疫人员进行预检、监装或者产地疫情调查。

第三十条 海关、边防等部门截获的非法进境的动植物、动植物产品和其他检疫物，应当就近交由口岸动植物检疫机关检疫。

第四章　出境检疫

第三十一条 货主或者其代理人依法办理动植物、动植物产品和其他检疫物的出境报检手续时，应当提供贸易合同或者协议。

第三十二条 对输入国要求中国对向其输出的动植物、动植物产品和其他检疫物的生产、加工、存放单位注册登记的，口岸动植物检疫机关可以实行注册登记，并报国家动植物检疫局备案。

第三十三条 输出动物，出境前需经隔离检疫的，在口岸动植物检疫机关指定的隔离场所检疫。输出植物、动植物产品和其他检疫物的，在仓库或者货场实施检疫；根据需要，也可以在生产、加工过程中实施检疫。

待检出境植物、动植物产品和其他检疫物，应当数量齐全、包装完好、堆放整齐、唛头标记明显。

第三十四条 输出动植物、动植物产品和其他检疫物的检疫依据：

（一）输入国家或者地区和中国有关动植物检疫规定；

（二）双边检疫协定；

（三）贸易合同中订明的检疫要求。

第三十五条 经启运地口岸动植物检疫机关检疫合格的动植物、动植物产品和其他检疫物，运达出境口岸时，按照下列规定办理：

（一）动物应当经出境口岸动植物检疫机关临床检疫或者复检；

（二）植物、动植物产品和其他检疫物从启运地随原运输工具出境的，由出境口岸动植物检疫机关验证放行；改换运输工具出境的，换证放行；

（三）植物、动植物产品和其他检疫物到达出境口岸后拼装的，因变更输入国家或者地区而有不同检疫要求的，或者超过规定的检疫有效期的，应当重新报检。

第三十六条 输出动植物、动植物产品和其他检疫物，经启运地口岸动植物检疫机关检疫合格的，运往出境口岸时，运输、邮电部门凭启运地口岸动植物检疫机关签发的检疫单证运递，国内其他检疫机关不再检疫。

第五章　过境检疫

第三十七条 运输动植物、动植物产品和其他检疫物过境（含转运，下同）的，承运人或者押运人应当持货运单和输出国家或者地区政府动植物检疫机关出具的证书，向进境口岸动植物检疫机关报检；运输动物过境的，还应当同时提交国家动植物检疫局签发的《动物过境许可证》。

第三十八条 过境动物运达进境口岸时，由进境口岸动植物检疫机关对运输工具、容器的外表进行消毒并对动物进行临床检疫，经检疫合格的，准予过境。进境口岸动植物检疫机关可以派检疫人员监运至出境口岸，出境口岸动植物检疫机关不再检疫。

第三十九条 装载过境植物、动植物产品和其他检疫物的运输工具和包装、装载容器必须完好。经口岸动植物检疫机关检查，发现运输工具或者包装物、装载容器有可能造成途中散漏的，承运人或者押运人应当按照口岸动植物检疫机关的要求，采取密封措施；无法采取密封措施的，不准过境。

第六章　携带、邮寄物检疫

第四十条 携带、邮寄植物种子、种苗及其他繁殖材料进境，未依法办理检疫审批手续的，由口岸动植物检疫机关作退回或者销毁处理。邮件作退回处理的，由口岸动植物检疫机关在邮件及发递单上批注退回原因；邮件作销毁处理的，由口岸动植物检疫机关签发通知单，通知寄件人。

第四十一条 携带动植物、动植物产品和其他检疫物进境的，进境时必须向海关申报并接受口岸动植物检疫机关检查。海关应当将申报或者查获的动植物、动植物产品和其他检疫物及时交由口岸动植物检疫机关检疫。未经检疫的，不得携带进境。

第四十二条 口岸动植物检疫机关可以在港口、机场、车站的旅客通道、行李提取处等现场进行检查,对可能携带动植物、动植物产品和其他检疫物而未申报的,可以进行查询并抽检其物品,必要时可以开包(箱)检查。

旅客进出境检查现场应当设立动植物检疫台位和标志。

第四十三条 携带动物进境的,必须持有输出动物的国家或者地区政府动植物检疫机关出具的检疫证书,经检疫合格后放行;携带犬、猫等宠物进境的,还必须持有疫苗接种证书。没有检疫证书、疫苗接种证书的,由口岸动植物检疫机关作限期退回或者没收销毁处理。作限期退回处理的,携带人必须在规定的时间内持口岸动植物检疫机关签发的截留凭证,领取并携带出境;逾期不领取的,作自动放弃处理。

携带植物、动植物产品和其他检疫物进境,经现场检疫合格的,当场放行;需要作实验室检疫或者隔离检疫的,由口岸动植物检疫机关签发截留凭证。截留检疫合格的,携带人持截留凭证向口岸动植物检疫机关领取;逾期不领回的,作自动放弃处理。

禁止携带、邮寄进出境动植物检疫法第二十九条规定的名录所列动植物、动植物产品和其他检疫物进境。

第四十四条 邮寄进境的动植物、动植物产品和其他检疫物,由口岸动植物检疫机关在国际邮件互换局(含国际邮件快递公司及其他经营国际邮件的单位,以下简称邮局)实施检疫。邮局应当提供必要的工作条件。

经现场检疫合格的,由口岸动植物检疫机关加盖检疫放行章,交邮局运递。需要作实验室检疫或者隔离检疫的,口岸动植物检疫机关应当向邮局办理交接手续;检疫合格的,加盖检疫放行章,交邮局运递。

第四十五条 携带、邮寄进境的动植物、动植物产品和其他检疫物,经检疫不合格又无有效方法作除害处理的,作退回或者销毁处理,并签发《检疫处理通知单》交携带人、寄件人。

第七章 运输工具检疫

第四十六条 口岸动植物检疫机关对来自动植物疫区的船舶、飞机、火车,可以登船、登机、登车实施现场检疫。有关运输工具负责人应当接受检疫人员的询问并在询问记录上签字,提供运行日志和装载货物的情况,开启舱室接受检疫。

口岸动植物检疫机关应当对前款运输工具可能隐藏病虫害的餐车、配餐间、厨房、储藏室、食品舱等动植物产品存放、使用场所和泔水、动植物性废弃物的存放场所以及集装箱箱体等区域或者部位,实施检疫;必要时,作防疫消毒处理。

第四十七条 来自动植物疫区的船舶、飞机、火车,经检疫发现有进出境动植物检疫法第十八条规定的名录所列病虫害的,必须作熏蒸、消毒或者其他除害处理。发现有禁止进境的动植物、动植物产品和其他检疫物的,必须作封存或者销毁处理;作封存处理的,在中国境内停留或者运行期间,未经口岸动植物检疫机关许可,不得启封动用。对运输工具上的泔水、动植物性废弃物及其存放场所、容器,应当在口岸动植物检疫机关的监督下作除害处理。

第四十八条 来自动植物疫区的进境车辆,由口岸动植物检疫机关作防疫消毒处理。装载进境动植物、动植物产品和其他检疫物的车辆,经检疫发现病虫害的,连同货物一并作除害处理。装运供应香港、澳门地区的动物的回空车辆,实施整车防疫消毒。

第四十九条 进境拆解的废旧船舶,由口岸动植物检疫机关实施检疫。发现病虫害的,在口岸动植物检疫机关监督下作除害处理。发现有禁止进境的动植物、动植物产品和其他检疫物的,在口岸动植物检疫机关的监督下作销毁处理。

第五十条 来自动植物疫区的进境运输工具经检疫或者经消毒处理合格后,运输工具负责人或者其代理人要求出证的,由口岸动植物检疫机关签发《运输工具检疫证书》或者《运输工具消毒证书》。

第五十一条 进境、过境运输工具在中国境内停留期间,交通员工和其他人员不得将所装载的动植物、动植物产品和其他检疫物带离运输工具;需要带离时,应当向口岸动植物检疫机关报检。

第五十二条 装载动物出境的运输工具,装载前应当在口岸动植物检疫机关监督下进行消毒处理。

装载植物、动植物产品和其他检疫物出境的运输工具,应当符合国家有关动植物防疫和检疫的规定。发现危险性病虫害或者超过规定标准的一般性病虫害的,作除害处理后方可装运。

……

中华人民共和国水生野生动物保护实施条例

- 1993年9月17日国务院批准
- 1993年10月5日农业部令第1号发布
- 根据2011年1月8日《国务院关于废止和修改部分行政法规的决定》第一次修订
- 根据2013年12月7日《国务院关于修改部分行政法规的决定》第二次修订

第一章 总 则

第一条 根据《中华人民共和国野生动物保护法》（以下简称《野生动物保护法》）的规定，制定本条例。

第二条 本条例所称水生野生动物，是指珍贵、濒危的水生野生动物；所称水生野生动物产品，是指珍贵、濒危的水生野生动物的任何部分及其衍生物。

第三条 国务院渔业行政主管部门主管全国水生野生动物管理工作。

县级以上地方人民政府渔业行政主管部门主管本行政区域内水生野生动物管理工作。

《野生动物保护法》和本条例规定的渔业行政主管部门的行政处罚权，可以由其所属的渔政监督管理机构行使。

第四条 县级以上各级人民政府及其有关主管部门应当鼓励、支持有关科研单位、教学单位开展水生野生动物科学研究工作。

第五条 渔业行政主管部门及其所属的渔政监督管理机构，有权对《野生动物保护法》和本条例的实施情况进行监督检查，被检查的单位和个人应当给予配合。

第二章 水生野生动物保护

第六条 国务院渔业行政主管部门和省、自治区、直辖市人民政府渔业行政主管部门，应当定期组织水生野生动物资源调查，建立资源档案，为制定水生野生动物资源保护发展规划、制定和调整国家和地方重点保护水生野生动物名录提供依据。

第七条 渔业行政主管部门应当组织社会各方面力量，采取有效措施，维护和改善水生野生动物的生存环境，保护和增殖水生野生动物资源。

禁止任何单位和个人破坏国家重点保护的和地方重点保护的水生野生动物生息繁衍的水域、场所和生存条件。

第八条 任何单位和个人对侵占或者破坏水生野生动物资源的行为，有权向当地渔业行政主管部门或者其所属的渔政监督管理机构检举和控告。

第九条 任何单位和个人发现受伤、搁浅和因误入港湾、河汊而被困的水生野生动物时，应当及时报告当地渔业行政主管部门或者其所属的渔政监督管理机构，由其采取紧急救护措施；也可以要求附近具备救护条件的单位采取紧急救护措施，并报告渔业行政主管部门。已经死亡的水生野生动物，由渔业行政主管部门妥善处理。

捕捞作业时误捕水生野生动物的，应当立即无条件放生。

第十条 因保护国家重点保护的和地方重点保护的水生野生动物受到损失的，可以向当地人民政府渔业行政主管部门提出补偿要求。经调查属实并确实需要补偿的，由当地人民政府按照省、自治区、直辖市人民政府有关规定给予补偿。

第十一条 国务院渔业行政主管部门和省、自治区、直辖市人民政府，应当在国家重点保护的和地方重点保护的水生野生动物的主要生息繁衍的地区和水域，划定水生野生动物自然保护区，加强对国家和地方重点保护水生野生动物及其生存环境的保护管理，具体办法由国务院另行规定。

第三章 水生野生动物管理

第十二条 禁止捕捉、杀害国家重点保护的水生野生动物。

有下列情形之一，确需捕捉国家重点保护的水生野生动物的，必须申请特许捕捉证：

（一）为进行水生野生动物科学考察、资源调查，必须捕捉的；

（二）为驯养繁殖国家重点保护的水生野生动物，必须从自然水域或者场所获取种源的；

（三）为承担省级以上科学研究项目或者国家医药生产任务，必须从自然水域或者场所获取国家重点保护的水生野生动物的；

（四）为宣传、普及水生野生动物知识或者教学、展览的需要，必须从自然水域或者场所获取国家重点保护的水生野生动物的；

（五）因其他特殊情况，必须捕捉的。

第十三条 申请特许捕捉证的程序：

（一）需要捕捉国家一级保护水生野生动物的，必须附具申请人所在地和捕捉地的省、自治区、直辖市人民政府渔业行政主管部门签署的意见，向国务院渔业行政主管部门申请特许捕捉证；

（二）需要在本省、自治区、直辖市捕捉国家二级保护水生野生动物的，必须附具申请人所在地的县级人民政府渔业行政主管部门签署的意见，向省、自治区、直辖市人民政府渔业行政主管部门申请特许捕捉证；

（三）需要跨省、自治区、直辖市捕捉国家二级保护水生野生动物的，必须附具申请人所在地的省、自治区、直辖市人民政府渔业行政主管部门签署的意见，向捕捉地的省、自治区、直辖市人民政府渔业行政主管部门申请特许捕捉证。

动物园申请捕捉国家一级保护水生野生动物的，在向国务院渔业行政主管部门申请特许捕捉证前，须经国务院建设行政主管部门审核同意；申请捕捉国家二级保护水生野生动物的，在向申请人所在地的省、自治区、直辖市人民政府渔业行政主管部门申请特许捕捉证前，须经同级人民政府建设行政主管部门审核同意。

负责核发特许捕捉证的部门接到申请后，应当自接到申请之日起3个月内作出批准或者不批准的决定。

第十四条　有下列情形之一的，不予发放特许捕捉证：

（一）申请人有条件以合法的非捕捉方式获得国家重点保护的水生野生动物的种源、产品或者达到其目的的；

（二）捕捉申请不符合国家有关规定，或者申请使用的捕捉工具、方法以及捕捉时间、地点不当的；

（三）根据水生野生动物资源现状不宜捕捉的。

第十五条　取得特许捕捉证的单位和个人，必须按照特许捕捉证规定的种类、数量、地点、期限、工具和方法进行捕捉，防止误伤水生野生动物或者破坏其生存环境。捕捉作业完成后，应当及时向捕捉地的县级人民政府渔业行政主管部门或者其所属的渔政监督管理机构申请查验。

县级人民政府渔业行政主管部门或者其所属的渔政监督管理机构对在本行政区域内捕捉国家重点保护的水生野生动物的活动，应当进行监督检查，并及时向批准捕捉的部门报告监督检查结果。

第十六条　外国人在中国境内进行有关水生野生动物科学考察、标本采集、拍摄电影、录像等活动的，必须经国家重点保护的水生野生动物所在地的省、自治区、直辖市人民政府渔业行政主管部门批准。

第十七条　驯养繁殖国家一级保护水生野生动物的，应当持有国务院渔业行政主管部门核发的驯养繁殖许可证；驯养繁殖国家二级保护水生野生动物的，应当持有省、自治区、直辖市人民政府渔业行政主管部门核发的驯养繁殖许可证。

动物园驯养繁殖国家重点保护的水生野生动物的，渔业行政主管部门可以委托同级建设行政主管部门核发驯养繁殖许可证。

第十八条　禁止出售、收购国家重点保护的水生野生动物或者其产品。因科学研究、驯养繁殖、展览等特殊情况，需要出售、收购、利用国家一级保护水生野生动物或者其产品的，必须向省、自治区、直辖市人民政府渔业行政主管部门提出申请，经其签署意见后，报国务院渔业行政主管部门批准；需要出售、收购、利用国家二级保护水生野生动物或者其产品的，必须向省、自治区、直辖市人民政府渔业行政主管部门提出申请，并经其批准。

第十九条　县级以上各级人民政府渔业行政主管部门和工商行政管理部门，应当对水生野生动物或者其产品的经营利用建立监督检查制度，加强对经营利用水生野生动物或者其产品的监督管理。

对进入集贸市场的水生野生动物或者其产品，由工商行政管理部门进行监督管理，渔业行政主管部门给予协助；在集贸市场以外经营水生野生动物或者其产品，由渔业行政主管部门、工商行政管理部门或者其授权的单位进行监督管理。

第二十条　运输、携带国家重点保护的水生野生动物或者其产品出县的，应当凭特许捕捉证或者驯养繁殖许可证，向县级人民政府渔业行政主管部门提出申请，报省、自治区、直辖市人民政府渔业行政主管部门或者其授权的单位批准。动物园之间因繁殖动物，需要运输国家重点保护的水生野生动物的，可以由省、自治区、直辖市人民政府渔业行政主管部门授权同级建设行政主管部门审批。

第二十一条　交通、铁路、民航和邮政企业对没有合法运输证明的水生野生动物或者其产品，应当及时通知有关主管部门处理，不得承运、收寄。

第二十二条　从国外引进水生野生动物的，应当向省、自治区、直辖市人民政府渔业行政主管部门提出申请，经省级以上人民政府渔业行政主管部门指定的科研机构进行科学论证后，报国务院渔业行政主管部门批准。

第二十三条　出口国家重点保护的水生野生动物或者其产品的，进出口中国参加的国际公约所限制进出口的水生野生动物或者其产品的，必须经进出口单位或者个人所在地的省、自治区、直辖市人民政府渔业行政主管部门审核，报国务院渔业行政主管部门批准；属于贸易性进出口活动的，必须由具有有关商品进出口权的单位承担。

动物园因交换动物需要进出口前款所称水生野生动物的，在国务院渔业行政主管部门批准前，应当经国务院建设行政主管部门审核同意。

第二十四条　利用水生野生动物或者其产品举办展览等活动的经济收益，主要用于水生野生动物保护事业。

第四章 奖励和惩罚

第二十五条 有下列事迹之一的单位和个人，由县级以上人民政府或者其渔业行政主管部门给予奖励：

（一）在水生野生动物资源调查、保护管理、宣传教育、开发利用方面有突出贡献的；

（二）严格执行野生动物保护法规，成绩显著的；

（三）拯救、保护和驯养繁殖水生野生动物取得显著成效的；

（四）发现违反水生野生动物保护法律、法规的行为，及时制止或者检举有功的；

（五）在查处破坏水生野生动物资源案件中作出重要贡献的；

（六）在水生野生动物科学研究中取得重大成果或者在应用推广有关的科研成果中取得显著效益的；

（七）在基层从事水生野生动物保护管理工作5年以上并取得显著成绩的；

（八）在水生野生动物保护管理工作中有其他特殊贡献的。

第二十六条 非法捕杀国家重点保护的水生野生动物的，依照刑法有关规定追究刑事责任；情节显著轻微危害不大的，或者犯罪情节轻微不需要判处刑罚的，由渔业行政主管部门没收捕获物、捕捉工具和违法所得，吊销特许捕捉证，并处以相当于捕获物价值10倍以下的罚款，没有捕获物的处以1万元以下的罚款。

第二十七条 违反野生动物保护法律、法规，在水生野生动物自然保护区破坏国家重点保护的或者地方重点保护的水生野生动物主要生息繁衍场所，依照《野生动物保护法》第三十四条的规定处以罚款，罚款幅度为恢复原状所需费用的3倍以下。

第二十八条 违反野生动物保护法律、法规，出售、收购、运输、携带国家重点保护的或者地方重点保护的水生野生动物或者其产品的，由工商行政管理部门或者其授权的渔业行政主管部门没收实物和违法所得，可以并处相当于实物价值10倍以下的罚款。

第二十九条 伪造、倒卖、转让驯养繁殖许可证，依照《野生动物保护法》第三十七条的规定处以罚款，罚款幅度为5000元以下。伪造、倒卖、转让特许捕捉证或者允许进出口证明书，依照《野生动物保护法》第三十七条的规定处以罚款，罚款幅度为5万元以下。

第三十条 违反野生动物保护法规，未取得驯养繁殖许可证或者超越驯养繁殖许可证规定范围，驯养繁殖国家重点保护的水生野生动物的，由渔业行政主管部门没收违法所得，处3000元以下的罚款，可以并处没收水生野生动物、吊销驯养繁殖许可证。

第三十一条 外国人未经批准在中国境内对国家重点保护的水生野生动物进行科学考察、标本采集、拍摄电影、录像的，由渔业行政主管部门没收考察、拍摄的资料以及所获标本，可以并处5万元以下的罚款。

第三十二条 有下列行为之一，尚不构成犯罪，应当给予治安管理处罚的，由公安机关依照《中华人民共和国治安管理处罚法》的规定予以处罚：

（一）拒绝、阻碍渔政检查人员依法执行职务的；

（二）偷窃、哄抢或者故意损坏野生动物保护仪器设备或者设施的。

第三十三条 依照野生动物保护法规的规定没收的实物，按照国务院渔业行政主管部门的有关规定处理。

第五章 附 则

第三十四条 本条例由国务院渔业行政主管部门负责解释。

第三十五条 本条例自发布之日起施行。

中华人民共和国陆生野生动物保护实施条例

- 1992年2月12日国务院批准
- 1992年3月1日林业部发布
- 根据2011年1月8日《国务院关于废止和修改部分行政法规的决定》第一次修订
- 根据2016年2月6日《国务院关于修改部分行政法规的决定》第二次修订

第一章 总 则

第一条 根据《中华人民共和国野生动物保护法》（以下简称《野生动物保护法》）的规定，制定本条例。

第二条 本条例所称陆生野生动物，是指依法受保护的珍贵、濒危、有益的和有重要经济、科学研究价值的陆生野生动物（以下简称野生动物）；所称野生动物产品，是指陆生野生动物的任何部分及其衍生物。

第三条 国务院林业行政主管部门主管全国陆生野生动物管理工作。

省、自治区、直辖市人民政府林业行政主管部门主管本行政区域内陆生野生动物管理工作。自治州、县和市人民政府陆生野生动物管理工作的行政主管部门，由省、自治区、直辖市人民政府确定。

第四条 县级以上各级人民政府有关主管部门应当鼓励、支持有关科研、教学单位开展野生动物科学研究工作。

第五条 野生动物行政主管部门有权对《野生动物保护法》和本条例的实施情况进行监督检查，被检查的单位和个人应当给予配合。

第二章 野生动物保护

第六条 县级以上地方各级人民政府应当开展保护野生动物的宣传教育，可以确定适当时间为保护野生动物宣传月、爱鸟周等，提高公民保护野生动物的意识。

第七条 国务院林业行政主管部门和省、自治区、直辖市人民政府林业行政主管部门，应当定期组织野生动物资源调查，建立资源档案，为制定野生动物资源保护发展方案、制定和调整国家和地方重点保护野生动物名录提供依据。

野生动物资源普查每十年进行一次。

第八条 县级以上各级人民政府野生动物行政主管部门，应当组织社会各方面力量，采取生物技术措施和工程技术措施，维护和改善野生动物生存环境，保护和发展野生动物资源。

禁止任何单位和个人破坏国家和地方重点保护野生动物的生息繁衍场所和生存条件。

第九条 任何单位和个人发现受伤、病弱、饥饿、受困、迷途的国家和地方重点保护野生动物时，应当及时报告当地野生动物行政主管部门，由其采取救护措施；也可以就近送具备救护条件的单位救护。救护单位应当立即报告野生动物行政主管部门，并按照国务院林业行政主管部门的规定办理。

第十条 有关单位和个人对国家和地方重点保护野生动物可能造成的危害，应当采取防范措施。因保护国家和地方重点保护野生动物受到损失的，可以向当地人民政府野生动物行政主管部门提出补偿要求。经调查属实并确实需要补偿的，由当地人民政府按照省、自治区、直辖市人民政府的有关规定给予补偿。

第三章 野生动物猎捕管理

第十一条 禁止猎捕、杀害国家重点保护野生动物。

有下列情形之一，需要猎捕国家重点保护野生动物的，必须申请特许猎捕证：

（一）为进行野生动物科学考察、资源调查，必须猎捕的；

（二）为驯养繁殖国家重点保护野生动物，必须从野外获取种源的；

（三）为承担省级以上科学研究项目或者国家医药生产任务，必须从野外获取国家重点保护野生动物的；

（四）为宣传、普及野生动物知识或者教学、展览的需要，必须从野外获取国家重点保护野生动物的；

（五）因国事活动的需要，必须从野外获取国家重点保护野生动物的；

（六）为调控国家重点保护野生动物种群数量和结构，经科学论证必须猎捕的；

（七）因其他特殊情况，必须捕捉、猎捕国家重点保护野生动物的。

第十二条 申请特许猎捕证的程序如下：

（一）需要捕捉国家一级保护野生动物的，必须附具申请人所在地和捕捉地的省、自治区、直辖市人民政府林业行政主管部门签署的意见，向国务院林业行政主管部门申请特许猎捕证；

（二）需要在本省、自治区、直辖市猎捕国家二级保护野生动物的，必须附具申请人所在地的县级人民政府野生动物行政主管部门签署的意见，向省、自治区、直辖市人民政府林业行政主管部门申请特许猎捕证；

（三）需要跨省、自治区、直辖市猎捕国家二级保护野生动物的，必须附具申请人所在地的省、自治区、直辖市人民政府林业行政主管部门签署的意见，向猎捕地的省、自治区、直辖市人民政府林业行政主管部门申请特许猎捕证。

动物园需要申请捕捉国家一级保护野生动物的，在向国务院林业行政主管部门申请特许猎捕证前，须经国务院建设行政主管部门审核同意；需要申请捕捉国家二级保护野生动物的，在向申请人所在地的省、自治区、直辖市人民政府林业行政主管部门申请特许猎捕证前，须经同级政府建设行政主管部门审核同意。

负责核发特许猎捕证的部门接到申请后，应当在3个月内作出批准或者不批准的决定。

第十三条 有下列情形之一的，不予发放特许猎捕证：

（一）申请猎捕者有条件以合法的非猎捕方式获得国家重点保护野生动物的种源、产品或者达到所需目的的；

（二）猎捕申请不符合国家有关规定或者申请使用的猎捕工具、方法以及猎捕时间、地点不当的；

（三）根据野生动物资源现状不宜捕捉、猎捕的。

第十四条 取得特许猎捕证的单位和个人，必须按照特许猎捕证规定的种类、数量、地点、期限、工具和方法进行猎捕，防止误伤野生动物或者破坏其生存环境。猎捕作业完成后，应当在10日内向猎捕地的县级人民政府野生动物行政主管部门申请查验。

县级人民政府野生动物行政主管部门对在本行政区域内猎捕国家重点保护野生动物的活动,应当进行监督检查,并及时向批准猎捕的机关报告监督检查结果。

第十五条 猎捕非国家重点保护野生动物的,必须持有狩猎证,并按照狩猎证规定的种类、数量、地点、期限、工具和方法进行猎捕。

狩猎证由省、自治区、直辖市人民政府林业行政主管部门按照国务院林业行政主管部门的规定印制,县级人民政府野生动物行政主管部门或者其授权的单位核发。

狩猎证每年验证1次。

第十六条 省、自治区、直辖市人民政府林业行政主管部门,应当根据本行政区域内非国家重点保护野生动物的资源现状,确定狩猎动物种类,并实行年度猎捕量限额管理。狩猎动物种类和年度猎捕量限额,由县级人民政府野生动物行政主管部门按照保护资源、永续利用的原则提出,经省、自治区、直辖市人民政府林业行政主管部门批准,报国务院林业行政主管部门备案。

第十七条 县级以上地方各级人民政府野生动物行政主管部门应当组织狩猎者有计划地开展狩猎活动。

在适合狩猎的区域建立固定狩猎场所的,必须经省、自治区、直辖市人民政府林业行政主管部门批准。

第十八条 禁止使用军用武器、汽枪、毒药、炸药、地枪、排铳、非人为直接操作并危害人畜安全的狩猎装置、夜间照明行猎、歼灭性围猎、火攻、烟熏以及县级以上各级人民政府或者其野生动物行政主管部门规定禁止使用的其他狩猎工具和方法狩猎。

第十九条 外国人在中国境内对国家重点保护野生动物进行野外考察、标本采集或者在野外拍摄电影、录像的,必须向国家重点保护野生动物所在地的省、自治区、直辖市人民政府林业行政主管部门提出申请,经其审核后,报国务院林业行政主管部门或者其授权的单位批准。

第二十条 外国人在中国境内狩猎,必须在国务院林业行政主管部门批准的对外国人开放的狩猎场所内进行,并遵守中国有关法律、法规的规定。

第四章 野生动物驯养繁殖管理

第二十一条 驯养繁殖国家重点保护野生动物的,应当持有驯养繁殖许可证。

国务院林业行政主管部门和省、自治区、直辖市人民政府林业行政主管部门可以根据实际情况和工作需要,委托同级有关部门审批或者核发国家重点保护野生动物驯养繁殖许可证。动物园驯养繁殖国家重点保护野生动物的,林业行政主管部门可以委托同级建设行政主管部门核发驯养繁殖许可证。

驯养繁殖许可证由国务院林业行政主管部门印制。

第二十二条 从国外或者外省、自治区、直辖市引进野生动物进行驯养繁殖的,应当采取适当措施,防止其逃至野外;需要将其放生于野外的,放生单位应当向所在省、自治区、直辖市人民政府林业行政主管部门提出申请,经省级以上人民政府林业行政主管部门指定的科研机构进行科学论证后,报国务院林业行政主管部门或者其授权的单位批准。

擅自将引进的野生动物放生于野外或者因管理不当使其逃至野外的,由野生动物行政主管部门责令限期捕回或者采取其他补救措施。

第二十三条 从国外引进的珍贵、濒危野生动物,经国务院林业行政主管部门核准,可以视为国家重点保护野生动物;从国外引进的其他野生动物,经省、自治区、直辖市人民政府林业行政主管部门核准,可以视为地方重点保护野生动物。

第五章 野生动物经营利用管理

第二十四条 收购驯养繁殖的国家重点保护野生动物或者其产品的单位,由省、自治区、直辖市人民政府林业行政主管部门商有关部门提出,经同级人民政府或者其授权的单位批准,凭批准文件向工商行政管理部门申请登记注册。

依照前款规定经核准登记的单位,不得收购未经批准出售的国家重点保护野生动物或者其产品。

第二十五条 经营利用非国家重点保护野生动物或者其产品的,应当向工商行政管理部门申请登记注册。

第二十六条 禁止在集贸市场出售、收购国家重点保护野生动物或者其产品。

持有狩猎证的单位和个人需要出售依法获得的非国家重点保护野生动物或者其产品的,应当按照狩猎证规定的种类、数量向经核准登记的单位出售,或者在当地人民政府有关部门指定的集贸市场出售。

第二十七条 县级以上各级人民政府野生动物行政主管部门和工商行政管理部门,应当对野生动物或者其产品的经营利用建立监督检查制度,加强对经营利用野生动物或者其产品的监督管理。

对进入集贸市场的野生动物或者其产品,由工商行政管理部门进行监督管理;在集贸市场以外经营野生动物或者其产品,由野生动物行政主管部门、工商行政管理部门或者其授权的单位进行监督管理。

第二十八条 运输、携带国家重点保护野生动物或者其产品出县境的,应当凭特许猎捕证、驯养繁殖许可证,向县级人民政府野生动物行政主管部门提出申请,报省、自治区、直辖市人民政府林业行政主管部门或者其授权的单位批准。动物园之间因繁殖动物,需要运输国家重点保护野生动物的,可以由省、自治区、直辖市人民政府林业行政主管部门授权同级建设行政主管部门审批。

第二十九条 出口国家重点保护野生动物或者其产品的,以及进出口中国参加的国际公约所限制进出口的野生动物或者其产品的,必须经进出口单位或者个人所在地的省、自治区、直辖市人民政府林业行政主管部门审核,报国务院林业行政主管部门或者国务院批准;属于贸易性进出口活动的,必须由具有有关商品进出口权的单位承担。

动物园因交换动物需要进出口前款所称野生动物的,国务院林业行政主管部门批准前或者国务院林业行政主管部门报请国务院批准前,应当经国务院建设行政主管部门审核同意。

第三十条 利用野生动物或者其产品举办出国展览等活动的经济收益,主要用于野生动物保护事业。

第六章 奖励和惩罚

第三十一条 有下列事迹之一的单位和个人,由县级以上人民政府或者其野生动物行政主管部门给予奖励:

(一)在野生动物资源调查、保护管理、宣传教育、开发利用方面有突出贡献的;

(二)严格执行野生动物保护法规,成绩显著的;

(三)拯救、保护和驯养繁殖珍贵、濒危野生动物取得显著成效的;

(四)发现违反野生动物保护法规行为,及时制止或者检举有功的;

(五)在查处破坏野生动物资源案件中有重要贡献的;

(六)在野生动物科学研究中取得重大成果或者在应用推广科研成果中取得显著效益的;

(七)在基层从事野生动物保护管理工作5年以上并取得显著成绩的;

(八)在野生动物保护管理工作中有其他特殊贡献的。

第三十二条 非法捕杀国家重点保护野生动物的,依照刑法有关规定追究刑事责任;情节显著轻微危害不大,或者犯罪情节轻微不需要判处刑罚的,由野生动物行政主管部门没收猎获物、猎捕工具和违法所得,吊销特许猎捕证,并处以相当于猎获物价值10倍以下的罚款,没有猎获物的处1万元以下罚款。

第三十三条 违反野生动物保护法规,在禁猎区、禁猎期或者使用禁用的工具、方法猎捕非国家重点保护野生动物,依照《野生动物保护法》第三十二条的规定处以罚款的,按照下列规定执行:

(一)有猎获物的,处以相当于猎获物价值8倍以下的罚款;

(二)没有猎获物的,处2000元以下罚款。

第三十四条 违反野生动物保护法规,未取得狩猎证或者未按照狩猎证规定猎捕非国家重点保护野生动物,依照《野生动物保护法》第三十三条的规定处以罚款的,按照下列规定执行:

(一)有猎获物的,处以相当于猎获物价值5倍以下的罚款;

(二)没有猎获物的,处1000元以下罚款。

第三十五条 违反野生动物保护法规,在自然保护区、禁猎区破坏国家或者地方重点保护野生动物主要生息繁衍场所,依照《野生动物保护法》第三十四条的规定处以罚款的,按照相当于恢复原状所需费用3倍以下的标准执行。

在自然保护区、禁猎区破坏非国家或者地方重点保护野生动物主要生息繁衍场所的,由野生动物行政主管部门责令停止破坏行为,限期恢复原状,并处以恢复原状所需费用2倍以下的罚款。

第三十六条 违反野生动物保护法规,出售、收购、运输、携带国家或者地方重点保护野生动物或者其产品的,由工商行政管理部门或者其授权的野生动物行政主管部门没收实物和违法所得,可以并处相当于实物价值10倍以下的罚款。

第三十七条 伪造、倒卖、转让狩猎证或者驯养繁殖许可证,依照《野生动物保护法》第三十七条的规定处以罚款的,按照5000元以下的标准执行。伪造、倒卖、转让特许猎捕证或者允许进出口证明书,依照《野生动物保护法》第三十七条的规定处以罚款的,按照5万元以下的标准执行。

第三十八条 违反野生动物保护法规,未取得驯养繁殖许可证或者超越驯养繁殖许可证规定范围驯养繁殖国家重点保护野生动物的,由野生动物行政主管部门没收违法所得,处3000元以下罚款,可以并处没收野生动物、吊销驯养繁殖许可证。

第三十九条 外国人未经批准在中国境内对国家重点保护野生动物进行野外考察、标本采集或者在野外拍摄电影、录像的,由野生动物行政主管部门没收考察、拍摄的资料以及所获标本,可以并处5万元以下罚款。

第四十条 有下列行为之一,尚不构成犯罪,应当给予治安管理处罚的，由公安机关依照《中华人民共和国治安管理处罚法》的规定予以处罚：

（一）拒绝、阻碍野生动物行政管理人员依法执行职务的；

（二）偷窃、哄抢或者故意损坏野生动物保护仪器设备或者设施的；

（三）偷窃、哄抢、抢夺非国家重点保护野生动物或者其产品的；

（四）未经批准猎捕少量非国家重点保护野生动物的。

第四十一条 违反野生动物保护法规，被责令限期捕回而不捕的，被责令限期恢复原状而不恢复的，野生动物行政主管部门或者其授权的单位可以代为捕回或者恢复原状，由被责令限期捕回者或者被责令限期恢复原状者承担全部捕回或者恢复原状所需的费用。

第四十二条 违反野生动物保护法规，构成犯罪的，依法追究刑事责任。

第四十三条 依照野生动物保护法规没收的实物，按照国务院林业行政主管部门的规定处理。

第七章 附 则

第四十四条 本条例由国务院林业行政主管部门负责解释。

第四十五条 本条例自发布之日起施行。

中华人民共和国野生植物保护条例

· 1996年9月30日中华人民共和国国务院令第204号发布
· 根据2017年10月7日《国务院关于修改部分行政法规的决定》修订

第一章 总 则

第一条 为了保护、发展和合理利用野生植物资源，保护生物多样性，维护生态平衡，制定本条例。

第二条 在中华人民共和国境内从事野生植物的保护、发展和利用活动，必须遵守本条例。

本条例所保护的野生植物，是指原生地天然生长的珍贵植物和原生地天然生长并具有重要经济、科学研究、文化价值的濒危、稀有植物。

药用野生植物和城市园林、自然保护区、风景名胜区内的野生植物的保护，同时适用有关法律、行政法规。

第三条 国家对野生植物资源实行加强保护、积极发展、合理利用的方针。

第四条 国家保护依法开发利用和经营管理野生植物资源的单位和个人的合法权益。

第五条 国家鼓励和支持野生植物科学研究、野生植物的就地保护和迁地保护。

在野生植物资源保护、科学研究、培育利用和宣传教育方面成绩显著的单位和个人，由人民政府给予奖励。

第六条 县级以上各级人民政府有关主管部门应当开展保护野生植物的宣传教育，普及野生植物知识，提高公民保护野生植物的意识。

第七条 任何单位和个人都有保护野生植物资源的义务，对侵占或者破坏野生植物及其生长环境的行为有权检举和控告。

第八条 国务院林业行政主管部门主管全国林区内野生植物和林区外珍贵野生树木的监督管理工作。国务院农业行政主管部门主管全国其他野生植物的监督管理工作。

国务院建设行政主管部门负责城市园林、风景名胜区内野生植物的监督管理工作。国务院环境保护部门负责对全国野生植物环境保护工作的协调和监督。国务院其他有关部门依照职责分工负责有关的野生植物保护工作。

县级以上地方人民政府负责野生植物管理工作的部门及其职责，由省、自治区、直辖市人民政府根据当地具体情况规定。

第二章 野生植物保护

第九条 国家保护野生植物及其生长环境。禁止任何单位和个人非法采集野生植物或者破坏其生长环境。

第十条 野生植物分为国家重点保护野生植物和地方重点保护野生植物。

国家重点保护野生植物分为国家一级保护野生植物和国家二级保护野生植物。国家重点保护野生植物名录，由国务院林业行政主管部门、农业行政主管部门（以下简称国务院野生植物行政主管部门）商国务院环境保护、建设等有关部门制定，报国务院批准公布。

地方重点保护野生植物，是指国家重点保护野生植物以外，由省、自治区、直辖市保护的野生植物。地方重点保护野生植物名录，由省、自治区、直辖市人民政府制定并公布，报国务院备案。

第十一条 在国家重点保护野生植物物种和地方重点保护野生植物物种的天然集中分布区域，应当依照有关法律、行政法规的规定，建立自然保护区；在其他区域，县级以上地方人民政府野生植物行政主管部门和其他有关部门可以根据实际情况建立国家重点保护野生植物和地方重点保护野生植物的保护点或者设立保护标志。

禁止破坏国家重点保护野生植物和地方重点保护野

生植物的保护点的保护设施和保护标志。

第十二条 野生植物行政主管部门及其他有关部门应当监视、监测环境对国家重点保护野生植物生长和地方重点保护野生植物生长的影响，并采取措施，维护和改善国家重点保护野生植物和地方重点保护野生植物的生长条件。由于环境影响对国家重点保护野生植物和地方重点保护野生植物的生长造成危害时，野生植物行政主管部门应当会同其他有关部门调查并依法处理。

第十三条 建设项目对国家重点保护野生植物和地方重点保护野生植物的生长环境产生不利影响的，建设单位提交的环境影响报告书中必须对此作出评价；环境保护部门在审批环境影响报告书时，应当征求野生植物行政主管部门的意见。

第十四条 野生植物行政主管部门和有关单位对生长受到威胁的国家重点保护野生植物和地方重点保护野生植物应当采取拯救措施，保护或者恢复其生长环境，必要时应当建立繁育基地、种质资源库或者采取迁地保护措施。

第三章 野生植物管理

第十五条 野生植物行政主管部门应当定期组织国家重点保护野生植物和地方重点保护野生植物资源调查，建立资源档案。

第十六条 禁止采集国家一级保护野生植物。因科学研究、人工培育、文化交流等特殊需要，采集国家一级保护野生植物的，应当按照管理权限向国务院林业行政主管部门或者其授权的机构申请采集证；或者向采集地的省、自治区、直辖市人民政府农业行政主管部门或者其授权的机构申请采集证。

采集国家二级保护野生植物的，必须经采集地的县级人民政府野生植物行政主管部门签署意见后，向省、自治区、直辖市人民政府野生植物行政主管部门或者其授权的机构申请采集证。

采集城市园林或者风景名胜区内的国家一级或者二级保护野生植物的，须先征得城市园林或者风景名胜区管理机构同意，分别依照前两款的规定申请采集证。

采集珍贵野生树木或者林区内、草原上的野生植物的，依照森林法、草原法的规定办理。

野生植物行政主管部门发放采集证后，应当抄送环境保护部门备案。

采集证的格式由国务院野生植物行政主管部门制定。

第十七条 采集国家重点保护野生植物的单位和个人，必须按照采集证规定的种类、数量、地点、期限和方法进行采集。

县级人民政府野生植物行政主管部门对在本行政区域内采集国家重点保护野生植物的活动，应当进行监督检查，并及时报告批准采集的野生植物行政主管部门或者其授权的机构。

第十八条 禁止出售、收购国家一级保护野生植物。

出售、收购国家二级保护野生植物的，必须经省、自治区、直辖市人民政府野生植物行政主管部门或者其授权的机构批准。

第十九条 野生植物行政主管部门应当对经营利用国家二级保护野生植物的活动进行监督检查。

第二十条 出口国家重点保护野生植物或者进出口中国参加的国际公约所限制进出口的野生植物的，应当按照管理权限经国务院林业行政主管部门批准，或者经进出口者所在地的省、自治区、直辖市人民政府农业行政主管部门审核后报国务院农业行政主管部门批准，并取得国家濒危物种进出口管理机构核发的允许进出口证明书或者标签。海关凭允许进出口证明书或者标签查验放行。国务院野生植物行政主管部门应当将有关野生植物进出口的资料抄送国务院环境保护部门。

禁止出口未定名的或者新发现并有重要价值的野生植物。

第二十一条 外国人不得在中国境内采集或者收购国家重点保护野生植物。

外国人在中国境内对农业行政主管部门管理的国家重点保护野生植物进行野外考察的，应当经农业行政主管部门管理的国家重点保护野生植物所在地的省、自治区、直辖市人民政府农业行政主管部门批准。

第二十二条 地方重点保护野生植物的管理办法，由省、自治区、直辖市人民政府制定。

第四章 法律责任

第二十三条 未取得采集证或者未按照采集证的规定采集国家重点保护野生植物的，由野生植物行政主管部门没收所采集的野生植物和违法所得，可以并处违法所得10倍以下的罚款；有采集证的，并可以吊销采集证。

第二十四条 违反本条例规定，出售、收购国家重点保护野生植物的，由工商行政管理部门或者野生植物行政主管部门按照职责分工没收野生植物和违法所得，可以并处违法所得10倍以下的罚款。

第二十五条 非法进出口野生植物的，由海关依照海关法的规定处罚。

第二十六条 伪造、倒卖、转让采集证、允许进出口证明书或者有关批准文件、标签的，由野生植物行政主管部门或者工商行政管理部门按照职责分工收缴，没收违法所得，可以并处 5 万元以下的罚款。

第二十七条 外国人在中国境内采集、收购国家重点保护野生植物，或者未经批准对农业行政主管部门管理的国家重点保护野生植物进行野外考察的，由野生植物行政主管部门没收所采集、收购的野生植物和考察资料，可以并处 5 万元以下的罚款。

第二十八条 违反本条例规定，构成犯罪的，依法追究刑事责任。

第二十九条 野生植物行政主管部门的工作人员滥用职权、玩忽职守、徇私舞弊，构成犯罪的，依法追究刑事责任；尚不构成犯罪的，依法给予行政处分。

第三十条 依照本条例规定没收的实物，由作出没收决定的机关按照国家有关规定处理。

第五章 附 则

第三十一条 中华人民共和国缔结或者参加的与保护野生植物有关的国际条约与本条例有不同规定的，适用国际条约的规定；但是，中华人民共和国声明保留的条款除外。

第三十二条 本条例自 1997 年 1 月 1 日起施行。

中华人民共和国濒危野生动植物进出口管理条例

· 2006 年 4 月 29 日中华人民共和国国务院令第 465 号公布
· 根据 2018 年 3 月 19 日《国务院关于修改和废止部分行政法规的决定》第一次修订
· 根据 2019 年 3 月 2 日《国务院关于修改部分行政法规的决定》第二次修订

第一条 为了加强对濒危野生动植物及其产品的进出口管理，保护和合理利用野生动植物资源，履行《濒危野生动植物种国际贸易公约》（以下简称公约），制定本条例。

第二条 进口或者出口公约限制进出口的濒危野生动植物及其产品，应当遵守本条例。

出口国家重点保护的野生动植物及其产品，依照本条例有关出口濒危野生动植物及其产品的规定办理。

第三条 国务院林业、农业（渔业）主管部门（以下称国务院野生动植物主管部门），按照职责分工主管全国濒危野生动植物及其产品的进出口管理工作，并做好与履行公约有关的工作。

国务院其他有关部门依照有关法律、行政法规的规定，在各自的职责范围内负责做好相关工作。

第四条 国家濒危物种进出口管理机构代表中国政府履行公约，依照本条例的规定对经国务院野生动植物主管部门批准出口的国家重点保护的野生动植物及其产品、批准进口或者出口的公约限制进出口的濒危野生动植物及其产品，核发允许进出口证明书。

第五条 国家濒危物种进出口科学机构依照本条例，组织陆生野生动物、水生野生动物和野生植物等方面的专家，从事有关濒危野生动植物及其产品进出口的科学咨询工作。

第六条 禁止进口或者出口公约禁止以商业贸易为目的进出口的濒危野生动植物及其产品，因科学研究、驯养繁殖、人工培育、文化交流等特殊情况，需要进口或者出口的，应当经国务院野生动植物主管部门批准；按照有关规定由国务院批准的，应当报经国务院批准。

禁止出口未定名的或者新发现并有重要价值的野生动植物及其产品以及国务院或者国务院野生动植物主管部门禁止出口的濒危野生动植物及其产品。

第七条 进口或者出口公约限制进出口的濒危野生动植物及其产品，出口国务院或者国务院野生动植物主管部门限制出口的野生动植物及其产品，应当经国务院野生动植物主管部门批准。

第八条 进口濒危野生动植物及其产品的，必须具备下列条件：

（一）对濒危野生动植物及其产品的使用符合国家有关规定；

（二）具有有效控制措施并符合生态安全要求；

（三）申请人提供的材料真实有效；

（四）国务院野生动植物主管部门公示的其他条件。

第九条 出口濒危野生动植物及其产品的，必须具备下列条件：

（一）符合生态安全要求和公共利益；

（二）来源合法；

（三）申请人提供的材料真实有效；

（四）不属于国务院或者国务院野生动植物主管部门禁止出口的；

（五）国务院野生动植物主管部门公示的其他条件。

第十条 进口或者出口濒危野生动植物及其产品的，申请人应当按照管理权限，向其所在地的省、自治区、直辖市人民政府农业（渔业）主管部门提出申请，或者向国务院林业主管部门提出申请，并提交下列材料：

（一）进口或者出口合同；

（二）濒危野生动植物及其产品的名称、种类、数量和用途；

（三）活体濒危野生动物装运设施的说明资料；

（四）国务院野生动植物主管部门公示的其他应当提交的材料。

省、自治区、直辖市人民政府农业（渔业）主管部门应当自收到申请之日起 10 个工作日内签署意见，并将全部申请材料转报国务院农业（渔业）主管部门。

第十一条 国务院野生动植物主管部门应当自收到申请之日起 20 个工作日内，作出批准或者不予批准的决定，并书面通知申请人。在 20 个工作日内不能作出决定的，经本行政机关负责人批准，可以延长 10 个工作日，延长的期限和理由应当通知申请人。

第十二条 申请人取得国务院野生动植物主管部门的进出口批准文件后，应当在批准文件规定的有效期内，向国家濒危物种进出口管理机构申请核发允许进出口证明书。

申请核发允许进出口证明书时应当提交下列材料：

（一）允许进出口证明书申请表；

（二）进出口批准文件；

（三）进口或者出口合同。

进口公约限制进出口的濒危野生动植物及其产品的，申请人还应当提交出口国（地区）濒危物种进出口管理机构核发的允许出口证明材料；出口公约禁止以商业贸易为目的进出口的濒危野生动植物及其产品的，申请人还应当提交进口国（地区）濒危物种进出口管理机构核发的允许进口证明材料；进口的濒危野生动植物及其产品再出口时，申请人还应当提交海关进口货物报关单和海关签注的允许进口证明书。

第十三条 国家濒危物种进出口管理机构应当自收到申请之日起 20 个工作日内，作出审核决定。对申请材料齐全、符合本条例规定和公约要求的，应当核发允许进出口证明书；对不予核发允许进出口证明书的，应当书面通知申请人和国务院野生动植物主管部门并说明理由。在 20 个工作日内不能作出决定的，经本机构负责人批准，可以延长 10 个工作日，延长的期限和理由应当通知申请人。

国家濒危物种进出口管理机构在审核时，对申请材料不符合要求的，应当在 5 个工作日内一次性通知申请人需要补正的全部内容。

第十四条 国家濒危物种进出口管理机构在核发允许进出口证明书时，需要咨询国家濒危物种进出口科学机构的意见，或者需要向境外相关机构核实允许进出口证明材料等有关内容的，应当自收到申请之日起 5 个工作日内，将有关材料送国家濒危物种进出口科学机构咨询意见或者向境外相关机构核实有关内容。咨询意见、核实内容所需时间不计入核发允许进出口证明书工作日之内。

第十五条 国务院野生动植物主管部门和省、自治区、直辖市人民政府野生动植物主管部门以及国家濒危物种进出口管理机构，在审批濒危野生动植物及其产品进出口时，除收取国家规定的费用外，不得收取其他费用。

第十六条 因进口或者出口濒危野生动植物及其产品对野生动植物资源、生态安全造成或者可能造成严重危害和影响的，由国务院野生动植物主管部门提出临时禁止或者限制濒危野生动植物及其产品进出口的措施，报国务院批准后执行。

第十七条 从不属于任何国家管辖的海域获得的濒危野生动植物及其产品，进入中国领域的，参照本条例有关进口的规定管理。

第十八条 进口濒危野生动植物及其产品涉及外来物种管理的，出口濒危野生动植物及其产品涉及种质资源管理的，应当遵守国家有关规定。

第十九条 进口或者出口濒危野生动植物及其产品的，应当在国务院野生动植物主管部门会同海关总署指定并经国务院批准的口岸进行。

第二十条 进口或者出口濒危野生动植物及其产品的，应当按照允许进出口证明书规定的种类、数量、口岸、期限完成进出口活动。

第二十一条 进口或者出口濒危野生动植物及其产品的，应当向海关提交允许进出口证明书，接受海关监管，并自海关放行之日起 30 日内，将海关验讫的允许进出口证明书副本交国家濒危物种进出口管理机构备案。

过境、转运和通运的濒危野生动植物及其产品，自入境起至出境前由海关监管。

进出保税区、出口加工区等海关特定监管区域和保税场所的濒危野生动植物及其产品，应当接受海关监管，并按照海关总署和国家濒危物种进出口管理机构的规定办理进出口手续。

进口或者出口濒危野生动植物及其产品的，应当凭允许进出口证明书向海关报检，并接受检验检疫。

第二十二条 国家濒危物种进出口管理机构应当将核发允许进出口证明书的有关资料和濒危野生动植物及其产品年度进出口情况，及时抄送国务院野生动植物主管部门及其他有关主管部门。

第二十三条 进出口批准文件由国务院野生动植物

主管部门组织统一印制；允许进出口证明书及申请表由国家濒危物种进出口管理机构组织统一印制。

第二十四条 野生动植物主管部门、国家濒危物种进出口管理机构的工作人员，利用职务上的便利收取他人财物或者谋取其他利益，不依照本条例的规定批准进出口、核发允许进出口证明书的，情节严重，构成犯罪的，依法追究刑事责任；尚不构成犯罪的，依法给予处分。

第二十五条 国家濒危物种进出口科学机构的工作人员，利用职务上的便利收取他人财物或者谋取其他利益，出具虚假意见，情节严重，构成犯罪的，依法追究刑事责任；尚不构成犯罪的，依法给予处分。

第二十六条 非法进口、出口或者以其他方式走私濒危野生动植物及其产品的，由海关依照海关法的有关规定予以处罚；情节严重，构成犯罪的，依法追究刑事责任。

罚没的实物移交野生动植物主管部门依法处理；罚没的实物依法需要实施检疫的，经检疫合格后，予以处理。罚没的实物需要返还原出口国（地区）的，应当由野生动植物主管部门移交国家濒危物种进出口管理机构依照公约规定处理。

第二十七条 伪造、倒卖或者转让进出口批准文件或允许进出口证明书的，由野生动植物主管部门或者市场监督管理部门按照职责分工依法予以处罚；情节严重，构成犯罪的，依法追究刑事责任。

第二十八条 本条例自2006年9月1日起施行。

病原微生物实验室生物安全环境管理办法

·2006年3月8日国家环境保护总局令第32号公布
·自2006年5月1日起施行

第一条 为规范病原微生物实验室（以下简称"实验室"）生物安全环境管理工作，根据《病原微生物实验室生物安全管理条例》和有关环境保护法律和行政法规，制定本办法。

第二条 本办法适用于中华人民共和国境内的实验室及其从事实验活动的生物安全环境管理。

本办法所称的病原微生物，是指能够使人或者动物致病的微生物。

本办法所称的实验活动，是指实验室从事与病原微生物菌（毒）种、样品有关的研究、教学、检测、诊断等活动。

第三条 国家根据实验室对病原微生物的生物安全防护水平，并依照实验室生物安全国家标准的规定，将实验室分为一级、二级、三级和四级。

一级、二级实验室不得从事高致病性病原微生物实验活动。

第四条 国家环境保护总局制定并颁布实验室污染控制标准、环境管理技术规范和环境监督检查制度。

第五条 国家环境保护总局设立病原微生物实验室生物安全环境管理专家委员会。专家委员会主要由环境保护、病原微生物以及实验室管理方面的专家组成。

病原微生物实验室生物安全环境管理专家委员会的主要职责是：审议有关实验室污染控制标准和环境管理技术规范，提出审议建议；审查有关实验室环境影响评价文件，提出审查建议。

第六条 新建、改建、扩建实验室，应当按照国家环境保护规定，执行环境影响评价制度。

实验室环境影响评价文件应当对病原微生物实验活动对环境可能造成的影响进行分析和预测，并提出预防和控制措施。

第七条 新建、改建、扩建三级、四级实验室或者生产、进口移动式三级、四级实验室，应当编制环境影响报告书，并按照规定程序报国家环境保护总局审批。

承担三级、四级实验室环境影响评价工作的环境影响评价机构，应当具备甲级评价资质和相应的评价范围。

第八条 实验室应当按照国家环境保护规定、经审批的环境影响评价文件以及环境保护行政主管部门批复文件的要求，安装或者配备污染防治设施、设备。

污染防治设施、设备必须经环境保护行政主管部门验收合格后，实验室方可投入运行或者使用。

第九条 建成并通过国家认可的三级、四级实验室，应当在取得生物安全实验室证书后15日内填报三级、四级病原微生物实验室备案表（见附表），报所在地的县级人民政府环境保护行政主管部门。

第十条 县级人民政府环境保护行政主管部门应当自收到三级、四级病原微生物实验室备案表之日起10日内，报设区的市级人民政府环境保护行政主管部门；设区的市级人民政府环境保护行政主管部门应当自收到三级、四级病原微生物实验室备案表之日起10日内，报省级人民政府环境保护行政主管部门；省级人民政府环境保护行政主管部门应当自收到三级、四级病原微生物实验室备案表之日起10日内，报国家环境保护总局。

第十一条 实验室的设立单位对实验活动产生的废水、废气和危险废物承担污染防治责任。

实验室应当依照国家环境保护规定和实验室污染控

制标准、环境管理技术规范的要求，建立、健全实验室废水、废气和危险废物污染防治管理的规章制度，并设置专(兼)职人员，对实验室产生的废水、废气及危险废物处置是否符合国家法律、行政法规及本办法规定的情况进行检查、督促和落实。

第十二条 实验室排放废水、废气的，应当按照国家环境保护总局的有关规定，执行排污申报登记制度。

实验室产生危险废物的，必须按照危险废物污染环境防治的有关规定，向所在地县级以上地方人民政府环境保护行政主管部门申报危险废物的种类、产生量、流向、贮存、处置等有关资料。

第十三条 实验室对其产生的废水，必须按照国家有关规定进行无害化处理；符合国家有关排放标准后，方可排放。

第十四条 实验室进行实验活动时，必须按照国家有关规定保证大气污染防治设施的正常运转；排放废气不得违反国家有关标准或者规定。

第十五条 实验室必须按照下列规定，妥善收集、贮存和处置其实验活动产生的危险废物，防止环境污染：

(一)建立危险废物登记制度，对其产生的危险废物进行登记。登记内容应当包括危险废物的来源、种类、重量或者数量、处置方法、最终去向以及经办人签名等项目。登记资料至少保存 3 年。

(二)及时收集其实验活动中产生的危险废物，并按照类别分别置于防渗漏、防锐器穿透等符合国家有关环境保护要求的专用包装物、容器内，并按国家规定要求设置明显的危险废物警示标识和说明。

(三)配备符合国家法律、行政法规和有关技术规范要求的危险废物暂时贮存柜(箱)或者其他设施、设备。

(四)按照国家有关规定对危险废物就地进行无害化处理，并根据就近集中处置的原则，及时将经无害化处理后的危险废物交由依法取得危险废物经营许可证的单位集中处置。

(五)转移危险废物的，应当按照《固体废物污染环境防治法》和国家环境保护总局的有关规定，执行危险废物转移联单制度。

(六)不得随意丢弃、倾倒、堆放危险废物，不得将危险废物混入其他废物和生活垃圾中。

(七)国家环境保护法律、行政法规和规章有关危险废物管理的其他要求。

第十六条 实验室建立并保留的实验档案应当如实记录与生物安全相关的实验活动和设施、设备工作状态情况，以及实验活动产生的废水、废气和危险废物无害化处理、集中处置以及检验的情况。

第十七条 实验室应当制定环境污染应急预案，报所在地县级人民政府环境保护行政主管部门备案，并定期进行演练。

实验室产生危险废物的，应当按照国家危险废物污染环境防治的规定，制定意外事故的防范措施和应急预案，并向所在地县级以上地方人民政府环境保护行政主管部门备案。

《病原微生物实验室生物安全管理条例》施行前已经投入使用的三级实验室，应当按照所在地县级人民政府环境保护行政主管部门的要求，限期制定环境污染应急预案和监测计划，并报环境保护行政主管部门备案。

第十八条 实验室发生泄露或者扩散，造成或者可能造成严重环境污染或者生态破坏的，应当立即采取应急措施，通报可能受到危害的单位和居民，并向当地人民政府环境保护行政主管部门和有关部门报告，接受调查处理。

当地人民政府环境保护行政主管部门应当按照国家环境保护总局污染事故报告程序规定报告上级人民政府环境保护行政主管部门。

第十九条 县级以上人民政府环境保护行政主管部门应当定期对管辖范围内的实验室废水、废气和危险废物的污染防治情况进行监督检查。发现有违法行为的，应当责令其限期整改。检查情况和处理结果应当予以记录，由检查人员签字后归档并反馈被检查单位。

第二十条 县级以上人民政府环境保护行政主管部门在履行监督检查职责时，有权进入被检查单位和病原微生物泄漏或者扩散现场调查取证，采集样品，查阅、复制有关资料，被检查单位应当予以配合，不得拒绝、阻挠。

需要进入三级或者四级实验室调查取证、采集样品的，应当指定或者委托专业机构实施。

环境保护行政主管部门应当为实验室保守技术秘密和业务秘密。

第二十一条 违反本办法有关规定，有下列情形之一的，由县级以上人民政府环境保护行政主管部门责令限期改正，给予警告；逾期不改正的，处 1000 元以下罚款：

(一)未建立实验室污染防治管理的规章制度，或者未设置专(兼)职人员的；

(二)未对产生的危险废物进行登记或者未保存登记资料的；

（三）未制定环境污染应急预案的。

违反本办法规定的其他行为，环境保护法律、行政法规已有处罚规定的，适用其规定。

第二十二条 环境保护行政主管部门应当及时向社会公告依据本办法被予以处罚的实验室名单，并将受到处罚的实验室名单通报中国实验室国家认可委员会。

第二十三条 本办法自2006年5月1日起施行。

附件：三级、四级病原微生物实验室备案表（略）

最高人民法院、最高人民检察院关于办理破坏野生动物资源刑事案件适用法律若干问题的解释

- 2021年12月13日最高人民法院审判委员会第1856次会议、2022年2月9日最高人民检察院第十三届检察委员会第八十九次会议通过
- 2022年4月6日最高人民法院、最高人民检察院公告公布
- 自2022年4月9日起施行
- 法释〔2022〕12号

为依法惩治破坏野生动物资源犯罪，保护生态环境，维护生物多样性和生态平衡，根据《中华人民共和国刑法》《中华人民共和国刑事诉讼法》《中华人民共和国野生动物保护法》等法律的有关规定，现就办理此类刑事案件适用法律的若干问题解释如下：

第一条 具有下列情形之一的，应当认定为刑法第一百五十一条第二款规定的走私国家禁止进出口的珍贵动物及其制品：

（一）未经批准擅自进出口列入经国家濒危物种进出口管理机构公布的《濒危野生动植物种国际贸易公约》附录一、附录二的野生动物及其制品；

（二）未经批准擅自出口列入《国家重点保护野生动物名录》的野生动物及其制品。

第二条 走私国家禁止进出口的珍贵动物及其制品，价值二十万元以上不满二百万元的，应当依照刑法第一百五十一条第二款的规定，以走私珍贵动物、珍贵动物制品罪处五年以上十年以下有期徒刑，并处罚金；价值二百万元以上的，应当认定为"情节特别严重"，处十年以上有期徒刑或者无期徒刑，并处没收财产；价值二万元以上不满二十万元的，应当认定为"情节较轻"，处五年以下有期徒刑，并处罚金。

实施前款规定的行为，具有下列情形之一的，从重处罚：

（一）属于犯罪集团的首要分子的；

（二）为逃避监管，使用特种交通工具实施的；

（三）二年内曾因破坏野生动物资源受过行政处罚的。

实施第一款规定的行为，不具有第二款规定的情形，且未造成动物死亡或者动物、动物制品无法追回，行为人全部退赃退赔，确有悔罪表现的，按照下列规定处理：

（一）珍贵动物及其制品价值二百万元以上的，可以处五年以上十年以下有期徒刑，并处罚金；

（二）珍贵动物及其制品价值二十万元以上不满二百万元的，可以认定为"情节较轻"，处五年以下有期徒刑，并处罚金；

（三）珍贵动物及其制品价值二万元以上不满二十万元的，可以认定为犯罪情节轻微，不起诉或者免予刑事处罚；情节显著轻微危害不大的，不作为犯罪处理。

第三条 在内陆水域，违反保护水产资源法规，在禁渔区、禁渔期或者使用禁用的工具、方法捕捞水产品，具有下列情形之一的，应当认定为刑法第三百四十条规定的"情节严重"，以非法捕捞水产品罪定罪处罚：

（一）非法捕捞水产品五百公斤以上或者价值一万元以上的；

（二）非法捕捞有重要经济价值的水生动物苗种、怀卵亲体或者在水产种质资源保护区内捕捞水产品五十公斤以上或者价值一千元以上的；

（三）在禁渔区使用电鱼、毒鱼、炸鱼等严重破坏渔业资源的禁用方法或者禁用工具捕捞的；

（四）在禁渔期使用电鱼、毒鱼、炸鱼等严重破坏渔业资源的禁用方法或者禁用工具捕捞的；

（五）其他情节严重的情形。

实施前款规定的行为，具有下列情形之一的，从重处罚：

（一）暴力抗拒、阻碍国家机关工作人员依法履行职务，尚未构成妨害公务罪、袭警罪的；

（二）二年内曾因破坏野生动物资源受过行政处罚的；

（三）对水生生物资源或者水域生态造成严重损害的；

（四）纠集多条船只非法捕捞的；

（五）以非法捕捞为业的。

实施第一款规定的行为，根据渔获物的数量、价值和捕捞方法、工具等，认为对水生生物资源危害明显较轻的，综合考虑行为人自愿接受行政处罚、积极修复生态环境等情节，可以认定为犯罪情节轻微，不起诉或者免予刑事处罚；情节显著轻微危害不大的，不作为犯罪处理。

第四条 刑法第三百四十一条第一款规定的"国家重点保护的珍贵、濒危野生动物"包括：

（一）列入《国家重点保护野生动物名录》的野生动物；

（二）经国务院野生动物保护主管部门核准按照国家重点保护的野生动物管理的野生动物。

第五条 刑法第三百四十一条第一款规定的"收购"包括以营利、自用等为目的的购买行为；"运输"包括采用携带、邮寄、利用他人、使用交通工具等方法进行运送的行为；"出售"包括出卖和以营利为目的的加工利用行为。

刑法第三百四十一条第三款规定的"收购""运输""出售"，是指以食用为目的，实施前款规定的相应行为。

第六条 非法猎捕、杀害国家重点保护的珍贵、濒危野生动物，或者非法收购、运输、出售国家重点保护的珍贵、濒危野生动物及其制品，价值二万元以上不满二十万元的，应当依照刑法第三百四十一条第一款的规定，以危害珍贵、濒危野生动物罪处五年以下有期徒刑或者拘役，并处罚金；价值二十万元以上不满二百万元的，应当认定为"情节严重"，处五年以上十年以下有期徒刑，并处罚金；价值二百万元以上的，应当认定为"情节特别严重"，处十年以上有期徒刑，并处罚金或者没收财产。

实施前款规定的行为，具有下列情形之一的，从重处罚：

（一）属于犯罪集团的首要分子的；

（二）为逃避监管，使用特种交通工具实施的；

（三）严重影响野生动物科研工作的；

（四）二年内曾因破坏野生动物资源受过行政处罚的。

实施第一款规定的行为，不具有第二款规定的情形，且未造成动物死亡或者动物、动物制品无法追回，行为人全部退赃退赔，确有悔罪表现的，按照下列规定处理：

（一）珍贵、濒危野生动物及其制品价值二百万元以上的，可以认定为"情节严重"，处五年以上十年以下有期徒刑，并处罚金；

（二）珍贵、濒危野生动物及其制品价值二十万元以上不满二百万元的，可以处五年以下有期徒刑或者拘役，并处罚金；

（三）珍贵、濒危野生动物及其制品价值二万元以上不满二十万元的，可以认定为犯罪情节轻微，不起诉或者免予刑事处罚；情节显著轻微危害不大的，不作为犯罪处理。

第七条 违反狩猎法规，在禁猎区、禁猎期或者使用禁用的工具、方法进行狩猎，破坏野生动物资源，具有下列情形之一的，应当认定为刑法第三百四十一条第二款规定的"情节严重"，以非法狩猎罪定罪处罚：

（一）非法猎捕野生动物价值一万元以上的；

（二）在禁猎区使用禁用的工具或者方法狩猎的；

（三）在禁猎期使用禁用的工具或者方法狩猎的；

（四）其他情节严重的情形。

实施前款规定的行为，具有下列情形之一的，从重处罚：

（一）暴力抗拒、阻碍国家机关工作人员依法履行职务，尚未构成妨害公务罪、袭警罪的；

（二）对野生动物资源或者栖息地生态造成严重损害的；

（三）二年内曾因破坏野生动物资源受过行政处罚的。

实施第一款规定的行为，根据猎获物的数量、价值和狩猎方法、工具等，认为对野生动物资源危害明显较轻的，综合考虑猎捕的动机、目的、行为人自愿接受行政处罚、积极修复生态环境等情节，可以认定为犯罪情节轻微，不起诉或者免予刑事处罚；情节显著轻微危害不大的，不作为犯罪处理。

第八条 违反野生动物保护管理法规，以食用为目的，非法猎捕、收购、运输、出售刑法第三百四十一条第一款规定以外的在野外环境自然生长繁殖的陆生野生动物，具有下列情形之一的，应当认定为刑法第三百四十一条第三款规定的"情节严重"，以非法猎捕、收购、运输、出售陆生野生动物罪定罪处罚：

（一）非法猎捕、收购、运输、出售有重要生态、科学、社会价值的陆生野生动物或者地方重点保护陆生野生动物价值一万元以上的；

（二）非法猎捕、收购、运输、出售第一项规定以外的其他陆生野生动物价值五万元以上的；

（三）其他情节严重的情形。

实施前款规定的行为，同时构成非法狩猎罪的，应当依照刑法第三百四十一条第三款的规定，以非法猎捕陆生野生动物罪定罪处罚。

第九条 明知是非法捕捞犯罪所得的水产品、非法狩猎犯罪所得的猎获物而收购、贩卖或者以其他方法掩饰、隐瞒，符合刑法第三百一十二条规定的，以掩饰、隐瞒犯罪所得罪定罪处罚。

第十条 负有野生动物保护和进出口监督管理职责

的国家机关工作人员，滥用职权或者玩忽职守，致使公共财产、国家和人民利益遭受重大损失的，应当依照刑法第三百九十七条的规定，以滥用职权罪或者玩忽职守罪追究刑事责任。

负有查禁破坏野生动物资源犯罪活动职责的国家机关工作人员，向犯罪分子通风报信、提供便利，帮助犯罪分子逃避处罚的，应当依照刑法第四百一十七条的规定，以帮助犯罪分子逃避处罚罪追究刑事责任。

第十一条　对于"以食用为目的"，应当综合涉案动物及其制品的特征，被查获的地点，加工、包装情况，以及可以证明来源、用途的标识、证明等证据作出认定。

实施本解释规定的相关行为，具有下列情形之一的，可以认定为"以食用为目的"：

（一）将相关野生动物及其制品在餐饮单位、饮食摊点、超市等场所作为食品销售或者运往上述场所的；

（二）通过包装、说明书、广告等介绍相关野生动物及其制品的食用价值或者方法的；

（三）其他足以认定以食用为目的的情形。

第十二条　二次以上实施本解释规定的行为构成犯罪，依法应当追诉的，或者二年内实施本解释规定的行为未经处理的，数量、数额累计计算。

第十三条　实施本解释规定的相关行为，在认定是否构成犯罪以及裁量刑罚时，应当考虑涉案动物是否系人工繁育、物种的濒危程度、野外存活状况、人工繁育情况、是否列入人工繁育国家重点保护野生动物名录，行为手段、对野生动物资源的损害程度，以及对野生动物及其制品的认知程度等情节，综合评估社会危害性，准确认定是否构成犯罪，妥当裁量刑罚，确保罪责刑相适应；根据本解释的规定定罪量刑明显过重的，可以根据案件的事实、情节和社会危害程度，依法作出妥当处理。

涉案动物系人工繁育，具有下列情形之一的，对所涉案件一般不作为犯罪处理；需要追究刑事责任的，应当依法从宽处理：

（一）列入人工繁育国家重点保护野生动物名录的；

（二）人工繁育技术成熟、已成规模，作为宠物买卖、运输的。

第十四条　对于实施本解释规定的相关行为被不起诉或者免予刑事处罚的行为人，依法应当给予行政处罚、政务处分或者其他处分的，依法移送有关主管机关处理。

第十五条　对于涉案动物及其制品的价值，应当根据下列方法确定：

（一）对于国家禁止进出口的珍贵动物及其制品、国家重点保护的珍贵、濒危野生动物及其制品的价值，根据国务院野生动物保护主管部门制定的评估标准和方法核算；

（二）对于有重要生态、科学、社会价值的陆生野生动物、地方重点保护野生动物、其他野生动物及其制品的价值，根据销赃数额认定；无销赃数额、销赃数额难以查证或者根据销赃数额认定明显偏低的，根据市场价格核算，必要时，也可以参照相关评估标准和方法核算。

第十六条　根据本解释第十五条规定难以确定涉案动物及其制品价值的，依据司法鉴定机构出具的鉴定意见，或者下列机构出具的报告，结合其他证据作出认定：

（一）价格认证机构出具的报告；

（二）国务院野生动物保护主管部门、国家濒危物种进出口管理机构或者海关总署等指定的机构出具的报告；

（三）地、市级以上人民政府野生动物保护主管部门、国家濒危物种进出口管理机构的派出机构或者直属海关等出具的报告。

第十七条　对于涉案动物的种属类别、是否系人工繁育，非法捕捞、狩猎的工具、方法，以及对野生动物资源的损害程度等专门性问题，可以由野生动物保护主管部门、侦查机关依据现场勘验、检查笔录等出具认定意见；难以确定的，依据司法鉴定机构出具的鉴定意见、本解释第十六条所列机构出具的报告，被告人及其辩护人提供的证据材料，结合其他证据材料综合审查，依法作出认定。

第十八条　餐饮公司、渔业公司等单位实施破坏野生动物资源犯罪的，依照本解释规定的相应自然人犯罪的定罪量刑标准，对直接负责的主管人员和其他直接责任人员定罪处罚，并对单位判处罚金。

第十九条　在海洋水域，非法捕捞水产品，非法采捕珊瑚、砗磲或者其他珍贵、濒危水生野生动物，或者非法收购、运输、出售珊瑚、砗磲或者其他珍贵、濒危水生野生动物及其制品的，定罪量刑标准适用《最高人民法院关于审理发生在我国管辖海域相关案件若干问题的规定（二）》（法释〔2016〕17号）的相关规定。

第二十条　本解释自2022年4月9日起施行。本解释公布施行后，《最高人民法院关于审理破坏野生动物资源刑事案件具体应用法律若干问题的解释》（法释〔2000〕37号）同时废止；之前发布的司法解释与本解释不一致的，以本解释为准。

· 请示答复

林业部关于《中华人民共和国陆生野生动物保护实施条例》第三十七条授权性质的复函

· 1993 年 8 月 4 日

青岛市林业局：

你局《关于解释〈中华人民共和国陆生野生动物保护实施条例〉第三十七条授权性质的请示》收悉。根据《中华人民共和国陆生野生动物保护实施条例》第四十五条的规定，现答复如下：

关于《中华人民共和国陆生野生动物保护实施条例》第三十七条规定的授权性质问题，国务院法制局一九九二年以国法函字〔1992〕74 号文明确函复我部："野生动物行政主管部门依照《陆生野生动物保护实施条例》第三十七条的规定，经工商行政管理部门授权而作出的行政处罚，属于法规授权的组织所作的具体行政行为；发生行政诉讼时，该野生动物行政主管部门为被告。"国务院法制局的答复属于国务院作出的解释，具有相应的法律效力。

你局经青岛市工商行政管理局授权，有权依法查处违反野生动物保护法规，包括出售、收购、运输、携带国家或者地方重点保护野生动物或者其产品的行政案件。

对《陕西省人民政府法制办公室关于〈中华人民共和国陆生野生动物保护实施条例〉适用中有关问题的请示》的答复

· 2002 年 9 月 10 日
· 国法秘函〔2002〕162 号

陕西省人民政府法制办公室：

你办《关于〈中华人民共和国陆生野生动物保护实施条例〉适用中有关问题的请示》（陕府法函〔2002〕37号）收悉。经研究并征求有关部门意见，现答复如下：

一、《中华人民共和国陆生野生动物保护实施条例》（以下简称实施条例）第十条规定的因保护国家和地方重点保护野生动物受到的损失，是指在当事人主观上无过错（如非主动攻击野生动物等），客观上采取了必要的防范措施或者依法履行了保护野生动物的义务的情况下，由被保护的野生动物的侵害行为直接造成的损失。这种损失应当有客观后果，并与被保护的野生动物的侵害行为有直接的因果关系，包括：在依法划定的生产、生活区域内从事生产、生活活动，因遭到被保护野生动物的侵害而造成的人身伤害和放牧或者圈养的牲畜伤害以及生产和生活设施的直接经济损失；在依法划定的生产、生活区域内为避免野生动物正在或者将要造成的人身伤害、财产损失而采取的紧急避险行为所造成的损失；县级以上地方人民政府规定的因保护野生动物而受到的其他损失等。

五、环境标准与监测

1. 排污许可

排污许可管理条例

· 2020年12月9日国务院第117次常务会议通过
· 2021年1月24日中华人民共和国国务院令第736号公布
· 自2021年3月1日起施行

第一章 总 则

第一条 为了加强排污许可管理，规范企业事业单位和其他生产经营者排污行为，控制污染物排放，保护和改善生态环境，根据《中华人民共和国环境保护法》等有关法律，制定本条例。

第二条 依照法律规定实行排污许可管理的企业事业单位和其他生产经营者（以下称排污单位），应当依照本条例规定申请取得排污许可证；未取得排污许可证的，不得排放污染物。

根据污染物产生量、排放量、对环境的影响程度等因素，对排污单位实行排污许可分类管理：

（一）污染物产生量、排放量或者对环境的影响程度较大的排污单位，实行排污许可重点管理；

（二）污染物产生量、排放量和对环境的影响程度都较小的排污单位，实行排污许可简化管理。

实行排污许可管理的排污单位范围、实施步骤和管理类别名录，由国务院生态环境主管部门拟订并报国务院批准后公布实施。制定实行排污许可管理的排污单位范围、实施步骤和管理类别名录，应当征求有关部门、行业协会、企业事业单位和社会公众等方面的意见。

第三条 国务院生态环境主管部门负责全国排污许可的统一监督管理。

设区的市级以上地方人民政府生态环境主管部门负责本行政区域排污许可的监督管理。

第四条 国务院生态环境主管部门应当加强全国排污许可证管理信息平台建设和管理，提高排污许可在线办理水平。

排污许可审查与决定、信息公开等应当通过全国排污许可证管理信息平台办理。

第五条 设区的市级以上人民政府应当将排污许可管理工作所需经费列入本级预算。

第二章 申请与审批

第六条 排污单位应当向其生产经营场所所在地设区的市级以上地方人民政府生态环境主管部门（以下称审批部门）申请取得排污许可证。

排污单位有两个以上生产经营场所排放污染物的，应当按照生产经营场所分别申请取得排污许可证。

第七条 申请取得排污许可证，可以通过全国排污许可证管理信息平台提交排污许可证申请表，也可以通过信函等方式提交。

排污许可证申请表应当包括下列事项：

（一）排污单位名称、住所、法定代表人或者主要负责人、生产经营场所所在地、统一社会信用代码等信息；

（二）建设项目环境影响报告书（表）批准文件或者环境影响登记表备案材料；

（三）按照污染物排放口、主要生产设施或者车间、厂界申请的污染物排放种类、排放浓度和排放量，执行的污染物排放标准和重点污染物排放总量控制指标；

（四）污染防治设施、污染物排放口位置和数量，污染物排放方式、排放去向、自行监测方案等信息；

（五）主要生产设施、主要产品及产能、主要原辅材料、产生和排放污染物环节等信息，及其是否涉及商业秘密等不宜公开情形的情况说明。

第八条 有下列情形之一的，申请取得排污许可证还应当提交相应材料：

（一）属于实行排污许可重点管理的，排污单位在提出申请前已通过全国排污许可证管理信息平台公开单位基本信息、拟申请许可事项的说明材料；

（二）属于城镇和工业污水集中处理设施的，排污单位的纳污范围、管网布置、最终排放去向等说明材料；

（三）属于排放重点污染物的新建、改建、扩建项目以及实施技术改造项目的，排污单位通过污染物排放量削减替代获得重点污染物排放总量控制指标的说明材料。

第九条 审批部门对收到的排污许可证申请，应当根据下列情况分别作出处理：

（一）依法不需要申请取得排污许可证的，应当即时告知不需要申请取得排污许可证；

（二）不属于本审批部门职权范围的，应当即时作出不予受理的决定，并告知排污单位向有审批权的生态环境主管部门申请；

（三）申请材料存在可以当场更正的错误的，应当允许排污单位当场更正；

（四）申请材料不齐全或者不符合法定形式的，应当当场或者在3日内出具告知单，一次性告知排污单位需要补正的全部材料；逾期不告知的，自收到申请材料之日起即视为受理；

（五）属于本审批部门职权范围，申请材料齐全、符合法定形式，或者排污单位按照要求补正全部申请材料的，应当受理。

审批部门应当在全国排污许可证管理信息平台上公开受理或者不予受理排污许可证申请的决定，同时向排污单位出具加盖本审批部门专用印章和注明日期的书面凭证。

第十条 审批部门应当对排污单位提交的申请材料进行审查，并可以对排污单位的生产经营场所进行现场核查。

审批部门可以组织技术机构对排污许可证申请材料进行技术评估，并承担相应费用。

技术机构应当对其提出的技术评估意见负责，不得向排污单位收取任何费用。

第十一条 对具备下列条件的排污单位，颁发排污许可证：

（一）依法取得建设项目环境影响报告书（表）批准文件，或者已经办理环境影响登记表备案手续；

（二）污染物排放符合污染物排放标准要求，重点污染物排放符合排污许可证申请与核发技术规范、环境影响报告书（表）批准文件、重点污染物排放总量控制要求；其中，排污单位生产经营场所位于未达到国家环境质量标准的重点区域、流域的，还应当符合有关地方人民政府关于改善生态环境质量的特别要求；

（三）采用污染防治设施可以达到许可排放浓度要求或者符合污染防治可行技术；

（四）自行监测方案的监测点位、指标、频次等符合国家自行监测规范。

第十二条 对实行排污许可简化管理的排污单位，审批部门应当自受理申请之日起20日内作出审批决定；对符合条件的颁发排污许可证，对不符合条件的不予许可并书面说明理由。

对实行排污许可重点管理的排污单位，审批部门应当自受理申请之日起30日内作出审批决定；需要进行现场核查的，应当自受理申请之日起45日内作出审批决定；对符合条件的颁发排污许可证，对不符合条件的不予许可并书面说明理由。

审批部门应当通过全国排污许可证管理信息平台生成统一的排污许可证编号。

第十三条 排污许可证应当记载下列信息：

（一）排污单位名称、住所、法定代表人或者主要负责人、生产经营场所所在地等；

（二）排污许可证有效期限、发证机关、发证日期、证书编号和二维码等；

（三）产生和排放污染物环节、污染防治设施等；

（四）污染物排放口位置和数量、污染物排放方式和排放去向等；

（五）污染物排放种类、许可排放浓度、许可排放量等；

（六）污染防治设施运行和维护要求、污染物排放口规范化建设要求等；

（七）特殊时段禁止或者限制污染物排放的要求；

（八）自行监测、环境管理台账记录、排污许可证执行报告的内容和频次等要求；

（九）排污单位环境信息公开要求；

（十）存在大气污染物无组织排放情形时的无组织排放控制要求；

（十一）法律法规规定排污单位应当遵守的其他控制污染物排放的要求。

第十四条 排污许可证有效期为5年。

排污许可证有效期届满，排污单位需要继续排放污染物的，应当于排污许可证有效期届满60日前向审批部门提出申请。审批部门应当自受理申请之日起20日内完成审查；对符合条件的予以延续，对不符合条件的不予延续并书面说明理由。

排污单位变更名称、住所、法定代表人或者主要负责人的，应当自变更之日起30日内，向审批部门申请办理排污许可证变更手续。

第十五条 在排污许可证有效期内，排污单位有下列情形之一的，应当重新申请取得排污许可证：

（一）新建、改建、扩建排放污染物的项目；

（二）生产经营场所、污染物排放口位置或者污染物排放方式、排放去向发生变化；

（三）污染物排放口数量或者污染物排放种类、排放量、排放浓度增加。

第十六条　排污单位适用的污染物排放标准、重点污染物总量控制要求发生变化，需要对排污许可证进行变更的，审批部门可以依法对排污许可证相应事项进行变更。

第三章　排污管理

第十七条　排污许可证是对排污单位进行生态环境监管的主要依据。

排污单位应当遵守排污许可证规定，按照生态环境管理要求运行和维护污染防治设施，建立环境管理制度，严格控制污染物排放。

第十八条　排污单位应当按照生态环境主管部门的规定建设规范化污染物排放口，并设置标志牌。

污染物排放口位置和数量、污染物排放方式和排放去向应当与排污许可证规定相符。

实施新建、改建、扩建项目和技术改造的排污单位，应当在建设污染防治设施的同时，建设规范化污染物排放口。

第十九条　排污单位应当按照排污许可证规定和有关标准规范，依法开展自行监测，并保存原始监测记录。原始监测记录保存期限不得少于5年。

排污单位应当对自行监测数据的真实性、准确性负责，不得篡改、伪造。

第二十条　实行排污许可重点管理的排污单位，应当依法安装、使用、维护污染物排放自动监测设备，并与生态环境主管部门的监控设备联网。

排污单位发现污染物排放自动监测设备传输数据异常的，应当及时报告生态环境主管部门，并进行检查、修复。

第二十一条　排污单位应当建立环境管理台账记录制度，按照排污许可证规定的格式、内容和频次，如实记录主要生产设施、污染防治设施运行情况以及污染物排放浓度、排放量。环境管理台账记录保存期限不得少于5年。

排污单位发现污染物排放超过污染物排放标准等异常情况时，应当立即采取措施消除、减轻危害后果，如实进行环境管理台账记录，并报告生态环境主管部门，说明原因。超过污染物排放标准等异常情况下的污染物排放计入排污单位的污染物排放量。

第二十二条　排污单位应当按照排污许可证规定的内容、频次和时间要求，向审批部门提交排污许可证执行报告，如实报告污染物排放行为、排放浓度、排放量等。

排污许可证有效期内发生停产的，排污单位应当在排污许可证执行报告中如实报告污染物排放变化情况并说明原因。

排污许可证执行报告中报告的污染物排放量可以作为年度生态环境统计、重点污染物排放总量考核、污染源排放清单编制的依据。

第二十三条　排污单位应当按照排污许可证规定，如实在全国排污许可证管理信息平台上公开污染物排放信息。

污染物排放信息应当包括污染物排放种类、排放浓度和排放量，以及污染防治设施的建设运行情况、排污许可证执行报告、自行监测数据等；其中，水污染物排入市政排水管网的，还应当包括污水接入市政排水管网位置、排放方式等信息。

第二十四条　污染物产生量、排放量和对环境的影响程度都很小的企业事业单位和其他生产经营者，应当填报排污登记表，不需要申请取得排污许可证。

需要填报排污登记表的企业事业单位和其他生产经营者范围名录，由国务院生态环境主管部门制定并公布。制定需要填报排污登记表的企业事业单位和其他生产经营者范围名录，应当征求有关部门、行业协会、企业事业单位和社会公众等方面的意见。

需要填报排污登记表的企业事业单位和其他生产经营者，应当在全国排污许可证管理信息平台上填报基本信息、污染物排放去向、执行的污染物排放标准以及采取的污染防治措施等信息；填报的信息发生变动的，应当自发生变动之日起20日内进行变更填报。

第四章　监督检查

第二十五条　生态环境主管部门应当加强对排污许可的事中事后监管，将排污许可执法检查纳入生态环境执法年度计划，根据排污许可管理类别、排污单位信用记录和生态环境管理需要等因素，合理确定检查频次和检查方式。

生态环境主管部门应当在全国排污许可证管理信息平台上记录执法检查时间、内容、结果以及处罚决定，同时将处罚决定纳入国家有关信用信息系统向社会公布。

第二十六条　排污单位应当配合生态环境主管部门监督检查，如实反映情况，并按照要求提供排污许可证、环境管理台账记录、排污许可证执行报告、自行监测数据等相关材料。

禁止伪造、变造、转让排污许可证。

第二十七条　生态环境主管部门可以通过全国排污许可证管理信息平台监控排污单位的污染物排放情况，发现排污单位的污染物排放浓度超过许可排放浓度的，应当要求排污单位提供排污许可证、环境管理台账记录、排污许可证执行报告、自行监测数据等相关材料进行核查，必要时可以组织开展现场监测。

第二十八条　生态环境主管部门根据行政执法过程中收集的监测数据，以及排污单位的排污许可证、环境管理台账记录、排污许可证执行报告、自行监测数据等相关材料，对排污单位在规定周期内的污染物排放量，以及排污单位污染防治设施运行和维护是否符合排污许可证规定进行核查。

第二十九条　生态环境主管部门依法通过现场监测、排污单位污染物排放自动监测设备、全国排污许可证管理信息平台获得的排污单位污染物排放数据，可以作为判定污染物排放浓度是否超过许可排放浓度的证据。

排污单位自行监测数据与生态环境主管部门及其所属监测机构在行政执法过程中收集的监测数据不一致的，以生态环境主管部门及其所属监测机构收集的监测数据作为行政执法依据。

第三十条　国家鼓励排污单位采用污染防治可行技术。国务院生态环境主管部门制定并公布污染防治可行技术指南。

排污单位未采用污染防治可行技术的，生态环境主管部门应当根据排污许可证、环境管理台账记录、排污许可证执行报告、自行监测数据等相关材料，以及生态环境主管部门及其所属监测机构在行政执法过程中收集的监测数据，综合判断排污单位采用的污染防治技术能否稳定达到排污许可证规定；对不能稳定达到排污许可证规定的，应当提出整改要求，并可以增加检查频次。

制定污染防治可行技术指南，应当征求有关部门、行业协会、企业事业单位和社会公众等方面的意见。

第三十一条　任何单位和个人对排污单位违反本条例规定的行为，均有向生态环境主管部门举报的权利。

接到举报的生态环境主管部门应当依法处理，按照有关规定向举报人反馈处理结果，并为举报人保密。

第五章　法律责任

第三十二条　违反本条例规定，生态环境主管部门在排污许可证审批或者监督管理中有下列行为之一的，由上级机关责令改正；对直接负责的主管人员和其他直接责任人员依法给予处分：

（一）对符合法定条件的排污许可证申请不予受理或者不在法定期限内审批；

（二）向不符合法定条件的排污单位颁发排污许可证；

（三）违反审批权限审批排污许可证；

（四）发现违法行为不予查处；

（五）不依法履行监督管理职责的其他行为。

第三十三条　违反本条例规定，排污单位有下列行为之一的，由生态环境主管部门责令改正或者限制生产、停产整治，处20万元以上100万元以下的罚款；情节严重的，报经有批准权的人民政府批准，责令停业、关闭：

（一）未取得排污许可证排放污染物；

（二）排污许可证有效期届满未申请延续或者延续申请未经批准排放污染物；

（三）被依法撤销、注销、吊销排污许可证后排放污染物；

（四）依法应当重新申请取得排污许可证，未重新申请取得排污许可证排放污染物。

第三十四条　违反本条例规定，排污单位有下列行为之一的，由生态环境主管部门责令改正或者限制生产、停产整治，处20万元以上100万元以下的罚款；情节严重的，吊销排污许可证，报经有批准权的人民政府批准，责令停业、关闭：

（一）超过许可排放浓度、许可排放量排放污染物；

（二）通过暗管、渗井、渗坑、灌注或者篡改、伪造监测数据，或者不正常运行污染防治设施等逃避监管的方式违法排放污染物。

第三十五条　违反本条例规定，排污单位有下列行为之一的，由生态环境主管部门责令改正，处5万元以上20万元以下的罚款；情节严重的，处20万元以上100万元以下的罚款，责令限制生产、停产整治：

（一）未按照排污许可证规定控制大气污染物无组织排放；

（二）特殊时段未按照排污许可证规定停止或者限制排放污染物。

第三十六条　违反本条例规定，排污单位有下列行为之一的，由生态环境主管部门责令改正，处2万元以上20万元以下的罚款；拒不改正的，责令停产整治：

（一）污染物排放口位置或者数量不符合排污许可证规定；

（二）污染物排放方式或者排放去向不符合排污许可证规定；

（三）损毁或者擅自移动、改变污染物排放自动监测设备；

（四）未按照排污许可证规定安装、使用污染物排放自动监测设备并与生态环境主管部门的监控设备联网，或者未保证污染物排放自动监测设备正常运行；

（五）未按照排污许可证规定制定自行监测方案并开展自行监测；

（六）未按照排污许可证规定保存原始监测记录；

（七）未按照排污许可证规定公开或者不如实公开污染物排放信息；

（八）发现污染物排放自动监测设备传输数据异常或者污染物排放超过污染物排放标准等异常情况不报告；

（九）违反法律法规规定的其他控制污染物排放要求的行为。

第三十七条 违反本条例规定，排污单位有下列行为之一的，由生态环境主管部门责令改正，处每次5千元以上2万元以下的罚款；法律另有规定的，从其规定：

（一）未建立环境管理台账记录制度，或者未按照排污许可证规定记录；

（二）未如实记录主要生产设施及污染防治设施运行情况或者污染物排放浓度、排放量；

（三）未按照排污许可证规定提交排污许可证执行报告；

（四）未如实报告污染物排放行为或者污染物排放浓度、排放量。

第三十八条 排污单位违反本条例规定排放污染物，受到罚款处罚，被责令改正的，生态环境主管部门应当组织复查，发现其继续实施该违法行为或者拒绝、阻挠复查的，依照《中华人民共和国环境保护法》的规定按日连续处罚。

第三十九条 排污单位拒不配合生态环境主管部门监督检查，或者在接受监督检查时弄虚作假的，由生态环境主管部门责令改正，处2万元以上20万元以下的罚款。

第四十条 排污单位以欺骗、贿赂等不正当手段申请取得排污许可证的，由审批部门依法撤销其排污许可证，处20万元以上50万元以下的罚款，3年内不得再次申请排污许可证。

第四十一条 违反本条例规定，伪造、变造、转让排污许可证的，由生态环境主管部门没收相关证件或者吊销排污许可证，处10万元以上30万元以下的罚款，3年内不得再次申请排污许可证。

第四十二条 违反本条例规定，接受审批部门委托的排污许可技术机构弄虚作假的，由审批部门解除委托关系，将相关信息记入其信用记录，在全国排污许可证管理信息平台上公布，同时纳入国家有关信用信息系统向社会公布；情节严重的，禁止从事排污许可技术服务。

第四十三条 需要填报排污登记表的企业事业单位和其他生产经营者，未依照本条例规定填报排污信息的，由生态环境主管部门责令改正，可以处5万元以下的罚款。

第四十四条 排污单位有下列行为之一，尚不构成犯罪的，除依照本条例规定予以处罚外，对其直接负责的主管人员和其他直接责任人员，依照《中华人民共和国环境保护法》的规定处以拘留：

（一）未取得排污许可证排放污染物，被责令停止排污，拒不执行；

（二）通过暗管、渗井、渗坑、灌注或者篡改、伪造监测数据，或者不正常运行污染防治设施等逃避监管的方式违法排放污染物。

第四十五条 违反本条例规定，构成违反治安管理行为的，依法给予治安管理处罚；构成犯罪的，依法追究刑事责任。

第六章 附 则

第四十六条 本条例施行前已经实际排放污染物的排污单位，不符合本条例规定条件的，应当在国务院生态环境主管部门规定的期限内进行整改，达到本条例规定的条件并申请取得排污许可证；逾期未取得排污许可证的，不得继续排放污染物。整改期限内，生态环境主管部门应当向其下达排污限期整改通知书，明确整改内容、整改期限等要求。

第四十七条 排污许可证申请表、环境管理台账记录、排污许可证执行报告等文件的格式和内容要求，以及排污许可证申请与核发技术规范等，由国务院生态环境主管部门制定。

第四十八条 企业事业单位和其他生产经营者涉及国家秘密的，其排污许可、监督管理等应当遵守保密法律法规的规定。

第四十九条 飞机、船舶、机动车、列车等移动污染源的污染物排放管理，依照相关法律法规的规定执行。

第五十条 排污单位应当遵守安全生产规定，按照安全生产管理要求运行和维护污染防治设施，建立安全生产管理制度。

在运行和维护污染防治设施过程中违反安全生产规定，发生安全生产事故的，对负有责任的排污单位依照《中华人民共和国安全生产法》的有关规定予以处罚。

第五十一条 本条例自 2021 年 3 月 1 日起施行。

全国污染源普查条例

· 2007 年 10 月 9 日中华人民共和国国务院令第 508 号公布
· 根据 2019 年 3 月 2 日《国务院关于修改部分行政法规的决定》修订

第一章 总 则

第一条 为了科学、有效地组织实施全国污染源普查，保障污染源普查数据的准确性和及时性，根据《中华人民共和国统计法》和《中华人民共和国环境保护法》，制定本条例。

第二条 污染源普查的任务是，掌握各类污染源的数量、行业和地区分布情况，了解主要污染物的产生、排放和处理情况，建立健全重点污染源档案、污染源信息数据库和环境统计平台，为制定经济社会发展和环境保护政策、规划提供依据。

第三条 本条例所称污染源，是指因生产、生活和其他活动向环境排放污染物或者对环境产生不良影响的场所、设施、装置以及其他污染发生源。

第四条 污染源普查按照全国统一领导、部门分工协作、地方分级负责、各方共同参与的原则组织实施。

第五条 污染源普查所需经费，由中央和地方各级人民政府共同负担，并列入相应年度的财政预算，按时拨付，确保足额到位。

污染源普查经费应当统一管理，专款专用，严格控制支出。

第六条 全国污染源普查每 10 年进行 1 次，标准时点为普查年份的 12 月 31 日。

第七条 报刊、广播、电视和互联网等新闻媒体，应当及时开展污染源普查工作的宣传报道。

第二章 污染源普查的对象、范围、内容和方法

第八条 污染源普查的对象是中华人民共和国境内有污染源的单位和个体经营户。

第九条 污染源普查对象有义务接受污染源普查领导小组办公室、普查人员依法进行的调查，并如实反映情况，提供有关资料，按照要求填报污染源普查表。

污染源普查对象不得迟报、虚报、瞒报和拒报普查数据；不得推诿、拒绝和阻挠调查；不得转移、隐匿、篡改、毁弃原材料消耗记录、生产记录、污染物治理设施运行记录、污染物排放监测记录以及其他与污染物产生和排放有关的原始资料。

第十条 污染源普查范围包括：工业污染源，农业污染源，生活污染源，集中式污染治理设施和其他产生、排放污染物的设施。

第十一条 工业污染源普查的主要内容包括：企业基本登记信息，原材料消耗情况，产品生产情况，产生污染的设施情况，各类污染物产生、治理、排放和综合利用情况，各类污染防治设施建设、运行情况等。

农业污染源普查的主要内容包括：农业生产规模，用水、排水情况，化肥、农药、饲料和饲料添加剂以及农用薄膜等农业投入品使用情况，秸秆等种植业剩余物处理情况以及养殖业污染物产生、治理情况等。

生活污染源普查的主要内容包括：从事第三产业的单位的基本情况和污染物的产生、排放、治理情况，机动车污染物排放情况，城镇生活能源结构和能源消费量，生活用水量、排水量以及污染物排放情况等。

集中式污染治理设施普查的主要内容包括：设施基本情况和运行状况，污染物的处理处置情况，渗滤液、污泥、焚烧残渣和废气的产生、处置以及利用情况等。

第十二条 每次污染源普查的具体范围和内容，由国务院批准的普查方案确定。

第十三条 污染源普查采用全面调查的方法，必要时可以采用抽样调查的方法。

污染源普查采用全国统一的标准和技术要求。

第三章 污染源普查的组织实施

第十四条 全国污染源普查领导小组负责领导和协调全国污染源普查工作。

全国污染源普查领导小组办公室设在国务院生态环境主管部门，负责全国污染源普查日常工作。

第十五条 县级以上地方人民政府污染源普查领导小组，按照全国污染源普查领导小组的统一规定和要求，领导和协调本行政区域的污染源普查工作。

县级以上地方人民政府污染源普查领导小组办公室设在同级生态环境主管部门，负责本行政区域的污染源普查日常工作。

乡（镇）人民政府、街道办事处和村（居）民委员会应当广泛动员和组织社会力量积极参与并认真做好污染源普查工作。

第十六条 县级以上人民政府生态环境主管部门和其他有关部门，按照职责分工和污染源普查领导小组的

统一要求，做好污染源普查相关工作。

第十七条　全国污染源普查方案由全国污染源普查领导小组办公室拟订，经全国污染源普查领导小组审核同意，报国务院批准。

全国污染源普查方案应当包括：普查的具体范围和内容、普查的主要污染物、普查方法、普查的组织实施以及经费预算等。

拟订全国污染源普查方案，应当充分听取有关部门和专家的意见。

第十八条　全国污染源普查领导小组办公室根据全国污染源普查方案拟订污染源普查表，报国家统计局审定。

省、自治区、直辖市人民政府污染源普查领导小组办公室，可以根据需要增设本行政区域污染源普查附表，报全国污染源普查领导小组办公室批准后使用。

第十九条　在普查启动阶段，污染源普查领导小组办公室应当进行单位清查。

县级以上人民政府机构编制、民政、市场监督管理以及其他具有设立审批、登记职能的部门，应当向同级污染源普查领导小组办公室提供其审批或者登记的单位资料，并协助做好单位清查工作。

污染源普查领导小组办公室应当以本行政区域现有的基本单位名录库为基础，按照全国污染源普查方案确定的污染源普查的具体范围，结合有关部门提供的单位资料，对污染源逐一核实清查，形成污染源普查单位名录。

第二十条　列入污染源普查范围的大、中型工业企业，应当明确相关机构负责本企业污染源普查表的填报工作，其他单位应当指定人员负责本单位污染源普查表的填报工作。

第二十一条　污染源普查领导小组办公室可以根据工作需要，聘用或者从有关单位借调人员从事污染源普查工作。

污染源普查领导小组办公室应当与聘用人员依法签订劳动合同，支付劳动报酬，并为其办理社会保险。借调人员的工资由原单位支付，其福利待遇保持不变。

第二十二条　普查人员应当坚持实事求是，恪守职业道德，具有执行普查任务所需要的专业知识。

污染源普查领导小组办公室应当对普查人员进行业务培训，对考核合格的颁发全国统一的普查员工作证。

第二十三条　普查人员依法独立行使调查、报告、监督和检查的职权，有权查阅普查对象的原材料消耗记录、生产记录、污染物治理设施运行记录、污染物排放监测记录以及其他与污染物产生和排放有关的原始资料，并有权要求普查对象改正其填报的污染源普查表中不真实、不完整的内容。

第二十四条　普查人员应当严格执行全国污染源普查方案，不得伪造、篡改普查资料，不得强令、授意普查对象提供虚假普查资料。

普查人员执行污染源调查任务，不得少于 2 人，并应当出示普查员工作证；未出示普查员工作证的，普查对象可以拒绝接受调查。

第二十五条　普查人员应当依法直接访问普查对象，指导普查对象填报污染源普查表。污染源普查表填写完成后，应当由普查对象签字或者盖章确认。普查对象应当对其签字或者盖章的普查资料的真实性负责。

污染源普查领导小组办公室对其登记、录入的普查资料与普查对象填报的普查资料的一致性负责，并对其加工、整理的普查资料的准确性负责。

污染源普查领导小组办公室在登记、录入、加工和整理普查资料过程中，对普查资料有疑义的，应当向普查对象核实，普查对象应当如实说明或者改正。

第二十六条　各地方、各部门、各单位的负责人不得擅自修改污染源普查领导小组办公室、普查人员依法取得的污染源普查资料；不得强令或者授意污染源普查领导小组办公室、普查人员伪造或者篡改普查资料；不得对拒绝、抵制伪造或者篡改普查资料的普查人员打击报复。

第四章　数据处理和质量控制

第二十七条　污染源普查领导小组办公室应当按照全国污染源普查方案和有关标准、技术要求进行数据处理，并按时上报普查数据。

第二十八条　污染源普查领导小组办公室应当做好污染源普查数据备份和数据入库工作，建立健全污染源信息数据库，并加强日常管理和维护更新。

第二十九条　污染源普查领导小组办公室应当按照全国污染源普查方案，建立污染源普查数据质量控制岗位责任制，并对普查中的每个环节进行质量控制和检查验收。

污染源普查数据不符合全国污染源普查方案或者有关标准、技术要求的，上一级污染源普查领导小组办公室可以要求下一级污染源普查领导小组办公室重新调查，确保普查数据的一致性、真实性和有效性。

第三十条　全国污染源普查领导小组办公室统一组织对污染源普查数据的质量核查。核查结果作为评估全国或者各省、自治区、直辖市污染源普查数据质量的重要依据。

污染源普查数据的质量达不到规定要求的,有关污染源普查领导小组办公室应当在全国污染源普查领导小组办公室规定的时间内重新进行污染源普查。

第五章 数据发布、资料管理和开发应用

第三十一条 全国污染源普查公报,根据全国污染源普查领导小组的决定发布。

地方污染源普查公报,经上一级污染源普查领导小组办公室核准发布。

第三十二条 普查对象提供的资料和污染源普查领导小组办公室加工、整理的资料属于国家秘密的,应当注明秘密的等级,并按照国家有关保密规定处理。

污染源普查领导小组办公室、普查人员对在污染源普查中知悉的普查对象的商业秘密,负有保密义务。

第三十三条 污染源普查领导小组办公室应当建立污染源普查资料档案管理制度。污染源普查资料档案的保管、调用和移交应当遵守国家有关档案管理规定。

第三十四条 国家建立污染源普查资料信息共享制度。

污染源普查领导小组办公室应当在污染源信息数据库的基础上,建立污染源普查资料信息共享平台,促进普查成果的开发和应用。

第三十五条 污染源普查取得的单个普查对象的资料严格限定用于污染源普查目的,不得作为考核普查对象是否完成污染物总量削减计划的依据,不得作为依照其他法律、行政法规对普查对象实施行政处罚和征收排污费的依据。

第六章 表彰和处罚

第三十六条 对在污染源普查工作中做出突出贡献的集体和个人,应当给予表彰和奖励。

第三十七条 地方、部门、单位的负责人有下列行为之一的,依法给予处分,并由县级以上人民政府统计机构予以通报批评;构成犯罪的,依法追究刑事责任:

(一)擅自修改污染源普查资料的;

(二)强令、授意污染源普查领导小组办公室、普查人员伪造或者篡改普查资料的;

(三)对拒绝、抵制伪造或者篡改普查资料的普查人员打击报复的。

第三十八条 普查人员不执行普查方案,或者伪造、篡改普查资料,或者强令、授意普查对象提供虚假普查资料的,依法给予处分。

污染源普查领导小组办公室、普查人员泄露在普查中知悉的普查对象商业秘密的,对直接负责的主管人员和其他直接责任人员依法给予处分;对普查对象造成损害的,应当依法承担民事责任。

第三十九条 污染源普查对象有下列行为之一的,污染源普查领导小组办公室应当及时向同级人民政府统计机构通报有关情况,提出处理意见,由县级以上人民政府统计机构责令改正,予以通报批评;情节严重的,可以建议对直接负责的主管人员和其他直接责任人员依法给予处分:

(一)迟报、虚报、瞒报或者拒报污染源普查数据的;

(二)推诿、拒绝或者阻挠普查人员依法进行调查的;

(三)转移、隐匿、篡改、毁弃原材料消耗记录、生产记录、污染物治理设施运行记录、污染物排放监测记录以及其他与污染物产生和排放有关的原始资料的。

单位有本条第一款所列行为之一的,由县级以上人民政府统计机构予以警告,可以处5万元以下的罚款。

个体经营户有本条第一款所列行为之一的,由县级以上人民政府统计机构予以警告,可以处1万元以下的罚款。

第四十条 污染源普查领导小组办公室应当设立举报电话和信箱,接受社会各界对污染源普查工作的监督和对违法行为的检举,并对检举有功的人员依法给予奖励,对检举的违法行为,依法予以查处。

第七章 附 则

第四十一条 军队、武装警察部队的污染源普查工作,由中国人民解放军总后勤部按照国家统一规定和要求组织实施。

新疆生产建设兵团的污染源普查工作,由新疆生产建设兵团按照国家统一规定和要求组织实施。

第四十二条 本条例自公布之日起施行。

固定污染源排污许可分类管理名录

(2019年版)

· 2019年12月20日生态环境部令第11号公布
· 自公布之日起施行

第一条 为实施排污许可分类管理,根据《中华人民共和国环境保护法》等有关法律法规和《国务院办公厅关于印发控制污染物排放许可制实施方案的通知》的相关规定,制定本名录。

第二条 国家根据排放污染物的企业事业单位和其他生产经营者(以下简称排污单位)污染物产生量、排放量、对环境的影响程度等因素,实行排污许可重点管理、简化管理和登记管理。

对污染物产生量、排放量或者对环境的影响程度较大的排污单位,实行排污许可重点管理;对污染物产生量、排放量和对环境的影响程度较小的排污单位,实行排污许可简化管理。对污染物产生量、排放量和对环境的影响程度很小的排污单位,实行排污登记管理。

实行登记管理的排污单位,不需要申请取得排污许可证,应当在全国排污许可证管理信息平台填报排污登记表,登记基本信息、污染物排放去向、执行的污染物排放标准以及采取的污染防治措施等信息。

第三条 本名录依据《国民经济行业分类》(GB/T 4754-2017)划分行业类别。

第四条 现有排污单位应当在生态环境部规定的实施时限内申请取得排污许可证或者填报排污登记表。新建排污单位应当在启动生产设施或者发生实际排污之前申请取得排污许可证或者填报排污登记表。

第五条 同一排污单位在同一场所从事本名录中两个以上行业生产经营的,申请一张排污许可证。

第六条 属于本名录第1至107类行业的排污单位,按照本名录第109至112类规定的锅炉、工业炉窑、表面处理、水处理等通用工序实施重点管理或者简化管理的,只需对其涉及的通用工序申请取得排污许可证,不需要对其他生产设施和相应的排放口等申请取得排污许可证。

第七条 属于本名录第108类行业的排污单位,涉及本名录规定的通用工序重点管理、简化管理或者登记管理的,应当对其涉及的本名录第109至112类规定的锅炉、工业炉窑、表面处理、水处理等通用工序申请领取排污许可证或者填报排污登记表;有下列情形之一的,还应当对其生产设施和相应的排放口等申请取得重点管理排污许可证:

(一)被列入重点排污单位名录的;

(二)二氧化硫或者氮氧化物年排放量大于250吨的;

(三)烟粉尘年排放量大于500吨的;

(四)化学需氧量年排放量大于30吨,或者总氮年排放量大于10吨,或者总磷年排放量大于0.5吨的;

(五)氨氮、石油类和挥发酚合计年排放量大于30吨的;

(六)其他单项有毒有害大气、水污染物污染当量数大于3000的。污染当量数按照《中华人民共和国环境保护税法》的规定计算。

第八条 本名录未作规定的排污单位,确需纳入排污许可管理的,其排污许可管理类别由省级生态环境主管部门提出建议,报生态环境部确定。

第九条 本名录由生态环境部负责解释,并适时修订。

第十条 本名录自发布之日起施行。《固定污染源排污许可分类管理名录(2017年版)》同时废止。

序号	行业类别	重点管理	简化管理	登记管理
一、畜牧业 03				
1	牲畜饲养 031，家禽饲养 032	设有污水排放口的规模化畜禽养殖场、养殖小区（具体规模化标准按《畜禽规模养殖污染防治条例》执行）	/	无污水排放口的规模化畜禽养殖场、养殖小区，设有污水排放口的规模以下畜禽养殖场、养殖小区
2	其他畜牧业 039	/	/	设有污水排放口的养殖场、养殖小区
二、煤炭开采和洗选业 06				
3	烟煤和无烟煤开采洗选 061，褐煤开采洗选 062，其他煤炭洗选 069	涉及通用工序重点管理的	涉及通用工序简化管理的	其他
三、石油和天然气开采业 07				
4	石油开采 071，天然气开采 072	涉及通用工序重点管理的	涉及通用工序简化管理的	其他
四、黑色金属矿采选业 08				
5	铁矿采选 081，锰矿、铬矿采选 082，其他黑色金属矿采选 089	涉及通用工序重点管理的	涉及通用工序简化管理的	其他
五、有色金属矿采选业 09				
6	常用有色金属矿采选 091，贵金属矿采选 092，稀有稀土金属矿采选 093	涉及通用工序重点管理的	涉及通用工序简化管理的	其他
六、非金属矿采选业 10				
7	土砂石开采 101，化学矿开采 102，采盐 103，石棉及其他非金属矿采选 109	涉及通用工序重点管理的	涉及通用工序简化管理的	其他
七、其他采矿业 12				
8	其他采矿业 120	涉及通用工序重点管理的	涉及通用工序简化管理的	其他
八、农副食品加工业 13				
9	谷物磨制 131	/	/	谷物磨制 131 *
10	饲料加工 132	/	饲料加工 132（有发酵工艺的）*	饲料加工 132（无发酵工艺的）*
11	植物油加工 133	/	除单纯混合或者分装以外的 *	单纯混合或者分装的 *

续表

序号	行业类别	重点管理	简化管理	登记管理
12	制糖业 134	日加工糖料能力 1000 吨及以上的原糖、成品糖或者精制糖生产	其他 *	/
13	屠宰及肉类加工 135	年屠宰生猪 10 万头及以上的,年屠宰肉牛 1 万头及以上的,年屠宰肉羊 15 万只及以上的,年屠宰禽类 1000 万只及以上的	年屠宰生猪 2 万头及以上 10 万头以下的,年屠宰肉牛 0.2 万头及以上 1 万头以下的,年屠宰肉羊 2.5 万只及以上 15 万只以下的,年屠宰禽类 100 万只及以上 1000 万只以下的,年加工肉禽类 2 万吨及以上的	其他 *
14	水产品加工 136	/	年加工 10 万吨及以上的水产品冷冻加工 1361、鱼糜制品及水产品干腌制加工 1362、鱼油提取及制品制造 1363,其他水产品加工 1369 其他 *	其他 *
15	蔬菜、菌类、水果和坚果加工 137	涉及通用工序重点管理的	涉及通用工序简化管理的	其他 *
16	其他农副食品加工 139	年加工能力 15 万吨玉米或者 1.5 万吨薯类及以上的淀粉生产或者年产 1 万吨及以上的淀粉制品生产,有发酵工艺的淀粉制品	除重点管理以外的年加工能力 1.5 万吨及以上玉米、0.1 万吨及以上薯类或豆类、4.5 万吨及以上小麦的淀粉生产,年产 0.1 万吨及以上的淀粉制品生产(不含有发酵工艺的淀粉制品)	其他 *
九、食品制造业 14				
17	方便食品制造 143、其他食品制造 149	/	米、面制品制造 1431 *、速冻食品制造 1432 *、方便面制造 1433 *、其他方便食品制造 1439 *,食品及饲料添加剂制造 1495 *,以上均不含手工制作,单纯混合或者分装的	其他 *
18	焙烤食品制造 141、糖果、巧克力及蜜饯制造 142、罐头食品制造 145	涉及通用工序重点管理的	涉及通用工序简化管理的	其他 *
19	乳制品制造 144	年加工 20 万吨及以上的(不含单纯混合或者分装的)年加工 20 万吨以下的(不含单纯混合或者分装的)*	单纯混合或者分装的 *	
20	调味品、发酵制品制造 146	有发酵工艺的味精、柠檬酸、赖氨酸、酵母制造,年产 2 万吨及以上且有发酵工艺的酱油、食醋制造	除重点管理以外的调味品、发酵制品制造(不含单纯混合或者分装的)*	单纯混合或者分装的 *

续表

序号	行业类别	重点管理	简化管理	登记管理
十、酒、饮料和精制茶制造业 15				
21	酒的制造 151	酒精制造 1511,有发酵工艺的年生产能力 5000 千升及以上的白酒、啤酒、黄酒、葡萄酒、其他酒制造	有发酵工艺的年生产能力 5000 千升以下的白酒、啤酒、黄酒、葡萄酒、其他酒制造*	其他*
22	饮料制造 152	/	有发酵工艺或者原汁生产的	其他*
23	精制茶加工 153	涉及通用工序重点管理的	涉及通用工序简化管理的	其他*
十一、烟草制品业 16				
24	烟叶复烤 161,卷烟制造 162,其他烟草制品制造 169	涉及通用工序重点管理的	涉及通用工序简化管理的	其他*
十二、纺织业 17				
25	棉纺织及印染精加工 171,毛织织及染整精加工 172,麻纺织及染整精加工 173,丝绢纺织及染整精加工 174,化纤织造及印染精加工 175	有前处理、染色、印花、洗毛、麻脱胶、缫丝或者喷水织造工序的	仅含整理工序的	其他*
26	针织或钩针编织物及其制品制造 176,家用纺织制成品制造 177,产业用纺织制成品制造 178	涉及通用工序重点管理的	涉及通用工序简化管理的	其他*
十三、纺织服装、服饰业 18				
27	机织服装制造 181,服饰制造 183	有水洗工序、湿法印花、染色工艺	/	其他*
28	针织或钩针编织服装制造 182	涉及通用工序重点管理的	涉及通用工序简化管理的	其他*
十四、皮革、毛皮、羽毛及其制品和制鞋业 19				
29	皮革鞣制加工 191,毛皮鞣制及制品加工 193	有鞣制工序的	皮革鞣制加工 191(无鞣制工序的)	毛皮鞣制及制品加工 193(无鞣制工序的)
30	皮革制品制造 192	涉及通用工序重点管理的	涉及通用工序简化管理的	其他*
31	羽毛(绒)加工及制品制造 194	羽毛(绒)加工 1941(有水洗工序的)	/	羽毛(绒)加工 1941(无水洗工序的)*,羽毛(绒)制品制造 1942 *

续表

序号	行业类别	重点管理	简化管理	登记管理
32	制鞋业195	纳入重点排污单位名录的除重点管理以外的	年使用10吨及以上溶剂型胶粘剂或者3吨及以上溶剂型处理剂的	其他*
十五、木材加工和木、竹、藤、棕、草制品业20				
33	人造板制造202	纳入重点排污单位名录的	除重点管理以外的胶合板制造2021（年产10万立方米及以上的）、纤维板制造2022、刨花板制造2023、其他人造板制造2029（年产10万立方米及以上的）	其他*
34	木材加工201、木质制品制造203、竹、藤、棕、草等制品制造204	涉及通用工序重点管理的	涉及通用工序简化管理的	其他*
十六、家具制造业21				
35	木质家具制造211、竹、藤家具制造212、金属家具制造213、塑料家具制造214、其他家具制造219	纳入重点排污单位名录的	除重点管理以外的年使用10吨及以上溶剂型涂料或者胶粘剂（含稀释剂、固化剂）的、年使用20吨及以上水性涂料或者胶粘剂的、有磷化表面处理工艺的	其他*
十七、造纸和纸制品业22				
36	纸浆制造221	全部	/	/
37	造纸222	机制纸及纸板制造2221、手工纸制造2222	有工业废水和废气排放的	除简化管理外的加工纸制造2223*
38	纸制品制造223	/	有工业废水或者废气排放的	其他*
十八、印刷和记录媒介复制业23				
39	印刷231	纳入重点排污单位名录的除重点管理以外的年使用80吨及以上溶剂型油墨、涂料或者10吨及以上溶剂型稀释剂的包装装潢印刷		其他*
40	装订及印刷相关服务232、记录媒介复制233	涉及通用工序重点管理的	涉及通用工序简化管理的	其他*
十九、文教、工美、体育和娱乐用品制造业24				
41	文教办公用品制造241、乐器制造242、工艺美术及礼仪用品制造243、体育用品制造244、玩具制造245、游艺器材及娱乐用品制造246	涉及通用工序重点管理的	涉及通用工序简化管理的	其他*

续表

序号	行业类别	重点管理	简化管理	登记管理
二十、石油、煤炭及其他燃料加工业 25				
42	精炼石油产品制造 251	原油加工及石油制品制造 2511,其他原油制品制造 2519,以上均不含单纯混合或者分装的	/	单纯混合或者分装的
43	煤炭加工 252	炼焦 2521,煤制合成气生产 2522,煤制液体燃料生产 2523	/	煤制品制造 2524,其他煤炭加工 2529
44	生物质燃料加工 254	涉及通用工序重点管理的	涉及通用工序简化管理的	其他
二十一、化学原料和化学制品制造业 26				
45	基础化学原料制造 261	无机酸制造 2611,无机碱制造 2612,无机盐制造 2613,有机化学原料制造 2614,其他基础化学原料制造 2619(非金属无机氧化物、金属氧化物、硫酸、精过氧化物、金属超氧化物,以上均不含单纯混合或者分装的	单纯混合或者分装的无机酸制造 2611,无机碱制造 2612,无机盐制造 2613,无机基础化学原料制造 2614,其他基础化学原料制造 2619(非金属无机氧化物、金属氧化物、硫酸、精过氧化物、金属超氧化物、硅、硒、砷、硼、碲)	其他基础化学原料制造 2619(除重点管理、简化管理以外的)
46	肥料制造 262	氮肥制造 2621,磷肥制造 2622,复混肥料制造 2624,以上均不含单纯混合或者分装的	钾肥制造 2623,有机肥料及微生物肥料制造 2625,其他肥料制造 2629,以上均不含单纯混合或者分装的;氮肥制造 2621(单纯混合或者分装的)	其他
47	农药制造 263	化学农药制造 2631(包含农药中间体,不含单纯混合或者分装的),生物化学农药及微生物农药制造 2632(有发酵工艺的)	化学农药制造 2631(单纯混合或者分装的),生物化学农药及微生物农药制造 2632(无发酵工艺的)	
48	涂料、油墨、颜料及类似产品制造 264	涂料制造 2641,油墨及类似产品制造 2642,工业颜料制造 2643,工艺美术颜料制造 2644,染料制造 2645,以上均不含单纯混合或者分装的	单纯混合或者分装的涂料制造 2641,油墨及类似产品制造 2642,密封用填料及类似品制造 2646(不含单纯混合或者分装的)其他	
49	合成材料制造 265	初级形态塑料及合成树脂制造 2651,合成橡胶制造 2652,合成纤维单(聚)体制造 2653,其他合成材料制造 2659(陶瓷纤维等特种纤维及其增强的复合材料的制造)		其他合成材料制造 2659(除陶瓷纤维等特种纤维及其增强的复合材料的制造以外的)

续表

序号	行业类别	重点管理	简化管理	登记管理
50	专用化学产品制造 266	化学试剂和助剂制造 2661,专项化学用品制造 2662,林产化学产品制造 2663（有热解或者水解工艺的），以上均不含单纯混合或者分装的	林产化学产品制造 2663（无热解或者水解工艺的），文化用信息化学品制造 2664,医学生产用信息化学品制造 2665,环境污染处理专用药剂材料制造 2666,动物胶制造 2667,其他专用化学产品制造 2669,以上均不含单纯混合或者分装的单纯混合或者分装的	
51	炸药、火工及焰火产品制造 267	涉及通用工序重点管理的	涉及通用工序简化管理的	其他
52	日用化学产品制造 268	肥皂及洗涤剂制造 2681（以油脂为原料的肥皂或者皂粒制造），香料、香精制造 2684（香料制造），以上均不含单纯混合或者分装的	肥皂及洗涤剂制造 2681（采用高塔喷粉工艺的合成洗衣粉制造），香料、香精制造 2684（采用热反应工艺的香精制造）	肥皂及洗涤剂制造 2681（除重点管理、简化管理以外），化妆品制造 2682,口腔清洁用品制造 2683,香料、香精制造 2684（除重点管理、简化管理以外的），其他日用化学产品制造 2689
54	化学药品制剂制造 272	化学药品制剂制造 2720（不含单纯混合或者分装的）	/	单纯混合或者分装的
55	中药饮片加工 273,药用辅料及包装材料制造 278	涉及通用工序重点管理的	涉及通用工序简化管理的	其他 *
56	中成药生产 274	/	有提炼工艺的	其他 *
57	兽用药品制造 275	兽用药品制造 2750（不含单纯混合或者分装的）	/	单纯混合或者分装的
58	生物药品制品制造 276	生物药品制造 2761,基因工程药物和疫苗制造 2762,以上均不含单纯混合或者分装的	/	单纯混合或者分装的
59	卫生材料及医药用品制造 277	/	/	卫生材料及医药用品制造 2770
二十三、化学纤维制造业 28
60	纤维素纤维原料及纤维制造 281,合成纤维制造 282,生物基材料制造 283	化纤浆粕制造 2811,人造纤维（纤维素纤维）制造 2812,锦纶纤维制造 2821,涤纶纤维制造 2822,腈纶纤维制造 2823,维纶纤维制造 2824,氨纶纤维制造 2826,其他合成纤维制造 2829,化学纤维制造 2831（莱赛尔纤维制造）	丙纶纤维制造 2825,生物基化学纤维制造 2831（除莱赛尔纤维制造以外的），生物基、淀粉基新材料制造 2832	

续表

序号	行业类别	重点管理	简化管理	登记管理
二十四、橡胶和塑料制品业 29				
61	橡胶制品业 291	纳入重点排污单位名录的	除重点管理以外的轮胎制造 2911,年耗胶量 2000 吨及以上的橡胶板、管、带制造 2912,橡胶零件制造 2913,再生橡胶制造 2914,日用及医用橡胶制品制造 2915,运动场地用塑胶制造 2916,其他橡胶制品制造 2919	其他
62	塑料制品业 292	塑料人造革、合成革制造 2925 年产 1 万吨及以上的泡沫塑料制造 2924,年产 1 万吨及以上涉及改性的塑料薄膜制造 2921,塑料板、管、型材制造 2922,塑料丝、绳和编织品制造 2923,塑料包装和容器制造 2926,日用塑料制品制造 2927,人造草坪制造 2928,塑料零件及其他塑料制品制造 2929		其他
二十五、非金属矿物制品业 30				
63	水泥、石灰和石膏制造 301,石膏、水泥制品及类似制品制造 302	水泥(熟料)制造	水泥粉磨站,石灰和石膏制造 3012	水泥制品制造 3021,砼结构构件制造 3022,石棉水泥制品制造 3023,轻质建筑材料制造 3024,其他水泥类似制品制造 3029
64	砖瓦、石材等建筑材料制造 303	粘土砖瓦及建筑砌块制造 3031(以煤或煤矸石为燃料的烧结砖瓦)	粘土砖瓦及建筑砌块制造 3031(除以煤者煤矸石为燃料的烧结砖瓦以外的),建筑用石材加工 3032,防水建筑材料制造 3033,隔热和隔音材料制造 3034,其他建筑材料制造 3039,以上均不含仅切割加工的	仅切割加工的
65	玻璃制造 304	平板玻璃制造 3041	特种玻璃制造 3042	其他玻璃制造 3049
66	玻璃制品制造 305	以煤、石油焦、油和发生炉煤气为燃料的	以天然气为燃料的	其他
67	玻璃纤维和玻璃纤维增强塑料制品制造 306	以煤、石油焦、油和发生炉煤气为燃料的	以天然气为燃料的	其他
68	陶瓷制品制造 307	建筑陶瓷制品制造 3071(以煤、石油焦、油和发生炉煤气为燃料的),卫生陶瓷制品制造 3072(年产 150 万件及以上的),日用陶瓷制品制造 3074(年产 250 万件及以上的)	建筑陶瓷制品制造 3071(以天然气为燃料的)	建筑陶瓷制品制造 3071(除重点管理、简化管理以外的),卫生陶瓷制品制造 3072(年产 150 万件以下的),日用陶瓷制品制造 3074(年产 250 万件以下的),特种陶瓷制造 3073,陈设艺术陶瓷制造 3075,园艺陶瓷制品制造 3076,其他陶瓷制品制造 3079

续表

序号	行业类别	重点管理	简化管理	登记管理
69	耐火材料制品制造 308	石棉制品制造 3081	以煤、石油焦、油和发生炉煤气为燃料的云母制品制造 3082、耐火陶瓷制品及其他耐火材料制造 3089	除简化管理以外的云母制品制造 3082、耐火陶瓷制品及其他耐火材料制造 3089
70	石墨及其他非金属矿物制品制造 309	石墨及碳素制品制造 3091（石墨制品、碳素新材料），碳素制品、碳素新材料 3099（多晶硅棒）	石墨及碳素制品制造 3091（除石墨制品、碳素新材料以外的），其他非金属矿物制品制造 3099（单晶硅棒、其他非金属矿物制品制造 3099（除重点管理、简化管理以外的）	/
二十六、黑色金属冶炼和压延加工业 31				
71	炼铁 311	含炼铁、烧结、球团等工序的生产	/	/
72	炼钢 312	全部	/	/
73	钢压延加工 313	年产 50 万吨及以上的冷轧	热轧及年产 50 万吨以下的冷轧	其他
74	铁合金冶炼 314	铁合金冶炼 3140	/	/
二十七、有色金属冶炼和压延加工业 32				
75	常用有色金属冶炼 321	321 铜、铅锌、镍钴、锡、锑、铝、镁、汞、钛等常用有色金属冶炼（含再生铝和再生铝冶炼）	/	其他
76	贵金属冶炼 322	金冶炼 3221，银冶炼 3222，其他贵金属冶炼 3229	/	其他
77	稀有稀土金属冶炼 323	钨钼冶炼 3231，稀土金属冶炼 3232，其他稀有金属冶炼 3239	/	其他
78	有色金属合金制造 324	铝基合金制造，年产 2 万吨及以上的其他有色金属合金制造	/	其他
79	有色金属压延加工 325	/	有轧制或者退火工序的	其他
二十八、金属制品业 33				
80	结构性金属制品制造 331，金属工具制造 332，集装箱及金属包装容器制造 333，金属丝绳及其制品制造 334，建筑、安全用金属制品制造 335，搪瓷制品制造 337，金属日用品制造 338，铸造及其他金属制品制造 339（除黑色金属铸造 3391，有色金属铸造 3392）	涉及通用工序重点管理的	涉及通用工序简化管理的	其他 *

续表

序号	行业类别	重点管理	简化管理	登记管理
81	金属表面处理及热处理加工 336	纳入重点排污单位名录的，专业电镀企业（含电镀园区中电镀企业），专门处理电镀废水的集中处理设施，有电镀工序的，有含铬钝化工序的	除重点管理以外的有酸洗、抛光（电解抛光和化学抛光）、热浸镀（溶剂法）、淬火或者无铬钝化等工序的，年使用10吨及以上有机溶剂的	其他
82	铸造及其他金属制品制造 339	黑色金属铸造 3391（使用冲天炉的），有色金属铸造 3392（生产铅基及铝青铜铸件的）	除重点管理以外的黑色金属铸造 3391，有色金属铸造 3392	/
二十九、通用设备制造业 34
83	锅炉及原动设备制造 341，金属加工机械制造 342，物料搬运设备制造 343，泵、阀门、压缩机及类似机械制造 344，轴承、齿轮和传动部件制造 345，烘炉、风机、包装等设备制造 346，文化、办公用机械制造 347，通用零部件制造 348，其他通用设备制造业 349	涉及通用工序重点管理的	涉及通用工序简化管理的	其他
三十、专用设备制造业 35
84	采矿、冶金、建筑专用设备制造 351，化工、木材、非金属加工专用设备制造 352，食品、饮料、烟草及饲料生产专用设备制造 353，印刷、制药、日化及日用品生产专用设备制造 354，纺织、服装和皮革加工专用设备制造 355，电子和电工机械专用设备制造 356，农、林、牧、渔专用机械制造 357，医疗仪器设备及器械制造 358，环保、邮政、社会公共服务及其他专用设备制造 359	涉及通用工序重点管理的	涉及通用工序简化管理的	其他

续表

序号	行业类别	重点管理	简化管理	登记管理
三十一、汽车制造业 36				
85	汽车整车制造 361,汽车用发动机制造 362,改装汽车制造 363,低速汽车制造 364,电车制造 365,车身、挂车制造 366,汽车零部件及配件制造 367	纳入重点排污单位名录的	除重点管理以外的汽车整车制造 361,除重点管理以外的年使用 10 吨及以上溶剂型涂料或者胶粘剂(含稀释剂、固化剂、清洗剂)的汽车用发动机制造 362、改装汽车制造 363、低速汽车制造 364、电车制造 365、汽车车身、挂车制造 366、汽车零部件及配件制造 367	其他
三十二、铁路、船舶、航空航天和其他运输设备制造 37				
86	铁路运输设备制造 371,城市轨道交通设备制造 372,船舶及相关装置制造 373,航空、航天器及设备制造 374,摩托车制造 375,自行车和残疾人座车制造 376,助动车制造 377,非公路休闲车及零配件制造 378,潜水救捞及其他未列明运输设备制造 379	纳入重点排污单位名录的	除重点管理以外的年使用 10 吨及以上溶剂型涂料或者胶粘剂(含稀释剂、固化剂、清洗剂)的	其他
三十三、电气机械和器材制造业 38				
87	电机制造 381,输配电及控制设备制造 382,电线、电缆、光缆及电工器材制造 383,家用电力器具制造 385,非电力家用器具制造 386,照明器具制造 387,其他电气机械及器材制造 389	涉及通用工序重点管理的	涉及通用工序简化管理的	其他
88	电池制造 384	铅酸蓄电池制造 3843	锂离子电池制造 3841,镍氢电池制造 3842,锌锰电池制造 3844,其他电池制造 3849	/
三十四、计算机、通信和其他电子设备制造业 39				
89	计算机制造 391,电子器件制造 397,电子元件及电子专用材料制造 398,其他电子设备制造 399	纳入重点排污单位名录的	除重点管理以外的年使用 10 吨及以上溶剂型涂料(含稀释剂)的	其他

续表

序号	行业类别	重点管理	简化管理	登记管理
90	通信设备制造 392,广播电视设备制造 393,雷达及配套设备制造 394,非专业视听设备制造 395,智能消费设备制造 396 涉及通用工序重点管理的	涉及通用工序简化管理的	其他	
三十五、仪器仪表制造业 40				
91	通用仪器仪表制造 401,专用仪器仪表制造 402,钟表与计时仪器制造 403,光学仪器制造 404,衡器制造 405,其他仪器仪表制造业 409	涉及通用工序重点管理的	涉及通用工序简化管理的	其他
三十六、其他制造业 41				
92	日用杂品制造 411,其他未列明制造业 419		涉及通用工序简化管理的	其他*
三十七、废弃资源综合利用业 42				
93	金属废料和碎屑加工处理 421,非金属废料和碎屑加工处理 422		废弃电器电子产品、废机动车、废电机、废电线电缆、废电池、废油、废轮胎加工处理、废塑料、含水洗工艺的其他废料和碎屑加工处理	其他
三十八、金属制品、机械和设备修理业 43				
94	金属制品修理 431,通用设备修理 432,专用设备修理 433,铁路、船舶、航空航天等运输设备修理 434,电气设备修理 435,仪器仪表修理 436,其他机械和设备修理业 439	涉及通用工序重点管理的	涉及通用工序简化管理的	其他*
三十九、电力、热力生产和供应业 44				
95	电力生产 441	火力发电 4411,热电联产 4412,生物质能发电 4417(生活垃圾、污泥发电)	生物质能发电 4417(利用农林生物质、沼气发电,垃圾填埋气发电)	
96	热力生产和供应 443	单台出力 20 吨/小时(14 兆瓦)及以上的锅炉(不含电热锅炉)	单台出力 20 吨/小时(14 兆瓦)以下的锅炉(不含电热锅炉和单台合计出力 1 吨/小时(0.7 兆瓦)及以下的天然气锅炉)	单台合计出力 1 吨/小时(0.7 兆瓦)及以下的天然气锅炉

续表

序号	行业类别	重点管理	简化管理	登记管理
	四十、燃气生产和供应业 45			
97	燃气生产和供应业 451,生物质燃气生产和供应业 452	涉及通用工序重点管理的	涉及通用工序简化管理的	其他
	四十一、水的生产和供应业 46			
98	自来水生产和供应 461,海水淡化处理 463,其他水的处理、利用与分配 469	涉及通用工序重点管理的	涉及通用工序简化管理的	其他
99	污水处理及其再生利用 462	工业废水集中处理场所,日处理能力 2 万吨及以上的城乡污水集中处理场所	日处理能力 500 吨及以上 2 万吨以下的城乡污水集中处理场所	日处理能力 500 吨以下的城乡污水集中处理场所
	四十二、零售业 52			
100	汽车、摩托车、零配件和燃料及其他动力销售 526	/	位于城市建成区的加油站	其他加油站
	四十三、水上运输业 55			
101	水上运输辅助活动 553	/	单个泊位 1000 吨级及以上的沿海专业化干散货码头、1 万吨级及以上的内河、单个泊位（煤炭、矿石）、通用散货码头	其他货运码头 5532
	四十四、装卸搬运和仓储业 59			
102	危险品仓储 594	总容量 10 万立方米及以上的油库（含油品码头后方配套油库,不含储备油库）	总容量 1 万立方米及以上 10 万立方米以下的油库（含油品码头后方配套油库,不含储备油库）	其他危险品仓储（含油品码头后方配套油库,不含储备油库）
	四十五、生态保护和环境治理业 77			
103	环境治理业 772	专业从事危险废物贮存、利用、处置（含焚烧发电）的,专业从事一般工业固体废物贮存、处置（含焚烧发电）的	/	/

续表

序号	行业类别	重点管理	简化管理	登记管理
四十六、公共设施管理业 78				
	环境卫生管理 782	生活垃圾（含餐厨废弃物）、生活污水处理处理能力 50 吨及以上的城镇粪便集中处理，日处理污泥集中焚烧、填埋	生活垃圾（含餐厨废弃物）、生活污水处理（除焚烧、填埋以外的），日处理能力 50 吨以上的城镇粪便集中处理，日转运能力 150 吨及以上的垃圾转运站	日处理能力 50 吨以下的城镇粪便集中处理，日转运能力 150 吨以下的垃圾转运站
四十七、居民服务业 80				
105	殡葬服务 808	/	火葬场	/
四十八、机动车、电子产品和日用品修理业 81				
106	汽车、摩托车等修理与维护 811	/	营业面积 5000 平方米及以上且有涂装工序的	/
四十九、卫生 84				
107	医院 841、专业公共卫生服务 843	床位 500 张及以上的（不含专科医院 8415 中的精神病、康复和运动康复医院以及疗养院 8416）	床位 100 张及以上的专科医院 8415（精神病、康复和运动康复医院）以及疗养院 8416，床位 100 张及以下 500 张以下的综合医院 8411、中医医院 8412、中西医结合医院 8413、民族医医院 8414、专科医院 8415（不含精神病、康复和运动康复医院）	疾病预防控制中心 8431，床位 100 张以下的综合医院 8411、中医医院 8412、中西医结合医院 8413、民族医医院 8414、专科医院 8415、疗养院 8416
五十、其他行业				
108	除 1-107 外的其他行业	涉及通用工序重点管理的，存在本名录第七条规定情形之一的	涉及通用工序简化管理的	涉及通用工序登记管理的
五十一、通用工序				
109	锅炉	纳入重点排污单位名录的	除纳入重点排污单位名录的，单台或者合计出力 20 吨/小时（14 兆瓦）及以上的锅炉（不含电热锅炉）	除纳入重点排污单位名录的，单台日合计出力 20 吨/小时（14 兆瓦）以下的锅炉（不含电热锅炉）
110	工业炉窑	纳入重点排污单位名录的	除纳入重点排污单位名录的，除以天然气或者电为能源的加热炉、热处理炉、干燥炉（窑）以外的其他工业炉窑	除纳入重点排污单位名录的，以天然气或者电为能源的加热炉、热处理炉、干燥炉或者干燥窑
111	表面处理	纳入重点排污单位名录的	除纳入重点排污单位名录的，有电镀工序、酸洗、抛光（电解抛光和化学抛光）、淬火或者纯化学抛光（溶剂法）等工序的，年使用 10 吨及以上有机溶剂的	其他

续表

序号	行业类别	重点管理	简化管理	登记管理
112	水处理	纳入重点排污单位名录的	除纳入重点排污单位名录的,日处理能力2万吨及以上的污水处理设施	除纳入重点排污单位名录的,日处理能力500吨及以上2万吨以下的水处理设施

注1. 表格中标"*"号者,是指在工业建筑中生产的排污单位。工业建筑的定义参见《工程结构设计基本术语标准》(GB/T50083-2014),是指提供生产用的各种建筑物,如车间、生活间、厂前区建筑、动力站、库房和运输设施等

2. 表格中涉及溶剂、胶粘剂、油墨、涂料等使用量的排污单位,其投运满三年的,使用量按照近三年年最大量确定,其投运满一年但不满三年的,使用量按投运期间年最大量确定;其未投运或者投运不满一年的,按照环境影响报告书(表)批准文件确定。投运日期为排污单位发生实际排污行为的日期

3. 根据《中华人民共和国环境保护税法实施条例》,城乡污水集中处理场所,减少排污单位为排污单位自建的污水处理场所,以及排污单位自用的污水处理场所

4. 本名录中的排污单位电镀工序,是指电镀、化学镀、阳极氧化等生产设施或生产产品属于产业政策立即淘汰类的排污单位

5. 本名录不包括位于生态环境法律法规禁止建设区域内的,或生产设施或产品属于产业政策立即淘汰类的排污单位

关于印发《关于加强排污许可执法监管的指导意见》的通知

- 2022年3月28日
- 环执法〔2022〕23号

各省、自治区、直辖市人民政府，中央和国家机关有关部门和单位：

《关于加强排污许可执法监管的指导意见》已经中央全面深化改革委员会审议通过。现印发给你们，请结合实际认真贯彻落实。

关于加强排污许可执法监管的指导意见

为贯彻落实党中央、国务院关于深入打好污染防治攻坚战有关决策部署，全面推进排污许可制度改革，加快构建以排污许可制为核心的固定污染源执法监管体系，持续改善生态环境质量，提出以下意见。

一、总体要求

以习近平新时代中国特色社会主义思想为指导，全面贯彻党的十九大和十九届历次全会精神，深入贯彻习近平生态文明思想，按照党中央、国务院决策部署，坚持精准治污、科学治污、依法治污，以固定污染源排污许可制为核心，创新执法理念，加大执法力度，优化执法方式，提高执法效能，构建企业持证排污、政府依法监管、社会共同监督的生态环境执法监管新格局，为深入打好污染防治攻坚战提供坚强保障。

到2023年年底，重点行业实施排污许可清单式执法检查，排污许可日常管理、环境监测、执法监管有效联动，以排污许可制为核心的固定污染源执法监管体系基本形成。到2025年年底，排污许可清单式执法检查全覆盖，排污许可执法监管系统化、科学化、法治化、精细化、信息化水平显著提升，以排污许可制为核心的固定污染源执法监管体系全面建立。

二、全面落实责任

（一）压实地方政府属地责任。设区的市级以上地方人民政府全面负责本行政区域排污许可制度组织实施工作，强化统筹协调，明确部门职责，加强督查督办。将排污许可制度执行情况纳入污染防治攻坚战成效考核，对排污许可监管工作中的失职渎职行为依法依规追究责任。建立综合监管协调机制，统筹解决无法取得环评批复、影响排污许可证核发的历史遗留问题，2023年年底前，原则上固定污染源全部持证排污。（地方人民政府负责落实）

（二）强化生态环境部门监管责任。设区的市级以上地方生态环境部门要严格落实《排污许可管理条例》，依法履行排污许可监督管理职责，谁核发、谁监管、谁负责。进一步增强排污许可证核发的科学性、规范性和可操作性，不断提高核发质量。加强事中事后监管，强化排污许可证后管理，督促排污单位落实相关制度。（生态环境部负责）

（三）夯实排污单位主体责任。排污单位必须依法持证排污、按证排污，建立排污许可责任制，明确责任人和责任事项，确保事有人管、责有人负。健全企业环境管理制度，及时申请取得、延续和变更排污许可证，完善污染防治措施，正常运行自动监测设施，提高自行监测质量。确保申报材料、环境管理台账记录、排污许可证执行报告、自行监测数据的真实、准确和完整，依法如实在全国排污许可证管理信息平台上公开信息，不得弄虚作假，自觉接受监督。（生态环境部负责指导）

三、严格执法监管

（四）依法核发排污许可证。规范排污许可证申请与核发流程，加强排污许可证延续、变更、注销、撤销等环节管理。修订《排污许可管理办法（试行）》，发布新版排污许可证（副本），强化污染物排放直接相关的生产设施、污染防治设施管控。建立排污许可证核发包保工作机制，强化对地方发证工作的技术支持和帮扶指导。（生态环境部负责）

（五）加强跟踪监管。加强排污许可证动态跟踪监管，加大抽查指导力度。2023年年底前，生态环境部门要对现有排污许可证核发质量开展检查，依托全国排污许可证管理信息平台，采取随机抽取和靶向核查相结合、非现场和现场核查相结合的方式，重点检查是否应发尽发、应登尽登，是否违规降低管理级别，实际排污状况与排污许可证载明事项是否一致。对发现的问题，要分级分类处置，依法依规变更，动态跟踪管理。（生态环境部负责指导）

（六）开展清单式执法检查。推行以排污许可证载明事项为重点的清单式执法检查，重点检查排放口规范化建设、污染物排放浓度和排放量、污染防治设施运行和维护、无组织排放控制等要求的落实情况，抽查核实环境管理台账记录、排污许可证执行报告、自行监测数据、信息公开内容的真实性。生态环境部组织开展排污许可清单式执法检查试点，省级生态环境部门制定排污许可清单式执法检查实施方案，设区的市级生态环境部门逐步推进清单式执法检查。（生态环境部负责）

（七）强化执法监测。健全执法和监测机构协同联动快速响应的工作机制，按照排污许可执法监管需求开展执法监测，确保执法取证及时到位、数据准确、报告合法。加大排污单位污染物排放浓度、排放量以及停限产等特殊时段排放情况的抽测力度。开展排污单位自行监测方案、自行监测数据、自行监测信息公开的监督检查。鼓励有资质、能力强、信用好的社会环境监测机构参与执法监测工作。（生态环境部负责）

（八）健全执法监管联动机制。强化排污许可日常管理、环境监测、执法监管联动，加强信息共享、线索移交和通报反馈，构建发现问题、督促整改、问题销号的排污许可执法监管联动机制。加强与环境影响评价工作衔接，将环境影响评价文件及批复中关于污染物排放种类、浓度、数量、方式及特殊监管要求纳入排污许可证，严格按证执法监管。做好与生态环境损害赔偿工作衔接，明确赔偿启动的标准、条件和部门职责，推进信息共享和结果双向应用。（生态环境部负责）

（九）严惩违法行为。将排污许可证作为生态环境执法监管的主要依据，加大对无证排污、未按证排污等违法违规行为的查处力度。对偷排偷放、自行监测数据弄虚作假和故意不正常运行污染防治设施等恶意违法行为，综合运用停产整治、按日连续处罚、吊销排污许可证等手段依法严惩重罚。情节严重的，报经有批准权的人民政府批准，责令停业、关闭。构成犯罪的，依法追究刑事责任。加大典型违法案件公开曝光力度，形成强大震慑。（生态环境部、公安部，地方有关人民政府按职责分工负责）

（十）加强行政执法与刑事司法衔接。建立生态环境部门、公安机关、检察机关联席会议制度，完善排污许可执法监管信息共享、案情通报、证据衔接、案件移送等生态环境行政执法与刑事司法衔接机制，规范线索通报、涉案物品保管和委托鉴定等工作程序。鼓励生态环境部门和公安机关、检察机关优势互补，提升环境污染物证鉴定与评估能力。（生态环境部、公安部、最高人民检察院、最高人民法院按职责分工负责）

四、优化执法方式

（十一）完善"双随机、一公开"监管。深化"放管服"改革，按照"双随机、一公开"监管工作要求，将排污许可发证登记信息纳入执法监管数据库，采取现场检查和远程核查相结合的方式，对排污许可证及证后执行情况进行随机抽查。设区的市级生态环境部门要按照排污许可履职要求，根据执法监管力量、技术装备和经费保障等情况统筹制定年度现场检查计划并按月细化落实。对存在生态环境违法问题、群众反映强烈、环境风险高的排污单位，增加抽查频次和执法监管力度。检查计划、检查结果要及时、准确向社会公开。（生态环境部负责）

（十二）实施执法正面清单。进一步加强生态环境执法正面清单管理，综合考虑排污单位环境管理水平、污染防治设施运行和维护情况、守法状况等因素设定清单准入条件，优先将治污水平高、环境管理规范的排污单位纳入清单。推动排污许可差异化执法监管，对守法排污单位减少现场检查次数。将存在恶意偷排、篡改台账记录、逃避监管等行为的排污单位及时移出清单。（生态环境部负责）

（十三）推行非现场监管。将非现场监管作为排污许可执法监管的重要方式，完善监管程序，规范工作流程，落实责任要求。建立健全数据采集、分析、预警、督办、违法查处、问题整改等排污许可非现场执法监管机制。依托全国排污许可证管理信息平台开展远程核查。加强污染源自动监控管理，推行视频监控、污染防治设施用水（电）监控，开展污染物异常排放远程识别、预警和督办。（生态环境部负责）

（十四）规范行使行政裁量权。2022年6月底前，省级生态环境部门因地制宜补充细化排污许可处罚幅度相关规定。对初次实施未依法填报排污许可登记表、环境管理台账记录数据不全、未按规定提交排污许可证执行报告或未按规定公开信息等违法行为且危害后果轻微并及时改正的，依法可以不予行政处罚。鼓励有条件的设区的市级生态环境部门对排污许可行政处罚裁量规则和基准进行细化量化，进一步规范行使自由裁量权。（生态环境部负责）

（十五）实施举报奖励。将举报排污许可违法行为纳入生态环境违法行为举报奖励范围，优化奖励发放方式、简化发放流程，对举报人信息严格保密。对举报重大生态环境违法行为、安全隐患和协助查处重大案件的，实施重奖。开展通俗易懂、覆盖面广、针对性强的举报奖励宣传。2022年6月底前，设区的市级以上地方生态环境部门建立实施举报奖励制度。（生态环境部负责）

（十六）加强典型案例指导。生态环境部建立排污许可典型案例收集、解析和发布机制，完善典型案例发布的业务审核、法律审核和集体审议决定制度。设区的市级以上地方生态环境部门要积极开展案件总结、分析和报送工作,加强典型案例发布宣传,扩展典型案例应用,发挥警示教育作用。(生态环境部负责)

五、强化支撑保障

(十七)完善标准和技术规范。加快制定修订重点行业排污许可证申请与核发技术规范、自行监测技术指南。完善排污单位自主标记数据有效性判定规则,强化自动监测设备的计量管理。出台污染物排放量核算技术方法和污染物排放超标判定规则。(生态环境部、市场监管总局按职责分工负责)

(十八)加强技术和平台支撑。强化排污许可执法监管信息化建设,推进全员、全业务、全流程使用生态环境移动执法系统查办案件。加强固定污染源管理与监控能力建设,加快全国排污许可证管理信息平台与移动执法系统互联互通,强化排污许可执法监管有效信息技术支撑。(生态环境部、财政部按职责分工负责)

(十九)加快队伍和装备建设。按照机构规范化、装备现代化、队伍专业化、管理制度化的要求开展执法机构标准化建设。鼓励各地按有关规定建立办案立功受奖激励机制。将排污许可执法监管经费列入本级预算,将生态环境执法用车纳入执法执勤车辆序列,配齐配全执法调查取证设备,有条件的地区加快配备无人机(船)等高科技执法装备。全面落实执法责任制,规范排污许可执法程序,健全内部约束和外部监督机制,建立插手干预监督执法记录制度,明确并严格执行执法人员行为规范和纪律要求,对失职渎职、以权谋私、包庇纵容等违法违规行为严肃查处。(生态环境部、人力资源社会保障部、财政部按职责分工负责)

(二十)强化环保信用监管。建立排污许可守法和诚信信息共享机制,强化排污许可证的信用约束。将申领排污许可证的排污单位纳入环保信用评价制度,加强环保信用信息归集共享,强化评价结果应用,实施分级分类监管,做好与生态环境执法正面清单衔接。(生态环境部、国家发展改革委按职责分工负责)

(二十一)鼓励公众参与。生态环境部门要依法主动公开排污许可核发和执法监管信息,接受社会监督,积极听取有关方面意见建议。搭建公众参与和沟通平台,完善政府、企业、公众三方对话机制,开辟有效的意见交流和投诉渠道。对公众反映的排污许可等生态环境问题,积极调查处理并反馈信息。充分发挥新媒体作用,及时解读相关政策,为公众解疑释惑,支持新闻媒体进行舆论监督。(生态环境部负责)

(二十二)加强普法宣传。按照"谁执法、谁普法"原则,建立排污许可普法长效机制。突出现场检查的普法宣传,推行全程说理式执法,推广说理式执法文书。组织"送法入企"活动,举办普法培训,开展执法帮扶,营造良好的排污许可守法环境。(生态环境部负责)

一、适用情形

排污单位存在下列情形之一的,生态环境主管部门暂不予以核发排污许可证,并下达排污限期整改通知书(以下简称整改通知书)。

(一)"不能达标排放"类,污染物排放不符合污染物排放标准要求;重点污染物排放不符合排污许可证申请与核发技术规范、环境影响报告书(表)批准文件、重点污染物排放总量控制要求;排污单位位于未达到国家环境质量标准的重点区域、流域,污染物排放不符合有关地方人民政府关于改善生态环境质量特别要求的。

(二)"手续不全"类,未依法取得建设项目环境影响报告书(表)批准文件,未办理环境影响登记备案手续,但是已经按照有关规定获得经地方人民政府依法处理、整顿规范并符合要求的相关证明材料的,或者按照地方人民政府有关规定已经取得排污许可证的除外。

(三)"其他"类,如未按照规定安装、使用自动监测设备并与生态环境主管部门监控设备联网,未按规定设置污染物排放口等。

二、整改期限

整改期限为三个月至一年。对于存在多种整改情形的,整改通知书应分别提出相应整改要求,整改期限以整改时间最长的情形为准,不得累加,最长不超过一年。

排污单位应根据存在的问题,提出切实可行的整改计划。生态环境主管部门应合理确定整改期限。

三、整改通知书格式要求

整改通知书由正文和附件两部分组成。具体格式详见附件。

(一)正文。内容包括排污单位名称、法定代表人或者主要负责人、生产经营场所所在地、统一社会信用代码等企业基本信息,载明整改问题类型和整改时限,告知排污单位整改要求和逾期未完成整改的法律后果。

(二)附件。内容包括排污限期整改要求,列明整改问题、整改内容、整改时限等,提出整改期限内污染物排放要求,列明各排污口污染物排放法定执行标准限值和自行监测要求等。

四、管理要求

(一)申请。排污单位在全国排污许可证管理信息平台(以下简称信息平台)填报排污许可证申请表,生态环境主管部门对排污单位提交的申请材料进行审核(必要时,可赴现场核查)。对于存在本通知规定的适用情形之一的,排污单位应主动提出整改方案,作出整改承诺,制定详细的整改计划报送生态环境主管部门;排污单位未主动提出整改方案的,生态环境主管部门可以要求排污单位提交。

(二)下达。对于申请材料和整改方案齐全且符合要求的,生态环境主管部门应当自受理申请之日起十个工作日内下达整改通知书,明确整改内容、整改期限,提出整改期间环境管理要求,告知相应法律责任和救济权利等。

(三)整改。排污单位应当严格落实整改通知书各项要求,按计划完成整改措施,确保整改期间各项污染物排放符合法定排放标准限值,按规范要求开展自行监测,积极配合生态环境主管部门现场检查等。

(四)申领排污许可证。排污单位完成整改后,应当及时向生态环境主管部门报送整改报告和排污许可证申请材料,说明整改完成情况、达标排放情况和自行监测情况等,按程序重新申请排污许可证。排污单位应当在整改期满前取得排污许可证,鼓励排污单位提前完成整改并报送申请材料。排污单位提前报送申请材料,生态环境主管部门审核后发现排污单位未按整改通知书要求完成整改的,依法不予核发排污许可证,可以要求排污单位在申请批准的整改期限内继续按照整改通知书要求进行整改。

五、加强监管执法

生态环境主管部门应加强对限期整改排污单位的监督管理,对于整改进度缓慢或滞后的排污单位加强帮扶指导,定期通过信息平台、微信、短信等方式进行提醒。

生态环境主管部门应当把限期整改排污单位纳入"双随机、一公开"监管,适当提高抽查比例,对于问题突出的重点地区或重点行业应当开展专项检查。

排污单位未按照整改通知书要求完成整改的,生态环境主管部门不得核发排污许可证;违法违规核发的,应当依法予以撤销,并依法依纪追究有关责任人的责任。排污单位逾期未完成整改,未在整改期限内取得排污许可证且继续排放污染物的,生态环境主管部门应当依据《中华人民共和国大气污染防治法》第九十九条、第一百条,《中华人民共和国水污染防治法》第八十二条、第八十三条,《中华人民共和国环境影响评价法》第三十一条,《建设项目环境保护管理条例》第二十一条等法律法规予以处理。

整改通知书不替代生态环境主管部门对排污单位有关生态环境违法行为依法作出的责令改正决定书。生态环境主管部门对排污单位在整改之前、整改期间的生态环境违法行为,以及逾期未完成整改并继续超标排放污染物的违法行为,均应依法予以处罚。

六、强化舆论监督

生态环境主管部门应当在信息平台公开整改通知书内容,并在当地生态环境主管部门网站上公开限期整改排污单位名单及其整改要求,公开通报无证排污等环境违法案例及处罚情况,将逾期未改且继续排放污染物等无证排污单位和相关责任人违法违规情况纳入社会诚信系统。

七、其他

本通知自印发之日起执行。根据《排污许可管理办法》第六十一条已发证的排污单位,符合本通知规定的适用情形的,可参照本通知执行。

附件:排污限期整改通知书(样本)(略)

· 请示答复

关于排污申报有关问题的复函

· 2018 年 8 月 22 日
· 环环监函[2018]102 号

广东省环境保护厅:

你厅《关于排污申报有关问题的请示》(粤环报〔2018〕115 号)收悉。经研究,函复如下:

《中华人民共和国环境保护法》(2014 年修订)、《中华人民共和国大气污染防治法》(2015 年修订)、《中华人民共和国水污染防治法》(2017 年修正)三部现行法律中均删除了排污申报登记的有关规定。

《中华人民共和国环境保护税法》第二十七条规定"自本法施行之日起,依照本法规定征收环境保护税,不再征收排污费。"

现行《中华人民共和国环境噪声污染防治法》(1996 年)、《中华人民共和国固体废物污染防治法》(2016 年修正)中仍有排污申报登记的相关规定,各地应根据生态环境管理工作的需要,依法开展工作。

·典型案例

重庆市人民政府、重庆两江志愿服务发展中心诉重庆藏金阁物业管理有限公司、重庆首旭环保科技有限公司生态环境损害赔偿、环境民事公益诉讼案①

【关键词】

民事　生态环境损害赔偿诉讼　环境民事公益诉讼　委托排污　共同侵权　生态环境修复费用　虚拟治理成本法

【裁判要点】

1. 取得排污许可证的企业，负有确保其排污处理设备正常运行且排放物达到国家和地方排放标准的法定义务，委托其他单位处理的，应当对受托单位履行监管义务；明知受托单位违法排污不予制止甚或提供便利的，应当对环境污染损害承担连带责任。

2. 污染者向水域排污造成生态环境损害，生态环境修复费用难以计算的，可以根据环境保护部门关于生态环境损害鉴定评估有关规定，采用虚拟治理成本法对损害后果进行量化，根据违法排污的污染物种类、排污量及污染源排他性等因素计算生态环境损害量化数额。

【相关法条】

《中华人民共和国侵权责任法》第8条

【基本案情】

重庆藏金阁电镀工业园(又称藏金阁电镀工业中心)位于重庆市江北区港城工业园区内，是该工业园区内唯一的电镀工业园，园区内有若干电镀企业入驻。重庆藏金阁物业管理有限公司(以下简称藏金阁公司)为园区入驻企业提供物业管理服务，并负责处理企业产生的废水。藏金阁公司领取了排放污染物许可证，并拥有废水处理的设施设备。2013年12月5日，藏金阁公司与重庆首旭环保科技有限公司(以下简称首旭公司)签订为期4年的《电镀废水处理委托运行承包管理运行协议》(以下简称《委托运行协议》)，首旭公司承接藏金阁电镀工业中心废水处理项目，该电镀工业中心的废水由藏金阁公司交给首旭公司使用藏金阁公司所有的废水处理设备进行处理。2016年4月21日，重庆市环境监察总队执法人员在对藏金阁公司的废水处理站进行现场检查时，发现废水处理站中两个总铬反应器和一个综合反应器设施均未运行，生产废水未经处理便排入外环境。2016年4月22日至26日期间，经执法人员采样监测分析发现外排废水重金属超标，违法排放废水总铬浓度为55.5mg/L，总锌浓度为2.85×102mg/L，总铜浓度为27.2mg/L，总镍浓度为41mg/L，分别超过《电镀污染物排放标准》(GB21900—2008)的规定标准54.5倍、189倍、53.4倍、81倍，对生态环境造成严重影响和损害。2016年5月4日，执法人员再次进行现场检查，发现藏金阁废水处理站1号综合废水调节池的含重金属废水通过池壁上的120mm口径管网未经正常处理直接排放至外环境并流入港城园区市政管网再进入长江。经监测，1号池内渗漏的废水中六价铬浓度为6.10mg/L，总铬浓度为10.9mg/L，分别超过国家标准29.5倍、9.9倍。从2014年9月1日至2016年5月5日违法排放废水量共计145624吨。还查明，2014年8月，藏金阁公司将原废酸收集池改造为1号综合废水调节池，传送废水也由地下管网改为高空管网作业。该池池壁上原有110mm和120mm口径管网各一根，改造时只封闭了110mm口径管网，而未封闭120mm口径管网，该未封闭管网系埋于地下的暗管。首旭公司自2014年9月起，在明知池中有一根120mm管网可以连通外环境的情况下，仍然一直利用该管网将未经处理的含重金属废水直接排放至外环境。

受重庆市人民政府委托，重庆市环境科学研究院对藏金阁公司和首旭公司违法排放超标废水造成生态环境损害进行鉴定评估，并于2017年4月出具《鉴定评估报告书》。该评估报告载明：本事件污染行为明确，污染物迁移路径合理，污染源与违法排放至外环境的废水中污染物具有同源性，且污染源具有排他性。污染行为发生持续时间为2014年9月1日至2016年5月5日，违法排放废水共计145624吨，其主要污染因子为六价铬、总铬、总锌、总镍等，对长江水体造成严重损害。《鉴定评估报告书》采用《生态环境损害鉴定评估技术指南总纲》《环境损害鉴定评估推荐方法(第Ⅱ版)》推荐的虚拟治理成本法对生态环境损害进行量化，按22元/吨的实际治理费用作为单位虚拟治理成本，再乘以违法排放废水数量，计算出虚拟治理成本为320.3728万元。违法排放废水点为长江干流主城区段水域，适用功能类别属Ⅲ类水体，根据虚拟治理成本法的"污染修复费用的确定原则"Ⅲ类水体的倍数范围为虚拟治理成本的4.5—6倍，本次评估选取最低倍数4.5倍，最终评估出二被告违法排放废水造成的生态环境污染损害量化数额为1441.6776万元(即320.3728万元×4.5=

---

① 案例来源：2019年12月26日最高人民法院指导案例130号。

1441.6776万元）。重庆市环境科学研究院是环境保护部《关于印发〈环境损害鉴定评估推荐机构名录（第一批）〉的通知》中确认的鉴定评估机构。

2016年6月30日，重庆市环境监察总队以藏金阁公司从2014年9月1日至2016年5月5日通过1号综合调节池内的120mm口径管网将含重金属废水未经废水处理站总排口便直接排入港城园区市政废水管网进入长江为由，作出行政处罚决定，对藏金阁公司罚款580.72万元。藏金阁公司不服申请行政复议，重庆市环境保护局作出维持行政处罚决定的复议决定。后藏金阁公司诉至重庆市渝北区人民法院，要求撤销行政处罚决定和行政复议决定。重庆市渝北区人民法院于2017年2月28日作出（2016）渝0112行初324号行政判决，驳回藏金阁公司的诉讼请求。判决后，藏金阁公司未提起上诉，该判决发生法律效力。

2016年11月28日，重庆市渝北区人民检察院向重庆市渝北区人民法院提起公诉，指控首旭公司、程龙（首旭公司法定代表人）等构成污染环境罪，应依法追究刑事责任。重庆市渝北区人民法院于2016年12月29日作出（2016）渝0112刑初1615号刑事判决，判决首旭公司、程龙等人构成污染环境罪。判决后，未提起抗诉和上诉，该判决发生法律效力。

【裁判结果】

重庆市第一中级人民法院于2017年12月22日作出（2017）渝01民初773号民事判决：一、被告重庆藏金阁物业管理有限公司和被告重庆首旭环保科技有限公司连带赔偿生态环境修复费用1441.6776万元，于本判决生效后十日内交付至重庆市财政局专用账户，由原告重庆市人民政府及其指定的部门和原告重庆两江志愿服务发展中心结合本区域生态环境损害情况用于开展替代修复；二、被告重庆藏金阁物业管理有限公司和被告重庆首旭环保科技有限公司于本判决生效后十日内，在省级或以上媒体向社会公开赔礼道歉；三、被告重庆藏金阁物业管理有限公司和被告重庆首旭环保科技有限公司在本判决生效后十日内给付原告重庆市人民政府鉴定费5万元，律师费19.8万元；四、被告重庆藏金阁物业管理有限公司和被告重庆首旭环保科技有限公司在本判决生效后十日内给付原告重庆两江志愿服务发展中心律师费8万元；五、驳回原告重庆市人民政府和原告重庆两江志愿服务发展中心其他诉讼请求。判决后，各方当事人在法定期限内均未提出上诉，判决发生法律效力。

【裁判理由】

法院生效裁判认为，重庆市人民政府依据《生态环境损害赔偿制度改革试点方案》规定，有权提起生态环境损害赔偿诉讼，重庆两江志愿服务发展中心具备合法的环境公益诉讼主体资格，二原告基于不同的规定而享有各自的诉权，均应依法予以保护。鉴于两案原告基于同一污染事实与相同被告提起诉讼，诉讼请求基本相同，故将两案合并审理。

本案的争议焦点为：

一、关于《鉴定评估报告书》认定的污染物种类、污染源排他性、违法排放废水计量以及损害量化数额是否准确

首先，关于《鉴定评估报告书》认定的污染物种类、污染源排他性和违法排放废水计量是否准确的问题。污染物种类、污染源排他性及违法排放废水计量均已被（2016）渝0112行初324号行政判决直接或者间接确认，本案中二被告并未提供相反证据来推翻原判决，故对《鉴定评估报告书》依据的上述环境污染事实予以确认。具体而言，一是关于污染物种类的问题。除了生效刑事判决所认定的总铬和六价铬之外，二被告违法排放的废水中还含有重金属物质如总锌、总镍等，该事实得到了江北区环境监测站、重庆市环境监测中心出具的环境监测报告以及（2016）渝0112行初324号生效行政判决的确认，也得到了首旭公司法定代表人程龙在调查询问中的确认。二是关于污染源排他性的问题。二被告辩称，江北区环境监测站出具的江环（监）字〔2016〕第JD009号分析报告单确定的取样点W4、W6位置高于藏金阁废水处理站，因而该两处检出污染物超标不可能由二被告的行为所致。由于被污染水域具有流动性的特征和自净功能，水质得到一定程度的恢复，鉴定机构在鉴定时客观上已无法再在废水处理站周围提取到违法排放废水行为持续时所流出的废水样本，故只能依据环境行政执法部门在查处二被告违法行为时通过取样所固定的违法排放废水样本进行鉴定。在对藏金阁废水处理情况进行环保执法的过程中，先后在多个取样点进行过数次监测取样，除江环（监）字〔2016〕第JD009号分析报告单以外，江北区环境监测站与重庆市环境监测中心还出具了数份监测报告，重庆市环境监察总队的行政处罚决定和重庆市环境保护局的复议决定是在对上述监测报告进行综合评定的基础上作出的，并非单独依据其中一份分析报告书或者监测报告作出。环保部门在整个行政执法包括取样等前期执法过程中，其行为的合法性和合理性已经得到了生效行政判决的确认。同时，上述监测分析结果显示废水中的污染物系电镀行业排放的重金属废水，在案证据证实涉案区域唯有藏金阁一家电镀工业园，而且环境监测结果与藏金阁废水处理站违法排放废水种类一致，以上事实证明上述取水点排出的废水来源仅可能来自

于藏金阁废水处理站,故可以认定污染物来源具有排他性。三是关于违法排污计量的问题。根据生效刑事判决和行政判决的确认,并结合行政执法过程中的调查询问笔录,可以认定铬调节池的废水进入1号综合废水调节池,利用1号池安装的120mm口径管网将含重金属的废水直接排入外环境并进入市政管网这一基本事实。经庭审查明,《鉴定评估报告书》综合证据,采用用水总量减去消耗量、污泥含水量、在线排水量、节假日排水量的方式计算出违法排放废水量,其所依据的证据和事实或者已得到被告方认可或生效判决确认,或者相关行政行为已通过行政诉讼程序的合法性审查,其所采用的计量方法具有科学性和合理性。综上,藏金阁公司和首旭公司提出的污染物种类、违法排放废水量和污染源排他性认定有误的异议不能成立。

其次,关于《鉴定评估报告书》认定的损害量化数额是否准确的问题。原告方委托重庆市环境科学研究院就本案的生态环境损害进行鉴定评估并出具了《鉴定评估报告书》,该报告确定二被告违法排污造成的生态环境损害量化数额为1441.6776万元。经查,重庆市环境科学研究院是环境保护部《关于印发〈环境损害鉴定评估推荐机构名录(第一批)〉的通知》中确立的鉴定评估机构,委托其进行本案的生态环境损害鉴定评估符合司法解释之规定,其具备相应鉴定资格。根据环境保护部组织制定的《生态环境损害鉴定评估技术指南总纲》《环境损害鉴定评估推荐方法(第Ⅱ版)》,鉴定评估可以采用虚拟治理成本法对事件造成的生态环境损害进行量化,量化结果可以作为生态环境损害赔偿的依据。鉴于本案违法排污行为持续时间长、违法排放数量大,且长江水体处于流动状态,难以直接计算生态环境修复费用,故《鉴定评估报告书》采用虚拟治理成本法对损害结果进行量化并无不当。《鉴定评估报告书》将22元/吨确定为单位实际治理费用,系根据重庆市环境监察总队现场核查藏金阁公司财务凭证,并结合对藏金阁公司法定代表人孙启良的调查询问笔录而确定。《鉴定评估报告书》根据《环境损害鉴定评估推荐方法(第Ⅱ版)》,Ⅲ类地表水污染修复费用的确定原则为虚拟治理成本的4.5-6倍,结合本案污染事实,取最小倍数即4.5倍计算得出损害量化数额为320.3728万元×4.5 = 1441.6776万元,亦无不当。

综上所述,《鉴定评估报告书》的鉴定机构和鉴定评估人资质合格,鉴定评估委托程序合法,鉴定评估项目负责人亦应法庭要求出庭接受质询,鉴定评估所依据的事实有生效法律文书支撑,采用的计算方法和结论科学有据,故对《鉴定评估报告书》及所依据的相关证据予以采信。

二、关于藏金阁公司与首旭公司是否构成共同侵权

首旭公司是明知1号废水调节池池壁上存在120mm口径管网并故意利用其违法排污的直接实施主体,其理应对损害后果承担赔偿责任,对此应无疑义。本争议焦点的核心问题在于如何评价藏金阁公司的行为,其与首旭公司是否构成共同侵权。法院认为,藏金阁公司与首旭公司构成共同侵权,应当承担连带责任。

第一,我国实行排污许可制,该制度是国家对排污者进行有效管理的手段,取得排污许可证的企业即是排污单位,负有依法排污的义务,否则将承担相应法律责任。藏金阁公司持有排污许可证,必须确保按照许可证的规定和要求排放。藏金阁公司以委托运行协议的形式将废水处理交由专门从事环境治理业务(含工业废水运营)的首旭公司作业,该行为并不为法律所禁止。但是,无论是自行排放还是委托他人排放,藏金阁公司都必须确保其废水处理站正常运行,并确保排放物达到国家和地方排放标准,这是取得排污许可证企业的法定责任,该责任不能通过民事约定来解除。申言之,藏金阁公司作为排污主体,具有监督首旭公司合法排污的法定责任,依照《委托运行协议》其也具有监督首旭公司日常排污情况的义务,本案违法排污行为持续了1年8个月的时间,藏金阁公司显然未尽监管义务。

第二,无论是作为排污设备产权人和排污主体的法定责任,还是按照双方协议约定,藏金阁公司均应确保废水处理设施设备正常、完好。2014年8月藏金阁公司将废酸池改造为1号废水调节池并将地下管网改为高空管网作业时,未按照正常处理方式对池中的120mm口径暗管进行封闭,藏金阁公司亦未举证证明不封闭暗管的合理合法性,而首旭公司正是通过该暗管实施违法排放,也就是说,藏金阁公司明知为首旭公司提供的废水处理设备留有可以实施违法排放的管网,据此可以认定其具有违法故意,且客观上为违法排放行为的完成提供了条件。

第三,待处理的废水是由藏金阁公司提供给首旭公司的,那么藏金阁公司知道需处理的废水数量,同时藏金阁公司作为排污主体,负责向环保部门缴纳排污费,其也知道合法排放的废水数量,加之作为物业管理部门,其对于园区企业产生的实际用水量亦是清楚的,而这几个数据结合起来,即可确知违法排放行为的存在,因此可以认定藏金阁公司知道首旭公司在实施违法排污行为,但其却放任首旭公司违法排放废水,同时还继续将废水交由首旭公司处理,可以视为其与首旭公司形成了默契,具有共同侵权的故意,并共同造成了污染后果。

第四,环境侵权案件具有侵害方式的复合性、侵害过程的复杂性、侵害后果的隐蔽性和长期性,其证明难度尤其是对于排污企业违法排污主观故意的证明难度较高,且

本案又涉及到对环境公益的侵害，故应充分考虑到此类案件的特殊性，通过准确把握举证证明责任和归责原则来避免责任逃避和公益受损。综上，根据本案事实和证据，藏金阁公司与首旭公司构成环境污染共同侵权的证据已达到高度盖然性的民事证明标准，应当认定藏金阁公司和首旭公司对于违法排污存在主观上的共同故意和客观上的共同行为，二被告构成共同侵权，应承担连带责任。

（生效裁判审判人员：裘晓音、贾科、张力）

2. 清洁生产

中华人民共和国清洁生产促进法

- 2002年6月29日第九届全国人民代表大会常务委员会第二十八次会议通过
- 根据2012年2月29日第十一届全国人民代表大会常务委员会第二十五次会议《关于修改〈中华人民共和国清洁生产促进法〉的决定》修正

第一章 总 则

第一条 为了促进清洁生产，提高资源利用效率，减少和避免污染物的产生，保护和改善环境，保障人体健康，促进经济与社会可持续发展，制定本法。

第二条 本法所称清洁生产，是指不断采取改进设计、使用清洁的能源和原料、采用先进的工艺技术与设备、改善管理、综合利用等措施，从源头削减污染，提高资源利用效率，减少或者避免生产、服务和产品使用过程中污染物的产生和排放，以减轻或者消除对人类健康和环境的危害。

第三条 在中华人民共和国领域内，从事生产和服务活动的单位以及从事相关管理活动的部门依照本法规定，组织、实施清洁生产。

第四条 国家鼓励和促进清洁生产。国务院和县级以上地方人民政府，应当将清洁生产促进工作纳入国民经济和社会发展规划、年度计划以及环境保护、资源利用、产业发展、区域开发等规划。

第五条 国务院清洁生产综合协调部门负责组织、协调全国的清洁生产促进工作。国务院环境保护、工业、科学技术、财政部门和其他有关部门，按照各自的职责，负责有关的清洁生产促进工作。

县级以上地方人民政府负责领导本行政区域内的清洁生产促进工作。县级以上地方人民政府确定的清洁生产综合协调部门负责组织、协调本行政区域内的清洁生产促进工作。县级以上地方人民政府其他有关部门，按照各自的职责，负责有关的清洁生产促进工作。

第六条 国家鼓励开展有关清洁生产的科学研究、技术开发和国际合作，组织宣传、普及清洁生产知识，推广清洁生产技术。

国家鼓励社会团体和公众参与清洁生产的宣传、教育、推广、实施及监督。

第二章 清洁生产的推行

第七条 国务院应当制定有利于实施清洁生产的财政税收政策。

国务院及其有关部门和省、自治区、直辖市人民政府，应当制定有利于实施清洁生产的产业政策、技术开发和推广政策。

第八条 国务院清洁生产综合协调部门会同国务院环境保护、工业、科学技术部门和其他有关部门，根据国民经济和社会发展规划及国家节约资源、降低能源消耗、减少重点污染物排放的要求，编制国家清洁生产推行规划，报经国务院批准后及时公布。

国家清洁生产推行规划应当包括：推行清洁生产的目标、主要任务和保障措施，按照资源能源消耗、污染物排放水平确定开展清洁生产的重点领域、重点行业和重点工程。

国务院有关行业主管部门根据国家清洁生产推行规划确定本行业清洁生产的重点项目，制定行业专项清洁生产推行规划并组织实施。

县级以上地方人民政府根据国家清洁生产推行规划、有关行业专项清洁生产推行规划，按照本地区节约资源、降低能源消耗、减少重点污染物排放的要求，确定本地区清洁生产的重点项目，制定推行清洁生产的实施规划并组织落实。

第九条 中央预算应当加强对清洁生产促进工作的资金投入，包括中央财政清洁生产专项资金和中央预算安排的其他清洁生产资金，用于支持国家清洁生产推行规划确定的重点领域、重点行业、重点工程实施清洁生产及其技术推广工作，以及生态脆弱地区实施清洁生产的项目。中央预算用于支持清洁生产促进工作的资金使用的具体办法，由国务院财政部门、清洁生产综合协调部门会同国务院有关部门制定。

县级以上地方人民政府应当统筹地方财政安排的清洁生产促进工作的资金，引导社会资金，支持清洁生产重点项目。

第十条 国务院和省、自治区、直辖市人民政府的有关部门，应当组织和支持建立促进清洁生产信息系统和技术咨询服务体系,向社会提供有关清洁生产方法和技术、可再生利用的废物供求以及清洁生产政策等方面的信息和服务。

第十一条 国务院清洁生产综合协调部门会同国务院环境保护、工业、科学技术、建设、农业等有关部门定期发布清洁生产技术、工艺、设备和产品导向目录。

国务院清洁生产综合协调部门、环境保护部门和省、自治区、直辖市人民政府负责清洁生产综合协调的部门、环境保护部门会同同级有关部门,组织编制重点行业或者地区的清洁生产指南,指导实施清洁生产。

第十二条 国家对浪费资源和严重污染环境的落后生产技术、工艺、设备和产品实行限期淘汰制度。国务院有关部门按照职责分工,制定并发布限期淘汰的生产技术、工艺、设备以及产品的名录。

第十三条 国务院有关部门可以根据需要批准设立节能、节水、废物再生利用等环境与资源保护方面的产品标志,并按照国家规定制定相应标准。

第十四条 县级以上人民政府科学技术部门和其他有关部门,应当指导和支持清洁生产技术和有利于环境与资源保护的产品的研究、开发以及清洁生产技术的示范和推广工作。

第十五条 国务院教育部门,应当将清洁生产技术和管理课程纳入有关高等教育、职业教育和技术培训体系。

县级以上人民政府有关部门组织开展清洁生产的宣传和培训,提高国家工作人员、企业经营管理者和公众的清洁生产意识,培养清洁生产管理和技术人员。

新闻出版、广播影视、文化等单位和有关社会团体,应当发挥各自优势做好清洁生产宣传工作。

第十六条 各级人民政府应当优先采购节能、节水、废物再生利用等有利于环境与资源保护的产品。

各级人民政府应当通过宣传、教育等措施,鼓励公众购买和使用节能、节水、废物再生利用等有利于环境与资源保护的产品。

第十七条 省、自治区、直辖市人民政府负责清洁生产综合协调的部门、环境保护部门,根据促进清洁生产工作的需要,在本地区主要媒体上公布未达到能源消耗控制指标、重点污染物排放控制指标的企业的名单,为公众监督企业实施清洁生产提供依据。

列入前款规定名单的企业,应当按照国务院清洁生产综合协调部门、环境保护部门的规定公布能源消耗或者重点污染物产生、排放情况,接受公众监督。

第三章 清洁生产的实施

第十八条 新建、改建和扩建项目应当进行环境影响评价,对原料使用、资源消耗、资源综合利用以及污染物产生与处置等进行分析论证,优先采用资源利用率高以及污染物产生量少的清洁生产技术、工艺和设备。

第十九条 企业在进行技术改造过程中,应当采取以下清洁生产措施:

(一)采用无毒、无害或者低毒、低害的原料,替代毒性大、危害严重的原料;

(二)采用资源利用率高、污染物产生量少的工艺和设备,替代资源利用率低、污染物产生量多的工艺和设备;

(三)对生产过程中产生的废物、废水和余热等进行综合利用或者循环使用;

(四)采用能够达到国家或者地方规定的污染物排放标准和污染物排放总量控制指标的污染防治技术。

第二十条 产品和包装物的设计,应当考虑其在生命周期中对人类健康和环境的影响,优先选择无毒、无害、易于降解或者便于回收利用的方案。

企业对产品的包装应当合理,包装的材质、结构和成本应当与内装产品的质量、规格和成本相适应,减少包装性废物的产生,不得进行过度包装。

第二十一条 生产大型机电设备、机动运输工具以及国务院工业部门指定的其他产品的企业,应当按照国务院标准化部门或者其授权机构制定的技术规范,在产品的主体构件上注明材料成分的标准牌号。

第二十二条 农业生产者应当科学地使用化肥、农药、农用薄膜和饲料添加剂,改进种植和养殖技术,实现农产品的优质、无害和农业生产废物的资源化,防止农业环境污染。

禁止将有毒、有害废物用作肥料或者用于造田。

第二十三条 餐饮、娱乐、宾馆等服务性企业,应当采用节能、节水和其他有利于环境保护的技术和设备,减少使用或者不使用浪费资源、污染环境的消费品。

第二十四条 建筑工程应当采用节能、节水等有利于环境与资源保护的建筑设计方案、建筑和装修材料、建筑构配件及设备。

建筑和装修材料必须符合国家标准。禁止生产、销售和使用有毒、有害物质超过国家标准的建筑和装修材料。

第二十五条 矿产资源的勘查、开采,应当采用有利于合理利用资源、保护环境和防止污染的勘查、开采方法和工艺技术,提高资源利用水平。

第二十六条　企业应当在经济技术可行的条件下对生产和服务过程中产生的废物、余热等自行回收利用或者转让给有条件的其他企业和个人利用。

第二十七条　企业应当对生产和服务过程中的资源消耗以及废物的产生情况进行监测，并根据需要对生产和服务实施清洁生产审核。

有下列情形之一的企业，应当实施强制性清洁生产审核：

（一）污染物排放超过国家或者地方规定的排放标准，或者虽未超过国家或者地方规定的排放标准，但超过重点污染物排放总量控制指标的；

（二）超过单位产品能源消耗限额标准构成高耗能的；

（三）使用有毒、有害原料进行生产或者在生产中排放有毒、有害物质的。

污染物排放超过国家或者地方规定的排放标准的企业，应当按照环境保护相关法律的规定治理。

实施强制性清洁生产审核的企业，应当将审核结果向所在地县级以上地方人民政府负责清洁生产综合协调的部门、环境保护部门报告，并在本地区主要媒体上公布，接受公众监督，但涉及商业秘密的除外。

县级以上地方人民政府有关部门应当对企业实施强制性清洁生产审核的情况进行监督，必要时可以组织对企业实施清洁生产的效果进行评估验收，所需费用纳入同级政府预算。承担评估验收工作的部门或者单位不得向被评估验收企业收取费用。

实施清洁生产审核的具体办法，由国务院清洁生产综合协调部门、环境保护部门会同国务院有关部门制定。

第二十八条　本法第二十七条第二款规定以外的企业，可以自愿与清洁生产综合协调部门和环境保护部门签订进一步节约资源、削减污染物排放量的协议。该清洁生产综合协调部门和环境保护部门应当在本地区主要媒体上公布该企业的名称以及节约资源、防治污染的成果。

第二十九条　企业可以根据自愿原则，按照国家有关环境管理体系等认证的规定，委托经国务院认证认可监督管理部门认可的认证机构进行认证，提高清洁生产水平。

第四章　鼓励措施

第三十条　国家建立清洁生产表彰奖励制度。对在清洁生产工作中做出显著成绩的单位和个人，由人民政府给予表彰和奖励。

第三十一条　对从事清洁生产研究、示范和培训，实施国家清洁生产重点技术改造项目和本法第二十八条规定的自愿节约资源、削减污染物排放量协议中载明的技术改造项目，由县级以上人民政府给予资金支持。

第三十二条　在依照国家规定设立的中小企业发展基金中，应当根据需要安排适当数额用于支持中小企业实施清洁生产。

第三十三条　依法利用废物和从废物中回收原料生产产品的，按照国家规定享受税收优惠。

第三十四条　企业用于清洁生产审核和培训的费用，可以列入企业经营成本。

第五章　法律责任

第三十五条　清洁生产综合协调部门或者其他有关部门未依照本法规定履行职责的，对直接负责的主管人员和其他直接责任人员依法给予处分。

第三十六条　违反本法第十七条第二款规定，未按照规定公布能源消耗或者重点污染物产生、排放情况的，由县级以上地方人民政府负责清洁生产综合协调的部门、环境保护部门按照职责分工责令公布，可以处十万元以下的罚款。

第三十七条　违反本法第二十一条规定，未标注产品材料的成分或者不如实标注的，由县级以上地方人民政府质量技术监督部门责令限期改正；拒不改正的，处以5万元以下的罚款。

第三十八条　违反本法第二十四条第二款规定，生产、销售有毒、有害物质超过国家标准的建筑和装修材料的，依照产品质量法和有关民事、刑事法律的规定，追究行政、民事、刑事法律责任。

第三十九条　违反本法第二十七条第二款、第四款规定，不实施强制性清洁生产审核或者在清洁生产审核中弄虚作假的，或者实施强制性清洁生产审核的企业不报告或者不如实报告审核结果的，由县级以上地方人民政府负责清洁生产综合协调的部门、环境保护部门按照职责分工责令限期改正；拒不改正的，处以五万元以上五十万元以下的罚款。

违反本法第二十七条第五款规定，承担评估验收工作的部门或者单位及其工作人员向被评估验收企业收取费用的，不如实评估验收或者在评估验收中弄虚作假的，或者利用职务上的便利谋取利益的，对直接负责的主管人员和其他直接责任人员依法给予处分；构成犯罪的，依法追究刑事责任。

第六章　附　则

第四十条　本法自2003年1月1日起施行。

3. 生态环境标准管理

中华人民共和国标准化法

- 1988年12月29日第七届全国人民代表大会常务委员会第五次会议通过
- 2017年11月4日第十二届全国人民代表大会常务委员会第三十次会议修订
- 2017年11月4日中华人民共和国主席令第78号公布
- 自2018年1月1日起施行

第一章 总 则

第一条 为了加强标准化工作，提升产品和服务质量，促进科学技术进步，保障人身健康和生命财产安全，维护国家安全、生态环境安全，提高经济社会发展水平，制定本法。

第二条 本法所称标准（含标准样品），是指农业、工业、服务业以及社会事业等领域需要统一的技术要求。

标准包括国家标准、行业标准、地方标准和团体标准、企业标准。国家标准分为强制性标准、推荐性标准，行业标准、地方标准是推荐性标准。

强制性标准必须执行。国家鼓励采用推荐性标准。

第三条 标准化工作的任务是制定标准、组织实施标准以及对标准的制定、实施进行监督。

县级以上人民政府应当将标准化工作纳入本级国民经济和社会发展规划，将标准化工作经费纳入本级预算。

第四条 制定标准应当在科学技术研究成果和社会实践经验的基础上，深入调查论证，广泛征求意见，保证标准的科学性、规范性、时效性，提高标准质量。

第五条 国务院标准化行政主管部门统一管理全国标准化工作。国务院有关行政主管部门分工管理本部门、本行业的标准化工作。

县级以上地方人民政府标准化行政主管部门统一管理本行政区域内的标准化工作。县级以上地方人民政府有关行政主管部门分工管理本行政区域内本部门、本行业的标准化工作。

第六条 国务院建立标准化协调机制，统筹推进标准化重大改革，研究标准化重大政策，对跨部门跨领域、存在重大争议标准的制定和实施进行协调。

设区的市级以上地方人民政府可以根据工作需要建立标准化协调机制，统筹协调本行政区域内标准化工作重大事项。

第七条 国家鼓励企业、社会团体和教育、科研机构等开展或者参与标准化工作。

第八条 国家积极推动参与国际标准化活动，开展标准化对外合作与交流，参与制定国际标准，结合国情采用国际标准，推进中国标准与国外标准之间的转化运用。

国家鼓励企业、社会团体和教育、科研机构等参与国际标准化活动。

第九条 对在标准化工作中做出显著成绩的单位和个人，按照国家有关规定给予表彰和奖励。

第二章 标准的制定

第十条 对保障人身健康和生命财产安全、国家安全、生态环境安全以及满足经济社会管理基本需要的技术要求，应当制定强制性国家标准。

国务院有关行政主管部门依据职责负责强制性国家标准的项目提出、组织起草、征求意见和技术审查。国务院标准化行政主管部门负责强制性国家标准的立项、编号和对外通报。国务院标准化行政主管部门应当对拟制定的强制性国家标准是否符合前款规定进行立项审查，对符合前款规定的予以立项。

省、自治区、直辖市人民政府标准化行政主管部门可以向国务院标准化行政主管部门提出强制性国家标准的立项建议，由国务院标准化行政主管部门会同国务院有关行政主管部门决定。社会团体、企业事业组织以及公民可以向国务院标准化行政主管部门提出强制性国家标准的立项建议，国务院标准化行政主管部门认为需要立项的，会同国务院有关行政主管部门决定。

强制性国家标准由国务院批准发布或者授权批准发布。

法律、行政法规和国务院决定对强制性标准的制定另有规定的，从其规定。

第十一条 对满足基础通用、与强制性国家标准配套，对各有关行业起引领作用等需要的技术要求，可以制定推荐性国家标准。

推荐性国家标准由国务院标准化行政主管部门制定。

第十二条 对没有推荐性国家标准、需要在全国某个行业范围内统一的技术要求，可以制定行业标准。

行业标准由国务院有关行政主管部门制定，报国务院标准化行政主管部门备案。

第十三条 为满足地方自然条件、风俗习惯等特殊技术要求，可以制定地方标准。

地方标准由省、自治区、直辖市人民政府标准化行政主管部门制定；设区的市级人民政府标准化行政主管部门根据本行政区域的特殊需要，经所在地省、自治区、直辖市人民政府标准化行政主管部门批准，可以制定本行政区域的地方标准。地方标准由省、自治区、直辖市人民政府标准化行政主管部门报国务院标准化行政主管部门备案，由国务院标准化行政主管部门通报国务院有关行政主管部门。

第十四条 对保障人身健康和生命财产安全、国家安全、生态环境安全以及经济社会发展所急需的标准项目，制定标准的行政主管部门应当优先立项并及时完成。

第十五条 制定强制性标准、推荐性标准，应当在立项时对有关行政主管部门、企业、社会团体、消费者和教育、科研机构等方面的实际需求进行调查，对制定标准的必要性、可行性进行论证评估；在制定过程中，应当按照便捷有效的原则采取多种方式征求意见，组织对标准相关事项进行调查分析、实验、论证，并做到有关标准之间的协调配套。

第十六条 制定推荐性标准，应当组织由相关方组成的标准化技术委员会，承担标准的起草、技术审查工作。制定强制性标准，可以委托相关标准化技术委员会承担标准的起草、技术审查工作。未组成标准化技术委员会的，应当成立专家组承担相关标准的起草、技术审查工作。标准化技术委员会和专家组的组成应当具有广泛代表性。

第十七条 强制性标准文本应当免费向社会公开。国家推动免费向社会公开推荐性标准文本。

第十八条 国家鼓励学会、协会、商会、联合会、产业技术联盟等社会团体协调相关市场主体共同制定满足市场和创新需要的团体标准，由本团体成员约定采用或者按照本团体的规定供社会自愿采用。

制定团体标准，应当遵循开放、透明、公平的原则，保证各参与主体获取相关信息，反映各参与主体的共同需求，并应当组织对标准相关事项进行调查分析、实验、论证。

国务院标准化行政主管部门会同国务院有关行政主管部门对团体标准的制定进行规范、引导和监督。

第十九条 企业可以根据需要自行制定企业标准，或者与其他企业联合制定企业标准。

第二十条 国家支持在重要行业、战略性新兴产业、关键共性技术等领域利用自主创新技术制定团体标准、企业标准。

第二十一条 推荐性国家标准、行业标准、地方标准、团体标准、企业标准的技术要求不得低于强制性国家标准的相关技术要求。

国家鼓励社会团体、企业制定高于推荐性标准相关技术要求的团体标准、企业标准。

第二十二条 制定标准应当有利于科学合理利用资源，推广科学技术成果，增强产品的安全性、通用性、可替换性，提高经济效益、社会效益、生态效益，做到技术上先进、经济上合理。

禁止利用标准实施妨碍商品、服务自由流通等排除、限制市场竞争的行为。

第二十三条 国家推进标准化军民融合和资源共享，提升军民标准通用化水平，积极推动在国防和军队建设中采用先进适用的民用标准，并将先进适用的军用标准转化为民用标准。

第二十四条 标准应当按照编号规则进行编号。标准的编号规则由国务院标准化行政主管部门制定并公布。

第三章 标准的实施

第二十五条 不符合强制性标准的产品、服务，不得生产、销售、进口或者提供。

第二十六条 出口产品、服务的技术要求，按照合同的约定执行。

第二十七条 国家实行团体标准、企业标准自我声明公开和监督制度。企业应当公开其执行的强制性标准、推荐性标准、团体标准或者企业标准的编号和名称；企业执行自行制定的企业标准的，还应当公开产品、服务的功能指标和产品的性能指标。国家鼓励团体标准、企业标准通过标准信息公共服务平台向社会公开。

企业应当按照标准组织生产经营活动，其生产的产品、提供的服务应当符合企业公开标准的技术要求。

第二十八条 企业研制新产品、改进产品，进行技术改造，应当符合本法规定的标准化要求。

第二十九条 国家建立强制性标准实施情况统计分析报告制度。

国务院标准化行政主管部门和国务院有关行政主管部门、设区的市级以上地方人民政府标准化行政主管部门应当建立标准实施信息反馈和评估机制，根据反馈和评估情况对其制定的标准进行复审。标准的复审周期一般不超过五年。经过复审，对不适应经济社会发展需要和技术进步的应当及时修订或者废止。

第三十条 国务院标准化行政主管部门根据标准实施信息反馈、评估、复审情况，对有关标准之间重复交叉或者不衔接配套的，应当会同国务院有关行政主管部门作出处理或者通过国务院标准化协调机制处理。

第三十一条 县级以上人民政府应当支持开展标准化试点示范和宣传工作，传播标准化理念，推广标准化经验，推动全社会运用标准化方式组织生产、经营、管理和服务，发挥标准对促进转型升级、引领创新驱动的支撑作用。

第四章 监督管理

第三十二条 县级以上人民政府标准化行政主管部门、有关行政主管部门依据法定职责，对标准的制定进行指导和监督，对标准的实施进行监督检查。

第三十三条 国务院有关行政主管部门在标准制定、实施过程中出现争议的，由国务院标准化行政主管部门组织协商；协商不成的，由国务院标准化协调机制解决。

第三十四条 国务院有关行政主管部门、设区的市级以上地方人民政府标准化行政主管部门未依照本法规定对标准进行编号、复审或者备案的，国务院标准化行政主管部门应当要求其说明情况，并限期改正。

第三十五条 任何单位或者个人有权向标准化行政主管部门、有关行政主管部门举报、投诉违反本法规定的行为。

标准化行政主管部门、有关行政主管部门应当向社会公开受理举报、投诉的电话、信箱或者电子邮件地址，并安排人员受理举报、投诉。对实名举报人或者投诉人，受理举报、投诉的行政主管部门应当告知处理结果，为举报人保密，并按照国家有关规定对举报人给予奖励。

第五章 法律责任

第三十六条 生产、销售、进口产品或者提供服务不符合强制性标准，或者企业生产的产品、提供的服务不符合其公开标准的技术要求的，依法承担民事责任。

第三十七条 生产、销售、进口产品或者提供服务不符合强制性标准的，依照《中华人民共和国产品质量法》、《中华人民共和国进出口商品检验法》、《中华人民共和国消费者权益保护法》等法律、行政法规的规定查处，记入信用记录，并依照有关法律、行政法规的规定予以公示；构成犯罪的，依法追究刑事责任。

第三十八条 企业未依照本法规定公开其执行的标准的，由标准化行政主管部门责令限期改正；逾期不改正的，在标准信息公共服务平台上公示。

第三十九条 国务院有关行政主管部门、设区的市级以上地方人民政府标准化行政主管部门制定的标准不符合本法第二十一条第一款、第二十二条第一款规定的，应当及时改正；拒不改正的，由国务院标准化行政主管部门公告废止相关标准；对负有责任的领导人员和直接责任人员依法给予处分。

社会团体、企业制定的标准不符合本法第二十一条第一款、第二十二条第一款规定的，由标准化行政主管部门责令限期改正；逾期不改正的，由省级以上人民政府标准化行政主管部门废止相关标准，并在标准信息公共服务平台上公示。

违反本法第二十二条第二款规定，利用标准实施排除、限制市场竞争行为的，依照《中华人民共和国反垄断法》等法律、行政法规的规定处理。

第四十条 国务院有关行政主管部门、设区的市级以上地方人民政府标准化行政主管部门未依照本法规定对标准进行编号或者备案，又未依照本法第三十四条的规定改正的，由国务院标准化行政主管部门撤销相关标准编号或者公告废止未备案标准；对负有责任的领导人员和直接责任人员依法给予处分。

国务院有关行政主管部门、设区的市级以上地方人民政府标准化行政主管部门未依照本法规定对其制定的标准进行复审，又未依照本法第三十四条的规定改正的，对负有责任的领导人员和直接责任人员依法给予处分。

第四十一条 国务院标准化行政主管部门未依照本法第十条第二款规定对制定强制性国家标准的项目予以立项，制定的标准不符合本法第二十一条第一款、第二十二条第一款规定，或者未依照本法规定对标准进行编号、复审或者予以备案的，应当及时改正；对负有责任的领导人员和直接责任人员可以依法给予处分。

第四十二条 社会团体、企业未依照本法规定对团体标准或者企业标准进行编号的，由标准化行政主管部门责令限期改正；逾期不改正的，由省级以上人民政府标准化行政主管部门撤销相关标准编号，并在标准信息公共服务平台上公示。

第四十三条 标准化工作的监督、管理人员滥用职权、玩忽职守、徇私舞弊的，依法给予处分；构成犯罪的，依法追究刑事责任。

第六章 附则

第四十四条 军用标准的制定、实施和监督办法，由国务院、中央军事委员会另行制定。

第四十五条 本法自 2018 年 1 月 1 日起施行。

生态环境标准管理办法

- 2020年12月15日生态环境部令第17号公布
- 自2021年2月1日起施行

第一章 总 则

第一条 为加强生态环境标准管理工作,依据《中华人民共和国环境保护法》《中华人民共和国标准化法》等法律法规,制定本办法。

第二条 本办法适用于生态环境标准的制定、实施、备案和评估。

第三条 本办法所称生态环境标准,是指由国务院生态环境主管部门和省级人民政府依法制定的生态环境保护工作中需要统一的各项技术要求。

第四条 生态环境标准分为国家生态环境标准和地方生态环境标准。

国家生态环境标准包括国家生态环境质量标准、国家生态环境风险管控标准、国家污染物排放标准、国家生态环境监测标准、国家生态环境基础标准和国家生态环境管理技术规范。国家生态环境标准在全国范围或者标准指定区域范围内执行。

地方生态环境标准包括地方生态环境质量标准、地方生态环境风险管控标准、地方污染物排放标准和地方其他生态环境标准。地方生态环境标准在发布该标准的省、自治区、直辖市行政区域范围或者标准指定区域范围执行。

有地方生态环境质量标准、地方生态环境风险管控标准和地方污染物排放标准的地区,应当依法优先执行地方标准。

第五条 国家和地方生态环境质量标准、生态环境风险管控标准、污染物排放标准和法律法规规定强制执行的其他生态环境标准,以强制性标准的形式发布。法律法规未规定强制执行的国家和地方生态环境标准,以推荐性标准的形式发布。

强制性生态环境标准必须执行。

推荐性生态环境标准被强制性生态环境标准或者规章、行政规范性文件引用并赋予其强制执行效力的,被引用的内容必须执行,推荐性生态环境标准本身的法律效力不变。

第六条 国务院生态环境主管部门依法制定并组织实施国家生态环境标准,评估国家生态环境标准实施情况,开展地方生态环境标准备案,指导地方生态环境标准管理工作。

省级人民政府依法制定地方生态环境质量标准、地方生态环境风险管控标准和地方污染物排放标准,并报国务院生态环境主管部门备案。机动车等移动源大气污染物排放标准由国务院生态环境主管部门统一制定。

地方各级生态环境主管部门在各自职责范围内组织实施生态环境标准。

第七条 制定生态环境标准,应当遵循合法合规、体系协调、科学可行、程序规范等原则。

制定国家生态环境标准,应当根据生态环境保护需求编制标准项目计划,组织相关事业单位、行业协会、科研机构或者高等院校等开展标准起草工作,广泛征求国家有关部门、地方政府及相关部门、行业协会、企业事业单位和公众等方面的意见,并组织专家进行审查和论证。具体工作程序与要求由国务院生态环境主管部门另行制定。

第八条 制定生态环境标准,不得增加法律法规规定之外的行政权力事项或者减少法定职责;不得设定行政许可、行政处罚、行政强制等事项,增加办理行政许可事项的条件,规定出具循环证明、重复证明、无谓证明的内容;不得违法减损公民,法人和其他组织的合法权益或者增加其义务;不得超越职权规定应由市场调节、企业和社会自律、公民自我管理的事项;不得违法制定含有排除或者限制公平竞争内容的措施,违法干预或者影响市场主体正常生产经营活动,违法设置市场准入和退出条件等。

生态环境标准中不得规定采用特定企业的技术、产品和服务,不得出现特定企业的商标名称,不得规定采用尚在保护期内的专利技术和配方不公开的试剂,不得规定使用国家明令禁止或者淘汰使用的试剂。

第九条 生态环境标准发布时,应当留出适当的实施过渡期。

生态环境质量标准、生态环境风险管控标准、污染物排放标准等标准发布前,应当明确配套的污染防治、监测、执法等方面的指南、标准、规范及相关制定或者修改计划,以及标准宣传培训方案,确保标准有效实施。

第二章 生态环境质量标准

第十条 为保护生态环境,保障公众健康,增进民生福祉,促进经济社会可持续发展,限制环境中有害物质和因素,制定生态环境质量标准。

第十一条 生态环境质量标准包括大气环境质量标准、水环境质量标准、海洋环境质量标准、声环境质量标准、核与辐射安全基本标准。

第十二条 制定生态环境质量标准,应当反映生态环境质量特征,以生态环境基准研究成果为依据,与经济社会发展和公众生态环境质量需求相适应,科学合理确定生态环境保护目标。

第十三条 生态环境质量标准应当包括下列内容:
(一)功能分类;
(二)控制项目及限值规定;
(三)监测要求;
(四)生态环境质量评价方法;
(五)标准实施与监督等。

第十四条 生态环境质量标准是开展生态环境质量目标管理的技术依据,由生态环境主管部门统一组织实施。

实施大气、水、海洋、声环境质量标准,应当按照标准规定的生态环境功能类型划分功能区,明确适用的控制项目指标和控制要求,并采取措施达到生态环境质量标准的要求。

实施核与辐射安全基本标准,应当确保核与辐射的公众暴露风险可控。

第三章 生态环境风险管控标准

第十五条 为保护生态环境,保障公众健康,推进生态环境风险筛查与分类管理,维护生态环境安全,控制生态环境中的有害物质和因素,制定生态环境风险管控标准。

第十六条 生态环境风险管控标准包括土壤污染风险管控标准以及法律法规规定的其他环境风险管控标准。

第十七条 制定生态环境风险管控标准,应当根据环境污染状况、公众健康风险、生态环境风险、环境背景值和生态环境基准研究成果等因素,区分不同保护对象和用途功能,科学合理确定风险管控要求。

第十八条 生态环境风险管控标准应当包括下列内容:
(一)功能分类;
(二)控制项目及风险管控值规定;
(三)监测要求;
(四)风险管控值使用规则;
(五)标准实施与监督等。

第十九条 生态环境风险管控标准是开展生态环境风险管理的技术依据。

实施土壤污染风险管控标准,应当按照土地用途分类管理,管控风险,实现安全利用。

第四章 污染物排放标准

第二十条 为改善生态环境质量,控制排入环境中的污染物或者其他有害因素,根据生态环境质量标准和经济、技术条件,制定污染物排放标准。

国家污染物排放标准是对全国范围内污染物排放控制的基本要求。地方污染物排放标准是地方为进一步改善生态环境质量和优化经济社会发展,对本行政区域提出的国家污染物排放标准补充规定或者更加严格的规定。

第二十一条 污染物排放标准包括大气污染物排放标准、水污染物排放标准、固体废物污染控制标准、环境噪声排放控制标准和放射性污染防治标准等。

水和大气污染物排放标准,根据适用对象分为行业型、综合型、通用型、流域(海域)或者区域型污染物排放标准。

行业型污染物排放标准适用于特定行业或者产品污染源的排放控制;综合型污染物排放标准适用于行业型污染物排放标准适用范围以外的其他行业污染源的排放控制;通用型污染物排放标准适用于跨行业通用生产工艺、设备、操作过程或者特定污染物、特定排放方式的排放控制;流域(海域)或者区域型污染物排放标准适用于特定流域(海域)或者区域范围内的污染源排放控制。

第二十二条 制定行业型或者综合型污染物排放标准,应当反映所管控行业的污染物排放特征,以行业污染防治可行技术和可接受生态环境风险为主要依据,科学合理确定污染物排放控制要求。

制定通用型污染物排放标准,应当针对所管控的通用生产工艺、设备、操作过程的污染物排放特征,或者特定污染物、特定排放方式的排放特征,以污染防治可行技术、可接受生态环境风险、感官阈值等为主要依据,科学合理确定污染物排放控制要求。

制定流域(海域)或者区域型污染物排放标准,应当围绕改善生态环境质量、防范生态环境风险、促进转型发展,在国家污染物排放标准基础上作出补充规定或者更加严格的规定。

第二十三条 污染物排放标准应当包括下列内容:
(一)适用的排放控制对象、排放方式、排放去向等情形;
(二)排放控制项目、指标、限值和监测位置等要求,以及必要的技术和管理措施要求;
(三)适用的监测技术规范、监测分析方法、核算方法及其记录要求;

(四)达标判定要求;

(五)标准实施与监督等。

第二十四条 污染物排放标准按照下列顺序执行:

(一)地方污染物排放标准优先于国家污染物排放标准;地方污染物排放标准未规定的项目,应当执行国家污染物排放标准的相关规定。

(二)同属国家污染物排放标准的,行业型污染物排放标准优先于综合型和通用型污染物排放标准;行业型或者综合型污染物排放标准未规定的项目,应当执行通用型污染物排放标准的相关规定。

(三)同属地方污染物排放标准的,流域(海域)或者区域型污染物排放标准优先于行业型污染物排放标准,行业型污染物排放标准优先于综合型和通用型污染物排放标准。流域(海域)或者区域型污染物排放标准未规定的项目,应当执行行业型或者综合型污染物排放标准的相关规定;流域(海域)或者区域型、行业型或者综合型污染物排放标准均未规定的项目,应当执行通用型污染物排放标准的相关规定。

第二十五条 污染物排放标准规定的污染物排放方式、排放限值等是判定污染物排放是否超标的技术依据。排放污染物或者其他有害因素,应当符合污染物排放标准规定的各项控制要求。

第五章 生态环境监测标准

第二十六条 为监测生态环境质量和污染物排放情况,开展达标评定和风险筛查与管控,规范布点采样、分析测试、监测仪器、卫星遥感影像质量、量值传递、质量控制、数据处理等监测技术要求,制定生态环境监测标准。

第二十七条 生态环境监测标准包括生态环境监测技术规范、生态环境监测分析方法标准、生态环境监测仪器与系统技术要求、生态环境标准样品等。

第二十八条 制定生态环境监测标准应当配套支持生态环境质量标准、生态环境风险管控标准、污染物排放标准的制定和实施,以及优先控制化学品环境管理、国际履约等生态环境管理及监督执法需求,采用稳定可靠且经过验证的方法,在保证标准的科学性、合理性、普遍适用性的前提下提高便捷性,易于推广使用。

第二十九条 生态环境监测技术规范应当包括监测方案制定、布点采样、监测项目与分析方法、数据分析与报告、监测质量保证与质量控制等内容。

生态环境监测分析方法标准应当包括试剂材料、仪器与设备、样品、测定操作步骤、结果表示等内容。

生态环境监测仪器及系统技术要求应当包括测定范围、性能要求、检验方法、操作说明及校验等内容。

第三十条 制定生态环境质量标准、生态环境风险管控标准和污染物排放标准时,应当采用国务院生态环境主管部门制定的生态环境监测分析方法标准;国务院生态环境主管部门尚未制定适用的生态环境监测分析方法标准的,可以采用其他部门制定的监测分析方法标准。

对生态环境质量标准、生态环境风险管控标准和污染物排放标准实施后发布的生态环境监测分析方法标准,未明确是否适用于相关标准的,国务院生态环境主管部门可以组织开展适用性、等效性比对;通过比对的,可以用于生态环境质量标准、生态环境风险管控标准和污染物排放标准中控制项目的测定。

第三十一条 对地方生态环境质量标准、地方生态环境风险管控标准或者地方污染物排放标准中规定的控制项目,国务院生态环境主管部门尚未制定适用的国家生态环境监测分析方法标准的,可以在地方生态环境质量标准、地方生态环境风险管控标准或者地方污染物排放标准中规定相应的监测分析方法,或者采用地方生态环境监测分析方法标准。适用于该控制项目监测的国家生态环境监测分析方法标准实施后,地方生态环境监测分析方法不再执行。

第六章 生态环境基础标准

第三十二条 为统一规范生态环境标准的制订技术工作和生态环境管理工作中具有通用指导意义的技术要求,制定生态环境基础标准,包括生态环境标准制订技术导则,生态环境通用术语、图形符号、编码和代号(代码)及其相应的编制规则等。

第三十三条 制定生态环境标准制订技术导则,应当明确标准的定位、基本原则、技术路线、技术方法和要求,以及对标准文本及编制说明等材料的内容和格式要求。

第三十四条 制定生态环境通用术语、图形符号、编码和代号(代码)编制规则等,应当借鉴国际标准和国内标准的相关规定,做到准确、通用、可辨识,力求简洁易懂。

第三十五条 制定生态环境标准,应当符合相应类别生态环境标准制订技术导则的要求,采用生态环境基础标准规定的通用术语、图形符号、编码和代号(代码)编制规则等,做到标准内容衔接、体系协调、格式规范。

在生态环境保护工作中使用专业用语和名词术语,设置图形标志,对档案信息进行分类、编码等,应当采用相应的术语、图形、编码技术标准。

第七章　生态环境管理技术规范

第三十六条　为规范各类生态环境保护管理工作的技术要求,制定生态环境管理技术规范,包括大气、水、海洋、土壤、固体废物、化学品、核与辐射安全、声与振动、自然生态、应对气候变化等领域的管理技术指南、导则、规程、规范等。

第三十七条　制定生态环境管理技术规范应当有明确的生态环境管理需求,内容科学合理,针对性和可操作性强,有利于规范生态环境管理工作。

第三十八条　生态环境管理技术规范为推荐性标准,在相关领域环境管理中实施。

第八章　地方生态环境标准

第三十九条　地方生态环境质量标准、地方生态环境风险管控标准和地方污染物排放标准可以对国家相应标准中未规定的项目作出补充规定,也可以对国家相应标准中已规定的项目作出更加严格的规定。

第四十条　对本行政区域内没有国家污染物排放标准的特色产业、特有污染物,或者国家有明确要求的特定污染源或者污染物,应当补充制定地方污染物排放标准。

有下列情形之一的,应当制定比国家污染物排放标准更严格的地方污染物排放标准:

(一)产业密集、环境问题突出的;

(二)现有污染物排放标准不能满足行政区域内环境质量要求的;

(三)行政区域环境形势复杂,无法适用统一的污染物排放标准的。

国务院生态环境主管部门应当加强对地方污染物排放标准制定工作的指导。

第四十一条　制定地方流域(海域)或者区域型污染物排放标准,应当按照生态环境质量改善要求,进行合理分区,确定污染物排放控制要求,促进流域(海域)或者区域内行业优化布局、调整结构、转型升级。

第四十二条　制定地方生态环境标准,或者提前执行国家污染物排放标准中相应排放控制要求的,应当根据本行政区域生态环境质量改善需求和经济、技术条件,进行全面评估论证,并充分听取各方意见。

第四十三条　地方生态环境质量标准、地方生态环境风险管控标准和地方污染物排放标准发布后,省级人民政府或者其委托的省级生态环境主管部门应当依法报国务院生态环境主管部门备案。

第四十四条　地方生态环境质量标准、地方生态环境风险管控标准和地方污染物排放标准报国务院生态环境主管部门备案时,应当提交标准文本、编制说明、发布文件等材料。

标准编制说明应当设立专章,说明与该标准适用范围相同或者交叉的国家生态环境标准中控制要求的对比分析情况。

第四十五条　国务院生态环境主管部门收到地方生态环境标准备案材料后,予以备案,并公开相关备案信息;发现问题的,可以告知相关省级生态环境主管部门,建议按照法定程序修改。

第四十六条　依法提前实施国家机动车大气污染物排放标准中相应阶段排放限值的,应当报国务院生态环境主管部门备案。

第四十七条　新发布实施的国家生态环境质量标准、生态环境风险管控标准或者污染物排放标准规定的控制要求严于现行的地方生态环境质量标准、生态环境风险管控标准或者污染物排放标准的,地方生态环境质量标准、生态环境风险管控标准或者污染物排放标准,应当依法修订或者废止。

第九章　标准实施评估及其他规定

第四十八条　为掌握生态环境标准实际执行情况及存在的问题,提升生态环境标准科学性、系统性、适用性,标准制定机关应当根据生态环境和经济社会发展形势,结合相关科学技术进展和实际工作需要,组织评估生态环境标准实施情况,并根据评估结果对标准适时进行修订。

第四十九条　强制性生态环境标准应当定期开展实施情况评估,与其配套的推荐性生态环境标准实施情况可以同步开展评估。

第五十条　生态环境质量标准实施评估,应当依据生态环境基准研究进展,针对生态环境质量特征的演变,评估标准技术内容的科学合理性。

生态环境风险管控标准实施评估,应当依据环境背景值、生态环境基准和环境风险评估研究进展,针对环境风险特征的演变,评估标准风险管控要求的科学合理性。

污染物排放标准实施评估,应当关注标准实施中普遍反映的问题,重点评估标准规定内容的执行情况,论证污染控制项目、排放限值等设置的合理性,分析标准实施的生态环境效益、经济成本、达标技术和达标率,开展影响标准实施的制约因素分析并提出解决建议。

生态环境监测标准和生态环境管理技术规范的实施评估,应当结合标准使用过程中反馈的问题、建议和相关技术手段的发展，重点评估标准规定内容的适用性和科学性，以及与生态环境质量标准、生态环境风险管控标准和污染物排放标准的协调性。

第五十一条 生态环境标准由其制定机关委托的出版机构出版、发行，依法公开。省级以上人民政府生态环境主管部门应当在其网站上公布相关的生态环境标准，供公众免费查阅、下载。

第五十二条 生态环境标准由其制定机关负责解释，标准解释与标准正文具有同等效力。相关技术单位可以受标准制定机关委托，对标准内容提供技术咨询。

第十章 附 则

第五十三条 本办法由国务院生态环境主管部门负责解释。

第五十四条 本办法自2021年2月1日起施行。《环境标准管理办法》（国家环境保护总局令第3号）和《地方环境质量标准和污染物排放标准备案管理办法》（环境保护部令第9号）同时废止。

4. 生态环境监测

污染源自动监控管理办法

· 2005年9月19日国家环境保护总局令第28号公布
· 自2005年11月1日起施行

第一章 总 则

第一条 为加强污染源监管，实施污染物排放总量控制与排污许可证制度和排污收费制度，预防污染事故，提高环境管理科学化、信息化水平，根据《水污染防治法》、《大气污染防治法》、《环境噪声污染防治法》、《水污染防治法实施细则》、《建设项目环境保护管理条例》和《排污费征收使用管理条例》等有关环境保护法律法规，制定本办法。

第二条 本办法适用于重点污染源自动监控系统的监督管理。

重点污染源水污染物、大气污染物和噪声排放自动监控系统的建设、管理和运行维护，必须遵守本办法。

第三条 本办法所称自动监控系统，由自动监控设备和监控中心组成。

自动监控设备是指在污染源现场安装的用于监控、监测污染物排放的仪器、流量（速）计、污染治理设施运行记录仪和数据采集传输仪等仪器、仪表，是污染防治设施的组成部分。

监控中心是指环境保护部门通过通信传输线路与自动监控设备连接用于对重点污染源实施自动监控的计算机软件和设备等。

第四条 自动监控系统经环境保护部门检查合格并正常运行的，其数据作为环境保护部门进行排污申报核定、排污许可证发放、总量控制、环境统计、排污费征收和现场环境执法等环境监督管理的依据，并按照有关规定向社会公开。

第五条 国家环境保护总局负责指导全国重点污染源自动监控工作，制定有关工作制度和技术规范。

地方环境保护部门根据国家环境保护总局的要求按照统筹规划、保证重点、兼顾一般、量力而行的原则，确定需要自动监控的重点污染源，制定工作计划。

第六条 环境监察机构负责以下工作：

（一）参与制定工作计划，并组织实施；

（二）核实自动监控设备的选用、安装、使用是否符合要求；

（三）对自动监控系统的建设、运行和维护等进行监督检查；

（四）本行政区域内重点污染源自动监控系统联网监控管理；

（五）核定自动监控数据，并向同级环境保护部门和上级环境监察机构等联网报送；

（六）对不按照规定建立或者擅自拆除、闲置、关闭及不正常使用自动监控系统的排污单位提出依法处罚的意见。

第七条 环境监测机构负责以下工作：

（一）指导自动监控设备的选用、安装和使用；

（二）对自动监控设备进行定期比对监测，提出自动监控数据有效性的意见。

第八条 环境信息机构负责以下工作：

（一）指导自动监控系统的软件开发；

（二）指导自动监控系统的联网，核实自动监控系统的联网是否符合国家环境保护总局制定的技术规范；

（三）协助环境监察机构对自动监控系统的联网运行进行维护管理。

第九条 任何单位和个人都有保护自动监控系统的义务，并有权对闲置、拆除、破坏以及擅自改动自动监控系统参数和数据等不正常使用自动监控系统的行为进行举报。

第二章 自动监控系统的建设

第十条 列入污染源自动监控计划的排污单位，应当按照规定的时限建设、安装自动监控设备及其配套设施,配合自动监控系统的联网。

第十一条 新建、改建、扩建和技术改造项目应当根据经批准的环境影响评价文件的要求建设、安装自动监控设备及其配套设施,作为环境保护设施的组成部分,与主体工程同时设计、同时施工、同时投入使用。

第十二条 建设自动监控系统必须符合下列要求:

(一)自动监控设备中的相关仪器应当选用经国家环境保护总局指定的环境监测仪器检测机构适用性检测合格的产品;

(二)数据采集和传输符合国家有关污染源在线自动监控(监测)系统数据传输和接口标准的技术规范;

(三)自动监控设备应安装在符合环境保护规范要求的排污口;

(四)按照国家有关环境监测技术规范,环境监测仪器的比对监测应当合格;

(五)自动监控设备与监控中心能够稳定联网;

(六)建立自动监控系统运行、使用、管理制度。

第十三条 自动监控设备的建设、运行和维护经费由排污单位自筹,环境保护部门可以给予补助;监控中心的建设和运行、维护经费由环境保护部门编报预算申请经费。

第三章 自动监控系统的运行、维护和管理

第十四条 自动监控系统的运行和维护,应当遵守以下规定:

(一)自动监控设备的操作人员应当按国家相关规定,经培训考核合格、持证上岗;

(二)自动监控设备的使用、运行、维护符合有关技术规范;

(三)定期进行比对监测;

(四)建立自动监控系统运行记录;

(五)自动监控设备因故障不能正常采集、传输数据时,应当及时检修并向环境监察机构报告,必要时应当采用人工监测方法报送数据。

自动监控系统由第三方运行和维护的,接受委托的第三方应当依据《环境污染治理设施运营资质许可管理办法》的规定,申请取得环境污染治理设施运营资质证书。

第十五条 自动监控设备需要维修、停用、拆除或者更换的,应当事先报经环境监察机构批准同意。

环境监察机构应当自收到排污单位的报告之日起7日内予以批复;逾期不批复的,视为同意。

第四章 罚 则

第十六条 违反本办法规定,现有排污单位未按规定的期限完成安装自动监控设备及其配套设施的,由县级以上环境保护部门责令限期改正,并可处1万元以下的罚款。

第十七条 违反本办法规定,新建、改建、扩建和技术改造的项目未安装自动监控设备及其配套设施,或者未经验收或者验收不合格的,主体工程即正式投入生产或者使用的,由审批该建设项目环境影响评价文件的环境保护部门依据《建设项目环境保护管理条例》责令停止主体工程生产或者使用,可以处10万元以下的罚款。

第十八条 违反本办法规定,有下列行为之一的,由县级以上地方环境保护部门按以下规定处理:

(一)故意不正常使用水污染物排放自动监控系统,或者未经环境保护部门批准,擅自拆除、闲置、破坏水污染物排放自动监控系统,排放污染物超过规定标准的;

(二)不正常使用大气污染物排放自动监控系统,或者未经环境保护部门批准,擅自拆除、闲置、破坏大气污染物排放自动监控系统的;

(三)未经环境保护部门批准,擅自拆除、闲置、破坏环境噪声排放自动监控系统,致使环境噪声排放超过规定标准的。

有前款第(一)项行为的,依据《水污染防治法》第四十八条和《水污染防治法实施细则》第四十一条的规定,责令恢复正常使用或者限期重新安装使用,并处10万元以下的罚款;有前款第(二)项行为的,依据《大气污染防治法》第四十六条的规定,责令停止违法行为,限期改正,给予警告或者处5万元以下罚款;有前款第(三)项行为的,依据《环境噪声污染防治法》第五十条的规定,责令改正,处3万元以下罚款。

第五章 附 则

第十九条 本办法自2005年11月1日起施行。

环境监测质量管理规定

· 2006年7月28日
· 环发〔2006〕114号

第一章 总 则

第一条 为提高环境监测质量管理水平,规范环境监测质量管理工作,确保监测数据和信息的准确可靠,为环境管理和政府决策提供科学、准确依据,根据《中华人民共和国环境保护法》及有关法律法规,制定本规定。

第二条 本规定适用于环境保护系统各级环境监测中心(站)和辐射环境监测机构(以下统称环境监测机构)。

第三条 环境监测质量管理工作,是指在环境监测的全过程中为保证监测数据和信息的代表性、准确性、精密性、可比性和完整性所实施的全部活动和措施,包括质量策划、质量保证、质量控制、质量改进和质量监督等内容。

第四条 环境监测质量管理是环境监测工作的重要组成部分,应贯穿于监测工作的全过程。

第二章 机构与职责

第五条 国务院环境保护行政主管部门对环境监测质量管理工作实施统一管理。地方环境保护行政主管部门对辖区内的环境监测质量管理工作具有领导和管理职责。各级环境监测机构在同级环境保护行政主管部门的领导下,对下级环境监测机构的环境监测质量管理工作进行业务指导。

第六条 各级环境监测机构应对本机构出具的监测数据负责。应主动接受上级环境监测机构对环境监测质量管理工作的业务指导,并积极参加环境监测质量管理技术研究、监测资质认证、持证上岗考核、质量管理评比评审、信息交流和人员培训等工作,持续改进、不断提高环境监测质量。

第七条 各级环境监测机构应有质量管理机构或质量管理人员,明确其职责,并具备必要的专用实验条件。

质量管理机构(或人员)的主要职责是:

(一)负责监督管理本环境监测机构各类监测活动以及质量管理体系的建立、有效运行和持续改进,切实保证环境监测工作质量;

(二)组织和开展质控考核、能力验证、比对、方法验证、质量监督、量值溯源及量值传递等质量管理工作,并对其结果进行评价;

(三)负责本环境监测机构环境监测人员持证上岗考核的申报与日常管理,国家级和省级环境监测机构组织和实施对下级环境监测机构人员的持证上岗考核工作;

(四)建立环境监测标准、技术规范和规定、质量管理工作的动态信息库;

(五)组织和实施环境监测技术及质量管理的技术培训和交流;

(六)组织开展对下级环境监测机构监测质量、质量管理的监督与检查;

(七)负责本环境监测机构质量管理的信息汇总和工作总结;

(八)参与环境污染事件、环境污染仲裁、用户投诉、环境纠纷案件、司法机构的委托监测等涉及争议的监测活动。

第三章 工作内容

第八条 各级环境监测机构应根据国家环境保护总局《环境监测站建设标准(试行)》及《辐射环境监督站建设标准(试行)》的要求进行能力建设,完善人员、仪器设备、装备和实验室环境等环境监测质量管理的基础。

第九条 各级环境监测机构应依法取得提供数据应具备的资质,并在允许范围内开展环境监测工作,保证监测数据的合法有效。

第十条 从事监测、数据评价、质量管理以及与监测活动相关的人员必须经国家、省级环境保护行政主管部门或其授权部门考核认证,取得上岗合格证。所使用的环境监测仪器应由国家计量部门或其授权单位按有关要求进行检定或按规定程序进行校准。所使用的标准物质应是有证标准物质或能够溯源到国家基准的物质。

第十一条 各级环境监测机构应建立健全质量管理体系,使质量管理工作程序化、文件化、制度化和规范化,并保证其有效运行。

第十二条 环境监测布点、采样、现场测试、样品制备、分析测试、数据评价和综合报告、数据传输等全过程均应实施质量管理。

(一)监测点位的设置应根据监测对象、污染物性质和具体条件,按国家标准、行业标准及国家有关部门颁布的相关技术规范和规定进行,保证监测信息的代表性和完整性。

(二)采样频次、时间和方法应根据监测对象和分析方法的要求,按国家标准、行业标准及国家有关部门颁布的相关技术规范和规定执行,保证监测信息能准确反映监测对象的实际状况、波动范围及变化规律。

(三)样品在采集、运输、保存、交接、制备和分析测试过程中,应严格遵守操作规程,确保样品质量。

(四)现场测试和样品的分析测试,应优先采用国家标准和行业标准方法;需要采用国际标准或其他国家的标准时,应进行等效性或适用性检验,检验结果应在本环境监测机构存档保存。

(五)监测数据和信息的评价及综合报告,应依照监测对象的不同,采用相应的国家或地方标准或评价方法进行评价和分析。

（六）数据传输应保证所有信息的一致性和复现性。

第十三条　各级环境监测机构应积极开展和参加质量控制考核、能力验证、比对和方法验证等质量管理活动，并采取密码样、明码样、空白样、加标回收和平行样等方式进行内部质量控制。

第十四条　质量管理实行报告制度。下级环境监测机构应于每年年底向同级环境保护行政主管部门和上一级环境监测机构提交本机构及本辖区内各环境监测机构当年的质量管理总结，向上一级环境监测机构提交下一年度的质量管理工作计划。

第十五条　对用户关于环境监测数据异议的核查、环境监测质量投诉事件的仲裁和环境监测质量事故的处理等工作，应由环境保护行政主管部门组织处理，并在其领导下进行调查和取证。

第四章　经费保障

第十六条　环境监测质量管理经费（包括公务费、业务费和设备购置费等）应给予保证，并确保专项使用。

第五章　处罚

第十七条　违反本规定，有下列行为之一者，所在地或上级环境保护行政主管部门应责令限期改正，并对相关单位和责任人予以处罚。

（一）向外报出的监测数据是由未取得上岗合格证人员完成的；

（二）造成重大质量事故的；

（三）编造或更改监测数据，以及授意编造或更改监测数据的。

第六章　附则

第十八条　各省、自治区、直辖市环境保护行政主管部门可根据本规定制定实施细则。

第十九条　本规定由国家环境保护总局负责解释。

第二十条　本规定自发布之日起施行。原《环境监测质量保证管理规定（暂行）》同时废止。

环境监测管理办法

·2007年7月25日国家环境保护总局令第39号公布
·自2007年9月1日起施行

第一条　为加强环境监测管理，根据《环境保护法》等有关法律法规，制定本办法。

第二条　本办法适用于县级以上环境保护部门下列环境监测活动的管理：

（一）环境质量监测；

（二）污染源监督性监测；

（三）突发环境污染事件应急监测；

（四）为环境状况调查和评价等环境管理活动提供监测数据的其他环境监测活动。

第三条　环境监测工作是县级以上环境保护部门的法定职责。

县级以上环境保护部门应当按照数据准确、代表性强、方法科学、传输及时的要求，建设先进的环境监测体系，为全面反映环境质量状况和变化趋势，及时跟踪污染源变化情况，准确预警各类环境突发事件等环境管理工作提供决策依据。

第四条　县级以上环境保护部门对本行政区域环境监测工作实施统一监督管理，履行下列主要职责：

（一）制定并组织实施环境监测发展规划和年度工作计划；

（二）组建直属环境监测机构，并按照国家环境监测机构建设标准组织实施环境监测能力建设；

（三）建立环境监测工作质量审核和检查制度；

（四）组织编制环境监测报告，发布环境监测信息；

（五）依法组建环境监测网络，建立网络管理制度，组织网络运行管理；

（六）组织开展环境监测科学技术研究、国际合作与技术交流。

国家环境保护总局适时组建直属跨界环境监测机构。

第五条　县级以上环境保护部门所属环境监测机构具体承担下列主要环境监测技术支持工作：

（一）开展环境质量监测、污染源监督性监测和突发环境污染事件应急监测；

（二）承担环境监测网建设和运行，收集、管理环境监测数据，开展环境状况调查和评价，编制环境监测报告；

（三）负责环境监测人员的技术培训；

（四）开展环境监测领域科学研究，承担环境监测技术规范、方法研究以及国际合作和交流；

（五）承担环境保护部门委托的其他环境监测技术支持工作。

第六条　国家环境保护总局负责依法制定统一的国家环境监测技术规范。

省级环境保护部门对国家环境监测技术规范未作规定的项目，可以制定地方环境监测技术规范，并报国家环境保护总局备案。

第七条　县级以上环境保护部门负责统一发布本行

政区域的环境污染事故、环境质量状况等环境监测信息。

有关部门间环境监测结果不一致的,由县级以上环境保护部门报经同级人民政府协调后统一发布。

环境监测信息未经依法发布,任何单位和个人不得对外公布或者透露。

属于保密范围的环境监测数据、资料、成果,应当按照国家有关保密的规定进行管理。

第八条 县级以上环境保护部门所属环境监测机构依据本办法取得的环境监测数据,应当作为环境统计、排污申报核定、排污费征收、环境执法、目标责任考核等环境管理的依据。

第九条 县级以上环境保护部门按照环境监测的代表性分别负责组织建设国家级、省级、市级、县级环境监测网,并分别委托所属环境监测机构负责运行。

第十条 环境监测网由各环境监测要素的点位(断面)组成。

环境监测点位(断面)的设置、变更、运行,应当按照国家环境保护总局有关规定执行。

各大水系或者区域的点位(断面),属于国家级环境监测网。

第十一条 环境保护部门所属环境监测机构按照其所属的环境保护部门级别,分为国家级、省级、市级、县级四级。

上级环境监测机构应当加强对下级环境监测机构的业务指导和技术培训。

第十二条 环境保护部门所属环境监测机构应当具备与所从事的环境监测业务相适应的能力和条件,并按照经批准的环境保护规划规定的要求和时限,逐步达到国家环境监测能力建设标准。

环境保护部门所属环境监测机构从事环境监测的专业技术人员,应当进行专业技术培训,并经国家环境保护总局统一组织的环境监测岗位考试考核合格,方可上岗。

第十三条 县级以上环境保护部门应当对本行政区域内的环境监测质量进行审核和检查。

各级环境监测机构应当按照国家环境监测技术规范进行环境监测,并建立环境监测质量管理体系,对环境监测实施全过程质量管理,并对监测信息的准确性和真实性负责。

第十四条 县级以上环境保护部门应当建立环境监测数据库,对环境监测数据实行信息化管理,加强环境监测数据收集、整理、分析、储存,并按照国家环境保护总局的要求定期将监测数据逐级报上一级环境保护部门。

各级环境保护部门应当逐步建立环境监测数据信息共享制度。

第十五条 环境监测工作,应当使用统一标志。

环境监测人员佩戴环境监测标志,环境监测站点设立环境监测标志,环境监测车辆印制环境监测标志,环境监测报告附具环境监测标志。

环境监测统一标志由国家环境保护总局制定。

第十六条 任何单位和个人不得损毁、盗窃环境监测设施。

第十七条 县级以上环境保护部门应当协调有关部门,将环境监测网建设投资、运行经费等环境监测工作所需经费全额纳入同级财政年度经费预算。

第十八条 县级以上环境保护部门及其工作人员、环境监测机构及环境监测人员有下列行为之一的,由任免机关或者监察机关按照管理权限依法给予行政处分;涉嫌犯罪的,移送司法机关依法处理:

(一)未按照国家环境监测技术规范从事环境监测活动的;

(二)拒报或者两次以上不按照规定的时限报送环境监测数据的;

(三)伪造、篡改环境监测数据的;

(四)擅自对外公布环境监测信息的。

第十九条 排污者拒绝、阻挠环境监测工作人员进行环境监测活动或者弄虚作假的,由县级以上环境保护部门依法给予行政处罚;构成违反治安管理行为的,由公安机关依法给予治安处罚;构成犯罪的,依法追究刑事责任。

第二十条 损毁、盗窃环境监测设施的,县级以上环境保护部门移送公安机关,由公安机关依照《治安管理处罚法》的规定处 10 日以上 15 日以下拘留;构成犯罪的,依法追究刑事责任。

第二十一条 排污者必须按照县级以上环境保护部门的要求和国家环境监测技术规范,开展排污状况自我监测。

排污者按照国家环境监测技术规范,并经县级以上环境保护部门所属环境监测机构检查符合国家规定的能力要求和技术条件的,其监测数据作为核定污染物排放种类、数量的依据。

不具备环境监测能力的排污者,应当委托环境保护部门所属环境监测机构或者经省级环境保护部门认定的环境监测机构进行监测;接受委托的环境监测机构所从事的监测活动,所需经费由委托方承担,收费标准按照国家有关规定执行。

经省级环境保护部门认定的环境监测机构,是指非环境保护部门所属的、从事环境监测业务的机构,可以自愿向所在地省级环境保护部门申请证明其具备相适应的环境监测业务能力认定,经认定合格者,即为经省级环境保护部门认定的环境监测机构。

经省级环境保护部门认定的环境监测机构应当接受所在地环境保护部门所属环境监测机构的监督检查。

第二十二条 辐射环境监测的管理,参照本办法执行。

第二十三条 本办法自2007年9月1日起施行。

污染源自动监控设施运行管理办法

· 2008年3月18日
· 环发〔2008〕6号

第一章 总 则

第一条 为加强对污染源自动监控设施运行的监督管理,保证污染源自动监控设施正常运行,加强对污染源的有效监管,根据《中华人民共和国环境保护法》、《国务院对确需保留的行政审批项目设立行政许可的决定》(国务院令第412号)的规定,制定本办法。

第二条 本办法所称自动监控设施,是指在污染源现场安装的用于监控、监测污染排放的仪器、流量(速)计、污染治理设施运行记录仪和数据采集传输仪器、仪表,是污染防治设施的组成部分。

第三条 本办法所称自动监控设施的运行,是指从事自动监控设施操作、维护和管理,保证设施正常运行的活动,分为委托给有资质的专业化运行单位的社会化运行和排污单位自运行两种方式。

第四条 本办法适用于县级以上重点污染源(包括重点监控企业)自动监控设施的运行和管理活动。

其他污染源自动监控设施运行和管理活动参照本办法执行。

第五条 污染源自动监控设施运行费用由排污单位承担,有条件的地方政府可给予适当补贴。

第六条 国家支持鼓励设施社会化运行服务业的发展。

第七条 国务院环境保护行政主管部门负责制定污染源自动监控设施运行管理的规章制度、标准,地方环境保护行政主管部门负责本辖区污染源自动监控设施运行的监督管理。

第二章 设施运行要求

第八条 污染源自动监控设施的选型、安装、运行、审查、监测质量控制、数据采集和联网传输,应符合国家相关的标准。

第九条 污染源自动监控设施必须经县级以上环境保护行政主管部门验收合格后方可正式投入运行,并按照相关规定与环境保护行政主管部门联网。

第十条 从事污染源自动监控设施的社会化运行单位必须取得国务院环境保护行政主管部门核发的"环境污染治理设施运营资质证书"。

第十一条 所有从事污染源自动监控设施的操作和管理人员,应当经省级环境保护行政主管部门委托的中介机构进行岗位培训,能正确、熟练地掌握有关仪器设施的原理、操作、使用、调试、维修和更换等技能。

第十二条 污染源自动监控设施运行单位应按照县级以上环境保护行政主管部门的要求,每半年向其报送设施运行状况报告,并接受社会公众监督。

第十三条 污染源自动监控设施运行单位应按照国家或地方相关法律法规和标准要求,建立健全管理制度。主要包括:人员培训、操作规程、岗位责任、定期比对监测、定期校准维护记录、运行信息公开、设施故障预防和应急措施等制度。常年备有日常运行、维护所需的各种耗材、备用整机或关键部件。

第十四条 运行单位应当保持污染源自动监控设施正常运行。污染源自动监控设施因维修、更换、停用、拆除等原因将影响设施正常运行情况的,运行单位应当事先报告县级以上环境保护行政主管部门,说明原因、时段等情况,递交人工监测方法报送数据方案,并取得县级以上环境保护行政主管部门的批准;设施的维修、更换、停用、拆除等相关工作均须符合国家或地方相关的标准。

第十五条 污染源自动监控设施的维修、更换,必须在48小时内恢复自动监控设施正常运行,设施不能正常运行期间,要采取人工采样监测的方式报送数据,数据报送每天不少于4次,间隔不得超过6小时。

第十六条 在地方环境保护行政主管部门的监督指导下,污染源自动监控设施产权所有人可按照国家相关规定,采取公开招标的方式选择委托国务院环境保护行政主管部门核发的运营资质证书的运行单位,并签订运行服务合同。

运行合同正式签署或变更时,运行单位须将合同正式文本于10个工作日内,向县级以上环境保护行政主管部门备案。

第十七条 排污单位不得损坏设施或蓄意影响设施正常运行。

第十八条 污染源自动监控设施运行委托单位有以下权利和义务：

（一）对设施运行单位进行监督，提出改进服务的建议；

（二）应为设施运行单位提供通行、水、电、避雷等正常运行所需的基本条件。因客观原因不能正常提供时，需提前告知运行单位，同时向县级以上环境保护行政主管部门报告，配合做好相关的应急工作；

（三）举报设施运行单位的环境违法行为；

（四）不得以任何理由干扰运行单位的正常工作或污染源自动监控设施的正常运行；

（五）不得将应当承担的排污法定责任转嫁给运行单位。

第十九条 污染源自动监控设施社会化运行单位有以下权利和义务：

（一）按照规定程序和途径取得或放弃设施运行权；

（二）不受地域限制获得设施运行业务；

（三）严格执行有关管理制度，确保设施正常运行；

（四）举报排污单位的环境违法行为；

（五）对运行管理人员进行业务培训，提高运行水平。

第三章 监督管理

第二十条 县级以上环境保护行政主管部门对污染源自动监控设施运行情况行使以下现场检查和日常监督权：

（一）社会化运行单位是否依法获得污染源自动监控设施运营资质证书，是否按照资质证书的规定，在有效期内从事运行活动；

（二）社会化运行单位是否与委托单位签订运行服务合同，合同有关内容是否符合环境保护要求并得到落实；

（三）运行单位岗位现场操作和管理人员是否经过岗位培训；

（四）运行单位是否按照要求建立自动监控设施运行的人员培训、操作规程、岗位责任、定期比对监测、定期校准维护记录、运行信息公开、事故预防和应急措施等管理制度以及这些制度是否得到有效实施；

（五）自动监控设施是否按照环境保护行政主管部门的相关要求联网，并准确及时地传输监控信息和数据；

（六）运行委托单位是否有影响运行单位正常工作和污染源自动监控设施正常运行的行为；

（七）运行委托单位和运行单位是否有其他环境违法行为。

第二十一条 运行委托单位对自动监控设施的监测数据提出异议时，县级以上环境监测机构应按国家或地方相关的标准进行比对试验等监测工作，由县级以上环境监察机构确认责任单位，并由责任单位承担相关经济、法律责任。

第二十二条 县级以上环境保护行政主管部门组织对污染源自动监控设施的运行状况进行定期检查，出现检查不合格的情况，可责令其限期整改；对社会化运行单位可建议国务院环境保护行政主管部门对其运营资质进行降级、停用、吊销等处罚。

第二十三条 环境保护行政主管部门在行使运行监督管理权力时，应当遵守下列规定：

（一）严格按照本办法规定履行职责；

（二）不得无故干预运行单位的正常运行业务；

（三）为运行委托单位和运行单位保守技术秘密；

（四）不得收取任何费用及谋求个人和单位的利益；

（五）不得以任何形式指定污染源自动监控设施运行单位。

第二十四条 国家鼓励个人或组织参与对污染源自动监控设施运行活动的监督。

个人或组织发现污染源自动监控设施运行活动中有违法违规行为的，有权向环保部门举报，环境监察部门应当及时核实、处理。

第四章 附 则

第二十五条 县级以上重点污染源，是指列入国控、省控、市控及县控重点污染源名单的排污单位；重点监控企业是指城镇污水处理厂。

第二十六条 本办法所称运行单位包括社会化运行单位和自运行单位。

社会化运行是指已取得国务院环境保护行政主管部门核发的"环境污染治理设施运营资质证书"，具有独立法人资格的企业或企业化管理的事业单位，接受污染物产生单位委托，按照双方签订的合同，为其提供自动监控设施操作、维护和管理，保证设施正常运行，并承担相应环境责任的经营服务活动。

自运行是指污染物产生单位自行从事其自动监控设施操作、维护和管理，保证设施正常运行，并承担相应环境责任的活动。

第二十七条 县级以上环境保护行政主管部门对个人或组织如实举报设施运行违法违规行为的，可给予奖励，并有义务为举报者保密。

第二十八条 本办法由国务院环境保护行政主管部

门负责解释。

第二十九条 本办法自 2008 年 5 月 1 日起施行。

关于环保部门现场检查中排污监测方法问题的解释

- 2007 年 2 月 27 日
- 国家环境保护总局公告 2007 年第 16 号

近来，一些地方环保部门和企事业单位向我局询问在环保执法和监督管理工作中，如何适用污染物排放标准中排放限值等问题。鉴于该问题具有普遍性，根据有关法律规定，现就环保部门现场检查中对排污单位的监测方法问题解释如下：

根据有关法律规定，排放标准具有强制实施的效力，必须执行。遵守排放标准是排污单位法定义务。排放标准中规定的污染物排放方式、排放限值等是判定排污行为是否超标的技术依据，在任何时间、任何情况下，排污单位的排污行为均不得违反排放标准中的有关规定。

环保部门在对排污单位进行监督性检查时，可以环保工作人员现场即时采样或监测的结果作为判定排污行为是否超标以及实施相关环境保护管理措施的依据。

• 请示答复

环境保护部关于污染源在线监测数据与现场监测数据不一致时证据适用问题的复函

- 2016 年 5 月 13 日
- 环政法函〔2016〕98 号

天津市环境保护局：

你局《关于对污染源在线监测数据与现场监测数据不一致应当如何适用的请示》（津环保法报〔2016〕37 号）收悉。经研究，现函复如下：

根据《污染源自动监控管理办法》（原国家环境保护总局令第 28 号）和《关于印发〈国家监控企业污染源自动监测数据有效性审核办法〉和〈国家重点监控企业污染源自动监测设备监督考核规程〉的通知》（环发〔2009〕88 号）等相关规定，现场监测可视为对企业在线监测设备进行的比对监测。若同一时段的现场监测数据与经过有效性审核的在线监测数据不一致，现场监测数据符合法定的监测标准和监测方法的，以该现场监测数据作为优先证据使用。

特此函复。

六、环境执法与司法

中华人民共和国行政处罚法

- 1996年3月17日第八届全国人民代表大会第四次会议通过
- 根据2009年8月27日第十一届全国人民代表大会常务委员会第十次会议《关于修改部分法律的决定》第一次修正
- 根据2017年9月1日第十二届全国人民代表大会常务委员会第二十九次会议《关于修改〈中华人民共和国法官法〉等八部法律的决定》第二次修正
- 2021年1月22日第十三届全国人民代表大会常务委员会第二十五次会议修订

第一章 总 则

第一条 为了规范行政处罚的设定和实施，保障和监督行政机关有效实施行政管理，维护公共利益和社会秩序，保护公民、法人或者其他组织的合法权益，根据宪法，制定本法。

第二条 行政处罚是指行政机关依法对违反行政管理秩序的公民、法人或者其他组织，以减损权益或者增加义务的方式予以惩戒的行为。

第三条 行政处罚的设定和实施，适用本法。

第四条 公民、法人或者其他组织违反行政管理秩序的行为，应当给予行政处罚的，依照本法由法律、法规、规章规定，并由行政机关依照本法规定的程序实施。

第五条 行政处罚遵循公正、公开的原则。

设定和实施行政处罚必须以事实为依据，与违法行为的事实、性质、情节以及社会危害程度相当。

对违法行为给予行政处罚的规定必须公布；未经公布的，不得作为行政处罚的依据。

第六条 实施行政处罚，纠正违法行为，应当坚持处罚与教育相结合，教育公民、法人或者其他组织自觉守法。

第七条 公民、法人或者其他组织对行政机关所给予的行政处罚，享有陈述权、申辩权；对行政处罚不服的，有权依法申请行政复议或者提起行政诉讼。

公民、法人或者其他组织因行政机关违法给予行政处罚受到损害的，有权依法提出赔偿要求。

第八条 公民、法人或者其他组织因违法行为受到行政处罚，其违法行为对他人造成损害的，应当依法承担民事责任。

违法行为构成犯罪，应当依法追究刑事责任的，不得以行政处罚代替刑事处罚。

第二章 行政处罚的种类和设定

第九条 行政处罚的种类：

（一）警告、通报批评；

（二）罚款、没收违法所得、没收非法财物；

（三）暂扣许可证件、降低资质等级、吊销许可证件；

（四）限制开展生产经营活动、责令停产停业、责令关闭、限制从业；

（五）行政拘留；

（六）法律、行政法规规定的其他行政处罚。

第十条 法律可以设定各种行政处罚。

限制人身自由的行政处罚，只能由法律设定。

第十一条 行政法规可以设定除限制人身自由以外的行政处罚。

法律对违法行为已经作出行政处罚规定，行政法规需要作出具体规定的，必须在法律规定的给予行政处罚的行为、种类和幅度的范围内规定。

法律对违法行为未作出行政处罚规定，行政法规为实施法律，可以补充设定行政处罚。拟补充设定行政处罚的，应当通过听证会、论证会等形式广泛听取意见，并向制定机关作出书面说明。行政法规报送备案时，应当说明补充设定行政处罚的情况。

第十二条 地方性法规可以设定除限制人身自由、吊销营业执照以外的行政处罚。

法律、行政法规对违法行为已经作出行政处罚规定，地方性法规需要作出具体规定的，必须在法律、行政法规规定的给予行政处罚的行为、种类和幅度的范围内规定。

法律、行政法规对违法行为未作出行政处罚规定，地方性法规为实施法律、行政法规，可以补充设定行政处罚。拟补充设定行政处罚的，应当通过听证会、论证会等形式广泛听取意见，并向制定机关作出书面说明。地方性法规报送备案时，应当说明补充设定行政处罚的情况。

第十三条 国务院部门规章可以在法律、行政法规规定的给予行政处罚的行为、种类和幅度的范围内作出具体规定。

尚未制定法律、行政法规的，国务院部门规章对违反行政管理秩序的行为，可以设定警告、通报批评或者一定数额罚款的行政处罚。罚款的限额由国务院规定。

第十四条 地方政府规章可以在法律、法规规定的给予行政处罚的行为、种类和幅度的范围内作出具体规定。

尚未制定法律、法规的，地方政府规章对违反行政管理秩序的行为，可以设定警告、通报批评或者一定数额罚款的行政处罚。罚款的限额由省、自治区、直辖市人民代表大会常务委员会规定。

第十五条 国务院部门和省、自治区、直辖市人民政府及其有关部门应当定期组织评估行政处罚的实施情况和必要性，对不适当的行政处罚事项及种类、罚款数额等，应当提出修改或者废止的建议。

第十六条 除法律、法规、规章外，其他规范性文件不得设定行政处罚。

第三章 行政处罚的实施机关

第十七条 行政处罚由具有行政处罚权的行政机关在法定职权范围内实施。

第十八条 国家在城市管理、市场监管、生态环境、文化市场、交通运输、应急管理、农业等领域推行建立综合行政执法制度，相对集中行政处罚权。

国务院或者省、自治区、直辖市人民政府可以决定一个行政机关行使有关行政机关的行政处罚权。

限制人身自由的行政处罚权只能由公安机关和法律规定的其他机关行使。

第十九条 法律、法规授权的具有管理公共事务职能的组织可以在法定授权范围内实施行政处罚。

第二十条 行政机关依照法律、法规、规章的规定，可以在其法定权限内书面委托符合本法第二十一条规定条件的组织实施行政处罚。行政机关不得委托其他组织或者个人实施行政处罚。

委托书应当载明委托的具体事项、权限、期限等内容。委托行政机关和受委托组织应当将委托书向社会公布。

委托行政机关对受委托组织实施行政处罚的行为应当负责监督，并对该行为的后果承担法律责任。

受委托组织在委托范围内，以委托行政机关名义实施行政处罚；不得再委托其他组织或者个人实施行政处罚。

第二十一条 受委托组织必须符合以下条件：

（一）依法成立并具有管理公共事务职能；

（二）有熟悉有关法律、法规、规章和业务并取得行政执法资格的工作人员；

（三）需要进行技术检查或者技术鉴定的，应当有条件组织进行相应的技术检查或者技术鉴定。

第四章 行政处罚的管辖和适用

第二十二条 行政处罚由违法行为发生地的行政机关管辖。法律、行政法规、部门规章另有规定的，从其规定。

第二十三条 行政处罚由县级以上地方人民政府具有行政处罚权的行政机关管辖。法律、行政法规另有规定的，从其规定。

第二十四条 省、自治区、直辖市根据当地实际情况，可以决定将基层管理迫切需要的县级人民政府部门的行政处罚权交由能够有效承接的乡镇人民政府、街道办事处行使，并定期组织评估。决定应当公布。

承接行政处罚权的乡镇人民政府、街道办事处应当加强执法能力建设，按照规定范围、依照法定程序实施行政处罚。

有关地方人民政府及其部门应当加强组织协调、业务指导、执法监督，建立健全行政处罚协调配合机制，完善评议、考核制度。

第二十五条 两个以上行政机关都有管辖权的，由最先立案的行政机关管辖。

对管辖发生争议的，应当协商解决，协商不成的，报请共同的上一级行政机关指定管辖；也可以直接由共同的上一级行政机关指定管辖。

第二十六条 行政机关因实施行政处罚的需要，可以向有关机关提出协助请求。协助事项属于被请求机关职权范围内的，应当依法予以协助。

第二十七条 违法行为涉嫌犯罪的，行政机关应当及时将案件移送司法机关，依法追究刑事责任。对依法不需要追究刑事责任或者免于刑事处罚，但应当给予行政处罚的，司法机关应当及时将案件移送有关行政机关。

行政处罚实施机关与司法机关之间应当加强协调配合，建立健全案件移送制度，加强证据材料移交、接收衔接，完善案件处理信息通报机制。

第二十八条 行政机关实施行政处罚时，应当责令当事人改正或者限期改正违法行为。

当事人有违法所得，除依法应当退赔的外，应当予以没收。违法所得是指实施违法行为所取得的款项。法律、行政法规、部门规章对违法所得的计算另有规定的，从其规定。

第二十九条　对当事人的同一个违法行为,不得给予两次以上罚款的行政处罚。同一个违法行为违反多个法律规范应当给予罚款处罚的,按照罚款数额高的规定处罚。

第三十条　不满十四周岁的未成年人有违法行为的,不予行政处罚,责令监护人加以管教;已满十四周岁不满十八周岁的未成年人有违法行为的,应当从轻或者减轻行政处罚。

第三十一条　精神病人、智力残疾人在不能辨认或者不能控制自己行为时有违法行为的,不予行政处罚,但应当责令其监护人严加看管和治疗。间歇性精神病人在精神正常时有违法行为的,应当给予行政处罚。尚未完全丧失辨认或者控制自己行为能力的精神病人、智力残疾人有违法行为的,可以从轻或者减轻行政处罚。

第三十二条　当事人有下列情形之一,应当从轻或者减轻行政处罚:

（一）主动消除或者减轻违法行为危害后果的;

（二）受他人胁迫或者诱骗实施违法行为的;

（三）主动供述行政机关尚未掌握的违法行为的;

（四）配合行政机关查处违法行为有立功表现的;

（五）法律、法规、规章规定其他应当从轻或者减轻行政处罚的。

第三十三条　违法行为轻微并及时改正,没有造成危害后果的,不予行政处罚。初次违法且危害后果轻微并及时改正的,可以不予行政处罚。

当事人有证据足以证明没有主观过错的,不予行政处罚。法律、行政法规另有规定的,从其规定。

对当事人的违法行为依法不予行政处罚的,行政机关应当对当事人进行教育。

第三十四条　行政机关可以依法制定行政处罚裁量基准,规范行使行政处罚裁量权。行政处罚裁量基准应当向社会公布。

第三十五条　违法行为构成犯罪,人民法院判处拘役或者有期徒刑时,行政机关已经给予当事人行政拘留的,应当依法折抵相应刑期。

违法行为构成犯罪,人民法院判处罚金时,行政机关已经给予当事人罚款的,应当折抵相应罚金;行政机关尚未给予当事人罚款的,不再给予罚款。

第三十六条　违法行为在二年内未被发现的,不再给予行政处罚;涉及公民生命健康安全、金融安全且有危害后果的,上述期限延长至五年。法律另有规定的除外。

前款规定的期限,从违法行为发生之日起计算;违法行为有连续或者继续状态的,从行为终了之日起计算。

第三十七条　实施行政处罚,适用违法行为发生时的法律、法规、规章的规定。但是,作出行政处罚决定时,法律、法规、规章已被修改或者废止,且新的规定处罚较轻或者不认为是违法的,适用新的规定。

第三十八条　行政处罚没有依据或者实施主体不具有行政主体资格的,行政处罚无效。

违反法定程序构成重大且明显违法的,行政处罚无效。

第五章　行政处罚的决定
第一节　一般规定

第三十九条　行政处罚的实施机关、立案依据、实施程序和救济渠道等信息应当公示。

第四十条　公民、法人或者其他组织违反行政管理秩序的行为,依法应当给予行政处罚的,行政机关必须查明事实;违法事实不清、证据不足的,不得给予行政处罚。

第四十一条　行政机关依照法律、行政法规规定利用电子技术监控设备收集、固定违法事实的,应当经过法制和技术审核,确保电子技术监控设备符合标准、设置合理、标志明显,设置地点应当向社会公布。

电子技术监控设备记录违法事实应当真实、清晰、完整、准确。行政机关应当审核记录内容是否符合要求;未经审核或者经审核不符合要求的,不得作为行政处罚的证据。

行政机关应当及时告知当事人违法事实,并采取信息化手段或者其他措施,为当事人查询、陈述和申辩提供便利。不得限制或者变相限制当事人享有的陈述权、申辩权。

第四十二条　行政处罚应当由具有行政执法资格的执法人员实施。执法人员不得少于两人,法律另有规定的除外。

执法人员应当文明执法,尊重和保护当事人合法权益。

第四十三条　执法人员与案件有直接利害关系或者有其他关系可能影响公正执法的,应当回避。

当事人认为执法人员与案件有直接利害关系或者有其他关系可能影响公正执法的,有权申请回避。

当事人提出回避申请的,行政机关应当依法审查,由行政机关负责人决定。决定作出之前,不停止调查。

第四十四条　行政机关在作出行政处罚决定之前,应当告知当事人拟作出的行政处罚内容及事实、理由、依据,并告知当事人依法享有的陈述、申辩、要求听证等权利。

第四十五条 当事人有权进行陈述和申辩。行政机关必须充分听取当事人的意见,对当事人提出的事实、理由和证据,应当进行复核;当事人提出的事实、理由或者证据成立的,行政机关应当采纳。

行政机关不得因当事人陈述、申辩而给予更重的处罚。

第四十六条 证据包括:
(一)书证;
(二)物证;
(三)视听资料;
(四)电子数据;
(五)证人证言;
(六)当事人的陈述;
(七)鉴定意见;
(八)勘验笔录、现场笔录。

证据必须经查证属实,方可作为认定案件事实的根据。

以非法手段取得的证据,不得作为认定案件事实的根据。

第四十七条 行政机关应当依法以文字、音像等形式,对行政处罚的启动、调查取证、审核、决定、送达、执行等进行全过程记录,归档保存。

第四十八条 具有一定社会影响的行政处罚决定应当依法公开。

公开的行政处罚决定被依法变更、撤销、确认违法或者确认无效的,行政机关应当在三日内撤回行政处罚决定信息并公开说明理由。

第四十九条 发生重大传染病疫情等突发事件,为了控制、减轻和消除突发事件引起的社会危害,行政机关对违反突发事件应对措施的行为,依法快速、从重处罚。

第五十条 行政机关及其工作人员对实施行政处罚过程中知悉的国家秘密、商业秘密或者个人隐私,应当依法予以保密。

第二节 简易程序

第五十一条 违法事实确凿并有法定依据,对公民处以二百元以下、对法人或者其他组织处以三千元以下罚款或者警告的行政处罚的,可以当场作出行政处罚决定。法律另有规定的,从其规定。

第五十二条 执法人员当场作出行政处罚决定的,应当向当事人出示执法证件,填写预定格式、编有号码的行政处罚决定书,并当场交付当事人。当事人拒绝签收的,应当在行政处罚决定书上注明。

前款规定的行政处罚决定书应当载明当事人的违法行为,行政处罚的种类和依据、罚款数额、时间、地点,申请行政复议、提起行政诉讼的途径和期限以及行政机关名称,并由执法人员签名或者盖章。

执法人员当场作出的行政处罚决定,应当报所属行政机关备案。

第五十三条 对当场作出的行政处罚决定,当事人应当依照本法第六十七条至第六十九条的规定履行。

第三节 普通程序

第五十四条 除本法第五十一条规定的可以当场作出的行政处罚外,行政机关发现公民、法人或者其他组织有依法应当给予行政处罚的行为的,必须全面、客观、公正地调查,收集有关证据;必要时,依照法律、法规的规定,可以进行检查。

符合立案标准的,行政机关应当及时立案。

第五十五条 执法人员在调查或者进行检查时,应当主动向当事人或者有关人员出示执法证件。当事人或者有关人员有权要求执法人员出示执法证件。执法人员不出示执法证件的,当事人或者有关人员有权拒绝接受调查或者检查。

当事人或者有关人员应当如实回答询问,并协助调查或者检查,不得拒绝或者阻挠。询问或者检查应当制作笔录。

第五十六条 行政机关在收集证据时,可以采取抽样取证的方法;在证据可能灭失或者以后难以取得的情况下,经行政机关负责人批准,可以先行登记保存,并应当在七日内及时作出处理决定,在此期间,当事人或者有关人员不得销毁或者转移证据。

第五十七条 调查终结,行政机关负责人应当对调查结果进行审查,根据不同情况,分别作出如下决定:
(一)确有应受行政处罚的违法行为的,根据情节轻重及具体情况,作出行政处罚决定;
(二)违法行为轻微,依法可以不予行政处罚的,不予行政处罚;
(三)违法事实不能成立的,不予行政处罚;
(四)违法行为涉嫌犯罪的,移送司法机关。

对情节复杂或者重大违法行为给予行政处罚,行政机关负责人应当集体讨论决定。

第五十八条 有下列情形之一,在行政机关负责人作出行政处罚的决定之前,应当由从事行政处罚决定法制审核的人员进行法制审核;未经法制审核或者审核未通过的,不得作出决定:

（一）涉及重大公共利益的；
（二）直接关系当事人或者第三人重大权益，经过听证程序的；
（三）案件情况疑难复杂、涉及多个法律关系的；
（四）法律、法规规定应当进行法制审核的其他情形。

行政机关中初次从事行政处罚决定法制审核的人员，应当通过国家统一法律职业资格考试取得法律职业资格。

第五十九条 行政机关依照本法第五十七条的规定给予行政处罚，应当制作行政处罚决定书。行政处罚决定书应当载明下列事项：
（一）当事人的姓名或者名称、地址；
（二）违反法律、法规、规章的事实和证据；
（三）行政处罚的种类和依据；
（四）行政处罚的履行方式和期限；
（五）申请行政复议、提起行政诉讼的途径和期限；
（六）作出行政处罚决定的行政机关名称和作出决定的日期。

行政处罚决定书必须盖有作出行政处罚决定的行政机关的印章。

第六十条 行政机关应当自行政处罚案件立案之日起九十日内作出行政处罚决定。法律、法规、规章另有规定的，从其规定。

第六十一条 行政处罚决定书应当在宣告后当场交付当事人；当事人不在场的，行政机关应当在七日内依照《中华人民共和国民事诉讼法》的有关规定，将行政处罚决定书送达当事人。

当事人同意并签订确认书的，行政机关可以采用传真、电子邮件等方式，将行政处罚决定书等送达当事人。

第六十二条 行政机关及其执法人员在作出行政处罚决定之前，未依照本法第四十四条、第四十五条的规定向当事人告知拟作出的行政处罚内容及事实、理由、依据，或者拒绝听取当事人的陈述、申辩，不得作出行政处罚决定；当事人明确放弃陈述或者申辩权利的除外。

第四节 听证程序

第六十三条 行政机关拟作出下列行政处罚决定，应当告知当事人有要求听证的权利，当事人要求听证的，行政机关应当组织听证：
（一）较大数额罚款；
（二）没收较大数额违法所得、没收较大价值非法财物；
（三）降低资质等级、吊销许可证件；
（四）责令停产停业、责令关闭、限制从业；
（五）其他较重的行政处罚；
（六）法律、法规、规章规定的其他情形。

当事人不承担行政机关组织听证的费用。

第六十四条 听证应当依照以下程序组织：
（一）当事人要求听证的，应当在行政机关告知后五日内提出；
（二）行政机关应当在举行听证的七日前，通知当事人及有关人员听证的时间、地点；
（三）除涉及国家秘密、商业秘密或者个人隐私依法予以保密外，听证公开举行；
（四）听证由行政机关指定的非本案调查人员主持；当事人认为主持人与本案有直接利害关系的，有权申请回避；
（五）当事人可以亲自参加听证，也可以委托一至二人代理；
（六）当事人及其代理人无正当理由拒不出席听证或者未经许可中途退出听证的，视为放弃听证权利，行政机关终止听证；
（七）举行听证时，调查人员提出当事人违法的事实、证据和行政处罚建议，当事人进行申辩和质证；
（八）听证应当制作笔录。笔录应当交当事人或者其代理人核对无误后签字或者盖章。当事人或者其代理人拒绝签字或者盖章的，由听证主持人在笔录中注明。

第六十五条 听证结束后，行政机关应当根据听证笔录，依照本法第五十七条的规定，作出决定。

第六章 行政处罚的执行

第六十六条 行政处罚决定依法作出后，当事人应当在行政处罚决定书载明的期限内，予以履行。

当事人确有经济困难，需要延期或者分期缴纳罚款的，经当事人申请和行政机关批准，可以暂缓或者分期缴纳。

第六十七条 作出罚款决定的行政机关应当与收缴罚款的机构分离。

除依照本法第六十八条、第六十九条的规定当场收缴的罚款外，作出行政处罚决定的行政机关及其执法人员不得自行收缴罚款。

当事人应当自收到行政处罚决定书之日起十五日内，到指定的银行或者通过电子支付系统缴纳罚款。银行应当收受罚款，并将罚款直接上缴国库。

第六十八条 依照本法第五十一条的规定当场作出行政处罚决定，有下列情形之一，执法人员可以当场收缴罚款：

（一）依法给予一百元以下罚款的；

（二）不当场收缴事后难以执行的。

第六十九条 在边远、水上、交通不便地区，行政机关及其执法人员依照本法第五十一条、第五十七条的规定作出罚款决定后，当事人到指定的银行或者通过电子支付系统缴纳罚款确有困难，经当事人提出，行政机关及其执法人员可以当场收缴罚款。

第七十条 行政机关及其执法人员当场收缴罚款的，必须向当事人出具国务院财政部门或者省、自治区、直辖市人民政府财政部门统一制发的专用票据；不出具财政部门统一制发的专用票据的，当事人有权拒绝缴纳罚款。

第七十一条 执法人员当场收缴的罚款，应当自收缴罚款之日起二日内，交至行政机关；在水上当场收缴的罚款，应当自抵岸之日起二日内交至行政机关；行政机关应当在二日内将罚款缴付指定的银行。

第七十二条 当事人逾期不履行行政处罚决定的，作出行政处罚决定的行政机关可以采取下列措施：

（一）到期不缴纳罚款的，每日按罚款数额的百分之三加处罚款，加处罚款的数额不得超出罚款的数额；

（二）根据法律规定，将查封、扣押的财物拍卖、依法处理或者将冻结的存款、汇款划拨抵缴罚款；

（三）根据法律规定，采取其他行政强制执行方式；

（四）依照《中华人民共和国行政强制法》的规定申请人民法院强制执行。

行政机关批准延期、分期缴纳罚款的，申请人民法院强制执行的期限，自暂缓或者分期缴纳罚款期限结束之日起计算。

第七十三条 当事人对行政处罚决定不服，申请行政复议或者提起行政诉讼的，行政处罚不停止执行，法律另有规定的除外。

当事人对限制人身自由的行政处罚决定不服，申请行政复议或者提起行政诉讼的，可以向作出决定的机关提出暂缓执行申请。符合法律规定情形的，应当暂缓执行。

当事人申请行政复议或者提起行政诉讼的，加处罚款的数额在行政复议或者行政诉讼期间不予计算。

第七十四条 除依法应当予以销毁的物品外，依法没收的非法财物必须按照国家规定公开拍卖或者按照国家有关规定处理。

罚款、没收的违法所得或者没收非法财物拍卖的款项，必须全部上缴国库，任何行政机关或者个人不得以任何形式截留、私分或者变相私分。

罚款、没收的违法所得或者没收非法财物拍卖的款项，不得同作出行政处罚决定的行政机关及其工作人员的考核、考评直接或者变相挂钩。除依法应当退还、退赔的外，财政部门不得以任何形式向作出行政处罚决定的行政机关返还罚款、没收的违法所得或者没收非法财物拍卖的款项。

第七十五条 行政机关应当建立健全对行政处罚的监督制度。县级以上人民政府应当定期组织开展行政执法评议、考核，加强对行政处罚的监督检查，规范和保障行政处罚的实施。

行政机关实施行政处罚应当接受社会监督。公民、法人或者其他组织对行政机关实施行政处罚的行为，有权申诉或者检举；行政机关应当认真审查，发现有错误的，应当主动改正。

第七章 法律责任

第七十六条 行政机关实施行政处罚，有下列情形之一，由上级行政机关或者有关机关责令改正，对直接负责的主管人员和其他直接责任人员依法给予处分：

（一）没有法定的行政处罚依据的；

（二）擅自改变行政处罚种类、幅度的；

（三）违反法定的行政处罚程序的；

（四）违反本法第二十条关于委托处罚的规定的；

（五）执法人员未取得执法证件的。

行政机关对符合立案标准的案件不及时立案的，依照前款规定予以处理。

第七十七条 行政机关对当事人进行处罚不使用罚款、没收财物单据或者使用非法定部门制发的罚款、没收财物单据的，当事人有权拒绝，并有权予以检举，由上级行政机关或者有关机关对使用的非法单据予以收缴销毁，对直接负责的主管人员和其他直接责任人员依法给予处分。

第七十八条 行政机关违反本法第六十七条的规定自行收缴罚款的，财政部门违反本法第七十四条的规定向行政机关返还罚款、没收的违法所得或者拍卖款项的，由上级行政机关或者有关机关责令改正，对直接负责的主管人员和其他直接责任人员依法给予处分。

第七十九条 行政机关截留、私分或者变相私分罚款、没收的违法所得或者财物的，由财政部门或者有关机关予以追缴，对直接负责的主管人员和其他直接责任人员依法给予处分；情节严重构成犯罪的，依法追究刑事责任。

执法人员利用职务上的便利，索取或者收受他人财物、将收缴罚款据为己有,构成犯罪的,依法追究刑事责任;情节轻微不构成犯罪的,依法给予处分。

第八十条 行政机关使用或者损毁查封、扣押的财物,对当事人造成损失的,应当依法予以赔偿,对直接负责的主管人员和其他直接责任人员依法给予处分。

第八十一条 行政机关违法实施检查措施或者执行措施,给公民人身或者财产造成损害、给法人或者其他组织造成损失的,应当依法予以赔偿,对直接负责的主管人员和其他直接责任人员依法给予处分;情节严重构成犯罪的,依法追究刑事责任。

第八十二条 行政机关对应当依法移交司法机关追究刑事责任的案件不移交,以行政处罚代替刑事处罚,由上级行政机关或者有关机关责令改正,对直接负责的主管人员和其他直接责任人员依法给予处分;情节严重构成犯罪的,依法追究刑事责任。

第八十三条 行政机关对应当予以制止和处罚的违法行为不予制止、处罚,致使公民、法人或者其他组织的合法权益、公共利益和社会秩序遭受损害的,对直接负责的主管人员和其他直接责任人员依法给予处分;情节严重构成犯罪的,依法追究刑事责任。

第八章 附 则

第八十四条 外国人、无国籍人、外国组织在中华人民共和国领域内有违法行为,应当给予行政处罚的,适用本法,法律另有规定的除外。

第八十五条 本法中"二日""三日""五日""七日"的规定是指工作日,不含法定节假日。

第八十六条 本法自2021年7月15日起施行。

中华人民共和国刑法(节录)

- 1979年7月1日第五届全国人民代表大会第二次会议通过
- 1997年3月14日第八届全国人民代表大会第五次会议修订
- 根据1998年12月29日第九届全国人民代表大会常务委员会第六次会议通过的《全国人民代表大会常务委员会关于惩治骗购外汇、逃汇和非法买卖外汇犯罪的决定》、1999年12月25日第九届全国人民代表大会常务委员会第十三次会议通过的《中华人民共和国刑法修正案》、2001年8月31日第九届全国人民代表大会常务委员会第二十三次会议通过的《中华人民共和国刑法修正案(二)》、2001年12月29日第九届全国人民代表大会常务委员会第二十五次会议通过的《中华人民共和国刑法修正案(三)》、2002年12月28日第九届全国人民代表大会常务委员会第三十一次会议通过的《中华人民共和国刑法修正案(四)》、2005年2月28日第十届全国人民代表大会常务委员会第十四次会议通过的《中华人民共和国刑法修正案(五)》、2006年6月29日第十届全国人民代表大会常务委员会第二十二次会议通过的《中华人民共和国刑法修正案(六)》、2009年2月28日第十一届全国人民代表大会常务委员会第七次会议通过的《中华人民共和国刑法修正案(七)》、2009年8月27日第十一届全国人民代表大会常务委员会第十次会议通过的《全国人民代表大会常务委员会关于修改部分法律的决定》、2011年2月25日第十一届全国人民代表大会常务委员会第十九次会议通过的《中华人民共和国刑法修正案(八)》、2015年8月29日第十二届全国人民代表大会常务委员会第十六次会议通过的《中华人民共和国刑法修正案(九)》、2017年11月4日第十二届全国人民代表大会常务委员会第三十次会议通过的《中华人民共和国刑法修正案(十)》和2020年12月26日第十三届全国人民代表大会常务委员会第二十四次会议通过的《中华人民共和国刑法修正案(十一)》修正*

……

第二编 分 则
第六章 妨害社会管理秩序罪

……

第六节 破坏环境资源保护罪

第三百三十八条 【污染环境罪】违反国家规定,排放、倾倒或者处置有放射性的废物、含传染病病原体的废物、有毒物质或者其他有害物质,严重污染环境的,处三年以下有期徒刑或者拘役,并处或者单处罚金;情节严重的,处三年以上七年以下有期徒刑,并处罚金;有下列情形之一的,处七年以上有期徒刑,并处罚金:

(一)在饮用水水源保护区、自然保护地核心保护区等依法确定的重点保护区域排放、倾倒、处置有放射性的废物、含传染病病原体的废物、有毒物质,情节特别严重的;

(二)向国家确定的重要江河、湖泊水域排放、倾倒、处置有放射性的废物、含传染病病原体的废物、有毒物质,情节特别严重的;

---

* 刑法、历次刑法修正案、涉及修改刑法的决定的施行日期,分别依据各法律所规定的施行日期确定。

另,总则部分条文主旨为编者所加,分则部分条文主旨是根据司法解释确定罪名所加。

(三)致使大量永久基本农田基本功能丧失或者遭受永久性破坏的;

(四)致使多人重伤、严重疾病,或者致人严重残疾、死亡的。

有前款行为,同时构成其他犯罪的,依照处罚较重的规定定罪处罚。①

第三百三十九条　【非法处置进口的固体废物罪】 违反国家规定,将境外的固体废物进境倾倒、堆放、处置的,处五年以下有期徒刑或者拘役,并处罚金;造成重大环境污染事故,致使公私财产遭受重大损失或者严重危害人体健康的,处五年以上十年以下有期徒刑,并处罚金;后果特别严重的,处十年以上有期徒刑,并处罚金。

【擅自进口固体废物罪】 未经国务院有关主管部门许可,擅自进口固体废物用作原料,造成重大环境污染事故,致使公私财产遭受重大损失或者严重危害人体健康的,处五年以下有期徒刑或者拘役,并处罚金;后果特别严重的,处五年以上十年以下有期徒刑,并处罚金。

以原料利用为名,进口不能用作原料的固体废物、液态废物和气态废物的,依照本法第一百五十二条第二款、第三款的规定定罪处罚。②

第三百四十条　【非法捕捞水产品罪】 违反保护水产资源法规,在禁渔区、禁渔期或者使用禁用的工具、方法捕捞水产品,情节严重的,处三年以下有期徒刑、拘役、管制或者罚金。

第三百四十一条③　【危害珍贵、濒危野生动物罪】 非法猎捕、杀害国家重点保护的珍贵、濒危野生动物的,或者非法收购、运输、出售国家重点保护的珍贵、濒危野生动物及其制品的,处五年以下有期徒刑或者拘役,并处罚金;情节严重的,处五年以上十年以下有期徒刑,并处罚金;情节特别严重的,处十年以上有期徒刑,并处罚金或者没收财产。

【非法狩猎罪】 违反狩猎法规,在禁猎区、禁猎期或者使用禁用的工具、方法进行狩猎,破坏野生动物资源,情节严重的,处三年以下有期徒刑、拘役、管制或者罚金。

【非法猎捕、收购、运输、出售陆生野生动物罪】 违反野生动物保护管理法规,以食用为目的非法猎捕、收购、运输、出售第一款规定以外的在野外环境自然生长繁殖的陆生野生动物,情节严重的,依照前款的规定处罚。④

第三百四十二条⑤　【非法占用农用地罪】 违反土地管理法规,非法占用耕地、林地等农用地,改变被占用土地用途,数量较大,造成耕地、林地等农用地大量毁坏的,处五年以下有期徒刑或者拘役,并处或者单处罚金。⑥

---

① 根据2011年2月25日《中华人民共和国刑法修正案(八)》第一次修改。原条文为:"违反国家规定,向土地、水体、大气排放、倾倒或者处置有放射性的废物、含传染病病原体的废物、有毒物质或者其他危险废物,造成重大环境污染事故,致使公私财产遭受重大损失或者人身伤亡的严重后果的,处三年以下有期徒刑或者拘役,并处或者单处罚金;后果特别严重的,处三年以上七年以下有期徒刑,并处罚金。"

根据2020年12月26日《中华人民共和国刑法修正案(十一)》第二次修改。原条文为:"违反国家规定,排放、倾倒或者处置有放射性的废物、含传染病病原体的废物、有毒物质或者其他有害物质,严重污染环境的,处三年以下有期徒刑或者拘役,并处或者单处罚金;后果特别严重的,处三年以上七年以下有期徒刑,并处罚金。"

② 根据2002年12月28日《中华人民共和国刑法修正案(四)》修改。原第三款条文为:"以原料利用为名,进口不能用作原料的固体废物的,依照本法第一百五十五条的规定定罪处罚。"

③ 根据2014年4月24日通过的《全国人民代表大会常务委员会关于〈中华人民共和国刑法〉第三百四十一条、第三百一十二条的解释》:

"全国人民代表大会常务委员会根据司法实践中遇到的情况,讨论了刑法第三百四十一条第一款规定的非法收购国家重点保护的珍贵、濒危野生动物及其制品的含义和收购刑法第三百四十一条第二款规定的非法狩猎的野生动物如何适用刑法有关规定的问题,解释如下:

知道或者应当知道是国家重点保护的珍贵、濒危野生动物及其制品,为食用或者其他目的而非法购买的,属于刑法第三百四十一条第一款规定的非法收购国家重点保护的珍贵、濒危野生动物及其制品的行为。

知道或者应当知道是刑法第三百四十一条第二款规定的非法狩猎的野生动物而购买的,属于刑法第三百一十二条第一款规定的明知是犯罪所得而收购的行为。"

④ 根据2020年12月26日《中华人民共和国刑法修正案(十一)》增加。

⑤ 根据2009年8月27日修正的《全国人民代表大会常务委员会关于〈中华人民共和国刑法〉第二百二十八条、第三百四十二条、第四百一十条的解释》:

"全国人民代表大会常务委员会讨论了刑法第二百二十八条、第三百四十二条、第四百一十条规定的'违反土地管理法规'和第四百一十条规定的'非法批准征收、征用、占用土地'的含义问题,解释如下:

刑法第二百二十八条、第三百四十二条、第四百一十条规定的'违反土地管理法规',是指违反土地管理法、森林法、草原法等法律以及有关行政法规中关于土地管理的规定。

刑法第四百一十条规定的'非法批准征收、征用、占用土地',是指非法批准征收、征用、占用耕地、林地等农用地以及其他土地。"

⑥ 根据2001年8月31日《中华人民共和国刑法修正案(二)》修改。原条文为:"违反土地管理法规,非法占用耕地改作他用,数量较大,造成耕地大量毁坏的,处五年以下有期徒刑或者拘役,并处或者单处罚金。"

第三百四十二条之一 【破坏自然保护地罪】违反自然保护地管理法规,在国家公园、国家级自然保护区进行开垦、开发活动或者修建建筑物,造成严重后果或者有其他恶劣情节的,处五年以下有期徒刑或者拘役,并处或者单处罚金。

有前款行为,同时构成其他犯罪的,依照处罚较重的规定定罪处罚。①

第三百四十三条 【非法采矿罪】违反矿产资源法的规定,未取得采矿许可证擅自采矿,擅自进入国家规划矿区、对国民经济具有重要价值的矿区和他人矿区范围采矿,或者擅自开采国家规定实行保护性开采的特定矿种,情节严重的,处三年以下有期徒刑、拘役或者管制,并处或者单处罚金;情节特别严重的,处三年以上七年以下有期徒刑,并处罚金。②

【破坏性采矿罪】违反矿产资源法的规定,采取破坏性的开采方法开采矿产资源,造成矿产资源严重破坏的,处五年以下有期徒刑或者拘役,并处罚金。

第三百四十四条 【危害国家重点保护植物罪】违反国家规定,非法采伐、毁坏珍贵树木或者国家重点保护的其他植物的,或者非法收购、运输、加工、出售珍贵树木或者国家重点保护的其他植物及其制品的,处三年以下有期徒刑、拘役或者管制,并处罚金;情节严重的,处三年以上七年以下有期徒刑,并处罚金。③

第三百四十四条之一 【非法引进、释放、丢弃外来入侵物种罪】违反国家规定,非法引进、释放或者丢弃外来入侵物种,情节严重的,处三年以下有期徒刑或者拘役,并处或者单处罚金。④

第三百四十五条 【盗伐林木罪】盗伐森林或者其他林木,数量较大的,处三年以下有期徒刑、拘役或者管制,并处或者单处罚金;数量巨大的,处三年以上七年以下有期徒刑,并处罚金;数量特别巨大的,处七年以上有期徒刑,并处罚金。

【滥伐林木罪】违反森林法的规定,滥伐森林或者其他林木,数量较大的,处三年以下有期徒刑、拘役或者管制,并处或者单处罚金;数量巨大的,处三年以上七年以下有期徒刑,并处罚金。

【非法收购、运输盗伐、滥伐的林木罪】非法收购、运输明知是盗伐、滥伐的林木,情节严重的,处三年以下有期徒刑、拘役或者管制,并处或者单处罚金;情节特别严重的,处三年以上七年以下有期徒刑,并处罚金。

盗伐、滥伐国家级自然保护区内的森林或者其他林木的,从重处罚。⑤

第三百四十六条 【单位犯破坏环境资源保护罪的处罚规定】单位犯本节第三百三十八条至第三百四十五条规定之罪的,对单位判处罚金,并对其直接负责的主管人员和其他直接责任人员,依照本节各该条的规定处罚。

……

---

① 根据 2020 年 12 月 26 日《中华人民共和国刑法修正案(十一)》增加。

② 根据 2011 年 2 月 25 日《中华人民共和国刑法修正案(八)》修改。原第一款条文为:"违反矿产资源法的规定,未取得采矿许可证擅自采矿的,擅自进入国家规划矿区、对国民经济具有重要价值的矿区和他人矿区范围采矿的,擅自开采国家规定实行保护性开采的特定矿种,经责令停止开采后拒不停止开采,造成矿产资源破坏的,处三年以下有期徒刑、拘役或者管制,并处或者单处罚金;造成矿产资源严重破坏的,处三年以上七年以下有期徒刑,并处罚金。"

③ 根据 2002 年 12 月 28 日《中华人民共和国刑法修正案(四)》修改。原条文为:"违反森林法的规定,非法采伐、毁坏珍贵树木的,处三年以下有期徒刑、拘役或者管制,并处罚金;情节严重的,处三年以上七年以下有期徒刑,并处罚金。"

④ 根据 2020 年 12 月 26 日《中华人民共和国刑法修正案(十一)》增加。

⑤ 根据 2002 年 12 月 28 日《中华人民共和国刑法修正案(四)》修改。原条文为:"盗伐森林或者其他林木,数量较大的,处三年以下有期徒刑、拘役或者管制,并处或者单处罚金;数量巨大的,处三年以上七年以下有期徒刑,并处罚金;数量特别巨大的,处七年以上有期徒刑,并处罚金。

"违反森林法的规定,滥伐森林或者其他林木,数量较大的,处三年以下有期徒刑、拘役或者管制,并处或者单处罚金;数量巨大的,处三年以上七年以下有期徒刑,并处罚金。

"以牟利为目的,在林区非法收购明知是盗伐、滥伐的林木,情节严重的,处三年以下有期徒刑、拘役或者管制,并处或者单处罚金;情节特别严重的,处三年以上七年以下有期徒刑,并处罚金。

"盗伐、滥伐国家级自然保护区内的森林或者其他林木的,从重处罚。"

全国人民代表大会常务委员会关于全面禁止非法野生动物交易、革除滥食野生动物陋习、切实保障人民群众生命健康安全的决定

· 2020年2月24日第十三届全国人民代表大会常务委员会第十六次会议通过

为了全面禁止和惩治非法野生动物交易行为,革除滥食野生动物的陋习,维护生物安全和生态安全,有效防范重大公共卫生风险,切实保障人民群众生命健康安全,加强生态文明建设,促进人与自然和谐共生,全国人民代表大会常务委员会作出如下决定:

一、凡《中华人民共和国野生动物保护法》和其他有关法律禁止猎捕、交易、运输、食用野生动物的,必须严格禁止。

对违反前款规定的行为,在现行法律规定基础上加重处罚。

二、全面禁止食用国家保护的"有重要生态、科学、社会价值的陆生野生动物"以及其他陆生野生动物,包括人工繁育、人工饲养的陆生野生动物。

全面禁止以食用为目的猎捕、交易、运输在野外环境自然生长繁殖的陆生野生动物。

对违反前两款规定的行为,参照适用现行法律有关规定处罚。

三、列入畜禽遗传资源目录的动物,属于家畜家禽,适用《中华人民共和国畜牧法》的规定。

国务院畜牧兽医行政主管部门依法制定并公布畜禽遗传资源目录。

四、因科研、药用、展示等特殊情况,需要对野生动物进行非食用性利用的,应当按照国家有关规定实行严格审批和检疫检验。

国务院及其有关主管部门应当及时制定、完善野生动物非食用性利用的审批和检疫检验等规定,并严格执行。

五、各级人民政府和人民团体、社会组织、学校、新闻媒体等社会各方面,都应当积极开展生态环境保护和公共卫生安全的宣传教育和引导,全社会成员要自觉增强生态保护和公共卫生安全意识,移风易俗,革除滥食野生动物陋习,养成科学健康文明的生活方式。

六、各级人民政府及其有关部门应当健全执法管理体制,明确执法责任主体,落实执法管理责任,加强协调配合,加大监督检查和责任追究力度,严格查处违反本决定和有关法律法规的行为;对违法经营场所和违法经营者,依法予以取缔或者查封、关闭。

七、国务院及其有关部门和省、自治区、直辖市应当依据本决定和有关法律,制定、调整相关名录和配套规定。

国务院和地方人民政府应当采取必要措施,为本决定的实施提供相应保障。有关地方人民政府应当支持、指导、帮助受影响的农户调整、转变生产经营活动,根据实际情况给予一定补偿。

八、本决定自公布之日起施行。

环境保护行政许可听证暂行办法

· 2004年6月23日国家环境保护总局令第22号公布
· 自2004年7月1日起施行

第一章 总 则

第一条 为了规范环境保护行政许可活动,保障和监督环境保护行政主管部门依法行政,提高环境保护行政许可的科学性、公正性、合理性和民主性,保护公民、法人和其他组织的合法权益,根据《中华人民共和国行政许可法》、《中华人民共和国环境影响评价法》等有关法律法规的规定,制定本办法。

第二条 县级以上人民政府环境保护行政主管部门实施环境保护行政许可时,适用本办法进行听证。

第三条 听证由拟作出环境保护行政许可决定的环境保护行政主管部门组织。

第四条 环境保护行政主管部门组织听证,应当遵循公开、公平、公正和便民的原则,充分听取公民、法人和其他组织的意见,保证其陈述意见、质证和申辩的权利。

除涉及国家秘密、商业秘密或者个人隐私外,听证应当公开举行。

公开举行的听证,公民、法人或者其他组织可以申请参加旁听。

第二章 听证的适用范围

第五条 实施环境保护行政许可,有下列情形之一的,适用本办法:

(一)按照法律、法规、规章的规定,实施环境保护行政许可应当组织听证的;

(二)实施涉及公共利益的重大环境保护行政许可,环境保护行政主管部门认为需要听证的;

(三)环境保护行政许可直接涉及申请人与他人之间重大利益关系,申请人、利害关系人依法要求听证的。

第六条 除国家规定需要保密的建设项目外,建设

本条所列项目的单位,在报批环境影响报告书前,未依法征求有关单位、专家和公众的意见,或者虽然依法征求了有关单位、专家和公众的意见,但存在重大意见分歧的,环境保护行政主管部门在审查或者重新审核建设项目环境影响评价文件之前,可以举行听证会,征求项目所在地有关单位和居民的意见:

(一)对环境可能造成重大影响、应当编制环境影响报告书的建设项目;

(二)可能产生油烟、恶臭、噪声或者其他污染,严重影响项目所在地居民生活环境质量的建设项目。

第七条 对可能造成不良环境影响并直接涉及公众环境权益的工业、农业、畜牧业、林业、能源、水利、交通、城市建设、旅游、自然资源开发的有关专项规划,设区的市级以上人民政府在审批该专项规划草案和作出决策之前,指定环境保护行政主管部门对环境影响报告书进行审查的,环境保护行政主管部门可以举行听证会,征求有关单位、专家和公众对环境影响报告书草案的意见。国家规定需要保密的规划除外。

第三章 听证主持人和听证参加人

第八条 环境保护行政许可的听证活动,由承担许可职能的环境保护行政主管部门组织,并由其指定听证主持人具体实施。

听证主持人应当由环境保护行政主管部门许可审查机构内审查该行政许可申请的工作人员以外的人员担任。

环境行政许可事项重大复杂,环境保护行政主管部门决定举行听证,由许可审查机构的人员担任听证主持人可能影响公正处理的,由法制机构工作人员担任听证主持人。

记录员由听证主持人指定。

第九条 听证主持人在听证活动中行使下列职权:

(一)决定举行听证的时间、地点和方式;

(二)决定听证的延期、中止或者终结;

(三)决定证人是否出席作证;

(四)就听证事项进行询问;

(五)接收并审核有关证据,必要时可要求听证参加人提供或者补充证据;

(六)指挥听证活动,维护听证秩序,对违反听证纪律的行为予以警告直至责令其退场;

(七)对听证笔录进行审阅;

(八)法律、法规和规章赋予的其他职权。

记录员具体承担听证准备和听证记录工作。

第十条 听证主持人在听证活动中承担下列义务:

(一)决定将有关听证的通知及时送达行政许可申请人、利害关系人、行政许可审查人员、鉴定人、翻译人员等听证参加人;

(二)公正地主持听证,保证当事人行使陈述权、申辩权和质证权;

(三)符合回避情形的,应当自行回避;

(四)保守听证案件涉及的国家秘密、商业秘密和个人隐私。

记录员应当如实制作听证笔录,并承担本条第(四)项所规定的义务。

第十一条 听证主持人有下列情形之一的,应当自行回避。环境保护行政许可申请人或者利害关系人有权以口头或者书面方式申请其回避:

(一)是被听证的行政许可的审查人员,或者是行政许可审查人员的近亲属;

(二)是被听证的行政许可的当事人,或者是被听证的行政许可当事人、代理人的近亲属;

(三)与行政许可结果有直接利害关系的;

(四)与被听证的行政许可当事人有其他关系,可能影响公正听证的。

前款规定,适用于环境鉴定、监测人员。

行政许可申请人或者利害关系人申请听证主持人回避的,应说明理由,由组织听证的环境保护行政主管部门负责人决定是否回避。在是否回避的决定作出之前,被申请回避的听证主持人应当暂停参与听证工作。

第十二条 环境保护行政许可申请人、利害关系人享有下列权利:

(一)要求或者放弃听证;

(二)依法申请听证主持人回避;

(三)可以亲自参加听证,也可以委托一至二人代理参加听证;

(四)就听证事项进行陈述、申辩和举证;

(五)对证据进行质证;

(六)听证结束前进行最后陈述;

(七)审阅并核对听证笔录;

(八)查阅案卷。

第十三条 环境保护行政许可申请人、利害关系人承担下列义务:

(一)按照组织听证的环境保护行政主管部门指定的时间、地点出席听证会;

(二)依法举证;

（三）如实回答听证主持人的询问；
（四）遵守听证纪律。

听证申请人无正当理由不出席听证会的，视同放弃听证权利。

听证申请人违反听证纪律，情节严重被听证主持人责令退场的，视同放弃听证权利。

环境鉴定人、监测人、证人、翻译人员等听证参加人，应当承担第（三）项和第（四）项义务。

第十四条　行政许可申请人、利害关系人或者其法定代理人，委托他人代理参加听证的，应当向组织听证的环境保护行政主管部门提交由委托人签名或者盖章的授权委托书。

授权委托书应当载明委托事项及权限。

第十五条　组织听证的环境保护行政主管部门可以通知了解被听证的行政许可事项的单位和个人出席听证会。

有关单位应当支持了解被听证的行政许可事项的单位和个人出席听证会。

证人确有困难不能出席听证会的，可以提交有本人签名或者盖章的书面证言。

第十六条　环境保护行政许可事项需要进行鉴定或者监测的，应当委托符合条件的鉴定或者监测机构。接受委托的机构有权了解有关材料，必要时可以询问行政许可申请人、利害关系人或者证人。

鉴定或者监测机构应当提交签名或者盖章的书面鉴定或者监测结论。

第四章　听证程序

第十七条　环境保护行政主管部门对本办法第五条第（一）项和第（二）项规定的环境保护行政许可事项，决定举行听证的，应在听证举行的10日前，通过报纸、网络或者布告等适当方式，向社会公告。

公告内容应当包括被听证的许可事项和听证会的时间、地点，以及参加听证会的方法。

第十八条　组织听证的环境保护行政主管部门可以根据场地等条件，确定参加听证会的人数。

第十九条　参加环境保护行政许可听证的公民、法人或者其他组织人数众多的，可以推举代表人参加听证。

第二十条　环境保护行政主管部门对本办法第五条第（三）项规定的环境保护行政许可事项，在作出行政许可决定之前，应当告知行政许可申请人、利害关系人享有要求听证的权利，并送达《环境保护行政许可听证告知书》。

《环境保护行政许可听证告知书》应当载明下列事项：

（一）行政许可申请人、利害关系人的姓名或者名称；
（二）被听证的行政许可事项；
（三）对被听证的行政许可的初步审查意见、证据和理由；
（四）告知行政许可申请人、利害关系人有申请听证的权利；
（五）告知申请听证的期限和听证的组织机关。

送达《环境保护行政许可听证告知书》可以采取直接送达、委托送达、邮寄送达等形式，并由行政许可申请人、利害关系人在送达回执上签字。

行政许可申请人、利害关系人人数众多或者其他必要情形时，可以通过报纸、网络或者布告等适当方式，将《环境保护行政许可听证告知书》向社会公告。

第二十一条　行政许可申请人、利害关系人要求听证的，应当在收到听证告知书之日起5日内以书面形式提出听证申请。

第二十二条　《环境保护行政许可听证申请书》包括以下内容：

（一）听证申请人的姓名、地址；
（二）申请听证的具体要求；
（三）申请听证的依据、理由；
（四）其他相关材料。

第二十三条　组织行政许可听证的环境保护行政主管部门收到听证申请书后，应当对申请材料进行审查。申请材料不齐备的，应当一次性告知听证申请人补正。

第二十四条　听证申请有下列情形之一的，组织听证的环境保护行政主管部门不予受理，并书面说明理由：

（一）听证申请人不是该环境保护行政许可的申请人、利害关系人的；
（二）听证申请未在收到《环境保护行政许可听证告知书》后5个工作日内提出的；
（三）其他不符合申请听证条件的。

第二十五条　组织听证的环境保护行政主管部门经过审核，对符合听证条件的听证申请，应当受理，并在20日内组织听证。

第二十六条　组织听证的环境保护行政主管部门应当在听证举行的7日前，将《环境保护行政许可听证通知书》分别送达行政许可申请人、利害关系人，并由其在送达回执上签字。

《环境保护行政许可听证通知书》应当载明下列事项：

（一）行政许可申请人、利害关系人的姓名或者名称；

（二）听证的事由与依据；

（三）听证举行的时间、地点和方式；

（四）听证主持人、行政许可审查人员的姓名、职务；

（五）告知行政许可申请人、利害关系人预先准备证据、通知证人等事项；

（六）告知行政许可申请人、利害关系人参加听证的权利和义务；

（七）其他注意事项。

申请人、利害关系人人数众多或者其他必要情形时，可以通过报纸、网络或者布告等适当方式，向社会公告。

第二十七条 环境保护行政许可申请人、利害关系人接到听证通知后，应当按时到场；无正当理由不到场的，或者未经听证主持人允许中途退场的，视为放弃听证权利，并记入听证笔录。

第二十八条 环境保护行政许可听证会按以下程序进行：

（一）听证主持人宣布听证会场纪律，告知听证申请人、利害关系人的权利和义务，询问并核实听证参加人的身份，宣布听证开始；

（二）记录员宣布听证所涉许可事项、听证主持人和听证员的姓名、工作单位和职务；

（三）行政许可审查人员提出初步审查意见、理由和证据；

（四）行政许可申请人、利害关系人就该行政许可事项进行陈述和申辩，提出有关证据，对行政许可审查人员提出的证据进行质证；

（五）行政许可审查人员和行政许可申请人、利害关系人进行辩论；

（六）行政许可申请人、利害关系人做最后陈述；

（七）主持人宣布听证结束。

在听证过程中，主持人可以向行政许可审查人员、行政许可申请人、利害关系人和证人发问，有关人员应当如实回答。

第二十九条 组织听证的环境保护行政主管部门，对听证会必须制作笔录。

听证笔录应当载明下列事项，并由听证员和记录员签名：

（一）听证所涉许可事项；

（二）听证主持人和记录员的姓名、职务；

（三）听证参加人的基本情况；

（四）听证的时间、地点；

（五）听证公开情况；

（六）行政许可审查人员提出的初步审查意见、理由和证据；

（七）行政许可申请人、利害关系人和其他听证参加人的主要观点、理由和依据；

（八）延期、中止或者终止的说明；

（九）听证主持人对听证活动中有关事项的处理情况；

（十）听证主持人认为应当笔录的其他事项。

听证结束后，听证笔录应交陈述意见的行政许可申请人、利害关系人审核无误后签字或者盖章。无正当理由拒绝签字或者盖章的，应当记入听证笔录。

第三十条 听证终结后，听证主持人应当及时将听证笔录报告本部门负责人。

环境保护行政主管部门应当根据听证笔录，作出环境保护行政许可决定，并应当在许可决定中附具对听证会反映的主要观点采纳或者不采纳的说明。

第三十一条 有下列情形之一的，可以延期举行听证：

（一）因不可抗力事由致使听证无法按期举行的；

（二）行政许可申请人、利害关系人临时申请听证主持人回避的；

（三）行政许可申请人、利害关系人申请延期，并有正当理由的；

（四）可以延期的其他情形。

延期听证的，组织听证的环境保护行政主管部门应当书面通知听证参加人。

第三十二条 有下列情形之一的，中止听证：

（一）听证主持人认为听证过程中提出的新的事实、理由、依据有待进一步调查核实或者鉴定的；

（二）申请听证的公民死亡、法人或者其他组织终止，尚未确定权利、义务承受人的；

（三）其他需要中止听证的情形。

中止听证的，组织听证的环境保护行政主管部门应当书面通知听证参加人。

第三十三条 延期、中止听证的情形消失后，由组织听证的环境保护行政主管部门决定是否恢复听证，并书面通知听证参加人。

第三十四条 有下列情形之一的，应当终止听证：

（一）行政许可申请人、利害关系人在告知后明确放弃听证权利的；

（二）听证申请人撤回听证要求的；

（三）听证申请人无正当理由不参加听证的；

（四）听证申请人在听证过程中声明退出的；

（五）听证申请人未经听证主持人允许中途退场的；

（六）听证申请人为法人或者其他组织，该法人或者其他组织终止后，承受其权利的法人或者组织放弃听证权利的；

（七）听证申请人违反听证纪律，情节严重，被听证主持人责令退场的；

（八）需要终止听证的其他情形。

第五章 罚 则

第三十五条 环境保护行政主管部门及其工作人员违反《中华人民共和国行政许可法》的规定，有下列情形之一的，由有关机关依法责令改正；情节严重的，对直接负责的主管人员和其他直接责任人员依法给予行政处分：

（一）对法律、法规、规章规定应当组织听证的环境保护行政许可事项，不组织听证的；

（二）对符合法定条件的环境保护行政许可听证申请，不予受理的；

（三）在受理、审查、决定环境保护行政许可过程中，未向申请人、利害关系人履行法定告知义务的；

（四）未依法说明不受理环境保护行政许可听证申请或者不予听证的理由的。

第三十六条 环境保护行政主管部门的听证主持人、记录员，在听证时玩忽职守、滥用职权、徇私舞弊的，依法给予行政处分；构成犯罪的，依法追究刑事责任。

第六章 附 则

第三十七条 《环境保护行政许可听证公告》、《环境保护行政许可听证告知书》、《环境保护行政许可听证申请书》、《环境保护行政许可听证通知书》和《送达回执》的格式，由国家环境保护总局统一规范。

第三十八条 环境保护行政主管部门组织听证所需经费，应当根据《中华人民共和国行政许可法》第五十八条的规定，列入本行政机关的预算，由本级财政予以保障。

第三十九条 环境保护行政主管部门受权起草的环境保护法律、法规，或者依职权起草的环境保护规章，直接涉及公民、法人或者其他组织切身利益，有关机关、组织或者公民对草案有重大意见分歧的，环境保护行政主管部门可以采取听证会形式，听取社会意见。

环境立法听证会，除适用《规章制定程序条例》等法律法规规定的程序外，可以参照本办法关于听证组织和听证程序的规定执行。

第四十条 本办法自2004年7月1日起施行。

附件一：

×××环境保护局
环境保护行政许可听证公告

×××[×]×号

根据《中华人民共和国行政许可法》第四十六条（和《＿＿＿＿＿＿》第＿＿＿条）的规定，我局定于＿＿＿年＿＿月＿＿日＿＿时＿＿分，在＿＿＿（地点）＿＿＿＿就＿＿＿＿＿＿（环境保护行政许可事项）＿＿＿＿＿＿举行听证。

如申请参加该听证会，可在＿＿＿年＿＿月＿＿日到我局办理有关申请手续。

我局通讯地址及邮政编码：＿＿＿＿＿＿

联系人：＿＿＿＿＿＿

联系电话：＿＿＿＿＿＿

传真：＿＿＿＿＿＿

在参加听证前，须作好以下准备：

1. 携带有关证据材料；
2. 通知有关证人出席作证；
3. 委托代理人参加的，须提前办理委托代理手续。

×××环境保护局（印章）

×年×月×日

附件二：

×××环境保护局
环境保护行政许可听证告知书

×××[×]×号

（环境保护行政许可申请人或者利害关系人）：

（环境保护行政许可申请人）于＿＿＿年＿＿月＿＿日向我局提出了关于＿＿＿＿＿＿（环境保护行政许可事项）＿＿＿＿＿＿的申请。我局的初步审查意见是＿＿＿。

主要理由：＿＿＿＿＿＿＿＿＿＿＿＿＿＿＿＿
＿＿＿＿＿＿＿＿＿＿＿＿＿＿＿＿＿＿＿＿＿
＿＿＿＿＿＿＿＿＿＿＿＿＿＿＿＿＿＿＿＿。
主要证据：＿＿＿＿＿＿＿＿＿＿＿＿＿＿＿＿
＿＿＿＿＿＿＿＿＿＿＿＿＿＿＿＿＿＿＿＿＿
＿＿＿＿＿＿＿＿＿＿＿＿＿＿＿＿＿＿＿＿。

  根据《中华人民共和国行政许可法》第四十七条规定，对该项环境保护行政许可，你单位（或者个人）有权要求听证。
  你单位（或者个人）如果要求听证，可以在收到本告知书之日起五日内向我局以书面提出听证申请；逾期未提出听证申请，视为你单位（或者个人）放弃听证权利。
  我局通讯地址及邮政编码：＿＿＿＿＿＿＿＿
  联系人：＿＿＿＿＿＿＿＿＿＿
  联系电话：＿＿＿＿＿＿＿＿＿
  传真：＿＿＿＿＿＿＿＿＿

×××环境保护局（印章）
×年×月×日

附件三：

环境保护行政许可听证申请书

（×××环境保护局）：
  现就＿＿＿＿＿＿（环境保护行政许可事项）
＿＿＿＿＿＿＿＿＿提出听证申请。
  申请的依据和理由：＿＿＿＿＿＿＿＿＿＿
＿＿＿＿＿＿＿＿＿＿＿＿＿＿＿＿＿＿＿＿＿
＿＿＿＿＿＿＿＿＿＿＿＿＿＿＿＿＿＿＿＿＿
＿＿＿＿＿＿＿＿＿＿＿＿＿＿＿＿＿＿＿＿＿
＿＿＿＿＿＿＿＿＿＿＿＿＿＿＿＿＿＿＿＿。
  附件：有关材料
  环境保护行政许可证申请人：＿＿＿＿＿＿＿
  通讯地址及邮政编码：＿＿＿＿＿＿＿＿＿
  联系人姓名和电话：＿＿＿＿＿＿＿＿＿

环境保护行政许可听证申请人
（签字或者印章）
×年×月×日

附件四：

×××环境保护局
环境保护行政许可听证通知书

×××[×]×号

（环境保护行政许可申请人或者利害关系人）：
  根据《中华人民共和国行政许可法》第四十七条规定，并应＿＿＿＿＿＿（环境保护行政许可利害关系人和/或申请人）＿＿＿＿＿＿的听证要求，我局决定就＿＿＿＿＿＿（环境保护行政许可事项）＿＿＿＿＿＿举行听证。
  一、听证会的时间、地点
  时间：＿＿＿年＿＿月＿＿日＿＿时＿＿分
  地点：＿＿＿＿＿＿＿＿＿＿＿＿＿＿
  二、参加听证会人员
  1. 听证主持人姓名：＿＿＿＿职务：＿＿＿＿，
书记员姓名：＿＿＿＿＿＿职务：＿＿＿＿＿＿。
  2. 环境保护行政许可审查人员姓名：＿＿＿职务：＿＿＿。
  3. 环境保护行政许可申请人：＿＿＿＿＿＿＿＿＿。
  4. 环境保护行政许可利害关系人：＿＿＿＿＿＿＿＿。
  三、环境保护行政许可申请人和利害关系人的权利和义务
  1. 根据《环境保护行政许可听证办法》第十三条的规定，环境保护行政许可申请人、利害关系人享有下列权利：
  （一）要求或者放弃听证；
  （二）经说明理由，依法申请听证主持人回避；
  （三）可以亲自参加听证，也可以委托一至二人代理参加听证；
  （四）就听证事项进行陈述、申辩和举证；
  （五）对证据进行质证；
  （六）听证结束前进行最后陈述；
  （七）审阅并核对听证笔录；
  （八）查阅案卷。
  2. 根据《环境保护行政许可听证办法》第十四条的规定，环境保护行政许可申请人、利害关系人承担下列义务：
  （一）按照组织听证的环境保护行政主管部门指定的时间、地点出席听证会。听证申请人无正当理由不出

席听证会的,视同放弃听证权利;
（二）依法举证;
（三）如实回答听证主持人的询问;
（四）遵守听证纪律。听证申请人违反听证纪律,情节严重被听证主持人责令退场,视同放弃听证权利。

四、注意事项
1. 携带有关证据材料;
2. 通知有证人出席作证;
3. 如委托代理人参加的,须提前办理委托代理手续。

五、我局联系方式
我局通讯地址及邮政编码：＿＿＿＿＿
联系人：＿＿＿＿＿
联系电话：＿＿＿＿＿
传真：＿＿＿＿＿

×××环境保护局（印章）
×年×月×日

附件五：

×××环境保护局
送 达 回 执

受送达人姓名或者名称	
受送达人地址	
案 由	
送达文书名称及发文字号	
送达地点	
收到时间	×年×月×日
受送达人	受送达人（签字或者印章） ×年×月×日
送达机关	送达机关（印章） ×年×月×日

生态环境行政处罚办法

· 2023年5月8日生态环境部令第30号公布
· 自2023年7月1日起施行

第一章 总 则

第一条 为了规范生态环境行政处罚的实施,监督和保障生态环境主管部门依法实施行政处罚,维护公共利益和社会秩序,保护公民、法人或者其他组织的合法权益,根据《中华人民共和国行政处罚法》《中华人民共和国行政强制法》《中华人民共和国环境保护法》等法律、行政法规,制定本办法。

第二条 公民、法人或者其他组织违反生态环境保护法律、法规或者规章规定,应当给予行政处罚的,依照《中华人民共和国行政处罚法》和本办法规定的程序实施。

第三条 实施生态环境行政处罚,纠正违法行为,应当坚持教育与处罚相结合,服务与管理相结合,引导和教育公民、法人或者其他组织自觉守法。

第四条 实施生态环境行政处罚,应当依法维护公民、法人及其他组织的合法权益。对实施行政处罚过程中知悉的国家秘密、商业秘密或者个人隐私,应当依法予以保密。

第五条 生态环境行政处罚遵循公正、公开原则。

第六条 有下列情形之一的,执法人员应当自行申请回避,当事人也有权申请其回避：
（一）是本案当事人或者当事人近亲属的;
（二）本人或者近亲属与本案有直接利害关系的;
（三）与本案有其他关系可能影响公正执法的;
（四）法律、法规或者规章规定的其他回避情形。

申请回避,应当说明理由。生态环境主管部门应当对回避申请及时作出决定并通知申请人。

生态环境主管部门主要负责人的回避,由该部门负责人集体讨论决定;生态环境主管部门其他负责人的回避,由该部门主要负责人决定;其他执法人员的回避,由该部门负责人决定。

第七条 对当事人的同一个违法行为,不得给予两次以上罚款的行政处罚。同一个违法行为违反多个法律规范应当给予罚款处罚的,按照罚款数额高的规定处罚。

实施行政处罚,适用违法行为发生时的法律、法规、规章的规定。但是,作出行政处罚决定时,法律、法规、规章已经被修改或者废止,且新的规定处罚较轻或者不认为是违法的,适用新的规定。

第八条 根据法律、行政法规,生态环境行政处罚的种类包括：

（一）警告、通报批评；

（二）罚款、没收违法所得、没收非法财物；

（三）暂扣许可证件、降低资质等级、吊销许可证件、一定时期内不得申请行政许可；

（四）限制开展生产经营活动、责令停产整治、责令停产停业、责令关闭、限制从业、禁止从业；

（五）责令限期拆除；

（六）行政拘留；

（七）法律、行政法规规定的其他行政处罚种类。

第九条 生态环境主管部门实施行政处罚时，应当责令当事人改正或者限期改正违法行为。

责令改正违法行为决定可以单独下达，也可以与行政处罚决定一并下达。

责令改正或者限期改正不适用行政处罚程序的规定。

第十条 生态环境行政处罚应当由具有行政执法资格的执法人员实施。执法人员不得少于两人，法律另有规定的除外。

第二章 实施主体与管辖

第十一条 生态环境主管部门在法定职权范围内实施生态环境行政处罚。

法律、法规授权的生态环境保护综合行政执法机构等组织在法定授权范围内实施生态环境行政处罚。

第十二条 生态环境主管部门可以在其法定权限内书面委托符合《中华人民共和国行政处罚法》第二十一条规定条件的组织实施行政处罚。

受委托组织应当依照《中华人民共和国行政处罚法》和本办法的有关规定实施行政处罚。

第十三条 生态环境行政处罚由违法行为发生地的具有行政处罚权的生态环境主管部门管辖。法律、行政法规另有规定的，从其规定。

第十四条 两个以上生态环境主管部门都有管辖权的，由最先立案的生态环境主管部门管辖。

对管辖发生争议的，应当协商解决，协商不成的，报请共同的上一级生态环境主管部门指定管辖；也可以直接由共同的上一级生态环境主管部门指定管辖。

第十五条 下级生态环境主管部门认为其管辖的案件重大、疑难或者实施处罚有困难的，可以报请上一级生态环境主管部门指定管辖。

上一级生态环境主管部门认为确有必要的，经通知下级生态环境主管部门和当事人，可以对下级生态环境主管部门管辖的案件直接管辖，或者指定其他有管辖权的生态环境主管部门管辖。

上级生态环境主管部门可以将其管辖的案件交由有管辖权的下级生态环境主管部门实施行政处罚。

第十六条 对不属于本机关管辖的案件，生态环境主管部门应当移送有管辖权的生态环境主管部门处理。

受移送的生态环境主管部门对管辖权有异议的，应当报请共同的上一级生态环境主管部门指定管辖，不得再自行移送。

第十七条 生态环境主管部门发现不属于本部门管辖的案件，应当按照有关要求和时限移送有管辖权的机关处理。

对涉嫌违法依法应当实施行政拘留的案件，生态环境主管部门应当移送公安机关或者海警机构。

违法行为涉嫌犯罪的，生态环境主管部门应当及时将案件移送司法机关。不得以行政处罚代替刑事处罚。

对涉嫌违法依法应当由人民政府责令停业、关闭的案件，生态环境主管部门应当报有批准权的人民政府。

第三章 普通程序

第一节 立 案

第十八条 除依法可以当场作出的行政处罚外，生态环境主管部门对涉嫌违反生态环境保护法律、法规和规章的违法行为，应当进行初步审查，并在十五日内决定是否立案。特殊情况下，经本机关负责人批准，可以延长十五日。法律、法规另有规定的除外。

第十九条 经审查，符合下列四项条件的，予以立案：

（一）有初步证据材料证明有涉嫌违反生态环境保护法律、法规和规章的违法行为；

（二）依法应当或者可以给予行政处罚；

（三）属于本机关管辖；

（四）违法行为未超过《中华人民共和国行政处罚法》规定的追责期限。

第二十条 对已经立案的案件，根据新情况发现不符合本办法第十九条立案条件的，应当撤销立案。

第二节 调查取证

第二十一条 生态环境主管部门对登记立案的生态环境违法行为，应当指定专人负责，全面、客观、公正地调查，收集有关证据。

第二十二条 生态环境主管部门在办理行政处罚案件时，需要其他行政机关协助调查取证的，可以向有关机关发送协助调查函，提出协助请求。

生态环境主管部门在办理行政处罚案件时，需要其他生态环境主管部门协助调查取证的，可以发送协助调查函。收到协助调查函的生态环境主管部门对属于本机关职权范围的协助事项应当依法予以协助。无法协助的，应当及时函告请求协助调查的生态环境主管部门。

第二十三条　执法人员在调查或者进行检查时，应当主动向当事人或者有关人员出示执法证件。当事人或者有关人员有权要求执法人员出示执法证件。执法人员不出示执法证件的，当事人或者有关人员有权拒绝接受调查或者检查。

当事人或者有关人员应当如实回答询问，并协助调查或者检查，不得拒绝、阻挠或者在接受检查时弄虚作假。询问或者检查应当制作笔录。

第二十四条　执法人员有权采取下列措施：

（一）进入有关场所进行检查、勘察、监测、录音、拍照、录像；

（二）询问当事人及有关人员，要求其说明相关事项和提供有关材料；

（三）查阅、复制生产记录、排污记录和其他有关材料。

必要时，生态环境主管部门可以采取暗查或者其他方式调查。在调查或者检查时，可以组织监测等技术人员提供技术支持。

第二十五条　执法人员负有下列责任：

（一）对当事人的基本情况、违法事实、危害后果、违法情节等情况进行全面、客观、及时、公正的调查；

（二）依法收集与案件有关的证据，不得以暴力、威胁、引诱、欺骗以及其他违法手段获取证据；

（三）询问当事人，应当告知其依法享有的权利；

（四）听取当事人、证人或者其他有关人员的陈述、申辩，并如实记录。

第二十六条　生态环境行政处罚证据包括：

（一）书证；

（二）物证；

（三）视听资料；

（四）电子数据；

（五）证人证言；

（六）当事人的陈述；

（七）鉴定意见；

（八）勘验笔录、现场笔录。

证据必须经查证属实，方可作为认定案件事实的根据。

以非法手段取得的证据，不得作为认定案件事实的根据。

第二十七条　生态环境主管部门立案前依法取得的证据材料，可以作为案件的证据。

其他机关依法依职权调查收集的证据材料，可以作为案件的证据。

第二十八条　对有关物品或者场所进行检查（勘察）时，应当制作现场检查（勘察）笔录，并可以根据实际情况进行音像记录。

现场检查（勘察）笔录应当载明现场检查起止时间、地点，执法人员基本信息，当事人或者有关人员基本信息，执法人员出示执法证件、告知当事人或者有关人员申请回避权利和配合调查义务情况，现场检查情况等信息，并由执法人员、当事人或者有关人员签名或者盖章。

当事人不在场、拒绝签字或者盖章的，执法人员应当在现场检查（勘察）笔录中注明。

第二十九条　生态环境主管部门现场检查时，可以按照相关技术规范要求现场采样，获取的监测（检测）数据可以作为认定案件事实的证据。

执法人员应当将采样情况记入现场检查（勘察）笔录，可以采取拍照、录像记录采样情况。

生态环境主管部门取得监测（检测）报告或者鉴定意见后，应当将监测（检测）、鉴定结果告知当事人。

第三十条　排污单位应当依法对自动监测数据的真实性和准确性负责，不得篡改、伪造。

实行自动监测数据标记规则行业的排污单位，应当按照国务院生态环境主管部门的规定对数据进行标记。经过标记的自动监测数据，可以作为认定案件事实的证据。

同一时段的现场监测（检测）数据与自动监测数据不一致，现场监测（检测）符合法定的监测标准和监测方法的，以该现场监测（检测）数据作为认定案件事实的证据。

第三十一条　生态环境主管部门依照法律、行政法规规定利用电子技术监控设备收集、固定违法事实的，依照《中华人民共和国行政处罚法》有关规定执行。

第三十二条　在证据可能灭失或者以后难以取得的情况下，经生态环境主管部门负责人批准，执法人员可以对与涉嫌违法行为有关的证据采取先行登记保存措施。

情况紧急的，执法人员需要当场采取先行登记保存措施的，可以采用即时通讯方式报请生态环境主管部门负责人同意，并在实施后二十四小时内补办批准手续。

先行登记保存有关证据，应当当场清点，开具清单，由当事人和执法人员签名或者盖章。

先行登记保存期间，当事人或者有关人员不得损毁、销毁或者转移证据。

第三十三条 对于先行登记保存的证据，应当在七日内采取以下措施：

（一）根据情况及时采取记录、复制、拍照、录像等证据保全措施；

（二）需要鉴定的，送交鉴定；

（三）根据有关法律、法规规定可以查封、扣押的，决定查封、扣押；

（四）违法事实不成立，或者违法事实成立但依法不应当查封、扣押或者没收的，决定解除先行登记保存措施。

超过七日未作出处理决定的，先行登记保存措施自动解除。

第三十四条 生态环境主管部门实施查封、扣押等行政强制措施，应当有法律、法规的明确规定，按照《中华人民共和国行政强制法》及相关规定执行。

第三十五条 有下列情形之一的，经生态环境主管部门负责人批准，中止案件调查：

（一）行政处罚决定须以相关案件的裁判结果或者其他行政决定为依据，而相关案件尚未审结或者其他行政决定尚未作出的；

（二）涉及法律适用等问题，需要送请有权机关作出解释或者确认的；

（三）因不可抗力致使案件暂时无法调查的；

（四）因当事人下落不明致使案件暂时无法调查的；

（五）其他应当中止调查的情形。

中止调查的原因消除后，应当立即恢复案件调查。

第三十六条 有下列情形之一致使案件调查无法继续进行的，经生态环境主管部门负责人批准，调查终止：

（一）涉嫌违法的公民死亡的；

（二）涉嫌违法的法人、其他组织终止，无法人或者其他组织承受其权利义务的；

（三）其他依法应当终止调查的情形。

第三十七条 有下列情形之一的，终结调查：

（一）违法事实清楚，法律手续完备、证据充分的；

（二）违法事实不成立的；

（三）其他依法应当终结调查的情形。

第三十八条 调查终结的，案件调查人员应当制作调查报告，提出已查明违法行为的事实和证据、初步处理意见，移送进行案件审查。

本案的调查人员不得作为本案的审查人员。

第三节 案件审查

第三十九条 案件审查的主要内容包括：

（一）本机关是否有管辖权；

（二）违法事实是否清楚；

（三）证据是否合法充分；

（四）调查取证是否符合法定程序；

（五）是否超过行政处罚追责期限；

（六）适用法律、法规、规章是否准确，裁量基准运用是否适当。

第四十条 违法事实不清、证据不充分或者调查程序违法的，审查人员应当退回调查人员补充调查取证或者重新调查取证。

第四十一条 行使生态环境行政处罚裁量权应当符合立法目的，并综合考虑以下情节：

（一）违法行为造成的环境污染、生态破坏以及社会影响；

（二）当事人的主观过错程度；

（三）违法行为的具体方式或者手段；

（四）违法行为持续的时间；

（五）违法行为危害的具体对象；

（六）当事人是初次违法还是再次违法；

（七）当事人改正违法行为的态度和所采取的改正措施及效果。

同类违法行为的情节相同或者相似，社会危害程度相当的，行政处罚种类和幅度应当相当。

第四十二条 违法行为轻微并及时改正，没有造成生态环境危害后果的，不予行政处罚。初次违法且生态环境危害后果轻微并及时改正的，可以不予行政处罚。

当事人有证据足以证明没有主观过错的，不予行政处罚。法律、行政法规另有规定的，从其规定。

对当事人的违法行为依法不予行政处罚的，生态环境主管部门应当对当事人进行教育。

第四十三条 当事人有下列情形之一的，应当从轻或者减轻行政处罚：

（一）主动消除或者减轻生态环境违法行为危害后果的；

（二）受他人胁迫或者诱骗实施生态环境违法行为的；

（三）主动供述生态环境主管部门尚未掌握的生态环境违法行为的；

（四）配合生态环境主管部门查处生态环境违法行为有立功表现的；

（五）法律、法规、规章规定其他应当从轻或者减轻行政处罚的。

第四节 告知和听证

第四十四条 生态环境主管部门在作出行政处罚决定之前,应当告知当事人拟作出的行政处罚内容及事实、理由、依据和当事人依法享有的陈述、申辩、要求听证等权利,当事人在收到告知书后五日内进行陈述、申辩;未依法告知当事人,或者拒绝听取当事人的陈述、申辩的,不得作出行政处罚决定,当事人明确放弃陈述或者申辩权利的除外。

第四十五条 当事人进行陈述、申辩的,生态环境主管部门应当充分听取当事人意见,将当事人的陈述、申辩材料归入案卷。对当事人提出的事实、理由和证据,应当进行复核。当事人提出的事实、理由或者证据成立的,应当予以采纳;不予采纳的,应当说明理由。

不得因当事人的陈述、申辩而给予更重的处罚。

第四十六条 拟作出以下行政处罚决定,当事人要求听证的,生态环境主管部门应当组织听证:

(一)较大数额罚款;

(二)没收较大数额违法所得、没收较大价值非法财物;

(三)暂扣许可证件、降低资质等级、吊销许可证件、一定时期内不得申请行政许可;

(四)限制开展生产经营活动、责令停产整治、责令停产停业、责令关闭、限制从业、禁止从业;

(五)其他较重的行政处罚;

(六)法律、法规、规章规定的其他情形。

当事人不承担组织听证的费用。

第四十七条 听证应当依照以下程序组织:

(一)当事人要求听证的,应当在生态环境主管部门告知后五日内提出;

(二)生态环境主管部门应当在举行听证的七日前,通知当事人及有关人员听证的时间、地点;

(三)除涉及国家秘密、商业秘密或者个人隐私依法予以保密外,听证公开举行;

(四)听证由生态环境主管部门指定的非本案调查人员主持;当事人认为主持人与本案有直接利害关系的,有权申请回避;

(五)当事人可以亲自参加听证,也可以委托一至二人代理;

(六)当事人及其代理人无正当理由拒不出席听证或者未经许可中途退出听证的,视为放弃听证权利,生态环境主管部门终止听证;

(七)举行听证时,调查人员提出当事人违法的事实、证据和行政处罚建议,当事人进行申辩和质证;

(八)听证应当制作笔录。笔录应当交当事人或者其代理人核对无误后签字或者盖章。当事人或者其代理人拒绝签字或者盖章的,由听证主持人在笔录中注明。

第四十八条 听证结束后,生态环境主管部门应当根据听证笔录,依照本办法第五十三条的规定,作出决定。

第五节 法制审核和集体讨论

第四十九条 有下列情形之一,生态环境主管部门负责人作出行政处罚决定之前,应当由生态环境主管部门负责重大执法决定法制审核的机构或者法制审核人员进行法制审核;未经法制审核或者审核未通过的,不得作出决定:

(一)涉及重大公共利益的;

(二)直接关系当事人或者第三人重大权益,经过听证程序的;

(三)案件情况疑难复杂、涉及多个法律关系的;

(四)法律、法规规定应当进行法制审核的其他情形。

设区的市级以上生态环境主管部门可以根据实际情况,依法对应当进行法制审核的案件范围作出具体规定。

初次从事行政处罚决定法制审核的人员,应当通过国家统一法律职业资格考试取得法律职业资格。

第五十条 法制审核的内容包括:

(一)行政执法主体是否合法,是否超越执法机关法定权限;

(二)行政执法人员是否具备执法资格;

(三)行政执法程序是否合法;

(四)案件事实是否清楚,证据是否合法充分;

(五)适用法律、法规、规章是否准确,裁量基准运用是否适当;

(六)行政执法文书是否完备、规范;

(七)违法行为是否涉嫌犯罪、需要移送司法机关。

第五十一条 法制审核以书面审核为主。对案情复杂、法律争议较大的案件,生态环境主管部门可以组织召开座谈会、专家论证会开展审核工作。

生态环境主管部门进行法制审核时,可以请相关领域专家、法律顾问提出书面意见。

对拟作出的处罚决定进行法制审核后,应当区别不同情况以书面形式提出如下意见:

(一)主要事实清楚,证据充分,程序合法,内容适当,未发现明显法律风险的,提出同意的意见;

(二)主要事实不清,证据不充分,程序不当或者适

用依据不充分,存在明显法律风险,但是可以改进或者完善的,指出存在的问题,并提出改进或者完善的建议;

(三)存在明显法律风险,且难以改进或者完善的,指出存在的问题,提出不同意的审核意见。

第五十二条 对情节复杂或者重大违法行为给予行政处罚的,作出处罚决定的生态环境主管部门负责人应当集体讨论决定。

有下列情形之一的,属于情节复杂或者重大违法行为给予行政处罚的案件:

(一)情况疑难复杂、涉及多个法律关系的;

(二)拟罚款、没收违法所得、没收非法财物数额五十万元以上的;

(三)拟吊销许可证件、一定时期内不得申请行政许可的;

(四)拟责令停产整治、责令停产停业、责令关闭、限制从业、禁止从业的;

(五)生态环境主管部门负责人认为应当提交集体讨论的其他案件。

集体讨论情况应当予以记录。

地方性法规、地方政府规章另有规定的,从其规定。

第六节 决 定

第五十三条 生态环境主管部门负责人经过审查,根据不同情况,分别作出如下决定:

(一)确有应受行政处罚的违法行为的,根据情节轻重及具体情况,作出行政处罚决定;

(二)违法行为轻微,依法可以不予行政处罚的,不予行政处罚;

(三)违法事实不能成立的,不予行政处罚;

(四)违法行为涉嫌犯罪的,移送司法机关。

第五十四条 生态环境主管部门向司法机关移送涉嫌生态环境犯罪案件之前已经依法作出的警告、责令停产停业、暂扣或者吊销许可证件等行政处罚决定,不停止执行。

涉嫌犯罪案件的移送办理期间,不计入行政处罚期限。

第五十五条 决定给予行政处罚的,应当制作行政处罚决定书。

对同一当事人的两个或者两个以上环境违法行为,可以分别制作行政处罚决定书,也可以列入同一行政处罚决定书。

符合本办法第五十三条第二项规定的情况,决定不予行政处罚的,应当制作不予行政处罚决定书。

第五十六条 行政处罚决定书应当载明以下内容:

(一)当事人的基本情况,包括当事人姓名或者名称,居民身份证号码或者统一社会信用代码、住址或者住所地、法定代表人(负责人)姓名等;

(二)违反法律、法规或者规章的事实和证据;

(三)当事人陈述、申辩的采纳情况及理由;符合听证条件的,还应当载明听证的情况;

(四)行政处罚的种类、依据,以及行政处罚裁量基准运用的理由和依据;

(五)行政处罚的履行方式和期限;

(六)不服行政处罚决定,申请行政复议、提起行政诉讼的途径和期限;

(七)作出行政处罚决定的生态环境主管部门名称和作出决定的日期,并加盖印章。

第五十七条 生态环境主管部门应当自立案之日起九十日内作出处理决定。因案情复杂或者其他原因,不能在规定期限内作出处理决定的,经生态环境主管部门负责人批准,可以延长三十日。案情特别复杂或者有其他特殊情况,经延期仍不能作出处理决定的,应当由生态环境主管部门负责人集体讨论决定是否继续延期,决定继续延期的,继续延长期限不得超过三十日。

案件办理过程中,中止、听证、公告、监测(检测)、评估、鉴定、认定、送达等时间不计入前款所指的案件办理期限。

第五十八条 行政处罚决定书应当在宣告后当场交付当事人;当事人不在场的,应当在七日内将行政处罚决定书送达当事人。

生态环境主管部门可以根据需要将行政处罚决定书抄送与案件有关的单位和个人。

第五十九条 生态环境主管部门送达执法文书,可以采取直接送达、留置送达、委托送达、邮寄送达、电子送达、转交送达、公告送达等法律规定的方式。

送达行政处罚文书应当使用送达回证并存档。

第六十条 当事人同意并签订确认书的,生态环境主管部门可以采用传真、电子邮件、移动通信等能够确认其收悉的电子方式送达执法文书,并通过拍照、截屏、录音、录像等方式予以记录。传真、电子邮件、移动通信等到达当事人特定系统的日期为送达日期。

第七节 信息公开

第六十一条 生态环境主管部门应当依法公开其作出的生态环境行政处罚决定。

第六十二条 生态环境主管部门依法公开生态环境

行政处罚决定的下列信息：
（一）行政处罚决定书文号；
（二）被处罚的公民姓名，被处罚的法人或者其他组织名称和统一社会信用代码、法定代表人（负责人）姓名；
（三）主要违法事实；
（四）行政处罚结果和依据；
（五）作出行政处罚决定的生态环境主管部门名称和作出决定的日期。

第六十三条 涉及国家秘密或者法律、行政法规禁止公开的信息的，以及公开后可能危及国家安全、公共安全、经济安全、社会稳定的行政处罚决定信息，不予公开。

第六十四条 公开行政处罚决定时，应当隐去以下信息：
（一）公民的肖像、居民身份证号码、家庭住址、通信方式、出生日期、银行账号、健康状况、财产状况等个人隐私信息；
（二）本办法第六十二条第（二）项规定以外的公民姓名，法人或者其他组织的名称和统一社会信用代码、法定代表人（负责人）姓名；
（三）法人或者其他组织的银行账号；
（四）未成年人的姓名及其他可能识别出其身份的信息；
（五）当事人的生产配方、工艺流程、购销价格及客户名称等涉及商业秘密的信息；
（六）法律、法规规定的其他应当隐去的信息。

第六十五条 生态环境行政处罚决定应当自作出之日起七日内公开。法律、行政法规另有规定的，从其规定。

第六十六条 公开的行政处罚决定被依法变更、撤销、确认违法或者确认无效的，生态环境主管部门应当在三日内撤回行政处罚决定信息并公开说明理由。

第四章 简易程序

第六十七条 违法事实确凿并有法定依据，对公民处以二百元以下、对法人或者其他组织处以三千元以下罚款或者警告的行政处罚的，可以适用简易程序，当场作出行政处罚决定。法律另有规定的，从其规定。

第六十八条 当场作出行政处罚决定时，应当遵守下列简易程序：
（一）执法人员应当向当事人出示有效执法证件；
（二）现场查清当事人的违法事实，并依法取证；
（三）向当事人说明违法的事实、拟给予行政处罚的种类和依据、罚款数额、时间、地点，告知当事人享有的陈述、申辩权利；
（四）听取当事人的陈述和申辩。当事人提出的事实、理由或者证据成立的，应当采纳；
（五）填写预定格式、编有号码、盖有生态环境主管部门印章的行政处罚决定书，由执法人员签名或者盖章，并将行政处罚决定书当场交付当事人；当事人拒绝签收的，应当在行政处罚决定书上注明；
（六）告知当事人如对当场作出的行政处罚决定不服，可以依法申请行政复议或者提起行政诉讼，并告知申请行政复议、提起行政诉讼的途径和期限。

以上过程应当制作笔录。

执法人员当场作出的行政处罚决定，应当在决定之日起三日内报所属生态环境主管部门备案。

第五章 执 行

第六十九条 当事人应当在行政处罚决定书载明的期限内，履行处罚决定。

申请行政复议或者提起行政诉讼的，行政处罚决定不停止执行，法律另有规定的除外。

第七十条 当事人到期不缴纳罚款的，作出行政处罚决定的生态环境主管部门可以每日按罚款数额的百分之三加处罚款，加处罚款的数额不得超出罚款的数额。

第七十一条 当事人在法定期限内不申请行政复议或者提起行政诉讼，又不履行行政处罚决定的，作出处罚决定的生态环境主管部门可以自期限届满之日起三个月内依法申请人民法院强制执行。

第七十二条 作出加处罚款的强制执行决定前或者申请人民法院强制执行前，生态环境主管部门应当依法催告当事人履行义务。

第七十三条 当事人实施违法行为，受到处以罚款、没收违法所得或者没收非法财物等处罚后，发生企业分立、合并或者其他资产重组等情形，由承受当事人权利义务的法人、其他组织作为被执行人。

第七十四条 确有经济困难，需要延期或者分期缴纳罚款的，当事人应当在行政处罚决定书确定的缴纳期限届满前，向作出行政处罚决定的生态环境主管部门提出延期或者分期缴纳的书面申请。

批准当事人延期或者分期缴纳罚款的，应当制作同意延期（分期）缴纳罚款通知书，并送达当事人和收缴罚款的机构。

生态环境主管部门批准延期、分期缴纳罚款的，申请人民法院强制执行的期限，自暂缓或者分期缴纳罚款期限结束之日起计算。

第七十五条 依法没收的非法财物，应当按照国家规定处理。

销毁物品，应当按照国家有关规定处理；没有规定的，经生态环境主管部门负责人批准，由两名以上执法人员监督销毁，并制作销毁记录。

处理物品应当制作清单。

第七十六条　罚款、没收的违法所得或者没收非法财物拍卖的款项，应当全部上缴国库，任何单位或者个人不得以任何形式截留、私分或者变相私分。

罚款、没收的违法所得或者没收非法财物拍卖的款项，不得同作出行政处罚决定的生态环境主管部门及其工作人员的考核、考评直接或者变相挂钩。

第六章　结案和归档

第七十七条　有下列情形之一的，执法人员应当制作结案审批表，经生态环境主管部门负责人批准后予以结案：

（一）责令改正和行政处罚决定由当事人履行完毕的；

（二）生态环境主管部门依法申请人民法院强制执行行政处罚决定，人民法院依法受理的；

（三）不予行政处罚等无须执行的；

（四）按照本办法第三十六条规定终止案件调查的；

（五）按照本办法第十七条规定完成案件移送，且依法无须由生态环境主管部门再作出行政处罚决定的；

（六）行政处罚决定被依法撤销的；

（七）生态环境主管部门认为可以结案的其他情形。

第七十八条　结案的行政处罚案件，应当按照下列要求将案件材料立卷归档：

（一）一案一卷，案卷可以分正卷、副卷；

（二）各类文书齐全，手续完备；

（三）书写文书用签字笔、钢笔或者打印；

（四）案卷装订应当规范有序，符合文档要求。

第七十九条　正卷按下列顺序装订：

（一）行政处罚决定书及送达回证；

（二）立案审批材料；

（三）调查取证及证据材料；

（四）行政处罚事先告知书、听证告知书、听证通知书等法律文书及送达回证；

（五）听证笔录；

（六）财物处理材料；

（七）执行材料；

（八）结案材料；

（九）其他有关材料。

副卷按下列顺序装订：

（一）投诉、申诉、举报等案源材料；

（二）涉及当事人有关商业秘密的材料；

（三）听证报告；

（四）审查意见；

（五）法制审核材料、集体讨论记录；

（六）其他有关材料。

第八十条　案卷归档后，任何单位、个人不得修改、增加、抽取案卷材料。案卷保管及查阅，按档案管理有关规定执行。

第八十一条　生态环境主管部门应当建立行政处罚案件统计制度，并按照生态环境部有关环境统计的规定向上级生态环境主管部门报送本行政区域的行政处罚情况。

第七章　监　督

第八十二条　上级生态环境主管部门负责对下级生态环境主管部门的行政处罚工作情况进行监督检查。

第八十三条　生态环境主管部门应当建立行政处罚备案制度。

下级生态环境主管部门对上级生态环境主管部门督办的处罚案件，应当在结案后二十日内向上一级生态环境主管部门备案。

第八十四条　生态环境主管部门实施行政处罚应当接受社会监督。公民、法人或者其他组织对生态环境主管部门实施行政处罚的行为，有权申诉或者检举；生态环境主管部门应当认真审查，发现有错误的，应当主动改正。

第八十五条　生态环境主管部门发现行政处罚决定有文字表述错误、笔误或者计算错误，以及行政处罚决定书部分内容缺失等情形，但未损害公民、法人或者其他组织的合法权益的，应当予以补正或者更正。

补正或者更正应当以书面决定的方式及时作出。

第八十六条　生态环境主管部门通过接受申诉和检举，或者通过备案审查等途径，发现下级生态环境主管部门的行政处罚决定违法或者显失公正的，应当督促其纠正。

依法应当给予行政处罚，而有关生态环境主管部门不给予行政处罚的，有处罚权的上级生态环境主管部门可以直接作出行政处罚决定。

第八十七条　生态环境主管部门可以通过案件评查或者其他方式评议、考核行政处罚工作，加强对行政处罚的监督检查，规范和保障行政处罚的实施。对在行政处罚工作中做出显著成绩的单位和个人，可以依照国家或者地方的有关规定给予表彰和奖励。

第八章 附 则

第八十八条 当事人有违法所得,除依法应当退赔的外,应当予以没收。违法所得是指实施违法行为所取得的款项。

法律、行政法规对违法所得的计算另有规定的,从其规定。

第八十九条 本办法第四十六条所称"较大数额""较大价值",对公民是指人民币(或者等值物品价值)五千元以上,对法人或者其他组织是指人民币(或者等值物品价值)二十万元以上。

地方性法规、地方政府规章对"较大数额""较大价值"另有规定的,从其规定。

第九十条 本办法中"三日""五日""七日"的规定是指工作日,不含法定节假日。

期间开始之日,不计算在内。期间届满的最后一日是节假日的,以节假日后的第一日为期间届满的日期。期间不包括在途时间,行政处罚文书在期满前交邮的,视为在有效期内。

第九十一条 本办法未作规定的其他事项,适用《中华人民共和国行政处罚法》《中华人民共和国行政强制法》等有关法律、法规和规章的规定。

第九十二条 本办法自2023年7月1日起施行。原环境保护部发布的《环境行政处罚办法》(环境保护部令第8号)同时废止。

医疗废物管理行政处罚办法

- 2004年5月27日卫生部、国家环境保护总局令第21号公布
- 2010年12月22日环境保护部令第16号修订

第一条 根据《中华人民共和国传染病防治法》、《中华人民共和国固体废物污染环境防治法》和《医疗废物管理条例》(以下简称《条例》),县级以上人民政府卫生行政主管部门和环境保护行政主管部门按照各自职责,对违反医疗废物管理规定的行为实施的行政处罚,适用本办法。

第二条 医疗卫生机构有《条例》第四十五条规定的下列情形之一的,由县级以上地方人民政府卫生行政主管部门责令限期改正,给予警告;逾期不改正的,处2000元以上5000元以下的罚款:

(一)未建立、健全医疗废物管理制度,或者未设置监控部门或者专(兼)职人员的;

(二)未对有关人员进行相关法律和专业技术、安全防护以及紧急处理等知识培训的;

(三)未对医疗废物进行登记或者未保存登记资料的;

(四)对使用后的医疗废物运送工具或者运送车辆未在指定地点及时进行消毒和清洁的;

(五)依照《条例》自行建有医疗废物处置设施的医疗卫生机构未定期对医疗废物处置设施的污染防治和卫生学效果进行检测、评价,或者未将检测、评价效果存档、报告的。

第三条 医疗废物集中处置单位有《条例》第四十五条规定的下列情形之一的,由县级以上地方人民政府环境保护行政主管部门责令限期改正,给予警告;逾期不改正的,处2000元以上5000元以下的罚款:

(一)未建立、健全医疗废物管理制度,或者未设置监控部门或者专(兼)职人员的;

(二)未对有关人员进行相关法律和专业技术、安全防护以及紧急处理等知识培训的;

(三)未对医疗废物进行登记或者未保存登记资料的;

(四)对使用后的医疗废物运送车辆未在指定地点及时进行消毒和清洁的;

(五)未及时收集、运送医疗废物的;

(六)未定期对医疗废物处置设施的污染防治和卫生学效果进行检测、评价,或者未将检测、评价效果存档、报告的。

第四条 医疗卫生机构、医疗废物集中处置单位有《条例》第四十五条规定的情形,未对从事医疗废物收集、运送、贮存、处置等工作的人员和管理人员采取职业卫生防护措施的,由县级以上地方人民政府卫生行政主管部门责令限期改正,给予警告;逾期不改正的,处2000元以上5000元以下的罚款。

第五条 医疗卫生机构有《条例》第四十六条规定的下列情形之一的,由县级以上地方人民政府卫生行政主管部门责令限期改正,给予警告,可以并处5000元以下的罚款,逾期不改正的,处5000元以上3万元以下的罚款:

(一)贮存设施或者设备不符合环境保护、卫生要求的;

(二)未将医疗废物按照类别分置于专用包装物或者容器的;

(三)未使用符合标准的运送工具运送医疗废物或

者使用运送医疗废物的运送工具运送其他物品的。

第六条 医疗废物集中处置单位有《条例》第四十六条规定的下列情形之一的,由县级以上地方人民政府环境保护行政主管部门责令限期改正,给予警告,可以并处 5000 元以下的罚款,逾期不改正的,处 5000 元以上 3 万元以下的罚款:

(一)贮存设施或者设备不符合环境保护、卫生要求的;

(二)未将医疗废物按照类别分置于专用包装物或者容器的;

(三)未使用符合标准的专用车辆运送医疗废物或者使用运送医疗废物的车辆运送其他物品的;

(四)未安装污染物排放在线监控装置或者监控装置未经常处于正常运行状态的。

第七条 医疗卫生机构有《条例》第四十七条规定的下列情形之一的,由县级以上地方人民政府卫生行政主管部门责令限期改正,给予警告,并处 5000 元以上 1 万元以下的罚款;逾期不改正的,处 1 万元以上 3 万元以下的罚款:

(一)在医疗卫生机构内运送过程中丢弃医疗废物,在非贮存地点倾倒、堆放医疗废物或者将医疗废物混入其他废物和生活垃圾的;

(二)未按照《条例》的规定对污水、传染病病人或者疑似传染病病人的排泄物,进行严格消毒的,或者未达到国家规定的排放标准,排入医疗卫生机构内的污水处理系统的;

(三)对收治的传染病病人或者疑似传染病病人产生的生活垃圾,未按照医疗废物进行管理和处置的。

医疗卫生机构在医疗卫生机构外运送过程中丢弃医疗废物,在非贮存地点倾倒、堆放医疗废物或者将医疗废物混入其他废物和生活垃圾的,由县级以上地方人民政府环境保护行政主管部门依照《中华人民共和国固体废物污染环境防治法》第七十五条规定责令停止违法行为,限期改正,处一万元以上十万元以下的罚款。

第八条 医疗废物集中处置单位有《条例》第四十七条规定的情形,在运送过程中丢弃医疗废物,在非贮存地点倾倒、堆放医疗废物或者将医疗废物混入其他废物和生活垃圾的,由县级以上地方人民政府环境保护行政主管部门依照《中华人民共和国固体废物污染环境防治法》第七十五条规定责令停止违法行为,限期改正,处一万元以上十万元以下的罚款。

第九条 医疗废物集中处置单位和依照《条例》自行建有医疗废物处置设施的医疗卫生机构,有《条例》第四十七条规定的情形,对医疗废物的处置不符合国家规定的环境保护、卫生标准、规范的,由县级以上地方人民政府环境保护行政主管部门责令限期改正,给予警告,并处 5000 元以上 1 万元以下的罚款;逾期不改正的,处 1 万元以上 3 万元以下的罚款。

第十条 医疗卫生机构、医疗废物集中处置单位有《条例》第四十七条规定的下列情形之一的,由县级以上人民政府环境保护行政主管部门依照《中华人民共和国固体废物污染环境防治法》第七十五条规定责令停止违法行为,限期改正,处二万元以上二十万元以下的罚款:

(一)未执行危险废物转移联单管理制度的;

(二)将医疗废物交给未取得经营许可证的单位或者个人收集、运送、贮存、处置的。

第十一条 有《条例》第四十九条规定的情形,医疗卫生机构发生医疗废物流失、泄露、扩散时,未采取紧急处理措施,或者未及时向卫生行政主管部门报告的,由县级以上地方人民政府卫生行政主管部门责令改正,给予警告,并处 1 万元以上 3 万元以下的罚款。

医疗废物集中处置单位发生医疗废物流失、泄露、扩散时,未采取紧急处理措施,或者未及时向环境保护行政主管部门报告的,由县级以上地方人民政府环境保护行政主管部门责令改正,给予警告,并处 1 万元以上 3 万元以下的罚款。

第十二条 有《条例》第五十条规定的情形,医疗卫生机构、医疗废物集中处置单位阻碍卫生行政主管部门执法人员执行职务,拒绝执法人员进入现场,或者不配合执法部门的检查、监测、调查取证的,由县级以上地方人民政府卫生行政主管部门责令改正,给予警告;拒不改正的,由原发证的卫生行政主管部门暂扣或者吊销医疗卫生机构的执业许可证件。

医疗卫生机构、医疗废物集中处置单位阻碍环境保护行政主管部门执法人员执行职务,拒绝执法人员进入现场,或者不配合执法部门的检查、监测、调查取证的,由县级以上地方人民政府环境保护行政主管部门依照《中华人民共和国固体废物污染环境防治法》第七十条规定责令限期改正;拒不改正或者在检查时弄虚作假的,处二千元以上二万元以下的罚款。

第十三条 有《条例》第五十一条规定的情形,不具备集中处置医疗废物条件的农村,医疗卫生机构未按照卫生行政主管部门有关疾病防治的要求处置医疗废物的,由县级人民政府卫生行政主管部门责令限期改正,给予警告;逾期不改正的,处1000元以上5000元以下的罚款;未按照环境保护行政主管部门有关环境污染防治的要求处置医疗废物的,由县级人民政府环境保护行政主管部门责令限期改正,给予警告;逾期不改正的,处1000元以上5000元以下的罚款。

第十四条 有《条例》第五十二条规定的情形,未取得经营许可证从事医疗废物的收集、运送、贮存、处置等活动的,由县级以上人民政府环境保护行政主管部门依照《中华人民共和国固体废物污染环境防治法》第七十七条规定责令停止违法行为,没收违法所得,可以并处违法所得三倍以下的罚款。

第十五条 有《条例》第四十七条、第四十八条、第四十九条、第五十一条规定的情形,医疗卫生机构造成传染病传播的,由县级以上地方人民政府卫生行政主管部门依法处罚,并由原发证的卫生行政主管部门暂扣或者吊销执业许可证件;造成环境污染事故的,由县级以上地方人民政府环境保护行政主管部门依照《中华人民共和国固体废物污染环境防治法》有关规定予以处罚,并由原发证的卫生行政主管部门暂扣或者吊销执业许可证件。

医疗废物集中处置单位造成传染病传播的,由县级以上地方人民政府卫生行政主管部门依法处罚,并由原发证的环境保护行政主管部门暂扣或者吊销经营许可证件;造成环境污染事故的,由县级以上地方人民政府环境保护行政主管部门依照《中华人民共和国固体废物污染环境防治法》有关规定予以处罚,并由原发证的环境保护行政主管部门暂扣或者吊销经营许可证件。

第十六条 有《条例》第五十三条规定的情形,转让、买卖医疗废物,邮寄或者通过铁路、航空运输医疗废物,或者违反《条例》规定通过水路运输医疗废物的,由县级以上地方人民政府环境保护行政主管部门责令转让、买卖双方、邮寄人、托运人立即停止违法行为,给予警告,没收违法所得;违法所得5000元以上的,并处违法所得2倍以上5倍以下的罚款;没有违法所得或者违法所得不足5000元的,并处5000元以上2万元以下的罚款。

承运人明知托运人违反《条例》的规定运输医疗废物,仍予以运输的,按照前款的规定予以处罚;承运人将医疗废物与旅客在同一工具上载运的,由县级以上人民政府环境保护行政主管部门依照《中华人民共和国固体废物污染环境防治法》第七十五条规定责令停止违法行为,限期改正,处一万元以上十万元以下的罚款。

第十七条 本办法自2004年6月1日起施行。

环境行政处罚听证程序规定

· 2010年12月27日
· 环办〔2010〕174号

第一章 总 则

第一条 为规范环境行政处罚听证程序,监督和保障环境保护主管部门依法实施行政处罚,保护公民、法人和其他组织的合法权益,根据《中华人民共和国行政处罚法》、《环境行政处罚办法》等法律、行政法规和规章的有关规定,制定本程序规定。

第二条 环境保护主管部门作出行政处罚决定前,当事人申请举行听证的,适用本程序规定。

第三条 环境保护主管部门组织听证,应当遵循公开、公正和便民的原则,充分听取意见,保证当事人陈述、申辩和质证的权利。

第四条 除涉及国家秘密、商业秘密或者个人隐私外,听证应当公开举行。

公开举行的听证,公民、法人或者其他组织可以申请参加旁听。

第二章 听证的适用范围

第五条 环境保护主管部门在作出以下行政处罚决定之前,应当告知当事人有申请听证的权利;当事人申请听证的,环境保护主管部门应当组织听证:

(一)拟对法人、其他组织处以人民币50000元以上或者对公民处以人民币5000元以上罚款的;

(二)拟对法人、其他组织处以人民币(或者等值物品价值)50000元以上或者对公民处以人民币(或者等值物品价值)5000元以上的没收违法所得或者没收非法财物的;

(三)拟处以暂扣、吊销许可证或者其他具有许可性质的证件的;

(四)拟责令停产、停业、关闭的。

第六条 环境保护主管部门认为案件重大疑难的,经商当事人同意,可以组织听证。

第三章 听证主持人和听证参加人

第七条 听证由拟作出行政处罚决定的环境保护主管部门组织。

第八条 环境保护主管部门指定1名听证主持人和1名记录员具体承担听证工作,必要时可以指定听证员协助听证主持人。

听证主持人、听证员和记录员应当是非本案调查人员。

涉及专业知识的听证案件,可以邀请有关专家担任听证员。

第九条 听证主持人履行下列职责:
(一)决定举行听证会的时间、地点;
(二)依照规定程序主持听证会;
(三)就听证事项进行询问;
(四)接收并审核证据,必要时可要求听证参加人提供或者补充证据;
(五)维持听证秩序;
(六)决定中止、终止或者延期听证;
(七)审阅听证笔录;
(八)法律、法规、规章规定的其他职责。
听证员协助听证主持人履行上述职责。
记录员承担听证准备和听证记录的具体工作。

第十条 听证主持人负有下列义务:
(一)决定将听证通知送达案件听证参加人;
(二)公正地主持听证,保障当事人行使陈述权、申辩权和质证权;
(三)具有回避情形的,自行回避;
(四)保守听证案件涉及的国家秘密、商业秘密和个人隐私;
(五)向本部门负责人书面报告听证会情况。
记录员应当如实制作听证笔录,并承担本条第(三)、(四)项所规定的义务。

第十一条 有下列情形之一的,听证主持人、听证员、记录员应当自行回避,当事人也有权申请其回避:
(一)是本案调查人员或者调查人员的近亲属;
(二)是本案当事人或者当事人的近亲属;
(三)是当事人的代理人或者当事人代理人的近亲属;
(四)是本案的证人、鉴定人、监测人员;
(五)与本案有直接利害关系;
(六)与听证事项有其他关系,可能影响公正听证的。
前款规定,也适用于鉴定、监测人员。

第十二条 当事人应当在听证会开始前书面提出回避申请,并说明理由。
在听证会开始后才知道回避事由的,可以在听证会结束前提出。
在回避决定作出前,被申请回避的人员不停止参与听证工作。

第十三条 听证员、记录员、证人、鉴定人、监测人员的回避,由听证主持人决定;听证主持人的回避,由听证组织机构负责人决定;听证主持人为听证组织机构负责人的,其回避由环境保护主管部门负责人决定。

第十四条 当事人享有下列权利:
(一)申请或者放弃听证;
(二)依法申请不公开听证;
(三)依法申请听证主持人、听证员、记录员回避;
(四)可以亲自参加听证,也可以委托1至2人代理参加听证;
(五)就听证事项进行陈述、申辩和举证、质证;
(六)进行最后陈述;
(七)审阅并核对听证笔录;
(八)依法查阅案卷材料。

第十五条 当事人负有下列义务:
(一)依法举证、质证;
(二)如实陈述和回答询问;
(三)遵守听证纪律。
案件调查人员、第三人、有关证人亦负有上述义务。

第十六条 与案件有直接利害关系的公民、法人或其他组织要求参加听证会的,环境保护主管部门可以通知其作为第三人参加听证。
第三人超过5人的,可以推选1至5名代表参加听证,并于听证会前提交授权委托书。

第四章 听证的告知、申请和通知

第十七条 对适用听证程序的行政处罚案件,环境保护主管部门应当在作出行政处罚决定前,制作并送达《行政处罚听证告知书》,告知当事人有要求听证的权利。
《行政处罚听证告知书》应当载明下列事项:
(一)当事人的姓名或者名称;
(二)已查明的环境违法事实和证据、处罚理由和依据;
(三)拟作出的行政处罚的种类和幅度;
(四)当事人申请听证的权利;
(五)提出听证申请的期限、申请方式及未如期提出申请的法律后果;
(六)环境保护主管部门名称和作出日期,并且加盖环境保护主管部门的印章。

第十八条 当事人要求听证的,应当在收到《行政处罚听证告知书》之日起3日内,向拟作出行政处罚决定的环境保护主管部门提出书面申请。当事人未如期提出书面申请的,环境保护主管部门不再组织听证。
以邮寄方式提出申请的,以寄出的邮戳日期为申请日期。

因不可抗力或者其他特殊情况不能在规定期限内提出听证申请的,当事人可以在障碍消除的3日内提出听证申请。

第十九条 环境保护主管部门应当在收到当事人听证申请之日起7日内进行审查。对不符合听证条件的,决定不组织听证,并告知理由。对符合听证条件的,决定组织听证,制作并送达《行政处罚听证通知书》。

第二十条 有下列情形之一的,由拟作出行政处罚决定的环境保护主管部门决定不组织听证:

(一)申请人不是本案当事人的;

(二)未在规定期限内提出听证申请的;

(三)不属于本程序规定第五条、第六条规定的听证适用范围的;

(四)其他不符合听证条件的。

第二十一条 同一行政处罚案件的两个以上当事人分别提出听证申请的,可以合并举行听证会。

案件有两个以上当事人,其中部分当事人提出听证申请的,环境保护主管部门可以通知其他当事人参加听证。

只有部分当事人参加听证的,可以只对涉及该部分当事人的案件事实、证据、法律适用进行听证。

第二十二条 听证会应当在决定听证之日起30日内举行。

《行政处罚听证通知书》应当载明下列事项,并在举行听证会的7日前送达当事人和第三人:

(一)当事人的姓名或者名称;

(二)听证案由;

(三)举行听证会的时间、地点;

(四)公开举行听证与否及不公开听证的理由;

(五)听证主持人、听证员、记录员的姓名、单位、职务等信息;

(六)委托代理权、对听证主持人和听证员的回避申请权等权利;

(七)提前办理授权委托手续、携带证据材料、通知证人出席等注意事项;

(八)环境保护主管部门名称和作出日期,并盖有环境保护主管部门印章。

第二十三条 当事人申请变更听证时间的,应当在听证会举行的3日前向组织听证的环境保护主管部门提出书面申请,并说明理由。

理由正当的,环境保护主管部门应当同意。

第二十四条 环境保护主管部门可以根据场地等条件,确定旁听听证会的人数。

第二十五条 委托代理人参加听证的,应当在听证会前提交授权委托书。授权委托书应当载明下列事项:

(一)委托人及其代理人的基本信息;

(二)委托事项及权限;

(三)代理权的起止日期;

(四)委托日期;

(五)委托人签名或者盖章。

第二十六条 案件调查人员、当事人、第三人可以通知鉴定人、监测人员和证人出席听证会,并在听证会举行的1日前将前述人员的基本情况和拟证明的事项书面告知组织听证的环境保护主管部门。

第五章 听证会的举行

第二十七条 听证会按下列程序进行:

(一)记录员查明听证参加人的身份和到场情况,宣布听证会场纪律和注意事项,介绍听证主持人、听证员和记录员的姓名、工作单位、职务;

(二)听证主持人宣布听证会开始,介绍听证案由,询问并核实听证参加人的身份,告知听证参加人的权利和义务;询问当事人、第三人是否申请听证主持人、听证员和记录员回避;

(三)案件调查人员陈述当事人违法事实,出示证据,提出初步处罚意见和依据;

(四)当事人进行陈述、申辩,提出事实理由依据和证据;

(五)第三人进行陈述,提出事实理由依据和证据;

(六)案件调查人员、当事人、第三人进行质证、辩论;

(七)案件调查人员、当事人、第三人作最后陈述;

(八)听证主持人宣布听证会结束。

第二十八条 听证参加人和旁听人员应当遵守如下会场纪律:

(一)未经听证主持人允许,听证参加人不得发言、提问;

(二)未经听证主持人允许,听证参加人不得退场;

(三)未经听证主持人允许,听证参加人和旁听人员不得录音、录像或者拍照;

(四)旁听人员不得发言、提问;

(五)听证参加人和旁听人员不得喧哗、鼓掌、哄闹、随意走动、接打电话或者进行其他妨碍听证的活动。

听证参加人和旁听人员违反上述纪律,致使听证会无法顺利进行的,听证主持人有权予以警告直至责令其退出会场。

第二十九条 听证申请人无正当理由不出席听证会的,视为放弃听证权利。

听证申请人违反听证纪律被听证主持人责令退出会场的,视为放弃听证权利。

第三十条 在听证过程中,听证主持人可以向案件调查人员、当事人、第三人和证人发问,有关人员应当如实回答。

第三十一条 与案件相关的证据应当在听证中出示,并经质证后确认。

涉及国家秘密、商业秘密和个人隐私的证据,由听证主持人和听证员验证,不公开出示。

第三十二条 质证围绕证据的合法性、真实性、关联性进行,针对证据证明效力有无以及证明效力大小进行质疑、说明与辩驳。

第三十三条 对书证、物证和视听资料进行质证时,应当出示证据的原件或者原物。

有下列情形之一,经听证主持人同意可以出示复制件或者复制品:

（一）出示原件或者原物确有困难的；

（二）原件或者原物已经不存在的。

第三十四条 视听资料应当在听证会上播放或者显示,并进行质证后认定。

第三十五条 环境保护主管部门应当对听证会全过程制作笔录。听证笔录应当载明下列事项:

（一）听证案由；

（二）听证主持人、听证员和记录员的姓名、工作单位、职务；

（三）听证参加人的基本情况；

（四）听证的时间、地点；

（五）听证公开情况；

（六）案件调查人员陈述的当事人违法事实、证据,提出的初步处理意见和依据；

（七）当事人和其他听证参加人的主要观点、理由和依据；

（八）相互质证、辩论情况；

（九）延期、中止或者终止的说明；

（十）听证主持人对听证活动中有关事项的处理情况；

（十一）听证主持人认为应当记入听证笔录的其他事项。

听证结束后,听证笔录交陈述意见的案件调查人员、当事人、第三人审核无误后当场签字或者盖章。拒绝签字或者盖章的,将情况记入听证笔录。

听证主持人、听证员、记录员审核无误后在听证笔录上签字或者盖章。

第三十六条 听证终结后,听证主持人将听证会情况书面报告本部门负责人。

听证报告包括以下内容:

（一）听证会举行的时间、地点；

（二）听证案由、听证内容；

（三）听证主持人、听证员、书记员、听证参加人的基本信息；

（四）听证参加人提出的主要事实、理由和意见；

（五）对当事人意见的采纳建议及理由；

（六）综合分析,提出处罚建议。

第三十七条 有下列情形之一的,可以延期举行听证会:

（一）因不可抗力致使听证会无法按期举行的；

（二）当事人在听证会上申请听证主持人回避,并有正当理由的；

（三）当事人申请延期,并有正当理由的；

（四）需要延期听证的其他情形。

听证会举行前出现上述情形的,环境保护主管部门决定延期听证并通知听证参加人；听证会举行过程中出现上述情形的,听证主持人决定延期听证并记入听证笔录。

第三十八条 有下列情形之一的,中止听证并书面通知听证参加人:

（一）听证主持人认为听证过程中提出的新的事实、理由、依据有待进一步调查核实或者鉴定的；

（二）其他需要中止听证的情形。

第三十九条 延期、中止听证的情形消失后,环境保护主管部门决定恢复听证的,应书面通知听证参加人。

第四十条 有下列情形之一的,终止听证:

（一）当事人明确放弃听证权利的；

（二）听证申请人撤回听证申请的；

（三）听证申请人无正当理由不出席听证会的；

（四）听证申请人在听证过程中声明退出的；

（五）听证申请人未经听证主持人允许中途退场的；

（六）听证申请人为法人或者其他组织,该法人或者其他组织终止后,承受其权利、义务的法人或者组织放弃听证权利的；

（七）听证申请人违反听证纪律,妨碍听证会正常进

行,被听证主持人责令退场的;

(八)因客观情况发生重大变化,致使听证会没有必要举行的;

(九)应当终止听证的其他情形。

听证会举行前出现上述情形的,环境保护主管部门决定终止听证,并通知听证参加人;听证会举行过程中出现上述情形的,听证主持人决定终止听证并记入听证笔录。

第四十一条 举行听证会的期间,不计入作出行政处罚的时限内。

第六章 附 则

第四十二条 本程序规定所称当事人是指被事先告知将受到适用听证程序的行政处罚的公民、法人或者其他组织。

本程序规定所称案件调查人员是指环境保护主管部门内部具体承担行政处罚案件调查取证工作的人员。

第四十三条 经法律、法规授权的环境监察机构,适用本程序规定关于环境保护主管部门的规定。

第四十四条 环境保护主管部门在作出责令停止建设、责令停止生产或使用的行政命令之前,认为需要组织听证的,可以参照本程序规定执行。

第四十五条 环境保护主管部门组织听证所需经费,列入本行政机关的行政经费,由本级财政予以保障。

当事人不承担环境保护主管部门组织听证的费用。

第四十六条 听证主持人、听证员、记录员违反有关规定的,由所在单位依法给予行政处分。

第四十七条 地方性法规、地方政府规章另有规定的,从其规定。

第四十八条 本规定自2011年2月1日起施行。

环境监察办法

· 2012年7月25日环境保护部令第21号公布
· 自2012年9月1日起施行

第一章 总 则

第一条 为加强和规范环境监察工作,加强环境监察队伍建设,提升环境监察效能,根据《中华人民共和国环境保护法》等有关法律、法规,结合环境监察工作实际,制定本办法。

第二条 本办法所称环境监察,是指环境保护主管部门依据环境保护法律、法规、规章和其他规范性文件实施的行政执法活动。

第三条 环境监察应当遵循以下原则:

(一)教育和惩戒相结合;

(二)严格执法和引导自觉守法相结合;

(三)证据确凿,程序合法,定性准确,处理恰当;

(四)公正、公开、高效。

第四条 环境保护部对全国环境监察工作实施统一监督管理。

县级以上地方环境保护主管部门负责本行政区域的环境监察工作。

各级环境保护主管部门所属的环境监察机构(以下简称"环境监察机构"),负责具体实施环境监察工作。

第五条 环境监察机构对本级环境保护主管部门负责,并接受上级环境监察机构的业务指导和监督。

各级环境保护主管部门应当加强对环境监察机构的领导,建立健全工作协调机制,并为环境监察机构提供必要的工作条件。

第六条 环境监察机构的主要任务包括:

(一)监督环境保护法律、法规、规章和其他规范性文件的执行;

(二)现场监督检查污染源的污染物排放情况、污染防治设施运行情况、环境保护行政许可执行情况、建设项目环境保护法律法规的执行情况等;

(三)现场监督检查自然保护区、畜禽养殖污染防治等生态和农村环境保护法律法规执行情况;

(四)具体负责排放污染物申报登记、排污费核定和征收;

(五)查处环境违法行为;

(六)查办、转办、督办对环境污染和生态破坏的投诉、举报,并按照环境保护主管部门确定的职责分工,具体负责环境污染和生态破坏纠纷的调解处理;

(七)参与突发环境事件的应急处置;

(八)对严重污染环境和破坏生态问题进行督查;

(九)依照职责,具体负责环境稽查工作;

(十)法律、法规、规章和规范性文件规定的其他职责。

第二章 环境监察机构和人员

第七条 各级环境监察机构可以命名为环境监察局。省级、设区的市级、县级环境监察机构,也可以分别以环境监察总队、环境监察支队、环境监察大队命名。

县级环境监察机构的分支(派出)机构和乡镇级环境监察机构的名称,可以命名为环境监察中队或者环境监察所。

第八条　环境监察机构的设置和人员构成,应当根据本行政区域范围大小、经济社会发展水平、人口规模、污染源数量和分布、生态保护和环境执法任务量等因素科学确定。

第九条　环境监察机构的工作经费,应当按照国家有关规定列入环境保护主管部门预算,由本级财政予以保障。

第十条　环境监察机构的办公用房、执法业务用房及执法车辆、调查取证器材等执法装备,应当符合国家环境监察标准化建设及验收要求。

环境监察机构的执法车辆应当喷涂统一的环境监察执法标识。

第十一条　录用环境监察机构的工作人员(以下简称"环境监察人员"),应当符合《中华人民共和国公务员法》的有关规定。

第十二条　环境保护主管部门应当根据工作需要,制定环境监察培训五年规划和年度计划,组织开展分级分类培训。

设区的市级、县级环境监察机构的主要负责人和省级以上环境监察人员的岗位培训,由环境保护部统一组织。其他环境监察人员的岗位培训,由省级环境保护主管部门组织。

环境监察人员参加培训的情况,应当作为环境监察人员考核、任职的主要依据。

第十三条　从事现场执法工作的环境监察人员进行现场检查时,有权依法采取以下措施:

(一)进入有关场所进行勘察、采样、监测、拍照、录音、录像、制作笔录;

(二)查阅、复制相关资料;

(三)约见、询问有关人员,要求说明相关事项,提供相关材料;

(四)责令停止或者纠正违法行为;

(五)适用行政处罚简易程序,当场作出行政处罚决定;

(六)法律、法规、规章规定的其他措施。

实施现场检查时,从事现场执法工作的环境监察人员不得少于两人,并出示《中国环境监察执法证》等行政执法证件,表明身份,说明执法事项。

第十四条　从事现场执法工作的环境监察人员,应当持有《中国环境监察执法证》。

对参加岗位培训,并经考试取得培训合格证书的环境监察人员,经核准后颁发《中国环境监察执法证》。

《中国环境监察执法证》颁发、使用、管理的具体办法,由环境保护部另行制定。

第十五条　各级环境监察机构应当建立健全保密制度,完善保密措施,落实保密责任,指定专人管理保密的日常工作。

第十六条　环境监察人员应当严格遵守有关廉政纪律和要求。

第十七条　各级环境保护主管部门应当建立健全对环境监察人员的考核制度。

对工作表现突出、有显著成绩的环境监察人员,给予表彰和奖励。对在环境监察工作中违法违纪的环境监察人员,依法给予处分,可以暂扣、收回《中国环境监察执法证》;涉嫌构成犯罪的,依法移送司法机关追究刑事责任。

第三章　环境监察工作

第十八条　环境监察机构应当根据本行政区域环境保护工作任务、污染源数量、类型、管理权限等,制定环境监察工作年度计划。

环境监察工作年度计划报同级环境保护主管部门批准后实施,并抄送上一级环境监察机构。

第十九条　环境监察机构应当根据环境监察工作年度计划,组织现场检查。现场检查可以采取例行检查或者重点检查的方式进行。

第二十条　对排污者申报的排放污染物的种类、数量,环境监察机构负责依法进行核定。

第二十一条　环境监察机构应当按照排污费征收标准和核定的污染物种类、数量,负责向排污者征收排污费。

对减缴、免缴、缓缴排污费的申请,环境监察机构应当依法审核。

第二十二条　违反环境保护法律、法规和规章规定的,环境保护主管部门应当责令违法行为人改正或者限期改正,并依法实施行政处罚。

第二十三条　对违反环境保护法律、法规,严重污染环境或者造成重大社会影响的环境违法案件,环境保护主管部门可以提出明确要求,督促有关部门限期办理,并向社会公开办理结果。

第二十四条　环境监察机构负责组织实施环境行政执法后督察,监督环境行政处罚、行政命令等具体行政行为的执行。

第二十五条　企业事业单位严重污染环境或者造成严重生态破坏的,环境保护主管部门或者环境监察机构可以约谈单位负责人,督促其限期整改。

对未完成环境保护目标任务或者发生重大、特大突发环境事件的，环境保护主管部门或者环境监察机构可以约谈下级地方人民政府负责人，要求地方人民政府依法履行职责，落实整改措施，并可以提出改进工作的建议。

第二十六条 对依法受理的案件，属于本机关管辖的，环境保护主管部门应当按照规定的时限和程序依法处理；属于环境保护主管部门管辖但不属于本机关管辖的，受理案件的环境保护主管部门应当移送有管辖权的环境保护主管部门处理；不属于环境保护主管部门管辖的，受理案件的环境保护主管部门应当移送有管辖权的机关处理。

环境保护主管部门应当加强与司法机关的配合和协作，并可以根据工作需要，联合其他部门共同执法。

第二十七条 相邻行政区域的环境保护主管部门应当相互通报环境监察执法信息，加强沟通、协调和配合。

同一区域、流域内的环境保护主管部门应当加强信息共享，开展联合检查和执法活动。

环境监察机构应当加强信息统计，并以专题报告、定期报告、统计报表等形式，向同级环境保护主管部门和上级环境监察机构报告本行政区域的环境监察工作情况。

环境保护主管部门应当依法公开环境监察的有关信息。

第二十八条 上级环境保护主管部门应当对下级环境保护主管部门在环境监察工作中依法履行职责、行使职权和遵守纪律的情况进行稽查。

第二十九条 对环境监察工作中形成的污染源监察、建设项目检查、排放污染物申报登记、排污费征收、行政处罚等材料，应当及时进行整理，立卷归档。

第三十条 上级环境监察机构应当对下一级环境保护主管部门的环境监察工作进行年度考核。

第四章 附 则

第三十一条 环境保护主管部门所属的其他机构，可以按照环境保护主管部门确定的职责分工，参照本办法，具体实施其职责范围内的环境监察工作。

第三十二条 本办法由环境保护部负责解释。

第三十三条 本办法自2012年9月1日起施行。《环境监理工作暂行办法》（〔91〕环监字第338号）、《环境监理工作制度（试行）》（环监〔1996〕888号）、《环境监理工作程序（试行）》（环监〔1996〕888号）、《环境监理政务公开制度》（环发〔1999〕15号）同时废止。

突发环境事件调查处理办法

·2014年12月19日环境保护部令第32号公布
·自2015年3月1日起施行

第一条 为规范突发环境事件调查处理工作，依照《中华人民共和国环境保护法》、《中华人民共和国突发事件应对法》等法律法规，制定本办法。

第二条 本办法适用于对突发环境事件的原因、性质、责任的调查处理。

核与辐射突发事件的调查处理，依照核与辐射安全有关法律法规执行。

第三条 突发环境事件调查应当遵循实事求是、客观公正、权责一致的原则，及时、准确查明事件原因，确认事件性质，认定事件责任，总结事件教训，提出防范和整改措施建议以及处理意见。

第四条 环境保护部负责组织重大和特别重大突发环境事件的调查处理；省级环境保护主管部门负责组织较大突发环境事件的调查处理；事发地设区的市级环境保护主管部门视情况组织一般突发环境事件的调查处理。

上级环境保护主管部门可以视情况委托下级环境保护主管部门开展突发环境事件调查处理，也可以对由下级环境保护主管部门负责的突发环境事件直接组织调查处理，并及时通知下级环境保护主管部门。

下级环境保护主管部门对其负责的突发环境事件，认为需要由上一级环境保护主管部门调查处理的，可以报请上一级环境保护主管部门决定。

第五条 突发环境事件调查应当成立调查组，由环境保护主管部门主要负责人或者主管环境应急管理工作的负责人担任组长，应急管理、环境监测、环境影响评价管理、环境监察等相关机构的有关人员参加。

环境保护主管部门可以聘请环境应急专家库内专家和其他专业技术人员协助调查。

环境保护主管部门可以根据突发环境事件的实际情况邀请公安、交通运输、水利、农业、卫生、安全监管、林业、地震等有关部门或者机构参加调查工作。

调查组可以根据实际情况分为若干工作小组开展调查工作。工作小组负责人由调查组组长确定。

第六条 调查组成员和受聘请协助调查的人员不得与被调查的突发环境事件有利害关系。

调查组成员和受聘请协助调查的人员应当遵守工作纪律，客观公正地调查处理突发环境事件，并在调查处理过程中恪尽职守，保守秘密。未经调查组组长同意，不得擅自发布突发环境事件调查的相关信息。

第七条 开展突发环境事件调查，应当制定调查方案，明确职责分工、方法步骤、时间安排等内容。

第八条 开展突发环境事件调查，应当对突发环境事件现场进行勘查，并可以采取以下措施：

（一）通过取样监测、拍照、录像、制作现场勘查笔录等方法记录现场情况，提取相关证据材料；

（二）进入突发环境事件发生单位、突发环境事件涉及的相关单位或者工作场所，调取和复制相关文件、资料、数据、记录等；

（三）根据调查需要，对突发环境事件发生单位有关人员、参与应急处置工作的知情人员进行询问，并制作询问笔录。

进行现场勘查、检查或者询问，不得少于两人。

突发环境事件发生单位的负责人和有关人员在调查期间应当依法配合调查工作，接受调查组的询问，并如实提供相关文件、资料、数据、记录等。因客观原因确实无法提供的，可以提供相关复印件、复制品或者证明该原件、原物的照片、录像等其他证据，并由有关人员签字确认。

现场勘查笔录、检查笔录、询问笔录等，应当由调查人员、勘查现场有关人员、被询问人员签名。

开展突发环境事件调查，应当制作调查案卷，并由组织突发环境事件调查的环境保护主管部门归档保存。

第九条 突发环境事件调查应当查明下列情况：

（一）突发环境事件发生单位基本情况；

（二）突发环境事件发生的时间、地点、原因和事件经过；

（三）突发环境事件造成的人身伤亡、直接经济损失情况，环境污染和生态破坏情况；

（四）突发环境事件发生单位、地方人民政府和有关部门日常监管和事件应对情况；

（五）其他需要查明的事项。

第十条 环境保护主管部门应当按照所在地人民政府的要求，根据突发环境事件应急处置阶段污染损害评估工作的有关规定，开展应急处置阶段污染损害评估。

应急处置阶段污染损害评估报告或者结论是编写突发环境事件调查报告的重要依据。

第十一条 开展突发环境事件调查，应当查明突发环境事件发生单位的下列情况：

（一）建立环境应急管理制度、明确责任人和职责的情况；

（二）环境风险防范设施建设及运行的情况；

（三）定期排查环境安全隐患并及时落实环境风险防控措施的情况；

（四）环境应急预案的编制、备案、管理及实施情况；

（五）突发环境事件发生后的信息报告或者通报情况；

（六）突发环境事件发生后，启动环境应急预案，并采取控制或者切断污染源防止污染扩散的情况；

（七）突发环境事件发生后，服从应急指挥机构统一指挥，并按要求采取预防、处置措施的情况；

（八）生产安全事故、交通事故、自然灾害等其他突发事件发生后，采取预防次生突发环境事件措施的情况；

（九）突发环境事件发生后，是否存在伪造、故意破坏事发现场，或者销毁证据阻碍调查的情况。

第十二条 开展突发环境事件调查，应当查明有关环境保护主管部门环境应急管理方面的下列情况：

（一）按规定编制环境应急预案和对预案进行评估、备案、演练等的情况，以及按规定对突发环境事件发生单位环境应急预案实施备案管理的情况；

（二）按规定赶赴现场并及时报告的情况；

（三）按规定组织开展环境应急监测的情况；

（四）按职责向履行统一领导职责的人民政府提出突发环境事件处置或者信息发布建议的情况；

（五）突发环境事件已经或者可能涉及相邻行政区域时，事发地环境保护主管部门向相邻行政区域环境保护主管部门的通报情况；

（六）接到相邻行政区域突发环境事件信息后，相关环境保护主管部门按规定调查了解并报告的情况；

（七）按规定开展突发环境事件污染损害评估的情况。

第十三条 开展突发环境事件调查，应当收集地方人民政府和有关部门在突发环境事件发生单位建设项目立项、审批、验收、执法等日常监管过程中和突发环境事件应对、组织开展突发环境事件污染损害评估等环节履职情况的证据材料。

第十四条 开展突发环境事件调查，应当在查明突发环境事件基本情况后，编写突发环境事件调查报告。

第十五条 突发环境事件调查报告应当包括下列内容：

（一）突发环境事件发生单位的概况和突发环境事件发生经过；

(二) 突发环境事件造成的人身伤亡、直接经济损失，环境污染和生态破坏的情况；

(三) 突发环境事件发生的原因和性质；

(四) 突发环境事件发生单位对环境风险的防范、隐患整改和应急处置情况；

(五) 地方政府和相关部门日常监管和应急处置情况；

(六) 责任认定和对突发环境事件发生单位、责任人的处理建议；

(七) 突发环境事件防范和整改措施建议；

(八) 其他有必要报告的内容。

第十六条 特别重大突发环境事件、重大突发环境事件的调查期限为六十日；较大突发环境事件和一般突发环境事件的调查期限为三十日。突发环境事件污染损害评估所需时间不计入调查期限。

调查组应当按照前款规定的期限完成调查工作，并向同级人民政府和上一级环境保护主管部门提交调查报告。

调查期限从突发环境事件应急状态终止之日起计算。

第十七条 环境保护主管部门应当依法向社会公开突发环境事件的调查结论、环境影响和损失的评估结果等信息。

第十八条 突发环境事件调查过程中发现突发环境事件发生单位涉及环境违法行为的，调查组应当及时向相关环境保护主管部门提出处罚建议。相关环境保护主管部门应当依法对事发单位及责任人员予以行政处罚；涉嫌构成犯罪的，依法移送司法机关追究刑事责任。发现其他违法行为的，环境保护主管部门应当及时有关部门移送。

发现国家行政机关及其工作人员、突发环境事件发生单位中由国家行政机关任命的人员涉嫌违法违纪的，环境保护主管部门应当依法及时向监察机关或者有关部门提出处分建议。

第十九条 对于连续发生突发环境事件，或者突发环境事件造成严重后果的地区，有关环境保护主管部门可以约谈下级地方人民政府主要领导。

第二十条 环境保护主管部门应当将突发环境事件发生单位的环境违法信息记入社会诚信档案，并及时向社会公布。

第二十一条 环境保护主管部门可以根据调查报告，对下级人民政府、下级环境保护主管部门下达督促落实突发环境事件调查报告有关防范和整改措施建议的督办通知，并明确责任单位、工作任务和完成时限。

接到督办通知的有关人民政府、环境保护主管部门应当在规定时限内，书面报送事件防范和整改措施建议的落实情况。

第二十二条 本办法由环境保护部负责解释。

第二十三条 本办法自2015年3月1日起施行。

环境保护主管部门实施限制生产、停产整治办法

- 2014年12月19日环境保护部令第30号公布
- 自2015年1月1日起施行

第一章 总 则

第一条 为规范实施限制生产、停产整治措施，依据《中华人民共和国环境保护法》，制定本办法。

第二条 县级以上环境保护主管部门对超过污染物排放标准或者超过重点污染物排放总量控制指标排放污染物的企业事业单位和其他生产经营者 (以下称排污者)，责令采取限制生产、停产整治措施的，适用本办法。

第三条 环境保护主管部门作出限制生产、停产整治决定时，应当责令排污者改正或者限期改正违法行为，并依法实施行政处罚。

第四条 环境保护主管部门实施限制生产、停产整治的，应当依法向社会公开限制生产、停产整治决定，限制生产延期情况和解除限制生产、停产整治的日期等相关信息。

第二章 适用范围

第五条 排污者超过污染物排放标准或者超过重点污染物日最高允许排放总量控制指标的，环境保护主管部门可以责令其采取限制生产措施。

第六条 排污者有下列情形之一的，环境保护主管部门可以责令其采取停产整治措施：

(一) 通过暗管、渗井、渗坑、灌注或者篡改、伪造监测数据，或者不正常运行防治污染设施等逃避监管的方式排放污染物，超过污染物排放标准的；

(二) 非法排放含重金属、持久性有机污染物等严重危害环境、损害人体健康的污染物超过污染物排放标准三倍以上的；

(三) 超过重点污染物排放总量年度控制指标排放污染物的；

(四) 被责令限制生产后仍然超过污染物排放标准排放污染物的；

（五）因突发事件造成污染物排放超过排放标准或者重点污染物排放总量控制指标的；

（六）法律、法规规定的其他情形。

第七条 具备下列情形之一的排污者，超过污染物排放标准或者超过重点污染物排放总量控制指标排放污染物的，环境保护主管部门应当按照有关环境保护法律法规予以处罚，可以不予实施停产整治：

（一）城镇污水处理、垃圾处理、危险废物处置等公共设施的运营单位；

（二）生产经营业务涉及基本民生、公共利益的；

（三）实施停产整治可能影响生产安全的。

第八条 排污者有下列情形之一的，由环境保护主管部门报经有批准权的人民政府责令停业、关闭：

（一）两年内因排放含重金属、持久性有机污染物等有毒物质超过污染物排放标准受过两次以上行政处罚，又实施前列行为的；

（二）被责令停产整治后拒不停产或者擅自恢复生产的；

（三）停产整治决定解除后，跟踪检查发现又实施同一违法行为的；

（四）法律法规规定的其他严重环境违法情节的。

第三章 实施程序

第九条 环境保护主管部门在作出限制生产、停产整治决定前，应当做好调查取证工作。

责令限制生产、停产整治的证据包括现场检查笔录、调查询问笔录、环境监测报告、视听资料、证人证言和其他证明材料。

第十条 作出限制生产、停产整治决定前，应当书面报经环境保护主管部门负责人批准；案情重大或者社会影响较大的，应当经环境保护主管部门案件审查委员会集体审议决定。

第十一条 环境保护主管部门作出限制生产、停产整治决定前，应当告知排污者有关事实、依据及其依法享有的陈述、申辩或者要求举行听证的权利；就同一违法行为进行行政处罚的，可以在行政处罚事先告知书或者行政处罚听证告知书中一并告知。

第十二条 环境保护主管部门作出限制生产、停产整治决定的，应当制作责令限制生产决定书或者责令停产整治决定书，也可以在行政处罚决定书中载明。

第十三条 责令限制生产决定书和责令停产整治决定书应当载明下列事项：

（一）排污者的基本情况，包括名称或者姓名、营业执照号码或者居民身份证号码、组织机构代码、地址以及法定代表人或者主要负责人姓名等；

（二）违法事实、证据，以及作出限制生产、停产整治决定的依据；

（三）责令限制生产、停产整治的改正方式、期限；

（四）排污者应当履行的相关义务及申请行政复议或者提起行政诉讼的途径和期限；

（五）环境保护主管部门的名称、印章和决定日期。

第十四条 环境保护主管部门应当自作出限制生产、停产整治决定之日起七个工作日内将决定书送达排污者。

第十五条 限制生产一般不超过三个月；情况复杂的，经本级环境保护主管部门负责人批准，可以延长，但延长期限不得超过三个月。

停产整治的期限，自责令停产整治决定书送达排污者之日起，至停产整治决定解除之日止。

第十六条 排污者应当在收到责令限制生产决定书或者责令停产整治决定书后立即整改，并在十五个工作日内将整改方案报作出决定的环境保护主管部门备案并向社会公开。整改方案应当确定改正措施、工程进度、资金保障和责任人员等事项。

被限制生产的排污者在整改期间，不得超过污染物排放标准或者重点污染物日最高允许排放总量控制指标排放污染物，并按照环境监测技术规范进行监测或者委托有条件的环境监测机构开展监测，保存监测记录。

第十七条 排污者完成整改任务的，应当在十五个工作日内将整改任务完成情况和整改信息社会公开情况，报作出限制生产、停产整治决定的环境保护主管部门备案，并提交监测报告以及整改期间生产用电量、用水量、主要产品产量与整改前的对比情况等材料。限制生产、停产整治决定自排污者报环境保护主管部门备案之日起解除。

第十八条 排污者有下列情形之一的，限制生产、停产整治决定自行终止：

（一）依法被撤销、解散、宣告破产或者因其他原因终止营业的；

（二）被有批准权的人民政府依法责令停业、关闭的。

第十九条 排污者被责令限制生产、停产整治后，环境保护主管部门应当按照相关规定对排污者履行限制生产、停产整治措施的情况实施后督察，并依法进行处理或者处罚。

第二十条 排污者解除限制生产、停产整治后，环境保护主管部门应当在解除之日起三十日内对排污者进行跟踪检查。

第四章 附 则

第二十一条 本办法由国务院环境保护主管部门负责解释。

第二十二条 本办法自2015年1月1日起施行。

环境保护主管部门实施按日连续处罚办法

- 2014年12月19日环境保护部令第28号公布
- 自2015年1月1日起施行

第一章 总 则

第一条 为规范实施按日连续处罚，依据《中华人民共和国环境保护法》《中华人民共和国行政处罚法》等法律，制定本办法。

第二条 县级以上环境保护主管部门对企业事业单位和其他生产经营者（以下称排污者）实施按日连续处罚的，适用本办法。

第三条 实施按日连续处罚，应当坚持教育与处罚相结合的原则，引导和督促排污者及时改正环境违法行为。

第四条 环境保护主管部门实施按日连续处罚，应当依法向社会公开行政处罚决定和责令改正违法行为决定等相关信息。

第二章 适用范围

第五条 排污者有下列行为之一，受到罚款处罚，被责令改正，拒不改正的，依法作出罚款处罚决定的环境保护主管部门可以实施按日连续处罚：

（一）超过国家或者地方规定的污染物排放标准，或者超过重点污染物排放总量控制指标排放污染物的；

（二）通过暗管、渗井、渗坑、灌注或者篡改、伪造监测数据，或者不正常运行防治污染设施等逃避监管的方式排放污染物的；

（三）排放法律、法规规定禁止排放的污染物的；

（四）违法倾倒危险废物的；

（五）其他违法排放污染物行为。

第六条 地方性法规可以根据环境保护的实际需要，增加按日连续处罚的违法行为的种类。

第三章 实施程序

第七条 环境保护主管部门检查发现排污者违法排放污染物的，应当进行调查取证，并依法作出行政处罚决定。

按日连续处罚决定应当在前款规定的行政处罚决定之后作出。

第八条 环境保护主管部门可以当场认定违法排放污染物的，应当在现场调查时向排污者送达责令改正违法行为决定书，责令立即停止违法排放污染物行为。

需要通过环境监测认定违法排放污染物的，环境监测机构应当按照监测技术规范要求进行监测。环境保护主管部门应当在取得环境监测报告后三个工作日内向排污者送达责令改正违法行为决定书，责令立即停止违法排放污染物行为。

第九条 责令改正违法行为决定书应当载明下列事项：

（一）排污者的基本情况，包括名称或者姓名、营业执照号码或者居民身份证号码、组织机构代码、地址以及法定代表人或者主要负责人姓名等；

（二）环境违法事实和证据；

（三）违反法律、法规或者规章的具体条款和处理依据；

（四）责令立即改正的具体内容；

（五）拒不改正可能承担按日连续处罚的法律后果；

（六）申请行政复议或者提起行政诉讼的途径和期限；

（七）环境保护主管部门的名称、印章和决定日期。

第十条 环境保护主管部门应当在送达责令改正违法行为决定书之日起三十日内，以暗查方式组织对排污者违法排放污染物行为的改正情况实施复查。

第十一条 排污者在环境保护主管部门实施复查前，可以向作出责令改正违法行为决定书的环境保护主管部门报告改正情况，并附具相关证明材料。

第十二条 环境保护主管部门复查时发现排污者拒不改正违法排放污染物行为的，可以对其实施按日连续处罚。

环境保护主管部门复查时发现排污者已经改正违法排放污染物行为或者已经停产、停业、关闭的，不启动按日连续处罚。

第十三条 排污者具有下列情形之一的，认定为拒不改正：

（一）责令改正违法行为决定书送达后，环境保护主管部门复查发现仍在继续违法排放污染物的；

（二）拒绝、阻挠环境保护主管部门实施复查的。

第十四条 复查时排污者被认定为拒不改正违法排放污染物行为的，环境保护主管部门应当按照本办法第八条的规定再次作出责令改正违法行为决定书并送达排污者,责令立即停止违法排放污染物行为,并应当依照本办法第十条、第十二条的规定对排污者再次进行复查。

第十五条　环境保护主管部门实施按日连续处罚应当符合法律规定的行政处罚程序。

第十六条　环境保护主管部门决定实施按日连续处罚的,应当依法作出处罚决定书。

处罚决定书应当载明下列事项:

(一)排污者的基本情况,包括名称或者姓名、营业执照号码或者居民身份证号码、组织机构代码、地址以及法定代表人或者主要负责人姓名等;

(二)初次检查发现的环境违法行为及该行为的原处罚决定、拒不改正的违法事实和证据;

(三)按日连续处罚的起止时间和依据;

(四)按照按日连续处罚规则决定的罚款数额;

(五)按日连续处罚的履行方式和期限;

(六)申请行政复议或者提起行政诉讼的途径和期限;

(七)环境保护主管部门名称、印章和决定日期。

第四章　计罚方式

第十七条　按日连续处罚的计罚日数为责令改正违法行为决定书送达排污者之日的次日起,至环境保护主管部门复查发现违法排放污染物行为之日止。再次复查仍拒不改正的,计罚日数累计执行。

第十八条　再次复查时违法排放污染物行为已经改正,环境保护主管部门在之后的检查中又发现排污者有本办法第五条规定的情形的,应当重新作出处罚决定,按日连续处罚的计罚周期重新起算。按日连续处罚次数不受限制。

第十九条　按日连续处罚每日的罚款数额,为原处罚决定书确定的罚款数额。

按照按日连续处罚规则决定的罚款数额,为原处罚决定书确定的罚款数额乘以计罚日数。

第五章　附　则

第二十条　环境保护主管部门针对违法排放污染物行为实施按日连续处罚的,可以同时适用责令排污者限制生产、停产整治或者查封、扣押等措施;因采取上述措施使排污者停止违法排污行为的,不再实施按日连续处罚。

第二十一条　本办法由国务院环境保护主管部门负责解释。

第二十二条　本办法自2015年1月1日起施行。

环境保护行政执法与刑事司法衔接工作办法

- 2017年1月25日
- 环环监〔2017〕17号

第一章　总　则

第一条　为进一步健全环境保护行政执法与刑事司法衔接工作机制,依法惩治环境犯罪行为,切实保障公众健康,推进生态文明建设,依据《刑法》《刑事诉讼法》《环境保护法》《行政执法机关移送涉嫌犯罪案件的规定》(国务院令第310号)等法律、法规及有关规定,制定本办法。

第二条　本办法适用于各级环境保护主管部门(以下简称环保部门)、公安机关和人民检察院办理的涉嫌环境犯罪案件。

第三条　各级环保部门、公安机关和人民检察院应当加强协作,统一法律适用,不断完善线索通报、案件移送、资源共享和信息发布等工作机制。

第四条　人民检察院对环保部门移送涉嫌环境犯罪案件活动和公安机关对移送案件的立案活动,依法实施法律监督。

第二章　案件移送与法律监督

第五条　环保部门在查办环境违法案件过程中,发现涉嫌环境犯罪案件,应当核实情况并作出移送涉嫌环境犯罪案件的书面报告。

本机关负责人应当自接到报告之日起3日内作出批准移送或者不批准移送的决定。向公安机关移送的涉嫌环境犯罪案件,应当符合下列条件:

(一)实施行政执法的主体与程序合法。

(二)有合法证据证明有涉嫌环境犯罪的事实发生。

第六条　环保部门移送涉嫌环境犯罪案件,应当自作出移送决定后24小时内向同级公安机关移交案件材料,并将案件移送书抄送同级人民检察院。

环保部门向公安机关移送涉嫌环境犯罪案件时,应当附下列材料:

(一)案件移送书,载明移送机关名称、涉嫌犯罪罪名及主要依据、案件主办人及联系方式等。案件移送书应当附移送材料清单,并加盖移送机关公章。

(二)案件调查报告,载明案件来源、查获情况、犯罪嫌疑人基本情况、涉嫌犯罪的事实、证据和法律依据、处理建议和法律依据等。

(三)现场检查(勘察)笔录、调查询问笔录、现场勘验图、采样记录单等。

(四)涉案物品清单,载明已查封、扣押等采取行政强制措施的涉案物品名称、数量、特征、存放地等事项，并附采取行政强制措施、现场笔录等表明涉案物品来源的相关材料。

（五）现场照片或者录音录像资料及清单，载明需证明的事实对象、拍摄人、拍摄时间、拍摄地点等。

（六）监测、检验报告、突发环境事件调查报告、认定意见。

（七）其他有关涉嫌犯罪的材料。

对环境违法行为已经作出行政处罚决定的，还应当附行政处罚决定书。

第七条 对环保部门移送的涉嫌环境犯罪案件，公安机关应当依法接受，并立即出具接受案件回执或者在涉嫌环境犯罪案件移送书的回执上签字。

第八条 公安机关审查发现移送的涉嫌环境犯罪案件材料不全的，应当在接受案件的24小时内书面告知移送的环保部门在3日内补正。但不得以材料不全为由，不接受移送案件。

公安机关审查发现移送的涉嫌环境犯罪案件证据不充分的，可以就证明有犯罪事实的相关证据等提出补充调查意见，由移送案件的环保部门补充调查。环保部门应当按照要求补充调查，并及时将调查结果反馈公安机关。因客观条件所限，无法补正的，环保部门应当向公安机关作出书面说明。

第九条 公安机关对环保部门移送的涉嫌环境犯罪案件，应当自接受案件之日起3日内作出立案或者不予立案的决定；涉嫌环境犯罪线索需要查证的，应当自接受案件之日起7日内作出决定；重大疑难复杂案件，经县级以上公安机关负责人批准，可以自受案之日起30日内作出决定。接受案件后对属于公安机关管辖但不属于本公安机关管辖的案件，应当在24小时内移送有管辖权的公安机关，并书面通知移送案件的环保部门，抄送同级人民检察院。对不属于公安机关管辖的，应当在24小时内退回移送案件的环保部门。

公安机关作出立案、不予立案、撤销案件决定的，应当自作出决定之日起3日内书面通知环保部门，并抄送同级人民检察院。公安机关作出不予立案或者撤销案件决定的，应当书面说明理由，并将案卷材料退回环保部门。

第十条 环保部门应当自接到公安机关立案通知书之日起3日内将涉案物品以及与案件有关的其他材料移交公安机关，并办理交接手续。

涉及查封、扣押物品的，环保部门和公安机关应当密切配合，加强协作，防止涉案物品转移、隐匿、损毁、灭失等情况发生。对具有危险性或者环境危害性的涉案物品，环保部门应当组织临时处置，公安机关应当积极协助；对无明确责任人、责任人不具备履行责任能力或者超出部门处置能力的，应当呈报涉案物品所在地政府组织处置。上述处置费用清单随附处置合同、缴费凭证等作为犯罪获利的证据，及时补充移送公安机关。

第十一条 环保部门认为公安机关不予立案决定不当的，可以自接到不予立案通知书之日起3个工作日内向作出决定的公安机关申请复议，公安机关应当自收到复议申请之日起3个工作日内作出立案或者不予立案的复议决定，并书面通知环保部门。

第十二条 环保部门对公安机关逾期未作出是否立案决定、以及对不予立案决定、复议决定、立案后撤销案件决定有异议的，应当建议人民检察院进行立案监督。人民检察院应当受理并进行审查。

第十三条 环保部门建议人民检察院进行立案监督的案件，应当提供立案监督建议书、相关案件材料，并附公安机关不予立案、立案后撤销案件决定及说明理由材料，复议维持不予立案决定材料或者公安机关逾期未作出是否立案决定的材料。

第十四条 人民检察院发现环保部门不移送涉嫌环境犯罪案件的，可以派员查询、调阅有关案件材料，认为涉嫌环境犯罪应当移送的，应当提出建议移送的检察意见。环保部门应当自收到检察意见后3日内将案件移送公安机关，并将执行情况通知人民检察院。

第十五条 人民检察院发现公安机关可能存在应当立案而不立案或者逾期未作出是否立案决定的，应当启动立案监督程序。

第十六条 环保部门向公安机关移送涉嫌环境犯罪案件，已作出的警告、责令停产停业、暂扣或者吊销许可证的行政处罚决定，不停止执行。未作出行政处罚决定的，原则上应当在公安机关决定不予立案或者撤销案件、人民检察院作出不起诉决定、人民法院作出无罪判决或者免予刑事处罚后，再决定是否给予行政处罚。涉嫌犯罪案件的移送办理期间，不计入行政处罚期限。

对尚未作出生效裁判的案件，环保部门依法应当给予或者提请人民政府给予暂扣或者吊销许可证、责令停产停业等行政处罚，需要配合的，公安机关、人民检察院应当给予配合。

第十七条 公安机关对涉嫌环境犯罪案件，经审查没有犯罪事实，或者立案侦查后认为犯罪事实显著轻微、不需要追究刑事责任，但经审查依法应当予以行政处罚的，应当及时将案件移交环保部门,并抄送同级人民检察院。

第十八条 人民检察院对符合逮捕、起诉条件的环境犯罪嫌疑人,应当及时批准逮捕、提起公诉。人民检察院对决定不起诉的案件,应当自作出决定之日起 3 日内,书面告知移送案件的环保部门,认为应当给予行政处罚的,可以提出予以行政处罚的检察意见。

第十九条 人民检察院对公安机关提请批准逮捕的犯罪嫌疑人作出不批准逮捕决定,并通知公安机关补充侦查的,或者人民检察院对公安机关移送审查起诉的案件审查后,认为犯罪事实不清、证据不足,将案件退回补充侦查的,应当制作补充侦查提纲,写明补充侦查的方向和要求。

对退回补充侦查的案件,公安机关应当按照补充侦查提纲的要求,在一个月内补充侦查完毕。公安机关补充侦查和人民检察院自行侦查需要环保部门协助的,环保部门应当予以协助。

第三章 证据的收集与使用

第二十条 环保部门在行政执法和查办案件过程中依法收集制作的物证、书证、视听资料、电子数据、监测报告、检验报告、认定意见、鉴定意见、勘验笔录、检查笔录等证据材料,在刑事诉讼中可以作为证据使用。

第二十一条 环保部门、公安机关、人民检察院收集的证据材料,经法庭查证属实,且收集程序符合有关法律、行政法规规定的,可以作为定案的根据。

第二十二条 环保部门或者公安机关依据《国家危险废物名录》或者组织专家研判等得出认定意见的,应当载明涉案单位名称、案由、涉案物品识别认定的理由,按照"经认定,……属于\不属于……危险废物,废物代码……"的格式出具结论,加盖公章。

第四章 协作机制

第二十三条 环保部门、公安机关和人民检察院应当建立健全环境行政执法与刑事司法衔接的长效工作机制。确定牵头部门及联络人,定期召开联席会议,通报衔接工作情况,研究存在的问题,提出加强部门衔接的对策,协调解决环境执法问题,开展部门联合培训。联席会议应明确议定事项。

第二十四条 环保部门、公安机关、人民检察院应当建立双向案件咨询制度。环保部门对重大疑难复杂案件,可以就刑事案件立案追诉标准、证据的固定和保全等问题咨询公安机关、人民检察院;公安机关、人民检察院可以就案件办理中的专业性问题咨询环保部门。受咨询的机关应当认真研究,及时答复;书面咨询的,应当在 7 日内书面答复。

第二十五条 公安机关、人民检察院办理涉嫌环境污染犯罪案件,需要环保部门提供环境监测或者技术支持的,环保部门应当按照上述部门刑事案件办理的法定时限要求积极协助,及时提供现场勘验、环境监测及认定意见。所需经费,应当列入本机关的行政经费预算,由同级财政予以保障。

第二十六条 环保部门在执法检查时,发现违法行为明显涉嫌犯罪的,应当及时向公安机关通报。公安机关认为有必要的可以依法开展初查,对符合立案条件的,应当及时依法立案侦查。在公安机关立案侦查前,环保部门应当继续对违法行为进行调查。

第二十七条 环保部门、公安机关应当相互依托"12369"环保举报热线和"110"报警服务平台,建立完善接处警的快速响应和联合调查机制,强化对打击涉嫌环境犯罪的联勤联动。在办案过程中,环保部门、公安机关应当依法及时启动相应的调查程序,分工协作,防止证据灭失。

第二十八条 在联合调查中,环保部门应当重点查明排污者严重污染环境的事实,污染物的排放方式,及时收集、提取、监测、固定污染物种类、浓度、数量、排放去向等。公安机关应当注意控制现场,重点查明相关责任人身份、岗位信息,视情节轻重对直接负责的主管人员和其他责任人员依法采取相应强制措施。两部门均应规范制作笔录,并留存现场摄像或照片。

第二十九条 对案情重大或者复杂疑难案件,公安机关可以听取人民检察院的意见。人民检察院应当及时提出意见和建议。

第三十条 涉及移送的案件在庭审中,需要出庭说明情况的,相关执法或者技术人员有义务出庭说明情况,接受庭审质证。

第三十一条 环保部门、公安机关和人民检察院应当加强对重大案件的联合督办工作,适时对重大案件进行联合挂牌督办,督促案件办理。同时,要逐步建立专家库,吸纳污染防治、重点行业以及环境案件侦办等方面的专家和技术骨干,为查处打击环境污染犯罪案件提供专业支持。

第三十二条 环保部门和公安机关在查办环境污染违法犯罪案件过程中发现包庇纵容、徇私舞弊、贪污受贿、失职渎职等涉嫌职务犯罪行为的,应当及时将线索移送人民检察院。

第五章 信息共享

第三十三条 各级环保部门、公安机关、人民检察院应当积极建设、规范使用行政执法与刑事司法衔接信息共享平台，逐步实现涉嫌环境犯罪案件的网上移送、网上受理和网上监督。

第三十四条 已经接入信息共享平台的环保部门、公安机关、人民检察院，应当自作出相关决定之日起7日内分别录入下列信息：

（一）适用一般程序的环境违法事实、案件行政处罚、案件移送、提请复议和建议人民检察院进行立案监督的信息；

（二）移送涉嫌犯罪案件的立案、不予立案、立案后撤销案件、复议、人民检察院监督立案后的处理情况，以及提请批准逮捕、移送审查起诉的信息；

（三）监督移送、监督立案以及批准逮捕、提起公诉、裁判结果的信息。

尚未建成信息共享平台的环保部门、公安机关、人民检察院，应当自作出相关决定后及时向其他部门通报前款规定的信息。

第三十五条 各级环保部门、公安机关、人民检察院应当对信息共享平台录入的案件信息及时汇总、分析、综合研判，定期总结通报平台运行情况。

第六章 附 则

第三十六条 各省、自治区、直辖市的环保部门、公安机关、人民检察院可以根据本办法制定本行政区域的实施细则。

第三十七条 环境行政执法中部分专有名词的含义：

（一）"现场勘验图"，是指描绘主要生产及排污设备布置等案发现场情况、现场周边环境、各采样点位、污染物排放途径的平面示意图。

（二）"外环境"，是指污染物排入的自然环境。满足下列条件之一的，视同为外环境。

1. 排污单位停产或没有排污，但有依法取得的证据证明其有持续或间歇排污，而且无可处理相应污染因子的措施的，经核实生产工艺后，其产污环节之后的废水收集池（槽、罐、沟）内。

2. 发现暗管，虽无当场排污，但在外环境中确认由该单位排放污染物的痕迹，此暗管连通的废水收集池（槽、罐、沟）内。

3. 排污单位连通外环境的雨水沟（井、渠）中任何一处。

4. 对排放含第一类污染物的废水，其产生车间或车间处理设施的排放口。无法在车间或者车间处理设施排放口对含第一类污染物的废水采样的，废水总排放口或查实由该企业排入其他外环境处。

第三十八条 本办法所涉期间除明确为工作日以外，其余均以自然日计算。期间开始之日不算在期间以内。期间的最后一日为节假日的，以节假日后的第一日为期满日期。

第三十九条 本办法自发布之日起施行。原国家环保总局、公安部和最高人民检察院《关于环境保护主管部门移送涉嫌环境犯罪案件的若干规定》（环发〔2007〕78号）同时废止。

关于进一步规范适用环境行政处罚自由裁量权的指导意见

- 2019年5月21日
- 环执法〔2019〕42号

各省、自治区、直辖市生态环境厅（局），新疆生产建设兵团生态环境局：

为深入学习贯彻习近平新时代中国特色社会主义思想和党的十九大精神，进一步提高生态环境部门依法行政的能力和水平，指导生态环境部门进一步规范生态环境行政处罚自由裁量权的适用和监督，有效防范执法风险，根据《中共中央关于全面深化改革若干重大问题的决定》《中共中央关于全面推进依法治国若干重大问题的决定》《法治政府建设实施纲要（2015—2020年）》《国务院办公厅关于聚焦企业关切进一步推动优化营商环境政策落实的通知》《环境行政处罚办法》等规定，制定本意见。

一、适用行政处罚自由裁量权的原则和制度

（一）基本原则。

1. 合法原则。生态环境部门应当在法律、法规、规章确定的裁量条件、种类、范围、幅度内行使行政处罚自由裁量权。

2. 合理原则。行使行政处罚自由裁量权，应当符合立法目的，充分考虑、全面衡量地区经济社会发展状况、执法对象情况、危害后果等相关因素，所采取的措施和手段应当必要、适当。

3. 过罚相当原则。行使行政处罚自由裁量权，必须以事实为依据，处罚种类和幅度应当与当事人违法过错程度相适应，与环境违法行为的性质、情节以及社会危害程度相当。

4. 公开公平公正原则。行使行政处罚自由裁量权，应当向社会公开裁量标准，向当事人告知裁量所基于的事实、理由、依据等内容；应当平等对待行政管理相对人，公平、公正实施处罚，对事实、性质、情节、后果相同的情况应当给予相同的处理。

（二）健全规范配套制度。

1. 查处分离制度。将生态环境执法的调查、审核、决定、执行等职能进行相对分离，使执法权力分段行使，执法人员相互监督，建立既相互协调、又相互制约的权力运行机制。

2. 执法回避制度。执法人员与其所管理事项或者当事人有直接利害关系、可能影响公平公正处理的，不得参与相关案件的调查和处理。

3. 执法公示制度。强化事前、事后公开，向社会主动公开环境保护法律法规、行政执法决定等信息。规范事中公示，行政执法人员在执法过程要主动表明身份，接受社会监督。

4. 执法全过程记录制度。对立案、调查、审查、决定、执行程序以及执法时间、地点、对象、事实、结果等做出详细记录，并全面系统归档保存，实现全过程留痕和可回溯管理。

5. 重大执法决定法制审核制度。对涉及重大公共利益，可能造成重大社会影响或引发社会风险，直接关系行政相对人或第三人重大权益，经过听证程序作出行政执法决定，以及案件情况疑难复杂、涉及多个法律关系的案件，设立专门机构和人员进行严格法制审核。

6. 案卷评查制度。上级生态环境部门可以结合工作实际，组织对下级生态环境部门的行政执法案卷评查，将案卷质量高低作为衡量执法水平的重要依据。

7. 执法统计制度。对本机构作出行政执法决定的情况进行全面、及时、准确的统计，认真分析执法统计信息，加强对信息的分析处理，注重分析成果的应用。

8. 裁量判例制度。生态环境部门可以针对常见环境违法行为，确定一批自由裁量权尺度把握适当的典型案例，为行政处罚自由裁量权的行使提供参照。

二、制定裁量规则和基准的总体要求

（三）制定的主体。省级生态环境部门应当根据本意见提供的制定方法，结合本地区法规和规章，制定本地区行政处罚自由裁量规则和基准。鼓励有条件的设区的市级生态环境部门对省级行政处罚自由裁量规则和基准进一步细化、量化。

（四）制定的原则。制定裁量规则和基准应当坚持合法、科学、公正、合理的原则，结合污染防治攻坚战的要求，充分考虑违法行为的特点，按照宽严相济的思路，突出对严重违法行为的惩处力度和对其他违法行为的震慑作用，鼓励和引导企业即时改正轻微违法行为，促进企业环境守法。

制定裁量规则和基准应当将主观标准与客观标准相结合，在法律、法规和规章规定的处罚种类、幅度内，细化裁量标准，压缩裁量空间，为严格执法、公正执法、精准执法提供有力支撑。

（五）制定的基本方法。制定裁量规则和基准，要在总结实践经验的基础上，根据违法行为构成要素和违法情节，科学设定裁量因子和运算规则，实现裁量额度与行政相对人违法行为相匹配，体现过罚相当的处罚原则。

制定自由裁量规则和基准，应当综合考虑以下因素：违法行为造成的环境污染、生态破坏以及社会影响；违法行为当事人的主观过错程度；违法行为的具体表现形式；违法行为危害的具体对象；违法行为当事人是初犯还是再犯；改正环境违法行为的态度和所采取的改正措施及效果。

制定裁量规则和基准，应当及时、全面贯彻落实新出台或修订法律法规规定，对主要违法行为对应的有处罚幅度的法律责任条款基本实现全覆盖。裁量规则和基准不应局限于罚款处罚，对其他种类行政处罚的具体适用也应加以规范。

严格按照环境保护法及其配套办法规定的适用范围和实施程序，进一步细化规定实施按日连续处罚、查封、扣押、限制生产、停产整治，以及移送公安机关适用行政拘留的案件类型和审查流程，统一法律适用。对符合上述措施实施条件的案件，严格按规定进行审查，依法、公正作出处理决定，并有充分的裁量依据和理由。对同类案件给予相同处理，避免执法的随意性、任意性。

有条件的生态环境部门可充分运用信息化手段，开发和运用电子化的自由裁量系统，严格按照裁量规则和基准设计并同步更新。有条件的省级生态环境部门，应当建立省级环境行政处罚管理系统，实现统一平台、统一系统、统一裁量，并与国家建立的环境行政处罚管理系统联网。

生态环境部将在"全国环境行政处罚案件办理系统"中设置"行政处罚自由裁量计算器"功能，通过输入有关裁量因子，经过内设函数运算，对处罚额度进行模拟裁量，供各地参考。

三、制定裁量规则和基准的程序

（六）起草和发布。生态环境部门负责行政处罚案件审查的机构具体承担裁量规则和基准的起草和发布工作。起草时应当根据法律法规的制定和修改以及国家生态文明政策的调整，结合地方实际，参考以往的处罚案例，深入调查研究，广泛征求意见，按照规范性文件的制定程序组织实施。

（七）宣传和实施。生态环境部门发布裁量规则和基准后，应当配套编制解读材料，就裁量规则和基准的使用进行普法宣传和解读。有条件的地区还可以提供模拟裁量的演示系统。

（八）更新和修订。生态环境部门应当建立快速、严谨的动态更新机制，对已制定的裁量规则和基准进行补充和完善，提升其科学性和实用性。

四、裁量规则和基准的适用

（九）调查取证阶段。环境违法案件调查取证过程中，执法人员应当以裁量规则和基准为指导，全面调取有关违法行为和情节的证据；在提交行政处罚案件调查报告时，不仅要附有违法行为的定性证据，还应根据裁量因子提供有关定量证据。开发使用移动执法平台的，应当与裁量系统相衔接，为执法人员现场全面收集证据、正确适用法律提供帮助。

（十）案件审查阶段。案件审查过程中，案件审查人员应当严格遵守裁量规则和使用裁量基准，对具体案件的处罚额度提出合理的裁量建议；经集体审议的案件也应当专门对案件的裁量情况进行审议，书面记录审议结果，并随案卷归档。

（十一）告知和听证阶段。生态环境部门应当在告知当事人行政处罚有关违法事实、证据、处罚依据时，一并告知行政处罚裁量权的适用依据，及其陈述申辩权利。当事人陈述申辩时对自由裁量适用提出异议的，应当对异议情况进行核查，对合理的意见予以采纳，不得因当事人的陈述申辩而加重处罚。

（十二）决定阶段。生态环境部门在作出处罚决定时，应当在处罚决定书中载明行政处罚自由裁量的适用依据和理由，以及对当事人关于裁量的陈述申辩意见的采纳情况和理由。

（十三）裁量的特殊情形。

1. 有下列情形之一的，可以从重处罚。

（1）两年内因同类环境违法行为被处罚 3 次（含 3 次）以上的；

（2）重污染天气预警期间超标排放大气污染物的；

（3）在案件查处中对执法人员进行威胁、辱骂、殴打、恐吓或者打击报复的；

（4）环境违法行为造成跨行政区域环境污染的；

（5）环境违法行为引起不良社会反响的；

（6）其他具有从重情节的。

2. 有下列情形之一的，应当依法从轻或者减轻行政处罚。

（1）主动消除或者减轻环境违法行为危害后果的；

（2）受他人胁迫有环境违法行为的；

（3）配合生态环境部门查处环境违法行为有立功表现的；

（4）其他依法从轻或者减轻行政处罚的。

3. 有下列情形之一的，可以免予处罚。

（1）违法行为（如"未批先建"）未造成环境污染后果，且企业自行实施关停或者实施停止建设、停止生产等措施的；

（2）违法行为持续时间短、污染小（如"超标排放水污染物不超过 2 小时，且超标倍数小于 0.1 倍、日污水排放量小于 0.1 吨"；又如"不规范贮存危险废物时间不超过 24 小时、数量小于 0.01 吨，且未污染外环境的"）且当日完成整改的；

（3）其他违法行为轻微并及时纠正，没有造成危害后果的。

五、裁量权运行的监督和考评

（十四）信息公开。生态环境部门制定的裁量规则和基准规范性文件，应当按照上级生态环境部门和同级政府信息公开的要求，在政府网站发布，接受社会监督。

（十五）备案管理。生态环境部门应当在裁量规则和基准制发或变更后 15 日内报上一级生态环境部门备案。

（十六）适用监督。上级生态环境部门应当通过对行政处罚案卷的抽查、考评以及对督办案件的审查等形式，加强对下级生态环境部门裁量规则和基准适用的指导；发现裁量规则和基准设定明显不合理、不全面的，应当提出更新或者修改的建议。对不按裁量规则和基准进行裁量，不规范行使行政处罚自由裁量权构成违法违纪的，依法追究法律责任。

六、《关于印发有关规范行使环境行政处罚自由裁量权文件的通知》（环办〔2009〕107 号）同时废止。

附件:

部分常用环境违法行为自由裁量参考基准及计算方法

本附件列举了几种常见环境违法行为的自由裁量基准和计算方法示例,供各地在制定裁量规则和基准时参考。

一、违法行为个性裁量基准

(一)违反环境影响评价制度的行为(报告书、报告表类)。

裁量因素	裁量因子	裁量等级
项目应报批的环评文件类别	报告表(非生产型)	1
	报告表(生产型)	2
	报告书(非生产型)	3
	报告书	4
	报告书(化工、电镀、皮革、造纸、制浆、冶炼、放射性、印染、染料、炼焦、炼油项目)	5
项目建设地点	符合环境功能规划	1
	不符合环境功能规划,但不在保护区	2
	位于自然保护区实验区/饮用水水源准保护区	3
	位于自然保护区缓冲区/饮用水水源二级保护区	4
	位于自然保护区核心区/饮用水水源一级保护区	5
项目建设进程	基础建设阶段	1
	主体建设阶段	2
	设备安装阶段	3
	调试阶段	4
	生产阶段或不执行停止建设决定	5

(二)违反环境保护排污许可管理制度的行为。

裁量因素	裁量因子	裁量等级
排污单位管理类别	登记管理	1
	简化管理	3
	重点管理	5
排放去向或区域（以水、气为例）	二类功能区（工业区和农村地区）/V类水体或污水集中处理设施	1
	无/IV类水体	2
	二类功能区（居民区、商业交通居民混合区、文化区）/III类水体	3
	无/I、II类水体	4
	一类功能区/饮用水水源保护区	5
持续时间	不足5天	1
	5天以上不足10天	2
	10天以上不足20天	3
	20天以上不足1个月	4
	1个月以上	5
废气类别	餐饮油烟（经营）	1
	农业生产、畜禽养殖/工地扬尘/机械/汽车修理	2
	一般工业废气/含恶臭污染物的废气/医疗/实验室	3
	火电、钢铁、石化、水泥、炼焦、有色、化工废气、烟尘/燃煤锅炉废气、烟尘	4
	含有毒有害物质的废气	5
废水类别	生活废水	1
	服务业废水	2
	一般工业废水	3
	含其他有毒有害物质的废水、医疗废水	4
	含一类污染物或重金属、病原体、放射性物质的废水	5

续表

裁量因素	裁量因子	裁量等级
废水类别	不足 1000 标立方米/不足 10 吨(一般排污单位)/不足 5 万吨(生活污水处理厂)/不足 2000 吨(工业污水处理厂)	1
	1000 标立方米以上不足 1 万标立方米/10 吨以上不足 100 吨(一般排污单位)/5 万吨以上不足 10 万吨(生活污水处理厂)/2000 吨以上不足 5000 吨(工业污水处理厂)	2
	1 万标立方米以上不足 10 万标立方米/100 吨以上不足 500 吨(一般排污单位)/10 万吨以上不足 20 万吨(生活污水处理厂)/5000 吨以上不足 1 万吨(工业污水处理厂)	3
	10 万标立方米以上不足 20 万标立方米/500 吨以上不足 1000 吨(一般排污单位)/20 万吨以上不足 50 万吨(生活污水处理厂)/1 万吨以上不足 5 万吨(工业污水处理厂)	4
	20 万标立方米以上/1000 吨以上(一般排污单位)/50 万吨以上(生活污水处理厂)/5 万吨以上(工业污水处理厂)	5

(三)违反现场检查规定的行为。

裁量因素	裁量因子	裁量等级
拒绝检查情形	迟滞 10 分钟以上 30 分钟以内	1
	迟滞超过半小时	2
	阻碍或隐匿部分资料	3
	围堵、留滞执法人员或拒绝提供资料	4
	暴力抗法	5
弄虚作假情形	提供非关键性假信息	1
	提供假信息	3
	伪造现场或证据	5

(四)逃避监管排放污染物行为。

裁量因素	裁量因子	裁量等级
排放去向或区域 (以水、气为例)	二类功能区(工业区和农村地区)/V 类水体或污水集中处理设施	1
	无/IV 类水体	2
	二类功能区(居民区、商业交通居民混合区、文化区)/III 类水体	3
	无/I、II 类水体	4
	一类功能区/饮用水水源保护区	5

续表

裁量因素	裁量因子	裁量等级
废气类别	餐饮油烟(经营)	1
	农业生产、畜禽养殖/工地扬尘/机械、汽车修理	2
	一般工业废气/含恶臭污染物的废气/医疗/实验室	3
	火电、钢铁、石化、水泥、炼焦、有色、化工废气/燃煤锅炉废气、烟尘	4
	含有毒有害物质的废气	5
废水类别	生活废水	1
	服务业废水	2
	一般工业废水	3
	含其他有毒有害物质的废水、医疗废水	4
	含一类污染物或重金属、病原体、放射性物质的污水	5
工业固体废物类别	Ⅰ类一般工业固体废物	1
	Ⅱ类一般工业固体废物	3
	危险废物	5
排污超标状况	不超标	1
	超标不足50%	2
	超标50%以上不足100%	3
	超标100%以上不足200%	4
	超标200%以上	5
行为情形	部分处理设施不能正常运行	1
	部分处理设施停运	2
	整体或关键处理设施不能正常运行	3
	整体或关键处理设施停运/为逃避现场检查临时停产	4
	正常生产时不通过处理设施利用其他方式直接排放/篡改、伪造监测数据	5

续表

裁量因素	裁量因子	裁量等级
小时烟气流量(气)/日排放量(水)	不足 1000 标立方米/不足 10 吨(一般排污单位)/不足 5 万吨(生活污水处理厂)/不足 2000 吨(工业污水处理厂)	1
	1000 标立方米以上不足 1 万标立方米/10 吨以上不足 100 吨(一般排污单位)/5 万吨以上不足 10 万吨(生活污水处理厂)/2000 吨以上不足 5000 吨(工业污水处理厂)	2
	1 万标立方米以上不足 10 万标立方米/100 吨以上不足 500 吨(一般排污单位)/10 万吨以上不足 20 万吨(生活污水处理厂)/5000 吨以上不足 1 万吨(工业污水处理厂)	3
	10 万标立方米以上不足 20 万标立方米/500 吨以上不足 1000 吨(一般排污单位)/20 万吨以上不足 50 万吨(生活污水处理厂)/1 万吨以上不足 5 万吨(工业污水处理厂)	4
	20 万标立方米以上/1000 吨以上(一般排污单位)/50 万吨以上(生活污水处理厂)/5 万吨以上(工业污水处理厂)	5
持续时间	不足 5 天	1
	5 天以上不足 10 天	2
	10 天以上不足 20 天	3
	20 天以上不足 1 个月	4
	1 个月以上	5

(五)超标排放污染物行为。

裁量因素	裁量因子	裁量等级
超标因子	1 个	1
	2 个	3
	3 个	4
	4 个及以上	5
排放去向或区域(以水、气为例)	二类功能区(工业区和农村地区)/Ⅴ类水体或污水集中处理设施	1
	无/Ⅳ类水体	2
	二类功能区(居民区、商业交通居民混合区、文化区)/Ⅲ类水体	3
	无/Ⅰ、Ⅱ类水体	4
	一类功能区/饮用水水源保护区	5

续表

裁量因素	裁量因子	裁量等级
持续时间（以日均值数据计）	不足 5 天	1
	5 天以上不足 10 天	2
	10 天以上不足 20 天	3
	20 天以上不足 1 个月	4
	1 个月以上	5
废气类别	餐饮油烟（经营）	1
	农业生产、畜禽养殖/工地扬尘/机械、汽车修理	2
	一般工业废气/含恶臭污染物的废气/医疗/实验室	3
	火电、钢铁、石化、水泥、炼焦、有色、化工废气、烟尘/燃煤锅炉废气、烟尘	4
	含有毒有害物质的废气	5
废水类别	生活废水	1
	服务业废水	2
	一般工业废水	3
	含其他有毒有害物质的废水、医疗废水	4
	含一类污染物或重金属、病原体、放射性物质的污水	5
排污超标状况	超标不足 10%/林格曼黑度 1 级	1
	超标 10% 以上不足 50%/林格曼黑度 2 级	2
	超标 50% 以上不足 100%/林格曼黑度 3 级	3
	超标 100% 以上不足 200%/林格曼黑度 4 级	4
	超标 200% 以上/林格曼黑度 5 级	5

续　表

裁量因素	裁量因子	裁量等级
小时烟气流量(气)/日排放量(水)	不足 1000 标立方米/不足 10 吨(一般排污单位)/不足 5 万吨(生活污水处理厂)/不足 2000 吨(工业污水处理厂)	1
	1000 标立方米以上不足 1 万标立方米/10 吨以上不足 100 吨(一般排污单位)/5 万吨以上不足 10 万吨(生活污水处理厂)/2000 吨以上不足 5000 吨(工业污水处理厂)	2
	1 万标立方米以上不足 10 万标立方米/100 吨以上不足 500 吨(一般排污单位)/10 万吨以上不足 20 万吨(生活污水处理厂)/5000 吨以上不足 1 万吨(工业污水处理厂)	3
	10 万标立方米以上不足 20 万标立方米/500 吨以上不足 1000 吨(一般排污单位)/20 万吨以上不足 50 万吨(生活污水处理厂)/1 万吨以上不足 5 万吨(工业污水处理厂)	4
	20 万标立方米以上/1000 吨以上(一般排污单位)/50 万吨以上(生活污水处理厂)/5 万吨以上(工业污水处理厂)	5
大气超标排放时期敏感度	一般期间	1
	特殊或重大活动期间	3
	重污染天气预警期间	5

二、违法行为共性裁量基准

裁量因素	裁量因子	裁量等级
环境违法次数(两年内,含本次)	1 次	1
	2 次	2
	3 次	4
	3 次以上	5
区域影响	县级行政区域内	1
	跨县级行政区域	3
	跨市级行政区域	4
	跨省级行政区域	5

三、违法行为修正裁量基准

修正因素类别	裁量因子	裁量等级
改正态度	立即改正	-2
	在规定期限内改正	0
	故意拖延	1
	拒不改正	2
补救措施	积极采取补救措施;恢复原状,消除环境影响	-2
	采取补救措施,环境影响无法完全消除	-1
	未采取补救措施,环境影响未扩大	0
	未采取补救措施,环境影响持续恶化	2
经济承受度（企业类型）	个体工商户	-2
	小型企事业单位	-1
	中型企事业单位	0
	大型企事业单位	1
	央企或上市公司	2
地区差异	（各地可以结合实际,自行确定地区差异裁量等级数值）	-2~2

备注：为便于代入函数公式进行计算,上述表格用数值表示裁量因子不同的裁量等级。其中,1~5代表了违法行为从轻微到严重的不同程度,-2~2代表了可予减轻或者加重处罚的不同情形。

四、罚款金额的计算

采用二维叠加函数计算法。

算法思路：

（一）综合考虑违法行为情节、后果的严重程度和违法主体特点,确定各个性基准、共性基准、修正基准因子的数值。

（二）对相关项的子个性基准与子共性基准,叠加出总个性基准与总共性基准的数值；将总个性基准与总共性基准代入二元模型函数,计算出行为等级的数值；通过行为等级数值,计算得出与违法行为情节、后果相匹配的处罚金额。

（三）根据修正基准数值,对处罚金额在限定范围内进行修正,得出最终处罚金额。修正后的裁量处罚金额不得超出法定的裁量范围。

最高人民法院、民政部、环境保护部关于贯彻实施环境民事公益诉讼制度的通知

· 2014年12月26日
· 法〔2014〕352号

各省、自治区、直辖市高级人民法院、民政厅（局）、环境保护厅（局）、新疆维吾尔自治区高级人民法院生产建设兵团分院、民政局、环境保护局：

为正确实施《中华人民共和国民事诉讼法》、《中华人民共和国环境保护法》、《最高人民法院关于审理环境民事公益诉讼案件适用法律若干问题的解释》,现就贯彻实施环境民事公益诉讼制度有关事项通知如下：

一、人民法院受理和审理社会组织提起的环境民事公益诉讼,可根据案件需要向社会组织的登记管理机关查询或者核实社会组织的基本信息,包括名称、住所、成立时间、宗旨、业务范围、法定代表人或者负责人、存续状态、年检信息、从事业务活动的情况以及登记管理机关掌握的违法记录等,有关登记管理机关应及时将相关信息向人民法院反馈。

二、社会组织存在通过诉讼牟取经济利益情形的,人

民法院应向其登记管理机关发送司法建议,由登记管理机关依法对其进行查处,查处结果应向社会公布并通报人民法院。

三、人民法院受理环境民事公益诉讼后,应当在十日内通报对被告行为负有监督管理职责的环境保护主管部门。环境保护主管部门收到人民法院受理环境民事公益诉讼案件线索后,可以根据案件线索开展核查;发现被告行为构成环境行政违法的,应当依法予以处理,并将处理结果通报人民法院。

四、人民法院因审理案件需要,向负有监督管理职责的环境保护主管部门调取涉及被告的环境影响评价文件及其批复、环境许可和监管、污染物排放情况、行政处罚及处罚依据等证据材料的,相关部门应及时向人民法院提交,法律法规规定不得对外提供的材料除外。

五、环境民事公益诉讼当事人达成调解协议或者自行达成和解协议的,人民法院应当将协议内容告知负有监督管理职责的环境保护主管部门。相关部门对协议约定的修复费用、修复方式等内容有意见和建议的,应及时向人民法院提出。

六、人民法院可以判决被告自行组织修复生态环境,可以委托第三方修复生态环境,必要时也可以商请负有监督管理职责的环境保护主管部门共同组织修复生态环境。对生态环境损害修复结果,人民法院可以委托具有环境损害评估等相关资质的鉴定机构进行鉴定,必要时可以商请负有监督管理职责的环境保护主管部门协助审查。

七、人民法院判决被告承担的生态环境修复费用、生态环境受到损害至恢复原状期间服务功能损失等款项,应当用于修复被损害的生态环境。提起环境民事公益诉讼的原告在诉讼中所需的调查取证、专家咨询、检验、鉴定等必要费用,可以酌情从上述款项中支付。

八、人民法院应将判决执行情况及时告知提起环境民事公益诉讼的社会组织。

各级人民法院、民政部门、环境保护部门应认真遵照执行。对于实施工作中存在的问题和建议,请分别及时报告最高人民法院、民政部、环境保护部。

关于推进生态环境损害赔偿制度改革
若干具体问题的意见

· 2020年8月31日
· 环法规〔2020〕44号

为推动生态环境损害赔偿制度改革工作深入开展,根据中共中央办公厅、国务院办公厅印发的《生态环境损害赔偿制度改革方案》(以下简称《改革方案》)的相关规定,在总结地方实践经验基础上,提出以下意见。

一、关于具体负责工作的部门或机构

《改革方案》中明确的赔偿权利人可以根据相关部门职能指定生态环境、自然资源、住房城乡建设、水利、农业农村、林业和草原等相关部门或机构(以下简称指定的部门或机构)负责生态环境损害赔偿的具体工作。

生态环境损害赔偿案件涉及多个部门或机构的,可以指定由生态环境损害赔偿制度改革工作牵头部门(以下简称牵头部门)负责具体工作。

二、关于案件线索

赔偿权利人及其指定的部门或机构,根据本地区实施方案规定的职责分工,可以重点通过以下渠道发现案件线索:

(一)中央和省级生态环境保护督察发现需要开展生态环境损害赔偿工作的;

(二)突发生态环境事件;

(三)发生生态环境损害的资源与环境行政处罚案件;

(四)涉嫌构成破坏环境资源保护犯罪的案件;

(五)在国土空间规划中确定的重点生态功能区、禁止开发区发生的环境污染、生态破坏事件;

(六)各项资源与环境专项行动、执法巡查发现的案件线索;

(七)信访投诉、举报和媒体曝光涉及的案件线索。

赔偿权利人及其指定的部门或机构应当定期组织筛查生态环境损害赔偿案件线索,形成案例数据库,并建立案件办理台账,实行跟踪管理,积极推进生态环境损害索赔工作。

三、关于索赔的启动

赔偿权利人指定的部门或机构,对拟提起索赔的案件线索及时开展调查。

经过调查发现符合索赔启动情形的,报本部门或机构负责人同意后,开展索赔。索赔工作情况应当向赔偿权利人报告。对未及时启动索赔的,赔偿权利人应当要求具体开展索赔工作的部门或机构及时启动索赔。

四、关于生态环境损害调查

调查可以通过收集现有资料、现场踏勘、座谈走访等方式,围绕生态环境损害是否存在、受损范围、受损程度、是否有相对明确的赔偿义务人等问题开展。

调查应当及时,期限设定应当合理。在调查过程中,需要开展生态环境损害鉴定评估的,鉴定评估时间不计入调查期限。

负有相关环境资源保护监督管理职责的部门或者其委托的机构在行政执法过程中形成的勘验笔录或询问笔录、调查报告、行政处理决定、检测或监测报告、鉴定评估报告、生效法律文书等资料可以作为索赔的证明材料。

调查结束,应当形成调查结论,提出启动索赔或者终止案件的意见。

生态环境损害赔偿案件涉及多个部门或机构的,可以由牵头部门组建联合调查组,开展生态环境损害调查。

五、关于鉴定评估

为查清生态环境损害事实,赔偿权利人及其指定的部门或机构可以根据相关规定委托符合条件的机构出具鉴定评估报告,也可以和赔偿义务人协商共同委托上述机构出具鉴定评估报告。鉴定评估报告应明确生态环境损害是否可以修复;对于可以部分修复的,应明确可以修复的区域范围和要求。

对损害事实简单、责任认定无争议、损害较小的案件,可以采用委托专家评估的方式,出具专家意见。也可以根据与案件相关的法律文书、监测报告等资料综合作出认定。

专家可以从国家和地方成立的相关领域专家库或专家委员会中选取。鉴定机构和专家应当对其出具的报告和意见负责。

六、关于赔偿磋商

需要启动生态环境修复或损害赔偿的,赔偿权利人指定的部门或机构根据生态环境损害鉴定评估报告或参考专家意见,按照"谁损害、谁承担修复责任"的原则,就修复启动时间和期限、赔偿的责任承担方式和期限等具体问题与赔偿义务人进行磋商。案情比较复杂的,在首次磋商前,可以组织沟通交流。

磋商期限原则上不超过90日,自赔偿权利人及其指定的部门或机构向义务人送达生态环境损害赔偿磋商书面通知之日起算。磋商会议原则上不超过3次。

磋商达成一致的,签署协议;磋商不成的,及时提起诉讼。有以下情形的,可以视为磋商不成:

(一)赔偿义务人明确表示拒绝磋商或未在磋商函件规定时间内提交答复意见的;

(二)赔偿义务人无故不参与磋商会议或退出磋商会议的;

(三)已召开磋商会议3次,赔偿权利人及其指定的部门或机构认为磋商难以达成一致的;

(四)超过磋商期限,仍未达成赔偿协议的;

(五)赔偿权利人及其指定的部门或机构认为磋商不成的其他情形。

七、关于司法确认

经磋商达成赔偿协议的,赔偿权利人及其指定的部门或机构与赔偿义务人可以向人民法院申请司法确认。

申请司法确认时,应当提交司法确认申请书、赔偿协议、鉴定评估报告或专家意见等材料。

八、关于鼓励赔偿义务人积极担责

对积极参与生态环境损害赔偿磋商,并及时履行赔偿协议、开展生态环境修复的赔偿义务人,赔偿权利人指定的部门或机构可将其履行赔偿责任的情况提供给相关行政机关,在作出行政处罚裁量时予以考虑,或提交司法机关,供其在案件审理时参考。

九、关于与公益诉讼的衔接

赔偿权利人指定的部门或机构,在启动生态环境损害赔偿调查后可以同时告知相关人民法院和检察机关。

检察机关可以对生态环境损害赔偿磋商和诉讼提供法律支持,生态环境、自然资源、住房城乡建设、农业农村、水利、林业和草原等部门可以对检察机关提起环境民事公益诉讼提供证据材料和技术方面的支持。

人民法院受理环境民事公益诉讼案件后,应当在10日内告知对被告行为负有环境资源监督管理职责的部门,有关部门接到告知后,应当及时与人民法院沟通对接相关工作。

十、关于生态环境修复

对生态环境损害可以修复的案件,要体现环境资源生态功能价值,促使赔偿义务人对受损的生态环境进行修复。磋商一致的,赔偿义务人可以自行修复或委托具备修复能力的社会第三方机构修复受损生态环境,赔偿权利人及其指定的部门或机构做好监督等工作;磋商不成的,赔偿权利人及其指定的部门或机构应当及时提起诉讼,要求赔偿义务人承担修复责任。

对生态环境损害无法修复的案件,赔偿义务人缴纳赔偿金后,可由赔偿权利人及其指定的部门或机构根据国家和本地区相关规定,统筹组织开展生态环境替代修复。

磋商未达成一致前,赔偿义务人主动要求开展生态环境修复的,在双方当事人书面确认损害事实后,赔偿权利人及其指定的部门或机构可以同意,并做好过程监管。

赔偿义务人不履行或不完全履行生效的诉讼案件裁判、经司法确认的赔偿协议的,赔偿权利人及其指定的部门或机构可以向人民法院申请强制执行。对于赔偿义务人不履行或不完全履行义务的情况,应当纳入社会信用体系,在一定期限内实施市场和行业禁入、限制等措施。

十一、关于资金管理

对生态环境损害可以修复的案件,赔偿义务人或受委托开展生态环境修复的第三方机构,要加强修复资金的管理,根据赔偿协议或判决要求,开展生态环境损害的修复。

对生态环境损害无法修复的案件,赔偿资金作为政府非税收入纳入一般公共预算管理,缴入同级国库。赔偿资金的管理,按照财政部联合相关部门印发的《生态环境损害赔偿资金管理办法(试行)》的规定执行。

十二、关于修复效果评估

赔偿权利人及其指定的部门或机构在收到赔偿义务人、第三方机构关于生态环境损害修复完成的通报后,组织对受损生态环境修复的效果进行评估,确保生态环境得到及时有效修复。

修复效果未达到修复方案确定的修复目标的,赔偿义务人应当根据赔偿协议或法院判决要求继续开展修复。

修复效果评估相关的工作内容可以在赔偿协议中予以规定,费用根据规定由赔偿义务人承担。

十三、关于公众参与

赔偿权利人及其指定的部门或机构可以积极创新公众参与方式,可以邀请专家和利益相关的公民、法人、其他组织参加生态环境修复或者赔偿磋商工作,接受公众监督。

十四、关于落实改革责任

按照《改革方案》要求,各省(区、市)、市(地、州、盟)党委和政府应当加强对生态环境损害赔偿制度改革的统一领导,根据该地区实施方案明确的改革任务和时限要求,鼓励履职担当,确保各项改革措施落到实处。

各地生态环境损害赔偿制度改革工作领导小组,要主动作为,强化统筹调度,整体推进本地区改革进一步深入开展;要建立部门间信息共享、案件通报和定期会商机制,定期交流生态环境损害赔偿工作进展、存在的困难和问题。要对专门负责生态环境损害赔偿的工作人员定期组织培训,提高业务能力。相关部门或机构,要按照本地区实施方案确定的职责分工和时限要求,密切配合,形成合力,扎实推进,要对内设部门的职责分工、案件线索通报、索赔工作程序、工作衔接等作出规定,保障改革落地见效。

十五、关于人员和经费保障

赔偿权利人指定的部门或机构应当根据实际情况确定专门的生态环境损害赔偿工作人员。

按照《改革方案》要求,同级财政积极落实改革工作所需的经费。

十六、关于信息共享

赔偿权利人指定的部门或机构和司法机关,要加强沟通联系,鼓励建立信息共享和线索移送机制。

十七、关于奖惩规定

对在生态环境损害赔偿工作中,有显著成绩的单位或个人,各级赔偿权利人及其指定的部门或机构给予奖励。

赔偿权利人及其指定的部门或机构的负责人、工作人员在生态环境损害赔偿工作中存在滥用职权、玩忽职守、徇私舞弊的,依纪依法追究责任;涉嫌犯罪的,移送监察机关、司法机关。

十八、关于加强业务指导

最高人民法院、最高人民检察院、司法部、财政部、自然资源部、生态环境部、住房城乡建设部、水利部、农业农村部、卫生健康委、林草局将根据《改革方案》规定,在各自职责范围内加强对生态环境损害赔偿工作的业务指导。

省级政府指定的部门或机构要根据本地区实施方案的分工安排,加强对市地级政府指定的部门或机构的工作指导。

生态环境损害索赔文书示范文本

[1]索赔启动登记表

案件来源			编号	
案由				
赔偿义务人	名称(姓名)			
	地址(住址)			
	统一社会信用代码(公民身份证号码)			
	法定代表人(负责人)		职务	
案情简介及启动索赔理由	经办人： 年　月　日			
机构负责人意见 (具体承担工作单位的内设承担部门，比如法规处)	签名： 年　月　日			
部门负责人意见 (权利人指定的部门或机构，比如生态环境厅)	签名： 年　月　日			
备注				

[2]生态环境损害调查情况登记表

案件线索的来源、调查经过(包括案件线索、索赔启动时间和批准启动索赔的机关等;调查经过包括调查人员、调查方式、调查时间、调查范围等)。

赔偿义务人的基本情况(名称、地址、统一社会信用代码、法定代表人或负责人)。

赔偿义务人造成的生态环境损害事实和相关证据材料(违法行为的具体事实:违法行为的发生时间、地点、危害后果、鉴定评估情况等,要客观真实,所描述的事实必须有相关证据的支持)。

赔偿义务人承担赔偿、修复责任的法律依据(应当引用相关法律、政策和规范性文件的规定,必须明确)。

调查部门的处理建议(是否需要索赔,说明理由;开展磋商的建议)。

经办人(签名):

年　　月　　日

[3]索赔终止登记表

案件来源			原编号	
案　由				
赔偿义务人	名称(姓名)			
	地址(住址)			
	统一社会信用代码 (公民身份证号码)			
	法定代表人 (负责人)		职务	
终止理由			经办人: 年　月　日	
机构负责人意见 (具体承担工作单位的 内设承担部门, 比如法规处)			签名: 年　月　日	
部门负责人意见 (权利人指定的部门或 机构,比如生态环境厅)			签名: 年　月　日	
备注				

[4]生态环境损害赔偿磋商告知书

告知人(赔偿权利人或其指定的部门、机构):
被告知人(赔偿义务人):
法定代表人/企业负责人:
统一社会信用代码(义务人是个人的,填身份证号):
地址:

一、生态环境损害赔偿事由

二、生态环境损害调查情况(含调查结论、鉴定评估意见、专家评估意见。对于生态环境损害可以修复的,应明确可以修复的区域范围和要求)

三、磋商小组人员组成:(一)赔偿权利人或其指定的部门或机构;(二)受邀参与磋商的单位或部门:

四、磋商会议时间和地点:

五、其他事项:

年　月　日
(赔偿权利人或其指定的部门、机构印章)

[5]生态环境损害赔偿协议
（封　面）

赔偿权利人或其指定的部门、机构:

赔偿义务人:

签订时间:

签订地点:

赔偿权利人或其指定的部门、机构:
赔偿义务人:
(多个赔偿义务人的逐一列出)

一、生态环境损害事实、相关证据和法律依据(一)事实情况
(二)相关证据
(三)相关法律依据及规定

二、生态环境损害责任认定

三、生态环境损害责任承担、履行方式和期限(包括生态环境修复费用的具体内容、构成依据以及费用负担等内容。对于生态环境损害可以修复的案件,赔偿义务人应当按照"谁损害、谁承担修复责任"的原则对生态环境进行修复;对生态环境损害无法修复的案件,赔偿义务人缴纳赔偿金。)

四、其他约定

赔偿权利人或其指定部门、机构(盖章)　　　　　　　赔偿义务人(盖章)
法定代表人(签字)　　　　　　　　　　　　　　　　法定代表人(签字)

[6] 司法确认申请书
（确认赔偿协议效力）

申请人(赔偿权利人或其指定的部门、机构)：
统一社会信用代码：
法定代表人：
地址(联系方式)：

申请人(赔偿义务人)：
统一社会信用代码：
法定代表人(负责人)：
地址(联系方式)：

(赔偿义务人是自然人的按如下填写)
申请人(赔偿义务人)：
身份证号码：
工作单位或职业：
住址(联系方式)：

请求事项：
确认申请人×××与×××于年月日达成的××生态环境损害赔偿协议有效。
事实和理由：
　　年　　月　　日,申请人×××与×××经磋商,达成了如下协议：……(写明赔偿协议内容)。

申请人根据《生态环境损害赔偿制度改革方案》和…(各地方赔偿权利人发布的实施方案、办法等)的规定,为实现受损生态环境的修复和赔偿自愿达成协议,没有恶意串通、规避法律的行为。
　　此致
××人民法院

附:赔偿协议及证明等材料

申请人(签名或者盖章)
年　　月　　日

[7]强制执行申请书
（经司法确认的赔偿协议）

申请人名称：
地址（联系方式）：
法定代表人：
委托代理人（姓名、工作单位及职务）：
联系方式：
被申请人名称或姓名：
地址（联系方式）：
法定代表人（负责人）：

　　对　（××生态环境损害赔偿）　一案，我单位　　年　　月　　日，开展生态环境损害调查，查明事实××××。　年　　月　　日，我单位通知赔偿义务人进行磋商。　年　　月　　日至年月日经过××次磋商，双方协商一致达成××赔偿协议，并于　　年　　月　　日向××人民法院申请司法确认。××人民法院予以司法确认（司法确认文书号××）。赔偿义务人××在司法确认的赔偿协议规定期限内未按照协议要求赔偿（开展修复）。由于赔偿义务人××一直未按照协议履行赔偿（修复）义务，因此申请法院强制执行已生效的××号司法确认文书。

　　此致
××人民法院

　　附：司法确认赔偿协议

赔偿权利人指定的部门或机构（盖章）
年　　月　　日

最高人民法院、最高人民检察院关于办理环境污染刑事案件适用法律若干问题的解释

· 2023年3月27日最高人民法院审判委员会第1882次会议、2023年7月27日最高人民检察院第十四届检察委员会第十次会议通过
· 自2023年8月15日起施行
· 法释〔2023〕7号

　　为依法惩治环境污染犯罪，根据《中华人民共和国刑法》《中华人民共和国刑事诉讼法》《中华人民共和国环境保护法》等法律的有关规定，现就办理此类刑事案件适用法律的若干问题解释如下：

第一条　实施刑法第三百三十八条规定的行为，具有下列情形之一的，应当认定为"严重污染环境"：

（一）在饮用水水源保护区、自然保护地核心保护区等依法确定的重点保护区域排放、倾倒、处置有放射性的废物、含传染病病原体的废物、有毒物质的；

（二）非法排放、倾倒、处置危险废物三吨以上的；

（三）排放、倾倒、处置含铅、汞、镉、铬、砷、铊、锑的污染物，超过国家或者地方污染物排放标准三倍以上的；

（四）排放、倾倒、处置含镍、铜、锌、银、钒、锰、钴的污染物，超过国家或者地方污染物排放标准十倍以上的；

（五）通过暗管、渗井、渗坑、裂隙、溶洞、灌注、非紧急情况下开启大气应急排放通道等逃避监管的方式排放、倾倒、处置有放射性的废物、含传染病病原体的废物、有毒物质的；

（六）二年内曾因在重污染天气预警期间，违反国家规定，超标排放二氧化硫、氮氧化物等实行排放总量控制的大气污染物受过二次以上行政处罚，又实施此类行为的；

（七）重点排污单位、实行排污许可重点管理的单位篡改、伪造自动监测数据或者干扰自动监测设施，排放化学需氧量、氨氮、二氧化硫、氮氧化物等污染物的；

（八）二年内曾因违反国家规定，排放、倾倒、处置有

放射性的废物、含传染病病原体的废物、有毒物质受过二次以上行政处罚，又实施此类行为的；

（九）违法所得或者致使公私财产损失三十万元以上的；

（十）致使乡镇集中式饮用水水源取水中断十二小时以上的；

（十一）其他严重污染环境的情形。

第二条　实施刑法第三百三十八条规定的行为，具有下列情形之一的，应当认定为"情节严重"：

（一）在饮用水水源保护区、自然保护地核心保护区等依法确定的重点保护区域排放、倾倒、处置有放射性的废物、含传染病病原体的废物、有毒物质，造成相关区域的生态功能退化或者野生生物资源严重破坏的；

（二）向国家确定的重要江河、湖泊水域排放、倾倒、处置有放射性的废物、含传染病病原体的废物、有毒物质，造成相关水域的生态功能退化或者水生生物资源严重破坏的；

（三）非法排放、倾倒、处置危险废物一百吨以上的；

（四）违法所得或者致使公私财产损失一百万元以上的；

（五）致使县级城区集中式饮用水水源取水中断十二小时以上的；

（六）致使永久基本农田、公益林地十亩以上，其他农用地二十亩以上，其他土地五十亩以上基本功能丧失或者遭受永久性破坏的；

（七）致使森林或者其他林木死亡五十立方米以上，或者幼树死亡二千五百株以上的；

（八）致使疏散、转移群众五千人以上的；

（九）致使三十人以上中毒的；

（十）致使一人以上重伤、严重疾病或者三人以上轻伤的；

（十一）其他情节严重的情形。

第三条　实施刑法第三百三十八条规定的行为，具有下列情形之一的，应当处七年以上有期徒刑，并处罚金：

（一）在饮用水水源保护区、自然保护地核心保护区等依法确定的重点保护区域排放、倾倒、处置有放射性的废物、含传染病病原体的废物、有毒物质，具有下列情形之一的：

1. 致使设区的市级城区集中式饮用水水源取水中断十二小时以上的；

2. 造成自然保护地主要保护的生态系统严重退化或者主要保护的自然景观损毁的；

3. 造成国家重点保护的野生动植物资源或者国家重点保护物种栖息地、生长环境严重破坏的；

4. 其他情节特别严重的情形。

（二）向国家确定的重要江河、湖泊水域排放、倾倒、处置有放射性的废物、含传染病病原体的废物、有毒物质，具有下列情形之一的：

1. 造成国家确定的重要江河、湖泊水域生态系统严重退化的；

2. 造成国家重点保护的野生动植物资源严重破坏的；

3. 其他情节特别严重的情形。

（三）致使永久基本农田五十亩以上基本功能丧失或者遭受永久性破坏的；

（四）致使三人以上重伤、严重疾病，或者一人以上严重残疾、死亡的。

第四条　实施刑法第三百三十九条第一款规定的行为，具有下列情形之一的，应当认定为"致使公私财产遭受重大损失或者严重危害人体健康"：

（一）致使公私财产损失一百万元以上的；

（二）具有本解释第二条第五项至第十项规定情形之一的；

（三）其他致使公私财产遭受重大损失或者严重危害人体健康的情形。

第五条　实施刑法第三百三十八条、第三百三十九条规定的犯罪行为，具有下列情形之一的，应当从重处罚：

（一）阻挠环境监督检查或者突发环境事件调查，尚不构成妨害公务等犯罪的；

（二）在医院、学校、居民区等人口集中地区及其附近，违反国家规定排放、倾倒、处置有放射性的废物、含传染病病原体的废物、有毒物质或者其他有害物质的；

（三）在突发环境事件处置期间或者被责令限期整改期间，违反国家规定排放、倾倒、处置有放射性的废物、含传染病病原体的废物、有毒物质或者其他有害物质的；

（四）具有危险废物经营许可证的企业违反国家规定排放、倾倒、处置有放射性的废物、含传染病病原体的废物、有毒物质或者其他有害物质的；

（五）实行排污许可重点管理的企业事业单位和其他生产经营者未依法取得排污许可证，排放、倾倒、处置有放射性的废物、含传染病病原体的废物、有毒物质或者其他有害物质的。

第六条　实施刑法第三百三十八条规定的行为，行为人认罪认罚，积极修复生态环境，有效合规整改的，可以从宽处罚；犯罪情节轻微的，可以不起诉或者免予刑事处罚；情节显著轻微危害不大的，不作为犯罪处理。

第七条 无危险废物经营许可证从事收集、贮存、利用、处置危险废物经营活动，严重污染环境的，按照污染环境罪定罪处罚；同时构成非法经营罪的，依照处罚较重的规定定罪处罚。

实施前款规定的行为，不具有超标排放污染物、非法倾倒污染物或者其他违法造成环境污染的情形的，可以认定为非法经营情节显著轻微危害不大，不认为是犯罪；构成生产、销售伪劣产品等其他犯罪的，以其他犯罪论处。

第八条 明知他人无危险废物经营许可证，向其提供或者委托其收集、贮存、利用、处置危险废物，严重污染环境的，以共同犯罪论处。

第九条 违反国家规定，排放、倾倒、处置含有毒害性、放射性、传染病病原体等物质的污染物，同时构成污染环境罪、非法处置进口的固体废物罪、投放危险物质罪等犯罪的，依照处罚较重的规定定罪处罚。

第十条 承担环境影响评价、环境监测、温室气体排放检验检测、排放报告编制或者核查等职责的中介组织的人员故意提供虚假证明文件，具有下列情形之一的，应当认定为刑法第二百二十九条第一款规定的"情节严重"：

（一）违法所得三十万元以上的；

（二）二年内曾因提供虚假证明文件受过二次以上行政处罚，又提供虚假证明文件的；

（三）其他情节严重的情形。

实施前款规定的行为，在涉及公共安全的重大工程、项目中提供虚假的环境影响评价等证明文件，致使公共财产、国家和人民利益遭受特别重大损失的，应当依照刑法第二百二十九条第一款的规定，处五年以上十年以下有期徒刑，并处罚金。

实施前两款规定的行为，同时索取他人财物或者非法收受他人财物构成犯罪的，依照处罚较重的规定定罪处罚。

第十一条 违反国家规定，针对环境质量监测系统实施下列行为，或者强令、指使、授意他人实施下列行为，后果严重的，应当依照刑法第二百八十六条的规定，以破坏计算机信息系统罪定罪处罚：

（一）修改系统参数或者系统中存储、处理、传输的监测数据的；

（二）干扰系统采样，致使监测数据因系统不能正常运行而严重失真的；

（三）其他破坏环境质量监测系统的行为。

重点排污单位、实行排污许可重点管理的单位篡改、伪造自动监测数据或者干扰自动监测设施，排放化学需氧量、氨氮、二氧化硫、氮氧化物等污染物，同时构成污染环境罪和破坏计算机信息系统罪的，依照处罚较重的规定定罪处罚。

从事环境监测设施维护、运营的人员实施或者参与实施篡改、伪造自动监测数据、干扰自动监测设施、破坏环境质量监测系统等行为的，依法从重处罚。

第十二条 对于实施本解释规定的相关行为被不起诉或者免予刑事处罚的行为人，需要给予行政处罚、政务处分或者其他处分的，依法移送有关主管机关处理。有关主管机关应当将处理结果及时通知人民检察院、人民法院。

第十三条 单位实施本解释规定的犯罪的，依照本解释规定的定罪量刑标准，对直接负责的主管人员和其他直接责任人员定罪处罚，并对单位判处罚金。

第十四条 环境保护主管部门及其所属监测机构在行政执法过程中收集的监测数据，在刑事诉讼中可以作为证据使用。

公安机关单独或者会同环境保护主管部门，提取污染物样品进行检测获取的数据，在刑事诉讼中可以作为证据使用。

第十五条 对国家危险废物名录所列的废物，可以依据涉案物质的来源、产生过程、被告人供述、证人证言以及经批准或者备案的环境影响评价文件、排污许可证、排污登记表等证据，结合环境保护主管部门、公安机关等出具的书面意见作出认定。

对于危险废物的数量，依据案件事实，综合被告人供述、涉案企业的生产工艺、物耗、能耗情况，以及经批准或者备案的环境影响评价文件等证据作出认定。

第十六条 对案件所涉的环境污染专门性问题难以确定的，依据鉴定机构出具的鉴定意见，或者国务院环境保护主管部门、公安部门指定的机构出具的报告，结合其他证据作出认定。

第十七条 下列物质应当认定为刑法第三百三十八条规定的"有毒物质"：

（一）危险废物，是指列入国家危险废物名录，或者根据国家规定的危险废物鉴别标准和鉴别方法认定的，具有危险特性的固体废物；

（二）《关于持久性有机污染物的斯德哥尔摩公约》附件所列物质；

（三）重金属含量超过国家或者地方污染物排放标准的污染物；

（四）其他具有毒性，可能污染环境的物质。

第十八条 无危险废物经营许可证，以营利为目的，从危险废物中提取物质作为原材料或者燃料，并具有超标排放污染物、非法倾倒污染物或者其他违法造成环境污染的情形的行为，应当认定为"非法处置危险废物"。

第十九条 本解释所称"二年内"，以第一次违法行为受到行政处罚的生效之日与又实施相应行为之日的时间间隔计算确定。

本解释所称"重点排污单位"，是指设区的市级以上人民政府环境保护主管部门依法确定的应当安装、使用污染物排放自动监测设备的重点监控企业及其他单位。

本解释所称"违法所得"，是指实施刑法第二百二十九条、第三百三十八条、第三百三十九条规定的行为所得和可得的全部违法收入。

本解释所称"公私财产损失"，包括实施刑法第三百三十八条、第三百三十九条规定的行为直接造成财产损毁、减少的实际价值，为防止污染扩大、消除污染而采取必要合理措施所产生的费用，以及处置突发环境事件的应急监测费用。

本解释所称"无危险废物经营许可证"，是指未取得危险废物经营许可证，或者超出危险废物经营许可证的经营范围。

第二十条 本解释自 2023 年 8 月 15 日起施行。本解释施行后，《最高人民法院、最高人民检察院关于办理环境污染刑事案件适用法律若干问题的解释》（法释〔2016〕29 号）同时废止；之前发布的司法解释与本解释不一致的，以本解释为准。

最高人民法院、最高人民检察院关于适用《中华人民共和国刑法》第三百四十四条有关问题的批复

- 2019 年 11 月 19 日最高人民法院审判委员会第 1783 次会议、2020 年 1 月 13 日最高人民检察院第十三届检察委员会第三十二次会议通过
- 2020 年 3 月 19 日最高人民法院、最高人民检察院公告公布
- 自 2020 年 3 月 21 日起施行
- 法释〔2020〕2 号

各省、自治区、直辖市高级人民法院、人民检察院，解放军军事法院、军事检察院，新疆维吾尔自治区高级人民法院生产建设兵团分院、新疆生产建设兵团人民检察院：

近来，部分省、自治区、直辖市高级人民法院、人民检察院请示适用刑法第三百四十四条的有关问题。经研究，批复如下：

一、古树名木以及列入《国家重点保护野生植物名录》的野生植物，属于刑法第三百四十四条规定的"珍贵树木或者国家重点保护的其他植物"。

二、根据《中华人民共和国野生植物保护条例》的规定，野生植物限于原生地天然生长的植物。人工培育的植物，除古树名木外，不属于刑法第三百四十四条规定的"珍贵树木或者国家重点保护的其他植物"。非法采伐、毁坏或者非法收购、运输人工培育的植物（古树名木除外），构成盗伐林木罪、滥伐林木罪、非法收购、运输盗伐、滥伐的林木罪等犯罪的，依照相关规定追究刑事责任。

三、对于非法移栽珍贵树木或者国家重点保护的其他植物，依法应当追究刑事责任的，依照刑法第三百四十四条的规定，以非法采伐国家重点保护植物罪定罪处罚。

鉴于移栽在社会危害程度上与砍伐存在一定差异，对非法移栽珍贵树木或者国家重点保护的其他植物的行为，在认定是否构成犯罪以及裁量刑罚时，应当考虑植物的珍贵程度、移栽目的、移栽手段、移栽数量、对生态环境的损害程度等情节，综合评估社会危害性，确保罪责刑相适应。

四、本批复自 2020 年 3 月 21 日起施行，之前发布的司法解释与本批复不一致的，以本批复为准。

最高人民法院关于审理生态环境损害赔偿案件的若干规定（试行）

- 2019 年 5 月 20 日最高人民法院审判委员会第 1769 次会议通过
- 根据 2020 年 12 月 23 日最高人民法院审判委员会第 1823 次会议通过的《最高人民法院关于修改〈最高人民法院关于在民事审判工作中适用〈中华人民共和国工会法〉若干问题的解释〉等二十七件民事类司法解释的决定》修正
- 2020 年 12 月 29 日最高人民法院公告公布
- 自 2021 年 1 月 1 日起施行
- 法释〔2020〕17 号

为正确审理生态环境损害赔偿案件，严格保护生态环境，依法追究损害生态环境责任者的赔偿责任，依据《中华人民共和国民法典》《中华人民共和国环境保护法》《中华人民共和国民事诉讼法》等法律的规定，结合

审判工作实际，制定本规定。

第一条　具有下列情形之一，省级、市地级人民政府及其指定的相关部门、机构，或者受国务院委托行使全民所有自然资源资产所有权的部门，因与造成生态环境损害的自然人、法人或者其他组织经磋商未达成一致或者无法进行磋商的，可以作为原告提起生态环境损害赔偿诉讼：

（一）发生较大、重大、特别重大突发环境事件的；

（二）在国家和省级主体功能区规划中划定的重点生态功能区、禁止开发区发生环境污染、生态破坏事件的；

（三）发生其他严重影响生态环境后果的。

前款规定的市地级人民政府包括设区的市、自治州、盟、地区，不设区的地级市，直辖市的区、县人民政府。

第二条　下列情形不适用本规定：

（一）因污染环境、破坏生态造成人身损害、个人和集体财产损失要求赔偿的；

（二）因海洋生态环境损害要求赔偿的。

第三条　第一审生态环境损害赔偿诉讼案件由生态环境损害行为实施地、损害结果发生地或者被告住所地的中级以上人民法院管辖。

经最高人民法院批准，高级人民法院可以在辖区内确定部分中级人民法院集中管辖第一审生态环境损害赔偿诉讼案件。

中级人民法院认为确有必要的，可以在报请高级人民法院批准后，裁定将本院管辖的第一审生态环境损害赔偿诉讼案件交由具备审理条件的基层人民法院审理。

生态环境损害赔偿诉讼案件由人民法院环境资源审判庭或者指定的专门法庭审理。

第四条　人民法院审理第一审生态环境损害赔偿诉讼案件，应当由法官和人民陪审员组成合议庭进行。

第五条　原告提起生态环境损害赔偿诉讼，符合民事诉讼法和本规定并提交下列材料的，人民法院应当登记立案：

（一）证明具备提起生态环境损害赔偿诉讼原告资格的材料；

（二）符合本规定第一条规定情形之一的证明材料；

（三）与被告进行磋商但未达成一致或者因客观原因无法与被告进行磋商的说明；

（四）符合法律规定的起诉状，并按照被告人数提出副本。

第六条　原告主张被告承担生态环境损害赔偿责任的，应当就以下事实承担举证责任：

（一）被告实施了污染环境、破坏生态的行为或者具有其他应当依法承担责任的情形；

（二）生态环境受到损害，以及所需修复费用、损害赔偿等具体数额；

（三）被告污染环境、破坏生态的行为与生态环境损害之间具有关联性。

第七条　被告反驳原告主张的，应当提供证据加以证明。被告主张具有法律规定的不承担责任或者减轻责任情形的，应当承担举证责任。

第八条　已为发生法律效力的刑事裁判所确认的事实，当事人在生态环境损害赔偿诉讼案件中无须举证证明，但有相反证据足以推翻的除外。

对刑事裁判未予确认的事实，当事人提供的证据达到民事诉讼证明标准的，人民法院应当予以认定。

第九条　负有相关环境资源保护监督管理职责的部门或者其委托的机构在行政执法过程中形成的事件调查报告、检验报告、检测报告、评估报告、监测数据等，经当事人质证并符合证据标准的，可以作为认定案件事实的根据。

第十条　当事人在诉前委托具备环境司法鉴定资质的鉴定机构出具的鉴定意见，以及委托国务院环境资源保护监督管理相关主管部门推荐的机构出具的检验报告、检测报告、评估报告、监测数据等，经当事人质证并符合证据标准的，可以作为认定案件事实的根据。

第十一条　被告违反国家规定造成生态环境损害的，人民法院应当根据原告的诉讼请求以及具体案情，合理判决被告承担修复生态环境、赔偿损失、停止侵害、排除妨碍、消除危险、赔礼道歉等民事责任。

第十二条　受损生态环境能够修复的，人民法院应当依法判决被告承担修复责任，并同时确定被告不履行修复义务时应承担的生态环境修复费用。

生态环境修复费用包括制定、实施修复方案的费用，修复期间的监测、监管费用，以及修复完成后的验收费用、修复效果后评估费用等。

原告请求被告赔偿生态环境受到损害至修复完成期间服务功能损失的，人民法院根据具体案情予以判决。

第十三条　受损生态环境无法修复或者无法完全修复，原告请求被告赔偿生态环境功能永久性损害造成的损失的，人民法院根据具体案情予以判决。

第十四条　原告请求被告承担下列费用的，人民法院根据具体案情予以判决：

（一）实施应急方案、清除污染以及为防止损害的发生和扩大所支出的合理费用；

（二）为生态环境损害赔偿磋商和诉讼支出的调查、检验、鉴定、评估等费用；

（三）合理的律师费以及其他为诉讼支出的合理费用。

第十五条 人民法院判决被告承担的生态环境服务功能损失赔偿资金、生态环境功能永久性损害造成的损失赔偿资金，以及被告不履行生态环境修复义务时所应承担的修复费用，应当依照法律、法规、规章予以缴纳、管理和使用。

第十六条 在生态环境损害赔偿诉讼案件审理过程中，同一损害生态环境行为又被提起民事公益诉讼，符合起诉条件的，应当由受理生态环境损害赔偿诉讼案件的人民法院受理并由同一审判组织审理。

第十七条 人民法院受理因同一损害生态环境行为提起的生态环境损害赔偿诉讼案件和民事公益诉讼案件，应先中止民事公益诉讼案件的审理，待生态环境损害赔偿诉讼案件审理完毕后，就民事公益诉讼案件未被涵盖的诉讼请求依法作出裁判。

第十八条 生态环境损害赔偿诉讼案件的裁判生效后，有权提起民事公益诉讼的国家规定的机关或者法律规定的组织就同一损害生态环境行为有证据证明存在前案审理时未发现的损害，并提起民事公益诉讼的，人民法院应予受理。

民事公益诉讼案件的裁判生效后，有权提起生态环境损害赔偿诉讼的主体就同一损害生态环境行为有证据证明存在前案审理时未发现的损害，并提起生态环境损害赔偿诉讼的，人民法院应予受理。

第十九条 实际支出应急处置费用的机关提起诉讼主张该费用的，人民法院应予受理，但人民法院已经受理就同一损害生态环境行为提起的生态环境损害赔偿诉讼案件且该案原告已经主张应急处置费用的除外。

生态环境损害赔偿诉讼案件原告未主张应急处置费用，因同一损害生态环境行为实际支出应急处置费用的机关提起诉讼主张该费用的，由受理生态环境损害赔偿诉讼案件的人民法院受理并由同一审判组织审理。

第二十条 经磋商达成生态环境损害赔偿协议的，当事人可以向人民法院申请司法确认。

人民法院受理申请后，应当公告协议内容，公告期间不少于三十日。公告期满后，人民法院经审查认为协议的内容不违反法律法规强制性规定且不损害国家利益、社会公共利益的，裁定确认协议有效。裁定书应当写明案件的基本事实和协议内容，并向社会公开。

第二十一条 一方当事人在期限内未履行或者未全部履行发生法律效力的生态环境损害赔偿诉讼案件裁判或者经司法确认的生态环境损害赔偿协议的，对方当事人可以向人民法院申请强制执行。需要修复生态环境的，依法由省级、市地级人民政府及其指定的相关部门、机构组织实施。

第二十二条 人民法院审理生态环境损害赔偿案件，本规定没有规定的，参照适用《最高人民法院关于审理环境民事公益诉讼案件适用法律若干问题的解释》《最高人民法院关于审理环境侵权责任纠纷案件适用法律若干问题的解释》等相关司法解释的规定。

第二十三条 本规定自 2019 年 6 月 5 日起施行。

最高人民法院关于审理环境民事公益诉讼案件适用法律若干问题的解释

· 2014 年 12 月 8 日最高人民法院审判委员会第 1631 次会议通过
· 根据 2020 年 12 月 23 日最高人民法院审判委员会第 1823 次会议通过的《最高人民法院关于修改〈最高人民法院关于人民法院民事调解工作若干问题的规定〉等十九件民事诉讼类司法解释的决定》修正
· 2020 年 12 月 29 日最高人民法院公告公布
· 自 2021 年 1 月 1 日起施行
· 法释〔2020〕20 号

为正确审理环境民事公益诉讼案件，根据《中华人民共和国民法典》《中华人民共和国环境保护法》《中华人民共和国民事诉讼法》等法律的规定，结合审判实践，制定本解释。

第一条 法律规定的机关和有关组织依据民事诉讼法第五十五条、环境保护法第五十八条等法律的规定，对已经损害社会公共利益或者具有损害社会公共利益重大风险的污染环境、破坏生态的行为提起诉讼，符合民事诉讼法第一百一十九条第二项、第三项、第四项规定的，人民法院应予受理。

第二条 依照法律、法规的规定，在设区的市级以上人民政府民政部门登记的社会团体、基金会以及社会服务机构等，可以认定为环境保护法第五十八条规定的社会组织。

第三条 设区的市，自治州、盟、地区，不设区的地级市，直辖市的区以上人民政府民政部门，可以认定为环境保护法第五十八条规定的"设区的市级以上人民政府民政部门"。

第四条 社会组织章程确定的宗旨和主要业务范围是维护社会公共利益，且从事环境保护公益活动的，可以认定为环境保护法第五十八条规定的"专门从事环境保护公益活动"。

社会组织提起的诉讼所涉及的社会公共利益，应与其宗旨和业务范围具有关联性。

第五条 社会组织在提起诉讼前五年内未因从事业务活动违反法律、法规的规定受过行政、刑事处罚的，可以认定为环境保护法第五十八条规定的"无违法记录"。

第六条 第一审环境民事公益诉讼案件由污染环境、破坏生态行为发生地、损害结果地或者被告住所地的中级以上人民法院管辖。

中级人民法院认为确有必要的，可以在报请高级人民法院批准后，裁定将本院管辖的第一审环境民事公益诉讼案件交由基层人民法院审理。

同一原告或者不同原告对同一污染环境、破坏生态行为分别向两个以上有管辖权的人民法院提起环境民事公益诉讼的，由最先立案的人民法院管辖，必要时由共同上级人民法院指定管辖。

第七条 经最高人民法院批准，高级人民法院可以根据本辖区环境和生态保护的实际情况，在辖区内确定部分中级人民法院受理第一审环境民事公益诉讼案件。

中级人民法院管辖环境民事公益诉讼案件的区域由高级人民法院确定。

第八条 提起环境民事公益诉讼应当提交下列材料：

（一）符合民事诉讼法第一百二十一条规定的起诉状，并按照被告人数提出副本；

（二）被告的行为已经损害社会公共利益或者具有损害社会公共利益重大风险的初步证明材料；

（三）社会组织提起诉讼的，应当提交社会组织登记证书、章程、起诉前连续五年的年度工作报告书或者年检报告书，以及由其法定代表人或者负责人签字并加盖公章的无违法记录的声明。

第九条 人民法院认为原告提出的诉讼请求不足以保护社会公共利益的，可以向其释明变更或者增加停止侵害、修复生态环境等诉讼请求。

第十条 人民法院受理环境民事公益诉讼后，应当在立案之日起五日内将起诉状副本发送被告，并公告案件受理情况。

有权提起诉讼的其他机关和社会组织在公告之日起三十日内申请参加诉讼，经审查符合法定条件的，人民法院应当将其列为共同原告；逾期申请的，不予准许。

公民、法人和其他组织以人身、财产受到损害为由申请参加诉讼的，告知其另行起诉。

第十一条 检察机关、负有环境资源保护监督管理职责的部门及其他机关、社会组织、企业事业单位依据民事诉讼法第十五条的规定，可以通过提供法律咨询、提交书面意见、协助调查取证等方式支持社会组织依法提起环境民事公益诉讼。

第十二条 人民法院受理环境民事公益诉讼后，应当在十日内告知对被告行为负有环境资源保护监督管理职责的部门。

第十三条 原告请求被告提供其排放的主要污染物名称、排放方式、排放浓度和总量、超标排放情况以及防治污染设施的建设和运行情况等环境信息，法律、法规、规章规定被告应当持有或者有证据证明被告持有而拒不提供，如果原告主张相关事实不利于被告的，人民法院可以推定该主张成立。

第十四条 对于审理环境民事公益诉讼案件需要的证据，人民法院认为必要的，应当调查收集。

对于应当由原告承担举证责任且为维护社会公共利益所必要的专门性问题，人民法院可以委托具备资格的鉴定人进行鉴定。

第十五条 当事人申请通知有专门知识的人出庭，就鉴定人作出的鉴定意见或者就因果关系、生态环境修复方式、生态环境修复费用以及生态环境受到损害至修复完成期间服务功能丧失导致的损失等专门性问题提出意见的，人民法院可以准许。

前款规定的专家意见经质证，可以作为认定事实的根据。

第十六条 原告在诉讼过程中承认的对己方不利的事实和认可的证据，人民法院认为损害社会公共利益的，应当不予确认。

第十七条 环境民事公益诉讼案件审理过程中，被告以反诉方式提出诉讼请求的，人民法院不予受理。

第十八条 对污染环境、破坏生态，已经损害社会公共利益或者具有损害社会公共利益重大风险的行为，原告可以请求被告承担停止侵害、排除妨碍、消除危险、修复生态环境、赔偿损失、赔礼道歉等民事责任。

第十九条 原告为防止生态环境损害的发生和扩大，请求被告停止侵害、排除妨碍、消除危险的，人民法院可以依法予以支持。

原告为停止侵害、排除妨碍、消除危险采取合理预防、处置措施而发生的费用，请求被告承担的，人民法院可以依法予以支持。

第二十条　原告请求修复生态环境的，人民法院可以依法判决被告将生态环境修复到损害发生之前的状态和功能。无法完全修复的，可以准许采用替代性修复方式。

人民法院可以在判决被告修复生态环境的同时，确定被告不履行修复义务时应承担的生态环境修复费用；也可以直接判决被告承担生态环境修复费用。

生态环境修复费用包括制定、实施修复方案的费用，修复期间的监测、监管费用，以及修复完成后的验收费用、修复效果后评估费用等。

第二十一条　原告请求被告赔偿生态环境受到损害至修复完成期间服务功能丧失导致的损失、生态环境功能永久性损害造成的损失的，人民法院可以依法予以支持。

第二十二条　原告请求被告承担以下费用的，人民法院可以依法予以支持：

（一）生态环境损害调查、鉴定评估等费用；

（二）清除污染以及防止损害的发生和扩大所支出的合理费用；

（三）合理的律师费以及为诉讼支出的其他合理费用。

第二十三条　生态环境修复费用难以确定或者确定具体数额所需鉴定费用明显过高的，人民法院可以结合污染环境、破坏生态的范围和程度，生态环境的稀缺性，生态环境恢复的难易程度，防治污染设备的运行成本，被告因侵害行为所获得的利益以及过错程度等因素，并可以参考负有环境资源保护监督管理职责的部门的意见、专家意见等，予以合理确定。

第二十四条　人民法院判决被告承担的生态环境修复费用、生态环境受到损害至修复完成期间服务功能丧失导致的损失、生态环境功能永久性损害造成的损失等款项，应当用于修复被损害的生态环境。

其他环境民事公益诉讼中败诉原告所需承担的调查取证、专家咨询、检验、鉴定等必要费用，可以酌情从上述款项中支付。

第二十五条　环境民事公益诉讼当事人达成调解协议或者自行达成和解协议后，人民法院应当将协议内容公告，公告期间不少于三十日。

公告期满后，人民法院审查认为调解协议或者和解协议的内容不损害社会公共利益的，应当出具调解书。当事人以达成和解协议为由申请撤诉的，不予准许。

调解书应当写明诉讼请求、案件的基本事实和协议内容，并应当公开。

第二十六条　负有环境资源保护监督管理职责的部门依法履行监管职责而使原告诉讼请求全部实现，原告申请撤诉的，人民法院应予准许。

第二十七条　法庭辩论终结后，原告申请撤诉的，人民法院不予准许，但本解释第二十六条规定的情形除外。

第二十八条　环境民事公益诉讼案件的裁判生效后，有权提起诉讼的其他机关和社会组织就同一污染环境、破坏生态行为另行起诉，有下列情形之一的，人民法院应予受理：

（一）前案原告的起诉被裁定驳回的；

（二）前案原告申请撤诉被裁定准许的，但本解释第二十六条规定的情形除外。

环境民事公益诉讼案件的裁判生效后，有证据证明存在前案审理时未发现的损害，有权提起诉讼的机关和社会组织另行起诉的，人民法院应予受理。

第二十九条　法律规定的机关和社会组织提起环境民事公益诉讼的，不影响因同一污染环境、破坏生态行为受到人身、财产损害的公民、法人和其他组织依据民事诉讼法第一百一十九条的规定提起诉讼。

第三十条　已为环境民事公益诉讼生效裁判认定的事实，因同一污染环境、破坏生态行为依据民事诉讼法第一百一十九条规定提起诉讼的原告、被告均无需举证证明，但原告对该事实有异议并有相反证据足以推翻的除外。

对于环境民事公益诉讼生效裁判就被告是否存在法律规定的不承担责任或者减轻责任的情形、行为与损害之间是否存在因果关系、被告承担责任的大小等所作的认定，因同一污染环境、破坏生态行为依据民事诉讼法第一百一十九条规定提起诉讼的原告主张适用的，人民法院应予支持，但被告有相反证据足以推翻的除外。被告主张直接适用对其有利的认定的，人民法院不予支持，被告仍应举证证明。

第三十一条　被告因污染环境、破坏生态在环境民事公益诉讼和其他民事诉讼中均承担责任，其财产不足以履行全部义务的，应当先履行其他民事诉讼生效裁判所确定的义务，但法律另有规定的除外。

第三十二条　发生法律效力的环境民事公益诉讼案件的裁判，需要采取强制执行措施的，应当移送执行。

第三十三条　原告交纳诉讼费用确有困难，依法申请缓交的，人民法院应予准许。

败诉或者部分败诉的原告申请减交或者免交诉讼费

用的,人民法院应当依照《诉讼费用交纳办法》的规定,视原告的经济状况和案件的审理情况决定是否准许。

第三十四条 社会组织有通过诉讼违法收受财物等牟取经济利益行为的,人民法院可以根据情节轻重依法收缴其非法所得、予以罚款;涉嫌犯罪的,依法移送有关机关处理。

社会组织通过诉讼牟取经济利益的,人民法院应当向登记管理机关或者有关机关发送司法建议,由其依法处理。

第三十五条 本解释施行前最高人民法院发布的司法解释和规范性文件,与本解释不一致的,以本解释为准。

最高人民法院关于审理环境侵权责任纠纷案件适用法律若干问题的解释

- 2015年2月9日最高人民法院审判委员会第1644次会议通过
- 根据2020年12月23日最高人民法院审判委员会第1823次会议通过的《最高人民法院关于修改〈最高人民法院关于在民事审判工作中适用〈中华人民共和国工会法〉若干问题的解释〉等二十七件民事类司法解释的决定》修正
- 2020年12月29日最高人民法院公告公布
- 自2021年1月1日起施行
- 法释〔2020〕17号

为正确审理环境侵权责任纠纷案件,根据《中华人民共和国民法典》《中华人民共和国环境保护法》《中华人民共和国民事诉讼法》等法律的规定,结合审判实践,制定本解释。

第一条 因污染环境、破坏生态造成他人损害,不论侵权人有无过错,侵权人应当承担侵权责任。

侵权人以排污符合国家或者地方污染物排放标准为由主张不承担责任的,人民法院不予支持。

侵权人不承担责任或者减轻责任的情形,适用海洋环境保护法、水污染防治法、大气污染防治法等环境保护单行法的规定;相关环境保护单行法没有规定的,适用民法典的规定。

第二条 两个以上侵权人共同实施污染环境、破坏生态行为造成损害,被侵权人根据民法典第一千一百六十八条规定请求侵权人承担连带责任的,人民法院应予支持。

第三条 两个以上侵权人分别实施污染环境、破坏生态行为造成同一损害,每一个侵权人的污染环境、破坏生态行为都足以造成全部损害,被侵权人根据民法典第一千一百七十一条规定请求侵权人承担连带责任的,人民法院应予支持。

两个以上侵权人分别实施污染环境、破坏生态行为造成同一损害,每一个侵权人的污染环境、破坏生态行为都不足以造成全部损害,被侵权人根据民法典第一千一百七十二条规定请求侵权人承担责任的,人民法院应予支持。

两个以上侵权人分别实施污染环境、破坏生态行为造成同一损害,部分侵权人的污染环境、破坏生态行为足以造成全部损害,部分侵权人的污染环境、破坏生态行为只造成部分损害,被侵权人根据民法典第一千一百七十一条规定请求足以造成全部损害的侵权人与其他侵权人就共同造成的损害部分承担连带责任,并对全部损害承担责任的,人民法院应予支持。

第四条 两个以上侵权人污染环境、破坏生态,对侵权人承担责任的大小,人民法院应当根据污染物的种类、浓度、排放量、危害性、有无排污许可证、是否超过污染物排放标准、是否超过重点污染物排放总量控制指标,破坏生态的方式、范围、程度,以及行为对损害后果所起的作用等因素确定。

第五条 被侵权人根据民法典第一千二百三十三条规定分别或者同时起诉侵权人、第三人的,人民法院应予受理。

被侵权人请求第三人承担赔偿责任的,人民法院应当根据第三人的过错程度确定其相应赔偿责任。

侵权人以第三人的过错污染环境、破坏生态造成损害为由主张不承担责任或者减轻责任的,人民法院不予支持。

第六条 被侵权人根据民法典第七编第七章的规定请求赔偿的,应当提供证明以下事实的证据材料:

(一)侵权人排放了污染物或者破坏了生态;

(二)被侵权人的损害;

(三)侵权人排放的污染物或者其次生污染物、破坏生态行为与损害之间具有关联性。

第七条 侵权人举证证明下列情形之一的,人民法院应当认定其污染环境、破坏生态行为与损害之间不存在因果关系:

(一)排放污染物、破坏生态的行为没有造成该损害可能的;

(二)排放的可造成该损害的污染物未到达该损害

发生地的;

（三）该损害于排放污染物、破坏生态行为实施之前已发生的;

（四）其他可以认定污染环境、破坏生态行为与损害之间不存在因果关系的情形。

第八条 对查明环境污染、生态破坏案件事实的专门性问题，可以委托具备相关资格的司法鉴定机构出具鉴定意见或者由负有环境资源保护监督管理职责的部门推荐的机构出具检验报告、检测报告、评估报告或者监测数据。

第九条 当事人申请通知一至两名具有专门知识的人出庭，就鉴定意见或者污染物认定、损害结果、因果关系、修复措施等专业问题提出意见的，人民法院可以准许。当事人未申请，人民法院认为有必要的，可以进行释明。

具有专门知识的人在法庭上提出的意见，经当事人质证，可以作为认定案件事实的根据。

第十条 负有环境资源保护监督管理职责的部门或者其委托的机构出具的环境污染、生态破坏事件调查报告、检验报告、检测报告、评估报告或者监测数据等，经当事人质证，可以作为认定案件事实的根据。

第十一条 对于突发性或者持续时间较短的环境污染、生态破坏行为，在证据可能灭失或者以后难以取得的情况下，当事人或者利害关系人根据民事诉讼法第八十一条规定申请证据保全的，人民法院应当准许。

第十二条 被申请人具有环境保护法第六十三条规定情形之一，当事人或者利害关系人根据民事诉讼法第一百条或者第一百零一条规定申请保全的，人民法院可以裁定责令被申请人立即停止侵害行为或者采取防治措施。

第十三条 人民法院应当根据被侵权人的诉讼请求以及具体案情，合理判定侵权人承担停止侵害、排除妨碍、消除危险、修复生态环境、赔礼道歉、赔偿损失等民事责任。

第十四条 被侵权人请求修复生态环境的，人民法院可以依法裁判侵权人承担环境修复责任，并同时确定其不履行环境修复义务时应当承担的环境修复费用。

侵权人在生效裁判确定的期限内未履行环境修复义务的，人民法院可以委托其他人进行环境修复，所需费用由侵权人承担。

第十五条 被侵权人起诉请求侵权人赔偿因污染环境、破坏生态造成的财产损失、人身损害以及为防止污染发生和扩大、清除污染、修复生态环境而采取必要措施所支出的合理费用的，人民法院应当支持。

第十六条 下列情形之一，应当认定为环境保护法第六十五条规定的弄虚作假：

（一）环境影响评价机构明知委托人提供的材料虚假而出具严重失实的评价文件的;

（二）环境监测机构或者从事环境监测设备维护、运营的机构故意隐瞒委托人超过污染物排放标准或者超过重点污染物排放总量控制指标的事实的;

（三）从事防治污染设施维护、运营的机构故意不运行或者不正常运行环境监测设备或者防治污染设施的;

（四）有关机构在环境服务活动中其他弄虚作假的情形。

第十七条 本解释适用于审理因污染环境、破坏生态造成损害的民事案件，但法律和司法解释对环境民事公益诉讼案件另有规定的除外。

相邻污染侵害纠纷、劳动者在职业活动中因受污染损害发生的纠纷，不适用本解释。

第十八条 本解释施行后，人民法院尚未审结的一审、二审案件适用本解释规定。本解释施行前已经作出生效裁判的案件，本解释施行后依法再审的，不适用本解释。

本解释施行后，最高人民法院以前颁布的司法解释与本解释不一致的，不再适用。

最高人民法院关于审理生态环境侵权纠纷案件适用惩罚性赔偿的解释

- 2021年12月27日最高人民法院审判委员会第1858次会议通过
- 2022年1月12日最高人民法院公告公布
- 自2022年1月20日起施行
- 法释〔2022〕1号

为妥善审理生态环境侵权纠纷案件，全面加强生态环境保护，正确适用惩罚性赔偿，根据《中华人民共和国民法典》《中华人民共和国环境保护法》《中华人民共和国民事诉讼法》等相关法律规定，结合审判实践，制定本解释。

第一条 人民法院审理生态环境侵权纠纷案件适用惩罚性赔偿，应当严格审慎，注重公平公正，依法保护民事主体合法权益，统筹生态环境保护和经济社会发展。

第二条 因环境污染、生态破坏受到损害的自然人、法人或者非法人组织，依据民法典第一千二百三十二条的规定,请求判令侵权人承担惩罚性赔偿责任的,适用本解释。

第三条 被侵权人在生态环境侵权纠纷案件中请求惩罚性赔偿的,应当在起诉时明确赔偿数额以及所依据的事实和理由。

被侵权人在生态环境侵权纠纷案件中没有提出惩罚性赔偿的诉讼请求,诉讼终结后又基于同一污染环境、破坏生态事实另行起诉请求惩罚性赔偿的,人民法院不予受理。

第四条 被侵权人主张侵权人承担惩罚性赔偿责任的,应当提供证据证明以下事实:

(一)侵权人污染环境、破坏生态的行为违反法律规定;

(二)侵权人具有污染环境、破坏生态的故意;

(三)侵权人污染环境、破坏生态的行为造成严重后果。

第五条 人民法院认定侵权人污染环境、破坏生态的行为是否违反法律规定,应当以法律、法规为依据,可以参照规章的规定。

第六条 人民法院认定侵权人是否具有污染环境、破坏生态的故意,应当根据侵权人的职业经历、专业背景或者经营范围,因同一或者同类行为受到行政处罚或者刑事追究的情况,以及污染物的种类,污染环境、破坏生态行为的方式等因素综合判断。

第七条 具有下列情形之一的,人民法院应当认定侵权人具有污染环境、破坏生态的故意:

(一)因同一污染环境、破坏生态行为,已被人民法院认定构成破坏环境资源保护犯罪的;

(二)建设项目未依法进行环境影响评价,或者提供虚假材料导致环境影响评价文件严重失实,被行政主管部门责令停止建设后拒不执行的;

(三)未取得排污许可证排放污染物,被行政主管部门责令停止排污后拒不执行,或者超过污染物排放标准或者重点污染物排放总量控制指标排放污染物,经行政主管机关责令限制生产、停产整治或者给予其他行政处罚后仍不改正的;

(四)生产、使用国家明令禁止生产、使用的农药,被行政主管部门责令改正后拒不改正的;

(五)无危险废物经营许可证而从事收集、贮存、利用、处置危险废物经营活动,或者知道或者应当知道他人无许可证而将危险废物提供或者委托给其从事收集、贮存、利用、处置等活动的;

(六)将未经处理的废水、废气、废渣直接排放或者倾倒的;

(七)通过暗管、渗井、渗坑、灌注,篡改、伪造监测数据,或者以不正常运行防治污染设施等逃避监管的方式,违法排放污染物的;

(八)在相关自然保护区域、禁猎(渔)区、禁猎(渔)期使用禁止使用的猎捕工具、方法猎捕、杀害国家重点保护野生动物、破坏野生动物栖息地的;

(九)未取得勘查许可证、采矿许可证,或者采取破坏性方法勘查开采矿产资源的;

(十)其他故意情形。

第八条 人民法院认定侵权人污染环境、破坏生态行为是否造成严重后果,应当根据污染环境、破坏生态行为的持续时间、地域范围,造成环境污染、生态破坏的范围和程度,以及造成的社会影响等因素综合判断。

侵权人污染环境、破坏生态行为造成他人死亡、健康严重损害,重大财产损失,生态环境严重损害或者重大不良社会影响的,人民法院应当认定为造成严重后果。

第九条 人民法院确定惩罚性赔偿金数额,应当以环境污染、生态破坏造成的人身损害赔偿金、财产损失数额作为计算基数。

前款所称人身损害赔偿金、财产损失数额,依照民法典第一千一百七十九条、第一千一百八十四条规定予以确定。法律另有规定的,依照其规定。

第十条 人民法院确定惩罚性赔偿金数额,应当综合考虑侵权人的恶意程度、侵权后果的严重程度、侵权人因污染环境、破坏生态行为所获得的利益或者侵权人所采取的修复措施及其效果等因素,但一般不超过人身损害赔偿金、财产损失数额的二倍。

因同一污染环境、破坏生态行为已经被行政机关给予罚款或者被人民法院判处罚金,侵权人主张免除惩罚性赔偿责任的,人民法院不予支持,但在确定惩罚性赔偿金数额时可以综合考虑。

第十一条 侵权人因同一污染环境、破坏生态行为,应当承担包括惩罚性赔偿在内的民事责任、行政责任和刑事责任,其财产不足以支付的,应当优先用于承担民事责任。

侵权人因同一污染环境、破坏生态行为,应当承担包括惩罚性赔偿在内的民事责任,其财产不足以支付的,应当优先用于承担惩罚性赔偿以外的其他责任。

第十二条 国家规定的机关或者法律规定的组织作为被侵权人代表,请求判令侵权人承担惩罚性赔偿责任的,人民法院可以参照前述规定予以处理。但惩罚性赔偿金数额的确定,应当以生态环境受到损害至修复完成期间服务功能丧失导致的损失、生态环境功能永久性损害造成的损失数额作为计算基数。

第十三条 侵权行为实施地、损害结果发生地在中华人民共和国管辖海域内的海洋生态环境侵权纠纷案件惩罚性赔偿问题,另行规定。

第十四条 本规定自2022年1月20日起施行。

最高人民法院关于生态环境侵权民事诉讼证据的若干规定

- 2023年4月17日最高人民法院审判委员会第1885次会议通过
- 自2023年9月1日起施行
- 法释〔2023〕6号

为保证人民法院正确认定案件事实,公正、及时审理生态环境侵权责任纠纷案件,保障和便利当事人依法行使诉讼权利,保护生态环境,根据《中华人民共和国民法典》《中华人民共和国民事诉讼法》《中华人民共和国环境保护法》等有关法律规定,结合生态环境侵权民事案件审判经验和实际情况,制定本规定。

第一条 人民法院审理环境污染责任纠纷案件、生态破坏责任纠纷案件和生态环境保护民事公益诉讼案件,适用本规定。

生态环境保护民事公益诉讼案件,包括环境污染民事公益诉讼案件、生态破坏民事公益诉讼案件和生态环境损害赔偿诉讼案件。

第二条 环境污染责任纠纷案件、生态破坏责任纠纷案件的原告应当就以下事实承担举证责任:

(一)被告实施了污染环境或者破坏生态的行为;

(二)原告人身、财产受到损害或者有遭受损害的危险。

第三条 生态环境保护民事公益诉讼案件的原告应当就以下事实承担举证责任:

(一)被告实施了污染环境或者破坏生态的行为,且该行为违反国家规定;

(二)生态环境受到损害或者有遭受损害的重大风险。

第四条 原告请求被告就其污染环境、破坏生态行为支付人身、财产损害赔偿费用,或者支付民法典第一千二百三十五条规定的损失、费用的,应当就其主张的损失、费用的数额承担举证责任。

第五条 原告起诉请求被告承担环境污染、生态破坏责任的,应当提供被告行为与损害之间具有关联性的证据。

人民法院应当根据当事人提交的证据,结合污染环境、破坏生态的行为方式、污染物的性质、环境介质的类型、生态因素的特征、时间顺序、空间距离等因素,综合判断被告行为与损害之间的关联性是否成立。

第六条 被告应当就其行为与损害之间不存在因果关系承担举证责任。

被告主张不承担责任或者减轻责任的,应当就法律规定的不承担责任或者减轻责任的情形承担举证责任。

第七条 被告证明其排放的污染物、释放的生态因素、产生的生态影响未到达损害发生地,或者其行为在损害发生后才实施且未加重损害后果,或者存在其行为不可能导致损害发生的其他情形的,人民法院应当认定被告行为与损害之间不存在因果关系。

第八条 对于发生法律效力的刑事裁判、行政裁判因未达到证明标准未予认定的事实,在因同一污染环境、破坏生态行为提起的生态环境侵权民事诉讼中,人民法院根据有关事实和证据确信待证事实的存在具有高度可能性的,应当认定该事实存在。

第九条 对于人民法院在生态环境保护民事公益诉讼生效裁判中确认的基本事实,当事人在因同一污染环境、破坏生态行为提起的人身、财产损害赔偿诉讼中无需举证证明,但有相反证据足以推翻的除外。

第十条 对于可能损害国家利益、社会公共利益的事实,双方当事人未主张或者无争议,人民法院认为可能影响裁判结果的,可以责令当事人提供有关证据。

前款规定的证据,当事人申请人民法院调查收集,符合《最高人民法院关于适用〈中华人民共和国民事诉讼法〉的解释》第九十四条规定情形的,人民法院应当准许;人民法院认为有必要的,可以依职权调查收集。

第十一条 实行环境资源案件集中管辖的法院,可以委托侵权行为实施地、侵权结果发生地、被告住所地等人民法院调查收集证据。受委托法院应当在收到委托函次日起三十日内完成委托事项,并将调查收集的证据及有关笔录移送委托法院。

受委托法院未能完成委托事项的,应当向委托法院书面告知有关情况及未能完成的原因。

第十二条 当事人或者利害关系人申请保全环境污染、生态破坏相关证据的,人民法院应当结合下列因素进

行审查,确定是否采取保全措施:

(一)证据灭失或者以后难以取得的可能性;

(二)证据对证明待证事实有无必要;

(三)申请人自行收集证据是否存在困难;

(四)有必要采取证据保全措施的其他因素。

第十三条 在符合证据保全目的的情况下,人民法院应当选择对证据持有人利益影响最小的保全措施,尽量减少对保全标的物价值的损害和对证据持有人生产、生活的影响。

确需采取查封、扣押等限制保全标的物使用的保全措施的,人民法院应当及时组织当事人对保全的证据进行质证。

第十四条 人民法院调查收集、保全或者勘验涉及环境污染、生态破坏专门性问题的证据,应当遵守相关技术规范。必要时,可以通知鉴定人到场,或者邀请负有环境资源保护监督管理职责的部门派员协助。

第十五条 当事人向人民法院提交证据后申请撤回该证据,或者声明不以该证据证明案件事实的,不影响其他当事人援引该证据证明案件事实以及人民法院对该证据进行审查认定。

当事人放弃使用人民法院依其申请调查收集或者保全的证据的,按照前款规定处理。

第十六条 对于查明环境污染、生态破坏案件事实的专门性问题,人民法院经审查认为有必要的,应当根据当事人的申请或者依职权委托具有相应资格的机构、人员出具鉴定意见。

第十七条 对于法律适用、当事人责任划分等非专门性问题,或者虽然属于专门性问题,但可以通过法庭调查、勘验等其他方式查明的,人民法院不予委托鉴定。

第十八条 鉴定人需要邀请其他机构、人员完成部分鉴定事项的,应当向人民法院提出申请。

人民法院经审查认为确有必要的,在听取双方当事人意见后,可以准许,并告知鉴定人对最终鉴定意见承担法律责任;主要鉴定事项由其他机构、人员实施的,人民法院不予准许。

第十九条 未经人民法院准许,鉴定人邀请其他机构、人员完成部分鉴定事项的,鉴定意见不得作为认定案件事实的根据。

前款情形,当事人申请退还鉴定费用的,人民法院应当在三日内作出裁定,责令鉴定人退还;拒不退还的,由人民法院依法执行。

第二十条 鉴定人提供虚假鉴定意见的,该鉴定意见不得作为认定案件事实的根据。人民法院可以依照民事诉讼法第一百一十四条的规定进行处理。

鉴定事项由其他机构、人员完成,其他机构、人员提供虚假鉴定意见的,按照前款规定处理。

第二十一条 因没有鉴定标准、成熟的鉴定方法、相应资格的鉴定人等原因无法进行鉴定,或者鉴定周期过长、费用过高的,人民法院可以结合案件有关事实、当事人申请的有专门知识的人的意见和其他证据,对涉及专门性问题的事实作出认定。

第二十二条 当事人申请有专门知识的人出庭,就鉴定意见或者污染物认定、损害结果、因果关系、生态环境修复方案、生态环境修复费用、生态环境受到损害至修复完成期间服务功能丧失导致的损失、生态环境功能永久性损害造成的损失等专业问题提出意见的,人民法院可以准许。

对方当事人以有专门知识的人不具备相应资格为由提出异议的,人民法院对该异议不予支持。

第二十三条 当事人就环境污染、生态破坏的专门性问题自行委托有关机构、人员出具的意见,人民法院应当结合本案的其他证据,审查确定能否作为认定案件事实的根据。

对方当事人对该意见有异议的,人民法院应当告知提供意见的当事人可以申请出具意见的机构或者人员出庭陈述意见;未出庭的,该意见不得作为认定案件事实的根据。

第二十四条 负有环境资源保护监督管理职责的部门在其职权范围内制作的处罚决定等文书所记载的事项推定为真实,但有相反证据足以推翻的除外。

人民法院认为有必要的,可以依职权对上述文书的真实性进行调查核实。

第二十五条 负有环境资源保护监督管理职责的部门及其所属或者委托的监测机构在行政执法过程中收集的监测数据、形成的事件调查报告、检验检测报告、评估报告等材料,以及公安机关单独或者会同负有环境资源保护监督管理职责的部门提取样品进行检测获取的数据,经当事人质证,可以作为认定案件事实的根据。

第二十六条 对于证明环境污染、生态破坏案件事实有重要意义的书面文件、数据信息或者录音、录像等证据在对方当事人控制之下的,承担举证责任的当事人可以根据《最高人民法院关于适用〈中华人民共和国民事诉讼法〉的解释》第一百一十二条的规定,书面申请人民法院责令对方当事人提交。

第二十七条　承担举证责任的当事人申请人民法院责令对方当事人提交证据的，应当提供有关证据的名称、主要内容、制作人、制作时间或者其他可以将有关证据特定化的信息。根据申请人提供的信息不能使证据特定化的，人民法院不予准许。

人民法院应当结合申请人是否参与证据形成过程、是否接触过该证据等因素，综合判断其提供的信息是否达到证据特定化的要求。

第二十八条　承担举证责任的当事人申请人民法院责令对方当事人提交证据的，应当提出证据由对方当事人控制的依据。对方当事人否认控制有关证据的，人民法院应当根据法律规定、当事人约定、交易习惯等因素，结合案件的事实、证据作出判断。

有关证据虽未由对方当事人直接持有，但在其控制范围之内，其获取不存在客观障碍的，人民法院应当认定有关证据由其控制。

第二十九条　法律、法规、规章规定当事人应当披露或者持有的关于其排放的主要污染物名称、排放方式、排放浓度和总量、超标排放情况、防治污染设施的建设和运行情况、生态环境开发利用情况、生态环境违法信息等环境信息，属于《最高人民法院关于民事诉讼证据的若干规定》第四十七条第一款第三项规定的"对方当事人依照法律规定有权查阅、获取的书证"。

第三十条　在环境污染责任纠纷、生态破坏责任纠纷案件中，损害事实成立，但人身、财产损害赔偿数额难以确定的，人民法院可以结合侵权行为对原告造成损害的程度、被告因侵权行为获得的利益以及过错度等因素，并可以参考负有环境资源保护监督管理职责的部门的意见等，合理确定。

第三十一条　在生态环境保护民事公益诉讼案件中，损害事实成立，但生态环境修复费用、生态环境受到损害至修复完成期间服务功能丧失导致的损失、生态环境功能永久性损害造成的损失等数额难以确定的，人民法院可以根据污染环境、破坏生态的范围和程度等已查明的案件事实，结合生态环境及其要素的稀缺性、生态环境恢复的难易程度、防治污染设备的运行成本、被告因侵权行为获得的利益以及过错程度等因素，并可以参考负有环境资源保护监督管理职责的部门的意见等，合理确定。

第三十二条　本规定未作规定的，适用《最高人民法院关于民事诉讼证据的若干规定》。

第三十三条　人民法院审理人民检察院提起的环境污染民事公益诉讼案件、生态破坏民事公益诉讼案件，参照适用本规定。

第三十四条　本规定自2023年9月1日起施行。

本规定公布施行后，最高人民法院以前发布的司法解释与本规定不一致的，不再适用。

最高人民法院关于审理生态环境侵权责任纠纷案件适用法律若干问题的解释

- 2023年6月5日最高人民法院审判委员会第1890次会议通过
- 自2023年9月1日起施行
- 法释〔2023〕5号

为正确审理生态环境侵权责任纠纷案件，依法保护当事人合法权益，根据《中华人民共和国民法典》《中华人民共和国民事诉讼法》《中华人民共和国环境保护法》等法律的规定，结合审判实践，制定本解释。

第一条　侵权人因实施下列污染环境、破坏生态行为造成他人人身、财产损害，被侵权人请求侵权人承担生态环境侵权责任的，人民法院应予支持：

（一）排放废气、废水、废渣、医疗废物、粉尘、恶臭气体、放射性物质等污染环境的；

（二）排放噪声、振动、光辐射、电磁辐射等污染环境的；

（三）不合理开发利用自然资源的；

（四）违反国家规定，未经批准，擅自引进、释放、丢弃外来物种的；

（五）其他污染环境、破坏生态的行为。

第二条　因下列污染环境、破坏生态引发的民事纠纷，不作为生态环境侵权案件处理：

（一）未经由大气、水、土壤等生态环境介质，直接造成损害的；

（二）在室内、车内等封闭空间内造成损害的；

（三）不动产权利人在日常生活中造成相邻不动产权利人损害的；

（四）劳动者在职业活动中受到损害的。

前款规定的情形，依照相关法律规定确定民事责任。

第三条　不动产权利人因经营活动污染环境、破坏生态造成相邻不动产权利人损害，被侵权人请求其承担生态环境侵权责任的，人民法院应予支持。

第四条　污染环境、破坏生态造成他人损害，行为人不论有无过错，都应当承担侵权责任。

行为人以外的其他责任人对损害发生有过错的,应当承担侵权责任。

第五条 两个以上侵权人分别污染环境、破坏生态造成同一损害,每一个侵权人的行为都足以造成全部损害,被侵权人根据民法典第一千一百七十一条的规定请求侵权人承担连带责任的,人民法院应予支持。

第六条 两个以上侵权人分别污染环境、破坏生态,每一个侵权人的行为都不足以造成全部损害,被侵权人根据民法典第一千一百七十二条的规定请求侵权人承担责任的,人民法院应予支持。

侵权人主张其污染环境、破坏生态行为不足以造成全部损害的,应当承担相应举证责任。

第七条 两个以上侵权人分别污染环境、破坏生态,部分侵权人的行为足以造成全部损害,部分侵权人的行为只造成部分损害,被侵权人请求足以造成全部损害的侵权人对全部损害承担责任,并与其他侵权人就共同造成的损害部分承担连带责任的,人民法院应予支持。

被侵权人依照前款规定请求足以造成全部损害的侵权人与其他侵权人承担责任的,受偿范围应以侵权行为造成的全部损害为限。

第八条 两个以上侵权人分别污染环境、破坏生态,部分侵权人能够证明其他侵权人的侵权行为已先行造成全部或者部分损害,并请求在相应范围内不承担责任或者减轻责任的,人民法院应予支持。

第九条 两个以上侵权人分别排放的物质相互作用产生污染物造成他人损害,被侵权人请求侵权人承担连带责任的,人民法院应予支持。

第十条 为侵权人污染环境、破坏生态提供场地或者储存、运输等帮助,被侵权人根据民法典第一千一百六十九条的规定请求行为人与侵权人承担连带责任的,人民法院应予支持。

第十一条 过失为侵权人污染环境、破坏生态提供场地或者储存、运输等便利条件,被侵权人请求行为人承担与过错相适应责任的,人民法院应予支持。

前款规定的行为人存在重大过失的,依照本解释第十条的规定处理。

第十二条 排污单位将所属的环保设施委托第三方治理机构运营,第三方治理机构在合同履行过程中污染环境造成他人损害,被侵权人请求排污单位承担侵权责任的,人民法院应予支持。

排污单位依照前款规定承担责任后向有过错的第三方治理机构追偿的,人民法院应予支持。

第十三条 排污单位将污染物交由第三方治理机构集中处置,第三方治理机构在合同履行过程中污染环境造成他人损害,被侵权人请求第三方治理机构承担侵权责任的,人民法院应予支持。

排污单位在选任、指示第三方治理机构中有过错,被侵权人请求排污单位承担相应责任的,人民法院应予支持。

第十四条 存在下列情形之一的,排污单位与第三方治理机构应当根据民法典第一千一百六十八条的规定承担连带责任:

(一)第三方治理机构按照排污单位的指示,违反污染防治相关规定排放污染物的;

(二)排污单位将明显存在缺陷的环保设施交由第三方治理机构运营,第三方治理机构利用该设施违反污染防治相关规定排放污染物的;

(三)排污单位以明显不合理的价格将污染物交由第三方治理机构处置,第三方治理机构违反污染防治相关规定排放污染物的;

(四)其他应当承担连带责任的情形。

第十五条 公司污染环境、破坏生态,被侵权人请求股东承担责任,符合公司法第二十条规定情形的,人民法院应予支持。

第十六条 侵权人污染环境、破坏生态造成他人损害,被侵权人请求未尽到安全保障义务的经营场所、公共场所的经营者、管理者或者群众性活动的组织者承担相应补充责任的,人民法院应予支持。

第十七条 依照法律规定应当履行生态环境风险管控和修复义务的民事主体,未履行法定义务造成他人损害,被侵权人请求其承担相应责任的,人民法院应予支持。

第十八条 因第三人的过错污染环境、破坏生态造成他人损害,被侵权人请求侵权人或者第三人承担责任的,人民法院应予支持。

侵权人以损害是由第三人过错造成的为由,主张不承担责任或者减轻责任的,人民法院不予支持。

第十九条 因第三人的过错污染环境、破坏生态造成他人损害,被侵权人同时起诉侵权人和第三人承担责任,侵权人对损害的发生没有过错的,人民法院应当判令侵权人、第三人就全部损害承担责任。侵权人承担责任后有权向第三人追偿。

侵权人对损害的发生有过错的,人民法院应当判令侵权人就全部损害承担责任,第三人承担与其过错相适应的责任。侵权人承担责任后有权就第三人应当承担的责任份额向其追偿。

第二十条 被侵权人起诉第三人承担责任的，人民法院应当向被侵权人释明是否同时起诉侵权人。被侵权人不起诉侵权人的，人民法院应当根据民事诉讼法第五十九条的规定通知侵权人参加诉讼。

被侵权人仅请求第三人承担责任，侵权人对损害的发生也有过错的，人民法院应当判令第三人承担与其过错相适应的责任。

第二十一条 环境影响评价机构、环境监测机构以及从事环境监测设备和防治污染设施维护、运营的机构存在下列情形之一，被侵权人请求其与造成环境污染、生态破坏的其他责任人根据环境保护法第六十五条的规定承担连带责任的，人民法院应予支持：

（一）故意出具失实评价文件的；

（二）隐瞒委托人超过污染物排放标准或者超过重点污染物排放总量控制指标的事实的；

（三）故意不运行或者不正常运行环境监测设备或者防治污染设施的；

（四）其他根据法律规定应当承担连带责任的情形。

第二十二条 被侵权人请求侵权人赔偿因污染环境、破坏生态造成的人身、财产损害，以及为防止损害发生和扩大而采取必要措施所支出的合理费用的，人民法院应予支持。

被侵权人同时请求侵权人根据民法典第一千二百三十五条的规定承担生态环境损害赔偿责任的，人民法院不予支持。

第二十三条 因污染环境、破坏生态影响他人取水、捕捞、狩猎、采集等日常生活并造成经济损失，同时符合下列情形，请求人主张行为人承担责任的，人民法院应予支持：

（一）请求人的活动位于或者接近生态环境受损区域；

（二）请求人的活动依赖受损害生态环境；

（三）请求人的活动不具有可替代性或者替代成本过高；

（四）请求人的活动具有稳定性和公开性。

根据国家规定须经相关行政主管部门许可的活动，请求人在污染环境、破坏生态发生时未取得许可的，人民法院对其请求不予支持。

第二十四条 两个以上侵权人就污染环境、破坏生态造成的损害承担连带责任，实际承担责任超过自己责任份额的侵权人根据民法典第一百七十八条的规定向其他侵权人追偿的，人民法院应予支持。侵权人就惩罚性赔偿责任向其他侵权人追偿的，人民法院不予支持。

第二十五条 两个以上侵权人污染环境、破坏生态造成他人损害，人民法院应当根据行为有无许可，污染物的种类、浓度、排放量、危害性，破坏生态的方式、范围、程度，以及行为对损害后果所起的作用等因素确定各侵权人的责任份额。

两个以上侵权人污染环境、破坏生态承担连带责任，实际承担责任的侵权人向其他侵权人追偿的，依照前款规定处理。

第二十六条 被侵权人对同一污染环境、破坏生态行为造成损害的发生或者扩大有重大过失，侵权人请求减轻责任的，人民法院可以予以支持。

第二十七条 被侵权人请求侵权人承担生态环境侵权责任的诉讼时效期间，以被侵权人知道或者应当知道权利受到损害以及侵权人、其他责任人之日起计算。

被侵权人知道或者应当知道权利受到损害以及侵权人、其他责任人之日，侵权行为仍持续的，诉讼时效期间自行为结束之日起计算。

第二十八条 被侵权人以向负有环境资源监管职能的行政机关请求处理因污染环境、破坏生态造成的损害为由，主张诉讼时效中断的，人民法院应予支持。

第二十九条 本解释自2023年9月1日起施行。

本解释公布施行后，《最高人民法院关于审理环境侵权责任纠纷案件适用法律若干问题的解释》（法释〔2015〕12号）同时废止。

生态环境损害赔偿管理规定

- 2022年4月26日
- 环法规〔2022〕31号

第一章 总 则

第一条 为规范生态环境损害赔偿工作，推进生态文明建设，建设美丽中国，根据《生态环境损害赔偿制度改革方案》和《中华人民共和国民法典》《中华人民共和国环境保护法》等法律法规的要求，制定本规定。

第二条 以习近平新时代中国特色社会主义思想为指导，全面贯彻党的十九大和十九届历次全会精神，深入贯彻习近平生态文明思想，坚持党的全面领导，坚持以人民为中心的发展思想，坚持依法治国、依法行政，以构建责任明确、途径畅通、技术规范、保障有力、赔偿到位、修复有效的生态环境损害赔偿制度为目标，持续改善环境质量，维护国家生态安全，不断满足人民群众日益增长的美好生活需要，建设人与自然和谐共生的美丽中国。

第三条 生态环境损害赔偿工作坚持依法推进、鼓励创新，环境有价、损害担责，主动磋商、司法保障，信息共享、公众监督的原则。

第四条 本规定所称生态环境损害，是指因污染环境、破坏生态造成大气、地表水、地下水、土壤、森林等环境要素和植物、动物、微生物等生物要素的不利改变，以及上述要素构成的生态系统功能退化。

违反国家规定造成生态环境损害的，按照《生态环境损害赔偿制度改革方案》和本规定要求，依法追究生态环境损害赔偿责任。

以下情形不适用本规定：

（一）涉及人身伤害、个人和集体财产损失要求赔偿的，适用《中华人民共和国民法典》等法律有关侵权责任的规定；

（二）涉及海洋生态环境损害赔偿的，适用海洋环境保护法等法律及相关规定。

第五条 生态环境损害赔偿范围包括：

（一）生态环境受到损害至修复完成期间服务功能丧失导致的损失；

（二）生态环境功能永久性损害造成的损失；

（三）生态环境损害调查、鉴定评估等费用；

（四）清除污染、修复生态环境费用；

（五）防止损害的发生和扩大所支出的合理费用。

第六条 国务院授权的省级、市地级政府（包括直辖市所辖的区县级政府，下同）作为本行政区域内生态环境损害赔偿权利人。赔偿权利人可以根据有关职责分工，指定有关部门或机构负责具体工作。

第七条 赔偿权利人及其指定的部门或机构开展以下工作：

（一）定期组织筛查案件线索，及时启动案件办理程序；

（二）委托鉴定评估，开展索赔磋商和作为原告提起诉讼；

（三）引导赔偿义务人自行或委托社会第三方机构修复受损生态环境，或者根据国家有关规定组织开展修复或替代修复；

（四）组织对生态环境修复效果进行评估；

（五）其他相关工作。

第八条 违反国家规定，造成生态环境损害的单位或者个人，应当按照国家规定的要求和范围，承担生态环境损害赔偿责任，做到应赔尽赔。民事法律和资源环境保护等法律有相关免除或者减轻生态环境损害赔偿责任规定的，按相应规定执行。

赔偿义务人应当依法积极配合生态环境损害赔偿调查、鉴定评估等工作，参与索赔磋商，实施修复，全面履行赔偿义务。

第九条 赔偿权利人及其指定的部门或机构，有权请求赔偿义务人在合理期限内承担生态环境损害赔偿责任。

生态环境损害可以修复的，应当修复至生态环境受损前的基线水平或者生态环境风险可接受水平。赔偿义务人根据赔偿协议或者生效判决要求，自行或者委托开展修复的，应当依法赔偿生态环境受到损害至修复完成期间服务功能丧失导致的损失和生态环境损害赔偿范围内的相关费用。

生态环境损害无法修复的，赔偿义务人应当依法赔偿相关损失和生态环境损害赔偿范围内的相关费用，或者在符合有关生态环境修复法规政策和规划的前提下，开展替代修复，实现生态环境及其服务功能等量恢复。

第十条 赔偿义务人因同一生态环境损害行为需要承担行政责任或者刑事责任的，不影响其依法承担生态环境损害赔偿责任。赔偿义务人的财产不足以同时承担生态环境损害赔偿责任和缴纳罚款、罚金时，优先用于承担生态环境损害赔偿责任。

各地可根据案件实际情况，统筹考虑社会稳定、群众利益，根据赔偿义务人主观过错、经营状况等因素分类处置，探索分期赔付等多样化责任承担方式。

有关国家机关应当依法履行职责，不得以罚代赔，也不得以赔代罚。

第十一条 赔偿义务人积极履行生态环境损害赔偿责任的，相关行政机关和司法机关，依法将其作为从轻、减轻或者免予处理的情节。

对生效判决和经司法确认的赔偿协议，赔偿义务人不履行或者不完全履行义务的，依法列入失信被执行人名单。

第十二条 对公民、法人和其他组织举报要求提起生态环境损害赔偿的，赔偿权利人及其指定的部门或机构应当及时研究处理和答复。

第二章 任务分工

第十三条 生态环境部牵头指导实施生态环境损害赔偿制度，会同自然资源部、住房和城乡建设部、水利部、农业农村部、国家林草局等相关部门负责指导生态环境损害的调查、鉴定评估、修复方案编制、修复效果评估等业务工作。科技部负责指导有关生态环境损害鉴定评估技术研究工作。公安部负责指导公安机关依法办理涉及生态环境损害赔偿的刑事案件。司法部负责指导有关环境损害司法鉴定管理工作。财政部负责指导有关生态环境损害赔偿资金管理工作。国家卫生健康委会同生态环境部开展环境健康问题调查研究、环境与健康综合监测与风险评估。市场监管总局负责指导生态环境损害鉴定评估相关的计量和标准化工作。

最高人民法院、最高人民检察院分别负责指导生态环境损害赔偿案件的审判和检察工作。

第十四条 省级、市地级党委和政府对本地区的生态环境损害赔偿工作负总责，应当加强组织领导，狠抓责任落实，推进生态环境损害赔偿工作稳妥、有序进行。党委和政府主要负责人应当履行生态环境损害赔偿工作第一责任人职责；党委和政府领导班子其他成员应当根据工作分工，领导、督促有关部门和单位开展生态环境损害赔偿工作。

各省级、市地级党委和政府每年应当至少听取一次生态环境损害赔偿工作情况的汇报，督促推进生态环境损害赔偿工作，建立严考核、硬约束的工作机制。

第三章 工作程序

第十五条 赔偿权利人应当建立线索筛查和移送机制。

赔偿权利人指定的部门或机构，应当根据本地区实施方案规定的任务分工，重点通过以下渠道定期组织筛查发现生态环境损害赔偿案件线索：

（一）中央和省级生态环境保护督察发现的案件线索；

（二）突发生态环境事件；

（三）资源与环境行政处罚案件；

（四）涉嫌构成破坏环境资源保护犯罪的案件；

（五）在生态保护红线等禁止开发区域、国家和省级国土空间规划中确定的重点生态功能区发生的环境污染、生态破坏事件；

（六）日常监管、执法巡查、各项资源与环境专项行动发现的案件线索；

（七）信访投诉、举报和媒体曝光涉及的案件线索；

（八）上级机关交办的案件线索；

（九）检察机关移送的案件线索；

（十）赔偿权利人确定的其他线索渠道。

第十六条 在全国有重大影响或者生态环境损害范围在省域内跨市地的案件由省级政府管辖；省域内其他案件管辖由省级政府确定。

生态环境损害范围跨省域的，由损害地相关省级政府共同管辖。相关省级政府应加强沟通联系，协商开展赔偿工作。

第十七条 赔偿权利人及其指定的部门或机构在发现或者接到生态环境损害赔偿案件线索后，应当在三十日内就是否造成生态环境损害进行初步核查。对已造成生态环境损害的，应当及时立案启动索赔程序。

第十八条 经核查，存在以下情形之一的，赔偿权利人及其指定的部门或机构可以不启动索赔程序：

（一）赔偿义务人已经履行赔偿义务的；

（二）人民法院已就同一生态环境损害形成生效裁判文书，赔偿权利人的索赔请求已被得到支持的诉讼请求所全部涵盖的；

（三）环境污染或者生态破坏行为造成的生态环境损害显著轻微，且不需要赔偿的；

（四）承担赔偿义务的法人终止、非法人组织解散或者自然人死亡，且无财产可供执行的；

（五）赔偿义务人依法持证排污，符合国家规定的；

（六）其他可以不启动索赔程序的情形。

赔偿权利人及其指定的部门或机构在启动索赔程序后，发现存在以上情形之一的，可以终止索赔程序。

第十九条 生态环境损害索赔启动后，赔偿权利人及其指定的部门或机构，应当及时进行损害调查。调查应当围绕生态环境损害是否存在、受损范围、受损程度、是否有相对明确的赔偿义务人等问题开展。调查结束应当形成调查结论，并提出启动索赔磋商或者终止索赔程序的意见。

公安机关在办理涉嫌破坏环境资源保护犯罪案件时，为查明生态环境损害程度和损害事实，委托相关机构或者专家出具的鉴定意见、鉴定评估报告、专家意见等，可以用于生态环境损害调查。

第二十条 调查期间，赔偿权利人及其指定的部门或机构，可以根据相关规定委托符合条件的环境损害司法鉴定机构或者生态环境、自然资源、住房和城乡建设、水利、农业农村、林业和草原等国务院相关主管部门推荐的机构出具鉴定意见或者鉴定评估报告，也可以与赔偿义务人协商共同委托上述机构出具鉴定意见或者鉴定评估报告。

对损害事实简单、责任认定无争议、损害较小的案件，可以采用委托专家评估的方式，出具专家意见；也可以根据与案件相关的法律文书、监测报告等资料，综合作出认定。专家可以从市地级及以上政府及其部门、人民法院、检察机关成立的相关领域专家库或者专家委员会中选取。鉴定机构和专家应当对其出具的鉴定意见、鉴定评估报告、专家意见等负责。

第二十一条　赔偿权利人及其指定的部门或机构应当在合理期限内制作生态环境损害索赔磋商告知书，并送达赔偿义务人。

赔偿义务人收到磋商告知书后在答复期限内表示同意磋商的，赔偿权利人及其指定的部门或机构应当及时召开磋商会议。

第二十二条　赔偿权利人及其指定的部门或机构，应当就修复方案、修复启动时间和期限、赔偿的责任承担方式和期限等具体问题与赔偿义务人进行磋商。磋商依据鉴定意见、鉴定评估报告或者专家意见开展，防止久磋不决。

磋商过程中，应当充分考虑修复方案可行性和科学性、成本效益优化、赔偿义务人赔偿能力、社会第三方治理可行性等因素。磋商过程应当依法公开透明。

第二十三条　经磋商达成一致意见的，赔偿权利人及其指定的部门或机构，应当与赔偿义务人签署生态环境损害赔偿协议。

第二十四条　赔偿权利人及其指定的部门或机构和赔偿义务人，可以就赔偿协议向有管辖权的人民法院申请司法确认。

对生效判决和经司法确认的赔偿协议，赔偿义务人不履行或不完全履行的，赔偿权利人及其指定的部门或机构可以向人民法院申请强制执行。

第二十五条　对未经司法确认的赔偿协议，赔偿义务人不履行或者不完全履行的，赔偿权利人及其指定的部门或机构，可以向人民法院提起诉讼。

第二十六条　磋商未达成一致的，赔偿权利人及其指定的部门或机构，应当及时向人民法院提起诉讼。

第二十七条　赔偿权利人及其指定的部门或机构，应当组织对受损生态环境修复的效果进行评估，确保生态环境得到及时有效修复。

修复效果未达到赔偿协议或者生效判决规定修复目标的，赔偿权利人及其指定的部门或机构，应当要求赔偿义务人继续开展修复，直至达到赔偿协议或者生效判决的要求。

第四章　保障机制

第二十八条　完善从事生态环境损害鉴定评估活动机构的管理制度，健全信用评价、监督惩罚、准入退出等机制，提升鉴定评估工作质量。

省级、市地级党委和政府根据本地区生态环境损害赔偿工作实际，统筹推进本地区生态环境损害鉴定评估专业力量建设，满足生态环境损害赔偿工作需求。

第二十九条　国家建立健全统一的生态环境损害鉴定评估技术标准体系。

科技部会同相关部门组织开展生态环境损害鉴定评估关键技术方法研究。生态环境部会同相关部门构建并完善生态环境损害鉴定评估技术标准体系框架，充分依托现有平台建立完善服务于生态环境损害鉴定评估的数据平台。

生态环境部负责制定生态环境损害鉴定评估技术总纲和关键技术环节、基本生态环境要素、基础方法等基础性技术标准，商国务院有关主管部门后，与市场监管总局联合发布。

国务院相关主管部门可以根据职责或者工作需要，制定生态环境损害鉴定评估的专项技术规范。

第三十条　赔偿义务人造成的生态环境损害无法修复的，生态环境损害赔偿资金作为政府非税收入，实行国库集中收缴，全额上缴本级国库，纳入一般公共预算管理。赔偿权利人及其指定的部门或机构根据磋商协议或生效判决要求，结合本区域生态环境损害情况开展替代修复。

第三十一条　赔偿权利人及其指定的部门或机构可以积极创新公众参与方式，邀请相关部门、专家和利益相关的公民、法人、其他组织参加索赔磋商、索赔诉讼或者生态环境修复，接受公众监督。

生态环境损害调查、鉴定评估、修复方案编制等工作中涉及公共利益的重大事项，生态环境损害赔偿协议、诉讼裁判文书、赔偿资金使用情况和生态环境修复效果等信息应当依法向社会公开，保障公众知情权。

第三十二条　建立生态环境损害赔偿工作信息和重大案件信息的报告机制。

省级生态环境损害赔偿制度改革工作领导小组办公室于每年1月底前，将本地区上年度工作情况报送生态环境部。生态环境部于每年3月底前，将上年度全国生态环境损害赔偿工作情况汇总后，向党中央、国务院报告。

第三十三条　生态环境损害赔偿工作纳入污染防治攻坚战成效考核以及环境保护相关考核。

生态环境损害赔偿的突出问题纳入中央和省级生态

环境保护督察范围。中央和省级生态环境保护督察发现需要开展生态环境损害赔偿工作的，移送有关地方政府依照本规定以及相关法律法规组织开展索赔。

建立重大案件督办机制。赔偿权利人及其指定的部门或机构应当对重大案件建立台账，排出时间表，加快推进。

第三十四条 赔偿权利人及其指定的部门或机构的负责人、工作人员，在生态环境损害赔偿过程中存在滥用职权、玩忽职守、徇私舞弊等情形的，按照有关规定交由纪检监察机关依纪依法处理，涉嫌犯罪的，移送司法机关，依法追究刑事责任。

第三十五条 对在生态环境损害赔偿工作中有显著成绩，守护好人民群众优美生态环境的单位和个人，按规定给予表彰奖励。

第五章 附 则

第三十六条 本规定由生态环境部会同相关部门负责解释。

第三十七条 本规定中的期限按自然日计算。

第三十八条 本规定自印发之日起施行。法律、法规对生态环境损害赔偿有明确规定的，从其规定。

最高人民检察院、水利部关于印发《关于建立健全水行政执法与检察公益诉讼协作机制的意见》的通知

- 2022年5月17日
- 高检发办字〔2022〕69号

各省、自治区、直辖市人民检察院、水利（水务）厅（局），新疆生产建设兵团人民检察院、水利局，各流域管理机构：

为深入贯彻落实习近平生态文明思想、习近平法治思想和习近平总书记关于保障国家水安全的重要论述精神，加强水利领域检察公益诉讼工作，推动新时代治水兴水工作高质量发展，最高人民检察院与水利部共同制定了《关于建立健全水行政执法与检察公益诉讼协作机制的意见》，现印发给你们。请结合本地实际，认真贯彻落实。执行中遇到的问题，请及时层报最高人民检察院、水利部。

关于建立健全水行政执法与检察公益诉讼协作机制的意见

为深入贯彻落实习近平生态文明思想、习近平法治思想和习近平总书记关于治水重要讲话指示批示精神，建立健全水行政执法与检察公益诉讼协作机制，推进水利领域检察公益诉讼工作，充分发挥检察公益诉讼的监督、支持和法治保障作用，加强对水利领域国家利益和社会公共利益的保护，推动新阶段水利高质量发展，保障国家水安全，提出如下意见。

一、深刻认识水行政执法与检察公益诉讼协作的重要意义

水是生存之本、文明之源，是经济社会发展的重要支撑和基础保障。党的十八大以来，习近平总书记专门就保障国家水安全发表重要讲话，从实现中华民族永续发展的战略高度，提出"节水优先、空间均衡、系统治理、两手发力"的治水思路，先后主持召开会议研究部署推动长江经济带发展、黄河流域生态保护和高质量发展、推进南水北调后续工程高质量发展并发表重要讲话，作出一系列重要指示批示，确立起国家"江河战略"，为河湖保护治理提供了根本遵循和行动指南。

建立检察机关提起公益诉讼制度是党中央作出的重大改革部署，是以法治思维和法治方式推进国家治理体系和治理能力现代化的重要举措。习近平总书记在党的十八届四中全会上专门对建立这一制度作了说明，强调"由检察机关提起公益诉讼，有利于优化司法职权配置、完善行政诉讼制度，也有利于推进法治政府建设"。中央全面深化改革领导小组第十二次会议指出，重点是对生态环境和资源保护、国有资产保护、国有土地使用权出让、食品药品安全等领域造成国家利益和社会公共利益受到侵害的案件提起民事或行政公益诉讼，更好维护国家利益和人民利益。党的十九届四中全会明确要求拓展公益诉讼案件范围，完善生态环境公益诉讼制度。

水灾害、水资源、水生态、水环境与公共利益密切相关，其治理管理工作具有很强的公益性特征。目前，妨碍行洪，非法取水，侵占河湖、堤防、水库库容，毁坏水库大坝，人为造成水土流失等违法行为在一些地方还比较突出，威胁国家利益和社会公共利益。建立健全水行政执法与检察公益诉讼协作机制，推动水利部门与检察机关良性互动，形成行政和检察保护合力，共同打击水事违法行为，是深入贯彻习近平生态文明思想、习近平法治思想和党中央决策部署的重要举措，对于强化水利法治管理，在法治轨道上推动水利治理能力和水平不断提升具有重要意义。

各级检察机关要依法推进水利领域检察公益诉讼工作，积极支持水行政执法，共同维护水利领域国家利益和

社会公共利益;各级水行政主管部门和国务院水行政主管部门在国家确定的重要江河、湖泊设立的流域管理机构及其所属管理机构(以下简称流域管理机构)要依法全面履职,严格规范执法,协同配合检察机关开展公益诉讼工作。

二、明确水行政执法与检察公益诉讼协作重点领域

建立健全水行政执法与检察公益诉讼协作机制,推进水利领域检察公益诉讼工作,要坚持问题导向、依法治理、协同治理,充分发挥各自职能作用,聚焦水利领域侵害国家利益或者社会公共利益,特别是情节严重、影响恶劣、拒不整改的违法行为,加大协作力度,提升河湖保护治理水平。水行政执法与检察公益诉讼协作的重点领域主要有:

(一)水旱灾害防御方面。主要包括:在水库库区内围垦、侵占库容;在河道、水库弃置、堆放阻碍行洪的物体,种植阻碍行洪的林木;在河道管理范围内建设妨碍行洪的建筑物、构筑物,非法设置拦河渔具,从事影响河势稳定和其他妨碍河道行洪的活动;在蓄滞洪区内违法建设非防洪建设项目;违法建设水工程及跨河、穿河(堤)、临河的工程设施等。

(二)水资源管理方面。主要包括:未经批准擅自取水,未依照批准的取水许可规定条件取水,违法建设取水工程,地下水取水工程未按规定封井或者回填,地下工程建设对地下水补给、径流、排泄等造成重大不利影响,水利水电、航运枢纽等工程未依法实施生态用水调度等。

(三)河湖管理方面。主要包括:非法侵占河湖水域,违法利用、占用河湖岸线,非法围垦河湖或者围河围湖造地,非法采砂;未经批准,在河道管理范围内挖筑鱼塘、修建厂房或者其他建筑设施等。

(四)水利工程管理方面。主要包括:在水库大坝、堤防等水利工程保护范围内,从事影响工程运行和危害工程安全的爆破、打井、采石、取土等活动,在堤防和护堤地建房、开采地下资源等;破坏、侵占、毁损有关水利设施;违法实施对水文监测有影响的活动等。

(五)水土保持方面。主要包括:违法造成水土流失,不依法履行水土流失防治责任,未批先建、未验先投等违反水土保持方案制度的行为,违法在水土保持方案确定的专门存放地外弃渣等。

(六)其他方面。其他违反《中华人民共和国水法》《中华人民共和国防洪法》《中华人民共和国水土保持法》《中华人民共和国长江保护法》等法律法规,导致国家利益或者社会公共利益受到侵害的水事违法行为。

三、建立水行政执法与检察公益诉讼协作机制

(一)会商研判。水行政主管部门、流域管理机构会同检察机关定期开展工作会商,共同分析研判本区域本流域水事秩序和水利领域违法案件特点,研究协作任务和重点事项,协商解决重大问题;工作事项跨省级行政区的,由有关流域管理机构协调相关省级检察机关和水行政主管部门进行会商研判,强化流域统一治理管理;涉及其他行政机关或单位的,通过联席会议、圆桌会议等形式共同会商研判。

(二)专项行动。水行政主管部门或者流域管理机构会同检察机关加强执法司法联动,在水事违法行为多发领域、重点流域和敏感区域等,联合开展专项行动,共同维护水事秩序,提升治理水平。对跨流域或者跨区域、案情复杂或者办理难度较大等方面违法问题,市级以上水行政主管部门或者流域管理机构可以会同检察机关联合挂牌督办,共同推进问题整改。

(三)线索移送。水行政主管部门或者流域管理机构应当及时处理和评估日常监管、检查巡查、水行政执法、监督举报等渠道发现的违法问题线索,对涉及多个行政机关职责、协调处理难度大、执法后不足以弥补国家利益或者社会公共利益损失,以及其他适合检察公益诉讼的问题线索,及时移送有关检察机关。检察机关办理公益诉讼案件中发现水利领域违法问题线索,可以先行与有关水行政主管部门或者流域管理机构磋商,督促依法处理;对跨行政区域或者重大敏感问题线索,及时向有关水行政主管部门的上级机关或者流域管理机构通报情况。线索处理结果应当相互通报。线索移送具体标准由省级检察机关会同省级水行政主管部门或者流域管理机构共同研究确定。

(四)调查取证。检察机关在调查取证过程中,要加强与水行政主管部门或者流域管理机构的沟通协调。检察机关依法查阅、调取、复制水行政执法卷宗材料,收集书证、物证、视听资料、电子数据等证据的,水行政主管部门或者流域管理机构应当予以配合协助。检察机关需要水利专业技术支持的,水行政主管部门或者流域管理机构应当主动或协调有关机构提供技术支持或者出具专业意见。涉及特别复杂或者跨省级行政区案件专业技术问题的,可以由省级以上水行政主管部门或者流域管理机构协助提供技术支持或者出具专业意见。

(五)案情通报。在案件办理过程中,对于涉及水行政执法及公益诉讼案件的重大情况、舆情等,检察机关和水行政主管部门或者流域管理机构及时相互通报,共同

研究对策措施,强化协调联动。检察机关发现水行政主管部门或者流域管理机构可能存在履职不到位或者违法风险隐患的,及时通报,督促其依法履职。根据行政机关执法需要,水利领域公益诉讼案件办结后,检察机关可以向有关水行政主管部门或者流域管理机构通报案件办理相关情况。

四、强化水行政执法与检察公益诉讼协作保障

（一）加强组织领导。各级检察机关、水行政主管部门和流域管理机构要加强工作统筹,明确责任分工,强化要素保障,抓好督促落实,推动构建上下协同、横向协作、完整配套的工作体系,提升水行政执法与检察公益诉讼协作水平。最高人民检察院指定有关省级人民检察院建立流域检察公益诉讼协作平台,统一对接相关流域管理机构,牵头协调流域线索移送、案情通报等协作工作。最高人民检察院会同水利部,依托协作平台协调重大案件办理,指导推动流域水行政执法与跨省级行政区检察公益诉讼工作协同开展。

（二）推进信息共享和技术协作。检察机关和水行政主管部门或者流域管理机构共同建立水行政执法与检察公益诉讼相衔接的信息交流平台,推进信息共享交换,实现相关数据、执法线索和专业技术联通。根据检察机关办案需要,水行政主管部门或者流域管理机构提供职责范围内有关监测数据、卫星遥感影像资料及行政管理、行政处罚等信息。省级检察机关会同有关水行政主管部门或者流域管理机构可以探索共建实验室,开展涉水司法鉴定、检测和评估等工作,完善相关工作规则和技术规范。

（三）深化业务交流。检察机关与水行政主管部门或者流域管理机构要建立业务联络机制,明确专人负责日常对接,拓宽交流沟通渠道和方式。根据工作需要,建立健全专家库,互派业务骨干,协助或参与相关执法办案、业务培训、政策研究、挂职交流等。检察机关可聘请水行政执法人员或水利专家为特邀检察官助理,协助办理相关案件。水行政主管部门或者流域管理机构可聘请检察官为普法讲师,提供法律咨询意见,参与水利普法工作。

（四）注重宣传引导。检察机关、水行政主管部门和流域管理机构要积极利用报刊、广播、电视等传统媒体和网站、移动客户端、微信公众号、直播平台等新媒体,广泛宣传水行政执法与检察公益诉讼协作情况和案件办理成效,不断巩固协作成果,扩大协作影响。联合开展水利领域检察公益诉讼个案剖析和类案研究,通过印发文件、召开新闻发布会等形式,共同发布典型案例,有效发挥典型案例办理一件、影响一片、规范一类的法律效果和社会效果。

各省级检察机关、水行政主管部门和流域管理机构可以依据本意见,结合本区域、本流域实际制定实施细则。

最高人民法院关于充分发挥环境资源审判职能作用依法惩处盗采矿产资源犯罪的意见

· 2022年7月1日
· 法发〔2022〕19号

党的十八大以来,以习近平同志为核心的党中央把生态文明建设作为关系中华民族永续发展的根本大计,高度重视和持续推进环境资源保护工作。矿产资源是国家的宝贵财富,是人民群众生产、生活的物质基础,是山水林田湖草沙生命共同体的重要组成部分。盗采矿产资源犯罪不仅破坏国家矿产资源及其管理秩序,妨害矿业健康发展,也极易造成生态环境损害,引发安全事故。为充分发挥人民法院环境资源审判职能作用,依法惩处盗采矿产资源犯罪,切实维护矿产资源和生态环境安全,根据有关法律规定,制定本意见。

一、提高政治站位,准确把握依法惩处盗采矿产资源犯罪的根本要求

1. 坚持以习近平新时代中国特色社会主义思想为指导,深入贯彻习近平生态文明思想和习近平法治思想,紧紧围绕党和国家工作大局,用最严格制度、最严密法治筑牢维护矿产资源和生态环境安全的司法屏障。坚持以人民为中心,完整、准确、全面贯彻新发展理念,正确认识和把握惩罚犯罪、保护生态与发展经济、保障民生之间的辩证关系,充分发挥司法的规则引领与价值导向功能,服务经济社会高质量发展。

2. 深刻认识盗采矿产资源犯罪的严重社会危害性,准确把握依法打击盗采矿产资源犯罪的形势任务,增强工作责任感和使命感。严格依法审理各类盗采矿产资源案件,紧盯盗采、运输、销赃等各环节,坚持"全要素、全环节、全链条"标准,确保裁判政治效果、法律效果、社会效果、生态效果相统一。

3. 坚持刑法和刑事诉讼法的基本原则,落实宽严相济刑事政策,依法追究盗采行为人的刑事责任。落实民法典绿色原则及损害担责、全面赔偿原则,注重探索、运用预防性恢复性司法规则,依法认定盗采行为人的民事责任。支持和保障行政主管机关依法行政、严格执法,切实追究盗采行为人的行政责任。贯彻落实全面追责原则,依法妥善协调盗采行为人的刑事、民事、行政责任。

4. 突出打击重点,保持依法严惩态势。落实常态化开展扫黑除恶斗争部署要求,持续依法严惩"沙霸""矿霸"及其"保护伞",彻底斩断其利益链条、铲除其滋生土壤。结合环境保护法、长江保护法、黑土地保护法等法律实施,依法严惩在划定生态保护红线区域、大江大河流域、黑土地保护区域以及在禁采区、禁采期实施的盗采矿产资源犯罪。立足维护矿产资源安全与科学开发利用,依法严惩针对战略性稀缺性矿产资源实施的盗采犯罪。

二、正确适用法律,充分发挥依法惩处盗采矿产资源犯罪的职能作用

5. 严格依照刑法第三百四十三条及《最高人民法院、最高人民检察院关于办理非法采矿、破坏性采矿刑事案件适用法律若干问题的解释》(以下简称《解释》)的规定,对盗采矿产资源行为定罪量刑。对犯罪分子主观恶性深、人身危险性大、犯罪情节恶劣、后果严重的,坚决依法从严惩处。

6. 正确理解和适用《解释》第二条、第四条第一款、第五条第一款规定,准确把握盗采矿产资源行为入罪的前提条件。对是否构成"未取得采矿许可证"情形,要在综合考量案件具体事实、情节的基础上依法认定。

7. 正确理解和适用《解释》第三条、第四条第二款、第五条第二款规定,对实施盗采矿产资源行为同时构成两种以上"情节严重"或者"情节特别严重"情形的,要综合考虑各情节,精准量刑。对在河道管理范围、海域实施盗采砂石行为的,要充分关注和考虑其危害堤防安全、航道畅通、通航安全或者造成岸线破坏等因素。

8. 充分关注和考虑实施盗采矿产资源行为对生态环境的影响,加强生态环境保护力度。对具有破坏生态环境情节但非依据生态环境损害严重程度确定法定刑幅度的,要酌情从重处罚。盗采行为人积极修复生态环境、赔偿损失的,可以依法从轻或者减轻处罚;符合《解释》第十条规定的,可以免予刑事处罚。

9. 正确理解和适用《解释》第十三条规定,准确把握矿产品价值认定规则。为获取非法利益而对矿产品进行加工、保管、运输的,其成本支出一般不从销赃数额中扣除。销赃数额与评估、鉴定的矿产品价值不一致的,要结合案件的具体事实、情节作出合理认定。

10. 依法用足用好罚金刑,提高盗采矿产资源犯罪成本,要综合考虑矿产品价值或者造成矿产资源破坏的价值、生态环境损害程度、社会影响等情节决定罚金数额。法律、行政法规对同类盗采矿产资源行为行政罚款标准有规定的,决定罚金数额时可以参照行政罚款标准。盗采行为人就同一事实已经支付了生态环境损害赔偿

金、修复费用的,决定罚金数额时可予酌情考虑,但不能直接抵扣。

11. 准确理解和把握刑法第七十二条规定,依法正确适用缓刑。对盗采矿产资源犯罪分子具有"涉黑""涉恶"或者属于"沙霸""矿霸",曾因非法采矿或者破坏性采矿受过刑事处罚,与国家工作人员相互勾结实施犯罪或者以行贿等非法手段逃避监管,毁灭、伪造、隐藏证据或者转移财产逃避责任,或者数罪并罚等情形的,要从严把握缓刑适用。依法宣告缓刑的,可以根据犯罪情况,同时禁止犯罪分子在缓刑考验期限内从事与开采矿产资源有关的特定活动。

12. 准确理解和把握法律关于共同犯罪的规定,对明知他人盗采矿产资源,而为其提供重要资金、工具、技术、单据、证明、手续等便利条件或者居间联络,结合全案证据可以认定为形成通谋的,以共同犯罪论处。

13. 正确理解和适用《解释》第十二条规定,加强涉案财物处置力度。对盗采矿产资源犯罪的违法所得及其收益,用于盗采矿产资源犯罪的专门工具和供犯罪所用的本人财物,坚决依法追缴、责令退赔或者没收。对在盗采、运输、销赃等环节使用的机械设备、车辆、船舶等大型工具,要综合考虑案件的具体事实、情节及工具的属性、权属等因素,依法妥善认定是否用于盗采矿产资源犯罪的专门工具。

14. 依法妥善审理国家规定的机关或者法律规定的组织提起的生态环境保护附带民事公益诉讼,综合考虑盗采行为人的刑事责任与民事责任。既要依法全面追责,又要关注盗采行为人的担责能力,保证裁判的有效执行。鼓励根据不同环境要素的修复需求,依法适用劳务代偿、补种复绿、替代修复等多种修复责任承担方式,以及代履行、公益信托等执行方式。支持各方依法达成调解协议,鼓励盗采行为人主动、及时承担民事责任。

三、坚持多措并举,健全完善有效惩治盗采矿产资源犯罪的制度机制

15. 完善环境资源审判刑事、民事、行政审判职能"三合一"体制,综合运用刑事、民事、行政法律手段惩治盗采矿产资源犯罪,形成组合拳。推进以湿地、森林、海洋等生态系统,或者以国家公园、自然保护区等生态功能区为单位的环境资源案件跨行政区划集中管辖,推广人民法院之间协商联动合作模式,努力实现一体化司法保护和法律统一适用。全面加强队伍专业能力建设,努力培养既精通法律法规又熟悉相关领域知识的专家型法官,不断提升环境资源审判能力水平。

16. 加强与纪检监察机关、检察机关、公安机关、行政主管机关的协作配合，推动构建专业咨询和信息互通渠道，建立健全打击盗采矿产资源行政执法与刑事司法衔接长效工作机制，有效解决专业性问题评估、鉴定，涉案物品保管、移送和处理，案件信息共享等问题。依法延伸审判职能，积极参与综合治理工作，对审判中发现的违法犯罪线索、监管疏漏等问题，及时向有关单位移送、通报，必要时发送司法建议，形成有效惩治合力。

17. 因应信息化发展趋势，以人工智能、大数据、区块链为依托，促进信息技术与执法办案、调查研究深度融合，提升环境资源审判的便捷性、高效性和透明度。加速建设全国环境资源审判信息平台，构建上下贯通、横向联通的全国环境资源审判"一张网"，为实现及时、精准惩处和预防盗采矿产资源犯罪提供科技支持。

18. 落实人民陪审员参加盗采矿产资源社会影响重大的案件和公益诉讼案件审理的制度要求，积极发挥专业人员在专业事实查明中的作用，充分保障人民群众知情权、参与权和监督权。着力提升巡回审判、典型案例发布等制度机制的普法功能，深入开展法治宣传和以案释法工作，积极营造依法严惩盗采矿产资源犯罪的社会氛围，引导人民群众增强环境资源保护法治意识，共建天蓝、地绿、水清的美丽家园。

· 请示答复

关于环境行政处罚主体资格有关问题的复函

· 2001年6月14日
· 环函〔2001〕120号

山东省环境保护局：

你局《关于环境行政处罚主体资格有关问题的请示》（鲁环发〔2001〕116号）收悉。经研究，函复如下：

根据《行政处罚法》第15条和第20条的规定："行政处罚由具有行政处罚权的行政机关在法定职权范围内实施"，并"由违法行为发生地的县级以上地方人民政府具有行政处罚权的行政机关管辖"。《环境保护行政处罚办法》（国家环境保护总局令第7号）第9条进一步明确，县级以上环境保护行政主管部门在法定职权范围内实施环境保护行政处罚。

另据《行政处罚法》第18条的规定，行政机关可以依法在其法定权限内委托符合条件的组织实施行政处罚。《环境保护行政处罚办法》第10条也规定，环境保护行政主管部门可以在其法定职权范围内委托环境监理机构实施行政处罚。

由此可见，环境保护行政处罚依法应由具有行政处罚权的环境保护行政机关实施，其他组织未经法律、法规授权，依法不具有实施环境保护行政处罚的主体资格；行政机关委托其他组织实施环境保护行政处罚的，也应在其法定权限之内委托处罚，超越法定职权委托处罚应属无效。

根据《环境保护行政处罚办法》第15条第二款的规定，对发生在既无环境保护行政主管部门，也无法律、法规授权实施环境保护行政处罚的其他组织，委托实施处罚又超越法定职权的地方的环境违法案件，上级环境保护行政主管部门可以对其直接实施行政处罚。

关于拒绝缴纳大气污染排污费法律适用问题的复函

· 2001年12月26日
· 环函〔2001〕349号

江苏省环境保护厅：

你厅《关于对拒绝缴纳大气污染排污费行为如何适用法律进行处罚的请示》（苏环法〔2001〕44号）收悉。经研究，函复如下：

一、对不按规定缴纳排污费的，应当依法给予处罚

《中华人民共和国环境保护法》第三十五条第（三）项规定：不按国家规定缴纳超标准排污费的，环境保护行政主管部门可以根据不同情节，给予警告或者处以罚款。

《水污染防治法实施细则》第三十八条、《固体废物污染环境防治法》第五十九条均明确规定，不按国家规定缴纳排污费或者超标排污费的，除追缴排污费或者超标排污费及滞纳金外，可以处缴纳数额50%以下的罚款。

二、对排放大气污染物并拒缴大气排污费的行为，可以参照有关法规决定罚款数额

2000年修改后的《大气污染防治法》对拒缴排污费违法行为的处罚没有作出具体规定。为此，我局曾专门就有关大气排污收费的法规适用问题向国务院法制办请示，国务院法制办经报国务院领导批准，于2000年10月1日以《对〈关于向大气排放污染物征收排污费有关问题的函〉复函》（国法函〔2000〕128号）回复我局。该复函明确指出："同意在国务院根据新修订的《大气污染防治法》对征收排污费的具体办法和实施步骤作出明确规定之前，仍按照现行办法征收大气污染排污费"。

因此，对排放大气污染物的单位必须按现行办法征收大气污染排污费。对排放大气污染物但拒缴排污费的

行为，可以参照《水污染防治法实施细则》第三十八条和《固体废物污染环境防治法》第五十九条关于对拒缴排污费行为的处罚规定给予处罚。

关于《环境保护行政处罚办法》有关指定管辖问题的复函

- 2001 年 12 月 28 日
- 环函〔2001〕350 号

山西省环境保护局：

你局《关于如何适用〈环境保护行政处罚办法〉第十五条第三款的请示》（晋环法字〔2001〕439 号）收悉。经研究，函复如下：

《环境保护行政处罚办法》第十五条第三款："上级环境保护行政主管部门可以将其管辖范围的案件交由下级环境保护行政主管部门直接实施行政处罚。"其中的指定管辖是指管辖权的转移，被指定管辖的环保部门应以其名义实施行政处罚。

另外，《行政诉讼法》第二十二条第一款规定："有管辖权的人民法院由于特殊原因不能行使管辖权的，由上级人民法院指定管辖。"《民事诉讼法》、《刑事诉讼法》等其他程序性法律对"指定管辖"也有类似规定。

关于对同一行为违反不同法规实施行政处罚时适用法规问题的复函

- 2002 年 6 月 14 日
- 环函〔2002〕166 号

江苏省环境保护厅：

你局《关于对违反不同法律规定的同一行为如何进行处罚等问题的请示》（苏环法〔2002〕15 号）收悉。经研究，函复如下：

根据《固体废物污染环境防治法》第 75 条的规定，液态废物和置于容器中的气态废物的污染防治，适用于固体废物污染环境防治的法律规定。

另据《国家危险废物名录》的规定，从医用药品的生产制作过程中产生的医药废物，属于危险废物。

《固体废物污染环境防治法》第 16 条规定，处置固体废物的单位和个人，必须采取防止污染环境的措施。处置危险废物还必须遵守该法第四章关于危险废物污染环境防治的特别规定。

又据《大气污染防治法》第 41 条的规定：在人口集中地区和其他依法需要特殊保护的区域内，禁止焚烧产生有毒有害烟尘和恶臭气体的物质。

根据以上规定，有关单位在人口集中地区和其他依法需要特殊保护的区域内，焚烧高浓度医药废液，该行为同时违反《固体废物污染环境防治法》和《大气污染防治法》的有关规定。按照《行政处罚法》第 24 条关于"对当事人的同一违法行为，不得给予两次以上罚款的行政处罚"的规定，环保部门对违法行为人可依照两种法律规定中处罚较重的规定，定性处罚。

关于环保部门在调查取证过程中先行登记保存适用问题的复函

- 2002 年 12 月 11 日
- 环函〔2002〕334 号

吉林省环境保护局：

你局《关于对环境保护部门在调查取证过程中能否适用"先行登记保存"的请示》（吉环文〔2002〕74 号）收悉。经研究，现函复如下：

《中华人民共和国行政处罚法》第 37 条第二款规定："行政机关在收集证据时，可以采取抽样取证的方法；在证据可能灭失或者以后难以取得的情况下，经行政机关负责人批准，可以先行登记保存，并应当在 7 日内及时作出处理决定，在此期间，当事人或者有关人员不得销毁或者转移证据。"

《环境保护行政处罚办法》第 51 条规定："关于环境行政处罚的其他事项，本办法未作规定的，适用《中华人民共和国行政处罚法》的有关规定。"在处理环境污染、破坏案件过程中，遇到当事人破坏、销毁、转移证据的情况，《环境保护行政处罚办法》未作具体规定。环保部门在执法过程中可以按照《中华人民共和国行政处罚法》第 37 条的规定，采取"抽样取证、先行登记保存"等办法执行。

生态环境部办公厅关于环境行政处罚过程中有关问题的复函

- 2018 年 7 月 20 日
- 环办环监函〔2018〕719 号

河北省环境保护厅：

你厅《关于环境行政处罚过程中有关问题的请示》

(冀环办函〔2018〕790号)收悉。经研究,函复如下:

一、关于未取得排污许可证非法排污的处罚

根据国务院办公厅印发的《控制污染物排放许可制实施方案》(国办发〔2016〕81号),排污许可制是覆盖所有固定污染源和多污染物协同控制的"一证制"管理制度。排污企业未取得排污许可证,同时非法排放大气污染物和水污染物的,属于一个违法行为。现行的《中华人民共和国大气污染防治法》和《中华人民共和国水污染防治法》对未依法取得排污许可证排放污染物的违法行为,规定了相同的处罚措施。因此,可以根据《中华人民共和国大气污染防治法》或者《中华人民共和国水污染防治法》予以处罚。

二、关于按日连续处罚中"拒不改正"的认定

《中华人民共和国环境保护法》第五十九条第一款规定:"企业事业单位和其他生产经营者违法排放污染物,受到罚款处罚,被责令改正,拒不改正的,依法作出处罚决定的行政机关可以自责令改正之日的次日起,按照原处罚数额按日连续处罚。"

《中华人民共和国水污染防治法》第九十五条规定:"企业事业单位和其他生产经营者违法排放水污染物,受到罚款处罚,被责令改正的,依法作出处罚决定的行政机关应当组织复查,发现其继续违法排放水污染物或者拒绝、阻挠复查的,依照《中华人民共和国环境保护法》的规定按日连续处罚。"

根据上述规定,企业因废水化学需氧量排放超标被环保部门责令改正违法行为并依法处罚,环保部门复查时,发现该企业仍继续违法排放水污染物,即使废水化学需氧量排放达标但氨氮等其他水污染物排放超标的,属于拒不改正违法排放污染物行为,可以依据《中华人民共和国水污染防治法》《环境保护主管部门实施按日连续处罚办法》相关条款对该企业实施按日连续处罚。

特此函复。

关于涉及苯并芘的案件应当移送司法机关的复函

· 2020年5月13日
· 环办法规函〔2020〕244号

山东省生态环境厅:

你厅《关于苯并芘是否属于法释〔2016〕29号解释中"有毒物质"有关事项的请示》(鲁环呈〔2020〕7号)收悉。经研究,函复如下:

《最高人民法院、最高人民检察院关于办理环境污染刑事案件适用法律若干问题的解释》(法释〔2016〕29号,以下简称《解释》)第十五条规定:"下列物质应当认定为刑法第三百三十八条规定的'有毒物质':(一)危险废物,是指列入国家危险废物名录,或者根据国家规定的危险废物鉴别标准和鉴别方法认定的,具有危险特性的废物;(二)《关于持久性有机污染物的斯德哥尔摩公约》附件所列物质;(三)含重金属的污染物;(四)其他具有毒性,可能污染环境的物质。"

2019年1月,我部与卫生健康委联合发布《有毒有害大气污染物名录(2018年)》,共包含11种物质,苯并芘不在其内。该名录属于开放名录,将适时调整、修改。

经我部组织有关技术机构论证,苯并芘中的苯并[a]芘属于致癌物,同时具有致突变性和生殖毒性,数十项国内外生态环境保护法规与标准均已将其列入重点管控的污染物。因此,我部认为,应当将苯并[a]芘作为《解释》第十五条第四项规定的"其他具有毒性,可能污染环境的物质",开展移送涉嫌环境犯罪案件有关工作。

特此函复。

· 典型案例

1. 陕西省宝鸡市环境保护局凤翔分局不全面履职案[①]

【关键词】

行政公益诉讼 环境保护 依法全面履职

【要旨】

行政机关在履行环境保护监管职责时,虽有履职行为,但未依法全面运用行政监管手段制止违法行为,检察机关经诉前程序仍未实现督促行政机关依法全面履职目的的,应当向人民法院提起行政公益诉讼。

【基本案情】

2014年5月,陕西长青能源化工有限公司(以下简称长青能化)年产60万吨甲醇工程项目建成,并经陕西省环

---

① 案例来源:2018年12月25日最高人民检察院检例第49号。

境保护厅审批投入试生产至2014年12月31日。2014年11月24日,陕西省发布《关中地区重点行业大气污染物排放限值》地方标准,燃煤锅炉颗粒物排放限值为20mg/m³,自2015年1月1日起实施。长青能化试生产期间,燃煤锅炉大气污染物排放值基本处于地方标准20mg/m³以上,国家标准50mg/m³以下。

2015年1月1日,长青能化试生产期满后未停止生产且燃煤锅炉颗粒物排放值持续在20mg/m³以上50mg/m³以下。

2015年7月7日,陕西省宝鸡市环境保护局凤翔分局(以下简称凤翔分局)向长青能化下达《环境违法行为限期改正通知书》,责令其限期改正生产甲醇环保违规行为,否则将予以高限处罚。长青能化没有整改到位,凤翔分局未作出高限处罚。2015年11月18日,凤翔分局向长青能化下达《行政处罚决定书》,限其于一个月内整改到位,并处以5万元罚款。但该企业并未停止甲醇项目生产,颗粒物超标排放问题依然没有得到有效解决,对周围大气造成污染。

【诉前程序】

2015年11月下旬,陕西省宝鸡市人民检察院在办案中发现凤翔分局可能有履职不尽责的情况,遂指定凤翔县人民检察院开展调查。凤翔县人民检察院查明:长青能化超期试生产且颗粒物超标排放,而凤翔分局虽对长青能化作出行政处罚,但未依法全面履职。2015年12月3日,凤翔县人民检察院向凤翔分局发出《检察建议书》,建议其依法履职,督促长青能化上线治污减排设备,确保环保达标。

2016年1月4日,凤翔分局书面回复凤翔县人民检察院称:2015年12月24日对长青能化下达《责令限制生产决定书》,责令该公司限产。2015年12月30日作出《排污核定与排污费缴纳决定书》,对长青能化2015年10月至12月间颗粒物超标排放加收排污费。

针对凤翔分局回复意见,凤翔县人民检察院进一步查明,凤翔分局作出责令限制生产决定、加收排污费等措施后,长青能化虽然按要求限制生产,但其治污减排设备建设项目未正式投入使用,颗粒物排放依然超过限值。

【诉讼过程】

鉴于检察建议未实现应有效果,2016年5月11日,凤翔县人民检察院向凤翔县人民法院提起行政公益诉讼。凤翔县人民法院受理后,认为符合起诉条件,但不宜由凤翔县人民法院管辖。经向宝鸡市中级人民法院请示指定管辖,2016年5月13日,宝鸡市中级人民法院依法裁定本案由宝鸡市陈仓区人民法院管辖。2016年11月10日,宝鸡市陈仓区人民法院对本案公开开庭审理。

(一)法庭调查

出庭检察人员宣读起诉书,请求:1.确认凤翔分局未依法全面履职的行为违法;2.判令凤翔分局依法全面履行职责,督促长青能化采取有效措施,确保颗粒物排放符合标准。

凤翔分局答辩状称其对企业采取了行政处罚、责令限制生产等措施,已经全面履行职责。诉讼前,长青能化减污设备已经运行,检察机关不需要再提起诉讼。

法庭举证、质证阶段,围绕凤翔分局是否依法全面履行法定职责,出庭检察人员出示了凤翔分局行政职责范围的依据,2015年1月1日至2016年5月8日长青能化颗粒物排放数据等证据。证明截至提起诉讼前,长青能化湿电除尘系统没有竣工验收并且颗粒物依然超标排放,持续给周围大气环境造成污染问题没有彻底解决。

凤翔分局针对起诉书,提交了对长青能化日常监管的表格及2015年7月以来对长青能化作出的各类处罚文书等证据材料,证明已经依法全面履行了对相对人的环境监管职责。

针对凤翔分局提出的证据,出庭检察人员认为,其只能证明凤翔分局对长青能化作出了行政处罚,但不能证明依法全面履职并实现了履职目的。诉讼前,长青能化排放仍存在不达标的情况。

(二)法庭辩论

出庭检察人员指出,凤翔分局未依法全面履职主要表现在三个方面:

一是凤翔分局未依法监管相对人严格执行建设项目环境保护设施设计、施工、使用"三同时"的规定。长青能化的环境保护设施虽然与建设项目同时设计、同时施工,但并未同时使用。

二是凤翔分局初期未采取有效措施对长青能化违法排放颗粒物的行为作出处理。自2015年1月1日起,长青能化颗粒物排放浓度均超过20mg/m³的标准,最高达72mg/m³。凤翔分局却未采取有效行政监管措施予以处置,直到2015年7月7日才对颗粒物超标排放违法行为作出《环境违法行为限期改正通知书》。

三是凤翔分局未依法全面运用监管措施督促长青能化纠正违法行为。长青能化在收到《环境违法行为限期改正通知书》后两个月内未按要求整改到位,凤翔分局未采取相应措施作出高限处罚。

凤翔分局答辩称:已履行了法定职责,多次对长青能化作出行政处罚,颗粒物超标排放是由于地方标准的变化。2016年3月27日,长青能化减污设备已经运行,检察机关无需提起诉讼。

针对凤翔分局答辩,检察机关提出辩论意见:对于长青能化的排污行为,凤翔分局虽有履职行为,但履职不尽责。一是作出的5万元罚款不是高限处罚。二是按照相关规定,在地方标准严于国家标准的情况下,依法应当执行地方标准。三是2016年3月27日,长青能化减污设备已经上线运行,但颗粒物排放数据仍不稳定,仍有不达标的问题。四是诉讼中,凤翔分局于2016年5月16日才作出按日连续处罚的行政处罚,对长青能化违法行为罚款645万元。

2016年8月22日,长青能化减污设备经评估正式投入运行,经第三方检测机构的检测,长青能化颗粒物排放已持续稳定符合国家和地方排放标准。2016年12月20日,检察机关撤回了第二项诉讼请求,即督促长青能化采取有效措施,确保颗粒物排放达到国家标准和地方标准。

(三)审理结果

2016年12月28日,陕西省宝鸡市陈仓区人民法院作出一审判决,确认被告凤翔分局未依法全面履行对相对人长青能化环境监管职责的行为违法。

【指导意义】

诉前程序是检察机关提起公益诉讼的前置程序。办理公益诉讼案件,要对违法事实进行调查核实,围绕行政机关不依法履职或者不全面履职行为的客观表现、主观过错、与国家利益或者社会公共利益遭受侵害后果的关系以及相关的法律依据、政策要求、文件规定等全面收集、固定证据,在查清事实的基础上依法提出检察建议,督促行政机关纠正违法、依法履职。行政机关未在检察建议要求的期限内依法全面履行职责,国家利益或者社会公共利益仍然遭受侵害的,检察机关应当依法向人民法院提起公益诉讼。

对行政机关不依法履行法定职责的判断和认定,应以法律规定的行政机关法定职责为依据,对照行政机关的执法权力清单和责任清单,以是否全面运用或者穷尽法律法规和规范性文件规定的行政监管手段制止违法行为,国家利益或者社会公共利益是否得到了有效保护为标准。行政机关虽然采取了部分行政监管或者处罚措施,但未依法全面运用或者穷尽行政监管手段制止违法行为,国家利益或者社会公共利益受侵害状态没有得到有效纠正的,应认定行政机关不依法全面履职。

【相关规定】

《中华人民共和国环境保护法》第十五条第二款

《中华人民共和国大气污染防治法》第五条、第七条、第四十三条、第九十九条

《中华人民共和国行政处罚法》第五十一条

《中华人民共和国行政诉讼法》第二十五条第四款

《环境保护主管部门实施按日连续处罚办法》第五条、第十条

《建设项目环境保护管理条例》第十五条、第二十条第一款

《建设项目竣工环境保护验收管理办法》第十四条、第十七条第三款

《火电厂大气污染物排放标准》

《关中地区重点行业大气污染物排放限值》

2. 湖南省长沙县城乡规划建设局等不依法履职案①

【关键词】

行政公益诉讼　生态环境保护　督促履职

【要旨】

检察机关通过检察建议实现了督促行政机关依法履职、维护国家利益和社会公共利益目的的,不需要再向人民法院提起诉讼。

【基本案情】

2013年6月,长沙威尼斯城房地产开发有限公司(以下简称威尼斯城房产公司)开发的威尼斯城第四期项目开始建设。该项目将原定项目建设的性质、规模、容积率等作出重大调整,开工建设前未按照《中华人民共和国环境影响评价法》的规定重新报批环境影响评价文件。2016年8月29日,湖南省长沙县行政执法局对威尼斯城房产公司作出行政处罚决定,责令该公司停止第四期项目建设,并处以10万元罚款。威尼斯城房产公司虽然缴纳了罚款但并未停止建设。截至2018年3月7日,该项目已经建成1—6栋。7—8栋未取得施工许可证即开始进行基坑施工(停工状态),9栋未开工建设。

【提出检察建议】

2017年7月20日,湖南省长沙市人民检察院在参与中央环保督察组督查过程中,发现长沙县城乡规划建设局、长沙县行政执法局不依法履行职责致使国家和社会公共利益受损的线索。报告湖南省人民检察院后,湖南省人民检察院将案件线索交长沙市人民检察院办理。

长沙市人民检察院调查发现,2003年4月22日至2017年3月14日,威尼斯城第四期项目建设用地位于参照饮用水水源一级保护区保护范围内。2017年3月14日

---

① 案例来源:2018年12月25日最高人民检察院检例第50号。

后，根据湖南省人民政府调整后的饮用水水源保护区划定，该建设项目用地位于饮用水水源二级保护区保护范围内。经调查核实，长沙市人民检察院认为长沙县城乡规划建设局等三行政机关不依法履行职责，对当地生态环境、饮用水水源安全造成重大影响，侵害了社会公共利益。其中：

长沙县城乡规划建设局明知威尼斯城第四期项目必须重新申报环境影响评价文件，但在未重新申报的情况下，发放建设工程规划许可证和建筑工程施工许可证，导致项目违法建设，给当地生态环境造成重大影响。

长沙县行政执法局明知威尼斯城第四期项目环境影响评价未申报通过、未批先建的情况下，在作出责令停止建设，并处以罚款10万元的决定后，未进一步采取措施，导致该项目1—6栋最终建设完成，同时对该项目7—8栋无建筑工程施工许可就开挖基坑的违法行为未责令恢复原状，造成重大生态环境影响。

长沙县环境保护局明知威尼斯城第四期项目环境影响评价未申报通过，却在该项目1—6栋建设工程规划许可证申请表上盖章予以认可，造成违法建设行为发生，给当地生态环境造成重大影响。

2017年12月18日、2018年3月16日，长沙市人民检察院先后分别向长沙县城乡规划建设局、长沙县行政执法局和长沙县环境保护局发出检察建议：一是建议长沙县行政执法局依法对威尼斯城房产公司未依法停止建设，仍处于继续状态的违法行为进行处罚，责令对违法在建工程恢复原状。二是建议三行政机关在职责范围内依法处理威尼斯城第四期项目环境影响评价、建设工程规划许可和建筑工程施工许可等问题。三是建议三行政机关依法加强对该项目行政许可的审批管理和执法监管，杜绝类似违法行为再次发生。

检察机关发出检察建议后，与长沙县行政执法局等三机关以及长沙县人民政府进行了反复协调沟通，促进相关检察建议落实。三机关均按期对长沙市人民检察院检察建议进行了书面回复。2018年4月10日，长沙县行政执法局根据检察建议的要求对威尼斯城房产公司作出行政处罚决定：责令该公司立即停止第四期项目建设；对7—8栋基坑恢复原状，并处罚款4365058.67元。威尼斯城房产公司接受处罚并对7—8栋基坑恢复原状。长沙县城乡规划建设局、长沙县环境保护局根据检察建议的要求加大对该项目的监管力度，对类似行政审批流程进行规范，对相关责任人员进行追责，给予四名工作人员相应的行政处分。

2018年2月9日，长沙县人民政府就纠正违法行为与长沙市人民检察院沟通并对相关问题提出处置意见。因该案涉及饮用水水源地保护区调整，长沙市人民检察院依法向长沙县人民政府发出工作建议，建议该县及时向上级机关申报重新划定饮用水水源地保护区范围；对该项目监管和执法中暴露出来的相关违法违规问题依法依规进行处理；加强对建设项目审批的管理和监督，对招商引资项目的管理，进一步规范行政许可、行政审批行为，切实防止损害生态环境和资源保护行为的发生。

2018年5月17日，长沙县人民政府就工作建议向长沙市人民检察院作出书面回复，对威尼斯城第四期项目违法建设的处置提出具体的工作意见和实施办法。长沙市人民检察院认为，威尼斯城第四期项目违法建设对当地生态环境和饮用水水源地造成重大影响，损害社会公共利益，考虑到该项目1—6栋已经销售完毕，仅第6栋就涉及320户，涉及众多群众利益，撤销该项目的建设工程规划许可证和建筑工程施工许可证并拆除建筑，将损害不知情群众的利益。经论证，采取水口上移变更饮用水水源地保护区范围等补救措施，不影响威尼斯城众多业主的合法权益和生活稳定，社会效果和法律效果较好。根据长沙市人民检察院的建议，长沙市人民政府上移饮用水取水口。2018年5月31日，新建设的长沙县星沙第二水厂取水泵站已经通水。2018年10月29日，经湖南省人民政府批准，长沙市人民政府对饮用水水源地保护范围进行了调整。

【指导意义】

检察机关办理公益诉讼案件，应当着眼于切实维护国家利益和社会公共利益的目标，加强与行政机关沟通协调，注重各项实际措施的落实到位。充分发挥诉前程序的功能作用，努力实现案件办理政治效果、社会效果和法律效果的有机统一。对于一个污染环境或者破坏生态的事件，多个行政机关存在违法行使职权或者不作为情形的，检察机关可以分别提出检察建议，督促其依法履行各自职责。依据法律规定，有多种行政监管、处罚措施可选择时，应从最大限度保护国家利益或者社会公共利益出发，建议行政机关采取尽量不减损非侵权主体的合法权益、实际效果最好的监管处罚措施。

【相关规定】

《中华人民共和国环境保护法》第六十一条

《中华人民共和国水污染防治法》第六十六条

《中华人民共和国环境影响评价法》第三十一条

《中华人民共和国行政诉讼法》第二十五条第四款

《环境行政处罚办法》第十一条

3. 最高人民法院发布十起环境公益诉讼典型案例
（2017年3月7日）

一、江苏省泰州市环保联合会诉泰兴锦汇化工有限公司等水污染民事公益诉讼案

【基本案情】

2012年1月至2013年2月，被告锦汇公司等六家企业将生产过程中产生的危险废物废盐酸、废硫酸总计2.5万余吨，以每吨20至100元不等的价格，交给无危险废物处理资质的相关公司偷排进泰兴市如泰运河、泰州市高港区古马干河中，导致水体严重污染。泰州市环保联合会诉请法院判令六家被告企业赔偿环境修复费1.6亿余元、鉴定评估费用10万元。

【裁判结果】

江苏省泰州市中级人民法院一审认为，泰州市环保联合会作为依法成立的参与环境保护事业的非营利性社团组织，有权提起环境公益诉讼。六家被告企业将副产酸交给无处置资质和处置能力的公司，支付的款项远低于依法处理副产酸所需费用，导致大量副产酸未经处理倾倒入河，造成严重环境污染，应当赔偿损失并恢复生态环境。2万多吨副产酸倾倒入河必然造成严重环境污染，由于河水流动，即使倾倒地点的水质好转，并不意味着河流的生态环境已完全恢复，依然需要修复。在修复费用难以计算的情况下，应当以虚拟治理成本法计算生态环境修复费用。遂判决六家被告企业赔偿环境修复费用共计1.6亿余元，并承担鉴定评估费用10万元及诉讼费用。江苏省高级人民法院二审认为，泰州市环保联合会依法具备提起环境公益诉讼的原告资格，一审审判程序合法。六家被告企业处置副产酸的行为与造成古马干河、如泰运河环境污染损害结果之间存在因果关系。一审判决对赔偿数额的认定正确，修复费用计算方法适当，六家被告企业依法应当就其造成的环境污染损害承担侵权责任。二审判决维持一审法院关于六家被告企业赔偿环境修复费用共计1.6亿余元的判项，并对义务的履行方式进行了调整。如六家被告企业能够通过技术改造对副产酸进行循环利用，明显降低环境风险，且一年内没有因环境违法行为受到处罚的，其已支付的技术改造费用可经验收后在判令赔偿环境修复费用的40%额度内抵扣。六家被告企业中的三家在二审判决后积极履行了判决的全部内容。锦汇公司不服二审判决，向最高人民法院申请再审。最高人民法院认为，环境污染案件中，危险化学品和化工产品生产企业对其主营产品及副产品均需具有较高的注意义务，需要全面了解其主营产品和主营产品生产过程中产生的副产品是否具有高度危险性、是否会造成环境污染；需要使其主营产品的生产、出售、运输、储存和处置符合相关法律规定，亦需使其副产品的生产、出售、运输、储存和处置符合相关法律规定，避免对生态环境造成损害或者产生造成生态环境损害的重大风险。虽然河水具有流动性和自净能力，但在环境容量有限的前提下，向水体大量倾倒副产酸，必然对河流的水质、水体动植物、河床、河岸以及河流下游的生态环境造成严重破坏。如不及时修复，污染的累积必然会超出环境承载能力，最终造成不可逆转的环境损害。因此，不能以部分水域的水质得到恢复为由免除污染者应当承担的环境修复责任。最高人民法院最终裁定驳回了锦汇公司的再审申请。

【典型意义】

泰州水污染公益诉讼案被媒体称为"天价"环境公益诉讼案。该案由社会组织作为原告、检察机关支持起诉，参与主体特殊、涉案被告多，判赔金额大、探索创新多、借鉴价值高。一审法院正确认定泰州市环保联合会的主体资格，确认锦汇公司等六家公司主观上具有非法处置危险废物的故意，客观上造成了环境严重污染的结果，应该承担对环境污染进行修复的赔偿责任。同时，结合鉴定结论和专家证人意见认定环境修复费用，判令六家被告企业共计赔偿1.6亿余元环境修复费用。二审法院衡平企业良性发展与环境保护目标，创新了修复费用支付方式，鼓励企业加大技术改造力度，处理好全局利益与局部利益、长远利益与短期利益的关系，承担起企业环境保护主体责任和社会责任。最高人民法院肯定了二审法院创新修复费用支付方式的做法，鼓励企业积极开展技术创新和改造，促进区域生态环境质量改善。同时明确了危险化学品和化工产品生产企业在生产经营过程中应具有较高的注意义务，应承担更多的社会责任。对于河水这种具有流动性和自净能力的环境介质，确立了水污染环境修复责任的处理原则，即污染行为一旦发生，不因水环境的自净改善而影响污染者承担修复义务。本案对水污染案件的处理具有一定的示范意义。

【点评专家】

吕忠梅　十二届全国人大代表、全国政协社会和法制委员会驻会副主任、最高人民法院特邀咨询员

【点评意见】

泰州案因参与主体特殊、诉讼程序完整、因果关系判定、环境污染损害鉴定评估、赔付履行方式创新等，引人瞩目。再审裁定虽然主要是对一、二审判决的确认，但其作为国家最高司法机关的终审裁决，对今后的个案裁判乃至司法规则确立具有里程碑意义。该案的事实认定与因果

关系推定法理十分清晰。区分该案被告有直接实施污染物倾倒行为和非倾倒行为直接实施人两类不同情况，采纳"违反注意义务说"及因果关系推定规则，清晰的展示"受害人证明基础事实达到低标准证明——法官推定因果关系的存在——被推定人提出反证证明"的逻辑，妥当实现原、被告间在诉讼中的平衡。该案损害后果的认定鲜明体现环境侵权特征。针对当事人双方就是否存在损害后果的严重分歧，法官基于对环境侵权后果二元性的充分认识，清晰的论证了倾倒副产酸这一污染行为所造成的污染与生态损害两种后果，正确认定河域生态系统损害及其规律。该案对环境修复费用的确定、计算以及履行方式积极探索创新。法官将倾倒副产酸的损害后果确定为污染导致的生态破坏危险，引入虚拟治理成本计算法，采用支付环境修复费用的责任承担方式并探索具体履行路径，较好考虑了司法效果、社会效果与环境效果的统一。

二、中国生物多样性保护与绿色发展基金会诉宁夏瑞泰科技股份有限公司等腾格里沙漠污染系列民事公益诉讼案

【基本案情】

2015年8月，中国生物多样性保护与绿色发展基金会向宁夏回族自治区中卫市中级人民法院提起诉讼称：瑞泰公司等八家企业在生产过程中违规将超标废水直接排入蒸发池，造成腾格里沙漠严重污染，截至起诉时仍然没有整改完毕。请求判令：1. 停止非法污染环境行为；2. 对造成环境污染的危险予以消除；3. 恢复生态环境或者成立沙漠环境修复专项基金并委托具有资质的第三方进行修复；4. 针对第二项和第三项诉讼请求，由法院组织原告、技术专家、法律专家、人大代表、政协委员共同验收；5. 赔偿环境修复前生态功能损失；6. 在全国性媒体上公开赔礼道歉等。绿发会向法院提交了基金会法人登记证书，显示绿发会是国家民政部登记的基金会法人。绿发会提交的2010至2014年度检查证明材料，显示其在提起本案公益诉讼前五年年检合格。绿发会提交了五年内未因从事业务活动违反法律、法规的规定而受到行政、刑事处罚的无违法记录声明。此外，绿发会章程规定，其宗旨为"广泛动员全社会关心和支持生物多样性保护和绿色发展事业，保护国家战略资源，促进生态文明建设和人与自然和谐，构建人类美好家园"。绿发会还向法院提交了其自1985年成立至今，一直实际从事包括举办环境保护研讨会、组织生态考察、开展环境保护宣传教育、提起环境民事公益诉讼等活动的相关证据材料。

【裁判结果】

宁夏回族自治区中卫市中级人民法院一审认为，绿发会不能认定为环境保护法第五十八条规定的"专门从事环境保护公益活动"的社会组织，对绿发会的起诉裁定不予受理。绿发会不服，提起上诉。宁夏回族自治区高级人民法院审查后裁定驳回上诉，维持原裁定。绿发会不服二审裁定，向最高人民法院申请再审。最高人民法院依法提审并审理认为，因环境公共利益具有普惠性和共享性，没有特定的法律上直接利害关系人，有必要鼓励、引导和规范社会组织依法提起环境公益诉讼，以充分发挥环境公益诉讼功能。依据环境保护法第五十八条和《最高人民法院关于审理环境民事公益诉讼案件适用法律若干问题的解释》第四条的规定，对于本案绿发会是否可以作为"专门从事环境保护公益活动"的社会组织提起本案诉讼，应重点从其宗旨和业务范围是否包含维护环境公共利益，是否实际从事环境保护公益活动，以及所维护的环境公共利益是否与其宗旨和业务范围具有关联性等三个方面进行审查。对于社会组织宗旨和业务范围是否包含维护环境公共利益，应根据其内涵而非简单依据文字表述作出判断。社会组织章程即使未写明维护环境公共利益，但若其工作内容属于保护各种影响人类生存和发展的天然的和经过人工改造的自然因素的范畴，均应认定宗旨和业务范围包含维护环境公共利益。绿发会章程中规定的宗旨契合绿色发展理念，亦与环境保护密切相关，属于维护环境公共利益的范畴。环境保护公益活动，不仅包括植树造林、濒危物种保护、节能减排、环境修复等直接改善生态环境的行为，还包括与环境保护有关的宣传教育、研究培训、学术交流、法律援助、公益诉讼等有利于完善环境治理体系，提高环境治理能力，促进全社会形成环境保护广泛共识的活动。绿发会在本案一审、二审及再审期间提交的历史沿革、公益活动照片、环境公益诉讼立案受理通知书等相关证据材料，虽未经庭审质证，但在立案审查阶段，足以显示绿发会自1985年成立以来长期实际从事包括举办环境保护研讨会、组织生态考察、开展环境保护宣传教育、提起环境民事公益诉讼等环境保护活动，符合环境保护法和环境公益诉讼司法解释的规定。同时，上述证据亦证明绿发会从事环境保护公益活动的时间已满五年，符合环境保护法第五十八条关于社会组织从事环境保护公益活动应五年以上的规定。依据环境公益诉讼司法解释第四条的规定，社会组织提起的公益诉讼涉及的环境公共利益，应与社会组织的宗旨和业务范围具有一定关联。即使社会组织起诉事项与其宗旨和业务范围不具有对应关系，但若与其所保护的环境要素或者生态系统具有一定的联系，亦应基于关联性

标准确认其主体资格。本案环境公益诉讼系针对腾格里沙漠污染提起。沙漠生物群落及其环境相互作用所形成的复杂而脆弱的沙漠生态系统，需要人类的珍惜利用和悉心呵护。绿发会起诉认为瑞泰公司将超标废水排入蒸发池，严重破坏了腾格里沙漠本已脆弱的生态系统，所涉及的环境公共利益维护属于绿发会宗旨和业务范围。此外，绿发会提交的基金会法人登记证书、年度检查证明材料、无违法记录声明等，证明其符合环境保护法第五十八条，环境公益诉讼司法解释第二条、第三条、第五条对提起环境公益诉讼社会组织的其他要求，具备提起环境民事公益诉讼的主体资格。最高人民法院再审裁定撤销一审、二审裁定，指令本案由中卫市中级人民法院立案受理。

【典型意义】

最高人民法院通过审理腾格里沙漠污染系列民事公益诉讼案，针对新环境保护法实施以来各地环境公益诉讼案件审理中出现的与原告主体资格有关的突出问题，就环境保护法第五十八条以及环境公益诉讼司法解释规定的环境公益诉讼原告主体资格相关法律适用问题，确立、细化了裁判规则。再审裁定明确对于社会组织是否具备提起环境民事公益诉讼的主体资格，应当重点从宗旨和业务范围是否包含维护环境公共利益，是否实际从事环境保护公益活动，以及所维护的环境公共利益是否与其宗旨和业务范围具有关联性等三个方面进行认定。再审裁定阐明了对于社会组织宗旨和业务范围是否包含维护环境公共利益，应根据其内涵而非简单依据文字表述作出判断；阐明了环境保护公益活动，不仅包括直接改善生态环境的行为，还包括有利于完善环境治理体系、提高环境治理能力，促进全社会形成环境保护广泛共识的活动；阐明了社会组织起诉事项与其宗旨和业务范围即便不具有对应关系，但若与其所保护的环境要素或者生态系统具有一定的联系，亦应基于关联性标准确认其主体资格。该系列案件是最高人民法院首次通过具体案例从司法层面就环境民事公益诉讼主体问题明确判断标准，推动了环境公益诉讼制度的发展，已作为最高人民法院指导性案例发布，对于环境民事公益诉讼案件的审理具有重要的指引和示范作用。

【点评专家】

王树义　武汉大学教授

【点评意见】

环境民事公益诉讼的原告资格问题，是近几年来在环境民事公益诉讼司法实践中时常困扰法官们的一个实际问题。问题主要出在对环境保护法第五十八条中"专门从事环境保护公益活动"的理解。其实，《最高人民法院关于审理环境民事公益诉讼案件适用法律若干问题的解释》第四条已经解释得非常清楚，为何依然出现此类问题？主要还是涉及对"专门从事环境保护公益活动"的正确理解。如何认定一个社会组织是否属于专门从事环境保护公益活动的社会组织，主要考察两点：一是社会组织章程确定的宗旨；二是社会组织的主要业务活动范围。具体到本案，绿发会章程中明确规定，其宗旨是"广泛动员全社会关心和支持生物多样性保护与绿色发展事业，维护公众环境权益和社会公共利益"；第七条规定，其业务范围包括"（五）开展和资助维护公众环境权益和环境保护领域社会公共利益的理论研究和实践活动，推动我国环境法治"；"（九）开展和资助符合本基金会宗旨的其他项目和活动"。从绿发会的宗旨和主要业务范围看，绿发会显然应当被认定为"专门从事环境保护公益活动"的社会组织。因为，保护生物多样性、推动和支持绿色发展、开展维护公众环境权益和环境保护领域社会公共利益的实践活动，就是一种环境保护的公益活动，并且是一种重要的、应当广泛提倡和推动的环境保护公益活动。另外，绿发会起诉的事项与其宗旨及业务范围亦具有对应关系或关联性，其原告资格显而易见。最高人民法院对本案的再审裁定，对类似案件具有很好的指引和示范作用。

三、中华环保联合会诉山东德州晶华集团振华有限公司大气污染民事公益诉讼案

【基本案情】

振华公司是一家从事玻璃及玻璃深加工产品制造的企业，位于山东省德州市区内。振华公司虽投入资金建设脱硫除尘设施，但仍有两个烟囱长期超标排放污染物，造成大气污染，严重影响了周围居民生活，被环境保护部点名批评，并被山东省环境保护行政主管部门多次处罚，但其仍持续超标向大气排放污染物。中华环保联合会提起诉讼，请求判令振华公司立即停止超标向大气排放污染物，增设大气污染防治设施，经环境保护行政主管部门验收合格并投入使用后方可进行生产经营活动；赔偿因超标排放污染物造成的损失2040万元（诉讼期间变更为2746万元）及因拒不改正超标排放污染物行为造成的损失780万元，并将赔偿款项支付至地方政府财政专户，用于德州市大气污染的治理；在省级及以上媒体向社会公开赔礼道歉；承担本案诉讼、检验、鉴定、专家证人、律师及其他为诉讼支出的费用。德州市中级人民法院受理本案后，向振华公司送达民事起诉状等诉讼材料，向社会公告案件受理情况，并向德州市环境保护局告知本案受理情况。德州市人民政府、德州市环境保护局积极支持、配合本案审理，并与一审法院共同召开协调会。通过司法机关与环境保护行

政主管部门的联动、协调,振华公司将全部生产线关停,在远离居民生活区的天衢工业园区选址建设新厂,防止了污染及损害的进一步扩大,使案件尚未审结即取得阶段性成效。

【裁判结果】

山东省德州市中级人民法院一审认为,诉讼期间振华公司放水停产,停止使用原厂区,可以认定振华公司已经停止侵害。在停止排放前,振华公司未安装或者未运行脱硫和脱硝治理设施,未安装除尘设施或者除尘设施处理能力不够,多次超标向大气排放二氧化硫、氮氧化物、烟粉尘等污染物。其中,二氧化硫、氮氧化物是酸雨的前导物,过量排放形成酸雨会造成居民人身及财产损害,过量排放烟粉尘将影响大气能见度及清洁度。振华公司超标排放污染物的行为导致了大气环境的生态附加值功能受到损害,应当依法承担生态环境修复责任,赔偿生态环境受到损害至恢复原状期间服务功能损失。同时,振华公司超标向大气排放污染物的行为侵害了社会公众的精神性环境权益,应当承担赔礼道歉的民事责任。遂判决振华公司赔偿超标排放污染物造成损失2198.36万元,用于大气环境质量修复;振华公司在省级以上媒体向社会公开赔礼道歉等。宣判后,双方当事人均未提起上诉,一审判决已生效。

【典型意义】

德州大气污染公益诉讼案是新环境保护法施行后,人民法院受理的首例京津冀及其周边地区大气污染公益诉讼案件。大气具有流动性,其本身具有一定的自净功能,企业超标排放是否构成生态环境损害是本案审理的难点。本案裁判明确超标过量排放二氧化硫、氮氧化物和粉尘将影响大气的生态服务功能,应当承担法律责任,可根据企业超标排放数量以及二氧化硫、氮氧化物和粉尘的单位治理成本计算大气污染治理的虚拟成本,进而作为生态环境损害赔偿的依据,具有一定合理性。振华公司在本案审理期间主动承担社会责任,积极采取措施防止污染的持续和扩大,值得肯定。该案的审结及时回应了当前社会公众对京津冀及周边地区的大气污染治理的关切,对区域大气污染治理进行了有益的实践探索。

【点评专家】

周珂　中国人民大学教授

【点评意见】

本案判决结果较充分地体现了环境司法这一新型司法领域独特的公平正义。第一,关于超标排污的正当性问题。法院判决被告超标排污的行为侵害了社会公共的环境权益,即认定了其行为的违法性和对环境公益的侵害性。这为通过环境公益诉讼的办法,使超标排污造成大气污染得到有效治理开辟了一条新的有效的途径。第二,大气污染的因果关系历来是个难点,判决不纠缠于复杂的逻辑争辩,在本案所在城市属于国内污染极为严重城市这一不需要鉴定的事实前提下,确认了鉴定报告可以作为认定事实的依据,采用了国外环境诉讼中的间接因果关系认定说,提高了审判的效率,也完全满足程序正义的要求。第三,大气污染环境公益诉讼的损害数额计算全世界也没有统一的标准,判决认定了鉴定报告采用的"按虚拟治理成本的4倍计算被告振华公司生态损害数额"的计算方法,采用了适中的倍数。这为今后环境公益诉讼正确和有效地处理这方面的问题提供了有益的经验。第四,修改前的环保法没有赔礼道歉的规定,而判决援引了2014年新环保法的有关规定,认定被告应当承担赔礼道歉的民事责任,其历史意义是重大而深远的。第五,本案法院立案受理后,及时与政府部门沟通,发挥司法与行政执法协调联动作用,促进污染企业向节能环保型企业转型发展,体现了我国绿色司法追求社会经济发展与生态环境保护双赢的目标和效果。

四、重庆市绿色志愿者联合会诉湖北恩施州建始磺厂坪矿业有限责任公司水库污染民事公益诉讼案

【基本案情】

千丈岩水库位于重庆市巫山县、奉节县和湖北省建始县交界地带,距离长江25公里,被重庆市人民政府确认为集中式饮用水源保护区,供应周边5万居民的生活饮用和生产用水。该地区属喀斯特地貌。磺厂坪矿业公司距离千丈岩水库约2.6公里,2011年5月取得湖北省恩施土家族苗族自治州环境保护局环境影响评价批复,但该项目建设可行性报告明确指出尾矿库库区为自然成库的岩溶洼地,库区岩溶表现为岩溶裂隙和溶洞;尾矿库工程安全预评价报告建议对尾矿库运行后可能存在的排洪排水问题进行补充评价。磺厂坪矿业公司未按照报告要求修改可行性研究报告并申请补充环评。项目于2014年6月建成,8月10日开始违法生产,产生的废水、尾矿未经处理就排入临近有溶洞漏斗发育的自然洼地。2014年8月12日,巫山县红椿乡村民反映千丈岩水库饮用水源取水口水质出现异常,巫山县启动了重大突发环境事件应急预案。重庆绿联会提起诉讼,请求判令磺厂坪矿业公司停止侵害,不再生产或者避免再次造成污染,对今后可能出现的污染地下溶洞水体和污染水库的风险重新作出环境影响评价,并由法院根据环境影响评价结果,作出是否要求磺厂坪矿业公司搬迁的裁判;磺厂坪矿业公司进行生态环境修复,并承担相应费用991000元等。

【裁判结果】

重庆市万州区人民法院一审认为，磺厂坪矿业公司违法生产行为已导致千丈岩水库污染，破坏了千丈岩地区水体、地下水溶洞以及排放废水洼地等生态，造成周边居民的生活饮用水困难，损害了社会公共利益。同时，磺厂坪矿业公司的选址存在污染地下水风险，且至今未建设水污染防治设施，潜在的污染风险和现实的环境损害同时存在。据此，一审法院判决磺厂坪矿业公司立即停止侵害，履行重新申请环境影响评价的义务，未经环境保护行政主管部门批复、环境保护设施未经验收的，不得生产；在判决生效后180日内，制定磺厂坪矿业公司洼地土壤修复方案并进行修复，逾期不履行修复义务或者修复未达到保护生态环境社会公共利益标准的，承担修复费用991000元；在国家级媒体上赔礼道歉等。重庆市第二中级人民法院二审维持了一审判决。

【典型意义】

本案涉及三峡库区饮用水资源的保护。磺厂坪矿业公司位于喀斯特地貌山区，地下裂缝纵横，暗河较多，选址建厂应当充分考虑特殊地质条件，生产对周边生态环境的影响。磺厂坪矿业公司与千丈岩水库分处两个不同的省级行政区域，导致原环境影响评价并未全面考虑生产对相邻千丈岩水库的影响。磺厂坪矿业公司在水污染防治设施尚未建成的情况下，擅自投入生产，违法倾倒生产废水和尾矿，引发千丈岩水库重大突发环境事件。本案结合污染预防和治理的需要，创新民事责任承担方式，将停止侵害的具体履行方式进一步明确为重新申请环境影响评价，未经环境保护行政主管部门批复和环境保护设施未经验收的不得生产，较好地将行政权和司法权相衔接，使判决更具可执行性，有利于及时制止违法生产行为，全面保护社会公共利益。

【点评专家】

张新宝　中国人民大学教授

【点评意见】

本案属于典型的环境民事公益诉讼案，审理法院对已有的公益诉讼审判规则的把握和适用较为准确，并体现了一定的创新性。具体分析如下：第一，关于诉讼管辖规则。本案被告磺厂坪矿业公司地处湖北省建始县，而因其违法行为遭受损害的千丈岩水库位于重庆市巫山县、奉节县和湖北省建始县交界地带（被重庆市确认为集中式饮用水源保护区），根据《最高人民法院关于审理环境民事公益诉讼案件适用法律若干问题的解释》第六条、第七条，以及《重庆市关于环境资源审判组织管辖环境资源案件范围的暂行规定》可知，万州区人民法院享有第一审环境民事公益诉讼管辖权。第二，关于原告诉讼请求。鉴于磺厂坪矿业公司造成的现实环境损害与潜在的污染风险并存，本案原告重庆绿联会主张之诉讼请求合法且合理。第三，关于民事责任承担方式。法院根据事实和法律判决支持原告停止侵害诉讼请求，要求被告重新申请环境影响评价，未经环境保护行政主管部门批复和环境保护设施未经验收的不得生产。这种将诉讼请求予以具体化的原告主张方式和法院判决思路，是值得后续相应案例予以思考和借鉴的，其能够较好地实现司法权与行政权的衔接、配合，使判决更加具有可执行性。同时，环境民事公益诉讼司法解释第二十条规定的生态修复可以理解为民事责任承担方式中恢复原状的一种，即法院可以依法判决被告将环境修复到损害发生之前的状态和功能，无法完全修复可准许采取替代性修复方式，并且法院可以确定被告不履行修复义务时应当承担的修复费用（也可以直接判决被告承担费用）。本案一审法院直接判处被告制定、实施生态修复方案，并在逾期不履行或修复不达标时承担修复费用，符合现行法律和司法解释规定。

五、中华环保联合会诉江苏江阴长泾梁平生猪专业合作社等养殖污染民事公益诉讼案

【基本案情】

梁平合作社等与周边村庄相距较近，其生猪养殖项目建设未经环境影响评价、配套污染防治设施未经验收，就擅自投入生产，造成邻近村庄严重污染。中华环保联合会提起诉讼，请求法院判令梁平合作社等立即停止违法养猪、排污行为，并通过当地媒体向公众赔礼道歉；对养殖产生的粪便、沼液等进行无害化处理，排除污染环境的危险，并承担采取合理预防、处置措施而发生的费用；对污染的水及土壤等环境要素进行修复，并承担相应的生态环境修复费用；承担生态环境受到损害至恢复原状期间服务功能损失费用等。诉讼期间，梁平合作社停止了生猪养殖及排污侵害行为，向法院提交《环境修复报告》。江苏省无锡市中级人民法院组织双方进行了质证，并邀请专家到庭发表意见。专家认为，《环境修复报告》所提供的修复方案不能达到消除污染的目的。原、被告双方对专家意见均无异议，该院予以确认。经双方当事人同意，法院委托鉴定部门重新作出修复方案和监理方案。

【裁判结果】

江苏省无锡市中级人民法院一审认为，经双方当事人同意，法院委托专家在现场调研和勘验的基础上，针对案涉环境地形地貌、污染状况，并结合国家、地方地表水环境质量标准、江河湖泊水功能区划水质要求，作出的技术性修复方案程序合法，依据充分，应予以确认。被告应按照

该修复方案对受污染的水、土壤等环境要素进行修复,并自觉接受监理单位的监督。遂判决梁平合作社等必须严格按照修复方案明确的土地复耕方案对涉案土壤进行修复,复耕标准达到国土资源主管部门复耕要求和农林主管部门农业生产条件符合性评价指标与要求;必须严格按照修复方案对涉案污染的水环境进行修复,水环境污染物浓度应降低到《地表水环境质量标准》(GB3838-2002)V类标准,并自觉接受监理单位的监督;在判决生效后一个月内向该院报告环境修复落实情况,法院将委托当地环境保护主管部门验收;如自行修复后经环境保护主管部门验收仍不能达到环境修复预期目标的,法院将委托第三方进行修复,由此产生的一切费用由梁平合作社等负担。宣判后,双方当事人均未提起上诉,一审判决已生效。

【典型意义】

"十三五"规划纲要提出,要开展农村人居环境整治行动,建设美丽宜居乡村。国家标准委下发的《美丽乡村建设指南》明确了农村畜禽研制厂污染排放、废弃物综合利用和畜禽无害化处理等的具体标准。法院在审理本案过程中,针对被告提交的《环境修复报告》组织双方当事人质证,并邀请专家出庭发表意见,充分发挥庭审功能,确保实现修复生态环境的诉讼目的。在当事人提交的《环境修复报告》不能实现修复目的的情形下,法院发挥能动作用,征得双方当事人同意委托专家另行出具修复方案、监理方案,确保污染预防、治理方案科学合理、切实可行。该案裁判在具体判项中引入相关国家标准,使被告履行义务更加全面具体,确保污染防治能够达到国家标准的质量和水平。该案对于人民法院发挥审判职能作用,支持保障美丽宜居乡村建设,发挥了良好的示范作用。

【点评专家】

王灿发　中国政法大学教授

【点评意见】

本案是一起针对畜禽养殖污染要求污染者停止污染、治理污染并修复生态环境的公益诉讼。在诉讼期间,排污者就停止了污染行为,部分诉讼目的已经实现。关键的问题是修复已经被污染破坏了的生态环境。在处理这个难题上,该案的审判具有三个方面的亮点:一是充分体现了"技术的归技术,法律的归法律"的环境案件审判特点。环境案件的审判,通常会涉及许多的技术问题,作为法官,不可能对这些技术问题都了解和掌握,也难以判断其中的科学性。在这种情况下,就需要依靠科学技术机构和专家对技术问题作出判断,而法官则要在专家技术判断的基础上来适用法律,这样才能保障案件审判的科学性、合理性和公正性。二是法院对案件的审判没有停留在判断是非和法益归属上,而是延伸到了执行的监督。该案的判决,不但判令被告负责修复环境,而且对修复过程中的监理、修复后的验收作出安排。因此可以说这是一份十分负责的判决,为今后此类环境公益诉讼案件的审判提供了范例。三是该案的审判回应了农村环境亟待司法保障的需求。随着我国经济的发展,在城市环境问题尚未得到根本解决的情况下,农村环境的污染和破坏也越来越严重。特别是由畜禽养殖造成的水污染、大气污染和土壤污染,已经达到相当严重的程度。由于农村地区环境法治观念淡薄和一些地方政府一味追求经济发展,使得农村地区的畜禽养殖大多缺乏治理措施。该公益诉讼案件的审理和判决,一方面给其他畜禽养殖污染者敲响了警钟,同时也对其他环保社会组织提起类似的公益诉讼作出了示范,必将有利于促进农村环境污染的预防和治理。

六、北京市朝阳区自然之友环境研究所诉山东金岭化工股份有限公司大气污染民事公益诉讼案

【基本案情】

金岭公司下属热电厂持续向大气超标排放污染物,并存在环保设施未经验收即投入生产、私自篡改监测数据等环境违法行为。2014年至2015年间,多个环境保护主管部门先后对金岭公司进行了多次行政处罚,山东省环境保护厅责成其停产整改、限期建成脱硫脱硝设施,环境保护部对该公司进行过通报、督查。自然之友诉请人民法院判令被告停止超标排污,消除所有不遵守环境保护法律法规行为对大气环境造成的危险;判令被告支付2014年1月1日起至被告停止侵害、消除危险期间所产生的大气环境治理费用,具体数额以专家意见或者鉴定结论为准等。

【裁判结果】

在山东省东营市中级人民法院审理本案期间,金岭公司纠正违法行为,全部实现达标排放,监测设备全部运行并通过了东营市环境保护局的验收。经法院主持调解,金岭公司自愿承担支付生态环境治理费300万元。为了保障社会公众的知情权,法院在双方当事人达成调解协议之后,依法公示调解协议内容,并在公告期间届满后,对调解协议内容是否损害社会公共利益进行了审查,确保调解符合公益诉讼目的,生态环境损害能够得到及时有效救济。该案调解书经双方当事人签收已发生法律效力。

【典型意义】

本案涉及公用事业单位超标排放的环境污染责任。金岭公司系热电企业,在生产过程中多次违法超标排放,对大气造成严重污染。诉讼中,金岭公司积极整改,停止侵害,实现达标排放,监测设备正常运行,使本案具备了调

解的基础。法院依法确认该企业存在向大气超标排放污染物等违法事实,并依照《最高人民法院关于审理环境民事公益诉讼案件适用法律若干问题的解释》第二十五条规定,对调解协议内容进行公示,公告期间届满又对调解协议内容进行审查后出具调解书。该案对于督促公用事业单位在提供公共服务过程中履行环境保护责任,依法保障社会公众在环境公益诉讼案件调解程序中的知情权、参与权,做了有益的探索,具有良好的示范意义。

【点评专家】

孙佑海　天津大学法学院院长、教授

【点评意见】

关于环境民事公益诉讼案件能否适用调解的问题,在制定相关司法解释时有过争论。《最高人民法院关于审理环境民事公益诉讼案件适用法律若干问题的解释》第二十五条明确规定,在办理环境民事公益诉讼案件中可以采用调解方式。本案中,山东省东营市中级人民法院根据该司法解释,采用调解方式成功解决了一起在全国有重大影响的环境民事公益诉讼纠纷,取得了良好的社会效果。在环境民事公益诉讼案件中适用调解方式,需要认真把握以下几点:一是对社会公共利益的保护不能仅仅寄希望于通过单一途径或单一方式,多元矛盾纠纷解决机制不失为另一种有效选择;二是对环境民事公益诉讼案件进行调解,符合构建社会主义和谐社会的要求,且具有成本低、效率高、社会风险小、节约司法资源等优势;三是根据权利和义务相一致的原则,既然环境民事公益诉讼的原告负担着诉讼中的一切义务,那么,其也理当享有完整的诉讼权利,包括处分权在内,否则不公平;四是鉴于该类公益诉讼的性质,应当强化监督,人民法院不仅要对调解协议依法进行公告,听取社会公众的意见和建议,而且公告期满后还要进行认真审查,认为调解协议或者和解协议的内容不损害社会公共利益的,才可以出具调解书。东营市中级人民法院在案件的办理中,悉心关照环境民事公益诉讼的特点,根据"有限调解"等原则,对环境民事公益诉讼调解的特殊模式予以考量,凸显环境民事公益诉讼不同于一般民事诉讼的特征,取得了宝贵的经验,对今后办理类似案件,具有良好的示范性。

七、江苏省镇江市生态环境公益保护协会诉江苏优立光学眼镜公司固体废物污染民事公益诉讼案

【基本案情】

优立公司是江苏省丹阳市一家生产树脂眼镜镜片的企业。2006年,丹阳市环境保护科技咨询服务中心作出的环境影响报告表认定,当地眼镜生产加工企业因树脂镜片磨边、修边工段产生的树脂玻璃质粉末废物为危险废物HW13。2014年4月至7月期间,优立公司将约5.5吨该类废物交给3名货车司机,倾倒于某拆迁空地,造成环境污染。丹阳市环境保护局对污染场地进行初步清理,将该废物连同被污染的土壤挖掘并予以保管。镇江公益协会提起诉讼,请求判令优立公司采取措施消除污染,承担固体废物暂存、前期清理以及验收合格的费用,或者赔偿因其环境污染所需的相关修复费用234400元。

【裁判结果】

江苏省镇江市中级人民法院一审经委托鉴定查明,案涉树脂玻璃质粉末废物不在《国家危险废物名录》之列,原环评报告将其评定为危险废物不符合法律规定,遂向丹阳市环境保护局、当地眼镜商会发出司法建议,建议依法重新评定该类固体废物的属性,准确定性。后经组织评定,确认该类废物不具有危险特性,可交由第三方综合利用或者以无害化焚烧等方式进行处置。一审法院根据评定报告再次提出司法建议,建议为该类废物建立集中收集处置体系。丹阳市眼镜商会采纳了该建议,参照固体废物相关环保管理要求,采取转移"五联单"的办法管理,并将该类废物运交垃圾发电厂焚烧发电。丹阳市环境保护局对新的评定报告予以认可,同意丹阳市眼镜商会提出的该类废物集中处置方案,并表示愿意监督优立公司依法处置剩余废物。一审法院遂判令优立公司在丹阳市环境保护局的监督下按照一般废物依法处置涉案废物。宣判后,双方均未上诉,一审判决已生效。

【典型意义】

本案涉及固体废物污染责任的认定问题。法院在案件审理中积极采取委托鉴定、调查等方式,依照固体废物污染环境防治法的规定,依法确认案涉固体废物的属性,较好发挥了司法的能动作用。鉴于对该类废物属性的确定和管理,将影响当地眼镜产业数百家企业的生产模式,以及区域危险废物处置能力的调整,法院发出司法建议,推动和督促当地眼镜商会和环境保护主管部门依法纠正了长达十余年的行业误评,鼓励、支持地方政府和行业组织采取有利于保护环境的固体废物集中处置措施,破解了治理固体废物污染的难题,促进了清洁生产和循环经济发展,对于充分发挥环境公益诉讼推动公共政策形成的功能,具有较好的示范意义。

【点评专家】

王子健　中国科学院生态环境研究中心研究员,国家863计划"化学品风险管理与控制"重大项目首席科学家

【点评意见】

本案关于树脂眼镜镜片修边工艺段粉末是否具有"危

险特性"的认定过程具有典型性。《国家危险废物名录》规定,可以从两个方面认定固体废物是否具有危险特性。首先看废弃物是否列入了《国家危险废物名录》。本案中,地方眼镜行业技术服务部门的环评报告将其认定为危废(HW13),但是眼镜镜片材料从属性上并不符合"非特定行业的废弃的离子交换树脂(900-015-13)"。本案中的树脂指的是镜片树脂,而不是离子交换树脂。离子交换树脂在工业上和废水处理中用来吸附重金属等阳离子或氰化物等阴离子,因此在废弃阶段可能含有毒性残留物。对固体废物是否具有"危险特性"不明确时,还可以采用《国家危险废物名录》规定的"危险废物鉴别标准和鉴别方法"予以认定,而本案的分析测试结果也表明该固体废物不具有危险性。危险废弃物危害性质的鉴别及其处理处置费用十分高昂,因此,准确鉴别固体废物的危险特性在环境损害认定和赔偿中至关重要。本案中有机镜片树脂可分为天然树脂和合成树脂两种。其中的天然树脂不具有危害属性;合成树脂主要是烯丙基二甘醇酸脂烯(CR39)、聚碳酸酯(PC)和甲基丙烯酸甲酯(PMMA),也不具备物理、环境和健康危害特征。然而许多无毒原材料生产的物品为了达到使用功能性要求可能会加入一些有毒化学物质,对这些化学物质的危害性质界定是需要将来在法律法规中予以明确的。

八、江苏省徐州市人民检察院诉徐州市鸿顺造纸有限公司水污染民事公益诉讼案

【基本案情】

鸿顺公司多次被环境保护主管机关查获以私设暗管方式向连通京杭运河的苏北堤河排放生产废水,废水的化学需氧量、氨氮、总磷等污染物指标均超标。江苏省徐州市铜山区环境保护局曾两次对鸿顺公司予以行政处罚。徐州市人民检察院作为公益诉讼人,于2015年12月28日向徐州市中级人民法院提起环境民事公益诉讼,请求判令鸿顺公司将被污染损害的苏北堤河环境恢复原状,并赔偿生态环境受到损害至恢复原状期间的服务功能损失;如鸿顺公司无法恢复原状,请求判令其以2600吨废水的生态环境修复费用26.91万元为基准,以该基准的3倍至5倍承担赔偿责任。

【裁判结果】

江苏省徐州市中级人民法院一审认为,鸿顺公司排放废水污染环境,应当承担环境污染责任。根据已查明的环境污染事实、鸿顺公司的主观过错程度、防治污染设备的运行成本、生态环境恢复的难易程度、生态环境的服务功能等因素,酌情确定该公司应当承担的生态环境修复费用及生态环境受到损害至恢复原状期间的服务功能损失,遂判决鸿顺公司赔偿生态环境修复费用及服务功能损失共计105.82万元。宣判后,鸿顺公司以一审公益诉讼人徐州市人民检察院为被上诉人提起上诉。江苏省高级人民法院二审认为,污染物排放点的环境质量已经达标不能作为鸿顺公司拒绝承担生态环境修复费用的理由,一审判决以2.035倍作为以虚拟治理成本法计算生态环境修复费用的系数并无不当,以查明的鸿顺公司排放废水量的四倍计算生态环境修复费用具有事实和法律依据。二审判决驳回上诉,维持原判。

【典型意义】

该案是全国人大常委会授权检察机关试点提起公益诉讼以来人民法院依法受理的首批民事公益诉讼案件,也是人民法院审理的第一起检察机关试点提起公益诉讼的二审案件。一审法院注重司法公开,体现公众参与,合议庭由审判员和人民陪审员共同组成,庭审向社会公开并进行视频、文字同步直播。庭审时邀请专家辅助人就环境保护专业技术问题提出专家意见,较好地解决了环境资源案件科学性和公正性的衔接问题。该案尝试根据被告违法排污的主观过错程度、排污行为的隐蔽性以及环境损害后果等因素,合理确定带有一定惩罚性质的生态环境修复费用,加大污染企业违法成本,有助于从源头上遏制企业违法排污。二审法院依据民事诉讼法、《全国人民代表大会常务委员会关于授权最高人民检察院在部分地区开展公益诉讼试点工作的决定》审理检察机关提起公益诉讼的二审案件,对于完善该类案件二审程序规则起到了示范作用。

【点评专家】

李浩　南京师范大学中国法治现代化研究院研究员

【点评意见】

本案是一起非常值得关注的具有典型意义的案件。这是检察机关作为公益诉讼人提起诉讼且进入第二审程序的首例民事公益诉讼案件。由于是第一案,它也提出了一些在程序上值得注意、值得重视、值得研究的问题。

首先,在被告提起上诉的情况下,如何确定检察机关在第二审程序中的称谓?在民事诉讼法中,只有上诉人和被上诉人,检察机关在二审中如何称谓?是继续称谓公益诉讼人还是称谓被上诉人?考虑到民事诉讼第二审程序的特点,二审判决将提起诉讼的徐州市人民检察院列为被上诉人(公益诉讼人)。应当说这是相当有智慧的做法,既充分关照了民事诉讼的特点,又保留了第一审中检察机关公益诉讼人这一特殊称谓。第二,在被上诉人未提交答辩状的情况下,程序如何进行?检察机关是否需要提交答辩

状?这对于检察机关来说,恐怕是第一次遇到的问题。检察机关熟悉的情形是刑事诉讼中被告提起上诉进入第二审程序。对于此种情形,虽然根据刑事诉讼法的规定法院要把上诉状的副本交送同级人民检察院,但并未规定检察机关可以提交答辩状,事实上检察机关也不会提出答辩状。但是,依照民事诉讼法的规定,被上诉人是可以提交答辩状的。作为被上诉人的徐州市人民检察院会作出何种选择呢?在本案中,检察机关未提交答辩状。当然,不提交答辩状,在程序上也是合法的,因为按照民事诉讼法的规定,答辩是被上诉人的一项权利,既然是权利,就可以放弃。对于对方当事人不提出答辩状的情形,立法者在制定民事诉讼法时是有预估的,在第一百六十七条中规定不提出答辩状的不影响法院对案件的审理。所以二审法院适用民事诉讼法的这一规定化解了上诉案中的这一新问题。第三,二审是采取开庭审理还是径行裁判的方式。公益诉讼案件是社会影响大、民众关注度高的案件,所以该案在第一审中不仅由两名审判员和三名人民陪审员组成合议庭开庭审理,而且将庭审情况用图像、文字向社会进行了直播。进入第二审之后,要不要开庭审理?民事诉讼法第一百六十九条对二审案件规定了开庭审理和径行裁判两种审理方式,以开庭审理为原则,但经过阅卷、调查和询问当事人,对没有提出新的事实、证据或者理由,合议庭认为不需要开庭审理的,可以不开庭审理。本案虽然是公益诉讼案件,但由于上诉人在上诉时并未提出新的事实、证据或者理由,所以二审法院决定采用径行判决的方式。综上,二审法院通过适用民事诉讼法,妥善地解决了第一案中遇到的新的程序问题。

九、贵州省六盘水市六枝特区人民检察院诉贵州省镇宁布依族苗族自治县丁旗镇人民政府环境行政公益诉讼案

【基本案情】

丁旗镇政府将位于贵州省镇宁县与六枝特区交界处的原龙岩飞机制造厂用地后山地块约5亩场地作为丁旗镇生活垃圾临时堆放场,其辖区内的龙滩村村委会也组织将该村生活垃圾集中倾倒至垃圾堆放场附近。2015年11月,六盘水市六枝特区人民检察院向丁旗镇政府发出检察建议书,建议丁旗镇政府在一个月内将倾倒的垃圾清理完毕,并恢复地块原状,责令龙滩村村委会停止垃圾倾倒。因丁旗镇政府未按期进行回复,六枝特区人民检察院作为公益诉讼人提起行政公益诉讼,请求确认被告未依照法律规定选址垃圾堆放场的行政行为违法;判令被告履行法定职责,责令其辖区内的龙滩村村委会停止在该地块倾倒垃圾;判令被告采取补救措施,将该地块的垃圾清除,恢复该地块原状。2016年2月,丁旗镇政府向龙滩村村委会发出通知,禁止该村倾倒垃圾,并组织人员、车辆将临时堆放场的垃圾清运完毕。

【裁判结果】

贵州省清镇市人民法院一审认为,丁旗镇政府选址堆放该镇生活垃圾的行为,是其实施社会管理和公共服务职能的行为,但其选址未经环境卫生行政主管部门指定,垃圾堆放场亦未采取防扬散、防渗漏、防流失、防雨等防治措施,造成较严重的环境污染。公益诉讼人在发现违法行为后,向丁旗镇政府发出检察建议,但丁旗镇政府并未积极进行整改,在本案审理过程中,丁旗镇政府才履行其管理职能将垃圾清运,但还未达到使生态环境明显改善的效果。由于本案受理后,丁旗镇政府已向其辖区内的龙滩村村委会下达通知,禁止该村在该地块倾倒垃圾并将原有垃圾清理覆土,一审法院遂判决确认丁旗镇政府选址垃圾堆放场的行政行为违法;限丁旗镇政府按照专家意见及建议继续采取补救措施,确保该区域生态环境明显改善;驳回公益诉讼人的其他诉讼请求。宣判后,双方当事人均未上诉,一审判决已生效。

【典型意义】

本案是《全国人民代表大会常务委员会关于授权最高人民检察院在部分地区开展公益诉讼试点工作的决定》施行后首例由人民法院跨行政区划管辖的检察机关提起公益诉讼试点案件。对环境公益诉讼案件实行跨行政区划管辖,有利于克服地方保护、督促行政机关依法履职,对于保护生态环境具有积极的作用。在本案审理过程中,被告积极履行其行政管理职能,公益诉讼人的诉讼目的部分得以实现,人民法院在公益诉讼人未明确申请撤回该部分诉讼请求的情况下,对该部分诉讼请求未予支持,符合行政诉讼法的规定。该案对于人民法院在行政诉讼法、民事诉讼法和全国人大授权决定的框架下依法稳妥有序审理检察机关提起的公益诉讼案件,具有示范意义。

【点评专家】

马怀德 中国政法大学副校长、最高人民法院特邀咨询员

【点评意见】

行政公益诉讼是一种全新的事物。根据全国人大常委会关于检察机关在生态环境和资源保护等领域开展提起公益诉讼试点的授权,对相关行政行为进行监督,是检察机关行使监督权的一种新形式。

正确认识行政公益诉讼试点工作,需要把握好三个关键词,第一是"公益",公益诉讼一定是代表公共利益,维护

公共利益,而不是维护私人利益;第二是"诉讼",公益诉讼人必须通过诉讼的方式来实现维护公益的目的,尽管其本身具有法律监督的职责,但是一旦进入了诉讼,就要符合诉讼的规律和要求。第三是"检察机关",检察机关的法律监督职能和公共利益的诉讼代表人这两种职能发生某种意义上的重叠或者结合之后,确实有别于民事公益诉讼中社会组织提起的公益诉讼,在诉讼中坚持正当程序原则,不仅仅是对裁判者、审理者而言,也适用于任何一方诉讼参加人。

本案公益诉讼人起诉后,行政机关主动履职,检察机关提起公益诉讼所发挥的监督效果十分明显,较好地实现了立法机关授权目的。审理者关照公益诉讼的特点,根据生态环境是否得到明显改善等,对行政机关履行法定职责范围的判断标准进行了探索和创新,并注意在法律授权的框架内开展试点,坚持正当程序基本规则,在作出对一方当事人不利裁决前,充分听取其辩论意见,作出行政机关已履行其行政管理职能、公益诉讼目的部分实现的认定,对类案处理发挥了较好的示范效应。

十、吉林省白山市人民检察院诉白山市江源区卫生和计划生育局、白山市江源区中医院环境行政附带民事公益诉讼案

【基本案情】

白山中医院新建综合楼时,未建设符合环保要求的污水处理设施就投入使用。吉林省白山市人民检察院调查发现白山中医院通过渗井、渗坑排放医疗污水。经对白山中医院排放的医疗污水及渗井周边土壤取样检验,化学需氧量、五日生化需氧量等均超过国家标准。白山市卫生和计划生育局在白山中医院未提交环评合格报告的情况下,对其《医疗机构执业许可证》校验为合格。白山市人民检察院提起诉讼,请求判令白山市卫生和计划生育局于2015年5月18日为白山中医院校验《医疗机构执业许可证》的行为违法;白山市卫生和计划生育局履行法定监管职责,责令白山中医院限期对医疗污水净化处理设施进行整改;白山中医院立即停止违法排放医疗污水。

【裁判结果】

吉林省白山市中级人民法院一审认为,在白山中医院未提交环评合格报告的情况下,白山市卫生和计划生育局对其《医疗机构执业许可证》校验合格,违反相关法律法规规定,该校验行为违法。白山中医院违法排放医疗污水,导致周边地下水及土壤存在重大污染风险,白山市卫生和计划生育局未及时制止,其怠于履行监管职责的行为违法。白山中医院未安装符合环保要求的污水处理设备,通过渗井、渗坑实施了排放医疗污水的行为,产生了周边地下水及土壤存在重大环境污染风险的损害结果,应当承担侵权责任。遂判决确认白山市卫生和计划生育局于2015年5月18日对白山中医院《医疗机构执业许可证》校验合格的行政行为违法;责令其履行监管职责,监督白山中医院在三个月内完成医疗污水处理设施的整改;白山中医院立即停止违法排放医疗污水。一审宣判后,双方当事人均未上诉,一审判决已生效。

【典型意义】

本案涉及卫生行政许可及医疗污水污染地下水水体、土壤等环境要素的保护问题,系检察机关提起的全国首例行政附带民事公益诉讼,对检察机关提起公益诉讼的程序进行了有益探索和实践。人民检察院依法创新环境公共利益司法保护方式,积极提起行政附带民事公益诉讼,督促行政机关依法履行监管职责,监督行政管理相对人履行环境保护法定义务并承担停止侵害的民事责任,避免了重大环境污染事件的发生,取得了良好的法律效果和社会效果。人民法院采取了行政公益诉讼与民事公益诉讼分别立案,由同一审判组织一并审理、分别裁判的方式,在行政诉讼中将白山中医院作为行政诉讼第三人,充分保障了行政管理相对人发表意见的权利,同时通过民事诉讼程序依法确定白山中医院的民事责任,对于妥善协调同一污染行为引发的行政责任和民事责任具有示范意义。

【点评专家】

肖建国　中国人民大学教授,最高人民法院特邀咨询员

【点评意见】

这是基于环境污染引发的全国首例行政附带民事公益诉讼案件,行政公益诉讼判决与民事公益诉讼判决由法院同一合议庭于同日分别作出,两案当事人都服判息诉,判决均已发生法律效力。而且诉讼提起后,被告行政机关积极采取补救措施,筹措资金,监督中医院污水处理设施的整改工作。可见,该案对于矫正行政机关在履行法定职责时的懈怠行为,强化依法行政理念,防止行政相对人因违法排放医疗污水而造成重大环境污染风险,具有重要的现实意义,法律效果和社会效果良好。

本案凸显了行政附带民事公益诉讼在审理程序上的巨大优势,即:在两种诉讼中存在着某些共同的事实和证据问题时,通过附带诉讼的方式,由同一审判组织在同一程序中查明这些事实、认定这些证据,既可以节省时间,又能够避免相互矛盾的判断。当然,对于两种诉讼中相异的事实及证据,合议庭可以行使诉讼指挥权,将两种程序分开处理,同时或先后分别作出两个判决。不过,该案附带民事公益诉讼的被告是一家公立医院,自身承担着救死扶伤的公益职能。法院判决被告"立即停止违法排放医疗污

水",可能引发公众对医院是否会因此受到影响关门整顿、病人无法正常诊疗就医、生命健康权受到损害的质疑。因此,附带诉讼的判决说理中,只有阐明保护环境公益的必要性和紧迫性,裁判内容的可执行性和妥当性,裁判结果才具有正当性和说服力。

4. 最高人民法院发布 10 起环境资源刑事、民事、行政典型案例
（2017 年 6 月 22 日）

案例一：宁夏回族自治区中卫市沙坡头区人民检察院诉宁夏明盛染化有限公司、廉兴中污染环境案

【基本案情】

2007 年以来,明盛公司在废水处理措施未经环境影响评估,未经申报登记、验收的情况下,擅自在厂区外东侧腾格里沙漠采用"石灰中和法"处置工业废水。2009 年 6 月 18 日,廉兴中任明盛公司法定代表人,负责公司的全面工作并决定继续使用"石灰中和法"处置工业废水。明盛公司于 2011 年 5 月 11 日取得排放污染物许可证,有限期限至 2014 年 4 月 30 日。明盛公司在排放污染物许可证到期后,仍继续非法排污。至 2014 年 9 月被责令关闭停产时,该公司厂区外东侧腾格里沙漠渗坑内存有大量工业废水。经宁夏环境监测中心站对现场废水取样检测认定,废水中多项监测因子超过国家排放标准。案发后,明盛公司、廉兴中为防止污染扩大,及时采取措施,消除污染。明盛公司支付因采取合理必要措施所产生的费用 626640 元。

【裁判结果】

宁夏回族自治区中卫市沙坡头区人民法院一审认为,明盛公司违反国家有关环境保护的规定,非法排放、处置有毒物质,严重污染环境,廉兴中系被告单位直接负责的主管人员,对污染环境的行为负有直接责任,明盛公司和廉兴中的行为均已触犯刑律,构成污染环境罪。公诉机关的指控成立,予以支持。廉兴中归案后,能如实供述自己的犯罪事实,可以从轻处罚;案发后,明盛公司、廉兴中及时采取措施,消除污染,可以酌情从宽处罚。明盛公司排污时间相对较长,且在排放污染物许可证到期后,仍非法排污,严重污染环境,结合明盛公司的具体犯罪事实,决定对其判处罚金人民币五百万元。根据廉兴中的犯罪事实、性质、情节和对社会的危害程度,对廉兴中可以适用缓刑,依法实行社区矫正。一审法院判决明盛公司犯污染环境罪,判处罚金人民币五百万元;廉兴中犯污染环境罪,判处有期徒刑一年六个月,缓刑二年,并处罚金人民币五万元。

【典型意义】

本案系腾格里沙漠污染事件发生后首例宣判的环境污染刑事案件。环境是社会健康发展的重要因素,也是刑法保护的重要法益。本案审理法院正确适用《最高人民法院、最高人民检察院关于办理环境污染刑事案件适用法律若干问题的解释》,依法惩治私设暗管排放、倾倒有毒、有害废物,严重污染腾格里沙漠生态环境的犯罪行为,充分贯彻宽严相济的刑事政策,依法保障社会公共利益和人民群众环境权益。该案的审理也为正确处理经济发展与环境保护之间的关系敲响了警钟,警醒政府在发展经济与保护环境、当前利益和长远利益等问题发生矛盾时应当如何取舍。该案的审理和判决对于教育和促进企业依法生产,依托科技手段提升清洁生产工艺和排放控制技术,实现绿色发展具有较好推动和示范作用。

【点评专家】竺效,中国人民大学教授

【点评意见】

本案最大的亮点在于法院采用了"双罚制",即对涉案企业宁夏明盛染化有限公司判处刑事罚金 500 万元,让涉案企业在经济上"得不偿失",今后不敢再犯,较好地震慑了那些不依法办理环评手续、超标排污、无排污许可证排污或"超（许可）证"排污、偷排污染物的潜在的类似环境污染危害行为人。同时,法院对涉案企业的法定代表人、污染行为直接负责的企业主管人员廉兴中,判处有期徒刑 1 年 6 个月,并处罚金 5 万元。那些心存侥幸的污染企业的法定代表人应该以此为戒,环保警钟时时敲响,环境守法谨记于心,依法经营,保护环境,避免犯罪入狱"自由和财产两失"。

此外,该案也结合案发后明盛公司、廉兴中及时采取措施,支付因采取合理必要的环境处置措施所产生的费用 626640 元,以积极消除污染行为对环境的不利影响等具体案件情节,对企业法定代表人廉兴中适用了缓刑,即判处有期徒刑 1 年 6 个月,缓刑 2 年,并依法对其实行社区矫正。环境损害后果往往具有不可逆性,该案中,法院的这一做法对于引导类似环境危害行为人在案发后积极预防环境危害后果的发生或扩大,修复被破坏的生态或恢复被污染的环境,具有良好的示范效果。

案例二：江苏省连云港市连云区人民检察院诉尹宝山等人非法捕捞水产品刑事附带民事诉讼案

【基本案情】

2012 年 6 月初至 7 月 30 日,尹宝山召集李至友、秦军、秦波涛、李明明、秦新波等人,在伏季休渔期间违规出海作业捕捞海产品,捕捞的海产品全部由尹宝山收购。至

2012年7月30日，尹宝山收购上述另五人捕捞的水产品价值828784元人民币。连云港市连云区人民检察院以上述六人犯非法捕捞水产品罪向连云港市连云区人民法院提起公诉，同时根据相关职能部门出具的修复方案，提起刑事附带民事诉讼，要求六人采取一定方式修复被其犯罪行为破坏的海洋生态环境。

【裁判结果】

江苏省连云港市连云区人民法院一审认为，尹宝山召集李至友、秦军、秦波涛、李明朗、秦新波等人违反保护水产资源法规，在禁渔期、禁渔区非法捕捞水产品，情节严重，六人的行为均已构成非法捕捞水产品罪。六人主动退缴部分违法所得，确有悔罪表现，还主动交纳了海洋生态环境修复保证金，同意以实际行动修复被其犯罪行为损害的海洋生态环境，量刑时可酌情从轻处罚。六人在禁渔期、禁渔区非法捕捞海产品的犯罪行为，影响海洋生物休养繁殖，给海洋渔业资源造成严重破坏。为了保护国家海洋渔业资源，改善被六人犯罪行为破坏的海洋生态环境，六人应当根据《中华人民共和国侵权责任法》的规定，采取科学、合理的方式予以修复。根据专业机构出具的修复意见，采取增殖放流的方式，放流中国对虾苗可以有效地进行修复。遂对六人分别判处一年至二年三个月不等的有期徒刑，部分适用缓刑，没收全部违法所得。同时判决六人以增殖放流1365万尾中国对虾苗的方式修复被其犯罪行为破坏的海洋生态环境。一审判决作出后，尹宝山以一审量刑过重为由，上诉至江苏省连云港市中级人民法院，该院经审理后裁定驳回上诉，维持原判。

【典型意义】

本案系江苏省首例由检察机关提起刑事附带民事诉讼的环境资源刑事案件。该案在审判及执行方式上的探索创新，对环境资源案件审理具有较好的借鉴价值。一审法院在依法受理检察机关提起的刑事附带民事起诉后，查明案件事实并充分听取了各被告对修复方案的意见，将生态修复方案向社会公开，广泛征求公众的意见，在汇总、审查社会公众意见后，确认了相关职能部门出具的根据产出比1：10增殖放流中国对虾苗的修复方案的科学性、合理性，开创了引导社会公众参与环境司法的新机制。本案对环境资源审判贯彻恢复性司法理念审理海洋生态环境破坏案件，引导社会公众参与审判具有较好的示范意义。

【点评专家】罗丽，北京理工大学教授

【点评意见】

本案是由检察机关在提起公诉追究犯罪行为人非法捕捞水产品罪刑事责任时提起的附带民事诉讼案件。本案的典型意义在于：第一，本案充分发挥了刑事附带民事诉讼制度在维护环境公共利益方面的功能。我国设立刑事附带民事诉讼制度的主要目的在于，通过使民事赔偿与刑事制裁一体化，实现服务于预防与控制犯罪、救济被害人的刑事政策目标。根据我国现行立法规定，在追究破坏环境资源保护罪犯罪行为人刑事责任时，检察机关通过提起刑事附带民事诉讼，能够有效实现保护国家财产、集体财产等生态环境公共利益之目的。因此，针对犯罪嫌疑人构成破坏环境资源保护罪的案件，检察机关除提起公诉追究行为人刑事责任外，还应通过提起刑事附带民事诉讼途径维护国家财产、集体财产等生态环境公共利益。例如，在本案中，检察机关通过提起附带民事诉讼请求依法判令六名被告人修复被其犯罪行为损害的海洋生态环境或赔偿生态环境修复费用81900元的请求得到了法院支持，法院最终判决六名被告以增殖放流中国对虾苗1365万尾的方式修复被其破坏的海洋生态环境，实现了维护海洋生态环境公共利益之目的。第二，本案在审判和执行方式方面引入了信息公开和公众参与机制，有利于制定科学、合理的生态修复方案。由于生态环境损害调查、鉴定评估、修复方案编制等工作会涉及生态环境公共利益，法院在审判和执行过程中对相关重大事项向社会公开，并推行公众参与机制，便于公众监督，有利于制定科学、合理的生态环境修复方案。如在本案中，人民法院充分听取了各被告对修复方案的意见，并将生态修复方案通过地方新闻媒体、法院官方微博、微信公众号等方式向社会公开，广泛征求公众的意见。这种在生态环境损害赔偿司法裁判过程中引导社会公众参与民主科学决策的创新方式，具有积极的借鉴价值。

案例三：湖南省岳阳楼区人民检察院诉何建强等非法杀害珍贵、濒危野生动物罪、非法狩猎罪刑事附带民事诉讼案

【基本案情】

2014年11月至2015年1月期间，何建强、钟德军在湖南省东洞庭湖国家级自然保护区收鱼时，与养鱼户及帮工人员方建华、龙雪加、龙启明和涂胜保、余六秋、张连海、任小平等人商定投毒杀害保护区内野生候鸟，由何建强提供农药并负责收购。此后，何建强等人先后多次在保护区内投毒杀害野生候鸟，均由何建强统一收购后贩卖给李强介绍的汪前平。2015年1月18日，何建强、钟德军先后从方建华及余六秋处收购了8袋共计63只候鸟，在岳阳市君山区壕坝码头被自然保护区管理局工作人员当场查获。经鉴定，上述63只候鸟均系中毒死亡；其中12只小天鹅及5只白琵鹭均属国家二级保护野生动物；其余苍鹭、赤麻鸭、赤颈鸭、斑嘴鸭、夜鹭等共计46只,均属国家"三有"保护野生动物。查获的63只野生候鸟核定价值为人民币44617元。

湖南省岳阳楼区人民检察院以何建强等七人犯非法猎捕、杀害珍贵濒危野生动物罪,向岳阳市岳阳楼区人民法院提起公诉。岳阳市林业局提起刑事附带民事诉讼,请求七名被告人共同赔偿损失53553元,湖南省岳阳楼区人民检察院支持起诉。

【裁判结果】

湖南省岳阳市岳阳楼区人民法院一审认为:何建强伙同钟德军、方建华在湖南东洞庭湖国家级自然保护区内,采取投毒方式非法杀害国家二级保护动物小天鹅、白琵鹭及其他野生动物,李强帮助何建强购毒并全程负责对毒杀的野生候鸟进行销售,何建强、钟德军、方建华、李强的行为均已构成非法杀害珍贵、濒危野生动物罪,属情节特别严重。龙雪如、龙启明、龙真在何建强的授意下,采取投毒方式,分别在国家级自然保护区内猎杀野生候鸟,破坏野生动物资源,情节严重,其行为均已构成非法狩猎罪。何建强、钟德军的犯罪行为同时触犯非法杀害珍贵、濒危野生动物罪和非法狩猎罪,应择一重罪以非法杀害珍贵、濒危野生动物罪定罪处罚。此外,因何建强等七人的犯罪行为破坏了国家野生动物资源,致使国家财产遭受损失,各方应承担赔偿责任。相应损失以涉案63只野生候鸟的核定价值认定为44617元,根据各人在犯罪过程中所起的具体作用进行分担,判决何建强、钟德军、方建华、李强犯非法杀害珍贵、濒危野生动物罪,判处有期徒刑六年至十二年不等,并处罚金。龙雪如、龙真、龙启明犯非法狩猎罪,判处有期徒刑一年至二年不等,其中二人缓刑二年。由何建强等七人共同向岳阳市林业局赔偿损失人民币44617元。

【典型意义】

本案系非法猎捕、杀害珍贵、濒危野生动物刑事附带民事诉讼案件。刑罚是环境治理的重要方式,面对日趋严峻的环境资源问题,运用刑罚手段惩治和防范环境资源犯罪,加大环境资源刑事司法保护力度,是维护生态环境的重要环节。本案发生于东洞庭湖国家级自然保护区内,在检察机关提起公诉的同时,由相关环境资源主管部门提起刑事附带民事诉讼、检察机关支持起诉,依法同时追究行为人刑事责任和民事责任,具有较高借鉴价值。一审法院在认定七名被告人均具有在自然保护区内投毒杀害野生候鸟的主观犯意前提下,正确区分各自的客观行为,根据主客观相一致原则对七名被告人分别以杀害珍贵、濒危野生动物罪和非法狩猎罪定罪;并根据共同犯罪理论区分主从犯,分别对七名被告人判处一年至十二年不等的有期徒刑,部分适用缓刑,既体现了从严惩治环境资源犯罪的基本价值导向,突出了环境法益的独立地位,又体现了宽严相济的刑事政策,充分发挥了刑法的威慑和教育功能。此外,本案不仅追究了被告人杀害野生候鸟的刑事责任,还追究了被告人因其犯罪行为给国家野生动物资源造成损失的民事赔偿责任,对环境资源刑事犯罪和民事赔偿案件的一并处理具有较好的示范意义。

【点评专家】秦天宝,武汉大学教授
【点评意见】

本案中司法机关依法对非法捕杀珍贵、濒危野生动物的犯罪行为进行打击,不仅体现了我国司法机制惩治环境犯罪行为、保护生态环境的积极意义,而且对今后我国环境司法专门化的进一步发展具有积极意义。

首先,本案体现了打击环境违法行为中的多部门协作。本案中,湖南省东洞庭湖自然保护区管理局发现犯罪行为后立即将该案移交岳阳市森林公安局办理。公安机关积极进行案件侦办和移送工作,并由检察机关依法提起公诉,最终由法院依法作出判决。同时,检察机关还派员支持了由岳阳市林业局提起的刑事附带民事诉讼。行政机关、公安机关、检察机关、审判机关等多部门的协作配合不仅有效打击了环境违法行为,而且也代表了新时期我国环境司法机制的发展方向。其次,本案提升了公众保护环境、特别是野生生物的意识。本案中人民法院依法对环境犯罪行为进行了判决,不仅使违法行为人得到了应有的处罚,而且证据鉴定、法律适用等内容向公众呈现了我国司法机关保护生态环境的具体运行机制。同时,人民陪审员的加入以及开庭审理的方式体现了司法机关保障公众参与环境保护的权利,进而提升了公众的环境保护意识。最后,本案积极探索了生态环境修复机制。在附带民事赔偿部分,法院判决被告赔偿其违法行为造成的国家野生动物资源损失。虽然单纯的经济赔偿难以完全填补和修复生态环境损失,但本案判决体现了我国环境司法实践的积极探索,对于建立健全我国的生态环境修复机制具有重要意义。

案例四:吕金奎等79人诉山海关船舶重工有限责任公司海上污染损害责任纠纷案

【基本案情】

2010年8月2日上午,秦皇岛山海关老龙头东海域海水出现异常。秦皇岛市环境保护局的《监测报告》显示,海水悬浮物含量24mg/L、石油类0.082mg/L、铁13.1mg/L。大连海事大学海事司法鉴定中心出具《鉴定意见》,结论为:2010年8月2日山海关老龙头海域(靠近山船重工公司)存在海水异常区;海水水质中污染最严重的因子为铁,对渔业和养殖水域危害程度较大;根据山船重工公司系山海关老龙头附近临海唯一大型企业,修造船舶的刨锈污水中铁含量很高,一旦泄漏将严重污染附近海域,推测出污染海水源地系山船重工公司。吕金奎等79人系长期在山海关老龙头海域进行扇贝养殖的养殖户,诉请法院判令山船重工公司赔偿养殖损失20084940元。

【裁判结果】

天津海事法院一审认为:吕金奎等79人的委托诉讼代理人所做的调查笔录仅有被调查人陈述,未能提供现场的客观记录予以佐证;《鉴定意见》所依据的卫星图像不能证明养殖区域在2010年8月2日上午10时遭受污染,判决驳回吕金奎等79人的诉讼请求。吕金奎等79人上诉至天津市高级人民法院。天津市高级人民法院二审认为:大连海事大学海事司法鉴定中心具备相应的鉴定资质,选用卫星遥感监测技术具有科学性,《鉴定意见》与其他证据相互佐证,可以证实山船重工公司实施了向海水中泄漏含铁量较高污水的行为、涉案79人中的王丽荣等21人从事扇贝养殖且养殖区域遭受污染,以及山船重工公司的污染行为和王丽荣等21人损害之间可能存在着因果关系等三项事实。吕金奎等其余58人未能完成证明责任。关于山船重工公司提出铁物质不属于评价海水水质的标准,其行为不属于环境污染侵权行为的问题,二审法院认为,环境标准并非判断某类物质是否造成损害的唯一依据,依据环境保护主管部门意见,鉴定人作出的涉案海域水质中铁物质对渔业和养殖水域危害程度较大的评价,可以作为确定铁物质能够致害的依据。山船重工公司未能完成证明本案存在法律规定的不承担责任或者减轻责任的情形以及行为与损害之间不存在因果关系的证明责任,应承担赔偿责任。综合王丽荣等21人养殖行为不具有合法性的事实以及《鉴定意见》确定的污染物有三类,其中山船重工公司排放的铁物质对水质污染最严重的结论,判决山船重工公司对王丽荣等21人养殖损失承担40%的损害赔偿责任,共计1377696元。宣判后,山船重工公司主动履行了全部判决内容。

【典型意义】

本案系海洋环境污染损害赔偿纠纷案件。近年来,伴随着经济社会的快速发展,新型污染物时有出现,由此引发的纠纷日益受到关注。在未纳入环境标准的物质导致损害结果的情况下,致害物质是否属于环境污染责任中的"污染物"以及是否构成环境污染侵权成为法院审理案件的难点。本案在正确分配举证证明责任的基础上,针对山船重工公司提出的铁物质不属于评价海水水质的标准,其行为不属于环境污染侵权行为的抗辩理由,综合考虑相关环境标准未及时更新和具备专业资质的鉴定人出具的鉴定意见,认定山船重工公司应就其污染行为承担侵权责任,确立了环境污染责任中"污染物"应界定为一切能够造成环境损害的物质,排放未纳入环境标准物质致损亦构成环境污染侵权的裁判规则,依法规范了生产企业的行为,对类似案件审理起到了较好的示范作用。

【点评专家】邓海峰,清华大学副教授

【点评意见】

本案系海上污染损害纠纷案件。近年来,伴随着经济社会的快速发展,新类型污染物时有出现,由此引发的纠纷日益受到关注。与同类新案件相比,本案的特殊性主要体现在以下三个方面:其一是在受害人不持有海域使用权许可证及养殖许可证等实体权利存在瑕疵的情况下,是否应当提供救济及如何救济? 其二是发生未纳入环境标准的物质致损,对该物质是否属于环境污染责任中的"污染物"应如何认定? 其三是重要证据存在一定瑕疵时,对其证明力应当如何判断。针对上述三个问题,二审法院分别通过对法律条文的目的性解释、对环境标准内容与效力的动态评价、对证据证明力的辩证分析等严谨的方法,得出了具有公信力的结论。二审法院以成本损失为据确定海域使用权缺失情况下扇贝损失的计算方法、以"一切能够造成环境损害的物质"为基准确立的"污染物"认定规则及以相关佐证作为媒介判定"鉴定结论"等重要证据证明力的证据认定方式,均为审理海上污染损害纠纷案件探寻出了有益的裁判基准。本案的妥善处理,依法规范了企业的生产行为,有效衡平了当事人的合法利益,积极探索了涉海污染侵权案件的审理规则,对类似案件审理起到了重要的示范作用。

案例五:倪旭龙诉丹东海洋红风力发电有限责任公司环境污染侵权纠纷案

【基本案情】

倪旭龙于1993年建温室养殖场养殖中华鳖。2000年3月,海洋红公司在倪旭龙养殖场周边村落建成大规模风力发电机组,其中两组发电机位于养殖场附近。一组位于养殖场东南约100米处,另一组位于养殖场西北400-500米处。2000年9月份后倪旭龙养殖的中华鳖大量死亡。2001年7月25日,倪旭龙自行委托监测站针对海洋红公司对倪旭龙中华鳖生产影响进行了论证,结论为:风力发电机叶轮转动投影及噪声扰乱改变了温室大棚中中华鳖所需的安静生活环境,而且这种惊扰正值中华鳖繁殖、发育和生长期间,导致了一系列不良后果。倪旭龙针对所致损失,又委托评估鉴定,结论为损失总计1637966元。辽宁省丹东市中级人民法院委托渔业生态监测中心针对"丹东海洋红风力发电厂对室内养殖中华鳖生长影响"进行现场试验鉴定,渔业生态监测中心出具鉴定报告,结论为:试验现场的噪声、电磁辐射以及转动的阴影,不会对中华鳖的存活和生长造成影响。农业部渔业局资源环保处出具证明材料认为:渔业生态监测中心"关于风车的噪声、电磁辐射、转动阴影等因素对中华鳖的存活和生活影响的试验鉴定"已超出该局核发的《渔业污染事故调查鉴定资格证书》的业务范围。农业部渔业局针对一审法院就相关问题的咨询函答复:"渔业生态监测中心持有我局颁发的《渔业污染事故调查鉴定资格证书》(甲级),具有渔业污染事故调查资格"。倪旭龙诉请海洋红公司赔偿其养殖的中华鳖损失1637966元。

【裁判结果】

辽宁省东港市人民法院一审认为,因环境污染引起的损害赔偿诉讼,由加害人就法律规定的免责事由及行为与损害结果之间不存在因果关系承担举证责任。渔业生态监测中心作出的鉴定报告结论为:"试验现场的噪声、电磁辐射以及转动的阴影,不会对中华鳖的存活和生长造成影响。"倪旭龙虽对此提出异议,但农业部渔业局已复函证实渔业生态监测中心具有渔业污染事故调查资格,故对该鉴定报告内容予以采信,判决驳回倪旭龙的诉讼请求。二审法院维持一审判决。辽宁省高级人民法院再审认为,根据《最高人民法院关于民事诉讼证据的若干规定》第四条规定,因环境污染引起的损害赔偿诉讼,由加害人就法律规定的免责事由及行为与损害结果之间不存在因果关系承担举证责任。本案存在发生损害的事实,且海洋红公司客观上实施风力发电所产生的噪声、光影及电磁可能会形成环境污染,海洋红公司应当就倪旭龙饲养的中华鳖死亡与其实施的风力发电行为之间不存在因果关系承担举证责任。渔业生态监测中心虽作出鉴定意见认为现场的噪声、电磁辐射以及转动的阴影,不会对中华鳖的存活和生长造成影响。但农业部渔业局资源环保处答复认为,渔业生态监测中心"关于风车的噪声、电磁辐射、转动阴影等因素对中华鳖的存活和生活影响的试验鉴定"已经超出核发的《渔业污染事故调查鉴定资格证书》的业务范围。农业部渔业局虽答复称,渔业生态监测中心具有渔业污染事故鉴定资质,但并未对本案噪声、电磁辐射、转动阴影等因素对中华鳖的影响是否系渔业生态监测中心的鉴定范围作出实质性答复。本案应当认定渔业生态监测中心不具有涉及本案环境污染因素的鉴定资质。案涉环境污染损害纠纷,是基于风力发电产生的噪声、光影及电磁造成的新类型环境污染,不属于一般意义上的渔业水域污染,仅有渔业污染鉴定资质的机构所出具的鉴定结论不能作为定案的依据。中华鳖属于对噪声及光影敏感生物,而本案中风力发电机最近一组机组距离养殖场仅100米,不符合相关规范要求。《辽宁省风力发电厂生态建设管理暂行办法》可以印证中华鳖死亡与风力发电机所产生的噪声、转动阴影、电磁辐射等因素具有一定因果关系。本案海洋红公司未完成中华鳖死亡与其实施的风力发电行为之间不存在因果关系的举证证明责任,应承担相应的民事责任。辽宁省高级人民法院再审判决撤销一审、二审判决,改判海洋红公司承担本案损失的80%民事责任,赔偿倪旭龙经济损失1310327.8元。

【典型意义】

本案系因风力发电产生的噪声、光影及电磁造成损害的新类型环境污染侵权纠纷。噪声是风力发电场典型的污染因素。光影的影响,虽未明确作为环境污染的类别,但与光污染类似,且相关研究表明风电场光影的规律性变化和晃动可能对居民和敏感生物产生影响,是可致污染的重要因素。关于电磁波污染,由于风力发电的原理即在于利用风力使得叶片带动磁场转动,由磁场能量转化为电能,在此过程中会产生磁场或电磁波的负面影响,也是已知的可能污染源。本案再审法院根据案件系风力发电厂噪声、光影及电磁致损的新类型污染的特点,综合相关部门就鉴定资质出具的证据,对于鉴定机构的鉴定资质进行了审查判断,未予采信鉴定意见,同时依据风力发电机组与养殖场的距离、风力发电厂生态建设相关规范文件,结合中华鳖的习性,认定了风力发电产生的噪声、光影及电磁与中华鳖的死亡具有一定的因果关系,体现了环境资源审判中对于专业性问题审查判断的特殊性,对于准确认定污染行为和损害的因果关系具有一定示范意义。

【点评专家】侯佳儒,中国政法大学教授

【点评意见】

本案的争议焦点是中华鳖死亡与海洋红公司实施的风力发电行为之间是否存在因果关系。对此,虽一审、二审法院未予认定该因果关系,但再审法院通过对鉴定机构资质的判断以及综合案件具体情况认定该因果关系存在,是正确的。侵权法上,加害行为与损害结果间的因果关系有两个特征:一是该因果关系具有客观性,符合自然科学上的因果规律;二是该因果关系认定具有主观性,一个社会内在的文化观念、习俗伦理、立法政策都影响该因果关系的认定。法律上的因果关系认定不仅依赖自然科学知识,还依赖法学的价值判断。本案存在对鉴定机构资质出具的两份结论相悖的意见,人民法院在采信证据方面没有依赖鉴定意见,而是在审查鉴定机构资质确定不予采信鉴定意见基础上,从规范要求和侵权行为的特殊性出发,依据风力发电机最近一组机距离养殖场仅100米,选址违反法律规定等因素,对于因果关系予以认定,体现了法学的价值判断对于认定因果关系成立与否的重要意义。

案例六:江西星光现代生态农业发展有限公司诉江西鹰鹏化工有限公司大气污染责任纠纷案

【基本案情】

2014年6月,鹰鹏公司在生产中因故导致生产废气泄漏,致使星光公司苗木叶面受损,星光公司根据资产评估报告自行按比例计算损失为3742600.1元,据此诉请判令鹰鹏公司赔偿苗木损失。

【裁判结果】

江西省赣州市中级人民法院一审认为,鹰鹏公司作为侵权人应当承担侵权责任,赔偿星光公司因此造成的损失,星光公司根据资产评估报告自行按比例计算损失为3742600.1元,因其委托资产评估机构所作的资产价格评估不属损失鉴定,评估报告亦未对其苗木损失作出鉴定意见,不能达到其证明损失数额的证明目的,故参照当地林业部门的建议补偿标准,结合星光公司受损苗木面积、品种、树龄等本案实际情况,判令的定由鹰鹏公司向星光公司赔偿损失共计160000元。江西省高级人民法院二审认为,涉案资产评估报告可信程度较高,该评估报告虽未直接给出星光公司的受损价值金额,但根据该评估报告确定的资产评估价值,结合会昌县林业局出具的《关于江西会昌县鹰鹏公司废气污染林业苗木受害情况调查报告》,可以计算出星光公司的受损价值金额,会昌县林业局《2014年鹰鹏污染事故林业苗木受损情况调查登记表》中载明了星光公司因案涉污染事故而受损苗木的树种、苗龄、面积、株数、受害程度(分轻度、中度、重度三个等级)等具体信息,评估机构的《苗木资产评估明细表》对应《2014年鹰鹏污染事故林业苗木受损情况调查登记表》中载明的受损苗木的树种作出了单项评估价值,两者相结合并扣除必然发生的税费和交易成本,可以计算出星光公司的受损总值为1363217.29元,据此改判由鹰鹏公司赔偿星光公司因废气污染造成的苗木损失1363217.29元。鹰鹏公司不服二审判决,向最高人民法院申请再审。最高人民法院认为,二审判决根据有资质机构作出的资产评估报告,以受损苗木的总资产价值7492147元为基础,酌定扣减涉案苗木的实际交易成本和税费,并参照林业局评估报告中林分受损等级划分标准,取75%、35%、15%三个较低数值作为重度、中度、轻度三种损害程度的计算比值,得出星光公司苗木损失为1363217.29元,该计算方法公允、客观,事实依据

充分。最高人民法院裁定驳回了鹰鹏公司的再审申请。

【典型意义】

本案系环境民事侵权案件,人民法院在能动计算环境侵权损失数额方面进行了积极有益的探索。环境侵权诉讼具有举证难、损失鉴定难的特点,在环境侵权行为和损害已经实际发生,但受害人难以举证证明损失具体数额的情况下,法官应当注重适度发挥职权作用,根据已有证据进行认定,以救济受害人的合法权益,倒逼污染者强化环境保护意识,预防环境损害的发生。本案是在两次委托鉴定未果的情况下,二审法院根据评估机构的评估报告、林业部门的调查材料,秉持衡平双方当事人利益的理念确认星光公司受损金额,具有公平合理性。

【点评专家】 周塞军,中华全国律师协会环境、资源与能源法专业委员会主任

【点评意见】

在比较典型的有毒气体排放导致损害赔偿的侵权案件中,案件的侵权事实部分一般没有太大的争议,侵权的行为与结果发生的因果关系争议也不大,但是赔偿的范围和额度往往成为当事人争讼的焦点问题,各地的判决结果也存在差别。

法院如何认定和采信鉴定机构对损害赔偿的鉴定报告,是本案的核心问题。在实践中,环境侵权案件的鉴定意见往往是关系到责任认定和赔偿额度的关键证据,但各级法院对鉴定意见的采信持比较慎重的态度。这是由于我国环境侵权案件的鉴定工作也是刚刚开始,鉴定机构的设置和工作开展,确保鉴定意见真实、合法、有效的鉴定规则,鉴定人资质要求,鉴定人的职业道德,鉴定的法律依据和技术标准,鉴定结果的权威性都在逐步的建立和制度完善之中,社会对环境损害赔偿也有一个逐步认识和接受过程。此外对于法院在审判过程中审查鉴定意见的规则也需要不断完善。应该说本案鉴定报告对基本事实的范围、鉴定技术方法是有价值的,但单独的鉴定报告并没有解决全部问题。因此法院在评判鉴定报告时,将其与林业局《关于鹰鹏公司废气污染林业苗木受害情况调查报告》和其他证据相结合,得出了赔偿范围和价值,较好地解决了案件争议。

案例七:中华环保联合会诉谭耀洪、方运双环境污染民事公益诉讼案

【基本案情】

2011年8月,方运双将其承包的两个鱼塘转租给谭耀洪。当年9月1日至3日,谭耀洪向其中一个面积为0.75亩的鱼塘倾倒不明固体污泥110车。之后,方运双收回鱼塘,撒上石灰后继续养鱼。2011年9月14日,广州市白云

区环境保护局到上述被倾倒污泥的鱼塘进行现场检查取样。经检测,确认该鱼塘铜和锌超过相应限值。中华环保联合会诉请法院判令谭耀洪、方运双共同修复鱼塘至污染损害发生前的状态和功能,或承担恢复鱼塘原状所需的环境污染处理费4092432元,广州市白云区人民检察院作为支持起诉人支持中华环保联合会提起诉讼。

【裁判结果】

广州市白云区人民法院一审认为,中华环保联合会作为专门从事环境保护公益活动的全国性、非营利性社团组织,对危害社会公益的行为提起公益诉讼,为当地百姓消除环境污染损害,对其积极维护公共利益的行为予以赞许。双方对于谭耀洪向涉案鱼塘倾倒不明固体污泥、造成环境污染的事实均无异议,对该侵权事实予以认定。只要污染源没有清理,重金属通过食物链的浓缩和富集会对鱼塘及周边环境形成持续的污染危害。方运双既未证明鱼塘倾倒污泥前已经受到污染,也未证明污染损害已经消除。遂判决谭耀洪、方运双共同修复涉案鱼塘到本次污染损害发生之前的状态和功能;逾期未修复的,由环保部门指定具有专业清污资质的机构代为修复,修复费用由谭耀洪与方运双共同承担,并相互负连带责任。广州市中级人民法院二审认为,中华环保联合会作为专门从事与环境相关活动的非营利性社会团体,依法有权对损害社会公共利益的行为提起环境民事公益诉讼;广州市白云区人民检察院作为国家法律监督机关,在社会公共利益遭受损害的情况下,支持中华环保联合会提起环境民事公益诉讼,具有合法性和正当性。谭耀洪倾倒污泥的行为造成鱼塘污泥中的铜、锌重金属超标,损害了社会公共利益,构成环境污染侵权,其依法应承担相应的法律责任。本次污染的损害后果是由谭耀洪倾倒污泥的行为和方运双出租鱼塘的行为直接结合所共同导致的,故二人构成共同侵权,应当承担连带责任。谭耀洪直接倾倒污泥导致污染的发生,其对损害结果的发生起到主要作用;而方运双仅为倾倒污泥提供场所和便利,且在事后积极向村委会反映情况,配合村委会阻止了谭耀洪的继续倾倒行为,其行为对损害结果的发生仅起到次要作用,故酌情确定谭耀洪承担80%的责任,方运双承担20%的责任。修复鱼塘属于谭耀洪和方运双履行生效法律文书所确定的行为义务,如果二人逾期未履行,应当由人民法院选定代为修复的机构,而非由环保部门指定。二审法院对谭耀洪、方运双的责任分担以及代履行机构的选定等内容进行改判。

【典型意义】

本案系倾倒固体废物污染水体的环境民事公益诉讼案件。本案由社会组织作为原告、检察机关支持起诉,弥补了个体受害者难以应付专业性强、案情复杂的环境侵权诉讼的不足和环境公益救济主体的缺失,无论对个体权益还是对社会公共利益的保护都非常必要和及时。本案环境污染的后果是鱼塘污泥中的铜、锌重金属超标,侵权行为所侵害的环境权益是公众享有无害水产品和清洁水环境的权益,虽然没有证据显示已有特定主体因此受到重金属的毒害,但是二审判决基于"超过最高容许含量的重金属会通过食物链进一步浓缩和富集,并最终毒害人体"的原理认定污染行为"造成损害",符合环境污染损害的特点,对于审理固体废物污染案件具有一定示范意义。

【点评专家】郑少华,上海财经大学教授

【点评意见】

环境问题日趋严重,司法机关如何应对?近几年来,随着生态文明建设的强力推进,司法机关在环境资源审判专门化、环境公益诉讼等方面都采取了一些突破性的措施。作为个案,本案的裁判较为典型地反映了司法机关全面应对环境问题,实施强有力的司法救济。首先,采取民事公益诉讼加支持起诉的方式,弥补公益保护之不足。在本案中,由中华环保联合会作为原告,检察机关支持起诉,以专门从事环境保护活动的社会组织提起公益诉讼与法律监督机关支持起诉相结合的方式,将"分散化"的不特定多数人的利益以公益聚合在一起,以对抗通过"专业化"和"商业化"聚合而形成的侵权人,通过法庭控辩双方对等博弈,最终保护了社会公共利益。其次,确定共同被告,建立完善的追责机制。本案依据二被告行为结合产生损害的事实,将鱼塘承包人方运双与污泥倾倒者谭耀洪确定为共同被告,在判定二被告共同侵权,负连带责任的基础上,细化了责任比例。这样,既凸显责任分担比例,又通过连带责任使追责机制得以完善。最后,通过举证责任转移、申请评估人员作证等程序与相关制度,构建完整的审理机制,体现了环境侵权案例审理的复杂性与专业性。

案例八:邓仕迎诉广西永凯糖纸有限责任公司等六企业通海水域污染损害责任纠纷案

【基本案情】

2012年4月29日至5月25日,广西横县郁江六景至飞龙河段连续发生多起网箱养殖鱼类死亡事故,邓仕迎是遭受死鱼事故的养殖户之一。事故河段是横县人民政府为保护重点流域水质和饮用水源安全而划定的禁止网箱养殖水域,邓仕迎未持有合法有效的《水域滩涂养殖许可证》。死鱼事件发生后,当地渔业管理部门和环境保护主管部门对死鱼原因开展调查,认为溶解氧偏低是主要原因。邓仕迎认为广西永凯糖纸有限责任公司等六企业所在的河岸位置均属其养殖河段的上游,且其排污管都是通向郁江,其排污行为直接造成郁江六景至飞龙河段溶解氧过低,从而导致其网箱鱼大量死亡,诉请法院判令六家企业连带赔偿其经济损失、人工费114786元,饲料鱼苗成本302500元,并共同承担本案的诉讼费用。

【裁判结果】

北海海事法院一审认为,邓仕迎已经举证证明永凯公司、祈顺公司和华鸿公司均排放了可能造成其养殖鱼缺氧致死的污染物,并且该污染物到达了损害发生地,而永凯公司、祈顺公司和华鸿公司未能举证证明其污染行为与邓仕迎的死鱼损害不存在因果关系,故应认定永凯公司、祈顺公司和华鸿公司的排污行为与邓仕迎的养殖损失存在因果关系。邓仕迎在死鱼事故发生时未依法取得养殖证,并不享有使用水域从事养殖生产的权利,其养殖收益不具有合法性,故养殖鱼价值构成中的利润部分及养殖人工费不受法律保护,但其购买的鱼苗、饲养鱼类必要的饲料等成本性投入属于合法民事利益,应当受到法律的保护。对于邓仕迎可受法律保护的养殖损失,强降雨导致各种污染源汇入郁江所输出的有机污染物与损害后果的原因力比例为75%,沿江生产企业正常排放生产废水所输出的有机污染物与损害后果的原因力比例为25%。对于生产企业排污所造成的邓仕迎养殖成本损失23056.13元,永凯公司、祈顺公司和华鸿公司应平均承担赔偿责任。广西壮族自治区高级人民法院二审认为,一审判决认定永凯公司、祈顺公司、华鸿公司的排污行为与邓仕迎养殖的鱼类死亡有因果关系正确。一审法院以行政部门记载的死鱼数据为依据,综合鱼种类、数量、鱼苗市场价格等各方面实际因素,对邓仕迎购买鱼苗的损失进行合理计算,对购买饲料的成本根据养殖惯例进行酌定,尊重客观事实且公平合理。邓仕迎未经相关行政主管部门许可使用全民所有的水域,对其非法占有水域进行养殖而取得的不正当收益损失部分法律不予保护,对其具体实施非法养殖行为所投入的人工费亦不应支持,但其购买的鱼苗、饲料、鱼药等生产成本并无非法性,仍属于合法的民事权益,应予以保护。根据南宁市环保局的报告,从造成死鱼河段溶解氧降低的有机污染物的来源构成来看,沿江生产企业正常排放的生产废水为输出耗氧有机物的来源之一,还存在另外三方面的污染源,一审确定排污企业对邓仕迎可受法律保护的养殖损失应承担25%的责任比例有事实和法律依据。二审判决驳回上诉,维持原判。

【典型意义】

本案系网箱养殖鱼死亡事件引发的环境污染损害赔偿诉讼。本案被诉排污企业较多,水体污染来源多样,甄别侵权责任主体及判定各主体责任比例是审理的难点。一审、二审法院依法适用环境污染侵权的无过错责任原则,认定被告企业的排污虽未超过国家和地方的污染物排放标准,但并不能直接免除其责任;正确分配举证责任,由原告对存在侵权行为、损害以及侵权行为和损害之间有一定关联性承担举证责任,被告对法律规定的不承担责任或者减轻责任的情形及其行为与损害之间不存在因果关系承担举证责任;准确认定责任比例,在数个企业分别排放污水,造成流域性溶解氧急剧下降的情况下,每个企业的污染行为都不足以造成全部损害,难以确定各自责任大小,判定平均承担赔偿责任。本案原告系无证在政府划定的禁止网箱养殖水域进行生产的养殖户,其主张的损失应否支持是本案审理的另一难点。一审、二审法院正确处理行政管理和保护合法民事权益的关系,对原告的损失进行细化定性,对不正当收益损失部分及其具体实施非法养殖行为所投入的人工费不予支持,对其购买鱼苗、饲料、鱼药等生产成本的损失赔偿请求予以支持。本案审理思路清晰,对水污染案件的审理具有一定示范意义。

【点评专家】张梓太,复旦大学教授

【点评意见】

对污染水体造成损害的案件,应适用有关环境侵权的特殊规则。但水体污染成因复杂,具有间接性、长期性、潜伏性、滞后性等特点,即使适用特殊规则,要厘清致损原因及责任范围等也殊为不易。环境侵权规则的目的是合理填补受害人的损失,本案较好地把握了这一理念,具体体现在:一是无过错责任与违法性关系的把握上,明确了合法排污仍应承担责任。无过错责任产生的原因不是违反法定或约定义务,而是来自于法律的直接规定,因而违法性不应纳入考量因素。二是在举证责任的分配上,准确把握了举证责任倒置规则,原告仍需承担初步的证明责任,且举证程度需达到一定的盖然性。三是在损害范围的确定上,本案没有直接探寻单个污染行为对损害结果的影响,而是首先明确了不同类型的污染源的致损原因力,进而在同一类型的污染源排放企业间划分责任,较好地解决了污染源复杂所导致的责任确定困境。

水污染案件的另一特殊性在于所侵害权益的把握上。民事法律所保护的民事权益不包括非法民事利益。我国水资源属于国家所有,个人利用水资源,必须依法进行。本案中原告未取得养殖证,不享有受到物权法保护的养殖收益权,其养殖收益不具正当性,不属于民事权益。但原告购买鱼苗、饲料、鱼药等并不违法,在因污染受损后应予以救济。

案例九：海南桑德水务有限公司诉海南省儋州市生态环境保护局环保行政处罚纠纷案

【基本案情】

2013年6月5日，海南省环境监测中心站出具琼环监字[2013]第153号《监测报告》（简称153号《监测报告》）。儋州环保局根据该《监测报告》，认为桑德水务公司涉嫌违法排放水污染物，于2014年4月16日拟对桑德水务公司作出行政处罚。桑德水务公司在法定期限内未提出陈述、申辩和听证的申请。同年6月16日，儋州环保局作出被诉儋土环资罚决字[2014]47号《行政处罚决定书》（以下简称47号处罚决定），对桑德水务公司处以2013年5月应缴纳排污费二倍的罚款177719元。儋州市人民政府经复议后对47号处罚决定予以维持。桑德水务公司不服，遂诉至法院，请求撤销47号处罚决定。

【裁判结果】

海南省儋州市人民法院一审认为，儋州环保局作为儋州市环境保护工作的行政主管部门，具有对本辖区内违法排放水污染物的行为作出行政处罚的法定职权。根据《环境行政处罚办法》第三十四条规定，采样是本案监测的必经程序。但儋州环保局未能提供采样记录或采样过程等相关证据，无法证明其采样程序合法，进而无法证明送检样品的真实性，直接影响监测结果的真实性。因此，儋州环保局在没有收集确凿证据证实样品来源真实可靠的情况下，仅以海南省环境监测中心站出具的153号《监测报告》认定桑德水务公司超标排放废水，主要证据不足。儋州环保局于2014年6月16日同时分别对桑德水务公司2013年1月14日和5月22日超标排放行为给予二次处罚，程序违法。被诉47号处罚决定只给予桑德水务公司罚款，未责令桑德水务公司限期改正，行政处罚行为明显不当。一审法院判决撤销47号处罚决定，由儋州环保局承担诉讼费用。海南省第二中级人民法院二审认为，153号《监测报告》的合法性是审查本案被诉环保行政处罚事实认定是否清楚的基础。由于153号《监测报告》的取样程序违法，不能作为认定桑德水务公司存在环境违法行为事实的主要证据。而除153号《监测报告》外，儋州环保局没有进行相关调查，并且违反查处分离的规定，程序违法。47号处罚决定认定事实的主要证据不足，适用法律错误。二审法院判决驳回上诉，维持原判。

【典型意义】

本案系环保行政处罚纠纷，涉及对环保行政处罚行为所依据证据的审查认定，具有典型性和指导意义。近年来，各级环保行政执法部门加大了生态环境违法案件的行政执法力度，有效遏制了环境持续恶化的基本态势。但从法院审理环境行政处罚案件情况看，环保行政执法不同程度存在执法不规范，"重结果、轻程序"等问题。环境行政执法部门在环境监测过程中，应重视环境监测程序的合法性，特别是在涉及水污染的环保处罚案件中，被检测标本的取样是否合乎技术规范，直接影响该标本检测结果正确与否。因此，《环境行政处罚办法》专门进行对现场调查取样程序作了规定，要求制作取样记录或者将取样过程记入现场检查（勘察）笔录，并可以采取拍照、录像或者其他方式记录取样情况。由于儋州环保局在一审中未能提供取样记录或取样过程等相关证据，无法证明其取样程序的合法性，故法院认定153号《监测报告》不能作为认定桑德水务公司存在环境违法行为事实的主要证据，依法撤销处罚决定。本案判决体现了人民法院对环保行政执法行为的监督，对于推动环境保护行政主管部门规范行使行政处罚职权、促进依法行政具有积极作用。

【点评专家】 竺效，中国人民大学教授

【点评意见】

本案法院以程序合法性审查行政机关的具体行政行为的合法性。程序合法是依法行政的重要内容。本案中，儋州环保局以海南省环境监测中心站出具的153号《监测报告》认定桑德水务公司超标排放废水，并作出47号行政处罚决定。但儋州环保局却未能提供采样记录或采样过程等相关证据，无法证明其采样程序合法，进而无法证明送检样品的真实性，直接影响监测结果的真实性。儋州环保局环境执法中监测程序违法导致153号《监测报告》亦不具有合法性。可见，环保部门在环境行政执法过程中，尤其是环境监测过程中，应重视执法程序的合法性，摒弃环境行政执法"重结果、轻程序"的思想，规范行使行政处罚职权、促进依法行政。

另外，行政诉讼中行政主体需要提供证据证明其行为的合法性。本案中，由于儋州环保局未能提供采样记录或采样过程等相关证据，而承担诉讼中举证不利的法律后果。可见，环境监测证据的采集与提交对环境行政执法与环境行政诉讼均具有重大影响。随着公民法治意识的提高和环境执法案件量的增长，环境行政诉讼应诉将成为环境行政执法部门的一种"新常态"，事先执法必须重视证据收集的合法性，以及正确认识和对待事后应诉的法定举证义务。

案例十：陈德龙诉成都市成华区环境保护局环保行政处罚案

【基本案情】

陈德龙系个体工商户龙泉驿区大面街道办德龙加工厂业主，自2011年3月开始加工生产钢化玻璃。2012年11

月2日，成华区环保局在德龙加工厂位于成都市成华区保和街道办事处天鹅社区一组B-10号的厂房检查时，发现该厂涉嫌私自设置暗管偷排污水。成华区环保局经立案调查后，依照相关法定程序，于2012年12月11日作出成华环保罚字(2012)1130-01号行政处罚决定，认定陈德龙的行为违反《水污染防治法》第二十二条第二款的规定，遂根据《水污染防治法》第七十五条第二款的规定，作出责令立即拆除暗管，并处罚款10万元的处罚决定。陈德龙不服，遂诉至法院，请求撤销该处罚决定。

【裁判结果】

成都市成华区人民法院一审认为，德龙加工厂工商登记注册地虽然在成都市龙泉驿区，但其生产加工形成环境违法事实的具体地点在成都市成华区，根据《行政处罚法》第二十条、《环境行政处罚办法》第十七条的规定，成华区环保局具有作出被诉处罚决定的行政职权；虽然成都市成华区环境监测站于2012年5月22日出具的《检测报告》，认为德龙加工厂排放的废水符合排放污水的相关标准，但德龙加工厂私设暗管排放的仍旧属于污水，违反了《水污染防治法》第二十二条第二款的规定；德龙加工厂曾因实施"未办理环评手续、环保设施未验收即投入生产"的违法行为受到过行政处罚，本案违法行为系二次违法行为，成华区环保局对德龙加工厂作出罚款10万元的行政处罚并无不妥。遂判决驳回陈德龙的诉讼请求。成都市中级人民法院二审认为，德龙加工厂的工商登记注册地虽然在龙泉驿区，但相关证据能够证明涉案地点在成华区，根据相关法律规定，成华区环保局具有作出被诉行政处罚的行政职权；陈德龙租赁成华区保和街道办事处天鹅社区厂房的目的是用于德龙加工厂的钢化玻璃生产加工，涉案生产点是否办理工商登记、租赁者是否为陈德龙个人，并不影响涉案生产点的经营主体为德龙加工厂这一客观事实，故成华区环保局将德龙加工厂作为处罚对象并无不当；涉案生产点存在私设暗管排放生产污水的违法行为，该生产点所排放的生产污水是否达标并不影响德龙加工厂私设暗管规避监管这一违法事实的成立；成华区环保局在《水污染防治法》第七十五条第二款所规定的幅度内，综合考虑德龙加工厂系二次违法等事实，作出罚款10万元的行政处罚并无不当。遂判决驳回上诉，维持原判。

【典型意义】

本案系典型的逃避监管和查处的环境违法案件。主要表现在以下方面：一是工商注册地与违法行为发生地不一致，导致监管缺失；二是违法行为实施主体隐藏，导致处罚对象认定困难；三是违法行为和违法后果隐蔽，导致发现和查处困难。对此，在认定执法主体时，一审、二审法院依据法律关于违法行为发生地管辖的规定，在查明生产加工形成环境违法事实具体地点的基础上，准确界定了行政职权的行使主体，避免了执法监管的空白。在认定处罚对象时，一审、二审法院认为，尽管涉案生产点未办理工商登记，涉案厂房租赁者为陈德龙个人，但根据陈德龙系个体工商户德龙加工厂业主这一事实，以及涉案厂房生产加工的产品与德龙加工厂生产经营范围的关联性，可以认定涉案生产点的实际经营主体为德龙加工厂，违法行为的实施者和被处罚对象应为德龙加工厂，从而避免了违法行为人利用其身份的隐藏性、模糊性逃避监管和处罚。在认定违法行为时，一审、二审法院从《水污染防治法》第二十二条的立法目的出发，认为只要存在私设暗管等规避环境执法部门监管的行为，无论其排放的污染物是否达标，是否对环境实际造成了影响，均应受到处罚，从而更加有效地打击规避监管的违法行为。本案的处理有利于揭开该类逃避监管和查处的环境违法行为的面纱，为环保执法部门的行政执法提供有价值的参考，具有较好的示范意义。

【点评专家】李挚萍，中山大学教授

【点评意见】

私设暗管或者采取其他规避监管的方式排放污染物是一种主观恶性更大的违法行为，其不仅可能导致更严重环境损害后果，而且对监管造成了严重的阻碍及干扰，大大增加了执法的难度和成本。我国《水污染防治法》第22条规定："向水体排放污染物的企业事业单位和个体工商户，应当按照法律、行政法规和国务院环境保护主管部门的规定设置排污口；禁止私设暗管或者采取其他规避监管的方式排放水污染物。"2014年新修订的《环境保护法》第42条第4款规定"严禁通过暗管、渗井、渗坑、灌注或者篡改、伪造监测数据，或者不正常运行防治污染设施等逃避监管的方式违法排放污染物。"相关的环保行政处罚规定和司法解释规定只要存在通过暗管、渗井、渗坑、灌注等逃避监管的方式违法排放污染物的行为，不管是否造成损害后果，都视为严重污染环境的行为，执行严格的行政处罚及刑事制裁。本案系典型的逃避监管和查处的环境违法案件，违法行为人不仅有私设暗管排放生产污水的行为，而且在违法实施主体身份上进行隐瞒混淆，法院根据这些重要违法事实所做出的判决对于社会普遍存在的规避监管的环境违法行为有重要的警示作用。

5. 2022年度人民法院环境资源审判典型案例
（2023年6月5日）

1. 长兴某环保科技有限公司、夏某频污染环境案
【基本案情】

被告单位长兴某环保科技有限公司（以下简称环保公司）系浙江省湖州市重点排污单位，经营范围包括污水处理及相关技术咨询。被告人夏某频系该公司生产经营负责人，直接负责污水处理工作。2019年3月至2020年5月，环保公司因排放的废水中化学需氧量（Chemical Oxygen Demand，简称COD）等指标超过《城镇污水处理厂污染物排放标准》规定的限值，先后三次被行政处罚。2020年12月至2021年1月，环保公司为了逃避监管、防止再被行政处罚，先后七次购买"COD去除剂"水剂、粉剂，由夏某频亲自或指使其他员工投加至污水处理末端，影响COD自动监测结果。"COD去除剂"并不能真正去除废水中的COD物质，只是干扰COD测定过程，造成监测值比实际偏低。后该行为被行政执法机关发现。

【裁判结果】

浙江省湖州市中级人民法院认为，被告单位环保公司违反国家规定，排放含有污染物化学需氧量的废水，严重污染环境，构成污染环境罪。被告人夏某频作为该公司直接负责污水处理的主管人员，亦构成污染环境罪。环保公司作为专门从事污水处理的企业，为逃避监管、规避处罚而采用隐蔽手段干扰自动监测结果，排放含有污染物的废水，情节恶劣，社会危害性大。夏某频如实供述自己罪行，依法可以从轻处罚。环保公司、夏某频自愿认罪认罚，依法可以从宽处理。依法判处环保公司罚金20万元；夏某频有期徒刑一年，缓刑一年六个月，并处罚金2万元。该判决已生效。

【典型意义】

本案系违规排放污水引发的刑事案件。环保公司作为环保治理企业，不仅未积极落实主体责任，反而使用"COD去除剂"干扰环保自动监测结果，实际上污水处理未达标即向外环境排放，严重污染了环境，属于"知法犯法""假治污、真排污"。人民法院坚持最严法治观、贯彻落实宽严相济刑事政策，依法追究环保公司及其直接负责的主管人员夏某频的刑事责任，体现了从严惩治环境污染犯罪的基本取向。程序上，本案由中级人民法院提级管辖，法院院长、检察院检察长同庭履职，合议庭当庭宣判，环保公司、夏某频服判息诉，将庭审开成一堂法治宣传和法治教育的公开课，亦具有示范意义。

2. 谢某川、谢某城非法捕捞水产品案
【基本案情】

被告人谢某川在福建省东山县虎崆澳海域渔排上收购水产品，其子被告人谢某城协助称重、分拣、记账、结算等。2021年禁渔期后，谢某川分别与邱某福、傅某坤等8人（均另案处理）约定，由谢某川提供出海捕捞的鱼饵、碎冰及生活用品等，邱某福、傅某坤等8人分别驾驶渔船、利用笼壶捕捞螃蟹等水产品，所得渔获物由谢某川收购再转卖他人。2021年5月至6月，谢某川收购水产品价值共计527407元，非法获利10000元。同年9月1日，谢某川、谢某城经漳州海警机关电话通知主动到案。

诉讼过程中，谢某川、谢某城自愿购买鱼苗用于增殖放流；谢某城自愿签订《关于"认领一片海"净滩护海公益活动协作协议》。

【裁判结果】

福建省东山县人民法院认为，被告人谢某川、谢某城违反保护水产资源法规，在禁渔期、禁渔区非法捕捞水产品，情节严重，均构成非法捕捞水产品罪。在共同犯罪中，谢某川系主犯，依法应当按照其所参与的全部犯罪处罚；谢某城系从犯，依法应当从轻、减轻处罚。二被告人均构成自首，依法可以从轻、减轻处罚；均自愿认罪认罚，依法可以从宽处理。二被告人均自愿购置鱼苗用于增殖放流，谢某川主动上缴违法所得，具有悔罪表现，可以酌情从轻处罚。依法判处谢某川有期徒刑一年；谢某城有期徒刑八个月，缓刑一年；追缴谢某川违法所得1万元。该判决已生效。

福建省东山县人民法院责令谢某城严格按照《关于"认领一片海"净滩护海公益活动协作协议》约定，在缓刑考验期内保质保量完成相应的公益活动任务，征得当地社区矫正机关认可，将谢某城参与公益活动的相关表现情况作为缓刑考验内容之一纳入考核。

【典型意义】

本案系非法捕捞水产品引发的刑事案件。保护和利用海洋碳汇是"双碳"国家战略的重要组成部分，提升海洋碳汇保护和利用专业化水平是司法服务"双碳"工作的重要方面。本案中，人民法院坚持能动司法，结合宽严相济刑事政策、当地生态环境特点与保护需求，探索创新恢复性司法举措，实践"净滩护海"生态修复方式。积极引导符合缓刑条件的被告人以参加公益活动的方式替代性履行海洋生态环境修复责任，增加海洋碳汇。通过异位恢复不同类型但具有同等价值的生态服务功能，达到生态系统结构和总量的平衡。同时加强释明和监督，责令将协议履行情况与社区矫正、缓刑考验期考核挂钩，保障修复实效。本案具有"公益性+可量化""等效性+可替代"等突出特点，体现了

"以案正人、以人促改、以改护海"的价值取向，为加强"双碳"司法服务积累了有益经验。

3. 广东某检测技术股份有限公司、罗某慧等5人提供虚假证明文件案

【基本案情】

被告单位广东某检测技术股份有限公司(以下简称检测公司)于2019年12月取得《检验检测机构资质认定证书》，开始面向社会受理各类环境检测(监测)业务并出具具有证明作用的数据和结果。被告人罗某慧系该公司总经理、实际经营者，负责公司全面管理工作；被告人吴某平系该公司法定代表人及行政副总，负责公司行政、财务以及市场部销售业务；被告人罗某鹏系该公司实验室主管，负责实验室原始数据检测分析；被告人郑某钊系该公司采样部主管，负责现场采样及数据提取；被告人练某春系该公司质量部主管，负责编写出具检测报告。2020年至2021年8月，为获取更多客户和利润，检测公司在开展环境检测业务过程中弄虚作假，采取未开展采样分析直接出具监测数据、故意不真实记录或选择性记录原始数据、纸质原始记录与电子储存记录不一致等多种伪造或篡改监测数据的手段，为部分客户出具虚假的环境检测报告。其间，罗某慧、吴某平默许、放任各业务部门弄虚作假，罗某鹏、郑某钊、练某春互相配合共同为客户出具虚假的环境检测报告。经核验，检测公司出具的80份环境检测报告存在弄虚作假，涉及45家排污单位，涉案金额巨大。罗某慧、吴某平、郑某钊、练某春接到公安机关电话通知后主动接受调查。

【裁判结果】

广东省中山市第一人民法院认为，被告单位检测公司作为承担环境监测职责的中介组织，故意提供虚假证明文件，情节严重，构成提供虚假证明文件罪。被告人罗某慧等2人作为检测公司直接负责的主管人员，被告人罗某鹏等3人作为检测公司出具环境检测报告的直接责任人员，亦构成提供虚假证明文件罪。罗某慧等4人构成自首，罗某鹏如实供述自己罪行，依法可以从轻处罚。吴某平等4人自愿认罪认罚，依法可以从宽处理。依法判处检测公司罚金20万元；罗某慧有期徒刑一年九个月，并处罚金10万元；吴某平有期徒刑一年七个月，并处罚金8万元；罗某鹏等3人有期徒刑一年三个月或者一年二个月，均缓刑二年，并处罚金3万元。该判决已生效。

【典型意义】

本案系故意提供虚假证明文件引发的刑事案件。环境监测数据是环境监测工作的命脉，环境治理离不开中介组织的依法依规履责。中介组织弄虚作假，故意提供虚假监测数据，会妨害对污染环境行为的有效监管，增加治理成本，损害人民群众的环境权益。刑法修正案(十一)将承担环境影响评价、环境监测职责的中介组织的人员明确列举为提供虚假证明文件罪的主体，体现了刑法对出具此类虚假、失实的证明文件行为的否定性评价。本案中，检测公司及罗某慧等人为多家排污单位出具大量虚假检测报告，情节严重，影响恶劣。人民法院严格依法追究其刑事责任，严厉打击生态环境监测数据弄虚作假犯罪行为，对整治第三方环保服务机构违法行为、建立规范有序公平的环境监测服务市场起到了有力推动作用。

4. 赵某强、辛某宝破坏自然保护地案

【基本案情】

"老槽沟"矿区位于大熊猫国家公园眉山片区核心保护区，该区域亦是国家森林公园、大熊猫世界自然遗产地。2017年12月，四川省洪雅县人民政府将"老槽沟"矿区关停，拆除生产设施、查封井硐，实施生态恢复。2020年8月至10月，被告人赵某强、辛某宝与冯某(已死亡)等人经共谋，到"老槽沟"矿区盗采铅锌矿石约40吨，堆放于矿洞内。其间，三人雇人将大熊猫国家公园核心保护区入口的大石头破碎，强行打通进入核心保护区的通道，破碎后的碎石用于铺设、硬化路面、垒砌堡坎等，并砍伐周边植物形成约一米宽的路，还将发电机、电镐、电线、矿灯、汽油、生活物资等搬入矿区。同年11月6日，辛某宝、冯某盗采时引发矿洞垮塌，致冯某死亡、辛某宝受伤。2021年8月至9月，辛某宝、赵某强与其他人员(均另案处理)预谋将盗采的铅锌矿石运出销售，相关人员多次进入大熊猫国家公园实施运输行为，并用石头和混凝土对大熊猫国家公园内部分道路进行硬化。经鉴定，矿洞内遗留的铅锌矿石重30.5吨，价值106652元。四川省生态环境科学研究院出具意见认为，赵某强、辛某宝等人的行为对大熊猫国家公园核心区造成了直接生态环境影响，匡算影响范围为9190.64平方米，生态系统局部受损。

【裁判结果】

成都铁路运输第二法院认为，被告人赵某强、辛某宝违反自然保护地保护法律法规，采取破碎国家公园入口挡路石、砍伐道路周边植物，用碎石、混凝土硬化路面，使用汽油、煤气等化石燃料，擅自开启矿洞并盗采铅锌矿石，引发矿洞坍塌，不仅造成自然资源破坏及人员伤亡，而且增加了地质灾害风险，对大熊猫国家公园核心保护区野生动物栖息地及植被造成直接影响，严重破坏了大熊猫国家公园核心保护区生态环境，均构成破坏自然保护地罪。赵某强、辛某宝盗采铅锌矿石，同时构成非法采矿罪，但根据本案具体

情节，依照破坏自然保护地罪处罚较重。二被告人如实供述自己罪行，依法可以从轻处罚；辛某宝自愿认罪认罚，依法可以从宽处理。依法判处赵某强有期徒刑三年二个月，并处罚金5000元；辛某宝有期徒刑二年十个月，并处罚金5000元。该判决已生效。

【典型意义】

本案系破坏自然保护地引发的刑事案件。国家公园是我国自然保护地最重要的类型之一，属于全国主体功能区规划中的禁止开发区域，被纳入全国生态保护红线区域管控范围，实行最严格的保护。为加大对破坏自然保护地行为的惩治力度，并与有关政策法规衔接，刑法修正案（十一）专门增加了破坏自然保护地罪的规定。本案中，大熊猫国家公园具有极其重要的生态价值和战略地位，其核心保护区生态系统脆弱、生态承载力低，对人为干扰敏感度高且恢复困难，是国家生态安全高地。赵某强、辛某宝在大熊猫国家公园内盗采矿产资源，并进行碎石、砍树、硬化路面等施工作业，严重破坏核心保护区生态环境。人民法院依法追究其刑事责任，充分发挥刑事制裁的惩戒与教育功能，有效维护国家公园生态安全和生物多样性，彰显了用最严格制度最严密法治保护生态环境、筑牢国家公园生态安全司法屏障的决心和成效。

5. 朱某华、王某涵非法采矿、污染环境刑事附带民事公益诉讼案

【基本案情】

2019年10月至2020年12月，被告人朱某华在未取得采矿许可证的情况下，擅自开采砂卵石并非法销售，获利30余万元。被告人王某涵与朱某华事前通谋，帮助朱某华运输、销售砂卵石和逃避执法检查，从中获利5万元。经勘查鉴定，涉案砂卵石开采量为95675.45立方米，重181783.36吨，价值2549714元。2020年3月至2021年9月，朱某华为掩盖其非法采矿行为，指使他人向其开采坑内回填建筑垃圾和生活垃圾。经鉴定评估，回填垃圾属有害物质，数量为98692.29立方米，造成生态环境损失7515698.88元；根据专家意见，采坑治理费用为3335860.99元。以上清除污染、修复生态环境费用共计10851559.87元。

河北省涞水县人民检察院提起附带民事公益诉讼，请求判令朱某华承担上述全部费用、王某涵对其中采坑治理费用承担连带责任、二人在市级以上的新闻媒体公开道歉。

【裁判结果】

河北省涞水县人民法院认为，被告人朱某华违反矿产资源法的规定，未取得采矿许可证而擅自开采砂卵石，构成非法采矿罪；其违反国家规定，指使他人向开采坑内回填建筑垃圾和生活垃圾，严重污染环境，又构成污染环境罪。被告人王某涵与朱某华事前通谋，帮助朱某华运输、销售非法开采的砂卵石和逃避执法检查，亦构成非法采矿罪。朱某华、王某涵非法开采砂卵石情节特别严重，朱某华污染环境情节严重，均应依法惩处。对朱某华所犯数罪，依法并罚。朱某华自愿认罪认罚，依法可以从宽处理。王某涵系从犯，且构成自首，依法可以减轻处罚。朱某华、王某涵因犯罪行为对生态环境造成损害，均应承担相应的民事赔偿责任，二人承担连带赔偿责任。依法对朱某华决定执行有期徒刑七年，并处罚金7万元；判处王某涵有期徒刑一年四个月，并处罚金1.5万元；判决朱某华承担消除污染、修复生态环境费用10851559.87元，朱某华、王某涵对其中采坑治理费用3335860.99元承担连带赔偿责任；朱某华、王某涵在市级以上新闻媒体公开道歉。该判决已生效。

【典型意义】

本案系非法采矿、污染环境引发的刑事案件。砂卵石属于矿产资源，受法律保护。朱某华以牟利为目的擅自大量采挖砂卵石，为掩盖罪行又使用大量建筑垃圾和生活垃圾等有害物质对采坑进行回填，不仅侵犯了国家矿产资源管理制度、破坏周边生态环境，还造成了严重污染，对生态环境和资源造成双重破坏，生态环境损害后果叠加，社会危害大。人民法院落实宽严相济刑事政策和损害担责、全面赔偿原则，综合利用刑事、民事法律手段，依法定罪量刑、认定生态环境损失和修复费用，让破坏环境资源者承担相应的法律责任，切实以强有力的司法手段惩治破坏环境资源犯罪行为，用最严格制度最严密法治筑牢维护矿产资源和生态环境安全的司法屏障。

6. 昆明某纸业有限公司、黄某海等4人污染环境刑事附带民事公益诉讼案

【基本案情】

被告单位昆明某纸业有限公司（以下简称纸业公司）主要经营范围为包装纸的生产；废旧纸张的回收、加工、销售。被告人黄某海系该公司法定代表人、执行董事兼总经理，被告人李某城系该公司后勤厂长，附带民事公益诉讼被告黄某龙（黄某海之子）、黄某芬（黄某龙之妻）均系该公司股东。纸业公司在2005年建厂初期，即在金沙江螳螂川河道一侧埋设暗管接至生产车间的排污管道，并安有遥控装置。在无排污许可的情况下，黄某海指使李某城经暗管排放含有有害物质的生产废水。2020年5月26日，云南省昆明市行政执法机关检查发现纸业公司的暗管和偷排行为，作出责令立即停止环境违法行为（拆除、封堵暗管）、罚款

100万元的行政处罚,后给予李某城行政拘留五日的行政处罚(履行完毕)。经鉴定,纸业公司在2017年4月至2020年5月26日未对生产废水进行有效处理,全部偷排至螳螂川河道,偷排废水期间螳螂川河道内水质指标超基线水平13.0倍至239.1倍,对螳螂川地表水环境造成污染,该期间共计减少废水污染治理设施运行支出3009662元,对应造成的环境污染损害数额共计10815021元;纸业公司偷排生产废水导致螳螂川底泥中硫化物、硫酸根、砷、汞、镉、铅、镍物质成份含量增加,对螳螂川底泥物质成份含量变化造成的影响持续存在。

纸业公司案发后全面停产,对公账户可用余额为18261.05元。经鉴定,纸业公司存在公司账簿与股东账簿不分,公司财产与股东财产、股东自身收益与公司盈利难以区分等情形。

云南省昆明市西山区人民检察院提起附带民事公益诉讼,请求判令纸业公司承担生态环境损害赔偿及鉴定检测费用,黄某海、黄某龙、黄某芬对上述费用承担连带赔偿责任。

【裁判结果】

云南省昆明市西山区人民法院认为,被告单位纸业公司违反国家规定,未对生产废水进行有效处理并通过暗管直接排放,严重污染环境,构成污染环境罪。被告人黄某海、李某城作为纸业公司直接负责的主管人员和直接责任人员,亦构成污染环境罪。纸业公司排放生产废水造成的环境污染损害数额共计10815021元,后果特别严重。本案犯罪事实包含行政执法机关对纸业公司行政处罚认定的违法事实,就该部分违法事实所处罚款100万元与本案所判罚金相抵。李某城被判处刑罚的犯罪行为与之前受行政拘留处分的行为系同一行为,行政拘留五日已履行完毕,依法折抵相应刑期。环境污染所造成的损害具有开放性、无限性、历时呈现性与不确定性,事后对环境污染数额的量化远远低于其实际造成损害的严重程度,基于鉴定结论认定赔偿范围和数额合法合理。黄某海、黄某龙、黄某芬作为纸业公司股东,滥用公司法人独立地位和股东有限责任,以致纸业公司责任财产流失,债务清偿能力受到极大影响,严重损害环境侵权债权人的合法利益,符合股东承担连带责任的法律规定。依法判处纸业公司罚金200万元(实际还应缴纳100万元);黄某海、李某城均有期徒刑三年六个月,并处罚金50万元;纸业公司承担生态环境损害赔偿10815021元、支付鉴定检测费用129500元;黄某海、黄某龙、黄某芬对上述生态环境损害赔偿和鉴定检测费用承担连带赔偿责任。该判决已生效。

【典型意义】

本案系偷排污水污染环境引发的刑事案件。公司在经营过程中造成严重环境污染,应依法承担相应的刑事责任和环境损害赔偿责任。公司股东滥用公司独立人格和股东有限责任,导致公司无力承担赔偿责任,股东应依法承担连带责任。本案中,人民法院贯彻落实全面追责原则和最严法治观,依法严惩环境污染犯罪,依法认定环境损害赔偿范围和被告单位、被告人应承担的刑事、民事、行政责任。同时将公司人格否认制度适用于环境侵权领域,判决股东对公司环境侵权债务承担连带责任,通过追究公司背后股东的法律责任,解决公司环境侵权后赔偿无法到位的问题,切实实现对污染企业的严格追责、对受损环境公共利益的充分救济。

7. 上海某实业有限公司管理人申请破产重整案

【基本案情】

上海某实业有限公司(以下简称实业公司)主营业务为码头租赁及仓储、装卸服务等,所处位置毗邻长江口。2019年11月,经债权人申请,上海市第三中级人民法院裁定受理该公司破产清算案,并指定管理人。审理中发现,实业公司经营管理混乱、设施设备陈旧老化,存在重大环境污染隐患。环保、交管部门联合下达整改通知,要求对码头污水及扬尘处理设施进行限期整改,否则实业公司名下营运许可资质将被吊销。为保住该公司营运价值,维护全体债权人利益,经管理人申请,法院裁定本案转入重整程序。在法院指导下,管理人一方面与环保、交管部门紧急沟通协调,明确整改要求;另一方面迅速委托第三方进行施工,对污水沉砂池、水沟、地坪等设施设备进行扩建,确保地面雨污水等统一汇集并经沉降处理后循环用于港内喷洒,大幅提高码头用水回用率,有效避免污水直排入江。另外通过加装围墙、砂石料围挡遮盖及装车喷水装置,有效管控码头扬尘,防止周边区域大气污染物超标。在接管财产不足以支付相关施工、审价费用情况下,管理人依据相关司法解释协调第三方先行垫付近60万元,待重整资金到位后按共益债务先于各债权清偿,部分费用以租金抵扣方式协调租户随时整治并支付。管理人在债权人会议中以专项议案方式披露码头经营中的环境整治方案及费用承担问题,经债权人会议表决后将审价费用列入破产费用随时清偿。在招募投资人过程中,除关注投资人资金实力与企业背景外,还关注其在码头绿色经营上的意愿和能力。经两轮市场化公开招募,成功引入投资人投入资金8700余万元,并着重将码头环保经营方案及环保承诺写入重整计划草案。经债权人会议表决,除出资人组外,担保债权组、税务债权组及普通债权组均表决通过了重整计划草案。

【裁判结果】

上海市第三中级人民法院认为,实业公司管理人依法制定了重整计划草案,并在法定期限内向人民法院和债权人会议提交,符合法律规定。实业公司已严重资不抵债,重整计划草案公平、公正并充分利用了码头资产的地理优势,有助于恢复该公司的经营活力,提高债权人清偿率,具备可行性。依法裁定批准重整计划草案并终止重整程序。

【典型意义】

本案系公司破产清算转重整的民事案件。人民法院充分发挥职能作用,将绿色发展理念融入破产重整全过程,从环境问题的修复治理、费用安排、程序衔接、重整方案制定及执行等方面探索建立灵活高效的工作机制,助推困境企业绿色低碳转型重生。坚持"边重整、边治理"原则,通过对码头经营场所污水、大气整治,实现减污降碳源头治理及协同增效,依法将污染治理费用认定为共益债务,兼顾了破产法公平清偿理念与生态保护优先理念。引导投资人将环保经营方案和环保承诺事项写入重整计划草案,综合考虑企业清算价值、程序合法性等法律因素,以及企业可持续发展等社会因素,裁定批准重整计划草案。本案探索破产审判与生态环境司法保护协同推进的新机制,协同推动长江流域减污降碳源头治理和企业绿色低碳转型,有利于实现生态保护、企业重生、债权人利益最大化的有机统一,是贯彻实施民法典绿色原则的生动实践,也是贯彻执行长江保护法的有力举措。

8. 贵州省黔南布依族苗族自治州农业农村局、罗甸县某水务投资开发有限公司申请司法确认调解协议案

【基本案情】

罗甸县某水务投资开发有限公司(以下简称水务公司)在贵州省罗甸县蒙江坝王河特有鱼类国家级水产种质资源保护区内,建设八㕨大坝。经生态环境部环境规划院调查,八㕨大坝工程建设运行加剧了国家二级保护野生动物斑鱯栖息生境不适宜性程度,压缩了斑鱯繁殖栖息地空间,且未建设过鱼设施,对斑鱯洄游产生了阻隔效应,存在进一步降低斑鱯种群资源量的风险,加剧斑鱯在该河段的野外种群濒危程度,对蒙江坝王河特有鱼类国家级水产种质资源保护区造成生态环境损害,造成斑鱯流水型河流生境8.85km生态服务功能季节性损失,评估损失费用共计3037.81万元。2021年12月22日,生态环境部网站通报了中央第二生态环境保护督察组在贵州省黔南布依族苗族自治州督察时发现的问题,包括上述情况。2022年11月5日,黔南布依族苗族自治州农业农村局与水务公司达成生态环境损害赔偿协议,约定水务公司在其违规建设八㕨大坝工程造成的生态环境损害赔偿费用3037.81万元内承担赔偿责任,并积极履行污染防治责任和生态修复义务,还约定了支付方式和期限、生态修复方式及措施、修复效果评估、违约责任等内容。双方申请司法确认。

【裁判结果】

贵州省黔南布依族苗族自治州中级人民法院认为,申请人黔南布依族苗族自治州农业农村局与申请人水务公司达成的生态环境损害赔偿协议不违反法律法规强制性规定,不损害国家利益、社会公共利益,经公告没有公民、法人或组织提出异议,符合司法确认的法定条件。依法裁定确认该协议有效。

【典型意义】

本案系申请司法确认生态环境损害赔偿协议的民事案件。对于中央生态环境保护督察发现的问题,人民法院坚持能动司法、履职担当,依法延伸审判职能,助推问题及时有效整改。案件审理前后,人民法院加强与各方沟通协调,多次列席专题联席会议,强化法律问题释惑答疑和程序引导,促使行政主管部门与侵权人达成赔偿协议;及时跟进回访,监督赔偿义务人依约按时履行法律义务,确保生态环境损害赔偿、斑鱯种群重建、八㕨大坝过鱼设施均按协议履行;立足源头治理和综合治理,在案涉保护区流域挂牌设立珍稀物种司法保护观测点,加大对珍稀物种的保护力度,积极预防生态环境损害发生。

9. 张掖某建材有限责任公司诉甘肃省张掖市甘州区人民政府行政补偿案

【基本案情】

张掖某建材有限责任公司(以下简称建材公司)取得采矿许可证,有效期为2015年7月1日至2020年7月1日,开采矿种为砖瓦用粘土矿,矿区位于黑水国遗址保护区范围内。2018年5月25日,甘肃省人民政府办公厅印发《关于开展全省各级各类保护地内矿业权分类处置的意见》,规范全省各级各类保护地内矿业权有序退出。同年9月30日,张掖市甘州区人民政府依据该意见作出决定,对建材公司砖瓦用粘土矿进行关闭,并注销其采矿权。相关事宜公告期满后,行政主管部门采取了关闭措施。2021年10月10日、11月18日、12月18日,建材公司先后三次向张掖市甘州区人民政府递交了书面矿业权退出的行政补偿申请,均未获答复,遂提起行政诉讼。

【裁判结果】

甘肃矿区人民法院一审认为,张掖市甘州区人民政府未在规定的时限内对建材公司矿业权的退出方式及是否给予行政补偿作出明确认定,即未在规定期限内履行法定职责。该项工作必须在张掖市甘州区人民政府的主导下,在调查的基础上进行最终的认定或裁量。人民法院应当充分尊重行政机关的首次判断权,不宜径行判决张掖市甘州区人民政府履行具体的给付义务。依法判决张掖市甘州区人民政府在判决生效后三个月内对建材公司砖瓦用粘土矿矿业权退出的方式及是否对建材公司给予行政补偿作出明确认定。

甘肃省高级人民法院二审维持原判。

【典型意义】

本案系有关机关未依法履职引发的行政案件。黑水国遗址坐落在甘肃省张掖市甘州区,是全国重点文物保护单位。加强遗址保护,有利于遏制人为损伤和破坏,减轻或延缓自然力量的影响,使遗址所承载的历史信息真实长久地传递下去。行政机关负有保护历史文化遗产、维护社会公共利益的相关职责,但同时应依法履职、保障行政相对人的合法权益。本案中,人民法院统筹兼顾,既坚持生态优先理念,又落实依法保护产权要求,同时尊重行政机关的首次判断权,妥善协调生态环境保护与合法权益保障,通过司法裁判回应人民群众日益增长的环境司法需求,依法监督行政机关履职尽责。

10. 重庆市巫溪县人民检察院诉巫溪县城市管理局不履行法定职责行政公益诉讼案

【基本案情】

重庆市巫溪县盼官山公墓内建有烈士陵园,以及铭刻有在解放战争、抗美援朝战争、对越自卫反击战、国家经济建设中牺牲的113名烈士的英名墙。2020年下半年,巫溪县人民政府开展对盼官山公墓附近地块的征收工作,该地块逐渐变成垃圾倾倒地,临近墓区四处露天堆放大量建筑垃圾和生活垃圾,总面积达1292平方米。2021年11月8日,巫溪县人民检察院与巫溪县城市管理局进行会议磋商,巫溪县城市管理局承诺及时清理上述垃圾。2022年1月,巫溪县人民检察院对现场进行复核发现,堆放的垃圾未被彻底清运,且新增了两处露天堆放的建筑垃圾,公墓和烈士陵园、烈士墓周边环境卫生进一步恶化,遂向巫溪县城市管理局发出检察建议书。巫溪县城市管理局未予书面回复,也未履行监管责。

巫溪县人民检察院提起行政公益诉讼,请求判令确认巫溪县城市管理局未履行监管职责的行为违法,判令巫溪县城市管理局依法履行监管职责。诉讼中,巫溪县人民检察院撤回第一项诉讼请求,巫溪县城市管理局制定了《关于盼官山公墓附近建筑垃圾露天堆放问题整治工作方案》。

【裁判结果】

重庆市万州区人民法院认为,巫溪县盼官山公墓和烈士陵园、烈士墓在巫溪县城市规划范围内,巫溪县城市管理局作为巫溪县行政区域内的建筑及生活垃圾监督管理部门,对案涉露天堆放的建筑及生活垃圾状况负有法定监管职责。巫溪县城市管理局未依法履行该法定职责,侵犯人民群众对先人、英烈的特殊感情,违反国家烈士纪念设施保护制度,损害社会公共利益。准许巫溪县人民检察院撤回关于确认违法的诉讼请求。依法判决巫溪县城市管理局立即对巫溪县盼官山公墓和烈士陵园、烈士墓附近建筑和生活垃圾露天堆放现状依法履行监管职责。该判决已生效。

【典型意义】

本案系有关机关怠于履职引发的行政公益诉讼案件。英雄烈士及其精神是中华民族精神的重要内核,是社会主义核心价值观的重要体现,是社会公共利益的重要组成部分。公墓承载了人民群众追忆先人、寄托哀思的特殊感情,公墓附近生态环境受损破坏了墓区的完整性,有违社会公德与民族伦理。庄重、肃穆、洁净的祭祀环境既是人们主动参与祭祀英烈活动的重要基础,也是人们表达对英雄烈士的尊崇与缅怀之情的关键需求。本案中,人民法院通过司法裁判监督行政机关依法履职,有序完成垃圾清理工作,重塑绿色文明的祭祀环境,回应了人民群众对缅怀英烈、纪念先人的情感需求,为全社会尊崇英雄烈士、维护英雄烈士尊严提供了有力保障,对于传承英雄烈士精神、弘扬社会主义核心价值观具有重要意义。

6. 人民法院环境资源审判保障长江经济带高质量发展典型案例

(2018年11月28日)

一、被告人易文发等非法生产制毒物品、污染环境案

【基本案情】

2014年4月,被告人易文发等人在贵州省贵阳市租赁民房、废弃厂房等,利用非法购买的盐酸、甲苯、溴代苯丙酮等加工生产麻黄碱。2015年5月至2016年1月期间,被告人易文发等人在非法生产麻黄碱过程中,为排放生产废水,在厂房外修建排污池、铺设排污管道,将生产废水通过排污管引至距厂房约70米外的溶洞排放。2016年1月,公安机关在案涉加工点查获麻黄碱6.188千克、甲苯11700千克、盐酸3080千克、溴代苯丙酮13000千克。经鉴定,易文发等人生产麻黄碱所产生、排放的废水属危险废物。

【裁判结果】

贵州省清镇市人民法院一审认为,被告人易文发等人的行为均已构成非法生产制毒物品罪;将属于危险物质的生产制毒物品废水利用溶洞向外排放,严重污染环境,其行

为同时构成污染环境罪,应予数罪并罚。判处易文发等人八年至十年不等有期徒刑,并处罚金 110000 元至 130000 元不等,并对查扣的制毒物品、作案工具依法没收,予以销毁。贵阳市中级人民法院二审维持原判。

【典型意义】

本案系非法生产制毒物品过程中引发的环境污染案件。被告人易文发等人在非法生产麻黄碱的过程中,违反国家规定修建排污池,铺设排污管道,将含有危险废物的生产废水通过排污管引至溶洞排放,严重污染环境。溶洞是可溶性岩石因喀斯特作用所形成的地下空间,在长江流域多有分布,蕴含着丰富的水资源。但岩溶生态系统脆弱,环境承载容量小,溶洞之间多相互连通,一旦污染难以修复治理。一审法院考虑到本案被告人犯罪行为的特殊性,根据受到侵害的法益不同,对被告人实施的不同行为单独定罪、数罪并罚,改变了过去忽视环境保护,对同类案件多采用择一重罪论处、仅以涉毒罪名予以打击的处理方式。本案以非法生产制毒物品罪和污染环境罪数罪并罚,既体现出人民法院始终坚持依法从严惩处毒品犯罪、加大对生产制毒物品犯罪的惩处力度,也体现出人民法院以零容忍态度依法维护人民群众生命健康和环境公共利益的决心。

二、被告单位重庆首旭环保科技有限公司、被告人程龙等污染环境案

【基本案情】

被告单位首旭环保公司系具有工业废水处理二级资质的企业。2013 年 12 月 5 日,首旭环保公司与重庆藏金阁物业公司签订协议,约定首旭环保公司自 2013 年 12 月 5 日至 2018 年 1 月 4 日运行重庆藏金阁电镀工业中心废水处理项目。首旭环保公司承诺保证中心排入污水处理站的废水得到 100% 处理,确保污水经处理后出水水质达标,杜绝废水超标排放和直排行为发生。在运营该项目过程中,项目现场管理人员发现 1 号调节池有渗漏现象,向首旭环保公司法定代表人程龙报告。程龙召集项目工作人员开会,要求利用 1 号调节池的渗漏偷排未经完全处理的电镀废水。项目现场管理人员遂将未经完全处理的电镀废水抽入 1 号调节池进行渗漏。2016 年 5 月 4 日,重庆市环境监察总队现场检查发现该偷排行为。经采样监测,1 号调节池内渗漏的废水中六价铬、总铬浓度分别超标 29.5 倍、9.9 倍。

【裁判结果】

重庆市渝北区人民法院一审认为,被告单位首旭环保公司违反国家规定,非法排放含有重金属的污染物超过国家污染物排放标准 3 倍以上,严重污染环境,其行为已构成污染环境罪。被告人程龙作为首旭环保公司的法定代表人,系首旭环保公司实施污染环境行为的直接负责的主管人员;首旭环保公司项目现场管理人员是首旭环保公司实施污染环境行为的直接责任人员,均构成污染环境罪。鉴于各被告人分别具有自首、坦白等情节,以污染环境罪判处首旭环保公司罚金 80000 元;判处程龙等人有期徒刑并处罚金。

【典型意义】

本案系向长江干流排放污水引发的水污染刑事案件。重庆地处长江上游和三峡库区腹地,人民法院通过依法审理重点区域的环境资源案件,严惩重罚排污者,构筑长江上游生态屏障。本案中,首旭环保公司作为具有工业废水处理资质的企业,在受托处理工业废水过程中,明知调节池有渗漏现象,依然将未经完全处理的电镀废水以渗漏方式直接向长江干流排放,严重污染长江水体,应当依法承担刑事责任。在首旭环保公司承担刑事责任后,重庆市人民政府、重庆两江志愿服务发展中心以重庆藏金阁物业公司、首旭环保公司为共同被告,分别提起生态环境损害赔偿诉讼和环境民事公益诉讼,要求二被告依法承担生态环境修复等费用,并向社会公开赔礼道歉。人民法院通过审理刑事案件以及省市人民政府提起的生态环境损害赔偿诉讼、社会组织提起的环境民事公益诉讼,充分发挥环境资源审判职能作用,为服务和保障长江流域生态文明建设提供了较好范本。

三、被告人邓文平等污染环境案

【基本案情】

2016 年 2 月起,被告人邓文平在未取得相关资质的情况下收购 HW11 精(蒸)馏残渣(俗称煤焦油),运输至其位于四川省眉山市东坡区的厂房内进行加热处理、分装和转卖。期间还雇佣被告人邓卫平、邓良如、马成才协助其运输、加热和分装。2016 年 7 月,眉山市东坡区环境保护局进行查处后,邓文平等人仍未停止煤焦油的加工。2017 年 1 月,眉山市东坡区相关行政主管部门联合执法,从加工点现场查扣处理设备、煤焦油及其提炼产品 453.08 吨。另有 200 余吨煤焦油已被邓文平加工转卖。四被告人自动投案后,均能如实供述全部或者大部分犯罪事实。

【裁判结果】

四川省眉山市中级人民法院一审认为,被告人邓文平等违反国家规定非法处置危险废物,严重污染环境,构成污染环境罪。邓文平非法处置危险废物 100 吨以上,后果特别严重。根据各人在共同犯罪中的作用、自首等情节,以污染环境罪判处邓文平有期徒刑三年二个月,并处罚金

30000 元;判处邓卫平、邓良如、马成才八个月到二年不等有期徒刑,八个月到二年不等缓刑考验期,并处 8000 元到 20000 元不等罚金;禁止邓卫平、邓良如、马成才在缓刑考验期内从事与煤焦油加工销售相关的活动。

【典型意义】

本案系非法处置危险废物引发大气污染刑事案件,人民法院在案件裁判方式上进行了有益探索和创新,体现了打击污染环境犯罪、助力打赢蓝天保卫战的态度和决心。近年来,长江流域的区域性雾霾、酸雨态势长期持续,人民法院需要充分发挥环境资源刑事审判的惩治和教育功能,依法审理长三角、成渝城市群等重点区域的大气污染防治案件,严惩重罚大气污染犯罪行为。本案中,邓文平等人无危险废物处置资质,加工设备和工序未得到行政监管部门的验收认可,在加工煤焦油过程中存在大量有毒有害物质未经处理直接排放入大气的情形。一审法院结合四被告人犯罪行为和自首情节在判处相应刑罚的同时,考虑到危险废物处置的专业性和处置不当可能造成的社会危害性,判决邓卫平、邓良如、马成才在缓刑考验期内禁止从事与煤焦油加工销售相关的活动,体现了环境资源审判预防为主的理念。

四、中华环保联合会诉宜春市中安实业有限公司等水污染公益诉讼案

【基本案情】

中安公司经营的粗钢工厂无危险废物经营资质、未依法取得建设项目环境影响评价审批同意、未配套任何污染防治设施。中安公司与珊田公司签订协议,约定珊田公司为中安公司的粗钢生产提供资金支持,珊田公司派人参与中安公司的经营管理和业务购销,并约定了盈利分配比例。中安公司与沿江公司签订合同,沿江公司分 8 次非法向中安公司提供铅泥 291.85 吨,珊田公司支付沿江公司用于非法采购危险废物款项 65 万元。博凯公司负责人杨志坚与中安公司签订合同,由博凯公司向中安公司提供机头灰、铅泥,进行非法提炼利用。博凯公司分 12 次向中安公司提供机头灰 149.14 吨。龙天勇公司将机头灰与中安公司非法置换铅泥,分 17 次向中安公司提供机头灰 351.29 吨。沿江公司、博凯公司、龙天勇公司向中安公司提供的危险废物共计 792.28 吨。中安公司在生产过程中,将未经处理的含镉、铊、镍等重金属及砷的废液、废水,通过私设暗管的方式,直接排入袁河和仙女湖流域,造成新余市第三饮用水厂供水中断的特别重大环境突发事件。中华环保联合会起诉请求判令各被告立即停止违法转移、处置危险废物,向公众赔礼道歉;承担清除污染及环境应急处置费用 9263301 元;各被告对袁河、仙女湖流域的生态环境进行修复,并承担生态环境修复费用 21991610 元和生态环境修复期间服务功能的损失、监测费用等 9952443 元。

【裁判结果】

江西省新余市中级人民法院一审认为,中安公司通过私设暗管的方式向袁河偷排重金属污染物直接导致本次污染袁河、仙女湖流域生态环境事件,对环境侵权损害后果具有重大的过错;中安公司从事非法经营危险废物的资金来源于珊田公司,珊田公司对环境侵权损害后果具有一定的过错;龙天勇公司、博凯公司、沿江公司分别向中安公司非法提供危险废物,对环境侵权损害后果亦具有一定的过错。中安公司承担主要责任,珊田公司、龙天勇公司、博凯公司、沿江公司分别承担次要责任。判决各被告人立即停止违法转移、处置危险废物,向公众赔礼道歉;赔偿应急处置费用、应急监测费用及专家技术咨询费、评估费;承担生态环境修复费用及赔偿生态环境受到损害至恢复原状期间服务功能损失;承担合理的律师费。江西省高级人民法院二审维持原判。

【典型意义】

本案在数人环境侵权的责任认定方面进行了有益的探索。长江中下游江河湖泊众多,流域生态功能退化严重,接近 30% 的重要湖库处于富营养化状态,生态环境形势严峻。本案中,中安公司通过私设暗管的方式偷排重金属污染物直接导致袁河和仙女湖流域特别重大环境突发事件,系直接的污染者。中安公司从事非法经营危险废物的资金来源于珊田公司,龙天勇公司、博凯公司、沿江公司则分别向中安公司非法提供危险废物,均应当按照其过错承担相应的责任。人民法院根据污染环境、破坏生态的范围和程度、生态环境恢复的难易程度、侵权主体过错程度等因素,参考专家意见,将危险废物的绝对数量作为承担责任大小的依据,判决五家公司按比例承担责任,并在省级媒体向公众赔礼道歉,有效保障了重点区域的水环境保护和水生态修复。

五、中华环境保护基金会诉凯发新泉水务(扬州)有限公司水污染公益诉讼案

【基本案情】

凯发新泉公司位于江苏省扬州化学工业园区内,经营范围为污水处理厂的开发、经营,主要接纳处理化工园区内各企业的工业废水及农歌安置小区、青山镇的生活污水。因 2015 年 12 月 22 日至 2016 年 4 月 14 日间多次发生排水口废水污染物超标排放事件(排放的废水中化学需氧量和氨氮含量超标),仪征市环保局数次对凯发新泉公司进行行政处罚,凯发新泉公司按时缴纳了行政罚款。为解决废

水超标排放问题，凯发新泉公司实施了临时加药应急方案及长效稳定方案，催化氧化处理工程和长江排水口改造工程经过建设方和施工方的内部验收，但未经过环保部门竣工验收批复。中华环境保护基金会起诉请求判令凯发新泉公司立即停止污染水环境的排放行为并消除水环境污染危险，赔偿超标排污所产生的水环境治理费用；向社会公众公开赔礼道歉。2017 年 7 月 5 日，扬州化学工业园区管理委员会与凯发新泉公司解除扬州青山污水处理厂项目特许经营协议。

【裁判结果】

经扬州市中级人民法院主持调解，双方当事人达成调解协议：因特许经营协议已解除，停止污染水环境的生产、排放行为并消除水环境污染危险客观上已无必要，中华环境保护基金会同意撤回该项诉讼请求；凯发新泉公司赔偿生态环境损害费用，用于扬州地区环境修复，确定第三方修复机构以及修复方案，修复机构及方案的确定需经扬州环境保护主管部门审核通过并报扬州中院备案后实施，修复方案应在审核确定后一年内实施完毕，中华环境保护基金会有权监督修复方案的实施过程和效果；鉴于凯发新泉公司在超标排污发生后采取了诸多措施并取得良好效果，且当庭致歉并表示将继续积极推进环境修复工作，中华环保基金会予以谅解，凯发新泉公司应递交书面致歉信；律师费等费用由凯发新泉公司负担；双方再无其他争议。扬州市中级人民法院将调解协议内容进行了公告，公告期间内未有任何个人或单位提出异议。扬州中院经审查认为，上述协议内容符合法律规定，不违反社会公共利益，予以确认。

【典型意义】

长三角地区沿江重化工企业高密度布局、人口密度大，人民法院需要通过服务和保障沿江化工污染整治、固体废物处置、城镇污水垃圾治理等生态环境保护专项行动，依法审理城市群工业污染案件和涉城镇污水、垃圾处理案件，实现法律效果、社会效果和生态效果的有机统一。本案中，凯发新泉公司作为工业废水、生活污水处理企业，本应自觉履行生态环境保护的主体责任，将环境保护要求纳入企业经营管理机制，积极开展技术创新和改造，将污水处理达标后才能排放进入长江水体。但该企业仍然多次发生排水口废水污染物超标排放的情况并受到行政处罚。公益诉讼案件受理后，工业园区管委会及时与污染企业解除了特许经营协议，避免了环境损害后果的进一步扩大。人民法院则充分发挥调解的纠纷解决功能，着眼环境利益最大化，确保污染者及时履行生态环境修复责任。

六、湖南省益阳市环境与资源保护志愿者协会诉湖南林源纸业有限公司水污染公益诉讼案

【基本案情】

林源纸业公司位于湖南省沅江市漉湖芦苇场，其生产过程中产生的废水经环保设施处理后通过草尾河排入洞庭湖。2016 年 10 月 17 日，林源纸业公司开始对污染处理设施进行升级改造。12 月 1 日，在修建曝气系统基建工程时，由于曝气池与厌氧池液位落差偏大致使隔离钢板出现裂缝，造成部分废水通过曝气池溢入未拆除完全的原漉湖纸厂废水排放管道进入草尾河。但林源纸业公司未立即采取停机、停产、限排等应急措施。12 月 4 日，曝气池与厌氧池之间的隔离钢板突然断裂，造成曝气池液位上涨，致使大量废水通过原漉湖纸厂废水排放管道直接进入草尾河，流入洞庭湖。同日，益阳市环境监察支队得到群众举报后进行现场勘查，在暗管进口、排污口取水样检测，报告显示排污口和暗管进口（未处理废水排放口）化学需氧量、悬浮物、总磷悬浮物均超标。林源纸业公司于当日采取了停产、停排的应急措施，并于 12 月 5 日将原漉湖纸厂废水排放管道拆除后用混凝土封堵。林源纸业公司为确保排放污染物稳定达标排放，于 2017 年 4 月启动新污水处理项目建设。益阳市环保协会提起公益诉讼，请求判令林源纸业公司对污染的水环境要素进行修复，并承担生态环境修复费用（以司法鉴定为准）；承担污染检测检验费、评估鉴定费、差旅费、专家咨询费、案件受理费。

【裁判结果】

湖南省岳阳市君山区人民法院一审认为，林源纸业公司利用原漉湖纸厂废水排放管道超标排放工业废水至草尾河，流入洞庭湖。经检测，被告排放的废水中悬浮物、化学需氧量、总磷等严重超标，实质上已经对草尾河及洞庭湖造成污染，损害了社会公共利益。因此，被告的行为违反了《水污染防治法》的规定，应当承担侵权民事责任，消除对草尾河及洞庭湖产生的危害，承担生态环境修复费用。关于非法超标排放的废水量的核定及生态环境修复费用的计算，考虑林源纸业公司超标排放、偷排系因污水处理设施技改时设施破损所致，且排污时间不长，加之事件发生后被告采取停产、停排的应急措施并启动新污水处理项目建设，综合考虑湖南省环境保护科学研究院的环境工程专家的意见，酌定本次事件造成的生态环境修复费用数额按偷排废水虚拟治理成本的 4.5 倍计算，判令林源纸业公司支付生态环境修复费用 230924.61 元；支付益阳市环保协会差旅费 4075 元；负担本案专家咨询费 4000 元。

【典型意义】

本案系人民法院跨行政区划审理的水污染公益诉讼案

件。案涉污染行为发生地为益阳沅江,按照湖南高院跨行政区划集中管辖环洞庭湖环境资源案件的安排,本案由岳阳市君山区法院洞庭湖环境资源法庭审理,是环境资源案件跨行政区划集中管辖的生动实践。一审法院邀请湖南环境保护科学研究院的工程专家以专家证人的形式出庭,就生态环境损害赔偿数额等专业问题出具意见,既有效提高了案件事实认定的客观性,又有效克服了环境资源审判鉴定难的瓶颈问题,对类案的处理具有一定借鉴意义。

七、浙江省开化县人民检察院诉衢州瑞力杰化工有限责任公司环境民事公益诉讼案

【基本案情】

2005年8月2日,瑞力杰公司与开化县华埠镇新安村第一承包组签订土地租赁合同,租赁约两亩土地用于工业固体废物填埋,共填埋上百吨有机硅胶裂解产生的废渣、废活性炭等工业固废。2016年7月,开化县环境保护局调查发现,表层土已被瑞力杰公司填埋的黑色固体废弃物污染,主要污染物为苯、甲苯。2016年11月,开化县环境保护局对瑞力杰公司作出责令改正违法行为决定书,责令瑞力杰公司将填埋于新安村的危险废物交由有资质的单位处理。2016年12月,瑞力杰公司委托有处置资质公司将该工业固废及感官上觉得受污染的土壤全部挖出清运处理,共计1735.8吨。经对残留土壤进行检测,确认填埋在新安村的工业固废产生的渗滤液对填埋地的土壤和附近马金溪河流水生态环境以及地下水生态环境造成了损害。经采样监测,清理后的场地现场水潭中化学需氧量、氨氮、总磷、总氮浓度超标;马金溪下游化学需氧量、总氮超标。经对污染地块调查与风险评估,受污染地块土壤中苯含量超过人体健康可接受风险水平,需要修复。开化县人民检察院向衢州市中级人民法院提起环境民事公益诉讼,请求判令瑞力杰公司赔偿生态环境服务功能损失,支付修复生态环境费用,承担鉴定评估费等费用。经浙江省高级人民法院批准,衢州市中级人民法院裁定本案由开化县人民法院审理。

【裁判结果】

浙江省开化县人民法院一审认为,瑞力杰公司违规填埋工业固废,造成生态环境受到损害的事实清楚,应依法承担侵权的民事责任。综合考虑已查明的具体污染情节、被告的主观过错程度、污染环境的范围和程度、生态环境恢复的难易程度、生态环境的服务功能等因素,判决瑞力杰公司赔偿生态环境受到损害期间的服务功能损失,支付修复生态环境费用,承担鉴定评估费等费用。

【典型意义】

本案系因土地利用方式不当污染土壤并引发水污染的环境民事公益诉讼案件。人民法院通过依法审理土壤污染案件,强化土壤污染管控和修复,防止有毒有害污染物、危险化学品、危险废物等通过地下水循环系统进入长江干支流,彰显了山水林田湖草是生命共同体的基本理念。本案中,马金溪作为钱江源国家森林公园的重要水域,是开化县城市集中饮用水水源地。瑞力杰公司填埋工业固体废物产生渗滤液,对填埋地土壤和马金溪河流水生态环境以及地下水生态环境造成损害,对水源地水质产生不良影响。人民法院从长江流域生态系统的整体性着眼,综合考虑多种因素,依法判决瑞力杰公司承担环境侵权责任,赔偿生态环境受到损害期间的服务功能损失和生态环境修复费用,有效保障了饮用水水源地的水质安全。

八、岳西县美丽水电站诉岳西县环境保护局环境保护行政决定案

【基本案情】

1994年国务院确定鹞落坪自然保护区为国家级自然保护区。2001年原国家环保总局批准了《国家级鹞落坪自然保护区总体规划(2001-2015)》。2005年美丽水电站在位于鹞落坪自然保护区核心区的包家乡鹞落坪村开工建设。2006年岳西县水利局批复同意建设。2009年岳西县环境保护局以美丽水电站位于自然保护区实验区为由,补办环评批准手续。2017年安徽省第五环境保护督察组等先后对鹞落坪自然保护区内的违法建设进行督察,要求迅速查处。岳西县环境保护局经立案调查,认定美丽水电站是在设立国家级自然保护区后建设,机房、明渠和涵洞位于鹞落坪自然保护区的缓冲区,蓄水坝位于保护区的核心区。岳西县环境保护局作出岳环责停字〔2017〕15号《责令停产整治决定书》,责令美丽水电站立即停止生产;作出岳环限拆字〔2017〕04号《责令限期拆除设施设备通知书》,责令美丽水电站限期自行拆除电站上网断路器,移除主变压器。美丽水电站不服,诉至法院,请求撤销《责令停产整治决定书》,确认《责令限期拆除设施设备通知书》违法。

【裁判结果】

安徽省潜山县人民法院一审认为,美丽水电站在鹞落坪自然保护区的核心区和缓冲区建设水电站的行为违反《自然保护区条例》规定,依法应予关闭、拆除。水电站建成后,虽然经过岳西县水利局补办了批准手续,但并不影响岳西县环境保护局对违法建设事实的认定。岳西县环境保护局依法享有行政执法权。一审法院判决驳回美丽水电站诉讼请求。安庆市中级人民法院二审维持原判。

【典型意义】

本案系在自然保护区内开发利用自然资源引发的行政

案件。长江流域重点生态功能区、生态环境脆弱区及自然保护区较多,人民法院在审理上述区域的环境污染、生态破坏及自然资源开发利用案件时,需要坚持保护优先的理念,正确处理好生态环境保护和经济发展的关系,将构建生态功能保障基线、环境质量安全底线、自然资源利用上线三大红线作为重要因素加以考量,保障重点区域实现扩大环境容量和生态空间的重要目标。鹞落坪自然保护区内有大别山区现存面积最大的天然次生林,植物区系复杂,生态系统完整,在保护生物多样性及涵养水源方面具有极为重要的价值。鹞落坪自然保护区设立在先,美丽水电站建立时虽然取得了相关部门的批复,但该水电站机房建设在自然保护区的缓冲区,蓄水坝建设在保护区核心区,违反了《自然保护区条例》的规定。人民法院支持行政机关依法行政,依法认定美丽水电站应予关闭和拆除,为保护长江流域自然保护区提供了坚强的司法后盾。

九、云南省剑川县人民检察院诉剑川县森林公安局怠于履行法定职责行政公益诉讼案

【基本案情】

2013年1月,剑川县居民王寿全受玉鑫公司的委托在国有林区开挖公路,被剑川县红旗林业局护林人员发现并制止。剑川县林业局接报后交剑川县森林公安局进行查处,剑川县森林公安局于2013年2月27日向王寿全送达剑川县林业局剑林罚书字〔2013〕第288号林业行政处罚决定书,决定对王寿全及玉鑫公司给予责令限期恢复原状和罚款的行政处罚。玉鑫公司交纳罚款后剑川县森林公安局即予结案。其后直到2016年11月9日,剑川县森林公安局没有督促玉鑫公司和王寿全履行"限期恢复原状"的义务,所破坏的森林植被没有得到恢复。2016年11月9日,剑川县人民检察院发出检察建议,建议剑川县森林公安局依法履行职责,认真落实行政处罚决定,采取有效措施,恢复森林植被。剑川县森林公安局回复,民警曾到王寿全家对责令限期恢复原状进行催告,鉴于王寿全死亡,执行终止。剑川县森林公安局未向玉鑫公司发出催告书。剑川县人民检察院提起行政公益诉讼,请求确认剑川县森林公安局怠于履行法定职责的行为违法,判令剑川县森林公安局在一定期限内履行法定职责。

【裁判结果】

云南省剑川县人民法院一审认为,剑川县人民检察院提起行政公益诉讼,符合起诉条件。本案中,剑川县森林公安局在查明玉鑫公司及王寿全擅自改变林地用途的事实后,以剑川县林业局名义作出行政处罚决定符合法律规定。但在玉鑫公司缴纳罚款后三年多的时间里,剑川县森林公安局没有督促玉鑫公司和王寿全对受到破坏的林地恢复原状,也没有代为履行,致使玉鑫公司和王寿全擅自改变的林地至今没有恢复原状,且未提供证据证明有相关合法、合理的事由,其行为显然不当,属于怠于履行法定职责的行为。一审法院依法支持了人民检察院的诉讼请求。

【典型意义】

本案系检察机关为依法督促行政机关履行监管职责提起的环境行政公益诉讼。长江源头林草资源对于促进长江上游水土保持和水源涵养意义重大,长江上游人民法院应充分发挥审判职能作用,服务和保障长江源头生态环境治理和林草资源保护。本案中,剑川县森林公安局在玉鑫公司缴纳罚款后即予结案,其后三年多时间里没有督促玉鑫公司和王寿全对受到破坏的林地恢复原状,也没有代为履行,致使被擅自改变用途的林地没有恢复原状。人民法院依法责令剑川县森林公安局继续履行法定职责,对于督促行政机关全面履行监管职责,积极开展生态修复、确保森林植被恢复具有典型意义。

十、湖北省宜昌市点军区人民检察院诉宜昌市点军区环境保护局怠于履行法定监管职责行政公益诉讼案

【基本案情】

2014年以来,宜昌市点军区艾家镇桥河村多户村民从事生猪养殖业,存在未建设污染防治配套设施即投入生产、养殖废水未经无害化处理从沿江排污口向长江直接排放的情况,造成环境污染。2016年5月,宜昌市环境保护监测站对桥河村畜禽养殖废水进行取样监测,检测报告结果表明江边排污口PH值、悬浮量、化学需氧量等各项指标均超过《畜禽养殖业污染物排放标准》标准值。2016年6月2日,点军区检察院向点军区环保局发出点检行公建〔2016〕1号检察建议书,建议依法督促桥河村生猪养殖户停止将养殖废水直排长江。2016年6月22日,点军区环保局依据《畜禽规模养殖污染防治条例》的规定,作出宜市点环罚(2016)2、3、4号《行政处罚决定书》,责令桥河村生猪养殖规模达500头(出栏)以上的三家养殖户在2016年11月30日前停止生产。2016年6月30日,点军区环保局对检察建议作出书面回复。2016年11月中旬,桥河村村民委员会与45家养殖户(生猪养殖超过50头)签订了《点军区禁养区畜禽养殖场(户)关停拆除补偿协议书》。2016年12月2日,宜昌市环境保护监测站对桥河村畜禽养殖废水进行监测,结果表明仍有多项指标超过《畜禽养殖业污染物排放标准》标准值。截至2017年4月11日,桥河村已经拆除生猪养殖场(户)45户,关停范围内生猪存栏数约有790头。截止到2017年4月13日,桥河村生猪养殖场(户)多年违

法排放养殖废水形成的沟渠残留污染物仍然存在。点军区检察院遂提起行政公益诉讼,请求判令确认点军区环保局对艾家镇桥河村生猪养殖场(户)污染防治配套设施未建设、未经验收或验收不合格,将未经无害化处理的养殖废水直接向长江排放的违法行为怠于履行监管职责违法并依法履行监管职责。

【裁判结果】

湖北省宜昌市点军区人民法院一审认为,桥河村位于长江干流宜昌城区葛洲坝至虎牙段,该段是中华鲟自然保护区、鱼虾产卵场。保护长江流域生态环境和生物资源,对整个长江流域的生态平衡乃至国家生态安全都具有十分重要的意义。根据《环境保护法》第十条和《畜禽规模养殖污染防治条例》第五条的规定,点军区环保局对其辖区内环境保护及畜禽养殖污染防治负有监管职责。桥河村生猪养殖户在污染防治配套设施未建设、未经验收或验收不合格的情况下,将养殖废水未经无害化处理直接排入长江,破坏了该地长江流段的生态环境,损害了国家利益和社会公共利益。点军区环保局作为环境监管部门,监管措施不到位,怠于履行监管职责,其行为违法。2016年6月,点军区环保局在收到点军区检察院检察建议书后,在点军区政府领导下积极开展工作,先后多次派人到桥河村生猪养殖户家中宣传法律和相关政策;对桥河村生猪养殖规模达500头(出栏)以上三家养殖户作出《行政处罚决定书》,责令其在2016年11月30日前停止生产;以点军区环境保护委员会办公室的名义向相关职能部门下发督办通知。截止到2017年4月11日,桥河村已经拆除生猪养殖场(户)45户,现关停范围内生猪存栏数约有790头。桥河村生猪养殖废水未经无害化处理直接排入长江的现象得到了有效的治理。尽管目前桥河村生猪养殖场(户)大部分已停止生产,但由于生猪养殖场(户)多年违法排放养殖废水形成的沟渠残留污染物仍然存在,沿江三个排放口的水质尚未达到国家规定的排放标准,环境污染问题尚未得到彻底治理,故被告应继续履行监管职责。一审法院依法支持了人民检察院的诉讼请求。

【典型意义】

本案系农村农业禽畜养殖污染物排放引发的水污染行政公益诉讼案件。近年来,长江流域生态功能退化依然严重,长江水生生物多样性指数持续下降,多种珍稀动植物物种濒临灭绝,生物多样性保护迫在眉睫。人民法院通过妥善审理工业污染、城镇和农村污染对水生和河岸生物多样性及物种栖息地破坏案件,及时加强对长江物种及其栖息繁衍场所保护。案涉污染行为发生在长江干流宜昌城区葛洲坝至虎牙段,是中华鲟自然保护区、鱼虾产卵场。作为对中华鲟自然保护区内环境保护及畜禽养殖污染防治负有监管职责的点军区环保局,更应明确保护长江流域生态环境和生物资源对长江流域生态平衡的重要意义,全面履行监管职责,确保保护区内受损生态环境及时得到修复。本案中,点军区环保局虽然采取了积极措施,但多年违法排放养殖废水形成的沟渠残留污染物仍然存在,沿江排放口水质尚未达标,环境污染问题尚未得到彻底治理。人民法院认定其怠于履行法定职责并判令其继续履职,对促进行政机关依法、及时、全面地履行行政职责,确保沿江岸线生态环境及时修复,切实保护长江流域物种资源和人民群众生态环境利益具有积极作用。

7. 生态环境保护典型案例
(2019年3月2日)

一、被告人董传桥等19人污染环境案

【基本案情】

2015年2月,被告人董传桥将应由黄骅市津东化工有限公司处置的废碱液交由没有资质的被告人刘海生处置。后刘海生联系被告人刘永辉租用被告人李桂钟停车场场地,挖设隐蔽排污管道,连接到河北省蠡县城市下水管网,用于排放废碱液。2015年2至5月,董传桥雇佣被告人石玉国等,将2816.84吨废碱液排放至挖设的排污管道,并经案涉暗道流入蠡县城市下水管网。同时,从2015年3月起,被告人高光义等明知被告人娄贺无废盐酸处置资质,将回收的废盐酸交由娄贺处置。娄贺又将废盐酸交由无资质的被告人张锁等人处置。张锁、段青松等人又联系李桂钟,商定在其停车场内经案涉暗道排放废盐酸。2015年5月16、17日,石玉国等人经案涉暗道排放100余吨废碱液至城市下水管网。同月18日上午,张锁等人将30余吨废盐酸排放至案涉暗道。下午1时许,停车场及周边下水道大量废水外溢,并产生大量硫化氢气体,致停车场西侧经营饭店的被害人李强被熏倒,经抢救无效死亡。经鉴定,本案废碱液与废盐酸结合会产生硫化氢,并以气体形式逸出;李强符合硫化氢中毒死亡。

【裁判结果】

河北省蠡县人民法院一审认为,案涉废碱液、废盐酸均被列入《国家危险废物名录》,属危险废物。被告人董传桥等违反国家规定,非法处置、排放有毒物质,严重污染环境。其行为均已构成污染环境罪。董传桥等人非法排放废碱液,娄贺等人非法排放废盐酸,均对李强硫化氢中毒死亡这一结果的发生起到了决定性的作用,应对李强的死亡结果承担刑事责任。根据各被告人的犯罪事实、情节和社会危害性,一审法院判决被告人董传桥等犯污染环境罪,判处有

期徒刑七年至二年不等,并处罚金。河北省保定市中级人民法院二审对一审刑事判决部分予以维持。

【典型意义】

本案系污染环境致人死亡案件。危险废物具有腐蚀性、毒性、易燃性、反应性、感染性等危险特性,收集、贮存或处置不当,不仅严重威胁生态环境安全,更可能直接危及人体健康甚至生命。近年来,非法处置危险废物现象屡禁不绝,环境风险日益凸显。面对环境污染犯罪呈现的大幅增长态势,坚持最严格的环保司法制度、最严密的环保法治理念,加大对环境污染犯罪的惩治力度,服务保障打好打赢污染防治攻坚战,是人民法院审判工作的重要职责。本案中,被告人董传桥等挖设隐蔽排污管道,将废碱液排放至城市下水管网,被告人张锁等利用同一暗道排放废盐酸,造成一人死亡的特别严重后果。人民法院全面贯彻宽严相济刑事政策,充分发挥环境资源刑事审判的惩治和教育功能,结合各被告人犯罪事实、情节和社会危害性,依法认定提供、运输、排放、倾倒、处置等环节各被告人的刑事责任,从重判处刑罚。本案的审理和判决对于斩断危险废物非法经营地下产业链条、震慑潜在的污染者具有典型意义。

二、被告人卓文走私珍贵动物案

【基本案情】

2015年7月,另案被告人李伟文根据被告人卓文的指使携带两个行李箱,乘坐飞机抵达广州白云机场口岸,并选择无申报通道入境,未向海关申报任何物品。海关关员经查验,从李伟文携带的行李箱内查获乌龟259只。经鉴定,上述乌龟分别为地龟科地龟属黑池龟12只、地龟科小棱背龟属印度泛棱背龟247只,均属于受《濒危野生动植物种国际贸易公约》附录I保护的珍贵动物,价值共计647.5万元。

【裁判结果】

广东省广州市中级人民法院一审认为,被告人卓文无视国家法律,逃避海关监管,指使他人走私国家禁止进出口的珍贵动物入境,其行为已构成走私珍贵动物罪,且情节特别严重。一审法院判决卓文犯走私珍贵动物罪,判处有期徒刑十二年,并处没收个人财产20万元。广东省高级人民法院二审维持一审判决。

【典型意义】

本案系走私《濒危野生动植物种国际贸易公约》附录所列珍贵动物的犯罪案件。生物多样性是人类生存和发展的必要条件,野生动植物种是生物多样性的重要组成部分。没有买卖,就没有杀戮。保护野生动植物是全人类的共同责任。我国作为《濒危野生动植物种国际贸易公约》的缔约国,积极履行公约规定的国际义务,严厉打击濒危物种走私违法犯罪行为。本案中,被告人卓文违反国家法律及海关法规,逃避海关监管,指使他人非法携带国家禁止进出口的珍贵动物入境。人民法院依法认定其犯罪情节特别严重,判处刑罚,彰显了人民法院依法严厉打击和遏制破坏野生动植物资源犯罪的坚定决心。本案的审理和判决对于教育警示社会公众树立法律意识,自觉保护生态环境尤其是野生动植物资源,具有较好的示范作用。

三、东莞市沙田镇人民政府诉李永明固体废物污染责任纠纷案

【基本案情】

生效刑事判决认定,2016年3至5月,李永明违反国家规定向沙田镇泥洲村倾倒了约60车600吨重金属超标的电镀废料,严重污染环境,其行为已构成污染环境罪。2016年7至9月,东莞市沙田镇人民政府(以下简称沙田镇政府)先后两次委托检测机构对污染项目进行检测,分别支出检测费用17500元、31650元。2016年8至9月,东莞市环境保护局召开专家咨询会,沙田镇政府为此支付专家评审费13800元。沙田镇政府委托有关企业处理电镀废料共支出2941000元。2016年12月,经对案涉被污染地再次检测,确认重金属含量已符合环保要求,暂无需进行生态修复,沙田镇政府为此支付检测费用19200元。沙田镇政府委托法律服务所代理本案,支付法律服务费39957元。

【裁判结果】

广东省东莞市第二人民法院一审认为,沙田镇政府为清理沙田镇泥洲村渡口边的固体废物支出检测费用68350元、专家评审费13800元、污泥处理费2941000元,以上合计3023150元。沙田镇政府系委托具有资质的公司或个人来处理对应事务,并提交了资质文件、合同以及付款单据予以证明。李永明倾倒的固体废物数量占沙田镇政府已处理的固体废物总量的25.6%,故李永明按照比例应承担的损失数额为773926.4元。沙田镇政府为本案支出的法律服务费亦应由李永明承担。沙田镇政府对于侵权行为的发生及其损害结果均不存在过错。一审法院判决李永明向沙田镇政府赔偿电镀废料处理费、检测费、专家评审费773926.4元,法律服务费39957元。广东省东莞市中级人民法院二审判决李永明向沙田镇政府赔偿电镀废料处理费、检测费、专家评审费773926.4元。

【典型意义】

本案系固体废物污染责任纠纷。生态环境是人民群众健康生活的重要因素,也是需要刑事和民事法律共同保护的重要法益。生效刑事判决审理查明的事实,在无相反证据足以推翻的情况下,可以作为民事案件认定事实的根据。

本案审理法院正确适用《中华人民共和国环境保护法》，在依法惩治污染环境罪的同时，对于沙田镇政府处理环境污染产生的损失依法予以支持，体现了"谁污染、谁治理"的原则，全面反映了污染环境犯罪成本，起到了很好的震慑作用。本案对于责任的划分，特别是对地方政府是否存在监管漏洞、处理环境污染是否及时的审查判断，也起到了一定的规范、指引作用。本案的审理和判决对于教育企业和个人依法生产、督促政府部门加强监管有着较好的推动和示范作用。

四、韩国春与中国石油天然气股份有限公司吉林油田分公司水污染责任纠纷案

【基本案情】

韩国春与宝石村委会于1997年签订《承包草沟子合同书》后，取得案涉鱼塘的承包经营权，从事渔业养殖。2010年9月9日，中国石油天然气股份有限公司吉林油田分公司（以下简称中石油吉林分公司）位于韩国春鱼塘约一公里的大-119号油井发生泄漏，泄漏的部分原油随洪水下泄流进韩国春的鱼塘。中石油吉林分公司于9月14日至9月19日在污染现场进行了清理油污作业。大安市渔政渔港监督管理站委托环境监测站作出的水质监测报告表明，鱼塘石油含量严重超标，水质环境不适合渔业养殖。韩国春请求法院判令中石油吉林分公司赔偿3015040.36元经济损失，包括2010年养鱼损失、2011年未养鱼损失、鱼塘围坝修复及注水排污费用。

【裁判结果】

吉林省白城市中级人民法院一审认为，本案应适用一般侵权归责原则，韩国春未能证明损害事实及因果关系的存在，故判决驳回其诉讼请求。吉林省高级人民法院二审认为，韩国春未能证明三次注水排污事实的发生，未能证明鱼塘围坝修复费用、2011年未养鱼损失与中石油吉林分公司污染行为之间的因果关系，故改判支持其2010年养鱼损失1058796.25元。最高人民法院再审认为，本案系因原油泄漏致使鱼塘遭受污染引发的环境污染侵权责任纠纷。韩国春举证证明了中石油吉林分公司存在污染行为，鱼塘因污染而遭受损害的事实及原油污染与损害之间具有关联性，完成了举证责任；中石油吉林分公司未能证明其排污行为与韩国春所受损害之间不存在因果关系，应承担相应的损害赔偿责任。排放污染物行为，不限于积极的投放或导入污染物的行为，还包括伴随企业生产活动的消极污染行为。中石油吉林分公司是案涉废弃油井的所有者，无论是否因其过错导致废弃油井原油泄漏流入韩国春的鱼塘，其均应对污染行为造成的损失承担侵权损害赔偿责任。洪水系本案污染事件发生的重要媒介以及造成韩国春2010年养鱼损失的重要原因，可以作为中石油吉林分公司减轻责任的考虑因素。综合本案情况，改判中石油吉林分公司赔偿韩国春经济损失1678391.25元。

【典型意义】

本案系因原油泄漏致使农村鱼塘遭受污染引发的环境污染侵权责任纠纷。司法服务保障农业农村污染治理攻坚战是司法服务保障污染防治攻坚战的重要组成部分，也是司法服务保障乡村振兴战略的重要任务，对于依法解决农业农村突出生态环境问题具有重要意义。本案重申了此类案件双方当事人的举证责任，明确了"排放污染物行为"，不限于积极的投放或导入污染物质的行为，还包括伴随企业生产活动的消极污染行为，并对多种因素造成侵权结果的规则进行了探索。本案的正确审理，体现了环境司法协调平衡保障民生与发展经济之间的关系，既保护了被侵权人的合法权益，体现了对农业水产健康养殖的司法保障，同时也对督促石油企业履行更高的注意义务具有一定的指引作用。

五、常州德科化学有限公司诉原江苏省环境保护厅、原中华人民共和国环境保护部及光大常高新环保能源（常州）有限公司环境评价许可案

【基本案情】

光大常高新环保能源（常州）有限公司（以下简称光大公司）拟在江苏省常州市投资兴建生活垃圾焚烧发电BOT项目。2014年，光大公司向原江苏省环境保护厅（以下简称江苏省环保厅）报送《环境影响报告书》《技术评估意见》《预审意见》等材料，申请环境评价许可。江苏省环保厅受理后，先后发布受理情况及拟审批公告，并经审查作出同意项目建设的《批复》。常州德科化学有限公司（以下简称德科公司）作为案涉项目附近经营范围为化妆品添加剂制造的已处于停产状态的企业，不服该《批复》，向原中华人民共和国环境保护部（以下简称环境保护部）申请行政复议。环境保护部受理后，向江苏省环保厅发送《行政复议答复通知书》《行政复议申请书》等材料，并向原江苏省常州市环境保护局发送《委托现场勘验函》。环境保护部在收到《行政复议答复书》《现场调查情况报告》后，作出维持《批复》的《行政复议决定书》。

【裁判结果】

江苏省南京市中级人民法院一审认为，德科公司位于案涉项目附近，其认为《批复》对生产经营有不利影响，有权提起行政诉讼，具有原告主体资格。案涉项目环评编制单位和技术评估单位均是具有甲级资质的独立法人，在

《环境影响报告书》编制期间,充分保障了公众参与权。江苏省环保厅依据光大公司报送的《环境影响报告书》《技术评估意见》《预审意见》等材料,进行公示、发布公告,并根据反馈情况经审查后作出《批复》,并不违反相关规定。环境保护部作出的案涉行政复议行为亦符合行政复议法及实施条例的规定。一审法院判决驳回德科公司的诉讼请求。江苏省高级人民法院二审认为,江苏省环保厅在审批《环境影响报告书》时已经履行了对项目选址、环境影响等问题的审查职责,故判决维持一审判决。最高人民法院再审审查认为,德科公司并非案涉项目厂界周围的环境敏感保护目标,且当时处于停产状态,没有证据证明德科公司与光大公司之间就案涉环境保护行政许可存在重大利益关系。案涉项目环评过程中保障了公众参与权,江苏省环保厅在作出环境评价许可过程中履行了对项目选址、污染物排放总量平衡等问题的审查职责,亦未侵犯德科公司的权利。江苏省环保厅的环境评价许可行政行为、环境保护部的行政复议行为均符合相关法律、法规的规定。最高人民法院裁定驳回德科公司的再审申请。

【典型意义】

本案所涉项目系生活垃圾焚烧发电项目,对社会整体有益,但也可能对周围生态环境造成一定影响。此类项目周边的居民或者企业往往会对项目可能造成的负面影响心存担忧,不希望项目建在其附近,由此形成"邻避"困境。随着我国城市化和工业化进程,"邻避"问题越来越多,"邻避"冲突逐渐呈现频发多发趋势。本案的审理对于如何依法破解"邻避"困境提供了解决路径。即对于此类具有公共利益性质的建设项目,建设单位应履行信息公开义务,政府行政主管部门应严格履行监管职责,充分保障公众参与权,尽可能防止或者减轻项目对周围生态环境的影响;当地的公民、法人及其他组织则应依照法律规定行使公众参与权,维护自身合法环境权益。

六、杨国先诉桑植县水利局水利行政协议及行政赔偿案

【基本案情】

桑植县水利局依据湖南省水利厅和桑植县人民政府的相关批复,委托拍卖机构对张家界市桑植县澧水干流、南、中、北源等河流河道砂石开采权进行公开拍卖。期间,张家界大鲵国家级自然保护区管理处(以下简称大鲵自然保护区管理处)函告桑植县水利局在自然保护区河段采砂行为涉嫌违法,要求终止对相关河段采砂权的拍卖。通过竞标,杨国先竞得刘家河花兰电站库区,在缴清100万元成交价及5万元拍卖佣金后与桑植县水利局签订了《张家界市桑植县刘家河花兰电站库区河段河道砂石开采权出让合同》(以下简称《出让合同》)。杨国先为履行合同修建公路一条,造采砂船两套(四艘),先后向银行贷款两笔。杨国先向桑植县水利局申请发放河道采砂许可证,桑植县水利局以杨国先未按要求提交资料为由未予办理。

【裁判结果】

湖南省桑植县人民法院一审认为,争议行政协议项下的采砂河段在实施拍卖和签订出让协议时已是国家级自然保护区范围,属于禁止采砂区域,大鲵自然保护区管理处在发现桑植县水利局的拍卖行为后,按照职责要求终止拍卖,桑植县水利局在未取得自然保护区主管部门批准的情况下不能继续实施出让行为。该河道采砂权有偿出让行为未经国务院授权的有关主管部门同意,桑植县水利局违反禁止性规定,实施拍卖出让,所签订的《出让合同》无效。双方当事人在签订《出让合同》后对采砂许可证的颁发产生误解,最终杨国先因不能提交完整申请材料、不符合颁证条件而未取得采砂许可证,《出让合同》没有实际履行与桑植县水利局在实施行政许可过程中未尽到公示告知职责有一定的关系。桑植县水利局的上述违法行为致使行政协议未能实际履行,造成的经济损失客观存在,应承担赔偿责任。一审法院判决确认案涉《出让合同》无效,桑植县水利局返还杨国先出让款并赔偿相关损失。湖南省张家界市中级人民法院二审维持一审判决。

【典型意义】

自然保护区是维护生态多样性,构建国家生态安全屏障,建设美丽中国的重要载体。自然保护区内环境保护与经济发展之间的矛盾较为突出,存在资源主管部门与自然保护区管理部门之间的职责衔接问题。现行法律对自然保护区实行最严格的保护措施,人民法院在审理相关案件时,应注意发挥环境资源司法的监督和预防功能,对涉及环境公共利益的合同效力依职权进行审查,通过依法认定合同无效,严禁任意改变自然生态空间用途的行为,防止不合理开发利用资源的行为损害生态环境。本案对在自然保护区签订的采矿权出让合同效力给予否定性评价,由出让人返还相对人出让款并赔偿损失,既是对相对人合法财产权利的保护,也是对行政机关、社会公众的一种政策宣示和行为引导,符合绿色发展和保障自然保护区生态文明安全的理念和要求。

七、江苏省人民政府诉安徽海德化工科技有限公司生态环境损害赔偿案

【基本案情】

2014年4至5月间,安徽海德化工科技有限公司(以下简称海德公司)营销部经理杨峰分三次将海德公司生产过程中产生的 102.44 吨废碱液,以每吨 1300 元的价格交给没有危险废物处置资质的李宏生等人处置,李宏生等人又以每吨 500 元、600 元不等的价格转交给无资质的孙志才、丁卫东等人。上述废碱液未经处置,排入长江水系,严重污染环境。其中,排入长江的 20 吨废碱液,导致江苏省靖江市城区集中式引用水源中断取水 40 多个小时;排入新通扬运河的 53.34 吨废碱液,导致江苏省兴化市城区集中式饮水源中断取水超过 14 个小时。靖江市、兴化市有关部门分别采取了应急处置措施。杨峰、李宏生等人均构成污染环境罪,被依法追究刑事责任。经评估,三次水污染事件共造成环境损害 1731.26 万元。

【裁判结果】

江苏省泰州市中级人民法院一审认为,海德公司作为化工企业,对其生产经营中产生的危险废物负有法定防治责任,其营销部负责人杨峰违法处置危险废物的行为系职务行为,应由海德公司对此造成的损害承担赔偿责任。案涉长江靖江段生态环境损害修复费用,系经江苏省环境科学学会依法评估得出;新通扬运河生态环境损害修复费用,系经类比得出,亦经出庭专家辅助人认可。海德公司污染行为必然对两地及下游生态环境服务功能造成巨大损失,江苏省人民政府主张以生态环境损害修复费用的 50% 计算,具有合理性。江苏省人民政府原诉讼请求所主张数额明显偏低,经释明后予以增加,应予支持。水体自净作用只是水体中污染物向下游的流动中浓度自然降低,不能因此否认污染物对水体已经造成的损害,不足以构成无需再行修复的抗辩。一审法院判决海德公司赔偿环境修复费用 3637.90 万元、生态环境服务功能损失 1818.95 万元、评估鉴定费 26 万元,上述费用合计 5482.85 万元,支付至泰州市环境公益诉讼资金账户。江苏省高级人民法院二审在维持一审判决的基础上,判决海德公司可在提供有效担保后分期履行赔偿款支付义务。

【典型意义】

本案是《生态环境损害赔偿制度改革试点方案》探索确立生态环境损害赔偿制度后,人民法院最早受理的省级人民政府诉企业生态环境损害赔偿案件之一。长江是中华民族的母亲河。目前沿江化工企业分布密集,违规排放问题突出,已经成为威胁流域生态系统安全的重大隐患。加强长江经济带生态环境司法保障,要着重做好水污染防治案件的审理,充分运用司法手段修复受损生态环境,推动长江流域生态环境质量不断改善,助力长江经济带高质量发展。本案判决明确宣示,不能仅以水体具备自净能力为由主张污染物尚未对水体造成损害以及无需再

行修复,水的环境容量是有限的,污染物的排放必然会损害水体、水生物、河床甚至是河岸土壤等生态环境,根据损害担责原则,污染者应当赔偿环境修复费用和生态环境服务功能损失。本案还是《中华人民共和国人民陪审员法》施行后,由七人制合议庭审理的案件,四位人民陪审员在案件审理中依法对事实认定和法律适用问题充分发表了意见,强化了长江流域生态环境保护的公众参与和社会监督,进一步提升了生态环境损害赔偿诉讼裁判结果的公信力。

八、中国生物多样性保护与绿色发展基金会诉秦皇岛方圆包装玻璃有限公司大气污染责任民事公益诉讼案

【基本案情】

2015 年 12 月至 2016 年 4 月,秦皇岛方圆包装玻璃有限公司(以下简称方圆公司)因未取得排污许可证,玻璃窑炉超标排放二氧化硫、氮氧化物等大气污染物并拒不改正等行为,被秦皇岛市海港区环境保护局分四次罚款共计 1289 万元。2015 年 2 月,方圆公司签订总金额为 3617 万元的《玻璃窑炉脱硝脱硫除尘总承包合同》。2016 年中国生物多样性保护与绿色发展基金会(以下简称绿发会)提起本案诉讼后,方圆公司缴纳行政罚款共计 1281 万元,并加快了脱硝脱硫除尘改造提升进程,于 2016 年 6 月 15 日通过环保验收,于 2016 年 6 月 17 日、2017 年 6 月 17 日取得排污许可证。2016 年 12 月 2 日,方圆公司再次投入 1965 万元,增设脱硝脱硫除尘备用设备一套。环境保护部环境规划院环境风险与损害鉴定评估研究中心接受一审法院委托,按照虚拟治理成本法,将方圆公司自行政处罚认定损害发生之日至环保达标之日造成的环境损害数额评估为 154.96 万元。

【裁判结果】

河北省秦皇岛市中级人民法院一审认为,本案起诉后,方圆公司积极投入,加快治理污染设备的更新改造,诉讼过程中经环保验收已达标排放并取得排污许可证,其非法排放大气污染物的违法行为已经停止。环境保护部环境规划院环境风险与损害鉴定评估研究中心具备法定资质,评估依据已经双方当事人质证,按照虚拟治理成本法计算的环境损害数额包括修复被污染的大气环境的费用和因非法排放大气污染物给环境造成的损害两项内容,应予确认。方圆公司污染大气行为影响群众日常生活,造成了一定的精神损害,应承担赔礼道歉的民事责任。绿发会虽主张差旅费、律师费等费用,但未提交充分证据,考虑本案实际情况予以酌定。一审法院判决方圆公司赔偿损失 154.96 万元,分三期支付至秦皇岛市专项资金账户,用于该地区的环境

修复;在全国性媒体上刊登致歉声明;向绿发会支付因本案支出的合理费用3万元。河北省高级人民法院二审维持一审判决。

【典型意义】

本案系京津冀地区受理的首例大气污染公益诉讼案。大气污染防治是污染防治三大攻坚战之一,京津冀及周边地区是蓝天保卫战的重点区域。本案审理法院正确适用《最高人民法院关于审理环境民事公益诉讼案件适用法律若干问题的解释》,结合绿发会的具体诉讼请求,对方圆公司非法排放大气污染物造成的环境损害进行了界定和评估,积极探索公益诉讼专项资金账户运作模式,确保环境损害赔偿金用于受损环境的修复。本案受理后,方圆公司积极缴纳行政罚款,主动升级改造环保设施,成为该地区首家实现大气污染治理环保设备"开二备一"的企业,实现了环境民事公益诉讼的预防和修复功能,同时还起到了推动企业积极承担生态环境保护社会责任以及采用绿色生产方式的作用,具有良好的社会导向。本案的审理和公开宣判对司法服务保障京津冀及周边地区环境治理和经济社会发展具有重要的示范效应,将对京津冀及周边地区大气污染防治和区域生态文明建设起到积极的促进作用。

九、铜仁市人民检察院诉贵州玉屏湘盛化工有限公司、广东韶关沃鑫贸易有限公司土壤污染责任民事公益诉讼案

【基本案情】

贵州玉屏湘盛化工有限公司(以下简称湘盛公司)、广东韶关沃鑫贸易有限公司(以下简称沃鑫公司)均未取得危险废物经营许可证。2010年5月,两公司建立合作关系,沃鑫公司提供原料给湘盛公司加工,加工费为生产每吨硫酸240元,硫酸产品及废渣由沃鑫公司负责接收销售。2011年11月1日,两公司签订《原料购销协议》,以湘盛公司名义对外向中金岭南丹霞冶炼厂购买硫精矿原料。2011年11月1日至2015年7月6日,湘盛公司共取得硫精矿66900吨,用于生产硫酸。2015年3月30日至2018年3月30日,湘盛公司整体承包给沃鑫公司独立经营,期间曾发生高温水管破裂事故,导致生产车间锅炉冷却水直接排入厂外河流。上述生产过程中,生产原材料和废渣淋溶水、生产废水流入厂区外,造成厂外一、二号区域土壤污染。经鉴定,一号区域为灌草地,重金属污染面积约达3600平方米,全部为重度污染。二号区域为农田,重金属污染面积达39500平方米,91%的土壤为重度污染,7%的土壤为中度污染,2%的土壤为轻度污染。污染地块的种植农作物重金属超标。县环境保护局于2015年、2016年两次责令湘盛公司拆除排污暗管、改正违法行为,处以行政罚款。2016年9月,湘盛公司及其法定代表人梁长训、沃鑫公司余军因犯污染环境罪被追究刑事责任。2017年12月,贵州省环境科学研究设计院出具《损害评估报告》,确认案涉土壤污染损害费用包括消除危险费用、污染修复、期间生态服务功能损失共计639.7万元。

【裁判结果】

贵州省遵义市中级人民法院一审认为,湘盛公司、沃鑫公司均无危险废物经营许可证,不具备危险处理资质。两公司生产过程中实施了污染行为,案涉污染土壤中重金属与湘盛公司生产原料、废渣及排放废水中所含重金属成分相同,具有同源性,且污染土壤区域的重金属含量均远高于对照检测点,足以认定两公司排污行为与案涉土壤及地上农作物中度污染之间的因果关系。两公司先为合作,后为承包,主观上具有共同故意,客观上共同实施了污染行为,应承担连带责任。一审法院判决湘盛公司、沃鑫公司立即停止侵害,在对生产厂区进行综合整改及环境监控,未通过相关环保行政职能部门监督验收前,不得生产;对厂区留存全部原料及废渣进行彻底无污染清除,逾期则应当支付危废处置费60.3万元,聘请第三方处置;对案涉土壤进行修复,逾期则支付修复费用230万元,聘请第三方修复;赔偿生态环境期间服务功能损失127.19万元,承担本案鉴定费38.6万元。

【典型意义】

本案是由检察机关提起的土壤污染民事公益诉讼案件。土壤是经济社会可持续发展的重要物质基础。尤其本案所涉二号区域用途为农用耕地,其上农作物及农产品的安全更是直接关切群众身体健康。本案审理法院依法启动鉴定程序对案涉专业问题作出技术判断,鉴定机构出具的评估报告同时提供了土壤污染的风险判定和具体修复方案,为推动后续土壤修复治理提供了专业技术支撑。本案审理法院还向县政府发出司法建议,建议通过征用程序改变二号区域的农用耕地用途,消除被污染土地继续种植农作物可能带来的人体健康风险。同时,突出保护农用耕地、基本农田的价值理念,将农用耕地用途改变导致农用耕地功能丧失纳入期间服务功能损失,建立了民事裁判与行政执法之间的衔接路径。本案的正确审理,为案涉土壤污染构建了"责任人修复+政府监管+人民法院强制执行+人民检察院监督"的全新复合治理路径,有力地推进了污染土壤的修复治理,确保实现涉地农业生产环境安全,体现了司法保护公益的良好效果。

十、江苏省宿迁市宿城区人民检察院诉沭阳县农业委员会不履行林业监督管理法定职责行政公益诉讼案

【基本案情】

2016年1至3月,仲兴年于沭阳县七处地点盗伐林木444棵,立木蓄积122余立方米。其中在沭阳县林地保护利用规划范围内盗伐杨树合计253棵。2017年3月7日,沭阳县人民法院以盗伐林木罪判处仲兴年有期徒刑七年六个月,并处罚金3万元,追缴违法所得2.4万元。2017年9月29日,江苏省宿迁市宿城区人民检察院(以下简称宿城区检察院)向沭阳县农业委员会(以下简称沭阳农委)发送检察建议,督促沭阳农委对仲兴年盗伐林木行为依法处理,确保受侵害林业生态得以恢复。沭阳农委于2017年10月16日、12月15日两次电话反映该委无权对仲兴年履行行政职责,未就仲兴年盗伐林木行为进行行政处理,案涉地点林地生态环境未得到恢复。2018年3月27日,沭阳农委仅在盗伐地点补植白蜡树苗180棵。

【裁判结果】

江苏省宿迁市宿城区人民法院一审认为,沭阳农委作为沭阳县林业主管部门,对案涉盗伐林木等违法行为负有监督和管理职责。仲兴年在林地保护利用规划范围内盗伐林木,不仅侵害了他人林木所有权,也损害了林木的生态效益和功能。宿城区检察院经依法向沭阳农委发送检察建议,督促沭阳农委依法履职无果后,提起行政公益诉讼,符合法律规定。仲兴年因盗伐林木行为已被追究的刑事责任为有期徒刑、罚金、追缴违法所得,不能涵盖补种盗伐株数十倍树木的行政责任。沭阳农委收到检察建议书后未责令仲兴年补种树木,其嗣后补种的株数和代履行程序亦不符合法律规定,未能及时、正确、完全履行法定职责。一审法院判决确认沭阳农委不履行林业监督管理法定职责的行为违法,应依法对仲兴年作出责令补种盗伐253棵杨树十倍树木的行政处理决定。

【典型意义】

本案是检察机关提起的涉林业行政公益诉讼。林木除具有经济价值外,还具有涵养水源、防风固沙、调节气候以及为野生动物提供栖息场所等生态价值。任何组织和个人均有义务保护林业生态环境安全。林业行政主管部门更应恪尽职守,依法履职。《中华人民共和国森林法》第三十九条规定:"盗伐森林或者其他林木的,依法赔偿损失;由林业主管部门责令补种盗伐株数十倍的树木,没收盗伐的林木或者变卖所得,并处盗伐林木价值三倍以上十倍以下的罚款。滥伐森林或者其他林木,由林业主管部门责令补种滥伐株数五倍的树木,并处滥伐林木价值二倍以上五倍以下的罚款。拒不补种树木或者补种不符合国家有关规定的,由林业主管部门代为补种,所需费用由违法者支付。盗伐、滥伐森林或者其他林木,构成犯罪的,依法追究刑事责任。"林业纠纷案件多具融合性,同一违法行为往往涉及刑事、民事和行政不同法律责任。本案的正确审理,有助于进一步厘清涉林业检察公益诉讼中刑事责任、行政责任以及民事责任的关系和界限,依法全面保护林业生态环境安全。本案审理法院还组织省市县三级120余家行政执法机关的150余名工作人员以及10位人大代表、政协委员旁听庭审,起到了宣传教育的良好效果。

8. 人民法院保障生态环境损害赔偿制度改革典型案例

(2019年6月5日)

一、山东省生态环境厅诉山东金诚重油化工有限公司、山东弘聚新能源有限公司生态环境损害赔偿诉讼案

【基本案情】

2015年8月,弘聚公司委托无危险废物处理资质的人员将其生产的640吨废酸液倾倒至济南市章丘区普集街道办上皋村的一个废弃煤井内。2015年10月20日,金诚公司采取相同手段将其生产的23.7吨废碱液倾倒至同一煤井内,因废酸、废碱发生剧烈化学反应,4名涉嫌非法排放危险废物人员当场中毒身亡。经监测,废液对井壁、井底土壤及地下水造成污染。事件发生后,原章丘市人民政府进行了应急处置,并开展生态环境修复工作。山东省人民政府指定山东省生态环境厅为具体工作部门,开展生态环境损害赔偿索赔工作。山东省生态环境厅与金诚公司、弘聚公司磋商未能达成一致,遂根据山东省环境保护科学研究设计院出具的《环境损害评估报告》向济南市中级人民法院提起诉讼,请求判令被告承担应急处置费用、生态环境服务功能损失、生态环境损害赔偿费用等共计2.3亿余元,两被告对上述各项费用承担连带责任,并请求判令两被告在省级以上媒体公开赔礼道歉。

【裁判结果】

济南市中级人民法院经审理认为,弘聚公司生产过程中产生的废酸液和金诚公司生产过程中产生的废碱液导致案涉场地生态环境损害,应依法承担生态环境损害赔偿责任。就山东省生态环境厅请求的赔偿金额,山东省生态环境厅提交了《环境损害评估报告》,参与制作的相关评估及审核人员出庭接受了当事人的质询,环境保护部环境规划院的专家也出庭对此给出说明,金诚公司、弘聚公司未提供充分证据推翻该《环境损害评估报告》,故对鉴定评估意见依法予以采信。山东省生态环境厅主张的生态环境服务功能损失和帷幕注浆范围内受污染的土壤、地下水修复费及

鉴定费和律师代理费，均是因弘聚公司的废酸液和金诚公司的废碱液造成生态环境损害引起的，故应由该两公司承担。因废酸液和废碱液属不同种类危险废液，二者在案涉场地的排放量不同，对两种危险废液的污染范围、污染程度、损害后果及其与损害后果之间的因果关系、污染修复成本等，山东省生态环境厅、弘聚公司、金诚公司、专家辅助人、咨询专家之间意见不一，《环境损害评估报告》对此也未明确区分。综合专家辅助人和咨询专家的意见，酌定弘聚公司承担80%的赔偿责任，金诚公司承担20%的赔偿责任，并据此确定二被告应予赔偿的各项费用。弘聚公司、金诚公司生产过程中产生的危险废液造成环境污染，严重损害了国家利益和社会公共利益，为警示和教育环境污染者，增强公众环境保护意识，依法支持山东省生态环境厅要求弘聚公司、金诚公司在省级以上媒体公开赔礼道歉的诉讼请求。

【典型意义】

本案系因重大突发环境事件导致的生态环境损害赔偿案件。污染事件发生后，受到社会广泛关注。因二被告排放污染物的时间、种类、数量不同，认定二被告各自行为所造成的污染范围、损害后果及相应的治理费用存在较大困难。人民法院充分借助专家专业技术优势，在查明专业技术相关事实，确定生态环境损害赔偿数额，划分污染者责任等方面进行了积极探索。一是由原、被告分别申请专家辅助人出庭从专业技术角度对案件事实涉及的专业问题充分发表意见；二是由参与《环境损害评估报告》的专业人员出庭说明并接受质询；三是由人民法院另行聘请三位咨询专家参加庭审，并在庭审后出具《损害赔偿责任分担的专家咨询意见》；四是在评估报告基础上，综合专家辅助人和咨询专家的意见，根据主观过错、经营状况等因素，合理分配二被告各自应承担的赔偿责任。人民法院还针对金诚公司应支付的赔偿款项，确定金诚公司可申请分期赔付，教育引导企业依法开展生产经营，在保障生态环境得到及时修复的同时，维护了企业的正常经营，妥善处理了经济社会发展和生态环境保护的辩证关系。同时，人民法院在受理就同一污染环境行为提起的生态环境损害赔偿诉讼和环境民事公益诉讼后，先行中止环境公益诉讼案件审理，待生态环境损害赔偿案件审理完毕后，就环境公益诉讼中未被前案涵盖的诉讼请求依法作出裁判，对妥善协调两类案件的审理进行了有益探索。

【点评专家】吕忠梅，清华大学教授

【点评意见】

因重大突发环境事件致生态环境损害，属于《生态环境损害赔偿制度改革方案》规定的较为典型的生态环境损害赔偿案件。法院受理此案后，在案件事实认定和法律责任承担等方面都进行了有益探索。

一是本案在技术事实查明方面突出由多方专家参与，为事实认定提供了技术支撑。此案中的二被告先后倾倒污染物种类、数量和含量均不相同的危险废物，因不同物质相互作用导致生态环境损害后果的发生。对此，原告山东省生态环境厅和被告金诚公司分别向法院提交了两份不同的鉴定意见，法院如何认定和采信进而合理分配二被告的责任承担是本案的关键所在。受案法院充分发挥技术专家在查明专业事实上的功能和作用，除通知当事人申请鉴定人员、专家辅助人出庭说明外，还依职权聘请了三位咨询专家参加庭审并出具咨询意见，较为全面的调查了本案所涉专业技术问题，为鉴定意见的采信提供了技术支持。但值得注意的是，经过鉴定的专业事实和司法认定的法律事实并非完全相同。法院应运用以证据判断事实的规则，对鉴定意见是否采信及其理由进行充分阐释，在由技术判断到法律判断的转化过程中加强释法说理，制作格式统一、要素齐全、结构完整、繁简得当、逻辑严密、用语准确的规范化环境司法裁判文书。

二是本案在对责任的认定和分担方式上，具有一定的合理性。法院基于无意思联络数人侵权的责任承担，在综合全案证据的基础上，根据二被告主观过错、经营状况等因素，分配二被告各自应承担的赔偿责任。在责任的承担上，考虑到金诚公司仍在正常经营，确定金诚公司可申请分期赔付，这种妥善处理生态环境保护和经济社会发展之间的关系、力争"共赢"的探索具有一定的示范意义。但对如何分期赔付以及怎样监督该企业所应支付的每期费用足额到位，为后续执行留下了较大"悬念"。值得注意的是，生态环境损害赔偿诉讼的责任承担方式因与生态环境恢复的技术性、系统性、长周期性直接相关，在裁判文书中认定责任承担方式的同时制作生态环境恢复方案、明确履行方式对实现生态环境保护目标至为重要，可参考环境公益诉讼案件的有益经验，创造生态环境损害赔偿诉讼的"附生态恢复方案的判决书"方式。

此外，本案在诉讼程序上也进行了有益探索。生态环境损害事件发生后，社会组织和本案原告先后提起环境民事公益诉讼和生态环境损害赔偿诉讼，法院分别立案受理并中止环境民事公益诉讼案件的审理，待本案审理裁判后再就环境民事公益诉讼案件依法作出裁判，是衔接两类诉讼程序和规则的一种新探索。

二、重庆市人民政府、重庆两江志愿服务发展中心诉重庆藏金阁物业管理有限公司、重庆首旭环保科技有限公司生态环境损害赔偿诉讼案

【基本案情】

藏金阁公司的废水处理设施负责处理重庆藏金阁电镀工业园区园区入驻企业产生的废水。2013年12月，藏金阁与首旭公司签订为期4年的《委托运行协议》，由首旭公司承接废水处理项目，使用藏金阁公司的废水处理设备处理废水。2014年8月，藏金阁公司将原废酸收集池改造为废水调节池，改造时未封闭池壁120mm口径管网，该未封闭管网系埋于地下的暗管。首旭公司自2014年9月起，在明知池中有管网可以连通外部环境的情况下，利用该管网将未经处理的含重金属废水直接排放至外部环境。2016年4月、5月，执法人员在两次现场检查藏金阁公司的废水处理站时发现，重金属超标的生产废水未经处理便排入外部环境。经测算2014年9月1日至2016年5月5日，违法排放废水量共计145624吨。受重庆市人民政府委托，重庆市环境科学研究院以虚拟治理成本法对生态环境损害进行量化评估，二被告造成的生态环境污染损害量化数额为1441.6776万元。

2016年6月30日，重庆市环境监察总队以藏金阁公司从2014年9月1日至2016年5月5日将含重金属废水直接排入港城园区市政废水管网进入长江为由，对其作出行政处罚决定。2016年12月29日，重庆市渝北区人民法院作出刑事判决，认定首旭公司及其法定代表人、相关责任人员构成污染环境罪。

重庆两江志愿服务发展中心对二被告提起环境民事公益诉讼并被重庆市第一中级人民法院受理后，重庆市人民政府针对同一污染事实提起生态环境损害赔偿诉讼，人民法院将两案分别立案，在经各方当事人同意后，对两案合并审理。

【判决结果】

重庆市第一中级人民法院审理认为，重庆市人民政府有权提起生态环境损害赔偿诉讼，重庆两江志愿服务发展中心具备合法的环境公益诉讼主体资格，二原告基于不同的规定而享有各自的诉权，对两案分别立案受理并无不当。二被告违法排污的事实已被生效刑事判决、行政判决所确认，本案在性质上属于环境侵权民事案件，其与刑事犯罪、行政违法案件所要求的证明标准和责任标准存在差异，故最终认定的案件事实在不存在矛盾的前提条件下，可以不同于刑事案件和行政案件认定的事实。鉴于藏金阁公司与首旭公司构成环境污染共同侵权的证据已达到高度盖然性的民事证明标准，应当认定藏金阁公司和首旭公司对于违法排污存在主观上的共同故意和客观上的共同行为，二被告构成共同侵权，应当承担连带责任。遂判决二被告连带赔偿生态环境修复费用1441.6776万元，由二原告结合本区域生态环境损害情况用于开展替代修复等。

【典型意义】

本案系第三方治理模式下出现的生态环境损害赔偿案件。藏金阁公司是承担其所在的藏金阁电镀工业园区废水处置责任的法人，亦是排污许可证的申领主体。首旭公司通过与藏金阁公司签订《委托运行协议》，成为负责前述废水处理站日常运行维护工作的主体。人民法院依据排污主体的法定责任、行为的违法性、客观上的相互配合等因素进行综合判断，判定藏金阁公司与首旭公司之间具有共同故意，应当对造成的生态环境损害承担连带赔偿责任，有利于教育和规范企业切实遵守环境保护法律法规，履行生态环境保护的义务。同时，本案还明确了生态环境损害赔偿诉讼与行政诉讼、刑事诉讼应适用不同的证明标准和责任构成要件，不承担刑事责任或者行政责任并不当然免除生态环境损害赔偿责任，对人民法院贯彻落实习近平总书记提出的"用最严格制度最严密法治保护生态环境"的严密法治观，依法处理三类案件诉讼衔接具有重要指导意义。

【点评专家】张梓太，复旦大学教授

【点评意见】

本案是重庆市首例、全国第二例生态环境损害赔偿诉讼案件，对全面落实生态环境损害赔偿制度，提供有益的制度经验，具有十分重要的意义。

首先，本案实现了生态环境损害赔偿诉讼与环境公益诉讼的有效衔接。两种诉讼制度在诉讼主体、适用范围上都有差别，如何实现两者的有效衔接一直是困扰理论界和实务界的一道难题。重庆市第一中级人民法院将其合并审理，既支持了政府提起生态环境损害赔偿诉讼，又鼓励了社会组织提起环境民事公益诉讼，表达了人民法院对环境公共利益保护的决心，实现了法律效果和社会效果的统一。

其次，本案明确了第三方治理模式下生态环境损害赔偿责任应当如何认定的问题。排污主体取得排污许可证后，可以委托第三方进行排污，但排污主体监督第三方的法律责任并不因民事合同约定而免除。如果排污主体未尽法定监督义务，其仍应承担相应的法律责任。

最后，本案还指明了生态环境损害赔偿诉讼的证明标准和责任标准不同于刑事诉讼和行政诉讼。不承担刑事责任或者行政责任并不必然免除生态环境损害赔偿责任，对此，可结合具体的案件情况进行更进一步的司法实践探索。

三、贵州省人民政府、息烽诚诚劳务有限公司、贵阳开磷化肥有限公司生态环境损害赔偿协议司法确认案

【基本案情】

2012年6月，开磷化肥公司委托息烽劳务公司承担废石膏渣的清运工作。按要求，污泥渣应被运送至正规磷石膏渣场集中处置。但从2012年底开始息烽劳务公司便将污泥渣运往大鹰田地块内非法倾倒，形成长360米、宽100米，堆填厚度最大50米，占地约100亩，堆存量约8万立方米的堆场。环境保护主管部门在检查时发现上述情况。贵州省环境保护厅委托相关机构进行评估并出具的《环境污染损害评估报告》显示，此次事件前期产生应急处置费用134.2万元，后期废渣开挖转运及生态环境修复费用约为757.42万元。2017年1月，贵州省人民政府指定贵州省环境保护厅作为代表人，在贵州省律师协会指定律师的主持下，就大鹰田废渣倾倒造成生态环境损害事宜，与息烽劳务公司、开磷化肥公司进行磋商并达成《生态环境损害赔偿协议》。2017年1月22日，上述各方向清镇市人民法院申请对该协议进行司法确认。

【裁判结果】

清镇市人民法院依法受理后，在贵州省法院门户网站将各方达成的《生态环境损害赔偿协议》、修复方案等内容进行了公告。公告期满后，清镇市人民法院对协议内容进行了审查并依法裁定确认贵州省环境保护厅、息烽劳务公司、开磷化肥公司于2017年1月13日在贵州省律师协会主持下达成的《生态环境损害赔偿协议》有效。一方当事人拒绝履行或未全部履行的，对方当事人可以向人民法院申请强制执行。

【典型意义】

本案是生态环境损害赔偿制度改革试点开展后，全国首例由省级人民政府提出申请的生态环境损害赔偿协议司法确认案件。该案对磋商协议司法确认的程序、规则等进行了积极探索，提供了可借鉴的有益经验。人民法院在受理磋商协议司法确认申请后，及时将《生态环境损害赔偿协议》、修复方案等内容通过互联网向社会公开，接受公众监督，保障了公众的知情权和参与权。人民法院对生态环境损害赔偿协议进行司法确认，赋予了赔偿协议强制执行效力。一旦发生一方当事人拒绝履行或未全部履行赔偿协议情形的，对方当事人可以向人民法院申请强制执行，有力保障了赔偿协议的有效履行和生态环境修复工作的切实开展。本案的实践探索已为《生态环境损害赔偿制度改革方案》所认可和采纳，《最高人民法院关于审理生态环境损害赔偿案件的若干规定（试行）》也对生态环境损害赔偿协议的司法确认作出明确规定。

【点评专家】肖建国，中国人民大学法学院教授

【点评意见】

本案的亮点在于探索生态环境损害赔偿协议的司法确认规则，化解了试点阶段磋商协议的达成及其司法确认的若干法律难题，为最高人民法院出台相关司法解释提供了实践素材。贵州法院的这一实践样本彰显了法院的司法智慧。一方面，首创了由第三方主持磋商的制度，即由省律师协会主持，赔偿权利人与义务人展开磋商程序，并促成赔偿协议的达成。双方磋商过程中的第三方介入，有助于维持程序中立、促进当事人沟通、协助当事人发现其利益需求。另一方面，首创了法院作出司法确认裁定前对生态环境损害赔偿协议进行公告的制度。鉴于生态环境损害赔偿协议涉及损害事实和程度、赔偿的责任承担方式和期限、修复启动时间与期限等内容，不仅涉及赔偿权利人与赔偿义务人之间利益的调整，也会波及不特定公众环境权益的保护问题，人民法院将赔偿协议内容公告，具有十分重要的意义。

四、绍兴市环境保护局、浙江上峰建材有限公司、诸暨市次坞镇人民政府生态环境损害赔偿协议司法确认案

【基本案情】

2017年4月11日，诸暨市环境保护局会同诸暨市公安局对上峰建材公司联合突击检查时发现，该企业存在采用在大气污染物在线监控设施监测取样管上套装管子并喷吹石灰中和后的气体等方式，达到干扰自动监测数据目的。上峰建材公司超标排放氮氧化物、二氧化硫等大气污染物，对周边大气生态环境造成损害。经绍兴市环保科技服务中心鉴定评估，造成生态环境损害数额110.4143万元，鉴定评估费用12万元，合计122.4143万元。上峰建材公司违法排放的大气污染物已通过周边次坞镇大气生态环境稀释自净，无须实施现场修复。

绍兴市环境保护局经与上峰建材公司、次坞镇人民政府进行磋商，达成了《生态环境损害修复协议》，主要内容为：一、各方同意上峰建材公司以替代修复的方式承担生态环境损害赔偿责任。上峰建材公司在承担生态环境损害数额110.4143万元的基础上，自愿追加资金投入175.5857万元，合计总额286万元用于生态工程修复，并于2018年10月31日之前完成修复工程。二、次坞镇人民政府对修复工程进行组织、监督管理、资金决算审计，修复后移交大院里村。三、修复工程完成后，由绍兴市环境保护局委托第三方评估机构验收评估，提交验收评估意见。四、生态环境损害鉴定评估费、验收鉴定评估费由上峰建材公司承担，并于工程验收通过后7日内支付给鉴定评估单位。五、如上

峰建材公司中止修复工程，或者不按约定时间、约定内容完成修复的，绍兴市环境保护局有权向上峰建材公司追缴全部生态环境损害赔偿金。

【裁判结果】

绍兴市中级人民法院受理司法确认申请后，对《生态环境损害修复协议》内容进行了公告。公告期内，未收到异议或意见。绍兴市中级人民法院对协议内容审查后认为，申请人达成的协议符合司法确认的条件，遂裁定确认协议有效。一方当事人拒绝履行或者未全部履行的，对方当事人可以向人民法院申请强制执行。

【典型意义】

本案是涉大气污染的生态环境损害赔偿案件。大气污染是人民群众感受最为直接、反映最为强烈的环境问题，打赢蓝天保卫战是打好污染防治攻坚战的重中之重。今年，世界环境日主题聚焦空气污染防治，提出"蓝天保卫战，我是行动者"的口号，显示了中国政府推动打好污染防治攻坚战的决心。本案中，上峰建材公司以在大气污染物在线监控设施监测取样管上套装管子并喷吹石灰中和后的气体等方式，干扰自动监测数据，超标排放氮氧化物、二氧化硫等大气污染物。虽然污染物已通过周边大气生态环境稀释自净，无须实施现场修复，但是大气经过扩散等途径仍会污染其他地区的生态环境，不能因此免除污染者应承担的生态环境损害赔偿责任。人民法院对案涉赔偿协议予以司法确认，明确由上峰建材公司以替代方式承担生态环境损害赔偿责任，是对多样化责任承担方式的积极探索。本案体现了环境司法对大气污染的"零容忍"，有利于引导企业积极履行生态环境保护的主体责任，自觉遵守环境保护法律法规，推动企业形成绿色生产方式。此外，经磋商，上峰建材公司在依法承担110.4143万元生态环境损害赔偿的基础上，自愿追加资金投入175.5857万元用于生态环境替代修复，体现了生态环境损害赔偿制度在推动企业主动承担社会责任方面起到了积极作用。

【点评专家】王树义，上海财经大学教授

【点评意见】

因大气污染致生态环境损害的案件，均会碰到两个具有共性的问题：其一，排污者排入大气环境的污染物质，因空气的流动，通常在案发后已检测不出，或检测不到污染损害结果。怎么办？排污者有没有对生态环境造成损害，要不要修复？其二，若要修复，如何修复，是否一定要在案发地修复？本案较好地回答了这两个问题，具有一定的典型意义。首先，上峰公司排放的大气污染物虽然通过周边次坞镇大气环境本身的自净已经稀释、飘散，但并不等于大气环境没有受到损害。损害是存在的，只不过损害没有在当时当地显现出来。上峰公司排放的污染物飘散到其他地方，势必会对其他地方的生态环境造成损害。故此，上峰公司应当承担生态环境损害的赔偿责任。其次，由于大气污染所致生态环境损害案件的特殊性，对大气环境损害的赔偿责任，往往是通过对生态环境的修复来实现的。但问题是，案发后上峰公司排入周边次坞镇大气环境的污染物客观上已经自然稀释、飘散，再对其修复已无实质意义。由此产生了上峰公司以替代修复的方式承担生态环境损害赔偿责任的问题。对大气污染所致生态环境损害赔偿案件的处理，具有很好的示范作用。

五、贵阳市生态环境局诉贵州省六盘水双元铝业有限责任公司、阮正华、田锦芳生态环境损害赔偿诉讼案

【基本案情】

贵阳市生态环境局诉称：2017年以来，双元铝业公司、田锦芳、阮正华将生产过程中产生的电解铝固体废物运输至贵阳市花溪区溪董家堰村塘边寨旁进行倾倒，现场未采取防雨防渗措施。2018年4月10日，又发现花溪区查获的疑似危险废物被被告转移至修文县龙场镇营关村一废弃洗煤厂进行非法填埋。事发后环保部门及时对该批固体废物及堆场周边水体进行采样送检，检测结果表明，送检样品中含有大量的水溶性氟化物，极易对土壤、地下水造成严重污染，该批固体废物为疑似危险废物。经委托环境损害鉴定评估显示，该生态环境损害行为所产生的危险废物处置费用、场地生态修复费用、送检化验费用、环境损害评估费用、后期跟踪检测费用、综合整治及生态修复工程监督及修复评估费合计413.78万元。贵阳市生态环境局与三赔偿义务人多次磋商未果，遂向贵阳市中级人民法院提起生态环境损害赔偿诉讼。

【裁判结果】

案件审理过程中，贵阳市中级人民法院多次主持调解，当事人自愿达成调解协议。主要内容包括：一、涉及边寨违法倾倒场地的危险废物处置费用、送检化验费用、鉴定费用、场地生态修复费用及后期跟踪监测费用由三被告承担。二、涉及修文县龙场镇营关村废弃洗煤厂的危险废物处置费用、送检化验费用、鉴定费用、场地生态修复费用、后期跟踪监测费用由三被告承担。三、由赔偿权利人的代表贵阳市生态环境局于2019年6月1日前牵头组织启动案涉两宗被污染地块后期修复及监测等工作。三被告按协议约定支付相应款项后，应于支付之日起十日内将相关单据提供给法院。贵阳市中级人民法院对调解协议进行公告，公告期内未收到异议。贵阳市中级人民法院经审查后依法制作民事调解书并送达各方当事人。现双元铝业公司、阮正华、田锦芳已按调解书内容履行了支付义务。

【典型意义】

本案是由生态环境保护主管部门直接提起的生态环境损害赔偿诉讼案件。人民法院在审理过程中严格遵循以生态环境修复为中心的损害救济制度，多次主持调解，力促各方当事人在充分考虑受损生态环境修复的基础上达成调解，并在调解书中明确了被污染地块修复的牵头单位、启动时限等，确保生态环境修复工作得以有效开展。同时，人民法院考虑到生态环境修复的长期性，在调解书中明确将后期修复工作的实际情况纳入法院的监管范围，要求三被告及时向法院报送相关履行单据，最大限度保障生态修复目标的实现。

【点评专家】汪劲，北京大学教授

【点评意见】

本案系经人民法院调解结案的生态环境损害赔偿诉讼案件。构建生态环境损害赔偿制度的意义在于体现环境资源生态功能价值。为此生态环境损害赔偿制度明确了主动磋商、司法保障的原则，目的在于让赔偿权利人与赔偿义务人尽早就赔偿事项达成一致，尽快启动生态环境修复工作。在此背景下，人民法院在职权范围内积极探索多元化的纠纷解决方案，发挥能动司法的作用，除了可以顺应当事人双方希望尽快就生态环境损害赔偿达成一致的基本愿望外，还提高了生态环境损害赔偿纠纷的解决效率，保护了亟待修复的生态环境损害。

此外，生态环境损害赔偿纠纷案件的圆满解决还涉及生态环境修复工作的实际执行，其结果具有很强的延时性。为此，人民法院在主持调解的基础上，就调解协议的实际履行所存在的实体和程序问题，包括实施费用、修复工作的行为监督与资金管理以及修复效果保障等内容都作出具体安排，并调动参与生态环境修复工作的各方主体认真履行义务，充分体现了调解方式的优越性。

9. 李森、何利民、张锋勃等人破坏计算机信息系统案①

【关键词】

刑事　破坏计算机信息系统罪　干扰环境质量监测采样　数据失真　后果严重

【裁判要点】

环境质量监测系统属于计算机信息系统。用棉纱等物品堵塞环境质量监测采样设备，干扰采样，致使监测数据严重失真的，构成破坏计算机信息系统罪。

【相关法条】

《中华人民共和国刑法》第286条第1款

【基本案情】

西安市长安区环境空气自动监测站（以下简称长安子站）系国家环境保护部（以下简称环保部）确定的西安市13个国控空气站点之一，通过环境空气质量自动监测系统采集、处理监测数据，并将数据每小时传输发送至中国环境监测总站（以下简称监测总站），一方面通过网站实时向社会公布，一方面用于编制全国环境空气质量状况月报、季报和年报，向全国发布。长安子站为全市两个国家直管监测子站之一，由监测总站委托武汉宇虹环保产业股份有限公司进行运行维护，不经允许，非运维方工作人员不得擅自进入。

2016年2月4日，长安子站回迁至西安市长安区西安邮电大学南区动力大楼房顶。被告人李森利用协助子站搬迁之机私自截留子站钥匙并偷记子站监控电脑密码，此后至2016年3月6日间，被告人李森、张锋勃多次进入长安子站内，用棉纱堵塞采样器的方法，干扰子站内环境空气质量自动监测系统的数据采集功能。被告人何利民明知李森等人的行为而没有阻止，只是要求李森把空气污染数值降下来。被告人李森还多次指使被告人张楠、张肖采用上述方法对子站自动监测系统进行干扰，造成该站自动监测数据多次出现异常，多个时间段内监测数据严重失真，影响了国家环境空气质量自动监测系统正常运行。为防止罪行败露，2016年3月7日、3月9日，在被告人李森的指使下，被告人张楠、张肖两次进入长安子站将监控视频删除。2016年2、3月间，长安子站每小时的监测数据已实时传输发送至监测总站，通过网站向社会公布，并用于环保部编制2016年2月、3月和第一季度全国74个城市空气质量状况评价、排名。2016年3月5日，监测总站在例行数据审核时发现长安子站数据明显偏低，检查时发现了长安子站监测数据弄虚作假问题，后公安机关将五被告人李森、何利民、张楠、张肖、张锋勃抓获到案。被告人李森、被告人张锋勃、被告人张楠、被告人张肖在庭审中均承认指控属实，被告人何利民在庭审中辩称其对李森堵塞采样器的行为仅是默许、放任，请求宣告其无罪。

【裁判结果】

陕西省西安市中级人民法院于2017年6月15日作出（2016）陕01刑初233号刑事判决：一、被告人李森犯破坏

---

① 案例来源：2018年12月25日最高人民法院指导案例104号。

计算机信息系统罪,判处有期徒刑一年十个月。二、被告人何利民犯破坏计算机信息系统罪,判处有期徒刑一年七个月。三、被告人张锋勃犯破坏计算机信息系统罪,判处有期徒刑一年四个月。四、被告人张楠犯破坏计算机信息系统罪,判处有期徒刑一年三个月。五、被告人张肖犯破坏计算机信息系统罪,判处有期徒刑一年三个月。宣判后,各被告人均未上诉,判决已发生法律效力。

【裁判理由】

法院生效裁判认为,五被告人的行为违反了国家规定。《中华人民共和国环境保护法》第六十八条规定禁止篡改、伪造或者指使篡改、伪造监测数据,《中华人民共和国环境大气污染防治法》第一百二十六条规定禁止对大气环境保护监督管理工作弄虚作假,《中华人民共和国环境计算机信息系统安全保护条例》第七条规定不得危害计算机信息系统的安全。本案五被告人采取堵塞采样器的方法伪造或者指使伪造监测数据,弄虚作假,违反了上述国家规定。

五被告人的行为破坏了计算机信息系统。《最高人民法院、最高人民检察院关于办理危害计算机信息系统安全刑事案件应用法律若干问题的解释》第十一条规定,计算机信息系统和计算机系统,是指具备自动处理数据功能的系统,包括计算机、网络设备、通信设备、自动化控制设备等。根据《最高人民法院、最高人民检察院关于办理环境污染刑事案件适用法律若干问题的解释》第十条第一款的规定,干扰环境质量监测系统的采样,致使监测数据严重失真的行为,属于破坏计算机信息系统。长安子站系国控环境空气质量自动监测站点,产生的监测数据经过系统软件直接传输至监测总站,通过环保部和监测总站的政府网站实时向社会公布,参与计算环境空气质量指数并实时发布。空气采样器是环境空气质量监测系统的重要组成部分。PM10、PM2.5监测数据作为环境空气综合污染指数评估中的最重要两项指标,被告人用棉纱堵塞采样器的采样孔或拆卸采样器的行为,必然造成采样器内部气流场的改变,造成监测数据失真,影响对环境空气质量的正确评估,属于对计算机信息系统功能进行干扰,造成计算机信息系统不能正常运行的行为。

五被告人的行为造成了严重后果。(1)被告人李森、张锋勃、张楠、张肖均多次堵塞、拆卸采样器干扰采样,被告人何利民明知李森等人的行为而没有阻止,只是要求李森把空气污染数值降下来。(2)被告人的干扰行为造成了监测数据的显著异常。2016年2至3月间,长安子站颗粒物监测数据多次出现与周边子站变化趋势不符的现象。长安子站PM2.5数据分别在2月24日18时至25日16时、3月3日4时至6日19时两个时段内异常,PM10数据分别在2月18日18时至19日8时、2月25日20时至21日8时、3月5日19时至6日23时三个时段内异常。其中,长安子站的PM10数据在2016年3月5日19时至22时由361下降至213,下降了41%,其他周边子站均值升高了14%(由316上升至361),6日16时至17时长安子站监测数值由188上升至426,升高了127%,其他子站均值变化不大(由318降至310),6日17时至19时长安子站数值由426下降至309,下降了27%,其他子站均值变化不大(由310降至304)。可见,被告人堵塞采样器的行为足以造成监测数据的严重失真。上述数据的严重失真,与监测总站在例行数据审核时发现长安子站PM10数据明显偏低可以印证。(3)失真的监测数据已实时发送至监测总站,并向社会公布。长安子站空气质量监测的小时浓度均值数据已经通过互联网实时发布。(4)失真的监测数据已被用于编制环境评价的月报、季报。环保部在2016年二、三月及第一季度的全国74个重点城市空气质量排名工作中已采信上述虚假数据,已向社会公布并上报国务院,影响了全国大气环境治理情况评估,损害了政府公信力,误导了环境决策。据此,五被告人干扰采样的行为造成了严重后果,符合刑法第二百八十六条规定的"后果严重"要件。

综上,五被告人均已构成破坏计算机信息系统罪。鉴于五被告人到案后均能坦白认罪,有悔罪表现,依法可以从轻处罚。

(生效裁判审判人员:张燕萍、骆成兴、袁兵)

10. 吉林省白山市人民检察院诉白山市江源区卫生和计划生育局、白山市江源区中医院环境公益诉讼案①

【关键词】

行政 环境行政公益诉讼 环境民事公益诉讼 分别立案 一并审理

【裁判要点】

人民法院在审理人民检察院提起的环境行政公益诉讼案件时,对人民检察院就同一污染环境行为提起的环境民事公益诉讼,可以参照行政诉讼法及其司法解释规定,采取分别立案、一并审理、分别判决的方式处理。

---

① 案例来源:2019年12月26日最高人民法院指导案例136号。

【相关法条】

《中华人民共和国行政诉讼法》第 61 条

【基本案情】

白山市江源区中医院新建综合楼时，未建设符合环保要求的污水处理设施即投入使用。吉林省白山市人民检察院发现该线索后，进行了调查。调查发现白山市江源区中医院通过渗井、渗坑排放医疗污水。经对其排放的医疗污水及渗井周边土壤取样检验，化学需氧量、五日生化需氧量、悬浮物、总余氯等均超过国家标准。还发现白山市江源区卫生和计划生育局在白山市江源区中医院未提交环评合格报告的情况下，对其《医疗机构职业许可证》校验为合格，且对其违法排放医疗污水的行为未及时制止，存在违法行为。检察机关在履行了提起公益诉讼的前置程序后，诉至法院，请求：1. 确认被告白山市江源区卫生和计划生育局于 2015 年 5 月 18 日为第三人白山市江源区中医院校验《医疗机构执业许可证》的行为违法；2. 判令白山市江源区卫生和计划生育局履行法定监管职责，责令白山市江源区卫生和计划生育局限期对白山市江源区中医院的医疗污水净化处理设施进行整改；3. 判令白山市江源区中医院立即停止违法排放医疗污水。

【裁判结果】

白山市中级人民法院于 2016 年 7 月 15 日以（2016）吉 06 行初 4 号行政判决，确认被告白山市江源区卫生和计划生育局于 2015 年 5 月 18 日对第三人白山市江源区中医院《医疗机构执业许可证》校验合格的行政行为违法；责令被告白山市江源区卫生和计划生育局履行监管职责，监督第三人白山市江源区中医院在三个月内完成医疗污水处理设施的整改。同日，白山市中级人民法院作出（2016）吉 06 民初 19 号民事判决，判令被告白山市江源区中医院立即停止违法排放医疗污水。一审宣判后，各方均未上诉，判决已经发生法律效力。

【裁判理由】

法院生效裁判认为，根据国务院《医疗机构管理条例》第五条及第四十条的规定，白山市江源区卫生和计划生育局对辖区内医疗机构具有监督管理的法定职责。《吉林省医疗机构审批管理办法（试行）》第四十四条规定，医疗机构申请校验时应提交校验申请、执业登记项目变更情况、接受整改情况、环评合格报告等材料。白山市江源区卫生和计划生育局在白山市江源区中医院未提交环评合格报告的情况下，对其《医疗机构职业许可证》校验为合格，违反上述规定，该校验行为违法。白山市江源区中医院违法排放医疗污水，导致周边地下水及土壤存在重大污染风险。白山市江源区卫生和计划生育局作为卫生行政主管部门，未及时制止，其怠于履行监管职责的行为违法。白山市江源区中医院通过渗井、渗坑违法排放医疗污水，且污水处理设施建设完工及环评验收需要一定的时间，故白山市江源区卫生和计划生育局应当继续履行监管职责，督促白山市江源区中医院污水处理工程及时完工，达到环评要求并投入使用，符合《吉林省医疗机构审批管理办法（试行）》第四十四条规定的校验医疗机构执业许可证的条件。

《中华人民共和国侵权责任法》第六十五条、第六十六条规定，因污染环境造成损害的，污染者应当承担侵权责任。因污染环境发生纠纷，污染者应当就法律规定的不承担责任或者减轻责任的情形及其行为与损害之间不存在因果关系承担举证责任。本案中，根据公益诉讼人的举证和查明的相关事实，可以确定白山市江源区中医院未安装符合环保要求的污水处理设备，通过渗井、渗坑实施了排放医疗污水的行为。从检测机构的检测结果及检测意见可知，其排放的医疗污水，对附近地下水及周边土壤存在重大环境污染风险。白山市江源区中医院虽辩称其未建设符合环保要求的排污设备系因政府对公办医院投入建设资金不足所致，但该理由不能否定其客观上实施了排污行为，产生了周边地下水及土壤存在重大环境污染风险的损害结果，以及排污行为与损害结果存在因果关系的基本事实。且环境污染具有不可逆的特点，故作出立即停止违法排放医疗污水的判决。

（生效裁判审判人员：张文宽、王辉、历彦飞）

11. 江苏省泰州市人民检察院诉王小朋等 59 人生态破坏民事公益诉讼案[①]

【关键词】

民事/生态破坏民事公益诉讼/非法捕捞/共同侵权/生态资源损害赔偿

【裁判要点】

1. 当收购者明知其所收购的鱼苗系非法捕捞所得，仍与非法捕捞者建立固定买卖关系，形成完整利益链条，共同损害生态资源的，收购者应当与捕捞者对共同实施侵权行为造成的生态资源损失承担连带赔偿责任。

2. 侵权人使用禁用网具非法捕捞，在造成其捕捞的特定鱼类资源损失的同时，也破坏了相应区域其他水生生物

[①] 案例来源：2021 年 12 月 1 日最高人民法院指导案例 175 号。

资源,严重损害生物多样性的,应当承担包括特定鱼类资源损失和其他水生生物资源损失在内的生态资源损失赔偿责任。当生态资源损失难以确定时,人民法院应当结合生态破坏的范围和程度、资源的稀缺性、恢复所需费用等因素,充分考量非法行为的方式破坏性、时间敏感性、地点特殊性等特点,并参考专家意见,综合作出判断。

【相关法条】

《中华人民共和国民法典》第1168条(本案适用的是自2010年7月1日起实施的《中华人民共和国侵权责任法》第8条)

《中华人民共和国环境保护法》(2014年4月24日修订)第64条

【基本案情】

长江鳗鱼苗是具有重要经济价值且禁止捕捞的水生动物苗种。2018年上半年,董瑞山等38人单独或共同在长江干流水域使用禁用渔具非法捕捞长江鳗鱼苗并出售谋利。王小朋等13人明知长江鳗鱼苗系非法捕捞所得,单独收购或者通过签订合伙协议、共同出资等方式建立收购鳗鱼苗的合伙组织,共同出资收购并统一对外出售,向高锦初等7人以及董瑞山等38人非法贩卖或捕捞人员收购鳗鱼苗116999条。秦利兵在明知王小朋等人向其出售的鳗鱼苗系在长江中非法捕捞所得的情况下,仍多次向王小朋等人收购鳗鱼苗40263条。

王小朋等人非法捕捞水产品罪、掩饰、隐瞒犯罪所得罪已经另案刑事生效判决予以认定。2019年7月15日,公益诉讼起诉人江苏省泰州市人民检察院以王小朋等59人实施非法捕捞、贩卖、收购长江鳗鱼苗行为,破坏长江生态资源,损害社会公共利益为由提起民事公益诉讼。

【裁判结果】

江苏省南京市中级人民法院于2019年10月24日作出(2019)苏01民初2005号民事判决:一、王小朋等13名非法收购者对其非法买卖鳗鱼苗所造成的生态资源损失连带赔偿人民币8589168元;二、其他收购者、捕捞者根据其参与非法买卖或捕捞的鳗鱼苗数量,承担相应赔偿责任或与直接收购者承担连带赔偿责任。王小朋等11名被告提出上诉,江苏省高级人民法院于2019年12月31日作出(2019)苏民终1734号民事判决:驳回上诉,维持原判。

【裁判理由】

法院生效裁判认为:一、非法捕捞造成生态资源严重破坏,当销售是非法捕捞的唯一目的,且收购者与非法捕捞者形成了固定的买卖关系时,收购行为诱发了非法捕捞,共同损害了生态资源,收购者应当与捕捞者对共同实施的生态破坏行为造成的生态资源损失承担连带赔偿责任。

鳗鱼苗于2014年被世界自然保护联盟列为濒危物种,也属于江苏省重点保护鱼类。鳗鱼苗特征明显,无法直接食用,针对这一特定物种,没有大规模的收购,捕捞行为为毫无价值。收购是非法捕捞鳗鱼苗实现获利的唯一渠道,缺乏收购行为,非法捕捞难以实现经济价值,也就不可能持续反复地实施,巨大的市场需求系引发非法捕捞和层层收购行为的主要原因。案涉收购鳗鱼苗行为具有日常性、经常性,在收购行为中形成高度组织化,每一个捕捞者和收购者对于自身在利益链条中所处的位置、作用以及通过非法捕捞、出售收购、加价出售、养殖出售不同方式获取利益的目的均有明确的认知。捕捞者使用网目极小的张网方式捕捞鳗鱼苗,收购者对于鳗鱼苗的体态特征充分了解,意味着其明知捕捞体态如此细小的鳗鱼苗必然使用有别于对自然生态中其他鱼类的捕捞方式,非法捕捞者于长江水生生物资源繁衍生殖的重要时段,尤其是禁渔期内,在长江干流水域采用"绝户网"大规模、多次非法捕捞长江鳗鱼苗,必将造成长江生态资源损失和生物多样性破坏,收购者与捕捞者存在放任长江鳗鱼资源及其他生态资源损害结果出现的故意。非法捕捞与收购已经形成了固定买卖关系和完整利益链条。这一链条中,相邻环均从非法捕捞行为中获得利益,具有高度协同性,行为与长江生态资源损害结果之间具有法律上的因果关系,共同导致生态资源损害。预防非法捕捞行为,应从源头上彻底切断利益链条,让非法收购、贩卖鳗鱼苗的共同侵权者付出经济代价,与非法捕捞者在各自所涉的生态资源损失范围内对长江生态资源损害后果承担连带赔偿责任。

二、生态资源损失在无法准确统计时,应结合生态破坏的范围和程度、资源的稀缺性等因素,充分考量非法行为的方式破坏性、时间敏感性和地点特殊性,并参考专家意见,酌情作出判断。

综合考虑非法捕捞鳗鱼苗方式系采用网目极小的张网进行捕捞,加之捕捞时间的敏感性、捕捞频率的高强度性、捕捞地点的特殊性,不仅对鳗鱼种群的稳定造成严重威胁,还必然会造成对其他渔业生物的损害,进而破坏了长江生物资源的多样性,给长江生态资源带来极大的损害。依照《最高人民法院关于审理环境民事公益诉讼案件适用法律若干问题的解释》第二十三条的规定,综合考量非法捕捞鳗鱼苗对生态资源造成的实际损害,酌定以鳗鱼资源损失价值的2.5倍确定生态资源损失。主要依据有两点:

一是案涉非法捕捞鳗鱼苗方式的破坏性。捕捞者系采用网目极小的张网捕捞鳗鱼苗,所使用张网的网目尺寸违反了《农业部关于长江干流实施捕捞准用渔具和过渡渔具最小网目尺寸制度的通告》中不小于3毫米的规定,属于禁用网具。捕捞时必将对包括其他小型鱼类在内的水生物种造成误捕，严重破坏相应区域水生生物资源。案涉鳗鱼苗数量达116999条，捕捞次数多、捕捞网具多、捕捞区域大，必将对长江生态资源产生较大危害。

二是案涉非法捕捞鳗鱼苗的时间敏感性和地点特殊性。案涉的捕捞、收购行为主要发生于长江禁渔期，该时期系包括鳗鱼资源在内的长江水生生物资源繁衍生殖的重要时段。捕捞地点位于长江干流水域，系日本鳗鲡洄游通道，在洄游通道中对幼苗进行捕捞，使其脱离自然水体后被贩卖，不仅妨碍鳗鲡种群繁衍，且同时误捕其他渔获物，会导致其他水生生物减少，导致其他鱼类饵料不足，进而造成长江水域食物链相邻环节的破坏，进一步造成生物多样性损害。

考虑到生态资源的保护与被告生存发展权利之间的平衡，在确定生态损害赔偿责任款项时可以考虑被告退缴违法所得的情况，以及在被告确无履行能力的情况下，可以考虑采用劳务代偿的方式，如参加保护长江生态环境等公益性质的活动或者配合参与长江沿岸河道管理、加固、垃圾清理等方面的工作，折抵一定赔偿数额。

（生效裁判审判人员：刘建功、赵黎、臧静）

12. 北海市乃志海洋科技有限公司诉北海市海洋与渔业局行政处罚案①

【关键词】

行政/行政处罚/非法围海、填海/海岸线保护/海洋生态环境/共同违法认定/从轻或者减轻行政处罚

【裁判要点】

1. 行为人未依法取得海域使用权，在海岸线向海一侧以平整场地及围堰护岸等方式，实施筑堤围割海域，将海域填成土地并形成有效岸线，改变海域自然属性的用海活动可以认定为构成非法围海、填海。

2. 同一海域内，行为人在无共同违法意思联络的情形下，先后各自以其独立的行为进行围海、填海，并造成不同损害后果的，不属于共同违法的情形。行政机关认定各行为人的上述行为已构成独立的行政违法行为，并对各行为人进行相互独立的行政处罚，人民法院应予支持。对于同一海域内先后存在两个以上相互独立的非法围海、填海行为，行为人应各自承担相应的行政法律责任，在后的违法行为不因先的违法行为适用从轻或者减轻行政处罚的有关规定。

---

① 案例来源：2021年12月1日最高人民法院指导案例178号。

【相关法条】

《中华人民共和国行政处罚法》(2021年1月22日修订)第32条(本案适用的是2017年9月1日修订的《中华人民共和国行政处罚法》第27条)

《中华人民共和国海域使用管理法》第42条

【基本案情】

北海市乃志海洋科技有限公司(以下简称乃志公司)诉称：其未实施围海、填海行为，实施该行为的主体是北海市渔洋海水养殖有限公司(以下简称渔洋公司)。即使认定其存在非法围海、填海行为，因其与渔洋公司在同一海域内实施了占用海域行为，应由所有实施违法行为的主体共同承担责任，对其从轻或减轻处罚。北海市海洋与渔业局(以下简称海洋渔业局)以乃志公司非法占用并实施围海、填海0.38公顷海域，作出缴纳海域使用金十五倍罚款的行政处罚，缺乏事实和法律依据，属于从重处罚，请求撤销该行政处罚决定。

海洋渔业局辩称：现场调查笔录及照片等证据证实乃志公司实施了围海造地的行为，其分别对乃志公司和渔洋公司的违法行为进行了查处，确定乃志公司缴纳罚款数额符合法律规定。

法院经审理查明：2013年6月1日，渔洋公司与北海市铁山港区兴港镇石头埠村小组签订《农村土地租赁合同》，约定石头埠村小组将位于石头埠村海边的空地租给渔洋公司管理使用，该地块位于石头埠村海边右邻避风港右靠北林码头，与海堤公路平齐，沿街边100米，沿海上进深145米，共21.78亩，作为海产品冷冻场地。合同涉及租用的海边空地实际位置在海岸线之外。同年7至9月间，渔洋公司雇请他人抽取海沙填到涉案海域，形成沙堆。2016年5月12日，乃志公司与渔洋公司签订《土地承包合同转让协议》，乃志公司取得渔洋公司在原合同中的权利。同年7至9月间，乃志公司在未依法取得海域使用权的情况下，对其租赁的海边空地(实为海滩涂)利用机械和车辆从外运来泥土、建筑废料进行场地平整，建设临时码头，形成陆域，准备建设冷冻厂。

2017年10月，海洋渔业局对该围海、填海施工行为进行立案查处，测定乃志公司填占海域面积为0.38公顷。经听取乃志公司陈述申辩意见，召开听证会，并经两次会审，海洋渔业局作出北海渔处罚[2017]09号行政处罚决定书，对乃志公司作出行政处罚：责令退还非法占用海域，恢复海域原状，并处非法占用海域期间内该海域面积应缴纳海域

使用金十五倍计人民币 256.77 万元的罚款。乃志公司不服，提起行政诉讼，请求撤销该行政处罚决定。

【裁判结果】

北海海事法院于 2018 年 9 月 17 日作出 (2018) 桂 72 行初 2 号行政判决，驳回原告乃志公司的诉讼请求。宣判后，乃志公司提出上诉。广西壮族自治区高级人民法院于 2019 年 6 月 26 日作出 (2018) 桂行终 1163 号行政判决：驳回上诉，维持原判。

【裁判理由】

法院生效裁判认为：乃志公司占用的海边空地在海岸线（天然岸线）之外向海一侧，实为海滩涂。其公司使用自有铲车、勾机等机械，从外运来泥土和建筑废料对渔沣公司吹填形成的沙堆进行平整、充实，形成临时码头，并在临时码头西南面新填了部分海域，建造了临时码头北面靠海一侧的沙袋围堰和护岸设施。上述平整填充场地以及围堰护岸等行为，导致海域自然属性改变，形成有效岸线，属于围海、填海行为。乃志公司未取得案涉 0.38 公顷海域的合法使用权，在该区域内进行围海、填海，构成非法围海、填海。

渔沣公司与乃志公司均在案涉海域进行了一定的围海、填海活动，但二者的违法行为具有可分性和独立性，并非共同违法行为。首先，渔沣公司与乃志公司既无共同违法的意思联络，亦非共同实施违法行为。从时间上分析，渔沣公司系于 2013 年 7 月至 9 月间雇请他人抽取海沙填到涉案海域，形成沙堆。而乃志公司系于 2016 年 5 月 12 日通过签订转让协议的方式取得渔沣公司在原合同中的权利，并于 2016 年 7 月至 9 月期间对涉案海域进行场地平整，建设临时码头，形成陆域。二者进行围海、填海活动的时间间隔较远，相互独立，并无彼此配合的情形。其次，渔沣公司与乃志公司的违法性质不同。渔沣公司仅是抽取海沙填入涉案海域，形成沙堆，其行为违法程度较轻。而乃志公司已对涉案海域进行了围堰和场地平整，并建设临时码头，形成了陆域，其行为违法情节更严重，性质更为恶劣。再次，渔沣公司与乃志公司的行为所造成的损害后果不同。渔沣公司的行为尚未完全改变涉案海域的海洋环境，而乃志公司对涉案海域进行围堰及场地平整，设立临时码头，形成了陆域，其行为已完全改变了涉案海域的海洋生态环境，构成了非法围海、填海，损害后果更为严重。海洋渔业局认定乃志公司与渔沣公司的违法行为相互独立并分别立案查处，有事实及法律依据，并无不当。乃志公司主张海洋渔业局存在选择性执法，以及渔沣公司应当与其共同承担责任的抗辩意见不能成立。

乃志公司被查处后并未主动采取措施减轻或消除其围海、填海造地的危害后果，不存在从轻或减轻处罚的情形，故乃志公司主张从轻或减轻行政处罚，缺乏法律依据。乃志公司平整和围填涉案海域，占填海域面积为 0.38 公顷，其行为改变了该海域的自然属性，形成陆域，对近海生态造成不利的影响。海洋渔业局依据海域使用管理法第四十二条规定的"处非法占用海域期间内该海域面积应缴纳的海域使用金十倍以上二十倍以下的罚款"，决定按十五倍处罚，未违反行政处罚法关于行政处罚适用的相关规定，符合中国海监总队《关于进一步规范海洋行政处罚裁量权行使的若干意见》对于行政处罚幅度中的一般处罚，并非从重处罚，作出罚款人民币 256.77 万元的处罚决定，认定事实清楚，适用法律并无不当。

（生效裁判审判人员：张辉、蒋新江、熊梅）

七、农村与城市环境保护

1. 综合

中华人民共和国城乡规划法

- 2007年10月28日第十届全国人民代表大会常务委员会第三十次会议通过
- 根据2015年4月24日第十二届全国人民代表大会常务委员会第十四次会议《关于修改〈中华人民共和国港口法〉等七部法律的决定》第一次修正
- 根据2019年4月23日第十三届全国人民代表大会常务委员会第十次会议《关于修改〈中华人民共和国建筑法〉等八部法律的决定》第二次修正

第一章 总 则

第一条 为了加强城乡规划管理,协调城乡空间布局,改善人居环境,促进城乡经济社会全面协调可持续发展,制定本法。

第二条 制定和实施城乡规划,在规划区内进行建设活动,必须遵守本法。

本法所称城乡规划,包括城镇体系规划、城市规划、镇规划、乡规划和村庄规划。城市规划、镇规划分为总体规划和详细规划。详细规划分为控制性详细规划和修建性详细规划。

本法所称规划区,是指城市、镇和村庄的建成区以及因城乡建设和发展需要,必须实行规划控制的区域。规划区的具体范围由有关人民政府在组织编制的城市总体规划、镇总体规划、乡规划和村庄规划中,根据城乡经济社会发展水平和统筹城乡发展的需要划定。

第三条 城市和镇应当依照本法制定城市规划和镇规划。城市、镇规划区内的建设活动应当符合规划要求。

县级以上地方人民政府根据本地农村经济社会发展水平,按照因地制宜、切实可行的原则,确定应当制定乡规划、村庄规划的区域。在确定区域内的乡、村庄,应当依照本法制定规划,规划区内的乡、村庄建设应当符合规划要求。

县级以上地方人民政府鼓励、指导前款规定以外的区域的乡、村庄制定和实施乡规划、村庄规划。

第四条 制定和实施城乡规划,应当遵循城乡统筹、合理布局、节约土地、集约发展和先规划后建设的原则,改善生态环境,促进资源、能源节约和综合利用,保护耕地等自然资源和历史文化遗产,保持地方特色、民族特色和传统风貌,防止污染和其他公害,并符合区域人口发展、国防建设、防灾减灾和公共卫生、公共安全的需要。

在规划区内进行建设活动,应当遵守土地管理、自然资源和环境保护等法律、法规的规定。

县级以上地方人民政府应当根据当地经济社会发展的实际,在城市总体规划、镇总体规划中合理确定城市、镇的发展规模、步骤和建设标准。

第五条 城市总体规划、镇总体规划以及乡规划和村庄规划的编制,应当依据国民经济和社会发展规划,并与土地利用总体规划相衔接。

第六条 各级人民政府应当将城乡规划的编制和管理经费纳入本级财政预算。

第七条 经依法批准的城乡规划,是城乡建设和规划管理的依据,未经法定程序不得修改。

第八条 城乡规划组织编制机关应当及时公布经依法批准的城乡规划。但是,法律、行政法规规定不得公开的内容除外。

第九条 任何单位和个人都应当遵守经依法批准并公布的城乡规划,服从规划管理,并有权就涉及其利害关系的建设活动是否符合规划的要求向城乡规划主管部门查询。

任何单位和个人都有权向城乡规划主管部门或者其他有关部门举报或者控告违反城乡规划的行为。城乡规划主管部门或者其他有关部门对举报或者控告,应当及时受理并组织核查、处理。

第十条 国家鼓励采用先进的科学技术,增强城乡规划的科学性,提高城乡规划实施及监督管理的效能。

第十一条 国务院城乡规划主管部门负责全国的城乡规划管理工作。

县级以上地方人民政府城乡规划主管部门负责本行政区域内的城乡规划管理工作。

第二章 城乡规划的制定

第十二条 国务院城乡规划主管部门会同国务院有

关部门组织编制全国城镇体系规划,用于指导省域城镇体系规划、城市总体规划的编制。

全国城镇体系规划由国务院城乡规划主管部门报国务院审批。

第十三条 省、自治区人民政府组织编制省域城镇体系规划,报国务院审批。

省域城镇体系规划的内容应当包括:城镇空间布局和规模控制,重大基础设施的布局,为保护生态环境、资源等需要严格控制的区域。

第十四条 城市人民政府组织编制城市总体规划。

直辖市的城市总体规划由直辖市人民政府报国务院审批。省、自治区人民政府所在地的城市以及国务院确定的城市的总体规划,由省、自治区人民政府审查同意后,报国务院审批。其他城市的总体规划,由城市人民政府报省、自治区人民政府审批。

第十五条 县人民政府组织编制县人民政府所在地镇的总体规划,报上一级人民政府审批。其他镇的总体规划由镇人民政府组织编制,报上一级人民政府审批。

第十六条 省、自治区人民政府组织编制的省域城镇体系规划,城市、县人民政府组织编制的总体规划,在报上一级人民政府审批前,应当先经本级人民代表大会常务委员会审议,常务委员会组成人员的审议意见交由本级人民政府研究处理。

镇人民政府组织编制的镇总体规划,在报上一级人民政府审批前,应当先经镇人民代表大会审议,代表的审议意见交由本级人民政府研究处理。

规划的组织编制机关报送审批省域城镇体系规划、城市总体规划或者镇总体规划,应当将本级人民代表大会常务委员会组成人员或者镇人民代表大会代表的审议意见和根据审议意见修改规划的情况一并报送。

第十七条 城市总体规划、镇总体规划的内容应当包括:城市、镇的发展布局,功能分区,用地布局,综合交通体系,禁止、限制和适宜建设的地域范围,各类专项规划等。

规划区范围、规划区内建设用地规模、基础设施和公共服务设施用地、水源地和水系、基本农田和绿化用地、环境保护、自然与历史文化遗产保护以及防灾减灾等内容,应当作为城市总体规划、镇总体规划的强制性内容。

城市总体规划、镇总体规划的规划期限一般为二十年。城市总体规划还应当对城市更长远的发展作出预测性安排。

第十八条 乡规划、村庄规划应当从农村实际出发,尊重村民意愿,体现地方和农村特色。

乡规划、村庄规划的内容应当包括:规划区范围,住宅、道路、供水、排水、供电、垃圾收集、畜禽养殖场所等农村生产、生活服务设施、公益事业等各项建设的用地布局、建设要求,以及对耕地等自然资源和历史文化遗产保护、防灾减灾等的具体安排。乡规划还应当包括本行政区域内的村庄发展布局。

第十九条 城市人民政府城乡规划主管部门根据城市总体规划的要求,组织编制城市的控制性详细规划,经本级人民政府批准后,报本级人民代表大会常务委员会和上一级人民政府备案。

第二十条 镇人民政府根据镇总体规划的要求,组织编制镇的控制性详细规划,报上一级人民政府审批。县人民政府所在地镇的控制性详细规划,由县人民政府城乡规划主管部门根据镇总体规划的要求组织编制,经县人民政府批准后,报本级人民代表大会常务委员会和上一级人民政府备案。

第二十一条 城市、县人民政府城乡规划主管部门和镇人民政府可以组织编制重要地块的修建性详细规划。修建性详细规划应当符合控制性详细规划。

第二十二条 乡、镇人民政府组织编制乡规划、村庄规划,报上一级人民政府审批。村庄规划在报送审批前,应当经村民会议或者村民代表会议讨论同意。

第二十三条 首都的总体规划、详细规划应当统筹考虑中央国家机关用地布局和空间安排的需要。

第二十四条 城乡规划组织编制机关应当委托具有相应资质等级的单位承担城乡规划的具体编制工作。

从事城乡规划编制工作应当具备下列条件,并经国务院城乡规划主管部门或者省、自治区、直辖市人民政府城乡规划主管部门依法审查合格,取得相应等级的资质证书后,方可在资质等级许可的范围内从事城乡规划编制工作:

(一)有法人资格;

(二)有规定数量的经相关行业协会注册的规划师;

(三)有规定数量的相关专业技术人员;

(四)有相应的技术装备;

(五)有健全的技术、质量、财务管理制度。

编制城乡规划必须遵守国家有关标准。

第二十五条 编制城乡规划,应当具备国家规定的勘察、测绘、气象、地震、水文、环境等基础资料。

县级以上地方人民政府有关主管部门应当根据编制城乡规划的需要,及时提供有关基础资料。

第二十六条 城乡规划报送审批前,组织编制机关应当依法将城乡规划草案予以公告,并采取论证会、听证会或者其他方式征求专家和公众的意见。公告的时间不得少于三十日。

组织编制机关应当充分考虑专家和公众的意见,并在报送审批的材料中附具意见采纳情况及理由。

第二十七条 省域城镇体系规划、城市总体规划、镇总体规划批准前,审批机关应当组织专家和有关部门进行审查。

第三章 城乡规划的实施

第二十八条 地方各级人民政府应当根据当地经济社会发展水平,量力而行,尊重群众意愿,有计划、分步骤地组织实施城乡规划。

第二十九条 城市的建设和发展,应当优先安排基础设施以及公共服务设施的建设,妥善处理新区开发与旧区改建的关系,统筹兼顾进城务工人员生活和周边农村经济社会发展、村民生产与生活的需要。

镇的建设和发展,应当结合农村经济社会发展和产业结构调整,优先安排供水、排水、供电、供气、道路、通信、广播电视等基础设施和学校、卫生院、文化站、幼儿园、福利院等公共服务设施的建设,为周边农村提供服务。

乡、村庄的建设和发展,应当因地制宜、节约用地,发挥村民自治组织的作用,引导村民合理进行建设,改善农村生产、生活条件。

第三十条 城市新区的开发和建设,应当合理确定建设规模和时序,充分利用现有市政基础设施和公共服务设施,严格保护自然资源和生态环境,体现地方特色。

在城市总体规划、镇总体规划确定的建设用地范围以外,不得设立各类开发区和城市新区。

第三十一条 旧城区的改建,应当保护历史文化遗产和传统风貌,合理确定拆迁和建设规模,有计划地对危房集中、基础设施落后等地段进行改建。

历史文化名城、名镇、名村的保护以及受保护建筑物的维护和使用,应当遵守有关法律、行政法规和国务院的规定。

第三十二条 城乡建设和发展,应当依法保护和合理利用风景名胜资源,统筹安排风景名胜区及周边乡、镇、村庄的建设。

风景名胜区的规划、建设和管理,应当遵守有关法律、行政法规和国务院的规定。

第三十三条 城市地下空间的开发和利用,应当与经济和技术发展水平相适应,遵循统筹安排、综合开发、合理利用的原则,充分考虑防灾减灾、人民防空和通信等需要,并符合城市规划,履行规划审批手续。

第三十四条 城市、县、镇人民政府应当根据城市总体规划、镇总体规划、土地利用总体规划和年度计划以及国民经济和社会发展规划,制定近期建设规划,报总体规划审批机关备案。

近期建设规划应当以重要基础设施、公共服务设施和中低收入居民住房建设以及生态环境保护为重点内容,明确近期建设的时序、发展方向和空间布局。近期建设规划的规划期限为五年。

第三十五条 城乡规划确定的铁路、公路、港口、机场、道路、绿地、输配电设施及输电线路走廊、通信设施、广播电视设施、管道设施、河道、水库、水源地、自然保护区、防汛通道、消防通道、核电站、垃圾填埋场及焚烧厂、污水处理厂和公共服务设施的用地以及其他需要依法保护的用地,禁止擅自改变用途。

第三十六条 按照国家规定需要有关部门批准或者核准的建设项目,以划拨方式提供国有土地使用权的,建设单位在报送有关部门批准或者核准前,应当向城乡规划主管部门申请核发选址意见书。

前款规定以外的建设项目不需要申请选址意见书。

第三十七条 在城市、镇规划区内以划拨方式提供国有土地使用权的建设项目,经有关部门批准、核准、备案后,建设单位应当向城市、县人民政府城乡规划主管部门提出建设用地规划许可申请,由城市、县人民政府城乡规划主管部门依据控制性详细规划核定建设用地的位置、面积、允许建设的范围,核发建设用地规划许可证。

建设单位在取得建设用地规划许可证后,方可向县级以上地方人民政府土地主管部门申请用地,经县级以上人民政府审批后,由土地主管部门划拨土地。

第三十八条 在城市、镇规划区内以出让方式提供国有土地使用权的,在国有土地使用权出让前,城市、县人民政府城乡规划主管部门应当依据控制性详细规划,提出出让地块的位置、使用性质、开发强度等规划条件,作为国有土地使用权出让合同的组成部分。未确定规划条件的地块,不得出让国有土地使用权。

以出让方式取得国有土地使用权的建设项目,建设单位在取得建设项目的批准、核准、备案文件和签订国有土地使用权出让合同后,向城市、县人民政府城乡规划主管部门领取建设用地规划许可证。

城市、县人民政府城乡规划主管部门不得在建设用地规划许可证中,擅自改变作为国有土地使用权出让合同组成部分的规划条件。

第三十九条 规划条件未纳入国有土地使用权出让合同的,该国有土地使用权出让合同无效;对未取得建设用地规划许可证的建设单位批准用地的,由县级以上人民政府撤销有关批准文件;占用土地的,应当及时退回;给当事人造成损失的,应当依法给予赔偿。

第四十条 在城市、镇规划区内进行建筑物、构筑物、道路、管线和其他工程建设的,建设单位或者个人应当向城市、县人民政府城乡规划主管部门或者省、自治区、直辖市人民政府确定的镇人民政府申请办理建设工程规划许可证。

申请办理建设工程规划许可证,应当提交使用土地的有关证明文件、建设工程设计方案等材料。需要建设单位编制修建性详细规划的建设项目,还应当提交修建性详细规划。对符合控制性详细规划和规划条件的,由城市、县人民政府城乡规划主管部门或者省、自治区、直辖市人民政府确定的镇人民政府核发建设工程规划许可证。

城市、县人民政府城乡规划主管部门或者省、自治区、直辖市人民政府确定的镇人民政府应当依法将经审定的修建性详细规划、建设工程设计方案的总平面图予以公布。

第四十一条 在乡、村庄规划区内进行乡镇企业、乡村公共设施和公益事业建设的,建设单位或者个人应当向乡、镇人民政府提出申请,由乡、镇人民政府报城市、县人民政府城乡规划主管部门核发乡村建设规划许可证。

在乡、村庄规划区内使用原有宅基地进行农村村民住宅建设的规划管理办法,由省、自治区、直辖市制定。

在乡、村庄规划区内进行乡镇企业、乡村公共设施和公益事业建设以及农村村民住宅建设,不得占用农用地;确需占用农用地的,应当依照《中华人民共和国土地管理法》有关规定办理农用地转用审批手续后,由城市、县人民政府城乡规划主管部门核发乡村建设规划许可证。

建设单位或者个人在取得乡村建设规划许可证后,方可办理用地审批手续。

第四十二条 城乡规划主管部门不得在城乡规划确定的建设用地范围以外作出规划许可。

第四十三条 建设单位应当按照规划条件进行建设;确需变更的,必须向城市、县人民政府城乡规划主管部门提出申请。变更内容不符合控制性详细规划的,城乡规划主管部门不得批准。城市、县人民政府城乡规划主管部门应当及时将依法变更后的规划条件通报同级土地主管部门并公示。

建设单位应当及时将依法变更后的规划条件报有关人民政府土地主管部门备案。

第四十四条 在城市、镇规划区内进行临时建设的,应当经城市、县人民政府城乡规划主管部门批准。临时建设影响近期建设规划或者控制性详细规划的实施以及交通、市容、安全等的,不得批准。

临时建设应当在批准的使用期限内自行拆除。

临时建设和临时用地规划管理的具体办法,由省、自治区、直辖市人民政府制定。

第四十五条 县级以上地方人民政府城乡规划主管部门按照国务院规定对建设工程是否符合规划条件予以核实。未经核实或者经核实不符合规划条件的,建设单位不得组织竣工验收。

建设单位应当在竣工验收后六个月内向城乡规划主管部门报送有关竣工验收资料。

第四章 城乡规划的修改

第四十六条 省域城镇体系规划、城市总体规划、镇总体规划的组织编制机关,应当组织有关部门和专家定期对规划实施情况进行评估,并采取论证会、听证会或者其他方式征求公众意见。组织编制机关应当向本级人民代表大会常务委员会、镇人民代表大会和原审批机关提出评估报告并附具征求意见的情况。

第四十七条 有下列情形之一的,组织编制机关方可按照规定的权限和程序修改省域城镇体系规划、城市总体规划、镇总体规划:

(一)上级人民政府制定的城乡规划发生变更,提出修改规划要求的;

(二)行政区划调整确需修改规划的;

(三)因国务院批准重大建设工程确需修改规划的;

(四)经评估确需修改规划的;

(五)城乡规划的审批机关认为应当修改规划的其他情形。

修改省域城镇体系规划、城市总体规划、镇总体规划前,组织编制机关应当对原规划的实施情况进行总结,并向原审批机关报告;修改涉及城市总体规划、镇总体规划强制性内容的,应当先向原审批机关提出专题报告,经同意后,方可编制修改方案。

修改后的省域城镇体系规划、城市总体规划、镇总体规划,应当依照本法第十三条、第十四条、第十五条和第十六条规定的审批程序报批。

第四十八条 修改控制性详细规划的，组织编制机关应当对修改的必要性进行论证，征求规划地段内利害关系人的意见，并向原审批机关提出专题报告，经原审批机关同意后，方可编制修改方案。修改后的控制性详细规划，应当依照本法第十九条、第二十条规定的审批程序报批。控制性详细规划修改涉及城市总体规划、镇总体规划的强制性内容的，应当先修改总体规划。

修改乡规划、村庄规划的，应当依照本法第二十二条规定的审批程序报批。

第四十九条 城市、县、镇人民政府修改近期建设规划的，应当将修改后的近期建设规划报总体规划审批机关备案。

第五十条 在选址意见书、建设用地规划许可证、建设工程规划许可证或者乡村建设规划许可证发放后，因依法修改城乡规划给被许可人合法权益造成损失的，应当依法给予补偿。

经依法审定的修建性详细规划、建设工程设计方案的总平面图不得随意修改；确需修改的，城乡规划主管部门应当采取听证会等形式，听取利害关系人的意见；因修改给利害关系人合法权益造成损失的，应当依法给予补偿。

第五章 监督检查

第五十一条 县级以上人民政府及其城乡规划主管部门应当加强对城乡规划编制、审批、实施、修改的监督检查。

第五十二条 地方各级人民政府应当向本级人民代表大会常务委员会或者乡、镇人民代表大会报告城乡规划的实施情况，并接受监督。

第五十三条 县级以上人民政府城乡规划主管部门对城乡规划的实施情况进行监督检查，有权采取以下措施：

（一）要求有关单位和人员提供与监督事项有关的文件、资料，并进行复制；

（二）要求有关单位和人员就监督事项涉及的问题作出解释和说明，并根据需要进入现场进行勘测；

（三）责令有关单位和人员停止违反有关城乡规划的法律、法规的行为。

城乡规划主管部门的工作人员履行前款规定的监督检查职责，应当出示执法证件。被监督检查的单位和人员应当予以配合，不得妨碍和阻挠依法进行的监督检查活动。

第五十四条 监督检查情况和处理结果应当依法公开，供公众查阅和监督。

第五十五条 城乡规划主管部门在查处违反本法规定的行为时，发现国家机关工作人员依法应当给予行政处分的，应当向其任免机关或者监察机关提出处分建议。

第五十六条 依照本法规定应当给予行政处罚，而有关城乡规划主管部门不给予行政处罚的，上级人民政府城乡规划主管部门有权责令其作出行政处罚决定或者建议有关人民政府责令其给予行政处罚。

第五十七条 城乡规划主管部门违反本法规定作出行政许可的，上级人民政府城乡规划主管部门有权责令其撤销或者直接撤销该行政许可。因撤销行政许可给当事人合法权益造成损失的，应当依法给予赔偿。

第六章 法律责任

第五十八条 对依法应当编制城乡规划而未组织编制，或者未按法定程序编制、审批、修改城乡规划的，由上级人民政府责令改正，通报批评；对有关人民政府负责人和其他直接责任人员依法给予处分。

第五十九条 城乡规划组织编制机关委托不具有相应资质等级的单位编制城乡规划的，由上级人民政府责令改正，通报批评；对有关人民政府负责人和其他直接责任人员依法给予处分。

第六十条 镇人民政府或者县级以上人民政府城乡规划主管部门有下列行为之一的，由本级人民政府、上级人民政府城乡规划主管部门或者监察机关依据职权责令改正，通报批评；对直接负责的主管人员和其他直接责任人员依法给予处分：

（一）未依法组织编制城市的控制性详细规划、县人民政府所在地镇的控制性详细规划的；

（二）超越职权或者对不符合法定条件的申请人核发选址意见书、建设用地规划许可证、建设工程规划许可证、乡村建设规划许可证的；

（三）对符合法定条件的申请人未在法定期限内核发选址意见书、建设用地规划许可证、建设工程规划许可证、乡村建设规划许可证的；

（四）未依法对经审定的修建性详细规划、建设工程设计方案的总平面图予以公布的；

（五）同意修改修建性详细规划、建设工程设计方案的总平面图前未采取听证会等形式听取利害关系人的意见的；

（六）发现未依法取得规划许可或者违反规划许可的规定在规划区内进行建设的行为，而不予查处或者接到举报后不依法处理的。

第六十一条　县级以上人民政府有关部门有下列行为之一的,由本级人民政府或者上级人民政府有关部门责令改正,通报批评;对直接负责的主管人员和其他直接责任人员依法给予处分:

(一)对未依法取得选址意见书的建设项目核发建设项目批准文件的;

(二)未依法在国有土地使用权出让合同中确定规划条件或者改变国有土地使用权出让合同中依法确定的规划条件的;

(三)对未依法取得建设用地规划许可证的建设单位划拨国有土地使用权的。

第六十二条　城乡规划编制单位有下列行为之一的,由所在地城市、县人民政府城乡规划主管部门责令限期改正,处合同约定的规划编制费一倍以上二倍以下的罚款;情节严重的,责令停业整顿,由原发证机关降低资质等级或者吊销资质证书;造成损失的,依法承担赔偿责任:

(一)超越资质等级许可的范围承揽城乡规划编制工作的;

(二)违反国家有关标准编制城乡规划的。

未依法取得资质证书承揽城乡规划编制工作的,由县级以上地方人民政府城乡规划主管部门责令停止违法行为,依照前款规定处以罚款;造成损失的,依法承担赔偿责任。

以欺骗手段取得资质证书承揽城乡规划编制工作的,由原发证机关吊销资质证书,依照本条第一款规定处以罚款;造成损失的,依法承担赔偿责任。

第六十三条　城乡规划编制单位取得资质证书后,不再符合相应的资质条件的,由原发证机关责令限期改正;逾期不改正的,降低资质等级或者吊销资质证书。

第六十四条　未取得建设工程规划许可证或者未按照建设工程规划许可证的规定进行建设的,由县级以上地方人民政府城乡规划主管部门责令停止建设;尚可采取改正措施消除对规划实施的影响的,限期改正,处建设工程造价百分之五以上百分之十以下的罚款;无法采取改正措施消除影响的,限期拆除,不能拆除的,没收实物或者违法收入,可以并处建设工程造价百分之十以下的罚款。

第六十五条　在乡、村庄规划区内未依法取得乡村建设规划许可证或者未按乡村建设规划许可证的规定进行建设的,由乡、镇人民政府责令停止建设、限期改正;逾期不改正的,可以拆除。

第六十六条　建设单位或者个人有下列行为之一的,由所在地城市、县人民政府城乡规划主管部门责令限期拆除,可以并处临时建设工程造价一倍以下的罚款:

(一)未经批准进行临时建设的;

(二)未按照批准内容进行临时建设的;

(三)临时建筑物、构筑物超过批准期限不拆除的。

第六十七条　建设单位未在建设工程竣工验收后六个月内向城乡规划主管部门报送有关竣工验收资料的,由所在地城市、县人民政府城乡规划主管部门责令限期补报;逾期不补报的,处一万元以上五万元以下的罚款。

第六十八条　城乡规划主管部门作出责令停止建设或者限期拆除的决定后,当事人不停止建设或者逾期不拆除的,建设工程所在地县级以上地方人民政府可以责成有关部门采取查封施工现场、强制拆除等措施。

第六十九条　违反本法规定,构成犯罪的,依法追究刑事责任。

第七章　附　则

第七十条　本法自2008年1月1日起施行。《中华人民共和国城市规划法》同时废止。

公共场所卫生管理条例

· 1987年4月1日国务院发布
· 根据2016年2月6日《国务院关于修改部分行政法规的决定》第一次修订
· 根据2019年4月23日《国务院关于修改部分行政法规的决定》第二次修订

第一章　总　则

第一条　为创造良好的公共场所卫生条件,预防疾病,保障人体健康,制定本条例。

第二条　本条例适用于下列公共场所:

(一)宾馆、饭馆、旅店、招待所、车马店、咖啡馆、酒吧、茶座;

(二)公共浴室、理发店、美容店;

(三)影剧院、录像厅(室)、游艺厅(室)、舞厅、音乐厅;

(四)体育场(馆)、游泳场(馆)、公园;

(五)展览馆、博物馆、美术馆、图书馆;

(六)商场(店)、书店;

(七)候诊室、候车(机、船)室、公共交通工具。

第三条　公共场所的下列项目应符合国家卫生标准和要求:

（一）空气、微小气候（湿度、温度、风速）；
（二）水质；
（三）采光、照明；
（四）噪音；
（五）顾客用具和卫生设施。

公共场所的卫生标准和要求，由国务院卫生行政部门负责制定。

第四条 国家对公共场所实行"卫生许可证"制度。"卫生许可证"由县以上卫生行政部门签发。

第二章 卫生管理

第五条 公共场所的主管部门应当建立卫生管理制度，配备专职或者兼职卫生管理人员，对所属经营单位（包括个体经营者，下同）的卫生状况进行经常性检查，并提供必要的条件。

第六条 经营单位应当负责所经营的公共场所的卫生管理，建立卫生责任制度，对本单位的从业人员进行卫生知识的培训和考核工作。

第七条 公共场所直接为顾客服务的人员，持有"健康合格证"方能从事本职工作。患有痢疾、伤寒、病毒性肝炎、活动期肺结核、化脓性或者渗出性皮肤病以及其他有碍公共卫生的疾病的，治愈前不得从事直接为顾客服务的工作。

第八条 除公园、体育场（馆）、公共交通工具外的公共场所，经营单位应当及时向卫生行政部门申请办理"卫生许可证"。"卫生许可证"两年复核一次。

第九条 公共场所因不符合卫生标准和要求造成危害健康事故的，经营单位应妥善处理，并及时报告卫生防疫机构。

第三章 卫生监督

第十条 各级卫生防疫机构，负责管辖范围内的公共场所卫生监督工作。

民航、铁路、交通、厂（场）矿卫生防疫机构对管辖范围内的公共场所，施行卫生监督，并接受当地卫生防疫机构的业务指导。

第十一条 卫生防疫机构根据需要设立公共场所卫生监督员，执行卫生防疫机构交给的任务。公共场所卫生监督员由同级人民政府发给证书。

民航、铁路、交通、工矿企业卫生防疫机构的公共场所卫生监督员，由其上级主管部门发给证书。

第十二条 卫生防疫机构对公共场所的卫生监督职责：

（一）对公共场所进行卫生监测和卫生技术指导；

（二）监督从业人员健康检查，指导有关部门对从业人员进行卫生知识的教育和培训。

第十三条 卫生监督员有权对公共场所进行现场检查，索取有关资料，经营单位不得拒绝或隐瞒。卫生监督员对所提供的技术资料有保密的责任。

公共场所卫生监督员在执行任务时，应佩戴证章、出示证件。

第四章 罚 则

第十四条 凡有下列行为之一的单位或者个人，卫生防疫机构可以根据情节轻重，给予警告、罚款、停业整顿、吊销"卫生许可证"的行政处罚：

（一）卫生质量不符合国家卫生标准和要求，而继续营业的；

（二）未获得"健康合格证"，而从事直接为顾客服务的；

（三）拒绝卫生监督的；

（四）未取得"卫生许可证"，擅自营业的。

罚款一律上交国库。

第十五条 违反本条例的规定造成严重危害公民健康的事故或中毒事故的单位或者个人，应当对受害人赔偿损失。

违反本条例致人残疾或者死亡，构成犯罪的，应由司法机关依法追究直接责任人员的刑事责任。

第十六条 对罚款、停业整顿及吊销"卫生许可证"的行政处罚不服的，在接到处罚通知之日起15天内，可以向当地人民法院起诉。但对公共场所卫生质量控制的决定应立即执行。对处罚的决定不履行又逾期不起诉的，由卫生防疫机构向人民法院申请强制执行。

第十七条 公共场所卫生监督机构和卫生监督员必须尽职尽责，依法办事。对玩忽职守、滥用职权、收取贿赂的，由上级主管部门给予直接责任人员行政处分。构成犯罪的，由司法机关依法追究直接责任人员的刑事责任。

第五章 附 则

第十八条 本条例的实施细则由国务院卫生行政部门负责制定。

第十九条 本条例自发布之日起施行。

2. 农村环境保护

中华人民共和国农业法(节录)

- 1993年7月2日第八届全国人民代表大会常务委员会第二次会议通过
- 2002年12月28日第九届全国人民代表大会常务委员会第三十一次会议修订
- 根据2009年8月27日第十一届全国人民代表大会常务委员会第十次会议《关于修改部分法律的决定》第一次修正
- 根据2012年12月28日第十一届全国人民代表大会常务委员会第三十次会议《关于修改〈中华人民共和国农业法〉的决定》第二次修正

……

第八章 农业资源与农业环境保护

第五十七条 发展农业和农村经济必须合理利用和保护土地、水、森林、草原、野生动植物等自然资源,合理开发和利用水能、沼气、太阳能、风能等可再生能源和清洁能源,发展生态农业,保护和改善生态环境。

县级以上人民政府应当制定农业资源区划或者农业资源合理利用和保护的区划,建立农业资源监测制度。

第五十八条 农民和农业生产经营组织应当保养耕地,合理使用化肥、农药、农用薄膜,增加使用有机肥料,采用先进技术,保护和提高地力,防止农用地的污染、破坏和地力衰退。

县级以上人民政府农业行政主管部门应当采取措施,支持农民和农业生产经营组织加强耕地质量建设,并对耕地质量进行定期监测。

第五十九条 各级人民政府应当采取措施,加强小流域综合治理,预防和治理水土流失。从事可能引起水土流失的生产建设活动的单位和个人,必须采取预防措施,并负责治理因生产建设活动造成的水土流失。

各级人民政府应当采取措施,预防土地沙化,治理沙化土地。国务院和沙化土地所在地区的县级以上地方人民政府应当按照法律规定制定防沙治沙规划,并组织实施。

第六十条 国家实行全民义务植树制度。各级人民政府应当采取措施,组织群众植树造林,保护林地和林木,预防森林火灾,防治森林病虫害,制止滥伐、盗伐林木,提高森林覆盖率。

国家在天然林保护区域实行禁伐或者限伐制度,加强造林护林。

第六十一条 有关地方人民政府,应当加强草原的保护、建设和管理,指导、组织农(牧)民和农(牧)业生产经营组织建设人工草场、饲草饲料基地和改良天然草原,实行以草定畜,控制载畜量,推行划区轮牧、休牧和禁牧制度,保护草原植被,防止草原退化沙化和盐渍化。

第六十二条 禁止毁林毁草开垦、烧山开垦以及开垦国家禁止开垦的陡坡地,已经开垦的应当逐步退耕还林、还草。

禁止围湖造田以及围垦国家禁止围垦的湿地。已经围垦的,应当逐步退耕还湖、还湿地。

对在国务院批准规划范围内实施退耕的农民,应当按照国家规定予以补助。

第六十三条 各级人民政府应当采取措施,依法执行捕捞限额和禁渔、休渔制度,增殖渔业资源,保护渔业水域生态环境。

国家引导、支持从事捕捞业的农(渔)民和农(渔)业生产经营组织从事水产养殖业或者其他职业,对根据当地人民政府统一规划转产转业的农(渔)民,应当按照国家规定予以补助。

第六十四条 国家建立与农业生产有关的生物物种资源保护制度,保护生物多样性,对稀有、濒危、珍贵生物资源及其原生地实行重点保护。从境外引进生物物种资源应当依法进行登记或者审批,并采取相应安全控制措施。

农业转基因生物的研究、试验、生产、加工、经营及其他应用,必须依照国家规定严格实行各项安全控制措施。

第六十五条 各级农业行政主管部门应当引导农民和农业生产经营组织采取生物措施或者使用高效低毒低残留农药、兽药,防治动植物病、虫、杂草、鼠害。

农产品采收后的秸秆及其他剩余物质应当综合利用,妥善处理,防止造成环境污染和生态破坏。

从事畜禽等动物规模养殖的单位和个人应当对粪便、废水及其他废弃物进行无害化处理或者综合利用,从事水产养殖的单位和个人应当合理投饵、施肥、使用药物,防止造成环境污染和生态破坏。

第六十六条 县级以上人民政府应当采取措施,督促有关单位进行治理,防治废水、废气和固体废弃物对农业生态环境的污染。排放废水、废气和固体废弃物造成农业生态环境污染事故的,由环境保护行政主管部门或者农业行政主管部门依法调查处理;给农民和农业生产经营组织造成损失的,有关责任者应当依法赔偿。

……

村庄和集镇规划建设管理条例

- 1993年6月29日中华人民共和国国务院令第116号发布
- 自1993年11月1日起施行

第一章 总 则

第一条 为加强村庄、集镇的规划建设管理，改善村庄、集镇的生产、生活环境，促进农村经济和社会发展，制定本条例。

第二条 制定和实施村庄、集镇规划，在村庄、集镇规划区内进行居民住宅、乡（镇）村企业、乡（镇）村公共设施和公益事业等的建设，必须遵守本条例。但是，国家征用集体所有的土地进行的建设除外。

在城市规划区内的村庄、集镇规划的制定和实施，依照城市规划法及其实施条例执行。

第三条 本条例所称村庄，是指农村村民居住和从事各种生产的聚居点。

本条例所称集镇，是指乡、民族乡人民政府所在地和经县级人民政府确认由集市发展而成的作为农村一定区域经济、文化和生活服务中心的非建制镇。

本条例所称村庄、集镇规划区，是指村庄、集镇建成区和因村庄、集镇建设及发展需要实行规划控制的区域。村庄、集镇规划区的具体范围，在村庄、集镇总体规划中划定。

第四条 村庄、集镇规划建设管理，应当坚持合理布局、节约用地的原则，全面规划，正确引导，依靠群众，自力更生，因地制宜，量力而行，逐步建设，实现经济效益、社会效益和环境效益的统一。

第五条 地处洪涝、地震、台风、滑坡等自然灾害易发地区的村庄和集镇，应当按照国家和地方的有关规定，在村庄、集镇总体规划中制定防灾措施。

第六条 国务院建设行政主管部门主管全国的村庄、集镇规划建设管理工作。

县级以上地方人民政府建设行政主管部门主管本行政区域的村庄、集镇规划建设管理工作。

乡级人民政府负责本行政区域的村庄、集镇规划建设管理工作。

第七条 国家鼓励村庄、集镇规划建设管理的科学研究，推广先进技术，提倡在村庄和集镇建设中，结合当地特点，采用新工艺、新材料、新结构。

第二章 村庄和集镇规划的制定

第八条 村庄、集镇规划由乡级人民政府负责组织编制，并监督实施。

第九条 村庄、集镇规划的编制，应当遵循下列原则：

（一）根据国民经济和社会发展计划，结合当地经济发展的现状和要求，以及自然环境、资源条件和历史情况等，统筹兼顾，综合部署村庄和集镇的各项建设；

（二）处理好近期建设与远景发展、改造与新建的关系，使村庄、集镇的性质和建设的规模、速度和标准，同经济发展和农民生活水平相适应；

（三）合理用地，节约用地，各项建设应当相对集中，充分利用原有建设用地，新建、扩建工程及住宅应当尽量不占用耕地和林地；

（四）有利生产，方便生活，合理安排住宅、乡（镇）村企业、乡（镇）村公共设施和公益事业等的建设布局，促进农村各项事业协调发展，并适当留有发展余地；

（五）保护和改善生态环境，防治污染和其他公害，加强绿化和村容镇貌、环境卫生建设。

第十条 村庄、集镇规划的编制，应当以县域规划、农业区划、土地利用总体规划为依据，并同有关部门的专业规划相协调。

县级人民政府组织编制的县域规划，应当包括村庄、集镇建设体系规划。

第十一条 编制村庄、集镇规划，一般分为村庄、集镇总体规划和村庄、集镇建设规划两个阶段进行。

第十二条 村庄、集镇总体规划，是乡级行政区域内村庄和集镇布点规划及相应的各项建设的整体部署。

村庄、集镇总体规划的主要内容包括：乡级行政区域的村庄、集镇布点，村庄和集镇的位置、性质、规模和发展方向，村庄和集镇的交通、供水、供电、邮电、商业、绿化等生产和生活服务设施的配置。

第十三条 村庄、集镇建设规划，应当在村庄、集镇总体规划指导下，具体安排村庄、集镇的各项建设。

集镇建设规划的主要内容包括：住宅、乡（镇）村企业、乡（镇）村公共设施、公益事业等各项建设的用地布局、用地规模，有关的技术经济指标，近期建设工程以及重点地段建设具体安排。

村庄建设规划的主要内容，可以根据本地区经济发展水平，参照集镇建设规划的编制内容，主要对住宅和供水、供电、道路、绿化、环境卫生以及生产配套设施作出具体安排。

第十四条 村庄、集镇总体规划和集镇建设规划，须经乡级人民代表大会审查同意，由乡级人民政府报县级人民政府批准。

村庄建设规划，须经村民会议讨论同意，由乡级人民政府报县级人民政府批准。

第十五条 根据社会经济发展需要，依照本条例第十四条的规定，经乡级人民代表大会或者村民会议同意，乡级人民政府可以对村庄、集镇规划进行局部调整，并报县级人民政府备案。涉及村庄、集镇的性质、规模、发展方向和总体布局重大变更的，依照本条例第十四条规定的程序办理。

第十六条 村庄、集镇规划期限，由省、自治区、直辖市人民政府根据本地区实际情况规定。

第十七条 村庄、集镇规划经批准后，由乡级人民政府公布。

第三章 村庄和集镇规划的实施

第十八条 农村村民在村庄、集镇规划区内建住宅的，应当先向村集体经济组织或者村民委员会提出建房申请，经村民会议讨论通过后，按照下列审批程序办理：

（一）需要使用耕地的，经乡级人民政府审核、县级人民政府建设行政主管部门审查同意并出具选址意见书后，方可依照《土地管理法》向县级人民政府土地管理部门申请用地，经县级人民政府批准后，由县级人民政府土地管理部门划拨土地；

（二）使用原有宅基地、村内空闲地和其他土地的，由乡级人民政府根据村庄、集镇规划和土地利用规划批准。

城镇非农业户口居民在村庄、集镇规划区内需要使用集体所有的土地建住宅的，应当经其所在单位或者居民委员会同意后，依照前款第（一）项规定的审批程序办理。

回原籍村庄、集镇落户的职工、退伍军人和离休、退休干部以及回乡定居的华侨、港澳台同胞，在村庄、集镇规划区内需要使用集体所有的土地建住宅的，依照本条第一款第（一）项规定的审批程序办理。

第十九条 兴建乡（镇）村企业，必须持县级以上地方人民政府批准的设计任务书或者其他批准文件，向县级人民政府建设行政主管部门申请选址定点，县级人民政府建设行政主管部门审查同意并出具选址意见书后，建设单位方可依法向县级人民政府土地管理部门申请用地，经县级以上人民政府批准后，由土地管理部门划拨土地。

第二十条 乡（镇）村公共设施、公益事业建设，须经乡级人民政府审核、县级人民政府建设行政主管部门审查同意并出具选址意见书后，建设单位方可依法向县级人民政府土地管理部门申请用地，经县级以上人民政府批准后，由土地管理部门划拨土地。

第四章 村庄和集镇建设的设计、施工管理

第二十一条 在村庄、集镇规划区内，凡建筑跨度、跨径或者高度超出规定范围的乡（镇）村企业、乡（镇）村公共设施和公益事业的建筑工程，以及二层（含二层）以上的住宅，必须由取得相应的设计资质证书的单位进行设计，或者选用通用设计、标准设计。

跨度、跨径和高度的限定，由省、自治区、直辖市人民政府或者其授权的部门规定。

第二十二条 建筑设计应当贯彻适用、经济、安全和美观的原则，符合国家和地方有关节约资源、抗御灾害的规定，保持地方特色和民族风格，并注意与周围环境相协调。

农村居民住宅设计应当符合紧凑、合理、卫生和安全的要求。

第二十三条 承担村庄、集镇规划区内建筑工程施工任务的单位，必须具有相应的施工资质等级证书或者资质审查证书，并按照规定的经营范围承担施工任务。

在村庄、集镇规划区内从事建筑施工的个体工匠，除承担房屋修缮外，须按有关规定办理施工资质审批手续。

第二十四条 施工单位应当按照设计图纸施工。任何单位和个人不得擅自修改设计图纸；确需修改的，须经原设计单位同意，并出具变更设计通知单或者图纸。

第二十五条 施工单位应当确保施工质量，按照有关的技术规定施工，不得使用不符合工程质量要求的建筑材料和建筑构件。

第二十六条 乡（镇）村企业、乡（镇）村公共设施、公益事业等建设，在开工前，建设单位和个人应当向县级以上人民政府建设行政主管部门提出开工申请，经县级以上人民政府建设行政主管部门对设计、施工条件予以审查批准后，方可开工。

农村居民住宅建设开工的审批程序，由省、自治区、直辖市人民政府规定。

第二十七条 县级人民政府建设行政主管部门，应当对村庄、集镇建设的施工质量进行监督检查。村庄、集镇的建设工程竣工后，应当按照国家的有关规定，经有关部门竣工验收合格后，方可交付使用。

第五章 房屋、公共设施、村容镇貌和环境卫生管理

第二十八条 县级以上人民政府建设行政主管部门，应当加强对村庄、集镇房屋的产权、产籍的管理，依法保护房屋所有人对房屋的所有权。具体办法由国务院建

设行政主管部门制定。

第二十九条 任何单位和个人都应当遵守国家和地方有关村庄、集镇的房屋、公共设施的管理规定，保证房屋的使用安全和公共设施的正常使用，不得破坏或者损毁村庄、集镇的道路、桥梁、供水、排水、供电、邮电、绿化等设施。

第三十条 从集镇收取的城市维护建设税，应当用于集镇公共设施的维护和建设，不得挪作他用。

第三十一条 乡级人民政府应当采取措施，保护村庄、集镇饮用水源；有条件的地方，可以集中供水，使水质逐步达到国家规定的生活饮用水卫生标准。

第三十二条 未经乡级人民政府批准，任何单位和个人不得擅自在村庄、集镇规划区内的街道、广场、市场和车站等场所修建临时建筑物、构筑物和其他设施。

第三十三条 任何单位和个人都应当维护村容镇貌和环境卫生，妥善处理粪堆、垃圾堆、柴草堆，养护树木花草，美化环境。

第三十四条 任何单位和个人都有义务保护村庄、集镇内的文物古迹、古树名木和风景名胜、军事设施、防汛设施，以及国家邮电、通信、输变电、输油管道等设施，不得损坏。

第三十五条 乡级人民政府应当按照国家有关规定，对村庄、集镇建设中形成的具有保存价值的文件、图纸、资料等及时整理归档。

第六章 罚 则

第三十六条 在村庄、集镇规划区内，未按规划审批程序批准而取得建设用地批准文件，占用土地的，批准文件无效，占用的土地由乡级以上人民政府责令退回。

第三十七条 在村庄、集镇规划区内，未按规划审批程序批准或者违反规划的规定进行建设，严重影响村庄、集镇规划的，由县级人民政府建设行政主管部门责令停止建设，限期拆除或者没收违法建筑物、构筑物和其他设施；影响村庄、集镇规划，尚可采取改正措施的，由县级人民政府建设行政主管部门责令限期改正，处以罚款。

农村居民未经批准或者违反规划的规定建住宅的，乡级人民政府可以依照前款规定处罚。

第三十八条 有下列行为之一的，由县级人民政府建设行政主管部门责令停止设计或者施工、限期改正，并可处以罚款：

（一）未取得设计资质证书，承担建筑跨度、跨径和高度超出规定范围的工程以及二层以上住宅的设计任务或者未按设计资质证书规定的经营范围，承担设计任务的；

（二）未取得施工资质等级证书或者资质审查证书或者未按规定的经营范围，承担施工任务的；

（三）不按有关技术规定施工或者使用不符合工程质量要求的建筑材料和建筑构件的；

（四）未按设计图纸施工或者擅自修改设计图纸的。

取得设计或者施工资质证书的勘察设计、施工单位，为无证单位提供资质证书，超过规定的经营范围，承担设计、施工任务或者设计、施工的质量不符合要求，情节严重的，由原发证机关吊销设计或者施工的资质证书。

第三十九条 有下列行为之一的，由乡级人民政府责令停止侵害，可以处以罚款；造成损失的，并应当赔偿：

（一）损坏村庄和集镇的房屋、公共设施的；

（二）乱堆粪便、垃圾、柴草，破坏村容镇貌和环境卫生的。

第四十条 擅自在村庄、集镇规划区内的街道、广场、市场和车站等场所修建临时建筑物、构筑物和其他设施的，由乡级人民政府责令限期拆除，并可处以罚款。

第四十一条 损坏村庄、集镇内的文物古迹、古树名木和风景名胜、军事设施、防汛设施，以及国家邮电、通信、输变电、输油管道等设施的，依照有关法律、法规的规定处罚。

第四十二条 违反本条例，构成违反治安管理行为的，依照治安管理处罚条例的规定处罚；构成犯罪的，依法追究刑事责任。

第四十三条 村庄、集镇建设管理人员玩忽职守、滥用职权、徇私舞弊的，由所在单位或者上级主管部门给予行政处分；构成犯罪的，依法追究刑事责任。

第四十四条 当事人对行政处罚决定不服的，可以自接到处罚决定通知之日起15日内，向作出处罚决定机关的上一级机关申请复议；对复议决定不服的，可以自接到复议决定之日起15日内，向人民法院提起诉讼。当事人也可以自接到处罚决定通知之日起15日内，直接向人民法院起诉。当事人逾期不申请复议，也不向人民法院提起诉讼，又不履行处罚决定的，作出处罚决定的机关可以申请人民法院强制执行或者依法强制执行。

第七章 附 则

第四十五条 未设镇建制的国营农场场部、国营林场场部及其基层居民点的规划建设管理，分别由国营农场、国营林场主管部门负责，参照本条例执行。

第四十六条 省、自治区、直辖市人民政府可以根据本条例制定实施办法。

第四十七条 本条例由国务院建设行政主管部门负

责解释。

第四十八条 本条例自 1993 年 11 月 1 日起施行。

秸秆禁烧和综合利用管理办法

· 2003 年 3 月 11 日

第一条 为保护生态环境，防止秸秆焚烧污染，保障人体健康，维护公共安全，根据《中华人民共和国环境保护法》和《中华人民共和国大气污染防治法》制定本办法。

第二条 本办法所称秸秆系指小麦、水稻、玉米、薯类、油料、棉花、甘蔗和其他杂粮等农作物秸秆。

第三条 在地方各级人民政府的统一领导下，各级环境保护行政主管部门会同农业等有关部门负责秸秆禁烧的监督管理；农业部门负责指导秸秆综合利用的实施工作。

第四条 禁止在机场、交通干线、高压输电线路附近和省辖市(地)级人民政府划定的区域内焚烧秸秆。

省辖市(地)级人民政府可以在人口集中区、各级自然保护区和文物保护单位及其他人文遗址、林地、草场、油库、粮库、通讯设施等周边地区划定禁止露天焚烧秸秆的区域。

秸秆禁烧区范围：以机场为中心 15 公里为半径的区域；沿高速公路、铁路两侧各 2 公里和国道、省道公路干线两侧各 1 公里的地带。

因当地自然、气候等特点对秸秆禁烧区界定范围做调整的，由省辖市(地)以上人民政府会商民航、铁路等有关部门划定，未做调整的，严格按前款执行。

第五条 禁烧区以乡、镇为单位落实秸秆禁烧工作。县级以上人民政府应公布秸秆禁烧区及禁烧区乡、镇名单，将秸秆禁烧做为村务公开和精神文明建设的一项重要内容。

禁烧区乡镇名单由所在县级以上人民政府环境保护行政主管部门和农业行政主管部门会同有关部门提出意见，报同级人民政府批准。

第六条 各地应大力推广机械化秸秆还田、秸秆饲料开发、秸秆气化、秸秆微生物高温快速沤肥和秸秆工业原料开发等多种形式的综合利用成果。

到 2002 年，各直辖市、省会城市和副省级城市等重要城市的秸秆综合利用率达到 60%；到 2005 年，各省、自治区的秸秆综合利用率达到 85%。

第七条 秸秆禁烧与综合利用工作应纳入地方各级环保、农业目标责任制，严格检查、考核。

第八条 对违反规定在秸秆禁烧区内焚烧秸秆的，由当地环境保护行政主管部门责令其立即停烧，可以对直接责任人处以 20 元以下罚款；造成重大大气污染事故，导致公私财产重大损失或者人身伤亡严重后果的，对有关责任人员依法追究刑事责任。

国务院关于全国高标准农田建设规划 (2021—2030 年)的批复

· 2021 年 8 月 27 日
· 国函〔2021〕86 号

各省、自治区、直辖市人民政府，新疆生产建设兵团，发展改革委、财政部、自然资源部、生态环境部、水利部、农业农村部、人民银行、市场监管总局、统计局、银保监会、林草局：

农业农村部关于报请审定全国高标准农田建设规划(2021—2030 年)的请示收悉。现批复如下：

一、原则同意《全国高标准农田建设规划(2021—2030 年)》(以下简称《规划》)，请认真组织实施。

二、《规划》实施要以习近平新时代中国特色社会主义思想为指导，深入贯彻党的十九大和十九届二中、三中、四中、五中全会精神，认真落实党中央、国务院决策部署，立足新发展阶段，完整、准确、全面贯彻新发展理念，构建新发展格局，以推动高质量发展为主题，以提升粮食产能为首要目标，坚持新增建设和改造提升并重、建设数量和建成质量并重、工程建设和建后管护并重，健全完善投入保障机制，加快推进高标准农田建设，提高建设标准和质量，为保障国家粮食安全和重要农产品有效供给提供坚实基础。

三、通过实施《规划》，到 2022 年建成高标准农田 10 亿亩，以此稳定保障 1 万亿斤以上粮食产能；到 2025 年建成 10.75 亿亩，并改造提升现有高标准农田 1.05 亿亩，以此稳定保障 1.1 万亿斤以上粮食产能；到 2030 年建成 12 亿亩，并改造提升现有高标准农田 2.8 亿亩，以此稳定保障 1.2 万亿斤以上粮食产能。将高效节水灌溉与高标准农田建设统筹规划、同步实施，2021—2030 年完成 1.1 亿亩新增高效节水灌溉建设任务。

四、各省(自治区、直辖市)人民政府和新疆生产建设兵团要把高标准农田建设摆在更加突出的位置，加强组织领导和统筹协调，优化财政支出结构，将农田建设作为重点支持事项，强化建设进度和质量管理，提升建设成效。要根据《规划》确定的目标任务，加快推进省、市、县级高标准农田建设规划编制，细化政策措施，将建设任务分解到市、县，落实到地块。要加强高标准农田建后管护和保护利用，强化高标准农田产能目标监测与评价，严格实行用途管制，坚决遏制"非农化"、防止"非粮化"。

五、农业农村部要会同有关部门不断完善相关标准和制度，做好相关规划的衔接，开展跟踪分析和考核评估，督促各地落实《规划》目标任务。国务院各有关部门和单位要根据职责分工，加强支持配合，形成建设合力。《规划》实施过程中的重大问题及时向国务院报告。

住房和城乡建设部等6部门关于进一步加强农村生活垃圾收运处置体系建设管理的通知

- 2022年5月20日
- 建村〔2022〕44号

各省、自治区住房和城乡建设厅、农业农村（农牧）厅、发展改革委、生态环境厅、乡村振兴局、供销合作社，直辖市住房和城乡建设（管）委、城市管理委（局）、绿化和市容管理局、农业农村局（委）、发展改革委、生态环境局、乡村振兴局、供销合作社，新疆生产建设兵团住房和城乡建设局、农业农村局、发展改革委、生态环境局、乡村振兴局、供销合作社：

为深入贯彻党中央、国务院关于实施乡村建设行动的决策部署，落实《农村人居环境整治提升五年行动方案（2021—2025年）》明确的目标任务，统筹县乡村三级生活垃圾收运处置设施建设和服务，进一步扩大农村生活垃圾收运处置体系覆盖范围，提升无害化处理水平，健全长效管护机制，现就有关事项通知如下。

一、明确农村生活垃圾收运处置体系建设管理工作目标

到2025年，农村生活垃圾无害化处理水平明显提升，有条件的村庄实现生活垃圾分类、源头减量；东部地区、中西部城市近郊区等有基础、有条件的地区，农村生活垃圾基本实现无害化处理，长效管护机制全面建立；中西部有较好基础、基本具备条件的地区，农村生活垃圾收运处置体系基本实现全覆盖，长效管护机制基本建立；地处偏远、经济欠发达的地区，农村生活垃圾治理水平有新提升。各省（区、市）住房和城乡建设等部门于2022年6月底前研究制定本地区农村生活垃圾收运处置体系建设管理量化工作目标。

二、统筹谋划农村生活垃圾收运处置体系建设和运行管理

以县（市、区、旗）为单元，根据镇村分布、政府财力、人口规模、交通条件、运输距离等因素，科学合理确定农村生活垃圾收运处置体系建设模式。城市或县城生活垃圾处理设施覆盖范围内的村庄，采用统一收运、集中处理的生活垃圾收运处置模式；交通不便或运输距离较长的村庄，因地制宜建设小型化、分散化、无害化处理设施，推进生活垃圾就地就近处理。在县域城乡生活垃圾处理设施建设规划等相关规划中，明确农村生活垃圾分类、收集、运输、处理或资源化利用设施布局，合理确定设施类型、数量和规模，统筹衔接城乡生活垃圾收运处置体系、再生资源回收利用体系、有害垃圾收运处置体系的建设和运行管理。

三、推动农村生活垃圾源头分类和资源化利用

充分利用农村地区广阔的资源循环与自然利用空间，抓好农村生活垃圾源头分类和资源化利用。在经济基础较好、群众接受程度较高的地方先行开展试点，"无废城市"建设地区的村庄要率先实现垃圾分类、源头减量。根据农村特点和农民生活习惯，因地制宜推进简便易行的垃圾分类和资源化利用方法。加强易腐烂垃圾就地处理和资源化利用，协同推进易腐烂垃圾、厕所粪污、农业生产有机废弃物资源化处理利用，以乡镇或行政村为单位建设一批区域农村有机废弃物综合处置利用设施。做好可回收物的回收利用，建立以村级回收网点为基础、县域或乡镇分拣中心为支撑的再生资源回收利用体系。强化有害垃圾收运处置，对从生活垃圾中分出并集中收集的有害垃圾，属于危险废物的，严格按照危险废物相关规定进行管理，集中运送至有资质的单位规范处理。推进农村生活垃圾分类和资源化利用示范县创建工作，探索总结分类投放、分类收集、分类运输、分类处置的农村生活垃圾处理模式。

四、完善农村生活垃圾收运处置设施

生活垃圾收运处置体系尚未覆盖的农村地区，要按照自然村（村民小组）全覆盖的要求，配置生活垃圾收运处置设施设备，实现自然村（村民小组）有收集点（站）、乡镇有转运能力、县城有无害化处理能力。已经实现全覆盖的地区，要结合当地经济水平，推动生活垃圾收运处置设施设备升级换代。逐步取缔露天垃圾收集池，建设或配置密闭式垃圾收集点（站）、压缩式垃圾中转站和密闭式垃圾运输车辆。因地制宜建设一批小型化、分散化、无害化的生活垃圾处理设施。

五、提高农村生活垃圾收运处置体系运行管理水平

深入贯彻执行《农村生活垃圾收运和处理技术标准》（GB/T 51435-2021），规范各环节的日常作业管理。

压实运行维护企业或单位的责任,加强垃圾收集点(站)的运行管护,确保垃圾规范投放、及时清运。对垃圾转运站产生的污水、卫生填埋场产生的渗滤液以及垃圾焚烧厂产生的炉渣、飞灰等,按照相关法律法规和标准规范做好收集、贮存及处理。推行农村生活垃圾收运处置体系运行管护服务专业化,加强对专业公司服务质量的考核评估。持续开展村庄清洁行动,健全村庄长效保洁机制,推动农村厕所粪污、生活污水垃圾处理设施设备和村庄保洁等一体化运行管护,探索组建以脱贫人口、防返贫监测对象等农村低收入群体为主体的劳务合作社,通过开发公益性岗位等方式承担村庄保洁、垃圾收运等力所能及的服务。推动建立健全农村生活垃圾收运处置体系经费保障机制,逐步建立农户合理付费、村级组织统筹、政府适当补助的运行管护经费保障制度。

六、建立共建共治共享工作机制

广泛开展美好环境与幸福生活共同缔造活动,以基层党组织建设为引领,以村民自治组织为纽带,围绕农村生活垃圾治理工作,建立农民群众全过程参与的工作机制。动员群众共同谋划,组织村民积极参与,垃圾分类方法制定、垃圾收集点(站)选址等工作,广泛听取群众意见。动员群众共建体系,组织村民定期打扫庭院和房前屋后卫生,因地制宜建立垃圾处理农户付费制度。动员群众共管环境,制定村民环境卫生行为准则或将有关内容写入村规民约,明确村民自觉维护公共环境的义务。动员群众共评效果,建立环境卫生理事会等群众自治组织,定期开展环境卫生检查,组织村民对垃圾治理效果进行评价。推进工作成果群众共享,通过建立积分制、设立"红黑榜"等多种方式对农户进行激励,结合实际对工作情况较好的保洁员、工作成效突出的村庄给予奖励。

七、形成农村生活垃圾收运处置体系建设管理工作合力

地方各级住房和城乡建设、农业农村、发展改革、生态环境、乡村振兴、供销合作社等部门要密切协调配合,加强信息共享、定期会商、技术指导,协同推进农村生活垃圾收运处置体系建设管理工作。住房和城乡建设部门负责指导农村生活垃圾收运处置体系建设管理,会同相关部门加强对城镇垃圾违法违规向农村地区转移的监督管理,巩固非正规生活垃圾堆放点整治成效。农业农村、乡村振兴部门会同住房和城乡建设等部门推进村庄保洁、农村生活垃圾分类和资源化利用工作。发展改革部门结合农村人居环境整治,支持符合条件的农村生活垃圾收运处置体系建设。生态环境部门负责组织指导农村环境整治,推动农村生活垃圾治理,对从生活垃圾中分出并集中收集的有害垃圾,属于危险废物的,严格按照危险废物相关规定进行管理。供销合作社负责再生资源回收网点、分拣中心等设施建设,联合住房和城乡建设部门推动供销合作社再生资源回收利用网络与环卫清运网络衔接。市县要按照《中华人民共和国固体废物污染环境防治法》规定,落实统筹安排建设城乡生活垃圾收集、运输、处理设施和加强农村生活垃圾污染环境防治的主体责任,保障农村生活垃圾收运处置体系常态化运行。

· 请示答复

关于农村地区生活污水排放执行国家污染物排放标准等问题的复函

· 2010 年 8 月 10 日
· 环办函〔2010〕844 号

江苏省环境保护厅:

你厅《关于制订江苏省太湖地区农村生活污水主要污染物排放标准有关问题的请示》(苏环办〔2010〕223 号)收悉。经研究,函复如下:

一、原环保总局《关于发布〈城镇污水处理厂污染物排放标准〉(GB 18918-2002)修改单的公告》(〔2006〕21 号,以下简称《公告》)规定,城镇污水处理厂出水排入国家和省确定的重点流域及湖泊、水库等封闭、半封闭水域时,执行一级标准的 A 标准,排入 GB 3838 地表水 III 类功能水域(划定的饮用水源保护区和游泳区除外)、GB 3097 海水二类功能水域时,执行一级标准的 B 标准。环境保护部《关于重点流域执行城镇污水处理厂污染物排放标准问题的通知》(环办函〔2009〕713 号)要求,在已制定并发布流域污染防治规划的重点流域,城镇污水处理厂执行污染物排放标准的要求与《公告》不同的,按流域污染防治规划的规定执行。在未制定流域污染防治规划的重点流域和封闭、半封闭水域的城镇污水处理厂,执行污染物排放标准的要求仍按《公告》执行。

二、若上述规定不能满足你省对太湖地区农村生活污水排放进行控制的需求,建议根据《中华人民共和国环境保护法》《地方环境质量标准和污染物排放标准备案管理办法》(环境保护部令第 9 号)规定的程序和要求,制定地方污染物排放标准。

· 典型案例

1. 湖北省天门市人民检察院诉拖市镇政府不依法履行职责行政公益诉讼案①

（2019年12月2日最高人民检察院第十三届检察委员会第二十八次会议决定　2019年12月20日发布）

【关键词】

行政公益诉讼　行政监管职责　违法建设　农村垃圾治理

【要旨】

一级政府对本行政区域的环境质量保护负有法定职责。政府在履行农村环境综合整治职责中违法行使职权或者不作为，损害社会公共利益的，检察机关可以发出检察建议督促其依法履职。对于行政机关作出的整改回复，检察机关应当跟进调查；对于无正当理由未整改到位的，可以依法提起行政公益诉讼。

【相关规定】

《中华人民共和国行政诉讼法》第二十五条

《中华人民共和国地方各级人民代表大会和地方各级人民政府组织法》第六十一条

《中华人民共和国环境保护法》第六条、第十九条、第三十三条、第三十七条、第四十一条

《中华人民共和国土地管理法》第四十四条

《最高人民法院、最高人民检察院关于检察公益诉讼案件适用法律若干问题的解释》第二十一条

《村庄和集镇规划建设管理条例》第三十九条

【基本案情】

2005年4月，湖北省天门市拖市镇人民政府（以下简称拖市镇政府）违反《中华人民共和国土地管理法》，未办理农用地转为建设用地相关手续，也未按照《中华人民共和国环境保护法》开展环境影响评价，与天门市拖市镇拖市村村民委员会签订《关于垃圾场征用土地的协议》，租用该村5.1亩农用地建设垃圾填埋场，用于拖市镇区生活垃圾的填埋。该垃圾填埋场于同年4月投入运行，至2016年10月停止。该垃圾填埋场在运行过程中，违反污染防治设施必须与主体工程同时设计、同时施工、同时投产使用的"三同时"规定，未按照规范建设防渗工程等相关污染防治设施，对周边环境造成了严重污染。

【诉前程序】

2017年2月，天门市人民检察院发现拖市镇政府在没有申报审批获得合法手续的情况下，未建设必要配套环境保护设施，以"以租代征"的形式，违法建设、运行生活垃圾填埋场，在运行过程中存在对周边环境造成严重污染、损害公益的行为，决定立案审查。

调查核实过程中，检察机关查阅了拖市镇政府关于租用拖市村集体土地建设垃圾填埋场的会议纪要、文件、协议等档案材料；督促天门市环境保护局进行了现场勘查；采集了现场影像资料，询问了相关人员。基本查明：拖市镇政府未办理用地审批、环境评价等法定手续，建设并运行生活垃圾填埋场，未建设防渗工程、垃圾渗滤液疏导、收集和处理系统、雨水分流系统、地下水导排和监测设施等必要配套环境保护设施，垃圾填埋场在运行过程中对周边环境造成严重污染。根据《中华人民共和国地方各级人民代表大会和地方各级人民政府组织法》《中华人民共和国环境保护法》等相关法律规定，拖市镇政府作为一级人民政府，对本行政区域负有环境保护职责，应当对自身违法行使职权造成环境污染的行为予以纠正，并及时治理污染，修复生态环境。

2017年3月6日，天门市人民检察院向拖市镇政府发出检察建议，督促其依法履职，纠正违法行为并采取补救措施，修复区域生态环境，恢复农用地功能。检察建议书发出后，天门市人民检察院多次与拖市镇政府进行沟通，督促整改。3月22日，拖市镇政府针对检察建议书作出书面回复称：其已将该垃圾填埋场的垃圾清运至天门市垃圾处理场进行集中处理，并投入资金、落实专人对垃圾场周围进行了清理、消毒，运送土壤进行了回填处理，杜绝了垃圾污染，且在该处设立了禁止倾倒垃圾的警示牌。

4月12日，天门市人民检察院对拖市镇政府的整改情况进行跟进调查时发现，拖市镇政府虽然采取了一些整改措施，但整改后的垃圾填埋场表层覆土不到1米，覆土下仍有大量垃圾。天门市人民检察院委托湖北省环境科学研究院对垃圾填埋场垃圾渗滤液及周边地下水样进行检测。检测结果表明，拖市镇垃圾填埋场周边地下水样中铬、铅超标严重，渗滤液中含有重金属、氨氮、磷等污染物。经专家检测评价认为，该垃圾填埋场周边水质显示出典型的垃圾渗滤液污染特性，严重影响当地居民的健康和生态安全；现存垃圾随着时间推移还会产生大量渗滤液，若不采取措施将会对周边水体和汉江造成持续15到20年的

---

① 案例来源：2019年12月20日最高人民检察院检例第63号。

长期生态污染风险;建议采取清理转移的方法,将垃圾清挖送到市区垃圾处理场,垃圾渗滤液抽取送城区污水处理厂处理,原址采用回填土壤绿化。

【诉讼过程】

(一)提起诉讼

通过诉前调查取证,天门市人民检察院固定了相关证据,认定拖市镇政府采取有限整改措施后,其违法行政行为造成的公益侵害仍在持续。经湖北省人民检察院批准,2017年6月29日,天门市人民检察院向天门市人民法院提起行政公益诉讼,请求判令:1.确认拖市镇政府建立、运行该垃圾填埋场,造成周边环境污染的行政行为违法;2.判令拖市镇政府继续履行职责,对关停后的该垃圾填埋场环境进行综合整治,消除污染,修复生态。

(二)法庭审理

2017年12月22日,天门市人民法院公开开庭审理了本案。

法庭审理过程中,拖市镇政府答辩认为:1.只有县级以上政府及其环保部门才是具有环境保护职责的行政机关,其作为镇政府,不具有该项职责;2.检察机关关于垃圾填埋场污染周边环境的证据不充分;3.镇政府建设垃圾填埋场的行为并非行政行为,在行政诉讼中不具有可诉性。

针对镇政府答辩意见,天门市人民检察院向法院提交了《天门市委办公室、市政府办公室关于印发乡镇综合配套改革三个配套文件的通知》《市环保局关于拖市镇垃圾填埋场环境问题的复函》、湖北省环境科学研究院《检测报告》、相关专家出具的《关于天门市拖市镇垃圾填埋场污染潜在生态风险的评估意见》、垃圾填埋场现场照片等证据。天门市人民检察院认为,《中华人民共和国环境保护法》第六条第二款规定,地方各级人民政府应当对本行政区域的环境质量负责;第三十三条第二款规定,县级、乡级人民政府应当提高农村环境保护公共服务水平,推动农村环境综合整治;第三十七条规定,地方各级人民政府应当采取措施,组织对生活废弃物的分类处置、回收利用。本案中,镇政府与村委会签订征地协议,建设、运行垃圾填埋场,目的是为了处置镇区生活垃圾,履行农村环境综合整治职责,是行使职权的行政行为。但其履职不到位,未办理用地审批、环境评价,未建设防渗工程、渗滤液处理、地下水导排监测等必要配套设施,导致周边环境严重污染,造成社会公共利益受到损害,应当依法履职,采取积极措施治理污染,修复生态。拖市镇政府在收到检察建议后,虽然对该垃圾填埋场做了覆土处理,但未完全进行治理,检察机关经跟进调查和委托检测,确认社会公共利益仍处于受侵害状态。综上,拖市镇政府答辩理由不成立。

(三)审理结果

2018年3月19日,天门市人民法院作出判决,支持了检察机关全部诉讼请求,认定拖市镇政府作为一级政府,具有环境保护的法定职责;拖市镇政府建设垃圾填埋场是履行职权行政行为;根据现有证据,该垃圾填埋场存在潜在污染风险;拖市镇政府治理垃圾填埋场是其违法后应当承担的法律义务,其应当继续履行整治义务。判决如下:1.确认被告拖市镇政府建设、运行垃圾填埋场的行政行为违法;2.责令被告拖市镇政府对垃圾填埋场采取补救措施,继续进行综合整治。

(四)案件办理效果

该案判决后,拖市镇政府积极履职,组织清运原垃圾填埋场覆土下的各类垃圾1000余立方并进行了无害处理。经湖北省相关部门审批同意,2018年4月至12月,在垃圾填埋场原址上新建污水处理厂一座,设计产能日处理污水500吨。目前该污水处理厂已投入使用。

该案办理后,天门市人民检察院摸排发现全市乡镇垃圾填埋场普遍存在环境污染风险问题。经过全面调查分析,天门市人民检察院向天门市委、市政府报送《关于建议进一步加强对全市乡镇垃圾填埋场进行整治的报告》,提出了将乡镇垃圾填埋场整治工作纳入天门市污染防治工作总体规划、进行清挖转运以及覆土植绿等建议。天门市委、市政府高度重视,相关职能部门迅速组织力量,对全市乡镇27个非正规垃圾填埋场、堆放点进行了专项重点督查,整治恢复土地近8.5万平方米。

【指导意义】

改善农村人居环境是以习近平同志为核心的党中央作出的重大决策,是实施乡村振兴战略的重要内容。加强农村生活垃圾治理,是改善农村人居环境的重要环节,也是推进乡村生态振兴的关键之举,对于促进乡村治理具有重大意义。

(一)基层人民政府应当对本行政区域的环境质量负责,其在农村环境综合整治中违法行使职权或者不作为,导致环境污染损害社会公共利益的,检察机关可以督促其依法履职。《中华人民共和国地方各级人民代表大会和地方各级人民政府组织法》《中华人民共和国环境保护法》《村庄和集镇规划建设管理条例》等法律法规规定了基层人民政府对农村环境保护、农村环境综合整治等具有管理职责。其在履行上述法定职责时,存在违法行使职权或者不作为,造成社会公共利益损害的,符合《中华人民共和国行政诉讼法》第二十五条第四款规定的情形,检察机关可以向其发出检察建议,督促依法履行职责。对于行政机关作出的整改回复,检察机关应当跟进调查,对于无正当理由未整改到位的，依法提起行政公益诉讼。

（二）涉及多个行政机关监管职责的公益损害行为，检察机关应当综合考虑各行政机关具体监管职责、履职尽责情况、违法行使职权或者不作为与公益受损的关联程度、实施公益修复的有效性等因素确定重点监督对象。农村违法建设垃圾填埋场可能涉及的行政监管部门包括规划、环保、国土、城建、基层人民政府等多个行政机关，而基层人民政府一般在农村环境治理、生活垃圾处置方面起主导作用。如果环境污染行为与基层人民政府违法行使职权直接相关，检察机关可以重点监督基层人民政府，督促其依法全面履职，根据需要也可以同时督促环保部门发挥监管职责，以形成合力，促使环境污染行为得到有效纠正。检察机关通过办案发现本地普遍存在类似环境污染行为的，可以经过深入调查，向当地党委、政府提出建议，以引起重视，促使问题"一揽子"解决。

2. 贵州省榕江县人民检察院督促保护传统村落行政公益诉讼案①

【关键词】

行政公益诉讼　传统村落保护　推动完善地方立法　促进乡村振兴

【要旨】

纳入《中国传统村落名录》的传统村落属于环境保护法所规定的"环境"范围。地方政府及其相关职能部门对传统村落保护未依法履行监管、保护职责的，检察机关应发挥行政公益诉讼职能督促其依法履职。对具有一定普遍性的问题，可以结合办案促进相关政策转化和地方立法完善。

【基本案情】

贵州省黔东南州有409个村入选《中国传统村落名录》，包括榕江县栽麻镇宰荡侗寨、归柳侗寨。2018年3月，黔东南州检察机关部署开展传统村落保护专项行动，榕江县人民检察院在专项行动中发现，栽麻镇宰荡、归柳两个侗寨的村民私自占用农田、河道、溪流新建住房，违规翻修旧房，严重破坏了中国传统村落的整体风貌，损害了国家利益和社会公共利益。

【调查核实和督促履职】

2018年4月，榕江县人民检察院对本案决定立案并进行调查核实。通过现场勘验、询问村民及政府工作人员、查阅相关文件资料等，查明：栽麻镇宰荡、归柳两个侗寨部分村民未批先建砖混、砖木结构房屋的情况比较严重，导致大量修建的水泥砖房取代了民族传统木质瓦房，此外，加装墙壁瓷砖、铝合金门窗等新型建筑材料、加盖彩色铁皮瓦等现象，严重破坏了中国传统村落的整体格局和原始风貌，影响了侗寨这一民族文化遗产的保护和传承。贵州省颁布的《贵州省传统村落保护和发展条例》《黔东南苗族侗族自治州民族文化村寨保护条例》明确规定，乡镇人民政府负责本行政区域内传统村落保护和发展的具体工作。栽麻镇人民政府作为栽麻镇宰荡、归柳侗寨保护和发展工作的法定主体，未依法落实传统村落保护发展规划和控制性保护措施，未开展传统村落保护宣传、管理工作，对村民擅自新建、改建、扩建建（构）筑物等行为未及时予以制止和引导，导致传统村落格局和整体风貌遭到严重破坏。

2018年5月7日，榕江县人民检察院向榕江县栽麻镇人民政府发出行政公益诉讼诉前检察建议，建议对宰荡侗寨和归柳侗寨两个传统村落依法履行保护监管职责。榕江县栽麻镇人民政府未对违章建筑进行监管，也未在规定的期限内对检察建议作出书面回复。榕江县人民检察院两次向该镇政府催办，仍未予回复。此后榕江县检察院办案人员先后4次回访宰荡侗寨和归柳侗寨，原有破坏传统村落的违法建筑不但没有整改，数量不减反增，国家利益和社会公共利益持续处于受侵害状态。

【诉讼过程】

（一）提起诉讼

2018年12月28日，经贵州省人民检察院批准，榕江县人民检察院根据行政诉讼集中管辖的规定，向黎平县人民法院提起行政公益诉讼，请求确认榕江县栽麻镇人民政府对中国传统村落宰荡侗寨和归柳侗寨不依法履行监管职责的行为违法；判令榕江县栽麻镇人民政府对破坏中国传统村落宰荡侗寨、归柳侗寨整体风貌的违法行为依法履行监管职责。

（二）法庭审理

2019年2月27日，黎平县人民法院公开审理了本案。榕江县人民检察院出示了现场调查图片，走访当地村民以及政府工作人员的调查笔录，提供了《中国传统村落名录》等相关书证，证实宰荡侗寨和归柳侗寨已被列为"中国传统村落"，因违章建筑致使整体风貌受到严重破坏的客观事实。榕江县人民检察院认为，依据《贵州省传统村落保护和发展条例》等规定，栽麻镇人民政府对本行政区域内

---

① 案例来源：2021年9月2日最高人民检察院指导案例115号。

传统村落的保护和发展负有法定监管职责，检察机关发出诉前建议后，其仍未采取积极有效的监管、保护措施，传统村落整体风貌始终处于遭受破坏的状态中。

经庭审质证，栽麻镇人民政府对于未依法履职的事实予以认可，但提出传统村落的保护需要自然资源、住建部门等多部门协调配合，村民保护传统村落的意识淡薄，保护传统村落与村民改善生活条件的需求存在现实冲突和矛盾。

榕江县人民检察院指出，栽麻镇人民政府是本行政区内传统村落保护工作的责任者，对破坏传统村落的违法行为负有不可推卸的监管职责。栽麻镇人民政府应依法履职，协调各职能部门形成保护合力，加大力度发展生态旅游等相关产业，让村民共享传统村落保护与发展带来的红利和成果。

（三）审理结果

经依法审理，法院当庭作出判决，支持检察机关全部诉讼请求，栽麻镇人民政府当庭表示不上诉。

（四）案件办理效果

判决生效后，榕江县人民检察院督促栽麻镇人民政府加大监管力度，对宰荡侗寨和归柳侗寨采取相应的保护措施，逐步拆除破坏中国传统村落风貌的违章建筑。2019年5月，榕江县人民检察院在跟进监督时发现，违章建筑已经全部拆除。

诉讼过程中，榕江县人民政府下发了《榕江县传统村落保护管理办法（试行）》，对本地传统村落保护的具体措施、发展规划、法律责任进行了详细规定。此后，榕江县人民检察院积极与县自然资源、住建、规划等部门沟通，推动相关部门与同济大学签订技术服务合同，形成《榕江县侗族传统村落居民修缮与新建民居设计导则》，既延续传统民居风貌，又满足村民改善房屋质量和居住条件的现实需求。同时，协同两村村委会将传统村落保护纳入村规民约，增强村民保护传统村落的自觉性。

2019年9月，黔东南州人民检察院就传统村落保护向州人大做专题报告，并提出地方立法完善建议。2020年4月29日，《黔东南苗族侗族自治州民族文化村寨保护条例》（2008年9月1日施行）修订审议通过，确立了传统村落分级、分类保护原则，进一步明确了各相关部门职责，并增加规定了"检察机关针对行政机关违法行使职权或行政不作为，破坏传统村落、损害国家利益或社会公共利益的，可以依法提起行政公益诉讼"相关条款。黔东南州检察机关还推动协调传统村落保护资金1.43亿元，该州雷山县等地检察机关与相关行政部门形成了"传统村落保护与发展合作框架协议书"，改善传统村落的基础设施和公共服务设施配套项目，在保护中挖掘旅游资源，形成有特色的传统村落旅游金牌路线，让村民实现家门口创业、就业、增收，实现脱贫致富。当地对传统村落的保护与建设，既坚持了人与自然和谐共生，又因地制宜、发展特色经济，良好契合了我国乡村振兴战略发展。

【指导意义】

（一）加强传统村落保护，是检察机关行政公益诉讼的法定职能范围。传统村落属于《中华人民共和国环境保护法》第二条中列明的"环境"范畴，是影响人类生存和发展的人文遗迹。传统村落具有丰富的历史、文化、科学、艺术、社会、经济价值和独特的民族地域特色，是国家利益和社会公共利益的重要组成部分。政府和相关职能部门对传统村落保护未依法履行监管职责的，检察机关应当发挥行政公益诉讼职能，督促其依法履行职责，传承和保护传统村落所承载的人文环境、本地历史和民族文化，助力和服务脱贫攻坚、乡村振兴等国家重大战略。

（二）检察机关可以结合公益诉讼办案推进完善传统村落保护的配套制度机制。在传统村落、民族地域特色环境或其他人文遗迹保护领域，行政部门疏于或怠于履职存在多方面原因，或因法律、政策不完善，或因协调难、矛盾多、阻力大而难于充分履职，检察机关要及时督促相关行政部门依法履职。同时，还应坚持以人为本的原则，正视人民群众追求美好生活的合理要求。保护传统文化和改善人民生活从根本上讲具有一致性，保护好传统文化及其价值内涵本身就是保护村落百姓的财富与利益。检察机关在发挥监督职能的过程中，要平衡好传统文化保护和社会经济发展，以人民为中心，积极协调、配合、支持相关部门保护、改善群众生活环境的政策落实，为推动政策转化和地方立法完善贡献检察力量，真正实现"双赢、多赢、共赢"。

【相关规定】

《中华人民共和国行政诉讼法》第二十五条第四款

《中华人民共和国环境保护法》第二条

《中华人民共和国城乡规划法》第六十五条

《最高人民法院、最高人民检察院关于检察公益诉讼案件适用法律若干问题的解释》第二十一条

3. 城市环境保护

城市市容和环境卫生管理条例

- 1992年6月28日中华人民共和国国务院令第101号发布
- 根据2011年1月8日《国务院关于废止和修改部分行政法规的决定》第一次修订
- 根据2017年3月1日《国务院关于修改和废止部分行政法规的决定》第二次修订

第一章 总 则

第一条 为了加强城市市容和环境卫生管理,创造清洁、优美的城市工作、生活环境,促进城市社会主义物质文明和精神文明建设,制定本条例。

第二条 在中华人民共和国城市内,一切单位和个人都必须遵守本条例。

第三条 城市市容和环境卫生工作,实行统一领导、分区负责、专业人员管理与群众管理相结合的原则。

第四条 国务院城市建设行政主管部门主管全国城市市容和环境卫生工作。

省、自治区人民政府城市建设行政主管部门负责本行政区域的城市市容和环境卫生管理工作。

城市人民政府市容环境卫生行政主管部门负责本行政区域的城市市容和环境卫生管理工作。

第五条 城市人民政府应当把城市市容和环境卫生事业纳入国民经济和社会发展计划,并组织实施。

城市人民政府应当结合本地的实际情况,积极推行环境卫生用工制度的改革,并采取措施,逐步提高环境卫生工作人员的工资福利待遇。

第六条 城市人民政府应当加强城市市容和环境卫生科学知识的宣传,提高公民的环境卫生意识,养成良好的卫生习惯。

一切单位和个人,都应当尊重市容和环境卫生工作人员的劳动,不得妨碍、阻挠市容和环境卫生工作人员履行职务。

第七条 国家鼓励城市市容和环境卫生的科学技术研究,推广先进技术,提高城市市容和环境卫生水平。

第八条 对在城市市容和环境卫生工作中成绩显著的单位和个人,由人民政府给予奖励。

第二章 城市市容管理

第九条 城市中的建筑物和设施,应当符合国家规定的城市容貌标准。对外开放城市、风景旅游城市和有条件的其他城市,可以结合本地具体情况,制定严于国家规定的城市容貌标准;建制镇可以参照国家规定的城市容貌标准执行。

第十条 一切单位和个人都应当保持建筑物的整洁、美观。在城市人民政府规定的街道的临街建筑物的阳台和窗外,不得堆放、吊挂有碍市容的物品。搭建或者封闭阳台必须符合城市人民政府市容环境卫生行政主管部门的有关规定。

第十一条 在城市中设置户外广告、标语牌、画廊、橱窗等,应当内容健康、外型美观,并定期维修、油饰或者拆除。

大型户外广告的设置必须征得城市人民政府市容环境卫生行政主管部门同意后,按照有关规定办理审批手续。

第十二条 城市中的市政公用设施,应当与周围环境相协调,并维护和保持设施完好、整洁。

第十三条 主要街道两侧的建筑物前,应当根据需要与可能,选用透景、半透景的围墙、栅栏或者绿篱、花坛(池)、草坪等作为分界。

临街树木、绿篱、花坛(池)、草坪等,应当保持整洁、美观。栽培、整修或者其他作业留下的渣土、枝叶等,管理单位、个人或者作业者应当及时清除。

第十四条 任何单位和个人都不得在街道两侧和公共场地堆放物料,搭建建筑物、构筑物或者其他设施。因建设等特殊需要,在街道两侧和公共场地临时堆放物料,搭建非永久性建筑物、构筑物或者其他设施的,必须征得城市人民政府市容环境卫生行政主管部门同意后,按照有关规定办理审批手续。

第十五条 在市区运行的交通运输工具,应当保持外型完好、整洁,货运车辆运输的液体、散装货物,应当密封、包扎、覆盖,避免泄漏、遗撒。

第十六条 城市的工程施工现场的材料、机具应当堆放整齐,渣土应当及时清运;临街工地应当设置护栏或者围布遮挡;停工场地应当及时整理并作必要的覆盖;竣工后,应当及时清理和平整场地。

第十七条 一切单位和个人,都不得在城市建筑物、设施以及树木上涂写、刻画。

单位和个人在城市建筑物、设施上张挂、张贴宣传品等,须经城市人民政府市容环境卫生行政主管部门或者其他有关部门批准。

第三章 城市环境卫生管理

第十八条 城市中的环境卫生设施,应当符合国家规定的城市环境卫生标准。

第十九条 城市人民政府在进行城市新区开发或者

旧区改造时，应当按照国家有关规定，建设生活废弃物的清扫、收集、运输和处理等环境卫生设施，所需经费应当纳入建设工程概算。

第二十条 城市人民政府市容环境卫生行政主管部门，应当根据城市居住人口密度和流动人口数量以及公共场所等特定地区的需要，制定公共厕所建设规划，并按照规定的标准，建设、改造或者支持有关单位建设、改造公共厕所。

城市人民政府市容环境卫生行政主管部门，应当配备专业人员或者委托有关单位和个人负责公共厕所的保洁和管理；有关单位和个人也可以承包公共厕所的保洁和管理。公共厕所的管理者可以适当收费，具体办法由省、自治区、直辖市人民政府制定。

对不符合规定标准的公共厕所，城市人民政府应当责令有关单位限期改造。

公共厕所的粪便应当排入贮（化）粪池或者城市污水系统。

第二十一条 多层和高层建筑应当设置封闭式垃圾通道或者垃圾贮存设施，并修建清运车辆通道。

城市街道两侧、居住区或者人流密集地区，应当设置封闭式垃圾容器、果皮箱等设施。

第二十二条 一切单位和个人都不得擅自拆除环境卫生设施；因建设需要必须拆除的，建设单位必须事先提出拆迁方案，报城市人民政府市容环境卫生行政主管部门批准。

第二十三条 按国家行政建制设立的市的主要街道、广场和公共水域的环境卫生，由环境卫生专业单位负责。

居住区、街巷等地方，由街道办事处负责组织专人清扫保洁。

第二十四条 飞机场、火车站、公共汽车始末站、港口、影剧院、博物馆、展览馆、纪念馆、体育馆（场）和公园等公共场所，由本单位负责清扫保洁。

第二十五条 机关、团体、部队、企事业单位，应当按照城市人民政府市容环境卫生行政主管部门划分的卫生责任区负责清扫保洁。

第二十六条 城市集贸市场，由主管部门负责组织专人清扫保洁。

各种摊点，由从业者负责清扫保洁。

第二十七条 城市港口客货码头作业范围内的水面，由港口客货码头经营单位责成作业者清理保洁。

在市区水域行驶或者停泊的各类船舶上的垃圾、粪便，由船上负责人依照规定处理。

第二十八条 城市人民政府市容环境卫生行政主管部门对城市生活废弃物的收集、运输和处理实施监督管理。

一切单位和个人，都应当依照城市人民政府市容环境卫生行政主管部门规定的时间、地点、方式，倾倒垃圾、粪便。

对垃圾、粪便应当及时清运，并逐步做到垃圾、粪便的无害化处理和综合利用。

对城市生活废弃物应当逐步做到分类收集、运输和处理。

第二十九条 环境卫生管理应当逐步实行社会化服务。有条件的城市，可以成立环境卫生服务公司。

凡委托环境卫生专业单位清扫、收集、运输和处理废弃物的，应当交纳服务费。具体办法由省、自治区、直辖市人民政府制定。

第三十条 城市人民政府应当有计划地发展城市煤气、天然气、液化气，改变燃料结构；鼓励和支持有关部门组织净菜进城和回收利用废旧物资，减少城市垃圾。

第三十一条 医院、疗养院、屠宰场、生物制品厂产生的废弃物，必须依照有关规定处理。

第三十二条 公民应当爱护公共卫生环境，不随地吐痰、便溺，不乱扔果皮、纸屑和烟头等废弃物。

第三十三条 按国家行政建制设立的市的市区内，禁止饲养鸡、鸭、鹅、兔、羊、猪等家畜家禽；因教学、科研以及其他特殊需要饲养的除外。

第四章 罚 则

第三十四条 有下列行为之一者，城市人民政府市容环境卫生行政主管部门或者其委托的单位除责令其纠正违法行为，采取补救措施外，可以并处警告、罚款：

（一）随地吐痰、便溺，乱扔果皮、纸屑和烟头等废弃物的；

（二）在城市建筑物、设施以及树木上涂写、刻画或者未经批准张挂、张贴宣传品等的；

（三）在城市人民政府规定的街道的临街建筑物的阳台和窗外，堆放、吊挂有碍市容的物品的；

（四）不按规定的时间、地点、方式，倾倒垃圾、粪便的；

（五）不履行卫生责任区清扫保洁义务或者不按规定清运、处理垃圾和粪便的；

（六）运输液体、散装货物不作密封、包扎、覆盖，造成泄漏、遗撒的；

（七）临街工地不设置护栏或者不作遮挡、停工场地不及时整理并作必要覆盖或者竣工后不及时清理和平整场地，影响市容和环境卫生的。

第三十五条 饲养家畜家禽影响市容和环境卫生的，由城市人民政府市容环境卫生行政主管部门或者其委托的单位，责令其限期处理或者予以没收，并可处以罚款。

第三十六条 有下列行为之一者，由城市人民政府市容环境卫生行政主管部门或者其委托的单位责令其停止违法行为，限期清理、拆除或者采取其他补救措施，并可处以罚款：

（一）未经城市人民政府市容环境卫生行政主管部门同意，擅自设置大型户外广告，影响市容的；

（二）未经城市人民政府市容环境卫生行政主管部门批准，擅自在街道两侧和公共场地堆放物料，搭建建筑物、构筑物或者其他设施，影响市容的；

（三）未经批准擅自拆除环境卫生设施或者未按批准的拆迁方案进行拆迁的。

第三十七条 凡不符合城市容貌标准、环境卫生标准的建筑物或者设施，由城市人民政府市容环境卫生行政主管部门会同城市规划行政主管部门，责令有关单位和个人限期改造或者拆除；逾期未改造或者未拆除的，经县级以上人民政府批准，由城市人民政府市容环境卫生行政主管部门或者城市规划行政主管部门组织强制拆除，并可处以罚款。

第三十八条 损坏各类环境卫生设施及其附属设施的，城市人民政府市容环境卫生行政主管部门或者其委托的单位除责令其恢复原状外，可以并处罚款；盗窃、损坏各类环境卫生设施及其附属设施，应当给予治安管理处罚的，依照《中华人民共和国治安管理处罚法》的规定处罚；构成犯罪，依法追究刑事责任。

第三十九条 侮辱、殴打市容和环境卫生工作人员或者阻挠其执行公务的，依照《中华人民共和国治安管理处罚法》的规定处罚；构成犯罪的，依法追究刑事责任。

第四十条 当事人对行政处罚决定不服，可以自接到处罚通知之日起15日内，向作出处罚决定机关的上一级机关申请复议；对复议决定不服，可以自接到复议决定书之日起15日内向人民法院起诉。当事人也可以自接到处罚通知之日起15日内直接向人民法院起诉。期满不申请复议、也不向人民法院起诉、又不履行处罚决定的，由作出处罚决定的机关申请人民法院强制执行。

对治安管理处罚不服的，依照《中华人民共和国治安管理处罚法》的规定办理。

第四十一条 城市人民政府市容环境卫生行政主管部门工作人员玩忽职守、滥用职权、徇私舞弊的，由其所在单位或者上级主管机关给予行政处分；构成犯罪的，依法追究刑事责任。

第五章 附 则

第四十二条 未设镇建制的城市型居民区可以参照本条例执行。

第四十三条 省、自治区、直辖市人民政府可以根据本条例制定实施办法。

第四十四条 本条例由国务院城市建设行政主管部门负责解释。

第四十五条 本条例自1992年8月1日起施行。

城市绿化条例

- 1992年6月22日中华人民共和国国务院令第100号发布
- 根据2011年1月8日《国务院关于废止和修改部分行政法规的决定》第一次修订
- 根据2017年3月1日《国务院关于修改和废止部分行政法规的决定》第二次修订

第一章 总 则

第一条 为了促进城市绿化事业的发展，改善生态环境，美化生活环境，增进人民身心健康，制定本条例。

第二条 本条例适用于在城市规划区内种植和养护树木花草等城市绿化的规划、建设、保护和管理。

第三条 城市人民政府应当把城市绿化建设纳入国民经济和社会发展计划。

第四条 国家鼓励和加强城市绿化的科学研究，推广先进技术，提高城市绿化的科学技术和艺术水平。

第五条 城市中的单位和有劳动能力的公民，应当依照国家有关规定履行植树或者其他绿化义务。

第六条 对在城市绿化工作中成绩显著的单位和个人，由人民政府给予表彰和奖励。

第七条 国务院设立全国绿化委员会，统一组织领导全国城乡绿化工作，其办公室设在国务院林业行政主管部门。

国务院城市建设行政主管部门和国务院林业行政主管部门等，按照国务院规定的职权划分，负责全国城市绿化工作。

地方绿化管理体制，由省、自治区、直辖市人民政府根据本地实际情况规定。

城市人民政府城市绿化行政主管部门主管本行政区域内城市规划区的城市绿化工作。

在城市规划区内，有关法律、法规规定由林业行政主管部门等管理的绿化工作，依照有关法律、法规执行。

第二章　规划和建设

第八条　城市人民政府应当组织城市规划行政部门和城市绿化行政主管部门等共同编制城市绿化规划，并纳入城市总体规划。

第九条　城市绿化规划应当从实际出发，根据城市发展需要，合理安排同城市人口和城市面积相适应的城市绿化用地面积。

城市人均公共绿地面积和绿化覆盖率等规划指标，由国务院城市建设行政主管部门根据不同城市的性质、规模和自然条件等实际情况规定。

第十条　城市绿化规划应当根据当地的特点，利用原有的地形、地貌、水体、植被和历史文化遗址等自然、人文条件，以方便群众为原则，合理设置公共绿地、居住区绿地、防护绿地、生产绿地和风景林地等。

第十一条　城市绿化工程的设计，应当委托持有相应资格证书的设计单位承担。

工程建设项目的附属绿化工程设计方案，按照基本建设程序审批时，必须有城市人民政府城市绿化行政主管部门参加审查。

建设单位必须按照批准的设计方案进行施工。设计方案确需改变时，须经原批准机关审批。

第十二条　城市绿化工程的设计，应当借鉴国内外先进经验，体现民族风格和地方特色。城市公共绿地和居住区绿地的建设，应当以植物造景为主，选用适合当地自然条件的树木花草，并适当配置泉、石、雕塑等景物。

第十三条　城市绿化规划应当因地制宜地规划不同类型的防护绿地。各有关单位应当依照国家有关规定，负责本单位管界内防护绿地的绿化建设。

第十四条　单位附属绿地的绿化规划和建设，由该单位自行负责，城市人民政府城市绿化行政主管部门应当监督检查，并给予技术指导。

第十五条　城市苗圃、草圃、花圃等生产绿地的建设，应当适应城市绿化建设的需要。

第十六条　城市新建、扩建、改建工程项目和开发住宅区项目，需要绿化的，其基本建设投资中应当包括配套的绿化建设投资，并统一安排绿化工程施工，在规定的期限内完成绿化任务。

第三章　保护和管理

第十七条　城市的公共绿地、风景林地、防护绿地、行道树及干道绿化带的绿化，由城市人民政府城市绿化行政主管部门管理；各单位管界内的防护绿地的绿化，由该单位按照国家有关规定管理；单位自建的公园和单位附属绿地的绿化，由该单位管理；居住区绿地的绿化，由城市人民政府城市绿化行政主管部门根据实际情况确定的单位管理；城市苗圃、草圃和花圃等，由其经营单位管理。

第十八条　任何单位和个人都不得擅自改变城市绿化规划用地性质或者破坏绿化规划用地的地形、地貌、水体和植被。

第十九条　任何单位和个人都不得擅自占用城市绿化用地；占用的城市绿化用地，应当限期归还。

因建设或者其他特殊需要临时占用城市绿化用地，须经城市人民政府城市绿化行政主管部门同意，并按照有关规定办理临时用地手续。

第二十条　任何单位和个人都不得损坏城市树木花草和绿化设施。

砍伐城市树木，必须经城市人民政府城市绿化行政主管部门批准，并按照国家有关规定补植树木或者采取其他补救措施。

第二十一条　在城市的公共绿地内开设商业、服务摊点的，应当持工商行政管理部门批准的营业执照，在公共绿地管理单位指定的地点从事经营活动，并遵守公共绿地和工商行政管理的规定。

第二十二条　城市的绿地管理单位，应当建立、健全管理制度，保持树木花草繁茂及绿化设施完好。

第二十三条　为保证管线的安全使用需要修剪树木时，应当按照兼顾管线安全使用和树木正常生长的原则进行修剪。承担修剪费用的办法，由城市人民政府规定。

因不可抗力致使树木倾斜危及管线安全时，管线管理单位可以先行扶正或者砍伐树木，但是，应当及时报告城市人民政府城市绿化行政主管部门和绿地管理单位。

第二十四条　百年以上树龄的树木，稀有、珍贵树木，具有历史价值或者重要纪念意义的树木，均属古树名木。

对城市古树名木实行统一管理，分别养护。城市人民政府城市绿化行政主管部门，应当建立古树名木的档案和标志，划定保护范围，加强养护管理。在单位管界内或者私人庭院内的古树名木，由该单位或者居民负责养护，城市人民政府城市绿化行政主管部门负责监督和技术指导。

严禁砍伐或者迁移古树名木。因特殊需要迁移古树名木，必须经城市人民政府城市绿化行政主管部门审查同意，并报同级或者上级人民政府批准。

第四章 罚 则

第二十五条 工程建设项目的附属绿化工程设计方案，未经批准或者未按照批准的设计方案施工的，由城市人民政府城市绿化行政主管部门责令停止施工、限期改正或者采取其他补救措施。

第二十六条 违反本条例规定，有下列行为之一的，由城市人民政府城市绿化行政主管部门或者其授权的单位责令停止侵害，可以并处罚款；造成损失的，应当负赔偿责任；应当给予治安管理处罚的，依照《中华人民共和国治安管理处罚法》的有关规定处罚；构成犯罪的，依法追究刑事责任：

（一）损坏城市树木花草的；
（二）擅自砍伐城市树木的；
（三）砍伐、擅自迁移古树名木或者因养护不善致使古树名木受到损伤或者死亡的；
（四）损坏城市绿化设施的。

第二十七条 未经同意擅自占用城市绿化用地的，由城市人民政府城市绿化行政主管部门责令限期退还、恢复原状，可以并处罚款；造成损失的，应当负赔偿责任。

第二十八条 对不服从公共绿地管理单位管理的商业、服务摊点，由城市人民政府城市绿化行政主管部门或者其授权的单位给予警告，可以并处罚款；情节严重的，可以提请工商行政管理部门吊销营业执照。

第二十九条 对违反本条例的直接责任人员或者单位负责人，可以由其所在单位或者上级主管机关给予行政处分；构成犯罪的，依法追究刑事责任。

第三十条 城市人民政府城市绿化行政主管部门和城市绿地管理单位的工作人员玩忽职守、滥用职权、徇私舞弊的，由其所在单位或者上级主管机关给予行政处分；构成犯罪的，依法追究刑事责任。

第三十一条 当事人对行政处罚不服的，可以自接到处罚决定通知之日起15日内，向作出处罚决定机关的上一级机关申请复议；对复议决定不服的，可以自接到复议决定之日起15日内向人民法院起诉。当事人也可以直接向人民法院起诉。逾期不申请复议或者不向人民法院起诉又不履行处罚决定的，由作出处罚决定的机关申请人民法院强制执行。

对治安管理处罚不服的，依照《中华人民共和国治安管理处罚法》的规定执行。

第五章 附 则

第三十二条 省、自治区、直辖市人民政府可以依照本条例制定实施办法。

第三十三条 本条例自1992年8月1日起施行。

城市建筑垃圾管理规定

· 2005年3月23日建设部令第139号公布
· 自2005年6月1日起施行

第一条 为了加强对城市建筑垃圾的管理，保障城市市容和环境卫生，根据《中华人民共和国固体废物污染环境防治法》、《城市市容和环境卫生管理条例》和《国务院对确需保留的行政审批项目设定行政许可的决定》，制定本规定。

第二条 本规定适用于城市规划区内建筑垃圾的倾倒、运输、中转、回填、消纳、利用等处置活动。

本规定所称建筑垃圾，是指建设单位、施工单位新建、改建、扩建和拆除各类建筑物、构筑物、管网等以及居民装饰装修房屋过程中所产生的弃土、弃料及其他废弃物。

第三条 国务院建设主管部门负责全国城市建筑垃圾的管理工作。

省、自治区建设主管部门负责本行政区域内城市建筑垃圾的管理工作。

城市人民政府市容环境卫生主管部门负责本行政区域内建筑垃圾的管理工作。

第四条 建筑垃圾处置实行减量化、资源化、无害化和谁产生、谁承担处置责任的原则。

国家鼓励建筑垃圾综合利用，鼓励建设单位、施工单位优先采用建筑垃圾综合利用产品。

第五条 建筑垃圾消纳、综合利用等设施的设置，应当纳入城市市容环境卫生专业规划。

第六条 城市人民政府市容环境卫生主管部门应当根据城市内的工程施工情况，制定建筑垃圾处置计划，合理安排各类建设工程需要回填的建筑垃圾。

第七条 处置建筑垃圾的单位，应当向城市人民政府市容环境卫生主管部门提出申请，获得城市建筑垃圾处置核准后，方可处置。

城市人民政府市容环境卫生主管部门应当在接到申请后的20日内作出是否核准的决定。予以核准的，颁发核准文件；不予核准的，应当告知申请人，并说明理由。

城市建筑垃圾处置核准的具体条件按照《建设部关于纳入国务院决定的十五项行政许可的条件的规定》执行。

第八条 禁止涂改、倒卖、出租、出借或者以其他形式非法转让城市建筑垃圾处置核准文件。

第九条 任何单位和个人不得将建筑垃圾混入生活垃圾，不得将危险废物混入建筑垃圾，不得擅自设立弃置场受纳建筑垃圾。

第十条 建筑垃圾储运消纳场不得受纳工业垃圾、生活垃圾和有毒有害垃圾。

第十一条 居民应当将装饰装修房屋过程中产生的建筑垃圾与生活垃圾分别收集，并摆放到指定地点。建筑垃圾中转站的设置应当方便居民。

装饰装修施工单位应当按照城市人民政府市容环境卫生主管部门的有关规定处置建筑垃圾。

第十二条 施工单位应当及时清运工程施工过程中产生的建筑垃圾，并按照城市人民政府市容环境卫生主管部门的规定处置，防止污染环境。

第十三条 施工单位不得将建筑垃圾交给个人或者未经核准从事建筑垃圾运输的单位运输。

第十四条 处置建筑垃圾的单位在运输建筑垃圾时，应当随车携带建筑垃圾处置核准文件，按照城市人民政府有关部门规定的运输路线、时间运行，不得丢弃、遗撒建筑垃圾，不得超出核准范围承运建筑垃圾。

第十五条 任何单位和个人不得随意倾倒、抛撒或者堆放建筑垃圾。

第十六条 建筑垃圾处置实行收费制度，收费标准依据国家有关规定执行。

第十七条 任何单位和个人不得在街道两侧和公共场地堆放物料。因建设等特殊需要，确需临时占用街道两侧和公共场地堆放物料的，应当征得城市人民政府市容环境卫生主管部门同意后，按照有关规定办理审批手续。

第十八条 城市人民政府市容环境卫生主管部门核发城市建筑垃圾处置核准文件，有下列情形之一的，由其上级行政机关或者监察机关责令纠正，对直接负责的主管人员和其他直接责任人员依法给予行政处分；构成犯罪的，依法追究刑事责任：

（一）对不符合法定条件的申请人核发城市建筑垃圾处置核准文件或者超越法定职权核发城市建筑垃圾处置核准文件的；

（二）对符合条件的申请人不予核发城市建筑垃圾处置核准文件或者不在法定期限内核发城市建筑垃圾处置核准文件的。

第十九条 城市人民政府市容环境卫生主管部门的工作人员玩忽职守、滥用职权、徇私舞弊的，依法给予行政处分；构成犯罪的，依法追究刑事责任。

第二十条 任何单位和个人有下列情形之一的，由城市人民政府市容环境卫生主管部门责令限期改正，给予警告，处以罚款：

（一）将建筑垃圾混入生活垃圾的；

（二）将危险废物混入建筑垃圾的；

（三）擅自设立弃置场受纳建筑垃圾的。

单位有前款第一项、第二项行为之一的，处 3000 元以下罚款；有前款第三项行为的，处 5000 元以上 1 万元以下罚款。个人有前款第一项、第二项行为之一的，处 200 元以下罚款；有前款第三项行为的，处 3000 元以下罚款。

第二十一条 建筑垃圾储运消纳场受纳工业垃圾、生活垃圾和有毒有害垃圾的，由城市人民政府市容环境卫生主管部门责令限期改正，给予警告，处 5000 元以上 1 万元以下罚款。

第二十二条 施工单位未及时清运工程施工过程中产生的建筑垃圾，造成环境污染的，由城市人民政府市容环境卫生主管部门责令限期改正，给予警告，处 5000 元以上 5 万元以下罚款。

施工单位将建筑垃圾交给个人或者未经核准从事建筑垃圾运输的单位处置的，由城市人民政府市容环境卫生主管部门责令限期改正，给予警告，处 1 万元以上 10 万元以下罚款。

第二十三条 处置建筑垃圾的单位在运输建筑垃圾过程中沿途丢弃、遗撒建筑垃圾的，由城市人民政府市容环境卫生主管部门责令限期改正，给予警告，处 5000 元以上 5 万元以下罚款。

第二十四条 涂改、倒卖、出租、出借或者以其他形式非法转让城市建筑垃圾处置核准文件的，由城市人民政府市容环境卫生主管部门责令限期改正，给予警告，处 5000 元以上 2 万元以下罚款。

第二十五条 违反本规定，有下列情形之一的，由城市人民政府市容环境卫生主管部门责令限期改正，给予警告，对施工单位处 1 万元以上 10 万元以下罚款，对建设单位、运输建筑垃圾的单位处 5000 元以上 3 万元以下罚款：

（一）未经核准擅自处置建筑垃圾的；

（二）处置超出核准范围的建筑垃圾的。

第二十六条 任何单位和个人随意倾倒、抛撒或者堆放建筑垃圾的，由城市人民政府市容环境卫生主管部门责令限期改正，给予警告，并对单位处5000元以上5万元以下罚款，对个人处200元以下罚款。

第二十七条 本规定自2005年6月1日起施行。

城市生活垃圾管理办法

· 2007年4月28日建设部令第157号公布
· 根据2015年5月4日《住房和城乡建设部关于修改〈房地产开发企业资质管理规定〉等部门规章的决定》修订

第一章 总 则

第一条 为了加强城市生活垃圾管理，改善城市市容和环境卫生，根据《中华人民共和国固体废物污染环境防治法》《城市市容和环境卫生管理条例》等法律、行政法规，制定本办法。

第二条 本办法适用于中华人民共和国境内城市生活垃圾的清扫、收集、运输、处置及相关管理活动。

第三条 城市生活垃圾的治理，实行减量化、资源化、无害化和谁产生、谁依法负责的原则。

国家采取有利于城市生活垃圾综合利用的经济、技术政策和措施，提高城市生活垃圾治理的科学技术水平，鼓励对城市生活垃圾实行充分回收和合理利用。

第四条 产生城市生活垃圾的单位和个人，应当按照城市人民政府确定的生活垃圾处理费收费标准和有关规定缴纳城市生活垃圾处理费。

城市生活垃圾处理费应当专项用于城市生活垃圾收集、运输和处置，严禁挪作他用。

第五条 国务院建设主管部门负责全国城市生活垃圾管理工作。

省、自治区人民政府建设主管部门负责本行政区域内城市生活垃圾管理工作。

直辖市、市、县人民政府建设（环境卫生）主管部门负责本行政区域内城市生活垃圾的管理工作。

第六条 任何单位和个人都应当遵守城市生活垃圾管理的有关规定，并有权对违反本办法的单位和个人进行检举和控告。

第二章 治理规划与设施建设

第七条 直辖市、市、县人民政府建设（环境卫生）主管部门应当会同城市规划等有关部门，依据城市总体规划和本地区国民经济和社会发展计划等，制定城市生活垃圾治理规划，统筹安排城市生活垃圾收集、处置设施的布局、用地和规模。

制定城市生活垃圾治理规划，应当广泛征求公众意见。

第八条 城市生活垃圾收集、处置设施用地应当纳入城市黄线保护范围，任何单位和个人不得擅自占用或者改变其用途。

第九条 城市生活垃圾收集、处置设施建设，应当符合城市生活垃圾治理规划和国家有关技术标准。

第十条 从事新区开发、旧区改建和住宅小区开发建设的单位，以及机场、码头、车站、公园、商店等公共设施、场所的经营管理单位，应当按照城市生活垃圾治理规划和环境卫生设施的设置标准，配套建设城市生活垃圾收集设施。

第十一条 城市生活垃圾收集、处置设施工程建设的勘察、设计、施工和监理，应当严格执行国家有关法律、法规和技术标准。

第十二条 城市生活垃圾收集、处置设施工程竣工后，建设单位应当依法组织竣工验收，并在竣工验收后三个月内，依法向当地人民政府建设主管部门和环境卫生主管部门报送建设工程项目档案。未经验收或者验收不合格的，不得交付使用。

第十三条 任何单位和个人不得擅自关闭、闲置或者拆除城市生活垃圾处置设施、场所；确有必要关闭、闲置或者拆除的，必须经所在地县级以上地方人民政府建设（环境卫生）主管部门和环境保护主管部门核准，并采取措施，防止污染环境。

第十四条 申请关闭、闲置或者拆除城市生活垃圾处置设施、场所的，应当提交以下材料：

（一）书面申请；

（二）权属关系证明材料；

（三）丧失使用功能或其使用功能被其他设施替代的证明；

（四）防止环境污染的方案；

（五）拟关闭、闲置或者拆除设施的现状图及拆除方案；

（六）拟新建设施设计图；

（七）因实施城市规划需要闲置、关闭或者拆除的，还应当提供规划、建设主管部门的批准文件。

第三章 清扫、收集、运输

第十五条 城市生活垃圾应当逐步实行分类投放、收集和运输。具体办法，由直辖市、市、县人民政府建设

(环境卫生)主管部门根据国家标准和本地区实际制定。

第十六条 单位和个人应当按照规定的地点、时间等要求,将生活垃圾投放到指定的垃圾容器或者收集场所。废旧家具等大件垃圾应当按规定时间投放在指定的收集场所。

城市生活垃圾实行分类收集的地区,单位和个人应当按照规定的分类要求,将生活垃圾装入相应的垃圾袋内,投入指定的垃圾容器或者收集场所。

宾馆、饭店、餐馆以及机关、院校等单位应当按照规定单独收集、存放本单位产生的餐厨垃圾,并交符合本办法要求的城市生活垃圾收集、运输企业运至规定的城市生活垃圾处理场所。

禁止随意倾倒、抛洒或者堆放城市生活垃圾。

第十七条 从事城市生活垃圾经营性清扫、收集、运输的企业,应当取得城市生活垃圾经营性清扫、收集、运输服务许可证。

未取得城市生活垃圾经营性清扫、收集、运输服务许可证的企业,不得从事城市生活垃圾经营性清扫、收集、运输活动。

第十八条 直辖市、市、县建设(环境卫生)主管部门应当通过招投标等公平竞争方式作出城市生活垃圾经营性清扫、收集、运输许可的决定,向中标人颁发城市生活垃圾经营性清扫、收集、运输服务许可证。

直辖市、市、县建设(环境卫生)主管部门应当与中标人签订城市生活垃圾清扫、收集、运输经营协议。

城市生活垃圾清扫、收集、运输经营协议应当明确约定经营期限、服务标准等内容,作为城市生活垃圾清扫、收集、运输服务许可证的附件。

第十九条 从事城市生活垃圾经营性清扫、收集、运输服务的企业,应当具备以下条件:

(一)机械清扫能力达到总清扫能力的20%以上,机械清扫车辆包括洒水车和清扫保洁车辆。机械清扫车辆应当具有自动洒水、防尘、防遗撒、安全警示功能,安装车辆行驶及清扫过程记录仪;

(二)垃圾收集应当采用全密闭运输工具,并应当具有分类收集功能;

(三)垃圾运输应当采用全密闭自动卸载车辆或船只,具有防臭味扩散、防遗撒、防渗沥液滴漏功能,安装行驶及装卸记录仪;

(四)具有健全的技术、质量、安全和监测管理制度并得到有效执行;

(五)具有合法的道路运输经营许可证、车辆行驶证;

(六)具有固定的办公及机械、设备、车辆、船只停放场所。

第二十条 从事城市生活垃圾经营性清扫、收集、运输的企业应当履行以下义务:

(一)按照环境卫生作业标准和作业规范,在规定的时间内及时清扫、收运城市生活垃圾;

(二)将收集的城市生活垃圾运到直辖市、市、县人民政府建设(环境卫生)主管部门认可的处置场所;

(三)清扫、收运城市生活垃圾后,对生活垃圾收集设施及时保洁、复位,清理作业场地,保持生活垃圾收集设施和周边环境的干净整洁;

(四)用于收集、运输城市生活垃圾的车辆、船舶应当做到密闭、完好和整洁。

第二十一条 从事城市生活垃圾经营性清扫、收集、运输的企业,禁止实施下列行为:

(一)任意倾倒、抛洒或者堆放城市生活垃圾;

(二)擅自停业、歇业;

(三)在运输过程中沿途丢弃、遗撒生活垃圾。

第二十二条 工业固体废弃物、危险废物应当按照国家有关规定单独收集、运输,严禁混入城市生活垃圾。

第四章 处 置

第二十三条 城市生活垃圾应当在城市生活垃圾转运站、处理厂(场)处置。

任何单位和个人不得任意处置城市生活垃圾。

第二十四条 城市生活垃圾处置所采用的技术、设备、材料,应当符合国家有关城市生活垃圾处理技术标准的要求,防止对环境造成污染。

第二十五条 从事城市生活垃圾经营性处置的企业,应当向所在地直辖市、市、县人民政府建设(环境卫生)主管部门取得城市生活垃圾经营性处置服务许可证。

未取得城市生活垃圾经营性处置服务许可证,不得从事城市生活垃圾经营性处置活动。

第二十六条 直辖市、市、县建设(环境卫生)主管部门应当通过招投标等公平竞争方式作出城市生活垃圾经营性处置许可的决定,向中标人颁发城市生活垃圾经营性处置服务许可证。

直辖市、市、县建设(环境卫生)主管部门应当与中标人签订城市生活垃圾处置经营协议,明确约定经营期限、服务标准等内容,并作为城市生活垃圾经营性处置服务许可证的附件。

第二十七条　从事城市生活垃圾经营性处置服务的企业，应当具备以下条件：

（一）卫生填埋场、堆肥厂和焚烧厂的选址符合城乡规划，并取得规划许可文件；

（二）采用的技术、工艺符合国家有关标准；

（三）有至少5名具有初级以上专业技术职称的人员，其中包括环境工程、机械、环境监测等专业的技术人员。技术负责人具有5年以上垃圾处理工作经历，并具有中级以上专业技术职称；

（四）具有完善的工艺运行、设备管理、环境监测与保护、财务管理、生产安全、计量统计等方面的管理制度并得到有效执行；

（五）生活垃圾处理设施配备沼气检测仪器，配备环境监测设施如渗沥液监测井、尾气取样孔，安装在线监测系统等监测设备并与建设（环境卫生）主管部门联网；

（六）具有完善的生活垃圾渗沥液、沼气的利用和处理技术方案，卫生填埋场对不同垃圾进行分区填埋方案、生活垃圾处理的渗沥液、沼气、焚烧烟气、残渣等处理残余物达标处理排放方案；

（七）有控制污染和突发事件的预案。

第二十八条　从事城市生活垃圾经营性处置的企业应当履行以下义务：

（一）严格按照国家有关规定和技术标准，处置城市生活垃圾；

（二）按照规定处理处置过程中产生的污水、废气、废渣、粉尘等，防止二次污染；

（三）按照所在地建设（环境卫生）主管部门规定的时间和要求接收生活垃圾；

（四）按照要求配备城市生活垃圾处置设备、设施，保证设施、设备运行良好；

（五）保证城市生活垃圾处置站、场（厂）环境整洁；

（六）按照要求配备合格的管理人员及操作人员；

（七）对每日收运、进出场站、处置的生活垃圾进行计量，按照要求将统计数据和报表报送所在地建设（环境卫生）主管部门；

（八）按照要求定期进行水、气、土壤等环境影响监测，对生活垃圾处理设施的性能和环保指标进行检测、评价，向所在地建设（环境卫生）主管部门报告检测、评价结果。

第五章　监督管理

第二十九条　国务院建设主管部门和省、自治区人民政府建设主管部门应当建立健全监督管理制度，对本办法的执行情况进行监督检查。

直辖市、市、县人民政府建设（环境卫生）主管部门应当对本行政区域内城市生活垃圾经营性清扫、收集、运输、处置企业执行本办法的情况进行监督检查；根据需要，可以向城市生活垃圾经营性处置企业派驻监督员。

第三十条　直辖市、市、县人民政府建设（环境卫生）主管部门实施监督检查时，有权采取下列措施：

（一）查阅复制有关文件和资料；

（二）要求被检查的单位和个人就有关问题做出说明；

（三）进入现场开展检查；

（四）责令有关单位和个人改正违法行为。

有关单位和个人应当支持配合监督检查并提供工作方便，不得妨碍与阻挠监督检查人员依法执行职务。

第三十一条　直辖市、市、县人民政府建设（环境卫生）主管部门应当委托具有计量认证资格的机构，定期对城市生活垃圾处理场站的垃圾处置数量、质量和环境影响进行监测。

第三十二条　城市生活垃圾经营性清扫、收集、运输、处置服务许可有效期届满需要继续从事城市生活垃圾经营性清扫、收集、运输、处置活动的，应当在有效期届满30日前向原发证机关申请办理延续手续。准予延续的，直辖市、市、县建设（环境卫生）主管部门应当与城市生活垃圾经营性清扫、收集、运输、处置企业重新订立经营协议。

第三十三条　有下列情形之一的，可以依法撤销许可证书：

（一）建设（环境卫生）主管部门工作人员滥用职权、玩忽职守作出准予城市生活垃圾清扫、收集、运输或者处置许可决定的；

（二）超越法定职权作出准予城市生活垃圾清扫、收集、运输或者处置许可决定的；

（三）违反法定程序作出准予城市生活垃圾清扫、收集、运输或者处置许可决定的；

（四）对不符合许可条件的申请人作出准予许可的；

（五）依法可以撤销许可的其他情形。

申请人以欺骗、贿赂等不正当手段取得许可的，应当予以撤销。

第三十四条　有下列情形之一的，从事城市生活垃圾经营性清扫、收集、运输或者处置的企业应当向原许可机关提出注销许可证的申请，交回许可证书；原许可机关应当办理注销手续，公告其许可证书作废：

(一)许可事项有效期届满,未依法申请延期的;
(二)企业依法终止的;
(三)许可证依法被撤回、撤销或者吊销的;
(四)法律、法规规定的其他应当注销的情形。

第三十五条 从事城市生活垃圾经营性清扫、收集、运输、处置的企业需停业、歇业的,应当提前半年向所在地直辖市、市、县人民政府建设(环境卫生)主管部门报告,经同意后方可停业或者歇业。

直辖市、市、县人民政府建设(环境卫生)主管部门应当在城市生活垃圾经营性清扫、收集、运输、处置企业停业或者歇业前,落实保障及时清扫、收集、运输、处置城市生活垃圾的措施。

第三十六条 直辖市、市、县人民政府建设(环境卫生)主管部门应当会同有关部门制定城市生活垃圾清扫、收集、运输和处置应急预案,建立城市生活垃圾应急处理系统,确保紧急或者特殊情况下城市生活垃圾的正常清扫、收集、运输和处置。

从事城市生活垃圾经营性清扫、收集、运输和处置的企业,应当制定突发事件生活垃圾污染防范的应急方案,并报所在地直辖市、市、县人民政府建设(环境卫生)主管部门备案。

第三十七条 从事城市生活垃圾经营性清扫、收集、运输或者处置的企业应当按照国家劳动保护的要求和规定,改善职工的工作条件,采取有效措施,逐步提高职工的工资和福利待遇,做好职工的卫生保健和技术培训工作。

第六章 法律责任

第三十八条 单位和个人未按规定缴纳城市生活垃圾处理费的,由直辖市、市、县人民政府建设(环境卫生)主管部门责令限期改正,逾期不改正的,对单位可以处以应交城市生活垃圾处理费三倍以下且不超过 3 万元的罚款,对个人可处以应交城市生活垃圾处理费三倍以下且不超过 1000 元的罚款。

第三十九条 违反本办法第十条规定,未按照城市生活垃圾治理规划和环境卫生设施标准配套建设城市生活垃圾收集设施的,由直辖市、市、县人民政府建设(环境卫生)主管部门责令限期改正,并可处以 1 万元以下的罚款。

第四十条 违反本办法第十二条规定,城市生活垃圾处置设施未经验收或者验收不合格投入使用的,由直辖市、市、县人民政府建设主管部门责令改正,处工程合同价款 2% 以上 4% 以下的罚款;造成损失的,应当承担赔偿责任。

第四十一条 违反本办法第十三条规定,未经批准擅自关闭、闲置或者拆除城市生活垃圾处置设施、场所的,由直辖市、市、县人民政府建设(环境卫生)主管部门责令停止违法行为,限期改正,处以 1 万元以上 10 万元以下的罚款。

第四十二条 违反本办法第十六条规定,随意倾倒、抛洒、堆放城市生活垃圾的,由直辖市、市、县人民政府建设(环境卫生)主管部门责令停止违法行为,限期改正,对单位处以 5000 元以上 5 万元以下的罚款。个人有以上行为的,处以 200 元以下的罚款。

第四十三条 违反本办法第十七条、第二十五条规定,未经批准从事城市生活垃圾经营性清扫、收集、运输或者处置活动的,由直辖市、市、县人民政府建设(环境卫生)主管部门责令停止违法行为,并处以 3 万元的罚款。

第四十四条 违反本办法规定,从事城市生活垃圾经营性清扫、收集、运输的企业在运输过程中沿途丢弃、遗撒生活垃圾的,由直辖市、市、县人民政府建设(环境卫生)卫生主管部门责令停止违法行为,限期改正,处以 5000 元以上 5 万元以下的罚款。

第四十五条 从事生活垃圾经营性清扫、收集、运输的企业不履行本办法第二十条规定义务的,由直辖市、市、县人民政府建设(环境卫生)主管部门责令限期改正,并可处以 5000 元以上 3 万元以下的罚款;城市生活垃圾经营性处置企业不履行本办法第二十八条规定义务的,由直辖市、市、县人民政府建设(环境卫生)主管部门责令限期改正,并可处以 3 万元以上 10 万元以下的罚款。造成损失的,依法承担赔偿责任。

第四十六条 违反本办法规定,从事城市生活垃圾经营性清扫、收集、运输的企业,未经批准擅自停业、歇业的,由直辖市、市、县人民政府建设(环境卫生)主管部门责令限期改正,并可处以 1 万元以上 3 万元以下罚款;从事城市生活垃圾经营性处置的企业,未经批准擅自停业、歇业的,由直辖市、市、县人民政府建设(环境卫生)主管部门责令限期改正,并可处以 5 万元以上 10 万元以下罚款。造成损失的,依法承担赔偿责任。

第四十七条 违反本办法规定的职权和程序,核发城市生活垃圾清扫、收集、运输、处理许可证的,由上级主管机关责令改正,并对其主管人员及其他直接责任人员给予行政处分;构成犯罪的,应当追究刑事责任。

国家机关工作人员在城市生活垃圾监督管理工作中,玩忽职守、滥用职权、徇私舞弊的,依法给予行政处分;构成犯罪的,依法追究刑事责任。

第七章 附 则

第四十八条 城市建筑垃圾的管理适用《城市建筑垃圾管理规定》(建设部令 139 号)。

第四十九条 本办法的规定适用于从事城市生活垃圾非经营性清扫、收集、运输、处置的单位;但是,有关行政许可的规定以及第四十五条、第四十六条的规定除外。

第五十条 城市生活垃圾清扫、收集、运输服务许可证和城市生活垃圾处置服务许可证由国务院建设主管部门统一规定格式,省、自治区人民政府建设主管部门和直辖市人民政府建设(环境卫生)主管部门组织印制。

第五十一条 本办法自 2007 年 7 月 1 日起施行。1993 年 8 月 10 日建设部颁布的《城市生活垃圾管理办法》(建设部令第 27 号)同时废止。

住房和城乡建设部、环境保护部关于规范城市生活垃圾跨界清运处理的通知

· 2017 年 5 月 8 日
· 建城〔2017〕108 号

各省、自治区住房城乡建设厅、环境保护厅,直辖市城管委(市容园林委、绿化市容局、市政委)、环境保护局:

为加强城市生活垃圾清运处理管理,规范垃圾跨界转移处置行为,根据《中华人民共和国固体废物污染环境防治法》、《城市市容和环境卫生管理条例》等法律法规和《城市生活垃圾管理办法》(住房城乡建设部令第 24 号)有关规定,现就有关事项通知如下:

一、严格垃圾清运处理服务准入

(一)依法实施垃圾清运处理服务许可。从事城市生活垃圾清运处理服务的单位,应依法取得由直辖市、市、县人民政府住房城乡建设(环境卫生)行政主管部门颁发的城市生活垃圾经营性清扫、收集、运输、处理服务许可;未经许可,不得从事城市生活垃圾清运处理服务活动。直辖市、市、县人民政府住房城乡建设(环境卫生)行政主管部门可以依法采用特许经营、政府购买服务等形式,通过招标等公平竞争方式选择具备相应条件的单位从事生活垃圾的清扫、收集、运输和处置,根据中标单位申请核发服务许可证。

(二)加强垃圾清运处理服务单位资格核查。承接城市生活垃圾清运处理服务的单位,应具备从事生活垃圾清扫、收集、运输、处理服务的相应能力并满足有关资格条件。直辖市、市、县人民政府住房城乡建设(环境卫生)主管部门要加强对服务承接单位申请材料真实性审查;对服务承接单位办公场所、垃圾清运机械设备、垃圾处理设施场地等情况,要组织专家进行实地核验。

二、规范垃圾跨界清运处置行为

(三)垃圾跨界清运处置条件。城市生活垃圾原则上应就地就近处置。本地不具备垃圾处置设施、条件或者处置成本较高的,在确保垃圾能得到合法妥善处置的条件下,移出方与接收方协商一致并经有关行政主管部门依法批准后,可以在本省域内异地或者跨省域转移处置生活垃圾。跨界转移处置的垃圾,应选择合法运营的填埋场、焚烧厂等生活垃圾处置设施、场所。严禁私自随意丢弃、遗撒、倾倒、堆放、处置生活垃圾。

(四)申请跨界清运处置垃圾程序。跨县级以上行政区域转移、处置本地生活垃圾的,由移出单位向核发服务许可证的原审批机关提出申请,增加或变更服务许可中的有关事项。经商接收地同级人民政府住房城乡建设(环境卫生)行政主管部门同意后,受理申请的人民政府住房城乡建设(环境卫生)主管部门方可批准增加或变更。转移出省级行政区域贮存、处置生活垃圾的,除应依法增加或变更服务许可范围外,移出单位还应向移出地省级人民政府环境保护主管部门提出申请。经商接收地省级人民政府环境保护主管部门同意后,移出地省级人民政府环境保护主管部门方可批准。

(五)申请材料要求。申请跨界清运处置垃圾须提交的材料包括垃圾跨界清运处置服务许可申请书、服务承接单位组织机构代码、营业执照、服务许可证照、异地清运处置服务协议等材料复印件或扫描件。垃圾跨界清运处置服务许可申请书应包括转移垃圾的来源、数量、成分、转移线路、时间、运输方式、污染防治措施、垃圾处理方式和技术工艺等内容。

三、强化垃圾跨界清运处置过程监管

(六)建立联单制度。

跨行政区域转移处置垃圾应全过程建立记录台账,来往票据全部实行多联单,留底备查。垃圾中转站、移出单位、运输单位、接收单位在垃圾交付收运、运输、处理时对其数量予以相互确认;数量不一致的,一律不得予以接收、运输和处置。

移出单位、运输单位、接收单位、处置单位要按月将垃圾清运量和处置量汇总,分别上报核发其服务许可证的住房城乡建设(环境卫生)行政主管部门。移出地与接收地人民政府住房城乡建设(环境卫生)行政主管部门要定期核对相应垃圾的数量和去向,发现不一致的,要

组织开展调查,及时督促整改,并向上级人民政府行政主管部门报告。

县级以上地方人民政府住房城乡建设(环境卫生)行政主管部门应分别于每年6月底、12月底汇总本行政区域跨界转移处置(含接收和移出)生活垃圾的总量和明细,逐级报至省级人民政府住房城乡建设(环境卫生)行政部门。

(七)做好垃圾跨界清运处置信息填报。直辖市、市、县人民政府住房城乡建设(环境卫生)行政主管部门要按照"全国城镇生活垃圾处理管理信息系统"的填报要求,做好本行政区域垃圾跨界清运处置信息填报,同时督促和指导有关单位及时更新系统中规定的生活垃圾处理设施的相应信息,并通过系统与环境保护部门进行信息共享。对不按时填报、不如实填报、不完整填报垃圾跨界清运处置信息的单位督促整改,并予以通报。

四、强化保障措施

(八)加快垃圾处理设施建设。各地要按照《国务院办公厅关于转发国家发展改革委住房城乡建设部生活垃圾分类制度实施方案的通知》(国办发〔2017〕26号)和《住房城乡建设部等部门关于进一步加强城市生活垃圾焚烧处理工作的意见》(建城〔2016〕227号)要求,因地制宜选择生活垃圾处理技术,加快推进分类投放、分类收集、分类运输和分类处理体系建设,构建"邻利型"垃圾处理设施。对生活垃圾处理设施能力不足、技术落后等问题,住房城乡建设(环境卫生)行政主管部门要及时提出合理解决方案报本级人民政府。

(九)鼓励垃圾处理设施共建共享。生活垃圾处理要与经济社会发展水平相协调,注重城乡统筹、区域协同,采取集中处理和分散处理相结合的方式,加快推进垃圾处理设施一体化建设和网络化运营。做好区域统筹规划,鼓励生活垃圾处理设施共建共享,提高设施利用效率,扩大服务覆盖面。

(十)加强对垃圾清运处理运营监管。直辖市、市、县人民政府住房城乡建设(环境卫生)行政主管部门要加强对生活垃圾清运处理活动的监管,发现服务承接单位有违规行为的,责令限期整改;发现违法行为的,依法予以处罚。省级人民政府住房城乡建设(环境卫生)和环境保护行政主管部门要定期组织对垃圾跨界清运处置的核查或者抽查,发现接收和移出垃圾数量不一致的,及时督促整改;发现违法违规行为的,依法追究相关人员责任。

(十一)强化执法监督。各级地方人民政府住房城乡建设(环境卫生)和环境保护行政主管部门要按职责分工,依法依规强化对生活垃圾处理设施的运行监管,加强对垃圾渗滤液、二噁英、飞灰等重点污染物排放控制情况的检查;对随意丢弃、转移、遗撒、倾倒、堆放、处置生活垃圾等违法违规行为,坚决予以查处;发现涉嫌犯罪的,依法移交司法机关处理。

八、人大代表建议、政协委员提案答复

对十四届全国人大一次会议第3745号建议的答复

· 2023年8月31日

您提出的"关于加强应对气候变化推进碳达峰碳中和的建议",由我部会同国家发展改革委、财政部、国家统计局办理。经认真研究,答复如下:

一、关于更好发挥国家应对气候变化与节能减排领导小组作用

2023年6月1日,国家应对气候变化及节能减排工作领导小组(以下简称"领导小组")第一次会议成功召开,会议审议通过了领导小组工作规则和2023年工作要点,其中领导小组工作规则对领导小组职责、审议事项等进行了规定,应对气候变化、碳达峰碳中和、节能减排工作机制进一步完善。下一步我们将在领导小组领导下,落实好2023年工作要点,推动应对气候变化、碳达峰碳中和、节能减排工作不断深化。

我们一直以来高度重视国家温室气体清单编制工作,严格按照IPCC制定的国际通用温室气体清单指南开展国家温室气体清单编制。我国已向《联合国气候变化框架公约》(以下简称《公约》)秘书处提交并公布了1994年、2005年、2010年、2012年和2014年国家温室气体清单,完成了两轮国际磋商与分析,清单结果符合国际履约要求,数据质量得到国际专家认可。我们正积极推进国家温室气体清单编制常态化进程,开展了2015年-2020年连续年度清单编制,研究编制《国家温室气体清单编制方案》,并启动《省级温室气体清单编制指南》修订。下一步,将进一步完善相关工作方案和机制,引导相关各方积极参与国家温室气体清单编制工作,加强在《巴黎协定》强化透明度框架下清单编制能力建设,做好《省级温室气体清单编制指南》修订工作,在符合省级实际的情况下,做好与国家温室气体清单的衔接,探索市(州)级、县(区)级及更小区域的温室气体清单编制方法学与可行性。

二、关于加快应对气候变化立法

为落实2009年全国人大常委会《关于积极应对气候变化的决议》提出的应对气候变化立法相关任务,2011年,国家应对气候变化主管部门成立了应对气候变化法律起草工作领导小组。2016年,应对气候变化立法首次被列入国务院年度立法计划中的研究项目。经反复研究,并广泛征求相关部门、行业专家和社会各界的意见,应对气候变化法的法律草案框架已基本成熟。《碳排放权交易管理暂行条例》(以下简称《条例》)已列入2023年国务院立法工作计划。下一步,生态环境部将加快制定并推动出台一部专门性的"应对气候变化法",系统规制减缓和适应气候变化内容。持续推动《条例》立法进程,配合立法部门争取尽早出台。

三、关于设置应对气候变化工作年度预算

根据《公约》及其相关缔约方会议决定,《公约》资金管理机构全球环境基金为非附件一缔约方编制国家履约报告提供资金支持。我国在《公约》框架下报送的历次国家气候变化履约报告及相应的国家温室气体清单均申请了全球环境基金资金。2023年财政部通过生态环境部部门预算安排资金,支持碳市场管理和排放清单编制、国家温室气体清单编制、大气污染物和温室气体排放融合清单编制等项目。省级及以下清单由地方政府自主开展编制。各地可结合实际将确有必要的经费纳入地方财政预算统筹安排。下一步,我们将继续申请国际履约资金以做好履约工作,做好国内碳排放统计核算体系建设。

四、关于夯实应对气候变化基础数据统计

2022年4月,国家发展改革委、生态环境部、国家统计局联合印发《关于加快建立统一规范的碳排放统计核算体系实施方案》,明确了建立全国及地方碳排放统计核算制度等重点任务,提出了夯实统计基础等保障措施,鼓励有条件的地区开展相应温室气体清单编制工作。生态环境部正在研究修订《应对气候变化统计报表制度》和《政府综合统计系统应对气候变化统计数据需求表》,进一步理顺国家温室气体清单编制工作机制。2023年1月,生态环境部印发《生态环境统计管理办法》。国家统计局持续改进和完善能源统计制度和方案,做好水力等

发电机供热统计；按照现行的能源统计方法制度，能源平衡表编制中涵盖了煤、油、气、电、可再生能源等品种，指标体系较为全面完整。修订完善《工业统计报表制度》，完善工业主要产品产量调查中涉及工业生产过程碳排放核算的产品产量基础指标。下一步，有关部门将不断夯实应对气候变化基础数据统计，推动《生态环境统计管理办法》贯彻落实，持续推进生态环境统计改革发展。

五、关于扩大碳市场容量，提高碳配额抵销比例

2018年以来，生态环境部扎实推进全国碳市场建设各项工作，并于2021年7月顺利启动全国碳市场上线交易，第一个履约周期覆盖发电行业重点排放单位2162家。截至2023年8月23日，碳排放配额累计成交量2.46亿吨，累计成交额114.17亿元，市场运行平稳有序，交易价格稳中有升，价格发现机制作用初步显现，企业减排意识和能力明显增强。下一步，生态环境部将在发电行业碳市场运行良好的基础上，组织其他高排放行业做好相关基础工作，逐步扩大市场覆盖范围，增加市场交易主体，更好发挥市场功能。

六、关于丰富自愿减排市场，开展"蓝碳"碳交易试点建设

2012年，《温室气体自愿减排交易管理暂行办法》发布，温室气体自愿减排交易机制初步建立。2017年，温室气体自愿减排交易项目、减排量等备案申请暂缓受理，已备案的减排量可继续参与市场交易。全国碳市场重点排放单位积极使用核证自愿减排量进行配额清缴。为进一步完善温室气体自愿减排交易机制，建立全国统一温室气体自愿减排交易市场，生态环境部会同有关部门起草了《温室气体自愿减排交易管理办法（试行）》并公开征求社会意见。组织修订相关技术规范，组织建设全国统一的温室气体自愿减排注册登记系统和交易系统。公开征集温室气体自愿减排项目方法学建议，开展方法学评估遴选。下一步，生态环境部将在修改完善后发布《温室气体自愿减排交易管理办法（试行）》，力争早日启动全国温室气体自愿减排交易市场。择优发布温室气体自愿减排项目方法学，逐步扩大自愿减排市场支持领域。海洋蓝碳能否形成长期稳定碳汇目前还存在一定争议，我们将认真研究您提出的有关建议，对蓝碳等碳汇项目纳入自愿减排交易机制的科学性和可行性深入研究论证，充分发挥好市场机制作用。

七、关于鼓励资产评估、会计、金融等机构参与碳资产管理服务，繁荣碳市场交易

财政部深入开展碳资产评估相关课题研究，鼓励资产评估机构积极参与碳资产管理服务，为碳资产的计量和定价提供价值尺度和参考依据；2019年12月制定印发《碳排放权交易有关会计处理暂行规定》，对碳排放权交易业务的会计处理原则、会计科目设置（设置"碳排放权资产"科目）、账务处理、财务报表列示和披露等进行了规范。下一步，将继续加强碳资产评估领域的研究，适时研究制定该领域专家指引，规范专业资产评估机构执业行为，服务碳资产交易管理。建设碳市场、发展碳金融必须循序渐进、有序实施，在实践中完善有关法规制度。我们将认真研究您提出的有关建议，坚持全国碳市场作为控制温室气体排放政策工具的工作定位，研究金融机构参与碳市场交易可行性，稳妥有序推进全国碳市场建设。

八、关于支持广东、深圳碳交易试点共建粤港澳大湾区碳市场，探索试点融合跨区域碳交易模式

根据《中共中央 国务院关于加快建设全国统一大市场的意见》相关要求，生态环境部正在推进建设全国碳排放权交易市场和温室气体自愿减排交易市场，统一管理规则、交易场所和监管机制，碳交易在全国统一场所内根据统一规则进行交易。生态环境部会同有关部门积极推动气候投融资工作。2021年12月，正式启动气候投融资试点。2022年8月，确定23个试点地方。引导试点地方积极探索，力争形成优秀经验实践。引导金融机构提供优惠金融服务。下一步，我们将认真研究您提出的建议，支持粤港澳大湾区结合自身特殊优势积极参与全国碳排放权交易市场建设。积极营造良好气候投融资政策环境，为广东省绿色高质量发展提供支持。

九、关于加强课题研究，强化碳市场风险应对

生态环境部支持技术支撑团队对金融组织、个人等进入碳市场交易的可行路径和风险等方面进行探索研究。目前，已委托相关技术团队、科研院所开展全国碳市场建设方面的课题研究。

感谢您对生态环境工作的关心和支持。

对十四届全国人大一次会议第3511号建议的答复

·2023年8月30日

您提出的"关于加强新污染物治理工作的建议"，由我部会同国家发展改革委、工业和信息化部办理。经认真研究，答复如下：

党中央、国务院高度重视新污染物治理工作。党的二十大明确要求开展新污染物治理。2022年5月，国务院办公厅印发《新污染物治理行动方案》（简称《行动方案》），对新污染物治理工作进行全面部署。今年7月召开的全国生态环境保护大会，对新污染物治理提出了新的要求。我部会同各部门指导各地区深入贯彻落实党中央、国务院决策部署，扎实推进新污染物治理工作取得积极进展。您提出的关于加强新污染物治理工作的建议，对我们进一步做好新污染物治理工作具有很强的指导作用和借鉴意义，我们将在工作中认真研究吸纳。针对所涉建议，我们梳理了正在开展的工作情况，在此基础上研究提出了下一步措施。

一、关于加强新污染物科普宣传工作

针对新污染物治理"新"的特点，我部积极开展多渠道的新污染物科普宣传工作。通过新闻发布会、专家座谈会、专家解读、特邀观察员访谈、制作抖音、公众号发布、线上直播等多种方式，集中开展科普宣传。联合湖南卫视录制"海洋微塑料"热点话题节目。通过指导中国环境科学学会科学技术年会等学术会议，引导科学研究聚焦新污染物治理的重点难点堵点。

二、关于加快新污染物调查摸清底数

我部积极开展新污染物调查监测工作。一是建立化学物质环境信息统计调查制度。针对高危害、高环境检出的化学物质，开展生产使用情况摸底调查，逐步掌握分布情况。二是开展新污染物环境监测工作。印发新污染物环境监测试点工作方案，指导帮扶河北、江苏等10个省（自治区、直辖市）开展新污染物试点监测。

三、关于推动新污染物环境风险防控工作

我部会同有关部门，以精准治污、科学治污、依法治污为工作方针，逐步完善新污染物全过程环境风险管控。一是开展新污染物环境风险筛查和评估。以高关注、高产（用）量、高环境检出率、分散式用途的化学物质为重点，开展环境与健康风险筛查工作；印发第一批化学物质环境风险优先评估计划，开展全生命周期的环境风险评估。二是加强全过程环境风险管控。会同工业和信息化部、农业农村部、商务部、海关总署、市场监管总局印发《重点管控新污染物清单（2023年版）》，对14种类具有高环境风险的新污染物实施禁止、限制、限排等全生命周期风险管控措施；工业和信息化部制定发布《电器电子产品有害物质限制使用管理办法》和《汽车有害物质和可回收利用率管理要求》，限制电器电子、汽车产品中十溴二苯醚等重点管控新污染物的使用。三是积极参与全球环境治理。严格履行《关于持久性有机污染物的斯德哥尔摩公约》《关于汞的水俣公约》，淘汰六溴环十二烷等23种类持久性有机污染物（POPs），停止烧碱、聚氨酯等7个行业的用汞工艺，禁止添汞电池、开关继电器等9大类添汞产品的生产和进出口。

四、关于加强新污染物人才队伍建设

我部会同有关部门积极推进新污染物相关专业人才队伍建设。一是加强新污染物监测人员培训，组织开展新污染物环境监测技术培训班，对各地监测人员开展培训，指导地方进行新污染物监测能力建设，提升监测水平。二是加强新污染物科学技术研究，组织实施"长江生态环境保护修复联合研究（第二期）"和"黄河流域生态保护和高质量发展联合研究（第一期）"，部署立项"长江流域新污染物环境风险防控技术研究"和"黄河流域新污染物环境风险防控研究"等联合科技攻关项目，围绕新污染物环境风险评估的原则、方法和指标等开展研究工作。三是加快新污染物清洁生产技术的研究与应用，国家发展改革委会同有关部门印发《"十四五"全国清洁生产推行方案》，对"十四五"时期的清洁生产工作作出系统部署，推动工业、农业、建筑业等领域实施清洁生产改造，实施原辅材料无害化替代，减少有毒有害物质的使用，降低产品中有毒有害物质含量。

五、关于完善相关法律标准体系建设

我部会同有关部门积极加强新污染物治理法律法规制度建设，建立健全新污染物治理体系。一是研究制定有毒有害化学物质环境风险管理条例，建立健全化学物质环境信息调查、新化学物质环境管理登记、有毒化学品进出口环境管理等制度，为新污染物治理提供法治保障。二是建立新污染物治理相关标准体系，印发《化学物质环境风险评估技术方法框架性指南（试行）》《化学物质环境与健康危害评估技术导则（试行）》等技术文件；组织开展新污染物的监测方法和监测规范研究，加快推动新污染物监测标准制修订。三是动态制定管控名录，印发《优先控制化学品名录（第一批）》《优先控制化学品名录（第二批）》等管控名录。

下一步，生态环境部、国家发展改革委、工业和信息化部等部门将继续积极推动落实《行动方案》各项工作。一是采取多种宣传形式，持续开展新污染物治理科普宣传工作。二是组织完成首轮化学物质环境信息调查，组织开展新污染物监测试点工作，持续评估新污染物环境风险状况。三是动态发布重点管控新污染物清单及其禁止、限制、限排等环境风险管控措施。四是加强科技支撑，把新污染物治理作为国家基础研究和科技创新重点领域，狠抓关键核心技术攻关。五是加快推进新污染物治理立法，完善新污染物治理相关标准体系建设，建立健全新污染物治理体系。

感谢您对生态环境工作的关心和支持。

对十四届全国人大一次会议第2044号建议的答复

· 2023 年 8 月 23 日

你们提出的"关于增加'无废城市'建设资金支持和技术支持的建议",由我部会同工业和信息化部、自然资源部、住房城乡建设部、农业农村部办理。经认真研究,答复如下:

开展"无废城市"建设,是党中央、国务院作出的一项重大决策部署,是加快推动城市绿色低碳转型、实现高质量发展的有力抓手。全国生态环境保护大会对加快推进"无废城市"建设提出了明确要求。您提出的关于完善固体废物管理体制机制、提升"无废城市"建设基础能力、建立固体废物利用处置激励约束机制等建议具有较强的针对性。我部将联合有关部门,在工作中认真研究,加大工作力度,积极推动"无废城市"建设。

一、关于完善固体废物管理政策措施

一是推动完善法律法规政策体系。自2020年9月1日起,新修订的《中华人民共和国固体废物污染环境防治法》正式施行。新法明确了各相关部门的职责分工,强化政府及其有关部门监督管理责任,规定目标责任制、联防联控、全过程监控和信息化追溯等制度。地方各级生态环境部门结合工作实际推动地方党委、政府进一步厘清责任事项和主体,提出责任划分和落实方案,推动新法全面、有效贯彻实施。根据《"十四五"时期"无废城市"建设工作方案》,我部指导开展"无废城市"建设的各城市和地区建立健全固体废物环境管理制度体系,建立部门责任清单,明确各类固体废物产生、收集、贮存、运输、利用、处置等环节的部门职责边界。二是加强"无废城市"建设数字化改革。鼓励有条件的省份和地区强化固体废物管理信息化平台建设,打通各部门固体废物管理数据壁垒,治理"数据孤岛"。例如,浙江省积极打造"浙里无废"数字化综合应用平台,与公安、住建、交通运输、农业农村、卫生健康等部门多跨协同,打通部门间固体废物管理信息壁垒,实现省市县全域贯通。

二、关于加大固废领域基础设施建设投入和支持力度

一是整合多种社会资源。我部会同国家发展改革委等17个部门和单位建立"无废城市"建设部际协调机制,促进政策、资金、技术等资源要素集聚,整合多种社会资源,形成工作合力,指导各城市和地区强化固体废物利用处置技术模式创新。二是建立"无废城市"建设指标体系。我部建立"无废城市"建设指标体系,明确将现有统计调查数据和专项调查数据作为各项指标数据的主要来源,并指导各城市和地区完善固体废物统计范围、口径、分类和方法。三是强化投入和支持力度。据不完全统计,"十四五"时期开展"无废城市"建设的城市和地区共安排工程项目3200余项,涉及资金超1万亿元。针对石嘴山市等典型资源型城市,相关部委相继出台多个文件,积极推动煤矸石、粉煤灰、工业副产石膏等大宗工业固废综合利用,鼓励与市政、交通、生态修复等产品应用领域融合发展。国家发展改革委在加强县级地区生活垃圾焚烧处理设施建设工作中,要求开展"无废城市"建设地区应建尽建生活垃圾焚烧处理设施。住房城乡建设部在推进生活垃圾收运处理体系建设工作中,要求开展"无废城市"建设的村庄率先实现垃圾分类、源头减量,因地制宜推进简便易行的垃圾分类和资源化利用方法。中央财办、农业农村部等部门推进"无废乡村"建设,加强农业废弃物资源化利用,依法建立畜禽粪污收运利用系统,依法禁止秸秆露天焚烧。

三、关于探索构建激励约束政策

一是积极探索多种激励措施。在政策激励方面,我部联合国家开发银行开展"无废城市"建设融资试点工作,指导保定、许昌、长春等城市探索多元融资模式。鼓励开展"无废城市"建设的各城市和地区充分利用好中央预算内投资,推动符合条件的大宗固废、再生资源等综合利用重点项目建设。在"无废城市"建设起步阶段,财政部通过土壤污染防治资金对试点成效显著的"无废城市"予以适当激励,充分发挥引导带动效应;利用税收优惠政策,对符合条件的"无废城市"建设相关企业,按规定可享受一系列税收优惠政策,例如对纳税人销售自产的资源综合利用产品和提供资源综合利用劳务实施增值税即征即退政策。二是出台固废管理相关文件。国家发展改革委将大宗固废综合利用示范工程和建筑垃圾资源化利用示范工程纳入《"十四五"循环经济发展规划》,推广使用大宗固废综合利用产品,推动建筑垃圾再生产品的市场应用。工业和信息化部将资源利用循环化转型纳入《"十四五"工业绿色发展规划》,推动工业固体废物规模化、高值化综合利用;出台《关于加快推动工业资源综合利用的实施方案》,推动固体废物在地区内、园区内、厂区内的协同循环利用,提高固体废物就地资源化效率。

下一步,我部将会同有关部门加快完善法律法规政

策体系，强化"无废城市"建设数字化改革，全面提升保障能力；加快社会资源整合，不断完善相关统计评价体系，提升"无废城市"建设基础能力；鼓励支持各地因地制宜探索研究大宗工业固废综合利用途径，加快模型创新和总结凝练，形成一批可复制可推广的示范模式和创新做法；加快探索建立多种激励约束机制，进一步拓宽固体废物综合利用渠道，提升固体废物治理能力，扎实推进"无废城市"高质量建设。

感谢你们对生态环境工作的关心和支持。

对十三届全国人大四次会议第6708号建议的答复

——关于加强城市噪声污染控制及监管的建议

·2021年9月26日

您提出的"关于加强城市噪声污染控制及监管的建议"，由我部会同公安部、住房城乡建设部办理。经认真研究，答复如下：

噪声污染伴随着城镇化和工业化的发展而产生。噪声污染会造成耳鸣、儿童认知损失、心血管疾病、睡眠障碍和焦虑烦恼，影响人民群众正常学习、工作和生活。随着蓝天、碧水、净土污染防治攻坚战取得显著成效，人民群众对生态环境质量的期望更高，噪声引发的群众烦恼日益突显，成为当前群众最关心的身边"烦心事"之一。我们非常赞同您关于加强城市噪声污染控制及监管的建议。

一、关于相关法律法规明确噪声扰民的范围，加大处罚力度

近年来，社会生活噪声污染是群众反映最多的噪声问题。1996年我国颁布了《环境噪声污染防治法》（以下简称"噪声法"），其中设有专章规定社会生活噪声污染防治相关要求。1999年，为加强对社会生活噪声污染的管理，原国家环境保护总局、公安部、原国家工商管理局联合发布关于《加强社会生活噪声污染防治管理的规定》。76个省、市也先后制定了本地噪声污染防治管理办法或条例，如2012年上海市发布《上海市社会生活噪声污染防治办法》，对社会生活噪声管理作出具体规定。根据社会生活噪声的特点，对于文化娱乐场所和商业经营活动中设备、设施主要采取噪声排放标准的管理方式，对于家庭装修、邻里噪声、广场舞等主要采取限定活动场所和时间、制定规约等行为管理方式。

《噪声法》修改已于2018年9月列入十三届全国人大常委会立法规划的一类项目，全国人大环资委负责牵头起草，我部积极配合做好修法工作，起草了《噪声法》修改草案建议稿、编制说明、论证报告等材料。目前《噪声法》（草案）已通过十三届全国人大常委会第一次审议。草案中增加了公共场所娱乐健身活动、静音车厢等相关条款，并完善相应罚则，明确罚款额度。

二、关于规范健身活动，控制噪声音量

此次《噪声法》修改对健身活动噪声污染防治要求进行了完善。一是保护敏感区域，禁止任何单位、个人在噪声敏感建筑物集中区域内使用高音广播喇叭。二是加强公共场所管理，在街道、广场、公园等公共场所组织或者开展娱乐、健身等活动的，要求遵守公共场所管理者有关活动区域和时段等规定，采取控制噪声的有效措施，避免干扰周围生活环境。三是扩大家庭噪声防治范围，从"家庭室内"扩大到"家庭场所"，要求使用家用电器、乐器或者进行其他家庭场所活动时，应当控制音量或者采取其他有效措施，避免对周围居民造成干扰。

近年广场舞等娱乐、健身活动噪声扰民引发较多社会矛盾，对此今年我部面向全国征集公园、广场等公共场所社会生活噪声防治良好案例，如：北京、天津等城市安装了噪声显示屏，当广场舞噪声值超过设定的标准值时将提醒群众降低音量；上海、苏州等城市采用"智慧音响"，运用定向声技术，让广场音乐声集中在一定区域，有效破解广场舞与周边居民之间冲突的难题。征集的案例计划汇编出版，将好的经验做法推广全国，推动问题解决。

三、关于相关部门加强对噪声污染的监管

一是在社会生活噪声监管方面，各地对餐饮、商业街等重点社会生活噪声污染问题，开展了多部门联合专项整治行动，并强化日常监管，加强对商铺的日常巡查管理，禁止利用高音广播喇叭招揽顾客。据调度，2020年全国社会生活噪声处罚案件20662件，共处罚款约1014.9万元。

二是在噪声自动监测方面，截至2020年底，全国生态环境系统设置了892个功能区声环境质量自动监测站点和423个道路交通噪声监测站点。为加强重点噪声源监管，据不完全统计，截至2020年底全国安装了37995套建筑施工噪声自动监测设备，478套噪声敏感区宣传、警示用途的噪声自动监测设备等。

三是在充分发挥社区、居委会和物业等作用方面，《噪声法》修改已增加了相关条款，要求居（村）民委员会等基层群众性自治组织、业主委员会及其委托管理单位应当及时劝阻、调解物业管理区域内的社会生活噪声扰民行为。

四、关于技术降噪

住房城乡建设部发布的《住宅设计规范》(GB 50096-2011)、《民用建筑设计隔声规范》(GB 50118-2011)等对住宅建筑提出了噪声控制要求,规定了住宅卧室内、起居室内的昼间、夜间噪声级,为强制性条文,需严格执行。近年来,不断有群众反映建筑使用时受到外部噪声源、内部建筑设备以及邻里之间噪声干扰等问题,也受到住房城乡建设部的高度重视。住房城乡建设部正在积极开展建筑室内声环境相关标准规范的制修订工作。其中,《建筑环境通用规范》、《民用建筑隔声设计标准》等均拟对建筑的隔声要求进行提升,预计发布后我国建筑室内声环境水平将得到较大改善。

五、关于加大宣传教育力度

噪声是与人民生活息息相关的环境污染问题,宁静和谐的人居环境需要大家共同创造。《噪声法》(草案)中新增鼓励开展噪声宣传教育的条款,鼓励基层群众性自治组织、社会组织、公共场所管理者、志愿者等开展噪声污染防治法律法规和知识的宣传。我部在配合全国人大环资委开展《噪声法》修改工作时制作了大量噪声污染防治宣传册和宣传彩页,出版了科普书籍《环境噪声污染防治知识问答》等,结合调研开展普法工作,调研到哪里就宣传到哪里。公安部组织广大公安派出所结合深入开展"百万警进千万家"活动,加强相关法律知识的宣传教育,增强群众法治意识,提升素质修养。

下一步,我部将会同住房城乡建设、公安、交通运输、自然资源、工业和信息化、民用航空等主管部门和铁路监督管理部门、海事管理机构、综合执法部门等,在《噪声法》颁布实施后,制定噪声污染防治行动计划,积极推动配套政策、制度、标准出台,推动各地完善法律法规,积极做好宣传工作,使各项噪声治理措施落到实处,切实解决群众"急难愁盼"。

感谢您对生态环境工作的关心和支持。

对十三届全国人大四次会议第 1368 号建议的答复

——关于大力推进农村生活污水治理的建议

· 2021 年 9 月 26 日

您提出的"关于大力推进农村生活污水治理的建议",由我部会同财政部、国家乡村振兴局办理。经认真研究,答复如下:

农村生活污水治理是农村人居环境整治的重要内容,是深入打好污染防治攻坚战的重要举措,对于促进乡村生态振兴和农村生态文明建设具有重要作用。我部会同相关部门,深入落实习近平生态文明思想,认真落实党中央、国务院决策部署,不断加大农村生活污水治理工作力度,持续推动改善农村人居环境,打造生态宜居美丽乡村。

一、相关工作进展

(一)加强技术指导,因地制宜选择治理模式。一是印发《农村生活污水处理设施水污染物排放控制规范编制工作指南(试行)》,指导各地考虑区域差异和农村特点,根据排水去向等,分类分级确定控制指标和排放要求,合理确定排放标准。目前全国包括吉林省在内 30 个省份已出台农村生活污水处理排放标准。二是指导各地开展现状调查,根据村庄类型、人口集聚度、自然气候条件、经济发展水平等,因地制宜选取污水资源化利用、纳入城镇污水管网、建立集中式或分散式污水处理设施等治理模式。对人口较少、污水产生量较少的地区,以卫生厕所改造为重点推进农村生活污水治理,杜绝化粪池出水直排。三是编制《农村生活污水治理技术手册》,筛选一批农村生活污水治理典型案例,对高寒地区进行指导,供各地在开展工作过程中参考使用。

(二)加大农村生活污水处理设施建设和运维资金支持。为缓解农村生活污水治理资金短缺难题,我部联合财政部等部门,积极推动建立地方为主、中央补助的政府投入体系,地方各级政府统筹整合相关资金,合理保障农村生活污水治理设施建设和运行资金。一是建立差异化的中央财政投入机制。根据国办印发的《生态环境领域中央与地方财政事权和支出责任划分改革方案》,农村生活污水治理属于地方财政事权,地方政府应切实承担支出责任,加大投入力度。为支持引导地方加快改善农村环境质量,"十三五"期间,累计安排吉林省农村环境整治资金 1.42 亿元,支持地方开展农村生活污水治理等工作。资金安排主要根据各省(区、市)有关整治任务及完成情况,并结合绩效评价结果,体现各地区的差异。吉林省可根据本省环境整治实际,加快补齐农村生态环境短板,不断改善农村人居环境。二是积极拓展资金渠道。财政部持续健全完善"法律+政策+操作指引+合同"PPP 制度体系,规范支持政府和社会资本合作项目,鼓励引导社会资本参与污染防治项目建设和运营。生态环境部联合国家开发银行印发《关于深入打好污染防治攻坚战共同推进生态环保重大工程项目融资的通知》,将农村环境整治作为精准支持深入打好污染防治攻坚战的重点领域,对符合条件的污水处理设施建设项目提供信贷支持。

二、下一步工作计划

我部将会同财政部、国家乡村振兴局等部门,按照"十四五"全面推进乡村振兴、深入打好农业农村污染治理攻坚战的有关要求,统筹推进农村生活污水治理,加强对吉林等北部省份的支持指导,加快解决资金缺口大、适宜技术缺乏等问题,切实提升治理成效,助力乡村生态振兴。

(一)加强规划引导。研究细化"十四五"农村生活污水处理与资源化利用实施方案,指导各地在县域规划的基础上,加强省市统筹规划和组织实施,健全政策机制,有序推进污水治理,有效落实目标任务。鼓励有条件的地区以市或县为单元统筹治理,委托有实力的企业打包建设和运行,引导村民投工投劳,加快形成"政府主导、市场运作、农民主体、社会参与"的共治共享新局面。

(二)多方筹措资金。完善地方为主、中央奖补、社会参与的资金筹措机制。中央财政将通过现有资金渠道,继续对农村生活污水治理予以支持。推动地方落实财政事权,在农村生活污水治理方面切实承担支出责任,加大投入力度。配合相关部门指导各地规范用好金融政策,鼓励有条件地区探索建立污水处理受益农户付费制度,多渠道吸引社会资金参与农村生活污水治理。

(三)加强技术指导。生态环境部将联合相关部门,加快制定农村生活污水处理设施建设验收、运行维护等方面的技术指南,指导各地以生态化、资源化、可持续为导向,选择符合农村实际的生活污水治理技术,优先推广运行费用低、管护简便的治理技术。组织专家团队,加强技术帮扶,支持高寒、山地和生态环境敏感等典型地区,积极探索适合本地区的治理模式和管护机制。

感谢您对生态环境工作的关心和支持。

对十三届全国人大四次会议第5327号建议的答复

——关于进一步加快我国生态环境损害赔偿立法工作的建议

· 2021年9月18日

你们提出的"关于进一步加快我国生态环境损害赔偿立法工作的建议",由我部会同财政部、自然资源部、最高人民法院、最高人民检察院办理,经认真研究,答复如下:

中办、国办于2017年12月印发《生态环境损害赔偿制度改革方案》(以下简称《改革方案》),部署自2018年1月1日起在全国试行生态环境损害赔偿制度。经过3年多的全国试行,改革取得明显成效,初步构建了"责任明确、途径畅通、技术规范、保障有力、赔偿到位、修复有效"的生态环境损害赔偿制度。您们提出实践中还缺乏专门的法律保障,需要进一步加快我国生态环境损害赔偿立法工作的建议,对于深化生态环境损害赔偿制度改革,构建生态文明制度体系,推进生态环境治理体系和治理能力现代化,具有重要意义;对我们推进生态环境损害赔偿制度建设工作,具有重要指导作用。

一、生态环境损害赔偿立法进展

(一)民法典及专项法明确生态环境损害赔偿责任

一是民法典"侵权责任编"中专设"第七章 环境污染和生态破坏责任"规定生态环境损害赔偿责任,将改革成果上升为国家基本法律内容,确立了生态环境损害赔偿法律责任制度。二是2018年8月制定的土壤污染防治法、2020年4月修订的固体废物污染环境防治法和2020年12月制定的长江保护法等专项法,规定了生态环境损害赔偿内容。三是在国家公园法、草原法、湿地保护法等相关法律制修订工作中,我部正在联合相关部门,积极推动纳入生态环境损害赔偿内容。

(二)党内法规规定生态环境损害赔偿内容

2019年6月制定的《中央生态环境保护督察工作规定》第二十四条规定,对于督察发现需要开展生态环境损害赔偿的,移送省级政府依照有关规定索赔。吉林、新疆、安徽等13个省级生态环境保护督察办法中,也规定了生态环境损害赔偿内容。

(三)地方立法明确生态环境损害赔偿责任

目前,上海、河北、安徽等19个省份在地方性法规中,明确了生态环境损害赔偿责任。如《上海市环境保护条例》(2018年12月修正)第九十条规定:"排污单位或个人违反环境法律、法规规定,除依法承担相应的行政责任外,造成环境损害或者生态破坏的,还应当承担相应的生态环境损害赔偿责任。"

(四)最高人民法院发布司法解释

2019年6月,最高人民法院发布《关于审理生态环境损害赔偿案件的若干规定(试行)》,对于生态环境损害赔偿诉讼受理条件、证据规则、责任范围、诉讼衔接、赔偿协议司法确认、强制执行等问题予以规定。2020年9月,周强院长在"全国法院深入贯彻'两山'理念全面加强生态环境司法保护工作座谈会"上发表重要讲话,要求强化制度建设,构建成熟、科学、系统的环境资源审判规则体系,研究包括生态环境损害赔偿案件在内的环境资源案件特别程序规则等内容,完善生态环境修复责任,落实最严格环境资源保护制度。2020年12月,为配合民法典颁布后相关环境资源领域的司法解释清理工作,最高人民法院及时修订《关于审理生态环境损害赔偿案件的若干规定(试行)》条文。

(五)最高人民检察院发布办案规则

2021年7月,最高人民检察院发布《人民检察院公益诉讼办案规则》,规范了生态环境损害赔偿案件和环境公益诉讼案件衔接机制:一是明确生态环境损害赔偿磋商和诉讼优先;二是检察机关发布诉前公告,告知赔偿权利人启动赔偿程序;三是检察机关跟进生态环境损害赔偿进展;四是对于赔偿权利人未启动赔偿程序,或者经过磋商未达成一致,又不提起诉讼的,检察机关提起公益诉讼;五是检察机关支持赔偿权利人提起生态环境损害赔偿诉讼。

(六)财政部规范资金管理和使用规则

2020年3月,财政部等9个部门联合印发《生态环境损害赔偿资金管理办法(试行)》(以下简称《资金管理办法》),明确生态环境损害赔偿资金是在生态环境损害无法修复或者无法完全修复、赔偿义务人不履行义务或者不完全履行义务的情况下缴纳的资金,作为政府非税收入,全额上缴赔偿权利人指定部门或机构的本级国库,纳入一般公共预算管理。同时,也明确在环境民事公益诉讼中,经人民法院生效法律文书确定的生态环境无法修复或者无法完全修复的损害赔偿资金,以及赔偿义务人未履行义务或者未完全履行义务时应当支付的生态环境修复费用,可参照该办法管理。

二、关于生态环境损害赔偿立法建议

(一)关于明确索赔主体

《改革方案》明确,生态环境损害赔偿索赔主体包括省级、市地级人民政府及其指定的相关部门、机构,或者受国务院委托行使全民所有自然资源资产所有权的部门。按照《改革方案》的要求,各省级和市地级人民政府结合本行政区域实际情况制定了本地区改革实施方案,明确生态环境、自然资源部、住房城乡建设、水利、农业农村等部门的索赔职责范围。

2020年8月,我部与最高人民法院、最高人民检察院、财政部、自然资源部等11个单位联合印发《关于推进生态环境损害赔偿制度改革若干具体问题的意见》(以下简称11部门《意见》),提出赔偿权利人可以根据相关部门职能指定生态环境、自然资源、住房城乡建设、水利、农业农村、林业和草原等相关部门或机构负责生态环境损害赔偿的具体工作;生态环境损害赔偿案件涉及多个部门或机构的,可以指定由改革工作牵头部门负责具体工作。

(二)关于量化启动索赔的具体指标

根据《改革方案》,存在下列情形之一的,依法追究生态环境损害赔偿责任:1.发生较大及以上突发环境事件的;2.在国家和省级主体功能区规划中划定的重点生态功能区、禁止开发区发生环境污染、生态破坏事件的;3.发生其他严重影响生态环境后果的。各地在改革试行实践中探索对以上的几种情形进行了细化,如河北、广东、四川、青海等地将造成生态环境损害并涉及环境犯罪的情形纳入了索赔启动范围;吉林、上海等地对生态保护红线、自然保护区等特殊区域内发生生态环境损害的情形作出索赔规定。

11部门《意见》指导各地定期筛查生态环境损害赔偿案件线索,发现线索渠道可包括生态环境保护督察发现问题,突发生态环境事件,资源与环境行政处罚案件,破坏环境资源保护犯罪案件,在国土空间规划中确定的重点生态功能区、禁止开发区发生的环境污染、生态破坏事件,各项资源与环境专项行动、执法巡查发现的案件线索,信访投诉、举报和媒体曝光涉及的案件线索等7个方面。

(三)关于扩大赔偿义务人的范围

根据《改革方案》,赔偿义务人是指违反法律法规,造成生态环境损害的单位或个人。实践中赔偿义务人一般是因污染环境、破坏生态造成生态环境损害的企事业单位和其他生产经营者。生态环境损害赔偿实行"环境有价,损害担责"的原则,赔偿义务人承担生态环境损害赔偿责任的主要依据在于因污染或破坏行为造成生态环境损害。《改革方案》提出:"各地区可根据需要扩大生态环境损害赔偿义务人范围,提出相关立法建议。"我们将在总结各地实践经验的基础上,研究扩大赔偿义务人范围。

(四)关于明确资金管理

《改革方案》规定,生态环境损害赔偿制度改革工作所需经费由同级财政予以安排。重庆市将损害调查、鉴定评估、修复效果评估等费用纳入同级财政预算。山东省将生态环境修复及工作经费相关支出纳入赔偿权利人指定部门、机构预算,经同级财政部门审核后按规定执行。

《资金管理办法》明确生态环境损害赔偿资金作为政府非税收入,全额上缴赔偿权利人指定部门或机构的本级国库,纳入一般公共预算管理,环境民事公益诉讼赔偿资金参照该办法管理。实践中，各地积极探索赔偿资金有效管理和使用规则，北京、四川等省份规定生态环境损害赔偿资金专项用于生态环境修复；甘肃、青海等省份推行环境污染责任保险制度；黑龙江、福建等省份探索环境修复类债券等绿色金融手段。

2021年3月，最高人民检察院在全国19个省份开展生态环境公益诉讼损害赔偿资金管理、使用和监督工作专题调研。就生态环境公益诉讼损害赔偿资金的来源、管理模式、申请使用及审批程序、具体用途、监督管理等基本情况进行摸底，进一步了解各地生态环境公益诉讼损害赔偿资金管理、使用和监督等工作情况。部分地方检察院、法院、环保部门和财政部门联合出台了相关文件，如江苏、浙江、山东、湖南、重庆、四川等地积极探索建立相关机制，鼓励各地探索专项资金账户管理、专项公益基金管理、信托基金管理等不同模式，比较利弊，为生态环境损害赔偿资金管理积累实践经验。

下一步，我部将联合最高人民法院、最高人民检察院、财政部、自然资源部等有关部门，积极研究总结各地改革实践经验，就生态环境损害赔偿案件相关法律适用问题进一步予以规范；研究进一步明确索赔主体，量化索赔启动指标，细化赔偿义务人范围，鼓励地方探索创新赔偿资金的管理和使用规则；适时提出立法建议，联合有关部门加快推进生态环境损害赔偿立法。

衷心感谢你们对生态环境损害赔偿工作的关心、理解与支持，希望你们一如既往对生态环境工作提出意见和建议。

对十三届全国人大四次会议第4124号建议的答复

——关于加强生态环境执法能力的建议

·2021年9月18日

您提出的"关于加强生态环境执法能力的建议"收悉，经商财政部，答复如下：

2018年中办、国办印发《关于深化生态环境保护综合行政执法改革的指导意见》（中办发〔2018〕64号），明确提出按照机构规范化、装备现代化、队伍专业化、管理制度化的要求，全面推进生态环境保护综合行政执法标准化建设。我部会同相关部门积极推动综合行政执法改革，目前全国省、市、县级执法机构组建已经基本完成。

一、加大中央资金投入

根据《国务院关于印发生态环境领域中央与地方财政事权和支出责任划分改革方案的通知》（国办发〔2020〕13号，以下简称《改革方案》），全国性的生态环境执法检查和督察为中央财政事权，由中央财政承担支出责任。近年来，按照党中央、国务院决策部署，中央财政大力支持生态环境执法能力建设。2021年，在财政过紧日子、预算压减的大背景下，中央财政继续通过部门预算安排近1亿元，着力保障生态环境监察执法。

二、加强队伍建设

为加强生态环境保护综合行政执法队伍建设，2021年6月，我部出台《关于加强生态环境保护综合行政执法队伍建设的实施意见》（环执法〔2021〕354号，以下简称《实施意见》）从全面履行执法职能，推进执法机构示范单位建设；全面提升装备水平，推进执法队伍现代化建设；全面提高人员素质，推进执法队伍专业化建设；注重建章立制，推进执法队伍管理制度化建设；严格依法执法，推进激励执法人员履职尽责的保障体系建设；加强组织领导，推进政策措施的全面落地等六方面打造生态环境保护铁军中的主力军。

三、统一制式服装

2020年12月，财政部、司法部印发《综合行政执法制式服装和标志管理办法》（财行〔2020〕299号），明确生态环境保护、交通运输等6支综合行政执法队伍实行统一着装。我部将统一着装作为推进严格规范公正文明执法的重要抓手，配套出台了《生态环境保护综合行政执法制式服装和标志技术规范（试行）（修订版I）》（执法函〔2021〕14号）、《生态环境保护综合行政执法人员着装管理规定》（环执法〔2021〕20号）等规定。2021年4月召开的全国生态环境保护执法工作会暨生态环境执法大练兵总结部署会上，生态环境执法队伍全新制式服装首次正式亮相。

四、统一执法装备

由于原来执法队伍没有纳入国务院执法单位序列，2015年公车改革后大部分车辆被收回。据统计，全国各级执法机构共有执法执勤专用车约6800余辆，平均每12人一台执法车辆，远低于原全国环境监察标准化建设2-4人/辆车的规定，同其他执法队伍基本装备配备指导标准相比也较低。为保障执法用车需求，我部积极协调相关部门推动生态环境保护综合行政执法用车纳入执法执勤车辆序列。为全面推进生态环境保护执法装备标准化建设，我部出台《生态环境保护综合行政执法装备配备标准化建设指导标准（2020年版）》（环办执法〔2020〕35号），并在《实施意见》中要求地方各级生态环境部门积极与相关部门沟通,制定配备方案,落实配备资金,力争2022年底前基本配齐配全执法装备。

另,按照《改革方案》,地方性的生态环境执法检查、生态环境管理事务与能力建设属于地方财政事权,由地方承担支出责任。建议河北省各级财政、生态环境部门加强沟通协调,结合地方执法工作实际,加大生态环境保护执法专项投入,全面推动执法装备标准化建设,加强调查取证、移动执法等装备配置,保障一线环境执法用车。

下一步,我部将继续聚焦综合执法队伍基础能力建设,指导各地全面加强生态环境保护综合行政执法队伍建设,积极协调相关部门将生态环境保护综合行政执法用车纳入执法执勤车辆予以保障,加大国家生态环境执法工作资金支持力度。

感谢您对生态环境工作的关心和支持。

关于政协十三届全国委员会第四次会议第2491号提案答复的函

——关于修订国家突发环境事件应急预案的提案

· 2021年7月21日

您提出的"关于修订国家突发环境事件应急预案的提案",由我部会同应急管理部办理。经认真研究,答复如下:

应急预案是发挥我国政治优势、制度优势和组织优势,做好应急管理工作的重要载体,是及时、有序、有效应对各类突发事件的重要保障。近年来,应急管理部在应急预案体系建设方面开展了一系列工作。一是组织修订国家突发事件总体应急预案并公开征求两轮意见,明确国家专项应急预案牵头部门和预案体系建设及管理规定;二是组织召开了全国应急预案体系建设现场会,加快构建与深化党和国家机构改革要求相适应的应急预案体系;三是研究推动突发事件应急预案管理办法修订,推动健全应急预案管理长效机制;四是指导各地各有关部门做好应急预案编制、综合协调衔接、演练等预算申请相关工作;五是组织开展了应急预案编制、评估和应急演练组织、评估等相关课题研究。

突发环境事件应急预案(以下简称环境应急预案)作为我国预案体系的重要组成部分,由各级生态环境部门负责制定或管理。近年来,生态环境部加强各级各类环境应急预案管理,"十三五"期间,环境应急预案体系基本健全。自2014年《国家突发环境事件应急预案》(以下简称《环境应急预案》)修订印发以来,各地陆续完成政府环境应急预案修订。目前,国家、省、市级政府环境应急预案基本修订完成,县级预案覆盖率超过95%。全国重点企业预案备案数已达8万多家,其中,长江经济带、黄河流域和环渤海3万多家涉危险化学品涉重金属企业完成环境应急预案备案全覆盖。同时,根据河南淇河污染事件处置实践经验,总结出以空间换时间的"南阳实践",编制《流域突发水污染事件环境应急"南阳实践"实施技术指南》,在全国范围推广应用"南阳实践",深化完善流域突发水污染事件应急准备。环境应急预案在事故先期处置应对、防范次生污染方面发挥重要作用,"十三五"以来,全国突发环境事件发生的数量和影响都有明显下降,比"十二五"下降49%,其中重大事件9起,下降65%,较大事件25起,下降50%。

您在分析我国现行的环境应急预案存在有关问题基础上,提出了尽快修订国家突发环境事件应急预案、建立健全预案管理长效机制、加强相关理论和重点问题研究等建议,对我们做好相关工作具有很好的借鉴意义。

一、国家突发环境事件应急预案修订情况

2020年,生态环境部组织开展《环境应急预案》研究修订工作,针对《环境应急预案》定位、组织指挥机制、预警分级标准、响应分级条件、事件分级标准等关键问题完成了基础研究,目前已形成修订初稿。与现行《环境应急预案》相比,在内容上有所调整,根据机构改革后生态环境部的职责变化,拟将预案名称调整为"国家突发生态环境事件应急预案";考虑到经济增长因素,提高了事件分级标准中直接经济损失的金额;根据可能受影响的敏感目标类型、污染物到达敏感目标的时间、是否超标等因素,明确了预警的分级标准。

鉴于应急管理部正在牵头修订国家突发事件总体应急预案,为做好有效衔接,《环境应急预案》相关内容需待国家突发事件总体应急预案发布后最终确定。

二、预案管理体系和长效机制建设情况

近年来,生态环境部围绕强化预案管理开展了一系列工作,通过建章立制、调度分析,规范预案的全过程管理,不断提升预案的针对性和可操作性。

2014年以来,为提高政府和部门环境应急预案质量,指导地方政府组织开展区域突发环境事件风险评估,印发《行政区域突发环境事件风险评估推荐方法》。为提高企业环境应急预案质量,指导企业预案编制、备案、评估、演练等工作,先后印发《企业突发环境事件风险评估指南(试行)》《企业事业单位突发环境事件应急预案

备案管理办法（试行）》和《企业事业单位突发环境事件应急预案评审工作指南》等文件。同时，为规范不同类别预案的全过程管理，针对重污染天气、水源地等重点领域以及石化、尾矿库等重点行业，先后印发《石油化工企业环境应急预案编制指南》《城市大气重污染应急预案编制指南》《尾矿库环境应急预案编制指南》《集中式地表水饮用水水源地突发环境事件应急预案编制指南》等。

2017年，为加强环境应急预案管理，生态环境部组织对各地企业事业单位环境应急预案管理工作调度分析，印发《关于企业事业单位突发环境事件应急预案管理工作情况的通报》，指出企业环境应急预案存在进展不平衡、管理不规范、实用性不强等问题，并提出针对性工作建议。2020年以来，为发挥优秀预案的示范带动作用，生态环境部启动环境应急预案范例库建设，制定并印发了《环境应急预案范例库管理工作指南（试行）》，作为导向性要求指导预案编制工作，各地可以借鉴优秀预案范例的经验和做法，推动预案整体质量提高。

三、预案体系理论和预警分级问题研究情况

近年来，针对突发环境事件应急准备和处置过程中暴露出的预案体系和运行管理相关问题，生态环境部先后组织开展了政府及部门环境应急预案评估研究、企业与政府及部门环境应急预案衔接研究等相关工作，研究制定了《重特大及敏感突发环境事件应急响应工作手册》。目前，正在开展环境应急预案体系分析研究，对现有环境应急预案体系进行评估，分析各级政府预案、部门预案、企业预案、流域预案、针对不同类型污染事件的专项预案等各类预案在预案体系中的定位、作用和相互关系。

此外，生态环境部还组织开展了突发环境事件预警分级标准研究，针对突发水污染事件、突发大气污染事件分别制定红、橙、黄、蓝四级预警分级条件。目前正在修订的《环境应急预案》中已经包括针对突发大气污染事件和突发水污染事件的预警分级标准。

下一步，生态环境部将根据应急管理部关于预案管理相关工作安排，与正在修订的《突发事件应对法》《国家突发事件总体应急预案》做好衔接，加快推动国家突发生态环境事件应急预案修订出台；持续组织开展环境应急预案管理体系、方法研究，为预案体系的调整优化和改进提供理论支撑。

感谢您对生态环境工作的关心和支持。

对十三届全国人大四次会议第6300号建议的答复

——关于加强医疗废物处置设施建设的建议

· 2021年8月30日

您提出的关于加强医疗废物处置设施建设的建议，全国人大交由国家卫生健康委、生态环境部、公安部和我委分别办理，现就涉及我委职能的事项答复如下。

您提出的"各级政府和相关部门应科学规划，加大医疗废物集中处置设施建设，合理规划设立医疗废物周转场（点），实现城乡医疗废物收集、处置全覆盖，筑牢医疗废物处置的安全线"等建议，对我委做好相关工作具有很强的指导意义。

党中央、国务院高度重视医疗废物处置工作，习近平总书记多次作出重要指示批示，要求全力推进医疗废弃物收集处理，加快补齐医疗废物、危险废物收集处理设施方面短板。2020年新冠肺炎疫情发生以来，我委深入贯彻落实党中央、国务院决策部署，大力推动医疗废物处置设施建设。

一是精心组织推进医疗废物处置设施建设。加强组织领导，多次召开专题会议，明确目标任务，细化措施分工，加快补齐医疗废物集中处置设施短板弱项。压实目标责任，推动各地区成立工作专班，建立工作协调机制，狠抓政策措施落地。组织召开推进医疗废物集中处置能力补短板强弱项电视电话会议，指导各地区开展医疗废物集中处置设施建设。

二是及时出台政策文件。迅速摸排梳理全国医疗废物收集转运及集中处置设施建设运行情况，形成《关于全国医疗废物集中处置设施建设有关情况的报告》，会同国家卫生健康委、生态环境部制定出台《医疗废物集中处置设施能力建设实施方案》，对医疗废物集中处理设施建设作出全面部署。

三是加大资金支持力度。安排中央预算内投资45亿元，支持医疗废物既有处置能力提质扩容、收集转运设施、集中处置设施、应急处置能力等项目建设。项目建成以后，医疗废物集中处置能力将显著增强，地级及以上城市基本建成规范达标的医疗废物集中处置设施，县城医疗废物处理能力大幅提升，收集转运体系加快完善。

四是推动项目加快建设。加强项目建设跟踪问效，利用国家重大建设项目库，按月调度医疗废物处置项目建设情况。印发《关于督促落实医疗废物处置能力建设的通知》，督促指导各地区医疗废物处置设施建设专项中央预算内投资计划执行和项目建设。组织开展31个省（区、市）和新疆生产建设兵团医疗废物处置能力建设情况"回头看"调研，进一步推动医疗废物处置设施建设。

下一步，我们将深入贯彻落实党中央、国务院决策部署，继续发挥中央预算内投资引导带动作用，支持医疗废物集中处置设施项目建设，以更高的标准、更严的要求、更实的措施，持续做好医疗废物处置设施建设工作。

感谢您对发展改革工作的关心和支持。

欢迎登录我委门户网站（www.ndrc.gov.cn），了解国家经济和社会发展政策、经济建设和社会发展情况、经济体制改革方面的重要信息。

对十三届全国人大三次会议第8484号建议的答复

——关于统筹规划工业废水处理的建议

· 2020年11月5日

您提出的"关于统筹规划工业废水处理的建议"，由我部会同工业和信息化部、住房城乡建设部办理。经认真研究，答复如下：

工业废水成分复杂、危害性强、污染严重，其处理面临政策、管理、技术等多方面问题。生态环境部、工业和信息化部、住房城乡建设部高度重视工业废水处理，主要开展了以下工作。

一、加强工业废水污染防治

一是严格工业废水排放监管。生态环境部大力推进固定污染源排污许可证核发工作，加强排污许可证后监管，督促已发证企业按证排污。目前，全国已对23.92万家排污单位发放排污许可证，其中污水处理厂1.18万家（含工业废水集中处理厂1753家）。2019年4月，住房城乡建设部、生态环境部、发展改革委联合印发《城镇污水处理提质增效三年行动方案（2019—2021年）》，进一步明确了工业企业废水进入市政污水收集设施的要求。各地对接入市政污水收集设施的工业企业应当组织排查评估，经评估认定污染物不能被城镇污水处理厂有效处理或可能影响城镇污水处理厂出水稳定达标的，要限期退出；经评估可继续接入污水管网的，工业企业应当依法取得排污许可，并向社会公开排放的污染物相关信息。各地要严格执行污水排入排水管网许可制度，禁止向排水管网排放有毒有害和腐蚀性废水废渣、倾倒垃圾渣土及施工泥浆等，避免对污水处理厂造成损害。各地要建立完善生态环境、排水等部门执法联动机制，加强对接入市政管网的工业企业以及餐饮、洗车等生产经营性单位的监管，依法处罚超排、偷排等违法行为。

二是推动工业节水和废水资源化利用。工业和信息化部大力推广工业废水处理回用技术，从源头减少废水排放，会同水利部发布了三批国家鼓励的工业节水工艺、技术和装备目录，紧紧围绕钢铁、石化化工、纺织、造纸、食品等高耗水行业，积极推广应用高盐废水处理回用、炼油废水处理回用、钢铁综合污水再生回用等先进适用节水技术装备，指导企业开展废水处理回用等节水工作。在重点用水行业实施水效领跑者引领行动，遴选发布水效领跑者企业及用水指标，树立节水标杆，促进企业对标达标。配合发展改革委等研究起草推进污水资源化利用的政策，强化工业企业、园区内部用水管理，推进工业废水资源化利用。

三是完善工业废水污染物排放管控要求。生态环境部已发布了造纸、印染、钢铁、石化等主要工业行业水污染物排放标准，明确了管控要求。目前，根据水生态环境保护需求，正在制修订电子、铅锌、硫酸、磷肥等行业水污染物排放标准，进一步强化有毒有害水污染物的环境风险管控要求。同时，支持指导各地因地制宜制定地方行业水污染物排放标准，进一步削减辖区内水质超标污染物的排放量。工业和信息化部组织行业协会、科研单位成立钢铁、轻工、纺织等工业节水标准化工作组，加快完善工业节水行业标准体系，配合水利部等部门推动工业节水国家标准制修订工作。

二、推进污水集中处理设施建设和规范运行

一是加快补齐工业园区污水处理设施短板。2015年国务院发布了《水污染防治行动计划》（以下简称"水十条"），明确要求集中治理工业集聚区水污染，工业集聚区应按规定建成污水集中处理设施，并安装自动在线监控装置。生态环境部会同有关部门及各地党委政府协同推进，多措并举，大力推动工业园区污水处理设施建设，取得明显成效。在落实"水十条"基础上，2019年2月，生态环境部印发《长江经济带工业园区污水处理设施整治专项行动工作方案》，深入开展排查整治，重点解决工业园区污水管网不完善、污水集中处理设施不能稳定达标运行等问题。

二是推进环境污染第三方治理。"水十条"提出，要加快发展环保服务业，以污水、垃圾处理和工业园区为重点，推行环境污染第三方治理。2019年7月，发展改革委、生态环境部联合印发《关于深入推进园区环境污染第三方治理的通知》，培育第三方治理新模式，提升园区污染治理水平。目前，已完成第一批园区环境污染第三方治理项目的遴选工作。此外，生态环境部还组织开展了园区环境污染第三方治理典型案例征集评选活动，大力推广第三方治理实践经验。

三是完善污水处理收费政策。2020年4月，发展改革委、住房城乡建设部、生态环境部等部门联合印发《关于完善长江经济带污水处理收费机制有关政策的指导意见》，要求各地进一步完善污水处理收费政策，建立动态调整机制。鼓励探索开展污水排放差别化收费机制，根据企业排放污水中主要污染物种类、浓度等指标，分类分档制定差别化收费标准，并明确提出工业园区要率先推行差别化收费政策。

四是推动污水处理厂相关各方履职尽责。园区污水处理涉及地方人民政府（含园区管理机构）、向污水处理厂排放污水的工业企业（以下简称"纳管企业"）、污水处理厂运营单位等多个方面。尽管相关法律法规对各方责任都作出了明确规定，但由于责任落实不到位等问题，部分园区污水处理厂超标问题多发、频发。生态环境部在深入调研的基础上，制定了加强城镇（园区）污水处理环境管理的政策文件，拟进一步依法明晰各方责任，加强监督管理，推动各方履职尽责。一方面督促各地编制实施污水处理设施建设规划，因地制宜建设工业园区污水处理设施，统筹工业废水和生活污水收集处理；另一方面指导督促地方各级生态环境部门依据相关法律法规，加强对纳管企业、园区污水处理厂的监管执法，严肃查处超标排放、偷排偷放等环境违法行为。

下一步，生态环境部、住房城乡建设部、工业和信息化部将继续加强工业污染防治工作。一是做好《城镇排水与污水处理条例》等法律法规的宣贯落实，压实工业企业污水处理的主体责任，规范工业污水进入市政污水管网的管理，指导督促各地将不能接入市政污水收集设施的工业企业排水及时清退，保障污水处理设施正常运行。二是加快工业节水标准和行业水污染物排放标准修订工作，深入开展重点用水企业水效领跑者活动，推动钢铁、石化化工等高耗水行业对标达标。三是推进工业污水资源化利用，提升企业水重复利用率。对钢铁、石化化工等高耗水行业节水技术实施分类指导，继续加大工业节水技术装备推广应用，进一步做好工业节水减污工作。四是强化排污许可、排水许可管理，加大对纳管企业、污水处理厂的监管力度，推动污水处理设施稳定达标运行。

感谢您对生态环境保护工作的关心和支持。

对十三届全国人大三次会议第9877号建议的答复
——关于修改《中华人民共和国大气污染防治法》第七十七条的建议

· 2020年11月2日

您提出的"关于修改《中华人民共和国大气污染防治法》第七十七条的建议"，由我部会同农业农村部办理。经认真研究，答复如下：

一、秸秆等生物质的露天集中燃烧影响区域环境空气质量

监测数据表明，露天集中燃烧秸秆等生物质会产生大量颗粒物，在短期内对区域环境空气质量有较大影响，特别是在大气扩散条件不利的情况下，极易造成严重的空气污染，影响公众身体健康。2020年4月，黑龙江、吉林两省发生大范围空气重污染过程，多个城市出现空气质量指数（AQI）"爆表"，哈尔滨市细颗粒物（PM2.5）浓度小时值一度超过2000微克/立方米，社会影响恶劣。卫星遥感监测显示，此期间东北地区秸秆焚烧火点共计2654个，秸秆焚烧是导致此次空气重污染过程的主要因素。因此，当前形势下，为了保障环境空气质量，确保人民群众健康得到保障，各地政府划定禁烧区域，严禁秸秆、落叶等生物质的露天焚烧仍是十分必要的。

二、解决秸秆焚烧问题的关键是提高秸秆综合利用率

解决秸秆焚烧问题，核心和关键是切实提高秸秆综合利用率，将秸秆变废为宝。根据国务院领导批示精神，2015年国家发改委会同财政部、原农业部、原环保部印发了《关于进一步加快推进农作物秸秆综合利用和禁烧工作的通知》，推动秸秆肥料化、饲料化、燃料化、集料化、原料化"五化"利用，严格禁烧管控。2016-2018年，农业部会同财政部在河北、辽宁、吉林等京津冀生态一体化屏障的12个省（区），以县为单元开展秸秆综合利用试点，重点支持秸秆综合利用重点领域和关键环节，有效突破收储运体系瓶颈，带动区域秸秆处理能力得到显著提升。2019年，推动秸秆综合利用重点县建设在全国铺开。截至目前，中央财政累计投入资金59.5亿元已建设重点县约480个，带动全国秸秆综合利用率达到85.5%，较"十三五"末提高了5.4个百分点，"五化"利用成效明显。

三、法条中秸秆禁烧区域划定的考虑

《中华人民共和国大气污染防治法》第七十七条明

确了禁止焚烧区域的划定权限在省、自治区、直辖市政府，由省级人民政府根据本行政区域的实际情况、大气污染状况、农业经济水平等因素合理划定。除您所提出的机场、封山育林区、重要消防单位、场所、人口密集区、公众聚集区等地区外，还可以指定自然保护区、油库、通讯设施等周边地区，以有效防控空气污染，保障公众身体健康以及交通安全。

四、下一步工作考虑

秸秆问题事关农民根本，新形势下，面对粮食安全保障、农业发展方式转变、农业面源污染防治、农村人居环境整治等方面的压力，我们将进一步加快秸秆综合利用高值化和产业化发展，积极宣传秸秆综合利用和扶持补贴等政策举措，同时加强禁烧区内秸秆禁烧管控，提升监管能力，以推动农业绿色、高质量的发展。

感谢您对生态环境工作的关心和支持。

对十三届全国人大三次会议第1644号建议的答复
——关于加快推进我国电子废弃物资源化综合利用无害化处理的建议

· 2020年11月1日

您提出的"关于加快推进我国电子废弃物资源化综合利用无害化处理的建议"，由我部会同发展改革委、工业和信息化部、商务部办理。经认真研究，答复如下：

我国是电器电子产品生产、消费大国和废弃大国。近年来，为规范我国电子废弃物回收、处理处置，防止和减少环境污染，促进资源综合利用，我部与财政部、发展改革委、工业和信息化部、商务部等部门，着力完善制度，加大先进适用技术推广应用，规范回收拆解处理企业管理，不断提升电子废弃物综合利用水平。

一、关于制度完善和政策保障

2009年国务院颁布《废弃电器电子产品回收处理管理条例》（以下简称《条例》），明确了目录制度、多渠道回收和集中处理制度、规划制度、资格许可制度及处理基金制度，将列入《废弃电器电子产品处理目录》废弃电器电子产品（以下简称"废电器"）的回收处理等相关活动纳入法制化管理轨道。2020年新修订的《固体废物污染环境防治法》明确，国家建立电器电子等产品的生产者责任延伸制度。为落实《条例》，国家建立废弃电器电子产品处理基金，用于废弃电器电子产品回收处理费用的补贴，激励推动废弃电器电子产品从个体商贩回收等渠道进入正规处理企业处理，消除环境隐患、降低环境风险。近8年来，国家共审核拨付基金补贴195亿元。在基金的激励作用下，全国共有29个省（区、市）建成109家正规废电器处理企业，并纳入处理基金补贴名单，合计年处理能力达到1.64亿台。2012-2019年期间，约5.2亿台废电器从各种回收渠道进入正规处理企业进行拆解，很大程度上抑制了个体非法拆解现象的发生。

在强化废电器源头管控方面，工业和信息化部联合发展改革委等部门制定发布了《电器电子产品有害物质限制使用管理办法》等一系列配套政策，从源头减少或避免有害物质使用，尽可能降低环境风险；会同财政部等部门制定《电器电子产品生产者责任延伸试点工作方案》，从回收体系建设、资源化利用、协同创新等方面推动电器电子生产企业建立生产者责任延伸管理体系，提高资源回收利用效率。

在废电器交易流通方面，商务部于2013年制定了《旧电器电子产品流通管理办法》，规范旧电器电子产品市场交易。2015年，商务部会同发展改革委等部门联合印发了《再生资源回收体系建设中长期规划（2015-2020年）》，部署了分类建设回收体系、完善回收节点功能等工作任务。此外，还指导编制相关行业标准，规范废弃电器电子产品的回收活动。

在推动再生资源回收行业转型升级方面，2016年，商务部、发展改革委等部门联合印发了《关于推进再生资源回收行业转型升级的意见》，着力推动再生资源回收模式创新。近年来，商务部面向全国征集再生资源新型回收模式，截至2019年共征集64个再生资源回收模式案例，其中多家回收企业通过开发智能回收设备、提高组织化水平、改进技术装备等方式，提高废电器回收效率。

二、关于废电器回收处理各环节管理

近年来，在废电器回收处理全链条管理方面，发展改革委、工业和信息化部等部门开展了一系列工作。一是完善废旧家电回收处理体系。今年5月，发展改革委联合多部委印发了《关于完善废旧家电回收处理体系 推动家电更新消费的实施方案》（以下简称《实施方案》），针对家电生产、消费、回收、处理全链条，提出了一系列工作举措，完善废旧家电回收处理体系。二是开展对废电器拆解处理企业的绩效评价。目前，发展改革委正积极会同我部、财政部等部门推动建立对废电器拆解处理企业的资源绩效评价制度，促进废电器电子产品处理企业提升资源化和无害化处理水平。三是提高废电器综合利用水平。工业和信息化部发布《国家工业资源综合利用先进适用技术装备目录》，引导废弃冰箱、废旧线路板、废铅蓄电池等无害化处理与资源综合利用技术装备的研发与推广应用。鼓励有条件的铜冶炼企业利用已有设施处理电子废弃物等含铜及稀贵金属的固体废物，引导技术基础好、研发应用能力强的企业对含稀土的废弃电子元器件进行资源化利用，提高有价元素回收再利用水平。

三、关于加强环境监管

近年来，我部不断加强废电器拆解处理企业环境监管：一是组织各省（区、市）充分研究本区域城镇废弃电器电子产品回收处理现状，科学规划废电器处理企业建设布局，我国废电器处理行业完成了由无到有的转变；二是对废电器产品处理设施、环境管理制度等作出一系列规定，严格行业准入，规范企业拆解处理，废电器处理行业持续规范化、规模化、集中化，废电器拆解处理的经济效益和环境效益成效显著；三是发布并不断完善《废弃电器电子产品拆解处理情况审核工作指南》，严格开展企业废电器拆解处理种类和数量的核实确认，2012-2019年期间，我部组织各省级生态环境部门对处理企业申报补贴的4.2亿台左右的废电器拆解规范性进行了审核，累计扣减不规范拆解的废电器近450万台；四是指导地方加大环境监管力度。我部联合多部门开展电子废物等"五废"再生利用行业清理整顿，严控废电器流入非法小作坊进行不规范拆解的活动。

四、关于资源化利用无害化处理优惠政策

2012年，财政部会同我部、发展改革委等部门发布了《废弃电器电子产品处理基金征收使用管理办法》。目前，财政部正牵头开展补贴制度优化等工作。为配合财政部做好基金补贴制度优化调整工作，我部征求有关行业协会、企业等单位意见，已提出优化的意见和建议，目前正配合加快推进。

对于您提出的关于鼓励扶持电子废弃物处置企业的建议，在今年5月印发的《实施方案》中已做了政策安排，提出对符合条件的废旧家电回收处理先进典型培育项目，城市以及家电生产、回收和处理大型企业建设废旧家电回收网络、优化废旧家电处理项目布局等给予必要的中央资金支持。

下一步，我部会同相关部门将认真吸纳您提出的宝贵意见，在您提出的废电器全链条管理方面，进一步做好以下工作：在回收流通环节，进一步完善旧电子产品绿色回收体系。健全再生资源回收标准体系，提高行业规范化程度。继续推广新型回收模式，引导再生资源回收行业绿色转型发展。加强对废电器流通的管理，促进资源循环利用。在拆解处理环节，进一步规范企业拆解处理行为。持续加大监管力度，打击不规范拆解行为，防范环境风险。进一步优化和落实废弃电器电子产品处理基金制度，强化政策激励。严格准入，制定新增九类废电器处理企业资格审查和许可指南，在准入条件中明确先进适用技术和资源循环利用水平，提出污染防治要求。探索开展拆解处理企业的环境绩效评价。在综合利用环节，进一步支持电子废物综合利用企业提升工艺技术水平、改进生产装备，培育一批骨干企业。进一步完善电子废物综合利用标准体系，激励引导建立电子废物综合利用标杆企业。通过一系列政策激励和技术指引，使更多技术水平高、资源利用率高的环境友好型企业进入废电器回收处理行业，共同降低固体废物污染，保障人民群众身体健康。

感谢您对生态环境工作的关心和支持。

对十三届全国人大三次会议第4363号建议的答复

——关于加大对民营企业环保升级支持力度的建议

·2020年10月29日

您提出的"关于加大对民营企业环保升级支持力度的建议"，由我部会同财政部、人民银行办理。经认真研究，答复如下：

改革开放以来，民营企业逐渐成为我国经济发展的重要力量，在推动发展、促进创新、增加就业、改善民生和扩大开放等方面发挥了不可替代的作用。我部按照党中央、国务院决策要求，不断深化"放管服"改革，持续优化营商环境，统筹做好监督与帮扶，大力支持服务民营企业绿色发展。您提出的建议对于我们进一步做好民营企业相关生态环保工作具有重要意义。

一、关于加大对民营企业补贴支持力度

近年来，为支持各地做好生态环境保护工作，中央财政通过多项资金渠道安排补贴资金，用于推动钢铁煤炭去产能、可再生能源发电、新能源应用等工作。中央生态环保专项资金严格按照相应的资金管理办法下达使用，支持对象涵盖广大民营企业。2020年3月，财政部等四部委联合发布《关于加强生态环保资金管理 推动建立项目储备制度的通知》，要求各地采取积极有效措施，按照"资金跟着项目走"的原则，建立中央生态环保资金项目储备库，将大气、水、土壤污染防治资金支持的项目均纳入储备库管理范围。4月，我部会同财政部发布《中央生态环境资金项目储备库入库指南（2020年）》，组织地方

申报项目,开展评估和审核项目入库,工业污染治理项目纳入资金支持范围。入库指南对地方项目库建设和项目申报予以规范和指导,要求地方明确相关工作要求,确保项目申报可操作、易执行。

下一步,我部将积极配合财政部加大对生态环境保护的资金支持力度,充分考虑民营企业环境治理资金困难与需求,研究细化补贴政策,增大对民营企业的支持。

二、关于有针对性减免税费

我国自2018年1月起实施环境保护税法,对大气、水、固体、噪声等四类污染物征税,具体适用税额根据实际情况确定。环境保护税法以法律形式确立了"多排污多缴税、少排污少缴税"的正向减排激励机制,相关制度设计有利于促使企业主动加大污染治理力度。对纳税人排放大气或水污染物浓度值低于一定标准的按比例减征,对纳税人综合利用的固体废物,符合国家和地方环境保护标准的暂予免税。为支持钢铁行业实施超低排放改造,2019年4月,我部与发展改革委、财政部等部门联合下发《关于推进实施钢铁行业超低排放的意见》,对符合超低排放条件的钢铁企业给予税收优惠待遇,对应税大气污染物排放浓度低于污染物排放标准的,按一定比例减征环境保护税。国家还出台了相关税收优惠政策,包括对取用污水处理再生水免征水资源税,对销售自产的资源综合利用产品和劳务实行增值税即征即退政策,对企业购置并实际使用符合条件的环境保护专用设备的,允许按投资额的10%抵免等。

下一步,我部将配合相关部门进一步细化完善基于排放水平和环境绩效的差别化环境税收优惠政策,使注重绿色发展的企业享受到政策实惠。

三、关于引导金融机构增加信贷支持

人民银行会同有关部门深入贯彻落实《关于构建绿色金融体系的指导意见》,推动金融机构和金融市场积极稳妥地加大金融创新力度,积极满足绿色产业投融资需求。在推进绿色金融过程中,始终将民营企业环保融资问题作为关注重点,不断加强对金融机构发展绿色金融的指导力度,引导和支持银行等金融机构建立绿色信贷管理制度,推动绿色信贷抵押担保方式创新,在风险可控的前提下支持企业环保技术改造和设备购进等资金需求,多措并举支持民营企业提高绿色发展能力。近年来绿色金融体系不断完善,绿色金融实施力度不断加大。目前全国绿色信贷余额已超过10万亿元,绿色金融产品和服务快速发展,绿色债券发行主体更加多元化,绿色企业债发行量大幅增加。

下一步,我部将积极配合人民银行等部门落实相关金融政策,进一步加大对绿色环保领域的支持,运用市场化方式引导金融资源更好地支持民营企业环境治理和绿色发展。

四、关于出台统一的环保标准

生态环境标准对加强生态环境保护、打好污染防治攻坚战具有基础性作用,是推进污染减排、改善环境质量、推动产业升级的重要工具。近年来生态环境标准体系建设取得显著进展。截至2020年5月,现行国家生态环境标准总数达到2140项,其中有203项强制性标准,包括17项环境质量标准,186项污染物排放(控制)标准,还包括1231项环境监测类标准,42项环境基础标准,648项环境管理规范,16项与应对气候变化相关的标准。

国家生态环境标准在全国范围内统一执行。同时,随着污染治理工作不断深入,各地对于精准治污的要求不断提高,这时可以根据本地区实际情况和环境质量目标制修订地方标准。环境保护法规定省级人民政府可以依法制定严于国家标准的地方标准。国家标准与地方标准共同构建生态环境标准体系,为实施规范化科学化环境管理奠定坚实基础。以水污染物排放标准为例,我国已发布国家水污染物排放标准64项,26个省份制定发布了地方水污染物排放标准96项,其中10个省为改善水环境质量,出台了28项流域水污染物排放标准。2020年,我部组织制定发布了《流域水污染物排放标准制订技术导则》,提出了地方流域排放标准制定的基本原则与技术要求。

下一步,我部将进一步推进完善生态环境标准体系,提高标准规范性科学性,分领域出台地方排放标准制订技术导则,加强对地方标准制修订工作的指导与规范。

五、关于降低环境标准升级频率

为切实发挥生态环境标准约束引导作用,督促企业减少污染排放,改善环境质量,我部根据实际需要积极开展污染物排放标准和规范制修订工作,优化完善生态环境标准体系。为提高生态环境标准的科学性、针对性和有效性,帮助企业更好适应,一是严格坚持科学研究、专业论证,综合考虑经济、技术等各方面因素,有效防止标准脱离实际和不可操作;二是广泛听取各方意见,通过征求意见函、座谈会、互联网等多种方式听取有关部门、专家、商会协会等的意见,充分考虑企业的关切和诉求,将企业意见作为标准制修订的重要参考;三是为企业留出适应时间,如《挥发性有机物无组织排放控制标准》于2019年5月发布,要求现有企业自2020年7月起实施,为企业升级改造预留一年多时间;四是在出台标准规范的同时,发布指导企业达标排放相关规范及指南,例如组织编制了《挥发性有机物治理实用手册》,帮助企业克服技术障碍;五是做好对各省生态环境标准制修订工作的指导和监督,要求各地严格根据实际情况出台地方标准,反对不切实际的加码提速;六是加强宣传,针对企业对相关信息和政策标准掌握不及时等实际问题,制定了《关于强化帮企治污和政策宣传的工作方案》,建立政企沟通机制,畅通信息交流渠道,将新政策新标准通过多种媒介及时发布更新。近期我部印发实施《关于在疫情防控常态化前提下积极服务落实"六保"任务坚决打赢好污染防治攻坚战的意见》,进一步明确提出防止标准修订过严过频或限值过高过严。

下一步,我部将继续坚持科学治污的原则,不断优化完善国家生态环境标准体系,加强现有标准的实施力度,同时推进地方立足实际、因地制宜开展污染物排放标准制修订工作。

六、关于积极开展环保帮扶

我部积极落实党中央、国务院《关于营造更好发展环境支持民营企业改革发展的意见》等文件要求,联合全国工商联等部门大力支持民营企业发展。2019 年,印发实施《关于支持服务民营企业绿色发展的意见》《关于进一步深化生态环境监管服务推动经济高质量发展的意见》,明确提出帮助民营企业解决环境治理困难、提升环境服务保障水平、强化科技支撑等多项重点举措。疫情发生后,印发《关于统筹做好疫情防控和经济社会发展生态环保工作的指导意见》,将保"市场主体"作为重要任务,制定实施环评审批和监督执法"两个正面清单",切实减轻企业负担,精准支持相关行业企业复工复产。

我部坚持统筹做好监督与帮扶,积极转变执法方式,实施差别化执法监管。对污染排放量小、环境绩效水平高的企业免除现场执法检查,对环境违法行为轻微并及时纠正且未造成环境危害后果的不予处罚,并现场指导企业整改,对能力不足的企业加强帮扶指导。坚决打击群众反映强烈、主观恶意排污等违法犯罪行为,维护合法企业权益,营造良好市场环境。积极开展技术帮扶,2019 年 7 月,国家生态环境科技成果转化综合服务平台上线启用,针对重点地区和行业开设技术帮扶专栏专区,为行业和企业提供专业的技术支持和解决方案。

下一步,我部将进一步增强服务意识,创新服务举措,提高服务水平,将依法依规监管和积极主动帮扶有机结合起来,指导各地有针对性地做好企业帮扶,引导支持广大民营企业合法经营、绿色发展,共同打赢打好污染防治攻坚战。

感谢您对生态环境工作的关心和支持。

对十三届全国人大三次会议第 5392 号建议的答复
——关于加快高排放老旧机动车淘汰更新的建议
· 2020 年 10 月 29 日

你们提出的"关于加快高排放老旧机动车淘汰更新的建议"由我部会同财政部、商务部办理。经研究,现答复如下:

诚如你们所言,移动源污染已经成为我国大气污染的重要来源。据统计,截至 2019 年底,国三及以下排放标准柴油车约 739.3 万辆,占全部柴油车的 39.6%。从污染物排放量看,国三及以下排放标准柴油车四项污染物排放量分别为一氧化碳(CO)63.0 万吨、碳氢化合物(HC)12.9 万吨、氮氧化物(NOx)236.8 万吨、颗粒物(PM)4.0 万吨,分别占柴油车排放量的 53.6%、66.8%、48.8%、64.2%。解决移动源特别是高排放老旧车辆污染问题,成为打赢蓝天保卫战、增强人民群众环境幸福感的关键一环。

我部高度重视移动源污染防治工作,2018 年 12 月,经国务院同意,生态环境部等 11 部门联合印发《柴油货车污染治理攻坚战行动计划》(以下简称《柴油货车计划》),统筹"油、路、车",全面推进移动源污染治理。关于你们提出的相关建议,针对高排放老旧车辆排放治理,我们主要开展了以下工作。

一是积极推动营运柴油货车淘汰更新。《柴油货车计划》明确要求各地制定老旧柴油货车和燃气车淘汰更新目标及实施计划,采取经济补偿、限制使用、加强监管执法等措施,促进加快淘汰国三及以下排放标准的柴油货车、采用稀薄燃烧技术或"油改气"的老旧燃气车辆。2020 年 5 月,我部配合交通运输部等 4 部门印发《关于加快推进京津冀及周边地区、汾渭平原国三及以下排放标准营运柴油货车工作的通知》、9 月配合交通运输部等 4 部门印发《关于进一步做好重点区域国三及以下排放标准营运中重型柴油货车淘汰工作的通知》,明确中央财政采取"以奖代补"的方式,支持引导地方政府开展国三及以下排放标准柴油货车淘汰工作。

二是指导地方开展汽车以旧换新,完善报废机动车回收利用体系。商务部印发《关于统筹推进商务系统消费促进重点工作的指导意见》《地方汽车促消费典型经验做法》等文件,指导 20 多个省市出台实施汽车促消费政策,浙江、河北、上海、重庆等地对消费者淘汰旧车购买新车给予 2000 元至 22000 元不等的补助,调动车主提前报废更新的积极性。推动报废机动车回收制度改革。推动完成《报废机动车回收管理办法》(国务院令第 715 号)修订工作,由国务院发布实施,放开报废机动车回收拆解企业总量控制,放开报废机动车"五大总成"再制造再利用,放开报废机动车收购价格参照废旧金属市场价格计价,促进形成老旧机动车报废更新的长效机制。

三是强化在用机动车环保执法监管力度。2016 年 7 月,我部出台《关于进一步规范排放检验加强机动车环境监督管理工作的通知》,进一步规范各地机动车排放检验,加快提升机动车环境监管能力。2018 年制定并发布《柴油车污染物排放限值及测量方法(自由加速法及加载减速法)》(GB3847-2018),于 2019 年 5 月 1 日起开始执行。标准增加了车载诊断系统(OBD)检查规定、柴油车 NOx 测试方法和限值要求,解决了对在用柴油车 NOx 排放无标准可依的问题。自 2018 年起,我部连续三年与市场监管总局等部门组织开展检验检测机构监督抽查工作,组织地方按照"双随机"的方式,对地方机动车检验机构开展检查,提高机动车排放检验质量。研究修订在用车污染物排放标准。2019 年,各地开展机动车路检路查 1161.83 万辆次、发现 42.64 万辆次超标,入户检查 60.65 万辆次、发现 5.91 万辆次超标。

下一步,我部将严格按照国务院要求,继续加强政策引导,强化在用车监管力度,推动老旧车辆淘汰,全面防治移动源污染。

感谢你们对生态环境工作的关心和支持。

对十三届全国人大三次会议第 9537 号建议的答复
——关于涉嫌环境污染类案件行刑衔接工作的建议

· 2020 年 10 月 28 日

您提出的"关于涉嫌环境污染类案件行刑衔接工作的建议"由我部会同最高人民检察院、公安部、财政部办理。经认真研究,答复如下:

近年来,我部深入贯彻落实习近平生态文明思想,坚决落实中央关于打赢污染防治攻坚战的决策部署,高度重视生态环境行政执法与刑事司法衔接(以下简称行刑衔接)工作,深化生态环境部门和公安机关、检察机关交流合作,为打赢污染防治攻坚战、深入推进生态文明建设提供有力行政和司法保障。正如您所言,我部与最高人民法院(以下简称最高法)、最高人民检察院(以下简称最高检)、公安部等曾多次联合出台涉嫌环境污染犯罪案件办理工作相关解释和规定,充分发挥各自职能优势,不断完善顶层设计,建立健全行刑衔接机制。同时,我们通过开展联合培训、联合督导督办大案要案等多种方式,加强对生态环境行刑衔接工作的指导和督促,切实形成打击污染环境犯罪合力。

您提出当前环境污染类案件行刑衔接存在"行政处罚多、刑事处罚少""有关衔接配合制度发挥作用有限"等问题,反映了当前生态环境行刑衔接工作还不完善的现实情况。您所提出的有关建议,具有很强的针对性和现实意义,对我们明确下一步工作重点具有重要的指导和借鉴作用。

一、主要工作情况

关于强化行刑衔接,加大涉嫌环境污染犯罪案件打击力度,我们主要开展了以下工作。

(一)不断完善衔接机制,加强制度保障。我部对污染环境犯罪案件办理中存在的困难和问题高度重视,多次联合最高检、公安部开展调研、座谈,对有关问题进行深入研究。近年来,我部三次配合最高法、最高检修改完善关于污染环境犯罪的司法解释,解决了基层执法办案人员工作中的很多难题和困惑,对打击污染环境犯罪案件起到重要促进作用。2017 年以来,我部联合或会同最高检、公安部等部门先后出台《环境保护行政执法与刑事司法衔接工作办法》《关于在检察公益诉讼中加强协作配合依法打好污染防治攻坚战的意见》《关于办理环境污染刑事案件有关问题座谈会纪要》等一系列重要规范性文件,从解决工作中的普遍性问题出发,细化健全了案件移送标准、程序和法律监督、线索通报、联合办案及联合办案过程中的责任分工、联合挂牌、联席会议、案件咨询、信息共享等制度机制,进一步统一了对单位犯罪、犯罪未遂、主观过错、案件管辖等问题的理解和把握,对打击污染环境犯罪案件提供了有力制度保障。

在此基础上,各地结合实际探索创新,纷纷出台细化规定和规章制度,设立公安机关、检察机关派驻生态环境部门联络机构,组织机构完善、办案标准统一、机制联动顺畅的行刑衔接工作体系逐步建立。

(二)丰富沟通交流形式,夯实合作基础。近年来,我部与最高法、最高检、公安部密切日常联络,加强沟通交流,在国家层面实现无缝对接,成为部际行刑衔接工作的一张名片。全方面、多层次的互动交流,增进了生态环境部门与司法机关之间的相互理解,争取了司法机关对生态环境保护工作的支持配合,推动行刑衔接机制落地见效。

一是密切日常沟通交流。2019年,我部领导同志分别受邀参加全国人大、全国政协会议,围绕最高检相关工作进行互动交流。公安部领导同志、最高检第一厅领导同志先后到访我部,交流座谈。司局层面的互访交流更为频繁,部门间信息互通与工作交流更加顺畅。

二是互派干部挂职锻炼。2018年11月,我部与最高检签署互派干部岗位实践锻炼合作协议,互派业务骨干开展岗位实践锻炼初步意向为3-5年。2019年,首批2名正处级干部已完成为期半年的互派岗位实践锻炼,目前正在推进第二批互派干部实践锻炼工作。

三是联合开展培训、调研。自2016年起,我部连续五年联合最高检、公安部共同举办行刑衔接培训班,深入推进行刑衔接机制。目前,已经成为三部门提高办案能力、深入交流合作、增进相互理解沟通的重要平台。2019年,我部还联合最高检组织开展了生态环境执法和行政公益诉讼检察业务培训班,联合赴江苏、湖北、新疆等地开展调研,为进一步加强相关工作打下基础。2020年,我们进一步扩大培训范围,将原来每年一期的行刑衔接培训班增加至三期,目前已举办两期;并将联合最高法举办首次生态环境执法与环境司法培训班,构建生态环境部门和审判机关交流学习平台。

(三)加强督导督促,加大案件办理力度。2015年新环境保护法实施以来,我部坚持每月调度、定期通报各地行政处罚及移送公安机关行政拘留、涉嫌犯罪等案件情况,督促指导各级生态环境部门严格依法执法,保持执法高压态势,加大对生态环境违法行为特别是涉嫌环境犯罪行为的查处力度。同时,我部与最高检、公安部通力合作,严格落实衔接工作机制,针对重大、疑难案件法律适用问题多次进行研讨,对重大案件实施联合现场督导、联合挂牌督办,形成打击环境污染犯罪合力。

2019年以来,我部连续两年配合公安部开展"昆仑"行动,积极支持最高检、公安部开展"检察机关破坏环境资源犯罪专项立案监督活动"和"全国公安机关深化打击食品药品农资环境犯罪行动工作",向公安部移送3起监测数据弄虚作假案件线索,向最高检移送56个生态环境损害责任追究问题清单和57个典型案例材料作为公益诉讼检察线索。2019年,各级生态环境部门共移送涉嫌污染环境刑事案件1588件,各级公安机关、检察机关及时立案侦办、审查起诉,对污染环境犯罪发挥了强有力的警示和震慑作用。

二、下一步工作打算

我们赞同您提出的有关加强部门工作联系、完善衔接工作机制、厘清责任分工、加大工作力度等建议。下一步,我们将做好以下工作。

一是保持严厉打击涉嫌环境污染犯罪的高压态势。继续通过日常监督、重大案件督导、挂牌督办、专项行动等方式,加大涉嫌环境污染犯罪案件查处力度。及时总结污染环境违法犯罪趋势走向和规律特点,提出对策建议。对行业性、区域性、流域性污染环境问题开展专项整治,提升综合治理成效。检察机关将进一步发挥检察职能,对情节恶劣、后果严重的犯罪行为加强立案监督,依法从快批捕起诉,从严打击、从重处罚,形成对环境污染犯罪的强大震慑。

二是进一步完善部门衔接配合机制。进一步加强生态环境部门和公安机关、检察机关的沟通协调,厘清责任分工,在重大线索通报、案件信息共享、疑难案件研究、政策法律会商、案件快速移送、联合挂牌督办等方面强化协作配合,努力实现行刑衔接工作的制度化、规范化、常态化和长效化。积极推进多部门联合执法,建立健全执法信息实时通报和联动处置机制,共同研究解决环境执法监督难题。

三是加强执法保障。我部将积极争取财政部门对生态环境执法工作的大力支持,加强对一线生态环境执法工作的经费保障。针对各地反映强烈的鉴定费用高等问题,深入开展调查研究,提出可行性解决方案和措施,切实减轻一线办案压力。

感谢您对生态环境工作的关心和支持。

对十三届全国人大三次会议第4108号建议的答复

——关于贯彻实施中华人民共和国土壤污染防治法的几点建议

· 2020年10月25日

您提出的"关于贯彻实施中华人民共和国土壤污染防治法的几点建议",由我部会同财政部、自然资源部、农业农村部办理。经认真研究,答复如下:

今年全国人大常委会开展了土壤污染防治法执法检查,是依法助力打好污染防治攻坚战和净土保卫战的一项实际行动。您针对当前土壤污染防治监督、执法方面存在的问题,提出了一系列具体政策建议,对我们深入贯彻实施土壤污染防治法具有非常重要的参考价值。

一、关于加大法律宣传教育

我国土壤污染防治工作起步晚、基础弱，土壤污染本身又有隐蔽性，提高全社会知法守法的自觉性尤为必要。2018年，土壤污染防治法发布以来，我们主要从三个方面加强普法宣传工作：一是开展解读。配合全国人大环资委等组织召开土壤污染防治法实施座谈会，共同接受媒体采访，回应社会关注的有关问题；出版土壤污染防治法释义，通过网络信箱等方式，为社会各界解答土壤污染防治相关问题近百件。二是加强培训。举办了10多期全国培训班，累计培训5000多人。组织编印土壤污染防治法配套法规政策汇编，向有关部门和地方管理人员发放。通过公开征求意见、邀请相关行业协会和重点企业参与土壤污染防治法配套政策制定等，开展普法宣传。三是广泛宣传。利用新媒体发布或转发有关土壤污染防治法相关稿件40多篇，累计阅读量达到560多万。召开新闻发布会，联合中宣部制作播放"沃土如金"等专题片，宣传和展示土壤污染防治法及土壤污染防治工作。

下一步，我们将进一步加大工作力度，继续深入开展土壤污染防治法的普法工作。一是强化对执法者的培训，提高执法水平；二是提高企业主体的守法意识，严格履行法律义务；三是扩大对社会公众的普法宣传，提高公众依法维护自身权益的意识。

二、关于制定配套政策法规标准规范

"十三五"期间，我们积极组织开展土壤污染防治标准的制修订工作，已初步建立标准体系。出台《污染地块土壤环境管理办法（试行）》《农用地土壤环境管理办法（试行）》《工矿用地土壤环境管理办法（试行）》《农用薄膜管理办法》等部门规章；制定《关于贯彻落实土壤污染防治法 推动解决突出土壤污染问题的实施意见》等配套文件。制修订农用地、建设用地土壤污染风险管控、农用污泥中污染物控制等国家标准和土壤环境影响评价、建设用地土壤污染状况调查、受污染耕地治理与修复等一系列标准规范。

下一步，我们将会同有关部门继续强化基础研究，修订与土壤污染防治法不衔接的法规和部门规章，抓紧研究制定土壤污染责任人认定等配套政策。修订重点行业排污许可证申请与核发技术规范，完善土壤与地下水相关要求，强化"一证式"管理。不断完善农用地、建设用地土壤污染风险管控和修复有关标准规范，进一步指导土壤污染风险管控和修复活动。

三、关于信息共享和工作协调机制

根据《土壤污染防治行动计划》要求，经国务院同意，我部牵头组建了全国土壤污染防治部际协调小组，印发协调小组工作规则，每年制定印发各有关部门工作要点，细化任务分工，组织召开2次协调小组会议，协同推进土壤污染防治工作。多地建立了土壤污染防治工作领导小组或议事机构，土壤污染防治齐抓共管局面基本形成。

2018年12月，我部会同自然资源部、农业农村部等11个部门共同举办全国土壤环境信息平台上线启动仪式；2019年6月，11部委进一步签订《土壤环境数据资源共享协议》，明确部门间土壤环境数据资源共享的原则、类型、途径、方式、管理等内容。目前，已初步建成土壤环境基础数据库，有关数据还在持续完善更新。

下一步，我们将根据土壤污染防治法要求，继续推进土壤污染防治信息共享和部门间工作沟通协作机制，形成工作合力，推动土壤环境状况持续改善。

四、关于加强土壤环境监测执法力度

2017年，我部会同自然资源部、农业农村部印发《"十三五"土壤环境监测总体方案》，共布设背景点、基础点、风险监控点约8万个，覆盖我国99%的县、98%的土壤类型、88%的粮食主产区，初步建成国家土壤环境质量监测网，"十三五"期间已完成第一轮次的监测工作。2018年，配合农业农村部开展了"农产品产地土壤环境监测工作"，对约4万个农产品产地的国控点开展监测。2019年6月，全国农用地土壤污染状况详查圆满完成，查明了农用地土壤污染的面积、分布及其对农产品质量的影响，有关成果报告已报国务院同意，并为落实土壤污染防治法关于农用地分类管理的规定提供了有力支撑。下一步，我们将继续加强土壤污染状况调查和监测工作，不断夯实管理基础。根据"十三五"土壤环境监测结果，优化调整国家土壤环境监测网点位设置，以说清全国土壤环境质量整体状况、潜在风险及变化趋势为目标，持续夯实监测基础，提升监测能力。

土壤污染防治法是一部新颁布的法律，2019年1月1日施行，还不到两年。由于土壤污染防治工作起步较晚，目前各地土壤环境执法尚不深入、不全面，与水、气、固废相比，案件数量和处罚额度明显偏少。2020年3月，我部印发《生态环境保护综合行政执法事项指导目录（2020年版）》，已将土壤污染防治法有关执法事项纳入指导目录。为切实加大土壤污染执法力度，真正让土壤污染防治法长出牙齿，形成有效震慑，下一步，我部将采取进一步有力措施，提高地方生态环境部门发现问题的能力,提升土壤领域环境执法水平。一是拓宽发现问题的渠道,借助卫星遥感等技术手段,鼓励开展有奖举报等,助力执法检查。二是加强基层执法人员执法能力,编制执法手册,明确执法要求,加大各级生态环境保护综合行政执法干部培训,推进专业执法装备配置。三是强化行政执法与司法有机衔接,建立多部门联合执法机制,形成惩治污染土壤违法行为的强大合力。

五、关于加大专项资金扶持力度

根据土壤污染防治法规定,国家加大土壤污染防治资金投入力度,建立土壤污染防治基金制度。设立中央土壤污染防治专项资金和省级土壤污染防治基金。近年来,中央财政设立了土壤污染防治专项资金,对地方落实《土壤污染防治行动计划》相关工作给予大力支持,2018年至2020年累计安排125亿元。专项资金重点支持土壤污染状况调查、土壤污染风险管控、土壤污染修复与治理、土壤环境监管能力提升等方面。

为贯彻落实土壤污染防治法,调动社会力量投入土壤污染防治的积极性,2020年1月,财政部会同有关部门出台《土壤污染防治基金管理办法》,鼓励地方设立省级土壤污染防治基金,并明确基金的定位、运作模式、支持方向及中央财政的支持政策,撬动社会资本进入土壤污染防治领域、建立健全多元化土壤治理资金筹措机制。对于您提出的设立省市县土壤污染防治专项基金,财政部认为应根据地方实际情况安排,不宜硬性规定各级财政都建立基金。

下一步,中央财政将继续通过土壤污染防治专项资金支持地方开展土壤污染防治工作,指导并鼓励有关省份设立省级土壤污染防治基金。

感谢您对生态环境工作的关心和支持。

对十三届全国人大三次会议第8299号建议的答复
——关于进一步简化环评审批,加快推进企业环境信用管理的建议

· 2020年10月2日

您提出的"关于进一步简化环评审批,加快推进企业环境信用管理的建议",由我部会同发展改革委办理。经认真研究,答复如下。

一、关于优化环评审核制度

建设项目环评文件经批准后,在项目性质、规模等发生变动情况下,简化环评的具体方式需要根据不同的情况区别对待。对于项目性质、规模等发生重大变动的,《中华人民共和国环境影响评价法》《建设项目环境保护管理条例》等法律法规中已明确规定应当重新报批建设项目环评文件;对于项目发生的规模扩大、设备更新、工艺变革等不属于重大变动的,无需再办理环评。

为规范和优化相关工作,我部已相继出台火电等29个行业的重大变动清单,给出相关行业变动内容的判定条件。对其他以污染物排放为主的建设项目,我部按照"抓大放小,减轻企业负担;有的放矢,实施分类指导;注重实效,保障切实可行"的原则,正在组织制定重大变动的统一管理要求,相关文件已完成公开征求意见。在征求意见基础上,我部将抓紧印发《污染影响类建设项目综合重大变动清单(试行)》,指导基层生态环境部门做好建设项目重大变动的判定。

二、关于加大环评新制度宣传

2019年9月,我部制订发布《建设项目环境影响报告书(表)编制监督管理办法》,自2019年11月1日起施行。为配合该办法的施行,我部通过发布新闻稿、召开新闻发布会、制作图解释义、组织培训等方式,集中开展相关宣传,配套印发3个规范性文件,并同步在我部政府网站上线全国统一的环评信用平台。截至目前,已有近6000家单位和35000余名从业人员在该平台建立诚信档案,我部累计对57家环评单位和63名环评从业人员实行失信记分,全国各级生态环境部门累计对331家和321人实行失信记分,13家单位和7人列入限期整改名单,2家单位和2人列入环评失信"黑名单"。通过该平台,一是实现信息公开,公众可以直接在平台上查询全国环评从业单位和人员信息、业绩,以及是否被纳入"黑名单"等信用信息,便于建设单位择优选取技术单位,推动强化社会监督和提升环评从业队伍诚信意识,也为环评责任追究提供了基础保障;二是实现环评从业单位和人员的统一信用监管,全面落实"一处失信、全国公开"和"多处失信、全国受限"的跨地区环评失信惩戒机制。

下一步,我部将进一步利用大数据手段,加强对环评文件编制的事中事后监管,加大对环评行业正面典型的宣传报道和对反面典型的公开曝光力度,完善环评信用红、黑名单机制,积极指导督促地方生态环境部门开展环评信用监管,更好地发挥环评信用平台作用,促进形成优胜劣汰的行业共识,推动环评行业健康发展。

三、关于加快推进企业环保信用评价管理

我部积极推动企业环保信用评价管理制度建设和评价等级应用管理,取得一定进展。

及时提出国标制修订建议。严格按照国标委要求,做好生态环境监测国家标准的相关支持工作,促进 GB 标准与 HJ 标准的协调统一。

(三)加强标准研究,提升人才队伍。配合财政部、科技部,加大对环境监测技术方法相关科研活动的支持,鼓励各单位积极参与"大气污染成因与控制技术研究""水体污染控制与治理"等国家专项研究,推动科研成果的实践应用,加强监测标准的科研储备。鼓励企业自主开展科研工作,符合财政部、科技部《中央财政科技计划(专项、基金等)后补助管理办法》要求的,可以获得补助资金支持。继续加大人员培训力度,提升监测队伍技术水平。推动提高标准制修订成果在职称评审中的分值占比,提高技术人员参与标准制修订的积极性。着力培养监测标准制修订人才和标准审查专家。

(四)加强宣传引导,确保落地见效。利用网络、公众号、微信等平台,在标准立项、征求意见、发布实施等阶段加强宣传,增强社会各界对标准的了解与关注,营造"重标准、讲标准、用标准"的氛围。在发布标准时配发相关解读材料,增进社会公众对标准制修订背景和重点内容的了解。按月发布实施标准的名录,提醒各级各类监测机构及时办理资质认定扩项、标准变更等事宜,保证监测标准的顺利实施。及时汇总分析各界反馈意见,对标准中易产生歧义、操作性不强之处加强整改。

感谢你们对生态环境工作的关心与支持。

关于政协十三届全国委员会第三次会议第 1862 号提案答复的函

——关于以绿色发展理念为导向,倒逼产业转型升级和落后产能退出的提案

· 2020 年 9 月 9 日

您提出的"关于以绿色发展理念为导向,倒逼产业转型升级和落后产能退出的提案",由我部会同发展改革委办理。经认真研究,答复如下:

绿色发展是新发展理念的重要组成部分,与创新发展、协调发展、开放发展、共享发展相辅相成、相互作用,是全方位变革,是构建高质量现代化经济体系的必然要求,是解决污染问题的根本之策。近年来,发展改革委、生态环境部以习近平新时代中国特色社会主义思想为指导,认真贯彻落实党中央、国务院决策部署,坚持人与自然和谐共生,加快形成绿色发展新格局。

一是深入推进供给侧结构性改革。加快落后产能、重污染企业退出,提前两年超额完成全国"十三五"化解钢铁过剩产能 1.5 亿吨的上限目标任务,累计退出煤炭产能 9.1 亿吨,取缔"地条钢"产能 1 亿多吨。实施重点地区煤炭消费减量替代,水电、风电、光伏发电装机规模居世界第一位。印发关于加快推进铁路专用线建设的指导意见,重点加强铁路专用线、多式联运转运等基础设施建设,推动大宗货物运输"公转铁""公转水"。

二是修订发布产业结构调整指导目录(2019 年本)。提高限制和淘汰标准,新增、修改限制类、淘汰类条目 102 条,其中新建丙酮氰醇法甲基丙烯酸甲酯生产装置属于限制类。组织发布《石化绿色工艺名录(2019 年版)》,将异丁烯/叔丁醇法甲基丙烯酸甲酯生产工艺列为绿色工艺,建议使用该工艺生产甲基丙烯酸甲酯。

三是大力培育绿色产业。会同有关部门印发《绿色产业指导目录(2019 年版)》,引导资金和政策支持节能环保、清洁生产、清洁能源等绿色产业发展。加快传统产业绿色转型,共发布 4 批国家绿色制造名单。持续推进生态环境领域"放管服"改革。动态调整国家、地方、利用外资重大项目"三本台账",对符合环保要求的项目开辟环评审批绿色通道。支持服务民营企业绿色发展,启用国家生态环境科技成果转化综合服务平台。

四是严格产业园区规划及项目环评文件审查。禁止产业园区引入国家政策明令禁止的高污染项目。按照《国务院关于发布实施〈促进产业结构调整暂行规定〉的决定》(国发〔2005〕40 号)要求,不予审批不符合产业政策的建设项目,对产业政策相符性存疑的项目即专门征求产业主管部门意见,通过盛虹炼化一体化、唐山旭阳石化炼化一体化等重大项目环评审批倒逼地方政府调整优化产业结构。同时,在石化、钢铁等部分行业环评文件审批原则及重大变动清单等环评规范性文件中,强调符合产业结构调整、落后产能淘汰相关要求。

五是倒逼产业升级和淘汰落后产能。在《排污许可管理办法(试行)》中明确对属于"国务院经济综合宏观调控部门会同国务院有关部门发布的产业政策目录中明令淘汰或者立即淘汰的落后生产工艺、落后产品的"情形的排污单位,不予核发排污许可证。

六是高度重视石油化工行业的环境监管执法工作。积极推动行业内企业履行企业主体责任,实现稳定达标排放,鼓励社会各界、普通公民积极参与环境监管工作,以信访举报等形式提供违法违规线索。

下一步,我们将深入贯彻习近平生态文明思想,按照

党中央、国务院决策部署,持续关注产业政策要求,在环评审查、排污许可证核发过程中严格贯彻落实产业政策相关要求。加大环境监管执法力度,加快推动绿色发展,坚决打赢打好污染防治攻坚战。

感谢您对生态环境工作的关心和支持。

对十三届全国人大三次会议第2537号建议的答复
——关于扎实推进核安全文化建设,不断提升核安全管理水平的建议

• 2020年9月9日

您提出的"关于扎实推进核安全文化建设,不断提升核安全管理水平的建议",由我部会同民政部办理。经认真研究,答复如下:

核安全是国家安全的重要组成部分。确保核安全事关国计民生,是党和国家对人民作出的庄严承诺。近年来,党中央、国务院对核安全工作批示指示数量之多、关注问题之具体前所未有,对核安全文化建设、公众宣传等提出了更高要求。深入推进核安全文化建设,对于构建系统完备、科学规范、运行高效的核安全治理体系和提升核安全管理水平具有重要意义。自2014年我国发布《核安全文化政策声明》以来,核能核技术利用领域已逐步形成全行业重视核安全文化、培育核安全文化的格局。成立国家级核安全社团,加强核安全文化研究、推动核安全文化交流,对于助力核电走出去的国家战略、推进核与辐射安全监管体系和监管能力现代化、保障我国核事业安全健康发展具有重要意义。

为了更好地推进核安全文化建设,发挥社会组织在开展宣传、促进交流、加强引导等方面的独特作用,结合部属社团改革等工作实际,生态环境部经研究,明确中国环境文化促进会(以下简称文促会)增加核安全文化宣传推广等业务内容,负责搭建核安全监管部门与社会公众的沟通桥梁,发挥高端智库作用,推动培育核安全文化。2020年6月,文促会召开第三届会员代表大会,完成章程修订和理事会换届等工作,将生态文明和核安全文化宣传等工作纳入业务范围。至此,您建议中提出的重组文促会、增加核安全文化建设相关内容已基本实现。下一步,我们将认真贯彻党中央关于核安全工作的方针政策和系列决策部署,继续加强与民政部等相关部门的沟通协调,对文促会更名为中国环境与核安全文化促进会、进一步优化调整业务范围等进行充分论证,依法依规申请办理变更登记事项,为推进核安全文化建设、提升核安全管理水平提供保障。

感谢您对生态环境工作和核安全事业的关心和支持。

关于政协十三届全国委员会第三次会议第0967号提案答复的函
——关于完善环境保护法制建设,填补光污染监管空白的提案

• 2020年9月9日

你们提出的"关于完善环境保护法制建设,填补光污染监管空白的提案",由我部会同科技部、住房城乡建设部办理。经认真研究,答复如下:

光污染作为一种新型的城市环境污染,对人类健康和生态环境都会造成一定影响。你们提出的建立健全法律法规、制定光污染技术规范和环境标准、加强城市建设规划管理、开展光污染防治技术研究等建议,对光污染防治工作具有积极的参考价值。

一、关于建立健全光污染法律法规

光污染属于新型物理性污染,污染与影响的量效关系尚处于研究阶段,光污染认定存在技术难点;另外,大部分国家如美国、日本、法国等均未从国家层面制定光污染控制法律,当前制定光污染控制单行法的时机和条件尚不成熟。我国《环境保护法》明确了光辐射是环境污染的具体形态,对光污染防治提出了总体要求,据此,我部将逐步探索建立光污染监督管理体制。2018年,我部组织对全国多个典型城市开展光污染管理实地调研,为下一步建立全国监督管理体系提供有力支撑。

二、关于制定光污染技术规范和环境标准

我国相关行业颁布了一系列技术标准,并逐步纳入国家标准管理执行范畴,一定程度上限制光污染的产生。与光污染密切相关的标准有《室外照明干扰光限制规范》(GB/T 35626-2017)、《玻璃幕墙光热性能》(GB/T 18091-2015)、《室外运动和区域照明的眩光评价》(GB/Z 26214-2010)、《LED显示屏干扰光现场测量方法》(GB/T 34973-2017)、《绿色照明检测及评价标准》(GB/T 51268-2017)等二十余项标准规范,涵盖室外照明干扰光限制、玻璃幕墙反射光限制、眩光限制、LED显示屏幕干扰光限制、绿色照明评价等方面。参考相关行业技术标准和国内外有关光污染管理情况,我部正在开展光污染防治研究工作,为逐步建立光污染环境标准体系奠定基础。

三、关于加强城市建设相关规划管理

在加强城市建设相关规划管理方面,住房城乡建设部主要开展以下工作:一是要求各地立足当地发展水平和城市功能定位,遵循因地制宜、量力而行、科学实施、节能优先的原则,有序做好城市景观照明的规划、建设、维护、管理工作,避免奢侈浪费、减少光污染。二是发布实施《城市夜景照明设计规范》(JGJ/T163—2008),提出了限制夜景照明的光污染要求,并明确了各项涉及光污染指标的限制标准值。三是发布《城市照明建设规划标准》(CJJ/T307—2019),规范和加强城市照明规划、设计、建设、运营的全过程管控,对城市照明实施分区管理,并明确光污染防控要求,落实城市夜间的生态保护。四是指导各地开展城市照明的总体设计,明确城市光污染管控要求及指标,并将城市光污染整治纳入城市照明提升建设工作中。

四、关于加强对光污染防治技术的应用性研究

相对于眩光和彩光,我国对夜天光的研究和定量测量开展得最早,技术和测试设备相对成熟。通常使用配备 CCD 相机的望远镜捕获无星星区的夜空图像,并使用标准的天文光度法准确确定夜空的亮度。也可使用夜天光亮度计对夜空亮度进行测量,或使用遥感技术对夜间卫星图像进行分析估算光污染水平。近年来,还开发了夜天光观测的便携式光度仪,可以更为方便地进行无望远镜时夜天光的测量。相对夜天光,眩光和彩光的评价方法和实测设备都还不够成熟,在实际监测中,现有亮度计测试高亮度玻璃幕墙反光等高强度光源时存在超过仪器监测上限的问题。

当前,我国光污染测控方法和技术有待提高,监督管理较为薄弱。下一步,我部将会同科技部、住房城乡建设部继续加强光污染防治技术的研究,完善光污染防治监督管理体系,指导各地进一步开展光污染防治工作,并推进相关标准的落实。

感谢你们对生态环境工作的关心和支持。

对十三届全国人大三次会议第 8405 号建议的答复

——关于新时代支持烟花爆竹产业
科学可持续发展的建议

· 2020 年 9 月 2 日

您提出的"关于新时代支持烟花爆竹产业科学可持续发展的建议"收悉。经认真研究,就涉及我部职能答复如下:

诚如您所言,燃放烟花爆竹是中华民族的传统习俗,同时,烟花爆竹也是导致大气污染的来源之一。监测数据表明,燃放烟花爆竹会产生大量的颗粒物(PM10、PM2.5)和二氧化硫、二氧化氮、一氧化碳等有害气体。从全年 PM2.5 来源解析结果来看,烟花爆竹燃放贡献率不是很大,但在春节和元宵节期间集中燃放有可能成为重污染天气的主要原因。2020 年除夕至初一期间(1 月 24 日 19 时至 25 日 6 时),全国 337 个城市中有 61 个城市空气质量达到重度及以上污染级别,其中 24 个城市达到严重污染级别;元宵节期间(2 月 8 日 19 时至 9 日 6 时),全国 22 个城市空气质量达到重度及以上污染级别,其中 2 个城市达到严重污染级别,烟花爆竹燃放造成全国较大面积的重污染天气。

一、关于对烟花爆竹燃放不搞"一刀切",实施"禁改限"

我部反对任何形式的"一刀切",2017、2019 年春节前夕我部向各省、自治区、直辖市人民政府和新疆生产建设兵团发函,提出做好春节期间烟花爆竹燃放管控工作的倡议,请各地高度重视,依法科学划定禁限放区域,明确禁燃放时间,当预测极端不利气象条件下可能出现重污染天气时,及时指导有关地方按照应急预案要求,扎实做好烟花爆竹禁限放工作,降低对环境空气质量和人体健康的影响,让广大人民群众过一个安全祥和、绿色环保的春节。

二、关于修订 PM2.5 标准和考核办法

我国没有单独制定 PM2.5 标准和考核办法,2016 年 1 月实施的《环境空气质量标准》(GB 3095—2012)是在参考世界卫生组织及欧美等发达国家基于环境空气污染物健康影响研究成果,及其空气质量标准的基础上制定实施的。该标准规定了包括 PM2.5 和 PM10 在内的 6 项常规污染物和 4 项其他污染物浓度限值,每种污染物的浓度限值主要考虑人体暴露健康影响,并以此标准建立了空气质量评估综合性的考核体系,满足了现阶段我国空气质量管理的需要。烟花爆竹燃放是导致空气污染的人为因素,需要得到有效控制,考虑到各方面情况,我们目前暂无环境空气质量标准的修订计划。

坚决打好污染防治攻坚战是决胜全面建成小康社会的迫切需要,打赢蓝天保卫战是打好污染防治攻坚战的重中之重。下一步,我部将继续指导各地根据生态环境保护需求和环境容量,依法科学规划烟花爆竹禁限放区域和时间,避免政策和管理"一刀切",做好烟花爆竹燃放管控工作,防范烟花爆竹集中燃放导致的重污染天气,切实保障公众身体健康。

感谢您对生态环境工作的关心和支持。

图书在版编目（CIP）数据

中华人民共和国生态环境保护法律法规全书：含规章及请示答复：2024年版／中国法制出版社编．—北京：中国法制出版社，2024.1

（法律法规全书系列）

ISBN 978-7-5216-4063-2

Ⅰ．①中… Ⅱ．①中… Ⅲ．①环境保护法-汇编-中国 Ⅳ．①D922.680.9

中国国家版本馆 CIP 数据核字（2023）第 247890 号

策划编辑：袁笋冰	责任编辑：王林林	封面设计：李宁

中华人民共和国生态环境保护法律法规全书：含规章及请示答复：2024年版
ZHONGHUA RENMIN GONGHEGUO SHENGTAI HUANJING BAOHU FALÜ FAGUI QUANSHU：HAN GUIZHANG JI QINGSHI DAFU：2024 NIAN BAN

经销／新华书店
印刷／三河市国英印务有限公司

开本/787毫米×960毫米 16开	印张/52 字数/1402千
版次/2024年1月第1版	2024年1月第1次印刷

中国法制出版社出版

书号 ISBN 978-7-5216-4063-2　　　　　　　　　　定价：114.00元

北京市西城区西便门西里甲16号西便门办公区

邮政编码：100053	传真：010-63141600
网址：http://www.zgfzs.com	编辑部电话：010-63141676
市场营销部电话：010-63141612	印务部电话：010-63141606

（如有印装质量问题，请与本社印务部联系。）